U0787857

宁德市志

（1993—2005）

上卷

中共宁德市委党史和地方志研究室 编

方志出版社
Publishing House of Local Records

图书在版编目（CIP）数据

宁德市志：1993—2005 / 中共宁德市委党史和地方志研究室编 .-- 北京：方志出版社，2020.9

ISBN 978-7-5144-4303-5

Ⅰ. ①宁… Ⅱ. ①中… Ⅲ. ①宁德—地方志—1993-2005 Ⅳ. ① K297.573

中国版本图书馆 CIP 数据核字（2020）第 161901 号

宁德市志（1993—2005）

编　　者：中共宁德市委党史和地方志研究室
责任编辑：王　品

出 版 者：方志出版社
地址　北京市朝阳区潘家园东里 9 号（国家方志馆 4 层）
邮编　100021
网址　http://www.zgfzcb.cn
发　　行：方志出版社图书经销中心
电话　（010）67110500
经　　销：各地新华书店
排　　版：北京乾达文化艺术有限公司
印　　刷：福建名彩印刷有限公司

开　　本：889 × 1194　1/16
印　　张：155
字　　数：4527 千字
版　　次：2020 年 9 月第 1 版　2020 年 9 月第 1 次印刷

ISBN 978-7-5144-4303-5　定价：1680.00 元

· 版权所有　翻印必究 ·

宁德市地方志工作领导小组

名誉组长：郭锡文

组　　长：梁伟新

副 组 长：金　敏　兰斯琦　陈其春　吴允明

成　　员：郭　专　周春海　陈　萍　邵明松

吴友华　陈丽娜　孙志妹　毛连平

游文龙　陈梅仔　张蕉生　吴会旺

高剑峰　林岩峰　黄　昉　吴乃意

蔡泽华　张　雄　徐光忠　李惠长

黄其辉　赵榕生　陈茂榕　钟乃安

杨良辉　高一鹏　林勤铃　雷树荣

罗樟麟　何必良　林　青　俞道雄

肖泽敏　陈贵裕　梁敏生　陈宁生

林顺影　肖惠明　张　良　郑寿明

林晓甫　谢胜斌　石求鸿　党　帅

王旭东　黄桂诚　张成慧　钟宜国

雷祖铃　袁华军　颜谋元

宁德市人民政府分管地方志编纂领导名单

薛成康　周秋琦　兰斯琦　王世雄

杨　方　郭　专　林月玲

《宁德市志（1993—2005）》审稿领导小组

组　　长：郭锡文

常务副组长：梁伟新

副 组 长：金　敏　兰斯琦　陈其春　吴允明

成　　员：周春海　陈龙营　邵明松　黄式斌

卢明光　刘正宇　张蕉生　吴会旺

高剑锋　游文龙　林岩峰　吴乃意

蔡泽华　张　雄　徐光忠　李惠长

赵榕生　钟乃安　杨良辉　高一鹏

何必良　林　青　俞道雄　陈宁生

林顺影　郑　伟　吴昌友

《宁德市志（1993—2005）》审查验收工作小组

组　长：黄　誌

副组长：汪一朝　俞　杰（执行）　黄　玲　林　浩　王盛泽　戴振华　钟健英

成　员：王铁鹏　王　晖　马俊凡　林其华　黄超凡　方彦洸　杨海峰　夏红兵　张恒华　陈浩志　林鼎斌　张维义　凌文斌　杨占城　温雪勇　张朝阳　曹　斌　李升荣　欧长生　钟兆云　郑香福　胡志明　陈声华　孙洁斐　田保家

《宁德市志（1993—2005）》总编室

顾　　问：郭锡文　梁伟新

主　　编：陈其春

常务副主编：吴允明

执行副主编：吴乃意　林慧冬

副　主　编：王乃化　林立光

总　　纂：陈伟庄

编　　辑：兰　洁　周孝钧　黄作省　吴巧蓉

宁德市行政区划图

宁德市
福安市
福鼎市
霞浦县
古田县
屏南县
寿宁县
周宁县
柘荣县
蕉城区
浙江省
南平市
福州市
三明市
泰顺县
庆元县
松溪县
政和县
罗源县
东海
福宁湾
三都澳
罗源湾
台山列岛、星仔列岛
1:720 000
七星列岛
福瑶列岛
四礵列岛
图例
设区市行政中心
县级行政中心
街道办事处
镇、乡
社区居委会、村委会
自然村
省级行政区域界
设区市行政区域界
县级行政区域界
高速公路及出入口
在建高速公路
铁路及车站
在建铁路
国道及编号
省道及编号
县道
一般道路
山峰
河流水库
审图号：闽S〔2019〕14号
福建省制图院　编制
比例尺 1：900 000
资料截至2008年12月
注：本图界线为权宜画法，不作划界依据。

宁德市城区图

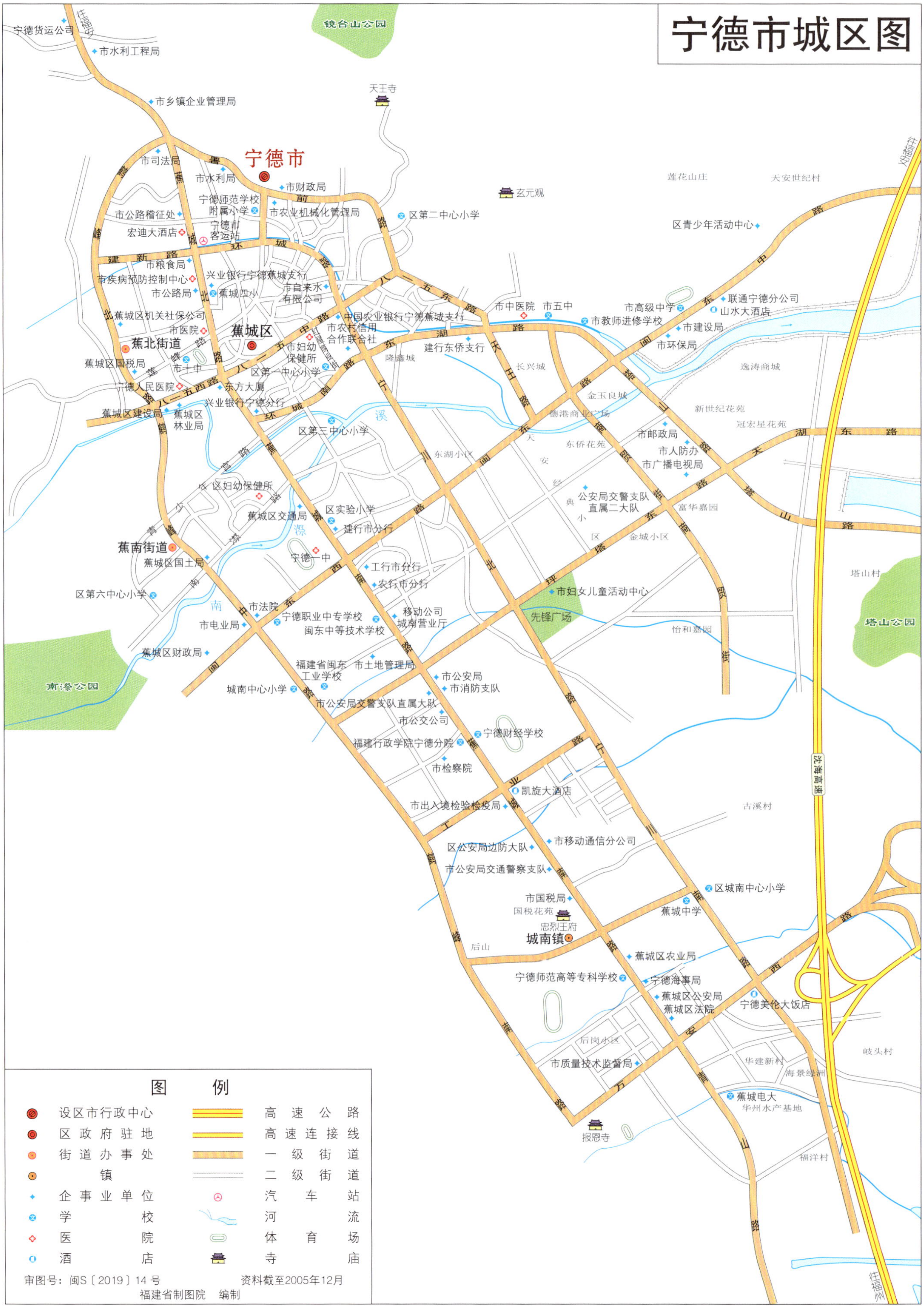

宁德市城区图
往福安
宁德货运公司
市水利工程局
镜台山公园
天王寺
市乡镇企业管理局
宁德市
市司法局
市水利局
市财政局
玄元观
莲花山庄
天安世纪村
往福安
宁德师范学校
附属小学
市农业机械化管理局
区第二中心小学
市公路稽征处
宏迪大酒店
宁德市
客运站
区青少年活动中心
市粮食局
兴业银行宁德蕉城支行
市疾病预防控制中心
市公路局
蕉城四小
市自来水
有限公司
蕉城区机关社保公司
中国农业银行宁德蕉城支行
市中医院
市五中
市高级中学
联通宁德分公司
山水大酒店
市教师进修学校
市建设局
市环保局
市医院
蕉城区
蕉北街道
市农村信用
合作联合社
市妇幼
保健所
建行东侨支行
隆鑫城
长兴城
逸涛商城
蕉城区国税局
市十中
区第一中心小学
宁德人民医院
东方大厦
兴业银行宁德分行
金玉良城
德港商业广场
新世纪花苑
蕉城区建设局
蕉城区
林业局
冠宏星花苑
区第三中心小学
东湖小区
东侨花苑
市邮政局
市人防办
市广播电视局
区妇幼保健所
公安局交警支队
直属二大队
东侨经济开发区
富华嘉园
区实验小学
蕉城区交通局
建行市分行
金城小区
蕉南街道
宁德一中
蕉城区国土局
工行市分行
农行市分行
塔山村
区第六中心小学
市妇女儿童活动中心
塔山公园
市法院
宁德职业中专学校
闽东中等技术学校
移动公司
城南营业厅
先锋广场
市电业局
怡和嘉园
蕉城区财政局
南漈公园
福建省闽东
工业学校
市土地管理局
城南中心小学
市公安局
市消防支队
市公安局交警支队直属大队
市公交公司
宁德财经学校
福建行政学院宁德分院
市检察院
沈海高速
凯旋大酒店
古溪村
市出入境检验检疫局
市移动通信分公司
区公安局边防大队
市公安局交通警察支队
区城南中心小学
市国税局
国税花苑
忠烈王府
蕉城中学
城南镇
后山
蕉城区农业局
宁德师范高等专科学校
宁德海事局
蕉城区公安局
蕉城区法院
宁德美伦大饭店
后岗小区
市质量技术监督局
华建新村
海景绿洲
岐头村
蕉城电大
华州水产基地
报恩寺
福洋村
往福州
八一五东路
八一五西路
八一五中路
环城路
蕉城北路
蕉城中路
蕉城南路
北岸路
建新路
前进路
天湖东路
天王路
闽东中路
闽东东路
闽东西路
天山路
万安路
工业路
宁川路
东湖路
塔山路
福宁路
南漈路
南岸路
青年路
鹤峰路
金马路
天湖路
汇源路
图例
设区市行政中心
区政府驻地
街道办事处
镇
企事业单位
学校
医院
酒店
高速公路
高速连接线
一级街道
二级街道
汽车站
河流
体育场
寺庙
审图号：闽S〔2019〕14号
资料截至2005年12月
福建省制图院 编制

宁德市旅游图

宁德市
蕉城区
福安市
福鼎市
霞浦
（松城街道）
古田
屏南
周宁
寿宁
柘荣
罗源
庆元
松溪
政和
泰顺
苍南
浙江省
南平市
福州市
三明市
东海
三都澳
福宁湾
罗源湾
台山列岛
七星列岛
四礵列岛
嵛山镇
杨梅洲
三峰寺
灵峰寺
东狮山
东峰寺
白云山
锁广寺
皇后坊
九龙漈瀑布
鲤鱼溪
鸳鸯溪
北寺
鸳鸯、猕猴自然保护区
瑞光塔
千乘桥
滴水岩
方广寺
兰田暴动遗址
太姥山风景区
杨家溪
赤岸石桥
目莲寺
龙井桥
红军洞
九峰寺
支提山风景区
哪罗寺
宝兴寺
翠屏湖
极乐寺
临水宫
吉祥寺塔
南漈寺
飞鸾古窑址
大京城堡
官井洋大黄鱼繁殖保护区
同三高速
G104
G316
外福铁路
台山列岛、星仔列岛
1:720 000
图例
设区市行政中心
县级行政中心
镇、乡
社区居委会、村委会
省级行政区域界
设区市行政区域界
高速公路
铁路
国道及编号
省道
一般道路
景点
寺庙
河流水库
审图号：闽S〔2019〕14号
福建省制图院 编制
比例尺 1：900 000
资料截至2005年12月
注：本图界线为权宜画法，不作划界依据。

宁德市城区（2005 年）

谢书秋　摄

2000 年 11 月 14 日，宁德撤地设市庆典大会在市体育中心举行。图为庆典大会现场　　　　谢书秋　摄

◎交　通

1993年9月23日，三都澳城澳口岸正式对外籍船舶开放

2000年2月2日，罗（源）宁（德）高速公路试通车庆典在宁德举行
李民雄　摄

福（鼎）宁（德）高速公路蕉城段（2003 年）　　李民雄　摄

2003 年 6 月 28 日，福（鼎）宁（德）高速在宁德举行通车庆典　　李民雄　摄

2004年，温（州）福（州）铁路开工典礼　　董建鸣　摄

宁德高速公路枢纽（2005年）　　谢书秋　摄

◎**农　业**

福鼎大白茶晾晒　　傅熹 摄

宁德茶果种植场　　谢飞 摄

古田油柰

福鼎四季柚

福安葡萄

寿宁脐橙

福安水蜜桃

蕉城龙眼

寿宁花菇

古田银耳

寿宁金丝扣

福鼎槟榔芋

柘荣太子参

霞浦海带

◎林 业

竹林垦复　　吴维泉　摄

屏南县天湖高山湿地

◎渔　业

1997 年，中国闽东大黄鱼节在宁德举行。图为开幕式　　夏念长　摄

三都澳渔排养殖　　俞明寿　摄

◎工　业

20世纪90年代，皮革制造业成为闽东工业的主导行业。图为福建星泰皮革有限公司生产线

2000年，宁德建材工业逐步形成以石材为龙头的建材工业体系。图为古田石材加工

2005年，宁德市拥有电机电器企业700家，年产值65亿元，出口值26.2亿元。图为闽东电机生产线

2001年，化油器制造业成为福鼎市的支柱产业。图为化油器生产车间

2002年，宁德食用菌生产、水产加工、混合饲料生产等行业呈现高速增长态势。图为食用菌深加工

2005年，屏南榕屏化工厂经过二期技改扩大规模，成为亚洲最大的氯酸钾、氯酸钠的生产企业

福安白马船厂（2005 年）　　王旺声　摄

福建燕京惠泉啤酒福鼎公司生产车间（2003 年）　　夏林涛　摄

美国哈佛大学专家考察柘荣制药企业（2005 年）　　游再生　摄

21世纪初，闽东地方水电建设进入高速发展期。图为古田溪水电站　　余炳炎　摄

◎ 畲族风情

1995 年，中华畲族宫正式建成并对外开放　　俞明寿　摄

1995 年 11 月 1 日，中国·闽东畲族风情旅游节在宁德开幕　　谢书秋　摄

对歌是闽东畲族音乐的主要表现形式之一。图为对歌现场　　黄　俊　摄

闽东畲族婚俗拜堂，男拜女不拜

畲族服饰之凤凰装与银凤冠　　丁立凡　摄

畲族传统编织　　谢豪生　摄

◎文化生活

2001 年，舞蹈《手指舞》获全国少数民族文艺会演二等奖

全国稀有剧种——寿宁北路戏

◎旅游节庆

2004 年 8 月 18 日，首届中国·白水洋文化旅游节在屏南开幕

2003 年 6 月 29 日，中国·太姥山文化旅游节活动在福鼎举办　　宋春晖　摄

周宁鲤鱼溪公园

李洪元 摄

◎非物质文化遗产

2005年10月，柘荣剪纸被福建省人民政府公布为第一批省级非物质文化遗产项目。图为柘荣剪纸传承教学

2005年10月，古田临水宫请香接火仪俗（古田陈靖姑信仰习俗）被省人民政府公布为第一批省级非物质文化遗产项目。图为陈靖姑文化旅游节活动现场

2005年10月，木拱桥传统营造技艺被福建省人民政府公布为第一批省级非物质文化遗产项目。图为木拱桥营造现场

2005年10月，周宁浦源护鱼习俗被福建省人民政府公布为第一批省级非物质文化遗产项目。图为祭鱼仪式

◎文 物

第六批全国重点文物保护单位——寿宁鸾峰桥

中国最长的木拱廊屋桥——屏南万安桥

谢书秋 摄

霞浦黄瓜山贝丘遗址

霞浦黄瓜山遗址出土的石锛、石镞、网坠

蕉城区霍童镇芦坪岗遗址出土的青铜戈

闽东地区唯一一处经过正式考古发掘的商周时期文化遗址——蕉城芦坪岗遗址

江南地区单体建筑面积最大、保存最完好的古民居——福鼎翠郊古民居

明代福建海疆的4个城堡之一——霞浦大京古城堡

郑德雄 摄

◎教　育

宁德市机关幼儿园

宁德师范学院附属小学

宁德第一中学

福建省第一所民族中学——宁德市民族中学

闽东卫生学校

宁德师范高等专科学校

◎卫　生

2002 年 4 月，闽东医院成为福建医科大学、福建中医学院临床医学专业硕士研究生教学基地与全科医师临床培训基地

2001 年 12 月，宁德市医院通过省卫生厅审定，成为三级乙等医院

1999 年，宁德市（地区）中医院被人事部、卫生部、中药管理局联合授予“全国卫生系统先进集体”称号

◎体 育

2001年10月1—3日，宁德市第一届运动会召开 宋春晖 摄

2002年，宁德市第六届全民健身节活动现场

1996年，镜台山全民健身活动场地一角

2000年，宁德市体育中心全民健身活动场地

◎基础设施

1996 年 11 月，宁德首家上网用户

2000 年 6 月，福安畲族同胞使用电话通信

2005 年，宁德市体育中心　　　宋　经　摄

2000 年 11 月 14 日，闽东广电中心作为宁德“撤地设市”重点项目之一举行落成庆典

屏南白水洋　　　　余慧君　摄

太姥山景区

远眺三都澳

谢书秋　摄

古田翠屏湖　　谢丁洋　摄

巍峨东狮山　　魏高鹏　摄

柘荣鸳鸯草场

支提山国家森林公园

白水洋鸳鸯溪景区

白云山景区

中国最美的十大海岛之一——福鼎嵛山岛　　陈兴华　摄

周宁九龙漈　　宋春晖　摄

周宁鲤鱼溪　　李洪元　摄

霞浦杨家溪榕树群风光　　王清生　摄

霞浦滩涂夕照　　李步登　摄

屏南县阔叶林

屏南上楼水松林

蕉城猴盾生态茶园

霞浦大京沙滩　　郑　戈　摄

寿宁西浦风光　　张培基　摄

福安百里绿竹长廊　　李民雄　摄

蕉城霍童镇　　俞明寿　摄

福安廉村　　丁立凡　摄

序

“治天下者以史为鉴，治郡国者以志为鉴”。编史修志有益当代、惠及子孙。地方政治、经济、文化的各种变化，山川地理特征的历史演变，都有赖于方志的记载承续。

宁德有着悠久的修志传统，最早可以追溯到宋代，现存年代最为久远的全域性志书是明嘉靖十七年（1538年）知州谢廷举主修的《福宁州志》，距今已有480多年的历史。历史上宁德市共修过州府志、县乡志39种，396卷，出现过4次修志热。明万历十九年（1591年）至万历四十三年（1615年）修过4部志书，清乾隆五年（1740年）至乾隆四十八年（1783年）修过5部志书，清光绪六年（1880年）至光绪三十四年（1908年）修过6部志书，民国6年（1917年）至民国30年（1941年）曾修过5部志书，其中明代冯梦龙纂《寿宁待志》、清代李拔纂《福宁府志》等志书均为世人所乐道。

继1999年11月《宁德地区志》出版发行之后，2005年6月，全市第二轮修志工作正式启动。在中共福建省委党史研究和地方志编纂办公室领导和专家的精心指导、热忱帮助下，全市各级各部门竭诚支持、通力协作，全体修志人员辛勤耕耘、不懈努力，历经十余年编修，终成卷帙，这是传播“闽东之光”的一部精品力作，是值得全市上下热烈庆祝的一件大喜事。

此次编修的《宁德市志（1993—2005）》系《宁德地区志》之续志，采取详今略古的方式，记述上限为1993年，与前志衔接，下限至2005年，部分内容略有下延，较为全面、客观地记述了时限内宁德政治、经济、文化、社会等各方面的发展变化情况，为社会各界人士更为深入地了解宁德、研究宁德提供了翔实可靠的重要文献资料。

鉴古知今，继往开来。修志之意，旨在告慰前人，激励当代，启迪后世，传承文明。希望全市广大干部群众能够珍惜成果、认真阅研，在历史进程中汲取营养，在精神传承中积蓄力量，在不忘初心中开辟未来，为全面实施推进“一二三”发展战略，推动新时代新宁德建设作出新的更大贡献。

中共宁德市委
宁德市人民政府
2019年9月

凡　例

一、本志以马克思列宁主义、毛泽东思想、邓小平理论、“三个代表”重要思想、科学发展观、习近平新时代中国特色社会主义思想为指导，坚持辩证唯物主义和历史唯物主义的立场、观点和方法，遵照国家法律、法规，全面、系统地记载断限内宁德市自然、政治、经济、文化和社会的历史与现状，突出时代特征和地方特色，力求做到思想性、资料性、科学性的统一。

二、本志系《宁德地区志》之续志，记述时限为1993—2005年。为保持事件记述的完整性，部分内容适当上溯或下延。

三、本志采用编章节体，由述、记、志、传、图、表、录组成，以志为主；按事以类从、横排门类的原则，全志共设47编（不含大事记）、236章、849节。

四、本志人物编包括人物传略和人物表。人物传略按照生不立传原则，收录宁德籍和长期在宁德工作并作出重要贡献的客籍人物。入传人物以生年排序。人物表兼收已故人物。人物表先按获得荣誉时间顺序排列，同一时间的，按照蕉城、古田、屏南、周宁、寿宁、福安、柘荣、福鼎、霞浦排列顺序排序，同一市、县的，再按姓氏笔划排序。正高级以上专业技术职务人员名录排序同上。

五、本志采用公元纪年。民国及民国以前历史纪年，采用历史纪年括注公元纪年的方式。民国时期纪年以阿拉伯数字表示。1949年10月1日后一律用公元纪年。

六、数字、标点符号的使用，一律按国家的有关规定执行。计量单位采用国家颁布的标准和规定。统计数据以市统计局公布为准，缺失的则采用部门提供的数据。

七、凡简称“省”“全省”均指福建省，1993—2000年“地区”“全区”均指宁德地区，2001—2005年“市”“全市”均指宁德市，“地委”“市委”分别指中共宁德地委、中共宁德市委，“行署”指宁德地区行署，“市政府”指宁德市人民政府，“党员”均指中国共产党党员。

八、2000年11月，撤销宁德地区设立地级宁德市，之后本志中的宁德市均指地级宁德市。对跨宁德地区、宁德市两个时间段的，视时间跨度酌用宁德市、宁德地区、宁德市（地区）表示。志中的“闽东”“全市”“全区”均指全辖区。2000年之前所指宁德市为县级宁德市。

九、本志资料主要来自各部门单位档案、地方志、年鉴、报刊，所用资料经鉴别考证后入志，不注明出处。表格中缺失的资料以空格表示，无资料以“—”表示。

总目录

CONTENTS

·上卷·

·中卷·

·下卷·

上卷目录

第三编　资　源

第四编　国土资源管理

第五编　人　口

第六编　城乡建设

第七编　环境保护

第八编　交通运输　邮政

第九编　水利　电力

第十编　经济总情

第十一编　农　业

第十二编　林　业

第十三编　茶　业

第十四编　渔　业

第十五编　工业与信息产业

第十六编　品牌产业

总 述

宁德因地处福建省东北部，俗称闽东。唐开成年间（836—840年）析长溪县宁川及古田县东北部设感德场。五代后唐长兴四年（933年）升场置县，取宁川、感德各一字，定名宁德县。1971年，福安专区改称宁德地区。1999年11月14日，宁德地区撤地设市，原县级宁德市更名为蕉城区。2000年11月正式挂牌成立，宁德地区改称宁德市。宁德市人民政府驻蕉城区。

宁德介于北纬26° 17′ ~ 27° 41′、东经118° 32′ ~ 130° 5′之间，居长江三角洲、珠江三角洲、台湾省三大经济区的中间位置。东西横距235千米，南北纵距153千米。东望台湾，南连福州，西邻南平，北接浙江省温州市。全市陆地面积1.35万平方千米，海域面积4.46万平方千米。海岸线长1046千米，位福建各设区市之首。

2005年，全市下辖蕉城区、福安市、福鼎市、古田县、屏南县、霞浦县、周宁县、寿宁县、柘荣县9个县（市、区），60个镇、52个乡（含8个畲族乡）、12个街道，161个居委会、2133个村。全市户籍人口327.03万人，境内有29个民族，汉族占总人口的94.16%。

山海相依气候宜人。宁德依山面海。东临台湾海峡，境内西北部有洞宫山、鹫峰山两大山脉，中北和中南部有太姥山和天湖山两条山脉，构成沿海多山地形。境内千米以上山峰913座，最高峰山羊尖海拔1649米，位于寿宁县坑底林风坑。海域内港湾岛屿众多，海湾、港湾178个，岛屿305个，构成区内地势陡峻，其间杂有山间盆地，沿海一带夹滨海堆积平原。1993—2005年，年平均气温17.6℃，年平均降水量1703.45毫米，年平均降雨天数165天。境内流域面积较大的溪流有交溪、霍童溪、古田溪。宁德境内资源丰富，发现矿产资源42种，其中优势矿种为钼、叶蜡石、高岭土、饰面石材等，钼矿储量占全省的三分之二。

宁德属亚热带海洋性季风气候，温暖湿润，雨量充沛，土壤类型多样，适宜各种林木生长。2005年，全市林地面积99.51万公顷，占土地面积的76.54%。森林面积85.42万公顷，森林覆盖率65.7%。拥有省级自然保护区2处、省级森林公园3处，资源保护态势良好。全市有国家重点保护野生动物75种（一级17种、二级58种），占全省国家重点保护野生动物种类的36.9%；野生植物有1400多种，约占全省的三分之二。

宁德山川秀丽，风光旖旎，旅游景观得天独厚，有全国佛教重点寺院支提华严寺，国家重点风景名胜区、国家地质公园、“海上仙都”太姥山，“十里水街”白水洋以及“人间仙境”屏南鸳鸯溪，还有以石奇、礁美、滩佳、洞幽、岛绿为特点的嵛山岛、台山列岛、大京岛、西洋岛、三都澳等海岸景区。1993年以来，挖掘了赤岸“空海入唐之路”国际交流、宗教朝圣文化，启动了古田陈靖姑宗教文化，建成了中华畲族宫，打出了闽东畲族文化品牌，推出了冯梦龙宦迹文化，再现明清遗风的福安古廉村文化和霞浦大京古城堡文化，建成了屏南白水洋省级青少年科技夏令营活动基地，增加科技文化含量，加快了闽东革命摇篮——福安溪柄柏柱洋革命老区建设，建成革命历史教育和爱国主义教育基地，形成以“山海川岛、畲族风情、宗教文化、红色历史”为特色的旅游产业。旅游业已成为宁德国民经济新的增长点。

镇守海疆历史厚重。宁德有着厚重的历史文化底蕴。名宦勇将不绝于史，忠臣义士光昭日月。清代及之前有开闽进士薛令之，政绩卓著的王都中，“三主法曹无一冤狱”的游朴，镇守海疆的台湾提督甘国宝，诛杀奸臣贾似道的志士郑虎臣，著述《晞发集》的爱国诗人谢翱以及明代名宦林聪，为官清正的林遂。民国期间，有为民主共和而斗争的福宁儿女朱腾芬、周忠魁、陈辅丞；有闽东早期共产党人郑长璋、蔡威（蔡泽鏛）、陈炳、黄孝敏等；有在第二次国内革命战争时期领导闽东人民进行轰轰烈烈的土地革命，创建闽东苏区，坚持艰苦卓绝的三年游击战争的马立峰、詹如柏、叶秀蕃、范式人、阮英平、许旺、戴炳辉等。中华人民共和国成立后，有名列全国十大少年英雄的张高谦等。他们是闽东人民的光荣与骄傲。

紧抓机遇加快发展。1993—2005 年，宁德紧紧抓住重要战略机遇，加快建设海峡西岸经济区新兴港口城市，打造海峡西岸经济区东北翼增长极，推进全面建设小康社会进程。有“一城二都十乡”之誉，即“中国化油器名城”“中国中小电机之都”“中国食用菌之都”“中国刀剪之乡”“中国太子参之乡”“中国大黄鱼之乡”“中国鲈鱼之乡”“中国茶叶之乡”“中国白茶之乡”“中国海带之乡”“中国紫菜之乡”“中国晚熟龙眼之乡”“南国葡萄之乡”。2005 年，全市财政总收入历史性地迈入 20.33 亿元，比增 28.4%，是 1993 年的 4.27 倍；全市人均国内生产总值 11476 元，比 1993 年增加 9548 元。

农业经济长效发展。随着改革开放的不断深入，农业发展开始实施战略性结构调整，生产规模化、区域化格局逐步形成。蔬菜、水果、畜牧业、药材等特色产业层出不穷。具有地方特色的优势农产品得到开发，古田是全国最大的食用菌集散地，银耳主产区年产量占全国的 60% 以上；柘荣是中国太子参之乡，太子参主产区年产量占全国的 60%；古田水蜜桃、油柰，福鼎四季柚，福安穆阳水蜜桃、芙蓉李、葡萄，蕉城、霞浦晚熟荔枝、晚熟龙眼，屏南无核柿，闻名遐迩。2005 年，全市水果种植面积 34719.87 公顷，年产量 228944 吨。蕉城区被评为全国晚熟龙眼之乡，福安是中国东南沿海最大的葡萄生产基地。作为地方传统产业的茶业不仅培育出“福鼎大白茶”“福鼎大毫茶”“福安大白茶”“福云 6 号”“福云 7 号”“福云 10 号”“黄观音”“茗科 1 号”“悦茗香”“黄奇”等被全国茶树品种审定委员会认定为国家级茶树良种的多元化品种，还大力推进无公害茶园建设。地方性海洋鱼类大黄鱼，人工养殖技术取得突破性进展，大黄鱼产品加工技术体系逐步形成，宁德市大黄鱼已成为中国最大规模的海水网箱养殖鱼类，跻身于农业部六大优势出口养殖水产品行列，成为宁德市的一个支柱产业。2005 年，全市粮食新优品种大面积推广。配方施肥、地膜覆盖等技术被广泛应用，实现农业高效化种植。农产品产量大幅提高，广大农民走上了致富奔小康的道路。

工业经济迅猛突起。1993 年，宁德开始进行创新企业制度的纵深改革。积极开辟各级各类工业园区，并通过招商引资和加大项目开发力度，先后创办 27 个各具特色的工业集中区，100 多家（个）企业和项目在工业园区落户，年新增工业产值 20 多亿元，进一步带动了农业、第三产业等相关产业发展，成为推动全市经济持续快速增长的支撑力量。外贸出口产品已由改革开放初期的以农副产品出口为主转变为以轻工产品出口为主，实现了从主要出口原料到主要出口制成品及整机设备的转变。大力支持和鼓励企业走出国门，提倡企业拓展境外市场，利用机电、皮革、石板材、食用菌等产业和产品优势到国外投资办厂，加大对外融资力度。积极引导优势产品、特色产业争创省级和国家级知名品牌，先后拥有中国驰名商标 4 件，69 家公司 72 种产品拥有福建名牌产品称号。柘荣太子参、古田银耳、福安坦洋工夫获国家地理标志保护产品称号。福安市和福鼎市分别被授予“中国中小电机出口基地”和“中国化油器名城”称号。食品加工、医药化工、建筑建材、汽摩配件、船舶修造、电机电器、电力工业等7个重点特色产业逐步向集群化方向发展，成为拉动宁德工业经济增长的主要动力。至2005年末，全市工业所有制结构发生了根本性变化，全市工业总产值达到294.92亿元，是1993年全区工业总产值55.55亿元的5.3倍。其中规模以上工业总产值187.29亿元。私营规模以上工业产值95.98亿元，占51.25%；股份制和股份合作制规模以上工业产值6.65亿元，占3.55%；三资规模以上工业产值7.25亿元，占3.88%；国有规模以上工业产值10.18亿元，仅占5.44%；集体规模以上工业产值1.65亿元，仅占0.88%。

基础设施明显改善。以高标准、高起点发展交通事业，全市道路以沈海高速公路和8条国道、省道为主骨架，39条县道及若干乡道和其他公路为支线，形成了以高速公路、国道、省道为主干，县乡道为基础的公路运输网络。公路里程全长4790.70千米，公路网密度37.20千米/百平方千米。以宁德港为中心，形成“一港四区”（三都澳港区、赛江港区、三沙港区、沙埕港区）布局，有16个作业区，110个生产性泊位，货物年吞吐量420.50万吨。水上运输拥有各类船舶404艘，客运量160万人，货运量288万吨。境内拥有外福铁路古田段长33.20千米和温福铁路（2005年8月开工建设）宁德段长146.19千米的2条铁路线。全市初步建立起由公路、水路、铁路等多种运输方式共同构成的综合交通体系，一个东出台湾海峡、南接珠三角、西联内陆腹地、北承长三角的快捷交通网络基本形成。水电业发展加速，寿宁车岭一级电站、屏南李大坪电站、周宁龙溪二级电站、柘荣龙溪三级电站、福鼎桑园水电站、福安黄兰溪梯级电站等先后建成投产。地方水电装机容量达45.9万千瓦。大唐国际宁德发电有限公司在福安市湾坞白马港落户，2005年年底装机2×60万千瓦一期工程基本完工，全市建成投运的水电装机达101万千瓦，超过此前80年的总和。推行农村电网改造，受益农户60.9938万户、农业人口268.8575万人，累计减轻农民电费负担24184万元。伴随着城乡建设发展，重点加快城市市政路网、排水、园林绿化、环境卫生等工程建设，实施“新、绿、亮、洁”工程，突出建设高水平的城市标志性建筑和广场绿化，改善人居环境。全市城区绿化覆盖面积449公顷、园林绿地面积429.30公顷、公共绿地面积66.27公顷，均居全省设区市前列。改革开放促进宁德市邮政、通信事业的发展，网络功能和通信手段逐步向智能化、宽带化迈进。2005年，全市不仅9个县（市、区）和主要交通干线实现无缝隙信号覆盖，而且与国内31个省、市、自治区和世界50多个国家或地区实现联网漫游，通信事业步入信息化时代。

生活水平显著提高。宁德流通领域发生巨大变化，经济发展由商品短缺时期的供给约束转变为需求约束，经济格局由生产主导型逐步转变为消费主导型，消费品市场由政府直接干预向以市场调节为主转变。随着社会主义计划经济向市场经济转变，社会生产力得到解放，商品生产能力提高，市场供给明显增强。2005年，宁德市消费品市场快速发展。全市社会消费品零售总额1238170万元。城乡居民消费结构从20世纪90年代中期以电视机、冰箱、洗衣机为代表的家电普及为标志的发展型消费结构升级至以汽车、住房、通信、教育、旅游为主导的享受型消费结构，成为消费品市场快速发展的重要增长点。消费已成为拉动经济持续增长的重要力量。消费品市场的不断发展，使商业网点更加趋向规模大型化、设施现代化、功能多样化、服务系列化，极大地提升了宁德城市品位，促进城市功能的进一步完善。随着经济体制改革的深入，宁德市国民经济结构发生较大变化。以公有制为主体、多种经济成分共同发展的格局基本形成。三次产业结构在调整中日趋合理，农业基础地位不断增强，工业实现持续发展，服务业迅速发展壮大，城乡居民收入水平不断提高。食品、衣着支出成为城镇居民消费支出的主要组成部分，但两者在城镇居民消费中所占比重逐渐呈下降趋势，而设备用品、娱乐文教及住房等支出比重呈上升趋势。消费结构逐渐由数量型向质量型转变，生活环境明显改观。2005 年，境内农民人均生活消费支出 2522 元，比 1993 年的 812 元增加 1710 元，增长 2.1 倍，年均增长 9.9%。城乡居民在以吃、用为主的物质产品消费基础上，逐渐增加对文教、娱乐、旅游、保健等享受型消费。居民家庭家用电器等耐用消费品不断升级，拥有量日益增加，并逐步向消费需求多元化、消费结构合理化方向继续发展。

社会事业蓬勃发展。经济的发展促进了社会事业的繁荣。在实现了全区基本普及九年义务教育和基本扫除青壮年文盲的历史性目标之后，学前教育、小学、中学、职业学校、中等专业学校、高等专科学校同步发展的教育体系在宁德初步构建。2005 年，全市有各类幼儿园（所）376 个，班数 2195 个，在园幼儿 5.63 万人，入园率 81.92%；小学 1410 所，教学点 1097 个，在校生 27.25 万人，学龄儿童入学率 99.91%；中学 199 所，在校生 208965 人（其中初级中学 133 所，在校生 145148 人；高级中学 66 所，在校生 63817 人）；高等学校 3 所，在校生 6850 人。在农村推行“初级卫生保健”工作和合作医疗或集资医疗制度，建立健全以初级卫生保健为基础的县、乡、村三级医疗卫生保健网络，逐步缩小城乡基本卫生服务差异。卫生部门先后完成突发公共卫生事件应急体系、医疗救治体系、疾病信息网络体系和卫生监督体系以及疾病预防与控制中心配套建设，应对突发事件应急能力明显增强。同时，坚持开展以除害灭病、移风易俗、健康教育、改水改厕、创卫活动为主要内容的爱国卫生运动和食品市场的卫生监督执法检查。全市妇幼保健机构普遍开展预防出生缺陷和残疾宣传活动，加强预防孕产妇死亡、儿童死亡、出生缺陷教育等三网监测网络建设。群众体育和竞技体育协调发展，坚持组织开展健身工程，各类体育人才脱颖而出。科技综合实力和技术水平得到提升、海洋经济总量居全省前列，食用菌科研水平及产量在国内外处于领先地位。开发新产品 388 项，有 305 个项目获省、市政府科技进步奖；实施“星火计划”300 多项，其中重大项目 80 项；获省（部）级科技奖 15 项；累计申请专利 831 件、获专利授权 325 件。闽东各地社会文化活跃，积极引导群众开展各类社会文化活动，各种文学艺术创作日益繁荣。闽东是福建省内保留较多演出剧种的地区，屏南、福安的四平戏和平讲戏，寿宁的北路戏，柘荣、福鼎、屏南的木偶戏和布袋戏，都是省内乃至国内保留较少的珍稀剧种。畲族歌舞是中国民族艺术宝库中的珍贵遗产。挖掘整理的一大批文物中，有 12 处列为全国重点文物保护单位，26 处公布为福建省文物保护单位。有 27 个项目纳入市级以上非物质文化遗产名录，其中国家级 5 项、省级 16 项、市级 27 项。

回首 1993—2005 年，宁德改革发展取得历史性跨越的辉煌成就已载入史册，跨越崛起的伟大征程始于足下，宁德人民继续弘扬“弱鸟先飞、滴水穿石”的闽东精神，坚定不移地高举中国特色社会主义伟大旗帜，始终解放思想，坚持改革开放，推动科学发展，为全面实施环三都澳区域发展战略，为建设富裕文明和谐的新宁德而努力奋斗！

大事记

1993 年

1月1日，宁德市（今蕉城区）工商银行八一五路、小东门、蕉城北路等6个储蓄所率先在全区开办储蓄电脑联网通存通兑业务。

1月4—7日，台湾《联合报》大陆新闻中心记者王玉燕等到福安、霞浦、福鼎、宁德4个县（市）采访，这是首批赴宁德地区采访的台湾记者。

1月7—10日，中国人民解放军原海军政委李耀文上将一行3人到宁德三都澳考察。

1月15日，福安市邮电局率先在全区开通由美国摩托罗拉公司引进的移动电话。

1月22日，福安市赛岐镇前进街因燃放鞭炮引起火灾，烧毁房屋17座、店铺39间，受灾206户、1030人，直接经济损失546万元。

1月25日，寿宁麻竹坪水库因渡船超载发生翻船，造成40人死亡的特大事故。27日，中共福建省委副书记袁启彤率省委办公厅及省民政厅、省公安厅等部门领导到寿宁县慰问事故死难者家属。

1月，姜标（福安籍）被选为美国杜邦公司第一位中国博士后，其主要科技成果是发现合成治疗骨质疏松症及溶血栓新药氨基硼酸钛的新方法，发现降血脂新药研究中一种氧化降解新方法治疗艾滋病药物的中间体等。

2月4日，副省长陈明义在福安市调研期间到私营企业福安市水写纸厂考察。

同日，地委、行署召开宁德地区开放促开发扶贫综合改革试验区启动动员大会。

2月11日，马来西亚住房和地方政府部部长陈祖排博士（古田籍）一行13人到古田县访问。

2月13日，副省长陈明义率省直十多个单位领导到宁德调研，探讨如何更高层次扶持闽东脱贫致富奔小康问题。

2月20—27日，全国改革试验区办公室、国务院政研室、国家体改委以及省相关部委对宁德地区列入国务院改革试验区后的7个试验项目进行综合评估，并分组实地考察福安、福鼎、霞浦、古田等县（市）。

年初，地委、行署决定，自是年开始，每年为民办10件（或10件以上）实事，并且每年或隔年公布一次为民办实事项目和办理结果。

3月1日，闽东资金调节市场在宁德成立，当天即达成6.48亿元资金拆借意向，成交1.24亿元。

3月2日，福安市上白石镇个协分会副会长王爱莲被中宣部、国务院办公厅、总政、共青团中央评为“全国学雷锋活动先进个人”。

同日，宁德地区中级人民法院判处21名在闽东海域抢劫杀人集团案中11名主要犯罪嫌疑人死刑、1人死缓、2人无期徒刑、7人3～13年有期徒刑。

3月10—23日，中残联理事陈伟民率检查组到古田、屏南、福安、福鼎、柘荣、霞浦、宁德等县（市）检查残联工作。

3月18日，副省长刘明康到宁德开展金融、城建工作调研。

3月23日，地委、行署制定《关于加快建设亿元乡镇的意见》，就各县（市）、地直各口挂钩创建亿元乡镇的目标、任务、措施要求提出具体意见。

同日，中共福建省委常委、省委秘书长黄文麟率领省委办公厅、党建办工作人员赴宁德，对宁德、福安、柘荣、周宁、寿宁等县（市）开展调研活动。

同日，由地直单位抽调的首批120名“奔小康”工作队员分赴各县（市）开展工作，地委、行署举行隆重欢送仪式。

3月，三沙五澳对台商贸区建设正式启动。该商贸区由中国乡镇企业投资开发有限公司等6家中外企业与霞浦县合资1.03亿元开发，首批到位资金370万元。

4月4日，全国人大法制委员会委员、中国公路学会理事会会长、原交通部部长王展意在省交通厅领导陪同下考察三都澳，并就沿海汽车专用线、飞鸾岭隧道、城澳疏港公路、国道104线改造等问题与地委、行署领导及有关部门负责人座谈。

4月7日，全省第一所少年农校在柘荣县东源中心小学开学，学制一年，首期招生80人。

4月24日，霞浦县洲洋乡、沙江镇遭龙卷风袭击，直接经济损失110多万元。

4月，省内首家林纸结合股份制企业——福建省延屏造纸营材有限公司在屏南成立，投资1236万元，营地3973公顷，由南平造纸营材总公司投入现金股643万元，屏南林业局、甘棠乡等以林地、林木、林木养护等作价593万元入股。

同月，福建天马集团福安农药厂创立实施的“能位匹配法”企业管理法被国家经贸委授予国家级企业管理现代化创新成果二等奖，为全省唯一获此荣誉的企业。

5月3日，中国贫困地区经济开发服务中心、中国乡镇企业投资开发有限公司和宁德地区共同发起的闽东开发促进会在福鼎成立，省人大常委会原主任、省顾问委员会主任胡宏任会长。

5月18日，福建省“八五”计划重点建设项目之一的霞浦县沙头围垦工程被列入联合国粮食组织“亚洲银行贷款项目”，获该组织提供的2400万元人民币贷款，用于发展种植、水产养殖及房地产开发等。

5月，赛岐铁合金75#硅铁、周宁铁合金厂太极牌工业硅、寿宁梦龙春酒厂梦龙春白酒、霞浦康乐集团LY-5型电子针灸按摩器和闽东电机MD牌ST系列单相交流电机被评为福建省名优产品。

6月12—14日，温福铁路预可行性研究报告审查会议在福鼎县举行，温福铁路建设协议书同时正式签订。省政府副秘书长舒风、浙江省政府顾问丁尧祥、香港盈兴有限公司副董事长蔡世亮分别在协议书上签字。

6月17日，霞浦县三沙镇举办海峡两岸象棋高手联谊赛。象棋国际特级大师、台湾棋王吴贵临，象棋国际特级大师、全国冠军徐天红，象棋大师王晓华，全国农民象棋赛三连冠、霞浦农民棋手郑乃东参赛，亚洲中国象棋协会常务理事、台湾象棋协会秘书长林益世为特邀指导。

同日，中共福建省委副书记林开钦一行赴宁德，对福鼎、福安、霞浦、周宁、宁德等县（市）开展调研活动。

6月20—22日，福鼎县越剧团创作的越剧《孩子剧团》晋京参加全国儿童戏剧优秀剧目展演，并获得1993年中宣部组织的“五个一工程”戏剧类提名奖。

6月23日，闽东·古田库区经济开发研讨招商大会在古田县举行，共签订合同6项，总投资1700万人民币。

6月28日—7月6日，宁德地区招商团在香港举行招商活动，共有65家港商参加洽谈，签订82个项目合同（意向），总投资3.47亿美元，利用外资额3.18亿美元。

7月1日，经国家新闻出版署批准，中共宁德地委机关报《闽东报》改为《闽东日报》。

7月3—5日，俄罗斯莫斯科现代音乐舞蹈团到宁德、福鼎演出。这是宁德地区首次接待外国文艺演出团体。

7月12—18日，美国华侨总商会会长、美籍华人冯近凡博士应宁德地、市领导邀请回故乡宁德市（今蕉城区）探亲考察，并受聘为宁德地区高级经济顾问。

7月14—15日，副省长王良溥带领省直有关部门领导到宁德市（今蕉城区）开展调研活动。

7月21日，地区中级人民法院在宁德召开宣判大会，判处4名毒贩死刑，6名毒贩和窝藏毒贩者分别被判处死缓、无期徒刑和有期徒刑。

7月21—26日，中共福建省委副书记、省政法委书记袁启彤到霞浦、福鼎开展调研活动。

7月31日，福安客运公司“福建39-06234”号客车从浙江泰顺开往福安，途经寿宁斜滩车站附近因下坡刹车不灵与一载客柴三机相撞，造成死亡6人、伤9人的特大交通事故。

8月2日，台湾省台北市闽东同乡会理事长魏瑜率台北闽东同乡会一行13人首次到宁德，在宁德、福安、柘荣、福鼎、霞浦等县（市）进行探亲和观光考察。

8月27—30日，国际陈靖姑文化学术研讨会在古田县召开，中国大陆与台湾地区的民俗专家、法国民俗专家100多人参加会议。

9月8日，在1993福建投资贸易洽谈会上，全区共签约59项，总投资2.88亿美元。

9月10日，在北京举办的第四届全国包装装潢设计评奖会上，福安华一设计公司总经理陈缪华设计的两件作品分获金、铜奖，其中金奖为福建省送展作品唯一获得者，并入选12月在英国伦敦举办的“世界之星”包装评奖。

9月11日，凌晨2时15分，全区9个县（市）全面实现电话交换程控化、传输数字化，共拥有程控电话4.1万门。

同日，宁德城关小东门发生火灾。火灾烧毁店面13间，受灾27户113人，直接经济损失300多万元。

9月14日，青岛远洋运输公司“铜山号”3.5万吨国际远洋运输轮抵达三都澳嬴水锚地，这是三都澳有史以来停泊的最大的远洋货轮。

9月22日，宁德市医院经世界卫生组织、联合国人口与儿童基金会、卫生部联合组织的国家级爱婴医院评估组验收，达到世界爱婴医院十条标准。

同日，闽东罐头食品集团公司“维特牌”八宝粥获新加坡国际饮料博览会评比金奖，是福建省两个金奖产品之一。

9月23日，经国务院批准，宁德三都澳城澳口岸自是日起对外国籍船舶开放。27日，第一艘外轮——朝鲜民主主义人民共和国“比克比岗号”3500吨位的货轮停泊三都澳城澳港进行海面交货。“比克比岗号”进港并成功完成海面过驳，标志着城澳港对外开放，并在城澳口岸举行首轮进港庆典仪式。该港对外开放的区域为32平方千米的海域和23.8平方千米的陆域。

10月9日，宁德地区综合改革试验论证暨经贸洽谈会在北京国际饭店隆重举行。中央和福建省领导以及国内外来宾400多人参加。会议共签约引进外资项目28项，总投资3.06亿美元。

10月12日，哈尔滨师范大学教授游寿（霞浦籍）向霞浦县人民政府赠送其收藏的16件战国时期文物和一批古籍。

10月16—17日，全省老区贫困县精神文明建设经验交流会在周宁县举行。会上，周宁县介绍开展精神文明建设的情况和经验，代表们参观李墩镇阮洋中村、黄埔村等省级文明单位。

10月18日，中共福建省委常委、宣传部部长何少川到福安穆阳民族经济开发区检查工作。

10月21日，中央党校函授学校宁德学区成立暨首期函授班开学仪式在地委党校（福安）举行。

10月，在国际羊毛局与《中国编织》杂志社联合举办的第二届“金秋杯”全国针织服装设计大赛上，福鼎县医院护士张晓玲设计的编织单元系列童装《和平天使·大地·海》获最佳童装奖。

11月5日，地区农委、编委、建委、管理局、财政局等11幢公房开始销售。至此，宁德地区房改公房出售工作正式启动。

11月10日，屏南一中高三学生苏雄、王培强获全国奥林匹克中学生化学竞赛一等奖。

11月14日，由宁德地区17名医务人员组成的中国第十批援外医疗队启程前往塞内加尔国。

11月14—15日，中国科学院在宁德举办科技经贸信息发布洽谈会，中国科学院6个分院、22个研究所的30多名专家、研究人员参加活动。

11月18日，联合国FAO（粮农组织）水产专家菲利浦·邓尼克博士一行受世界亚洲银行委托，到宁德三都澳实地考察，评估水上保护、水产养殖开发方面的世行贷款项目。

11月20日，寿宁县医院成功进行全区首例连体女婴分离手术。

11月21日，柘荣县楮坪乡苏家洋村民无证驾驶柴三机，超载15人，在国道104线2088KM+900M急弯处超速行驶翻入27米深山沟中，造成死亡5人、重伤2人特大交通事故。

11月29日，中共福建省委书记陈光毅，省委常委、秘书长黄文麟，省人大常委会副主任袁启彤，副省长刘明康等到周宁、福安、宁德等县（市）开展调研和现场办公。

同日，福安市赛岐镇供销社发生特大火灾，死亡7人、伤1人。

12月2日，副省长刘明康到福鼎县调研。

12月10日，全区移动电话和无线自动寻呼联网并投入使用。

12月15日，中共福建省委副书记、组织部部长陈明义到宁德地区调研。

12月23日，福安市穆阳镇初处村附近发生一起小车与大客车相撞，致使大客车翻下坡坠入河中，造成14人死亡、28人受伤的特大交通事故。

12月30日，经省政府批准，首次财政收入突破亿元大关的福安市、福鼎县摘掉贫困市（县）帽子。

12月31日，穆阳溪梯级电站工程获国务院正式批准。该电站是省“八五”期间开工建设的20个重点项目之一，工程总装机容量40万千瓦，全部建成后年发电量9.98亿千瓦时，总投资20.8亿元。国家计委立项通过，由水利部、省政府和宁德地区行署联合投资开发。

12月，中共福建省委、省政府领导在闽东现场办公，确定建设城澳港。是年，编制完成《三都澳城澳港区总体布局规划方案》和一级疏港公路航测，引进江苏南通市姚港物资储运公司资金1200万元，修建城澳下池2万吨级趸船码头。

同月，全区保鲜出口香菇近万吨，食用菌产值超6亿元，出口量和产值打破历史纪录。

同月，福安市通过国家科委县级科技达标验收，成为全省3个“全国科技工作先进县”之一。

1994年

1月1日,《闽东日报》正式在上海市发行，这是全国少数批准在沪发行的地区级报纸之一。

1月13—15日，中共福建省委副书记、组织部部长陈明义到宁德地区调研并看望部分专家。

1月20日，全区九县（市）新一届人大、政协换届选举工作全部结束。

1月26日，省委常委、秘书长黄文麟，省检察院检察长郑义正等一行到宁德、福鼎、福安、柘荣等县（市）调研并进行春节慰问。

1月，由共青团宁德地区委员会举办的首届“闽东十佳青年企业家”评选揭晓，宁德地区罐头厂厂长黄梓光、福鼎啤酒厂厂长黄一民、闽东起重机总厂厂长林宝明、闽东荣华纸业有限公司总经理黄永勤、宁德地区东港商贸公司总经理陈金华、福安机电铸造厂厂长陈昌平、寿宁铁硅合金有限公司总经理夏鹏、福鼎电子器材厂厂长曾提瑞、霞浦化工厂厂长余长俊、屏南酒米曲厂常务副厂长何榕煌当选。

2月18日，全省地、市纪委书记会议在宁德市（今蕉城区）召开，中共福建省委常委、省纪委书记林兆枢出席会议并讲话。

2月，经国务院批准，屏南鸳鸯溪列为第三批国家重点风景名胜区。

3月2日，奥地利共和国驻华大使布科夫斯抵宁德考察观光。

3月3日，经国家工商局批准，全区首家分离保税区的保税仓库——福建祥宁保税品有限公司在霞浦三沙开业。

3月6日，霞浦县植保测报站被评为全国病虫测报先进单位。

3月27日，福鼎县破获全省首起破坏通信设备大案。当日17时05分，国家东南沿海光缆福鼎县境内国道104线2259千米处一涵洞内光缆保护钢管被犯罪嫌疑人施某某锯断，造成上海至广州9600条通信线路全部中断，时间长达585分钟，直接经济损失352.9万元。

3月30日，千吨级集装箱货轮“远得”号在霞浦三沙港装货后首次直航德国，结束宁德地区港口无集装箱作业的历史。

4月初，中共宁德地委、宁德地区行署、宁德军分区召开授奖命名大会，授予叶海斌“优秀共产党员”“见义勇为标兵”及其家庭“见义勇为之家”荣誉称号。叶海斌是霞浦县公安局长春派出所副所长，当年1月26日晚与5名持刀歹徒搏斗负伤。

上旬，古田县平湖镇达才村、松吉乡局下村附近千名群众前往该县坪岩洞迎“齐天大圣香火”，返回途中发生鞭炮爆炸，炸死4人，重伤9人。

4月7日，霞浦县牙城镇与水门乡、福鼎县磻溪镇及古田县部分乡镇遭受冰雹袭击，时间长达半个小时，降雹最大密度每平方米10个，粒最大直径达10厘米，死亡1人，3个县直接经济损失达1670万元。20日，古田县部分乡镇又遭冰雹、龙卷风及暴雨袭击，直接经济损失逾2000万元。

4月22日，省政协主席游德馨到屏南、周宁、寿宁等地调研考察。

4月，柘荣闽东第二制药厂生产的“乌龙减肥茶”在美国旧金山获世界传统医学优秀成果“金杯奖”。

5月4日，省政协副主席邹尔均到宁德、福安、福鼎、霞浦等县（市）考察。

5月11日，福鼎县玄武岩矿山因暴雨造成开采面大面积滑坡，造成死亡4人，重伤1人。

5月20—24日，全国人大常委会委员伍精华在省人大常委会副主任张明俊陪同下到福安考察穆云畲族经济开发区情况。

5月20—26日，地委书记陈增光率宁德地区经贸考察团到日本、韩国进行考察和经贸洽谈。

5月21日，由青年画家李辉创作的两幅国画——《闽东十月》《村静农忙时》入选由中国美术馆、中国美协山水画研究会联合举办的画展暨拍卖会。这是闽东画家作品首次参加全国性拍卖。

同日，举行空海大师纪念堂落成庆典活动。

5月31日，1994福建国际招商宁德地区对外开放情况介绍暨投资项目签约仪式在香港举行，签约项目61项，总投资1.91亿美元。

6月8—11日，省长陈明义率部分省直单位负责人到宁德、霞浦、福安、周宁4个县（市）调研，并看望霞浦县"徐洪刚式英雄"叶海斌。

6月14日，屏南县巨龙综合贸易公司生产的"绿源"牌竹凉席获上海1993国际中国保险精品博览会金质奖。1995年6月3日，在北京举办的第四届国家博览会上又获"优质产品奖"。

6月15—16日，国防大学考察团一行73人（其中中将3人、少将20人），到福鼎县、宁德市（今蕉城区）考察民兵预备役建设工作。

6月20日，古田县黄田库区因连日暴雨、山体滑坡，黄田镇法庭、林业站等7幢楼房被毁，48人被压，其中死亡27人、21人获救。

6月，宁德地区第一家在国外创办的企业——马来西亚福马有限公司利用棕榈油渣，在热带丛林中种植香菇、草菇、凤尾菇、木耳、竹荪成功。

7月10日，第6号强台风袭击全区，损坏房屋11.19万间、倒塌2504间、死亡1人，沉船1艘，失踪8人，直接经济损失1.05亿元。

7月15日，古田县的15个乡镇全部实现电话交换程控化、传输数字化，成为闽东第一个电话程控化县。

7月19—26日，应省引进国外智力领导小组办公室邀请，法国专家罗伯特·昂迪泽到福鼎福建三友皮革公司作技术咨询工作。

7月22—25日，副省长王良溥到宁德市（今蕉城区）、霞浦县检查夏季防疫和"科技兴海"工作。

7月24日，福安市社口村一柴三机因超速行驶在枫湖线8KM+700M处翻车，造成5人死亡、1人重伤的特大交通事故。

7月31日，应中共宁德地委、宁德地区行署邀请，全国人大常委会委员、全国人大法律委员会副主任、著名经济学家、北京大学教授厉以宁到宁德向地直机关干部作中国经济改革问题的学术报告。

7月，香港同胞施子清、邱季端捐款42.5万人民币资助霞浦、福安两县（市）畲族乡共70户、359人迁村移户。

同月，全省首家由省、地、县、镇四级共同投资兴建的农业综合开发项目——福鼎县铁锵围垦工程堵口成功。

8月1日，福鼎县沙埕中学帆板、帆船队代表宁德地区参加1994福建OP帆板、帆船锦标赛，获得男女团体总分第2名，单项冠、亚军各2名。

同日，由香港红十字会、中国红十字会联合捐赠的救灾粮发放仪式在古田县黄田镇举行，该批救灾粮共发放给246户1600多人，计2.5万千克。

8月3日，副省长童万亨率部分省直部门领导到屏南县调研。

8月16日，霞浦县被列为全省第一个“科技兴海”试点县。

同月，福安市成立公路建设投资股份有限公司，将国道104线部分路段以国有民营方式进行拓宽改造。此为省内首次国有民营商品路建设试点，经批准可在限定年限内对改造后通行该路段的车辆进行收费。

同月，福安市被国家科委列为“金桥工程”重点联系市。

同月，福鼎、霞浦、宁德、福安4个县（市）不同程度遭受第17号强台风袭击，有46个乡（镇）、42.74万人受灾，累计损失近亿元。

9月1日，闽东首次引聘的外籍教师爱米・丽米・斯诺（中文名字雪爱梅）与苏珊・伊丽莎白・麦卡锡（中文名字苏珊）到宁德师专任教。

9月5日，由地区工商银行推出的区内首台ATM自动取款机在宁德市（今蕉城区）市区开通使用。

9月5—7日，省人大常委会副主任袁启彤到屏南县慰问教师并调查深化教育改革、发展教育事业等问题。

9月8—12日，在厦门举办的1994福建投资贸易洽谈会上，宁德地区代表团签订项目51项，总投资额5.11亿美元，利用外资4.5亿美元，贸易额449.8万美元。

9月9日，宁德地区中级人民法院分别在古田、屏南、福鼎、霞浦四县召开“严打”宣判大会，集中宣判6案21名严重刑事犯罪嫌疑人，判处6名死刑，15名1年6个月至18年有期徒刑。

9月13日，应宁德地区台办邀请，台湾“中国中和党”主席郑祥麟一行到闽东省亲并进行商务考察。

同日，周宁县通过农村水电初级电气化县达标省级验收。

9月28日，地委书记陈增光出席全国第二次民族团结进步表彰大会，并接受国务院授予宁德地区“全国民族团结进步模范单位”的奖匾和证书。

9月，由中国港口协会、上海同济大学、交通部船舶运输研究所、交通部第一航务工程设计院等单位共同承担的《三都澳城澳区总体规划》正式完成。

10月9日，中国关心下一代工作委员会专家委员会常务副主任伍蓓秋与宁德市（今蕉城区）市长陈铭玉在宁德正式签署协议，由该委先期投资100万元人民币作为宁德市实施NPA（中国儿童发展纲要）项目专项基金，是全国8个实施NPA项目示范点之一。

10月13日，荷兰SHV控股公司远东部主任安德鲁・威林，对华开发部经理真而娄抵达宁德，对福安赛岐经济开发区、下白石3000吨级码头进行考察，旨在中国南部建立最大的液化气分拨中心。

10月15日，福安市邮电开发公司工人在湾坞乡政府门口架设电话线时，因违章操作，与照明高压电线接触而触电，当场死亡5人、伤1人。

10月18日，由国家海洋局组织的“九五”海洋能源利用技术发展规划研讨会在福鼎召开，与会人员参观了福鼎八尺门潮汐实验电站和沙埕港。

10月20日，海军某支队干部李建新、郭宗信在福州开往汕头的客车上与4名歹徒搏斗，李建新身负重伤。11月25日，中共宁德地委、宁德地区行署授予李建新、郭宗信“见义勇为模范”荣誉称号。福建省见义勇为基金会为他们颁发“见义勇为先进分子”证书。共青团省委授予他们“新长征突击手”称号。福建省委、省政府作出向李建新、郭宗信学习的决定。海军党委授予李建新“见义勇为的模范干部”称号，郭宗信荣立一等功。中国人民解放军海军授予李建新“见义勇为模范干部”荣誉称号并在福州举行命名大会。

10月21日，马来西亚世界福州十邑同乡总会主席、拿督张晓卿率领14名马来西亚著名华侨到屏南县访问。

10月21—25日，宁德地区第四届运动会在宁德举行，9个县（市）代表队和地直行业代表队共有430名运动员参加。运动会期间打破7项地区纪录，古田队、宣教队分获县（市）组和行业组金牌总数第一。

10月23日，中华畲族宫破土动工，占地面积3.34公顷，总投资1060万元，被国家旅游局、省旅游局确定为“中国民俗风情游——南国风景窗”福建三线之一。1995年建成并对外开放。

10月26—27日，台湾“闽东古建筑之旅”建筑设计行家代表团到福鼎县翠郊、金钗溪、太姥山等地考察古建筑。

10月下旬，颜清文等10位宁德籍侨领回家乡考察投资环境，后帮助引进项目6个，合同外资1500万余元。

10月26—29日，中共福建省委副书记林开钦率省委办公厅、省交通厅、省公路局等部门负责人到宁德、周宁、福安、柘荣、福鼎、霞浦等地考察交通“先行工程”建设情况。

11月1日，由宁德地区行署和古田县政府联合举办的闽东有史以来最大的涉外活动——闽东·古田投资贸易招商联谊大会在古田召开，来自马来西亚、新加坡、加拿大、文莱、瑞典等国家和中国香港、台湾地区的260多名华侨、华人客商和港台客商到会，签订9个项目合同，总投资5400万元人民币，其中利用外资和港台资556万美元。

同日，全省最大的围垦工程——围垦面积达2267公顷的霞浦沙头围垦工程初步设计方案在福州通过省级审定。

11月4日，世界卫生组织计划免疫署派出的计划免疫及消灭脊髓灰质炎考察组到宁德地区考察。

11月8日，周宁县一未挂牌农用车因超载在从周宁纯池乡返回城关途经钟山桥时翻车，造成14人死亡、10人受伤的特大交通事故。

11月10日，纪念闽东苏区创建60周年活动在福安市举行。

11月17日，闽东福宁信托投资公司证券交易营业部正式投入营业并与上海证券交易所连通，宁德股民可直接在当地委托买卖上交所的上市股票。

11月20日，宁德地区首届人才、劳务集市在宁德市（今蕉城区）举办，共有32个单位、700多人参加交易，57人当场被录用，187人达成意向。

11月22—23日，地委书记陈增光率宁德地区代表团60余人参加在福州举行的宁德—福州横向经济联合洽谈会，共签订协议、意向38项，总金额3亿元人民币。

11月23日，屏南县一个体小客车在屏南溪东线3KM+100M处翻车，死亡5人，伤17人。

11月24日，香港同胞沈炳麟在闽东开展第五批捐资办学签字仪式在上海举行，共9个项目，总捐资96.6万元。

11月26日—12月1日，中共福建省委常委、常务副省长王建双率省直有关部门领导到周宁、寿宁、福安、福鼎、宁德等县（市）检查扶贫工作和重点工程建设情况。

11月28日，宁德地区妇联获全国“第四次世界妇女大会知识竞赛活动”组织奖。

11月30日，全国人大代表、中共福建省委副书记何少川率全国八届人大在闽代表视察组到周宁、屏南、古田县考察农村、企业、教育及开发区情况。

11月，全国柚类科研协作会上，古田县“湖滨蜜柚”获第二名，培育者林永安获金杯奖。

同月，中共中央宣传部、解放军总政治部联合授予霞浦北礵岛与驻岛部队为“全国军民共建社会主义精神文明先进单位”称号，宁德地区双拥共建工作首次获得中央级表彰。

12月2日，中央查处福鼎伪劣机械骗销案协调小组一行8人到该县督查，并召开闽浙两省联席会议研究查处工作。截至年末，全县已处理各类投诉509件，占群众投诉件的90%，实际赔付839.72万元；解决标的金额6488.96万元，占案件标的金额的88%。共缉捕涉案人员17人，其中判刑1人，收容审查16人。

12月4日，零时起，宁德地区本地电话网和无线寻呼网正式运行，全区电话号码和BP机号码同时升为7位。它标志着闽东通信技术从模拟网跨入数字网，具备与国际先进通信网接轨的能力。

12月19日，一艘运载蘑菇罐头的全集装箱船从宁德市（今蕉城区）漳湾港首航美国。

12月22日，屏南县榕屏联营化工厂建成并正式投入生产。该厂由福州市第一化工厂与屏南县电力公司联合投资8000万元兴建。1999年7月18日，二期技改工程竣工，使该厂年产氯酸钾和双氧水分别达到3万吨和10万吨，成为全国最大的氯酸钾生产基地。

12月28日，福鼎、寿宁县被评为1994全省经济发展“十佳”县（市）。这个评比是由省人大常委会财经委、农经委和省经济研究中心、省城市调查队联合对全省63个县（市）1993年10项经济指标增长进行综合研究分析后作出的。

12月，福安市建成全省最大的中华绒毛蟹养殖基地，该基地水域面积1333多公顷，年收商品蟹100多吨，产值500多万元。成蟹主要销往上海、浙江、江苏等地。

同月，古田县栽培成功国际市场畅销的珍品新菇——松茸。

同月，310多万粒栉孔扇贝首次在霞浦闾峡、大京、东冲、三沙4个养殖点落户。1995年8月10日，霞浦县栉孔扇贝养殖技术开发项目通过省科委验收。

年底，白马港区下白石3000吨级集装箱码头技改工程建成投产。

是年，地区畲族歌舞团创作的《蓝色家园》获第二届福建艺术节优秀表演奖、演出奖、舞美奖、编导奖、演员奖。

1995年

1月4日，卫生部与世界卫生组织技术合作项目“防治产后出血、降低孕产妇死亡率干预措施”培训班在屏南开学。屏南县是该技术合作项目全国两个试点县之一。

1月7日，在福建省第二届工业品博览会上，福安市汽车配件厂生产的马达消声器、寿宁县“梦龙春”白酒获金奖。

1月9日，古田籍选手李成伟在新西兰举行的奥克兰国际男子跳水跳台比赛中夺得冠军。

同日，福鼎县“鼎航8号”货轮在前往浙江敖江途中发生沉船，船上9名船员6人死亡、2人失踪。

1月16日，中共福建省委常委、秘书长黄文麟出席福鼎县经济迎春汇报会并讲话。

1月16—21日，省人大常委会副主任袁启彤率队到柘荣、寿宁、宁德等县（市）调研并慰问老区群众。

1月17日，省长陈明义、副省长王建双率省直有关部门领导到古田黄田库区慰问库区移民困难户和1994年“6·20”特大自然灾害受灾户。

1月22日，宁德地区中级人民法院在福安公开宣判该市晓阳镇谷口村干部集体贪污案，5名被告人贪污国家建设黄兰溪梯级电站向该村征用土地款9.6万元。此案是解放后全省罕见的村级贪污大案，主犯被判处死刑、缓期执行，其他4人被判有期徒刑。

1月，在北京中南海召开的全国十大杰出中小学教师颁奖大会上，福建省唯一代表、福安一中教导主任、优秀数学教师李讯荣获提名奖。

2月16—24日，受全国政协委托，由省政协副主席刘金美率领部分在闽全国政协委员赴闽东视察团到古田、屏南、周宁、宁德等县（市）考察。

2月24日，福安市农行康厝营业所出纳员林碧玲为保卫金库与两名抢劫歹徒英勇搏斗，光荣殉职。其后全国和福建省妇联追授她“三八红旗手”，省政府追授她“五一劳动奖章”。同年被授予“全国见义勇为先进分子”荣誉称号。

2月26—27日，周宁县先后发生两起“柴三机”翻车事故，造成5人死亡、11人重伤、10人轻伤。

2月27日，最高人民法院副院长唐德华一行到宁德地区检查指导工作。

2月，原福鼎县粮食系统职工陈健将其多年在外经商所得150万元人民币捐献给福鼎县人民政府，用于建造一所希望小学。

3月10日，古田溪水电厂与古田邮电局签订协议，由水电厂投资50万元，将该厂专用通信网并入国家公用通信网，这是闽东第一家通信专网与国家公用网联网。

3月16—20日，中共福建省委常委、宣传部部长赵学敏一行到古田、周宁、福安、福鼎、柘荣、寿宁、霞浦7县（市）的24个乡镇、40个行政村开展调研活动。

3月19日，日本水稻专家原正市等到宁德地区指导水稻旱育栽培技术。

3月20日，在香港举行的1995福建投资贸易洽谈会“宁德地区赴港招商新闻发布及项目签约仪式”上，宁德地区地、县（市）共签约34项，总投资6.8亿美元。

3月21日，澳大利亚驻华大使馆公使郭森若、参赞杜凯、驻上海领事馆副领事王茂亭等到宁德三都澳城澳港考察。

同日，由地区科委情报所建立的“海峡信息网”大型综合性计算机信息服务网络开始向全区各行业提供信息服务。

3月27—30日，福鼎县警方接连破获两起恐龙蛋化石走私案，查获国家重点保护文物恐龙蛋化石13枚，并抓获两名案犯。

3月，美国加利福尼亚州斯坦福大学人类学研究学者艾礼嘉博士到宁德地区考察畲族文化。

4月4日，屏南县获首批百个中国特产之乡的“中国夏香菇之乡”称号。

4月17日，在文化部、人事部联合召开的全国文化工作经验交流表彰大会上，古田县获得“全国文化模范县”称号。

同日，古田籍运动员丁斌获福建省第二届“乒协杯”乒乓球公开赛优秀运动员组男子单打冠军。

4月20日，宁德市（今蕉城区）人民检察院荣立全国检察系统集体一等功，这是区内检察系统首次获此殊荣。

4月21日，宁德市（今蕉城区）查获一起全区最大的滥伐林木案，盗伐霍童镇坑头、上浒等8个集体林场500多立方米木材的4名案犯全部落网。

4月24日，一辆载有32名旅客的宁德中巴在福安下白石镇外宅村附近翻车，造成13人死亡，19人重、轻伤的特大交通事故。

4月26日，福安一中郑常津、陈华一、李国雄在第二十一届俄罗斯中学数学奥林匹克竞赛中，1人获银奖、2人获铜奖。

4月29日，缪惠吟、黄梅玉、陈太纯、黄永勤、叶石成、刘标标6人被国务院授予“全国劳动模范”荣誉称号。

同日，在福建省首届百花文艺奖颁奖大会上，宁德地区选送的音乐电视片《山海的交响》、霞浦县文联汤养宗组诗《家在海边》、福鼎县越剧团的越剧《孩子剧团》和古田县闽剧团的闽剧《红罗杉》分别获得二等奖。

4月，宁德市（今蕉城区）、寿宁县通过省级验收，成为全国第二批农村水电初级电气化县（市）。

5月9日，宁德地区“八五”重点工程——柘荣县青岚调水引水隧洞贯通。该隧洞贯通后新增灌溉面积481公顷，并通过调节龙溪三座梯级电站用水，年增枯水电能1327万千瓦时。1996年9月5日，青岚引水工程大坝下闸一次性成功。

5月24日，周宁县乡镇程控电话交换站全部建成，在全区率先实现乡镇电话程控化、电话传输数字化。

5月26日，柘荣县希望小学在黄柏乡蒲洋村动工建设。该校是福建省第一所红领巾“希望小学”。

5月29日，福鼎县点头镇供销社宣告破产，是省内第一家宣告破产的基层供销社。

5月，霞浦县通过全国科技工作先进县达标验收。

同月，宁德地区3条公路，古田大桥—屏南、政和镇前；福安湖塘坂—周宁城关；周宁泗桥—政和镇前改造项目列入福建高速公路利用世行贷款捆绑项目。3项目共计铺设沥青路面175.8千米，总投资5854万元，其中世行贷款220万美元，省补助1142万元，地、县自筹286万元。

同月，台北闽东同乡会理事、霞浦籍台胞林树中带领台湾“群视”摄影组到闽东拍摄《畲族风情》纪录片，该片于当年10月在法国坎城电影节获奖。

6月2日，一艘满载赛江黄沙的“日照号”远洋货轮，从福安下白石3000吨级杂货码头起航前往日本横滨，该货轮是该码头建成后首航国外的货轮。

6月8日，福建省第三届少数民族传统体育运动会上，宁德地区畲族代表团共夺得5枚金牌，列全省第一。

同日，宁德军分区获国务院授予“全国民族团结先进单位”称号，是全省唯一获此荣誉的地方军事机关。

6月12日，省政协副主席、省委统战部部长金能筹到闽东调研。

6月16日，宁德地区“八五”重点建设项目——福鼎桑园电站第一台机组投产发电。该项目于1992年6月16日正式动工，总投资1.95亿元，装机容量3.75万千瓦。1996年6月29日全面竣工。1997年1月8日，通过省级验收，被评为水电部和福建省优良工程。

6月18日，闽东北五地市经济协作旅游专业会议在古田召开。来自福州、莆田、三明、南平、宁德五地市旅游局、协作办和湄洲岛管委会的负责人和省内部分旅行社负责人出席会议。

6月24—27日，中共福建省委副书记林开钦带领省委办公厅、交通厅、财政厅、公路局的负责人到国道104线闽东沿线县（市）和周宁县检查公路拓宽改造工作。

6月，宁德市（今蕉城区）个体养殖户周金取得网箱养殖大黄鱼成功，在宁德城澳海面网箱中养殖大黄鱼十多万尾。

7月1日，原经省政府批准设立的福鼎贯岭、宁德洋尾检查站撤销，至此，国道104线闽东段站卡全部撤除。

7月3日，寿宁县托溪乡遭受历史罕见的暴雨并引发洪水袭击，全乡15个行政村、65个自然村受灾，直接经济损失2000余万元。

7月6日，地委、行署举行争创小康村誓师动员大会。会议提出全区农村要在1997年消灭绝对贫困基本实现小康和2000年全面实现小康的奋斗目标。会后300多名小康工作队员陆续下村驻点。

7月6—12日，在北京举办的第三届中国乡镇企业出口商品展览会上，宁德地区36家重点企业的138种参展产品中，荣获“金杯奖”1个、“优秀产品奖”5个。

7月14—17日，副省长王良溥带领省卫生厅、计生委领导等到宁德、福鼎、福安等县（市）开展计划生育和卫生防疫工作调研。

7月18日，由福建万德公司飞鸾养殖基地生产的3吨活鳗从福州空运日本，是宁德地区首次出口活鱼。

7月22日，上午12时，福鼎县点头镇及附近4个村遭受一场罕见龙卷风袭击达3小时，1人死亡、民（厂）房倒塌25处，直接经济损失120万元。

7月，经国家体改委、建设部等11个部委联合批复，霞浦县三沙镇列入全国小城镇综合改革试点，成为全国20个省（市）57个试点乡镇之一。福鼎县点头镇、福安市穆阳镇同时被列为全国小城镇建设试点单位。

同月，闽东首家烤鳗厂在霞浦城关建成，该厂由厦门外资企业——杏林烤鳗有限公司投资500万美元建设，主要从事烤鳗和蔬菜保鲜出口业务。

8月6日，应闽东贸易促进委员会支会邀请，德国BEA公司国家部经理马尔库斯·泛尔到福安红旗机械厂、福鼎县铸造厂、闽东电机厂、宁德市二轻机械厂、闽东无线电厂等就合作生产项目进行考察洽谈。

8月7—10日，副省长张家坤到宁德市（今蕉城区）考察台商企业。

8月9日，受联合国教科文组织委托，韩国文化体育部专门委员会李素罗到宁德地区采风，专门搜集、录制宁德和福安两地在畲汉两族民间传唱的秧歌。

8月15日，一辆从大甲乡开往城关的古田大客车在大桥镇芦坑道班附近翻下百米山坡，造成4人死亡、38人受伤特大事故。

8月16日，新西兰官方发展援助考察团就无偿援助寿宁县社会林项目到闽东考察。1997年10月17日，新西兰援助寿宁县社会林项目建设通过中新两国专家评审，标志着中新两国第一个林业合作项目圆满完成。

8月27日，福鼎县秦屿镇番岐头围垦主体工程正式动工，该工程属省中型工程，围垦面积333公顷，总投资2100万元。

8月28—30日，副省长童万亨到屏南开展扶贫攻坚调研工作。

8月28日—9月1日，副省长施性谋带领省经委、省政府办公厅等有关单位负责人到宁德、福安、福鼎、柘荣等县（市）调研并察看部分企业、副食品基地和市场。

8月31日—9月5日，中共福建省委常委、常务副省长王建双带领省直有关单位负责人深入宁德、寿宁、屏南、古田等县（市）调研闽东开展脱贫致富奔小康及计划生育工作。

8月，宁德地区开展多项“世界反法西斯战争暨中国人民抗日战争胜利50周年”纪念活动，其中有大型图片展览、座谈会、成立新四军研究会等。

同月，福安一中推荐的4名保送生被中国科技大学录取，这4人也是当年中国科技大学在福建省录取的全部保送生。

9月5—6日，副省长王良溥带领省科委等有关部门负责人到宁德、霞浦县（市）调研。

9月8日，宁德地区代表团在1995福建投资贸易洽谈会上共签订合同及意向书81份，总投资4.56亿美元，利用外资3.58亿美元，出口贸易总成交额2611万美元。

9月14日，全省农村宣传思想工作现场交流会在宁德召开，中宣部教育局副局长王世明到会，中共福建省委常委、宣传部部长赵学敏到会讲话，会议主要议题为分析研究当前农村宣传思想工作面临的形势和任务。

9月21日，国道104线宁德段拓宽改造工程完工并举行通车仪式，省、地、市领导参加。

9月，省政府批准勇斗歹徒牺牲的福安市溪尾村青年、原厦门某建材厂保安员陈华为革命烈士。

同月，区内部分县（市）旱情严重，累计受旱面积9.07万公顷，其中龟裂20846公顷、绝收7213公顷。

10月3—4日，福鼎县暴雨成灾，损失严重，直接经济损失达4000多万元，受灾最重的硖门乡20多家企业受损、800多座房屋被淹、受灾群众6000多人，其中死亡3人。

10月9日，在省第三届农民运动会上，宁德地区代表团夺得3金2铜。

10月11日，凌晨，古田县城关解放路发生特大火灾，烧死2人，烧毁店面11间、房屋14间，直接经济损失近300万元。

10月13日，经国务院批准，同意撤销福鼎县设立福鼎市（县级市），以原福鼎县的行政区域为福鼎市行政区域。12月27日，举行撤县建市庆典。

10月18日，闽东首家私立电脑学校——福鼎县电脑学校暨福州大学成人教育学院福鼎电脑教学点正式挂牌成立，该校由福鼎县教育局与福大成教院联办。

10月19日，霞浦警方在三沙镇洋坪村破获一起区内中华人民共和国成立以后最大制毒案，当场缴获“冰毒”（安非他命）80千克及全套制毒设备、化学药剂等，案犯台湾毒贩徐某及境内不法分子先后在台湾和福州落网。

同日，总投资4000万元的福建水口天柱山旅游开发区规划通过省级鉴定，该旅游开发区的规模为闽东之最，也是全区外商投资旅游的最大项目。

10月20—21日，原中组部常务副部长赵宗鼐到宁德、福安、福鼎三市开展调研活动。

10月22日，由古田海外侨胞捐资237万元建成的古田第九中学举行落成庆典，省侨联副主席杨学麟、地区行署副专员林思翔及侨胞代表等参加庆典活动。

10月25—28日，全国十二地区（盟）政协工作第9次联谊会议在宁德举行，省政协副主席林逸到会祝贺。

10月28—30日，副省长潘心城和省人民检察院检察长郑义正带领省政府办公厅、财政厅等部门领导一行十多人到寿宁、周宁调研。

10月31日，霞浦县边防大队在三沙查获贩毒案，抓获毒贩6人，缴获“冰毒”（安非他命）129千克。

10月，省科委重点科研项目——菇耳专用林定向培育试验在屏南获得成功，该试验解决了人工促进阔叶林（主要指杂木）伐后更新速生丰产问题，可有效缓解菌林生产矛盾。

同月，在1995中国（福州）食用菌新技术、新产品交流会上，寿宁花菇被授予“优质产品奖”，寿宁、古田县被中国食用菌协会评为“全国食用菌行业先进县”，并被誉为“中国花菇之乡”。

11月1日，由省旅游局、宁德地区行署和宁德市（今蕉城区）政府联合举办的1995中国·闽东畲族风情旅游节在宁德开幕，来自欧、美、东南亚等20多个国家及中国台港澳地区的宾客，浙、粤、皖、赣、湘等13个省市的畲族宗亲共4万多人参加活动。

11月2日，宁德地区畲族体育代表团一行60人赴云南参加第五届全国少数民族传统体育运动会，在会上表演传统节目《打枪担》并获表演一等奖。

同日，经省外经贸厅批准，日本国稻生物流企划株式会社驻宁德代表处正式成立，该代表处是首家外国企业在闽东设立的代表机构。

11月4日，历时8年的福安市湾坞二期围垦工程通过省、地验收，该工程保护面积433公顷，保护人口3100人，堤长3900米，总计土石方103.5万立方米，总投资1098.8万元。

11月6日，国道104线闽东段改建工程全部竣工，并通过交通部公路管理司的文明样板路检查组的检查验收。

11月9日，宁德地区中级人民法院裁定并宣告福安茶厂因亏损1943万元，资不抵债而破产。福安茶厂曾为闽东地区工业发展作过巨大贡献，产品多次被评为国家名牌产品，其注册商标“白云山”茶为福建省著名商标。

11月10日，在中国科协召开的全国农村科普工作暨农村专业技术协会交流会上，古田县食用菌协会被评为全国先进单位，该协会理事长丁湖广获全国农村科普先进工作者和中国农村专业技术协会优秀理事长奖章。

11月22日，在全国村民自治示范经验交流暨城乡基层先进集体和先进个人表彰会上，古田县获“全国农村自治模范县”称号。

11月24日，日本长崎县农业访华团一行4人到福安市社口镇省茶科所参观访问。

11月26日，全国人大常委会科教文卫委副主任委员杨海波率全国人大、全国政协、国家教委基础教育“五项内容”督察组到霞浦、宁德两县（市）检查工作。

12月5日，由福安市康健哮喘病研究所所长王健研制的“特效哮喘胶囊”获全国发明协会颁发的铜牌。

12月10日，由联合国粮农组织和世界卫生组织向发展中国家推荐的球盖菇在柘荣县英山乡试种成功，该品种是国际菇类交易市场十大种类之一，价格昂贵，市场广阔。

12月14日，宁德市（今蕉城区）林业公安分局破获一起特大盗伐林木案。案犯在1993—1995年间共非法盗伐林木57公顷，合计材积9090立方米。

12月19日，中外合资福安黄兰溪水力发电有限公司成立。该公司由福安黄兰溪水库梯级电站与英属维京斯永沛投资有限公司共同投资成立，是宁德地区引进外资投入基础建设的第一个项目。

12月25—30日，副省长童万亨深入福鼎、霞浦、福安、宁德4个沿海县（市）检查海堤加固工程建设。

12月26—28日，由省政协副主席、省委统战部部长金能筹率领的福建省各民主党派、工商联组成的公路“先行工程”视察团一行30人到宁德、福安、柘荣、福鼎考察国道104线闽东段改造情况。

12月29日，由行署和福鼎市政府共同举办的1995闽东·福鼎边界物资贸易会结束，3天交易额近亿元。

12月，由宁德市（今蕉城区）八都小学教员陈玉新发明的中文四笔码，在1995中国专利技术及产品博览会上获银奖，该码为计算机中文输入编码提供一种新方案。

1996年

1月1日，中共福建省委副书记、省长陈明义率省直有关部门负责人到水口电站古田库区慰问特困户、“五老”户和老教师。

1月4—6日，副省长王良溥到寿宁县、福安市调研计生和卫生工作。

1月6日，由省计委牵头组织，省工程咨询总公司、省水电厅、宁德地区计委等十多家单位参与，历时两年编成的《宁德市三都澳区域国土规划》通过专家评审。

1月11—12日，由中共福建省委常委、宣传部部长赵学敏率领的省、地、县“文化三下乡”慰问团到古田县平湖、黄田两镇开展慰问演出。

1月15日，中国第一部《香菇、银耳地方标准》在古田县通过审定。

1月23日，国家关心下一代工作委员会秘书长邵木兰到宁德市（今蕉城区）察看、落实由国家关工委选择布点的《九十年代中国儿童发展规划纲要》（简称NPA）建设项目。

1月，由宁德地区科技情报研究所承办的大型综合计算机信息网络与作为信息高速公路的美国教学教育网（INTEMEI）接通，并向全区提供信息服务。

2月6日，宁德地委、地区行署下发《关于加快工业发展的决定》，以落实“工业富区”战略，加快闽东工业发展。

3月5日，宁德市（今蕉城区）宁古食用菌研究所承担的香菇优良菌株选育和竹荪、猴头菇、蔗菇、白背木耳、姬松茸“野外大田立体栽培技术”分别获国家、省科技进步二等奖、三等奖和推广奖。

3月8日，中共福建省委副书记何少川到宁德、福安、寿宁县（市）调研。

3月10日，由宁德地区水技站、省海洋研究所海洋研究室及宁德地区水技试验场联合进行的真鲷鱼早春人工繁殖获得成功，从而结束了闽东早春真鲷鱼苗需到闽南调运的历史。

3月11日，省内首例律师状告作家侵害名誉权案一审在福鼎市人民法院作出判决，被告败诉。

3月16—22日，全区各县（市）人民武装部收归军队建制。29日，九县（市）人武部军官授衔仪式在宁德举行。

3月24日，经专家严格检查、评审，省等级医院评审委员会下文确认宁德地区二院为二等甲级医院。这是全省首批、区内首家二等甲级医院。

3月28—31日，最高人民检察院副检察长陈明枢到福安、柘荣、福鼎、霞浦、寿宁等县（市）检查工作和调研。

3月29日，副省长黄小晶到古田县检查库区安全防汛工作。

4月1日，福建省公安专科学校寿宁籍实习生叶寿春在追捕犯罪分子时牺牲，后被国家教委、团中央及省公安厅、省教委、团省委分别授予“二等功”“全国三好生”“省优秀共青团员”荣誉称号。

4月11日，古田县科兴食用菌研究所在海拔320米的古田城关采用室外架层袋栽办法试种成功低海拔花菇，经有关专家现场验收，确认该技术在省内属创新。

4月12日，“大黄鱼人工繁殖与育苗技术研究”课题通过农业部组织的技术鉴定，其成果居国际先进水平，获农业部科技进步三等奖。

4月14日，在泰国首都曼谷举行的第五届亚洲游泳锦标赛跳水比赛中，古田籍选手李成伟以684.61分夺得跳台跳水金牌。

4月15—19日，省委常委、秘书长黄瑞霖率省直有关部门领导到宁德、福安、柘荣、福鼎、寿宁县（市）的11个乡镇、13个村街、7个厂场和3所学校以及茶科所、黄兰溪电站、近百家农户家庭调研农村脱贫致富奔小康工作。

4月17日，古田县水口闽江大桥工程合龙，该桥是古田县境内横跨闽江的一座公路大桥，也是全省同类桥梁中跨度最大、桥身最高的一座。

4月25—26日，中国台北奥委会、海峡奥林匹克董事长张丰绪到闽东考察农业投资环境。

4月28日，闽东在沪企业“集茗轩”茶庄开业，是上海最大的茶叶交易市场，占地面积1500平方米。

4月，霞浦县示范养殖螺旋藻取得成功，闽东首家海藻酸钠生产线在霞浦建成投产。

同月，宁德市（今蕉城区）实验小学、霞浦县柏洋中心小学获“1995全国手拉手活动先进联谊学校”称号。

同月，全区组织开展“严打”集中统一行动，共摧毁各类犯罪团伙255个（成员1142人），抓获犯罪嫌疑人2554人，审结刑事案件682件1177人，209人被判处无期徒刑以上，对91名罪犯执行枪决。

5月2日，经国内贸易部批准，由中国华道物产集团公司、北京太和技工贸易发展总公司与福安市人民政府联合投资建设的闽东电机电器中心批发市场，被列入国家级市场建设规划。

5月9日，宁德市（今蕉城区）GMS卫星云图系统正式投入运行，该系统的投入使用为全区防汛抗旱工作提供技术保障。

5月17—19日，副省长黄小晶率省直有关部门负责人到宁德、福安、福鼎三市调研。

5月22日，中共福建省委副书记、省“严打”斗争领导小组组长林兆枢到宁德地区检查指导“严打”工作。

5月23—24日，全省党员学理论交流会在福安召开，省委领导林兆枢、陈营官参加会议，中组部亦派员到会指导。

5月28—30日，省政协副主席、省委统战部部长金能筹到霞浦、寿宁县调研统战工作。

6月1日，全区开始全面推行新的城镇住房制度改革。

6月2日，中国艺术家万里采风团一行6人，到驻宁德海军某护卫舰大队，开展以“水兵一日”为主题的摄影创作活动。

6月4—5日，国家计生委规划统计司司长张二力、中国人口信息研究中心副主任顾金昌等到宁德地区检查计划生育工作。

6月12—16日，省政协副主席林开钦带领省有关部门负责人到宁德、霞浦、周宁、屏南、古田等5个县（市）、10个乡（镇）、16个工程点进行调查研究。

6月13—15日，1996闽东小康招商博览会在福州省体育中心开幕。会议期间，共签订外引内联项目124项，引进外资3.13亿美元，内资6.9亿元人民币。

6月14日，中央农村工作领导小组农民负担问题专题调研小组、中办秘书局副局长范照兵一行 3 人到霞浦县开展农民负担调查研究。

6 月 15—19 日，省委常委、省委秘书长黄瑞霖率省直有关部门领导到宁德、福安、柘荣、福鼎等县（市）的 11 个乡镇、13 个村街、7 个厂场和 3 所学校以及近百家农户家庭调研农村脱贫致富奔小康工作。

6 月 17 日，由古田籍华侨郑先生三兄弟捐资 150 万元兴建的古田县玉田中学大礼堂落成。此为区内中小学中规模最大的多功能礼堂。

6 月 21 日，地区公安处缉毒大队破获一起贩卖毒品案，当场抓获犯罪嫌疑人 5 人，缴获毒品 4000 克及运送毒品的桑塔纳轿车 1 辆。

6 月 30 日，中共宁德地委举行纪念中国共产党成立 75 周年暨郑韩华同志先进事迹报告会，并决定授予原闽东电机厂厂长兼党委书记、长期积劳成疾后以身殉职的郑韩华为“优秀共产党员”“优秀企业家”称号。

6 月，宁德师专青年教师谢向东获“福建省青年科技奖”，宁德地区仅此一人获得该奖项。

7 月 3 日，宁德地区首次公开选拔 5 位工业副县（市）长揭晓，刘振辉等 5 人入选。

7 月 7 日，福安一中特级教师李迅应国际数学教育大会（ICMA）执行主席邀请，前往西班牙塞维利亚参加第八届国际数学教育大会并在大会上宣读有关论文。

7 月 12 日，闽东首家民营集团有限公司——福建省山海集团有限公司成立。该公司注册资本人民币 1008 万元，主要从事水产养殖和林果开发。

7 月 19 日，福安一中学生陈华一在印度孟买举行的第 37 届国际数学奥林匹克竞赛中获金牌。

同日，福安市水稻旱育稀植技术通过省级验收，专家认为该技术可在全省推广。

7 月 21 日，福安市“穆阳水蜜桃提纯复壮”项目通过专家评审，被确认达到省内先进水平。

7 月 25—26 日，中共福建省委常委、常务副省长王建双率省计委、财政厅等有关部门负责人到飞鸾岭隧道工地和穆阳溪梯级电站现场办公。

7 月 25—27 日，副省长潘心城到柘荣县企业和农村调研。

7 月 28 日，美国著名土地专家、华盛顿大学农村发展研究所所长普罗斯特曼教授一行 3 人到霞浦考察土地制度建设试验情况。

7 月 29 日，地区第二医院显微外科成功地为一左手腕断离 6 小时的伤者进行断腕再植手术。此项技术填补了闽东空白并达到省级技术水平。

同日，第 8 号台风袭击宁德地区，全区受灾乡（镇）798 个，受灾总人口 164.3 万人，直接经济损失 12.74 亿元。8 月 14 日，民政部司长张明亮到受 8 号强台风袭击受灾较重的霞浦县盐田乡考察灾情。8 月 21—23 日，副省长王良溥率省政府办公厅、计生委、卫生厅、脱贫办负责人到宁德地区了解 8 号强台风引起的灾情及救灾情况。

8 月 10 日，全国首次公路工程挤淤试验在宁德汽专线施工中获得成功。

8 月，在 1996 全国中学生化学奥林匹克竞赛中，屏南一中陈友江、地区民族中学郑建周获一等奖。

同月，福鼎沙埕中学帆板队在厦门鼓浪屿举行的 1996 福建省帆船、帆板锦标赛中获 OP 帆船团体总分第一名，队员刘孝敏、林琳分获男子个人第一名、第二名。

9 月 12 日，在第十届福建投资贸易洽谈会上，宁德地区共签约 103 个，总投资 3.7 亿美元，利用外资累计 3.4 亿美元。

9 月 18 日，零时起，宁德地区乡镇全部开通程控电话。

9月23—26日，中央扶贫开发工作会议在北京召开，宁德地委领导作大会典型经验介绍。

9月，福安市在溪潭乡设立刺桫椤自然保护区。该区已发现大小300余株国家一类保护植物刺桫椤，是全国已发现的刺桫椤量最多、生长最好、生态环境最佳的集生地之一。

同月，在省第三届工人运动会上，宁德地区代表队取得6枚金牌、6枚银牌、2枚铜牌，共14枚奖牌。在7个系统、16个代表团中总分列第7位。

同月，宁德地区医药系统率先在全省国有医药商业企业中实行股份制。

10月5—7日，应福鼎市市长邀请，斯洛伐克共和国特尔瓦纳市市长史蒂芬·博什纳克率友好代表团一行10人访问福鼎市并考察了太姥山、沙埕港、福鼎啤酒厂、福鼎一中等。

10月6日，全国首批实施“绿色证书工程”试点县（市）的福安市通过省级复评验收。该工程是国内实施农村科普工作的一项重要举措，旨在对农民进行培训，逐步做到持证务农。

10月7—11日，副省长施性谋率省直有关部门负责人到周宁、寿宁、福安、宁德等县（市）开展调研活动。

10月9—10日，副省长张家坤到闽东调研并会见由省政府引荐到宁德考察工业投资环境的德国客人。

10月11日，霞浦县“大黄鱼网箱养殖技术”通过由国家海洋局第三海洋研究所、厦门大学、福建海洋研究所等10多个科研机构、院校、专家验收论证。

10月14日，由省经贸委兴建、总投资1030万元的“闽东蔬菜农副产品批发市场”在霞浦县建成并开业，该市场占地面积5900平方米。

10月18日，寿宁县“人工调促花菇形成技术研究”项目通过省科委技术鉴定并确认为国内领先水平。

10月27日，地委、行署、地区人大工委、地区政协工委、军分区在行署礼堂召开纪念红军长征胜利60周年大会。

11月3—5日，中共福建省委常委、常务副省长王建双到寿宁县乡村和企业调研。

11月4日，世界银行官员一行4人到宁德地区考察水产养殖。

11月5—8日，中共福建省委书记陈明义到宁德、福安、周宁三县（市）调研。

11月11—12日，中国农业银行资金计划部副总经理罗哲夫一行到宁德地区考察农业综合开发项目。

11月13日，中国国际减灾十年委员会联络员会议在福鼎市召开。

11月14日，最高人民法院行政审判庭庭长杨志向一行2人到宁德地区检查指导行政审判工作。

11月15日，霞浦县刘伟雄、汤养宗、谢宜兴等人的诗作在“福建省第十届优秀作品暨第六届施学概诗歌奖”颁奖大会上分获一、二等奖。一县多人获奖为福建文学奖开评以来所仅有。

11月18日，1998上海·闽东经贸展示洽谈会在上海浦东举行，会议期间，共签约项目126个，其中外贸项目36个，总投资1.72亿美元，利用外资1.58亿美元；内联项目47个，总投资7.6亿元人民币，利用区外资金6.8亿元人民币；贸易项目43个，总额6.1亿元人民币。

同日，全国石材矿山管理建设研讨暨经济交流会在福鼎召开。

11月20—21日，国家经贸委副主任石万鹏到宁德地区考察扶贫工作。

11月20—23日，副省长施性谋到福鼎、霞浦县了解工业发展及“菜篮子”工程建设情况。

11月25日，全省专项治理乱建坟墓工作会议在福安召开，中共福建省委副书记何少川、副省长童万亨出席会议并讲话。

11月，在全国扶贫工作会议上，周宁、屏南、柘荣三县经国务院批准宣布摘掉贫困县帽子并受到表彰。

12 月 1 日，民政部副部长范宝俊、省民政厅领导到福安、福鼎市慰问灾区群众并看望敬老院老人。

12 月 1—2 日，中共福建省委常委、省纪委书记梁绮萍到宁德调研并看望地、市纪委、监察干部。

12 月 2 日，宁德市（今蕉城区）列入全国农村土地制度改革试点城市。

12 月 2—7 日，全国人大代表、省人大常委会代主任袁启彤等 3 人到宁德、霞浦、福鼎、柘荣、福安等县（市）考察。

12 月 7 日，国家试验办主任杜鹰偕美国华盛顿大学农村发展研究所专家一行 5 人到宁德考察并作学术报告。

12 月 12 日，柘荣县城郊乡仙山村青年农民陆乃招获得由共青团福建省委、省农办、省财政厅等 11 个部门组织评选的首届“福建省十佳青年农民”称号。

12 月 14 日，霞浦县下浒镇石湖村一渔船载货往连江北蛟乡经西洋外海时沉没，船上 10 人中有 8 人遇难。

12 月 18 日，全国人大常委、海军副司令员、中国军事科学院原政委张序三中将到宁德考察并调查大黄鱼养殖情况。

12 月 18—20 日，副省长童万亨带领省农办、民政厅、水电厅等部门负责人到屏南、寿宁、周宁县农村调查研究农村脱贫致富奔小康工作。

12 月 23 日，宁德市（今蕉城区）漳湾港集装箱码头迎来第一艘货轮——香港“福林 9 号”集装箱轮船靠驳。该港装卸能力跻身全省三大港口之列。

同日，福鼎市工商局被国家工商局和人事部授予“全国工商行政管理系统先进集体”称号。

12 月 25 日，福安市赛岐开发区学区副校长林山森编撰的《多音词用法词典》由中国书籍出版社出版发行，填补了汉语多音字研究专门著作和国内外辞书的空白，有较高的学术和实用价值。

12 月 28 日，副省长童万亨到霞浦县农村调研并参加全省最后一个无电行政村——霞浦县水门乡桥头村通电仪式，至此，宁德地区实现行政村村村通电。

月底，全区首届国家公务员考试录用工作结束，1347 名报考者通过公共科目及专业科目考试、面试、考核和体检，最后录取 170 人，其中应届大、中专毕业生 138 人。

1997 年

1 月 13 日，中共福建省委副书记林兆枢到宁德，为各县（市）委书记、乡（镇）党委书记上党课，随后林兆枢到宁德、霞浦、福鼎、福安四县（市）调研工作。

同日，宁德市（今蕉城区）八都镇湄洋岭发生一起特大车祸，一辆从浙江温岭开往广州的东风大巴客车撞断护栏翻入 96 米深的峡谷，造成死 16 人、伤 14 人的严重事故。

1 月 15 日，福鼎市获“全国双拥模范城（县）”荣誉称号。

1 月 22 日，全区勘界工作全面开始，此次勘界将明确宁德地区行政区域界限（含区内县、市级）走向。2001 年，全市 7 段省界、10 条市间县界和 14 条市内县界线全长 1668 千米的区域界线勘定任务全部完成。

2月5日，宁德地区畲族歌舞团应澳门市政厅邀请，参加澳门春节期间“万家喜庆贺牛年”系列活动。此为宁德地区文艺团体首次赴港澳地区演出。

2月19日，全国女篮精英赛在宁德体育馆举行。参赛的有上海、湖北、济南军区、福建等4支国内甲级女篮球队。

3月8—12日，以罗伯特为团长的美国卡特中心代表团到古田县松吉乡和湖滨乡考察村民委员会换届选举试点工作。

3月12日，寿宁县紫砂陶艺厂厂长、工程师吴祖清研制成功全省首创的“磨砂乌金釉”。

3月13日，寿宁县第二建筑公司一职工在水潭中意外捕到一条国家二级保护动物大鲵（俗称娃娃鱼）。该条大鲵重12.25千克，长164厘米，腹宽24厘米。后经省渔政处批准予以放生。

3月21日，省重点工程穆阳溪梯级水电站之一级芹山电站开工建设。该梯级电站分别由一级芹山电站、二级周宁电站、三级闽东（扩建）电站组成，总装机容量40万千瓦，工程动态总投资23.7亿元。建成后年平均发电量1.45亿千瓦小时。1997年12月12日，截流成功。1999年10月11日，穆阳溪芹山电站顺利下闸蓄水。2000年3月12日，芹山电站1号机组顺利通过试运行投入发电。2号机组也于3月21日投产发电。两台机组并网发电后装机容量7万千瓦，多年调节水库库容2.65亿立方米，在省电网中起补偿调节和调峰作用。

3月28日，闽东工贸发展总公司与宁夏回族自治区吴忠市外贸裘皮制品厂达成协议联合开发剪绒制品。此系福建与宁夏结成对口帮扶后达成的首项合作项目。

4月3日，晚18时30分，屏南县长桥镇遭受历史罕见冰雹和暴风雨袭击，冰雹粒大且密，最大粒重0.5千克。全镇18个行政村均受灾，总计直接经济损失800万元。

4月6—8日，永德信国际集团有限公司、福建省帮辉集团公司、福建省闽加房产有限公司联合到闽东扶贫，捐赠扶贫款300万元。

4月18日，全省首个海洋与水产局——福鼎市海洋与水产局正式成立。

4月21—25日，省人大常委会主任袁启彤到古田、屏南、周宁、福安、宁德5个县（市）调研农村奔小康工作。

4月29日，周宁县狮城镇洋尾村一土制锅炉爆炸，造成1人死亡、21人受伤。

4月，行署下发《关于发展科技兴农年活动的通知》，推动科教兴农战略的实施。当年全区农垦企业投资2000万元建立一批特色高优农业基地，引进资金500万元。

5月2日，在福州举行的1997福建省青少年室内射箭比赛中，福安十中代表队代表宁德地区参赛，获得16个项目中的11个冠军。

5月8日，福建省公路通行费赛岐大桥征管所被交通部、团中央授予1995—1996年交通系统“全国青年文明号”称号。全省仅2个单位获此荣誉。

5月9日，福安市穆阳公安分局副局长李兴富在抓捕逃犯中牺牲，公安部追授他全国公安系统“二级英模”称号。

5月14日，福安市潭头镇受大风吹袭打落芙蓉李幼果百万千克，受损果树近万株，直接经济损失200多万元。

5月26日，福建省百名艺术家“情系红土地”采风团宁德分团抵达宁德，并到各县（市）进行为期10天的采风活动。

同日，副省长童万亨到柘荣、屏南调研农村工作。

5月29日，在为期10天的1997中国·福州国际招商月中，宁德地区共推出61个项目，总投资达25亿美元。

5月30日，地委、行署作出《关于加快实施“工业富区”战略的决定》，着重阐述深化工业企业制度的改革创新，提出对已确立重点开发建设的3个工业城市、12个临海工业重镇和8个工业卫星城镇，按大工业管理的要求实行单列，重点扶持。

6月3日，宁德地区接管原省侨办主管的宁德东湖塘华侨农场并成立东湖塘华侨经济开发区。

6月9日，交通部“八五”计划重点项目宁德飞鸾岭公路隧道胜利贯通。该隧道全长3155米，净高5米，净宽10.25米，其长度为全国第二、华东第一。该工程于1993年12月26日动工。

同日，宁德市（今蕉城区）境内发生一起特大车祸，一辆福州开往宁德的中巴客车因失控撞到弯道内侧坡后摔至涵洞，造成8人死亡、8人重伤。

6月10日，福安一中数学教研组获1996年全国第三届苏步青数学教育奖团体提名奖，为全省唯一获奖单位和福建省1996年数学教育奖团体奖。

6月，全区重点实施巨大街景工程，共建立市容示范街19条、灯箱广告街22条（大小灯箱1300面），装饰道路立面27条街，新建城雕2个、环岛12个、停车场11处，新建公厕23座，改建12座，新增城市园林绿地21.08公顷、公共绿地11.18公顷。

同月，地委、行署批准地直机关编制“三定”方案，地直85个副处级以上单位的“三定”方案全部审批结束。9月，地委、行署先后批复各县（市）机构改革方案，各县（市）全面开展“三定”工作。

7月17日，团中央在霞浦县北礵岛举行授牌仪式，为国家海洋局北礵海洋站授予“青年文明号”牌匾并开展慰问演出活动。

7月20日，省卫生厅项目组宣布，由卫生部和世界卫生组织在屏南县开展的试点表明屏南县孕妇产后出血死亡率已降为零。

7月23日，宁德地区首家拍卖企业——宁德地区拍卖行正式成立，并成交第一笔业务。

7月28日，由缅甸保莲寺海参法师赠送的两尊翡翠石雕文殊、普贤菩萨塑像落座福鼎市太姥山香山寺。两尊塑像各高1.9米、重3吨。

7月31日，由地区农科所主持的香菇绒虫烂筒病防治研究课题通过省级评审，该研究成果达到国内同类研究先进水平。

7月，经省政府批准，成立闽东华侨经济开发区。开发区规划面积20平方千米（第一期开发面积12.67平方千米），是闽东未来中心城市的中心城区重要拓展区域。

同月，福安一中学生郑常津赴阿根廷参加第38届国际中学生数学奥林匹克竞赛再次摘取金牌，并为中国队获团体总分第一作出贡献。

8月16—19日，省政协副主席林开钦到宁德、福安、周宁三县（市）调研。

8月17—22日，中共福建省委常委、常务副省长王建双到寿宁、周宁县调研。

8月18日，第11号强台风袭击闽东，全区受灾乡镇96个，受灾115万人，堤坝损毁55千米，直接经济损失4.03亿元。8月20—21日，副省长童万亨带领省委、省政府慰问团到宁德、福鼎、霞浦等县（市）察看受11号台风袭击受灾情况并慰问受灾群众。

8月18日，在1997年全国武术锦标赛中，宁德籍运动员周斌获男子太极拳冠军。

8月28日，福鼎市沙埕中学帆船队刘孝敏获1997全国帆船锦标赛甲组冠军，并入选国家队。林琳获乙组冠军。

9月4日，全省规模最大的商业城——福鼎市边贸商业城建成。该商业城位居福鼎市区南面，占地面积 1.7 万平方米，总投资 6000 多万元，商场面积 3 万平方米。

同日，省重点工程周宁芹山电站大坝施工现场因暴雨发生山体滑坡将一工棚压没，3 名民工死亡，1 人下落不明，6 人受伤。

9 月 9 日，在厦门举办的 1997 中国投资贸易座谈会上，宁德地区共签约 56 个，总投资 8.08 亿美元，利用外资 6.82 亿美元。

9 月 10 日，由宁德电视台选送的新闻专题《农村民主选举纪实——美国卡特中心代表团考察中国农村换届选举》获一年一度的全国宣传人民代表大会制度好新闻评比二等奖，该奖是区内电视作品取得的最高奖。

9 月 15 日，在墨西哥举行的第十届世界杯跳水比赛中，古田籍选手李成伟与队友黄强以 355.95 分的成绩获双人跳台花样跳水冠军。

9 月 18 日，宁德急救中心揭牌成立，同时开通城区“120”急救电话。

9 月，中外合资寿宁三美花卉种植有限公司采取无土栽培、无性繁殖先进技术培育的虎头、石斛等名贵兰花 4 万多株，首批销往中国台湾地区并出口韩国、日本等地。

10 月 2 日，宁（德）古（田）路下（宁德市梓溶镇下塘）甘（南平市林家缢）线发生一古田县个体中巴车冲出悬崖，掉入 120 米深山谷，6 人死亡、2 人受伤的特大交通事故。

10 月 8—10 日，中共福建省委书记陈明义，省委常委、秘书长黄瑞霖到宁德、福安市调研并专程前往宁德市（今蕉城区）石后乡看望中共十五大代表、畲族女乡长蓝秀珍。

10 月 13 日，中共十五大代表、宁德市（今蕉城区）石后乡乡长蓝秀珍被人事部授予“人民满意的公务员”称号，地委、行署、宁德市委、市政府联合召开蓝秀珍先进事迹报告会并向全区发出《关于开展向蓝秀珍同志学习活动的决定》。

10 月 19—23 日，省政协主席游德馨到闽东调研。

10 月 31 日，来自 14 个国家的 21 名商人及 5 名亚太地区食用菌培训中心的客人到屏南县考察食用菌生产。

同日，宁德地区首家民营计算机信息技术应用研究所——鑫科计算机技术研究所在宁德正式成立。

11 月 4 日，由宁德地区农科所选育的杂交水稻新组合“特优 420”（原名特亚优 20）通过省级评审，专家认为此育种技术居国内先进水平。

11 月 10 日，宁德地区文学艺术界联合会第二次代表大会召开。

11 月 18 日，美国先进直升机技术公司研究部主任、高级研究员、周宁籍留美博士何承健与其导师皮特教授解决了直升机动态入流难题，他们创立的新理论被命名为“皮特 - 何氏广义动态入流理论”，该理论是国际上首例以闽东籍科学家姓氏命名的科学理论。

11 月 24 日，福安市食用菌研究所研制成功新型食用菌生产专用炉具——F68 型高效节能蒸汽发生炉。该产品系国内首创，获国家发明专利并已开始推广使用。

11 月 27—29 日，全省农村小康建设工作会议在福安市召开，会议代表参观了福安市上白石镇郑家山等 4 个小康工作先进村。

11 月 30 日，原中宣部部长、著名经济学家朱厚泽考察东侨经济开发区。

11 月，国务院批准白马港作为城澳港口岸的一部分对外国籍船舶开放。2000 年 11 月 9 日，福建城澳港口白马港区获得正式对外国籍船舶开放。此前，福建省人民政府口岸办、国家驻闽有关查验单位，福建省交通厅先后对该航道进行检查验收。白马港区成为闽东第一个对外国籍船舶开放的港口。

12 月 4 日，宁德地区科学技术协会第四次代表大会在宁德举行。

12 月 6—10 日，中共福建省委副书记何少川到宁德、福鼎、霞浦三县（市）调研。

12 月 8 日，面向 21 世纪的中国畲族社区研讨会在宁德开幕。出席会议的有来自国家机关和福建、浙江、安徽、广东、江西、湖南、贵州等七省的专家学者 101 人。会议收到论文 65 篇，其中宁德地区提交论文 8 篇。

同日，闽东华侨经济开发区举行兴业招商大会，200 多位海内外客商参加，签约 6 项，总投资额 1.28 亿元人民币。

12 月 14 日，由福安闽东东福船业有限公司为新加坡客商建造的省内第一艘万吨出口驳船在白马港区下水交付使用。

12 月 18—23 日，“中国・闽东大黄鱼节”在宁德召开，招商会期间全区共签订外资项目 41 项，利用外资 3.81 亿美元；内联项目 68 项，利用区外资金 6.6 亿元人民币，其中合同项目 55 项，利用区外资金 4 亿元；贸易成交额 4000 万元。

12 月 19 日，宁德市（今蕉城区）洋尾塘围垦工程合龙。该工程 1992 年 10 月开工，滩涂围垦面积 266.67 公顷，海堤长 1930 米，总工程量 54.5 万立方米，总投资 2000 万元。

同日，宁德城澳港区万吨级多用途码头前期工程开工。该码头设计年货物吞吐量 50 万吨，其中集装箱 2 万标准箱，总投资 1.6 亿元，是区内第一个万吨码头，也是三都澳开发区的启动项目。1999 年 5 月 30 日，主体工程正式动工。2004 年 12 月 28 日，宁德城澳港口岸省级验收会议召开，正式通过验收。2005 年 7 月 12—15 日，城澳港口岸顺利通过国家验收组对外开放验收。

12 月 19—23 日，省政协副主席陈增光到宁德地区驻沪联络处调研并考察闽东在沪企业。

12 月 23 日，宁德地区中级人民法院在福安召开宣判大会，18 名贩毒分子被宣判，其中 4 人判处死缓，其余 14 人被分别判处 1 ~ 15 年有期徒刑。

12 月，根据中共中央、国务院《关于进一步加强土地管理切实保护耕地的通知》，在全区开展非农业建设用地清查工作。查清 1991—1996 年各类非农业建设实际用地 64254 宗，面积 6366.67 公顷（耕地 2520 公顷）。

1998 年

1 月 3 日，以台湾省旅行商业公会联合会董事长郑锡庸为团长的旅游考察团一行 26 人到闽东考察旅游资源和服务接待设施情况。

1 月 5 日，宁德师范附小再度荣获由全国少工委授予的“全国红旗大队”称号。该校在 1990 年曾获此奖，也是全国唯一一所两获此奖的学校。

1 月 10—12 日，中共福建省委常委、秘书长黄瑞霖率省委办公厅、省水利厅、省交通厅等有关部门领导到福鼎市农村及企业开展慰问和调研活动。

1 月 23 日，省农村小康建设验收复查组一行 10 人，结束对宁德地区基本实现小康县（市）的验收复查，宣布福安、宁德、古田、福鼎、霞浦五县（市）基本实现小康县（市）。

1 月，闽东首例间谍案宣判，6 名罪犯被判处 20 年至 1 年 6 个月不等有期徒刑。

同月，中国宁德外轮代理有限公司成立，标志着闽东地区正式拥有为进出口货物服务的理货机构和为中外籍船舶提供代理及其相关业务服务的代理机构。

2月4日，一辆从浙江省泰顺开往柘荣的中巴因严重超载在柘泰公路荣顺大桥处翻入10多米深悬崖后坠入溪中，造成死亡11人、失踪10人、伤18人的特大交通事故。

2月8日，古田县黄田镇、福安市穆阳镇、闽东电力开发集团公司、福安市第十中学、福鼎市沙埕中学、古田县少年儿童业余体校等被国家体育总局授予“全国群众体育先进集体”称号。

2月9日，应省引智办邀请，美国佛罗里达州世界柑橘研究中心研究员黄舒博士和省轻工研究所副所长黄泽生到宁德市（今蕉城区）为40多名农技干部讲授果树知识。

同日，副省长汪毅夫到闽东调研民族、宗教及旅游、对台等工作。

2月14日，宁德边防检查站在漳湾码头查获42辆从韩国仁川港走私运进的旧小轿车。

2月18日，5时40分，福鼎市白琳镇康山村青楼下自然村因连日暴雨发生大面积山体滑坡，12座居民楼被泥石流掩埋，17名群众遇难，10名群众获救。

2月27日，宁德市（今蕉城区）三都澳一渔民在三都澳海域捕获一尾61.5千克的大黄鱼，价值17.5万元。据专家判断，此鱼生长期至少300年以上，实属罕见。

3月3日，霞浦县东海岸螺旋藻生物工程有限公司研制成功“螺旋藻鳗钙”，该产品各项质量技术指标均达到或超过国家标准。

3月3—5日，副省长丘广钟到闽东调研农业生产情况。

3月5日，地委、行署颁发《关于推进乡镇企业新一轮创业的决定》，决定就不断深化企业改革、大力发展外向型经济、优化产业产品结构、大力推进科技进步、加强工业小区建设等12个方面作出明确规定。

3月10日，经国务院批准，宁德地区最后一个贫困县——寿宁县实现脱贫目标，至此，全区所有贫困县（市）全部脱贫。

3月17—21日，副省长朱亚衍带领省直有关部门领导到闽东开展调研。

4月1日，福建省重点工程宁德飞鸾岭隧道通过省验收并于凌晨正式通车。工程于1993年12月26日正式动工，隧道平均长度3167.5米，接线13.16千米，洞身为分离式双洞4车道，总投资4.8亿元。为全省第一、全国第二长的公路隧道。通车后，宁德至福州的距离缩短18千米。

4月5日，福安市穆云乡双溪村发现优质石材矿——火山石泡、球粒流纹岩，经专家认定此石材矿全国罕见，也是省内首次发现，并定名为“福安红”。

同日，晚8时，与福鼎市中福公司合作经营的台轮“进兴22号”航行至福鼎台山列岛以东海面时机舱内突然失火，经抢救无效烧毁沉没，船上2人获救，4人失踪。

4月11日，福安市坂中乡江家渡村附近水域发生一起重大沉船事故，船上17人全部落水，救起8人、死亡9人。

4月13日，地委、行署举行新四军第三支队六团北上抗日60周年纪念大会。

4月13—14日，国家体育总局局长伍绍祖在副省长潘心城陪同下到宁德市（今蕉城区）调研群众体育运动情况。

4月15日，在国家石材监测中心、中国石材工业协会组织的评选中，福鼎白琳“福鼎黑”和屏南“芝麻黑”被评为中国石材名特品种。

4月19日，宁德市第十中学年仅29岁的教师徐开清为抢救落水学生牺牲。1999年4月14日，中共福建省委教育工作委员会、福建省教育委员会决定在全省教育系统广泛开展向徐开清学习活动。省政府于2001年2月授予其革命烈士称号。

4月22日，副省长黄小晶带领省直有关部门领导沿线检查罗宁（罗源至宁德）高速公路建设情况，以确保1999年10月1日通车。

4月29日，福鼎市同斯洛伐克共和国特尔纳瓦市建立友好城市关系协议签字仪式在特尔纳瓦市议会大厦举行。福鼎市副市长李承潘、特尔纳瓦市市长博什纳克分别代表两市在协议书上签字。该举措实现全区友城工作零的突破。

4月，宁德地区第二医院肿瘤科为一名64岁喉癌患者施行全喉切除手术，该手术达到省内先进水平，并填补闽东地区此项医疗技术空白。

5月31日，张高谦烈士陵园被省政府列为省级文物保护单位，是省内外开展中小学德育教育的重要基地。

同月，地区政协工委专题向省政协汇报宁德连家船民上岸定居的困难。中共福建省委书记陈明义作出重要批示，省政府办公厅下发《关于做好连家船民上岸定居工作的通知》，省财政拨款支持，地、县（市）相应配套资金。1999年年底，全区3676户、16706人连家船民全部上岸定居，彻底结束海上漂泊历史。

6月4—7日，宁德地区组团参加香港1998中国投资洽谈会，会议期间共与客商签约8个项目，投资总额8496万美元，其中工业类项目2个、农业类项目2个、第三产业类项目3个。

6月18—20日，副省长曹德淦到宁德、福安、福鼎三市开展粮食购销和外经工作调研。

6月19日，交通部副部长胡希捷到闽东考察高速公路建设情况。

6月19—22日，全区降暴雨，受灾人口36.22万人，直接经济损失6527万元。

6月23日，19时，福安市甘棠镇上塘村国道104线旁山体突然滑坡，7户15人被压困在泥石中，经抢救，2人死亡、12人获救、1人失踪。

6月30日，由宁德地区农科所培育的高产早稻新品种——“宁糯605”通过省级专家评审，此项研究成果达到国内先进水平。

同日，寿（宁）泰（顺）公路寿宁县犀溪乡仙峰路段发生一起特大交通事故，泉州运输公司一卧铺大客车在驶往泰顺途中翻下30米深坡，42名乘客中死亡5人、重伤25人。

7月1日，中共福建省委书记陈明义，省委常委、组织部部长陈营官，在地、县领导陪同下，与古田县湖滨乡新丰村26位党员一起共庆“七一”。

同日，全区开始推出“110”社会联动。

7月2日，省九届人大代表、宁德地区中医药学会副理事长、福鼎市中医院副院长吴允耀应邀赴西班牙参加1998国际医学优秀成果交流研讨会。

7月5日，周宁县泗桥乡赤岩村46名群众因宴会导致食物中毒，经多方抢救全部脱险。

7月6日，闽东华侨经济开发区十大项目动工兴建，它标志着东侨经济开发区和占地面积6.3平方千米的宁德新建城区建设全面启动。

7月10日，霞浦县三沙至福州直航高速快艇开航，是省内开通的第一条“海上高速公路”。

7月12—14日，中共福建省委常委、常务副省长张家坤到闽东调研。

7月14日，武警宁德地区支队福安市中队指导员刘文斌当选为首届“中国武警十大忠诚卫士”，全省仅1人获此称号。

7月20日，古田县的91001号油柰树经省、地农科部门专家组成的“油柰品种选优研究”课题组评审，被确认为全省最优良单株。

7月27日，荷兰专家迪克·斯帕格伦博士到宁德，对危害闽东沿海滩涂的大米草进行为期10天的根除试验并取得满意效果。

7月，柘荣县东狮山经省旅游局批准被列为省级风景名胜区，成为宁德第5个省级风景名胜区。

8月1日，芹山电站3号料场采取国内首例洞爆方法取得堆石料试验成功，65吨炸药一次爆破取得10万多立方米石料，离炸点不到百米的建筑物安然无恙。

8月3日，周宁县晶体材料有限公司第二期工程正式投产，至此，该公司年产人造水晶可达200吨并登国内同类厂家年产排行榜榜首。

同日，越南国家世行项目管理考察团到福安市考察乡（镇）、村卫生院世行贷款卫Ⅳ项目运作情况。

8月4—7日，全国政协港澳台侨委员会副主任林开钦到闽东调研基础设施建设情况。

8月5—6日，由省、地社科联和民俗学会联合召开的霞浦松山妈祖文化学术研讨会在霞浦召开，来自台湾及省内专家、学者80多人到会。会议认为松山妈祖庙是国内现存最早的妈祖庙之一，宫内留存《妈祖生平图》8幅64图（复原）为国内独有。

8月9日，上午9时，福安客运公司修理车间发生一起重大火灾事故，烧毁卧铺客车2辆，烧死1人，烧伤2人，烧坏部分建筑场，事故系修理工焊接油箱引起。

8月15日，地直机关及企事业单位开展向长江灾区抗洪救灾捐赠活动，首批捐得17.18万元；区内各县（市）亦展开筹捐活动，并收到捐款捐物121.58万元。

8月16日，16时，福安市穆阳镇遭受特大雷雨暴风袭击，直接经济损失980万元。

8月17日，旅居美国夏威夷的释应朗法师（福安人）捐款100多万元人民币给福安市湾坞乡丰屿村兴建敬老院，该敬老院建筑面积400多平方米。

8月21—22日，宁德地区召开第三次拔尖人才表彰会暨科教兴区研讨会。会议表彰21位拔尖人才和25位优秀青年专业技术人才。

8月24日，宁德地区组团参加第十一届省运会，共获得金牌20枚、银牌12枚、铜牌24枚；金牌数位居全省第七，其中福安籍女运动员郭巧霞一人独揽女子乙组射箭5枚金牌。

9月8—12日，在第二届中国投资贸易洽谈会上，宁德地区代表团共签约合同类项目49个，投资总额13.2亿美元。

9月13—15日，由省卫生厅8位专家组成的“消灭丝虫病评审组”对宁德地区消灭丝虫病工作进行评审，并认定已达到基本消灭丝虫病的标准。

9月15日，宁德地区3人获福建省第五次见义勇为先进分子称号，分别是在烈火中连续抢运出多个液化气瓶的寿宁县清源乡农民韦根林、勇斗歹徒的福安市潭头镇综治办李卫华以及拯救落水儿童的寿宁县巡警大队中队长陈忠铭。

9月16日，副省长黄小晶到闽东考察沿海高速公路筹建情况。

9月20—21日，全国首届“大力水手杯”公开水域游泳比赛在古田县翠屏湖举行，古田县代表队获女子团体第一名。

9月22日，被列为福建省向中华人民共和国成立50周年献礼城建项目的宁德市城东路正式动工。该路全长3.2千米、宽60米，总投资1亿多元，是宁德市区中心集中商贸、文化、行政功能的主要街道之一。2000年2月2日，全区最大的城区街道——宁德市城东路竣工通车。

9月27日，连接福建与浙江南部地区的双湖（福安市湖塘板村—浙江泰顺友谊桥）二级公路在寿宁县境内正式动工。该线闽东境内长70千米，总投资3亿元。2003年8月16日，北接长三角的出省通道之一的双湖路正式投入使用。

9月30日，古田县一辆开往浦城的大巴客车在政和县境内发生特大交通事故，车坠入24米深沟中，41 名乘客中死亡 33 人、伤 8 人。

10 月 1 日，宁德地区“九五”重点工程——宁德市大港电站竣工，工期一年零 10 个月，比计划提前 9 个月运行发电。

同日，全区第一所民办公助老年人休养所——福安市颐老院在福安城关建成并开始收住老人。该园由市政府补助、社会筹集资金 100 多万元修建，占地面积 0.2 公顷、建筑面积 1120 平方米，有较完善的居住、卫生、保健和娱乐设施，可接收疗养老人 80 多人。

10 月 13 日，宁德第一个万人住宅区——宁德东侨开发区新世纪花苑第一期工程动工兴建。该花苑总用地面积 12 公顷、总投资 1.36 亿元，总建筑面积 13.66 万平方米，建设住宅面积 11.53 万平方米，计划用 3 年时间完成。

10 月 13—20 日，国家经贸委派出产业政策司副司长刘治一行 6 人深入宁德地区各县（市）检查调研该委挂钩扶贫闽东情况。

10 月 20 日，宁德市（今蕉城区）署前路北旺酒楼发生一起重大火灾，烧死 3 人。

10 月 20—23 日，副省长汪毅夫深入宁德、福安、柘荣、福鼎、霞浦五县（市）调研。

10 月 23—27 日，国务院发展研究中心研究员黄道霞到宁德、福安、寿宁三县（市）调研农村小康建设工作并作学习十五届三中全会精神辅导报告。

10 月 24 日，中华环保世纪行“建设万里文明海疆”记者团一行 53 人到福鼎市前岐镇调查群众反映强烈、严重破坏生态环境的浙江省矾矿污染情况。

10 月 26 日，全区九县（市）邮政局、电信正式分营运作。

11 月 1 日，《闽东日报》在全省地市报中率先实行内部管理制度改革，建立竞争机制和激励机制。

11 月 5 日，开闽进士薛令之在金门的后裔代表 57 人组团到福安市廉村高岑薛氏祖祠祭祖恳亲。

11 月 6—7 日，省政协副主席、省工商联合会会长李祖可率一批企业家到宁德地区考察山海协助投资项目。

11 月 8 日，省内首家私营海洋水产研究所——闽东金鼎海洋水产研究所推出全国首家专业的“中国水产资讯”网站以沟通国内外水产研究讯息。

同日，亚洲银行项目经济专家松尾隆、项目管理助理长罗·昆特丝，深入寿宁县检查评估水土保持和乡村发展亚洲银行贷款项目。该项目一期总投资 315.6 万美元，其中亚行贷款 78.6 万美元。

11 月 15 日，一霞浦县货车在国道 104 线宁德路段发生翻车事故，造成 3 人死亡、1 人重伤。

11 月 20 日，省政协副主席陈增光一行 10 人到福安市穆阳镇调研畲族经济开发区情况。

11 月 30 日—12 月 2 日，省卫生防疫站评估验收组在对周宁、屏南县进行检查评估后宣布两县已达卫生部颁布的消除碘缺乏病标准。

12 月 1 日，行署开设专员公开电话“2835666”，实行 24 小时服务，以了解社情民意，密切政府同人民群众的联系。

12 月 1—3 日，省政府副省长丘广钟到屏南县农村调研。

12 月 2 日，宁德地区被省卫生厅正式授予“爱婴市（地区）”称号。

12 月 9 日，闽东境内最大的河流——赛江（交溪）全流域综合治理规划通过省级审查。此为省内第一个获批准的流域综合治理规划。

12 月 25 日，福鼎市东鼎燃具集团公司“东鼎”牌和宁德市（今蕉城区）民生化工有限公司

“白莲花”牌注册商标入选福建省著名商标。

12月28日，全区新一届县（市）、乡（镇）政府选举工作结束，全区有1998718人参加投票，参选率达94.7%，共选出县（市）人民代表1775人。

同日，福建驻沪办公布调查报告福建在沪私营企业闽东占一半，有2000多家，年营业总值超过60亿元，从业人员达6.5万人，主要从事建筑材料及茶叶、食用菌的销售，被上海新闻界称为“闽东商帮”。

12月，寿宁县被教育部评为“1998年基本普及九年义务教育、基本扫除青少年文盲工作先进县”。

是年，定居新西兰、受聘于新西兰科学院土地保护研究所的古田籍菇菌专家高益槐，以其研究发明的专利技术“高活性灵芝多糖和高含量灵芝酸的水提取工艺方法”获国际组织发明金奖。

1999年

1月1日，由省旅游局、环保局、林业厅和宁德地区行署联合举办的1999中国·福建·闽东生态环境游开幕式在福鼎市举行。来自国内的各界人士、海外侨胞与港澳台同胞及国际友人1000多人参加开幕式。

同日，中国农村专业技术协会常务理事、古田县食用菌协会高级农艺师丁湖广与深圳福荣华菇品有限公司董事长丁荣辉合著的《香菇代料栽培高产优质新技术疑难题100解》被列为全国亿万农民致富丛书由中国农业出版社出版。许多新技术在书中首次公开发表。

1月14日，霞浦边防大队截获一批企图从霞浦三沙乘船下海偷渡日本的人员。这批来自长乐、福清、连江、闽侯等地的偷渡客共64人。

1月28—30日，中共福建省委常委、秘书长黄瑞霖带领省直有关部门领导到屏南县开展扶贫挂钩调研和慰问活动。

1月29日，由地区希望工程办公室组织的1999新春万家商店献爱心活动希望工程志愿者劝募队伍出发仪式在宁德师范学校举行。该劝募队伍由300多名宁德师范学校与福安师范学校学生组成，利用寒假时间为贫困地区的失学儿童募捐。

月底，经过3年多的努力，闽东第一家农民蔬菜科研基地在霞浦松城镇俊里村建成，是集科技、咨询、培训、示范、推广、服务为一体的服务实体。

2月6日，省水产厅邀请20多位省内外环境保护、海洋生物、水产养殖、种植资源方面的专家学者到宁德，经现场勘察和论证，认定官井洋保护区周边的三都镇秋竹村担屿岛为国家级建设项目——福建省官井洋大黄鱼原种场的合适场地。

2月25日，经国家新闻出版署批准，地委机关内部刊物《闽东通讯》与地区文学季刊《采贝》合刊并更名为《三都潮》月刊，公开发行。该刊物是全省第一份公开发行的地市级党刊。

2月26日，福建省重点建设暨基础设施建设工程质量管理工作会议在宁德召开。省委书记陈明义在会上讲话。

同日，中共福建省委书记陈明义深入闽东华侨经济开发区和三都澳海上渔排养殖区调查研究。

3月24日，应地区行署邀请，由9名台湾专家、学者组成的农业参访团走访宁德、福安、周宁等县（市），交流介绍台湾农业的组织结构及运作方式。

4 月 1 日，古田县湖滨茶场的油柰首获绿色食品 A 级产品标志，成为宁德地区首个获绿色食品标志使用权的产品。

4 月 2—3 日，首届闽台陈靖姑文化学术交流会在古田县城举行，省、市、县领导及海峡两岸专家、学者 110 多人参加大会，大会收到论文 31 篇。

4 月 17—18 日，福州十邑旅港同乡会理事长林学甫、监事长朱正带领回乡访问团到屏南考察访问，并捐资 20 万元人民币建一座希望小学。

4 月 27 日，地委、行署作出《关于加快少数民族和民族地区经济社会发展的决定》，对开发推进少数民族乡村基础设施、经济建设、干部培养、民族教育等提出具体帮扶措施。

月底，福安市瓜溪村桫椤自然保护区被批准为省级自然保护区。

5 月 10—13 日，在龙岩上杭县举办的全省第四届少数民族传统体育运动会上，宁德地区代表队共获得特等奖 1 个、一等奖 1 个、二等奖 1 个。男女毽球比赛还分别获得团体赛第一名。

5 月 16 日，以颜清文为团长的福州十邑同乡会总会商业访问团一行 120 多人到宁德市（今蕉城区）考察访问。

5 月 18 日，1999 中国闽东 · 古田招商会在古田县举行。招商会当天，签约项目 16 项，利用外资 2845 万美元，利用内资 1.7138 亿元人民币。

5 月 24 日，经省政府批准，闽东华侨经济开发区为省级开发区，享受《福建省进一步促进开发区发展的若干规定》的有关政策待遇和全省有关开发区的各项优惠政策。

5 月 24—25 日，中央“三讲”巡视组组长尚文、副组长王田夫到宁德地区检查指导工作。

5 月 25 日，在昆明举办的福建特色产品展销会上，古田县玉侨农副产品有限公司、寿宁永信食品有限公司、霞浦东海岸螺旋藻生物工程有限公司、古田华裕漆筷厂等 4 家企业签订了农副产品供货合同 13 家，合同金额 1200 万元。东方神电子有限公司、闽东大地电机厂等 5 家企业签约供销合同，合同金额达 11700 万元。

5 月 26 日，古田“148”法律服务专线正式开通。至此，全区九县（市）全部开通“148”法律服务专线。

6 月 2 日，地委决定，从当年秋季起，宁德市（今蕉城区）区实行小学毕业生就近免试升学制度。宁德一中实行初、高中分设。宁德市区小学毕业生免试升入宁德五中、宁德十中学习。

6 月 7 日，地区水产供销公司与美国鸿昌国际贸易公司达成出口贸易协议，将 13 吨条冻大黄鱼销往美国洛杉矶。闽东大黄鱼首次直接出口美国。

6 月 22 日，地委扩大会议在宁德召开。根据省委部署，从 6 月 24 日开始至 9 月初，在全区地级领导班子和领导干部中开展“三讲”教育。

6 月 25 日，全国著名经济学家于光远一行到闽东调研，并与地委、行署领导就项目、人才培养教育、战略研究、旅游资源开发等问题进行了座谈。

6 月 28 日，省人大常委会副主任童万亨率领省人大民族工作调研组深入闽东开展《福建省少数民族权益保障条例》的立法调研。

7 月 4 日，宁德地区决策咨询委员会暨“十五”计划专家咨询委员会成立，并召开首次研讨会。全国政协常委、福建省原省长胡平及十多位专家、学者参会。

7 月中旬，宁德飞鸾征费所被团中央、交通部授予全国“青年文明号”称号。

7 月 20—21 日，省委、省政府老区基点村“五通”调研组一行十多人到柘荣县和福安市的部分老区基点村调研“五通”和经济发展情况，并看望慰问部分村落的干部和群众。

7月22日，全国小型粮食烘干设备现场演示汇报会在福安举行。来自国家经贸委、计委等有关人员与南方13个出产水稻省份的代表出席会议。演示会现场测试小型粮食烘干设备研制成功，实现水稻生产机械化中继联合收割机之后的第二次飞跃。

7月，在中国茶叶学会于杭州举办的第三届“中茶杯”全国名优茶评比中，柘荣县茶叶示范场生产的“双芽”牌仙岩雪峰茶荣获一等奖。

同月，地区农科所“克隆生姜”科研课题——竹姜组织培养快速繁殖试验在福安市获得成功。此项成果填补全省生姜组织研究领域的空白。

8月1—5日，全国政协港澳台侨委员会副主任林开钦深入闽东调研，深入了解改革开放和农村经济发展，实地察看部分港澳台侨资企业、码头和市政建设等基础设施。

8月9日，1999闽东闽浙边界商品展销会暨福鼎招商推介会在福鼎市召开，来自美国、新加坡、菲律宾、日本、泰国等国以及中国港台地区客商参加了展销会。会上共签约15个项目，总投资金额人民币3.7亿元。

8月11日，民政部基层政权和社区建设司司长张明亮一行到闽东调研村委会组织法的学习宣传贯彻和开展村民自治工作情况。

8月18日，周宁县举办第二届旅游招商节，300多名来自日本、新加坡等国家和中国香港、台湾地区以及省内外城市的客商参加。会上共有31个项目签约，投资总额2.23亿元。

8月，国务院批准穆阳溪梯级电站建设用地1216.67公顷，其中耕地201.33公顷。这是全区审批的最大一宗建设用地。

9月2日，在福安市举行的全省首届花茶鉴评会上，宁德地区夺得47个奖项中的45项，其中金奖13项，银奖32项。

9月8—12日，在厦门举行的第三届中国投资贸易洽谈会上，全区共签订项目47个，项目总投资1.09亿美元。

9月20—23日，中共福建省委常委、常务副省长张家坤带领省派驻宁德地区“三讲”巡视组组长、省财政厅厅长等人，深入闽东调查研究，检查指导农业农村、财政、企业改革与发展工作等。

9月21日，地委、行署制定《宁德地区新一轮土地承包合同签订工作方案》。

9月24日，闽东老区基点行政村“五通”庆典大会暨“中共宁德县委重新组建、宁德县苏维埃政府成立纪念碑”揭碑仪式在宁德霍童坑头村举行。省老区促进会领导与地委、行署有关领导及区直、县（市）有关部门代表100多人参加会议。

9月29日，中共宁德地委、宁德地区行署被国务院授予“全国民族团结模范集体”称号。

9月30日，在第六届全国民族运动会上，福安畲族表演项目《打枪担》获一等奖，《舞龙头》获二等奖，成为全省6个参加表演项目中获得的两项最高奖。

10月17日，中共福建省委书记陈明义，省委常委、秘书长黄瑞霖等到闽东调研。先后深入宁德、福安、周宁3县（市）的城（区）乡（镇）、重点工程建设工地、国有企业、连家船民上岸定居点、老区少数民族基点村，探望慰问部分“五老”（老地下党员、老游击队员、老接头户、老交通员、老苏区乡干部）人员、贫困户、专业户和基层干部群众。

10月19日，第一期投资150万元的省水产厅与宁德地区水产产业重点项目——大黄鱼大网箱养殖示范基地在三都澳溪南镇青山村白沙角海区建成并开始投苗，进入正常的生产管理阶段。全省第一家深水区大网箱养殖基地的建成投产，标志着闽东水产产业升级迈出重要一步。

10月29—30日，福州、宁德两地（市）青年企业家在宁德开展“山海协作”活动，两地青年企业家共签订合同项目 2 个，投资总额 5000 万元；协议项目 4 个，投资总额 1.53 亿元；捐赠项目 2 个，金额 70 万元。

10 月，福鼎汽车南站开工建设，总投资 1800 万元，占地 1.87 公顷，以股份制形式筹资。2001 年 9 月竣工，10 月投入运营。

11 月 4 日，中央政法委副秘书长、中央综治办主任陈冀平，福建省委常委、政法委书记黄松禄到闽东调研。

11 月 6 日，纪念宋末著名爱国诗人谢翱 750 周年诞辰大会在福安晓阳镇举行。省、市领导、省历史名人研究会以及有关专家等 300 多人参加纪念活动。

11 月 14 日，国务院发出“关于同意福建省撤销宁德地区，设立地级宁德市”的批复。原县级宁德市的行政区域为蕉城区的行政区域，区人民政府驻八一五中路，设立地级宁德市，人民政府驻新设立的蕉城区。

11 月 22 日，由全国人大代表、省人大常委会副主任林强等 8 位全国人大代表组成的福建视察团科教组到达闽东，考察部分文教、卫生单位。

11 月 30 日，农业部渔业局副局长王衍亮一行 4 人到宁德市（今蕉城区）三都镇秋竹村，考察官井洋原种场（国家级）项目建设情况。

11 月，历 10 年编纂、37 卷 338 万字的中华人民共和国成立后第一部《宁德地区志》由方志出版社出版发行。

12 月 5 日，中国人民解放军总参谋部、南京军区和福建省军区预备役部队调整改革检查验收联合工作组到区内检查预备役部队调整改革和正规化建设情况。

12 月 7 日，日本国驻广州总领事馆总领事小原育夫、副领事西淳也到闽东考察 1999 年度“利民援助工程”申报项目。

12 月 12 日，地委作出《关于加快国有企业改革和发展的决定》。该决定内容包括全面推进国有企业转制放活、建立现代企业制度转换经营机制、继续深化国企分配制度和人事制度改革、认真执行劳动合同和集体合同制度等方面。

12 月 13 日，地区行署下文鼓励区内企业争创闽东地区知名、全省著名和中国驰名商标，最高奖项达 20 万元。

12 月 15 日，全省老区“五通”（通水、通电、通路、通电话、通电视）建设现场会在宁德地区召开。龙岩长汀县和宁德霍童镇作“五通”建设经验介绍。

12 月 19 日，福安市溪潭镇廉村被省政府命名为历史文化名村，为全省首批 15 个历史文化名城、名镇（乡）、名村之一。

12 月 30 日，地委、行署作出《关于加快实施科技兴区战略的决定》。该决定的内容包括加快实施战略的基本框架、构筑技术创新体系、全面推进素质教育等 8 个方面。

2000 年

1 月 9 日，闽东、福州山海协作的重要项目——闽东特产交易中心正式揭牌，同时举行为期一周的闽东特产大展销。形成来自 9 个县（市）的 15 类 789 个品种的土特产品齐集交易中心。当日现金交易额达 9 万元，合同订货额 400 多万元。来自省、地县（市）的各界人士 100 多人参加揭牌开业仪式。

1 月 12 日，福鼎市被民政部、解放军总政治部再次命名为全国“双拥”模范城。福鼎市市长陈铭生、解放军某部政委李应良晋京领奖。

1 月 13—14 日，中共福建省委常委、秘书长黄瑞霖同省有关部门领导深入屏南考察调研，并慰问“五老”、特困户和下岗特困职工，并到屏南棠口乡的家庭立体农庄示范场了解情况。

1 月 14 日，副省长潘心城带领省直有关部门负责人深入霞浦、福安、宁德的乡镇、行政村进行为期 3 天的“三下乡”暨计生“五访五问”(生病住院必访、红白喜事必访、邻里纠纷必访、刑满释放必访、家庭困难必访，孤寡老人必问、下岗失业必问、失学儿童必问、流动人口必问、残疾人口必问)活动。

1 月 14—16 日，由省歌舞剧院、省越剧团、省杂技团演员组成的“情注山海”艺术团在霞浦、福安、宁德等地慰问演出。

1 月 20 日，2000 年(北京)福建省闽东农产品展销会在北京农业展览馆开幕，全国人大常委会副委员长布赫为开幕式剪彩并参观全区 9 县(市)展馆。来自北京各界和各新闻媒体的来宾 100 多人参加开幕式。980 平方米的展厅共设 39 个标准展位。

1 月 28 日，在省“双拥模范(县)”命名大会暨“爱心献功臣”行动先进集体、先进个人表彰大会上，宁德市（今蕉城区）、福安市、霞浦县被命名为“省级双拥模范城(县)”，宁德市（今蕉城区）公安局、福安市广播电视局等 5 家单位被授予“‘爱心献功臣’行动先进集体”称号，吴志雄、陈进华等 7 人被授予“‘爱心献功臣’行动先进个人”称号。

2 月 2 日，罗宁高速公路宁德段试通车庆典在宁德城关立交桥地段举行。省直机关和各地市有关部门负责人及群众代表数千人参加试通车、庆典仪式。该段于 1996 年 12 月开工建设。

3 月 1—2 日，中共福建省委常委、组织部部长、省“三讲”教育领导小组副组长、省委“三讲”办主任陈营官就宁德地区“三讲”教育开展情况进行调研，并出席福安市领导干部“三讲”教育动员大会并讲话。

3 月 2 日，世界银行检查团官员一行在福安市下白石镇检查利用世行贷款发展吊蛎、大黄鱼网箱养殖等项目的实施情况。

3 月，福鼎至宁德高速公路由中交第二公路勘察设计研究院有限公司完成设计，6 月开工。2003 年 6 月 28 日，竣工通车，全长 141.16 千米。

4 月 1 日，中共福建省委常委、组织部部长陈营官到福安市检查“三讲”教育情况，听取“三讲”教育情况汇报并讲话。省、地驻福安“三讲”巡视组成员参加座谈会。宁德、屏南、福鼎、柘荣 4 个县(市)巡视组长也分别作了工作汇报。

4 月 5 日，闽东首届畲族“三月三”歌会暨福安市畲族经济开发区首届畲族民俗节活动在福安市穆云乡溪塔村举行，来自福安、周宁、古田等县（市）的畲族歌手参加比赛，比赛期间进行畲族传统风情表演和展示。

4 月 10—15 日，省人大常委会副主任王建双、省人大常委会秘书长曾喜祥，省委组织部副部长陈祖辉一行到闽东进行撤地设市专题调研，并看望福安、福鼎、霞浦、宁德等县（市）的人大代表。

4 月 14 日，宁德铁基湾围垦项目招商引资洽谈会在上海举行。宁德市（今蕉城区）政府、地区土地局与上海浦东新区海珠市政工程公司签订共同开发意向书。铁基湾围垦项目总规模 3333 公顷，建成后可增加耕地面积 1666 公顷。

中旬，福安市福建华一设计有限公司高级工艺美术师陈缪华的“一阳得酒”系列包装作品荣获世界包装组织（WPO）“世界之星”最高级大奖，成为福建省唯一两次获得“世界之星”奖项的著名设计师。

4月26日，宁德地区5位全国劳动模范和先进工作者出席在北京召开的全国劳动模范和先进工作者表彰大会。

4月，公安部召开会议表彰1999年度全国优秀公安局、特级优秀人民警察和优秀人民警察。宁德地区霞浦县公安局刑侦大队教导员郑世佺、古田县公安局副局长黄光春、宁德市（今蕉城区）公安局三都边防派出所所长张飞辉获“全国优秀人民警察”称号。

5月11—13日，副省长曹德淦率省财政厅、经贸委、外经委等省直单位负责人深入福安、福鼎两市对个私企业、外经、经贸工作等开展调研。

5月17—18日，副省长贾锡太带领省直有关部门负责人深入福鼎、福安、宁德调研工业区工作，并听取宁德地区工作经济运行与国有企业改革、农电体制改革和农网改造、劳动和社会保障工作情况汇报。

5月24—26日，中共福建省委副书记赵学敏、副省长汪毅夫、省政协副主席李祖可带领省直有关部门负责人和企业界人士深入东侨经济开发区、宁德霍童镇、金涵畲族乡、福安穆阳畲族经济开发区，康厝、坂中畲族乡等进行调研。

5月26日，福州十邑旅港同乡会代表团25人在名誉会长林铭森等带领下到宁德考察。

同日，省经贸系统的11位妇委会主任到屏南看望慰问与她们结对子的39名“春蕾”女童。该活动自1998年开展以来，已先后结对95对，资助金额达27960元。

5月27日，宁德地区重点招商项目推介会在福州举行，推出重点招商项目40个。近百名来自美国、新加坡、日本等地的客商和境内外媒体记者参加推介会。

5月，宁德新华图书城投入使用，该图书城占地面积2540平方米，建筑面积9600平方米，高12层，投资1500万元，是全省书店系统规模最大、环境最好的购书场所。

6月8日，副省长黄小晶带领省直有关部门负责人考察穆阳溪芹山电站、福宁高速公路宁德段和东侨经济开发区。

同日，由省教育厅、公安厅等部门组成的学校安全工作检查组到宁德师范附小、职业中专等学校检查工作。

6月14日，撤地设市重点工程协调会在宁德举行，会议协调解决飞鸾岭隧道左洞、体育中心一期工程、广电大厦等10个重点工程项目困难。

6月15日，宁德撤地设市工作汇报会在福州召开。省委书记陈明义主持会议并讲话。省委、省政府领导赵学敏、陈营官、张家坤、潘心城等及省直机关部、委、厅、局领导出席会议。

同日，中国教育学会小学教育研究会常务副理事长、教育部基础教育司原副司长、督学姬君式为福安师范附小“德育试验学校”授牌，该校成为全国20所“德育试验学校”之一。

中旬，在教育部公布的首批国家级重点中等职业学校名单中，宁德地区农业学校被晋升为国家级重点中等专业学校，是闽东唯一的国家级重点中等专业学校。

6月26—29日，副省长潘心城带领省直有关部门及闽侯县负责人，深入柘荣县、福鼎市的部分学校、医院等，对两地社会事业发展情况进行调研。

7月3日，福建闽东电力股份有限公司在深圳举行公开发行股票现场路演和网上路演推介会。拟在深圳证券交易所公开发行1亿股公众股。

7月7日，地区召开三峡库区农村移民外迁安置规划会。会议要求福鼎、福安、霞浦、宁德4个县（市）承担500名移民安置任务。

7月9日，中国·宁德2000年香港投资贸易洽谈会暨闽东旅港联谊会成立大会在香港举行。会上推出招商项目150项，当天签约项目达13个，总投资4499万美元，利用外资3681万美元。

7月11—15日，国家商标局审查三处一行7人先后到柘荣县、古田县实地审查“柘荣太子参”“古田银耳”商标，并对两商标进行确认。

7月25日，以尚文为组长的中央“三讲”教育工作检查组到宁德检查、指导工作。

7月30日，福建省“延平湖杯”皮划赛艇锦标赛在南平市太平镇延平湖结束，宁德代表队福安市民族中学皮划赛艇队队员刘昕昕获得男子500米、100米皮艇两项冠军。

7月31日，“闽东电力A股”正式在深圳证券交易所挂牌交易，成为国内股票市场第1171家上市股。8月1日，地委、行署在福州召开新闻发布会。

8月4—5日，全国侨联副主席、福建省侨联主席李欲晞在屏南县的乡、镇、村进行调研，并对全区侨务工作提出要求。

8月8日，全省海上防台抗灾演习在宁德市（今蕉城区）三都澳青山海域举行。演习分为台风生成、台风消息、台风警报、台风紧急警报、台风解除5个阶段进行。省、地、县(市)有关部门负责人，部队、民兵预备役官兵等数百人参加演习。

8月16日，国家开发银行福州分行和中国农业银行与福宁高速公路有限公司签订合同，分别提供28亿元和15亿元贷款。福宁高速公路全长141.568千米，所需资金除43亿元贷款外，交通部补助13亿元，省投入12亿元，其余部分由地方政府自筹投入。

中旬，宁德一中航模队陈岫同学代表福建省队到苏州参加2000年“希望杯”全国青少年航空模型比赛，获中学女子组“强－5”飞机模型留空项目第一名。

8月17日，闽东北五地(市)科技协作2000年年会在宁德召开，各地(市)分别在会上介绍急需开展协作的科技项目共计70多项。

8月22—28日，省安全生产检查组在宁德地区进行安全生产检查。地区安委会主任、行署副专员陈铭玉作了地区安全生产工作情况汇报。检查组一行还深入县(市)的一些单位进行安全生产检查。

8月29日，省政府救灾工作组一行深入宁德、周宁等灾情较重地区检查工作，指导第10号台风灾后生产自救和重建家园工作。

8月31日，温福铁路预可性研究座谈会召开，地直有关部门负责人、沿线4个县(市)政府领导参加会议，铁道部第四勘测设计院的专家听取与会人员的意见和建议。

9月3日，宁德市蕉城区正式挂牌，地区领导和社会各界人士、代表500多人出席挂牌仪式。

9月8日，第四届中国投资洽谈会在厦门开幕，在福建省代表团举行的项目签约仪式上，寿宁县电冶合一、宁德华港房地产开发两个项目参加签约。闽东赛岐经济开发区国有独资企业京港公司和日本日升贸易株式会社签订合资从事砂石料综合开发项目，总投资1390万美元，利用外资1076万美元。

9月9日，地区撤地设市招商项目发布会在厦门华侨大厦举行。会上共签订对外招商项目17个，利用外资及港澳台资9617万美元，其中合同类项目11个，利用外资及港澳台资5282万美元。来自美国、日本、韩国等国家，东南亚和中国香港、台湾地区的200多名客商和部门专家学者参加发布会。

9月10日，荷兰皇家科学院院士、莱顿大学教授施舟人及其夫人到宁德霍童山考察，并出席宁德霍童山道教文化座谈会。

9月13—14日，地委、行署分别在泉州、莆田两市举行撤地设市暨第二届大黄鱼节招商发布会。两市主要领导及有关部门负责人参加活动。

9月14日，全省“陶行知研究会第五届许俊铤陶研奖暨2000年学习研讨会”在宁德举行，来自全省9地市教育部门的120多名代表出席会议。该届共有64个先进单位和180名先进个人获奖。

9月17日，飞鸾岭隧道左洞顺利竣工交验。左洞全长3180米，总投资1亿元。

9月20日，全省军民共建社会主义精神文明先进单位命名表彰暨经验交流会在宁德召开。省委副书记、宣传部部长、省文明委常务副主任何少川在会上讲话。大会表彰全省100对军民共建先进单位和11对军地共建单位。

9月28日，地委、行署在北京召开宁德地区撤地设市新闻通报会。新华社、人民日报社、中央电视台、经济日报社等20多家新闻单位的60多名记者以及部分在京工作的闽东乡贤参加通报会。

10月上旬，由著名词作家张藜、作曲家肖白为福鼎市创作的歌曲《太姥山母爱》荣获新世纪全国城市之歌大赛金奖及最佳作词、作曲、编配、组织奖。

10月15日，在广州举办的第八十八届中国出口商品交易会上，宁德有30多家企业参展，共展出闽东电机、古田食用菌、周宁竹木制品等6类、128个系列、1000多个商品品种。

10月16—17日，中国少年先锋队福建省第四次代表大会在福州举行，由团地委、地区教委组织的28名辅导员和少先队代表组成的代表团参加大会，并参与“爱中国、知宝岛、盼统一”主题活动。

10月16—18日，在山东召开的中国食用菌协会第三届会员代表会议暨2000年新技术新产品交流会上，寿宁、古田、屏南3个县获全国食用菌行业“六项十佳”评选的11项荣誉。

10月20—21日，中共福建省委书记陈明义，省委常委、组织部部长陈营官，省委常委、秘书长黄瑞霖到宁德宣传中共十五届五中全会精神，考察东侨开发区，察看城东路、会展中心、广电大厦、体育中心等工程建设情况。

10月25日，原志愿军第21军63师的80多位老战士在霞浦与当地军民一起纪念中国人民志愿军抗美援朝出国作战50周年。该师曾参与解放闽东的一系列战斗，功勋卓著。

10月27日，中共福建省委召开全省党建工作先进县(市、区)表彰大会，包括蕉城区、福安市在内的全省21个县(市、区)获得表彰。

10月29日，为纪念黄乃裳开垦诗巫“新福州”100周年，马来西亚科学与环境部部长拿督刘贤镇率福州十邑感恩之旅访问团一行160多人抵屏南访问。其间，访问团参观榕屏联营化工厂，参加黄乃裳纪念碑揭碑仪式并观看华侨中学举办的晚会。

11月1日，零时，全国第五次人口普查入户登记，全区设立普查区2294个，调查小区10602个，抽调普查员、指导员、陪调员31000人。至2001年6月8日，全市第五次人口普查主要数据汇总工作完成，普查登记全市总人口298.99万人，全市人口状况呈现净流出人口多和老龄化两大主要特点。

11月1—3日，中共宁德市第一次代表大会在地委行署礼堂召开。出席会议的代表368人，代表全市115285名党员。大会选举产生中共宁德市第一届委员会和中共宁德市纪律检查委员会，表决通过《中国共产党宁德市第一次代表大会关于中国共产党宁德地区委员会工作报告的决议》和《中国共产党宁德市第一次代表大会关于宁德地区纪律检查委员会工作报告的决议》。

11月5日，国家广电总局组织的精神文明建设考察团一行十多人到宁德市考察。考察团一行参观考察设在三都澳青山海域的边防海上110警务区和三都渔排党支部创建的海上文明安全小区，并听取两个创建先进单位的经验介绍。

11 月 6—11 日，政协宁德市一届一次会议召开，选举一届市政协主席 1 人、副主席 6 人。

11 月 8—12 日，第一届宁德市人民代表大会第一次会议召开，选举市人大常委会主任 1 人、副主任 5 人。

11 月 13 日，市委宣传部主办“汇盛之夜”殷承宗钢琴演奏会。这是国内知名钢琴家首次在闽东举办的演奏音乐会。

同日，闽东老区水电开发总公司举行代管交接仪式。省电力有限公司对闽东老区水电开发总公司开始正式履行代管职责，全市农电“两改一同价”工作也由此进入实质性操作阶段。

11 月 14 日，宁德撤地设市庆典大会在市体育中心举行。会上，省委书记陈明义发表讲话，省长习近平宣布宁德撤地设市。当日，市五套班子机构正式挂牌。

同日，中国闽东大黄鱼招商节名优特产品展销会开幕。

11 月 20 日，福安师范附小被评为全国“绿色学校”，作为全省唯一的代表参加由教育部和国家环境保护总局在深圳召开的联合表彰大会。

11 月 29 日—12 月 3 日，以省政协主席游德馨为团长，副主席林逸、李祖可为副团长的在闽全国政协委员视察团一行 12 人，深入宁德市、霞浦、福鼎、福安、蕉城区等县（市、区），考察经济发展、社会事业、少数民族、高速公路等情况，并听取工作汇报。

12 月 3 日，2000 年闽东十大杰出优秀青年企业家颁奖晚会在市委、市政府礼堂举行。

上旬，宁德青年刘再基历经 4 年多成功研究开发出一种按偏旁部首的计算机汉字输入新方法——正方码，解决汉字输入规范与优化的问题，并首创汉字“形码”无字根记忆的输入。2002 年 1 月下旬，正方码汉字输入法正式投放市场，是全市首家拥有自主知识产权的信息软件。

12 月 19 日，市政府召开全市城镇职工基本医疗保险制度改革检查汇报会，按照省政府任务要求，全市 5.5 万人首批参加医疗保险，翌年 1 月正式实施。

12 月 20 日，“中国·闽东官井洋大黄鱼推介会”在北京人民大会堂举行，北京市商界、渔业界、著名饭店的负责人及首都新闻单位记者参加推介会。

12 月 28 日，国家级官井洋大黄鱼原种场在三都镇渔潭村担屿举行奠基仪式。总投资 1000 万元，占山地及海域面积 13.53 公顷，建成后年可提供原种亲体 1.5 万尾。

12 月 30 日，屏南县被中国食用菌协会授予“中国食用菌行业商品基地县”“全国食用菌生产先进县”称号。

12 月，“闽东草食动物试验示范区建设”等 5 个子课题全部通过专家验收。该示范区引进四川麻羊、南江黄羊种羊 806 只，4 年间共繁育杂交后代 41000 只，实现收益 2250 万元。

年底，市、县（区）供销社均已建成农副产品信息中心，实现全市、全省联网及与全国总社联网。

2001 年

1 月 7 日，国家经贸委副主任张志刚一行在省经贸委主任谢先文陪同下到宁德市检查指导扶贫工作，先后察看闽东远东彩笔厂、体育中心、广电大厦并听取工作汇报。

1 月 9 日，中国共产党宁德市第一届委员会第二次全体（扩大）会议在宁德召开。会议审议通过《中共宁德市委关于制定国民经济和社会发展第十个五年计划的建议》，部署 2001 年经济等各项工作。

1月11日，福安一中高三学生铁磊获全国中学生奥林匹克竞赛一等奖。

1月13日，霞浦大黄鱼系列产品荣获2001年省农业名特优新产品展销会金奖。

1月14日，宁德市在福州举行慰问解放军招待会，市领导与省军区、海军福建基地、空军驻闽部队首长共话新春。

1月17—18日，全国侨联主席林兆枢在全国侨联副主席、省侨联主席李欲晞陪同下，到东侨开发区、宁德体育中心、蕉城青山渔排党支部、华侨新村等处调研、慰问，并听取市侨联的工作汇报。

2月2—3日，中共福建省委书记宋德福，省委常委、秘书长黄瑞霖深入东侨开发区、金涵畲族宫、六都草莓基地、南阳养殖场、高速公路漳湾田螺大桥等地考察，进村入户调研并听取宁德市工作汇报。

2月6日，宁德市被国家海洋局列入“全国第二批海域使用管理示范市”，全面推行“海域使用证”和“有偿使用海域”两项制度。

2月7日，福宁高速公路和宁德省级粮食储备库被列为省2001年重点建设项目。赛江下游防洪一期工程和穆阳溪梯级水电站二、三级电站项目为预备重点建设项目。

2月21日，省质量技术测污验收组到宁德市检查，认定宁德12种主要污染物排放量控制达标。

2月22日，全市“一个半小时交通网”建设论证会召开。此项交通网公路改造总里程424.8千米，工程完成后从各县（市）到宁德中心城市行车仅需要一个半小时左右。

2月22—23日，副省长黄小晶带领省直有关单位负责人深入福宁高速公路检查指导工作，听取宁德市关于福宁高速公路建设的有关情况汇报。

2月26日，省委农村“三个代表”重要思想学习教育活动巡视督查组组长林文衡一行到宁德，听取宁德市学教活动开展情况汇报，对宁德市“三个代表”学教活动开展情况予以肯定。

3月2日，由福鼎市10位茶商联营兴办的“京鼎隆”茶叶专业批发市场在北京宣武区马连道正式开业。

3月4—5日，全市的省、市、区级文明单位的工作人员和部分个体工商户在市区主要街道开展学雷锋义诊、义务维修家电、解答群众各种咨询等项服务活动。

3月5—8日，中共福建省委常委、秘书长黄瑞霖携同省委办公厅、省民政厅等有关部门领导，深入屏南县部分行政村进行为期3天的调研活动。

3月6—7日，西藏自治区政协副主席、中共林芝地委书记金喜生一行到东侨开发区、蕉城区、周宁县考察调研。

3月14日，铁道部、福建省人民政府、浙江省人民政府在北京举行合资建设温福铁路协议书签字仪式。新建温福铁路沿线经过瑞安、平阳、苍南、福鼎、霞浦、福安、蕉城、罗源等县（市、区），全长310千米左右。

3月19日，全国第一个海上“希望基金会”在三都澳海域正式成立。先后有152名失学儿童在基金会的帮助下重返课堂。

中旬，市交警支队直属大队七都中队被公安部授予“创建‘平安大道’模范集体”称号，并荣立集体一等功。

3月21—23日，省政府副省长丘广钟率领省直有关部门负责人到霞浦、福安等地进行农村调研。

3月23日，市委宣传部、文明办、团市委、市教委、民政局联合发出《关于在全市广泛深入开展学习“红色少年”张高谦活动的通知》。4月3日，张高谦牺牲40周年纪念大会在张高谦的故乡——寿宁县武曲镇大韩村举行。省、市、县领导，干部、学生、群众600多人参加大会。

3月26日，“国际食用菌技术培训古田基地”授牌仪式在古田县举行，省科技厅和古田县领导共同为基地成立揭牌。

3月27日，第二届闽东畲族“三月三”歌会在蕉城区中华畲族宫举行。福安、蕉城等7个县（市、区）的12支代表队24名畲族民间优秀歌手参加歌会。省政协副主席陈增光到会观看。

3月27—28日，省政协副主席陈增光组织部分民族宗教界的省政协委员在宁德召开学习座谈会。

4月1—2日，省政府副省长潘心城、省政协副主席陈增光带领省直有关部门负责人到柘荣县调研农村“三个代表”重要思想学习教育活动时提出要坚持高标准严要求，认真扎实开展学习教育活动。

4月6日，省人大常委会副主任黄松禄到宁德开展调研，先后到市体育中心、东侨开发区等了解建设情况。

4月7日，上海社会科学院研究员、上海市人民政府决策咨询专家花建及助手巫志南博士应邀前来宁德市进行文化产业考察。

4月11—18日，省百名社科专家老区行活动宁德分团的18名专家学者在宁德市进行为期7天的调研。

4月17—18日，市工会第一次代表大会召开，选举产生市工会第一届委员会、经费审查委员会。

4月20—21日，宁德市妇女第一次代表大会召开，选举产生市妇联第一届委员会。

4月23—24日，共青团宁德市第一次代表大会召开，选举产生共青团宁德市第一届委员会。

4月28日，温州籍旅法华侨黄加裕捐资人民币150万元，用于太姥山风景区筹建的太姥娘娘塑像和悬索桥两个工程项目。

5月2日，首届福建近现代名家书画作品在宁德市展出，展出的60多幅作品大都为福建籍或长期在福建工作生活的书画家作品。

5月10—13日，宁德市17家企业组团参加在深圳举办的中国少数民族和民族地区名优新特产品交易会，展出电机、石材、食品、服装服饰、食用菌、工艺品六大系列52种产品。

5月12—13日，省政协副主席、省委统战部部长金能筹带领省民主党派、工商联负责人及专家学者在宁德市作“三农”和侨台工作调研，并听取工作汇报。

5月19日，宁德市在福州举办对外招商项目推介会。会上共签订外资项目15个，利用外资1.52亿美元。省政府副省长曹德淦参加推介会。

5月22日，著名演讲家、首都师范大学教授李燕杰在市委礼堂作学习“以德治国”思想报告会。市领导及大中专院校师生、市直机关干部等1000多人听取报告会。

同日，中国海监宁德市支队正式挂牌，福建省地级市设立的首个海监支队。

5月23日，市第三届百花文艺奖颁奖典礼在宁德举行。《诗歌之外的故乡》等48个优秀文艺作品获奖。

同日，全市举行纪念毛泽东《在延安文艺座谈会上的讲话》发表59周年大会。

5月26—27日，全国人大常委会委员、民族委员会主任王朝文一行在省人大常委会副主任张铁军等陪同下，深入宁德市考察调研民族工作，听取宁德市民族工作情况汇报。

5月27日，中共福建省委常委、秘书长黄瑞霖，省政府副省长贾锡太，省政协副主席陈增光及部分省直有关部门负责人在福州会见到宁德市投资建设项目的13位外商，对外商参与宁德市的建设表示欢迎。

6月5—8日，省政协副主席林逸带领部分省政协委员深入宁德市蕉城区、霞浦县，对“近海养殖的管理与环境保护”情况进行调研。

6月7日，全市政法战线“双争”活动表彰大会暨先进事迹报告会召开。会议表彰2000年度“人民满意的政法单位”31个、“人民满意的政法干警”69人。表彰会后举行先进事迹报告会。

6月7—8日，公安部领导在省公安厅厅长陈由诚陪同下，深入宁德、福鼎等地就“严打”整治斗争和“三项教育”工作进行调研。

6月8日，以全国人大内务司法委员会主任侯宗宾为组长的全国人大常委会村民委员会组织法执法检查组一行到蕉城区霍童镇检查村民委员会组织法实施情况，并举行座谈会。

6月9日，宁德市招商团在中国·宁德2001年香港投资贸易洽谈会及项目签约会上，首批签约项目12个，项目总投资9426万美元，利用外资金额5812万美元，其中合同外资额5012万美元。

6月12日，副省长汪毅夫带领省政府办和台办负责人深入宁德市挂钩企业调研。

6月12—14日，国家计生委政法司副司长施春景带领调研组到宁德市开展计生工作调研。

6月16—20日，省政协香港地区委员和香港福建希望工程基金会成员40多人到宁德市考察了解近年来改革开放、外向型经济和社会事业发展等情况。

中旬，“柘荣太子参”获国家商标局的证明商标使用权。

6月21日，霞浦县青年张华经过45天的行程，徒步行程2165千米，途径6个省、2个直辖市到达北京，完成徒步进京支持北京申奥的心愿。

6月22日，省政协副主席陈增光带领省政协民族宗教事务委员会和省财政厅领导到宁德市开展民族乡村财政情况调研。

6月23日，第2号强台风“飞燕”正面袭击闽东，宁德市遭受严重损失。水产养殖业直接经济损失达2.0689亿元，其他农作物、房屋、工矿企业、交通通信等损失近3亿元。6月28日，国家防汛抗旱总指挥部派出检查组到宁德市察看灾情。

6月25—28日，宁德市组团赴北京与清华大学进行市校交流，研讨合作问题。

6月29日，宁德市举行纪念建党80周年大会，近千名干部、离退休老同志和优秀党员、党务工作者和先进基层党组织代表参加大会。会上表彰“先进基层党组织”39个、“优秀共产党员”65人、“优秀党务工作者”28人。

6月30日—7月2日，《纪念建党80周年——闽东集邮展览》在新华图书城展出，这是宁德市有史以来规模最大、水平最高的一次邮展。

7月1日，蕉城区三都镇大黄鱼养殖协会党支部被中组部授予“全国先进基层党组织”称号，市公路局党委书记郑金兴被授予“全国优秀党务工作者”称号。

7月3日，省政府副省长汪毅夫到寿宁县斜滩镇外洋少数民族村调研山区少数民族村贫困问题，并解决实际困难。

上旬，农业部批复同意福鼎市沙埕一级渔港立项建设。

7月20日，中共福建省委副书记赵学敏率省直有关部门负责人，对古田县进行农业产业化调研。

7月26—31日，古田县罗华中心小学少年军校学员参加北京第三届全国少年军校检阅式，并荣获首批全国“少年军校示范校”称号。

7月29日，祖籍闽东的泰国华人青年访问团到宁德市古田县、蕉城区访问。

8月4—7日，由文化部主办的少儿综合文艺政府最高奖“蒲公英”奖在南京举行第二届比赛，宁德市选送的少儿文艺作品荣获3金、1银、2铜佳绩。

8月8日，宁德市“农村社会服务联动网”正式开通。该网站可实现市、县、乡、村四级联动，及时为农民提供产前、产中、产后系列化信息服务。

8月9日，铁道部副部长孙永福一行在副省长贾锡太和省直有关部门领导的陪同下到宁德市考察，并听取温福铁路项目建设的汇报。

8月9—12日，中共福建省委书记宋德福，省委常委、秘书长黄瑞霖带领省直有关部门负责人，深入宁德市周宁、福安、柘荣、福鼎4个县（市）调研。

8月11日，在全省青少年跆拳道比赛中，屏南县青少年跆拳道竞技队荣获男子团体第一名、女子团体第二名、团体总分第二名。

8月14日，中央电视台《梦想剧场》栏目播出“福鼎专辑”。此专辑以太姥山为主景区拍摄。

8月16日，福鼎农行创办的全省首家“金融超市”开始营业。该金融超市融个人存取款、个人贷款、中间业务为一体，缩短了客户申请贷款的时间。

中旬，省蹦床运动队古田籍运动员陈亮在丹麦参加第15届世界蹦床锦标赛，获17岁组个人亚军。

中旬，宁德市遭受第8号台风袭击，全市受灾总人口64.9万人，倒塌房屋400间，累计直接经济损失2515万元。

中旬，由国家计委宏观经济研究员产业经济研究所研究室主任、博士生导师费洪平博士带领，由各学科博士组成的调研组，应邀到宁德市调研“十五”核心项目选择工作，提出相关项目选择的初步意见。

8月22日，宁德市举办世界贸易组织（WTO）知识讲座。省外经贸厅副厅长杨彪就WTO的法律框架及所有协议体现的基本原则作了阐述。市五套班子领导及市直有关部门、企事业单位负责人近百人参加。

8月30日，交通部直属的宁德三都澳海事处正式成立。

8月31日，重庆市奉节县的三峡移民100多户400多人，抵达蕉城区七都镇和霞浦县州洋乡移民新村安家落户。

9月1日，第一届福建省华侨经济开发区招商会在宁德市举行。国务院侨办副主任许又声、省政府副省长汪毅夫等领导到会并讲话。有40多个省直有关部门领导，友好县（市、区）领导，宁德市主要领导以及来自24个国家和地区的800多位嘉宾参加开幕式。招商会共签订投资项目122项，总投资4.99亿美元，签约利用国内、外资金3.98亿美元。

9月1—2日，全国政协台港澳侨委员会副主任林开钦深入周宁农村、企业调研。

9月7日，市综治委召开座谈会，欢迎被授予“全国社会治安综合治理先进工作者”称号的市边防支队支队长邓本源载誉归来。

9月8日，第五届中国投资贸易洽谈会在厦门开幕。宁德市在洽谈会上推出重点项目50项，总投资4.42亿美元。共与外商签约外资项目28个，投资总额1.57亿美元，利用外资1.47亿美元。其中合同类项目19个，投资总额9532万美元，合同利用外资8669万美元。

同日，蕉城区新发现一处国家一类保护植物桫椤生长带，长约500米。

中旬，霞浦县中学生蔡珉在全国青少年射击锦标赛总决赛中以568环的成绩荣获10米移动靶冠军。

中旬，市食品污染物监测与预警系统全面启动，该系统将县（市、区）卫生防疫站纳入组成单位，定期对食品中的重金属污染、农药残留、真菌毒素、致病性细菌等进行监测，以保障食品安全。

中旬，《黄鱼染色体组操作技术培育全雌良种及应用研究》等5项科技项目获省科技厅重大科技计划批准立项，并获省下拨专项实施经费325万元。

9月18—19日，省政协副主席陈荣春、林逸带领检查组到宁德市检查贯彻落实省委《关于进一步加强人民政协工作若干问题的决定》的情况，并听取专题汇报。

10月1日，市第一届运动会在市体育中心开幕，国家体育总局副局长段世杰、信息产业部副部长娄勤俭，市领导和省直有关部门领导，兄弟市体委领导以及1300多名运动员参加开幕式。此届运动会设11个项目，共有20个代表团参加。

10月9日，市政协举行纪念辛亥革命90周年大会。市政协领导参加会议。

10月10日，按省农业厅的统一部署，宁德市各县（市、区）的农业部门统一开通“969155”农业服务热线电话专号，实现市、县、乡（镇）三级农技110联动。

上旬，福安市获国家林业局命名的“中国茶叶之乡”荣誉。

10月14日，《宁德市“十五”规划部分重点项目论证报告》在北京中国科技堂举行评审、论证会。中共中央候补委员、中国社科院副院长王洛林等在内的30位领导、专家与会。

10月15—18日，全国第六届食用菌学术研讨会在福州召开。福鼎被授予“全国食用菌先进县”荣誉称号，董其勇、周秦福被授予“全国食用菌先进工作者”荣誉称号，李克秒、周文军被授予“全国食用菌先进生产者”荣誉称号。

中旬，由市畲族歌舞团与省歌舞剧院联合编导的舞蹈《山哈·雅美》在全国少数民族文艺调演中获金奖。由宁德市陈孔屏作词、丁献芝作曲的歌曲《畲山路》作为全国畲族的唯一代表入选“世纪民族之歌”。

10月25—30日，宁德市参加由省政府组织的香港招商会，签订外资合同、合同协议项目7个，总投资11465万美元，利用外资10273万美元。

10月29—31日，省人大常委会千公里江堤建设专题视察组一行8人，深入福安市、穆阳畲族经济开发区、蕉城区、东侨经济开发区实地察看江堤建设情况，并要求在年内完成江堤建设任务。

11月1日，宁德市第一次归侨、侨眷代表大会召开，全国侨联主席林兆枢向大会发来贺电，全国侨联副主席、省侨联主席李欲晞到会并致贺词，省、市侨办等部门及30多家海外侨胞社团组织、企业团体发来贺电。归侨、侨眷代表300多人参加会议。

同日，国家民委副主任李晋有在省民宗厅领导陪同下，深入宁德市调研民族工作情况。

11月3日，闽东·古瀛洲首届生态健身旅游节暨冰心为古瀛洲题词十周年纪念活动在蕉城区洪口乡开幕。

11月11—25日，全国第九届运动会在广州举行。宁德市运动员李成伟获10米跳台双人跳金牌，黄晓琴获蹦床女子团体金牌，高传伟获帆板男子奥林匹克航线米斯特拉级银牌，陈亮获蹦床个人铜牌。

11月13日，太姥山旅游文化节暨福建省工艺美术百花展在福鼎市开幕。省、市领导，国内旅行社、企业界人士和新闻媒体记者600多人参加活动。共推出10个旅游招商项目。有5个项目签订投资合同协议和合作意向，项目投资总额达 2.71 亿元。

同日，古田籍新西兰皇家科学院高级研究员，真菌、生物、医学营养学家高益槐在宁德市作题为《21 世纪生物科技发展前景》的学术报告会，市农口系统、东侨开发区、市农校、师专生物系的 300 多名干部和师生参加报告会。

11 月 13—16 日，中共福建省委常委、常务副省长张家坤带领省直有关部门负责人深入宁德市考察，并就财税工作以及调资兑现等情况进行调研。

11 月 18 日，全省最大的围垦工程——霞浦沙头围垦工程正式开工。该工程围垦海堤长 5460 米、高 10.4 米、垦区面积 22.73 平方千米。工程总投资约 4 亿元。

11 月 20—21 日，省建设厅和市建委在屏南县主持召开鸳鸯溪国家级风景名胜区总体规划评审会。由省城乡规划设计研究院编制的总体规划成果在会上获得通过。

11 月 21 日，市见义勇为协会成立暨第一次见义勇为先进分子表彰大会召开。会后，参会的领导干部、群众以及获表彰的池永顺等人踊跃为见义勇为基金捐款。

11 月 28 日，市中级人民法院执行局正式成立。市中级人民法院是福建省法院系统首家成立执行局的中级人民法院。

是月，宁德市农业科学研究所防治香菇线虫烂筒病的研究项目被省政府授予福建省科技进步三等奖。

12 月上旬，古田县被省爱国卫生运动委员会命名为“福建省卫生县城”。

12 月 7—13 日，九届全国人大代表福建视察团一行 6 人到宁德市蕉城、福鼎、霞浦、福安、周宁 5 个县（市、区）和东侨开发区考察。

上旬，柘荣法院的游禄生被最高法院授予“人民法院立案、信访工作先进个人”荣誉称号。

上旬，国务院批准屏南县列入“十五”期间全国 400 个水电农村电气化县建设项目之一。

上旬，正在兴建中的中国·古田食用菌批发市场被农业部指定为全国唯一的食用菌定点批发市场，同时“古田银耳”证明商标通过国家商标局批准登记注册。2003 年 6 月 18 日，占地面积 3.8 公顷、总投资 6885 万元的全国最大的食用菌批发市场中国·古田食用菌批发市场正式开业。

12 月 14 日，市委、市政府召开市级党政机构改革动员大会。各县（市、区）委书记、县（市、区）长、组织部部长、人事局局长、编办主任，市直机关副科级以上干部参加会议。会上出台《宁德市市级党政机构改革方案》。

12 月 17 日，柘荣县实验小学组队参加在浙江温州举行的 2001 年全国青少年无线电测向比赛，荣获团体第一名。

12 月 21 日，柘荣县越剧小戏《荷花嫂》代表福建省参加在广州举行的全国小戏小品决赛，获文化部第十一届“群星奖”金奖。

下旬，位于霞浦的闽东水产品中心市场一期工程竣工。该市场是全省“九五”期间重点扶持的市场设施建设项目，市场占地 6.6 万平方米，总投资约 7000 万元，也是全省建筑面积、冷库容量最大的多功能现代化水产品中心市场，2002 年 1 月 28 日正式开业。

2002 年

1月3日，经国家农业综合开发项目领导小组批准，柘荣县被列入2002—2004年度农业综合开发项目县。

1月10日，省、市妇联组织有关部门的专家、教授30多人在福安市开展文化、科技、卫生“三下乡”活动。

1月14日，国务院原秘书长杜星垣参观宁德市政建设、开发区建设，听取情况介绍。

1月24日，福鼎、霞浦、柘荣、苍南、泰顺5县（市）相互签订《边界地区联防联调协作意向书》和《“148”网络法律服务协议书》。标志着闽浙边界联防联调网络的正式建立和“148”远程异地联动网络的进一步完善。

1月25日，农业部党组成员、副部长范小建到宁德市调研农业农村工作，并听取农业工作汇报。

2月上旬，市邮政局等4家企业荣获1999—2000年度全省思想政治工作优秀企业称号。

中旬，福鼎、周宁两地部分有机茶园通过国家有机食品认证中心茶叶分中心认证，并获得包括“绿雪芽”“品品香”牌有机茶专门使用标识资格，该有机茶卫生指标达到欧盟标准，成为福建省首批获认证的有机茶。

3月4日，市文化艺术培训中心成立。该中心是市文化部门主办各类文化艺术培训的唯一权威机构，也是国家音乐专业艺术等级和省艺术家指导委员会唯一指定授权的单位。

3月11日，市政府发文通知全面放开全市房改房二级市场。

3月12—13日，省人大常委会副主任黄贤模到古田调研侨务工作。

3月18—21日，“全省首届生态旅游与民俗文化摄影”活动在蕉城区霍童镇举行，来自中央、省、市、区20多个单位、多家媒体的40多名记者、摄影家对霍童溪沿岸进行多方位专题拍摄活动。

3月22日，在全省信息资源开发利用研讨会暨省政务信息网络建设表彰会上，柘荣县政务信息网被评为“全省十佳县级政务网”。

3月23—24日，中共福建省委常委、组织部部长李宏深入屏南县对农村“社会服务联动网”建设工作进行调研。

3月29日，由福安市双福船业有限公司建造的闽东第一艘深海机动拖轮，牵引着另一艘万吨自卸驳轮驶离福安白马港直航新加坡。

下旬，宁德洪口电站经省计委批复立项。该电站总装机容量20万千瓦，年发电量4.5亿千瓦时，规模居全省第六。

3月，经省著名商标认定委员会认定，全市企业新添“鼎帅”“健神”“港发”等3件省著名商标，至此，全市有9件省著名商标。

4月9日，中国人民解放军海政歌舞团团长夏英模等一行7人到宁德市采风，深入了解闽东畲族传统文化。

4月11日，中国建设银行总行正式批准穆阳溪梯级水电站15亿元的基建贷款，用于二、三级工程建设。

4月11—12日，副省长潘心城深入柘荣县农村调研。

4月26—28日，中共福建省委常委、组织部部长李宏深入宁德市开展农村“三个代表”重要思想学教活动回访复查。

4月27日，市委举行纪念中国共青团成立80周年暨首届“十杰百佳青年”表彰大会。王勤仕等10人荣获宁德市“十杰青年”称号。

同日，市政府召开全市劳模表彰大会，98人荣获市劳动模范称号。

同日，台湾佛教慈济慈善事业基金会为宁德市4所学校的192名学生发放助学金。

4月28日，2001年度全省电视社教节目评奖会在宁德落幕。宁德电视台选送的《布多阿森和他的牛角胡》《山村义务消防队》《岐头村民罢村官》分获一、二、三等奖。

5月初，福安市申报的“优质茶树新品种区试与无公害茶叶生产技术示范”项目获国家科技部立项。

5月13日，在宁德市举办的首届名优茶暨茶叶包装评比活动拍卖会上，荣获“绿茶茶王”称号的“文洋翠芽”以100克5.5万元的高价成交，创下全省绿茶拍卖最高纪录。

5月13—14日，世界银行、卫生部联合到宁德市督导卫Ⅸ项目（预防与控制艾滋病性病）中的血液管理情况。

5月14日，省公安厅副厅长卢士钢带领禁毒工作检查组到宁德市开展禁毒工作检查调研，对宁德市禁毒工作提出要求。

中旬，三沙、沙埕一级渔港项目海域使用通过专家论证，这在福建省尚属首次，它的通过将为促进“依法用海”起到积极的推动作用。

5月20日，在张家港举行的全国蹦床锦标赛上，古田运动员黄晓琴获女子组网上个人冠军。

5月23—27日，全国政协常委、社会和法制委员会副主任王厚德带领全国政协社会和法制委员会调研组在省政协副主席陈增光的陪同下深入蕉城、霞浦、福鼎、福安调研。

5月25日，闽东远东彩笔厂成品仓库发生火灾，经100多名消防官兵奋战12小时把大火扑灭。据调查，失火面积近3000平方米，损失约90万元。

5月27日，宁德市海洋生态特别保护区经市政府批准成立。该保护区是全国沿海地区第一个由地方政府批准建立的海洋生态特别保护区。

下旬，宁德市有6个产品获绿色食品标志使用权，分别是古田“吉乐”牌油柰、福安“莲岳”牌花茶和“富春”牌花茶、柘荣“双芽”牌仙岩雪峰茶和白猴茶、屏南的白萝卜。

下旬，福建省电机行业技术开发基地正式落户福安。该开发基地是福建省的3个技术开发基地之一，旨在帮助企业进行创新活动，并提供应用技术、信息、咨询服务。

6月12—15日，常务副省长黄小晶带领省直有关部门负责人深入蕉城、福安、福鼎、霞浦福宁高速公路沿线施工现场，检查施工建设进展和工程施工质量。

上旬，省委宣传部、省社科联组织“福建社会科学百场专题报告会”到宁德举办了12场以认真学习江泽民“5·31”讲话精神，入世对中国及福建省经济、社会、文化的影响和对策，当前国际形势发展的新格局为专题的报告会，近万名干部参加。

6月16日，国家农村改革试验办副主任宋洪远一行到宁德市考察调研，并听取市委、市政府关于宁德市农村综合改革试验工作汇报。

中旬，由蕉城区开智学校和福鼎市特教学校组队，代表全市参加省第二届特殊奥林匹克运动会，获得10金、5银、4铜的好成绩。

6月26日，市水技站试验场在三都澳官井洋增殖放流112万尾原种子一代大黄鱼，这是全省首例大规模增殖放流大黄鱼活动。

6月28—29日，莆田市委书记叶家松率莆田市党政代表团到宁德市开展联谊、考察、协作活动，并签署《宁德市与莆田市关于进一步开展交流与协作的协议书》。

6月30日—7月2日，以铁道部总工程师王麟书为组长的温福铁路工可评审专家组一行，在省、市有关负责人的陪同下，到宁德市作温福铁路闽东段工可评审现场调研。

7月1日，经国家工商行政管理总局授权，市工商局获得外商投资企业核准登记权，允许其依法开展外商投资企业和在辖区内从事生产经营活动的外国（地区）企业的登记管理工作。

7月8日，福鼎市天湖茶业有限公司的“绿雪芽9001”和品品香茶厂的“一品茶王”荣获中国济南第二届茶博览会全国首届觉农杯名茶评比金奖。

同日，副省长刘德章带领省直有关部门负责人，深入宁德市部分县（市、区）作农业和农村工作调研，并听取宁德市农业和农村工作汇报。

上旬，在霞浦县水门乡海拔千米玉山顶峰发现城周长为186米的“七佛城”。据省考古专家实地勘查认定，该城堡最迟建于北宋，距今已有千年，是省内最古老的城堡遗址。

上旬，古田县农业局被评为全国农村“三个代表”重要思想学习教育活动先进集体。

7月15日，古田双口渡水电站建成，电站总装机容量3万千瓦，总投资约1.844亿元。

7月16日，由省红十字会、福州大学数学系等主办的“中国造血干细胞捐献资料库”大型宣传活动在宁德市新华图书城举行，千名群众参加签名、捐款活动，并有近百名志愿者现场填写骨髓捐献志愿书。

7月22—25日，副省长刘德章、省政协副主席陈增光带领省加快欠发达地区经济发展调研组到古田县、蕉城区进行调研，并听取工作汇报。

7月26日，闽东医院被福建中医学院确认为临床医学研究生教学医院，成为全省10所研究生教学医院之一。

7月30日，福宁高速公路漳湾互通至宁德市区段通车。该路段北起蕉城区漳湾镇仓西村，南接罗宁高速公路，通车里程为9.715千米。

同日，全省双拥模范城（县）命名表彰会议在福州举行，宁德市和福鼎、福安、霞浦、蕉城4个县（市、区）荣获省级双拥模范城（县）荣誉称号。

7月30—8月5日，全国人大常委会内务司法委员会委员陈明枢到霞浦县人民检察院、宁德市人民检察院开展专题调研并指导工作，还与市人民检察院领导班子和处（室）负责人就当前自侦工作存在的困难和问题进行座谈。

7月，市进出口公司在上海与沃尔玛公司签订总额700多万美元的竹木制品供货合同，这在市外贸单项出口额中尚属首次。

8月3—10日，在英国举行的世界帆板锦标赛上，福鼎籍运动员高传伟夺得冠军。

8月8—9日，副省长曹德淦带领省直有关部门负责人到福安、蕉城等地粮食系统调研，并听取市粮食工作情况汇报。

上旬，在国务院召开的全国职业教育工作会议上，闽东中等技术学校被教育部、劳动保障部、国家经贸委联合授予“全国职业教育先进单位”荣誉称号。

8月11日，屏南县通过农村“社会服务联动网”，引来香港锦中国际有限公司投资1亿港币开发鸳鸯溪旅游项目，项目的签约仪式于是日在屏南县政府举行。这是全市网上招商中最大的外资企业投资项目。

同日，因受第12号热带风暴的影响，从7月31日至8月11日全市连续普降暴雨，5县（市、区）65个乡镇不同程度受灾，受灾人口达26.48万人，死亡4人，直接经济损失3亿多元。

8月12日，宁德市暨福鼎市（温州）项目推介会在温州举行，在推介会上签约8个项目，投资总额9.17亿元。

8月24日，福州·宁德山海协作座谈会暨项目签约仪式在宁德市举行。签约仪式上，宁德市达成协作项目16项，总投资9649万元。

9月2日，闽东医院的《高血压脑出血微创介入术与早期多功能康复》研究被确定为福建省科技计划重点项目。医疗科研项目列入省重点科技项目，在全市卫生系统尚属首次。

同日，江苏淮阳一辆客车在宁德市福安段发生重大交通事故，造成死亡12人，伤2人。

9月7日，遭受第16号台风“森拉克”的正面袭击，山洪与暴潮并发，全市受灾人口141.38万人，宁德农作物受灾面积60.603千公顷，损坏民房15.246万间，直接经济损失35.54亿元。政府及民政部门共下拨特大自然灾害救济款1889.3万元，救灾捐赠款42万元，解决54.9万灾民的吃粮、穿衣、住房等困难，并帮助5130户灾民重建家园。25日，省政协副主席何少川带领省政协视察组深入宁德市了解“森拉克”台风对全市造成的灾害及开展灾后生产自救重建家园情况。

9月11—13日，中共福建省委副书记黄瑞霖率领省直有关部门及马尾区有关领导深入屏南县的乡（镇）村和企交通、卫生等部门、单位及有关企业调研。

9月12—15日，市茶叶产品在“2002年中国（福建）国际茶、茶具、茶文化博览会”上获得2王、6金、9银、24个优质奖，获奖产品数量名列全省九市之冠。在茶王拍卖中绿茶茶王和花茶茶王分别以100克8.8万元和6.6万元成交，创下中国绿茶、花茶拍卖竞价历史最高纪录。

9月19日，副省长贾锡太带领省直有关部门负责人深入全市调研工业工作，听取工业改革与发展情况汇报。

9月22—24日，马来西亚砂罗越屏南公会访问团一行21人到祖籍地屏南县访问考察。

9月23日，省“严打”整治斗争督导组到宁德市开展检查督导工作。

9月26日，由省旅游局和宁德市人民政府主办的陈靖姑文化旅游节在古田城关举行。来自国内外的企业家、旅行社负责人、海外华侨、台湾临水分宫负责人和有关专家等300多人光临。其间，举办招商项目推介和世界古田人恳亲等活动。文化旅游节同时举办的招商推介会上，签约合同11项，其中利用外资项目5个，总投资2388万美元，利用内资项目6个，总投资2.72亿元人民币。

同日，全省工商系统先进典型事迹巡回报告团首场报告在宁德市举行。

9月29日，第三届太姥山、杨家溪旅游文化节暨旅游招商会在福鼎市开幕，其间共签约11个项目，投资总额9.58亿元人民币。

同日，俄罗斯联邦莫斯科州卡希拉区与福鼎市举行缔结友好城市备忘录签字仪式。

10月12—28日，闽东老年书画协会高琢三（福安籍）被归国华侨联合会文华阁书画院、中国书画印研究会分别聘为画师和常务理事。其画作在中国书画名家大展赛、“长江魂”书画艺术大奖赛、中国中老年诗书画大赛中均获金奖。

10月15日，宁德市在福州举行“构建三条战略通道，加快第二层面发展”研讨会，80多位专家、学者和省直有关部门负责人参加了研讨会。

同日，中科院院士谢联辉、郭伯灵、林俊德在宁德市开展考察调研并就各自专业作报告，并与全市科技人员座谈。

同日，在福建省银企资金供需洽谈会暨金融产品营销会上，宁德市代表团共签订融资协议

21 项，总金额达 123.52 亿元。

10 月 20 日，宁德市工商联首次组织 10 名民营企业家赴台湾开展商务考察活动。考察团在台北、台中、高雄等地与当地企业家广泛接触、洽谈。

10 月 22 日，在天津举行的全国蹦床冠军赛上，宁德市运动员阙志城获男子个人冠军，陈亮获双人同步冠军，黄晓琴获女子团体冠军。

同日，省政府组织省建设厅等 6 个部门到宁德市检查城乡规划等方面的工作。

10 月 22—26 日，中共福建省委常委、政法委书记鲍绍坤，省公安厅厅长陈由诚一行深入福鼎、柘荣、福安、蕉城等地开展调研并听取市政法综治工作汇报。

10 月 29 日，古田县黄田镇被授予“全国创建文明村镇工作先进镇”称号。

10 月 31 日，宁德市组成一支由 228 名运动员和 47 位领队、教练组成的代表团参加福建省第十二届运动会 18 个项目的角逐，共获得金牌 28 枚，金牌总数位列全省第 7。

10 月，在北京举办的“全国推新人大奖赛”上，蕉城区选手江敬秋荣获全国器乐组（竹笛）“全国十佳”奖。

11 月 5 日，宁德市商业总公司总经理助理晋桦率团参加 2002 北京・中国——欧盟合作伙伴洽谈会，是欧盟“亚洲投资计划”中最大的项目，共有 7000 家中欧中小企业参会。

上旬，福州及闽东北医学临床检验协作组第四次学术会议在宁德市召开。100 多位临床检验专家参会。

11 月 19 日，宁德市 9 家企业获“全国外商投资先进企业”称号。

11 月 22 日，1—10 月宁德市外贸出口总值达 1.18 亿美元，同比增长 40.1%，连续 6 个月增幅居全省第一，提前两个月完成全年计划任务。

11 月 27 日，宁德市对外经贸合作恳谈会在香港举行。

同日，蕉城区二都蚶养殖综合标准化示范区通过省市有关部门验收，是宁德市水产类首例通过农业标准。

同月，全市由各级领导干部、理论专家和骨干组成的千人宣讲团深入基层宣讲党的十六大精神，在全市进一步掀起学习宣传贯彻党的十六大精神热潮。

12 月 3 日，宁德市在全省 WTO 知识大赛中夺魁，代表福建省晋京参加全国总决赛。

12 月 7 日，市海洋与渔业局组织举办“闽东水产业应对国际技术壁垒”研讨会。来自深圳、青岛、厦门等地的国内知名专家学者参加大会，并作专题讲座。

12 月 10 日，省第四届“亿万农民健身活动”先进乡镇联谊会在福安穆阳镇举行，省农体协主席苏昌培、各地（市）农体协负责人及部分市领导参加了联谊会。

12 月 13 日，在首届八闽中国健身大赛中，宁德市陈飞渡、王丽文分别获得健身三项乙组、丙组第一名。

12 月 24 日，福建白马船厂首次成功建造的万吨油轮顺利下水。

2003 年

1月4日，宁德市举行万名青年志愿者助残行动启动仪式。千名志愿者在启动仪式上宣誓，倡导志愿者和残疾人结成帮扶对子，使助残行动得以制度化和规范化。

1月8日，蕉城区霍童镇被省政府列为省级第二批历史文化名镇之一。

上旬，太姥山海畲乡旅游项目被列入《福建省旅游发展总体规划》，作为中远期开发项目，将打造成全省八大旅游精品之一。

1月14日，福鼎市区延河路7栋2号民房发生火灾，8人当场丧生，1人遇险跳楼在送往医院途中死亡，1人在医院抢救无效死亡，4人在火灾中受伤。

1月15日，最高人民检察院检察长韩杼滨在省人民检察院检察长倪英达陪同下到宁德市慰问检察干警。

1月16日，中共福建省委副书记黄瑞霖带领省直有关部门负责人深入古田、屏南慰问。

1月19日，宁德市拍卖行首次举行个人作品专场拍卖会，展出宁德市著名画家丁丹美术作品130幅，其中拍卖成功88幅，价值15万元人民币。

1月20日，团市委被共青团中央、全国绿化委员会、全国人大环境与资源保护委员会等单位联合评为“2002年度保护母亲河行动先进集体”。

1月21日，落户福鼎市星火工业园区的惠泉啤酒福鼎有限公司首期规模为6万吨的工程项目竣工投产。该啤酒项目是闽东已有工业园区引进的最大工业项目。

同日，中共福建省委常委、省军区政委吴青田少将率领省财政厅、计委等部门领导深入霞浦、柘荣调研慰问。

1月23—25日，中共福建省委书记宋德福，省委常委、秘书长朱亚衍一行深入宁德市福安、福鼎、霞浦、蕉城就基础设施建设、工业建设、农村社会服务联动网等问题开展调研活动，并慰问宁德市遭遇“森拉克”台风的受灾户及部分困难群众。

2月11日，全市、各县（市、区）工商局组织打击不法商贩因广东部分地区发生传染性非典型肺炎（SARS）趁机哄抬醋价，并帮助商家组织货源，平抑醋价。

2月12日，农业部党组成员、中纪委驻农业部纪检组组长夏文义到宁德市调研。

2月20日，寿宁县南阳青年义务消防队获中宣部、中央文明办、解放军总政治部、共青团中央联合授予的“全国学习雷锋、志愿服务先进集体”称号。

2月21日，意大利华侨华人联谊会会长陈铁群一行8人到宁德市考察投资事宜。

2月23日，曾育湘、包著琼等10人获首届“宁德市十大杰出女性”称号，市妇联同时授予她们宁德市“三八红旗标兵”荣誉称号。

3月12—15日，副省长王美香带领省直有关部门负责人深入福鼎、福安和蕉城就宁德市少数民族和宗教工作进行调研。

3月15日，宁德市启动“美丽家园志愿者”环境保护项目，力争通过5年时间组织300支志愿服务队，对闽东的海岸线、母亲河、芳草地全面开展保护行动。

3月17—18日，副省长叶双瑜带领省直有关部门负责人深入柘荣、福安开展经济工作调研，并与当地领导、企业家座谈。

3月29日，福鼎市沙埕镇台山村的12位渔民前往印度尼西亚开展实验性捕鱼生产。作为与印度尼西亚开展的合作项目，随后全市有数千渔民出国捕鱼。

3月31日—4月2日，副省长李川带领省直有关部门负责人到福安、柘荣、福鼎等县（市）就工业发展问题作深入调研。

4月1日，市科学技术协会第一次代表大会召开。会议指出要把科普经费列入同级财政预算，科技馆的设施建设纳入基本建设计划，加快科技馆的建设步伐。

4月5日，全国政协常委、全国政协经济委员会副主任、新希望集团董事长刘永好到宁德市考察。先后考察闽东工业园区、东侨开发区等地，并进行座谈。

4月5—20日，应日本日中友好交流中心株式会社和韩国东和综合商事株式会社的邀请，副市长陈应辉率宁德市商业总公司代表团赴日本、韩国进行商务考察。

4月8日，上午11时，停泊在福安市下白石镇环澳船舶公司修理的"顺凯号"5000吨级货轮发生火灾，造成8死7伤。

4月11日，寿宁县林业局高级工程师张进德的《柳杉鞭角华扁叶蜂研究》《毛竹黑叶蜂研究》两项科研成果填补国内空白，为全国森林病虫害防治做出贡献。

4月11—12日，中共福建省委常委、组织部部长李宏深入宁德市开展调研活动，与广大干部共同探讨如何加快发展等问题。

4月16日，福鼎市（温州）项目推介会在温州市举行。当天，共有17个项目在会上签约，总投资额13.11亿元，其中利用外资1160万美元。

中旬，宁德市与同济大学、南京大学城市规划设计研究院签订《宁德市城市发展战略规划编制工作协议书》，标志着宁德市城市总体规划修编工作正式启动。

5月13日，闽东工业园区正式挂牌运行。这是宁德市为加快工业发展而设立的实行特殊优惠政策的新型工业基地。

5月15日，由美国客商陈农投资200万美元的陈靖姑塑像及临水公园开发项目在古田县签约。

5月18—22日，2003年中国海交会闽东工业园区招商推介会在福州举行。会上进行闽东工业园区对外招商项目的推介，有两个项目签约。其中食品加工项目系美国大众服务公司独资项目，投资总额为600万美元；机电设备生产项目系福州伟懋泵业有限公司独资项目，投资总额为2000万人民币。

5月25日，中共福建省委副书记黄瑞霖，省委常委、组织部部长李宏等省领导带领省直有关部门负责人到宁德市开展贯彻落实"四个专题"决策部署的调研检查并指导工作。

月底，古田县已有14个乡镇开通基本医疗保险计算机信息网络系统，成为全市第一个全面开通乡镇医保网络的县份。

6月8日，宁德市大黄鱼养殖协会成立5周年暨国家农村综合改革试验区试验点授牌仪式在蕉城区三都澳举行，市领导参加授牌仪式。该协会是年还被省农办列为全省10个农产品协会建设试点单位。

6月11—12日，中共福建省委常委、常务副省长黄小晶带领省直有关部门负责人深入宁德市检查指导福宁高速公路建设、了解实施项目带动战略以及有关项目进展等方面情况。

同日，团市委、市青年联合会、市青年志愿者协会、闽东青年企业家协会、宁德晚报社联合开展的"2003年阳光助学行动"启动。经2个多月的艰苦努力，"阳光行动"共募集资金137万元，有286名贫困大学生受到资助。

6月18—19日，首届中国·福建项目成果交易会在福州金山展览城开幕，宁德市21个项目参加签约，通过项目交易会解决技术难题60项，对接项目11项，对接项目总数达119项。

中旬，蕉城三都澳观光渔排被列为省级重点旅游项目，成为全省社会化办大旅游力推的七大项目之一。

中旬，古田张祥麟在海南省东方市百果园基地和果菜基地种下数十万株福建枇杷种苗，成为海南省首家万亩枇杷规模种植基地。

6月24—27日，省人大常委会副主任黄贤模带领《中华人民共和国义务教育法》执法检查组深入福安、蕉城开展执法检查工作。检查组听取宁德市贯彻实施《中华人民共和国义务教育法》的情况汇报，并对执法检查情况进行反馈。

6月25日，福宁高速公路通过交工验收，该项目质量总评获91.06分，质量等级优良，实现了省委、省政府，宁德市委、市政府提出的创优质工程的目标。该路是闽东有史以来最大的工程，于1998年11月28日动工兴建，全长146千米，总投资69亿元。

6月27日，省重点项目蕉城区洪口电站动工建设。该电站总投资10.45亿元，总库容量4.5亿立方米，总装机20万千瓦，年发电量4.57亿千瓦时。

6月29日，副省长王美香参加中国·太姥山文化旅游节活动，随后又带领省直有关部门负责人，到蕉城区三都澳调研，并查看海上社区的建设情况。

7月1日，宁德市城市发展战略规划暨城市总体规划修编工作正式启动。南京大学城市规划设计院和同济大学城市规划设计院负责。2005年12月2日，宁德市城市总体规划技术鉴定会召开。省建设厅技术鉴定专家组同意并通过宁德市城市总体规划技术鉴定，规划范围为东以蕉城区与霞浦县行政界为界，向南包括三都镇全部、飞鸾镇与城南镇沿海部分，西至金涵水库，北以七都溪南分水线、蕉城—福安行政界限为界，总面积527平方千米。

8月4—5日，市气象局利用第9号强热带风暴“莫拉克”外围云系等影响的有利时机，适时开展人工增雨作业。分别在蕉城漳湾、霞浦水门、福安溪柄、福鼎前岐等地，发射32枚增雨火箭，取得显著效果，缓解了全市旱情。其中蕉城虎浿降水量达到98毫米。

8月6日，宁德火电厂初步可行性研究报告通过了省发展计划委员会与国家电力规划总院的联合审查。该项目规划建设6×60万千瓦超临界燃爆机组，一期工程将建设4×60万千瓦机组，投资约106亿元，拟于“十一五”期间投产。

8月15日，宁德市防洪防潮工程可研报告通过省水利厅审查。该工程静态总投资达1.5亿元，工程建成后可将市区防潮标准提高到50年一遇，防洪标准达到30年一遇。2004年5月下旬动工建设，建设工期两年。

8月22日，市委、市政府召开全面防治“非典”工作会议，表彰一批在防治“非典”中表现突出的先进集体和先进个人，总结全市防治“非典”工作经验，研究部署如何切实加强公共卫生体系建设，做好下一步防治“非典”和应对突发性事件的工作。10月9日，召开预防“非典”工作电视电话会议，制定下发《宁德市2003—2004年防治传染性非典型肺炎工作预案》。

8月26日，天津环海控股集团与宁德市政府、东侨开发区管委会，分别签订了合资开发建设宁德铁基湾围垦工程及在东侨建设一座五星级国际会议中心的协议合同，两项投资合计约10亿元。

9月上旬，市统计局发布2003年1—6月国民经济主要指标，全市国内生产总值首次突破百亿元大关，达到106.58亿元，按可比价格计算比上年同期增长0.5%。

9月17日，投资1亿元的闽东医院住院部大楼动工。该楼高达22层，拥有900个床位，设中央空调，各种设施数字化，拟建成市闽东规模最大、最具现代化的住院部大楼，计划在两年后交付使用。

9月20日，宁德市上海商会在沪成立，首批商会89个会员均为各行业的骨干企业。

9月20—27日，宁德市体育代表团在参加省农运会时畲族农民运动员表演的《打枪担》《赛竹卜》和女子毽球3项目，被选拔代表福建省参加在银川市举办的第七届全国少数民族运动会，并分别获得金、银牌和第8名的好成绩，比赛期间，宁德市还获得“全国民族体育先进单位”称号。

9月29日，全市电力体制改革的协议签字仪式在宁德举行，代市长陈荣凯和省电力有限公司总经理马宗林分别代表地方政府和省电力公司签订协议书。

10月7日，由民营企业福安市东明船舶修造有限公司独资筹建的3000吨级货物装卸码头，在福安湾坞乡白马河畔奠基开工。

10月13日，中国少年先锋队宁德市第一次代表大会召开。

10月25日，市青年文明号协会成立暨表彰大会在闽东宾馆举行，会议给4个全国青年文明号集体、1个省十佳青年文明号集体、9个省级青年文明号集体、10个市十佳青年文明号集体以及47个市级青年文明号集体、28个先进工作者颁发了奖状。

10月28日，福建白马造船厂建造的12000吨级成品油轮“东海213号”顺利下水。该船总长134.85米，型宽22.5米，型深7.8米，为福建省建造的最大的一级成品油轮。

10月，中国海监宁德支队被国家海洋局列为全国10个海监执法示范支队之一。

11月7日，省炎黄文化研究会、省民族与宗教事务厅、宁德市政协共同主办的畲族文化学术研讨会在宁德召开，来自福建、浙江、广东的近百位专家学者就畲族历史源流、畲族文化与其他民族文化的关系、畲族宗教与民间信仰、畲族风俗习惯、畲族文学艺术、畲族文化与现代化等6个专题进行研讨。

11月26日，浙江省温州市委书记李强带领十多位县（市、区）主要领导和部门负责人到宁德实地考察东侨新区和三都港，了解宁德的市情及实施项目带动、民营经济发展、基础设施建设、软环境建设等各方面情况。这是温州市党政领导首次大规模来闽东考察、洽谈合作。

下旬，宁德市第一个现代化、无公害食用菌生产基地在古田县黄田镇凤亭村建成并投产，首批26万筒无公害香菇下种。

12月1日，宁德市简化护照申领手续，除特定的国家工作人员仍需出具政审意见外，其余的本市居民，只要不具法定不准出境的情形，即可凭个人身份证和户口簿向户口所在地公安机关申领护照。

12月29日，宁德市沿海4个县（市、区）海域行政区域勘界工作全面完成。

是年，市政府出台《关于鼓励企业开展境外加工贸易业务的实施意见通知》和《关于贯彻“走出去”开放战略实施意见》，加大“走出去”战略的宣传力度。当年新批境外投资生产性企业4家，居全省各地市之首。

2004 年

1 月 1 日，宁德市开始实施《关于损害经济发展软环境行为责任追究的暂行规定》，包括存在办事推诿扯皮、执法方式简单粗暴、擅自提高收费标准在内的 7 项行为，党政机关、行政机关、执法机关和经济管理部门的有关责任人将受到责任追究。

1 月 1—15 日，市防治非典指挥部召开成员会议，根据省防治“非典”指挥部的决定，宁德市在此期间启动防治“非典”一级预警。

1 月 2 日，柘荣县东源中心校被福建省教育厅、科学技术厅、科学技术协会联合授予“福建省青少年科技教育示范学校”。该校是宁德市唯一获此荣誉的中心校。

1 月 5 日，市委发布《关于贯彻落实党的十六届三中全会和省委七届六次全会精神进一步完善社会主义市场经济体制的若干意见》。《意见》就进一步明确经济体制改革的目标要求，建立现代产权制度，深化农村经济体制改革，完善城市经济管理机制，加强区域经济协作等 9 个方面对完善社会主义市场经济体制作了具体阐述。

1 月 6 日，由中国艺术教育促进会、中国教育电视台、中国美术出版总社主办的第三届 PHE（和平、健康、环保）国际青少年书画大赛成绩揭晓，宁德市左明宽创作的版画《和平之声》荣获中国赛区一等奖。

同日，福州、宁德、温州两省三市旅游协作座谈会暨签约仪式在福鼎太姥山举行。

1 月 9 日，上海基础工程公司采用海底冲埋的先进施工技术，成功架设跨海电缆到青山岛和三都镇，使两地结束了无电的历史。

同日，全国双拥工作领导小组、民政部、中国人民解放军总政治部在北京召开全国双拥模范城（县）命名表彰大会，宁德市获“全国双拥模范城”称号，受到命名表彰。

1 月 10 日，福州、宁德、温州三市签署联手打造旅游线路的协议。经三市政府协调批准后付诸实施。

1 月 26 日，古田县杉洋镇境内发生一起龙马牌货车（车号闽 A00434）翻入 5 米深水库的特大交通事故，造成 8 死 3 伤。

1 月 29 日，霞浦县境内福宁高速同三线 A 道 65 千米 +300 米处，发生一起特大交通事故，出事车辆从浙江往广东方向行驶，由于雨天路滑车速太快撞向护栏，车上共有 9 人，当场死亡 4 人，伤 5 人。

2 月 3 日，代市长陈荣凯会见比利时博一集团总裁刘汶轩，双方就筹建宁德学院一事进行商洽。

2 月 7 日，清华大学党委书记陈希到宁德市考察，就如何与国内重点大学合作，高起点建设宁德本科院校，提出建设性意见。

2 月 11 日，国务院法制办副主任张穹带领国务院高致病性禽流感防治工作督查组，在副省长刘德章和省有关部门负责人的陪同下，到宁德市检查指导高致病性禽流感防治工作。副市长郑民生汇报宁德市防治此病工作情况，并陪同督查组一行检查工作。

2 月 14—15 日，中共中央组织部原部长、全国党建研究会会长张全景考察霞浦县牙城镇社会服务联动中心和福安市溪柄镇楼下村。

2 月 18 日，市委、市政府出台《关于促进中小企业发展的决定》，采取各项优惠政策和措施，为中小企业拓展发展空间。

2月19日，“中国宁德”网站建成开通。网站由中共宁德市委宣传部主办，旨在全面展示宁德的历史文化、风土人情、经济建设和社会发展的成就，特别是凸显宁德市的区位优势，优美的风景名胜和优良的投资环境，积极为招商引资工作服务。

3月12日，市委、市政府在上海举办中国·福建宁德新兴港口城市投资暨旅游推介会，向海内外介绍宁德基本情况。上海市有关领导、专家，包括多家世界500强企业在内的国内外大公司、大企业老总，外国驻上海领事代表，上海各大旅行社负责人，中央驻沪及上海媒体记者，宁德在沪企业及乡亲代表200多人参加推介会。

3月14日，八闽珍果古田油柰通过国家证明商标的核定，商标使用期限为2003年12月7日至2013年12月6日。

3月19日，国土资源部在北京首创国际会议中心举行第三批国家地质公园授匾大会。福鼎市太姥山跻身国家地质公园之列，并被授予国家地质公园题匾。

3月29日，东侨保安服务公司被福建省公安厅、福建省总工会、共青团福建省委授予“福建省2002—2003年度先进保安公司”称号。

4月5—6日，市长陈荣凯率团赴香港开展招商引资工作。在港期间，陈荣凯一行拜访香港招商局集团总裁傅育宁、香港华润（集团）有限公司副总经理陈树林等人，同时还与香港福建社团联会、香港福建商会和闽东旅港联谊会座谈，看望宁德旅港乡亲。

4月8日，中国福建省宁德市投资环境说明会在马来西亚首都吉隆坡举行。

4月10日，中国驻新加坡旅游办事处主任李健平率领来自新加坡、马来西亚、印度尼西亚等10多家旅游商社的董事长、经理以及新加坡《联合早报》记者到太姥山旅游景区考察。

4月23日，全国政协委员、香港文汇报社社长张国良、总编辑王伯遥及《香港文汇报》驻福建记者一行7人，先后考察东侨开发区、城澳万吨码头和三都澳海上渔排社区、海上110边防警务区并游览斗姆景区。张国良对三都良港和全国最大的海上养殖生态旅游景观给予好评，表示回港后要帮助宣传，同时动员一些财团到闽东投资。

4月26日，宁德市13名来自不同行业的劳动者受表彰分别获得全国五一劳动奖章、省五一劳动奖章，另有4个集体分别获得省五一劳动奖状单位、省五一劳动奖状班组的表彰。

5月19日，第五届中国·宁德招商节暨新兴港口城市发展论坛在蕉城举行。22个国家和地区的288名客商（以马来西亚和中国港澳台地区的客商居多）和23名专家学者应邀参加。美国、泰国、加拿大、印度尼西亚驻广州领事馆和波兰、秘鲁驻上海领事馆领事等也应邀参与。其间，共签约项目211个，其中外资项目47个，合同外资金额3.64亿美元，内资金额81.95亿元人民币。

同日，重汽集团福建专用车有限公司在宁德市闽东工业园区举行奠基仪式，这标志着福建省即将告别没有生产重型汽车企业的历史。该专用车有限公司由鑫宏达（福建）集团与中国重汽集团合资成立，总投资近亿元人民币，生产规模为年产5000辆。首期投资3500万元，生产规模为年产2000辆。

中旬，福鼎大酒店总经理陈丽华被中华全国总工会授予“全国先进女职工”称号。陈丽华是宁德市唯一获此殊荣的下岗女职工。她曾因工厂倒闭下岗，通过艰苦创业取得成功，并安排多名下岗女工就业。

中旬，农业部、财政部等六部委确定首批农村劳动力转移培训阳光工程项目县，宁德市古田、屏南、霞浦3个县列入2004年全国阳光工程示范县，分别承担年农村劳动力培训、转移任务2000人。

5月25日，为推动全市民营企业“二次创业”，市政府召开全市企业上市工作座谈会暨企业资本运作专家讲座，邀请有关专家教授企业上市知识。

6月7日，以省政协主席陈明义为组长、省委统战部部长陈营官、省人大常委会副主任谢先文等人为副组长的省委“四个专题”决策落实情况调研检查组到宁德市开展调研。

6月14日，美国原太平洋投资集团主席帕特里克·卡斯特，到宁德考察石化产业、港口规划及投资的可能性。

同日，“古田银耳”被国家质检总局批准为原产地域保护产品。

6月16日，由闽东医院、宁德市医院、宁德市卫生局7名高级医师组成的宁德市对口支援新疆昌吉回族自治州呼图壁县义诊医疗队启程。闽东医院、宁德市医院还为受援地区捐赠一部救护车、一批医疗设备（器械）及药品。

6月18日，第二届中国·福建项目成果交易会在福州开幕，省领导及博鳌亚洲论坛秘书长龙永图等参观宁德市展馆。在开幕式上，宁德市15个项目签约，总投资金额近2.44亿元。

6月20日，柘荣县36幅剪纸作品被福建省艺术馆和美术馆选送赴埃及开罗展览。

6月28日，第二届宁德茶文化节在福鼎市开幕，来自全国19个县（市、区）的专家、学者和从事茶叶生产、加工、经营的企业家以及中央、省、市媒体的新闻记者，茶行业刊物的采编人员，国家、省、市行业协会的领导等参加了这一盛会。民盟中央副主席吴修平，省人大常委会原副主任郑义正，省政协原副主席陈增光前往庆贺。在宁德茶文化节系列活动中，100克福鼎大白茶母茶“绿雪芽”以71万元的天价被福建省武夷星茶叶有限公司代表人拍得。

7月1日，宁德8县（市）供电有限公司召开成立大会，会上举行古田等八县（市）供电有限公司授牌和直属分公司及蕉城电力公司上划交接仪式。

中旬，蕉城区晚熟龙眼生产基地被农业部授予“农业部南亚热带作物名优基地”称号。

7月16日，由省发改委组织召开的《宁德市临港化工园区产业发展规划》审查会议在宁德召开。会上20多位专家对该规划进行认真讨论审查，并通过了审查会议纪要。

7月19日，福建宁德·海峡西岸经济区新兴港口城市论证会在福州召开。论证会介绍宁德市建设新兴港口城市的构想与建议，并多视角探讨事关宁德市全局和长远发展的大计。

8月9日，省人大常委会副主任曹德淦率调研组到宁德市开展官井洋大黄鱼繁殖保护情况和福建省海域使用立法情况调研。

8月10日，柘荣县50幅剪纸作品被文化部选送，赴巴西里约热内卢参加国际民间艺术节展览。

8月17日，福建省第一次全国经济普查试点工作在蕉城启动。

8月18日，首届中国·白水洋文化旅游节在屏南开幕。省人大常委会副主任黄贤模、省政协副主席李祖可和国家旅游局、宁德市部分领导以及来自海内外的客商、乡贤等300多人参加盛大活动。

8月，受第18号台风“艾利”的重大影响，宁德各县（市、区）普降暴雨，局部特大暴雨。据统计，全市125个乡镇有118个受灾，受灾总人口153.6万人，全市直接经济损失18.25亿元。

9月6日，菲律宾国家众议院议长何塞·德贝内西亚率菲律宾政府海洋渔政局官员到宁德市考察，寻找渔业养殖方面的合作项目。

9月7日，宁德市在厦门金雁酒店举行投资环境说明会，来自德国和美国等的海内外客商、厦门宁德商会会员、各界人士共200多人参加会议。市长陈荣凯向宾朋介绍宁德市投资环境，市计划发展委员会负责人在会上作招商项目推介。

9月8日，第八届中国投资贸易洽谈会在厦门国际会展中心开幕。宁德市在本届投洽会上签约合同外资项目30个，总投资24713万美元；协议外资项目11个，总投资24947万美元；达成出口贸易合同460万美元。

9月9日，宁德市召开庆祝教师节暨先进表彰大会。会上，公布宁德市首届“名学校”“名校长”“名教师”名单，并举行授牌仪式；表彰市“师德建设先进集体和师德教师标兵”及“基础教育课程改革先进集体和个人”。

9月11日，市长陈荣凯、副市长陈允萍与美国泛太平洋投资集团主席帕特里克·卡斯特、美国凯普有限责任公司执行董事白强洽谈在宁德市投资“美国工业园”项目有关事宜。

9月14—18日，宁德市经贸考察团在韩国先后考察浦项制铁株式会社的光阳制铁所以及釜山、汉城的港口码头和相关企业，宣传推介宁德的投资环境，洽谈招商引资项目。

中旬，闽东亚南电机有限公司、福鼎富恒皮革制品有限公司董事长许丽华分别被劳动和社会保障部、人事部评为“全国再就业先进单位”与“全国再就业先进个人”。

9月20—25日，宁德市经贸考察团在南非共和国开展经贸考察活动。其间，考察团看望在南非创业的闽东乡亲，与旅居南非的福建籍、闽东籍侨胞进行座谈，参观考察闽东乡亲在南非的食用菌开发生产试验基地，侨胞的服装鞋帽加工、贸易情况等。

9月22日，市长陈荣凯会见北京华睿投资集团副总裁史国松等一行6人，并就关于在宁德市投资风力发电站等能源项目的开发事宜和客商参与宁德市国企改革事宜进行探讨。

9月25日，古田县鹤塘镇被农业部、国家体育总局、中国农民体育协会评为“全国农村体育先进乡镇”。

9月27日，宁德市畲族歌舞团一行36人启程赴金门，为金门同胞献上富有闽东畲族文化特色的大型歌舞《情满中秋》。

9月27日—10月2日，柘荣县15幅剪纸作品由福建省文化馆选送赴台湾参加闽台文化交流。

10月11日，市委、市政府制定的《建设海峡西岸经济区新兴港口城市实施纲要》于《闽东日报》上公布。

10月13日，中国人民大学农业与农村经济发展学院院长温铁军受邀为宁德市上千名机关干部做当前宏观经济形势分析报告。

10月17日，福鼎市白琳到郭阳的矿山路段发生一起重大交通事故，一辆拖拉机翻下路边十几米深处，造成4人死亡，1人重伤。

中旬，在第三届中国国际民博会暨第二届中华（天津）民间艺术精品博览会上，代表福建省参展的福安民间艺人林仕元的银雕作品《双龙戏珠》分别获得第二届中华民博会金奖、第三届国际民博会铜奖。

10月21日，省依法治省领导小组办公室负责人和全省各设区市的政法委负责人在宁德召开现场会，总结、推广宁德市“百千万”普法依法治理活动的经验。省委政法委副书记林平参会。

10月24日，市委宣传部和福建电视台新闻频道联合举办“八闽绝活”闽东赛区比赛活动。具有闽东文化特色的10个民间绝活、绝技参赛，霍童线狮和柘荣布袋戏分别获得第一名、第二名。

同日，在第十四届中国厨师节暨中国海峡两岸美食节上，来自古田县的熊书胜以竹荪、百灵菇为原料制作的“鲜菊观井”和“极品鲍鱼菇”两道菜均获金牌，并被授予“中国名菜”称号，熊书胜获烹饪界最高奖——金厨奖。

10月28日，古田县委、县政府在福州举办2004年全国食用菌产业高峰论坛暨首届中国（古田）食用菌节新闻发布会。省农业厅副厅长肖诗达、副市长郑民生在发布会上就相关问题回答记者的提问。

10月30日，由省文联、省作协、市委宣传部、市文化与出版局、市文联联合举办的闽东诗群作品研讨会在宁德召开。省、市宣传文化部门有关负责人及专家、学者、诗人就闽东诗群现象及个体创作情况进行研讨。

下旬，由宁德市农友科技开发有限公司及宁德新洋生物技术研究所共同研究的省科技厅2004年度国际科技合作项目“章鱼人工增养殖技术研究”人工孵化获得成功。

11月1—2日，浙江省丽水市委书记楼阳生率党政代表团到宁德市考察。

11月初，市政府制定出台《宁德市科学技术奖励规定》《宁德市科学技术奖励实施意见》，从2004年11月起施行。

11月11日，宁德市召开第四次见义勇为先进分子表彰大会。古田县人民法院干部陈小川、闽东电机三厂职工林金清等8人被授予“宁德市第四次见义勇为先进分子”荣誉称号。

11月16日，“投资宁德在线”中英文网站开通，为海内外投资者提供全方位的服务。

同日，由亚太地区食用菌培训中心承办的2004年度中国TCDC（南南合作）食用菌技术国际培训班在古田县开班授课，来自蒙古、朝鲜、越南、菲律宾、伊朗、印度、埃及、喀麦隆等22个国家的46名学员参加培训。

11月17日，市委、市政府召开自1981年老区机构恢复以来规模最大、规格最高的老区工作会议。会议主旨是要全力实施“老区工作优先行动”，加快老区发展，使老区人民更快富裕起来。

11月18—19日，全国人大常委会副委员长蒋正华，全国政协副秘书长陈宗兴及中直有关部门和农工民主党中央负责人在省人大常委会副主任贾锡太等陪同下深入宁德市调研港口和交通网络建设。

11月19日，古田县建成全国最大的食用菌博物馆。该馆位于古田食用菌市场内，展厅面积560平方米，陈列有700余件展示古田食用菌历史文化的展品。

11月26日，市委、市政府、军分区在福安举行闽东苏区创建70周年纪念大会。出席大会的有省直有关部门领导，宁德市六套班子及市直有关部门，各县（市）党政领导、“五老”和烈属代表共1000多人。

11月29日，省政府公布全省第六批省级风景名胜区名单。福安市白云山、寿宁县杨梅洲在该批公布名单中，填补了两市（县）省级风景名胜区的空白。

11月，东侨开发区投入6000多万元兴建华侨新村，全部建成的5.5万平方米住宅楼将全面解决所有侨民的安居问题，人均面积可达25平方米。

12月3—4日，全国政协民族和宗教委员会考察团到福安市和蕉城区考察调研。

12月8日，全国食用菌产业高峰论坛暨首届中国（古田）食用菌节在古田开幕。美国、韩国、马来西亚等7个国家和浙江、山东、海南等14个省的各界来宾参加。食用菌节期间，共签订合同项目45项，利用内外资9.21亿元。

12月10日，福建（寿宁）三祥冶金有限公司“单晶电熔铝晶粒控制技术”通过福建省科技厅成果鉴定，属国内首创，达世界先进水平。

12月14—15日，副省长王美香带领省直有关部门负责人深入宁德市少数民族乡村调研。

上旬，福建师大地理学院、福建省野生动植物和湿地监测中心、宁德市林业局有关专家考察表明，屏南县仙山牧场的中山湿地是福建已发现面积最大、华东不多见的草木泥炭地；该牧场经营区的黄山松林是福建已发现面积最大、保存最完好的天然黄山松林，属华东罕见。

12 月 16 日，厦门大学科技成果宁德推广会召开。会上，厦门大学组织 20 多个学院，带着近 400 项科研成果、200 余项专利到宁德市开展科技成果巡回推广活动。宁德市 30 多家企业负责人参加会议。

12 月 21 日，古田县退休教师苏玉桂、福安市甘棠中心小学副校长潘鸿华荣获“省杰出人民教师”称号，并各获奖一部价值 15 万元的“东南菱帅”轿车。

12 月 24 日，全国“八纵八横”铁路骨干网的第八纵通道——温（州）福（州）铁路（福建段）在福鼎市秦屿镇财堡村开工建设。

12 月 27—30 日，省综治检查组深入蕉城区、福鼎市，采取查访核定档案资料、随机明察暗访、公开接受群众来电来访等形式，检查宁德市《2004 年设区市党政领导社会治安综合治理责任书》落实情况。省检查组组长、省公安厅厅长陈由诚作情况反馈。

12 月 31 日，市委、市政府作出《关于加快林业发展，建设绿色闽东的决定》。《决定》提出到 2010 年，全市森林覆盖率达到 66.4% 以上，城市建成区、县城建成区绿化覆盖率分别达 39.5%、34.5% 的目标。

是年，全市农村最低生活保障制度全面建立并实施。人均年收入低于 1000 元的农村贫困人口全部纳入保障范围，全市纳入农村低保人数 109701 人，低保金发放总额 5525 万元。

2005 年

1 月 6 日，宁德市举行援助印度洋海啸募捐活动，当日募捐 17.4 万元，共募捐 127.5 万元。

同日，代省长黄小晶、副省长刘德章赴宁德召开《省政府工作报告》意见征求座谈会。

1 月 6—7 日，中共福建省委副书记黄瑞霖赴屏南调研。

1 月 7 日，第二届宁德市十大杰出女性评选活动揭晓，邱天兰、江德端等 10 人当选为第二届宁德市十大杰出女性。

1 月 7—8 日，水利部副部长索丽生赴福鼎、蕉城，对农村小水电开发和水资源保护和利用情况进行调研。

上旬，农业部授予古田县玉田农产品加工区第一批“全国农产品加工示范基地”称号。该加工区是宁德市首个获得该称号的农产品加工专业园区。

同旬，市渔业协会被民政部授予“全国先进民间组织”称号，是福建省唯一获此荣誉的涉渔民间组织。

1 月 27 日，省长黄小晶赴福鼎、霞浦、福安开展“送温暖”慰问和重点工程调研活动。

同日，宁德市第一条刷卡消费无障碍示范商业街在蕉城新加坡步行街启动。

2 月中旬，市委、市政府命名闽东临时特委、闽东苏维埃政府旧址等 13 个革命遗址为宁德市第一批爱国主义教育基地。

2 月 22 日，国家林业局副局长祝列克赴福鼎市调研。

3 月 3—4 日，中国人民银行总行副行长苏宁赴福鼎调研。

3 月 5 日，特大毒枭刘某某在福安市被抓获，此人是公安部门通缉的特大毒犯，自 1995 年起，累计制贩冰毒多达 18 吨。

3 月 11 日，中央电视台国际频道《走遍中国・宁德》摄制组在宁德举行开机仪式。

3 月 17—18 日，中共福建省委副书记、省纪委书记梁绮萍到宁德市开展保持共产党员先进性教育调研活动。

3 月 18 日，市政府授予黄仲咸“宁德市捐赠公益事业突出贡献奖”金质奖章，从 2002 年开始，爱国华侨黄仲咸已向宁德山区老区贫困学生捐赠 60 多万元助学金。

中旬，省政府发布 2004 年福建名牌产品，宁德市 4 个品牌榜上有名，分别是古田县“八荒”牌食用菌、古田县“金松”牌食用菌、福鼎市“品品香”牌太姥绿茶和福建“仙洋洋”牌茶浓缩汁。

中旬，由市质监、水产及茶业部门协作申报的“大弹涂鱼养殖标准化示范区”和“太姥绿茶标准化示范区”两项国家级示范区项目获国家质检总局批准，列入 2005 年第五批国家农业标准化示范区项目。

3 月 24 日，宁德市政府与新加坡中国实业投资控股有限公司、山东利仁投资控股有限公司合作的福建宁德港（城澳港）大型集装箱码头项目签约仪式举行。该项目计划总投资 20 亿 ~ 30 亿元人民币，拟建设第六代集装箱码头泊位 3 个，初步规划年吞吐能力 100 万标准箱。

3 月 31 日，副省长叶双瑜赴寿宁、福安开展外经贸、对台工作调研。

4 月 7 日，宁德市科技奖励大会召开，授予刘家富 2004 年度宁德市科学技术杰出人才重大贡献奖，给予 15 万元的奖励；授予“广义度量空间与映射”等 30 项科技成果 2004 年宁德市科学技术进步奖。

4 月 10—11 日，副省长苏增添率省直有关部门负责人到蕉城、福安、霞浦、福鼎开展温福铁路建设工作调研，并召开温福铁路（福建段）建设协调会。

4 月 13 日，市委、市政府召开全市茶业工作会议，表彰市“十佳茶业企业”“十佳茶技工作者”和“茶业生产先进乡镇”。

中旬，宁德电视台《社会观察》栏目荣获福建省新闻名栏目奖，这是宁德市广播电视栏目首次获得该奖项。

4 月 20—23 日，福建省科普报告团宁德分团在福安、柘荣、福鼎开展巡回科普报告活动。举行科普报告 17 场，听众达 11300 多人次。

4 月 23 日，市委、市政府在北京举办海峡西岸经济区——福建省宁德市临海产业发展布局规划咨询论证会。

4 月 26 日，福建省特级教师协会宁德分会正式成立。特级教师陈成龙当选为第一任会长。

4 月 28 日，全市劳模表彰大会召开，共表彰 106 名劳动模范。

同日，市政府召开常务会议，讨论和研究宁德市区道路的命名、更名有关事宜。此次更名的市区 5 条路是城东路、坪塔路、工业路、站前路、少年宫路，分别拟被更名为宁川路、天湖路、富春路、万安路、芦坪路。

同日，宁德市女企业家联谊会成立大会召开。

4 月，福鼎市天湖茶叶有限公司、宁德南阳实业有限公司被国务院扶贫办确定为国家扶贫龙头企业。

同月，市旅游局启动“6・28”《海峡两岸岛屿旅游协作对接活动方案》，提出以宁德福瑶列岛与台湾澎湖列岛为核心的旅游协作区，以“三都澳—澎湖湾”为共同旅游品牌，同时辐射海峡两岸其他相关岛屿。

5月8日，市长陈荣凯主持召开常务会议，重点研究旅游工作和教育工作，会议原则同意《宁德市旅游发展总体规划》报市政府批准后实施。从2005年起，各县（市、区）要将农村税费改革转移支付义务教育补助经费纳入专户，用于农村义务教育，实行封闭式管理；启动义务教育阶段低保家庭学生“两免一补”政策（免杂费、免书本费、补助寄宿生生活费），对特殊教育学校的学生实施免费教育，残疾儿童全部实施免费教育。

5月13日，香港和记中国港口有限公司总经理梁树波率领的投资项目考察团到宁德市蕉城区礁头、城澳及霞浦溪南港区考察。

5月14日，香港嘉里建设有限公司总经理洪敬南率领的投资项目考察团到宁德市考察三都澳和福安下白石白马港。

5月18日，温州市政府组织的大型旅游促销团50多人，到宁德市开展旅游品牌推介、区域合作和市场交流活动。促销团还到蕉城三都澳等景区考察，并与宁德市各景区和旅行社进行交流、签订合作协议。

5月19日，市长陈荣凯在闽东宾馆会见泰国橡胶协会主席、泰华橡胶（大众）有限公司董事长林立盛，并欢迎林立盛到宁德投资兴业。

中旬，福鼎市秦屿镇被国家发改委列为全国第一批发展与改革试点小城镇。

5月25日，广州本田汽车特约销售服务店在宁德开业。这是闽东地区第一家集整车销售、售后服务、零配件供应、信息反馈于一体的品牌汽车4S店。

5月27日，中央民族工作会议暨国务院第四次全国民族团结进步表彰大会在北京举行，蕉城区人武部被授予“全国民族团结进步模范集体”称号，成为中国人民解放军南京军区人武系统唯一获此荣誉的单位。

5月31日，全市“六一”国际儿童节表彰会暨百名“春蕾女童”捐助仪式举行。会议表彰了在未成年人思想道德建设中表现突出的优秀家长学校、优秀家长和“十佳春蕾女童”。与会的市直各单位、社会各界人士当场共捐助12万元。

同日，大唐核电宁德核电站项目合作框架签约仪式在福州举行。

6月9日，福安籍运动员林忠仔参加射击世界杯赛德国慕尼黑站50米手枪慢射赛夺得冠军。

6月10日，福建省第三次原产地标记注册颁证会在宁德市举行，宁德市有12个产品获省原产地标记注册证书，其中福鼎市有11个产品。

6月14—15日，副省长王美香赴福安、霞浦、蕉城开展“红色之旅”旅游资源开发调研。

6月16日，全市教育工作会议召开。会上，31位“宁德市杰出人民教师”受到表彰，每人还获得1万元的奖励。

6月17日，全市第二轮市、县两级志书编纂工作会议召开，部署新一轮修志工作。宁德市、县（市、区）、乡镇三级志书编修全面启动。

6月17—18日，第三届中国·福建项目成果交易会在福州举行。此次交易会宁德市对接项目276项，总投资31.8亿元。

6月21日，“火炬地产杯”2005全国国际象棋联赛霞浦站比赛开赛，来自全国各地19支代表队100多名运动员参加比赛。

6月24日，参加“6·28”宁台农业合作投资洽谈会展销的首批台湾水果直航宁德市。6月25日，福建白马船厂承造的首艘二万吨级的散货轮——明州二〇一号下水，该船是闽东所建造的最大吨位船舶。

6月26日，福宁高速公路福安连接线正式通车，该工程总投资11.16亿元。

6月27—29日，第六届中国·宁德招商节在宁德举行。共签约内外资项目193个，总投资1000万美元以上的外资项目18个。“6·28”招商节期间，市台湾工作办公室邀请台湾海峡农林渔业合作经贸考察团及台湾桃园、高雄、嘉义、屏东、南投、台东农会选派的农业专家共计60多人，参加霞浦“宁台农业合作投资洽谈专场会”，签订合同资金达11亿元人民币。

6月28日，总投资1.5亿元、占地面积8公顷的大不同茶业（福建）有限公司研发中心在闽东工业园区正式动工建设。

同日，应宁德市政府邀请，新西兰总理珍妮·希普莉一行访问宁德。

6月29日，福鼎籍运动员周传成在江苏连云港夺得第十届全国运动会OP帆船的金牌。

6月，市委、市政府召开全市铁路建设动员大会，市政府与沿线县（市、区）政府签订温福铁路征迁安置工作责任状，负责完成本辖区内铁路征地拆迁安置任务。随后，温福铁路宁德境内的3个标段均全线展开施工。

7月上旬，福建（寿宁）三祥冶金有限公司被科技部认定为2005年度国家火炬计划重点高新技术企业。该公司是宁德市首家入选该行列的企业。

7月8日，著名茶学家张天福和省茶叶学会会长冯廷佺带领省茶叶专家、学者赴宁德召开茶产业发展调研座谈会。

7月8—9日，宁德市计划生育协会第一次会员代表大会在宁德召开。会议选举产生撤地设市后的第一届理事会和常务理事会。

7月9—15日，福建省委“四个专题”决策落实情况调研检查组赴宁德开展调研活动，调研检查组分3个小组，分别由省委副书记梁绮萍和省政协副主席王耀华，省委常委、常务副省长刘德章，省人大常委会副主任陈营官和省政协副主席邹哲开带队分赴宁德9个县（市、区）及东侨开发区开展调研检查。

7月11—14日，国家食品药品监督管理局GAP认证中心专家组进行现场认证，“柘荣太子参”GAP基地通过认证。

7月19日，第5号台风“海棠”在福建沿海登陆，全市9个县（市、区）70个乡镇受不同程度损失，受灾总人口88.28万人，紧急转移安置32.78万人，全市直接经济损失9.83亿元。

8月13日，福鼎市硖门乡柏洋村工会委员会成立，是宁德市第一个村级工会。

8月17—18日，第二届·中国白水洋文化旅游节在屏南举办，其间共签约项目22个，总投资达7.3亿元，其中境外资金1亿多元。

8月18日，白水洋被正式批准列为国家地质公园，中国白水洋地质博物馆开工仪式在双溪镇的白水洋畔举行。

同日，来自江苏常熟市的“沙家浜——白水洋红色探亲之旅”活动启动。

同日，副省长李川赴大唐宁德火电厂、福鼎、蕉城城澳等地开展工作调研。

8月19日，市政府与上海世纪轮船公司举行三都澳城澳30万吨级油品码头项目签约仪式。

8月25—29日，省政协副主席陈家骅率省政协委员视察团赴宁德开展耕地开发与土地整理工作考察活动。

8月27日，以香港特区政府行政会议成员、香港工联会主席、乐群社会服务处主席郑耀棠为团长，香港特区政府民政事务局局长何志平等为顾问的香港社会服务访闽代表团赴福鼎、霞浦考察社会、文化和风土人情。

8月，《福建宁德核电项目一期2×100万千瓦级机组工程项目建议书》编制完成，由省发改委上报至国家发改委。同时成立宁德核电有限责任公司筹备处。此核电项目是环三都澳区域主要项目之一，由广东核电投资有限公司和大唐国际发电股份有限公司共同投资，规划建设600万千瓦机组，第一期工程计划建设两台100万千瓦级机组，投资233亿元，是宁德市有史以来投资额最大的产业项目。

9月1日，清华大学教育扶贫现代化远程福安小平基金教学站正式挂牌开通，这是该项目在福建省建立的唯一的现代远程教学站。随后，首期研究生核心课程进修班开学典礼同时举行。

9月1—12日，市长陈荣凯率市经贸考察团赴北欧开展经贸考察、项目推介活动。这是宁德市首次在北欧国家举办投资推介活动。

9月2日，受第13号台风“泰利”影响，夜里沿海出现11～12级大风，内陆县市风力达8～11级，同时出现暴雨。全市受灾9个县（市、区）124个乡（镇），受灾人口73.699万人。3日，省长黄小晶、副省长陈芸率省直有关部门负责人赴福安市，察看受损公路、水毁民房和赛江防洪工程，慰问受灾村民，检查指导灾后重建工作。

9月7—9日，第九届中国国际投资贸易洽谈会在厦门举办。此次洽谈会宁德市共签约合同外资项目32项，合同利用外资1.95亿美元。

9月15日，即日起在全市范围内开展清理机关事业单位在编不在岗人员工作，主要清理擅自离岗，经单位同意离岗外出至今未归，未经县级以上组织人事部门批准借用到其他单位工作等人员。

9月20日，宁德市中小企业发展专题研讨会在霞浦召开，会议就如何加快企业发展、做大做强的有关问题进行深入探讨。部分市领导和市有关部门负责人参加会议。

9月21日，全国人大代表专题调研组一行到宁德市考察，并对宁德市农村卫生工作进行专题调研。

9月29日，上千名市直及蕉城区直干部在市委、市政府礼堂聆听郑邦明先进事迹报告。郑邦明是在福州打工的柘荣县农民，共产党员。当年7月25日在福州为救一名落水妇女而牺牲。郑邦明牺牲后，市委追授其“市优秀共产党员”称号，并开展学习活动。

9月，由《中国国家地理》主办，全国34家媒体协办的“中国最美的地方”榜单揭晓，福鼎市大嵛山岛入选“中国最美十大海岛”行列。该岛位于福鼎东南海域，直径约5千米，面积21.22平方千米，由11个大小岛屿组成。

同月，宁德市在柘荣县率先开展农村医疗救助试点工作。《柘荣县农村困难家庭医疗救助实施细则（试行）》于是月出台。医疗救助对象为享受农村居民最低生活保障的对象（五保对象）、在乡重点优抚对象和革命“五老”人员。

10月2日，铁道部副部长卢春房、副省长苏增添赴福鼎市检查温福铁路（闽东段）建设情况。

10月13日，第二届中国·柘荣太子参交易会开幕，共有10个项目签约，总投资额2.1亿元。

10月17日，省人大常委会副主任张家坤带领调研组赴宁德市开展中央、省委有关人大工作文件贯彻落实情况调研。

10月20—22日，由全国政协常委、人口资源环境委员会主任、中国质量协会会长陈邦柱带领的全国政协生态环境专题调研组，到宁德市检查指导沿海生态环境保护和海洋灾害预警机制工作。

10月21日，宁德汽车南站正式动工兴建。项目建设工期约480天。总建筑面积18649平方米，占地5.07公顷，预算总投资3500万元，车站投入使用后，每天可发送旅客15000人至2

万人。

10 月 28—30 日，宁德市第二届运动会召开。全市 9 个县（市、区）和 16 个行业系统的 25 个代表团近 2000 名运动员、裁判员和工作人员参加，是闽东有史以来规模最大、参加人数最多的一次运动会。

10 月，国务院同意三都澳城澳港口岸更名为宁德港口岸，开放范围扩大至宁德港 4 个港区 16 个作业区。10 月 31 日，宁德市政府举行新闻发布会，宣布从 10 月 30 日起，宁德港口岸正式对外开放。

11 月 1 日，市长陈荣凯会见新西兰女皇教育集团执行董事陈威廉。该集团捐资 100 万元人民币设立教育基金，用于捐助宁德市成绩优秀家庭困难的农村学生。

11 月 10—12 日，省人大常委会副主任曹德淦率领视察组到蕉城、福安、福鼎，视察水利“六千”工程建设情况。

11 月 15—21 日，全国汉传佛教重点寺院天冠菩萨道场支提山华严寺举行佛像开光暨新殿堂落成庆典法会。来自内地和香港地区以及印度尼西亚、澳大利亚等海内外佛教界僧侣、居士及佛教信徒共 2000 多人参加法会开幕活动。

11 月 16 日，闽东丛贸船舶公司 1.6 万吨近海货轮下水仪式在福安举行，这是福建省民营企业成功建造的第一艘万吨轮船。

11 月 21 日，全国华侨农场工作经验交流会在宁德市召开，全国各地的 80 多个华侨农场的代表参加会议，国务院侨务办公室副主任李海峰、副省长王美香到会讲话。

11 月 30 日，中共福建省委常委、福州市委书记袁荣祥率领福州市党政代表团赴宁德市开展山海协作调研考察与对口帮扶活动。

11 月，宁德市各城区实施城市夜景工程，在桥梁、建筑外轮廓、公共绿地、广场、公园等处安装庭院灯、草地射灯、草坪灯、霓虹灯、投光灯等。宁德市政府投资 280 万元，建设宁川路景观灯工程。

12 月 1 日，宁德市人民银行在柘荣县富溪镇试点，开通全省首个农村金融服务热线，与农村联动网、政务网合作，将服务热线挂在互联网上，及时受理与金融相关的各项咨询及投诉建议。

12 月 2 日，市委、市政府召开宁德市历史上规模最大、规格最高的侨务工作会议。会上，第一次以市政府名义表彰为宁德市经济社会各项事业发展作出贡献的海外侨领，授予丹斯里颜清文、陈铁群、高益槐、叶北洋 4 位“情注侨领、爱献闽东”的荣誉牌匾。同时表彰邵逸夫、沈炳麟、叶明逸等 12 位在宁德市捐赠兴办公益事业的华侨华人、港澳同胞，授予他们“宁德市华侨捐赠公益事业突出贡献奖”金质奖章、奖匾和荣誉证书。

12 月 11—16 日，由中宣部、科技部和中国社会科学院组织的“院士专家八闽行”科技宣讲团 8 名院士专家深入蕉城、古田、福安、福鼎、霞浦等地开展实地参观、学术交流、技术指导、科技宣传普及等活动，为宁德市发展建言献策。

12 月 15—16 日，省政协副主席邹哲开率省政协委员考察团赴蕉城区、东侨开发区等地就“加快中心城市发展，促进海峡西岸经济区建设”开展考察。

12 月 19—20 日，全省计生“三结合”经验交流会在福鼎召开，中共福建省委副书记梁绮萍到会讲话。

12 月 21 日，市委发布《关于国民经济和社会发展第十一个五年规划的建议》。该建议提出该规划的总体要求和目标：以经济建设为中心，创新发展模式，大力实施工业立市、以港兴市、人才强市、区域协调互动、改革开放推动和可持续发展战略，不断增强海峡西岸东北翼新增长极。

同月，由市工商联引进的投资额达1600万元的华港饲料有限公司项目顺利投产，成为闽东工业园区设立以来首家投产的企业。

第一编 建置

宁德地处福建东北部，俗称闽东。境域内陆地面积1.35万平方千米，海域面积4.48万平方千米。海岸线长1253.74千米，居全省首位。早在新石器时期，就有先民在此活动。夏、商、周属古扬州，春秋战国分属越、楚，秦属闽中郡，汉为闽越国，三国为吴地。晋太康三年（282年）设温麻县（治所在今霞浦县沙江镇古县村），元升为州，治福安、古田、宁德3个县，清道光时辖宁德、福安、霞浦、福鼎、寿宁5个县。民国后期称第八行政督察区，辖8县，较前增屏南、柘洋（今柘荣）、周墩（今周宁）3个县。中华人民共和国成立后设福建第三行政督察区，辖7个县（屏南划为闽侯督察区）。此后，辖县有所变动。1993年，全区下辖宁德（今蕉城区）、福安、福鼎，古田、屏南、霞浦、周宁、寿宁、柘荣等9个县（市）61个镇、57个乡（含8个畲族乡）、5个街道。1999年11月，经国务院批准，撤地设市成立宁德市，2000年11月正式挂牌。2005年，全市下辖蕉城区、古田县、屏南县、周宁县、寿宁县、福安市、柘荣县、福鼎市、霞浦县等9个县（市、区）60个镇、52个乡（含8个畲族乡）、12个街道办事处，161个社区居委会、2133个建制村。

第一章 建置 区划

第一节 区位 面积

宁德位于福建东北部，北纬 26° 17′ ~ 27° 41′ 、东经 118° 32′ ~ 130° 5′ 之间。东临东海与台湾省隔海相望，南连福州市，西邻南平市，北接浙江省温州市。最东端为福鼎市嵛山镇星仔列岛，最南端为古田县水口镇省洋村，最西端为古田县黄田镇笔架山，最北端为寿宁县坑底乡山羊尖，东西纵距 235 千米，南北横距 153 千米。1993 年，宁德地区辖宁德（今蕉城区）、福安、福鼎，古田、屏南、霞浦、周宁、寿宁、柘荣 9 个县（市）。全区陆地面积 1.33 万平方千米，海域面积 4.46 万平方米千米，海岸线长 942.30 千米。

1995 年，撤销福鼎县，设立福鼎市（县级市）。1999 年 11 月，宁德撤地设市，原宁德市改设蕉城区。宁德市下辖蕉城区、福安市、福鼎市、古田县、屏南县、霞浦县、周宁县、寿宁县、柘荣县 9 个县（市、区）。

2005 年，宁德市仍下辖蕉城区、福安市、福鼎市、古田县、屏南县、霞浦县、周宁县、寿宁县、柘荣县 9 个县（市、区）。全市陆地面积 13452 平方千米，海域面积 4.48 万平方千米。经新勘测海岸线长 1253.74 千米，居全省首位。

第二节 建置沿革

宁德商、周时属闽越地（古扬州地）。秦属闽中郡。汉初属闽国。汉始元二年（公元前 85 年）属冶县。东汉建武三年（27 年）属侯官县。三国吴永安三年（260 年）属建安郡。吴国在境内三沙湾（今霞浦沙江镇古县村）设“温麻船屯”。晋太康三年（282 年）析侯官设温麻县，属晋安郡。南北朝宋泰始四年（468 年）晋安郡改为晋平郡，属之。陈永定初年属闽州；后属丰州、原丰、闽县，均隶属建安郡、建州。

唐武德六年（623 年）析温麻县设长溪县；同年，长溪县并入连江县。唐长安二年（702 年）析出复设长溪县，属闽州。开元十三年（725 年）闽州改为福州，属福州。开元二十九年（741 年），古田建县。开成年间（836—840 年），析长溪县宁川和古田县东北为感德场。五代后唐长兴四年（933 年），感德场升为宁德县。宋淳祐五年（1245 年），析长溪县西、北 2 个乡 9 里置福安县。元至元二十三年（1286年），长溪县升为福宁州（散州），辖本州和福安、宁德等2个县，属福州路。明洪武二年（1369年），福宁州降为福宁县，与福安、宁德、古田等县并属福州府。明景泰六年（1455年），析福安、政和县部分地设寿宁县，属建宁府。明成化九年（1473年），福宁县升为福宁州（直隶州），辖福安、宁德等2个县。清雍正十二年（1734年），福宁州升为福宁府，并在本州地设霞浦县。寿宁县由建宁府划归福宁府管辖；福宁府辖宁德、福安、寿宁、霞浦等4个县。次年，析古田县北路3里16都地设屏南县；屏南、古田等2个县，属福州府。清乾隆四年（1739年），划霞浦县劝儒乡望海、育仁、遥香、廉江4里，设福鼎县，属福宁府。

1912年，全国实行省、道、县三级地方政制。在闽东置东路道，下辖霞浦、宁德、寿宁、福安、福鼎、古田、屏南等7个县。民国3年（1914年）6月，东路道改为闽海道，霞浦、宁德、寿宁、福安、福鼎、古田、屏南等7个县，归属闽海道。民国14年（1925年）年废道，各县直属福建省。民国22年（1933年）12月，“福建事变”后，福建划为4省2市，闽东属闽海省。民国23年（1934年）年7月，在闽东设第二行政督察区（驻福安），辖福安、宁德、霞浦、福鼎、寿宁、屏南等6个县。民国24年（1935年)10月，行政督察区调整，福安、宁德、霞浦、福鼎等4个县和周墩、柘洋、三都等3个特种区并属第一行政督察区［区署驻长乐，民国27年(1938年)3月改驻闽侯，民国31年改驻福安］，古田、屏南县属第二行政督察区（区署驻南平），寿宁县属第三行政督察区（区署驻浦城）。民国28年（1939年），寿宁县改属第一行政督察区，三都特种区撤销并入宁德县。民国29年（1940年），古田、屏南县改隶第三行政督察区。民国32年（1943年）9月，调整行政督察区区划，福安、霞浦、宁德、寿宁、福鼎、屏南6个县及周墩、柘洋等2个特种区改属第八行政督察区（区署驻福安），古田县属第一行政督察区。民国34年（1945年）9月、10月，改区设县，周墩改称周宁县，柘洋改称柘荣县。民国36年（1947年）4月，古田、屏南等2个县改属第二行政督察区。

1949年9月30日，闽东成立第三行政督察区（简称专区），辖福安、宁德、福鼎（11月划入）、霞浦、寿宁、周宁、柘荣等7县；古田、屏南属第二专区。1950年，第三专区改称福安专区。1956年3月，长乐、连江、罗源等3个县划入福安专区；8月，撤销柘荣县，并入福安县。1959年3月，松溪、政和县划入福安专区，长乐、连江等2个县划归闽侯专区。1960年8月，松溪、政和合并为松政县。1961年9月，复设柘荣县。1962年7月，罗源县划归福州市；12月，松溪、政和分设。1968年，成立福安专区革命委员会，为党政合一的领导机构，隶属福建省革命委员会。1970年2月，撤销柘荣县；松溪、政和2个县再次合并为松政县，划归南平专区；古田、屏南、连江、罗源4个县划入福安专区。1970年7月，福安专区革命委员会驻地由福安迁往宁德县城关，下辖宁德、福安、福鼎、霞浦、寿宁、周宁、古田、屏南、连江、罗源等10个县。1971年6月，福安专区革命委员会改称宁德地区革命委员会。1975年3月，复设柘荣县。1978年4月，成立宁德行政公署（简称地区行署），撤销地区革命委员会，隶属福建省人民政府，下辖宁德、福安、福鼎、霞浦、古田、屏南、寿宁、周宁、柘荣、连江、罗源等11个县。1983年4月，连江、罗源等2个县划归福州市；宁德地区辖宁德、福安、福鼎、霞浦、古田、屏南、寿宁、周宁、柘荣等9个县。1988年10月，宁德县撤销，设立宁德市（县级市）。1989年，福安县撤销，设立福安市（县级市）。1993年，宁德地区下辖宁德市、古田县、屏南县、周宁县、寿宁县、福安市、柘荣县、福鼎县、霞浦县等9个县（市）。1995年，福鼎县撤销，设立福鼎市（县级市）。1999年11月，宁德市撤销，改设蕉城区。1999年11月14日，国务院批准宁德撤地设市，成立宁德市人民政府，2000年11月14日，正式挂牌，宁德市下辖蕉城区、古田县、屏南县、周宁县、寿宁县、福安市、柘荣县、福鼎市、霞浦县9个县（市、区）。2005年，宁德市建置未调整。

第三节 行政区划

1993年，宁德地区下辖宁德、福安2个市，福鼎、霞浦、古田、屏南、寿宁、周宁、柘荣7个县，61个镇、57个乡（其中8个畲族乡）、5个街道办事处，110个居委会、2154个村民委员会。1994年，经省民政厅批准，周宁县纯池乡改为纯池镇、寿宁县武曲乡改为武曲镇。同年，福安市溪潭撤乡建镇。1995年10月13日，经国务院批准，撤销福鼎县，设立福鼎市。宁德地区下辖宁德、福安、福鼎3个市，霞浦、古田、屏南、寿宁、周宁、柘荣6个县，64个镇、54个乡（其中8个畲族乡）、5个街道办事处，106个居委会、2147个村民委员会。1998年，经省民政厅批准，福鼎市撤销桐山、桐城2个镇，设立桐山、桐城和山前3个街道。1999年11月14日，经国务院批准，撤销宁德地区设立地级宁德市。2000年7月27日，撤销原宁德市，设立蕉城区。宁德市下辖蕉城、福安、福鼎、霞浦、古田、屏南、周宁、寿宁、柘荣9个县（市、区），62个镇、54个乡（含8个畲族乡）、8个街道办事处、113个居委会、2163个村民委员会。2000年11月14日，宁德市和蕉城区正式挂牌对外办公。

2001年，经省民政厅批准，福鼎市前岐镇析出佳阳等12个村设立佳阳乡。2003年，经省民政厅批准，霞浦县撤销松城镇，设立松城、松港2个街道办事处。

2005年，经省民政厅批准，古田县撤销湖滨乡，其隶属的13个村与凤都镇桃溪、仕坂、坑里、罗坑、双山5个村合并设立城东街道办事处；同时撤销松吉乡、新城镇，合并成立城西街道办事处。至年底，宁德市辖蕉城、福安、福鼎、霞浦、古田、屏南、周宁、寿宁、柘荣9个县（市、区），60个镇、52个乡（含8个畲族乡）、12个街道办事处，161个社区居委会、2133个建制村。

2005年宁德市、县（市、区）行政区划一览表

表1-1　　　　单位：个

县（市、区）	乡镇、街道数				乡、镇、街道名称
	合计	乡	镇	街道	
全市	124	52	60	12	—
蕉城区	16	4	10	2	乡：石后、虎浿、洪口、金涵（畲族乡）
					镇：漳湾、七都、八都、霍童、飞鸾、三都、洋中、城南、九都、赤溪
					街道：蕉南、蕉北
古田县	14	5	7	2	乡：吉巷、泮洋、凤埔、卓洋、大甲
					镇：平湖、大桥、黄田、水口、鹤塘、杉洋、凤都
					街道：城东、城西
屏南县	11	7	4	—	乡：屏城、棠口、甘棠、熙岭、路下、寿山、岭下
					镇：古峰、双溪、代溪、长桥

续表 1-1

<table>
<tr><th rowspan="2">县（市、区）</th><th colspan="4">乡镇、街道数</th><th rowspan="2">乡、镇、街道名称</th></tr>
<tr><th>合计</th><th>乡</th><th>镇</th><th>街道</th></tr>
<tr><td rowspan="2">周宁县</td><td rowspan="2">9</td><td rowspan="2">3</td><td rowspan="2">6</td><td rowspan="2">—</td><td>乡：泗桥、礼门、玛坑</td></tr>
<tr><td>镇：狮城、咸村、浦源、李墩、七步、纯池</td></tr>
<tr><td rowspan="2">寿宁县</td><td rowspan="2">14</td><td rowspan="2">10</td><td rowspan="2">4</td><td rowspan="2">—</td><td>乡：大安、坑底、清源、竹管垅、犀溪、平溪、托溪、芹洋、凤阳、下党</td></tr>
<tr><td>镇：鳌阳、斜滩、南阳、武曲</td></tr>
<tr><td rowspan="3">福安市</td><td rowspan="3">21</td><td rowspan="3">7</td><td rowspan="3">11</td><td rowspan="3">3</td><td>乡：城阳、范坑、湾坞、松罗、坂中（畲族乡）、穆云（畲族乡）、康厝（畲族乡）</td></tr>
<tr><td>镇：赛岐、穆阳、甘棠、下白石、溪柄、上白石、社口、潭头、晓阳、溪尾、溪潭</td></tr>
<tr><td>街道：阳头、城北、城南</td></tr>
<tr><td rowspan="2">柘荣县</td><td rowspan="2">9</td><td rowspan="2">7</td><td rowspan="2">2</td><td rowspan="2">—</td><td>乡：城郊、乍洋、东源、黄柏、宅中、楮坪、英山</td></tr>
<tr><td>镇：双城、富溪</td></tr>
<tr><td rowspan="3">福鼎市</td><td rowspan="3">16</td><td rowspan="3">3</td><td rowspan="3">10</td><td rowspan="3">3</td><td>乡：叠石、佳阳、硖门（畲族乡）</td></tr>
<tr><td>镇：秦屿、前岐、点头、沙埕、白琳、店下、贯岭、磻溪、管阳、嵛山</td></tr>
<tr><td>街道：桐山、桐城、山前</td></tr>
<tr><td rowspan="3">霞浦县</td><td rowspan="3">14</td><td rowspan="3">6</td><td rowspan="3">6</td><td rowspan="3">2</td><td>乡：柏洋、北壁、海岛、盐田（畲族乡）、水门（畲族乡）、崇儒（畲族乡）</td></tr>
<tr><td>镇：三沙、牙城、溪南、沙江、下浒、长春</td></tr>
<tr><td>街道：松城、松港</td></tr>
</table>

第二章 县（市、区）概况

第一节 蕉城区

蕉城区地处宁德市南部沿海，鹫峰山脉东南麓，位于北纬26° 30′36″ ~ 26° 58′、东经119° 8′30″ ~ 119° 51′20″之间。东临三都澳，与霞浦隔海相望，南与福州市罗源毗邻，西与屏南相接，西南与古田接壤，北与周宁交界，东北与福安相连。全境东西相距70千米，南北相距50千米、土地面积1537.17平方千米，海域面积172.96平方千米、海岸线长211.04千米，为宁德市委、市政府驻地。1993年，全区辖10镇、4乡、2个街道办事处、1个国营华侨农场、295个建制村（居），总人口37.98万人。2005年，蕉城区辖10个镇、4个乡、2个街道，16个居委会（含4个社区）、269个建制村，户籍总人口42.40万人。

自然环境 境域三面环山、一面临海，岸线曲折且多为岩岸，三都澳为世界天然良港。境内林地面积8.90万公顷，森林蓄积量157万立方米，森林覆盖率63.60%。矿藏有建筑花岗石，储量1.24万立方米。水资源总量23.74亿立方米，水力资源理论蕴存量为38万千瓦。同时，经多年开发，三都澳、霍童、洪口及支提山已成为宁德市的重要风景旅游区，年接待游客20多万人次。

基础设施 蕉城区城市建设发展较快，在旧城改造的同时，推进东侨新区开发。完成国道104线改造和温（州）福（州）高速公路建设，在建的有沈（阳）海（口）高速公路，计划兴建的有温（州）福（州）铁路。邮电通信业保持较快发展，移动电话普及率达每百人37部。互联网宽带接入用户达2.58万户。广播人口覆盖率92.5%，电视人口覆盖率95.3%。全区大部分农村已完成“饮水安全项目建设”。城区供排水、污水处理、路网路政建设日趋完善。

经济发展 境内经济以农业种植和渔业为主，其中大黄鱼人工繁殖、养殖在国内居重要地位。2005年，蕉城区实现地区生产总值56.60亿元，其中第一产业10.57亿元、第二产业13.66亿元、第三产业32.37亿元，财政总收入2.04亿元；粮食总产量5.85万吨、茶叶产量4666吨、食用菌产量7310吨、水产品产量12万吨。

社会事业 全区形成较为完整的国民教育体系，有各类学校293所，普通中学在校学生27584人，小学学龄儿童入学率99.97%。有文化馆（站）18个，档案、图书、博物馆各1个。先后出台科技发展十年规划、城乡医疗卫生体制改革计划、全民健身运动发展计划、城乡居民生活低保制度等。2005年，已基本完成城乡新型合作医疗制度改革试点工作。全区列入城乡低保的共5753户、12639人（城市817户、2855人，农村4936户、9784人），基本做到应保尽保。

第二节　古田县

古田县地处宁德市西南角，鹫峰山脉东侧南段，位于北纬26° 16′ ~ 20° 53′ 、东经118° 32′ ~ 119° 24′ 之间。东南与福州市罗源、闽侯、闽清3县交界，西与南平市的建瓯市、延平区接壤，北与屏南县、蕉城区相邻；全境东西相距82千米，南北相距66千米；总面积2385.20平方千米。1993年，全县辖7个乡、8个镇，10个居委会、277个建制村，总人口41.13万人；为宁德市最大侨乡，有归侨、侨眷15万人，旅居海外华侨、华人20多万人。县政府设新城镇。2005年，全县辖5个乡、7个镇、2个街道办事处，232个建制村、4个居委会，户籍总人口42.26万人。

自然环境　境内多山，地势由西北向东南、东北向西南倾斜。全县千米以上山峰117座，其中石塔山海拔1620米，为全县最高。属中亚热带季风湿润气候，年均气温16℃ ~ 21℃，年降雨量1400 ~ 2100毫米，年日照时数1894小时，无霜期276天。闽江、古田溪、霍口溪、武步溪为主要溪河。2005年，全县耕地面积2.69万公顷、林地面积15.64万公顷，为区内主要林业生产县。矿产有钨、钼、铁、铜、金等金属矿和叶蜡石、高岭土、泥炭、花岗岩等非金属矿。境内以古田溪为主的水力资源丰富，溪河水位落差大，水力资源理论蕴存量33.13万千瓦，位居全国县级前列。古田溪水力发电厂和闽江水口电站系省内大型水力发电站，境内中小型水电站分布广、数量多。自然旅游资源有"高山草原"之称的杉洋白溪草场、泮洋高岗"百里杜鹃"花海、翠屏湖等。

基础设施　完成翠屏湖环湖公路、宁（德）古（田）省道建设；计划兴建（北）京台（北）高速公路古田段、宁（德）武（夷山）高速线（政和）与京台高速连接线，并列入"海峡西岸公路水路交通发展规划"和福建省"十一五"总体规划纲要。外（洋）福（州）铁路在境内长26.10千米，设古田、黄田等3个客运站和1个货运场。2005年，通信、广电基础设施完善，累计发展有线电话用户8.57万户、无线电话用户8.52万户，实现全县城乡村村通电话、广播和电视。

经济发展　以农业为主、农工并重，为福建省主要粮食生产基地县之一；工业主要有发电、化肥、酒曲、医药、食用菌（食品）加工等。1993年，工农业总产值9.34亿元，其中农业产值3.80亿元、工业产值5.54亿元，财政总收入1.32亿元。古田县为全国最大食用菌生产和交易县之一，并实现食用菌生产由依赖木材作基本培养料发展为以棉花籽壳为主的培养料，年产量居全国县级首位。同时大力发展水果种植、淡水养鱼等产业，农业产业结构更趋合理。2005年，全县粮食总产量14.7万吨，列全市首位。食用菌产量（鲜品）34万吨，比1993年增长4.4倍；全县农村80%以上农户约20万人从事食用菌产销，收入占户均纯收入的三分之一。全县水果种植面积近8566公顷、年产量6.76万吨。淡水鱼养殖水面面积7600多公顷、年产量1.6万吨，为省内淡水养殖第一大县。全县工农业总产值达50.93亿元，其中农业总产值20.40亿元、工业总产值30.53亿元，财政总收入2.12亿元。

社会事业　1995年4月，文化部、人事部联合授予古田县"全国文化模范县"称号。1998年4月，古田县被省人民政府评定为福建省首批12个"文化先进县"之一。2004年通过全国"文化先进县"复查验收工作。教育事业不断发展，至2005年，全县有完全中学10所，初级中学

17所，小学118所，幼儿园59个，职业中专1所。中考成绩、高考万人比率曾连续13年居宁德市第一。全县先后获得科技成果奖励22项，其中，国际级6项、国家级6项、省级5项、地（市）级5项。以城乡文化体育活动中心为载体的群众性体育活动蓬勃发展，古田少体校被国家体育总局命名为“全国青少年体育俱乐部”，先后为国家和福建省输送了17名优秀运动员，在各级各类竞赛中获世界冠军3个、亚洲冠军1个、全国冠军4个。医疗卫生事业稳步发展，县直医疗卫生单位8个，乡镇卫生院15个。

第三节　屏南县

屏南县地处宁德市西部，鹫峰山脉中段东南侧，位于北纬26°44′～27°10′、东经118°41′～119°13′之间。东南与蕉城区相连，南至西南与古田县相接，西至西北与南平的建瓯市毗邻，北与南平市政和县接壤，东北与周宁县交界；全境东西相距54千米、南北相距50千米，总面积1487平方千米。2005年，全县辖4个镇7个乡，158个村（含7个社区），户籍总人口18.32万。县政府驻古峰镇，县城距宁德市132千米、距省会福州市173千米。

自然环境　境内地势西北高、东面低，属中山、低谷、丘陵、盆地类型区，平均海拔在800米以上。山地面积11.87万公顷，占81%。最高峰岭下乡东峰尖海拔1627米，最低处为寿山乡园坪村，海拔250米。属中亚热带海洋性季风气候，四季分明。境内溪流为霍童溪、古田溪水系。有林地11万公顷、森林覆盖率74.61%，是区内主要林业生产县。已探明金属矿产主要有铅、锌、铜、锰、铁、稀土等，非金属矿产有硅石、石灰石、叶蜡石、紫砂陶土、闪长岩等。自然景观主要有国家AAAA级旅游区鸳鸯溪和白水洋世界地质公园；人文景观有文庙、龙漈仙宫和“中国工农红军闽东独立师整编新四军三支队六团”遗址等。

基础设施　1995年，屏南县获省政府授予的“农村初级电气化达标县”称号。2001年，被水利部评为全国“100个水电农村电气化建设县之一”。至2005年，全县建有85座水电站，总装机容量19.23万千瓦，年发电量6.68亿千瓦时。全县公路总里程689千米，其中省道202线、303线长122千米，县道4条长125千米，乡村公路84条长442千米。全县有148个村通车，村通车率98.7%。宁（德）武（夷山）高速公路（屏南连接线）在建。全县有121个村完成卫生饮用水工程建设，占全县农村总数的81%。全县农村全部开通程控电话，实现广播电视“村村通”。

经济发展　农业以种植业为主。1993年后，大力发展食用菌、蔬菜、水果、茶叶等种植业和畜禽、淡水养殖业。工业有发电、制曲、制茶、化工、造纸等。1993年，全县工农业总产值5.76亿元，其中农业总产值3.12亿元、工业总产值2.64亿元，地方财政收入1891万元。食用菌生产和高山越夏反季节蔬菜种植成为屏南县的农业支柱产业；工业形成水电、化工、电冶、竹木和石材加工等产业，榕屏化工厂是亚洲最大的氯酸钾生产企业，并成为屏南县的工业龙头企业，大创集团、碧全竹木工艺品有限公司、惠泽龙酒业有限公司、锦丰食品有限公司为省级“明星企业”。1994年，屏南被命名为“中国夏香菇之乡”、1996年被命名为“中国油柰之乡”。2001年，甘棠乡的“新田王”牌花椰菜获福建省名牌农产品称号。2005年，全县工农业总产值14.78亿元，其中工业总产值11.14亿元，财政总收入8356万元。

社会事业　1994年，屏南县开展对戏曲、廊桥、武术、甘国宝等传统文化调查、挖掘和保护工作。1997年8月，教育“两基”（基本普及九年义务教育和基本扫除青壮年文盲）通过省级验收，中等职业教育和成人教育持续发展。2005年，木拱廊桥营造技艺被省政府列入首批非物质文化遗产名录，文庙、龙漈仙宫、广利桥、广福桥、百祥桥为第六批省级文物保护单位。至2005年，全县有29项成果获科技成果奖，其中省（部）级科技成果奖11项、地（市）级科技成果奖8项、县级科技成果奖10项；同时获科技进步奖17项，其中国家级奖2项、省地（市）级奖7项、县级奖8项。医疗设施改善，有县级疾控与医疗机构5家、乡镇卫生院10所。

第四节　周宁县

周宁县地处宁德市西北部，鹫峰山脉中段东麓，位于北纬26°53′~27°19′、东经119°07′~119°29′之间。东邻福安市，南面与蕉城区接壤，西南与屏南县隔溪相望，西接南平市政和县，北连寿宁县；东西相距33千米，南北相距46千米，总面积1046平方千米。省道302线贯穿县境4个乡镇。县政府驻狮城镇，距宁德市114千米、省会福州市238千米。2005年，全县辖6个镇3个乡，5个社区、2个居委会、141个建制村，户籍总人口19.45万。

自然环境　全境地势由西北向东南倾斜，有千米以上的山峰282座、最高峰龙冈头，海拔1506米；最低点咸村街头亭，海拔65米。县城海拔880米，是全省海拔最高的县城。属中亚热带海洋性季风气候，四季分明。水系发达，主要溪流18条，可开发利用的水力资源达57.41万千瓦。矿藏资源丰富，已探明的有明矾、珍珠岩、高岭土、稀土、饰面石料，钨、铁、钼、银、铅、锌等16种，均有开采价值。全县有林地面积8.52万公顷，森林覆盖率69.60%，有银杏、千年红豆杉等国家级古树名木1152株。自然景观有九龙漈瀑布群、鲤鱼溪、仙风山、滴水岩、后垄大峡谷、官山、蝙蝠洞、高山人工湖——芹山水库等，人文景观有杉洋林公宫、方广寺、灵峰寺和木拱廊桥、革命遗址、古民居等。

基础设施　1994年，周宁县列入全国第二批“农村电气化建设县”。2000年，被建设部评为第三次“全国城市环境治理先进县”。2005年通过“十五水电农村电气化建设县”验收。全县农村全部开通程控电话，移动通信网络覆盖率95%以上。全县有32座水电站，总装机容量39.46万千瓦，年发电量10.17亿千瓦时；其中新建水电站18座、改扩建水电站9座，增加装机容量36.03万千瓦。全县已实现广播电视“村村通”，覆盖率达97%。完成省道小（霞浦县小古镇）浦（城）线周宁段拓宽改造。至2005年，全县新建公路360.50千米，改建省道26千米，铺设水泥混凝土路面194.65千米、沥青路面148千米；全县公路通车里程708.34千米，计划兴建宁（德）武（夷山）高速公路周宁段。全县农村卫生用水普及率达97.07%，被省爱国卫生委员会评为“农村改水先进县”。

经济发展　以农业为主，主要农产品有茶叶、竹木、食用菌、畜禽、马铃薯、魔芋等。工业有传统铸造业，新兴水电业、林木加工业等。20世纪90年代，全县有1万多人到全国15个省、市、自治区经营铸造、活性炭、钢材、木材等行业，其中尤以在上海经营为多，有“周宁商帮”之称。1993年，全县工农业总产值3.52亿元，其中农业总产值1亿元、工业总产值2.52亿元；地方财政收入1983.60万元。1996年，在上海成立周宁上海商会，成为全省首家在省外成立的县级商会；并在上海成立第一家钢材现货交易市场，实现集团化经营。1998年，被评为福建省“经济发展十佳县”。2001年，在全县引进推广超大集团无公害高山蔬菜种植技术。同时，食用菌、畜牧、水产养殖等特色农业发展迅速。2005年，全县高山大棚蔬菜种植面积发展至近700公顷，成为福州市副食品供应的重要基地。当年，全县在外地投资兴业及劳务人员达7万人，在全国各地创办大型交易市场31家、融资担保公司11家、企业总数达7000多家，年经营额超过700亿元。全县工农业总产值17.40亿元，其中农业总产值4.37亿元，工业总产值13.03亿元，财政总收入1.46亿元。

社会事业 1997年，通过教育部扫盲验收。1998年，通过省普及九年义务教育验收，全县校园面积比1993年扩大1499公顷。至2005年，全县实施科技项目184项、科研项目45项，其中省级科技项目13项。实施“星火计划”20项，其中国家级“星火项目”3项、省级“星火项目”4项、地（市）级“星火项目”4项。有1项获得国家“星火科技奖”、1项获得地区“科技进步三等奖”。完成成果研究28项，获得省“科技进步奖”4项、地区“科技进步奖”8项。全县新增运动场6个，游泳场1个、门球场4个、地掷球场2个、健身路径13套。门球、地掷球在全市比赛中多次获奖，少年田径运动获全国奖项9人、省级奖项18人。

第五节 寿宁县

寿宁县地处宁德市北部，鹫峰山脉中段东北麓，位于北纬27°16′~27°41′、东经119°12′~119°44′之间。东南与福安市相接，西南与周宁县接壤、西部与政和县相连，西北与浙江省庆元、景宁县交界，东北与浙江省泰顺县毗邻；全境东西相距46千米，南北相距57千米，总面积1432.97平方千米。2005年，全县辖4镇10乡、196个建制村、7个社区，户籍总人口25.54万。县政府驻鳌阳镇，距宁德市153千米、省会福州市278千米。

自然环境 全境地势西北高、东南低，北部和西北部山峰耸峙，有闽东最高峰山羊尖，海拔1649米；东部和东南部溪流纵横，主要有后溪、犀溪、蟾溪、斜滩溪、平溪、凤阳溪等6条溪流，属亚热带海洋性季风气候。已探明矿产有银、铁、铜、铅、锌、明矾、石墨、锰、叶蜡石、花岗岩和紫红色凝灰岩等，其中花岗岩和紫红色凝灰岩荒料资源量分别为1644万立方米和381万立方米。2005年，全县林业用地11.42万公顷，森林覆盖率69.5%。自然景观有杨梅州景区、官台山、南山景区、黄槐湖景区、仙岩等；人文景观有贯木拱廊桥、三峰寺、小东寺、龙岩寺、状元坊等。

基础设施 1990年，开始兴建寿宁与浙江省泰顺县交界的双港友谊桥至福安湖塘坂二级公路（简称双湖二级公路）。1995年4月，寿宁成为全国第二批农村水电初级电气化县。2002年12月，总投资3.2亿元、长81千米的“双湖”二级公路（寿宁段67千米）竣工通车。2004年11月，经省政府验收，寿宁成为全省第三批初级水利化县。2005年8月，寿宁县农村电气化建设通过省级验收，正式列入国家“十五”期间水电农村电气化县行列。寿宁还被列入全省“农村客运网络试点县”。在建有浙江泰顺至福建福安高速公路，计划修建的有福（安）寿（宁）高速公路。至2005年8月，寿宁县农村电气化建设通过省级验收。全县铺设235.80千米柏油路，实现乡乡通（柏）油路，村村通公路。基本形成覆盖全县农村的通信网络，实现全县所有乡镇、重点村庄、“双湖”二级公路及大部分省道、风景点等移动网络覆盖，覆盖率超过80%。全县共建设水电站46座，装机28.7万千瓦，年发电1.74亿千瓦时。全县兴建供水工程90处，惠及11.09万人。

经济发展 经济以农业为主，主要农产品有水稻、马铃薯、茶叶、蘑菇等；工业主要有纺织、冶金、化工、日用轻工等。在国家林业局、外经贸部和省林业厅支持下，争取新西兰政府无偿援助636.58万元、国内配套247.56万元，营造、改造各类林木1732公顷。工业逐步形成水电、冶金、食品加工、工艺品、建材五大产业。1993年，全县工农业总产值5.95亿元，其中农业总产值2.83亿元、工业总产值3.12亿元，财政总收入2194.3万元。1996年，开始大力发展高效生态农业，高山茶叶、高山冷凉型花卉、香（蘑）菇、高山大棚蔬菜成为农业支柱产业；为全国产茶重点县和福建十大产茶大县，年产茶叶9498吨、产值1.47亿元。2002年3月，经省政府批准，在寿宁南阳创办工业园区，引进森鑫工艺品有限公司、御茶园茶叶有限公司、通用机械有限公司、恒富金属有限公司等17家民营企业，总投资8700多万元。至2005年，全县累计投入资金9521万元，完成28个农业综合开发项目实施建设。全县有外出投资兴业及务工人员6万多人，在全国各地创办企业上万家，经营茶叶、眼镜、超市、钢材、皮具、石材、物流、交易市场等项目。2005年，全县种植反季节蔬菜333多公顷，产量7500吨；栽培花菇5000万袋，产量2.67万吨、产值2.8亿元，被誉为“中国花菇之乡”；茶园总面积7667公顷，产茶7835吨，产值1.47亿元。全县有玩具工艺品企业30多家、产品全部出口，年产值1.7亿元。三祥冶金有限公司为国内氧化锆和单晶刚玉磨料重点生产基地及全省最大特种合金专业生产厂家，年产锆英砂、镁锭、镁粒、石墨电极等产品产值达1.52亿元。“汇通铜业”年产值近3亿元，为全市产值最大的私营企业。全县工农业总产值23.56亿元，其中农林牧渔总产值9.04亿元、工业总产值14.52亿元，财政总收入7194万元，其中地方级财政收入3648万元。

社会事业 1993年10月，完成县城有线电视网工程建设。1997年11月，全县教育“两基”工作通过省政府评估验收，成为宁德地区第一个通过省教育“两基”验收县。1999年3月，被教育部评为“基本普及九年义务教育、基本扫除青壮年文盲工作先进县”。2004年11月，杨梅州景区被授予“省级风景名胜区”称号。2005年5月，飞云桥、升平桥、仙宫桥、登云桥、鸾峰桥、杨梅州桥、小东桥7座木拱廊桥公布为第六批省级文物保护单位。北路戏被列入第一批省级非物质文化遗产代表名录。全县完成科研项目42项，其中有3项获国家级“科研成果奖”、7项获省级“科研成果奖”、1项获“市级科研成果奖”。福建三祥冶金有限公司成功研制二氧化锆生产新工艺，被科技部认定为2005年度国家“火炬计划重点高新技术企业”，“单晶电熔铝晶粒控制技术”列入2005年度国家“火炬计划”。至2005年，全县累计投入7823万元资金，新建校舍256幢、建筑面积6.53万平方米，修缮校舍8幢、建筑面积5575平方米。乡镇村有线电视网完成56个返盲村及18个50户以上已通电盲村的有线电视网“村村通”修复，并实现全县有线电视网“村村通”。全县投入2677.10万元资金，帮助14个乡镇、263个自然村、2807户、14347人完成异地搬迁。县医院、中医院、妇幼保健所、各乡镇卫生院和村卫生所医疗环境和设备不断改善，逐步形成县、乡、村三级医疗卫生服务网络。

第六节　福安市

福安市地处宁德市中部，位于北纬26°41′～27°24′、东经119°23′～119°52′之间。东邻柘荣县、霞浦县，南临三沙湾，西南与蕉城区接壤，西连周宁县，北毗寿宁县、浙江省泰顺县。市域最东端为松罗乡十八宅村，最南端为下白石镇藠尾村，最西端为晓阳镇首笕村，最北端为范坑乡古岭宅村；全境东西相距47千米，南北相距80千米，陆地总面积1880.10平方千米，其中海域、滩涂151.20平方千米，海岸线长130千米。2005年，全市辖11个镇、7个乡（其中畲族乡3个）、3个街道（社区），46个居委会、439个村委会。户籍总人口61.11万人，其中畲族人口59931人（2000年普查数据），是全国畲族人口最多的县。市政府驻城北街道。

自然环境 福安市位于鹫峰山脉、太姥山脉和洞宫山脉之间，地势由北向南倾斜，东、西、北三面环山，南面临海。全市海拔1000米以上山峰有31座，最高峰白云山海拔1450.20米。属中亚热带海洋性季风气候，四季分明，季风明显。境内的长溪为闽东第一大河，全长171千米。全市已探明金属和非金属矿20多种。有林业用地12.92万公顷，森林覆盖率67.5%、绿化程度92.6%。自然景观有福安白云山省级风景名胜区、省级瓜溪桫椤自然保护区，人文景观有省文物保护单位狮峰寺、种德禅寺及古廊桥、古民居等。

基础设施 1992年，国道104线福安段拓改为准二级路。2000年，开始兴建福（鼎）宁（德）高速公路福安段。2001年，完成省道301、302线改造。2003年，完成福宁高速公路福安段建设。2005年，完成福宁高速公路福安连接线建设。计划兴建的有温（州）福（州）铁路，宁（德）武（夷山）高速公路，福（安）泰（浙江省泰顺）高速公路。全市公路总里程838.3千米，其中高速公路27.80千米（不含福安连接线）、国道85.18千米、省道134.88千米；市通乡公路236.3千米，通村公路1184千米，完成乡村公路路面硬化286千米。赛江两岸有300吨级码头4座，下白石3000吨杂货码头1座；有赛岐白马港100～3000吨的客货码头23个，其中货运码头13个、年设计通过能力55万吨。白马港国际码头、湾坞工业码头建设进入前期工作。全市446个行政村移动通信网络覆盖率达76.91%。2004年，全市电视讯号覆盖面达100%。2005年，福安市被评为福建省“改水工作先进市”。

经济发展 1993年，全市机械、电机电器、化学、建材、冶金、船舶、食品、电力、打火机等工业生产初具规模。工农业总产值18.79亿元，其中农业总产值5.64亿元、工业总产值13.15亿元，财政总收入1.4亿元，居宁德市首位。1997年，在全省率先成立电机电器、船舶、包装印刷、食品加工、冶金铸造、建筑建材、电力等8个行业商会及管理办公室。农业生产逐步形成茶叶、水果、畜牧、水产等产业支柱，福安“坦洋工夫”红茶驰名海外，以茶叶为主的食品加工业成为福安市三大主导产业之一；同时，实行“减粮扩经”、大力发展巨峰葡萄，并成为中国南方最大的葡萄种植基地。网箱养鱼、池塘养蛏、海藻栽培等水产养殖生产形成规模，相继建成缢蛏、紫菜加工等一批水产加工企业，五洲水产有限公司成为福建省水产加工龙头企业之一。2000年7月，中国农学会葡萄分会和中国果品流通协会授予福安“南国葡萄之乡”称号。闽东电机电器工业区获农业部“全国第三批乡镇企业示范区”称号，福安被称为“电机电器城”。2001年，万达电机、安波电器、德丰电机3家民营企业产值首次突破亿元。同年，福安被国家林业总局命名为“中国茶叶之乡”，2002年被农业部命名为“全国无公害茶叶生产典型示范市”。2004年，大唐火电厂及新远造船公司10万吨船坞开工建设。同年11月，白云山风景名胜区被列为省级风景名胜区。2005年，全市船舶修造完成产值18亿元，白马船厂开始批量建造2万吨载重散装货轮、福宁重工船舶公司建造6800吨重油轮。安波电器获国家免检资格证书。是年，全市种植葡萄2055公顷，产量27405吨。全市地区工农业生产总值122.35亿元，其中农林牧渔业总产值23.15亿元、工业总产值99.20亿元，财政总收入4.38亿元。

社会事业 1993年，福安市完成集资扩建中小学校舍，实施普及九年义务教育，并被评为第四批全国体育先进县（市）。1995年，实现创建省级卫生城市达标。1997年年底，全市有20个乡镇、389个建制村、89669户农户通过省、地小康验收，达到省定基本小康标准，被省委、省政府授予“农村脱贫致富奔小康先进市”。1998年，农村幼教工作通过省地检查评估，被授予“幼教工作先进市”；“普九”工作通过省评估和跟踪检查。至2005年，全市共集资4.12亿元，扩建中小学校舍19.58万平方米。实施科技项目433项，其中省科技厅及国家科委项目50项、宁德市项目45项，全市有3项科研项目获福建省“科技进步奖”二等奖、11项获三等奖、1项获省“星火项目”二等奖。溪潭廉村成为省内闻名的廉政教育和古文化旅游景区，白云山旅游景区基本建成。

第七节　柘荣县

柘荣县地处宁德市东北部，位于北纬27° 08′ ~ 27° 19′ 、东经119° 53′ ~ 120° 05′ 之间。东邻福鼎市，南接霞浦县，西毗福安市，北与浙江省泰顺县交界；全境东西相距30千米、南北相距50.98千米，陆地总面积543.90平方千米。县政府驻双城镇。2005年，全县辖2个镇、7个乡，4个社区、112个建制村，总人口10.03万人。

自然环境　境内地势由东向西倾斜，太姥山脉盘亘境内，海拔1000米以上高峰93座，最高峰东狮山顶、海拔1479米，为太姥山主峰；最低点为英山乡下清水坑，海拔78.8米。属中亚热带季风气候，雨量充沛，四季分明。主要溪流有龙溪、交溪、西溪和东溪。全县有非金属矿藏明矾、紫砂土、高岭土、矿泉水、硫磺矿、松脂岩、辉绿岩、花岗岩和叶蜡石等多种，其中紫砂土分布全境、可供开采量70多万吨，高岭土储量107.57万吨；已探明黄铁矿、磁铁矿、镜铁矿、褐铁矿、铅锌矿、银矿和钼矿等7种金属矿产资源。全县有林地面积3.80万公顷，森林覆盖率63.42%、绿化程度76.51%；1995年被福建省委、省政府授予“绿化达标县”。自然景观有东狮山省级风景名胜区、石山九龙井、青岚湖度假区、鸳鸯头万亩草场和仙屿公园，人文景观有国家级重点文物保护单位东源桥（水浒桥）、省级文物保护单位游朴墓、归泗桥等。

基础设施　1993年，柘荣县完成国道104线过境段拓宽改造。2001年，筹集7亿多元资金投入创建“国家级生态示范区（县）”工程，实施农业、林业、工业、水利、村镇以及旅游等生态工程建设。2005年，柘荣生态示范区（县）通过国家预验收。至年底，全县有国道104线，柘（荣）霞（浦）省道，柘（荣）泰（顺）省际公路；农村公路水泥路面硬化累计390千米，全县通往村公路100%实现水泥（沥青）路面硬化。全县实现村村通电话、通广播电视，有219个村和自然村开通有线电视。全县新（扩）建水电站50座，总装机容量7.88万千瓦，年均发电量2.98万千瓦时。全县农村改水农户受益率96%，完成改厕占农村总户数的52.22%。

经济发展　农业为主要经济，大宗农产品有茶叶、太子参、油茶、中药材等。工业有医药食品、纺织服装、陶瓷建材、造纸塑料、电子五金等5大支柱产业。1993年，全县工农业总产值3.62亿元，其中农业总产值1亿元、工业总产值2.62亿元；地方财政收入1983万元。经10多年发展，柘荣县逐步形成太子参（中药材）、无公害茶叶、食用菌、蔬菜等特色农业产业。2001年7月，“柘荣太子参”商标成功注册，并获中国驰名商标、国家地理标志保护产品；全县种植2000多公顷、产量近5000吨，约占全国总产量的60%，柘荣县被国家农业部授予“太子参之乡”。全县建成中药材、水稻、食用菌、无公害茶叶与蛋鸡、养牛、花卉、母猪和商品猪、蔬菜等特色和规模农业生产基地137个，为闽东最大的地产药材销售地、全国药材重要的配送交易集散地。工业生产形成医药、剪具、僧服饰件、艺术剪纸等特色产业；全县有4家规模制药企业、实现年产值2.94亿元，其中闽东力捷迅药业公司（原闽东制药厂）年产值1.9亿元、销售值1.86亿元。有注册刀剪生产企业76家、申请注册企业30家，年产剪刀1亿把、刀具100万把，产值1.8亿元。工业用剪占全国市场销量的70%，并有20%产品远销欧美、东南亚等国家和地区，被国家日用五金行业生产力促进中心授予“中国刀剪之乡”称号。2005年，全县工农业总产值16.78亿元，其中农业总产值4.42亿元、工业总产值12.36亿元，财政总收入4997万元。

社会事业 1993年后，柘荣县中小学教育经省督导评估，被评为“福建省义务教育工作先进县”。1996年，“两基”又通过省级扫盲验收。1998年，“普九”教育通过省政府验收。2000年，被文化部命名为“中国民间艺术之乡（剪纸、评话、灯谜）”。2005年，柘荣剪纸、布袋戏被列入福建省非物质文化遗产名录，全县有剪纸企业（工作坊）40多家，年产值300多万元。柘荣马仙信俗流传已有千年之久，在周边县（市）影响颇广，2005年申报为省级非物质文化遗产项目。医疗卫生事业不断发展，农村初级卫生保健工作通过省、市两级初保复合评审达标，新型农村合作医疗被确定为全省试点县之一。全民健身活动蓬勃兴起，多次举办全民健康节活动和中小学田径运动会，承办或参加省、市各类运动赛事。

第八节 福鼎市

福鼎地处宁德市东北部，东南濒东海、东北与浙江省苍南县接壤，南连霞浦县，西接柘荣县，西北邻浙江省泰顺县，位于北纬26° 52′ ~ 27° 26′ 、东经119° 55′ ~ 120° 43′ 之间。东西相距79.30千米、南北相距57.40千米，土地总面积1526平方千米。1993年，辖12镇2乡（其中1个畲族乡），262个村（居），户籍总人口52.17万人。1995年10月13日，经国务院批准，撤销福鼎县设立福鼎市，市政府驻地桐山镇。2005年，福鼎辖3个街道、10个镇、3个乡（其中1个畲族乡）、1个开发区，29个社区（居委会）、251个村民委员会。户籍总人口56.51万人，其中畲族人口占6%。境内通行闽东方言福鼎音，沿海地区和贯岭、叠石等部分内陆乡镇通行闽南方言，秦屿镇和台山、七星等海岛通行福州话，畲族地区通行畲语。

自然环境 福鼎地势由西北、西南向中部、东南部倾斜，境内丘陵起伏、盆地平原相间，三面环山、一面临海，最高峰为西部青龙山、海拔1141.30米。水系发达、水力资源丰富，流域面积在30平方千米以上的溪流有9条，全市水能资源理论蕴藏量13.21万千瓦、可开发量11.20万千瓦。森林资源丰富，森林覆盖率66.50%。有多种矿产资源，已探明的金属矿有铅、锌、银、铜、铬、铁、钼7种，非金属矿有玄武岩、石灰石、叶蜡石、高岭土、石英石、泥煤等30余种。海域辽阔、港湾众多、岛屿星罗棋布，海域面积1.50万平方千米、海岸线长432.70千米，大小港湾41个，岛屿81个，最大为大嵛山岛、面积25.63平方千米。

基础设施 福鼎扼福建北大门，水陆交通便捷。国道104线过境46.50千米。2004年竣工的沈海高速（G15）福鼎段全长53.80千米，贯穿贯岭、山前、桐山、桐城、白琳、秦屿、硖门7个乡镇（街道）。2005年全市公路通车总里程1589千米，民用汽车拥有量2967辆。境内有沙埕、杨岐、秦屿、硖门、嵛山、姚家屿、桐山、八尺门等港口码头。沙埕港水深港阔、长年不淤不冻，万吨巨轮出入不受潮汐限制，是中国著名的天然良港，既为军港又是闽东繁华的渔港和商港。2005年，全市水运客货量80万吨。

经济发展 福鼎是中国著名茶区，所产“福鼎白茶”和“白琳工夫”红茶饮誉中外。独特的区域小气候为福鼎孕育出诸多的名优特农产品，著名的除茶叶外还有福鼎槟榔芋、四季柚、双孢蘑菇、黄栀子等。福鼎海域广阔，是福建省的渔业重点县（市）之一，台山渔场是闽东的主要渔区，盛产黄瓜鱼、石斑鱼、鳗鱼、鲳鱼、墨鱼、带鱼、虾等，人工养殖的鱼类有白鲵鱼、鲷鱼、南美白对虾、紫菜等，其中石斑鱼是重要的出口产品。青蟹、海蛎、弹涂鱼和泥蚶等以肉质丰肥、味道鲜美而成为待客佳肴，远近闻名。"九洋虾皮""桐江鲈鱼""石兰紫菜""点头青蟹"等为福鼎海产名品，1993 年，全县农业总产值 5.82 亿元。随着农业结构调整的不断深入，至 2005 年，全市农林牧渔业总产值达 24.23 亿元，是 1993 年的 4.2 倍。福鼎亦是宁德市的工业大县，拥有建材、食品、机电、皮塑等 10 多个行业，远销海内外工农业产品主要有玄武岩板材、皮衣、化油器、水产加工品等。1993 年，福鼎有建材、酿造、皮服、电力、仪表、化工、制药、针织、食品、机械等工业企业 434 家，工业总产值 12.28 亿元。随后，福鼎不断调整工业结构，培育了建材、食品、汽摩配三大集群产业。2005 年全市有各类企业 3797 个、其中规模以上工业企业 158 个，地区生产总值（GDP）60.06 亿元，是 1993 年 12.58 亿元的近 5 倍，财政总收入 3.83 亿元。

社会事业 1993 年后，福鼎县多渠道加大科技和教育投资，着力打造"科教兴市"战略。至 1998 年共实施各类科技项目 98 项，其中省级 15 项、地级 13 项；投入教育资金 1.03 亿元，新扩建校舍 22.30 万平方千米，实现"两基"达标县，职业教育走在全区前列。文化事业繁荣，《孩子剧团》等一批文艺精品多次在全国、全省获奖。市区及各乡镇已普及闭路电视。农村初级卫生保健工作通过省达标验收。同时，大力发展旅游产业，太姥山风景区的开发建设吸引大量省内外游客，并成功举办首届"中国·福建（闽东）生态环境旅游节"。2001 年，修编《福鼎城市总体规划》和佳阳、秦屿、点头 3 个省、地级试点乡镇总体规划。区内县级最大的体育场馆——福鼎体育馆封顶进入内部装修。2002 年，福鼎启动城镇管理社区试点，将城区 3 个街道、31 个村和 9 个居委会整合成 11 个社区，并建立社区公共行政服务管理网络，桐城街道被命名为全省社区建设示范街道。2003 年，福鼎荣获"福建省第八届创建文明城市工作先进城市"称号。太姥山被列为第三批国家地质公园，并申报世界地质公园。2004 年，福鼎通过"全国文化先进县（市）"复查。2005 年，全市基本做到城乡低保人员应保尽保和新型农村合作医疗普及。秦屿镇被列为全国首批改革与发展小城镇试点单位。大嵛山岛入选"中国最美十大海岛"。全市年接待游客 78 万人次，成为宁德市第一大旅游县（市）。

第九节 霞浦县

霞浦县地处宁德市东部，位于北纬 26° 25′ ~ 27° 19′、东经 119° 46 ~ 120° 26′ 之间。东、南濒临东海，西南隔海与福州市罗源、连江县相望，西部与福安交界，北面和柘荣县、福鼎县接壤。全域面积 1708.44 平方千米，其中，陆地面积 1489.60 平方千米，岛礁 411 个、面积 218.84 平方千米；海域总面积 2.96 万平方千米，海岸线长 480 千米、居全省县（市）之冠。2005 年，全县辖 2 个街道办事处、6 个镇、6 个乡（其中 3 个畲族乡），23 个社区、292 个建制村；户籍总人口 51.73 万人，其中畲族人口 4.35 万人。县政府驻松城镇。

自然环境 境域地势由西北向东南呈阶梯状下降，西北部多丘陵；中部丘陵、低山、盆谷、平原交错；南部呈半岛状。有杯溪、罗汉溪、七都溪、长溪、三河等五大河流及全国罕见的湖泊型内海东吾洋、官井洋。属中亚热带季风温润气候区，海洋性气候特征明显。全县已探明铜、银、钼、钨、铍、铁、锰、金、铅、锌等金属矿产资源十多种，叶蜡石、高岭土、伊利石、明矾石、硅石、蛭石、钾长石、沸石、黄铁矿、饰面石材、建筑石料等多种非金属矿产资源。全县林业用地 9.88 万公顷，森林覆盖率 56.80%，绿化率 83.89%。渔业资源丰富，盛产沙塘剑蛏、七都蟳、沙江牡蛎与大黄鱼、东方白对虾、海带、紫菜、榨菜、晚熟荔枝、龙眼等农渔产品。境内有国家级旅游风景区“海国桃园”杨家溪、省级旅游风景区“福宁湾滨海风景区”和明代古城堡群、温麻船屯、塔后摩尼教遗迹、松山妈祖天后宫、水门半岭观音亭寨（省内唯一的畲族古建筑）、溪南半月里畲族龙溪宫、“连家船”疍民等自然和人文景观。

基础设施 1998 年，全县城乡电视覆盖率 93.2%。2000 年后，完成县乡有线电视联网和 50 户以上自然村广播“村村通”工程。2001 年，福宁高速公路霞浦段建成通车，在县境设牙城、三沙、霞浦、盐田 4 个互通口。2005 年，霞浦机场和温福铁路霞浦段开工建设。全县拥有高速公路 41.99 千米、国道 42 千米、省道 27.11 千米、县道 281.20 千米、乡道 60.70 千米、村道 757.70 千米，农村公路总里程 1099.45 千米。县内新建的罗汉溪水电站，装机容量 1.28 万千瓦、年均发电量 6300 万千瓦时。

经济发展 农业以种植业和渔业为主，主要农产品有水稻、甘薯、花生、油菜、蚕豆，为全国南亚热带晚熟荔枝和龙眼生产基地，榨菜种植面积及产量居全省首位。渔业以海水养殖为主、兼有捕捞，官井洋大黄鱼天然繁殖场为国内仅存的大黄鱼天然繁殖保护区；霞浦有“中国海带之乡”“中国紫菜之乡”之誉。工业有制陶、造船、水产品加工、制茶、汽车配件、电子产品、纺织、塑料等产业。造船业历史悠久，福建省三沙渔业公司为省内最大的海产品加工和出口基地。1993 年，全县工农业总产值 14.28 亿元，其中农业总产值 7.46 亿元、工业总产值 6.82 亿元，地方财政收入 6275.81 万元。经过十多年发展，霞浦继续保持全市农业生产大县地位，粮食、茶叶、蘑菇、蔬菜、水产品、水果产量居全市前列或重要地位，其中海水养殖产量居全省第二位。2003 年，全县海水养殖面积 1.15 万公顷，其中网箱养鱼 8 万箱、鲍鱼养殖 2500 万粒、南美白对虾养殖 666 公顷、弹涂鱼养殖 533 公顷。工业逐步形成汽摩配件、五金工具、食品加工、竹木工艺、服装鞋业等传统和新兴产业优势。2005 年，全县工农业总产值 54.28 亿元，其中农业总产值 28.67 亿元（渔业产值 19.92 亿元），工业总产值 25.61 亿元，财政总收入 2.06 亿元。

社会事业 1994 年，获省级“双拥模范县”称号。1995 年，被评为“全国科技工作先进县”。“八五”期间，新扩建中小学校校舍 9.76 万平方米，实施初等和初级中等义务教育人口覆盖率分别达 100% 和 57.3%。1997 年，获“全国全民健身工作先进单位”。1998 年，实现教育“两基”和卫生初级保健目标。2000 年，“实验教学普及县”通过省、市验收。2004 年，溪南白露坑被列为市畲族历史文化名村。2005 年，霞浦“畲族婚俗”和“畲族小说歌”分别被列入全国、省级非物质文化遗产名录。

第二编 环境

宁德地处福建省东北部，位于北纬26°18′～27°40′、东经118°32′～120°44′之间。背山临海，地貌以山地、丘陵为主，沿海有面积不大的海积、冲积平原。境内山岭耸峙、丘陵起伏、河谷纵横、土壤类型多样、植被茂密。属中亚热带海洋性气候，兼有山地、盆谷等多样特点。雨水充沛、四季分明、无霜期长。受气候影响，台风、暴雨、滑坡为境内主要的自然灾害。

第一章 地 质

第一节 地 层

宁德市位于南华活动带之东南沿海中生代火山断陷带中段，闽东火山断拗带北部，地层区划属东南地层区（VI5）沿海地层分区（VI59）。地层出露不全，主要为中生代的沉积－火山岩系，中新元古代变质岩、古生代沉积岩以及新生代新近纪火山岩、第四纪沉积物零星分布。

中新元古代龙北溪组 为区内最古老岩层，在屏南黛溪，周宁吾凤楼、首章，寿宁铁场等地分布，岩性主要有片麻岩、片岩、变粒岩等，为区内铅锌铁多金属以及石墨主要含矿层位。总厚度大于 839.2 米。

早中石炭世 出露于福鼎南溪、竹阳一带，岩性主要有灰黑、灰色炭质泥岩、粉砂岩、长石石英细砂岩、钙硅质岩、结晶灰岩等，为区内铅锌多金属、硅灰石的主要含矿层位。总厚度大于 2947 米。

晚侏罗世长林组 在霞浦溪南一带零星分布，为一套陆相含火山碎屑沉积岩系，岩性主要有凝灰质砂砾岩、砂岩、粉砂岩，总厚度 435.2 米。

晚侏罗世－早白垩世南园组 为区内分布最广的地层单元，总体呈北东向带状展布，为一套巨厚的陆相中－酸性火山岩，夹火山碎屑沉积岩，自下而上划分为中性、中酸性—酸性—中酸性—酸性 4 个岩性段。

早白垩世早期小溪组 在蕉城过溪、古田小溪、寿宁湖潭、霞浦盐田等地分布，呈盆地式叠置于南园组火山岩之上，为一套陆相沉积－火山喷发岩系。自下而上分为 5 个岩性段，第一段为浅灰、灰黑色沉积岩夹火山岩，第二段为深灰、灰色中、中酸性熔岩、火山碎屑岩，第三段为紫灰色酸性火山碎屑岩、熔岩，第四段为灰色灰黑色沉凝灰岩、粉砂岩，第五段为紫灰色酸性火山碎屑岩、熔岩；其中第三岩性段为叶蜡石矿区内主要赋矿层位。

早白垩世中晚期石帽山群 在寿宁寿山、梨村、福安留洋、柘荣城关、福鼎城关等地，呈盆地式产出，为一套巨厚的陆相灰紫、紫红色沉积－火山岩系，自下而上划为黄坑组、寨下组。黄坑组下段以火山碎屑沉积岩和火山碎屑岩为主，上段以中、中酸性火山碎屑岩、熔岩为主；寨下组下段以火山碎屑沉积岩为主，上段主要为酸性、酸偏碱性熔岩、火山碎屑岩。其中寨下组上段流纹岩、熔结凝灰岩可作为饰面石材。

新近纪佛昙组 在屏南际下、甘棠，福鼎山后尖等地零星分布，岩性有火山角砾岩、玄武岩等。厚度大于 92.6 米。

第四纪 主要在沿海以及河流两岸台地分布，有海积层、冲洪积层、冲积层、残积层、风积层五种类型，岩性有淤泥、黏土、砂、砾卵石等，为砂矿、黏土矿主要赋矿层位。

第二节 构 造

宁德位于欧亚大陆板块边缘，濒临太平洋板块，境内经历多期次、多阶段的构造活动与改造，展现出来的地质构造格局主要是经过燕山期多次幕式运动形成的，有新生的，也有继承改造的，总体以北东向为主，北西、东西、南北向为次之的构造格局。第四纪以来，区内地壳总体呈缓慢上升或稳定，局部有断块沉降。

宁德市（地区）岩石地层划分一览表

表 2-1

地质年代			岩石地层			厚度（米）	岩石组合特征
新生代	第四纪	全新世	海积层（Qh^{m}）、冲积层（Qh^{al}）、冲洪积层（$Qh^{al\text{-}pl}$）、风积层（Qh^{eol}）			6.5 ~ 69.9	浅黄色砂砾卵石、细砂、砂质黏土、淤泥等
		更新世	冲洪积层（$Qh^{al\text{-}pl}$）、残积层（Qp^{el}）			11.8 ~ 81	褐黄、灰黄色粘土质砂砾卵石、棕红色黏土巨砾卵石，砂质黏土、黏土
	新近纪		佛昙组（Nf）			＞92.6	深灰色玄武岩、火山角砾岩
中生代	白垩纪	早世	石帽山群（K_1s）	寨下组（K_1z）	上段（$K1z^2$）	484 ~ 784	紫灰、灰紫色流纹岩、石泡流纹岩、流纹质熔结凝灰岩、粉砂岩、流纹质晶屑凝灰熔岩、火山角岩、集块岩等
					下段（K_1z^2）	53.5 ~ 283	紫红色凝灰质砂砾岩、砂岩、粉砂岩，夹英安质凝灰岩
				黄坑组（K_1h）	上段（K_1h^2）	51 ~ 603	紫灰、灰紫色流纹岩、流纹质晶屑熔结凝灰岩、凝灰熔岩、石英粗面岩等
					下段（K_1h^1）	71 ~＞570	紫红色凝灰质砂砾岩、泥岩、沉凝灰岩，夹粉砂岩、沉火山角砾岩
			小溪组（J_1Kx）	第五段（J_1Kx^5）		191	紫、紫灰色流纹岩、流纹质晶屑熔结凝灰岩、晶屑凝灰岩、玻屑凝灰岩
				第四段（J_1Kx^4）		43	灰色沉凝灰岩、粉砂岩夹灰黑色条带状硅质岩
				第三段（J_1Kx^3）		669 ~ 888	紫灰色流纹岩、流纹质晶屑熔结凝灰岩、晶屑凝灰岩、凝灰岩、晶屑凝灰熔岩
				第二段（J_1Kx^2）		277	深灰、灰色英安质晶屑熔结凝灰岩、晶屑凝灰岩
				第一段（J_1Kx^1）		42 ~＞1000	浅灰、灰、灰黑色（钙质、凝灰质）粉砂岩、硅泥岩、凝灰质砂岩、碳质粉砂岩等

续表 2-1

地质年代			岩石地层		厚度（米）	岩石组合特征
中生代	侏罗纪	晚世	南园组（J_3–K_1n）	第四段（J_3–K_1n^4）	1239 ~ 1964	浅灰、灰紫色流纹质晶屑凝灰岩、凝灰熔岩、熔结凝灰岩、流纹岩、碎斑熔岩
				第三段（J_3–K_1n^3）	549 ~ 1157	深灰、灰色英安岩、流纹英安质凝灰熔岩、熔结凝灰岩
				第二段（J_3–K_1n^2）	81 ~ > 2307	浅灰灰白色流纹质晶屑熔结凝灰岩、晶屑凝灰岩、流纹岩、晶屑凝灰熔岩
				第一段（J_3–K_1n^2）	589 ~ 633	深灰、灰黑色英安质晶屑凝灰岩、晶屑凝灰熔岩、英安岩、安山岩等
			长林组（Jc）		435.2	灰、灰绿色凝灰质砂砾岩、砾岩、长石砂岩夹（凝灰质）粉砂岩、泥岩、页岩
古生代	石炭纪	早中世	C_{1-2}		> 2437	灰黑、灰色炭质泥岩、粉砂岩、长石石英细砂岩、钙硅质岩、结晶灰岩、硅质岩等
中新元古代	前震旦纪		龙北溪组（$P_{t2-3}l$）		> 839.2	眼球状黑云二长片麻岩、透辉绿帘矽卡岩、云母石英片岩、透辉变粒岩等

主要断裂带：

福安—南靖北东向断裂带 沿福安—闽清—南靖一线分布，总体走向 35 度左右；长大于 400 千米，最窄处几千米，最宽处数十千米，地面上呈现为断续分布的断裂，对中生代火山岩的分布有较明显控制作用。

福鼎—福清北北东断裂带 沿福鼎—福清一线分布，总体走向 60 度左右；长约 300 千米，宽 5 ~ 15 千米，晚侏罗世地层及燕山早期花岗岩强烈挤压、破碎、硅化、片理。

松溪—宁德北西向断裂带 沿政和—宁德三都澳一线分布，呈 310 度左右方向延伸；长约 200 千米，宽 15 ~ 25 千米。明显控制石帽山群火山岩的分布，横跨在北东向构造之上。为区内重要的成矿构造带，地球物理资料反映切割深度较大。

建阳—柘荣东西向断裂带 长约 200 千米，地表显示有断续东西向断裂、岩墙和岩脉分布。

寿宁—连江南北向断裂带 长约 180 千米，宽 3 ~ 10 千米，由一组高角度断裂带和南北向展布的侵入体组成。

侵入岩 区内侵入岩分布广泛，时代主要有二叠纪、晚侏罗世、早白垩世和第三纪。其中，以晚侏罗世岩浆侵入活动最为强烈，次为早白垩世。岩体的展布受区域断裂构造控制明显，主要呈北北东—北东向、北西向分布，次为近南北向、近东西向。岩石类型有辉长岩、辉石闪长岩、石英闪长岩、石英二长闪长岩、花岗闪长岩、二长花岗岩、碱长花岗岩、钾长花岗岩、正长斑岩、花岗斑岩等。上述岩体与区域上钼、铜矿成矿关系密切，尤其是晚侏罗 – 早白垩世的酸碱性花岗岩为钼矿的重要成矿母岩。为区内建筑石料、饰面石材等的重要原料。

宁德市（地区）侵入岩划分一览表

表 2-2

时代	超单元	代号	岩石名称
第三纪 N	山后尖	$N^S\nu$	灰黑色斑状辉长岩
晚白垩世 K_2	白门山	$K_2^B\kappa\xi\pi$	浅灰、灰紫色碱性长石斑岩
	弥勒山	$K_2^M\xi o\pi$	肉红色石英正长斑岩
	笔架山	$K_2^B\kappa\gamma\pi$	肉红色碱长花岗斑岩
	石碑前	$K_2^S\gamma\pi$	肉红色花岗斑岩
	井后	$K_2^J\delta\mu$	深灰色闪长（玢）岩
早白垩世 K_1	魁岐	$K_1^K\kappa\gamma$	浅肉红色微细粒晶洞碱性花岗岩、斑状细粒晶洞碱性花岗岩、中粒晶洞碱性花岗岩、中细粒晶洞碱性花岗岩
	洪山	$K_1^H\kappa\xi\gamma$	肉红色斑状细料晶洞碱长花岗岩、少斑中粗粒晶洞碱长花岗岩、含斑中粒晶洞碱长花岗岩、中细粒晶洞碱长花岗岩
	玛坑	$K_1^M\xi\gamma$	肉红色微细粒钾长花岗岩、斑状细粒钾长花岗岩、少斑中细粒钾长花岗岩、含斑细粒钾长花岗岩
	邑坂	$K_1^Y\eta\gamma$	浅肉红色斑状细粒二长花岗岩、似斑状中细粒二长花岗岩、少斑中细粒黑云母二长花岗岩、含斑中细粒黑云母二长花岗岩
	钟腾	$K_1^Z\gamma\delta$	浅肉红色（少斑）中细粒花岗闪长岩
		$K_1^Z\delta\eta o$	浅灰色细粒石英二长闪长岩
		$K_1^Z\delta o$	浅灰、深灰色细粒石英闪长岩
		$K_1^Z\nu\delta$	暗灰色辉石闪长岩
晚侏罗世 J_3	古竹	$J_3^G\xi\gamma$	浅肉红色细粒钾长花岗岩、似斑状中粗粒钾长花岗岩、少斑中粒钾长花岗岩、含斑中细粒钾长花岗岩、含斑细粒钾长花岗岩
	永兴	$J_3^Y\eta\gamma$	灰白色似斑状中粗粒二长花岗岩、少斑中细粒二长花岗岩、含斑细粒二长花岗岩
	虹垂	$J_3^H\eta\delta o$	灰色中细粒石英二长闪长岩
		$J_3^H\delta o$	深灰色细粒石英闪长岩
中二叠纪 T_2	后章	$T_2^H\delta$	深灰色片麻状细粒闪长岩
	泮地	$T_2^P\xi\psi$	灰红色含斑细粒角闪长岩

第二章 自然地理

第一节 地 貌

宁德地区地处洞宫山脉南麓，鹫峰山脉东侧，东面濒临太平洋，中北和中南部又有呈北东—南西、西北—东南走向的太姥山和天湖山两条山脉，构成沿海多山地形。地势西、北部高，东、南部低，中部隆起，大致呈“门”型的梯状地势。地貌基本轮廓在燕山运动末期即已形成。而后经喜马拉雅山运动与新构造运动的强烈抬升，差异性升降运动及外营力的长期强烈侵蚀作用，形成以中、低山为主的现代地貌，在福建省地貌区划中属闽中火山岩系中山地貌区和东部沿海花岗岩丘陵与平原地貌区。

境内为西北部构造侵蚀中低山地区，面积8522.30平方千米，占全区总面积的63.60%；中部构造侵蚀、剥蚀丘陵盆谷区，面积3699.50平方千米，占全区总面积的27.60%；东部滨海堆积平原、沿海滩涂和侵蚀、剥蚀台地山间—盆谷，面积5770平方千米，占总面积的8.80%。三大类型组合区域内有山地、丘陵、平原、盆谷、滩涂、山脉等多种地貌类型。主要山脉有鹫峰山脉、洞宫山南余脉、太姥山脉。境内海拔千米以上山峰913座，主要集中于西、西北部和中部。最高峰位于寿宁县境最北端的山羊尖，高1649千米；最低的也有1141千米，为福鼎磻溪西南部的青龙山。

第二节 气 候

一、气候特征

宁德市地处东南沿海，属中亚热带海洋性季风气候，兼有山地气候、盆谷地气候等多种气候特点，气候类型呈多样性，灾害性天气频繁。春夏雨热同期，秋冬光温互利，光能充足，热量丰富，雨水充沛，四季分明，无霜期长。冬半年盛行东北季风，夏半年盛行东南、西南季风。沿海和内陆海拔悬殊，因海洋对气候起着重要调节作用，高大的山脉对冷暖空气活动起着阻滞或加强的作用，造成气候要素的明显垂直差异。

沿海内陆温差悬殊 宁德各县（市、区）由于离海远近和海拔高低的不同，致使霞浦、福鼎、福安、蕉城 4 个沿海县（市、区）和柘荣、寿宁、周宁、屏南、古田内陆山区县的气温有明显差异。年平均气温，沿海县（市、区）19.5℃，内陆山区县（不含古田，下同）为 15.5℃。全年最冷是 1 月，沿海月平均气温为 9.9℃，山区月平均气温为 5.9℃；最热 7 月，沿海月平均气温为 28.8℃，山区月平均气温为 24.4℃；平均气温沿海比山区高 4℃左右。地温与气温互相影响互相制约，地温年平均沿海县（市、区）为 21.8℃，山区为 17.8℃，相差 4.0℃，与气温差异大体一致。

干湿两季明显 全市年平均雨量由沿海向山区逐渐增大，除霞浦外，其余各县（市、区）均在 1600 毫米以上，寿宁、周宁两县超过 2000 毫米，为全省雨量最多的县之一。全市临近海洋，气候湿润，年平均相对湿度在 77% 以上。历年 3 月起进入春雨季节，雨量增多，3—4 月为春雨季，5—6 月为梅雨季，7 月进入台风季，9 月结束，3—9 月雨量占全年雨量的 80% 左右，常有洪涝灾害发生。10 月至翌年 2 月的雨量仅占全年雨量的 20% 左右。全市干、湿季雨量分配具有明显的季节特点。

四季特征分明 以连续 5 天滑动平均气温稳定通过 10℃和 22℃作为四季划分的标准：＜10℃为冬季，＞22℃为夏季，10℃～22℃之间为春、秋季。宁德沿海春季始于 3 月上旬中期，持续 84 天左右；山区始于 3 月下旬后期，持续 85 天左右。随着南方暖空气活动的逐渐加强，全市由南到北、由沿海到山区，气温逐渐回升；雨日、雨量开始增多、增大，偏北风与偏南风交替出现。沿海夏季始于 5 月下旬后期，持续 130 天左右；山区始于 6 月下旬初，持续 76 天左右；雨日、雨量持续增加。盛夏沿海有短暂的酷暑天气，暑热天除台风来临之际出现短暂偏北风外，其余盛行偏南风；台风活动频繁，经常造成严重影响。沿海秋季始于 10 月上旬，持续 73 天左右；山区始于 9 月上旬，持续 78 天左右。10 月下旬开始，境内南、北风交替出现，雨量减少、昼夜温差大、气象灾害轻，是全年最为舒适的季节、但时期趋短。沿海冬季始于 12 月中旬后期，持续 77 天左右；山区始于 11 月中下旬持续 126 天左右。全市盛行偏北风，尤其沿海多东北大风。天气多晴冷，但有时出现阶段性的阴寒天气。

灾害性天气频繁 宁德地处北回归线以北的低纬度地带，东临西太平洋，常有冷暖空气、干湿气流相互交汇，造成多种灾害性天气，常见的有台风、暴雨、大风、冰雹、雷电、高温、干旱、低温寒害、雾等。台风是下半年的主要灾害性天气之一，平均每年影响宁德市的台风有 3 个左右。暴雨全年各地均可出现，而以 5—9 月最为频繁，占全年总次数的 72% ～ 89%。冰雹是局地性的重要灾害性天气之一，多发生在屏南、周宁等山区，主要出现在春季、以 4 月为最多。沿海大风和雷电灾害全年都可能出现，前者以冬春季最为频繁、后者则多发于春夏时节。干旱灾害沿海重于内陆，以与高温相伴随的夏旱影响最为严重。低温寒害有多个种类，高海拔山区冬季常见霜冻灾害，倒春寒发生于开春时节，对农业影响较大。大雾主要影响交通和运输，受地形影响，部分区域大雾多发、常发。

二、气候要素

日照时数 1993—2005 年，宁德市各地的平均年日照时数在 1527.00 小时（周宁）～ 1724.60 小时（古田）之间。全市平均的年日照时数 1332.30 小时（2000 年）～ 2042.70 小时（2003 年）。各地年日照最大值除蕉城、福鼎出现在 2004 年外，其余出现在 2003 年，日照时数在 1900.90 小时（周宁）～ 2200.20 小时（古田）之间。各地年日照最小值均出现在 2000 年，日照时数在 1248.60 小时（福安）～ 1402.30 小时（寿宁）之间。各地年平均日照时数累年变化幅度在 60.60 ～ 85.00 小时之间。

1993—2005年宁德各县（市、区）年日照时数统计表

表 2-3　　单位：小时

站名	平均值	最大		最小		变幅
		最大值	年份	最小值	年份	
蕉城	1595.0	1952.1	2004	1346.2	2000	60.6
古田	1724.6	2200.2	2003	1349.8	2000	85.0
屏南	1641.3	2067.7	2003	1333.3	2000	73.4
周宁	1527.0	1900.9	2003	1275.8	2000	62.5
寿宁	1658.8	2129.4	2003	1402.3	2000	72.7
福安	1607.2	1997.5	2003	1248.6	2000	74.9
柘荣	1595.9	2097.0	2003	1306.3	2000	79.1
福鼎	1636.2	2071.4	2004	1371.7	2000	70.0
霞浦	1627.6	1997.5	2003	1356.3	2000	64.1

全市各季日照平均：春季（3—4月）213.80小时，占全年的13.20%；梅雨季（5—6月）260.1小时，占全年的16.0%；夏季（7—9月）543.70小时，占33.50%；秋季（10—11月）279.80小时，占17.30%；冬季（12—2月）324.80小时，占全年的20.00%。从季节分布看，日照夏季最多，冬季次之，秋季再次之，春季和梅雨季最少。一年中，各地均以7月日照最多，平均日照时数为184.30小时（周宁）~ 226.90小时（霞浦）；以2月最少，各地平均日照时数为84.20小时（霞浦）~ 100.90小时（寿宁）。

1993—2005年宁德各县（市、区）各月平均日照时数统计表

表 2-4　　单位：小时

月份 站名	1月	2月	3月	4月	5月	6月	7月	8月	9月	10月	11月	12月
蕉城	100.6	87.6	93.1	111.6	126.4	140.8	209.1	177.7	158.5	159.5	114.7	115.5
古田	110.5	98.3	101.2	124.5	136.8	143.8	216.5	189.2	172.3	170.4	131.7	129.6
屏南	116.2	97.2	100.1	120.1	127.2	132.8	200.6	166.9	153.0	158.4	130.0	138.6
周宁	109.5	85.8	95.4	106.6	117.4	119.7	184.3	149.4	143.3	153.1	117.6	130.7
寿宁	112.4	100.9	105.0	121.8	129.1	132.1	201.1	172.6	156.3	160.6	129.1	137.8
福安	102.1	89.8	94.0	113.4	121.4	130.8	206.4	184.6	165.3	158.8	120.0	120.5
柘荣	108.7	93.0	102.7	121.5	124.6	132.7	203.6	170.9	145.3	151.5	115.8	125.7
福鼎	100.5	89.4	95.6	116.1	125.6	135.5	217.5	192.1	165.3	157.4	118.5	122.6
霞浦	99.0	84.2	91.8	109.3	124.5	139.8	226.9	197.4	166.9	158.0	113.5	116.3

气温　平均气温。1993—2005年，境内各地的年平均气温15.2℃（周宁）~ 19.8℃（蕉城）。全市平均的年平均气温为16.8℃（1995年）~ 18.5℃（1998年）。各地年平均气温最大值均出现在1998年，年平均气温为16.1℃（寿宁）~ 20.5℃（蕉城、福安）。各地年平均气温最小值均出现在1995年，年平均气温在14.4℃（周宁）~ 18.9℃（蕉城）之间。各地年平均气温累年

变化幅度在 1.6℃ ~ 1.8℃之间。

1993—2005 年宁德各县（市、区）年平均气温最大、最小年份统计表

表 2-5　　单位：℃

站名	平均值	最大		最小		变幅
		最大值	年份	最小值	年份	
蕉城	19.8	20.5	1998	18.9	1995	1.6
古田	18.9	19.9	1998	18.3	1995	1.6
屏南	15.5	16.4	1998	14.7	1995	1.7
周宁	15.2	16.0	1998	14.4	1995	1.6
寿宁	15.3	16.1	1998	14.5	1995	1.6
福安	19.7	20.5	1998	18.8	1995	1.7
柘荣	16.1	17.1	1998	15.3	1995	1.8
福鼎	19.0	19.7	1998	18.1	1995	1.6
霞浦	19.5	20.3	1998	18.6	1995	1.7

区内从各月平均气温变化来看，气温月变化呈单峰型分布。各地 2—7 月升温，7 月达最高，8 月至翌年 1 月降温，1 月最低。其中以 4 月升温最快，各地达 4.7℃ ~ 5.2℃，2 月升温最慢，变化幅度在 0.4℃ ~ 1.6℃之间；以 10—12 月降温幅度最大，各地在 3.9℃ ~ 5.4℃之间，8 月降温最小，在 0.3℃ ~ 0.8℃之间。

1993—2005 年宁德各县（市、区）平均气温月际变化统计表

表 2-6　　单位：℃

月份 站名	1 月	2 月	3 月	4 月	5 月	6 月	7 月	8 月	9 月	10 月	11 月	12 月
蕉城	−2.2	0.6	2.3	4.8	4.3	3.8	2.9	−0.6	−2.4	−4.0	−4.2	−5.2
古田	−1.7	1.6	2.8	5.0	3.5	3.1	2.1	−0.6	−2.4	−3.9	−4.5	−5.1
屏南	−1.7	1.4	2.9	5.0	3.5	3.1	2.1	−0.7	−2.6	−4.0	−4.2	−4.8
周宁	−1.7	1.2	2.9	5.1	3.6	3.4	2.2	−0.8	−2.8	−4.1	−4.1	−4.8
寿宁	−1.7	1.4	3.0	5.2	3.7	3.2	2.4	−0.6	−2.9	−4.3	−4.3	−5.1
福安	−1.9	1.1	2.5	5.0	4.0	3.4	2.9	−0.7	−2.6	−4.1	−4.4	−5.2
柘荣	−1.9	1.2	3.1	5.2	3.8	3.4	2.4	−0.7	−3.0	−4.2	−4.1	−5.2
福鼎	−2.2	0.9	2.6	5.0	4.4	3.6	3.0	−0.4	−2.7	−4.4	−4.4	−5.4
霞浦	−2.3	0.4	2.3	4.7	4.7	3.8	3.0	−0.3	−2.6	−4.1	−4.1	−5.3

宁德市各地平均气温最冷月均出现在 1 月，平均气温 5.5℃（寿宁）~ 10.4℃（蕉城），最热月均出现在 7 月，平均气温 24.0℃（周宁）~ 29.1℃（蕉城）。各地平均气温年较差（最热月与最冷月）在 18.0℃（屏南）~ 19.4℃（蕉城）之间。

1993—2005 年宁德各县（市、区）各月平均气温统计表

表 2-7　　　　单位：℃

月份 站名	1 月	2 月	3 月	4 月	5 月	6 月	7 月	8 月	9 月	10 月	11 月	12 月
蕉城	10.4	11.0	13.2	18.0	22.4	26.1	29.1	28.5	26.1	22.1	17.8	12.6
古田	9.4	10.9	13.8	18.8	22.3	25.4	27.5	26.9	24.5	20.6	16.1	11.0
屏南	6.2	7.5	10.5	15.5	19.0	22.1	24.2	23.5	20.9	16.8	12.7	7.8
周宁	5.8	7.0	9.9	15.0	18.5	21.9	24.0	23.3	20.5	16.4	12.3	7.5
寿宁	5.5	6.9	9.9	15.1	18.8	22.0	24.3	23.8	20.9	16.6	12.3	7.2
福安	10.1	11.2	13.7	18.7	22.7	26.1	29.0	28.3	25.7	21.6	17.2	12.0
柘荣	6.2	7.5	10.5	15.7	19.5	22.9	25.3	24.6	21.6	17.4	13.3	8.1
福鼎	9.1	10.0	12.6	17.6	21.9	25.5	28.4	28.1	25.4	21.0	16.7	11.3
霞浦	10.1	10.5	12.7	17.4	22.1	25.9	28.9	28.5	25.9	21.8	17.7	12.3

极端气温。1993—2005 年，区内极端最高气温 5—9 月都有出现，一般出现在 6—8 月，但多数在 7 月，沿海地区及古田极端最高气温都曾超过 40.0℃；2003 年 7 月 14 日，福安曾达 41.9℃，为全市最高。山区均在 37.0℃以下。极端最低气温出现在当年 12 月至翌年 2 月，但多数在 1 月；沿海多数在 –5.0℃以上，山区在 –7.5℃以下，1991 年 12 月 23 日屏南极端最低气温达 –9.0℃，为全市最低。

1993—2005 年宁德市（地区）极端最高、最低气温出现天数统计表

表 2-8　　　　单位：天、%

极端最高	5 月	6 月	7 月	8 月	9 月	极端最低	1 月	2 月	12 月
天数	1	22	50	35	9	天数	66	18	33
频率	0.9	18.8	42.7	29.9	7.7	频率	56.4	15.4	28.2

1993—2005 年宁德各县（市、区）极端最高、最低气温统计表

表 2-9　　　　单位：℃、月 / 日

极端最高	5 月	6 月	7 月	8 月	9 月	极端最低	1 月	2 月	12 月
极端最高	40.2	40	36.4	35.7	36.7	41.9	36.9	40.1	40.5
出现日期	7/11	7/30	7/14	7/14	7/16	7/14	7/14	7/14	7/15
出现年份	2005	2003	2003	2003	2003	2003	2003	2003	2003
极端最低	−1.4	−6.9	−9.0	−8.2	−8.7	−4.3	−7.5	−2.7	−5.2
出现日期	12/23	12/23	12/23	1/1	1/1	12/23	1/1	12/23	12/23
出现年份	1991	1991	1991	2005	2005	1991	2005	1991	1991

积温　1993—2005 年，宁德市各地的日平均气温稳定通过 0℃的平均初终期间日数在 355 天及以上。积温沿海 6930℃ · d（古田）~ 7239℃ · d（蕉城），山区 5499℃ · d（周宁）~ 5827℃ · d（柘荣）。确定界限温度以五日滑动平均法，确定宁德市各地日平均温度稳定通过各界限温度（≥ 0℃、≥ 10℃）的初日和终日。日平均温度≥ 0℃的积温，它可反映一个地方可利用的热量

资源状况的重要指标；日平均温度≥ 10℃是一般喜温作物播种与开始生长，也是喜凉作物开始迅速生长的界限温度。宁德市日平均气温稳定通过 10℃的平均初日：沿海在 2 月底到 3 月上旬，山区在 3 月下旬。平均终日沿海在 12 月上旬到中旬，山区在 11 月中旬后期到下旬中期。平均初终期间日数沿海 279 天（福鼎）~ 293 天（福安），山区 235 天（周宁）~ 244 天（柘荣）。积温沿海 6078℃·d（古田）~ 6474℃·d（福安），山区 4571℃·d（周宁）~ 4918℃·d（柘荣）。

1993—2005 年宁德各县（市、区）日平均气温稳定通过 0℃、10℃的初终日数（月 / 日）和积温统计表

表 2-10

日平均气温稳定通过 0℃									
站名	蕉城	古田	屏南	周宁	寿宁	福安	柘荣	福鼎	霞浦
初日	1/1	1/1	1/7	1/10	1/10	1/1	1/8	1/1	1/1
终日	12/31	12/31	12/30	12/30	12/30	12/31	12/30	12/31	12/31
初终日数	365	365	358	355	355	365	357	365	365
积温	7239	6930	5656	5499	5537	7211	5827	6943	7131
日平均气温稳定通过 10℃									
站名	蕉城	古田	屏南	周宁	寿宁	福安	柘荣	福鼎	霞浦
初日	3/5	3/5	3/28	3/28	3/28	2/28	3/26	3/10	3/5
终日	12/18	12/9	11/22	11/17	11/18	12/17	11/24	12/13	12/17
初终日数	289	280	240	235	236	293	244	279	288
积温	6436	6078	4706	4571	4642	6474	4918	6113	6342

地温　1993—2005 年，境内各地年平均地温 16.9℃（周宁）~ 22.6℃（霞浦）。全市年平均地温 19.2℃（1995 年）~ 20.8℃（2003 年）。各地年平均地温最大值分别出现在 1994 年、1998 年、2003 年，年平均地温在 17.9℃（周宁）~ 23.7℃（霞浦）之间。各地年平均地温最小值分别出现在 1995 年、1996 年、1999 年、2005 年，年平均地温在 16.3℃（周宁）~ 21.9℃（霞浦）之间。各地年平均地温累年变化幅度在 1.6℃ ~ 2.5℃之间。地温变化幅度比气温大。年平均地温比年平均气温高 1.7℃（周宁）~ 3.1℃（霞浦）。

1993—2005 年宁德各县（市、区）平均地温统计表

表 2-11　　单位：℃

站名	平均值	最大		最小		变幅
		最大值	年份	最小值	年份	
蕉城	21.8	22.7	1994	21.0	1999	1.7
古田	21.3	22.3	2003	20.4	1996	1.9
屏南	18.1	19.3	1998	17.3	1995	2.0
周宁	16.9	17.9	1998	16.3	1995	1.6
寿宁	17.7	19.0	2003	16.5	1995	2.5
福安	21.7	23.0	2003	20.6	1995	2.4

续表 2-11

站名	平均值	最大		最小		变幅
		最大值	年份	最小值	年份	
柘荣	18.3	19.3	1998	17.4	1996	1.9
福鼎	21.2	22.1	1998	20.0	2005	2.1
霞浦	22.6	23.7	2003	21.9	1995	1.8

全市地温与气温的变化趋势基本相似。2 月开始升温、7 月最高，8 月至翌年 1 月降温、1 月最低，月变化呈单峰型分布。平均地温最冷月均出现在 1 月，平均地温 7.0℃(寿宁)~ 11.3℃(霞浦)；最热月均出现在 7 月，平均地温 26.2℃（周宁）~ 35.3℃（霞浦），各地平均地温年较差在 19.0℃（周宁）~ 24.0℃（霞浦）之间。极端最低地温比极端最低气温也要低。寿宁县 1994 年 1 月 22 日曾出现 -14.9℃的最低地温，比其极端最低气温低 6.2℃。极端最高地温比极端最高气温高得多。2003 年 7 月 25 日，霞浦县的极端最高地温达 70.5℃，比其极端最高气温高 30.5℃。

1993—2005 年宁德各县（市、区）极端最高（低）地温统计表

表 2-12　　单位：℃、月 / 日

站名	蕉城	古田	屏南	周宁	寿宁	福安	柘荣	福鼎	霞浦
极端最高	67.2	66.6	64	56.4	64.5	67.2	66.6	70.6	70.5
出现日期	7/3 天	7/30	7/14	8/25	7/14	7/15	1/7	8/29	7/25
出现年份	1996、2005	2003	1993	1993	2005	2003	1994	1995	2003
极端最低	−5.6	−8	−12.2	−11.3	−14.9	−5.6	−11	−6.2	−5.3
出现日期	12/23	12/23	1/15	1/27	1/22	1/22	1/22	1/28	12/23
出现年份	1991	1991	2005	2000	1994	1994	1994	2000	1991

降水　宁德市各地的平均年降水量 1341.3 毫米（霞浦）~ 2030.5 毫米（周宁），其降水量在区域上分布的趋势是由沿海平坦处向丘陵山地递增。全市平均的年降水量 1148.8 毫米（2003 年）~ 2258.1 毫米（2005 年）。各地最多的年降水量 1652.5 毫米（霞浦）~ 2870.9 毫米（柘荣），霞浦、福安出现在 1997 年，屏南出现在 1998 年，其余出现在 2005 年；最少的年降水量 770.7 毫米（霞浦）~ 1450.4 毫米（寿宁），均出现在 2003 年。其间，各县（市、区）年降水量最多与最少的差值达 881.8 毫米（霞浦）~ 1671.0 毫米（柘荣）。

1993—2005 年宁德各县（市、区）降水量统计表

表 2-13　　单位：毫米

站名	平均值	最大		最小		变幅
		最大值	年份	最小值	年份	
蕉城	1595.0	2358.2	2005	1094.9	2003	1263.3
古田	1724.6	2029.8	2005	1040.3	2003	989.5
屏南	1641.3	2264.9	1998	1291.8	2003	973.1
周宁	1527.0	2464.0	2005	1274.3	2003	1189.7

续表 2-13

站名	平均值	最大		最小		变幅
		最大值	年份	最小值	年份	
寿宁	1658.8	2645.2	2005	1450.4	2003	1194.8
福安	1607.2	2202.1	1997	904.0	2003	1298.1
柘荣	1595.9	2870.9	2005	1199.9	2003	1671.0
福鼎	1636.2	2285.5	2005	1312.5	2003	973.0
霞浦	1627.6	1652.5	1997	770.7	2003	881.8

宁德市地处福建东北部，依山临海，受季风气候影响显著，雨量充沛，是福建多雨地区之一。加上地形复杂，致使降水量具有强烈的季节性和水平分布的不均匀性，而且降水强度变化也很大。降水的成因可分为春雨季（3—4 月）、梅雨季（5—6 月）、台风雷雨季（7—9 月）、少雨季（10 月至次年 2 月）4 个降水季节。春雨量约占全年降水量的 14.9% ~ 21.4%，全市平均春雨量 161.4 毫米（2005 年）~ 409.3 毫米（1996 年）。全市最少的春雨量 110.8 毫米（霞浦，2005 年），最多的春雨量 526.9 毫米（古田，1996 年）。其中，梅雨量约占全年降水量的 26.8% ~ 33.6%，全市平均梅雨量 292.3 毫米（2003 年）~ 893.2 毫米（2005 年）。全市最少的梅雨量 198.3 毫米（霞浦，2003 年），最多的梅雨量 1130.1 毫米（屏南，2005 年）。台风雷雨季的夏雨量约占全年降水量的 24.6% ~ 38.6%，全市平均夏雨量 292.5 毫米（1998 年）~ 818.7 毫米（1997 年）。全市最少的夏雨量 147.7 毫米（霞浦，2005 年），最多的夏雨量 1308.5 毫米（柘荣，2005 年）。秋雨量约占全年降水量的 5.9% ~ 8.6%，全市平均秋雨量 51.2 毫米（2001 年）~ 212.5 毫米（2000 年）。全市最少的秋雨量 30.4 毫米（古田，2001 年），最多的秋雨量 313.4 毫米（蕉城，2000 年）。冬雨量约占全年降水量的 11.6% ~ 14.5%，全市平均冬雨量 81.6 毫米（1999 年）~ 456.8 毫米（1998 年）。全市最少的冬雨量 54.0 毫米（福鼎，1999 年），最多的冬雨量 545.3 毫米（古田，1998 年）。

1993—2005 年宁德各县（市、区）降水量季节分布统计表

表 2-14　　单位：毫米

站名	春雨季（3—4 月）	梅雨季（5—6 月）	台风雷雨季（7—9 月）	秋雨季（10—11 月）	冬雨季（12—2 月）
蕉城	287.0	508.1	659.6	163.3	275.0
古田	340.3	525.7	391.5	101.7	229.7
屏南	356.0	612.6	528.9	118.0	254.6
周宁	328.1	584.5	717.0	145.9	254.9
寿宁	356.9	583.7	683.6	133.4	252.4
福安	288.1	540.5	476.2	94.5	210.9
柘荣	294.0	542.8	760.9	142.9	229.2
福鼎	268.5	473.4	584.0	123.7	202.8
霞浦	228.8	421.3	406.5	97.0	187.7

区内降水量的月分布，1—6月降水量逐月增多，6月达到全年降水量的最高峰；7月出现低谷，处副热带高压控制，台风盛期尚未到来，降水量明显减少；8月受台风影响，降水量增多出现次峰；9月起降水量减少，10月以后，北方冷空气加强南侵，转入秋高气爽天气，降水稀少，进入干季；11—12月达到全年最少。降水量在年内呈双峰型分布。

1993—2005年宁德各县（市、区）各月平均降水量统计表

表2-15　　单位：毫米

站名＼月份	1月	2月	3月	4月	5月	6月	7月	8月	9月	10月	11月	12月
蕉城	82.4	114.3	148.1	138.9	216.1	292.0	175.8	300.1	183.8	94.2	69.1	78.3
古田	69.8	114.9	164.7	175.6	253.8	271.9	116.0	182.9	92.6	63.6	38.1	45.0
屏南	78.2	122.4	179.1	176.8	259.5	353.2	186.7	237.3	105.0	69.0	48.9	54.0
周宁	72.4	118.9	161.3	166.8	252.8	331.6	237.6	317.6	161.8	84.0	62.0	63.7
寿宁	77.5	109.6	175.9	181.0	262.2	321.5	244.3	300.6	138.7	74.0	59.4	65.3
福安	62.7	100.4	143.9	144.2	227.2	313.3	149.6	215.6	110.9	50.3	44.3	47.9
柘荣	68.6	105.1	140.6	153.5	222.2	320.6	257.6	332.8	170.4	88.0	54.9	55.5
福鼎	60.0	91.5	130.4	138.1	192.4	281.0	201.3	242.3	140.5	69.7	54.1	51.3
霞浦	55.5	86.5	120.5	108.4	179.8	241.5	125.9	188.0	92.6	56.0	41.0	45.7

各地的年平均降水日数147天（霞浦）~196天（周宁），其分布趋势大致由西北内陆向东南沿海平坦处递减。全市平均的年降水日数134天（2003年）~196天（1997年）。各县（市、区）最多的年降水日数168天（霞浦）~224天（周宁），除柘荣出现在2000年外，其余为1997年；最少的年降水日数111天（霞浦）~158天（周宁），降水日数最小值均出现在2003年。

气压　各地的年平均气压914.6百帕（周宁）~1014.1百帕（霞浦）。沿海高于山区，沿海地区年平均气压在1000百帕以上，山区在950百帕以下。气压在一年之中分布呈“V”字形，1—7月逐月降压，8—12月逐月增高。7月为全年最低值，12月为全年最高值。10月为全年平均气压增压最剧烈月，各地月平均气压增压在5百帕左右。降压较剧烈的一般在7—9月的台风季，有时一次台风过程中降压10百帕以上。

1993—2005年宁德各县（市、区）各月及全年平均气压统计表

表2-16　　单位：百帕

月份＼站名	蕉城	古田	屏南	周宁	寿宁	福安	柘荣	福鼎	霞浦
1	1019.8	979.8	921.3	918.6	927.9	1017.9	944.0	1019.4	1022.2
2	1018.7	978.7	920.6	917.9	927.2	1016.7	943.2	1018.4	1021.2
3	1015.6	975.9	918.6	915.9	925.1	1013.6	940.9	1015.1	1018.1
4	1011.5	972.7	916.5	913.9	922.8	1009.4	938.3	1010.9	1013.9
5	1007.2	969.3	914.0	911.4	920.2	1005.3	935.4	1006.6	1009.6
6	1003.4	966.5	911.8	909.3	917.8	1001.6	932.9	1002.8	1005.8

续表 2-16

站名 月份	蕉城	古田	屏南	周宁	寿宁	福安	柘荣	福鼎	霞浦
7	1002.1	965.7	911.5	909.0	917.6	1000.4	932.4	1001.6	1004.6
8	1002.8	966.2	912.0	909.5	918.2	1001.0	933.0	1002.3	1005.2
9	1007.7	970.5	915.6	913.2	922.0	1006.0	937.0	1007.3	1010.0
10	1013.9	975.7	919.7	917.3	926.3	1012.0	941.7	1013.5	1016.2
11	1017.3	978.6	921.6	919.0	928.2	1015.5	943.8	1017.0	1019.6
12	1020.9	981.4	923.2	920.5	929.9	1019.0	945.8	1020.6	1023.3
全年	1011.7	973.4	917.2	914.6	923.6	1009.9	939.0	1011.3	1014.1

风　大风日数是指风力≥8级即最大风速≥17.2米/秒的日数。全市大风分布很不均匀，最易出现的大风区域为西北部山区的周宁、寿宁、柘荣及西南部的古田等地，年平均大风日数约4天，沿海的霞浦、蕉城、福安比较少，年平均大风日数约1～2天。大风日数年际变化大，如柘荣县2005年大风多达14天、而有的年份却没有大风出现。大风一年之中各月均有可能出现，其曲线呈单峰型变化、峰值均在8月份。7—9月是台风与雷雨大风并存的季节，出现大风的几率较高。全市各地的年平均风速0.9米/秒（蕉城）～1.8米/秒（柘荣）。

1993—2005年宁德各县（市、区）累年大风日数统计表

表 2-17　　单位：天

站名	蕉城	古田	屏南	周宁	寿宁	福安	柘荣	福鼎	霞浦
年平均	1.8	3.6	2.7	4.2	3.9	2.4	3.8	2.5	1.4
年最多	6	7	8	8	10	5	14	6	5
年份	1994	1993	1996	1997	1994	1994	2005	1994	1994

相对湿度　宁德市气候湿润，全市各地的年平均相对湿度地域差别不大，各地在77%（蕉城）～83%（周宁），山区大于沿海。全市最大的年平均相对湿度为86%（周宁，1994年），最少的年平均相对湿度为69%（蕉城，2004年；福安，2005年）。全市各地5—6月平均相对湿度较大，大多在80%以上；秋冬季平均相对湿度较小，其中，最小值沿海出现在10月，山区在12月。

1993—2005年宁德各县（市、区）相对湿度统计表

表 2-18　　单位：%

站名	平均值	最大		最小	
		最大值	年份	最小值	年份
蕉城	77	80	1997	69	2004
古田	77	80	1997	74	2003
屏南	82	83	1994	77	2003
周宁	83	86	1994	79	2005

续表 2-18

站名	平均值	最大		最小	
		最大值	年份	最小值	年份
寿宁	82	84	2000	78	2005
福安	78	81	1997	69	2005
柘荣	80	82	1994	77	2005
福鼎	78	81	1993	71	2004
霞浦	78	80	1997	75	2004

云　各地的年平均总云量6.9成（古田）~7.3成（寿宁）。6月最多，各地均在8成以上，12月最少。全市各地的年平均低云量4.8成（福鼎）~6.2成（屏南）。3月最多，10—12月低云量较少，最少在12月。

1993—2005年宁德各县（市、区）各月及全年平均总云量统计表

表 2-19　　单位：成

站名＼月份	1	2	3	4	5	6	7	8	9	10	11	12	全年
蕉城	7.1	7.5	7.9	7.8	7.9	8.0	7.0	7.1	7.0	6.2	7.0	6.2	7.2
古田	6.6	7.3	7.6	7.6	7.7	8.2	7.2	7.2	6.6	5.6	6.2	5.7	6.9
屏南	6.9	7.5	7.9	7.9	8.0	8.2	7.3	7.5	7.0	6.2	6.6	5.8	7.2
周宁	6.7	7.2	7.7	7.8	7.9	8.5	7.4	7.7	7.1	6.0	6.5	5.7	7.2
寿宁	6.8	7.2	7.7	7.9	8.0	8.7	7.9	7.8	7.2	6.1	6.5	5.7	7.3
福安	6.8	7.3	7.7	7.9	7.9	8.4	7.1	7.2	6.7	6.0	6.5	5.8	7.1
柘荣	6.8	7.2	7.6	7.8	7.9	8.6	7.5	7.3	7.0	6.2	6.7	5.9	7.2
福鼎	6.8	7.3	7.7	7.8	7.7	8.1	6.6	6.8	6.5	6.0	6.7	5.9	7.0
霞浦	6.9	7.3	7.8	7.8	7.8	8.0	6.6	6.4	6.5	5.8	6.6	6.1	7.0

1993—2005年宁德各县（市、区）各月及全年平均低云量统计表

表 2-20　　单位：成

站名＼月份	1	2	3	4	5	6	7	8	9	10	11	12	全年
蕉城	6.4	6.9	7.2	6.7	6.6	6.1	5.0	5.6	5.6	5.2	6.0	5.6	6.1
古田	5.1	6.1	6.2	5.7	5.6	5.5	4.4	5.2	4.7	3.9	4.5	4.5	5.1
屏南	6.1	6.6	7.1	6.7	6.8	6.7	5.5	6.5	6.1	5.4	5.6	5.2	6.2
周宁	5.2	5.7	6.2	5.9	5.8	5.7	5.2	6.2	5.4	4.7	4.9	4.7	5.5
寿宁	5.4	5.9	6.3	5.9	6.1	6.2	5.5	6.1	5.5	4.8	5.1	4.6	5.6
福安	5.2	5.9	6.3	6.1	6.0	6.1	4.7	5.5	4.9	4.4	5.0	4.7	5.4
柘荣	5.5	5.9	6.2	5.7	5.6	5.6	4.7	5.6	5.4	4.8	5.3	4.9	5.4
福鼎	4.6	5.3	5.9	5.4	5.3	5.4	4.1	4.7	4.3	3.8	4.3	4.2	4.8
霞浦	6.0	6.5	6.9	6.5	6.1	5.7	4.1	4.7	4.9	4.5	5.6	5.3	5.6

雾 1993—2005年，境内年平均雾日数沿海6～9天，山区17～73天。从雾日的季节变化来看，春季最多，冬季次之，最少的是夏季。年内1—5月雾日较多，其中以3月为最多；7—10月较少，其中沿海各地几乎未出现雾。山区县冬春季节多见能见度小于100米浓雾，如寿宁（1993年1月9日、1998年1月22日）、周宁（1993年1月9日、1996年3月8日）、屏南（1997年1月21日、2003年2月10日）。

1993—2005年宁德各县（市、区）各月及全年平均雾日数统计表

表2-21　　单位：天

站名＼月份	1	2	3	4	5	6	7	8	9	10	11	12	全年
蕉城	0.5	0.6	1.4	1.5	0.8	0.3	0.0	0.0	0.1	0.0	0.3	0.3	6
古田	1.4	1.2	1.2	1.3	0.3	0.4	0.0	0.1	0.2	0.2	0.9	1.4	9
屏南	8.8	8.2	10.2	7.3	6.5	4.3	3.4	3.9	4.7	4.8	3.8	5.6	72
周宁	9.8	10.1	12.6	9.9	8.0	4.5	1.2	1.2	1.3	2.2	4.2	7.4	73
寿宁	7.8	7.8	8.8	7.5	5.2	2.6	1.6	0.6	0.9	1.9	2.2	3.3	50
福安	2.2	0.7	1.9	0.7	0.2	0.2	0.0	0.0	0.0	0.0	0.2	1.2	7
柘荣	3.1	2.7	2.7	2.2	0.4	0.2	0.2	0.8	0.8	0.6	2.0	1.8	17
福鼎	1.2	1.5	2.5	1.5	0.5	0.2	0.0	0.0	0.0	0.0	0.4	1.1	9
霞浦	0.5	0.8	1.4	2.3	0.5	0.5	0.0	0.0	0.0	0.0	0.4	0.3	7

霜 1993—2005年，境内平均初霜日山区大约出现在11月上旬末至中旬，沿海地区大约出现在12月上旬后期至中旬，其中蕉城推迟到12月下旬初。平均终霜日沿海地区大约出现在2月中旬，其中福鼎推迟到3月上旬前期；山区大约出现在3月上旬后期至中旬。平均无霜期山区约235～255天，沿海地区约276～310天。

1993—2005年宁德各县（市、区）初、终霜及无霜期统计表

表2-22　　单位：月/日

站名	蕉城	古田	屏南	周宁	寿宁	福安	柘荣	福鼎	霞浦
平均初霜日期	12/21	6/12	9/11	11/11	11/13	12/13	11/18	6/12	12/17
平均终霜日期	2/14	2/22	3/19	12/3	3/15	2/14	7/3	5/3	2/13
平均无霜期（天）	310	286	235	243	243	301	255	276	306

2005年1月1日山区县出现近10年（1995—2005年）极端最低气温，其中屏南最低为-8.8℃（寿宁-8.7℃，周宁-8.2℃），出现严重霜冻天气。

降雪 1993—2005年，境内沿海县（市、区）降雪天气较少，年平均降雪日数1～3天；山区降雪天气较多，年平均5～8天。其中雪深厚度最大为寿宁县，3个年次达8厘米（2003年1月7日、2004年2月9日、2005年4月13日）。

积雪日数寿宁最多、年平均为3天，柘荣、周宁和屏南年平均约2天，而沿海的蕉城、霞浦、福安积雪出现几率最小，为“十年一遇”。区内积雪发生在冬季12—2月、3月间，其中1月份积雪日数最多，约占全年的58%；2月份次之，占27%。最早积雪出现在12月26日（屏南县，2002年），最晚积雪出现在3月13日（寿宁县，2005年），持续积雪日数最长为10天（柘荣、周宁，1993年1月15—24日）。

1993—2005年宁德各县（市、区）各月及全年平均降雪日数统计表

表2-23 单位：天

月份 站名	1	2	3	4	5	6	7	8	9	10	11	12	全年
蕉城	0.1	0.8	0.1	0.0	0.0	0.0	0.0	0.0	0.0	0.0	0.0	0.2	1.1
古田	0.5	0.6	0.0	0.0	0.0	0.0	0.0	0.0	0.0	0.0	0.0	0.2	1.2
屏南	2.2	2.0	0.6	0.0	0.0	0.0	0.0	0.0	0.0	0.0	0.0	0.5	5.2
周宁	2.5	2.2	0.5	0.0	0.0	0.0	0.0	0.0	0.0	0.0	0.0	0.5	5.6
寿宁	3.2	2.8	0.8	0.2	0.2	0.0	0.0	0.0	0.0	0.0	0.0	0.8	7.8
福安	0.3	0.7	0.2	0.0	0.0	0.0	0.0	0.0	0.0	0.0	0.0	0.2	1.5
柘荣	2.7	2.5	0.8	0.2	0.0	0.0	0.0	0.0	0.0	0.0	0.1	0.4	6.7
福鼎	0.8	1.1	0.4	0.0	0.0	0.0	0.0	0.0	0.0	0.0	0.0	0.2	2.5
霞浦	0.5	0.7	0.2	0.0	0.0	0.0	0.0	0.0	0.0	0.0	0.0	0.2	1.5

第三节 水 文

一、水系河流

境内水系沿构造线发育，呈树枝状展布，主河道由西北—东南走向入海。河流上源至中游段蜿蜒曲折，河道狭窄陡峭，水流湍急，落差较大；下游河段河面较宽，河床较缓，流速平稳。除古田溪、武步溪、谷口溪汇入闽江及霍口溪汇入鳌江外，其余均自成独立河系，汇聚三都澳，流入东海。全市流域面积在50平方千米及以上河流共计87条，均为山地河流。

交溪 又名赛江，是福建省第四大河流，宁德市最大的河流，发源于洞宫山脉，汇集寿泰溪、棠溪、西溪、穆阳溪、茜洋溪等8条较大Ⅰ级支流，流经10个县（市、区）。上游东溪、西溪两水系在福安湖塘坂交汇后经福安城区、中下游纳入茜洋溪和穆阳溪，在赛岐镇聚集后流经下白石，由白马门汇入三都澳出东冲口入东海。流域面积5687平方千米，干流长169千米，平均坡降1.75‰，流域形状系数0.20，呈扇形。多年平均径流量53.78亿立方米，多年平均含沙量0.140千克每立方米。交溪干流水位的季节变化和年际变化都较大，属山区性河流，高水位多出现在每年的5—9月，低水位多出现在每年11月至次年的2月。

据白塔水文站1958—2005年观测资料分析，多年平均水位20.83米（黄海高程，下同），最高水位34.88米（1965年8月20日），最低水位19.95米（2004年1月25日）；年内最高与最低水位相差最大14.49米，最小4.22米。年最高水位超警戒水位（26.00米）36次，平均每年0.8次；超保证水位（32.90米）3次，平均每年0.1次。

霍童溪 是宁德市第二大河流，发源于鹫峰山脉，汇集金造溪、黛溪、后垄溪等较大支流，在蕉城区洪口乡聚合后，经霍童镇、九都镇、八都镇和岙村汇入西陂塘，再由渔江、卢门港入三都澳出东海。流域面积2246平方千米，干流长126千米，平均坡降6.06‰，流域形状系数0.14，呈狭长形。多年平均径流量24.30亿立方米，多年平均含沙量0.124千克每立方米。

据洋中坂水文站1958—2005年观测资料分析，多年平均水位16.98米（黄海高程，下同），最高水位24.44米（1966年9月4日），最低水位16.37米（1980年1月25日）；年内最高与最低水位相差最大为7.84米，最小为2.47米。年最高水位超警戒水位（21.25米）25次，平均每年0.5次；超保证水位（22.75米）9次，平均每年0.2次。

境内其他河流有古田溪、霍口溪、水北溪、七都溪、杯溪、罗汉溪、七都溪（蕉城）、金溪、百步溪、照澜溪等，干流总长506.4千米，流域总面积4461.6平方千米。还有闽江支流武步溪在古田境内流域面积145.6平方千米，闽江支流谷口溪在古田境内流域面积102.0平方千米以及若干小溪流在沿海县（市、区）独立入海。

二、水质评价

交溪（赛江）水系　2005年，评价河长（代表站至上下游站点中间河段及其长度）331.2千米，水质达到或优于Ⅲ类标准的河长278.7千米，占评价河长的84.19%，污染河长52.5千米，占15.9%，污染主要集中在寿宁、柘荣城镇过境河段，超标项目：氨氮。水质与上年相当，年内汛期水质优于非汛期。

霍童溪水系　2005年，评价河长83千米，水质达到或优于Ⅲ类标准的河长72千米，占86.7%；污染河长11千米，占13.3%，污染主要集中在屏南城镇的过境河段以及榕屏化工厂下游，超标项目为：氨氮、总磷、溶解氧、五日生化需氧量等。水质与上年相比，污染程度略有减轻，年内汛期水质与非汛期相当。

水北溪水系　2005年，评价河长40千米，水质均达到或优于Ⅲ类水质标准。

古田溪水系　2005年，评价河长201千米，水质达到或优于Ⅲ类标准的河长为182千米，占90.5%；污染河长19千米，占9.5%，污染主要集中在古田城区过境河段，超标项目为：氨氮。与上年相比，污染程度减轻，年内汛期水质优于非汛期。

金溪水系　2005年，评价河长37.5千米，水质达到或优于Ⅲ类标准的河长32.5千米，占86.7%；污染河长5千米，占13.3%，污染主要集中在东湖塘河段，超标项目为：氨氮、总磷、溶解氧、五日生化需氧量。水质与上年差异不大，年内汛期水质优于非汛期。

罗汉溪水系　2005年，评价河长42千米，水质达到或优于Ⅲ类标准的河长37千米，占88.1%，污染河长5千米，占11.9%。污染主要集中在霞浦城区的后港河段，主要超标项目为：氨氮、总磷。水质与上年相比，污染河长增加，年内汛期水质与非汛期相当。

功能区水质达标状况　2005年，全市监测39个水功能区，达标31个，达标率79.5%。在水功能一级区中，保护区14个，达标12个，达标率85.7%；保留区9个，达标7个，达标率77.8%；开发利用区12个，达标6个，达标率50.0%。年内汛期达标率高于非汛期。

水源地水质达标状况　2005年，全市监测14个供水水源地。以功能区Ⅱ类水质保护目标评价，达标5个，达标率仅35.7%；以水源地Ⅲ类标准评价，达标5个，达标率为64.3%。水源地超标项目多为粪大肠菌群，其次为总氮。其中古田城关水厂水源地、屏南一水水源地、福安阳头水厂水源地、罗江水厂水源地超标较为严重，必须加强对供水水源地的治理和保护。

第四节 土 壤

宁德境内土壤多为岩浆岩、沉积岩和变质岩风化发育成的不同类型的成土母质。山地多残积物、坡积物，少数为堆积物；丘陵地及滨海台地以坡积物和堆积物为主；平原、盆地以冲积物为主兼有坡积物及海积物。土壤类型在海拔700米以上为红壤分布区，600～900米为红、黄壤过渡区，800米以上为黄壤，1400米以上局部地域为小面积山地草甸土。

由于受山地地形与河谷形态影响，山地丘陵区河流两岸从河床到坡地的土壤组合大体为潮沙田—灰泥田—黄泥田—红泥土—黄泥土—黄泥土红壤、黄壤。而由海边向内陆，则呈大致与海岸线相平行，且不连续的条带状规律性分布，主要有滩涂—盐斑田—埭田—灰泥田—黄泥田—红泥土—红壤。

同时，以村庄或城镇为中心，土壤熟化呈同心圆式分布，从中心向外辐射，土壤组合为乌泥田—灰泥田—黄泥田。山地丘陵土壤阶梯状分布，一般由山地向谷地依次分布黄泥土、红泥土—黄泥土—青泥田、冷火山田。沿海港湾地带，从临海的一端向丘陵坡地依次为盐斑田—埭田—灰泥田—黄泥田。

养分 全市（地区）土壤有机质平均含量2.86%。其中耕地土壤平均含量2.49%，耕地土壤中水田土壤平均含量2.7%，农地土壤平均含量2.01%，林地土壤平均含量3.58%。全市（地区）土壤全氮平均含量0.11%，其中耕地土壤全氮平均含量0.104%，耕地土壤中水田土壤全氮平均含量0.112%，农地土壤全氮平均含量0.086%，林地土壤全氮平均含量0.123%。全市（地区）土壤速效磷平均含量8.3PPm（百万分比浓度），其中耕地土壤平均含量10PPm，耕地中水田土壤速效磷平均含量10PPm，农地土壤速效磷平均含量10PPm，林地土壤速效磷平均含量5PPm。全市（地区）土壤钾素平均含量1.82%，耕地土壤钾素贮量中等偏高，平均含量1.91%。水田土壤全钾含量1.96±0.03%，农地1.80±0.05%，林地土壤1.43±0.04%。

性状 宁德耕地土壤耕层厚度大于15厘米的7.75万公顷，占耕地土壤总面积的53.15%，耕层厚度10～15厘米6.26万公顷，占耕地土壤总面积的42.93%；母耕层厚度小于10厘米的0.57万公顷，占耕地土壤总面积的3.920%。耕层土壤质地类型中灰砂土642.4公顷，占耕地土壤总面积的0.44%；砂壤土0.86万公顷，占5.90%。

肥力 宁德土壤属一级肥力水平的有31.77万公顷，占各类土壤总用地面积30.57%；属二级肥力水平的有54.14万公顷，占52.19%；属三级肥力水平的有18万公顷，占17.32%，其中耕地土壤水田肥力水平以二级居多，农地属中等偏低，茶果园以三级为主，林地属中等偏高。

第五节 植 被

宁德境内森林原生植被为常绿阔叶林，隶属于中国三大植被区域中的中国东部湿润森林区，属于中国植被区划中的中亚热带常绿阔叶林地带，在福建省植被区划中为跨南亚热带雨林带和中亚热带照叶林地带。东部沿海三沙湾以南成带状地域为闽粤沿海丘陵平原南亚热带雨林小区中的闽江口鹫峰山南部潮暖南亚热带雨林小区，其余地域为南岭东部山地常绿槠类照叶林区中的闽中戴云山—鹫峰山常绿槠类照叶林小区。典型的森林植被类型，主要有常绿阔叶林，常绿针叶林，针、阔叶混交林，山地常绿矮林，竹林，荒草山植被，海岸植被7种类型。

宁德境内原生植被为中亚热带常绿阔叶林。在全省植被区划中，除宁德飞鸾以东小部分地段被划归南亚热带植被——潮暖亚热带雨林小区外，其余大部地区归属于常年湿暖照叶林地带的常绿储类照叶林小区。原生植被由于长期受人为干预而逐渐被演替，大部分人工马尾松、杉木、油茶代替原有植物群落的优势树种；天然常绿阔叶林中的优势树种因长期择伐、破坏，变更群落组成；大部分乔木层损失，仅留下灌木、蕨类等荒山植被。森林植被区系成分随纬度地带性由南向北逐渐过渡呈规律性变化。常绿阔叶林的分布高度上限随纬度由南向北、由低海拔向高海拔渐低。

垂直分布　由于受地形、气候的影响，区内植被具有明显的垂直分布特点。海拔400～499米的红壤分布区，多为人工栽培植被带。该植被带因人口密集，水土流失和人为破坏严重，植被层次简单，种类少。主要人工植被有马尾松、杉木及小叶赤楠、黄瑞木、檀木、胡枝子、芒萁、五节芒、桃金娘等。粮食经济作物有水稻、甘薯、油菜、茶叶、茉莉花、油茶、油桐、柑橘、龙眼、荔枝等。

海拔400～1000米的红壤、黄壤分布区为照叶林带。主要植被为壳斗科的槠栲类及毛竹林等。乔木层以米槠、甜槠、罗浮栲、木荷、红粟栲、青岗栎、红钩栲、细柄阿丁枫、毛竹等，偶有落叶种拟赤扬和枫香。灌木层以冬青科、杜鹃科、山茶科及竹亚科为主。草本层以蕨类占主导地位。此外，还有油茶、淡竹叶及藤本植物等。该植被带内还分布有相当数量的人工针叶林及针阔叶混交林。

海拔900～1400米的黄壤分布区为黄山松针叶林带。乔木层以黄山松为连群种，伴生马尾松、木荷等。灌木层由映山红、乌饭、胡枝子、白栎、石斑木等组成。草木层不发育，主要为蕨类、野古草和芒萁等。

海拔1200米以上的黄壤、山地草甸土分布区为中山灌丛、草丛带。因山高风大，水土冲刷严重，土质瘠薄，多形成低矮灌丛和中山草丛。灌木主要为映山红、马银花、红泡树。草木为野古草、芒草、金脉金茅、毛野古草等。

水平分布　植被垂直分布结合水平分布，大致可分为3个带。

东、南部海拔500米以下滨海丘陵平原地带。该地带靠近南亚热带，分布含热带成分较多常绿叶、阔叶林种类。主要有桑科、豆科、大麻黄科、芸香科、无患子科、桃金娘科、木犀科、松科、杉科等区系成分，如榕树、台湾相思、银合欢、木麻黄、枳壳、黄皮果、龙眼、荔枝、番石榴、无花果、茉莉花、马尾松、杉木等；灌木有小叶赤楠、桂木、黄瑞木、盐肤木等；草木层欠发达，芒萁、单叶新月蕨居多；海岸植被，主要有秋茄。

西、北部和西南、东北部海拔800米以上中山地带。该地带靠近南温带，分布含温带成分较多的针、阔叶耐寒种数的森林植被。主要有松科的黄山松、马尾松、杉科的柳杉、水松，壳斗科的青冈栎、板栗，粗榧科的三尖杉，蔷薇科的梨等；灌木主要有杜鹃、乌饭、胡枝子、白栎、石斑木等；草本层不发达，主要为蕨类、野古草、芒草等。其间在海拔1200米以上地域，因气温较低，土壤瘠薄，乔木层不发达，形成灌丛、草丛植被，主要由马银花、红泡树、知风草、白芒、金脉金茅等组成。

中部海拔500～800米的低山地带。该地带介于丘陵平原与中山地带之间，分布为中亚热带成分较多的热带至温带过渡地带的照叶林带。乔木层以壳斗科的槠、栲类为主，混生杉科的杉木，禾本科的毛竹，山茶科的油茶、茶，大戟科的油桐、木油桐；林下有山矾、刚竹、乌药等；草本层主要有五节芒、金茅等。

第三章 自然灾害

第一节 滑 坡

宁德市地质灾害最主要灾种为滑坡。内陆气候性地质灾害主要是由暴雨造成。1994 年 6 月 20 日凌晨 2 时，古田县黄田江滨居委会发生特大山体滑坡，并形成泥石流，造成 19 栋 356 间房屋全部倒塌，173 栋 1651 间房屋局部受损，死亡 28 人，9 人重伤。1998 年 2 月 18 日，福鼎市白琳玄武岩石材矿山大嶂山北坡发生滑坡，冲毁山林 15.67 公顷，农田 6.33 公顷，公路 530 米，压毁 42 户村民房屋，死亡 17 人，受伤 10 人，直接经济损失约 3000 万元。2003 年 12 月 2 日，屏南县棠口乡旺坑村的山体滑坡，规模约 450 立方米，造成人员死亡 3 人，直接经济损失约 100 万元。大中型矿山弃土堆渣量大，不合理弃土堆渣诱发的滑坡对矿山周边的居民造成的威胁大。至 2001 年，区内已发生中型以上地质滑坡灾害 34 起，其中重、特大灾害 3 起。

截至 2003 年年底，全市调查滑坡点 400 处，占已调查地质灾害总数的 82.5%，分布于中低山丘陵地带。灾害类型以土质滑坡为主，岩质滑坡少。滑坡多数发生在暴雨季节。滑坡多为风化差异面，少部分为堆积面和构造构面。山区居民点、学校、厂矿等房前屋后，存在大量削坡建房诱发的小型滑坡，靠建筑物近，运动速度快，突发性强，危险性大，是地质灾害防治的重点对象。

1993—2005 年若干年份宁德市（地区）中型以上地质灾害统计表

表 2-24　　单位：立方米、人、万元

滑坡时间	滑坡类型	滑坡地点	滑坡体积	威胁人数	威胁财产	灾害危害程度	灾害规模
1993	滑坡	古田县凤浦乡苏垱村凤冲自然村	28000	580	130	重大	小型
1993.5	滑坡	屏南县黛溪乡往里村	1000	150	25	中	小型
1995	滑坡	屏南县长桥乡远丘村	5000	500	100	中	小型
1995	滑坡	屏南县岭下乡谢坑村	15000	500	60	中	小型
1995	滑坡	古田县平湖镇南岭村岭汉自然村	26000	450	80	中	小型
1995.5.31	滑坡	屏南县屏城乡郑家墩村	12000	140	62	中	小型
1995.5	滑坡	屏南县黛溪乡淦山村	20000	300	42	中	小型

续表 2-24

滑坡时间	滑坡类型	滑坡地点	滑坡体积	威胁人数	威胁财产	灾害危害程度	灾害规模
1995.5	滑坡	古田县水口镇嵩溪村嵩溪路	84000	217	43	中	小型
1996.3	滑坡	柘荣县黄柏乡陈家山	5000	500	—	中	小型
1996.8	滑坡	周宁县七步镇柿洋村	2000	180	37	中	小型
1997.2	滑坡	寿宁县武曲乡承天村	40000	120	—	中	小型
1997.2	滑坡	寿宁县坑底乡山前村	10000	300	—	中	小型
1997.6	滑坡	寿宁县斜滩乡前塘村浦洋自然村	<1000	1200	—	特大	小型
1997.8	滑坡	寿宁县犀溪乡仙峰村前宅自然村	2500	1500	30	中	小型
1997.8	滑坡	周宁县狮城镇前坪村	1500	300	—	中	小型
1997.9	滑坡	霞浦县下浒乡中心小学	<1000	100	—	中	小型
1997.12	滑坡	霞浦县柏洋乡外西坑高盘自然村	25000	600	—	中	小型
1997.12	滑坡	霞浦县柏洋乡董墩村南洋自然村	75010	500	—	中	小型
1997.12	崩塌	福安市范坑乡范坑村	18000	190	—	中	小型
1998.6	滑坡	屏南县双溪乡宜洋村	5000	309	8	中	小型
1998.6	滑坡	寿宁县车岭电站	10000	100	20	中	小型
1998.6	滑坡	寿宁县武曲乡承天村	40000	120	—	中	小型
1998.6	滑坡	寿宁县下党乡水电站后山	16500	700	150	中	小型
1998.6	滑坡	古田县平湖镇南岭村	13500	320	60	中	小型
1998.6	滑坡	古田县平湖镇阮坪村保恩自然村 18-20 号	19200	117	30	中	小型
1998.6	滑坡	福安市康厝乡聚地村	6000	300	—	中	小型
1998.6	滑坡	福安市村口镇冬瓜坪村	30000	300	—	中	小型
1998.7	滑坡	福安市晓阳镇马洋里村里楼自然村	10000	106	16	中	小型
1998.8	滑坡	屏南县长桥乡长桥村	3000	117	45	中	小型
1998.8	崩塌	古田县大甲邹洋村小学	2362	160	11	中	小型
1998	滑坡	屏南县屏城乡下村	72000	300	95	中	小型
2000.8	滑坡	屏南县熙岭乡山兴厂村	5400	200	24	中	小型
2000	滑坡	屏南县古峰乡长玢村	3200	500	300	中	小型
2001.4	滑坡	古田县鹤塘镇樟厅村	6000	2000	100	特大	小型

说明：中型灾害是指受威胁人数 100 ～ 500 人或受威胁财产 500 万～ 5000 万元的地质灾害；大型灾害是指受威胁人数 500 ～ 1000 人或受威胁财产 5000 万～ 1 亿元的地质灾害；特大型灾害是指受威胁人数超过 1000 人以上或受威胁财产超过 1 亿元的地质灾害

第二节 台 风

宁德是台风灾害频发地区之一，但1993年无影响台风过境，属较少年份。

1994年7月8日，受第6号强热带风暴影响，全市死亡1人、6人下落不明，房屋受损1000多座，1.33万公顷农作物受灾，损失达6000多万元。同年8月18日，受第17号台风影响，沿海出现9～11级大风，持续十几个小时，全区损失7000多万元。

1996年，全区受第8号台风正面袭击，出现历史上罕见的狂风、暴雨、大潮、巨浪。7月31日—8月2日台风过程雨量100～504毫米，福鼎、屏南、宁德、柘荣、周宁等县（市）过程雨量超过200毫米，其中福鼎管阳504毫米、宁德虎浿433毫米、柘荣城关398毫米、周宁玛坑330毫米，全区第一大河流交溪出现28.63米的洪峰水位、超过警戒水位2.63米。台风中心风力大，又逢天文大潮并夹带强降水及8～12级大风，造成山洪、泥石流、山体滑坡、内涝、溃堤等灾害，受灾乡（镇）96个，受灾人口164.3万人、死亡11人、被困人口6.96万人，直接经济损失12.24亿元。

1997年8月18—19日，受第11号台风影响，宁德沿海风力超过11级，大风持续时间长又逢天文大潮，造成海堤决口、水产养殖品流失，农作物被淹，电线、电杆倒伏，房屋倒塌1万多间，农作物受灾面积2.12万公顷，给全市工农业生产和人民生活造成极大损害，直接经济损失达4.03亿元左右。接着8月28—29日，又受14号台风叠加影响，部分县造成严重洪涝灾害。洪水淹没农田、损坏水利设施，狂风夹带暴雨，使农业、水利、渔业、交通、电力通信等均遭到不同程度的破坏，直接经济损失超过3.5亿元。

2000年8月23—24日，受第10号台风“碧利斯”影响，全市出现狂风暴雨，造成堤防被冲毁、决口，农作物受灾严重、人民生命受到严重威胁，水产养殖、交通、水利、电力等方面均有不同程度的损失。全市直接经济损失超过3亿元，死亡2人。

2001年6月23日晚10时20分，2号台风“飞燕”于福清登陆后，路经宁德市，柘荣县出现每秒26米风速、霞浦日雨量达114.10毫米。全市受灾乡镇65个，受灾人口112.83万，死亡9人、失踪11人，倒塌房屋6290间，农作物受灾面积2.27万公顷，农作物绝收面积0.12万公顷，损坏堤防224处、23.5千米，公路交通中断96条，总计直接经济损失7.11亿元。同年7月30日，8号台风“桃芝”在台湾省花莲登陆后进入宁德市。全市除寿宁大雨外、普降暴雨，部分县市大暴雨；沿海风力10～11级，内陆阵风7～9级，风急雨大。全市受灾乡镇94个，受灾人口64.91万人，成灾人口10.10万人；房屋倒塌400间、损坏3960间；农作物受灾面积1.40万公顷、成灾面积0.06万公顷，绝收950公顷；400多公顷水产养殖受影响，损失养殖品800多吨；公路交通中断66条、毁坏公路路基56.10千米，全市直接经济损失1.70亿元人民币。同年9月29日，19号台风“利奇马”经宁德市近海北上，受其和南下冷空气共同影响，全市沿海县市和山区柘荣普降暴雨到大暴雨，霞浦县日雨量达142毫米，致使全市部分乡镇、街道和村庄受淹，部分渠道崩塌、房屋被冲毁，全市直接经济损失8362万元。

2002年8月上旬，受第12号强热带风暴“北冕”外围影响，全市出现大雨到暴雨，5县（市、区）63个乡镇受灾，受灾人口26.48万人、死亡4人，直接经济损失3.20亿元人民币。同年9月6日，第16号台风“森拉克”在宁德市与浙江省交界处苍南县登陆，登陆时近中心最大风力12级以上、内陆风力也达12级，福鼎瞬间极大风速35米/秒。台风强度强、风力大、登陆时又值天文大潮，狂风暴雨席卷全市。全市受灾乡镇102个，受灾人口128.72万人、成灾人口90.70万人、被困人口3.67万人，紧急转移安置16.40万人、死亡2人。全市房屋倒塌3.20万间，损坏10.50万间。农作物受灾面积6.91万公顷、绝收面积2.23万公顷，死亡大牲畜近4000头，水产养殖面积受损1.61万公顷、产量减少19.52万吨。全市因灾停产、部分停产工矿企业151个，公路交通中断65条、毁坏公路路基150.92千米，损坏输电线路120千米、损坏通信线路80.0千米。全市小型水库37座被损坏堤防96处、水电站20座，总计直接经济损失33.68亿元。

2004年8月25—26日，受台风"艾利"影响，全市普降暴雨到特大暴雨，柘荣县两天雨量超过500毫米。降水过程时间长、强度大，对全市造成重大损失。受灾乡镇118个，受灾人口153.6万人。房屋倒塌6800多间，损坏8.65万间；农作物受灾面积2.59万公顷、成灾面积1.95万公顷、绝收4000多公顷；水产养殖受损面积2360多公顷、产量估计减少约8000吨。全市因灾停产、部分停产工矿企业382个，公路交通中断24条、毁坏路基132千米，输电线受破坏350千米、损坏通信线路433.50千米。水利方面堤防损毁127处、12.80千米，损坏机电泵站49座、水电站123座，直接经济总损失18.25亿元。

2005年7月17—19日，受第5号台风"海棠"影响，全市受灾7个县市、70个乡镇、受灾人口27.40万人；受淹城市2个（霞浦、柘荣）、倒塌房屋3923间。损坏堤防107处、7.89千米；停产工矿企业63个，6条公路交通中断、毁坏基面44.5千米；损坏输电线路62.90千米、通信线路30.11千米。农作物受灾面积3.87万公顷、成灾面积1.85万公顷、减产约8000吨，死亡大牲畜832头（只），水产养殖面积受损8951公顷，直接经济损失8.91亿元。同年8月5日起，受第9号台风"麦莎"影响，全市沿海出现8～9级阵风、10～11级以上大风，内陆县市也出现7～9级大风。受灾4个县市、36个乡镇，受灾人口2.42万人，倒塌房屋54间，直接经济损失691.50万元。8月31日—9月1日，受第13号台风"泰利"影响，全市沿海出现11～12级大风，内陆县市出现8～11级大风并伴随暴雨、部分大暴雨、局部特大暴雨。全市受灾9个县市、124个乡镇，受灾人口73.70万人、倒塌房屋2785间；损坏堤防243处、17.33千米；损毁水电站9座，停产工矿企业236个，24条公路交通中断、毁坏基面108.85千米；损坏输电线路216.30千米、通信线路229.40千米。全市农作物受灾面积6.71万公顷、成灾面积3.66万公顷、绝收面积4000多公顷减收粮食8.33万吨；大牲畜死亡9613头（只）、水产养殖受损面积4941公顷。全市直接经济损失13.33亿元。10月1—4日，又受第19号台风"龙王"和冷空气共同影响，全市沿海出现10～11级大风、内陆县市也出现6～8级大风。3日，全市出现大到暴雨、局部大暴雨。受灾9个县市、81个乡镇，受灾人口34.61万人，倒塌房屋745间；损坏堤防51处、3.59千米；停产工矿企业81个、24条公路交通中断、毁坏基面3.95千米、桥梁9座；损坏输电线路2.5千米、损坏通信线路1.2千米；粮食作物受灾面积2.67万公顷，经济作物受灾0.93万公顷；家禽死亡3200多万羽，家畜死亡1360多头；损毁网箱3300多口、虾塘266.67公顷，全市直接经济损失1.80亿元。

1993—2005年，影响全市的台风有36个，年均2.8个。其中约有92%集中在7—9月、8月为最多，约占47%。其中影响台风最多的是1994年和2005年，各有5个，1998年仅1个。台风影响时间最早是6月23日（2001年，0102，"飞燕"），而最迟是10月9日（1999年，9914号台风）。在1993—2005年的影响台风中，台风过程降水量超过100毫米的有21次、占58.3%，超过200毫米的有8次、占22.2%，超过300毫米的有6次、占16.7%。由于各个台风强度、范围和登陆地点不同，加上地形影响以及是否恰逢农历大潮，对全市各地降水和风的影响程度也不同。从总的平均情况看，由于地形因素的作用，柘荣成为全市及全省的台风降水中心，其次为福鼎、周宁和蕉城，西部古田、屏南一带台风降水最弱。在古田一带台风带来的降水不但灾情较弱且对解除夏旱起着重要作用。

1993—2005 年宁德各县（市、区）台风平均过程雨量和最多过程雨量统计表

表 2-25　　单位：毫米

县（市、区）	平均过程雨量	最大过程雨量	台风编号	登陆地点	登陆日期（月 / 日）
蕉城	95.7	420.4	0505 海棠	福建连江	7/19
古田	36.2	97.6	9608	福建福清	8/1
屏南	50.0	156.9	9608	福建福清	8/1
周宁	98.0	352.4	0010 碧利斯	福建晋江	8/23
寿宁	84.5	327.5	0505 海棠	福建连江	7/19
福安	60.6	245.9	0418 艾利	福建福清	8/25
柘荣	152.4	696.8	0505 海棠	福建连江	7/19
福鼎	99.2	596.6	0505 海棠	福建连江	7/19
霞浦	75.2	369.2	0505 海棠	福建连江	7/19

说明：宁德市是省内台风频发地区之一，但 1993 年无影响台风

第三节 暴 雨

暴雨是宁德市的主要气象灾害之一。暴雨，尤其是大暴雨和连续性暴雨，常常造成严重的洪涝灾害和地质灾害。

1993 年 5 月 2—3 日，古田、福安、周宁、柘荣等 4 县市出现暴雨，造成 15.80 万人受灾，倒塌房屋 413 间、死亡 3 人，农作物受灾面积 0.67 万公顷、小型水库损坏 2 座，直接经济损失 1396 万元。

1995 年，有 2 次局部地区暴雨成灾。5 月 26 日古田县吉巷、杉洋、平湖、凤浦等 4 个乡镇普降暴雨，局部大暴雨，受影响有 9 个行政村 3234 人（其中死亡 1 人），直接经济损失 206.24 万元。6 月 1 日 19—21 时，周宁县咸村镇出现百年未遇的大降水，洪水致全镇 21 个行政村、1.9 万人受灾、死亡 1 人，69 座民房倒塌，农田被淹、公路被毁，直接经济损失 1500 多万元，是全区最大的一次局部暴雨灾害。

1997 年 6 月 24—26 日，全区普降连续性暴雨，造成山体滑坡、民房倒塌、农田被淹，交通、通信中断，渔业受损，直接经济损失达 3.60 亿元、死亡 2 人。

1998 年 5 月 14 日，区内山区县普降暴雨，造成农作物受灾、耕地毁坏、房屋倒塌等，直接经济损失超过千万元。

1998 年 6 月 19—24 日，全区各县、市出现连续性大雨、暴雨、局部大暴雨天气，农作物受灾面积大、房屋倒塌损坏多，部分工矿企业停厂，交通、水利等基础设施受损严重，直接经济损失超过 4 亿元，死亡 5 人。

1999年5月24—26日，出现全区性暴雨和连续性暴雨、局部大暴雨天气，屏南连续两日暴雨-大暴雨，霞浦连续三日暴雨-大暴雨。暴雨造成泥石流、公路塌方等，全区以屏南县受灾最为严重，11个乡镇、109个行政村受灾，损坏房屋690间，倒塌房屋370间、农作物受灾面积1630公顷，直接经济损失达1180多万元。

2000年6月9—12日，全市普降连续性暴雨，造成农作物受损、民房倒塌、公路交通中断，给工农业生产、群众生活造成重大影响，全市直接经济损失超过2000万元。同月18—20日，部分县市出现暴雨，农作物受损较重。特别是霞浦出现压毁民房，造成一家两死一伤。

2002年8月10—11日，全市普降中雨-大雨，部分县（市、区）暴雨，蕉城、屏南、寿宁等3县（区）连续暴雨-大暴雨。强降水主要集中在10日夜间，受灾县市8个、乡镇83个，受灾人口约52万人，倒塌房屋约5900多间、死亡4人、受伤62人，直接经济损失约3.2亿元。

2005年6月17—23日，全市普降连续性大范围暴雨，暴雨范围广、雨量大、持续时间长，为历史罕见、造成严重影响。全市有86个乡镇遭受不同程度损失，受灾人口34.20万人，经济损失2.65亿元。

1993—2005年，平均年暴雨日数蕉城区和柘荣县达7天，为宁德市的两个多发区；古田最少为4天，其他县市在5～6天之间。宁德市的暴雨在一年中的任何月份都可能出现，5月开始暴雨明显增多，10月起明显减少。大暴雨与特大暴雨集中在6—8月，以8月为最多。宁德市各地一日降水量最大在108.7～472.5毫米之间，极值472.5毫米出现在柘荣县（2005年7月19日）。

闽东溪流密布，属山溪性河流，河床陡峻，源短流急，暴涨陡落；汇流历时短，洪水过程多呈尖瘦型，极易成灾。境内发生大洪水大多因台风所致暴雨造成。1993—2005年，境内发生洪涝灾害成灾年主要有1995年、1996年、1997年、2002年、2004年等，给群众生命财产造成重大损失。

1993—2005年宁德各县（市、区）日最大降水量统计表

表2-26　　单位：毫米

站名	蕉城	古田	屏南	周宁	寿宁	福安	柘荣	福鼎	霞浦
日期	2005.7.19	1996.6.21	2005.6.19	1994.7.11	2005.9.1	1997.6.25	2005.7.19	2005.7.19	2005.7.19
极值	183.6	108.7	153.1	195.7	175.4	159.6	472.5	283.8	274.1

第四节　冰　雹

宁德是省内冰雹灾害少发区，平均每年2.8次。冰雹空间分布是山区多，沿海少。周宁县和屏南县为冰雹多发区。冰雹主要发生在3—4月和7—8月，分别占全年的32.4%、20.6%，高峰在4月、占全年的48.6%，9—11月还没有出现有冰雹的记录。

1994年4月7日17时，霞浦、柘荣、福鼎、寿宁4县先后遭受冰雹袭击。福鼎降雹历时30分钟左右，最大直径达150毫米，并伴有大风。霞浦冰雹最大粒重量3.5千克，为历史所罕见。灾情以霞浦、福鼎为重。其中霞浦县3个乡镇173个自然村受灾，造成256人受伤、一人遭雷击身亡，民房受损112间、农作物受灾347.87公顷，全县直接经济损失1130万元。福鼎县受灾2570户、死亡1人，直接经济损失500万元。4月20日，古田县和柘荣县遭受冰雹袭击，古田县有5个乡镇受灾，造成1人死亡、重伤4人，房屋倒塌、损坏34座、363间，毁坏水果620公顷，大片香菇房倒塌，总经济损失1572万元。柘荣县冰雹最大直径6毫米，农作物等受灾严重。

1995年4月15—17日，周宁、寿宁、古田、福安、柘荣等县市部分乡镇遭受冰雹袭击，受灾人员1290人、直接经济损失500多万元。

1996年3月17日17时，古田县出现一次较强冰雹过程，冰雹最大直径30毫米，是古田县历史罕见。有7个乡镇受灾，成灾2202户、受灾9769人、损坏房屋5950间，受损蔬菜700公顷、果园1413公顷，全县经济损失达1165万元。

1997年4月3—4日，全区出现强对流天气，狂风暴雨。山区各县出现冰雹，造成农作物受损、民房倒塌、电力设施损坏，死亡2人，造成直接经济损失1.5亿元。

2003年4月12—13日，受强对流天气影响，古田、屏南、福安出现冰雹，最大冰雹直径30毫米（出现在古田），直接经济损失1300多万元。同年7月16日因飓风过境，周宁出现冰雹并伴有大风，七步镇部分厂场倒塌、群众房屋受损，人员5死2伤。

2004年7月15日18时，受副高边缘偏东气流影响，古田县凤埔、平湖等乡镇出现冰雹强对流天气，直接经济损失1089万元。

2005年4月23日，强风夹着冰雹袭击古田凤埔乡等4个乡镇，最大冰雹直径60毫米，为史上罕见。4个乡镇、1.27万人受灾，3400间房受损，全县直接经济损失1790万元。同日，蕉城虎浿乡也受冰雹袭击，造成房屋、农作物受损，经济损失达1000多万元。

第五节 积 雪

1993年1月13日，受北方强冷空气侵袭，全区出现寒潮天气，从15日起持续10天下雪、结冰，使越冬经济作物、蔬菜、果树等大面积受冻，交通多处多次受阻，国道104线于15—16日和20—21日两次交通中断，省级公路交通中断3次。时逢春运高峰期，交通受阻给区内工农业生产和人民生活造成较大影响。

1996年2月18—21日，出现全区性寒潮，最大48小时降温达6℃～9℃、过程降温超过10℃；极端最低气温出现在20日，山区在-3℃以下，柘荣、周宁、屏南、寿宁出现10厘米左右的积雪，致使茶果、毛竹、中幼林等普遍受冻害，道路被封锁，交通中断。

1999年12月17—23日，全区经历了一次历史上罕见的强寒潮天气过程，过程降温达10℃～13℃、日极端最低气温低于零度，23日屏南极端最低达-9℃，为全区最低值。21—26日，全区出现大范围霜冻和结冰，受其影响，屏南、柘荣等地出现自来水管冻裂，造成群众饮水困难；全区果树、蔬菜、花卉、药材等经济类作物受损严重，其中福鼎直接经济损失达1.72亿元。

2002年12月25—27日，受北方强冷空气影响，全市日平均气温出现明显下降，过程降温各县市均达11℃以上，达寒潮标准。全市普降大雪，为历年少见，高海拔山区积雪厚度15～20厘米。雪灾致使全市农作物遭受重大损失，给农业生产和交通造成重大影响，部分地方出现停水、停电现象。全市直接经济损失1.19亿元，其中农业直接经济损失1亿元。全市9个县（市、区）普遍受灾，受灾人口68万人、成灾人口36.80万人。全市农作物受灾面积达2.09万公顷，特别是经济作物损失惨重。全市倒塌民房273间、损坏房屋8344间，古田县大甲乡因积雪导致泥石流，摧毁电站厂房一座、损失 70 万元。

2004 年 1 月 16—23 日，受冷空气南下影响，全市日平均气温出现明显下降，过程降温各县市都达 7℃以上、达寒潮标准。21 日，蕉城最低气温 2.5℃，全市普遍出现降雪和霜，致使全市农作物遭受重大损失、给农业生产和交通造成重大影响，全市因灾造成直接经济损失约 1 亿元。同年 2 月 2—7 日，受北方冷空气影响、全市出现寒潮天气，北部出现降雪。其中屏南县积雪深达 12 厘米、受灾 4 万人、直接经济损失 2660 万元。

2005 年 1 月 12—14 日，全市受强冷空气和暖湿气流共同影响，山区出现降雪天气，高海拔山区出现积雪，寿宁、周宁、柘荣积雪深度达 1 ~ 8 厘米，导致交通道路一度中断，造成一定损失。

第六节　干　旱

1993 年，是宁德地区夏旱较严重的一年，高温日数较多，持续晴热少雨天气，降水偏少，发生夏秋连旱。全区农田受旱面积 7.53 万公顷，为秋播面积的一半，其中晚稻受旱面积 0.93 万公顷，中稻 2.68 万公顷，甘薯 2.29 万公顷，经济作物 1.63 万公顷。因旱造成粮食减产 2.80 万吨，农业方面直接经济损失 2520 万元，因旱引起的停水停电造成工业方面的经济损失 300 万元。

1995 年 8 月上旬开始，受副热带高压影响，持续高温，8 月下旬后基本无雨。到 9 月底全区各县（市）累计降水量比历年同期减少 6 ~ 7 成。全区小（1）型以上水库 44 座，干涸 17 座；小（2）型水库 243 座、干涸 115 座，其余水库蓄水量也仅占库容的 10% ~ 20%；全区作物受旱面积 9.07 万公顷，经济损失较大。

2003 年 6 月 28 日雨季结束后至 8 月上旬中前期，全市出现自宁德建站观测以来最严重的高温干旱天气，霞浦、古田、寿宁、屏南等极端最高气温突破历史最高，高温干旱给工农业生产及人民生活造成较大损失和困难，致使全市 120 个乡镇受旱灾、受灾人口 186 万人。其中严重缺水 58.61 万人，2.88 万头大牲畜发生饮水困难，特别是海岛和高山地区更为突出。

第七节　雷　暴

宁德地区雷暴日数分布特点是内陆多，沿海少。年平均雷暴日数内陆为 46 ~ 56 天，沿海 29 ~ 49 天。各地一年四季均有雷暴发生，春夏（3—9 月）是雷暴的多发季节，占全年的 94%，其中以 7 月、8 月最为频繁，分别占全年的 21%、22%。寿宁县为区内雷暴天气最多县份，霞浦为最少。

1993—2005 年宁德各县（市、区）各月及全年平均雷暴日数统计表

表 2-27 单位：天

站名＼月份	1	2	3	4	5	6	7	8	9	10	11	12	全年
蕉城	0.3	1.3	2.9	4.5	5.3	7.8	7.8	9.5	2.8	0.5	0.3	0.2	43.2
古田	0.4	1.2	3.2	5.7	5.3	9.5	11.5	12.1	4.8	1.1	0.6	0.2	55.6
屏南	0.1	1.2	2.5	5.4	5.7	9.4	12.2	13.1	4.0	0.8	0.6	0.3	55.3
周宁	0.1	1.2	2.2	4.8	5.1	8.2	10.8	11.6	4.2	0.5	0.5	0.3	49.5
寿宁	0.2	1.0	3.2	5.0	5.1	8.8	14.4	12.7	4.2	0.8	0.6	0.5	56.3
福安	0.3	1.5	2.5	4.3	4.9	8.3	10.9	11.5	3.5	0.5	0.5	0.4	49.2
柘荣	0.1	1.5	2.2	4.7	4.5	7.6	9.5	11.3	3.3	0.5	0.5	0.2	46.1
福鼎	0.1	1.2	2.6	4.5	4.8	7.2	7.8	10.2	3.2	0.5	0.5	0.3	42.8
霞浦	0.1	1.2	2.2	3.3	4.0	5.3	4.4	5.5	1.8	0.3	0.3	0.2	28.7

第八节 风暴潮

境内沿海潮汐类型属正规半日潮，在一个太阴日（24 小时 50 分）内各有两次高潮和低潮，每一个潮周期历时约 12 小时 25 分，潮差可达 5 ~ 8 米、最大潮差 9.1 米。潮汐的月变化较明显，每月朔、望后 1 ~ 2 天为大潮期；上、下弦后 1 ~ 2 天为小潮期。年最高天文潮位出现在农历八月大潮期间，俗称“八月大潮”。这种较有规律周期性变化的天文潮汛，通常不会造成破坏性的严重潮灾。但若遇大风、气压（特别是台风）等气象因素变化或海上发生地震而引发的非周期性海潮，将引起大增水，产生风暴潮甚至发生海啸，则必造成严重潮灾。2004 年为区内沿海发生风暴潮较严重的一年，6 月 29 日夜，第 7 号台风“蒲公英”登陆引发风暴潮，霞浦三沙镇 5 名学生到五澳防波堤纳凉观浪，被强大的涌浪卷入海中，全部遇难。

第三编 资源

宁德境内自然资源丰富。2005年，全市陆域总面积134.561万公顷，占全省土地总面积8243.536万公顷的1.63%。森林面积85.42万公顷，森林覆盖率65.7%。拥有省级自然保护区2处，省级森林公园3处。有国家重点保护的野生动物75种（一级17种、二级58种），占全省国家重点保护种类的36.9%；野生植物有1400多种，约占全省的三分之二。境内流域面积较大的溪流有交溪、霍童溪、古田溪。发现矿产资源42种，其中优势矿种有钼、叶蜡石、高岭土、饰面石材等，钼矿储量占全省的三分之二。

宁德市海洋水域面积44565.8平方千米，分布在霞浦县、福安市、福鼎市和蕉城区境内，占全省海域总面积的32.8%；境内海岸蜿蜒曲折，海岸线长1253.74千米，约占全省海岸线总长的三分之一。辖区内海湾、港湾178个，岛屿305个，沙埕港、三沙湾属封闭型海湾，是浅海滩涂水产养殖的优良场所；沿岸的福宁湾、牙城湾、晴川湾等属于半开放型海湾，近岸海域是浅海、滩涂，为水产养殖的优良场所；近岸岛屿星罗棋布，可供发展深水养殖。可用于潮汐发电的潮水库面积约538平方千米，占全省的18.8%。

第一章 陆地自然资源

第一节 土地资源

1993年，全区土地总面积1192011.65公顷，其中耕地面积155657.91公顷，占全区土地总面积13.06%。园地面积63682.81公顷，占全区土地总面积的5.34%；林地面积711239.56公顷，占59.67%；牧草地面积357.56公顷，占0.03%；居民点及工矿用地面积22763.64公顷，占1.91%；交通用地面积7362.92公顷，占0.62%；水域面积80719.98公顷，占6.77%；未利用土地面积150227.27公顷，占12.60%。林地面积占土地总面积的比例最大居首位，耕地面积和未利用土地面积比例居第二位，园地和水域面积比例居第三位，居民点及工矿用地面积比例居第四位，交通用地面积比例最小居第五位。各县市土地总面积超过2000平方千米只有1个古田县，小于1000平方千米为柘荣县，其他7个县市土地总面积均在1000 ~ 2000平方千米之间。

1993年宁德各县（市）土地面积统计表

表3-1 单位：公顷

县、市	土地总面积	其中							
		耕地面积	园地面积	林地面积	牧草地面积	居民点及工矿用地面积	交通用地面积	水域面积	未利用土地面积
宁德市（今蕉城区）	149275.46	17710.28	7014.33	76803.80	—	3400.37	716.26	14064.01	29566.41
古田县	85625.12	27158.28	7348.84	16953.30	350.84	3435.70	1693.01	10393.2	18291.95
屏南县	148501.44	13385.71	2216.17	109446.91	—	1601.91	467.03	1643.57	19740.14
周宁县	104924.3	10033.31	5526.27	82190.39	—	1068.63	443.98	1226.95	4434.77
寿宁县	145445.4	13607.24	8156.58	108257.16	—	1381.53	409.41	1897.02	11736.46
福安市	179452.2	23616.58	13144.46	105527.75	—	4379.24	1232.84	14097.52	17453.81
柘荣县	54400.47	5001.92	2251.62	42412.20	—	661.54	234.71	678.29	3160.19
福鼎市	152785.28	25314.67	11166.42	88713.19	—	2847.69	991.59	8471.35	15280.37
霞浦县	171601.98	19829.92	6858.12	80934.86	6.72	3987.03	1174.09	28248.07	30563.17
合计	1192011.65	155657.91	63682.81	711239.56	357.56	22763.64	7362.92	80719.98	150227.27

1995年，依据土地详查结果，全区土地面积134.561万公顷，占全省土地总面积8243.536万公顷的1.63%。其中耕地面积15.566万公顷，占全区土地总面积的11.57%；园地面积6.368万公顷，占全区土地总面积的4.73%；林地面积86.5万公顷，占全区土地总面积的64.28%；牧草地面积0.036万公顷，占全区土地总面积的0.03%；居民点及工矿用地面面积2.27万公顷，占全区土地总面积的1.69%；交通用地面积0.736万公顷，占全区土地总面积的0.54%；水域面积8.491万公顷，占全区土地总面积的6.31%；未利用地面积14.594万公顷，占全区土地总面积的10.85%。

1997年，根据详查结果，全区有岛屿302个，其中福鼎市岛屿68个，霞浦县186个、福安市23个，宁德市（县级）25个；土地面积13486.13公顷，其中耕地面积1351.14公顷，园地面积455.69公顷，林地面积4323.45公顷，工矿用地面积590.74公顷，水域面积456.46公顷，交通用地44.19公顷，未利用土地面积6264.46公顷。

1997年宁德地区海岛土地调查统计表

表3-2　　单位：公顷

县、市	小计	耕地面积	园地面积	林地面积	居民点及工矿用地面积	交通用地面积	水域面积	未利用土地面积
宁德市（今蕉城区）	5070.57	901.63	176.93	2009.69	381.36	18.62	256.84	1325.50
福安市	279.78	135.09	11.07	13.92	13.47	0	51.96	54.27
福鼎市	3214.88	93.77	263.33	619.51	39.14	7.61	77.03	2114.49
霞浦县	4920.90	220.65	4.36	1680.33	156.77	17.96	70.63	2770.20
合计	13486.13	1351.14	455.69	4323.45	590.74	44.19	456.46	6264.46

2000年，根据全市土地变更调查结果，耕地面积减少678.99公顷，其中建设用地占用612.55公顷、退耕25.6公顷、灾毁40.84公顷；全年增加耕地928.15公顷，其中新开发908.31公顷，土地整理19.83公顷，净增耕地249.16公顷。2003年，全市土地变更调查共变更图斑3723个，变更总面积4135.67公顷。2005年，全市土地变更调查结果耕地面积减少0.02公顷。

1996—2005年宁德市（地区）土地利用现状变更情况统计表

表3-3　　单位：万公顷

年份	耕地面积	园地面积	林地面积	牧草地面积	居民点及工矿用地面积	交通用地面积	水域面积	未利用土地面积
1996（变更数）	15.43	6.82	86.80	0.036	2.43	0.77	8.55	13.69
1998	15.09	7.04	86.36	0.036	2.58	0.80	8.92	13.70
1999	15.12	6.99	86.68	0.036	2.60	0.82	8.73	13.56
2000	15.14	6.98	8.66	0.036	2.63	0.89	8.73	13.53
2001	15.09	7.25	8.64	0.036	2.77	0.94	8.72	13.38
2002	15.03	7.24	8.63	0.036	2.80	0.54	1.17	9.55
2003	15.03	7.21	8.63	0.036	2.83	0.55	1.17	9.56
2004	15.00	7.30	8.62	0.036	2.89	0.56	1.14	9.47
2005	14.98	7.33	8.62	0.036	2.93	0.55	1.19	9.45

第二节 水资源

一、总量

（一）地表水

境内地表水资源由大气降水补给。地表水年际间变化较大，丰水年水量为枯水年的1.2倍；季间差异也很大，径流量与降水量相应集中在4—9月，6个月径流量占年径流量的75%左右，而枯季（10月至翌年3月）仅占25%。由于受两种不同雨型降水的影响，径流量分配多呈双峰型。第一个高峰期出现在5—6月，由锋面雨影响所致，以西部较突出，径流量占全年的30%～35%，为全市径流量最大补给期；第二个高峰期出现在8—9月，系受台风雨影响，径流量占全年的20%～27%，以沿海较突出；而地处西南的古田及屏南西部区域，年径流主要由锋面雨补给，年内分配多呈单峰型。在地表水资源总量中，洪水径流量占94.3%，稳定的基流量仅占5.7%。全市多年平均地表水资源为150.1亿立方米，其中，蕉城19.22亿立方米，福安18.63亿立方米，福鼎17.77亿立方米，霞浦14.10亿立方米，古田23.80亿立方米，周宁14.03亿立方米，屏南17.63亿立方米，寿宁18.03亿立方米，柘荣6.863亿立方米。

（二）地下水

全市多年平均地下水资源有27.15亿立方米，约占水资源总量的18.2%。丰水年地下水总量35.04亿立方米，平水年总量26.62亿立方米，偏枯年总量22.81亿立方米，枯水年总量11.16亿立方米。

境内地层发育较齐全，地质结构复杂，岩性种类繁多，形成了不同的地下水类型。从蕉城区、霞浦县、福安市和福鼎市4个地域的调查有山地、丘陵、岛屿、半岛等类型，分布有流纹岩、花岗岩、火山碎屑岩、页岩、砂岩等，蕴存有基岩裂隙水；水量较丰富、约占地下水总量的86.7%。但水位埋存较深，需打机井或挖丈井开采利用；山间盆地、滨海平原及海湾河口，分布的泥沙卵石层中，蕴存有松散岩类孔隙水；大多水量微弱，约占地下水总量的6.9%，水位在地下1～20米深。山间盆地地下水可打井或打钻开采，但井深宜以揭穿含水层为限，可作为中小型水源地。滨海平原及海湾河口地下水，可用挖大井、机井开采，但一般是海积一级阶地第一含水层为咸水或水质差，不宜农灌或需人工处理后使用。低山丘陵地，分布的砂质黏土、黏质砂土、碎石、角砾层等，蕴存有风化网状裂隙水，水量很微弱，约占地下水总量的6.3%，可打机井或挖大井，井深宜至弱风化碎石角砾带，开采可作为农灌补充水源。

（三）出入境水资源

2005年，从境外流入闽东诸河的水量为32.63亿立方米，其中从浙江省泰顺、庆元和本省政和流入赛江的水量为18.02亿立方米；从政和流入霍童溪的水量为4.785亿立方米。流入水北溪的水量3.101亿立方米；流入金溪、照兰溪、双岳溪等小河的水量计6.733亿立方米。这些由浙江省境和南平区境汇入市内的水资源，可供开发利用。由市境流出境外的有古田溪及周边小溪和敖江上游的水量，共计42.43亿立方米，其中28.06亿立方米流入闽江，14.37亿立方米流入敖江。

市境濒临东海，海岸线长达1253.74千米，占全省1/3，河川径流除了古田溪流入闽江，霍口溪流入敖江外，其余汇入东海。全市入海总水量为188.6亿立方米。

2005年，全市水资源总量为198.5亿立方米，全市人均水资源量6070立方米。全市产水系数0.69，产水模数为148.4万立方米/平方千米。

二、水能

（一）交溪水能

交溪是境内最大的河流，主要有东溪、西溪、穆阳溪和茜洋溪4大水系，天然落差710米；可利用水头219米，多年平均水资源量53.78亿立方米。上游至湖塘坂河道平均坡降6‰，可开发水电装机148.02万千瓦，平均年电能为45.65亿千瓦时。交溪最大的支流穆阳溪，流域面积1389平方千米，可利用落差800多米，分为芹山、周宁、闽东、穆阳四级开发。四级总装机容量43.20万千瓦，年电能11.25亿千瓦时。第一级芹山电站，水库坝址位于周宁芹山，控制流域面积463平方千米，正常蓄水位755米，调节库容1.96亿立方米，具有多年调节功能。水电站最大利用水头120米，装机容量7万千瓦，年电能1.45亿千瓦时。第二级周宁电站，控制流域面积513平方千米；水库正常蓄水位633米，调节库容3200万立方米；最大水头437米，装机容量25万千瓦，年电能6.58亿千瓦时。第三级闽东电站，控制流域面积766平方千米，利用水头185米，除已建装机2.40万千瓦、新增加装机容量8万千瓦（丰源水电站），年电能1.94亿千瓦时。第四级穆阳水电站，控制流域面积923平方千米，利用水头36米，已建装机0.50万千瓦，年电能0.40亿千瓦时。

（二）霍童溪水能

霍童溪是境内第二大河流，上游自北而南有后垄溪、棠口溪、金造溪和黛溪4条支流。上游盘双溪至金钟山落差744米，平均坡降1.9‰。后垄溪溪上游自游头村至金钟山，河道全长43千米，平均坡降13‰，天然落差815米，可利用水头679.50米，多年平均水资源量24.30亿立方米。可开发的水电装机为73.16万千瓦，平均年电能22.17亿千瓦时。霍童溪已开发装机容量66.77万千瓦，占可开发量94.17%，年发电量19.84亿千瓦时。其中装机500千瓦以上的电站总装机容量65.93万千瓦，5万～20万千瓦的中型水电站3处、装机31.7万千瓦。

（三）古田溪水能

古田溪（宁德市境内河段）可开发量31.31万千瓦，平均年电能10.35亿千瓦时（包括古田溪一、二级电站装机19.2万千瓦）。已开发装机容量29.89万千瓦，占可开发量的95.4%，年发电量9.75亿万千瓦时。

（四）其他河流水能

水北溪、赤溪、罗汉溪、杯溪、七都溪、金溪以及后溪、百步溪等较大的水系，以及其他小溪流，可开发量33.38万千瓦，年平均电能12.21亿千瓦时。已开发装机容量27.13万千瓦，占可开发量的81.28%，年电能9.89亿千瓦时，其中装机500千瓦以上的电站总装机25.15万千瓦，年发电量9.19亿千瓦时。

境内水能资源的开发利用具有落差集中、水头较高，坝址地质条件良好，淹没少、投资省、效能高、效益大等特点，多数水电站可建调节水库。全市高水头电站较多，穆阳溪、棠口溪，后垄溪、七步溪、七都溪等，可利用水头均达 500 ~ 800 米。全市 200 米以上的电站 66 座，超过 400 米的有蕉城三涧溪水电站等 6 座。主要溪流大多具备建调节水库的有利条件，除在落差集中的河道上游可以建一些大、中型水库外（如穆阳溪的芹山水库、上白石水利枢纽等），在河道下游亦能建一些大型水库（如交溪的沙坑及湖塘坂水库、霍童溪的洪口水库）。境内地势西北高，东南低，河流均从西北向东南入海，河流中上游河陡水急，落差集中；下游河道平缓，流速平稳，来水量季节性较明显。

2005 年宁德市水能资源统计表

表 3-4

县（市、区）	可开发量	
	装机容量（万千瓦）	年发电量（亿千瓦时）
全市合计	287.65	91.04
蕉城	34.94	10.07
古田	35.66	12.06
屏南	44.02	14.77
周宁	57.69	16.46
寿宁	46.76	15.29
福安	35.51	11.31
柘荣	12.02	4.04
福鼎	15.01	5.03
霞浦	6.04	2.01

说明：古田县开发水能资源量包括古田溪 19.6 万千瓦 /5.73 亿千瓦时

第三节 生物资源

一、植物资源

全市野生植物有 1400 多种，约占全省的三分之二。其中藻类植物 120 多种，约占全省种数的三分之一；蕨灯植物类有 500 多种，约占全省种数的三分之二；裸子植物类有 50 多种，约占全省的二分之一；被子植物类有 700 多种，约占全省种数的三分之二。其中有野生珍稀濒危植物 28 种，属国家一级保护植物 5 种、二级 13 种。

二、动物资源

宁德市动物区系属于东洋界的华南区，境内野生动物种类多达 2000 多种，大多属于东洋界种类、还有一些属于古北界种类，其中脊椎动物 700 多种、无脊椎动物 1300 种；属于国家重点保护的野生动物 75 种（一级 17 种，二级 58 种），占全省国家重点保护种类的 36.9%；省重点和省一般保护的陆生野生动物分别为 36 种和 243 种，分别占全省的 42.1% 和 26.4%。华南虎、豹、金雕等国家一级保护野生动物近 20 年未见踪迹，云豹、黑麂、蟒蛇、鸳鸯、猕猴、穿山甲等一大批国家和省重点保护种类已濒临灭绝。其他省一般保护种类如鸟类、蛇类、蛙类、蝶类等经济动物数量也急剧下降。

第四节　矿产资源

一、金属类矿产

（一）有色金属类矿产

宁德市有色金属类矿床、矿点 41 处，其中，中型矿床 2 处，小型矿床 13 处。以铅、锌、钼为主，多伴生金、银、铜、镉、铼等多组分。矿床成因类型以热液交代层控矿床（福鼎银硐矿区及屏南洋地矿区）以及沿断裂构造充填的热液型脉状矿床为主。区内 Pb+Zn 保有资源储量 14110 吨（包括储量 8466 吨）、资源量 371802 吨。主要分布于寿宁、屏南、周宁、福鼎等地。矿床成因类型主要为高－中温热液细脉浸染型矿床（福安赤路钼矿区），其工业类型归属于斑岩型钼矿床。现有钼矿基础储量 10835 吨（包括储量 6601 吨）、资源量 57446 吨，分布于福安、周宁、古田等地。

（二）贵金属类矿产

境内贵金属金、银矿成矿地质条件好，但勘查工作程度低。早期仅在铅锌矿勘查过程中对其做出相应评价。“九五”期间，地勘队伍加大金、银找矿力度，已发现砂金小型矿床 1 处，岩金小型矿床 1 处；银小型矿床 2 处，银矿点 7 处。周宁芹溪矿区银、铅、锌矿在开采中。

二、非金属类矿产

（一）叶蜡石

主要分布在古田、福鼎、福安、寿宁等地，已探明中型矿床 2 处，小型矿床 4 处以及矿点 8 处。保有矿石量 2246 千吨，其中，基础储量 764 千吨（包括储量 459 千吨），资源量 1482 千吨。矿床成因类型为火山热液交代型，充填在断裂带内有脉状叶蜡石，品质好，多属高铝低碱、低铁叶蜡石。

（二）高岭土

各县（市、区）均有发现，已探明中型矿床 2 处，小型矿床 8 处、矿点 9 处。保有资源储量 14595 千吨，其中，基础储量 919 千吨（包括储量 248 千吨），资源量 13676 千吨。矿床成因类型以风化型为主，次为沉积型。

（三）冶金用白云岩

分布于寿宁南阳铁场上洋边。保有矿石资源储量5533千吨。

（四）冶金用脉石英

分布在蕉城区、寿宁县、霞浦县一带，小型矿床、矿点各6处。保有矿石量603千吨，其中，基础储量81千吨（包括储量19千吨），资源量522千吨。

（五）花岗石材

花岗石材是宁德市最具优势矿种，资源量大，各县、市均有分布，以寿宁县、福鼎市、屏南县以及蕉城居多。饰面用花岗石材花色品种较齐全，为宁德市出口引资的主要矿产品。有花岗石大型矿床4处，中型矿床11处，小型矿床9处，但地质工作程度较低。保有资源储量12595.47万立方米，其中，基础储量4072万立方米（包括储量93万立方米），资源量8523.47万立方米；荒料率视岩体所处地质构造位置不同，高低有别，低者仅13%左右，高者可达65%左右。建筑用花岗岩材在蕉城区的洋中、石后及环三都澳地区的蕴藏量大，环藏于三都澳地区，水陆交通方便，便于开发利用。

至2005年年底，宁德市发现各类矿产42种，其中，金属矿产18种，非金属矿产20种，能源矿产2种，水气矿产2种，探明有储量的矿产仅27种。具有小型以上规模的矿产地85处，其中，大型矿床4处，中型矿床20处，小型矿床61处，另有矿点145处。

2005年宁德市探明各类矿产资源统计表

表3-5　　单位：处

矿产类别	矿产规模				合计
	大型	中型	小型	矿点	
黑色金属	—	—	—	10	10
有色金属	—	2	13	26	41
贵金属	—	—	4	7	11
能源矿产	—	—	2	5	7
特种非金属	—	—	—	4	4
冶金用非金属	—	1	6	10	17
化工用非金属	—	1	6	11	18
建材及其他非金属	4	16	28	46	94
普通建筑用非金属	—	—	1	6	7
水气矿产	—	—	1	4	5
合计	4	20	61	129	214

第二章　海洋自然资源

第一节　水域　海湾

一、海洋水域

宁德市海岸线北起福鼎沙埕湾、南至三沙湾，全长 1026 千米。海洋水域面积 44565.8 平方千米，分布在霞浦县、福安市、福鼎市和蕉城区境内，占全省海域总面积的 32.8%；海岸线总体走向呈北北东　南南西方向展布，北起福鼎市沙埕虎头角（鼻），南至蕉城区三都镇大沙头，大陆海岸线长 878 千米，直线距离 93.2 千米，曲折率为 1∶9.4。沿海海域水深一般为 10 ~ 20 米，岛礁外侧水深一般为 30 ~ 40 米，海域外侧水深一般为 70 ~ 90 米。近岸及 20 米等深线内以砂泥为主，30 ~ 40 米等深线外为软泥。辖区内的沙埕港、三沙湾属封闭型海湾，是浅海滩涂水产养殖的优良场所；沿岸的福宁湾、牙城湾、晴川湾等属于半开放型海湾，近岸海域则是浅海、滩涂，为水产养殖的优良场所；近岸岛屿星罗棋布，可供发展深水养殖。

2005 年宁德市海水养殖水域资源分布统计表

表 3-6　　　　单位：公顷

县（市、区）	合计		浅海面积		滩涂面积		池塘面积
	总面积	可养面积	总面积	可养面积	总面积	可养面积	可养面积
蕉城区	20552	6183.6	9751	2456.0	10801	2969.1	758.5
福安市	9573	2628.6	5022	900.7	4551	1307.9	420
福鼎市	75338	22517.2	68863	11912.5	6475	10083.7	521
霞浦县	164609	58686.2	142829	44762.0	21780	12759.2	1165
合计	270072	90015.6	226465	60031.2	43607	27119.9	2864.5

二、海湾

宁德境内有海湾、港湾 178 个。其中宁德港规划岸线总长约 210.6 千米，拥有深水岸线 110.36 千米，为福建省沿海港口的重要组成部分。

沙埕港 位于北纬27°08′～27°18′、东经120°10′～120°26′之间。在福建省沿海北部，闽浙海交界处。东从福建头与沙埕村间入口，西至八尺门港。因邻近沙埕村故名。是中国东南天然深水避风良港之一，也是中外著名的避风良港。通常能避10～12级强台风。东自南镇入口，西至八尺门内（白水江）。港湾因地层陷落海水入侵而成，属溺谷型丘陵岩岸。东西长37千米、南北宽1～3千米，水域面积约100平方千米，海岸线长约150千米。港道两岸对峙山高一般在300米以下，最高700米，港口宽1海里左右，在南镇鼻与虎头鼻之间，湾口朝向东西，其东有北关、南关两岛屿为天然屏障。主航道水深多在15米以上，最深45米，底质为泥沙。有桐山溪、龙头溪注入。港口有南镇半岛、北关岛、南关岛。港内有大小岛屿21个、礁29个，金屿为中流砥柱，地形险要。港口外锚泊地最深处在北关岛附近。沿岸有几十个澳口渔村。产海带、贻贝、牡蛎、虾、蚶、蛏、鲟、大黄鱼、带鱼、毛鱼、鲨鱼、鳓鱼、鲳鱼、马鲛鱼、水母、马面鲀等。建有500吨级浮码头2座（姚家屿码头和西澳油库码头），50吨以上200吨以下固定码头13座。港口至金屿段，航道水深30米以上，3万～5万吨轮船可随时进出；5000吨轮船可达港内纵深腹地长屿；3000吨轮船可达姚家屿；500吨船只可进入八尺门内；100吨级船只可至市城区，货轮可通香港。沙埕港形势险要，地理位置得天独厚，是福建省主要渔港。

福宁湾 在霞浦县东部。东南接外海，东北邻里山湾，古为福宁州海域，故名。湾略呈漏斗形，东西长26千米，南北宽15千米，面积约400平方千米。海岸线长约85千米，沿岸多为海拔200～400米的火山岩丘陵。湾外有四礵列岛、福瑶列岛、烽火岛环峙。湾口以北澳、根竹仔、长表、佛堂诸岛为屏障。湾内有大目岛、小目岛、火烟山等72个岛礁列布成天然防波堤。水深多在10米左右，最深46米。底质为软泥。西北有罗汉溪注入。年均水温约19℃。年均盐度约28‰。透明度0.5～1米。半日潮往复流，涨潮流向西北，落潮流向东南，流速1节。平均潮差4.8米。古镇、三沙、后港等地建有码头。在竹排岛、纺车礁、小礁、三沙港建有灯桩。

三沙湾 在霞浦、福安、宁德、罗源4县（市）间，由东冲半岛、鉴江半岛合抱成口小腹大的深水海湾。湾口朝东南，宽仅3.15千米。有东吾洋、盐田港、白马港、鸡公山水道、宁德水道5个支叉。东西长45千米，南北宽25千米，面积约600平方千米。海岸线长约312千米，沿岸多海拔300～800米花岗岩组成的低山，丘陵、岬角与湾澳相间。湾内分布有三都、青山、东安、长腰等104个大小岛屿和192个礁石，水深多超过10米，最深处达115米，底质为泥、沙、石。有交溪（长溪）、霍童溪、杯溪、钱塘溪等注入。年均水温约20.3℃，年均盐度约27‰，透明度0.6～1.5米。半日往复流，流向一般与水道方向一致，流速1.3～7节，平均潮差约6米，最大潮差8米多，夏、秋季受台风影响，3—6月有雾，年雾日约12天。

东吾洋 在霞浦县南部，东冲半岛西北侧，东至长春、下浒，南连官井洋，西接溪南，北起沙江。以竹江岛形似卧虎，名东虎洋，衍为今名。湾口朝西南，呈四边形，口小腹大。东西宽11千米，南北长16千米，面积约170平方千米。海岸线曲折，长约110千米，湾内有竹江岛、锥屿、木屿、东安岛、洋屿等28个岛礁。水深多超过10米，最深处43米。底质为泥。年均水温19.9℃，年均盐度约29‰，透明度0.5～1米。半日潮往复流，涨潮流向东北，落潮流向西南，潮差4～6米。有大门水道（七星水道）、关门江水道（小门水道）通官井洋。

覆鼎洋 在宁德市东南部，长腰岛至覆鼎屿、白匏岛至官井洋间。因在覆鼎屿东，故名。洋略呈方形，南北长6千米，东西宽5千米，面积30平方千米。水深多超过20米，最深47米，底质泥、沙、石，交溪（长溪）、霍童溪汇此入海，年均水温20℃，年均盐度28‰，水色蔚蓝，透明度约1.2～1.5米。半日潮往复流，涨潮流向西北，落潮流向东南，流速3～4节，平均潮差4米以上，为霞浦、福安、宁德3县市航行要道。白匏岛东北、西南有灯桩。台风一般6～8

级。年雾日 12 天。属官井洋大黄鱼繁殖保护区主区。

官井洋 为三都澳内海域，位于北纬 26° 34′ ~ 26° 41′、东经 118° 45′ ~ 119° 55′之间。洋面略呈长方形，南北宽约 13 千米，东西长约 17 千米，面积 88 平方千米。其中有鸡公山、斗帽（姆）岛、圆屿、复鼎屿、灶屿等 40 多个岛屿。水深多在 10 ~ 53 米间，最深 77 米，东冲口处达 104 米，湾内潮差为 6 米多。海岸线曲折，基本属基岩海岸，仅有少量沙岸，坡度较陡。官井洋是近封闭性的内湾大黄鱼产卵场，还有鳓鱼、马鲛、鲳鱼、海鳗、对虾、梭子蟹等水产物种。原来每年初夏均形成大黄鱼汛，年产大黄鱼数百吨至 3000 多吨，宁德县渔获量多年在二三百吨到五六百吨之间，1978 年降到百吨之内，1981 年降到 9.3 吨，数年后野生大黄鱼绝迹。20 世纪 90 年代始，官井洋逐渐成为大黄鱼人工养殖基地，最多时海面分布养殖网箱 10 万口以上。

三都澳 亦名"三沙湾"，是中国典型的近封闭型的潮汐汊道式海湾，水边界与陆地岸线所围海湾的总面积 738 平方千米，湾内海域、岛屿、滩涂分属蕉城、福安、霞浦。其中岛屿面积 62.540 平方千米，滩涂 290.232 平方千米，海拔零米线以下海域面积 385.271 平方千米。另有提法，三沙湾包括"一澳（三都澳）、三港（卢门、白马、盐田）、三洋（东吾、官井、覆鼎）"。

赛岐港 曾名三江口。北纬 26° 58′、东经 119° 40′。在福安市南部，赛岐镇西侧。北至上岐头，南连白马河口，以镇得名。东西宽 0.6 千米，南北长 2 千米，面积 1.2 平方千米。东岸多基岩陡岸，西岸是海积平原。水深 5 米以上，底质为淤泥。年均盐度 16‰，透明度 0.4 米。为半日潮往复流，涨潮流向北，落潮流向南，流速 2 ~ 3 节。年均潮差 5.3 米。

三沙港 位于北纬 26° 54′ ~ 26° 55′、东经 120° 11′ ~ 120° 13′之间。在霞浦县东北部，福宁湾东北端，三沙南侧，因三沙得名。港呈长方形，东西宽 1.5 千米，南北长 2.4 千米，面积约 3 平方千米。海岸线曲折，长约 5 千米。底质为泥沙。水深 2 ~ 11 米。年均水温 19℃，年均盐度 28‰，透明度 0.5 ~ 1 米。属半日潮往复流，涨潮流向西北，落潮流向东南，流速 1 节，潮差 4.8 米。

漳湾港 水域范围西起漳湾镇仓西村熨斗自然村与八都镇云淡村的帮门自然村的连线，东至樟屿与濑屿的连线，长 7 千米。港区面积 266.5 万平方米，泊位和港域水深均在 6 米以上。由三都港进入漳湾港的内外两条航道，水深一般在 10 米以上，内航道在已铃屿附近有 700 米长的水路、水深 7 米。锚地避风条件好，横屿锚地面积达 3.5 平方千米。其中，深水锚地 1.5 平方千米，水深 6 ~ 18 米，底质为泥沙。

古镇港 北纬 26° 56′，东经 120° 14′。在霞浦县福宁港东北部，邻近古镇村，因村得名。长宽各 1 千米，面积约 1 平方千米，底质以沙砾、泥为主。岸线长约 1 千米，基岩海岸。水深 2 ~ 27 米。年均水温 18℃，年均盐度约 30‰。属半日潮往复流，涨潮流向北，落潮流向南，流速 1.5 节，平均潮差为 4.16 米。港床无淤积，港道南北畅通。

盐田港 位于北纬 26° 42′ ~ 26° 51′、东经 119° 45′ ~ 119° 51′之间。在霞浦县西南部、福安市东南部间，为霞浦县、福安市海上交界线。以港北部的盐田村得名。北起盐田村，南至白匏岛北侧，南北长 21 千米，东西宽 1.2 ~ 6 千米，面积约 30 平方千米。岸线长约 105 千米，多为泥沙岸，间或岩岸，港底由泥沙组成。航道水深约 1 ~ 13 米。年均水温 19℃，年均盐度约 24‰。属半日潮往复流，涨潮流向北，落潮流向南，流速 2.5 节，年均潮差约 4 米。产对虾、章鱼、贝类等。

东冲口港 北纬 26° 32′，东经 119° 50′。在霞浦县南部，东冲水道东南侧，邻近东冲村，因村得名。略呈长方形，东西长 0.8 千米，南北宽 0.6 千米，面积约 0.5 平方千米，基岩海岸，海岸线较曲折，长约 2.5 千米；坡度较陡。底质由泥沙、泥组成。涨潮水深多在 2 米左右，港口水深 20 米以上。年均水温约 20℃，年均盐度 28‰。属正规半日潮，涨潮流向东，落潮流向西南，年均潮差约 4 米。

八尺门港 曾名白水口。位于北纬 27° 12′ ~ 27° 17′、东经 120° 10′ ~ 120° 13′ 之间。在福建省福鼎市中部沙埕港西段。因八尺门得名。属溺谷型港湾。四面山丘环抱，大部为潮间带海滩。呈不规则布袋形。东起八尺门，南起翁江，西至点头，北到塘底。南北长 10.5 千米，东西宽约 3 千米，面积约 30 平方千米。海岸线 28 千米。水深 0 ~ 8 米。底质以淤泥为主。有百步、王孙、点头等溪水注水。年平均水温 18.6℃。年平均含盐度 28‰。为半日潮往复流，年平均潮差 4.13 米。产蛏、蛎、蚶、蟹及小杂鱼等。点头和后岐建有码头。自八尺门向西、南、北分三航道，船只需乘潮进出，东部有灯桩。为优良避风锚地，玉塘附近可避 12 级大风。

姚家屿港 北纬 27° 16′，东经 120° 17′。在福建省福鼎市东北部、姚家屿村西。港以村名。南北长 1.5 千米，东西宽 0.8 千米，面积约 1 平方千米。主航道水深 8 ~ 9 米。淤泥底质。为半日潮，涨潮流向北，落潮流向南，平均潮差 4 米左右。有 500 吨级浮码头一座及仓库、堆场、综合楼、供水、供电、装卸、机械等配套设施。年吞吐量 15 万吨。3000 吨级轮可候潮进出。距沙埕港口约 16 千米，距浙江省苍南县明矾产地矾山镇 19 千米，有专线公路抵达。拟建 3000 泊位，以承担明矾及矿石的输出任务。

小白鹭港 位于北纬 27° 07′ ~ 27° 08′、东经 120° 22′ ~ 120° 25′ 之间。在福建省福鼎市沙埕镇小白鹭村东部。以村得名。口大腹小，东西宽 3.9 千米，南北长 0.5 ~ 2 千米，面积约 4.5 平方千米。岸线长 10 千米。水深 1 ~ 5 米。底质以泥沙为主。年平均水温 18.6℃。年平均含盐度 28.3‰。属半日潮往复流，涨潮流西，落潮流向东。港内有水产养殖场 5 个。产海带、紫菜，县水产养殖场在此首创海带套养贻贝技术，获全国科技三等奖。

茶塘港 位于北纬 27° 05′ ~ 27° 07′、东经 120° 15′ ~ 120° 16′ 之间。在福鼎市东南部秦屿镇茶塘村。港以村名。岐头宫、潘岐头分列南北，口小腹大，形如花瓶。东西长 3.5 千米，南北宽 0.8 ~ 2.5 千米，面积约 4 平方千米。大部为潮间带海滩，底质为淤泥及沙泥组成。水深 0 ~ 5 米。年均水温 18.9℃。年均盐度 28.3‰。属半日潮往复流，涨潮流向西北，落潮流向东南，平均潮差约 4 米。

西台澳 港湾。别名浦里。北纬 27° 00′，东经 120° 42′。在福建省福鼎市东南部，西台山岛东侧。因岛得名。由东至西伸入西台山岛腹地，口大腹小，弯曲呈狭长状。东西长约 0.6 千米，南北宽约 0.05 ~ 0.15 千米，面积约 0.05 平方千米。岸线长约 1 千米。水深 5.8 ~ 10.4 米。底质为沙砾及泥沙。年平均水温 18.9℃。年平均含盐度 30.79‰。属半日潮往复流，涨潮流西，落潮流向东，平均潮差约 3.5 米。港内建有码头两座，百吨船可乘潮进出，可避 10 级非台风性大风，是台山列岛主要物资集散地和渔船泊地。附近礁石较多。

协澳港 北纬 26° 56′，东经 120° 15′。在霞浦县东北部，古镇港东北侧，烽火岛与刘山岛间，是连接古镇港港湾。此澳曾名“穴洞”，以谐音称今名。略呈长方形，东西长约 2 千米，南北宽约 0.3 千米，面积约 0.6 平方千米。底质由泥沙组成，基岩海岸，岸线较曲折，长约 2 千米，坡度较陡。水深 6 ~ 24 米。年均水温 18℃，年均含盐度为 28‰。属半日潮往复流，涨潮流向东，落潮流向西，年均潮差约 4 米。

闾峡港 北纬 26° 38′，东经 120° 06′。在霞浦县东南部，网澳南侧，邻近闾峡村，因村得名。呈长方形，东西长 2 千米，南北宽 1 千米，面积约 2 平方千米。水深 2 ~ 50 米，底质为泥沙，岸线长约 0.5 千米，岩岸坡度较陡，西岸为沙岸。年均水温 18℃，年均盐度 28‰。属正规半日潮，涨潮流向西，落潮流向东。年均潮差 3 米。

大澳港湾 北纬 26° 30′，东经 120° 02′。在霞浦县南部，西洋岛南侧，邻近大澳村，因村得名。略呈长方形，东西宽0.5千米，南北长1千米，面积约0.5平方千米。基岩海岸，岸线长约2.5千米。底质以泥沙为主，水深1.1 ~ 7米。年均水温20℃。年均盐度32‰。属正规半日潮，涨潮流向北，落潮流向南。

第二节　水产生物

一、海洋水产

（一）鱼类

带鱼　带鱼口、眼大而位高；牙齿发达且尖利，背鳍很长、胸鳍小，鳞片退化；背鳍极长，无腹鳍，洄游性强。为闽东渔场的主要捕捞品种之一。1993—2005年，全市平均年产量9000 ~ 10000吨，年产量最高年份为2004年，达14452吨。

鳓鱼　体侧扁，背窄，无侧线，全身被银白色薄圆鳞，眼大、凸起而明亮，口向上翘成近垂直状，两颌、腭骨及舌上均具细牙。其洄游季节性较强，游泳迅速，对温度的反应敏感。福鼎市台山列岛周围是鳓鱼产区，为福建省6个鳓鱼产卵场之一。1993—2005年，全市平均年产量1600吨左右，年产量最高年份为1996年，达2787吨。

鳀鳁鱼　口大，下位；吻钝圆，下颌短于上颌；体被薄圆鳞，极易脱落；无侧线；腹部圆，无棱鳞；尾鳍叉形；趋光性较强。闽东沿海均有分布，其中主产区兰园海域占80% ~ 90%。1993—2005年，全市平均年产量达11000多吨，年产量最高年份为2003年，达20772吨，居各种海洋鱼类渔获量之首。

大黄鱼　为暖温性近海集群洄游鱼类，主要栖息于80米以内的沿岸和近海水域的中下层。产卵鱼群怕强光，喜逆流，好透明度较小的混浊水域。黎明、黄昏或大潮时多上浮，白昼或小潮时下沉。成鱼主要摄食各种小型鱼类及甲壳动物（虾、蟹、虾蛄类）。生殖盛期摄食强度显著降低；生殖结束后摄食强度增加。幼鱼主食桡足类、糠虾、燐虾等浮游动物。由于捕捞过度，闽东渔场的大黄鱼资源遭受严重破坏，濒临绝产。1993年，年产量151吨。1994年达到历史最低，仅89吨。此后，注重资源保护和种苗增殖放流，产量有所回升。2005年，全市捕捞产量为665吨。

大弹涂鱼　为沿岸暖温性小型鱼类，喜栖息于港湾和河口潮间带淤泥滩涂，广盐性。穴居，在春夏繁殖季节可在孔道中产卵。食性为杂食性，主食底栖硅藻，兼食泥土的有机质以及桡足类和圆虫。2000年，宁德地区开始大面积人工养殖，成为主要养殖对象之一。

马面鲀　硬骨鱼纲，单角鲀科。俗名橡皮鱼、剥皮鱼、猪鱼。有马面鲀、绿鳍马面鲀、黄鳍马面鲀等。因其长相难看，其第一背鳍有鳍棘和倒刺，挂网后很难取下，20世纪80年代前少有捕捞，多作肥料。1995年，霞浦县捕捞量仅106吨，之后因东海传统经济鱼类资源严重衰退，捕捞量逐年上升。2005年达7522吨。

鲳鱼　属于鲈形目，鲳科。体短而高，极侧扁，略呈菱形。头较小，吻圆，口小，牙细。体短而高，极侧扁，略呈菱形。味美。为闽东渔场冬讯（农历三月下旬至五月）主捕主要经济鱼类。2005年，霞浦县捕捞量3677吨。

（二）虾、蟹类

长毛对虾 属沿岸性虾类，全市港湾均有分布，霞浦县的东埕洋是长毛对虾的产卵场。汛期分春、秋两汛。春汛为3—4月，秋汛为8—11月，以清明和冬至前后为旺汛期，9—12月为捕获索饵群体的旺汛。

哈氏仿对虾 栖息于水深70米以内不同地质的海底,30米以内的沿岸水域分布较密集，从近岸内湾到深水80米以内的海区均可捕获。主要汛期为2—5月和8—11月，但夏秋季仍有部分余虾产卵，秋末冬初向深水区作适温洄游。

毛虾 常成群栖息于河口区、港湾以及岛屿周围、水深不超过50米的泥沙底浅海，四礵、三沙口、台山、嵛山、七星、沙埕口等海区为捕获毛虾的主要渔场。汛期分冬、春、夏3汛。冬汛11月至翌年3月，旺汛期为12月至翌年1月，系捕捞越冬群体，产量高且稳定。春汛3—6月，捕产卵群体，产量较低。夏汛7—8月，捕捞当年生的第一代群体，产量少。

梭子蟹 因头胸甲呈梭子形，故名。甲壳的中央有三个突起，所以又称“三疣梭子蟹”。暖温性多年生大型蟹类动物，善于游泳，也会掘泥沙，常潜伏海底或河口附近，性凶猛好斗，繁殖力强，生长快。分布渔场有星仔峰、台山、嵛山、南船、四礵等岛外侧水深25米海区。汛期主要有冬、春两汛，冬汛11月中旬至翌年1月为旺汛，主要捕捞越冬群体。春汛3—5月，产量较低。

锯缘青蟹 因体色青绿而得名，为滩栖游泳蟹类，生活在潮间带泥滩或泥沙质的滩涂上，喜停留在滩涂水洼之处及岩石缝等处。白天多穴居，夜间四处觅食。主要分布在霞浦牙城七都、福鼎点头等港湾内的浅海、滩涂和池塘中。

（三）贝类

缢蛏 属软体动物，系瓣鳃纲，真瓣鳃目、竹蛏科，贝壳脆而薄呈长扁方形，自壳顶到腹缘，有一道斜行的凹沟，故名缢蛏。主要分布在三沙湾、沙埕港、硖门湾和牙城湾等一带海区，是宁德市主要贝类养殖品种之一。

牡蛎 又名生蚝。属牡蛎科、双壳类软体动物，固着型贝类。一般附着于浅海物体或海边礁石上，以开闭贝壳运动进行摄食、呼吸。为滤食性生物，以细小的浮游动物、硅藻和有机碎屑等为主要食料。主要分布在三沙湾、沙埕港和雅城湾一带海区，养殖方式以插竹附苗养殖为主，品种以褶牡蛎为主。1983年从日本引进太平洋牡蛎，通过科研人员的努力，已成为主要的贝类养殖品种之一。

泥蚶 属软体动物门，双壳纲，列齿目，蚶科，蚶属。宁德传统的养殖贝类。喜栖息在淡水注入的内湾及河口附近的软泥滩涂上，在中潮区和低潮区的交界处数量最多，埋居其中。无水管，仅以壳后缘在滩涂表面形成水孔与外界相通。主要分布在三沙湾内、八尺门内海区。尤以蕉城区二都村养成的“二都蚶”久负盛名。

（四）头足类

宁德海区头足类有30多种，分属11科。其中乌贼（墨鱼）科主要有曼氏无针乌贼、拟目乌贼。枪乌贼（鱿鱼）科主要有杜氏枪乌贼、剑尖枪乌贼。产区主要在闽东渔场。

（五）藻类

宁德海区藻类约有100多种，其中主要经济种类有海带、紫菜、浒苔、石花菜、裙带菜、马尾藻、红毛藻等。养殖品种主要有海带和紫菜，养殖区主要在霞浦、福鼎等县市的湾外海区。

（六）其他

海蜇　海蜇属钵水母纲，是生活在海中的一种腔肠软体动物，体形半球状，可食用，上面呈伞状，白色，借以伸缩运动，称为海蜇皮。捕捞期一般在每年的5—9月。由于捕捞过度，20世纪90年代后资源量减少。

中国鲎　体似瓢形，深褐色，由头胸部、腹部和尾剑三部分组成，全体覆以硬甲，背面圆突，腹面凹陷。每年6—8月回到沙滩上产卵，对沙滩的沙质和温度等自然环境都有很高的要求。闽东沿海各县均有分布，每年5—8月退潮时，常有成对的中国鲎爬到浅滩产卵而被捕获。

二、淡水鱼类

草鱼　栖居于江河、湖泊等水域的中、下层和近岸多水草区域。具有河湖洄游的习性，通常在被水淹没的浅滩草地和泛水区域以及干支流附属水体（湖泊、小河、港道等水草丛生地带）摄食育肥。草鱼性情活泼，游泳迅速，常成群觅食，性贪食，为典型的草食性鱼类。是池塘、小型水库、库区网箱的主要养殖品种，各县（市、区）均有养殖，其中养殖主产区主要分布在古田县和福安市。

鲢鱼、鳙鱼　鲢鱼是典型的食浮游生物的鱼类，属中上层鱼，终生以浮游生物为食。鳙鱼外形似鲢，侧扁；性温驯，不爱跳跃，生活在水体中层；滤食性，主要吃轮虫、枝角类、桡足类等浮游动物，也吃部分浮游植物和人工饲料。是大、中型水库、库区网箱的主养对象和池塘、小型水库混养品种，区域分布与草鱼相同。

鲤鱼、鲫鱼　鲤鱼属于底栖杂食性鱼类，荤素兼食。饵谱广泛，吻骨发达，常拱泥摄食。单独或成小群地生活于平静且水草丛生的泥底的池塘、湖泊、河流中。鲫鱼主要以植物为食的杂食性鱼，喜群集而行，择食而居。头像小鲤鱼，形体黑胖（也有少数呈白色），肚腹中大而脊隆起。是池塘、水库、稻田的混养品种，全市广泛分布。

鳗鲡　属降河性洄游鱼类，似蛇但无鳞，一般产于咸淡水交界海域。原产于海中，溯河到淡水内长大，后回到海中产卵。是传统名贵鱼类。境内在近海和河口水域均可捞到苗种，成体少见。

香鱼　为溯河性一年生小型无毒经济鱼类。脊背上有一条满是香脂的腔道，能散发出香味，故称为香鱼；生命只有一年，故又有“年鱼”之称。香鱼属入海口洄游性鱼类，生息在与海相通的溪流之中，以黏附在岩石上的底栖藻类为食。霍童溪、七都溪等溪河均有分布，为宁德市近年新兴的外向型养殖出口品种，主要是利用闲置养鳗场进行集约化流水养殖。

第三节　潮汐能

境内海岸蜿蜒曲折，海岸线长达1253.74千米，约占全省海岸线总长的三分之一。海洋的潮型除三都澳为非正规日潮外，其余多属正规半日潮，在每个太阴日（24小时又50分钟）中各有两次高潮和低潮。潮差较大，北自沙埕港南至三都澳的海岸带里，平均潮差多在4米以上，其中三都澳的平均潮差最大，达6.77米，实测最大潮差8.38米（1974年8月19日）。可能最大潮差在 7 米以上，三都澳可达 9.43 米。以左旋转流的潮流运动方式，潮流流速与潮差呈正相关。多直接受地理位置的制约，潮流速在湾口、河口和狭窄小道处，流速都呈明显增大。可用于潮汐发电的潮水库面积约 538 多平方千米，占全省的 18.8%。

第四节 海洋自然保护区

一、福瑶列岛海岛生态特别保护区

位于福鼎县境内。由大、小嵛山、鸳鸯岛等 11 个岛屿、4 个礁石组成。保护区批准建立时间为 2002 年，面积 5536 公顷（其中陆域面积 2514 公顷，水域面积 3022 公顷），主要功能为保护复合型海岛生态系统和岛上自然、人文景观。

二、日屿岛海岛生态特别保护区

日屿岛为无居民小岛，位于福鼎境内，岛周围有丰富的鱼、贝资源；岛上灌木丛生，适宜鸟类繁衍、栖息，构成独特的生态系统。保护区批准建立时间为 2002 年，面积 107 公顷（其中陆域面积 7 公顷，水域面积 100 公顷），主要功能是重点保护岛上的动植物资源及其栖息地、重要的地形、地貌和岛周围的海洋生物。

三、三都湾典型港湾生态系统与官井洋大黄鱼繁育保护区

位于三沙湾内。保护区批准建立时间为 1985 年，面积 19000 公顷。三都澳周边地区的工业基础薄弱，开发程度不高，海湾受人类的侵扰程度较小，环境质量良好，港湾生态的自然性保存完好，但由于口小腹大，水体交换能力差，生态系统较脆弱，因此需重点保护其港湾生态系统的自然性。1985 年 10 月 16 日，经福建省第六届人民代表大会常务委员会第十五次会议批准，建立湾内官井洋大黄鱼繁育保护区，1986 年 6 月 22 日，宁德市设立宁德市官井洋大黄鱼增殖管理站，作为保护区的管理机构。该站长期参与大黄鱼人工繁殖项目研究、大黄鱼原种增殖放流、修复官井洋大黄鱼原种生态、代拟并报请市政府发布官井洋大黄鱼繁殖保护区内阶段性限航通告及行政执法等工作。

四、福宁湾尖刀蛏繁育保护区

位于霞浦县境内。保护区批准建立时间为 2002 年，面积 1326 公顷（管理范围从沙江镇的沙塘街、沙塘里两村的滩涂潮间带区域开始），以保护尖刀蛏繁育、栖息和合理开发为重点，同时规划建设成海洋滩涂湿地生物资源合理开发，海水养殖与海洋生态环境协调发展的示范区与科研基地。

五、西洋岛海域龟足繁育保护区

位于霞浦县境内。保护区批准建立时间为2002年，面积8200公顷（管理范围由霞浦县海岛乡的浮鹰岛、魁山岛、马刺岛组成），主要功能是保护西洋岛海域一带的地方特色物种繁育及栖息地。

六、台山列岛厚壳贻贝繁育保护区

位于福鼎境内。保护区批准建立时间为2002年，面积2757公顷（管理范围由东台山、西台山、南船屿等15个岛屿及22个礁石组成），主要功能是保护野生厚壳贻贝繁育，恢复野生厚壳贻贝资源。

七、福安市白海豚观察站

位于盐田港内。保护区批准建立时间为2002年，主要功能是对白海豚的科学观察与保护。

第四编 国土资源管理

1993年，宁德地区行署部署编制国土资源规划，形成《宁德地区国土规划综合报告》。深化土地管理制度改革，逐步培育、发展、规范地产市场，推行土地有偿使用和公开拍卖。土地管理部门以土地产权管理为核心，加强土地登记制度建设，在全区进行城乡土地登记确权发证。1995年，推进土地产权制度建设，推行土地使用权有偿出让，公开招标等制度。在严格控制建设用地的原则下，统筹安排重大基础设施建设用地、民生用地和符合产业政策的工业项目用地，杜绝滥批滥用土地现象。1996年，在全区范围内开展基本农田保护执法大检查，严格制止和查处侵占基本农田违法案件，依法强制拆除违法建筑。

重视矿产资源的开发和利用，1996年，矿山除由探矿权直接为采矿权外，采矿权一律采用招标、拍卖、挂牌方式出让。至2003年，全市发现各类矿产42种。探明有储量的矿产27种，有大小矿床315处。小型以上规模矿产地85处，另有矿点145处。

2005年，建立健全地质灾害群策群防体系，构筑起市、县、乡三级防灾平台，在各地质灾害危险点设立警示牌，防止地质灾害发生，保障人民生命财产安全。

海洋资源管理方面，1995年起，宁德地区开始实行伏季休渔管理制度。休渔期间一律实行“船进港、网封存、证（捕捞许可证）集中”的管理措施。2000年，宁德地区行署制订《浅海水产资源发展战略规划》，广泛开展宣传普及《中华人民共和国海洋环境保护法》《福建省重要水生动物苗种和亲体管理条例》等法律法规。2005年，宁德市完成《宁德市海洋生态特别保护区总体规划》编制。21世纪初，建立海监队伍，开展海洋与渔业执法。

第一章　土地使用制度改革

第一节　国有土地有偿使用制度改革

一、土地出让

1993 年，宁德地区以土地出让方式，开展国有土地有偿使用制度改革。11 月，全区出让土地 41 宗，面积 176.68 公顷，成交金额 10520 万元。其中，对内出让 33 宗，面积 24.93 公顷，收取出让金 6707.52 万元；对外出让 8 宗，面积 151.75 公顷，收取出让金 3812.6 万元。

1994 年，出让土地 39.84 公顷，收取出让金 7671.5 万元。其中，对外 31.05 公顷，收取出让金 3377.5 万元；对内出让 8.79 公顷，收取出让金 4294 万元。

1995 年，宁德（蕉城）、福安、寿宁、福鼎县（市）正式成立地产交易事务所。同年，全区出让土地 36.6 公顷，收取出让金 8301 万元。其中，对外出让 17.33 公顷，收取出让金 1521 万元，对内出让 19.27 公顷，收取出让金 6780 万元。办理划拨土地使用权出让 790 宗，补交出让金 1098 万元，办理抵押 716 宗，抵押值 2.53 亿元，为历年以来最高。同时，推行“转权让利”农村集体土地依法进入市场，古田、屏南、周宁、寿宁、柘荣、福鼎县等 6 个县（市）获得出让金 960 万元。

1999 年，根据《福建省实施〈中华人民共和国土地管理法〉办法》，宁德地区实行经营性房地产项目用地，一律以招标、拍卖方式出让国有土地使用权。对建设项目使用土地在 4 公顷以下的，由县级人民政府批准，报设区市人民政府备案；使用土地在 4 公顷以上 10 公顷以下的，由设区市人民政府批准，报省人民政府备案；使用土地在 10 公顷以上的，由省人民政府批准。对经营性基础设施用地逐步实行有偿使用。工业用地也创造条件逐步实行招标、拍卖、挂牌出让。商业、旅游、娱乐和豪华住宅等经营性用地，原则上必须以拍卖、招标方式提供。全年宁德地区划拨土地 13 宗，面积 1.22 公顷；出让土地 122 宗（其中协议出让 27 宗、招标出让 73 宗、拍卖出让 22 宗）面积 48.5 公顷，收取出让金 1.2285 亿元。

2000 年，宁德市划拨土地 40 宗，面积 14.89 公顷；出让土地 153 宗（含协议出让 137 宗、招标出让 3 宗、拍卖出让 13 宗），面积 31.88 公顷，收取出让金 3.6452 亿元。

2001 年，市国土资源局主持公开拍卖 1 宗土地，面积 0.48 公顷，拍卖成交 1610 万元；霞浦县拍卖 1 宗，面积 1.87 公顷，成交额 840 万元。全市全年划拨土地 73 宗，面积 75.19 公顷；出让土地 874 宗（含协议出让 832 宗、招标出让 9 宗、拍卖出让 33 宗），面积 76.74 公顷，收取出让金 1.4818 亿元。

2002 年，市政府出台《关于进一步加强城市土地资产管理的通知》和《关于进一步贯彻执行福建省国有土地使用权招标招卖管理办法的实施意见》，挂牌交易方式成为国有土地使用权招标、拍卖的补充。全年全市审批供应经营性土地 79 宗，其中以招标拍卖或挂牌方式供地 76 宗，面积 38.06 公顷，收取出让金 2.79 亿元，招标拍卖比例大幅提升。全年划拨土地 89 宗，面积 64.85 公顷；出让土地 193 宗（含协议出让 69 宗、招标出让 19 宗、拍卖出让 92 宗，挂牌出让 65 宗），面积 84.63 公顷，收取出让金 2.9301 亿元。

2003 年，全面实行用地招标、拍卖、挂牌交易制度，全年出让土地 396 宗（含供应出让 198 宗、协议出让 61 宗、招标出让 26 宗、拍卖出让 57 宗、挂牌出让 54 宗），面积 368.59 公顷（含新增土地 9.6 公顷），成交价格 4392.177 亿元，纯收入 1544 亿元。2004 年，宁德市政府颁布《转让、出租、抵押国有划拨土地使用权土地收益收取暂行标准》，全市经营性用地出让 212 宗，面积 562.37 公顷，成交价格 10.341 亿元；其中，新增土地 26.63 公顷，成交价格 10.341 亿元，纯收入 2.14 亿元。

2005 年，全市出让土地 356 宗，面积 791.42 公顷（含新增土地面积 662.8 公顷），成交价款 18.02 亿元，纯收入 7.14 亿元；其中，供应出让 178 宗，面积 395.71 公顷，纯收入 3.65 亿元；协议出让 81 宗，面积 221.59 公顷，纯收入 0.399 亿元；拍卖出让 59 宗，面积 35.26 公顷，纯收入 2.18 亿元；挂牌出让 38 宗，面积 138.86 公顷，纯收入 1.011 亿元。全市招标、拍卖出让经营性用地 88 宗（含市本级 12 宗），面积 152.81 公顷（含市本级 32.74 公顷），收取价款 69357 万元（含市本级 27867 万元），招标、拍卖率 100%。

1999—2005 年宁德市（地区）土地出让情况统计表

表 4-1　　单位：公顷、亿元

年份	宗数							面积		成交价格	纯收益
	小计	供应出让	协议出让	招标出让	拍卖出让	挂牌出让	其他	小计	其中新增土地		
1999	382	13	27	73	22	—	247	53.62	—	—	1.25
2000	211	40	137	3	13	—	18	50.64	—	—	3.65
2001	1325	73	832	9	33	—	378	159.16	—	—	1.51
2002	291	89	69	19	92	3	9	151.47	—	—	2.96
2003	396	198	61	26	57	4	—	368.54	144.06	4392.18	1544.01
2004	212	206	87	—	57	62	—	562.37	399.45	10.34	2.14
2005	356	178	81	29	59	38	—	791.42	662.80	18.02	7.14

说明：2002 年以前，“供应”为“划拨”

二、土地转让

1993 年，宁德地区行署根据省政府《关于出让和转让国有土地使用权试点工作的通知》精神，在全区推动土地二级市场建设，转让土地使用权。但有偿出让土地使用权仅限于国有土地，农村集体所有土地仍必须由国家征用成为国有土地后，才能进入土地市场有偿出让。政府机关、部队、学校以及工业用地，经批准征用集体土地按划拨方式提供用地。

1994年，宁德市（今蕉城区）、福安、古田、霞浦、周宁等县（市）陆续出台《加强划拨土地使用权管理意见》，明确土地使用权转让、出租、抵押具体规定和做法，土地资产收益流失得到遏制。是年，全区补交出让金263万元。

1995年，全省土地使用制度改革会议后，宁德地委、行署先后颁发《关于深化土地使用制度改革的意见》《关于进一步搞活和规范土地市场的意见》，土地使用制度改革在全区全面展开。是年全区划拨土地使用权转让790宗，补交转让金1098万元，办理抵押716宗，抵押值2.53亿元。

1996年，宁德市（今蕉城区）全年确权颁发土地使用权证书1753本；办理土地使用权转让117宗，面积900公顷，评估值3040万元；办理土地抵押243宗，面积7500公顷，评估房屋312公顷，评估总额18042万元。

1999年，全区办理土地使用权转让2225宗，面积33.30公顷，收取转让金1.2894亿元；抵押6225宗，面积269.30公顷，收取抵押金5.2298亿元。

2000年，根据《福建省人民政府关于加快发展住房二级市场的通知》，为解决交易手续繁琐问题，允许房改房直接上市交易，取消房改房入市审批环节，需上市的在开具住房证明后，持土地房屋权证即可到房地产交易中心办理交易手续。当年，全市土地使用权转让4682宗，面积45.03公顷，收取转让金3.3576亿元；出租642宗，面积2.44公顷，收取租金61万元；抵押4888宗，面积186.33公顷，收取抵押金7.672亿元。

2003年，全市办理土地使用权转让6160宗，面积68.75公顷，收取转让金4.131亿元；出租1100宗，面积2.20公顷，收取租金80万元；抵押3690宗，面积256.14公顷，收取抵押金21.544亿元。

2005年，全市办理土地使用权转让4859宗，面积141.63公顷，收取转让金7.884亿元；抵押3323宗，面积260.29公顷，收取抵押金15.153亿元。

1999—2005年宁德市（地区）土地使用流转情况统计表

表4-2　　　　单位：宗、公顷、亿元

年份	转让			出租			抵押		
	宗数	面积	转让金	宗数	面积	转让金	宗数	面积	转让金
1999	2225	33.30	1.2894	—	—	—	6225	269.30	5.2298
2000	4682	45.03	33575.58	642	2.44	61	4888	186.33	7.672
2001	3619	33.29	2.589	230	0.5	138	3111	155.43	12.877
2002	3983	38.16	2.395	—	—	—	3239	519.48	14.241
2003	6160	68.75	4.131	1100	2.20	80.00	3690	256.14	21.544
2004	4726	60.56	6.097	—	—	—	4148	372.35	25.529
2005	4859	141.63	7.884	—	—	—	3323	260.29	15.153

第二节　非农业建设用地制度改革

一、农村住宅建设用地制度改革

2001 年，宁德市开展农村集体非农业建设用地流转试点。土地管理部门引导和帮助存量集体非农建设用地合理流动，促进农村建设用地结构调整。坚持“一户一宅”原则，实行建新退旧制度，农村户均住宅用地法定面积为 0.08 ~ 0.12 公顷，禁止城镇居民到农村购买宅基地。

2003 年，执行《福建省人民政府关于加强征地补偿管理切实保护被征地农民合法权益的通知》，农民个人征地补偿费用，由县（市、区）国土资源局直接通过银行发放给被征地农民，保障被征地农民合法权益。

2005 年，宁德市实施《福建省农村村民住宅建设用地管理办法》，按照“纳入规划、简化程序，减免费用，强化监督”要求，对零散住宅地进行整理归并，逐步解决无序建设状况。

二、工业建设用地制度改革

2003 年，根据《福建省人民政府关于保障工业发展用地促进经济发展的若干意见》，宁德市开始对工业项目用地指标采取灵活多样供应方式，妥善处理依法用地与促进经济发展的关系；建立工业用地地价成本补贴机制，提取调节资金专项用于补贴工业项目用地开发成本。

2004 年，制定工业项目土地利用评价指标体系，以项目定用地、以投资额定用地量；对无特殊工艺要求工业项目，要求建设多层厂房，杜绝圈而不用、小项目大圈地等浪费土地行为。在规划选址上实行用途管制，闲置 2 年以上土地予以收回处置。

2005 年，根据省国土资源厅、省发改委和省建设厅颁发的《福建省工业项目投资强度与用地规划控制指标（试行）》精神，建立由投资强度、容积率、绿地率、建筑系数、行政办公及生活服务设施用地所占比例等，组成指标控制体系。

第二章　地籍管理

第一节　土地测绘

2003年起，宁德市政府将测绘行政管理职能划入国土资源部门，实现国土资源部门对测绘工作统一监管。先后完成蕉城区闽东工业园区、宁德学院、霞浦县高罗旅游度假区大比例尺地形图测绘工作，对27家测绘生产单位测绘成果质量进行监督检查，对30家测绘生产单位测绘资格进行年检，完成32个单位测绘成果资料使用保管设岗。

2004年，完成屏南县城区7平方千米和霞浦新区二期4.64平方千米大比例地形图测绘，开展地图宣传品专项检查、房地产测绘质量专项检查和涉密测绘成果保密检查。同时，加大测绘执法力度，全年制止违规测绘行为8起，查处“问题地图”产品违法违规案件13起。

2005年，通过与福安市政府协调将其测绘行政管理职能划归国土资源部门，至此，全市国土资源部门全部对测绘工作实行统一监管。当年，组织实施宁德中心城区规划区32.75平方千米1∶500大比例尺基础测绘项目，并通过省级验收；完成35家测绘资质证书复审换证工作。

第二节　土地调查

1993年，开展全区土地利用现状详查。1994年，完成地区土地详查数据汇总。11月，按照全国《土地利用现状调查地（市）级汇总技术规程》，完成全区土地利用现状挂图和1∶250000标准分幅土地利用现状图，利用全区各类土地面积数据及其他有关土地数据成果，编成《宁德地区土地资源》一书。

1995年，根据国家和省土地部门部署，开始对全区所属海岛进行土地现状调查。原则上凡属可见之岛屿，不论大小或是否有人居住或停留，均为调查对象。1997年年底，完成海岛土地现状调查，查明全区有岛屿302个，其中福鼎市岛屿68个，霞浦县186个、福安市23个，宁德市（县级）25个；土地面积13486.13公顷。

1996年，国家土地管理局印发《关于完成全国土地普查将土地详查数据变更到1996年10月31日同一时点的紧急通知》，宁德在全区范围内开展土地变更调查。1997年12月，将变更调查成果汇总上报省土地管理局。至2005年，每年进行土地利用现状变更情况调查汇编。

第三节　土地登记发证

一、土地登记人员培训与窗口建设

1993—1995年，宁德地区土地登记人员未实施持证上岗制度。1996年，国家土地管理局颁发《关于实施土地登记持证上岗制度的通知》，各县（市）土地管理局加强土地登记业务培训工作，配备1名熟悉计算机工作人员，配合省土地管理局做好土地登记计算机管理系统使用。1998年起，宁德地区组织人员参加省国土资源厅举办的土地登记人员培训班，开始实施土地登记人员持证上岗制度。同年，省土地管理局与团省委联合颁发《关于在全省土地登记“窗口”开展创建“青年文明号”活动的通知》，宁德地区土地局开设专门办证窗口，采取“四有”措施，即有登记柜台、有专人值班、有完善制度、有现代化管理手段，开展以“一流服务、一流管理、一流人才、一流业绩”为内容的创建“青年文明号”活动。

2000年年底，各县（市、区）土地局均建立土地登记窗口，其中有6个单位获得省级“青年文明号”称号。全市城镇“窗口”累计发证101万本，房改房发证14.1万本；农村发证473万本。完成1999—2000年度城镇《国有土地使用证》证书年检工作，全年年检87211宗，占应检总数96.13%；年检合格74342宗，合格率为85.24%。

2001年，全市全年年检土地证书11636本。2003年，在全市推行国土资源部《土地登记公开查询办法》，窗口建设质量进一步提高。

2004年，市国土资源局设立土地登记、转让、抵押服务窗口，实行一个窗口对外，一条龙办公制度。是年，福安市国土资源局政务服务大厅荣获“全国青年文明号”称号。周宁、屏南县国土局建立起标准的土地登记“窗口”。

2005年，全市土地登记窗口根据资料整理不同情况，分为手工查档和计算机查档两种，并达到计算机查询调档每件不超过10分钟，手工查询调档每件不超过30分钟的要求。

二、颁发土地使用证

1993年，宁德地区完成地籍检查110570宗，颁发土地使用证10.45万本，其中颁发国有土地使用权2.22万本，集体土地使用权证8.23万本，超额完成当年10万本计划任务。柘荣县在1991年基本完成城镇地籍发证基础上，成为全区第一个农村发证超过60%县份。

1995年5月，贯彻省土地管理局《关于贯彻“城市房地产管理法”做好土地登记工作的通知》，各县（市）土地管理局加强土地登记工作制度化，完善各种“表、证、卡、图”，建立土地登记年检制度。全年完成发证2.95万本，全区累计发证达32.32万本，其中，城镇国有土地发证9.79万本，发证率86%，农村集体土地发证22.53万本，发证率83%。

1996年，宁德地区土地管理局负责受理省土地管理局委托的隶属中央或省的银行、保险、邮电、烟草主管部门的用地单位土地登记工作，负责此类单位的土地登记申请、收集土地权属证明材料、地籍勘丈、土地登记初审业务。是年，宁德市（县级）办理使用权转让变更297宗，价值3040万元；办理土地使用权抵押243宗，抵押价值13082万元。

1997年，各（县）市土地管理局严格按照《中华人民共和国城市房地产管理法》《中华人民共和国担保法》《中华人民共和国城镇国有土地使用权出让和转让暂行条例》，对土地使用权抵押登记法律效力、地价评估和合同签订、登记申请、抵押登记和变更登记等都作出具体规定，加强变更土地登记工作。1998年，宁德地区进一步规范和完善地籍管理制度。同年，全区完成土地登记发证1.3万宗。

2000年，全市新发城镇土地使用证11700本，农村土地使用证15800本，土地变更登记发证4900本。年底，全市累计发放城镇国有土地使用权证13.14万本，农村集体土地使用权证24.73万本。

2001年，房改房及经济适用房发证工作全面展开，新增城镇发证8747本，农村发证8564本，土地变更登记发证4524本，年检土地证书11636本。

2002年，加快城镇居民住房土地登记发证工作，全年新增加城镇国有土地使用权发证6725本，农村集体地土地使用权发证4223本，土地变更登记发证3764本；全市发放房改房及经济适用住房土地证7299本，占应发证量的95.7%，发放商品房土地证2022本。

2003年，完成国营农场42宗土地使用权登记，占应登记数的82%；完成农村集体土地所有权登记并发证1302本，占应发证的60.5%；新颁发城镇国有土地使用权证14204本，集体土地使用权证4325本。房改房、商品房用地登记全面铺开，全年登记发证10379本。

2004年，全市发放城镇国有土地使用权发证6335本，农村集体土地使用权发证2232本，土地变更登记发证3745本。为中国银行、中国建设银行上市办理土地登记发证45宗。

2005年，全市新增城镇国有土地使用权发证5132本，农村集体土地使用权发证894本，土地变更登记发证2156本。年底，累计发放土地证441386本，其中城镇国有土地使用权发证本172546本，农村集体土地使用权发证268840本。

第四节　土地分等定级

1993年，按照福建省城镇土地等级标准分，宁德市（县级）、福安市、古田县属五等；福鼎县、霞浦县属六等；柘荣县、屏南县属七等；周宁县、寿宁县属八等。是年4月，宁德地区土地局成立土地科技咨询服务中心，承担全区城镇土地分等定级等工作。6月，成立由宁德地区财政局、土地局等9个单位领导组成的土地估价委员会，由行署分管副专员任主任，负责编制和评审全区性基准地价，评审本地区国有土地使用权出让及成品土地开发地价和土地随地面建筑物转让、出租、抵押、入股等地价；指导各县（市）土地估价，评审送达机构资质认定等工作。年底，完成福安、霞浦、福鼎、柘荣、周宁、古田等7个县（市）所在地土地分等定级，并通过省级验收。

1994年，屏南、寿宁县完成土地分等定级。当年，全区农用土地总面积11.442万公顷，分为三级：一级面积2.102万公顷，占水田18.37%；二级面积6.092万公顷，占水田53.24%；三级面积3.248万公顷，占水田28.39%。按旱地土壤生产力评价，全区总面积5.41万公顷，其中一级0.936万公顷，占旱地17.29%；二级面积3.096万公顷，占旱地57.25%；三级面积1.38万公顷，占旱地25.46%。按林业用地土壤生产力评价，全区总面积93.26万公顷，其中，一级面积73.15万公顷，占山地78.44%；二级面积11.268万公顷，占山地12.08%；三级面积8.84万公顷，占山地9.48%。

1997年，福建省城区土地等级调整后，宁德地区属五等的有福安市、古田县、宁德市；属六等的有福鼎市、霞浦县；属七等的有周宁县；属八等的有屏南县、寿宁县、柘荣县。至2005年，等属标准不变。

第五节　地价评估

1993年，宁德土地评估执行国家土地管理局《城镇土地估价规程》（试行）。1994年，福建省人民政府颁发《关于进一步加强国有资产评估管理工作的通知》，宁德地区土地局成立地产评估中心，全区配备土地估价专职人员40人，开展土地评估工作。是年，各县（市）土地估价交易咨询机构亦陆续建立。1995年，《福建省基准地价修订、验收和公告程序》颁布后，境内有关乡镇一级土地分等定级及基准地价测算业务依照该《程序》开展，土地部门全年共完成土地评估值4.04亿元。

1997年，执行《福建省土地估价机构年审办法》，全区土地评估机构全年完成土地评估1000余宗，涉及土地面积666.67公顷，总地价值4亿多元。

2002年，根据《福建省国土资源厅关于印发农用地分等定级成果技术要求的通知》精神，宁德市土地级别与基准地价修订更新工作委托有资质的评估咨询有限公司承担。市政府成立宁德市城镇土地级别和基准地价修订更新工作领导小组与宁德市城镇土地级别和基准地价修编小组，指导各县（市、区）按照相关规定开展县级用地分等定级计划和城区土地定级与基准地价评估工作。经过基础资料调查、基础资料整理与数据录入、土地级别划定和基准地价评估三个阶段，最终形成数据、图件、文字数据库成果。应用计算机计算得出宁德市各类用地不同级别基准地价，划分商服用地地价为六级，住宅用地地价为六级，工业用地地价为四级，公共用地地价为四级。是年底，土地分等定级工作基本结束。2004年，宁德市重新对各类用地基准地价进行评估修订，至2005年不变。

1997年宁德地区各县（市）城镇基准地价调查情况一览表

表4-3　　　　单位：元/公顷

县、市	级别总数	商业用地基准地价		住宅用地基准地价		工业用地基准地价	
		末级	一级	末级	一级	末级	一级
宁德市	5级	0.028	0.213	0.021	0.099	0.018	0.024
古田县	5级	0.031	0.247	0.025	0.086	0.016	0.022
屏南县	5级	0.022	0.175	0.015	0.062	0.014	0.019
周宁县	5级	0.028	0.205	0.017	0.073	0.016	0.002
寿宁县	5级	0.030	0.020	0.015	0.065	0.014	0.018
福安市	5级	0.059	0.346	0.022	0.011	0.007	0.0197
柘荣县	5级	0.027	0.221	0.015	0.068	0.015	0.017
福鼎市	5级	0.041	0.270	0.017	0.075	0.014	0.02
霞浦县	5级	0.037	0.243	0.020	0.073	0.017	0.021

2004年宁德市各类用地基准地价一览表

表4-4　　　　单位：元/平方米、%

级别	商业用地		住宅用地		工业用地			
					生地		熟地	修正幅度
	地价标准	修正幅度	地价标准	修正幅度	非耕地	耕地		
一级	—	—	1000	±11%	—	—	299	±15%
二级	1810	±21%	760	±12%	—	—	220	±14%
三级	1090	±20%	610	±11%	85	113	160	±15%
四级	800	±19%	470	±14%	66	93	120	±12%
五级	630	±18%	330	±14%	—	—	—	—
六级	460	±18%	250	±15%	—	—	—	—

第六节　档案管理与信息化建设

一、档案归档查阅

1993年，在全面开展土地管理工作中，国土部门形成大量土地管理文件资料。档案“谁用谁管”老办法已不能适应形势发展要求。至2000年，市、县（市）土地管理局在档案管理部门指导下，先后建立土地管理综合档案室，购置档案架、空调、装订机等档案专有设备，档案系统内网分门别类，建立电子目录，实行档案集中统一管理，并逐步实现档案库房和办公场所分离。

2005年3月，宁德市国土资源档案管理中心正式成立，隶属市国土资源局管辖，正科级事业单位，核定编制3人，其中科级领导职数1人，管理人员实行持证上岗。主要负责收集、整理国土资源管理活动中用地、开发、规划等各类文书档案。当年，市档案中心进库2003年前档案33711件，可随时提供查询服务。福鼎市国土资源管理档案室还被评为省级先进档案室。

二、信息化建设

（一）基础设施

1993—2000年，全区地、县（市）档案系统陆续配置微机13台，其中PC386型微机9台、386AST1台、数字化仪2台、绘图仪1台。地区局配置1台AST486型微机。2004年12月，宁德市国土资源信息化领导小组成立，承担全市国土资源信息开发和利用等工作。大部分县国土资源局也相应设立国土资源信息化建设领导小组机构。2005年，市国土资源局建立局域网，中心机房配置精密空调和不间断电源，内、外网实行物理隔离，配置精密空调和不间断电源以及百兆和千兆网络交换机8台、防火墙2台，拥有4台PC服务器，实现全市联网办公。

（二）网站建设

2004年，建成宁德市国土资源局政务信息门户网站。开办有政务公开、机关制度、办文时限、行政性收费、管理动态、政策法规、公告信息等栏目。还设置举报信箱，为社会开通网上举报渠道。

2005年，开通局政务网站和门户网站。9个县（市）区国土资源机构也先后进行局域网建设，配置服务器和微机等设备。同年11月1日，省、市、县（市、区）国土资源局系统广域网开通。年末，市国土资源局通过网站累计发布各类信息3000多条。

（三）电子政务建设

2004年，应用省国土资源厅综合业务管理信息系统（一期）子系统软件，建成具有流程运作、表单定制、电子盖章、公文传输、身份认证、消息发布等电子政务平台。11月1日起，市、县（市、区）国土资源部门可以通过网上审查系统，上报建设用地报件材料，在网络上进行会审。市国土资源局网络系统可连接省、市、县、乡四级国土资源办公网，各办公室可通过客户机运行服务器电子政务程序，进行网上办公，实现省、市、县、乡共同协作处理国土资源相关业务。2005年，市国土资源局开发研制本市土地登记系统软件，对市辖土地登记发证工作进行统一管理。

第三章　土地开发与保护

第一节　土地利用规划

一、宁德地区国土规划

1993年，宁德地区行署印发《关于开展全区国土资源规划通知》，由区计委牵头组织开展国土规划编制工作，随后形成《宁德地区国土规划综合报告》,《报告》中设有“土地利用开发规划”专章。《规划》按照国民经济发展需要，以1990年为基础提出全区至2010年利用土地结构为：耕地14.65万公顷，园地13.33万公顷，林地90万公顷，牧草地0.67万公顷，居民点及工矿用地3.28万公顷，交通用地0.98万公顷，水域7.09万公顷的土地开发利用规划。

二、宁德地区土体利用总体规划

1994年，宁德地区土地利用总体规划开始正式编制。1995年，宁德市（今蕉城区）率先完成《宁德市土地利用总体规划》，并通过省级验收。

1997年，成立宁德地区土地利用总体规划领导小组，制定工作计划和技术方案，在技术程序、时间安排、专题研究、总体方案等方面作出总体设计，开展《宁德地区土地利用总体规划》编制工作。经过搜集基础资料完成《土地利用现状与潜力分析》《土地适宜性评价》《土地供需趋势预测》等专题报告，为修编规划提供依据。编制工作以省政府《1997—2010年宁德地区耕地控制指标》为指导，从规划期国民经济和社会发展需要及土地利用综合效益出发，结合全区土地利用潜力、土地供需情况，确定土地利用目标、方针，制定土地利用结构与布局调整平衡指标，形成宁德地区耕地总量动态平衡控制指标分解方案，并将耕地总量动态平衡控制指标分解下发各县市落实，再根据全区国民经济发展对土地利用需求和全区土地利用潜力，平衡各方潜力状况，综合平衡各部门用地预测，制订出土地利用基本目标，进行规划协调论证。

1999年8月,《宁德地区土地利用总体规划》送审稿形成。2000年1月，福建省人民政府批复原则同意《宁德地区土地利用总体规划》，要求在规划期内，严格限制农用地转为建设用地，控制建设用地总量，切实保护耕地，对已划定的基本农田保护区实行特殊保护。

1996年、2000年份宁德市（地区）城市建设用地规模控制计划情况统计表

表4-5　　单位：万人、公顷

县（市、区）	1996年			2000年		
	城市人口	城市用地	人均用地	城市人口	城市用地	人均用地
宁德市	8.84	660.6	0.0075	20.00	1800.0	0.0090
古田县	5.43	434.5	0.0080	7.60	647.0	0.0085
屏南县	2.12	210.1	0.0099	3.10	295.0	0.0095
周宁县	2.46	197.9	0.0080	3.66	300.0	0.0082
寿宁县	2.18	120.0	0.0055	3.23	210.0	0.0065
福安市	7.85	496.7	0.0063	9.11	604.0	0.0066
柘荣县	2.08	186.0	0.0089	2.70	242.0	0.0090
福鼎市	8.48	543.2	0.0063	11.40	749.0	0.0066
霞浦县	4.90	401.8	0.0082	6.70	543.0	0.0081

三、宁德市"十五"土地利用规划

2000年，宁德市开始编制"十五"（2001—2005年）土地利用规划。规划要项：

（一）滩涂围垦

规划期间，计划对9处滩涂进行围垦，围垦总面积达10万公顷，可形成耕地、建设用地、养殖水域、园地等后备耕地4984.67公顷。

2001—2005年宁德市滩涂围垦重点项目统计表

表4-6　　单位：公顷

项目名称	围垦面积	形成耕地面积
霞浦县沙头围垦	2273.33	1600
福鼎市秦屿番岐头围垦	333.33	200
福安市下白石湖塘围垦	786.70	236
蕉城区铁基湾围垦	3333.33	1666.67
蕉城区大南塘围垦	1026.70	308
蕉城区漳湾后湾围垦	533.33	160
福鼎市前岐蕉宕围垦	246.70	94
福鼎市鱼井围垦	689.80	400
霞浦县溪南清胶围垦	1066.70	320
全市合计	10289.92	4984.67

（二）荒草地开发

规划期间，全区开发荒草地的主要任务包括开发后备耕地1868.47公顷、后备园地3356.3公

顷、后备林地 11274.33 公顷。

（三）整理复垦

规划期间，对“田、水、路、林、村”的综合治理和对以往生产建设中因挖损、塌毁、压占造成破坏土地进行复垦，可整理复垦耕地 542.04 公顷。

2001—2005 年宁德市土地开发和整理复垦规划统计表

表 4-7　　单位：公顷

县（市、区）	荒草地开发			整理复垦耕地
	开发耕地	开发园地	开发林地	
蕉城区	292.87	387.22	1422.3	66.67
古田县	186.33	569.18	1381.21	66.67
屏南县	255.33	475.5	1289.25	66.67
周宁县	180.93	272.95	1158.7	40
寿宁县	195.93	372.92	1220.3	66.67
福安市	294.28	390.38	1415.5	66.67
柘荣县	100.13	102.9	751.62	35.35
福鼎市	299.8	395.25	1325.25	66.67
霞浦县	62.87	390	1310.2	66.67
全市合计	1868.47	3356.3	11274.33	542.04

（四）建设用地

“九五”末年（2000 年）与“十五”末年（2005 年）全市建设用地　2000 年，全市城市规模为 5155.4 公顷；2005 年，城市规模为 6626.1 公顷，城市规模扩展 1460.7 公顷，实增 1181.65 公顷，占用耕地 6416 公顷。其中：

蕉城区　2000 年，城市规模为 1500 公顷（包括蕉南、蕉北老城区和城南镇、金涵乡所在地，漳湾镇部分行政村，东侨开发区建设区以及区内山体、水系）；2005 年，将发展为 2000 公顷，城区规模扩展 500 公顷（包括山体、水系），实增建设用地 398 公顷（其中占用耕地 254.85 公顷）。

福安市　2000 年，城市规模为 714 公顷；2005 年，将发展为 856.6 公顷，城区规模扩展 142.6 公顷，实增建设用地 142.6 公顷（其中占用耕地 43.33 公顷）。

福鼎市　2000 年，城市规模为 749 公顷；2005 年，将发展为 985.35 公顷，城区规模扩展 236.35 公顷（包括山体、水系），实增建设用地 157.3 公顷（其中占用耕地 61.23 公顷）。

霞浦县　2000 年，城市规模为 543 公顷；2005 年，将发展为 671.5 公顷，城区规模扩展 128.5 公顷，实增建设用地 128.5 公顷（其中占用耕地 90.75 公顷）。

古田县　2000 年，城市规模为 607.4 公顷；2005 年，将发展为 757.4 公顷，城区规模扩展 150 公顷（包括山体、水系），实增建设用地 95 公顷（其中占用耕地 45.7 公顷）。

屏南县　2000 年，城市规模为 295 公顷；2005 年，将发展为 370.25 公顷，城区规模扩展 75.25 公顷（包括山体、水系），实增建设用地 55.25 公顷（其中占用耕地 36.2 公顷）。

寿宁县　2000 年，城市规模为 205 公顷；2005 年，将发展为 265 公顷，城区规模扩展 50 公顷，实增建设用地 50 公顷（其中占用耕地 28 公顷）。

周宁县 2000 年，城市规模为 300 公顷；2005 年，将发展为 400 公顷，城区规模扩展 100 公顷（包括水系），实增建设用地 90 公顷（其中占用耕地 47 公顷）。

柘荣县 2000 年，城市规模为 242 公顷；2005 年，将发展为 320 公顷，城区规模扩展 78 公顷（包括山体、水系），实增 65.5 公顷（其中占用耕地 34 公顷）。

城镇及农村居民点建设用地 规划期内，部分农村居民点建设用地随城市和城镇规模的扩大而转为城市和城镇建设用地，总体规模将保持在16828.4公顷，实际增加建设用地289.7公顷（其中占用耕地 73.6 公顷）。

2000 年、2005 年宁德市城镇建设规划用地比较情况统计表

表 4-8 单位：公顷

县（市、区）	2000 年	2005 年			
	城镇面积	城镇面积	扩展面积	实增建设用地	占耕地面积
蕉城区	518.7	708.85	190.15	101.25	42
古田县	588.7	668.7	80	80	43.1
屏南县	161.5	227.71	66.21	66.21	20.5
周宁县	180.4	220	40	40	20.5
寿宁县	203.9	260.61	56.71	56.71	20.5
福安市	625.4	785.5	160.1	135.5	51.8
柘荣县	133.25	187.25	54	41.5	20.5
福鼎市	642.2	746.35	104.15	104.15	45.2
霞浦县	415.1	514.5	99.4	99.4	35.8
全市合计	3469.15	4319.47	850.72	724.72	299.9

小城镇建设用地 小城镇建设用地指宁德市级以上确定的小城镇建设用地。

2000 年、2005 年部、省、市级确定小城镇建设用地情况统计表

表 4-9 单位：公顷

部级确定的小城镇	2000 年	2005 年			
	城镇面积	城镇面积	扩展面积	实增建设用地	占耕地面积
霍童镇	94.48	114.48	20	15.48	5.16
点头镇	96.85	117	20.15	20.15	7.33
省级确定的小城镇	2000 年	2005 年			
	城镇面积	城镇面积	扩展面积	实增建设用地	占耕地面积
赛岐镇	192.47	249.2	56.73	48.73	16.6
秦屿镇	149.50	207.75	58.25	50.25	20.67
三沙镇	92.79	128.76	35.97	26.8	6
黄田镇	82.57	96.57	14	14	6.27

续表 4-9

部级确定的小城镇	2000 年	2005 年			
	城镇面积	城镇面积	扩展面积	实增建设用地	占耕地面积
长桥镇	39.9	51.9	12	10	3.5
南阳镇	43.54	56.54	13	10.75	3.75
李墩镇	28.33	35.33	7	6	3.16
富溪镇	15.17	25.17	10	6.67	2.64
市级确定的小城镇	2000 年	2005 年			
	城镇面积	城镇面积	扩展面积	实增建设用地	占耕地面积
飞鸾镇	51.93	74.28	22.35	13.35	47
漳湾镇	72.28	92.08	19.8	15.35	5.1
七都镇	61.23	81.23	20	12.2	4.28
洋中镇	62.77	82.42	19.65	14.6	4.36
八都镇	33.48	45.78	12.3	12.3	3.8
三都镇	40.13	76.63	36.5	16.5	4.54
甘棠镇	86.33	124.43	38.1	38.1	15.13
下白石镇	70.67	104.43	33.76	26.5	8.1
湾坞乡	26.73	37.03	10.3	10.3	4.25
穆阳镇	90.67	126.14	35.47	35.47	14.67
社口镇	32.67	40.27	7.6	7.6	2.8
牙城镇	46.83	65.4	18.57	15.57	7
盐田镇	21	35.63	14.63	14.63	6
溪南镇	44.94	64.94	20	20	10.35
下浒镇	47.73	55.93	8.2	8.2	4
硖门乡	21.7	35.7	12	12	4
白琳镇	78	94	16	16	6.35
沙埕镇	78.63	95.63	17	17	3.25
龙安区	33.33	43.54	10.21	10.21	6.15
鹤塘镇	99.2	139.2	40	35	97

重点建设项目用地　规划期内，全市重点建设项目用地规划 9316.58 公顷，占用耕地面积 701.67 公顷。

第二节　基本农田保护

1993年，宁德地区各县（市）保护区由县各行业树立保护标志，保护片块由村委设立保护牌加以确认，地区行署根据《福建省基本农田保护区暂行规定》，向各乡（镇）下达保护区面积控制指标。1994年9月，宁德地区行署根据《福建省基本农田保护条例》，制定基本农田保护区工作方案，在全区划出13.01万公顷基本农田保护区，划定保护片27126片。

1995年，实行行署专员、县（市）长、乡（镇）长之间保护农田责任制，层层明确任务与责任，土地执法力度明显加强。是年，古田县查处3起违法占用保护区案件，霞浦县查处28个个体机砖厂在保护区内取土，恢复良田0.82公顷，罚款3.5万元。1996年，全区查处侵占基本农田违法案件46件，其中制止11件、退地复耕29件，责令搬迁1件、拆迁4件，起诉1件。

1997年，认真贯彻省委、省政府《关于进一步加强土地管理，切实保护耕地若干问题的决定》，对占用耕地单位和个人实行高额补偿、缴纳耕地占用税和基本农田开发基金，并要求划出等质等量耕地补充，保证基本农田总量不减少。1998年，根据《中华人民共和国土地管理法》和省政府《关于开展全省基本农田保护区核查工作意见的通知》精神，全区围绕“核实、纠错、预留、调整、补足”12字方针，开展基本农田保护情况核查。

1999年，按照《福建省基本农田区核查工作验收意见》，各县（市）在基本农田自查自验中，对存在问题进行整改。8月，成立由地区监察局、土地局、建委等部门组成的基本农田保护区核查工作验收组，对各县（市）基本农田保护区进行全面验收。全区划定基本农田保护片29674片、13.088公顷，保护率达86.4%。

2003年，实施土地用途管制，留住基本农田保护红线，倡导集约高效合理利用土地。完成蕉城、霞浦、福安全数字化1∶25000基本农田保护区图改为1∶10000图编制，对全市调整基本农田图进行矢量化，更新所有基本农田保护区图和基本农田保护区牌；健全完善基本农田保护制度。当年，全市基本农田13.354万公顷，保护率达87.5%。

2004年，全市有基本农田面积13.506万公顷（其中异地划补0.356万公顷），保护片29938片，保护率88.2%。

2005年，建立三级农田基本保护监护制度，将农田保护区划分为三个级别，实现数字化管理，落实耕地保护目标责任制。

1998年宁德地区核查前后基本农田保护面积对照统计表

表4-10

县、市	1994年划定面积（万公顷）	保护率（%）	剔除面积（万公顷）	补划面积（万公顷）	核查后面积（万公顷）	保护率（%）	保护片（片）
宁德市	1.41	5.982	0.15	0.166	1.39	5.55	172.87
古田县	2.76	6.13	0.04	0.03	2.44	6.05	390.8
屏南县	1.15	5.71	0.02	0.02	1.16	5.85	146.53
周宁县	0.85	5.77	0.05	0.08	0.89	5.94	115.87

续表 4-10

县、市	1994 年划定面积（万公顷）	保护率（%）	剔除面积（万公顷）	补划面积（万公顷）	核查后面积（万公顷）	保护率（%）	保护片（片）
寿宁县	0.89	5.58	0.03	0.26	1.20	5.91	323
福安市	2.02	5.67	0.116	0.25	1.904	5.67	484.13
柘荣县	0.46	5.72	0.01	0.03	0.41	5.71	42.27
福鼎市	1.96	6.53	0.49	0.76	0.98	5.77	163.13
霞浦县	1.52	5.65	0.08	0.04	1.61	5.61	190.4

说明：表内宁德市指蕉城区

2004 年宁德市耕地保护情况统计表

表 4-11　　单位：公顷、%

县（市、区）	基本农田保护面积	基本农田保护率
蕉城区	13960.84	83.8
古田县	24686.58	92.7
屏南县	12367.76	93.6
周宁县	9357.14	93.9
寿宁县	12299.99	91.1
福安市	20079.95	90.0
柘荣县	4182.12	87.2
福鼎市	21314.38	56.0
霞浦县	16590.03	84.9
宁德市	134838.79	89.1

第三节 土地开发利用

一、耕地开发

1993 年，宁德地区执行《福建省开发耕地管理办法》关于“耕地开发承包经营者权益承包期限为 15 年，承包经营期内允许继续转包；自有收益年份起免征农业税 5 年；承包经营期限满后，原承包者在同等条件下可优先承包。耕地开发的审批权限为 10 公顷以下由县级政府批准，报省、地（市）土地管理部门备案；10 公顷以上 100 公顷以下由省辖市政府或地区行政公署批准，报省、地（市）土地管理部门备案；100 公顷以上 1000 公顷以下由省政府批准；1000 公顷以上按国务院有关规定报批”等规定。同年，实行非农业建设占用耕地征收开发基金制度，收取耕地开发专用基金用于开发耕地，逐步完善有关土地开发申请、踏勘、评估、论证、审批、检查、验收和支付补助款等办法。

1996 年，宁德地区开发耕地 153.33 公顷。1998 年，全区在荒山、荒地开发利用上，坚持“宜耕则耕、宜园则园、宜林则林”原则，全区共开发耕地1728.33公顷，开发建设用地76.67公顷；通过荒山、荒地开发，开发耕地415.33公顷，开发园地6326公顷（其中果园3490公顷、茶园2836公顷），开发林地10882.67公顷。1999年，投资5964.05万元，开发土地597.59公顷。

2000年，全市实施耕地开发项目23个，投资1275.30万元，开发土地438.76公顷。2003年，全市投资2143.93万元，实施土地开发项目23个，开发土地446.74公顷。2005年，确定省级土地开发项目37个，土地开发总规模达69.7公顷。至此，全市累计投入土地开发资金2亿余元，开发土地2985.75公顷。

二、土地整理

1993—1995年，宁德地区土地整理工作主要有改造旧房、平房改楼房和旧村改造等。1997年，中共中央、国务院发出《关于进一步加强土地管理，切实保护耕地的通知》，福安市推出“拆旧建新、移村上山、并村集中、重建家园”土地整理模式，开发整理耕地69.47公顷，节约耕地33.33公顷。1998年，全区土地整理增加耕地面积231公顷。

2000年，宁德市土地开发整理中心正式成立，并施行《福建省开发耕地管理办法》，规定整理土地每亩给予补助2000元。2002年，全区省级重点整理项目5个，落实省国土资源厅补助资金4635万元，实际实施土地整理项目8个、763.16公顷，新增耕地154.86公顷。

2003年，实施土地整理项目5个934.77公顷，新增耕地81.72公顷。2004年，受“云娜”“艾利”台风影响，全市灾毁耕地1668.33公顷。灾后，市国土资源局争取到国土资源部补助资金1600万元，另投资1312万元，实施土地整理项目4个，整理土地面积386.28公顷，新增耕地79公顷。

2005年，宁德市连续遭受“6·17”特大洪灾、“海棠”台风、“泰利”台风、“龙王”台风袭击，灾毁耕地4789.53公顷。当年，实施蕉城七都、福鼎市前岐、古田县杉洋夏庄、屏南县岭下洋、柘荣县东源、周宁县浦源、霞浦县沙江、崇儒、溪北洋、牙城，柘荣县石山前楼，屏南县长桥、福鼎市焦宕、石垅头等13个省级土地开发整理项目，后省国土资源厅又新审批蕉城赤溪土地复垦项目（二期），霞浦县溪南洋、下浒镇三赤、沙江镇八宝坡头洋，屏南县双路棠，周宁县李墩、礼门，福鼎市秦屿镇冷城等8个土地整理项目。全年争取到补助资金2356.77万元，实施整理土地960.47公顷，新增土地面积487.62公顷，其中耕地面积123.72公顷。

三、复垦

1993年起，宁德地区重点实施对闲置土地和灾毁土地复垦。1994年，全区开发复垦农业用地750公顷，其中耕地408.2公顷。1999年，全区投资1380.90万元；土地复垦面积111.8公顷，增加农地111.83公顷。2005年，组织对灾毁耕地复垦，争取国家国土部和省国土资源厅耕地复垦补助资金2031万元，完成土地复垦项目2个，土地复垦面积260.48公顷；增加耕地面积260.48公顷。

四、围垦

1993年，霞浦县城东南福宁湾围垦工程获省计委立项。1996年，分别完成福鼎铁铿围垦面积 204 公顷、霞浦三赤围垦面积 133.33 公顷、福安下坯围垦面积 230 公顷、外宅围垦面积 100 公顷。1998 年，全区完成较大围垦项目有宁德市（县级）宝洋围垦、福安市湾坞围垦等大小围垦工程 10 多处，围垦面积 1434.67 公顷，开发耕地 1082 公顷。

1999 年，福鼎市采取股份合作制形式筹集围垦资金，开发耕地 2666 公顷。2000 年，全市实施滩涂围垦项目 4 个，围垦面积 6726.67 公顷，新增耕地面积 0.42 万公顷。2001 年，霞浦县采用投融资模式实施沙头围垦工程，该工程占地面积 2273.33 公顷，总投资 3.968 亿元。2005 年，全市大小围垦工程 173 处，围垦面积 1.088 万公顷。

第四章　建设用地管理

第一节　建设用地供应与审批

一、建设用地供应

1993—1999年，宁德地区建设用地分为国家建设用地、乡（镇）村集体建设用地和农村个人建房用地三项，统称“三项”建设用地，把各项建设用地纳入国家宏观控制，实行总量控制。各县建设用地计划，由县土地管理局会同计划委员会，根据下一年度国家建设投资安排、农村经济发展和农村个人建房安排进行编制。地区土地管理部门负责汇总平衡后上报省土地局，再由省局与省计划委员会汇总平衡后报国家土地管理局，经国家计划委员会确定后正式下达，再由省土地管理局和省计划委员会，根据国家计划进行分解，正式下达县、市执行。不论国家建设、集体建设还是农村个人建房，无建设用地指标均不得占地建设。

2000年，供应国有经营性土地2宗，面积6.1365公顷，出让价款405.0264万元，均为协议出让。2001年5月，省政府颁布《福建省国有土地使用权招标拍卖管理办法》，要求商业、旅游、娱乐和商品住宅等经营性土地，必须采取招标、拍卖、挂牌方式出让。当年，全市国有经营性土地供应23宗，面积27.6844公顷。其中招标拍卖挂牌出让5宗，面积4.1577公顷，价款1457.073万元，协议出让18宗，面积23.53公顷，价款5110.48万元。

2003年，宁德市根据国土资源部《关于加强土地供应管理促进房地产市场持续健康发展的通知》，坚持土地供需总量基本平衡，结构合理，价格稳定；优先满足普通商品住房建设合理发展的用地需求；全年供应国有经营性土地95宗，面积220.39公顷，价款50954.70万元。

2005年，《福建省国有土地使用权挂牌交易管理办法》正式出台。当年，宁德市依照该《办法》供应国有经营性土地107宗，面积327.07公顷，价款82682.653万元，其中，招标、拍卖、挂牌出让33宗，面积144.89公顷，价款73013.67万元，协议出让74宗，面积182.176公顷，价款9668.98万元。

2000—2005 年宁德市国有经营性土地供应情况统计表

表 4-12 单位：公顷、万元

年份	合计			招标拍卖挂牌出让			协议出让		
	宗数	面积	价款	宗数	面积	价款	宗数	面积	价款
2000	2	6.1365	405.0264	—	—	—	2	6.1365	405.0264
2001	23	27.6844	6567.5426	5	4.1577	1457.073	18	23.5267	5110.4696
2002	22	34.5932	9695.3336	6	10.886	5085.2753	16	23.7072	4610.0583
2003	95	220.3905	50954.7018	32	60.4341	32507.0464	63	159.9564	18447.6554
2004	111	316.9789	57976.4161	35	184.298	45233.2478	76	132.6809	12743.1683
2005	107	327.0646	82682.653	33	144.8882	73013.6697	74	182.1764	9668.9833

2000—2005 年宁德市各类建设用地供地情况统计表

表 4-13 单位：公顷

年份	合计	商服用地	工矿仓储用地	住宅用地	公共管理与公共服务用地	特殊用地	交通运输用地	水域及水利设施用地
2000	34.8117	5.5401	6.1365	2.742	1.4611	—	18.932	—
2001	95.2042	16.018	3.0082	18.682	3.034	0.032	0.891	53.539
2002	78.6406	16.114	26.8066	6.618	29.078	—	—	0.024
2003	383.8795	65.365	86.6945	86.498	57.829	0.033	—	87.460
2004	668.0111	98.817	177.653	96.841	66.433	3.55	47.062	177.655
2005	1418.029	21.917	419.659	149.420	67.038	208.484	7.416	544.095

二、建设用地审批

1993 年，“三项”建设用地批准后，各县（市）由当地土地管理局发给“建设用地许可证”，作为批准建设用地原始证件，供土地执法部门和群众随时检查监督。建设项目竣工后，建设单位（含个人）及时向当地土地管理局申请检查验收，办理登记手续，交回“建设用地许可证”，换发“土地使用证”。凡未获批准和未悬挂“建设用地许可证”或超越“建设用地许可证”规定用途、范围使用土地的单位和个人，按违法或违章用地处理。是年，批准全区建设用地面积 391 公顷，其中耕地 307 公顷，非耕地 84 公顷。

1994 年，各级土地管理部门因资金不落实等原因退回不予审批用地计 11 件，面积 50 公顷，其中耕地占 44.33 公顷；核减用地项目 3 件，面积 30.47 公顷，其中耕地占 29.67 公顷。全年全区共审批“三项”建设用地 208.48 公顷，其中耕地 136.47 公顷。

1998 年，宁德地区获批准建设用地面积累计达 3140 公顷，其中耕地 2006 公顷，非耕地面积 1134 公顷。

1999 年，贯彻执行《福建省建设用地审查报批规定》，依法按权限审批建设用地面积 2694.3079 公顷，其中农用地 2375.8383 公顷，农用地内耕地面积 881.0697 公顷；建设用地面积 54.6393 公顷，未利用地面积 263.8303 公顷。

2000 年，宁德市经审批建设用地面积 200.5237 公顷，其中农用地 174.4441 公顷，农用地中耕地 117.2508 公顷；建设用地 1.6305 公顷。

2001 年，重申建设用地审批程序。全市审批建设用地总面积 148.7301，其中农地 104.3116 公顷，农地内耕地 59.5616 公顷，建设用地 2.4802 公顷。

2003 年，全市上报农转用报批用地 713.94 公顷，其中耕地 405. 29 公顷。同年，市政府颁发《贯彻落实省政府关于保障工业发展用地促进经济发展若干意见的通知》，要求对新增建设用地有偿使用费省级留成部分实行缓交，市、县级留成部分给予免交；各县（市、区）每年要从经营性项目土地招标拍卖挂牌出让金中，按不少于 5% 比例提取工业用地成本调节资金。全年全市共审批建设用地面积 940.1078 公顷，其中农用地 792.8185 公顷，农用地内耕地 423.0353 公顷，建设用地 17.0294 公顷。

2004 年，全年共审批建设用地面积 787.0253 公顷，其中农用地 639.2662 公顷，农用地内耕地 395.9619 公顷，建设用地 58.9937 公顷。

2005 年 ，省国土资源厅给予宁德市 266.67 公顷工业用地指标。全年全市审批建设用地面积 3064.1688 公顷，其中农用地 2190.7515 万公顷（含耕地 84.8151 公顷），未利用地 788.6020 公顷。

1999—2005 年宁德市（地区）建设用地审批情况统计表

表 4-14　　　　单位：公顷

年份	总面积	农用地		建设用地	未利用地
		小计	其中耕地		
1999	2694.3079	2375.8383	881.0697	54.6393	263.8303
2000	200.5237	174.4441	117.2508	1.6305	24.4491
2001	148.7301	104.3116	59.5616	2.4802	41.9383
2002	300.7480	276.8990	225.6577	3.6248	20.2242
2003	940.1078	792.8185	423.0353	17.0294	130.2599
2004	787.0253	639.2662	395.9619	58.9937	88.7654
2005	3064.1688	2190.7517	634.1004	84.8151	788.6020

第二节　土地储备

2001 年 12 月，宁德市政府发布《宁德市土地收购储备试行规定》，并成立土地收购储备中心，开始在全市推行土地储备制度。2002 年，市土地收购储备中心收购土地 20 多公顷，融资 2300 万元。2003 年，市土地收购储备中心完成注册资本金 8160 万元，在蕉城、福鼎、霞浦、福安沿海 4 县（市）收购储备土地 8 宗、64.27 公顷。

2004 年，投入土地收储资金 8087 万元，实施《宁德市土地收购储备近中期工作计划》《宁德市 2004 年土地收购储备实施方案》，签订土地预征协议 320 公顷，完成海带市场、水产市场、市农业学校等 9 宗 69.07 公顷土地收储，进行市区 506.67 公顷储备用地全面测绘和蕉城区集体土地征地。公开出让福鼎市善后收储地块、水产市场、枫景大厦二期、海溪大道东侧等 4 宗 26.13 公顷储备用地，为市区路网及市接待中心等 19 个重点项目提供用地 80 公顷。

2005年，将宁德市区土地统一纳入收储管理，实行统一规划、统一征地、统一开发、统一出让。全年投入土地收储资金13366万元，征（拨）用土地19宗，面积170.47公顷，公开出让7宗22.4公顷，土地出让金总额11496万元，土地出让净收益5580万元，为12项重点建设项目提供建设用地66.07公顷。

第三节 用地管理

一、重点工程用地管理

1993—1996年，引导用地单位利用荒山、荒滩、荒坡，先后为20多处重点工程提供建设用地难题。累计审批重点工程建设用地65公顷。

1998年，宁德市（今蕉城区）土地局为确保3万绽棉纺织厂重点项目建设，提供用地6.67公顷。

2000年，对重点建设项目从土地供应到项目管理实行全程监管，实行农用地转用审批与供地率考核相挂钩制度。对重点项目用地，提前介入，主动服务，协调解决在征地、用地报批、耕地占补平衡等方面存在的问题；协助地方政府和项目业主做好被征地单位和群众生产、生活安置。

2001年，为联通基站、大黄鱼原种场，屏南二级公路等重点工程用地转报批省政府48批次，面积404.86公顷。2002年，开展洪口电站、闽东大学城、温福铁路等国家、省、市重点工程用地前期工作，当年完成39个批次，300.74公顷用地报批。

2003年，先后为霞浦机场、霞浦高罗旅游开发区、宁屏二级公路等一批重点建设项目调整用地规划1220公顷。为屏宁洪口二级公路屏南段一期工程，划拨用地29.16公顷、兴屏工业区路用地划拨1.67公顷、榕屏化工仓库用地划拨2.12公顷。

2004年，牛头山电站、洪口电站等6个重点急需项目建设用地，获得国土资源部、发改委审批。

2005年，通过现场办公、培训指导、咨询协调等多种形式，解决温福铁路等省重点建设项目用地，使其尽快实现依法报批。

二、农村住宅建设用地管理

1993年，宁德地区居民个人建房用地执行省、地有关规定：农村居民建住宅用地，必须符合乡（镇）村建设规划，由本人提出申请，村民委员会同意，经乡（镇）土地管理员按有关规定审核后，报乡（镇）人民政府批准；使用耕地的由乡（镇）人民政府审核同意后，报县级人民政府批准。城镇非农业户口居民建住宅，需要使用集体土地的，由本人向居民委员会提出申请，经镇人民政府或街道办事处审核后，报县级人民政府批准。农村居民建住宅用地面积限额为：每人要少于0.002公顷，6口以上每户要少于0.012公顷，利用荒坡地，可以适当放宽，但每户不得超过0.003公顷。城市郊区、人多地少地区和城镇非农业户口居民建住宅使用集体所有土地的，用地面积限额为每人要少于0.0015公顷，4口以上每户要少于0.006公顷。户住宅用地面积已达到当地限额或出租、出卖住房后再申请宅基地的不予批准。居民建房由居民向所在地村（居）委会提出书面申请，经村（居）委会张榜公布、评议确认符合申请建房用地条件，并列入当年建房用地计划控制指标的，发给“居民建房用地申请表”；由乡（镇）、街道土地管理所（组）组织人员对申请户填写的“居民建房用地申请表”逐项进行核实；乡（镇）街道土地管理所（组）审核后，按《福建省土地管理实施办法》规定的审批权限报批。居民建房用地申请还应参照国家建设征用土地标准支付补偿费和安置补助费；土地管理部门凭用地批准文件和缴纳税费单据派员往现场放样定桩，划拨土地。建房户办领建设用地许可证后，方可动用土地；房屋建成后30日内，经检查符合用地批准文件的，由县级土地管理部门登记建卡，收回建设用地许可证，发给集体土地建设用地使用证或国有土地使用证。

1994—1996年，各级政府审批建设用地一律实行审批程序、审批权限、用地指标、批准条件、收费项目、审批结果“六公开”制度。

1997年，宁德地区村镇建设本着“集中紧凑、合理布局”原则，制订村镇土地利用规划和村镇建设规划，科学合理安排村镇各类建设用地。居民宅基地每户只能有一处且不超过标准，多出宅基地，要依法归集体所有。农村居民新建住宅，必须充分利用原有宅基地和宅内空闲地，提倡相对集中建设公寓式楼房，原有宅基地和空闲地未安排之前，不得批准占用耕地建房。

1998年，执行省政府《关于非农业建设用地清查处理补充规定的通知》，对农村居民建住宅提出批准用地面积，超占部分耕地面积在0.006公顷以下（不含本数）或总占地面积在0.018公顷以下，非耕地超占在0.01公顷以下或占总地面积在0.025公顷以下的，可采取逐年收取用地租金办法进行处理。超过该标准的，对超占部分用地上建筑物，原则上应予拆除或没收，土地收归集体。国家建设需要征用的，一律不予补偿。根据《福建省建设用地审查报批规定》，农村村民建住宅，需持户口簿及家庭成年成员身份证，按照“一户一宅”“拆旧建新”要求，向村（居）委会提出用地申请，填写“建设用地申请表”，并提供申请报告等16项材料。要严格控制农村居民点建设规模，逐步向中心村和小城镇集中。

2001年，开展农村集体非农业建设用地流转试点，引导和帮助集体非农业建设用地合理流动，节约用地，少占耕地，促进农村建设用地结构调整。鼓励农民按规划集中建房，通过盘整逐步消灭“空心村”。

2004年，执行省政府颁布的《福建省农村村民住宅建设用地管理办法》，引导农村建设住宅小区，提供农民建房技术服务，简化审批手续，严格执行优惠政策和收费规定。2005年，按照“纳入规划、简化程序、减免费用、强化监督”要求，逐步解决农村建房无序状况。

第四节　土地市场管理

1993—1999年，宁德地区土地市场管理坚持“三个统一”原则，即土地资源管理与资产统一，城乡地政管理统一，宏观调控与建立地产市场管理统一，逐步培育、发展、规范地产市场，推行土地有偿使用和公开拍卖。其间，古田县举办15次土地公开拍卖会；周宁、宁德（蕉城）、福安、古田、霞浦等县（市）陆续出台《加强划拨土地使用权管理意见》，明确划拨土地使用权转让、出租、抵押细则，通过对划拨土地使用权管理，遏制土地资产收入流失，增加财政收入。全区累计共补交出让金263万元，促进土地市场管理规范化。

2001 年，市、县土地管理部门执行《福建省国有土地使用权招标拍卖管理办法》，国有土地使用权招标、拍卖由市、县政府土地行政主管部门具体组织实施，实行公开招标，遵循“合法、公开、公平、公正”和“诚实信用”原则进行。

2002 年，执行《福建省国有土地使用权挂牌交易管理办法》，市、县土地行政主管部门作为挂牌人，参与竞价交易单位或个人为竞买人，并列出 5 种类型用地以挂牌交易形式出让或转让国有土地使用权，规范经营性房地产项目用地招标拍卖制度。

2003 年 11 月，宁德市国有土地使用权挂牌出让网上交易系统正式开通，实现各县（市、区）挂牌人在网上发布挂牌公告、交易公告、结果公示，竞买人网上报名、登记、报价、竞价。

2004 年，执行省国土资源厅、省监察厅联合发出的《关于进一步规范经营性土地使用权招标拍卖挂牌出让工作的通知》，从出让程序、信息公开、出让范围、资格条件、合同履行等方面，加强土地市场管理，规范土地使用权出让行为。

2005 年，执行省国土资源厅《关于禁止不良信用记录的房地产开发企业参加土地竞买有关问题的通知》，各县（市、区）普遍建立房地产开发企业信用档案，对有不良行为记录房地产开发企业或个人，禁止或限制其参与政府特许的国土资源行业经营活动；有关房地产开发企业信用档案在全省国土资源系统政务信息网或国有土地使用权挂牌出让网交易系统上向社会公开披露，净化土地招拍挂交易市场，营造良好的开发环境和投资氛围。

第五章　矿产资源与地质环境管理

第一节　矿产资源总体规划

一、规划编制

2001年，宁德市国土资源局先后展开《宁德市经济发展与矿产资源供需形势分析研究》《宁德市矿产资源总体规划目标研究》《地质矿产调查评价与勘查规划研究》《矿产资源开发利用与保护研究》《宁德市矿山生态环境保护与治理研究》等5个专题研究，编制并评审通过矿产资源总体规划大纲，并按照规划大纲开展规划编制工作。2003年，编制完成《宁德市矿产资源总体规划（2001—2010）》，报上级审批。2004年7月16日，福建省人民政府批复原则同意《宁德市矿产资源总体规划（2001—2010）》。

二、规划主要内容

（一）调控矿产资源开采总量

金属矿产　鼓励开采金、银、铅、锌等矿产，严格限制钼矿开采总量。

非金属矿产　鼓励开采适应地方经济发展需要的建材、化工非金属矿产，如优质叶腊石、高岭土、明矾石等。严格控制建筑黏土开采总量，加强含钾岩石、白云岩、硅灰石等在农业上应用的研究开发工作，鼓励企业依靠科技进步、扩大非金属矿产应用领域，大力发展矿产品深加工及采选工艺新技术。

（二）矿产资源开发分区

全市划定鼓励开采区16处，总面积为281.71平方千米，限制开采区8处，总面积160.84平方千米；禁止开采区21处（其中县级以上的自然保护区、重要风景旅游区等16处，城建规划区5个），总面积约1424平方千米。另有涉及铁路、高速公路、省道、主要河流的禁止开采区16处，主要水库、电站禁止开采区5处。县级以上重点保护的历史文物和名胜古迹所在地（禁采点）36处。根据成矿地质构造特点和限制开采区、鼓励开采区分布，全区划分：周宁官司—芹溪—福安赤路北西向矿业经济带，鼓励开采银、多金属、钼、明矾石。福鼎银硐—福安赤路—屏南代溪北东向矿业经济带，鼓励开采铜、铅、锌。福鼎管阳—福安松罗—古田高原北东向矿业经济带，鼓励开采叶腊石、高岭土、花岗石材。

（三）矿产资源利用布局

对具有开发利用价值的共、伴生矿必须统一规划，综合勘探、评价、开采、利用。地勘部门在地质勘探报告中应有资源综合利用的章节；矿山设计部门在确定主采矿种开采方案的同时，应提出可行的共、伴生矿及尾矿综合利用方案。加强矿山资源开发利用监督管理，全面启动矿产资源储量核实工作，强化矿产资源储量动态管理。各矿山企业应基本建立健全储量动用、保有储量等储量管理台账。

（四）矿山生态环境保护

新建矿山生态环境管理 新建矿山必须符合矿山建设准入条件，所制定矿产资源开发利用方案应包括水土保持和矿山生态环境恢复与治理方案，并按规定报经同级有关行政主管部门审批。新建矿山必须进行环境影响评价和地质灾害危险性评估，经批准的环境影响评价报告和地质灾害危险性评估报告所确定的生态环境和地质灾害防治工程，必须与矿山建设的主体工程同时设计、同时施工、同时验收和同时使用。新开办的矿山必须按规定向行政主管部门缴纳保证金。谁是主管部门谁收费谁监督检查，及时做好矿山生态环境治理与土地复垦工作。

现有和闭坑矿山生态环境保护 按照“分类指导、区别对待”原则，对现有和闭坑矿山实行分类管理。对已建生产矿山生态环境保护，按照“谁破坏、谁恢复、谁污染、谁治理、谁受益、谁保护”原则，按规定指标由采矿权人负责生态环境恢复治理工作。现有矿山企业，严格遵守相关法律、法规，对没有环境影响评价和水土保持方案的应限期补做，做到各项环境保护和水土保持指标达到规定要求，并按规定向行政主管部门缴纳矿山生态环境治理与土地复垦保证金。在划定禁采区内现有矿山，限期关闭或搬迁，并做好矿山生态环境恢复治理工作。对即将闭坑矿山，及时做好闭坑后土地复垦、植被恢复、废渣处理、采空区回填等环境保护与水土流失治理工作，并经有关部门验收合格。对已关闭矿山，建立政府、社会等多渠道筹集矿山环保资金投入机制，由有关行政主管部门负责组织矿山生态环境的恢复治理。

建立矿山生态环境监测网络和信息系统 随时掌握矿山生态环境动态，及时采取有效防治措施，使矿山生态环境问题得到基本控制和综合治理。

（五）重点治理矿山生态环境工程规划

闽江流域（古田段）、赛江、交溪（长溪）、霍童溪等矿山生态环境治理工程 做好古田县境内闽江流域地段及赛江、交溪（长溪）、霍童溪等矿山生态环境治理工作，在主干流域可视范围内不得新建露天矿山，现有露天矿山限期关闭，在开采期间的矿山固体废弃物不得排放在河流高水位区河床内，控制河道采砂总量，保护河道、河堤安全等，关闭后矿山必须开展植被恢复治理，消除“青山挂白”现象。

福宁高速路（含国道104线）、国道316线和外福铁路（古田段）、温福铁路两侧矿山生态环境治理工程 在福宁高速路（含国道104线）、国道316线和外福铁路（古田段）及温福铁路两侧可视范围内不得新建露天矿山，已有的露天矿山限期关闭，并恢复植被。

古田鹤塘石材矿山生态环境治理工程 该矿山采场点364个，年产各种石材5万～6万立方米，加工企业几百家，年产值近亿元。矿山开采加工造成大面积植被破坏，斜坡失稳，地表水体污染等较严重生态环境地质问题。当地政府引导现有矿山企业走联合规模化生产道路，整合为

41家开采主体，进行矿山总体设计，做好矿山环境地质勘查影响评价工作，全面实施治理规划。

福鼎大嶂山玄武花岗石材矿山生态环境治理工程 该矿山累计采剥总量已达150万立方米以上，在矿山服务期间已发生多起滑坡、泥石流，造成人民生命财产的损失。针对仍存在较严重生态环境和次生地质灾害隐患，北坡东边严禁堆渣，并加大投入，制定矿山环境治理规划，控制灾害隐患发生。

三、规划实施效果

初步建立覆盖宁德市县级矿产资源总体规划体系,《宁德市矿产资源总体规划（2001—2010）》（下简称《规划》）覆盖9个县（市、区）级矿产资源开发利用与保护内容，并根据福建省国土资源厅要求进行中期评估和部分调整，标志宁德市矿产勘查、开发宏观调控机制初步建立。《规划》成为依法审批、监督管理勘查、开发利用矿产资源依据，各市、县（市、区）国土资源主管部门依据《规划》履行矿产资源管理职能。完成宁德市1∶250000区域地质调查，沿海经济带生态地球化学调查与评价项目取得进展，新发现周宁首章铁矿床，蕉城禅地铜矿床，蕉城黄柏、古田大垅铅锌矿床，霞浦大湾、周宁咸格钼矿床等矿产地。多元化矿产资源勘查投资环境,《规划》实施期间，共投入资金4711万元，其中非国有投资占90.70%，勘查方向主要为铜、铅、锌、金、银、钼、铁等矿种。截至2005年年底，铅、锌、钼、金、银、叶蜡石等矿种资源储量与1999年末相比，均有一定程度增长。其中，铅锌增加17484吨、钼增加51169吨、金增加829千克、银增加208吨、叶蜡石增加396千吨。固体矿产地由1999年的85处增加到178处。关闭不符合办矿条件、布局不合理矿山企业74个，联合兼并矿山企业66个。矿山企业数量由2001年392个减少到2005年252个，矿山从业人员总数4097人，宏观调控取得成效。提高矿产资源开发利用水平,"九五"（1996—2000年）期末，屏南新丘田铅锌矿开采回采率仅20%，福安赤路钼矿采选回收率只有50%。"十五"（2001—2005年）期末，全市6家金属矿山企业，铁矿开采回采率为85%，选矿回收率为88%，采矿贫化率为15%；有色金属矿山企业平均开采回采率80%～92%，选矿回收率81%～85%，采矿贫化率10%，矿产资源综合利用率达70%。叶蜡石、明矾石、白云岩等非金属矿山企业开采回采率85%，饰面用花岗岩石材荒料率25%～40%。保护与恢复矿山地质环境治理工作取得进展，2005年，各类矿山土地恢复治理面积100.06公顷，治理率大约30%，尚有234.74公顷土地需要恢复治理；尾矿二次处理，废水循环利用率和矿山固体废弃物综合利用量明显提高；福鼎大嶂山玄武岩石材矿山还建立地质环境监测系统。此外，还开展高速公路、铁路、国（省）道及赛江、霍童溪、交溪等主要溪流两侧"青山挂白"专项治理，整治禁采区内"青山挂白"点4611处，投入资金268.7万元，完成治理面积9535.7公顷。2005年，宁德市15种矿产开采矿石总量422.05万吨，采选产值32388.80万元，其中建材等非金属类矿山企业产量395.65万吨，产值21893.80万元，占全市当年矿业产值的67.60%；有色金属类矿山和冶金用及化工用非金属类矿山企业产量23.10万吨，产值10255万元，占全市当年矿业产值的31.66%；铁、钼、银、饰面用花岗岩、建筑用花岗岩等5种矿种采选产值突破千万元，矿业经济发展上台阶。

第二节 矿产勘探与开采

一、矿产勘探

1993—2005年，完成全市1∶250000比例尺区域地质矿产调查，发现并探明一批中小型矿产地，主要有古田的西朝、大埏、霞浦驸马洋的锰、铅锌、钼、银矿床；屏南的新田、柘荣的英山、蕉城的黄柏铅锌矿床、禅地铜矿床；周宁咸格的钼矿床、屏南罗厝的银矿床等。铜、铅锌、钼、金、银等矿种资源勘探储量比1999年均有增长，其中铜矿增加37吨，铅锌增加17886吨、钼矿增加2300吨（钼矿资源多为共伴生矿产，以钼为主矿并已开采利用的产地仅有福安赤路1处）、金矿增加804千克、银矿增加188吨。固体矿产地由1999年的85处增加到2005年的138处。2005年末，全市登记探矿权项目达73个，勘查总面积达1033.03平方千米。

二、矿产开发利用

1993年，宁德地区开采的矿种以非金属矿的花岗岩、高岭土、紫砂土等为主。花岗石储量大、花色品种多，有福鼎白琳、寿宁斜滩中型矿床2处，宁德市（今蕉城区）甲地、打石坑等小型矿床13处，合计储量8596万立方米；高岭土各县均有分布，矿床规模以小型为主，已发现矿床（点）37处，储量567万吨；紫砂土储量在亿吨以上，叶腊石储量267万吨。金属矿有古田、福安钼矿各1家。古田钼矿有职工141人，产钼精矿180吨，产值180万元，利税54万元。福安赤路钼矿职工166人，产钼精矿145吨，产值232万元，利税1.3万元。

2001年，宁德市开发利用的矿种有17种，从业总人数8037人，年开采处理矿石量756.02万吨，年产矿石量542.16万吨，主要为建材等非金属类矿山企业，从业人数7715人，占矿业从业人数的96%，年产矿石量536.59万吨。其中，叶腊石1.98万吨，建筑用砂24.77万吨，砖瓦用黏土20.42万吨，饰面用花岗岩44.09万吨，建筑用花岗岩445.34万吨。全市矿业工业总产值17508.98万元。其中建材等非金属类矿山企业年产值16840.93万元，占当年全市矿业产值的96.2%；有色金属类矿山和冶金用及化工用非金属类矿山企业年产值637.05万元，仅占全市当年矿业总产值的3.6%。全市有开采企业318家，年产荒料489.43万立方米，年产值15330.63万元，其中饰面花岗岩矿山企业118家，年产荒料44.086万立方米，年产值8708.25万元；建筑用花岗石矿山企业200家，年产料石445.34万立方米，年产值6622.38万元。饰面花岗岩花色品种多，负有盛名的有“福鼎黑”“桃花红”。福建玄武石材有限公司和屏南大创石材有限公司为大中型企业，其他均为规模较小的小型企业。

2004年，宁德市矿山企业230家，从业人数3483人，年产矿量283.99万吨，总产值1.233亿元，利润859.63万元。

2005年，宁德市关闭不符合办矿条件、布局不合理矿山企业60家，联合兼并矿山企业66家；矿山企业数量由2001的392家减少到283家，从业人数由2001年的8037人下降到4133人；大中型矿山由2000年2家提高到9家，矿业结构逐渐向规模化、集约化转变。

2001 年宁德市矿产资源开发利用情况统计表

表 4-15　　单位：处、个、万吨、万元

序号	矿种名称	矿山数	从业人数	年产矿石	工业总产值	企业平均年产值	工业销售产值	利润总额	人均产值
1	铅矿	1	45	0.5	86	86	186	7.8	1.91
2	银矿	1	40	0.15	130	130	130	25	3.25
3	冶金用白云岩	1	7	0.09	4.74	4.74	3.70	0.36	0.68
4	冶金用脉石英	2	33	0.70	46.30	23.15	36.30	6	1.40
5	明矾石	3	170	4.10	370.01	123.33	370	50	2.18
6	叶腊石	2	86	1.98	171.30	85.65	171.30	13.82	1.99
7	建筑用砂	12	141	24.77	459	38.25	459	58.34	3.26
8	砖瓦用黏土	48	1744	20.42	880	18.33	825	93.50	0.50
9	饰面用辉绿岩	11	172	0.66	328	29.82	280	76.40	1.91
10	饰面用安山岩	2	16	0.13	40	20	40	6.50	2.50
11	饰面用闪长岩	1	23	0.15	45	45	45	2.80	1.96
12	饰面用花岗岩	104	1607	43.15	8295.25	79.76	8278.93	3008.17	5.16
13	建筑用闪长岩	4	60	15.63	234.42	58.61	234.40	30	3.91
14	建筑用花岗岩	171	3631	393.49	5829.30	34.09	5579.78	887.69	1.61
15	建筑用凝灰岩	25	235	36.23	558.66	22.35	558.66	62.29	2.38
16	矿泉水	1	10	—	18	18	18	0.50	1.8
17	其他矿产	3	17	0.03	13	4.33	13	1.50	0.76
总计		392	8037	542.18	17508.98	48.32	17229.07	4330.67	2.19

三、地下水开采

1993 年，全区矿泉水日开采量达 276.8 立方米。1999 年，全区开采量 $0.116755 \times 10^8 m^3/a$（立方米每年），资源储量 $7.671019 \times 10^8 m^3/a$；开采占资源总量比率的 1.52%。2002 年，全市可开采量资源总量 $76710.19 \times 10^8 m^3/a$，其中，孔隙水 $6019.48 \times 10^8 m^3/a$，岩溶水 $50.77 \times 10^8 m^3/a$，裂隙水 $70639.94 \times 10^8 m^3/a$。2005 年，地下水开采量和允许开采量分别为 $1167.28 \times 10^4 m^3/a$ 和 $29864.05 \times 10^4 m^3/a$。

2002 年宁德市勘测各类地下水可开采资源量（矿化度 <1g/L）情况统计表

表 4-16　　单位：$10^8 m^3/a$

县（市、区）	可开采资源量							备注
	可开采资源总量	孔隙水	岩溶水	裂隙水				
				总量	盆地下伏	有人居住岛屿	山地丘陵	
蕉城区	9617.43	1225.53	—	8391.90	1648.69	377.17	6366.04	—
古田县	13732.59	260.58	—	13472.01	709.50	—	12762.51	—

续表 4-16

县（市、区）	可开采资源量							备注
	可开采资源总量	孔隙水	岩溶水	裂隙水				
				总量	盆地下伏	有人居住岛屿	山地丘陵	
屏南县	9252.30	—	—	9252.30	0	—	9252.30	—
周宁县	7618.72	441.31	—	7177.41	529.74	—	6647.67	—
寿宁县	8576.35	—	—	8576.35	0	—	8576.35	—
福安市	9687.94	1435.73	—	8252.21	1276.43	—	2.78	6973
柘荣县	3415.02	126.16	—	3288.86	130.76	—	3158.10	—
福鼎市	8565.60	1634.79	50.77	6880.04	1321.67	—	209.27	5349
霞浦县	6244.24	895.38	—	5348.86	1348.36	189.39	3811.11	—
合计	76710.19	6019.48	50.77	70639.94	6965.15	566.56	50786.13	—

2005 年宁德市地下水开采潜力指数统计表

表 4-17　　单位：$10^4m^3/a$

县（市、区）	开采量	允许开采量	开采潜力指数（P）
蕉城区	311.32	2874.22	9.23
古田县	41.14	970.08	23.43
屏南县	521.90	8252.30	15.81
周宁县	183.17	971.05	5.30
寿宁县	1.55	8576.35	5533.13
福安市	3.45	2712.16	786.13
柘荣县	85	256.92	3.02
福鼎市	3.70	3007.23	812.76
霞浦县	16.05	2243.74	139.80
合计	1167.28	29864.05	—

说明：屏南县、寿宁县为总可开采资源量

第三节　矿产资源管理

一、矿产资源储量管理

1993—1999 年，宁德地区根据国家地质矿产部颁布的《矿产储量登记统计管理暂行办法》，对地质勘查单位查明矿产资源的储量进行登记。

2000 年，对矿山进行资源储量核实，并通过省国土资源评估中心组织评估师和专家对核实报告进行评审，确定矿山资源储量。10 月，对各县（市、区）占用储量登记工作进行检查。全市应登记矿山 452 处，完成占用储量登记的 430 处，占应登记的 95.13%。

2001 年，全市列入统计持证开采矿山 392 处。2002 年，全市有矿山生产企业 560 家，其中持证开采矿山 390 处。

2004 年 3 月 1 日起，国土资源部将矿产储量登记改为查明矿产资源储量登记。是年，全市持证开采矿山 385 处。

2005 年，全市补登记矿产资源储量 22 处。

二、开采登记和监督

1998 年，宁德地区各县（市）相继制定《矿产资源开发总体规划》和《矿产资源开发利用与保护三区（禁采区、限采区、可采区）规划》等规定，同时通过矿山年检及日常矿产资源开发监督管理，大多矿山企业能在许可证核定范围内开采作业。

2001 年，根据国土资源部《关于进一步治理整顿矿产资源管理秩序意见的通知》和全国治理整顿矿产资源管理秩序电视电话会议精神，探矿权审批、登记由省国土资源厅负责，不再委托下放。宁德开采企业按《福建省采矿权审批办法》规定，办理采矿许可证登记发证手续。凡是可以采用招标、拍卖等方式出让探矿权、采矿权的，不再进行行政审批。凡采矿许可证有效期已满且在规定改造期限内矿山开采规模仍达不到福建省已建生产矿山最小开采规模的，不再办理延续登记手续。

2002 年，对饰面石材、建筑石料、河道砂矿 3 个矿种开展专项整顿。

2005 年，进一步完善探矿权和采矿权申请、延续、变更、注销、转让等相关管理制度，严格市场准入标准，加强勘查、开采资质管理，凡不符合矿产资源规划、产业政策和技术规范，矿产资源不能合理利用，不符合安全生产条件，不提交环境影响评价报告和地质灾害危险性评估报告的采矿权申请，一律不审批发证。是年，全市颁发采矿许可证 365 本，注销或废止不合格采矿许可证 12 本。清理、纠正法定要件不齐全或不符合要求、矿区范围交叉重叠、程序违法或越权发证行为，采矿登记进一步规范化。

三、采矿权管理

1998 年，根据国务院《探矿权采矿权转让管理办法》和《福建省矿产资源条例》等法规，加强对矿产资源规划、矿产权审批、矿业权市场建设，查处无证非法采矿，大力推进矿业权市场建设。

2000 年，全市矿山企业换证 123 份，换证率 97.8%。同时，严格按程序和报件要求审批办证，全市新发采矿许可证 115 份。452 户矿山企业接受年检，年检合格率为 93%，并通过省厅检查验收。注销到期采矿许可证 76 份，将 61 个无矿长安全资格证矿山企业函告劳动部门，经培训后补办矿长安全资格证 48 份，责令 42 个矿山整改，取缔非法采矿 17 处，追缴矿产资源补偿费 3.7 万元，采矿权使用费 0.8 万元。

2003 年，执行《福建省矿业权招标拍卖与挂牌出让管理办法》，新设置采矿权一律采用招标拍卖或挂牌方式出让。建筑石料、饰面石材、砖瓦土、河砂不设置探矿权，直接采用招标、拍卖或挂牌方式出让采矿权，采矿许可证有效期满，需延续开采，或在采矿许可证有效期内确需扩大开采范围的，实行协议有偿出让；延续出让协调不成的，由审批机关收回采矿权，采用招标、拍卖或挂牌方式出让；采矿许可证有效期未满，原无偿取得采矿权必须重新进行储量评估，补缴采矿权价款。

2004 年，全市出让采矿权 23 个，收取矿业权价款 219.57 万元，比上年增加 61%。其中招拍挂采矿权 20 个，占 87%。全年挂牌出让探矿权 3 个，收取探矿权价款 28.2 万元。全市 385 家矿山，307 家参加年检，占 80%。按照“禁采区关停、限采区收缩，开采区集聚”原则，年检中取缔非法采矿 40 起，注销采矿许可证 30 份，追缴补偿费 6.7 万元。同年，完成矿产资源勘查登记的协查和矿产资源开发利用统计报表、矿区储量登记汇总上报工作。

2005 年，全市拍卖出让采矿权 1 处，出让价款 6.2 万元；挂牌出让采矿权 25 处，出让价款 154.6 万元；协议出让采矿权 39 处，出让价款 91.57 万元。

四、年检

2000 年，执行《福建省采矿权人矿产开发利用情况年度报告检查规定》，当年，年检矿山 452 个，年检率达 93%，合格数 376 个，合格率 83.19%；查处无证开采 107 个，取缔非法采矿 17 个，吊销许可证 76 本。

2001 年，蕉城、霞浦、寿宁、古田等县（市、区）会同劳动、环保、水土、林业、工商等相关部门组成矿山年检组，加大年检工作力度。全市应年检矿山 301 个，已年检矿山 247 个，年检率为 82%，年检合格矿山 176 个，合格率 71%。全市地矿部门依法取缔非法开采矿山 6 个，吊销采矿许可证 4 本，注销采矿许可证 2 本，责令停产整顿矿山企业 3 个，限期整改矿山 8 个，追缴矿产资源补偿费及采矿权使用费 9.7 万元。

2004 年，根据新的年度检查制度要求，全市有探矿权 30 个，年检 23 个，其中申请注销 1 个、转让 2 个、延续 1 个。年检率 100%，合格率 100%。

2005 年，全市按规定应年检项目 28 个，已年检 28 个，年检率 100%；其中，由市国土资源主管部门抽查 8 个，抽查率 28.6%。

第四节 矿业制度改革与矿山整治

一、矿业制度改革

2000 年 12 月起，根据省政府办公厅文件规定，宁德执行凡新开采的建筑石料、饰面石材、河道建筑砂采矿权一律进行招标、拍卖、挂牌方式出让。

2002 年，柘荣、霞浦、福鼎等县（市）出让矿业采矿权 8 起。2003 年 1 月，《福建省矿业权招标拍卖与挂牌出让管理办法》出台，采矿权出让一律实行有偿出让。是年，全市办理采矿登记的 38 处矿山全部以招标、拍卖、挂牌形式出让矿业权，收取出让金 122.93 万元。

2004 年，全市出让采矿权 23 处，收取矿业权价款 219.57 万元，比上年增加 61%，其中招标、拍卖、挂牌出让采矿权 20 处，占 87%。同年，探矿权挂牌出让 3 处，收取价款 28.2 万元。

2005 年，公开招标拍卖出让采矿权 26 宗，出让价款 160.86 万元。

二、矿山整治

2001年，对非法采矿活动进行拉网式排查，发现211处非法采矿点，其中无证采矿150起，以采代探3起，擅自承包转让21起；取缔138起，罚款1600元，追缴矿产资源补偿费8.2万元、采矿权使用费1万元；立案查处7起，结案3起，依法注销采矿许可证19份；申请法院强制执行5起，告知公安部门及电力部门予以处理70余起。

2002年，按照《国务院办公厅关于进一步治理整顿矿产资源管理秩序的通知》精神，对饰面用花岗石、建筑用花岗石矿山，矿山小企业、风景名胜区、河道采砂等开展专项治理整顿。查处无证采矿点385处，责令304家矿山企业停产整顿，关闭102家整改不合格的矿山企业，吊销采矿许可证4份，注销采矿许可证84份。全市有392个矿山企业完成年度检查工作，全市矿产资源管理秩序专项治理整顿通过省级验收。当年，各县（市、区）完成矿产资源“可采区、限采区、禁采区”的划定工作。

2003年，查处无证、越界勘查采矿，或以采代探、越权发证、非法转让矿业权以及严重破坏和浪费矿产资源行为，对河道采砂、饰面花岗石等勘查开采出现的问题进行综合治理。查处无证采矿点63起，责令停产整顿矿山237家，立案18起，关闭整改不合格矿山3家，取缔1处以采代探行为，全市矿产资源管理秩序进一步好转。

2004年，各县（市、区）重点查处高速公路两侧“青山挂白”问题。是年，查出需要治理的“青山挂白”133处，完成127个点的治理，占应治理数的95.4%、完成治理面积3276公顷，占应治理面积的78.6%。取缔非法采矿40起，注销采矿许可证30份。

2005年，市国土部门制定动态巡查、举报有奖等规章制度，严厉打击无证采矿活动。全市共查处无证非法采矿231起，查处率达100%。同年，对屏南洋地等12个矿区生态环境进行重点整治。

第五节　地质环境管理

一、地质灾害防治规划

宁德市地质灾害防治规划基准年为2001年，近期规划为2005年。根据《宁德市地质灾害防治方案》及《宁德市突发地质灾害应急预案》，分期分批地对境内主要地质灾害危险点实施工程治理和居民搬迁。从2005年起4年内，争取国土资源部和省国土资源厅补助资金1140万元，对周宁马头山等27处地质灾害危险点进行治理；争取省国土资源厅地质灾害危险点居民搬迁项目补助资金2187.5万元，对4375户受地质灾害威胁的居民实施搬迁安置；争取国土资源部补助资金1350万元，对福鼎玄武岩等4个矿山地质环境进行恢复和治理。

二、地质灾情调查与灾害防治

1994年，古田县黄田镇水口库区数栋移民房屋被泥石流冲毁，30人死亡。至1999年宁德地区累计发生重大级地质灾害44起。2000年，各县（市、区）普遍建立汛期灾情快报制度，福安、蕉城、福鼎邀请地勘单位编报地质灾害防灾预案。屏南县争取到国土资源部县级地质灾害防治区划项目资金20万元，用于地质灾害防治。

2001年5月，宁德市政府召开国土资源管理工作会议，在与各县（市、区）政府签订的国土资源管理责任状中强调地质灾害防治工作。蕉城、福安、福鼎、古田、屏南县（市、区）政府，发布实施2001年地质灾害防治预案。福安、福鼎、霞浦、周宁、寿宁、柘荣等县（市）地矿局深入乡村查看地质灾害险情，与当地政府共同研究防治方案。霞浦县针对重要地质灾害点制定具体防灾方案。福鼎、福安、霞浦县（市）加强对省国土资源厅挂牌地灾点的监控，台风期间均派专人负责挂牌点检查指导工作。福鼎市政府组织地矿、劳动、水土保持等部门对白群玄武箸矿山北瑗滑坡隐患点进行治理。霞浦县对下浒镇小学后山滑坡隐患点进行监测，制定地质灾害防灾应急措施。古田县完成全县15个乡镇550个隐患点调查，对其中73处地质灾害严重隐患点提出具体防患措施。

2002年9月，在抗击16号台风“森拉克”期间，全市国土系统有5850人次投入到抗台抢险中。各地针对预案中的地质灾害点，采取监测、转移群众等措施，有效保护人民群众生命财产安全。蕉城、福鼎、古田、屏南、福安、寿宁等国土资源部门组织技术人员赶赴山体崩塌、滑坡现场，组织指导群众排除险情，消除地质灾害隐患。福鼎市国土资源局在佳阳乡成功预测一起滑坡地质灾害，避免14户40多人伤亡。

2003年，市国土资源管理局完成《年度汛期地质灾害预案》编制工作，建立健全地质灾害防灾网络、值班制度和群测群防体系，并在规定期限内发放地质灾害“明白卡”6000多份。

2004年，市国土部门对福安市潭头镇东山村、福鼎市秦屿镇董家沙村、柘荣县东源乡兰中村、柘荣县宅中乡竹坑村、柘荣县黄柏乡浦头村、柘荣县楮坪乡社坪村等地质灾害险情进行实地调查，并成功预测，及时预警，转移避让。全市配合当地党委、政府转移高危地灾点群众31218人，避免群众伤亡。

2005年，全市完成第一轮地质灾害调查，基本查明地质灾害现状，积累大量基础资料，制定《宁德市2005—2007年地质灾害危险点防治计划方案》。完成省国土资源厅下达年度54个地灾危险点937户群众搬迁任务，投入资金510万元，完成工程治理41处。

三、地质遗迹调查

（一）福鼎太姥山国家地质遗迹

位于福鼎市，面积373.7平方千米。海拔600 ~ 800米，最高峰917.3米。山、海、川、岛、湖、瀑为一体，是一处极具特色的具有地质科普和旅游价值的地质公园。主要景观包括：由距今1亿年左右的钾长晶洞花岗岩形成的“石林式”峰林地貌；100多处由构造—流水侵蚀和重力崩塌作用形成的巷廊状洞穴；距今1200万年的玄武岩石柱状节理，其可见部分柱体高达170米；夫妻峰、锯板峰等素以“石奇、洞幽、峰险、雾幻”著称。

（二）福建屏南白水洋地质遗迹

位于屏南县境内，地处屏南、政和、周宁三县交界处。园区面积77.34平方千米。其遗迹主要有重大科研和观赏性的白水洋平底基岩河床，具重大科研价值的宜洋大型破火山口、水蚀基岩波痕及柱状节理、瀑布溪流、酸性火山岩岩石、双峰式火山岩等地质遗迹。白水洋是世界上罕见的浅水广场，由一块面积800多公顷的平坦巨石铺就。2005年，国土资源部批准该公园为国家地质公园。

（三）福安白云山地质遗迹

位于福安市境内，总面积96平方千米，是典型的古火山构造。山脊上姿态繁多、大小不一的硅化火山岩石柱、石蛋互相堆叠，延绵数千米。此外，罕见的花岗岩地区的峡谷深切曲流和规模巨大的河谷壶穴群纵横交错，是晚中生代地球演变留下的遗迹，其双峰式火山岩地貌与晶洞花岗岩地貌并存的地质景观在世界上也不多见。其山岳和峡谷风光秀丽原生态的天然林充满原始野趣，龙亭溪深切峡谷曲流蜿蜒，峡深壁陡水质清澈。神奇的气象景观——日出、云海、佛光被誉为“三绝”。

第六章　海洋资源管理

第一节　海洋环境保护

1995 年起，宁德地区开始实行伏季休渔管理制度。休渔期间一律实行“船进港、网封存、证（捕捞许可证）集中”的管理措施。伏季休渔期管理由宁德市人民政府统一部署，由各级渔业行政主管部门及其所属的渔政渔港监督管理机构负责管理。不同的捕捞作业方式，其休渔期时间各不相同。2000 年，宁德地区行署制订《浅海水产资源发展战略规划》，地区海洋管理办公室以伏季休渔为契机，广泛开展宣传普及《中华人民共和国海洋环境保护法》《福建省重要水生动物苗种和亲体管理条例》等法律法规，做好海洋资源保护工作。2001 年，组织一批专业人员在三都湾进行环境监测，开展海洋资源环保项目调查等前期工作。2002 年，宁德市政府成立宁德市海洋生态特别保护区管理站，加强渔业保护区建设。蕉城区制订《关于三都澳养殖区预防赤潮的意见》《关于加强海上环境保护卫生管理的通知》，开展海洋环境监测和保护工作，扩大斗帽人工鱼礁区建设。2003 年，宁德市海洋与渔业环境监测站成立，启动海洋环境应急处理系统，编制《宁德市赤潮减灾防灾预案》《宁德市海域污染整治方案》，启动猴毛屿等 5 个资源型岛屿的封岛保护工作；制作、设置特别保护区界碑和标志牌和开展放流增殖工作。2004 年，开展闽东沿岸生态监控区、三都湾赤潮监控区、陆源入海排污口及其邻近海域监测，大力宣传宁德市独特的海岛生态系统和海洋生物多样性以及中华白海豚、尖刀蛏、厚壳贻贝、龟足等具有地方特色的海洋资源，在三都湾开展大黄鱼增殖放流。

2005 年，宁德市完成《宁德市海洋生态特别保护区总体规划》编制，并通过专家评审。是年起，经市长办公会议决定官井洋大黄鱼保护区面积由原来的314平方千米调整为109平方千米。市政府发布《加强台山厚壳贻贝保护区管理的通告》，福鼎市派渔政人员定期、定点驻扎在台山村，协同边防站共同做好管护工作。对猴毛屿、大京笔架山、四礵列岛等岛屿实施封岛保护，将石兰紫菜、嵛山羊栖菜列入封岛栽培。开展三都湾生态监控区、赤潮监控区、渔业环境以及官井洋大黄鱼繁殖保护区监测和陆源污染排污口调查等工作。对伏季休渔制度做出规定，即：北纬 35° 00′ ~ 26° 30′ 海域，休渔时间为 6 月 16 日 12 时至 9 月 16 日 12 时，休渔作业类型为拖网和帆张网作业。北纬 26° 30′ ~ 23° 30′ 海域，休渔时间为 6 月 1 日 12 时至 8 月 1 日 12 时，休渔作业类型为拖网和帆张网作业。北纬 12° 以北海域（含北部湾），休渔时间为 6 月 1 日 12 时至 8 月 1 日 12 时，休渔作业类型为除刺网、钓业和笼捕外的其他所有作业类型。桁杆拖虾作业休渔时间为 6 月 16 日 12 时至 7 月 16 日 12 时，休渔时间将逐步延长，最终与拖网和帆张网的休渔时间相一致。所有海域的定置作业，休渔时间每年不得少于两个月。

第二节　执法监察

一、行政管理

1997—1999 年，为地区海洋与水产局新增海洋管理职能的初期阶段，组织全体干部学习《关于海洋产业开发和管理的报告》文件，开展海洋管理试点工作，开始实施海洋与水产一体化管理。2000—2001 年，组建市海洋管理办公室和市、县海监执法队伍，开展海洋功能区划试点工作，组织专业人员开展海洋资源环保项目规划、调查等前期工作。2001 年，完成海域管理示范区建设各项指标，全市完成用海普查登记 11 大类，确权发证 2298 本，面积 19248.6 公顷。2002—2003 年，海洋管理向法制化、规范化目标推进。2002 年，获“国家级海域使用管理示范区建设先进单位”称号，并实施海域使用权和有偿使用制度，全年发证 2249 宗，面积 19813 公顷。2003 年 12 月 29 日，成功签订霞浦—蕉城、福鼎—霞浦、霞浦—福安、蕉城—福安 4 条县际间海域界线协议书，全面完成 37 条入海溪河海河划界。2003 年，发证 1960 宗，面积 1.66 万公顷。

2004—2005 年，继续深化国家级海域使用管理示范区建设，以海监支队和乡镇海管办建设为重点，立足于服务港口中心城市建设，积极为重大项目业主提供良好的服务环境，主动参与和协助如铁路、核电项目、临海工业园区、铁基湾工程等重大项目的审批、审核、论证等工作。2004 年，发证 2402 宗，面积 1.73 万公顷，征收海域使用金 394 万元。2005 年，发证 2024 宗，面积 14932 公顷，征收海域使用金 242.2 万元。

二、海洋监察

2001—2002年，先后检查用海项目20个，制作调查笔录16份，立案查处违法用海案件2起。2003 年，严厉打击违法用海活动，检查用海项目 97 个，立案 2 起，结案 2 起；加强执法宣传报道，分发宣传小册子 7000 余册，制作固定标语 4 处，对违法违规用海予以曝光，组织媒体报道 8 次；组织全市 56 名海监执法人员开展为期 8 天的军事集训，4 名执法人员参加全省海洋监察员培训班，取得海监执法监察员资格。2004 年，实施“海盾行动”和整治破坏海洋环境违法行为联合行动。全市共出动海监执法人员 1755 人次，执法车辆 337 辆次，行程 12500 千米；执法船舶 92 艘次，续时 101 天，航行 173.5 小时，航程 1500 海里；对 301 个用海项目进行了 488 次的执法检查，立案 39 宗，结案 37 宗，决定罚款 31.73 万元。

2005 年，对已批准围填海项目展开执法检查，加强海上和岸线巡查，加大对各类违法案件查处力度。全市出动执法车 306 车次、执法船 158 航次，派出人员 1422 人次，检查用海项目 285 宗，立案 60 宗，结案 43 宗，处罚 86.85 万元。

第七章　机构与土地执法监察

第一节　机　构

宁德市国土资源管理局　1993年，宁德地区土地管理局为行署直属局级机构，内设办公室、城乡建设用地管理科、监督检察科、土地开发管理科，编制10名。1997年增设计划财务科，并成立宁德地区地质矿产局，为副处级单位，归地区计划委员会管理。

2001年9月，将土地、矿产机构并为一家，组建宁德市国土资源局，为处级机构，内设办公室（人事教育科）、财务科、法规监察科、建设用地管理科、地籍管理与规划测绘科、矿产开发与储量管理科、地质灾害与环境管理科。核定机关编制26名，事业编制4名。下辖事业单位25个，人员编制188名。至2005年不变。

第二节　法律宣传

一、普法宣传

1991—1995年，"二五"普法期间，宁德地区制定全区土地管理"二五"普法规划和工作方案，针对处于工作第一线的乡、镇干部和土地系统职工开展普法活动，重点宣传合理利用土地，切实保护耕地基本国策；城乡土地统一管理原则，严格依法用地、管地原则等。利用每年6月25日全国"土地日"黄金时期，采用标语牌、宣传栏、报纸、广播、电视等形式以及组织普法知识竞赛、大型文艺演出、征文、记者采访等活动开展宣传。其间，全区土地管理系统组织发行《土地管理系统"二五"普法教材》《福建省土地管理问题解答》《土地管理文件汇编》《土地管理执法人员学习资料汇编》《福建省外商投资用地指南》等普法学习材料1万多册。

1996—2000年，"三五"普法期间，宁德地区土地管理部门专门成立普法宣传机构，制定全区"三五"法制宣传规划，下发"三五"法制宣传教材，组织人员下乡进村入户，宣传土地国策。举办普法知识竞赛、大型文艺演出、征文、记者采访等宣传活动。其间，全区土地管理系统组织发行《土地管理系统"三五"普法教材》《福建省土地管理问题解答》《土地管理文件汇编》《土地管理执法人员学习资料汇编》《福建省外商投资用地指南》等普法学习材料1万多册。

2001—2005年，“四五”普法期间，提出法制宣传要进村、进矿、进区口号，做到家喻户晓。结合“4·22”世界地球日、“6·25”全国土地日和“12·4”全国法制宣传日等特定节日，开展主题鲜明、形式多样的国土资源法制宣传教育活动。

二、全民国土宣传教育

1993—2002年，各地普遍利用元旦、春节等节日，开展具有地方特色的民间传统文娱活动，以国土教育为主题，举办不同规模的踩街、灯会、演讲、文艺表演、宣传一条街、书画展、拍摄播放国土教育电视片等活动。其间，宁德地区土地管理局与地区作协联合举办以珍惜土地为内容的“珍土杯”有奖征文活动，参加征文活动的有数千名工人、农民、军人、教师、学生、干部等，征集到报告文学、小说、散文、诗歌等作品200余篇。

2003年，组织全市6万多名中学师生，参加由省土地管理部门与省语文科学学会联合举办的中学生“国土资源”杯作文竞赛活动，全市收到参赛稿件5000余篇，评出作文一等奖4篇、二等奖8篇、三等奖30篇、优秀奖148篇，还评出10个组织奖单位。

2005年，制作宣传版画，利用乡镇墟日开展巡回宣传展览；组织基层所（站）长、乡镇分管领导和重点事业单位负责人参加国土资源法规知识讲座；在广场放映或播放国土资源有关法规政策影像片等。

三、土地日宣传活动

1993年6月25日全国第三个“土地日”宣传主题是“土地与经济”。全区在各类报刊发表土地管理和法制建设文章36篇，在电台播放土地专题稿件172篇，放映土地宣传录像、电影幻灯340场次，出动各类宣传车辆109辆次，召开座谈会、报告会202场次，刷写标语4088条幅，分发宣传材料2万多份（册）。设立土地咨询点56个，办土地专栏234期。福鼎县副县长以“土地与经济”为主题，发表广播电视讲话；福鼎土地管理局与县文联、摄影协会联合组织《中华人民共和国土地管理法》实施七周年影展；沙埕镇召开万人大会，纪念“全国第三个土地日”。

1995年6月25日全国第五个“土地日”，宣传主题是“土地与法制”。组织一批宣传文章在《闽东通讯》刊登。宁德（今蕉城区）、福安、霞浦、古田等县（市），在《闽东日报》组织专版报道。全区在各类报刊发表纪念文章51篇，其中地县（市）领导署名文章7篇、广播稿56篇、电视台播放新闻35条、出动宣传车127辆次、发放各种宣传材料28万份、召开座谈会104场、刷贴标语5500多条、设立土地法制咨询点9处、制作专栏173个。

1996年6月25日，《中华人民共和国土地管理法》颁布十周年纪念日暨第六个全国土地日，宣传主题是“土地与发展——保护我们生命线”。宁德地区土地管理局组织文艺晚会，《闽东日报》对全区宣传活动进行跟踪报道。宁德（今蕉城区）、古田、福安、屏南等县市还向全社会开展以土地为题材的征文活动，组织评选，结集刊印。福安市组织市直单位、学校、乡镇等500多人参加纪念第六个“土地日”环城长跑赛和趣味运动会。周宁县土地管理局制作《将这块土，塑这尊佛》电视专题片，宣传推行土地有偿使用，改变县城面貌故事。

1998年，第八个全国土地日，宣传主题是：“土地与未来——用地，造福后代”。全区举行“国土杯”乒乓球赛；周宁县播放“将这块土，塑这尊佛”电视纪录片；福鼎市沙埕镇把土地法规教育纳入中学生课程，召开中学教师座谈会，探讨土地法制教育从学生抓起的具体做法；前岐镇土地所举办“爱我国土”专题文艺晚会；沙埕土地所举行千人踩街，载歌载舞宣传“土地法”。

2000年，第十个全国土地日，宣传主题是：“保护耕地——为了美好的明天”。宁德市领导在《闽东日报》上发表有关实施《中华人民共和国土地管理法》的署名文章，市土地管理局与闽东电视台举办“土地国策行”电视系列报道。

2002年，第十二个全国土地日，宣传主题为“规划土地市场，促进经济发展”。宁德电视台、《闽东日报》推出国土资源管理系列报道；各县（市）国土资源局普遍开展知识竞赛和文艺晚会等宣传活动。

2004年，第十四个全国土地日，宣传主题为“坚持科学发展观，珍惜每一寸土地”。市委领导发表署名文章和电视讲话；蕉城分局举办土地清规知识灯谜竞猜；福安市举办《中华人民共和国土地管理法》讲座等活动。

2005年，第十五个全国土地日，宣传主题是：“节约集约用地，促进科学发展”。全市普遍因地制宜利用各种不同形式，开展国土资源法制宣传活动。霞浦县在土地日把全县重点民营企业主请到三沙现场办公，为华美、华威公司现场办理困扰企业10年的土地登记手续；为华美公司等7个单位有偿出让国有土地使用权。

第三节 执法专项检查

一、非农业建设用地清查

1993年8月，针对滥占大片农田建镇、建村、建市场，越权批地，国土收益严重流失等违法现象，宁德地区土地管理部门协助当地党委、政府，对土地使用情况进行自查，强化土地执法监督手段。

1995年，各县（市）普遍由人大、土地、建委、农委、监察、纪委、法院、财政、审计、工商等部门组成土地执法检查组，集中清查各类开发区越权非法批地问题，制止违法用地行为。

1997年，执行《中共福建省委、福建省人民政府关于进一步加强土地管理，切实保护耕地的决定》《福建省非农业建设用地清查实施意见》，宁德地区行署办下发《关于开展全区非农业建设用地清查验收的通知》，对非农业建设用地清查验收工作进行部署。行署成立由有关部门组成领导小组，抽调人员，拨出专门清理经费，全面开展大规模非农业建设用地清查工作。查清1991—1996年全区批准用地48778宗，面积5917.98公顷（耕地2204.47公顷），分别占总宗数、总面积的78.5%和93%（耕地占87.4%），实际用地62154宗，总面积6363.74公顷，其中耕地2591.58公顷。未批用地13176宗，面积444.41公顷（耕地313.9公顷），占总宗数的21.2%，占总面积的7%（其中耕地占12.5%）；未批用地中少批多占4314宗，面积45.6公顷，占未批用地面积的10.3%。全区土地违法案件20218件，处理20061件，拆除违法建筑物3.14公顷，没收建筑物1.22公顷；收回土地使用权20.3公顷，罚款141.2万元；待处理67件，面积1.99公顷，其中耕地1.65公顷；补办手续19990件，补交出让金651.94万元；收取土地闲置费10.5万元；调整土地使用权面积69.47公顷；复耕0.67公顷。

二、经营性用地专项清理

1993—1996年，查明全区经营性房地产开发用地54宗，总面积113.9公顷，其中耕地92.5公顷，分别占总面积和总耕地面积的1.8%和3.5%。未批用地1宗，面积8.63公顷。闲置5宗，面积4.6公顷；大部分集中在1993年、1994年开发，其中1994年占48.4公顷；开发项目地点主要集中在宁德（今蕉城区）、福安、福鼎、霞浦等沿海县（市），开发地分别占全区总宗数和总开发面积的89%和95%。

三、新上项目用地专项检查

1999—2003年，宁德地区每年审批建设占用农用地转用指标均未突破国家下达计划。2004年6月，对全区在2003年1月1日至2004年4月29日期间新上项目进行检查清理。检查表明2003年至2004年4月，宁德市新上项目279件，在建项目133件，拟建项目146件，总用地面积3547.16公顷，其中耕地面积859.5公顷，批准农转用面积755.23公顷，批准征用土地面积799.54公顷，其中耕地面积376.69公顷；查出违法占地案件4宗，涉及违法占地面积99.93公顷，其中占用耕地面积8.4076公顷。

四、补充耕地专项检查

2000—2003年，通过开垦、整理新增耕地方式，连续4年实现耕地占补平衡。2003年，宁德市耕地补充面积314.26公顷，可视为耕地的园地面积405.12公顷，建设占用耕地面积326.85公顷，占补平衡392.53公顷，园地改耕地32.43公顷。

2004年，全市审批建设占用耕地4902.8公顷，补充耕地面积10790.7公顷，其中耕地面积4713.9公顷，可视为耕地园地面积6076.8公顷。检查清理表明：2004年补充耕地5200.3公顷，均为可视为耕地的园地。全市补充耕地与同期建设占用耕地比较，实现耕地占补平衡。

五、清理整顿开发区

2003年，按照“产业聚集，用地集约，布局集中”原则，市各级土地管理部门对“小、散、乱”开发区进行整合。宁德市开发区总数18个，规划用地面积860.65公顷，其中耕地270.55公顷，实际用地面积308.2公顷（耕地150.24公顷）。开发占补土地184.69公顷（耕地139.23公顷），占实际用地的59.9%。闲置土地123.51公顷（三沙烽火岛闲置100公顷）。其中，省政府批准开发区7个，批准用地148.13公顷（耕地27.4公顷）；已开发土地40.58公顷；闲置土地107.55公顷。7个开发区分别为宁德市的金马工业区、宝洋农业综合区、南洋工业区、福鼎市的大嵛山旅游区、富民投资示范城、霞浦县三沙烽火岛旅游度假区、古田县水口天柱山农业综合开发区。宁德金马工业区，规划面积40公顷，只立项，未审项目用地，也未开发使用；宝洋农业综合区，为围垦项目，规划面积200公顷，用地未审批，围垦已堵口；南洋工业区，规划面积26.27公顷，批准面积7.553公顷，只填方未建设，土地闲置，已转让3.33公顷给市邮电局建设使用，其余由华侨农场收购，并收取闲置费19万元；福鼎市大嵛山旅游区，只立项，未开发，未审批项目用地；富民投资示范城规划面积 20 公顷（全部耕地），审批 20.58 公顷，正在开发建设；霞浦县三沙烽火岛旅游度假区，规划用地 120 公顷，均批准，已动工；古田县水口天柱山农业综合开发区，占用山地 114 公顷，原为省政府立项的旅游综合开发区，后经批准转为农业综合开发区，为农业综合用地。地、县（市）级政府审批开发小区 11 个，其中，工业小区 2 个，商住综合类型 9 个，共批准用地 156.46 公顷，实际用地 160.07 公顷，已开发 144.11 公顷；闲置 15.96 公顷，已基本开发完成。经过清理整顿，县级以下政府（含设区市政府部门）批准设立的工业园区，一律予以撤销，项目用地纳入正常城镇建设用地管理。保留福建宁德三都澳经济开发区、福建屏山工业园区、福建寿宁工业园区、福建福安经济开发区、福建古田工业园区、福建福鼎工业园区、福建东侨经济开发区、福建周宁工业园区等 8 个省级开发区，面积 1756.72 公顷。

2004 年，全市原有各类开发区（园区）19 个，规划面积 9484.1 公顷。当年经过治理整顿，撤销 8 个开发区（园区），申请保留 11 个经省政府上报国务院审查待批；保留开发区（园区）规划面积 3682.1 公顷，比原规划核减 5802 公顷，核减面积占总面积 61.18%。

2005 年，完成 8 个开发区规划审核，报经国土资源部审核、公示。

2005 年宁德市省级开发区地块分布情况一览表

表 4-18　　　　单位：公顷

开发区名称	区块数量	区块情况			面积
		区块序号	区块名称	所在县（市、区）	
福建宁德三都澳经济开发区	1	1	—	蕉城区	200
福建屏山工业园区	1	1	—	屏南县	160
福建寿宁工业园区	1	1	—	寿宁县	184.91
福建福安经济开发区	2	1	A 块	福安县	500
		2	B 块	福安县	
福建福鼎工业园区	2	1	A 块	古田县	92.48
		2	B 块	古田县	
福建福鼎工业园区	2	1	A 块	福鼎市	200
		2	B 块	福鼎市	
福建东桥经济开发区	2	1	A 块	蕉城区	393.33
		2	B 块	蕉城区	
福建周宁工业园区	1	1	—	周宁县	26

六、机砖厂用地和非法取土清理

2004 年，执行《福建省国土资源厅关于开展机砖厂取土情况核查清理和加强监管工作的通知》，核查摸清全区 1991 年 1 月 1 日至 2004 年有机砖厂 542 个，违法取土面积 52.6 公顷，其中，占有基本农田面积 6.9 公顷，耕地面积 45.7 公顷；已处理 43 个，退还耕地面积 2.33 公顷，其中限期改正 3 个，减少耕地面积 0.06 公顷；限期治理 40 个，罚款 4 万元；处理未到位 6 个，罚款 4 万元。

七、土地补偿费专项检查

2004年年初，执行省政府《关于加强征地补偿费管理切实保护被征地农民合法权益的通知》，宁德市将征地补偿费统一由县（市）国土资源管理部门，根据农村集体经济组织提出被征地农民名单和征地补偿费农民分配方案，把应该补偿给被征地农民部分直接发放给被征地农民。福安市赛岐开发区国土分局将142.84万元补偿费直接支付给农民。闽东华侨经济开发区拖欠华侨农场划拨土地补偿费1700万元，由市国投公司垫付理清。福鼎市店下龙安工业项目区用地补偿款每公顷少补0.2万元，累计少补272.358万元，福鼎市政府如数将不足部分补还群众。福安市因涉嫌贪污挪用高速公路征地补偿资金而被刑事处罚或党政纪处分49人，追回各项挪用、占用资金70多万元。同年，市政府颁发《关于对征用农民集体所有土地补偿费管理使用情况开展专项检查通知的意见》，把高速公路、各类开发区、工业园区（小区）、各类水电站等建设用地大户的补偿费落实到位与管理使用情况作为专项检查重点。7月，组织3个检查组对全市9个县（市、区）土地补偿费使用情况进行专项检查。经检查蕉城区、周宁县制定公布《征地补偿标准》，均已达到或超过省实施办法规定补偿标准。其他没有制定补偿标准县市也都按省实施办法规定的标准实施征地补偿工作。是年，全区经省政府批准农转用土地4841.59公顷，其中征用集体土地3938.19公顷，应支付征地补偿费金额70794.13万元、除未征用未支付补偿费部分外实际支付征地补偿费金额59213万元，其中支付给集体经济组织3197.50万元，个人56015.50万元（占实际支付额的94.6%）。还开展新增建设用地土地有偿使用费征收和使用清查，查明2004年及历年应上缴新增建设用地使用费和耕地开垦费累计29045万元，已缴纳27045万元，占93.1%。

2005年，全市累计批准农转用土地4841.59公顷，其中征用集体土地3938.19公顷，应支付征地补偿费金额54362.95万元，实际支付补偿费金额54339万元，其中，支付集体经济组织2926.01万元，个人51412.99万元。

第四节　土地监察

1993年，以沿海县（市）和内地用地量较多县为检查重点，检查乡（镇）村企业用地和村镇建设用地是否合法。1—11月，全区制止违法占地现象213起，面积3.82公顷，耕地1.78公顷；处理土地违法案件42起，面积0.96公顷，其中耕地0.49公顷，起诉4起；调解重大土地纠纷82起。

1994年，重点检查土地审批及耕地占用、撂荒，乡镇、村及工业小区用地情况。对3起土地审批权下放期间土地违法案件进行立案查处，罚款10余万元。

1996年，查明全区土地成片开发、各类小区、房地产用地中出现闲置土地30宗，44.33公顷；经清理收回3宗，4.47公顷；调整使用3宗，9.13公顷；限期复耕2宗，4.47公顷。全区制止各类土地违法行为900多起，立案查处491起。制止和查处侵占基本农田违法案件46件，其中制止11件、退地复耕29件、责令搬迁1件、拆除4件、起诉法院1件。

1998年，主要检查清理补办审批手续。全区收缴闲置费40多万元；拆除、没收建筑物3.4

公顷，罚款400多万元；直接立案查处4起土地违法案件，罚款28万元，实现地区直接查处案件“零”突破。

1999年，全区立案查处土地违法案件8起，责令退还耕地0.2公顷，拆除建筑物2座，恢复耕地0.06公顷，处罚没8367.32元，没收厂房1座，占地面积0.19公顷。查处单位、集体闲置土地8宗，面积2.47公顷；个人闲置土地36宗，面积0.32公顷；改变土地用途3宗，面积0.49公顷，按规定分别给予收取有关税费。

2000年，建立土地动态巡查责任制度，加强使用土地违法案件查处力度。全市及时制止违法占地行为计800起，面积53.5万公顷；拆除周宁县违章建筑120处。立案查处土地违法案件225起，拆除违章建筑物0.95公顷，罚款计137万元。

2001年，依法查办福鼎市福海房地产公司非法占地等5宗案件，罚款60多万元，涉案土地面积5公顷。全年全市查处各类土地违法案件243起，涉案土地面积达10.3公顷，拆除构建物3.70公顷，罚没款214万元，没收构建物0.46公顷，追究刑事责任3人，收回土地23.8公顷，其中耕地1.3公顷。

2002年，全面推行国土资源动态巡查责任制，全市查处土地违法案件265起，立案调查191件，结案181件，拆除建筑物2.70公顷，没收土地0.0563公顷。市国土资源局与规划、公安等部门，依法强制拆除蕉城区城南镇后山村6座违法抢建房屋基础，刹住违法抢建歪风。

2003年，全市撤销、兼并霞浦三沙垅头等6个工业园区，保留省政府审批的4个开发区和周宁扶贫工业园区，申请保留8个（每县平均1个）工业园区。加大闲置土地清理和出让金追缴力度，清理闲置土地953宗（其中个人928宗），面积37.53公顷，收取土地闲置费226万元；收回闲置土地1宗，面积14.73公顷，追缴土地出让金7000多万元。清查出共有个人非法占地建房23714宗，面积181.25公顷。

2004年，全市查出需要治理“青山挂白”（开采花岗岩发展石板材行业，不少山体岩石裸露，犹如一块块刻在青山上的“伤疤”，形成“青山挂白”）点133处，完成治理127个点，占应治理数95.4%，完成治理面积3276公顷，占应治理面积的78.6%。全年全市发现国土资源违法案件379起，面积23.3公顷，立案379起，立案率100%；结案369宗，结案率97.36%。

2005年，全市检查发现国土资源违法案件606起，面积78.85公顷，立案596起，立案率98.3%；结案588宗，结案率98.6%。在动态巡查中及时制止违法行为331起。

第五节　投诉受理与查处

1993年起，全区群众来信来访投诉土地情况较多，涉及面广，情况复杂，土地管理部门高度重视，并将受理与查处投诉工作当作维护社会稳定一项重要工作来抓。

1995年，全区土地管理部门接受群众投诉1865人次，都及时作出处理。屏南县土地管理局制订领导干部接待日制度，确定每月25日为局领导接待日，接受群众投诉，领导和群众面对面交谈，当场解决问题。

1997年，全年接受群众投诉200多人次，案件28件，处理率93%。霞浦县推出以“四个必办”为内容服务承诺制，即能办的事坚决办，大小事情认真办，发现苗头、倾向性问题超前办，难办事情一样办。

2000 年，全区实行对待群众来访一次告知制，认真讲解，及时调解、转办，尽量化解矛盾。对上级领导和有关部门交办、转办件予以及时调查落实，限期答复。

2003 年，全区接受群众投诉 248 人次，办结率 96.6%。省国土资源厅转办件 9 件，全部及时反馈，反馈率 100%。

2004 年，宁德市国土资源局制定《宁德市国土资源局信访工作管理办法》，全年接受群众投诉 376 件，比上年增加 34%；其中办结 363 件，办结率 96.5%；上级督办、转办件 56 件，均按时办结。霞浦县领导分期带队下乡蹲点，集中“会诊”乡镇国土资源工作存在的问题，先后帮助乡镇化解小城镇建设纠纷 30 次，解决农村农民土地遗留问题 1000 多件。

2005 年，宁德市国土资源局接受群众投诉 370 件，比上年增加 20 件，增长率 9%。其中办结 355 件，办结率为 96%。上级督办、转办件 36 件（其中省厅 30 件），均按时办结。

第五编 人口

1993年，宁德全区户籍总人口301.96万人，其中男性161.88万人、女性140.08万人，人口出生率18.97‰，死亡率5.51‰，人口自然增长率13.46‰。2005年，全市户籍总人口327.03万人，其中男性173.27万人、女性153.76万人；人口出生率10.76‰，死亡率3.19‰，人口自然增长率5.88‰；有家庭户100.3万户、家庭户人口302.0万人，集体户人口3.0万人；与1993年相比，户籍人口净增25.07万人，出生率下降8.21‰、自然增长率下降7.58‰。平均每个家庭户人口减少0.74人。全市人口中，农业人口比重逐年下降，人口分布逐步向城市和乡镇集中；流动人口持续增长，城镇化水平逐年上升。多数家庭以晚婚、晚育、少生、优生为荣，人口出生进入低生育时期；人口预期寿命与文化素质普遍提高。

宁德是全国与福建省最主要的畲族聚居地，有畲族人口159040人（2000年人口普查数据），主要分布在福安、霞浦、福鼎、蕉城4个县（市、区），其中福安市是全国畲族人口最多的县。

第一章　人口规模

第一节　人口总量

一、数量

1993 年，全区户籍人口 301.95 万人，其中男性 161.87 万人、女性 140.08 万人，城镇人口（指设市和建制镇人口，下同）225.82 万人、占总人口的 74.78%。

2000 年，据第五次全国人口普查时点，全市登记户籍人口 298.73 万人，男性 158.87 万人、女性 139.86 万人；常住人口 271.57 万人，男性 144.75 万人、女性 126.81 万人；外出人口 25.63 万人，其中男性 13.42 万人、女性 12.21 万人。

2005 年，全市户籍人口 327.03 万人，比 1993 年增加 25 万、增长 8.28%，年均增长 0.69%。其中城镇人口 926386 人、农村人口（指设市和建制镇以外的所有人口，下同）2343960 人。

1993—2005 年宁德市（地区）户籍人口统计表

表 5-1　　　　单位：人、‰

年份	总人口	按性别		按城乡		人口出生率	人口死亡率	人口自然增长率
		男	女	城镇	乡村			
1993	3019592	1618762	1400830	2258281	761311	18.97	5.51	13.46
1994	3055828	1637096	1418732	2306238	749590	17.65	5.11	12.54
1995	3093384	1654660	1438724	2403926	689458	16.97	5.02	11.95
1996	3128582	1672699	1455883	2469150	659432	17.12	5.07	12.05
1997	3164981	1688287	1476694	2500865	664116	15.63	4.81	10.82
1998	3190091	1701389	1488702	2524034	666057	14.14	5.12	9.02
1999	3218472	1712417	1506055	2549193	669279	14.37	4.91	9.46
2000	3235705	1717468	1518237	2424231	811474	15.78	6.77	9.01
2001	3246930	1721278	1525652	2435607	811323	9.68	2.93	6.75
2002	3254357	1724499	1529858	1005013	2249344	12.17	4.25	7.92

续表 5-1

年份	总人口	按性别		按城乡		人口出生率	人口死亡率	人口自然增长率
		男	女	城镇	乡村			
2003	3258055	1729004	1529051	806123	2451932	10.64	3.28	7.36
2004	3267429	1733102	1534327	879365	2388064	11.64	2.94	8.70
2005	3270346	1732694	1537652	926386	2343960	10.76	4.47	6.29

说明：本表数据为公安部门户籍人口数。2001 年以前城镇人口指市、镇辖区内的全部人口，乡村人口指县乡（不含镇）人口。2002 年城镇人口指设市、建制镇的城市市区和建制的镇区，乡村指城镇地区以外的其他地区，包括集镇和农村

1993—2005 年宁德各县（市、区）户籍人口统计表

表 5-2　　单位：人

年份	蕉城	古田	屏南	周宁	寿宁	福安	柘荣	福鼎	霞浦
1993	379812	415313	173475	175717	231718	551836	92315	521706	477700
1994	385248	419528	176545	178689	234223	558543	93858	526714	482480
1995	391917	422787	178581	181272	237393	566778	95704	530863	488089
1996	396937	424182	179672	183744	241077	575560	97477	536491	493442
1997	402415	427037	180481	185963	244724	582931	98940	542413	500077
1998	405438	428054	180818	187796	246566	589999	99805	547313	504302
1999	408396	429041	181303	190473	250058	596577	100846	553651	508127
2000	412973	426826	181745	192199	253832	599488	100130	558508	510004
2001	414636	426534	181839	193486	254541	601599	100374	5601073	512848
2002	416341	426223	182191	193212	254737	604499	100013	562943	514198
2003	417467	425283	181290	193687	254786	607074	100132	563508	514828
2004	421127	424181	180485	184138	254526	610700	100153	564473	517646
2005	424020	422556	180032	194466	255437	611095	100306	565098	517336

二、人口密度

1993 年后，随着宁德地区城镇化趋势的发展，城乡人口密度变化较大。人口最多和最少的县分别是福安市、柘荣县。福安市人口密度是 302.73 人 / 平方千米，柘荣县人口密度 158.04 人 / 平方千米。

2000 年，全市面积 1.35 万平方千米，人口数 323.57 万人，密度 241 人 / 平方千米。全市福鼎市人口密度最高，为 366 人 / 平方千米，寿宁县人口密度最低，为 178 人 / 平方千米。

2005 年，全市面积 13452 平方千米，全市人口 3270346 人，人口密度 243 人 / 平方千米。福鼎市人口密度最高，为 370 人 / 平方千米，屏南县人口密度最低，为 121 人 / 平方千米。

第二节 人口分布

1993年，全区超过80%人口居住在农村。随着社会经济的发展，城镇化进程加快，农村人口向县城迁移趋势越来越明显。宁德地区在省内最先提出并实施“造福工程”，将居住在高山、边远地区或地质灾害点的村民搬迁往居住、生产条件较好的建制村或乡镇所在地。2000年，全市户籍人口323.57万人，其中城镇人口242.42万人、农村人口81.15万人，已有近40%的农村人口选择迁往县城和乡镇所在地居住，农村人口大幅度下降。2005年，全市户籍人口327.03万人中，居住在城镇的人口92.64万人，居住在农村的人口234.40万人。

第三节 人口变动

一、自然变动

1993年，全区人口出生率18.93‰，人口死亡率5.51‰，人口自然增长率13.46‰；此后，全区人口出生率逐年下降。1998年，全区人口出生率14.14‰、死亡率5.12‰，自然增长率9.02‰。2000年，全市人口出生率15.78‰，人口死亡率6.77‰，人口自然增长率9.01‰。2001年，全市人口出生率9.68‰，人口死亡率2.93‰，均为历年最低。2005年，全市人口出生率10.76‰，人口死亡率4.47‰，人口自然增长率6.29‰。

二、机械变动

1990年，据第四次全国人口普查（简称“四普”，下同），全区户籍总人口292.09万人。

1995年，全区户籍总人口3093384人，全区常住人口抽样调查数据显示，外出半年以上人口4628人，占抽样调查总人口数的12.72%。外来半年以上人口910人，占抽样调查总人口的2.50%。

2000年，据第五次全国人口普查时点，全市登记户籍人口298.73万人，其中外出人口流向省外10.68万人、省内市外13.31万人。

2002年，全市户籍总人口3254357人，据人口变动情况调查，全市户籍人口中外出半年以上2762人，其中离开本市1119人，外市流入157人，净流出962人。

2004年，全市户籍总人口3267429人，据人口抽样调查，全市户籍人口中外出半年以上不到一年有2700人，其中离开本省2143人；外出一年以上5860人，其中离开本市1747人、离开本省2895人。

2005年，全市户籍人口3270346人，据常住人口1%抽样调查，流入人口27.28万人、流出人口2.15万人。

第二章　人口构成

第一节　性别构成

1993 年，全区总人口 3019592 人，男性 1618762 人，占总人口的 53.61%，女性 1400830 人，占总人口的 46.39%，性别比 115.56（女性为 100，下同）。

1995 年，据 1% 人口抽样调查、调查总人口 36396 人，其中男性 19543 人，占调查总人口的 53.7%，女性 16853 人，占调查总人口的 46.3%，性别比 115.96；比“四普”性别比降低 0.28 个百分点，比全省性别比高 11.86 个百分点。

2000 年，全市人口中男性 1717468 人，占总人口的 53.08%，女性 1518237 人，占总人口的 46.92%，性别比为 113.12。全市 9 个县（市、区）性别比依次是蕉城 110.77、霞浦 114.67、古田 111.87、屏南 116.12、寿宁 112.34、周宁 116.76、柘荣 115.40、福安 113.75、福鼎 111.54。

2002 年，在全市 8 个县（市、区）36 个乡（镇、街道）62 个村（居）63 个调查小区开展抽样调查，调查家庭户 5283 户、集体户 63 户，总人口 16148 人；其中男性 8594 人、女性 7554 人，男女性别比 113.77。

2003 年，在全市 9 个县（市、区）57 个乡（镇、街道）83 个村（居）113 个调查小区开展人口抽样调查，调查总户数 7020 户，其中家庭户 6956 户、集体户 64 户，总人口 24834 人；其中男性 13155 人，女性 11679 人，男女性别比 112.6。

2005 年，全市户籍人口 327.03 万人，男性 173.27 万人，占总人口的 52.98%；女性 153.77 万人，占 47.02%，男女性别比 112.68。

1993—2005 年宁德市（地区）户籍人口男女性别比情况统计表

表 5-3　　单位：人

年份	总人口	性别		性别比
		男	女	
1993	3019592	1618762	1400830	115.56
1994	3055828	1637096	1418732	115.39
1995	3093384	1654660	1438724	115.01
1996	3128582	1672699	1455883	114.89

续表 5-3

年份	总人口	性别		性别比
		男	女	
1997	3164981	1688287	1476694	114.33
1998	3190091	1701389	1488702	114.29
1999	3218472	1712417	1506055	113.70
2000	3235705	1717468	1518237	113.12
2001	3246930	1721278	1525652	112.82
2002	3254357	1724499	1529858	112.72
2003	3258055	1729004	1529051	113.08
2004	3267429	1733102	1534327	112.96
2005	3270346	1732694	1537652	112.68

第二节 年龄构成

1990 年，据全区各县（市）年末人口统计，区内总人口为 286.02 万人，其年龄结构为 0 ~ 4 岁 30.33 万人，占 10.60%；5 ~ 9 岁 30.60 万人，占 10.70%；15 ~ 19 岁 31.10 万人，占 10.87%；25 ~ 29 岁 23.65 万人，占 8.09 %；35 ~ 39 岁 19.26 万人，占 6.73%；50 ~ 54 岁 9.98 万人，占 3.49%；60 ~ 64 岁 9.88 万人，占 3.45%；70 岁以上人口 9.97 万人，占 3.49%。区内 14 岁以下的少年儿童 91.43 万人，占总人口的 31.97%。15 ~ 64 岁成年人 177.27 万人，占总人口比重 61.98%，65 岁以上的老年人 17.32 万人，占人口比重 6.05%。

1995 年，据全区 1% 人口抽样调查，全区有 0 ~ 14 岁少年儿童人口 11386 人，65 岁以上老年人口 2821 人。按国际通用的人口年龄类型标准比较，全区人口年龄结构老少比比第四次全国人口普查有明显增加，年龄中位数增加 6 岁。全区 65 岁以上人口占总人口比例从 6% 上升到 7.8%。

2000 年，第五次全国人口普查，全市总人口 2991258 人，其中 0 ~ 14 岁人口 749339 人，占总人口的 25.05%；15 ~ 64 岁人口 2007788 人，占总人口的 67.12%；65 岁及以上人口 234131 人，占总人口的 7.83%。与 1990 年第四次全国人口普查相比，0 ~ 14 岁人口比重下降 6.92%，65 岁及以上人口比重上升 1.66%。

2005年，全市户籍总人口 327.03万人，其中 0 ~ 14 岁 66.58万人，占总人口的 20.36%；15 ~ 64岁人口 224.31万人，占总人口的 68.59%；65岁及以上人口 36.14万人，占总人口的 11.51%。

2000年第五次全国人口普查宁德市各年龄段性别情况统计表

表5-4 单位：人

年龄组别	合计	男	女
0～4岁	126491	70451	56040
5～9岁	274905	148707	126198
10～14岁	347943	183525	164418
15～19岁	269446	145870	123576
20～24岁	235571	122055	113516
25～29岁	281221	142551	138670
30～34岁	276408	141615	134793
35～39岁	239678	122810	116868
40～44岁	206221	109942	96279
45～49岁	192038	101128	90910
50～54岁	130935	75768	55167
55～59岁	89794	53459	36335
60～64岁	86476	51495	34981
65～69岁	78870	45281	33589
70～74岁	73099	40656	32443
75～79岁	46922	24808	22114
80～84岁	23694	11730	11964
85～89岁	8880	3939	4941
90～94岁	2238	778	1460
95～99岁	394	118	276
100岁及100岁以上	34	7	27
总计	2991258	1596693	1394565

若干年份宁德市（地区）各年龄段人口占总人口比重统计表

表5-5 单位：%

年龄组别	1995年			2000年			2005年		
	小计	男	女	小计	男	女	小计	男	女
总计	100.00	53.69	46.31	100.00	53.38	46.62	100.00	52.36	47.64
0～4岁	7.91	4.43	3.48	4.23	2.36	1.87	4.90	2.68	2.22
5～9岁	12.03	6.54	5.49	9.19	4.97	4.22	4.84	2.69	2.15
10～14岁	11.34	5.96	5.38	11.63	6.13	5.50	10.62	5.56	5.06

续表 5-5

年龄组别	1995 年			2000 年			2005 年		
	小计	男	女	小计	男	女	小计	男	女
15 ~ 19 岁	8.68	4.70	3.98	9.01	4.88	4.13	7.84	4.31	3.53
20 ~ 24 岁	8.65	4.44	4.21	7.88	4.08	3.79	5.05	2.53	2.52
25 ~ 29 岁	8.79	4.39	4.40	9.40	4.77	4.64	6.54	3.19	3.35
30 ~ 34 岁	7.36	3.70	3.66	9.24	4.73	4.51	8.24	4.00	4.24
35 ~ 39 岁	6.99	3.63	3.36	8.01	4.11	3.91	9.05	4.44	4.61
40 ~ 44 岁	6.39	3.40	2.99	6.89	3.68	3.22	8.24	4.03	4.21
45 ~ 49 岁	4.53	2.60	1.93	6.42	3.38	3.04	7.82	4.07	3.75
50 ~ 54 岁	3.12	1.85	1.27	4.38	2.53	1.84	7.25	3.77	3.48
55 ~ 59 岁	3.32	2.01	1.31	3.00	1.79	1.21	5.05	2.89	2.16
60 ~ 64 岁	3.14	1.79	1.35	2.89	1.72	1.17	3.51	2.13	1.38
65 ~ 69 岁	3.15	1.78	1.37	2.64	1.51	1.12	3.34	1.94	1.40
70 ~ 74 岁	2.24	1.26	0.98	2.44	1.36	1.08	2.94	1.71	1.23
75 ~ 79 岁	1.38	0.74	0.64	1.57	0.83	0.74	2.59	1.39	1.20
80 ~ 84 岁	0.66	0.34	0.32	0.79	0.39	0.40	1.41	0.71	0.70
85 ~ 89 岁	0.27	0.12	0.15	0.30	0.13	0.17	0.59	0.25	0.34
90 ~ 94 岁	0.05	0.01	0.04	0.07	0.03	0.05	0.16	0.06	0.10
95 ~ 99 岁	—	—	—	0.01	—	0.01	0.02	0.01	0.01
100 岁及以上	—	—	—	—	—	—	—	—	—

第三节 民族构成

1990 年，据第四次全国人口普查数据显示，宁德地区户籍总人口 292.22 万人，有民族 22 个，分别是汉族、蒙古族、回族、藏族、维吾尔族、苗族、彝族、壮族、布依族、朝鲜族、满族、侗族、瑶族、白族、土家族、傣族、黎族、畲族、高山族、仫佬族、俄罗斯族、京族。其中汉族 269.37 万人，占总人口的 92.18%，少数民族 16.65 万人，占总人口的 5.70%。超过百人的少数民族有畲族 157313 人、回族 8639 人、壮族 289 人。

2000 年，第五次人口普查显示，全市常住人口 299.13 万人，有民族 29 个，分别是汉族、蒙古族、回族、藏族、维吾尔族、苗族、彝族、壮族、布依族、朝鲜族、满族、侗族、瑶族、白族、土家族、傣族、黎族、畲族、高山族、仫佬族、俄罗斯族、京族、哈尼族、哈萨克族、水族、土族、毛南族、仡佬族、阿昌族。其中汉族 282.00 万人，占总人口的 94.27%，少数民族

17.19 万人，占总人口的 5.75%。超过百人的少数民族有畲族 159040 人、回族 11777 人、壮族 359 人、苗族 179 人、土家族 180 人。畲族主要分布在福安、霞浦、福鼎、蕉城 4 县（市、区），其中福安 59931 人、霞浦 35071 人、福鼎 28207 人、蕉城 22054 人；回族主要分布在福鼎、福安、古田、霞浦 4 县（市），其中福鼎 5511 人、福安 2512 人、古田 2093 人、霞浦 1564 人。

2005 年，据全市人口 1%抽样调查，全市常住人口中，汉族人口 287.20 万人，占总人口的 94.16%；各少数民族人口 17.80 万人，占总人口的 5.84%。与“五普”相比，汉族人口增加 5.30 万人，增加 1.77%；各少数民族人口增加 0.60 万人，增长 3.37%。

1990 年、2000 年宁德市（地区）各民族人口数统计表

表 5-6　　单位：人

民族	1990 年	2000 年
总计	2860217	2991258
汉族	2693719	2819376
少数民族	166489	171882
蒙古族	5	11
回族	8639	11777
藏族	20	19
维吾尔族	3	24
苗族	90	179
彝族	5	46
壮族	289	359
布依族	13	49
朝鲜族	4	28
满族	44	42
侗族	2	34
瑶族	11	16
白族	2	20
土家族	8	180
傣族	10	19
黎族	5	21
畲族	157313	159040
高山族	4	1
仫佬族	2	1
俄罗斯族	4	2
京族	16	1

续表 5-6

民族	1990 年	2000 年
哈尼族	—	1
哈萨克族	—	1
水族	—	1
土族	—	4
毛南族	—	1
仡佬族	—	4
阿昌族	—	1
外国人加入中国籍	9	—

第四节 文化程度构成

1990 年，全区大专以上文化 16218 人，高中 132679 人，初中 346181 人，小学 1378651 人，小学以下不识字或识字很少 562305 人。

1995 年，据全区常住人口 1% 抽查，全区抽查 36396 人，其中受小学以上教育人口 23599 人，占抽查人口的 64.84%，大专以上文化 99 人、高中 1406 人、文盲或半文盲 7831 人，分别占抽查人口的 0.27%、3.86%、21.52%。从万人中拥有文化程度人口数看，大专以上 27 人、高中 386 人、初中 1500 人、小学 4568 人；与“四普”相比，大专以上、高中、小学比重略有降低，初中比重略有上升。

1995 年宁德地区常住人口 1% 抽样调查分年龄组文盲、半文盲情况统计表

表 5-7 单位：人、%

年龄组别	文盲、半文盲人数	占 15 岁及 15 岁以上人口比例	“四普” 时期比例
15 ~ 19 岁	147	4.75	8.78
20 ~ 24 岁	311	9.90	15.62
25 ~ 29 岁	520	16.26	21.69
30 ~ 34 岁	582	21.72	33.00
35 ~ 39 岁	811	31.88	38.85
40 ~ 49 岁	1428	35.92	51.36
50 ~ 59 岁	1140	48.66	77.25
60 岁以上	2829	55.90	55.07

2000 年全市第五次人口普查，接受大学（指大专以上）教育 49136 人，接受高中（含中专、

职高）教育 22.57 万人，接受初中教育 83.74 万人，接受小学教育 131.18 万人。与 1990 年第四次全国人口普查相比，每 10 万人中拥有大学教育程度由 567 人升至 1659 人，拥有高中受教育程度由 4639 人升至 7581 人，拥有初中教育程度由 12103 人升至 28089 人，拥有小学教育程度由 48201 人降至 43880 人。全市人口中，文盲 290904 人；与 1990 年第四次全国人口普查相比，粗文盲率（15 岁及 15 岁以上文盲人口占总人口的比重）由 19.66%降至 8.85%。

2001 年，据年末全市常住人口统计（下同），各种文化程度占 6 岁及以上人口的比重：大学（大专以上）434 人，占 2.40%；高中 1866 人，占 10.40%；初中 5187 人，占 28.80%；小学 7161 人，占 39.70%；15 岁及以上不识字或识字很少 2395 人，占 13.30%。

2002 年，各种文化程度占 6 岁及以上人口的比重：大学（大专以上）377 人，占 2.30%；高中 1222 人，占 7.60%；初中 4300 人，占 26.60%；小学 7112 人，占 44.00%；15 岁及以上不识字或识字很少 2354 人，占 14.60%。

2003 年，各种文化程度占 6 岁以及以上人口的比重：大学 2.40%，高中 8.40%，初中 27.10%，小学 42.30%，不识字或识字很少 14.30%。

2004 年，各种文化程度占 6 岁以及以上人口的比重：大学 2.50%，高中 8.20%，初中 29.00%，小学 40.60%，不识字或识字很少 14.50%。

2005 年，全市人口中，具有大学程度（指大专以上）人口 7.70 万人，高中程度（含中专）人口 26. 3 0 万人，初中程度人口 75.80 万人，小学程度人口 121.20 万人。与第五次全国人口普查相比，大学程度人口增加 2.80 万人，高中程度人口增加 3.80 万人，初中程度人口增加 7.90 万人，小学程度人口减少约 10 万人。

第五节　姓氏构成

1993—2005 年，宁德市（地区）累计有姓氏 699 个。其中单姓 693 个，复姓 6 个。人口在 5 万人以上的姓氏有 11 个：陈姓 31 万人，林姓 25 万人，黄姓 13 万人，张姓 11 万人，王姓 10.50 万人，郑姓 10 万人，李姓 8.50 万人，吴姓 8.30 万人，刘姓 8 万人，雷姓 5.90 万人，叶姓 5.10 万人。人口在 2 万 ~ 4.9 万人的 13 姓分别为：钟、蓝、谢、余、杨、周、阮、苏、彭、缪、江、魏、陆；人口在1万 ~ 1.9万人的有19姓：孙、游、郭、朱、徐、詹、胡、卓、何、高、汤、蔡、冯、许、邱、赵、程、袁、曾等；人口在 3000 ~ 9900 人的姓氏有：薛、夏、肖、章、廖、范、连、潘、罗、沈、甘、韦、马、施、池、韩、毛、俞、卢、蒋、龚、尤、钱、温、方、金、赖、邓、庄、梁、姜、凌、翁、关、石等 35 姓；人口在 3000 人以下的姓氏 621 个。

第三章 婚姻 家庭

第一节 婚 姻

1993 年，据年末全区人口统计，区内女性初婚人数 19094 人，早婚（按国家规定女 20 岁、男 22 岁）1767 人、晚婚（女 23 岁、男 25 岁）7288 人，早婚率 9.25%、晚婚率 38.17%。

1993 年至 1998 年年底，全区共办理国内婚姻登记 165273 对、离婚登记 4489 对、涉港澳及华侨婚姻登记 412 对。

1995 年，全区 15 岁以上的未婚人数占 15 岁及以上人口（下同）的 25.4%，其中男性未婚高出女性未婚的一倍。已婚家庭双方初婚配偶占 64.9%、一方或双方再婚配偶占 1.67%，离婚率 1.34%，丧偶率 6.71%。

2000 年，据第五次全国人口普查，全市 15 岁及 15 岁以上人口 222.10 万人，其中未婚 54.90 万人、占 24.72%；双方初婚配偶 147.70 万人，占 66.50%；一方或双方再婚配偶 3.40 万人，占 1.53%；离婚 2.40 万人，占 1.08%；丧偶 13.70 万人，占 6.17%。15 岁及 15 岁以上已婚人口中，平均初婚年龄 22.10 岁，男性 24.10 岁，女性 20.20 岁。

2005 年，全市结婚登记 25377 对、离婚登记 2476 对，其中涉外及涉港、澳、台及华侨结婚登记 1672 对、离婚登记 81 对。

第二节 家 庭

1990 年，第四次全国人口普查数据显示，宁德地区婚姻家庭户（含离婚）63.90 万户，占总人口户数的 99.39%。婚姻人口 281.60 万人、户均 4.41 人。

1995 年，全区家庭户以四人户和五人户所占比例最高，分别占总户数的 23.80% 和 22.10%，其次是三人户和六人户，分别为 15.20% 和 12.61%，一人户占 7.50%，二人户占 10%；七人户占 5.20%、八人户占 2.30%、九人户占 0.60%、十人户及以上占 0.66%。与第四次全国人口普查相比家庭规模未发生多大变化，以四人户和五人户居多。

2000 年据第五次人口普查，全市家庭户均 3.8 人。其中，一人户占总户数 9.10%、二人户占 12.80%、三人户占 22.70%、四人户占 23.70%、五人户占 19%、六人户占 7.70%，七人及以上户 5%。

2005年，据全市1%人口抽样调查，全市有家庭户100.30万户、家庭人口302万人，平均每个家庭户人口3.01人，集体户人口3万人。与第五次全国人口普查相比，平均每个家庭户的人口减少0.74人。

第四章 计划生育

第一节 政策措施

1993年开始，全区把计划生育工作同发展农村商品经济相结合、同帮助农民勤劳致富奔小康相结合、同建设文明幸福家庭相结合（简称计生“三结合”）。各级政府认真贯彻计划生育“三为主”（以宣传教育为主、以避孕节育为主、以经常工作为主）方针，保持全区人口有计划、合理增长。

1994年，全区对计划生育户推行各项优惠政策措施。宁德市石后乡让供销社优先给计划生育户供应农资、生产用具和化肥。福安市上白石镇组织计划生育户学科技、掌握致富知识，请医生对26名不孕症患者进行治疗，经治疗其中8人恢复生育能力。还对计划生育户优先安排宅基地，优先给予困难救济和安排生产资金。古田县新城镇对独生子女户入学免交教育附加费。

1995—1996年，宁德地区行署先后出台《关于在全区农村广泛开展计划生育“三结合”活动的实施意见》《关于下达地直有关部门1996—1998年计划生育“三结合”工作责任书的通知》和《关于对农村计划生育“三户（二女绝育户、独生子女户、计划生育困难户）”实施倾斜政策的暂行规定》，把计生“三结合”纳入人口责任目标下达各县（市）委、政府，各县（市）相继制订实施细则。地区计生委等16个部门和单位也相继下发有关通知，在全区开展计划生育“三结合”活动。至1998年，全区三级投入计生“三结合”资金1108万元，举办各类技术培训班2501期，提供致富信息12000条。全区计划生育“三户”收入在本村人均收入水平以下的20168户，经过帮扶有91.80%的户得到实惠，并有14496户人均收入达到当地人均水平以上，占困难户总数的71.80%。其中独生子女户7354户，二女结扎户2766户，其他计划生育户4376户。这些“三户”中，进行资金扶持的6961户，技术扶持的4415户，项目及信息扶持的3997户，生产资料扶持的2167户，其他扶持的1560户。

1999年，全区各级政府及相关部门继续对农村计划生育户特别是独生子女户和二女结扎户实行优惠政策。

2000年，全区对计生“三户”实施帮扶中提供优良种苗和技术培训的有31076户，介绍就业及劳务输出6036户，提供贷款10099户，结对扶贫5583户，实施“造福工程”1391户。经帮扶后收入达到本村（居）人均水平以上的11478户，其中独生子女户6055户、二女结扎户2990户、其他计生困难户2433户。

2001年，宁德市政府研究出台两项落实计生“三结合”方针的政策措施，并列入市委、市政府为民办实事项目，分别是市财政安排100万元作为贴息贷款，帮助农村计生“三户”，特别是二女结扎户发展生产以及县、乡两级政府对农村二女结扎户和独生子女户实行就学优惠、全免或半免小学到大学学杂费。

2002年，市财政局、市人民银行、市农村金融体制改革领导小组办公室、市计生委、市计生协等单位联合下文，继续对农村二女结扎户贴息贷款优惠。全市有7055户二女结扎户得到2774.8万元小额贴息贷款，占二女户总数的39.8%。

2003年，全市9县（市、区）相继建立人口与计划生育奖励专项经费，给独生子女领证户和二女结扎户及放弃生育指标的计生户专项奖励。共有9059户独生子女户、1689户二女户和54户自愿不再生育家庭兑现专项奖励资金663.88万元。

2004年，全市有17191二女户得到7572.9万元小额贴息贷款，占全市二女户的75.45%。9县（市、区）在农村低保工作中，增加农村计生困难户低保享受金额或降低纳入低保享受门槛等，加强计生困难户扶持保障。全市有3094户、10274人计生困难户纳入低保。计生“三户”子女中有3.68万人得到194.41万元学杂费减免，有99名考上大中专的子女得到8.6万元的助学款。

至2005年年底，宁德市财政累计拿出500万元作为贷款贴息，扶持全市20453二女户得到小额贷款的帮扶，帮扶面达到86.49%，产生经济效益3614.87万元。当年，9个县（市、区）在对农村独生子女户和二女结扎户子女义务教育阶段的学杂费进行减免的基础上，又出台农村独生子女户和二女结扎户子女报考本地高中或中等职业学校予以照顾加分5～20分的政策。

第二节　宣传教育

1993年，全区开展计划生育“三为主”宣传教育活动，推广人口学校对育龄群众进行计生基础知识及避孕节育、优生优育知识普及。同时，继地区计生委在地直机关开办人口教育学校之后，各县（市）、乡、村宣传教育相继开办人口教育学校234所，采取计生电化系列教育和课堂教育开展人口教育工作。

2005年，福安市计生服务站医师为“二女春苗班”学生开办青春期生理心理健康知识辅导讲座

1995年，全区组织计生技术服务人员参加省、地教育培训，地区计生服务站举办3期计生技术服务岗位师资、技能操作培训。

1996年，地区计生服务站印发《技术服务管理资料汇编》500册。

1997年，在全区组织开展计生科技宣传下乡活动，地区计生服务站上街宣传避孕节育、优生优育等生殖保健知识4次；在《中国人口报》《闽东日报》、闽东电视台开展计生技术服务达标创先报道。

1998年，全区计生部门印制计划生育健康宣传资料6000余份，办专栏1205期，张贴宣传标语7.3万张。全区各级计生技术服务机构在“母亲节”期间上街开展优生优育、生殖保健咨询活动，发放宣传资料4万余份。

1999年，各级计生部门把建设新型生育文化与社会发展相结合宣传作为一项重要任务来抓，广泛开展“婚育新风进万家”活动，加强乡、村人口学校阵地建设，进一步普及人口与计划生育基础知识，抓好《八闽新型生育文化建设世纪行》计划的落实工作。地区计生委在电视台开辟《典型新干线》系列报道栏目，组织创作计生小品剧本、小话剧参加全省会演，编印《闽东畲乡计划生育谜语选》。地、县（市）继续开展以文化、科技、卫生为内容的“三下乡”活动，为近百个乡镇的3000个农村家庭赠送各种宣传计划生育书籍1.7万册，县、乡计生技术人员进村入户为5万多名育龄夫妇开展生殖保健宣传服务。

2000年，福鼎市召开“婚育新风进万家活动”动员会，分发“开展婚育新风进万家、树立科学、文明、进步的婚育观念倡议书”1万多份。地区计生委拍摄《上门女婿心愿》《心系众乡人》等电视片分发给全市各乡镇、村。

2001年，全市各县（市、区）宣传中共中央、国务院《关于加强人口与计划生育工作稳定低生育水平的决定》和新修订的《福建省计划生育条例》。市计生委与闽东日报社、宁德电视台联合，开辟计生专栏、编印《婚育新风漫画选集》2万多册发送到村计生宣传服务小组长（计生中心户长）手中。

2002年，全市开展学习《中华人民共和国人口与计划生育法》、国务院《社会抚养费征收管理办法》以及省政府制订的有关条例。当年，在全省计划生育宣传教育文艺会演中，福鼎市创作的越剧《怀孕之后》和歌舞《喜满畲山》分获二等奖，霞浦县的独幕话剧《小姑把关》、古田县的喜剧《菇乡女儿红》、周宁的配乐诗朗诵《母女情话》和蕉城区的音乐小品《多子多福》获优秀奖。

2003年，市计生部门在国道、省道沿线村建设婚育新风标语宣传画长廊。

2004年，宁德市委宣传部、市文明办、市人口计生委等10部门联合下发《关于广泛深入开展婚育新风进万家活动的意见》，在全市开展“婚育新风进万家”评估活动。福鼎市、福安城北街道等10个单位和俞立杉等6人获全省“婚育新风进万家”活动先进单位和先进个人。全市有婚育新风剪纸（柘荣县选送）等8件计生宣传品在省计生委组织的计生宣传精品评选中获奖。

2005年，宁德市“关爱女孩行动”全面启动。宁德市各级计生部门把“关爱女孩行动”作为“婚育新风进万家活动”的重要内容，通过建立“关爱女孩行动”的“致富、成才、保障、亲情、安居”5项工程，实施一系列活动，推动全市计划生育工作的深入进行。

第三节 技术服务

1993年，地区计生委设立计生服务站特诊部，开展节育技术、男女性科、优生优育、不孕症等服务项目；开展避孕药具免费发送工作，全年送出各类避孕药具价值7.4万元。

1995年，在全区推广皮下埋植避孕技术。

1996年，地区计生服务站举办1期县（市）服务站及部分乡镇服务所计划生育手术消毒灭菌技术培训班；在福鼎市计生服务站举办1期避孕药皮下埋植术培训班。全区有县、乡、村避孕药具发送网点428个，全年发送免费药具价值14万元。

1997年，举办1期全区乳腺检查仪操作技能培训，举办2期全区乡镇计生办、服务所负责人计生科技管理工作培训。

1998年，地区计生服务站举办1期全区生殖健康乳腺检查培训班，并设立生殖保健门诊，开展优生检测工作，平均每月接受门诊咨询200余人次。

1999年，全区开展已婚育妇查环查孕60多万人次，给9000多对育龄夫妇和近万名流动人口提供避孕药具服务。在福鼎市开展优质服务试点基础上，提出在全区进一步完善优质服务试点工作意见。在地区计生服务站和部分县（市）站开展优生检测工作基础上，部分有条件乡（镇）计划生育服务所也开展生殖保健服务。当年，全区计生服务站、所接受优生优育咨询门诊2.5万人次、优生检测508例、妇科常见病普查17.11万人次，不孕检查1312人次、治疗1382人次。

2001年，全市组织计生人员开展上门办证、送证上门等服务，到偏远山村结合查环查孕，免费为育龄妇女查病治病。全市10个计生服务站和127个乡镇服务所全年开展妇女病普查43.67万人次，发现妇女生殖系统疾病7.84万例、治疗8.77万人次。

2003年，根据《福建省计划生育技术服务管理条例》，在全市组织开展技术服务机构“晋级创先”活动，经省计生委考核组评估验收，全市有8个县级计生服务站为一级计生服务站、1个县级计生服务站为二级计生服务站，2个乡镇计生服务所为先进中心计生服务所、2个乡镇计生服务所为合格中心计生服务所、28个乡镇计生服务所为计生先进服务所、47个乡镇计生服务所为合格计生服务所，提升了全市计生服务水平。

2004年，宁德市计生服务站和9个县（市、区）计生服务站全部成为一级计生服务站，114个乡（镇）计生服务所成为先进所或合格所，其中先进所40个、合格所74个。

2005年3月，宁德市成立市流动人口计生管理站，加强流动人口计生管理工作。同时，根据省人口计生委部署，在全市开展以计生中心服务所为龙头骨干的乡（镇）计生技术服务网络建设。进一步开展创建计生优质服务先进县（市、区）活动。全市设立金额1000万元的“宁德市计划生育发展基金”，用于资助计划生育困难户。当年，全市人口出生率10.46‰，出生人口符合政策率90.10%。

第四节　计生管理

一、目标责任制管理

从1993年开始，宁德地委、行署坚持每年与县（市）委、政府签订计划生育工作责任书，对计生工作实现责任制管理。地委、行署制发各级党政一把手亲自抓、负总责的“十二条”规定和有关部门齐抓共管计划生育的具体规定。

1995年，地委、行署印发《关于认真做好1995年计划生育工作的通知》和《关于落实人口与计划生育目标管理责任制，认真兑现奖惩办法的通知》。1996年，狠抓层层落实责任制，书记、专员带头挂钩计划生育后进县，做到逢会必讲计划生育，下乡必查计划生育，心中时刻挂着计划生育，地、县（市）党政领导对计划生育真正做到参与决策、参与实践、参与解决问题、参与评议奖惩和同奖同罚。

1999年，地委、行署2次召开计生专题办公会议，全区召开计划生育工作会议10次、电视电话或电话会议 10 多次；地区计生领导小组多次召开专题会议研究全区计生工作，并出台一系列加强和规范计生工作的文件。

2001 年，宁德市委、市政府发出《关于贯彻落实〈中共中央、国务院关于加强人口与计划生育工作稳定低生育水平的决定〉的通知》和《关于进一步加强计划生育工作的若干意见》。市政府与各县（市、区）签订计生工作责任书的同时，各县（市、区）也与各乡（镇）和有关部门签订计划生育工作目标责任书。

2003—2005 年，全市根据中央《关于进一步加强计划生育工作的若干决定》要求，继续把人口与计划生育工作纳入重大事项督查范围，层层签订计划生育目标责任书，严格落实责任、严格检查奖惩。

二、流动人口计生管理

1993—1998 年，宁德地区先后组织 10 次大规模的流动人口联网大清理，定专人负责，规范流动人口计划生育台账。各县（市）都设立流动人口计划生育工作管理站（福鼎还组建监察大队），每年对城关地区和人口聚居的集镇分片进行清理。地区制订实施《关于流动人口计划生育管理的规定》，实行“一证管三证”，即进入各（县、市）市区从业、务工的流动人口必须先申请办理“宁德市流动人口计划生育管理证”后，方可办理户口暂住证、营业执照和临时务工许可证。

2000 年，全区登记流动人口 244719 人，其中流入 84723 人、流出 159996 人；流入人口应审检 33844 人、审检 27620 人、审检率 81.6%、同比提高 20.1%；已婚育妇实现 100% 通报；外出人员应办证 111628 人、办证 81433 人，办证率 72.95%。

2001 年，全市登记流入人口 10.25 万人，流入审检率 84.6%；流出人口 24.56 万人，流出办证率 72.30%。2002 年，市计生委协调公安、工商、卫生、城建、民政、劳动等单位共同加强流动人口管理，并把居住地为主的计生管理纳入社区居民自治工作范畴。

2003 年 6 月 1 日至 7 月 5 日，根据省计生委部署，市计生委下发文件，在全市开展流动人口计生大清查活动各县（市、区）相继成立流动人口计生联网清查临时指挥部，制发清查工作实施方案，协调公安、工商、城建等单位联合开展联网清查。

2005 年，全市在宣传贯彻中央和福建省关于全面建立完善“依法管理、村（居）民自治、优质服务、政策推动、综合治理”的人口计生工作管理新机制中，把农村外流人口的计生管理作为村（居）民自治管理的一部分。要求各村（居）要建立外流育龄夫妇人员台账，每年配合流入地及原单位至少开展一次跟踪调查，发现问题及时协调有关部门解决。外流人口较多的周宁县，在上海市设立商会及党组织，把外流在沪工作的育龄夫妇纳入计划生育管理，建立档案、随时跟踪，并及时与县计生部门和暂住地街道（社区）联系，较好地落实外流人口的计划生育工作。

三、性别比管理

1993—1995 年宁德地区各级计生部门，严禁进行胎儿性别鉴定，严禁遗弃女婴和虐待生育女婴的妇女。

1997 年，全区出生婴儿性别比为 110.69，其中一孩为 101.76，二孩为 151.82，多孩为 255.77，总性别比和二孩性别比分别比上年同期下降 4.68 和 17.21 个点，逐步接近于正常值

（105 ~ 109）。调查显示，出生婴儿一孩性别比偏低原因主要是一孩男婴漏报或一孩男婴报女婴，使一孩性别比降低；二孩、多孩性别比偏高原因主要是女孩出生漏报和瞒报，同时B超鉴定、弃、溺、送女婴也会造成性别比不正常。

1998年，为解决出生婴儿性别比例失调问题，各级计生部门加强检查督促，严厉打击利用B超进行胎儿性别鉴定。大力加强孕前跟踪管理，加强接生员管理，制定接生申报制度，有条件的地方要采取定点分娩的办法，减少管理上的漏洞。

2004—2005年，全市较集中地开展打击非医学需要鉴定胎儿性别和非法选择性别人工终止妊娠的“两非”工作。严肃处理非法从事鉴定工作的医疗单位和当事人，有效遏制了非法鉴定工作。据当年对全市出生婴儿调查，其性别比已低于110，基本符合生育婴儿性别自然比率。

四、经费管理

1993—1998年，全区各级财政累计安排经费860万元，用于增加乡镇、村两级计生管理员和计生宣传经费。

1995年全区各县（市）计生事业经费在人均2元的基础上每年增长10%。

1997年，全区在安排年度财政预算时，地区本级计生人均经费比1996年增加0.5元。

2000年，地区财政下拨100万元专项经费用于基层计生宣传服务小组建设。地委、行署还要求各县（市）切实落实好各级配套经费，保证全区2万名基层计生宣传服务小组长每年有300元的工作补贴。

2001—2003年，市财政每年划出100万元作为专项经费用于帮助农村计生“三户”，特别是二女结扎户，结扎后因病家庭困难户发展生产、子女入学等。由乡（镇）和村负责落实到户、到人，确保帮扶使用到位。

2004年，全市在建立完善农村税费改革中注意建立稳定的县（市）、乡（镇）两级计生投入经费制度，保证人均在10元以上，专款专用，不得挪用与克扣，当年全市各县（市、区）转移支付用于计生事业的经费平均达到13.98%，比农村税费改革前已略有增加。

2005年，市委召开常委会议，决定设立“宁德市计划生育发展基金”（以下简称“基金”），市财政在原先每年“两个100万元”（即100万元作为贷款贴息帮助二女户发展生产，100万元作为全市计生宣传服务小组长的工作补贴）的基础上再增加100万元的投入用于设立基金。同时采取社会募捐、各级财政配套投入和干部结对帮扶投入相结合的方式，基金规模稳定在1000万元。在基金的运作上，把项目带动战略贯穿其中，通过“幸福工程”、小额贴息贷款、干部结对帮扶等计划生育项目载体，切实使计划生育发展基金在促进农村少生快富奔小康，建设社会主义新农村的进程中发挥良好作用。

五、计生协会工作

1993年，全区基层计划生育协会兴办经济实体，组织开源创收。当年全区计生协会有经济实体43个，茶、果、林生产基地354.47公顷，总收入33.57万元。各级计划生育协会还配合计生委和保险公司抓好独生子女父母及二女结扎户养老等保险。

1994年，地、县（市）各级协会开始推行农村计划生育对象投保工作，当年全区投保3349人，保额120.21万元。1995年，推动乡（镇）、村计划生育宣传服务小组创建，并以此为依托，逐步建立起新时期计划生育工作“县领导、乡负责、村自治、组为基础、户抓落实”的新机制，促进县乡强化责任、加大资金投入、落实计生措施。当年，全区成立17688个计划生育宣传服务小组。还开展为计划生育户生产、生育、生活提供服务的“三生服务”工作。1998年，宁德地、县普遍成立“人口学校”，全区4533名协会干部、会员担任乡、村“人口学校”的教员，每年给2万多对新婚夫妇和数以十万计的育龄人群讲解人口与计划生育知识。福安市协助省计划生育宣教中心制作反映该市计划生育服务成果的电视专题片，分别在省和中央电视台计划生育栏目中播出。全区组织计生工作业务培训，乡（镇）协会会员或专职副会长均接受培训，部分村（居）协会工作和宣传服务小组长和会员也都接受培训。

1999年，全区计生协会开展协会整顿工作。地委、行署拨出100万元专项经费用于计生宣传服务小组建设。要求各县（市）按照“1、2、3”的资金安排，切实落实好各级配套经费，保证全区近2万名基层计生宣传服务小组长每年有300元的补贴。至11月，全区2293个基层村协会中已有1891个完成整建工作，占82.47%。整建中，共劝退会员19517名，发展新会员35059名，全区会员总数为302821名，占全区总人口的9.41%，其中女会员148088名，占会员总数的48.90%。

2000年年初，宁德地区计生协会对全市村级计生协会及计生宣传服务小组长工作补贴等情况进行专项调查。5月，地委组织部等6家单位联合下发《关于进一步做好地委、行署有关计划生育协会工作若干问题规定的落实工作的通知》，使宁德地区各级计生协会的机构、编制、经费等方面的具体问题得到了进一步解决。是年底，蕉城区、屏南县、周宁县、柘荣县、福鼎市、霞浦县的党委政府有关部门也出台有关进一步解决计生协地工作若干问题的文件。全市2274个村（居）级计生协会完成整建2087个，完成率91.8%，通过省专项检查组的验收。蕉城区作为“幸福工程——救助贫困母亲活动”全省首批试点县（市、区）之一，项目试点成功率达96%，受救助的50位二女结扎户的贫困母亲84%脱贫，漳湾镇受救助户卞金钗由于其勤劳致富的行为被全国幸福工程组委会评为“全国百佳脱贫母亲”。

2001年，全市各级计生协会继续以基层计生协会为重点，开展村级整建“回头看”，全面落实基层计生协会的各项建设，拓宽协会宣传和服务领域，帮助各村制订《计生村规民约》。蕉城区计生协为方便育龄群众，在蕉城城区设置“安全避孕套”自动发放机。当年，发放安全套4000多个。各级计生协会围绕开展创建合格村计生协会和争创一流村计生协会活动（简称“双创”活动），营造计生工作“比、学、赶、帮、超”氛围，推动了全市人口与计生工作新要求新措施在基层的落实。

2002年，宁德市委办、政府办下发《关于深入开展创建合格村（居）计生协会和一流村（居）计生协会活动的通知》，各级党委政府加强对“双创”工作的领导，运用“双创”推动基层计划生育各项工作的落实，使“双创”工作成为争先创优、追赶全省计生工作先进水平的重要途径。各县（市、区）基层计生协会在“双创”活动中，坚持做到有目标、有措施、有责任人、有奖惩、有必要的资料档案，依照合格村协会和一流村协会的25条标准，以完善村、组例会制度为重点，抓各项活动制度的落实。当年，全市合格村协会962个，占村协会总数的41.86%，一流村计生协会196个，占村协会总数的8.53%。

2004年，全市计生协会发动会员开展“一人一事”（为育龄群众讲一番道理、办一件好事）活动，“结对子”“一帮一”等活动，推进“双创”工作的开展。古田县开展“三送融情活动”（在育妇结婚时、孩子满月时、育妇落实节育措施时，登门祝贺，送上一份慰问品）。

2005年，全市各级计划生育协会参与落实计生户“小额贴息贷款”工作。4月，全市小额贴息贷款帮扶二女户发展经济工作会议在福鼎市召开，部署提出加大对二女困难户的帮扶，把这优惠政策覆盖到所有二女结扎户。当年，全市共有4366户二女户贷款2461.66万元，产生经济效益516.87万元。市、县（市、区）政府拿出500万元作为贷款贴息，扶持帮助20453户二女户，二女结扎户贷款面达到86.49%，产生经济效益3614万元。

第六编 城乡建设

1993年，伴随着城乡建设发展，宁德地区行署启动第二轮城市总体规划的调整修编，宁德地区9个县（市）及部分乡镇设立村镇规划建设管理站配备人员134人。1993—1998年，重点加快城市市政路网、排水、园林绿化、环境卫生等工程建设，新建改建宁德蕉城南北路、鹤峰路、南环路、福安市新华路、福鼎市南大路、霞浦县龙首路、古田县解放路等一批城市主干道，建成宁德二水、福鼎二水、周宁三水、古田二水等水厂重点项目，新建大小公园24个。1999年全区9个县（市）城市基础设施建设投资2.26亿元，城市建设实施“新、绿、亮、洁”工程，突出建设高水平的城市标志性建筑和广场绿化，改善人居环境。2000年，宁德撤地设市后，2003年编制《宁德市城市总体规划（2005—2020年）》,2004年12月获得审批通过。到2005年，形成以宁德为中心，各县（市）为骨干，小城镇为基础的多层次的城乡协调发展城镇体系。宁德市中心城区在改造多片老城区的基础上，逐步推进城市东部东侨新区的开发，城区面积24平方千米。是年，全市城区绿化覆盖面积449公顷、园林绿地面积429.30公顷、公共绿地面积66.27公顷。完成各县（市）55个建制镇、47个集镇（乡）的建设总体规划。全市村镇建设管理队伍中有1人取得一级注册建筑师资格、5人取得注册城市规划师资格。建筑业和房地产业也得到健康快速发展，有勘察、建筑设计单位8家，建筑企业91家，年完成建筑总产值26亿元。历经13年的城乡建设，宁德市走出一条具有宁德域情特色的城乡建设发展道路，成为全省经济发展的重要载体。

第一章　城乡规划

第一节　城市规划

一、总体规划编制

1994 年，宁德地区行署驻地的宁德市政府与宁德地区建设委员会委托建设部八达公司编制《宁德市总体规划修编（1994—2010 年）》，对宁德市（今蕉城区）的城市性质、城市规模、城市空间结构、道路与广场、工业用地、居住用地和公共服务设施进行规划布局。1997 年 1 月，经省政府批复实施，城市性质确定为闽东中心、海滨港口城市。确定城市发展规模，近期（2000 年）人口规模应控制在 20 万人以内，城市建设用地按 18 平方千米控制；远期（2010 年）人口规模应控制在 30 万人以内，城市建设用地按 30 平方千米控制，并按照这个规模合理进行城市各项建设，规划区范围调整为 143 平方千米，东至三都镇象溪村，南至飞鸾镇岚口村，西至金涵水库、南际公园，北至漳湾镇下塘村所围合的范围。

2003 年 12 月，根据宁德市委、市政府的部署，宁德市委托南京大学城市规划设计研究院编制《宁德市城市总体规划（2005—2020 年）》。2004 年 5 月，完成城市总体规划纲要技术评审稿，8 月按照技术评审意见，修改形成《宁德市城市总体规划纲要》报批稿和《宁德市城市总体规划人口与用地规模论证报告》，10 月报送建设部、国土资源部、国家发改委审批。12 月 31 日，建设部作出关于宁德市城市总体规划人口和用地规模的批复。2005 年 12 月，省住建厅主持召开技术鉴定会，审定通过《宁德市城市总体规划（2005—2020 年）》。

《宁德市城市总体规划（2005—2020 年）》布局结构以山海为边界，以交通干线和自然山体、水体相分隔，由中心城区和若干职能片区所构成，通过城市交通性干道网相连通，形成“一心一核，三轴两港七片区”的紧凑组团式城市。规划期限分近期（2005—2010 年）、远期（2011—2020 年）。城市性质为海峡西岸经济区东北翼中心城市、滨海生态工业型港口城市。规划范围，东以宁德市与霞浦县行政界线为界，向南包括三都镇全部、飞鸾镇与城南镇沿海部分，西至金涵乡金涵水库，北以七都溪南分水线、宁德—福安行政界线为界。总面积 527 平方千米，其中陆地面积 271 平方千米（包括自然山体面积约 181 平方千米），海域面积 257 平方千米。城市建设目标以建立功能明确、布局合理、富有弹性的城市空间结构；人均居住用地达到国家标准；城市道路系统完善，公交比较发达；建立城市各类公共服务系统和开放的市场体系；建立完善的城市绿地体系，保护好名胜古迹，创造城市景观，体现地方特色；建立先进完善的市政设施系统和城市

20世纪90年代宁德城区图

防灾体系；加强环境保护，促进人与自然的和谐发展；实现管理手段的现代化。城市用地规模按近期城市建设用地控制在30平方千米以内；远期城市建设用地控制在45平方千米以内。宁德城市用地发展方向以实施“向海、面海、临海、跨海”的发展战略，推进城区“东扩面海、北展南移”。城市东部的东侨新区、漳湾南埕平原、六都西陂塘等地是城市近远期的主要拓展空间。铁基湾等地的滩涂区经围垦和工程改造可以作为城市远期发展用地和远景发展备用地。

二、宁德市中心城区专项规划编制

宁德市东湖公园规划设计 东湖暨周边地区位于东侨开发区的中心地带，用地范围约4.5平方千米（其中东湖水面2.76平方千米、东湖公园景观设计面积3.491平方千米，东湖水域面积2.21平方千米，陆地面积1.38平方千米），包括大门山半岛，东湖、塔山公园、金蛇山、贵岐山及环湖以南150米，十号路以南约80米左右的范围。是宁德城市中心区的核心区，具有集“山、湖、海、城”于一体的自然特质，水域面积2.53平方千米，与全省9个地市相比较，自然生态条件优越，具备建设海峡西岸经济区新兴港口城市核心区景观的条件。2002年5月，宁德市规划局和东侨开发区进行东湖暨周边地区规划邀请招标，由福建省城乡规划设计院、上海同济城市规划设计研究院、雅克（香港）设计顾问有限公司等3家单位对规划进行设计。8月，对3个方案进行评审，最后选中雅克（香港）咨询有限公司设计方案。2004年6月与雅克（香港）咨询有限公司签订设计委托合同，7月设计单位完成设计方案初稿，由市政府主持召开方案初稿评审会。8月，设计单位根据初稿评审会意见，完成对方案初稿的修改，并于8月24日由市规划局组织召开方案修改稿评议会，根据专家及有关单位的意见通过修改，提供第三稿方案。2005年1月，编制东湖北岸、大门山城市绿舟景观规划，4月通过专家评审会，5月报市政府审批。

大门山 主要体现青少年科普教育、休闲娱乐、观光健身、旅游接待等方面的功能，成为环东湖生态休闲地域核心区，总面积61.67公顷。设计形成六大景观分区、24个主要景点和5个主题游憩项目。其中6个分区为以龟山为主体的龟山映红景区，以浅水湾为主体的热带风情景区，以中央大草坪为核心的玉树翠坪景区，以大门山体为主体的山青林密景区，以果园为主体的花果飘香景区和以湿地为主体的湿地生态景区。

东湖北岸 总用地面积10.36公顷，功能定位为旅游节庆活动、公共咨询、对外推介、游客观光等。北岸设计遵循人与自然、城市与自然和谐共存的原则，合理利用滨湖自然生态资源，构成“一轴二带八景”的景观结构。一轴是城市景观轴的延伸；二带分别是林荫曲径和水生植物种植带；八景即泉涌鼓乐、石滩嘉荫、栈桥览胜、艺韵留痕、椰影扶岸、蓼花凭渡、荷风迎面、翠坡流彩。

宁德市城市中心区给排水专项规划　2004年11月，宁德市城市中心指挥部为解决宁德市城市中心区给水、排水问题，委托厦门市规划设计研究院编制《宁德市城市中心区给排水规划》。规划期限2005—2010年、远期2011—2020年。规划内容为给水、污水和雨水专项规划及防洪防潮等专项汇总。规划范围以东兰组团、金塔组团、蕉城组团、闽东工业园区及师专校区的城市规划建设用地，共24.46平方千米。

宁德市城市近期建设规划　2003年6月，宁德市规划局委托福州市规划设计研究院、宁德市城乡规划设计院完成宁德市城市近期建设规划的资料收集、汇总和规划方案设计工作。7月，宁德市组织召开由省市专家、市政府、市人大领导以及市直有关部门参加的规划评审会。会议原则通过宁德市城市近期建设规划，提出需要修改完善的内容。规划年限2003—2005年。规划范围东至金蛇头、兰田，西至金涵水库、南公园，南至蚶岐，北至廉坑。人口规模规划至2005年市区人口规模为21.7万人，其中常住人口17.40万人，暂住人口4.30万人。用地规模规划至2005年，城市建设用地18.95平方千米，人均87.35平方米。

宁德市旧城控制性详细规划　2001年4月，宁德市规划局委托南京建工学院城市规划研究所开展宁德市旧城区控制性详细规划编制，同年7月和12月分别召开方案评议会，市区人大、政协及各相关职能部门、市规委会成员单位并特邀省内资深城市规划专家参加方案评议会。南京建工学院城市规划研究所按照评议会要求对方案进行调整修改后，市规划局于2002年2月5日在福州组织召开专家评审会，专家就文本的规范性、可操作性和旧城控制地块划分过细等问题提出修改意见。由于旧城改造存在诸多不定因素，经协商南京建工学院，市城乡规划局委托宁德市城乡规划设计院根据宁德市现状和发展需要，对方案进一步修改完善。2004年6月市规划局又邀请专家和市直相关部门就提交的修改稿召开评审会，修改补充和调整内容，形成宁德市旧城控规编制范围：东至城东路和天王路，南至坪塔路，西至鹤峰路，北至署前路，规划面积2.29平方千米。为与分区规划相衔接，体现规划完整性，本次规划将鹤峰路以西至规划西环路区域的路网及主要公建设施一并统筹安排，总规划范围面积3.59平方千米。旧城区的性质与功能定位为蕉城组团的核心片区，为综合商贸、金融、行政、文化娱乐及居住等多种功能，体现宁德古城特色与地域传统文脉特征的城市片区。为合理利用土地，指导土地开发和规划管理，规划将旧城区划分为407个地块，并对每个地块进行编号，并对其用地性质、用地面积、容积率、建筑密度、绿地率、建筑退让、建筑高度、出入口方位、停车泊位等作控制性规定。

塔山公园总体规划　塔山公园位于东侨开发区中心部位，东临东湖，南紧挨工业路，西倚福宁高速公路，北靠东湖景区，总占地面积50公顷。塔山公园是宁德市"绿心"之一，是城市空间标志景观，是以满足市民休闲、游览、健身等功能的城市综合性公园。2004年8月，由福建省城乡规划设计研究院编制总体规划。塔山公园总体规划分为入口综合服务区、历史文化区、文化休闲区、健身休闲区、生态观光区及建设发展备用区6个区。入口综合服务区由入口雕塑广场、喷泉、假山瀑布小广场、公园管理房、停车场、综合服务楼、亭、廊、绿化等组成。规划近期重点建设公园入口广场，综合服务区，山顶平台；中远期在此景区建设已基本形成的基础上逐渐建设其他景区，使之形成富有山林野趣兼具健身、休闲、文化游览功能，具有良好生态环境的城市公园。

城市绿地系统规划　2003年，根据《城市总体规划（2005—2020年）》中的城市性质、发展目标、用地布局的规定，科学制定各类城市用地的发展指标，合理安排园林绿地建设和城市大环境绿化的空间，达到保护和改善城市生态环境，优化城市人居环境，促进城市可持续发展。宁德市城乡规划部门建立城市绿化"绿线"管制制度，按照编制《城市绿地系统规划》，划定各类绿地范围保护控制线，严格按照城市绿化规划进行把关、审批。城市园林绿化行政主管部门按“绿色图章”制度进行审查，将城市规划区内的公园、风景林地、河岸、湖岸、海岸、山坡、主干道、出入口、桥头以及景观敏感地段等作为“绿线”管理重点部位执行严格管理。《规划》侧重城市主要道路绿化和绿地的建设和管护工作，对道路绿化进行修剪和补植，计划在市区建设一、二块1000平方米以上档次较高的休闲绿地。

第二节　镇村规划

1993年3月，宁德行署出台《关于进一步强化乡（镇）和中心村规划建设管理工作的通知》，以“统一规划，合理布局，因地制宜，各具特色，保护耕地，优化环境，综合开发，配套建设”的要求，对村镇进行规划建设。是年，宁德地区完成28个乡镇、220个中心村规划编制任务，比省建委下达指标分别超额完成40%、10%；完成“创亿元镇”两次调整规划任务7个。至此，全区乡镇规划全部完成，提前两年完成“八五”计划集镇规划调整任务，建制镇建设规划调整完善完成率达100%。

1995年，完成47个集镇的二轮规划调整与完善，完成率达100%。同年，全区还确定110个中心村（即行政村）试点建设，完成中心村规划编制任务450个，比全省下达指标190个，超额完成260个。完成中心村规划1174个，占中心村总数的60%，进展速度达到全省中上水平。

1996年，宁德市（今蕉城区）贵村、霞浦县烽火村规划经全省组织评比，获二等奖。全区完成中心村规划701个，其中周宁、古田、柘荣3个县全面完成所有中心村建设规划；宁德、霞浦、寿宁、屏南4个县（市）累计完成中心村建设规划378个，福鼎市累计完成中心村建设规划223个，福安市累计完成中心村建设规划416个。全区累计完成中心村规划1797个，进展速度达到全省中上水平。1998年，全区村庄11684个，累计调整完善村庄建设规划1957个，完成比率16.75%。当年，宁德地区参加全省村镇规划图方案竞赛获奖的方案有贯岭镇规划获二等奖，点头镇规划、白琳镇规划、湾坞乡徐江村建设规划、赛岐镇泥湾村建设规划、溪潭镇廉村建设规划分别获三等奖。

1999年，宁德地区行署委托省城乡规划设计研究院编制的《宁德地区城镇体系规划》方案通过评审，规划至2020年，形成以宁德为中心，福安、福鼎、霞浦为次中心，大量地方小城镇为基础，服务设施完善，基础设施配套、富有活力的城镇体系。同年，全区各县（市）完成27个乡镇209个建制村的规划调整编制任务，规划质量得到提高，部分省、地级试点镇和一些中心乡镇还聘请区外甲级设计队伍编制规划。霍童镇坚持“高起点规划，高标准建设”的原则，投资10余万元聘请重庆规划设计院厦门分院编制镇总体规划。赛岐镇新世纪花园小区为全区第一个乡镇住宅试点小区，由地区兰苑规划设计室设计编制。

2000年，为顺应宁德地区撤地设市及交通基础设施改善给村镇建设发展带来的新机遇、新形势，宁德市在村镇规划方面重点抓区域城镇体系规划、村镇总体规划和详细规划3个层次规划编制工作。在区域城镇体系规划方面，福安市、福鼎市开始着手编制市域城镇体系规划。在村镇总体规划编制方面，重点抓省、市级试点村镇、高速公路沿线重点村镇总体规划的编制工作。在详细规划编制方面，增加配套住宅小区详细规划或沿街景观规划设计。村镇总体规划编制均聘请具有甲级规划设计资质的设计单位编制。同时，进行库区移民、“造福工程”等工程规划编制工作。当年，全市完成乡镇总体规划编制14个、村庄105个。

2001 年，完成乡镇规划调整 7 个、村庄 83 个，均超过年度计划。大部分乡镇开始编制修建性详细规划，秦屿镇、甘棠镇、下白石镇，洋中镇等乡镇还聘请蕉城区外设计单位编制小区或沿街立面景观规划。

2005 年，宁德全市建制镇 55 个，集镇（乡）47 个，村庄 11314 个，建制镇、集镇总体规划完成比率 100%；累计完成村庄建设规划编制 2929 个，完成比率 25.89%。

2005 年宁德市小城镇规划编制情况一览表

表 6-1

县（市、区）	乡镇名称	规划编制时间（年）	规划调整时间（年）	规划调整编制单位	规划审批情况
蕉城区	霍童镇	1984	1999	重庆规划设计院厦门分院	已审批
	洋中镇	1995	1999	宁德市兰苑规划设计室	已审批
	漳湾镇	1989	2000	宁德市兰苑规划设计室	已审批
	七都镇	1992	2000	宁德市兰苑规划设计室	已审批
	八都镇	1999	—	宁德市兰苑规划设计室	已审批
	九都镇	2000	—	蕉城区村镇规划设计室	已审批
	赤溪镇	—	—	—	—
	三都镇	—	—	—	—
	飞鸾镇	1990	—	蕉城区村镇规划设计室	已审批
	虎浿乡	1991	—	蕉城区村镇规划设计室	未批
	石后乡	1995	—	蕉城区村镇规划设计室	未批
	洪口乡	1990	—	蕉城区村镇规划设计室	未批
古田县	水口镇	1993	2001	古田县规划设计室	已审批
	黄田镇	1989	2000	福州市规划设计研究院	已审批
	凤都镇	1992	—	古田县规划设计室	已审批
	松吉乡	1989	—	古田县规划设计室	已审批
	湖滨乡	1991	—	古田县规划设计室	已审批
	凤浦乡	1991	—	古田县规划设计室	已审批
	平湖镇	1985	—	古田县规划设计室	已审批
	大桥镇	1992	—	古田县规划设计室	已审批
	卓洋乡	1998	—	古田县规划设计室	已审批
	泮洋乡	1993	—	古田县规划设计室	已审批
	鹤塘镇	1992	2001	福州市规划设计研究院	已审批
	杉洋镇	1992	—	古田县规划设计室	已审批
	大甲乡	1993	—	古田县规划设计室	已审批
	吉巷乡	1992	—	古田县规划设计室	已审批

续表 6-1

县（市、区）	乡镇名称	规划编制时间（年）	规划调整时间（年）	规划调整编制单位	规划审批情况
屏南县	代溪镇	1990	—	屏南县村镇规划设计室	已审批
	熙岭乡	1993	—	屏南县村镇规划设计室	已审批
	甘棠乡	1991	1998	屏南县村镇规划设计室	未批
	路下乡	1991	—	屏南县村镇规划设计室	已审批
	长桥镇	1990	1999	福州八达城市规划设计院	未批
	棠口乡	1990	2002	福州八达城市规划设计院	未批
	双溪镇	1991	—	屏南县村镇规划设计室	已审批
	岭下乡	1992	—	屏南县村镇规划设计室	已审批
	寿山乡	1993	—	屏南县村镇规划设计室	已审批
周宁县	李墩镇	1990	1999	周宁县村镇规划设计室	已审批
	七步镇	1990	—	周宁县村镇规划设计室	已审批
	浦源镇	1990	—	周宁县村镇规划设计室	已审批
	纯池镇	1990	1999	周宁县村镇规划设计室	已审批
	咸村镇	1990	1999	周宁县村镇规划设计室	已审批
	泗桥乡	1990	—	周宁县村镇规划设计室	未批
	礼门乡	1990	—	周宁县村镇规划设计室	未批
	玛坑乡	1990	—	周宁县村镇规划设计室	未批
寿宁县	斜滩镇	1986	2002	宁德地区村镇规划设计室	已审批
	南阳镇	1987	2003	寿宁县村镇规划设计室	已审批
	武曲镇	1987	2003	宁德地区村镇规划设计室	已审批
	凤阳乡	1988	1997	寿宁县村镇规划设计室	已审批
	芹洋乡	1990	1997	寿宁县村镇规划设计室	已审批
	托溪乡	1988	1997	寿宁县村镇规划设计室	已审批
	平溪乡	1987	1997	寿宁县村镇规划设计室	已审批
	犀溪乡	1986	2002	宁德地区村镇规划设计室	已审批
	清源乡	1989	1997	寿宁县村镇规划设计室	已审批
	坑底乡	1988	2003	寿宁县村镇规划设计室	已审批
	大安乡	1987	1998	寿宁县村镇规划设计室	已审批
	竹管垅乡	1988	1997	寿宁县村镇规划设计室	已审批
	下党乡	1988	1997	寿宁县村镇规划设计室	已审批
福安市	赛岐镇	1985	1996	福州八达城市规划设计院	已审批
	甘棠镇	1992	2000	福州八达城市规划设计院	未批
	下白石镇	1992	2000	福州八达城市规划设计院	已审批
	溪柄镇	1990	2000	福州市规划设计研究院	未批
	湾坞乡	1992	2000	省建专城市规划设计院	未批
	社口镇	1991	2001	省建专城市规划设计院	未批

续表 6-1

县（市、区）	乡镇名称	规划编制时间（年）	规划调整时间（年）	规划调整编制单位	规划审批情况
福安市	潭头镇	1992	1999	省建专城市规划设计院	未批
	晓阳镇	1992	2000	宁德地区村镇规划设计室	未批
	溪尾镇	1992	—	南京建筑工程学院建筑系	未批
	上白石镇	1992	—	东南大学建筑系	未批
	溪潭镇	1992	—	南京建筑工程学院建筑系	未批
	松罗乡	1993	2000	宁德地区村镇规划设计室	未批
	范坑乡	1993	—	省建专城市规划设计院	未批
	穆阳镇	2001	—	福建省城乡规划设计研究院	未批
	穆云乡	2001	—	福建省城乡规划设计研究院	未批
	康厝乡	2001	—	福建省城乡规划设计研究院	未批
柘荣县	乍洋乡	1998	—	柘荣县城乡规划设计室	未 批
	楮坪乡	1998	—	柘荣县村镇规划设计室	未 批
	黄柏乡	1994	2003	柘荣县城乡规划设计室	报 批
	宅中乡	1995	—	柘荣县村镇规划设计室	未 批
	英山乡	1994	—	柘荣县村镇规划设计室	未 批
	富溪镇	1995	2003	宁德市城乡规划设计院	报 批
	东源乡	2004	2003	宁德市城乡规划设计院	报 批
福鼎市	点头镇	1993	2004	福建省城乡规划设计研究院	未批
	秦屿镇	1994	2002	浙江大学城乡规划设计研究院	已审批
	白琳镇	1997	2002	浙江大学城乡规划设计研究院	已审批
	店下镇	1995	—	福鼎市村镇规划设计室	已审批
	沙埕镇	1993	—	福鼎市村镇规划设计室	已审批
	硖门乡	1996	2003	江西省城乡规划设计研究院	未批
	管阳镇	1993	—	福鼎市村镇规划设计室	已审批
	番溪镇	1993	—	福鼎市村镇规划设计室	已审批
	前岐镇	1996	2003	江西省城乡规划设计研究院	已审批
	叠石乡	1998	—	福鼎市村镇规划设计室	已审批
	嵛山镇	1993	—	福鼎市村镇规划设计室	已审批
	贯岭镇	1992	—	福鼎市村镇规划设计室	已审批
	佳阳乡	2001	—	宁德市城乡规划设计院	已审批
霞浦县	盐田乡	2002	—	福建省城乡规划设计研究院	已审批
	海岛乡	2002	—	宁德市城乡规划设计院	已审批
	沙江镇	2003	—	省建专城市规划设计院	正在报批
	三沙镇	1997	2003	福建省城乡规划设计研究院	正在报批

续表 6-1

县（市、区）	乡镇名称	规划编制时间（年）	规划调整时间（年）	规划调整编制单位	规划审批情况
霞浦县	牙城镇	1991	2003	福州市规划设计研究院	正在报批
	溪南镇	1991	2001	福州八达城市规划设计院	正在报批
	下浒镇	1991	—	霞浦县村镇规划设计室	未批
	长春镇	1991	—	霞浦县村镇规划设计室	未批
	北壁乡	1991	2003	霞浦县村镇规划设计室	未批
	水门乡	1991	—	霞浦县村镇规划设计室	未批
	崇儒乡	1991	—	霞浦县村镇规划设计室	未批
	柏洋乡	1991	—	霞浦县村镇规划设计室	未批

说明：1. 穆阳镇、穆云乡、康厝乡并为福安市畲族经济开发区统一编制规划

2. 北壁乡已完成初稿

3. 因各县（市、区）城区镇（乡）划入城区规划，不划入乡镇规划编制

第三节　规划管理

一、城市规划管理

《宁德市总体规划》经省政府批准实施后，规划部门依据《中华人民共和国城市规划法》确定的管理要求，严格执行“一书两证”（城市规划行政主管部门核准发放的建设项目选址意见书、建设用地规划许可证和建设工程规划许可证）审批制度。1994—1997 年，核发“选址意见书”182 份，“建设用地规划许可证”122 份，“建设工程规划许可证”526 份。

1998—2005 年，定点选址 250 多个建设项目，会审 260 多个建设用地规划方案，办理建设用地规划许可证 254 件，规划面积 188 公顷。对 360 个建设工程设计方案进行审批，核发“建设工程规划许可证”352 件，审批建筑面积约 15 万平方米。规划管理工作在旧城改造、新区开发、道路建设等重点工程建设项目，从选址定点到设计方案至竣工验收都层层把关，以保证各项建设项目达到规划效果，实现规划目标。查处城市违法用地 300 多起，查处违法建筑 400 多座，面积 10 万平方米。

二、镇村规划管理

1993 年，宁德地区行署出台《关于进一步强化乡（镇）和中心村规划建设管理工作的通知》，以集镇建设为重点，带动整个乡村建设的方针，指导村镇实施建设。1994 年，按照国务院“国家八七扶贫攻坚计划”开始实施“造福工程”“连家船民上岸工程”等建设，帮扶补助生活在自然条件恶劣、地质灾害点的贫困地区群众，搬迁到自然条件比较好的地方重新建新村，对镇村规划提出新要求。

1995 年，宁德地区为发挥集镇典型和示范作用，培育社会主义新型村镇，全区按部、省、

地（市）、县四级选择沿海、山区等不同类型的18个乡镇、110个中心村作为建设试点，确定抓好1000个奔小康村住宅建设，进行分层次、分类指导，以建制镇的水、电、路和农贸市场等建设为重点，实行统一规划，综合开发、配套建设，规划建设出点头、溪美、睦里、阮洋中等一批新型村镇。福鼎市溪美村多方筹集500多万元资金，按照规划，修建4条水泥路，长2.5千米，路面最宽18米，架设30千米电路，新修1座水库，铺设自来水管，建设教学楼800多平方米，建成村级卫生院老年活动中心等。当年，造福工程约有2150户农民迁入新居。农村人均居住面积由上年的13.70平方米提高到14.10平方米，达到全省中上水平。

2000年2月，结合全省出台《福建省进一步加快小城镇建设的若干意见》，编制县（市）域城镇体系和小城镇总体规，探索小城镇建设方式的改革措施，在小城镇试点建设中推行“统一规划、合理布局、综合开发、配套建设”的建设方式，市、县（市、区）两级政府先后出台一系列鼓励试点小城镇建设的优惠政策和实施意见，如放宽户籍政策、推行小区统一建设、给予税费减免优惠、给予财政资金扶持等优惠政策，逐渐将试点建设作为村镇建设的主要思路和模式。

2001年，为确保福（州）宁（德）高速公路所在乡镇规划、建设工作管理工作，8月，宁德市政府出台《宁德市人民政府关于加强福宁高速公路沿线互通口所在乡镇规划、建设管理工作的通知》，指导乡镇建设科学发展。

2003年，全市以《福建省村镇建设管理条例》为准则，加大对村镇建设法律法规、村镇建设基本知识的宣传工作。全市建设系统通过在《闽东日报》、宁德电视台等主要媒体发表文章、图片，在各乡镇张贴横幅、标语、宣传画及举行现场咨询、各界人士座谈会等各种形式的活动，发放各种宣传品近万份。

2004年，全市村镇基础设施进一步完善，加大市内5个全国重点镇、12个省级村镇住宅小区建设试点及高速公路沿线互通口乡镇和沿国道、省道重点乡镇的建设管理，突出重点、分类指导、强化示范带动作用，突出中心集镇建设。

2005年，宁德市小城镇建设通过规划引导和政策扶持，把小城镇规划布局、加快城镇化进程、撤并行政村、造福工程、连家船民上岸工程结合起来，全市由1993年的12406村庄撤并为11314个，全区乡镇建设用地面积从1993年的2653公顷增长至3630公顷。

第二章　城市建设

第一节　市政建设

一、城市规划管理

宁德中心城市道路建设　1993年，宁德地区驻地宁德市城区道路长29千米、面积39万平方米，人均道路面积7.10平方米。1994—1996年，宁德地区对驻地宁德市的旧有城市主干道进行功能性提升的改造建设，改善道路地上、地下设施的配套建设，完成蕉城南北路、鹤峰路、南环路等主干道改造。1997年，结合城区“新、绿、亮、洁”工程建设，重点实施“净化、路网、形象、夜景、绿化工程”，开展军警民共建文明街。2000年，根据公安部、建设部建设城市道路“畅通工程”的部署，对城市道路实施结构和密度改造，打通断头路、丁字路，改造瓶颈路口、路段。建成宁川路（原城东路）、闽东路、东侨大道，改造鹤峰路、拓宽北大路，新建、改建城区道路8.2千米。2001年，动工建设工业路、坪塔路。2002年，投入4730万元，完成东湖路拆迁续建、东侨大道与坪塔路续建和署前路人行道改造。2003年5月，动工改造815路，东与天王路、西与鹤峰路交接段，全长1126米、宽24米，其中主车道11.50米，两侧人行道各6.25米，年底全线完成。同年改造的还有坪塔中路（现天湖路），东与城东路、西与蕉城南路交接段，全长403米、宽40米，双向4车道，中央绿化隔离带5米、两侧非机动和人行道分别为4.50米和5米，设计时速40千米，工程概算总结价1229.60万元，分一、二期施工，整个工程年底竣工。2004年，宁德城区动工改造的道路有天王路、曲尺塘1号路、坝乾路。2005年，城区完成改造和新建道路10多条，道路长度达114.57千米，面积145.5万平方米、人均道路面积10.13平方米，道路里长和面积居全省各设区（市）平均水平以上。初步完成主干道道路网络化，提高整体通行能力。

福安市　1993年，拓宽筹集建设资金渠道，走“人民城市人民建”的路子，采取“挤一点、要一点、集一点”的办法筹集建设资金，至1997年累计完成投资8020万元，拓宽新华南路、新华北路、中兴街、鹤山路、金山路等6条，总长2327米的道路改造。1999年，投资1660万元，建成全长3.50千米、宽42米的过境路世纪大道。同年，连接秦溪洋的穿山路完工，城区面积向东、西两向延伸，扩大城区面积2平方千米。2000年，漫洪路与人民广场等重点工程同步建设，从韩阳大桥起到阳泉路，全长1.6千米，宽32米。2003年，福新路动工建设，是城北后垅片区、新华中路连接秦溪洋新区的又一重要通道。2005年，福安市城市道路长达90千米，道路面积101.50万平方米，人均道路面积9.87平方米。

福鼎市 1993年，城市道路15千米，道路面积17.7万平方米，人均道路面积3.20平方米。2000年，福鼎市城市道路长增长至58万千米，道路面积61.52万平方米，人行道面积10.89万平方米。2005年，城市道路长71.77千米，道路面积89.90万平方米，人均道路面积7.05平方米。

霞浦县 1993年，城市道路28千米，面积21.50万平方米，人均道路面积6.10平方米。1994年，建成龙首路、太康路（原南大路）、河沿路、六一七北门和王爷宫路等5条道路，共长326千米，面积6.95万平方米，投资700多万元。1996—1999年，完成东吾路（原城东路）、龙津路（原城西路）、环建路、目海路（原南街）的建设或扩建，形成县城"三纵四横"的道路网。2001—2003年，完成东吾路、长溪路、府前路的拓宽改造。2005年，新城区主干道福宁大道全线完工，全长5100米，宽40米，道路面积超过20万平方米，投入建设资金2000多万元。是年，城市道路总长57.94千米，面积77.10万平方米，人均道路面积11.03平方米。

古田县 1993年，动工建设六一四路部分路段、团结路、民主路、跃进路南北两段及解放路、建设路拓宽改造。1997年，完成民主路、河沿路、河圪路的路面铺设，完成24米解放路的拓宽改造，并设立建设路、东小区两条示范街。至1999年，改扩建道路10条，面积6.20万平方米。2000年，古田县城市道路长45千米，面积39.55万平方米，人均道路面积10.41平方米。2005年，城市道路总长61千米，面积53.85万平方米，人均道路面积9.04平方米。

屏南县 1993年，城市道路10千米，面积9.40万平方米，人均道路面积8.50平方米。1997年，投资280万元，铺设翠屏路5500平方米，花亭路1300平方米，果园新村路面2000平方米。1998年，拓宽延伸东环路、文化路。2004—2005年修建长坋路、宝山路。2005年，城市道路长25.50千米，面积31万平方米，人均道路面积11.83平方米。

寿宁县 1993年，完成胜利街至茗溪洋新区长1227米、宽18米的道路拓宽改造，城市道路总长9千米，面积8.60万平方米，人均道路面积6.10平方米。1996年，完成胜利路、解放街、工业路拓宽改造。1997年，完成人民路拓宽改造。2000年，寿宁县城市道路长12千米，面积15.05万平方米，人均道路面积12.97平方米。2005年，城市道路长14.80千米，面积18.90万平方米，人均道路面积5.78平方米。

周宁县 1993年，新建中兴街。1994年拓宽桥南街，1995年拓宽南街，建设兴业街，2002年对东街进行拓宽与续建。2005年，城市道路长37千米，面积29万平方米，人均道路面积8.22平方米。

柘荣县 1993年，拓宽改造柳城西路，1994年，柳东路从16米拓宽到22米。2000年，县城道路长13千米，面积21.49万平方米，人均道路面积为21.71平方米。2001年，建成屿东路，全长340米，宽12米。2005年，城市道路长21.87千米，面积36.01万平方米，人均道路面积为14.46平方米。

若干年份宁德各县（市、区）城市道路发展情况统计表

表6-2

县（市、区）	年份	道路长度（千米）	道路面积（万平方米）	人均道路面积（平方米）
宁德市（今蕉城区）	1993	29.00	39.00	7.10
	2000	85.00	108.23	14.87
	2005	114.57	145.50	10.13

续表 6-2

县（市、区）	年份	道路长度（千米）	道路面积（万平方米）	人均道路面积（平方米）
古田县	1993	20.00	12.00	3.60
	2000	45.00	39.55	10.41
	2005	61.00	53.85	9.04
屏南县	1993	10.00	9.40	8.50
	2000	17.00	22.79	14.70
	2005	25.50	31.00	11.83
周宁县	1993	13.00	10.90	8.40
	2000	34.00	25.56	16.82
	2005	37.00	29.00	8.22
寿宁县	1993	9.00	8.60	6.10
	2000	12.00	15.05	12.97
	2005	14.80	18.90	5.78
福安市	1993	—	—	—
	2000	74.00	65.69	11.06
	2005	90.00	101.50	9.87
柘荣县	1993	11.00	13.20	14.70
	2000	13.00	21.49	21.71
	2005	21.87	36.01	14.46
福鼎市	1993	15.00	17.70	3.20
	2000	58.00	61.52	10.89
	2005	71.77	89.90	7.05
霞浦县	1993	28.00	21.50	6.10
	2000	45.00	51.20	14.14
	2005	57.94	77.10	11.03

二、桥梁

宁德市中心城区桥梁建设　1993 年，中心城区有大小桥梁 38 座，全长 559.50 米。1993 年后，通过群众集资，政府部门补助等办法修建桥梁。据 1995 年调查统计，全市有大小桥梁 53 座，总长 837 米，桥面（下同）面积 575.20 平方米，其中，立交桥 1 座，全长 27 米，面积 243 平方米；跨河桥 52 座，长 810 米，面积 5509 平方米，属于建委部门管理的有跨河桥 12 座 143 米，面积 937 平方米以及立交桥 1 座。2000 年建成兰溪大桥，2005 年，动工建设环东湖景观桥，建设福宁南路彩虹桥、南湖桥，彩虹桥全长 170 米，桥面宽 49 米。

福安市　2000 年 7 月，开工建设横跨秦溪东西两岸的南郊大桥，全长 37.11 米，宽 18 米，设计通行能力 3 万辆 / 日・车，钢筋混凝土结构，总投资 150 万元，2002 年 10 月竣工。南湖大桥于2000年12月开工，位于城区龟湖东西岸，全长100.08米、宽20米，设计通行能力为4万辆/日·车，钢筋混凝土结构，总投资400万元，2002年10月建成。

福鼎市 1993—1999年，建成春亭桥、城东桥、泽沐桥、粮站桥、市场桥，多为简支空心板结构，其中，市场桥为钢筋混凝土拱桥。2003年，建成长233米，宽22米的新桐山大桥，为钢管混凝土系杆拱结构。2005年，建成山前大桥，长216米，宽18米，位于城区与新区前山交界的龙溪河上，桥面采用现浇钢筋空心板桥、下部为柱式圆墩桥台，以U型扩大基础，设计荷载汽—20吨、挂—100吨，桥长52米，面净宽11+2×2.25米，总造价300万元。

屏南县 1993年，城区有桥梁24座，总长413米，其中石拱桥12座，总长213米。1995年，扩建长圿（南）桥。2004年，新建古屏路1号桥、古屏路2号桥、长圿东路桥、长圿（北）洋中桥、文化路桥、中心市场步行桥、宝山路桥等7座。同年，拆粮站桥，扩建古山境桥。2005年，城区有桥梁34座，总长537米，其中石拱桥14座，钢筋混凝土平板桥6座，连接小车道桥14座。

寿宁县 1994年，拓宽改造胜利街时，重建子来石拱桥。1995年，在胜利街与梅仔湾间新建西虹石拱桥。1997年，重建城南翠屏桥。2002年，在工业路连接小东门间新建清河钢筋水泥预制块拼拱桥，桥面石栏杆雕琢精美。2003年，拆除原有红卫石拱桥。

周宁县 1993年建成中兴桥，全长41.30米，设钢筋混凝土桁架拱1孔，净跨30米，宽21.50米。1995年兴建兴业桥，全长40米，设净跨12米钢筋混凝土梁桥3孔，宽23米。1998年建罗汉桥，全长32米，净跨15米×2，桥面为6.50+2×1.20米；下部为石台、墩，中墩上下游分水尖顶部向周围挑出，设钢筋混凝土古式六角重檐攒尖顶亭阁各1座，取名卧波亭，亭中有藻井、坐板。桥栏石柱饰石狮子，栏板镌刻诗词和观赏图案。2005年，建南坂桥由上海松江钢材城企业家为首捐建，全长32米，净跨14.50米×2，桥面9.50+2×1.80米，下部石台，钢筋混凝土管柱墩。

柘荣县 1993年，城区有桥梁6座。1996年11月动工建设龙溪大桥，位于文昌北路与国道104线城区交接处，是柘（荣）霞（浦）与柘（荣）泰（顺）公路的接线工程，也是老城区与新区上城的一条通道。桥为等截面空腹式悬链线无铰石拱桥，拱圈宽度11米、高1米，长53米，跨径35米，桥面净宽9+2×1米、桥高9.35米，设计荷载国汽-15挂-80吨，总投资90.80万元，1997年年底竣工。2000年拓宽改造上城桥，工程拆除旧石面拱桥，改建为钢混现浇平板桥，设计荷载汽-15吨，挂-100吨，长38米、净宽9+2×1.50米，跨径16×2米，总造价98万元，2001年1月竣工。

霞浦县 1992年，新建公路桥5座、108米。1993年，对牙城洪山桥大桥进行工程加固和防腐蚀处理。2002年，水门乡玉山村由村民集资，帮扶单位资助建桥，共投入23万元将渔溪洞的过溪矴步改建为全长52米、宽4.5米、高4米的钢混结构桥梁。2004年，有公路桥梁60座、桥总长度1639米，其中县道52座（大桥2座、中桥5座、小桥45座）各类型公路桥梁总长度1344米。村道5座（中桥5座、小桥3座）桥梁长度295米。按设计使用年限分，永久性桥梁60座，危桥2座，长度257米。2000—2005年，实施“撤渡改桥”和危桥加固修建改造，工程总投资400万元。

三、照明

路灯 1993年，宁德地区各县（市）逐步对城区路灯进行更新换代，改用金属灯杆、高压钠灯，埋设地下路灯电缆等。1997年，霞浦县在改扩建的环城路1500米路面安装高杆路灯，龙首路设置200多个广告式路灯箱。1998年，周宁投资150万元，建成城区“两纵两横”街道路灯亮带。2002年，宁德市根据《城市道路照明工程施工及验收规程》(CJJ89—2001)、《城市道路照明设施管理规定》要求，开始实施城市道路照明与道路主体工程同时设计、同时验收、同时投入生产和使用的规定，路网路灯密度加大，城市路灯数量逐步增加。是年，霞浦县在主要街道的5个街头绿岛上安装新型椰树灯和火树银花灯。2004—2005年，开始在宁德城市引入新型节能灯应用于城市道路照明，灯源采用高效、光通能量大、耐震性能好的高压钠灯替代白炽灯、汞灯、金卤灯、荧光灯。路灯灯杆高度不断增加，高杆灯得到广泛应用，路灯开闭从人工操作转为由微机控制管理，逐步采用路灯计算机无线监控系统。蕉城东侨大道开始采用太阳能自控路灯。周宁县投入100多万元，购置293盏鱼尾型路灯，安装在桥南街、中兴街、兴业街等主要街道。2005年，全市9县（市、区）城区有路灯14647盏。

夜景工程 1997年，结合城市“新绿亮洁”工程的实施，全区建立11条灯箱广告街，设灯箱广告200多面，名人名言灯箱20多面，在大型建筑上设置射灯、霓虹灯等，并采用霓虹灯、建筑轮廓灯等多种形式，以达到灯光夜景一条街的目的。宁德市区以大黄鱼招商节为契机，沿蕉城南北路和八一五中路人行道设置灯箱广告75面，名人名言灯箱广告20面。对旧招牌、广告进行清理，督促业主进行亮化，换成霓虹灯广告或镶上彩灯。福鼎市实施夜光工程，沿50米大道、海口路、烈士陵园至五里亭的国道104线路段安装路灯300多盏，灯箱广告100多面。2002年，宁德市为迎接“9·28”招商节，中心城市加大夜景工程的投入，先后投入资金204万元，铺设夜景工程专线，设置各类灯具348盏。重点在蕉城路军分区环岛至闽东西路、南环路财贸广场至宁德商城和署前路至汽车站3个路段建设夜景工程，在东侨新区闽东路设夜景工程“奥运之光”62盏，在东侨大道投资30万元设夜景“山水灯”35盏，总造价299.45万元。2005年宁德各县（市）城区普遍在桥梁、建筑外轮廓、公共绿地、广场、公园等处安装庭院灯、草地射灯、草坪灯、霓虹灯、投光灯等，美化城市夜间工程。宁德市政府投资280万元，建设宁川路景观灯工程，注重路灯照明与周边景观的协调，灯型为不锈钢景观灯179盏，两侧人行道每盏间距30米。

若干年份宁德各县（市、区）路灯盏数统计表

表6-3 单位：盏

县（市、区）＼年份	1993	2000	2005
宁德市（今蕉城区）	1120	1689	4117
古田县	850	971	1864
屏南县	295	380	465
周宁县	433	412	575
寿宁县	200	314	396
福安市	—	1470	1805
柘荣县	333	439	1021
福鼎市	1200	1790	2350
霞浦县	384	917	2054
合计	4815	8382	14647

四、排水和污水处理

排水　90年代初，宁德地区各县（市）结合城区道路拓宽改造及环境整治，完善排水管网建设，将城区排洪排涝系统逐步连成一体，解决低洼片区常年内涝问题。1992年，福安市投资70万元改造护城河。1993年，古田县在新华路、新秀路、民主路、解放路、和平路、团结路、614路等重要地段埋设0.50～1.40米直径的水泥管道，增加排水能力。1994年，福安市进行排水排污管网5.4千米改造项目。1995年，宁德主城区有排水管道总长55千米，其中水泥管17千米，其他管道38千米，按管径分，有500～700毫米的1千米，300～500毫米的5千米、其他管道39千米。1996年投资17万元，清理覆盖坝墘河道。1999年，宁德主城区开始实施《城市排水许可管理办法》。同年，建设全长8.28千米的旧城区防洪堤坝。1999年，福安市投资100万元进行城河清淤整改，改善城区污水排放状况。2000年，穿山路、棠发洋路下水道整改。是年，投放310万元完成上城河改造。2003年，蕉城路宁德一中段排水管道进行改造，改造建设资金8万元。2005年，宁德中心城区有排水管道长度103.54千米，排水管道密度1.44千米/平方千米。古田县结合道路改造、商品房开发及高楼建设，埋设排水管累计38.20千米，污水管道6.50千米。屏南县城区新建、改造排水沟、下水道15430米，尚有街区巷道排水沟1万米未建或未改造，污水污染河道。其间，为城区内河防洪泄涝砌建防洪堤9230米、河坝15条。

污水处理　1993年前，城区内专用排污设施是排水排污合一，主要为明沟，部分采用下水道排水排污。当年，宁德市城区有下水道7千米，其中暗水道38条、1.30万米。福鼎市城区排污沟、道9条，总长6千多米。福安市区下水道长1.30万米、服务面积2.10平方千米，为城区最大的排污设施。寿宁、柘荣山区小县城，基本都使用明渠排污。1995—1999年，各县（市）城区结合城市建设和道路改造，重视排污设施的建设，福安市完成10千米主要街道改建扩建配套排污管道的建设。宁德市城区已建有下水排污管道51条、总长2.10万米。柘荣城区在主街道柳新路铺设口径0.80米的圆形水泥排污管1500米。2000年，各县（市、区）城区按照雨水、污水分流，排污管道建设地下化的原则，推动排污管道的建设和改造。2001年，宁德市建设委员会加大力度对污水处理厂的投资建设、招标、征费等进行专项调研，探索新途径，采取措施，推进污水处理产业化建设。2002年，宁德市政府成立污水、垃圾处理产业化工作领导小组，由市政府常务副市长任组长，成员包括市计委、财政局、建设局、规划局、土地局、物价局、环保局、蕉城区政府、东侨开发区管委会等部门的主要领导。领导小组下设办公室，挂靠市建设局。出台《宁德市政府关于做好经营城市的若干意见》，详细规定污水、垃圾处理等市政基础设施行业产业化发展的方向、方法和配套政策。当年，全市启动宁德、福安、福鼎、霞浦4个污水处理厂的可研、立项、设计等前期工作。2005年，宁德市9个县（市、区）污水处理厂及配套管网建设，累计投资资金4956万元，占全部项目总投资5.79亿元的8.6%。宁德、福安、福鼎、霞浦、古田、柘荣、周宁、屏南污水处理厂均采用BOT方式运作，寿宁采用股份制运作。

宁德市污水处理厂　宁德市污水处理厂属省政府确定的重点建设项目之一，工程建设规模为日处理污水4万吨，总投资6916万元（不含二期厂区建设投资）。厂区位于蕉城区城南镇贵岐村下鼻山，占地3.30公顷，分两期建设。一期厂区建设规模为日处理污水2万吨，投资2716万元，采用BOT运作，由福建省大拇指环保科技有限公司建设并经营25年。污水处理采用carrousel—2000型氧化沟处理工艺，污泥采用浓缩脱水一体化处理。污水管网工程服务范围为东湖塘南侧的宁德规划城区，服务面积为20.09平方千米，计划投资4200万元。2003年开征污水处理费。2004 年 9 月动工建设污水处理厂。2005 年，污水处理工程建设全面开展，已完成厂区征地及施工三通、厂区土建工程部分建设、部分蕉城组团和金塔组团的管网施工及进厂道路的路基工程等，当年污水处理工程累计完成总投资 2316 万元。

福安市污水处理厂 工程建设规模为日处理污水 3 万吨，总投资 3283.50 万元，占地面积 5.97 公顷。采用 BOT 运作，污水处理采用 Carrousel—2000 型氧化沟处理工艺，污泥采用浓缩脱水一体化处理，由福安市瑞晟环境工程有限公司建设并经营 30 年。污水管网于 2005 年 5 月开标并动工建设，当年完成厂外污水管网 19.60 千米。

福鼎市污水处理厂 厂址位于市区南郊竹家湾，占地面积 63338 平方米。工程项目总投资 7997.5 万元，其中污水处理厂 3870.90 万元，污水管网 4126.62 万元。工程设计规模为近期 4 万吨 / 天，中远期 8 万吨 / 天；污水管网总长 44.15 千米，其中 D300—1200 污水干管 36.84 千米，支管 7.31 千米。污水采用 A/C 氧化沟处理工艺。2003 年，开征污水处理费。2005 年，污水管网工程项目动工建设。

霞浦县污水处理厂 厂址位于城区利埕村东南 500 米外的海堤内侧，建设规模为日处理污水 4 万吨，服务范围 11.91 平方千米，人口 14.80 万人，配套建设污水管网 35616 米（远期为 10 万吨 / 日），处理厂占地面积 4 公顷（远期 6 公顷）。污水处理工艺采用国内较为先进且全省第一家使用的 CAST 工艺，出水水质执行国家 GB18918—2002《城镇污水处理厂污染物排放标准》。2003 年，开征污水处理费。2005 年 2 月动工建设，并完成山河路以东截流的污水管网建设。

柘荣县污水处理厂 厂址在仙屿休闲生态园东北角，占地面积 2 公顷，日处理规模为 1 万吨，工程总投资为 800 万元。厂区采用 BOT 运作模式，采用水解酸化工艺进行污水处理。2005 年完成污水管网 4427 米。

若干年份宁德各县（市、区）排水排污情况统计表

表 6-4　　单位：千米、吨

县（市、区）	年份	排水管道长度	污水年排放量
宁德市（今蕉城区）	1993	6.00	294.00
	2000	85.86	875.00
	2005	103.54	916.00
古田县	1993	2.00	156.00
	2000	28.97	420.00
	2005	45.60	426.00
屏南县	1993	9.00	152.00
	2000	10.30	225.00
	2005	14.22	235.00
周宁县	1993	13.00	83.00
	2000	23.60	208.00
	2005	29.90	159.00
寿宁县	1993	3.00	80.00
	2000	15.97	134.00
	2005	17.80	206.00

续表 6-4

县（市、区）	年份	排水管道长度	污水年排放量
福安市	1993	—	—
	2000	83.00	580.00
	2005	118.00	781.00
柘荣县	1993	11.00	93.00
	2000	31.20	196.00
	2005	37.00	190.00
福鼎市	1993	14.00	335.20
	2000	32.60	650.00
	2005	53.80	762.00
霞浦县	1993	20.00	186.00
	2000	25.80	210.00
	2005	42.81	528.00
合计	1993	78.00	1379.20
	2000	337.30	3498.00
	2005	462.67	4203.00

第二节 公用事业

一、供水

1993 年，宁德地区城市日供水总量 3001.10 万吨，人均日生活用水 114.31 升，供水普及率 93.32%。随着工业建设逐步发展，城市人口急剧增多，为保障城市工业用水和居民用水的需要，各级政府把解决群众生活用水列为民办实事项目，实施重点工程项目，加快城市供水事业发展。2005 年，宁德全市城市日供水总量为 5833 万吨，人均日生活用水 220.12 升，供水普及率 96.61%

宁德中心城区 1993 年，供水管道长 50 千米，日供水总量 861 吨，人均日生活用水量 152.20 升，用水普及率为 96.4%。1994 年，投入 1000 多万元用于鹤峰路及蕉城南北路城区管网建设，水管口径从 200 ~ 300 毫米扩大到 600 毫米，输水能力扩大 4 倍，水压增加 1 倍。1995 年，建成宁德第二水厂一期工程，市区日供水达 3 万吨。1997 年，完成第二水厂二期工程，日新增供水 2 万吨。2002 年，动工建设第三自来水厂。2005 年，完成主产区主体工程及部分设备安装。当年，全区自来水普及率 97.49%，年供水总量 1310 万吨，人均日生活用水量 238.36 升。

福安市 1994 年，开始征收自来水建设基金，通过免征税费的办法筹集供水建设专项资金。2000 年，对阳头水厂出水管、街尾路段供水管延伸福星路、莲池广场、坂中、阳头工贸区、中兴街、穿山路等区域供水管道进行改造。完成富春路、漫洪路、坂中桥、福星路、王基岭、南湖桥的管道改造建设。同年 9 月，城区第二水厂开工建设。2003 年，城区用水户超过 2 万户，延伸口径 100 毫米以上供水管道 4.90 千米，完成秦溪洋过境路、秦溪洋工业园区、市文化中心、坂中桥河道供水管网的铺设。2005 年，城区第二水厂竣工投入运行，城区口径 75 毫米以上供水管道总长度为 130.4 千米。年制水量 1148 万吨，日供水 3.1 万吨，城区用水户 25116 户，用水人口 12.6 万人。

福鼎市 1993 年，采取拓宽建设资金渠道，实行每亩土地出让金提留 5000 元以及提高供水增容费和水价的办法，筹集水厂建设资金。1998 年建成第二水厂，一期每日供水 2 万吨。2000 年完成一期续建工程，增加供水 2 万吨 / 日。

霞浦县 1993 年，供水管道长 67 千米，供水总量 212.50 吨，人均日生活用水量 79.20 升，用水普及率为 94%。1996 年，县城自来水管网改造工程被列为县委、县政府年度为民办的十件实事之一，当年完成县城自来水管网改造。1997 年，完成县第一水厂扩容和管网改造，日供水能力提升到 2.50 万吨，年实际供水 306 万吨，新增用户 200 户。2002 年，自来水企业对重点班组实行投标承包，发展新用户 864 户，铺设安装管道 4698 米。2003 年，在遭遇三沙严重干旱情况下，协调县自来水厂向三沙无偿供水，新设 13 个供水点，确保三沙群众饮用水供给。2004 年，改造东关、东庵弄、下弄街供水旧管网，旧供水管网压力合格率达到 97% 以上。2005 年，城区供水管道长度 103.40 千米，供水总量 660 万立方米，人均日生活用水量 205.78 升，用水普及率为 96.57%。

古田县 1993 年，动工建设自来水引水工程，总投资 1500 万元，开凿引水隧洞 4654 米，铺设管网 5240 米，1996 年 7 月 1 日竣工投入使用。1999 年，城市日供水能力达 2 万吨，供水管道长 42 千米，供水普及率由 1991 年 89.6% 提高到 95% 以上。至 2005 年，投资 710 多万元，完成解放西路、建设南路、六一四路八支路、和平路至南大桥以及城东区管网延伸、莲桥工业区管网等给水工程的管网改造与扩建工程。当年，城区供水管道长度 104.80 千米，供水总量 440 万立方米，人均日生活用水量 144.15 升，用水普及率 99.5%。

屏南县 1993 年，供水管道长 28 千米，供水总量为 194 吨，人均日生活用水量 161.80 升，用水普及率 91%。1995 年，建成总投资 500 万元的第二水厂，日供水量达 2 万吨。2005 年，城区铺建供水管 37.50 千米，供水 6918 户，日供水量 1.81 万吨，年供水量 351 万吨。其中，生产用水 67 万吨，公共服务用水 126 万吨，居民用水 158 万吨，用水普及率 100%。

寿宁县 1993 年，供水管道长 37 千米，供水总量为 95 吨，人均日生活用水量 87 升，用水普及率 86%。1998 年，投资 300 万元，完成茗溪新区自来水管网铺设。2005 年，城区供水管道 44.80 千米，供水总量 216 万立方米，人均日生活用水量 153.32 升，用水普及率为 92.35%。

周宁县 1993 年，周宁城区有自来水厂 1 座，引用东门水库水源与下马亭自来水扩充点的东洋溪水，日供水能力 4000 立方米。1997 年，引李园水库水源建深洋水厂，可日供水 2 万立方米，设直径 100 毫米以上供水主管道 50 多千米。供应狮城、浦源两镇的 11 个行政村以及工业区的 5 万多人的用水，原水厂停用。2003 年，因气候干旱，群众自发兴建水井 10 个补充用水。2004 年，为便利居民用水先后建容量 10 立方米以上公共水箱 10 个。2005 年，增设城关田明堂小区、虎岗村、浦源村等管道。当年，城区自来水普及率 90.08%，年供水总量 214 万吨、人均日生活用水量 140.43 升。

柘荣县 1993 年，供水管道长 31 千米，供水总量 110 吨，人均日生活用水量 82.20 升，用水普及率 100%。2000 年，销水量比上年同期增长 13.2%，城区管道输送覆盖率 100%，新增用户 300 多户，新增城市供水能力 2 万吨 / 日。2004 年，对城区 9.71 千米供水管网进行全面改造。至 2005 年，供水管道长度 45 千米，供水总量 224 万立方米，人均日生活用水量 172.72 升，用水普及率92.37%。

若干年份宁德各县（市、区）城区供水情况统计表

表6-5

县（市、区）	年份	供水管道长度（千米）	日供水总量（万吨）	人均日生活用水量（升）	用水普及率（%）
宁德市（今蕉城区）	1993	50.00	861.00	152.20	96.40
	2000	94.00	1149.00	174.72	98.63
	2005	146.50	1310.00	238.36	97.49
古田县	1993	46.00	219.20	53.30	76.00
	2000	62.00	442.00	143.97	99.74
	2005	104.80	440.00	144.15	99.50
屏南县	1993	28.00	194.00	161.80	91.00
	2000	36.00	287.00	209.71	96.77
	2005	37.50	351.00	217.00	100.00
周宁县	1993	28.30	88.00	98.00	85.00
	2000	38.00	247.00	190.63	99.34
	2005	39.80	214.00	140.43	90.08
寿宁县	1993	37.00	95.00	87.00	86.00
	2000	43.00	225.00	185.19	100.00
	2005	44.80	216.00	153.32	92.35
福安市	1993	50.54	752.80	148.20	98.30
	2000	53.00	2213.00	184.12	99.16
	2005	74.00	1210.00	280.70	98.64
柘荣县	1993	31.00	110.00	82.20	100.00
	2000	39.00	210.00	196.55	100.00
	2005	45.00	224.00	172.72	92.37
福鼎市	1993	53.30	468.60	103.60	88.00
	2000	108.00	971.00	146.55	97.35
	2005	63.00	1208.00	240.29	96.69
霞浦县	1993	67.00	212.50	79.20	94.00
	2000	58.00	560.00	195.97	98.90
	2005	103.40	660.00	205.78	96.57
合计	1993	391.14	3001.10	107.28	90.52
	2000	531.00	6304.00	180.82	98.88
	2005	658.80	5833.00	199.19	95.97

二、城市供气

1993年，全区液化气用气人口20.5万人，屏南县、寿宁县尚未开展液化石油气业务。1995年，新建液化气贮灌站2个，实现小型液化气储罐站各县（市）全覆盖，当年新增液化气用户6000多户，液化气普及率45%，比上年提高5个百分点。1996年，福建省泰华石化有限公司在下白石镇英平村，建成2050立方米规模储罐，其中残液罐50立方米，是区内投入使用的第一个液化气中转站，有效解决气源问题，当年全区液化气普及率71%。

2000年，市政府出台《宁德地区液化石油气管理意见》，明确液化气石油气规划建设、市场管理、安全管理的职能分工，加强液化气市场整顿和安全检查，督促燃气企业提高安全意识和服务水平。

2001年，全市拥有液化石油气经营企业20家瓶装供应站点531个，均取得省建设厅颁发的资质证书和市建设局颁发的试运行证书。2002年，宁德市建设局在调研的基础上，采用市场化运作的方式，引进投资开启宁德市管道燃气事业，福安、霞浦、福鼎等地开始管道燃气建设。当年，宁德市燃气经营企业21家，储气规模6000立方米。

2003年，宁德市加大燃气建设步伐，引进管道燃气投资商，组建宁德安然燃气有限公司，建设经营宁德市市区管道燃气。宁德市区液化气储配站特许经营权推向社会公开招标。

2004年，宁德市各县（市、区）全部完成燃气专业规划编制。当年，蕉城区在信达豪庭、冠宏星、长兴城、天安等8个住宅区进行瓶组气化站庭院管网建设，累计敷设燃气主干管10千米。福鼎市完成温州商城小区瓶组气化站和福鼎市九环燃气公司储配站的建设工程，完成万方燃气有限公司建设。蕉城完成七都液化气储配站建设并投入生产供气，改变两城区燃气市场独家经营的状况。

2005年，全市有27家燃气公司（其中两家为二级燃气供应公司），供气管道长14.80千米，一次性储气能力6830万立方米，用气人口58.02万人、年供气总量31739万立方米，城市燃气普及率89.83%。

若干年份宁德各县（市、区）城市燃气（液化石油气）情况统计表

表6-6　　　　单位：万立方米、万人

县（市、区）	年份	供气总量	用气人口
宁德市（今蕉城区）	1993	2908.00	5.00
	2000	5100.00	7.13
	2005	6830.00	12.90
古田县	1993	67.50	1.50
	2000	2025.00	3.59
	2005	2986.00	5.88
屏南县	1993	0.00	0.00
	2000	565.00	1.23
	2005	1100.00	2.30

续表 6-6

县（市、区）	年份	供气总量	用气人口
周宁县	1993	43.40	1.10
	2000	1000.00	1.37
	2005	1254.00	3.15
寿宁县	1993	0.00	0.00
	2000	1400.00	1.03
	2005	1718.00	3.16
福安市	1993	1306.00	3.10
	2000	3416.00	4.94
	2005	6700.00	9.36
柘荣县	1993	47.00	1.00
	2000	397.00	0.89
	2005	953.00	2.25
福鼎市	1993	245.10	5.70
	2000	4676.00	5.60
	2005	7798.00	12.37
霞浦县	1993	138.20	3.10
	2000	756.00	4.20
	2005	2400.00	6.65
合计	1993	4755.20	20.50
	2000	19335.00	29.98
	2005	31739.00	58.02

三、公共交通

1993 年，宁德地区各县（市）公共交通主要靠人力车，每万人拥有城市公交车辆 3.4 辆。宁德、福安、福鼎、霞浦 4 个县（市）城内有公交运输线路，没有配套公交停靠站台。1998 年，4 个县（市）公交公司经营车辆 167 个标台，营运线路 255 千米。1999 年，柘荣县组建私营性质的柘荣县顺通公交公司，有 11 辆公交车，设立 3 条公交线路。福安市汽车运输寿宁分公司也成立寿宁县通达公交公司，投入营运。

2000 年，按照“畅通工程”的要求，各县（市）要确立公共交通在城市交通中的优先地位和主导作用，提高公共交通车辆的运营市场占有率。加快公共交通场（站）建设，及时更新公共交通车辆，有 5 个县（市）筹备组建公交公司。

2001 年，古田县长安运输公司与宁德市汽车运输集团公司联合组建古田县顺达公共交通有限公司，投入公交车辆 24 部，建有 10 个不锈钢靠站台，开辟 6 条公交线路。当年，全市公交部门共投入资金 573 万元，购置新车 31 标台，其中宁德市公交公司在蕉城南北路新增的 14 辆中高档双门大巴投入使用。

2002 年，全市新建公交站点和候车亭 14 个，城市公交企业 9 家，除宁德、福鼎、福安、霞浦 4 家为国有企业外，其他 5 家均为利用社会资金创办的民营企业。公交从业人员 1814 人，客运车辆总数 453 辆，运营线路 384 千米，客运总量 5785 万人次。

2003 年，为树立公交新形象，宁德、福安、福鼎市公交公司，采用职工集资的方式筹集资金，对部分线路的车辆进行外观更新改造，重塑公交形象。同年，宁德筹建公交中心停车发车场，占地 1.53 公顷，总投资 600 万元。

2004 年，宁德市公交公司通过听证、市物价局审核，对于城区部分线路的公交票价从 0.50 元 / 人・次调整为 1 元 / 人・次的全程一票制。

2005 年，宁德市政府将公交基础设施列入中心城市建设计划，投入建设资金 985 万元，建成占地分别为 4.20 公顷和 1.53 公顷的公交停车场 2 个，新建改建公交停靠站 14 个。新制作公交线路指示牌 100 多面，公交站点线路牌 12 面。当年，福安市开通市区 9 条公交线路，投资 96 万元，购置 12 辆牡丹牌豪华中巴车投入运行，线路实行双向循环对开，运营线路 4.5 千米，公交车辆 73 辆。是年，宁德市城市公共交通从业人员 1539 人，城市公共交通客运车辆总数 456 辆，公共交通运营线路网长 455 千米，年客运总量 6696 万人次，运营收入 3618 万元。

第三节　园林绿化

一、公园绿化

1993 年，宁德地区各县（市）开始大面积旧城改造和新区建设，建成区面积不断扩大，宁德地区行署所在地的宁德城区有南漈公园和戚继光公园，其他县（市）城区设有公园的有福安市的富春公园和坂中森林公园、霞浦县的龙首山公园、古田县的吉祥山公园和新翠公园、屏南县的翠屏公园以及柘荣县的仙屿公园。当年，周宁县由离退休老干部集资 72 万元修建狮子山公园，总面积 33 公顷。全区除福安之外，其他县市共有绿化覆盖面积 270.10 公顷，园林绿地面积 234.10 公顷，公共绿地 70.50 公顷。

1995 年，宁德行署出台《加强宁德城区城市园林绿化工作的通知》，将城市园林建设作为城市和环境建设的重要组成部分。1996 年，宁德镜台山公园初见雏形。1997 年，福鼎建成桐山公园，莲花山公园也开工建设；古田建成后山森林公园和东小区青少年活动中心（儿童乐园）；周宁建成河滨公园一期，占地 1 公顷。1998 年，全区有大小公园 24 个，面积 103.19 公顷。

1997 年 10 月 18 日，宁德市城市绿地系统规划通过省建委、城建处、规划处、园林协会艺术中心、福州园林局等部门专家审议，并通过鉴定。

1999 年，宁德市区新建琼堂环岛绿地、京都商贸区绿地、金涵大桥绿地、南际公园绿地、锦福城绿地。福安市投入资金 110 多万元，新增园林绿地面积 1.3 公顷，公共绿地 6785 平方米。寿宁县成立三峰公园建设指挥部，完成占地面积 40.4 公顷的园区建设。周宁县投资 80 多万元进行河滨公园改造，新增园林绿地 6000 平方米，公共绿地 2887 平方米。

2000 年，宁德筹建东侨塔山公园。2002 年，古田县启动吉祥、新翠 2 个公园改扩建工程。2003 年，柘荣县和福鼎市分别完成仙屿公园和双桂公园的改扩建，其中仙屿公园投入 458 万元，分两期进行改扩建，总面积 16.92 万平方米，成为全市占地面积最大的城市公园，绿化面积 8.03 万平方米。周宁县完成河滨公园二期，投资 200 多万元。2004 年，宁德东侨塔山公园建成，总投资近 1000 万元，总占地面积 30 公顷；古田动工建设玉田公园；福鼎市完成桐江公园一期工程建设。全市绿化覆盖面积 1366.00 公顷，园林绿地面积 1019.00 公顷，公共绿地 179.44 公顷。

2005 年，区内占地面积最大的宁德东侨东湖南岸休闲公园开始建设，公园占地 21.90 公顷，水域面积 250 公顷，园林建筑面积 7000 多平方米，一期投资 1730 万元，总投资 3969 万元。周宁建成县城最大的塔山公园，占地面积 22 公顷，总投资 750 万元，其中 7 层花岗岩仿古石塔、高 45.80 米，成为县城标志性建筑。屏南县着手筹建后门山公园、芝山公园和天平山公园。是年，全市拥有公园 29 个，总面积 188.90 公顷。全市绿化覆盖面积 1895.12 公顷，园林绿地面积 1513.32 公顷，公共绿地 298.26 公顷。

二、广场绿化

1993 年，宁德地区各县（市）没有供群众休闲活动的城市广场。1997 年，周宁县在区内最早建成影剧院休闲广场，占地 1000 平方米。1999 年，福安市在中心区拆除房屋 6175 平方米，建成莲池绿化广场；古田县建成建设路和解放路交会的中心广场。2000 年，宁德发动地（市）直机关单位和个人捐资，筹集 300 多万元，建设“城市文明先锋广场”一期工程；福安市动工建设人民广场。2002 年，占地面积 1.8 万平方米的东侨工业园区广场建成。2003 年，古田县将原科普小公园改建为文化广场。

2004 年，柘荣县在修建政府大楼前留出空地，建成乐泉广场供市民休闲活动，面积 6200 多平方米，建有音乐喷泉、喷球、花圃、休息坐廊等。周宁县在城东仙溪旁建成仙溪广场，总面积 1.33 公顷，总投资 200 万元，场内置青铜平安宝鼎 1 尊，重 3 吨，直径 1.66 米，高 3 米，有安居升平铜禁案 1 个，六角石亭 1 座。屏南县建成街心文化广场，占地 1 公顷，背靠政府山，叠水常流，山坡植树种草，绿地面积 0.30 公顷，中心设音乐彩色喷泉，最高喷水水柱可达 12 米。柘荣县仙屿公园二期建成，音乐广场同时竣工，占地 6200 平方米。

2005 年，宁德市完成先锋广场二期工程，并配建一标志性不锈钢雕塑。屏南县建成城东广场，占地 7000 平方米。是年，全市有城市休闲广场 14 处，总面积 27 万平方米。

三、城市道路绿化

1993 年前，区内城市绿化缺乏全面规划，绿化面积小、管理水平低。当年，宁德市投资 12 万元建设蕉南沿路绿化分车带，动工建设蕉城南路洋尾环岛，挖方 7905 立方米，填方 2319 立方米，工程总造价 76 万元。古田县动工建设街心环岛绿化工程，总投资 2 万多元。柘荣开始实施道路与绿化同步建设的原则，推行一街一树、一路一景的道路绿化特色景观。1994 年，地区行署和各县（市）政府及城建、林业等部门重视城市绿化工作，组建园林所（站）、进行规划设计，加大部署协调，利用每年“植树节”，开展植树活动，推进全区城市道路绿化工作。1996 年，宁德市区投入 60 万元，兴建街头绿地 2 处，面积 1000 多平方米，种植 4000 多株行道树。福安市在汽车站 3 条道路交汇处设立三角坪绿化地，拨款 30 万元，种植广玉兰、香樟树等 360 株。1997 年，福安市城区绿化一期工程启动，在金山南路种植天竹桂树 118 株、福兴路种植高山榕树 60 株、中兴路和鹤山路种植大叶女贞树 120 株，新华路种植芒果树 381 株和槟榔葵树 100 株。

福鼎市建成江滨路绿化带6900多平方米。寿宁县人大出台《城区绿化管理若干规定》，修建胜利街和工业路2条绿化带以及县政府门口和蟾溪两岸的绿化带。周宁县城区新建或改扩建道路都增建绿化带，种植四季桂、雪松、香樟等行道树。1998年，寿宁县完成工业路、胜利路连接茗溪新区主街道两旁的绿化，新增公共绿化面积3100平方米。1999年，宁德市区完成南环路和蕉城南北路行道树补植和闽东路西段、站前路东湖路等城市主干道绿化，完成绿化道路里程11千米，种植行道树4100株，道路绿化带5千米，种植千里香球、丁香球1820株，分车带绿篱8千米，道路绿化率70%，基本做到"新建一条街、绿化一条路"。霞浦县投入350万元，对太康路进行绿化，在城西路新植皇后葵等1500多株，绿化草坪466平方米，全县新增绿化面积4000平方米。周宁县补植沿街绿化带1000多米，行道树330多株。古田县建设环岛2处，完成4条道路绿化工程，种植树木600多株，绿篱500多米。2000—2003年，宁德市区完成宁川路、坪塔路、工业路道路绿化和宁川路环岛建设，完成北大路、蕉城路、鹤峰路行道树以及东湖路绿化小走廊补植工程。2004年，宁德市东侨开发区开始全面规划道路绿化工程，按高标准和一路一树、植树种草结合的办法绿化每条道路。寿宁县在城区修复30多处街头绿化坛，补植500多株篱笆树苗。2005年，宁德市区开展道路绿化全面整治，对闽东路、北大路、蕉城路、站前路的绿化带进行修整、打虫、除草、清除垃圾等，投入劳动工日133天。当年，宁德中心城区还投入658万元，完成所有主干道绿化树的补植工作，新植各种绿化树3750株。柘荣城区12条主次干道、总长12.60千米，植绿化树1326株，草地绿化面积6500平方米，道路绿化普及率92%，常年摆放鲜花面积1万多平方米，成为全市绿化最好的县城之一。

四、城市庭院绿化

1993年后，随着城区的扩展，城市居住小区的增多，对各单位新建项目的庭院绿化实行按城市建设指标，同时进行配套建设，由园林部门跟踪并参与竣工验收。1997年开始，组织专业人员开展绿化达标先进单位评选活动，到各单位和住宅庭院进行绿化技术指导，推动园林绿化工作。当年，福安市完成单位庭院绿化的绿地面积6000平方米；周宁县投入60多万元，完成县直33个单位的庭院绿化；柘荣县一中、二中完善校园绿化，校内绿化面积均在1万平方米以上，被评为宁德市绿化先进单位。1999年，单位庭院绿化得到进一步改善，宁德、福安、福鼎有28个单位获"省级绿化红旗单位"，25个单位获地区绿化委授予的先进单位，31个单位为绿化合格单位。地区交警支队、地区电业局、宁德电业局、市国税局、市交通局、宁德市公安局、市人民检察院、宁德一中、市交警直属大队、宁德财经学校、蕉城区公安局、宁德市体育中心等单位完成附属绿地建设，其中宁德市公安局绿地率达到66.8%，绿化覆盖率为80%。2002年，宁德市人民检察院被省绿化委、人事厅、林业厅评为省园林绿化先进集体。2003年，宁德一中获得"第三批省级花园式单位"的称号。2005年宁德市公安局和市电业局被评为省级园林单位。

若干年份宁德各县（市、区）园林绿化情况统计表

表 6-7　　　　单位：公顷

县（市、区）	年份	绿化覆盖面积	园林绿地面积	公共绿地面积
宁德市（今蕉城区）	1993	142.00	137.00	30.00
	2000	258.00	245.00	44.38
	2005	449.00	429.30	66.27
古田县	1993	24.60	19.80	7.30
	2000	131.00	109.00	18.55
	2005	167.00	141.00	36.40
屏南县	1993	22.20	15.10	5.10
	2000	60.00	54.00	7.55
	2005	98.70	81.70	11.34
周宁县	1993	15.10	12.20	2.60
	2000	95.00	79.00	6.02
	2005	114.42	104.00	9.00
寿宁县	1993	8.50	5.50	4.50
	2000	87.00	62.00	16.38
	2005	90.00	63.00	16.76
福安市	1993	—	—	—
	2000	376.00	200.00	37.80
	2005	401.00	220.00	42.80
柘荣县	1993	15.80	11.90	3.10
	2000	59.00	52.00	6.30
	2005	78.00	68.00	20.09
福鼎市	1993	24.50	18.30	8.40
	2000	188.00	138.00	30.00
	2005	300.00	248.00	78.40
霞浦县	1993	17.40	14.30	9.50
	2000	112.00	80.00	12.46
	2005	197.80	158.22	17.20
合计	1993	270.10	234.10	70.50
	2000	1366.00	1019.00	179.44
	2005	1895.92	1513.22	298.26

五、古树、名木保护

2000 年，福安市园林处开始负责古树名木的管理保护工作。富春公园内完好保存树龄百年以上的香樟、枫香 50 株。市区公共绿地和单位庭院绿地内的古树有 200 株，其中一级古树 140 株。

2002 年，宁德市对主城区内古树名木进行复查统计并对古树名木建立档案，划定保护范围，落实管护责任。宁德中心城区百年以上树龄的古树 13 株，名木 3 株；品种以小叶榕最多，其次为香樟，其余为玉兰花、银杏等。

2005 年，宁德市各县（市、区）完成对城区古树名木的调查和保护工作。

第四节　城市卫生

一、环卫机械设备

1993 年，宁德地区各县（市）仅有小型简易垃圾运转车 1 ~ 2 辆、洒水车 5 辆，配备洒水车的有宁德（县级）、福安、福鼎、霞浦、古田等县（市），街道垃圾清运都是使用人力板车。是年，全区配备环卫机械设备的有宁德（县级）17 台（部）、霞浦县 8 台（部）、古田县 7 台（部）、屏南县 5 台（部）、寿宁县 2 台（部）、周宁县 2 台（部）、柘荣县 5 台（部）、福鼎市 4 台（部）。

1997 年，福鼎市投入 27 万元购置 2 辆新型垃圾车，添置 50 个果皮箱、20 个垃圾箱，解决城关垃圾中转问题，提高市区垃圾清运能力。

2000 年，各县（市）政府为解决城市垃圾污染，加大投入，增设环卫清扫机械等设备。福安、宁德、霞浦、福鼎等县（市）购买清扫车，对主街道实行机械清扫。据统计，全市购置“扫地王”2 辆，道路清扫车 3 辆，洒水车 1 辆，垃圾车 16 辆，添置不锈钢果皮箱 802 个。是年，全市共有环卫机械设备 73 台（部），其中蕉城区 12 台（部）、霞浦县 15 台（部）、古田县 7 台（部）、屏南县 5 台（部）、寿宁县 4 台（部）、周宁县 3 台（部）、柘荣县 6 台（部）、福安市 14 台（部）、福鼎市 7 台（部）。

2001 年，蕉城区环卫处筹措资金 46.40 万元，添置 6 部作业车辆、120 个果皮箱和 50 个垃圾箱。福鼎市环卫处购置“扫地王”1 辆。

2003 年，蕉城区环卫处购置后装式垃圾压缩清运车 2 辆，在城区主次干道添置果皮箱 150 个，垃圾箱 80 个。2004 年，蕉城区环卫处添置 3 辆清运车辆和 2 套机械设备及 300 个果皮箱。

2005 年，蕉城区拥有各类机动作业车辆 21 辆，其中小四轮农用车 10 辆，洒水车 2 辆，大型全自动道路清扫车 1 辆，后装式压缩垃圾车 2 辆，东风牌 4 吨清运车 5 辆，执勤巡逻车 1 辆；负责清扫保洁 23 条主次干道和 184 条小街小巷，面积 87 万平方米，其中主次干道 45 万平方米，小街小巷 42 万平方米；日处理垃圾 170 余吨；环卫收入 66 万元；从业人数 316 人。是年，全市共拥有各类大中型环卫机械车辆 85 辆，其中蕉城区 21 辆、霞浦县 10 辆、古田县 13 辆、屏南县 6 辆、寿宁县 5 辆、周宁县 3 辆、柘荣县 7 辆、福安市 11 辆、福鼎市 9 辆。

二、公厕

1993 年，宁德全区有公厕 121 座，厕所冲水率 28.5%。福安市公厕冲水率 70%，超过全省 66.7% 的平均水平。

1994 年，各县（市）逐步开始改造旱厕为水冲式。1995 年，全区新建公厕 9 个，改建 3 个。

1996年，古田县加大公厕建设步伐，投资80万元，新建公厕1座，改建5座。1997年，屏南县建公厕2座。

2000年，全市有公厕158座，其中蕉城区19座、霞浦县25座、古田县30座、屏南县7座、寿宁县5座、周宁县10座、柘荣县7座、福安市20座、福鼎市35座。

2003年，宁德中心城区公厕加强保洁，做到每天早、中、晚各冲洗一次，每3天消毒一次，保证蹲位、便池、出入粪口、厕所内外环境卫生干净、整洁。保持厕所内通风、设备齐全完好，厕所管理间不能改变功能，挪作他用。当年，全市有公共厕所145座，其中水冲式厕所126座。

2004年，宁德城区新建水冲式公厕3座并投入使用。

2005年，经宁德市政府批准，全市公厕建设纳入重要市政设施之一，每年中心城市建设计划中都安排公厕建设项目，资金由宁德市国家投资有限公司出资。是年，全市有公厕159座，其中蕉城区25座、霞浦县27座、古田县26座、屏南县8座、寿宁县5座、周宁县3座、柘荣县4座、福安市23座、福鼎市38座，其中水冲式公厕147座。

三、道路清扫

1994年，宁德环卫事业实行“四定”（定清扫路段、定工作人员、定经济指标、定卫生标准）、“三个转化”（从无偿服务向有偿服务经营转化、从依靠财政拨款到依靠社会多元筹资转化、从环卫所组织环卫工作到经营化管理模式转化）改革。

1997年，福鼎市制定《市容环卫管理暂行规定》和《建筑垃圾管理暂行规定》2个地方政策性文件，顺利完成一、二级环卫合并，在原“一打扫三保洁”基础上，强化主街道全日制保洁，新增晚间6点到9点的清扫时间，改善城区的卫生状况。环卫垃圾清扫范围从建成区延伸到城乡接合部，总清扫面积达40万平方米。

2002年，蕉城区环卫处根据建设部颁布的全国城市街道清扫保洁质量现行标准，结合实际情况，对主次干道采取每天普扫两遍，全日保洁的管理办法。全区开始推行路段清扫经济承包责任试点。按道路等级、面积和行业标准及清扫保洁人员核定承包经费，制订承包方案。按“先里后外、班组长优先”的原则进行公开招标，中标者为承包人，与环卫处签订承包协议。

2003年，宁德市中心城区主干道按照清扫保洁6班次作业（每天二普扫、四保洁），次干道按照清扫保洁5班次作业（每天二普扫、三保洁），重点路段实行全天候来回保洁。同时，为了提高卫生保洁质量，根据工作需要不定时出动洒水和道路清扫车，对主次干道进行分片洒水、冲洗和清扫保洁。

2004年，宁德中心城区随着城市化进程和建设规模的不断发展，城区人口不断增长，道路面积不断扩大，清扫保洁范围东到宁德五中门口，南至站前路和洋尾码头，西至西岭路并延伸聚宝路住宅区，北至单石碑桥头，涉及清扫保洁23条主次干道和184条小街小巷，清扫保洁面积达87万平方米，其中主次干道45万平方米、小街小巷42万平方米，日处理垃圾170余吨，粪便约110吨。宁德市将中心城区主次干道按等级标准进行划分，一级路实行5班次（两普扫，三保洁），二级路实行4班次（两普扫，二保洁）、三级路实行3班次（两普扫，一保洁）。在清扫保洁过程中，遇到有人乱丢、乱吐时应用文明礼貌用语劝阻，情节严重的上报城管行政执法部门处罚。每天出动全自动清扫车和洒水车对主次干道进行分保洁冲洗，遇到节假日或卫生大检查活动，洒水车加班加点进行全方位作业，起到除尘降温作用。

2005年，福安市设立金山路、解放东路2条“严管街”，强化“严管街”卫生管理，加强对

“严管街”范围内道路、居民区、农贸市场等的清扫和保洁力度；各街道、机关单位、居民、经营户落实“门前三包”、“门内达标”责任制，确保卫生整洁。是年，宁德市9个县（市、区）道路清扫保洁面积624万平方米，其中机械化清扫面积47万平方米。

2000年、2005年宁德市各县（市、区）城市道路清扫保洁面积统计表

表6-8　单位：万平方米

县（市、区）	2000年	2005年
宁德市（今蕉城区）	56.00	121.00
古田县	34.00	50.00
屏南县	19.72	35.85
周宁县	25.56	47.00
寿宁县	7.50	8.60
福安市	39.54	85.00
柘荣县	20.00	61.00
福鼎市	57.00	140.00
霞浦县	47.00	76.00
合计	306.32	624.45

四、垃圾清理

1993年，区内城市垃圾收集转运至垃圾堆放场，有垃圾堆放场9处，为简易露天堆放，采取定期铺洒生石灰后填埋处理，占地总面积5.89万平方米。

1996年，结合创建文明城市、卫生城市活动，在宁德城区示范街首次推行垃圾袋装处理。

1997年，寿宁县人大出台城区管理若干规定，对乱摆摊设点、乱倒垃圾等进行综合治理，向沿街店铺发放垃圾桶700个。柘荣县以包干责任制形式落实到各口各部门，沿街每个店面设置垃圾桶，主街推行垃圾袋装。是年，福鼎市建垃圾中转站2个。

1999年12月，福安市垃圾卫生填埋场开工建设，为全区首座垃圾无害化处理场。2000年，柘荣县在区内建成首座室内封闭式垃圾堆放转运站，总投资60多万元。古田县新建垃圾中转站5个，工程总投资135万元，建筑占地面积400平方米。

2001年，寿宁县建成首个垃圾中转站。

2002年，宁德市、福鼎市、霞浦县、古田县、周宁县、柘荣县、寿宁县的8个垃圾填埋场，开展城市垃圾无害化处理工程建设项目的前期工作。

2003年，宁德中心城区按指定的时间、地点倾倒垃圾，环卫部门每天定时、定点收集清运，做到垃圾日产日清。车辆运输垃圾过程中均实行篷布遮盖或密封，防止运输中漏、撒现象。特别对医院、屠宰场等单位产生的含有病毒、病菌或放射性物质的垃圾，均采取封闭运输指定集中地点统一处理的办法，杜绝二次污染。宁德市以推进城市化建设为契机，加强城市环境整治，巩固提高创卫成果，城市环境面貌不断改善。全年生活垃圾清运量32万吨，粪便清运量2.10万吨，全市完成环卫固定资产投资1200万元，其中完成市容环境卫生投资500万元、垃圾无害化处理投资700万元。

2004年，全市全面实行垃圾装袋收集和集中转运管理。城区家庭生活垃圾普遍实行袋装和定点、定时收集，垃圾投放点位置设置适宜以方便居民投放。垃圾收集采取密闭方式，禁止用箩筐及露天垃圾池等，垃圾收容器应无残缺、破损、封闭性好，外表美观、整洁。垃圾转运也采取密闭方式进行，禁止敞开式运送，确保垃圾运输过程中无抛、撒、拖挂和污水滴漏。运送垃圾尽量避开上下班高峰期、装卸符合作业要求，不乱倒、乱卸、乱抛垃圾，运输作业结束，清理场地。单位垃圾各单位备有统一垃圾容具自行收集，倒入垃圾车或有偿委托环卫处收集运输处理。是年，蕉城区建成古溪等2个集装箱密闭式垃圾转运站。

2005年，全市9个县（市、区）垃圾处理厂及配套设施建设，累计投资8870万元，占全部项目投资2.43亿元的27%。宁德、福鼎、霞浦、古田、柘荣、周宁、屏南等县（市、区）垃圾无害化处理厂均采用BOT方式运作，寿宁县采用财政投入、银行贷款、上级补助办法解决资金问题。其中福安、福鼎2个市垃圾无害化处理场已建成投入使用，霞浦、古田2个县垃圾处理场动工建设，宁德市垃圾焚烧厂完成立项等前期工作。是年，全市城市生活垃圾清运量33万吨，其中宁德城区垃圾清运量7万吨。

蕉城区单石碑垃圾堆放场　建于1985年，位于宁德市蕉城区单石碑，距市中心3千米，占地2.80公顷，库容量约40万立方米，总投资约200万元。2003年单石碑堆放场已超期使用，蕉城区投入90万元对堆放场进行改造扩容。

宁德市垃圾焚烧厂　根据宁德市政府对垃圾处理工艺提出的新要求，明确改用焚烧工艺兴建垃圾焚烧厂，工程建设规模为日处理生活垃圾600吨，一期规模为日处理垃圾200吨，采用垃圾焚烧工艺并余热利用，厂区总占地面积548亩，总投资9606万元。采用BOT方式融资运作，2005年完成立项等前期工作。

福安市生活垃圾卫生填埋场　工程位于福安市城阳乡赤岭村与城南街道程家垅村交界处，距城区7千米，占地面积约13.33公顷，场区主要包括填埋作业区、渗滤液化处理厂以及生活管理楼等配套设施。采用好氧和厌氧两方面工艺进行处理，其主要工艺流程为进水—UBF厌氧反应器—FE反应器—气浮器—氧化沟—沉淀池—出水，工程总投资3300万元，日处理垃圾规模150吨，使用年限24年。1999年12月开工建设，2005年建成投入使用。

福鼎市生活垃圾无害化处理场　项目占地面积150公顷，填埋总库容137.45万立方米，使用年限29年，总投资3788万元，一期投资2200万元，2005年8月竣工验收。

霞浦县生活垃圾无害化处理场　项目场址位于崇儒半山，占地面积11.33公顷，设计规模为日处理垃圾180吨，填埋库区有效库容117.60万立方米，总投资3450万元，2005年12月6日动工建设。

古田县生活垃圾无害化处理场　项目设计规模为日处理生活垃圾118吨，总投资3067万元，占地面积24.33公顷。采用堆肥和卫生填埋相结合的处理工艺，使用年限50年。2005年动工建设，累计投资1000万元。

柘荣县城区生活垃圾无害化处理场　项目占地面积8.33公顷，日处理规模60吨，使用年限30年。2005年，投资100万元完成环评、可研批复、地质详勘及一期征地等前期工作。

五、管理

1990年4月，宁德市环卫处负责行署驻地中心城区主、次干道，小街小巷、公共场所的清扫、保洁、公厕管护、垃圾粪便清运处理以及市容环境卫生管理。1993年，宁德地区各县（市）

成立环卫处（所、站），有环卫工人400多名。城区环境卫生实行环卫部门与街道办事处（居委会）两级管理，专业队伍兼职人员相结合，日常清扫与节假日大扫除相结合的办法。由于资金投入不足，人员偏少、环卫机械设备落后，管理制度不够完善等原因，城市环境卫生管理滞后，卫生死角依然存在。

1993—1996年，宁德地区城市垃圾处理费基本按户、店面摊位和单位征收，普遍收费低。

1996年，全市结合创建文明城市、卫生城市活动，采取切实有效措施，抓市容环境综合整治，在宁德中心城区6条示范街首次推行垃圾袋装服务。各县（市）出台管理规章，宁德市制定《关于城市市容和环境卫生管理暂行规定》、福安市出台《福安市城市管理规定》等文件加强城市卫生管理。

1997年，福鼎市贯彻“人民城市人民建”方针，从7月1日起，原二级环卫收取的居民环卫清洁费，从每月2元增加到5元，弥补环卫经费的不足，提高一线工人的工资福利待遇，一线临时工工资从225元增加到280元。

1999年，在第三次全国环境综合整治考核检查评比中，周宁县获得“全国城市环境综合整治先进县”称号，古田县获得“全国城市环境综合整治优秀县”称号。

2000年6月9日，宁德地区行署结合开展文明先锋行动和创建卫生城市活动，对全区“创卫工作”进行全面部署，地区行署成立“创卫”领导小组，行署专员亲自挂帅担任组长，各县（市）都将“创卫”工作作为一把手工程来抓。地区出台《创建卫生城市方案》，各县（市）结合本地实际相应制定创建卫生城市方案，利用报纸、电视、宣传栏等新闻舆论工具，多渠道、多形式、多样化地广泛宣传报道。还组织分管副县（市）长，“创卫办”主任往福州学习取经，制定创卫方案和千分制考评方案进行考评，逐步规范城市管理，提高市民的素质，改善市容市貌，“创卫”活动取得阶段性成效。12月，宁德市筹资70多万元，设立环卫“110”联动投诉服务中心，调整充实联动中心12名备勤人员，设置“快速反应”的环卫联动台。中心实行12小时值班，接到投诉电话城区20分钟内、郊区30分钟内赶到现场及时处理乱倒、乱堆垃圾现象。至2001年5月，环卫“110”接投诉57起，转办51起，处理率达100%；处理违章运输“滴、漏、洒”37起65辆次。

2004年，宁德市建设局委托武汉华中科大城市规划设计研究院、华中科技大学环境科学与工程学院编制《宁德市中心区环境卫生专项规划》。是年，福鼎市开征垃圾处理费，每户每月3元，年征收200多万元，征收率在90%以上。

2005年12月，宁德市制定《城市生活垃圾处理费征收管理暂行规定》，对垃圾处理费征收范围、征收标准、征收方式和垃圾处理费的使用和管理作详细的规定，由各县（市、区）负责征收。是年，福安市征收城市生活垃圾处理费，征收范围为市区内有排放生活垃圾的单位和个人。行政机关、事业单位、社会团体、教育、医疗卫生、城区居民（含暂住人口）征收标准按实际用电量每度电附加征收0.05元；宾馆、酒店、饭店、洗浴厅、娱乐场所、商业网点等商业性服务行业以及建筑、金融、电讯、交通运输等行业按实际用电量每度电附加征收0.06元；工业企业单位按上年度12月份在职人数每人每月征收3.50元；自行将生活垃圾运送至填埋场的，按每吨40元征收；集贸市场垃圾按每吨70元征收（含代运费）。

第五节　旧城改造

1992 年，宁德地区各县（市）城区房屋建筑面积为 980 万平方米，其中 70% 为机关企事业单位建筑、30% 为居民建筑；单位建筑主要建于二十世纪六七十年代，居民建筑以中华人民共和国成立前的土（砖）木老房子居多。1993 年，各县（市）开始有计划地进行旧城区改造，制订第二轮城市总体规划，按规划进行旧城改造建设。宁德市（今蕉城区）引进外资 4.50 亿元，拆除旧城面积 39 万平方米，建设“锦福城”“莱茵新城”“闽东财贸广场”“帝源大厦”“蕉南市场”“芦坪花苑”“南苑新村”“东湖商业城”等 8 个项目；新建大小商业街 6 条、面积 65 万平方米。福安市先后对城区富春、尾楼山、澳里、荷塘坪、锦鸡垄等 7 片 10 万多平方米老街区进行改造，建成住房建筑面积 4.6 万平方米，安置居民 600 多户。至 1995 年年底，福鼎城区已改造旧区总建筑面积 342.03 万平方米，其中全民单位 65.30 万平方米、集体单位 10.58 万平方米、私有房屋 256.44 平方米、其他房屋 9.71 万平方米。改造后新建“闽浙边贸商城”“福鼎商城”“华福大厦”等商住楼和一批机关、企事业单位办公大楼等。周宁县结合省道狮城段拓宽改造工程，投资 167 万元拓宽桥南街，拆除建筑约 6560 平方米。古田县成立旧城改造指挥部，编制改造建设规划，1993—1995 年改扩建道路 23 条、改造住房建筑面积 28.80 万平方米。柘荣县城区完成对 2 条主街道柳城路和柳中路两侧建筑改造。寿宁县对解放街、胜利街两侧建筑物进行改造建设。胜利街拆除楼房 30 座、占地面积 2904.74 平方米，建筑面积 4661.71 平方米，重建建筑面积 12323.42 平方米，投入资金 891.84 万元。解放街改造涉及房屋 190 幢，其中民房 139 幢、公房 51 幢，拆迁改造面积 4668 平方米、建筑面积 14128 平方米，总投资 1788 万元。周宁县 1995 年开始拓宽改造老南街街区。

1996 年，宁德市（今蕉城区）拆除改造旧城面积 700 多万平方米，新建建筑面积 80 多万平方米，重点改造片区有署前片区、旧百货片区及东门片区等。屏南县投入城建改造资金 2654 万元、改造旧城区 5.28 万平方米。

1997 年，霞浦县在完成龙首路改造后，启动包括城区最大农贸市场——关帝庙农贸市场在内的旧城改造，至 1999 年，改造新建沿街商住楼 66 幢、建筑面积 6.20 万平方米，投资 3000 多万元，开发 3 个拆迁安置小区，面积 3.60 公顷、安置拆迁户 305 户。同时，整合土地新开发 3 个商品房小区、面积 2.13 公顷，安置 200 多户居民。寿宁县对全长 200 米的人民路街区进行改造，拆建建筑物 18 座。古田县加大旧城改造力度，拆迁改造面积 1.40 万平方米。至 2000 年，完成六一四路、团结路、民主路、跃进路、南北段、木器厂片区、文安片区以及建设路、解放路西段改造工程，拆迁建筑面积 4.50 万平方米，改造 3 万平方米、新建面积 9 万平方米，投入建设资金 9800 万元，改造和新建建筑 77 幢。

2001 年，蕉城区完成鹤峰路改造。福安市对穿山路进行全面改造，建成富有“欧式”风情的新街。福鼎市结合桐山溪整治工程，对两岸街区进行全面改造整治，建成集美食、休闲为一体的河滨新区。周宁县成立老街区东街拓改指挥部，投资 300 万元，拆迁民房 11 栋、公房 8 栋，新建建筑面积 4339 平方米，铺设水泥路面 3600 平方米。

2002 年，蕉城区对东湖路进行拆迁改造，投入资金 4730 万元，打通旧城区与新区东侨通道的瓶颈。

2003 年，蕉城区进行八一五路、坪塔路及小东门“两路一区”改造，总投资 3389.60 万元、拆迁面积 5300 平方米。福安市启动市区两条干道中兴路、冠后路的改造建设工程，建成邮政大厦、电信大楼、市政广场、人民广场等工程，提高城市形象。

2004 年，周宁县成立旧城改造建设指挥部，投入资金 800 万元，先后拆迁 7 个县直单位老建筑物 8 幢、民房 12 幢，建筑面积 3100 平方米。完成桥南街东段改造，拆迁公房 11 幢，建筑面积 1.15 万平方米。完成两环路 68 栋、宅基地 24 块的拆迁征地工作，并进行全面改造建设。

2005 年,《宁德市旧城区控制性详细规划》编制完成，规划对蕉城旧城区的改造和建设作出详细规划安排。根据规划，市有关部门协调市政、环卫、公交、供水等部门完成对天湖路、闽东路、福宁路、南湖滨路等主次干道与旧城区南环路、环城东路、鹤峰路的对接与修补建设；完成小东门溪金龙大厦段、蕉城南北路、鹤峰路沿溪道路及护栏的建设维修；完成闽东大广场、鹤峰路、天王路等路面及下水道的改造维护；改建城区供水管网 6 千米；新建老城区 60 个消防管栓设施，投入资金近亿元。同年，福安城区街尾路、南湖旧城区、龙成锦江花园三期、原闽东电机工厂三翔旧厂区等 4 片区改造经省、市批准后列入当年旧城改造计划，并启动改造工程建设，拆迁总面积 16.16 万平方米，近 730 户。

第六节　新区开发

1993 年，全区有计划地推进新区开发建设。是年，全区引进外资合同金额 1.92 亿元，实际到资 1.15 亿元；引进内资 9400 万元，实际到资 5000 万元，用于新区开发建设。全区规划开发新区 8 片、用地面积 200 多公顷。当年，宁德市完成柏林商业城新区开发建设。古田县在城区北面开发新京小区，建商品房 29 幢 520 套，建筑面积 5.02 万平方米，主要用于安置库区移民 510 户；同时在东小区征地 4.47 公顷，作为第一批新区开发试点工程，从中划出 1.50 万平方米，按区块经济效益等级投标出让土地使用权，拟建 3 幢商品房 90 套、建机关企事业单位综合大楼 10 座。

1994 年，霞浦县召开福宁新城建设规划鉴定会启动新区开发建设项目。项目占地面积 17.30 公顷。福鼎市开发建设流美经济开发区，用地面积 47.07 公顷；又开发建设“福鼎中国富民示范城”，占地 80 公顷，用于部分轻工业和居民新区建设。周宁县开发以中兴街为中心的商宅区面积 2.69 公顷，结合桥南街拓改，开发虎头垅商住新区 1.50 公顷。

1995 年，寿宁县启动茗溪洋新区开发工程，规划建设面积 1.60 平方千米，建筑面积 1.23 万平方米，一期征地 14.47 公顷，投资 1400 多万元用于基础设施建设。柘荣县在完成东区新区开发建设后，进行西区兴业小区、仙屿公园小区的开发建设。

1997 年 7 月，福建省人民政府批准成立闽东华侨经济开发区。开发区毗邻宁德老城区，是旧城区和闽东未来中心城市中心城区的重要拓展区域，兼具商贸、住宅、休闲功能，计划开发建设面积 20 平方千米，第一期开发面积 12.67 平方千米。

1998 年，周宁县开发以兴业街为中心的商住新区 14.90 公顷、河滨西苑住宅区、东园小区等。

1999 年，宁德市在东侨开发区建设第一个大型商品住宅逸涛商城小区，商城规划建设用地 46.66 公顷，由富苑、华苑、豪苑和侨苑 4 个独立区域组成。其中“逸涛富苑”于 2001 年 11 月 30 日竣工交付使用，18 幢楼，建筑面积 37418 平方米，工程投入 4450 万元；“逸涛华苑”17 幢楼，建筑面积 35413.78 平方米，工程投入 4350 万元，于 2003 年 11 月 12 日竣工验收并交付使用；“逸涛豪苑”12幢楼，总建筑面积35453平方米，工程投入4420万元，于2005年5月竣工验收并交付使用。

2000年，宁德撤地设市，进一步推动城市新区开发。宁德市委、市政府提出加快城市化建设进程，建设宁德中等滨海港口城市建设的目标，编制城市发展建设规划，修定东侨社区分区规划。周宁县、柘荣县重新修订完善城市建设规划，设置道路红线规划方案，处理好新区建设和旧城改造关系。古田县完成兴隆花园、新兴公寓等住宅小区的开发建设。同年，寿宁县为扩大城市规模，减轻旧城区压力，开始规划开发县城东区，总用地面积1.50万平方千米，首期规划建设60公顷。霞浦新区规划按照“东扩南移”的城区发展战略，修编建设面积扩至20平方千米，并全面启动基础建设和部分建设项目。

2000—2002年，福安市实施安居工程，开发建设坂中住宅小区、龙城锦江花园、闽东世纪城、鸿辉花园、新加坡花园等多个城市居民小区，拓展城区面积0.60平方千米。总投资5亿多元，完成建筑面积45.10万平方米，其中住宅面积24.12万平方米。

2001年，周宁县开发马头山住宅小区、建住宅楼60幢。2001—2003年，霞浦新区基础建设项目及福宁长途汽车站、好万佳大型商场等重点项目启动建设。

2003年，柘荣县开发建成金山花园、锦绣花园、富民花园、前山小区等多个住宅新区，总建筑面积超过3万平方米。周宁县开发下林山、月亮山2个住宅小区，用地2.98公顷，安排建设156幢连排单体住宅建筑。

2004年，霞浦新区的霞浦一中、百丽花园、万豪业商广场等开展建设或竣工投入使用。

2005年，宁德市围绕做大做强中心城市，建设项目有塔山公园、市直经济适用房、冠宏星花苑B区、文笔嘉园、信达豪庭、新华园小区、华庭小区等住宅小区，完成商品房建设面积15.75万平方米。寿宁县启动茗溪新区二期开发建设，征用土地4.60公顷，投资200多万元，进行新区街道电网和路灯架设。当年，全市新区房地产在建项目60个，总用地面积160万平方米，商品房施工面积235万平方米、商品房竣工面积50.70万平方米。

第三章　镇村建设

第一节　公共设施建设

一、道路、桥梁与排水

1993 年，全区建制镇道路长 181 千米，道路面积 177.68 万平方米，桥梁 91 座，防洪堤 83 千米，排水管道长 97 千米；集镇道路长 108 千米，道路面积 79.82 万平方米，桥梁 95 座，防洪堤 39 千米，排水管道长 44 千米；村庄铺装道路 2710.52 千米，铺装道路面积 1241.49 万平方米，桥梁 878 座，防洪堤长 503.62 千米。1998 年，全区拥有镇、乡、村道路 4967 千米，其中高级、次高级道路 111.90 千米，占总长度的 22.39%。

2000 年，全市建制镇道路长 392 千米，道路面积 372.46 万平方米，桥梁 145 座，防洪堤 134 千米，排水管道长 348 千米；集镇道路长 180 千米，道路面积 145.37 万平方米，桥梁 103 座，防洪堤 43 千米，排水管道长 62 千米。村庄铺装道路 4522 千米，铺装道路面积 2029.09 万平方米，桥梁 878 座，防洪堤长 503.62 千米。

2003 年，赛岐镇完成永安东路、西路和永康南路、支路的水泥路面铺装，完成钟山西路和赛江大道赛岐段改造和行政村道路硬化工程。

2004 年，三沙镇完成长 8 千米、宽 12 米的小浦线沥青路面和三沙镇区主干道砼路面改造；牙城镇累计筹资 470 多万，完成长 300 米，宽 40 米的凤发大道和长 80 米、宽 22 米的和龙祥大道二期的砼路面建设。

2005 年，全市建制镇有道路长 559 千米，面积 523.04 万平方米，桥梁 170 座，防洪堤 148 千米，排水管道长 388 千米；集镇有道路长 223 千米，面积 172 万平方米，桥梁 107 座，防洪堤 58 千米，排水管道长 90 千米。村庄铺装道路 5507 千米，铺装道路面积 3195.61 万平方米，桥梁 1234 座，防洪堤长 809 千米。全区镇、乡、村道路 6528 千米，其中高级、次高级道路 2591 千米，占总长度的 39.69%。

二、供水

1993 年，赛岐镇建成罗江自来水厂日产 4 万吨工程第一期泵房主体工程和净化池组主体工程，全区建制镇自来水受益镇 43 个，有供水设施镇 43 个，水厂 43 座；自来水日供水能力 6.20

万立方米，自备水源日供水能力0.80万立方米，供水管道长257千米，年供水量1147万立方米，其中生产用水344万立方米、生活用水761万立方米，用水人口25.70万人，用水普及率74.67%，人均日生活用水量81升；自来水受益集镇29个，有供水设施集镇29个，水厂25座，自来水日供水能力0.52万立方米，自备水源日供水能力0.33万立方米，供水管道长105千米，年供水量184万立方米，其中生产用水52万立方米、生活用水133万立方米，用水人口5.67万人，用水普及率37.7%，人均日生活用水量64.17升。全区自来水受益村庄761个，有供水设施的村庄630个，受益人口52.59万人，村庄自来水普及率24.34%。

1993—1998年，老区专项资金向基点村、重点村倾斜，投放资金191.98万元，建设饮水工程375处，其中161个老区基点行政村“五通”工程、安全卫生饮用水达标率98%，通自来水率59%。

2000年，全市建制镇自来水受益镇54个，有供水设施镇51个，水厂52座，自来水日供水能力10万立方米，自备水源日供水能力4.30万立方米，供水管道长591千米，年供水量2207万立方米，其中生产用水640万立方米、生活用水1374万立方米，用水人口39.72万人，用水普及率92.03%，人均日生活用水量94.77升；集镇自来水受益镇48个，有供水设施集镇36个，水厂34座，自来水日供水能力1.53万立方米，自备水源日供水能力0.96万立方米，供水管道长129千米，年供水量461万立方米，其中生产用水97万立方米、生活用水309万立方米，用水人口11.64万人，用水普及率84.47%，人均日生活用水量72.73升。当年，全市自来水受益村庄3126个，有供水设施的村庄1513个，受益人口113万人，村庄自来水普及率51.13%。

2003年，溪潭镇自来水第一期工程实现洪口、廉明、溪填通水。2004年，赛岐镇完成镇区日供水4万吨水厂扩建工程，牙城镇建成镇区开渠饮水扩建饮水工程，三沙镇投资4470万元完成日供水3万吨的三沙饮水工程，极大缓解三沙镇缺水的状况，带动三沙镇工业企业的发展。

2005年，全市自来水受益建制集镇54个，有供水设施镇54个，水厂55座，自来水日供水能力12.90万立方米，自备水源日供水能力4.60万立方米，供水管道长789千米，年供水量2517万立方米，其中生产用水844万立方米、生活用水1550万立方米，用水人口45.22万人，用水普及率94.03%，人均日生活用水量93.91升；集镇自来水受益镇47个，有供水设施集镇44个，水厂40座，自来水日供水能力2.04万立方米，自备水源日供水能力1.04万立方米，供水管道长157千米，年供水量502万立方米，其中生产用水121万立方米、生活用水332万立方米，用水人口11.94万人，用水普及率86.96%，人均日生活用水量76.18升。至2005年年底，全市自来水受益村庄3619个，有供水设施的村庄1966个，受益人口131万人，村庄自来水普及率60.56%。

三、电力与通信

1993年，宁德地区所有乡镇和53.9%的村庄通电，其中建制镇有路灯3617盏，集镇有路灯1658盏，村庄有路灯17333盏。

1997年，地委、行署把全区161个老区基点行政村“五通”（通电、通水、通公路、通电话、通电视）工作列为扶贫攻坚的重点任务，村镇的用电、通话普及率不断提高。

1998年，所有的乡镇和78%的村庄通电，其中161个基点行政村通电率达98%，电视覆盖率75.8%。行政村通话面由1995年的30.4%提高到90.05%，其中福安、福鼎两市老区基点行政村实现村村通电话。

1999 年，推动乡镇电信网向信息网转变，完善乡镇数据网的补点工程。在农村电话网建设方面，全区投入 1075 万元，采用先进的接入网技术，新增 81 个通话行政村，行政村通话总数达到 2066 个，行政村通话面由 1998 年的 90% 上升到 95.96%。

2000 年，全市建制镇通电数 55 个，有路灯 6315 盏，集镇有路灯 1820 盏。有 82.62% 的村庄通电，村庄有路灯 25364 盏。

2005 年，全市建制镇有路灯 8591 盏，集镇有路灯 2332 盏。有 91.05% 的村庄通电，村庄有路灯 32821 盏。全市建制镇、集镇均装上程控电话和 IC 公用电话，并建有移动电话中继站。

四、环境卫生与园林绿化

1993 年，全区建制镇有环卫机械 45 辆，公厕 185 座；集镇有公共厕所 60 座，无环卫机械。全区建制镇绿化覆盖面积为 99 公顷，园林绿地面积为 39.52 公顷，公共绿地面积 19.9 公顷，有公园 6 个，占地 7.03 公顷，人均绿地面积 0.58 平方米。集镇绿化覆盖面积 41.95 公顷，园林绿地面积 14.82 公顷，公共绿地面积 6.23 公顷，人均绿地面积 0.45 平方米。

2000 年，全区建制镇有环卫机械 120 辆，公厕 238 座；集镇有环卫机械 16 辆，公共厕所 110 座。全市建制镇绿化覆盖面积 245 公顷，园林绿地面积 87 公顷，公共绿地面积 59 公顷，有公园 13 个，占地 30 公顷，人均绿地面积 1.37 平方米。集镇绿化覆盖面积 60 公顷，园林绿地面积 27 公顷，公共绿地面积 9 公顷，人均绿地面积 0.62 平方米。

2002 年，根据省政府水口库区可持续发展实验区建设的要求，宁德古田县黄田镇开展垃圾无害化处理试点建设工作，项目于 2002 年动工建设，2003 年 11 月开始运行，项目总投资 87.30 万元，日处理垃圾能力 5 吨。

2005 年，全市建制镇有环卫机械 166 辆，公厕 279 座；集镇有环卫机械 20 辆，公共厕所 131 座。全市建制镇绿化覆盖面积 500 公顷，园林绿地面积为 96 公顷，公共绿地面积 70 公顷，有公园 15 个，占地 34 公顷，人均绿地面积 1.46 平方米。集镇绿化覆盖面积 84 公顷，园林绿地面积 32 公顷，公共绿地面积 10 公顷，人均绿地面积 0.73 平方米。

第二节　公共与生产性建筑

一、公共建筑

1993 年，宁德地区小城镇的行政办公、教育、医疗、文化、通信、休闲娱乐等公共设施逐步配套齐全。全区建制镇投入公共建设资金 0.23 亿元，实有公共建筑面积 231.79 万平方米，人均公共建筑面积 6.74 平方米；集镇投入公共建设资金 0.09 亿元，实有公共建筑面积 84.33 万平方米，人均公共建筑面积 6.14 平方米。

1999 年，乡镇基础设施不断完善，加快农村第二、三产业的发展，全区小城镇共吸纳农村剩余劳动力约 15 万人，集中具有一定规模的乡镇企业。福鼎市点头镇与宁榕房地产开发公司签约融资 2000 万元开发原茶花市场为农贸综合市场，并与福鼎市五龙实业有限公司签约融资 1500 万元，建设闽浙边贸点头茶花专业批发市场，年底完成茶花市场一期工程并投入使用。同时，乡村学校、医疗卫生、文化等公共建设施工也在不断发展，小学、医疗站（点）在乡村办校设点。

2000年，全市建制镇投入公共建设资金0.32亿元，实有公共建筑面积303.05平方米，人均公共建筑面积9.23平方米。集镇投入公共建设资金0.10亿元，实有公共建筑面积91.67万平方米，人均公共建筑面积6.65平方米。

2004年，赛岐镇已累计筹资4亿多元，投入公共设施建设，先后建成祥牛农贸市场、虹桥货运停车场和赛岐客运停车场，新建第二中心小学、赛岐中学、苏阳中学和赛岐中心幼儿园，新建老年人活动中心、镇医院病房大楼，完成赛岐敬老院基础工程，建成烈士陵园烈士塔，鳌峰山、金钟山旅游景点等。

2005年，全市建制镇投入公共建设资金0.21亿元，实有公共建筑面积348.15万平方米，人均公共建筑面积7.23平方米；集镇投入公共建设资金0.08亿元，实有公共建筑面积99.72万平方米，人均公共建筑面积7.26平方米。

二、生产性建筑

1993年，全区新增生产性建筑26.26万平方米，年末实有生产性建筑面积418.90万平方米。

2000年，建制镇、集镇和村庄新增生产性建筑16.06万平方米，年末实有生产性建筑面积488.93万平方米。

2003年福宁高速公路通车后，对沿线乡镇经济发展的带动作用明显，工业项目大量上马，全年生产性建筑建设面积43.26万平方米，比上年增长398.39%。

2005年，全市新增生产性建筑18.76万平方米，年末实有生产性建筑面积576.31万平方米。

若干年份宁德市（地区）生产性建筑情况统计表

表6-9 单位：万平方米

项目 年份	建制镇		集镇		村庄	
	新增面积	实际面积	新增面积	实际面积	新增面积	实际面积
1993	6.50	111.20	13.38	60.33	6.38	247.37
2000	4.88	171.36	1.75	41.68	9.43	275.89
2005	11.35	218.58	1.38	50.00	6.03	307.73

说明：集镇生产性建筑实际面积1993年数据较2005年数据减少原因是集镇区划调整造成的

第三节 镇村住宅

1993年，全区建制镇实有住宅建筑面积729.61万平方米，人均居住面积11.4平方米；集镇实有住宅建筑面积329.07万平方米，人均居住面积12.16平方米；村庄实有住宅建筑面积5295.86万平方米，人均居住面积17.22平方米。1995年，全区确定抓好1000个奔小康村住宅建设，同时实施造福工程，有2150户农民迁入新居，农村人均居住面积达到全省中上水平。至1998年，宁德地区的村镇房屋建设通过8年的持续发展，累计投入20多亿元，新建房屋1856.98万平方米，其中住宅建筑面积1701.91万平方米，相当于1990年前村镇住宅建房总量的

1/3，村镇人均居住面积从1990年的11.31平方米提高到1998年的人均14.76平方米。

2000年，全区建制镇实有住宅建筑面积1078.75万平方米，人均居住面积14.57平方米；集镇实有住宅建筑面积375.04万平方米，人均居住面积15.08平方米；村庄实有住宅建筑面积5794.56万平方米，人均居住面积14.66平方米。

2001年，随着城镇化进程的不断推进，农村人口向城镇集聚，乡镇产业结构和空间结构的变迁初步显现，建制镇、集镇村镇住宅新建建筑仍呈上升趋势，村庄新建房屋建筑较上年减少12.7%。

2005年，全区建制镇实有住宅建筑面积1311.74万平方米，人均居住面积15平方米；集镇实有住宅建筑面积418.99万平方米，人均居住面积17.02平方米；村庄实有住宅建筑面积6076.60万平方米，人均居住面积15.44平方米。

第四节　村镇建设试点

一、试点镇分布

为发挥集镇典型和示范作用，1995年全区按部、省、地（市）、县四级选择沿海、山区等不同类型的18个乡镇、110个中心村作为建设试点，进行分层次、分类指导，以建制镇的水、电、路和农贸市场等建设为重点，在点头、溪美、睦里、阮洋中等新型村镇，实行统一规划，综合开发、配套建设。

1998年，宁德地区有地市级以上试点建制镇10个。其中，国家级试点镇2个，分别是福安赛岐镇、福鼎市店头镇；省级试点镇6个，分别是福鼎市秦屿镇、宁德市霍童镇、柘荣县富溪镇、周宁县李墩镇、古田县黄田镇、屏南县长桥镇；地级试点镇2个，分别是寿宁县南阳镇、霞浦县牙城镇。

2000年，宁德地委、行署出台《宁德地区行政公署批转地区建委关于进一步加快小城镇建设的实施意见的通知》，确定蕉城区霍童镇、飞鸾镇、漳湾镇、七都镇、洋中镇、八都镇、三都镇，福安市赛岐镇、甘棠镇、下白石镇、湾坞乡、穆阳镇、社口镇，福鼎市店头镇、秦屿镇、硖门乡、白琳镇、沙埕镇、龙安开发区，霞浦县牙城镇、盐田乡、三沙镇、溪南镇、下浒镇，柘荣县富溪镇，周宁县李墩镇，寿宁县南阳镇，古田县黄田镇、鹤塘镇，屏南县长桥镇等30个小城镇为市级试点镇。

2004年，宁德市新增古田县黄田镇、福安市穆阳镇、福鼎市白琳镇3个国家级试点镇。2005年，福鼎市秦屿镇被列入第二批省山区重点小城镇建设试点。

二、试点小城镇建设

福鼎市点头镇　点头镇域面积109平方千米，辖18个行政村。1993年镇区用地面积47公顷，人口0.8万人，实有道路6千米，公共绿地0.24公顷，日供水能力3000吨，用水普及率93.75%。1995年，成为国家建设部小城镇建设试点镇，福建省综合改革试点镇。1997年，镇区基础设施日臻完善，已开通程控电话，建成35千伏变电站和日供水2800吨的自来水厂，学校、金融、卫生等机构已成体系。1999年，投资460万元，完成江滨小区、裒山开发小区、闽浙边贸点头茶花市场的详细规划编制，完成裒山中路、长春街路面铺装，建成点头客货运停车场、综合市场和民贸住宅小区。2005年，镇区用地面积107公顷，人口1.76万人，镇区实有道路24千米，人均居住面积19.28平方米，日供水能力3600吨，用水普及率96.59%，绿化覆盖面积25.2公顷，人居公共绿地面积3.37平方米，公厕7座。

福安市赛岐镇　赛岐镇镇域面积26.7平方千米，辖19个行政村。1993年镇区用地面积146公顷，人口2.10万人，实有道路12千米，公共绿地0.24公顷，日供水能力0.5万吨，人均日生活用水56升。1996年，列入国家建设部小城镇建设试点镇。1998年，建成祥牛环岛、公交停车场和道路等建设。1999年，投入资金787万元，重点进行"一路一场一区"建设，即赛岐大桥至下浦路建成32米宽大道；钟山路公交客运场，面积6000多平方米；扬厝住宅小区，占地面积9.30公顷。2000年，赛岐镇被国家计委列入经济综合开发示范镇。2001年，被省政府列为经济发展重点镇。2003年，被列入宁德市经济发展十强镇，完成永安东路、永康南路等6条街道路面建设。2004年，赛岐镇已累计筹资6亿多元，建成日供水4万吨水厂1座，35千伏变电所2座，开通1.5万门程控电话，改造镇区电信管线，开通数字移动通信网络；完成赛岐港千吨杂货码头扩建，建成祥牛农贸市场、虹桥货运停车场和赛岐客运停车场；完成行政村道路硬化工程；新建第二中心小学、赛岐中学、苏阳中学和赛岐中心幼儿园，新建老年人活动中心，新建镇医院病房大楼，完成赛岐敬老院基础工程，建成烈士陵园烈士塔，鳌峰山、金钟山旅游景点等。2005年，镇区用地面积181公顷，人口2.99万人，实有道路26.8千米，公共绿地3公顷，日供水能力1.5万吨，人均日生活用水94升。

福鼎市白琳镇　地处福鼎中部沿海，位于福鼎城区和国家风景名胜区太姥山之间，镇域面积124平方千米，总人口4万人，是闽东工贸重镇，也是全省经济实力"百强乡镇"。1993年，镇区用地面积60公顷，人口1万人，实有道路5千米，公共绿地面积0.1公顷，日供水能力3000吨，用水普及率80.4%。1998—2002年，投入各项基础设施建设资金近1000万元。2002年，浙江大学城乡规划设计院对镇总体规划进行修编，规划区面积由原来的3.50平方千米拓展到7.80平方千米。2004年，被国家建设部列为全国小城镇建设试点镇。2005年，镇区用地面积112公顷，人口1.72万人，实有道路22.8千米，公共绿地面积1.29公顷，日供水能力6000吨，用水普及率98.81%。

三、试点村（小区）建设

1995年，全区确立110个中心村为地级建设试点建设村庄，将村镇住宅小区建设作为村镇建设发展的一项重点工作。2000年，福建省出台《福建省村镇住宅小区建设试点实施方案和管理办法（试行）》，促进省级村镇住宅小区建设试点工作。

1999年10月，霞浦县牙城镇渡头小区列入第二批省级村镇住宅小区建设试点。

2000年9月，福安市赛岐镇新世纪花园小区、蕉城区漳湾镇增坂小区、福安市下白石镇顶头小区、福鼎市秦屿镇秦川小区列入第三批省级村镇住宅小区建设试点。

2001年，各县（市、区）落实加快小城镇建设的一系列政策措施。霞浦县牙城镇渡头村编制规划，福安市顶头村、蕉城区漳湾镇增坂村完成新街建设，赛岐新世纪花园完成征地工作，江滨花园小区、秦屿秦川小区动工建设。其中，顶头村湖里小区建设进展最为显著，仅3个月便完成填土石方3.60万立方米，156个挖孔桩和100多米的下水道铺设，动工新建21幢住宅。同年

7月，福安市城阳乡凤翔小区、古田县鹤塘镇路上小区、柘荣县城郊乡文昌苑小区列入第四批省级村镇住宅小区建设试点。

2002年7月，寿宁县芹洋乡溪源小区、寿宁县芹洋乡洋墩小区列入第五批省级村镇住宅小区建设试点。

2003年5月，柘荣县城郊乡前山小区、屏南县古峰镇清水亭小区列入第六批省级村镇住宅小区建设试点。

2004年，根据宁德实际情况采取突出重点、分类指导，强化试点小区的示范带头作用。宁德市建设局综合分析全市11个省级村镇住宅小区的建设情况，确定6个小区作为当年村镇住宅试点小区的建设重点。其中柘荣县前山小区作为试点小区建设的重中之重，针对小区建设中的实际问题及困难，邀请省建设厅专家及市、县建设局技术人员进行现场指导，第一期工程用地面积1.53公顷，至年底已动工的79户小住宅中，有48户完成内外墙装修，53户入住新居，配套完成小区主要道路、给排水管道、电话、闭路电视等基础设施建设，成为宁德市首个省级村镇住宅优秀试点小区，实现全市村镇住宅小区建设上的突破。当年7月，福安市赛岐镇苏阳小区、福安市溪尾镇溪邳小区列入第七批省级村镇住宅小区建设试点。

2005年7月，霞浦县松港街道古岭下小区被列入第八批省级村镇住宅小区建设试点。是年，宁德市有7批15个村镇住宅小区被省建设厅列为省级村镇住宅小区建设试点。

2005年宁德市省级村镇住宅试点小区情况一览表

表6-10

试点名称	确认时间	批次	基本情况
霞浦县牙城镇渡头小区	1999.10	第二批	位于杨家溪景区的综合服务区，用地面积23亩。规划由浙江大学城乡规划设计研究院设计，2003由县村镇规划设计室对规划实施方案进行修改，工程建设尚未实施，2005年被取消试点资格
福安市赛岐镇新世纪花园小区	2000.9	第三批	位于镇中心区，用地面积9公顷。规划由宁德地区城乡规划设计室设计。小区为省山区试点小城镇项目，2001年省财政厅给予小区中心新世纪广场建设项目补助100万元。小区于2000年还被国家计委列入小城镇经济综合开发示范项目，国家计委2000年给予小区基础设施（主要为路网及配套水电）建设补助资金200万元，工程建设尚未实施，2005年被取消试点资格
蕉城区漳湾镇增坂小区	2000.9	第三批	位于漳湾镇增坂村，占地约6.66公顷，包括一条900米长主街和2处公园。规划由省村镇建设发展中心设计。小区动工以来已投入72万元进行基础设施建设，修建2个公园，铺设饮水管道、排污管道及架设闭路电视线路，电力线等基础设施建设，动工建设沿街住宅29幢，其中已封顶13幢
福安市下白石镇顶头小区	2000.9	第三批	位于福安市甘（棠）下（白石）线边，距国道109线9千米，用地面积6.16公顷。规划由重庆规划设计研究院厦门分院设计。小区于2000年8月动工建设，动工建设17户（独立式5幢，双联式12幢）
福鼎市秦屿镇秦川小区	2000.9	第三批	位于镇中心区，总用地面积约32.07公顷。该小区筹备以来因总体规划用地调整、征地等原因影响，一直未能动工。小区详规正在由中国城市建筑研究院福州分院编制中
福安市城阳乡凤翔小区	2001.7	第四批	小区位于福安城郊，毗邻秦溪洋工业园区。总建设面积6.31公顷，规划由福安市村镇规划设计室设计。因土地问题，暂未能启动
古田县鹤塘镇路上小区	2001.7	第四批	位于鹤塘镇区，用地面积5.89公顷。规划由省村镇建设发展中心设计，2002年10月底完成。已完成防洪堤及水、电、路配套，已有101户开始动工建设

续表 6-10

试点名称	确认时间	批次	基本情况
柘荣县城郊乡文昌苑小区	2001.7	第四批	位于柘荣县城郊，建设用地面积 7.47 公顷。规划由福建省泛华（福州）建筑工程有限公司（甲级）设计。小区于 2001 年动工建设以来，已投入 330 多万元，第一期工程 1、2、3、4 号楼已竣工，另 5、6 号楼已完成施工图设计工作，正在筹建中
寿宁县芹洋乡溪源小区	2002.7	第五批	用地面积 4.76 公顷，小区规划福州房管局建筑设计院设计。已完成场地平整及水、电、路建设，动工建设 6 户，其中 4 户完成外装修
寿宁县芹洋乡洋墩小区	2002.7	第五批	用地面积 10.85 公顷，小区规划福州房管局建筑设计院设计。完成场地平整工作及沿路一、二排住宅的孔桩建设
柘荣县城郊乡前山小区	2003.5	第六批	小区位于城乡接合部，小区规划由省村镇建设发展中心设计。小区总建设用地 3.60 公顷，已动工 1.53 公顷。已动工建设 79 户，有 48 户完成外装修。同时，还完成了路、给排水、电力、电讯等基础设施建设
屏南县古峰镇清水亭小区	2003.5	第六批	小区位于屏南县城郊，小区规划由省村镇建设发展中心设计。小区规划总用地面积 10.80 公顷，规划住户 133 户。工程建设尚未动工
福安市赛岐镇苏阳小区	2004.7	第七批	小区规划建设用地面积 6 公顷。小区规划由省村镇建设发展中心编制。已完成小区拆迁，完成部分土石方工程，处于征地阶段
福安市溪尾镇溪邳小区	2004.7	第七批	小区规划建设用地面积 3 公顷，规划居住户数 113 户，其中新建 70 户，保留原有住宅 43 户。小区是溪尾镇溪邳村连家船民上岸定居的造福工程。小区规划由省村镇建设发展中心编制
霞浦县古岭下小区	2005.7	第八批	完成新村规划编制

第五节 历史文化名镇名村

1999 年始，为了更好地保护、继承和发扬优秀建筑历史文化遗产，弘扬民族传统和地方特色，根据省政府授权，由省住房和城乡建设厅、文化厅组织开展第一批省级历史文化名镇名村申报命名工作。要求申报的镇（乡）、村不仅要保存有较为丰富、完好的历史文化遗迹、革命遗址或民族民俗特色景观，还要求文物古迹丰富并相对集中，且能较完整地体现出某一历史时期的传统风貌和地方特色。根据这一申报要求，全市积极开展申报工作。1993—2005 年，福安廉村、蕉城霍童镇陆续被公布为第一批省级历史文化名村、第二批省级历史文化名镇。

一、省级历史文化名村——廉村

位于福建省福安市溪潭镇的廉村，在穆阳溪中游西岸，是唐朝福建第一个进士薛令之的故乡，有着“八闽进士第一村”的美誉。村中有明清时期保留下来的古建筑。廉村在历史上人才辈出，村中保存有一门五进士的故居遗址。廉村得水陆交通之便，在南宋时是沟通闽东北和浙南的水陆枢纽和物资集散地。廉村外沿溪处尚有 2 座保存完好的明代古码头，宽约 3.5 米，鹅卵石铺砌而成。村中有长 500 米的明代古官道，中间用鹅卵石拼花、纵向平铺 3 条条石。官道两旁有明清时期的民居建筑 26 座，主要建筑有陈氏宗祠、陈氏支祠、后湖宫、妈祖庙等祠庙 4 座。村内有“聪明泉”、薛令之故居、薛令之读书处（灵谷草堂）、城堡建筑群、宋将陈最墓，明将刘中藻墓，康厝东山雪洞（刘子读书处）等历史遗迹。唐代的石狮，宋代的碑刻，明清时期建筑石雕和木雕造型古朴，雕镂精致的大型木屏风，是明清时期福建木雕工艺中的精品。1999 年 5 月，由福建省人民政府公布为第一批省级历史文化名村。

二、省级历史文化名镇——霍童镇

位于宁德市蕉城区西北部的霍童镇，为蕉城区文化、商贸、经济往来的中心城镇。域内古迹众多，有石桥山下村、邑坂村瓦窑岗以及芦坪岗三处石器时代遗址，省级文物保护单位隋代古水渠和引水隧洞，以及黄鞠古墓、霍林宫遗址、宫后垄遗址、唐代“霍童洞天”石碣、邑坂仙峰庵的摩崖石刻等唐宋时期的古迹。明清时期的古建筑有以清代建筑文昌阁、汪候亭和双峰书室等，霍童下街保存着较为完整的明清风格的民居街区。霍童镇还拥有丰富的传统民俗文化和传统民间工艺。民俗活动以农历二月二迎灯节闻名，其线狮、纸扎、高跷、铁枝的表演独具特色，其中尤以国家级非物质文化遗产线狮著名。历史上以“仁记”为代表的霍童剪刀驰名省城。有天然岩草（龙须草）手工编织的草席、八珍糕等特产。1997 年 9 月 24 日，霍童镇被省政府确定为省级小城镇建设试点镇。2003 年 1 月，由福建省人民政府公布为第二批省级历史文化名镇。

第四章 房屋建筑

第一节 经营体制改革

1993年，在“产权清晰、权责明确、政企分开、管理科学”的现代企业制度目标体制框架下，部分施工企业开始股份制改革。4月，宁德市建筑工程公司、宁德市市政工程公司和海滨房地产开发公司3家经济实体合并，组建有独立法人资格的宁德市建设工程总公司。6月，周宁县狮城建筑社改组成股份制企业。屏南县建筑公司推行“优化组合，全员聘任”深化企业内部改革，成立屏南县建设服务公司。

1994年，经省建委批准，霞浦县第二建筑工程公司实行“四自”（自主经营、自负盈亏、自我约束、自我发展）改革，率先成为全省9家集体建筑企业推行股份合作制试点单位，公司通过股份制改革，转换经营机制，扭亏为盈，实现产值650万元，比上年增长26%，实现税利25万元，比增13.6%，工程合格率100 %。

1998年，霞浦县建筑工程公司对5个分公司实行包工程质量、包工程验收、包回访保修、包施工安全、包工程进度、包工程预决算的“六包”改革，充分发挥职代会监督作用，增加企业民主管理透明度，全年完成施工产值820万元，上缴税利30万元，施工质量合格率100%。

1999年，宁德地区建筑企业以建立现代企业制度为目标，遵循“改制、改组、改造、改善”的原则，开展“转机制，练内功，抓管理，上水平，增效益”活动。在探索企业改革多种形式的同时，以企业产权改革为突破口，抓大放小，引导各种不同所有制、不同专业的施工企业，按照资本、技术联合的要求，推动骨干龙头企业和小型集体企业加大兼并、重组，改制为股份合作制企业或有限责任公司等相对规范的施工企业，以达到扩大规模，提高企业整体实力和市场竞争力的目的。当年，全市完成10%的建筑施工企业的改制改组任务。闽东安福建筑工程有限公司通过深化改制、改组工作，成为全区有实力的龙头骨干企业，带动区内小型企业拓展区外、省外市场。当年，全区有23家施工企业通过“改制、重组”股份制改造，合并为7家施工企业，其中5家晋升为二级企业资质，2家晋升为三级企业资质。霞浦县有13家施工企业走自愿联合，重组兼并的路子，组建2家相对规范的有限公司。

2002年，宁德市建筑企业在经营体制改革中，以资产为纽带，通过资产重组，优化人力、设备资源，提升企业资质等级。大部分四级乡镇企业3家或5家采取自愿原则，通过资产评估，买断乡镇企业产权，让公有资产退出中小建筑企业，划出部分净资产以法人股投入新组建的公司，并吸收职工和社会资金参股，优化人员组合，剥离安置部分人员，组建后的企业形成具有独立法人的股份制实体，严格按公司法规范管理。通过吸纳乡企项目经理和技术人员，建立新型劳动关系，稳定项目经理和职工队伍，建立“政企分开、权责明确”的企业法人治理结构。国有企业的改组改造，以资产为纽带合并集体企业，吸收社会资本，把国有独资企业转变为多种经济成分的国有控股有限责任公司。企业通过重组，兼并、合并、脱钩等多种形式做大做强，职工情绪稳定，达到控制总量、压缩规模、调整结构、扶优扶强的预期目标。宁德市117家建筑业企业，经过资质就位、重组兼并为64家，其中国有控股有限责任公司1家、国有企业1家、集体企业8家、有限责任公司46家、股份合作制企业8家。

2003年，全市建筑业企业改革步伐进一步加快，产业结构有所优化，公有资本比重和总量明显下降，公有成分从2000年的85%下降到40%。建筑业在完成企业重新分类、整合重组后，提升企业竞争力，效益逐渐显现。当年，全市系统内建筑业企业完成总产值16.27亿元，比增39.3%。改制后的企业实施“走出去”战略，积极拓展建筑市场，累计完成区外建筑业产值2.80亿元，比上年翻了一番。

2004年，是宁德市全面推进建筑企业改革改制工作的关键一年。按照“归属清晰、权责明确、保护严格、流转顺畅”的现代产权制度要求，制定下发《宁德市建筑业2003—2010年改革与发展总体规划》，明确改制总体目标，细化任务措施。宁德市政府及各县（市、区）政府相继成立改革领导小组，宁德市建设局设立建筑业企业改制办公室，建立改革改制情况月通报制度，定期了解各县（市、区）企业改制进展情况，及时发现并解决各企业在改革改制过程中存在的疑点难点，督促企业加大改制力度。深入企业调查研究，听取企业改制方案汇报，召开3场专题座谈会，交流改革成功经验和做法，指导企业遵循一企一策的原则，合理选择改制模式，确定合理的股权设置，鼓励经营层持大股，推动改革进展。当年，完成宁德红建、宁德六建、宁德市政、宁德建发、宁德三都建筑、古田五建、古田六建、古田大东、周宁二建、寿宁鸿达、寿宁二建、福安康华、福鼎太姥、福鼎鼎盛、屏南县建、屏南华鑫等16家企业改制，宁德二建等10家企业进入改革实质性操作阶段。省九建公司成立改制领导小组，制定改制方案。全市建筑施工企业总产值17.86亿元，比增9.8%；完成省外建筑业产值5亿元，比增78.57%。

2005年，加快建筑业改制步伐，按照“先易后难、分类指导、一企一策”的原则，落实各项改革改制工作。市建设局组织人员深入建筑企业调研，探讨建筑企业改制路子，帮助企业理顺改制过程中存在的问题，督促企业加大改制力度。当年，宁德三建、福鼎三建和古田凤埔等6家企业完成改制，11家企业完成资产评估、改制方案的制定等工作。在建筑经营体制改革中，通过联合、兼并、重组，促进存量资产向优势企业整合的思路，扩大企业规模，提高企业技术含量和竞争能力，架构龙头骨干企业。当年，全市完成建筑业总产值26亿元，比增45.6%。

第二节　勘察设计

一、资质与改制

1993年，宁德地区有勘察设计单位14家，其中乙级建筑设计单位1家为宁德地区建筑设计院，丙级勘察单位1家为闽东地质工程勘察处，丙级建筑设计单位5家为宁德市建筑设计院、宁德市城市建设建筑设计研究院、福鼎建筑设计院、福安市规划建筑设计院、古田县建筑设计室，丁级建筑设计单位7家为福建省第九建筑工程公司设计室、宁德市城市建设综合开发总公司房地产设计室、寿宁县建筑设计室、霞浦县建筑设计室、柘荣县建筑设计室、屏南县建筑设计室、周宁县建筑工程设计室。1997年，屏南县建筑设计室资质升为建筑设计丙级。

1998年，宁德地区行署所在地的5家建筑设计单位宁德地区建筑设计院、宁德市建筑设计院、宁德市城市建设建筑设计研究院、福建省第九建筑工程公司设计室、宁德市城市建设综合开发总公司房地产设计室合并，升级为建筑工程甲级设计资质，更名为福建省宁德地区建筑设计研究院。同年，闽东地质工程勘察处资质升为乙级。2000年，霞浦县建筑设计室资质升为丙级，更名为霞浦县建筑设计院；闽东地质工程勘察处更名为闽东地质工程勘察院。

2001年，宁德市按照建设部修订《工程勘察资质分级标准》《工程设计资质分级标准》，开展勘察设计单位资质换证工作。2002年，审查上报并取得资质换证的勘察设计单位8家；寿宁县建筑设计室升为丙级，更名为寿宁县建筑设计院。是年，宁德市的勘察设计体制改革处于调研准备阶段，福安市规划建筑设计室率先开展改制工作。2003年，闽东地质工程勘察院资质升为甲级，业务范围包括岩土工程勘察、测试监测检测、咨询、监理。

2004年，宁德市建筑设计院及福鼎、福安、古田等试点单位都成立改制工作小组，制订改制方案，有6家专项设计单位建立现代企业管理制度。是年，全市勘察设计评优活动中有21项作品（其中勘察4项）参评，评出3个一等奖、4个二等奖、4个三等奖和1个表扬奖。

2005年，柘荣县建筑设计室更名为柘荣县建筑设计院，资质升为丙级。是年，全市勘察甲级资质单位1家；建筑设计单位9家，其中甲级资质1家、丙级8家。是年，宁德市各县（市、区）成立勘察设计单位体制改革工作小组开展工作。市建设局组织设计单位技术骨干到三明考察学习改制成功经验，随后深入霞浦、寿宁等地进行调研、指导。屏南县建筑设计院改制方案经县政府批准，正式进行改制，另有4个县（市）已形成改制方案报政府审批。

附：宁德市建筑设计研究院

1953年组建设立，时名宁德地区建筑设计院，为地属设计单位，主要承担工业与民用建筑工程设计。1998年，宁德地区建筑设计院与宁德市建筑设计院、宁德市城市建设建筑设计研究院、福建省第九建筑工程公司设计室、宁德市城市建设综合开发总公司房地产设计室5家设计院（室）合并，升级为建筑工程甲级设计资质单位；2000年，更名为福建省宁德市建筑设计研究院，增补市政（给水排水、道路、桥梁）丙级设计资质。2005年，在岗职工65人，其中高、中级工程师30人，一级注册建筑师3人，一级注册结构师5人。专业配套有规划、建筑、结构、给排水、暖通、电气、室内设计、概预算等专业。装备有先进的电子计算机、绘图机、扫描仪、复印机等设备。曾获全国、省地各级设计竞赛奖、优秀设计奖、科技进步奖、科技发明奖，累计设计工程项目数近2000项，其中太姥邮苑、宁德宾馆获1999年度福建省优秀设计三等奖，宁德妇女儿童活动中心获2005年度福建省优秀设计三等奖。

二、施工图审查

2000年，《建设工程质量管理条例》颁布实施，规定建设单位应当将施工图设计文件报县级以上人民政府建设行政主管部门或者其他有关部门审查。同年，建设部印发《建筑工程施工图设计文件审查有关问题的指导意见》强调建设工程施工图设计文件审查作为建设工程必须进行的基本建设程序，明确施工图审查有关各方的责任和审查机构的设置及审查范围。2001 年，宁德市编委批复成立宁德市建筑工程施工图审查中心。

2002 年，建筑工程抗震设防严格按强制性条文规定执行，所有新、扩、改建工程抗震设防审查均纳入施工图审查中。全市完成施工图审查 112 项工程，总建筑面积 70 万平方米，发现违反强制性条文 1089 条。工程初步设计审查 131 项，建筑面积 121.59 万平方米，总投资 7.26 亿元；优化工程设计，节省工程投资，控制各项建设指标，纠正勘察设计违规现象。

2003 年，推行施工图审查制度和竣工验收备案制度。全年审查工程 129 项，总建筑面积 67.02 万平方米，总投资 4.74 亿元，纠正违反强制性规范条文 619 条，举办 2 期勘察设计人员培训班，116 个专业技术人员参加培训，培训内容主要是技术规范标准要求，统一勘察设计和施工图审查的内容和方式。

2004 年，全市完成施工图设计项目投资额 5.37 亿元，勘察设计总产值 3926.51 万元，比增 18%。勘察设计市场较为有序，未发现无证设计、挂靠设计、压级压价等严重违反市场管理的行为。宁德市 2 个图审机构审查项目数 160 项，总建筑面积 102.90 万平方米，总投资金额 4.39 亿元，查出并纠正违反强制性条文规定的有 519 条。

2005 年，全市加强对施工图审查机构的管理，所有审查项目做到报备，并结合省厅施工图质量检查，多次到图审机构检查，督促审查机构充实力量，进一步规范审查程序，严格查处错审、漏审行为。将 2 家施工图审查机构整合成 1 个单位，进一步充实力量，审查师人数基本达到省厅的标准要求。在建筑施工图审查中严把建筑节能强制性条文审查关，审查居住建筑工程 33 项，建筑面积 25.21 万平方米，查出并纠正违反建筑节能的强制性条文 35 条。当年，全市完成 154 个工程项目的施工图审查，建筑面积 125.83 万平方米，项目投资额 14.12 亿元，查出并纠正违反强制性条文 367 条。

第三节　施工安装

一、建筑企业

1993 年，宁德地区建设主管部门对建筑施工企业资质年检，采取“两票”（质量、安全）否决权制度，实行黄牌警告和降低资质处理。各县（市）建委设立资审小组开展建筑施工企业资质核审认定工作。当年，全区有建筑施工企业 127 家，其中二级施工企业为福建九建建筑工程有限公司 1 家，县（市）所在地的三级国有或集体所有施工企业 27 家，非等级私营乡镇施工企业 99 家。1997 年，宁德市建设工程总公司晋级二级施工企业。2000 年 11 月 2 日，宁德市建设部门规定，对持有原地区室内装饰装修管理办公室颁发的资质等级证书的室内装修企业在规定时限内换发建设行政主管部门印制的资质证书。当年，换证装饰企业 36 家，实现行业归口管理。2001 年，宁德市开展建筑业企业资质就位工作，成立资质就位办公室，组织各地建设行政主管部门领导、建管科（股）长及企业负责人参加省、市建筑业企业资质就位工作研讨会，执行《建筑业企业资质管理规定》和《建筑业企业资质等级标准》，使各地建设行政主管部门从事资质管理工作的人员和建筑业企业的主要负责人了解其内容，切实掌握新的规定和标准。同时采取对全市建筑业企业现状进行摸底调查与深入企业调研相结合的方式，摸清企业底数，研究分析存在问题，对企业分门列类予以指导，为企业申请资质顺利就位打下基础。2002 年，宁德市建筑业企业通过重组、兼并、合并、脱钩等多种形式开展结构调整就位工作，宁德市有建筑业企业 117 家，其中一级 2 家、二级 15 家、三级 28 家、四级 72 家；资质就位 64 家；房建 39 家，其中一级 1 家、二级 8 家、三级 30 家；市政三级 3 家；装饰装修 16 家，其中二级 3 家、三级 13 家；建筑防水、建筑智能化、金属门窗各 1 家；水暖电器安装各 1 家；模板安装一级 2 家。按承包形式有施工总承包企业三级 42 家，专业承包企业 19 家，劳务分包企业 3 家。2003 年，宁德市 2 家三级企业申报晋升二级企业，有 6 家企业申报兼营专业承包资质。引导宁德市资质未就位的 10 家原四级企业转向劳务分包或专业分包公司，组建劳务分包企业 3 家。当年，全市拥有建筑业企业 66 家（不包括外来驻闽东企业），均取得新资质等级。按国民经济行业分组有土木工程建筑业 39 家，线路、管道和设备安装业 2 家、装饰装修业 16 家。按经济类型分级有国有经济 2 家，集体经济 6 家，其他经济企业 58 家。2004 年，针对宁德市建筑业存在的总量少、等级低的问题，宁德市建设局立足于巩固资质就位成果，结合市场发展需求，优化资源配置，提升宁德市建筑业整体实力。企业资质等级逐渐优化，资质类别不断增多。当年有 3 家专业承包企业晋升一级资质，2 家企业晋升二级资质，新设立企业 8 家，申请资质增项 9 家，提高宁德市企业整体竞争力和市场占有率。当年，宁德市建筑业企业 80 家，其中总承包企业 49 家（一级企业 1 家、二级 14 家、三级 34 家），专业承包企业 24 家（一级 2 家、二级 2 家、三级 20 家），劳务分包 7 家。2005 年，2 家专业承包二级企业晋升为一级，4 家总承包三级企业晋升为二级企业，新设立企业 6 家。全市有资质等级的建筑企业 91 家，其中总承包企业 54 家（一级 2 家、二级 21 家、三级 31 家），专业承包企业 27 家（一级 2 家、二级 4 家、三级 21 家），劳务分包企业 10 家。“十五”期间，宁德市有 2 家企业由二级升为一级企业，7 家企业由三级升为二级企业，新设立的企业 25 家，资质增项的企业有 15 家，初步改变以往企业资质等级低、市场竞争能力弱的状况，逐步形成总承包、专业承包、劳务分包相配套，专业门类相对齐全的企业构成格局。

附：福建省第九建筑工程有限公司

福建省第九建筑工程有限公司建于 1951 年 11 月，为宁德市国有综合性建筑施工企业，国家一级施工总承包资质、获省级政府投资项目代建资格和境外工程承包经营权。

1998 年创省优工程，填补了闽东地区无省优住宅工程的空白，获福州三远佳园工程等 7 项省优质工程、14 项省用户满意工程、27 项市优质工程。企业内部质量管理小组获国家级优秀质量管理小组称号，6 项小组成果获省级及省级以上奖项，公司试验室获得 2 个省科技进步三等奖。

2001—2005 年度连续被评为“福建省守合同重信用企业”“福建省先进建筑业企业”，先后荣膺福建省工程建设质量管理优秀企业、实施卓越绩效模式先进企业、工程创优特别荣誉企业、经济社会突出贡献企业、推进先进质量管理优秀企业。公司职工 3000 余人，各类专业技术人员 300 多人，其中高、中级职称人员 100 多人，一级注册建造师 21 人，二级注册建造师 91 人，拥有各类机械设备 658 台。公司业务涉及房屋建筑施工、钢结构、装饰装修、市政公用工程、房地产开发等多个经营领域，在全国各地设有 20 多个分支机构，施工项目遍及福建、上海、山东、山西、海南、山西、西安等省市。

二、施工机械

20 世纪 90 年代，全区建筑机械化施工普遍使用自落式砼搅拌机、砂浆机、井字架升降机、推土机、铲车等机具。2000 年，整顿规范建筑安全防护用品的使用，在福安市红旗机械厂召开现场观摩会，推广使用双吊篮式升降机，逐步淘汰自制井字架升降机。2005 年，根据《2004 年建设部推广应用和限制禁止使用技术》要求，结合宁德市实际情况，对工艺落后施工危险性大的人工挖孔桩桩基技术做出禁止及限制使用的规定。2005 年，预拌商品混凝土逐步淘汰砼搅拌机，挖掘机开始在土石方工程、基槽、基坑、管沟的开挖中广泛使用，大型建筑工程使用人货升降机、塔吊，钢管脚手架普遍使用于高层建筑。

三、施工技术

1993 年，宁德地区建筑中 5 层及以下楼房多采用砖混结构（条石垒基，砌砖墙承重，造钢筋混凝土箍梁及楼面、屋顶），砖木结构楼房已停建；中高层建筑物中 6 ~ 9 层的大多采用钢筋混凝土框架技术。基础普遍采用钢筋混凝土板式条基柱下带形基础、十字交叉基础等技术；水泥浆砌毛条石基础技术只在一些低层建筑3 ~ 5层的楼房建筑采用；屋面多采用钢筋混凝土平屋顶，隔热层敷设反辐射涂层，达到实用、坚固，隔热的效果。新型的防水材料、硬聚氯乙烯水管、玻璃幕墙也逐渐在建筑中得到广泛应用。霞浦县新型建材总厂生产的 AAS 隔热防水涂料在上海举办的“全国首批房屋防水材料联展”评比中荣获“信得过产品”称号，SBS 橡胶改性沥青防水卷材获“1993 福建省青年科技成果博览会暨名优特新产品展销会”金奖，系列产品列入福建省“八五”期间建设科技重点推广项目和建设部全国水材料试点工程选用产品，并经中国三峡经济发展总公司严格筛选，成为三峡工程建设投资定向供应企业。

1996 年，推广硬聚氯乙烯塑料落水管及工艺，社会经济效益明显。1997 年，与省建筑科研所共同从国外引进无粘结预应力混凝土结构的先进建造工艺，进行研究试用，运用于霞浦一中新建教学综合楼春熙楼中跨度 14 米的阶梯教室，取得成功。

1998 年，在福鼎广电大楼、地区广电大厦等高层建筑中运用建设部“八五”期间重点推广项目的冷轧扭钢筋和工艺新技术、福建省开发的套筒直螺纹钢筋连接新技术，两项技术的应用节约 15% 的钢筋用量及大量的人工费用。同年，福安市红旗机械厂生产的内吊篮系列升降机，通过建设部、省建委的技术鉴定，由省建委在全省范围内推广使用，产品取代井字架升降机。

1999 年，霞浦县油毡厂通过引进北京建筑科学研究院全套专利生产设备和技术，生产的建筑防水防潮型 SBS 改性沥青防水卷材，被省建委发文向全省推广推荐使用。

2000 年，高层建筑日益增多，面临基坑开挖的边坡支护、基础防水、开挖施工程序和大体积混凝土的浇筑等技术难题。开挖支护的形式发展为支护桩、连续墙和各种形式的水平支撑相结合。桩基础多采用钻孔灌注桩，锚杆静压桩也有应用。高层建筑脚手架采用扣件式、碗扣式钢管架，竹木脚手架的使用逐年减少，以胶合板代替原有松木板，应用分层爬升、滑框倒模等工艺。各项技术的革新和混凝土搅拌、输送、浇捣的机械化以及外加剂的应用，使混凝土工程的施工工期大幅度缩短。

2003 年，宁德市制定实施《宁德城区禁止使用实心黏土砖的通知》和《宁德市预拌混凝土管理规定》文件，禁止使用实心黏土砖，推广实心黏土砖替代产品的开发，生产新型墙体材料企业从原有的3家发展到9家，年生产能力从3000万标块发展到18000万标块，重点建设工程项目推广使用散装水泥取得成效。

2004年，建成宁德海科散装水泥中转项目工程，在周宁电站等重点建设工程中推广使用散装水泥。积极扶持预拌混凝土搅拌站建设，宁德鑫亚预拌混凝土搅拌站于9月底试车投产，两条生产线年产40万立方米混凝土，可满足城区建设工程需要。同年，全市加强建设行业“五新”技术的推广应用，鼓励科技创新，重点扶持“五新”技术运用的典型企业以及塑钢门窗、屋面防水材料、建筑智能化设施、建筑设计软件等产品的生产经销企业，宣传企业产品的科技先进性，指导工程使用新技术、新材料、新工艺，以点带面推进全市“五新”技术的推广运用。推广使用项目包括复合井盖、隔墙板、环保型内墙水泥漆、衬塑铝合金给水管、松木胶合模板及细木工板、塑钢门窗等。其中，福建筑恒管业科技有限公司生产的衬塑铝合金复合管锥接式管路连接件，被作为福建省建设科技成果推广转化指南项目，在全省范围内推广。宁德万安科技开发有限公司生产的复合材料隔墙板被省建设厅列入《福建省建筑节能产品目录》。宁德市建工防水材料工程有限公司的水泥基渗透结晶型防水涂料产品通过省产品技术鉴定开始投产。

2005年，召开全市建筑节能及新材运用工作会议，贯彻落实国务院召开全国做好建设节约型社会近期重点工作电视电话会议和全省建筑节能工作座谈会会议精神，全面推动建筑节能工作的开展。落实《建设事业技术政策纲要》《2004年建设部推广应用和限制禁止使用技术》及《建设部建筑业十项新技术的运用》等技术政策及规程行业标准通告，转发各类通告标准18项。

第五章　城乡建设管理

第一节　机　构

一、宁德市建设局

1993年，宁德地区行署建设行政主管部门为宁德地区建设委员会，内设建委内设人事秘书科、计划财务科、建筑管理科、城市建设科、建筑材料科5个科室，环境保护委员会办公室、重点工程办公室、测绘管理办公室、散装水泥办公室4个办公室，均为行政机构。

1998年4月设立宁德地区城市规划局，地区建委规划科、测绘管理办公室划归地区规划局。

2001年，设立液化气管理站、宁德市建筑工程施工图审查中心。

2002年，根据《中共福建省委、福建省人民政府关于宁德市党政机构改革方案的通知》（闽委〔2001〕88号）和《中共宁德市委、宁德市人民政府关于宁德市市级党政机构改革的实施意见》（宁市委发〔2001〕22号），宁德市建设委员会更名为宁德市建设局，加挂“宁德市房地产管理局”牌子，内设办公室、人教科、计财科、城建科、建筑业科、技术科、法制科（新增设）和房地产业科（新增设），核定行政编制21名。市建设局主管全市建设行政管理的市政府工作部门，为正处级单位。贯彻实施国家和省的有关工程建设、城市建设、村镇建设、建筑业、住宅与房地产业、市政公用事业、勘察设计咨询业、建材业的方针、政策、法律、法规和规章以及相关的发展战略、产业政策、中长期发展规划，并指导检查督促实施；指导和管理全市建设行政执法、执法监督以及建设监察工作，进行行业管理。

2003年，设立建设行业生产操作人员技能鉴定站。

2004年，设立宁德市房地产管理中心、园林环卫管理中心、市政工程管理中心。宁德中心城市市区两级事权进行了划分，本着“财随事划，人随事走，物随人走，债随财产走，编制随人走”的原则，上收的机构有蕉城区房地产管理局、支提山风景名胜区管理处、公交公司、区城建档案馆。上收事权有房地产管理、园林绿化、风景名胜区建设与管理、环卫基础设施建设管理、城市主干道及红线宽度24米以上道路建设和管理、公共交通、城建档案。

二、宁德市城乡规划局

2001年，组建城乡规划局，将原建委的城乡规划职能划入规划局。2002年，根据《中共福建省委、福建省人民政府关于宁德市党政机构改革方案的通知》和《中共宁德市委、宁德市人民政府关于宁德市市级党政机构改革的实施意见》，宁德市城乡规划局内设办公室、规划技术管理科（挂“村镇规划管理科”）、建设用地规划管理科、建设工程规划管理科、市政工程规划管理科、法制科6个职能科室，机关行政编制16名（含纪检监察编制2名），其中局长1名、副局长2名，科级领导职数7名。

第二节 城建监察

1993年，全区各县（市）均设有城建监察大队，履行城市规划、市政工程设施、公用事业、市容环境卫生、园林绿化、房地产等工作的监察管理。1996年，宁德市清理市区个人违法占地建房3000多户，其中清结审批530多户，收缴各种税费近600万元。

1997年，宁德市分3个步骤对城区市容市貌、建筑工地、沿街排摊设点进行全面的整顿治理，对蕉城南北路沿街违章行为进行阻止教育和警告。治理工作从5月17日开始，集中对市区各主要路段的建筑工地、跨街横幅、广告宣传牌、店外店、排摊设点的行为清理整顿，暂扣跨街横幅28条，纠正店外店418个次，违章占道排摊171个次，纠正乱倒垃圾、泼污水88例，纠正行道树上乱挂衣物27例，收缴或销毁不规范违章摆放在道路上的招牌72个，拆除乱挂遮阳篷布47个，责令沿街施工工地整改13处，依法拆除违章搭盖工棚40平方米，拆除店外灶台9处，纠正乱堆放行为32例，清理乱堆放的沙石余土34处（70多立方米）、杂物9车。1998年，宁德市按照《城市市容标准》做到“堵疏”结合，开辟“夜市一条街”，规范“摆摊设点”的秩序。同年，宁德地区成立城建监察支队。1999年，宁德地区行署出台《关于进一步推动新绿亮洁，抓好治理脏乱差的紧急通知》和《开展治理脏乱差突击周活动的紧急通知》，宁德市实行分片包干，责任到人，对市容市貌、城市规划、市政工程以及工程文明施工进行整治，出动清障车102辆次，清运渣土、垃圾166处、531立方米，纠正违章摊点1274例，违章占道作业、违章堆放205次，店外店2040处，督促相关单位修复公用设施58处，处罚违章建筑66处，拆除不规范雨披和破旧遮阳棚508处，拆除破旧跨街广告、标语208条，纠正占道经营摊点9个。福鼎市清理占道经营260起，清除违章搭盖73起，制止未批先建157起，督促办理“一书两证”32户，拆除破旧灯箱广告68个，清洗乱贴广告475张，督促清运垃圾112车次。霞浦县查处违章建筑560多宗，督促办证411起，拆除违章建筑5家，查处损坏市政设施案件34宗，规范摊位570处，查处违章占道经营870处，清理建筑垃圾820立方米。福安市纠正和处理违章占道2000多起，清理小广告700多张，违章搭盖30多起，违法建设53起，申请法院执行23起。

2000年，依法拆除城区30多处违法建筑物，建筑面积300平方米，收回非法占地700多平方米。2002年，宁德市城建监察支队发出违章建筑通报3份，立案查处和纠正违章建筑113起，处罚34起，处罚金额约10万元，停建46起，拆除14起，面积1230平方米，违规破路6起。2003年，根据《宁德市区城市管理规定》制定实施《宁德市城市管理千分制量化考评办法》，形成《宁德市城建监察管理体制改革的基本思路及建议》。2004年，查处建闽房地产公司无资质开发案件和自来水公司、昌达公司、天达广告公司违规破路及宝信房地产公司楼层超高等8起案件，牵头解决污水处理厂的3户拆迁安置工作。

2005年，重点对城区市容环境卫生、市政设施和规划建设进行监察，落实“每日巡查、每周通报、一事一电话、项项抓反馈”制度，发出通报23份，责令限期整改和完成的内容及项目50多项，完成33项市容建设项目，查处东海房地产、天安房地产、华建房地产违反工程建设标准强制性条文、凯建房地产未将有关证明文件报送备案和市自来水公司、市中讯管道建设有限公司违规破路等10起案件，办理群众来信及政府督办件6件。

第三节　建筑业管理

一、工程项目招投标

1993—1995年，宁德地区部分国有投资项目，对报名参加工程项目招标投标的企业采取资格预审的办法，拟参加投标的企业或资格预审合格的投标企业，由建设主管部门或业主推荐参加工程项目投标。

1996年，全市开展建设工程项目执法监察，加大对招投标工作的监督与管理力度，不断扩大建设工程项目招投标面，提高工程项目招投标率，推行省建委颁布的《福建省建筑安装工程招投标书示范文本》，严格招投标管理。1997年，宁德市成立由建委、政府办、监察等单位组成招投标领导小组，出台《建设工程招投标须知》，加强招投标工作的领导，当年招标172项工程，建筑面积8600平方米，造价2600万元，宁德市所在地工程招投标率从30%上升到100%。1998年，全区建设工程招标率59.89%。

1999年，宁德地区行署出台《关于建立有形建筑市场、进一步加强工程招投标管理规定》的文件，设立宁德地区建设工程交易中心和宁德地区建设工程招标投标中心，负责管理有形建筑市场，建立健全规章制度。先后制定《工程招投标管理人员守则》《交易中心工作人员守则》《交易中心运作示意图》《工程招投标程序及日程安排》《建设工程招标文件范本》《建筑工程评标办法试行》《建设工程招投标廉政合同》《关于确定建设工程投标企业入围办法的通知》等一系列规章制度。地直、宁德市及东侨开发区的建设项目凡投资额在100万元以上的，均纳入地区有形建筑市场交易。福安、福鼎2个市也成立有形建筑市场，霞浦、古田、屏南、柘荣、周宁、寿宁6个县设立公布建设工程交易信息场所，把县（市）工程交易纳入有序管理轨道。为进一步规范招投标运作方式，建立评标专家库，取消工程招投标领导小组直接组织招投标工作，把原有的社会服务职能转移给具备相应条件的招标代理等社会中介组织。是年，在地区有形建筑市场公开交易的有25个项目，工程造价1.26亿元，建筑面积10.40万平方米，应公开招标工程的公开招标率77.3%。

2000年3月，宁德地委、行署出台《宁德地区行政公署关于印发〈宁德地区建设工程承发包管理暂行规定〉的通知》《宁德地区行政公署关于进一步建立和完善有形建筑市场的通知》。霞浦、福安、福鼎等县（市）成立建设工程交易中心。建立《关于实行工程项目承发包审议》等5项联席会议制度，明确政府行政主管部门的人员不能直接参与评标、定标等工程招标的具体操作，摆正管理监督位置，使监督管理和中介服务、专家评标各负其责，实现公平、公正、公开的原则。当年，全市50万元以上新开工建设项目164项，招标率达99.6%，比1999年提高1.6%；应公开招标发包122项，公开招标113项，公开招标率92.6%，比1999年提高15.3%。

2001年，全市发包工程项目（新开工建设项目）138项，累计合同金额4.66亿元。其中公开招标项目83项，累计合同金额2.25亿元，邀请招标项目50项，累计合同金额2.26亿元，直接发包项目5项，合同金额0.15亿元；招标项目工程涉及房屋市政工程、园林绿化、水利、交通、防洪工程等；全市应招标工程招标率和应公开工程招标率首次实现2个100%。

2002年，宁德市完成建设工程招标投标项目212项，累计投资额9.16亿元，比上年同期增加6.05亿元，直接增加建设工程招标投标项目74个，增加投资4.50亿元，中标价比标底价平均下降幅度约2.3%，节约投资0.21亿元。其中公开招标96项，中标合同价2.89亿元；邀请招标107项，直接发包9项，合同价0.22亿元。全年进入宁德市建设工程交易中心招标项目直接由市招标办监督管理项目达93项，累计投资5.43亿元。由9个县（市、区）建设局监督管理119项，累计投资3.73亿元。房屋建筑和市政基础设施施工招标率和应公开招标工程招标率均为100%。

2003年，出台《宁德市建设工程招标评标专家库管理暂行规定》，充实招标评标专家库，加强培训工作；强化对资格预审、评标办法、划分标段、专业项目单独发包、项目管理班子、标后跟踪监管的监督力度；规范招投标各方主体行为。工程招投标工作得到进一步规范，全年完成招投标项目206项，累计中标合同价10.73亿元，比增17%，建设工程项目招标率和应公开招标率均达到100%。

2004年，改革工程招标方式，推行经评审的最低价中标，全年有15项工程实施最低价中标，累计中标合同价8407.09万元，与控制价相比节省工程投资1627.18万元。

2005年，推行“提前介入，全程跟踪，有效监管，严厉纠查”的监督制度，重点加强对外来招标代理机构进入宁德市辖区承接代理业务的监督管理与报告登记；当年对36家外来招标代理机构进行登记，规范招投标行为的管理。补选各县（市、区）第三批（Ⅱ类）专家67名，全市评标（含省库）专家累计188名，对参与评标的专家开标前由市工程交易中心随机抽取，现场通知，严格保密和评标纪律。当年，全市完成房屋建筑和市政基础设施工程施工招标项目293项，累计中标合同价14.74亿元，与上年同期相比直接增加招标投标项目44项，增加中标合同价2.47亿元，比增20.15%，工程招标率和应公开招标工程实际公开招标率均达到100%。

二、工程造价管理

1993—1997年，造价站主要对本地区各类工程的人工、材料、施工机械和建筑工程配套设备的单项价格指数以及单项工程、建设项目综合指数进行测算、发布和管理，做到每季度发布一次，以适应建筑市场的变化情况。全区建筑工程预算定额先后执行“福建省建筑工程综合预算定额地区单位估价汇总表”1990版、1994版，工程造价管理执行“全国安装工程综合预算定额福建省建单位估价汇总表”1992版、1996版。1998年，全区建筑工程综合预算定额管理开始执行新编制的《福建省建筑工程综合预算定额》。

1999年，宁德地区建委对建筑市场工程造价进行调控，及时监督和检查预算定额、估算指标及工期定额的执行情况，解决新旧定额衔接的问题。对建设工程材料价格实行动态管理，组织编制及发布全区建筑、安装、市政工程材料价格的预算价格、信息价格及9县（市）的建筑工程材料预算价格和建筑工程直接费价格指数测算和发布，建立全区建筑市场材料价格信息联络网，每季度定期向省及各县（市）发布建筑材料价格信息。全年公布土建工程信息价2440项，安装工程主材信息预算价2830项，市政仿古主材信息预算价1884种。在制度建设方面，建立健全半年一度的9县（市）价格指数会审制度。

2000年，通过工程造价信息网，创办《闽东工程造价管理》季刊，定期发布各县（市、区）

主要建筑材料价格信息，大幅度增加信息量。

2001 年，调整工程类别划分和取费标准，均采用综合价格表现形式，并以综合单价法计价，调整定额人工单价标准，建筑装饰工程人工费从 36 元／工日调到 43 元／工日，其他从 24.60 元／工日调到 30 元／工日，使定额人工单价更加接近市场人工单价水平。

2002 年，宁德市全面推行综合单价法计价，改革传统的计价依据和计价办法，实施以综合单价为表现形式，量价分离，价格市场化为实质内容的重大改革。宁德市工程造价管理站全面执行新版建筑、安装、装饰、市政、园林绿化、修缮工程等 6 个专业消耗量定额及其综合单价表。当年，发行信息 2000 本，发行各种定额 1400 余套，为《宁德建设工程信息》作为全市建筑工程估算、概算、预算、决算以及经济案件仲裁提供依据。

2003 年，推进工程造价的计价改革，推行工程量计价规范，由政府宏观调控，企业自主报价，市场竞争形成价格的指导思想，要求全部使用国有资金或国有资金投资为主的大中型建设工程要严格执行《计价规范》的有关规定，统一分部分项工程项目名称、计量单位、工程量计算规则及项目编码，为建立统一建设市场和规范计价行为提供依据。改革旧的定额计价模式，以综合单价为表现形式，实行量价分离，价格市场化为实质内容的重大改革。当年，工程造价咨询单位脱钩改制工作全面完成。

2004 年，开通宁德建设工程造价信息网，为建设、设计、施工、中介、建材等企业及个人提供全方位的建设信息平台，提供文件、政策、定额、材料、工程、软件等工程信息资源，为项目的建设提供必要的决策依据。

2005 年，工程造价管理由“量价合一”的计划经济计价模式开始向“量价分离”的市场经济计价模式转变，在全市推广实施工程量清单计价模式成为年度重要工作。市建设局组织全市 400 多位工程造价从业人员开展《建设工程工程量清单计价规范》及 2005 年建筑、装饰装修、市政等专业工程消耗量定额交底学习培训，学习在工程造价计价模式改革方面的先进经验，开辟“工程量清单计价规范”专栏，建立工程造价咨询项目，网上报备制度，规范备案行为。同时强化造价资质管理，完成宁德市金土木工造价咨询公司和福建融盛造价咨询公司资质的初审工作。

三、工程质量监测

1993—1995 年，宁德地区质量监督部门每年进行常规性的工程质量监督检查，监督检查工程项目的合法性和建设各方主体的质量控制行为，监督检查建设工程实体质量，重点对地基基础、主体结构和涉及结构安全重要使用功能的关键部位，把好施工关键工序的质量关，做到监督项目有监督交底、有专人监督，有相互督查。1996 年，制定工程质量巡检制度，定期对在建工程质量进行巡回检查，发现问题及时发出整改通知书限期整改，并跟踪处理；对监督项目把好基础主体抽检、关键工序抽检、原材料抽检和质保资料核查等环节，把质量问题解决在施工过程中。

1998 年，宁德地区各县（市）及开发区，将 7 月 1 日以后竣工的住宅工程和在建房屋工程以及“九五”以来的县级以上科、教、文、卫、体等工程项目，列入工程质量检查范围。全区建设工程项目总数为 345 项，总建筑面积 124.89 万平方米，总投资 9.36 亿元。监测结果存在地质勘查质量和桩基础质量及城市基础设施市政工程管理等方面问题较多，如山区县（市）没有进行工程地质勘查，设计仅靠经验和参照其他建筑物进行，没有有效的质量控制。

1999 年，全区针对工程质量普遍存在的问题，制定相关制度和措施，把用户对工程质量的投诉与质量通病治理结合起来，做好投诉问题的解决处理，杜绝劣质工程流入社会。全年竣工工程 23 个，其中经核定为优良等级工程 4 个，优良率 17.4%(比 1998 年提高 5.4%)，优良面积 1.40 万平方米占 15.0%，核定为合格等级工程 19 个，占 82.65%、面积 7.94 万平方米。

2000 年，宁德地委、行署出台《中共宁德地委、宁德地区行政公署关于加强工程质量管理的若干意见》，完善企业自控、社会监督、政府监督的三级质量管理体系，在受理建设工程报监、实施建设工程质量监督、核检受监工程质量等级的工作主线上做到优化程序，提高效率，增强透明度。

2002 年 7 月，宁德市质监站采取监督小组负责日常监督检查和组织巡查相结合，明确监督人员的职责，对每个新开工的工程进行监督交底、制定工程质量监督计划，建立和完善工程质量监督检测管理制度；根据工程监督管理实际情况，补充制定《宁德市建设工程结构施工阶段质量监督管理规定》《隐蔽工程检查登记制度》《结构验收竣工验收通知制度》《检测不合格通知制度》等相关制度；建立宁德市建设工程质量监督管理站与建筑业管理科工作联席制度；将地基基础和主体结构作为工程监督的重点，发出质量整改通知 23 份并落实整改到位。

2003 年，全市受理监督工程项目 263 个，建筑面积 139.80 万平方米，工程总造价约 9.10 亿元，监督覆盖率平均 98.5%；发现结构质量隐患问题 385 起，装饰装修隐患 140 处，使用功能通病 166 处。

2004 年，把好工程开工前、施工过程中的监管和竣工验收监督等 3 个环节关，通过转变监管方式，采取日常监督检查和巡查相结合办法，重点对地基基础、主体结构、使用功能及各方质量行为的监督检查和模板安装、卫生间渗漏、填充墙顶裂缝等质量通病的专项治理；强化对涉及结构质量的重要部位和相关建筑材料的现场监督抽检，对钢筋保护层、楼板厚度、层面与卫生间渗漏水等进行现场测试，实行检测见证取样送样制度，控制见证检测在 30% 以上。

2005 年，全市受监工程 285 个项目、监督面积 143.50 万平方米，竣工验收 203 个项目，竣工面积 93 万平方米，监督检查发现质量隐患 390 起。

四、工程监理

1995 年，宁德市成立宁德地区工程建设监理公司，为地区建委下属国有事业单位，是宁德地区第一家监理单位。1997 年，建设工程监理进入全面推行阶段。1999 年，逐步放开监理市场，允许外来监理公司进入宁德地区参与工程监理项目招投标。

2001 年，宁德市注册工程建设监理企业 3 家，甲级、乙级、丙级各 1 家；外来监理企业 10 多家。为了规范工程监理市场秩序，确保工程质量安全，防止工程监理市场恶性竞争，相互压价，监理人员不在岗等现象，市建设局加强工程监理制度建设，推行监理项目招标制度，凡按国家规定收费标准监理费用达 50 万元以上的工程项目必须进入有形市场公开招标，择优选用监理单位；做好监理报备登记制度，工程项目在开工前，必须先办理工程监理报备登记制度，未办理报备登记项目，不得发放施工许可证。

2002 年，有监理单位资质 2 家，其中乙级 1 家，临时丙级 1 家。全年抽查监理项目 16 个，发现施工现场质量问题 20 处，监理内业技术资料存在问题 30 处，发出责令整改通知书 14 份。

2004 年，宁德市建设局为规范监理企业市场行为，组织对福安、福鼎、霞浦、寿宁、蕉城区、东侨开发区以及市直管的 14 个在建工程项目进行质量安全巡查，对 22 家监理企业市场行为进行专项检查，受检在建监理项目 28 个。根据检查情况，宁德市建设局对金港名都等 12 个项目的项目经理和总监给予通报批评并记不良记录1次，通报表扬严格履行监理职责的福建悦富华有限公司。

2005年，新增监理企业2家。

五、建筑市场管理

1993年，宁德地区全面放开建筑市场，在引进外来施工企业参与市场竞争的同时，引导本地建筑企业开拓区外市场，分别在黑龙江、山西、上海、福州、莆田等地承接施工项目，全区施工企业达到100家，完成施工产值2.17亿元，实现两年翻一番；竣工建筑面积22.3万平方米，全员产值1.37万元/人，比增40.2%。施工企业逐步由粗放经营向集约经营转化，由速度产值型向质量效益型转化，建筑经济模式也从单纯的计划经济模式向市场经济的方向发展。

1994年，地区建委和监察局联合开展年度工程质量检查，检查46幢竣工工程，优良率6.5%，合格率73.9%，不合格率19.6%。1995年，全区施工建筑面积110万平方米，完成产值2.8亿元，比上年增长24.4%；从业人员1.9万人；接受监督工程275项，建筑面积36.7万平方米；竣工工程225项，建筑面积27.86万平方米，其中优良工程8项。

1998年，全区建设主管部门以工程创优为目标，全面加强工程质量管理。全年核验竣工工程223个项目，优良率9.4%，合格率85%，不合格率5.6%，其中省优工程1个，地优工程8个。

1999年2月，宁德地区成立宁德地区工程质量检查领导小组，行署副专员担任组长，各县（市）成立领导小组，设立办公室和举报电话，对典型违法违规的行为按照法律法规严格进行查处。全区自查建设项目1990个，自查率100%。县（市）抽查1034个，地区抽查450个，查出隐患工程207个，责令拆除6个，补强加固23个，停止使用5个、观察使用14个，在建工程违反基本建设程序的32个。

2001年，全年收到各类投诉、举报件80件，涉及招标投标、工程质量安全、规划管理、房地产开发等。自查自纠326项，总投资9.10亿元，建筑面积128万平方米。在建工程各方主体自查中存在着违反法定建设程序、不执行工程建设强制性标准、存在工程质量安全隐患、招标投标违规等问题的项目148项。抽查在建项目228个，总投资7亿元，建筑面积97.90万平方米，发出整改通知书111份，罚没金额34.47万元。全市查处违法案件5起，分别是霞浦县牙城镇医院病房大楼工程质量安全问题、福安安波电器有限公司一号车间屋面坍塌事故、柘荣县建筑设计室越级设计、古田县黄田镇双坑5—7号区库周防护工程质量事故、古田县国税局办税大楼工程招标投标违规。

2002年，各县（市、区）普遍建立整顿和规范建筑市场秩序工作机构、制度、实施方案、责任制。抽查有形建筑市场和招投标中介机构各5家，建筑市场主体39家、施工企业13家、监理项目16项，检查发现违法违规行为128起，发出责令整改通知书34份，罚没金额23.60万元；组织开展房地产市场执法大检查，抽查房地产开发企业39家，房地产经纪中介服务企业2家、房地产评估机构2家，全年房地产市场整顿发放责令整改通知书107份，责令整改事项285处，发放处罚决定书74份，处罚金额98.80万元；解决群众举报投诉事项35起，主要涉及房地产企业更改规划，未经验收交付使用、延期交付使用、延期办理“两权证”、面积“短斤少两”、广告虚假、商品房存在质量安全隐患、拆迁安置不合理等问题。

2003年，各地将整顿和规范建筑市场秩序的重点由集中治理整顿逐步转向改进和加强日常的建筑市场监管。

2004年，受理建设工程招投标投诉（举报）件12起，协助宁德市高速公路指挥部与市计划发展委员会赴外地核查投诉各1起，完成省厅批转市局核查投诉件3起。组织对福安、福鼎、霞浦、寿宁、蕉城区、东侨开发区以及市直管的14个在建工程项目进行质量安全巡查，对22家监理企业市场行为进行专项检查，受检在建监理项目28个，重点检查施工现场的监理人员到岗情况以及履行监理职责情况，检查中对12个项目的项目经理和总监给予通报批评并记不良记录1次。

2005年，开展房地产市场专项整治，重点查处群众反映强烈的工程质量及房地产广告、合同等违规问题，对宁德市东海阳光嘉园等4个项目违法行为进行立案查处，处罚金44万元。调解信达豪庭、冠宏星等房地产开发项目的购房纠纷。对宁德市瑞丰、中大2个项目依法依规开展房屋拆迁行政裁决听证、质证、协调活动，解决长达5年而未能解决的拆迁赔偿问题。

六、施工安全管理

1993年，随着建筑业的快速发展，全区建筑施工伤亡事故有所增加，当年发生建筑施工伤亡事故四起，死亡4人。

1994年，地区建委下发《关于加强建设施工安全管理的几点意见》，制定有关安全生产责任制，建立以领导为首的分级负责安全生产保障体系，对本部门的安全生产负全面责任，在建筑施工企业开展以标准化为中心的安全达标活动。当年，地区建委组织施工企业进行安全年检，抽查24个施工企业，安全年检合格率70.8%；107个在建项目，安全生产达标率65.1%。

1995年，制定《关于加强建筑施工安全生产管理的实施办法》，进一步加强对建筑安全生产的管理。实行安全保证体系目标管理。施工现场必须有“一图五牌、一色标”，即施工单位及工程名称、工程概况牌、文明安全守则牌、门卫制度牌、职工守职牌和施工总平面布置图，标语牌设在工地醒目处，施工机械设备随机挂设岗位安全操作规程牌等。实施“安全”一票否决权，发生重大伤亡事故的单位，半年内不得承接工程业务。各县市建委与所属建筑企业签订安全生产责任状，确定全系统年内杜绝三级以上重大安全事故、重大火灾和爆炸事故，四级以上施工企业全部设立专职安全管理机构，按职工总数的一定比例配备专职安全管理人员等，要求现场安全达标合格率为100%。当年，建筑施工安全生产形势有所好转，事故起数、死亡人数同比下降50%。

1996年，建设部门督促施工企业设立安全机构，配备专职安全监督员，开展施工企业安全资质审查工作。1997年，执行“安全一票否决”对无安全资质证书的施工企业，不予参加工程项目投标，逐步建立起建筑安全生产市场准入和清出制度。1998年，加强工程施工现场检查与监督，将工程坍塌、高空坠落、施工现场临时用电等列为安全检查的重点。

1999年，各县（市）对162个在建项目的施工现场进行检查，查出隐患1116条，督促整改1013条，整改率90.8%，处罚15个单位工程、查处违章147人次。

2000年，宁德市建委出台《关于开展创建文明工地的意见》，要求施工现场封闭施工，沿四周连续设置不低于2米的砖墙，且应坚固稳定，并打底刷白题红字。施工现场进出口必须设置大门和企业标志，并应在脚手架外侧用绿色密目安全网封闭。加强明火作业管理，安全设施齐全有效，确保整洁卫生等。凡在宁德9个县（市、区）范围内的在建建筑工地，达到文明工地的企业及项目，给予奖励，对获得省级以上文明工地称号的企业，两年内无其他问题的，可直接入围参加工程投标。建立健全各种规章制度和考核制度，不断完善安全生产的奖罚机制，完成全区9家一、二级（包括三升二企业）的安全资质审核上报工作，以及三、四级企业安全资质和年检和审核发证工作。推广建筑工程意外伤害保险，将建筑施工意外伤害保险作为一项强制性险种。全市参保项目有39个，总投资26633万元，保险额约52.20万元。7月，地区建委组成安全领导小组，分两组对福安、福鼎、霞浦、柘荣、宁德5个县（市）进行安全生产大检查。各县（市）建委组织三期的季检或半年检，配合不定期的抽查方式，对企业的安全生产情况进行检查。对安全隐患责令整改，情节严重的停工整改并处罚款。全年，市建委组织安全检查3次，检查在建工程项目45个，建筑面积23562平方米，发出隐患整改通知书42份，隐患956条。

2001年，全市文明工地建设重点做好施工现场的整洁卫生，工地大门、围档（围墙）、道路、洗车台、排水、材料堆放、施工机械的使用、安全防护设施等，按《建筑施工安全检查标准》（JGJ59—99）进行设置和布置，保持现场整齐划一，每季度定期进行检查评比。设置保洁员，定期对现场场地进行保洁，强化建筑竖向井道全封闭施工管理和建筑垃圾的管理。加强明火作业管理，建立动火审批制度，严格动火审批手续，采取防火消防措施，在生产场所、工地住宿、仓库、配电房等部位严格按消防规定设置灭火器材，并保持完好的备用状态。对高层建筑物，随层做消防水源管道，用2寸立管、设加压泵、每层留有消防水源接口。是年，建筑系统开展安全生产专项整治出动检查435人次，执法检查76次，检查建设工地185个，查出隐患3246条处，整改反馈率85%以上；市安全站办理工程项目安全措施登记30项，建筑面积19万平方米，造价11545万元；新办理企业安全资质3家，安全资质年检74家。

2002年11月，出台《关于继续开展创建文明工地的意见》，将开展创建文明工地活动委托宁德市建筑业协会组织开展，并负责全区宁德市文明工地评审工作。全市全年组织3次建筑工程安全生产大检查，重点检查建筑施工安全执行工程建设强制性标准和施工安全专项治理情况，其中1次为学校教育设施建设质量安全专项检查，抽查57个在建工程，查出各类隐患272条（处），发出责令改正通知书45份，罚没款9.8万元。对存在隐患的在建工程项目进行跟踪，督促整改到位，对违反工程建设强制性标准条文的14家施工企业，进行严格处理和处罚。

2003年6月，结合“实施安全生产法，人人事事保安全”为主题的“安全生产月”活动，组织开展文明施工、模板、脚手架、井架和施工用电等安全生产专项治理。10月27日，古田县发生华港不锈带钢有限公司新建车间浇捣水泥平板坍塌事件，造成死亡3人的重大安全事故。11月，在古田县开展建筑安全大检查，立案2起，发出责令停工通知书13份，责令整改通知书14份。

2004年，制定实施《宁德市建设工程安全监督机构工作制度》，强化建筑施工关键环节的监督检查，加强工程项目施工安全的监理控制，坚持每季度召开一次全市安全生产形势分析会制度，对安全工作进行分析和布置。组织开展全市建设系统安全生产大检查与督查活动，抽查47个在建工程，检查出各类事故隐患293条（处），发出责令整改通知书39份。全市建筑业百亿元产值死亡人数控制在6人以内，事故率比上年下降66.7%。

2005年，制定实施《工程质量与安全生产联动监督检查制度》《建筑工地施工条件踏勘管理办法》等制度，开展建设系统安全生产大检查与督查活动，检查在建工程176个，查出各类事故隐患1235条（处），发出责令改正通知书139份。当年，全市未发生建筑施工三级以上（含三级）重大安全事故。是年，福鼎太姥山A幢工地被评定为市级文明建筑工地。

七、人员培训

1996年起，地区建委每年不定期举办项目经理培训班。2000年，市建委举办4期培训班，其中施工企业项目经理培训班 2 期，受训人员达 242 人，取得合格证 240 人；土建施工员中级岗位培训班 2 期，受训人员达 103 人，全部取得合格证书；水电施工员中级岗位培训班 1 期，受训人员达 89 人，全部取得合格证书。全年审查上报项目经理资质 168 位，并报省建设厅审批；二级项目经理 77 人，三级项目经理 80 人。2002 年，加强对施工现场的项目经理、施工员、安全员的教育培训，组织学习各类建筑安全技术标准、规范和《建筑施工安全检查标准实施指南》《建筑施工人员安全常识读本》等，办理建筑业企业“五大员”（施工员、质检员、安全员、材料员、预算员）证书 622 名；举办 3 期新版《质量验收统一标准》《砼结构工程验收规范》《强制性标准条文》《建筑材料见证取样人员岗位》等培训班，设计、施工、监理、建设等单位的技术管理人员 450 人参加培训学习。2003 年，开展建设行业生产操作人员职业技能鉴定工作，成立宁德市建设行业职业技能鉴定站和各县市 10 个鉴定点，举办建筑业从业人员培训班 18 期，参训人员达 2481 人次。2004 年，根据《福建省建设行业生产操作人员职业技能鉴定实施意见》和《关于加快建设行业生操作人员持证上岗制度的通知》的要求，开展宁德市建设行业职业技能考核认定工作，全市完成 1951 人考核认定与发证工作。组织举办 9 期《建设工程安全生产管理条例》和建筑施工安全强制性标准辅导学习培训，对施工管理人员进行年度安全教育培训，对监理人员进行安全生产知识培训，培训 850 多人。举办 3 期《福建省建筑工程文件管理规程》培训班，对质量监督人员、现场监理人员、施工企业技术经理、在建项目经理、项目技术负责人、资料员等进行培训，培训 200 多人。组织项目经理资格培训 100 人，监理人员岗前培训 100 人。2005 年，宣传贯彻居住建筑及公共建筑的建筑节能设计标准，举办 2 期培训班，有 82 个单位 183 人参加培训，培训人数居全省第三位。

第七编　环境保护

宁德地区1979年才开展环境管理工作，此后，各县也设立有相应机构担负环境保护工作。1983年10月，宁德地区基本建设委员会改称宁德地区城乡建设环境保护局（简称建设局），始增设环境保护科。1984年5月，环境保护科改为环境保护办公室。1985年后，主要根据《中华人民共和国环境保护法》及省人民政府的有关环境保护法规、条例、决议，结合地方实际情况开展环保工作，其范围有生态保护、环境污染状况调查、“三同时”（环境设施与主体工程同时设计、同时施工、同时投产使用）制度建设项目的审批以及“三废”的监测和处理，主要以治理工业废水、燃料废气、废渣和交通噪声为主，并取得一定成效。

1993—2005年，宁德市（地区）党政部门和领导重视环境保护与管理，环境保护部门先后多次制订环境建设与保护规划，执行严格的县级环境保护目标责任制。环境质量总体保持优良，河流水质达标率高于90%，古田溪水库水质总体较好，城市集中式生活饮用水水源地水质达标率高于95%。但随着城市人口的增加，生活污染逐渐成为部分河流的主要污染源，近岸海域水质氮磷营养盐污染逐年加重。城市环境空气首要污染物为可吸入颗粒物，酸雨污染较严重，城市噪音污染有加重趋势。

第一章 环境监测

第一节 大气环境质量监测

一、环境空气监测

1993—2005 年，对宁德市（地区）多点环境空气监测趋势显示，空气中的可吸入颗粒物数值逐年降低，氮氧化物数值略有下降、二氧化硫数值一度逐年降低。其间，由于位于福安湾坞的火电项目上马，空气中的可吸入颗粒物数值略有升高。

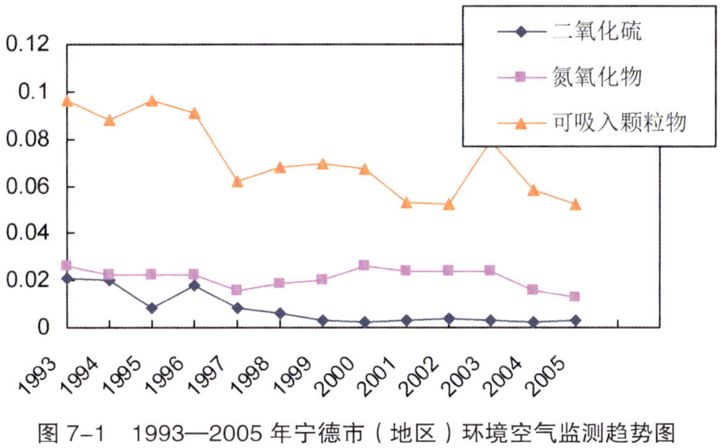

图 7-1 1993—2005 年宁德市（地区）环境空气监测趋势图

二、降尘监测

1993—2005 年，宁德大气降尘范围为 3.88 ~ 5.06 吨 / 平方千米·月，数值逐年攀升，显示尘类污染逐年加重。

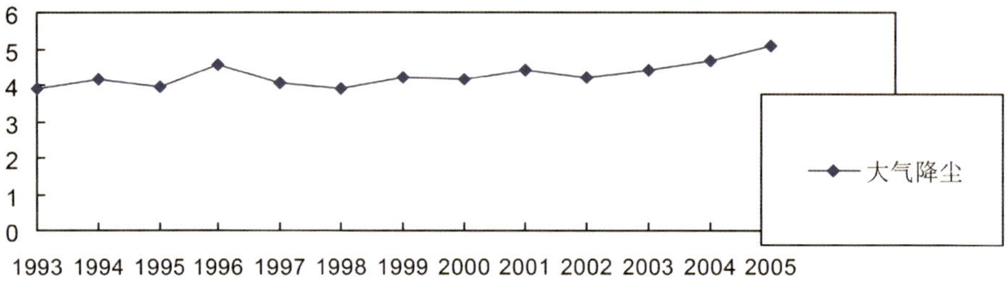

图 7-2　1993—2005 年宁德市（地区）大气降尘监测情况图

三、降水监测

1996 年起，宁德开展降水监测工作。至 2005 年，其降水 pH 年均值在 4.53 ~ 5.12 之间，年年酸雨。1999 年年酸雨率最低 39.5%、2005 年年酸雨率最高 88.3%。

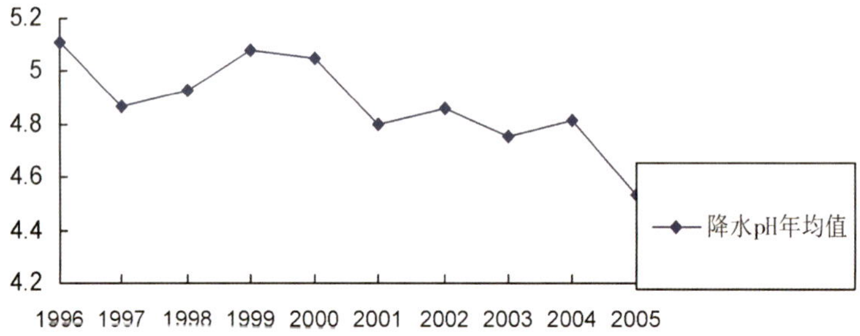

图 7-3　1993—2005 年宁德市（地区）降水 pH 监测趋势图

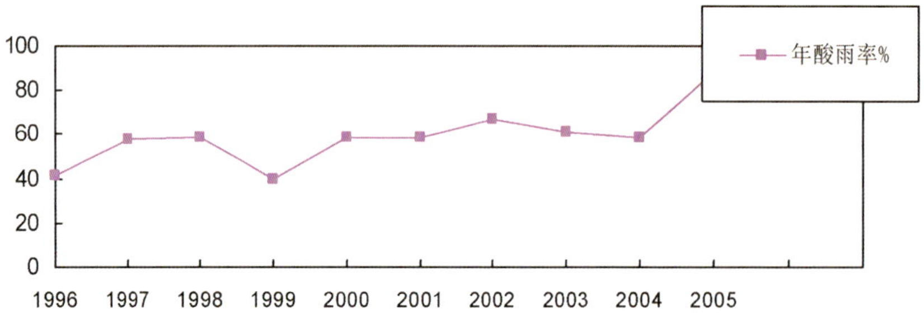

图 7-4　1993—2005 年宁德市（地区）降水酸雨率监测趋势图

第二节　水环境质量监测

一、溪流水质监测

从 1993 年起，区内流域面积在 500 平方千米以上的河流交溪、霍童溪布设 5 个断面，进行 18 项环境指标的监测。结果表明，100% 的断面达到地面水Ⅲ类水质要求，水质状况良好。但内河金溪下游断面尤其是东湖塘断面主要污染指标为化学耗氧量、生化需氧量等。由于闽东造纸厂等污染源的停产，中游兰田断面水质明显好转，从Ⅲ类水质上升为Ⅱ类；下游东湖塘断面从 1993 年Ⅳ类水质上升至 1998 年的Ⅲ类水质。至 2005 年，两流域生活垃圾、生活污水对河流所造成的污染有增加趋势。

与此同时对交溪、霍童溪、金溪三条水系干流进行18项常规项目监测，结果表明符合《地面水环境质量标准》（GB3828—88）中的Ⅱ类水质断面占88.9%，水质状况良好，河流水质总体较1996年有所改善。各水系以有机污染为主。宁德金溪的东湖塘断面高锰酸盐指数年平均值为7.56毫克/升，超过Ⅲ类标准。1998年交溪、霍童溪各布设4个和2个断面，进行18项水源水质指标的监测，结果表明有上述6个断面达到国家地面水环境质量Ⅱ类水质标准，水质状况良好，是全省水质最好的两条河流。

2000年，交溪4个断面水质均符合《地表水环境质量标准》（GZB1-1999）Ⅱ类标准，水质状况良好。霍童溪两个断面水质也均符合地表水环境质量Ⅱ类标准，水质状况良好。2001年，交溪、霍童溪和境内闽江各断面水质保持在地表水环境质量Ⅱ类标准以上。

2002年，交溪各监测断面100%达到地表水环境质量Ⅲ类标准，霍童溪和古田溪各断面水质100%达到Ⅱ类标准以上。2004年，境内主要河流交溪、霍童溪、古田溪各断面水质状况优良，达标率较上一年度有所提升，霍童溪水质常年为全省最好。

2005年，境内主要河流交溪、霍童溪，闽江黄田段、古田溪等各断面水质状况优良，按功能区达标率100%（粪大肠菌群不参与评价）。

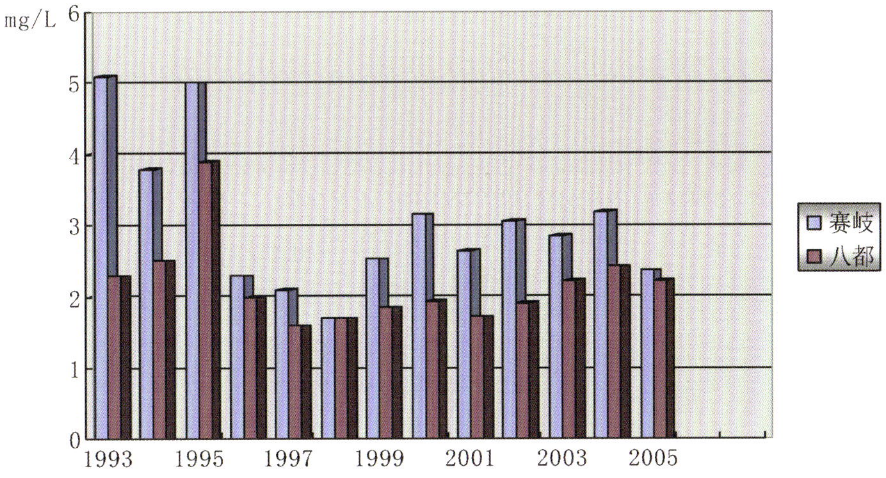

图7-5 1993—2005年宁德市（地区）主要河流入海口断面高锰酸盐指数变化图

二、城区内河水质监测

城区内河以有机物污染为主，五里亭、东湖塘断面高锰酸盐指数分别为7.44毫克/升、6.48毫克/升，均超过Ⅲ类标准。1998年金溪兰田断面水质符合地面水Ⅱ类标准，水质状况良好，主要是由于上游企业的排污量减少。东湖塘断面水质不符合地面水Ⅲ类标准、主要污染指标为总磷和高锰酸盐指数。

2000年，金溪兰田断面水质符合地表水环境质量Ⅱ类标准。2001—2005年均符合地表水Ⅲ类标准。东湖塘断面水质高锰酸盐指数、五日生化需氧量、氨氮符合地表水环境质量Ⅳ—Ⅴ类标准。

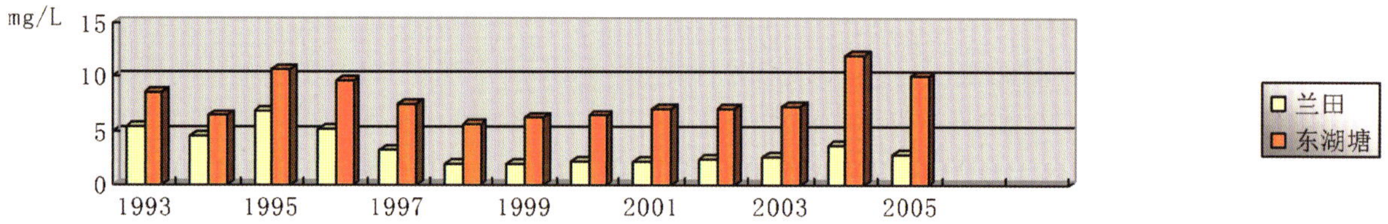

图 7-6　1993—2005 年宁德市（地区）内河断面高锰酸盐指数变化图

三、古田水库水质监测

1993 年起开始布点监测古田水库，结果显示水质历年均达到Ⅱ类水质要求。1997 年开展 19 个项目常规监测。1998 年布设 3 个监测点，所有监测指标全部达到地面水Ⅱ类水质标准，水质状况良好。

至 2005 年，古田水库除总磷项目超过地表水Ⅲ类标准，其余项目均符合地表水Ⅱ类标准，但主要污染物指标（高锰酸盐指数）呈上升趋势。

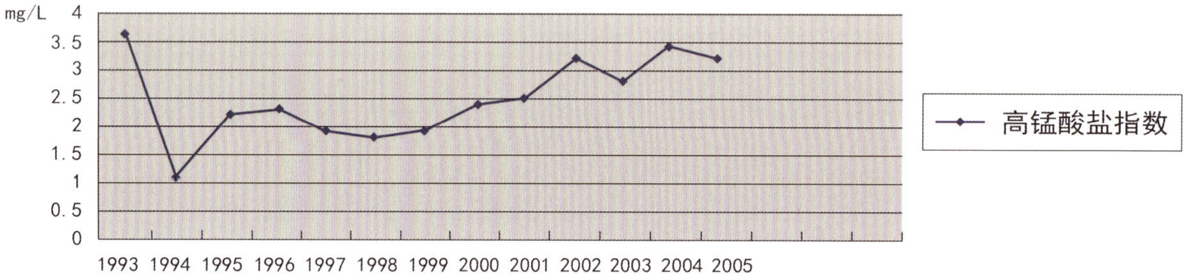

图 7-7　1993—2005 年古田水库高锰酸盐指数变化图

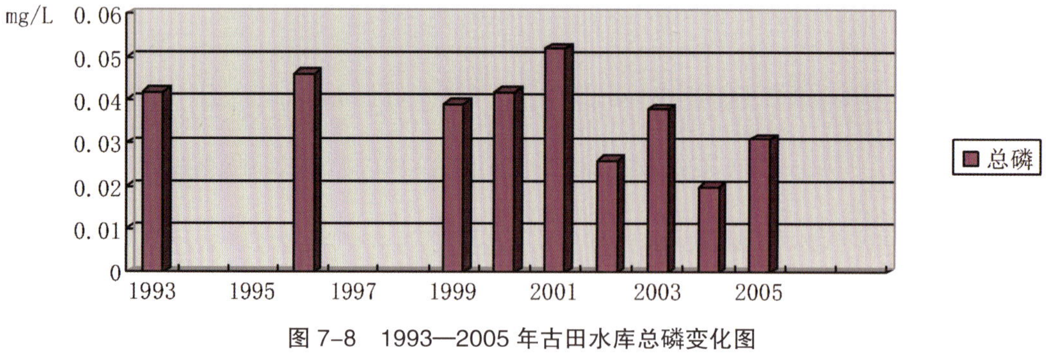

图 7-8　1993—2005 年古田水库总磷变化图

四、饮用水水质监测

1993—1998 年，全区 9 县（市）饮用水源水质 14 个必测项目基本达到Ⅱ类水质要求，符合饮用水功能要求。1998 年宁德市自来水一厂和二厂水源水质 14 个项目均符合国家地面水Ⅱ类标准，符合饮用水源水质要求。

2000 年，宁德自来水一厂、二厂水源水质 14 个监测项目均符合地表水环境质量Ⅱ类标准，符合集中式生活饮用水水源地一级保护区要求。闽江黄田断面、古田溪宝湖断面均符合地表水环境质量Ⅱ类标准。

2003年，各县（市、区）认真落实市政府组织开展的餐桌污染治理任务，切实保护饮用水水源，经常开展饮用水源保护区检查，禁止在保护区内设置排污口，建设有污染的企业，确保饮用水源水质达标率100%。福安市、福鼎市完成饮用水源保护区的调整划定工作，并通过省政府的批准。古田县、霞浦县等6个县也完成饮用水源保护区划定，上报省政府。

2005年，各县（市、区）饮用水源水质达标率100%。

五、沿海近海海水水质监测

1997年三都湾无机氮年均值0.197毫克/升，超过国家一类海水标准（GB3097—82），但仍符合二类标准。沙埕港无机氮0.334毫克/升，超过三类标准，无机氮污染较严重。与全省其他近岸海域相同，海水氮、磷营养盐污染有逐年加重趋势。

1998年，宁德地区环保局对区内近岸海域沙埕港、三沙湾港的6个监测站位水质除无机氨和无机磷外，11项指标均符合国家海水一类标准。但无机氨含量呈上升趋势，活性磷酸盐含量较稳定、达到二类海水水质标准。与上年相比，近岸海域水质变化不大，主要污染指标是无机氮和无机磷。水质监测结果表明，三都湾4个测站全部符合国家《海水水质标准》（GB3097—1997）二类海水标准；无机磷超一类海水占100%，无机氮超一类海水占50%。福鼎市沙埕港2个测站，其中南镇测站为二类海水、罗唇测站为三类海水。

2000年，沙埕港罗唇为三类水质，南镇为二类水质，主要污染指标为无机氮、活性磷酸盐。三都湾三个站位海水为二类水质。主要污染指标仍为活性磷酸盐、无机氮。

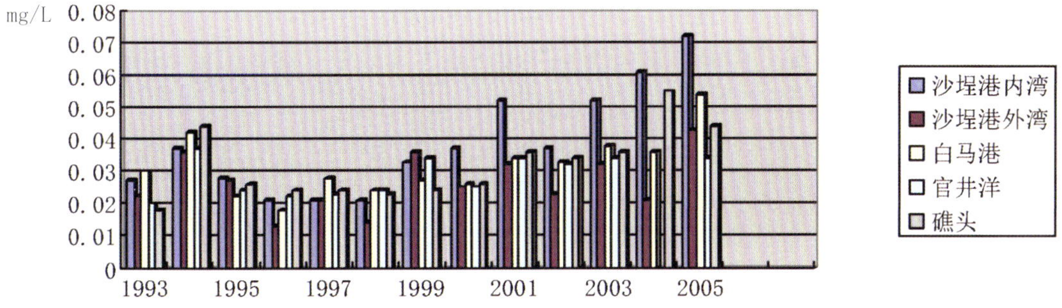

图7-9 1993——2005年宁德市（地区）近岸海域活性磷酸盐变化图

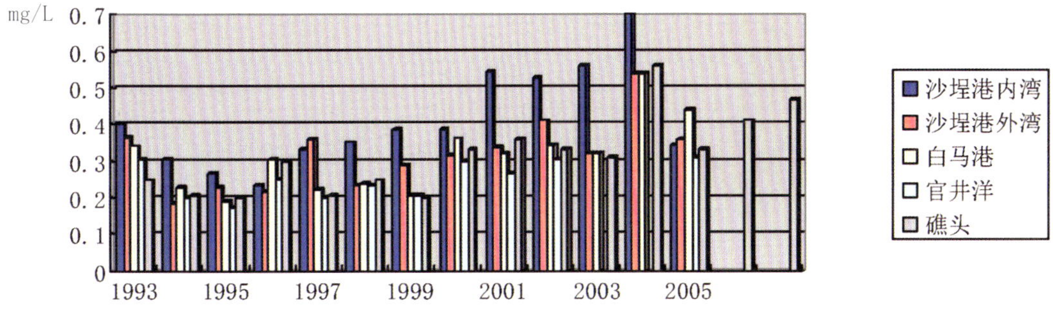

图7-10 1993—2005年宁德市（地区）近岸海域无机氮变化图

第三节 声环境质量监测

一、城区噪声监测

1997年，宁德地区环保局开始区内声环境质量监测，当年测得宁德城区环境噪声56.6dB，超过区域环境噪声二类标准，但比全省均值低0.5dB。从环境噪声源看，社会生活噪声和交通噪声为主要污染声源。其中交通噪声72.7dB，在全省9地市中比南平、莆田低，噪声波动不大，基本稳定在72.7dB（A）；区域环境噪声在55～57dB（A），但超过国家环境噪声标准。产生污染的声源除交通噪声外，还有施工和社会生活噪声。

1998年，宁德城区区域环境噪声57.4dB（A），比上年下降1.9dB（A）。产生污染的主要声源仍为交通噪声以及施工和社会生活噪声，其中道路交通噪声73.1dB（A），比上年上升0.4dB（A）。

2000年，宁德市区环境噪声监测网格105个，平均等效声级61.4dB，高于国家标准6.4dB；交通干线噪声平均等效声级72.6dB，高于国家标准2.6dB；功能区昼夜噪声生活区为55.6dB，交通干线两侧为72.1dB。2001年，区域环境噪声比上一年度下降3.4dB，交通干线噪声下降3.7dB。

2002年，全年噪声污染有所反弹，环境噪声60.0dB，比上年上升2dB；道路交通干线噪声74.1dB，比上年上升5.4dB。

2004年，城市区域噪声和交通干线噪声有所下降，各类功能区噪声达标率较上一年度明显提高。

2005年，全市城市区域环境噪声平均值54.2dB，与上年相比下降2.7dB，按功能区达标率比上年明显提高；交通干线噪声平均值70.6dB，比上年下降1.3dB。

1993—2005年，宁德市建成区区域环境噪声，分别为最小53.3dB，最大61.8dB。随着噪声监管力度的增加，区域环境噪声有所下降，居民生活声环境有所改善。

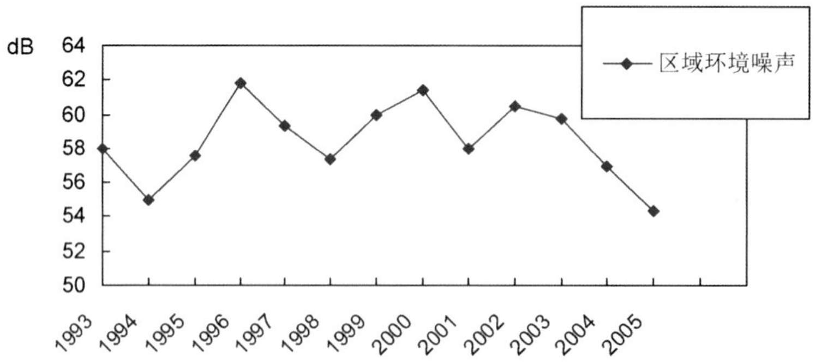

图7-11　1993—2005年宁德市（地区）区域环境噪声监测趋势图

二、道路交通干线噪声监测

1993—2005年，宁德道路交通干线噪声监测（1996年未监测）显示，噪声值最高74.1dB，最低68.7dB。除1998年和2001年交通噪声符合国家标准70dB，其他年份交通噪声均超标。此间，车流量总体呈上升趋势，而交通噪值总体反呈下降良好趋势，主要原因是道路干线拓宽和新建，路况改善、绿化率提高。

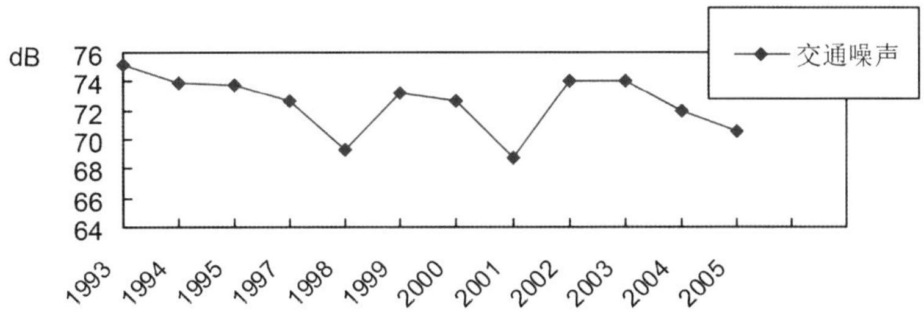

图 7-12　1993—2005 年宁德市（地区）道路交通干线噪声监测趋势图

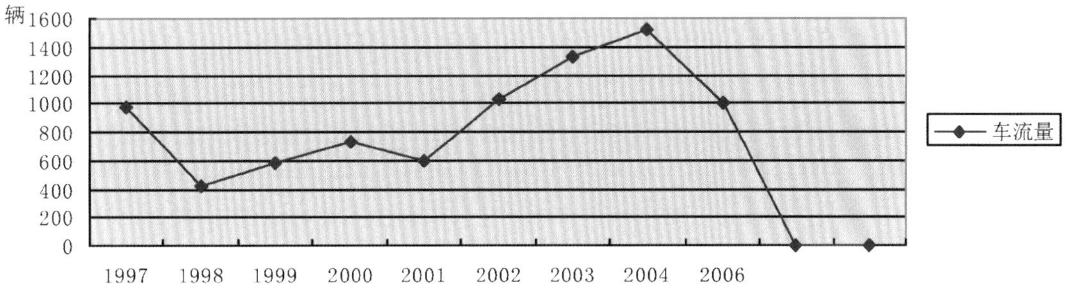

图 7-13　1997—2005 年宁德市（地区）道路交通干线车流量监测趋势图

第二章　环境污染防治

第一节　大气污染防治

从 1992 年开始，全区实施城市（县城）环境综合整治考核、创建无黑烟控制区，福鼎、古田、寿宁、周宁 4 个县（市）完成 4 个总面积 4.28 平方千米的无黑烟控制区建设，各县（市）人民政府制定规范性文件，对无黑烟区的管理作出具体规定。至 1993 年，宁德城区二氧化硫、氮氧化物、总悬浮颗粒物年日均值各为 21μg/m^3（微克 / 立方米）、20μg/m^3、0.16mg/m^3（毫克 / 立方米）。

1993—1998 年，全区工业大气污染排放得到有效控制。其间，治理废气项目 53 个，新增废气处理装置 55 个、新增废气处理量约 7 亿标立方米 / 年，累计大气污染物削减量 1460 吨，完成投资 522 万元；1998 年，工业废气排放总量为 6.82 亿标立方米，比 1992 年削减 3.44 亿标立方米、削减率达 33.5%；建成烟尘控制区 20 个、面积 48.77 平方千米，治理锅炉 31 台、窑炉 5 台，完成投资 302.80 万元。同时，工业和民用燃煤逐年减少，使用液化气普及率逐年提高。当年，宁德城区二氧化硫、氮氧化物、总悬浮颗粒物年日均值各为 0.006μg/ m^3、0.018μg/ m^3、0.11mg/m^3，较 1993 年有较大下降，均达到国家二级标准，降尘年月均值为 3.88 吨 / 平方千米，比上年减少 36%；硫酸盐化速率年日均值为 0.09mg/100m^2 碱片，比上年上升 50%，但两项指标均符合全省统一推荐标准。酸雨污染较为普遍，降水 pH 值范围在 3.55 ~ 6.90 之间，出现频率为 55.5%，与历年指标基本类似。宁德市（今蕉城区）大气质量综合指数（以二氧化硫、氮氧化物、总悬浮颗粒物、降尘 4 项计）为 0.42，为全省大气质量最清洁的城市之一。大气污染物的污染负荷系数大小依次为降尘 32.30% ＞总悬浮颗粒物 32.2% ＞氮氧化物 25.8% ＞二氧化硫 9.70%。在各项污染物中，降尘和总悬浮颗粒物负荷系数值各达 64.50%。全区大气环境质量的主要污染物是尘类，与全省其他城市基本相同。

1999 年，全区通过处理古田银耳熏黄事件，解决生产熏黄污染大气问题。与公安、交警部门配合，共同抓汽车尾气综合整治工作，11 月开始实施汽车进场年检。2000 年，宁德城区空气中，二氧化硫、二氧化氮、总悬浮颗粒物的样品数分别有 293、295、126 个，各项目日平均值分别为 0.002μg/m^3、0.026μg/m^3、0.11mg/m^3，二氧化硫、二氧化氮含量分别比上年下降 33.3%、13.3%，总悬浮颗粒物与上年基本持平。其中二氧化硫、二氧化氮均符合国家《环境空气质量标准》（GB 3095—1996）一级标准，总悬浮颗粒物符合二级标准，总悬浮颗粒物为主要污染物。城区降尘量年月均值为 4.13 吨 / 平方千米，硫酸盐化速率年日均值为

0.08mg $SO_3/100m^2$ 碱片，分别优于省、国家推荐标准。当年采集降水 127 个，pH 均值为 5.05，酸雨出现频率为 58.3%、比上年上升 19 个百分点。

2001 年，宁德市区大气环境质量继续控制在优良等级，其中二氧化硫、二氧化氮、可吸入颗粒物分别为 0.004 $\mu g/m^3$、0.002 $\mu g/m^3$、0.06mg/m^3，均优于环境空气质量二级标准。

2003 年，全市加强城市空气质量保护工作，开展医院、宾馆锅炉改造，市区内的燃煤锅炉全部改为燃油锅炉，市区内的烟囱基本实现达标排放，确保城市空气质量保持在优良等级。至 2004 年，城市空气质量优于国家Ⅱ级标准；API 指数全年平均值为 52，其中Ⅰ级天数占 51%、Ⅱ级天数占 49%，环境空气质量为全省最优；城市集中式饮用水达标率为 100%。

2005 年，宁德市环保局加强城市环境综合整治工作。全市根据建成区面积不断扩大的情况，建成的烟尘控制区由原来 4.28 平方千米扩大至 12 平方千米。监测结果显示城区空气污染 API 指数平均值为 52，空气质量状况为良，其中Ⅰ级天数占 40%、Ⅱ级天数占 60%。

第二节　水污染防治

1993 年，全区对拆船等重点水污染企业开展整改工作，要求拆船业在发展的同时，注意保护海洋环境。1994 年，对福安市 6 个沿海乡镇潜在污染海洋的造船拆修业进一步加强管理，以确保最低程度对海洋及周边环境的污染。

1995 年，闽东造纸厂改变工艺引进废纸化浆造纸，在一定程度上减轻对金溪的污染。全区将 63 家有较严重污染源的企业迁出城区，福安、福鼎市取缔 12 家小电镀厂。1996 年，对建在闽江流域旁的古田抗生素厂和造纸厂的废水治理进行专项整治，并完成 8 个重点治理项目。同时，组织开展对石材行业污染情况调研，针对福安社口石材加工企业作业点多、布局分散的状况，采取集中生产、集中治理。福鼎市取缔位于水源上游的石板材加工企业，关闭设在叠石的库口开发区、搬迁铸造厂等污染企业。

1997 年，根据《国务院关于环境保护若干问题的决定》的要求，各县（市）认真开展对污染源治理，全区关闭 41 家污染严重的小企业。地区关闭闽东造纸厂并责成三都澳啤酒厂停产、场地改造为水果批发市场。全部取缔设在饮用水源上游的碎石加工点和石板材厂。福鼎市强制搬迁饮用水源上游的 2 家石板材厂和城关周边的 30 多家小壳灰窑。古田县开展闽江流域水环境综合整治工作，并通过省政府闽江流域水环境综合整治组检查验收。屏南县取缔整改不到位的长桥镇造纸厂，并责成县、镇政府做出严肃处理。

1998 年，全区各县（市）均设立饮用水源保护区，并加大执法力度，使饮用水源得到较好保护；严格控制兴办石板材加工、造纸、电镀、制革等污染严重的小企业。古田抗生素厂完成生产污水处理设施建设，并投入运行。全区把石材业的治理整顿列为重点项目，采取取缔、整改、搬迁、集中控制等多种办法较好地处理污染问题。交溪流域穆阳溪沿岸的 43 家石板材厂 109 台锯、4 个石制品厂和交溪干流东口村 94 家石板材厂、138 台锯，全部落实污染防治措施，验收不达标的坚决予以取缔。至年底，全区建成工业水污染物治理项目 172 个、新增年废水处理量 741.54 万吨，减少水污染物排放量 2.74 万吨，完成投资 635.20 万元。全区工业废水排放总量 706.39 万吨，比 1992 年削减 428.95 万吨，削减率 37.8%，工业废水处理率、工业废水排放达标率均有较大幅度提高。整治内河（内湖）17 个，总长度 42.886 千米、完成投资 1873.40 万元。

全区 854 家石材加工企业，完成达标 316 家、占 37%，加上停产的 82 家，可达 46%。

1999 年，全区进一步开展主要水域专项治理工作，对敖江、交溪、霍童溪流域加强监督和沿溪工业废水治理力度，加强水源涵养地保护，积极疏通国家有关部门较好解决多年反映未决的与浙江苍南县矾矿污染福鼎境内水域的纠纷。

2000 年，宁德地区行署发出《关于进一步加强石板材行业环境保护工作的通知》，要求在 6 月 30 日前全面实现达标排放，并对 12 个石板材加工企业较多的乡镇实行环保直接管理。闽江古田段水环境综合整治工程投入资金 300 万元，完成限期治理项目 2 个、关停 3 家企业。敖江流域古田段 239 家石材加工企业，投入 1000 万元实施污染治理，全面达到排放物达标；交溪流域 73 家石材企业实现达标排放，关停 106 家。福鼎白琳镇对集中在开发区内的石材加工废水实行集中控制、集中治理。各重点石材区域都制定和落实长效管理措施，建立 20 个集中堆渣场。通过限期治理，当年全市工业废水排放达标率由 1995 年的 16% 提高到 68%，共削减工业废水排放量 238 万吨。

2001 年，宁德市环保局配合市政府做好驻地城区城市污水处理厂建设的前期筹备工作，确保 2005 年前建成投产。同时，开展整治市容市貌，在市区“两纵一横”主干道清理整顿石材加工和饮食服务行业，确保饮用水源水质达标率 100%。2002 年，各县（市）进行自来水厂取水口改造、拆除水源一级保护区内污染企业、违章建筑和排污口。蕉城、福安、福鼎 3 市（区）重新划定饮用水源保护区，并通过省政府验收。

2003 年，古田、霞浦等 6 个县也完成饮用水源保护区划定，上报省政府。同年，屏南县榕屏联营化工厂废气、废物排放严重影响居民生活一案，被列为“全国十大污染案件”，引起市、县领导高度重视，组织专门机构开始整顿治理。古田县鹤塘镇 4 个乡镇、福鼎市白琳镇石材生产加工污染列为省重点整治案件。古田县大桥造纸厂、屏南黛溪造纸厂、古田黄田造纸厂因污染严重，被责令关闭。

2004 年，各县（市、区）开展畜禽养殖污染的整治并划定集中控制区，进一步加强对畜禽屠宰场的环境监督管理。古田县敖江上游石材加工企业，全部集中迁入新建的芝山石材加工园区，采取污染集中处理。

2005 年，全市开展闽江流域水环境调查，下达排污口规范化整治工作要求和技术规范，制定《交溪、霍童溪、七都溪流域水污染防治与生态保护管理规定》。加大畜禽养殖业监管力度，责令蕉城区南阳实业和古田杜进等区内较大型养猪场限期完成污染治理设施建设。宁德市污水处理厂建设进度加快、福鼎市污水处理厂动工建设。

第三节　声污染防治

1993 年，宁德开始重视城市各类功能小区在规划建设中声学环境布局及影响，要求主干道临街居民住宅，禁止新建设（含扩、改）项目产生噪声、振动污染，对混杂在居民区、文教区中的小加工厂实行搬迁。

1995 年，地区环保局开始在宁德城区主要路段监测噪音污染状况。1997 年，宁德城区环境噪音 56.6dB，超过区域环境噪音二类标准，主要污染源为交通噪声，达 72.7dB。为此，交警部门加强对城区机动车辆噪音治理，国道 104 线过境大型机动车不经市区街道，改由鹤峰路绕行过境。禁止小轿车在市区交会、等待时高频、长时间鸣放喇叭，并加强在中、小学校及医院周边道路交通值守。1998 年，宁德市城区环境噪声 57.4dB（A），比上年下降 1.9dB（A）。2000 年，宁德城区主要街道安装多台自动噪音显示屏，以提高公民自觉遵守噪音控制，全城区环境噪音监测网络增至 105 个。功能区昼夜噪声生活区为 55.6dB、交通干线两侧为 72.1dB，基本达到控制目标。

2001—2002 年，全市环境部门加大区域噪声监控力度，重点对娱乐场所噪声和建筑施工噪声进行监督。在中高考期间专门设立噪声污染举报电话，环境监理人员 24 小时值班，加强噪声污染的监督检查和巡查，为市民提供一个安静的生活环境。

2003 年，在高考期间，各县（市、区）实行 24 小时值班，限时出警，重点检查歌舞厅等娱乐场所及建筑施工工地噪音影响，禁止其午、夜间营（作）业。全市出动现场执法人员 600 人次，检查噪声源 500 多处，有效控制高考期间噪声污染。

2005 年，市、县环保部门与交警配合开展市区主要路段禁鸣喇叭，对城市噪声点位进行重新规划布点；强化中高考期间噪声管理，出动现场执法人员 1100 余人次，检查各类噪声源可能造成的影响。

第四节　固体废弃物污染防治

1992 年，区内开始实施城市（县城）环境综合整治考核，其中包括应设立垃圾处理场、防止二次污染，霞浦、周宁县在区内最先建成城区垃圾清运中转场。

1995—1996 年，区内针对利用进口废旧物日益增多的情况，加强审批管理、严格监督，防止境外污染向国内转移；实施“三先三后”，即先评后进、先报后批、先验后放，并对福安机电设备公司未经审批进口废电机中混杂其他污染严重废旧设备的违规行为进行严肃处理。

1998 年，全区审批工业固体废物综合利用进口项目 17 个，进口量 14.17 万吨。市、县新增垃圾处理处置场 12 个，完成投资 493 万元。

2003 年，福安市生活垃圾处理厂建成并投入使用。2004 年，屏南县榕屏化工厂通过整改，水、气及废弃物处理已具备基本达标要求，其中危险废弃物运至省危险废物处置中心处理。

2005 年，福鼎市垃圾处理厂主体工程基本建成，蕉城区、霞浦县、柘荣县、古田县、赛岐开发区垃圾无害化处理场完成前期工作，周宁县、寿宁县、屏南县及福鼎秦屿镇垃圾无害化处理项目也进入规划设计阶段。

第三章　环境管理

第一节　管理机构

1993 年，宁德地区环境保护局内设办公室、污染管理科、监测监督科 3 个科室。2000 年 11 月，更名为市环保局。2002 年 11 月，内设办公室、污染控制与科技科、开发监督与自然保护科，行政编制 10 名。各县（市、区）环保局机关内设机构与人员也进行相应调整。

2004 年，宁德市政府成立以分管副市长为组长，市直 34 个相关部门领导组成的环境保护委员会，并成立环境监察支队，编制 11 名，为市环保局直属单位。同年，成立市环境信息中心，为直属机构，核定事业编制 3 名。2005 年，宁德市环境保护宣传教育中心在宁德市环境信息中心对外挂牌，增加事业编制 1 名。

第二节　环境规划

一、综合规划

1995 年，宁德地区环保局参与地区“九五”规划及 2010 年国民经济和社会发展计划的讨论和制定，负责全区环境与保护的规划。2000 年，在编制“十五”规划时，与地区计委协调将环保计划纳入全区（市）国民经济和社会发展计划。2004 年，开展“十一五”城市环境建设调研和规划工作，编制《宁德市“十一五”环境保护规划编制工作方案》。

2005 年，在调查研究、收集大量资料的基础上，编制完成《宁德市“十一五”环境保护规划（送审稿）》，并建成宁德市“十一五”环境保护规划重点项目资料库。

二、专题规划

1993 年，区内地、县（市）两级政府环境规划还不适应经济发展和环境保护要求，9 个县（市）中仅福鼎县完成城区的环境评估与初步规划。1994 年，由地区环保局牵头、以地区环境监测站为依托，组织人员配合霞浦、屏南、古田、宁德 4 个县（市）进行县域环境规划，并进行前期水气和固体废物监测资料收集和环境调查等准备工作，着手编制初稿。同年，宁德三都澳环境规划形成样本，提交有关单位修改。1995年，宁德、屏南、霞浦3县（市）城市环境规划顺利通过省级评审，其他县（市）规划工作进入编制阶段。1996年，古田、福安两县（市）的环境规划也顺利通过省评审。1998年，修编完善宁德市（今蕉城区）城市环境、区域环境规划和三都澳国土及环境规划等。

2003年，宁德市环保局配合市政府开展《宁德市城市总体规划》及《宁德市旅游规划》修编中的环境建设保护规划工作。

2005年，完成宁德《交溪流域环境保护规划》（初审稿）的编制工作，报送省环保局审查。开展《宁德市环境保护规划》编制工作并完成《宁德市城市环境保护规划大纲》的编制，通过省环保局组织的专家评审论证。指导、协助有关部门完成环卫、旅游、临海产业发展规划，宁德市“十一五”规划、中心城市框架专项规划、公交专项规划中有关环境保护规划内容。

三、生态示范区规划与建设

1993年，全区在沿海4个县（市）开始规划并启动二期防护林生态体系工程建设，有计划地推进农田林网、护路护岸林基地建设。1995年，福安、宁德两地沿海防护林生态体系建设通过省级达标验收。1996年，福鼎、霞浦两县（市）也通过验收。至此，全区沿海防护林生态体系工程建设基本完成。至1997年年底，全区已建成北起福鼎沙埕湾、南至宁德三都澳的全长1000千米的沿海防护林生态体系。

1998年，全区转入规划和实施三期沿海防护林生态体系沙荒风口工程建设改造，规划改造面积面积756.67公顷、造林6个段口、175.27公顷，更新149.27公顷、试验示范林等432.17公顷。

2000年，全区在生态环境建设中，突出对水源涵养地、珍稀动植物种、湿地和特色风景区的建设和保护。规划布局上围绕沿海、沿江（主要为交溪、霍童溪）、沿湖（主要为宁德东湖、古田库区）以及沿国道104线沿线。

2001年，福鼎市秦屿镇通过省级验收，成为宁德市第一个省级生态示范镇。同年，宁德市政府成立生态环境现状调查领导小组，统一规划协调生态环境现状调查、规划建设工作。

2002年7月，柘荣县人民政府成立创建国家生态示范区（县）工作领导小组，成为宁德市第一个启动国家级生态示范区（县）创建县，并委托福建省农业大学编制。《柘荣县国家生态示范区（县）建设总体规划》当年年底完成规划并批准实施。全市基本完成生态环境现状调查及数据资料汇总和调查报告编制工作，为全面实施生态建市战略提供科学依据。

2003年，按照污染防治和生态保护并重原则全市已建成38个生态示范片区（含自然保护区），总面积近1300平方千米，并开展《生态功能区划定》工作。同年，柘荣县、霞浦县被国家环保局批准为全国第八批生态示范区（县）建设试点县，全面启动生态示范规划建设。福安市社口镇、范坑乡野被列为省级生态示范建设试点乡镇。

2004年，周宁县经国家环保总局批准直接纳入全国生态示范区（县）建设县，先后编制《周宁县创建国家级生态示范县总体规划纲要》《周宁县生态功能区划》并进入全面实施。当年，全市已设立9个省级生态示范区建设试点。

2005年5月，柘荣县经过4年努力，全面实现国家级生态示范区（县）试点建设的阶段目标，生态、经济、社会三方面效益显著，达到国家规定的生态示范区（县）的4个基本条件、26

项指标。10 月，通过国家环保总局验收，被命名为宁德市首个“国家级生态示范区（县）”。霞浦、周宁县创建国家级生态示范区（县）建设工作也进展顺利。

第三节　环境保护宣传教育

1993 年年初，宁德地区环保局就环保宣传教育工作专门发文，要求全区有重点、持续地开展环境保护宣传教育；在“6・5”世界环境日举办宣传系列活动，由地委书记发表文章、行署专员发表电视讲话；地区环保局还在《闽东通讯》上出专版，在《福建环境报》《闽东报》发表专题宣传文章。

1994 年，地区行署把环保宣传教育列入专员、县（市）长环保目标责任书内容进行考核，地区师范学校和中学把环境教育纳入乡土教育内容，提高学生环保意识。地、县环保部门扩大《中国环境报》发行，编发环保手册、张贴法律性公告、通告，开辟电视广播专题宣传栏目、组织报告会等。地区环保局与地委党校、地区干校、地区进修学院等联合举办环保培训班，组织企业法人、乡镇党政领导、中小学教师骨干、各类环保人员学习，当年共举办 4 期，200 多人次参训。各县（市）也举办环保教育学习培训班，参训人员 400 多人次。

1995 年，全区环保宣传教育突出“保护环境光荣、破坏环境可耻”主题。地区环保局翻印《福建省环境保护法规》3000 册，发送给单位和市民。全区举办各类环保培训班 9 期，400 多人次参加学习。

1997 年“6・5”世界环境日，组织全区 2000 多名党政领导、各界人士开展环保签名活动。11 月，地区环保局与科委联合开展“环保宣传周”活动，印发宣传单 5000 份，并上街下乡开展环境保护咨询、配合开展“全省环保世纪行”活动。

1998 年，地委宣传部、地区环保局、地区教委联合制定《“九五”环境宣传纲要》，配合全国人大、省人大常委会组织开展的“中华环保世纪行”采访组在宁德的采访活动。全区在中小学、幼儿园开展环境教育试点工作。

1999 年，地区环保局与地委宣传部、地区教委联合制订全区中小学环境教育规划，编写乡土教材，在中小学推动开设环境教育课，举办环保夏令营。

2000 年，宁德成立宁德地区“保护母亲河”领导小组，以保护区内以交溪、霍童溪为重点的所有主要干流溪河。在溪河流域大力开展植树造林、污染综合整治、治理水土流失、保护生态环境。

2002 年，全市大力宣传贯彻《2001—2005 年福建省环境保护宣传教育纲要》和《2002 年度全省环境保护宣传教育工作意见》。5 月 23 日，市人大常委会城建环境委、市环保局组织开展宁德市首届环保法律、法规暨《福建省环境保护条例》知识竞赛。在宁德电视台定期播放有关环保节目，曝光部分环保违法行为。

2003 年，全市在“6・5”世界环境日开展“环保杯”环保法律法规知识竞赛、“卡拉 OK”比赛，组织大型踩街宣传、趣味体育等活动，组织环保征文比赛和书法、对联、摄影展览，开展环保法律、法规咨询服务。与教育部门、民政部门开展创建“绿色学校”“绿色社区”活动，与团委合作开展“保护母亲河”志愿者行动。

2004 年，市环保局联合多部门举办“宁德市首届大中学校环保时装设计大赛”“宁德市首届环保志愿大使评选”等活动。配合“全省环保世纪行”活动，和人大常委会开展环保执法检查活动。

2005 年，市环保局在市区主要街道设立噪声自动显示屏、环保宣传栏和环保公益广告牌，以提高公民环保意识。

1993—2005 年，宁德市（地区）环保局每年还编发《宁德环保》简报 20 多期。

2005 年，环保讲座进军营

第四节　建设项目环评管理

1993 年，宁德地、县（市）环保部门评估建设项目环境影响 300 多个。地市有关部门在办理建设项目审批和发照时，也做到以环保部门的审批意见为先决条件，特别是对城镇上风向、水源保护区、居民稠密区和机关文教区的生产企业的布局从严审批。

1994 年，全区大型建设项目和乡镇企业项目环评执行率分别达到 100% 和 80%。

对明令禁止的污染项目，尤其慎重对待、严格把关，对老污染源和扰民程度严重的企业技改项目采用专项改造和搬迁的办法。

1995 年，严格执行环评审查“三同时”（建设项目中防治污染措施必须与主体工程同时设计、同时施工、同时投产使用）制度，对建设项目一律实行先评价、后审批。当年，地、县审批中小型项目建设环评 200 多个。

1996 年，全区审批中小型项目建设（含改造）283 个，同时对石材、啤酒生产企业进行重点抽查，发现问题及时通报、限期整改。1997 年，全年审批 168 项，并参与福（鼎）宁（德）高速公路、宁德城澳万吨码头、霞浦机场、屏南榕屏化工厂二期扩建等工程项目的环评审查。

1999 年，福安市赛岐经济开发区、畲族经济开发区和宁德市东侨经济开发区升格，建设规模、建设速度明显加快。地、市两级环保部门组织对小区进行总体环境建设影响评价和环境规划工作，并派员进驻开发区协助工作，还参与东侨开发区污水处理厂的筹建工作。同时，为促进经济与环保结合，环保部门主动开展产业调研，对宁德石板材、水产养殖、拆造船业、港口码头建设、旅游业发展等进行环境调研。

2001 年，全市环保部门审批审查建设项目 326 个，其中市局审批审查 24 个。

2002 年，审批审查建设项目 391 个，其中市局审批审查 26 个、完成 7 个项目的环评验收工作。

2003 年，全市推行重大建设项目领导负责制，从项目包括环评在内的立项、审报、建设、投产均应跟踪负责。如蕉城海鑫钢铁、防洪防潮工程、宁德市污水处理厂，福鼎鞍钢钢铁、福安大唐火电站等建设项目，各分管领导都认真负责抓好落实，还争取到省局对这些项目污染防治及生态建设给予的资金支持，加强监测与监理能力。

2004 年，全市审核审批建设项目环评 577 个，其中市本级 44 个、上报审查重点项目 13 个。帮助落实市政府确定的重点开发园区、重点企业集团、重大建设项目实行领导负责制执行情况。协助大唐火电厂因地制宜将专用码头附近海域环境功能区调整为四类功能区、发挥码头和纳污功能，使之既符合海域环境功能区管理要求、又有利电厂建设投产；同时帮助该厂通过国家环保总局环境工程评估中心组织的对一期 4×600MW 国产燃煤超临界机组新建工程环境影响的评审。

2005 年，全市环保部门继续深化环评审批制度改革，简政放权，简化程序，规范建设项目环境管理，规定重大项目须由局长办公会议集体审查。组建建设项目环保咨询专家库、调整充实环境保护项目审批审查委员会。寿宁县在审批信达特种橡胶有限公司年产 1 万吨鞋用再生胶项目中公开举行听证会，提高项目环境管理的科学性、公开性和公正性。全市项目环保审批时间统一调整为 5 个工作日，当年审批 609 个，竣工验收、报备项目 153 个，其中，市本级审批建设项目 32 个、审查上报项目 11 个。对重点、重大项目，根据国家环保总局和省局的要求对项目进行复核上报，同时建立月报制度，每月 28 日前及时向省局报送。

同年，市环保局建成市环境监控中心，通过移动 VPN 环保专网与省监测监控中心链接，实现重点污染源在线监测数据的传输、集中和汇总。省重点工业污染源屏南榕屏联营化工厂完成污水在线监测系统建设，实现远程监控；福鼎惠泉啤酒厂、海军 4807 工厂、闽东丛贸船舶有限公司、古田抗菌素厂、古田榕津啤酒有限公司、周宁水晶厂、福鼎玄武石材污水处理厂等 7 家企业安装自动监控设施；寿宁三祥冶金有限公司污染物自动监控设施也进入安装调试阶段。

第五节　排污申报与收费

1993 年，全区征收各类排污费 156 万元，首次突破百万元大关，比上年增长 63%。其中，地属企业正式纳入地区排污收费征收序列，当年开征 6.8 万元。

1994 年，行署批准执行全区统一收费标准，全年共征收排污费 200 万元，超过原定计划 180 万元的任务，比上年增加 22%。

1995 年，全区征收排污费 262 万元，比增 26%，实现年递增征收 50 万元以上的目标。

1998 年，全区各级环保部门加大排污费征管力度，严格按法律程序开展排污企事业申报登记工作。全年排污收费 360 万元，与上年持平。

2001 年，对全市 1256 家企业进行排污全面申报登记，审查掌握各企业污染物排放状况，做好全市征收排污费的拓面扩行工作。按照全省统一布置开展排污许可证试点工作，古田县敖江流域石材企业作为全市第一批试点单位。全市加强对污染源的监督和现场检查力度，实行排污费动态征收，规范排污费的征收、管理、使用。

2003 年，全市有 1227 家企业申报排污登记，市、县（市、区）按《福建省环境保护条例》开展排污许可证发放工作，颁发 357 家重点企业排污许可证，从 7 月 1 日起按排污总量收费。全年共征收 736 万元，比上年增收 44.80%。

2004 年，全市排污收费额 731.2 万元，市本级在蕉城、东侨管辖区域内实行统一标准、统一征收，征收额超过 150 万元。

2005 年，全市加大排污收费力度，对 2018 户排污单位征收排污费 870 万元，入库 830 万元，其中，市本级排污费入库 204 万元。当年年底，全市有 2774 家企业依法进行排污申报登记，发放新增排污许可证和临时许可证 168 本。

第六节 执法监察

1993年，地区和各县（市）成立环保执法检查团，对区内环保执法情况进行检查，发现问题及时整改，并接受省执法检查团的检查。1994年，地、县（市）法制委把环境保护法律、法规列入“三五”普法学习内容，改变有法不依、执法不严状况。1995年，地区环保局配合人大、行署开展环境与资源执法大检查，对区内重点区域、行业污染问题进行检查，在各县（市）自查的基础上，重点抽查福安、福鼎、柘荣、霞浦4个县（市）。对一些新上建设项目和污染企业，采取逐个检查，凡未进行“环评”上马的项目，一律限期补办手续。柘荣县对40多家未经环评审批的个体企业进行处罚，宁德市（今蕉城区）关闭位于金涵水库饮用水源上游的石板材厂。1996年，根据省政府贯彻国务院《关于环境保护若干问题的决定》要求，全区取缔和关闭企业30家（取缔16家、关停整改14家）、警告11家。其中，造纸企业24家、电镀企业10家、制革企业6家、石棉加工企业1家。

1998年10月，宁德地区、县（市）环保部门加入全区“110”社会联动，成立“110”环保联动工作领导小组，建立全区环保联动网络，并向社会公布环保问题投诉热线“12369”，负责查处污染投诉。中高考期间，环保“110”联动小组开展“绿色护考”活动，与城建、交警、文化等部门联合执法，考试期间在各考点设立环保监督岗，在考点周边进行巡查，即时发现、处理噪声污染行为。

1999年，宁德地区和古田县环保执法部门对古田“白木耳熏磺事件”做出严肃处理，相继关停一批生产污染企业、保护消费者的合法权益。

2000年，地、县环保部门参与“5·19”闽江环保行动，查处一批未按时完成限期治理的污染企业，其中古田造纸厂、古田化工厂等被责令停业。古田县医院被处以加倍征收排污费，对沿江污染严重、群众意见大的一些铸钢、轧钢厂等企业责令搬迁改造。至当年12月底，全区依法关停经考核“一控双达标”（“一控”是指国家规定的到2000年各地要使本辖区主要污染物排放总量控制在规定的排放总量指标内；“双达标”是指到2000年所有工业污染源排放污染物要达到国家或地方规定的标准，直辖市及省会城市、经济特区城市、沿海开放城市和重点旅游城市的环境空气及地面水环境质量，按功能区分别达到有关标准）不达标的188家污染排放企业。

2001年，为巩固“一控双达标”成果，对污染反弹的企业尤其是污染严重的小企业和违反审评的建设项目依法予以严肃查处，共出动执法人员439人次，检查288个企事业单位查处结案105件，其中通报处罚3起典型案件。

2002年5月，为配合“6·5”世界环境日30周年活动，全市开展为期一个月的环境执法行动。市环保局先后两次组织执法人员到9县（市、区）进行突击检查，查处企业14家。各县（市、区）环境监理也结合当地实际，每周开展一次严查行动。福鼎市集中开展石板材企业环境治理设施运行状况检查，市局和古田县开展敖江流域污染治理情况检查，周宁县开展含磷洗涤剂销售及使用情况检查，福安市开展建设项目环境管理情况检查，蕉城区和霞浦县开展高考期间噪声污染环境问题检查。全市先后共出动人员1102人次，检查企业1337家次，立案100件，其中市局立案23件，罚款21.35万元。屏南县榕屏化工厂污染排放问题，经过多次整改检查，通过省环保局组织的现场检查评审验收。

2003年4—6月，宁德市环保部门贯彻落实有关加强“非典”期间医疗废水和医疗废弃物环保监管的紧急通知。组织执法队伍到重点县（市、区）进行检查、监督各医疗单位医疗废弃物的管理处置情况，对环保设施运行不正常或未配套环保设施的医院提出限期整改并进行通报。对市政府确定的“非典”定点医院的环保管理、污染治理问题提供切实的防治措施建议和要求。市、县（市、区）环境监测站也积极配合，出动540人次对全市13家二级以上医院的医疗废水进行定期监测、重新进行排污申报登记，对3家不按规定处置的医院下达限期整改通知，并建立环境污染事故应急处理机制。

2004年年初，全市开展城区饮食行业油烟、噪声污染和毒鼠强有毒药物等专项整治。5月，根据全国关于“整治违法排污企业、保障群众健康”和“清查放射源、让百姓放心”的环保专项行动电视电话会议精神，全市出动检查人数3684人次、检查企业2058家，查处违法企业81家、结案80家，行政处罚24家、处罚金额19.65万元。同时，对80件群众投诉信访进行逐一查处、反馈。从11月开始，全市环保“12369”投诉中心实行24小时值班制度，受理群众投诉并快速做出处置反应。

2005年，全市继续开展严查环境违法行为，加强对建设项目环评工作，出动执法人员2606人次、检查1038家排污单位，对102家违法企业立案调查、结案57家，处罚金额8.10万元。其中，督促古田县加快建设鹤塘芝山石材工业园区、福鼎市白琳石材加工污水处理厂基本建成后尽快投入使用；提请蕉城区政府关闭霍童镇石桥村6家未完成限期污染治理的石材厂、霞浦县责令城区43家石材加工场停止生产并统一迁往郊区设立加工区；检查验收屏南榕屏化工厂废气综合利用、废水基本实现达标排放实施情况，对古田县敖江流域部分石材加工企业仍然讳法排放废水、废渣向法院申请强制执行。

2003—2005年宁德市环保专项行动执法情况统计表

表7-1　　单位：年、人次、家

项目 年份	市级以上挂牌督办企业	出动执法人员	检查企业	查处违法企业
2003	13	1030	309	25
2004	21	3684	2058	81
2005	10	2606	1038	102

若干年份宁德市（地区）环保“12369”投诉热线受理情况统计表

表7-2

项目 年份	接警（件）	处理（件）	处理率（%）
1999	73	73	100
2000	912	912	100
2001	837	804	96
2003	1520	1520	100
2005	1253	1253	100

第八编 交通运输 邮政

1993—1995年，宁德地区推进公路交通“先行工程”建设，拓宽改造国道104线宁德段成为全幅12米路基、9米水泥路面的准二级公路。1996—1998年，铺设县、乡道柏油路77条1246.33千米。全区在福安、福鼎、古田、柘荣4个县（市）率先实现乡乡通柏油路，有2000个行政村通公路，通路率达92.98%，比1995年增长13.53%。“十五”期间（2001—2005年），全市农村路网建设取得突出成绩，“一个半小时交通网建设”取得突破性进展，全长160千米的沈（阳）海（口）高速公路宁德境内段建成通车。同时还先后建成城澳一类口岸等3000吨级以上码头10个，最大靠泊能力达5万吨。2005年，全市以宁德港为中心，形成一港四区（三都澳港区、赛江港区、三沙港区、沙埕港区）布局。全市道路形成以沈海高速公路等8条国、省道为主骨架，39条县道及若干乡道和其他公路为支线的公路运输网络。

1993—1998年，宁德地区邮电局邮政业务经营面广、业务量大。1998年年底，基本实现固定电话业务区域全覆盖，邮政、电信实施分设独立运营。2001年，全市邮政业务收入增至1.24亿元。2005年营业收入比1999年增加30.44%。

第一章　交通运输

第一节　设　施

一、陆运设施

（一）道路建设

1. 国道

宁德市境内有国道线 2 条，分别为国道 104 线和国道 316 线，里程 229.14 千米。

国道 104 线　全线起自北京，终至福州，从浙江省苍南县入境，起福鼎分水关 2010K+000，至蕉城油车岭 2226K+160 出境，经福鼎、柘荣、福安、蕉城 4 个县（市、区），跨越赛江、霍童溪。

1992 年，境内路段总长 215.98 千米，路基宽 8.5 ～ 12 米，沥青路面宽 7 ～ 9 米，大桥 4 座 747.60 延米，中桥 7 座 447.05 延米，小桥 25 座 600.34 延米，渡口 1 处。是年 8 月，宁德地委、行署根据省委、省政府实施公路“先行工程”的重大决策，启动国道 104 线宁德段的改造改建工程，制定出台地方性筹资政策，解决国道 104 线改造改建的部分不足资金。1993 年，完成国道 104 线宁德段改造第一期工程。拓宽改建后国道 104 线宁德段，路基宽度 12 米，路面宽度 9 米，桥涵加宽至 9 米，路面结构采取 22 厘米水泥混凝土面层 +15 厘米 5% 水泥碎石稳定基层，路肩为土路肩。

1995 年，国道 104 线闽东段改建工程竣工庆功大会现场　李民雄　摄

1994 年，国道 104 线宁德段第二期拓宽改造工程动工。11 月，完成第二期拓宽改造国道 104 线宁德段里程长 139.45 千米，其中拓宽路基 125.67 千米，改新线路基 4 个路段计 13.78 千米。

1995 年 6 月，完成国道 104 线宁德段 215.98 千米路基拓宽和路面改造任务，改造后铺设水泥路面二级路里程达 209.80 千米，三级路

6.18千米。10月6日，国道104线宁德段拓宽改造工程全线竣工，工程总投资46874万元。12月，通过交通部文明样板路验收。

1997年，国道全线有高级路面198.52千米（其中水泥混凝土路面198.27千米），次高级路面17.46千米，实现绿化里程191.20千米，全线有永久性桥梁40座，长2597.81米，有公路涵洞694个，长12747米。

1999年，宁德地区把国道104线水泥路改造工程作为全区“全国公路建设质量年”活动主要内容。第一期工程投入资金364.01万元，9月完工。第二期工程投入资金487.62万元，11月完工。是年，投资165.81万元全面整修国道316线宁德段。

2002年，结合开展“公路建设质量年”活动，完成重点工程国道316线宁德段第二期3.41千米改建任务，全线优良率达87%。2004年，国道104线柘荣城关至彭家山段完成路基2.1千米。

2005年，实施国道改善工程，累计修复路面14.21千米，总面积15.90万平方米，总投资1990.45万元。投资650万元，完成沥青路面大中修25千米，稀浆封层6千米，投资515.39万元完善“安保工程”设施。实施国道104线改善工程和安保工程等项目，年均综合好路率为78.40%。是年，国道104线宁德段全长215.98千米，其中二级路209.80千米，三级路6.18千米。全线有永久性桥梁40座，长2.60千米，绿化里程191.20千米。

国道316线　是福建省通往内陆省份交通要道，起福州，终兰州。途经闽清、古田水口、南平、顺昌、邵武、光泽、抚州、南昌、武汉、襄樊、安康、汉中、天水。国道316线宁德段，起古田县水口镇与闽清县交界，由79K+923入境，经水口镇至湾口村93K+079出境，进入南平市境内。

1994年，对原省道安嵩（S13–203）线闽江南岸（天柱山–闽清交界，G316线84K+316–79K+023）5.29千米路段，按照二级标准进行拓宽改造，铺设沥青混凝土路面。1996年年初，国道316线宁德段全线贯通，通过省级验收。1997年，国道316线宁德段13.16千米全部移交宁德市公路局进行专业养护。

2001年，宁德市公路局投资1000万元将全线10.88千米沥青混凝土路面改建成水泥混凝土路面，并加强安全设施与公路绿化建设，全线公路达到“畅、洁、绿、美”文明样板路标准。

2005年，国道316线宁德境内全长13.16千米，属水泥混凝土路面。路基宽10～12米，路面宽9～12米，全线技术等级二级。桥梁4座601延米，隧道3座737米。

2. 省道

“八五”期间，宁德地区省道公路的好路率为26.9%，比全省平均水平低14.5个百分点。1998年，有7条省道铺设沥青路面643.99千米，水泥路面63千米，改善省道公路的通行能力。是年，全区省道里程818.27千米，其中二级路34.60千米、三级路64.78千米、四级路530.47千米、等外路188.42千米。2004年，全市“一个半小时”交通网工程项目（含省级干线公路）完成年度投资1.26亿元，完成路基45.30千米，路面30.10千米。省道303线屏南段二期工程动工建设。省道201线蕉城漳湾上塘至漳湾互通口段完成路面3.20千米。礁头至城澳段完成路基3千米，路面7.50千米。省道202线古田高坑至极乐寺段完成路基9.60千米。省道301线寿宁城关至大熟段完成路基1.80千米。进行省道302线下白石至甘棠段完成铺设水泥路面12.90千米。省道303线蕉城段一期工程完成路基6千米。2005年，省级干线（含疏港公路）完成年度投资4162万元，省道201线礁头至城澳疏港公路、省道303线蕉城段一期工程、屏南段一期工程、福安湾坞至半屿疏港公路和省道202线古田环湖路建设，共完成路基7.84千米，路面9.90

千米。是年，宁德境内省道里程 692.32 千米，其中二级路 188.15 千米、三级路 121.69 千米、四级路 331.79 千米、等外路 50.69 千米、绿化里程 269.72 千米。

省道 201 线　起宁德市蕉城区漳湾镇下塘码头，终漳州市东山县西埔三角点。线路基本沿海边布设，途经宁德、福州、莆田、泉州、厦门和漳州 6 个设区市，25 个县（市、区），规划路线总长 905 千米，投资 37.33 亿元。省道 201 线宁德段起蕉城区下塘码头（OK+OOO）、经漳湾、洋尾村与国道 104 线重复至飞鸾镇，经城澳与罗源交界（67K+117）。

1993 年，沿线各县（市）已先后进行投资改造，路基宽 4.5 ~ 60 米，路面宽 3.5 ~ 27 米，道路标准和车辆通行能力有所提高。2001 年，驻蕉城区飞鸾海军部队筹措资金并组织实施拓宽改造，铺设水泥路面。全线由原县道礁头—象溪段（S201 线 47K+832-52K+804，长 4.97 千米）和群养公路象溪—罗源交界段（S201 线 52K+804-67K+117）组成，2003 年，工程竣工并通过验收。

2001 年，全省公路普查和省道、县道、乡道路网结构调整。省道 201 线宁德段，由原省道下廿（S13-309）线下塘—斗门段（S201 线 OK+000-4K+511）、原县道烟田线斗门—漳湾段（S201 线 4K+511-6K+952）、群养公路漳湾—洋尾段（S201 线 6K+952-23K+388）、重复路段（洋尾—飞鸾 G104 线 2205K+430-2219K+740、S201 线 23K+388-37K+702）、原属省道 308 线飞鸾—礁头隧道段（S201 线 37K+702-47K+832），长 10.13 千米，由国道 104 线 2219K+700 分支，经下苏、郑厝、塘田、梅田、碗窑至礁头，是蕉城区沟通东南沿海水陆运输主要线路，属三级公路。

2005 年，全线通车里程为 599.63 千米，二级及以上公路 326.21 千米，桥梁 10651.20 延米 /l58 座，隧道 1772.30 延米 /2 座。全线重复国道 104 线 35.20 千米，国道 324 线 34.67 千米。专养线路全长 22.05 千米。路基宽 5.50 ~ 7.50 米，路面宽 4.50 ~ 7 米，线路技术等级达到三级 9.78 千米、四级 12.28 千米。水泥混凝土路面 9.78 千米，沥青路面 5.39 千米，沙土路面 6.89 千米。拥有桥梁 3 座 124.10 延米（其中：中桥 1 座 84.60 延米，小桥 2 座 39.50 延米）。拥有隧道 1 座 508 米。

省道 202 线　起寿宁县犀溪乡与浙江省泰顺县双港交界，途经寿宁、政和、屏南、古田、闽清、永泰、莆田，终莆田湄洲岛。路线起点与浙江省道对接，全长 233.88 千米，全线铺设水泥路面的二级公路，有桥梁 54 座 3904.18 延米，隧道 2 座 3214 延米。全线重复国道 319 线 8.46 千米、国道 324 线 4.09 千米、省道 203 线 3.76 千米。宁德市境内段，起自寿宁县犀溪乡与浙江省泰顺县交界（OK+000），经寿宁城关、寿宁南溪进入政和县界（107K+732），过政和县镇前镇进入屏南界（162K+165），过屏南城关、古田永安、古田城关、谷口、水口进入福州市闽清界（301K+066）。专养线路全长 175.61 千米。路基宽 7 ~ 12 米，路面宽 6 ~ 9 米，路线技术等级达到二级 72.43 千米、三级 27.41 千米、四级 52.85 千米、等外路 22.91 千米。水泥混凝土路面 54.76 千米，沥青路面 107.99 千米，沙土路面 12.86 千米。拥有桥梁 50 座 2192.29 延米（其中：特大桥 1 座 690.60 延米，中桥 11 座 551.10 延米，小桥 38 座 950.59 延米）。省道犀湄（S202）线宁德段，由原县道寿泰线（OK+OOO-44K+918）、群养公路寿宁童洋—岔头坂（46K+207-78K+820）、原县道斜镇线寿宁岔头坂—政和交界（78K+820-101K+732）、原省道安嵩线屏南政和交界—古田永安（162K+165-237K+325）、断头路古田永安—城关（237K+325-254K+150）、原县道古黄线古田城关—谷口段（261K+058-281K+739）、谷口—水口二级公路（281K+739-295K+923）、原省道安嵩线水口闽江大桥段（295K+923-296K+673）、重复路段（G316 线 84K+316-79K+923、S202 线 296K+673-301K+066）组成。

1996 年，古田县政府引进古田颜玉路桥有限公司的外商企业，建设古田谷口—水口（281K+739–295K+923）二级公路，工程总造价 2000 多万元，1997 年建成通车。拓宽改建古田城关—谷口（261K+058–281K+739）公路。

2000 年，省道 202 线 OK+OOO–38+K500，为双湖二级公路的组成部分，“双湖二级公路改建工程”列入全省“入闽通道”项目，是年动工建设，2003 年建成通车。路线按照山岭重丘区二级标准建设施工，铺设水泥混凝土路面。是年，古田城关—谷口公路建成通车。2005 年省道 202 线属专业养护公路，是寿宁县通往浙江省泰顺的主要交通要道。

省道 301 线 起霞浦县城关（0K+000），终为寿宁县大熟与浙江省交界，途经霞浦盐田，福安松罗、溪柄、韩阳、社口，寿宁武曲、南阳、寿宁城关、大熟进入浙江界（163K+701），规划路线总长 162 千米，投资 3 亿元。省道 301 线霞浦至寿宁大安线由原省道小浦线霞浦城关—福安溪柄段（0K+000–54K+237）、重复路段（G104 线 2140K+530–2109K+400、S301 线 54K+237–85K+365）、原省道枫湖线福安湖塘坂—寿宁交溪（85K+365–112K+200）、寿宁交溪—寿宁南阳（112K+200–129K+000）、原县道竹洋线南阳—洋边段（129K+000–131K+700）、重复路段（S202 线 27K+200–44K+918、S301 线 131K+700–149K+734）、原省道枫湖线际头仔段（149K+734–152K+573）、断头路际头仔—大熟与浙江交界段（152K+573–163K+701）组成。其中，霞浦至福安溪柄段为原省道 310 线，福安溪柄至湖塘坂重复国道 104 线，福安湖塘坂至寿宁大安段为原省道 214 线（寿宁洋边至际头仔路段重复省道 202 线）。路基宽 6.50 ~ 30 米，路面宽 6 ~ 18 米。

1999 年 10 月，开工建设福安湖塘坂至寿宁友谊桥段 72.50 千米，为入闽通道改造项目，总投资 35135 万元，路基宽 12 米，水泥混凝土路面，新建隧道 1368 延米 /1 座，项目于 2003 年 10 月完工。全线重复国道 104 线 31.13 千米、省道 202 线 16.9 千米。

2003 年，福安湖塘坂—寿宁洋边段（85K+365–131K+700）按照山岭重丘区二级公路标准建设施工，铺设水泥混凝土路面，是寿宁县连接国道 104 线的主要交通线。2004 年，省道霞（浦）大（安）（S301）线霞浦城关路段（0K+000–5K+000）改为路基宽 36 米、路面宽 18 米的二级公路，铺设水泥混凝土路面。

2005 年，全线通车里程为 115.68 千米，二级公路 42.93 千米，有铺装里程为 41.23 千米，简易铺装路面为 63.32 千米，桥梁 1074.84 延米 /27 座，隧道 1368 延米 /l 座。

省道 302 线 起福安市下白石镇，终浦城城关七里头。路线经福安、周宁、政和和松溪，至终点浦城城关，接省道 205 线。规划路线总长 259 千米，投资 4.99 亿元。其中福安甘棠至罗江段重复国道 104 线，福安罗江至浦城段为原省道 310 线。路基宽 7 ~ 30 米，路面宽 6 ~ 16.50 米。

1999 年，省道 302 下（白石）浦（城）线（S302）福安下白石—周宁城关段，动工拓宽改造，设计标准为山岭重丘区二级标准，周宁段拓宽改造工程于 2002 年竣工交付使用。福安段拓宽改造工程由于资金等原因，剩余部分路段未能按时完工，未进行竣工验收。

2005 年，全线通车里程 238.25 千米，二级公路 69.29 千米，有铺装里程为 63.96 千米，简易铺装路面为 174.29 千米，桥梁 1575.47 延米 /47 座。全线重复国道 104 线 7.39 千米、省道 202 线 3.05 千米、省道 204 线 7.03 千米、省道 205 线 1.63 千米。省道 302 线宁德段（下白石至浦城线），起自下白石（OK+OOO），经福安甘棠、罗江、溪潭、康厝、周宁七步、周宁城关、浦源、泗桥进入浦城县（104K+330），路线全长 96.94 千米。路基宽 7 ~ 12 米，路面宽 6 ~ 9 米，路线技术等级达到二级 58.61 千米、四级 38.33 千米。水泥混凝土路面 39.04 千米，沥青路面 57.91 千米。

拥有桥梁19座587.50延米，其中有中桥5座260.50延米、小桥14座327延米。

省道303线 起蕉城区八都镇，终武夷山市洋庄，途经蕉城九都、霍童，屏南城关、路下，建瓯玉山、建瓯、建阳、武夷山，与江西省道对接，规划路线总长384千米，投资8.90亿元。宁德段起自蕉城区八都（OK+OOO），经蕉城九都、霍童，屏南城关、路下进入建瓯界（148K+500），全长100.82千米，路基宽7～12米，路面宽6～9米，线路技术等级达到三级27.86千米、四级16.10千米。水泥混凝土路面2.35千米，沥青路面40.59千米。拥有桥梁14座304.50延米，其中大桥1座82延米、小桥13座222.50延米。宁德段由原县道岙外线八都—霍童段（OK+OOO–27K+836）、群养公路霍童—洪口段（27K+836–42K+000）、断头路蕉城洪口—屏南白玉段（42K+000–65K+000）、群养公路白玉—屏南城关段（65K+000–93K+198）、重复路段（S202线193K+750–195K+300、S303线93K+198–95K+200）、原县道溪东线屏南溪坪—前汾溪段（95K+200–111K+300）、群养公路前汾溪—路下与建瓯交界（111K+300–148K+500）组成。蕉城岙村—霍童段公路原属县道岙外线，是蕉城通往周宁主要公路，起自国道104线2081K+260的岙村，经八都、下坂、上坂、铜镜、溪池、长潭、扶摇、云气、邑坂、霍童，全长27.84千米。由群养公路经霍童—兴贤大桥可与周宁县梨坪—兴贤公路连接。

2003年，省道303线八都—屏南城关段开始改建，工程按照山岭重丘区二级公路标准设计和施工。12月，动工建设蕉城段的八都桥头至洪口上荐村公路，全长52.06千米，分3期工程施工。2004年屏南段完工。2005年12月蕉城段基本完工。

省道304线 起蕉城金涵，终三明市泰宁城关，路线起点接国道104线，经蕉城、古田、延平、尤溪、沙县和将乐，至终点泰宁城关，与省道205线相接。规划路线总长480千米，投资11.50亿元。其中，蕉城金涵至古田高头岭和将乐新路口至泰宁路段为原省道309线，古田高头岭至水口大桥路段重复省道202线，古田水口大桥南至尤溪口段重复国道316线。

境内宁德段起蕉城区金涵乡（OK+000），经蕉城石后、洋中，古田杉洋、鹤塘、大桥、古田城关、水口进入南平界（173K+384）。线路全长122.10千米。路基宽7～7.50米，路面宽6～6.50米，线路技术等级达到三级17.91千米、四级104.20千米。水泥混凝土路面5.42千米，沥青路面116.68千米。拥有桥梁21座578.40延米，其中中桥5座268.60延米、小桥16座309.80延米。省道金泰线（S304）宁德段，由原省道下甘线金涵—古田高头岭段（OK+000–122K+098）、重复路段（S202线254K+150–296K+673、S304线122K+098–164K+621）、重复路段（G316线84K+316–93K+079、S304线164K+621–173K+384）组成。琼堂—天湖段，原称宁（德）古（田）公路。由国道104线2198K+850处接线，经东湖隘、洋中、天湖至古田县境，全长39千米。省道304线金涵—古田高头岭段（OK+000–122K+098），技术等级低，路况差，制约沿线乡镇经济发展。

2005年，全市省道里程692.32千米，其中二级路188.15千米、三级路121.69千米、四级路331.79千米、等外路50.69千米，绿化里程269.72千米。

3. 县道

1990年，全区县道里程458.97千米，其中四级路196.71千米、等外路262.26千米。有路面里程458.97千米，绿化里程188.23千米。

2005年，宁德境内县道里程1563.43千米，其中一级路1.64千米、二级路3.77千米、三级路57.97千米、四级路1299.82千米、等外路200.23千米，绿化里程960.19千米。主要县道有：县道天浙线（X901）、县道谷黄线（X912）、县道平大线（X913）、县道凤湖线（X915）、县道松南线（X916）、县道屏风线（X921）、县道梨兴线（X931）、县道斜下线（X942）、县道坑周线（X944）、县道福穆线（X951）、县道黄后线（X953）、县道城北线（X961）、县道柘福线（X962）、县道沙叠线（X971）、县道桐松线（X973）、县道秦柏线（X974）、县道三水线（X981）、县道横柏线（X981）、县道长吕线（X985）。

4. 乡道

1990 年，全区乡道里程 2322.11 千米，其中四级路 2061.51 千米、等外路 260.6 千米。有路面里程 1975.12 千米，绿化里程 218.2 千米。

2005 年，全市乡道里程 1751.48 千米，其中二级路 1.54 千米、三级路 8.04 千米、四级路 1584.61 千米、等外路 157.29 千米。有铺设水泥路面 609.20 千米、晴雨通车里程 1598.35 千米、绿化里程 1262.35 千米。公路部门实施养护的专养公路有：乡道烟漳线（Y101）、乡道单金线（Y102）、乡道蕉金线（Y103）、乡道廉田线（Y101）、乡道凤后线（Y201）、乡道凤九线（Y202）、乡道伍石线（Y203）、乡道松半线（Y206）、乡道水水线（Y208）、乡道卢福线（Y501）、乡道竹南线（Y501）。

5. 专用公路

2005 年，全市共建有专用公路 362.87 千米。由于使用单位对公路要求和投资能力不同，修建标准也不尽统一，路基宽达 3.50 ~ 10 米。

6. 高速公路

宁德市境内的高速公路是国内唯一一条贯通中国沿海地区的黑龙江同江至海南三亚（同三线）高速公路重要组成部分，2004 年 1 月 1 日全线贯通后，根据交通部规划，将同三高速公路的主要路段沈阳至海口段改名沈海高速公路，编号 G15。沈（阳）海（口）线宁德市境内路段是海峡西岸经济区高速公路规划网“三纵八横三环三十三联”中的第一纵，贯穿宁德南北高速公路有福（鼎）宁（德）高速公路和宁（德）罗（源）高速公路，境内北起闽浙交界的福鼎分水关，经福鼎、霞浦、福安、蕉城市区，南接宁（德）罗（源）高速公路，在飞鸾岭隧道处与罗源县交界。沈海线宁德段长 160.38 千米。国家高速公路沈阳－海口纵线福建宁德至江西上饶连接线福建境内（宁德至武夷山）宁德段高速公路进入预可性研究阶段。福安连接线投资 11 亿元，方案经评审，推荐以湾坞起点，经福安康厝、周宁八浦、李墩至南平政和杨源。杨源至屏南作为高速公路连接线也一并列入可行性研究。2005 年 9 月 28 日，投资 7.14 亿元福安连接线建成通车，线路起于福宁高速公路主线湾坞互通，经赛岐（互通）止于福安市江家渡，全线采用山岭重丘双向 4 车道一级公路建设标准。是年，境内共有高速公路 191.48 千米，其中属于国道线的 160.38 千米，连接线 31.10 千米。

福（鼎）至宁（德）高速公路 福（鼎）至宁（德）高速公路简称福宁高速公路，起福鼎市分水关，途经福鼎市山前镇，桐城镇江边村，沙埕镇海湾八尺门，店下镇洋中村，秦屿镇太阳头村、下尾村、冷城村、秦屿镇区，硖门乡柏洋村、硖门乡、下水磨村，霞浦县牙城镇丘里村、牙城镇区、洋坪村、赤岭村，三沙镇陇头村、洲洋乡后岐村、后港村、杨梅岭，盐田乡二铺村，福安市溪尾镇、湾坞镇，下白石镇南埔村，进入蕉城区八都镇云淡村、漳湾镇下仓村、溪口村，止于蕉城区城南镇塔山，然后接上宁罗高速公路，全长 141.16 千米。福宁高速公路主线按山岭重丘区标准设计，双向 4 车道，全封闭、全立交，设计行车速度为 80 千米 / 小时。路基宽度 24.50 米，路面宽 21.50 米，桥涵设计荷载汽超－20、挂－120，设计洪水频率特大桥为 1/300，路基和大中小桥为 1/100，地震基本烈度为 7 度。

2000 年 3 月，福鼎至宁德高速公路福鼎至霞浦段由中交第二公路勘察设计研究院有限公司完成设计；福安至宁德段由中交第一公路勘察设计院有限公司完成设计，6月开工。主要施工单位有交通部第二公路工程局、天津第一市政公路工程有限公司、中铁十二局集团有限公司、中国华北冶金建设公司、铁道部隧道工程局、铁道部第四工程局、中国地质工程集团公司、中铁二局集团有限公司、福建省闽西交通工程公司、福建建工集团总公司、铁道部第一工程局、中国航空港第三工程总队、中铁第十八工程局、铁道部十七局远通集团公司、上海市第二市政工程有限公司、福建省第一公路工程公司、中铁第十六工程局、交通部第一公路工程总公司第二工程公司、中国人民武装警察部队交通第一总队、铁道部隧道工程局第一工程处、湖南省公路桥梁建设总公司、中铁第十七工程局、中铁第十三工程局第一工程处、中港三航分公司、省第二公路工程公司、路桥集团第一工程局厦门工程处、省路桥建设有限公司、北京市公路桥梁建设公司、中铁三局集团第二工程有限公司、中国建筑第五工程局、福建地矿建设集团公司和中建七局三公司。2003年6月28日，竣工通车，核定工程建设投资73.99亿元。全线特大桥、大桥39座2.24万延米，中小桥60座0.16万延米，涵洞通道379处，隧道14处2万延米。互通立交12处，全段设收费站12处，服务区4处。

宁（德）至罗（源）高速公路　宁（德）至罗（源）高速公路简称宁罗高速公路，起宁德市区，途经桥头厝、飞鸾岭隧道、蒋店、起步镇和罗源凤山镇，止于福州市罗源县白塔，接上罗长高速公路。1996年12月全线开工，2000年2月，竣工通车，工程建设总概算12亿元。项目由中交第二公路勘察设计研究院有限公司完成设计。主要施工单位有交通部第一公路工程总公司五公司、省第一公路工程公司、铁道部第十二工程局三处、交通部第三航务工程局第六公司、宁德地区路达交通工程有限公司、福建省第二公路工程公司、铁道部第二工程局、广州市政工程公司、山西路桥公司和厦门路桥工程公司。原设计为山岭重丘区一级汽车专用线技术标准。1997年年底，在一级汽车专用线基础上对部分工程进行增补，变更提高为高速公路标准。全线设计行车速度80千米/小时，采用交通部颁发JTJOOI－97《公路工程技术标准》进行勘察设计，双向4车道、全封闭、全立交、控制出入。路基宽度21.50米，桥涵设计荷载汽超－20、挂－120。设计洪水频率特大桥为1/300，一般构造物为1/100，地震基本烈度为7度。全长33.11千米。

2000年2月2日，举行罗宁高速公路试通车仪式　李民雄　摄

7. 铁路

外福铁路　外（洋）福（州）铁路是从鹰（潭）厦（门）铁路的外洋东站出岔，沿闽江而下，途径南平、古田、闽清、闽侯等县境至福州东站，全长193.8千米，其中宁德地区的古田县境段，从三都口村的81K+100处入境至水口镇的113K+400处出境，长32.3千米。境内设有莪洋、水口、湾口、双坑4个站点。

外福线设计标准为三级铁路，单轨行车。古田段有湾口隧道1条，位于103K+771处，长310.6米；明渠7条，长28米；道口3个；钢筋混凝土桥12座，总长941.43米（其中大桥1座长 177 米，中桥 2 座长 241.6 米）；涵洞 86 道总长 1723 米（其中钢筋混凝土拱涵 13 道长 411 米，石拱涵 8 道长 252.6 米，管涵 59 道长 910.8 米，箱涵 6 道长 148.6 米）。

温福铁路宁德段建设 温福铁路北起浙江省温州市接甬台温铁路，南至福建省会福州市接福厦铁路，是国家铁路网中长期规划“八纵八横”主通道之一东部沿海铁路通道、双层集装箱通道和“四纵四横”快速客运网之一，也是福建省第五条进出省铁路通道。20 世纪 80 年代末，随着改革开放的深入，修建温福铁路（温州—福州）被摆上政府议事重大课题。1993 年 3 月，行署成立宁德地区温福铁路前期工作领导小组，下设温福铁路前期工作办公室具体负责温福铁路前期工作。2002 年 10 月国务院批准温福铁路立项。2003 年 1 月 27 日，市委、市政府成立温福铁路（闽东段）建设领导小组、宁德市温福铁路（闽东段）建设指挥部，统一领导和组织实施宁德境内温福铁路征地拆迁和工程建设协调工作。

2004 年 12 月，温福铁路被确定为全面推进第一轮海峡西岸经济区现代化铁路建设的第一个开工项目，同月 24 日，铁道部和省委、省政府联合在福鼎市太姥山下举行温福铁路福建段开工仪式。

2005 年 8 月 26 日全线开工，设计工期为 4 年 6 个月，计划 2009 年 6 月底通车运营。温福铁路是客货共线、以客为主的双线快速铁路干线，设计时速旅客列车 250 千米 / 小时、货车 120 千米 / 小时，全线有 11 个火车站，宁德境内有福鼎、太姥山、霞浦、福安、宁德 5 个火车站，其中宁德站为全线最大的火车站。温福铁路全长 298.4 千米，总投资 174.8 亿元，其中宁德境内线路长度 146.2 千米，工程投资概算 85 亿元，控制性工程有“五桥七隧”，即湾坞特大桥 745.12 米、白马河特大桥 3126.96 米、宁德特大桥 8169.28 米，田螺大桥 384.48 米、飞鸾特大桥 1537 米、汾水关隧道 9735 米、秦屿隧道 7127 米、硖门隧道 9106 米、霞浦隧道 13099 米、青岙隧道 6852 米、周仓隧道 5959 米和飞鸾隧道 6718 米，桥隧合计长 119.66 千米，占境内线路总里程的 81.85%。

（二）桥隧建设

1. 普通公路桥

赛岐大桥 位于福安市赛岐镇，为单箱室变截面箱形连续梁，为国道 104 线与省道 301 线跨越赛江的重要桥梁，全长 487.86 米。桥面净宽 9 米，两侧人行道各 1.50 米，设立荷载为汽— 20、挂— 100，设计洪水频率 1/100，通航标准六级河道，以两年一遇洪水位与平均高潮位相顶托作为通航水位。上部结构（30+45+3×70+45+5×30）米，主桥上部结构为 5 孔预应力混凝土单箱室变截面箱形连续梁。引桥上部结构采用 30 米跨径预应力混凝土简支组合箱梁；下部结构主跨为圆端形刚性墩，基础为沉井，其中 6 号墩为圆形厚壁沉井，7 号、8 号墩圆形薄壁沉井，9 号、10 号墩为矩形厚壁沉井。两端跨采用直径 1.20 米的钢筋混凝土双柱式墩身，配以双排 2 根直径 1 米的钢筋混凝土桩基础，设 2 米厚的刚性承台，桥台为钢筋混凝土肋形台，东台采用明挖基础，西台配设桩基础。桥梁由铁道部第一勘察设计院设计，省第二公路工程公司施工。1988 年 6 月动工，1991 年 8 月竣工。

流美大桥 位于福鼎市城关，为国道 104 线跨越桐江的重要桥梁，桥梁中心桩号 2025K+179，全长 356 米。共 17 孔，每孔 20 米，单孔最大的跨径为 20 米，跨径总长 340 米。桥面全宽 12 米，行车道宽 9 米，人行道宽 2×1.50 米。设计荷载汽 -20、挂 -100。桥下不通航。上部结构为钢筋混凝土简支 T 形梁，下部结构为钢筋混凝土实心双柱式桥墩和浆砌块石 U 形桥台，桥墩基础采用钢筋混凝土钻孔灌注桩，桥台基础为片石混凝土、明挖天然基础。大桥由福建省交通设计院设计，省林业工程公司施工，福鼎市交通局负责监理。1991 年 8 月开工建设，1993 年 10 月竣工，工程总造价 365 万元。

埕头大桥　位于古田县水口镇国道福兰线 89K+751 处，全长 243.50 米。共 2 跨，跨径组合为 1×80+1×115，单孔最大跨径为 115 米，跨径总长 195 米。桥面全宽 11 米，行车道宽 9 米，人行道宽 2×1 米，桥高 39.30 米，桥下净空 21.50 米。设计荷载汽 –20、挂 –100。桥下不通航。上部结构为钢筋混凝土上承式无铰箱形拱，下部结构为片石混凝土重力式桥墩和浆砌块石 U 形桥台，桥墩基础为片石混凝土钻孔下沉天然基础，桥台基础为料石明挖天然基础。大桥由福建省交通设计院设计，省林业工程公司施工，南平市交通工程公司负责监理。1994 年 12 月开工，1995 年 12 月竣工，工程总造价 974 万元。

水口闽江特大桥　位于古田县水口镇，为省道犀湄线跨越闽江重要桥梁，桥梁中心桩号为 296K+278，大桥全长 690.58 米，是宁德地区首座特大型桥梁。共 13 跨，跨径组合为 10×35+1×160+2×84.50，单孔最大跨径为 160 米，跨径总长 679 米。桥面全宽 11 米，行车道宽 9 米，人行道宽 2×1 米，桥高 65.70 米，桥下净空 11.50 米。设计荷载汽 –20、挂 –100。通航等级为 3 级。上部结构为预应力钢筋混凝土下承式悬臂桁架梁，下部结构为钢筋混凝土刚性桥墩和钢筋混凝土埋置衡重式桥台，桥墩基础为钢筋混凝土钻孔下沉、沉井基础，桥台基础为钢筋混凝土钻孔下沉、天然基础。大桥由福建省交通规划设计院和同济大学桥梁研究设计院合作设计，省公路二公司施工，省监理公司负责监理。1994 年 8 月开工，1996 年 7 月竣工，工程总造价 2500 多万元。

柳埕大桥　位于古田县柳埕省道犀湄线 286K+820 处，全长 260 米。共 5 跨，跨径组合为 2×25+1×115+2×25，单孔最大跨径为 115 米，跨径总长 215 米。桥面全宽 8.50 米，行车道宽 7 米，人行道宽 2×0.75 米，桥高 82 米，桥下净空 78 米。设计荷载汽 –20、挂 –100。桥下不通航。上部结构为钢筋混凝土上承式无铰箱形拱，下部结构为片石混凝土重力式桥墩和浆砌块石 U 形桥台，桥墩、台基础为浆砌块石明挖天然基础。大桥由外资企业古田颜玉路桥有限公司投资建设。1996 年 1 月开工建设，1997 年 10 月竣工，工程总造价 910 万元。2005 年桥桥梁未移交专业养护。

宁德天池特大桥　位于省道 303 线蕉城区八都桥头至屏南城关公路蕉城段。桥宽 9 米 +2×0.50 米防护栏，长 405.90 米，布置为 1×16.30 米预应力空心板 +2×35 米预应力 T 梁 +1×205 米悬链线钢筋砼箱形拱 +2×35 米预应力 T 梁。交界为空心薄壁墩，拱座为扩大基础。引桥墩为主柱式墩，桩基础。桥台为 U 形台，扩大基础。桥梁跨越山区深谷霍童溪，两岸为陡峭岩岸，高度 142 米，主桥净跨径 205 米，是国内采用有平衡转动体系转体施工最大跨径的钢筋砼箱形拱桥。桥梁工程由省交通规划设计院设计，2005 年 7 月中国铁路大桥局施工。

1993—2005 年宁德市（地区）新建公路大桥一览表

表 8-1　　　　单位：米

桥名	中心桩号	桥梁长度	跨径总长	最大跨径	结构形式	建成时间
黄田大桥	县道 912 线 4K+332	97	84.20	64	双曲拱	1993.9
流美大桥	国道 104 线 2025K+179	356	340	20	T 形梁	1993.10
天柱山大桥	国道 316 线 84K+898	96.81	85.48	60	板拱	1995.12
下坂大桥	国道 316 线 87K+459	193.22	160	100	箱形拱	1995.12

续表 8-1

桥名	中心桩号	桥梁长度	跨径总长	最大跨径	结构形式	建成时间
埕头仙大桥	国道 316 线 89K+086	65.80	61.10	40	板拱	1995.12
埕头大桥	国道 316 线 89K+751	243.50	195	115	箱形拱	1995.12
水口大桥	省道 202 线 296K+278	690.60	679	160	桁架拱	1996.7
鼎山大桥	国道 104 线 2139K+566	133.30	120	30	预应力工形梁	2002.3
大兰大桥	县道 971 线 28K+604	147.80	140	20	空心板梁	2005.5

2. 高速公路桥

下白石特大桥　位于福安下白石镇，横跨白马河，全长 999.60 米，主桥 810 米，双孔 260 米连续刚构桥梁。桥梁水文地质条件复杂，施工难度大，科技含量高。在开工建设中先后研究解决 5 号、6 号桥墩巨型承台施工、主桥箱梁悬浇施工等重大技术问题。特别是主桥纵向预应力采用塑料波纹管和真空辅助压浆等新材料、新技术和先进工艺，确保工程建设质量。

八尺门特大桥　主桥为预应力混凝土连续刚构，桥跨布置为 90 +2 ×170 +90 米，桥面净宽 2×12 米，大桥跨越海面 1300 米，跨越海域水深 20 米，且海水潮位从最高 +4.50 米至最低 –4 米半日交替起落，施工难度较大，是全线第一个主要重点控制工程。

2005 年宁德市高速公路桥梁一览表

表 8-2　　　　单位：米

公路名称	桥名	结构形式	最大跨径	长度	建成时间
福宁高速公路	战平洋高架桥	预应力砼 T 型组合梁连续刚构	30	405	2003
	马洋溪高架桥	预应力砼 T 型组合梁连续刚构	30	300	2003
	普后 I 号高架桥	预应力砼 T 型组合梁连续刚构	30	270	2003
	普后 II 号高架桥	预应力砼 T 型组合梁连续刚构	30	120	2003
	流美特大桥	预应力混凝土 T 型组合梁连续刚构	30	762	2003.5
	厝基仔高架桥	预应力砼空心板	30	181	2003
	八尺门高架桥	预应力砼连续刚构	170	1280	2003.6
	太阳头高架桥	预应力砼连续型组合梁连续刚构	30	347	2003
福宁高速公路	凤山亭大桥	预应力砼组合 T 梁	30	108	2003
	秦屿高架桥	预应力砼组合 T 梁	30	851	2003.5
	巨口特大桥	预应力砼组合 T 梁连续刚构	30	680	2003.4
	硖门高架桥	预应力砼组合 T 梁	30	549	2003.6
	柏洋大桥	预应力砼组合 T 梁连续刚构	20	226	2003
	下水磨高架桥	组合 T 梁连续刚构	20	118	2003
	牙城高架桥	预应力混凝土简支组合 T 梁连续刚构	20	445	2003
	杨家溪 1 号特大桥	预应力混凝土组合 T 梁连续刚构	30	521	2003.6
	杨家溪 2 号特大桥	预应力混凝土组合 T 梁连续刚构	40	830	2003.6

续表 8-2

公路名称	桥名	结构形式	最大跨径	长度	建成时间
福宁高速公路	竹篮头高架桥	预应力混凝土组合 T 梁连续刚构	20	194	2003
	垄头高架桥	T 梁刚构	30	133	2003
	后岐高架桥	预应力混凝土组合 T 梁连续刚构	25	506	2003
	后港特大桥	预应力混凝土简支组合 T 梁连续刚构	25	4320	2003.6
	二铺塘 1 号大桥	预应力混凝土简支组合 T 梁	20	114	2003
	二铺塘 2 号大桥	预应力混凝土简支组合 T 梁	20	263	2003
	二铺塘 3 号大桥	预应力混凝土简支组合 T 梁	30	332	2003
	二铺塘 4 号	预应力混凝土简支组合 T 梁	20	152	2003
	对面洋大桥	预应力混凝土简支组合 T 梁	30	175	2003
	盐田大桥	预应力混凝土简支组合 T 梁	30	250	2003
	溪尾特大桥	预应力混凝土 T 梁连续刚构	40	1004	2003
	马头大桥	预应力混凝土 T 梁连续刚构	40	168	2003
	下白石特大桥	预应力混凝土 T 梁连续刚构	260	1000	2003.3
	穆里大桥	预应力混凝土先简支后连续刚构	30	208	2003
	大梨 II 号桥	预应力混凝土先简支后连续刚构	40	268	2003
	云淡 I 号大桥	预应力混凝土连续梁桥	30	577	2003
	云淡 II 号大桥	预应力混凝土连续梁桥	30	559	2003
	云淡 III 号大桥	预应力混凝土连续梁桥	30	307	2003
	田螺大桥	预应力连续梁	95	1293	2003.6
	溪口 I 大桥	预应力混凝土连续 T 梁	25	170	2003
	溪口 II 大桥	预应力混凝土连续 T 梁	25	289	2003
	宁德大桥	现浇预应力钢筋混凝土连续箱梁	25	2081	2003.6
宁罗高速公路	车里湾大桥	预应力混凝土板梁	30	1598	1999.11
	飞鸾大桥	预应力混凝土 T 形结合梁	30	132	1999
	桥头厝大桥	预应力混凝土 T 形结合梁	30	134	1999
	龙潭溪大桥	预应力混凝土 T 形结合梁	30	219	1999
	曹屿大桥	预应力混凝土空心板梁	20	169	1999
	白塔大桥	预应力混凝土空心板梁	30	486	1999

3. 隧道

飞鸾岭隧道 位于宁德与罗源县交界处，是交通部“八五”期间沿海南北主通道中重点交通基建项目，隧道平均长度 3167.50 米，洞身为分离式双洞 4 车道。隧道采用新奥法原理设计施工。主洞为曲墙式单心网拱复合式衬砌断面，行人及行车横洞为直墙圆拱式。进出口采用端墙式洞门。隧道通风采用全射漉风机纵向通风，隧道右洞长 3155 米，左洞长 3180 米。平均隧道长 3167.50 米，接线 13. 16 千米（宁德境内 3.71 千米，罗源境内 9.45 千米），总投资 4.80 亿元，是全省当时公路隧道长度最长（居全国第 2 位）、难度最大工程。通车后比国道 104 线缩短营运里程18千米，社会效益和经济效益十分显著。工程于1993年12月26日动工，经过4年建设，1997年年底，主体工程完工。1998年3月底，经福建省交通厅组织交工验收，整个工程质量优良。4月初，实现单向试通车。5月初，正式实现双向通车。

赤岭特长隧道 位于霞浦县境内，是福宁高速公路重点、难点工程。2000年2月28日动工建设。隧道右洞长3320米，左洞长3425米，设计行车速度80千米/小时，单隧道净宽9.75米。为上下行分离式单向行车的双洞车道，总造价2.8亿元。隧道工程地质条件复杂，节理裂隙及断层构造带发育（均具导水功能），地下水丰富。隧道设计、施工难点是洞身约250米在水库下穿越，设计采用深孔超前帷幕预注浆等新技术，保证隧道顺利建成。2001年11月贯通。2005年，工程质量获国家银质奖。

洋坪隧道 洋坪隧道为单向双洞4车道，双洞总长3630米，其左右线均有约200米位于水库水体范围内，隧道洞顶以上地层厚度约42米，水库枯水期水深7米，蓄水量为33万立方米，洪水期水深16.50米，蓄水量为21.50万立方米，其中有数条富水断层通过。隧道施工时采取在隧道开挖轮廓线包括隧底，沿轴向辐射布孔，沿开挖面中心布孔注浆，使浆液渗透扩散到破碎孔隙中并快速凝固，使周围固结成为结石体。在隧道周边及其开挖面形成一道堵水帷幕加固区，以切断地下水流通路，达到固结止水、保持围岩稳定、增强施工安全。

布罗宁隧道 位于省道301线寿宁县境内，2000年开工，2003年建成通车，全长1500米，净宽10.72米，净高6米。隧道由福建省交通规划设计院设计，福建省第一公路工程公司和中铁十六局施工。

2005年宁德市高速公路隧道一览表

表8-3　　单位：米

道路名称	隧道名称	所处区域	布置形式	净宽	长度
福宁高速公路	白岩里隧道	福鼎	分离式双洞	2～9.75	683
	坑门里隧道		分离式双洞	2～9.75	2270
	吉坑隧道		分离式双洞	2～9.75	2390
	秦屿隧道		分离式双洞	2～9.75	495
	硖门隧道		分离式双洞	2～9.75	908
	马头岗隧道		分离式双洞	2～9.75	947
	蔡家山隧道		分离式双洞	2～9.75	1631
	洋坪隧道	霞浦	分离式双洞	2～9.75	1815
	赤岭隧道		分离式双洞	2～9.75	3373
	杨梅岭隧道		分离式双洞	2～9.75	1352
	二铺塘隧道		连拱	2～9.75	493
	盐田隧道		分离式双洞	2～9.75	580
	湾坞隧道	福安	分离式双洞	2～9.75	908
	吴楼隧道		分离式双洞	2～9.75	1105
宁罗高速公路	飞鸾岭隧道	蕉城	分离式双洞	2～10.25	（左）3180 （右）3155

二、水运设施

（一）港口

1. 港区

宁德港规划岸线总长 210.6 千米，拥有深水岸线 110.36 千米，为福建省沿海港口的重要组成部分。宁德港由北而南划分为沙埕、三沙、赛江（白马）、三都澳等 4 个港区。

三都澳港　位于福建省东北部，东与台湾岛隔海相望，距基隆港 145 海里；南距福州 66 海里、广州 561 海里、香港 490 海里；北距温州 145 海里、上海 390 海里、天津 960 海里，是中国南北海运和诸多国防航线的必经之路。1993 年 9 月 23 日，经国务院批准三都澳城澳作业区作为一类口岸对外开放。港区下辖城澳、漳湾、白马、溪南、关厝埕和东冲 6 个作业区。

三都澳港进港作业船舶

赛江港　位于福安市赛岐镇至下白石镇的赛江沿岸。陆路距宁德蕉城区 55 千米，水路距上海 438 海里、福州马尾 94 海里、香港 554 海里。下辖赛岐、林炉和下白石 3 个作业区。赛岐作业区位于赛岐镇区内，是宁德港主体作业区。

三沙港　位于福宁湾北端，地处霞浦县三沙镇东北 3 千米外小古镇，陆路距霞浦县城 35 千米、宁德市区 150 千米，水路距马尾 113 海里。下辖三沙作业区。三沙港区可利用建港岸线较少，主要集中在古镇一带，建有 1 个 3000 吨级杂货码头。

沙埕港　位于闽浙交界处沙埕湾内，陆路距福鼎市区 47 千米，水路距温州 81 海里、福州马尾 125 海里、台湾基隆 142 海里。下辖沙埕、杨岐、后港、澳腰、钓澳壁和八尺门 6 个作业区。

2. 港口设施

沙埕港区沙埕作业区码头　1993 年，港区有各种码头 5 座，总长 250 米。

三沙港区 3000 吨级客货泊位　3000 吨级客货泊位 1 个，年设计吞吐能力为货运 5 万吨，客运 13 万人次。港内建有 2000 平方米综合办公楼 1 座，仓库面积 1000 平方米，堆场面积 5000 平方米。配备 40 吨吊机 1 台，5 吨叉车 1 台，3 吨叉车 1 台，1.50 吨叉车 1 台，16 吨、8 吨轮胎吊各 1 台。1996 年建成投产。

下白石作业区港务 3000 吨级公共泊位　3000 吨级滚装码头 1 座，综合办公楼 1 座，仓库 1 座 1730 平方米，堆场 5900 平方米。配备 25 吨门机 1 台，16 吨吊机 1 台，8 吨吊机 1 台，3 吨叉车 3 台，移动式皮带机 9 台，固定式皮带机 140 台。1998 年建成投产。

漳湾作业区港务公共码头　3000 吨级趸船浮码头泊位 1 个，1000 吨级突堤式码头 1 座，仓库 3055 平方米，堆场 5500 平方米，集装箱堆场约 2000 平方米。配备 40 吨门机及 35 吨固定吊机各 1 台，16 吨吊机 2 台，8 吨吊机 2 台，3 吨叉车 5 台。年设计吞吐能力为 20 万吨，其中集装箱 1 万标箱。2004 年建成投产。

城澳万吨级多用途泊位 码头平台长192米、宽30米，3座栈均长84米、宽9米。后方陆域面积47692平方米，其中，集装箱堆场11057平方米，件杂货堆场10078平方米。设计年吞吐能力50万吨，其中，集装箱2万标箱，件杂货34万吨。2005年建成投产。

1996—2005年宁德市（地区）港口码头建设一览表

表8-4　　单位：米、吨

泊位名称	投产年份	结构形式	泊位长度	靠泊能力	主要用途
三沙3000吨级客货泊位	1996	高桩码头	90	3000	通用件杂货泊位
福建泰华石化有限公司液化气码头泊位	1996	浮码头	68	1000	液化气泊位
下白石3000吨级杂货码头泊位	1998	高桩码头	129	3000	通用散货泊位
闽东荣宏建材有限公司码头泊位	1998	高桩码头	76	1000	通用件杂货泊位
宁德市天宝物资有限公司码头泊位	2000	高桩码头	80	1000	通用件杂货泊位
宁德市新中原石材有限公司砂石泊位	2000	浮码头	194	8000	其他泊位
宁德市升港砂石开发有限公司砂石码头1号泊位	2001	高桩码头	230	8000	其他泊位
福建山澳矿业有限公司砂石泊位	2001	其他结构形式码头	170	8000	其他泊位
宁德市升港砂石开发有限公司3万吨级砂石码头2号泊位	2001	高桩码头	230	8000	其他泊位
宁德市飞鸾基础工程有限公司砂石泊位	2002	其他结构形式码头	170	8000	其他泊位
福建正丰建材实业有限公司1000吨级1号泊位	2003	高桩码头	100	1000	散装水泥
福建正丰建材实业有限公司1000吨级2号泊位	2003	高桩码头	72	1000	通用件水泥
福建龙翔煤炭有限公司1000吨级泊位	2004	高桩码头	78	1000	通用散货泊位
中石油天然气宁德霞浦加油站泊位	2004	高桩码头	88	1000	成品油泊位
城澳万吨多用途码头工程	2005	高桩码头	192	10000	多用途泊位
大唐国际宁德发电公司重件码头	2005	高桩码头	122	3000	通用件杂货泊位

2005 年宁德市港区锚地一览表

表 8-5　　单位：万平方米、米

港区	名称	面积	水深
沙埕	沙埕湾外锚地	382.20	8 ~ 25
	流江锚地	35.10	6 ~ 11
	马渡锚地	34.10	17 ~ 35
	青屿锚地	12.60	5 ~ 19
	铁将锚地	12.60	8 ~ 10
三沙	金屿锚地	12.60	8 ~ 42
赛江	三沙锚地	40	12
三都澳	青山锚地	75	25 ~ 35
	三屿锚地	317	20 ~ 23
	东吾洋锚地	675	10 ~ 24
	三都锚地	198	10 ~ 18
	漳湾锚地	40	8 ~ 12
	灶屿北锚地	98.50	6 ~ 9
	官井洋锚地	224	16.50
	鸡公山锚地	98.50	16 ~ 40
	东冲口锚地	283.50	50
	白岛锚地	135	9 ~ 20

仓库、堆场　1993 年，港区有仓库面积 4000 平方米，堆场面积 2 万平方米。1996 年，全港共有仓库面积 14306 平方米，堆场面积 70745 平方米。

2005 年，港区有仓库面积 33442 平方米，堆场面积 63270 平方米。

装卸设备　2005 年，宁德港有生产用装卸机械 58 台，其中，起重机械类 25 台、输送机械类 1 台、装卸搬运机械类 31 台、专用机械类 1 台。

疏港公路：

白马作业区通道　福安湾坞互通口至大唐电厂二级疏港公路，全长 8.30 千米，2005 年贯通。同年 6 月，沈海高速公路湾坞至福安段支线贯通。

漳湾作业区通道　沈海高速公路漳湾互通口至漳湾作业区二级疏港公路，2002 年进行水泥路面改造，全长约 6 千米，并通过互通连接线与国道 104 线相连。

溪南作业区　关厝埕作业区　东冲作业区港口通道　3 个作业区尚未进行大规模开发，仅通过县道与霞浦城关相连，公路等级较低，仍为四级路。

三沙港区通道　三沙疏港二级公路从港口作业区开始，经三沙镇、岗尾和西山最后接入三沙互通，公路全长 15.04 千米。2010 年 1 月 1 日通车。

沙埕港区扬岐作业区通道　扬岐作业区至秦屿，四级公路，长 21 千米。南岸后港、钓澳壁和澳腰作业区也通过这条公路与秦屿相连。

八尺门作业区通道　作业区位于沈海高速公路的八尺门互通口附近，交通便利。

沙埕作业区通道 作业区通过沙吕线与福鼎相连，公路等级为四级。2005年6月，福宁高速公路湾坞互通至福安高速公路连接线建成通车，与宁德港各港区及主要作业区疏港公路有互通口相连接。

（二）航道

1. 内河航道

赛江航道 从白马门到赛岐大桥，航段里程为32千米，航道水深3.50米，航道宽度95米，最低通航保证率87%，最小弯曲半径520米，为三级航道，可通航。一类维护，海标配布。主航道位于六屿岛东侧，六屿岛西侧有一分叉航段，航段里程3.85千米，过河建筑物有1条电缆，达标；临河设施均为港口设施，有下白石3000吨级杂货码头、大华石油码头、赛岐500吨级港务码头共3座。一类维护，海标配布13座。

交溪航道 航道里程61.50千米，通航里程14千米，分赛岐大桥—黄澜大桥、黄澜大桥—上白石2个航段。赛岐大桥－黄澜大桥，航段里程为14千米，航道水深1.10米，航道宽度34米，最低通航保证率66%，航道最小弯曲半径110米，为七级以下航道。未进行维护，未配布航标。可乘潮通航100吨级海船。过河建筑物有1座桥梁。黄澜大桥—上白石，航段里程为47.50千米，航道水深0.30米，航道宽度12.30米，航道最小弯曲半径75米，为七级以下航道。未进行维护，未配布航标，不能通航。过河建筑物有6座桥梁，有4条电缆，临河设施1处。

穆阳溪航道 位于福安境内。穆阳溪航道廉首—洪口，航道里程6.80千米，航道水深0.90米，航道宽度16.10米，最低通航保证率57.20%，最小弯曲半径105米，为七级以下航道，可通航。未进行维护，未配布航标。过河建筑物有1座桥梁。

斜滩溪航道 原航道为寿宁斜滩到福安赛岐，航道全长约55千米，现存社口大桥到福安湖塘坂段，航道里程14.60千米，航道水深0.20米，航道宽度9.80米，最小弯曲半径97米，为七级以下航道，不通航。过河建筑物有3座桥梁和1条电缆，均达标。

霍童溪航道 霍童溪水源源于鹫峰山脉，汇集屏南金造溪、政和后垄溪、周宁桃源溪等境内主要河流，经溪南、贵村、九都、铜境、八都、金垂注入三沙湾入东海，全长56.8千米。主河道面积8614公顷、最宽处329米，年平均径流量25.55亿立方米，流域总落差165米、河道比降1.8%，平均流量81立方米/秒。上游水急滩多，只可漂放竹木。由莒洲至金垂的通航里程为53.3千米。从莒洲至八都，每年1—10月可通航1～4吨船只，其中：莒洲至洪口6.1千米可通2吨以下小船；洪口至八都43.2千米可通4吨以下船只；从八都至金垂4千米可通500吨级船舶。霍童溪航道历史上是蕉城区北部山区群众沟通山海物资的重要运输通道。1972年，八都镇修建上坂拦河坝，没有建设通航设施，来往船只不能通过八都直接出海。随着国道104线蕉城段和蕉城区间乡村公路的完善，陆路运输逐渐取代了水路运输，霍童溪失去了昔日的水路运输功能。

七都溪航道 源于虎浿乡第一旗山，汇集天湖、凤田、溪富、石后诸条水流，经洋中、大泽溪、溪口，在七都大桥入海。干流长58千米，通航里程14.9千米，河道总落差815米、平均比降14.13%。从溪口至七都大桥11.6千米，可流放竹木排。1958年，马坂水利拦河坝建成后，影响通航。仅七都大桥至入海口3.3千米乘潮可通航100吨以下的船舶。

金溪航道 源于蕉城区和古田县交界的顶旗峰，在蕉城区后溪村汇合罗源中房溪。流经金涵畲族乡后，纳入小金溪折向东南，经溪口、蓝田、东湖塘25孔水闸，由三都澳入海。航道里程29千米，平均落差17.15%。历史上是蕉城区三大内河航道之一，1965年东湖塘围垦后，失去通航功能。

沙埕港航道　至1998年全海湾围垦滩涂达28.96平方千米，占全湾滩涂面积的51%，占海湾面积的37.7%。海湾面积比20世纪70年代少了39.2平方千米。因滩涂围垦，2013年海湾面积又进一步缩小。但从1996年以后，沙埕港航道的通航功能并没有什么变化。

桐山溪航道　桐山溪航道可通竹排仍只有高滩至上坪园约300米的一段。由于对绿化与环保的重视，航道中的水质逐渐恢复到70年前的清澈状况，下游游泳、钓鱼的人逐渐增多。由于溪滩淘沙、国道104线山前段堤坝的修建、橡胶坝的拦水，桐山溪下游水面比以前宽，加上溪旁绿化带的形成，桐山溪变得更加美丽。

赤溪航道　赤溪航道，即九鲤溪航道。1996年以后，航道本身没有变化。由于陆路交通的逐渐方便，其竹排运输土产品功能逐渐消退；但由于旅游业的发展，乘竹排观景的客人逐年增加。

水北溪航道　水北溪航道计有4个。沙埕口—铁将，航段里程31.60千米，航道水深12.20米，最大潮差7米，航道宽度150米，最低通航保证率99%，最小弯曲半径750米，为一级航道。常年可通航5万～15万吨级海船。一类航道维护，海标配布。铁将—百胜，航段里程8.20千米，航道水深3.70米，航道宽度132米，最低通航保证率65%，最小弯曲半径660米，为三级航道，可通航。一类维护，海标配布。临河设施1座，为桐山燃料码头。百胜—流美大桥，航段里程2.10千米，航道水深0.90米，航道宽度95米，最低通航保证率72%，最小弯曲半径160米，为七级航道。未进行维护，未配布航标。不能全程通航，但已规划为水资源综合利用航段，具有旅游开发价值。临河设施1处，为桐山陆岛交通码头。流美大桥—水北溪，航段里程5.90千米，航道水深0.30米，航道宽度10米，最小弯曲半径92米，为七级以下航道。未进行维护，未配布航标，过河建筑物有4座桥梁，均达标。

百步溪航道　位于百步溪铁将—藤屿，航道里程6.90千米，为2002年普查新增航道，通航里程6.90千米，航道水深2.80米，航道宽度150米，最低通航保证率60%，最小弯曲半径810米，为三级航道，一类维护，海标配布。主航道位于八尺门拦门沙南侧，八尺门拦门沙北侧有一分叉航段，从铁将到八尺门航段里程3千米，为三级航道，可乘潮通航3000吨级海船。

古田水库航道　位于古田溪中游，水深1米以上的航道38.50千米，属库区航道。航道为七级以下航道，仅可在库区间通航。航道分为2个航段：平湖—高头岭涨水期通航里程25.10千米，航道水深11.05米，航道宽度20米，最低通航保证率80%。最小弯曲半径114米，枯水期通航里程9.7千米；高头岭—沂洋涨水期通航里程13.40千米，航道水深12.07米，航道宽度15米，最低通航保证率80%，最小弯曲半径110米。主要通航旅游船只。

高洲溪航道　位于高洲溪下游古田境内的埕头—汶潭，航道里程6千米，航道水深20米，航道宽度100米，最低通航保证率70%，最小弯曲半径60米，为七级以下航道。可通航，未进行维护与未配布航标。1993年3月，大坝关闸正式蓄水，形成金钟湖。古田境内段新航道起自三都口，经村里、双坑新村、黄田新村、虎潮新村、莪洋、西坑新村、湾口新村、水口新镇至浦后，全长38千米。主航道涨水期水深一般保持在50～60米，航道最宽处为600米，水流平缓，能航行500吨位船舶，属一类航道，可昼夜通航。

2. 沿海航道

城澳作业区万吨级航道　航道从港外东冲口外吉壁角引水联检锚地至城澳万吨级多用途码头全程18.20千米，航道设计底宽210米、底标高 -10.4米（理基）、转弯半径1530米，为全天候通航万吨级船舶的双向航道。

白马港区万吨级航道　航道从港外东冲口外吉壁角引水联检锚地至白马港区全程42.20千米，其中从吉壁角锚地至青山北礁长20千米，航道设计底宽210米、底标高 -11～12.30米（理基），为全天候通航万吨级船舶的双向航道；从青山北礁至白马港区长 22.20 千米，航道设计底宽 100 米、底标高 -5.30 米（理基）、转弯半径 765 米，为乘潮通航万吨级船舶的单向航道，乘潮水位 5.20 米、乘潮保证率 90%、历时 3 小时。

大唐电厂 5 万吨级航道（三沙湾 5 万吨级航道） 航道从东冲口外水域的 A 点至大唐宁德电厂煤码头前沿全程 31 千米，其中东冲口外水域的 A 点至青山北礁的航道轴线与白马港区万吨级航道重叠，航道设计底宽 180 米、底标高 -15.30 ~ 16.54 米，5 万吨级散货船可不乘潮单向通航；青山北礁以内航道设计底标高 -10.50 米（炸礁区 -10.30 米，理基），5 万吨级散货船需乘潮单向通航，乘潮水位 5.20 米、乘潮保证率 95%、历时 2 小时，航道转弯半径 1125 ~ 2250 米，船舶限高 58 米，设计最高通航水位 8.86 米（理基）上。

3. 航标

海域航标主要有军用标、公用标和专用标。湾外干线航道航标建设、维护、管理工作一直由东海航海保障中心福州航标处承担，军用标由部队维护，核电专用航道航标由核电厂维护。

湾内公用标主要分布在三都澳和沙埕湾。三都澳主要有鸡公山西灯桩、虎尾角灯桩、鸡尾角灯桩、象鼻头灯桩、长撬尾灯桩、龙鼻穿角灯桩、青屿仔灯桩、台角灯桩、福屿灯桩、喉咙岐角灯桩、长腰岛灯桩、白匏岛灯桩、下洋坪灯桩、狗礁灯桩 、双碴灯桩、大礁灯桩共 16 座灯桩，三沙湾 3# ~ 16#、101# ~ 107#、401# ~ 414#、501# ~ 504#、602#、Q1 ~ Q10 共 47 具灯浮标；沙埕湾主要有石头尾灯桩、二姐灯桩、腰屿灯桩、公鸡屿灯桩、青圭屿灯桩共 5 座灯桩，沙埕 1# ~ 15# 共 15 具灯浮标。

4. 航道建设

1999 年 5—9 月，完成白马港区和城澳作业区万吨级航道建设，规模为万吨级单向部分乘潮航道，里程约 50 千米。航道设计发挥三都澳水深良好条件，充分利用湾内自然深槽。工程配套建设左右侧灯浮标 7 具、锚地灯浮标 1 具、东冲口外 3.30 平方千米的吉壁角引水联检锚地和 0.70 平方千米的青山待泊锚地、水尺 1 座，工程总投资 257 万元。2000 年 6 月 16 日，通过省交通厅验收。

2005 年 4—12 月建成大唐宁德电厂 5 万吨级航道（三沙湾 5 万吨级航道），规模为 5 万吨级单向部分乘潮航道，里程 31 千米，青山北礁以外航段是在原白马港区万吨级航道基础上扩建而成。工程配套建设灯桩 2 座、灯浮标 3 具、水尺 1 座和面积约为 2 平方千米的长腰岛南待泊锚地，位移原灯浮标 1 具，总投资 1075.20 万元。

5. 航道维护

1999 年起，建成航道基本按天然深槽、沿习惯航路走向，只有大唐 5 万吨级航道约 1.30 千米和湾坞（14# 泊位）5 万吨级应急航道约 2.10 千米是疏浚增深段。由于维护经费缺乏，每年只定期 2 次对疏浚段进行维护测深，发现回淤及时扫浅。宁德海事部门和港务部门每周一、三、五例行对航道水域实施日常维护联合巡查，对局部少量侵占航道水域碍航物进行及时清理，对大面积养殖物报地方政府组织清理。2004 年，全省航道管理体制改革前宁德市辖区内航道由省级统一维护管理，下放地方后由新组建的宁德市航道局负责维护管理，维护管理、建设等所需经费由地方政府负责。2005 年，沿海航标按照维护规范要求，由宁德市航道局定期对沿海航标进行维护，做到标位正确、灯质可靠、颜色鲜明、视距足够。

（三）渡口与内河码头

1. 渡口

境内渡口点多、线长、面广，但各个时期多有变动。1993 年，全区有渡口 183 处，渡船 213

艘，载客位4728个，渡工322人，日渡客34306人次。1997年，全区有渡口177处，渡船204艘，载客位5326个，渡工279人，日渡客41146人次。1998年，全区有渡口192处，渡船192艘，载客位5234，渡工253人，日渡客23404人次。1999年，全区有渡口196处，渡船260艘，载客位5351个，渡工275人，日渡客30075人次。2005年，全区有渡口196处，渡船260艘，载客位5351个，渡工275人，日渡客人30075次。渡运以义渡和半义渡为主，主要解决当地村民生产、生活出行需求。大部分渡口地处偏远，所在乡村经济相对落后，渡口渡船更新改造难度大，水上安全监管困难。

下坂渡口 渡口位于霍童溪流域，属八都镇辖区，是连接下坂到达水际两岸的水上要道，受潮汐影响，涨潮河面宽，退潮河面窄，宽约100～300米，两岸为简单固化码头，有渡船1艘，载客8人。

柏步渡口 渡口位于霍童溪流域，属霍童镇辖区，是连接柏步到外表两岸的水上要道，河面受上游影响，河宽80～200米，有渡船1艘，载重吨位8吨，载客8人。

溪兜渡口 渡口位于交溪流域，属上白石镇辖区，渡口所在河流宽度大约40米，是前洋、坑口、流尾村村民往返上白石村的主要渡口，铁壳船1艘，渡工1名。

下白石渡口 渡口位于白马河上，属下白石镇辖区，原名黄岐渡。河宽约800米，潮水落差7.02米。2005年，有渡船2艘，渡工8人。每艘总吨位24吨，净吨位14吨，载客50人。

2. 内河码头

黄田航道中心站码头 位于古田县黄田镇，为斜坡式石砌踏步码头，拥有船舶泊位1个，靠泊能力500吨级，泊位宽2.50米、长32米。综合楼面积1160平方米，生产厂房面积185.94平方米。1991年6月建成投产。

黄田货运码头 位于古田县黄田镇，为重力式结构，拥有通用散货泊位2个，靠泊能力500吨级，泊位长108米，陆域堆场面积2000平方米，仓库面积400平方米。1992年8月建成投产。

黄田客运码头 位于古田县黄田镇，与货运码头相邻，为重力式结构，拥有客运泊位1个，靠泊能力500吨级，泊位长50米。1992年8月建成投产。

第二节 业 务

一、陆运业务

（一）旅客运输

客运方式 1993—2005年，宁德客运方式有班车客运、包车客运、旅游客运等3种形式。班车客运为城市、城镇、乡镇之间定期开行，具有固定线路、固定班次（时间）、固定客运站点和停靠站点特点。班车客运按运行区域分为县内班车客运、县际班车客运、市际班车客运和省际班车客运四类。包车客运为按行驶里程或包车时间计费一种运输方式。旅游客运为以运送旅游者游览观光为目的旅客运输方式。旅游客运和班车客运、包车客运相比具有运送旅客是旅游者；开行线路起讫地方必须是旅游区；以观光为主，中途停靠点和时间服从旅游计划安排；大多是往返包车；车辆舒适性能较高，适宜旅游休闲。

客运线路 1993年，以宁德、福安、福鼎为运输中心客运网络基本形成。但客运市场在运力、班线分布上出现热线、干线运力相对过剩，而农村班线发展缓慢，运力相对不足，农民乘车困难。客运部门通过对市场宏观调控，冻结部分县（市）间热线线路审批，鼓励发展农村交通，转变客运发展方向，将农村客运作为新时期道路运输发展新目标，以服务社会主义新农村建设。2005年，全市共有道路旅客运输班线1008条，其中省际107条、市际112条、县际120条、农村客运线路669条。

客运站点　1993年，福安、周宁、福鼎等客运站先后进行修缮或改建。在新建（市）县站同时，还修建和新建一部分区、乡站。站点设置中，部分偏僻或较小乡村采取租用民房作临时性站房，设立“代办站”经营客运和兼办货运业务。经办人员多为合同制临时工，少数属集体工。1995年，宁德地区汽车运输总公司各个运输站全面向社会开放，做到“车进站、人归点”，创造优质服务、优良秩序、优美环境，同时打击盘客、宰客、甩客等不法行为，净化道路运输市场，客运站点管理步入规范化轨道。2005年，全市共有汽车客运站43个，其中一级客运站5个、二级站8个、四级站15个、五级站15个。

客运运价　1993—2003年，执行福建省物价委员会与省交通厅联合颁发《汽车运价规则福建省暂行实施细则》。2004年1月1日起，执行福建省物价局与交通厅2003年12月颁发《汽车运价规则福建省实施细则》。

1993—2005年宁德市（地区）公路客运情况统计表

表8-6

年份	运营客车		客运量（万人）	旅客周转量（万人千米）
	数量（辆）	座位（座）		
1993	2031	38475	3679	127495
1994	2134	39981	2971	112601
1995	2348	40019	3430	122177
1996	2459	41329	4255	133038
1997	2631	42981	4775	164505
1998	2811	44154	5034	179736
1999	2952	45616	5270	228633
2000	2782	42209	4333	188146
2001	3071	45331	4396	219880
2002	3078	45865	4673	253915
2003	2883	40404	4495	254082
2004	3049	42366	5395	263019
2005	3106	43563	5346	277020

（二）货物运输

整车货运　1993年，宁德地区粮、煤、农产品、铁、木材等重点物资整车运输主要由国有汽车运输部门承担。全区9县（市）至少有一个货物配载中心，并以运单使用、签发为纽带，把货物配载中心和车主单位有机联系起来，完善货运市场管理，逐步形成一定规模货运网络。2005

年，宁德市整车运输线路长度在300千米以上有福安至泉州、福安至龙岩、建阳至福安、福鼎至福州等线路。省际货运线路较长有福安至上海等。

零担货运 为汽车货运生产中一个重要组成部分。零担货物每批次托运量不超3吨，一辆零担货车可配装多种不同类物资，分送到不同目的地，具有灵活性和机动性。不论城市或农村各种生产、生活资料，从几千克到3吨货物都可按零担托运；其服务面广，经营面宽，能够满足货主需要。1993年起，零担货运大跨步发展，开辟以福安为中心至各县零担货班网。2005年，零担货班车从省内扩展到省外，前景广阔。宁德零担运输也存在“多、散、小、弱”和货物运输现代化、信息化程度低等问题。

货运运价 1993年，宁德汽车客货运价执行福建省物价委员会与省交通厅联合颁发《汽车运价规则福建省暂行实施细则》。2004年1月1日起，执行福建省物价局与交通厅2003年12月颁发《汽车运价规则福建省实施细则》。

1993—2005年宁德市（地区）公路货运情况统计表

表8-7

年份	运营汽车		货运量（万吨）	货物周量（万吨千米）
	数量（辆）	载重量（吨）		
1993	2119	9024	494	49756
1994	2182	9634	497	53124
1995	2452	9985	584	55901
1996	2135	8435	632	68688
1997	2235	8798	724	90038
1998	2298	8735	704	81260
1999	2268	7620	591	65552
2000	2678	7636	604	70339
2001	2245	7620	646	76776
2002	2359	7636	617	77510
2003	2507	6702	590	72519
2004	2985	10987	678	74793
2005	3449	12132	707	76828

二、水运业务

（一）客运

1993年，境内沿海水路客运主要由木质船舶承担海岛居民出行。是年，全区完成水路客运量182万人次，旅客周转量6686万人千米。1995年，完成水路客运量227万人次，旅客周转量6174万人千米。2000年起，客运船舶逐渐由木质船向铁壳船、旅游快艇方向发展，运送旅客也从海岛居民拓展为经商、岛外游客。当年，完成水路客运量185万人次，旅客周转量3718万人千米。2005年，全市共有客运船舶183艘，3803客位（其中沿海28艘777客位），完成客运量

160 万人次，旅客周转量 3288 万人千米。

（二）货运

1993 年起，水运企业开展“转机制、抓管理、练内功、增效益”活动，生产经营呈现良好发展态势。赛岐港务局在巩固粮食、煤炭、肥料等大宗货源基础上，抓住国道修建有利时机，集中力量抓好水泥、钢材、河砂疏运工作。港口外贸运输形势喜人，下白石、漳湾、三沙等码头，克服设备陈旧、条件简陋等困难，精心筹划、科学调度，成功地组织黄沙首航日本，出口香菇、罐头装载和进口铬矿、废电机、石油接卸等业务。

1995 年，进一步扩大运输市场开放深度和力度，加快运输市场培育发展，全区水路运输新筹建企业 2 个，新开业企业 4 个，新增省际运输船舶 25 艘 /21297 吨。年底，全区省际运输企业共有 41 个（国有 2 个、私营 2 个、集体 37 个），省际运输船舶 116 艘 /91327 吨。由地区发证省内船舶、货船 73 艘 /4291.50 吨。全年港口吞吐量达 137.90 万吨，货港费 103.10 万元，企业收入 423.60 万元，实现利润 65.50 万元。

1998 年，成立宁德地区兴港船务货运代理有限公司、古田县荣航运输社和福鼎市鼎港船舶货物代理有限公司。同年，全区完成水路货物运输量 247 万吨，货物周转量 93393 万吨千米。

2004 年 12 月 25 日，城澳港码头运输石料首次直航马祖。2005 年，新增水上货运运力 1.67 万吨，货船单船平均吨位达 1144 载重吨。当年完成货运量 288 万吨，货运周转量 293912 万吨千米。

1993—2005 年宁德市（地区）水路客货运情况统计表

表 8-8

年份	机动船			客运量（万人）	旅客周转量（万人千米）	货运量（万吨）	货物周转量（万吨千米）
	数量（艘）	净载重量（吨位）	载客量（客位）				
1993	767	66496	4849	182	6686	174	127916
1994	582	76347	6619	226	6126	146	95288
1995	529	93808	5387	227	6174	141	85483
1996	551	86235	5862	190	5128	127	111790
1997	623	103221	6341	209	5667	134	62791
1998	590	64219	6950	172	4266	247	93393
1999	376	35315	3919	109	2789	222	90369
2000	303	44121	2782	185	3718	182	71288
2001	372	45197	3915	157	3621	177	104998
2002	361	72063	3738	126	2978	204	160155
2003	265	81855	3409	120	3031	231	199806
2004	364	74227	4219	153	3183	266	249143
2005	404	139767	3803	160	3286	288	293912

第三节　管　理

一、机构

（一）宁德市（地区）交通运输局

1993 年，宁德地区交通局内设办公室、工程科、业务科 3 个科室，设有地区公路运输管理处和地区水路运输管理处 2 个副处级事业单位，以及福建省交通基本建设工程质量监督检测站宁德监督分站、地区车辆购置附加费征收管理办公室以及归口管理单位宁德地区公路局。

1995 年，地区交通局内设办公室、工程科、财审科、交通安全办、地区公路运输管理处（增挂地区机动车辆维修管理处）、地区水路运输管理处（增挂地区船舶维修管理处）、地区车辆购置附加费征收管理办公室 7 个科（处）室，同时，增设公路路政管理科与工程科合署办公。

1998 年，内设办公室（增挂人事劳工科牌子）、计划财务科、工程建设科、科技教育科、公路路政管理科、审计科、执法监督科（增挂行政复议办公室牌子）7 个科室；下辖公路运输管理处、水路运输管理处、地区交通建设开发公司、交通安全办公室、车辆购置附加费征管办公室、地区交通技术培训中心、福安白塔车辆通行费征收管理所、柘荣车辆通行费征收管理所、福鼎桐山车辆通行费征收管理所等 13 个单位；归口管理的有宁德地区公路局、宁德地区路政分局、宁德地区汽车运输总公司、赛岐港务局等 4 个单位。局机关核定编制 25 名、行政编制 7 名、事业编制 16 名、机关后勤服务人员事业编制 2 名，下辖事业单位共有事业编制 148 名。

2000 年 11 月，随宁德撤地设市改成宁德市交通局。2002 年，市交通局内设办公室（加挂人事劳工科牌子）、计划财务科、工程建设科、科技教育科、公路路政管理科、执法监督科（加挂行政复议办公室牌子）、派驻纪检组（对外挂监察室牌子）、交通安全办公室、地区公路运输管理处、地区水路运输管理处、地区车辆购置附加费征收管理办公室 11 个科（处）室。同年，宁德市水路运输管理处加挂福建省宁德市地方海事局牌子。2003 年，为加强县乡公路管理，设立宁德市县乡公路管理所。

2005 年，市交通局内设办公室、人事教育科、法制科（加挂行政复议办公室牌子）、财务科、审计科、计划建设科、公路路政管理科等 7 个职能科室，核定行政编制 18 名。

（二）宁德港务局

1993 年之前，宁德港港口管理机构为福州港务局宁德办事处，归属福州港务局管理，后更名为福建省闽东港航管理处，归省港航管理局管理。1993 年，闽东港航管理处分设宁德海事局和赛岐港务局，并下放宁德地区行署管理，为副处级自收自支事业单位。1997 年，宁德市三都澳港务局并入赛岐港务局，结束宁德地区一个港两个港务局的历史。1998 年，赛岐港务局更名为宁德港务局。1999 年，宁德港务局实行政企分开。2005 年，市政府确定宁德港务局为宁德市港口行政管理部门，统一宁德港政令，内设办公室、财务科、工程科、港口管理科、航道管理科、安全技术科等 6 个科室。

二、公路管理

（一）公路养护

1993年起，随着全省公路体制下放与“先行工程”实施，境内高等级路面不断增加，给公路养护提出更高要求。公路部门围绕“建养并重、协调发展、深化改革、强化管理、提高质量、保障通畅”养路方针，以公路养护为中心，探索养护工作新路子，针对不同路面，推行“国路民养”、计件工资制，组织公路养护“联合体”，出台公路养护按质按量计价方法，公路养护小修保养机制转换等方法，进一步完善公路养护工作机制，并从提高公路养护质量出发，科学合理地规划干线公路上的公路管理站，在国道及若干省道上组建大道班，公路养护质量和水平进一步提高。

1995年，公路养护资金严重不足，全区1532.50千米专养公路，年均综合好路率稳定在78.80%，干线好路率达82.40%，养护质量综合值达73.80%，分别比上年提高1.90、1.60和0.90个百分点。县乡公路好路率为61%，基本保持道路通畅。全区列为专业养护线路总长1454.87千米，其中国道1条216.16千米，省道7条805.37千米，县道24条425.61千米，乡道1条7.73千米。全区共有道班103个、油路站7个、保养组8个，拥有职工913人，养护机械384台（件）。乡道与国道、省道、县道一起被列为专养公路，实施专业养护。

1998年，全区共设有9个公路分局，养路道班261个。其中固定工人养护道班100个，拥有养路职工1206人，固定工人养护道班中，负责国道104、316线229千米养护任务道班6个，负责省道818千米养护任务道班57个，负责县道1054千米养护任务道班33个，负责乡道85.87千米养护任务道班4个；群众养护道班161个，其中，负责641.46千米县道养护任务道班39个，负责1963.31千米县道养护任务道班122个。在养护经费比1993年锐减1000多万情况下，全区专养公路平均综合好路率达78.60%，干线好路率达83.60%，比1993年76.40%、79.80%分别提高2.20、3.80个百分点。进入21世纪，随着国道104线宁德段改造工程，安保工程等项目实施，公路管养成效进一步提高，专养公路路况稳定。

2005年，全市9个公路分局，公路养护道班85个，养护企业10个，有道班工人641人，其中固定工273人、合同工326人、其他用工42人。公路养护里程4416.55千米，其中国道389.51千米、省道692.32千米、县道1593.94千米、乡道1740.78千米；固定工人养护1846.85千米、群众养护2931.43千米、用路部门自养1.14千米。年均综合好路率78.40%。

（二）公路路政

1995年10月6日，宁德地区公路路政管理分局正式成立。随后，全区9县（市）也相继成立公路路政管理所。路政管理部门按照省政府《福建省公路路政管理规定》开展路政管理工作。

1996年5月，路政部门运用报纸、广播、电视等新闻媒介，开展“路政管理宣传行动月”活动。并将25日作为各县（市）公路、路政领导接待日，接待群众来访，解答路政法规政策，为群众提供咨询服务。同年，地区行政公署发出《关于加强国道104线宁德段公路路政管理的通知》，路政部门加强国道104线闽东段路政管理。全年共纠正制止违章行为1672起，清理堆积物982处13671平方米，清理违章建筑（搭盖）362座10050平方米。

1997年，全区开展“清违章治脏乱、巩固提高文明路”专项活动，共清理永久性建筑501座16459平方米，临时搭盖1452处2817平方米，临时建筑物881座18076平方米，清理路面堆积物2823处17664平方米。

1998 年，在整治占道加水活动中，制止纠正违章行为 4760 起，整治健全规范加水点 137 个，保障公路畅通。

2001 年，执行省公路路政管理局《路政巡查管理制度》，安排人员对国道干线公路每日巡查次数不少于一次，其他线路每星期不少于一次。路政人员加大巡查力度，对红线内违章建筑进行依法处理，全年共清理违章建筑 36 起 1810 平方米，拆除违章建筑 87 座 551 平方米，清理临时搭盖 80 起 1314 平方米。

2002 年，全市公路系统开展创“青年文明号”活动，9 个路政所“青年文明号”覆盖率达 100%。是年，全市路政人员上路巡查 8344 人次，1807 车次，制止纠正违章行为 3952 起，查处路政违章 298 起，清理堆积物 15419 平方米 /1017 处，发放宣传材料 5600 份，收取路政赔偿费 60.75 万元。

2003 年，防治“非典”期间，全市交通系统投入资金 253 万元，实现“交通不断、货流不断、人流不断、传染源切断”的“三不断一切断”目标。

2004 年，各级公路路政管理部门发现和纠正各类路政违章 4178 起。

2005 年，继续开展路政专项整治，依法纠正、查处各类路政违章行为，纠正各类路政违章行为 3339 起，办理路政许可 86 起，清理违章堆积物 32244 平方米，拆除违章建筑 51 座 894 平方米。查处违章超限车辆 5025 辆次，卸载 2608 辆次，卸货总吨位达 10141 吨。

（三）治理公路“三乱”

1993 年，全区开展治理公路“三乱”（乱上路、乱收费、乱罚款）工作，共组织检查 54 次，明察暗访行程 8133 千米，处理群众来信 38 件，共撤除检查站 46 个，收费站（点）8 个，取消乱收费项目 6 个。查处“三乱”案件 45 起，分别对 39 名直接责任者予以党、政纪处分。国道 104 线闽东段基本没有关卡，省、县道上检查也趋于规范。

1997 年，全区开展清理公路路障专项治理工作。各级路政部门采取宣传、协调、查堵三步走方法，结合开展《中华人民共和国公路法》宣传，村民在公路上打场晒粮现象得到有效制止。

1998 年，继续保持公路“三乱”治理力度，先后组织 6 次明察暗访，行程 1800 多千米，共查处公路“三乱”案件 4 起，处分有关责任者 2 人，书面检查 4 人，没收非法收费 6000 多元。并会同地区“纠风办”等部门对全区运输市场收费问题进行清理整顿，取消不合理收费 14 项，有效遏制公路“三乱”的滋生和反弹。

2000 年，采取强有力措施，加大工作力度，巩固和扩大公路、水上治理“三乱”工作成果，确保如期实现全市辖区所有公路无“三乱”的目标。

2003 年，为防止“三乱”现象反弹回潮，在春运以及“五一”“十一”黄金周运输中，交通运输部门早动员、早部署、早安排，做到人便于行、物畅其流，保证节日期间旅客疏散和重点物资运输供应。

三、运政管理

（一）运输市场监管

1993—1996 年，加强对运输市场进行稽查，采取派遣运管人员进驻车站稽查办法，制止强行拉客、野蛮“宰”客、粗暴待客以及乱提价、乱收费、越线经营等行为，维护旅客、货主和经营者合法权益。

1998 年，开辟宁德至福安、柘荣、福鼎普快班车，促进客运业发展。是年，全区开辟货物配载中心 13 个，新增运力 410 辆，其中客车 251 辆，货车 159 辆。

1999 年，发展汽车快件货物业务，巩固汽车零担货物运输；开展车辆综合性能检测和等级评定，确保行车安全；全区公路客运形成客车高中低档齐全，大中小型配套的运输格局。

2000 年，按照“加强管理、规范行为、健全机制、确保有序”要求，取缔非法经营行为，重点打击出租车非法运输和货车、无证船舶载客现象。稽查短途运价，打击不正当竞争行为。同时，严格资质准入制度，扶持组建一批具有一定规模的货运企业，发展货运零担班线，初步建立货运配载中心网络。

2002 年，开展打击非法运输、道路危险品货物运输和汽车维修市场等专项整治，加强出租车营运管理和春运、“五一”“十一”等长假期间旅客运输工作，全面推行 IS09000 服务质量体系认证。全年完成车辆技改投入 2500 万元，更新汽车 107 台。引导客运车辆载客向农村延伸，解决农村乘车难问题。是年，全区基本实现取缔柴三机、农用车载客现象，无序竞争问题得到较好解决。

2003 年，加强道路和水上运输市场准入制度，严格审核企业经营资质，取缔一批非法维修点。

2005 年，重点打击黑车、摩的、外挂车和超限超载运输，整治各种违法违规经营行为。是年开始放宽货运市场准入政策，吸引“外挂”货车回归本市或办理驻点运输证照，培育统一、开放、竞争、有序运输市场。

（二）车辆管理

1993—1994 年，宁德地区车辆管理办法执行交通部《汽车运输业车辆技术管理规定》。

1995 年，组建宁德地区机动车辆技术性能检测中心，对参与营运机动车辆进行技术等级评定。对沿线维修点进行整顿，符合开业条件的进行统一挂牌，取缔一部分不符合开业条件维修点；坚持实行车辆维修卡制度，强化机动车定期维护管理，为车辆安全运行奠定基础。

1997—1998 年，在出租车客运市场整顿取得初步成效基础上，进一步放开限制，采取灵活措施，督促车主尽早办理营运手续，核发营运证。

2001 年，执行交通部《汽车维修、检测、诊断技术规范》，进行汽车维护。

2004 年，执行国务院《中华人民共和国道路运输条例》，以行政法规形式确立营运汽车维护法律地位。

2005 年，规范营运客车类型划分和等级评定工作，全面推行 ISO9000 服务质量体系认证。全年完成车辆技改投入 2500 多万元，更新汽车 107 台。同时，对营运车辆综合性能加强检测，营运车辆技术状况明显提高。

（三）驾驶员管理

1993 年起，交通部门把驾驶员等级资格考核和岗位培训作为提高人员素质重要工作来抓，当年，全区有 3000 余名驾驶员通过等级资格考核。

1994—1996 年，驾驶员管理执行交通部《关于尽快开展汽车驾驶学校和驾驶员培训行业管理工作的通知》《关于开展汽车驾驶学校和驾驶员培训行业管理工作的补充通知》精神，全区组织 5000 名驾驶员参加驾驶培训。

1997 年，执行福建省交通厅《关于对全省营运货车驾驶员进行岗位培训的通知》精神，督促无岗位服务证驾乘人员参加培训，取得岗位服务证上岗，从 1 月 1 日起，有 8000 余名驾乘人员持福建省道路运输岗位服务证上岗。

2001年，执行交通部《营业性道路运输驾驶员职业培训管理规定》，驾驶机动车从事营业性道路运输活动的驾驶员按照此规定参加职业培训，有2000名从事营业性道路运输活动驾驶员，经培训后取得营运驾驶员从业资格。

2002年，执行《福建省营业性道路运输驾驶员职业培训管理规定实施细则》，全区组织1000多名营业性道路运输驾驶员，开展运输法规、安全行车、汽车维修等相关知识培训，颁发“从业资格证”。

2004年，执行省交通厅转发公安部《关于印发机动车驾驶员队伍整顿工作实施方案的通知》有关规定，依法整治、全面规范机动车驾驶员培训工作，组织人员对全市驾驶培训机构行业标准进行资格审验，审验不合格的，发给限期整改通知书。全市共审验10家驾驶培训机构，2家不合格，合格达80%。

2005年，采取评估、复查等办法，对全区驾驶培训机构管理制度、教练员配备、教练车、教练场和教学设施等进行审查，凡不符合交通部《机动车驾驶员培训教学大纲》标准的责令整改，规范教学行为，提高培训质量。年底，全市共培训、考试及发证驾驶员10189人，其中客车、出租汽车驾驶员5247人，货车驾驶员4435人，危货运输驾驶员、装卸管理人员和押运员507人。

四、港航管理

（一）港口管理

1993—2003年，万吨级以上码头建设项目使用港口岸线由交通部审批，建设万吨级以下码头项目使用港口岸线由福建省交通行政管理部门审批。

2004—2005年，宁德市在港口总体规划区内建设港口设施，使用港口深水岸线的，执行国家交通部《关于发布港口深水岸线标准的公告》有关规定。由国务院或国家发展和改革委员会审批的港口设施或建设项目，不再单独办理使用港口深水岸线的审批手续。其余港口设施或建设项目使用港口深水岸线的，由各城市（设区的市，下同）港口管理机构征求同级人民政府有关部门和海事部门意见后，向省交通厅、交通委员会或港口管理局提出申请。省交通厅或港口管理局对使用港口深水岸线的合理性进行评估，并征求省发展和改革委员会（计委）意见后，向交通部提出使用港口深水岸线申请，交通部在进行评估后，会同国家发展和改革委员会审批。建设港口设施使用非深水岸线的，由各城市港口管理机构征求同级人民政府有关部门和海事部门意见后，向省交通厅或港口管理局提出申请，省交通厅或港口管理局对使用港口非深水岸线的合理性进行评估，并征求省发展和改革委员会意见后审批，并报交通部备案。

1993—2005年，根据《中华人民共和国港口法》和《港口经营管理规定》建立健全港口经营管理和管理业务制度，至2005年，宁德市港口行政管理部门共受理审批《港口经营许可证》港口企业达38家。

（二）引航管理

1993—2000年，宁德区域内的港口船舶引航工作归各港口港务局或交通部直属海事局在各港设置海事局管理。2001年归宁德港务局管理。2002年1月1日，根据交通部《船舶引航管理规定》，实施“一个港口一个引航机构”精神，宁德港务局成立宁德港引航站，为进出宁德港水域船舶提供引航服务。宁德港引航站引航范围有三都澳港区、赛江港区、三沙港区、沙埕港区。至2005年，引航站共引航中外船舶1400艘次。

（三）船舶船员管理

船舶管理 1994年6月，国务院颁布《中华人民共和国船舶登记条例》。1995年1月1日起，将船舶所有权登记和国籍登记分开，分别颁发船舶所有权登记证书和船舶国籍证书。船舶登记业务除办理国籍登记和所有权登记外，还增加船舶抵押登记、船舶租赁登记、变更登记、注销登记、废钢船登记、船舶标志和公司旗登记等。1998年起，对宁德地区所有符合条件沿海船舶核发最低安全配员证书。2001年，交通部海事局授权宁德海事局负责宁德辖区内所有船舶登记工作。通过加强营运证管理、停止新增运力审批，加强运单管理等手段，加大对无证船舶监管。对新投入营运船舶，组织资质评估、审核，对原有船舶分类提出整顿意见，期限内还达不到要求的，予以清退。2005年，宁德市更新渡船53艘次，创建内河水域绿色通道。

船员管理 1993—1996年，执行福建省交通厅《关于船员需要培训考核发证的规定》，全区沿海县和古田县采取自己办班和送外培训办法，组织船员培训。全区年均开办培训班46期，结业2010人，输送外地培训354人。1997年，执行国家交通部《中华人民共和国船员培训管理规则》《中华人民共和国船员条例》《中华人民共和国船员适任考试和发证规则》等规定，由海事管理机构负责境内海船和内河船员适任考试、评估和发证，至2004年，经考试、评估，发证3000本。2005年，执行《中华人民共和国内河船舶船员适任考试发证规则》，宁德市地方海事局组织辖区内船员进行适任考试，共发证1000本。

五、规费征收

（一）公路运输管理费

1993年，宁德地区的公路运输管理费由省运输管理局直征。1994年，省运输管理局把公路运输管理费下放各地市征收，主要用于运管机构办公场所建设，装备添置等开支。当年，全区公路稽征部门征收运管费800多万元。1995年，全区公路稽征部门征收运管费967.15万元。1997年起，免征维修管理费。1998年，按原标准的80%重新核定征收标准，当年征收公路运输管理费1383.85万元。2002年，免征营业性人力三轮车运输管理费。2003年，执行财政部、中国人民银行《关于将部分行政事业性收费纳入预算管理的通知》，从2004年起将公路、水路运输管理费列入预算内管理，规定运输管理费是专款专用事业性收费，仅用于行业管理，不得挪作他用。运管费征收和使用实行"收支两条线"及预算内资金管理办法，征收全额进入财政专户，使用需列入年度预算报经财政部门批准。公路运管费按比例分级安排使用为县（市、区）70%、设区市20%、省级9%、中央1%。水路运管费按属地征收，原则由征收机构全额留用。2004年，免征农用三轮车、农用拖拉机运输管理费。2005年，免征城市出租车、客运旅游车辆及农村客运班车运输管理费。

（二）公路养路费

1993年，执行《福建省人民政府关于同意调整我省公路养路费征收标准的批复》，公路养路费标准调整为：客车每月每吨位调为200元，货车每月每吨位调为180元，其他机动车每月每吨位180元（不含拖拉机），挂车每月每吨位120元，正三轮摩托车每月每吨位170元，侧三轮摩托车每月8元，二轮摩托车每月4元，畜力车每月8元，手扶拖拉机每月50元，拖拉机方向盘式10马力以下每月40元，10～20马力每月70元，20～30马力每月110元，30～40马力每月 145 元，40 ~ 50 马力每月 180 元（以上农用车在农耕季节予以免征）。调整幅度分两年到位，其中 1994 年按调增额到位 50%，1995 年按调增额再到位 50%。同年，执行省交通厅《关于整车调运粮食免收通行费有关问题的通知》，规定从 1994 年 6 月 15 日起，至 1997 年止，全区范围（包括从外省调入）整车调运粮食（稻谷、大米、小麦、面粉、玉米、大豆）一律免征公路车辆通行费。

1998—2004 年，执行《福建省公路规费征收管理条例》规定，对拖欠公路规费车辆可以暂扣公路规费收讫标志，责令其限期缴纳。对逃缴、拒缴、抗缴公路规费车辆，公路稽征机关可以收回公路规费收讫标志。无有效公路规费收讫标志的，公路稽征机关可以暂扣车辆。不缴纳公路规费的，由公路稽征机关责令限期缴纳，从欠缴之日起，按日加收滞纳金。逾期仍不缴纳的，处欠缴规费三倍以下罚款。车辆未缴费强行通过收费站的，由公路稽征机关责令其补缴，并处以应缴车辆通行费三倍罚款。对违反《条例》第十三条第二款“严禁涂改、伪造、套用或使用涂改、伪造的公路规费缴费凭证和公路规费收讫标志”的，由公路稽征机关予以没收销毁，处以所使用票据（含缴费凭证）票面价值十倍以下罚款，没有票面价值的，处以 1000 元罚款。此规定一直执行至 2004 年不变。

2005 年，继续执行《福建省公路规费征收管理条例》规定，宁德稽征处征收养路费 6177.60 万元，其中汽车养路费 4967.07 万元，先行工程基金 1130.40 万元，林业养路费 2.61 万元，其他机动车养路费 77.52 万元。

（三）普通公路车辆通行费

收费站 1993 年，宁德地区先后设立有：福鼎桐山大桥、古田大桥（有分站）、周宁、屏南、柘荣、福安白塔、寿宁、霞浦、蕉城飞鸾岭隧道、蕉城八都、福安桂林、福安赛岐大桥（有分站）等收费站。2003 年，根据国家有关公路收费站设站规定，撤销蕉城飞鸾岭隧道站、霞浦站收费站点。全市保留收费站 12 个（含分站），并经省政府批准，重新核定收费期限，至 2005 年不变。

2005 年宁德市普通公路收费站征收情况一览表

表 8-9

收费站名	收费方式	站址路线与桩号	收费期限
福鼎收费站	双向	G104 线 2014K+100	2008.12.31
柘荣收费站	双向	G104 线 2114K+100	2008.12.31
福安白塔收费站	双向	S304 线 99K+738	2008.12.31
宁德八都收费站	双向	S202 线 194K+990	2008.12.31
古田大桥收费站	双向	S301 线 111K+600	2008.12.31
古田水口大桥收费站（分站）	双向	G104 线 2148K+600	2008.12.31
屏南收费站	双向	G104 线 2067K+769	2008.12.31
周宁收费站	双向	G104 线 2182K+63	2008.12.31
寿宁双湖收费站	双向	G316 线 83K+900	2008.12.31
福安桂林收费站	双向	S302 线 78K+510	2008.12.31
福安赛岐大桥收费站	双向	S302 线 42K+800	2007.8.31
福安后太收费站（分站）	双向	X953 线 6K+700	2007.8.31

收费标准 1993年，车辆通行费征收标准，按车辆核定载重量（包括拖带车载重量），1吨以下每辆次2元；1～2吨每辆次4元；2～3吨每辆次6元；3～4吨每辆次8元；4～5吨每辆次10元；5～6吨每辆次12元；6～7吨每辆次14元；7～8吨每辆次16元；8～15吨每辆次20元；超过15吨每辆次30元。

1994年起，执行《福建省人民政府关于同意调整我省公路养路费征收标准的批复》。

1996年起，改革手工收费方式，逐步推广应用计算机收费。至2004年，全市9个通行费所共完成征费收入3243万元。其中，国道104线（八都、福安白塔、柘荣、福鼎桐山）4个通行费所共完成征费收入2314万元，省道（古田大桥、屏南、周宁、寿宁、福安桂林）5个通行费所完成征费收入929万元。

2005年，全市收入车辆通行费3260万元，同比增长0.52%。其中，国道104线4个通行费所完成征费收入2314万元，与上年持平，省道5个通行费所完成征费收入946万元，较上年同期增长1.83%。

免征范围 军队车辆、武警部队车辆，公安机关在辖区内收费公路上处理交通事故、执行正常巡逻任务和处置突发事件带统一标志制式警车，以及经国务院交通主管部门或省政府批准执行抢险救灾任务车辆，免交车辆通行费。进行跨区作业联合收割机、运输联合收割机（包括插秧机）车辆，免交车辆通行费。1994年和2000年，省政府两次批准运载农副产品车辆免征公路（含桥、隧）通行费。

（四）高速公路车辆通行费

2002年8月1日，福宁高速公路漳湾段投入运营，漳湾收费站开征车辆通行费。2003年6月29日，下白石、盐田、霞浦、三沙、牙城、太姥山、八尺门、福鼎、闽浙、湾坞收费站开征车辆通行费。2004年2月13日，湾坞收费站开征车辆通行费。2005年4月1日零时起，根据新制定《福建省联网高速公路通行费结算分配暂行办法》，车辆通行按照路段里程、投资、费率3项因素，采用“一车一拆”方式进行实时分配。6月26日，福安、赛岐收费站开征车辆通行费。福宁、罗宁高速公路收费标准为小型车每车千米0. 60元。高速公路统一实行“入口取卡、出口交卡缴费”全封闭收费制式，高速公路主线上不设收费站。

（五）水上规费

水路运管费 1993年，执行省定水路运管费标准，按营业收入总额1.96%征收。1997年，实行两种方式征费，即按营运业收入征收和按定额征收，其中，按定额征收标准为：1000吨以下按载重吨每吨每月1.40～1.50元计征，1001～3000吨按载重吨每吨每月1.30元计征，3001～10000吨按每月1.10元计征，10001吨以上每月0.80～0.90元计征。1998年，沿海客运按每座每月1元计征收。采用定额征收的按月征收，全年一次性缴纳的按10个月予以征收，运管费缴讫证按12个月开出。是年，全区共征收水路运输管理费共72.50万元，征收办法沿至2005年。

港口建设费 1993年7月1日起，根据《港口建设费征收办法》代征港口建设费，其代征款项通过省级港口管理部门上缴交通部，至2005年不变。

港口交通建设基金 1993年，对进出赛岐、下白石、三都、漳湾、姚家屿、福鼎、沙埕、霞浦、秦屿、三沙港口的货物征收港口交通建设基金，由发货人或收货人负责缴交，征收标准执行

“福建省港口征收交通建设基金费率表”规定。2001年6月停征。

内河航道养护费 2002年4月，宁德开始征收内河航道养护费，停止征收航道建设基金。2004年12月，内河航道养护费改由省航道局征收。2005年1月1日起，内河航道养护费改由宁德港务局征收。

货物港务费 1993—2005年，货物港务费由宁德港口管理机构征收，主要用于海港和内河港口进港航道、泊位、港池、锚地测量、维护性挖泥、护岸和导漉堤等维修。

船舶港务费 1993年前，宁德港务部门开征船舶港务费，主要用于海港和内河港口港内航标修理、增添附属设备、航标管理、测绘业务等费用。1994年起，改由宁德国家海事部门征收。

六、安全管理

（一）道路安全管理

1996年，全区结合推行建立水运企业安全管理新机制，坚持现场检查和事故隐患治理。狠抓安全生产薄弱环节，突出安全工作重点、要害部位，开展现场监控，依法跟踪落实事故隐患的整改。抽调有关职能科室人员16人次，深入现场380多次，检查车间30个，发现隐患70处。

1998年，交通部门对上级下达的各类事故主要控制数考核指标进行层层分解，落实到各责任单位，并签订“交通安全生产目标管理责任书”。

1999年，全年召开各类安全会议53场，组成检查组218个，参加检查人员1540人次、出动车船450辆（艘）。2000年，开展“安全生产周”，交通安全百日竞赛等各项安全活动。全年举办安全业务培训17期，参加培训的兼职安全员、机械手570人次。规范路上安全施工与作业还加强对危桥的加固与改造，在国道设立桥梁限载限速标志，还在专养省、县道设立限载限速安全标志，共投入130.5万元，投入32万元更新农用车8台。

2001年，加强道路运输企业安全的指导监督工作，落实日趟检制度，抓好工程施工和采挖料场等安全工作，从源头上控制安全事故。2002年，交通局党组定期召开交通安全生产形势分析会，研究解决存在的问题；完善《交通安全检查隐患整改通知》《检查隐患整改情况督查件》等，建立《市交通局预防台风和抗旱工作预案》《宁德市撤渡建桥工程项目建设管理实施细则》。

2003年，完成6个省定事故多发地段的整治和26处1405延米整体式钢筋混凝土防护干墙建设及国道104线公路7座危桥的加固和改造。2004年，突出“三把关一监督”，深入开展交通安全专项整治活动，建立健全安全应急救援体制和应急处理机制，有效遏制大事故发生。

2005年，取缔农用车、柴三机载客。

（二）水上安全监管

1995年，开展全区水运大检查，查处103艘无证经营、偷漏规费等违章船舶，规范水路运输市场秩序。1998年，加强对乡镇船舶和渡口渡船管理，全区组织检查169次，检查组深入三都、漳湾、下白石等重要港口码头，查出事故隐患186条，整改116条，限期整改70条。检查船舶1086艘，清理碍航布网270多张，有效消除事故隐患。

1999年，加强安全硬件建设力度，筹措资金110万元，更新改造渡船42艘。检查船舶1300多艘次，隐患整改率达85%。加强乡村运输船舶检查登记和驾机人员技术复训工作，全区乡村渡口渡船管理面达98%，乡村渡口渡船安全监控率达95%。

2000年，加大无证船舶打击力度。对新投入营运船舶，组织资质评估、审核，对原有船舶分类提出整顿意见，规定期限内还达不到要求的，予以清退。宁德港务管理局安全技术科对辖区内港口、码头企业实施安全监督。

2001年，以渡口渡船、旅游船舶、库区、海湾为重点，加大水上交通安全整顿力度，加强对客（渡）船、危险品运输船的安全适航状况的监控；加快渡口渡船更新改造；清理挂靠企业船舶，规范代管行为；采用营运证管理、停止新增运力审批，加强运单管理等手段，加大对无证船舶打击力度。

2002年，开展“水上运输安全管理年”和“安全生产周”等活动，宣传贯彻《中华人民共和国内河交通安全管理条例》，指导县乡政府落实乡镇船舶安全管理，做到机构、人员、经费、设备的落实。2003年，投资1020万元，完成撤渡建桥6座，改造渡口13处、旧渡船8艘，从源头上消除安全隐患。

2004年，港务部门严格落实企业主体责任，加强港口设施保安日常管理工作，完善各项规章制度，加大保安员的日常培训教育力度，经常性组织港口设施保安检查，开展保安演练，形成立体防范新格局。

2005年，全市批准23家企业从事港口危险货物作业资质，颁发“港口设施保安符合证书”7本。全年投入2000多万元，安排撤渡建桥项目18个。

第二章 邮 政

第一节 邮路与设施

一、邮路与投递

（一）邮路

1993年，全区邮路总长3380千米（含福州中心局主开3条邮路和福鼎到浙江邮路）。出境邮路有福鼎、霞浦、屏南至福州的3条自办汽车邮路，古田经莪洋至福州的火车邮路以及福鼎至浙江温州的汽车邮路。

1994年，加快区内自办邮路。至1998年，全区有邮路98条，邮路总长2460千米。1999年，全区邮路增至100条，总长2686千米。2000年年底，邮路总长调整为2638千米。

2001年，全市邮路100条，总长再次调整为2596千米。2002年，全市邮路调整为95条，总长2584千米。2005年，全市邮路调整为73条，总长增至2718千米。

（二）投递

城市投递 1993年，全区城市投递路段61段，其中宁德15段、福安7段、古田5段、霞浦5段、福鼎10段、寿宁5段、周宁5段、屏南6段、柘荣3段。

2000年，区内各邮政局成立具有法人实体的收投公司，并逐步将各县（市）局的收投公司从各局剥离，统一划归宁德鸿雁公司管理，加快投递专业化经营。是年年底，全市城市投递路段增至101段，其中宁德26段、福安11段、古田16段、霞浦11段、福鼎11段、寿宁6段、周宁6段、屏南10段、柘荣4段。

2004年9月27日，三都邮局投递员送报上门　　高黎明　摄

2001年，全市有城市投递路段110段。2002年，调整为94段。2003年，再次调整为91段。2004

2005 年，宁德市邮政局投递人员上门送邮件

年，全市有城市投递路段 97 段。

2005 年，全市城市投递段道增至 106 条，其中宁德 27 段、福安 18 段、古田 8 段、霞浦 11 段、福鼎 18 段、寿宁 6 段、周宁 6 段、屏南 6 段、柘荣 6 段。城区每日平均投递次数 1.28 次，城区局内信箱（筒）每日平均开箱次数 1.62 次，城区局外信箱（筒）每日平均开箱次数 1.04 次。

农村投递 1993 年，全区农村投递线路总长 1.19 万千米，2131 个行政村全部实现通邮。其中，逐日班 940 个，占行政村总数的 44.1%。

1997 年，宁德市三都青山海域渔业网箱养殖发展迅速，海上社区组织随之应运而生。为及时将邮件和报刊送到网箱养殖户、海岛渔民和海上社区人员手中，宁德地区邮电局在青山海域新开辟一条海上邮路：每周一、四由投递员前往三都领取邮件，周二、五投递海上养殖片区，周三、六投递附近的 6 个行政村；日行程为 31 千米；海上投递时间大约 5 ~ 6 小时、陆地投递时间大约 6 小时。

1998 年 11 月 6 日，宁德金涵亭坪乡邮递员为畲族用户送报刊

1998 年年底，全区农村投递邮路总长 1.21 万千米。2000 年年底，调整为 1.20 万千米，其中福安 2024 千米、古田 1482 千米、霞浦 1737 千米、福鼎 1599 千米、寿宁 1209 千米、周宁 886 千米、屏南 896 千米、柘荣 820 千米、宁德 1297 千米。

2001 年，全市农村投递邮路总长调整为 1.18 万千米。2004 年，全市农村投递邮路总长再次调整为 1.16 万千米。

2005 年，全市有农村投递线路 490 条、总长 11650 千米，其中宁德 1301 千米、福安 2032 千米、古田 1467 千米、霞浦 1813 千米、福鼎 1558 千米、寿宁 1209 千米、周宁 886 千米、屏南 852 千米、柘荣 532 千米。全市按固定班期投递邮件的乡镇达 121 个，占全区 124 个乡镇总数的 97.58%，每周平均投递次数 6 次。

二、设施

1993—1994 年，全区实现县（市）局邮政营业微机化和全区报刊微机系统联网，添置邮件处理自动化机械设备 27 台。1995 年，地区邮电局首次推广使用由计算机控制的新型智能包裹收寄机。此后，陆续置备具有国内先进水平的半自动信函分拣机、包裹分拣机、机械手取包机等生产设备。

1996年，依靠科技进步，地区邮电局建成商函自动处理系统。8月，在全省率先成立“180”服务台，受理用户投诉及业务咨询。1998年，全区各邮政局开通EMS（Express Mail Service 邮政特快专递服务）“185”电话专线，开办揽收、查询、投诉、咨询等业务。同时，各局均配备EMS特快专递车辆以保证运递需要。根据邮政货运市场发展需要，全区购置邮车8辆。加大邮政户箱工程建设力度，建信报箱群15个，初步做到能投递到户。全区还购置防弹送款车，相应配备经警人员与“三防”（防霉菌、防潮湿、防盐雾）设备，确保生产安全。

1999年，全区邮政重点工程建设顺利实施，完成各类土建工程投资5469.47万元，其中7个新建邮政大楼工程累计完成工程量4152.5万元。邮政综合计算机网络建设全面启动，全区40个邮政服务网点实现营业微机化。引进瑞士科恩邮简机、德国OCE高速激光账单打印机，加快商函处理。地区邮政局在“185”特快业务查询方面新增加用户投诉服务，并制定相应的投诉受理制度。是年，还成功开发无线寻呼现金缴费软件，以方便用户。

2000年，全区邮政设施建设坚持“有利于增强企业竞争力，有利于促进业务发展，有利于优化网络”的原则，合理安排新建、改造网点等投资建设计划，新建邮政大楼累计完成投资9794万元，古田、柘荣邮政大楼先后竣工投入使用。2001年，全市邮政系统拥有邮政车辆88部。

2002年，市邮政局成立技术维护中心，为生产经营提供强有力的技术支撑，使邮政电子汇兑和代缴话费系统平稳运行。图书管理系统开始投入使用，大客户系统进入研发阶段，寻呼缴费、故障应急等服务得到进一步改善。2003年，建成宁德东侨邮政大楼、霞浦福宁邮政大楼。

2005年，市邮政局引进美国必能宝高速信封打印机，商业信函制作能力明显提高。

第二节 业 务

一、函件

（一）国内函件

1993年，全区邮政国内函件量为3346.72万件。1994年，随着电话、网络等通信工具和通信方法的改变和普及，函件业务逐渐萎缩。是年，完成函件量2034.13万件，业务量较上年缩减39.22%。1995年，全区国内函件量降为1753.05万件。1996年，略有回升至2058.71万件。1997年，再降为1405.33万件。1998年回升至1536.10万件。

1999年12月，宁德地区邮政局设立商函广告中心，着力发展商业信函，服务种类包括广告类服务和非广告类服务。广告类服务主要是根据客户的需求，向客户指定的零售函、产品目录、邮购目录、展示会通知、贺卡、信息汇编刊物等广告宣传品，并可附订购单、征询单、信函样张调查问卷等，使客户得到及时准确的信息反馈。非广告类服务主要是为银行、保险等金融机构的电信账单、收费通知单及回执提供打印、封装、邮寄服务，具有打印封装速度快、质量可靠安全等特点，并可根据客户要求，插入相应的广告宣传品。全区各局的函件业务重点放在商函业务上，在争取工商部门的支持、打击户外非法广告的同时，还组织营销人员上门发展邮送广告等业务。当年，全区完成函件量1398.75万件，实现商函收入356万元，占总函件收入的39.72%。

2000年，全区国内函件量降为1380.27万件（含平常函件量1278.78万件、给据函件量

101.49 万件）。各局商函部主动深入市场引导用户使用邮送广告、邮资广告明信片、对账单等业务，使商业信函业务发展迅速。此外，通过提供揽收、传真、投递一条龙服务，全年发展电子信函 1.41 万件，实现收入 11 万元。2001 年，全市国内函件量降为 1316.37 万件。2002 年 1 月，开办混合信函业务，全市完成函件量 1550.53 万件，为年计划的 100.7%。

2003 年，宁德市邮政局出台商函机制改革办法，即对邮递类商函和广告制作进行分别考核，促进业务健康发展。霞浦局为电信公司制作固话费用对账单，投送给城关 4 万多用户。福安局发行"商情快车广告"免费投递给企业用户。当年，全市完成函件量 1393.47 万件。2004 年年底，市邮政局成立信函广告局，以强化专业化经营。全年完成函件量 1239.07 万件，实现收入 929.18 万元。

2005 年，屏南邮政局发行国家级旅游景点白水洋旅游门票明信片 5000 枚。全市完成函件量 1123.48 万件，实现收入 922.34 万元。

（二）国际函件

1993 年，全区邮政国际函件（含港澳台地区，下同）量为 2982.79 件，比 1991 年增长 50.9%。1999 年，国际函件量为 4.10 万件（含国际平常函件 3.87 万件，国际给据函件 0.23 万件），与 1993 年相比有较大幅度增长。

2000 年，全区邮政国际函件量为 4.13 万件（含国际平常函件 3.86 万件、国际给据函件 0.27 万件）。2001 年，全区邮政国际函件量为 3.00 万件（含国际平常函件 2.70 万件，国际给据函件 0.30 万件）。2002 年，全区邮政国际函件量为 4.03 万件（含国际平常函件 3.56 万件，国际给据函件 0.47 万件），比上年增长 34.29%。

2003 年，全市邮政国际函件量为 2.89 万件（含国际平常函件 2.28 万件，国际给据函件 0.61 万件）。2004 年，全市邮政国际函件量为 2.65 万件（含国际平常函件 2.16 万件，国际给据函件 0.49 万件）。2005 年，全市邮政国际函件量为 2.37 万件（含国际平常函件 1.91 万件，国际给据函件 0.46 万件），呈逐年下降趋势。

二、包件

（一）国内包件

1993 年，全区邮政受理国内包件业务 23.82 万件。1994 年，受理 26.21 万件。1995 年，受理 31.89 万件。1996 年，受理 30.17 万件。1997 年，受理国内包件业务 22.82 万件。

1998 年，邮政、电信分营之后，面对国内包件业务萎缩趋势，全区邮政部门注重提高服务质量，国内包件业务 20.88 万件。1999 年，减少为 18.34 万件。

2000 年，为满足市内用户加快小物品包裹传递速度要求，全区开办市内包裹限时递业务。当年国内包件业务 17.9 万件。

2001 年，国内包件业务增至 21.55 万件。2002 年，为 22.11 万件。2003 年，国内包件业务 20.42 万件。2004 年，业务萎缩为 17.30 万件。

2005 年，全市邮政国内包件业务下降为 16.97 万件，为历年最低。

（二）国际包件

1993 年，全区邮政国际包件（含港澳台地区，下同）业务 269 件。1999 年，增至 497 件。

2000 年，增至 562 件。2001 年，国际包件业务量开始呈逐年递增趋势，当年为 596 件。2002 年 755 件，2003 年 724 件，2004 年增至 902 件。

2005 年，全市邮政国际包件业务 1107 件，首次突破 1000 件。

三、机要通信

1993 年，全区邮政局及各县（市）邮局均办理机要通信业务。当年，全区收寄机要函件 1.76 万件。此后至 1999 年，全区年收寄机要邮件量变动不大。

2000 年，区、县两级邮局加强机要函件寄递安全措施，除层层签订责任书之外，还配置监控报警装置，机要通信车辆均配置机要箱。各机要生产场所封闭作业，确保各机要岗位人员持证上岗，人员变动坚持“先审查、后任用，先培训、后上岗”原则，加强对机要岗位人员管理，机要通信水平不断提高。是年，全区收寄机要邮件 1.67 万件。

2001 年，全市收寄机要邮件 1.86 万件。2002 年收寄 1.67 万件。2003—2004 年，年收寄机要邮件均为 1.49 万件。2005 年，收寄机要邮件增至 1.52 万件。

四、普通快件与特快专递

（一）普通快件

1993 年，全区各县（市）邮电局及部分分支机构均开办邮政快件业务，当年收寄 57.63 万件。1994 年收寄 55.76 万件。1995 年收寄 52.02 万件。1996 年，快件业务开始萎缩，当年收寄量 44.71 万件。1997 年，降为 29.96 万件。

1998 年，随着邮政网络结构的健全和发展，尤其是信函分拣机的普遍应用，先进的机械设备处理在很大程度上代替手工处理，普通邮件的处理速度有较大提高。特别是铁路提速和公路网的建设，使邮件整体传递速度加快，纯手工处理的邮政快件业务已无优势，邮政快件业务逐渐萎缩。与此同时，伴随着特快专递业务的兴起，特快专递业务成为用户青睐的用邮手段。当年 7 月 1 日起，宁德地区取消普通邮政快件业务。

（二）特快专递

1993 年，全区邮电收寄特快专递 2.05 万件。1994 年收寄 1.94 万件。1995 年，随着经济的快速发展，企业和居民使用特快专递量快速增长，当年全区收寄特快专递 3.81 万件。1996 年，收寄 6.00 万件。1997 年，又增至 8.13 万件。

1998 年，全区特快专递业务达 12.01 万件，首次突破 10 万件大关，业务量比上年增加 47.22%。同时，全区还开办订送礼仪鲜花、接送新娘、点对点直递等邮政特快特别业务，年收入 41.14 万元。1999 年，全区特快专递业务达 12.40 万件，新开 3 条区内直递包裹业务并开展上门揽收。

2000 年，全区邮政特快业务市场得到新拓展，速递公司与公安、法院、交警、税务部门联系，开办特快寄递稽征规费缴纳通知单、身份证及县（市）间特快寄递人寿保险证单业务等。全年收寄特快邮件量达 21.00 万件，其中国内特快专递文件 17.25 万件、国内特快专递物品 3.34 万件，国际特快专递（含港澳台地区，下同）文件 3327 件、国际特快专递物品 922 件。2001 年，全市特快专递业务达 20.24 万件，其中国内异地特快专递信件 13.80 万件、国内同城特快专递信

2000 年 10 月 9 日，宁德邮政“185”平台人员到宁德远东彩笔厂上门投送特快专递

件 4.59 万件、国内异地特快专递物品 1.37 万件；国际特快专递信件 0.36 万件、国际特快专递物品 0.12 万件。

2002 年，宁德市成立速递公司，实行专业化经营并加强与大客户太平洋人寿保险公司、中国人民保险公司等单位合作，为保险公司在市内寄递所有保险业务单证。霞浦、古田县与交警合作推出特快寄递驾照便民服务。全区开始尝试区域物流配送业务，福安县与医药公司签订药品配送协议，每月配送 300 多件药品。是年，全市特快专递业务达 22.55 万件，其中，国内异地特快专递信件量 14.38 万件、国内同城特快专递信件量 1.32 万件、国内异地特快专递物品量 4.35 万件、国内同城特快专递物品量 1.80 万件；国际特快专递信件量 0.50 万件、国际特快专递物品量 0.20 万件。

2003 年 4 月，宁德市邮政局设立物流部，对特快、包裹、邮购、转运等业务进行整合，全面发展单、证、照类特快专递市场，与公安交警部门签订身份证、驾驶证、行车证和护照特快寄递协议。年底，福州至宁德高速的 EMS 专线试运行，与浙江省义乌、苍南开通跨省物流配送通道，在区内开展手机配送业务。是年，全市特快专递业务达 25.32 万件，其中国内异地特快专递信件量 16.32 万件；国内同城特快专递信件 1.63 万件、国内异地特快专递物品量 5.48 万件、国内同城特快专递物品量 1.14 万件；国际特快专递信件量 0.54 万件、国际特快专递物品量 0.21 万件。

2004 年，通过优化快递网络结构，相继提供次晨达、次日递等一系列增值便民服务。8 月，对接邮政航空快速网——全夜航速递，宁德出口邮件进一步提速。同时继续完善“185”服务平台，向社会公开承诺“15 分钟上门揽收”；与全市 20 多家手机经销商合作，开展精益物流配送服务等，使业务量有较大增加。是年，全市特快专递业务增至 32.67 万件，其中，含国内异地特快专递信件量 20.40 万件、国内同城特快专递信件量 2.60 件、国内异地特快专递物品量 8.44 万件、国内同城特快专递物品量 0.51 万件；国际特快专递信件量 0.53 万件、国际特快专递物品量 0.19 万件。

2005 年 7 月，中国与澳大利亚、日本、韩国、美国等国家邮政业务全面提升，共同对寄送邮件实行限时承诺服务。宁德本部列入合作承诺范围，开始对外收寄承诺服务特快专递邮件。特快专递邮件查询方式多样化，可通过网页 http://www.ems.com.cn 进行查询，还可通过短信查询，随时在手机网络覆盖的任何地点，按特别说明的格式，向邮件信息短信查询系统“10665185”发送短信查询。也可拨打全国统一客户服务电话 11183 查询邮件信息。客户还可在交寄邮件的营业厅办理查询手续，通过传真方式查询，查询有效期为自交寄邮件之日起 4 个月内。是年，全市特快专递业务达 36.17 万件，其中，国内异地特快专递信件 23.34 万件，国内同城特快专递信件 4.08 万件、国内异地特快专递物品 7.32 万件，国内同城特快专递物品 0.58 万件；国际特快专递信件 0.55 万件，国际特快专递物品 0.30 万件。

五、汇兑

1993年，全区邮电开办汇票43.79万张。1994年为48.56万张。1995年升至51.38万张。1996年再增至52.21万张。1997年开办汇票降为45.43万张。1998年下降到38.03万张。1999年再降至34.08万张，首次统计年兑付汇票57.07万张。

2000年，区内随着银行业务在城乡的普及，邮政汇兑业务呈萎缩态势。当年，全区开办汇票降至32.43万张，兑付汇票50.88万张。2001年12月8日，宁德市邮政开始办理电子汇兑业务，是年开办汇票31.05万张、兑付汇票49.28万张。

2001年9月3日，宁德蕉城区815中路邮政营业班营业员办理业务

2002年，开办汇票29.57万张、兑付汇票40.68万张。2003年，开办汇票25.70万张、兑付汇票36.45万张。2004年，开办汇票21.07万张、兑付汇票25.85万张。

2005年，全市邮政开办汇票20.74万张、兑付汇票24.90万张，为历年最低。

六、报刊发行

1993年，宁德地区各县（市）邮电局及部分分支机构均开办报刊发行业务。当年，全区累计报纸期发数21.59万份，杂志期发数21.97万份。1994年，报纸期发数20.66万份，杂志期发数19.83万份。1995年，全区累计报纸期发数升至24.04万份，杂志期发数降至17.03万份。1996年，累计报纸期发数23.62万份、杂志期发数16.67万份，呈“双下降”现象。1997年，累计报纸期发数24.16万份，杂志期发数15.88万份。

1998年，全区邮政职工不断增强主动上门服务意识。蕉城分局在“世界邮政日”活动期间，组织邮政“全功能服务队”，深入校园为师生提供报刊发行服务。各县局也因地制宜采取领导干部或管理人员包班挂所，分片上门、上楼收订等多种办法，保证报刊发行工作顺利开展。当年，累计报纸期发数21.74万份，杂志期发数14.41万份，但仍无法扭转“双下降”局面。

1999年，宁德地区邮政局出台《邮政书店经营服务规范标准》，引导各局逐步实现报刊图书业务的规范和规模经营。宁德、霞浦等局还组织开展“送书下乡”“送书到军营”活动，并逐步将图书业务向农村延伸。各地还组织小分队对自费订阅用户做好上门揽收工作，有效推动报刊业务发展。当年，累计全区报纸期发数23.04万份、杂志期发数14.51万份，报刊流转额累计完成2477.19万元，止住“双下降”，比上年略有回升。

2000年，全区报纸发行累计期发数24.55万份、杂志累计期发数14.95万份，报刊流转额2649.3万元，基本保持稳定。2001年11月，宁德市邮政报刊图书零售批销中心成立，对全市报刊图书业务实行统一营销策划，统一组织调拨，推进全市报刊图书零售网点建设。当年，全市报纸发行累计期发数为18.74万份、杂志累计期发数14.98万份，报刊流转额2802.46万元。

2002 年，全市报纸发行累计期发数 19.09 万份、杂志累计期发数 13.28 万份，市区报刊零售网点 14 个。福安、福鼎邮政书店陆续开业，采取与省邮政书店连锁经营模式，开展送图书进军营、成立读者联谊会、发布热销图书排行榜等方式促进邮政图书业务发展。当年，全市图书销售额 372 万元，比上年有较大上升。

2003 年，推行畅销报刊买断包销，适当加大经营风险，增强市场竞争力。当年，全市报纸发行累计期发数 18.77 万份、杂志累计期发数 12.81 万份，报刊流转额累计达 2873.55 万元，党报党刊收订任务进度排名全省第一。

2004 年，全市报纸发行累计期发数 15.62 万份、杂志累计期发数 11.42 万份，报刊流转额累计 2710.1 万元，比上年又略有下降。

2005 年，全市报纸发行累计期发数 17.74 万份、杂志累计期发数 12.67 万份，报刊流转额累计 2777.35 万元，基本与上年持平。

七、集邮

1993 年，宁德地区成立地直老年集邮协会。全区拥有基层集邮协会 18 个，乡（镇）集邮点 65 个，会员 3532 人，集邮爱好者 1.4 万人，邮票预订户 4723 户。全年集邮业务收入 340.05 万元。1994 年 4 月，邮政部门举办全区集邮知识竞赛和宁德一中 1994 艺术节专题邮展，促进集邮业务发展。

1995 年，集邮业务发展迅速。地区邮协举办闽东历史上规模最大的一次“纪念抗日战争胜利 50 周年”邮展。福鼎市邮协为配合修建城关防洪大坝，举行“修我大坝、美我家乡”献爱心邮票义卖活动，将义卖邮票款额全部捐献给防洪指挥部。是年，各县市集邮公司均实行不同形式的集邮承包制，促进业务发展，宁德、福安两集邮公司被福建省邮电管理局授予市（县）级标准化集邮公司。

1996 年，宁德、福安、屏南、福鼎、霞浦、古田等县（市）集邮门市部推行微机售票管理，提高集邮品管理的科技含量。

1998 年 7 月，地区集邮公司开展全区青少年集邮知识竞赛和青少年集邮夏令营活动。福安市集邮公司成功发行纪念周恩来 100 周年诞辰邮折 5000 册。福安、古田、屏南、寿宁、周宁等县（市）选送邮票，参加“闽浙十县市集邮联展”。是年，全区基层集邮协会发展到 37 个，会员 6702 人。全区全年集邮业务收入从 1993 年的 340.05 万元增长到 1667.04 万元，实现 5 年业务收入翻两番。

1999 年，地区邮政局选送集邮爱好者彭瑾、彭星的 2 部邮集《海船货运》和《风》参加北京世界邮展，荣获金奖。霞浦县邮政局与县委宣传部等联合举办“纪念‘五四运动’80 周年”青少年邮展，有中小学学生 1000 多名参加邮展活动。地区集邮公司与福建省邮资票品局、上海申泉工贸总公司联合发行“1999 澳门回归祖国纪念折”8 万册。霞浦县邮政局在新邮预订中，对需求量大的单位，上门设立流动服务点。屏南县大力拓展集邮函购市场，印发集邮广告，为全区集邮业务开辟新思路。当年全区集邮邮票量达 1080.4 万枚，集邮业务收入 2490 万元，比上年增长 33.05%。

2000 年，国家邮政局对集邮政策进行调整，集邮业务发展速度放缓。但全区邮政部门仍及时掌握地方各类重大活动，在内部开发拓展集邮业务范围，发展巾、卡、挂历、金箔画等边缘业务。当年，全区集邮邮票量 597.4 万枚，业务收入 2838 万元，比上年增长 12.26%。

2001 年，全市集邮邮票量 565.31 万枚，出售集邮册 5.12 万册。2002 年，开发全市第一单个性化邮票——电信公司个性化邮票，共 2000 多版，集邮邮票量 384.91 万枚，集邮册 4.98 万册。

2003 年，市邮政局受托制作市移动公司、福鼎太姥山、市少先队代表大会、东侨邮政大楼、宁德兴业银行等题材的个性化邮票，总量达 7000 多版，邮票量 189.99 万枚，集邮册 2.56 万册。2004 年，继续开发各类个性化邮票突破 1 万版，邮票量 231 万枚，集邮册 2.57 万册。

2005 年，全市开发各类个性化邮票突破 2 万版，邮票量 201.89 万枚，集邮册 1.96 万册。

八、邮政邮购

宁德邮政邮购业务始于 2000 年。2 月，设立邮政邮购有限公司，开办连锁超市业务。5 月 1 日，宁德后岗邮购超市正式开业。邮购业务本着利用富余房产、人员、邮车装载，采取集团运作模式，在区内设立 32 个邮购网点。中秋、国庆期间开展各类邮购促销活动，仅 9 月、10 月实现邮购销售额 340 万元，全年完成销售额 916 万元，实现销售毛利 125 万元，邮购业务初步发挥效益。

2001 年，古田邮政局启动农村种子邮购市场。福安邮政局提供包装、收寄、运输一条龙优质服务，代办各类商品代运。2002 年，拓展农业种子和“利果美”液肥邮购业务，全区完成邮购种子业务量 30 多吨，占全省总量一半；“利果美”液肥邮购 3.2 万包，排名全省第一。

2003 年 4 月，撤销宁德市邮政邮购有限公司，取消超市连锁经营模式，对效益差、没有发展前景的城乡邮购超市采取关闭、转盘或缩小规模等方式处理，邮购业务并入物流部管理。是年，全市配送种子 80 多吨，业务量接近全省总量的 75%；邮购“利果美”液肥 6000 多包。

2004 年，全市邮政系统贯彻省邮政工作会议精神，实施“项目带动战略”，年邮购种子 54 吨，业务量连续 3 年排名全省第一。

2005 年，邮购种子 63 吨，业务量继续排名全省第一。

九、邮政代理

2001 年 5 月，宁德市邮政局设立电信业务部，拓展与电信企业的合作空间。全市邮政代缴电信话费市场占有率提高 7 个百分点，实现代缴收入 242.5 万元。代售各类电信卡实现差价收入 158.4 万元；联通公司移交邮政代缴站 139 个，年收入 48 万元。当年，全市代办电信业务实现收入 494.9 万元。

2002 年，全市完成代理业务收入 874 万元，为电信、移动、联通 3 家电信运营商放号近万部，其中固定电话和市话通放号 3548 部、联通 4562 部、移动 1549 部，代缴话费 244.8 万元。全市发展联通 CDMA 手机 1400 多户。福鼎邮政还在沙埕、管阳、前岐等乡镇设立邮政联通专营厅。

2003 年，全市进一步加强与联通、电信、移动公司的合作，拓宽合作领域。全市代理电信部门放号 3.5 万部。当年 3 月，全市 62 个邮政综合网点开通代缴话费系统。

2004 年，代理联通、电信、移动部门放号 4.3 万户，并启动代理电信宽带业务，当年发展 1300 户。

2005 年，代理放号 3.6 万户，发展电信宽带 1500 多户。10 月起开办邮储对账短信业务，当年发展对账短信用户 1 万多户。

十、邮政储蓄

（一）网点与电子化建设

1993—1995年，宁德邮政储汇部门通过组织上街业务咨询、发放业务宣传单等形式开展宣传，提高邮政储蓄的社会知名度。树立“有点就有余额”的观念，做好网点增设工作，使全区邮储网点总数达到77个。1996年，实现邮储通存通取全区联网。

1998年，全区开办邮政储蓄业务乡镇增至63个，拥有ATM自动柜员机46台。10月，邮电分营之后邮储部门提出“邮储网点环境与装修水平应不低于当地其他金融机构水平”的要求，克服资金困难等，从网点数量的增加转为加强邮储网点的更新改造，以确保邮政储蓄业务的可持续发展。同年，加大对邮政储蓄绿卡工程推广运用，淘汰部分旧柜台机，增配ATM新式自动柜员机30台。1999年，在全省率先成立地区（市）级储汇局，各县（市）局也相应成立储汇股（办），进一步实行专业化经营管理。

2000年，全区先后投入资金310万元，改造网点39个。11月底，同全国31个省（区、市）的1294个县、市实现联网。全市拥有联网网点75个，区域性邮政储蓄联网县（市）9个，联网ATM45台。全市开办邮政储蓄业务乡镇达59个。2001年，新增邮储ATM机45台。2002年，建立绿卡网网管系统。

2003年5月，全市邮政储蓄计算机系统统一版本工程建设正式启动。2004年10月，福建省邮政储蓄统一版本上线。12月，邮政储蓄计算机系统统一版本工程建设结束，邮政金融信息化水平迈上新台阶。年底，全市拥有邮储ATM机46台，同全国31个省市区90%以上县级邮储网点实现通存通取。

2005年6月，全市邮政储蓄与电子汇兑系统两网互通工程推广上线，实现账户到账户、现金到账户以及商务汇款、“网汇通”等多种汇款产品上市服务。至年底，全市累计投资656万元，改造邮储网点64个，使邮储网点装修基本达到商业银行的水平，优化服务环境，增强邮储竞争实力。同时，为充分利用有限的网点资源，将屏南、周宁等县农村效益差的网点调往沿海城镇。是年，全市开办邮政储蓄业务乡镇55个。

（二）储蓄业务

1993年，宁德邮政部门利用邮政储蓄开办7周年，开展广泛的宣传和便民服务。当年年底，全区邮储业务收入196.86万元，年终存款余额达到6384.64万元。1995年，地、县（市）邮储部门普遍推行二级承包制，此后，邮储额年年上升。至1998年年底，全区邮储年终期末余额达到9.56亿元，比1993年翻三番；业务收入2644.72万元，是1993年的10多倍；宁德市场占有率达20.10%。

1999年，宁德邮储发展坚持“量”与“质”并重方针，根据不同时期采取不同发展政策，获得全省邮储首季开门红专项竞赛第一名好成绩。年末，全区邮储期末余额达10.76亿元。

2000年，采取抓旺季、抢市场的方式，全区邮储余额净增1.56亿元，期末余额达到11.87亿元。2002年，全市邮储收入超额完成年计划，期末余额达到17.11亿元，市场占有率20.91%。

2003年，随着业务规模的不断壮大，宁德市邮政局开始探索储蓄业务专业化经营路子，从营销体系建设、建立健全激励机制、强化品牌宣传和提高服务水平等方面进行重点创新。业务收入达到5114万元，比上年增长17.4%；年终期末余额达到19.7亿元，其中活期储蓄比重51.9%，为全省邮政系统最高。

2004 年，全市邮储建立集业务员、营销员、客户经理三位一体的营销体系，每一个营业员即是前台业务处理员，又是储蓄业务的营销员，也是维护储户关系的客户经理。并要求营业人员通过日常累积发展客户群、加强客户关系管理、将巩固与发展客户的责任落实到人，为营销拓展打下良好基础；并逐渐使营业人员树立“培养一个好客户，就为将来营销找到一个好资源”的观念，较好地完成年度任务，全年实现业务收入 6863.4 万元。

2005 年，市、县加强激励机制建设，不断提高邮储员工的工资待遇，创新完善邮储从业人员考核办法。推行定、活期存款并重考核制度，实行前台营业人员的工资奖金与当年累计净增平均余额挂钩、网点负责人的奖金系数与网点的存款规模挂钩、营业人员的累计揽收存款业绩按月加发贡献补贴的“两挂一补”激励机制，全年邮政金融类业务收入占业务总收入 59.6%，比上年增长 3.6 个百分点。

（三）储蓄管理

1996 年，经与地区人民银行协商决定，根据邮政储蓄存款结构和实际费用情况，从 1997 年年底开始，全区邮政储蓄转存款利率统一按 2.54% 加储蓄存款平均利率计算。此后，经多次降息，转存款利率随之下调。2003 年 1 月 1 日起，邮政储蓄转存款利率为 4.13%；8 月 1 日起，新增转存款按 1.89% 的利率计算。

1998—2003 年，宁德市邮政储汇局先后印发“邮储网点基础管理目录”“邮储网点台账设置规范”“规范实名证件修改操作规定”等规章制度，统一邮储前台各种登记簿、管理台账及相关管理资料。2004 年，全系统开展储汇重要岗位人员审查登记工作。

2005 年，全市实行重要岗位轮换和岗位分离制度，当年各储蓄所负责人轮换 65 人、储汇出纳和收送款员轮换 19 人、事后监督轮换 21 人。同时加强对重要岗位人员思想动态的跟踪，从源头上防止案件发生。为落实内控制度，全市增加储汇人员 71 人。各县（市）邮政局都普遍配备业务管理员，负责储汇规章制度的落实工作，重点抓好储蓄资金安全管理，严格执行储汇资金调拨操作规程，实行“分级授权、双人操作、相互制约、全程监控”的内控制度，做到资金流量、流向全程监督、全程可控。严格落实“营业交接、日终监盘、岗位制约、授权授信、密码管理、柜员权限、业会对账”等制度。当年 4 月，对邮政储蓄从业人员履行规章制度进行全员培训。47 个有金库的农村邮储网点在全省率先实行“双人管库”制度。霞浦邮政局实现所有邮储网点与公安“110”联网。其他县（市、区）局城关网点也与“110”联网，农村网点实现与当地派出所联网。

（四）绿卡业务

1994 年 3 月，邮电部颁发《全国邮政储蓄计算机联网系统技术改造工程实施意见》，决定在全国范围内实施邮政储蓄计算机联网系统技术改造工程（绿卡工程）。1995 年，宁德邮政加快技术改造步伐，经过两年的努力于 1997 年 6 月实现邮储绿卡系统全国联网，开始发放用户绿卡，首批发放 12 万张。

1999 年，针对各类用户，全区新发绿卡 6.95 万张，使全区绿卡总数达到 18.95 万张，年终用户卡均余额 1025 元。2002 年 12 月，宁德邮政储蓄计算机系统完成银联卡联网改造，实现绿卡的跨行取款、查询和消费业务。银联卡上线后，为推动普通绿卡的更新换代，邮政储汇部门对前台营业员新增银联卡按量计酬，并给储户发送“给邮政储蓄客户的一封信”，宣传邮政绿卡业务，使银联卡发卡量明显上升。至2004年，每年以10万～20万张的速度递增。2005年，全市银联卡发卡量累计80多万张。

（五）代理业务

代发工资 1995年1月，宁德邮政储蓄开始代发工资业务。在为原邮电系统代发职工工资基础上，向系统外单位拓展业务，先后代发国库工资、部队官兵工资等。1996—1999年，进一步拓展代发土地赔偿金、拆迁补偿费、小水电分红，以及破产企业安置费、补偿金等业务。2001年，全市代发工资业务2007户，月上账金额207万元。2005年，代发工资单位达913个，月上账8.23万笔、金额8602万元。

代理保险 1999年8月，宁德邮政储蓄开始代理保险业务，并将代理保险业务作为中间业务发展的重点，加大业务考核与激励机制，纳入相关人员的绩效考核，形成齐抓共管、大力发展的局面。2000—2001年，加强与多家保险公司合作，促进业务发展。2002—2005年，先后与中国人寿、太平洋保险公司、中国财险等合作，举办多次业务培训系统讲授专业知识，使邮政储蓄代理保险人员营销理念和展业技巧得到显著提高，实现代理保险业务逐年发展。至2005年，全市邮储累计发展代理保费额4846万元。

十一、邮政编码

1993年，宁德地区信函编码使用率达81%，标准信封使用率达90%。至2005年，邮政编码在全市得到普遍应用，信函编码使用率达100%，为实现电脑分拣信件提供必要条件。根据全国邮政分区统一编码，宁德市9个县（市）代号分别为：宁德市（今蕉城区）352100、古田县352200、屏南352300、周宁县355400、寿宁县355500、福安市355000、柘荣县355300、福鼎市355200、霞浦县355100。

第三节 管 理

一、机构

（一）宁德地区邮电局

1993年至1998年9月，称宁德地区邮电局，实行邮政电信合营。局机关设办公室、政治处和邮政、电信、审计、计财、供应、劳工教育、邮政储汇科等办事机构。下辖9个县（市）邮电局及长途电信线务站。1998年10月，根据国家信息产业部和省邮电管理局关于邮电分立分营机构改革精神，撤销宁德地区邮电局。

（二）宁德市（地区）邮政局

1998年10月底，宁德地区邮政局正式成立。局机关设“六部一室”，即市场部、人事部、计财部、党群部、审计部、安保部、办公室和邮政储汇科，配备管理人员41人。

1999年4月，按照全国邮政机构改革调整，宁德地区邮政局邮政储汇科撤销，改设宁德地区邮政储汇局，内设业务部、稽查部2个职能部室，调配工作人员39人，隶属宁德地区邮政局管理。

2000年11月，宁德地区撤地设市，宁德地区邮政局更名为宁德市邮政局，宁德地区邮政储汇局更名为宁德市邮政储汇局。至2005年，宁德市邮政局及隶属机构设置与人员编制基本不变。全市拥有自建邮政楼房总面积14.11万平方米，邮政从业人员2074人。

1998年10月26日，宁德地区邮政局、电信局召开成立大会

二、网点建设与管理

1993年，宁德地区邮政局下辖9个县（市）局、42个邮电支局、66个邮电所，有信报箱群15处、信箱2001个。至1997年年底，又新增综合服务网点19个。

1998年10月，地区邮政局独立运营后服务覆盖范围逐步扩大。为适应广大群众邮政通信需求，当年成立蕉城邮政分局和集邮公司，专门负责宁德本部及本专业的生产经营活动，从而实现专业科、室经营与管理职能的分离，理顺内部关系，加强地区局对全区生产经营活动计划指导、决策分析，使企业运作更加顺畅。全区拥有自办局（所）138处，委代办局（所）43处，电子化支局38处，拥有邮运车83辆，较好地满足了广大群众的邮政通信需要。全区拥有邮政职工1570人。1999年，全区邮政拥有自办局（所）170处、委代办局（所）34处、电子化支局40处、邮政车辆88部、邮政报刊零售亭16个。

2000年，全区有邮电局（所）157处（含邮政局9处、邮政支局94处、自办邮政所30处、代办邮政所24处，其中农村局（所）125处；提供邮政全功能服务的局（所）58处、电子化支局42处、委托代办局（所）25处、邮政信报箱群650处、邮政信筒信箱1723个、信报箱格口数28062个、邮政妥投点21574处。

2002年，全市邮政拥有自办局（所）131处、委代办局（所）30处、电子化支局47处。有386幢高层宅楼安装信报箱群，为2万多户城乡居民免费安装单口信报箱。邮政报刊零售亭25个，邮政社区服务点8个。2003年，全市邮政拥有自办局（所）128处、委代办局（所）35处、电子化支局48处、邮政报刊零售亭26个、邮政社区服务点10个。

2004年，全市邮政拥有自办局（所）125处、委代办局（所）39处、电子化支局48处、邮政报刊零售亭28个、邮政社区服务点11个。

2005年，全市邮政拥有自办局（所）128处、委代办局（所）40处、电子化支局50处、邮政报刊零售亭30个、邮政社区服务点10个、邮政信报箱群372处、邮政信筒信箱1953个、信报箱格口数33062个、邮政妥投点45397处。

三、服务质量管理

1993年，宁德地区邮电局多次组织开展专项业务竞赛活动，对基层局重点业务经营情况按旬通报、按季考核。同时将生产任务完成情况作为考核领导干部是否称职的重要依据。干部职工“主动上门服务意识，联合经营意识”进一步增强。1994年，屏南县邮政局乡邮递员苏水旦因工作表现突出，被评为“全省职业道德十佳标兵”。全区邮政部门通过上门服务，优先服务、优质服务，建立健全大户档案制度、大户联系制度，与邮政大户逐步建立起伙伴关系。1997年，宁德815中路邮政营业班被评为“省级文明服务先进集体”。1998年节日期间，福鼎市邮政局组织所有网点开展上门宣传，挨家挨户动员，发展邮政储蓄业务。同年，蕉城邮政分局在“世界邮政日”活动期间，组织全功能服务队，深入校园为师生提供报刊发行、申办绿卡等服务。1999年，霞浦县邮政局在新邮预订中，抽调人员组成5个上门预订服务组，开展分片揽收业务。

1999年，全区邮政系统开展“树邮政形象，创优质服务”宣传月活动。组织职工学习《福建省邮政服务承诺标准》，以开展向省“五一奖状”获得者——柘荣县邮政局封投班学习为主题，促进全区邮政服务水平的提高。同时进一步强化邮件报刊的时限管理，组织开展农村邮路普查，确保农村通信工作正常开展。推出“185”用户投诉电话，促进邮政服务社会监督工作规范化。

2000年，按照省邮政局制定的邮政营业、投递、储蓄、集邮、报刊图书、特快6大工种的服务规范，全区定期组织规范服务和评优评差活动，及时表扬先进，鞭策后进。充分发挥文明服务示范窗口的榜样和带头作用，进一步树立宁德邮政良好的社会形象。柘荣县收投公司在活动中搜集老、弱、病、残用户名单，为其提供优质的收投服务。

2001年，全市把服务工作重点放在面向用户的一线工种上，全面推行以包规范服务达标、包基础管理达标、包经营发展达标，保生产安全的“三包一保”活动。强化为广大用户提供优质、优先、优惠服务以及抓好“185”客户服务中心的建设达标工作。力求在“由表及里”“由内向外”以及“由前向后”三个方面深入服务；在时限管理上加强日常检查，巩固提高邮件提速和包裹妥投到户成果，形成一个广大职工参与创优服务的新格局。

2002年，宁德邮政部门继续开展“树邮政形象，创优质服务”和“创文明行业，建满意窗口”活动，巩固和提高服务示范窗口的服务质量。当年，有4名职工荣获市级劳动模范称号。2003年，邮政部门加强对物流、报刊、商函、集邮等经营单位的生产管理，推行“大客户管理以专业机构为主，散户管理以本部分局为主”模式，各专业机构在确保营业任务前提下，拥有相对经营管理权，为创优服务创造良好环境。宁德市邮政被省委、省政府授予“文明行业”光荣称号。

2004年，在全市邮政系统推进“学管阳先进支局”经验交流活动，以促进支局（所）整体服务水平的提高。

2005年，宁德市邮政局组织新一届“创文明行业，建满意窗口”活动，并以第二轮“学管阳先进支局”为主题，通过学习总结经验，找出差距，保证活动取得实效。同时在全市无邮储农村支局（所）开展“学范坑”（福安市范坑邮政支局）活动，使农村邮政服务水平得到进一步提高。

四、财务管理

1993年开始，地、县（市）两级邮政财务管理实行严格的“收支两条线”制度，各县（市）局收入如数上缴上级局，开支凭预算计划由地区局审批划拨。年终进行一次例行财务大检查。1998年邮、电分营后，仍实行收支两条线的账务管理制度，对邮储、集邮、报刊零售等部门开始试行承包经营，通过签订承包协议和考核办法，将各项经营指标层层分解到分局、支局所及班组，年终考核兑现。储汇局还出台《加强资金安全管理实施办法》，统一为全区邮政系统购置防弹送款车，为经警人员配备安防器具，确保储汇资金安全。

1999年，在增强全员成本管理和勤俭办企业意识的同时，各基层局出台一系列加强成本费用审批控制管理制度和办法，地区局还下达机关本部各科室1999年管理费用计划，压缩可控成本。

2000年，对各单位未使用的微机、空调、打印机等设备实行统一调配，全区盘活闲置资产152万元，提高设备利用率。同时建立成本费用分析、成本指标评价制度，每月将各单位百元业务收入费、管理费等指标进行分析通报，促进各单位做好成本费用的定期分析，及时查找薄弱环节。2002年，深入推行“收支两条线”管理制度，对收入核算账户资金实时划拨，对业务资金加强监控，提高资金周转速度。当年全市盘活资产500万元，增加现金流动量900万元。

2004年，以现金流量流向为重点，做好现金流量跟踪分析，严格控制固定资产投资，有效保证生产经营和建设资金供给。同时加强用户欠费管理，把欠费回收率与二级单位工资、奖金挂钩，以充分调动生产部门收取欠费的积极性。是年，全市邮政虚列收入、支出挂账和未提折旧等历史问题得到全面解决，推进全市邮政企业正常运转。

2005年，全市建立预算分析制度，并继续强化会计核算市（县）一体化机制。6月，实现9个县（市、区）之间一体化实时联网。同时将成本控制落实到各职能管理部门、生产班组、支局（所）和职工个人，推行准专业化核算和准收支差考核以及干线运费结算，以实现成本费用支出的有效控制。当年，宁德市邮政局荣获全省“邮政系统资金管理优胜单位”称号。

五、行业管理

1993年后，地区邮政局在全系统多次组织专项业务培训、竞赛和检查活动。1994年，地区局将各局改善对外服务、努力提高服务水平，作为行业管理的一项重要指标，并表彰一批行业管理的先进集体和先进个人。1996年，宁德邮政系统在全省率先成立“180”服务台，受理用户投诉、咨询及监督，并向社会用户作出公开服务承诺。1997年，全行业推行“以用户满意为标准，以内部管理为保障，以窗口服务为重点，以解决热、难点问题为突破口”的行业管理体制。

1998年，邮、电分设后，地区邮政局进一步加强行业管理，推行专业化、规范化、标准化管理制度，理顺内部关系，加大地区局对全区生产经营管理活动的计划指导、决策分析，并深化改革、保持队伍稳定、加强职工思想政治工作，提高系统整体行业素质。

2000年，古田县邮局组织人员对城关等13个乡镇邮票代售点进行检查，发现非法出售邮票点6个，扣押一批非法倒买倒卖普通邮票与假邮票，整顿邮票市场秩序。市邮政局也组织管理人员对有奖明信片出售点进行突击检查，防止折价销售贺年有奖明信片冲击宁德市场，不仅使80万张贺年有奖明信片销售一空，还带动库存其他明信片一起销售。市邮局还对原有信封生产监制的29家印刷企业进行换证工作，联合技术监督部门对信封零售商店及印刷企业进行检查，没收不规范及无印制单位信封8806枚，使标准信封监制与管理工作走上规范化轨道。同时，还与蕉城区工商部门联合开展查处“地下快递公司”活动，查处假冒“ACS”中安速递及“申通快运”联络处名义，无证无照经营快递公司揽收点2处。

2002年，宁德市邮政局组建一支由班组长、支局长挂帅的专、兼职行业市场营销队伍，开展市场调查、营销策划，更好地满足大客户需求。

2003年，市局加强对物流部、报刊部、商函部、集邮公司专业化经营管理，并推行“大客户管理以专业机构为主、散户管理以本部分局为主”的改革，同时适度下放人、财、物的管理权限。

2004年，全系统贯彻全国邮政经营服务和网路运行工作电视电话会议和省邮政工作会议精神，实施“项目带动战略”，并成立各大项目领导小组，加大政策支持力度，提升业务创新能力。

2005年，宁德市邮政局继续依照现代企业制度要求，大力推进改革创新。在大物流资源整合、专职营销队伍建设、技术维护机构健全完善、支局所改委代办以及报刊发行局和信函广告局新管理机制等基础上，深化三项制度改革，强化专业化经营管理。在全行业开展“平安邮政”和“创文明行业、建满意窗口”活动，成立领导小组、制订活动方案，以确保邮政生产安全、资金安全、邮件安全、局所安全、人员安全，巩固和提高各服务示范窗口服务质量。当年，宁德市邮政局荣获全省“邮政系统管理优胜单位”二等奖。

第九编 水利 电力

1993年，宁德地区水利建设集中财力、物力完成重点项目。至2005年，全市建成水库160座，总库容14.06亿立方米。全市总供水量达13.8亿立方米（不含发电供水），基本满足供水需求。同时注重抓好乡（镇）村级供水、河道清淤疏浚、灌区节水改造和山地水利工程建设，提高农田灌排标准，农村水环境和农民生活供水条件得到较大改善。还开展治理水土流失工作，促进小流域经济发展。全市累计投入治理经费2.52亿元，完成治理面积32.838万公顷，种植水土保持林0.08万公顷。水土流失面积占全市土地总面积比例从1985年19.25%下降到7.59%。还对322条小流域开展治理，直接受益群众2.5万户。

电力工程建设推行“谁建、谁管、谁受益”政策，境内水电业发展迅速。各乡（镇）、村纷纷兴办200千瓦以上小水电站。寿宁车岭一级电站、屏南李大坪电站、周宁龙溪二级电站、柘荣龙溪三级电站、福鼎桑园水电站、福安黄兰溪梯级电站等一批电站先后建成投产。电力企业加快农村电网改造步伐，完成一、二期农网工程改造项目110千伏变电站6座，110千伏线路136.93千米，35千伏线路93.87千米；10千伏线路4062.89千米，低压线路6565.96千米，接户线11875.95千米；更换高能耗配电变压器2605台，容量15.45万千伏·安；改造配电变压器4833台，容量30.4843万千伏·安；安装低压综合配电箱1561个，单相电能56.37万架，三相电能表4.52万架。受益60.9938万户，268.8575万人。全市拥有各种类型水电站608座，水电装机容量132.1479万千瓦，各种规模变电站81座，主变压器容量197.505万千伏·安。

第一章　水　利

第一节　新建水利设施

一、蓄水工程

（一）大型水库

周宁芹山电站水库　1999 年建成。位于穆阳溪河上，芹山电站坝址集水面积 453 平方千米，总库容 2.65 亿立方米。

蕉城洪口电站水库　2005 年在建。位于霍童溪干流上。坝址以上流域面积 1701 平方千米，最大坝高 130 米，总库容 4.5 亿立方米。

（二）中型水库

蕉城桥头水库　1993 年建成。位于虎氵贝乡，水库控制集雨面积 29.6 平方千米，最大坝高 53 米，总库容 2015 万立方米。

柘荣青岚水库　1996 年建成。位于东源乡，水库坝址以上集雨面积 19.34 平方千米，最大坝高 50.5 米，总库容 1082 万立方米。

福安黄兰溪一级电站水库　1996 年 12 月竣工。位于黄兰溪上，坝址以上控制流域面积 68.6 平方千米，最大坝高 48 米，总库容 1766 立方米。

福鼎桑园电站水库　1997 年 1 月竣工。位于福鼎市赤溪，坝址以上控制流域面积 142 平方千米，最大坝高 84.2 米，总库容 7350 万立方米。

屏南溪尾水库　1999 年 12 月建成。位于棠口溪，坝址以上控制集雨面积 114.9 平方千米，最大坝高 65 米，总库容 2680 万立方米。

霞浦柏洋电站水库　2004 年动工建设。位于茜洋溪支流，坝址以上集雨面积 214.72 平方千米，水库正常蓄水位 151 米，最大坝高 39.7 米，总库容 1150 万立方米。

屏南旺坑电站水库　2004 年 7 月建成。位于棠口乡，坝址以上控制集雨面积 274 平方千米，最大坝高 58.2 米，总库容 1515 万立方米。

周宁电站水库　2004 年 8 月建成。位于浦源乡，水库控制集雨面积 511 平方千米，最大坝高 72.3 米，总库容 4700 万立方米。

古田双口渡电站水库　2005 年建成。位于杉洋乡，坝址以上集雨面积 430 平方千米，水库正常蓄水位344.08米，最大坝高81.5米，总库容1918万立方米。

屏南金造桥电站水库 2005年在建。位于棠口乡，坝址以上控制集雨面积217平方千米，最大坝高111.3米，总库容9450万立方米。

寿宁牛头山电站水库 2005年在建。位于斜滩镇石井村，坝址以上集雨面积564平方千米。最大坝高108米，水库正常蓄水位340米，总库容9719万立方米。

周宁后垄二级电站水库 2005年在建。位于礼门乡，坝址以上集雨面积513平方千米，水库正常蓄水位280米，最大坝高73.5米，总库容2601万立方米。

（三）小（1）型水库

溪边水库 1993年建成。位于古田县鹤塘镇，集雨面积38.7平方千米，正常蓄水位852米，最大坝高28.1米，总库容123.6万立方米。

岩下电站水库 1993年建成。位于福安市社口镇，集雨面积1127平方千米，正常蓄水位49.8米，最大坝高4米，总库容513万立方米。

本溪洋水库 1995年建成。位于霞浦县长春，集雨面积13.5平方千米，正常蓄水位142.7米，最大坝高37.0米，总库容276万立方米。

牛头溪水库 1995年建成。位于福鼎市前岐双岳，集雨面积61.1平方千米，正常蓄水位96.6米，最大坝高53.5米，总库容790万立方米。

大泽溪电站水库 1996年建成。位于蕉城区石后乡，集雨面积187.5平方千米，正常蓄水位328.7米，最大坝高30.6米，总库容176万立方米。

李园水库 1997年建成。位于周宁县浦源，集雨面积14.6平方千米，正常蓄水位1036米，最大坝高57.0米，总库容960万立方米。

六六溪水库 1998年建成。位于寿宁县鳌阳，集雨面积14.6平方千米，正常蓄水位886.0米，最大坝高41.0米，总库容169.0万立方米。

大港电站水库 1998年建成。位于蕉城区石后乡，集雨面积271.5平方千米，正常蓄水位141.5米，最大坝高39.5米，总库容468万立方米。

金钟电站水库 1998年建成。位于柘荣县城郊乡，集雨面积30平方千米，正常蓄水位442米，最大坝高36.5米，总库容180万立方米。

布罗林电站水库 1998年建成。位于寿宁县南阳镇，集雨面积74.00平方千米，正常蓄水位442.50米，最大坝高27.0米，总库容126.00万立方米。

罗里坑水库 1999年建成。位于福鼎市店下亥窑，集雨面积4.3平方千米，正常蓄水位62.05米，最大坝高28.4米，总库容117万立方米。

园坪电站水库 1999年建成。位于屏南县寿山乡，集雨面积668.0平方千米，正常蓄水位258.5米，最大坝高42.6米，总库容270.0万立方米。

留洋水库水库 2000年建成。位于福安市城阳乡，集雨面积18平方千米，正常蓄水位264米，最大坝高45米，总库容503万立方米。

龙虎岔电站水库 2000年建成。位于屏南县屏城乡，集雨面积35.5平方千米，正常蓄水位1091米，最大坝高53.3米，总库容808.0万立方米。

田地电站水库 2002年建成。位于古田县鹤塘镇，集雨面积250.1平方千米，正常蓄水位395.5米，最大坝高38.7米，总库容130万立方米。

徐州溪二级电站水库 2002年建成。位于古田县卓洋，集雨面积134.5平方千米，正常蓄水位 302.7 米，最大坝高 31 米，总库容 170 万立方米。

杨梅州电站水库 2002 年建成。位于寿宁县坑底乡，集雨面积 59.4 平方千米，正常蓄水位 640.00 米，最大坝高 31.3 米，总库容 204.17 万立方米。

东溪电站水库 2002 年建成。位于寿宁县平溪乡，集雨面积 42.42 平方千米，正常蓄水位 474.00 米，最大坝高 40.70 米，总库容 189.90 万立方米。

坑兜电站水库 2002 年建成。位于寿宁县竹管垅乡，集雨面积 107 平方千米，正常蓄水位 575.20 米，最大坝高 35.0 米，总库容 465 万立方米。

三溪电站水库 2003 年建成。位于蕉城区洋中镇，集雨面积 68 平方千米，正常蓄水位 579.1 米，最大坝高 36.8 米，总库容 108 万立方米。

车里湾水库 2004 年建成。位于蕉城区城南镇，集雨面积 10 平方千米，正常蓄水位 523 米，最大坝高 26 米，总库容 354 万立方米。

坑口电站水库 2004 年建成。位于福安市潭头镇，集雨面积 255 平方千米，正常蓄水位 158 米，最大坝高 27 米，总库容 658.73 万立方米。

佳源电站水库 2004 年建成。位于古田县鹤塘镇，集雨面积 328.5 平方千米，正常蓄水位 249.7 米，最大坝高 32.5 米，总库容 542 万立方米。

远丘电站水库 2004 年建成。位于屏南县长桥镇，集雨面积 156.20 平方千米，正常蓄水位 533.20 米，最大坝高 20.5 米，总库容 140.0 万立方米。

地前电站水库 2004 年建成。位于寿宁坑底乡，集雨面积 69.00 平方千米，正常蓄水位 719.50 米，最大坝高 45.0 米，总库容 447.20 万立方米。

李下溪水库 2005 年建成。位于福鼎市白琳车洋，集雨面积 9.3 平方千米，正常蓄水位 90 米，最大坝高 43.2 米，总库容 203 万立方米。

岑洋电站水库 2005 年建成。位于屏南县长桥镇，集雨面积 142.32 平方千米，正常蓄水位 580.0 米，最大坝高 40.70 米，总库容 661.1 万立方米。

大碑电站水库 2005 年建成。位于屏南县长桥镇，集雨面积 79 平方千米，正常蓄水位 730.0 米，最大坝高 50.50 米，总库容 341.0 万立方米。

上培电站水库 2005 年建成。位于屏南县棠口乡，集雨面积 316 平方千米，正常蓄水位 554.00 米，最大坝高 59.60 米，总库容 340.6 万立方米。

蒲洋电站水库 2005 年建成。位于寿宁县斜滩镇，集雨面积 291 平方千米，正常蓄水位 172.00 米，最大坝高 57.5 米，总库容 514.10 万立方米。

王社二级电站水库 2005 年建成。位于柘荣县英山乡，集雨面积 831.3 平方千米，正常蓄水位 154.5 米，最大坝高 12 米，总库容 397.71 万立方米。

（四）小（2）型水库

吉坪水库 1993 年建成。位于古田县黄田，集雨面积 2.8 平方千米，正常蓄水位 185.8 米，最大坝高 20.5 米，总库容 10 万立方米。

里溪里水库 1993 年建成。位于霞浦县水门，集雨面积 8.21 平方千米，正常蓄水位 206.9 米，最大坝高 12.8 米，总库容 29 万立方米。

下樟溪水库 1993 年建成。位于古田县鹤塘，集雨面积 250 平方千米，正常蓄水位 410.05 米，最大坝高 12.5 米，总库容 38 万立方米。

大段水库 1993 年建成。位于古田县大桥，集雨面积 20 平方千米，正常蓄水位 543.8 米，最大坝高 19.98 米，总库容 10.27 万立方米。

龙溪二级电站水库 1993 年建成。位于周宁县七步，集雨面积 253.4 平方千米，正常蓄水位 157.6 米，最大坝高 22.5 米，总库容 40.35 立方米。

雷潭电站水库 1993 年建成。位于周宁县纯池，集雨面积 31 平方千米，正常蓄水位 641.2 米，最大坝高 18 米，总库容 15 立方米。

下党电站水库 1993 年建成。位于寿宁县下党乡，集雨面积 9.8 平方千米，正常蓄水位 754 米，最大坝高 22.6 米，总库容 96.77 立方米。

金钟潭电站水库 1994 年建成。位于古田县平湖，集雨面积 247 平方千米，正常蓄水位 415.3 米，最大坝高 6 米，总库容 10 万立方米。

长潭水库 1994 年建成。位于古田县吉巷，集雨面积 134 平方千米，正常蓄水位 458.16 米，最大坝高 21 米，总库容 85.8 万立方米。

大圪水库 1994 年建成。位于古田县泮洋，集雨面积 4.18 平方千米，正常蓄水位 800.6 米，最大坝高 9.2 米，总库容 14.4 万立方米。

玉际水库 1994 年建成。位于古田县平湖，集雨面积 1.43 平方千米，最大坝高 15 米，总库容 18 万立方米。

秀峰水库 1994 年建成。位于古田县卓洋，集雨面积 13.3 平方千米，正常蓄水位 98.6 米，最大坝高 11.3 米，总库容 10.5 万立方米。

上际水库 1995 年建成。位于古田县吉巷，集雨面积 6.5 平方千米，正常蓄水位 110.8 米，最大坝高 14 米，总库容 20 万立方米。

旧镇三级水库 1995 年建成。位于古田县凤埔，集雨面积 59.7 平方千米，正常蓄水位 728 米，最大坝高 25.8 米，总库容 64.3 万立方米。

院坪里水库 1995 年建成。位于古田县城西，集雨面积 2.2 平方千米，正常蓄水位 416.6 米，最大坝高 15.8 米，总库容 12.8 万立方米。

汾洋电站水库 1996 年建成。位于福安市潭头镇，集雨面积 295.1 平方千米，正常蓄水位 96 米，最大坝高 9 米，总库容 46 万立方米。

沙坑电站水库 1996 年建成。位于福安市上石镇，集雨面积 42 平方千米，正常蓄水位 154 米，最大坝高 20.4 米，总库容 50.2 万立方米。

黄兰溪二级电站水库 1996 年建成。位于福安市晓阳镇，集雨面积 84 平方千米，正常蓄水位 546 米，最大坝高 32 米，总库容 52.56 万立方米。

马蹄坑水库 1996 年建成。位于霞浦县松港，集雨面积 5.8 平方千米，正常蓄水位 200.7 米，最大坝高 22.6 米，总库容 23.7 万立方米。

龙亭二级电站水库 1996 年建成。位于霞浦县牙城，集雨面积 14.4 平方千米，正常蓄水位 303.5 米，最大坝高 12 米，总库容 10.3 万立方米。

上安樟水库 1996 年建成。位于古田县大桥，集雨面积 13 平方千米，正常蓄水位 446.6 米，最大坝高 15.5 米，总库容 43.5 万立方米。

大桥水库 1997 年建成。位于古田县大桥，集雨面积 94.5 平方千米，正常蓄水位 438 米，最大坝高 18.9 米，总库容 83.3 万立方米。

穆阳溪站水库 1997 年建成。位于福安市穆阳镇，集雨面积 818 平方千米，正常蓄水位 69.7 米，最大坝高 10.2 米，总库容 23 万立方米。

渡桥一级电站水库 1997 年建成。位于福安市康厝乡，集雨面积 30.62 平方千米，正常蓄水位 270 米，最大坝高 21 米，总库容 14.36 万立方米。

古岭宅电站水库　1998 年建成。位于福安市范坑乡，集雨面积 54 平方千米，正常蓄水位 295 米，最大坝高 25 米，总库容 50.7 万立方米。

龙井电站水库　1998 年建成。位于福鼎市山前，集雨面积 16 平方千米，正常蓄水位 122 米，最大坝高 17 米，总库容 55.5 万立方米。

蛟龙电站水库　1998 年建成。位于福鼎市磻溪镇，集雨面积 59 平方千米，正常蓄水位 324 米，最大坝高 12 米，总库容 39 万立方米。

际湖里水库　1998 年建成。位于古田县鹤塘，集雨面积 4 平方千米，正常蓄水位 655.5 米，最大坝高 12.85 米，总库容 10 万立方米。

九龙际水库　1998 年建成。位于周宁县七步，集雨面积 136.8 平方千米，正常蓄水位 524 米，最大坝高 27.3 米，总库容 37.52 万立方米。

山万里电站　1998 年建成。位于屏南县路下乡，集雨面积 61.7 平方千米，正常蓄水位 633 米，最大坝高 19 米，总库容 34.5 万立方米。

坪路亭电站水库　1999 年建成。位于屏南县熙岭乡，集雨面积 45.6 平方千米，正常蓄水位 627.15 米，最大坝高 17.1 米，总库容 21.8 万立方米。

交溪口电站水库　1999 年建成。位于寿宁县犀溪乡，集雨面积 166.5 平方千米，正常蓄水位 342.9 米，最大坝高 14 米，总库容 15 万立方米。

文洋水库　1999 年建成。位于古田县卓洋，集雨面积 19.5 平方千米，正常蓄水位 512 米，最大坝高 21.5 米，总库容 36.3 万立方米。

楮英电站水库　1999 年建成。位于柘荣县英山乡，集雨面积 4.6 平方千米，正常蓄水位 632.2 米，最大坝高 22 米，总库容 23.6 万立方米。

前乾徐洲溪电站水库　2000 年建成。位于古田县鹤塘，集雨面积 146 平方千米，正常蓄水位 262.8 米，最大坝高 9 米，总库容 18 万立方米。

龙溪二级电站水库　2000 年建成。位于柘荣县城郊乡，集雨面积 92.3 平方千米，正常蓄水位 613 米，最大坝高 31.5 米，总库容 80.3 万立方米。

桃坑溪四级电站水库　2000 年建成。位于柘荣县宅中乡，集雨面积 36 平方千米，正常蓄水位 321.5 米，最大坝高 29 米，总库容 34.5 万立方米。

西溪二级电站水库　2000 年建成。位于柘荣县富溪镇，集雨面积 31.25 平方千米，正常蓄水位 387 米，最大坝高 35 米，总库容 82 万立方米。

桃坑溪三级电站水库　2001 年建成。位于柘荣县东源乡，集雨面积 30 平方千米，正常蓄水位 495.5 米，最大坝高 26 米，总库容 30 万立方米。

紫峰溪电站水库　2001 年建成。位于古田县杉洋，集雨面积 58.5 平方千米，正常蓄水位 590.5 米，最大坝高 22.1 米，总库容 84.25 万立方米。

大河坝电站水库　2001 年建成。位于屏南县棠口乡，集雨面积 138 平方千米，正常蓄水位 806.11 米，最大坝高 24.7 米，总库容 94.6 万立方米。

小刘坪水库　2001 年建成。位于寿宁县竹管垅乡，集雨面积 8.4 平方千米，正常蓄水位 376.9 米，最大坝高 12 米，总库容 11.4 万立方米。

岭兜电站水库　2001 年建成。位于寿宁县平溪乡，集雨面积 150 平方千米，正常蓄水位 551.6 米，最大坝高 18 米，总库容 84 万立方米。

财洪电站水库　2001 年建成。位于福安市上石镇，集雨面积 43.1 平方千米，正常蓄水位

126.8 米，最大坝高 11.5 米，总库容 15 万立方米。

洋坑电站水库 2001 年建成。位于福安市潭头镇，集雨面积 17 平方千米，正常蓄水位 251.5 米，最大坝高 27 米，总库容 32.35 万立方米。

后岭坑水库 2001 年建成。位于福鼎市店下，集雨面积 1 平方千米，正常蓄水位 90 米，最大坝高 17.2 米，总库容 11.6 万立方米。

纯青桥水电站 2002 年建成。位于寿宁县清源乡，集雨面积 12.4 平方千米，正常蓄水位 466.2 米，最大坝高 11.3 米，总库容 25.6 万立方米。

泮洋电站水库 2002 年建成。位于寿宁县大安乡，集雨面积 43.5 平方千米，正常蓄水位 648.6 米，最大坝高 18 米，总库容 56 万立方米。

九重际电站水库 2002 年建成。位于屏南县双溪镇，集雨面积 22.8 平方千米，正常蓄水位 511 米，最大坝高 16.9 米，总库容 11.2 万立方米。

后楼电站水库 2002 年建成。位于福安市城阳乡，集雨面积 10.97 平方千米，正常蓄水位 496.7 米，最大坝高 33 米，总库容 90.78 万立方米。

蟾溪一级电站水库 2002 年建成。位于福安市晓阳镇，集雨面积 20.5 平方千米，正常蓄水位 656 米，最大坝高 29 米，总库容 32.65 万立方米。

七蒲电站水库 2002 年建成。位于福鼎市管阳镇，集雨面积 50.5 平方千米，正常蓄水位 529 米，最大坝高 16.5 米，总库容 33 万立方米。

三门里水库 2002 年建成。位于福鼎市桐城，集雨面积 21.8 平方千米，正常蓄水位 157 米，最大坝高 25 米，总库容 58 万立方米。

百丈际电站水库 2002 年建成。位于屏南县路下乡，集雨面积 51 平方千米，正常蓄水位 801.67 米，最大坝高 3 米，总库容 11 万立方米。

刘坪电站水库 2002 年建成。位于寿宁县竹管垅乡，集雨面积 94.3 平方千米，正常蓄水位 371 米，最大坝高 25.8 米，总库容 63 万立方米。

王庭电站水库 2002 年建成。位于柘荣县英山乡，集雨面积 210 平方千米，正常蓄水位 250 米，最大坝高 12 米，总库容 75 万立方米。

石边坑电站水库 2002 年建成。位于柘荣县东源乡，集雨面积 4.39 平方千米，正常蓄水位 819.5 米，最大坝高 16 米，总库容 10 万立方米。

朝里二级电站水库 2002 年建成。位于柘荣县黄柏乡，集雨面积 20.2 平方千米，正常蓄水位 335.5 米，最大坝高 26.5 米，总库容 37.5 万立方米。

桃坑溪二级电站水库 2003 年建成。位于柘荣县东源乡，集雨面积 16.8 平方千米，正常蓄水位 605 米，最大坝高 23 米，总库容 50 万立方米。

榴坪电站水库 2003 年建成。位于柘荣县榴坪乡，集雨面积 30 平方千米，正常蓄水位 440 米，最大坝高 42.8 米，总库容 68.5 万立方米。

后溪电站水库 2003 年建成。位于寿宁县犀溪乡，集雨面积 50.9 平方千米，正常蓄水位 515.6 米，最大坝高 14.6 米，总库容 10 万立方米。

蟾溪二级电站水库 2003 年建成。位于福安市穆云乡，集雨面积 29 平方千米，正常蓄水位 372 米，最大坝高 15.6 米，总库容 15.62 万立方米。

黄柏一级电站水库 2003 年建成。位于蕉城区虎浿乡，集雨面积 25.80 平方千米，正常蓄水位 817.00 米，最大坝高 25.40 米，总库容 39 万立方米。

溪坂尾三级电站水库 2003 年建成。位于蕉城区虎浿乡，集雨面积 30.60 平方千米，正常蓄水位 625.00 米，最大坝高 12.00 米，总库容 16.20 万立方米。

宜洋电站水库 2003 年建成。位于蕉城区赤溪镇，集雨面积 10.60 平方千米，正常蓄水位 519.50 米，最大坝高 22.30 米，总库容 30.30 万立方米。

利源电站水库 2003 年建成。位于福鼎市磻溪镇，集雨面积 15.8 平方千米，正常蓄水位 493 米，最大坝高 27 米，总库容 37 万立方米。

荷溪电站水库 2003 年建成。位于福鼎市贯岭镇，集雨面积 19.5 平方千米，正常蓄水位 62 米，最大坝高 21 米，总库容 35.3 万立方米。

三井一级电站水库 2003 年建成。位于古田县吉巷乡，集雨面积 16.5 平方千米，正常蓄水位 856.7 米，最大坝高 30.8 米，总库容 30 万立方米。

宝桥溪一级水库 2003 年建成。位于古田县杉洋，集雨面积 25.5 平方千米，正常蓄水位 694 米，最大坝高 22 米，总库容 31 万立方米。

溪底电站水库 2004 年建成。位于寿宁县平溪乡，集雨面积 99.5 平方千米，正常蓄水位 723.4 米，最大坝高 22 米，总库容 50.2 万立方米。

三井水库 2004 年建成。位于福鼎市前岐镇，集雨面积 20.18 平方千米，正常蓄水位 118 米，最大坝高 31.5 米，总库容 98 万立方米。

亭边水库 2004 年建成。位于福鼎市管阳镇，集雨面积 9.6 平方千米，正常蓄水位 325.5 米，最大坝高 25 米，总库容 12.8 万立方米。

华镜三级电站水库 2004 年建成。位于蕉城区九都镇，集雨面积 26.50 平方千米，正常蓄水位 371.00 米，最大坝高 42.80 米，总库容 97.30 万立方米。

林洋湖电站水库 2004 年建成。位于福安市穆云乡，集雨面积 75.75 平方千米，正常蓄水位 82.5 米，最大坝高 17 米，总库容 71.4 万立方米。

横坑电站水库 2004 年建成。位于福安市溪柄镇，集雨面积 9.2 平方千米，正常蓄水位 143.1 米，最大坝高 15 米，总库容 16 万立方米。

日山电站水库 2004 年建成。位于福安市城阳乡，集雨面积 23.90 平方千米，正常蓄水位 121.5 米，最大坝高 15 米，总库容 25.6 万立方米。

长湾水库 2004 年建成。位于霞浦县三沙，集雨面积 0.6 平方千米，正常蓄水位 178.5 米，最大坝高 13.3 米，总库容 10.02 万立方米。

上瓦一级电站水库 2004 年建成。位于古田县泮洋，集雨面积 4.64 平方千米，正常蓄水位 915.8 米，最大坝高 22 米，总库容 47.8 万立方米。

鸳鸯溪二级水库 2004 年建成。位于古田县杉洋，集雨面积 115.4 平方千米，正常蓄水位 447 米，最大坝高 23 米，总库容 41 万立方米。

紫峰溪二级水库 2004 年建成。位于古田县杉洋，集雨面积 126.5 平方千米，正常蓄水位 373 米，最大坝高 27.5 米，总库容 63.72 万立方米。

山洋坑电站水库 2004 年建成。位于古田县凤都镇，集雨面积 106.5 平方千米，正常蓄水位 322 米，最大坝高 22.5 米，总库容 64 万立方米。

凤都芦电站水库 2004 年建成。位于古田县凤都镇，集雨面积 50 平方千米，正常蓄水位 498 米，最大坝高 31.8 米，总库容 91.7 万立方米。

汾溪电站水库 2004 年建成。位于屏南县屏城乡，集雨面积 98.78 平方千米，正常蓄水位 618 米，最大坝高 24.5 米，总库容 95 万立方米。

白玉溪二级电站水库 2004 年建成。位于屏南县寿山乡，集雨面积 47.1 平方千米，正常蓄水位465米，最大坝高15.5米，总库容38.4万立方米。

贵溪电站　2004年建成。位于屏南县棠口乡，集雨面积185.2平方千米，正常蓄水位775.5米，最大坝高7米，总库容18.1万立方米。

长栏桥电站　2004年建成。位于屏南县棠口乡，集雨面积178平方千米，正常蓄水位786.6米，最大坝高7.8米，总库容22.6万立方米。

龙明电站　2004年建成。位于屏南县屏城乡，集雨面积80.6平方千米，正常蓄水位649米，最大坝高22.83米，总库容38.1万立方米。

华镜二级电站水库　2005年建成。位于蕉城区九都镇，集雨面积16.60平方千米，正常蓄水位561.00米，最大坝高17.70米，总库容19.88万立方米。

大楼电站水库　2005年建成。位于蕉城区九都镇，集雨面积29.80平方千米，正常蓄水位494.10米，最大坝高15.50米，总库容25.20万立方米。

溪里电站水库　2005年建成。位于蕉城区洪口乡，集雨面积25.30平方千米，正常蓄水位376.00米，最大坝高24.80米，总库容45.00万立方米。

棠溪电站水库　2005年建成。位于福安市潭头镇，集雨面积327.1平方千米，正常蓄水位62.2米，最大坝高11.84米，总库容57.53万立方米。

三角坑水库　2005年建成。位于福鼎市硖门，集雨面积2.89平方千米，正常蓄水位93.5米，最大坝高18米，总库容10.06万立方米。

西胜电站水库　2005年建成。位于霞浦县盐田乡，集雨面积7平方千米，正常蓄水位346米，最大坝高17米，总库容13万立方米。

龙潭际电站水库　2005年建成。位于古田县吉巷，集雨面积34平方千米，正常蓄水位715米，最大坝高19.8米，总库容46.3万立方米。

东溪电站水库　2005年建成。位于古田县凤埔，集雨面积66平方千米，正常蓄水位573.3米，最大坝高14.8米，总库容14.8万立方米。

上党电站水库　2005年建成。位于古田县泮洋，集雨面积22.2平方千米，正常蓄水位402.2米，最大坝高14.8米，总库容15.4万立方米。

淦山电站水库　2005年建成。位于屏南县代溪镇，集雨面积44.86平方千米，正常蓄水位496.5米，最大坝高15.6米，总库容10.7万立方米。

洲地电站水库　2005年建成。位于屏南县棠口乡，集雨面积251平方千米，正常蓄水位411米，最大坝高6米，总库容51.8万立方米。

柏源电站水库　2005年建成。位于屏南县长桥镇，集雨面积112.5平方千米，正常蓄水位620.5米，最大坝高20.3米，总库容47.2万立方米。

大碑电站溪尾水库　2005年建成。位于屏南县屏城乡，集雨面积43.75平方千米，正常蓄水位730.5米，最大坝高19.1米，总库容10.1万立方米。

车砂潭电站水库　2005年建成。位于周宁县咸村，集雨面积15.4平方千米，正常蓄水位432米，最大坝高24.5米，总库容35万立方米

景山电站水库　2005年建成。位于寿宁县平溪乡，集雨面积56.92平方千米，正常蓄水位385米，最大坝高22.3米，总库容72.5万立方米。

院洋水库　2005年建成。位于寿宁县犀溪乡，集雨面积4.7平方千米，正常蓄水位687米，最大坝高25米，总库容50万立方米。

山洋水库　2005年建成。位于柘荣县乍洋乡，集雨面积1.75平方千米，正常蓄水位704.7米，

最大坝高 12.2 米，总库容 12.6 万立方米。

二、灌溉工程

（一）引水工程

霞浦县林洋灌区 1993 年建成。所在河流柏洋林洋溪，集雨面积 0.35 平方千米，浆砌石坝，坝高 2.8 米，坝长 8 米，渠道总长 3.5 千米，其中，干渠 0.6 千米，设计流量 0.2 立方米 / 秒，实灌面积 0.006 万公顷。

福鼎市江南引水工程 1994 年建成。所在河流后洋墩，集雨面积 4 平方千米，开敞式，坝高 6 米，坝长 35 米，渠道总长 20 千米，其中，干渠 18 千米，设计流量 0.12 立方米 / 秒，实灌面积 0.007 万公顷。

福鼎市硖门拦河坝 2000 年 3 月建成。所在河流硖门溪，集雨面积 54.8 平方千米，坝高 3.3 米，坝长 23 米，渠道总长 5.1 千米，其中，干渠 5.1 千米，实灌面积 0.024 万公顷。

福鼎市柏洋拦河坝 2001 年 5 月建成。所在河流硖门柏洋溪，集雨面积 14.2 平方千米，坝高 2.5 米，坝长 16 米，渠道总长 4.2 千米。其中，干渠 4.2 千米，实灌面积 0.008 万公顷。

霞浦三沙引水扩建工程 2003 年 12 月 15 日动工，一期工程于 2004 年 12 月 15 日通水。2005 年 12 月 6 日，总长 4085 米的斗门头隧洞全线贯通，全面实现通水。位于三沙镇。

福鼎市柯湾引水工程 2005 年 6 月建成。所在河流前岐福东溪，集雨面积 24.3 平方千米，砌石坝，坝高 2 米，坝长 48 米，渠道总长 4.11 千米，其中，干渠 1.79 千米，实灌面积 0.008 万公顷。

福鼎市前岐垦区引水工程 2005 年 6 月建成。所在河流双岳溪，集雨面积 0.6 平方千米，砌石拱坝，坝高 53.5 米，坝长 102 米，渠道总长 8.7 千米，其中，干渠 5.6 千米，设计流量 0.6 立方米 / 秒，实灌面积 0.034 万公顷。

霞浦县本溪洋灌区 2005 年建成。所在河流长春长溪，集雨面积 27 平方千米，重力坝，坝高 5 米，坝长 40 米，渠道总长 16.3 千米，其中，干渠 11.8 千米，设计流量 1.1 立方米 / 秒，实灌面积 0.07 万公顷。

（二）提水工程

1993—2005 年，全市共建有提水工程 71 处 116 台，其中，电力排灌站 36 处 64 台，1880 千瓦，灌溉面积 0.2349 万公顷；机械排灌站 15 处，19 台，50.35 千瓦，灌溉面积 0.0863 万公顷；水轮泵站 20 处 33 台，灌溉面积 0.0617 万公顷。

2005 年宁德市部分县（市、区）提水工程概况统计表

表 9-1

序号	县（市、区）	合计	电力排灌站			机械排灌站			水轮泵站	
		处 / 台	处 / 台	容量（千瓦）	灌溉面积（万公顷）	处 / 台	容量（千瓦）	灌溉面积（万公顷）	处 / 台	灌溉面积（万公顷）
1	全市	71/116	36/64	1880	0.2345	15/19	503.5	0.0863	20/33	0.0617
2	福安	39/63	22/43	1523	0.1763	—	—	—	17/20	0.0388
3	福鼎	14/18	—	—	—	14/18	443.5	0.08	—	—

续表 9-1

序号	县（市、区）	合计	电力排灌站			机械排灌站			水轮泵站	
		处/台	处/台	容量（千瓦）	灌溉面积（万公顷）	处/台	容量（千瓦）	灌溉面积（万公顷）	处/台	灌溉面积（万公顷）
4	柘荣	10/12	10/12	202	0.0352	—	—	—	—	—
5	蕉城	6/18	2/4	90	0.014	1/1	60	0.0063	3/13	0.0229
6	周宁	1/3	1/3	45	0.005	—	—	—	—	—
7	霞浦	1/2	1/2	20	0.004	—	—	—	—	—

（三）节水工程

喷灌　1993 年，喷灌工程已开始在茶园、果树等经济作物上应用，节水效果较好。全区先后建成近 0.066 万公顷喷灌工程。至 2005 年，喷灌工程仅在一些高效益的品牌茶园中应用，其余已逐渐报废。

管灌　1993 年，管灌的管材主要应用现场浇筑的无筋低压砼管，具有不占用耕地、造价低特点，很受灌区群众欢迎。至 2005 年，随着塑料管材的开发应用，管灌的管材主要采用聚乙烯管材。

渠道防渗　2000 年，全市编制霞浦溪西、福安茜安、福鼎桑园等 3 片 0.333 万公顷以上中型灌区及蕉城马坂等 18 片 0.066 万公顷以上 0.333 万公顷以下小型灌区的续建配套及节水改造规划。在灌区干支渠道上采用浆砌石、砼现浇、预制铺砌方法，以减少干支渠渗漏量，在田间采用预制砼 U 型槽铺砌，提高田间水利用系数。2004 年，实施蕉城区马坂，屏南县长桥，福安市湾坞、顶头，寿宁县南阳，霞浦县本溪洋，福鼎市桑园等万亩灌区节水改造。先后建成古田县湖滨，福鼎市前岐，福安市溪柄、顶头，蕉城区虎浿、七都国家级、省级节水灌溉示范园区。2005 年，完成霞浦县溪西灌区节水改造工程。全市节水改造工程灌溉面积达 1.333 万公顷。

三、农村饮水工程

1993—1999 年，针对用水水源与居住地水平距离 2 千米外，垂直高差 100 米外的用水困难群众，开展简易饮水工程建设，9 个县（市）共解决 160 多万农村群众饮水困难。2000 年，按照省委、省政府“五通”（通水、通电、通公路、通信、通广播电视）工作部署，全市完成 339 个老区基点行政村、少数民族行政村“通水”任务，建成 90 个乡镇所在地集镇简易自来水工程。2001—2003 年，全市把 997 个行政村纳入全省行政村通水建设分年实施计划，3 年共建成 108 个行政村饮水工程。2004—2005 年，全市累计完成 396 个行政村供水设施建设。

四、堤防工程

（一）海堤工程

增坂大塘海堤　1993 年建成。位于蕉城区漳湾镇上塘村，集雨面积 2.3 平方千米，堤长 3.06 千米，建有水闸 7 座 26 孔，保护面积 0.01 万公顷，防潮标准 20 年一遇，堤顶高程 5.5 米。管理单位宁德市瑞丰工贸有限公司。

青土塘海堤 1994年建成。位于蕉城区漳湾镇乌屿村，集雨面积2.1平方千米，堤长1.18千米，建有水闸5座5孔，保护面积0.105万公顷，防潮标准20年一遇，堤顶高程5.5米，管理单位南埕村委会。

富裕塘海堤 1996年建成。位于蕉城区漳湾镇官沪村，集雨面积1.86平方千米，堤长2.6千米，建有水闸2座12孔，保护面积0.16万公顷，防潮标准20年一遇，堤顶高程5.6米，管理单位宁德市瑞丰工贸有限公司。

铁锵海堤 1996年建成。位于福鼎市桐城街道董江村，集雨面积5.93平方千米，堤长2.02千米，建有水闸4座19孔，保护面积0.0264万公顷，保护人口0.035万人，防潮标准20年一遇，堤顶高程5.5米，管理单位福鼎市开源投资有限公司。

宝洋塘海堤 1997年11月建成。位于蕉城区城南镇岐头村，集雨面积12.2平方千米，堤长1.95千米，建有水闸2座6孔，保护面积0.026万公顷，保护人口0.1万人，防潮标准20年一遇，堤顶高程5.8米，管理单位福建省宝洋围垦有限公司。

李坎塘海堤 1998年建成。位于蕉城区漳湾镇上塘村，集雨面积1.72平方千米，堤长2.2千米，建有水闸3座8孔，保护面积0.11万公顷，防潮标准20年一遇，堤顶高程5.6米，管理单位宁德市瑞丰工贸有限公司。

小城塘海堤 2003年建成。位于蕉城区漳湾镇后湾村，集雨面积2.84平方千米，堤长2.67千米，建有水闸3座9孔，保护面积0.014万公顷，防潮标准20年一遇，堤顶高程6米，管理单位后湾村委。

长丰塘海堤 2003年建成。位于蕉城区漳湾镇横屿村，集雨面积1.4平方千米，堤长3.05千米，建有水闸2座4孔，保护面积0.009万公顷，防潮标准20年一遇，堤顶高程6米，管理单位宁德市时新装饰公司。

三元长盛塘海堤 2005年建成。位于蕉城区漳湾镇横屿村，集雨面积1.6平方千米，堤长4.1千米，建有水闸8座18孔，保护面积0.019万公顷，防潮标准20年一遇，堤顶高程6.2米，管理单位系私人股份公司。

（二）防洪堤工程

福鼎城关防洪堤工程 1993年进行扩建加固，并完成防洪堤一、二期工程。其中，一期工程为3188米旧堤加固、防渗，二期工程建造2120米新堤，形成城区段桐山溪右岸的闭口堤防，位于福鼎县城关东侧，原名溪岗坝。1997年，龙山溪改道工程开工，1998年完工。

乍洋乡石山防洪堤 1993年建成，位于柘荣乍洋石山，集雨面积23平方千米，堤长4.2千米，涵洞3座3孔，保护面积0.013万公顷，保护人口0.1万人，防潮标准10年一遇，堤顶高程418.30 ~ 425.72米，管理单位乍洋乡石山村、前楼村委。

下浒镇区防洪堤 1995年建成。位于霞浦县下浒，集雨面积4.6平方千米，堤长1.06千米，水闸1座2孔，涵洞3座3孔，保护面积0.007万公顷，保护人口2.315万人，防洪标准3年一遇，堤高3.5米，管理单位镇水利工作站。

龙舞溪防洪堤 1997年建成，位于古田县杉洋镇，集雨面积36.5平方千米，堤长0.5千米，保护面积0.42万公顷，保护人口1.1万人，防洪标准10年一遇，堤高4米，管理单位杉洋镇政府。

南塘洋防洪堤 1998年建成，位于霞浦县盐田南塘村，集雨面积15平方千米，堤长2千米，保护面积0.02万公顷，保护人口0.3万人，防洪标准3年一遇，堤高3.5米，管理单位南塘村委。

宁德市城区防洪工程 1999年开始，投资500万元对小东门溪、南漈溪进行改造建设。建设防洪堤 8.68 千米，其中南漈溪 5.44 千米，小东门溪 3.24 千米，建设东湖新村抽水泵站 1 座，改造五里亭水闸 1 座，集雨面积 15 平方千米，保护面积 1 万公顷，保护人口 10 万人，使城区防洪标准从原来的 10 年一遇提高到 30 年一遇，2003 年完成，管理单位蕉城区水利局。

赛江下游防洪堤 1999 年，开始实施一期工程，其防护范围主要涉及福安城区、赛岐、穆阳、康厝、溪柄及罗江等区域，防护标准按城区、赛岐 20 年一遇，其余区域按 10 年一遇洪水设防。2004 年，开展二期工程前期工作，并被列入全省水利“十一五”规划，2005 年在建。

康山溪防洪堤 1999 年建成。位于福鼎市白琳康山，堤长 4.3 千米，保护面积 0.013 万公顷，保护人口 2 万人，堤高 3.2 米。

东侨防洪堤 2001 年建成。位于东侨开发区，集雨面积 8 平方千米，堤长 5.36 千米，保护面积 1.0313 万公顷，保护人口 6 万人，防洪标准 30 年一遇，管理单位东侨开发区管委会。

寿宁县城关防洪堤 2001 年建成。位于城关镇，集雨面积 51 平方千米，堤长 6.92 千米，保护面积 0.04 万公顷，保护人口 3.6 万人，防洪标准 20 年一遇，管理单位寿宁县水利局。

古田城关防洪堤 2002 年建成。位于古田城关，集雨面积 205 平方千米，堤长 13.4 千米，水闸 1 座 5 孔，涵洞 8 座 8 孔，保护面积 0.073 万公顷，保护人口 5.1 万人，防潮标准 20 年一遇，堤高 5 米，管理单位古田县城区堤防管理所。

赤溪防洪堤 2002 年全面整修加固。位于蕉城区西北部，距市区 55 千米。背靠周宁，东与福安交界，西南与霍童镇相邻，赤溪河纵贯境内。左右岸堤长 13.66 千米，全线砌石护坡，河道控制宽度 50 米，设计防洪标准 5 年一遇。

屏南县城区防洪堤 2003 年建成。位于屏南城关，集雨面积 24.69 平方千米，堤长 9.53 千米，保护面积 0.016 万公顷，保护人口 2.6 万人，防洪标准 20 年一遇，管理单位屏南县河道管理所。

柘荣城关防洪堤 2003 年建成。位于柘荣城关，集雨面积 30 平方千米，堤长 5.688 千米，涵洞 4 座 4 孔，保护面积 0.02 万公顷，保护人口 3.6 万人，防洪标准 20 ~ 30 年一遇，管理单位柘荣县城关堤防管理所。

虎头防洪堤 2003 年建成。位于福安市穆云乡虎头村，堤长 0.51 千米，建有水闸 1 座 1 孔，保护面积 0.009 万公顷，保护人口 0.0787 万人，管理单位虎头村委。

依山防洪堤 2003 年建成。位于福鼎市管阳下街至后坑，堤长 3.5 千米，建有涵洞 2 座 4 孔，保护面积 0.006 万公顷，保护人口 0.2113 万人，堤顶高 2.5 米，管理单位点头村委。

兰柏溪防洪堤 2004 年建成。位于福安市溪柄三村，堤长 2.3 千米，建有水闸 1 座 1 孔，保护面积 0.007 万公顷，保护人口 0.12 万人，管理单位溪柄三村委。

鹤塘溪防洪堤 2004 年建成。位于古田县鹤塘镇，集雨面积 74 平方千米，堤长 0.3 千米，水闸 1 座 2 孔，涵洞 3 座 3 孔，保护面积 0.01 万公顷，保护人口 0.2 万人，防洪标准 10 年一遇，堤顶高 5 米，管理单位鹤塘镇政府。

棠溪防洪堤 2005 年在建。位于福安市潭头镇棠溪村，堤长 0.35 千米，建有水闸 1 座 1 孔，保护面积 0.43 万公顷，保护人口 0.273 万人，管理单位棠溪村委。

濑尾防护堤 2005 年建成。位于福安市溪潭镇濑尾村，堤长 0.85 千米，保护面积 0.3 万公顷，保护人口 0.3 万人，管理单位濑尾村委。

五、河道治理工程

福鼎水北溪、古田后彰溪、柘荣龙溪等3处河道清水工程 2003年开始实施，共完成河道清淤整治5.2千米，完成投资439.6万元。

霞浦县三河一期城区段、古田桃溪、周宁东洋溪、宁德市小东门溪等4处河道清水工程 2004年开始实施，完成霞浦县三河一期城区段2.84千米、古田桃溪3千米、周宁东洋溪3.01千米、宁德市小东门溪4.4千米。至2005年，共实施河道清淤整治13.25千米，完成投资1065.6万元。

福鼎点头溪、屏南县长汾溪、寿宁蟾溪、柘荣龙溪下村等4处河道清水工程 2005年开始实施，当年完成福鼎点头溪3.01千米、屏南县长汾溪3.58千米、寿宁蟾溪3.017千米，柘荣龙溪下村4千米，实施河道清淤整治13.607千米，完成投资1023.5万元。

第二节 水土保持

一、水土流失治理

（一）水土流失调查

1993年，全区统计水土流失面积12.58万公顷，占土地面积的9.35%。1998年，全区水土流失面积11.1万公顷，占土地总面积的8.25%，比1993年下降1.1个百分点。

2000年，全市遥感普查水土流失总面积15.9931万公顷，占土地总面积的11.9%，其中，轻度流失7.7645万公顷，中度流失4.9521万公顷，强度流失3.1483万公顷，极强度流失0.1282万公顷，分别占水土流失总面积的48.3%、30.8%、20%和0.8%。流失类型以水蚀为主，其次为矿山开采、城镇建设、水利水电工程建设和修建道路等基本建设过程中的工程侵蚀。沿海半岛或沿海岸线分布的风蚀面积也占有一定的比例。水土流失面积从大到小依次为福安市、古田县、寿宁县、霞浦县、蕉城区、周宁县、福鼎市、屏南县、柘荣县，福安市流失面积达到2.659万公顷，虽然柘荣县仅为0.8295万公顷，但该县土地总面积小，土地流失比例较高，居全区第二位。水土流失面积占各县（市、区）土地总面积的比例从大到小顺序为寿宁县、柘荣县、福安市、周宁县、霞浦县、古田县、蕉城区、福鼎市、屏南县，寿宁县最高达17.2%，屏南县最低达到7.9%。强度以上水土流失面积从大到小依次为福安市、寿宁县、周宁县、古田县、霞浦县、柘荣县、屏南县、福鼎市、蕉城区。水蚀、工程侵蚀的流失类型各地普遍存在。风蚀，仅局限于蕉城区、福鼎市、霞浦县、福安市的沿海半岛和岛屿。工程侵蚀，规模较大的是古田县、福鼎市、霞浦县、福安市、蕉城区。全市水土流失面积同1995年遥感普查结果相比，减少1.3067万公顷，水土流失面积占土地总面积比例也降低了1个百分点。

2001年，实施沿海防护林工程建设和沿海区域水土流失坡地强化治理之后，风蚀面积明显减少，但工程侵蚀面积则显著增加。诸如福鼎白琳玄武岩开发，古田鹤塘石板材开发，霞浦水门、盐田石英矿开采以及平原区域兴建砖厂瓦窑、开山辟路，城镇和农村基础设施建设，山地开发、旧城改造、农村“五通”工程、国道104线改建、温福铁路和福宁高速公路建设等，在一定程度上存在规划不到位和保护不得力，造成严重的大面积新增水土流失问题。在各地类中，林地水土流失面积最大，而侵蚀程度相对较轻；茶果园水土流失面积居次，但85%以上面积为中、强度流失；再次为坡耕地水土流失，其中75%以上面积属强度流失。

2002年，全市开展土壤工程侵蚀调查。经调查136个点共侵蚀面积122.42公顷，其中工矿类98个，侵蚀面积49.11公顷；公路交通类25个，侵蚀面积34.16公顷；城建类13个，侵蚀面积39.51公顷。工矿类工程侵蚀最多、分布最广、危害最大。调查还发现，随着城市化进程步伐的加快，城市水土流失问题也日益突出。

（二）治理措施

调整土地利用结构 1993—2005年，以各县（市、区）农村经济结构及生产发展方向为依据，在稳定粮耕面积和确保地方特色产业持续发展基础上，按照水土流失防治需要，实行种植业内部结构合理调整，即“调高、调优、调特和调外”，发展高产、优质、特色和外向型经济作物，对一些商品率不高传统种植业，进行改植改造或减少面积。减少劣质、低产茶叶面积，增加名、优、特、新，茶果及蔬菜、花卉等其他高效益经济作物面积。

重点流域示范治理 1993—2005年，以各县（市、区）为单位，以主要河流为骨干，以小流域为单元，以治理区为重点，实行山、水、田、路、林综合治理。在属于小流域范畴水系中，将赛江干流、罗汉溪、霍童溪、七都溪、福安秦溪、杯溪、水北溪、斜滩溪、新丰溪、东洋溪、西溪、棠口溪等流域列为重点流域。采取示范治理，以点带面，促进成效。

水土保持科技推广 1993—2005年，加强水土流失动态监测研究，完成水土保持项目管理信息系统建设和其他水土保持新技术研究，利用成功治理模式，进行技术应用推广。如对蕉城区漳湾镇侵蚀劣地治理模式是在强度流失区采取杨梅树作为首选树种，配合工程措施，改善土壤化性质。霞浦县涵江生态茶园治理模式是在中度流失区，着重发展果、茶、竹等经济作物，把治理与建立商品生产基地结合起来等，走出一条具有闽东特色的水土保持新路子。

坡地综合改造 1993—2005年，以坡改梯为重点，结合土壤改良、改种、改变种植方式和园面套种、覆盖措施，并配套完成机耕路、蓄水池、防洪堤、沟道防护工程等，对严重的水土流失坡地实施综合性防治。

城市水土保持建设 1993—2005年，以加强对城区及周边绿化、城区水保工程建设、内河防护和城区基本建设项目的监督管理，开展水土流失治理工作。

生态旅游区水土保持建设 1993—2005年，在福鼎市太姥山、霞浦县杨家溪、蕉城区古瀛洲、古田县翠屏湖、屏南县鸳鸯溪等著名旅游区，实施以水土保持观光农业为主体的生态旅游区建设，设立水土保持户外教室，开展高层次的水土保持法律、法规和科技知识的宣传与教育活动。

工程侵蚀恢复整治 1993—2005年，在重点监督区内，以福鼎市白琳、古田县鹤塘、蕉城区虎浿等规模较大重要矿点以及福宁高速公路沿线和温福铁路沿线，芹山、洪口、牛头山等大中型电站建设区，督促业主实施工程侵蚀恢复整治建设。

二、水土预防保护区、监督区、治理区划定

2005年，根据全区各地的自然条件、资源状况、社会经济、水土流失特点应有明显的相似性。同一类型区内，各地的生产发展方向和防治措施布局应基本一致。同一类型区必须集中连片为原

则，把全区划分为预防保护区与重点预防保护区、监督区与重点监督区和治理区与重点治理区。

（一）预防保护区与重点预防保护区

预防保护区　包括蕉城区的洪口乡、霍童镇、九都镇，寿宁县的鳌阳镇、犀溪乡、平溪乡、下党乡、清源乡、大安乡、坑底乡，古田县的大甲乡、杉洋镇、卓洋乡、吉巷乡、大桥镇、泮洋乡、平湖镇、凤埔乡、凤都镇、黄田镇、水口镇以及柘荣县、周宁县、屏南县的全部乡镇。这些区域地处海拔800米以上中低山区和200～500米高丘区，多处于大流域上游最后两级支流内，分布着大片成林和天然林、水源涵养林与自然风景保护区，植被覆盖度达70%，水土流失程度较轻或无明显流失。

重点预防保护区　该区范围为古田溪水库区，涉及古田县的凤埔乡、湖滨乡、平湖镇、吉巷乡、大桥镇、泮洋乡以及屏南县的路下乡、长桥镇；霍童溪，涉及蕉城区的八都镇、九都镇、霍童镇、洪口乡，以及周宁县的礼门乡、咸村镇；芹山梯级电站，涉及周宁县的纯池镇、泗桥乡、太姥山、杨家溪旅游区。水土流失较轻（侵蚀模数在2500吨/平方千米·年以下），林草覆盖度较大（植被覆盖度在70%以上），但存在潜在水土流失危险（危险度在轻险型以下）区域，主要分布于大流域上游最后两级支流内。

（二）监督区与重点监督区

监督区　包括蕉城区的飞鸾镇、三都镇、漳湾镇、七都镇、八都镇、城南乡，古田县的鹤塘镇，福安市的甘棠镇、赛岐镇、下白石镇、湾坞乡、溪尾镇以及霞浦县、福鼎市全部乡镇。监督区内资源开发和基本建设活动相对集中，造成大面积植被受毁，水土流失危害严重，存在崩塌滑坡泥石流易发危险。

重点监督区　共涉及蕉城区的漳湾镇、三都镇、飞鸾镇、城南镇，福安市的甘棠镇、罗江、赛岐镇、下白石镇、湾坞乡、溪尾镇，霞浦县的盐田乡、松城、牙城镇，福鼎市的硖门乡、秦屿、白琳镇、点头镇，古田县的鹤塘镇等地。这些地区资源开发和基本建设活动较集中，开挖排弃土石渣量较大，水土流失危害较为严重。凡工贸开发区、自然保护区、矿产资源地、江河堤岸及重要水利工程周围、公路主干线一重山和特定的崩岗、滑坡、泥石流易发危险地段等，均为监督重点区域。

（三）治理区与重点治理区

治理区　以赛江流域为主。该区包括寿宁县的武曲镇、斜滩镇、竹管垅乡、南阳镇、凤阳乡、托溪乡、芹洋乡以及福安市的穆阳镇、溪潭镇、溪柄镇、潭头镇、上白石镇、社口镇、晓阳镇、城阳乡、坂中乡、穆云乡、康厝乡、松罗乡、范坑乡，还有蕉城区的石后乡、虎浿乡、金涵乡、洋镇中、赤溪镇。地貌多属低丘平原或盆谷地，分布有大面积茶园、果园、坡耕地和部分幼林地，原生水土流失较为严重且相对集中，中度以上流失面积较大。

重点治理区　全市涉及有福安市的潭头镇、上白石镇、社口镇、坂中乡、韩阳、城阳乡、穆云乡、康厝乡，寿宁县的南阳镇、竹管垅乡、斜滩镇、武曲镇、凤阳乡、芹溪、托溪乡等地。系原生的水土流失较为严重且相对集中（水土流失面积占土地总面积的20%以上），水土流失强度属中度以上（侵蚀模数大于2500吨/平方千米年）区域。地处上、中游一、二级支流及主干流两侧，海拔250米以下低丘小平原以及河流两岸、公路主干线一重山广大花岗岩地带。

三、水土保持示范工程

全国水土保持生态环境建设示范县——福安 1996年，遥感普查福安全市水土流失面积达0.02万公顷，占土地总面积的10.1%，年均侵蚀模数2850吨/平方千米，每年因水力侵蚀损失土层厚度达0.1～1.2毫米。是年3月，福安市人民政府开始实施《福安市水土保持十年规划（1996—2005年）》。第1期为“亚行贷款”项目，包括坡地开发、农产品加工、小水电建设和水产养殖等4个分项目，总投资4939万元，其中亚行贷款1849万元，治理水土流失面积0.12万公顷。先后建立一批生态茶、果园示范工程，在赛江沿岸新植绿竹、萎竹0.24万公顷，总投资1560万元，群众投工投劳7.8万工日，治理水土流失0.17万公顷。同时，沿海乡镇全面开展防护林工程建设，还综合治理里湾溪、茜洋溪、富春溪、秦溪等十多条小流域。投资645.44万元侧重发展经济林，做到治理促开发，开发促治理，共治理水土流失面积0.0235万公顷，其中造林0.0082万公顷，水土流失茶果园改造0.00933万公顷，种茶果0.006万公顷、种植绿竹0.0133万公顷。至2000年，福安市先后取得“绿竹高产栽培技术研究”“茶园径流小区试验”“赛江绿竹固土护岸效益研究”“香根草生长适应性及生态效益研究”等科研成果。绿竹高产栽培技术成果被应用到“赛江百里绿竹长廊工程”，提高了赛江沿岸的固岸护坡能力。茶园保水、保土、保肥以及香根草生长抚育技术等，也在富春溪、秦溪小流域水土保持重点工程项目中得到推广应用。据统计，福安市共投入资金7424.5万元，群众投工投劳1260.4万工日，累计完成治理面积2.68万公顷，其中，封禁治理0.71万公顷，强化治理0.96万公顷，综合治理水土流失面积1.01万公顷。境内水土流失得到有效控制，植被覆盖率从63.8%增加到68.9%，赛江干流及支流减沙率达43%。在市区建成一批水土保持绿化工程，在乡村通过封山育林、强化治理、合理开发，有效改善生态环境。12月，被国家水利部、财政部命名为“全国水土保持生态环境建设示范县”。

水利部第一批全国水土保持生态建设示范区——赛江 位于赛江中上游福安市和寿宁县境内，总面积1768平方千米，在福安市境内面积1213平方千米，有支流棠溪、西溪、富春溪、穆阳溪、茜洋溪等水系。寿宁县境内有斜滩溪、平溪、蟾溪、后溪、犀溪、凤阳溪等主要溪流，面积555平方千米，最大为斜滩溪250平方千米，长度56.5千米。2000年，遥感调查示范区水土流失总面积236.7平方千米，占示范区土地总面积的13.4%，轻度、中度、强度流失各占1/3。水土流失类型以水蚀为主，其次为矿山开采、城镇建设、水利水电工程建设和交通道路建设等基本建设过程中的工程侵蚀。2004年，根据水利部《关于开展水土保持生态建设示范区建设的通知》，赛江中上游水土保持建设项目被水利部列入第一批开展水土保持生态建设示范区单位。宁德市政府组织一批专家在调查、研究基础上制定出《赛江中上游水土保持生态建设示范区规划（2004—2008年）》。项目规划总治理面积1768平方千米，建设工程总投资2904.8万元，建设年限为2004—2008年。2004年，开始实施福安市上白石溪八都界小流域治理水土流失工程，治理面积48.6万公顷；福安市上白石溪小流域水土保持工程，治理面积0.023万公顷；福安市水土保持生态修复工程，治理面积0.083万公顷；年末，重点项目治理水土流失总面积0.1787万公顷。实施寿宁县西山小流域水土流失综合治理工程，治理面积0.01万公顷。2005年，实施福安市茜洋溪小流域治理水土流失工程，治理面积0.2826万公顷；福安市秦溪小流域治理水土流失工程，治理面积0.012万公顷；福安市水土保持生态修复工程，治理面积0.0413万公顷；福安市弃土边坡治理科技示范工程，治理面积0.1333万公顷；年末，重点项目治理水土流失总面积0.336万公顷；实施寿宁县武曲小流域水土流失综合治理工程，治理面积0.0133万公顷。工程均达到示范工程标准。

四、宣传监督

1993年6月15日至7月15日，全市开展水土保持宣传月活动。各县（市）充分利用广播、电视、报纸、宣传车、标语、专刊、宣传栏等工具进行宣传。悬挂跨街标语30多幅，张贴《中华人民共和国水土保持法》印刷品1000多份。霞浦县、福安市、古田县、寿宁县，组织宣传车深入乡镇开展巡回宣传。1994年7月6日，宁德市（今蕉城区）组织以《中华人民共和国水土保持法》为主要内容的农业系列法规踩街活动，踩街队伍700多人，声势浩大，有摩托车、鼓乐、彩旗、气球等15个方阵。政府、人大、政协等水保委成员单位领导以及乡镇负责人参加活动。寿宁县水保委组织县摄影爱好者开展“水土杯”新闻摄影创作比赛。同年，地、县设有水土保持监督机构，共调配专（兼）职水保干部44名，分别通过国家、省、市行政执法培训，由省政府统一颁发“监督检查证”，实行持证上岗。各级水保监督站推行上墙公告办事程序、收费标准，推行依法承诺、首问责任和办结期限制度，做到水土保持方案审报、审批、监督、检查验收管理一体化。1996年，宁德地区行署在霞浦县召开全区水保工作会议，组织参观东吾洋沿岸良性生态茶园示范点，推广霞浦水土预防监督典型经验。

1999年，执行水利部《关于开展全国水土保持生态环境监督管理规范化建设工作的通知》，福鼎市、霞浦县被列入全国试点单位。试点单位依据“水土保持的监督体系完善，执法主体地位明确，制定完整的、可操作性的配套制度，宣传培训制度落实，生产建设项目水土保持方案报批制度健全，水土保持规费征收、使用合理，生产建设项目水土保持预防监督工程措施落实，水土保持的违法违规案件查处及时、合理，执法文书规范”等要求，通过调查摸底、分类排队、统一部署，开展水土保持生态环境监督管理规范化工作。2000年，在福安市修建6个径流小区的茶园径流场，为水土保持监测站添置一批监测设备，建立小流域、工程侵蚀数据库，开展水土保持监测课题研究。

2001年6月29日，宁德市政府召开纪念水土保持法颁布实施十周年座谈会，20多个市直单位和水保委成员部门领导就继续加强水土保持工作，搞好生态环境建设进行专题研究，使水土保持工作做到齐抓共管。全市开展以中小学生为主要对象的水土保持知识宣传普及教育。屏南县华侨中学和白水洋小学、蕉城区第五小学、霞浦县实验小学等学校，均设为水土保持基点学校，在学生中开展水土保持普及教育。还通过举办“绿色宣言”文艺晚会、“水保杯”知识竞赛、黑板报比赛、征文竞赛等形式多样活动，以提高人们“水土保持、从我做起”意识。市水保办与市电视台合作为宣传周摄制电视专题片《水土流失危及生存》，在市电视台“闽东纵横”栏目播出。霞浦县组织“水土保持”龙舟参加端午节龙舟比赛。福鼎市在白琳等重点乡镇开展法律、法规宣传咨询活动，在矿山水土流失恢复治理区设立标志牌，与电视台联合录制《保护水土资源，建设秀美山川》水保专题片，在省电视台公共频道“走进梦想剧场”栏目播出。全市共印制水保宣传小册子2.3万册，张贴宣传画1300多张，发放宣传品1180份，悬挂宣传标语88条。

2002年，全市水土保持机构从农办改为挂靠水利部门。各级水土保持监督机构以水土保持方案编制为切入点，执行水土保持设施与建设主体工程同时设计、同时施工、同时投产使用的“三同时”制度。当年，各级水保监督机构累计依法审批水土保持方案1082个，督促开发建设单位投入水土流失防治费4680多万元，落实水土流失防治责任范围55平方千米，开展执法检查1100多人次，检查项目1000多个，查处违法案件65个，协调处理水土流失纠纷30多起。

2003年，各级水土保持监督机构加强行政执法职能，建立开发建设项目水土保持方案审批、监督检查和收费三项基本制度，依法查处水土保持违法行为，以控制新的人为水土流失现象发生。

2005年，全市水土保持工作重点从防治并重开始向以防为主转移。坚持宣传与监督双管齐下，坚持“谁开发谁保护、谁破坏谁治理”的原则。市水土保持机构、国土、林业等部门联合开展“青山挂白”专项整治活动，在福宁高速公路两侧划定禁采区。一期工程投入资金123万元，共完成133个点，治理面积40.4万平方米。

第三节　防汛抗旱

一、防汛

1993年，宁德地区行署设立防汛抗旱指挥部办公室，负责指挥全区防汛与抗旱工作。1995年，实施清淤疏浚工程，完成柘荣县下城东门亭至溪坪桥600米主河道清淤，改造支流1600米。开展防汛责任制试点，霞浦县实行县六套班子主要领导包乡挂点直接领导和乡镇水利站负责人防汛“四包”（包堤、包库、包坝、包闸），切实落实防汛工作范围与职责。

1998年，实施防洪堤工程建设，完成屏南县长汾溪芝山寺拱桥到古溪桥防洪堤2.81千米，上洋头溪针织厂到汇流口防洪堤1.38千米，慈溪汇流口以上防洪堤0.84千米防洪工程。实施洪水预警报系统建设，建成福鼎市洪水预警报市区中心站、太姥山中继站及5个自动水位雨量站和3个自动风情站。

1999年3月，赛江洪水预警报系统一期工程开工建设。9月，建成投入运行，共建成中心站1处，分中心站5处，中继站3处，雨量站13处，水位雨量站11处，累计完成投资266.38万元，基本实现赛江流域6个县（市、区）雨水情况适时监测、查询和预警。

2000年11月，宁德地区行署防汛抗旱指挥部办公室，更名为宁德市人民政府防汛抗旱指挥部办公室，定编8人（干部6人，职工2人）。完成屏南县长汾溪芝山寺拱桥以上0.6千米，古溪桥到榕屏化工厂2千米，上洋头溪针织厂以上1.9千米防洪堤工程。投资618万元完成寿宁县一、二期县城5.63千米防洪堤工程，可抵御20年一遇洪水侵袭。2002年4月，省水利厅组织专家对赛江洪水预警报系统二期初设工程的设计进行审查。10月，宁德市防汛指挥中心一期工程正式启动，工程包括计算机决策系统、土建改造、电气改造、视频会议系统、计算机局域网络及附属设施等，总投资170万元。2003年4月，市防汛指挥中心工程建成投入试运行。12月，通过省级验收正式投入运行。

2004年，宁德市实施风情预警监测系统建设。授建单位有福鼎市沙埕、台山、嵛山风力站，霞浦县三沙、长春、北礵风力站，蕉城区三都风力站，实现对沿海区域风力、风速情况的适时监测与查询。实施古田县水口库区水葫芦阻塞航道整治工程，共投入资金750万元，打捞水葫芦2240公顷，避免诱发洪涝灾害。

2005年10月，赛江洪水预警报系统二期工程重新委托省洪水预警报中心作补充设计，经省水利厅批复核定工程总概算为367.6万元。同时启动开发赛江流域水库群联合调度软件开发，防汛工作能力不断增强。年末，全市9个县（市、区）125个乡、镇、街道、办事处，均设有防汛抗旱指挥部办公室。建立有防汛工作制度，制定防汛预案，添置有微机、彩电、摄像机、录像机、照相机、移动电话、发电机、救生衣等防汛器材与设备。开设有防汛专线，可以通过162拨号上网，实现适时收看省防汛办提供的卫星云图，抗台防汛水平有效提高。各级防汛抗旱指挥部由党委办、政府办、当地驻军、水利、国土、海洋与渔业、武警和建设、财政、民政、交通、气象、水文等有关部门组成。实行行政首长负责制，由各级人民政府行政首长任指挥长。全市组建有防汛应急抢险队伍 405 支 7020 人，储备编织袋、麻袋 36 万条，编织布 1.001 万平方米，救生衣 3222 件，救生圈 1170 只，塑料薄膜 4050 千克，备用发电机组 9 台 135 千瓦，小方舟 45 艘。民政部门储备有帐篷 1000 顶、棉被 3600 多条、应急灯 261 盏、手电筒 5400 支，武装部门可提供头盔 1800 顶、迷彩服 1080 件、锄头 9045 把，以应急需。

二、抗旱

境内干旱主要有春旱、夏旱和秋旱三种。春旱一般发生在 2 月下旬至 3 月下旬，春旱影响溶田插秧，水电供应不足，影响工农业生产。每年 6 月下旬雨季结束后，沿海县（市）往往有 10 ~ 15 天或 25 ~ 30 天夏旱出现，由于气温高、蒸发大，对国民经济影响较大，甚至造成居民饮用水困难。而当台风影响结束后进入秋高气爽天气，如持续时间长，则出现秋旱，如果夏秋连旱，则影响更为严重。全市多年平均干旱指数在 0.5 ~ 1.0 之间，由西北山区向东南沿海递增，沿海地带易受旱。境内干旱灾情有三个特点：一是遍及全区各个地域，尤以中部河谷和东部滨海平原为甚；二是西、北部丘陵盆谷地区发生频繁，但不连片不成区，插花性旱情多；三是一年四季均有旱情发生的可能性，尤以夏旱为最严重，秋旱次之；四是沿海县（市区）多为夏旱，其他多为秋冬旱。2003 年 6 月 15 日，境内开始出现持续晴热高温天气，截至 8 月 3 日，连旱天数 9 县（市、区）均超过 25 天，蕉城区 50 天无雨为历史所罕见，58.61 万人、2.88 万头大牲畜发生饮水困难，9 个县（市、区）普遍受灾。宁德市委、市政府对水资源进行统一调度、统一管理，对发电水库用水进行合理安排。7 月 5 日，市政府组织调研组赴霞浦县了解旱情。11 日，发出《关于做好防抗夏旱工作的通知》，对各地抗旱做出统一部署。16 日，市委召开常委扩大会议，决定组织 4 个工作组深入旱情较重的沿海县（市、区）督导。31 日，市政府在蕉城区霍童镇召开抗旱工作现场会，交流文湖三村打井抗旱经验。在首先确保人民群众饮水安全基础上，市、县、乡三级集中人力、物力、财力，突出重点区域、重点部位、重点产业、重点环节，做好抗旱工作，遏制旱情蔓延。福安市面对多年未见干旱加强水资源统一管理，按照“先生活、后生产、先地表、后地下、先节水、后调水、先重点、后一般”原则，统一调度。其间，省抗旱服务队调运大功率抽水设备，支持蕉城区、霞浦县抗旱；福安市电机电器同业商会向防汛抗旱部门捐赠 150 台汽油发电水泵，并按 50% 优惠价供货支持抗旱；屏南县十多个民营企业家捐赠 49 台抽水机支农抗旱；飞鸾海军部队紧急借调 3 台抽水机，支持蕉城区八都镇仁厚村抗旱，并给霞浦县海岛乡居民输送 1000 吨饮用水。据统计，全市日高峰上场抗旱人数 25 万人。累计投入抗旱人数 670 万人 / 次，投入抗旱资金 3115 万元，新购抗旱机具 3534 台（套），投入抗旱机具 8773 台（套），新打井 1230 眼（其中机井 510 眼），修复旧井 1502 眼。抗旱浇灌面积 7.20 万公顷，为 48.33 万群众解决饮用水困难。

2005 年，全市拥有抗旱服务队伍 357 支 5845 人，其中县级 7 支 245 人，乡镇级 350 支 5600 人；抗旱管理人员 1981 人，其中专职 488 人、兼职 1493 人。配备有各类抽水机具 6860 台（套），机动浇地能力每天 2.37 万公顷，应急送水能力每天 4809 吨。购置火箭炮等设备，必要时可实施人工降雨。

第二章 电 力

第一节 发 电

一、火力发电

20 世纪 80 年代后期，受水力发电市场冲击，火力发电建设基本停止。1999 年，除少数企业、医院、部队自备应急电源外，闽东地方县市电网内再也没有并网的火电备用装机，地方小型火电最后退出了闽东电力市场。2003 年，为缓解“十五”期间福建电力供应的紧张状况，合理调整福建电源结构和电源布局，国家同意设计建设福建大唐国际宁德电厂。

（一）小型火电

1993 年，宁德地区各县（市）电网备用火电装机容量 9932 千瓦。1999 年，除少数企业、医院、部队自备应急电源外，地方县（市）电网内已没有并网火电备用装机，至此境内火电宣告消亡。

（二）大型火力发电厂

福建大唐国际宁德电厂 位于福安市湾坞乡。2003 年 9 月 28 日，动工建设。占地面积 240 公顷，设计总装机容量 452 万千瓦。由大唐国际发电股份有限公司、北京华富能源投资有限公司、闽东能源投资有限公司、北京中电华泽投资有限公司投资兴建。第一期 2 台单机 60 万千瓦机组工程概算投资人民币 54.7 亿元，单位千瓦投资人民币 4558 万元；一、二两期 4 台机组建设安装工程概算投资人民币 104 亿元，单位千瓦投资人民币 4117 万元。2005 年 8 月 1 日，国家发展改革委员会核准电厂一期 2 台单机 60 万千瓦发电机项目。第一台机组于 10 月 5 日用电受电、汽机和缸、化学制水一次成功。12 月中旬，完成锅炉水压试验。电厂设有董事会、监事会等管理机构。办事机构设总经理工作部、人力资源部、财务部、设备工程部、物资供应部、发电部、燃料管理部、安全监察部、扩建工程部、思想政治工作部等。

二、水力发电

中共十一届三中全会后，国家实行改革开放，对水电建设给予“谁建、谁管、谁受益”的系列优惠政策，激发闽东县乡两级办电积极性，各乡镇纷纷兴办200千瓦以上小水电站，并迅速取代乡镇的火力发电厂和自备电源。同时，民营资本纷纷进入，使地区内水电发展加速，且具有一定规模，如福鼎桑园水电站、福安黄兰溪梯级电站、屏南上培7号机、周宁芹山电站。至2000年，宁德地方水电装机容量已达45.9万千瓦。进入21世纪，闽东地方水电建设进入高速发展期，第一个5年间新建水电装机达101万千瓦，全市已投产水电装机达146.9万千瓦（不含古田溪水电站），超过前82年总和（1919—2000年）。至2005年，闽东境内共有大中小型水电站671座，装机总容量227.558万千瓦，其中，已建成投产的大中小型水电站658座，装机总容量170.433万千瓦。在建中的装机5000千瓦以上水电站13座，装机总容量57.125万千瓦。闽东地区水电可开发量285万千瓦，至年底，已开发容量为227.558万千瓦（包括已动工在建的）。其中，装机0.5万千瓦以下小水电站共有614座，总装机容量38.408万千瓦（不包括古田灵龟自供区）；装机0.5万～3万千瓦水电站共有40座，总装机容量41.3万千瓦；装机3万～10万千瓦水电站共有12座，总装机容量54.85万千瓦；装机10万千瓦以上水电站共有5座，总装机容量93万千瓦。

（一）小型水电站

岙里电站 又称南溪水库二级电站，位于福鼎市岙里村。1993年前已建成投产，坝址以上流域面积164平方千米，渠道过水量9立方米/秒，南溪水库通过岙里电站渠道供给福鼎市生活用水，水头72米，装机6100千瓦，设计发电量2000千瓦·时，安装2台1800千瓦卧式发电机组和1台2500千瓦卧式发电机组。业主福建闽东电力股份有限公司。

大泽溪水电站 位于蕉城区七都溪中游。1993年前已投产，1994年3月技改扩建，1995年7月技改完工。控制流域面积187.5平方千米，库容117万立方米。调节库容75万立方米。水头高171米，设计流量11.73立方米/秒，装机容量14200千瓦，设计年发电量6354万千瓦·时，安装有2台6000千瓦卧式发电机组和一台2200千瓦卧式发电机组。业主福建闽东电力股份有限公司。

车岭一级电站 位于寿宁县斜滩镇后井村。1993年前，2台4000千瓦卧式发电机组投产，1998年11月扩建，1999年6月，新增1台5000千瓦卧式发电机组投产。坝高25.7米，设计水头190米，装机容量为13000千瓦（2×4000千瓦+1×5000千瓦）。设计年发电量5800万千瓦·时。业主福建闽东电力股份有限公司。

龙溪一级水电站 位于周宁七步镇。1993年前建成投产。坝址以上流域面积131平方千米，利用水头342米，设计水流量3.84立方米，装机容量12500千瓦，设计年发电量6467万千瓦·时，安装5台2500千瓦卧式发电机组，业主福建闽东电力股份有限公司。

穆阳溪水电站 位于福安市穆阳镇。1991年4月，3号机组投产，1997年8月，4号机组投产。坝址以上集雨面积818平方千米，设计坝高10米，引用流量20.1立方米，电站发电兼灌溉，设计灌溉面积3686.67公顷（5.53万亩），4台机组全部投产后年发电量在3000万千瓦·时以上，安装有4台1250千瓦卧式发电机组。业主福建闽东电力股份有限公司。

金溪水电站 位于蕉城金涵乡百丈潭下游涵道村。1993年前建成投产。为金溪流域开发的第二级电站，电站坝址以上流域面积78.1平方千米，水库总库容34.2万立方米，最大坝高20.6米，装机容量6400千瓦，设计年发电量2300万千瓦·时，安装2台3200千瓦卧式机组。业主为福建闽东电力股份有限公司。

龙溪三级水电站 位于柘荣县英山乡。1992年8月投产，2005年增容技改。坝址以上流域面积 99.1 平方千米，水库库容 92.8 万立方米，调节库容 61.1 万立方米，设计水头 153.9 米，引用流量 5.24 立方米 / 秒，装机容量 8000 千瓦，设计年发电量 2777 万千瓦・时，安装 2 台 4000 千瓦卧式发电机组。业主福建闽东电力股份有限公司

白岩水电站 位于蕉城区虎浿乡。1992 年 11 月动工，1995 年 5 月投产。水库库容 2015 万立方米，设计水头 208.5 米，引水流量 1.34 立方米/秒，装机容量 6400 千瓦，保证出力 2140 千瓦，设计年发电量 1720 万千瓦・时。安装有 2 台 3200 千瓦卧式发电机组。业主福建闽东电力股份有限公司。

车岭二级水电站 位于寿宁县斜滩镇。1994 年 12 月投产。安装 2 台立式水轮发电机组，总装机容量为 15000 千瓦（2×7500 千瓦）。2001 年又安装 1 台 800 千瓦机组，装机容量为 15800 千瓦。升压站安装容量为 20000 千伏・安的三圈主变压器 1 台。设计年发电量 5100 万千瓦・时。业主福建省四方水电开发有限公司。

黄兰溪水库一级水电站 位于福安市晓阳镇。1992 年 7 月动工，1997 年 8 月投产。坝址以上流域面积 68.6 平方千米，水库库容 1766 万立方米，调节库容 1358 万立方米，最大水头 104.2 米，额定流量 7.88 立方米 / 秒，装机容量 6000 千瓦，设计年发电量 1673 千瓦时，安装 2 台 3000 千瓦卧式发电机组。业主福建闽东电力股份有限公司。

龙溪二级水电站 位于周宁县东洋溪与六浦溪汇流处。1994 年 3 月投产。坝址以上集雨面积 253.4 平方千米，（东洋溪 51.3 平方千米，六浦溪 155.6 平方千米，八浦溪 46.7 平方千米），设计水头 120 米，引水流量 9.35 立方米 / 秒。装机容量 9000 千瓦（2×4500 千瓦），设计年发电量 3658 万千瓦・时，业主英属维京斯华振水电投资公司。

东风水电站 位于周宁县七步镇，1994 年 12 月动工建设，1996 年 9 月投产。由原东风一级二级电站扩建改建而成，坝址以上集雨面积 67 平方千米，可调节库容 7.7 万立方米，设计水头 194 米，引水流量 4.1 立方米 / 秒，装机容量 6400 千瓦，设计年发电量 2662 万千瓦・时，安装 2 台 3200 千瓦卧式发电机组。业主福建闽东电力股份有限公司。

大港水电站 位于蕉城区石后乡。1996 年 11 月动工建设，1998 年 10 月发电。装有 2 台 7000 千瓦的立式机组，设计水头 85.3 米，额定转速 600 转 / 分钟，单机引用流量 10.03 立方米 / 秒，设计年发电量 5431 万千瓦・时，年利用小时为 3879 小时。

最大坝高 39.5 米，总库容 468 万立方米，装机 1.4 万千瓦，该电站是一座无人值班、少人值守的自动化程度较高的水电站。业主北京水利部江河农村电气化发展有限公司和宁德电业局东电公司。

九龙水电站 位于周宁县七步镇。1997 年 12 月动工建设。2001 年 1 月发电。调节库容 5.9 万立方米，装机容量 5000 千瓦（2×2500 千瓦），设计年发电量 2170 万千瓦・时。归周宁县调度。业主周宁乾元水电开发有限公司。

风埔旧镇三级水电站 位于古田县凤埔乡。1997 年建成发电。装机容量 5000 千瓦，水库总库容 64.32 万立方米，调节库容 17.04 万立方米，安装单机容量 2500 千瓦发电机组 2 台，设计水头 143 米，设计流量 4.65 米 / 秒，设计年发电量 1977 万千瓦・时，归古田县调度，业主古田兴埔公司。

龙虎岔水电站 位于屏南县屏城乡与岭下乡交界处。1998 年 8 月动工建设，2001 年 2 月投产。水库总库容 808 万立方米，调节库容 621 万立方米，具有年调节性能。大坝为浆砌石拱坝，按 30 年一遇洪水设计，200 年一遇洪水校核。安装 2 台水轮发电机组，装机容量 6400 千瓦（2×3200 千瓦）。业主屏南县宏辉水电有限公司。

龙溪二级电站 位于柘荣县英山乡。1998年7月动工建设，2000年10月发电。由原柘荣龙溪一级、龙溪二级电站扩建改建而成，水库库容80.3万立方米，可调节库容54.3万立方米，设计水头225.5米，引用流量7.14立方米，装机容量13000千瓦，设计年发电量5248万千瓦·时，安装2台6500千瓦卧式发电机组。业主福建闽东电力股份有限公司。

岭兜水电站 位于寿宁县平溪乡。1999年12月动工建设，2001年6月发电。总库容84万立方米，内装单机容量2500千瓦卧式机组2台，装有容量6300千伏·安主变压器一台。归寿宁县调度。业主寿宁县鹏举水力发电服务有限公司。

杨梅州梯级水电站 位于寿宁县坑底乡。2000年3月动工建设，2004年3月发电。由一级地前电站和二级杨梅州电站组成。二级杨梅州电站装机11300千瓦（5000+6300）千瓦，设计年发电量4200万千瓦·时，一级地前电站装机容量2500千瓦（2×1250千瓦），设计年发电量1000万千瓦·时。总库容201万立方米，安装2台卧式水轮发电机组。业主寿宁三祥冶金有限公司。

三溪水电站 位于蕉城区洋中镇。2001年元月动工建设，2003年5月发电。总装机容量10000千瓦，设计年发电量4184万千瓦·时，总库容108万立方米，调节库容46万立方米，水库正常蓄水位579.1米。安装2台装机容量5000千瓦的混流式水轮发电机。业主宁德市三溪水电开发有限公司。

刘坪水电站 位于寿宁县竹管垅乡。2001年1月动工建设，2002年12月投产。装机5000千瓦，水库总容量63万立方米。内装2台单机容量为2500千瓦卧式水轮发电机组，主变压器容量6300千伏·安，归寿宁县调度。业主寿宁县刘坪水电有限责任公司。

溪底水电站 位于寿宁县平溪乡。2002年动工建设，2004年8月发电。电站装机8000千瓦，库容23万立方米，调节库容15.25万立方米，设计年发电量2429千瓦·时，升压站安装主变压器一台，容量10000千伏·安，归寿宁县调度。业主寿宁县鹏举水力发电服务有限公司。

大碑水电站 位于屏南县屏城乡。2002年7月动工建设，2005年12月投产。电站总库容365万立方米，其中坑头大坝库容341万立方米，溪尾小坝库容24万立方米，装水轮发电机2台，装机容量5000千瓦（2×2500千瓦），设计年发电量1928千瓦·时，业主益发水电有限公司。

托溪二级水电站 位于寿宁县托溪乡。2002年12月动工建设，2005年11月投产。装机容量8000千瓦，总库容361万立方米，内装2台单机容量为4000千瓦卧式水轮发电机组，主变压器容量10000千伏·安，电压等级35千伏，送往寿宁县网芹洋变电站。

榴坪水电站 位于柘荣县堵坪乡。2003年4月投产。水库总库容91万立方米，装机容量6400千瓦，安装2台容量为3200千瓦水轮发电机组，设计年发电量2048万千瓦·时，设计年利用小时3200小时。归柘荣县调度。业主福建省亿力投资公司三明竹州水电公司。

湖头水电站 位于霞浦县柏洋乡。2003年5月动工建设。装机容量1万千瓦。水库总库容1150.9万立方米。安装2台单机容量为5000千瓦的水轮发电机组。升压站安装主变压器一台，容量12500千伏·安，设计年发电量2225万千瓦·时。业主霞浦柏洋水电开发公司。

岑洋水电站 位于屏南县长桥镇。2003年9月动工建设，2005年5月投产。水库总容量661万立方米，调节库容320.4万立方米，安装2台单机容量为3000千瓦的卧式混流水轮发电机组，业主屏南县闽锋电力有限公司。

蒲阳水电站 位于寿宁县斜滩镇。2003年动工建设，2005年10月发电。水库库容514.1万立方米，调节库容56.9万立方米。安装2台立式混流式水轮发电机组。装机容量13000千瓦（2×6500千瓦），设计年发电量，4801万千瓦·时，年利用小时为3693小时。业主寿宁县蒲阳水电开发有限公司。

牛头山二级水电站 位于寿宁县斜滩镇。2003年动工建设，2005年投产。总库容448万立方米。内装2台单机容量7000千瓦立式水轮发电机组。升压站安装容量为20000千伏·安主变压器1台，装机容量14000千瓦，业主牛头山水电有限公司。

三涧溪水电站 位于蕉城区洪口乡。2004年3月动工建设。装机容量13000千瓦，水库总库容200.2万立方米。设计年发电量4421万千瓦·时。安装2台单机容量6500千瓦冲击式水轮发电机组。由宁德地调调度。业主蕉城三涧水电开发有限公司。

亭头港水电站 位于屏南县长桥镇。2004年1月动工建设，2005年投产。水库总库容27.2万立方米，调节库容1.9万立方米，为反调节水库。安装2台单机容量为4000千瓦的卧式水轮机组，装机容量8000千瓦，保证出力1007千瓦，年发电量2812万千瓦·时。

前坪电站 位于周宁县龙亭村与三湾村之间。2004年动工建设。装机容量1万千瓦，水库总库容334万立方米，设计年发电量3525万千瓦·时。民营企业。电站建成时接入周宁县网。

刘柴水电站 位于寿宁县平溪乡。2004年6月动工建设。总库容651.6万立方米，调节库容234万立方米。装机容量2万千瓦，安装2台混流式水轮发电机组，单机容量1万千瓦，保证出力0.24万千瓦，设计年发电量6955万千瓦·时，装机年利用小时数3478小时。业主福建省四方水电投资有限公司、福建省闽源水电开发公司、浙江省中成水电投资公司、浙江省杭州市华宇投资公司。

下东溪水电站 位于寿宁县平溪乡。2004年6月动工建设。装机容量3万千瓦，总库容为1802.2万立方米，调节库容1077万立方米。安装2台混流式水轮发电机组，单机容量1.5万千瓦，设计保证出力0.32万千瓦，设计年发电量7922万千瓦·时。

马头山电站 位于福安市溪柄镇。2004年动工建设。装机容量11250千瓦，水库总库容968万立方米，安装2台单机5000千瓦的水轮发电机组，1台1250千瓦发电机，共3台发电机组，设计年发电量3326万千瓦·时。归福安市调度。

大楼水电站 位于蕉城区九都镇。2005年建成，次年1月发电。水库为不完全年调节特性，额定水头328米，装机容量6400千瓦，设计年发电量2466万千瓦·时，安装2台单机容量为3200千瓦卧式水轮发电机。归宁德地调调度。业主宁德市桃花溪水电开发有限公司。

古田淮溪水电站 位于古田县泮洋乡。2005年建成投产。装机容量5000千瓦（2×2500千瓦）。设计年发电量2160万千瓦·时，年利用小时4320小时。大坝位于泮洋乡淮溪村上游3.5千米处的溪流河道上，坝址以上流域面积49.6平方千米，坝高9.45米，为径流式水电站。2台机组共1台主变压器，容量6300千伏·安。归古田县调度。业主古田兴淮水电有限公司。

佳源水电站 位于古田县鹤塘镇。2005年2月建成发电。装机容量5000千瓦，设计年发电量1729万千瓦·时。水库总库容498万立方米，安装2台单机容量为2500千瓦水轮发电机组，归古田县调度。业主古田县利源水电有限公司。

黄旗岭二级水电站 位于周宁县礼门乡。2005年4月动工建设。总库容为33.35万立方米，装机容量9000千瓦，安装2台4500千瓦的卧轴混流式水轮发电机组，设计年发电量2700万千瓦·时。业主福建省四方水电投资有限公司、福州新闽公司。

王社二级水电站 位于柘荣县交溪柘泰界河下。2005年10月发电。水库总库容约397万立方米，水库泄洪采用坝顶自由溢流形式。装机容量2×9000千瓦，设计年发电量7880万千瓦·时。升压站安装主变压器1台，容量25000千伏·安，合并入四方水电公司电网运行。

（二）中型水电站

闽东水电站 位于福安市康厝乡。1993年前3台发电机组陆续投产，1996年1月、1997年1月、1998年1月分别完成对3台机组进行的增容改造。坝址以上集雨面积769平方千米。水库总容量565万立方米，调节库容267万立方米，最大工作水头110米，装机容量为3×8000千瓦，设计年发电量8500万千瓦·时。业主福建闽东电力股份有限公司。

上培水电站 位于屏南县棠口乡。1993年前建成，1996年5月扩建，2003年12月改建扩建，2005年5月投产。坝址以上流域面积316平方千米，总库容340.6万立方米，平均水头202.4米，装机容量5.1万千瓦，设计年发电量1.764亿千瓦·时。安装2台2.2万千瓦的立式发电机组和1台7000千瓦的卧式发电机组。业主福建闽东股份有限公司和福建省大创集团。

黄兰溪水库二级水电站 位于福安市社口镇。1992年7月动工，1998年8月投产。水库总库容52.6万立方米，调节库容16.1万立方米，最大水头484.6米，额定流量7.88立方米/秒，装机容量30000千瓦，设计年发电量1.0852亿千瓦·时，安装2台15000千瓦立式发电机组，业主福建闽东电力股份有限公司。

桑园水电站 位于福鼎磻溪镇。1992年2月动工，1996年12月投产。坝址以上流域面积142平方千米，水库库容量为7350万立方米，调节库容5227万立方米，水头225米，装机容量3.75万千瓦，设计年发电量1.08亿千瓦时。安装3台1.25万千瓦立式发电机组，业主福建闽东电力股份有限公司。

芹山水电站 位于周宁县泗桥乡。1997年5月动工建设，2000年3月发电。水库总库容2.65亿立方米，安装2台单机容量3.5万千瓦立式水轮发电机组，安装容量90000千伏·安主变压器1台，归省调度。业主闽东水电开发有限公司。

园坪水电站 位于屏南县寿山乡。1997年6月动工建设，1999年8月发电。水库总库容274万立方米，2005年10月，技改扩建工程动工，总装机达4.6万千瓦。归屏南县调度。业主屏南园坪水电有限公司。

旺坑水电站 位于屏南县棠口乡。2002年9月动工建设，2004年7月建成。装机容量4万千瓦。总库容1515万立方米，主厂房内安装2台单机容量2万千瓦的混流式水轮发电机组。安装1台容量为50000千伏·安主变压器1台，设计年发电量1.42亿千瓦·时。业主屏南孚顺水电有限公司。

金造桥水电站 位于屏南县棠口乡。2004年1月动工建设，电站装机容量6.6万千瓦，水库总库容9450万立方米，安装2台单机容量3.3万千瓦水轮发电机组，归省调度，业主福建省金造桥水电有限公司。

黛溪水电站 位于屏南县黛溪镇。2004年8月动工建设，2005年9月发电。总库容5995万立方米。安装2台单机容量为2.5万千瓦的水轮发电机组，设计年发电量1.4305亿千瓦·时。业主福建通达水电有限公司。

后垄溪一级水电站 位于屏南县双溪镇。2004年动工建设，2005年投产。电站装机4.8万千瓦。水库总库容2113万立方米，安装2台单机容量2.4万千瓦混流式水轮发电机组，内装容量30000千伏·安主变两台。

后垄溪二级水电站 位于周宁礼门乡。2005年建成，次年一月发电。总库容2493万立方米。安装2台单机容量2万千瓦的混流式水轮发电机组。业主周宁县后垄溪水电有限公司。

双口渡水电站 位于古田县杉洋镇。2005年7月发电。水库总库容为1918万立方米。安装

2台单机容量为1.6万千瓦水轮发电机组，电站通过一回110千伏输电线路与古田鹤塘变电站连接，并入古田县网，归古田县调度。业主福建省双口渡有限公司。

潭头水电站 位于福安市潭头镇东昆村。2005年7月动工。坝址以上流域面积2060平方千米，设计水库总库容2555万立方米，水库调节库容307.7万立方米，平均水头18.14米，发电设计流量199.2立方米/秒，设计多年平均发电量8230万千瓦·时，安装2台15000千瓦立式发电机组。业主福建闽东电力股份有限公司和中国国电集团公司。

李大坪水电站 位于屏南县寿山乡。2005年10月扩建。扩建后装机总容量为31000千瓦。保证出力为6720千瓦，安装额定出力2万千瓦水轮发电机1台。升压站安装主变器1台，容量40000千伏·安，归屏南县调度。

（三）大型水电站

周宁水电站 位于周宁县七步镇。2001年12月动工建设，2005年4月发电。电站装机25万千瓦，保证出力8.1万千瓦，设计年发电量6.58亿千瓦·时，水库总库容0.47亿立方米，主厂房安装2台单机容量12.5万千瓦立式混流水轮发电机组，内装单机容量为15万千伏·安的主变压器2台，归省调度，业主为闽东水电开发有限公司。

牛头山一级水电站 位于寿宁县斜滩镇。2002年12月动工建设，2005年12月发电。装机容量10万千瓦，水库总库容9899万立方米，安装2台单机容量为5万千瓦混流式水轮发电机组，升压开关站安装容量63000千伏·安主变压器2台，业主福建寿宁牛头山水电有限公司。

丰源水电站 位于福安市康厝乡。2004年1月动工。坝址以上集雨面积769平方千米。水库总容量565万立方米，调节库容267万立方米，设计最大水头135米，装机容量为2×40000千瓦，设计年发电量1.92亿千瓦·时。业主福建闽东电力股份有限公司。

洪口水电站 位于蕉城区洪口乡。2004年动工建设，工期4年。水库总库容4.497亿立方米，安装2台混流式水轮发电机组，立式布置，设计装机容量20万千瓦，保证出力2.69万千瓦，设计年发电量为4.5213亿千瓦·时，归省调度，业主福建德和集团有限公司。

第二节 供 电

一、输电

（一）35千伏输电线路

1. 省属线路

烟金线 1993年建成。起自蕉城烟亭变电站，终止于蕉城金涵变电站，2005年12月，新立1基双回路铁塔。全长3.455千米。

虎洋线 1994年建成，1995年10月投产。起自蕉城虎浿变电站，终止于蕉城洋中变电站，全长13.1千米。2005年6月，由宁德电业局送电部管理。

大华线 1995年6月建成。起自蕉城大泽溪水电站，终止于蕉城华镜水电站，全长1.3千米。2005年6月，由宁德电业局送电部管理。

华邑线 1995年6月建成。起自蕉城华镜水电站，终止于蕉城邑村变电站，全长10千米。

2005年6月，由宁德电业局送电部管理。

大金线 1999年8月动工建设。起自蕉城大泽溪水电站，终止于蕉城金涵变电站，全长11.325千米。2005年6月，由宁德电业局送电部管理。

白虎线 2003年5月建成。起自蕉城白岩水电站，终止于蕉城虎泅变电站，全长3.8千米。2005年6月，由宁德电业局送电部管理。

东七线 2003年12月建成。起自东侨变电站，终止于金七线25号，全长2.825千米。由宁德电业局负责管理。

洋烟线（新洋烟线） 2004年动工建设。起自蕉城洋中变电站，终止于蕉城烟亭变电站，全长14.092千米。重新建设1条35千伏洋中变电站至烟亭变电站线路，线路命名为新洋烟线。由宁德电业局管理。

2. 县（市、区）属线路

车芹线 1993年动工建设，1995年11月投运。起自寿宁110千伏车岭二级电站，终止寿宁芹洋变电站，全长17.5千米。

雉沙线 1993年5月建成。起自霞浦县牙城雉溪变电站，止于三沙变电站，牙城供区用电第二回路输电线路。

联络线（车一至车二） 1994年3月筹建。起自寿宁车岭一级电站，止于寿宁车岭二级电站，全长1.878千米。

车武Ⅱ线 1994年9月动工建设。起自寿宁车岭二级电站，止于武曲变电站，全长12千米。

城北线 1994年建成。起自福安110千伏城南变电站，止于城北变电站，全长4.07千米。

东口线 1994年建成。起自福安35千伏城北变电站，止于黄兰溪水电站。

甘莲线 1994建成。起自福安220千伏福安甘棠变电站，止于莲城变电站，全长1.8千米。

甘赛线 1994年建成。起自福安220千伏福安甘棠变电站，止于赛岐象环变电站，全长6千米。

赛湾线 1994年建成。起自福安象环变电站，止于湾坞变电站，全长15千米。

东社线 1994年建成投运。起自福安东口变电站，止于社口变电站，全长7.23千米。

凤埔—旧镇三级电站线路 1996年12月投运。起自古田县凤埔乡，止于旧镇三级水电站，全长14.6千米。

上代线 1997年1月投运。线路升压为35千伏运行向代溪镇和熙岭乡送电，起自上培水电站，止于代溪变电站。全长10.5千米。

前城线 1997年4月投运。起自寿宁县110千伏前陶变电站，止城关变电站，全长2.2千米。

坑前线 1997年10月动工建设，1998年11月投运。起自寿宁县110千伏前陶变电站，止于坑兜电站，全长9.6千米。

上东线 1998年建成。起自福安上白石变电站，止于与东口变电站，全长12.93千米。

西北线 1998年建成。起自福安110千伏城西变电站，止于城北变电站，全长5.26千米。

城溪线 1999年动工建设，2005年5月全线通电。起自屏南城关变电站，止于屏南溪尾水电站，全长4.1千米。

龙溪线 1999年9月动建设，12月完工。起自屏南县龙虎岔水电站出线构架，止于溪坪电站进线铁塔，全长11.58千米。

东源—城关线 1999年建成。在柘荣，全长4.65千米。

芹平线 2000年5月建成。起自寿宁芹洋变电站，止平溪变电站，全长6.5千米。

洪溪线 2000年7月投运。起自古田县杉洋洪湾，止于杉洋紫峰溪，全长14千米。

富溪—东源线 2000年建成。在柘荣，全长6.843千米。

龙溪二级电站—东源线 2000年建成。在柘荣，全长8.9千米。

王社一级水电站线 2000年建成。在柘荣，全长60.3千米。

桐贯线 2001年5月建成。起自福鼎城西110千伏变电站，止于贯岭变电站。全长8.179千米。

平岭线 2001年9月投运。起自寿宁县平溪变电站，止于岭兜电站，全长2.8千米。

东源—管阳线 2001年建成。在柘荣，全长16.7千米。

柏行线 2001年动工建设。起自霞浦柏洋变电站，为霞浦县接受股份制行河电站发送电力1条输电线路。

琳管线 2002年9月建成。起自福鼎点白琳110千伏变电站，止于管阳变电站，全长15.8千米。

秦龙Ⅰ线 2002年9月建成。起自福鼎秦屿110千伏变电站，止于龙安变电站，全长14.5千米。

车洋线 2002年9月，接入南阳变电站，命名取消。起自寿宁车岭一级水电站，止于寿宁洋边变电站，全长11.5千米。

洋城线 2002年9月，南阳变电站建成投产，洋城线开断接入南阳变电站，命名取消。起自寿宁洋边变电站，止于寿宁城关变电站，全长10.6千米。

洋泰线 2002年9月，变电站搬迁命名取消。起自寿宁县洋边变电站，止泰顺变电站，全长20.195千米。

车南线 2002年2月，新建线路0.212千米，2003年6月建成。起自寿宁车岭一级电站，止于寿宁南阳变电站，全长10千米。

城南线 2002年2月动工建设，2003年6月建成。起自寿宁南阳变电站，止于寿宁城关变电站，全长12千米。

犀南线 2002年2月动工建设，2003年6月建成。起自寿宁南阳变电站，止于泰顺变电站，全长22.651千米。

西水线 2002年5月建成。起自霞浦县西关变电站经葫芦门、黄竹峰、大墓里、梅洋、洗马潭等村，止于水潮变电站。全长16.6千米。

西盐线 2002年建成。起自霞浦西关变所，止于盐田变电站。全长15千米。

上城线 2003年2月动工建设。起自屏南上培，止于屏南城关，为线路技改工程。全长16.5千米。

南溪—城西线 2003年4月建成。起自福鼎南溪，止于城西。2001年5月，路径改为一级电站，2005年5月投入运行，全长8.799千米。

秦硖线 2003年7月建成。起自福鼎110千伏秦屿变电站，终止于硖门变电站，全长14.5千米。

东陇线 2003年8月动工建设。起自霞浦县东关变电站经水门乡青沃等村，止于陇头变电站，全长12.5千米。

榴坪水电站—城关线 2003年建成。在柘荣，全长45千米。

陇沙线 2003年8月建成。起自霞浦县陇头变电站经古桶等地，止于三沙变电站，全长10.5千米。

车武Ⅰ线 2003年建成。起自寿宁县车岭一级至武曲，全长15.52千米，2005年，斜滩110

千伏变电站建成投产，新建线路 1.349 千米。

苏西线 2003 年建成。起自福安苏坂变电站，止于 110 千伏城西变电站。全长 16 千米。

圣阳公司专线 2004 年 8 月动工建设，10 月送电。起自屏南汾溪三级水电站，止于圣阳铁合金厂，为圣阳集团电冶专用供电线路，全长 9.95 千米。

佳二线 2004 年 12 月动工建设，2005 年 5 月通电。起自屏南县汾溪二级（大碑）电站，止于佳洋变电站，全长 9.8 千米。

荣兴钢铁厂专用线 2004 年 9 月建成。在柘荣，一回 5.609 千米，二回 5.657 千米，起自城关 110 千伏变电站，止于荣兴钢铁厂。

黄礼线 2005 年动工建设。起自周宁县黄埔变电站，止于礼门变电站。全长 10.93 千米。

武斜Ⅱ线、车斜线 2005 年 12 月建成。武斜Ⅱ线起自寿宁 110 千伏斜滩变电站，止于 35 千伏武曲变电站，全长 10.8 千米，其中新建改接线路 1.349 千米；车斜线起自车岭一级电站，止于 110 千伏斜滩变电站，全长 7.2 千米，其中新建改接线路 1.349 千米。

苏穆线 2005 年 3 月建成。起自苏坂变电站，止于穆阳溪水电站。全长 2 千米。

甘罗Ⅱ线 2005 年 4 月建成。起自 220 千伏福安甘棠变电站，止于罗江变电站，全长 4.2 千米。

霞东线 2005 年 3 月，线路通过技改大修。起自霞浦县西关 110 千伏变电站，止于东关变电站，全长 3.85 千米。

东柏线 2005 年建成投产。起自霞浦县东关变电站，止于柏洋变电站，全长 25.983 千米。

（二）110 千伏输电线路

1. 省属线路

兰烟线、兰甘线 1992 年 10 月建成投产。兰烟线起自蕉城区 220 千伏兰田变电站，止于烟亭变电站，全长 7.037 千米。兰甘线起于 220 千伏兰田变电站，止于 220 千伏甘棠变电站，全长 37.625 千米。

文福线 1998 年 1 月投产。起自 110 千伏闽东水电站，止于福安城南变电站，全长 22.6 千米。

烟东线 2000 年开工建设，2001 年 7 月投产。起自蕉城区烟亭变电站，止于东侨变电站，全长 8.2 千米。

甘福Ⅱ回 2002 年 12 月投产。起自福安 220 千伏甘棠变电站，止于福安城南变电站，全长 17 千米。

兰东线 2004 年开工建设，2005 年 7 月投产。起自蕉城区 220 千伏兰田变电站，止于 110 千伏东侨变电站，全长 6.156 千米。

2. 县（市、区）属线路

桐琳线（2）＋琳桑线（3） 1995 年 6 月投运。起自福鼎桑园水电站，止于福鼎城西变电站，总长 30.87 千米。

苍荣线 1996 年 3 月动工，8 月投运。起自柘荣变电站，止于浙江省苍南城关灵溪 110 千伏变电站。2005 年，停止运行。

西南线 1997 年投运。起自福安城西变电站，止于福安城南变电站，全长 8 千米。

城鹤线 2001 年 7 月投运。起自古田县城关 110 千伏变电站构架出线，止于大东 110 千伏变电站进线构架。全长 41.6 千米。

车前线（前斜Ⅰ线） 2001 年 9 月动工建设，2002 年 7 月投运。起自寿宁县车岭二级电站 110 千伏升压站，止于 110 千伏前陶变电站。全长 13.401 千米。

联二支线 2001年建成。起自南平马站，止于古田110千伏城关变电站，全长6.98千米。

车前线（前斜Ⅰ线） 2002年4月竣工，7月投入运行，全长13.10千米。2005年9月，110千伏斜滩变电站投运，车前线在车岭二级电站车福线9号杆处开断，新建4.8千米线路接入110千伏斜滩变电站，车前线被新的前斜Ⅰ线替代。

甘佳线 2002年11月动工建设，2005年5月投运。起自屏南佳洋变电站，止于福安220千伏甘棠变电站110千伏出线门架。全长71千米。

东文线、东镇线 2002年2月开断进入东关变电站而命名。东文线起自周宁110千伏东关变电站，止于闽东水电站（文坛）110千伏变电站；东镇线止于政和110千伏政前变电站；东文线长12千米，东镇线长23千米。

白秦线 2003年4月动工建设，2004年7月投运。起自福鼎白琳变电站，止于秦屿变电站，全长12.057千米。

城凤线 2004年1月起开工建设，同年10月投运。起自古田县城关110千伏变电站构架出线，止于110千伏凤亭变电站，全长24.2千米。

甘东线 2005年开工建设。起自周宁东关变电站，止于220千伏福安甘棠变电站，全长37.66千米。

车福线（斜福Ⅰ线） 1992年升压为110千伏运行。起自寿宁县车岭二级电站，止于110千伏福安城南变电站，全长33.4千米。2005年9月，110千伏斜滩变电站投运，车福线在车岭二级电站下方6号杆处开断，新建3.6千米线路进入110千伏斜滩变电站，车福线命名取消，为斜福Ⅰ线所替代。

桐歧线 2005年3月动工建设，工期1年。起自福鼎桐城城西变电站，止于前歧双岳变电站，全长18.5千米。

车岭二级电站110千伏“T”接线 2005年架设。起自寿宁县车岭二级电站升压站，止于前斜Ⅰ线9号杆（同杆双回架设）。

（三）企业自备线路

黄西线 1999年3月投产。起自福安黄兰溪水电站，止于福安城西变电站，全长15千米，业主黄兰溪水电站。

榕园线 1999年4月竣工。起自屏南榕屏化工有限公司专用整流变压器，止于园坪水电站，总长24.62千米，业主福建省榕屏化工有限公司。

车矾线 2003年4月建成。起自寿宁车岭二级电站，止于浙江省苍南县矾山变电站，全长94.4千米。业主福建省四方水电投资有限公司。

旺甘线 2003年12月动工建设，2004年7月投运。起自屏南旺坑水电站，止于福安甘棠变电站，全长60千米。业主屏南县孚顺水电有限公司。

鹤双线 2004年6月动工建设。起自古田双口渡水电站升压站构架朝西出线，在鹤塘镇茶场附近跨过佳垄——鹤塘35千伏线路后进入鹤塘变电站110千伏构架，全长14千米。业主双口渡水电站。

金上宁线 2005年4月送电。起自屏南金造桥水电站、上培水电站，止于110千伏蕉城烟亭变电站，全长0.5千米，业主福建大创集团万顺水力发电有限公司。

西沙线 2005年8月竣工，起自福安城西110千伏变电站，止于福安东口，总长为8.527千米，业主寿宁牛头山水电开发公司。

坪后线 2005年12月动工建设。起自屏南后垄溪一级电站，止于周宁后垄溪二级电站，全长12千米。业主后垄溪水电开发公司。

后东线 2005年年底建成。起自周宁后垄溪二级水电站，止于周宁110千伏东关变电站，全长22.3千米。业主后垄溪水电开发公司。

牛斜线 2005年年底建成。起自为牛头山一级水电站，止于为寿宁斜滩变电站。业主福建省牛头山水电有限公司。

斜西线 2005年动工建设。起自寿宁斜滩变电站，止于福安城西变电站，全长28.229千米。业主福建省牛头山水电有限公司。

车柴线 2005年年底动工建设。起自寿宁车岭二级变电站，止于寿宁刘柴水电站，全长6.5千米。业主福建省四方水电投资有限公司。

柴下线 2005年年底动工建设。起自寿宁刘柴电站升压站，终止于寿宁下东溪水电站升压站，线路全长7千米，业主福建省四方水电投资有限公司。

（四）220千伏线路

白甘线 1992年建成投产。起自福安罗江白花变电站，止于甘棠变电站，全长79.735千米。

芹周线和周甘Ⅰ路 1998年动工建设，1999年12月投产。芹周线起自周宁芹山水电站，止于周宁水电站，全长19.945千米；周甘Ⅰ路起于周宁水电站，止于甘棠变电站，全长32.406千米。

田甘Ⅱ路 2003年动工建设，2004年8月投产。起自蕉城兰田变电站，止于福安甘棠变电站，全长34.68千米。

白田Ⅱ路 2004年12月动工建设，2005年5月投运。起自福安罗江白花变电站，止于蕉城兰田变电站，全长43.56千米。

甘桐Ⅰ路 2004年动工建设，2005年年底建成。起自福安甘棠变电站，止于福鼎桐城变电站，全长97.337千米。

唐甘线 2005年年初动工建设，同年10月投运。起自福安垮坞宁德大唐电厂，止于福安甘棠变电站，全长28.636千米。

（五）500千伏线路

唐宁Ⅰ路 2004年动工建设，2005年年底建成。起自福安垮坞大唐宁德电厂，止于500千伏福安甘棠宁德变电站。

唐宁Ⅱ路 2004年动工建设，2005年年底建成。起自福安湾坞大唐宁德电厂，止于500千伏福安甘棠变电站，与唐宁Ⅰ路两线平行排列。

福宁Ⅰ路 2005年在建。起自福州500千伏变电站，止于福安甘棠宁德500千伏变电站。

福宁Ⅱ路 2005年在建。起自福州500千伏变电站，终止于福安甘棠500千伏变电站。

二、变电

（一）35千伏变电站

1.省属变电站

邑村变电站 1993年在建，1995年投产。位于蕉城区霍童镇邑板村，安装主变压器1台，容量2000千伏·安。2004年，进行技改扩建增加主变压器1台，容量2000千伏·安，使变电站容量增至4000千伏·安。

洋中变电站 2002年年初动工建设，2003年5月投运。位于蕉城区洋中镇陈洋村，安装主变压器1台，容量3150千伏·安。

虎浿变电站 2002年年初动工建设，2003年5月竣工。位于蕉城区虎浿镇，安装主变压器2台，单台容量3150千伏·安，共6300千伏·安。

八都变电站 2005年动工建设。位于蕉城区八都镇，一期工程安装三相双流有载调压变压器1台，容量3150千伏·安。

2. 县（市、区）属变电站

咸村变电站 1993年建成。位于周宁县咸村镇石碑洋村，占地面积1000平方米。投运时安装主变压器1台，容量2000千伏·安。2000年后历经几次增容，总容量先后增至3800千伏·安、4000千伏·安、5600千伏·安。2005年年底有主变压器2台，分别为4000千伏·安和1600千伏·安。

长桥变电站 1993年建成，位于屏南县长桥镇，与古田县交界。2000年3月，新增2号主变压器1台，容量3150千伏·安，次年6月再次增容，变电站主变压器总容量为8000千伏·安。

伏芹洋变电站 1993年3月动工建设，1995年5月投产。位于寿宁县伏芹洋，占地面积4000平方米，设置主变压器2台，容量2×3150千伏·安。

象环变电站 1993年3月动工建设，同年9月投运。位于福安市赛岐镇象环村长岭头。主变压器容量2×5000千伏·安。

城北变电站 1993年7月动工建设，1994年9月投运。位于福安市城关锦鸡垅村，安装主变压器2台，容量2×10000千伏·安。安装1台变压器，容量10000千伏·安。第二期工程1996年年初动工，9月完工，主变压器总容量2×10000千伏·安。2002年6月，更换1台容量16000千伏·安。2004年4月，又更换1台变压器，容量为16000千伏·安。

牙城变电站 1993年9月投运，初装主变压器1台，容量1250千伏·安，位于霞浦牙城镇雉溪村。1995年2月，新增主变压器1台容量1250千伏·安。2000年11月，1号主变压器增容，增加到2500千伏·安。2004年6月，2号主变压器增容，增到2500千伏·安，总容量为5000千伏·安。

三沙变电站 1993年11月投运，初装主变压器1台，容量4000千伏·安，位于霞浦三沙镇。1996年新增2号主变压器，容量2500千伏·安。2002年1月，2号主变压器又增容至4000千伏·安。2004年6月，1号主变压器增容至6300千伏·安。

东口变电站 1993年11月动工建设，1994年11月投运。位于福安城区北部约8千米东口村。前身是茜安水利管理处东口开关站，扩建初期安装一台变压器，容量3150千伏·安。2003年11月，更换安装变压器，容量5000千伏·安。

东关变电站 1993年，容量1800千伏·安，位于霞浦县城东面2千米下塘村。1994年2月1号主变压器增容到6300千伏·安。2004年6月2号主变压器增容到12500千伏·安。

前岐变电站 1993年安装1台变压器，容量2000千伏·安。位于福鼎前岐。2003年更新主变压器。2004年9月再次增容，主变压器总容量增至9450千伏·安。

西关变电站 1993年，初装主变压器1台，容量4000千伏·安，位于霞浦西关村西山洋。2004年9月，改为开关站。

长春变电站 1993年，初装主变压器1台，容量1600千伏·安。位于霞浦长春乡，2002年2月，主变压器进行增容，容量由1600千伏·安增加到2000千伏·安。

下浒变电站 1993年，初装主变压器1台，容量1250千伏·安。位于霞浦县下浒镇。1994年，新增主变压1台，容量1250千伏安，2002年，1号、2号主变压分别增容至2000千伏安。

水潮变电站 1994年1月，1号主变容量由1250千伏·安增容至2000千伏·安，位于霞浦沙江镇的水潮村。2002年1月1号主变容量由2000千伏·安增容至2500千伏·安。2004年6月1号主变容量由2500千伏·安增容至4000千伏·安。

武曲变电站 1995年2月动工建设，1996年1月投运。位于寿宁县武曲乡，设计主变压器两台，容量2×3150千伏·安。

平湖变电站 1995年改造，更换10千伏出线开关5个。位于古田县平湖镇玉源村，之后主变压器容量又经3次更新，运行中的主变压器一台，容量为8000千伏·安。

溪口变电站 1995年建成。位于周宁县泗桥镇溪口村，安装主变压器一台，容量8000千伏·安。

城南变电站 1995年12月建成投产。位于福鼎市城区体育中心右侧国道104线旁。安装主变压器1台，容量8000千伏·安。2004年6月，增容技改，增加1台容量为8000千伏·安的主变压器，增容技改后总容量为16000千伏·安。

里巷变电站 1996年1月开工建设，同年4月投运。位于福安市罗江村里巷，安装变压器2台，其中1台容量6300千伏·安。另1台容量8000千伏·安。

代溪变电站 1996年3月开工建设，1997年1月投运。位于屏南代溪镇。安装主变压器1台，容量为3150千伏·安。

点头变电站 1997年9月投运。位于福鼎市点头镇观洋村。主变压器容量为2000千伏·安。2000年6月，增容为6300千伏·安。

上白石变电站 1997年10月动工建设，1998年7月投运。位于福安市上白石镇洋中。安装变压器2台。1998年安装1台变压器，容量为5000千伏·安。2004年安装1台变压器，容量3150千伏·安。

伏溪坪变电站 1997年12月开工建设，1998年10月投运。位于屏南城关溪坪村，占地面积24600平方米，按110千伏规模规划，35千伏建设，安装容量10000千伏·安主变压器1台。

城关变电站 1997年，增容1台容量10000千伏·安的无载调压变压器。增容后主变压器总容量达15000千伏·安。位于柘荣城关615西路。

贯岭变电站 1998年动工建设，2000年12月投运。位于福鼎市贯岭乡。安装有1台变压器，容量3150千伏·安。是一座采用集中控制，无人值守变电站。

莲城变电站 1998年5月动工建设，9月投运。位于福安市甘棠镇国道104线旁仙奄路。安装主变压器2台，1台容量10000千伏·安，1台容量3150千伏·安。2005年9月，容量3150千伏·安1台变压器，更换为容量10000千伏·安。

大桥变电站 1998年建成投产。位于古田大桥镇新桥头。安装主变压器1台，容量5000千伏·安。

水口变电站 1999年7月建成投运。位于古田水口镇闽江大桥头。安装主变压器1台，容量3150千伏·安。

大东变电站 1999年进行技改。位于古田县鹤塘镇棋坪洋村。主变压器容量增至11150千伏·安。2001年1月，110千伏古田鹤塘变电站建成，大东变电站停止运行。

洪湾变电站 2000年7月建成投运。位于古田县杉洋镇洪湾村。出线两回，一回接入罗源文武溪35千伏变电站，另一回与35千伏杉洋变电站连接。有主变压器2台，单台容量5000千伏·安。

湾坞变电站 2000年5月动工建设，2001年8月投运。位于湾坞村尾公路边。安装1台变压器，容量4000千伏·安。2004年9月，安装1台变压器，容量10000千伏·安。

东源变电站 2000年动工建设，2001年1月投运。位于柘荣县东源乡洋边村。安装无载调压主变压器1台，容量10000千伏·安。

富溪变电站 2001年动工建设，2002年投运。位于柘荣县富溪镇前宅村。安装主变压器1台，容量4000千伏·安。2005年6月，将变电站4000千伏·安主变压器与35千伏东源变电站10000千伏·安主变压器对调。

龙安变电站 2001年开工建设，2002年4月投运。位于福鼎城南龙安开发区。装有主变压器1台，容量为4000千伏·安。

黄埔变电站 2001年开工建设，2002年投运。位于周宁县李墩镇，建筑面积1368平方米。安装主变压器1台，容量3150千伏·安。是周宁首座无人值班35千伏变电站。

柏洋变电站 2001年9月动工建设，2002年4月投运。位于霞浦柏洋乡，该县内第一个采用综合自动化设备变电站。初期安装主变压器1台，容量2000千伏·安。2003年3月，主变压器增容为3150千伏·安。

管阳变电站 2002年3月投运。位于福鼎市管阳镇，是一个采用集中控制无人值守变电站。主变压器容量为8000千伏·安。

苏坂变电站 2002年10月动工建设，2005年3月投运。位于福安市康厝乡苏坂上村省道小浦线路边。安装主变压器2台，容量2×8000千伏·安。

陇头变电站 2002年11月动工建设，2003年5月投运。位于霞浦三沙镇陇头村。安装主变压器1台，容量6300千伏·安。主变压器容量为6300千伏·安。

南阳变电站 2002年开工建设。位于寿宁县南阳镇工业开发区二级公路旁边。安装主变器2台，容量为2×8000千伏·安，首期完成主变压器1台，容量为8000千伏·安。保护、远动采用微机自动化系统，综合自动化程度较高。

盐田变电站 2003年5月投运。位于霞浦盐田乡。初装主变压器1台，容量2000千伏·安。2005年12月底，新增2号主变压器1台，容量为6300千伏·安。

平溪变电站 2003年年初开工建设，10月建成投运。位于寿宁平溪村2千米处省道旁边。规模设计主变压器2台，容量为2×3150千伏·安。第一期投运主变压器容量为1×3150千伏·安。

吉巷变电站 2003年开工建设，2004年建成投产。位于古田县吉巷镇吉巷村，占地面积1000平方米。安装主变压器1台，容量6300千伏·安。

杉洋变电站 2003年建成。位于古田县杉洋镇下庄村，占地面积1125平方米。安装主变压器1台，容量3150千伏·安。

城西变电站 2003年动工建设，2004年10月建成。位于古田县城西官江村，占地1500平方米。安装主变压器1台，容量5000千伏·安。

硖门变电站 2003年动工建设，2004年投运。位于福鼎市硖门乡。安装主变压器1台，容量为5000千伏·安，是一座采用集中控制的无人值守变电站。

凤都变电站 2004年建成。位于古田凤都镇，占地面积1000平方米。安装主变压器1台，容量4000千伏·安。

新丰变电站 2004年开工建设，2005年投运。位于古田城关新丰山边。主变压器容量8000千伏·安。

横山变电站　2005 年动工建设。位于古田县黄田镇横山村。安装主变压器 2 台，容量分别为 2000 千伏·安和 2500 千伏·安。

礼门变电站　2005 年年底开工建设。位于周宁礼门乡秋楼村，距离县城 35 千米，占地面积 1100 平方米。设计安装 35 千伏出线 1 回，与黄埔 35 千伏变电站连接。10 千伏出线 10 回。

（二）110 千伏变电站

1. 省属变电站

烟亭变电站　1991 年一期工程开工，1992 年 10 月投入运行。位于蕉城区东北部国道 104 线琼堂路段旁。设计装设 2 台 31500 千伏·安变压器，一期安装 31500 千伏·安无载调压主变压器 1 台。2000 年，二期工程动工，2001 年 5 月建成。安装主变压器 1 台，容量 31500 千伏·安，为有载调压式。2002 年 12 月，又将一期工程安装的无载调压 1 号主变压器换成有载调压式，容量 40000 千伏·安。

东侨变电站　2001 年 2 月动工建设，同年 9 月投运。位于东侨开发区，紧靠温福高速公路。首期安装三相低噪音有载调压变压器 1 台，容量 31500 千伏·安。2004 年 5 月，动工建设Ⅱ期工程。9 月投入运行。扩建工程安装 31500 千伏·安 2 号主变压器 1 台。

2. 县（市、区）属变电站

城关变电站　1992 年 4 月建成投运，位于古田县城湖滨乡西山村，是境内投运的首座 110 千伏变电站。1997 年 11 月扩容技改，增设主变压器 1 台，容量 31500 千伏·安。变电站总容量达 51500 千伏·安。

霞浦变电站　1992 年年底投产运行。位于霞浦县城西北面约 1.5 千米的西山洋，一期工程安装 1 台 16000 千伏·安变压器。2000 年年底 2 期工程扩建，新增容量 25000 千伏·安的 2 号主变压器并进行综合自动化改造，翌年 2 月投产运行。2005 年 6 月 25 日完成技改，增容完成 1 号主变压器增容，容量由 16000 千伏·安增加到 31500 千伏·安。

柘荣变电站　1993 年 8 月投运。位于柘荣西山岗村。初期安装主变压器 1 台，容量 16000 千伏·安。2004 年 7 月，技改扩容，增设主变压器 1 台，容量 31500 千伏·安。

榕屏化工有限公司变电站　1993 年 12 月投运。位于屏南城关城南路 215 号榕屏化工有限公司内。初期安装有载调压变压器 5 台。1999 年 8 月，增加 2 台有载调压变压器，总容量为 51922 千伏·安。

东关变电站　1993 年在建，1994 年 10 月投运。位于周宁县城东面的咸头岗。主变压器容量 4000 千伏·安。1996 年主变压器容量增至 10000 千伏·安。2001 年扩建，安装主变压器 1 台，容量 31500 千伏·安。2005 年二期扩建，加装主变压器 1 台，容量 31500 千伏·安。

福鼎城西变电站　1991 年投运时以 35 千伏电压等级运行。1993 年 10 月升压为 110 千伏电压，是福鼎电网枢纽变电站，位于福鼎城关麻坑里。2000 年 4 月，油开关更换为型号 ZN28 真空开关，6 月增容增加 2 台容量 31500 千伏·安三相三绕组有载调压变压器并列运行。

福安城西变电站　1995 年 11 月，第一期工程动工。位于福安市坂中乡湖口村府山。历经 16 个月安装 1 台主变压器容量比 40000/40000/20000 千伏·安。2001 年 9 月第二期开工，历经 11 个月安装 1 台主变压器容量比 40000/40000/20000 千伏·安。

白琳变电站　1997 年 10 月投运。位于福鼎市白琳镇。装设有三相三绕组有载调压变压器 1 台，容量为 25000 千伏·安。2001 年，增设 2 号主变压器，容量为 25000 千伏·安。

前陶变电站　1997 年 11 月动工建设。为寿宁县第一座 110 千伏变电站，位于寿宁城关三千米处前陶村公路旁边。竣工时暂以35千伏运行，主变压器1台，容量为8000千伏·安。2002年7月，第二期升压改造工程竣工投入运行，安装1台31500千伏·安变压器。

鹤塘变电站 2000年3月动工建设，2001年1月投运。位于古田县鹤塘镇鹤塘村。I期工程安装25000千伏·安主变压器1台。2004年扩建，增设主变压器1台，容量25000千伏·安。

秦屿变电站 2002年动工建设，2004年2月投产。位于福鼎市秦屿镇。装设1台容量31500千伏·安三相三绕组有载调压变压器。

凤亭变电站 2003年动工建设，2004年10月投运。位于古田县黄田镇凤亭村。安装主变压器1台，容量40000千伏·安。

佳洋变电站 2004年2月动工建设，2005年5月投产。位于屏南县城关佳洋工业开发区。第一期工程安装主变压器1台，容量20000千伏·安。次年6月，主变压器更换为容量31500千伏·安。

斜滩变电站 2004年动工建设，2005年9月投运。位于寿宁斜滩镇至八斗洋小山上。一期安装有载调压主变压器1台，容量为31500千伏·安。2005年年底动工扩建110千伏II段母线及相关设备。

车岭二级变电站 2004年改建扩建后，共有92000千瓦发电容量，通过变电站送出，初期安装主变压器1台，容量20000千伏·安。位于寿宁县车岭。

城南变电站 2005年，进行二期技改扩建。增加容量31500千伏·安变压器1台，次年完工投入运行。安装3200千伏·安主变压器2台。位于福安市城南官村霞山下，

前岐变电站 2005年年底在建。位于福鼎市前岐镇，设计安装1台容量31500千伏·安三相三绕有载调压变压器。

（三）220千伏变电站

甘棠变电站 1992年9月建成投产。位于福安甘棠大留村国道104线赛岐路段旁，是境内第一座220千伏变电站。1999年后扩建改造。2004年6月，完成原220千伏红甘线201开关的技改并投运；同年8月，扩建的220千伏榕甘线投运；年底开断改接线路更名为田II路。

兰田变电站 2004年1月动工建设。位于蕉城区漳湾镇兰田村。一期安装有载调压三绕组变压器1台，容量120000千伏·安，同年12月投运。

桐城变电站 2005年2月动工建设，同年12月投运。位于福鼎市桐城街道丹岐八罗村，是境内第三座220千伏变电站。安装有载调压三绕组变压器1台，容量180000千伏·安。

（四）500千伏变电站

宁德变电站 2005年3月开工建设。位于福安市甘棠镇梅洋岭下国道104线旁，为境内首座超高压综合自动化变电站。同年完成一期工程。

三、配电

1993年，宁德地区各县共有10千伏配电线路5465千米，配电变压器4160台，总容量33.084万千伏·安。年底，省网刚延伸到宁德，还没有省属配电网络。但省网进入之后，宁德地方电网升压为110千伏运行。省网电源支撑促进宁德地区配电网络的快速发展。2000年6月，宁德地区行署与省电力公司签订农电代管协议，执行《国务院批转国家经贸委关于加快农村电

力体制改革加强农村电力管理意见的通知》，开始在全市实施“两改一同价”，即农村电力体制改革和农村电网改造，城乡用电同网同价工作。省电力公司陆续投入5.5亿元资金实施农村电网改造，城市配网改造和农村配电网络建设，在高压配电线路向广大农村延伸的同时，城市配网也得以改善和加强，配电安全质量大幅度提高。至2003年年底，宁德市共建设和改造完成10千伏配电线路3930.7491千米，低压配电线路8156.256千米，更换及新增配电变压器5011台，各县（市）城区电网运行质量和安全运行水平有了很大提高，供电可靠率和客户终端电压合格率，分别提高9个百分点和15个百分点，高低压线损分别下降14.2个百分点和22.9个百分点。2004年8月，9县（市、区）电力体制一揽子改革基本到位后，蕉城区划为省属直供区，原蕉城区配电线路上划省电力公司。宁德电业局开始实施管理蕉城区配电线路后，即着手组织大规模整改和建设。2005年年底，全市城乡共有10千伏配电线路9638.1千米，安装运行中的配电变压器11036台，总容量171.1139万千伏·安。

第三节　用　电

一、社会用电水平

1993年年底，由于省网进入地方电网有了电源支持，宁德地区用电量逐年增加。2000年，人均社会用电量达489.5千瓦·时。同年，实施农村电力体制改革和“两改一同价”工作，农村电网改造使农村用电量增速第一次超过城市用电量增速。2005年，全市社会用电量达30.572亿千瓦·时，人均用电量934.9千瓦·时，人均用电量比2000年增加近1倍。

若干年份宁德市（地区）社会用电水平情况统计表

表9-2

项目	1949年	1957年	1978年	1992年	2000年	2005年
社会用电量（万千瓦·时）	3.1	49.18	12009	62559	158386	305720
人口（万人）	126.1	153.7	242.3	297.9	323	327
人均用电量（千瓦·时）	0.02	0.3	46	210	489.5	934.9

二、电价

1993—1995年，省网进入宁德初期，宁德电业局执行省网趸售电价，按老电老价新电新价两种电价执行。1996年至2004年6月，宁德电业局执行省物价局对福建省电网电价的7次调价，其中居民用电从每千瓦·时0.22元调升到0.422元，普通工业用电从每千瓦·时0.165元调到0.64元。宁德地区地属电网企业，即宁德地区电力公司则执行宁德地区物价局制订的下网趸售电价和直供电价。地方电网（闽东电网）上省网电价依省网规定执行；联网各县（市）水电站上网电价按各县（市）物价局核定上网电价或电力企业间合同电价执行；往来温州电网和闽北政和电网电价按合同价执行。地方电网根据丰水期与枯水期不同情况，也执行丰、枯电价。2004年7月，宁德9县（市、区）电力体制改革到位，闽东老区水电开发总公司撤销。

10月起上划成为省网直供区的蕉城区电价与省网直供用户并轨，执行福建省统一目录电价，其余8县（市）供电公司，在农村电网改造结束后，陆续依照省物价局核定不同电价标准，在各县（市）实施一县一价，各县城乡同网同价，县（市）物价局电价审批权收归省物价局。宁德电业局则依照省物价局最新电价标准，执行趸售和直供电价。2005年8月1日起，宁德核准执行居民月生活用电150千瓦·时以下执行每千瓦·时0.44元，151 ~ 400千瓦·时部分执行每千瓦·时0.46元。400千瓦·时以上执行每千瓦·时0.56元，趸售给各县（市）电价为每千瓦·时0.435元。

1994—2005年宁德市（地区）执行福建省电网电价单价一览表

表9-3

电价类别	电度电价（元/千瓦·时）			基本电价	
	不满1千伏	1 ~ 10千伏	35千伏及以上	最大需量（元/千瓦/月）	变压器容量（元/千伏/安/月）
居民生活电价	0.220	0.215	—	—	—
非居民照明电价	0.268	0.261	—	—	—
非工业、普通工业电价	0.165	0.161	0.155	—	—
大工业电价	—	0.109	0.103	12.000	8.000
其中：电炉铁合金、电解烧碱、合成氨、电炉黄磷、电炉钙、镁磷肥	—	0.099	0.093	12.000	8.000
电石	—	0.089	0.083	12.000	8.000
农业生产电价	0.127	0.123	0.117	—	—
贫困县农业排灌电价	0.060	0.058	0.055	—	—

2005年8月1日起宁德市（地区）执行福建省电网销售电价单价一览表

表9-4　　单位：元/千瓦·时

用电分类		电度电价					基本电价	
		不满1千伏、居民生活月用电量在150千瓦·时及以下部分	1 ~ 10千伏、居民生活月用电量在401千瓦·时以上部分	35 ~ 110千伏、居民生活月用电量在401千瓦·时以上部分	110千伏	220千伏及以上	最大需量（元/千瓦/月）	变压器容量（元/千伏/安/月）
一、居民生活用电		0.440	0.460	0.560	—	—	—	—
二、非居民照明用电	单一制	0.583	0.568	0.553	—	—	—	—
三、商业用电	单一制	0.863	0.848	—	—	—	—	—
四、非工业、普通工业用电	单一制	0.658	0.643	0.628	—	—	—	—

续表 9-4

用电分类	电度电价					基本电价	
	不满 1 千伏、居民生活月用电量在 150 千瓦·时及以下部分	1 ~ 10 千伏、居民生活月用电量在 401 千瓦·时以上部分	35 ~ 110 千伏、居民生活月用电量在 401 千瓦·时以上部分	110 千伏	220 千伏及以上	最大需量（元/千瓦/月）	变压器容量（元/千伏/安/月）
五、大工业用电	—	0.528	0.513	0.498	0.483	30	20
其中：1. 化肥生产用电	—	0.230	0.215	—	—	22	16
2. 农药、煤炭生产用电	—	0.335	0.32	—	—	30	20
3. 电石生产用电	—	—	0.25	0.235	0.22	30	20
4. 氯碱生产用电	—	—	0.43	0.415	0.4	30	20
5. 电解铝生产用电	—	—	0.277	0.272	0.267	22	16
六、农业生产用电	0.199	0.195	0.189	—	—	—	—
七、趸售用电	0.435						

三、随电费征收其他费用

地方附加费（路灯） 1994 年，根据省物委通知，宁德地区将地方附加费按供电费年征收改为按定额征收，即每千瓦·时按 0.01 元征收。但因各县情况不同，各地物价部门结合自身实际，做些上下调整。如霞浦县规定，1996 至 1997 年 4 月附加费征收标准比省定标准提高，生活照明用电每千瓦·时征收 0.02 元，营业性用电每千瓦·时征收 0.04 元。该县 1997 年 5 月以后地方附加费征收标准更改下调，新标准是农村照明用电千瓦·时 0.01 元，营业性用电每千瓦·时 0.015 元。

电力建设基金 1993 年，各县（市）按照国家经贸委、水电部、物价局下发的文件通知，向县网供电用户征收电力建设基金，作为当地水电建设专项用款。依此规定自行出台具体标准（范围在每千瓦·时 0.01 ~ 0.03 元之间），向网内各类用户征收标准不同的电力建设基金。2001 年，该项基金停止征收。

三峡工程建设基金 1993 年，执行福建省电力工业局、省物价委员会《转发省政府关于征收三峡工程建设基金的通知》，凡由省电网供电（含趸售用户），除化肥、农药，省定贫困县农业排灌用户和小水电互抵不计费电量外的其他各类用户，均随用电量按每千瓦·时 0.01 元征收。

中央库区建设基金 2005 年 5 月起，执行闽价〔2005〕商 71 号文件规定，向农业及居用生活用电外所有用户征收中央库区建设基金每千瓦·时 0.002 元。

其他附加费 宁德电力企业还根据地、县两级政府指令，搭车短期收取过一些费用。如教育附加费、环境卫生费、电站建设基金、电价调节基金、电力建设基金等。据霞浦县统计，1993—1999 年就收缴到教育附加费 410.6932 万元，电价调节基金 305.5647 万元，新三级电站基金 449.2976 万元。

四、营业管理

计量收费 1993年，宁德电业局电表计量校核由2名计量人员兼职从事变电站电能表鉴定和现场校验。随着居民家用电器普及，容量增加，城乡用电业务扩展，原来采用人工抄表、计核、收费、制表方式已无法适应电力市场发展需求，逐步改由应用计算机进行用电分析和统计报表。屏南县、福鼎市、霞浦县等电力公司，开始建设电脑收费网络，并陆续投入运行。至2000年，宁德市各县（市、区）供电企业，全部实现微机管理，结束了长期以来人工计核用电业务历史。2001年，宁德农村实施电网改造。宁德电业局将营销科与农改办合并，成立市场工作部，开始履行9县（市、区）用电营销管理职能。2002年起，各县（市、区）乡镇电管站改建为供电（营业）所，对农村用户采用定点坐收和农电工走收方式收缴农村用电电费。2004年，宁德电业局制订《宁德电业局电能计量柜技术条件实施细则》，用电计量工作统一归营销部管理。7月，蕉城供电区上划成为省网直供区。8县（市）供电有限公司统一设立营销部机构，专责用电营销业务。2005年2月，宁德电业局营销部负责35千伏及以上用电业务管理，并指导各县（市）用电营销工作。城区供电局营销部负责蕉城区10千伏及以下用电业务管理。宁德市供电企业电费收取方式随市场变化而改革拓展，从坐收、走收扩展为银行代收、托收、代扣、储蓄付费，分次交纳电费等方式。通过拨号或租用电信专线与银行进行电费数据批量传递接收，电力营销部门一天一次或两次把应收电费数据发送给银行，银行同时把实收电费信息传送营销部。9月，执行省电力公司关于电度表抄表时间规定，宁德供电企业统一抄表收费时间，居民用户缴费时间统一调为每月20—26日交清，居民外用户每月20—24日交清，逾期依法收取滞纳金。电费回收实现“双结零”，即月结零、年结零。

业扩报装 1993年起，宁德电力企业业扩量日益增长，各地设立用电业务安装班组，专责用户接电安装事宜。随着各县（市）电力公司（供电公司）诞生，供电企业同时组建用电业扩报装科室，低压用户用电业扩申报统一由专职管理科受理，自行审核，批准报装送电。10千伏及以上电压等级用户则由主管科室报公司分管经理审批，再通知相关技术业务部门进行实地勘测、设计、编制工程预算，购置设备材料，组织施工工程验收，业扩流程结束，手续完备，用户交齐费用后送电，整个业扩报装流程所需时间较长。这种业扩报装形式被大多地方两级供电企业采用，而成为惯例，一直延续到1996年《中华人民共和国电力法》实施之时。1998年，各县（市）供电企业陆续开设电力服务台和“110”电力联动服务，各收费柜台设立查询处，解答用户疑问。2000年，宁德电业局在各县（市）电力企业中推广服务达标工作。2001年，宁德地区各县（市）供电企业开展“整顿电力市场，开展优质服务年”活动，各乡镇供电所制定出服务岗位各类人员工作标准。2002年1月起，各供电企业业扩报装停止向用户收取供电配电工程贴费。2003年，宁德电业局在全区供电系统推行国网系统业扩报装流程和优质服务标准。3月，全区各县（市）电力公司陆续开通96996（后统一改为95598）客户服务系统。同时废除此前各县（市）电力公司不同的电力抢修，优质服务投诉电话。统一的95598客服系统包揽电力检修、投诉、查询服务。2004年1月8日，95598电力呼叫中心正式上线运行，成为24小时对外服务窗口。2005年，宁德市各供电企业就业扩报装和优质服务向人民公开服务承诺，公开办事流程，公开收费标准，公开服务守则，公开违章处罚规定，公开监督电话，公开营业窗口人员姓名、岗位名称，办理用电业务实行“一条龙”优质服务，提请社会公众监督执行。全市各县城营业所实行无周日制度，所有营业所公开电价标准和服务程序。用电业扩报装统一在营业窗口受理，供电设备计划检修提前7天向社会公告停电线路，提供24小时电力故障报修服务，检修人员接到报修要求后到达现场时限：市区（县城）少于45分钟，农村少于90分钟，特殊边远山区少于2个小时，客服电话在铃响5声内摘机通话。95598服务用户可以不受时间空间限制，随时、随地拨打，接受优质服务。

贴费收取 1993年前，用户申请用电或增加用电，所承担各级电压电网外部供电工程建设、扩充、改建等费用称为贴费，其收费标准为380/220伏每千瓦为170元，6～10千伏每千瓦为130元，35千伏每千瓦为100元。1993年，国家能源部《关于转发国家计委调整供电贴费和加强贴费管理问题有关文件的通知》，对工程贴费收取标准作了调整，宁德地区工程贴费收取标准380伏/220伏每千瓦为500～550元，10千伏每千瓦为400～450元，35千伏每千瓦为300～330元，63千伏每千瓦为200～220元，110千伏每千瓦为150～180元。1998年，财政部颁发《关于供电工程贴费纳入预算管理若干问题的规定》，贴费从当年1月1日起纳入预算管理，不再执行自收自支办法，实行收支两条线管理。2000年，工程贴费收取标准380伏/220伏每千瓦为250～270元，10千伏每千瓦为200～220元，35千伏每千瓦为150～170元。2002年，根据国家计委、国家经贸委《关于停止收取供（配）电工程贴费有关问题的通知》，宁德市从1月1日起供电企业停止收取供（配）电工程贴费。

第四节 电网调度

一、宁德电网

1993年1月，投运110千伏霞浦1号主变压器（1.6万千伏·安）；9月，投运柘荣110千伏1号主变压器（1.6万千伏·安）。1996年，与温州电业局联手建成110千伏柘（荣）苍（南）线，丰水期与福建省网断开，并入浙江省网，将网内多余（年约1～2.5亿千瓦·时）电量送往缺电的温州；枯水期再并回省网。其间，除建成柘（荣）苍（南）线路外，还将110千伏电网延伸到闽北政和县。

1998年，建成闽东水电站110千伏变电站，投运110千伏文福线。当年，配套黄兰溪电站建设的110千伏城西变电站1号主变压器（容量4万千伏·安）和110千伏黄西线（黄兰溪电站–城西变电站）投产。因当时福安电网存在多家供电，110千伏城西变电站则独立于向自身辖区内用户供电（福安上半区及城区）。福鼎则于桑园电站投产之机，同年10月投运110千伏白琳变电站1号主变压器（2.5万千伏·安）和开断110千伏桑桐线进入白琳变电站（为桐琳线和琳鼎线）。寿宁则同时投运110千伏前陶变电站1号主变（3.15万千伏·安）和110千伏车前线。

1999年，芹山电站投产，同时投运220千伏芹甘线，省网在宁德始有3个电源支撑点。2000年6月20日，省电力公司开始对宁德电网经营企业闽东老区水电开发总公司代管后，电力体制开始理顺，宁德电网一体化归省网接收管理，成为宁德电业局管辖下的宁德电网。

2001年5月，110千伏烟亭变电站2号主变压器（3.15万千伏·安）投产，9月，110千伏东侨变电站1号主变压器（3.15万千伏·安）及110千伏烟东线（烟亭–东侨）投产。同年，110千伏福鼎白琳变电站2号主变压器（2.5万千伏·安）投产。2002年5月，220千伏甘棠变电站2号主变压器投产（12万千伏·安）。7月，110千伏福安城西变电站2号主变压器（4万千伏·安）和110千伏西南线（福安城西－城南）投产；周宁东关技改扩建的110千伏变电站1号主变压器（3.15万千伏·安）投入运行。原来闽东水电站文坛至政和政前的110千伏文政线在周宁开断进入110千伏东关变电站，形成运行中的110千伏东文线和备用中的110千伏东政线。

2004年2月，110千伏福鼎秦屿变电站建成投产，1号主变压器（容量3.15万千伏·安）投入运行。110千伏前岐变电站1号主变压器也投入运行（容量3.15万千伏·安）。同时投入运行的还有110千伏白秦线和桐岐线。6月，扩容建设110千伏福鼎城西变电站2号主变压器（3.15万千伏·安）投入运行。8月，220千伏榕甘线（福州500千伏变电站－甘棠220千伏变电站）建成投产，结束了宁德地方电网与福建省网长达12年只有单一通道历史。12月，220千伏兰田变电站1号主变压器（容量12万千伏·安）投产。

2005年，动工建设220千伏福鼎桐城变电站和220千伏桐甘线。5月，220千伏榕甘线开断进入兰田变电站，新建6.5千米220千伏线路与兰田变电站连接。220千伏白田II路，田甘II路由此诞生。屏南110千伏佳洋变电站1号主变压器（容量2.5万千伏·安）和110千伏甘佳线建成投产，该变电站投运标志着宁德市境内所有县（市）供电公司都有了110千伏变电站。8月，寿宁110千伏斜滩变电站1号主变压器（18万千伏·安）安装结束，5个月后投入运行。12月31日，古田电网（包括古田110千伏城关变电站、110千伏鹤塘变电站、110千伏凤亭变电站）由南平地调正式划归宁德地调管辖。2005年年底，宁德电网内已有220千伏变电站3座，总容量54万千伏·安，110千伏变电站17座，总容量91.5万千伏·安。220千伏输电线路7条，总长336.299千米，110千伏输电线路38条，总长958.55千米。

二、地调机构建设

1993年年初，省电网进入宁德，宁德供电局在甘棠220千伏变电站成立调度室（简称宁德地调）。宁德电网并入省网后，为与之区别，闽东老区水电开发总公司调度室，改称总公司调度室，业务范围未变，地点设宁德地区电力公司办公大楼5层。宁德地调建成初期，调度员由220千伏甘棠变电站的运行值班长兼任，调度手段简单，没有自动化设备，调度管辖范围局限于与甘棠变电站有直接电气连接的两个110千伏变电站和1个35千伏变电站。其他仍归总公司调度室调度。

1996年8月，闽东老区水电开发总公司新建中兴街16层调度大楼落成，总公司调度室（包括载波）搬至新调度大楼12层，并配置微机调度自动化系统。9月，总公司调度范围延伸至出省的110千伏柘苍线。

1998年，闽北政和110千伏文政线（政和政前—闽东水电站文坛）进入宁德，总公司调度范围一度扩展到闽北政和县。闽东电网并入福建省网后，因丰水期电量过剩，福建省电网不能接收，闽东电网内又控制不了，常因此被省网解列独立运行。110千伏柘苍线投运后，丰水期脱开福建省网与浙江省网连接，调度上接受温州电业局地调指令，枯水期并回福建省网，接受宁德电业局地调调度，这种状况一直延续8年。2001年5月，宁德地调从甘棠变电站搬至宁德电业局新办公大楼。

2004年7月，闽东老区水电开发总公司撤销，宣告宁德地调与总公司调度室并存局面结束。总公司调度在福安市内的调度范围交由新成立的福安市供电有限公司调度室。各县（市）调度范围交由宁德电业局调度室管辖。随着220千伏、110千伏电网向各个县（市）延伸和蕉城供电网上收为省电力公司宁德电业局直供区，宁德地调调度范围不断延伸扩大，调度手段和调度自动化系统日趋完备。2005年年底，宁德地调调度室管辖有调度班和远程通信班，工作人员20人。

三、调度自动化

1993年，寿宁、福鼎、霞浦、周宁等县（市），先后自筹资金安装使用调度自动化系统，各地采用的调度自动化系统多为386微机、DOS界面，调度室木制模拟图为电气模拟屏。宁德电网内闽东老区水电开发总公司和各县（市）分公司采用的调度自动化系统可以在电气模拟屏及微机上实现对各变电站主要水电站开关状态，潮流状态的实时监控。但这些设备大多只有SOADA功能，限制了电网调度自动化水平的提高。

1999年年底，宁德电业局开始在调度大楼安装一套山东积成电子IES-S500调度自动化系统。2000年4月，完成IES-S500自动化主站系统安装调试并投入运行，同时接入220千伏甘棠变电站远动信息。该系统提供的人机界面，事项窗口，自动生成报表，使调度员能及时、准确掌握以220千伏甘棠变电站为骨干的宁德电网运行状态，宁德电网调度步入自动化行列。

2001年，建成110千伏东侨综合自动化变电站，东侨变电站信息接入地调主站，成为宁德电业局第一个无人值班的变电站。完成福安市、霞浦县、蕉城区调度信息接入地调主站。2002年8月1日起，IES-S500调度自动化系统正式进入实用化考核。

2003年3月，宁德市调度自动化系统通过实用化验收。省电力公司分别在寿宁县、周宁县、屏南县、柘荣县投入资金100万元，实施电网调度自动化系统升级改造。寿宁县、周宁县、屏南县，采用深圳市许继昌达电网控制公司研制的PANS-2000电网自动化系统，该系统以SCADA为核心，并采用WEB技术将SCAD融合至企业MIS中，将电力系统高层次需求和计算技术结合在一起，创建一个具有完备功能性，高度安全以及充分开放性的系统。古田县电力公司自筹资金建立了一套山东鲁能积成电子IESDDS-2000调度自动化主站系统，把各个变电站远动信号接入主站系统，实现该县电网安全监控及功率总加。此间，各县（市）安装投入调度自动化系统，人机会话，数据采集，报表处理，计算机远程网络互联等各项功能齐全，先后进入实用化考核，具备实用化验收条件。

2004年9月，110千伏东侨无人值班变电站第二期扩建工程投产，远动信息接入地调，同年底新建220千伏综合自动化兰田变电站投运并接入宁德地调主站。年底，主站系统升级为IES-S500系统。该系统是windowsNT平台，以太网结构，系统扩充灵活，共2台服务器，2台前置机，1台WEB服务器，及调度，远方、自动化、PAS等工作站。完成调度生产实时系统网络安全防护，保证电力二次系统安全。

2005年，撤销蕉城区（县调）主站，将原蕉城区（县调）6个分站信息直接入地调主站，同时接入古田县调电网信息。年底建成220千伏兰田变电站集控系统，开始220千伏甘棠变电站自动化改造工作，并完成其综合自站控层平台和远动部分功能投运。新建220千伏福鼎桐城变电站综合自动化系统投产并接入地调主站。宁德电业局在完成地调主站及各县（市）调度自动化升级改造同时，陆续完成境内屏南县上培、旺坑、周宁县后垄溪，寿宁县牛头山等水电站发电信息采集。完成220千伏甘棠变电站、兰田变电站三级数据网建设，并分别安装电量采集终端，采集关口电量数据送往省中调。

四、调度通信

1993年，宁德电业局地调主要靠2条载波电路和一套40门模拟调度交换机与省网调度通信，与闽东老区水电开发总公司及各县（市）县网的调度通信。载波机以ZJ-5A和ZJ-3A为主，调度总机采用南京有线电厂模拟交换机，一直维持到1998年。

1999年年初，宁德电业局建成第一条光纤电缆，这条电缆采用4芯音频光缆，以直埋方式从宁德电业局大楼一直敷设到220千伏甘棠变电站，同年安装了第一套大唐155M光端机，传送甘棠变电站通信和远动信息至宁德地调。

2001年10月，宁德通信网与省电力通信网互联成功。福州500千伏变电站沿500千伏福双线架设36芯OPGW光缆至甘棠中继站进行光放大，甘棠中继站沿35千伏线路架设ADSS12芯光缆至甘棠变电站，架起了省调与宁德地调的信息通道。11月，宁德电业局调度大楼建设400门数字交换机，机型采用西门子公司生产的Hicom350E数字交换机并成功与电信公网和电力专网用2M数字电路的形式进行了连接，实现全自动等位拨号呼入呼出，满足电力生产的需要。

2003年，各县（市）县城通信网建设开始实施，甘棠变电站至福安市、柘荣县供电公司24芯OPGW光缆沿110千伏甘福线进行架设，安装华为metro1000光端机，实现福安市、柘荣县和宁德城区供电局自动化信息传送。同年，依托省电力公司通信技改资金，建设通信网监控系统，在宁德电业局本部机房实现对甘棠变电站、东侨变电站、甘棠中继站以及宁德电业局中心机房通信设备、环境采集的实时监控。

2004年，随着220千伏兰田变电站的建设，甘棠变电站36芯OPGW光缆沿田甘2路架设至兰田变电站，形成甘棠变电站至地调的第二光纤通道，提高光纤电路的稳定性。当年，宁德电业局与宁德联通公司达成企业直连协议，在宁德地区中国联通的手机用户与宁德电业局行政交换机用户之间组建虚拟网（VPN），实现免费的互联互通，降低企业话费成本。

2005年年底，220千伏白花变电站、大唐电厂、500千伏宁德变电站等相继投产，为保证华为metro3000环网设备运行可靠，逐步对环网中的各站设备进行升级改造，将容量622M升级为2.5G，并搬迁宁德地调和甘棠变电站622M西门子光端机，优化光纤电路，宁德通信网更趋于合理，逐步由链路走向环网。县城通信网建设改造福鼎市、霞浦县、柘荣县、寿宁县、周宁县、屏南县、古田县的通信电源，安装烽火622M光端机、300线生产管理交换机和80门调度交换机，建成古田县、周宁县、福鼎市等地光缆，各县调通信网络初具规模。宁德电业局调度室3名通信人员，承担2个220千伏变电站、2个110千伏变电站和本部通信站的运行维护工作。通信电源也逐步向高频开关电源过渡，各站点均配备两套独立的通信电源且按照省中调标准站的要求，实现无人值守。宁德电力通信网拥有PDH、SDH、行政及调度交换载波机、ATM等多种设备，OPGW、ADSS等光缆不断得到延伸，随时为电力调度自动化、继电保护、办公自动化、视频会议电视等提供稳定良好的通信服务。

第五节　农村电网

农村电网改造前，宁德农村电网结构普遍存在不合理和老化现象。供电半径大、线径小，迂回线路多；供电网络设备陈旧，沿海设备、线路腐蚀严重；大部分线路长期超负荷运行，电能质量差、线损高，供电可靠性差；管理乱，电费高，安全隐患普遍存在。实施农村电网建设与改造，对农村配网整体布局和网络结构进行优化设计，采取多布点，小容量，以改变过去线路延伸长，压降大等问题。

1999年，国务院、国家经贸委发布农村电力体制改革文件后，宁德地区各级政府相继成立农电"两改一同价"领导小组，下设办公室，负责农村电网建设与改造工程的规划、组织、实施、协调工作。宁德一、二期农村电网建设与改造工程，在完成工程规划设计、项目申报审批、物资准备、施工单位招标等工作基础上，依据"先改制，后改网"原则，在与乡镇政府签订改制协议后，逐级村委会依此签订改制协议，陆续开始对各乡镇、村进行电网改造。2001年10月，率先在福安市白塔村举行开工仪式，随后各县（市）电网改造工作相继动工建设。

2000年6月20日，根据国务院《关于加快农村电力体制改革，加强农村电力管理意见的通知》精神，闽东老区水电开发总公司在省经贸委鉴证下，与省电力公司签订宁德地区农电代管协议，宣告宁德市农村电力体制改革全面启动。2001年，全市一、二期10千伏及以下农网建设与改造合计下达计划投资55529万元，实际完成财务决算金额55058.96万元，结余资金470.04万元；35千伏及以上农网建设与改造下达计划投资15632.6万元。福安35千伏松罗变电站工程（含对侧间隔）计划投资小计257万元，屏南溪坪—甘棠110千伏线路工程、屏南溪坪110千伏变电站工程下达投资规模12932.6万元，完成财务决算金额11720万元，结余资金1212.6万元。农村电网改造工程涉及116个乡镇、2140个行政村，行政村网改数占应改造行政村数的98%。

2003年9月29日，在代管协议总体框架内，宁德地方电力和省电力公司，共同催生宁德电力体制改革总体方案。内容包括：实施宁德八县市供电企业股份制改造，组建省电力公司控股的各县（市）供电有限公司，宁德市政府和省电力公司双方配合完成总公司本部（直属分公司）部分资产及人员上划，原属总公司110千伏甘福线I、II回和110千伏文福线，福柘线及相应33名管理人员上划宁德电业局（实际31名），总公司直属分公司其余资产和人员按资产属地，人随资产走原则，同时分别并入重组设立的福安市、寿宁县、柘荣县、霞浦县供电有限公司（其中福安市245人，寿宁县7人，霞浦县42人，柘荣县30人）。2004年6月，宁德各县（市）供电有限公司在宁德闽东宾馆正式授牌成立。7月，闽东老区水电开发总公司正式撤销，人员安置到位。宁德电力体制通过改革实现厂、网分离和供区整合，改变以往"三自"（自建、自供、自管）管理模式，取消供区交叉和供电中间环节，实行电网统一规划、统一建设，统一管理，电力资源得到充分利用。同时，建立了以资产为纽带的现代股份制企业，确保企业自主经营和可持续发展。通过资产清理和评估，累计完成各县级公司14.15亿元资产、8.6亿元负债清查、审计与评估，剥离不良资产48847万元、债务17473万元，各县公司平均资产负债率大幅降低。省电力公司累计投入13亿元建设和改造宁德电网，逐步把宁德电网由供电无保障、可靠性低孤立地方电网，建成与省电网、华东电网联结安全稳定且较为强大的电网。2004年4月，覆盖9个县（市、区）的一、二期农村电网建设与改造工程，分别以930～939分考评，全部通过省政府"两改一同价"验收。

2005年，宁德市农网改造工程惠及9个县（市、区），116个乡（镇）、2140个行政村。通过改制北部5县（市）供电企业每年可减少购电成本6190万元。实施同网同价，并进行电价疏导，严格执行电价电费政策，杜绝搭车收费以及"人情电""关系电""权力电"现象，县（市、区）平均电价从0.89元/千瓦·时降为0.57元，受益农户60.9938万户，农村用电量年均增长超过30%。省电力公司投入1100万元建设青山岛、三都岛、浮鹰岛海底电缆，结束了

2万人口长期点油灯照明历史。完成108个乡镇供电所改制，实现了乡镇供电一体化管理。农村用电推行“五统一”，即统一电价，统一发票，统一抄表，统一核算，统一考核；实施“四到户”，即管理到户，抄表到户，收费到户，服务到户；“三分开”，即电量分开，电费分开，电价分开；“二监督”，即群众监督、舆论监督和用电一户一表规范化管理，改变长期以来农村用电管理混乱状况。

第三章 管 理

第一节 机 构

一、宁德市（地区）水利局

1993年，宁德地区水利电力局内设人秘科、计财科、水利科、工管科、电力科，挂靠单位有宁德地区防汛抗旱指挥部办公室，设局长1人，副局长2人，共有职工61人。1997年6月，增设纪检组，设组长1人。10月，机构改革，撤销宁德地区水利电力局，组建宁德地区水利水电局。1998年，增设监察室。2000年11月，撤地设市，改称宁德市水利水电局。2001年6月，设局党组，设书记1人，党组成员3人。2002年9月，新一轮机构改革，撤销宁德市水利水电局，组建宁德市水利局，局机关设办公室、水政水资源科、水利建设与管理科、水电科、计划财务科，挂靠单位有宁德市人民政府防汛抗旱指挥部办公室、宁德市水土保持委员会。设局长1人，副局长2人、纪检组组长1人，职工70人，至2005年不变。

二、宁德电业局

1993年1月，宁德供电局改称宁德电业局，内设经营服务部等办事机构，办公地点租用蕉城区环城路10号武装部招待所，配局长1名，工作人员23名；11月，设立基建部、综合办、经营财务部、地调、生产部、多经办。1994年8月，撤销综合办，成立办公室；12月，成立人事部。1995年2月，成立监察室，配副主任1名；4月，成立保卫科。1996年1月，成立安监室。1997年7月，成立建设工程项目执法监察领导小组及办公室；同年9月，局机关迁入鹤峰路48号新址办公。1998年5月，生产部更名生产技术计划科，经营财务部更名财务科，人事部更名人事劳工科、地调更名为调度所，基建部更名基建科，监察室更名监察科，安监室更名安全监察科。2000年3月，成立营销科。2001年2月，财务科更名财产与资产经营管理部，负责人实行委派制；办公室更名局长工作部，人劳科更名人力资源部，生技科更名生产建设部（下设信息中心），财务部更名财务与资产管理部，安监科、保卫部与监察（纪检）审计合署办公更名安全督察部，党办和工会办合署办公更名政工部。同时，对生产部门进行调整，营销科、“两改办”（“两改一同价”领导小组办公室）撤销，成立电力市场工作部（内设农电部、营销部、客户服务中心）、调度所（下设远通公司）。2002年9月，撤销生产建设部、安全督察部，成立生产部、基建部、安监部、监察部、企管部。2003年4月，成立审计室，配专职人员1名。2004年3月，财产与资产经营管理部改称财务部，设主任、副主任各1名；审计室改称审计部，设副主任1名，增配审计员1名；并对内设机构进行调整。职能部门设局长工作部、计划部、生产技术部（下设信息中心）、营销部 、工程建设部、农电部、人力资源部、财务部、政工部（与党委办公室、团委合署办公，下设新闻中心）、企业管理部、安全监察部、监察部（与纪委合署办公）、审计部、多种产业部、保卫部。生产部门设调度所、变电部、送电部、变电检修部、车辆管理所。2005年，机构延续2004年设置不变；全局共有处级领导10名，配局长、书记各1名，副局长3名，工会主席、总会计师各1名，调研员1名，助理调研员2名。工作人员553名。下辖8个县（市）供电公司，员工2330名。

第二节　水利管理

一、水、砂资源监管

取水许可制度实施　1993年，全区以福安市为试点“实施取水许可制度基础工作”，并通过省水电厅验收。1994年，全面实施取水许可制度。环保、气象、农业、统计等部门联合开展调查，摸清全区可利用水资源量及其分布情况，对水资源开放利用进行供需平衡预测。1995年，执行《福建省取水管理办法》，全区实行对新、扩、改建取水工程依法办理取水许可预申请、申请和审批手续，统一发放国家水利部印制的取水许可证。同年，按照《中华人民共和国水法》和《福建省取水管理办法》等规定，在部分县（市）开展水资源费征收工作。

1996年，执行省财政厅、省物委和农民负担管理办《水资源收费项目和收费标准》，全区全面开始征收水资源费。1999年，全区开展取水许可申请审批制度及水资源费征收入库情况执法检查。2002年，执行省水利厅、省发展计划委员会《福建省建设项目水资源论证管理补充规定》，水政管理部门开展整顿规范取水许可秩序专项行动，全市发放取水许可证1051套，审批许可取水量为129亿立方米。2004年，对全市13个水功能二级区进行水质监测，监测河流断面14个，并发布《福建省宁德市重要水（环境）功能区水质量通报》。同年，根据宁德新城区规划组织编制完成《宁德城区水资源规划》。

2005年，开展取水许可证年度审验工作，审验合格683套，年审率90.2%；审批许可水量144.55亿立方米，其中工业用水58套，审批水量1.044亿立方米；生活用水162套，审批水量0.332亿立方米；水力发电455套，审批水量135.8亿立方米。全市新增建设项目取水许可申请（预申请）56户，新发取水许可证34户，撤销取水许可证12户，到期未参加年审失效许可证74户。完成重点流域水环境功能区48面界碑设立工作。

建设项目水资源论证管理　2002年5月1日起，执行《中华人民共和国水法》，水利部、国家发改委《建设项目水资源论证管理办法》和《福建省建设项目水资源论证管理补充规定》，辖区内凡直接从江河、湖泊或地下取水的新建、改建、扩建项目，必须按规定进行建设项目水资源论证，编制建设项目水资源论证报告书报水行政部门审批。10月，组织人员对福鼎市李下溪水库开展水资源论证。2003年年底，全市共有65个取水工程实行水资源论证报告书制度，其中，15个取水工程项目由市水政部门组织专家进行审查，5个取水工程由省水利厅组织审查。2004年，全市开展水资源论证64项，全部是水电开发项目。福安市马头山电站开发，加装1台1250千瓦小机组，要求其把下游茜安水利拦河坝加高，以保证群众生活用水和灌溉用水。2005年，全市开展整顿水资源开发秩序专项行动，清理“四无”（无立项、无设计、无验收、无管理）电站。累计完成263项取水工程水资源论证。

河道采砂管理 1993年，根据水利部、财政部、物价局联合颁发《河道采砂收费管理办法》，宁德地区水电局、财政局、物委，联合制定《宁德地区河道采砂收费标准》。各县（市）也相继出台有关规范河道采砂管理文件。地、县（市）成立水政水资源管理站，全面开展河道采砂许可审批、发放采砂许可证和河道采砂管理费征收工作。1998年，全区共办理河道采砂许可证98本，依法向采砂业主收取河道采砂管理费。2003年，市内河道采砂主要集中在赛江下游河段，福安市政府发布赛江河道采砂管理通告，规定赛江河道采砂区、限采区、准采区，规范赛江采砂行为。其他河道采砂也相应制定禁采区和开采区。是年，全市共发放河道采砂许可证39本，其中赛江采砂12本，处理违法采砂案件10起，共收取采砂管理费11.8万元。2004年，福鼎市亦开展河道采砂可行性论证试点工作。2005年，《蕉城区河道采砂规划》完成编制，全区规划7个可采区，其中霍童溪5个，七都溪2个。《蕉城区霍童溪生态旅游规划》规定，洪口电站、宁屏路建设一旦完工，霍童溪、七都溪将恢复为禁采区。年末，全区累计共征收河道采砂管理费326.02万元。

二、行政执法

1993年，宁德地区水利局和各县（市）水利局均设有水资源管理站，调配专职水政监察员308人，为地县（市）水行政管理机构，负责本地区水资源规划与协调工作。

1994年，在福安查处富春溪坂中岸毁滩和城阳乡桃花岛乱采砂石两起事件。1996年，按照水利部《关于加强水政监察规范化建设的通知》和省水利厅《关于福建省水政监察规范化建设实施意见》，将宁德市（今蕉城区）列入全省规范化建设试点单位。

1997年1月20日，宁德地区水政监察支队成立，人员编制10名，核定科级领导职数2名。经费从收取的水利行政事业费中列支。随后，各县（市）亦相继挂牌成立水政监察大队。12月，寿宁县蟾溪城关段违法建桥一案，经地区水政监察支队实地调查，作出要求立即停止施工，拆除已建工程，清除河道障碍物，恢复河床原貌决定。同年，福安市水政监察大队对上白石大桥下违法建房一案，进行调查取证，在当地人大、政府领导支持下，违章建筑即被拆除。

1999年，地区水政监察支队开展以流域为单位的《中华人民共和国水法》《中华人民共和国防洪法》执法检查活动，重点检查河道违章建筑、基本建设工程实行取水许可申请审批制度以及水资源费征收入库等工作，共查处水事案件68起。

2001年，各级水政监察支队与防汛部门密切结合，结合“世界水日”“中国水周”，开展“河畅水清，防洪安全”等宣传活动。古田县水政监察大队配合县矿产局对鳌江流域古田段水环境进行综合整治，成功调处黄田前寮与南平香山水事纠纷。是年，全市共查处水事案件25起。

2003年，全市开展整顿规范取水许可秩序专项行动，清理整顿66处“四无电站”（无立项、无设计、无验收、无管理），对未审批取水工程予以查封。年末，共查处水事案件134起。

2004年6月15日，福安市甘棠镇国泽海堤被人为破堤30.5米，公安机关受理水政监察部门案件后，立即刑拘1名顺江船舶有限公司当事人，在水利部门技术支持下，海堤在7月2日重新修复。该市水政监察机构还在赛江开展河道采砂秩序整顿工作，采砂场由13家减少到7家，并按照“谁设障、谁破坏、谁恢复”原则进行河貌、河势恢复。全市共调处水事纠纷31起，查处违法水事案件62起。

2005年，福安市依法查封潭头镇洋坑电站，督促电站补办相关手续；调处电站建设与湖坪、丹丘头、坑尾洋3个自然村群众产生饮用水、征地等纠纷问题；拆解在赛江黄兰河段无牌无证违法采砂设备，查处上白石镇流尾村群众违法采挖河滩砂石行为。寿宁县制止水事违法行为16起，调处水事纠纷11起，立案查处水事案件8起。是年，全市立案查处水事案件19起，调处水事纠纷36起。

三、水利工程管理

1993—2000年，在每年汛期前水利工程主管部门均派出技术员配合工程单位，对建筑物进行检查观察，如发现工程建筑物变形、异常等险情，及时进行分析，找出原因，并采取措施加以处理，消除安全隐患。2001年起，宁德市水利部门多渠道筹措资金，全面开展海堤除险与病险水库加固工作。历经5年，先后实施二期、三期、四期、五期、六期海堤强化加固工程。至2005年末，完成二期海堤加固5.57千米，三期海堤加固10千米，四期海堤加固17.48千米，五期海堤加固20.14千米，六期海堤加固25.46千米，累计共强化加固海堤78.65千米。金马海堤加固工程使宁德市区防潮标准从原来30年一遇提高到50年一遇。完成病险水库除险加固100多座，累计投入资金3000多万元。

四、库区管理

调度运行 1993—2005年，各级水利部门每年对境内小（1）型以上水库，均实施汛前检查，管理单位依据蓄水能力和工业、农业、生活、发电用水需求，制定年度蓄供水运行调度计划。若工程引水量不足或遇抢收抢种季节和干旱年景，则采取轮灌制。蕉城区五里洋引水工程，原设计灌溉面积533公顷，后扩灌到667公顷，水量不足，采取按灌区田亩数分配水量和轮灌制，以满足灌区用水要求。水利工程多的地区，调水时遵循先用活水（即引用溪河活水），后用死水（即水库的水）原则。灌水采取先水尾田，后水头田，先干旱田，后普通田，先秧田，后大田“三先三后”规定，使蓄供水趋于平衡。

更新改造 1993—2005年，各级水利部门针对境内小（1）型以上水库建成后，经过多年运行有的出现来水量不足，有的由于灌区扩大、耕作制度变更导致用水量不足的情况，采用兴建跨流域引水入库工程，增加水库来水量，以满足灌区和工农业用水。如霞浦县溪西水库、大墓里水库，福鼎市龟墩水库、乌岩水库，福安市顶头水库，屏南县下路林水库，柘荣县乌岩下水库等，均先后采取上述办法加以更新改造，提高水库复蓄指数，扩大用水效益。

五、灌溉管理

渠系管理 1993—2005年，地方政府确定兼管人员统一管理境内灌溉千亩以下小型灌溉工程，负责巡渠、放水、小修、小补。这些小型灌溉工程渠道线路短，建筑物小，工程较为简单，一般没有支渠。每年春耕前，多由所在地乡村政府发动群众全面清淤、维修。遇水毁或更新改造，则由县、市水电局派技术干部规划、设计，由驻乡水利干部或乡镇水电工作站施工。灌溉千亩至万亩工程，渠道较长，一般确定有专人管理或组织专门管理机构管理。投资大的项目报县水电局审查，国家给予少量补贴。小（1）型以上水库和万亩以上引水工程及较大的机电排灌工程，灌溉面积较大，渠线较长，沿线建筑物较多，技术性较强，管理任务重，均组建专门管理机构，成立灌区代表会，配备专管人员，常年负责维修养护。管理人员报酬和维修管理经费从收取水费、电费和综合经营收入中开支，不足部分当地政府补贴。

计划用水　1993—2005年，全区（1）型以上灌区实行计划配水，采用多用水，多交费管理方式。对小（1）型以上水库工程每年编制年度用水计划，根据上年水库存水量和当年气象、水文资料以及水库安全状况进行分析计算，统筹安排工业、农业、发电，生活用水量。做到既保证工程安全又能充分发挥工程效益，最大可能满足各方用水之需。

水费计收　1996年起，境内水利管理部门执行省政府《关于水利工程水费核定计收和管理若干规定的补充通知》，对各类工程全面计收水费。所收水费主要用于工程管理经费支出，可以连年结转。从工程收取的水费就用于该工程，从村里收取的水费就用于该村的水利工程，任何单位和部门不得截留、挪用，贪污水费和护堤费。2003年，全面开展水价改革。2005年年底，全市有水价改革任务的12处中型水利工程，全部通过物价主管部门审批并执行了新水价，审批率和执行率均达100%。全市共征收水资源费累计3664万元。

六、水利管理改革

小型水利设施产权制度改革　2002年，执行省水利厅、财政厅、省改革开发办《关于小型水利设施产权制度改革的意见》，宁德市确定首先在福安市、古田县进行改革试点。2003年6月，市水利局在古田县召开全市小型水利设施产权制度改革试点工作总结暨动员部署会议，制定《2003—2004年度小型水利设施产权制度改革工作实施计划》，小型水利设施产权制度改革工作在全市铺开。2005年，全市累计完成改革489处，占总计划数98.2%，其中小（2）库149处，灌溉工程46处，机电泵站11处，非国有电站184处，供水工程99处。

水利工程管理体制改革　2003年，执行国务院体改办《关于水利工程管理体制改革实施意见的通知》和省政府办公厅《关于转发福建省水利工程管理体制改革实施方案的通知》，宁德市开展水利工程管理体制改革工作。2005年，决定将溪尾水库由自收自支事业单位改为隶属水利部门主管的民营企业；将各地河道管理处核定为公益性事业单位，保持财政拨款，体制改革后全市有独立会计核算的各类国有水管单位42家，全市水利工程管理体制改革工作结束。

第三节　电力管理

一、安全管理

1993年，执行《电业安全规程》考试，防止运行、检修、试验外线作业人员，误入带电间隔，误触带电体造成人身触电事故。购置静电报警器50个，分发生产一线人员使用。1994年，宁德电业局成立安全生产委员会制定《岗位安全生产职责》，调配专职或兼职安全监察人员8人，还为从事线路作业、夜巡查岗人员配置双控安全带、防毒面具，确保生产安全。

1995 年，宁德电业局制订《电气防误管理规定》《临时工安全管理制度》等，对新参加工作职工进行三级安全教育和心肺复苏急救法知识培训。1996 年，设立安监室，调配专职或兼职安全监察员 12 人，组织生产车间和科室人员 25 人，学习《电力生产事故调查规程》；组织 50 人参加心肺复苏法和创伤急救学习培训班，取得红十字会颁发的现场初级急救员合格证。

1998—1999 年，宁德电业局根据国家电力公司制定的《电力安全生产奖罚规定（试行）》及省电力工业局制定的《电力安全生产奖惩规定（试行）实施细则》，制定《宁德电业局电力安全生产奖惩规定（试行）实施细则》，颁发全区电力系统推行。

2000 年，组织职工学习国家电力公司制定的《安全生产工作规定》《防止电力生产重大事故的二十五项重点要求》《电业生产事故调查规程》等规章制度。开始实行安全员在生产现场佩戴袖标制度。

2001 年，宁德电业局成立安全督察部，推行领导干部轮流进行安全检查制度；对全市农网施工现场开展专项安全检查，杜绝违章违纪行为发生。

2002 年 8 月，编制完成《宁德电业局灭火和应急疏散预案》和《宁德电业局消防安全操作规程》，分别在甘棠、东侨等变电站安装消防报警系统。2003 年，制定宁德电业局《特、重大设备事故处理应急预案》《防汛抗台应急预案》《人身事故处理预案》。对甘棠变电站电缆、盘柜等防火材料进行全面改造，达到抵御火灾标准。

2004—2005 年，新购置 1 台升降式检修作业平台，3 组刀闸检修平台等设备。对 110 千伏烟亭变电站、35 千伏洋中变电站进行了微机防误系统改造安装。在全市电力系统开展“以人为本，安全第一”为主题的安全生产月活动。

二、业务管理

1993 年，发现并消除设备缺陷 120 余次，实现“两票”（工作票、操作票）合格率 100%；实现 4000 余次操作无事故，完成小修及年检任务，缩短工期，减少停电损失；完成调度总机更新、继保室空调降温等技改项目；完成地区电网低周减载规划，筹建地区电网调度中心。

1994 年，成立技术监督网，成立技术监督网，下设化学专责、仪表专责、绝缘专责、过电压专责、环保专责，负责宁德电业局技术监督管理的各项工作。建立月度生产计划调度工作例会制度和月度基建碰头例会制度，每月 25 日前上报下月计划和当月计划完成情况，每逢 3 月、6 月、9 月、12 月上报下季度计划。每月召开生产计划例会，检查上个月生产情况，布置本月生产任务。1995 年，在调度所组建通信班和调度班，负责日常生产工作。明确生产技术科生产、计划、技术管理职能；开展生产技术工人和专业技术人员业务培训，全面推行持证上岗制度。

1996 年，完成供电量 17937.27 万千瓦·时，线损为 1.13%，年内改造部分杆塔地网、清理线路走廊、更换甘棠变电站 110 千伏旁路微机保护、直流浮充电装置、改造通信蓄电池、甘棠变电站模拟图板，当年工作票合格率 99.7%；操作票合格率 99%。1997 年，生产技术科下设计算机中心，定员 3 人，负责 MIS 系统开发建设各项工作。

1998—1999 年，成立科技信息领导小组，负责科技推广应用和企业信息化建设。生产管理部门以安全生产为中心，以班组建设为基础，完善管理，规范制度，对照标准查找问题、缺陷和薄弱环节，下达整改任务通知单，并指定专人负责目标跟踪，严格考核。

2000 年起，宁德市电网负荷增长迅速，生产部门开展以落实生产计划为内容的管理活动，抓紧设备检修，缺陷消除，技术改造。2003 年，及时协调工作中技术安排，加强技改项目管理；

对省控资金技改项目及时按责任部门、责任人、完成时间进行分解，明确设备管理职责。

2004年，加强设备检修管理，全年投入技改资金716.5万元，改造甘棠变电站220千伏隔离开关，继电保护及故障录波信息系统、反措技改甘棠变电站4组避雷器，完善电力调度系统安全隔离、防护体系及地调主站系统升级改造；推广应用配电新设备、新技术、新材料、新工艺，推进配电自动化，提高配网设备装备水平；推广输变电设备的状态检修和在线监测技术，增加甘棠变电站、东侨变电站变压器在线滤油监测；购买配网带电作业车，开展配电网不停电作业。

2005年，开展设备整治工作，重新梳理可继续执行标准、制度和规范，组织修订生产预案11份，生产标准和规程5份。编制迎峰度夏保电方案和电网应急预案等。

三、技术监督

1993年，国电系统技术监督工作在电力企业中开始逐步实行。1995年4月，成立技术监督领导小组，加强对技术监督工作的领导。1997年，制定技术监督工作管理制度，生产技术科任命一名生产技术监督专责师，在专业技术人员中考核聘任绝缘监督专责、变压器专业管理专责、防污闪专业管理专责、过电压专业管理专责、高压开关专业管理专责、继保装置专业专责、油气专业管理专责、电能计量专业管理专责，形成技术监督网，各技术监督岗位均规定有工作范围、工作职责和考评要求。

1998年，加强220～110千伏变电站高压电气设备绝缘监督，对各变电站设备实行构架除锈、防腐涂漆、加固以及各变电站10千伏开关室全工况绝缘防护改造及防污增爬改造；完成110千伏以上送电线路调爬，把部分受污染较严重的瓷绝缘子更换为合成绝缘子；对220千伏、110千伏户外变电设备瓷绝缘子涂刷CFT–4长效固化涂料，在支柱瓷套上加装热缩增爬裙；对各变电站10千伏户内铝母排及引下线加装热缩绝缘管，并在支柱瓷上加装增爬裙。

2001年，重新组建技术监督领导小组，制定《宁德电业局技术监督管理标准》，建立技术监督岗位责任制和经济责任制，形成监督网计划—实施—分析—改进的闭环管理。同时，根据ISO9001:2000标准，在建立质量管理体系过程中，参照技术监督主要内容制定《产品的监视和测量》控制程序，将技术监督融入质量管理全过程，形成常态化管理。

2002—2003年，油气技术监督按《电力设备预防性试验规程》要求，对投运10年以上的主变压器进行油中糠醛含量测定，跟踪试验充油设备，开展油中微水试验及六氟化硫气体微水试验和有载调压开关切换录波试验，试验完成率达100%。变压器类技术监督通过完善规章制度，提高变压器类设备管理水平。加强绝缘专业、油气监督专业、继电保护专业的沟通与交流协作。高压开关专业加强检修技术监督，做好预防隔离开关操作卡涩、防止隔离开关导电发热等项工作，开关类设备缺陷明显下降。过电压专业按照《电力设备预防性试验规程》，完成年度预防性试验，在雷雨季节前进行各变电站避雷器带电测试工作。继电保护专业对新建、改造工程设备保护进行全过程把关，严格管理每个环节，避免遗留后患。

2004年，组织专业技术人员参加10千伏及以上电压等级工程审查、设备招投标及有关业扩工程验收工作，保证输变电工程顺利投产。召开两次专业技术监督网会议及多次专业工作协调会议，促进专业技术人员、专业技术人员、生产管理人员以及其他人员沟通，协调各专业之间存在问题。委派专业技术人员到南京、上海、北京等地学习培训，拓展专业技术人员视野，提高业务水平。

2005年，加强缺陷管理，全年共发现431条缺陷，消缺率91%。完成大修理项目34项，技术改造工程40项，反措计划项目15项。生产管理部门加强专业沟通，每月编写生产月报，通报生产管理动态及各专业存在主要缺陷，通报大修、技改、配改完成情况。全年共执行83份标准化作业指导书，执行情况良好。

四、技术改造

1993—1998年，宁德地区电力部门主要对调度自动化系统进行技术改造，实现地方电网调度自动化。其间，闽东水电站对3台机组技术改造获得成功，增加出力5100千瓦，成为投入少，产出多典型范例。由于省电网进入宁德所用设备较为先进，且运行时间不长，技改工作集中发生在1999年之后。

1999年，对甘棠变电站少油开关进行无油化改造，实施改造1台220千伏断路器和5台110千伏断路器，提高设备安全运行水平。实施氧化锌避雷器在线监测和带电测试，35千伏及以上氧化锌避雷器全部安装在线监测仪，利用热成像检测技术开展避雷器状态监测，实现氧化锌避雷器带电测量替代停电预防性试验。修订35千伏及以上氧化锌避雷器在线监测和带电测试技术规定，加强运行中避雷器跟踪与监测，实现避雷器全年运行无故障。

2002年，对甘棠变电站直流系统、控制盘、微机五防二次部分接线、同期系统进行技术改造，实施甘棠变电站1号主变压器保护技改。2003年，对甘棠变电站直流系统二期改造，甘棠变电站1号主变压器冷却器系统和微机故障录波装置进行技改。结合35千伏保护技改、110千伏开关改造、1号主变压器冷却器、有载调压等技改工程对甘棠变电站屏蔽电缆进行更换。

2003年，与省中试院联合，利用红甘线杆塔接地网大修改造机会，选择两基线路杆塔作为试点，尝试采用LGJ-70钢芯铝绞线代替圆钢敷设地网。网络之间接地连接采用铝质并构线夹加线卡子固定方法，不需传统焊接，完全采用新材料、新工艺施工，经现场安装测试，各项指标满足规程技术要求。

2004年，对甘棠变电站220千伏故障录波装置，220千伏、110千伏刀闸电动操作回路，220千伏周甘Ⅰ线保护实施技术改造。对甘棠变电站刀闸进行大范围改造：20A2、20M4刀闸、原型号为GW6-220型隔离开关，存在爬距不足、传动机构卡涩、常分合不到位、导电铜辫断股较多、锈蚀严重等问题，更换为杭州西门子高压开关有限公司生产的PR21-MH31型隔离开关；对20A7刀闸原型号为GW6-220型隔离开关，存在传动机构卡涩、分合不到位，每次处理后运行一段时间，又分合不到位，更换为阿尔斯通的SPV型220千伏单柱垂直伸缩式隔离开关。20A3刀闸原型号为GW7-220型隔离开关，存在爬距不足、传动机构卡涩等问题，更换为阿尔斯通的S3C 220千伏三柱水平双侧开启式隔离开关。1003、1012、1052、1082刀闸原型号为GW4-110型隔离开关，存在爬距不足、传动机构卡涩、导电部分发热严重。技改选用抚顺高岳高压开关有限公司生产的GW25-126W型隔离开关。改造使用雷电定位系统，校核蓄电定位动作时间与保护动作时间，注重线路防雷基础整改工作，降低杆塔接地电阻，更换劣质瓷瓶，对线路上常遭雷击杆塔加装线路型避雷器。并在220千伏红甘线上7基“雷易击”杆塔上安装13只线路型避雷器。

2005年，对220千伏甘棠变电站400伏低压配电系统，甘棠变电站110千伏母差保护实施技术改造。同年，对甘棠变电站综自系统实施改造，取消220千伏甘棠变电站的控制台及操作系统、中央音响系统信号、返回屏及测量系统，完成对整个变电站变电设备的监视、测量、控制和运行管理，达到变电站无人值班技术要求。结合本次工程完成甘棠变电站直流系统全部改造、户外端子箱防潮改造、电度表屏改造、五防系统改造，结合改造甘棠变电站110千伏旁母保护技改、110千伏母差保护技改以及甘棠变电站加装220千伏母联保护；完成烟亭变电站、金涵变电站、碗窑变电站直流系统改造；烟亭变电站110千伏烟东线、兰烟线保护改造；烟亭变电站35千伏及10千伏母联备自投装置安装调试；烟亭变电站、东侨变电站10千伏加装消弧线圈自动调谐补偿装置二次部分安装；烟亭变电站12安开关及35千伏4个间隔开关改造；金涵变电站2号、3号主变压器及碗窑变电站2号主变压器35千伏侧开关保护改造。

第十编 经济总情

1993年，随着经济体制改革的深入，宁德地委、行署进一步调整三次产业结构。到2005年，宁德市国民经济结构发生较大变化，以公有制为主体、多种经济成分共同发展的格局基本形成，农业基础地位进一步增强，工业实现持续发展，服务业快速发展壮大，城乡居民收入水平不断提高。

2005年，境内城镇居民人均生活消费支出6827元，比1993年增长2.62倍。城镇居民家庭收入结构比例发生趋势性变化，非工资性其他收入比重不断上升。消费水平相对提高，领域不断拓宽，结构更加优化。食品、衣着支出成为城镇居民消费支出的主要组成部分，但二者在城镇居民消费中所占比重呈下降趋势，医疗保健、交通和通信、娱乐文教服务及居住支出比重呈上升趋势。在农村仍实行以家庭联产承包责任制为主要形式、集体和农户相结合的双层经营体制，农村经济快速增长，劳动生产率和土地产出率大幅度提高，农民收入不断攀升，生活质量明显改善。消费结构逐渐由数量型向质量型转变。2005年，境内农民人均生活消费支出2522元，比1993年增长2.1倍，年均增长9.9%。城乡居民在以吃用为主的物质产品消费基础上，逐渐增加对文教、娱乐、旅游、保健等享受型消费。居民家庭家用电器等耐用消费品不断升级，并逐步向消费需求多元化、消费结构合理化方向继续发展。

由于宁德原来经济发展水平较差，基础设施薄弱，与发展较快的福州、厦门、泉州等地横向对比，与全省平均水平对比，宁德市总体经济实力发展相对还是缓慢，在福建省的地位呈下降趋势。

第一章　经济发展

第一节　发展总量

一、综合指标

1991—1995 年，是宁德地区经济增长最快的时期。全区生产总值、财政总收入、工业总产值、农业总产值、全社会固定资产投资、职工工资总额、社会消费品零售总额，年平均增长速度分别为 19.3%、28.7%、39.9%、14.2%、43.8%、19.3% 和 25.4%。

1996—2000 年，宁德地区生产总值、财政总收入、工业总产值、农业总产值、全社会固定资产投资、职工工资总额、社会消费品零售总额，年平均增长速度分别为 10.2%、6.1%、12.4%、7.2%、16.8%、12.1% 和 12.3%。

2001—2005 年，宁德市生产总值、财政总收入、工业总产值、农业总产值、全社会固定资产投资、职工工资总额、社会消费品零售总额，年平均增长速度分别为 9.5%、13.1%、16.8%、1.8%、20.4%、10.3% 和 9.7%。

1991—2005 年宁德市（地区）主要经济指标平均增长速度统计表

表 10-1　　　　单位：%

项目	1991—1995 年（"八五"时期）	1996—2000 年（"九五"时期）	2001—2005 年（"十五"时期）
国内生产总值	19.3	10.2	9.5
第一产业	12.8	6.6	1.5
第二产业	34.2	10.3	13.9
第三产业	16.8	13.9	11.6
财政总收入	28.7	6.1	13.1
工业总产值	39.9	12.4	16.8
农业总产值	14.2	7.2	1.8
全社会固定资产投资	43.8	16.8	20.4
房地产开发投资	108.8	18.2	27.0

续表 10-1

项目	1991—1995 年（“八五”时期）	1996—2000 年（“九五”时期）	2001—2005 年（“十五”时期）
职工工资总额	19.3	12.1	10.3
城镇居民人均可支配收入	23.6	8.4	10.7
农民人均纯收入	24.2	9.8	6.0
城乡储蓄存款余额	33.6	21.4	16.7
社会消费品零售总额	25.4	12.3	9.7

说明：按各个时期可比价计算

1991—2005 年宁德市（地区）主要经济指标平均增长速度统计表

表 10-2

年份	国内生产总值（万元）	第一产业（万元）	第二产业（万元）	第三产业（万元）	工农业总产值（万元）	农林牧渔业总产值（万元）	工业（万元）	财政总收入（万元）	地方财政收入（万元）	全社会固定资产投资（万元）	社会消费品零售总额（万元）	城镇居民人均可支配收入（元）	农民人均纯收入（元）	城乡居民储蓄存款余额（万元）
1993	579945	229215	155264	195466	905898	350406	555492	47586	30312	114291	246918	2194	936	121619
1994	867583	346416	252417	268750	1481829	563038	918791	62534	42284	201400	330870	3027	1317	166648
1995	1198456	497547	327129	373780	1833689	785975	1047714	81846	59424	246155	424506	3833	1784	216738
1996	1389223	571051	352082	466090	2023679	892814	1130865	89045	67500	244370	501766	4325	2156	305445
1997	1621526	625197	425971	570358	2324985	1005853	1319132	101230	77132	272488	587067	4812	2502	388032
1998	1795045	661583	475609	657853	2513059	1056417	1456642	108087	80901	336299	659276	5198	2630	476410
1999	1884754	666392	506713	711649	2652052	1085632	1566420	95071	69384	392427	708721	5606	2750	543569
2000	2026722	659143	583474	784105	2865527	1095513	1770014	109792	81875	535973	758332	5745	2850	570777
2001	2185330	666226	655566	863538	3073640	1105509	1968131	119856	90813	670638	812932	6352	2965	678274
2002	2379977	665849	730217	983911	3349510	1113081	2236429	132883	89258	707327	883657	7408	3087	816905
2003	2644160	685105	845622	1113433	3492405	1146712	2345693	141651	90917	743089	978208	8014	3246	953620
2004	2992117	739403	983397	1269317	3960760	1250715	2710045	158277	101909	1018635	1107331	8985	3517	1071262
2005	3350948	776314	1164054	1410580	4272401	1323190	2949211	203291	126486	1355419	1203615	9785	3808	1233515

说明：按当年价计算

二、人均指标

1993—2005年，宁德市（地区）主要经济指标人均值大幅度增长。2005年，全市人均国内生产总值11476元，比1993年增加9548元；人均工农业总产值14371元，比1993年增加11631元；人均财政收入725元，比1993年增加566元；人均社会消费品零售总额4060元，比1993年增加3188元；人均城乡居民储蓄存款余额4044元，比1993年增加3641元。

若干年份宁德市（地区）主要经济指标人均值统计表

表10-3

年份	国内生产总值（元）	工农业总产值（元）	工业总产值（元）	农业总产值（元）	财政总收入（元）	主要工农产品产量				社会消费品零售总额（元）	城乡居民储蓄存款余额（元）
						粮食（千克）	水果（千克）	猪牛羊肉产量（千克）	水产品（千克）		
1993	1928	2740	1772	968	159	307	—	20	78	872	403
1995	3884	5964	3408	2556	266	315	36	22	121	1381	701
2000	6756	9552	5900	3652	375	326	55	20	233	2439	1903
2005	11476	14371	9670	4701	725	255	75	25	258	4060	4044

第二节 横向位次

1993—2000年，宁德地区经济总量仍呈稳步上升趋势，综合实力有所增强，部分指标水平逐步提升。1993年，全区国内生产总值57.99亿元，到1995年，升至119.85亿元，实现翻番；到2000年，升至202.67亿元，是1993年的3.5倍；人均国内生产总值也从1993年的1928元升至2000年的6756元，也增加了3.5倍。但占全省的比重依然维持在5%多，未有实质性改变。2001年和2002年，全市生产总值218.53和238.00亿元，总量均居全省第七位，分别比上年增长8.3%和9.5%（按可比价计算，下同）；2003年，全市生产总值264.42亿元，总量居全省第八位，比上年增长9.6%；2004年和2005年，全市生产总值299.21和335.09亿元，总量均居全省第九位，均比上年增长10.0%。2001年和2005年，全市地方财政收入总量均居全省第九位。

国内生产总值占福建省的比重 1993年为5.2%，1995年为5.7%，2000年为5.4%，2005年为5.1%。

人均国内生产总值 1993年为全省平均水平的54.2%；1995年为59.5%；2000年为60.4%；2005年为62.5%，居全省第九位。

地方财政收入占省地方财政收入的比重 1995年为5.1%，2000年为3.5%，2005年为2.9%。

城镇居民人均可支配收入、农民人均纯收入亦低于全省平均水平，且差距有所扩大。

1993—2005年，宁德市（地区）经济总量虽然稳步上升，综合实力有所增强，部分指标水平逐步提升，全市生产总值和地方财政收入分别增长3.7倍和3.1倍。但由于受多种因素制约，与发展较快的福州、厦门、泉州等地横向对比，与全省平均水平对比，宁德市总体经济实力发展相对还是缓慢，在福建省的地位呈下降趋势。

2001—2005 宁德市国内生产总值、地方财政收入居全省位次统计表

表 10-4

年份	国内生产总值（亿元）	居全省位次	地方财政收入（亿元）	居全省位次
2001	218.53	7	9.08	9
2002	238.00	7	8.93	9
2003	264.42	8	9.09	9
2004	299.21	9	10.19	9
2005	335.09	9	12.65	9

若干年份宁德市（地区）国民经济主要指标与全省对比统计表

表 10-5

项目	类别	1993 年	1995 年	2000 年	2005 年
国内生产总值（亿元）	宁德市	57.99	119.85	202.67	335.09
	福建省	1114.20	2094.90	3764.54	6554.69
	宁德市占全省的比重（%）	5.2	5.7	5.4	5.1
人均国内生产总值（元）	宁德市	1928	3884	6756	11476
	福建省	3556	6526	11194	18353
地方财政收入（亿元）	宁德市	3.03	5.94	8.19	12.65
	福建省	—	117.37	234.11	432.60
	宁德市占全省的比重（%）	—	5.1	3.5	2.9
城镇居民人均可支配收入（元）	宁德市	2194	3833	5745	9785
	福建省	2923	4853	7432	12321
农民人均纯收入（元）	宁德市	936	1784	2850	3808
	福建省	1211	2049	3230	4450

2005 年宁德市主要经济指标与全省及 8 个设区市对比统计表

表 10-6

项目	宁德	全省	福州	厦门	莆田	三明	泉州	漳州	南平	龙岩	居设区市位次
国内生产总值（亿元）	335.09	6554.69	1476.31	1006.58	359.91	392.84	1626.30	628.53	348.00	385.63	9
第一产业（亿元）	77.63	827.36	174.78	20.96	51.42	97.90	97.88	154.85	93.17	81.93	7

续表 10-6

项目	宁德	全省	福州	厦门	莆田	三明	泉州	漳州	南平	龙岩	居设区市位次
第二产业（亿元）	116.40	3175.92	693.93	552.29	192.00	150.32	939.48	255.22	120.25	172.36	9
第三产业（亿元）	141.06	2551.41	607.61	433.33	116.49	144.62	588.94	218.46	134.57	131.34	6
人均国内生产总值（元）	11476	18353	22301	44737	12854	14909	21427	13402	12083	14105	9
财政总收入（亿元）	20.33	788.11	195.45	209.66	29.46	38.91	153.36	50.61	28.41	61.07	9
地方财政收入（亿元）	12.65	432.60	127.68	103.74	14.56	19.33	76.11	26.96	15.08	23.95	9
城乡居民储蓄存款余额（亿元）	123.35	3903.05	1155.04	585.07	231.64	204.62	921.79	278.44	224.02	178.85	9
农林牧渔业总产值（亿元）	132.32	1373.01	290.79	34.97	84.14	152.77	169.02	269.01	148.22	133.58	6
规模以上工业总产值（亿元）	187.29	8135.98	1874.98	2029.12	376.88	385.43	2113.18	620.36	251.68	293.93	9
社会消费品零售总额（亿元）	120.36	2351.72	663.05	271.86	128.17	110.08	562.40	229.94	133.70	128.65	8
实际利用外资（亿美元）	1.14	62.30	16.00	7.07	3.20	1.42	12.00	7.01	3.37	1.56	9
城镇居民人均可支配收入（元）	9785	12321	12661	16403	11026	11397	14209	11241	9859	10596	9
农民人均纯收入（元）	3808	4450	5197	6230	4486	4209	6123	4690	4070	4125	9

第二章　经济结构

第一节　所有制结构

1998—2005年，宁德市（地区）规模以上工业总产值中，国有经济所占份额从1998年的30.1%下降到2005年5.4%；集体经济所占份额从1998年的18.5%下降到2005年0.9%；其他经济（含三资企业）所占份额从1998年的51.4%提高到2005年93.7%，其中三资企业从1998年的28.4%下降到2005年13.5%。

2002—2005年，宁德市建筑业总产值中国有经济所占份额从2002年的6.3%提高到2005年16.9%；集体经济所占份额从2002年的11.1%下降到2005年6.5%；其他经济（含三资企业）所占份额从1998年的82.6%下降到2005年72.6%，但仍然是主体。

1998—2005年宁德市（地区）各种所有制占工业、建筑业、零售业份额统计表

表10-7　　单位：%

年份	国有经济		集体经济		其他经济		其中：三资
	工业	建筑企业	规模以上工业企业	建筑企业	规模以上工业企业	建筑企业	规模以上工业企业
1998	30.1	—	18.5	—	51.4	—	28.4
1999	20.7	—	11.1	—	68.2	—	20.0
2000	18.0	—	3.0	—	79.0	—	20.7
2001	14.2	—	3.0	—	82.8	—	22.0
2002	11.0	6.3	3.0	11.1	86.0	82.6	20.5
2003	9.4	5.5	2.1	10.4	88.5	84.1	19.8
2004	6.4	7.8	1.2	4.9	92.4	87.3	16.9
2005	5.4	16.9	0.9	6.5	93.7	76.6	13.5

第二节　产业结构

一、三次产业结构

1993—2005年，宁德市国内生产总值中，第一产业总体呈下降趋势，第二产业与第三产业呈上升趋势。三次产业占比 1993年为 39.5：26.8：33.7，1995年为 41.5：27.3：31.2，2000年为 32.5：28.8：38.7，2005年为 23.2：34.7：42.1。

1993—2005 年宁德市（地区）三次产业占比统计表

表 10-8　　单位：%

年份	第一产业	第二产业	第三产业
1993	39.5	26.8	33.7
1994	39.9	29.1	31.0
1995	41.5	27.3	31.2
1996	41.1	25.3	33.6
1997	38.5	26.3	35.2
1998	36.9	26.5	36.6
1999	35.3	26.9	37.8
2000	32.5	28.8	38.7
2001	30.5	30.0	39.5
2002	28.0	30.7	41.3
2003	25.9	32.0	42.1
2004	24.7	32.9	42.4
2005	23.2	34.7	42.1

二、工农业结构

（一）工农业产值比例

1993—2005 年，宁德市（地区）工业、农业产值比例浮动较大。工业产值较大幅度上升，农业产值较大幅度下降。工农业产值比例，1993 年为 38.7：61.3，1995 年为 42.9：57.1，2000 年为 38.2：61.8，2005 年为 31.0：69.0。

（二）轻重工业比例

规模以上工业总产值中，重工业发展较快，比重持续上升，轻重工业比例，1998 年为 43.0：57.0，2000 年为 30.7：69.3，2005 年为 28.3：71.7。

（三）农林牧渔业比例

农林牧渔业产值中，林业产值和牧业产值比例呈下降趋势，且幅度较大；农业产值比例相对稳定；渔业产值比例呈较大幅度上升趋势。农、林、牧、渔业各产值的比例，1993 年为 47.8∶13.6∶15.6∶23.0，1995 年为 43.9∶14.2∶13.4∶28.5，2000 年为 42.3∶6.8∶9.6∶41.3，2005 年为 45.3∶5.3∶9.6∶37.4。

第三节　投资结构

一、所有制投资结构

1993—2002 年，宁德市（地区）全社会固定资产投资中，国有经济比重较大。其中，2001 年为最高年份，占 65.4%；1994 年为最低年份，占 38.8%。集体经济所占比重在 5.0% ~ 16.9% 之间。私人投资所占比重在 10.7% ~ 45.7% 之间。其他经济所占比重呈上升趋势。2003—2005 年，宁德市全社会固定资产投资中，其他经济所占比重最大，其中 2004 年为最高年份，达 55.9%，是固定资产投资的主要拉动因素。

1993—2005 年宁德市（地区）全社会固定资产投资总额及构成统计表

表 10-9

年份	绝对数（万元）					构成（%）			
	合计	国有经济	集体经济	私人投资	其他经济	国有经济	集体经济	私人投资	其他经济
1993	114291	48337	9593	51171	5190	42.3	8.4	44.8	4.5
1994	201400	78108	13027	92176	18089	38.8	6.5	45.7	9.0
1995	246155	108460	17368	92466	27861	44.1	7.0	37.6	11.3
1996	244370	107080	18259	94813	24218	43.8	7.5	38.8	9.9
1997	272488	118048	22024	90997	41419	43.3	8.1	33.4	15.2
1998	336299	177393	25782	99544	33580	52.7	7.7	29.6	10.0
1999	392427	219596	24575	106083	42173	56.0	6.3	27.0	10.7
2000	535973	273959	90393	84414	87207	51.1	16.9	15.7	16.3
2001	670638	438465	33444	81823	116906	65.4	5.0	12.2	17.4
2002	707327	404057	53479	76036	173755	57.1	7.6	10.7	24.6
2003	743089	298751	37590	87842	318906	40.2	5.1	11.8	42.9
2004	1018635	310277	42516	96012	569830	30.5	4.2	9.4	55.9
2005	1355419	356407	158046	93666	747300	26.3	11.7	6.9	55.1

二、产业投资结构

1993—2000年，宁德市基本建设投资总额中，第一产业投资比重基本平稳，占比在0.5%～2.8%之间；第二产业投资比重呈下降趋势，占比从1993年的27.9%下降到2000年的6.0%；第三产业投资比重呈上升趋势，占比从1993年的71.3升至2000年的92.8%。

2001—2004年，第一、三产业投资比重呈下降趋势，第二产业投资比重呈较大幅度上升趋势。三次产业基本建设投资所占比例其中1993年为0.8∶27.9∶71.3，1995年为1.5∶22.2∶76.3，2000年为1.2∶6.0∶92.8，2004年第一产业比重明显下降，第二产业比重59.7%，首次超过第三产业19.4个百分点。

1993—2004年宁德市（地区）基本建设投资产业占比统计表

表10-10　　单位：%

年份	第一产业	第二产业	第三产业
1993	0.8	27.9	71.3
1994	2.8	27.2	70.0
1995	1.5	22.2	76.3
1996	1.8	18.0	80.2
1997	0.5	17.4	82.1
1998	0.8	22.0	77.2
1999	2.4	17.1	80.5
2000	1.2	6.0	92.8
2001	0.3	15.1	84.6
2002	1.2	16.7	82.1
2003	0.8	29.2	70.0
2004	—	59.7	40.3

第三章　人民生活水平

第一节　城乡居民收入

一、城镇居民收入

（一）收入情况

1993 年，全区城镇居民人均可支配收入 2194 元，同比增长 24.5%。居民消费价格总指数达 116.7%，扣除物价因素，居民实际收入仅 1880 元，实际增长 6.7%。居民人均可支配收入增加较快的原因，除国家对行政、事业单位普调工资和企业工资改革使人均标准工资和各类奖金大幅度上升外，另一个主要原因是 1992 年政府鼓励发展非公有制经济，形成多种经济成分、多种流通渠道、多种经营方式、多种经营业态并存的格局。从事第二职业、家庭财产出租等收入成为居民收入的主要组成部分。

1998 年，全市城镇居民人均可支配收入为 5198 元，比 1993 年增加 1.37 倍，年均增长 18.8%，扣除物价因素，实际增长 7.1%，居民生活在解决温饱之后举步迈进小康。

2002 年 11 月，党的十六大提出全面建设小康社会，2003 年，民生得到高度重视。社会各方面的收入分配关系得到理顺，城镇居民收入渠道不断拓宽，工薪收入和转移性收入持续增加，分别为 4820 元和 2089 元，占实际收入的 57.2% 和 24.85%。全市城镇居民人均可支配收入达 8014 元，比 1998 年增长 54.2%，年均增长 9.0%。

2005 年，全市城镇居民人均可支配收入达 9785 元，比 2003 年增长 22.1%，年均增长 10.5%。

（二）收入结构

从收入结构来看，虽然工薪收入一直是居民家庭收入的主要来源，但其比重不断下降，非工资性其他收入的比重不断上升。1993 年，全区城镇居民工薪收入和转移性收入占居民实际收入比重下降为 92.0%，比 1992 年约下降 0.1 个百分点。其中，工薪收入占 72.0%，转移性收入占 20.0%，财产性收入占 2.8%，经营性收入占 5.2%。20 世纪 90 年代末至 21 世纪初，随着城镇居民的经营意识逐步增强，个体经营环境进一步改善，居民投资渠道日趋多元化，民间金融性投资活动日益频繁，城镇房屋租赁活动十分活跃，城镇居民可支配收入结构有较大的变化。至 2005 年，全市城镇居民工薪收入比重为 56.3%，比 1993 年下降 15.7 个百分点，而非工资性其他收入所占比重达43.7%，比1993年提高15.7个百分点。随着企业股份制的推行和国有企业的拍卖转制以及股票、债券等有价证券发行量的增加，人均财产性收入比1993年增长5.6倍。在工薪收入中，标准工资所占比重下降，奖金、津贴、浮动工资等其他工资收入所占比重上升，逐步成为工资性收入的重要组成部分。

1993—2005年宁德市（地区）主要年份城镇居民家庭组成各部分收入增长统计表

表10-11　　单位：元

收入结构	1993年	1995年	1998年	2000年	2003年	2005年
实际收入	2205.91	3841.60	5226.67	5780.83	8425.94	10192.04
可支配收入	2193.54	3833.40	5197.82	5745.25	8014.48	9784.67
人均工薪收入	1589.29	2653.03	3722.68	3778.81	4820.37	5738.31
人均经营净收入	113.32	357.67	522.55	788.83	1205.07	1576.47
人均财产性收入	62.49	118.80	117.14	124.39	311.26	412.24
人均转移性收入	440.81	712.12	864.31	1088.78	2089.25	2465.02

1993—2005年，宁德市城镇居民家庭的各项人均收入大幅增长。2005年与1993年相比，工薪收入增长4.0倍，经营净收入增长13.8倍，财产性收入增长6.0倍，转移性收入增长5.7倍。特别是2000年后城镇居民的工薪收入、个体收入、转移性收入突飞猛进，家庭收入出现新的拐点，其中财产性收入增长最快。

二、农村居民收入

1993—1997年，中共十四大提出建立社会主义市场经济体制，农村改革开始以市场为突破口，给农村经济注入新的生机和活力。宁德地区农村经济发展以“脱贫致富奔小康”为主线，农业生产结构不断优化，乡镇企业发展迅速，加上这期间农业生产形势较好，价格改革使农产品适时收益，农业生产效益有了很大提高，农民来自一产的收入明显增加。1997年，农民人均纯收入达2502元，比1993年增长1.7倍，年均增长高达27.9%，是改革开放以后宁德地区农民收入增长最快、得到实惠最多的一段时期。同时，伴随着经济结构的调整和市场经济的发展，大批的剩余劳动力向二、三产业转移，家庭经营收入从单一性逐渐走向多元性，农民收入增长快于城镇居民，城乡收入差距从1993年的1：2.344缩小到1997年的1：1.923。

1998—2003年，农村经济发展进入新阶段，农产品综合生产能力明显提高，粮食等主要农副产品出现由短缺到总量平衡有余的历史性转折。其间，由于农产品出现结构性过剩，市场价格持续回落，城区下岗职工增多，农民进城就业机会减少，导致农民收入增幅放缓。农民纯收入增速从1997年16.0%回落到1998年的5.1%，并且一直持续到2003年，连续6年农民纯收入增速在低位徘徊，农民收入增长速度在4%～6%之间，增长幅度最高的2003年也仅达5.2%，年均增长4.3%。农民纯收入增长放缓，使一度缩小的城乡居民收入差距重新扩大，从1997年的1：1.923扩大到2003年的1：2.469。

2004—2005年，中共中央、国务院高度重视农民收入问题，围绕促进农民增收、提高农业综合生产能力、建设社会主义新农村和发展现代农业，连续出台文件，取消农业税和农产品特产税，推行直补和综合补贴等新政策，调动农民生产积极性，拓宽农民增收突进渠道，减轻农民负担，农民收入增速逐渐加快，农民收入增速都在 8.3% 以上，年均增长 8.3%。

1993—2005 年，宁德市（地区）农民收入水平不断提高。至 2005 年，农民人均纯收入达 3808 元，比 1993 年增长 3.1 倍，年均增长 12.4%，扣除物价因素，实际增长 7.2%。其间，1994 年、1996 年、2002 年，农民收入分别突破 1000 元、2000 元、3000 元大关。古田县农民人均纯收入水平最高，2005 年人均 4215 元；屏南县最低，人均 3523 元；其余县（市、区）中，霞浦县、福安市、福鼎市农民人均纯收入高于全市平均收入水平，蕉城区、周宁县、柘荣县、寿宁县依次略低。

第二节　城乡居民消费

一、城镇居民人均消费

（一）消费增长

1993 年，全区城镇居民人均消费支出 1886 元，1998 年，城镇居民人均消费支出 4044 元，比 1998 年增长 1.14 倍，年平均增长 16.5%，扣除物价因素的影响，实际年均增长 5.0%。

2003 年，全市城镇居民人均消费支出进一步提高，支出达 5976 元，比 1998 年增长 47.8%，年均增长 8.1%。由于物价平稳涨幅放缓，人们得到的实惠最多，扣除物价因素的影响，实际增长 8.0%。

2005 年，全市城镇居民人均消费支出 6827 元，比 2003 年增长 43.5%，年均增长 9.4%，扣除物价因素的影响，实际增长 5.6%。

（二）各项支出比重

1993 年，全区城镇居民人均食品支出 1195 元；占消费支出的比重 63.4%。人均衣着支出 190 元，占消费支出的比重 10.5%。人均设备用品及服务支出 92 元，占消费支出的比重 4.9%。人均交通和通信设备支出 48 元，占消费支出的比重 2.5%。人均娱乐文教及服务支出 87 元，占消费支出的比重 4.6%。人均居住消费 188 元，占消费支出的比重 10.0%。

1998 年，全区城镇居民人均食品支出 2329 元，支出所占比重下降至 57.6%。比 1993 年下降 5.8 百分点。人均衣着支出 389 元，支出所占比重下降至 9.63%，比 1993 年下降 0.9 百分点。人均设备用品及服务支出 161 元，支出所占比重下降至 3.98%，比 1993 年下降 0.9 百分点。交通与通信服务消费支出 283 元，占消费支出的比重 7.0%，比 1993 年上升 4.5 个百分点。交通与通信支出大幅增加，是这一时期城市居民家庭消费的一个突出特点。人均娱乐文教服务支出 279 元，占消费支出的比重 6.9%，比 1993 年上升 2.3 个百分点。居民物质生活得到改善后开始追求精神生活，学习文化技术，钻研业务的风气日盛，推动了娱乐用品服务的支出迅速增长。1998 年，全区城镇居民人均居住消费居住支出 366 元，支出所占比重下降至 9.1%，比 1993 年下降 0.4 百分点。

2003 年，全市城镇居民人均食品消费支出 2638 元，占消费支出比重 44.1%，比 1998 年下降 13.5 个百分点。人均交通与通信支出 627 元，分别占消费支出比重 12.9%、105%，分别比 1998

年上升 2.3 个百分点和 4.5 个百分点。全区城镇居民人均娱乐教育文化服务消费支出 770 元。至 2005 年，宁德市城镇居民人均消费支出持续增长，年平均增长 11.3%，其中，食品支出年平均递增 8.3%；设备用品及服务支出年平均递增 9.6%；住房支出年平均递增 9.3%；衣着支出年平均递增 12.2%；娱乐文教及服务支出年递增 16.6%；交通与通信支出和医疗保健支出增长最快，年平均递增分别为 25.1% 和 25.8%。从消费结构比例看，除食品支出比重下降最快，下降 17.4 个百分点外，设备用品及服务支出的比重从 1993 年的 4.9% 下降到 4.1%，住房支出的比重也从 1993 年的 3.4% 下降到 2.7%；其他各项比重均有上升，居民消费结构进一步优化。

1993—2005 年宁德市（地区）主要年份城镇居民家庭每百户主要耐用品拥有量统计表

表 10-12

品名	1993 年	1995 年	1998 年	2000 年	2003 年	2005 年
组合家具	26.4	48.4	45.6	63.6	73.6	81.1
摩托车	5.6	12.4	30.4	39.6	45.7	57.4
自行车	157.6	147.6	130	127.2	85.7	73.9
洗衣机	82.8	86.4	94.8	99.2	102.3	102.0
电风扇	217.2	238.4	208.4	252	235.6	303.5
电冰箱	33.6	45.6	65.6	78.8	88.1	90.7
冰柜	0.8	1.6	2.4	6	2.5	3
彩色电视机	57.6	77.6	100.8	119.2	120.3	151.7
录放像机	3.2	6	10.8	9.2	4.9	12.4
组合音响	4	8.8	18.0	25.2	19.3	28.9
照相机	6.4	10.0	11.2	25.6	26.8	47.8
中高档乐器	4.8	3.6	2.4	5.2	2.8	1.3
空调	0.4	1.2	12.8	19.2	49.8	68.9
电炊具	83.2	79.2	38.8	59.2	56.8	53.8
淋浴热水器	10.8	35.2	59.2	80.8	95.2	95.3
抽排油烟机	3.2	11.6	18.8	35.6	52.6	66.6
吸尘器	0.8	1.2	1.6	4.4	2.6	4.6
影碟机	—	—	—	50.0	61.5	62.6
家用电脑	—	—	—	4.8	17.3	28.1
微波炉	—	—	—	9.2	26.8	48.7
健身器材	—	—	—	4.8	3.2	3.8
移动电话	—	—	—	34.4	92.5	144.8

二、农村居民消费水平

（一）消费结构

随着消费水平的提高，农民消费结构不断优化。随着农民收入的增长和经济活动的增加，农民的饮食习惯及消费观念也在不断发生变化。农民基本生存类（吃、穿、住）消费比重下降，教育、保健、交通、通信等现代式消费比重上升，农村居民恩格尔系数从1993年的64.5%下降至2005年的49.5%。2005年，农民生活消费结构序列为食品、居住、文教娱乐及服务、交通和通信、衣着、医疗保健、家庭设备及服务、其他商品和服务，分别占消费支出的49.5%、12.4%、11.2%、8.4%、7.5%、4.2%、3.7%、3.1%。

（二）社会化、商品化程度

1993—2005年，农民家庭对市场的依赖性不断增加，农民生活消费支出额的社会化、商品化程度提高。2005年，全市农民人均商品、服务性生活消费支出2522元，比1993年812元增长210.6%。

（三）生活质量

食物结构改善 农民在吃饱的基础上向吃好转化，追求饮食多样化和营养价值。在农民食物结构中，主食份额下降，副食类食物份额上升并超过主食份额。2005年，农民消费营养价值高的食物量比1993年明显增加，其中，食用油增长48.8%、肉类增长45.9%、蛋类增长49.0%、水产品增长1.15倍，农民的饮食消费从量的满足转向质的追求。

衣着消费逐渐时装化、成衣化 1993—2005年，农民收入提高，在吃饱、穿暖的基础上，衣着消费，高档、时髦、成衣化比重逐步上升。农村居民衣着消费的主要变化是从过去缺衣置衣的被动消费过渡到注重服装面料、款式、品牌及整体搭配的主动消费。2005年，农民衣着消费支出人均为190元，比1993年的44元增长3.3倍，年均增长12.9%。

精神生活日益丰富 在温饱得到满足之后，随着农村消费环境，特别是供电、用水条件等基础设施的改善，农村居民开始追求精神上的满足，家庭文化娱乐用品的拥有量迅速增加。家庭设备用品及服务类支出由1993年的36元增加到2005年的105元。2005年，每百户农村居民家庭拥有彩色电视机111台、洗衣机81台、电冰箱26台、影碟机40台、热水器38台，主要耐用品的拥有不断上档次。一些富裕起来的农民，已购买电脑、汽车等高层次消费品。农民在吃、穿、住、用等物质生活得到改善后，对精神文化的追求越来越重视。农民用于文化教育用品及服务支出人均318元，比1993年增长5.78倍。农民日益重视教育消费，不惜花钱为子女创造良好的学习条件。

交通、通信等支出显著增加 1993年后，宁德不断加大农村基础设施建设力度，农村居民生活环境明显改善。2005年，农民用于交通和通信的支出人均为212元，比1993年的20元增加192元，增长9.6倍。在农民家庭通信消费中发展最快的是移动电话，为农村居民的生产和生活带来了诸多的便利，成为通信消费支出的新亮点。每百户家庭拥有移动电话达到78部。交通消费支出也迅速增加，每百户农民家庭拥有摩托车24部。生活用汽车也开始进入农户家庭。所有这些变化一方面是农户的收入增加，消费观念随着时代的发展而逐渐变化，另一方面也反映出交通通信基础设施的大规模建设，使越来越多的农户享受到现代交通通信的方便和快捷。

1993—2005 年宁德市（地区）城乡居民家庭人均收支情况统计表

表 10-13 单位：元

年份	城镇居民家庭		农村居民家庭	
	人均可支配收入	人均消费性支出	人均纯收入	人均生活消费支出
1993	2193.54	1885.90	935.52	812.43
1994	3027.36	2547.32	1316.71	1072.31
1995	3833.40	3138.61	1784.09	1528.65
1996	4324.71	3494.94	2156.27	1568.71
1997	4811.93	3839.91	2502.00	1760.81
1998	5197.82	4043.72	2630.00	1700.67
1999	5605.96	4250.92	2750.00	1769.61
2000	5745.25	4360.80	2850.00	1843.32
2001	6352.37	4695.92	2965.07	2006.63
2002	7408.32	5100.45	3086.59	2080.86
2003	8014.48	5976.37	3245.59	2202.59
2004	8985.38	6452.13	3516.89	2323.63
2005	9784.67	6827.37	3807.76	2522.22

1993—2005 年宁德市（地区）城乡居民收支指数统计表

表 10-14 （以上年为 100 计算）

年份	城镇居民人均可支配收入	城镇居民人均消费支出	农民人均纯收入	农民人均生活费支出
1993	124.5	131.0	123.9	124.8
1994	138.0	135.1	140.8	132.0
1995	126.6	125.6	135.5	142.6
1996	112.8	109.3	120.9	102.6
1997	111.3	109.9	116.0	112.2
1998	108.0	105.3	105.1	96.6
1999	107.9	105.1	104.6	104.1
2000	102.5	102.6	103.6	104.2
2001	111.7	102.8	104.0	108.9
2002	111.7	102.8	104.1	103.7
2003	108.2	117.2	105.2	105.8
2004	112.1	108.0	108.4	105.5
2005	109.8	108.3	108.3	108.5

说明：2002 年、2005 年，城镇居民人均可支配收入和人均消费支出指数按可比口径计算

第三节　城乡居民居住条件

一、城镇居民居住条件

1993年，全区城镇居民人均居住面积14.60平方米。1998年，增加到17.61平方米。2003年，提高到30.58平方米。2005年，达到34.13平方米，比1993年增加19.53平方米，增长74.8%。高质量住房比重不断增加。有85.4%的城镇居民家庭拥有自己的住房，属于普通楼房、平房及其他住房的家庭仅占17.0%；拥有单元配套住房的家庭占67.4%，其中三居室及以上占42.7%，分别比1993年提高39.4、31.9个百分点。居住条件更加舒适，设施不断完善。98.1%的家庭用安全、卫生的自来水，85.3%的居民家庭有独立的厕所、浴室，99.8%的家庭使用电、液化气等清洁能源。

二、农村居民居住条件

随着农民收入水平的提高，住房条件不断改善。1993—2005年，农村曾几度掀起“建房热”，改建、扩建、新建房屋成为农户消费中的大项。经历了由草房到砖瓦房、楼房的发展阶段。至2005年年底，农村人均居住面积达到30.17平方米，比1993年14.78平方米增加15.39平方米；其中，质量较好的钢筋混凝土结构和砖木结构的住房占79.6%，比1984年47.1%提高32.5个百分点。大多数农村居民开始讲究住房质量、室内装修、室外绿化和房屋的配套设施。有相当数量农户住房向成套型发展，内部装修和便利的卫生设施已逐步进入平常农户家庭，居住质量极大提高。

1993—2005年宁德市（地区）城乡居民人均居住面积统计表

表10-15　　单位：平方米

年份	城镇居民家庭人均住房面积	农村居民家庭人均住房面积
1993	14.60	14.87
1994	15.28	18.20
1995	16.03	18.40
1996	16.26	18.05
1997	17.72	18.96
1998	17.61	21.44
1999	17.96	21.26
2000	21.44	23.57
2001	21.50	24.74
2002	30.42	26.36
2003	30.58	27.75

续表 10-15

年份	城镇居民家庭 人均住房面积	农村居民家庭 人均住房面积
2004	31.52	28.00
2005	34.55	30.17

第十一编 农 业

1993年，宁德地区继续大面积推广粮食新优品种，早稻良种覆盖率、中晚稻优质率分别在80%和90%以上，配方施肥、地膜覆盖等技术被广泛应用，实现农业高效化种植。从1999年开始，地委、行署实施战略性结构调整，坚持调优、调特、调大、调强原则，生产规模化、区域化格局逐步形成。到2005年，农林牧渔业结构中，粮食作物占总播种面积比重、农作物复种指数从1993年的74.8%、191.6%减少到65.4%和190.1%；非粮作物占总播种面积比重从1993年的25.2%调整到34.6%，上升9.4个百分点；全市蔬菜种植面积6.63万公顷，产量93.94万吨，比1993年增长55.4%和100.65%；水果种植面积34719.87公顷，产量228944吨，比1993年增长22.25%和235.29%；肉、蛋、奶产量88909吨，比1993年增长161.32%和39.47%；牧业产值126874万元，比1993年增长132.14%。一些具有地方特色的优势农产品得到开发，截至2005年年底，先后有58家企业88种农产品通过绿色食品A级认证和无公害农产品认证；全市农业机械总值达7.187亿元，农业机械总动力达89.7万千瓦，比2000年增加2.617亿元和9.7万千瓦；全市农业产值达599452万元，比1993年增长257.95%。

第一章 农村经济体制改革

第一节 农村土地使用权制度改革

一、土地承包

1993年，全区继续推行以家庭联产承包责任制为主和统分结合的双层经营体制。实行家庭联产承包责任制。把国家利益、集体利益和个人利益紧密挂钩，调动农民的生产积极性。1995年，各县（市）贯彻中央《关于稳定和完善土地承包关系的意见》和《福建省农业集体承包合同条例》。霞浦县对311个实体土地承包期进行调查，签订167份村办企业合同。屏南县就签订土地承包合同，在长桥镇进行试点。其间，各地充实加强土地承包管理机构，配备专职人员，继续积极稳妥地开展土地承包工作。1997年，全区第一轮土地承包陆续到期。1998年，全区第二轮土地承包开始。根据中共中央十五届三中全会作出关于农村土地承包期延长30年决定，各县（市）组织人员深入乡镇开展调研，依照“大稳定，小调整”原则，认真整顿“两田制（口粮田、责任田）”，严格控制和管理“机动田”，提出允许个人转包，允许乡镇、村级对责任田重新调整承包，允许在符合政策情况下调节面积少的耕地退耕植果，对一些群众意见大和不适宜方案及时加以纠正，尽快将土地承包权落实到户到人，全区土地承包工作围绕“稳定、规范、维权、发展”四条规定有序开展。1999年，全市开始换发、补发全国统一印制的农村土地承包经营权证和延包合同续签工作。至2005年年底，全市共完成二轮承包耕地面积13.12万公顷，占实行家庭承包耕地面积的99.45%；完成二轮承包村民小组21916个，占应签订承包合同村民小组的99.71%；完成二轮承包农户数54.94万户，占实行家庭承包农户的99.57%；发放土地承包经营权证书54.87万户，占应发放二轮承包农户的99.87%。

二、土地流转

20世纪90年代，宁德地区农村出现土地无人耕种或粗放经营或暗地出租、转让，甚至出现闲置抛荒、弃耕等现象。1997年起，宁德地区部分县（市）根据中共中央、国务院《关于做好农户承包地使用权流转工作的通知》精神，坚持“依法、自愿、有偿”原则，引导农民对土地承包经营权进行健康有序流转。周宁县狮城镇坂头村、浦源镇上洋村、李墩镇李墩村，引进福建超大集团有限公司、仙洋洋食品开发公司和建立县农业科技园区，发展蔬菜、食用菌、茶叶生产等，以互换、租用等形式流转土地420.93公顷。2002年7月，省委、省政府对霞浦县承包地使用权流转工作开展抽查，该县土地流转面积1933.8公顷，12815户，其中转包1013.5公顷、4914户，转让563.3公顷、2746户，互换242.6公顷、1526户，出租62.1公顷、3411户，反租倒包52.3公顷、218户。调查表明，全市土地流转工作符合中共中央、国务院《关于做好农户承包地使用权流转工作的通知》精神。至2005年年底，全市共有6万多户农民分别以转包、转让、互换、出租、托管、反租倒包等形式累计流转土地面积1.17万公顷，流转土地主要向茶叶、蔬菜、食用菌等行业集中。

第二节　农民专业合作经济组织建设

1996年，宁德地区部分农民根据市场需要，立足当地资源，组织自筹资金，发展水果、食用菌、茶叶、蔬菜等专业合作社或专业协会，各级政府给予支持和引导。宁德市在七都镇六都村率先成立草莓专业合作协会，种植面积达142公顷。

1997年，省政府发出《关于积极发展农村专业合作社的通知》，宁德地区各县（市）以基层供销社为依托，与农民结成经济利益共同体，组织农民带资入股。3月，屏南县岭下供销社无公害蔬菜协会成立，56户农民融资50万元入会，蔬菜种植面积达20公顷。宁德市九都镇298名农民筹资17万元，先后成立九都天然茶果专业合作社、贵村枇杷专业合作社、九仙茶果种植合作社。1998年，福鼎市前岐镇前岐蘑菇专业合作社成立，年鲜菇交易量1万吨，交易金额5000万元，成为全省示范专业合作社。古田县开展“百村万户工程”活动，引导100个村组建食用菌专业村，年生产食用菌1200吨。是年，全区发展专业合作社9个，专业协会11个，社（会）员1184人。1999年，全区有30个乡镇创办专业合作社21个，专业协会13个，入社资金达210万元。

2001年，宁德市供销系统农副产品流通信息中心加强对专业合作社、协会提供农副产品生产环节技术指导和营销策略服务。蕉城区供销社信息中心在九都镇贵村、七都镇六都村采集到需求草莓新品种、草莓病虫害防治、特效低毒农药以及有关测土配方等信息20条，立即反馈给市信息中心。市供销系统领导及时组织人员深入田头调查取样，邀请专家前往实地考察，帮助农民解决实际问题。当年，全市加入专业合作社、专业协会农民达1481人，入社资金280万元。福鼎市前岐蘑菇专业合作社累计销售蘑菇500吨，增收50多万元。

2003年，为推进农业产业化和农民专业合作经济组织建设，市委、市政府先后出台《关于扶持农业产业化经营的若干意见》《关于鼓励发展农民专业合作经济组织和农产品行业协会的若干意见》等文件，对推进农业产业化和农民专业合作经济组织建设作出具体规定和要求。当年，根据市委、市政府有关文件精神，周宁县李墩镇农民以连片互换耕地方式，建立花椰菜生产基地26.60公顷，成立同欣农业专业合作社。2004年，福安市也成立了福安市湾坞棉花专业合作社、福安市潭头芙蓉李专业合作社、福安市溪柄镇立峰村葡萄协会等7个，发展社（会）员396人，入社资金50多万元。全市组建专业合作社、专业协会51个，社（会）员1748人。

2005年，屏南县甘棠乡成立新田王蔬菜开发公司，专门从事蔬菜生产与供销工作，公司拥有资产300多万元，基地133.3公顷，年产销蔬菜达4500吨。蕉城区晚熟龙眼产业协会成立，投资3000万元，会员306人，种植面积0.2万公顷。年底，全市农民专业合作社、专业协会发展至63个，分布在种植、养殖、加工等行业，社（会）员2691人。

第三节　农村税费改革

1993 年，宁德地区在实行家庭联产承包责任制过程中，就开始推动农村税费改革工作。各县（市）税费改革项目主要以减轻农民负担为主。1995 年 6 月，霞浦县委、县政府对 6 个贫困乡农业免征税的 50% 纳入县扶贫基金，用于扶持贫困村、户脱贫项目，实行有偿使用，滚动增值；1997 年，又决定对养鳗业特产税征收实行优惠政策，对规模鳗场所征特产税构成县财政的收入部分予以返还。

2001 年，省委、省政府发出《关于在我省部分地区开展农村税费改革试点的通知》，宁德市首先在福鼎市开展农村税费改革试点工作。福鼎市共取消涉农收费项目 28 项，降低收费准 3 项，取消审批 31 项，核准 11 项，审核 70 项，备案 10 项，改变 1 项，转为中介或经营性服务收费项目 14 项。

2003 年，根据中共中央、国务院发出《关于农村税费改革试点的通知》和《福建省农村税费改革试点方案》要求，全市从 1 月 1 日起正式统一部署开展农村税费改革工作。主要内容是“五个取消、一个稳定、一个改革”，即取消乡统筹费；取消农村教育集资等专门向农民征收的行政事业性收费和政府性基金、集资；取消除烟叶及原木收购外的农业特产税；取消屠宰税；取消统一规定的劳动积累工和义务工；稳定农业税政策，农业税负不再增加，并逐步完善农业税减免制度，对各项社会减免，实行先减后征政策；改革提留征收和使用办法，村干部报酬、“五保”供养以及村办公经费，由集体经营收入开支，财政给予定额补助。此外，对农田水利基本建设、农业综合开发、修建村级道路、植树造林等项集体生产、公益事业所需的资金和劳务，实行“一事一议”和上限控制办法。年底，全市农村税费改革工作基本结束。柘荣县以 2002 年为基数，全县农民负担农业税、集资等税费，人均负担由 167.45 元降至 9.35 元，减负率达 94.42%。周宁县人均负担由 2002 年的 53.27 元降至 35.87 元，减负率为 32.66%。霞浦县农业特产税收入由 2002 年的 1640.61 万元下降至 3 万元，全县农民总负担由 2002 年的 5881.79 万元下降至 578.4 万元，减负率达 90.17%。

2005 年 1 月 1 日起，宁德市全面取消农业税，免征 30 年。农村税费改革成效显著，但也存在一些问题，如乡、村两级财力严重削弱，农民个人减负得益不尽相同，计税方法也有待继续完善等。

第四节　农村社会化服务体系建设

1993 年，宁德地区以实行家庭联产承包为主的农村经济经营体制日趋完善，农业产业化开始起步，各级政府转变职能，由统包、统管转向为农民提供全方位优质服务。是年，古田县通过开办植物医院、农技综合服务部，实行“技”“物”结合，由农技人员提供技术咨询、开方卖药、解决农民生产难题，全县共引进推广作物专用肥、复合肥、微肥、植物生长调节剂 20 种，新农药、新除草剂 100 多种。1995 年，周宁县畜牧兽医站增设兽医卫生监督检验所，为乡镇提供禽畜疾病测报和新品种培育等工作。

1998 年，各县（市）普遍开通农技咨询热线。霞浦县开设“8853577”热线，组织科技人员为农民咨询解答热点、难点问题。县供销系统信息中心为农民牵线搭桥，提供蔬菜产销信息 3.4 万余条。2001 年，屏南县“969155”农业信息中心抽调 22 名专业人员，组成专家队伍，为农民提供政策、科技、市场信息服务，先后派出 2600 人次到生产现场，进行面对面的技术指导，成为服务“三农”（农业、农村、农民）的一个窗口。

2002 年，全市农村社会联动服务中心陆续投入运行。古田县依托县、乡、村三级农村社会服务联动网，开展“科技培训百村行动”，实行点人点题，送课上门，组织农艺师和学有专长乡土人才深入田间地头，讲农事、讲科技，培训实用技术 100 期，发放科技材料 8000 多份，接受培训农民 6000 多人。2003 年，寿宁县完成农业专家服务队和科技特派员队伍组建工作，确定武曲、清源、芹洋等乡镇作为“农村社会服务联动网”的精品乡镇，在全县起到示范作用。霞浦县科技人员按专业进行分组，组建畜牧兽医、植保、经作、粮作 4 个小组，以科技小分队形式到农村开展工作，与 204 个生产经营大户，71 个农业示范基地，300 多名营销人员，150 多个农民建立起常态化联系制度，为农民引进优良品种 185 种，推广农业新项目 26 项。

2005 年，全市按照县评、乡批、村聘方式，开展选聘村级农民技术员工作。福鼎市在乡镇增设农业技术推广站、畜牧兽医站，实行市、乡双重管理体制，聘任 15 名农业技术推广专家和百名农技指导员。在农村推行以“农技人员包村联户联基地”为主要形式的工作机制和“农业技术推广专家 + 科技试验示范基地 + 农技推广人员 + 农民田间学校 + 特岗人员 + 科技示范户 + 辐射带动户”社会化服务模式。年底，宁德市农村基本形成以国家技术经济部门服务为主导、以乡村合作经济组织服务为基础，以个体、联合体、专业合作组织等经济实体服务为补充的社会化服务体系。拥有各级各类服务实体 5637 个，其中县级 600 个、乡镇级 1037 个、个体 4000 个。建立起农、林、牧、渔、水利等技术推广服务体系，构建“以干部驻村为基础、乡村干部为主体、联动网为依托、部门联动为支撑、服务群众为主要内容”的市、县、乡、村四级农技服务推广网络。乡、村两级农业试验场达到 700 多个。每个村都建有农技服务站，都配有专、兼职农技人员 3 ~ 5 人。全市有科技示范户 2 万多户，农业产业化联系户 20 多万户。

第二章 生产条件

第一节 耕 地

1993年，宁德地区耕地面积14.4912万公顷，其中水田11.1425万公顷，旱地3.3487万公顷，人均耕地0.0480公顷。1996年，新开发和垦复使全区耕地面积略有上升，达14.8193万公顷，其中水田11.8846万公顷、旱地2.9347万公顷。

1997年起，由于建设用地占用、野兽侵害导致撂荒等因素，耕地面积逐年下降。2000年，全市耕地面积14.2059万公顷，其中水田11.2323万公顷，旱地2.9736万公顷，与1996年对比，下降0.6134万公顷，降幅4.1%，其中水田面积下降0.6523万公顷，降幅5.5%；旱地面积上升0.0389万公顷，增长1.3%；人均耕地0.0440公顷，减少0.0033公顷。

2005年，全市耕地面积13.7062万公顷，其中水田10.8612万公顷，旱地2.8450万公顷，人均耕地0.0431公顷。与1993年对比，耕地面积下降0.7850万公顷，降幅5.4%。其中水田面积下降0.2823万公顷，降幅2.5%；旱地面积下降0.5037万公顷，降幅15.0%；人均耕地0.0420公顷，下降0.006公顷，降幅12.3%。

1993—2005年宁德市（地区）耕地面积变化情况统计表

表11-1

年份	年末耕地面积（万公顷）	其中		人均耕地面积（公顷）
		水田（万公顷）	旱地（万公顷）	
1993	14.4912	11.1425	3.3487	0.0480
1994	14.4799	11.1261	3.3538	0.0473
1995	14.4634	11.1445	3.3189	0.0467
1996	14.8193	11.8846	2.9347	0.0473
1997	14.5129	11.5429	2.9700	0.0460
1998	14.3921	11.4117	2.9804	0.0453
1999	14.3213	11.3408	2.9805	0.0447
2000	14.2059	11.2323	2.9736	0.0440
2001	14.0503	11.0506	2.9997	0.0433

续表 11-1

年份	年末耕地面积（万公顷）	其中		人均耕地面积（公顷）
		水田（万公顷）	旱地（万公顷）	
2002	13.8789	10.8952	2.9837	0.0430
2003	13.7861	10.8110	2.9751	0.0423
2004	13.7424	10.9377	2.8047	0.0421
2005	13.7062	10.8612	2.8450	0.0413

第二节　劳动力

1993 年，宁德地区农村劳动力 1040234 人，其中农业劳动力 849124 人，占 81.6%，每个劳动力平均（以下简称劳均）负担耕地 0.139 公顷。随着人口增长，农村第二、三产业发展以及耕地面积减少，农业劳动力数量虽然逐年增加，但从事农业的劳动力及所占比重、劳均负担耕地面积逐年下降。到 2005 年，全市农村劳动力 1265850 人，其中农业劳动力 805030 人，仅占 63.6%，劳均负担耕地只有 0.108 公顷。

1993—2005 年宁德市（地区）农业劳动力及负担耕地情况统计表

表 11-2

年份	农村劳动力（人）	农业劳动力		劳均负担耕地（公顷）
		人数（人）	占比（%）	
1993	1040234	849124	81.6	0.139
1994	1047133	837650	80.0	0.138
1995	1064722	831058	78.1	0.135
1996	1087954	839828	77.2	0.136
1997	1098930	302060	75.6	0.132
1998	1109785	826655	74.5	0.130
1999	1131863	834558	73.7	0.127
2000	1167534	838576	71.8	0.122
2001	1177387	819487	69.6	0.119
2002	1211140	819779	67.7	0.115
2003	1229092	816962	66.5	0.112
2004	1247768	805030	65.1	0.110
2005	1265850	805030	63.6	0.108

第三节 畜力与农机具

一、畜力

随着农业内部结构调整优化，粮耕面积逐年减少，一些农田改种茶叶、水果，平原地区普遍使用拖拉机耕作等因素，役牛逐渐减少。1993 年，全区共有役牛 29384 头。2000 年，减至 22803 头。2005 年，全市役牛 18550 头，比 1993 年减少 10834 头，减幅 36.87%。

二、农机具

（一）传统农具

主要有铁制、木制、竹制及综合结构几类。

耕作农具 有锄头、钉齿耙、田刀、单桦犁、荡板、九齿耙等。

排灌农具 有龙骨水车、牛车、戽斗等。

收获农具 有镰刀、稻桶、稻船、谷筛、箩筐、谷把、畚斗、风斗、簟等。

运输工具 有扁担、备箕、竹框、粪桶、板车、小箩筐等。

粮食加工工具 有木砻、土砻、踏碓、水碓、石磨、米筛等。

（二）机械农具

主要有耕、灌、喷、收、运、加工几类，平原地区发展较快，山区较慢。

耕作机械 手扶拖拉机、耕整机、机耕船、插秧机、微耕机、旋耕机、起垄机等。

排灌机具 有柴油机、水泵、喷灌机、排灌机等。

植保机具 有手摇喷雾器、电动喷雾器、机动喷雾机、喷杆喷雾机等。

收获机具 有单人打谷机、双人打谷机，联合收割机，脱粒机等。

农用运输机具 有拖拉机、小三轮、农用机动船、载重汽车等。

农副产品加工机具 有碾米机、饲料加工机、茶叶加工机械、磨粉机、粮食烘干机、果蔬烘干机、保鲜冷藏设备等。

第四节 基本农田建设

一、土壤改良

实施中低产田改造 1993 年起，全区主要结合省级商品粮基地建设项目、标准化农田建设项目、国家农业综合开发土地治理项目和土地开发整理项目，采取工程与生物措施相结合的办法进行，通过土壤培肥、兴修水利、道路建设，使土壤肥力和农田耕作条件得到改善。至 2005 年，全市完成中低产田改造面积 16.16 万公顷。

实施“沃土工程” 1995 年，宁德地区采取“种、养、积、回”并举办法增施有机肥，调整冬种作物品种结构，推广有机肥无害化积造使用技术，秸秆快速腐熟还田技术，引进绿肥新品种等措施，开始建立“沃土工程”技术中心示范片，实施“沃土工程”。至 2005 年，全市共积造有机肥 2917.17 万吨，平均每公顷施用量达 15000 千克；推广秸秆还田技术 65.61 万公顷，种养绿肥 66.85 万公顷（紫云英 17.35 万公顷、旱地绿肥 8.12 万公顷，蚕豌豆、水生绿肥 41.38 万公顷）。

开展耕地土壤监测 1993 年，全区土肥部门建有监测点，对土壤肥力开展监测。通过对土壤养分供给能力及养分动态演变规律研究，为土壤改良和科学施肥提供依据。至 2005 年，全市先后在蕉城区、福鼎市、福安市、古田县设立 14 个监测点（含国家、省级和省级扩大点），对耕地土壤开展调查取样工作。监测结果表明，有机肥投入量不足，化肥施用氮、磷偏多，造成氮有盈余，磷有积累，钾素缺乏，全市土壤施肥结构不尽合理。

二、农业用地改造

境内耕作土壤多系山坡黄、红壤，面积 53.73 万公顷。1999 年 6 月，宁德地区开始实施红壤二期开发项目。项目区为宁德市（今蕉城区）、福安市、福鼎市、霞浦县、屏南县。2001 年 6 月，项目建设计划取得成果。全市共完成土地开发总面积 1293.41 公顷，其中新开梯田 901.10 公顷、改造梯田 11.64 公顷、低产田改造 331.04 公顷；新建二级鱼塘 4.08 公顷、新建竹园 45.55 公顷；分别占计划数的 101.76%、96.75%、100%、123.13%、100%和 129.78%。完成灌溉系统建设（可灌面积）891.43 公顷、新建村级公路 69.74 千米、改建村级公路 2.98 千米、建成混凝土涵洞 10 座，分别占计划任务的 144.32%、169.15%、40.27%和 100%。

三、省级商品粮基地建设

1995 年，古田县、福安市开始实施省级商品粮基地建设。建设项目包括改善农田生产条件、农技服务体系建设和农业新技术推广等。古田、福安两县（市）党委政府着力改善生产条件，推进科教兴粮，加大品种结构调整力度，促进粮食生产安全，增加农民收入。至 2005 年，两地累计投入资金 2641.36 万元，改善农田基础设施面积 5803.96 公顷，建设农田排灌渠道 261.04 千米，防洪堤 4.14 千米，机耕路 34.24 千米。

1995—2005 年宁德市（地区）省级商品粮基地建设情况统计表

表 11-3 单位：公顷、万元

年份	县（市、区）	面积	投资金额	建设内容	经济效益
1995	福安市	344.7	83.23	石砌沟渠 11.74 千米，埋设灌溉管道 5.4 千米	年增产粮食 48.5 万千克，增收 57.3 万元
	古田县	153.3	65.79	石砌沟渠、U 型槽 7.03 千米	年增产粮食 22.6 万千克，增收 29.3 万元
1996	福安市	446.7	128.79	石砌沟渠 5.19 千米，排灌渠 14 千米	年增产粮食 57.6 万千克，增收 69.1 万元

续表 11-3

年份	县(市、区)	面积	投资金额	建设内容	经济效益
1996	古田县	214.7	70.85	石砌沟渠、U 型槽 7.45 千米	年增产粮食 31.8 万千克，增收 42.6 万元
1997	福安市	438.7	119.98	石砌灌沟 13.95 千米，排水沟 2 千米，砼管 1.8 千米	年增产粮食 60.5 万千克，增收 72.6 万元
	古田县	202.0	78.40	石砌排洪沟 1.05 千米，排渍沟 0.3 千米，灌渠 4.93 千米	年增产粮食 36.2 万千克，增收 47.2 万元
1998	福安市	206.7	64.68	石砌灌渠 4.11 千米，砼管 0.34 千米	年增产粮食 26.4 万千克，增收 34.3 万元
	古田县	280.0	84.68	石砌沟渠 5.02 千米，防洪堤 0.64 千米	年增产粮食 32.91 万千克，增收 45.83 万元
1999	福安市	210.0	70.07	石砌沟渠 4.53 千米，机耕路 1.06 千米	年增产粮食 28.1 万千克，增收 36.4 万元
	古田县	224.0	91.72	石砌沟渠 0.87 千米，U 型槽 7 千米	年增产粮食 31.79 万千克，增收 43.5 万元
2000	福安市	256.7	94.60	石砌沟渠 4.55 千米，U 型槽 4.46 千米，机耕路 1.05 千米	年增产粮食 31.7 万千克，增收 46.6 万元
	古田县	242.0	104.50	石砌沟渠 1.38 千米，U 型槽 9.43 千米，机耕路 0.2 千米	年增产粮食 28.48 万千克，增收 40.7 万元
2001	福安市	600.0	238.00	维修渠道 3.6 千米，排灌渠 1.05 千米，U 型槽 22.74，砼管 3.6 千米，机耕路 7.5 千米	年增产粮食 31.8 万千克，增收 89.3 万元
	古田县	216.0	115.20	石砌沟 1.02 千米，U 型槽 5.93 千米，机耕路 1.69 千米	年增产粮食 26.74 万千克，增收 41.8 万元
2002	福安市	493.3	186.50	整修渠道 15.05 千米，引水渠 2.57 千米，排水沟 4.27 千米，U 型槽 3.58 千米，机耕路 6.1 千米	年增产粮食 59.2 万千克，增收 83.6 万元
	古田县	383.3	218.00	石砌沟渠 4.15 千米，U 型槽 20.98 千米，机耕路 4.08 千米	年增产粮食 47.7 万千克，增收 66.3 万元
2003	福安市	506.7	116.80	排灌渠 10.5 千米，机耕路 3.6 千米	年增产粮食 62.5 万千克，增收 86.3 万元
	古田县	164.7	115.70	排洪沟 0.73 千米，U 型槽 8.42 千米，机耕路 2.53 千米	年增产粮食 21.5 万千克，增收 32.6 万元
2004	福安市	286.7	205.00	排灌渠 13.27 千米，砼管 2.6 千米，防洪堤 0.5 千米，机耕路 6.27 千米	年增产粮食 34.6 万千克，增收 46.8 万元
	古田县	114.0	115.60	排洪沟 0.51 千米，U 型槽 7.78 千米，机耕路 2.22 千米	年增产粮食 15.8 万千克，增收 23.9 万元
2005	福安市	286.7	195.00	渠道 10.2 千米，防洪堤 3 千米，机耕路 4.3 千米	年增产粮食 37.5 万千克，增收 52.6 万元

四、省级标准农田示范片建设

2001 年，市政府围绕建设耕地格田化、品种优良化、排灌自如化、耕作机械化等目标，开始在9县（市、区）实施标准农田示范片建设。当年，粮食作物和经济作物累计增产1538.72万千克，增加经济收入2189.53万元。2005年，全市共实施标准农田示范片21片，投入资金1812.5万元，建设标准农田示范片2499.9公顷，新（修）建石砌排灌沟渠112.87千米，埋设管道、U型槽47.3千米，机耕路80.65千米。

2001—2005年宁德市省级标准农田示范片建设情况统计表

表11-4　　单位：公顷、万元

年份	县（市、区）	面积	投资金额	建设内容	经济效益
2001	福鼎市	200	150	机耕路5.8千米，田间渠系9.6千米	年增产粮经作物28.5万千克，增收40万元
	福安市	200	150	机耕路8千米，石砌灌渠3.48千米，U型槽7.6千米，砼管2.6千米	年增产粮经作物30.6万千克，增收42万元
2002	蕉城区	200	150	机耕路5.85千米，田间渠系12.58千米	年增产粮经作物27.6万千克，增收38万元
	福鼎市	200	150	机耕路9.6千米，田间渠系8.25千米	年增产粮经作物31.2万千克，增收45万元
2003	古田县	133.3	125	机耕路7.3千米，石砌排灌沟、渠1.06千米，U型槽10.38千米	年增产粮经作物19.2万千克，增收26.6万元
	霞浦县	200	187.5	机耕路8.57千米，石砌排灌沟、渠10.72千米，U型槽14.83千米	年增产粮经作物32万千克，增收48万元
	福安市	200	150	机耕路5.11千米，石砌排灌沟、渠7.75千米，U型槽6.34千米	年增产粮经作物34.5万千克，增收51.8万元
	柘荣县	133.3	100	机耕路4.7千米，石砌排灌沟、渠5.74千米，U型槽5.55千米	年增产粮经作物19.6万千克，增收27.4万元
2004	蕉城区	200	150	机耕路5.91千米，石砌排水沟5.64千米，灌溉渠3千米	年增产粮经作物32.5万千克，增收50.8万元
	福鼎市	200	150	机耕路6.4千米，石砌排灌沟、渠8.63千米	年增产粮经作物33.2万千克，增收52万元
	周宁县	200	150	机耕路6.06千米，石砌排灌沟、渠9.78千米	年增产粮经作物29.2万千克，增收43.8万元
2005	屏南县	133.3	100	机耕路1.9千米，石砌排水沟1.1千米，灌溉渠8.66千米	年增产粮经作物22万千克，增收33万元
	寿宁县	100	75	机耕路2.25千米，石砌排水沟1.5千米，灌溉渠4.6千米	年增产粮经作物14.5万千克，增收20万元
	福安市	200	150	机耕路3.2千米，石砌排水沟1.9千米，灌溉渠11.87千米	年增产粮经作物34万千克，增收54万元

第三章 种植业

第一节 粮食作物

一、水稻

1993 年，全区种植面积、产量分别为 13.83 万公顷、71.32 万吨，单产 5156 千克 / 公顷。1999 年，面积、产量增加至 13.87 万公顷、78.35 万吨，单产增加至 5647 千克 / 公顷。2005 年，全市面积、产量减少至 9.07 万公顷、48.87 万吨，单产提高至 5746 千克 / 公顷。

二、甘薯

1993 年，全区面积、产量分别为 40128 公顷、139519 吨，单产 3477 千克 / 公顷。1999 年，面积持平，为 39755 公顷、产量增加至 162020 吨，单产增加至 4075 千克 / 公顷。2005 年，全市面积、产量减少至 31540 公顷、120080 吨，单产减少至 3807 千克 / 公顷。

三、马铃薯

1993 年，全区种植面积、产量分别为 1.93 万公顷、4.24 万吨，单产 2193 千克 / 公顷。1999 年，面积、产量增加至 2.32 万公顷、5.98 万吨，单产增加至 2573 千克 / 公顷。2005 年，全市面积、产量减少至 2.16 万公顷、5.67 万吨，单产提高至 2623 千克 / 公顷。

四、大麦、小麦

1993 年，全区种植面积、产量分别为 8584 公顷、10132 吨，单产 1180 千克 / 公顷。2000 年，面积、产量减少至 4340 公顷、6111 吨，单产提高至 1408 千克 / 公顷。2005 年，全市种植面积、产量减少至 166 公顷、279 吨。单产提高至 1681 千克 / 公顷。

五、大豆

1993 年，全区种植面积、产量分别为 9834 公顷、12075 吨，单产 1228 千克 / 公顷。1999 年，面积、产量增加至 10496 公顷、16824 吨，单产提高至 1603 千克 / 公顷。2005 年，全区种植面积、产量减少至 7532 公顷、13900 吨，单产减少至 1845 千克 / 公顷。

六、杂粮

闽东地区杂粮播种量较少，多是零星种植高粱、谷子等。1993 年，全区种植面积、产量分别为 1144 公顷、1795 吨，单产 1569 千克 / 公顷。1998 年，面积、产量增加至 1821 公顷、3362 吨，单产提高至 1846 千克 / 公顷。2005 年，全市种植面积、产量减少至 1121 公顷、2402 吨，单产提高至 2297 千克 / 公顷。

1993—2005 年宁德市（地区）粮食作物播种面积统计表

表 11-5　　单位：公顷

年份	粮食作物	类别								
		水稻	其中			大麦、小麦	甘薯	马铃薯	杂粮	大豆
			早稻	单季稻	晚稻					
1993	217566	138340	31049	76977	30314	8584	40128	19328	1144	9834
1994	218458	139515	31234	77442	30839	7220	40271	19539	1141	10237
1995	219846	139410	31281	77578	30551	6218	40895	20702	1416	10357
1996	218989	138639	31507	76919	30213	5937	40543	21751	1313	10219
1997	220306	139021	31363	77040	30618	5642	40157	22729	1384	10222
1998	221259	139198	31306	77563	30329	5175	40391	22994	1821	10486
1999	219872	138756	31081	77269	30406	4491	39755	23228	1613	10496
2000	208559	130378	26989	76939	26450	4340	38151	22475	1374	10192
2001	198547	124921	24310	76857	23754	3578	35789	21995	1178	9341
2002	187812	118356	21711	75436	21209	2706	34302	20884	1119	8718
2003	171699	107355	18142	74496	14717	767	31516	21301	1107	7920
2004	176473	111576	19035	76753	15788	289	32415	21705	1111	7787
2005	172835	109186	17294	76043	15849	166	31540	21614	1121	7532

1993—2005 年宁德市（地区）粮食作物产量统计表

表 11-6　　单位：吨

年份	粮食作物	类别								
		水稻	其中			大麦、小麦	甘薯	马铃薯	杂粮	大豆
			早稻	单季稻	晚稻					
1993	919369	713219	172142	413425	127652	10132	139519	42382	1795	12075
1994	961743	732007	173687	419244	139076	8639	159996	44633	1670	13847
1995	969531	744327	179511	436326	128490	7906	148814	50551	2048	14676
1996	997316	755056	171848	445652	137556	7415	163918	53357	2203	14525
1997	1012214	763763	180488	439567	143708	7123	164350	57601	2358	15820
1998	1025417	774896	177878	450058	146960	6669	163936	58164	3362	16572
1999	1033683	783501	180683	451996	150822	6100	162020	59765	3285	16824
2000	976981	737584	157235	447605	132744	6111	153297	58291	2634	16504
2001	946476	717847	140453	455398	121996	5152	145939	56700	2503	15615
2002	886093	668117	126512	435655	105950	3735	140766	53839	2345	14566
2003	765611	571168	95463	404347	71358	1017	120420	54765	2321	13301
2004	811662	608995	105302	423846	79847	373	124899	57082	2487	15409
2005	778167	582303	80435	421250	80618	279	120080	56692	2402	13900

1993—2005 年宁德市（地区）粮食作物单产统计表

表 11-7　　单位：千克 / 公顷

年份	粮食作物	类别								
		水稻	其中			大麦、小麦	甘薯	马铃薯	杂粮	大豆
			早稻	单季稻	晚稻					
1993	4226	5156	5544	5371	4211	1180	3477	2193	1569	1228
1994	4402	5247	5561	5414	4510	1197	3973	2284	1464	1353
1995	4410	5339	5739	5624	4206	1271	3639	2442	1446	1417
1996	4554	5446	5454	5794	4553	1249	4043	2453	1678	1421
1997	4595	5494	5755	5706	4694	1262	4093	2534	1704	1548
1998	4634	5567	5682	5802	4846	1289	4059	2530	1846	1580
1999	4701	5647	5813	5850	4960	1358	4075	2573	2037	1603
2000	4684	5657	5826	5818	5019	1408	4018	2594	1917	1619
2001	4767	5746	5778	5925	5136	1440	4078	2578	2125	1672
2002	4718	5645	5827	5775	4996	1380	4104	2578	2096	1671
2003	4459	5320	5262	5428	4849	1326	3821	2571	2097	1679
2004	4599	5458	5532	5522	5057	1291	3853	2630	2239	1979
2005	4502	5333	4651	5540	5087	1681	3807	2623	2143	1845

第二节　经济作物

一、油料

（一）油菜

1993年，全区种植面积、产量分别为4884公顷、4003吨，单产820千克/公顷。1999年，减少至2670公顷、2510吨，单产提高至940千克/公顷。2005年，全市种植面积、产量减少至1263公顷、1398吨，单产提高至1107千克/公顷。

（二）花生

1993年，全区种植面积、产量分别为1158公顷、1844吨，单产1592千克/公顷。1999年，增加至1955公顷、产量3609吨，单产提高至1846千克/公顷。2005年，全市种植面积、产量增加至2256公顷、4649吨，单产提高至2061千克/公顷。

1993—2005年宁德市（地区）油料作物面积、产量统计表

表11-8　　单位：公顷、吨、千克/公顷

年份	油料作物面积	其中		油料作物产量	其中		油料作物单产	其中	
		花生	油菜		花生	油菜		花生	油菜
1993	6266	1158	4884	6029	1844	4003	962	1592	820
1994	5426	1301	3897	5905	2215	3426	1088	1703	879
1995	5573	1418	3961	6296	2465	3634	1130	1738	917
1996	5534	1594	1621	6377	2700	3468	1152	1694	2139
1997	5155	1621	3315	6430	3010	3142	1247	1857	948
1998	5111	1937	2992	6527	3569	2771	1277	1843	926
1999	4775	1955	2670	6283	3609	2510	1316	1846	940
2000	4541	1912	2500	5986	3623	2219	1318	1895	888
2001	3969	1894	1944	5498	3620	1753	1385	1911	902
2002	3782	2073	1589	5786	4098	1567	1530	1977	986
2003	3887	2311	1465	5350	3745	1507	1376	1621	1029
2004	3705	2265	1328	6001	4475	1417	1620	1976	1067
2005	3600	2256	1263	6131	4649	1398	1703	2061	1107

二、蔬菜

（一）面积、产量

1993年，全区蔬菜种植面积、产量分别为42642.53公顷、468156吨，单产每公顷10.98吨。

1994年，面积、产量增加至45294公顷、542381吨，单产每公顷增加至11.97吨。1996年，面积、产量增加至52381公顷、643067吨，单产每公顷增加至12.27吨。1997年，面积、产量增加至52863公顷、644242吨，单产每公顷增加至12.18吨。1998年，面积、产量增加至54207公顷、685345吨，单产每公顷增加至12.65吨。1999年，面积、产量增加至55347公顷、718900吨，单产每公顷减少至12.60吨。2000年，全市蔬菜种植面积、产量增加至57331公顷、738100吨，单产每公顷增加至12.66吨。2001年，面积、产量增加至58653公顷、772778吨，单产每公顷增加至13.17吨。2002年，面积、产量增加至63296公顷、858620吨，单产每公顷增加至13.20吨。2003年，面积、产量增加至64213公顷、859800吨，单产每公顷增加至13.77吨。2004年，面积、产量增加至65487公顷、903000吨，单产每公顷增加至14.03吨。2005年，全市蔬菜种植面积、产量增加至66271公顷、939345吨，单产每公顷增加至14.18吨。

（二）品种

1. 地方品种

根菜类 萝卜，有“雪冻萝卜”“冬萝卜”“柘荣萝卜”“坂中萝卜”。芜菁，有“福鼎盘菜”“半萝青”“长蔓青”等。

白菜类 大白菜，有“大桥白菜”“福安大白菜”。小白菜，有“白梗小白菜”“青梗小白菜”“福安青菜”“柘荣青菜”“福安油白菜”“古田花瓶菜”“油白菜”“绿梗小白菜”“唐山回头白”等。

甘蓝类 结球甘蓝，有“福安番包菜”。芥蓝菜，有“黄花芥蓝菜”“白花芥蓝类”等。

芥菜类 大叶芥菜，有“满街拖挂菜”“血丝挂菜”（雪里蕻）、“不知春挂菜”。花叶芥，有“花叶挂菜”。宽柄芥菜，有“阔批挂菜”“宽柄挂菜”。分叶芥，有“板叶雪心菜”“裂叶雪心菜”。根用芥菜，有“大头菜”等。

绿叶菜类 芹菜，有“白秆芹菜”“绿秆芹菜”。菠菜，有“霞浦菠薐菜”“福鼎红根菜”。蕹菜，有“圆叶蕹菜”“尖叶蕹菜”“下南蕹菜”“红管蕹菜”。苋菜，有“绿苋菜”“红苋菜”“花红苋菜”。茼蒿，有“古田艾菜”“大叶艾菜”“细叶艾菜”。葵菜，有“紫花葵菜”“白花葵菜”。芫荽，有“小叶芫菜”“大叶芫菜”“柘荣芫菜”。叶用菾菜，有“宁德白梗牛皮菜”“叶用菾菜”。落葵，有“宁德藤菜”“红免辣”。苦荬菜，有“绿苦荬”。山莴苣，有“红凉荬”。散叶莴苣，有“香荬”等。

葱蒜类 韭菜，有“细叶韭菜”“阔叶韭菜”。分葱，有“麦葱”“胡葱”“年葱”。大蒜，有“八瓣蒜”“瘤蒜”“宁德紫皮蒜”。薤，有“宁德蓼”“九重皮”。洋葱，有“紫红洋葱”等。

茄果类 番茄，有“古田番茄”“宁德番柿”。茄子，有“福安茄子”“古田茄子”“宁德紫茄”“周宁白茄”。辣椒，有“福鼎小米椒”“福鼎朝天椒”“霞浦朝天椒”“宁德辣茄”“福鼎牛角椒”“屏南长辣椒”“柘荣辣椒”。灯笼椒，有“柘荣菜椒”“霞浦甜椒”等。

瓜类 黄瓜，有“凤埔黄瓜”。瓠子，有“宁德田瓠”“大腿瓠”“五里沙大腿瓠”。长柄葫芦，有“大腰葫芦”。冬瓜，有“宁德冬瓜”“鸭笼瓜”。节瓜，有“毛节瓜”。中国南瓜，有“宁德金匏”“棚架花皮南瓜”“爬地花瓣早南瓜”。美洲南瓜，有“饺瓜”“快角瓜”。普通丝瓜，有“长丝瓜”“宁德初瓜”“短初瓜”。棱丝瓜，有“角初”。苦瓜，有“宁德苦瓜”。佛手瓜，有“绿色佛手瓜”“黄白色佛手瓜”等。

豆类 菜豆，有“宁德四季豆”“古田四季豆”“七叶豆”“糯米豆”“寿宁四季豆”“霞浦矮生四季豆”“花生豆”。豇豆，有“青荚豇豆”“宁德豇豆”“长豇豆”“屏南豇豆”“白荚豇豆”“柘荣六月豇”“绿荚豇豆”“宁德豇”“福安红豆豇”“乌类豇豆”“柘荣豇豆”“赤豇豆”。豌豆，有“宁德麦连豆”“宁德豆荚”。毛豆，有“古田小粒田埂豆”。蚕豆，有“霞浦大花蚕豆”“宁德罗汉豆”。菜豆，有“白玉豆”“花玉豆”“脾豆”。扁豆，有“寿宁扁豆”“泥鳅豆”。刀豆，有“宁德刀豆”等。

薯芋类 芋，有“宁德芋”“福鼎槟榔芋”“槟榔芋”“红鼻芋”“红芋”“棕芋”“山芋”“犬爪芋”“九头芋”“水芋”“虎掌芋”“墨绿秆魔芋”“灰花秆魔芋”。马铃薯，有“洋芋”“马铃薯”。姜，有“北姜”“长指白姜”。薯蓣，有“宁德秫米薯”“红薯”“褐皮棒薯”“熊掌薯”。豆薯，有“古田地瓜”“锥状地瓜”。菊芋，有“菊薯”等。

水生蔬菜类 菱，有“菱角”。莲，有“籽莲”“菜藕”。荸荠，有“马蹄”。还有“茭白”等。

多年生蔬菜类 竹笋，有“毛竹笋”“六月麻竹笋”“飞鸾六月麻笋”“绿竹笋”“苦竹笋”“实心苦竹笋”“白哺鸡竹笋”“花哺鸡竹笋”“水竹笋”“南竹笋”“乡竹笋”“桂竹笋”“台湾桂竹笋”“刚竹笋”“方竹笋”“黄金间碧玉竹笋”。黄花菜，有“大叶黄花菜”等。

半野生、野生蔬菜类 有“紫苏”“红菜”“凉粉草”“木槿花”“泥鳅菜”“虎头三七叶”“猪仔菜”“野苋”“草石蚕”“野蒜”“荠菜”“旱菜”“马齿苋”“蕨”“苦苣”“野金针”等。

2. 引种品种

根菜类 萝卜，有“火车头萝卜”“浙大长萝卜”“马耳萝卜”“短叶13号”“南畔洲”“德日杂交萝卜”“日本干自满”“日本福味萝卜”。胡萝卜，有“日本5寸人参”“日本7寸人参”“美国5寸”“美国7寸”等。

白菜类 大白菜，有“山东1 7号”“19、23号系列”“山东抗70”“山东抗80”“青杂3号”“天津青麻叶”“小杂55号”“小杂56号”“沈阳快”“秋丰80”“中杂4号”“长阳快白”“B4”“013”“台湾向阳”“明月”“日本无双连江白”“木夏阳”“日本夏丰”。小白菜，有“天津白”“矮杂2号”“连江黄叶”“连江黑叶”“泉州黄叶”“泉州”“上海二月慢”“上海四月慢”。菜心，有“四九菜心”等。

甘蓝类 花椰类，有“杭椰40–50–60天”“温州龙牌系列”“同安系列”“三角牌系列”“榕花80–100天”“河南80天”“荷兰雪球系列”“瑞士河南青花菜”“香港青花菜”“日本青花菜”。结球甘蓝，有“河南（京非、晚丰、庆丰、秋丰、中甘8、中甘11）”“山东泰安甘蓝”“日本大阪”“日本京都”“夏光”“日本早秋甘蓝”。球茎甘蓝，有“天津苤蓝”“广东种”等。

芥菜类 叶用芥，有“9斤芥菜”。包心芥，有“香港包心芥”“广东包心芥”。茎用芥，有“四川巴县芥”“浙江海宁芥”等。

绿叶菜类 莴苣，有“玻璃生菜”“红皮莴苣笋”。芹菜，有“美国犹他西洋芹”“加州”“荷兰西洋芹”。菠菜，有“南京种”“金秋白波”“大圆叶菠菜”“欧莱菠”“华菠1号杂交种”“台湾春绿”“台湾清风”“香港全能”。蕹菜，有“江西蕹菜”“泰国空心白菜”。豆瓣菜，有“广州西洋菜”等。

葱蒜类 韭菜，有“河南平韭2号”“791汉中冬韭”“玫良汉中韭”等。

茄果类 番茄，有“北京番茄（早红、顶红、早丰）”“浙杂5号”“浙红20号”“荷兰种”“美国太阳牌”。茄子，有“杭州早茄”“台湾屏东杂交长茄”“闽茄1号”“闽茄2号”。辣椒，有“湘研1–10号”“江西牛角椒”“美国米椒”。甜椒，有“杭州甜椒”“上海茄门椒”“海菱菜椒1、2号”“美国太阳牌甜椒”“日本甜椒”等。

瓜类 黄瓜，有“津研1、4、7号”“津丰1号”“清州2号”“津春5号”“中农8号”。胡瓜，有“杂交胡瓜”“中农5号”。西瓜，有“建杂1号”“新澄1号”“中育1号”“金钟3号”“黑将军”“绿霸王”“早春乡镇”“红 1 号”“保峰”“嘉宝”“湘蜜”“台湾新红宝”“特大新红宝”“金钟冠龙”。苦瓜，有“湖南兰山”“大白苦瓜”“湖南长白苦瓜”“台湾翠玉”“利华苦瓜”等。

豆类 菜豆，有“美国矮生四季豆”“白珍珠”“黑珍珠”“803 四季豆”“农友菜豆”。豇豆，有“青皮 1 号”“红咀燕”“28-2 豇”“高产四号”“浙江之豇 28-2”。豌豆，有“四川大荚豆”“向兰 104”“甜脆”等。

薯芋类 马铃薯，有“中寨黄皮”“德友 1 号”“双丰”“克新（1、2、3 号、柴红 851、大区洋、坝薯 10 号）”。姜，有“台湾大肉姜”“竹姜”等。

多年生蔬菜类 竹笋，有“雷竹笋”，黄花菜，有“茶子花”。石刁柏，有“美国加州 UC72”“UC309 墨西哥食用仙人掌”等。

三、药材与花卉种植

（一）药材

1993 年，随着农业种植结构调整，福安、霞浦、柘荣、周宁、寿宁等地有了一定规模的人工栽培药材，药材种植业逐步发展。福安、霞浦、柘荣、周宁等县（市）主要以种植太子参为主。1995 年，福安市种植太子参的有范坑乡、上白石镇、城阳乡、潭头镇、晓阳镇，种植面积 930 公顷。1999 年，霞浦县柏洋乡长岩村开垦荒山种植太子参 1.67 公顷，之后逐年发展至崇儒乡、牙城镇等地。2001 年，柘荣县种植面积 1667 公顷，种植乡镇由早期双城镇、乍洋乡两地逐渐发展至城郊乡、东源乡、富溪镇、黄柏乡、宅中乡、楮坪乡、英山乡等地，成为当地一项支柱产业。2003 年，周宁县太子参种植面积达 130 公顷。寿宁全县种植药材达 151 科，540 种，主要品种有茯苓、厚朴、枳壳、木爪、喜树、苦栋、乌桕、荜澄茄、黄精、马齿苋、宁麻、女贞、天麻、白术、党参、桔梗、白勺、叶牛膝、薏苡、金银花、银杏、杜仲、川楝、黄柏、黄连、丹皮等，在南阳镇院前村建有药材示范片面积 6.67 公顷。此外，屏南县岭下乡、代溪镇、寿山乡、棠口乡等地也零星种植有茯苓、枸杞、白术等。至 2005 年年底，全市太子参种植面积达 5333.33 公顷，产量 1.2 万吨，产值 3.1 亿元。种植其他药材面积 699.61 公顷，产量 6058 吨，产值 8523.14 万元。

（二）花卉

20 世纪 90 年代，福安市除高海拔山区外几乎大部分产茶区均有种植茉莉花，常年种植面积在 130 ～ 270 公顷之间，宁德市、霞浦县常年种植面积在 20 ～ 26 公顷之间。周宁县咸村镇、玛坑乡曾一度掀起茉莉花热，1993 年种植面积达 31.7 公顷。1998 年，屏南县棠口乡、古峰镇、屏城乡、甘棠乡、熙岭乡、代溪镇等地农民开始创办花卉生产基地，种植百合花、康乃馨、菊花、玫瑰等鲜花获得成功。

2001 年，屏南县花卉种植面积 6.2 公顷，产值 112 万元。2002 年，寿宁县花卉生产企业发展至 20 家，从业人员 70 多人，总投资 112 万元，累计经营面积 4.12 公顷，存圃盆景 1.1 万盆，存圃绿化大苗 14.4 万株。翌年，该县引进福建大金山园林花卉有限公司资金 1200 万元，在南洋镇花岭村建立花木基地 8.67 公顷。寿宁华美盆景花卉公司在清源乡阳尾村建立高山冷凉型鲜切花基地 3.33 公顷。2003 年，周宁县种植茉莉花面积由 1995 年的 20 公顷降至 6.7 公顷。2004 年，台湾霖泽企业有限公司与寿宁梦龙食品有限公司合作，投资 590 万元，种植金针花 200 公顷。2005 年，福安市茉莉花种植面积增至 330 公顷，产量 1221 吨。屏南县花卉种植面积 8.13 公顷，产值326.7万元。年末，全市花卉种植面积累计达426.6公顷，产值7705.6万元。

四、水果

（一）桃

1993年，全区桃种植面积3471.27公顷，采摘面积2257.80公顷，产量18286吨。1999年，种植面积3571.80公顷，采摘面积2829.40公顷，产量15474吨。2003年，全市桃种植面积3832.60公顷，采摘面积3210.80公顷，产量24421吨。2005年，种植面积3564.73公顷，采摘面积3100.87公顷，产量26751吨。境内桃尤以"古田水蜜桃""福安穆阳水蜜桃"品质最佳，风味最好。引进新品种有"大久保""宜红""安农""中华寿桃""蟠桃""西选1号""白凤""新川中岛"等20多个品种。以古田县、福安市、霞浦县为主产地。

（二）李

1993年，全区李种植面积3019.47公顷，采摘面积2119.27公顷，产量11402吨。1999年，种植面积3747.40公顷，采摘面积3058.80公顷，产量30128吨。2003年，全市李种植面积4538.20公顷，采摘面积3973.07公顷，产量44480吨。2005年，全市种植面积4936.87公顷，采摘面积4346.93公顷，产量47918吨。以福安市、霞浦县为主产地。主要品种"芙蓉李"，古田县、福安市、蕉城区、屏南县兼有栽种"黑李"品种。

（三）柰

1993年，全区柰种植面积5433.67公顷，采摘面积2254.87公顷，产量11262吨。1999年，种植面积6897.87公顷，采摘面积5367.40公顷，产量33333吨。2003年，全市柰种植面积6742.13公顷，采摘面积6029.80公顷，产量41636吨。2005年，全市种植面积7123.20公顷，采摘面积6407.87公顷，产量42277吨。以古田县、屏南县为主产地。

（四）柚

1993年，全区柚种植面积1230.53公顷，采摘面积793.07公顷，产量4300吨。1999年，种植面积1623.40公顷，采摘面积1308.93公顷，产量9185吨。2003年，全市柚种植面积1507.20公顷，采摘面积1233.80公顷，产量6553吨。2005年，全市种植面积1471.27公顷，采摘面积1235.53公顷，产量6237吨。以福鼎为主产地。主要品种为"四季柚""湖宾蜜柚"和引进品种"琯溪蜜柚"等。其他县份有零星栽种。

（五）柑橘

1993年，全区柑橘种植面积5733.33公顷，采摘面积3933.33公顷，产量2.49万吨。1996年，种植面积5503.13公顷，产量31108吨。1999年，种植面积4852.20公顷，采摘面积4253.33公顷，产量3.4万吨。2000年，全市柑橘种植面积4466.80公顷，采摘面积4400公顷，产量3.0万吨。2003年，种植面积5200公顷，采摘面积4400公顷，产量2.6万吨。2005年，全市柑橘种植面积3948.73公顷，产量2.8万吨。其中，脐橙种植面积达800公顷，产量达5000吨。引进品种有"不知火""茂谷柑""清见""青见"等。全市各县市（区）均有栽培。

（六）葡萄

1993年，全区葡萄种植面积279.53公顷，采摘面积194.27公顷，产量1680吨。1999年，种植面积859.93公顷，采摘面积685.60公顷，产量14654吨。2003年，全市葡萄种植面积2373.93公顷，采摘面积1834.07公顷，产量31646吨。2005年，全市种植面积2473.20公顷，采摘面积2363.33公顷，产量32538吨。以福安市为主产地，主要集中在赛岐镇一带。品种有“巨峰”“白香蕉”“北醇”“京早晶”“白羽”“玫瑰”“莎巴”“珍珠”“白牡丹”“水晶葡萄”等。

（七）枇杷

1993年，全区枇杷种植面积1970.07公顷，采摘面积1312.73公顷，产量4680吨。1999年，种植面积1881.13公顷，采摘面积1391.67公顷，产量5957吨。2003年，全市枇杷种植面积1847.33公顷，采摘面积1396.60公顷，产量6967吨。2004年，种植面积1770.53公顷，采摘面积1435.40公顷，产量7949吨。2005年，全市枇杷种植面积1778.67公顷，采摘面积1526.27公顷，产量9592吨。70%枇杷实行果实套袋，以提升果实品质。以蕉城区、福安市、霞浦县为主产地。主要品种有“长虹3号”“解放钟”，引进品种有“早钟”“6钟”“香钟11号”“晚白”等。

（八）荔枝

1993年，全区荔枝种植面积529公顷，采摘面积142.40公顷，产量657吨。1994年，种植面积542.47公顷，采摘面积155.73公顷，产量657吨。1999年，种植面积619.40公顷，采摘面积221.47公顷，产量564吨。2003年，全市荔枝种植面积541.13公顷，采摘面积199.13公顷，年产量901吨。2005年，全市荔枝种植面积498.53公顷，采摘面积199.13公顷，产量901吨。以蕉城区、福安市、霞浦县为主产地。主要品种有“元红”。

（九）龙眼

1993年，全区龙眼种植面积2035.27公顷，采摘面积203.13公顷，产量2326吨。1996年，种植面积2833公顷，产量3018吨。1999年，种植面积3764.07公顷，采摘面积1050.13公顷，产量4566吨。2000年，全市龙眼种植面积3848公顷，产量4010吨。2003年，种植面积4037公顷，产量7923吨。2005年，全市种植面积4068公顷，产量8690吨。以蕉城区、福安市、霞浦县为主产地。主要品种有“福眼”，引进品种有“立冬本”“松风本”“水南1号”等。

（十）杨梅

1993年，全区杨梅种植面积1819.27公顷，采摘面积585.47公顷，产量2409吨。1999年，种植面积1758.80公顷，采摘面积988.93公顷，产量4272吨。2003年，全市杨梅种植面积1395.13公顷，采摘面积1044公顷，产量4583吨。2005年，全市杨梅种植面积1489.80公顷，采摘面积1113公顷，产量5167吨。各县（市、区）都有种植。引进品种有“东魁杨梅”等。

（十一）柿

1993年，全区柿种植面积1247.40公顷，采摘面积524.20公顷，产量4207吨。1999年，种植面积1826.13公顷，采摘面积1036.27公顷，产量8048吨。2003年，全市柿种植面积1658.47公顷，采摘面积1270.80公顷，年产量9888吨。2005年，全市柿种植面积1778.60公顷，采摘面积 1370 公顷，产量 14003 吨。以屏南县、周宁县为主产地。品种有无核柿、冬蜜柿。

（十二）香蕉

1993 年，全区香蕉种植面积 143.67 公顷，采摘面积 122.20 公顷，产量 687 吨。1999 年，种植面积 145 公顷，采摘面积 132.33 公顷，产量 794 吨。2003 年，全市香蕉植面积 224.60 公顷，采摘面积 152.20 公顷，产量 936 吨。2005 年，全市种植面积 215.20 公顷，采摘面积 153.53 公顷，产量 919 吨。以蕉城区、霞浦县、福安市为主产地。

（十三）橄榄

1993 年，全区橄榄种植面积 218.80 公顷，采摘面积 33.20 公顷，产量 359 吨。1999 年，种植面积 498.07 公顷，采摘面积 226.93 公顷，产量 3527 吨。2003 年，全市橄榄种植面积 388.93 公顷，采摘面积 273.27 公顷，产量 3238 吨。2005 年，全市种植面积 359.87 公顷，采摘面积 272.27 公顷，产量 3543 吨。以蕉城区、福安市为主产地。引进品种有“丁香”“长营”“檀香”“惠园”“四季橄榄”“柴头橄榄”等。

（十四）梨

1993 年，全区梨种植面积 1002.40 公顷，采摘面积 460.73 公顷，产量 2168 吨。1999 年，种植面积 956.67 公顷，采摘面积 485 公顷，产量 2426 吨。2003 年，全市梨种植面积 436.47 公顷，采摘面积 353.87 公顷，产量 2129 吨。2005 年，全市种植面积 484.87 公顷，采摘面积 326.87 公顷，产量 2313 吨。以寿宁县、屏南县、周宁县、霞浦县为主产地。品种有“梧洋蜜梨”“半男女梨”“洋头梨”“雪梨”“棕包梨”等。引进品种有“蜜雪梨”“台农 2 号”“西子绿”“翠冠”“杭青”等。

（十五）草莓

1993 年，全区草莓种植面积 53.33 公顷，其中宁德市（今蕉城区）六都村种植面积 40 公顷，柘荣县东源乡种植 13.33 公顷。1996 年宁德市（今蕉城区）种植面积增至 142 公顷。2005 年，全市草莓种植面积 333.33 公顷，年产量 1.05 万吨。以蕉城区为主产地。引进品种有“法拉第”等。

1993—2005 年宁德市（地区）水果产量统计表

表 11-9　　　　单位：吨、%

年份	产量	比增	年份	产量	比增
1993	68283	34.60	2000	165849	-2.30
1994	86234	26.30	2001	184063	11.00
1995	111478	29.30	2002	200461	8.90
1996	132229	18.60	2003	211721	5.60
1997	155128	17.30	2004	235870	11.40
1998	144780	-6.70	2005	228944	-2.90
1999	169838	17.30			

第四章 畜牧业

第一节 品种与分布

一、地方品种

（一）福安花猪

1993年，福安花猪品种濒临灭绝。2003年，闽东家畜育种站组织畜牧兽医人员在福安市赛岐镇桃洋村、城阳乡秦溪村发现福安花猪纯种母猪。2004年5月，又在福安市甘棠镇洋中村、溪潭镇城山村发现福安花猪杂种公猪及后代。闽东家畜育种站、宁德市农科所、福安市畜牧兽医站联合引进福安花猪种猪及其后备猪47头（公猪12头，母猪35头），在福安溪柄建立福安花猪保种场。2005年，几经保种选育共向社会推广福安花猪杂交猪1000头。

（二）福安水牛

1993年，四川农业大学畜牧学院与福安市畜牧兽医站合作，对福安水牛血液蛋白多态性进行检测研究，逐步揭示福安水牛血红蛋白、血清白蛋白、血清运铁蛋白基因及其频率和基因型频率，为发展福安水牛奠定基础。2003年，农业部、中国农业大学、福建农林大学先后对福安水牛采集血样152份，进行遗传距离检测。2004年，福安市畜牧兽医站建立溪潭、穆云2个保护区，在溪潭饲养福安水牛80头，开展福安水牛保种与选育工作。2005年，全市福安水牛存栏数达2万头。

（三）闽东山羊

1993年，由于四川麻羊、南江黄羊、波尔山羊等国内外品种的引进，闽东山羊品种濒临灭绝。1999年，宁德地区农科所对闽东山羊开展科研抢救，发动群众饲养。2003年，向罗源县、福鼎市输出纯种闽东山羊500只。2005年7月，宁德市农科所对闽东山羊“白眉、白腹、白芦色”体貌特征进行界定，同时，在福安市松罗乡王家村、溪柄镇鹿山、王河、东山村，坂中乡天里村，溪尾镇前山村，建立6个闽东山羊保种选育家系。2005年，全市闽东山羊存栏数达8万头。

（四）黑番鸭

1993年，全区黑番鸭存栏数100万羽，主产古田县。当年，省标准计量局以标准号

DB35/114–91 批准古田黑番鸭为优良地方肉型鸭。1994 年，外来品种引入，无序杂交现象严重，品种严重退化。2000 年，古田县黄田镇玉兴良种场饲养 2000 只种鸭，供种于南平市延平区、建瓯市、闽清县、闽侯县等地。2005 年，全市共向福州、泉州、三明、南平四市输出古田黑番鸭品种 100 多万羽。

（五）福建兔

1993 年，宁德地区福建兔品种主要有黄毛系、白毛系、黑毛系 3 种。黄毛系各县（市）乡村均有分布。白毛系仅寿宁县犀溪乡有饲养。当年存栏数 1.7 万只。黑毛系主要分布在古田、屏南两县。2005 年，全市存栏数 80 万只。

（六）麻鸡

俗称"本地土鸡"，品种从何而来，无从查考。公母体型外貌相差较多，母鸡全身羽毛呈麻色，体重 2 ～ 3 千克，公鸡羽毛棕红色，雄健俊俏，体重 3 ～ 4 千克。1993 年，各县（市）农村均有饲养。2000 年，霞浦县、福鼎市饲养场均采取山地放牧形式饲养麻鸡。古田县黄田镇增寿饲养场养有青脚麻鸡 3 万羽。2005 年，全市麻鸡存栏数 200 万羽。

二、引进品种

1993 年，福鼎县城关双丰种猪场引进"杜洛克"猪 500 头。柘荣县西宅繁殖示范场引进"太湖猪"5000 头。寿宁县畜牧兽医技术服务中心从浙江省新昌县、嵊县引进德系"安哥拉"长毛兔 203 只，在西犀乡仙峰村水碓坑村建场繁育。1995 年，福安市引进纯种"太湖母猪"23 头，公猪 1 头，从美国引进"罗曼蛋鸡"8000 羽，在农村饲养。1996 年，宁德地区新科农业开发有限公司种猪场、福鼎市鑫海良种猪繁育场共引进"长白猪"1500 头。1997 年，宁德市引进"太湖母猪"200 头，分配洋中、虎浿、石后 3 个乡镇饲养。1998 年，南阳种猪场存栏"美系"和"丹系"原种猪 6000 头，其中"大白猪"4000 头。1999 年，寿宁县引进法国"白番鸭"6000 羽。

2000 年，福鼎市城关双丰种猪场和福鼎鑫海良种猪场共引进比利时"皮特兰"猪 2000 头。福鼎市前歧奶牛场引进荷兰"黑白花奶牛"，发展至 90 多头。2001 年，柘荣县西源华丰养殖有限公司从 PIC 种猪改良国际集团公司引进 PIC 父母代母猪 20 头、公猪 1 头。2003 年，古田县凤都奶牛专业合作社引进荷兰"黑白花奶牛"发展至 200 多头。寿宁县从浙江省、安徽省引进"江山肉鹅""皖西白鹅""诏安灰鹅"6000 羽。2004 年，周宁县群鑫农发科有限公司、周宁县鸣凤山庄、周宁县畜牧兽医站，引进"南江黄羊""四川麻羊""波尔山羊"品种。2005 年，蕉城区、霞浦县、福安市、福鼎市、古田县引进"山麻鸭"发展至 300 万羽。

若干年份宁德市（地区）畜牧业生产情况统计表

表 11–10

项目 年份	牛（头）		猪（头）		羊（头）		禽（羽）		兔（头）		肉蛋奶产量（吨）	产值（万元）
	存栏	出栏	存栏	出栏	存栏	出栏	存栏	出栏	存栏	出栏		
1993	50633	7044	772781	668378	119411	63058	4859500	4398583	633624	402234	63748	54654
1995	47587	6662	793926	766483	148262	77094	5411600	5442578	676577	488157	74657	105984

续表 11-10

项目 年份	牛（头）		猪（头）		羊（头）		禽（羽）		兔（头）		肉蛋奶产量（吨）	产值（万元）
	存栏	出栏	存栏	出栏	存栏	出栏	存栏	出栏	存栏	出栏		
1997	40314	5516	630231	691876	100318	61220	4840906	6050861	625368	703634	70610	115405
2000	39521	6756	631301	754143	114254	86003	5040873	7057140	622998	706748	69914	105761
2003	34075	7575	690287	894729	131687	112333	5224643	8426036	591690	807562	62015	115624
2005	32820	8478	651787	1003913	148948	137353	4967311	8886677	717715	877341	88909	142820

第二节 饲养规模

1993—1996 年，宁德地区畜禽规模养殖专业户较少。1997 年，开始涌现一些规模养殖场和专业村。全区饲养生猪 50 头以上的专业户有 45 户，存栏 2.57 万头。饲养 30 头羊以上的专业户有 3900 户，存栏 11.7 万只。饲养禽 1000 羽以上的专业户有 756 户，存栏 130.8 万羽。1998 年，全区饲养生猪 50 头以上的专业户有 83 户，存栏 4.05 万头，饲养 30 头羊以上的专业户有 4000 户，存栏 12.6 万只。饲养禽 1000 羽以上的专业户有 399 户，存栏 80.32 万羽。1999 年，全区饲养生猪 50 头以上的专业户有 92 户，存栏 6.34 万头。饲养 30 头羊以上的专业户有 3853 户，存栏 1166 万只。饲养禽 1000 羽以上的专业户有 467 户，存栏 138.6 万羽。

2000 年，全市饲养生猪 50 头以上的 专业户有 119 户，存栏 7.35 万头。饲养 30 头羊以上的专业户有 3680 户，存栏 11.3 万只。饲养禽 1000 羽以上的专业户有 580 户，存栏 238 万羽。2002 年，全市饲养生猪 50 头以上的专业户有 535 户，存栏 15.6 万头。饲养 30 头羊以上的专业户有 1429 户，存栏 12.05 万只。饲养禽 1000 羽以上的专业户有 625 户，存栏 192.2 万羽。2003 年，全市饲养生猪 50 头以上的专业户有 662 户，存栏 16.32 万头。饲养 30 头羊以上的专业户有 1519 户，存栏 12.41 万只。饲养禽 1000 羽以上的专业户有 665 户，存栏 207.5 万羽。2004 年，全市饲养生猪 50 头以上的专业户有 686 户，存栏 17.23 万头。饲养 30 头羊以上的专业户有 1529 户，存栏 12.6 万只，饲养禽 1000 羽以上的专业户有 673 户，存栏 214.76 万羽。

2005 年，全市饲养生猪 50 头以上的专业户有 698 户，存栏 18.55 万头。饲养 30 头羊以上的专业户有 1436 户，存栏 11.3 万只。饲养禽 1000 羽以上的专业户有 682 户，存栏 233.82 万羽。有 12 家生猪规模生产企业被列入国家生猪标准化规模养殖建设项目。5 家饲养企业年出栏生猪达 18 万头。其中，南阳实业有限公司种猪场年出栏生猪达 14 万头。

第三节 特种动物饲养

一、蜜蜂

1993 年，全区蜜蜂存栏数 6500 箱。1994 年，增至 6600 箱。1995—1997 年，每年存栏数均在6000 ~ 6800箱之间。1998年，减少至5600箱。1999年，增加至5800箱。2000年，又升至6000箱。2001年，增加至6200箱。2002年，增加至6500箱。2003年，增加至7600箱。2004年，增加至8100箱。2005年，增加至9500箱。一般规模饲养以意蜂为主，少量养中蜂。

二、蓝孔雀、鸵鸟、火鸡、梅花鹿

只在个别景区、特禽场和药业单位饲养。2005年年末，古田县五龙景区饲养有蓝孔雀50只、鸵鸟5只、火鸡2只。寿宁县森野特禽场饲养有绿头野鸡1570只、山鸡600只、贵姬鸡2000只、绿壳蛋鸡2000只、绿孔雀1000只、锦鸡16只。福安市饲养有鹌鹑1800只。霞浦县饲养有黑熊3只。柘荣县天仁药业有限公司饲养有梅花鹿49头，用于药业加工。英山乡石鼓兰村饲养有火鸡30头，用以分割鸡肉外销。

第四节　饲料生产

1993年，宁德地区各地粮食和农业系统建有饲料加工厂，生产鱼粉、配合饲料、混合饲料等多种饲料。至1999年，全区饲料企业23家，产量15万吨。随着饲料市场竞争日益激烈，2003年，部分规模小、设备差、科技含量低饲料厂逐步退出市场，全市饲料企业减至8家，产量7.8万吨。2005年，全市饲料企业仅剩5家，产量5.2万吨。为满足畜牧业和水产养殖业生产需要，每年都从外地调入畜禽配合饲料20万吨，水产配合饲料30万吨，占总饲料用量的70%。一些规模养殖场还自行调入预混料进行加工配合，累计达10万吨。同年，莆田华港饲料有限公司投资1500万元，开始在东侨开发区建设饲料厂，生产猪、禽、鱼饲料十多个品种，设计能力年产量8万吨。

第五节　兽医卫生监督

1993年，宁德地区设立兽医卫生监督所，挂靠地区畜牧兽医站。9个县（市）也相应成立兽医卫生监督机构挂靠畜牧兽医站办公。全区拥有动物防疫监督员57名，动物检疫员108名。2000年，宁德地区兽医卫生监督所更名宁德市兽医卫生监督所，核定编制6名。至2005年，全市兽医卫生监督系统共检疫动物1117.948万头羽、动物产品299977.104吨，检出染疫动物2.7791万头羽，检出染疫动物产品555.52吨，全部进行无害化处理。共查处违法案件889件，罚款14.033万元。

第五章 农业技术

第一节 耕作制度

一、稻田耕作制度

（一）稻菜模式

1993—2005年，约占全地区（市）稻田面积的30%。平原稻田多为双季稻—蔬菜三熟制，主要分布在城镇周边交通便利田地，形成专业化生产基地。如霞浦县沙江镇、长春镇、溪南镇700公顷榨菜基地；松城街道、松港街道600公顷花椰菜基地；福鼎市前岐镇400公顷大蒜基地以及古田县凤都镇500公顷茭白基地；福鼎市900公顷“福鼎芋—蔬菜—生姜—晚稻—蔬菜”2年5熟制模式等。山地稻田多为单季稻—蔬菜2熟制，屏南县利用高海拔自然条件，发展2000公顷稻菜轮作。

（二）稻薯模式

1993—2005年，约占全市稻田面积的20%。平原稻田多为马铃薯—双季稻3熟制，山地稻田多为马铃薯—单季稻2熟制。

（三）稻肥模式

1993年起，绿肥种植面积连年下降。至2005年，已不足占全市稻田面积的7%。

（四）稻豆模式

1993—2005年，实行蚕（豌豆）—双季稻3熟制的主要有福鼎市店下镇、秦屿镇，面积1000公顷。霞浦县下浒镇、长春镇、北壁乡等地种植蚕豌豆900公顷。

（五）稻菌模式

1993年，宁德地区稻田耕作开始有稻田蘑菇—双季稻3熟制和竹荪—单季稻2熟制模式。2005年，福鼎市前岐镇、佳阳乡、山前街道、桐城街道等地稻田—蘑菇栽培面积超过10万平方米。

（六）稻药模式

1993年起，主要有太子参与单季稻轮作模式。2005年，柘荣县稻田种植太子参面积达1500公顷。

（七）稻果模式

1993年起，主要是草莓—单季稻2熟制。2005年，蕉城区七都镇稻田种植草莓面积达200公顷。

二、旱地耕作制度

1993—2005年，主要有间种、套种、轮作等形式。多属一年一熟，少数一年两熟。间、套种模式主要有甘薯套种玉米，甘薯套种花生或大豆。果园套种花生、大豆、甘薯、绿肥等。

1993—2005年宁德市（地区）农作物播种面积统计表

表11-11 单位：公顷、%

年份	农作物总播种面积	类别		占总播种面积比重		农作物复种指数
		粮食作物	非粮作物	粮食作物	非粮作物	
1993	290799	217566	73233	74.8	25.2	191.6
1994	293721	218458	75263	74.4	25.6	193.6
1995	299287	219846	79441	73.5	26.5	198.7
1996	301296	218985	82311	72.7	27.3	200.8
1997	303117	220306	82811	72.7	27.3	203.5
1998	305350	221259	84091	72.5	27.5	206.2
1999	302609	219872	82737	72.7	27.3	205.7
2000	293745	208559	85187	71.0	29.0	200.3
2001	282037	198547	83490	70.4	29.6	195.9
2002	275174	187812	87362	68.3	31.7	193.5
2003	261838	171699	90139	65.6	34.4	186.0
2004	267542	176473	91069	66.0	34.0	191.3
2005	264488	172835	91653	65.4	34.6	190.1

第二节　作物良种

一、水稻

1993—1995年，早稻品种中常规品种有“宁早517”“泸红早一号”“早糯717”“金早9

号”“闽科早 22”“佳福占”“佳禾早占”等品种。杂交早稻品种有“威优 77”“威优 64”“协优 49”“汕优 48-2”等组合。中稻品种中常规品种有“糯稻”“粳稻”“荆糯 6 号”等品种。杂交中稻有“汕优 63”“特优 63”“汕优 155”“D 优 63”等组合。晚稻品种中常规品种有“粳稻”“本地粳稻”“大糯”等品种。杂交晚稻有“汕优 63”“特优 63”“汕优 70”等组合。

1996—2000 年，早稻品种中常规品种有“宁早 517”“泸红早”“闽岩糯”“宁糯 717”等品种。杂交早稻有“威优 77”“威优 64”“协优 047”等组合。中稻常规品种有“粳稻”“荆糯 6 号”等品种。杂交中稻有“汕优 63”“冈优 22”“汕优 669”“II 优 838”等组合。晚稻品种中常规品种有“粳稻”“荆糯 6 号”“双桂 1 号”等品种。杂交晚稻有“汕优 63”“特优 63”“汕优 10 号”“特优 70”等组合。

2001—2005 年，早稻品种中常规品种有“佳禾早占”“宁早 517”“佳辐占”等品种。杂交早稻有“新香优 80”“威优 89”“优 I 66”“T 优 7889”等组合。中稻品种中常规品种有“鄂荆糯 6 号”“闽岩糯”等品种。杂交中稻有“冈优 527”“II 优 162”“汕优明 82”“II 优 63”等组合。晚稻品种中常规品种有“鄂荆糯 6 号”“闽岩糯”等品种。杂交晚稻有“汕优 63”“特优 63”“两优 2186”“特优 175”等组合。

二、甘薯

1993—1995 年，重点推广“潮薯一号”“瑞薯一号”“福薯 87”“金山 57”“新种花”等。1996—2000 年，重点推广“瑞薯一号”“金山 57”“岩薯 5 号”“福薯 2 号”“金山 1255”“湘薯 75-155”等。2001—2005 年，重点推广“福薯 2 号”“金山 57”“台薯 66 号”“潮薯 75-55”“金山 25”“金山 1255”等。

三、马铃薯

1993—1995 年，重点推广“克新 3 号”“本地种”“德友一号”“大粒马铃薯”“外来大粒种”“科研 1 号”等。1996—2000 年，重点推广“克新 3 号”“德友一号”“春薯 4 号”“克新 2 号”等。2001—2005 年，重点推广“克新 3 号”“春薯 4 号”“坝薯 10 号”“德友一号”等。

四、大豆

1993—1995 年，春大豆主要推广品种有“古田春大豆”“福安六月白”等，秋大豆主要推广品种有“古田豆”“白毛豆”“本地种”等。1996—2000 年，春大豆主要推广品种有“田埂豆”“六月白”等，秋大豆主要推广品种有“古田豆”“莆豆 8008”“六月白”“青皮豆”等。2001—2005 年，春大豆主要推广品种有“古田豆”“莆豆 10 号”“毛豆 75”“泉豆 6 号”等，秋大豆主要推广品种有“古田豆”“莆豆 8008”“毛豆 75”“毛豆 2808”等。

五、花生、玉米

1993—1995 年，主要推广品种有“粤油 551”“白沙 1016”“本地种”等。秋花生主要推广品种有“粤油 551”“本地种”等。1996—2000 年，主要推广品种有“泉花 5 号”“红花 126 等”。

秋花生主要推广品种有“粤油551”“本地种”等。2001—2005年，春花生主要推广品种有“泉花5号”“粤油551”“金花10号”等。秋花生主要推广品种有“粤油551”“本地种”等。玉米，主要推广品种有“掖单13”“农大3138”等。

六、小麦

1993—1995年，主要推广品种有“矮和尚”“福繁16”、“红和尚”等。1996—2000年，主要推广品种有“矮和尚”“满江红”“矮脚红和尚”等。2001—2005年，主要推广品种“泉麦3号”“泉麦1号”“绵阳26号”等。

七、大麦

1993—1995年，主要推广品种有“本地种”“啤酒麦”“早熟3号”等。1996—2000年，主要推广品种有“莆大麦1号”“浙农大1号”“早熟3号”等。2001—2005年，主要推广品种有“莆大麦1号”“浙农大1号”等。

第三节　作物栽培新技术

一、水稻

（一）再生稻技术

1993年，宁德地区再生稻种植初步形成选用再生力强组合、严卡播种期、培育壮秧、合理密植、适时适量施足促芽肥、适时抢收头季稻、适度高留桩、再生季田管等高产技术体系。在海拔300～500米单季稻田和海拔300米以下秋旱田和望天田，选用杂交水稻汕优63等单季中晚稻当家组合，种植面积2330公顷。1995年，全区种植面积扩大到6460公顷。1999年，古田县平湖镇钱坂村再生稻最高单产达7275千克/公顷。后因高产栽培技术不易掌握面积开始逐年减少。2000年，全市再生稻面积为1916公顷。2004年，平均单产3375千克/公顷。2005年，全市再生稻种植面积不足1000公顷，平均单产3300千克/公顷。

（二）旱育秧技术

1993年，宁德市和福安市率先引进水稻旱育秧技术并试验成功。翌年，开始在全区推广。秧苗培育由重视地上部分转向加强苗床土培养，重点放在地下部分。水浆管理控上促下，以提高秧苗素质，增强抗逆性和发根力，从而培育出根系发达的壮苗。水稻旱育秧技术具有省水、省工、省种、省秧田、节约成本、增产、增收等优点。一般比常规栽培省水50%、省种30%、省秧田50%。旱育秧栽后基本没有缓苗期，早生快发，可利用的分蘖多，成穗率和结实率均高，增产率达10%～15%。2005年，被列为宁德市重大农业推广技术和“丰收计划”项目。

（三）抛秧技术

1993年，由宁德地区农技部门引进。1994年，在全区推广。同传统水稻种植比较具有根系健壮，白根多；秧苗移栽伤根少，带土带肥入田，无明显缓苗期，早生快发；根部入土浅，分蘖节位低，分蘖易成穗；容易保证合理基本苗等技术优势。比常规栽培省种30%～50%，节省秧田80%，节省成本30%，增产5%～10%，提高劳动效率在10倍以上。至2005年，深受沿海水稻产区农民欢迎。

（四）超级稻技术

2004年引进，并逐渐形成以培育壮秧、宽行稀植、精确施肥、病虫综防等技术为核心的配套栽培技术。2005年，全市推广应用超级稻品种有“II优航1号”“特优航1号”“D优527”“II优明86”“准两优527”“两优培九”“甬优6号”“D优202”“特优627”“II优航2号”“D奇宝优527”“II优1273”等。

二、甘薯

（一）甘薯“五改”技术

1994年，全区开始推广甘薯“五改”技术。即深耕改土，创造良好的土壤条件，改老薯育苗为良种薯块育苗，改迟种稀植为早种密植，改少施或不施肥为科学施肥，改粗放管理为精细管理。“五改”技术使甘薯单产从推广“五改”技术之前的3480千克/公顷提高到4080千克/公顷，增幅为17%。2005年，全市已普遍实行。

（二）甘薯脱毒苗技术

1999年引进。利用甘薯茎尖导管组织不健全，病毒颗粒不易通过，甘薯茎尖不带或很少带病毒的原理，剥离茎尖培养甘薯茎尖苗，并使快速繁殖，使甘薯改变生产性状，单产提高20%以上。2005年，已在全市普遍推行。

三、马铃薯

（一）马铃薯脱毒苗技术

1999年引进。根据病毒在植物体内分布不均原理，采取茎尖组织培养获得试管苗，之后切段繁殖，生产脱毒种薯，使马铃薯单产提高30%以上。2005年，全市普遍推行这项技术。

（二）马铃薯稻草覆盖免耕技术

2001年，由霞浦、古田两县引进并试验成功，改“种薯”为“摆薯”。即把开沟铲出的土在畦面上稍做平整下种，无需挖穴盖土，按密植规格摆在畦面，盖上稻草即可，收获时只需刨开覆盖稻草就能采收。生育期一般不需要施用农药和除草剂，安全、卫生、无公害，单产能提高18%。2005年，由于稻草来源有限，覆盖免耕技术尚无法大面积推广。

四、其他作物

1993—2005年，果树方面主要有育苗技术、亩产优质栽培技术、营养诊断与配方施肥技术、果实套袋技术、组织培养技术、果树高接换种技术、柑橘黄龙病及柑橘木虱分布调查和水果贮藏保鲜技术等，蔬菜方面主要推广无公害高优栽培技术、机肥、生物农药防治病虫害技术、频振式杀虫灯等。药材方面主要有承担国家科技攻关，开展“太子参规范化栽培”和福建省地道药材“柘荣太子参”GAP研究及示范，两个国家“十五”科技攻关技术项目。

第四节 化肥使用

一、使用总量

1993年，全区全年化肥使用量为6777.3万千克，每公顷施用量为467.68千克。1997年，全区全年化肥使用量上升到8466.7万千克，每公顷施用量上升到590.1千克。2005年，全市全年化肥使用量上升到8686.0万千克，每公顷施用量上升到633.73千克，分别比1993年增长28.16%和35.5%。

二、化肥种类

氮肥 1993年，全区全年使用量3650.4万千克。1998年，使用量上升为3745.6万千克。2005年，全市全年使用量3700万千克，比1993年增长1.35%。

磷肥 1993年，全区全年使用量为1040.1万千克。1998年，使用量上升为1013.3万千克。2005年，全市全年使用量减至847.7万千克，比1993年减少18.50%。

钾肥 1993年，全区全年使用量为509.5万千克。1998年，使用量上升为961.0万千克。2005年，全市全年使用量上升为1007.2万千克，比1993年增长97.68%。

复合肥 1993年，全区全年使用量为1577.3万千克。1998年使用量上升为2720.5万千克。2005年，使用量上升为3131.1万千克，比1993年增长98.51%。

1993—2005宁德市（地区）化肥使用量统计表

表11-12 单位：万千克、千克

年份	总用量	其中				每公顷施用量
		氮肥	磷肥	钾肥	复合肥	
1993	6777.3	3650.4	1040.1	509.5	1577.3	467.68
1994	7057.8	3550.2	1060.2	633.3	1814.1	487.42
1995	7813.6	3953.1	1141.7	677.9	2040.9	540.30
1996	8094.6	4118.1	1049.2	815.8	2111.5	562.35

续表 11-12

年份	总用量	其中				每公顷施用量
		氮肥	磷肥	钾肥	复合肥	
1997	8466.7	4045.1	1128.1	819.5	2474.0	590.10
1998	8440.4	3745.6	1013.3	961.0	2720.5	590.70
1999	8223.3	3712.3	943.0	836.1	2731.9	576.75
2000	8243.8	3690.7	900.8	854.9	2797.4	580.35
2001	8029.8	3501.2	852.5	806.4	2869.7	571.50
2002	8151.6	3467.8	883.8	823.1	2976.9	587.40
2003	8337.2	3558.3	850.9	907.1	3020.9	604.80
2004	8400.3	3602.3	893.6	980.6	2906.2	611.27
2005	8686.0	3700.0	847.7	1007.2	3131.1	633.73

三、施肥新技术

（一）优化配方

1993 年，全区推广优化配方施肥 7.35 万公顷，其中水稻 6.65 万公顷，甘薯 0.5 万公顷，果树 0.2 万公顷，推广应用范围达 9 个县（市）110 个乡镇。水稻每公顷平均产量 5355 千克，比习惯施肥法每公顷增产 324 千克，增产率达 6.05%，总增稻谷 2157 万千克，每公顷节约肥料成本 20.7 元，总增收 1804.47 万元。甘薯每公顷增产 2145 千克，增产率达 8.3%，总增产 1073 万千克，总增收入 134.25 万元。果树每公顷比习惯施肥法增产 816 千克，增产率达 7.7%，每公顷增收 852.45 元，总增产 1659200 万千克，总增收 173.3 万元，三项合计 1993 年全区推广优化配方施肥技术共增加经济收入 2112.02 万元。1996 年，全区累计推广优化配方施肥面积达 28.92 万公顷，其中水稻 24.41 万公顷，平均每公顷增产稻谷 295.5 千克，增幅 5.17%。甘薯 2.7 万公顷，平均每公顷增产 1843.1 千克，增幅 7.83%。经济作物 1.81 万公顷，平均每公顷增产 948.75 千克，增幅 6.2%，总增产 11343.92 万千克，节本增效 8401.48 万元。

（二）平衡配套

1997 年开始，各县（市）农业技术推广部门把工作重点放在推广作物专用肥和新型植物叶面肥上。是年，全区共推广平衡施肥技术 6.75 万公顷，其中水稻 5.09 万公顷，甘薯 0.94 万公顷，茶果、蔬菜等经济作物 0.72 万公顷。水稻、甘薯、经济作物通过实施平衡配套施肥技术分别比习惯施肥每公顷增产 328.5 千克、288 千克和 724.5 千克，每公顷节约肥本 8 ~ 16 元，全区通过项目实施总增粮经作物 3463.3 万千克。2005 年，全市共推广该项技术 70.97 万公顷，平均每公顷增产 225 千克，节约肥本 8 ~ 16 元，总增粮经作物 1596 万千克，总节本增效 36728.5 万元。

（三）测土配方

2005 年 4 月开始实施测土配方施肥，施肥面积 0.69 万公顷，建立中心示范片 30 片，0.2 万公顷，带动面上推广 4.4 万公顷，设立简比田、试验田 15 个，节约肥料 660 万千克，节省肥本 1320 万元，共节本增效 2640 万元，采集化验土样 600 个，效益较好。

第五节　病虫害及防治

一、病虫害种类

（一）水稻病虫害

1993—2005年，据农情测报虫害有“二化螟”“三化螟”“稻纵卷叶螟”“白背飞虱”“褐飞虱”“黑尾叶蝉”“白翅叶蝉”“负泥虫”“稻蓟马”“稻螟蛉”“黏虫”“蝗虫”“稻秆蝇”“稻象甲”“蝼蛄”，病害有“稻瘟病”“纹枯病”“胡麻斑病”“稻曲病”“恶苗病”“青枯病”“绵腐病”“云形病”“小球菌核病”“赤枯病”。较易发生且为害较重病虫害有“二化螟”“稻飞虱”“卷叶螟”“稻瘟病”“稻秆蝇”等，如1996年、1998年，全区水稻“两迁”（稻飞虱与稻纵卷叶螟）害虫大发生。2004年，水稻品种“金两优33”爆发稻瘟病。

（二）甘薯病虫害

1993—2005年，据农情测报，虫害有“大象鼻虫”“小象鼻虫”“猿叶虫”“斜纹夜蛾”“提花天蛾”，病害有“疮痂病”“蔓割病”“根结线虫病”“甘薯瘟”等。

（三）麦类病虫害

1993—2005年，据农情测报，虫害有“麦蚜虫”，病害有“散黑穗病”“赤霉病”“锈病”“腥黑穗病”等。

（四）马铃薯病虫害

1993—2005年，据农情测报，虫害有“蛴螬”等，病害有“晚疫病”“软腐病”“青枯病”等。

（五）蔬菜病虫害

1993—2005年，据农情测报，虫害有“菜蚜”“菜青虫”“小菜蛾”“斜纹夜蛾”“跳甲”“黄守瓜”，病害有“绿霉”“红霉”“黑霉”“龟伞”等。

（六）果树病虫害

1993—2005年，据农情测报虫害有“梨大食心虫”“梨小食心虫”“二叉蚜”“军配虫”“桃蛀螟”“桃蚜”“柑橘红蜘蛛”“锈壁虱”“介壳虫”“星天牛”“柿蒂虫”“吹绵介壳虫”“葡萄金龟子”等，病害有“梨锈病”“黑斑病”“黑星病”“轮纹病”“桃缩叶病”“褐腐病”“根癌病”“炭疽病”“柑橘溃疡病”“疮痂病”“白粉病”“煤烟病”“葡萄黑痘病”“霜霉病”“柿炭疽病”“黑星病”“苹果落叶病”“脚腐病”“白绢病”“白粉病”“炭疽病”“轮纹病”“小叶病”等。

二、防治方法

1993—2005 年，主要有几种方法。即：

民间传统防治。取石灰撒入土壤中或以砒霜拌种子杀灭耕地土壤中的病虫害，用煤油浇杀或用桐油滴入水田冲洗稻飞虱等土办法抑制病虫害蔓延。山区县垅田采用挖毁稻根翻犁晒白以消灭水稻病虫害。

采用提早灌水溶田，消灭田间虫源，与化学农药并用消灭害虫。通过选用对口农药，改进喷药技术，创造天敌生存繁殖环境，发挥天敌控害功能。如利用“黑肩绿盲蝽”“线虫”“寄生蜂”等天敌消灭晚稻后期“稻飞虱”，引进“赤眼蜂”“平腹小蜂”、捕食“螨”“瓢虫”等天敌防治茶、果虫害。

推广农用抗菌剂生物农药井冈霉素，控制纹枯病发生。应用青虫菌、苏云杆菌、920 等防治蔬菜、果树、茶叶病虫害。寿宁县茶叶技术推广站研制成功利用茶毛虫 NPV 福建青株菌粉点喷杀茶毛虫，有效率 83% ~ 94%。

加强植物病虫害测报网建设。设立测报点，预测预报农作物病虫害发生程度、时间、数量。至 2005 年年底，全市设有 10 个植保植检站，104 个乡镇测报点，覆盖面达 89%，形成市、县、乡、村 4 级测报网。

第六章　农　垦

第一节　农垦经济

1993 年，宁德地区农垦系统实施种植结构调整，粮食播种面积逐渐减少，多种经营稳步发展。茶叶生产注重发展高优乌龙茶或绿、乌兼用品种。水果生产发展较快，尤以古田县国有综合农场油柰、水蜜桃，福鼎市秦屿农场、福安机械化养鸡场葡萄为大宗。1997 年，沿海垦区立足当地滩涂资源优势，开始进军水产品养殖业，养殖蛏等海产品面积 35 公顷。1999 年，农垦系统食用菌种植数量达 102 万袋，比 1993 年将近翻了一番。

2003 年，各地农场采取引进场外资金或以租赁承包或股份合作方式，创办茶叶精制加工厂 28 家，加工量快速增加。寿宁县龙虎山茶场引进场外资金股份制创办龙福食品有限公司，生产食用菌罐头 1000 吨，产值 750 万元。至 2005 年年底，全市农垦系统茶园面积调整至 946 公顷，主要产品有乌龙茶、绿茶、红茶、白茶、花茶五大类。茶园单产从 1993 年每亩 60.6 千克提高到 69.2 千克。累计生产各类毛茶 9298 吨，出口茶叶 1073 吨。水果种植面积从 1993 年 60.93 公顷发展到 229 公顷，增长 275.84%；产量从 1993 年的 90 吨增加到 2852 吨，增长 3068.88%。种植食用菌 5682 万袋，产量 3859 吨，产值 9602 万元。水产养殖产量 194 吨，比 1997 年增长 112.5%。畜牧业年产量在 56 ~ 98 吨之间。全市农垦加工企业增至 45 家，产量 3246 吨，产值 1314 万元。交通运输、仓储业、批发和零售业等第三产业发展至 63 家，从业人员 222 人，增加值为 920 万元。非国有经济比重由 1993 年的 3% 调整到占整个农垦经济的 68.4%。14 个农场取得土地使用权证面积 2553.8 公顷，占全市农垦土地总面积 4071.46 公顷的 62.7%，农垦国有农场土地合法权益依法得到保护。全市农垦完成工农业总产值 14484.38 万元，比 1993 年 1745.11 万元，增长 730%。国民生产总值从 1993 年的 738.61 元提高到 6014.79 元，提高 714.34%。人均纯收入从 1993 年的 1115 元提高到 4502 元，提高 303.76%。累计上缴税金 5577 万元。

若干年份宁德市（地区）农垦系统主要经济指标及经营情况统计表

表 11-13　　单位：公顷、人、万元、元

年份	土地总面积	农垦人口	职工人数	茶园面积	工农业总产值	国民生产总值	利润	人均纯收入	税金	第一产业增加值	第二产业增加值	第三产业增加值
1993	4313.73	5669	1537	1079.2	1745.11	738.61	−28.70	1115	131.99	512.98	219.59	6.04
1995	4309.4	5680	1584	1079.2	2028.66	947.59	−57.30	1782	176.30	660.75	181.82	105.02

续表 11-13

年份	土地总面积	农垦人口	职工人数	茶园面积	工农业总产值	国民生产总值	利润	人均纯收入	税金	第一产业增加值	第二产业增加值	第三产业增加值
1998	4308.87	5115	1472	978.1	4409.15	2041.15	-40	3075	546.97	780.56	1059.66	200.93
2000	4303.6	5231	1170	913.8	5678.50	3046.47	-75	3600	807.75	1086.02	1135.55	824.90
2004	4029	5292	1052	944	12628.19	5464.09	31	4214	824.70	1879.02	2737.42	847.65
2005	4071.46	5362	1051	946	14484.38	6014.79	10	4502	832.94	2029.68	3083.11	920.00

第二节 农垦企业改革

一、转换经营机制

1993年，全区农垦企业按国家《全民所有制工业企业转换经营机制条例》精神，制定劳动、人事、分配制度，促进企业经营机制的转换。1994年，开始推行“四到户，两自理”，即“土地承包到户、核算到户、盈亏到户、风险到户，生产费用、生活费用自理”承包机制。1997年，改“四到户，两自理”为“四到户、三自理”，即在“两自理”基础上增加“社保保障费用自理”。1998—1999年，根据全省农垦改革工作座谈会精神，全区依法解除职工劳动关系120人。以资金和土地量化结合，场内置换保留档案，职工在参加社会养老保险统筹前提下，土地变现给职工，按不同地段、不同等级分配茶园、果园、水田5～10亩，实现以地养人。参加社会养老保险统筹，实行“三费自理”的只在场内保留档案。1999年末，除古田县湖滨茶场外，其余13家企业全部推行置换职工身份改革方案，通过当地县（市）人民政府批复，并得到省财政厅、农业厅认可，获得资金补助。2000年，全市农垦企业全面实行劳动合同制，干部聘任制。此制度沿至2005年不变。

二、实施职工养老、医疗保险

1993年，全区14家农垦企业1430名职员工、445名离退休职工纳入地区社会养老保险统筹范围。离退休人员、合同工、集体工和长期临时工，按月从社保公司领取退养金。2001年，全市农垦企业参保职工人数1156人，参保离退休人员690人，年上缴基本养老保险统筹金131.9万元，全年发放养老金269.77万元。离退休人员人均每月领取养老金326元。2003—2005年，全市仅霞浦县茶场26名后勤管理人员和离退休人员参加职工基本医疗保险，大部分农垦企业根据自身实际采取医疗费封顶，少部分企业通过成立场部职工医疗基金等方式，解决职工看病难问题。2005年，全市农垦企业干部按18%、职工按8%缴费，参保职工人数1050人，参保离退休人员816人，全年上缴基本养老保险统筹金155.23万元，发放养老金501.2万元，离退休人员人均每月领取养老金512元。

第七章 优势产品开发

第一节 基地建设

1998年7月，宁德地区成立绿色食品工作领导小组，下设办公室，开始研究制定绿色食品发展计划，标志申请、质量控制、市场监督，负责全区无公害农产品、绿色食品基地建设等工作。1999年3月，地区行署出台《关于建设国有农场无公害茶园基地的意见》。是年，古田县湖滨茶场“古田油柰”为全区首例获得农业部绿色食品A级产品标志产品。2001年2月，宁德市绿色食品发展中心成立。2002年4月，根据农业部、质量监督检验检疫总局《无公害农产品管理办法》和《福建省农业厅关于开展无公害食品认证工作的通知》精神，继续推进无公害农产品产地认定和产品认证工作。2004年11月，古田县国有综合农场被农业部认定为全国“无公害农产品示范基地农场”。2005年11月，福安市农垦茶业有限公司被农业部认定为“无公害农产品示范基地农场”。年底，全市共有23家45个产品通过绿色食品A级产品认证，绿色食品产地监测面积3741.16公顷，绿色食品年产量61755吨。35家43个产品通过无公害农产品认证，产地认定面积17554.39公顷，年出栏无公害商品猪89000头，无公害农产品年产量71823吨。

1999—2005年宁德市（地区）绿色食品认证企业一览表

表11-14 单位：公顷、吨

企业名称	产品名称	基地面积	产量
福安市北门茶厂	茉莉花茶	133.33	120
屏南县黛溪农工商企业公司	白萝卜	133.33	3000
福安市农垦茶叶有限公司	茉莉花茶	200.00	100
柘荣县农业技术推广中心	茉莉花茶、仙岩雪峰（绿茶）	133.33	200
古田县国有综合农场	古田油柰、古田水蜜桃 古田银耳	133.33 23.55	2750 300
闽东张一元茶叶有限公司	茉莉花茶、仙岩雪峰（绿茶）	133.33	200
宁德市赤溪茶叶有限公司	茉莉花茶、绿茶	133.33	150
福鼎市华大食品有限公司	福鼎槟榔芋、香芋酥	666.67	23000
寿宁县天福缘茶厂	茉莉花茶、绿茶	133.33	80

续表 11-14

企业名称	产品名称	基地面积	产量
福安市茗春馨香茶叶有限公司	茉莉花茶	217.33	200
福鼎市秦丰蔬菜科技场	花菜、大蒜、甘蓝、大白菜、番茄	133.33	8150
霞浦县东孚农庄有限公司	绿笋、脱水绿笋、清水绿笋	200.00	5200
霞浦县茶场	绿茶	133.33	100
福安市工夫茶叶有限公司	茉莉花茶	133.33	150
福建福安市城湖茶叶有限公司	绿茶	66.66	100
宁德远藤食品有限公司	腌渍生姜	133.33	2000
宁德市瑞丰工贸有限公司	缢蛏	160.00	1200
福安市富春茶叶有限公司	茉莉花茶、绿茶	93.33	1500
福安市林芝茶厂	茉莉花茶、绿茶	80.33	105
屏南县锦丰食品有限公司	甘蓝、香葱、花椰菜、大白菜生姜、大葱	266.66	12600
宁德市高龙绿色农业有限公司	龙眼	40.00	900
霞浦凯源食品有限公司（AA 级）	海带、紫菜	140.00	500
霞浦县丰盛水产品加工厂（AA 级）	海带、紫菜	120.00	500

2005 年宁德市无公害农产品认证企业一览表

表 11-15

企业名称	产品名称	产地认定面积（公顷）	产量（吨）
福鼎市点头馨茗茶厂	绿茶、茉莉花茶	333.33	240
霞浦县水门振兴茶厂	茶叶	633.33	150
寿宁县龙虎山茶场	绿茶	100.00	150
福安市穆桂阳优质水蜜桃示范场	水蜜桃	133.33	2000
福建省霞浦县茶场	莲花翠芽、元宵茶（绿茶）	133.33	300
柘荣县东艺茶叶加工厂	彭山翠芽（绿茶）	66.67	3
屏南县鸳鸯溪茶场	绿茶	100.00	110
宁德市新科开发有限公司	生猪	12000	600000
福鼎市鑫海良种猪繁育场	生猪	5000	250000
宁德市盛和畜牧有限公司	生猪	12000	600000
宁德市南阳实业有限公司	生猪	50000	4000000
福建省福鼎市华龙饲料发展有限公司	生猪	10000	500000
宁德福鼎泰福茶厂	绿茶、茉莉花茶	333.33	240
宁德福鼎市永香茶厂	绿茶、茉莉花茶	213.33	150
宁德福鼎市点头鸿兴茶厂	绿茶、茉莉花茶	253.33	180
古田县雪杉耳珍稀食用菌研究所	雪杉耳	1.00	200
福安市坦洋茶场	工夫红茶	120.00	260

续表 11-15

企业名称	产品名称	产地认定面积（公顷）	产量（吨）
屏南县龙健食品有限公司	香菇	133.33	6150
福安市范坑凤山茶厂	绿茶	133.33	150
福建省农业科学院茶叶研究所	绿茶、乌龙茶	44.00	40
宁德市宝莱农业开发有限公司	淮山	33.33	1500
宁德市蕉城区洋中镇钟洋高山蔬菜种植场	白菜	20.00	1800
福安市巨峰葡萄研究所	葡萄	333.33	6250
福安市葡萄协会	葡萄	800.00	15750
古田县凤竹天源蔬菜有限公司	芹菜	38.00	2280
宁德市蕉城区正天湖反季节蔬菜有限公司	茄子	33.33	1000
福鼎市前岐福昌蘑菇专业合作社	双胞蘑菇	100.00	7200
福安市坂中乡坑下村蔬菜协会	小白菜、番茄、茄子	54.66	1610
宁德市蕉城区晚熟龙眼产业协会	龙眼	1000.00	10000
宁德市天果园农业开发有限公司	雪莲果	33.30	400
宁德市绿峰农业有限公司	脐橙	33.30	1000
宁德市蕉城区草莓产业协会	草莓	125.00	3735
福鼎市秦屿农场	葡萄	130.00	2925
周宁县茗香阁茶业有限公司	绿茶	200.00	100
福安市人民政府（茶叶生产领导小组办公室）	茶叶	11333.33	13363

第二节　地方特色产品开发

一、福鼎市槟榔芋

槟榔芋，原产于福鼎县山前程家洞，俗称“山前芋”，后被命名为“福鼎芋”。1993 年，宁德地区实施农业综合开发项目，在福鼎县的贯岭镇、叠石乡、点头镇、秦屿镇、管阳镇等地，建立“福鼎芋”生产基地 1380 公顷，年产量 2.6 万吨。2000 年，“福鼎芋”获“福建省名牌农产品”称号。2003 年、2004 年又分别获得国家证明商标和原产地地理商标，生产基地进一步扩大。2005 年，基地面积达 1733.33 公顷，产量 3.0 万吨。

二、福鼎市四季柚

四季柚，原产于福鼎县前岐镇罗唇村抛脚自然村，种植历史悠久。经多年选育、进化，形成特有品质的四季柚。1993 年，开辟福鼎四季柚基地面积 7 公顷，每公顷产量 22.5 ~ 30 吨。2002 年，种植面积 1012.5 公顷，产量 2.23 万吨。2005 年，福鼎四季柚基地面积达 1350.13 公顷，采摘面积1089.27公顷，产量2.94万吨。

三、古田县油柰

古田县农民油柰种植历史悠久，是宁德地区油柰主产区。1993年起，古田县每年以扩大300～400公顷规模不断拓展种植面积。1999年，种植面积300公顷以上的有鹤塘镇、平湖镇等7个乡镇，种植面积20公顷以上的有瑚滨等11个茶（农）场，油柰基地逐步形成。2000年，古田县油柰种植面积达0.35万公顷，产量2.31万吨。2005年，古田油柰基地面积达0.43万公顷，产量3.1万吨。

四、蕉城区晚熟龙眼

晚熟龙眼，蕉城区种植历史悠久。其沿海三都镇、飞鸾镇、漳湾镇、七都镇等地受三都澳大水体调节，冬无严寒，夏无酷暑，尤其适宜晚熟龙眼栽培，为境内晚熟龙眼主产区。1993年，种植面积2100公顷，采摘面积900公顷，年产量7000吨。2004年，生产基地被农业部列为“南亚热带作物名优基地”。2005年，种植面积达2833公顷，产量9433吨。

五、屏南县反季节蔬菜

宁德高山反季节蔬菜栽培，始于屏南县。1994年，宁德地区农业局经作站以屏南县甘棠乡、棠口乡等部分乡镇为基地，推广种植反季节花椰菜66.6公顷，产量330吨。1998年，农业部在屏南县双溪镇和路下乡创办南方夏秋淡季蔬菜示范场获得成功。2000年，推广到熙岭乡、代溪镇、屏城乡等地，且品种不断增多，种植面积扩大333.3公顷，产量1100吨。2005年，屏南县夏秋反季节蔬菜基地面积达3660公顷，产量5.4万吨。

第八章　农业机械化

第一节　经营服务

1993年，全区水稻主产区率先推进农机服务体系建设。霞浦县牙城镇、州洋乡开始实行“五统一”（统一规划、统一作业、统一质量、统一供油、统一收费）农机经营服务，全县组建210个机耕组，有694台拖拉机下田；还组织维修队到田间地头服务，做到农机小修现场处理，中修不出乡镇。1994年，福安市溪柄农业科技园区推出“农机站+农户”农业适度规模经营模式。溪柄镇农机站还开展供油、零配件销售等服务。福安市农民自行成立合作代耕组织，拥有农机专业户2829户，服务项目有运输、粮食加工、机耕等。年末，全区共建立机耕、排灌、植保、加工、收割、运输等农机服务组织46家，农机联合体18家，农机股份制企业32家，年服务总收入6123万元。

1996年，宁德地区乡镇农机管理服务站全面完成定编工作。古田县大桥镇、霞浦县州洋乡、周宁县狮城镇、柘荣县东源乡、屏南县长桥镇、宁德市（今蕉城区）飞鸾镇6个乡镇农机站，被列入地区基层农机服务体系示范站。1997年，全区县以下开展农机经营服务单位发展到149家，农机专业户1.1万户，从业人员5万人。1998年，宁德市（今蕉城区）组建8支“半紧密型”机耕服务队，福安市溪柄镇成立全区第一个乡镇农机服务公司，开展代耕服务。霞浦县通过股份、联营形式组建87支机耕服务队，牙城镇新建洪山、锥溪等村农机队，下田机耕1110台次。翌年，霞浦县有33支农机队与农民签订机耕合同5333.3公顷，32支股份制农机队，机耕农田1586.7公顷。福鼎市为适应农业生产需要，培训各类农机人员600人，其中新训农用车、拖拉机驾驶员250人，复训350人。

2000年，宁德市农机经营服务实现“四个转变”，即“由单一集体农机服务组织向股份合作制、农机协会、农机专业户等新型服务组织转变；由低偿、无偿服务向社会化、市场化服务转变；由单纯为粮食产中服务向为农林牧副渔多种经营的产前、产中、产后服务转变；由单一集体经营向多层次、多形式、多主体的市场化、社会化、产业化经营转变”。年末，全市拥有各类农用运输机械13446台，其中农用运输车达8496台，农田作业、灌溉、农副产品加工、运输等项目机械化程度较大提高。全市机耕地程度达28%，机播、机收作业面积分别为191公顷和3651公顷，机械化程度分别为0.8%、7%。全市累计农机经营总收入4.89亿元，比1996年增加1.36亿元，年均增长7.6%。

2001年，霞浦县州洋乡农机站被省农机部门评为全省“五有”（有队伍、有制度、有场所、有设施、有实体）农机站。2002年9月7日，16号台风“森拉克”登陆宁德期间，全市共组织拖拉机700部，抽水机械200台，投入抢险救灾战斗。2003年，柘荣县开展“农机安全村活动”，以富溪镇富溪村为重点，集中培训农机手，提高其使用农机具本领。6—8月，宁德市出现28年来最严重旱情，全市共投入拖拉机1600辆，抗旱机耕0.98万公顷，清淤渠道230千米，维修抗旱机械2100台（套）。2004年，宁德市政府在“五一”前夕向福鼎市店下镇全国种粮大户邓正钟赠送一台东风-12手扶拖拉机，福鼎市政府也资助1.5万元，帮助其购买一台湖州130联合收割机。当年，全市引进外省联合收割机27台，完成跨区机收面积0.073万公顷。

2005年，周宁县先后举办农机技术培训班18期，培训各类拖拉机驾驶员538人，修理工182人，电焊工42人。寿宁县加大对农机大户支持引导，培育368户农机大户，年增加收入2万～10万元。柘荣县组织农机手、农机大户、农机维修人员成立柘荣县农机协会，会员120多人。年末，全市机耕地面积达3.55万公顷，粮食作物机播面积173公顷、机收作业面积0.73万公顷，耕、种、收三项机械化水平分别达27%、0.03%和7%，三项综合水平达11.34%。农机经营总收入6.88亿元，比2000年增加2亿元，年均增长9%。经营户年均纯收入12036元，比2000年增长17.8%。

第二节　农机推广应用

1993年，宁德地区农机推广站承担全区农机具引进、试验、示范等工作。1995年，寿宁县为推进“半县花菇半县茶”生产方针，推广香菇原料加工机械63台，保鲜设备123套，茶叶精制加工机械12台（套）。霞浦县农机监理站与该县电子研究所联合研制拖拉机转向刹车灯光控制装置取得成功，并通过省电子工业局技术鉴定，当年实现批量生产1万套，销往省内外。全区落实农机推广经费13万元，推广旋耕耙30台，从甘肃引进多功能追肥枪150把，从日本引进单人采茶机1台。推广化肥深施农机科研项目1万公顷，水稻、旱地作物累计增产粮食5000吨，节肥1000吨。

1996年，霞浦县州洋乡农机站开发生产小马力脱谷机，在全区进行试验推广170台。福安市化肥深施农机科研项目实施面积扩大到2.67万公顷，实现总增粮9600吨，节肥3000吨。全区推广各类收割机、耕作机、采茶机100台。1997年，从无锡、桂林等地引进各种新型农机具1070台（艘），其中水稻抛秧机7台，联合收割机4台，割晒机1台，机动脱粒机340台，推广双铧犁、旋耕耙、圆盘犁400台，小型农田机耕船318艘。

1998年，全区共推广各种农机新机具1300台，其中有湖州130型全喂入联合收割机19台，奉化割晒机9台，价值70万元。1999年，结合农机化科研项目实施，组织推广水稻耕作、收获、烘干机械。福鼎市、霞浦县机收水平有效提高，为农户降低生产成本500多万元。福安市新增小型粮食烘干机10台，在溪柄镇、甘棠镇两个示范点为农民烘干谷物175吨。

2000年，全区小批量引进推广龙马IGZ-3型微耕机200台。各县（市、区）初步形成以国家投入为引导、农民投入为主体、集体投入为补充的农机投融资新机制，农机数量增长较快，装备水平日益提高。至年底，全市农机总投入达到1821.9万元，其中财政投入335万元，单位和集体投入27.9万元，农民个人投入1459万元，农民个人投入占80%以上。农机总值达4.57亿元，比1995年增加1亿元，增长32%；农机总动力达80万千瓦，比1995年增加16.3万千瓦，增长26%。全市农用拖拉机达11679台，比1995年增加1791台，增长18%；配套机具达3049台，比1995年增加196台，增长6.9%。

2001年，农机推广沿海一线以福安市为重点，突出抓水稻机插、机收、烘干等主要生产环节机械化，山区一线主要解决小田块机耕作业。福安市实施全国水稻生产全过程机械化示范县项目，累计投资362万元，引进耕、插、收等作业机具17台，农民购置农机具423台，机械化耕整、化肥深施、栽插、收获水平分别提高11%、26%、10%、3.7%。霞浦县、蕉城区各引进延吉插秧机1台，福鼎市引进常柴160型联合收割机4台。屏南县、寿宁县分别推广小型耕作机械30台和20台。2002年，寿宁县推广8台6CZ茶叶蒸汽杀青机，63台小型耕作机械和茶叶、食用菌、反季节蔬菜等加工保鲜机械，霞浦县推广450台海带切丝机和大批虾皮深加工机械、紫菜烘干机、大黄鱼加工设备等海产品加工机械。

2003年，农机新技术推广重点转向农副产品加工及农业增效上。福安市在溪柄镇立峰村和扆山村建成4个巨峰葡萄微型保鲜库，日均保鲜容量400吨，使葡萄每0.5千克增值0.4～0.6元。寿宁县扶持菜农投资建成20个蔬菜小冷库，为反季节蔬菜销往广东、浙江、福州等地提供保鲜服务。周宁县玛坑茶场引进茶叶修剪机20台。2004年，福鼎市秦屿镇巨口村3位农民集资18.5万元，购入洋马牌半喂入联合收割机1台，年机收面积达66.66公顷。

2005年，宁德市实施农机购机补贴制度。全市申报补贴购机2批、46台（套），总金额58万元，其中福鼎申报沃得4LZ-1.6型联合收割机9台，小型耕整机15台，共为农民补贴购机款4.5万元。市财政拨出专款10万元，向每个购置名茶理条机农民发放20%补贴，带动全市推广500多台（套），使每0.5千克机制名茶价格比原来提高3倍以上。寿宁县抓住茶叶农药残留检测环节，引进推广茶叶农残检测设备5台。累计农民个人购买农业机械655台，投资8507.8万元。年末，全市农机总值达7.187亿元，农机总动力89.7万千瓦。农机装备和作业水平显著提高。

第三节　安全监理

1993年，全区农机安全监理工作由地区农机监理所负责，引导各县（市）农机监理机构开展农业机械安全监督管理、牌证管理、安全宣传、重大农机事故处理及农机安全生产检查等工作。1995年3月，宁德地区农机监理所根据国家计委、财政部《关于“九二”式拖拉机牌证收费标准的通知》，启动换发新牌证收费制度。当年，全区共年检拖拉机5490台，年检率达80.7%；年审拖拉机驾驶员3295人，年审率达76.6%；完成拖拉机新车挂牌1137台，考核拖拉机驾驶员810人，开展田间路查5321人，纠正违章作业7886台次，组织安全生产教育2452人。

1996年1月，农机安全使用国家标准首次发布实施。国家技术监督局颁发《农业机械运行安全技术条件　轮式拖拉机》等13项国家强制标准，并从4月1日起实施。当年，全区年检拖拉机5824台，年检率达81.5%；年审拖拉机驾驶员3405人，年审率达75.2%；完成“九二式”拖拉机牌证换发5407台，考核拖拉机驾驶员435人，开展路检路查5000多人次，纠正违章作业7000多台次。1997年，执行国家农业部《农用拖拉机及驾驶员安全监理规定》。各级农机部门根据宁德地区农机局与交警支队联合下发的《关于无牌无证及改装拖拉机换发九二式牌证的意见》及《关于取缔擅自改装改型拖拉机厂（点）的通知》要求，对改装改型拖拉机进行技术检验，合格予以挂牌，纳入正常管理；不具备技术条件非法改装改型厂（点），会同工商、技术监督部门予以取缔。全年审定改装改型拖拉机技术检验点19个，核发改装改型拖拉机牌证666台，培训改装改型拖拉机驾驶员356人。

1997年6月，农业部在全国组织开展“文明监理，优质服务”示范窗口创建活动。2000年，霞浦县农机监理站被评为全国文明示范窗口。2003年，蕉城区、福安市农机监理站被评为省级文明示范窗口。

1999年6月,《福建省农业机械管理条例》颁布实施，宁德地区农机部门组织90人参加全省行政执法资格考试，并取得资格证书。是年，全区完成年检拖拉机6058台，年检率达82.6%；完成年审拖拉机驾驶员3318人，年审率达78.5%；办理拖拉机报牌1744台，考核拖拉机驾驶员823人，开展路检路查6256人次，纠正违章作业5621台次。

2004年，全市农机监理人员深入矿山、砖瓦厂、山区田间、边远乡村，对无牌无证拖拉机及驾驶员进行清理登记。全年共签订安全责任书3260份，发放整改通知书556份，纠正违章694起，补办登记手续130台，强制报废拖拉机89台，并在9个县（市、区）开展创建“农机安全示范村”活动。

2005年，全市两次开展打击“黑车非驾”活动，累计出动农机监理执法人员4600多人次，发放安全宣传材料8000份，开展农机安全检查600次，发放整改通知书766份，纠正违章1356起，其中违章载人312起，补办登记手续120台，强制报废拖拉机92台。年末，农机监理部门共完成新车报牌436部，核发行驶证751本，年检拖拉机4647台，年审拖拉机驾驶员526人，核发驾驶证1378本，新培训农机驾驶员671人，与机手签订安全责任书8028份。

第九章　管　理

第一节　机　构

一、宁德市（地区）农业局

1993年，地区农业局内设人事教育科、秘书科、生产科、外经科及农技站、植保站、土肥站、经作站、经管站、种子公司（种子管理站）、农垦站、畜牧兽医站、家畜育种站，农场勘测规划队、土壤中心化验室。

1997年4月，地区机构改革，地区农业局内设办公室、人事教育科、综合科、外经科（政策法规科），核定机关行政编制14名、机关工勤人员事业编制2名。宁德地区农民负担监督管理领导小组办公室挂靠地区农业局，核定专项编制4名。2000年11月撤地建市，地区农业局更名为市农业局。

2002年9月，市党政机构改革，市乡镇企业局并入农业局，对外挂牌。市农业局是主管全市农业（含种植业、畜牧业、农业机械、农垦、茶叶、乡镇企业、农业中等教育）和有关农村经济工作的市政府工作部门，为正处级。内设办公室、人事教育科、外经科（政策法规科）、计划财务科，乡镇企业生产技术科、乡镇企业经济运行科、乡镇企业协调督查科等7个科室，核定机关行政编制23名（含纪检监察编制3名）、机关工勤人员事业编制2名。挂靠机构有市农民负担监督管理办公室、市农业资源区划委员会办公室、市农村环保能源办公室。2006年4月，将挂在市农业局的市乡镇企业局牌子改挂在市经济贸易委员会。职能调整后，市农业局设办公室、人事教育科、外经科（政策法规科）、计划财务科，核定机关行政编制16名（含纪检监察编制3名），机关工勤人员事业编制1名。

二、宁德市（地区）农机局

1993年，宁德地区农机总站增挂“农机局”牌子，为副处级事业单位。1998年，地区编委重新确认原宁德地区农机局为具有行政职能的事业单位，人员参照公务员管理，内设人秘科、业务科均为副科级。下辖地区农机监理所、农机培训班、农机研究所（农机推广站）3个正科级事业单位，明确编制，经费财政全额拨款。至2005年不变。

第二节 农村财务管理

1993年，宁德地区在推行家庭联产承包责任制过程中，一些村集体、个人关系处理不当，出现集体积累分光吃光等现象。县、乡两级政府组织人员深入农村，对实行责任制以前大队、生产队财务进行清理整顿。当年，屏南县150个行政村清理总金额达1171.48万元，清出违纪金额66.54万元，退赔53.23万元，收回欠款94.86万元。寿宁县组织村民民主选举村级合作经济组织管理人员，使合作经济组织会计工作走上规范化管理轨道，全县农村财会制度改"钱物收付记账法"为"借贷记账法"。1994年，霞浦县在溪南镇、盐田乡成立会计服务站，进行"村财乡审"制度改革试点。翌年，全区大部分行政村开始推行新记账法、统一账证，设立会计新科目。

1997年，福鼎市、福安市等地开始取消村会计，实行"村账镇建"，委托乡镇经管站代管制度。1998年，全区农村以"及时、规范、真实、公开"为4条标准，陆续实行财务公开民主管理制度。霞浦县在溪南镇、州洋乡、崇儒乡的81个行政村实施改"村财乡审"为"村账乡管"的民审、村记、乡管改革，为295个行政村配备了新会计。年末，全区累计先后对4006个村（居）进行财务清理，共查出违纪金额2156万元。1999年，对全区2176个行政村债权债务进行清理，查清集体总收入16231万元，集体总支出14759万元，其中非经营性支出8235万元，占总额55.89%；资产总额70854万元，其中货币资产5803万元，占总额的8.2%；固定资产57547万元，占总额的81.2%；债权总额7011万元，村均3.22万元，债务总额14937万元，村均6.86万元。同年，全区开始施行换届村干部任职和离职经济审计制度。寿宁县对群众反映比较强烈的行政村进行财务审计，其中凤阳乡官田村审计总金额246万元，挽回经济损失99.57万元。2000年，全市各行政村普遍建立民主理财小组，由两委之外人员担任，村级集体财务审批手续受到监督。寿宁县有130个行政村成立村务监督小组，占总行政村数的65%。

2001年，全市农村贯彻《福建省村集体财务管理条例》《福建省村集体经济审计工作规程》，全面执行账前审计、专项重点审计、村干部离任审计制度。屏南县先后对269位离任村主干经济责任进行审计，审计总金额达5428万元。周宁县以专项审计带动村级财务审计，参加人数达860人次。2003年，全市农村按照国家统一的会计制度设置会计科目，编制财务会计报告，使用省农业厅规定的账、表、簿、据，规范农村财务管理。2004年，村级债权债务监测工作全面展开。古田县建立60个村财务公开示范点，按规定内容、时间、形式和程序，定期公开财务收支情况，重大经济事项及时公开，接受群众监督。省农业厅还在古田县的黄田镇黄田村、凤都镇洋头村、鹤塘镇前圪村设立村债权债务固定监测点。

2005年，全市农村执行省农业厅《村集体经济组织会计制度》和《村集体经济组织新旧会计制度有关衔接问题的处理规定》。周宁、寿宁等县对村级会计人员组织培训，以规范集体经济组织会计核算办法。当年，霞浦县开展村集体征地补偿款专项审计，完成审计25个村，总金额9829.8万元，涉及征地面积489.4公顷，征地补偿费5915.87万元，查处违法金额193.45万元，清退金额39.9万元。至年末，全市累计审计8526个单位，审计总额达48.9亿元，查出违纪金额2691.63万元。全市农村建立、健全"三账两簿"（总账、明细账、分户账、现金出纳簿、物资保管簿）制度。全面执行《福建省村集体会计委托代理制度暂行规定》，在乡镇成立"村集体会计委托代理服务中心"，接受本乡镇（街道）所辖村集体委托，推行村账委托乡镇代管制度。各委托单位与会计代理服务中心依法签订协议书，并接受其监督管理。各村设一名报账员，定期向会计代理服务中心报账。

第三节　农民负担监管

1993年，宁德地区行署根据省政府《福建省农民承担费用和劳务管理规定》，成立农民负担监督管理领导小组，下设办公室，全面开展减轻农民负担工作。在对涉及农民负担项目进行逐项排查审核中，对全区中小学乱收费进行清理、停止审批教育集资申请、查处违规收费行为，遏制中小学乱收费现象。1994年起，全区农民负担监管工作执行《福建省农民负担监督管理条例》，把减轻农民负担工作纳入法制化管理轨道。至1996年，先后对在农副产品收购中代扣、代缴各种款项和向农民摊派进行整顿，取消一大批涉及农民负担收费、集资和基金项目以及达标升级活动收费，纠正各种错误收费方法。确定区内农民承担提留统筹费基本控制在5%限额内，全面建立农民负担预决算、监督卡、专项审计3项制度。查处福安市溪尾镇干部因收费引发纠纷导致枪击误伤菇农、寿宁县大安乡干部因收费问题殴打菇农致残、宁德市（今蕉城区）金涵乡干部因征收建房税费引发村民自杀事件等一批违法违纪事件。

1997—2000年，宁德地区各级党委政府根据《中共中央、国务院关于切实做好减轻农民负担工作的决定》，加大政策界限宣传力度，减负政策逐步深入人心。全区把农民承担提留统筹费控制在1995年村农民人均纯收入的3%以内，进一步清理没有收费依据的项目。此外，还开展行政事业单位乱收费、乱摊派，农民建房收费，农民进城务工收费，有关部门向村级组织摊派和拉赞助等专项治理工作。“三乱”现象（乱集资、乱收费、乱罚款）得到遏制。2001年，农村税费改革开始后，农监部门对各项支农惠农政策加强监管，确保各项补助、补贴资金及时足额到位。其间，市电力部门累计投入资金13亿元，实施农电“两改一同价”改造工程，使全市60.9938万户农户受益，每年为农民减轻电费负担近亿元。

2003年，全市农民减负工作按照省委、省政府“五个取消、一个稳定、一项改革”（取消乡统筹费；取消农村教育集资等专门面向农民征收的行政事业性收费和政府基金、集资；取消除烟叶及原木收购环节特产税外的其他特产税；取消屠宰税；取消统一规定的劳动积累工和义务工；稳定农业税政策；改革村提留征收使用办法）要求全面铺开，随即停止征收提留统筹费，暂停清收税费改革前农民尾欠，对有困难农民给予减免照顾，已收取2003年度提留统筹费，如数退还农民。全市农民税费负担总额2284.64万元，比改革前减轻33203.13万元，农民人均负担8.27元，比改革前减轻120.33元。2004年，全市清理涉农收费文件898份、涉农收费项目938个，审核取消项目819个。对种植水稻耕地免征农业税。

2005年，减轻农民负担工作实行党政“一把手”负责制、对违反减轻农民负担政策者实行“一票否决”。同时，对负责减轻农民负担部门实行工作责任制，推行工作检查制度、信访和涉农案（事）件查处制度、农民负担监测制度等，保证减负工作顺利实施。各县（市、区）地按照“减轻、规范、稳定”原则，坚持做到“三个确保”，即确保辖区内农村税费改革后农民负担减轻后不反弹，各项支农惠农政策落实到位，确保不违反中央和省的规定，出台加重农民负担的项目，确保不发生因农民负担引发的严重事件和恶性案件。

第四节 农业执法

1999 年之前，宁德地区农业执法工作分散在农业局下属各相关事业单位，由各相关事业单位承担，这些事业单位既承担技术推广服务，又承担行业日常监管、行政处罚等执法工作，依法行使法律法规规定由农业部门承担的种子、农药、兽药、肥料等农资违法行为的行政罚处权。由于执法力量分散，没有形成合力和历史上农业部门主要开展技术服务等原因，种子、植保质检、土壤肥料和兽医等事业单位更多的是开展技术服务和行业管理，不时组织开展农资市场检查，规范农资市场秩序，极少行使行政处罚权，农业行政执法处于摸索起步阶段。

1999 年，宁德地区地、县（市）两级农业部门根据《福建省农业厅关于印发〈福建省农业行政综合执法试点工作实施方案〉的通知》（闽农政〔1999〕108 号）等文件精神，狠抓农业行政综合执法机构建设。1999 年 2 月，古田县人民政府批准成立古田县农业行政执法大队，同年 5 月，古田县农业行政执法大队挂牌成立，开创了宁德地区农业行政综合执法之先河，随后，屏南县农业行政执法大队、福鼎市农业行政执法大队先后经当地编制部门批准挂牌成立。2000 年 9 月 1 日，宁德地委编委下发宁地编〔2000〕24 号文件，批准成立宁德地区农业行政执法支队，行使行政执法职能，核定事业编制 7 人。2002 年 4 月，宁德市农业行政执法支队正式挂牌成立，时任福建省农业厅厅长吴建华到场祝贺并揭牌。2002 年，农业部将福安市农业行政执法大队列入“农业部农业综合执法试点单位”。2003 年 1 月，蕉城区农业行政执法大队挂牌成立，全市九个县（市、区）和市本级农业部门都成立农业行政执法机构，核定编制 62 人。

农业综合执法机构成立以后，专司农业行政处罚之责，积极组织开展农资打假护农、毒鼠强专项整治等专项整治行动，对农资市场开展地毯式检查，严厉打击生产经营假冒伪劣农资等违法违规行为，整顿规范农资市场秩序，确保农民种上“放心种”、施上“放心肥”、用上“放心药”，保障农业产业和农产品质量安全。截至 2005 年年底，全市农业行政综合执法系统累计出动农业综合执法人员 7317 人次，检查各类农资生产经营网点 3821 家次，抽查农资产品标签 12506 个次，其中，农药标签 3524 个次，种子标签 3859 个次，兽药标签 2137 个次，肥料标签 2986 个次；质量监督抽检农资产品 559 批次，其中，种子产品 511 批次，农药产品 23 批次，兽药产品 25 批次，立案查处种子、农药、肥料、兽药等农资违法违规案件 763 起，查获违法农资产品 18.15 吨，罚没款 309 多万元，挽回经济损失 2110 多万元，有力地打击了农资违法违规行为，进一步规范了农资市场秩序，维护了农民的合法权益，确保了农业产业和农产品质量安全。

第十二编 林业

宁德地处亚热带，山地面积广大，森林覆盖率较高。1993年，境内共有亚热带常绿针叶林、常绿阔叶林、针阔叶混交林，栽培植被等典型植被类型计86科、721属、1417种。地理环境及气候条件亦适宜野生动物栖息繁衍，共有国家重点保护、省重点保护和省一般保护陆生野生动物354种。1993—2005年，宁德林业工作坚持改革与产业发展相结合，森林资源保护与产业发展相并重方针，开展以“明晰所有权，放活经营权，落实处置权，确保收益权”为主要内容的集体林权制度改革，调动林农和林业生产经营者的积极性，林业生产取得较大进步。至2005年年底，全市累计完成造林绿化面积13.87万公顷，其中，荒山造林8.99万公顷，迹地更新4.48万公顷。全市林地面积扩大到99.51万公顷，占土地面积的76.54%。森林面积85.42万公顷，森林覆盖率65.7%。活立木蓄积量0.21亿立方米。竹林面积6.03万公顷。拥有省级自然保护区2处、省级森林公园3处，资源保护态势良好。森林火灾、林业有害生物、乱砍滥伐林木等破坏森林因素得到有效遏制。其间，境内林业有害生物发生面积20.65万公顷，防治面积19.2万公顷，防治率达93.2%。收缴非法木材20350立方米，挽回直接经济损失1393万元。林业产业逐渐形成商品材、人造板等系列产品产业链延伸格局。有省级林业产业化龙头企业2家，市级龙头企业11家。年产商品材19.8万立方米，竹材产量1780万根。完成林产工业产值9.5亿元，占年林业总产值的22.8%。年出口创汇3600万美元。林业成为促进宁德农民增收，保障生态、经济、社会可持续发展的一个支柱产业。

第一章 森林资源

第一节 面积 蓄积

一、森林面积

1993年，宁德地区林业用地面积93.93万公顷，占全区土地总面积的72.30%。有林地面积62.20万公顷，占林业用地面积的66.22%；疏林地面积2.62万公顷，占2.79%；无林地24.63万公顷，占26.22%。1995年，全区有林地面积59.36万公顷。

1997年，全区林业用地增加至99.52万公顷，占全区土地总面积的76.5%。有林地面积增加至84.82万公顷，占林业用地的85.23%。其中林分面积68.56万公顷，占68.89%，疏林地面积1.02万公顷，占1.03%；无林地8.54万公顷，占8.58%。此后，每年林地面积基本稳定，变化不大。

1998年，全区林业用地99.49万公顷，占全区土地总面积的76.5%。有林地面积84.81万公顷，占林业用地的85.24%。其中林分面积68.5万公顷，占68.85%；疏林地面积1.01万公顷，占1.02%；无林地8.45万公顷，占8.49%。1999年，全区林业用地99.45万公顷，占全区土地总面积的76.5%。有林地面积84.73万公顷，占林业用地的85.2%。其中林分面积68.11万公顷，占68.49%；疏林地面积1.0万公顷，占1.0%；无林地8.46万公顷，占8.51%。

2000年，宁德市林业用地99.57万公顷，占全市土地总面积的76.6%。有林地面积85.99万公顷，占林业用地的86.36%。其中林分面积69.66万公顷，占69.96；疏林地面积0.97万公顷，占1.0%；无林地8.31万公顷，占8.35%。

2001年，全市林业用地99.57万公顷，占全市土地总面积的76.6%。有林地面积85.72万公顷，占林业用地的86.1%。其中林分面积69.39万公顷，占69.69%；疏林地面积0.97万公顷，占0.97%；灌木林地面积2.89万公顷，占2.90%；未成林造林地1.59万公顷，占1.6%；苗圃地0.002万公顷，占0.002%；无林地8.41万公顷，占8.45%。

2002年，全市林业用地99.51万公顷，占全市土地总面积的76.6%。有林地面积85.83万公顷，占林业用地的86.0%。其中林分面积69.13万公顷，占69.5%；疏林地面积0.97万公顷，占1.0%；灌木林地面积2.89万公顷，占2.9%；未成林造林地1.69万公顷，占1.7%；苗圃地0.002万公顷，占0.002%；无林地8.23万公顷，占8.5%。

2003年，全市林业用地99.50万公顷，占全市土地总面积的76.6%。有林地面积85.58万公顷，占林业用地的86.0%。其中林分面积69.18万公顷，占80.8%；疏林地面积0.97万公顷，占

1.0%；灌木林地面积2.87万公顷，占2.88%；未成林造林地1.49万公顷，占1.5%；苗圃地0.002万公顷，占0.002%；无林地8.59万公顷，占8.63%。

2004年，全市林业用地99.44万公顷，占全市土地总面积的76.5%。有林地面积85.42万公顷，占林业用地的85.90%。其中林分面积68.96万公顷，占69.34%；疏林地面积1.0万公顷，占1.01%；灌木林地面积2.87万公顷，占2.88%；未成林造林地1.03万公顷，占1.04%；苗圃地0.002万公顷，占2.01%；无林地9.20万公顷，占9.25%。

2005年，宁德市林业用地99.51万公顷，占全市土地总面积的76.5%。有林地面积85.42万公顷，占林业用地的85.84%。其中林分面积68.92万公顷，占69.26%；疏林地面积0.89万公顷，占0.89%；灌木林地面积2.86万公顷，占2.81%；未成林造林地1.08万公顷，占1.09%；苗圃地0.002万公顷，占0.002%；无林地9.24万公顷，占9.29%。

二、林木蓄积

1993年，全区活立木蓄积量1401万立方米，其中林分蓄积量1398万立方米，占99.78%；毛竹总株数10001万株，森林覆盖率为60.09%，林地绿化率为75.29%。1995年，全区活立木蓄积量1451.5万立方米，其中林分蓄积量1412.04万立方米，占92.28%；毛竹总株数10162万株，森林覆盖率为63.5%，林地绿化率为89.1%。

1997年，全区活立木蓄积量1484.1万立方米，其中林分蓄积量1447.1万立方米，占97.5%；毛竹总株数12092万株；森林覆盖率为65.2%，林地绿化率为89.1%。1998年，全区活立木蓄积量1516.7万立方米，其中林分蓄积量1479.7万立方米，占97.6%；毛竹总株数11127万株，森林覆盖率为65.2%，林地绿化率为89.1%。1999年，全区活立木蓄积量1539.3万立方米，其中林分蓄积量1502.3万立方米，占97.6%；毛竹总株数11131万株，森林覆盖率为65.2%，林地绿化率为89.1%。

2000年，全市活立木蓄积量1592.8万立方米，其中林分蓄积量1550.6万立方米，占97.4%；毛竹总株数11118万株，森林覆盖率为65.8%，林地绿化率为86.4%。2001年，全市活立木蓄积量1655.4万立方米，其中林分蓄积量1617.0万立方米，占97.7%；疏林蓄积量6.8万立方米，占0.4%；散生木蓄积量23.6万立方米，占1.4%；四旁树蓄积量8.0万立方米，占0.5%；毛竹总株数17645.8万株，森林覆盖率为65.9%，林地绿化率为86.1%。

2002年，全市活立木蓄积量1703.9万立方米，其中林分蓄积量1665.1万立方米，占97.7%；疏林蓄积量6.8万立方米，占0.4%；散生木蓄积量24.0万立方米，占1.4%；四旁树蓄积量7.9万立方米，占0.5%；毛竹总株数17645.8万株，森林覆盖率为65.8%，林地绿化率为86.1%。2003年，全市活立木蓄积量1754.7万立方米，其中林分蓄积量1716.1万立方米，占97.8%；疏林蓄积量6.8万立方米，占0.4%；散生木蓄积量23.6万立方米，占1.4%；四旁树蓄积量8.0万立方米，占0.5%；毛竹总株数17645.8万株，森林覆盖率为65.8%，林地绿化率为86 %。

2004年，全市活立木蓄积量2050.5万立方米，其中林分蓄积量2008.4万立方米，占97.9%；疏林蓄积量7.1万立方米，占0.3%；散生木蓄积量27.1万立方米，占1.3%；四旁树蓄积量8.0万立方米，占0.4%；毛竹总株数17645.8万株，森林覆盖率为65.9%，林地绿化率为85.9%。

2005年，全市活立木蓄积量2126.8万立方米，其中林分蓄积量2084.6万立方米，占98%；疏林蓄积量7.1万立方米，占0.3%；散生木蓄积量27.1万立方米，占1.3%；四旁树蓄积量7.9万立方米，占0.4%；毛竹总株数17645.8万株，森林覆盖率为65.7%，林地绿化率为85.8%。

第二节　种类与分布

一、森林种类

商品林　包括用材林、经济林、薪炭林。宁德市（地区）用材林面积最大，各县（市、区）中，古田、屏南面积最大。

若干年份宁德市（地区）商品林分布情况统计表

表 12-1　　单位：万公顷

年份	类别	宁德	蕉城	古田	屏南	周宁	寿宁	福安	柘荣	福鼎	霞浦
1993	经济林	—	—	—	—	—	—	—	—	—	—
	用材林	37.42	3.31	8.63	7.82	3.93	5.34	2.79	1.65	1.60	2.36
	薪炭林	7.83	0.57	0.57	0.04	0.59	0.58	1.21	0.15	2.86	1.26
1997	经济林	10.50	0.83	1.34	0.53	0.75	1.26	2.54	0.45	1.69	1.09
	用材林	2.28	—	—	—	—	—	—	—	—	—
	薪炭林	5.17	—	—	—	—	—	—	—	—	—
2002	经济林	10.52	0.83	1.45	0.54	0.74	1.27	2.49	0.45	1.67	1.08
	用材林	36.24	2.61	8.24	6.04	3.58	4.78	3.67	1.57	2.39	3.35
	薪炭林	3.49	0.60	0.07	0.12	1.17	0.22	0.46	0.12	1.38	0.38
2003	经济林	10.52	0.83	1.43	0.54	0.75	1.27	2.49	0.45	1.68	1.08
	用材林	36.18	2.64	8.22	6.02	3.26	4.75	3.71	1.57	2.38	3.33
	薪炭林	3.45	0.61	0.07	0.12	0.12	0.22	0.46	0.12	1.35	0.39
2004	经济林	10.51	0.83	1.45	0.55	0.75	1.27	2.47	0.43	1.67	1.08
	用材林	36.33	2.62	7.99	6.02	3.53	4.78	3.85	1.57	2.41	3.57
	薪炭林	3.47	0.59	0.06	0.12	0.11	0.22	0.46	0.12	1.43	0.36
2005	经济林	10.47	0.83	1.43	0.55	0.75	1.27	2.47	0.44	1.67	1.09
	用材林	36.21	2.61	7.91	6.03	3.49	4.79	3.85	1.58	2.57	3.56
	薪炭林	3.44	0.59	0.06	0.12	0.11	0.22	0.45	0.11	1.42	0.36

说明：表中“蕉城”即原县级宁德市

生态公益林　2001 年，开始界定省级以上重点生态公益林，全市面积为 34.72 万公顷。生态公益林管护补偿金纳入国家、省级财政补助，至 2005 年年底，生态公益林面积一直占全市林业用地面积的 34.89%。全市区划界定生态公益林中，特用林面积 4.99 万公顷（其中自然保护区林面积 2.70 万公顷，自然保护小区林面积 0.80 万公顷，环境保护林 1.21 万公顷，风景林、国防林、实验林、母树林、名胜古迹和革命纪念林 0.32 万公顷），占生态公益林经营区面积的 14.4%；防护林面积 29.73 万公顷（其中水源涵养林 11.40 万公顷，水土保持林 15.05 万公顷，防风固沙林

2001 年宁德市及各县（市、区）重点生态公益林界定面积统计表

表 12-2　　　　单位：公顷

统计单位	总计	特用林									防护林						
		小计	自然保护区林	自然保护小区林	环境保护林	风景林	国防林	实验林	母树林	名胜古迹和革命胜地林	小计	水源涵养林	水土保持林	防风固沙林	农田防护林	护岸林	护路林
宁德市	347196	49851	27044	7529	10077	240	298	15.5	40.2	6757	297345	113939	150542	1024	380	13689	17723
蕉城区	44031	11818	8724.3	993	215	275	—	—	3.6	—	32213	18855	11547	190.3	56	468	2096
古田县	51752	2529	2.73	197	1865	438	26	—	—	10	49223	33924	14766	—	8.87	—	525
屏南县	36622	2369	1109.3	239	1005	7.6	—	5.13	1.27	26	34253	23649	10295	—	271	—	38.3
周宁县	28554	2877	—	137	1853	120	—	2.67	—	—	25677	5951	19371	—	—	—	3558
寿宁县	36266	5840	4668	0.27	1145	18.7	—	—	8.2	—	30426	109230	14877	—	—	—	4620
福安市	47612	5686	1087	2704	1384	62.4	—	—	—	6665	41926	3493.3	3686.4	—	44	179	1370
柘荣县	19377	2680	1996	169.3	94	420	—	—	—	—	16697	2290	5783	—	—	—	3624
福鼎市	44285	11050	5173	3405	2168	103	176	0.13	25.7	—	33235	12878	4370	—	—	11900	4087.4
霞浦县	42699	5004	3521.2	14.47	412	948	96	7.6	1.47	56	37695	20178	32694	834	—	1142	1007

0.10 万公顷，农田防护林、护岸林、护路林 3.18 万公顷），占 85.6%。

第三节 古树名木

一、分布

境内古树分布广泛，数量众多、种类丰富。根据国家规定古树名木划分标准，拥有古田县杉洋镇楼下村和平湖镇南岭村秃杉 11 株、福鼎市硖门畲族乡石兰村“榕抱樟”与“夫妻榕”、周宁县城关洋尾村三片 0.1 公顷柳杉、屏南县岭下上门楼水松 72 株、周宁县七步镇水松 5 株、寿宁县托溪乡渺洋村 5 株柳杉与 2 株阔叶树、柘荣县楮坪乡湖头村徐家岭一片柳杉以及屏南县棠口水尾溪 9 株柳杉和 1 株江南油杉等 8 处古树群，各种古树将近 1 万株。古树中属国家重点保护濒危珍稀树种有银杏、苏铁、南方红豆杉、水松、水杉、秃杉、福建柏、鹅掌楸、樟、闽楠、花榈木、红豆树等。属省级珍稀保护种类有油杉、江南油杉、福建青冈、红锥、福建含笑、沉水樟、刨花润楠、红楠等。名木有宁德南漈山公园的两株南洋杉。

樟树 别称香樟。古田县凤都镇桃源村村头 1 株，植于南宋年间，高 16 米，主干根基径 19.4 厘米，一侧树根露出地面，长 7 米，形成高 2.8 米，宽 1.95 米拱形门。福鼎市硖门乡秦石村 1 株，元末明初为抗击倭寇，特意在树上凿洞，以便高处瞭望，树高 22 米，胸围 13.6 米，冠幅 25/13 米，树龄 1500 年。

榕树 福鼎市硖门石兰村 1 株，树龄 1000 年，高 29 米，胸径 19.8 米，将樟树紧紧环抱，形成树中有树，树外有根，根上有藤，藤间有草奇观。蕉城区漳湾镇游澳村 1 株，左干是榕树，右干是樟树，胸径围 10 米，树龄 300 年。福鼎市白琳镇腾屿村 1 株，树龄 410 年，高 23 米，胸围 7.5 米，树根与石墙古门浑然一体，有“古榕树门洞”之雅称。

杉木 蕉城区虎泂乡彭家村 1 株，据当地家谱记载为唐光启年间（885—888 年）所植，树龄千余年。古田县杉洋镇楼下村和平湖镇南岭村有 11 株，其中 7 株胸径均达 1 米以上。

江南油杉 周宁县狮城镇狮城村 1 株，胸围 0.44 米，高 28 米，树龄 800 年。古田县大桥乡隆德洋村坝子边 1 株，胸围 6.93 米，高 30 米，为境内发现最大的一株江南油杉，树龄 400 年。

柳杉 周宁县城关洋尾村村民于清道光十二年（1832 年）种下 3 片风水树，均以柳杉为主，高 20 ~ 25 米，胸围 2.5 ~ 3.8 米。寿宁县托溪乡渺洋村有 5 株。柘荣县楮坪乡湖头村徐家岭自然村一片柳杉群，平均树龄 200 年，平均高 19 米，胸围 1.1 米。屏南县棠口水尾溪畔 9 株，沿溪排开，平均高 28 米，胸围 2.45 米。

南方红豆杉 霞浦县柏洋乡林洋村河源宫前 1 株，树龄 1000 年，树高 9 米，胸围 2.82 米。周宁县 4 株，玛坑乡沈洋村亭坪 1 株，树龄 1000 年，树高 25 米，胸围 4.1 米；七步镇苏家山村 1 株，树龄 1260 年，树高 27 米，胸围 3.51 米；玛坑乡沈洋村里桥头 1 株，树龄 1000 年，树高 14 米，胸围 4 米；路下乡岭头村 1 株，在离地面 3 米树干腐化，形成一个空洞，南半部开裂，15 株毛竹穿过树洞而出，杉竹皆苍翠挺拔。蕉城区 4 株，虎泂乡岩柄村 2 株，1 株树龄 1000 年，树高 20 米，胸围 2.70 米，1 株树龄 1000 年，树高 8 米，胸围 2.74 米；虎泂乡新亭塘边 1 株树龄 1000 年，树高 16 米，胸围 2.40 米；洋中镇北洋曾厝后门山 1 株，树龄 1000 年，树高 15 米，胸围 3.64 米。古田县 2 株，凤埔北溪贝头上门坪 1 株，树龄 910 年，树高 21 米，胸围 5.45 米；风埔旧镇伍墩门上 1 株，树龄 950 年，树高 12 米，胸围 1.52 米。

枫香 周宁县玛坑乡杉洋村枫树岭 5 株，树龄 800 年。柘荣县宅中乡村口 1 株，高 27 米，胸围 4.65 米，相传植于清同治年间，树干顶部寄生有吊莲。

木荷 周宁县 3 株，玛坑乡首章村面前山 2 株。1 株树龄 600 年，树高 27 米，胸围 1.96 米，另 1 株树龄 600 年，树高 26 米，胸围 2.08 米。玛坑乡首章村宫边 1 株，树龄 600 年，树高 30 米，胸围 2.65 米。屏南县长桥镇高溪村坂垱坪 1 株，树龄 516 年，树高 26 米，胸围 2.70 米。

米槠 周宁县有 3 株。七步镇岭头溪底自然村 1 株，树龄 1000 年，树高 18 米，胸围 2.06 米。1 株树龄 1000 年，树高 22 米，胸围 3.20 米。七步镇岭头东山自然村 1 株，树龄 1000 年，树高 10 米，胸围 3.80 米。

苦槠 霞浦县柏洋乡谢墩村 1 株，树龄 1000 年，高 11 米，胸围 5.05 米。

银杏 福鼎市硖门乡瑞云寺内 1 株，高 25 米，胸围 8 米，树龄 1000 年。古田县 2 株，泮洋乡上墩自然村 1 株，高 21 米，胸围 3.63 米，树龄 500 年。泮洋乡陈皮洋自然村 1 株，高 8 米，胸径 1.34 米。

沉水樟 屏南县长桥镇前里坪村 1 株，高 18 米，胸围 3.6 米，是市内仅有一棵，树龄 300 年。

杜鹃 屏南县棠口乡龙源村 1 株，树龄 300 余年，高 5 米，全株 5 个主枝，一年四季开花。屏南熙岭乡九峰禅寺内 1 株，树龄 500 年。

柏桐 寿宁县犀溪乡景山村 1 株，干枢长出一棵桐树，能开花结果。

含笑 福安市湾坞乡白莲村 1 株，树龄 300 年，胸围近 5 米，常年开花。

紫薇 霞浦县柏洋乡德开宫内 1 株，树龄 300 年，胸围 1 米余，形态美观。

鹅掌楸 别称马褂木。柘荣县乍洋乡石山村 1 株，树龄在 500～600 年间，高 17 米，胸围 8.70 米。

圆柏 又称桧、桧柏。霞浦县 6 株，水门乡芦阳村 1 株，树龄 900 年，树高 10 米，胸围 2.20 米。柏洋乡上万村 1 株，树龄 1200 年，树高 9 米，胸围 2.15 米。柏洋乡陈墩村 1 株，树龄 1200 年，树高 14 米，胸围 5.40 米；1 株树龄 1200 年，树高 14 米，胸围 3.50 米；1 株树龄 1000 年，树高 13 米，胸围 3.20 米。柏洋乡谢墩村 1 株，树龄 1600 年，树高 13 米，胸围 2.85 米。

水松 周宁县七步镇岭头村 1 株，高 45 米，胸围 4.26 米，濒死。屏南县岭下上门楼保留着一片水松林，面积 0.1 公顷，72 株，平均树龄 130 多年，最高 400 年，平均高 16 米，平均胸径 0.3 米。

苏铁 福安市上白石镇崇仁禅寺门口 1 株，树龄 1300 年，高 7 米，胸围 1.04 米。

水松林　　张少忠　摄

1996 年、2002 年宁德市（地区）古树数量统计表

表 12-3　　单位：株

统计单位	合计（不计树木损毁）	第一次调查（1996 年）	期间灭失损毁	第二次调查（2002 年）
宁德市	9148	3204	79	5944
蕉城区	832	377	22	455
古田县	605	141	3	464
屏南县	1218	302	1	916
周宁县	1154	173	1	981
寿宁县	355	355	36	0
福安市	1216	869	10	347
柘荣县	202	95	4	107
福鼎市	2035	794	0	1241
霞浦县	1531	98	2	1433

说明：表中“蕉城区”即原县级宁德市

二、保护措施

1993 年，宁德地区古树名木保护工作主要由当地群众自发保护，或以乡规民约形式加强管理。1996 年，林业部门第一次对古树名木状况开展普查，全区共查出古树名木 3204 株，逐一落实古树名木管护人，建立管护责任制，进行造册建档，加挂由省林业厅统一制造的牌子，实行挂牌保护。1997 年，宁德地区行署把古树名木保护工作列入《宁德地区生物多样性保护工程规划》，批准设立一批自然保护区和森林公园，并加大宣传力度，群众保护古树名木意识日益增强。柘荣县城郊乡仙源里村群众自发为一株 500 多年树龄银杏架设支柱，采取人工拯救，避免树体倒毁。

2002 年，全国绿化委员会、国家林业局发出《关于开展古树名木普查建档工作的通知》，宁德市人民政府成立普查领导小组，再次组织各县（市、区）对古树名木开展调查，历时 6 个多月，完成古树名木调查工作，查清全市现存古树名木 5944 株。各县市（区）针对古树生长年限长、树体高、易受台风、雷电、病虫害侵袭等情况，结合当地实际分门别类编制《古树名木、古树群调查表》《古树名木、古树群照片集》《古树名木清单》《古树名木分类统计》《古树名木名录》等资料，逐一落实管护责任制，做好建档，挂牌等工作。

第二章　造林育林

第一节　林木种苗

一、采种

1993—1994 年，本地采种树种有杉木、马尾松、柳杉、木荷、油茶、油桐、乌桕、红豆树、香樟、檫树等，多从种子园和母树林上采集种子，两年累计采集马尾松、杉木、香樟种子 9100 千克。1997 年起，因造林面积逐年降低，造林树种结构发生变化，产种基地大部分母树林并非真正意义上的良种，大部分母树林转为用材林。其间，省林业厅加强对区域良种管理力度，杉木、马尾松、湿地松、香樟等树种种子基本来源于省厅调拨，本地采种量逐年下降。2000 年，《中华人民共和国种子法》颁布实施，宁德市林业管理部门执行该法关于对林木种子采集、生产、销售施行许可制度规定，以遏制劣种、假种以及质量较差林木种子的采集与销售，区域种子生产进入法制化管理轨道。2004 年，全市共发放种子生产许可证、林木种子经营许可证 109 份，其中生产许可证 64 份，经营许可证 45 份。全年累计本地采集马尾松、杉木、香樟种子 1750 千克。2005 年，全市总计发放“两证”127 份，其中林木种子生产许可证 78 份，经营许可证 49 份。本地采集马尾松、杉木、香樟种子 1800 千克。

二、育苗

1993 年，境内林木育苗方式分大田育苗和容器育苗两种。大田育苗，主要培育杉木、马尾松、黄山松、木荷、樟树、毛竹、银杏、无核柿、枫香、水松、水杉、秃杉等。容器育苗，主要培育马尾松、杜英、丝栗栲、米槠、闽粤栲、枫香等。集体山林基本上实行分户经营体制之后，育苗以个体户为主，数量视生产情况安排，林业部门加以指导。至 2005 年，全市每年育苗平均面积 62.30 公顷，大田育苗 4200 万株、容器育苗 100 万株。随着经济发展，大棚育苗、容器苗、组培苗方式也被广泛应用。

1993—2005 年宁德市（地区）林木采种育苗情况统计表

表 12-4　　单位：公顷、千克

年份	采种数量	育苗面积	年份	采种数量	育苗面积
1993	4300	90	2000	2400	67
1994	4800	59	2001	2050	65
1995	3200	75	2002	2100	55
1996	3000	80	2003	2200	60
1997	—	70	2004	1750	51
1998	2900	60	2005	1800	13
1999	2700	65			

三、种质资源保护

2002 年，市林业部门开展种质资源保护工作，以提高林木种子质量。保护形式有原地保护与异地保护。原地保护通过自然保护区、天然公园等方式以保护植物、生态系统。异地保护方式有植物园、种质资源圃、种子库、组织培养物的试管保存（离体保存）等。种子园、种质资源库、母树林是市内主要的种质资源保存形式。2004 年，在周宁县建设细柄阿丁枫母树林采种基地 0.4 公顷，闽粤栲母树林采种基地 0.2 公顷。在柘荣县建设三尖杉种子园 2 公顷，基因库 1 公顷，子代测定林 1.33 公顷，良种示范林 2.7 公顷，采穗圃 1 公顷，繁殖圃 1.6 公顷。2005 年，在霞浦县杨梅岭国有林场建成柳杉良种基地面积 1.076 公顷，其中，柳杉初级种子园 0.125 公顷，柳杉一代种子园 0.064 公顷，柳杉采穗圃 0.015 公顷，柳杉母树林 1.59 公顷，收集保存省内外及日本柳杉优良无性系等 73 个家系或无性系。并建有柳杉、杉木、马尾松、桉树、相思树等树种的子代测定林、地理种源试验林、引种栽培试验林等 0.716 公顷。

1995—1999 年宁德地区种质资源原地保护区一览表

表 12-5　　单位：公顷

名称	地点	面积	保护对象	始建年份	级别
福安桫椤省级自然保护区	福安市	1438	桫椤	1995	省级
台山列岛自然保护区	福鼎市	7300	森林植被、生物资源	1997	地市级
太姥山、杨家溪自然保护区	福鼎市、霞浦县	17753	森林植被生物资源	1997	地市级
台山列岛自然保护区	福鼎市	7300	森林植被生物资源	1997	地市级
山羊尖风景自然保护区	寿宁县	1170	萼木、苏门羚	1998	县级
红山桫椤自然保护区	霞浦县	5	野生植物	1999	县级

第二节　植树造林

宁德造林方法分点播造林、插条造林、实生苗造林、飞机播种造林 4 种。点播造林，也称直播造林、穴播造林，树种主要是松类。其要领是对林地稍事整理后，挖穴下种回土。用此法能节省育苗成本，但成活率比较低。插条造林，主要树种为杉木、垂柳。其方法是选取一二年生杉木萌芽条（或柳枝），劈下沾上黄泥浆后直接定植于林地。实生苗造林，也称植苗造林，即采种育苗造林。此法已广泛应用于多树种、多林种的造林。其中一般造林树种为整地挖小穴（30 ~ 60厘米见方，30 ~ 40厘米深）栽植，村旁、路旁等绿化树种为挖大穴（80 ~ 100厘米见方，60 ~ 80厘米深）栽植。松类也有采用“一锄法”造林方式。飞机播种造林，对集中连片、面积大，交通不便，植苗造林难度高宜林荒山，通过规划设计、炼山，由飞机播种造林。此外，毛竹、绿竹等采用挖大穴移栽母竹方法进行造林。2005年年底，全市造林总面积8175公顷，其中荒山造林3160公顷、迹地更新5015公顷。

1993—2005年宁德市（地区）植树造林与迹地更新面积统计表

表12-6　　单位：公顷

年份	总面积	其中						
		荒山造林						迹地更新
		小计	用材林	经济林	防护林	薪炭林	其他林	
1993	11736	10166	4619	914	2913	1120	—	1570
1994	18743	16325	10147	653	1722	3778	—	2418
1995	8365	6053	3354	555	1190	946	8.6	2312
1996	11923	8892	3911	881	1158	2942	—	3031
1997	12546	8681	4820	775	1157	1928	1	3865
1998	11253	7153	2500	807	1660	2180	7.73	4100
1999	9600	6513	2833	567	1500	1607	9.73	3087
2000	10403	6509	1875	636	2673	1259	—	3894
2001	11192	5991	2450	691	1912	894	43.7	5201
2002	8777	5043	1391	804	2244	568	36	3734
2003	6454	2334	558	317	1459	—	—	4120
2004	5612	3178	823	434	1921	—	—	2432
2005	8175	3160	1161	336	1663	—	—	5015

第三节　低产林改造

20世纪90年代初，宁德地区低产林分主要有天然次生常绿阔叶林和针阔混交林以及油茶、毛竹和一些生长不良的“小老树”。由于多年失管、放牧、烧山滥伐等原因，形成林相残破的林分。1993—1994年，针对杉木、马尾松用材林在中龄林阶段，年生长量在0.2立方米/亩以下，毛竹林每亩立竹数在130根以下，实施低产林改造。办法是对生长不良杉木、柳杉、马尾松等低产林分加强抚育垦复和进行人工补植、混交。全区累计完成低产林改造面积1000公顷。1995年，寿宁县，福安市低产林改造在油茶优良品种补植与扩大林地套种方面取得新进展。福安市油茶低改工作改过去“土”改“肥”为“种”改“耕”，完成油茶低改工程4650公顷，受到林业部肯定。寿宁县结合社会林项目采取带状垦复“三保”（保土、保水、保肥），疏林补植，密林疏伐等措施，改造低产油茶0.23万公顷，每亩每年净增茶油2.15 ~ 4.29千克。是年，全区完成低产林改造面积0.67万公顷。1997年，在寿宁县实施毛竹丰产示范基地项目，有6个乡镇12个行政村采取抚育、深翻、施肥等技术，共完成示范面积346.6公顷。并把毛竹低产林改造推广到全县各个乡镇。福安市完成低产林垦复330公顷，立体油茶35公顷，肥改270公顷，良种补植2.9公顷。拥有科技兴林示范乡镇、示范村、场、户61个，步入全省科技兴林示范县（市）行列。同年，全区累计完成低产林改造面积0.53万公顷。1998年，霞浦县对柏洋、崇儒、水门等山区8片林材质量差，利用价值低的针阔混交杂竹低产林分，实施刈灌、扶乔，完成改造面30.53公顷。2000年，全市以培土垦复为重点，改造马尾松低产林473.33公顷。2002年，霞浦县针对油茶树龄长，管理粗放，长势不旺等问题，推广优良无性系丰产技术，采取高接换冠8公顷，预栽更新2.67公顷。是年，全市累计完成低产林改造面积2.80万公顷。2003年起，低产林改造面积逐年减少。2005年，全市累计共完成低产林改造面积5.26万公顷。

第四节　封山育林

1993年起，宁德地区对有培育前途疏林地，每公顷具有天然下种能力且分布均匀的针叶母树60株以上或阔叶母树90株以上无林地，每公顷有分布较均匀的针叶幼苗、幼树900株以上或阔叶树幼苗、幼树600株以上无林地，每公顷有分布较均匀的萌蘖能力强的乔木根株900个以上或灌丛750个以上无林地，分布有珍贵、稀有树种且有培育前途地块及人工造林困难高山陡坡、岩石裸露地，经过封育可望成林或增加林草盖度地块，进行封山育林。宁德市（地区）封山育林，分别采用全封（也叫死封）、半封（也叫活封）、轮封3种方式。全封，即在封育期间，禁止采伐、砍伐、放牧、割草和其他一切不利于植物生长繁育的人为活动。封育年限根据成林年限确定，一般3 ~ 5年，有的8 ~ 10年，这种方式用于高山、远山、河流上游、水库附近以及有严重水土流失和风沙危害地区的水源涵养林、防风固沙林和风景林的封育。半封，即在林木主要生长季节实施封禁，其他季节在不影响森林植被恢复，严格保护树种幼苗、幼树前提下，组织群众有计划、有组织进行砍柴、割草等经营活动，这种方式也适用于封育用材林和薪炭林。轮封，是将整个封育区划片分段，实行轮流封育；在不影响育林和水土保持前提下，划出一定范围，供群众樵材、放牧、割草等，其余地区实行全封或半封；轮封间隔期2 ~ 3年或3 ~ 5年不等。通过轮封，使整个封育区都达到恢复植被目的，此法能较好地照顾和解决群众利益和生产生活上实际需要，适用于培育薪炭林。2005年年末，全市累计完成封山育林29.68万公顷。

1993—2005年宁德市（地区）封山育林、低产林改造面积统计表

表12-7　　单位：万公顷

年份	封山育林		低产林改造
	新封	在封	
1993	3.33	19.37	—
1994	3.17	18.17	0.10

续表 12-7

年份	封山育林		低产林改造
	新封	在封	
1995	2.67	12.82	0.67
1996	2.67	13.16	0.67
1997	2.67	14.2	0.53
1998	3.54	17.1	0.53
1999	2.67	18.25	0.53
2000	0.27	13.59	0.38
2001	2.67	15.68	0.67
2002	3.13	11.99	0.69
2003	0.65	7.57	0.27
2004	0.5	6.9	0.13
2005	0.13	4.59	0.08
合计	28.07	173.39	5.25

第三章 森林资源保护

第一节 森林防火

一、森林火灾

宁德境内森林树种结构单一，多年实施人工造林后，易燃性的杉木、马尾松纯林占林分总量的70% ~ 80%，对火灾的防御能力较差，每隔3 ~ 4年集中爆发一次。1993年12月26日，福安市溪潭乡马腰山播区行人丢烟蒂引发火灾，烧毁未成林37公顷、有林地5.3公顷。1999年，12月24日，古田县大甲乡山里村发生森林火灾，在扑救山林火灾中县防火办主任余洪铝以身殉职。2000年，因冬霜冻害严重，进入高火险期出现“东亚大槽”，致使林区植被干枯，森林火灾频繁发生。全市发生火灾182起、其中重大火灾4起。仅屏南县就发生火灾23起，过火面积184.10公顷，受灾面积166.20公顷。2004年4月20日，古田县松吉乡下洋村村民苏某烧田埂引起山林火灾，烧毁森林面积17.4公顷，大火延烧8小时，造成3人死亡1人重伤重大事故。当年因夏秋冬连旱，出现“反季节森林火灾”，全市共发生火灾185起，其中重大火灾1起，为历年最多。2005年，全市共发生森林火灾53起，其中重大火灾1起。过火面积1297.9公顷，受灾面积902.7公顷。发生率11.8次/10万公顷、受害率2.3‰。

二、防火组织

宁德市（地区）森林防火指挥部办公室 1993年成立宁德地区森林防火指挥部办公室，科级事业单位，编制2人。2000年，改称宁德市森林防火指挥部办公室。2003年，经宁德市委机构编制委员会办公室审核、市机构改革领导小组审定，作为市人民政府森林防火指挥部常设办事机构，确定为行使行政职能的事业单位，核定编制3名。

宁德市森林防火指挥部 主要负责组织、协调和指导本行政区域的森林防火工作。森林防火指挥部指挥长由主管林业工作的同级政府领导担任，成员由军分区（人武部）、林业、农业、公安、法院、检察院、民政、武警、消防、电信、电力、交通、卫生、财政、气象、广电、教育等相关部门领导组成。指挥部成员单位领导随政府换届调整补充。

森林火灾扑救队伍建设 宁德市民间森林防火联防组织建设始于20世纪80年代，各级政府始终紧抓防火组织建设，努力提高护林防火实效。至2005年，全市已成立护林联防协会56个，拥有半专业扑救队伍27支，义务消防队伍215支，6010人。每位队员技术装备齐全，都配备有头盔、水壶、手电、挎包、手套、防火服和扑火用具，大大提高了抵御森林火灾的能力。

三、火灾预防

宣传警示 1993年，地区森林防火指挥部制定年度防火宣传方案。此后每年均制定年度防火宣传方案，将3月和10月规定为“森林防火宣传月”，印发《致全市农民朋友的一封信》《森林防火宣传提纲》等材料，发送到每家每户，营造防火氛围。据统计，1993—2005年，出动宣传车巡回宣传里程达5610千米。在林区村庄、主要路口、公路沿线、旅游景区等醒目地段，设置森林防火宣传警示牌480面。市气象局加报三级以上火险等级预报。

野外火源管理 1993年3月31日至4月15日清明节前后，严禁一切野外用火。在坟墓集中区，人员活动频繁地段，各县（市）乡镇人民政府组织乡镇干部、护林员进行巡逻，在主要路段高挂横幅标语，设卡检查，严防把引火物携带上山。此后每年均严格野外火源管理，实行野外用火审批制度，福安等县（市）规定，20亩以下用火委托林业站审批，20亩以上用火由县（市）防火办审批，发给野外用火许可证，交押用火保证金。

防火工程建设 1993年，林区普遍推广开劈防火线做法。1995年前后，又推广“割路边草”、推广人行道防火隔离带、设立森林防火瞭望台等。2004年，由于气候原因，森林火险等级持续高位，森林火灾不断发生，开始推广生物防治森林火灾，全市完成生物防火林带建设规划。2005年，在全市推行有组织、有计划的预烧防火隔带工作，消除火灾隐患。完成生物防火林带和土生带建设1312千米。

实行责任制 1993年年初，市政府与9县（市）政府签订森林防火责任状。各县（市）政府与各乡（镇）政府签订责任状。同时，各级林业局、林业站和护林员也签订防火责任状。至2005年，全市年均签订各级森林防火责任状21.5万份。通过层层签订责任状，明确责任领导、责任部门，每月对责任状执行情况进行考核通报，建立起严格的责任书执行检查考核和责任追究制度，形成齐抓共管局面。各地森林防火指挥部还分别制定有《处理森林重大火灾事故预案》《加强森林火险期值班和火情报告制度》《野外用火管理规定》等，建立健全各项森林防火规章制度。

1993—2005年宁德市（地区）森林火灾统计表

表12-8

年份	发生次数	过火面积（公顷）	成灾面积（公顷）	成林蓄积损失（立方米）	幼林损失（万株）	消耗人工（工日）
1993	100	1830.7	1409.2	4954	341.3	9275
1994	46	447.3	296.1	1318	82.3	3376
1995	76	895.7	645.6	4017.8	165.3	6455
1996	90	1342.2	1027.7	5868	335.9	9895
1997	15	288.4	206.4	989	54	1927
1998	18	164.2	139.4	1533	28.3	1890
1999	42	899.8	611.3	7348	158.7	6877

续表 12-8

年份	发生次数	过火面积（公顷）	成灾面积（公顷）	成林蓄积损失（立方米）	幼林损失（万株）	消耗人工（工日）
2000	178	5349.8	4018.7	42255	582.7	28245
2001	23	429.3	333.6	2849	46.9	2245
2002	55	980.8	576.1	5159	139	5152
2003	63	1021.2	687.6	16813	190.6	6624
2004	184	4143.3	2568.9	68659	340.8	18813
2005	52	1297.9	902.7	22515.7	106	4603

第二节 林业有害生物监测、防治与检疫

一、林业有害生物监测预警

（一）松材线虫病普查

1993—2002 年，全市设立 3000 多个固定监测调查点，坚持每年开展松材线虫病春、秋季专项普查，沿设计线路对松林进行踏查。坚持松枯死木季度调查。查清松枯死木分布情况并及时组织清理。2003—2005 年，福鼎市、霞浦县、福安市政府和林业主管部门以及霞浦杨梅岭国有林场精心组织，松枯死木的清理取得了明显的效果。

（二）林业有害生物普查

2004 年 4 月，根据省林业厅《关于开展林业有害生物普查工作的通知》精神，我市制定并颁发了《宁德市林业有害生物普查工作方案》。各县（市、区）也先后下发普查通知、制定辖区内普查方案，并成立了林业有害生物普查工作领导小组，抽调森防检疫站检疫员和各乡 (镇) 林业站兼职检疫员 (或测报员) 组成专业调查组开展工作。当年，全市共筹集调查经费 120 万元，举办培训班 3 期，培训调查人员 165 人次。调查发现，全市共发生林业有害生物 1.86 万公顷，其中外来林业有害生物 19 种，危害面积 0.1 万公顷（轻度 0.06 万公顷，重度 0.04 万公顷）；本土林业有害生物 46 种，危害面积 1.71 万公顷（轻度 1.62 万公顷，中度 0.07 万公顷，重度 0.02 万公顷）；林业有害植物 4 种，危害面积 0.04 万公顷；危害木材有害生物 1 种，面积 64 立方米（轻度 46 立方米，中度 18 立方米）。

此外，各县（市、区）林业有害生物普查小组还以城市绿化、园林苗圃为重点，明确工作具体任务，统一技术方案，于 2004 年 4 月对全市棕榈科植物进行全面调查。调查表明，蕉城区、福鼎市、福安市、霞浦县等四个沿海县（市、区）有分布椰心叶甲的寄主棕榈科植物。全市有 8 种寄主树种，总种植面积 7.82 公顷，调查面积 3.19 公顷；零星分布 14475 株，调查 11681 株，未发现椰心叶甲。

根据省重大动植物疫情指挥部《关于加强加拿大一枝黄花防除工作的紧急通知》精神，宁德市召开政府办、林业、农业、工商、建设、环保、交通、水利、出入境检验检疫、财政、科技以

及新闻媒体等部门协调会，全面部署防除工作。2005 年 5 月，对全市苗圃、花圃、花店、森林公园、自然保护区、名胜区、城市公园等生产、经营加工单位，全面开展加拿大一枝黄花的调查工作，并将“公告”分发各有关乡（镇）花店，花圃、苗圃、各乡（镇）村等生产、经营加工单位。调查发现，蕉城区、霞浦县、屏南县部分花店有经营加拿大一枝黄花，当场予以清缴销毁。寿宁县、霞浦县在花卉培育基地发现人工种植加拿大一枝黄花约 0.23 公顷，其中寿宁县 0.17 公顷、霞浦县 0.06 公顷，作铲除处理。

（三）监测网络

市、县两级森防检疫站均配备林业有害生物专职测报员至少 1 人，各乡镇和国有林场至少配备兼职测报员 1 名，形成市、县、乡（场）三级测报网络，负责全市林业有害生物监测调查和发布病虫情预报工作。全市共设立福鼎市、霞浦县、福安市、古田县 4 个国家级中心测报点，宁德市、霞浦县、福安市、屏南县、寿宁县、周宁县、柘荣县 7 个省级中心测报站，以及各乡镇监测点，负责监测毛竹枯梢病、松针褐斑病、松材线虫病、板栗疫病、马尾松毛虫、脊纹异丽金龟、松墨天牛、松突圆蚧、日本松干蚧、柳杉毛虫、竹广肩小蜂、刚竹毒蛾、木毒蛾、大竹象、樟萤叶甲等 15 种病虫害。

二、林业有害生物防治

（一）虫害防治

1993 年以后，宁德地区森林害虫的防治对象主要为马尾松毛虫、脊纹异丽金龟、松墨天牛、柳杉毛虫、竹广肩小蜂、刚竹毒蛾、木毒蛾、大竹象、樟萤叶甲等。在低虫口密度时，主要采用人工诱杀，或地面投放白僵菌粉炮，喷洒白僵菌粉剂、森得宝粉剂，以及使用少量菊酯类高效低毒化学药剂等方式开展预防和防治工作。2000 年以后，贯彻执行“预防为主、科学防控，依法治理、促进健康”的方针，替代了之前“预防为主，综合治理”的林业有害生物防治方针，提出林业有害生物可持续控制理论。逐渐以采用生物制剂开展预防和防治为主，地面防治除投放白僵菌粉炮外，主要采用喷撒“森得保”粉剂开展防治，替代以前使用有机磷、有机氯化学农药的防治方式。

2004 年，宁德市越冬代马尾松毛虫发生面积 0.33 万公顷，其中：蕉城区 1108 公顷，古田县 1307 公顷，霞浦县 531 公顷，福安市 151 公顷，福鼎市 117 公顷，柘荣县 113 公顷。成灾面积 1840 公顷，主要分布在古田县的水口、黄田、松吉等地，面积 1066.7 公顷；蕉城区的蕉北、漳湾、八都、霍童等地，面积 526.7 公顷；霞浦县局部地区，面积 246.7 公顷。虫灾发生后，市、县两级林业主管部门立即组织力量开展防治工作。市林业局组织专业技术力量奔赴古田县、蕉城区重灾区，指导虫情调查与防治工作，督促各县（市、区）认真抓好越冬代马尾松毛虫防治，并搞好第一代松毛虫的预测预报。古田县筹集近 30 万元资金，从建欧白僵菌厂调入白僵菌炮 5000 粒和白僵菌复配粉剂，并从该厂请了两位技术人员，调配 8 台喷粉机开展防治，防治面积达 1200 公顷，防治效果在 85% 以上。蕉城区从建欧白僵菌厂调进白僵菌炮 2 万粒，从浙江乐清调入“森得宝”粉剂 500 千克，对越冬代马尾松毛虫进行防治，防治面积 400 公顷，防治效果达 80% 左右，防治费近 10 万元。其他县（市、区）主要是用白僵菌粉炮开展预防性防治，基本做到有虫不成灾。

（二）病害防治

1993 年以后，宁德地区森林病害主要为毛竹枯梢病和松针褐斑病。病害防治主要采用人工防治，砍除受侵染的植株及病枝、病梢，以减少病害的侵染源。

（三）外来林业有害生物防控

20世纪90年代，外来林业有害生物不断随着货物包装传播。2002年，省政府成立了福建省重大动植物疫情防治指挥部。宁德市立即相应成立了宁德市重大动植物疫情防治指挥部，下设林业办公室。由分管副市长担任指挥长，市政府副秘书长、市林业局局长为副指挥长，成员由市政府办、农业局、林业局、海洋与渔业局、卫生局、经贸局、海关、出入境检验检疫局相关单位负责人组成。林业办公室设在市林业局，由分管副局长担任办公室主任，森防站长担任副主任，负责松材线虫病预防的日常工作。各县（市、区）政府也相应成立了重大动植物疫情防治指挥部，设立林业办公室，负责松材线虫病预防工作。

2003年，市林业局召开两次联席会议，研究、部署疫情预防和松枯死木除治工作。宁德市严格按《全国松材线虫病预防和除治工作实施方案》和省林业厅有关区划与分类实施的标准要求，以县级行政区为单位，把太姥山、杨家溪、鸳鸯溪国家级风景名胜区所在的福鼎市、霞浦县、屏南县划为省级重点预防区；把三都港、白马港、支提山、翠屏湖省级风景名胜区以及发生松墨天牛较严重的区域所在地蕉城区、福安市、古田县划为市级重点预防区；周宁县、寿宁县、柘荣县为一般预防区，对不同区域采取不同的规划与措施，全面开展预防工作。并把危险性病虫害的预防与除治工作纳入各级政府领导任期森林资源保护目标责任制，层层签订责任书。制定了相应的检查监督办法，一级抓一级，层层抓落实。林业主管部门充分发挥行业管理职能，抓好平时的检查督促，对划为重点预防区的福鼎市、霞浦县、屏南县组织力量制定详细的危险性病虫害预防和除治预案，提出周密的预防和应急除治措施，经专家论证后实施。对与浙江省毗邻的福鼎市贯岭、前岐，寿宁县李家洋、武溪等林业检查站，要求县(市)政府督促其按省林业厅《关于转发"福建省人民政府办公厅关于省际边界森林植物检查有关问题"的复函的通知》精神，认真开展检疫检查，限制发生区的松科植物及其产品进入宁德市。市林业局、公安局、工商行政管理局等部门密切配合，对全市木竹市场，花卉、种苗繁育基地、经营加工利用企业、电缆仓库、摩托车交易市场等开展检疫清理整顿，强化了检疫监管。

2003年年底，执行福建省重大动植物疫情指挥部林业办公室《关于对松树枯死木及时进行砍伐和除害处理的紧急通知》，宁德市制订了松树枯死木砍伐和除害处理工作方案，并立即组织技术人员奔赴一线开展伐除工作，落实伐除任务。至2004年2月，蕉城区、福安市松树枯死木伐除工作基本完成。3月，因霞浦县、福鼎市 发生面积大、任务重，伐除任务完成不尽理想。市林业局敦促霞浦县、福鼎市加快伐除力度，力争早日完成伐除任务。至月底，福鼎市伐除任务基本完成。4月，霞浦县政府调整伐除方案，重新部署盐田、三沙、长春、下浒、北壁5个重点乡镇松树枯死木伐除工作。4月底，全市基本完成松树枯死木伐除任务。

三、森林植物检疫

为了切实加强林业有害生物防控，保护森林资源安全，1993年以后森林植物检疫工作得到各级林业主管部门的重视，不断加强植物检疫力度。特别是2001年以后各县（市、区）森防检疫机构不断加大产地检疫也森林植物调运检疫和复检力度。

2001年，全市产地检疫：种苗繁育基地应检38.54公顷，实检38.54公顷；花卉基地应检7公顷，实检6.5公顷；用材林应检38672公顷，实检35196公顷。调运检疫：苗木及其他繁殖材料应检531.97万株，实检492.77万株；木材应检5.8155万立方米，实检5.7484万立方米，复检12.9万立方米；竹材应检16.3731万株，实检16.237万株，复检10.72万株；果品应检1278吨，实检1277.6吨；花卉应检20.2354万株，实检20.2354万株，复检50.8546万株；药材实检4000千克，复检1万千克；茶叶应检2315.9吨，实检2315.9吨，复检6500吨。

2002年，全市产地检疫：种苗繁育基地应检28.8公顷，实检28.7公顷；花卉基地应检8.1公顷，实检7.8公顷；用材林应检31.05公顷，实检31.05公顷。调运检疫：苗木及其他繁殖材料应检1104.137万株，实检1085.737万株；木材应检8.0676万立方米，实检7.6641万立方米，复检2.9714万立方米；竹材应检13.462万株，实检13.416万株，复检9.583万株；果品应检947吨，实检946.5吨；花卉应检0.2488万株，实检0.2426万株，复检2.45万株；药材实检7000千克，复检7000千克；茶叶应检1489.9吨，实检1489.9吨，复检3700吨。

2003年，全市产地检疫：种苗繁育基地应检63.86公顷，实检62.86公顷；花卉基地应检342公顷，实检341.4公顷；用材林应检750公顷，实检750公顷。调运检疫：苗木及其他繁殖材料应检678万株，实检677.93万株，复检441.6万株；木材应检15.21万立方米，实检15.18万立方米，复检4.8654万立方米；竹材应检36.658万株，实检36.159万株，复检4.28万株；果品应检308吨，实检307.9吨；花卉应检0.1477万株，实检0.1477万株，复检0.05万株；药材应检9850千克，实检9850千克；茶叶应检530.4吨，实检530.4吨。

2004年，全市产地检疫：种苗繁育基地应检33.4公顷，实检33.2公顷；花卉基地应检15公顷，实检14.7公顷；用材林应检48579公顷，实检45296公顷。调运检疫：苗木及其他繁殖材料实检834.124万株，复检19万株；木材实检27.875万立方米，复检5.7421万立方米；竹材实检3093.44万株，复检4.483万株；花卉复检32.643万株；药材实检5000千克。

2005年，全市产地检疫：种苗繁育基地应检29公顷，实检28.9公顷；花卉基地应检84.4公顷，实检84.35公顷；经济林基地应、实检184公顷；用材林应、实检1131公顷；贮丰、加工场所及市场中木材应、实检3.0503万立方米；竹材20.1058万根。调运检疫：林木种子实检284千克，复检355千克；苗木及其他繁殖材料实检401万株，复检34万株；木材实检10.851万立方米，复检10.3515万立方米；竹材实检75.022万株，复检8.188万株；花卉实检42万株，花卉复检41万株。

2001—2005年宁德市森林病虫害发生面积统计表

表12-9　　　　单位：公顷

年份	病虫害名称		发生面积
2001	病害3种	松针褐斑病	4127
		毛竹枯梢病	8739
		板栗疫病	6.9
	害虫5种	松针金龟	690
		云南松毛虫	1270
		马尾松毛虫	5407
		木麻黄毒蛾	24.8
		竹广肩小蜂	318

续表 12-9

年份	病虫害名称		发生面积
2002	病害 2 种	松针褐斑病	2236
		毛竹枯梢病	8523
	害虫 5 种	松针金龟	371
		马尾松毛虫	4906
		柳杉毛虫	1570
		木麻黄毒蛾	24.8
		竹茎广肩小蜂	270
2003	病害 2 种	松针褐斑病	1385
		毛竹枯梢病	2922
2003	害虫 5 种	松针金龟	480
		木毒蛾	24.8
		马尾松毛虫	4703
		柳杉毛虫	2313
		竹广肩小蜂	289
2004	病害 2 种	松针褐斑病	1529
		毛竹枯梢病	2727
	害虫 7 种	松针金龟	312
		松墨天牛	1959
		樟萤叶甲	7
		马尾松毛虫	9168
		柳杉毛虫	1919
		木麻黄毒蛾	24.8
		竹茎广肩小蜂	303
2005	病害 2 种	松针褐斑病	1322
		毛竹枯梢病	2481
	害虫 7 种	松针金龟	354
		松墨天牛	2354
		樟萤叶甲	4.7
		马尾松毛虫	6759
		柳杉毛虫	1511
		木麻黄毒蛾	25.5
		竹茎广肩小蜂	187.4

第三节　自然保护区建设

一、省级自然保护区

（一）屏南宜洋鸳鸯猕猴省级自然保护区

该保护区位于屏南县东北部，地跨屏南县、周宁县、政和县三县交界处，位置偏僻，境内群山林立，山体陡峭、奇峰遍布，特异地形使区内形成温暖湿润的良好环境，成为鸳鸯越冬、猕猴繁衍生息庇护所，1984年成立，面积1035.27公顷。2005年，经省政府批准保护区面积调整为1457.3公顷（全部是林地），其中屏南县1043公顷、政和县236.06公顷、周宁县178.24公顷。保护区以鸳鸯、猕猴等21种国家Ⅰ、Ⅱ级野生动、植物为重点保护对象，具有典型的中亚热带常绿叶林生态系统和水源涵养林特征，属于野生生物类别中野生动物类型的自然保护区。区内森林植被类型以松科的松属和壳斗科的栲属、栎属为主，属中亚热带常绿阔叶林、常绿针阔混交林和马尾松纯林植被型，分布8个植被类型21个群系，野生维管束植被150科431属745种（含变种、亚种）。沿溪两岸蕴藏着30多种兰科植物，有珍品鹤顶兰、素心兰、一叶兰、台兰等，分布有许多草药资源，有鹿衔草、金不换等。保护区设有管理站，隶属屏南县林业局领导。

（二）福安瓜溪桫椤省级自然保护区

该保护区距福安市区40千米。以保护国家Ⅱ级保护植物桫椤及其生态环境为重点，属于野生植物类型自然保护区。1996年2月成立。1997年2月，经宁德地区行政公署批准，升级为福安瓜溪桫椤地区级自然保护区。1999年2月，经省政府批准成立省级自然保护区，划定总面积1438公顷，按此确定保护区界碑标志。福安桫椤自然保护区同时保护中亚热带常绿阔叶林和珍稀、濒危物种及其栖息的生物物种资源和自然环境。福安瓜溪桫椤自然保护区森林覆盖率达77.29%，大面积森林孕育了中亚热带生物多样性，有6个植被类型，优势树种以壳斗科为主，主要有米槠林、甜槠林、青冈栎林等；常绿针叶林主要有马尾松林、杉木林、柳杉林等；针阔混交林有马尾松、甜槠混交林、马尾松、毛竹混交林等；灌丛有赤楠灌丛，小刚竹灌丛；草丛有芒萁草丛、五节芒草丛、石松草丛和竹林。400多种植物中，药用价值植物占10％；国家重点保护植物5种，溪流两旁分布许多野生兰花植物。这里孕育几千株不同树龄、大小不等刺桫椤，其中有高达6米以上，胸径达0.17米的“刺桫椤王”，为全国罕见。区内蕴藏有陆生野生脊椎动物27目54科157种，其中兽类8目15科23种，占福建省兽类总种数的20.9%。鸟类14目27科71种，占福建省鸟类总种数13.1%。爬行类3目8科14种，占福建省爬行类总种数12.2%。两栖类2目4科6种，占福建省两栖类总种数12.2%。淡水鱼类38种；昆虫纲9目45科203种。其中，国家Ⅰ级保护动物有云豹、白颈长尾雉、蟒蛇等4种，国家Ⅱ级保护动物有穿山甲、大灵猫、大鲵、鬣羚、鸳鸯等14种。

二、市级自然保护区

（一）环三都澳湿地水禽红树林自然保护区

该保护区位于宁德蕉南、三都、漳湾，福安下白石、湾坞，霞浦盐田、溪南交界处。1997年3月25日，经宁德地区行政公署批准建立的地市级湿地和野生动植物类型自然保护区，批准面积39981公顷，主要保护对象为湿地、水禽和红树林。涉及行政区域有蕉城区、福安市和霞浦县三地，但当时未对保护区具体范围进行明确划分和论证，只给出大致范围。至2005年，未对保护区区域进行明确划分和规划。

（二）闽东鸳鸯猕猴自然保护区

该保护区位于蕉城区、屏南县和周宁县交界地。1997年3月25日，经宁德地区行政公署批准建立的地市级森林生态和野生动物类型自然保护区，批准面积为21792公顷，主要保护对象为豹、云豹、蟒、黑麂、麂、白颈长尾雉、鸳鸯、猕猴、穿山甲、阔叶林、革命纪念林等。涉及行政区域有蕉城区、屏南县和周宁县三地。但当时未对保护区具体范围进行明确划分和论证，只给出大致范围。至2005年，未对保护区区域进行明确划分和规划。

（三）太姥山杨家溪自然保护区

该保护区位于福鼎市秦屿、磻溪、硖门、霞浦县牙城交界处。1997年3月25日，经宁德地区行政公署批准建立的地市级森林生态系统类型自然保护区，批准面积17753公顷（福鼎市14900公顷，霞浦县2853公顷），主要保护对象为阔叶林、穿山甲、猕猴、云豹、白颈长尾雉及自然景观。涉及行政区域有福鼎市和霞浦县。但当时未对保护区具体范围进行明确划分和论证，只给出大致范围。至2005年，未对保护区区域进行明确划分和规划。

（四）古田人工湖自然保护区

该保护区位于古田县湖滨、凤埔、吉巷、大桥。1997年3月25日，经宁德地区行政公署批准建立的地市级湿地和野生动物类型自然保护区。保护对象是水禽、防护林，批准面积4930公顷。涉及的行政区域为古田县。但当时未对保护区具体范围进行明确划分和论证，只给出大致范围。至2005年，未对保护区区域进行明确划分和规划。

（五）福鼎台山列岛自然保护区

该保护区位于福鼎市台山列岛周边。1997年3月25日，经宁德地区行政公署批准建立的地市级湿地生态类型自然保护区，保护对象为湿地和水禽，批准面积7300公顷。涉及行政区域为福鼎市。至2005年，尚未对保护区具体范围进行明确划分和论证，只是给出了大致范围。

（六）柘荣东狮山自然保护区

该保护区位于柘荣县城东等。1997年3月25日，经宁德地区行政公署批准建立的地市级森林生态类型自然保护区，主要保护对象以阔叶林、苏门羚、猫头鹰、穿山甲等，批准面积2360公顷。涉及的行政区域为柘荣县。至2005年，尚未对东狮山自然保护区进行规划，仅确定保护面积和保护对象，具体地点范围界限不清。

（七）屏南仙山自然保护区

该保护区位于屏南县与建瓯、古田交界。1997 年 3 月 25 日，经宁德地区行政公署批准建立的地市级森林生态类型自然保护区，主要保护对象是阔叶林、穿山甲等，批准面积 2000 公顷。涉及的行政区域为屏南县。至 2005 年，未对保护区区域进行明确划分和规划，具体地点范围界限不清。

（八）福安白云山自然保护区

该保护区位于福安市晓洋乡。1997 年 3 月 25 日，经宁德地区行政公署批准建立的地市级森林生态类型自然保护区，主要保护对象是阔叶林、苏门羚、猫头鹰、水库防护林等，批准时面积为 1030 公顷。涉及行政区域为福安市。至 2005 年，尚未对保护区具体范围进行明确划分和论证，只是给出了大致范围。

三、森林公园建设

（一）古田溪省级森林公园

2001 年 11 月 15 日，由福建省林业厅批准建立，总面积 5996.7 公顷，其中，翠屏湖水域面积 3710 公顷。森林公园自批准建立以来，古田水库国有防护林场投入大量资金改造现有林分，不断提高林分质量，改善林相。同时，加大打击力度制止盗伐林木，严格火源控制，遏制森林火灾发生，确保森林公园长治久安。2002 年，由浙江省淳安县客商王法根牵头组建翠屏湖五龙公司，租赁林场 17.73 公顷林地开发蛇岛、鸟岛等旅游项目，其经营模式仿效浙江千岛湖。但客源减少，旅游设施维护缺乏动力，基本处于维持状态。

（二）周宁仙风山森林公园

2001 年 11 月 15 日，经福建省林业厅批准成立，全部源于周宁香洋国有林场。2004 年，经县物价部门审批，森林公园门票限价 10 元，只收数天后停止。2005 年，林场大力开展营造林工程，修建了公园路口至仙风山顶林区道路、五谷仙宫通往仙风山顶石阶游步道、通往政和县的古驿道，旅游道路条件明显改善，基本满足游人到此开展朝圣、烧烤、摄影、登山、看日出、观云海等活动。

（三）霞浦杨梅岭省级森林公园

位于霞浦辖区内，涉及杨梅岭、涌山、目莲山、兰溪、高罗 5 个景区，辖区面积 0.12 万公顷，森林生态自然景观比较突出。2001 年，经省林业厅批准设立，由福建省林业勘察设计院进行可行论证设计。2002—2005 年，完成杨梅岭休闲娱乐区照明电网和通信电缆改造；中心广场山地平整面积 12000 平方米，停车场 2600 平方米；边坡砌石 230 立方米，铺设排污处理管道 220 米；新开游步道 3000 米；种植护坡草皮 1000 平方米及林分套种改造 3 公顷。

第四章 野生动物保护

第一节 保护对象

境内陆生野生动物大多属于东洋界种类，有一些属于古北界种类。属于国家重点保护野生动物75种，其中一级17种，二级58种，占省国家重点保护种类的36.9%。省重点和省一般保护野生动物分别为36种、243种，占全省的42.1%和26.4%。珍稀种类华南虎、豹、金雕等国家一级保护野生动物已近30年未见踪迹。云豹、黑麂、蟒蛇、鸳鸯、猕猴、穿山甲等一大批国家和省重点保护种类已濒临灭绝。省一般保护种类，如鸟类、蛇类、蛙类、蝶类等经济动物数量急剧下降。

国家重点保护种类 一级保护保护动物有云豹、豹、虎、中华白海豚、黑麂、梅花鹿、白鹳、黑鹳、中华秋沙鸭、金雕、白尾海雕、白颈长尾雉、黑颈长尾雉、庵鼋、蟒、中华鲟、四爪陆龟等。二级保护动物有猕猴、短尾猴、穿山甲、豺、黑熊、黄喉貂、水獭、大灵猫、小灵猫、丛林猫、斑海豹、鲸类（计6种）、河麂、鬣羚、鹈鹕、海鸬鹚、黄嘴白鹭、岩鹭、天鹅、鸳鸯、鹰类（计8种）、隼类（计3种）、白鹇、勺鸡、红腹角雉、花田鸡、红翅绿鸠、斑尾鹃鸠、鸮形目（计4种）、白腹黑啄木鸟、三线闭壳龟、玳瑁、棱皮龟、大鲵、虎纹蛙、花鳗鲡、拉步甲、硕步甲等。

省重点保护种类 主要有狼、狐、黄鼬、豹猫、褐燕鸌、黑叉尾海燕、斑头鸬鹚、普通鸬鹚、苍鹭、草鹭、白鹭、黑雁、鸿雁、灰雁、树鸭、黑海番鸭、普通海番鸭、白额山鹧鸪、银鸥、扁嘴海雀、火斑鸠、大拟啄木鸟、家燕、黑枕黄鹂、灰喜鹊、喜鹊、画眉、寿带鸟、滑鼠蛇、眼镜蛇、眼镜王蛇、黑斑蛙、大竹蛏、鳗尾胡子鲇、龙虾、中国鲎等。

省一般保护种类 主要有鼬獾、狗獾、猪獾、花面狸、赤麂、豪猪、臭鼬、灰麝、鸟类（计100种）、蜥蜴目（计5种）、无尾目（计10种）、蛇目（计20种）、蝶类（计100种）等。

第二节 保护措施

1993年，宁德地区野生动物保护工作由工商行政管理、公安、林业等部门共同监管。境内明令禁止猎捕国家一级、二级保护和省级重点、一般保护野生动物。因科学研究、驯养繁殖、展览或其他特殊情况需要猎捕的，必须持有国家林业局或省林业厅颁发的特许猎捕证，没有特许捕猎证，按非法捕杀国家重点保护野生动物论处。猎捕非国家和省级重点保护野生动物，也必须持有狩猎证，并按照狩猎证规定的种类、数量、地点、期限、工具和方法进行猎捕。禁止在集贸市场出售、收购国家重点保护野生动物或产品，已生产的含犀牛和虎骨成分的中药成方制剂也禁止出售、运输。携带国家重点保护野生动物及其产品出县境，应凭特许狩猎证或驯养繁殖许可证，向县级政府提出申请，报省政府林业行政主管部门审查批准。宾馆、饭店不准经营国家重点保护野生动物产品。经营非国家重点保护野生动物产品，也要到当地林业行政主管部门领取经营许可证。对进入集贸市场的野生动物及其产品，由工商行政管理部门进行监督管理。在集贸市场以外经营野生动物及其产品，由林业行政主管部门或授权单位进行监督管理。是年，各县市工商行政管理、公安、林业人员密切配合，以深入集贸市场、餐饮业检查方式，对销售野生动物进行查处，加强管理。6月，在福安市召开保护野生动物会议，部署开展打击非法猎捕、出售国家重点保护的野生动物专项活动。福安市林政、林业公安、工商行政管理部门组成检查组开展大检查，共查获穿山甲5只、蛇类20多只。在福安市莲池市场查获20多只鸳鸯、苍鹰，由工商行政管理局派员送往仙岫山放生。

1994年起，地区行署决定在全区各个乡镇林业站加挂野生动物管理站牌子，实行一套人马、两块牌子管理体制，全面加强野生动物保护工作。宁德市、福安市、柘荣县、福鼎县等地野生动物保护管理站，根据国务院《关于加强野生动物保护，严厉打击违法犯罪活动的紧急通知》精神，组织人员对市场、宾馆、酒家、药店进行突击检查。没收蛇类500千克，穿山甲20只、苏门羚1只、鸟类100多只，对不法分子进行处理。1995年，在寿宁县查获违法收购、加工、销售野生动物青羊2只、鹿5头、猫头鹰8只、大鲵17条、穿山甲36只、蛇89条、虎纹蛙357只。福安市组织科技人员经过社会调查和内业整理，完成生物多样性保护工程规划，制定保护区、保护点595个，面积7764.4公顷。屏南县在做好野生动物保护的同时对野生动物生活状态加强监察，严防疫情、疫病发生。

1998年，全区加强保护野生动物宣传工作，坚持在每年3月25—31日“爱鸟周”和10月“保护野生动物宣传月”，组织开展专题宣传活动。古田县利用《古田报》、县广播电视台以及科技人员上街咨询等方法，向群众发放《中华人民共和国野生动物保护法》《野生动物保护提纲》《自然保护区和野生动物工作手册》等资料1000多份，在电视台播放《野生动物——人类的朋友》、《惩治倒卖走私捕杀大熊猫、蟒蛇、云豹犯罪活动法制大会实况》专题片，教育广大群众爱护野生动物，增强保护野生动物意识。

2000年1月，屏南县、古田县、蕉城区根据国家林业局部署，开展打击非法收购、运输、出售、猎杀、经营和走私野生动物等违法犯罪活动。组织人员与工商管理部门配合，深入集市、酒楼、宾馆执法检查，制止收购、出售珍稀野生动物。查处和没收苏门羚、穿山甲、草鹃、刺胸蛙、虎纹蛙、大蟒等24批次300多只（条），均作放生处理。破获非法捕杀野生动物案1起，抓获犯罪嫌疑人1人。10月，福安市开展野生动物保护宣传月活动，捣毁非法收购贩卖野生动物窝点3个，查处非法经营加工点9个。

2003年，福鼎市针对野猪、黄麂繁殖迅速，危害农作物现象，组建福鼎市生物自然有限公司，依法组织护农狩猎队，控制野猪种群发展。2004年，屏南县对饲养野生动物加强管理，全县依法审批野生动物园4个，其中蛇类养殖场1个、龟鳖养殖场2个、环颈雉养殖场1个。组织科技人员在白水洋、鸳鸯溪对国家二级保护野生动物鸳鸯、猕猴进行科学驯养。2005年，全市野生动管理站，结合开展福建省第九届“世界湿地日”和第23届“爱鸟周”活动，放生猫头鹰、蛇类等野生动物10批次，累计数量300只（头）。

第五章 林业产业

第一节 木竹生产

一、林木抚育

1993 年，宁德地委、行署实施省委、省政府提出的“357”（分三年，五年、七年）造成林计划，全区在宜林荒山垦殖造林的同时对种植 3 ~ 5 年林木加强抚育，采取劈草、松土和翻土等方式，促进林木生长。在幼林郁闭后至主伐前采取中幼林抚育间伐，以调整林分的组成和密度，改善林分环境，提高森林质量。是年，全区木材产量达 178052 立方米。1995 年，全区开始推进用材林基地建设。在屏南县长桥镇、屏城乡、路下乡营造以杉木为主的商品用材林基地，共造林 5053 公顷。1998 年，福安市被省林业厅列为建设以松类、阔叶树为主的工业原料林基地示范县（市），从邵武、沙县等地引进赤杨、桤木、闽粤拷、光皮桦、红锥、米老排等速生阔叶树种，完成基地造林 224 公顷。2001 年，古田县政府出台对间伐材税费直接减半征收政策，促进中幼林抚育面积不断提高。至 2003 年，该县已建成速丰产用材林 152 公顷，其中有短周期工业原料林 78 公顷，珍贵树种林 74 公顷。2003 年，省政府出台培育森林资源优惠政策。全市林木生产形成独资、合资、合作股份制、“公司 + 基地 + 农户”“订单林业”、股份联营等多种生产模式，个体造林规模不断扩大。至 2005 年，全市木材产量完成 221044 立方米，比 1993 年增长 24.1%。

二、竹林培育

1993 年，全市竹种有 12 属，113 种。总面积 7.46 万公顷，其中，毛竹林面积 4.69 万公顷，丰产竹林 0.54 万公顷，绿竹、麻竹、雷竹中小径竹 2.23 万公顷。

1996 年，宁德地区行署出台“谁种竹，谁所有，谁收益”政策，在古田县实施“闽江绿色长廊”工程计划，重点在闽江两岸丘陵、低山、矮山、山脚及居民房前屋后零星地种植马蹄竹和黄甜竹。绿麻竹种植以个人投劳，政府给予贴息补助。2002 年，古田县闽江沿岸的双里、双坑、黄田、松峰、莪洋、嵩溪、渓岚、水口、湾口等村，种植面积达 1333.33 公顷，形成长达数十千米“绿色长廊”。在福安市建设“百里绿竹长廊”生产基地。其间，林业管理部门通过实施竹林低产林改造，加强抚育管理，做好护笋养竹、新竹标号和竹林结构调整和竹山便道、竹林灌溉等工程，竹林培育成效显著。至 2005 年年末，全市新培植竹林累计达 1.23 万公顷。实施竹林抚育面积7.80万公顷，其中，毛竹林5.4万公顷，绿竹2.07万公顷，麻竹、雷竹等其他竹种0.33万公顷。

1993—2005年宁德市（地区）木材、竹材产量统计表

表12-10　　单位：立方米、万根

年份	木材	商品材	原木				薪材	竹材		
			合计	等内材	等外材	小径材		合计	毛竹	篙竹
1993	178052	80623	94616	24183	11424	59009	44146	1391	985	406
1994	190377	82354	87021	26803	12373	47845	78635	1696	1271	425
1995	216018	99294	159923	72093	10614	77216	65900	1953	1599	354
1996	216118	91126	103845	56571	7751	39710	43710	2424	2539	341
1997	176015	103136	118156	61491	22342	34323	6615	2081	1641	434
1998	184619	93024	113819	57808	18226	37785	5012	2431	1976	455
1999	167652	83300	—	—	—	—	8395	2228	—	—
2000	153473	88878	—	—	—	—	5069	2393	—	—
2001	157718	87600	87550	81104	1068	9395	6446	2650	2294	356
2002	158560	105583	97635	97635	3437	36421	7948	2846	2332	514
2003	163649	147285	115890	—	—	—	31395	1980	1815	135
2004	227648	158824	124751	—	—	—	20547	2096	1764	332
2005	221044	182095	164073	—	—	—	13721	2117	1664	447

第二节　木竹加工

一、生产经营

1993年，宁德地区木竹产品加工企业多数为小型或个体企业，产品主要以木制品、竹藤棕草制品生产为主。全区乡及乡以上木材加工及竹、藤、棕、草制造业62家，完成工业总产值4235.2万元，其中锯材、木片加工业7家，产值92.9万元，人造板制造业1家，产值25万元，木制品制造业37家，产值3481万元，竹、藤、棕、草制造业17家，产值636.3万元。

1994年，全区乡及乡以上木材加工及竹、藤、棕、草制造业66家，工业总产值7030.3万元，其中锯材、木片加工业7家，产值124.5万元，人造板制造业2家，产值22.4万元，木制品业45家，产值6244.4万元，竹、藤、棕、草制品业12家，产值639万元。

1996年，全区乡及乡以上木材加工及竹、藤、棕、草制品业97家，工业总产值15381.9万元，其中锯材、木片加工业11家，产值930.2万元，人造板制造业3家，产值1296.5万元，木制品业58家，产值10697.7万元，竹、藤、棕、草制品业25家，产值2457.5万元。

1997年，全区乡及乡以上木材加工及竹、藤、棕、草制品业106个，工业总产值12980.3万元，其中锯材、木片加工业13家，产值913.2万元，人造板制造业1家，产值1300万元，木制

品业 63 家，产值 9185.1 万元，竹、藤、棕、草制品业 29 家，产值 1582 万元。

1998 年，随着国内外对竹木制品需求量增加，竹木加工企业逐步发展，生产加工竹地板、细木工班板、模板及工艺品的企业陆续诞生。1999 年，全区规模以上木材加工及竹、藤、棕、草制品业 3 家，工业总产值 4011 万元，其中胶合板制造业 1 家，产值 1992 万元，生产用木制品业 1 家，产值 507.6 万元，生活用木制品业 1 家，产值 1511.4 万元。竹木加工业成为全区乡镇企业的支柱产业之一。

木竹加工——蕉城虎浿木蒸笼制作

2000 年，各级政府把发展民营木竹加工业纳入林业产业发展规划，本着"多宣传、多指导、多服务、少干扰"原则，在资金、技术等方面给予培育与扶持。同时清理整顿关闭了一批规模小、效益差、资源浪费严重、乱收乱购的小企业，保证木竹加工企业健康发展。非公有制林业企业的古田冠达胶合板厂和古田丰森胶合板厂被评为宁德市 20 强民营企业，屏南县碧全木竹工艺公司被列入市农业产业化龙头企业。

2001 年，全市规模以上竹木加工制造业 7 家，完成总产值 9498.2 万元，其中胶合板制造业 2 家，产值 787.6 万元，木制品业 4 家，产值 8079.2 万元，竹木加工制造业进入快速发展阶段。同时国有森工企业进入大面积改制，全市 15 个森工企业，除霞浦县、蕉城区木材公司外，已改制的有 13 个。当年屏南县引进港商独资创办竹地板砖项目、寿宁县犀溪际武开发区引进 7 家浙江客户投资兴办木制品加工，福安市赛岐开发区引进 2 家木竹加工企业，年增工业产值达 1.2 亿元。

2002 年，全市规模以上竹木加工制造业 6 家，工业总产值 7933.1 万元，其中胶合板制造业 2 家，产值 887.9 万元，木制品业 2 家，产值 5308 万元，竹、藤、棕、草制品业 1 家，产值 1737.2 万元。全市非公有制林业加工企业发展至 184 家，但生产规模大部分偏小，年产值只在 100 万元以下，还处于原始积累阶段。其中投资 500 万元以下企业 176 家，投资 500 万 ~ 1000 万元企业 8 家，投资 2600 万元以上企业仅 3 家。古田丰森板业有限公司、古田冠达胶合板有限公司、屏南碧全木制工艺有限公司 3 家龙头企业，共有职工 850 人，年产值也只有 1.3 亿元。

2003 年，全市从事笋竹加工企业 41 家，年产值 300 万 ~ 500 万元的 3 家，300 万 ~ 100 万元 7 家，其余均为 100 万元以下企业，规模普遍偏小。有自营出口权的龙头企业，只有屏南碧全竹木工艺品公司一家。其他则是依靠具有出口权企业的订单来安排生产，其中有古田县的黄田、水口、松吉，屏南县的城关，寿宁县的犀溪、际武、南阳，福安市的赛岐，霞浦县的盐田等木竹加工厂。古田县杉洋善德村全村有 450 户 2500 人从事竹编生产加工，年人均收入 4100 元。主要产品有竹工艺筷、牙签、竹串、竹香芯、竹垫、水果叉、竹凉席、竹地板、小厨具、小家具、玩具、竹编工艺品、花篮、笋制品等木竹日用品，主要销往日本、美国、欧洲、东南亚及中国台湾等 20 多国家和地区。全市规模以上竹木加工制造业 9 家，工业总产值 12216.2 万元，其中胶合板制造业 3 家，产值 2684.8 万元，木容器制造业 2 家，产值 6351 万元，软木制品及其他木制品业1家，产值510.6万元，竹、藤、棕、草制品业3家，产值2669.8万元。

2004年，全市竹木加工制造业规模企业达到17家，产值19875.6万元，其中人造板制造企业4家、木制品制造企业10家、竹藤棕草制品制造企业3家。是年，福鼎市绿星人造板企业通过省级资源综合利用项目认定。

2005年，全市初步形成屏南、古田、寿宁、霞浦和柘荣5个县为主的林产工业加工区，拥有人造板生产企业29家，竹材加工及制品企业236家，木本药材加工企业2家，森林食品加工企业13家。年总产值41.45亿元，出口创汇2600多万美元。全市人造板制造规模企业达6家，木制品制造规模企业达13家。全行业规模企业共22家，产值达2.68亿元。

1993—2005年宁德市（地区）竹木加工业生产情况统计表

表12-11　　　　单位：个、万元

年份	企业数	工业产值	产品销售收入	其中：出口交货值
1993	62	4235.2	—	—
1994	66	7030.3	—	—
1995	89	10239.0	—	—
1996	97	15381.9	147500	17605
1997	106	12980.3	119952	18585
1998	5	4269.3	41273	17834
1999	3	4011.0	40141	10077
2000	4	3852.6	38526	20409
2001	7	9498.2	94132	56899
2002	6	7933.1	77982	62939
2003	9	12216.2	122694	78698
2004	17	19875.6	187168	12263
2005	22	26820.2	265061	128712

说明：1993—1997年统计乡及乡以上企业；1998—2005年统计规模以上企业

二、企业选介

福鼎市郑源工业有限公司　1987年创建。2005年，公司占地面积80余亩，厂房4万多平方米，固定资产8000多万元。主要从事竹艺茶具、工艺品及木制茶具生产销售。产品有黑檀木、红檀木、绿檀木、花梨木、乌石、竹等六大品类100多种款式茶具，销往东南亚、欧美等国家和地区及中国台湾、香港。“郑源”茶具曾荣获第三届“东方神韵杯”中华名茶名具类金奖，为福建省林业产业化龙头企业。2005年，员工500多名。址设福鼎市秦屿镇水井头工业园区。

福建宁德碧全工艺品有限公司　1993年创建，是一家拥有自主进出口权竹木加工企业。公司占地面积26900平方米，厂房面积9370平方米，经营项目有竹、木、铁、塑料等上千种工艺品、组合家居用品。产品种类包含各种家具系列产品，厨房系列产品，浴室储物系列产品，儿童系列产品，家居装饰品和园艺系列产品。主要销往美国、日本、欧洲等几十个国家与地区，为省林业产业化龙头企业。址设屏南县古峰镇城东路3巷1号。

屏南县旺诚工艺品有限公司 2001年成立，其前身为屏南县残联旺诚工艺制品厂，主要利用杂竹、杂木、藤、草等为原料加工产品。2002年，建立有毛竹、竹林基地，做到资源良性循环，供产销一条龙。为厦门、福州等多家进出口公司出口供货企业。2005年，有员工120多人，其中，安置残疾人员40多人，销售额1055万元，上缴国家税收63.70万元。址设屏南县古峰镇上洋头工业区6号。

古田丰森板业有限公司 2003年成立，是生产混凝土模板用胶合板专业厂家，在邵武设有华森分公司。注册资金300万元人民币，固定资产4250万元人民币，年实现产值8500万元人民币。其生产的“丰森”牌系列模板在省质量行检查中被评为一等品，产品畅销全国各地及东南亚国家。址设古田县黄田镇横山工业开发区。

屏南县大森工业原料林基地有限公司 2005年4月成立，国有资本和民营资本融合的林业企业，公司注册资本2500万元，主营业务包括珍稀乡土树种种苗培育、营林造林、后续资源培育、林木采伐和木材加工销售，是一家以森林资源培育为主的森林资源产供销一体化现代型企业。址设屏南县古峰镇翠屏路210号。

福鼎绿星人造板有限公司 2002年7月，在招商引资中入驻前岐镇。占地面积107亩，建筑面积12581.5平方米，有员工80人，总投资7000万元，固定资产3387.9万元，专业从事中密度纤维板生产，年标准产量5万立方米中纤板，隶属温州木材集团公司。2005年，创产值5400万元，销售收入5649万元，实现税利343.7万元。主要采用次小薪材（如枝桠材），采伐剩余物，废料（如薪炭材），造材剩余物，加工剩余物（如边皮、木芯及其他下肢料）等为原料，生产中密度纤维板。址设福鼎市前岐镇柯湾村。

第三节 林副产品生产

境内主要林副产品有竹笋干、油桐籽、油茶籽等。

竹笋干 1993年前一般年产量在1130吨左右。由于各级政府鼓励大力发展毛竹生产并且加以资金扶持和技术指导，1995年后竹笋干产量逐年增加，最高年份2003年达5381吨。

油桐籽 1993年前一般年产量在1204吨左右，1995年一度产量增加至1168吨，但生产状况不稳定。1997年后，因渔具材料替代品繁多，渔业生产对桐油需求量锐减，价格走低，销售疲软，效益不高，不少农民放弃油桐树垦复，油桐产量连年下降，产量回落至879吨，2004年产量回升达1090吨。

油茶籽 1993年前一般产量3745吨左右，最高年份2000年产量3775吨。由于经济效益不高，农民生产油茶积极性受挫，未形成规模种植，产量开始逐年减少，2001年产量回落至3485吨，2005年，全市油茶籽产量2924吨。

1993—2005年宁德市（地区）竹笋干、油桐籽、油茶籽生产情况统计表

表12-12　　单位：吨、%

年份	竹笋干		油桐籽		油茶籽	
	产量	比增	产量	比增	产量	比增
1993	1130	16.40	1204	1.59	3745	1.70
1994	1498	—	1035	—	3737	—
1995	1569	8.80	1168	18.68	3763	0.35
1996	2204	40.50	1092	−6.50	3758	−0.10
1997	2298	4.30	879	−19.50	3586	−4.60
1998	2925	27.30	709	−19.30	3094	−13.70
1999	2749	−6.00	775	9.30	3675	18.80
2000	2769	0.70	842	8.60	3775	2.70
2001	3986	44.00	686	−18.50	3485	−7.70
2002	4724	18.50	718	4.70	3541	1.60
2003	5381	13.90	923	28.60	2890	−18.40
2004	5079	−5.60	1090	18.10	2756	−4.60
2005	5320	4.70	1080	−0.90	2924	6.10

第六章 管 理

第一节 机 构

一、宁德市（地区）绿化委员会

1993年，宁德地区绿化委员会下设办公室，挂靠地区林业局。绿化委员会主任委员由行署副专员担任，副主任委员由军分区参谋长、地区林业局局长担任，委员由行署副秘书长及地区农办、建委、公安处、科委、水电局、环保局、交通局、公路局、工会、妇联、团地委、林业局等单位正职或副职领导组成，办公室主任由地区林业局副局长兼任。1997年4月，宁德地区行署委托宁德地区林业局协助管理地区绿化委员会办公室业务，核定专项编制5名，其中科级领导职数1名，为行署植树造林绿化工作常设办事机构。

2000年，宁德地区撤地设市，更名宁德市绿化委员会，下设办公室。至2005年，因人事变动，市绿化委员会成员几经调整，机构不变。

二、宁德市（地区）森林防火指挥部

1993年，宁德地区森林防火指挥部下设办公室，挂靠地区林业局，为行署森林防火指挥部常设办事机构，负责森林防火指挥部日常工作。1997年4月，地区行署委托地区林业局协助管理地区森林防火指挥部办公室业务，核定专项编制3名，其中科级领导职数1名。

2000年，宁德地区撤地设市，更名宁德市森林防火指挥部，下设办公室。至2005年不变。

三、宁德市（地区）处理山林权纠纷领导小组

1993年，宁德地区处理山林纠纷领导小组下设办公室，挂靠地区林业局。领导小组组长由行署副专员担任，地区林业局局长任副组长，成员由行署副秘书长、地区公安处、地区检察院、地区中级人民法院、民委、民政局、土地局、信访局、司法局、老区办、林业局等单位正职或副职领导组成，办公室主任由地区林业局副局长兼任。1997年4月，地区行署委托宁德地区林业局协助管理地区处理山林纠纷领导小组办公室业务，核定专项编制3名，其中科级领导职数1名。

2000年，宁德地区撤地设市，更名宁德市处理山林权纠纷领导小组，下设办公室。2002年

11月，市处理山林权纠纷领导小组办公室，作为市人民政府处理山林权纠纷工作常设办事机构，核定机关事业编制3名，科级职数1名。至2005年，因人事变动，市处理山林纠纷领导小组成员几经调整，机构不变。

四、宁德市（地区）林业局

1993年，称宁德地区林业局。1997年4月，机构改革，内设办公室（对外增挂人事劳动教育科牌子）、计划财务科、林政科、营林科、林业工业科和派驻纪检组。机关行政编制11名，后勤服务人员事业编制1名。领导设局长1名，副局长2名，纪检组组长1名。

2000年，宁德地区撤地设市，更名宁德市林业局。2001年4月，设立中共宁德市林业局党组，设党组书记1人，党组成员3人。2002年11月1日，市级党政机构改革，内设办公室、林政资源管理科、营林科（花卉管理办公室）、产业发展科、计划财务科。机关行政编制10名（含纪检监察编制2名），设局长1名，副局长2名，纪检组长（副处级）1名，纪检副组长兼监察室主任（正科级）1名，科级领导职数5名。机关工勤人员核定事业编制1名。下辖宁德市林场管理处、森林资源管理中心站、森林病虫害防治站、林业科技推广中心、林木种苗站、林业基金管理站、林业规划设计队、林业科学研究所等办事机构，工作人员35名。至2005年不变。

第二节　山林权属管理

1993年，全区通过林业“三定”（稳定山林权属、划定自留山、确定林业生产责任制）之后，基本划清山林权属，确定国有林、集体林和个体林所有制三种形式。林地属国家或集体所有，个人对林地只有承包经营权，没有林地所有权。农民合法承包林权受法律保护。不承认林地私有和所谓“祖宗山”“原耕山”权属。集体所有权包括根据50年代土地改革市分配给农民个人所有，经过农业合作化转为集体所有的森林、林木和林地以及在集体所有的土地上由农村集体经济组织种植、培育的林木。个人所有权主要是农村农民在房前屋后、自留山、自留地和农村集体经济组织指定的其他地方种植的树木，在以承包和其他合法方式取得使用权的林地和承包的荒山、荒地、荒滩上种植的林木，按合同约定归个人所有的部分。

国有林　国有林包括中华人民共和国成立初期“土改”按政策把无主天然林和大片荒山收归国有，20世纪50年代末在宜林荒山集中连片地区兴建国营林场新造的林木以及国营农场、茶场或其他国营单位原有和新造林木。1993—2005年，全市国有林场12个，国有林场经营面积3.48万公顷，其中林业用地面积3.40万公顷，有林地面积2.84万公顷（占经营面积的81.6%）。国有林场经营面积中有国家级生态公益林0.77万公顷，省级生态公益林0.10万公顷，商品林1.37万公顷，其他林0.04万公顷。活立木蓄积199.46万立方米，其中生态林蓄积90.95万立方米，商品林蓄积111.1万立方米。

集体林　集体林主要有村集体林、乡有林、合作社林等。境内属南方重点集体林区，80%以上的山林属集体所有。20世纪70年代末开始，通过稳定山权林权、划定自留山、确定林业生产责任制，大部分集体山林仍由集体统一经营，但存在林木产权不明晰、经营机制不灵活、利益分配不合理等问题，林农作为集体林业经营主体的地位没有得到有效落实，制约林业生产力的发展。2003 年，根据省政府《关于推进集体林权制度改革的意见》，宁德市开始推行集体林权制度改革。2004 年，市政府出台《关于加快集体林权制度改革工作的意见》，各级党委、政府成立领导小组和工作班子负责制订方案，组织实施。林业部门全力以赴，密切配合。全市集体林权制度改革涉及 124 个乡镇，2190 个村（居）委员会，宁德市委、市政府组织力量深入林区调查研究，并采取领导与县（市、区）挂点办法，全面展开以“明晰集体林木所有权和林地使用权，放活经营权，落实处置权，确保收益权”为主要内容的集体林权制度改革。2006 年，全市以明晰产权为主体的改革任务基本完成，经省、市政府组织检查验收，全市共有 2181 个村（居）委员会明晰产权，占林改任务总村数的 99%，完成整改 2140 个村，占全市“林改”明晰产权村数的 98.2%。集体商品林应登记面积 58.70 万公顷，已换发林权证面积 52.78 万公顷。公益林应发证面积 30.61 万公顷，已发证面积 25.96 万公顷。全面实现“山有其主、主有其权、权有其责、责有其利”目标。在保持林地集体所有的前提下，进一步明晰林木所有权和林地使用权，落实和完善以家庭承包经营为主体、多种经营形式并存的集体林经营体制，将林地使用权、林木所有权和经营权落实到户、到联户或其他经营实体。

个体林 个体林指自留山及村前村后、房前屋后、路旁、水边零星分散丛竹、楼竹、棕榈、乌桕等私有林。2003 年起，开展集体林权制度改革时，为实现“山有其主、主有其权、权有其责、责有其利”目标，在保持林地集体所有前提下，对私有林进一步明晰林木所有权和林地使用权，用 3 年时间进行调查。至 2005 年，全市经调查落实私有林面积 5.52 万公顷，其中，自留山造林 3.37 万公顷，占 64.10%，其余零星林占 35.90%。

附：国有林场简介

霞浦杨梅岭国有林场 位于霞浦县西南部，属生态公益型林场。2005 年，林场拥有干道 67 千米，集材便道 60 千米，林区公路网密度为每公顷 0.06 米，形成较为完善的交通网络。内设股室生产股、经销股、计财股、科技股、森保股和办公室，全场编制 155 名，在编人员 81 人，在岗 58 人。下设北洋、江西岭、杨梅岭、涌山、马洋、四罗洋、八堡、黄土企、南门岭、胡维垅、牛寨、李中楼、进车、付竹等 14 个工区和一处国家重点林木良种基地，一处省级森林公园和一个组培中心（苗圃），经营区总面积 53832 亩。

福安化蛟国有林场 位于福安市中部福安至溪柄国道 104 线的东北部。林地分布在韩阳、城阳、溪柄、坂中、溪潭等 5 个乡（镇）19 个行政村，72 个自然村。2005 年，设有生产股、财务股、办公室、森保股以及化蛟、柳堤、满洋、霞山、沃里、洋面、林洋 7 个工区和水井岩 1 个护林点，总人数 121 人。林场 7 个工区均可通车。经营总面积 1998 公顷。场部设福安城南南山下 36 号。

福安蟾溪国有林场 位于福安市西北部的白云山南麓，西部与周宁县交界，北部与寿宁县接壤，属“省办、市管、县监督”的正科级事业单位。其前身为渡头经营所，创建后定名为福安蟾溪国有林场。经营区分布在穆云、晓阳、康厝 3 个乡镇。2005 年，林场设办公室、生产股、森保股、经销股、计财股。下设 6 个工区（龙田江、叶洋、占溪、石厝下、竹州、首洋）；护林点 11 个（龙田江、高山、牛池岗、石厝下、双溪、山头仔、南溪、南源、首洋、杨家坪、占溪），有职工 59 人。经营总面积 3242 公顷。场部设在穆云乡咸福村龙潜江自然村。

宁德福口国有林场 位于宁德市蕉城区八都镇铜镜村，林地分布在蕉城区七、八、九都

3个镇的25个行政村，108个自然村。2005年，林场设有办公室、生产股、财务室、经销股、森保股、科技股（种苗基地办）6个股室，并成立有场森林防火指挥部和安全生产办公室。设有铜镜、福口、九都、溪口4个工区及暗亭、尼姑坪、塔头岭、坞坑4个工点。总人口136人，干部职工49人。经营总面积1800多公顷，其中有林地1559公顷。

屏南古峰国有林场 林场地跨屏南县古峰、屏城、棠口、甘棠、长桥5个乡镇，13个行政村。2005年，全场职工总数40人，各工区到毗邻乡村以及大部分林地，均开设有营林道和拖拉机集材道，交通较便捷。场部及工区已通电，无线通信网络已覆盖经营辖区内大部分山场，形成一定规模的木材生产和经营能力。经营总面积1866.67公顷（其中林业用地1733.33公顷，生态林1066.67公顷），森林总蓄积量8.8万立方米（其中近、成、过熟林4.3万立方米）。

古田水库国有防护林场 辖区涉及古田县城东街道、城西街道、大桥、吉巷、泮洋、平湖、凤埔等7个乡镇（街道）19个行政村64个自然村。东起吉巷乡永安村，南靠古田溪水电厂拦河大坝，西至湖滨乡高头岭，北至平湖镇赖墩村。2005年，在职人员65人（其中正式人员55人，临时人员10人）。下设后垅里、里井、凤梅亭、苏垱、凤冲5个工区（点）。林场内部交通便利，福汾公路、省道202线穿越公园境内，通车里程达27千米，公路网密度为0.76千米/平方千米，还有16艘游艇往返于各岛屿之间。经营总面积3547公顷。

周宁腊洋国有林场 位于周宁县西南部，经营区分布于周宁县7个乡镇，64个村庄。东邻福安，东南与蕉城接壤，西南与屏南隔溪相望，西接南平市政和，北连寿宁。属“省办、市管、县监督”的正科级事业单位。2005年，分为坪坑、下洋坑、彭家山、吾柏洋、柿洋、城关6个工区，高山、苏山、里场3个工点。有在册干部职工38人，林场设办公室、生产股、经销股、森保股、计财股等5个职能机构。经营总面积3002公顷。场部设在周宁县七步镇吾柏洋村。

周宁香洋国有林场 位于周宁县北部，东南与蕉城区接壤，西南与屏南隔溪相望，西接南平市政和县，北连寿宁。其前身为福建省国营周宁香洋林场，属“省办、市管、县监督”的差额拨款事业单位。2005年，在职人员38人，经营区分为香洋、亥由、麻岭、东坑4个工区，林场各工区交通网络四通八达。经营面积2680公顷，麻岭工区2001年申报成为仙风山省级森林公园，面积667公顷。

霞浦水门国有林场 位于霞浦县东北部，西南与蕉城隔海相望，北与福鼎相接，属生态公益型林场。境内有杨家溪旅游景点。经营区跨松港街道、三沙、水门、牙城4个乡镇，涉及30个行政村。2005年，场部机构设有办公室、财务股、生产股、经销股、森保股及工会组织，下设青沃、红岭、大龙溪、后坑、东风岔、山中塘、东谷山、牛栏岗、单斗、紫丘垄12个工区。在编人员总数41人。经营总面积3157公顷。场部设在霞浦县松城镇。

寿宁景山国有林场 位于寿宁县西南、东北两部分，北靠浙江省泰顺县，西南临周宁县，经营区涉及寿宁县斜滩、凤阳、平溪、大安、坑底等7个乡镇、19个行政村、36个自然村。内设办公室、财务股、生产股、经销股、森保股等职能股室。原为国营寿宁县景山林场，1996年易名为福建省寿宁景山国有林场。实行“省办、市管、县监督”管理体制，正科级。2005年，有职工87人。经营面积4875公顷，场部设在寿宁县斜滩镇印潭村。

福鼎后坪国有林场 位于福鼎市西南的磻溪镇，南连霞浦县，西接柘荣县，地跨福鼎、柘荣两县市，涉及磻溪镇湖林、桑海、南广、后坪、仙蒲、大洋、吴阳、柘荣县乍洋乡的溪口、石山9个行政村。2005年，内设工会、办公室、生产股、财务股、森保股、执法中队、木材经销股等机构。设有长后、后坪、九园、吴阳4个工区，小尖、茯灵广2个护林点。职工 54 人。经营区总面积 3536.47 公顷，场部设在福鼎市山前街道石亭社区。

古田黄田国有林场 1993 年称古田黄田林场。1995 年，更名古田黄田国有林场。林区涉及古田县黄田镇、水口镇和南平市漳湖板镇 17 个行政村，36 个自然村。2005 年，场部设办公室、营林生产股、木材经销股、森林管护股和财务股，干部职工 44 人。场部工区可与国道 316 线、省道 202 线、峰福铁路和闽江水路相连，交通便捷。全场有林区道路 49 千米，三级以上公路 50.5 千米。各类楼房面积 14501 平方米。下设三都口、柳埕、水口、湾口、汕头和黄田 6 个工区。经营总面积 1600 多公顷。场部设在黄田镇。

第三节 林政管理

一、林权证办理

1993—2005 年，随着林业政策调整和改革深化，山场林地所有权和经营权实现了分离，个体、私营等非公有制林业发展迅猛。其间，宁德市个人或其他经济组织与集体经济组织签订承包协议或办理征占用地手续后，申请林权登记时应提交林权登记申请表、居民身份证明或其他组织资格证明，法定代表人或负责人身份证明、委托代理人身份证明和载明委托事项和权限委托书，林权证明、承包合同复印件等材料，由县（市、区）林业主管部门派员到现场勘验，填写森林、林地、林木台账，并进行登记公示，无争议后发给林权证。

二、林木采伐管理

历史上宁德采伐林木一般为择伐，伐大留小。对部分中龄林按定向培育要求进行皆伐。商品材采伐主要方式为皆伐。自用材及毛竹多采用择伐。林区采伐木材较注重采伐季的选择，尤其是自用材。杉木一般在春夏之交至夏至，此时杉木容易去皮。松木、毛竹及阔叶树多在秋后，因此时采伐不易长虫生蛀。商品材采伐一般不受季节限制。国营林木由林场雇工采伐，集体及个人林木由商贩竞买后雇工采伐，自用材由林农自伐自用。

1993—1995 年，宁德地区林业部门执行《福建省人民政府批转省林业厅关于“八五”期间年森林采伐限额意见报告的通知》，严格采脂生产管理，进入林区采集松者脂须持有《采脂许可证》，对采脂山场进行检查评比，确保松香稳产。停止办理和签发属于国家一级、二级珍贵木材运输证，按照福建省林业厅《关于颁发〈福建省森林采伐限额管理暂行办法〉》，审批发放林木采伐许可证做到有采伐指标、有山林权证，严把采伐审核审批关。

1996—1999 年，地区林业部门执行省政府《关于进一步贯彻落实国务院办公厅关于加强森林资源保护管理工作的通知》，每年组织人员开展森林采伐限额核查，发现问题，及时整改，严格控制采伐天然林。1997 年起，全区统一林木采伐审批台账和伐区木材检量台账格式，规范林木采伐监督工作。1999 年起，全区林木采伐年度统一规定为每年的 1 月 1 日至 12 月 31 日。

2000—2005 年，宁德市各级林业部门执行《福建省人民政府批转省林业厅关于“十五”期间年森林采伐限额意见的通知》，严格按照年森林采伐限额指标，落实凭证采伐林木制度，加强伐前、伐中、伐后监督与检查，每年组织人员对木材生产计划使用情况、林木采伐许可证发放、伐区设计、采伐迹地更新等情况进行检查验收，查处违法行为。其间，全市共审批林木采伐证33828份，蓄积量101.51万立方米。

2005年，全市木材采伐量221044立方米，比1993年增长24.15%。

三、木材运输管理

木材采伐区集材方法多种多样，结合当地实际情况分别有滑道溜山，肩扛、双人或多人合抬。交通不便山区溪河两岸的木材采用水流集材。有条件部分伐区也使用索道集材。20世纪90年代，随着林区公路或机耕路不断开通，为木材运输提供了很大方便。村级林区公路等级较低，运输工具以低吨位柴三机、拖拉机和小型货车为主。木材出境依靠省道、国道运输。运输工具以能承载20吨以上大型货车为主。

1993年，地区、县（市）林业部门加强各级木材检查站基本建设，当年完成检查站基建面积500平方米，全区有6个木材检查站经评比达标投入运行，全年审理木材运输31787起，材积423850立方米，其中，查处违章运输5110起，挽回经济损失374.2万元。

1994年，全区统一《木材检尺码单》格式，由各级林政资源管理部门负责发放回收。1997年，全区统一木材运输证办证机构名称，并设有固定专门办公场所，并经省林业厅批准，全区共设有10个办证办公室。2001年，加强运输证和码单领用管理，按规定对1998年以前办理木材运输证进行登记造册烧毁，共处理2000多本。统一刻制办证室印章8枚，办证员印章12枚。是年，全市共发放木材运输证6418份，折原木材积92134立方米。

2002年，宁德市及各县（市、区）林业局执行福建省林业厅《关于印发福建省木材凭证运输管理办法的通知》，针对木材运输（县内）取消码单运输等新情况，增设木材运输证办证点，抓好办证员培训考试，进一步健全木材运输证件和台账；市林业局下发《关于公布我市需办理木材运输证的大宗木材半成品名录的通知》，规范木材运输办证制度。当年，全市共办理木材运输证10838份，折原木材积114980立方米。

2003—2005年，各级林业部门继续建立健全木材运输证件管理和木材运输台账管理制度，增设42个木材运输办证点，使全市办证点数达52个；同时开展木材运输证换发、台账管理和办证点监督工作，全市共依法查处非法运输木材案件12288起，行政处罚12696人次，挽回经济损失276万元。

1993—2005年宁德市（地区）木材采运业产值统计表

表12-13　　单位：万元、%

年份	产值	比增	年份	产值	比增
1993	1547	—	2000	2547	-3.7
1994	1652	6.8	2001	2385	-6.4
1995	2038	23.4	2002	3418	43.3
1996	2718	33.4	2003	2774	-18.8
1997	2869	5.6	2004	3125	12.6
1998	3059	6.6	2005	3622	15.9
1999	2645	-13.5			

第四节 山林纠纷调处

1993年，宁德地区各级政府和林业部门执行《福建省林木林地权属争议处理办法》，对“全民所有制单位之间，全民所有制单位与集体所有制单位或个人之间的权属争议，由县级以上人民政府组织协商，协商不成的，由县级以上人民政府处理；集体所有制单位之间，集体所有制单位与个人之间权属争议，由双方进行协商，协商不成的，由县级人民政府处理；个人之间权属争议，由双方进行协商，协商不成的，属乡（镇）区域内，由乡（镇）人民政府处理；跨乡（镇）区域，由县级人民政府处理”。至1995年，全区共调处山林纠纷案件210多起，面积0.47万公顷。

1996年8月，地区民政部门执行国务院《关于开展勘定省、县两级行政区域界线工作有关问题的通知》，宁德地区从当年开始至2000年在全区范围内开展省、县级行政勘界工作。这次勘界工作，促使山林纠纷案件再一次爆发。全市共调处山林纠纷案件300多起，面积0.6万公顷。

2003年，宁德市各级政府执行省政府《关于清理整顿涉农收费切实减轻农民负担的意见》，取消山林纠纷调处费的收费项目。至2004年，全市共调处山林纠纷案件430多起，面积0.67万公顷。

2005年，宁德市处理山林权纠纷办公室共调处山林纠纷940多起，面积1.73万公顷。

第五节 林业执法

1993年9—12月，全区开展打击盗伐滥伐林木、非法运输木材，整治林区治安秩序为重点的专项斗争，地区行署专门下发《关于开展严厉打击盗伐滥伐、乱捕滥猎、整顿林区社会治安专项斗争的通知》，此次专项斗争，全区共查处各类森林案件990起，处罚违法犯罪人员1065人次，收缴木材224.3立方米，为国家挽回经济损失62.4万元。在古田县查处了一起4人利用伪造木材出省运输证从黄田火车站非法运输木材1000多立方米特大木材投机倒把案件。

1994—1995年，根据国务院办公厅《关于加强森林资源保护管理工作的通知》，宁德地区法院、检察院、公安处、林业局四家联合部署开展严打专项斗争。其间，全区分别开展打击毁林犯罪活动专项斗争和反对乱收购、乱经营、乱加工、乱运输“四乱”整治行动，共出动林业干警和林业执法人员400多人，查处各类森林案件504起。其中，侦破森林刑事案件83起，提请逮捕34起56人，批准逮捕29起43人，收容审查19人，移送起诉27起31人；查处治安案件57起，治安拘留43人。查处宁德市洪口乡盗伐林木立木蓄积9090立方米特大案件1起。

1996年4—9月，全区林业公安机关执行福建省委《关于批转〈省林业公安局关于开展一九九六年第二季度“严打”工作的方案〉的通知》，组织开展以“破大案、摧团伙、抓逃犯”为重点的严打斗争。其间，全区林业公安投入警力481人次，出动警车189辆次，侦破森林刑事案件47起，提请逮捕24起47人，批准逮捕23起33人，移送起诉31起48人。捣毁犯罪团伙5个28人。查处治安案件8起，查处林业行政案件108起，共收缴财物折合人民币36.24万元，木材250立方米。

1997年，全区林业公安机关开展“破大案、挖团伙、追逃犯、攻难点”为重点的春季严打整治行动，全区共查处各类森林案件77起，其中侦破刑事案件27起，查处治安和林业行政案件50起，处罚违法人员70人次，挽回经济损失10万元。1998年2月，全区林业公安机关组织开展打击破坏森林和野生动物资源违法犯罪“冬季行动”，全区查处各类森林案件87起，其中刑事案件18起，处罚各类违法人员106人次，其中逮捕17人，收缴非法木材235立方米，挽回经济损失24万元。

1999年，执行国务院《关于保护森林资源制止毁林开垦乱占林地的通知》，宁德地区法院、检察院、公安处、林业局、监察局联合部署，开展打击破坏森林资源违法犯罪活动专项斗争。全区共查处各类森林案件140起，其中森林刑事案件22起，处罚违法人员135人次，收缴木材222立方米，查获国家二级保护的野生动物猫头鹰、穿山甲47只，挽回经济损失33.72万元。地区林业公安局在福鼎市查处峡门乡派出所所长非法采伐霞浦县牙城镇梅花村一棵原木蓄积3.3立方米的南方红豆杉案件。

2000年1月15日零时，全区森林公安机关实施“南方二号”行动，开展对破坏野生动物资源违法犯罪活动进行统一打击。全区清查重点部位111个，其中捣毁非法收购、经营加工野生动物窝点15个，取缔非法驯养繁殖场2个，查处野生动物案件11起，收缴罚没财物折合人民币2.41万元，收缴野生动物活体262只，蛇类110千克，其中国家一级保护动物蟒蛇3只、巨蜥1只，二级保护动物猫头鹰、娃娃鱼、虎纹蛙等164只。

2001年1月20日，宁德市中级人民法院、人民检察院、公安局联合发出《关于宁德市森林公安机关执法权限的若干问题的通知》，对全市各级森林公安机关刑事、治安执法权限，治安案件管辖范围，治安行政复议与诉讼，作出明确规定。宁德市森林公安局对所辖刑事案件，可以自己名义行使执法权限，有权决定采取刑事侦查措施和强制措施。蕉城区森林公安分局对所辖刑事案件，可以宁德市森林公安局名义办案。市森林公安局对所辖治安案件，具有独立的执法主体资格，有权决定所有的治安处罚。县（市、区）森林公安分局可以自己名义对所辖治安案件行使警告、罚款的裁决权，派出所行使警告50元以下罚款的裁决权。全市森林公安机关管辖范围和权限包括发生在森林公园、自然保护区、生态保护区及国有林区范围内的所有治安案件以及《治安管理处罚条例》中的14类治安案件。全市森林公安机关执法活动进一步规范。

2002—2003年，全市森林公安机关开展为期两年的林区严打整治斗争。共整治重点部位17处，其中省两厅挂牌的3处，市林业局、公安局挂牌5处；清理整顿非法木材加工厂、木材交易市场39家，非法收购、经营加工野生动物的饭店、酒楼和集贸市场52处；全市查处各类森林案件1042起，其中侦破森林刑事案件128起；处理违法人员1110人，其中逮捕88人，移送起诉（含直诉）77起99人；收缴非法木材2832立方米，各类野生动物1563只与制品243千克，其中国家重点保护的一、二级野生动物34只，挽回经济损失206.8万元。在周宁县查处纯池镇蒙坑林场领导、职工伙同镇政府干部滥伐该林场林木4000多立方米特大滥伐林木案。在古田县查处凤都镇桃源村以两委负责人为主无证或越界采伐双山村、石峰村林木立木蓄积量达8144.9立方米5起系列特大滥伐林木案。在福安市查处溪潭镇有关犯罪嫌疑人滥伐“半岭坑”与“宅林”山场林木立木蓄积量分别2367.2立方米与2314.03立方米两起特别重大滥伐林木案。

2004年，全市森林公安机关组织开展侦破森林火灾案件大会战，共立案森林火灾刑事案件116起，侦破73起（重特案件27起）；查处野外用火治安案件172起，治安拘留144人。各地公检法业务部门密切配合森林火案查处，联合召开公捕、公判大会8场，公开逮捕和审判17人。

2005年，全市森林公安机开展打击破坏生态林、国有林犯罪“长剑一号”“长剑二号”行动。共查处各类案件472起，其中侦破刑事案件87起，挽回经济损失151.6万元。在寿宁县依法查处坑底乡长岭村“翁村”山场林木被浙江省泰顺县北岭乡半岭村村民结伙多次砍伐面积426.5亩、立木蓄积850立方米案件，协调泰顺县方面做好边界林区治安稳定工作。全市查处各类森林和野生动物案件7489起，处理违法犯罪人员8608人次。其中，森林刑事案件立案1185起，侦破1028起，提请逮捕594起788人，批准逮捕544起703人，逮捕603人，移送起诉（含直接起诉）623起720人；共抓获在逃犯罪嫌疑人174人，其中批捕在逃的犯罪嫌疑人103人，刑事拘留（负案）在逃犯罪嫌疑人71人；查获毁林犯罪团伙47个203人；林区治安案件查处411起，治安处罚647人次，其中治安拘留370人，治安罚款277人；林业行政案件查处6050起，处罚7241人次；各类案件共收缴罚没款587万元，收缴非法木材20351立方米，收缴野生动物2594只，其中国家一级保护动物27只，二级保护动物254只，挽回经济损失1183万元。

第十三编　茶　业

茶业，作为宁德首屈一指的地方传统产业，历来备受各级政府重视。“八五”计划实施2年后，宁德地区行署对经济社会发展规划进行调整，着力打造茶叶产业。随着各种扶持政策颁行与实施，茶业生产迎来了一次新的历史跨越。1993年，全区拥有1300多个集体茶场和14个国营农、茶场，茶园面积2.16万公顷，占全区茶园总面积的70%。政府划出荒山鼓励农民开山种茶，谁种谁有，长期不变，从体制和政策上支持茶区发展生产，高质量、高标准“密植速生”茶园应运而生。“九五”“十五”时期，农村普遍兴办乡（镇）、村茶厂。福安、福鼎、寿宁、周宁、蕉城、霞浦等9县（市）茶区，推进无公害茶园建设，全区茶叶单产和总产都得到迅速提高。至2005年，全市常年繁育茶树苗木1.5亿株，茶园面积5.4万公顷，茶叶产量5.93万吨，分别比1993年增长5.99%和1.41%，其中建立无公害茶园1.33万公顷、有机茶基地1333公顷、生态茶园666.66公顷，获无公害茶园认证单位32家，有机茶认证单位6家，还挖掘和开发出名优茶260多种，获国家、部、省级奖达690项/次。“福鼎大白茶”等10个品种被全国茶树品种审定委员会认定（审定）为国家级茶树良种，“早逢春”等11个品种被福建省农作物品种审定委员会审定为省级良种。

第一章 茶树品种

第一节 品种资源

一、野生大茶树

1993—2005年，经育种专家和科技人员实地考察尚存野生大茶树8种，树龄均在百年以上。

太姥山大茶树 在福鼎市秦屿镇太姥山雪鸿洞，海拔1000米；树为乔木型，高6.16米、幅宽5米，主干直径0.18米，最低分枝离地3米；枝干粗大，直径9.5厘米，中叶类，叶长宽为10.8×4.3厘米，叶脉9对，非苦味型。

霍童大茶树 在蕉城区霍童镇小坑村，海拔1000米；树为乔木型，高6.43米，主干直径0.19米，最低分枝离地1.7米；树姿开展，叶大，平均长16.7厘米、宽6.4厘米；叶形椭圆或倒披针，叶脉9～10对，苦味型。

虎浿梅鹤苦茶 在蕉城区虎浿乡梅鹤长艮岗姑娘坪门头厂、乌坑，海拔700～800米；树为乔木型，高6米、幅宽3.6米，主干直径0.162米，叶长11～13厘米、宽4.6～6厘米，叶脉8～9对，苦味型。

路后坑大茶树 分布于寿宁县平溪乡路后坑村，海拔754米；树为乔木型，树高6.5～7米，主干直径0.17米；叶长21.5厘米、叶宽8.7厘米，树龄85年以上。

往里苦茶 分布于屏南县黛溪乡往里村潭厂后门山，多株生长；树为半乔木型，高3米、幅宽2.8米；主干直径0.125米，苦味型。

大车坪1号苦茶 分布于蕉城区八都镇洋头村后门山大车坪，海拔500米；树为乔木型，高3.7米、幅宽3.2米，径粗0.10～0.12米；分枝高度1.3米，大叶种，苦味型。

大车坪2号苦茶 分布于蕉城区八都镇洋头村后门山大车坪，树为乔木型，树高2.5米、幅宽1.3米，大叶种，芽叶有特殊香气，苦味型。

祖龙茶 分布于周宁县纯池镇祖龙村，小乔木型，径粗约0.22米，树高4.5米；树枝半开展，早芽种，叶宽5～7厘米，长12～18厘米，大叶种。

二、有性系地方品种

1993—2005年，经育种专家和科技人员实地考察，原产于福安、福鼎、蕉城、霞浦、古田、寿宁等地有性系地方品种 9 种。

坦洋菜茶 分布于福安社口等地；灌木型，树姿半开展，分枝较密；中叶型，中芽种，每年 3 月中、下旬萌芽；为制作红茶“坦洋工夫”的主要原料，明洪武四年（1371 年）发现，栽培历史有 600 年之久。

吴山清明茶 分布于蕉城区八都镇吴山和福安甘棠镇大车等地；树为小乔木型，树势半开展；大叶类。早芽种，每年 3 月上旬萌芽；抗寒性强，产量高，适制红茶、绿茶，品质良好，已近百年栽植历史。

天山菜茶 分布于蕉城区洋中天山一带，为灌木型，树势半开展，分枝低矮；中叶类，中芽种，每年 4 月上旬萌芽；抗寒性强，产量高。适制红茶、绿茶，是“天山绿茶”的主要原料，栽培历史悠久。

岚下菜茶 分布于霞浦县茶区，树为灌木型，中叶型，早、中芽种；适制红茶、绿茶，是加工“龙首山清水绿”的主要原料，栽培历史悠久。

鹤塘菜茶 分布于古田县茶区，树为灌木型，中叶类，中芽种，每年 3 月下旬萌芽，嫩梢尚肥壮，毫尚多，适制红茶、绿茶，栽培历史悠久。

南阳菜茶 分布于寿宁县茶区，树为灌木型，中芽种，每年 3 月中、下旬萌芽；嫩芽色绿、有毫，适制红茶、绿茶，栽培历史悠久。

官司菜茶 分布于周宁县浦源镇，中迟芽种，每年 4 月中旬萌芽，质脆，浓绿，抗逆性强，产量高，适制红茶、绿茶。

东洋菜茶 分布于周宁县茶区，茶树生长周期长，单产较低但品质优良，对山地气候环境适应性广，抗逆性强。

汤家山芽 分布于周宁县咸村镇，为灌木型，树势半开展，叶色黄绿，叶型大，芽有绒毛，早芽种。

三、无性系地方品种

1993—2005 年，经育种专家和科技人员实地考察，原产于福安、福鼎、蕉城、霞浦等地无性系地方品种 7 种。

福鼎大白茶 原产地为福鼎市点头镇柏柳翁溪，各县（市、区）亦有分布，树为小乔木型，中叶类，早芽种；每年 3 月上、中旬萌芽，茸毛特多，芽头密；适应性广，易扦插繁殖；适制白茶、红茶和绿茶，从 19 世纪后期开始栽培，有 140 多年历史。

福鼎大毫茶 原产地为福鼎市点头镇汪家洋村，各县（市、区）亦有分布，树为小乔木型，大叶种，芽梢肥大，白毫多且长；早芽种，每年 3 月初萌芽；抗逆性强，产量高；适制红茶、绿茶、白茶，从 19 世纪后期开始栽培，栽培历史近 120 年。

福安大白茶 原产地为福安市穆云乡高岭村，福安、寿宁、周宁、蕉城、屏南、柘荣、霞浦等地亦有分布；树为小乔木型，大叶，早芽种，每年 3 月中旬萌芽；抗寒、旱能力强，耐肥，单产高，1963 年开始选育，适制红茶、绿茶、白茶。

早逢春 原产地福鼎市桐城乡柯岭村，主要在福鼎市内推广，树为小乔木型，树势半开展；中叶类，白毫尚多，发芽特早，产量较高，适制红茶、绿茶。

四季春 原产霞浦溪边茶场，蕉城茶区亦有分布，树为小乔木型，树姿半披张；大叶类，叶肉厚，早芽种，每年 3 月中旬萌芽，生长期长，可采 6 轮茶；抗寒、旱能力强，产量较高；适制红茶、绿茶，加工龙井茶品质优良。

歌乐茶　原产于福鼎市点头镇过笕村，福鼎柏柳、上宅与白琳镇翠郊、棠园，磻溪的黄岗等地均有分布；树为小乔木型，树姿半披张；中叶类，叶形似红花油茶，早芽种，每年3月中旬萌芽，毫多略短；适应性尚强，病虫害较少；适制红茶、绿茶和白茶。

岭路大白茶　原产于福安市晓洋镇岭路村，一带乡村均有分布，树为小乔木型，树势半开展；大叶类，早芽种，每年3月上旬萌芽，芽梢粗壮；适应性强，产量较低，适制红茶、绿茶，品质尚佳。

四、新选育无性系良种

1993—2005年，由福建省农科院茶叶研究所、霞浦县等单位选育，有品种12种。

福云6号　由福建省农科院茶叶研究所自福云58型有性群体中，采用系统选种法，单株分离选育而成，主要分布于福安、寿宁、周宁、蕉城、屏南、古田等县（市、区），树为小乔木型，大叶类，产量高，适制红茶、绿茶。

福云7号　品种来源同“福云6号”。主要分布于福安、霞浦、寿宁、周宁、蕉城等县市（区），树为小乔木型，大叶类，早芽种，产量高，适制红茶、绿茶，窨制福云毛尖茉莉花茶品质优良。

福云10号　品种来源同“福云6号”。主要分布于福安、霞浦两地，树为小乔木型，中叶类，早芽种，产量高，适制红茶、绿茶，制工夫红茶具有“滇红”风味，制烘绿，条紧毫显，滋叶浓醇。

福云20号　品种来源同“福云6号”。主要分布于霞浦、福安茶区，树为小乔木型，大叶类，中芽种，产量较高，适制红茶、绿茶、白茶，采制“银针”制率高，品质优，制“毛峰”“毫茶”品质极佳。

福云595号　由福建省农科院茶叶研究所从福云59型有性群体中用无性单株分离选育而成。主要分布福安、霞浦、寿宁、蕉城等县市（区），树为小乔木型，大叶类，早芽种，适制红茶、绿茶，品质好。

黄奇　由福建省农科院茶叶研究所从黄旦与白奇自然杂交后代中单株分离选育而成。主要分布福安社口、溪柄等茶区，树为小乔木型，中叶类，早芽种，产量较高，适制乌龙茶、绿茶，制乌龙茶品质优。

元宵茶　由霞浦县茶业局从“春风茶”群体中单株分离育成。树为灌木型，中叶类，特早芽种，适制绿茶、红茶，为制特种绿茶和窨制花茶高级原料。

霞浦春波绿　由霞浦县茶业局从溪南镇芹头茶场福鼎大白茶有性群体中单株选育而成。树为小乔木型，中叶种，特早芽新品种，适制名优绿茶，品质优良。

丹桂　由福建省农科院茶叶研究所从肉桂自然杂交后代中采用单株育种法育成，树为灌木型，中叶类，早生种，制乌龙茶品质特优。

茗科1号　由福建省农科院茶叶研究所以铁观音为母本，黄旦为父本，采用杂交育种法育成。树为灌木型，中叶类，早生种，产量高，制优率高。

悦茗香　由福建省农科院茶叶研究所从赤叶观音有性后代中采用单株选育而成，中叶类，中生种，制乌龙茶条索圆紧，品质优异。

瑞香　由福建省农科院茶叶研究所从黄棪自然杂交FI代经单株选育而成，树为灌木型，中叶类，产量高，制绿茶品质优异。

五、珍稀品种

奇曲 原产地福安市社口飞层山茶园，树为灌木型，分枝较密，枝条呈S形，盘旋若“龙”，造型优美。中叶类，中芽种，每年3月中、下旬萌芽，育芽能力强。适制绿茶，亦可作盆景观赏。

坎下楼曲枝茶 原产地蕉城区洋中镇章后村坎下楼，树为小灌木型，叶小，形似金钱或椭圆形，浓绿油亮，叶面奇曲皱起，呈螺形着生，茎红棕色或灰色，植株矮小，分枝披展，弯曲多姿，可供观赏。

筲绮种 原产地安溪县城蔡奕安家，经福建省农业科学院茶叶研究所扦插繁殖，树为灌木型，树势半开张，中叶类，中芽种，每年3月下旬萌芽，形如重瓣花，折叠美观，适制绿茶，亦可作观赏。

1993—2005年宁德市（地区）主要茶树品种分布一览表

表13-1

县(市、区)	当地品种	主要栽培品种
宁德市（今蕉城区）	天山菜茶、吴山清明茶、春分早	福云6号、福云7号、福鼎大白茶、福鼎大毫茶、福安大白茶、菜茶、梅占、毛蟹、黄观音、茗科一号
古田县	鹤塘菜茶	福安大白茶、福鼎大毫茶、福云6号、菜茶、梅占、毛蟹
屏南县	菜茶、雷鸣茶、柳叶茶	福鼎大白茶、福鼎大毫茶、福云6号、政和大白茶、菜茶、毛蟹、梅占
周宁县	东洋菜茶、官司茶、汤家山早芽	福云6号、福云7号、福鼎大白茶、福鼎大毫茶福安大白茶、菜茶、梅占、毛蟹、黄观音、铁观音、茗科一号
寿宁县	寿山早茶、芹洋菜茶、南阳菜茶、凤阳菜茶	福鼎大白茶、福鼎大毫茶、福云6号、福云7号、福安大白茶、政和大白茶、菜茶、梅占、黄观音、茗科一号
福安市	福安大白茶、岭路大白茶、坦洋菜茶、孟洋菜茶、林家早茶	福安大白茶、福云6号、福云7号、福云20号、福云10号、福云595、福鼎大白茶、福鼎大毫茶、梅占、黄旦、毛蟹、台茶12号、台茶13号、黄观音、茗科一号、春兰、黄奇
柘荣县	菜茶	福安大白茶、毛蟹、梅占、水仙、福鼎大白茶、福鼎大毫茶、福云品系、菜茶、黄观音、茗科一号
福鼎市	福鼎大白茶、福鼎大毫茶、早逢春、歌乐茶、白琳菜茶	福鼎大白茶、福鼎大毫茶、早逢春、歌乐茶
霞浦县	岚下菜茶、四季春、春分茶、元宵茶、春波绿	福鼎大白茶、福鼎大毫茶、福云6号、福云7号、福云20号、元宵茶、春波绿、台茶12号、台茶13号、黄观音

第二节 种苗繁育

1993年，霞浦县茶科所在涵江茶场开设母本园0.33公顷，茶苗销售方式在全省率先实行苗种纯度质量公证，让茶农购买放心苗，育出的“福鼎大毫茶”供不应求。同年，还种植“春分茶”0.66公顷，短穗育苗3万株。柘荣县在乌岩下茶园辟有培育“福鼎大毫茶”基地0.4公顷，年育茶苗36万株，供县内种植。1998年，霞浦县无性繁育“元宵茶”等地方良种1000万株。县茶树良种繁育场还完成省农业厅繁育“元宵茶”420万株项目。2000年，周宁县的咸村、玛坑、纯池等乡镇茶农也大量繁育“福云6号”，供应本县茶农种植，至2005年周宁县累计扦插繁育铁观音等乌龙茶品种300万株。霞浦县溪南芹头和县良种场亦大量繁育“福鼎大毫茶”“福云品系”与“元宵茶”，年出圃均达2000万株以上。2001年，霞浦县繁育良种茶树苗木1000万株，提供各地茶园调整结构，更新换种。2004年，霞浦县茶苗繁育转向着重培育特早、高香优良品种，全年出圃1200万株。柘荣县繁育良种茶树苗木76万株。据统计，境内茶区最高年份良种茶苗出圃达4.2亿株。但随着农村经济体制改革和茶叶生产承包制的普遍实行，至2005年年底，除部分茶科所或茶苗繁育场仍在繁育茶苗外，其他茶苗由茶农根据需要自育。

1993—2005年，境内福安市的甘棠、社口，寿宁县的武曲，福鼎市的白琳、点头等茶区均辟有茶苗繁育基地，批量繁育“福云品系”“福安大白茶”“福鼎大毫茶”等良种。其间，尤以“福鼎大毫茶”适应性强，福鼎市点头、大坪、观洋，白琳的翁江等地茶农利用茶树短穗扦插技术繁育茶树苗木就达亿株以上。

闽东地区茶叶种苗繁殖方式有：

有性繁殖　茶籽繁殖。于“霜降”前后，待茶果成熟壳成暗褐色时采下，阴干剥出茶籽，选优去劣。以籽粒大而重，无破裂、蛀孔，种仁饱满，乳白色，带有油质光亮的为好籽。随采随播的茶籽按品种进行，留待翌年春播的需经贮藏，量少采取室内分层堆积法，选干燥、避风、无阳光直射的楼板房作为贮藏地，底层与四周薄铺干草，再在底层铺上沙炭混合物，然后一层茶籽一层沙炭，相间铺三、四层后盖上干草即可；茶籽量多适用室外沟藏法，贮藏过程要经常检查温度和茶籽含水量，贮藏堆内温度以5℃～10℃为好，茶籽含水量保持在25%左右。播种方法：直播法。即条栽密植，按株行距30×120厘米挖沟，每丛播茶籽4～5粒，覆土5～6厘米，上盖干草，每666.66平方米约播种120～150千克。苗圃育苗法。在苗畦上按行株距3×6厘米开小沟播籽，再覆土、盖草，每666.66平方米播茶籽125千克或茶果250千克。经一年时间管理，待苗高25厘米以上出圃移栽。

无性繁殖　压条繁殖。选良种青壮茶树或台刈后一二年生的作母树，于春茶后在其四周松土、挖环形压条沟，沟深15厘米，将整丛枝条向四周逐枝弯压入沟，以竹钩将枝固定沟中，再将各枝条上的茎部扭伤盖土压紧，顶端向上翘起露出土面，然后平整表土。压后注意做好除草、防旱、治虫、摘顶等管理工作，待秋后长有一定根群时，与母树剪离，让其根系生长，苗高30厘米时即可起苗移栽。

短穗扦插繁殖　从纯壮母树上，选当年、当季生的半木质化腋芽膨大（嫩梢驻芽形成，上段绿色，下段红棕色）的健梢，剪下长3～4厘米带一芽一叶“短穗”，插于铺有4～6厘米厚、经压实的红壤苗床上，边插边将穗的基部稍压，让插穗与培养土紧贴，芽叶露出土面。株行距一般为（2.5～3）厘米×（6～7）厘米。插后即喷水、遮阴，初期着重做好浇水、拔草，后期应勤治虫、施肥，摘除花蕾。当苗高20～25厘米时，逐步拆去遮阴物练苗。经一年，待苗高25～35厘米、茎粗2.5～4毫米时出圃。

茶根育苗　利用强壮根段或选育新品种根段，剪成长3～6厘米的种根，集中放在带土的篮内，防止日晒风干，然后在整理好的苗圃畦上（宽1.2米、高15～20厘米），按沟距15厘米、深6厘米挖浅沟，将种根按沟向连接横卧在沟里，上覆盖6厘米厚的红壤土，再铺上3厘米厚的干草即可。插后初期每天应浇水一次，水中掺些稀薄人尿（尿水比例为1∶6），30天后即可长根萌芽，45天梢长至10厘米时进行施肥管理。

第三节　品种改良

1993—1994 年，福建省农业科学茶叶研究（驻福安社口，下同）先后培育出“黄奇”“悦茗香”“朝阳”3 个品种，被评定为省级良种。

1998 年，霞浦县茶业管理局从“春分茶”群体中单株分离育成“元宵茶”，通过省级鉴定。

2002 年，霞浦县茶业管理局选育“春波绿”，通过省茶树品种专业组审定。同年 4 月，福建省农业科学院茶叶研究所以铁观音为母本、黄棪为父本，采用杂交育种法育成无性系，小乔木型，中叶类，早生种，适制乌龙茶、绿茶、红茶的“黄观音”，通过国家级品种审定。同月，福建省农业科学院茶叶研究所从安溪县引进赤叶观音天然杂交后代中，采用单株选种法育成无性系，灌木型，中叶类，中生种，适制乌龙茶、绿茶的“悦茗香”，通过国家级品种审定。以“铁观音”为母本、“黄棪”为父本，采用杂交育种法育成无性系，灌木型，中叶类早生种，适制乌龙茶、绿茶的“茗科 1 号”，又名“金观音”，通过国家级品种审定。从“黄棪”与“白奇兰”的自然杂交后代中，采用单株选种法育成小乔木型，中叶类，早生种，适制乌龙茶、绿茶的“黄奇”，通过国家级品种审定。

2003 年 1 月，福建省农业科学院茶叶研究所从“迎春”自然杂交后代中，采用单株选种法育成无性系，小乔木型，大叶类，特早生种，适制绿茶、红茶的“早春毫”，通过福建省品种审定。同月，以“铁观音”为母本、“黄棪”为父本，采用杂交育种法育成无性系，灌木型，中叶类，早生种，适制乌龙茶、绿茶的“金牡丹”，通过福建省品种审定。从“黄棪”自然杂交后代中，采用单株选种法育成无性系，灌木型，中叶类，中生种，适制乌龙茶“瑞香”，通过福建省品种审定。

2005 年 1 月，福建省农业科学院茶叶研究所，从云南大叶种与福鼎大白茶自然杂交后代中采用单株选种法育成无性系，小乔木型，中叶类，中生种，适制红茶、绿茶白茶“福云 20 号”，通过福建省品种审定。2 月，以“黄观音”为母本、“黄棪”为父本，采用杂交育种法育成，无性系，灌木型，中叶类，中生种，适制乌龙茶、绿茶“黄玫瑰”，通过福建省品种审定。同月，以“铁观音”为母本、“黄棪”为父本，采用杂交育种法育成无性系，小乔木型，中叶类，早生种，适制乌龙茶、红茶、绿茶“紫玫瑰”，通过福建省品种审定。从“铁观音”自然杂交后代中采用单株选种法育成无性系，灌木型，中叶类，中生种，适制乌龙茶、绿茶的“紫牡丹”，通过福建省品种审定。

第四节　良种引进

1998 年，福安从松溪引进“九龙大白茶”，从福清引进“黄奇”高香型品种在茶区栽培。

2001 年，宁德市政府作出关于引进高香茶树良种，建立繁育基地决定。当年，经验收全市发展良种苗木基地 14.93 公顷，母本园 127.66 公顷。其中，福安市建立育苗基地 3.2 公顷，引种有“白芽奇兰”“铁观音”“梅占”“黄旦”“台茶”“丹桂”“九龙袍”“春兰”“迎霜”等品种；建立茶树母本园14.93公顷，引种有“台茶”“黄奇”“丹桂”“九龙袍”“春兰”“黄旦”“梅占”等品种。周宁县建立育苗基地3.53公顷，引种有“龙井”“丹桂”“台茶”等品种；建立茶树母本园33.33公顷，引种有“铁观音”“台茶”“黄金桂”“丹桂”等品种。寿宁建立育苗基地3公顷，引种有“黄旦”“毛蟹”“福云595”“黄观音”“丹桂”“黄旦”等品种；建立茶树母本园25.33公顷，引种有“元宵茶”“白芽奇兰”“铁观音”“丹桂”“九龙袍”“福云595”“九龙大白茶”“龙井43”“黄旦”“黄观音”“特早”“早春6号”等品种。福鼎市建立育苗基地1.67公顷，引种有“龙井43”“特早”“铁观音”“毛蟹”“水仙”等品种；建立茶树母本园4公顷，引种有“铁观音”“毛蟹”“水仙”等品种。蕉城区建立育苗基地1.33公顷，茶树母本园8.67公顷，引种有“迎霜”“九龙袍”“毛蟹”“春分茶”“黄观音”“梅占”等品种；霞浦县建立育苗基地1.2公顷，茶树母本园17公顷，引种有“福云20”“元宵茶”等品种；柘荣县建立育苗基1公顷，茶树母本园8.00公顷，引种有“黄观音”“丹桂”等品种；屏南县建立茶树母本园6.67公顷，引种有“梅占”“九龙袍”“丹桂”“福云595”等品种；古田县建立茶树母本园10公顷，引种有“梅占”“毛蟹”“九龙袍”“铁观音”等品种。

2002年，福安市在社口、松罗、上白石、潭头、穆云、甘棠、坂中等产茶区，引种“丹桂”“茗科1号”“春兰”“黄奇”“台茶12、13号”等新特品种；寿宁县引进“白芽奇兰”“丹桂”“九龙袍”等良种在茶区种植。

2003年，古田县引进“铁观音”“黄旦”等优良品种，并对桃溪村黄墓穴、达尺寸、棺材岗3片10公顷茶园进行改植换种。

2004年，蕉城区以八都平湖山茶园为基地，引进“丹桂”“黄观音”“九龙袍”“黄金桂”“早春毫”等品种，带动全区对“福云6号”老茶园改植换种。福安市在社口、松罗、溪潭、上白石、潭头、穆云、甘棠、坂中等乡镇，建立茶树新特良种繁基地20公顷，引种“丹桂”“黄观音”“悦茗香”“台茶12”“金观音”“紫观音”“紫玫瑰”等新特品种。同年，有“黄观音”“丹桂”“金观音”“台茶12、13号”等新品种，在全市9个县（市、区）推广，数量达3500万株，为历史上引种乌龙茶品种最多年份。

2005年，蕉城区引进绿茶、乌龙茶兼用新品种“丹桂”“黄观音”“金观音”“台茶”“金萱”“早春毫”“茗科1号”等，建立高标准茶园66.67公顷，并对333.33公顷低产茶园进行品种改造。

1993—2005年，宁德市（地区）共引进茶叶优良品种33种。

第二章　茶树种植

第一节　茶园建设

1993 年，宁德农村茶园大多以承包出租方式经营，乡镇、村集体茶园逐年减少。各县市茶业管理机构在对国营、集体茶场进行管理的同时，对承包经营户生产技术也进行指导。霞浦县确定以溪边、洋里茶场和茶农方贵等为科技联系点，预测全县茶叶生产概况，从而向 11 个乡镇茶场和 1 万户茶农沟通信息，形成服务网络，及时传播科技知识，县政府还投资 260 万元开发高标准茶园 650 公顷。周宁县实施“低产茶园改造技术标准”示范课题，在泗桥、礼门乡镇支持低改旧茶园，每公顷拨付扶持经费 3000 元。1994 年，屏南县开始改造一批立地较好的旧茶园与利用缺水旱田发展新茶园，确立以高标准密植茶园为茶叶生产主体，普遍采用双行单株定植法，使每公顷种植茶苗达 45000 ~ 60000 株。

1995 年，古田全县开垦高效新茶园全部种植“福云六号”“福安大白茶”“福鼎大白茶”优良品种，使全县优良品种种植面积由 1991 的 34.3% 提高至 68.3%。1996 年，福鼎市茶叶生产示范基地建设，以点带面，逐步推开，在贯岭乡文洋镇首创生态茶园 66.67 公顷。翌年，宁德地区掀起“绿色基地”建设热，福安市甘棠、溪柄、平湖，霞浦县茶科所等地，陆续建立无公害生产基地 200 公顷。1998 年，寿宁县根据茶树衰老程度和成因，对树冠分别进行台割、重修剪、深修剪，改植换种，以老带新，以新代老，增行补植；对茶园进行深翻改土施基肥，全县改造茶园面积 0.1366 万公顷。霞浦县举办技术培训班，培训基层骨干 600 多人，指导茶农在害虫幼龄卵期或成虫期喷施防治，做到挑治点喷，避免全面沾树，或不用农药就能控制病虫害发生。经过几年努力，到 1999 年，宁德全地区茶区无性系良种茶园面积发展至 4.167 万公顷，占茶园总面积 89.28%。福鼎市完成 8 个面积为 200 公顷的有机茶园基地建设，并建立 333.33 公顷有机茶转换基地，被农业部评为“全国无公害茶叶生产优秀示范基地创建县”。古田全县开垦高标准茶园 579.53 公顷，占茶园面积的 35%；优质茶品种比例面积占 69.3%，比 1993 年提高 34 个百分点。寿宁县在武曲镇至清源乡公路沿线开辟无公害茶园示范带 6.67 公顷，随后向全县推广。

2000 年，全市开展茶树品种和茶类结构调查。调查表明，无论是茶树品种，还是茶类结构均存在单一化问题，品种过于单一已成为制约境内茶业发展瓶颈。如福安市茶园面积 1.056 万公顷，无性系良种占 93.5%，特别以“福云 6 号”等老品种居多，特色欠明显，在市场和产品竞争中失去优势。针对以上情况，周宁等县在稳定已有茶园面积的同时，推动茶树品种结构调整，种植绿、乌兼制的高香型茶树品种。政府对茶苗实行补助扶持，累计发放茶苗 860 万株，种植“铁观音”“茗科1号”“丹桂”“黄观音”“金萱”等绿茶和乌龙茶兼制良种426.67公顷。柘荣县也拨款40万元扶持发展高优茶园，引进“福鼎大毫茶”700万株，按无污染、合理搭配高标原则新植良种茶982公顷。

2001年，宁德市茶业管理部门提出逐步调低绿茶比重，增加乌龙茶、红茶比重；在茶树品种中较大面积地压缩“福云6号”“福云7号”，改种“梅占”“黄旦”“丹桂”“春兰”“毛蟹”“茗科1号”“元宵茶”“九龙大白茶”“龙井43号”“乌牛早”和引进“台茶”新品种计划，再次引导茶农进行结构调整。柘荣县引进台商天禾茶业有限公司，在乍洋乡前楼村种植“乌龙茶”13.33公顷。霞浦县在杯溪沿线、杨家溪沿岸、葛洪山和柏洋、水门等5个无公害茶园基地，推广早生高香绿色茶种，全县改造低产园面积达2000公顷。2002年，市政府出台《宁德市“十五”茶树良种体系建设规划》，拨出60万元专款用于市级品种结构调整示范点建设，调整目标是“福云6号”面积2.3333万公顷，占茶树品种比例50%，调整后为1.33万公顷，占茶树品种比例28.57%；“福安大白”“福鼎大白”“福鼎大毫”“福云7号”面积2.0946万公顷，占茶树品种比例44.89%，调整后为2.1666万公顷，占茶树品种比例46.43%；“菜茶”面积0.1万公顷，占茶树品种比例2.14%，调整后仍为0.1万公顷，占茶树品种比例2.14%；“绿茶新品种”面积0.0053万公顷，占茶树品种比例0.11%，调整后为0.6万公顷，占茶树品种比例12.86%；“绿乌兼制新品种”和“乌龙茶新品种”面积0.1333万公顷，占茶树品种比例2.86%，调整后为0.4666万公顷，占茶树品种比例10%。在“福云6号”种植面积较大的福安市、蕉城区、寿宁县、周宁县开辟总面积为27.53公顷的市级品种结构调整示范片，以“丹桂”“九龙袍”“台茶12”“白芽奇兰”“金观音”作为“福云6号”替换品种。各县（市、区）相应建立面积166.66公顷的品种结构调整示范片，其中群众自发改造面积0.1392万公顷。周宁县引进香港超大集团资金1000万美元，建立万亩有机茶基地。古田县茶叶技术推广服务中心，长期委派技术人员到茶区举办班培训班，讲授茶树病虫害防治技术等，以提高茶区生产水平。年末，全市建立无公害茶园1.3333万公顷，通过有机茶认证茶园面积84.4公顷。

2003年，福安市茶园改造以新植良种为主，拨出50万元专项资金对改造区无偿提供良种茶苗，对低产茶园、衰老茶园、失管茶园进行新植。蕉城区拨出专项资金8万元，建立天山绿茶示范基地13.33公顷，完成新植茶园66.66公顷。霞浦县推广优良品种1189万株，建立高标准茶园200公顷。年末，全市品种结构调整0.1万公顷，比增75%；通过有机茶认证累计121.06公顷，比增43.44%；9个县（市、区）建立有机茶示范基地15片254公顷。2004年，全市建立品种改造示范基地333.33公顷，换种“元宵茶”“福鼎大毫”“早春毫”“茗科一号”等新优绿茶、乌龙茶品种，实现品种结构调整0.0666万公顷；通过有机茶认证92公顷，比增58.15%。福安市从外地引进“天竺桂”“香樟”“火力楠”等宜栽树种1万多株，在坦洋、高坂、王家、北门、茶洋茶园种植，建立生态茶园200公顷。

2005年，全市茶类结构提高绿茶，调整花茶，适度发展乌龙茶、白茶和红茶，逐步形成以绿茶为主的生产格局，全年完成茶树品种结构调整0.1万公顷，同上年持平，其中新植0.03万公顷。但由于茶园改造成本较大，茶区“福云6号”当家品种仍然多达2.00万公顷，周宁县、寿宁县仍占总面积的90%以上。

1993—2005 年宁德市（地区）茶园面积产量统计表

表 13-2 单位：公顷、吨

年份	茶园面积	采摘面积	茶叶产量
1993	45532	33765	24652
1994	46704	35809	27718
1995	46874	37774	33556
1996	47915	39881	36145
1997	46054	40259	40053
1998	46247	40971	44271
1999	46451	41408	45083
2000	46506	40404	42924
2001	47179	42031	44024
2002	49116	45467	47051
2003	47367	—	45800
2004	47700	—	48100
2005	49700	45180	51300

第二节 栽 培

一、种植

（一）选用良种

1993—2005 年，宁德茶农选用品种有“福鼎大白茶”“福鼎大毫茶”“福安大白茶”“福云 7 号”（均早生）、“福云 6 号”（特早生）等当家“国优”良种。这些品种适应性、抗逆性强、品质好、产量高，适制红茶、绿茶和白茶。同时兼用“梅占”（中生）、“政和大白茶”（晚生）、“黄旦”（早生）、“毛蟹”（中生）和“省优”良种“福云 595”（早生）、“早逢春”（特早生）、“霞浦元宵茶”（特早生）等品种。每一个茶场或乡村，均选择早、中、迟生种或特早、早、中生种搭配种植，以延长采摘期，缓和因春茶高峰，给农村劳力带来紧张矛盾，还可以充分利用设备，提高茶叶品质，降低生产成本。

（二）合理密植

山地茶园以行距 1.2 ~ 1.5 米、株距 0.25 ~ 0.30 米双株单条植，每 666.66 平方米植 3500 ~ 4500 株。种一行太宽，两行太密梯田茶园，采用双行条植，丛（株）距均以 0.30 ~ 0.35 米，每丛 2 ~ 3 株，每 666.66 平方米植 4000 株左右。单位面积内种植密度增加，虽具有成园快、投产早、早期效益高等优点，但随着年限延续会削弱茶树生长，导致后期产量下降。因此，不同品种、不同地势、不同土壤其种植密度亦有所不同。树势低矮、分枝角度小、坡度大、土层浅薄、土质差的其行株距可适当缩小，反之大些。

（三）茶苗移植

梯层茶园一般离梯坎 1 米左右，沿梯沿挖深 40 ～ 50 厘米、宽 30 厘米植茶沟，施入肥料，填土至离地面 l5 ～ 20 厘米。植茶时，按行距 1.2 ～ 1.5 米、株距 0.25 ～ 0.30 米、每丛 2 ～ 3 株裁下无性扦插苗（有的地方在茶苗栽植前，就将茶苗离根茎 15 ～ 20 厘米处剪去，留下 4 ～ 5 片真叶，既减少幼苗蒸发量，避免受旱，又利于茶根生长）。茶苗入土后，边覆上土壤，边踩紧茶根，让泥土与茶根贴合，并浇透定植水。在茶苗两旁覆盖一层干草，保湿防旱，确保茶苗成活，并留下 10 厘米左右浅沟，利于集水保土。移栽时间从晚秋至翌年初春（即 10 月中下旬至翌年 2 月上中旬）均可。

（四）幼树管理与间作套种

第一年，茶苗生长幼弱、根系浅，抗旱能力差，遇到干旱需浇水。干旱前，需在茶苗两旁 30 厘米处，铺草覆盖 10 厘米厚，保水防旱。亦可在距茶苗 15 厘米处开浅沟，浇灌农家肥水即覆上土，更有利于抗旱保苗。若遇缺株，应尽早用同龄、同类茶苗及时补种，以保全苗。茶树幼龄期，利用茶园行间合理间种马铃薯、豌豆、黄豆、花生等豆科作物，通过对间作物的管理，结合管好茶树，待茶树成龄后逐渐退出。

二、修剪

（一）幼龄茶树定型修剪

定植一年后，苗高 30 厘米以上可进行。第一次，以春茶前（惊蛰至春分之间）为好，也可在秋冬季进行。离地面 15 ～ 20 厘米处剪去主枝，侧枝不剪。分枝部位较高的半乔木型茶树剪高些，灌木型品种分枝部位低的、土壤瘦茶苗长势差的剪低些。第二次，在第一次定剪后一年进行（生长旺盛，树高达到修剪标准的也可提前）。高度在上次剪口上提高 15 ~ 20 厘米，用篱笆剪平，注意留外侧腋芽，以利分枝向外伸展。第三次，在第二次剪口上提高 10 ～ 15 厘米。经三次定型修剪后，主茎已形成 4 ～ 5 层分枝，树高达 45 ～ 50 厘米，在此基础上再进行一次轻修剪，并结合夏秋茶打顶轻采，逐步形成丰产树冠。

（二）重修剪或台刈更新茶树定型修剪

重修剪茶树，原剪口离地已 30 厘米，一般春茶后重修剪的，当年秋季新枝长到 30 厘米时就可进行定型修剪，在原剪口上提高 15 ～ 20 厘米平剪即可。以后结合打顶轻采，适当留叶，春茶前进行一次轻修剪，投入正常采养。台刈后新枝条都是从根茎处萌发生长，分枝较多。第二年，待这些枝条长到 50 ～ 60 厘米时，可在离地 35 ～ 40 厘米处进行第一次定型修剪。当剪口上新枝长到 30 厘米以上，再从第一次定剪的剪口上提高 20 厘米进行第二次定型修剪，以后结合打顶轻采、抑中留侧，逐步形成丰产树冠。

台刈 树势衰老，叶片稀少，育芽无力，根系裸露、吸收能力差，产量低老茶树，采用台刈更新树冠。台刈一般掌握在春茶采后进行。用台刈剪或手锯，从老树根茎处离地 5 ～ 7 厘米，刈去全部枝条，切口斜面要求光滑，忌砍裂桩头，影响萌芽。一年后，在离地 35 ～ 40 厘米处进行定型修剪，待新枝长 30 厘米以上，在上次剪口提高 10 ～ 15 厘米处，再进行第二次定型修剪，树高 70 厘米以上，每年需进行轻修剪。坚持留养轻采，3 年后进入正常采摘。

重修剪　重剪在春茶结束后立即进行，以剪去树冠1/3～1/2，以30～40厘米为宜，重修剪后当年新梢不采摘，在次年春茶萌动前在剪口上提高10厘米处定型修剪，秋茶可适当打顶轻采。第三年起每年春茶前在上次剪口提高10厘米处修剪，当树高70厘米以上可投入正常采养、轻剪。

轻修剪　每年或隔一二年进行一次。用篱笆剪或修剪机在上次剪口上提高3～5厘米处，剪去细弱枝、结节枝、鸡爪枝，剪成弧形树冠。若茶树健壮、生长势旺、采摘及时、树冠平整的可隔年轻修剪；顶端优势强、采茶留叶多、采摘不及时、树冠不整齐的宜年年轻修剪。经过5～6次轻修剪，若树冠结节枝、鸡爪枝继续增多时，可进行一次深修剪，其方法与轻修剪相同。轻修剪与深修剪反复交替进行，可使茶树保持旺盛生长势头，延长采摘年限。轻修剪一般在春茶前2月上中旬进行，也可在春茶结束后进行。深修剪对当年产量有一定影响，应在春茶后进行。

三、施肥

底肥　以厩肥、堆肥、草肥、绿肥等农家肥为主，每666.66平方米施5吨，并加施磷肥50千克。底肥数量较少，要开沟集中施，沟深50厘米，沟底再松土15～20厘米，按层施肥，每层土肥混匀后再施第二层，然后回放表土。

基肥　在11月上旬施用，不采秋茶，在9月底到10月上、中旬施用。基肥肥料以各种饼肥、厩肥、堆肥、绿肥、海肥和生物有机肥为主，配施复合肥、茶叶专用肥和适量磷、钾肥。一般茶园每666.66平方米施厩肥或堆肥2～2.5吨，菜籽饼100千克左右，配施过磷酸钙25～30千克、硫酸钾15千克。高产茶园用量适当增加。施基肥时在树冠边缘垂直向下开沟，深20～30厘米，基肥施后随即复土。基肥多时可在树冠两边开沟，数量少时则只在一侧开沟，每年互换。坡地茶园施肥沟应开在里侧。

追肥　以速效性氮肥为主，适当配施磷、钾肥。第一次追肥称催芽肥，一般在茶芽长到鱼叶初展时施用，掌握在开采前15～20天施下。夏、秋茶追肥即在春茶结束后进行。第二次追肥称为夏肥，在夏茶结束后进行。第三次追肥称为秋肥。成龄采摘茶园一般氮肥用量可按每采100千克干茶补施10～15千克，纯氮为宜，其中1/3氮以有机无机混合肥形式作基肥用，2/3氮以无机肥形式作追肥用。春、夏、秋三次追肥比例为4∶3∶3或5∶2∶3进行，全年氮、磷、钾施用比例按2∶1∶1。幼龄茶园追肥量，一般按树龄来确定，一年生茶苗不宜施化肥，在旱季可追施稀薄人畜粪尿，2～5年生茶树一年追施2次，春茶前与春茶后各1次，按6∶4施用，每666.66平方米施纯氮3～8千克，追肥方法采用集中施用。幼龄茶园在树冠边缘垂直下方挖穴施下或环施。成龄茶园开沟施下，施肥沟位置与基肥同，施肥沟深约4～6厘米，施复合肥则要再深些，边施边盖土，以免肥效挥发，切忌撒施。根外追肥常用根外施肥肥料和配制浓度：大量元素类：0.5%尿素，1%硫酸铵、过磷酸钙，0.5%～1%硫酸钾，0.01%～0.05%硫酸镁，0.5%磷酸二钾铵；微量元素类：硼酸、硫酸锌、硫酸铜各为50～100ppm，硫酸锰50～200ppm，钼酸铵20～50ppm；综合叶面营养液如茶叶素、壮茶灵、T一爱农、叶面宝、健生素等为500～1000倍液。主要采用喷施，在夏、秋季干旱期傍晚，喷洒在叶背面，以喷湿叶子正背面，一般采摘茶园每666.66平方米用液量为50～100千克。

绿肥　境内绿肥品种繁多，再生能力强的有“大叶猪屎豆”“三尖叶猪屎豆”“石决明”“山毛豆”“肥田萝卜”“苕子”等。对1～2年幼龄茶园，宜选用矮生、匍匐性强如“日本草”“伏花生”“马铃薯”“黑麦草”“绿豆”等。3～4年生茶园，多选用早熟、矮生的如“乌豇豆”“小绿豆”“黄豆”“箭舌豌豆”“黄花鲁冰”等。梯壁坎边种植绿肥以选用多年生绿肥为主，如“紫穗槐”“爬地兰”“无刺含羞草”“金光菊”“知风草”“大叶胡枝子”等。在绿肥盛花期，结合茶园耕作。离茶树根茎40 ~ 50厘米处挖施肥沟，将绿肥直接埋入沟内。当覆盖物，利用绿肥就地覆盖茶园土壤，具有保水、保土、调温、肥茶、防冲、防草等多种功效。作为沼气原料和牲畜饲料。通过饲喂牲畜、粪便发酵，再用发酵料作茶园基肥，充分利用茶园绿肥的生物能量，是茶农常见采用的一种方法。

第三节 病虫害防治

一、病虫害种类

1993—2005年，宁德茶区病虫害时有发生，病虫害种类大致类似。从害虫习性看，霞浦、福安、福鼎、周宁、寿宁、蕉城各县（市、区）茶树主要有吸汁害虫“假眼小绿叶蝉”“黑刺粉虱”“蚜虫”“蚧虫”；食叶害虫“茶尺蠖”“茶毛虫”“茶卷叶蛾”“茶蓑蛾”；钻蛀害虫“茶梢蛾”“茶枝镰蛾”“天牛类”；地下害虫“蛴螬”“地老虎”“白蚁”等。从病害部位看，茶树多为叶部，包括加害芽梢和成叶的病害有“茶白赤星病”“茶饼病”“茶云纹叶枯病”“茶炭疽病”和“茶轮斑病”；茎部，通常发生在老茶园的有“茶膏药病”“茶粗皮病”和茶树地衣苔藓类病；根部，有“茶红根腐病”“黑根腐病”“褐根腐病”和“紫纹羽病”等。各地茶树受害程度不尽相同。

病害 常见有“茶云纹叶枯病”“茶炭疽病”“茶轮斑病”“茶褐色叶斑病”“茶赤叶斑病”“茶白星病”“茶园赤星病”“茶饼病”“茶网饼病”“茶煤病”“茶藻斑病”“灰色膏药病”“褐色膏药病”“茶苗立枯病”“茶苗白绢病”“茶紫纹羽病”“茶白纹羽病”“茶苗根结线虫病”“菟丝子”“苔藓”“地衣”等20余种。

虫害 普遍发生有“茶橙瘿螨”“茶叶瘿螨”“茶小爪螨”“茶短须螨”“茶黄螨”“假眼小绿叶蝉”“青蛾蜡蝉”“茶蛾蜡蝉”“茶梨蚧”“茶紫红蚧”“椰园蚧（琉璃盾蚧）”“长白蚧”“茶牡蛎蚧”“红蜡蚧”“角蜡蚧”“龟蜡蚧”“茶长绵蚧”“黑刺粉虱”“通草粉虱”“缘绿盲蝽”“云斑毛蝽”“茶盾蝽”“茶蚜”“茶黄蓟马”“茶毛虫（茶黄毒蛾）”“茶白毒蛾”“茶黑毒蛾”“戟盗毒蛾”“茶蚕”“大尺蠖（油桐尺蠖）”“茶尺蠖”“青刺蛾”“小白刺蛾”“扁刺蛾”“茶斑蛾”“褐刺蛾”“黄腹鹿蛾”“茶蓑蛾”“大蓑蛾”“茶小蓑蛾”“茶褐蓑蛾”“白囊蓑蛾”“锥囊蓑蛾”“茶小卷叶蛾”“茶卷叶蛾”“茶细蛾”“茶木蛾（茶谷蛾）”“茶白纹螟”“茶潜叶蝇”“茶丽纹象甲”“茶灰象甲”“隆脊绿象甲”“蓝绿象甲”“四斑小象甲”“茶尖象甲”“小黄象甲”“茶籽象甲”“茶梢蛾”“茶枝蛀蛾（茶枝镰蛾）”“茶堆砂蛀蛾”“茶豹蠹蛾”“黑跗眼天牛”“茶红翅天牛”“铜绿金龟子”“大绿金龟子”“黑绒金龟子”“家白蚁”“黑翅土白蚁”“大蟋蟀”“褐蟋蟀”“非洲蝼蛄”等70多种。

二、病虫害发生

1993—1995年，古田县、福鼎市茶叶病虫害主要以“茶云纹叶枯病”“茶饼病”“茶毛虫”“茶毒蛾”“茶小绿叶蝉”“茶丽纹象甲”“黑刺粉虱”“茶黄蓟马”等为主，其中“小绿叶蝉”一年发生8～12代，呈现世代重叠现象。柘荣县“茶小绿叶蝉”，每年均有小规模发生，主要以成虫、若虫刺吸茶树嫩梢汁液，雌成虫产卵于嫩梢茎内，使茶树生长受阻，被害芽叶卷曲如、硬化、焦枯。低山茶区年发生，为害期多在每年5—6月与9—10月之间。1996年，柘荣县乍洋乡、双城镇乌岩下发生“黑刺粉虱”，以排泄“蜜露”诱发煤烟，引起大量脱叶，受害面积达50公顷。乍洋乡、城郊乡、黄柏乡发生“茶毛虫”，危害面积达130.5公顷。“茶毛虫”虫体毛丝有毒，虫数量多时把整片茶园吃光。2000年，柘荣县乍洋乡、楮坪乡、黄柏乡发生“茶芽枯病”，叶上病斑先在叶尖或叶缘产生淡黄色或黄褐色枯焦状，萎缩不能伸展，病叶最终脱落，受害面积达85公顷。2005年，柘荣县发生“螨类病”“茶橙瘿螨”，主要以成、若螨吸食成叶及嫩叶汁液，致芽叶萎缩；“茶跗线螨”的成、若螨栖息于茶树嫩芽叶背面吸汁为害。周宁县、寿宁县，茶叶病虫害主要以“茶小绿叶蝉”“茶丽纹象甲”“茶黑刺粉虱”“茶黄蓟马”等小虫害为主。病害主要有“茶云纹叶枯病”“茶饼病”等。周宁县部分茶园还出现缺锌、缺钼等症状。

三、防治

（一）主要病害防治

茶煤病　俗称“乌烟病”，病株各部位产生一层烟煤状的霉层。防治方法：密植、通风差、潮湿的茶园，应适当修剪，勤除杂草，以利通风透光，湿度大的可开沟排湿；非采摘期可用0.6%～0.7%石灰半量式波尔多液进行喷洒防治；由黑刺粉虱、蚧壳虫、茶蚜等害电引起的发病茶园要注意及时控制虫害。

茶炭疽病　又名茶赤枯病，为害成叶，严重时大量落叶。防治方法：选抗病能力强的品种栽培；施肥以氮、钾肥配合施用，以提高茶树抗病能力，雨季做好茶园排水降湿工作；将土表的病叶深埋，消灭越冬病菌；采摘期选用甲基托布津、多菌灵、百菌清等农药进行防治；非采摘期可用0.6%～0.7%石灰半量式波尔多液进行防治。

茶云纹叶枯病　又名茶叶枯病，为害叶片。防治方法：采除病叶、清洁茶园落枝腐叶、减少病源；增施钾肥，茶园喷用农药参照茶炭疽病。

茶饼病　病斑在叶正面中央凹陷，叶背凸起呈饼状，上生灰白色粉状物，后为暗褐色溃疡状斑，病叶枯落，嫩梢枯死。防治方法：秋茶后剪除有病梢叶，以减少越冬病源；加强肥培管理，促使茶树健壮，提高抗病能力；采摘茶园发病初期喷粉锈宁，非采摘期用0.6%～0.7%石灰半量式波尔多液等农药施治。

茶苗白绢病　又名霉根病，病苗多枯死。防治方法：选用生荒地育苗或无病地种植茶树。注意茶园排水，改良土壤，增施有机肥，促进苗木健壮，增强抗病力。感病苗圃应及时清除病苗并换入新土，土壤喷施多菌灵500～800倍液、0.5%硫酸铜液或50%甲基托布津500倍液。移栽苗可用20%石灰水浸泡消毒。

（二）主要虫害防治

假眼小绿叶蝉　又名茶“浮尘子”，俗称“茶猛”“猛仔”。以成虫、若虫刺吸茶树嫩梢的汁液，致使嫩梢短小，芽叶萎缩，叶尖、叶缘红褐焦枯。防治方法：加强茶园管理，清除园内杂草，及时分批多次采摘，减少虫卵并恶化营养条件，减轻危害；在成虫高峰期利用黄色诱虫板诱杀；虫害发生严重的茶园，越冬虫口基数大，抓紧于11月至次年3月中旬，喷洒辛硫磷、马拉硫磷，以消灭越冬虫源；采摘季节根据虫情预报在若虫高峰前选用生物农药苦参碱、除虫菊素、吡虫啉、艾美乐、巴丹、联苯菊酯等进行防治。

茶叶螨　包括“茶橙瘿螨”“茶叶瘿螨”“茶小爪螨”“侧多食跗线螨”和“短须螨”等，其中以“茶橙瘿螨”发生最为普遍。以“茶橙瘿螨”为例，防治方法：秋茶结束后，于12月前抓紧喷施0.3 ~ 0.5波美度石硫合剂，减少越冬虫口基数；实行分批多次采摘，可减少虫口数；螨口发生初期，释放捕食螨胡瓜钝绥螨；在发生高峰期前喷施哒螨酮、灭螨灵、73%克螨特、天王星等进行防治。

介壳虫　该类害虫虫体外均覆盖有一层蜡质介壳，一般药剂防治效果欠佳，应抓住卵孵化盛末期，若虫未形成蜡质介壳前及时喷药防治。“茶梨蚧”主要以若虫吸食枝叶汁液，使茶树衰弱、落叶。防治方法：剪除有虫枝叶，保护寄生蜂、瓢虫等天敌，控制为害；根据测报掌握在第一代若虫孵化期用辛硫磷、联苯菊酯、溴氰菊酯、苦参碱等防治。“红蜡蚧”“角蜡蚧”“龟蜡蚧”茶区均有分布，防治方法参照“茶梨蚧”。

茶毛虫　又名“茶黄毒蛾”，俗称“茶辣”“吊丝虫”“刺毛辣”。幼虫咬食大量叶片，虫毒影响采茶，发生量大时可把整片茶园吃光，严重影响茶叶产量。防治方法：人工摘除茶毛虫卵块（特别是越冬卵），捕杀虫群，捕捉时宜用肥皂液擦润手脚以防虫毒；化蛹盛期结合中耕培土，耕杀虫蛹；在成虫期利用灯光诱杀；每亩用茶毛虫病毒虫尸100 ~ 200头加水50千克喷雾；于三龄幼虫期前喷施辛硫磷、鱼藤精、苦参碱、溴氰菊酯、联苯菊酯、功夫、巴丹等农药。

茶丽纹象甲　又名“茶叶象甲”“茶小黑象甲”“小黑象鼻虫”，俗称“茶鲎”，是茶区主要害虫。成虫咬食叶片呈弧形缺刻，严重影响茶叶产量和品质。防治方法：秋冬季耕翻松土，杀除部分幼虫和蛹；利用成虫假死性，地面铺塑料薄膜，然后用力振落茶树集中消灭；于成虫出土前撒施白僵菌菌粉；成虫出土高峰前喷施天王星、巴丹、苦参素等进行防治。

黑刺粉虱　又名“橘刺粉虱”“刺粉虱”。若虫在叶背吸食汁液，并分泌蜜露诱致霉病发生。防治方法：加强茶园管理，结合修剪、台刈和中耕除草，改善通风透光条件，抑制其发生；保护寄生蜂、瓢虫等天敌和韦伯虫座孢菌控制其为害；重点抓住第一代若虫孵化盛期用药防治，可选用吡虫啉、敌敌畏、联苯菊酯、溴氰菊酯或与韦伯虫座孢菌粉等混用喷杀；秋茶结束后用波美0.3 ~ 0.5度石硫合剂喷杀封园，降低越冬虫口基数。

茶小卷叶蛾　又名“棉褐带卷蛾”，俗称“卷心虫”，是茶树主要害虫。幼虫吐丝卷结嫩叶，被害部分呈黄褐色斑膜状。全年以春茶、夏茶为害较为严重。防治方法：人工摘除虫苞；夜间可用灯光诱杀成虫；在低龄幼虫期选用Bt制剂、苦参碱、敌敌畏、联苯菊酯、溴氰菊酯、巴丹等喷杀幼虫，注意喷湿虫苞叶，以提高药效。

茶细蛾　又名“三角卷叶蛾”。幼虫喜幼嫩叶片取食为害。初孵幼虫潜叶为害，随后卷边为害，老龄幼虫将叶尖卷成三角形虫苞，在苞内取食为害。防治方法：及时采茶，减少虫源；人工摘除虫苞；用灯光诱杀成虫；在幼虫潜叶、卷边期选用辛硫磷、敌敌畏、巴丹、联苯菊酯、溴氰菊酯等农药防治。

油桐尺蠖　又名“大尺蠖”，俗称“曲曲虫”。其幼虫咬食叶片，严重时常将叶片、嫩茎全部吃光，使整片茶园光秃。防治方法：蛹期结合耕作培土或人工挖除树下土中虫蛹，防治效果良好；成虫盛期利用趋光性进行灯光诱杀；用辛硫磷、联苯菊酯、巴丹、溴氰菊酯、苦参素等农药喷杀三龄前幼虫。

茶蓑蛾　又名“避债虫”“布袋虫”。幼虫咬食茶树叶片、嫩梗，虫多时全株被食成秃枝。防治方法：查明“发虫中心”，人工摘除虫囊；在幼龄幼虫期选用联苯菊酯、溴氰菊酯、苦参碱、辛硫磷等进行喷杀，用药时应将虫囊喷湿，以充分发挥药效。

茶蚕　又名“茶钩翅蛾”“茶叶带蛾”，俗称“龙头虫”。防治方法：幼虫无毒，可用人工捕除；结合茶园耕除，铲除土中蛹；幼虫期喷施辛硫磷、鱼藤精、苦参碱、溴氰菊酯、联苯菊酯、功夫、巴丹等农药。

扁刺蛾　又名“黑点刺蛾”，俗称“辣虫”。幼虫在叶背咬食下表皮和叶肉，形成黄褐色半透明斑，树枝梢仅剩残脉碎片。防治方法：人工捕杀叶背幼虫；化蛹盛期结合耕除杀蛹；成虫盛期晚上用灯光诱杀；初盛期间，用敌敌畏、溴氰菊酯和巴丹等农药喷杀幼虫。

茶蚜　又名“茶二叉蚜”，俗称“茶鬼”。成虫和若虫群集茶树嫩梢叶背吸食芽叶汁液，使被害芽叶萎缩、畸形，其排泄物易诱发霉病。防治方法：重视保护瓢虫、寄生蜂、草蛉等自然天敌，强化生态控制，严格控制用药；及时分批勤采，控制虫口增长；喷施吡虫啉、辛硫磷、鱼藤酮、溴氰菊酯进行防治。

茶梢蛾　又名“茶蛾”“茶梢蛀蛾”，俗称“蛀心虫”。幼虫潜食叶肉，蛀食嫩梢，使顶芽枯萎，新叶变色、干落，严重时满园枯梢、蛀芽。防治方法：及时分批合理采摘夏秋茶，以采除梢中虫、卵；蛹期查剪或3月前轻修剪，剪除虫蛹梢；幼虫潜叶期或蛀梢初期喷施防治，选用敌敌畏、溴氰菊酯、联苯菊酯等农药。

黑跗眼天牛　又名“茶红颈”（蓝翅）天牛，俗称“结节虫”。幼虫蛀害枝干成节瘤，使枝干易断并枯死。防治方法：幼虫羽化前剪除虫蛹枝；成虫盛期清晨捕杀；产卵期和初龄幼虫皮下蛀食期，沿产卵马蹄形裂痕连皮层割除；成虫盛发期可喷施敌敌畏、溴氰菊酯、联苯菊酯等农药喷杀。

第三章 加工 营销

第一节 加 工

宁德茶叶加工经历了从饼茶到散茶，从绿茶到红茶、白茶、黄茶、乌龙茶多种茶类，从一次加工到再加工，从手工操作到半机械化、机械化制茶发展历程。20世纪80年代，开始致力发展茉莉花茶，其间宁德县、福安县、福鼎县、霞浦县年均窨制茉莉花茶达1.3万吨。20世纪90年代，随着茶叶市场开放，各茶区普遍开发、创制了一批名优茶产品，并研发保健茶、饮料茶再加工茶生产技术，同时也开始试产乌龙茶。

2001年起，境内茶叶品种结构中增加乌龙茶生产比重，福安市松罗、城阳等乡镇开始引进乌龙茶加工机械设备，并举办乌龙茶加工工艺培训班，群众自发新办乌龙茶加工厂8家。全市乌龙茶加工厂逐步增加至12家，年加工能力260吨。茶农在长期生产实践中研制出许多形质兼优的茶类，新一代茶制品层出不穷。全市精制茶叶产量达2.7094万吨。2002年，北京憩园技贸有限公司在周宁县成立宁德仙洋洋食品科技有限公司，首期投资1300万元，引进鲜茶汁加工生产线为全省首创。全市乡（镇）村办茶叶精制加工厂900家，年加工精制茶叶3万多吨。2003年，宁德市组织26名茶叶加工人员赴安溪县参加由农业部和省农业厅联合举办的“福建省无公害茶叶生产技术及乌龙茶加工技术培训班”，推动境内乌龙茶加工水平的提高。当年，市委、市府大力扶持茶叶生产，列为宁德市的支柱产业之一，并出台《关于扶持茶叶支柱产业发展若干意见》，使全市茶叶加工企业迅速增加至32家，福鼎市天湖茶叶有限公司和福建品品香茶厂建立现代化加工厂，扩大茶叶加工生产。寿宁县从安溪引进乌龙茶加工设备，在全县推广普及乌龙茶加工技术。2004年，市政府在重点引导企业和茶农改进茶叶采摘技术的同时，全市引进名优茶加工机械300多台，推广小型多功能名优茶加工设备和工艺；在茶叶企业推行质量管理体系，制定产品质量标准，引导企业按国际先进标准管理生产，开办茶叶食品安全生产技术培训班，培训有机茶加工200人，茶叶加工质量日益提高。2005年，市政府下发《关于对食品加工企业实施分类管理的通知》，采取扶优治劣帮促中间办法加强茶叶生产、经营主体市场准入监管，营造“诚实守信，以质取胜”茶叶加工环境，规定不具备保证产品质量加工企业，不得从事加工经营活动，未经检验合格茶叶产品不得出厂销售。在产品结构上，提高中、高档茶比重，扩大名优茶和特种工艺茶生产规模，重点加大白茶、工艺茶和芽类扁形名茶生产能力，推出10多个新型包装工艺茶，全年精制茶叶产量达3.4320万吨。生产工艺茶300多吨，产值6000多万元。

第二节　营　销

一、国内营销

1994 年，宁德地区开始推行贸工农一体化，产供销一条龙经营体制，茶叶经销呈现国营、集体、股份制企业、个体共存，相互竞争，多渠道经营格局。

1999 年，随着茶叶流通体制改革的不断深入，宁德茶叶企业所有制结构发生深刻变化。国有、集体、个体茶园从过去 1∶7∶2 变为 1∶3∶6，茶区集体、个体、联合体发展到 10 万多户，在销区设茶庄、茶店 800 多家。

2000 年 11 月，全国茶叶经济信息网年会暨全国茶叶商品交易会在福鼎召开，推动闽东茶叶贸易顺利开展。随着国内茉莉花市场南移，闽东茉莉花市场逐渐萎缩，至 2002 年，全市茉莉花园面积仅剩 752.26 公顷，茉莉花产量仅 2950 吨。不少生产花茶企业将绿茶坯运往广西窨制后再销往各地。

2001 年，针对宁德茶叶在市场经济条件下，存在“缺龙头带动，无知名品牌”弱点，市茶业管理部门经过排查分析，筛选出福鼎“绿雪芽”、福安“坦洋”牌系列产品，作为重点打造的茶叶知名品牌，以提高市场知名度和竞争力。福安市农垦茶叶有限公司与分散在全国各地 380 多家茶庄、茶行达成合作伙伴关系，形成全国销售网络，年产茶 800 多吨，销售总额达 4000 多万元。福鼎天湖茶业有限公司在北京、上海、广州、西安设立 4 个销售部，在长春、沈阳、大连、青岛、大庆、锦州设有分销商，还开展邮购、电子订单、网络直销等业务。5 月，宁德市举办首届“茶王”拍卖会，荣获茶王奖的“文洋翠芽”“绿雪芽”“茉莉花茶王”，每百克分别以 5.5 万元、3.2 万元和 2.5 万元被认购。

2002 年，茶区群众以茶为本，走出家门，大到京（北京）、津（天津）、上（上海）、广（广州），小到安徽芜湖、莪桥，广西横县等地，开拓茶叶市场或创建茉莉花基地。宁德籍茶商在济南茶叶市场发展联销商 80 多户，花茶在当地有一定的市场占有率；在北京马连道茶叶街创办“京鼎隆”茶叶专业市场，颇受顾客青睐；福安市大不同茶叶有限公司在上海设立“大不同天山茶城”等，累计发展茶叶批发商店及销售公司 3000 余家，常年在外经销人员达 3 万余人，年经销茶叶 3.6 万吨，经营总额达 10 亿多元人民币。同年，在福州举办的中国（福建）茶博会“凯捷杯”茶王拍卖会上，获茶王奖的“文洋翠芽”“茉莉茶王”，每百克分别以 8.8 万元、6.6 万元被认购。

2003 年，省政府宣布缓征茶叶特产税，调动茶农、企业和茶商的积极性。随着沿路关卡的拆除，本地小商贩活跃，外地客商纷至沓来，不但茶叶流通顺畅，而且茶青价格也有了提高。8 月，市茶业管理机构在北京、上海、广州、济南、天津设立 5 个茶叶销区信息采集点，在 9 个县（市、区）茶叶部门建立信息网，及时向产区企业、茶农反馈销售信息，起到桥梁和纽带作用。全市毛茶总值 7.15 亿元，其中名优茶产值 4.08 亿元，占 57.06%。2004 年，在第二届宁德茶文化节“绿雪芽”茶叶拍卖会上，从福鼎大白茶始祖“绿雪芽”母树上采制的 100 克茶叶，以 71 万元高价被福建武夷星茶叶有限公司认购。全市毛茶总值 8.22 亿元，其中名优茶产值 4.48 亿元，占 54.50%。

2005年，绿茶、花茶约占茶叶销售总量的92%左右，红茶销量基本稳定，白茶、乌龙茶、工艺茶增长幅度较大（白茶增长幅度达55%），特别是名优绿茶自2003年“非典”之后，一直呈上升趋势，花茶市场回暖，尤以中高档花茶抢手，无论是茶青价格还是产品价格，都是“十五”期间最好的一年。当年，全市毛茶总值8.9亿元，其中名优茶产值5.08亿元，比增13.39%。

2004年6月28日，第二届宁德茶文化节在福鼎市开幕，民盟中央副主席吴修平（前左一）到场庆贺　　宋春晖　摄

二、出口运销

（一）出口

1993年，宁德地区外贸公司、进出口公司，霞浦县进出口公司，获进出口经营权后，经营从福鼎沙埕和霞浦三沙港茶叶出口业务。出口茶叶有“炒绿”“茉莉花茶”“白毫银针”“白牡丹”，还有少量的工夫红茶、工艺茶以及精制副产品等。2000年，福鼎市白琳3家白茶企业成立东南白茶进出口有限公司，成为一家自营出口权企业。2004年，国家对进出口权实施登记制度，全市有8家企业申请自营进出口权，但均未申报国家检验检疫卫生许可证注册，一时无法自营出口。2005年，宁德市企业出口茶叶仍然委托外贸公司进行。

（二）销路

红茶　主销英国、荷兰、德国、埃及、黎巴嫩、伊拉克、阿尔及利亚等国家以及中国香港、澳门地区。福鼎市产制“桔红”、福安市坦洋产制“红茶珠”，畅销于西欧国际市场。

绿茶　主销美国、法国、巴基斯坦等国。周宁县、寿宁县和福鼎市绿茶，主销摩洛哥、阿富汗、阿尔及利亚、马里、塞内加尔、利比亚等国。绿茶末、茶片副茶转运福州加工袋泡茶出口。

花茶　主销英国、美国、法国、日本、巴基斯坦、泰国、新加坡、马来西亚、朝鲜等国家。周宁县茶厂生产罐装“九龙香”茉莉花茶，被国家轻工部评为优质产品，外销新加坡、菲律宾、马来西亚等国。福安市城湖茶叶有限公司和北门茶厂生产的名优茉莉花茶销往日本、摩洛哥等国。

白茶　“白毫银针”“白牡丹”主销中国香港、澳门地区以及新加坡、马来西亚、德国、荷兰、法国、瑞士、美国等国家。

副茶　即茶片、茶末、茶梗。主要出口俄罗斯、蒙古等国，有的加工成袋泡茶出口美国、加拿大。

（三）销量

宁德市出口茶叶品类，主要有“坦洋工夫”“白琳工夫”“红茶珠”“橘红”“乌龙红茶”“花香红茶”“白毫银针”“白毛猴”“小珠绿茶”“茶末”“花片”“茶梗”“炒青绿茶”“烘青绿茶”“白牡丹”“茉莉花茶”“工艺茶”以及精制副产品等十多种，有很强的适销性。据统计，

1993年，全区出口茶叶332.05吨，出口值137.89万美元。1994年，出口茶叶457.95吨，出口值183.12万美元。1995年，出口茶叶567.65吨，出口值259.49万美元。1996年，出口茶叶863.65吨。1997年，出口茶叶567.65吨。1998年，出口茶叶579.35吨。1999年，出口茶叶289.08吨。2003年，全市出口茶叶突破5000吨。2000—2001年出口茶叶8000吨，金额1.60亿元。2005年，全市出口茶叶1.4万吨（包含向外地区或外省份提供的茶叶出口原料），比增133.33%，为出口茶业最多一年。

第三节　名优茶

一、名茶种类

（一）绿茶

宁德以炒绿为多，从名茶外形看有圆、扁、针等形态之分。

圆条形　有天山清水绿、天山四季春、龟山白玉芽、太姥绿雪芽、福宁元宵绿、葛洪开目绿、莲岳云雾、金绿香。

扁形　有天山迎春绿、天山翠芽、天山雀舌、剑毫、凤凰舌、仙岩雪峰、方山玉叶、黄雀舌、福宁龙井、福安雪龙。

年针形　有天山松针、屏南松针、天香银针、绿水银针、松针、剑芽、莲心。

卷曲形　有福云曲毫、雪峰琼花、白毛猴、鼎叶金猴、福宁碧螺春、金绒凤眼、青芝白莲。

螺形　有针螺、白玉螺、珍螺、白玉兔。

芽尖状　有天山银针、银芽尖、天山毫尖。

珠形　有龙珠茶、珍珠茶、荔枝茶。

眉状　有珍眉、寿眉、炒绿、天山凤眉、天山银芽。

兰花形　有栗香玉芽、雪芽。

捆扎形　有龙须茶、菊花茶、绿牡丹、荸荠茶、梅花茶。

紧压形　有绿茶饼。

（二）白茶

历史名茶首推白毫银针，其次是白牡丹、贡眉、寿眉；创新名茶白雪芽，新工艺白茶。

（三）红茶

历史名茶有坦洋、白琳两大工夫红茶，主要花色品种有橘红、红茶标、花香、史王、红茶珠、干介等，还有人工小种红茶，碎橙黄白毫、碎白毫、片茶、坦洋金针、坦洋金猴等。

（四）乌龙茶

福安市、古田县、屏南县、周宁县、福鼎市等县（市）产制有丹桂、黄观音、九龙袍、金观音、春兰、瑞香等产品。

（五）花茶

有蕉城区天山银毫茉莉花茶、天山明毫、春毫以及特级、一级花茶；福安市白云超特、白云特级、一级茉莉花茶，毛蟹茉莉花茶；福鼎市太姥银毫、太姥香云茉莉花茶；寿宁县福寿银毫；福云毛尖花茶、茉莉雪芽等产品。

（六）保健茶

有柘荣县乌龙减肥茶、乌龙戏枣茶、乌龙抗感茶；福安市甘棠神农健胃茶，福鼎市叠石乡贯岭甜菊茶等产品。

（七）饮料茶

有省茶科所研制的可乐型饮料茶康乐，与福安市饮料厂协作试制“维特”牌罐装乌龙茶、红茶、绿茶三种茶汁饮料。

二、主要产品

（一）绿茶

天山绿茶 条形紧结、肥壮，香气芬芳久长，汤色碧绿、清澈鲜亮，滋味浓醇回甘，叶张肥厚、持久耐泡。

天山芽茶 煎于瓯中茶枪舒畅，青翠鲜明，芽叶披毫，茶尖如剑，悬于汤中徐沉徐升，饶有情趣。

天山雀舌茶 外形细嫩扁直，形似雀舌，色翠嫩绿光滑，香高耐泡，滋味鲜醇回甘，汤色清绿明亮。

天山凤眉 外形条索紧细、色翠鲜润，香气浓郁，汤色明亮，滋味醇厚。由于采制精细，形如凤眼则称为“凤眉”。

天山岩茶 茶嫩叶细，香气馥郁，滋味浓甘，汤色明净，叶底亮绿。

天山清水绿 条索紧结肥壮，色泽翠绿，香气高爽持久，滋味鲜浓，汤色黄绿明亮，叶底嫩绿匀整。

天山四季春 色泽黄绿、白毫显露，条索紧结美观；嫩香悠长，滋味鲜爽醇厚，汤色黄绿清亮，叶底嫩黄。

天山银芽 色泽翠绿，条细紧直；内质香气清爽，滋味浓醇鲜爽，汤色绿亮，芽叶成朵、嫩绿匀亮。

天山迎春绿 形似“一叶扁舟”，色泽翠绿、白毫银边；香高浓郁，滋味鲜浓醇厚回甘，汤色清澈明亮。

天山毛尖 色泽绿润微黄，白毫显露；香气清长，滋味鲜醇，汤色黄绿明毫，叶底嫩绿芽肥壮。

天山毫芽 外形平扁挺直、白毫显露；毫香显，滋味清爽，汤色嫩绿明亮，叶底芽头肥嫩匀齐。

天山白玉螺 紧卷成螺状，芽毫披身如玉，故名白玉螺。香气嫩香细长，滋味鲜醇，汤色嫩绿浅亮。

龟山白玉芽 芽头匀整带卷如白玉，色泽嫩绿、香气清爽，滋味醇和鲜爽，汤色绿中微嫩黄、清澈明亮。

天山松子茶 外形似松子针，色泽金黄绿润、香气浓郁、滋味鲜醇，汤色碧绿明亮，叶底芽叶嫩绿匀亮。

葛洪富锌茶 条壮匀直，色泽银白，香气清纯，鲜浓回甘，汤色清澈明亮，叶底嫩绿匀亮。

尖峰银毫 外形银毫披覆，色泽银白隐翠，香气清高，汤色明亮，滋味纯和，叶底嫩绿明亮。

葛洪开目绿 形挺披毫似秀眉，色胜白玉；内质清香，滋味浓醇，茶汤清澈明亮，叶底匀润。

涵江大毫 芽肥壮匀直，白毫披露；内质香高、滋味清爽纯正，汤色绿亮，叶底嫩绿匀亮。

龙首金银芽 形条呈螺状，毫色金黄，酷似金银花；香气纯正，滋味醇和，叶底明亮匀润。

目海毛尖 外形色泽翠绿，细紧略弯曲，汤色鲜绿明亮，香高味醇，叶底嫩绿匀润。

福宁元宵绿 条索细秀卷曲，色泽银绿隐翠；汤色黄绿清明，香高味醇，鲜爽生津，叶底黄绿明亮。

福宁毫茶 条索肥壮卷曲，茸毫披覆，色泽翠绿，香气清高馥郁，滋味醇厚回甘，汤色清澈明亮，叶底黄绿明亮。

目海银钩 外形银白弯曲似钩，紧结清秀，内质香气鲜浓，滋味鲜厚，汤色黄绿明亮，叶底嫩绿匀亮。

福宁龙井 外形色泽翠绿，茶条扁平光滑，形似雀舌，香高浓郁持久，滋味醇厚甘爽，汤色碧绿明亮。

霞浦炒香毫 外形弯曲显毫，汤色鲜绿明亮，香气高爽浓长，滋味鲜爽浓醇，叶底嫩绿、匀齐成朵。

龙首清水绿 外形清秀翠绿，茶汤清绿，香气清高，滋味醇和爽口，叶底匀润嫩绿。

仙岩雪峰茶 形挺略扁，毫鲜亮隐翠，香气持久、滋味爽口，汤色嫩绿明亮，叶底芽头肥嫩匀亮。

方山玉叶 条索紧结、扁平挺直，色泽墨绿、白毫星点，香气高，滋味醇厚，汤色明亮，叶底嫩绿匀亮。

白兰春 外形圆紧如针，密毫色白若银，毫香持久，滋味醇和，汤色浅绿明亮，叶底肥嫩嫩黄。

雪峰琼花 外形紧结，螺旋状卷曲，白毫披覆，色洁如银；香气清高，滋味醇厚，汤色淡绿明亮。

福云毛尖 肥硕圆直，毫茸如银，状若银针；香高味爽。冲泡犹如银枪林立，饮后余香留颊，耐人寻味。

福云曲毫 外形紧结卷曲、茸毫显露，汤色清澈黄绿，香气浓郁，滋味鲜爽甘醇，叶底嫩黄明亮。

银芽尖 芽头肥壮，茸毛簇翠芽身，白里透绿，二头尖而得名，滋味醇和、鲜爽，汤色嫩绿清澈。

剑芽 外形钩曲，扁似剑，润亮披毫，香气清高，滋味鲜醇甘爽，汤色清澈明亮，叶底肥硕嫩黄。

松针 形似松针，尖挺秀直，色泽嫩黄如象牙色，香气清纯，滋味醇和，汤色清澈淡黄，叶底肥壮匀整。

屏南松针 锋苗挺秀，色泽鲜绿，白毫披覆，清香持久，滋味鲜爽带甘，汤色碧绿、明亮。

黛春绿茶 外形条索壮实、挺直，白毫显露，色泽绿润，清香、醇厚、耐泡，汤色明亮。

春来香 条索壮实，润绿光泽，香气清高持久，滋味醇厚，汤色翠绿，叶底嫩绿。

官司绿茶 外形细嫩、色泽鲜绿，滋味浓厚甘醇、耐泡，汤色碧绿清明，叶底嫩匀肥软。

太姥绿雪芽 外形毫芽肥壮，色绿毫白如雪，故得名。内质毫香显，滋味甘醇，汤色清澈，叶底明亮。

富春银毫 形秀香高、鲜灵，味浓耐泡。

富春香毫 鲜叶原料来源、采制工艺与富春银毫相似，质量档次稍低些。

莲岳翠芽 形秀、色绿、香高、味爽、耐泡。

翠绿芽 条形平扁挺直，毫锋显，色泽绿稍黄，香气嫩香清爽，滋味浓尚醇，汤色黄绿明亮，叶底黄绿匀亮。

六杯香 形秀、色绿、香高、味浓、耐泡。

天香银针 外形紧结似针，白毫显露，色泽绿润，香气清纯，汤色绿浅亮，叶底匀嫩明亮。

大白龙 外形肥壮多毫、匀整，香浓，滋味醇和，汤色清澈绿亮，叶底嫩匀尚亮。

金绿香 外形紧秀，卷曲，深绿中带白茸毫。

（二）白茶

白毫银针 茶芽肥壮，满披茸毫，洁白如银，条长挺直如针，汤色晶亮，性寒，有解毒、退热、降火功效。

白牡丹 色灰绿带褐，形似牡丹花，汤色澄黄清澈，毫香清新；性清凉，有健胃提神、去湿退热之功效。

新工艺白茶 略带条形，汤色杏黄、色度偏深，滋味平和、回甘超浓。

白雪芽 芽多芽壮、白毫密披，色银白带绿，香气鲜爽纯正，汤色黄绿明亮，叶底嫩匀明亮。

（三）红茶

坦洋工夫 条索紧结圆直，茶毫微显金黄，色泽乌黑油润，香气高爽，滋味醇厚，汤色红艳，叶底红亮。

白琳工夫 条形紧结纤秀，含有大量橙黄白毫，特具鲜爽愉快的毫香，汤色、叶底艳丽红亮。

坦洋金针 外形纤巧似针，毫色金黄，香气清鲜，汤色红艳明亮。

坦洋金猴 外形芽头肥壮，金黄色茸毛酷似金丝猴毛而得名；茶香味醇，汤色红艳明亮，金圈环绕，颇富情趣。

（四）乌龙茶新产品

丹桂 外形紧结，香气清高、具花香，滋味醇厚有甘韵，味中透香，品种特征显，汤色金黄清澈。

黄观音 外形砂绿，重实。香气高爽，滋味醇厚，有音韵，汤色金黄明亮，时叶底黄绿书沙点红，边缘红。

金观音 色泽砂绿乌润，香气馥郁，滋味醇厚，香味似铁观音，汤色金黄清澈，边缘朱红，肥厚明亮。

九龙袍　外形重实，色乌润，香气清幽细长，花香显，味爽醇滑耐泡。

春兰　香气清幽，兰花香显，滋味醇厚，有音韵，叶如汤匙状，出现沙点红。

（五）茉莉花茶

天山银毫　外形肥壮匀嫩，毫芽显露，披银白茸毛；香气浓郁芬芳，滋味醇厚、清甜，三泡有余香。

天山明毫　条索细紧、匀整细嫩，锋苗显露，色泽油润，香气鲜灵，滋味鲜醇爽口，回味无穷。

毛蟹茉莉花茶　外形肥大重实，芽毫披露，形似蟹足稍带弓弯，香气鲜清、爽口，汤色清澈碧绿，叶底黄绿肥嫩柔软。

白云茉莉花茶　外形紧结、重实、平伏匀整，香气清高纯正，滋味鲜醇、浓郁，汤色清澈明亮，叶底均匀细嫩。

超特级茉莉花茶　条形紧结壮实，香气鲜灵持久，滋味浓醇可口，茶汤绿艳清澈，叶底嫩绿明亮。

特级茉莉花茶　条形紧秀、毫芽显露，香高鲜灵，滋味浓醇，叶底嫩绿均匀。

太姥银毫　外形紧秀锋苗、毫芽突出，内质香气鲜灵高长，滋味浓醇持久，堪称“上乘佳品，名茶之冠”。

太姥香云茉莉花茶　外形紧秀壮实，香气清高，回味美好，花香沁人肺腑，为同类产品的佼佼者。

福寿银毫　条索似剑，披茸如银，芽肥壮翠绿，茶香浓郁、甘甜爽口，汤色清绿明亮，叶底嫩绿匀整。

茉莉雪芽　内质香气浓郁鲜灵，滋味鲜醇爽口，汤色黄绿、清澈明净，叶底肥软、匀整、嫩绿明亮。

黛春特级茉莉花茶　外形条壮重实、芽毫显白，形秀色绿，香高味醇，耐泡，叶底黄绿匀整。

莲岳银毫　成品外形细秀、匀称，香高、鲜灵，滋味甘醇，叶底嫩绿明亮。

蟹蕊茉莉花茶　外形细紧、略卷曲，色泽翠绿鲜润，香气清高持久，滋味甘醇鲜爽，汤色嫩黄透明，叶底嫩绿肥软。

梅蕊茉莉花茶　外形紧结细秀，香气鲜灵嫩香高强，滋味甘醇浓厚，汤色嫩绿明亮，叶底肥嫩明亮。

三、名优茶生产

1993年，宁德地区各县（市）对发展名茶生产已形成共识，采取抓基地、抓良种、抓产制队伍等一系列措施，对名茶进行挖掘与开发，加速名茶生产步伐，尤其是随着高标准新茶园建立，普及良种，开发名优茶，使全区优质良种种植面积占总面积的90%以上。1995年，在第二届中国农业博览会上，宁德地区获得“天山迎春绿”“天山银芽”“剑芽”“福云曲毫”“葛洪富锌茶”5项金奖。1999年，全区茶园面积达4.6667万公顷，年产名优茶3万吨（含名优茉莉花茶2万吨），占茶叶总产量的66.5%，比1993年增长52.01%。而且名茶茶类齐全，有红茶、绿茶、白茶、黄茶、乌龙茶、花茶、保健茶、饮料茶，群众性的各种名茶采制经验趋于丰富成熟，具备名茶生产的机械设备和开发创新技术力量。各地普遍建立起茶叶质量检测中心，加强茶叶农残抽检，农业部门帮助企业及时开展无公害茶叶、绿色食品茶叶申报认证工作。茶业管理机构经常组织企业参加各种名茶鉴评活动，使各类名茶脱颖而出，名茶品类有了新的增加。2000年，全市茶区实施茶树品种和茶类结构调整，引导茶农引进新品种，做到既可连片发展，又保证合理搭配。2005年，全市茶园面积发展至5.40万公顷，名茶产量达3.1万吨，占茶叶总产量的52.54%，占全省名优茶总产量的一半。先后有“涵江富锌茶”“尖峰银毫”“栗香玉芽”“精针王”“白毫银针”等一批名茶在全国或国际博览会评比中获得多次金奖。

第四节 主要企业

一、国有农场企业

福安市农垦茶业有限公司 1997年创办，是在国有福安市坦洋、高坂、王家3个茶场基础上改制重组的省级农牧业龙头企业。公司有茶园400公顷，固定资产3000多万元，职工165人，茶业专业技术人员32人，年产绿茶、茉莉花茶、红茶等多种茶叶500吨，产值达千万元。2002年，公司与福安市城湖茶叶有限公司组建成福安市中闽进出口贸易有限公司，经国家外经贸部批准，拥有自营和代理各类商品和技术的进出口权。2005年，有职工100多人。

二、民营企业

福安市城湖茶叶有限公司 股份制民营企业，是福建省农业龙头企业，农业部全面质量管理达标单位。1993年，有固定资产2300万元，公司下辖茶叶初制、精制厂房4座，建筑面积2万平方米，拥有初、精制设备11套，无公害茶园基地56.67公顷，辐射面积7066.7公顷，年加工花茶3000吨。2005年，公司有技术管理人员36人，工人260人。

宁德市赤溪茶叶有限公司 总部设蕉城区赤溪镇。1993年，占地面积1.8万平方米，建筑面积1.6万平方米，下设5个分公司、2个分厂，是集产、供、销为一体的民营企业，固定资产400万元，年产值5000万元，以生产精制花茶、绿茶为主，2005年，建立有无公害茶叶生产基地133.33公顷。

福鼎市品品香茶叶有限公司 1995年创办，公司茶厂、茶叶基地互相依托，形成产、供、销一体化经营模式。拥有35.33公顷有机茶基地和与之相配套茉莉花基地。2005年，产量茶叶300多吨。其中，有机茶50多吨、茉莉花茶150吨，产值1470多万元，为福建省首批通过中国农业科学院有机茶研究与发展中心认证的有机茶产品基地。

福鼎市天湖茶业有限公司 1999年创办，是一家集产、供、销一条龙高级农业龙头企业，址设大姥山。2005年，拥有66.66公顷有机茶基地，在福鼎市民营星火工业园区建有一座占地8600平方米的现代化加工厂。

大不同茶业有限公司 2002年创办，在上海虹桥商务区内设有“上海大不同天山茶城”，拥有400间商铺，集茶叶和茶具交易、古玩鉴赏、茶艺表演、品茗休闲、餐饮娱乐为一体。内设大不同茶博览馆、茶叶检测中心。被中国茶叶流通协会认定为国家茶叶专业批发市场。2005年，拥有连锁经营网点78个，经营品种达360种。

福鼎市天茗茶业发展有限公司 2003年7月，由福鼎市力加久工贸有限公司、白琳绿叶茶厂共同组建。固定资产1600多万元，厂房占地面积21600多平方米，拥有166.6公顷符合欧盟标准的无公害茶园基地。2005年，下设4个茶叶初制厂，年生产能力2500吨，是一家集科研、产品开发、生产、销售及茶文化传播为一体的综合性企业。

第四章　管　理

第一节　机　构

1993 年，设宁德地区茶业管理局，与宁德地区茶叶技术推广服务中心合署办公，实行一套人马、两块牌子，内设办公室、技术推广站、茶叶初（精）制指导站，配正、副局长各 1 人。同年 7 月，成立宁德地区茶叶示范场茶厂，直属茶业管理局管辖。全局人员编制 10 人。2000 年，撤地设市，改称为宁德市茶业管理局。2002 年 12 月，在编干部 10 人，职工 5 人。2003 年 9 月，实行机构改革，内设办公室、茶叶技术推广站、茶叶信息与标准化指导站，全额编制 10 名。保留两块牌子、一套人马体制，至 2005 年人员机构设置不变。下辖 9 个县（市、区）茶业管理局，除福安市、周宁县、古田县、屏南县、柘荣县乡（镇）、村两级茶叶生产管理和技术推广工作，仍然由茶叶技术推广站统一管理外，其他县（市、区）共建立 54 个乡镇茶技站，调配专职茶叶技术员 99 人。

第二节　品牌创建

1993 年，福安市坦洋茶场跨进全省农垦系统先进行列，“坦洋工夫”红茶打入国际市场。同年，霞浦县大京茶场掌握“无锡毫茶”“杭州龙井”生产新工艺，试制新茶“莲花龙井”“莲花碧螺春”“福宁毫茶”“福宁元宵绿”连续两次被评为省优产品。1995 年起，福鼎市品品香茶叶有限公司企业研发的“文洋翠芽”有机绿茶产品连续几年获“闽东茶王”和“福建省凯捷杯茶王”称号，

“坦洋工夫”红茶制作中

“坦洋工夫”红茶

“一品茶王”茉莉花茶获花茶金奖，茉莉花茶“大毫银针”获第三届全国茉莉花茶大奖赛金奖。

1997年，福安社口省茶科所产品乌龙茶“黄观音”“丹桂”“春兰”在中国茶叶学会举办的第二届“中茶杯”名优茶评比会上，分别获特等奖、一等奖和二等奖。同年，福鼎市“莲峰翠芽”获全国第二届“中茶杯”名优茶评比一等奖。霞浦县涵江茶场“葛洪开目绿”被评为省优产品。1998年，福安市王家茶场获得“绿标”使用权，开发乌龙茶与红乌龙茶产品，销往中国台湾与东南亚等地。霞浦县大京茶场研制开发“大京”牌和“元宵”牌特种绿色茶系列产品，在国内外屡获殊荣。尤其是明前茶售价每千克达1000多元，“元宵芽”经农业部茶叶质量监督检测中心检评具有高档龙井风格，符合NY/T288–95无公害绿色食品标准要求。

1999年，福安市农垦茶业有限公司努力创立品牌，开发“富春”牌茉莉花茶系列产品，先后获中国国际博览交易会、中国茶文化国际研讨会暨展示会、中国（福建）国际茶·茶具·茶文化博览会等金、银奖。福鼎市天湖茶业有限公司“绿雪芽”牌茶叶，先后在全国和国际性茶叶评比中，获得“太姥杯”“觉农杯”金奖。被省政府授予“福建名牌产品”称号。

2000年，福安市农垦茶业有限公司研制的“金针王”“坦洋炒红”获中国国际研讨会评比金奖，产品行销欧美、日本等国家和中国香港地区。福安市城湖茶叶有限公司生产的“针王”“春毫”在北京中国茶文化国际研讨会暨展示会上获金奖；茉莉花茶“岩针”“六杯香”“大白龙”均获省名茶奖，产品远销美国、英国、法国、日本和非洲等地；“湖塘毛峰”“九曲”“针螺”“大白龙”“春芽”获省优质茶称号；“东湖”牌各类花茶被评为福建省乡镇企业名牌产品。屏南县鸳鸯溪茶场产品“栗香玉芽”，参加第二届国际名茶评比获金奖。柘荣县茶叶示范场制作的“双芽”牌仙岩雪峰绿茶参加中国茶叶协会第三届“中茶杯”评比获一等奖。霞浦县长溪茶厂生产的“元宵绿香罗汉”被评为省优绿茶，入选北京人民大会堂会议专用茶叶。

2001年，福安市农垦茶叶有限公司为做大“坦洋”品牌，同全国各地380多家茶庄、茶行达成合作伙伴关系，形成全国销售网络。福鼎天湖茶业有限公司，新开发有机绿茶“绿雪芽”“碧郁香”，产品供不应求。寿宁县宝云茶厂生产的“洞顶雾芽”获第三届国际名茶评比金奖，西浦茶厂生产的“宫山仙蕾”获陕西国际文化节金奖。2002年，福安大不同茶业有限公司下功夫打造“大不同”“凌昊”品牌，形成品牌效应，以品牌开拓市场。寿宁县武曲茶厂生产的“云峰绿茶”“宫山仙蕾”参加福建省茶博会，荣获银奖。

2003年，宁德市赤溪茶叶有限公司生产的“屏峰”银毫花茶分别在第三届全国茉莉花茶质量评比和中国（福建）国际茶·茶具·茶文化博览会上获金奖。公司研制的“龟山雷鸣白玉芽”“龟山银毫”“屏峰云雾”“京华雪峰”分别获全国茶样评比第一名，省名茶评比金奖、银奖。全市共选送46种茶样参加全省名茶评比，其中获省名茶奖6种，优质茶奖23种。“坦洋工夫”红茶获福建（厦门）国际茶文化节“五星级茶王”称号。“茉莉太姥大毫针”“绿雪芽”分获

2003年，福安“坦洋工夫”红茶获福建（厦门）国际茶文化节“五星级茶王”称号

中国茶叶学会第五届“中茶杯”特等奖和一等奖。福安市生产的“东湖”“隽秀”等品牌脱颖而出，在第二届中国“太姥山杯”茶王大奖赛上，荣获1王5金奖项。2004年，霞浦县金山云雾茶叶有限公司生产的“金山云雾翠芽”、赤岸茶厂“生产的赤岸毛尖”获“太姥杯”茶王大赛金奖，被评为省优产品。

2005年，宁德市赤溪茶叶有限公司在北京、天津、石家庄、呼和浩特、哈尔滨、太原等地设有销售网点，形成“市场+公司+基地”的产业化经营格局，“屏峰云雾”“京华雪峰”等品牌产品很受顾客青睐，在广州举办中国三绿工程博览会茶叶专业展览会上，宁德市选送的“品品香”“绿雪芽”“憩园”“隽秀”“御茶园”“鞠岭”等一批品牌名茶获全国放心茶推荐产品。屏南县如来春茗茶开发有限公司生产的“金毫红茶”荣获广州茶叶博览会金奖。

第三节　主要茶文化活动

宁德茶农在长期的种茶、制茶、饮茶中，创造和积累了以茶为内涵且具有地方特色的茶艺表演，并应邀开展丰富多彩的茶文化交流等活动。主要有：

1993年，武夷山市茶艺团派演员到福安市，向该市民族茶文化艺术团杨玉英学习茶艺表演技艺，并于当年11月邀请福安市民族茶文化艺术团到武夷山市表演技艺，进行茶文化交流。同年8月3日，福安茶艺团应香港茶艺团（中国）有限公司邀请抵广州，为该市新建白云山风景区和新组建茶艺乐园表演茶艺，受到各界人士赞赏。

1994年，福安市民族茶文化艺术团杨玉英等两位演员再次应邀赴香港表演茶艺，从而使福安茶艺团声名鹊起。此后，福安茶艺团还分别应中央电视台、福建电视台、上海敦煌艺术公司和台湾群视电视公司等电视媒体之约，参加拍摄《中华茶文化》《中华乐舞》等茶艺茶俗专辑，在中国武夷山水风光旅游节、厦门9·8商洽会、福州招商月、广州茶艺乐园开业典礼等各种展销商贸活动中演出40多场次。

1999年8月，宁德地区畲族歌舞团与澳泰农牧业开发有限公司联袂成立宁德地区畲族歌舞团“澳泰”茶艺团，挖掘新创畲族茶礼“凤凰茶”搬上茶艺舞台，并在福州举行榕城首届“茶礼杯”茶艺大赛中，获大赛金奖。“凤凰茶”每一道工序、每件物品都有其独特风格，都与这个以凤凰为图腾民族蕴意息息相关，“只缘清香成清趣，全因浓醉有浓情”。表演中，鲜绿的艾叶，平铺在杯底，形同“凤凰展翅”。清洗艾叶程序叫“凤凰戏水”。小巧玲珑鸡蛋取代了鸟蛋。把生鸡蛋去壳置在艾叶上，宛然金黄银白卧翠绿，称“丹凤栖梧”。取茶叶，叫“凤穴求芽”。泡茶用山涧清泉，煮茶用松籽烧制成的碳，状如黑菊，将烧开的水注入茶罐，十分讲究神形技巧，谓

“凤凰银河”；筷子垂直悬空，与杯沿若即若离，当开水顺着筷子注入杯中时，筷子还要同时按顺时针方向不断旋转，叫“白龙缠凤”。此外，还有“银盏溜珠”“凤凰沐浴”“金凤呈祥”等茶艺表演节目，令人叹为观止。佳茗绿艾，山泉清润，朝阳金黄，月亮银白，青山绿水，日月交辉，吉祥如意，茶香芳醉，蕴意深远，独具特色。“凤凰茶”是历史上畲族人民用以招待官家贵客的。“凤凰茶”茶艺表演是少数民族茶文化的升华和创新。9月，“澳泰”茶艺团再次参加在海南举办的全国茶艺大赛表演，颇受欢迎。

2000年8月，2000年中国茶文化国际研讨会暨展示会在北京召开，福安市茶艺表演队代表福建省演出。茶艺表演展示了宁德市近年研制开发名优茶成果，表演了富有地方特色的畲族“新娘茶”“宝塔茶”等茶艺，受到组委会和与会海内外茶艺专家、客人赞扬。

第十四编 渔业

宁德境内水域密布，海域辽阔，滩涂连绵，港湾众多，岸线曲折，水产资源丰富。常见海水鱼类72种，淡水鱼类38种，虾、蟹类70多种，其中中华鲟、大鲵、虎纹蛙、棘胸蛙、白海豚和尖刀蛏等为珍稀水产品种。1993年，宁德地委、行署提出建设“海上闽东”战略。水产业围绕调整近海，巩固外海捕捞作业，以开发海、淡水养殖为主题，进行捕捞、养殖结构品种调整，培育海水养殖龙头产品和水产品加工业，促进水产业向前发展。至1998年年底，全区水产品总产量63.07吨，比1993年翻了近两番。2001年，市政府制订《浅海水产资源发展战略规划》，实行科技兴海、科技兴渔、依法管海、依法冶渔的方针，先后完成蕉城、福安、霞浦等县（市、区）海域管理发证、海域污染源“零点调查”、外业调查和资料统计等工作，为科学利用海洋资源奠定坚实基础。2005年，全市水产品总产量78.80万吨，其中，海洋捕捞产量29.21万吨、海水养殖产量46.13万吨、淡水捕捞产量0.42万吨、淡水养殖产量3.04吨，分别比1993年增加55.34万吨、16.03万吨、36.57万吨、0.28万吨和2.33万吨。渔业生产进入新的发展时期。

第一章 生产条件

第一节 水域 滩涂

一、近海 滩涂

2005年，宁德市海洋水域面积44565.8平方千米，分布在霞浦县、福安市、福鼎市和蕉城区境内，占全省海域总面积的32.8%；海岸线总体走向呈北北东－南南西方向展布，南至蕉城区三都镇大沙头，北起福鼎市沙埕虎头角（鼻），大陆海岸线长878千米，直线距离93.2千米，曲折率为1∶9.4。沿海海域水深一般为10～20米，岛礁外侧水深一般为30～40米，海域外侧水深一般为70～90米。近岸及20米等深线内以沙泥为主，30～40米等深线外为软泥。辖区内的沙埕港、三沙湾属封闭型海湾，是浅海滩涂水产养殖的优良场所。沿岸的福宁湾、牙城湾、晴川湾等属于半开放型海湾，近岸海域则是浅海、滩涂，为水产养殖的优良场所。近岸岛屿星罗棋布，可供发展深水养殖。

2005年，全市浅海滩涂总面积270072公顷，其中浅海（0～20米）面积226465公顷，滩涂面积43607公顷。全市浅海滩涂可养殖总面积90015.6公顷。垦区面积14515公顷。

2005年宁德市海水养殖水域资源分布统计表

表14-1 单位：公顷

县（市、区）	合计		浅海面积		滩涂面积		池塘面积
	总面积	可养面积	总面积	可养面积	总面积	可养面积	可养面积
蕉城区	20552	6183.6	9751	2456.0	10801	2969.1	758.5
福安市	9573	2628.6	5022	900.7	4551	1307.9	420
福鼎市	75338	22517.2	68863	11912.5	6475	10083.7	521
霞浦县	164609	58686.2	142829	44762.0	21780	12759.2	1165
合计	270072	90015.6	226465	60031.2	43607	27119.9	2864.5

二、溪河塘库

2005 年，境内各县（市、区）均有由水库、山塘、池塘、溪河、河沟、低洼地等组成的淡水水域，总面积 43052 公顷，可利用养殖水面 25658 公顷，占淡水水域总面积的 59.6%。

第二节 渔场 渔港

一、渔场

闽东渔场位于福建省北部近海，其范围为北纬 26° 00' ～ 27° 00'、东经 125° 00' 以西海域，即北起福鼎沙埕港，南至福州闽江口以东海域，海域面积约 6 万平方千米，处于台湾暖流和闽浙沿岸交汇处，水深 60 多米；从内陆径流带来有机质和营养盐，为海洋鱼类提供充足饵料；水温、盐度适宜，是各种鱼、虾、蟹、贝、藻和珍贵海产生长繁殖、栖息、索饵的好场所，也是经济鱼类南来北往适温洄游的必经之地。东引外侧岛屿周围水深 10 ～ 30 米海区为定置网作业渔场，东引岛北、东北 30 ～ 70 千米海区为大型流动作业渔场。

二、渔港

福鼎沙埕渔港 位于闽浙交界处，是福建沿海最北部的天然良港，属一级渔港，建于 20 世纪 90 年代。港道两岸高山对峙，港口宽约 0.8 海里，港域纵深 30 海里，宽 1 海里左右，水域面积 22.94 平方千米，可泊万吨巨轮，不受潮汐限制。水路南距三都澳 71 海里，北距浙江温州港 86 海里。离福州 107 海里。周围有台山渔场（相距 18 海里），浙江南（北）鹿渔场（相距 38 海里）。

福鼎秦屿小筼筜渔港 位于福鼎市南小筼筜，面临闽东渔场，水路可通三沙、福州等地，属三级渔港。

福鼎嵛山岛二、三级渔港 位于福鼎沿海东南部，面临闽东渔场，距沙埕 18 海里，距三沙 6 海里，水域面积约 30 平方千米，有 5 个渔港（其中二级渔港 1 个、三级渔港 4 个）。

霞浦三沙镇二、三级渔港 位于福宁湾北岸，大嵛山西侧，面临闽东渔场，北与浙南渔场，南与闽中渔场相邻，有 3 个渔港（其中二级渔港 1 个、三级渔港 2 个）。海域面积涨潮时为 450 平方千米，退潮时为 280 平方千米。

霞浦四礵渔港 位于霞浦东部，福宁湾东南，北礵岛畔，处于闽东渔场中部，一年四季都有渔汛。属三级渔港，港内水域面积 5 万平方米，可停船上百艘。

霞浦西洋岛二、三级渔港 位于霞浦东南部，三沙湾出口处，距陆地 8 海里，距马祖岛 40 海里，有 2 个渔港（其中二级渔港 1 个、三级渔港 1 个）。渔港处于岛南端，港口向南，面积 70 平方千米，可停船百余艘。

第三节 机具设备

一、渔船

1993年，全区共有各类渔船17425艘。包括机动船12082艘，总吨位71346吨，192250马力；非机动船5343艘，总吨位8969吨。其中，用于海洋捕捞的有8269艘，包括缫钓类渔船774艘（机大钓2艘，机中、小钓772艘），大中小围缯机帆船138艘（大围缯机帆船27艘，中、小围缯机帆船111艘），刺网类渔船2642艘，定置网类渔船5100艘，拖网类渔船285艘（大马力拖船35艘，中、小马力拖船250艘）。用于海水养殖的有3462艘。其他各类渔船5024艘。1996年，发展远洋捞和海水养殖，海洋捕捞渔船和海水养殖渔船数量有所增加，分别为9119艘和3702艘，分别比1993年增加10.3%和6.9%。推广轻型高效及一船多具作业，巩固拖网，引进突破外海底层流刺网、外海笼诱作业及光诱敷网与灯光诱钓鱿鱼作业得到迅速发展。1999年，开展渔业捕捞许可制度检查工作，对全区捕捞作业渔船进行一次全面调查、清理、整顿。2000年，海洋捕捞渔船数量基本稳定，为9244艘；海水养殖渔船增加较快，为4860艘，比1996年分别增加1.2%和31.3%。

2001年，宁德渔区一方面抓紧淘汰一批因拖网和围网对资源造成严重破坏或经济效益差的老旧渔船，注重发展笼捕鱿鱼敷网虾拖等轻型高效的作业渔船；一方面实行小船改大船、木质渔船改钢质渔船的资助政策，使新的渔船达到适应深水外海捕捞作业，而且节能高效的效果。2002年，开展“三无”（无船籍证、无船名号、无船舶登记证）和“三证不齐”（无船舶登记证、无船舶检验证、无捕捞许可证）渔船清理整顿工作，同时完成85艘海洋捕捞渔船的减船转产工作。2003年，全面启动首批减船转产渔船的拆解工作，拆解渔船65艘。2004年，继续开展减船转产与技改工作，海洋捕捞渔船数量减少至7793艘，比2000年减少15.7%；海水养殖渔船增加较快，为5390艘，比2000年增加10.9%。2005年，继续开展减船转产与技改工作，全市海洋捕捞渔船7666艘，总吨位80681吨；海水养殖渔船6235艘，总吨位16226吨。海洋捕捞渔船数量比1993年减少7.3%，总吨位比1993年增加37.2%。海水养殖渔船数量、总吨位，比1993年分别增加80.1%和50.8%。

二、渔具

（一）钓具

带鱼延绳钓 俗称“带鱼钓”，为钓业的主要作业形式之一，其中又有浮延绳钓和低绳钓之分。每年立秋后主捕带鱼。

鳗鱼延绳钓 俗称“鳗鱼钓”，系采用母子船形式生产作业。每年谷雨到立秋主捕鳗鱼兼捕带鱼、大黄鱼。

梭子蟹延绳钓 属延绳无钩钓，俗称“江蟹钓”。每年秋分至谷雨捕钓梭子蟹。

石斑鱼手钓 属垂钓真饵钩钓具，为钓业主要作业形式。以捕捞石斑鱼为主，也兼捕鮸鱼、鲈鱼、大黄鱼、褐鲳鱼等。

鳓钓 用白巾鱼作饵，入水闪亮，引中底层鱼上钩。夏秋季集中作业，获物多为白鳓鱼。

灯诱钓 主要由渔业辅助船改造为灯光诱钓章鱼作业，夜晚亮灯，吸引章鱼吞饵上钩。

（二）围网

揺网 属双船作业，有囊围网，旧称“雷秋船”。每年清明至夏至主捕墨鱼，夏至节气主捕大黄鱼，白露节气后主捕带鱼。

机帆船对网 属双船作业。春夏汛主捕大黄鱼、墨鱼、马鲛鱼，冬汛主捕带鱼。

灯光围网 以灯光诱集鱼群，两艘船同时拉网进行围捕，主捕鱿鱼。

（三）拖网

机帆船底拖网 俗称“拖风网”，与对网兼作，属双船底层有翼单囊拖网。每年3—10月，在水深30～50米的近海以捕带鱼为主，兼捕大小黄鱼、鲳鱼、鳗鱼、虾蟹等。

机帆船虾拖网 属单船底层桁杆拖网。主捕凹管鞭虾、长缝泥对虾、中华管鞭虾等。虾拖网作业常与机帆船底拖网、对网抛锚张网等作业兼作。

渔轮拖网 属双船底层有翼单囊拖网，常年作业于外海域。主捕带鱼、马面鲀兼捕鲳鱼、鳓鱼、海鳗、墨鱼。

（四）张网

山门张网 俗称“铁丝网”，属并列张网。

大网 俗称“大花缯”，属并列张网。作业方式兼带篾编的鱼笼放在岩礁底层引鱼入笼。春夏汛捕捞小黄鱼、墨鱼、幼带鱼为主。

拖锭大网 属双锚有翼拖网，以捕带鱼、墨鱼、七星鱼、鳗鱼等为主。

内港应捕网 属单双桩框架张网，已有百余年历史。每一生产单位挂网25～40张不等。一般28筐，需4～5人作业，以捕中国毛虾、细螯虾为主，其次为七星鱼、龙头鱼及杂鱼，作业时间为农历二月至十二月。

小花缯 又称“蚱鱼缯”，属双桩有翼张网，有百年生产历史。作业时间为农历二月到十二月。

外洋应捕网 属单桩框架张网。主捕中国毛虾，兼捕七星鱼、鳗鱼、幼带鱼和冬季北流带鱼等。

三角梭网 属单桩框架张网，因框架呈三角形而得名。主捕中国毛虾、龙头鱼等。

（五）刺网

鲳鱼流网 每年农历三月下旬至五月为捕捞银鲳、燕尾鲳的汛期。

鳓鱼流网 又称“长网”，主捕鳓鱼。

梭子蟹流网 多在水深30～55米海区进行捕捞作业。春夏汛与鲳鱼流网兼作。

鲳鱼定刺网 在岛屿附近水深40米海域作业。每年农历四月上旬开始抛锭，至五月底渔汛即告结束，主捕鲳鱼。

龙头鱼定刺网 作业时间为每年农历四月至翌年一月，9—11月为盛鱼期。在水深10～30米海域作业，主捕龙头鱼。

（六）敷网

板缯　属岸敷掌架敷网，布置于滩涂、岩礁等浪水区域，捕捞梭鲻及杂鱼。

（七）笼壶

蟹笼　由台湾渔民传入，以延绳漂流须倒笼壶为主。主要用于捕捉蟹类等甲壳类海产品。
蟳笼　俗称“蜈蚣笼”，笼口内斜，挂诱饵，用于捕捉礁岸蟳蟹。

三、助渔助航设备

渔船用机具　为渔船捕捞生产辅助机械，主要有起网机、挂机、起锚机、舵机等。
探鱼仪器　大马力渔船普遍使用，主要有海马 HE-777、NJA130 型等。
导航仪器　主要是卫星导航仪（GPS），1993 年起渔船普遍使用。
通信仪器　主要有短波电台、对讲机等，1993 年起渔船普遍使用。近海作业时也使用手机通信。

第二章　捕　捞

第一节　海洋捕捞

1993 年，根据近海资源逐渐衰退，捕捞作业传统单一效益不高的状况，宁德地区海洋捕捞主要抓好加快近海作业调整步伐，改革渔具渔法。在控制缩小定置作业发展规模的同时，大力调整发展其他作业，先后发展树网作业船，机大中小拖虾船，定置沉网作业船，机动定置沉网作业船，机钓作业，机流刺网等几种作业，一些沿海渔村结合改革渔具渔法推广试用锚张网，彩色笼子诱捕渔蟹等新网具，获得显著效益，为渔区打破传统单一作业方式，推行新技术，新网具闯出新路子。在开发外海捕捞业方面坚持从近海转向外海；从主捕底层经济鱼转向开发中上层鱼，头足类；从定置作业转向机围桁杆拖虾，深水镰作业；从单一化生产转向多海域、多作业、多品种捕捞的循环路子。

1994 年，加大力度加快捕捞作业调整，搞好引进新技术新网具工作。特别针对锚张网作业投资少、见效快、效益好，利用定置网旧渔具可迅速改装等特点，在沿海乡镇迅速推广发展。

1995 年，省委、省政府把宁德地区发展网板单拖和流动式虾张网列入全省为民办 15 件实事之一，发展网板单拖 102 条，流动式虾张网 350 条。当年全区有 200 ~ 399 马力生产渔轮 96 艘，400 ~ 600 马力 8 艘，600 马力以上 1 艘。并且针对张网，小型单船发展失控的情况，试验引进底刺网，着色刺网等节能轻型作业渔具，既合理利用虾、蟹、头足类及小宗底层鱼类资源，又减少对经济幼鱼的捕捞压力。尽管自当年开始实行伏季休渔制度，在夏季幼鱼生长旺盛期一律实行“船进港、网封存、证（捕捞许可证）集中”办法，停止捕捞作业，但从 1993 年开始到 1995 年的 3 年间，通过引进新技术新网具、发展网板单拖和流动式虾张网、扩大增加大马力渔轮，海洋捕捞年平均产量仍达到 22.45 万吨，比 1992 年的 11.61 万吨净增接近 1 倍。

1996 年，把减轻控制近海捕捞强度和开发外海资源作为海捕的重点来抓。按照全省关于闽东北外海鲐鲹鱼类资源开发协调会部署，组织投入闽东北外海渔场捕捞作业船 229 艘，总产鲐鲹鱼 21521 吨，产值 3213 万元。

1997 年，试行开展水污染、水野生动物保护管理，年审渔业生产捕捞许可证 2636 个作业单位、7 万马力数，鳗苗专项许可证 5334 本，发放鳗苗收购许可证 53 本。大力推广轻型、高效、节能及一船多具，多品种、多水层作业。笼捕作业发展迅猛，全区投入笼捕作业单向 1834 艘，产量达 7389 吨，产值 9092.6 万元。单双拖网具改革取得突破，向大网目、轻网快拖方向发展，并取得显著成效。远洋捕捞发展相对滞后，仅霞浦县通过合资形式组建两艘远洋渔轮。

1998 年，全区渔政管理部门贯彻执行渔业新法律法规，完成 3868 本渔业捕捞证发放工作。实行 3 个月全面伏休管理，全区近 200 艘拖网、大围缯渔船停产 3 个月，2000 艘定置作业船禁渔 2 个月。随着捕捞力量的发展，资源结构的改变及新伏季修渔制度的实施，进一步实施作业调整加大技改力度。继续实施闽东北外海渔场开发中上层鱼类大会战，全区投入生产船 94 条，总产量 1394.1 吨，产值 400 多万元。积极引进开展桁杆虾拖及小型灯诱捕鱿鱼作业并进行转场生产，使海捕产量稳定上升。

1999 年，农业部实行海洋捕捞“零增长”计划，宁德地区渔业部门积极引导渔民作业转改和转产转行，全区转改渔船 322 艘，其中定置作业 300 艘，拖网作业 22 艘，转产转行渔民达 3000 余人。同时做好渔业捕捞许可证检查工作，对全区捕捞作业渔船进行全面调查、清理、整顿，查处 764 艘不合格渔船，增补马力渔船 421 艘，补办新办捕捞许可证 536 本。

2000 年，严格实行伏季休渔管理，推广虾拖及小型灯诱捕鱿鱼等轻型高效作业，引导帮助渔民转产转行。宁德地区捕捞业在实施“零增长”计划中与全省步调一致，海洋捕捞产量基本稳定，是年产量 299105 吨。

2001 年，宁德市加强渔船技术改造，实行一船多网高效作业，推广渔船一线保鲜，将伏季休渔船技改为灯光捕鱿鱼渔船等，效益明显。为增加渔民收入，向省局要求特许锚张网捕虾渔船生产，获批准 322 条，充分利用一年生毛虾资源，使伏休期间渔民收入增加上千万元。

2002—2005 年，延续 2001 年政策，海洋捕捞产量基本稳定保持在 29000 万吨上下，其中 2005 年的海洋捕捞产量从 2001 年的最高值 299975 吨降至 292054 吨。

第二节 淡水捕捞

一、捕捞方法

1993—2005 年，闽东沿海渔民基本采用以下 3 种捕捞方法：

“拦、赶、刺、张”联合作业法 是拦网、三层刺网、赶鱼白板和定置张网（畚斗网）等配合捕鱼的一种方法，通过变被动等鱼上网为主动驱赶鱼进网的渔法。主要在水库中捕捞或在网拦库湾养殖中的捕捞。网罟捕捞。渔民多采用单船作业。为一种利用水位差在河道内捕鱼的方式。渔民在水位最低时将渔网系在一列竹竿上，一些随着水位上升游进大鹏湾的鱼虾蟹类随之进入网中，等水退去时，渔民即随后收网上岸。主要在溪河中捕捞。

收渔

扳罾网 扳罾网一般呈正方形，网衣用乙纶或锦纶线编结，其四角

分别连接在 × 字形撑杆两端，以维持网具正常展开的作业状态。撑杆交叉处缚线连接提杆，构成网具整体。取鱼时选择在饲料投喂点放入罾网，然后在其上方正常投喂饲料，待大批鱼进入罾网上方觅食时迅速提杆，再用抄网捞取的鱼类。采取扳罾网取鱼，可根据市场需求随时决定取鱼，对鱼类的损伤也最小，深受渔民喜爱。可在水库、池塘和河道中捕捞。

刺网 刺网为被动性刺缠类网具。将其垂直敷设在鱼群的主要洄游通道上或鱼群相对集中活动的场所中，让鱼洄游或受惊逃窜时刺入网目或缠于网衣上而捕获。刺网有单层刺网、双层刺网和三层刺网，可在水库中、池塘和河道中捕捞。

二、捕捞产量

1993 年，利用溪河塘库发展淡水鱼类养殖，淡水捕捞总产量 1368 吨，其中鱼类产量 1091 吨，虾蟹类产量 199 吨，贝类产量 4 吨，其他产量 30 吨。1996 年，淡水捕捞总产量上升至 2492 吨。1997—2003 年，淡水捕捞年产量基本稳定在 3000 多吨上下。2004 年、2005 年，淡水捕捞年产量分别达到 4174 吨、4182 吨，其中鱼类产量突破 3000 吨，分别达到 3074 吨、3166 吨，其他淡水捕捞量达到 197 吨。1993—2005 年，淡水捕捞产量总体呈上升趋势。

1993—2005 年宁德市（地区）水产捕捞产量统计表

表 14-2　　　　单位：吨

年份	捕捞总产量	海洋捕捞							淡水捕捞				
		合计	鱼类	虾蟹类	贝类	藻类	头足类	其他	合计	鱼类	虾蟹类	贝类	其他
1993	133199	131831	100282	28603	2207	41	—	698	1368	1091	199	48	30
1994	180217	178732	138144	36049	3024	—	—	1515	1485	1206	164	81	34
1995	225963	224515	176675	41766	3302	28	—	2744	1448	1312	107	29	—
1996	258690	256198	196935	50251	3871	—	—	5141	2492	2019	391	36	46
1997	280818	277555	152872	82022	8451	703	—	33507	3263	—	—	—	—
1998	299251	296018	182242	73493	7944	806	—	31533	3233	—	—	—	—
1999	299591	295770	170855	89565	7954	71	—	27325	3821	—	—	—	—
2000	302972	299105	187013	87686	5970	128	—	18308	3867	—	—	—	—
2001	303531	299975	186799	88308	6282	110	—	18476	3556	—	—	—	—
2002	301344	297704	181897	81067	6704	68	—	27968	3640	—	—	—	—
2003	300542	296624	176970	81228	8533	8	11855	18030	3918	2876	649	333	60
2004	298220	294046	190878	64356	9957	18	12574	16263	4174	3074	649	387	64
2005	296236	292054	192069	62608	9835	22	12315	15205	4182	3166	662	157	197

第三章 水产养殖

第一节 种苗培育

一、海水种苗培育

（一）鱼类苗种培育

1985年始，闽东水产科研人员便开展大黄鱼人工繁殖研究，成功研发大黄鱼全人工育苗技术，经过长达8年的一系列研究，1993年，大黄鱼规模化育苗已基本实现。1994年12月14日，“中华乌塘鳢工厂化育苗与人工苗养殖技术研究”通过福建省水产厅组织鉴定，完成合同规定任务指标，培育出平均全长2.54厘米的中华乌塘鳢苗种79万尾，孵化率达39.6%，育苗成活率39.7%。经过两年摸索，对中华乌塘鳢人工育苗中亲鱼的生殖习性、人工催产方法、受精卵孵化及苗种培育中的饵料选择、病害防治等技术进行研究，同时进行一定规模的人工养殖，其暂养成活率65%，养殖成活率27.4%，取得良好的经济效益与社会效益。其技术水平居省内领先。1997年，“牙鲆南方人工育苗技术研究”项目通过福建省科委组织验收。从山东购进牙鲆受精卵1千克，运输成活率65%，孵化率82.5%，育苗16万尾，育苗成活率24.6%。1999年，“三线矶鲈人工繁殖与批量育苗技术研究”项目通过福建省水产厅组织验收。利用三线矶鲈野生苗养成而培育成熟的亲鱼，育出平均全长4.33厘米、重1.05克的幼鱼11.632万尾。2000年6月，重复试验育出平均全长3.14厘米鱼苗25.8万尾。

鱼苗暂养

2001年4月，“香鱼全人工批量育苗技术研究及成果转化”项目通过省科技厅委托宁德市科技局组织鉴定。采用仿生态与营养强化培育，在不用激素条件下，亲鱼成活率在90%以上，自然产卵率88.6%，受精卵发育率80.1%。孵化率73.2%；

一批次培育全长 3 ~ 5 厘米的鱼苗 296 万尾，仔鱼到苗种的成活率 46.5%；投放池塘、网箱鱼苗 241 万尾，产香鱼 90.8 吨，产值 331 万元，经济、社会效益显著；并在全市 7 条溪河中共放流鱼苗 632 万尾，产生明显的生态、社会效益。成果居国内同类研究先进水平。同年，起始于 1996 年的“鮸鱼人工繁殖与育苗技术研究”项目通过福建省科委、宁德地区科委组织验收。育苗量分别 4.6 万尾、23 万尾和 30 万尾。2003 年 11 月 29 日，“青石斑鱼人工繁殖技术研究”项目通过福建省科技厅组织鉴定。课题组通过激素处理亲鱼，成功获得雄性亲鱼，雄化率 91%，卵的孵化率 80.7%，培育 3.7 厘米的幼鱼 19 万尾，从仔鱼到幼鱼的存活率 7.3%，超额完成课题合同规定的各项技术经济考核指标；培育平均全长 3.7 厘米的青石斑鱼苗种 19 万尾，总结出一套成功的青石斑鱼亲鱼强化培育、促熟和受精卵的孵化、仔、稚、幼鱼培育的技术，对在宁德市优化养殖品种结构，具有较大的指导和示范意义，研究居国内同类研究先进水平。2004 年 10 月 19 日，“鬼鲉人工育苗技术研究”项目通过宁德市科技局组织评审。亲鱼经陆上水泥池培育，通过人工诱导获得成功，二批共获受精卵 58 万粒，受精率 71.6%，初孵仔鱼 36.5 万尾，孵化率 62.9%，经 38 ~ 48 天培育，共培育平均全长 1.68 厘米鱼苗 11.025 万尾，育苗平均成活率 30.2%。课题组经两年努力，鬼鲉人工育苗工艺基本成熟，可在生产上应用，具有较好的推广应用前景；其创新点在于育苗中开展盐度比较试验及胚胎发育、仔稚鱼形态特征的观察研究；在养殖方面进行有意义探索，获得初步成功。其研究总体水平达到国内先进水平。同时，“龙胆石斑鱼人工育苗与养殖技术的研究”项目，通过宁德市科技局组织评审，首次培育出全长 3 厘米以上的苗种 1.3 万尾，成活率 1.03% ~ 4%，摸索出可行的龙胆石斑鱼人工育苗的技术路线，对人工育苗生产有指导意义。

1993—2005 年宁德市（地区）主要海水品种苗种产量统计表

表 14-3

产量 年份	海水鱼类（万尾）	对虾（万尾）	贝类				藻类	
			鲍鱼（万粒）	缢蛏（吨）	蚶苗（万粒）	太平洋牡蛎（万贝壳）	海带（亿株）	紫菜（万贝壳）
1993	200	300000	—	1423	209	—	4.55	1419
1994	—	155901	—	6232	292	—	25	2591
1995	—	39116	—	1507	11	—	0.136	2267
1996	2565	94016	—	590	37	—	22	2384
1997	37505	74300	—	1503	83841	—	2.60	2639
1998	11501	101908	—	572	80	1100	2.40	6760
1999	79438	74385	—	201	30	1400	4.5	4303
2000	120175	58800	168	335	16200	1970	16	3335
2001	41375	25730	560	517	46	3760	0.0015	10395
2002	37863	5400	110	603	57	3880	17	1198
2003	32834	19102	730	240	30	—	0.0442	12765
2004	78160	1314153	730	530	—	688	17.35	133070
2005	82370	2430950	1180	969	2000	38875	20	69170

（二）虾苗种培育

1993 年，宁德地区对虾育苗室发展到 60 座，年培育长毛对虾、东方对虾苗种达 30 亿尾，基本满足当年全区 4000 公顷虾塘的苗种供给。1994 年起，由于对虾养殖爆发大面积病害，对虾苗种产量逐年下降。1996 年，全区对虾苗种产量只有 94016 万尾，远不能满足生产发展需要。同年，新品种刀额新对虾人工育苗试验在蕉城区获得成功，共培育苗种 600 万尾。1998 年，福鼎市引进新品种南美白对虾无节幼体育苗获得成功，共培育出苗种 3000 多万尾。2001 年，福鼎市、蕉城区等地共有 20 多家苗场开展南美白对虾育苗，年育苗量近 6 亿尾。2002 年起，南美白对虾育苗量逐年减少。2005 年，全市南美白对虾育苗量约 1 亿尾左右。

（三）贝类苗种培育

鲍鱼　2000 年，霞浦县首次开展鲍鱼人工育苗获得成功，共培育出鲍鱼苗种 560 万粒。2002 年，蕉城区、福鼎市等地也先后开展鲍鱼育苗并获得成功，培育鲍鱼苗种 110 万粒。2005 年，全市培育鲍鱼苗种 1180 万粒。

太平洋牡蛎　1997—1998 年，宁德市（今蕉城区）开始进行大量太平洋牡蛎苗的育苗生产。1998 年，培育太平洋牡蛎苗 1100 万贝壳。2001 年，太平洋牡蛎育苗量达到最高峰，共培育 3700 万贝壳。2002 年后，太平洋牡蛎育苗产量较为稳定。2005 年，太平洋牡蛎育苗量 38875 万贝壳，除满足本地养殖生产需求外，还供应给外地。

缢蛏　1993 年，全区自然海区缢蛏苗产量为 1423 吨。是年，宁德市（今蕉城区）水产技术推广站缢蛏“平畦预报”技术，达到蛏苗附苗最佳效果。缢蛏苗种主要从自然海区获得，随着时间推移产量呈逐年下降趋势。2005 年，全市产量 969 吨，不能满足供应本地需求，不足部分从浙江乐清湾和闽南等地购进。主要产地在蕉城区、福安市、福鼎市。

泥蚶　1993 年，全区自然海区泥蚶育苗量 209 万粒。泥蚶苗种主要从自然海区获得。2002 年，全市泥蚶苗种产量 57 万粒。2005 年，全市产量 2000 万粒，主要产地在蕉城区、福安市和福鼎市。

花蛤　霞浦县盐田港为全省种苗主产地，该港的海河交汇处十分适于花蛤育苗，1993—2005 年，年均产花蛤苗 50 ~ 100 吨。

（四）藻类苗种培育

海带　1993 年，霞浦县三沙海带育苗室培育海带苗种 4.5 亿株。2000 年，蕉城区在三都新建一座海带育苗场，培育海带苗种 1 亿株。2005 年，全市共培育海带苗种 17.34 亿株，其中霞浦县三沙 17 亿株、蕉城区 0.34 亿株。

紫菜　1993 年，宁德地区紫菜苗产量 1419 万贝壳。2003 年开始，推广使用“国家‘863’计划坛紫菜良种选育技术研究”课题成果。2004 年，霞浦县从上海水产大学引进坛紫菜新品种“申福 1 号”获得成功，并得到推广。全市坛紫菜苗年产量达 133070 万贝壳，其中福安市紫菜苗产量 120900 万贝壳。2005 年，全市紫菜苗产量 133070 万贝壳。主要产地有福鼎市、霞浦县、福安市。

二、淡水苗种培育

1993 年，全区淡水苗种场 6 家，面积 8.7 公顷，主要培育“四大家鱼”。1994 年，受到江西、浙江、湖北外省苗种冲击等因素影响，区内淡水苗种场相继停止育苗。2005年，全区淡水苗种大部分到外地调运，其中多数到漳州、建瓯和广东等地调购，鱼种多数到浙江、江西、湖北等地调购。

第二节　海水养殖

一、鱼类养殖

（一）网箱养殖

1993年，宁德地区海水养殖面积达1万多公顷，网箱养殖数量突破1.5万箱，居全省首位。网箱规格为（3.0～4.5）×（3.0～4.5）米，网箱深度一般为4～7米。由于大黄鱼苗种生产的突破，1993年网箱养殖大面积发展，是年新增养殖网箱1.04万箱。主要养殖品种有大黄鱼、鮸鱼、鲈鱼、真鲷等，总产量2000多吨，产值5000多万。1994年，宁德地区发展海水网箱养殖2.1万箱，位居全省前茅。实际投苗1.5万箱，主要养殖品种为白鮸、真鲷、大黄鱼、石斑鱼、鲈鱼等。总产量3000多吨，产值1.2亿元。1995年，网箱养殖继续发展，数量达3万箱。1996年，网箱养殖突破3.5万箱，养殖品种主要以大黄鱼为主。养殖网箱大部分集中在蕉城区，此外，霞浦、福鼎、福安也陆续开展大黄鱼网箱养殖。年产量超过5000吨。1997年，全区网箱养殖总量达到4.66万箱，产量8615吨，仅大黄鱼网箱养殖即达2.12万箱，产量3300吨，养殖成活率也从1996年的30%提高到45%。大黄鱼产业化被省政府列为全省重点大中型工程之一。1999年，全区新增大黄鱼养殖网箱5万口，网箱养殖总量达12.16万口，其中大黄鱼网箱养殖占10.3万口，成品大黄鱼产量1.2万吨，年产值8.4亿元，极大推动饲料加工业、渔械业、交通饮食业、金融业与渔药等相关产业的发展，水产产业化工作取得重大突破。2000年，全区浅海养殖业开发势头强劲，海水养殖面积达1.24万公顷，总产量30多万吨。海水网箱养殖突破30万箱，养殖品种除大黄鱼、鲈鱼等传统鱼类外，还引进新品种如包公鱼（斜带髭鲷）、美国红鱼、三线矶鲈等，宁德市成为全国最大的海水鱼类网箱养殖基地。2002年，全市改造或制作大网箱（5米×5米）2000多口，养殖品种上新引进鲱鱼、牙鲆、龙胆石斑等名贵鱼类，养殖品种更加多元化。2003年宁德市进一步对原有旧、小网箱进行改造。2005年，常规网箱（3米×3米×3米）改大（5米×5米×5米），小改大率达80%。全市养殖网箱达28.48万口，以养殖大黄鱼为主（占75%），兼养品种有真鲷、鲈鱼、鮸鱼、美国红鱼等高优经济鱼类。网箱养殖总产量6.3万吨，其中大黄鱼4.38万吨，产值10亿元。海水网箱养殖的产业化程度不

捕捞

断提升，产供销及加工出口体系日渐完善，直接从业人员超过 2 万人，间接从业人员 20 多万人，仅蕉城区海上饵料市场日交易额就达 100 多万元，礁头码头外运大黄鱼等养殖鱼类日平均 100 多吨，交易额 200 多万元，海水网箱养殖的经济效益与社会效益十分显著。

（二）池塘养殖

大弹涂鱼池塘养殖 1993 年，大弹涂鱼池塘养殖在霞浦开始试养。1994 年，中国水产科学院东海水产研究所与霞浦县长春镇合作，在长春文武塘试养 0.67 公顷大弹涂鱼，获得成功，亩产量达 105 千克，填补国内大弹涂鱼养殖的空白。1995 年后，大弹涂鱼池塘养殖面积逐年发展。1999 年，福鼎市、霞浦县大力发展大弹涂鱼池塘养殖。是年，全区大弹涂鱼土池养殖面积达 133.33 公顷，年产优质成品鱼 100 吨。2002 年，全市大弹涂鱼养殖面积达到 500 公顷，仅霞浦县就增加 200 公顷，养殖技术不断提高，亩产商品鱼在 50 千克以上，经济效益显著。2003 年，大弹涂鱼养殖总面积达 1300 公顷，产量 600 吨，产值 4000 多万元。2005 年，全市大弹涂鱼养殖总面积 3000 公顷，产量 1836 吨，产值 1.5 亿元。

大黄鱼池塘养殖 1997 年，宁德地区水技站实施农业部下达的 33.3 公顷大黄鱼土池养殖丰收计划，促进大黄鱼土池养殖的发展。是年，宁德市（今蕉城区）开始利用部分水位深、水质交换条件好的池塘精养大黄鱼获得成功，亩产在 500 千克以上。1998 年，全区大黄鱼池塘养殖面积达 40 公顷，产量达 160 吨。1999 年，大黄鱼池塘养殖面积发展到 333.3 公顷，产量 2000 吨。2000 年，全大黄鱼池塘养殖面积超过 666.67 公顷，年产成品鱼 5000 吨。2001 年，受大黄鱼土池养殖条件制约（大黄鱼土池养殖要求池塘平均水位达到 3 米以上、水质交换好等），大黄鱼土池养殖发展缓慢。2005 年，全市大黄鱼土池养殖面积维持在 333.3 公顷，产量 2000 吨。

（三）工厂化养殖

霞浦县最早开展半滑舌鳎工厂化养殖。2003 年，霞浦长春大京利用旧大黄鱼苗场改造进行半滑舌鳎工厂化养殖，养殖面积 2000 平方米，苗种从山东引进，规格 7 ~ 8 厘米，数量 1 万尾，饵料以进口的鳗鱼配合饲料为主，经过 7—8 个月饲养，最大个体在 250 千克以上，养殖过程病害少，成功率在 90% 以上，亩产 8000 千克。2004 年，该场继续扩大养殖规模，工厂化养殖总面积达 3000 平方米，引进半滑舌鳎苗种 3 万尾。2005 年，半滑舌鳎工厂化养殖产量达 3000 千克，产值 70 多万元。

（四）浅海围网养殖

2000 年起，宁德市登月水产食品有限公司在蕉城三都镇开展大黄鱼浅海围网养殖，1 口围网（3000 平方米）放养 100 ~ 150 克的大黄鱼鱼种 10 万 ~ 12 万尾，共培养出大规格（重 1.25 千克 / 尾以上）体态接近野生的大黄鱼 100 吨。2001 年，全市天然浅海围网养殖大黄鱼 20 家，面积 6.67 公顷，主要分布在蕉城、福鼎，年产优质商品鱼 200 吨。2002 年，新增围网面积 33.33 公顷，养殖户增至 30 家，养殖总面积达 40 公顷。到 2005 年，全市浅海围网养殖大黄鱼 50 多家，主要分布在蕉城、霞浦、福鼎，围养面积达 100 公顷，产量 2000 吨。

（五）深水抗风浪网箱养殖

1999 年，宁德市（今蕉城区）在三沙港海域建成 10 口长宽各 13 米、深 8 米的大网箱养殖大黄鱼，每口投大黄鱼鱼种 2.5 万尾，翌年每口可产商品鱼 12 吨，产值近 60 万元；同年福鼎前岐、嵛山也发展同规格大网箱8口，试养黑鮸、大黄鱼、美国红鱼、鲈鱼等均获得成功。2000年起，霞浦县从台湾引进深水抗风浪网箱32口，设置在浮鹰岛海区。网箱框架为圆形，材料为HDPE，直径有13米和16米两种，各16口。网箱深度8米；养殖真鲷、石斑鱼、鲈鱼，每0.0667公顷放养鱼苗2万～3万尾，可产优质产品鱼10～15吨。2001年抗风浪深水大网箱增加28口，（福鼎12口、霞浦12口、蕉城4口）。2003年全市深水抗风浪网箱养殖共64口。2005年，全市深水抗风浪网箱养殖达144口，产量1500吨。

二、虾类养殖

1993年，宁德地区对虾养殖面积达4100公顷，创历史最高纪录。由于受全国性病害影响，全区对虾死亡面积达0.33万公顷，原预计对虾产量可达7000吨，实际只收1689吨，养殖户亏损惨重，对虾养殖业遭受重创。1994年，对虾单养面积锐减到1676.7公顷，混养套养面积2384.7公顷（虾贝混养1418公顷、虾蟹混养833.33公顷、虾鱼混养133.33公顷），分别占养殖面积的41.3%和58.7%。对虾单养面积虽然减少，但通过调查采取虾贝蟹海混养套养方式，抓好4000公顷虾塘改造，促使对虾养殖业向健康稳定方向发展。1996年，全区4000公顷虾塘放养长毛对虾3000公顷，混养466.7公顷，产量1500多吨。1997—1999年，全区对虾养殖主要以混养为主，品种有中国对虾、长毛对虾及少量日本对虾和刀额新对虾。混养面积维持在2666.67公顷左右，年产量1000～2000吨。2000年，霞浦沙江首次引进南美白对虾试养获得成功，试养面积2公顷，苗种从厦门调运，5月初放养，密度6万尾/0.0667公顷，规格0.8～1.0厘米，9月中旬收成，亩产达300多千克。2001年开始，福鼎、福安、蕉城也陆续开展南美白对虾养殖，总养殖面积近666.67万公顷，产量1500多吨，经济效益显著。霞浦县利用高位池塘（在高潮区或以上建池），采用挖井抽地下海水方式养殖南美白对虾获得成功，高位池塘面积0.33公顷，池底铺塑料薄膜，每亩放1厘米左右南美白对虾苗10万～12万尾。该养殖模式具有管理方便，饵料利用率高，对虾发病率低，生长快，成活率高（可在75%以上），产量高（平均亩产1000千克），效益好等特点，每亩年盈利达1万～1.5万元。2002年，福鼎、蕉城、福安也陆续发展高位池养殖南美白对虾，全市南美白对虾高位池池养殖超过百亩，产量达百吨。全市南美白对虾养殖面积达1600公顷，产量1632吨。此后，南美白对虾高位池养殖面积逐年扩大。2003年后，南美白对虾养殖稳步发展。2004年新增南美白对虾养殖面积100公顷，产量1798吨，产值2亿元。2005南美白对虾养殖面积达6900公顷，产量超过6000吨。

三、蟹类养殖

（一）锯缘青蟹养殖

1993年，全区青蟹池塘养殖面积333.3公顷，大部分分布在福鼎，年产量约2000吨。1994年，锯缘青蟹的混养面积达400公顷，仅福鼎沙城港内即养殖266.66公顷，年产量超过3000吨。1995年，全区青蟹养殖面积约666.66公顷，其中福鼎县养殖面积约333.33公顷，规模占全省首位。1996年，区市青蟹养殖面积达900公顷，产量1000多吨。1998年起，随着池塘蓄水养蛏的兴起及南美白对虾的成功引进与推广，全市青蟹单养面积有所减少。2002年，全市青蟹池塘养殖改以混养、围养为主，福鼎市养殖面积最大，维持在333.33公顷左右；福安市、蕉城区、霞浦县青蟹养殖与南美白对虾、泥蚶混养。2005年，全市青蟹养殖面积1000公顷，产量1000多吨。

（二）三疣梭子蟹养殖

1993—1999年，三疣梭子蟹养殖主要采取与虾类（中国对虾、长毛对虾）混养方式进行养殖，养殖面积500～1000公顷，产量1000吨左右，地点分布在福鼎、福安、蕉城、霞浦的部分虾塘。2000年后，三疣梭子蟹养殖主要与南美白对虾混养模式进行，年混养面积维持在1000公顷。2005年全市三疣梭子蟹养殖面积1500公顷，产量2000吨左右。

四、贝类养殖

（一）缢蛏养殖

1993年，缢蛏养殖面积1361公顷，产量8963吨。1993—1995年，以滩涂养殖为主，苗种来源自然海区。1996年，宁德市养殖户李安瑞首次在漳湾镇利用旧虾塘开展蓄水养蛏，此养殖模式很快得到推广。1998年，全区池塘缢蛏养殖面积超过1333.33公顷，其中蕉城区达666.67公顷以上。养殖模式为：池塘面积的三分之一播种蛏苗，三分之二蓄水繁殖基础饵料，作为缢蛏的天然饵料。采用此技术养殖方法，缢蛏生长快，一年即可达到商品规格，成活率高，亩产可达250千克。1999年，霞浦、福鼎、福安也先后大面积发展缢蛏蓄水养殖。此后，随着蓄水养蛏技术的不断完善及养殖效益的提高，养殖面积稳步增长。2002年，全市缢蛏养殖总面积发展到4309公顷（包括滩涂养殖），产量42312吨。2005年，全市缢蛏养殖总面积发展到5046公顷，其中池塘蓄水养蛏面积3000多公顷，总产量45839吨。

（二）牡蛎养殖

1993—1997年，闽东沿海养殖牡蛎以褶牡蛎为主，养殖模式主要有插竹与扔石块两种，养殖海区大部分集中在沙埕港和三都澳内的低潮区。1993年全区牡蛎养殖面积2185公顷，产量5895吨。1996年全区牡蛎养殖面积达4000多公顷，主要养殖褶牡蛎，其中仅霞浦县就达到2000公顷以上，产量近10万吨。1998年后，随着太平洋牡蛎人工育苗与养殖的成功，牡蛎养殖开始由内海滩涂向外海区发展，养殖模式采用浮筏吊养。霞浦县的西洋、三沙等外海区当年试养面积近万亩，大大提高海蛎养殖规模。1999年，新开发外海吊蛎养殖666.7公顷，全区牡蛎养殖面积达7752公顷，产量达165795吨，位居全省之冠。2000—2002年，浅海吊蛎养殖稳步发展，霞浦县发展最快，年增幅万亩以上。2003年，牡蛎养殖面积达8363公顷，产量达17万吨。2005年，全市吊蛎养殖有所下降，总养殖面积7304公顷，产量169839吨。

（三）泥蚶养殖

1993年，泥蚶养殖以滩涂养殖为主，地点分布在蕉城区、霞浦县、福鼎市、福安市的部分浅海滩涂，饵料来源于自然海区底栖藻类，养殖面积236公顷，产量390吨。1994年，在蕉城区漳湾开始发展池塘泥蚶与虾蟹混养，以人工投饵、施肥繁殖基础饵料的模式养殖泥蚶，试养面积6.7公顷，产量20多吨。1997年，宁德市泥蚶养殖面积达到1345公顷，产量14246吨。1999年，蕉城匠漳湾、二都一带开展蓄水养蚶，全靠人工施肥繁殖基础饵料养殖泥蚶，当年发展养殖面积533.33公顷。2000年，全市新开发大米草荒滩466.66公顷养殖泥蚶。2002年，全市滩涂、蓄水、池塘混养泥蚶总面积1790公顷，产量11062吨。2003年，随着蓄水养蛏技术的推广与经济效益的提高，部分蓄水养蚶的池塘改养缢蛏。全市泥蚶养殖面积有所下降。2005年，全市泥蚶面积

1423 公顷，产量 12743 吨。

（四）鲍鱼养殖

1997 年，霞浦县的下浒、三沙开始试养鲍鱼并获得成功。1998 年，霞浦北壁、下浒、溪南以及三都、沙埕港等海区，采用浮筏式和网箱养殖两种方式养殖鲍鱼；10 月中旬，从山东引进 1 ~ 1.5 厘米皱纹盘鲍苗经 18 个月养殖达商品规格上市。11 月中旬，从漳浦、广东等地购进 4 ~ 5 厘米大规格鲍鱼苗种，养到翌年 3—4 月，规格达到 1 两 / 粒左右上市；当年共投九孔鲍和皱纹盘鲍苗种 50 万粒，产量 13 吨，产值 260 万元。1999 年，继霞浦、福鼎后，蕉城区也开始在三都澳开展网箱笼养鲍鱼，当年全市鲍鱼网箱养殖发展到上万箱，年放鲍鱼苗量突破 200 万粒，年产鲍鱼 60 多吨。宁德市鲍鱼养殖主要以笼养为主，饵料为龙须菜、海带。由于鲍鱼养殖对水环境要求高，鲍鱼养殖点大部分分布在三都澳海区内。随着鲍鱼养殖技术的进步及其自身价格提升，鲍鱼养殖发展很快，至 2003 年，全市新增鲍鱼养殖 500 万粒，总量达 3000 多万粒。2004 年，全市鲍鱼总产量 337 吨，比 2003 年增加 105 吨。2005 年，鲍鱼养殖超过 1 亿粒，比上年增加 4000 多万粒，产量近 1000 吨。

（五）花蛤养殖

1993—2002 年，宁德市的花蛤养殖区主要分布在霞浦县、福安市，养殖面积 200 ~ 300 公顷。2003 年，花蛤养殖面积 386 公顷，产量 6674 吨，其中霞浦县养殖面积 225 公顷，产量 4006 吨，福安市养殖面积 123 公顷，产量 1935 吨。养殖模式以混养为主，即在养殖虾、蟹的池塘中投放适量的花蛤苗，以摄食池塘中的底栖藻类而自然生长。2003 年，由于花蛤养殖效益（单产和价格）不如养殖缢蛏且苗种缺乏，花蛤养殖面积逐年下降。2005 年，花蛤养殖的面积不足 100 公顷，产量 800 ~ 1000 吨。

五、藻类养殖

（一）海带养殖

1993 年，全区海带养殖面积 1975 公顷，养殖海区主要分布在东吾洋海区，养殖模式为延绳式，靠吸收自然海区营养盐生长。1994—1995 年，海带养殖面积稳中有升。福鼎县、福安市、蕉城区也陆续发展海带养殖。1996 年，全区海带养殖面积扩大到 1979 公顷，产量 86266 吨。1997 年，全区养殖海带 2100 公顷，产量 9.4 万吨。1999 年，海带养殖面积 2308 公顷，产量 93423 吨。2000 年，霞浦的海带养殖开始向外海的福宁湾、大京湾发展，当年新增养殖面积 130 多公顷。2001 年，霞浦溪南镇开始实行海带栽培技术规范标准化管理。2002 年，全市海带养殖面积达到 2266 公顷，产量 8 万吨。2003 年，全市海带养殖发展迅猛，当年新增养殖面积 3651 公顷。2004 年，海带养殖总面积 6761 公顷，产量 9.7 万吨。2005 年，全市海带养殖总面积 6911 公顷，产量超过 10 万吨。

（二）紫菜养殖

1993 年，全区紫菜养殖面积 1117 公顷，产量 2497 吨。1996 年，全区紫菜养殖面积扩大到 1354 公顷，养殖地为霞浦、福鼎、福安、蕉城 4 个沿海县市，养殖模式主要为浮筏式，年产量 3477 吨。1999 年，全区紫菜养殖面积发展到 2582 公顷，产量 7524 吨。2000 年，随着紫菜深加工业的发展和价格的提高，紫菜养殖发展迅猛。2002 年，全市紫菜养殖面积 3348 公顷，产量 9565 吨。2003 年，紫菜养殖面积大幅提升，霞浦、福鼎新增养殖面积 500 多公顷。2004 年，全市紫菜养殖面积达到 4165 公顷，当年新增 457 公顷，产量 1.17 万吨，产值 2.5 亿元。2005 年，紫菜养殖面积新增 1300 公顷，仅福鼎就增加了 800 公顷，全市养殖总面积 5040 公顷，产量 12738 万吨。是年，福鼎市首次开展固定桩悬浮式紫菜养殖试验，获得成功。

（三）江蓠养殖

江蓠（含龙须菜等江蓠属种类）是鲍鱼优良的饵料。2000 年宁德市只有少量养殖，随着鲍鱼养殖的大面积发展，龙须菜养殖面积逐年提升。2001 年，蕉城、霞浦大面积开展龙须菜养殖。2003 年，全市龙须菜养殖面积 373 公顷，产量 7355 吨。此后龙须养殖在福鼎、福安悄然兴起。霞浦县开始推广利用海带、贝类浮筏轮养含龙须，投资成本低，养殖利润高。2005 年，霞浦、蕉城、福鼎、福安龙须养殖面积超过 500 公顷，产量上万吨。

六、刺参养殖

2003 年，霞浦县从山东引进刺参小苗在围江对虾基地进行试养，初获成功。2004 年，刺参在霞浦海区成功度夏，南移试养并获得成功，之后几年刺参养殖快速发展，规模逐年增大，形成产业规模。2005 年，霞浦长春海区发展网箱笼养刺参 500 万只，苗种从山东引进，规格 3 ~ 5 厘米，饵料以海带为主，经过 4 个月的养成，每只规格达 30 ~ 50 克，成活率达 80%，产量 200 多吨。此外，沿海渔区还陆续开展小章鱼、海蜇、星虫等新品种养殖试验，均获得成功。

七、海水增殖放流

1987 年 1 月 20 日，宁德地区水产技术推广站首次在三都湾内的官井洋大黄鱼繁殖保护区中标志放流大黄鱼苗 1.62 万尾，对大黄鱼放流技术及早期放流鱼的生态习性、洄游分布进行了深入研究。2002 年，宁德市水产技术推广站在官井洋增殖放流全长 3 厘米的大黄鱼苗 112 万尾。2004，在官井洋保护区投放全长 3 ~ 4 厘米大黄鱼苗 82 万尾。2005 年，宁德市加大了大黄鱼渔业增殖放流力度，6 月 17 日，在三都湾海区放流大黄鱼原种子一代苗 280 万尾，用活水船将鱼苗运至放流海区，直接将鱼苗放入海中。为增加自然海区生物种群，宁德市还在三都澳投放人工鱼礁，开展中华绒螯蟹和自然岛礁鲍鱼放流增殖研究活动。

1993—2005 年宁德市（地区）主要海水养殖品种面积统计表

表 14-4 单位：公顷

分类	鱼类	甲壳类				贝类					藻类				其他	合计
情况 年份	小计	小计	蟹	对虾	其他	小计	蛏	蚶	牡蛎	其他	小计	海带	紫菜	其他		
1993	165	4372	323	4049	—	4428	1361	236	2185	646	3097	1975	1117	5	—	12062
1994	308	4051	708	3343	—	4657	1666	182	2354	455	3163	1954	1209	—	777	12956

续表 14-4

分类	鱼类	甲壳类				贝类					藻类				其他	合计
情况 年份	小计	小计	蟹	对虾	其他	小计	蛏	蚶	牡蛎	其他	小计	海带	紫菜	其他		
1995	340	4447	848	3599	—	6468	1928	110	2961	1469	3307	1841	1466	—	806	15368
1996	561	4133	952	3181	—	7863	2269	177	4718	699	3333	1979	1354	—	753	16643
1997	839	3444	—	2243	1201	10770	2859	197	6514	1200	3875	2126	1736	13	418	19346
1998	825	3299	—	2824	475	12859	3807	423	7177	1452	4681	2347	2283	51	65	21729
1999	1522	3080	—	2051	1029	13829	3897	709	7752	1471	4890	2308	2582	—	—	23321
2000	2605	3113	—	1381	1732	14359	4155	1346	8272	586	4598	1874	2724	—	53	24728
2001	2600	3169	—	1422	1747	15716	4302	1755	8492	583	5401	1970	3431	—	37	26923
2002	2641	3577	—	1631	1946	15688	4301	1790	8363	2661	5627	2266	3348	13	170	27703
2003	3063	3698	1990	1708	—	14380	4765	1611	7074	930	10000	5917	3708	375	129	31270
2004	3716	4415	2301	2114	—	15448	3760	943	7538	3207	11388	6761	4165	462	128	35095
2005	4060	5706	3106	2600	—	15167	5046	1423	7304	1394	12527	6911	5140	476	68	37528

1993—2005 年宁德市（地区）主要海水养殖品种产量统计表

表 14-5　　单位：吨

分类	鱼类	甲壳类				贝类					藻类				其他	合计
情况 年份	小计	小计	蟹	对虾	其他	小计	蛏	蚶	牡蛎	其他	小计	海带	紫菜	其他		
1993	2228	2216	518	1698	—	20468	8963	390	5895	5220	70712	67865	2497	350	—	95624
1994	4259	3230	1770	1460	—	26248	10921	435	7026	7866	82717	80214	2503	—	2533	118987
1995	5562	4343	1714	2629	—	41854	12095	449	10717	18593	84555	81248	3307	—	4239	140553
1996	5739	3332	1750	1582	—	125337	13570	597	98582	12588	89791	86244	3477	70	3227	227426
1997	10542	4463	—	820	3643	147524	18741	1467	110322	16994	98940	94267	4603	70	1505	262974
1998	14225	4250	364	1291	2595	199636	26504	2307	151572	19253	90429	83182	6357	890	730	309270
1999	22489	5337	—	1244	4093	227200	32658	5066	165795	23681	100947	93423	7524	—	—	355973
2000	45084	5984	—	1317	4667	218803	35175	8611	165511	9506	87707	78578	9129	—	510	358088
2001	44739	7171	—	1957	5214	231296	39405	9630	173097	9164	90087	78906	11178	3	260	373553
2002	51574	7472	—	2321	5151	242943	42312	11062	168267	21302	97298	87633	9565	100	614	399901
2003	50632	12857	7582	5275	—	246326	46090	11094	168579	20563	106405	89982	9068	7355	1972	418192
2004	63871	12300	7361	4939	—	251014	47084	13147	168684	22099	114443	97018	11740	5685	1498	443126
2005	69134	16646	9945	6701	—	251388	45839	12743	169839	22967	123088	104654	12738	5696	1046	461302

第三节 淡水养殖

一、池塘养殖

（一）“四大家鱼”养殖

1993年，境内规模较大的池塘淡水养殖场主要有：福鼎市秦屿建国淡水养殖场，该场有池塘36口，总面积5.33公顷，年产鱼约80吨；蕉城区西陂塘淡水养殖场，总面积133.33公顷，年产淡水鱼200多吨。2000年，因城镇建设需要，福鼎市秦屿建国淡水养殖场土地被全部征用，生产停止。闽东地区“四大家鱼”主产区在古田县、福安市。2005年，其产量分别为全市淡水养殖总产量的54.2%和20.2%。

青鱼 俗名“乌溜草”“螺蛳青”，以摄食螺、蚬、蚌等软体水生动物为主。由于受食物资源限制，本区人工养殖较少。在向外省购调草鱼种时，偶有青鱼苗混杂在其中，故有时会在养草池中发现少量个体。1993年全区年产量89吨。2005年，全市产量1623吨。

草鱼 俗名“鲩”，草食性，为本区池塘养殖当家品种。1993年，全区草鱼年产量为2006吨，占淡水养殖总产量的34.9%。1995年前，以人工割草喂养为主，亩产一般400 ~ 500千克。1995年，出现草鱼专用人工配合饲料，并进行规模化生产，从此，大部分县市使用配合饲料喂养。2001年，古田县采用自动投饵机投饲，电动增氧气机增氧，进行半机械化精养高产养殖，亩产大幅度提高。2005年，全区草鱼产量为9771吨，占淡水养殖总产量的32.1%。

鲢、鳙鱼 为典型滤食性鱼类，多作为池塘混养搭配品种。1993年，全区鲢、鳙鱼年产量1745吨，占淡水养殖总产量的30.4%。2005年，产量提升至5728吨。

（二）鳗鱼养殖

1993年，霞浦县开始鳗鱼养殖，在州洋乡竹下村兴建养鳗场，养殖规模迅速扩大；至年底，全区养鳗场达40多家，养殖面积47.13公顷，产量3000多吨。1995年，霞浦县养鳗场数量达29家，面积达53.3公顷，号称“银鳗之家”。1996年，全区养鳗场扩大到73家（为高峰期），养殖面积200公顷，产量4737吨。主要养殖区为蕉城区41.73公顷、霞浦县58.93公顷。养殖用苗种主要从本市沿海捕捞，养殖品种为日本鳗鲡（俗称本地鳗），苗贩集中收购苗种后卖给养鳗场，在苗种培育阶段投喂丝蚯蚓，养成阶段投喂配合饲料，经过精心管理饲养，8—12个月可达商品规格，精养池亩产为3 ~ 5吨，土池亩产为1吨左右。蕉城区飞鸾养鳗场引进欧洲鳗鲡苗2万尾，进行养殖。1997—1998年，成鳗出口日本的价格从17万元/吨跌至4.6万元/吨（养殖成本8万 ~ 9万元/吨），许多养鳗场亏损。1997年，养鳗业开始向山区古田县、屏南县、柘荣县、周宁县发展，但养殖面积很小。由于本地鳗苗少、价贵，而欧鳗苗种便宜、养殖成本低（3万元/吨，成鳗出口价5万元/吨），因此，引进欧鳗数量逐年增加。

2000—2001年，大多数鳗场全部转向养殖欧鳗。2002年，鳗价再次下跌，瓯鳗出口价从5万元/吨跌至2.4万元/吨，全市70%鳗场亏损，养殖面积继续减少。2003年，全市养鳗业开始恢复，以欧鳗为主，养殖面积为380公顷。古田县泮洋乡曲斗养鳗场投资50多万元在翠屏湖龟山库湾建造渔排，安装网箱66个（每个网箱长3.3米、宽3.3米、高4米），开展池箱结合的节约型养鳗模式，并获得成功。1个43.5立方米水体的网箱，饲养8—9个月可出产成鳗1吨，7个网箱的产量相当于室内水泥池1亩的产量。池箱结合养鳗模式具有成本低、生长快、成活率高等特点。2005年，全市养鳗面积439公顷，产量3577吨，主要养殖区分布在周宁县、蕉城区、屏南县、霞浦县、柘荣县等地。

（三）名特优品种养殖

宁德市名特优养殖品种主要有甲鱼、河蟹、棘胸蛙、倒刺鲃和香鱼等。1993年，全区河蟹养殖面积12.87公顷、甲鱼2.33公顷，甲鱼养殖主要以水泥池精养模式进行，主产区在蕉城区、霞浦县、福鼎市、古田县、周宁县和寿宁县。河蟹养殖主要以土池或稻蟹混养模式进行，主产区在蕉城区、霞浦县、福鼎县和福安市。1994年，全区河蟹养殖面积35.27公顷，甲鱼养殖面积5.33公顷。1995年，全区河蟹养殖面积34公顷，甲鱼养殖面积8公顷。1996年，全区河蟹养殖面积27.93公顷，甲鱼养殖面积11.73公顷。屏南县开始棘胸蛙生态养殖，面积0.13公顷，种蛙500多对，投喂蚯蚓。1998年，全区河蟹养殖面积27.27公顷，甲鱼养殖面积29公顷。1999年，地区水技站开展的香鱼人工育苗获得成功，开始在蕉城区金涵养鳗场养殖香鱼。河蟹养殖面积仅1公顷（在古田县），甲鱼养殖面积22公顷（蕉城区和古田县），此后这两个品种养殖面积日趋减少。屏南县棘胸蛙养殖基本维持原状。柘荣县开始从自然水域中收集倒刺鲃苗种进行养殖，并获得成功。倒刺鲃养殖主要以土池模式进行，主产区在柘荣县和蕉城区。

2000年，香鱼养殖迅速发展，香鱼等养殖以水泥池精养模式进行，主要是利用养鳗场的设施，投喂配合饲料开展养殖，亩产可达1～2吨。全市有8家养鳗场养殖香鱼，取得很好的经济效益。2001年，棘胸蛙养殖得到屏南县畜牧水产局拨款扶持，在灵峰村建成仿生态养殖场2座，年产量达2200千克，创产值15万元。古田县开始鳜鱼养殖，采取少量混养在罗非鱼中养殖，并获得成功。2003年，在订单渔业的带动下，作为淡水渔业新兴品种的香鱼养殖业迅速发展，全市（主要在蕉城区）香鱼育苗2000万尾，库区香鱼网箱养殖60公顷，养鳗场养殖香鱼7.67公顷，产量约600吨，出口日本400吨，产值增加1200万元。宁德市成为全国主要香鱼养殖基地之一，“闽东香鱼”也被列入全省首批重点新产品计划。2004年，全市香鱼养殖面积达12.53公顷，产量为446吨。屏南县在屏城乡半村创办“清水源棘胸蛙科研养殖基地”，主要繁育幼蛙，占地面积0.8公顷，年可培育幼蛙6万～8万只，产商品蛙2000多千克，产值30万～40万元。2005年，全市香鱼养殖面积63公顷，其中蕉城区3公顷、福鼎县43公顷、霞浦县16公顷、古田县1公顷。鳜鱼111公顷，主产区古田县106公顷。黄鳝10公顷，主产区为蕉城区2公顷、福鼎市1公顷、福安市1公顷、屏南县3公顷。倒刺鲃5公顷（蕉城区3公顷、柘荣县2公顷）。

（四）引进品种的养殖

1993年，引进的品种有牛蛙等，分布在宁德市（蕉城区）和福安市，养殖面积4.8公顷。1994年，引进淡水白鲳（古田县湖滨乡）。1997年，引进团头鲂（古田县平湖镇）。1998年，引进斑点叉尾鮰（古田养殖场）。2005年，引进黄颡鱼（古田县黄田镇）、鳟鱼（福鼎市）。2005年，引进养殖品种已成规模，黄颡鱼132公顷（主产区古田县）、鳟鱼10公顷（主产区福鼎市）、黄鳝10公顷（主产区蕉城区、福安市、屏南县和柘荣县）、蛙类118公顷（牛蛙为主，主产区蕉城区和福安市）。

二、水库养殖

（一）大水面养殖

1993年，屏南县溪尾水库、金造桥小型水库开展大水面养殖，合计养殖面积约280公顷。是年水产量约45吨。1996年，水口水库古田段由政府负责投放苗种，大水面养殖面积2852.3公顷，沿岸群众受益。2000—2005年，周宁县水芹山水库大水面养殖面积800公顷，其中2005年产量450吨。同期，古田县翠屏湖实行租赁承包，年租金为80万～100万元，大水面养殖面积2986.7公顷，年均水产产量1000多吨，产值1000万元。其中2001年翠屏湖淡水鱼通过“无公害农产品”产地、产品认证。2002年，翠屏湖生产的鲢、鳙鱼通过省无公害农产品评审中心抽检、评审，以及对水样、鱼样的安全质量检测，全部指标均符合无公害农产品安全质量标准和产地环境质量标准，经省质量技术监督局批准，准予使用无公害农产品标志，成为福建省首家使用无公害农产品标志的水产养殖生产企业。2005年，全市大水面养殖面积达8589公顷，其中古田5839公顷、周宁1150公顷、蕉城区184公顷、福鼎457公顷、霞浦53公顷、福安82公顷、屏南281公顷、寿宁463公顷、柘荣80公顷。

（二）网拦库湾养殖

网拦库湾养殖是利用网片拦截库湾，进行人工投苗，主要利用天然饵料，进行养殖。养殖种类以鲢鳙鱼为主，少量搭配鲤、鲫、鳊。拦养面积一般为10～50公顷，亩产量100～250千克。闽东地区网拦库湾养殖基本集中在古田县。2001年，古田县已建网拦库湾51座，养殖面积800公顷，年产量2741吨。2002年，古田县建网拦库湾上升至53座，养殖面积900公顷，年产量2756吨。其中养殖效益较好的黄田双坑的新村洋库湾、谷口湾库湾、抗生素库湾，水口镇的湾口隘库湾等，亩产均在50千克以上。2003年，古田县网拦库湾达50多座，面积1000公顷，年产量达2741吨。其中黄田镇的谷口库湾和双坑库湾、水口镇的湾口库湾，年亩产均在250千克以上。2005年，古田县网拦库湾养殖1234.33公顷，产量3039吨。

（三）网箱养殖

1994年，古田县开始在水口库区（古田县境内水域）中开展网箱养殖，其形式可分为精养与仿生态（不投饵）养殖模式。1995年，全区网箱数量416个，产量410吨。1996年，古田县在水口库区进行小体积网箱精养罗非鱼示范试验，取得成功，每立方米产鱼155.2千克，产值1552元，纯利润430元。1997年，全区网箱数量6266个，面积28公顷，产量1367吨（福鼎27公顷、古田1公顷）。古田县小体积网箱精养罗非鱼项目获农业部全国农牧渔业丰收二等奖。1998年，古田县网箱数量3242个，面积1.57公顷，产量1693吨；1999年，网箱数量5678个，面积2公顷，产量5吨。2000—2002年，草鱼成为水库网箱精养的主要养殖品种，每立方米水体最高可产66.7千克。2003年，古田县黄田、水口镇库区群众利用水库中的天然浮游生物，发展水库网箱不投饵生态养殖鳙鱼，一个3米×3米×3米的网箱一次性投资仅100多元，年可产花鲢100～150千克，箱纯利300～600元，成为库区群众发展再生产，致富奔小康的“短、平、快”好项目。全区网箱养殖产量为4006吨，主要在古田（3855吨）、寿宁（113吨）、周宁（20吨）、柘荣（20吨）。2004年，全市淡水网箱养殖产量为4227吨，主要在古田（4150吨）、寿宁（60吨）、柘荣（17吨）。2005年，古田水口库区群众发展高密度网箱精养草鱼，在一个5米

×5 米 ×5 米的网箱内，放养尾重 150 克 ~ 250 克的草鱼种 2500 ~ 3000 尾，投喂草鱼专用配合颗粒料，饲养 1 年，尾重可达 2 ~ 3 千克，采用注射疫苗防病技术，成活率可达 90% 以上，年箱产鱼 5 吨多，产值 5 万多元，年箱纯利 1.5 万 ~ 2 万元，成为开发大水面渔业生产、实现渔业增效、渔民增收的新亮点。随后水库网箱养鱼在养殖模式及养殖品种上有新的发展。全市网箱养殖产量 4365 吨，其中古田县 4255 吨、寿宁县 90 吨、柘荣县 20 吨。

三、山塘、河沟、庭院养殖

（一）山塘养殖

指在溪河傍筑塘，面积 3 ~ 3.33 公顷，养殖品种有草鱼、鲢鳙鱼、鲤、鲫等，以摄食池塘边的青草为主，或投喂少量饲料，每 0.0667 公顷产 100 ~ 150 千克。有的鸭鱼立体养殖，鸭子的粪便起到肥水作用，有利于浮游生物的生长，池塘的水面可作鸭的活动空间。1998 年，屏南县实行一水多用的“鱼禽综合立体养殖技术”，取得明显效益。2005 年，全市山塘养殖面积 147 公顷，其中蕉城区 112 公顷、福鼎市 5 公顷、福安市 30 公顷。

（二）河沟养殖

指在溪河坡降较缓处，拦网养殖，应注意避洪，养殖品种有草鱼、团头鲂、鲤、鲫等。1993 年，全区河沟养殖面积 178.73 公顷，产量 128 吨，主要在福鼎县 8.87 公顷、福安市 3.33 公顷、周宁县 32.33 公顷、柘荣县 100 公顷。1998 年，周宁县发展流水养草鱼以及周宁、柘荣鲤溪开发观赏鱼工程，进行锦鲤养殖。2003 年起，柘荣县累计向龙溪、石山溪、西溪等溪河投放鲤、鲫、草鱼、鲢鱼、三角鲂等种苗 300 多万尾；为恢复龙溪河段的水产资源，成立“龙溪渔业自然生态保护区”，并出台柘荣县人民政府《关于加强对龙溪流域综合治理的通告》，设置藏鱼洞设立“观鲤景点”，投放大规格锦鲤、荷包鲤、欧江彩鲤、倒刺鲃等观赏鱼类 20 万尾，带动该县休闲渔业的发展。2005 年，全市河沟养殖 582 公顷，主要在蕉城区 61 公顷、福鼎市 125 公顷、霞浦县 150 公顷、福安市 165 公顷、寿宁县 3 公顷、周宁县 15 公顷、柘荣县 63 公顷。

（三）庭院式养殖

指在屋前房后的小池塘或河沟里进行养殖。养殖品种有观赏鱼（锦鲤）、虎纹蛙、鲤鱼、草鱼、龟等。1995 年，全区庭院式养殖约有 17000 户，养殖面积约 400 公顷，年产淡水鱼 380 吨，以蕉城区、福安市、福鼎县为主。1996 年，屏南县甘棠村养殖蛇龟（平胸龟）获得成功，而后逐渐发展，为山区淡水养殖业开辟出一条新路。2005 年，屏南县养蛇龟户达 120 户，年产蛇龟 7000 千克，创产值 200 多万元。当年，全市庭院式养殖面积 1481 公顷，产量 7935 吨。

四、稻田养殖

1993 年，全区养殖面积 88 公顷，产量 133 吨，养殖品种有鲤鱼、草鱼、泥鳅、巴西鲷、河蟹等；主要养殖地为霞浦县、福安市，两县市养殖面积约占全区的 50%。1995 年，开始大面积推广，全区养殖面积 339 公顷，产量 96 吨，寿宁县养殖面积达 309 公顷。1998 年，养殖面积达最高峰的 723 公顷，产量 755 吨，其中寿宁县 400 公顷、福安市 253 公顷。2001 年，全市养殖面积 364 公顷，其中福安市 29 公顷、古田县 211 公顷、寿宁县 110 公顷、周宁县 14 公顷。2005

年，全市养殖面积472公顷，产量334吨。其中蕉城区4公顷、霞浦县2公顷、福安市113公顷、古田县231公顷、寿宁县112公顷、柘荣县10公顷。

五、淡水增殖放流

1996—1998年，古田县先后向两大水库投放三角鳊鱼种640万尾，取得了较好经济效益、社会效益和生态效益。2001年，福安市在交溪流域放流河蟹数10万只。2002年，古田县在古田溪水库中投放各类鱼种500万尾，水口库区投放太湖新银鱼受精卵1.1亿粒；周宁县在芹山水库投放200多万尾鱼种，柘荣县在龙溪"观鲤景点"中投放兴国红鲤、日本锦鲤和散鳞锦鲤，蕉城区七都试验场也开展香鱼增殖放流工作。2003年，古田县在水口库区投放银鱼受精卵1亿粒，在古田溪水库投放各类鱼苗300万尾；市水技站及蕉城区、霞浦县、福安市在霍童溪、杨家溪、茜洋溪等流域放流香鱼苗650万尾。2004年，在霍童溪流域放流香鱼苗53万尾，在福安交溪流域放流武昌鱼、"四大家鱼"等鱼苗500多万尾。2005年，全市增殖放流各类淡水鱼苗达40多万尾。

1993—2005年宁德市（地区）主要淡水养殖方式面积、产量统计表

表14-6　　　　单位：公顷、吨

类别 年份	淡水养殖		池塘		水库		河沟		山塘		稻田		其他	
	总面积	总产量	面积	产量	面积	产量	面积	产量	面积	产量	面积	产量	面积	产量
1993	5500	5743	932	3908	3742	790	175	128	372	121	88	133	191	663
1994	5670	8944	994	6025	3721	808	178	166	374	115	49	124	354	1706
1995	6198	13459	1220	8371	3747	1398	166	289	2	10	339	96	724	3295
1996	9867	16013	1437	10958	7067	1594	173	436	410	876	364	136	416	2013
1997	9838	19150	1560	12006	7359	2774	176	542	—	—	—	734	743	3094
1998	11255	22206	1518	12865	7868	3643	174	505	252	5	723	755	720	4433
1999	10664	22460	1635	12925	7955	4108	109	153	7	2	154	151	804	5121
2000	11885	23932	1633	12742	8794	3935	210	236	9	3	364	232	875	6784
2001	12084	25324	1594	13649	8875	4882	315	294	9	10	364	253	927	6236
2002	12322	27645	1762	14790	8832	4934	313	473	80	448	383	281	952	6719
2003	—	29762	—	15544	—	5524	—	551	—	632	—	328	—	7183
2004	13422	30619	2385	15878	8501	5455	445	574	145	623	481	404	1465	7685
2005	13811	30421	2783	15683	8589	5264	390	582	147	623	421	334	1481	7935

第四节　病害防治与科研

1993年，宁德地区水产局常年抽调技术人员到渔区渔村、虾塘鱼塘、育苗场所开展鱼虾人工育苗技术服务。宁德市水技站办起全省第一家鱼虾医院，为渔民诊治鱼病，开展渔业科技服

务。地区水产局也选派技术人员下基层开展病害防治服务。霞浦县沿海7个乡镇的东方对虾相继流行虾病，死虾面积300公顷，县委、县政府提出“救虾如救火”，紧急部署，迅速采取措施治虾救虾，水产养殖专家会诊对虾病因，喷撒“鱼虾救星”100公顷，使部分乡镇虾病得到初步控制。1994—1995年，福安市举办水产技术培训班4期，受训300人，发放260份资料。宁德地区水产技术推广站，在承担网箱人工养殖大黄鱼和真鲷病害综合防治科研工作的同时，还积极为渔民提供鱼药、鱼械。1995年，全区水产部门先后举办了不同类型的水产技术培训班13期，受训800多人。1996—1997年，各级水产部门和科研单位贯彻地区行署制订的《全区“科教兴渔”年工作规划》，闽东水产研究所、市水技站、增殖站，先后派出科技人员20多人深入生产一线，从事开展大黄鱼等品种的人工育苗和养殖示范推广工作。同时在各县（市）培植3～5个科技示范户，开展科技下乡、技术培训、技术承包等科技服务活动。闽东水产研究设立病害防治研究室，对水产病害开展研究与技术服务工作；地、县水产部门组织科技人员深入虾塘、鳗场、网箱、鱼池、帮助群众解决防治鱼病、鳗病等技术难题；对多年污染的虾池、虾病，强化科学管理，采取综合防治措施。1998年，针对夏季高温期大黄鱼大面积患有“白点病”和“本尼登虫病”等病害的严峻形势，地县水产科技人员除组织鱼药上门、开展应急培训等紧急措施外，还在三都湾鱼排设立“大黄鱼养殖病害测报点”加强监控防治，使大黄鱼发病率和死亡率从高峰期的80%和30%下降到30%和10%。1998年，福鼎市投资1500万元兴建全区首家闽东边贸水产品批发市场，并成立水产经纪人事务所，提供规范服务。市水技站在三都湾内设立6个水质监测点和病害防治网络。全区水技站举办各种类型渔业技术培训班10期，受训270人。1999年12月，宁德地区水产养殖生物病害防治站通过立项建设。闽东水产研究所病防室科技人员成立大黄鱼病害防治服务队，多次下鱼排开展鱼病义诊。霞浦县东安、下浒、沙江等海区发生大黄鱼淀粉卵涡鞭病蔓延，大黄鱼春苗和秋苗出现白鳃、白肝兼伴肠炎，死亡率近15%，发病严重在60%以上。省农科院鱼病中心、牧医所动物营养殖研究室技术人员到溪南镇东安海区诊断施策。

渔排养殖（2005年）

2000年，宁德市水产研究部门组建大黄鱼病害防治服务队，并在养殖区设立5个鱼病防治站、6个水质监测点，形成水产病害防治网络。是年，还聘请院校专家到渔区讲授水产养殖、育苗、病害防治课十多次。2001年，市水技站在试验场开设鱼病门诊部，县（市、区）、水技站也都设有专人负责的病害防治技术员。全市水产部门举办各种类型渔业科技培训班十多期，累计培训养殖户、技术员500多人，并引进高校技术力量开展科研攻关，包括大黄鱼染色体组操作技术市场培育全雌良种等项目通过验收。2002—2003年，闽东水产研究所、市水技站，组织病害防治人员深入生产第一线，开展技术服务，累计诊治鱼病300多起，同时开展病害测报工作，举办病害防治、无公害养殖技术培训班，召开“水产养殖病防如何应对国际食品质量安全技术壁垒”

等研讨会。2003年，闽东水产研究所利用世界银行贷款325万元、自筹资金70万元，建成宁德市水产养殖生物病害防治站竣工，建设面积2691平方米。该站技术人员经常深入一线开展大黄鱼病害测报和防治服务，先后举办各类水产技术培训班十多期，累计培训养殖户500多人。2004年，市水产研究部门在重点养殖区设立病害检测点，做到反应快速，及时为渔民群众排忧解难。市渔业协会编发各类信息30多期，召开协调会5场，协调紫菜统一出苗时间，积极为养殖户提供新技术、新品种，指导病害防治与技术培训等服务，全年举办各种培训班20多期，培训2000多人。设立“鱼病防治110”与农村联动网，做到反应敏捷，及时为民排忧解难。2005年，各县市（区）普遍开展“工程师挂乡蹲点”等科技服务活动。全市举办养殖户培训班20期，培训人数1500多人；开展渔民转产转业培训班10期，受训渔民510人。

第四章　水产品加工销售

第一节　保鲜与储运

一、保鲜

水产品保鲜主要方法为散冰保鲜和冷冻保鲜。渔民将渔获物初步分类用塑料托分托冷藏，然后交收购部门由加工单位将鲜鱼或经过原料处理的其他水产品在 -25℃以下的条件下予以冻结，再置于 -18℃以下的库内冷藏，借此阻碍抑制微生物的生长繁殖和酶的活动，从而延长保藏期，以保持鱼体原有的新鲜状态。1993 年，地区水产部门加快水产冷库建设，全区保鲜水产品 5900 吨。1994 年，全区保鲜水产品上升至 11312 吨。1995 年，突破 2 万吨大关，达 21005 吨。1997 年，政府鼓励私营企业投资冷库，霞浦县新建冰厂 6 个，日制冰能力增至 150 吨。全县有中型以上冷库 26 个，日冷冻能力 200 吨，冷藏能力 6000 吨次。是年，全区保鲜水产品 22563 吨。2001 年，全市保鲜水产品 33757 吨。2002 年，保鲜水产品 31577 吨。2003 年，全市保鲜水产品 38953 吨。2004年，全市保鲜水产品达到54812吨。2005年，全市保鲜水产品67873吨，是1993年的11.5倍。

二、储运

1993 年，宁德地区注重水产品储存设施建设，全区共有水产冷库 80 座，其中冷藏能力 100 吨以上冷库 16 座，日冻结能力 278 吨，次冷藏能力 3137 吨，日制冰能力 214 吨，制冰产值 4642 万元。1998 年，宁德地区大黄鱼集团公司承担的大黄鱼活鱼车项目，经两年运输试验取得成功，已在宁德与上海之间成功运输活鱼 3000 多千克，运输成活率达 95%，之后循环水车运输或充气运输活鲜水产品迅速发展。2005 年，全市有运输鲜活水产品车数百辆。福鼎市在闽鼎渔 2029 号、2030 号两艘 600 马力渔船上安装制冷设备，推动该市渔船一线保鲜储运业务的开展。是年，全市冷藏车数量有上百辆，有水产冷库 120 座，其中冷藏能力 100 吨以上冷库 22 座，日冻结能力 2186 吨，次冷藏能力 15666 吨，日制冰能力 7297 吨，冷藏总量 96936 吨 / 日，制冰总量 139959 吨 / 次，制冰产值 2139 万元。

第二节 加 工

一、传统水产品加工

（一）干制

淡干品 也称生干品。淡干品的品种主要有海带、紫菜、目鱼、鱿鱼和一些自产自销的小鱼小虾。海带从海上收成运回后，在天气晴朗的情况下，直接将其散铺的岸边、沙滩上或吊挂在绳上，晾晒1～2天。1998年后开始生产机制的干紫菜圆饼，紫菜直接晾晒的方法逐渐减少。目鱼、鱿鱼等鱼类从背部切开，扒去内脏，用小麻绳穿好挂在长绳或竹竿上，曝晒3～5天。小鱼小虾放在篾席上晾晒。2000年后，出现在岸边插竹拉绳吊挂晾晒海带的方法，紫菜在篾席上铺均，晾晒1～2天。这些加工方法2005年仍在沿用。

咸干品 又称盐干品。是腌制和干制结合的加工品，主要在鱼类上加工应用。随着冷冻加工工艺的普遍采用，咸干品加工量越来越少。

熟干品 熟干品在干制品加工中占的比重较大。市内主要产品有鳀干、虾干、蛏干、蛎干等。虾类干品的制法一般是加5%盐蒸煮后晒干。贝类干品制作时一般不加盐，只蒸煮，晒干至足度。鳀鱼干的制法是原料鱼加盐装筐炊煮，用盐量8%～12%，煮至八成熟晒干即可。1993年后蒸、煮熟后晒干的方法逐渐减少，烘干方法增多，烘干一般是在烘干房中进行，不受天气限制，可大批量生产。历年来霞浦沙江蛎干最为有名，2003年后，随着本地蛎产量减少及鲜品价格的提升，蛎干产品已少见。此种加工方法2005年仍在沿用。

（二）腌制

以小鱼虾为原料，经腌制、发酵、熬炼后得到的鱼露，为味道鲜美的调味品，1993年，加工腌制以鱼露为主的调味品产量2505吨。1993年后，鱼类鲜品供不应求，鱼类腌制品逐渐减少，至2005年，已无腌制品的数据统计。但是，腌制品还是受到少数人的青睐，在干制或冷藏不便的情况下仍然要采用腌制的方法保藏渔货物，因此水产腌制品仍有一定的产量。腌制加工品主要有咸带鱼、咸鲥鱼、虾苗、海蜇皮等。腌制鱼类用盐量一般为18%～30%。海蜇皮含水分90%以上，所以腌制时要使用强力脱水剂明矾和食盐混合腌渍，用盐量一般为10%。虾苗的腌制用盐量一般为5%～10%之间。此种加工方法2005年仍在沿用。

二、新兴水产品加工

1993年，区内只有一家规模加工企业——福鼎海鸥公司。该公司生产的“九洋”牌虾皮，采用传统加工方法，年产量仅几十吨。1995年，福鼎秦屿海鸥水产冷冻厂，从日本引进一套价值450万元的全自动丁香鱼、虾皮加工生产设备；霞浦县从厦门台商引进烤鳗生产线等，把水产品加工作为创汇渔业来抓，从此开启了新兴水产品加工业务。1996年，福鼎海鸥公司加工走向多品种、大批量生产。霞浦县长春、沙江、溪南镇开展试生产盐渍海带结、绿色盐渍海带丝和海带片，取得成功。1997年，宁德地区中进海味品加工厂年加工鱼翅1500吨，产品全部出口。霞浦县长春、沙江、溪南镇生产的盐渍海带结、绿色盐渍海带丝和海带片，产量达600多吨。1998年，全区已有72家水产加工企业，推出丁香鱼、虾皮、海虾、海带蜜饯等加工产品40多种，注册“官井洋大黄鱼”“二都蚶”“安瑞蛏”“鳌江紫菜”“古溪海带”等水产品牌，海带加工超年计划2000吨的目标，达7500吨。1999年，大黄鱼加工开始兴起，产品有冰冻大黄鱼系列、醇香大黄鱼、大黄鱼鲞等。大黄鱼鲞的加工方法为养殖大黄鱼进入加工车间后，清洗、去鳞、剖腹、去内脏后，用调味品腌制10～15小时，沥水、烘干，而后包装冷藏。2000年，大黄鱼（水产品）规模加工企业迅速增加，新创建的有宁德市夏威水产养殖有限公司、宁德市金盛水产有限公司、福建三都澳食品有限公司等。大黄鱼加工品种主要有大黄鱼鲞、单只冷冻大黄鱼，酒糟大黄鱼等，还有冰冻香鱼系列、真鲷寿司鱼片、海带鱼肉卷软包装罐头等产品问世。2001年，福鼎市成立紫菜研究会，为养殖和加工业提供技术指导服务，使宁德这一大宗水产品附加值得以大大增加。当年，大黄鱼加工产品“官井洋”牌大黄鱼、“九洋”牌虾皮，被认定为闽东知名商标，“官井洋”牌大黄鱼还在当年中国国际渔业博览会上获得名牌产品称号。2002年，大黄鱼、香鱼、海带、紫菜、缢蛏等加工成为热点。加工龙头企业福鼎海鸥公司加工产值达1亿多元，出口创汇1100多万美元；蕉城区岳海公司大黄鱼、香鱼等加工产量2000吨，产值4000多万元，出口创汇300万美元；蕉城区中进公司鱼翅、鱼肚等加工出口创汇200多万美元；福安五洲公司肉鲳加工出口创汇200万美元。福鼎紫菜、霞浦海带加工，采用生产线加工，科技含量提高。全市紫菜加工厂新发展35家，达62家，年加工能力3800吨，产值5000多万元。福安市有缢蛏，古田县有鱼头加工水产品热销福州等地。2003年，宁德市12家省、厅、市级龙头企业加工规模扩大，产品质量提高。“九阳”“石兰”“岳海”“东贵”“官井洋”等品牌加工业发展速度加快。“海鸥”“九洋”牌系列产品申报绿色食品认证、岳海开展大黄鱼原产地认证，宁德市海洋科技开发公司咸香大黄鱼9月份获省绿色农产品证书。2004年，福鼎市申石蓝食品有限公司引进日本生产线开发紫菜精深加工，为紫菜深加工产业的发展起到了带动作用。全市共有水产加工企业304家，比上年增加148家；其中产值500万元以上的规模企业23家，比上年增加15家。大黄鱼、海带、紫菜、对虾、鱼翅、香鱼、蛏干、鱼鲳等成为拳头加工产品，全年加工产量达10万吨。2005年，全市拥有省级龙头企业10家，比上年增加7家，取得了HACCP、ISO9000质量认证或CIQ卫生注册。龙头企业加工产值从上年的3亿多元增加到7.24亿元，加工产量3.13万吨，出口创汇6017万美元。福鼎市引进10条，霞浦县引进1条自动化紫菜加工生产线，总投资达1000多万元，投入生产后，日加工精品机织菜2吨。是年，全市水产品加工总量为118721吨，有加工企业337家，产值133881万元。

1993—2005年宁德市（地区）水产品冷冻、加工、饲料生产情况统计表

表14-7

年份	一、水产加工企业（个）	水产加工能力（吨/年）	水产加工产量（吨/年）	水产加工产值（万元）	二、水产冷库（座）	其中：冷藏能力100吨以上个数	冻结能力（吨/日）	冷藏能力（吨/次）	制冰能力（吨/日）	冷藏总量（吨/日）	制冰总量（吨）	制冰产值（万元）	三、饲料生产企业（个）	1、饲料产量（吨）	2、饲料产值（万元）
1993	3	4380	99	211	80	16	278	3137	214	—	—	4642	7	1043	299
1994	29	20075	8121	7037	62	22	805	2350	191	—	—	5743	8	1082	335
1995	29	45990	7322	6796	68	40	827	2551	214	—	—	7691	3	380	76

续表 14-7

年份	一、水产加工企业（个）	水产加工能力（吨/年）	水产加工产量（吨/年）	水产加工产值（万元）	二、水产冷库（座）	其中：冷藏能力100吨以上个数	冻结能力（吨/日）	冷藏能力（吨/次）	制冰能力（吨/日）	冷藏总量（吨/日）	制冰总量（吨）	制冰产值（万元）	三、饲料生产企业（个）	1、饲料产量（吨）	2、饲料产值（万元）
1996	33	19710	6254	6587	73	44	807	2305	203	—	—	6768	4	390	82
1997	44	28450	14458	9782	46	26	864	1370	367	48512	22200	3287	4	400	—
1998	30	26600	24080	8342	56	27	764	2420	467	86562	58620	3839	5	330	71
1999	25	19300	17097	6465	63	22	828	3535	543	88502	61580	3367	5	2160	519
2000	48	20210	63766	46509	49	22	356	5770	357	85500	35865	2883	5	4600	2475
2001	60	29350	44231	53758	56	27	1364	5510	612	70694	37245	8766	7	1530	610
2002	99	37853	43618	58611	56	34	1343	5575	631	58415	40900	6913	8	1320	437
2003	156	39345	45328	46350	755	21	1483	5605	1004	65540	100550	4294	4	220	97
2004	304	165745	87252	118817	105	22	1887	6460	3452	92260	105800	4278	3	1850	92
2005	337	178883	118721	133881	120	22	2186	15666	7297	96936	139959	2139	3	2050	400

第三节　水产品营销

1993—1995年，宁德地区水产品基本上处于自产自销状态，有组织的水产品营销活动很少。1996年，地区水产局先后组织“6·13”“9·8”“11·18”三场大型贸洽会，重点推出大黄鱼系列工程开发项目，吸引海内外客商前来洽谈、签约和考察。一年签约合同项目总投资额突破1亿元，其中利用海外、区外资金达9000万元。1997年，成功举办中国闽东大黄鱼招商节和上海市大黄鱼展销会，吸引海内外客商签约资金7700万元，为水产品精加工、水产品营销创造有利条件。1998年，福鼎市投资1550万元，征地1.33公顷，兴建全区首家闽东边贸水产品批发市场，引进先进的市场管理机制——经纪人制度，成立12家水产品经纪人事务所，交易量达近万吨，交易额5000多万元。以大黄鱼集团公司在上海设立的营销部为代表，拥有42家营销摊点的上海大黄鱼市场，月销大黄鱼20多吨。12月，宁德地区上海水产商会成立，促进宁德地区的水产流通和销售，出现了福鼎市前岐薛桥海蛎营销村，宁德市古溪海带专业营销村、增板缢蛏养殖加营销村。霞浦海带营销队伍也不断壮大，营销渠道日益拓宽。1999年6月10日，宁德首次直接向美国出口13吨冰冻大黄鱼，这批大黄鱼通过美国HACCP质量认可，由地区供销公司与美国鸿昌国际贸易公司达成交易。2000年，宁德地区上海水产商会在上海成功举办2000年闽东名优水产品展销、订货会，促进了宁德市水产品流通、销售，在会上共推出6个大型招商引资项目，并与上海有关单位签订订货意向达5.86亿元。

2001年，营销企业极力扩大北京、上海大黄鱼市场，先后5次参加北京、上海水产品展销会。2003年，水产加工企业出口创汇2000万美元，约占全市水产加工总产值的15.5%。2004年，宁德市组织19家加工企业参加温州农产品展销会。市渔业协会发起“诚信闽东大黄鱼”活动，颁发诚信企业近百家。是年，全市渔业总产值54.65亿元，出口创汇6893万美元。2005年，市渔业协会承办的大黄鱼原产地标志注册，顺利通过商检总局组织的专家组验收。全市出口水产品市场从传统的韩国、日本向美国、加拿大及欧盟拓展，全年水产品加工出口创汇 6071 万美元。

第四节　名优产品

一、二都蚶

学名泥蚶，历来享誉盛名。1998 年，官井洋公司注册“二都蚶”商标。2000 年，二都蚶被评为福建省农副产品名优品牌。

二、大黄鱼

又名黄鱼、黄花鱼、黄瓜鱼。1998 年，地区水技站注册“官井洋”大黄鱼。2000 年，“官井洋”大黄鱼被评为福建省农副产品名优品牌。

三、安瑞蛏

1998 年，宁德市瑞丰工贸有限公司“养蛏大王”李安瑞以自己名字注册的商标。

四、紫菜

主要有鳌江紫菜、雅城紫菜、圆垱紫菜、石兰野生紫菜、申石兰牌。“鳌江紫菜”商标由蕉城区漳湾镇鳌江村村委于 1998 年注册。

五、海带

主要产地有霞浦县、福鼎市和蕉城区，产品销往全国各地。“古溪海带”商标于 1998 年由宁德市古溪海带实业有限公司注册。

六、红膏蟳

肉肥甘嫩、膏仁丰实、味道鲜美、营养丰富。主要有霞浦牙城七都、福鼎点头红膏蟳。

七、对虾

通称大对虾，是人们喜爱的海鲜。主要有东方对虾（又称中国对虾）、长毛对虾、日本对虾、斑节虾等。2000 年，霞浦沙江首次引进南美白对虾养殖获得成功。

八、沙江蛎干

俗称海蛎干。沙江蛎干是从海蛎肉中挑选个大、肉肥的个体，在篾席上晾晒而成。用少许海蛎干煮盐稀饭、锅边糊、面条等，味道特别鲜美。

九、古田淡水鱼

古田县翠屏湖和水口水库，水面大、水深、无污染，养殖生产出的淡水鱼无土腥味且鱼肉结实、味道鲜美。淡水鱼及其产地分别获农业部“无公害”农产品和“无公害”产地认证。鲢鱼、鳙鱼、草鱼产品经注册为“翠屏湖”商标。

十、虾皮

主要有霞浦“西洋虾皮”、福鼎“九洋牌”虾皮。

第五章　管　理

第一节　机　构

一、宁德市（地区）海洋与渔业局

1997年6月，宁德地区水产局更名为宁德地区海洋与水产局，增加海洋管理的职能。2000年11月撤地设市，宁德地区海洋与水产局更名为宁德市海洋与水产局，2002年1月更名为宁德市海洋与渔业局。2005年，市海洋与渔业局内设科室有办公室、渔业经济科、海洋管理科、财经科、审批科、渔船管理办公室、防灾减灾办（应急指挥中心），行政编制14人，下辖宁德市海洋与渔业执法支队（副处级）、宁德市海洋生态特别保护区与官井洋大黄鱼增殖管理站、宁德市渔业经营管理站、福建省闽东水产研究所、宁德市水产技术推广站、宁德市海洋与渔业环境监测站、宁德市水产供销公司、闽东大黄鱼集团公司、宁德市渔业协会。

二、宁德市海洋与渔业执法支队

2005年11月，市海洋与渔业局所属的中国海监宁德市支队（中国渔政宁德船队）、宁德市渔政管理站、宁德市渔业无线电管理站、三沙渔港监督处、三沙渔业船舶检验处合并组建宁德市海洋与渔业执法支队，同时挂中国海监宁德市支队、中国渔政宁德市支队、中华人民共和国宁德渔港监督处和中华人民共和国宁德渔业船舶检验处牌子，机构为事业性质，隶属宁德市海洋与渔业局，规格为副处级，人员编制共50人。内设办公室、海洋监察科、渔政渔港监督科、渔业船舶检验科，规格均为副科级，另设直属大队，规格为正科级。

第二节　渔业生产管理

1993年，宁德地区渔业部门抓好调整近海作业，巩固外海捕捞业，开发海淡水增养殖业，以开发闽东“海上田园”工程，加快水产业发展。1994年，立足调整作业、控制近海、开发外海，重点抓海洋捕捞业和养殖业结构调整，开发海、淡水养殖业。省委、省政府把宁德地区发展网板单拖和流动式虾张网列入全省为民办15件实事之一。1995年，开始实行伏季休渔制度，在夏季幼鱼生长旺盛期一律实行“船进港、网封存、证（捕捞许可证）集中”办法，停止捕捞作业。提高大宗品种，即海带、对虾、青蟹、贝类、网箱养殖项目面积；促进养鳗业等高优品种养殖，从沿海向山区发展；增加甲鱼、河蟹、东方红鳍鲀和大黄鱼的养殖面积。1996年，加大开放引资力度，争取世行贷款1000万美元。编制水产项目45个，重点推出大黄鱼系列工程开发项目。在海洋捕捞产量急剧下降情况下，减轻近海捕捞强度，拓展开发外海渔场。抓好锚张网、底层流刺网、流动式虾张网、笼捕、机钓等轻型、高效、节能的作业形式。继续拓展浅海养殖面积。1997年，实施浅海滩涂开发三大工程（网箱养殖、吊蛎养殖、海带养殖），鼓励淡水大中型水面开发，鼓励发展水《霞浦县海洋功能区划》产加工业。组织开发闽东北外海鲐鲹鱼大会战；霞浦县海洋与渔业部门编制大比例尺《霞浦县海洋功能区划》。1998年，全面推进浅海开发，加快龙头产业发展；海洋捕捞继续加大技改力度和调整作业方式，大力扶持私营企业。1999年，在养殖区设立“海上警务区”和“海上110”，营造安全、稳定的养殖生产环境。

2000年，各级渔业部门贯彻宁德市政府出台的《关于进一步推进网箱持续发展的若干决定》，全面推进浅海开发，海水网箱数量迅速增加。2001年，为增加伏季休渔期间渔民收入，向上级要求特许锚张网捕虾渔船生产，获批准3232条，增加渔民收入千万元；霞浦县溪南镇实行海带栽培技术规范标准化管理，有效提高海带生产质量。2002—2003年，加强渔业安全生产工作，开展渔需物质打假、水产品药物残留专项整治工作；开始实施养殖证制度，全市发放养殖证1094本，面积13133.3公顷。认真实施减船转产制度，以保护渔业资源。2004年，继续加大渔业结构调整步伐，主攻加工，优化养殖、控制捕捞、拓展深海、加强管理，强化服务；继续开展减船转产工作，下达减船转产资金245万元、减船118艘；继续实施养殖证制度，全市发放养殖证2205本。2005年，围绕“渔业增效、渔民增收”目标，调整优化渔业结构，继续推行养殖证制度，全市核发养殖证2808本，育苗场发证61家。

第三节 渔政渔港管理

一、发放捕捞许可证

1993—1997年，根据《中华人民共和国渔业法》规定，捕捞业实行捕捞许可证制度，许可证实行年审制度、每5年换证一次。根据捕捞水域，由县级以上渔业主管部门核发，渔政管理站经办，严禁无证捕捞。至1997年年底，全区审核发放渔业生产捕捞许可证2636本，鳗苗捕捞许可证5334本，发放鳗苗收购许可证53本，征收渔业资源费170万元。1997年霞浦县被列为全省第一个“海域使用管理试点县”，全县海域使用权证发证率98.7%，持证使用面积达9333.3公顷。1998年，伏季休渔严格实施，做到“船入港、人上岸、网入库”。全区发放捕捞许可证3868本，征收渔业资源费112.7万元。1999年，全面实施伏季休渔制度，开展渔民作业转改和转行活动。对无船检部门审定、未经审批建造新船，渔船马力少报少批等不合格捕捞渔船进行一次全面审查。对764艘不合格渔船，责令停产、整改，补办手续。全区共增补马力渔船421艘，补办捕捞许可证536本（其中新办证115本）。2000年，宁德地区贯彻全省海洋渔船普查工作会议精神，完成12372艘渔船的普查任务。2001—2003年，开展打击电炸毒鱼违法作业专项整治工作和“三无”（无船籍证、无船名号、无船舶登记证）“三证不齐”（无船舶登记证、无船舶检验证、无捕捞许可证）渔船清理整顿工作。2001 年清理“三无”渔船 1150 艘。2002 年完成 85 艘渔船的减船转产工作。2003 年为 70 艘合格渔船办理临时捕捞许可证，对全市 3376 艘小型渔船全面完成电脑录入工作，发证 1639 本。2004 年，结合新版捕捞许可证发放，对全市纳入管理的 1405 艘捕捞渔船的作业形式、场所、网具、适航海域等内容进行核定，并建立基础档案，开展换发证工作。2005 年，换发新版捕捞许可证 60 马力以上 1135 艘，60 马力以下 2418 艘。对海上渔船开展热潮检查，发现违法违规渔船 141 艘，立案 118 宗，处罚 23.89 万元。

二、养殖用渔药管理

1993—2001 年，渔业部门和养殖渔民的养殖用鱼药的使用比较随意。2002—2005 年,《无公害食品渔用药物使用准则》《中华人民共和国兽药管理条例》及等法律法规先后颁布实施，宁德市渔业执法、渔业生产管理和水产技术部门，开展合理用药宣传，加强水产品和水产苗种药残检测力度，打击水产养殖违法违规行为。每年都对水产养殖中的渔药使用进行监督管理，对渔药残留进行多次抽样检测，发现违规用药或药残超标，渔政监督管理机构及时进行处罚。

三、渔船与渔港管理

1993 年至 2005 年 8 月，渔船检验由三沙渔业船舶检验处负责，渔港管理由三沙渔港监督处负责，渔船管理由宁德市渔政站负责。主要接受从事养殖或捕捞水生动、植物等渔业生产活动的船舶申请登记，领取有关证件并实行年审，开展进出港签证和更新、改造、买卖、租借、转让、报废等业务。2005 年 9 月起，渔船检验、管理与渔港管理由宁德市海洋与渔业执法支队负责。是年全市共登记渔船 15685 艘，其中捕捞渔船 7666 艘、辅助渔船 1784 艘、养殖渔船 6235 艘。

第十五编　工业与信息产业

1993年，中共宁德地委、宁德地区行署着手部署创新企业制度的纵深改革。1994年，宁德开始全面实施国有企业改革，积极开辟各级各类工业园区，吸引外商、港澳台商到宁德投资兴业。到2005年，全市先后创办有27个各具特色的工业集中区，100多家（个）企业和项目在工业园区落户，年新增工业产值20多亿元；一批享有进出口经营权的企业，开始自营出口业务，外贸出口产品转变为以轻工产品出口为主，实现从主要出口原料到主要出口制成品及整机设备的转变。工业管理部门还大力实施品牌战略，全市先后拥有中国驰名商标4件，69家公司72种产品拥有福建名牌产品称号。食品加工、医药化工、建筑建材、汽摩配件、船舶修造、电机电器、电力工业等7个重点特色产业逐步向集群化方向发展，成为拉动宁德工业经济增长的主要动力。至2005年年底，全市工业所有制结构发生根本性变化，规模以上私营工业达323家，而国有规模以上工业企业仅剩26家。全市乡镇企业发展到96037家。全市工业总产值达到294.92亿元，是1993年全区工业总产值55.54亿元的5.31倍。

1993年，宁德地区电信主要业务为固定电话。至1998年年底，基本实现区域全覆盖。其中，城区主线电话普及率达10部/百人以上；农村通话行政村1881个，占农村行政村总数的90.05%。包括公共电话，城乡年末电话装机总数达21931部，普及率为6.87部/百人，并全部实现程控化。同年，邮政、电信实施分设独立运营。电信业引进程控电话、无线寻呼、移动电话、光纤通信等高新通信设备和手段，并形成市场规模。2005年，全市不仅9个县（市、区）和主要交通干线通信实现无缝覆盖，而且与国内外实现自动联网漫游。宽带业务在党政机关、企业、学校和公共场所及家庭普及使用，还广泛运用于交通航运、渔业水产、广播电视等领域。电信业的快速发展也促使全市加强无线电领域的管理，以更好地为经济生产和社会发展提供安全、良好服务。

第一章 工业结构

第一节 所有制结构

一、国有工业

1993 年，宁德地区三资（中外合资、中外合营、外资）企业、乡镇企业和民营企业发展迅猛，与国有企业争原料、争市场、争资金，国有企业体制弊端凸现，生产比重开始从 1990 年的 40.1% 下降到 14.5%。50 多家企业因连年亏损被迫关闭，寿宁植绒厂、霞浦橡胶厂、玻璃厂、茶厂和柘荣敷铜版厂企业相继破产。

1996 年，全区国有企业从 1991 年的 281 家减至 230 家，产值比重从 1992 年的 30.8% 下降到 13%。是年，宁德地委、行署决定对国有企业实施改制、改组、改造，对丧失竞争能力的中小型国有企业通过关闭、解散、出售、破产、兼并，有 30% 企业按公司制组织形式构筑多元产权结构，改组、改制成有限责任公司或股份公司，35% 企业采用兼并、联合、并购等形式进行产权重组。1998 年，全区列入改革计划的 108 家国有工业企业，有 78 家完成改制、改组，其中经济系统 51 家改革脱困企业已完成 41 家，其余 10 家正在实施改革脱困方案。地区直属 13 家企业通过改制、改组或破产解散安置等办法，有 9 家完成转制。2000 年，全市国有工业企业个数降至 75 家，产值 8.46 亿元，比上年下降 16.1%，产值比重为 2.6%。

2001 年，对古田化肥厂、古田酒厂、霞浦酒厂、福安赛江糖厂、福安镀膜玻璃厂、闽东特种纸厂、宁德瓷器厂等 8 家企业实行关闭。对福鼎市、霞浦县、古田县、寿宁县、蕉城区 12 家停产多年企业实施破产安置。进一步推进古田药业公司、福安造船厂、霞浦拆船厂、柘荣第二制药厂、柘荣兽药厂、霞浦印刷厂、周宁卫生敷料厂等 7 家企业产权组织形式改造，让小型劣势企业全部退出市场。

2005 年，经过改制、改组、改造后，全市国有及国有控股工业企业 45 家，产值升至 25.47 亿元，实现销售收入 24.78 亿元，实现利润 1.28 亿元。

二、集体所有制工业

1993 年，宁德地区有集体所有制工业 914 家，通过实行多种形式的转制改革和改组改造，保持增长态势。1995 年，全区集体所有制企业达 1060 家，总产值 20.5 亿元，占全区工业总产值的 47.25%。

1998 年，全区集体所有制企业进行大规模放小转制改革，着力发展民营工业和股份制企业。全区集体企业在采取关闭、兼并、联营转制等改革脱困措施后，从 1995 年的 1060 家降至 871 家。但工业总产值为 22.63 亿元，比 1995 年增长 10.4%。2000 年，宁德市实有集体所有制企业 16 家，总产值 30.94 亿元，比上年增长 8.4%，但增长势头有所减弱，与股份合作制企业、私营企业、有限责任公司和三资企业等其他经济成分增长幅度对比，相差 18 ～ 30 个百分点，占全市工业总产值比重下降为 13.7%。

2005 年，经过兼并、关闭、破产、改制、转让之后，全市实有集体企业 12 家，实现规模以上工业总产值 1.65 亿元，占全市规模以上工业总产值的 0.88%。

三、个体私营工业

1993 年，宁德地区有个体私营工业 354 家，私营者通过经营积累和引资嫁接企业逐步发展。1994 年，政府把民营工业作为区域经济新增长点，纳入地方国民经济发展总体规划，给予扶持壮大。1995 年，全区实有个体私营企业 227 家，实现工业总产值 46.39 亿元。

1997—1999 年，地委、行署连续 3 年出台优惠政策，推动私营工业创新技术、拓展规模。其中，万达、德丰、华美等私营机电公司列入全区 15 个重点扶持企业，产值连年翻番增长。2000 年，全区个体民营企业发展到 2 万多家，从业人员 8 万人，自有资产达 15 亿元，经营领域覆盖 30 多个行业，实现工业产值 141 亿元，占全区工业总产值 69.8%。

2005 年，全市规模以上私营企业发展到 323 家，经营领域覆盖 30 个行业，实现工业产值 95.98 亿元，占全市规模以上工业总产值的 51.24%。

四、三资工业

1993 年，宁德地区各级政府加大引资嫁接力度，在“6・28”香港招商洽谈会、“9・8”厦门洽谈会、10 月北京经贸洽谈会等活动中，共签订外商投资项目合同 152 项，总投资在 1000 万元以上的项目 25 个，有 2 个项目投资超亿元。1995 年，宁德地区重点推出基础设施项目对外招商引资。在香港“3・18”和厦门“9・8”等招商洽谈会上签订外资额在 1000 万美元以上 4 个项目均为基础设施建设，其中芹山电站总装机 40 万千瓦，需投资 25 亿元。当年全区有三资企业 108 家，占乡以上企业总数的 7.12%，年工业产值 8.15 亿元，占全区总产值的 8.89%。1996 年起，外商投资方式由粗放型投入转向相对集约投入。合作对象由国有、集体为主，转向与私营企业合作或独资为主。

2000 年，全市有规模以上三资企业 38 家，占全市规模以上企业数的 13.8%，工业总产值 9.7 亿元，占同口径企业总产值的 20%。

2005 年，全市有规模以上三资企业 50 家，占全市规模以上企业数的 9.54%，实现工业产值 25.30 亿元，占规模以上工业总产值的 13.51%。

五、股份制工业

1993—1994 年，霞浦县拆船厂吸收港资组建霞浦宏昌拆船有限公司股份制企业，实行拆船与机械产品制造相结合。

1995 年，全区 200 个竞争性的国有工业企业中，有 20% 左右的企业实行流动资产股份制和固定资产租赁制的国有民营式经营，不同程度地落实企业经营职责权利。1997 年，全区“一企一策”（地方政府为实现一定的经济和社会发展目标，采用个体谈判的方式，对一个个企业采用差异化的特定政策）改革逐渐展开，采取全部资产身份股或部分资产责任股改制成股份合作制或有限责任公司的企业有 20 多家。

1999 年，全区推动特殊性、基础性行业和国有小企业改组改制。29 家特殊小企业中，16 家电力企业实行资产捆绑重组，组建上市股份公司。2000 年 7 月，闽东第一家改制重组的闽东电力股份有限公司在深圳证交所正式挂牌上市，募集资金 11.5 亿元，为闽东第一家上市公司。在全区国企改革中，有 20 家国有、集体企业改制成股份合作制或有限责任公司。股份制和股份合作制企业产值为 14.6 亿元（1990 年不变价），占全市工业总产值的 7.2%。

2000 年，市政府出台《关于加快股份制改革和扶持企业上市的若干意见》，在政府服务、财政支持、金融服务、土地使用优惠、中介服务等多方面鼓励支持企业加快股份制改革。是年，在国有及规模以上非国有工业企业中有股份合作企业 21 家，股份有限公司 16 家，工业产值共计 7.87 亿元（1990 年不变价），占全市工业总产值的 16.38%。

2005 年，全市有股份合作制企业 8 家，股份有限公司 14 家（包括内资、私营、外商投资股份有限公司），股份制和股份合作制工业产值 6.65 亿元，占规模以上工业总产值的 3.55%。民营企业对全区经济贡献显著，非国有企业完成产值 160.1 亿元，其中股份合作企业、股份制企业分别完成产值 4.89 亿元、124.65 亿元，分别同比增长 28.7%、45.0%。

1998—2005 年宁德市（地区）规模以上工业企业主要经济指标统计表

表 15-1　　单位：个、亿元

年份 经济指标	1998	1999	2000	2001	2002	2003	2004	2005
企业单位数	276	239	275	272	295	338	458	524
工业总产值	40.42	40.80	46.92	54.59	69.39	93.86	137.66	187.29
工业增加值	12.87	13.15	16.67	20.78	24.79	30.72	40.45	59.10
利润总额	2.09	1.93	2.67	2.23	2.34	2.92	2.34	10.14
利税总额	4.23	4.03	5.20	5.14	5.75	7.25	7.25	18.03
年末资产总计	42.61	53.23	72.03	80.53	95.18	110.48	106.38	143.72

第二节　产业结构

1993 年，全区工业总产值 53.13 亿元（1990 年不变价）。制茶、罐头、电子、电器、船舶修造、铁合金、化工、皮革等行业增长势头强劲，成为闽东工业的主导产业。主要拳头产品是精制茶叶、蘑菇罐头、电子按摩器、工业硅、活性炭、皮衣等。

1994 年，宁德地区行署提出“抓拳头、上规模、增效益”的工业发展思路，促进企业形成规模。以国企为核心的罐头食品、天马化工、双龙电机，以集体企业为核心的巴黎士、康乐电子、闽东电机，以乡镇企业为核心的联谊化工、东鼎燃具，以三资企业为核心的福光电子，以私营企业为核心的福建德亚等一批企业集团先后成立，成为闽东支柱工业行业的重点企业。

1996—1999年，福鼎市白琳镇的玄武岩开采加工基地，宁德市（今蕉城区）虎浿、古田县鹤塘花岗岩开采加工基地，屏南县寿山、路下与寿宁县斜滩石材生产基地，相继建成。福鼎市以生产摩托车化油器、霞浦县以生产“三车配件”（自行车、摩托车、电动车配件）、寿宁以生产铁合金系列产品、古田以白木耳生产加工、屏南以夏香菇生产加工、寿宁县花菇生产加工等远近闻名。闽东工业基本建成电机电器、轻工食品、化工医药、冶金船舶、建筑建材等具有地方特色的工业体系，培育一批初具规模的骨干行业与重点企业集团。

2000年，工业布局形成以沿国道104线为主轴，包括蕉城区、福安市、福鼎市、霞浦县工业经济繁荣带。主要产品有电机电器、建筑石材、船舶修造、“三车配件”、绿色食品、蓝色食品、服装等。以古田县、屏南县、柘荣县、周宁县、寿宁县为主的山区工业经济带，主要产品有化工、医药、冶金、食用菌、竹木工艺、建筑石材、水力发电等，但产业集群化尚未形成。

2005年，全市初步形成食品加工、建材工业、电机电器、船舶修造、汽摩配件、医药化工、电力工业等7个重点特色产业集群，重点特色产业在规模工业中起到重要的支撑作用，完成产值117.06亿元，占规模以上工业产值62.5%。轻重工业比例由1994年的54∶46调整到21∶78。

1998年、2005年宁德市（地区）规模以上工业主要行业产值占比统计表

表15-2

行业名称	产值（万元）			产值占比（%）			企业数		
	1998年	2005年	2005年是1998年倍数（现价）	1998年	2005年	变化	1998年	2005年	变化
食品加工	87398	296716	3.4	21.6	15.8	−5.8	74	106	32
建材工业	33993	167980	4.9	8.4	9.0	0.6	29	62	33
电机电器	30501	425239	13.9	7.5	22.7	15.2	19	74	55
船舶修造	45031	83517	1.9	11.1	4.5	−6.7	10	15	5
汽摩配件	11154	100618	9.0	2.8	5.4	2.6	8	48	40
医药化工	41001	90776	2.2	10.1	4.8	−5.3	14	27	13
电力工业	61545	223779	3.6	15.2	11.9	−3.3	25	47	22
合计	310623	1388625	4.5	76.8	74.1	−2.7	179	379	200
全市	404215	1872911	4.6	—	—	—	276	524	248

第二章　工业门类

第一节　冶金工业

一、生产经营

（一）铁合金

1993 年，宁德地区冶金工业主要以铁合金产品为主，辅以小电炉生产铸钢坯。冶金企业分布在山区水电资源丰富的屏南县、寿宁县、周宁县和电网密集区赛岐等地。主要矿石石英石来源于寿宁县、霞浦县和屏南县。1995 年，赛岐铁合金厂与港商组成中外合资福建福润冶金有限公司，由港商从境外购进铬精矿、锰精矿，制成铬合金、锰合金出口。

1997 年，境内冶金企业打破行业、内外资界限，实行资产重组改革。寿宁县铁合金厂、寿宁县水力发电站、中外合资福建三祥冶金有限公司、中外合资寿宁县三美花卉种植有限公司、寿宁县冶炼厂、寿宁县金联稀土硅铁厂、中日合资寿宁东翔食品有限公司、寿宁县杨梅矿业有限公司、寿宁县通用机械厂和寿宁县金堰硅钙合金有限公司等 10 家跨行业企业组成综合性企业——福建省锦源经济发展公司。集铁合金（矿业）、电力、食品、花卉、机械等五大行业为一体。集团公司的三洋冶金有限公司铁台金系列产品有金属硅、镁硅、硅钙，硅钡、硅铁、稀土硅等六大系列 80 多个铁合金品种，是省内生产铁合金品种最齐全企业，产品销日本、韩国、东南亚等国际市场。

2005 年，福安鑫茂冷轧硅钢车间　丁立凡　摄

1998 年，屏南县铁合金厂与日方商谈合资生产高等级工业硅，总投资 3.3 亿元，第一期收购屏南县上培电站及增建 2 台 3000KVA 矿热炉，投资 8000 万元。第二期投资开发建设屏南县旺坑电站 3 万千瓦，增建 6000KVA 矿热炉 2 台，投资 2.5 亿元。一、二期项目建设完成后拥有矿热炉 21 座．总容量 3.3 万 KVA，生产能力 3 万吨／年，主

要产品为工业硅以及硅钙、硅铬、镁硅和钼铁等系列合金，产品大部分出口。据统计，6年来系统内企业共计生产工业硅及硅系列产品2.2万吨，产值7亿多元，其中出口创汇4.5亿元。1999年，通过深化改革、资产重组和扶强构大，全区国有、合资、股份、私营多体制铁合金企业并存的格局基本形成。周宁县太极冶金有限公司、屏南县金童电冶有限公司、寿宁县福建三祥冶金有限公司、福安福润冶金有限公司和周宁县水晶晶体材料有限公司等企业，当年完成产值5801万元，其中出口创汇3030万元。2000年，中外合资福建福润冶金有限公司铬合金、锰合金产品产量达2220吨。

2001年，宁德市冶金生产企业主要有福建三祥冶金公司、福安福润冶金公司、周宁晶体材料公司、周宁铁合金厂、屏南铁合金厂、宁德航宁钢铁公司、柘荣双城钢铁厂、周宁福宁铁制品厂等。其中，龙头企业福建三祥冶金公司技改投产的氧化锆生产线，属国家鼓励发展的高新技术项目，全市规模以上冶金企业实现工业产值2.15亿元。

2002年，全市冶金工业完成产值10亿元，比增40%，其中规模以上冶金工业完成产值2.45亿元。龙头福建三祥冶金公司通过技改，氧化锆、氧化铝等高新产品生产线竣工投产，产值突破8000万元大关，同比增长77%。古田县台资规模以上冶金企业实现工业产值2.15亿元。2003年，全市产值超5000万元的冶金企业有5家。

2005年，全市产值超5000万元的冶金企业发展到10家，亿元企业7家。是年，全市冶金工业规模以上企业实现总产值19.52亿元。其中，福安宏兴建材有限公司以2.86亿元的产值高居全市行业第一，宁德航海不锈钢有限公司产值2.52亿元，宁德汇通铜业有限公司完成产值2.5亿元。

1993—2005年宁德市（地区）系统内冶金企业生产、出口统计表

表15-3　　单位：千元

年份	企业数（个）	工业产值	产品销售收入	其中：出口交货值
1993	41	126268	—	—
1994	30	143367	—	52752
1995	14	72854	58417	—
1996	24	93414	89985	8435
1997	28	127559	125392	57565
1998	5	94662	88182	43168
1999	5	73110	70822	30295
2000	6	114059	107132	4035
2001	6	121921	118604	—
2002	5	228650	216363	53957
2003	15	777197	765813	64769
2004	16	1556397	1500082	50445
2005	21	1951852	1904531	67061

说明：1993—1997年统计乡及乡以上企业；1998—2005年统计规模以上企业

（二）改制钢

1993 年，境内福安市、霞浦县部分乡镇企业利用回收废旧钢铁生产改制钢。至 2000 年，境内小钢铁厂一度达 180 家，中频炉 250 多台，生产地条钢和开口锭等产品。此后，因产品质量达不到国家规定技术要求，许多企业先后被关闭。2003 年，柘荣县从浙江温州引进民营特种钢业落户富源工业区，至 2005 年，设计产值为 1 亿元。

1993—2000 年宁德市（地区）改制钢材产值统计表

表 15-4　　单位：个、万元

统计口径	年份	企业单位数	工业产值（1990 年不变价）	产品销售收入
乡及乡以上企业	1993	改制钢材 23	4319.9	4382.7
	1994	改制钢材 18	5624.3	5524.1
	1995	改制钢材 2	246.5	229.8
	1996	改制钢材 7	1650.5	1943.9
	1997	改制钢材 6	365.4	371.4
规模以上企业	1999	改制钢材 1	751.8	9.55
	2000	改制钢材 1	9499.1	—

说明：1993—1997 年统计乡及乡以上企业；1999—2000 年统计规模以上企业

二、企业选介

（一）周宁县铁合金厂

1993 年创建。主要产品有工业硅、碳化硅、稀土镁硅铁合金等。生产的工业硅 1990 年曾获福建省工业品博览会银奖。1995 年，产量 1483 吨，产值 1120 万元，产品工业硅获福建省工业品博览会金奖。2001 年 8 月，进行企业改制，11 月实施股份制；国有股份占 55%，省工贸联营公司占股份 45%；转让民营，改称周宁县嘉源冶金有限公司；生产高碳铬铁、硅铬、微碳铬铁。2002 年起，依市场行情组织生产，当年产量 362 吨，产值 3016 万元，实现税利 270 万元。2005 年，产量 264 吨，产值 2200 万元，实现税利 120 万元。址设周宁县七步镇八蒲村。

（二）福建荣兴特种钢业有限公司

2003 年 3 月从浙江温州引进的民营企业。2005 年 3 月，正式投产，有职工 280 人，其中高级工程师 16 人、工程师 32 人；占地面积 10 公顷，固定资产 2.6 亿元。下属炼钢厂、轧钢厂、机修厂和装机容量 5.4 千瓦主变电站 1 座。主体设备有高功率 EBT 电炉 2 座、LF 精炼炉 1 座、三机三流连铸机 1 台、制氧设备 1 座套、年产 50 万吨轧钢生产线 1 座套，采取连铸、热送、连轧的先进工艺。设计年产值 1 亿元。主要产品有冷热模具钢、塑料模具钢、优质碳素钢、合金结构钢、不锈钢、各种模铸钢锭、连铸钢坯和按客户需求订制生产的各种特殊规格钢材。址设柘荣县富源工业区内。

（三）福建汇通铜业有限公司

2003年6月，由浙江省台州市牟秀兵投资2500万元创建。厂房占地面积7800平方米，建筑面积5000平方米，拥有10条国内先进的数控漆包线生产线和一批高素质技术员工。通过IS09001质量管理体系认证。主要产品有130级、155级、180级和直焊性漆包圆铜线等系列漆包线产品，年产量1万~2万吨。企业还拥有3条无氧铜杆生产线，具有年产1万多吨无氧铜杆的生产能力。其产品“汇通捷邦”牌漆包圆铜线被评为全国知名漆包线十佳品牌。公司先后被福建省企业评价中心评为福建省工业行业榜首企业、福建省主要行业前十强等称号。2005年，实现产值2.25亿元，利润162万元，税金92万元。址设寿宁县武曲镇。

第二节　机械工业

一、生产经营

1993年，宁德地区机械工业形成一定规模。产品以电机、“三车”配件、铸造、农业机械为主，尤以农业机械装备总量迅速增长，全区拥有农业机械总值2.54亿元，净值1.64亿元，农业机械总动力58.38万千瓦。中、小型拖拉机0.9万台，机耕船37艘，小型配套农机具2880部；联合收割机12台，机动脱粒机240台，半机械农机具47.63万部；渔业机动船1.06万艘，池塘增氧机127台；农用载重汽车608辆，农用运输车1249辆，为地区汽摩配件工业提供了发展基础。地区乡及乡以上工业企业“三车”配件工业产值（1990年不变价）为13925.8万元。“三车”配件后发展为汽车配件、拖拉机配件、摩托车配件和自行车配件。主要产品有汽车、摩托车化油器、刹车片，摩托车离合器总成、一体化电子点火器，启动杆、汽车启动电机、手动牵引器、汽车机油滤清器、消声器、自行车涨闸、连体中轴及车用锁具等几十种。以生产化油器为主企业集中在福鼎县、霞浦县。

1994—1995年，农机生产企业由以国有、集体工业企业为主，逐步转变为以个体私营工业企业为主。1995年末，全区普通机械与专用机械零部件制造企业达132家，大多数为非国有工业企业，产值42859万元。其间，福鼎县机械植保厂生产塑料喷雾器，柘荣县农械厂生产砻谷机、碾米机等植保农具。1996年，柘荣县农机厂分散解体。

1997年，古田县、宁德市（县级）农机厂实行破产安置；福安闽东起动机总厂、霞浦县汽车配件厂先后被私营企业购并。福鼎市成立化油器行业协会。1998年，全区拥有农业机械总值3.736亿元，净值2.236亿元，农业机械总动力74.04万千瓦。其中小型拖拉机1.08万台，耕整机239台，机耕船46艘，小型配套农机具3083部；农用水泵1312台；联合收割机31台，机动收割机57台，割晒机148台，机动脱粒机1701台；渔业机动船1.17万艘（9.07万吨位），池塘增氧机1238台，池塘挖掘机19台；农副产品加工机械1.3万部，农用载重汽车876辆，农用运输车1886辆；机动运输船3544艘，农用专业推土机295台，半机械化农机具44.94万部（辆），进一步带动汽摩配件企业发展。到2000年，全区有“三车”配件生产企业50家，从业人员4000余人，工业产值超2亿元，产值超过千万元的企业有10家。福鼎市摩托车化油器年销量达40万台，占全国总销量的36%。霞浦县制动材料厂年产摩托车刹车片4000万片，产量占全国第一，产品出口东南亚、北美等国家和地区。福鼎华龙化油器公司和博华内燃机配件公司通过 ISO9002 质量保证体系认证。

2000 年，机械工业产品主要包括通用设备、专用设备、交通运输设备、电气机械及器材、通信设备、计算机及其他电子设备、仪器仪表、金属制造等。重点企业有福建万达电机公司、闽东德丰电机有限公司、闽东安波电器有限公司、霞埔三沙华美实业公司、霞浦正阳摩擦工业公司、福建华龙化油器公司、福鼎京科化油器有限公司、闽东东福船业有限公司、福建白马船厂等。全市国有及规模以上非国有工业企业中有普通机械制造企业 8 家，其中通用设备制造企业 3 家、铸锻制造企业 5 家，工业产值（按当年价计算，下同）分别为 7182.1 万元、13578 万元；销售产值（按当年价计算，下同）分别为 7316.7 万元、13106 万元。专用设备制造企业 5 家，其中冶金、矿山、机电工业专用设备制造企业 1 家、轻纺工业专用设备制造企业 1 家、医疗器械制造企业 2 家、建筑机械制造企业 1 家，工业产值分别为 707 万元、66.6 万元、1024 万元、710 万元；销售产值分别为 747 万元、52.7 万元、917.9 万元、639 万元。交通运输设备制造企业 32 家，其中汽车制造企业 3 家（生产零部件及配件，下同）、摩托车制企业 16 家（生产零部件及配件，下同）、船舶修造企业 13 家，工业产值分别为 1457.4 万元、22347.4 万元、69247.9 万元，销售产值分别为 1428 万元、20718.4 万元、64598.5 万元。电气机械及器材制造企业 22 家，其中电机制造企业 19 家、电工器材制造企业 1 家、日用电器制造企业 2 家，工业产值分别为 58577.8 万元、2088 万元、3868.9 万元，销售产值分别为 63281.5 万元、2006 万元、3328.3 万元。电子及通信设备制造企业 3 家，其中电子计算机制造企业 1 家、电子元件制造企业 1 家、日用电子器具制造企业 1 家，工业产值分别为 4092.7 万元、4.2 万元、562.2 万元，销售产值分别为 4673.1 万元、4.2 万元、504.9 万元。仪器、仪表及文化、办公用机械制造企业 1 家，工业总产值 1600 万元，销售产值 1005.9 万元。金属制品企业 5 家，其中工具制造企业 1 家、建筑用金属制品企业 1 家、日用金属制品企业 3 家，其工业总产值分别为 1268.5 万元、1580.5 万元、7366.7 万元，销售产值分别为 1322.1 万元、1507.9 万元、7099.2 万元。其间，福鼎化油器生产经多年开发引进已形成群体规模，是年销售产值超 3 亿元。

2001 年 5 月，福鼎市化油器行业协会与天津内燃机研究所联合注册建立“中国化油器网”，化油器制造业成为福鼎市的支柱产业。销售收入 500 万元以上企业达 14 家，完成工业产值 14746 万元，占福鼎市工业总量 13.9%。霞浦县三沙华美实业公司“三车”配件产品畅销欧美等地，实现工业产值 8186 万元。

2002 年，全市国有及规模以上非国有工业企业中有普通机械制造企业 15 家，其中通用设备制造企业 6 家、铸锻件制造企业 9 家，工业产值分别为 25999.7 万元、16417.9 万元，销售产值分别为 26301.5 万元、16071 万元。专用设备制造企业 4 家，其中冶金、矿山、机电工业专用设备制造企业 1 家、畜牧机械制造企业 1 家、医疗器械制造企业 1 家、建筑机械制造企业 1 家，其工业产值分别为 1958 万元、762.6 万元、528.8 万元、956 万元，销售产值分别为 1958 万元、656.7 万元、467.4 万元、956 万元。交通设备制造企业 29 家，其中汽车制造企业 1 家、摩托车制造企业 21 家、船舶制造企业 3 家、船舶修理企业 4 家，工业产值分别为 1002 万无、28601.7 万元、2505 万元、84326.6 万元，销售产值分别为 1002 万元、28168.7 万元、2505 万元、80621 万元。电气机械及器材制造企业 30 家，其中电机制造企业 23 家、电工器材制造企业 2 家、日用电器制造企业 5 家，工业产值分别为 113105.6 万元、2253.5 万元、11660.2 万元，销售产值分别为 115335.5 万元、2163 万元、11403 万元。电子及通信设备制造企业 2 家，其中电子元件制造企业 1 家、日用电子制造企业 1 家，工业产值分别为 3893.2 万元、560.7 万元，销售产值分别为 3328 万元、520.8 万元。仪器仪表及文化、办公用机械制造企业 3 家，其中通用仪器仪表制造企业 1 家、计量器具制造企业 1 家、钟表制造企业 1 家，其工业产值分别为 1446.8 万元、1003.4 万元、983.7 万元，销售产值分别为 1413.3 万元、983.3 万元、983.7 万元。金属制品制造企业 6 家，其中工具制造企业 2 家、建筑用金属制品企业 2 家、日用金属制品企业 1 家，其工业产值分别为 3098.1 万元、4051.6 万元、553.2 万元，销售产值分别为 3209.9 万元、4610.9 万元、503.2 万元。福鼎市规模以上“三车”配件生产企业增加到 18 家，产品也由摩托车配件扩大到汽车配件。霞浦县正阳摩擦工业公司“正阳牌”汽车刹车片系列产品获福建省名牌产品称号。2003 年，霞浦县、福鼎市“三车”配件行业完成规模以上工业产值 7 亿元。福建华美（三沙）机械配件公司全年完成产值 1.51 亿元。

2004 年，全市规模以上工业企业中有通用设备制造企业 25 家，其中金属加工机械制造企业 2 家、泵和阀门、压缩机及类似机械的制造企业 9 家、金属铸锻加工企业 14 家，其工业产值分别为（按新行业分类标准推算，下同）1180.9 万元、58243.2 万元、28048 万元，销售产值分别为 1180.9 万元、54903 万元、27612.2 万元。专用设备制造企业 4 家，其中矿山、冶金、建筑专用设备制造企业 2 家、纺织和服装及皮革工业专用设备制造企业 1 家，畜牧机械制造企业 1 家，其工业产值分别为 5870.7 万元、1486.8 万元、2036.4 万元，销售产值分别为 5979.2 万元、1486.8 万元、2034 万元。交通运输设备制造企业 61 家，其中汽车制造企业 11 家、摩托车制造企业 37 家、船舶及浮动装置制造企业 13 家，工业产值分别为 31650.2 万元、47338.6 万元、55594.9 万元，销售产值分别为 31200.2 万元、44976.7 万元、49311 万元。电气机械及器材制造企业 50 家，其中电机制造企业 45 家、输配电及控制设备制造企业 1 家、电线电缆和光缆及电工器材制造企业 1 家、家用电力器具制造企业 3 家，工业产值分别为 250056 万元、799.3 万元、6468.9 万元、5413.5 万元，销售产值分别为 242111.5 万元、799.3 万元、6570.6 万元、5891.9 万元。通信设备、计算机及其他电子设备制造企业 3 家，工业产值 12370.8 万元，销售产值 11935 万元。仪器仪表及文化、办公用机械制造企业 3 家，其中通用仪器仪表制造企业 1 家、光学仪器及眼镜制造企业 2 家，工业产值分别为 1304.5 万元、4064.8 万元，销售产值分别为 1174.2 万元、3953.5 万元。金属刷品制造企业 7 家，其中金属工具制造企业 5 家、金属丝绳及其制品制造企业 1 家、建筑和安全用金属制品制造企业 1 家，工业产值分别为 6313.5 万元、29530.2 万元、573.1 万元，销售产值分别为 6044.8 万元、29263.6 万元、565 万元。全市汽摩配件业完成工业总产值 10 亿元，其中规模以上工业产值 5.26 亿元。龙头企业有京科、华美等公司，其中福鼎京科化油器有限公司完成产值 5102 万元，霞浦县三沙华美实业公司实现产值 1.83 亿元。

2005 年，全市规模以上工业企业中有通用设备制造企业 27 家，工业总产值为 118226 万元，销售产值为 115517.6 万元。专用设备制造企业 5 家，工业总产值为 14368.4 万元，销售产值为 14280.1 万元。交通运输设备制造企业 63 家，工业总产值为 184135.5 万元，销售产值为 176482.3 万元。电气机械及器材制造企业 64 家，工业总产值为 358278.2 万元，销售产值为 347587.4 万元。通信设备、计算机及其他电子设备制造企业 3 家，工业总产值为 8503.4 万元，销售产值为 8324.4 万元。仪器、仪表及文化办公用机械制造企业 4 家，工业总产值为 6364.1 万元，销售产值为 6362.5 万元。金属制品制造企业 12 家，工业总产值为 52833.3 万元，销售产值为 49755.1 万元。福鼎化油器生产集中在桐山、秦屿等乡镇，已形成从化油器整机到配件的完善的产业生产集群，当年完成产值 6.77 亿元。在全国同行业中产值与出口均占 30% 左右。汽摩配件方面，霞浦县三沙华美实业公司加大内引外联力度，实现产值 2.13 亿元。宁德市汽摩配件已经成为重要行业，当年全行业完成规模工业总产值 10.56 亿元。主要产品有摩托车化油器、刹车片（蹄块）、离合器总成、一体化电子点火器、起动杆，汽车起动电机、刹车片、手动牵引器、机油滤清器、消声器，自行车涨闸、抱闸、连体中轴、车用锁具等112个品种。

1993—1998年宁德地区机械工业基本情况统计表

表15-5 单位：万元、个、人

年份	产值		利税		出口交货值		企业数		职工数	
	行业	系统内	行业	系统内	行业	系统内	行业	系统内	行业	系统内
1993	112800	9394	7467	468	—	820	361	16	23698	2858
1994	132600	10460	11298	313	17600	1854	376	16	26512	2718
1995	129360	10902	10286	-69	—	2731	396	14	23733	2410
1996	166240	7818	15450	6	27777	1169	416	12	24196	2062
1997	193547	7442	17101	-104	42965	1056	431	9	22003	1523
1998	—	28084	—	1843	—	23645	—	8	—	1210

1993—2005年宁德市（地区）汽摩配件企业数、产值统计表

表15-6 单位：个、千元

年份	企业数	工业产值	产品销售收入	其中：出口交货值
1993	17	122296	—	—
1994	20	136030	127313	42365
1995	22	148771	—	—
1996	20	135781	124414	31089
1997	28	126228	120541	25185
1998	8	111541	107959	29269
1999	11	188352	189131	51610
2000	19	238048	221464	70620
2001	17	234270	217543	83419
2002	22	296037	291707	105660
2003	31	507865	493079	180727
2004	48	789888	761759	270021
2005	48	1006184	983517	288785

说明：1993—1997年统计乡及乡以上企业；1998—2005年统计规模以上企业

二、企业选介

（一）柘荣县农械厂

1965年9月创办。1971年，开始增加设备，充实技术人员，生产水轮机、粮食加工机械以及油泵等产品。1987年，开发生产JF13系列硅整流发电机和FNJ20型多用分离硅磨机，其中JE硅整流发电机获1989年度福建省优秀新产品称号。1989年，工厂占地面积17760平方米，建筑面积5650平方米，拥有固定资产92万元，企业自有资金26.9万元，设有3个车间，有职工108

人，年完成产值141.25万元，创税利13.2万元，全员劳动生产率为15026元。1992年年底，共有职工102人，完成总产值292万元，创利税11万元。1997年，盘活资产，安置职工，改成民营企业。址设柘荣县城关六一五西路。

（二）福建大吉刀剪五金有限公司

前身为福鼎县桐城日中剪刀厂。1997年1月，易名福鼎市大吉剪刀厂，占地面积200平方米。产品有铁纱剪、塑纱剪、皮革剪4个系列10多个品种，采用全自动连冲模机组生产线。2005年，企业投入450万元购置设备。生产“大吉”牌系列刀剪1312万把，创产值1718万元，实现税利330.9万元。拥有各种先进专用设备210台（套），专业生产“大吉”牌裁缝剪、皮革剪、绣花剪、园林剪、生活用剪、办公用剪、强力剪、修线剪、厨房用刀等9个系列70多个品种，其中6个产品获得国家专利，剪刀产品在国内市场销售占有率达29.3%，部分产品出口英国、法国、日本、韩国、印度及东南亚等12个国家和地区。“大吉”牌商标被评为福建省著名商标。址设福鼎市桐城五里牌赤沙岔63号。

（三）华美实业有限公司

1990年创办。专业生产汽车、摩托车配件、园林工具、塑料制品等四大系列200余种产品的私营企业。下属4个公司，6个分厂，员工1100多人，厂区占地2万多平方米。2005年，固定资产原值4135万元，职工365人，工程技术人员150多人，完成工业产值21307万元，销售总额21197万元，纳税1530万元。公司曾被省委精神文明办和省总工会分别授予福建省最佳信用企业、福建省五一劳动奖状荣誉。址设霞浦县三沙镇奇沙165号。

（四）福建华龙化油器有限公司

1993年，由福鼎县化油器厂资产折合75万美元（占30%股份）与美国华博罗有限公司（占70%股份）合资组建的中外合资企业。占地面积4249平方米，建筑面积3571平方米，主要生产汽车、摩托车化油器产品。公司先后投入技改资金1855万元研发产品，1997年，“福华”牌摩托车化油器获福建省名牌产品称号。1999年，公司通过ISO9000质量体系认证和14001认证，被福建省科委确认为高新技术企业。2000年，公司由美国华博罗有限公司独资经营。2004年，由香港科盈技贸有限公司、浙江科劲涡轮增压器有限公司出资收购美方华博罗公司在华龙化油器有限公司的全部股权，成为中外合资企业。2005年，创产值1463万元，实现税利126.5万元。址设福鼎市龙山工业区内。

（五）霞浦正阳摩擦工业有限公司

2005年，有职工230人，拥有专用和通用设备90台（套），一条自动流水线，一套完整的检测设备如D-MS定整式试验机，可变速计算机控制试验机，布氏、洛氏等硬度机、水分分析仪、电光分析天平、树脂测试仪、剪切强度试验机等，固定资产原值2000万元。年生产能力为各种汽车盘式片300万套，鼓式刹车片50万套，生产的产品以出口销售为主。公司生产的“正阳”牌汽车刹车片系列产品，曾获福建省名牌产品称号。址设霞浦县三沙镇奇沙。

（六）福建福鼎京科化油器有限公司

科技型中外合作企业。1996年，主要生产摩托车化油器配件。1999年，原博华公司与港商合资成立福建京科化油器有限公司，主要生产摩托车化油器和通用化油器。2003年，先后投入资金1150万元进行技改和设备更新，企业质量体系通过ISO9001认证，"京科"牌化油器获中国化油器公证十佳产品、福建省著名商标称号。2005年，占地面积12000平方米，建筑面积10000平方米，年生产能力150万台摩托车以及通用汽油机化油器，产品销往重庆、厦门、无锡、天津四大摩托车基地，出口东南亚和欧美地区。拥有固定资产1269.1万元，创产值4500万元，实现税利364万元。址设福鼎市中山北路69-71号。

第三节　船舶工业

一、生产经营

1993年，宁德地区船舶制造工业以生产260吨及以下钢丝水泥运输船和木船为主，修造设备有福安市造船厂3000吨级船坞1座，福海造船厂6000吨级船坞1座，300吨级船台1座以及简易船排数座。主要企业有福安市造船厂、福安市拆船厂、福安溪潭船舶修造厂、福安六屿船厂等大小企业11家，从业人员675人，年产值751.7万元。福安市福海厂、申银公司等企业主要从事3000吨及以下钢质二手船，沿海货轮的改装。全区拥有船舶改装企业40家，年改装船舶60多艘，4万综合吨，产值近亿元。有3万吨级天然拆船坞1座，10多家主兼营拆船业务的企业，拆船能力为3万轻吨。三沙柳州湾霞浦县拆船厂，拥有各种机械设备425台，形成制氧，拆船，轧钢、汽配，机修一条龙生产体系。

1994—1995年，受国家经济调控政策影响，宁德船舶业发展受到限制，特别是船舶制造基地福安市受影响明显。为此，福安市委、市政府出台《关于进一步振兴船舶市场的决定》，福安市成立拆船实业公司，一批企业由简单船舶改装转向投建船坞、船台，发展建造新船和船舶修建。

1996年，福建省白马船厂下放地方管理，收购闽东福海造船厂，组建闽东东福船业有限公司股份制企业。是年，全区修理船舶50艘，5万载重吨，修船产值突破亿元大关。1997年，闽东东福公司首次成功建造新加坡万吨驳轮，经美国船检协会检验合格下水，实现宁德地区建造出口船零的突破。当年，全区各种所有制结构的拆船企业发展至30多家，全年拆船200艘，产量首次突破10万轻吨。霞浦县拆船厂拆废船8艘，12.3万轻吨，实现税利1700多万元。

船舶修造　　丁立凡　摄

1998年，福安市政府与福建省船舶工业集团公司签订《加快福安船舶工业发展协议书》，根据该协议，福安市东福公司与福建省船舶工业公司合资组建双福船业有限公司，共建万吨船台，增设 20 吨龙门吊，形成年建造出口驳船 4 万吨生产能力。全年全区修理船舶 68 艘，8.1 万载重吨。

1999 年，宁德地区行署决定在福安市设立外籍船舶维修点，开始承修 4000 吨及以下外籍船舶。霞浦县私营三沙古镇造船厂，引进金属船舶制造设备技术，为宏发公司新造一艘 500 吨位，总造价 1000 多万元的新船。

2000 年，福安双福公司成功建造 163.8 英尺吊杆驳轮和 300 英尺万吨驳轮下水；福安市东明公司、福安丛贸公司，成功建造 3000 吨级集装箱货轮，实现建造动力中、大型船舶零的突破。1—4 月，全区下水 20 ~ 125 吨小渔轮 80 艘。全市建成 1000 ~ 15000 吨级船坞 10 座，总坞容 9.75 万吨。

2001 年，福安市马头公司 3 万吨级船坞建成投产，全市船舶产业规模进一步扩大。2002 年，福安白马船修造 1.2 万吨级成品油轮成功下水。霞浦县造船业船质从木壳向铁壳转型，船体从小型向大中型发展。2002 年，白马船厂第一艘 1 万吨和 1.2 万吨成品油轮下水，体现宁德市具备中型船舶建造能力。

2003 年，主要拆船企业有福安市港和船务有限公司、福安市赛江船舶拆解有限公司，全年拆船 90 艘 12 万轻吨，产值 2.4 亿元。福安市东洋公司建设 2 万吨级船坞、15000 吨级船台；福宁船舶重工公司 3.5 万吨船坞建成投产；丛贸公司在建 10 万吨级船坞、10 万吨级船台；福安市恒生公司、顺江公司、宏港公司等一批船坞、船台也相继建成投产。福安市造船厂 3 年累计就完成维修外籍船舶 34 艘，15.26 万载重吨；马头公司完成承修 3.9 万吨巴拿马籍外轮任务。

2004 年，霞浦县三沙镇四沃口“顺达造船有限公司”成立，注册资金 500 万元，先后生产钢质船 19 艘，总吨位达 2030 吨。全市全年修船 136 艘、50.6 万载重吨，产值 6.8 亿元，其中修理外籍船舶 25 艘，48.6 万载重吨。

2005 年，新远公司 10 万吨干船坞建成投产。丛贸公司 2 艘 1.6 万吨级货轮建成下水。白马船厂开始批量建造 2 万载重吨散装货轮；福宁重工公司建造 2 艘 6800 吨出口新加坡油轮；恒生公司、顺江公司、宏港公司等企业开始批量建造 3000 ~ 6000 吨级集装箱货轮、散装货轮。实现全年造船完工 21 艘、9.91 万载重吨，产值 7.8 亿元，改装船 40 艘 12.2 万载重吨，产值 4.9 亿元。造船产值占行业总产值的 42%。全年全市修船 168 艘 89.8 万载重吨。拆船产量 17.3 万轻吨，产值 3.53 亿元。全市船舶业年产值达 18.6 亿元。

1995—2005 年宁德市（地区）船舶修造企业及产值统计表

表 15-7　　单位：个、千元

年份	企业数	产值	产品销售收入	其中：出口交货值
1995	12	172906	—	—
1996	13	239900	224024	—
1997	13	321924	290757	—
1998	7	360600	342700	15000
1999	14	599332	582158	—
2000	13	692479	645985	—
2001	5	715377	696769	—
2002	7	868316	831170	—

续表 15-7

年份	企业数	产值	产品销售收入	其中：出口交货值
2003	7	728970	698840	—
2004	13	555949	493110	10773
2005	15	835171	781306	—

说明：1995—1997 年，统计乡以及乡以上企业；1998—2005 年，统计规模以上企业

二、企业选介

（一）福建省白马船厂

1965 年创建。2005 年，占地面积 84.122 万平方米，建筑面积 10.2 万平方米，员工 200 多人，注册资本 20100 万元，资产总额 82890 万元，年产值 84000 万元。拥有 2.5 万吨干船坞 1 座、6 万吨级船台 1 座、3 万吨级船台 2 座、2 万吨级船台 2 座、1.5 万吨级船台 3 座、1 万吨级船台及浮码头 8 座、舾装码头 1 座、船排 7 道及各种大中型起吊、运输、精切、锻压等配套设备 1490 台（套）。具备建造修理 2 万吨及以下成品油轮、散货，3000 吨级集装箱船，3000 立方米挖泥船，四车型渡轮，玻璃钢艇以及人行钢天桥、桥梁水下钢围堰等生产能力。企业及产品通过 ISO9002 质量体系认证。连续 9 年被授予福建省农行“AAA”级信用企业，连续 15 年被授予省、地、市“重合同守信用”单位。址设福安市下白石镇。

（二）闽东申银船舶工程有限公司

1990 年创建。2005 年，有职工 135 人，注册资本 1500 万元，资产总额 6900 多万元，年产值 1.1 亿元。拥有 8000 吨级干船坞、2 万吨级修船专用方舟码头，1.5 万吨级船场和 2 万吨级船台。具备修理、改建 8000 吨及以下各种船舶的生产能力。企业通过国家船舶检验局（CCS）承修 8000 吨及下船舶能力认可，福州船舶检验局修理 8000 吨以下入级船舶生产条件认可，福建省船舶检验局承修钢质货船（船长不大于 120 米）认可，农业部、渔业船舶检验局钢质一类两级制造单位认可，省经贸委二级二类钢质船舶生产能力认可。获得福建省农业银行“AAA”级信用企业、优质客户等称号。址设福安市赛岐镇江兜村。

（三）福安市环澳船舶发展有限公司

1993 年创办。2005 年，公司占地面积 5.8 万平方米，员工 158 人，注册资本 1500 万元，资产总额 7000 万元，年产值 3680 万元。拥有 1.5 万吨级船坞、6000 吨级半坞式船台、万吨级船舶舾装码头各 1 座。2005 年在建 5 万吨级干船坞、5 万吨级船台。具备建造 6000 ~ 15000 吨级各类船舶、3600 立方米液化汽船，改装 2 万 ~ 7 万吨各类船舶的生产能力。企业通过福建省经贸委二级 I 类钢质船舶生产能力认可。址设福安市下白石镇村头。

（四）闽东丛贸船舶实业有限公司

1999 年 8 月创办。2005 年，有职工 800 多人，注册资本 5600 万元，资产总额 10 多亿元，拥有 10 万吨级、6 万吨级、1.2 万吨级干船坞各 1 座、5 万吨级、2 万吨级、1.5 万吨级船台各 1 座，6 万吨级天然拆船坞、3 万吨级码头和 5000 吨级多用途集装箱码头各 1 座，50 吨、300 吨龙门吊

5台，16吨门式起重机2台及各种造船配套设备。具备建造5000～100000吨级集装箱船、散货船、油轮、化学品船的生产能力。企业通过省经贸委一级Ⅱ类钢质船舶生产力认可，先后获得福建省诚信经营示范单位、福建省私营企业100强、福建省最佳信用企业、福建省农行“AAA”级信用企业等称号。址设福安市下白石镇里房村。

（五）福安市马头造船有限公司

1999年创建。2005年，有员工400多人，注册资本5018万元，资产总额17338.62万元，年产值近1亿元。拥有4万吨级干船坞1座、3万吨级舾装码头2座，80吨、16吨门式起重机各1座，12吨龙门吊5座及船舶修造配套设备。具备修理改装4.4万吨级以下国内外各种船舶的生产能力以及船舶场检、特检等业务。企业及产品先后通过BU、ABS、LD、NK、CCS等船级社和ISO9001：2000质量体系认证、一级钢质船舶修造厂技术认证、一级Ⅲ类钢质船舶生产能力认可。址设福安市新阳新福路1号。

（六）福安市顺江船舶有限公司

1999年创建。2005年，有职工233人，注册资本1060万元，资产总额4800万元，年产值4000万元。拥有法式、滑道式万吨级船台，7T塔吊，120T龙门吊，数控切割车间，万吨级浮码头及造船配套设施。企业先后修造拆改各类货轮、吊船、拖轮、集散两用轮、浮船坞等船舶42艘、总吨位24.23万吨，单船最大吨位1.7万吨。具备建造、改装2万吨及以下各种船舶的生产能力；企业通过省经贸委二级Ⅰ类钢质一般船舶的生产能力认可，中国船级社福州分社CCS认可。获得福建省质量管理优秀单位、福建省地标达标单位及多项称号和奖励。址设福安市甘棠镇江滨路39号。

（七）福建省恒顺船务担保有限公司

2002年12月创建。2005年，为福建省首家专门为民营船舶修造企业提供信贷担保的融资机构，福建省信用担保协会副会长单位。公司注册资本11058万元，股东49户。信贷担保余额的34684万元，实现盈余2000万元，全部转为风险储备金。累计为53家企业提供担保1000多笔，担保总额20亿元。址设福安市赛岐经济开发区三江一路18号。

（八）福建新远造船有限公司

2003年创建。2005年，有职工200多人，注册资本9100万元，资产总额16000万元，年产值1.2亿元。拥有全省最大、全国排名第7大的10万吨级干船坞、120米浮码头、25吨高架吊车、500吨油压机、2250伏安供电系统和数控切割机3台及各种配套设施。具备修理、改建12万吨及以下国内外货轮、油输等多类船舶的生产能力。企业先后通过法国船级社ISO9001质量体系认证，国家口岸管理部门外轮修理定点认可，省经贸委二级二类造船资质认可，CCS焊接工艺认可。址设福安市湾坞镇白马门。

（九）福安市瑞丽船务有限公司

2004年创建。2005年，有职工238人，注册资本1000万元，资产总额0.64亿元，年产值1.6亿元。拥有万吨级船台2座、50吨汽吊1部、25吨和16吨汽吊8部及配套设备，在建120吨龙门吊和数控车间。公司先后成功建造37300吨级外籍工程运砂船和6000吨、9600吨各1艘和万吨级集装箱船2艘，9600吨级集散综合船1艘，13500吨级货轮2艘及其他工程船等。企业通过ISO9000质量体系认证、省经贸委二级II类船舶生产能力认可，办理CCS工艺认可和法国BV认证，获得农行“AAA”级信用企业等称号。址设福安市闽东赛岐经济开发区江滨大道边。

（十）福建省东海造船有限公司

2005年创办。注册资本5000万元，资产总额20478.7万元，年产值1.1亿元。拥有3.5万吨级滑道式船台、1.5万吨级坞式船台各1座，大分段建造平台3座及小合拢平台。具备10吨龙门起重机、10～32吨门式起重机、3～5吨桥式起重机、35～55吨汽车起重机等配套设备。企业成功建造11300吨化学品船、27000吨散轮。通过ISO9001：2000质量体系认证和省经贸委一级三类钢质一般船舶生产能力认可。址设福安市甘棠镇英岐村。

（十一）福建省长兴造船有限公司

2005年创建。注册资本8000万元，资产总额1.5亿元。拥有2万吨级船台2座、3万吨级船台1座、3000吨级装卸码头泊位1个、2万吨级和1万吨级舾装码头泊位各1座，具有160吨、100吨、50吨龙门吊各1座，25吨起重机车3辆，100吨起重机船3艘等造船配套设备。公司先后成功建造2960吨拖轮、12700吨散货轮、989吨油轮、2934吨工程船、2800吨驳轮、16500吨散货轮、5700吨集散两用船等船舶。自行设计生产4808吨位挖泥船通过省经贸委一级Ⅱ类钢质一般船舶生产能力认可和长城IS09001一级II类钢质船质量认证。址设福安市赛岐镇中正码头。

（十二）福建福宁船舶重工有限公司

2005年创建。系由福建省东南造船厂、福建闽东电力股份有限公司、福安市马头造船有限责任公司出资共建的国有控股企业，员工200多人，注册资金5100万元，资产总额1亿元。拥有3万吨半坞式船台、7000吨斜船台、6000吨级干船坞，300吨、75吨、20吨龙门吊车，185米舾装码头及船体、舾装、管子车间等造船配套设施。具备建造万吨出口驳轮、6800吨油轮、大马力深海拖轮等船舶产品，具备年建造船舶5万吨，产值4亿元的生产能力。址设福安市甘棠镇奎住村。

第四节　食品工业

一、生产经营

1993年，宁德地区有食品工业企业38家，职工4万人。全区有罐头生产企业5家，年加工能力3.5万吨。尤以地区、福安市、霞浦县三沙镇3个罐头生产企业技术先进，设备优良，且具有出口经营自主权。主要罐头产品有蘑菇、香菇、金针菇、草菇等食用菌罐头；绿竹笋、荞头、青刀豆、猕猴桃、黄肉桃、香菜心等果蔬罐头；沙丁鱼、红烧花蛤、清汤蛏等水产品罐头。

1995—1996年，全区共生产蘑菇罐头1.6万吨。由于罐头销售市场竞争，价格大幅下跌，罐头产品积压达1.1万吨。1997年，蘑菇罐头、片菇价格继续下跌，卖1吨罐头企业亏损2000元，产品积压和严重亏损，导致3个罐头企业于1996—1997年间相继被迫停产、关闭。

1998年，三沙罐头厂实施债权转股权重组，和省粮油进出口公司合资组建三丰罐头有限公司，福安罐头厂采用以资抵债方式，将厂房设备评估后，产权全数划给省粮油进出口公司抵偿债务，组建新的罐头企业。同年，福鼎市罐头厂停产，柘荣县罐头厂以租赁形式租给个体户成立柘荣县绿源罐头食品厂。

1999年，乡村及个体私营食品企业快速发展。全区食品工业企业发展到2400多家，从业人员10万人。食品工业规模以上企业实现总产值6.6亿元，占全区同口径工业产值39.56亿元的16.8%。霞浦县福宁食品有限公司加工烤鳗片年生产能力2000吨，宁德中进水产品公司年加工鱼翅500吨，福鼎市海鸥水产品有限公司年加工章鱼、丁香鱼、虾皮、鳗片等800吨。全区冷冻、速冻企业发展至上百家。果蔬加工业有宁德丰胜果蔬食品有限公司加工生姜、竹叶出口日本，福鼎市中美食品工业有限公司生产香芋冰淇淋粉、鲜芋片、乳制品和四季柚饮料等产品销往新加坡及中国香港地区外，并在上海、南京、广州、成都、西安等城市建立28个销售网点。福鼎市华大食品有限公司生产蘑菇系列小包装和果蔬系列小包装休闲食品，在上海、广东等地超级市场销售，有50%产品出口。闽东瑞彩食品有限公司生产山梨酸钾年产量达700吨，获省名牌产品称号。此外，有霞浦县十多家个体企业生产海带丝、海带结、紫菜饼、榨菜等产品。

2000年，全市茶叶精制厂发展至400家，年产绿茶5万吨，总产值10亿元。有啤酒企业7家，生产啤酒6万吨，产值8000万元。果蔬加工业，福安有古田县、寿宁县、屏南县加工生产白木耳、香菇、红菇、茶树菇。海洋生物食品和绿色保健食品加工有霞浦县的螺旋藻、鳗钙投入生产。柘荣县闽东森荣绿色食品有限公司利用传统工艺开发生产特色风味绿色食品——乌饭，年产乌饭432万包，产值1400万元。

2001年，全市食品工业完成产值63亿元，占全市工业总值的25%。在行业中，食品加工业产值2.96亿元，食品制造业产值1.10亿元，饮料（酒）制造业产值1.59亿元。在主要产品中，古田县的白木耳、寿宁县的花菇、屏南县的夏香菇，福鼎区市、霞浦县、蕉城区的海产品，福安市、福鼎市、周宁县、蕉城区的精制茶叶以及福鼎区、古田县、寿宁县、柘荣县的饮料（酒）等产品远销国内外，成为主要出口创汇行业。

2002年，受出口市场拉动与国内产业结构调整影响，食用菌生产、水产加工、混合饲料等行业呈现高速增长态势。屏南县大创食品公司、古田县大丰工贸公司、古田县西雅食用菌公司、古田县山奇食品公司、屏南县锦丰食品公司、屏南县健神食品公司、寿宁县梦龙食品公司等年产值都在2000万元以上，是食用菌行业主要出口创汇企业。福鼎市海鸥水产食品公司、霞浦县山海集团、宁德岳海水产食品公司、宁德中进海味公司、霞浦县思源食品公司等，年产值均在4000万元以上。福鼎市海鸥水产食品公司产品远销加拿大、日本、韩国，成为全市食品加工行业产值超亿元企业。是年，全市有规模以上茶叶企业13家，实现工业总产值11.25亿元，出口交货值547万元。

2003年，全市规模以上食品工业完成产值12.65亿元。其中农副食品加工业、食品制造业、饮料制造业各完成产值7.91亿元、2.09亿元、2.65亿元，海鸥水产食品有限公司、山海集团有限公司各实现产值1.15亿元、7570万元。食用菌加工行业进一步发展，大丰工贸公司实现产值5172.7万元。茶叶精制加工全年产量1.08万吨。主要骨干企业有天湖茶叶有限公司、柘荣天禾茶叶有限公司、城湖茶叶有限公司等。乳品制造业厂家有福鼎市圣王乳业有限公司，年产值5070万元。酒业骨干企业有惠泉啤酒有限公司和龙潭庶民酒业有限公司。

2004年，全市规模以上食品工业完成产值15.18亿元。其中农副产品加工业、食品加工制造业、饮料制造业各完成产值10.93亿元、2.85亿元、4.73亿元。海鸥水产食品有限公司、山海集团有限公司、福安市永留大黄鱼有限公司各实现产值1.18亿元、8052万元、7744万元。大丰工贸有限公司、山奇食品有限公司各实现产值 7496 万元、5668 万元。是年，全市精制茶叶产量1.14万吨，惠泉啤酒有限公司实现产值5879万元，圣王乳业有限公司实现产值8900万元。

2005年，全市食品工业共完成规模以上产值29.7亿元。其中，农副产品加工业完成产值16.9亿元，食品制造业完成5.45亿元，饮料制造业完成7.38亿元。食品工业主要产品包括海产加工品、食用菌、精制茶叶、啤酒、混合饮料等。全市水、海产品加工业继续快速发展，福鼎市海鸥水产食品有限公司、福建山海集团有限公司、宁德市永留大黄鱼有限公司各实现产值1.47亿元、0.96亿元、1.03亿元。食用菌加工行业进一步发展壮大，古田县大丰工贸有限公司、古田县山奇食品有限公司各实现产值1.01亿元、5712万元。全市精制茶叶出产0.99万吨。惠泉啤酒实现产值8045万元。福鼎市圣王乳业有限公司，实现产值8950万元。市盐业公司销售各类食盐35473.95吨，其中小包装加碘精制盐9144.53吨，实现利润130万元。

1993—2005年宁德市（地区）食品产业企业数、产值统计表

表15-8　　单位：个、千元

年份	企业数	工业产值	产品销售收入	其中：出口交货值
1993	366	883446	—	—
1994	368	1161560	1121413	299357
1995	305	1367064	1188055	—
1996	341	1536647	1483505	439205
1997	381	1775347	1753286	376780
1998	74	873979	830507	253385
1999	62	659763	630306	146377
2000	59	573493	544357	123032
2001	43	527694	527326	193127
2002	36	685629	672584	130244
2003	60	1153857	1121911	243935
2004	93	2033662	1970976	453226
2005	106	2967156	2917439	727679

说明：1993—1997年统计乡及乡以上企业；1998—2005年统计规模以上企业

二、企业选介

（一）福鼎啤酒厂

前身为1955年创办的福鼎酒厂。1972年，开始研制啤酒。1974年，建成年产1000吨能力的啤酒车间，1978年，啤酒产量达1500吨。1985年，引进捷克斯洛伐克自动化啤酒罐装线，生产能力提高2倍多，啤酒生产突破万吨，产值332.97万元。1986年投资1000万元进行技改，年产啤酒从万吨增至3万吨。1992年年底，有职工556人，完成工业产值2203万元，实现利税585万元。1995年11月，开始实施3万吨扩大为6万吨技改，总投资5300万元。1997年10月，该厂由福建九州集团兼并。址设福鼎市桐城。

（二）三沙渔业公司

1958年由省水产厅投资创办。1984年，下放霞浦县管理。1994年，公司被国家统计局评为全国500家最大食品制造业企业，跻身全国食品制造业最大企业行列，经经贸部批准，享有自营出口经营权。1996年，上收省水产厅管理。址设霞浦县三沙镇。

（三）福鼎市盐场

1970年创办。为地方国营单位，隶属福鼎县工业科管理。20世纪90年代，盐场生产维修维护基本实现机械化和半机械化，原盐存储实现"盐坨化"。1996—2000年，产盐4080吨，创产值182.8万元。2001年，盐场实行制盐业向养殖业转轨，依靠租赁维持企业生存，继后盐场停产。2003年年底，企业负债190.56万元。2004年6月7日，盐场解体，职工补偿安置。址设福鼎市秦屿文渡。

（四）宁德地区罐头厂

1975年筹建。1976年11月试产蘑菇罐头获得成功，1978年投产，产品出口质量合格，系轻工部出口定点生产厂家之一。该厂经美国食品药品管理局（FDA）注册认证，年生产能力可达8000吨。1993年，与省粮油公司联营组建天湖集团。1995年，企业陷入困境。1997年停产。2000年，被列入国家大中型破产试点企业。址设宁德市蕉城区涵内。

（五）福安茶厂

1984年为地属企业福安茶厂下放福安县。厂房占地面积35320.8平方米，建筑面积13277.5平方米。该厂"白云山"商标被评为国家著名商标，生产的"白云山"牌系列精制茶叶曾多次被轻工部评为优质产品。1996年11月破产。原址设福安市坂中乡。

（六）福建省圣王乳业有限公司

1990年由洪振荣租用财政所办公楼创办。主要从事福鼎槟榔芋制品粗加工。1998年6月，租用原福鼎茶叶包装厂厂房扩大生产，更名福鼎市旺旺食品工业有限公司。主要经营膨化食品、豆、乳制品、槟榔芋等加工。1999年5月，购买福鼎茶叶包装厂改建，企业易名福鼎市圣王乳业有限公司，占地面积1433.75平方米，建筑面积1085.92平方米，员工50人。主要生产加工乳制品，当年创产值1700万元，销售收入1680万元，实现利税102万元。2001年6月，迁至福鼎市星火工业园区，占地面积8266.58平方米，建筑面积2530.10平方米。2003年，企业再次易名福建省圣王乳业有限公司，主要加工乳制品、香芋粉、香芋冰淇淋粉等。是一家集奶牛饲养、产品研发、生产、加工、销售为一体拥有自营进出口权的食品企业。2005年，创产值8950万元，实现税利217万元。址设福鼎市贯岭镇。

（七）寿宁县梦龙春酒厂

前身为地方国营寿宁县第一酒厂。1991年10月11日，该厂生产的九桥牌"梦龙米烧""三两半"酒在中国国际诗酒节获"金爵杯"奖。商业部部长胡平对"梦龙米烧""三两半"厚爱有加，建议易名"梦龙春"，寿宁县第一酒厂因此更名"梦龙春酒厂"。1993年5月，"梦龙春"酒被省政府授予福建名酒荣誉称号，10 月，被确认为国家二级名酒，并连续两届被省消费者委员会列为"推荐产品"。址设寿宁县城关。1995 年，酒厂停止生产。

（八）福建惠泽龙酒业有限公司

1993 年创办。原名龙潭糯米酒酿造厂。1999 年，注册惠泽龙商标。2001 年，收购县第一瓷厂，成立龙潭庶民酒业有限公司，注册资金 199 万元。2003 年，"惠泽龙"商标获福建省著名商标。2004 年，获福建省名牌产品。2005 年，与上海津源环保建材有限公司合作，成立福建惠泽龙酒业有限公司，注册资金 1000 万元。公司占地面积 80000 平方米，员工 186 人，专业技术人员 20 人。年产黄酒 5000 吨，产值 5000 万元，实现利税 86 万元。公司全面通过 ISO9001 国际质量体系认证和 QS 认证。址设屏南县古峰镇。

（九）寿宁天禧御茶园茶叶有限公司

2003 年 1 月创办。总投资 1500 万元，是一家集茶叶、茶具、茶文化研究推广为一体的股份制民营综合性茶业企业，在北京设立销售总部，在国内外设立 40 多个茶叶连锁专卖店。公司占地面积 26.7 亩，现代化厂房建筑面积 6000 平方米，拥有初制、精制窨花、名优绿茶和乌龙茶 3 个生产车间，引进国内最先进的微波杀青机、冷冻脱水干燥机、低温窨制茉莉花茶等国内首创设备进行茶叶加工生产，年产绿茶、茉莉花茶、白茶和乌龙茶四大系列数十个品种，产量 1000 多吨。公司通过"公司＋农户"的形式拥有原料生产基地 3 万多亩，带动周边茶农从事茶叶生产，建立自供公司的茶叶基地 3000 亩，经有权部门认定的有机茶基地 1000 亩。2005 年，实现产值 3200 万元，利润 674 万元，税金 50 万元。址设寿宁县南阳工业园区。

（十）福建誉达茶业有限公司

2004 年创建。其前身是福鼎市誉达茶厂。占地面积 13320 平方米，建筑面积 3800 平方米，有机茶基地 5800 亩，资产投入 1200 万元，员工 45 人。主要设备有杀青机、烘干机、风选机等 28 台（套）。主要产品有红茶、绿茶、白茶、茉莉花茶。产品销往欧美、东南亚和中国港澳台地区。2003 年起，公司先后通过中国农业科学院茶业研究所质量认证中心的有机茶认证和通过 ISO9001 国际质量体系认证、QS 认证。"誉达"牌商标获宁德知名商标称号。"誉达"牌茶叶获中国三绿工程推荐品牌。2005 年，公司主要产品产量达 635 吨，创产值 3800 万元，主营业务收入 3619 万元，实现利税 181 万元。址设福鼎市星火工业园区 22 号。

（十一）福建申石蓝雅玛珂紫菜有限公司

2004 年创办，占地面积 105 亩，租用福鼎市水产养殖公司马屿山育苗基地，投资 1000 万元，引进 2 条全自动一次紫菜生产线和 1 条二次加工生产线，当年创产值 1200 万元。2005 年，公司与日本小浅集团株式会社合作，成立福建申石蓝雅玛珂紫菜有限公司（日方占 40%，申石蓝占 60%）。当年创产值 3610 万元，主营业务收入 3504 万元，实现利税 715.3 万元。先后通过 ISO9001 质量管理体系认证、ISO2000 食品安全管理体系认证和中国绿色食品发展中心认证，拥有自主出口经营权。固定资产 8000 万元，员工 100 人，年加工紫菜 1200 吨。址设福鼎市工业园文渡项目区内。

（十二）水产工贸有限公司

2005年创办。职工300人，注册资金4000万元，建有冷库1350平方米，库容7500吨，专门从事海带、海参精深加工。“恒绿牌”商标获得福建省著名商标，取得QS生产许可证，系列产品有盐渍海带结、海带丝、海带段、海带片、海带花、淡干海参、盐干海参、即食海参等。址设霞浦县东关工业桃园1号。

第五节　医药与化学工业

一、生产经营

（一）医药工业

1993年，古田抗菌素厂与香港华闽（集团）有限公司共同投资成立古田华闽抗生素有限公司，年产四环素盐酸盐300吨。1995年，古田制药厂实行改制，由职工出资入股，组建成股份制企业。

1997年，闽东制药厂经营困难，柘荣县政府决定该厂破产重组，由9家股东出资4200万元建成闽东力捷迅药业有限公司，投产后主要产品有注射用硫酸妥布霉素、注射用通脉脂、注射用胞磷胆碱钠、香菇菌多糖片。

1998年，古田制药厂投资4691万元进行GMP异地技术改造，年产值达3亿元。主要产品有硫酸庆大霉素注射液、盐酸林可霉素注射液等23个品种，片剂有腺苷钴胺片、ATP片等27种，胶囊剂有氟哌酸胶囊、先锋四号胶囊等7种。

1999年，全区医药工业创产值4.4亿元，利税1500万元，医药行业产品形成以合成药为主，原料药、卫生敷料、医疗器械为辅的生产格局，产品主要有针剂、片剂、胶囊、口服液、胶布、按摩器系列产品等数百种，生产初具规模。生产企业主要有古田药业有限公司、古田华闽抗生素厂、闽东力捷迅药业有限公司、闽东第二制药厂、福鼎大同制药有限公司、闽东汇盛药业有限公司、闽东兽药厂、闽东富荣药业有限公司等。医疗器械企业（包括卫生敷料）主要有闽东东方神电子有限公司、福建久九神电子有限公司、福建康华电子有限公司、周宁康友公司、周宁平安卫

2005年，闽东力捷迅药业有限公司

生材料厂等10多家，生产各类电子按摩器等医疗器械以及胶布、胶带、创可贴等。古田药业有限公司，年创产值达2.37亿元，利税1097万元。闽东制药厂拥有资产1100万元，8条生产线，可生产胶囊、片剂、针剂等47种产品，生产能力达8000万元以上。古田抗生素厂充分利用水、电资源优势，转产卡那霉素发酵液，生产量占全国的60% ~ 70%。医药行业产品布局由过去仅能生产冰片、胶布、碘酒等几种产品发展到能生产西药、中成药、口服液、胶布、医疗保健器械系列产品以及兽药等几百种产品。

2000年，全市医药工业实现工业总产值4.66亿元。是年开始按照GMP（Good Manufacturing Practice 优良制造标准）规范进行技术改造和企业改制，同时为加强对生产企业监督力度，成立宁德市药品监督管理局。

2001年，宁德市医药工业生产企业主要有古田药业有限公司、闽东力捷迅药业有限公司、古田抗生素厂、古田华闽抗生素有限公司、宁德市广生堂药业有限公司、闽东动物药品厂、周宁平安卫生材料厂等，主要产品有原料药、合成药、针剂、片剂、胶囊、口服液等数百种。行业内规模以上企业实现不变价工业产值4.97亿元，现价工业产值2.67亿元。古田药业公司、闽东力捷迅有限公司，分别完成工业产值10515万元、8305万元。

2002年，闽东力捷迅药业公司成为全市医药行业第二家产值超亿元企业。古田抗菌素厂、古田华闽抗生素公司、宁德广生堂药业公司3家企业，工业产值超过3000万元。2003年，广生堂药业公司所属10家连锁医药超市通过GSP认证，成为宁德第一家连锁药品超市。

2005年，全市医药工业共完成规模以上产值9.08亿元。全行业中产值较大的企业有闽东力捷迅药业有限公司、古田药业有限公司、福建广生堂药业有限公司和古田抗生素厂，当年分别完成产值1.9亿元、1.29亿元、0.82亿元和0.65亿元。

1993—2005年宁德市（地区）医药企业数、产值统计表

表15-9　　　　单位：个、千元

年份	企业数	工业产值	产品销售收入	其中：出口交货值
1993	7	86299	—	—
1994	6	125136	121021	1904
1995	7	156040	113357	—
1996	5	188518	182877	8906
1997	5	201625	125772	6600
1998	4	154428	125037	—
1999	5	141399	127735	—
2000	5	198086	183599	—
2001	6	266642	233469	65
2002	6	331493	316416	1350
2003	7	467219	461599	22314
2004	8	465832	444989	36163
2005	9	556572	537373	10505

说明：1993—1997年统计乡及乡以上企业；1998—2005年统计规模以上企业

1999—2005年宁德市（地区）医药工业结构调整重点项目一览表

表 15-10 单位：万元

企业名称	所有制	项目内容	起止年限	投资		经济效益	
				总投资	其中企业自筹	销售收入	利润
周宁康友卫生材料公司	国有	氯化锌橡膏中草药系列	2003—2005	1000	500	2000	300
古田药业有限公司	股份	异地GMP改造	1999—2002	4000	2500	1500	2100
古田抗菌素厂	国有	年产5000吨黄原胶生产线	1999—2001	1100	400	2380	670
福建省康达制品厂	股份	扩大生产规模	2000—2004	1550	—	11000	3331
闽东力捷迅药业公司	股份	GMP异地搬迁	1999—2002	4139	1242	50000	4039
闽东汇盛药业有限公司	股份	GMP改造	1999—2003	1500	6000	18000	1800
闽东富荣药业有限公司	股份	扩大太子参系列产品	1999—2002	1000	6000	1000	90

（二）化学工业

1993年，宁德地区化工行业由化肥、农药生产企业以及其他精细化工生产企业构成，主要产品有碳铵、杀虫双、水铵硫磷、白炭黑、染料等。1994年，福州一化与屏南县联合开发屏南电力资源，建成榕屏化工厂，是年生产氯酸钾1万吨。1996年，实施氯酸钾（钠）2万吨/年项目以及水力开发配套项目。关闭屏南县化工厂、周宁县明矾矿等亏损性生产企业。成立闽东挪亚化肥有限公司和宁德俊杰化工有限公司。

1995年，古田县化肥厂经改制、重组为古田县开源化工有限公司。主要生产合成氨、碳酸氢氨。1996年，福鼎市染料厂由江苏省兴中染料化工有限公司兼并，成立福鼎市兴中染料化工有限公司，开发5—羟基色胺酸等高科技产品。1997年，福安市农药厂加盟福建九州综合商社。主要产品有水胺硫磷、三唑磷、克百威、过硫酸铵、甲基异柳磷等20多个品种，“丰牌”农药成为福建省著名商标产品。

1998年，全区化工行业主要产品有碳铵、液氨、杀虫双、杀虫单、水铵硫磷、三唑磷、过硫酸盐系列产品、化工填料、氯酸钾、复合肥、染料及中间体、白炭黑、石墨化油焦、化工制品等。福安市农药厂过硫酸钠产品获得省优秀新产品奖，氯化钾复分解生产过硫酸钾获省科技进步三等奖。宁德俊杰化工有限公司蜂窝填料填补了国内空白，达到国际先进水平，产品98%出口欧美。

1999年，化学工业已经成为全区经济发展的支柱行业之一，全区产值1000万元以上化工企业达9家，共完成产值2.39亿万元，创利税2606.8万元。初步形成化肥、农药、无机盐、有机化工、化工机械、石油化工、涂料、化工制品等8个门类共30多家企业，生产碳铵、复合肥、水胺硫磷、甲基异柳磷、杀虫单、杀虫双、活性炭、不饱和树脂、染料中间体、白炭黑、过硫酸盐、氯酸钾和化工填料等50多种产品，出口产品有过硫酸盐系列产品、杀虫单、化工填料、活性炭等。

2000年，屏南县榕屏化工厂投资2.35亿元，年产氯酸钾2万吨。同年，福鼎市新华树脂化工有限公司“工艺品不饱和聚酯树脂”获福建省名牌产品称号。

2001年，全市较大化工生产企业有屏南榕屏化工厂、福安市农药厂、福鼎市农药厂、福鼎市新华树脂公司、闽东瑞彩食品添加剂公司、闽东联谊集团公司、宁德俊杰瓷业公司、福安市化工厂、宁德晶航化工公司、福鼎市二塑厂等。2002年，宁德俊杰瓷业公司扩大生产与出口，当年完成工业产值4900万元。

2003年，屏南县榕屏化工厂经过二期技改，生产规模从3.5万吨扩大到5.6万吨。闽东联谊集团公司生产经营进入稳定时期，年产值超过2300万元。闽东瑞彩食品添加剂公司为降低成本，企业主要生产车间外迁江苏。福安市化工厂生产稳定，当年实现产值3512万元。2004年，福建（宁德）白莲花化工公司生产白莲花牌建筑涂料，被福建省工商局授予福建省著名商标。2005年，屏南县榕屏化工厂生产氯酸钾23430吨，产值10154.6万元，上缴税金957.7万元。

1993—2005年宁德市（地区）化工企业数、产值统计表

表15-11　　单位：个、千元

年份	企业数	工业产值	产品销售收入	其中：出口交货值
1993	47	279140	—	—
1994	45	361602	338537	71387
1995	43	267352	—	—
1996	46	294388	280861	36473
1997	48	290384	278753	13956
1998	10	255585	243985	31068
1999	9	239465	237410	35763
2000	8	253453	242378	27349
2001	7	229630	222549	32678
2002	8	258771	240688	30333
2003	11	197138	205973	18929
2004	12	258086	240463	69627
2005	18	351192	333654	9926

说明：1993—1997年统计乡及乡以上企业；1998—2005年统计规模以上企业

二、企业选介

（一）闽东力捷迅药业有限公司

1985年创办，原名闽东制药厂。1997年，改制为闽东力捷迅药业有限公司，是集科、工、贸、研为一体的集团化制药企业，也是福建省医药行业GMP与ISO90双认证企业。2001年，投资2600万元的一期技改工程粉针、冻干针生产线通过国家GMP认证。2002年，与美国WiseLAB公司、福建医科大学携手研发具有国际先进水平的多肽系列产品。2003年，与瑞士Pharm-SpaceAG公司合资创建医药公司引进国外新药。2004年，研发品种有注射用甲硝唑磷酸二钠、注射用盐酸雷尼替丁、注射用炎琥雷尼替丁、注射用炎琥宁及百生肼片剂、奥美拉唑钠胶囊等产品，并先后与清华大学生命研究院合作共同开发“复方太子参胶囊”和“太子参指纹图谱技术”，与贵阳医学院合作研发转基因药物“有机锌硒菇粉”。2005年年底，从业180人，产值1.9亿元，税收141.7万元。址设柘荣县下村药业园。

（二）福建省（屏南）榕屏化工有限公司

1992年12月创建。1993年12月试投产。其前身是福州一化和屏南县联合创建的联营企业。第一期工程投资8800多万元，第二期工程投资2.36亿元。以生产氯酸盐产品为主。至2005年，公司有资产4亿元，职工350人。共生产氯酸盐产品23.417万吨，创造利润1.04亿元，上缴税收8635万元。公司创造的水电、化工生产一体化的模式被国家化工部认为对全国氯酸盐行业的发展具有示范带动作用。企业连续获福建省明星企业、福建省企业利润300大、福建省企业利税300强、福建省山海协作示范工程（项目）等荣誉称号。址设屏南县城关城南路215号。

（三）闽东联谊集团公司

1993年3月，周宁县联谊化工总厂改称闽东联谊集团公司（属乡镇企业），产品有F-A703、781、782粉状活性炭和LY-1不定型高级颗粒活性炭，年产量2354吨，产值1188.56万元，税利172.3万元。曾被评为“省优”产品，获福建省乡镇企业进京展销优质产品称号。经新加坡国际活性炭中心检验鉴定获出口免检商品称号。2005年，中外合资在境外生产超级电溶炭，联谊集团占30%股份，日本社会三菱公司占70%股份，前期投资50万美元，第一期产量10000吨，产值2亿元。址设周宁县李墩乡际会村。

（四）福建广生堂药业有限公司

1991年前，为闽东第二制药厂，原厂址设柘荣城关615西路。2002年8月，由福建奥华实业有限公司、万利达集团及两个自然人等4个股东收购组建为股份制企业，在柘荣县富源工业区内征地6.7公顷，兴建现代化的GMP制剂车间。注册资本1000万元。项目总投资8000万元，第一期技改在原厂区建设中药饮片生产线1条，并对固体制剂车间、茶剂车间生产线进行改造。第二期技改对水针车间、原料药、口服液体制剂生产线进行改造。2004年9月，被评为中国药业500强企业。2005年，企业所拥有的药品生产线全部通过GMP认证。主要产品有胶囊剂、片剂、冲剂、丸剂、茶剂、口服液、小容量注射剂、原料药等8种剂型，39个品种和1个保健产品。其中，与中国药科大学联合开发的“阿甘定－阿德福韦酯”药，是自主创新国家一类新药，具有自主知识产权。有职工120人，产值6560万元，税收1.95万元。址设柘荣县富源工业区内。

第六节　建材工业

一、生产经营

1993年，全区乡及乡以上砖瓦企业生产砖50508万块、瓦7427万片。境内部部分水泥厂向外地采购熟料生产水泥，全区水泥产量达19692吨。福鼎县白琳镇引进外资发展一批矿山开采和玄武岩板材加工企业。是年，全区石板材加工业产值3093.7万元。

1994年，全区乡及乡以上企业生产砖74641万块、瓦9648万片，水泥19900吨，石板材加工业产值6454.9万元。1995年，全区乡及乡以上企业生产砖156844万块、瓦5722万片，水泥25053吨，石板材加工业产值9258.7万元。是年，古田县鹤塘镇引进外资成立福建华联石材工业有限公司。

1996—2000年，宁德地区建材工业逐步形成以石材为龙头的建材工业体系。至2000年，全市建材企业发展到1300家，从业人员4万人，建材工业总值68亿元，其中石材产值占建材工业总产值的60%。主要产品有花岗石板材2500万平方米、黏土砖18亿块、水泥3.5万吨、油毡3万卷，其次是装饰装修材料、防水材料、建筑陶瓷等。关闭了古田县水泥厂、霞浦县水泥厂、周宁县水泥厂等不符合国家产业政策的小水泥生产线。

2001年，宁德市建材工业完成产值35亿元，比增12%，其中规模以上企业完成工业产值5.84亿元。建材工业品种有建筑钢材、铝材、管材、水泥、石材、机砖、涂料、五金配件等。主要产品花岗岩与玄武岩板材、型材、荒料等，产品大部分出口东南亚等地，是宁德市创汇行业之一。生产企业主要分布在福鼎市白琳、古田县鹤塘、蕉城区虎浿以及屏南县、福安市、寿宁县、霞浦县等地。其中，福鼎市石材生产企业300多家，年实现工业产值7亿元。古田县石材生产企业200多家，年实现产值5亿元，蕉城区石材生产企业70多家，年实现工业产值2亿元。

2002年，全市建筑钢材、铝材、管材、水泥、石材、空心砖、建筑涂料、五金件、沙石开发等建材工业产品产销两旺，全行业完成工业产值35亿元，占全市工业总产值的15.7%。其中规模以上企业53家，完成工业产值9.98亿元。在53家建材规模企业中福鼎市占39家，古田县占10家，行业骨干企业拉动作用明显。福鼎玄武石材有限公司完成荒料开采9万平方米，实现工业产值1.04亿元，实现利税6158万元，实现利润4625万元。福鼎玄武石材集团公司实现工业产值1.6亿元，古田正泰石材集团公司实现产值9200万元。上述3个骨干企业实现工业产值占全市全行业比重的35.7%。

2003年，全市规模以上建材工业共完成产值10.58亿元。建材行业以石板材加工业为主，共有53家规模以上企业，其中39家分布在福鼎市，10家分布在古田县。福鼎市白琳镇是全市最大的石板材生产基地，有“中国玄武石材之乡”美誉。是年，建材行业中的3个龙头企业福建玄武石材集团公司、福建正泰石材集团有限公司、福建玄武石材有限公司分别完成产值2.94亿元、1.22亿元、1.13亿元，占全市规模以上企业产值的51.9%。

2004年，受国内房地产市场拉动影响，全市以石板材加工为主的建材工业发展快速，产销两旺，全行业完成规模以上工业产值13.16亿元。行业龙头企业福建玄武石材集团公司完成产值3.54亿元，居全市工业企业首位。古田正泰石材集团、福建玄武石材有限公司分别完成产值1.49亿元、1.01亿元。

2005年，全市以石板材加工为主的建材工业产销两旺，全行业完成规模工业产值14.58亿元。行业龙头企业福建玄武石材集团公司完成产值3.78亿元，产值居全市工业企业首位。古田正泰石材集团、福建玄武石材有限公司分别完成产值1.78亿元、1.25亿元。蕉城区虎浿石材公司，开采荒料8000多立方米。

1993—2005年宁德市（地区）建材工业企业数、产值统计表

表15-12　　　　单位：个、千元

年份	企业数	工业产值	产品销售收入	其中：出口交货值
1993	131	202010	—	—
1994	130	333189	323905	50123
1995	131	278467	255568	—

续表 15-12

年份	企业数	工业产值	产品销售收入	其中：出口交货值
1996	156	450368	430562	46064
1997	203	527679	520302	73883
1998	17	246512	215361	41459
1999	10	150004	135693	2679
2000	34	418157	417678	96574
2001	52	508229	500231	106806
2002	28	728416	713881	165234
2003	49	978359	964608	275160
2004	55	1121558	1096981	309264
2005	55	1382660	1349616	422463

说明：1993—1997 年统计乡及乡以上企业；1998—2005 年统计规模以上企业

二、企业选介

（一）福建闽东华联石材工业有限公司

1984 年 8 月成立，为新加坡东华集团举资 6000 万元人民币独资投建的石材企业。公司拥有机械制造、加工、地质、工程爆破、机电等高级、中级专业技术人员及一批多层次的石材企业管理人员和熟练的矿山开采、石材加工技术工人。至 2005 年，主要从事花岗石材矿山开发、加工经营，已形成年产荒料 5000 立方米，板材 16 万立方米的生产规模。址设宁德市金涵工业区大桥侧。

（二）福建正泰石材集团公司

1991 年，古田鹤塘镇引进外资成立福建华联石材工业有限公司。各类矿点计 300 多个，产品商标定名为“桃花红”，拥有 3 家紧密层企业、4 家半紧密层企业及 30 家松散型企业。有石材加工厂 172 家，锯机 546 台，年加工板材 327.6 万平方米，产值 13104 万元。1999 年，有石材厂 190 家，锯机 699 台，产量 477.5 万平方米，产值 17190 万元。加工的板材有工程板、厚板、薄板和火烧板等 4 个品种。2005 年，福建正泰石材集团实现工业产值 1.78 亿元。址设古田县鹤塘镇。

（三）福建玄武岩石材有限公司

福鼎玄武岩矿在白琳镇境内，可开采 3400 万立方米。1993 年，吸引省内外资金发展了一批矿山开采和玄武岩板材加工企业。1998 年，福鼎以资产为纽带联合玄武岩开发公司和“福昌”公司、“华泰”公司三家，组建福建玄武岩石材有限公司，商标定名为“福鼎黑”，至 2000 年，累计开采 45 万立方米。2000 年后，在白琳及周边乡镇办石材加工厂 504 家，拥有锯机 956 台，年加工板材 50 万立方米，产值 3 亿元。2005 年，福建玄武岩石材有限公司实现工业产值 1.25 亿元。址设福鼎市白琳镇。

第七节　纺织服装与皮革工业

一、生产经营

1993 年，宁德地区有闽东毛纺厂、宁德针织厂、古田苎麻厂、周宁棉染织厂、寿宁线毯厂、寿宁丝绸厂、福安纺织厂、福鼎毛巾厂、闽荣针织厂、霞浦针织厂、霞浦帆布厂、福鼎工艺针织厂等 12 家纺织企业。产品有苎麻纱、兔毛纱、棉布、丝绸、线毯、帆布、针织品、毛巾、装饰布等。由于棉花提价，引起棉纱大幅度提价，后道工序产品提价没有跟上棉纱提价幅度，造成企业亏损。同年，宁德地区皮革企业悄然崛起，大都集中在福鼎县。主要产品有猪面革、羊面革、猪箱革、皮服装、皮鞋、皮手套、皮拖鞋等八大类 46 个品种，尤以皮服装行业发展迅速。是年，全区乡及乡以上皮革工业企业 38 家，完成工业产值 11176.2 万元。福鼎县制革厂年平均产量 30 万张左右。制鞋业发展也较快，是年全区有制鞋企业 9 家，工业产值 3689.4 万元。

1994 年，苎麻原料从 1 吨 1.6 万元下降到 0.6 万元，古田县苎麻厂原料库存达 800 吨，同时，麻纱限价出口，从每吨 3.2 万元下降到 2 万元，甚至低到 6000 元左右，古田苎麻厂严重亏损，当年停产，继后破产。次年，福安市纺织厂停产。

1995 年，全区乡及乡以上皮革工业企业 20 家，完成工业产值 7997.8 万元。制鞋企业 15 家，完成工业产值 7143.1 万元。1996 年，地区二轻局成立工业总会，主管包括皮革制品、皮革服装在内的 8 个行业。福鼎市组建有 118 家企业参加的皮服装行业协会，形成在行业内联合与协调机制相结合的外向型经济体系。

1997 年，皮革行业企业总数达 200 家，福鼎市皮服装产品约 20 万件，仅福鼎制革厂、福鼎皮服装厂、福鼎皮鞋厂、福鼎皮制品厂、福鼎皮革公司等 9 家企业出口俄罗斯的皮服装就达 10 万件，创汇 600 万美元。福鼎正益皮革有限公司主要产品为猪皮革，年产量 16.9 万平方米，福鼎鼎杭皮业有限公司年产各种皮服装 3 万件，产值均达 1000 万元，为行业中著名企业。

1998 年 5 月，福鼎市从事皮服装生产经营的股份合作和个体私营企业总数约 200 家。皮服装产量从原计划 6000 件增至 20 万件，成为当地经济重要增长点。从 1996 年至 1998 年，闽东毛纺厂、寿宁线毯厂、寿宁丝绸厂、霞浦帆布厂、柘荣针织厂、福鼎毛巾厂相继停产、破产。周宁县棉染厂转为股份制企业，改名为周宁康友卫生材料有限公司，主要生产医药产品，年产值 500 万元。福鼎市工艺针织厂年产值 80 多万元。

2005 年，福建永丰合成革有限公司湿法车间

2000 年，宁德毛纺厂由香港凯捷毛纺有限公司收购重新生产，当年实现产值 500 万元。福鼎市秦屿有针织、纺织业和服装加工企业 20 家。秦屿盛发针织制衣厂产值 1000

万元，产品外销日本等国。二轻系统内服装企业宁德瑞昌制衣有限公司、古田早集发羽绒服装有限公司、霞浦县和氏羽绒服装有限公司，年生产总值共计1856万元，出口值1472万元。同年，因俄罗斯经济危机，皮服装外销受阻，出现全行业严重亏损。福鼎市皮革制品企业仅余60多家。全市二轻系统500万元以上皮革制品企业仅剩福鼎正益皮革有限公司一家。福鼎制革厂、福鼎皮鞋厂、福鼎皮制品厂和福鼎皮革公司出现亏损，相继申请破产。

2001年，宁德市规模以上服装纺织和皮革工业完成产值1.22亿元，占全市工业比重仅2.3%。产值超1000万元企业有6家，但相当部分企业陷入困境。

2002年，全市服装加工业受消费市场疲软影响增产不增收，产量增长34.01%，产值却下降24.4%。全行业完成工业产值2亿元，其中规模以上工业产值1.27亿元，比增0.13%，在全市工业中比重由上年的2.3%下降为1.8%。骨干企业柘荣县福联毛纺公司、宁德市（今蕉城区）昌成制衣公司、霞浦县马威尔时装公司、霞浦县羽绒服装公司、古田县东信鞋业公司、福安市冠荣鞋业公司等产值均在1500万元以上。其中古田县东信鞋业公司是全市服装行业主要出口创汇企业，年产值在4000万以上。全市皮革与羽绒制品业产值比增41.2%。行业骨干企业福鼎市富恒皮制品公司、福鼎市新发皮服装公司，产值均在1500万元以上。

2004年，全市规模以上服装工业完成产值1.31亿元，比增43.6%。全市规模以上皮革工业企业7家，完成工业产值8493.6万元。

2005年，福鼎市通过招商引资和项目开发，从浙南引进项目19个，总投资11.8亿元，涉及皮革超纤、医药、阀门、打火机等产业。福建东胜合成革有限公司投产即实现产值8050万元，福建金诚合成革有限公司、福鼎市永太合成革有限公司，各实现产值7110万元、6074万元，柘荣县荣胜皮革有限公司产值超5000万元。全市皮革规模以上企业6家，产值17.31亿元。纺织服装业规模以上企业4家，产值8828.9万元。

1993—2005年宁德市（地区）纺织服装工业企业数、产值统计表

表15-13　　单位：千元

年份	企业数（个）	工业产值	产品销售收入	其中：出口交货值
1993	74	173258	—	—
1994	72	188060	176030	57147
1995	66	218359	211897	—
1996	62	168345	165176	31879
1997	58	151184	135596	33062
1998	10	77859	71293	12560
1999	9	86015	81179	28651
2000	8	95073	88219	31431
2001	6	76394	67792	1500
2002	6	67761	57865	16770
2003	6	56946	53734	20592
2004	4	53349	50260	49135
2005	4	88289	88405	56493

说明：1993—1997年统计乡及乡以上企业；1998—2005年统计规模以上企业

1993—2005年宁德市（地区）皮革工业企业数、产值统计表

表15-14　　单位：千元

年份	企业数（个）	工业产值	产品销售收入	其中：出口交货值
1993	38	111762	—	—
1994	34	117228	118802	13023
1995	20	79978	76294	—
1996	25	153242	145379	3023
1997	24	159898	149160	7048
1998	6	52392	45471	30885
1999	6	38890	39113	34102
2000	4	32186	27767	22335
2001	5	43456	39435	39335
2002	6	59643	57471	42506
2003	7	104437	101894	53792
2004	7	84936	82652	10044
2005	6	173095	169552	56675

说明：1993—1997年统计乡及乡以上企业；1998—2005年统计规模以上企业

二、企业选介

（一）福鼎皮革厂

1954年由福鼎唐志诚等7名制革工人自筹120元资金成立皮革合作小组。1958年，与桐山鞋业社合并成立福鼎县皮革厂，属全民所有制企业。经过多次技术改造，引进设备，工艺水平、产品质量不断提高，逐步实现机械化、半机械化生产。1980年，产值达783.45万元。1985年，该厂分为"四厂一公司"，即福鼎制革厂、福鼎皮鞋厂、福鼎皮服装厂、福鼎皮制品厂和福鼎皮革公司。2000年，"四厂一公司"相继申请破产。2001年，完成职工安置方案。原址设福鼎市桐山。

（二）闽东毛纺厂

建于1982年6月。1984年5月，以3.26亿日元租赁日本国京和制造的1288锭毛纺设备。1987年正式投产，主要生产羊毛、兔毛、腈纶毛线等产品，年设计能力200吨。1986—1988年，共生产各种产品438.96吨。1989年5月，与香港华闽集团合资并更名宁德华闽毛纺有限公司，注册资本1018万美元，有职工186人。该厂先后创新产品十多项，"54055"产品被评为省2级新产品，"华德"牌16NM7：2：1织纱获1991年省优产品称号。后因企业资不抵债，1998年破产。原址设宁德市涵内路110号。

（三）福鼎市制革厂

原为福鼎皮革厂的制革车间，1985年3月，独立分出设厂，系国有企业，是福鼎生产猪、牛、羊各种皮革的专业厂，年产量30多万张，被列为福建省轻工业厅服装革生产基地厂和福建省五大皮革原料生产基地之一。生产的多色高档薄型轻吹山羊服装革，具有舒适、轻便、保暖的

特点，深受国内外用户青睐。1988年，企业占地面积16621平方米，建筑面积9955平方米，职工225人。同年，创产值84.76万元，实现利润84.46万元。1995年，全面停产。2000年12月12日，宣告破产。原址设福鼎市桐山寮赖。

（四）福建冠荣鞋业有限公司

1989年成立，由省鞋帽进出口集团公司、香港冠源发展有限公司、福安县运动鞋厂3家投资组建。设计年产二次硫化鞋60万双，经“八五”期间、“九五”期间的技术改造，生产能力升至120万双，产值增至3000万元，产品10%出口。1995年，获省商检局颁发的出口商品管理、质量生产A类企业。1998年，投资800万元，征地34亩进行异地技术改造，形成完整的4条制鞋生产线，企业再次组建成益源服装鞋业有限公司，实现制鞋产值6000万元、服装产值4000万元。址设蕉城区城南福新村。

（五）福建东胜合成革有限公司

2005年，由台商与浙江“飞普鞋业有限公司”组建中外合资企业，总投资1200万美元，占地5.2公顷，设计年产高档超纤维合成革1500万米，年工业产值3亿元。通过国有县机砖厂出让旧厂房3886平方米，当年完成主体厂房建设并投产，主要生产普通合成革产品，另一条新生产线，制造超细纤维合成革。址设霞浦县城关松港街道后港。

（六）福建华夏合成革有限公司

2005年，从温州招商引进的企业，占地面积41178.44平方米，建筑面积18694.26平方米，员工240人。拥有合成革湿法生产线三条，干法生产线二条和三版印刷、磨皮、高级压纹、干揉纹等配套加工设备，年生产能力为1500万米以上。公司拥有各类先进开发、检测仪器的实验室，主要从事研发、实验、试制用于箱包、沙发、鞋类、服装、汽车内饰装潢等各类中高档PU、半PU系列合成革。址设福鼎市龙安工业区。

（七）福鼎市鳕鱼服饰有限公司

2005年成立。厂区占地面积18764.4平方米，建筑面积22125平方米，是一家集专业设计、生产、销售于一体的现代化服装企业。公司拥有40条生产流水线，具备国产中高档休闲男装2500件，年产80万件的规模产能，产品畅销北京、上海、江苏、浙江、广东等20多个省市地区，拥有外贸业务自营出口权。址设福鼎市双岳工业区同裕路20号。

第八节　造纸与印刷业

一、造纸

（一）生产经营

1993年，宁德地区有寿宁县造纸厂、闽东造纸厂、屏南县造纸厂，古田县造纸厂、福安市造纸厂和闽东包装箱纸厂等6家造纸企业。受北纸南调和低价走私纸影响，地方造纸成本高、价格偏贵，造成企业亏损面大，经营困难。全区有乡及乡以上造纸及纸制品工业企业 30 家，工业总产值仅有 9232.1 万元。主要产品有铜版纸、凸版纸、机制纸、双胶纸、有光纸、玻璃卡纸、誊影原纸、计算机专用纸等。

1994 年，屏南县造纸厂、福安市特种纸厂、福安市纸厂、古田县二纸厂相继停产。1995 年，按照国家产业结构调整政策，关闭 500 吨以下小型造纸厂。全区乡及乡以上造纸企业只剩 37 家，工业总产值 12209.6 万元。

1996 年，根据省政府关于纸厂生产能力达不到 5000 吨，污染问题没有解决的全部关停并转精神，寿宁县造纸厂停产。1997 年，闽东造纸厂因成本高于销售价停产。古田县造纸厂投入资金 900 万，增加一台 7000 吨涂布白板纸机，年产量达 1.4 万吨，并改制组建为古田县盛发纸业有限公司，但仅 1 年就处于停产半停产状态。

1999 年，全区机制纸产量迅速下滑，由 1998 年的 11670 吨下降至 2678 吨。2000 年，全市系统内正常生产的造纸企业仅有福安市造纸厂，年产涂布灰白板纸 450 吨，玻璃卡纸 560 万吨，产值 1000 万元。系统外有宁德神州纸业有限公司租赁闽东造纸厂，开发生产无尘纸，年产量 500 吨，产值 1000 万元。

2001 年，宁德市围绕加快国有小型劣势业退出市场总目标，继续关闭一些“五小”企业。对闽东特种纸厂等 11 家小造纸厂实行关闭。对停产多年企业实施破产安置，古田县盛发纸业公司完成职工安置方案。

2003 年，全市规模以上造纸企业只剩 3 家，工业产值 4442 万元。2004 年、2005 年分别增至 9 家、11 家，工业产值分别提高到 8255 万元、13136 万元。

1993—2005 年宁德市（地区）造纸及纸制品工业企业数、产值统计表

表 15-15　　　　单位：千元

年份	企业数（个）	工业产值	产品销售收入	其中：出口交货值
1993	30	92321	—	—
1994	36	130539	123541	4739
1995	37	122096	104143	—
1996	38	153424	137436	3484
1997	39	145628	139005	7814
1998	8	45264	43567	—
1999	3	7080	6585	—
2000	3	6276	6174	—
2001	1	4100	3900	—
2002	4	30523	29909	—
2003	3	44420	42090	—
2004	9	82550	78878	—
2005	11	131360	127703	—

说明：1993—1997 年统计乡及乡以上企业；1998—2005 年统计规模以上企业

（二）企业选介

1. 古田县造纸厂

1958 年创办。厂区占地面积 4.8 万平方米，建筑面积 1.49 万平方米。1992 年，有职工 531 人，完成工业产值 934 万元。1995 年，改制为古田盛发纸业有限公司。1997 年，投入资金 900 万元增加 1 台 7000 吨涂布白板纸机，年产量达 1.4 万吨。1998 年，由于纸市不景气等原因而停产，2000 年破产。原址设古田县城 614 路。

2. 福鼎市南阳纸业有限公司

2002 年 7 月，由福鼎市管阳镇政府从浙江苍南县招商引进，是一家家族式股份私企，投资 20 万元，购旧厂房（有 10 亩地）。同时，投资 500 多万元进行基本建设，配套主车间、厂房等，一期安装两台生产线，当年年底试机成功。2003 年，企业投产，创产值 1443 万元，实现税利 51 万元。2004 年，创产值 1825 万元，实现税利 73 万元。2005 年，公司拥有厂区面积 8580 平方米，建筑面积 2 万平方米，固定资产 3000 万元，员工 200 人，创产值 3116 万元，实现利税 128.1 万元。主要产品有“南阳之星”“金鼎福”“六月情”“亿家喜”等。址设福鼎市管阳章边工业区内。

二、印刷

1993 年，宁德地区有宁德报社印刷厂、宁德地区印刷厂、闽东包装装潢厂、古田县印刷厂、古田县包装装潢厂、屏南县印刷厂、寿宁县印刷厂、福安市印刷厂、霞浦县印刷厂、福鼎县印刷厂、柘荣县印刷厂等 12 家。主要业务有胶印、图印、书刊印刷、零件印刷、照相制版、彩色塑料等。市场开放以后，社会上纷纷成立个体印刷厂，印刷业务、价格竞争激烈，国有印刷厂业务减少，普遍亏损。同年，福安市印刷厂引进复合软包装生产线，投入 1830 万元印刷纸塑，年生产能力达 1600 万平方米。

1994 年，全区有印刷工业企业 27 家，总产值 2623.7 万元。1995 年，福安市印刷厂由于资金不配套，处于多停产少生产状态。

1996—1997 年，全区印刷行业实行体制改革。柘荣县印刷厂破产，寿宁县印刷厂转让产权，屏南县印刷厂、宁德（蕉城）印刷厂被私人企业兼并，一些印刷厂靠店面房租过日子。

1998 年，周宁县印刷厂改为股份制企业，福安市印刷厂陷于停产状态。2000 年，全市有包装装潢印刷企业 33 家，产值逾亿元。福安市黄金源包装有限公司、屏南县盛威纸箱包装有限公司、古田县实业纸箱厂产值均在 1000 万元以上。古田县民政福利印刷厂在全市率先应用无铅字印刷技术。全区规模以上印刷企业 4 家，总产值 913.1 万元。

2001 年，霞浦县印刷厂改为股份制企业。全市规模以上印刷企业增至 5 家，总产值 11640 万元。2003 年、2004 年，全市规模以上印刷企业分别下降至 3 家、2 家，总产值分别为 4648 万元、4470 万元。

2005 年，全市规模以上印刷企业仅 2 家，总产值为 5108 万元，其中书、报、刊印刷企业 1 家，产值 400.3 万元，本册印刷企业 1 家，产值 110.5 万元。

1993—2005 年宁德市（地区）印刷工业产值统计表

表 15-16　　　　单位：个、千元

企业类型	年份	印刷企业个数	工业产值（1990 年不变价）	工业产值（当年价）
乡及乡以上企业	1993	31	20324	27214
	1994	27	24360	26237
	1995	30	17515	20768
	1996	31	37460	41829
	1997	30	64661	66821
规模以上企业	1998	6	15676	15372
	1999	5	10265	10223
	2000	4	9023	9131
	2001	5	10402	11640
规模以上企业	2002	5	9077	10413
	2003	3	4648	4648
	2004	2	4610	4470
	2005	2	5108	5108

（二）企业选介

福安印刷厂　1953 年创办。1954—1964 年，该厂零件印刷质量名列全省同行首位。厂区占地面积 2500 平方米，建筑面积 8171 平方米，拥有固定资产 244 万元，年印刷能力 13 万令色纸。主要设备有印刷机、制版机、压版机、切纸机、烫金机、铸字机等 100 台。1992 年，有职工 230 人，工业总产值 382 万元，利税总额 23 万元。1998 年，陷于停产状态。2000 年，进行改制，加大企业产权改造重组。原址设福安市新华北路。

第九节　陶瓷与家具制造业

一、陶瓷

（一）生产经营

1993 年，宁德地区主要陶瓷产品有日用陶瓷品、建筑瓷、工业用陶瓷和化工陶瓷填料等。全区乡及乡以上陶瓷制品企业 26 家，完成年产值 2101.2 万元。在轻纺工业系统中有日用瓷器制品企业 5 家，年产量 893 万件，完成产值 858 万元。由于瓷器产品单一，销路不畅，产品积压。霞浦县瓷器厂等企业经营困难。

1994 年，全区乡及乡以上陶瓷制品企业 25 家，完成产值 2872.8 万元，产品销售产值 2423.6 万元，出口交货值 235.8 万元。在轻纺工业系统中日用瓷器企业 4 家，年产量 1207 万件，完成产值 927 万元。1995 年，宁德市俊杰瓷业有限公司成立。拥有 7 家工厂及 1 个矿区。主要产品有组合蜂窝陶瓷填料（MLM）、整体蜂窝陶瓷蓄热体、TTB系列波纹陶瓷填料、惰性瓷球、陶瓷矩鞍环、陶瓷拉西环、十字隔板环、阶梯环等产品。全区大部分陶瓷企业对市场、产品、管理等方面进行调整，并开拓非洲等新的国际市场，出口量增加，产量亦有所增长。全区陶瓷产量达5747.78万件，出口交货值达2675万元，比上年增长11.72倍。1997年，陶瓷产品的附加值提高，按乡及乡以上统计口径，从1993年至1997年，5年来陶瓷工业产值、出口交货值年平均递增分别为13.9%、62.1%。当年，全区陶瓷工业企业29家，完成产值4212.5万元，出口交货值2882.4万元。而轻纺工业系统中日用瓷器企业仅剩1家，年产量312万件，产值288万元，均有所下降。

1998年，全区陶瓷行业不景气，部分企业陷入困境，宁德瓷器厂处于停产、半停产状态，宁德陶艺有限公司破产。全市规模以上陶瓷工业企业4家，完成产值、出口交货值分别为3518万元、1916.4万元。轻纺工业系统中日用瓷器企业仍为1家，年产量215万件，产值139万元。

2000年，以生产新兴环保产品组合式蜂窝化工填料为主的宁德俊杰瓷业有限公司已发展成为具有闽东特色的12个重点企业之一。其产品畅销国内，并出口美国、巴西、日本、韩国、新加坡等20多个国家及欧盟。全市规模以上陶瓷工业产值2311.2万元，出口交货值2414.4万元。

2001年，在国有企业改革中，宁德瓷器厂被关闭。全市国有及规模以上非国有陶瓷工业企业3家，工业总产值、销售产值、出口交货值分别为4692.4万元、4710.2万元、4710.2万元，其中建筑、卫生用陶瓷工业企业1家，其工业产值、销售产值、出口交货值均为683万元。工业用陶瓷企业1家，其工业产值、销售产值、出口交货值分别为4009.4万元、4027.2万元、4027.2万元。

2002年，全市国有及规模以上非国有陶瓷工业企业2家，工业总产值、销售产值、出口交货值分别为5615.6万元、5554.5万元、5554.5万元，其中建筑、卫生陶瓷工业企业1家，其工业产值、销售产值、出口交货值分别为730万元、6689万元、6689万元，工业用陶瓷企业1家，其工业产值、销售产值、出口交货值分别为4885.6万元、4885.6万元、4027.2万元。

2003年，全市规模以上陶瓷工业企业仅1家，工业总产值、销售产值、出口交货值分别为4506万元、4506万元、4266万元。

2005年，全市规模以上陶瓷工业企业1家，工业总产值、销售产值、出口交货值均为5502.7万元。

1993—2005年宁德市（地区）陶瓷工业情况统计表

表15-17　　　　单位：个、千元

企业类型	年份	工业企业个数	工业产值		产品销售（当年价）	出口交货值
			1990年不变价格	当年价		
乡及乡以上企业	1993	26	—	21012	—	—
	1994	25	—	28728	24236	2358
	1995	22	21846	22303	22985	26750
	1996	22	13289	15012	11753	1114
	1997	29	36221	42125	40753	28824

续表 15-17

企业类型	年份	工业企业个数	工业产值		产品销售（当年价）	出口交货值
			1990 年不变价格	当年价		
规模以上企业	1998	4	35130	35180	33000	19164
	1999	2	16619	16619	16779	16349
	2000	3	23112	23112	24600	24144
	2001	3	46924	46924	47102	47102
	2002	2	56156	56156	55545	55545
	2003	1	45060	45060	—	42660
	2004	1	53400	53400	—	53400
	2005	1	55027	55027	—	55027

（二）企业选介

宁德瓷厂 1958 年 10 月创办。厂区占地面积 5.99 万平方米。1992 年，产值 564.7 万元，固定资产 250 万元，年产产品 816 万件。主要产品有蛋形杯碟、小杯碟、碗、马赛克等。1997 年，企业停产。2001 年，在国有企业改革中被关闭。原址设宁德市飞鸾镇碗窑村。

宁德俊杰瓷业有限公司 1995 年创办。是一家专业从事化工陶瓷填料、陶瓷蓄热体等产品的研发、生产及贸易的大型企业，拥有自营进出口权。2005 年，公司拥有 7 家工厂及 1 个矿区，厂房总面积 3 万多平方米，员工 800 多人。主要产品包括组合蜂窝陶瓷填料（MLM）、整体蜂窝陶瓷蓄热体、TTB 系列波纹陶瓷填料、惰性瓷球、陶瓷矩鞍环、陶瓷异鞍环、陶瓷拉西环、十字隔板环、阶梯环等。产品通过 ISO9001：2000 质量认证，畅销国内，并出口美国、巴西、日本、韩国、新加坡、菲律宾、澳大利亚、马来西亚等国家和欧盟。公司与国内外许多高校和科研设计单位建立长期的技术合作，研发多种新型高性能化工陶瓷填料。址设蕉城区飞鸾镇碗窑村 68 号。

2005 年，宁德市俊杰瓷业有限公司厂房

寿宁县梦龙陶艺有限公司 1998 年，利用原县线毯厂面积 530 平方米的纺织车间，投资 200 万元创办的私营独资企业，产品销往国内外。陶艺作品《玉兰瓶》《扁球瓶》《新月瓶》和《园球瓶》获福建省首届民间艺术家作品评选金奖、第三届福建省工艺美术精品“争艳杯”大赛金奖和杭州第三届中国工艺美术大师作品暨国际艺术珍品博览会铜奖等。获奖产品被中国历史博物馆、中国工艺美术馆和福建工艺精品馆收藏，并选为北京中南海紫光阁陶艺陈设品。2005 年，产值 200 万元，税金 10 万元。址设寿宁县鳌阳镇解放街 311 号。

二、家具制造

（一）生产经营

1993年，宁德地区乡及乡以上家具制造企业22家，完成工业总产值1796.8万元。其中木制家具制造业16家，工业产值1431.3万元；竹、藤家具制造业3家，工业产值58.4万元；金属家具制造业1家，工业产值7.1万元；其他家具制造业2家，工业产值300万元。由于家具厂普遍规模小、工艺简单、技术落后、开发创新能力低，至1998年已逐步关、停、并、转。2000年，全市二轻系统家具制造业仅剩古田县木器厂一家，产值19万元，也于下半年停产。2002年，全市已无家具制造规模以上企业。

2004年，全市规模以上家具制造企业发展至2家，主要从事木质家具生产，完成工业总产值5323.1万元。2005年，全市规模以上家具制造企业增至3家，主要是从事木质家具生产，完成工业总产值5896.8万元。

1993—2005年宁德市（地区）家具制造企业数、产值统计表

表15-18　　单位：个、千元

年份	企业数	工业产值	产品销售收入	其中：出口交货值
1993	22	17968	—	—
1994	20	30486	27617	2830
1995	13	22824	—	—
1996	19	24800	21201	1320
1997	19	36820	34486	6645
1998	1	9570	9140	9140
1999	1	8960	8610	8610
2000	1	6742	6483	6483
2001	—	—	—	—
2002	—	—	—	—
2003	—	—	—	—
2004	2	53231	47911	41831
2005	3	58968	59332	51539

说明：1993—1997年统计乡及乡以上企业；1998—2005年统计规模以上企业

（二）企业选介

碧全竹木工艺品有限公司　1998年3月成立，员工268人，其中管理人员36人。主要生产竹木系列餐具、木铁家具、木塑家具、木布家具等产品，主要销往日本、美国等国家，欧洲、东南亚地区。2004年年底，公司在福安上洋头工业园区征地40亩，新建办公楼1200平方米，厂房7300平方米，料场2000平方米，更新了机械设备、提高了生产能力。2005年，生产总值3649万元。址设屏南县城关。

第十节　电子工业

一、生产经营

1993年，宁德地区乡及乡以上电子工业企业8家，完成工业总产值6635万元。1994年，全区乡及乡以上电子工业企业10家，生产汽车点火线圈22.2万只，完成工业总产值8571万元。1995年，全区乡及乡以上电子工业企业10家，完成工业总产值7926万元。1996年，全区乡及乡以上电子工业企业9家，生产不间断电源1.21万只，完成工业总产值9084万元。1997年，全区乡及乡以上电子企业完成工业总产值11566万元，生产电子接插件2717万件。

1998年，全区乡以上电子工业企业增至40家，工业总产值增至16518万元，比1993年增长149%，平均每年18.9%的速度增长。电子工业主要企业有闽东无线电厂、周宁县晶体材料有限公司、福鼎市无线电厂、霞浦县电子仪器厂、福光电子有限公司、福鼎市电子元件厂、宁德电子元件厂等。主要产品有叩击理疗按摩器、LY-5型电子针灸按摩器、人造水晶、YB-1眼宝器、YJ-1远红外温灸按摩器、系列隔爆快速充电机、可燃性气体检测报警仪、超声波洗衣机、不间断电源、彩电天线输入器、高压瓷介电容器、汽车点火线圈、TJC型压接式条形连接器等。

1999年，全区乡以上电子工业企业40家，专业研究所1家。全行业完成工业总产值1.71亿元。主要产品产量为电子医疗保健系列产品7.4万台、汽车点火线圈10万只、胶带1万平方米、汽车高压阻尼线0.5万套、不间断电源2.93万台、接插件300万只、望远镜元件58万套、人造水晶163吨。

2000年，全行业共有企业23家，其中全民所有制企业11家，非全民所有制企业12家，专业研究所1家。全年完成工业产值21125万元。主要企业有霞浦县科士达电子有限公司、闽东东方神电子有限公司、周宁县晶体材料有限公司、福鼎市一雄光学仪器有限公司、福鼎市众想音箱厂、宁德大扬电器有限公司、闽东顺达塑胶电缆有限公司等。全区电子工业已形成医疗电子仪器、计算机外部设备、电子材料、电连接元件、电线电缆、电声器件、电子测量仪器、光学元件等门类。主要产品有电子医疗保健系列产品6.6万台、人造水晶187吨、望远镜元（部）件18.56万台（套）、不间断电源5.78万台、安装线2.37万千米。电子医疗保健产品、电子连接元件、矿用电子产品、人造水晶、汽车点火线圈、电子琴标准键盘等被列为省重点产品。

2001年，全行业完成工业产值1.44亿元。规模以上电子工业企业4家实现工业产值1.25亿元。闽东东方神电子公司完成工业产值7800万元，占电子行业工业产值的54.2%。其开发生产的DE-600系列电脑多功能按摩垫属国内首创。福鼎市一雄光学仪器公司开发生产的光电天文望远镜、摄像头属高新技术产品，畅销美国等地。福建恒跃水晶电子有限公司对原有工艺进行改进，研制出人造光学石英晶体，填补了国内空白。该产品主要应用于数码相机、数码摄像机上的光学低通滤波器（OLPFO）以及CD-ROM、DVD-ROM的激光光头和光纤通信产品中的水晶波片。

2002年，全行业完成工业产值1.67亿元。规模以上电子工业企业3家实现工业产值1.09亿元。屏南县闽锋电器主要生产与福州冠杰等电子公司配套的显示器消磁线圈，年实现工业产值3000万元。

2003 年，全市规模以上电子工业企业 8 家，完成工业产值 2.0 亿元。骨干企业有福安市东方神电子有限公司、福安市怡和电子有限公司、福建省恒跃水晶电子有限公司、屏南县闽峰电器有限公司、福鼎市一雄光学仪器有限公司等。主要产品有按摩器、望远镜、消磁线圈、水晶、DVD-R 可录光盘，还有汽车可视雷达、血气循环机等。福安市东方神公司、屏南县闽峰电子公司各实现工业产值 4821 万元、5502 万元。

2004 年，全市规模以上电子工业企业 8 家，完成工业产值 3.1 亿元。2005 年，全市规模以上电子工业企业 7 家，产值 1.5 亿元。主要分布在福安市、福鼎市、屏南县、周宁县、蕉城区。主要产品有电子按摩器、天文望远镜、人造水晶、消磁线圈、点火设备、调压装置等。

二、企业简介

（一）福鼎市一雄光学仪器有限公司

1988 年 6 月，创办秦屿标准件厂，系私营企业，有职工 216 人。1996 年，易名福鼎市一雄光学元件有限公司，主要产品有双筒望远镜配件、摩托车配件、光学元件，年产值 800 多万元。1998 年，更名福鼎市一雄光学仪器有限公司，并通过 ISO9001 质量管理体系认证。2004 年，公司投资秦屿水井头工业园征地 33942 平方米，扩建新厂房，建筑面积 17131 平方米。2005 年，创产值 2760 万元，实现利税 598.2 万元。公司拥有固定资产 701 万元，8 项专利。一雄牌天文型望远镜系列评为福建名牌产品和福建省著名商标。址设福鼎市秦屿工业区泰川路。

（二）福建省恒跃水晶电子有限公司

1996 年创办，厂区面积 6845 平方米，建筑面积 4341.31 平方米。1998 年 5 月正式投产，职工 110 人，其中高级工程师 1 人，中级技术人员 12 人。产品有 Y 棒、Y 块、Z 棒、Z 块等。1999 年，兼并周宁县水晶厂，扩大生产规模，产品压电晶体获福建省优秀新产品三等奖，当年产量 160 吨，产值 1203 万元，上缴税金 180 万元。产品主要销往浙江、江苏、山东、珠海、唐山等省、市。2005 年 5 月 31 日，企业改称福建省恒跃水晶电子有限公司，当年总产值 1000 万元。址设周宁县狮城镇东关。

第十一节　工艺品制造业

一、生产经营

1993 年，宁德地区以植物编织工艺品等的产品近百种，畅销国内外，并多次获创优、创新奖。是年，全区乡及乡以上工艺美术制造业 30 家，完成工业产值 2926.6 万元。其中竹、藤、棕、草制品业 17 家，工业产值 603.7 万元。

1994 年，全区乡及乡以上工艺美术品制造企业 27 家，完成工业产值 3761.8 万元。其中竹、藤、棕、草制品业 12 家，工业产值 599.3 万元。当年起，二轻系统不断深化企业各项改革和对行业、产品进行结构调整。福鼎县漆器厂由于亏损等原因申请破产。

1996 年，全区乡及乡以上工艺美术品制造企业 34 家，完成工业产值 11971.3 万元，其中竹、藤、棕、草制品业25家，工业产值2103万元。1997年，全区乡及乡以上工艺美术品制造业35家，完成工业产值10312.1万元。其中竹、藤、棕、草制品业29家，工业产值1412.5万元。1999年，全区规模以上工艺美术品制造业2家，完成工业产值1166万元。霞浦县珠织厂通过引资成立华辉盛工艺品有限公司，取得自营进出口权。

2000年，全市有规模以上工艺美术企业4家，总产值2003.4万元，其中出口交货值1860.3万元。二轻系统工艺美术行业完成产值923万元，出口交货值828万元，主要产品为各种款式花篮、花盘等竹编工艺品。古田县竹编厂开发新产品210多种，产品出口交货值645万元。

2001年，全市规模以上工艺美术企业完成工业产值1.16亿元。骨干企业有屏南县碧全竹木工艺品公司，实现工业产值4515万元；福鼎市郑源工艺有限公司，实现工业产值2300万元；福鼎市富发宠物用品公司，实现工业产值1223万元；福安市康厝闽东玩具公司，实现工业产值638万元。古田县创新竹编工艺品500多种，创产值1300万元。蕉城区木器厂改制后职工安置工作结束。

2002年，全市规模以上工艺美术企业13家，完成工业产值1.51亿元。行业内规模最大的生产与出口企业屏南县碧全竹木工艺品公司，年创汇超过600万美元。福鼎市郑源工艺公司生产的茶具和旅游工艺品深受国内外客商和游客欢迎，产品大部分出口东南亚、日本，年创汇300万美元。

2003年，全市工艺品制造业以竹木、藤、棕、草加工为主，规模以上企业共完成产值2.36亿元。其中，屏南县碧全竹木工艺品公司全年实现产值5502.1万元，年创汇超过600万美元。

2004年，全市有工艺美术品制造规模以上企业4家，工业总产值4210.2万元，销售产值4210.2万元，出口交货值3557万元。其中天然植物编织工艺品制造业2家，工业产值2673.4万元，地毯、挂毯制造业1家，工业产值883.6万元，其他工艺美术品制造业1家，工业产值653.2万元。

2005年，全市工艺品制造业仍以竹木、藤、木刻和草加工为主。有工艺美术品制造规模以上企业4家，工业总产值4826.8万元，销售产值4826.8万元，出口交货值4308.1万元。行业骨干企业有寿宁县森鑫工艺品有限公司、屏南县碧全竹木工艺品公司、福鼎市郑源工艺公司、福鼎市富发宠物用品公司、柘荣县长荣宠物用品公司和福鼎市前岐草编厂等。

二、企业选介

（一）寿宁森鑫工艺品有限公司

1996年创办，原址在县城工业路。2005年，公司固定资产1300万元，职工280人，下属15个半成品分厂。主要生产竹木工艺品及儿童系列玩具、家具等600多个品种，产品全部出口东南亚及欧美地区。实现产值5266万元，销售收入5243万元，利润101万元，利税380万元。址设寿宁县南阳工业园区内。

（二）福鼎市郑源工艺有限公司

1999年，应福鼎市委、市政府招商引资落户，系私营企业。之后，公司进行厂房改造，建设6条木雕茶具生产线，扩大生产，增加销售。公司主要生产黑檀木、红檀木、绿檀木、花梨木四大系列高档木雕茶具、石雕茶具及工艺品。产品畅销国内23个省（市、自治区）及台湾、香港地区，远销日本、美国、韩国等国家。拥有土地面积50亩，建筑面积33000平方米，固定资产1000多万元，员工310人。2005年，年产木雕茶具271443件，创产值4365万元，实现税利376.7万元。址设福鼎市秦屿水井头工业园区内。

（三）霞浦县珠织厂

1991年厂区面积992平方米，建筑面积892平方米。固定资产原值24.1万元，是一个从事来料加工，来样加工，来件装配，补偿贸易“三来一补”企业。其产品畅销美国、加拿大、日本等10多个国家和地区。2000年，该厂通过引资成立华辉盛工艺品有限公司，取得自营进出口权。该厂在霞浦三沙、海岛和柘荣东园、福安下白石、甘棠等地建分厂，被轻工业部授予出口创汇先进企业。址设霞浦县松城六一七路。

第三章　信息产业

第一节　设　施

一、电信公司设施

（一）固定电话网

1993 年，宁德地区邮电局新增交换机容量 5000 门，使总容量达 6.1 万门。扩容市区、农村电缆 1.2 万线对，完成长途 2000 线扩容和二期网管扩容工程；架设宁德至漳湾、洋中、八都、飞鸾 4 乡镇传输光缆 62 皮长千米；建设城区单石碑、后岗方向以及飞鸾、三都、八都、漳湾、洋中集镇电缆管道 8.2 千米。

1994 年，实现全区 C3 本地电话网扩网升位。新增局用交换机容量 10 万门，使总容量达 16.1 万门，超过中华人民共和国成立 45 年以来全区总量；扩容用户线对 8.2 万对，城乡电缆管道、小区配线规模建设分别达到 122.5 千米和 8.3 万线，新建二级干线光缆 400 皮长千米。

1995 年，新增局用交换机容量 6.95 万门，使总容量达 23.1 万门；建成 3 条二级干线光缆 300 皮长千米；完成宁德至霞浦微波干线工程，建成以光缆为主的大容量高速率传输网。

1996 年，新增局用交换机容量 2.6 万门，使总容量达 25.7 万门。新增分组交换端口 140 个，扩容用户线对 3.3 万对，长途自动电路 4260 条，将网络扩大到乡镇一级。新建长途二、三级光缆 560 皮长千米。完成全省 SDH（Synchronous Digital Hierarchy，同步数字体系）网宁德 – 古田段和南沿海 SDH 网闽东段工程任务。增开 5 个 34MBit（兆字节）电路群 2400 条电路。建成以宁德为中心，福安为辅助中心连接各县市的 NO.7 信令网（7 号信令系统是一种国际性的标准化的通用公共信令系统），并实现包括 NO.7 信令链路在内的传输双路由。

1997 年，新增局用交换机容量 2.4 万门，使总容量达 28.1 万门，实现模拟移动交换机由 EMX500E 型向 EMX2500G 型的升级扩容。完成宁德、福安 N–ISDN（Narrowband Integrated Services Digital Network 窄带综合业务数字网）工程建设，新建区内光缆 1270 皮长千米。

1998 年，宁德实行邮、电分设后，成立福建省电信有限公司宁德市分公司（简称电信公司）。继续加大基础设施投入，新增局用交换机容量 8.1 万门，使总容量达 36.2 万门。完成区内 DDN（Digital Data Network，数字数据网）网的版本升级和 163 中继扩容，扩容程控交换点 62 个。建成区内 SDH 同步数字系列传输网，实现长途、本地传输网由 PDH（Plesiochronous Digital Hierarchy 准同步数字系列）向 SDH 的转换。建设区内 NO.7 信令宁德、福安转接点，为宽带

B-ISDN（Broadband Integrated Services Digital Network 宽带综合业务数字网）及 ATM（Asynchronous Transfer Mode 异步传输模式）宽带数字传输网建设奠定基础。

1999 年，新增局用交换机容量 1.8 万门，使总容量达 38 万门。接入用户线对达 24.6 万对，完成本地 7 号信令网从直联向准直联（LSTP 即 Low Signal Transfer Point，低级信令转接点）方式过渡，完成全区智能网的调测，可为全区提供卡号业务、移机不改号、广域虚拟网等多项业务。

2000 年，新增局用交换机容量 1.6 万门，使总容量达 39.6 万门。接入用户线对达 29.9 万对，全市电缆总皮长达 183.5 千米，通信光缆总长达 3421 芯千米。形成以宁德 TS1 为中心的 TUP（Telephone User Part 电话用户部分）、ISUP（ISDN User Part 即 ISDN 用户部分）层长途平面和宁德 LSTP1 为转接点的七号信令准直联网络，网络联通率提升至 96%。

2001 年，新增局用交换机容量 1.7 万门，使总容量达 41.3 万门，接入用户线对达 91.4 万对。完成交换 MPR（Multiprotocol Router 多协议路由器）改造，新增模块 8500 线，ISDN312 线，新增、扩容和改造光接入网点 66 个，增加通信能力 1.39 万线。新建光缆 141.69 芯千米，第三南沿海光缆宁德段施工顺利完成。

2002 年，新增局用交换机容量 1.3 万门，总容量达 42.6 万门，接入用户线对达 97 万对。新建、扩容接入网和程控交换容量 5.3 万线、V5 端口 2 个，设备实装率达 72%。完成省内二级干线福安—政和 36 芯光缆、本地网 3 条 24 芯中继光缆建设和市内 SDH 环网扩容，实现所有乡镇 SDH 环网保护。累计完成光缆 1.4 万芯千米、电缆 673 皮长千米、管道 486 孔千米。

2003 年，全市局用交换机容量为 42.3 万门，完成本地网电缆 2795 芯千米、管道 477.3 孔千米和宁德—古田、周宁—屏南 2 条干线光缆的建设、新增传输能力 4286 个 2M（兆），交换接入网 44696 线，主干电缆 10.44 万线对、配线电缆 10.39 万线对。

2004 年，局用交换机容量为 38.4 万门，完成交换接入网 3.3 万线，接入网光缆 1.2 万芯千米，管道 388 孔千米，接入网主干电缆 4.25 万线对，接入网配线电缆 8.56 万线对。完成骨干传输网三期 SDH 环网建设，新建成一个 10C 的沿海环，一个 2.5C 的山区环。完成周宁－寿宁、福鼎－霞浦、宁德市区莱茵城—后岗中继光缆建设，新增光缆 163 皮长千米、5088 芯千米。至此，宁德市县间中继光缆第二轮建设全面完成，累计骨干中继光缆达到 1397 皮长千米，28132 芯千米。

2005 年，电信公司本地电话网基本形成一个二级结构的 C3 大本地网，共有 15 个本地交换端局，全市局用交换机容量为 41.7 万门，实占容量 28.5 万门，实占率为 68.34%。完成 SDH 传输网三期工程，中继光缆达 3075 皮长千米，共 58732 芯千米，开通 6582 个本地 2Mbps（兆字节）传输电路，10 个本地 155 传输电路。同时本地接入网光缆达 3647 皮长千米，41248 芯千米，开通本地 2Mbps 传输端口 18457 个，基本建成本地骨干接入传输网。

（二）数据网

1993—1994 年，宁德市电信 DDN（数字数据）网络基本延伸至各县（市）局。1995 年，建成数据通信网，分组交换和数字数据端口分别达到 268 个和 260 个。1996 年，数据网建设以扩大端口覆盖为目标，新增分组交换端口 140 个，网络已扩大到乡镇一级。1997 年，完成全区 DDN、分组交换网扩容工作，分组交换节点机端口数达 896 个，DDN 节点机端口容量达 734 个。

1998 年，闽东信息港工程完成扩容，建成闽东信息制作中心。分组交换节点机端口数达 901 个，DDN 节点机端口容量达 862 个。1999 年，实现分组、DDN 等基础数据业务继续增长，建成全区网上多媒体教室以及集业务宣传、受理、培训为一体的综合性网吧。分组交换节点机端口数达 992 个，DDN 节点机端口容量达 1530 个。

2000 年，全市新建、扩容数据 ADSL（Asymmetric Digital Subscriber Line，非对称数字用户环路）接入端口 12 线，数据接入总端口达 60 路，DDN 节点机端口容量达 1510 个，分组交换节点机端口数达 974 个。扩容互联网接入服务器 750 端口。完成福建省 163 邮件、认证计费及业务管理系统的割接。

2001 年，完成宁德政务信息网建设及宁德本部 ADSL 宽带建设。分组交换节点机端口数达 974 个，DDN 节点机端口容量达 1653 个。2002 年，完成 ADSL、163、帧中继、DDN 和接入服务器扩容工程，新增 ISDN 端口 128 线，ADSL7488 线。分组交换节点机端口数达 848 个，DDN 节点机端口容量达 1551 个。建成 39 个以双（宽带通）小区，形成的 3215 个信息点，全力推进闽东信息化进程。

2003 年，新建 ADSL 接入端口 4.4 万线，端口容量达 2.7 万个。新建 LAN 端口 9260 线，用户端口容量达 6384 个。分组交换节点机端口数达 848 个，DDN 节点机端口容量达 1702 个。2004 年，新建 ADSL 接入端口 5.7 万线，端口容量达 8.2 万个。LAN（Local Area Network 局域网）端口 1.53 万个。分组交换节点机端口数达 848 个，DDN 节点机端口容量达 1674 个。宽带接入网延伸到所有乡镇及 147 个重点行政村。

2005 年，分组交换节点机端口数达 848 个，DDN 节点机端口容量达 924 个。ADSL 端口容量达 8.5 万个。LAN 端口 2 万个。至此，基础数据网络已覆盖宁德市区及 8 个县（市），设置 2 个网管节点，23 个 DDN 网节点，并持续整合优化 DDN 网络，增加接入能力。宽带 IP（Internet Protocol 互联网协议）城域网经过 4 期建设，已具备一定规模。

（三）无线通信网

1993 年，宁德地区建成移动电话和无线自动寻呼系统，并完成无线寻呼补充网络的改造。1994 年，新建、扩建移动电话基站各 1 个，新建移动电话直放站 9 个，无线寻呼复台 9 个。移动电话、无线寻呼覆盖面分别扩大到 17 个和 36 个乡镇。

1995 年，新建移动交换基站 4 个，直放站 3 个、异频转发站 2 个，模拟网基本覆盖区内交通干线和重点乡镇，并实现全国自动漫游，容量达 7500 户。全区第一个数字移动电话基站（48 信道）投入使用。无线寻呼实现全省自动寻呼，容量达 30 万户。

1996 年，全区新增模拟移动电话基站 19 个、信道 250 个、发射机 73 台。至此，全区拥有模拟移动基站 26 个、信道 546 个，数字基站 17 个、载频 43 个；无线寻呼基站 39 个、发射机 131 台，信号基本覆盖 9 县市所有乡镇。1997 年，新扩建模拟移动电话基站 34 个，全区达到 60 个。增加信道 654 个，达到 1200 个。新建数字移动基站 37 个，达到 56 个。新建无线寻呼基站 18 个，达到 57 个，增加载频 120 个，基本实现各县（市）城关、乡镇所在地以及国道 104 线宁德段移动信号全面覆盖。

1998 年，建成容量 6 万门的数字移动交换系统；新扩建数字移动基站 116 个、增加载频 371 个；新建模拟移动基站 2 个、增加信道 20 个，基本实现各县（市）城关、乡镇所在地以及国道 104 线移动信号的全面覆盖。完成 F3、F7 频点补点工程，新增无线寻呼基站 39 个，发射机 108 台，F3、F7 频点寻呼信号已基本覆盖到 70% 左右的通话行政村；完成无线寻呼系统二期版本升级工程。1999 年，电信重组前完成移动第一期网优工程。

2001 年，全市开通市话通（俗称小灵通），完成 287 个小灵通基站建设和协议签订。2002 年，建成无线环路系统 3.45 万门、小灵通基站 330 个，小灵通容量达 13 万线。2003 年，投资小灵通建设 1.1 亿元，完成 15.09 万线，小灵通基站达 3179 个，容量达 21.9 万线。信号基本覆盖到全市各乡镇。

2004年，小灵通网络累计投资约400万元，新增基站80个，新建IGW（International Gateway互联网关）局1个及网络优化扩容4万线，覆盖到宁德境内高速路段180千米。

2005年，小灵通采用中兴公司IGW系统，采用独立组网方式，系统容量已达32万线，安装基站4496台，信道21888个。

二、移动公司设施

（一）移动电话网

1995年6月，福建省通信管理局确定在宁德建立GSM数字移动通信网，11月18日数字移动工程建成并开通使用。1996年1月1日，实现市区联网。1997年7月，宁德移动开通第二代移动通信系统，以数字信号为传输手段，即数字手机，俗称“139大哥大”。1999年，移动从电信公司分营，成立福建移动通信有限责任公司宁德分公司（简称移动公司）。

2003年5月19日，中国电信宁德分公司程控机房

2001年，宁德移动公司国际漫游网络投入商业试运营，可为全国16个省25个城市的用户提供服务。下半年，组织全面提高网络质量大会战。宁德全区网络话音接通率、长途来话接通率、信道完好率均达标。

2005年年底，宁德移动公司的全球通网络覆盖全国所有地（市）和98%以上的县（市），实现高话务区域的覆盖及主要交通干线的连续覆盖。

（二）传输网

2000年4月，宁德移动公司完成宁德地区移动通信传输网建设，完善网络结构。2001年起，持续5年开展7项传输建设工程，大力优化本地传输网络，提升传输安全性，实现县城汇聚接入双节点的改造，同时对宁德市区网络进行改造，使得原本分散孤立网络向目标网过渡。至2005年年底，建成1台132万容量HLR（Home Location Register，归属位置寄存器）、3台总容量85万的MSC（Mobile Switching Center，移动交换中心）、1017个基站及4130千米光传送网，对全市基站更换国产设备，基础网、新业务网和支撑网不断成熟完善，自建基站率达到92%。持续开展扩容改造，全面实现网络优质覆盖工程，移动电话接通率保持在90%以上。

三、联通公司设施

2000年，中国联合网络通信有限公司宁德市分公司（简称联通公司）网络建设主要聚焦海上和高速公路沿线。海上网络建设方面，在宁德官井洋海面以极短的时间相继开通宁德礁头、斗帽、象溪、八都，霞浦下浒、浒屿等基站，海上网络覆盖得以改观，吸引不少高话务量的用户入网，官井洋一带的话务量占公司总话务量的20%左右。同时，开通高速公路沿线宁德云淡，福安溪尾、松罗，福鼎秦屿，霞浦盐田等，促成一批高速路施工队入网。各县（市）城关及内陆山区重点乡镇基站补点工程也持续开展，全年开通基站80个，整体网络质量显著提升。新建光缆线路1500千米，基本实现宁德市9县（市、区）和主要交通干线全覆盖，逐步形成东西两个大环。东大环：宁德—福安—柘荣—福鼎—霞浦—赛岐—宁德；西大环：宁德—古田—屏南—周宁—宁德。传输网络的建成为基站运行的安全和稳定性提供保证。寻呼建设先后开展机房整治、基站搬迁、防雷、监控和系统升级等工程建设，确保寻呼系统运行安全和稳定性，增强寻呼信号特别是全国网、信息网信号覆盖范围，无线寻呼通信能力大大增强。

2001年8月，完成C网一期，G网五期、六期建设任务，第二交换机房、数据机房如期投产。9月，福安交换机房完成加固、装修和消防工程，9月28日拨通第一个CDMA（Code Division Multiple Access码分多址）电话，顺利开通CDMA7.5万门交换局。11月，完成GSM第二交换局割接入网任务。12月，全市建成干线360千米，本地传输线路230千米，管道30千米，累计开通G网基站83个，并对全市的网络重新进行规划，建成2.5G环网，原有各县（市）传输路由陆续割接到2.5G大环上，解决主干网络单路由传输问题，传输网安全运行得到保证，数据网络初具规模。此外，还完成与中国电信17911 IP、193互联互通；完成ATM二期、VOIP（Voice over Internet Phone网络语音电话业务）三期主叫认证扩容和17911二次拨号升级；同时根据网络运行情况，完成全市60多家大客户专线接入以及接入网一期POP（Point Of Presence入网点）点设备安装与调测。

2002年，宁德联通公司主要做好福鼎边贸等区域边际网建设，开通CDMA网二期76个、边际网56个，建成室内分布系统15个，涵盖该市城区绝大部分的宾馆、高楼、地下室。同时，着重抓好全市网络优化工作，呼叫成功率从年初91%上升到年底94%，网络切换成功率由年初92%提高到年底94%。传输建设完成本地网架空光缆线路500千米，直埋路由吹缆220千米，管道穿缆20千米，管道建设45千米。开通2.5G西环及局间环，解决主干网络单路由传输问题，传输网安全运行得到保证。数据工程完成新数据机房整改以及VOIP三期、165二期、165省网工程建设。完成寻呼129系统整合、改造，为开展一号通、如意呼、通知呼、寻呼充缴费等新业务奠定基础。

2003年，全市完成C网三期一阶段基站43个站点设备安装任务，还开通105个直放站、华为边际网108套设备安装与开通工作。根据集中成片建设、经济重点区域优质覆盖原则，先后完成蕉城洪口水电站，古田秋山水电站、下汐水电站，周宁银矿，霞浦水门机场，宁德高速公路沿线等十几个专项建设。全市边际网替换基站达到11个，完成建设光缆线路360千米，城区管道25千米。

2004年，全市完成CDMA三期一阶段、二阶段A工期、B工期及本地网一期、GSM八期、九期工程建设，新建光缆杆路713千米、管道21千米。开通CDMA站点219个，GSM站点98个，CDMA直放站65个以及霞浦浮鹰岛、福鼎嵛山岛等海岛基站，使CDMA1X海域超远覆盖功能得以显现。综合网关局开通优化和电信、移动互联互通传输网络，保证互联互通电路安全，也与网通、铁通实现互联互通直联。截至12月底，宁德联通公司拥有C网基站372个、直放站127个、G网基站403个、直放站50个。

2005年，拥有GSM交换机2台，HLR1个，综合关口局2个，基站444个，直放站57个，CDMA基站393个、直放站141个。

四、铁通公司设施

2001年起，中国铁道通信信息有限责任公司宁德分公司（简称铁通公司）采用先进技术，对既有网络进行整合、扩容、改造，基本完成长途传输网、交换网、数据网、城域网、铁路通信以及互联互通等基础通信网络建设，初步具备为社会公众提供电信服务能力，可提供固定网本地电话、国内国际长途电话、IP电话、数据传送、互联网、视讯、卡类、呼叫中心、虚拟专网、网络托管、传真存储、转发等多项基础和增值电信业务。在蕉城、福安、福鼎（市、区）设置经营机构，实现由铁路专用通信网向公众电信网转变。2002年12月至2003年1月，先后投资2000多万元完成蕉城中心机房、模块局和福安中心机房建设，与联通、移动、电信网互联互通，以及蕉城、福安城域网管道建设。2004年，开展3G（3rd-Generation第三代移动通信技术）和数字集群试验，随着铁路GSM-R（GSM-Railway专用于铁路日常运营管理的移动通信）建设不断推进和数字集群商用试验全面开展。2005年，宁德铁通公司开始拓展移动通信领域业务。

第二节　业　务

一、电信公司业务

（一）固定电话

城乡电话　1993年，宁德地区邮电局突出发展城乡电话，全区城乡电话用户净增3541户，电话主线普及率达2.4线/百人，电话普及率达2.6部/百人，市话装移机及时率达96.1%。1994年，全区有15个贫困乡开通程控电话，建成电话百户村2个、50户村3个，有1077个行政村用上自动电话通话、行政村通话率达50.4%，净增城乡电话3万户。1995年，全区5个县（市）实现乡镇电话主线普及率、市话普及率分别达到3.2部/百人和21.8部/百人，净增城乡电话3万户。1996年，完成10个乡镇程控改制工程、新增通话行政村360个，同时采用光环、铜缆、无线接入等方式完成360个行政村管线工程。全区新增城乡电话3万户，达到12.9万户，电话主线普及率及市话普及率分别达到4.17线/百人和24.8部/百人。1997年，新增通话行政村788个，百户村26个、千户镇11个，全区行政村通话面积达83%。其中福安局、福鼎局率先实现村村通电话，全区新增城乡电话用户5.12万户。1998年，新建通话行政村161个，新增城乡电话5.34万户。1999年，新增81个通话行政村，通话行政村总数达2066个，通话率升至95.96%，新增城乡电话用户4.85万户。

2000年，全区新增城乡电话1.2万户，其中福安市赛岐镇当年发展电话1万多户，成为闽东第一个电话万户镇。全年电话放号首次突破10万户大关。2002年，净增城乡电话14.86万户。2004年，全市通电话行政村率上升至99.26%。2005年，全市城乡电话用户数达91.41万户，通电话乡镇122个、行政村2150个，行政村通电话率达到99.68%。

公共电话　1993年，全区在各城区主要地段设立公用电话点。1994年，新增点951个。1995年，新增2000多个公用电话点。1996年，新增2469个，公话普及率达到8.65部/千人。1997年，又新增点3313个。1998年，第一台IC卡电话在宁德城区投入使用，至年底，全区发展到 980 部，新增公用电话点 2630 个。1999 年，全区累计净增 IC 卡电话 2090 部，售出 IC 电话卡 52.17 万枚。

2000 年，全区累计净增 IC 卡电话 460 部。2002 年，不断扩大公话覆盖范围，在各县（市）城区繁华地段设立“公话街”“公话群”，净增卡式公话 2388 部。2003 年，重点发展有人值守公话和 IP 超市，全市中国电信 IP 超市达到 872 家。

2005 年，全市公用电话总数达到 5.42 万个，其中 IP 超市、IC 卡话机、有人值守公话、智能网终端公话分别达到 9606 个、7539 个、16893 个、20197 个。

小灵通 2001 年 1 月 15 日，小灵通（市话通）在全市各县（市、区）全面开通，小灵通用户达 5.57 万户。2002 年，全市净增 6.85 万户，用户总数突破 12 万户。2003 年，中国电信宁德分公司推出“灵通快乐王”“灵通游”等系列营销方案，并与福州分公司协商开通宁德到福州单向“一机双号”业务，全年累计净增小灵通用户 9.61 万户。2004 年，小灵通在蕉城区青山岛海上渔排正式放号。

2005 年，全市小灵通用户数达到 33.22 万户，全市小灵通实现与省内移动、联通手机短信互通。

（二）无线通信

无线寻呼 1993 年，宁德地区建成无线自动寻呼系统，当年全区有无线寻呼用户 1444 户。1994 年，实现全区无线寻呼联网，净增无线寻呼用户 1.21 万户。1995 年，实现全省自动寻呼、无线寻呼用户达4.36万户。1996年，新增用户 3.20 万户，达到7.56万户。1997年，新增9.40万户，较历年发展数总和还多 1.80 万户。1998 年，无线寻呼用户新增 8.10 万户。12 月 23 日，福建电信寻呼有限责任公司宁德地区电信寻呼公司成立，原宁德地区电信局无线公司正式从宁德地区电信局中剥离出来，实行独立运营核算。

移动电话 1993 年，宁德地区邮电局建成移动电话交换站，首批发展移动电话用户 97 户。1994 年，无线通信覆盖面扩大，净增用户 1144 户。1995 年，移动电话用户达到 4500 户。1996 年，新增用户 5500 户，达到 1 万户。1997 年，移动电话用户大幅增加到 1.7 万户。1998 年邮、电分设后，移动通信业务暂未剥离，当年移动电话用户新增 2.85 万户。同年，推出模拟手机“本地通”业务，发展用户近 2000 户。1999 年 7 月，移动业务从电信局剥离出去，正式成立中国移动通信集团福建有限公司宁德分公司，独立运营移动通信业务。

（三）数据通信

1993 年，宁德地区邮电局数据通信分组交换设备安装完成 90%。1994 年，发展分组交换用户 64 户。1998 年，数据基本业务新增 607 户。1999 年，分组、DDN 等基础数据业务继续增长，全年新增数据基本业务 427 户。2000 年，新增数据基本业务 129 户、IP 网用户 6767 户。2001 年，又分别新增 62 户和 1.12 万户。2002 年，电信公司 ADSL 虚拟拨号正式开通，全面向公众客户开放宽带业务。互联网窄带业务拥有拨号上网、专线接入等方式。同年，共建成 39 个 LAN（宽带通）小区，形成 3215 个信息点，全力推进闽东信息化进程。2003 年，电信公司与政府部门、相关企业和电脑销售商联合打造宽带业务品牌，开展“校校通”工程、电子银行应用等项目，全年累计净增宽带用户 2.34 万户。2004 年，电信公司全年累计净增宽带用户 2.91 万户。

2005 年，全市由电信公司经营的基础数据业务端口总数达到 1062 个，其中分组交换端口数、DDN 业务用户端口数、帧中继端口数分别为 292 个、364 个和 406 个，全市宽带业务用户数达

6.44 万户。

（四）增值业务

1993 年，宁德地区邮电局声讯、来电显示、呼叫转移等程控新功能业务快速发展。1994 年，全区各县（市）局均开通“166”“168”声讯服务系统。其中，福鼎局、福安局各自开发“168”话费自动查询系统，方便用户查询话费。同时，宁德地区邮电局还组织开展“调查千个用户、发展千项程控新功能”活动，促进增值业务发展。1998 年，增值业务用户新增 868 户。1999 年，增值业务用户新增 8189 户。

2000 年，全区净增来电显示用户 4710 户。2001 年，净增用户 1.61 万户。同时不断开发网络增值业务，推出“17999 中国电子口岸系统”“17989 电话证券系统”以及“17987 足球彩票”“17909 移动电话充值卡”等新业务。2002 年，全市电信大力推广来电显示、电话 QQ、家家 e、“17909”“8163”等增值业务，其中全年累计净增来电显示用户 20.85 万户。2003 年，声讯、来显、“20130”等增值业务飞速发展，其中全年累计发展来电显示用户 18.57 万户。开通“电信大家庭”阳光助学热线，提升声讯业务的社会形象。2004 年，通过社会合作丰富应用资源和扩大宣传提高业务知名度，增值业务市场不断扩展，全年累计发展来电显示用户 12.51 万户。

2005 年，全市来电显示业务用户达 61.88 万户，彩铃业务用户达 10.93 万户，短信累计完成 3254.90 万条，超级无绳电话发展 5794 户。

二、移动公司业务

（一）主营业务

全球通 2000 年 1 月，宁德移动分公司从电信公司分立后，正式开办“全球通”2000 卡业务，公司内部普及移动数字电话、办理入网全球通业务。2003 年 10 月，推出“全球通升级版”。截至2005年，全球通有“139”“138”“137”“136”“135”“134”“159”“158”“157”“152”“151”“150”“147”“188”14 个网号。网络在全国所有地（市）和 99% 以上的县（市）实现全覆盖，与世界 176 个国家和地区开通国际漫游。在确保网络覆盖和通话质量的基础上，全球通还承载众多创新的数据和语音业务，其中包括多媒体彩信、E 动互联、手机证券、随 E 行、国际漫游、手机邮箱、手机银行、手机上网、短消息、双频网、亲情号码、秘书服务、来电显示等，用户还可享受上网冲浪、收发邮件、在线理财、位置信息等服务，其中“全球通——未来在我手中”为著名品牌。

神州行 2000 年 1 月，宁德移动开办智能网“神州行”预付费业务。11 月，正式开办“神州行 2000”业务。2002 年，开办“八闽通”业务。2004 年，将“八闽通”纳入“神州行”，并打造“神州行——轻松由我”品牌。2002 年，推出对点短信、梦网等各种数据业务。2002 年 10 月，宁德移动率先推出彩信业务，12 月 25 日，开通国际短信业务。

动感地带 2005 年 1 月开放“动感地带”品牌国际直拨业务，主打高校学生群体。其中“动感地带——我的地盘听我的”为著名品牌。

（二）增值业务

2000 年，宁德移动公司随着通信业务的发展，“神州行”“全球通”WAP 商用网、IP 电话相继推出，数字手机增加新业务——短信消息。最低资费 20.00 元 / 月租，占频费 4.00 元，接打 0.20 元 / 分钟，短信 0.10 元 / 条。

2001 年，宁德移动关闭 TACS 模拟移动电话网，停止经营模拟移动电话业务。

2002 年，GPRS（General Packet Radio Service 通用分组无线服务技术）和彩信业务相继推出，用户可享受查询彩票、航班、天气预报，为亲友点歌祝福等增值业务，推出 30 元、50 元、100 元三档包月套餐。

2003 年，宁德移动公司推出手机用户月租 10 元、来电显示 4 元、被叫包月 1.39 元，主叫固话 0.3 元 / 分钟、手机通话 0.2 元 / 分钟、被叫移动号码免费、其他 0.1 元 / 分钟套餐服务项目。业务种类有来电显示、呼叫转移、呼叫等待、呼叫限制三方通话、语言信箱、移动秘书、短信消息、信息点播、数据传真、彩信业务、IP 电话、WAP 业务等。

2004 年 10 月，宁德移动推出“自由卡”月租 10 元、来电显示 4 元、全球通 2 元、天气预报 3 元等业务，主叫 0.1 元 / 分钟、被叫 0.1 元 / 分钟。对乡镇用户推出本地通资费，接打 0.1 元 / 分钟。为方便客户查询，宁德移动公司提供营业厅多媒体、网站、“10086”、短信、账单邮寄等多种查询、获取话费信息的方式供客户选择。为更好服务宁德海域客户，宁德移动开办全国唯一一家办在海上的营业厅——三都澳海上移动通信营业厅，为三都澳 714 平方千米海域上从事养殖作业的 1 万多户渔民提供通信服务。

（三）信息化服务

2002 年起，宁德移动公司坚持“客户至上”原则，着眼于“沟通社会、服务民生”，大力推进“便民、利民、惠民”信息化服务体系建设，推进信息化在工业、农业、服务业、城市管理中的深层次应用。

2003—2004 年，移动公司根据客户在管理、技术和服务等方面的需求，利用自身强大网络资源和业务能力，加快业务发展，为出租、公交、物流等行业以及政府、企业、学校提供“实用、适用、易用”综合信息服务。

2005 年，移动公司推出公安警务、水文监测、环保监测、小额支付等系统服务业务，新增“校信通”“农信通”“银信通”“警务通”“气象通”等系列通信产品，助力宁德经济发展。

三、联通公司业务

1993—1999 年，宁德联通公司根据市场变化，不断调整经营策略。从最初经营 GSM（Global System for Mobile Communication 全球移动通信系统）移动电话、联通寻呼等较为简单的业务，逐步发展到经营固定电话、移动通信、因特网数据、网络托管、手机销售和维修等电信综合业务。

2000 年，宁德联通公司 GSM 新上网用户数达 7.55 万户，完成年计划数的 104%，累计在网用户达 9.65 万户。寻呼业务维持快速发展势头，发展用户 11 万户，完成年任务的 91%，累计在网用户达 18.5 万户。12 月底，全系统完成利润 1200 万元。

2001 年，公司全年实现主营业务收入 1.50 亿元，完成计划的 82.28%，比上年增长 19.77%。实现收支差额 4185 万元，完成计划的 54.78%，比上年增长 23.71%。GSM 新增网上用户 8.45 万户，完成计划 111.3%。完成业务收入 1.10 亿元、利润 2760 万元。宁德市场占有率为 40.6%，居全省系统第一名，其中，数据业务完成业务收入 496 万元、长途业务完成业务收入 469 万元，数据与长途利润为 679 万元；互联网业务完成收入 71 万元，利润 3.8 万元；无线寻呼完成业务收入 2995 万元，利润 742 万元；其他业务利润收入 1336 万元。

2002 年，全年实现业务收入 1.33 亿元，完成计划的 67.59%，实现利润 2078 万元，完成计划35.98%。收支系数完成1.3、完成计划的88.44%，资产报酬率为20.80%、完成计划数61.18%，百元人工成本创收为2020元/百元、完成率为91.82%；G网的ARPU（(ARPU-Average Revenue Per User每用户平均收入，用于衡量电信运营商业务收入的指标）值为54.11元/户、完成率为54.11%，C网APRU值为149.61元/户、完成率99.74%，G网净增用户2.3万户、实现收入1个亿、利润2300万元。

2003年，实现主营业务收入1.13亿元，完成计划的60.41 %。其中，移动专业9933万元（GSM8464万元，CDMA1469万元）；数据、长途、互联网专业962万元（数据446万元，长途324万元，互联网192万元）；寻呼专业421万元；全公司实现利润-323万元，完成计划-4.7%。净增GSM出账用户7773户，完成计划22.58%；净增CDMA出账用户13937户，完成计划的26.68%；数据长途互联网业务有所上升，其中综合业务大客户净增117户、互联网165专线净增36条、卡类销售534万；寻呼累计缴费用户5.66万户，联通秘书新增近3万户。

2004年，实现主营业务收入1.33亿元，完成计划的80.37%。其中，移动专业1.18亿元（GSM9719.15万元，CDMA2116.95万元）。数据、长途、互联网专业1075.18万元（数据589.72万元，长途485.46万元）；寻呼专业351万元。全公司实现利润-4151万元。净增GSM出账用户-283户；净增CDMA出账用户-224户；用户在网总数27.3万户，其中GSM用户23.5万户、CDMA用户3.8万户。出账用户总计达到18.5户，新增市场占有率30%左右。

2005年，分公司完成主营业务收入1.54亿元，完成省公司下达任务1.60亿元的96.56%，较上年同期增长16.35%。其中G网公务完成1.15亿元，数据业务完成591万元，长途业务完成311万元。收入完成率和同期增长率均有大幅度提升，居全省系统第五位，全年绩效考核位居全省第四位。C网在网用户4.7万户、较上年同期增长9000户，出账用户3.2万户、较上年同期增长2000户。G网在网用户21.7万户、较上年同期增长4000户，出账用户16.3万户、较上年同期增长9000户。

第四章　开发区与工业园区

第一节　开发区

一、福建宁德三都澳经济开发区

（一）机构

1993 年，三都澳开发区管理委员会为正科级。4 月 30 日，管委会设土地事务所；7 月 7 日，成立农村工作办公室；26 日，成立保卫科。1994 年 9 月 3 日，成立经济民警小队。

1998 年 3 月，管委会升格为副处级单位，作为宁德市（县级）人民政府派出机构。2000 年 11 月，宁德撤地设市后，三都澳开发区管委会作为蕉城区政府派出机构。2001 年 11 月，三都澳开发区管委会内设"一办四局"，即办公室、社会事业发展局、计划与经济发展局、国土规划建设局、财政局。2002 年 7 月，成立财税组。2005 年 10 月，更名为福建宁德三都澳经济开发区管理委员会。址设宁德市蕉城区莲峰路帝源大厦。开发区区域包括蕉城区三都镇的渔潭、西湖、城澳街、城澳里、三坪、寒垄、七星、青澳、孟澳、斗帽、虾荡尾、仙竹、鸡公山等 13 个村，陆域面积 23.8 平方千米。实行双重管理体制，开发区负责经济开发工作，行政、人口等社会事务仍归当地政府管理。

（二）规划编制

1993 年，编制完成《三都澳城澳港区总体布局规划方案》和一级疏港公路航测。1994 年，省计委组织开展三都澳国土规划工作，出版《三都澳区域发展跨世纪宏图》。7—11 月，先后编制完成《城澳港区工程地质勘查报告》《福建省三都澳城澳围埝工程详勘阶段工程地质勘查报告》《城澳区总体规划》《三都澳港运量发展》《三都澳城澳港船型分析》。1995 年 8 月，管委会编制的《万吨级多用途码头预可行研究报告》，通过地区和省港航局初审。1996 年 4 月 24—25 日，《三都澳城澳港区总体布局规划方案》《三都澳城澳万吨级多用途码头工程预可性研究报告》通过省计委、省交通厅联合预审。1997 年 7 月 30 日，福建省第八届人民代表大会常务委员会第三十三次会议通过关于修改《官井洋大黄鱼保护区管理规定》，决定从原大黄鱼保护区 329.5 平方千米范围中划出 14.86 平方千米海域作为港口建设区域。

2001 年，对三都澳开发区总体规划进行修编。2003 年 4 月，宁德市实施海峡西岸东北翼港口中心城市建设，三都澳开发区总体规划纳入宁德市城市总体规划编制。

2005 年 10 月，宁德市政府对开发区规划区域进行局部调整。原配套开发区的漳湾临海工业用地和作为旅游项目配套用地的青山岛、斗帽岛、鸡公山岛被调整，新增三都岛长撬尾深水岸线、礁（头）飞（鸾）线沿海及罗（源）宁（德）高速公路以东 14.62 平方千米。

（三）基础设施建设

1993 年，引进南通市姚港物资装卸储运公司资金 1200 万元，建成城澳下池 2 万吨级趸船码头。1994 年 5 月 20 日，成立三都澳城澳万吨级码头筹建领导小组办公室，着手万吨码头筹建工作。6 月 29 日，宁德地区行署成立三都澳城澳港口岸对外开放筹备领导小组，加强三都澳城澳港码头和口岸查验机构建设。10 月 8 日，宁德地区行署成立宁德地区三都澳城澳万吨级杂货码头筹建工作领导小组，部署杂货码头筹建工作。

1996 年 2 月 28 日，宁德地区行署成立城澳万吨码头建设筹备组，同时成立城澳万吨码头建设指挥部，部署城澳万吨码头筹建工作。11 月 11 日，省计委批复宁德三都澳城澳港区万吨级多用途码头项目建议书。1997 年 12 月 24 日，宁德港务局、宁德市（蕉城区）人民政府按 7 ∶ 3 股份共同出资 1920 万元人民币，组建宁德三都港港口建设发展有限公司，作为万吨码头项目业主，宁德市（蕉城区）前期投入股资 576 万元。1998 年 7 月，浙江益诚公司在开发区规划岸线 12#、18#、21# 泊位建设三个毛角石临时专用码头。1999 年 8 月 10 日，城澳万吨级多用途码头动工建设，总投资 1.52 亿元。

2001 年 6 月，城澳自来水有限公司投资 538 万元，在半山村利用大弯坡溪流和葫芦溪流，动工建设日产 1 万吨的城澳自来水厂。2002 年 6 月 28 日，蕉城区政府投资 5400 万元，全长 10.5 千米的象溪至城澳二级疏港公路动工建设。2003 年，蕉城区政府投资 1100 万元的省道 201 线城澳段，疏港公路虎头山隧道拓改工程动工建设。2004 年 5 月，总投资 1700 多万元的城澳滚装码头开工建设。12 月 22 日，万吨级多用途码头通过工程主体验收和通航安全验收。12 月 28 日，城澳一类口岸通过省级验收。

2005 年 7 月 13 日，城澳一类口岸通过国家级验收，并经国务院批准正式更名为宁德港。

（四）招商活动

1997 年 8 月 1 日，开发区与福州保税区冠达贸易有限公司签订在开发区城澳下池 1# 矿区开采毛角石外运协议，成为首家入区开采毛角石企业。9 月 24 日，首艘装载毛角石货船“苏新”号载 2252 吨毛角石离港经日本石垣岛清关换运至台湾麦寮港。1998 年 7 月，与浙江益诚实业有限公司签订在开发区城澳开采毛角石外运协议。1999 年 8 月，与福建大众航运有限公司签订在开发区城澳 2# 矿区开采毛角石外运协议。

2000 年 4 月 21 日，原由福州冠达贸易有限公司开采经营的开发区城澳下池 6# 矿区“嫁接”给宁德市飞鸾基础工程有限公司。2001 年 7 月 8 日，与福建山澳矿业有限公司签订了在开发区城澳 3#、4# 矿区开采石料出口项目合同，计划年开采出口碎石、毛角石、坯石 1000 万吨。

2002 年 8 月 24 日，开发区与宁德市新中原石材有限公司签订在 4# 石料专用码头开采及加工水泥预制件出口协议，总投资 1000 万美元。9 月 6 日，与宁德三都港口发展有限公司签订在开发区岸线 11# 泊位建设 3 万吨级散杂货码头及开采、出口石料合同。

2005 年 3 月 24 日，与新加坡中国实业投资控股有限公司、山东利仁投资控股有限公司签订了在规划岸线 1# ~ 3# 泊位建设第六代集装箱码头协议。

（五）入驻企业

宁德市三都澳城澳建设发展有限公司　址设蕉城区莲峰路1号（帝源大厦三楼），1992年成立，注册资本482万元人民币。经营范围：港口开发区公共设施建设、配套设备安装、港口开发、建材工程装饰、建筑材料销售等。

福建省宁德市飞鸾基础有限公司　址设蕉城区飞鸾南区66号，1993年6月成立。注册资本307万元人民币，系一家具有工程施工、矿山开采、对外贸易能力的综合性有限公司，拥有大量机械施工设备。在开发区建有万吨级石料专用码头一个。

宁德市三都澳路桥投资有限公司　址设宁德市帝源大厦，1997年8月5日成立，系三都澳经济开发区直属股份制企业，注册资本465万元人民币，主要经营三都澳港区基础设施等项目开发，招商、引资及项目建设管理，建筑用花岗岩开采。

福建山澳矿业有限公司　址设蕉城区三都镇三坪村，2001年成立。由香港雅高实业有限公司塞舌尔共和国雅高物流公司、浙江益诚实业有限公司共同投资的合资企业，注册资本3000万元人民币，主要经营花岗岩毛角石、碎石出口，在开发区建有2个8000吨级石料专用码头。

福建三都澳国际集装箱码头有限公司　址设蕉城区蕉城南路109号，2005年11月16日成立。系厦门高能投资有限公司和山东利仁投资控股有限公司共同出资成立的码头公司。在开发区1# ~ 2#泊位进行综合性码头开发建设和经营工作。

宁德三都港口发展有限公司　址设宁德市蕉城南路49号，1991年1月成立。系福建天安集团公司和福建省中港物流公司共同合资成立的股份制公司，注册资本500万元人民币，主要经营港口码头投资建设、港口机械设备销售、船舶机械设备零配件销售及花岗石等建筑材料开采、销售。在开发区建设20万吨级配套2个5万吨级通用码头。

二、闽东赛岐经济开发区

（一）机构

中共闽东赛岐经济开发区工作委员会　1993年4月，称中共闽东赛岐经济开发区委员会。1998年10月，中共宁德地委决定撤销中共闽东赛岐经济开发区委员会，成立中共闽东赛岐经济开发区工作委员会。至2005年不变。

闽东赛岐经济开发区管理委员会　1993年，闽东赛岐经济开发区管理委员会为副处级，编制45名。内设办公室、规划基建处、计划财务处、保卫处、招商局等5个副科级机构。11月，中共宁德地委第五十七次办公会议决定，原赛岐镇的罗江，甘棠镇的南安、小留、樟港、加招、北山、大留、坑门里等8个村划归赛岐经济开发区管理，并相应成立农村工作处。管委会内设机构增设闽东赛岐经济开发区经济发展局，与招商局合署办公，规划基建处改为闽东赛岐经济开发区规划建设局，与福安市土地局闽东赛岐经济开发区分局合署办公，增设闽东赛岐经济开发区村街工作处，同时撤销开发区保卫处，其任务交赛岐公安分局承担。

1994年8月，计划财务处改为福安市财政局闽东赛岐经济开发区分局，规划建设局对外增挂福安市环境保护局闽东赛岐经济开发区分局牌子。1997年，福安市土地局闽东赛岐经济开发区分局单独设置，副科级。2005年，开发区内设办公室、财政分局、土地分局、规划建设环保局（对外挂环保分局牌子）、招商局（与经济发展局合署办公）、村街工作处等办事机构。

（二）管理体制

1993年12月，福安市委会议议定将甘棠镇的7个村和赛岐镇的罗江村划归开发区管理，成立闽东赛岐经济开发区村街工作处，负责8个行政村的政治经济和社会各项事业的管理。

1998年，维持省级地办，福安市代管体制。10月，宁德地委按正处级配备开发区领导班子，由福安市委书记兼任党工委书记。1999年4月2日，宁德地委、行署在赛岐开发区召开现场办公会议，决定扩大开发区管辖范围，对开发区实行“区镇合一、辐射一线”管理体制，即开发区直接辖赛岐镇及其下属的31个村（居）和村街工作处及其下属的9个村（居），并辐射管理沿江两岸的43个行政村（其中甘棠镇14个村、下白石18个村、湾坞乡11个村），辐射区内建设规划、产业布局、国土资源进行统一监督管理，赋予开发区县级部分经济、行政、人事干部管理权限。

2000年7月，福安市委、市政府出台《关于加快闽东赛岐经济开发区发展的若干意见》，同意在计划、规划、土地、环保、工商行政管理、房产等方面给开发区授权；同意建立开发区一级财政、国库代理，履行县（市）级财政职能，实行独立的财政预决算体制；所辖科级干部由开发区党工委研究任免。

2003年3月，宁德市委、市政府出台《关于促进赛岐经济开发区加快发展的若干意见》，按照“省级、福安市管”原则，由福安市直接管理。赛岐开发区总体发展思路为工业立区，物流配套，房地产开发相辅，工业化和城镇化相互促进，集中精力狠抓工业园区和物流基地建设。发挥城镇规划对城镇土地资源配置的重要调控作用，打破乡镇行政区域界限，把赛岐、甘棠、下白石纳入开发区统一规划，按照“开发一片、建成一片、受益一片、滚动发展”要求，强化功能开发。继续授予赛岐开发区一级财政权限，实行单列考核。开发区设立一级财政、一级金库，实行县一级的财政资金调度。开发区经济发展计划比照县市一级权限管理。授予相应的国土资源、房产、规划、建设、环保等管理权限。

（三）规划编制

1993年，编制完成《开发区辖区分区规划》《罗江商贸小区修建性详细规划》《小留工业小区规划》。1999年，编制完成《开发区总体规划》。2005年，开发区已开发面积200公顷，其中工业园区180公顷，商贸小区20公顷。

（四）基础设施建设

港口　1993年，赛岐港设有闽东轮船公司、福安市航运公司、富民海运公司、市轮船公司等水运企业12家。至2005年，建有300～3000吨级码头泊位21座，呈梯级分布，港区有仓库5830平方米，堆场35700平方米，各式装卸机90多台，赛岐3000～10000吨船坞4座已投入使用。港口货物吞吐量400万吨。白马港经国务院批准对外国籍船舶开放。

交通　区域位于闽东公路交通交汇点，交通网络四通八达，由北向南的国道104线和东西走向的省道小浦线两条公路干线在此相汇。沈海高速公路与宁武高速和福泰高速也交汇于此，温福铁路穿过赛江境内。1995年，开发区主干道国道104线罗江至东山路段，拓宽改建成36～42米国道。1999年，完成重点工程小浦线罗江路段的拓宽建设。

通信　1993年，万门程控电话和移动电话已开通投入使用。1994年，完成投资400万元，实现赛岐万门程控电话扩容；完成投资180万元，实现移动电话全区并网。1995年，改建邮电线路1500米。1998年，分设邮政分局和电信分局。

供水　1991年12月，开始建设罗江4万吨规模自来水厂。1994年，罗江自来水厂首期日产万吨工程完成，总投资1180万元（当年投资680万元，占工程总量的50%以上）。5月，完成一期日产万吨工程，日供水1.5万吨，区内企业、群众生产、生活用水得到解决。

供电　1993年，设有赛岐、下白石闽东水电网3.5万伏变电站2个，大留村设有福州至闽东22万伏输变电站，供电与省并网。2005年，全年总用电量5013010千瓦时，年人均用电量346千瓦时。

信息网络　2002年，成立闽东赛岐经济开发区信息网络中心，以门户网站福建赛江网为载体，进一步开发国内外信息资源，通过网络系统和信息数据库建设，为本区内、外资企业提供信息服务。

文教卫生设施　1993年，新成立开发区中心小学。2000年，新设立开发区罗江中学。电视差转台、有线电视网、影剧院、文化站、宾馆等各类文化娱乐设施齐全。2005年，设有中学4所，中心小学3所，中心幼儿园2所。文化技术学校2所，成人中专1所，医院2所。

（五）商贸小区建设

1993年，完成赛江街北路（罗江段）街景设计，完成10平方千米范围内路网1.5万平方米工程，填土48万立方米。投资1100万元，建成国道104线罗江段2千米长36米宽沥青路面。商贸区引进商业性公司35家。1994年，商贸区动工建设楼房24幢190余户，建成开业68户，总投资2400万元。1995年，开工建设的公建单位5家，总投资2000万元，农行、建行、保险公司、地区土产公司初步建成。开工建设楼房26幢，投入2800万元，初步形成区域开发规模。

1996年，投资300万元，完成罗江三角坪水泥路面建设。铺设商贸区水泥路面6000平方米，安装路灯30盏，建成公厕1座，新增商场面积6000平方米，店位50个。1997年，投资260万元，铺设商贸区水泥路面8000平方米，建设罗江大街副车道3600平方米及人行道、绿化带以及商贸区商住楼房之间道路拆建等配套设施。在商贸区建立地产药材、建材、农副产品等批发市场。商贸小区建成商住楼100多幢，建筑面积20多万平方米。

1998年，投资200万元，完成罗江主车道12000平方米，副车道2670平方米，人行道225平方米，绿化带1800平方米；完成赛岐大桥头、铁厂路口、邮电支局门口3个绿化环岛建设。初步形成建材、地产药材、船舶交易、农副产品等批发市场，年市场商品营业额8.6亿元。1999年，以赛江大道建设为重点，促进“新、绿、亮、洁”工作，完成城镇建设项目20项，投入资金400万元，设立罗江片区大型广告牌8面，建设开发区东山口牌楼1座。新成立闽东赛岐粮油批发交易市场，16家粮食经营业主进场交易，旧货交易市场出租店面30家。

2000—2002年，完成罗江三角坪改造工程，并建成二中至东山6.2千米大道两旁路灯工程。加快实施“新、绿、亮、洁”工程进度，进一步改观区容区貌。2003年，投资1200万元，建设商贸区景江农贸综合市场。

2005年，商贸小区已建成商住楼180幢，建筑面积34.56万平方米，水泥道路16条，总长6.4千米，商贸区入住居民2000余人。引进商业性公司35家。

（六）工业园区建设

1993年，坚持边开发、边完善、一手抓“三通一平”（水通、电通、路通，平整）建设，一手抓项目引进落户。工业小区引进工业企业10家。1995年，开发26.667公顷，新开工项目6个，总投资2350万元，完成投资1450万元，建成投产企业3家。

1996年，投资100万元，完成罗江至小留工业区3千米的自来输水管道铺设，完成小留工业区排洪工程175米，工业小区新引进项目3个，总投资3100万元。1997年，项目引进工作取得新突破，全年引进项目14个，总投资11729万元，其中动工的固定投资项目8个，到资4120万元，实现企业总产值2.2亿元。

1998年，根据《宁德地区行署关于加快发展民营经济的决定》和福安市委、市政府的工作部署，赛岐开发区设立规划总面积为100公顷的民营经济试验区。试验区主要以市邮政中心项目用地至樟港大道以及小留桥洋村部分区域组成，重点发展中小型工业及高新技术产业。同年总投资3100万元，完成征地100亩、赔苗和路网、桥涵、排洪沟、填土等基础建设，有木竹工艺品、宏联电子、本草地产药材加工、食品加工、建材批发等9个项目在试验区落户。

2001年，投资220万元，建设打火机工业园区。2003年，规划建设工业园区200公顷，签订园区内两条接地通信光缆搬迁协议。进行甘棠到罗江3.5万伏高压线路技改，1万伏输电线、供水管、通信网架（埋）设到国道两边及小区主干道。至12月底，已开发建设24.5公顷，新上项目16家，总投资27495.2万元，完成投资9463.94万元；竣工项目11个，总投资7686万元。

2004年，签订工业园区征地合同面积78公顷；着手进行“三通一平”建设，其中配套排水工程建设投资100万元，完成总长度2610米，填方工程投资178万元，完成填方量19.26万立方米。园区内落户企业28家，总投资8.165亿元。

2005年，投资220万元，完成工业园区规划路网2.5千米；投资80万元，铺设园区排水管道2千米；投资142万元，完成园区填方15万立方米；架设高压电线路7千米。全年签订用地合同面积33.6公顷，盘活存量闲置土地面积12公顷，引进项目18个。

（七）项目建设

1999年，编制招商项目手册，储备项目50个。同时实行项目业主责任制，落实领导分工责任制，采取“五定”办法，即定人、定责任、定项目、定措施、定时间，促进项目落户投产。完成江滨大道、省级粮食储备、生活垃圾处理场等重点项目前期工作。

2000年，江滨大道暨赛江防洪堤工程完成投资2000万元；赛岐省级粮食储备库项目主体工程动工建设，完成投资1100万元，占项目投资的30%。2001年，全年安排重点建设项目22个，总投资5.19亿元，年内实现投资9696万元。宁德市交警培训中心、赛岐全国小城镇试点等重点项目和白马砂石开采及专用码头以及打火机工业园区等一批生产性项目投入建设。吸纳民间闲散资金2亿元投入扩大企业再生产和新上一批第二、第三产业项目。

2002年，新开工建设下港三级渔港、赛泰公路、打火机工业园区、赛岐医院、赛江花园等项目6个，完成投资2676万元。续建项目完成投资4800万元。2003年，设立开发区项目储备库，精心整理、筛选适合本区经济发展特色的项目50个，购置电脑等办公设备，完善项目管理体系，为项目招商提供充足的项目资源。当年，新建项目计划投资7250万元，实际完成4300万元；续建项目计划投资2000万元，实际完成3100万元。生活垃圾处理场经省计委批准立项，投入100多万元，完成可研和地质钻探并进入初设；大豆粕深加工项目经省经贸委批准立项。江滨大道、农村公路和大豆粕深加工等项目争取到上级国债和补助资金870万元。

2004年，生活垃圾处理场已完成初步设计，并通过由省计委组织的专家审查，上报国家发改委争取国债资金。宁德市医疗废弃物处理工程完成可行性研究和环境评价报告书编制，并通过专家审查。

2005年，全年开工建设工业项目20个，总投资13亿元，其中续建项目10个，总投资5亿元。参加第三届“6・18”福建项目成果交易会，促进5家企业成果对接，解决6家企业技术难题。当年，被列入福安市重点工业项目5个，其中金泰格动力项目建成投产，闽都电机、巨龙电机、洪泰铜业等3个项目动工建设，一洲电动自行车项目进入设计。

（八）招商活动

1993年，组织参加香港、厦门、北京等地的贸易洽谈和新闻发布会，设立闽东赛岐经济开发区珠海招商办事处，同时设立石狮市、周宁县、寿宁县、柘荣县等引进内联项目联络点。在《闽东日报》《闽东通信》《福建省税务青年报》《香港商报》等报刊上扩大对外宣传，当年引进内联项目18个，合同内资3.27亿元。

1994年，全年共完成大型宣传任务18项，印发各种宣传材料2万多份，发表宣传报道文章20多篇。全年利用合同资金5亿元，实际利用外来资金1.93亿元。新批专业性商贸公司19个，注册资金2648.2万元。批准引进工业项目15家，总投资9216万元。1995年，全年利用合同资金1.06亿元，实际利用外来资金6500万元，审批立项工业项目11个、合同投资金额4500万元。

1996年，以发展商贸为突破口，以一期商贸小区为中心，建立赛岐经济开发区20万平方米区域的综合贸易试验小区，由福安市委领导牵头，开发区主要领导、市公安、工商、税务、烟草等部门负责人组成综合贸易试验小区管理委员会。试验小区实行税费优惠、手续简化、宏观管理、放开经营的政策，引进了一批商贸项目。当年对外贸易达2.6亿元，比上年净增9000万元。引进工业投资项目3个，投资额3100万元。

1997年，扩大招商宣传，编印投资宣传册1.5万份，创办《开发区动态》（月刊），当年刊发12期，发表报道文章21篇。设立周边地区投资信息网络，建立招商引资奖励机制，鼓励全方位招商引资。组织参加“9・8”厦门第一届中国投资贸易洽谈会和闽东大黄鱼节招商活动，签订合同3份，投资金额6500万元，利用外资150万美元。

1998年，组织参加五月福州国际招商节、“9・8”厦门中国投资贸易洽谈会。共引进项目14个，总投资5005万元。1999年，全年新批内资项目13个，投产11个，引进内资3212.6万元，新批投资项目2个，引进外资647万美元，自营出口160万美元。新增企业总产值21304万元，完成年任务的128.3%。

2000年，在“9・8”厦门贸洽会上，签约合同类项目7个（工业项目5个），合同投资总额2132万美元，合同利用外资1774万美元。其中，京港工贸有限公司和日本日升贸易株式会社签得了合资从事砂石料综合开采项目，总投资1390万美元，利用外资1076万美元。

2001年，引进外资（台资）项目一个，总投资160万美元，实际到资150万美元。2002年，报批外资项目1个，总投资1500万元。利用外资200万美元。

2004年，完成外贸出口76万美元，合同外资600万美元，实际到资100万美元。引进内资项目12个，总投资4.06亿元人民币。

2005年，组织企业参加5月福建省开发区20年成就展项目推介会，组织区内6家企业及产品参加项目推介和产品展示。“6・28”第六届闽东招商节，开发区10个项目参加招商活动，总投资10.18亿元。

三、福安畲族经济开发区

（一）机构

中共福安畲族经济开发区党工委、管委会 1993年，设立福安市穆阳民族经济开发区党工委、管委会，为福安市委、市政府派出的科级机构。4月，与穆阳镇合署办公。1998年4月，福安市穆阳民族经济开发区确认为省级开发区，并更名为福安市畲族经济开发区。开发区党工委、管委会为福安市派出的副处级机构，设党工委书记1人，管委会主任1人，工作人员19人。内设机构有党政办、经济发展局、加挂招商局牌子、国土规划建设局、财政分局、社会事业发展局，均为副科级。至2005年，机构编制延续不变。

（二）管理体制

1993年，开发区成立之初区划辖穆阳全镇，并划穆云乡的桂林、康厝乡的康厝、苏坂、邮亭、竹沃、半山、南洋等村，归开发区代管。1995年，全省清理整顿开发区时未予确认。1996年年底，代管村回归两乡管理。1998年9月22日，福建省人民政府《关于确认福安市穆阳民族经济开发区为省级开发区的批复》，确认原穆阳民族经济开发区为省级开发区，并更名为福安市畲族经济开发区，辖区范围增加到20个村（居）。其中，穆阳镇有2个村、6个居（穆阳村、苏堤村、中兴居、东旭居、石马居、西城居、百岁居、苏堤居），穆云畲族乡有4个村（桂林村、虎头村、溪塔村、洋坪村），康厝畲族乡有8个村（康厝村、苏坂村、邮亭村、半山村、南洋村、红坪村、东山村）。辖区总面积13平方千米，人口3.32万人，其中畲族人口5080人，占15.3%。

2000年8月，省政府发出《关于扶持福安畲族经济开发区发展政策措施的通知》，支持开发区建立一级财政、一级金库，实行独立预决算体制，财政收入上缴省市部分，以上一年为基数，超额部分返还，用于开发区建设。5年内上缴省里的新增建设用地有偿使用费的20%部分和耕地开垦费，可以按开发项目给予返还，专款专用。享受省里赋予贫困地区的各项优惠政策。新办乡镇集体企业免征所得税5年，其他经济类型新办企业免征所得税3年。

2004年11月，宁德市委、市政府下发《关于加快福安畲族经济开发区发展的若干意见》，从管理体制等方面给予指导。2005年，辖区所属各村、居党政日常工作复归原乡镇管理，开发区只负责规划编制、布局建设、招商引资等工作。至2005年年底，已完成《福安畲族经济开发区总体规划》《福安畲族经济畲族风情旅游区规划》编制。

（三）设施

基础设施 1998—2005年，硬化中心区路网，组织铺设区前路、穆阳桥头、茶场路、康厝邮亭街等水泥路面2千米，面积1.8万平方米。建成江滨路长1.2千米，宽18米。完成民族风情商贸街北、中、南三个环岛建筑；种植花木草皮，绿地面积达5000平方米。安装一批太空灯、礼花灯、射灯等照明设备。在醒目地点设置宣传灯箱、大幅宣传标语牌、欢迎牌等。硬化红坪、东山、洋坪、燕科、邮亭等民族村水泥路面3.5千米。新增追加经费1050万元，完成省道下浦线罗江至康厝改造工程。完成市政府赛江中、下游防洪堤穆阳、康厝、穆云段工程建设。争取西部隧道项目前期经费20万元，完成项目预可行性报告。长7.23千米的穆阳溪防洪堤开工建设。建成日产5000吨的自来水厂。开通6500门程控电话和移动通信。区内拥有大小水电站8座，装机容量 298 万千瓦。有 3.5 万伏变电所一座，年发电量 3560 万度（千瓦时）。年用电量达 1642 万度（千瓦时）。输出约 2000 万度（千瓦时）。开发区环区路项目经省计委立项进入初始化阶段。

文卫设施　整合教育资源集中办学，创办寄宿制福安畲族经济开发区中心小学。经市教育主管部门批准，将原康厝学区辖下的苏坂中心小学（又称福安市民族职业中学附属小学）改称为福安畲族经济开发区中心小学，2004 年秋开学并扩招民族生。2005 年，区内拥有 3 所中学，3 所中心小学，14 所完全小学。有民族医院 1 所，床位 80 多张。乡镇卫生院 2 所。街区设有健身场所。建成狮子岩景区上山通道及穆阳穆水公园。完成开发区民族风情商贸街外墙民族文化图案立面装饰和红坪民俗村设施建设等。

（四）经济建设

项目建设　1999 年开始筹建万亩穆阳水蜜桃基地并通过专家论证。1999—2005 年，建成虎头、东山拦河坝、虎头洋、南洋、半山、红坪、横路洋、三会洋等处引水渠，灌溉面积达 2000 多亩。完成万亩旱片改造项目。扩大苏堤线面公司生产规模，在提高品质的同时推出系列商品，辐射畲族乡村，以进一步提高知名度。苏堤、苏坂两村联虹大桥建设项目，报交通主管部门立项。

扶贫开发　2000—2005 年，争取扶贫小额贷款，帮助红坪、虎头等畲族村农户引种台湾毛叶枣（吉利果）。帮助邮亭村发展大棚蔬菜，购买钢架棚 30 多副投放专业户示范推动。在红坪村调剂低产梯田 20 亩改种穆阳水蜜桃，投产前由开发区支付田租给责任田使用者，引导农民因地制宜调整农业产业结构。开发区先后挂钩穆云乡的里楼、岭坑、温岩，穆阳镇的苏堤，康厝乡的东山、福源、社洋、宋家、西铭、凤洋、杜家洋等村，开展精准扶贫奔小康工作。

招商引资　1998—2005 年，先后在境内组织招商活动 8 场，到北京、浙江景宁、福建南平、福建泉州开展招商活动 4 次。组织参加“9・8”招商活动、福建五月招商节、宁德市招商活动 23 次。引进省内外客商兴办工业企业、商贸企业计十多家。2005 年年底，初步形成钢铁冶金、木制玩具、建筑建材、电力、运输业和农副产品加工业等六大主导产业，主要有东航钢铁、南阳轧钢，东福轧钢，福泰金属装潢材料，丰源洲金属有限公司，福辉铜业，聚鑫钢铁，福安恒达铝业有限公司，恒昌工贸公司，福州华联商厦合资兴办的“人人超市”，福安“家佳超市”穆阳连锁店等；全区实现 GDP 产值 11 亿元，财税收入 1480 万元，工业总产值约 10.4 亿元，农民人均纯收入为 3860 元，社会商品零售总额增长 4.5%，基建投资 500 万元，出口创汇 500 万美元。

发展观光旅游　2002—2005 年，连续举办四届畲族歌会暨畲族民俗节，加大对外宣传力度。以溪塔葡萄沟为依托，申报畲族民俗风情旅游资源综合开发项目，促进畲族观光旅游有效发展。

四、闽东华侨经济开发区

（一）机构

中共闽东华侨经济开发区工作委员会　1997 年 12 月，成立中共闽东华侨经济开发区委员会，址设东湖路 21 号。1998 年 9 月，改设为中共闽东华侨经济开发区工作委员会。2001 年 11 月至 2005 年年底，称中共宁德市委闽东华侨经济开发区工作委员会。内设办公室、组织部、纪工委（增挂监察局牌子）等办事机构，总编制 19 人，办公地址迁至宁德市蕉城塔山路 1 号。

闽东华侨经济开发区管理委员会　1997 年 8 月成立，调配工作人员 18 人。内设办公地址设东湖路 21 号。1998 年 12 月，设立闽东华侨经济开发区财税分局。1999 年 5 月，设立地区财政局东侨财政分局，为宁德地区财政局派出机构。2000 年 2 月，经中共福建省委机构编制委员会办公室批准为正处级机构，赋予相应经济、行政管理权。2001 年 4 月，核定机关编制 58 名，机关工勤编制 6 名。同年，成立工业园区指挥部。2001 年成立福建东侨经济开发区规划建设局。2003 年 7 月，设立宁德市城乡规划局东侨分局。同月，设立宁德市国土资源局东侨分局和宁德市环境保护局东侨分局，不再保留环保挂牌机构。2004 年 5 月，成立工业园区领导小组，撤销东侨工业园区指挥部。9 月，设立计生局（与社会事业局合署办公），同年，成立社会治安综合治理领导小组办公室。2005 年 1 月，社会事业局从经济发展局剥离，独立办公，正科级。9 月，计生局从社会事业局剥离独立办公，正科级。12 月，内设机构调整为办公室（增挂侨务办公室牌子）、人事劳动局、财政局、经济发展局、房管局、建设局、招商局、计生局、社会事业局等，共有机关工作人员 114 名，办公地址迁至宁德市蕉城塔山路 1 号。

中共闽东华侨经济开发区纪律检查工作委员会 2001 年 4 月成立（增挂监察局牌子）。2002 年 7 月，经中共宁德市委批准正式成立中共宁德市纪委东侨工作委员会。2004 年 12 月，经中共宁德市委机构编制委员会办公室核定编制 3 名，纪工委书记（副处级）1 名。至 2005 年不变。址设宁德市蕉城塔山路 1 号。

（二）招商与财政管理

1. 招商管理

招商机构与服务 1998 年，设立招商局专事招商引资工作。2001 年 3 月，设立东侨投资服务中心，与招商局合署办公，为入区企业提供审批、发证和后续等服务。实行税务、公安、金融等 15 个信用信息联动，建立横向信用信息综合采集机制，规范信用信息的提供和利用；同时，建立企业信用分类台账，把信用信息档案管理工作纳入系统化管理渠道；对评定为信用良好（AA）的企业，给予“出具信用良好企业评定证书”“免于进行检查”“企业名称权、注册商标权及其相关的权益可受工商部门的重点保护”等优惠；规划、国土、房管等有关部门，推行服务承诺，公开工作职能、审批权限、工作程序和办结时限。

实行优惠扶持政策 1998—2005 年，先后出台《闽东华侨经济开发区鼓励客商投资的优惠政策》《关于东侨高新技术工业园区的若干优惠政策》《关于奖励东侨经济开发区工业企业的暂行规定》等一系列优惠政策。对土地价格、标准厂房出让、财税规费、引进科技人才给予特殊优惠待遇；放宽对个私企业投资者的身份限制，凭身份证明申办个私企业，香港、澳门永久性居民中的中国公民试行凭护照直接申办个体工商户，降低公司注册资本限额，并允许企业注册资本实行分期到账；对入驻专业市场经营主题可先登记后办照，允许 3 个月试营期，支持指导企业创立知名、著名、驰名商标。

2. 财政管理

开发区建立初期，财政局只是单纯的拨款，各单位经费由开发区财务室统一核销。2002 年起正式实行“一级财政、一级金库，实行独立的预算决算体制。”2002 年 3 月起，实行工资由国库统发、公用经费按单位人数核定、项目经费年初预算安排、用款单位设立账户、报账员，由财政核算中心统一核销，每年召开一次财务工作会议，开发区预算执行步入规范化轨道。

实行政府采购制度 2002 年 5 月，成立采购办公室，采取以公开招标为主，邀请招标、询价、竞争性谈判、单一来源采购等灵活多样的采购方式，负责管理和监督本区政府采购事务。2005 年，50 万元以下基建工程实行公开招标等，采购规模和范围不断扩大，政府采购取得明显效益。2003—2005 年，政府采购规模累计达 4494 万元，资金节约率年均在 11.6% 以上。

强化基建资金审核 2002年，实行“统一委托、统一评审、统一批复”运行机制，管委会下发《关于开发区财政性资金建设项目概、预决算审核和建设资金管理办法》，财政部门主动参与工程的概算审查、工程的招投标以及工程的决算送审，加强建设资金的拨付管理，推行重点项目建设资金的“在线监控”。2002—2005年，共投入基础设施建设6亿多元，完成88个政府性投资基建项目审核工作，送审金额116428.73万元，审定金额98457.04万元，净核减17971.69万元，核减率15%。

构建社会保障体系 2002—2004年，共发放华侨农场下岗职工最低生活保障补助1007.75万元。2005年，设立东侨第一社区、第二社区两个社区，按照《福建省社区工作纲要（暂行规定）》，将社区主干人员工资及工作经费列入财政预算安排。拨付27万元，建立防治重大疾病和抗击台风等突发性预警应急体系。2005年，拨付专项资金2550万元兴建华侨新村、华侨小学。

（三）规划编制

1998年9月，委托福建省城乡规划设计研究院编制《闽东华侨经济开发区总体规划》。1999年10月17日，该规划经省人民政府批准性质定为宁德中心城市综合开发区，闽东对外开放、对台工作的窗口。总体规划期限从1998—2020年，总用地面积16.7平方千米（东至东湖塘海堤，南至贵岐澳泰科技园，西至宁川路，北至兰田中学），含三个组团（蕉城新组团、金塔组团、东兰组团）。新区总人口15万人。首期开发控制在9.6平方千米以内。建设目标是将东侨开发区建设成为园林式的海滨山水城市和生态城市。

（四）基础设施建设

1. 交通设施

闽东路（东兰段） 位于蕉城组团与东兰组团，西起宁川路，经侨兴路、薛令之路、塔山路、曲尺塘一号路、曲尺塘二号路、兰溪路、福宁南路、华庭路、尚德路，东至金马北路，全长5151.73米（含兰溪大桥137米），宽60米，计划总投资19939万元。1998年动工建设。2005年，施工建设路基4851.73米，水泥路面4640米（含兰溪大桥137米）。

曲尺塘一号路 位于曲尺塘片区，南起兰亭路，经闽东路，北至横一路，全长433米，宽15～24米，计划总投资497万元。2002年动工建设。2005年，完成全线路基工程及兰亭路至闽东中路沥青过渡路面工程，闽东路至横一路段水泥路面工程，完成路基433米、沥青过渡路面150米、水泥路面283米，完成投资358万元。

南湖滨路 位于金塔组团，西起福宁南路，经国宝路、翠屏路、林聪路、金贵路，东至金马南路，全长1918米，宽30米，总投资4025万元。2003年动工。2005年，施工建设福宁南路至金贵路段路基、路面及管线工程，路基、水泥路面及管线1460米工程。

福宁南路 南起支提路，经广福路、万安路、梦龙路、富春路、南湖滨路、塔山路、天湖路、北湖滨路、闽东路东兰段，北至天山路，为连接中心城市东兰组团与金塔组团，全长4370米，宽49～57米，计划总投资17320万元。2005年，开始动工建设。

北湖滨路 位于东兰组团，西起福宁南路，沿环东湖北岸景观区，经华庭路、尚德路、迎宾路，东至金马北路，全长3100米，宽24米，计划总投资5050万元。2005年，开始动工建设。

天湖东路 位于蕉城组团，西起宁川路，经侨兴路、薛令之路、塔山路，东至福宁南路，全长2224米，宽46米，计划总投资4700万元。1998年动工。2005年，完成全线2224米路基、路面工程，完成投资4500万元。

兰亭路 位于曲尺塘片区，西起塔山路，经曲尺塘一号路，东至闽东中路，全长 1460 米，宽 13 米，计划总投资 1689 万元。2002 年动工。2005 年，施工建设全线 1460 米路基、沥青路面工程。

林聪路 位于金塔组团，南起支提路，经广福路、万安路、梦龙路，北至南湖滨路，全长 1230 米，宽 16 ~ 24 米，计划总投资 2710 万元。2005 年，施工建设全线路基工程及万安路至南湖滨路段水泥路面工程。

国宝路南段 位于金塔组团，南起福宁南路，经支提路、广福路，北至万安路，全长 1232 米，宽 24 米，计划总投资 2060 万元。2001 年动工。2005 年，全线路基工程及万安路至支提路段水泥路面工程施工。

薛令之路 位于蕉城组团，北起东湖路，经闽东中路、天湖路，南至富春路，全长 1652.59 米，宽 24 米，计划总投资 2938 万元。1998 年动工。2005 年，东湖路至中国红市场段路基、路面工程施工。

广福路 位于金塔组团，西接福宁南路，经国宝路、林聪路，东至金马路，全长 862.58 米，宽 16 米，计划总投资 1427 万元。2005 年，施工建设全线路基及水泥路面 862.58 米。

塔山路 位于蕉城组团与金塔组团，北起东湖路，经闽东中路、天湖路，东至福宁路，全长 3383 米，宽 30 米，计划总投资 4000 万元。1998 年动工。2005 年，施工建设全线路基工程及沥青路面 2500 米、水泥路面 883 米。

万安路 位于金塔组团，西起高速公路匝道口，经福宁南路、国宝路、翠屏路、林聪路、金贵路，东至金马南路，全长 2015.62 米，宽 36 米，计划总投资 3000 万元。2001 年动工。2005 年，施工建设路基 1635.62 米、沥青路面 1040 米、水泥路面 595.62 米。

支提路 位于金塔组团，南起岐头村南侧的金马南路，经福宁南路、国宝路、林聪路，东止于金马南路，全长 1848.474 米，路幅宽 24 米，全线共有涵洞 2 道，计划总投资 1680 万元。2005 年，准备动工建设。

曲尺塘二号路 位于蕉城新组团，南起闽东路，北至东侨实验学校，全长 314.11 米，路幅宽 18 米，计划总投资 513.48 万元。2005 年，准备动工建设。

侨兴路 位于蕉城新组团，北起闽东路，南至富春路，道路全长 1160 米，路幅宽 24 米，计划总投资 2750 万元，2001 年动工。2005 年，施工建设路基及水泥路面 580 米。

兰溪大桥 属闽东路东兰段道路的组成部分，为连接东侨开发区东兰组团与蕉城组团的重要桥梁，全长 137 米，宽 54 米，计划总投资 2500 万元。1998 年动工。2000 年竣工，实际总投资 2460 万元。

2005 年 5 月，经宁德市政府下文命名道路有 18 条。

2005 年闽东华侨经济开发区主要路段命名一览表

表 15-19

新路名	原项目名称	起止
宁川北路	城东路	北接南环路东止点，南与富春路相交
宁川南路		北接富春路，南与万安路相交
福宁北路	海滨大道	北接天山路起点，南与富春东路东止点相交
福宁南路		北接富东路东止点，南与万安路相交

续表 15-19

新路名	原项目名称	起止
金马北路	闽东路东北东湖金塔段	北接天山路东止点，南与南湖滨路相交
金马南路		北接南湖滨路东止点，经金蛇山、贵岐山西北侧，南与福宁南路相交
闽东中路	闽东路东兰段	西接宁川北路，穿过兰溪，东与福宁南路相交
闽东东路		西接福宁北路，东与金马北路相交
天湖西路	坪塔路	西接鹤峰中路，东与宁川北路相交
天湖东路		西接宁川北路，经过市体育中心南侧，东与福宁南路相交
富春西路	工业路	西接鹤峰中路，东与宁川路相交
富春东路		西接宁川路，东与福宁南路相交
万安西路	站前路	西接鹤峰南路南止点，东与福宁南路相交
万安东路		西接福宁南路，东与金马南路相交
东湖路	东湖路	西接南环路，东与闽东中路相交
塔山路	东侨大道	西接闽东中路，东与福宁南路相交
侨兴路	天王路	北接东湖路，南与富春路相交
薛令之路	商贸街	北接东湖路，穿过闽东中路、天湖东路、富春东路，南与蕉城南路相交

2. 海堤修复与加固

金马海堤加固工程 2002年年底开始前期工作，由宁德市城投公司负责。2004年，为加快工程进度，宁德市政府决定成立金马防洪防潮工程有限公司，专门负责工程施工与资金筹措。2005年8月，工程按五十年一遇的防潮标准动工建设。加固海堤1170米，其中截弯取直新建堤长326米，旧堤防渗处理844米、干砌内棱体902米，总投资3420万元，项目于2006年年底完工。

3. 其他设施

路网排污水管网 1998年，开始动工建设。2005年年底，基本形成闽东路一期工程、闽东路续建工程，天湖路、侨兴路、薛令之路、塔山路、南湖滨路、广福路、林聪路、兰亭路等10条主要干道排污水管网。工程规模为铺设管径300～1000毫米管道17.9千米，投资金额655万元。

2005年闽东华侨经济开发区路网排污水管网建设情况一览表

表 15-20

项目名称	管径（毫米）	完成数量（米）	完成金额（元）
闽东路一期道路工程	D300	2310	485031
闽东路续建工程	D300	420	88187
	D400	425	91396
	D600	175	70264
天湖路	D300	1959.5	411436
	D400	450	96773
	D800	763.5	443716
南湖滨路	D300	1200	360000

续表 15-20

项目名称	管径（毫米）	完成数量（米）	完成金额（元）
林聪路	D300	589.5	176850
	D400	383.5	172575
	D500	30	18000
	D600	407	284900
福宁路	D315	2904	1016400
	D400	513	230850
	D500	455.5	273300
	D800	872.8	872800
广福路	D300	477	143100
	D400	203	91350
	D500	60	36000
兰亭路	D400	500	225000
塔山路	D300	733	219900
薛令之路	D300	1405	421500
	D400	578	260100
	D600	87	60900

建材综合市场 2002年设立，位于兰溪高架桥南侧，占地面积约3600平方米，建筑面积15000平方米，总造价650万元。主要经营石材、木材等建筑材料，共有各类建材经营户110家，其中石板材43家、木材26家、水泥11家，其余为瓷砖、门业、玻璃制品等店铺。由东侨建设工程公司管理，2005年有管理人员15名。

中国红家居装饰材料批发市场 2005年完工并投入使用，位于薛令之路13号，占地面积36685平方米。总投资8700万元。含6幢商品交易楼，建筑面积4万平方米。按照“科学安排、合理布局、高标准建设、现代化管理”的要求，商场内设有消防安全、安全防盗、环保以及信息网络等设施设备，集批发、零售、加工、商品检测、物流配送、商贸、金融服务于一体。共有100多家企业及个体工商户经营家具、瓷砖、地板、卫浴、门业、吊顶、灯饰等家装商品，年商品交易总额为1.2亿元。

东湖南岸生态景观公园 2005年动工建设。位于东湖南畔，占地面积21.9公顷，总投资4700万元。建有金苹果广场、人工湖、真石假山、百树坡以及水上舞台、流水挡墙、游艇码头、观景楼等一批典雅建筑物。景观区共有6个交通出口、2个林荫式停车场和1条贯穿园区长1.2千米的电瓶车道。同时，还种植168种乔灌木，绿化面积达到13万平方米。水域有80多种鸟类食觅繁衍。

（五）招商引资

1997年12月18日，参加第一届闽东大黄鱼招商节。1998年9月8日，组团参与厦门国际招商节。2000年11月13日，参加第二届闽东大黄鱼节。2001年6月18—25日，参加中国·福州国际招商暨第三届海峡科技成果交易会，推出招商项目30项，其中，重点推介10项。

2002年9月28日，参加第三届中国·闽东招商节，开发区推出基础设施、新兴工业、生态旅游、城市公建等重点招商项目20项，总投资17.3亿元。实际完成签约项目19项，其中外商投资项目9项，合同利用外资3000万美元；内资项目10项，合同利用区外资金5.38亿元；洽谈投资意向5项，总投资2700万美元。天安建材一条街引进商家投资6000多万元。中国红市场引进商家62家，营业面积6000多平方米。

2003年6月28日，参加宁德市第四届招商节，共签约合同项目5个，其中外资项目2个，总投资620万美元，内资项目3个，总投资3亿元人民币。2004年5月19日，参加宁德市第五届招商节，共签约合同项目8项，利用外资2000万美元，内资4.54亿元人民币，创历史新高。

2005年6月28日，参加海峡西岸经济区第六届中国·宁德招商节。完成签约项目11项，签约金额外资2590万美元，内资48900万元人民币。

1998—2005年，通过招商引资，区内共注册外资企业8家（从事房地产开发5家、电机等机械制造1家、生物制品1家、生产木竹加工品1家），注册资本1964.02万美元。

1998—2005年闽东华侨经济开发区招商引资情况统计表

表15-21　　　　单位：个、万元

年份	引进外资企业		引进内资企业		合计
	企业数	投资额	企业数	投资额	企业数
1998	1	819.3	5	20400	6
1999	1	63.8	2	19500	3
2000	4	923.7	5	56200	9
2001	1	564.05	1	41500	2
2002	9	3000	12	53800	21
2003	8	1752	14	46500	22
2004	4	2000	4	45400	8
2005	2	2590	9	48900	11
合计	30	11712.85	52	332200	82

1998—2005年闽东华侨经济开发区外资企业基本情况一览表

表15-22　　　　单位：万美元

企业名称	性质	国家/地区	成立日期	注册资本	经营范围
冠宏星（福建）房地产开发公司	独资	香港	1998.11.9	410	建设销售房产
宁德市泰格动力机械有限公司	合资	泰国	2003.4.25	60	电机普通机械制造
福建华隆竹木工艺品有限公司	独资	西班牙	1999.8.26	6.02	生产加工竹木制品、礼品
宁德华港房地产开发有限公司	独资	香港	2000.7.21	240.9	建设销售房产
宁德市东海房地产开发有限公司	独资	香港	2001.7.3	274.5	建设销售房产
宁德佳禾房地产开发有限公司	独资	台湾	2002.12.4	96.6	建设销售房产
宁德华府房地产开发有限公司	合资	意大利	2003.6.11	210	建设销售房产
安发益槐（福建）生物科技有限公司	合资	新西兰	2005.7.6	666	食用菌加工、保健器材生产

（六）社会事业

1. 教育

宁德市实验学校 2004年创办，位于曲尺塘。2005年秋季，有初、高中生40个班，学生1875人，教职员工121人（初级职称12人、高级职称12人、中级职称53人）。

宁德市华侨小学 2005年8月创办，原东湖塘中心小学。学校占地面积30余亩，建有60平方米的教室24间，可容纳学生1200多人。教学、办公以及卫生、消防等设施齐全，除普通教室配备电脑、电视、实物投影器等多媒体教学设备外，还配有电脑室、音乐室、美术室等专用教室。教师上班、学生上学有专车接送。2005年秋，首批招生6个班，199人。教职员工30名。

幼儿园 2002—2005年，共设立5家，分别是春苗幼儿园、东侨实验幼儿园、东侨双语幼儿园、小天使双语艺术幼儿园、蕉城区青少年宫幼儿园。

市民学校 2005年10月，东侨第一社区、第二社区市民学校先后成立。学校定期或不定期聘请专家、学者为居民授课。

2. 卫生

协和综合门诊部 2004年7月创办。位于东湖路长兴城A区，内设急诊科、内科、门诊外科、妇科、皮肤科、中医内科，拥有副主任医师1名，主治医师3名，医师1名，护士3名，药士2名，B超技术员1名，化验员1名。2005年停业。

东韩美容整形门诊部 2004年12月创办。位于东侨金玉良城5号楼，门诊部拥有1名主任医师、2名医师、4名护士。诊疗科目主要是医疗美容整形外科和医疗美容皮肤科。

博爱综合门诊部 2005年5月创办。位于金玉良城2号楼B座，面积1100平方米，内设急诊医学科、内科、外科、妇科、耳鼻喉科、中医科，为民营股份制医疗机构。当年12月停业。

私人诊所 2002—2005年，经批准成立的私人诊所5个，其中西医2个，中医2个，中西医1个。

福仁堂药店 2005年1月创办。经营药品销售，位于逸涛富苑7号楼E6店。

（七）财政、税收

财政收入 2001—2003年，宁德地区行署对东侨开发区实行“收支包干、收入全留、自求平衡、一定三年”的财政体制。2003年，开发区财政总收入3190万元，其中，地方级收入2707万元。2005年，根据《宁德市人民政府关于闽东华侨经济开发区地方级一般预算收入上解宁德市级20%的通知》，开始实行“按比例上解”体制，其中地方级收入部分上解省、市级财政各20%。是年，财政总收入7805万元，其中，地方级财政收入5540万元。

2000—2005年闽东华侨经济开发区财政收入统计表

表15-23　　单位：万元

年份	总收入	东侨级收入	东侨级收入构成		
			国税	地税	财政
2000	600	600	—	568	32
2001	1270	1159	—	1075	84
2002	1683	1505	16	1295	143

续表 15-23

年份	总收入	东侨级收入	东侨级收入构成		
			国税	地税	财政
2003	3190	2707	169	1662	876
2004	4774	3809	380	2481	982
2005	7805	5540	774	3799	967

农税征收 农业税与农业特产税。2002 年征收 3 万元，后按政策减免华侨农场的农业税，开征以竹木市场的竹木等产品交易以及房地产建设模板等竹木交易为税源的农业特产税。2005 年，根据宁德市财政局《关于贯彻落实免征农业税和取消除烟叶以外农业特产税有关工作的通知》，取消了农业特产税征收。契税。2000 年始，由开发区财政局开设农税窗口直接征收。2004 年，为加强土地使用权出让和转让契税征收，改由开发区财政局与宁德市财政局联合征收，至 2005 年，累计征收 5000 多万元。耕地占用税。开发区成立后，区财政局、房管局等部门密切配合，把好源头并加强清理旧欠税款。至 2005 年，累计征收耕地占用税 400 多万元。

国税征收 主要负责内资企业与个体工商户增值税、消费税，内资企业所得税以及储蓄存款利息所得个人所得税的征收。2001 年，新的《中华人民共和国税收征管法》修订实施后，严格执行国家税收政策和法律法规，加强税源监控培育，深入推行税收管理员制度，健全完善了“以纳税申报和优质服务为基础、以计算机网络为依托、集中征收、重点稽查”的税收模式，管辖户数不断增长。2005 年 12 月，有内资企业 458 户、个体工商户 249 户纳入征收范围。

2002—2005 年闽东华侨经济开发区国税收入统计表

表 15-24　　　　单位：万元

年份	税收收入	中央级税收	东侨级税收
2002	64	48	16
2003	535	366	169
2004	1136	756	380
2005	2295	1521	774

地税征收 主要负责区内企业、行政事业单位涉税收征管。2002 年，征收地税 1342 万元。2003 年，征收 1806 万元。2004 年，征收 2761 万元。2005 年，征收 4516 万元。纳入税收管征总户数为 856 户（其中企业 592 户，个体户 264 户）。

（八）土地开发利用

市区建设用地 1999 年，经省政府批准开发区市区规划面积 1670 万平方米，扣除水域、山体、村庄，实际可开发 918.67 万平方米（13780 亩）。至 2005 年，开发区共安排出让土地 346.42 万平方米（5196.3 亩），其中房地产用地 221.76 万平方米（3326.39 亩），塔南工业园区用地 49.71 万平方米（745.67 亩），市直公共项目用地 74.95 万平方米（1124.24 亩），含预留地 39.293 万平方米（589.445 亩）。其中华侨农场预留 33.33 万平方米、开发区预留 5.963 万平方米、待出让公建用地 62.13 万平方米（体育中心 25.33 万平方米、会展中心 12 万平方米、文化中心 11.6

万平方米、人民广场 13.2 万平方米）。

土地统一收储 2004 年，宁德市人民政府决定对市区土地实行统一收储。开发区 1670 万平方米范围内仅剩下 490.47 万平方米。其中华侨农场 304.47 万平方米（304.73 公顷）、集体土地 186 万平方米（185.72 公顷），全部纳入市收储。此后，开发区所有建设用地由市国家投资公司负责。

（九）房地产开发

房产用地开发 2000—2005 年，购地面积 114.5 万平方米，完成投资 15.08 亿元，施工面积 204.6 万平方米，竣工面积 72.19 万平方米。

2000—2005 年闽东华侨经济开发区房地产开发情况统计表

表 15-25　　单位：万平方米 / 亿元

年份	购地面积	完成投资	施工面积	竣工面积
2000	8.8	0.8	11.5	2.78
2001	24	1.5	17.4	11.8
2002	37.5	2	27	13.32
2003	31	3	47.4	18.77
2004	11.4	3.98	35.6	14.98
2005	1.8	3.8	65.7	10.54

房地产交易 2001 年 8 月，举办首届房地产推介会，2002 年 9 月，举办第二届房地产展示交易会。至 2005 年共批准预售面积 102.37 万平方米，销售额 11.66 亿元。二手房交易面积 2.76 万平方米，交易额 0.39 亿元

2000—2005 年闽东华侨经济开发区房地产交易情况统计表

表 15-26　　单位：万平方米 / 亿元

年份	批准预售面积	商品房销售额	二手房交易面积	二手房交易额
2000	9.5	0.58	—	—
2001	20.3	1	—	—
2002	12.1	1.73	—	—
2003	18.2	2.33	—	—
2004	11.3	2.32	0.79	0.11
2005	30.97	3.66	1.97	0.28

房地产开发企业 1998—2005 年，入驻房地产开发企业 28 家，其中资质等级三级以上企业 12 家。

（十）工业园区建设

塔南工业园区 2000 年 5 月成立。位于开发区金塔组团，温福高速公路宁德互通口东侧。

2004年5月，工业园区出让土地37.10公顷，累计完成投资8000万元，其中基础设施建设4000万元。完成标准化工业厂房5800平方米，2005年，入驻生产性工业企业已有部分投产。

漳湾工业园区 2003年3月成立。总体规划面积1533.3公顷，首期综合开发333.3公顷。园区东至沈海高速公路，西至国道104线，南至郑岐村南，北至漳湾疏港公路。含综合工业、冶金工业和生活服务三大板块。以发展轻工、电子、食品加工类为主。2005年，完成标准化工业厂房29164平方米，完成征地102.13公顷，出让土地73.53公顷，完成面积30.93公顷。开发投资12680万元，进区企业累计投资1.11亿元，其中外资企业投资200万美元。入驻企业13家（外资1家），实现工业总产值4000万元，出口总额200万美元。

第二节 工业园区

一、园区建设

1993年，宁德地区开发县、乡两级工业小区19块5250亩，引进企业61家。福安市赛岐经济开发区工业小区、坂中电机电器工业小区、穆阳工业小区、王基岭工业小区开发建设取得进展。1994年，周宁县开发龙潭工业小区启动，首期5.85公顷、32幅工业用地全部出让安排30家企业入住。1996年，福鼎市创办占地45万平方米的金山工业园区，采取中外合资、外商独资及国营、集体、联合体、个体等多种形式，聚纳各类生产资金1.5亿元，投入开发生产。

1997年10月，占地总面积66.67公顷的福安市秦溪洋工业园区破土动工，计划总投资8500万元。1998年11月，福鼎市星火工业园区正式奠基。该园区距福鼎市区2千米，分轻工业区、重工业区和高科技园区。首期建设20公顷轻工业园区。福安市秦溪洋、坂中工业区和赛岐开发区民营工业小区建设均取得新进展，全年完成投资1亿元，实施工业技改项目34项。1999年，宁德地区行署规划建设东侨开发区工业园区。园区位于开发区东北部，规划面积2平方千米，远期继续向东北方向延伸，面积扩大到8平方千米。11月，位于东侨开发区内、占地65.23公顷的闽东澳泰科技园区全面开工。园区以福建闽东澳泰农牧业开发有限公司为开发主体，计划3年内投资3.6亿美元。

2000年，蕉城区民营工业园区建设加快，投入1000多万元，基本完成水、电、通信设施及主干道建设，进入全面招商阶段。福鼎市星火工业园区基本完成一期配套工程。柘荣县富源工业小区完成征地、水、电等前期工作。周宁县工业小区完成产值1.4亿元，实现入库税收33万元。寿宁县际武工业小区年产值近3000万元，税收232万元。

2001年，福鼎市星火民营工业园区引入企业16家，其中开工9家，实现产值5290万元。第一期6万吨规模、总投资8000万元的福建惠泉福鼎啤酒有限公司开工建设。霞浦县加快东关“工业桃园”园区建设。园区位于县城东郊，规划面积200公顷，首期开发33.33公顷，当年即落户企业13家，总投资近2亿元，年产值近2亿元，上缴税收2000万元，在园区内新上项目6个，还开辟三沙、盐田两个工业（园）区。周宁县龙潭工业小区第四期开发引进企业6家，资金2200多万元，新增年产值6000万元。

2002年，全市加大工业园区开发建设力度。启动和正在开发建设的工业园区达16个，规划开发总面积60多平方千米。6月，已开发400多公顷，入驻企业300多家。其中福鼎市星火工业园区规划 200 多公顷，一期开发 40 多公顷，入驻企业 19 家，建成投产 16 家，实现产值 3 亿多元；福安市秦溪洋工业园区首期 66.67 公顷工业用地已有 20 多家企业入驻，十多家企业（如安波、新永隆等）建成投产，实现产值 4 亿多元；寿宁县在犀溪、南洋、武曲等乡镇建设工业小区，开发工业用地 66.67 公顷，引进企业 30 家，建成投产 16 家，实现产值近 2 亿元。此外，柘荣县富源、霞浦县三沙、古田县黄田和鹤塘、福鼎市白琳、周宁县龙潭、屏南县城郊等一批工业园区开发建设也逐步展开。

2003 年，全市初步形成市、县、乡三级配套，大、中、小规模同步发展的特色工业园区体系。市级闽东工业园区完成第一期 333.33 公顷用地的控制性规划和 133.33 公顷总平面布置，园区内"三通一平"建设全面启动，首批引进 7 个项目，总投资 3.9 亿元；福鼎市加速星火民营工业集中区、温州工业集中区、龙安工业集中区、白琳工业集中区、秦屿高科技工业集中区五大园区的开发建设，开发工业用地 133.33 多公顷，计划投资 16 亿元，年产 120 万吨热轧薄板的龙安钢铁项目已开工；霞浦县桃源、三沙、杨家溪、溪南五大工业园区已入驻企业 30 多家，投资 1.06 亿元、第一期年产 10 万吨的青岛啤酒项目进入实施阶段。

2004 年，全市整合、改造、规范、提升一批产业发展聚集区。闽东工业园区累计引进 11 个项目，投资 3000 万元以上项目 7 个，是年新引进 5 个项目，总投资 1.74 亿元；东侨高新技术工业园区在建项目 14 个，投产后可实现产值 8 亿～10 亿元；秦溪洋工业园区建成投产 35 个项目，实现产值超 20 亿元；福鼎市星火工业园区累计引进企业 28 家，已投产 22 家，在建 6 家，实现产值 6.25 亿元；霞浦县福宁工业项目集中点完成总体规划和首期 333.33 多公顷控制性详规编制，三沙工业项目集中点新增围海造地 33.33 公顷，牙城、盐田工业项目集中点实现"三通一平"。

2005 年，市本级和各县（市、区）规划 60 多平方千米作为工业园区（集中区）用地，已开发 20 多平方千米，共发展 27 个各具特色的工业集中区。闽东工业园区、东侨开发区高新技术园区、福安市秦溪洋、福鼎市星火、霞浦县三沙陇头、寿宁县武曲等一批工业园区（集中区）已初具规模。建成投入运行的有福鼎市文渡、龙安等一批规模较大、水平较高的工业园区。全市已有 100 多家（个）企业和项目在园区落户，新增年产值 20 多亿元。

二、主要工业园区

（福安）闽东电机电器工业区　位于福安市坂中。1992 年 5 月，经市委、市政府研究决定在坂中建立闽东电机电器工业区（又称坂中电机电器工业园区），7 月 11 日，正式动工建设，总规划面积 40 公顷，分三期建设。2001 年，获农业部"全国乡镇企业示范区"称号。2002 年，投产企业 58 家。2004 年，闽东电机电器工业区工业产值 10 亿元。2005 年，区内电机电器企业 91 家，产值 13.9 亿元。

福建省周宁工业园区　位于周宁县龙潭，1992 年创办。占地 26.8 公顷。1995 年，经省人民政府批准，命名为周宁县工业扶贫开发区，成为省级工业开发区，也是福建省第三个工业扶贫开发区。当年进驻企业 25 家，产值 7291 万元。2001 年，入驻企业达 31 家，总产值 22060 万元。2005 年，经国家发改委、国土资源部、建设部、商务部联合审查，工业园区被列入保留之列，重新命名为福建省周宁工业园区。至 2005 年，共开发土地 15.33 公顷，累计投入资金 1.8 亿元，入驻企业 38 家，年总产值 29075 万元，上缴税收 837 万元。

霞浦县东关工业桃园　位于霞浦县城东关村以东，小浦线公路以北。1993 年开发，取名"工业桃园"。园区实际建设用地 148.2 公顷，按照产业不同需求划分为 22 个小区，分期征地招商和转让，原则引进一个工业项目，配给建设用地一块，一年工业产值100万元的企业可批得一块0.33公顷用地。2002年，7个企业落户东关工业园区：霞浦"三菜"味业食品有限公司，总投资460万元，经营海带、紫菜、水产品加深加工；霞浦溢源海洋食品开发有限公司，总投资1000万元，经营海产品深加工、冷藏、批发业务；霞浦县福阳水产食品有限公司，总投资800万元，经营水产品深加工，霞浦丰惠纸品厂，总投资50万元，经营卫生纸等纸品；霞浦县思源食品有限公司，总投资8000万元，经营"三菜"（海带、紫菜、榨菜）深加工，批发及交易中心建设；霞浦福泉酿酒厂，总投资40万元，经营各种酒类及饮料；华美实业有限公司分厂，投资1000万元，生产国内外汽车、摩托车配件等产品。2003年，县东关工业园区已落户外来企业16个。2005年，霞浦益奇鞋业项目在东关桃园工业园区落户，招收当地男女工人600多人，生产金莲花中档男女皮鞋，主要销往欧美、东南亚等21个国家和地区，工业产值6000多万元。工业桃园共接纳省内外加工企业十多个，"三菜"、水产品加工能力达5亿多元。

闽东澳泰高新科技园区　位于东侨经济开发区内。占地65.23公顷，园区设计第一期投资6亿元人民币，园区设立科研区、产业区、商贸区、行政区、文化区和生活区等六大功能区。1998年，投资2亿元，完成立项、购地、规划、设计。2000年，完成"三通一平"工程。园区以知识农业基础研究、应用研究、软硬技术开发与高新技术企业孵化为先导，以生物制药为主导，以食用菌和闽东的其他农副渔产品如茶业、水果、竹笋、鱼类、海藻类的系列深加工为核心，列入"国家高技术产业化推进项目"。

福鼎市工业园区　位于原福鼎市星火民营工业园区，距福鼎市中心3千米。总体规划面积200公顷，由A区（星火工业园片区）和B区（铁锵片区）两个片区组成。1998年9月，动工建设。1999年年底，落户企业13家。2002年，升格为"福建省级工业园区建设基地"。2004年，园区已完成一期30公顷的开发建设，共有20家企业建成投产。园区二期项目于是年3月动工建设，开发面积33.2公顷。2005年，园区建成道路9条，总长度6.5千米。建设电力线路5.5千米，由福鼎市供电公司通过220千伏桐城变电站直接输送企业。建成供水管道5千米。园区总体绿化用地占总面积的22.9%。

柘荣县富源工业区　位于柘荣县东源乡东源洋，距县城1.5千米。总体规划面积300公顷，是工业"一区三园"（富源工业区、砚山洋重工业园区、下村药业园、乍洋轻工生态园）布局的最重要组成部分。2000年，开始"三通一平"工程建设，建成35千伏变电1座、1万伏专线2条、日供6000吨自来水的供水系统等。相继批准进区落户的企业有柘荣县久鑫手套厂、柘荣县赤马动力设备有限公司、福建荣兴特种钢有限公司、福建广生堂药业有限公司等电机、钢铁、剪刀、药业、纸业、针织等24家民营企业。其中规模以上企业13家、年产值5000万元以上骨干企业6家。2005年年底，富源工业区已开发土地173公顷。

闽东工业园区　位于宁德市区北部的金涵、漳湾区域内。2003年设立，园区总体规划面积3万亩，包括民营工业区、冶金工业区和生活综合服务区等三大板块。首期规划面积200公顷。园区按建设中等滨海城市的思路，拟建成宁德市承接产业转移的平台和带动全市经济发展的新型工业基地。2005年年底，已引进轻工、机电、食品加工为主的3个产业的13个项目，累计完成固定资产投资1.5亿元。同时，园区水、电、路基础设施配套建设已到位。一期道路4千米水泥路面即将完工。

福鼎市文渡工业园区　位于福鼎市文渡，2004年4月创办。总体规划面积666.67公顷，其中一期为文渡垦区及周边466.67公顷，二期拟利用渔井围垦形成的土地200公顷。当年已整体开发240公顷，其中工业用地186.67公顷。园区范围东至文渡大口门海堤，南至赤屿山，西至东埕至柏洋村沙吕线，北至狮头山北侧。2004年8月，动工建设。2005年，福建有氟密泵阀有限公司、福建宏大特钢有限公司、福建宏福皮革有限公司、福建金诚合成革有限公司等一批浙商企业相继开工建设。园区建成文渡自来水厂，日供水量达5000吨，满足园区企业生产用水需求。

2005年，文渡工业园区

福安市湾坞工贸集中区　位于福安市白马河东岸，2004年10月成立。2005年7月29日，经福安市人民政府批准实施，规划控制范围为70平方千米。当年12月，落户工业项目4个，分别是：北京大唐（国际）电力有限公司投资兴建的大唐宁德火电厂，一、二期4×60万千瓦，投资106.5亿元，征用土地面积242.17公顷。福安鑫茂冷轧硅钢有限公司投资兴建的50万吨冷轧硅钢项目，投资9.61亿元，征地面积64.07公顷。福安市融纳化工有限公司投资兴建的过硫酸盐系列产品生产线项目，投资5100万元，用地面积7.33公顷。福安市鑫久铝合金压铸有限公司投资兴建的铝合金压铸项目，投资5000万元，用地面积7.33公顷。

古田县城食用菌工业园区　位于古田县高头岭下福利院与新丰溪之间，2005年10月成立。规划面积60公顷，第一期用地20公顷，预算投资2800万元，"三通一平"基础设施到2005年已基本完。

寿宁县武曲工业集中区　位于寿宁县武曲镇。先后引进了一批企业落户，并逐渐形成继际武工业集中区之后的第二个工业集中区。2005年年底，全镇有规模以上工业企业（年销售额500万元以上企业）7家（全县20家），当年实现规模以上工业产值4.74亿元。重点企业有福建汇通铜业有限公司、寿宁星耀气体有限公司、寿宁恒发铜业有限公司、武曲茶厂、寿宁龙福食品有限公司，其中汇通铜业、星耀气体等4家企业年产值上1亿元。

第五章　乡镇工业

第一节　企业发展

1993年，宁德地区有乡镇企业54697家，其中乡办企业1207家，村办企业2315家，联户企业4527家，个体企业46648家。1994年，全区乡镇企业66313家，其中乡办企业1333家，村办企业2656家，联户企业5363家，个体企业56961家。是时，私营、个体经济成分在乡镇企业经济总量中的比重由“半壁江山”提高到“三分天下有其二”，实现历史性飞跃。

1995年，全区乡镇企业73303家，其中乡办企业1407家、村办企业2453家、联户企业5973家，个体企业63470家。1996年，全区乡镇企业78351家，其中乡办企业1375家、村办企业2270家、联户企业6118家、个体企业68588家。1997年，全区乡镇企业80228家，其中私有企业12817家、集体企业2922家。至1998年，全区乡镇企业85425家，其中私营企业6663家，个体企业76032家，集体企业2730家。是年，营业收入超过3000万元的乡镇企业有宁德市（县级）金涵华联石材、七都长发饲料有限公司、福鼎市桐山新华树脂化工有限公司、桐城华宁燃具有限公司、白琳玄武公司、霞浦县牙城先达石材有限公司、福安市闽东大地电机厂、闽东安波电器有限公司、福中万达电机有限公司、城阳东口石材开发公司、闽东德丰电机公司、赛岐打火机分公司、古田县正泰石材集团公司、三祥冶金有限公司等14家。

1999年，全区乡镇企业87188家，其中私营企业6769家，个体企业78055家，集体企业2364家。2000年，全市乡镇企业92265家，其中私营企业6498家，个体企业83433家，集体企业2334家。2001年，全市乡镇企业92024家，其中私营企业、个体企业集体企业分别为6104家、83719家、2201家。是年，福安大地电机厂成为全市最大的亿元企业，产值达1.06亿元，出口超过千万美元。

2002年，全市乡镇企业93928家，其中内资企业93911家（包括个体独资企业38533家、私营企业6203家、集体企业1612家、联营企业229家、有限责任公司238家、股份合作企业163家、股份有限公司15家和其他企业46918家），港、澳、台商投资企业8家，外商投资企业9家。是年，福鼎玄武石材集团公司成为全市最大企业，产值达1.6亿元。福鼎市海鸥水产食品有限公司全年出口1100万美元，位居全市农产品出口企业前列。是年，全市共设立41片乡镇工业园区，入园企业631家，其中外向型乡镇企业81家。

2003年，全市乡镇企业90985家，其中内资企业90967家（包括个体独资企业39646家、私营企业7604家、集体企业1435家、联营企业195家、有限责任公司332家、股份合作企业

185 家、股份有限公司 30 家和其他企业 41540 家），港、澳、台商投企业 11 家，外商投资企业 7 家。

2004 年，全市乡镇企业 95294 家，其中内资企业 95277 家（包括个体独资企业 43760 家、私营企业 6116 家、集体企业 1373 家、联营企业 268 家、有限责任公司 496 家、股份合作企业 225 家、股份有限公司 46 家和其他企业 42993 家），港、澳、台商投资企业 8 家，外商投资企业 9 家。

2005 年，全市乡镇企业 96037 家，其中内资企业 96014 家（包括私营企业 1129 家、集体企业 1130 家、联营企业 166 家、有限责任公司 534 家、股份合作企业 315 家、股份有限公司 129 家和其他企业 82449 家），港、澳、台商投资企业 13 家，外商投资企业 10 家。是年，福安市振中电器制造有限公司、福建福鼎天湖茶叶有限公司、福建福鼎海鸥水产食品有限公司和福建省宁德市南阳实业有限公司，被评为“全国乡镇企业创名牌重点企业”。

第二节　行业与产品

1993 年，宁德地区乡镇企业中机电、石板材、船舶、冶金、医药、食品（食用菌）等行业发展较快。寿宁三祥冶金有限公司从日本引进先进冶金技术，建立铁合金专业生产厂。福鼎乡镇企业局与白琳镇及国家铁道部、交通部、地矿部建立联营合作，开发储量为 5000 万立方米的白琳大嶂山玄武岩石材，产品销往日本、澳大利亚、新加坡等国家及中国香港、台湾地区。

1994 年，福安市赛岐、甘棠、下白石 3 个镇船舶修造、拆解、贸易一条龙生产开始形成。福安市船舶工业公司拥有修、造、拆船企业 21 家，6000 吨干船坞 1 座，千吨以上干船坞 5 座，总吨位 16500。1995 年，屏南县乡镇企业的食用菌、水果、加工业发展迅速。是年，食用菌产量达 3505 吨，并被评为全国食用菌生产先进县。

1998 年 3 月，地委、行署作出《关于推进乡镇企业新一轮创业的决定》，重点扶持水产、林产等支柱产业的加工业，大力发展机电、建材、食品等优势产业和产品。食品（包括茶叶、食用菌、水产、水果）、电机电器、竹木加工、石板材成为全区乡镇工业 4 大支柱产业，产值达 87 亿元，占全区乡镇工业总产值的 60%。营业收入超 3000 万元以上的乡镇企业有 14 家。按行业分非金属矿采造业（石板材）5 家，电气机械制造业 6 家，化工、冶金、饲料各 1 家。

1999 年，福鼎市华大食品有限公司，寿宁县永仪食品公司等一批生产、加工、销售一条龙新型农业产业化龙头企业，全年实现工业产值 36 亿元，电机电器业实现产值 16 亿元。

2000 年，食品加工、电机电器、石板材、船舶修造、竹木加工等重点产业的支撑和拉动作用凸显。这些重点产业年实现产值 106 亿元，占全市乡镇工业产值的 61%，尤其是电机行业持续快速增长，实现产值 30 亿元，同比增长 20%。农副产品加工保持较快发展势头，实现产值近 50 亿元，同比增长 15%。船舶修造业从徘徊中开始上升，赛江沿岸船舶修造企业达 40 家，其中产值 2000 万 ~ 6000 万元企业有 8 家。

2001 年，全市规模以上乡镇企业运行质量稳步提高，开始形成一批从事茶叶、食用菌、水产品、蔬菜等主导产业的生产、加工、营销型龙头企业，产值上亿元的乡镇企业有 4 家。福安市大地电机厂，产值达 1.06 亿元。2002 年，全市 22 家农业产业化龙头企业累计完成产值 9.3 亿元，其中产值 3000 万 ~ 5000 万元企业 8 家，产值 5000 万元以上的企业 6 家。

2003年，全市农产品加工业新增72家，总数达7589家，实现产值72亿元。重点培育食用菌、水产品、茶叶、竹木工艺、果蔬加工等78家规模以上农产品加工主导企业。电机电器、石板材、“三车”配件、船舶修造、农产品加工等重点产业，全年实现产值160亿元，占全部乡镇工业产值的70%。福安市电机电器、船舶修造产业总产值分别为45亿元、14亿元，占全市乡镇工业总产值四分之一。

2004年，电机电器、船舶修造、化油器、石板材、农产品加工5大产业成为宁德市的支柱产业，实现产值200亿元，占全市全部乡镇工业产值的74%，其中全市船舶修造企业65个、石板材加工企业950个、电机电器企业616个，各实现产值16.37亿元、27.57亿元、60.89亿元，全市农产品加工企业发展至6504家，实现产值81亿元。福安电机电器增速加快，拥有企业432个，实现产值58亿元，净增8亿元。产值上亿元企业12家、5000万元以上企业30家、1000万元企业90家。

2005年，电机电器、船舶修造、化油器、石板材、农产品加工五大支柱产业实现产值213.51亿元，占全市全部乡镇工业产值的75%，其中全市船舶修造企业87家，产值20亿元；石板材加工企业1012家，产值29.28亿元；电机电器企业542家，产值73.80亿元；农产品加工企业100家，产值91亿元（其中产值亿元企业3家、5000万元企业15家、1000万元企业82家）。福安市电机电器是年拥有企业442家，实现产值68亿元，净增10亿元。宁德南阳实业有限公司、福安市振中电器制造有限公司等企业获“全国乡镇企业创名牌重点企业”称号。

第三节 企业选介

一、福建玄武石材集团公司

1988年8月，福鼎白琳玄武岩开发公司成立。1992年，开采产品7088立方米，销售收入1377.68万元，实现利润477万元，税金90万元。1994年，由白琳金山工业园区42个规模石材加工企业捆绑，成立福建玄武石材集团公司。2002年，产品被评为福建省名牌产品，“玄武”牌商标获福建省著名商标称号。主导产品有磨光板、亚光板、火烧板、喷沙板、机切版、荔枝板、菠萝板等8大系列80多种规格品种，主要销往欧美、东南亚等地区。2005年，创产值37780万元，实现利润1700.3万元，税金3060.1万元。址设福鼎白琳金山工业园区内。

二、福建三祥冶金有限公司

1988年创建。为中日合资外向型出口创汇企业。2000年，通过ISO9001：2000质量管理体系认证。2005年，占地面积10万平方米，建筑面积1.2万平方米，下属9个分厂，20条生产线，职工380人；固定资产总投资逾1.25亿元。主要产品有硅铁、镁硅、硅钡、硅钙、稀土硅、氧化锆、电熔铝、单晶刚玉磨料和其他特种合金、工业新材料等，具备年产特种合金系列产品2.6万吨、氧化锆8600吨，单晶刚玉磨料3000吨的生产能力；被国家科技部认定为“国家火炬计划重点高新技术企业”；先后荣获“全国守合同，重信用企业”“全国外商投资双优企业”等称号；生产各种产品15000吨，实现产值1.56亿元，创利润1200万元，上缴税金1500万元。址设寿宁县城南郊际头仔。

三、宁德市南阳实业有限公司

1995年创办。是一家集种猪生产、商品猪养殖、饲料加工、生猪屠宰、放心肉配送和连锁专卖、肉食品加工、大米加工、码头等于一体的现代农业综合开发企业注册资本4060万元。2005年，下属企业有南阳种猪育种中心、南阳养殖公司、南阳饲料公司、南阳食品公司、南阳物流公司、有机肥生产基地、定点屠宰场与放心肉连锁专卖店、南阳米业公司、南阳种猪研究所。拥有总资产1.28亿元，员工480人，其中各类专业技术人员68人，实现综合产值1.72亿元。公司已通过ISO9001 ：2000国际质量体系认证及HACCP质量认证。址设蕉城区金涵乡琼堂村国道路56号。

四、福建福鼎天湖茶业有限公司

前身是福鼎市惜缘茶厂。1999年，投资250万元，在太姥山承包茶园1500亩二次创业。2000年，易名福建省天湖茶业有限公司，扩大成为集茶业生产、加工、出口、包装、销售，产供销一条龙企业。同年，公司转注“绿雪芽”品牌。2002年3月，“绿雪芽”被省政府授予福建省名牌产品称号。当年，公司厂房建筑面积8800平方米，固定资产（原值）达1190万元。2004年，公司取得自营出口权。同年6月28日，绿雪芽以100克71万元拍卖出全国绿茶最高价。2005年，取得QS认证，并通过出口卫生注册。被农业部授予农产品连锁经营重点企业。主要产品有特殊茶、绿茶、珠茶、银针、绿雪芽系列、白茶、乌龙茶等。址设福鼎市星火工业园区内。

第六章 管 理

第一节 机 构

一、宁德市（地区）经济委员会

1993 年，宁德地区经济委员会编制 34 人。1997 年，兼挂宁德地区工业领导小组办公室、宁德地区国有企业改革领导小组办公室，组织开展工业生产调度，扭亏为盈和国有集体企业“放小搞活”、“三改一加强”（改制、改组、改选）等。

2001 年，宁德地区经济委员会改称宁德市经济委员会，内设办公室、技改科、工业经济运行科、企业科、宣教科、干部科、监察室、交通能源科、外经科、电子办、质量安全科、协作科、联络科，共 13 个科室和一个挂靠单位——宁德市交通运输指挥办公室，在编干部 33 人。同年，根据《中共宁德市委 宁德市人民政府关于宁德市市级党政机构改革的实施意见》，不再保留宁德市经济委员会（经济技术协作办公室），其行政职能并入新组建的宁德市经济贸易委员会。

二、宁德市（地区）工业局

1993 年，地区分设地区工业局、地区轻工业局。1996 年，根据《中共宁德地委、宁德地区行署转发〈关于宁德地区地级党政机构改革的实施意见〉和〈关于宁德地区地级党政机构开展“三定”工作的意见〉的通知》，合并为地区工业局（二级局）。根据《宁德地区行署办公室关于印发〈宁德地区工业局职能配置、内设机构和人员编制方案〉的通知》精神，工业局归口地区经济委员会管理。

2000 年，宁德地区工业局改称宁德市工业局，内设办公室、业务科，编制 18 人。2001 年，根据《中共宁德市委 宁德市人民政府关于宁德市市级党政机构改革的实施意见》，不再保留工业局，其行政职能并入新组建的宁德市经济贸易委员会。

三、宁德市（地区）轻工业局

1993 年，地区轻工业局内设办公室和业务科，编制 14 人。1996 年 5 月，因地区机构改革，地区轻工业局与地区工业局合并，组建地区工业局（二级局），归口地区经济委员会管理。

四、宁德市（地区）城镇集体工业联合社

1993年，为地区第二轻工业局。1997年6月政府机构改革，根据《宁德地区行政公署关于宁德地区第二轻工业局成建制转为宁德地区二轻工业公司后有关问题的通知》，宁德地区二轻局成建制转为宁德地区二轻工业总会，为行署直属处级事业单位，承担原地区二轻局行业管理职能，核定事业编制15名，内设秘书科、行业管理一科、行业管理二科、咨询培训中心等4个内部机构。

2000年11月，宁德地区二轻工业总会改称宁德市二轻工业总会，内设人秘、管理一科、管理二科、咨询培训中心，编制15人。2004年10月，宁德市二轻工业总会重组为宁德市城镇集体工业联合社，为市政府直属正处级事业单位，事业编制15名，内设办公室、业务一科、业务二科等三个职能科（室）。

五、宁德市（地区）乡镇企业局

1993年，为宁德地区乡镇企业局。2000年，改称宁德市乡镇企业局，内设人秘科、计财科、生产科、外经科4个科，编制22人。2002年，根据《中共宁德市委办公室 宁德市人民政府办公室关于印发〈宁德市农业局职能配置、内设机构和人员编制规定〉的通知》，将宁德市乡镇企业局并入宁德市农业局，宁德市乡镇企业局对外挂牌，与市农业局共用编制，在市农业局内设乡镇企业生产技术科、乡镇企业经济运行科、乡镇企业协调督查科3个科室，宁德市乡镇企业局仍独立预算、独立办公。

六、宁德市（地区）经济贸易委员会

2000年宁德地区撤地设市，根据《中共福建省委、福建省人民政府关于宁德市党政机构改革的通知》《中共宁德市委、宁德市人民政府关于宁德市市级党政机构改革的实施意见》和《中共宁德市委办公室 宁德市人民政府办公室关于印发〈宁德市经济贸易委员会职能配置、内设机构和人员编制规定〉的通知》，不再保留宁德市经济委员会、市财贸委员会、市工业局，组建宁德市经济贸易委员会，负责调节全市国民经济运行和企业工作。内设18个职能科（室）：办公室、综合科、政策法规科（市减轻企业负担办公室）、经济运行科（市工交生产总调度室）、企业科（市中小企业办公室）、投资与规划科、电力科、技术进步与装备科、资源综合利用科、商品市场科（市副食品基地办公室）、贸易与服务业管理科、外经科、协作与联络科、电子信息科、计划财务科、人事教育科、老干部管理科、行业管理科。挂靠机构4个：宁德市国防动员委员会支前办公室、宁德市交通运输指挥部办公室、宁德市山海协作领导小组办公室、宁德市物资行业管理办公室。

七、宁德市（地区）电信局

1993年至1998年9月，设宁德地区邮电局，实行邮政、电信合营。

1998年10月26日，根据国家信息产业部和省邮电管理局关于邮电分营机构改革精神，撤

销宁德地区邮电局，实行邮政、电信分营。宁德地区电信局正式挂牌运营。2000 年 8 月，宁德地区电信局更名为福建省电信公司宁德地区分公司，实现公司化运作。

八、无线电管理机构

1993 年，宁德地区无线电管理委员会办公室，归口宁德地区行署办公室管理，核定编制 2 ~ 5 人，为负责管理全区民用无线电频率、台站工作机构，正科级、下辖宁德地区无线电监测站。

1995 年 10 月，宁德地区无线电管理委员会办公室改建为福建省无线电管理委员会办公室（简称省无委办）派出机构，更名福建省无线电管理委员会办公室宁德地区管理处，升格为副处级机构，内设综合科、业务科和无线电监测站（副科级），编制 14 人，受省无委办和宁德地区行署双重领导，业务、人事、财务和物资设备等由省无委办管理。1997 年 10 月，设立福鼎市无线电管理工作站，经费由省无委办核拨，归口福鼎市人民政府办公室管理。

2000 年 11 月，宁德地区撤地设市，相应改称为福建省无线电管理委员会办公室宁德市管理处。

2001 年 12 月，更名为福建省人民政府无线电管理委员会办公室宁德市管理处，受省信息产业厅（省无线电管理委员会办公室）和宁德市人民政府双重领导，为正处级行政机构。内设综合科、频率台站科、执法检查科，下辖宁德市无线电监测分站（正科级事业单位），核定行政编制 6 名，事业编制 6 名，工勤编制 2 名。

2005 年 9 月，更名为福建省信息产业厅宁德市无线电管理局，机构人员编制不变。

第二节　工业生产管理

一、生产经营

1993 年，宁德地区行署已不直接向企业下达生产计划，而是向各县（市）下达年度国民经济发展指导性计划，通过预测、预警、监控等宏观调控手段，掌握工业经济运行态势。1995 年起，工业经济年度计划指标由地区计委授权，由地区经委下达给各县（市）人民政府、经委及地直工业主管部门。包括产供销衔接，产品定价销售，原材料、能源、资金筹措等均由企业自行决策，政府部门仅起协调与引导作用。同时改以产定销为以销定产。企业可根据订货合同安排生产经营活动，政府部门计划无约束作用，只起导向作用。其间，大力鼓励企业自营出口产品。国家对产品出口量大的企业赋予进出口经营权。企业可自行进口该企业生产所需的原材料与设备，自行出口该企业或其他企业委托出口的产品。先后有霞浦县电子仪器厂、闽东罐头食品集团公司等 14 家企业被国家经贸委、外贸部赋予自营进出口经营权。至 2005 年，全市获得自营进出口业务及取得经营资格的各类企业达 328 家。对出口量大的机电产品企业，授予国家机电产品出口基地企业称号，并从生产资金、出口创汇贴息奖励等方面予以扶持。

二、发展规模工业

1993年年初，宁德行署批转地区经委《关于“八五”后三年我区工业发展意见的通知》，提出抓拳头，上规模，增效益，加快工业发展步伐意见。1995年，全区工业产值达1000万元以上的企业有98家，产值3000万元以上的企业有27家，产值5000万元以上的企业有古田县抗生素厂、福鼎市啤酒厂、福建天湖集团公司等13家，产值上亿元的企业有古田县制药厂、福建天马集团公司、福安市罐头食品集团公司、福建双龙机电工业集团公司、福安市船舶公司5家。其中小型电机、化油器、液化调压器3种产品产量与销量居全省第一。

1997年，宁德地区支柱产业调整为“3+2”，即机电、食品、建材为支柱产业，医药化工、冶金船舶为重点产业。是时，重点企业根据生产经营情况，每年进行动态调整，重点企业数保持在15～20家之间。1999年5月，宁德地区行署批转地区经委、农办等16个单位下发的《关于扶持龙头企业和名牌产品的若干政策意见的通知》，从资金、税收、信贷、技术开发、广告宣传、资产重组等方面予以优惠政策。

2005年，食品加工、建材工业、电机电器、船舶修造、汽摩配件、医药化工、电力工业等7个重点特色产业集群，在规模工业中起重要支撑作用，实现工业产值119.98亿元，占规模以上工业总产值64.1%。

三、服务和运行调控

1993—1998年，宁德地区行署将工业经济的主要指标完成情况纳入对主要领导政绩考核内容。地区经委每年根据各县（市、区）“年度工业经济主要指标”完成情况进行考核评比通报（考核指标有八项，即：工业产值、增加值、产品销售率、利税总额、劳动生产率、成本利润率、流动资金周转率、国有企业亏损），获得一、二、三名的县（市、区）人民政府及经委将获得行署表彰。

1999—2004年，地区（市）经委、经贸委及有关工业管理部门，指导全区工业系统围绕市场，改进管理与服务，克服国内市场制约加剧和软硬环境制约等各种困难，确保工业经济运行目标的实现。经济运行分析形成制度，坚持每月召开一次地直单位经济分析会，每季度召开一次全区性经济分析会或工作会议，互通情况，及时协调解决经济运行中重点问题与矛盾，促进大工业管理体系逐步建立。同时，转变管理、协调与服务重点，从过去重点抓生产资料协调转向以资金、市场、管理为重点的综合协调，从过去抓事后协调为主转变为抓事前协调为主，在封闭贷款、市场开拓、价格自律等方面，各级工业管理机构和组织做了大量细致工作，并抓住带倾向性、苗头性的问题，精心制定监测、预测方案，确保经济运行调控方案顺利实施。在应对传统市场东南亚地区经济在复杂中波动，各级政府运用各种扶持政策，引导和帮助骨干企业开拓新市场，拉动出口回升。

2005年，工业主管部门在深入调研的基础上，组织编制“年度经济运行调控方案”，制定“年度工业发展综合考评实施方案与规模工业发展考评办法”，进一步完善月份、季度、半年度经济运行分析调度与全年度考核评比制度；重视工业经济运行的预测预警、综合分析、协调调度，并及时掌握运行态势、特点，及时协调解决经济运行热点、难点问题；根据不同阶段工业经济特点，做好重点企业、重点行业和新增长项目的管理服务和运行调度工作。

第三节 企业技术改造

1993年，宁德地区推进工业企业技术改造步伐，加大区内重点企业、重点项目技改投资力度，走内涵和外延相结合的技术改造路子。在实施“工业富区”发展战略，确立工业“3+2”即机电、食品、建材为支柱产业，医药化工、冶金船舶为重点行业发展措施中，将福安市、福鼎县列为技改重点区域。确定每年投资500万～1000万元以上重点项目10个，让技改十大重点项目滚动发展。全区累计完成技改投资15185.90万元。地区十大重点技改项目完成投资7152万元，已建成投产6项。全年共投产技改项目70项，其中百万元以上项目22项，总投资17915万元。几乎是单一二手船改装的船舶修造业，经过不断技术改造生产工艺日趋先进，形成船舶修造、拆解、贸易一条龙生产群体。

1994年，“十大”重点技改项目受资金制约，全年仅完成投资4375.5万元。是年共投产技改项目91项，其中百万元以上项目41项，总投资16873.7万元。通过技改电机行业专业化、协作化格局逐步形成。

1995年，铁合金业通过增加技改投入，成为省内生产铁合金品种最齐全的冶金工业；原处于小、散、乱无序状态的石板材加工业，经过整顿实施增资技改创新，逐步形成以石材为龙头的建材工业体系；福安市半导体厂持续不断进行技改和加大产、学、研联合开发，成为闽东支柱产业电机电器的一个组成部分。是年，全区实施技改项目581项，累计完成技改投资额9.55亿元，新增固定资产7亿元。技改投资项目423个（其中百万元以上项目139个），总投资6.39亿元，新增工业产值19亿元，新增利税3.67亿元。

1996—1998年，中、小型发电机（组）系列产品产量迅速上升，形成新一大类主导产品，产生一批有闽东特色和优势产品。大地电机、德丰电机、安波电器等6家电机企业被列为宁德市级工业龙头企业；11家电机电器企业被国家经贸委、外经贸部批准为“机电产品出口基地企业”。榕屏联营化工厂年产氯酸钾2万吨，成为全国最大的氯酸盐生产基地；宁德俊杰有限公司蜂窝填料达到国际先进水平，产品98%出口欧美。福安拆船厂由一家单纯拆解旧船小厂发展为多业并举的综合性工贸公司。赛江成为福建省船舶修造基地和全国民间船舶交易市场。冶金工业着力开发高科技含量、高附加值和适应国内外市场需求的铁合金系列新产品，逐步实现产品更新换代和质量的提高。

1997年，全区全年累计完成技改投资工作量49844.5万元，同期增长25.72%，国有企业完成投资34651.5万元，集体企业完成投资15193万元。1998年，全年累计完成技改投资量69154万元，比1993年增长3.29倍。十大重点项目完成投资量11557万元。全年共投产百万元以上技改项目68项，总投资32721万元，实现新增加产值58838万元，利税12766万元。电子工业在技改创新中也迅速发展，当年跻身全省地、市电子工业先进行列。

1999年，石板材加工业技改在精深加工、新工艺和开发新品种上下功夫，以玄武岩和花岗岩板材为主导的产品大部分出口创汇，福鼎市白琳镇成为国内著名玄武岩开采生产基地。电子医疗保健产品、电子连接元件、人造水晶、矿电子产品、电子琴标准键盘等被列为省重点产品。是年，全区累计完成技改投资10.15亿元（含中央属企业）。十大重点技改项目总投资9.84亿元，全年累计完成4.32亿元，占完成全区技改总量41.2%。全年共投产百万元以上技改项目57项，总投资 7.87 元，新增工业产值 11 亿元，利税 2.88 亿元。投资千万元以上项目 20 多项。

2000 年，全年完成技改投资 9.82 亿元，“十大”重点技改项目完成投资 2.1 亿元，占全市投资量的 21.4%。从 1996 年到 2000 年，全区实施 100 万元以上技改项目 504 个，累计完成技改投资额 36 亿元，年均增长 14.36%，建成投产 100 万元以上技改项目 287 项，新增工业产值 41.76 亿元，新增利税 9.73 亿元，新增固定资产 14.93 亿元，固定资产率为 173.15%。2001 年，福建白马船厂发展为国家大中型企业。

2001—2004 年，全市企业技术改造计划投资 45 亿元，其中，2001 年、2002 年、2003 年、2004 年实际完成技改投资各为 8.342 亿元、10.3732 亿元、13.1319 亿元、18.0906 亿元。2002—2003 年，有 12 家担保机构为全市重点工业企业技改和新产品开发提供 35 亿元融资担保。银行也通过发放固贷、流贷等形式支持企业技改投入。2004 年，全市共有 20 个项目列入省、市重点技改项目，累计完成技改投资 4.73 亿元。

2005 年，福建万达电机有限公司、闽东安波电器有限公司、闽东力捷迅公司等 4 家企业技术中心晋级为省级企业技术中心。工业系统中仅电机电器行业就建立有省级企业技术中心 2 个、电机研究所 2 个、技术研究室 15 个。霞浦县、福鼎市汽摩配件工业继续快速发展，12 家电机电器业成为国家机电产品出口基地企业；福鼎市汽摩配件业已形成从化油器整机到配件完善的产业生产集群。榕屏化工厂经过二期技改扩大规模，成为亚洲最大的氯酸钾、氯酸钠的生产企业；福建白莲花化工公司经过产品创新，生产的白莲牌建筑涂料被授予省著名商标。行业中产值超亿元的企业有福安宏兴建材有限公司、福建三祥冶金有限公司等 9 家企业。产值超 5000 万元的有古田县聚丰合金有限公司等 10 家企业。电子工业工艺不断改进，产品技术含量不断提高，人造光学石英晶体填补了国内生产空白。至年底，全市完成技改投资 26.96 亿元，占全社会工业固定投资比重的 46.14%。20 个重点技改项目全部进入实施阶段，累计完成投资 4.48 亿元，占全部技改投资的 16.6%。全市累计实现投资百万元以上技改项目 700 项，建成投产 324 项，新增工业产值 116.45 亿元，新增税利 15.6 亿元。通过技术改造，加大行业和产品结构调整力度，着力培育扶持优势产业，促进宁德市食品工业、电机电器、船舶修造、医药化工、机动车配件、建筑建材等重点产业的优化和升级。“十五”期间，全市完成技改投资 76.90 亿元，是“九五”期间完成技改投资的 2.15 倍。

第四节　企业质量管理

一、质量监督

1993 年，宁德地区工业管理机构引导企业改进产品质量，开发新产品。执行《国务院关于进一步加强质量工作的决定》，对区内重点工业产品和流通领域商品加强质量监管检验。地区技术监督局承检能力 48 项，共完成检验工作量 290 批次；产品监督抽验、商品抽验合格率各为 65.39%、39.7%，全区列入省定期监督检验商品为百货五交化商品，完成监督检验工作量 150 批次。技术监督部门还引导福安庭院工业走向规模化生产，按照 ISO9000 质量标准，帮助企业制定产品标准。

1994 年，地区技术监督局承检能力 50 项，完成检验工作量 326 批次；产品监督抽验、商品抽验合格率各为58.15%、80.74%。是年，全区列入省定期监督检验商品为碳酸饮料、电线、汽配安全件、家用电器、农药、化肥、饲料、小型电热器具、眼镜，完成监督检验工作量184批次。

1996年，建立花岗岩石板材和油品检验项目，地区技术监督局承检能力达70项，完成检验588批次；产品监督抽验、商品抽验合格率谷为78.75%、75.89%。全区列入省定期监督检验商品为器具、汽配安全件、家用电器、农药、化肥、饲料以及实施生产许可证管理商品、安全认证电工产品，完成监督检验工作量189批次。

1997年，建立建筑用钢筋、机砖检验项目，地区技术监督局承检能力达90项，完成检验1093批次；产品监督抽检、商品抽检合格率各为70.86%、66.82%。全区列入省定期监督检验商品有柴油等6种，完成监督检验工作量356批次。

1998年，建立茶叶、水泥、洗涤剂、化妆品、农药等检验项目，地区技术监督局承检能力达130多项，检验1401批次；产品监督抽检、商品抽检合格率分别为70.43%、68.82%。全区列入省定期监督检验商品与1997年相同，完成监督检验工作量550批次，开展对130多种产品、300多个项目产品质量检验和产品质量评估工作。全区54家茶叶生产企业55批次茶叶经检测，合格40批次。

2000年，对“五小”企业进行清理整顿，全市关停“五小”企业218家，取缔小钢铁厂180家。2001年，在全市范围内鼓励实施技术改造，完成技术创新项目69项，项目达国内首创水平以上的有22项，主要有福安市太平洋公司开发生产的MAR系列大功率工业水泵、闽东亚南电机公司生产的GFS系列低噪音智能柴油发电机组、周宁县水晶公司生产的人造光学水晶等。

2003年，质监部门共组织质量监督检查1622次，出动执法人员6582人次，检查企业6629家次，查处立案422起，现场处罚18起，案值1018万元。质检部门与检察院、公安、边防等部门联合，查处非法生产地条钢企业109家，立案73家；查扣地条钢1378吨，案值236.8万元，遏制地条钢生产。市质检局联合茶业、工商部门，检查茶叶加工企业539家，查处掺杂掺假茶叶加工企业7家，立案7起，查封没收掺杂掺假茶叶2600千克，罚款4.1万元。全年监督抽检成品茶280批次，合格率91%，茶青90批次，合格率97.78%。同时结合农资打假，对全市农药、化肥进行严格检查和监督抽样，防止高毒高残留农药进入茶区。质监部门配合有关单位开展食品质量专项整治，检查生产、销售企业813家，查处案件31起，案值39万元。共抽检食品类产（商）品638批次，合格率为86.2%，其中酱油、食醋和饮用水的监督检查合格率由分类监管前的48%和67%提高到分类监管后的87%和96%。

2004年，宁德市政府召开福安电机、地条钢、食品、茶叶等质量整治专题会议，进一步提高打假力度。全市质监系统建立完善打假责任制、强化打假工作的落实和考核，组成3个督查组分片负责督查落实打假责任制，监督检查茶叶生产企业526家次，查处掺杂掺假案件19起，扣押茶叶2.15吨，销毁3.25吨，并销毁大批茶叶掺杂物品。出动260人次，检查流通领域180余家，生产领域17家，立案查处11起，移送公安机关10起，防止劣质奶粉的扩散。出动执法人员330人次，检查酒类产品生产企业21家，销售企业103家，发现无证生产白酒企业6家，查封白酒约4吨。出动行政执法人员910人次，检查农贸供销点398个，共抽检化肥105批次，立案查处27起，查获假冒伪劣农资300.2吨，货值32.52万元。立案查处生产地条钢及其制品案件75起，查获货值约230万元。

2005年，质检部门检查食品生产企业和销售点198家，发现无证生产企业13家，责令停止生产8家。对部分无“QS“标志食品，责令商店停止销售。按照《宁德市建立茶叶质量安全长效监管机制实施意见》，加强茶叶质量监管。全年出动执法人员867人次，检查茶叶生产企业641家次，查处茶叶掺杂掺假案件22起，没收掺假茶叶1400千克。抽检成品茶叶372批次，农残检验合格率为96.5%。立案查处非法生产地条钢案件13起，没收地条钢107.86吨。立案查处不合格建筑用混凝土、胶合板案件34起，查处不合格水泥368吨。深入108个乡镇开展执法打假，检查农资点（站）239个，查获剧毒农药3千克、假冒伪劣农机6件、标签标识不规范化肥36吨、短斤少两化肥85吨、无证经营农药350箱，立案查处案件9起。

二、创优创名牌

（一）名牌产品

1. 福建名牌产品

1995年，根据省政府制定的《福建省名牌产品管理办法》，宁德地区开始评定名牌产品。第一批福建名牌评定中无宁德地区产品。1996—2005年，宁德市共获福建名牌产品49项。

2. 中国免检产品

2005年，闽东安波电器有限公司“ABLE”牌、“AEC”牌、“安波”牌的Y80、Y90、Y100、Y112、Y132电动机获“国家免检产品”称号。

1996—2005年宁德市（地区）获福建名牌产品一览表

表15-27

序号	生产企业/单位	产品商标	产品名称、规格型号	获得年份
1	闽东汽车机电有限公司	龙山	手动牵引器	1996
2	福建华龙化油器有限公司	福化	摩托车化油器	1997
3	福建万达电机有限公司	万达	水泵	1997
4	闽东瑞彩食品添加剂有限公司	瑞彩	山梨酸钾	1997
5	福建东鼎燃具有限公司	东鼎	调压器	1998
6	闽东安波电器有限公司	ABLE	中小型电机	1998
7	闽东德丰电机有限公司	凯捷利	中小型电机	1998
8	福建万达电机有限公司	WONDER	小型电机	1998
9	福鼎贯岭镇	无	福鼎芋	1999
10	古田县政府	无	银耳	1999
11	宁德市水产技术推广站试验场	官井洋	大黄鱼	1999
12	福鼎市新华树脂厂	无	不饱和聚酯树脂	1999
13	宁德市海洋水产开发有限公司	无	二都蚶	1999
14	福安农药厂	丰	3%克百威颗粒剂	1999
15	福安农药厂	丰	20%三唑磷乳油	1999
16	闽东亚南电机有限公司	亚南	发电机	2000
17	福鼎前岐镇	无	四季柚	2000
18	屏南大创食品有限公司	大创	夏香菇	2000

续表 15-27

序号	生产企业 / 单位	产品商标	产品名称、规格型号	获得年份
19	古田县国有综合农场	无	古田油柰	2000
20	寿宁永信食品有限公司	庚山	花菇	2000
21	宁德市茶叶公司	鞠岭	天山绿茶	2000
22	福建福鼎海鸥水产食品有限公司	九洋	虾皮	2001
23	屏南县健神食品公司	健神	屏南紫灵芝	2001
24	屏南县新田王蔬菜开发有限公司	新田王	花椰菜	2001
25	福鼎市天湖茶叶有限公司	绿雪芽	绿雪芽茶	2001
26	福建省山海集团有限公司	闽山海	咸香大黄鱼	2001
27	福鼎市食用菌研究中心管理站	无	福鼎白色双孢蘑菇	2001
28	福安市闽东安波电器有限公司	AEC	SCM、JET 水泵	2001
29	福建天龙电机有限公司	天龙	Y、Y2 电动机	2001
30	福安市远东电机有限公司	远安 YUANAN	管道自动增压泵	2001
31	福建省闽东东方神电子有限公司	东方神	DF-508 微电脑按摩垫系列	2001
32	福建省玄武石材集团公司	W	玄武岩石板材	2001
33	霞浦正阳摩擦工业有限公司	JOYYOUNG	汽配刹车片	2002
34	古田县国有综合农场	吉乐	古田水蜜桃	2003
35	屏南龙潭庶民酒业有限公司	惠泽龙	龙潭庶民酒	2003
36	福鼎市太姥山名茶有限公司	太姥山	大毫银针	2003
37	闽东尧庄电机厂	尧庄	ST、STC 系列发电机	2003
38	福安市新永隆电机有限公司	YOUTH	YL950 汽油发电机组	2003
39	福鼎市品品香茶业有限公司	品品香	太姥绿茶	2004
40	福建省古田县大丰工贸有限公司	八荒	食用菌（香菇、银耳）	2004
41	福建仙洋洋食品科技有限公司	仙洋洋	茶浓缩汁系列	2004
42	福建省古田金松食品有限公司	金松	食用菌（香菇、银耳）	2004
43	福建一华电机有限公司	一华	TFKX-H 系列船用相复励三相交流同步发电机	2005
44	福建顶丰食品有限责任公司	顶丰	饼干	2005
45	福安市天香茶叶有限公司	隽永	花茶	2005
46	福建省宁德市南阳实业有限公	海蝎	无公害猪肉	2005
47	福安市港福食品开发有限公司	珠洲	饼干	2005
48	福建省银象电器吸限公司	银象	系列潜水泵	2005
49	福建福安城湖茶叶有限公司	东湖	茉莉花茶	2005

（二）著名商标

1. 福建著名商标

1998 年，福建省白莲花化工有限公司的“白莲花”牌涂料被认定福建省著名商标。至 2005

年，宁德市共有 39 个商标获得福建省驰（著）名商标。

1998—2005 年宁德市（地区）获福建省驰名商标一览表

表 15-28

商标权利人	商标	商品或服务项目	认定年份	所在县区
福建省白莲花化工有限公司	白莲花	涂料	1998	蕉城
福安市康华电子医疗仪器厂	五州	电子针灸治疗仪器	1999	福安
福建省白马调味品开发有限公司	白马河	酱油、鱼露、醋等	2000	福安
福建省健神生物工程有限公司	“JIANSHEN”及图	菌类干制品、鱼制品、水果罐头	2001	屏南
福建省闽东力捷迅药业有限公司	力捷迅	片剂、口服液、冲剂	2002	柘荣
福建省天湖茶业有限公司	绿雪芽	茶叶	2002	福鼎
福建惠泽龙酒业有限公司	惠泽龙	黄酒	2002	屏南
福安市闽东安波电器有限公司	ABLE	电机	2003	福安
福建省闽东德丰电机有限公司	凯捷利	电机	2003	福安
福安市太平洋电机有限公司	图	电机	2003	福安
闽东阳光食品有限公司	阳光	调味品	2003	福安
宁德市仙山茶厂	“憩园”及图	茶叶	2003	蕉城
宁德市大登服饰有限公司	好男儿	推销（替他人）	2003	蕉城
柘荣太子参协会	柘荣太子参	太子参	2004	柘荣
福建泰格动力机械有限公司	“tiger”及图	马达及其部件（包括发电机、电动机）	2004	福安
闽东五一机电有限公司	MDJ	割灌机、割草机	2004	福安
福建福鼎京科化油器有限公司	“JINGKE”及图	化油器	2004	福鼎
福建省友力化油器有限公司	KEI★HIN	摩托车配件（化油器）	2004	福鼎
霞浦正阳摩擦工业有限公司	JOYYOUNG	陆地车辆刹车片、车辆刹车闸瓦、陆地车辆刹车垫	2004	霞浦
古田县武豪食品有限公司	武豪	干食用菌、脱水菜	2004	古田
古田县大丰工贸有限公司	“八荒”及图	冬菇、笋干、木耳	2004	古田
福建广生堂药业有限公司	广生堂	非医用营养胶囊、非医用营养液	2004	柘荣
福鼎市品品香茶厂	品品香	茶叶	2004	福鼎
宁德市茶叶公司	鞠岭	茶叶	2004	蕉城
福建顶丰食品有限公司	“顶丰”及图	饼干	2004	福安
福建仁升食品有限公司	“仁升”及图	蛋卷、饼干、甜食	2004	福安
福建三祥工业新材料有限公司	FSM 三祥	耐磨金属、硅铁、普通合金金属	2005	寿宁
福建省三沙华美实业有限公司	HMK	火花塞、三清过滤器高压线组、内燃机配件	2005	霞浦
福鼎市华益机车部件厂	华益	化油器	2005	福鼎
福建银嘉机电有限公司	YINJIA	发电机、泵（机器、发动机或马达部件）、马达和引擎起动器	2005	福安

续表 15-28

商标权利人	商标	商品或服务项目	认定年份	所在县区
福建大吉刀剪五金有限公司	大吉	剪刀、刀片	2005	福鼎
福安市怡和电子有限公司	怡禾康	按摩器械、振动按摩器	2005	福安
宁德市海洋技术开发有限公司	海名威	加工过的黄瓜鱼（非活）、食用鱼胶、虾（非活）	2005	蕉城
宁德市南阳实业有限公司	海旸	猪肉食品、牛肉食品	2005	蕉城
福建圣王乳业有限公司	圣王	牛奶制品、牛奶	2005	福鼎
福鼎海鸥水产食品有限公司	九洋	鱼制食品、鱼（非活）、虾（非活）	2005	福鼎
宁德市恒信粮油贸易有限公司	青牛	米、谷类制品	2005	福安
福安市城湖茶叶有限公司	东湖	茶叶	2005	福安
福建仙洋洋食品科技有限公司	仙洋洋	茶饮料、药茶、非医用营养液	2005	周宁

2. 宁德市知名商标

1999 年，宁德地区开始着手知名商标评价工作。是年，共有 25 个商标获得地区知名商标称号。2001 年、2003 年、2004 年、2005 年分别评定市知名商标 27 个、23 个、27 个、19 个。

1999—2005 年宁德市（地区）认定知名商标一览表

表 15-29

企业名称	商标名称	使用商品	认定年份
宁德市茶叶公司	鞠岭	茶叶	1999
福建天山茶业有限公司	天山	茶叶	1999
福安市九洲电器厂	STC	加热器	1999
福安市康华电子医疗仪器厂	五洲	电子针灸按摩器	1999
福安市闽东安波电器有限公司	ABLE	电机	1999
闽东华丰电机厂	闽华	电机、水泵	1999
福安市闽东亚南电机厂	YN	发电机	1999
福安化工厂	神牛	炸药	1999
福安市红福啤酒有限公司	红福	啤酒	1999
福安市农药厂	丰	农药	1999
福安市北门茶厂	莲岳	茶叶	1999
福安市金龙调味品厂	白马皇	调味品	1999
福安市豪鑫纸品有限公司	柔月	卫生巾	1999
福鼎市桐山宝佳制衣厂	顶森	西裤、衣物	1999
福鼎市友力化油器厂	KEIHIN	摩托车及其配件	1999
福鼎市华大食品有限公司	鼎帅	鱼制食品、水果、蜜饯等	1999
福鼎市农药厂	布谷	农药、杀虫剂	1999

续表 15-29

企业名称	商标名称	使用商品	认定年份
霞浦县制动材料总厂	剑鲨	制动器衬片、石棉、离合器摩擦片	1999
福建省山海集团有限公司	XP	水产配合饲料	1999
霞浦科士达电子有限公司	图形	不间断电源、镇流器	1999
古田华闽抗生素有限公司	吉祥塔	抗生素	1999
屏南县健神食品公司	JIANSHEN	海产品、菌类干制品	1999
寿宁县生木茸保鲜厂	炭山	花菇、木耳、笋干	1999
闽东瑞彩食品添加剂有限公司	瑞彩	甜菊糖、食品防腐剂	1999
闽东万利箱包有限公司	万利	旅行箱、手提包、旅行用具	1999
宁德市水产技术推广站试验场	官井洋	海产品	2001
闽东顺达塑胶电缆有限公司	朝日	电线、电缆	2001
宁德市天保有限公司茶厂	叶露	茶叶	2001
福安市新港发电机有限公司	GANGFA	电机、发电机、水泵	2001
闽东白云电机有限公司	CLOUD	电机、发电机、水泵	2001
闽东东方神电子有限公司	东方神	按摩器、助听器	2001
福安市太平洋电机有限公司	图形	发电机、水泵、电机	2001
闽东五一机电有限公司	MDJ	割草机、电机、水泵	2001
福建省福安市植物油厂	昆仑	茶子油、菜油	2001
福安市城湖茶叶有限公司	东湖	茶叶	2001
闽东尧庄电机厂	尧庄	电机、水泵、发电机	2001
闽东阳光食品有限公司	阳光	酱油、鱼露、米醋	2001
福鼎海鸥水产食品有限公司	九洋	虾皮	2001
福鼎市金鸿化油器制造有限公司	JH	化油器	2001
福鼎市天湖茶叶有限公司	绿雪芽	茶叶	2001
霞浦县油毡厂	闽海牌	防水油毡	2001
古田县大丰工贸有限公司	八荒	罐头、食用菌	2001
屏南龙潭庶氏酒业有限公司	惠泽龙	酒	2001
屏南县健神食品公司	健神	鱼、水果、罐头、食用菌	2001
寿宁县梦龙春酒业有限公司	梦龙春	酒	2001
福建三祥冶金有限公司	CJK	金属合金	2001
寿宁县福云茶厂	岩峰	茶叶	2001
福建梦龙食品有限公司	梦龙	茶叶、食用菌	2001
闽东力捷迅药业有限公司	力捷迅	药品	2001
霞浦县留云商贸有限公司	留云	餐饮服务	2001
霞浦县副食品加工厂	东吾	榨菜	2001
宁德市富运来服饰有限公司	“富运来”及图	服装	2003

续表 15-29

企业名称	商标名称	使用商品	认定年份
宁德市蕉城区闽福调味品厂	益口王	酱油、食醋	2003
福安市闽东安波电器有限公司	ABLE	电机	2003
福安市仁升食品有限公司	“仁升”及图	饼干、蛋卷等	2003
福安市怡和电子有限公司	怡禾康	按摩器械	2003
福安市闽东永隆电机有限公司	YOUTH	发电机（组）等	2003
福安市港福食品开发有限公司	珠洲	饼干、面包等	2003
福建福鼎京科化油器有限公司	京科	化油器等	2003
福建省圣王乳业有限公司	圣王	牛奶制品等	2003
福鼎市三星涂料有限公司	“欧诺”及图	涂层等	2003
福鼎市友力化油器厂	KEI ★ HIN	摩托车及配件	2003
福鼎市宝佳制衣厂	“顶森”及图	衣物、裤子等	2003
福鼎市友谊针织有限公司	“青春鸟”及图	服装等	2003
福鼎大地农业开发有限公司	“天毫”及图	茶、茶叶代用品	2003
福鼎市华益机车部件厂	“华益”及图	化油器	2003
福鼎市大吉剪刀厂	“大吉”及图	剪刀等	2003
福鼎市太姥名茶有限公司	“太姥山”及图	茶	2003
福鼎市东南白茶有限公司	“多奇”及图	茶叶	2003
福鼎市品品香茶叶有限公司	品品香	茶、茶叶代用品	2003
古田县和平食品有限公司	超龙	干食用菌等	2003
古田县武豪食品有限公司	“武豪”及图	干食用菌等	2003
古田县忠通食品有限公司	“忠通”及图	干食用菌等	2003
福建仙洋洋食品科技有限公司	图	茶浓缩汁	2003
宁德市海洋技术开发总公司	“海名威”及图	加工过的黄瓜鱼、鱼制食品等（29 类）	2004
宁德市南园米业有限公司	“味不停”及图	米、谷类制品等（30 类）	2004
宁德金国酒店	“金国”及图	餐厅、饭店等（42 类）	2004
宁德市洁盛纸业有限公司	“洁盛”及图	卫生纸、纸巾等（16 类）	2004
宁德市官井洋大黄鱼养殖有限公司	“二都”及图	贝壳类动物（活的）等（31 类）	2004
福安市天海电子有限公司	“天火”及图	气体打火机（34 类）	2004
宁德市恒信粮油贸易有限公司	青牛	米、谷类制品等（30 类）	2004
福建顶丰食品有限责任公司	“顶丰”及图	饼干、虾条等（30 类）	2004
福建银嘉机电有限公司	“YINJIA”及图	发电机、泵等（7 类）	2004
闽东白云电机有限公司	CLOUD	发电机、泵等（7 类）	2004
闽东亚南电机有限公司	Yanan	发电机、泵等（7 类）	2004
福鼎市誉达茶业有限公司	“誉达”及图	茶（30 类）	2004
福鼎市正生机车部件有限公司	“ZS”及图	汽车、摩托车化油器（7 类）	2004

续表 15-29

企业名称	商标名称	使用商品	认定年份
福鼎市海川食品有限公司	“石兰”及图	盐腌鱼、紫菜、海带等（29 类）	2004
福鼎市安达汽车配件有限公司	“安霸”及图	化油器、节油器等（7 类）	2004
霞浦县目海茶厂	目海	茶叶（30 类）	2004
古田县建新家俱商场	“梦新”及图	办公用家具、弹簧床垫等（20 类）	2004
古田县国有综合农场	“吉乐”及图	水蜜桃罐头等（29 类）、新鲜水果、鲜食用菌等（31 类）	2004
古田县五环商贸有限公司	荣平	枸杞等（5 类）、干食用菌等（29 类）、粉丝等（30 类）	2004
古田县金松食品有限公司	“金松”及图	人参、药用植物等（5 类）、冬菇、干食用菌等（29 类）	2004
屏南县新田王蔬菜开发有限公司	“新田王”及图	新鲜蔬菜、鲜食用菌等（31 类）	2004
福建屏南圣阳食品有限公司	“聖陽”及图	鲜食用菌、鲜水果等（31 类）	2004
寿宁县斜滩酒业有限公司	龙滩	酱油（30 类）、酒、米酒等（33 类）	2004
寿宁县龙福食品有限公司	“龙佳福”及图	食用植物根、鲜食用菌等（31 类）	2004
寿宁县育才网教育用品有限公司	“育才网”及图	推销（替他人）（35 类）	2004
柘荣县三和刀剪制造厂	“鼎鼎”及图	剪刀等（8 类）	2004
柘荣县东艺茶叶加工厂	“彭山翠芽”及图	茶、茶叶代用品（30 类）	2004
宁德市南阳实业有限公司	“海陽”及图	猪肉食品、牛肉食品	2005
宁德市锦福八号百货有限公司	8 锦福八号	推销（替他人）	2005
闽东宏宇冶金备件有限公司	第 1394169 号图形	中心加热装置导管和管道等	2005
宁德市瑞丰工贸有限公司	安瑞	贝壳类动物（活的）、活鱼等	2005
福安市城湖茶叶有限公司	东湖	茶叶	2005
福安市农垦茶业有限公司	坦洋	茶、茶叶代用品	2005
福安市新味食品有限公司	“新未”及图	蜜饯、葡萄干等	2005
福安市贝吃乐食品有限公司	贝吃乐	蛋卷、饼干等	2005
闽东尧庄电机厂	尧庄	发电机、水泵、电机	2005
福鼎市张元记茶业有限公司	张元记	茶叶	2005
福鼎市盛源食品有限公司	“盛源”及图	味精、调味品等	2005
福鼎市佳磐通用部件有限公司	“创科”及图	通用机化油器、摩托车化油器	2005
福鼎市丰泰化油器制造有限公司	“FENTAI”及图	化油器、内燃机配件	2005
宁德市夏威水产养殖有限公司	“夏”及图	活鱼、牡蛎（活）、虾（活）、活动物等	2005
福建大创水电集团有限公司	大创集团	配电、能源分配、观光旅游等	2005
古田县三木机械制造有限公司	“玉松”及图	木材加工机、刨削机、木材旋切机等	2005
古田康宏食品有限公司	古宏	冬菇、木耳、干蔬菜等	2005
古田县吉发食用菌有限公司	吉尔发	木耳、干蔬菜、干食用菌	2005
曾天坤（古田县天坤农场）	“天坤”及图	脐橙、柑橘、油柰、鲜水果	2005

第五节 通信与信息化业管理

一、主要运营商

（一）福建省电信有限公司宁德市分公司

2000年8月18日，福建电信公司宁德地区分公司成立暨揭牌仪式现场

2000年8月，宁德地区电信局更名为福建省电信公司宁德地区分公司，实现公司化运作；同年12月，随着宁德撤地建市，福建省电信公司宁德地区分公司更名为福建省电信公司宁德市分公司。2001年12月，宁德世纪通信有限公司成立，各县（市）分公司亦相应设立分公司。2003年8月，公司重组改制上市，福建省电信公司宁德市分公司更名为福建省电信有限公司宁德市分公司。2005年年底，福建省电信有限公司宁德市分公司下辖8个县级分公司。全市有各类员工1449人，其中合同制员工921人，派遣制员工528人。合同制员工中，拥有大专以上学历516人，中专学历173人，高中、技校学历232人，管理人员171人，技术业务人员750人。

（二）福建移动通信有限责任公司宁德分公司

1995年，宁德移动通信局隶属宁德地区电信局。1998年9月，无线寻呼业务从移动通信局分出，归属国信通信有限公司，仍属宁德电信公司。1999年4月，根据国务院《中国电信重组方案》，移动通信分营工作启动。同年7月，宁德移动业务从宁德地区电信局中剥离，完成移动通信分营重组工作。同年10月，福建移动通信有限责任公司宁德分公司正式挂牌成立，隶属福建移动通信有限公司，主要承担宁德地区移动电话网络运行维护与营销工作。

2000年8月，宁德移动公司设立大客户服务中心，隶属市场经营部。2005年，公司下设综合办公室、市场经营部、财务部、人力资源部、客户服务部、网络部，下辖市区营销中心及福安、福鼎、霞浦、古田、屏南。柘荣、寿宁、周宁8个分公司。公司有各类在岗员工800多人，平均年龄30岁。拥有大专以上学历308人，占员工总数的40%，其中本科毕业生109人，具有专业技术任职资格164人，占员工总数的21%。

（三）中国联合网络通信有限公司宁德市分公司

1998年8月，中国联通正式进入宁德地区开展筹备工作，筹备处下设办公室。9月28日，中国联合通信有限公司宁德分公司正式成立，下设办公室、工程部、运维部。

2000年5月10日，宁德联通成立福安、福鼎、霞浦、古田、周宁、柘荣、屏南、寿宁工作站。2001年9月，完成国信通信宁德分公司与中国联合通信有限公司宁德分公司的合并工作，并更名为中国联合网络通信有限公司宁德市分公司。2002年，宁德联通成立福安、福鼎、霞浦3家经营服务中心。2004年5月，宁德联通成立福安、福鼎、霞浦、古田、周宁、柘荣、屏南、寿宁8个县级分公司，至2005年不变。

（四）中国网络通信集团公司宁德市分公司

2001年5月，中国网络通信集团宁德市分公司（简称网通公司）成立，前期主要经营IP电话业务。2003年7月，开始经营固定电话业务，当年投资近10亿元，建成全省本地、长途交换网、智能网、传输网，福州、厦门、泉州三地城域网、接入网，形成层次结构完整、覆盖全省9地（市）大部分区域的语音和数据网络，其中投资1308.75万元改善网络建设，使全市网络通信放号能力提升至1.6万线。

2005年，宁德网通公司完成投资1152万元，建成覆盖全市主要县（市）的大本地传输和业务接入网，业务净收入866万元，全员人均生产率达31万元。

（五）中国铁道通信集团有限公司宁德分公司

2001年9月17日，中国铁道通信信息有限责任公司宁德分公司正式成立，2004年1月，更名为中国铁道通信集团有限公司宁德分公司，由铁通福建分公司直接管理。该公司作为宁德市新的公众电信运营商，实行公司、部门、班组三级管理。2005年，该公司编制12人，下设市场营销部、建设维护部和综合办公室。

二、经营管理

1994年，宁德地区邮电局试行生产管理体制改革。电信管理体制按照发展建设、业务经营、运行维护的模式，成立了相应的专业部门。

1995年，宁德地区邮电局推进市管县工作，成立了规划室、资金调度捉弄更新、经营研究中心等机构，集中经营管理职能得到加强。

1996年，宁德地区邮电局遵循“划小核算单位、实现专业化经营”的改组思路，相继成立了集邮、速递等专业公司7个，提高专业经营水平。

1997年，宁德地区邮电局按“以用户为中心”和“管理综合化、经营专业化”原则调整机构，撤销了电信科、邮政科、设立了电信市场经营部、电信运行维护部和邮政运营部，形成科、部、局、公司并存的扁平机构设置，进一步提升经营管理能力。

1998年，宁德地区邮电局实施邮政、电信分营改革后，宁德地区电信局继续深化内部改革，按照“管理综合化、经营专业化”和“一岗多责、一专多能”原则，将负责生产经营和职能管理的部门进行分离，并加大了地区局对全区生产经营活动的统筹指导。同年，宁德邮政、通信分设后，各通信运营商普遍重视企业技术改造升级，提升经营服务质量，扩大并巩固市场占有率。移动公司改变原数字移动需经福州中转的被动局面，更新技术、增添设备，将信号和服务覆盖到区内的大部分乡镇。并采取灵活的营销策略开办各种新、优、特业务，先后开发呼叫前转移、来电显示、语音信箱、带机入网、本地通等业务。

1999年，宁德地区电信局在全市范围内推行了“地对县”财务集中管理工作，建立健全物资供应集中管理、资金集中管理、投资集中管理和财务分配集中管理体制，促进提高资金使用效率、降本增效。全年组织开展了“清仓查库”、“通信工程决算”和“欠费催缴”三大攻坚战，为企业盘活资金。

2000年，福建省电信公司宁德市分公司按照省公司企业公司化改革实施细则，顺利完成公司制改革。根据经营服务发展需要，撤销了原蕉城分局，成立了营销服务中心、设备维护中心、大用户服务部和计费账务中心。全面开办了全市农村电信代办营业点，并延伸至海上养殖渔排。同年，移动、联通等公司在全区范围内开展以帮助农村脱贫致富和喜迎宁德撤地设市优质活动为契机，开辟并完善农村科技、养殖、农技、销售等服务热线，努力抢占农村通信市场。各公司还加强内部管理，制订更为严格可行的市场服务细则和考核办法，推行“首问负责制”，实施“用户投诉、查询第一责任人”“用户一次有理由申告，责任人下岗待聘”等制度。

2001年，宁德移动等电信企业，克服整体资费大幅下调的影响，改变经营策略，推出以成片放号、批量装机和同名同址装机等多项优惠客户措施，并积极发展社会代办点，发行“市话通”“校校通”充值卡业务等。

2002年，宁德移动开通宁德沿海环和山区环两个新的骨干传输网，使境内一级公路干线达145千米、二级干线达155千米、城区管道近280千米，本地网延伸500多皮长千米，覆盖区域进一步扩大，经营竞争能力得到加强。当年，成立不久的宁德铁通公司，也努力克服市场狭窄、基础薄弱等困难，多方开拓经营市场。

2003年，福建省电信有限公司宁德市分公司围绕“以客户为中心”理念，启动本地网BPR（业务流程重组），进一步打造满足客户需求的各项经营工作。同年，宁德联通公司已在全市发展专营门市（厅、店）近百家。当年，还与柘荣、寿宁、屏南邮政局签订承包协议，制订《渠道管理考核办法》等，委托邮政部门办理终端缴费、售卡服务等业务，调动经销商经营联通业务积极性、扩大服务市场。公司还进一步完善业务佣金执行标准，与用户在网时间、离网率和实际通话时间挂钩，以提高企业经营效益。宁德网通公司当年在前期主要经营IP电话卡业务的基础上，也开始经营固定电话业务和新型宽带网络继承语音、数据、视频等新业务。

2004年，福建省电信公司宁德市分公司BPR（业务流程重组）在区县公司推广工作全面展开，按照边设计、边实施、边优化的原则，顺利实现了T1、T2、T3值目标。同年，为巩固和拓展市场，宁德移动公司先后与宁德师专组织联办“移动动感地带合唱比赛”，福安市政府举办“全球通福安财经论坛”，与市教育部门举办“全球通教育热线”等活动，大幅提升品牌客户占比。当年，联通公司按照“移动为主、综合发展、两网协调、差异经营、效益领先、做大做强”的市场经营方针，充分利用CDMA 1X技术和业务优势，开展差异化竞争，业务收入和市场占有率进一步上升。网通公司则建立了宁德－福安－福鼎城域网，形成覆盖此两市一区大部分区域的语音和数据网络。

2005年，福建省电信有限公司宁德市分公司创建了“全家福”客户品牌体系，实现固话、小灵通、宽带的产品融合。并在市场部内设“经营分析室”，提升经营分析和策划能力；将财务收入的二级核算前移纳入计费账务中心，并自主开发了用户欠费管理系统，有效防止跑、冒、滴、漏。同年，宁德移动公司“十年全球通系列宣传营销”活动丰富多样。当年在全市已建成自营厅50各、特许厅14个、专营厅152个，城镇代办店309个，并通过建设“一村一柜”代办点形式，将经营点延伸到许多行政村。宁德联通公司当年主营业务收入突破亿元，达1.54亿，业绩居全省第4位。网通公司则加大投资，初步建成了能覆盖宁德市主要县（市、区）的大本地传输网及业务接入网，业务已扩及蕉城、福安、福鼎、霞浦等区内主要县（市），本地市话网和宽带网已覆盖这些县（市、区）的大部区域。

三、技术管理

1993 年，宁德地区邮电局研制开发的“112”台微机管理系统、报刊退订处理系统、“112”台障碍自动受理系统在全省推广应用。

1994 年，邮政专业全部完成了优化作业程序改革工作。

1996 年，推进“地管县”统一进程，由地区局对全区建设进行统一规划、统一设计、统一施工，成立东澳通信工程公司统一承揽全区通信工程建设。

2001 年，宁德移动公司推行网络“集中监控、集中维护、集中分析、集中管理”模式，引入运行维护管理（EOMS）系统，通过本地网集中监控维护、网络数据分析和操作维护中心三部分生产作业管理功能，对本地所有网络设备进行操作维护和故障修复。对值班人员交接班、值班记录、操作记录、故障处理时限等进行统一管理，规范值班制度，保障网络安全运行。

2002 年，福建省电信公司宁德市分公司省、市、县三级公文、信息收发在管理信息网上处理，标志着管理信息网的联网启动。同年，宁德移动公司在各分公司成立基站维护中心。同年，全市移动公司实行维护人员派驻制，维护工作坚持“面向安全、面向质量、面向服务、面向效益”模式。

2003 年，联通公司集中人力、物力配合东方通信第三方公司“网优”工作，以及省公司专项“网优”工作，及时处理话务出现的故障，逐步形成一套比较完善的网间故障处理机制，有效提高网络质量。

2004 年，联通公司完成数据机房整改及 17911/193 综合营账系统工程，编写数据业务大客户管理程序，为业务发展提供技术支撑。

2005 年，宁德移动公司在网络部设立传输中心，实施本地区传输网络监控和本部传输网络维护工作，确保传输网络、城域网安全、稳定、高效运行。是年，铁通公司开始涉足宁德通信市场，完成宁德蕉城、福安、福鼎、霞浦主城市本地 2.5Gb/s SDH 传输环网的建设，网络使用安全和可靠性进一步提高。

四、服务质量管理

1993 年，宁德地区邮电局实行分级管理制，制定《邮电通信服务质量考核细则》，实施一级考核一级。

1993 年以后，宁德通信企业树立量、质并重观念，不断完善各项服务措施，提高服务管理水平。1993—1996 年，开展“满意在电信”和两个“电信服务年”活动，全面实行服务综合水平分级考核，“星级”管理办法。设立“189”“180”“170”等通信服务综合、申诉、查询台；每月用商函形式免费为用户寄送话费清单，为用户提供现金、邮储代办等交费服务。1998 年 10 月邮、电分设，电信和通信分家时做到内部职工思想不乱、管理不松，外部做到市场稳定、服务质量不减。

1999 年 8 月，宁德移动开设“1860”对外服务热线，客户可以随时拨打咨询电话，客户服务中心将及时为客户解决实际问题。

2000 年，宁德联通致力于提高客户服务水平，提升客户服务满意度。从最初首推“低柜台服务”“即买即通”等经营模式，发展到成立客户俱乐部、为大客户和集团客户配备专门经理等，服务水平不断创新升级。

2002年，福建省电信公司宁德市分公司在宁德蕉城区成立后岗、莱茵城、东湖、南际、鹤峰5个电信片区服务点，直接为社区用户服务，标志着宁德电信“营维合一”体系的形成，营维合一体系建设经验得到了集团、省公司的高度肯定和推广。

2002年，宁德移动为大客户提供省内跨市服务，服务项目包括异地补卡、异地手机维修、异地话费查询、异地缴费、客户跨地区迁移、异地亲情服务、全省性商家联盟服务（或贵宾俱乐部服务）等。用户还可以连接进入网上营业厅要求提供各种帮助。市电信局在市区后岗、莱茵城、东湖、南际、鹤峰成立5个片区服务点，直接为社区用户服务。

2003年6月，宁德移动设立“一站式”服务，内容包括业务一站受理、故障一站申诉、账务一站结算、技术一站支持等，同时为客户开办更名过户、补卡、资料变更、话费查询、品牌互换等综合业务。2004年，宁德移动向全市客户发布“话费误差，加倍返还”服务承诺制。

2003年3月9日，电信礼仪特训营

2005年，福建省电信公司宁德市分公司完善了客响中心职责，以及农村电信站管理办法，进一步提升了客户服务水平和质量。同年，宁德移动制订并发出《关于账单业务规范的通知》《调整优号补卡业务规定》《移动营业厅管理规范》《纸质定值券管理规定》《爱贝通平安卡业务流程》等规章制度。聚焦用户反映强烈热点、难点问题，开展创建“青年文明号”“创文明行业，建满意窗口”活动。联通公司加快网络建设步伐，提高服务水平，逐步成长为一家拥有移动通信、数据通信、长途电话、本地固话、互联网等多种电信综合服务的运营商。

五、人才管理

1994年，宁德地区邮电局实施用工制度改革，在劳动密集和末端服务岗位使用招聘工、委代办工，并制定规范化用工管理办法。

1995年，宁德地区邮电局试行了全员劳动合同制，人事用工上引入竞争机制，分配上实行承包经营和计件、计量、计质工资制，打破了“大锅饭”，进一步调动了员工的积极性。

1997年，宁德地区邮电局全面推行干部竞聘上岗，共压缩管理岗位54个。用工制度改革以人员零增长为目标，通过定员定额、控制总量，转岗分流151名职工到三产公司，实现“精干主业、发展多经”的目的。

1998年，邮、电分设后，通信部门重视人才使用和管理，并将其作为企业立业之本。1999年，宁德移动公司开始正式独立运营后，重视发挥专业技术人员的作用，并在中、高层管理岗位上留出适当位置，适时提拔优秀人才。

2000年，福建省电信公司宁德市公司组织专业技术职务评聘分离，加大内部分配制度改革，向中高管理岗位、高新技术岗位倾斜。同年，宁德移动公司实行“内退政策”和“双向选择、竞争上岗”机制，进行“用工、人事、分配”三项人力资源制度改革，逐步实现“职位明确化、薪酬社会化、奖金绩效化”，有效盘活企业整体人力资源，为企业持续、健康发展提供组织保证和人才支持。

2001年，福建省电信公司宁德市分公司进一步深化人事、用工、分配机制，实行全员年度考核制度，以岗定薪，易岗易薪。同年，宁德各通信公司进一步深化人事、用工、分配制度改革，实行全员年度考核制，以岗定薪，易岗易薪。

2003年，宁德联通对“网优”人才加强培养，使网络质量一直保持全省较高水平。

2004年，宁德联通举办4期技术培训班，提升各岗位技术人员素质，并建立持证上岗、定期培训、技术考核、末位淘汰管理机制。同年，福建省电信公司宁德市分公司用工管理方面制定了公司岗位体系标准和定员定额实施标准，并实行薪酬分级管理。

2005年，宁德移动公司开展有针对性的技术人员培训工作，先后举办“卓越经理训练营”、内训师、营销师等21场次技术培训，参训人数658人次。同时组织专业技术人员参加省公司培训、共送培67批次、人员179人次，并结合培训开展专业技术考核和职务任职资格申报工作。当年，17人获申报专业技术资格、4人获初级专业技术资格。

第六节　无线电管理

一、频率台（站）管理

1993年，全区开通模拟蜂窝移动通信，全年审批新设无线电台380部，办理电台执照630本，收取无线电管理费15万元，违章罚款0.7万元。

1994年，无线电通信得到较大发展，其中超短波通信和水上移动通信被广泛运用于防火、防汛、公安、地质、渔业等部门，无线电业务种类日益增多，电台数量也急速增加，全年办理年检无线电台1530部，收取无线电管理费12.3万元。年底，全区电台总数达4000多部（不含寻呼机与手提电话），其中已注册登记2109部，收取频占费62.73万元。

1995年，宁德开通数字蜂窝移动通信，无线电业务种类随之扩展到公众移动、水上移动、微波、超短波、短波、卫星通信以及无线数传等，给公安、安全、防汛、森林防火、气象、交通、水产等行业提供便捷服务。全年办理电台执照1306本，收取无线电管理费21万元。

1996年，宁德地区无线电管理处建立单机运行频率台（站）数据库，配备频率台（站）管理微机，改变长期以来手工操作的落后局面。接受宁德地区渔业无线电管理机构委托，对境内渔业船舶电台代发无线电台执照、代收无线电管理费。全年办理年检验证电台1071部，收取无线电管理费25万元。

1997年，全区注册登记无线电台1149部（不含移动电话、BP机），年检验证、缴费无线电台605部，收取无线电管理费20万元。

1998年，宁德管理处公布《申请、设置、审批无线电台（站）程序》文件，对全区无线电台站数据进行补漏补齐。年底，经核实收回20对频率，办理“销售无线电发射设备登记证”100本。

1999年，对全区9个县（市）51个设台单位221个基站实行检查，基本掌握全区高山电磁环境，为频率指配、(台）站审批提供确切依据。重新登记寻呼台（站），对杂散发射、天线间距不符合国家技术规范等行为进行整顿，保护航空导航及水上通信安全。全年办理“销售无线电发射设备登记证”37本，收回2对频率，收取频占费18.8万元。

2000年，全区开展寻呼台（站）登记工作，对符合要求的14个寻呼频点和81个寻呼基站予以确认、换发执照，并核查补办地球站3个、地球单收站2个。

2001年，宁德市开通市话无线接入通信即“小灵通”，全年审批“小灵通”基站447个、办理“销售无线电发射设备登记证”49本。

2002年，对蕉城白马山“三高”点台（站）进行实地核查，调整设台情况，改善电磁环境，保护航空导航和水上通信安全。实地核查微波站18个共40跳，补办70跳、关闭4跳。全年审批新设无线电台站225个，核发电台执照416本，备案“销售无线电发射设备登记证”124本，收取频占费17.4万元。

2003年，审批新设CDM、GSM基站345个，实地验收50个，年检验证和更换执照累计240本，备案“销售无线电发射设备登记证”140本，收取频占费30万元。

2004年，审批新设无线电台站1138个，换发电台执照824本，备案“销售无线电发射设备登记证”152本，收回频点73个，撤销台（站）105个，收取频占费36万元。年底，全市共有各类台站93.28万个，蜂窝移动基站1586个，GSM用户64.66万个，“小灵通”基站1627个，“小灵通”用户28.12万个，船舶电台1287部，微波台（站）107个，卫星地球站16个，无线数传电台28部，广播电视台（站）51个，超短波电台294部，收取频占费36.17万元。

2005年，按照“科学发展、和谐发展、率先发展”要求，将《无线电频率申请、台站设置指南》下发各设台（站）单位，为其提供“一个窗口对外”“一站式服务”，“无线电销售登记证”和船舶电台执照办理做到即来即办，立等就取，只要手续齐全，当场就可以领到登记证和电台执照。当年，受理业务行政许可申请48件，均在规定时限内办结，办理“销售无线电发射设备登记证”215本，收取无线电频占费56.06万元。年底，全市有各类无线电台站8200个，移动电话用户65.02万个，“小灵通”用户29.73万个，蜂窝移动基站2074个，“小灵通”基站4280个，船舶电台1317部，其他各类电台549部。

二、无线电监测检测

1993年，宁德地区无线电监测分站（简称宁德分站或监测分站）成立，专司无线电监测检测之职。1995年，91平方米的监测房投入使用，内置短波、超短波接收机各1部。1997年，购置776平方米监测房和车库，定期监听沿海短波电台，并对宁德、福安两地寻呼设备实行专项检测。

1998年，先后添置频谱分析仪、综合测试仪、高频信号源、数字双踪示波器、函数发生器、移动监测车、干扰测试仪、无线电监听接收机、场强仪、手持式接收机、卫星定位仪GPS和便携式监听测向天线等专用设备，初步具备开展无线寻呼发射机、对讲机等无线电发射设备的检测，对20 ~ 3000MHz频段无线电波进行监测和测向以及分析其调制、场强、频偏、频谱占用度等技术参数的能力。同年，对外公布干扰投诉电话“96909”；及时排查民航专用频率、有线电视台干扰源。防汛抗洪期间，对防汛部门使用频率进行24小时监听，及时排查干扰隐患，保障通信畅通。

1999 年，完成屏蔽检测机房及监测铁塔建设，对全区 9 座高山、3 座高楼设置无线电台进行检测，监测周边电磁环境，制作航空、水上通信频段频谱图，为保障航空、水上通信畅通提供科学依据。全年处理干扰投诉 2 起，清查检测寻呼发射机 58 台。

2000 年，加强对全区航空和水上通信导航频段监测，全年处理干扰投诉 4 起，检测寻呼发射机、调频广播电台等无线电设备 40 台。

2001 年，先后开展对全市调频广播业务频段，航空、水上、气象、防汛等专用频段以及无线寻呼及其链路使用频率监测，完成联通、邮政长盛新设寻呼台（站）电磁环境测试，检测寻呼发射机 29 台、移动直放站 3 个、"小灵通"基站 10 个、调频无线电话机 8 部、短波单边带电台 2 部。是年，监测分站通过省质监局计量认证。

2002 年，无线电管理人员 PHS 基站测试

2002 年，重点开展对全市航空、水上通信导航、公安、广播专用频率监听监测，累计监测时长 112 小时。在白马山无线电台站电波覆盖主要区域定期监测"三高"台站参数变化。全年处理干扰投诉 4 起，检测寻呼发射机 23 个、"小灵通"基站 59 个、调频对讲机 2 部、单边带电台 1 部。

2003 年，处理干扰投诉 17 起，检测寻呼发射机 1 台、调频对讲机 1 部、单边带电台 1 部、CDMA 基站 36 个、"小灵通"基站 50 个、GSM 基站 37 个。

2004 年，宁德市无线电管理办公和监测技术用房面积增至 2000 平方米，拥有机动车 4 部，其中移动监测车 1 部，计算机办公局域网 1 个、互联访问网 1 个，内部 IP 电话网 1 个。屏蔽室配备综合测试仪、频谱分析仪、信号发生器、示波器等整套无线电检测设备。移动监测车配有进口全套监测设备，实现从 30MHZ 至 2750MHZ 频段监听监测。全年处理干扰投诉 5 起，检测联通 CDMA 基站 37 个、移动 GSM 基站 36 个、电信 PHS 基站 100 个。

2005 年，建成区域控制中心屏蔽室。全年累计完成固定监测时间 580 小时，移动监测时间 250 小时，检测各类无线电发射设备 238 台，其中联通 CDMA 基站和 GSM 基站 80 个、移动 GSM 基站 58 个、电信"小灵通"基站 50 个。

三、执法检查

1993 年 9 月 11 日，《中华人民共和国无线电管理条例》（以下简称《条例》）颁布实施。根据《条例》精神，立案查处非法设置使用无线电台（站）121 起。

1994 年，全年累计 8 次组织 80 人次对全区无绳电话开展检查，查获违章无绳电话 36 部、甚高频电台 12 部、单边带电台 2 部，取缔非法销售单位 8 个。

1995 年，在各县（市）政府办、公安、边防、水产、广播电视等部门配合下，先后 14 次组织 128 人次对 9 县（市）无线电设台情况开展检查，查获私设大功率短波电台 36 部（其中岸台 10 部、船台 26 部），私设大功率无绳电话机 175 部。

1996 年，全区开展无线电管理执法、守法大检查。收到无线电设备自查材料 2254 件，其中要求补办使用手续 100 件，报停、报废 223 件，扣留拒不自查自纠而擅自使用单边带岸台 4 部、雷达站 5 个、超短波电台 1 部。先后 8 次组织 103 人次到 9 个县（市）36 个乡镇检查 165 个设台单位，处理违章销售商店 6 个，补办 180 件无线电设备设台审批手续，收取频占费 5 万元、违章罚款 2.6 万元。

1997 年，开展固定电台、广播电台清查，寻呼台专项检查，150MHZ、450MHZ 无线电通信频率清查。为水产系统 2 部渔业短波岸台、航运系统 2 部短波岸台、邮电与广播系统 41 个微波基站设备、88 台寻呼设备补办手续，收回长期占而不用频率 50 个。全年查获非法设置大功率无绳电话机 36 部，拆除大功率无绳电话天线 40 余付；没收私设大功率短波电台 5 部、超短波电台 1 部，扣留违章电台 19 部。

1998 年，宁德地区无线电管理依照《福建省无线电管理条例》精神，开展执法检查工作。

1999 年，对海岸电台开展稽查，查获私设单边带岸台 8 部、渔业甚高频对讲机 6 部。

2000 年，对霞浦三沙、福鼎沙埕短波岸台设置使用情况进行重点检查，共查处擅自设置使用短波岸台案件 6 起。

2001 年，全市重点对福鼎、霞浦、福安等县（市）无线电发射设备经销商店进行检查，检查 60 多家销售商店，对未办理《无线电发射设备销售登记证》的经销商进行纠正处理。

2002 年，对白马山台（站）进行调整，改善了电磁环境。为全市 70 跳微波台（站）办理设台手续，关闭 4 跳，核查微波基站 18 个 40 跳。实地核查 14 个广播电视设台单位的 23 个广播电视台，为 22 部设备补办设台手续。对使用 5 年以上无线寻呼发射设备进行一次全面核查，撤销宁德联通在周宁麻岭、屏南笔架山上设立的寻呼基站，整改 122 个老化无线寻呼基站，立案查处"鼎航 27 号"渔船等 6 个违章设台单位。

2003 年，开展清理整顿广播电视台（站）和航空通信导航频率专项检查，对 42 个不合格台（站）要求进行整改。还对校园广播电台进行专项清理整顿，为不合格台（站）补办设台手续。查处"永发 89 号船"等 6 起非法设置使用无线电台（站）案件。

2004 年，把三大电信运营商无线电台（站）和水上通信岸台作为行政执法重点，立案 12 起，结案 10 起，罚款 4000 元。是年，还开展保护民用航空无线电专用频率专项整顿等活动。

2005 年，联合市安监局、交通局、海洋与渔业局、海事局等单位，开展水上移动业务频率台（站）清理整顿工作，充分利用广播、报刊、电视、网络等媒体，在全市形成清理整顿氛围。为 52 艘交通航运船舶、709 艘水产渔业船舶无线电台和 8 部短波岸台、7 部超短波岸台办理设台手续。

1993年，宁德地区各级政府大力倡导菇农积极发展食用菌生产，食用菌科研成果成绩显著，其中有12项分别在省、地和全国获奖。至2005年，已开发利用菌种20多种，而且品种结构不断优化。其中，香菇（花菇）、银耳、蘑菇三大主栽品种占食用菌总产量的比例由1993年的95.3%下降到71.5%；姬松茸、凤尾菇、杏鲍菇、鲍鱼菇、秀珍菇、滑菇、灰树花、阿魏蘑、白阿魏蘑、真姬菇等珍稀菌类则发展迅速，占食用菌总产量的比例由1993年的1.9%增至13.1%。全市食用菌总产量由1993年的40063吨增加到487875吨。

1993年，针对闽东渔区大黄鱼资源枯竭现象，水产科技人员加紧对大黄鱼人工繁殖系列技术开展研究。1995年，大黄鱼人工养殖技术逐步成熟，并开始进入快速发展阶段。2000年，大黄鱼产品加工业也开始兴起，形成较为完善的产业技术体系。2003年，宁德市大黄鱼已成为中国最大规模的海水网箱养殖鱼类，跻身于农业部六大优势出口养殖水产品行列并成为宁德市的一个支柱产业。至2005年，全市大黄鱼养殖网箱达到30多万箱，产量4.38万吨，产值16亿元，从业人员30多万人。累计投入开发资金45亿元，形成区域化布局、专业化生产、一体化经营、社会化服务、科工贸“一条龙”的大黄鱼产业链。打出了“宁德大黄鱼”原产地品牌，产品源源不断地销往东南亚、欧盟、中东、南非等国家与地区。

闽东电机工业历史悠久，随着工业经济体制改革的不断深入，民营电机企业勃然兴起。同时，民营电机借助“闽东电机”品牌的影响力，与闽东电机公司开展生产协作，取得快速发展；闽东电机行业形成专业化与协作化相结合的生产格局。政府部门多次组织电机企业参加广交会和通过举办各种产品订货会，使闽东电机产品质量迅速提升，逐步从初级走向高端，从国内走向世界，并迅速融入国际市场。2000年，全市有20多家电机企业获得中国电工产品认证委员会安全认证，9家企业通过ISO9002质量体系认证，6家企业获得欧盟CE（CONFORMITE EUROPEENNE）认证，8家企业获得进出口经营权，11家企业经国家经贸委、外经贸部批准为“机电产品出口基地企业”。2005年，全市拥有电机电器企业700家，年产值65亿元，出口值26.2亿元。

第一章　食用菌

第一节　种　类

一、菇类

蘑菇　以福鼎市、霞浦县、蕉城区、福安市为主产区。1993年，开始推广“AS2796”品种，并在福鼎县推广明火加温发酵，使用“福菇肽”增产剂等标准化、规范化栽培管理技术。当年全区蘑菇种植面积409万平方米，产量28026吨。1994年，福鼎县在全国首先推广蘑菇无粪栽培技术。1995年，试用冬闲田栽培“田蘑菇”取得成功。是年，全区蘑菇种植面积952万平方米，产量62590吨。1999年，全区蘑菇种植面积444万平方米，产量47979吨，产值1.8亿元。2000年，全区蘑菇种植面积423万平方米，产量44351吨，产值1.3亿元。2001年8月，福鼎市制定白色双孢蘑菇生产标准，实行标准化生产。福鼎白色双孢蘑菇获省政府授予的“名牌产品”称号。2002年，全市蘑菇种植面积378万平方米，产量37456吨。2004年，福鼎市开始推广蘑菇培养料生物增温发酵技术。2005年，全市蘑菇种植面积408万平方米，产量30448吨，产值1.8亿元。

香菇　以寿宁县、屏南县、古田县为主产区。1993年，“香菇反季节栽培技术”在屏南县大面积推广。1994年，屏南县种植夏香菇数量6250万袋，产量2871吨，产值7579万元。古田县食用菌办从寿宁引进香菇“241”系列品种，委托吉巷乡菇农杨千登试种成功。1995年，屏南县在学习考察寿宁县、浙江省庆元县栽培花菇技术的基础上，通过无偿提供花菇种、示范办班培训、现场指导，在棠口乡仕洋、吴墩村，甘棠乡际下村、上山登、下山登建立5个花菇示范基地，示范栽培花菇60多万袋。1996年，屏南县推广花菇栽培2000万袋，创产值8000多万元。1997年，屏南县花菇栽培数量增至4000万袋，产值1亿多元并创造出花菇与夏香菇有机结合的周年栽培新形式。是年，香菇反季节栽培和花菇栽培技术取得突破，全区香菇总产量达22064吨。1998年，古田县杨千登引进地栽香菇试种成功。1999年，古田县吉巷全乡生产香菇20万袋；古田全县栽培花菇量约在1000万～1500万袋之间。2005年，全区香菇总产量达96680吨。

竹荪　又名竹参，有“菌中皇后”之称。1993年左右，古田县菇农创造竹荪套种模式，利用谷壳为原料栽培竹荪获得成功。1999年，全区开始大面积推广。2005年，全市竹荪生产规模597万袋，产量9430吨，产值5265万元。

金针菇　1994年，古田县大桥镇珍山村菇农用银耳收成后的废料，搭配新鲜棉籽壳20%、麦皮18%、碳酸钙2%，栽培金针菇获得成功，生物转化率为80%，每1000袋可收鲜菇420千克。2002年，古田县兴华真菌研究所投资80多万元，在吉巷乡永安村建立反季节食用菌生产示范基地，栽培金针菇取得成功。2003年，宁德市食用菌办技术人员从浙江省江山县引进白色金针菇品种，在蕉城区飞鸾镇浦岭村海军基地旧仓库栽培成功。2004年，周宁县引进省科技人员成立盛春食用菌开发公司，在李墩镇际会村创办全市第一家工厂化栽培白色金针菇工厂，年产白色金针菇200吨。2005年，全市金针菇生产规模2310万袋，产量8300吨，产值5222万元。

2004年12月，全国食用菌产业高峰论坛暨首届中国（古田）食用菌节举行　李民雄　摄

姬松茸　1994年8月，古田吉祥食用菌研究所陈信法在吉巷乡典村试栽姬松茸获得成功。1995年年初，被屏南县引进，很快出现栽培姬松茸热；代溪、城关、棠口等地栽培数量达3万平方米，干品产量近5吨。后由于日本终止从中国进口姬松茸合同，收购价从每千克100元以上降到50元以下。1997年，代溪、九洋等村推广种植5000平方米，纯收入35万元。2005年，全市栽培112万平方米，产量5600吨（鲜品），产值532万元。

草菇　为屏南县主要拳头产品。原先采用比较原始室外堆栽法生产，产量低。之后，通过开展评选草菇优良菌株和制种栽培技术大奖赛活动，草菇栽培得到大面积推广。主要生产集中在寿山、代溪、双溪等乡镇，产品价昂货俏，干菇每千克收购价60～66元，且生产成本低，收益好。1995年，古田利达菌果研究所进行反季节栽培草菇试验获得成功。2001年，屏南县开始改变栽培模式，推广熟料袋栽技术，栽培数量猛增。2005年，全市草菇生产规模272万袋，总产量498吨，产值440万元。

茶薪菇　以古田县、屏南县为主产区。1998年，由古田县引进茶薪菇试种获得成功。并在次年在全县大面积推广，辐射屏南县毗邻乡村栽培。产品销售以干品为主，价格较低，每千克40元。1999年，全区茶薪菇栽培量3000万袋，产值7000多万元。2001年，福建省食用菌站在古田县、屏南县推行“茶薪菇高产优质栽培技术推广”项目，获农业部全国农牧渔业丰收奖二等奖。2003年，鲜菇保鲜技术得到提高，鲜菇收购价提高至70元/千克，菇农效益相应提高。2005年，全市栽培数量猛增，形成多个种植茶薪菇专业村，茶薪菇生产进入一个高峰期。全市生产茶薪菇27830万袋，产量85380吨，产值2.6亿元。

杏鲍菇　1998年，古田京祥食品有限公司引进杏鲍菇试种成功，当年生产20万袋。屏南县食用菌办引进杏鲍菇品种，在县科委科技实验站试种成功。1999年，屏南县推广应用短袋栽培技术，首先在甘棠乡甘棠村6户菇农中种植，由于栽培时间太迟，只长一潮菇。2000年，屏南县棠口、路下村已有部分菇农种植，产量不高。2001年，屏南县甘棠、熙岭、塘后等村采用长袋栽培，类似银耳栽培模式，产量得到较大提高。屏南县大创食品公司、森悠食品公司等公司纷纷抢购一级菇出口，收购价格每千克20元左右，菇农效益提高。2002年3月，古田县兴华真菌研究所在吉巷乡永安村建立反季节食用菌生产示范基地，投资80多万元，栽培杏鲍菇取得成功。2005年，全市杏鲍菇生产2870万袋，产量10320吨，产值3283万元。

滑菇 1999年，屏南县首先引进滑菇，在县科技实验站试种成功。2000年，屏南县棠口乡仕洋村科技示范户陈道安示范栽培4000袋，干品销售每千克110元，当年收益15000元。2003年，甘棠村等地采用杏鲍菇废料栽培获滑菇，生产规模进一步扩大。2005年，全市生产规模达500万袋，产量1800吨，产值600万元。

鸡腿蘑 2000年，屏南县棠口仕洋、甘棠下山登部分菇农尝试用食用菌废料（菌糠废料、污染料）栽培鸡腿菇，获得成功，2001年，大面积推广鸡腿菇。2005年，全市生产规模2836万袋，产量14360吨，产值4691万元。

秀珍菇 2002年4月，宁德市食用菌办技术人员从罗源县引进台湾秀珍菇品种，租用蕉城区飞镇浦岭村海军基地旧仓库进行设施化栽培20万袋，平均每袋产量达0.25千克。2003年，秀珍菇在寿宁等县大面积推广。2005年，全市生产规模750万袋，产量3217吨，产值1970万元。

金福菇、银盘菇、真姬离褶伞 2002年8月，古田县松吉乡局下村菇农曾龙祥引进金福菇、银盘菇试种获得成功。同年，泮洋乡菇农李利增等人引进真姬离褶伞（商品名真姬菇）试种获得成功，示范栽培30万筒，经济效益显著。2004年12月，通过省农业厅、科技厅验收组对金福菇试种的阶段性验收。2005年，全市真姬菇产量112吨。

试种品种有：

长根奥德蘑 又名水鸡肉菇 。1994年，古田县玉田食用菌研究所引进四川省长根奥德蘑试栽获得成功。

日本灰树花 俗称“舞菇”，是食、药兼用蕈菌。1995年，古田县食用菌研究中心引进日本灰树花试栽获得成功。

阿魏蘑 子实体脆嫩可口，香味浓郁，有药效。1996年，古田县食用菌办公室从三明真菌研究所引进阿魏蘑，委托科兴食用菌研究所试种获得成功。

大瓶伞菇 四大名菌之一，食用野生菌中的珍品。1996年，古田县吉巷乡戴维浩在吉巷乡前垅村野外发现大瓶伞菇，并分离成功。

袖珍菇 别称小平菇、姬菇。1999年，宁德地区食用菌办技术人员引进袖珍菇在飞鸾海军基地后勤部旧山洞里试种获得成功。

姬菇、白灵菇 2001年年底，古田县菇农引进姬菇、白灵菇试种获得成功，并分别在湖滨、松吉、泮洋乡示范推广。尤其是白灵菇原产北方，属中低温型菌类，由邱连建引进在海拔820米的泮洋乡后山村试种获得成功。2004年12月，通过省农业厅、科技厅阶段性验收。

荆西口蘑 2003年，古田县兴达银耳研究所引进荆西口蘑试管，分离制作菌种后在前坂洋头村试种成功。

麒麟菇 2004年，古田县食用菌办公室引进麒麟菇试种获得成功。2005年，古田县引进虎奶菇、大杯蕈、牛舌菌等优良珍稀品种，进行示范性试种获得成功。

二、耳类

银耳 以古田县、屏南县为主产区。1993年，全区总产量2841吨。1999年，古田县陈金赠成功分离“9901”纯白银耳新品种并大面积推广。2001年，古田县兴华真菌研究所《银耳优良菌株选育研究》课题通过省科委专家组验收，筛选出银耳优良菌株Tr01、Tr21，在古田全县示范推广。2005年，全市银耳生产规模19605万袋，产量147530吨，占世界产量85%，产值2.36亿元。

毛木耳 1993—1996年，宁德地区各地均有生产，为境内传统栽培菌类，每年夏季都有菇农采用香菇污染料栽培。1997年，毛木耳有较大面积发展，全区生产规模达530万袋，产值645万元。毛木耳干品销路好，价格高，菇农每袋纯收入在1元左右，尤其是使用五节芒等代料栽培的效益更好。随着其他珍稀菌类的发展，越来越多农户采用杏鲍菇等菇类废菌糠栽培毛木耳。2005年，全市生产规模达6025万袋，产量17940吨，产值5422万元。

夏季银耳 1998年，屏南县推广夏季银耳获得成功，当年银耳产量125吨。1999年，屏南县食用菌办公室试用棉籽壳代替稻草料制种，放在熟料袋栽草菇上应用，获得成功，并推广应用草菇棉籽壳制种技术。

南方黑木耳 2002年，古田县食用菌办公室开展南方黑木耳配套栽培技术研究通过县级验收，其配套栽培技术成熟，达到南方栽培黑木耳先进水平。在卓洋、大桥、吉巷等乡（镇）示范栽培40万筒，取得成功。2004年，在古田全县推广栽培300万袋。

1993—2005年宁德市（地区）主要食用菌产量统计表

表16-1　　单位：吨

品种＼年份	1993	1994	1995	1996	1997	1998	1999	2000	2001	2002	2003	2004	2005
蘑菇	28026	46116	62590	55316	50296	25860	36400	34050	22600	31100	37012	40679	30448
香菇	7318	11381	13408	17354	22064	139500	180520	176000	75000	92800	116735	103900	96680
银耳	2841	5745	6289	6108	7202	60870	91125	82000	112500	115300	162920	136930	147530
木耳	1204	785	775	1161	853	15000	13840	—	3300	3500	15169	26913	23015
草菇	—	—	—	747	1000	640	800	5300	4000	4500	1914	947	498
金针菇	—	—	—	262	—	700	750	—	700	800	4103	6545	8300
灵芝	—	—	—	—	—	32	112	—	—	300	590	690	250
竹荪	—	—	—	—	110	1150	1050	—	5000	3700	1298	3080	9430
猴头菇	—	—	—	86	350	6000	7800	—	22500	8500	5320	4190	16230
姬松茸	—	—	—	—	—	3600	1950	—	—	—	3330	190	5600
茶薪菇	—	—	—	—	—	900	11750	150	42000	40900	42725	61970	85380
杏鲍菇	—	—	—	—	—	62	75	—	8000	6700	7069	7924	10320
鸡腿蘑	—	—	—	—	—	37	150	—	—	—	8707	7481	14360
秀珍菇	—	—	—	—	—	—	—	—	—	500	2203	2438	3217
大球盖	—	—	—	—	—	—	—	—	—	—	9254	1694	16350
平菇	—	—	—	124	—	—	—	—	—	—	6060	1129	1245
滑菇	—	—	—	—	—	—	—	—	—	—	1820	1860	1800
鲍鱼菇	—	—	—	—	—	—	—	—	—	—	78	6	—
真姬菇	—	—	—	—	—	—	—	—	—	—	11	—	112
其他	674	827	814	320	1332	7	40	15638	2000	55500	2854	28900	17100
总产量	40063	64854	83876	81478	83207	254358	346362	313138	297600	364100	429172	437466	487865

说明：1993—1997年的食用菌产量以干菇或鲜菇计量；1998—2005年的食用菌产量均以鲜菇计

第二节 栽培技术

一、蘑菇栽培技术

备料 每110平方米用料：干稻草2000千克、干牛粪1300千克、尿素30千克、碳酸铵30千克、油菜饼粉80千克、过磷酸钙30千克、石膏粉50千克、轻质碳酸钙40千克、石灰粉50千克、稻草2000千克、牛粪1000千克、尿素30千克、过磷酸钙40千克、石膏50千克、石灰50千克、复合肥12.5～15千克。碳氮比：C/N＝28～30∶1。蘑菇培养料堆制程序一般分：预堆，时间间隔2天，添料程序为稻草、牛粪、饼粉、石灰粉；建堆，时间间隔3天，添料程序为尿素；第一次翻堆，时间间隔3天，添料程序为过磷酸钙、碳酸铵；第二次翻堆，时间间隔3天，添料程序为石膏粉；第三次翻堆间隔2天，添料程序为碳酸钙、石灰粉。把发酸培养料迅速搬进菇房，堆放于中间三层床架上，厚度自上而下递增（30厘米、33厘米、36厘米）。培养料趁热进房后，适当关闭门窗，让其自然升温。并加入蒸气，使其室内气温达60℃～62℃、料温不超过60℃，保持10～12小时，进行巴氏灭菌，然后进行通风，逐渐使温度下降到50℃～52℃。保持4～6天（视料的腐熟程而定）。山区8—9月堆料，沿海9—10月堆料。

播种 经二次后发酵结束后，打开门窗通气待料温降至30℃左右时，把培养料均匀摊于各层整平，料厚掌握在20厘米。播种量为每110平方米用750毫升/瓶麦料种，采用撒播。播种后2～3天内，适当关闭门窗。保持较高的温度，使菌种萌发。若料温超过28℃，应适当通气，后逐渐加大通风量，菇房相对湿度控制在80%～85%，促其发菌。

栽培 选择坐北朝南菇房，每座菇房栽培面积110～220平方米为宜，菇床间每条通道两端各开上下纱窗一对，上窗的上沿低于屋檐30厘米，下窗高出地面20厘米左右，窗的大小为30×40厘米。进口处设缓冲室，做到保温保湿、通风透气，内部洁净。菇床宽1.5米，层数以4或5层为宜，底层离地20厘米，层间距60～65厘米，顶层离房顶1米。通道宽度60～80厘米，中间道为80厘米，边道为60厘米。选择未施过蘑菇发料的稻田土壤，挖取20厘米以下的泥土。预先暴晒发白，每立方米干土用5%甲醛溶液10千克，喷施并用塑料薄膜覆盖消毒24小时后，用0.2%甲基托布津或500倍的50%的多菌灵溶液喷洒，间用多菌灵、疣孢净、高效杀菌剂等农药消毒。最后拌入2%石灰粉，粒度直径1.5厘米，调湿均匀，手捏成团，掉地能散。复土厚度3～5厘米。菇房相对湿度保持在80%～90%，待菌丝冲出土面时，喷结菇水。出菇水每110平方米用水90～110千克分多次喷，连续喷3天。

通风管理。通风管理与水分管理配合进行，在调水期间，适当增加通风量，但当水分调足后，通风量应减，以利菌丝爬在土粒之间，在喷结菇水的同时，通风量比平时大3～4倍，当气温高于22℃时，适当增加通风量，通风安排晚间进行，并推迟喷水。

采收 当子实体长到标准大小（3.5～4厘米）未成薄菇时采收，菇体柄细、盖薄，菇盖直径在2～3厘米时就要及时采收。

二、香菇栽培技术

（一）夏香菇地栽技术

备料 菌筒生产培养料配制根据地栽香菇子实体生长迅速、发生量多、转潮快的特点，必须配制营养丰富、碳氮比例适当的培养基，参考配方以每 50 千克木粉加 12.5 千克、麦皮 1 千克，石膏粉含水量 55%左右（即：15×55×0.04 厘米的袋子装料 1.9 千克左右）。

播种 装袋、灭菌、接种与常规栽培相同。养菌必须在清洁、干燥、通风良好的培养室内走菌。要求刺孔增氧 1 ～ 2 次，第一次在菌丝走透后用 1 寸半铁钉在接种面两侧刺孔 8 ～ 10 个，孔深 1 ～ 1.5 厘米，起完瘤后在背面再打第二次，以满足香菇营养生长对氧气的需求，同时注意通风换气，菌筒尽量排疏，以防高温“烧菌”。适合反季节栽培的香菇菌株，均可用于地栽，即高温型 Cr20、Cr04、L26 及 087。

栽培 栽培适宜海拔 400 ～ 1200 米地区，栽培季节在农历十月至翌年三月，海拔高的地区可适当提前。大棚覆土地栽香菇技术改变常规站立栽培模式，充分利用畦面潮湿土壤的降温、保湿功能，为夏香菇生长发育提供良好生态环境。这种模式操作简单、省工省力、不易烂筒，效益显著，主要抓好栽培区与季节安排，选场搭棚和整畦等环节。根据初夏时节雨水多、湿度大，夏秋季节气温高、降雨量少，冬季气温低、气候干燥等特点，菇场宜选在地势平坦、环境卫生、通风良好、排灌方便、水质优良、水温凉爽、太阳照射时间短（避开西晒）、日夜温差大、交通便利的田地，多白蚂蚁的地方不宜使用。外棚高 2.5 米，用杉树枝或芦苇、茅草、芒萁等放在支架上，四周用稻草、芦苇或杉树枝圈围，创造一个光照少、阴凉、通气性好的生态环境。内棚畦面一般按南北走向，畦面宽 1.1 ～ 1.3 米，长度不定，留宽 50 厘米、深 30 厘米的走道，弓竹高 1.8 米。畦面先用 80%敌敌畏乳油 800 倍液和 50%辛硫磷乳剂 600 倍液、高锰酸钾液 600 倍各喷一次，防治地下害虫和杂菌。之后，每亩洒 15 千克石灰粉作害虫防止剂和土壤消毒剂。下田覆土包括排场练筒，菌筒达到生理性成熟，自然转色 30%后，即可将菌筒搬进棚内，排放在畦面上。休养练筒 7 ～ 10 天后，用利刀片沿接种口边纵向划破塑料袋，划口朝下排放，促进转色。脱袋覆土，接种面基本转色时即可脱袋，接种穴朝上，一袋紧靠一袋平卧于畦面上，盖塑料膜，促进转色。7 ～ 10 天后，用土质疏松、不易板结、保湿性好、无杂菌和虫卵并拌入 5%石灰的潮沙土或火烧土填满菌筒间的缝隙，并注水加土，直至使菌筒间缝隙充实，畦边菌筒可用烂泥土堵严，防止底面或旁边出菇。出菇管理，覆土后，每天喷雾水一次，使土层湿润。现蕾后，掀开两边塑料膜，加强通风，保持土层湿润（一般不喷水，气温高于 20℃时白天放水入沟，夜间排水。下雨天盖上塑料膜防雨），头潮菇采收完后停止喷水 4 天，盖严薄膜保湿，以利菌丝恢复生长。一星期后，再进行湿差刺激（掀、盖薄膜）、干湿交替管理（适时喷灌水），结合光照、通风等因素进行常规调控，并可使用调节剂（主要调节酸碱度 pH 在 4.5 ～ 6.5）和增加营养液（如增产灵、稀土等）喷施，促菇生长，提高产量和菇质。

采收 出菇期若菌筒间出现缝隙时，应及时填补，防止底部出菇。

（二）花菇栽培技术

备料 培养料配方有 3 种：①生木屑 81%，麦皮 16%，石膏 1.5%，糖 1.5%，加适量水直至含水量达 50%；②生木屑 83%，麦皮 15%，石膏 1%，糖 1%，加适量水直至含水量达 55%；③生木屑 81%，麦皮 17%，石膏 1%，糖 1%，加适量水直至含水量达 55%。碳氮比菌丝生长阶段为25∶1，子实体生长阶段为30∶1～40∶1，含氮量1.4%～1.6%。配方①适用于低温长菌龄种，如L-135菌种，配方②、③适用于中偏低温种如L-939、L-9015菌种。栽培袋规格采用56×15×0.06厘米的低压聚乙烯塑料袋，一头筒口来回弯扎成小束，用纱线扎紧端头，置烛火点烧至端头溶结密封备用。

播种 选择无感染病虫杂菌，菌丝浓白健壮的菌种，木屑种色泽可转淡黄，无红、绿、黑等杂色，掰开菌种，结实成块不分散，有香菇特有气味，接种后应在40～60天长满瓶（袋），在长满瓶10余天，可见白色浓密的菌丝，表面分泌有酱油样褐色水滴，并偶见菌丝扭结或有少量原基出现，菌龄掌握在菌丝长满瓶10～15天左右使用。菌种用量每500克木屑菌种可接25～30袋。

栽培 选择白天日照长，昼夜温差大，有洁净水源，排水通畅通风，交通方便，远离污染源的地方建造菇房，菇房坐北朝南，便于调节光照、温度、湿度，空气流通，菇棚内无直射阳光，内部整洁，菇棚周边钉篱笆，栽种藤蔓植物或围遮阳网，开排水沟；棚顶遮放遮阳网或放置树枝或芒萁、茅草等。菇架宽度两侧操作的菇架宽度90厘米，单侧操作的菇架宽度50厘米。层数以6层为宜，底层离地面30厘米，层间距离25厘米，顶层离棚顶40以上，中间菇架要比外架高20～30厘米，通道宽度50～80厘米，盖上塑料薄膜，形成拱形结构棚。栽培季节低温长菌龄品种接种时间：1—3月。中偏低温品种接种时间：3—5月。菌袋的培养与管理，菌袋培养场所条件应消毒、洁净、低温、适湿、阴暗的地方。菌袋的堆放每两袋菌口对接按墙式堆叠排列，堆高160厘米（三面有顶靠以防崩倒），堆放后先开窗1～2小时，然后紧闭窗户，让菌袋静置培养7～10天。10天过后每天早晚视天气通风1～2小时。第一次翻堆是在接种穴菌丝生长到1～2厘米时翻堆，堆叠方式可每层4×4袋排列，每堆10层，排列时接种口朝下，去除污染菌筒。第二次翻堆是接种穴菌丝走到3～4厘米时翻堆，并进行放小气，也就在距菌丝终端四周1.5～2厘米处各刺一小洞，洞深视菌丝生长的范围而定，大则深，小则浅，洞应刺在菌丝长点内侧边线为宜。在排列方式每层3袋，高度6层，每堆4周有便道易于管理；早晚通风2～3小时，继续清理污染菌袋。第三次翻堆是各穴菌丝长至相交时进行，更应注意通风，排放方式按每层2袋，高4层。第四次翻堆是菌丝走透菌袋时进行，且要放大气，也就是在菌丝走满袋10～20天，原基开始形成时进行，在菌筒上各刺20～40个洞，洞深以菌袋的半径为宜，低温型菌株如L-135菌株，一般打20～40个洞为宜，中温型菌株如L-939、L-901 5、L-908菌株，打30～45个洞。放气后7～10天，培养室要加强通风，调控光线达七阴三阳，同时防止菌袋内温度超过30℃。转色管理。菌皮褐色带白点，菌皮不厚，菌袋重量稍减，经2个月转色后变为棕褐色。培养室温度保持在18℃～25℃之间；光线二阳八阴或一阳九阴；空气相对湿度70%～80%。低温型菌株如L-135，在转色期间，切忌翻动，中温型或中偏低温型菌株如L-939、L-9015、L-908，在转色期间要求翻动2次，第一次翻动在放大气后15天左右，第二次翻动在上架前10～15天进行。菌筒在放大气后要经常注意观察黄水的出现情况，前期淡黄色液体是养筒水，不应放出，随着菌丝呼吸、代谢加强，淡黄水转成褐色水，及时用洁净竹签或消毒后铁钉刺破黄水集中处下方，放出黄水，避免把黄水流溅至其他菌袋上。菌袋上架时温度应选择日气温7℃～21℃范围内，上架时应连续保持5～7天晴朗天气，昼夜温差7℃以上。空气相对湿度应低于75%。出菇管理：① 9.1催蕾。菌袋上架后，放下菇床外薄膜，使棚内温度比气温高3℃～4℃，夜里揭膜降温，使温差达10℃左右，连续3～5天。相对湿度不高于75%，特别是气温高于25℃，揭开薄膜，加强通风排湿。② 9.2割袋。在菇蕾长到直径1～1.5厘米时，用小剪刀或刀片在菇蕾四周塑料袋上做三分之二或四分之三的环形割口。每袋均匀留菇8～12朵，剔除过密或不良菇蕾。

割口后的菌袋先置于菇架的下层 1 ~ 2 天，待菇蕾长到直径 2 ~ 2.5 厘米时，再逐渐往上层移。③9.3 菇房小气候调节控制。菇蕾形成初期，菇棚要保持一定温度，定时揭膜通气，菇蕾长至 2.5 厘米时，日最高气温应控制在 18℃以下，昼夜温差 10℃以上；日最高气温低于 10℃时，应减少遮阴物，达七阳三阴；日最高气温上升至 20℃时，应及时揭膜，增大通风，及时盖上遮阴物。菌筒内含水量需保持在 50% ~ 55%，棚内湿度控制在 60% ~ 75% ；控湿过程要控风，一般风力保持在正 3 级，通过疏或密外棚篱笆控制。日最高气温在 10℃以下，棚内光线控制七阳三阴，日最高气温 15℃时半阴半阳，20℃以上三阳七阴。1993 年，寿宁菇农根据花菇形成机理，经过不断摸索，总结出一套花菇栽培生产技术，并逐步形成完整的技术体系。由郑毅雄、叶奶波等人总结的"寿宁花菇人工调控促花菇形成技术研究"获省级科技进步二等奖，并逐步在全区形成年产 2 亿筒、产值达 6 亿元的生产规模。

采收　当菇体长到标准规定的大小，花菇菌盖尚未完全展开，边缘向内卷形成"铜锤边"边时采收为宜。用手指捏住菇柄基部先向下稍压，再轻轻旋转采下，如果是数朵丛生，采时要一手按住菌筒，另一手一朵一朵摘下。采后的花菇要轻装轻放，装菇的容器要求透气性好的塑料筐或竹箩筐，每筐装菇不能超过 15 千克。

三、银耳栽培技术

备料　培养料配方为棉籽壳 82% ~ 88%、麦皮 10% ~ 15%、石膏粉 1% ~ 2%、蔗糖 0.3% ~ 0.5%、尿素 0.1% ~ 0.2%、过磷酸钙 0.3%–0.5%，料：水 =1：1 ~ 1：2。所有选用的材料应符合 DB35/T 137.3—2001、DB35/T 137.4—2001 要求，还特别要求棉籽壳的镉含量不得大于 $0.04mg \cdot kg^{-1}$。根据制作袋数，估计好培养料拌料用量（一般每个料袋能装干料 0.5 ~ 0.6 千克）。按配方要求称取棉籽壳、麦皮、石膏粉等不溶性的干料先拌匀；蔗糖、尿素和过磷酸钙等可溶性辅料溶解于水中制成母液，然后与拌料用的清水一起分批泼入干料中，用铁铲来回翻动多次，力求"三均匀"，即原料与辅料混合均匀，干湿搅拌均匀，pH 值均匀。当泼入清水量达配方用水总量 70% 左右时，含水量 53% 左右和酸碱度 pH 5.5 ~ 6.5 为宜。制料袋一般用半自动螺旋压料式装料机填料，培养料填装到离袋口 8 厘米左右。每个料袋可填湿料 1.1 ~ 1.2 千克。将袋口内外两面粘附培养料擦抹干净后，用棉线绑扎 3 圈后反折，再复扎二圈，拉紧线头即可。用直径 1.2 厘米打穴器在料袋单面打穴，每袋打 3 ~ 4 个等距离穴，穴口直径 1.2 厘米，深 2 厘米。将食用菌专用胶布剪成 3.3 厘米 ×3.3 厘米的小方块，贴封穴口，穴口四周封严压密。选用低压聚乙烯膜筒制作料袋。购来塑料膜筒后，自行裁剪，其规格长 55 ~ 60 厘米、筒口对折径宽 12 厘米、厚 0.004 厘米，先将筒的一端用棉线扎紧 3 圈后反折，再复扎 2 圈，筒的另一端留作装填培养料。大批量生产通常采用古田式常压蒸气灭菌灶灭菌。料袋进锅采用上下层横竖交叉排列成井字形。每锅可装 3500 袋左右。装锅时，料袋之间要留有间隙，让蒸气流通。料袋装好后，先盖上农膜，再盖上棚布或麻布。四周固定压密即可。烧火要"攻头、控中、保尾"。开始时火力要猛，3.5 ~ 4 小时内锅仓内温度要达到 100℃，然后保持 100℃达 16 ~ 18 小时。灭菌后，料袋趁热出锅，搬运到已消毒过的接种室中排放。

播种　发菌室要求地势较高、室内干燥、既保温又通风、有一定散射光的地方，四周卫生，无粪池、垃圾堆、畜禽舍、制曲、酿酒厂和粮食仓库。一般每间 12 ~ 16 平方米、高 2.8 ~ 3 米。接种前 12 ~ 24 小时要进行拌种。选菌龄 8 ~ 10 天的按 DB35/T 137.5—2001 规范生产的三级种，在无菌接种箱内，按无菌操作要求，用接种匙将菌种表层铲碎后，再将整瓶菌种拌匀待用。出锅后排放在接种室中的料袋温度降到 28℃ ~ 30℃，即可接种。接种最好在深夜或凌晨进行。

栽培　春栽 3 月中旬至 5 月中旬，夏栽 9 月中旬至 11 月底。有加温设备的 9 月中旬至次年 5 月中旬。栽培房要求地势较高，平坦，近水源，排水方便，四周卫生，既保温、保湿又通风，有较好散射光。地势较高，室内干燥，既保温又通风，四周卫生，无粪池、垃圾堆、畜禽舍、制曲、酿酒厂和粮食仓库。一般每间 12 ~ 16 平方米、高 2.8 ~ 3 米。栽培房长 10 米、宽 3.5 米、高 3.5 米，砖墙厚 24 厘米（土墙厚 40 厘米），房子两头各建 2 个门，门上方装可开合的 90 厘米 ×90 厘米玻璃窗，窗顶上方安装电风扇。屋顶盖瓦片，瓦片下设置隔热层。内墙壁要衬上一层农膜和一层 1 厘米厚泡沫板，房内安装两排栽培床架，中间留 1.5 米宽走道，走道上安装 2 个小型电风扇和 2 盏白炽灯。走道上方天花板上放 2 个 80 厘米 ×80 厘米能开合的天窗。所有通气窗和门都要安装防菇蚊菇蝇等害虫的纱网，栽培房外设置缓冲道，安装可诱杀菇蚊菇蝇等害虫的诱虫灯（如黑光灯）。室内要有加温设施，常用地下火坑道形式，由烧火口、烧火膛、火烟暗道和烟囱组成。烧火口设在门口外墙脚处，烧火口高 40 厘米、宽 20 厘米；烧火膛直径 80 厘米；火烟暗道高 48 厘米、宽 15 厘米；烟囱高 400 厘米，烟囱口径 48 厘米 ×15 厘米。栽培床架可用角钢、木头或竹竿等搭建。床高 3 米，分 10 ~ 12 层，层距 26 厘米，床宽 100 厘米，床面纵向排放 2 ~ 3 根木条或竹竿等材料。

采收　选择晴天采收。

宁德市菌丝体和子实体栽培管理日程一览表

表 16-2

培育天数（天）	生产状况	作业内容	环境条件要求			注意事项
			温度（℃）	湿度（%）	每天通风	
1 ~ 3	接种后菌丝萌发定植	菌袋重叠室内发菌，保护接种口的封盖物	26 ~ 28	自然 55 ~ 65	不必通风	弱光培养、室温不得超过 30℃
4 ~ 8	穴中凸起白毛团，袋壁菌丝伸长	翻袋检查杂菌，疏袋调整散热	23 ~ 25	自然	2 次各 10 分钟	防止高温，弱光，室温低于 20℃时，需加温
9 ~ 12	菌落直径 8 ~ 10 厘米白色带黑斑	耳房消毒，床架刷洗消毒，菌袋搬入耳房排放床架上，每天轻度喷水 1 ~ 3 次	22 ~ 25	75 ~ 80	3 ~ 4 次各 10 分钟	室温不超过 25℃，注意通风换气
13 ~ 16	菌丝基本布满菌袋，穴中出黄水珠	撕掉胶布，覆盖报纸，喷水加湿，掀纸增氧	22 ~ 25	85 ~ 90	3 ~ 4 次各 20 分钟	菌袋穴口朝侧向，让黄水自穴外流
17 ~ 19	淡黄色原基形成，原基分化出耳芽	割膜扩口 1 厘米，喷水于纸面保持湿润	20 ~ 22	90 ~ 95	3 ~ 4 次各 30 分钟	室温不低于 18℃，或不高于 28℃，适时采取升降温措施
20 ~ 25	朵大 3 ~ 6 厘米，耳片未展开，色白	取纸晒干后再盖上，喷水保湿	20 ~ 24	90 ~ 95	3 ~ 4 次各 20 ~ 80 分钟	耳黄多喷水，耳白少喷水，结合通风，增加散射光
26 ~ 30	朵大 8 ~ 12 厘米，耳片松展，色白	晒纸 1 次，重盖袋面再喷水	20 ~ 24	90 ~ 95	3 ~ 4 次各 20 ~ 30 分钟	以湿为主，干湿交替，晴天多喷水，结合通风

续表 16-2

培育天数（天）	生产状况	作业内容	环境条件要求			注意事项
			温度（℃）	湿度（%）	每天通风	
31 ~ 35	朵大 12 ~ 16 厘米；耳片略有收缩，色白，基黄，有弹性	停止喷水，控制温度，成耳待收	20 ~ 23	80 ~ 85	3 ~ 4 次各 30 分钟	防止鼠害，35 天后选择晴天采收

四、竹荪栽培技术

备料 竹荪是一种木腐菌，其栽培原料十分广泛。含有木质素、纤维素的原料，如阔叶树木屑、木片、竹屑、竹绒、谷壳、芦苇秆、甘蔗渣、豆秸、玉米秆、玉米芯等均可作为竹荪的栽培原料。从实践上看混合料的产量好于单一原料，若在上述原料中添加些含氮物质，增加培养料的含氮量，对提高产量有显著作用。

播种 竹荪可安排在阳历 3—4 月播种，5—9 月采收，一般播种 60 ~ 70 天就可采收，由于竹荪出菇温度是 20℃以上，所以提早播种不一定能够提早出菇，原则是原料粗硬的早播种，原料细软的可略迟一些。下料播种时，将栽培料调至含水量适中后按畦堆在场地，畦宽 40 ~ 50 厘米，长度不限。畦与畦之间留 30 ~ 40 厘米的走道。料厚 23 ~ 35 厘米。选择无雨天将竹荪菌种掰成鸽子蛋大小的块状，按梅花型分布，每隔 5 ~ 8 厘米播 1 穴，每亩播种 600 袋菌种（14 厘米 ×28 厘米塑料袋菌种）。播种后，即在畦面覆盖 5 ~ 8 厘米厚的碎土粒。最后在畦面上盖上一层薄稻草保湿。播种后要经常检查菌种萌发和吃料情况，发现死种要查明原因并及时补种。同时要注意培养料的含水情况，料太干在畦沟内灌水，待料湿度适中后再排干。料太湿则要增加通风、排干场地积水。遇到雨天或较寒冷的天气要在畦面覆膜防雨，天热无雨时掀膜通风。当畦面可见竹荪菌丝时要及时掀去畦面的稻草。

栽培 稻田、果园、林地、菜园、山坡地均可作为竹荪栽培的场地。但选择场地时要近水源，排灌方便，土质疏松肥沃，腐殖质含量高，近 3 年未栽培过竹荪的地块。旱地栽培竹荪，事先应在地面及四周施用呋喃丹等农药，以防止白蚁危害；水田则应先将水排干，无论水田、旱地，场地四周都需开好排水沟。为促进竹荪子实体形成，遮阴是竹荪栽培中不可或缺的一个环节。遮阴主要有以下几种方法：（1）搭建阴棚，即在栽培场地搭建类似于香菇木耳的阴棚，这种方法效果较好，但花工大成本高。（2）覆盖芒萁草，即在畦面上覆盖 20 ~ 30 厘米厚的芒萁，这种方法简便适用。（3）套种作物法，即在畦两旁套种有遮阴效果的农作物。较为成功的是套种大豆，具体方法是在 3 月下旬至 4 月上旬，在畦两侧按 40 ~ 50 厘米株距栽下迟熟秋大豆秧苗，在出菇阶段，大豆枝叶正好起到遮阴效果。

采收 出菇阶段主要做好场地保湿、防涝工作。遇久晴不雨的天气，要经常在畦面淋水，以保持畦面的湿度和场地的空气相对湿度。若阴雨绵绵，则应及时清理排水沟，不能让培养料浸水，以防菌丝窒息死亡。一潮竹荪采收结束后，可停水 5 ~ 7 天后，在畦面浇一次重水，促进第二潮竹荪的生长。

五、草菇栽培技术

备料　培养料配方为稻草 100 千克、干牛粪 10 千克、麦皮 5 千克、过磷酸钙 1 千克、石灰 3 ~ 4 千克。一般每栽培 100 平方米草菇需稻草量 1000 千克为宜。铺料与巴氏灭菌是将稻草浸于清水中 4 小时左右，让其充分吸水（水源不足可仿效预堆方法），就可捞起直接进菇房，铺草厚度为 20 ~ 25 厘米，整平压实后均匀撒石灰粉再喷水，将配方中的其他辅料拌匀后撒在料面上，再喷水调节含水量 80% 左右。然后，关闭门窗，用蒸汽或直火加蒸汽相结合方法进行巴氏灭菌，当料温升至 65℃保持 10 ~ 12 小时，当料温降至 42℃时就可打开门窗排除废气。灭菌后培养料过干可用 1% 石灰水调节器至含水量 65% 左右。

播种　菌株选择及菌种制作，适合巴氏灭菌床架式栽培的草菇品种有 V23、V23-4 等，该品种朵型大小和颜色都适合罐藏加工。菌种制作以生棉籽壳为主原料，添加麦皮 10%、糖 1%、干牛粪粉 5%、石膏 1%、石灰 3%、过磷酸钙 0.5% 配制而成，经常规灭菌后接种，菌龄 15 ~ 20 天为宜，菌龄过长生活力明显下降。播种管理，培养料经过巴氏灭菌、排废气后，待料温 38℃左右时应抢温播种，可撒播也可穴播，播种量为每 100 平方米 100 瓶（袋）。播种后主要以保温湿为主，保持菇房温度 32℃ ~ 35℃，促进菌丝生长，一般情况下播种后关闭门窗 4 ~ 5 天，每天进行一次短时间通风换气，8 天左右就可喷出菇水。

栽培　床栽草菇技术是利用蘑菇房进行巴氏灭菌栽培草菇可以避免外界的风雨袭击和阳光照射，温湿度易于人工控制，病虫害少，产量稳定每担稻草可产草菇 8 ~ 15 千克。一般选择平均气温稳定在 24℃ ~ 25℃适合该法栽培。沿海平原地区安排在 5 月下旬至 6 月上旬或 8 月中下旬均为栽培适期。

采收　出菇期的管理应灵活应用适温、调湿、通风、透光等 8 字方针。控制好菇房温度 28℃ ~ 32℃、适当通风、湿度 85% ~ 90%，喷水要细雾匀喷补湿度。采收一般从播种 11 ~ 15 天采第一潮菇，占总产量的 60%，通常可采三潮菇。

（二）袋栽草菇技术

备料　培养料配方为：①稻草 50 千克 + 麦皮（米糠）3.5 千克 + 玉米粉 1.5 千克 + 石膏粉 0.8 千克；②稻草 50 千克 + 米糠 1.3 千克 + 玉米粉 1.5 千克 + 豆饼粉 1.5 千克 + 石膏粉 0.8 千克。每 50 千克培养料（稻草 45.5 千克，麦皮等 4.5 千克）可产鲜草菇 20 千克。浸草是将稻草浸泡在 4% 的石灰水中 6 ~ 10 小时，浸泡好的稻草捞起放在有小坡度的场地上，尽快晾干或施重压沥去多余水分。含水量控制在 70% ~ 75%，用手抓紧稻草手缝间有一两滴水即为适宜含水量，而后将稻草切成长 20 厘米左右的短稻草。称好各种辅料，搅拌均匀后撒入切好的稻草中，搅拌两轮，使辅料在草堆中均匀分布。采用 22 ~ 24 厘米 ×55 厘米的低压聚乙烯塑料袋，往袋里装料时要边装边压紧，在离袋口 2 ~ 3 厘米处活结扎紧，一般每袋可装干稻草 0.5 ~ 0.6 千克。常压灭菌。把装好的料袋放在常压或蒸汽灶进行灭菌，灭菌方法同香菇的灭菌方法，所不同的是，装袋灭菌一定要当天完成，灭菌时 2 ~ 3 小时内温度要升到 100℃，再继续保持 4 ~ 5 小时即可。

播种　选择适合袋栽模式（本地品种需经出菇实验后可用于生产）、种性优良、适龄健壮、无杂菌虫害、菌丝呈浅淡黄色且有少量厚垣孢子的菌种作栽培种，料温下降到 38℃以下即可消毒接种，袋子二头接种，用种量以 1 瓶 750 毫升容量的菌种接 12 ~ 14 袋为宜。将已接好种的菌袋搬入栽培房进行发菌管理，当室温在 25℃以下时应集中堆柴式排放。25℃ ~ 30℃时摆 5 层，30℃ ~ 35℃时摆 3 ~ 4 层，分行摆放，并用塑料膜覆盖保温发菌，要创造条件使室温保持在

28℃ ~ 32℃，料温在33℃上下。当袋内两头菌丝逐步吃入料3 ~ 5厘米时，将袋口扎线松开一些，以增加氧气进入及废气排出，促进草菇菌丝顺利蔓延。一般10天左右可长满袋。

栽培 栽培季节为每年的6—8月。当菌丝走满袋，两端开始出现密集的灰白色象菜籽大的小点时，把袋子全部脱掉（塑料袋子应洗净晒干，留作下次使用，一般可重复利用3 ~ 4次），波浪形堆叠3 ~ 4层，并在面上洒一层菌种，盖上薄膜几天，也可将袋两头反卷露出培养料，堆叠3 ~ 5层，让其直接长菇，行间距离40厘米左右。此时加强室内通风透光，保温保湿。现蕾4 ~ 5天，菇体达八分成熟，苞膜未破时，即可采收。

采收 长完一潮菇后检尽残菇，整理好菌筒，喷洒1%石灰水后盖上薄膜继续培养，过5 ~ 6天又可长第二潮菇，一般可长2 ~ 3潮菇。

六、猴头菇栽培技术

备料 培养料配方为：①棉子壳78%、麸皮20%、蔗糖1%、石膏1%。玉米芯78%、麸皮20%、蔗糖1%、石膏1%。②棉子壳40%、木屑30%、麸皮25%、玉米粉2%、石膏粉1%、蔗糖1%、磷酸二氢钾1%。生产上可根据原料供应情况及生产规模选择其中一个配方准备原料，要求原料新鲜无霉变。原料准备好后按比例混合均匀，然后加水拌匀，使培养料的含水量达到60% ~ 70%，pH值在4.5 ~ 6.5（考虑到在日后培养过程中培养基会逐步酸化，因此，此时的pH值最好是6.5），然后闷30分钟左右即可装袋。需要注意的是，采用配方②时，玉米芯需粉碎成黄豆粒大小，提前1天用水浸泡，使之充分吸水，使用前捞出，沥去多余水分后再和其他料拌匀。配制好的培养料不可堆积时间过长，尤其是高温季节，否则会变质不能使用。装袋，塑料袋规格为35厘米 ×17厘米 ×0.05厘米，高压灭菌时选用聚丙烯袋，常压灭菌时可选用聚乙烯袋。每袋装入干料约450克，要求装填松紧适宜。装满后套上硬塑料颈圈，盖上盖子。应检查塑料袋、颈圈、盖子等有无破损，如有破损则需更换。灭菌，分常压灭菌和高压灭菌两种，常压灭菌于常压下灭菌12小时，高压灭菌于1.5千克/平方厘米的压力下灭菌2小时。灭菌结束后取出料袋，应检查有无破损。

播种 当料袋温度低于30℃时，在接种箱内于无菌条件下接种。为缩短发菌时间，采用两头接种，即在袋口接1处，在袋底打穴接1处。接完后迅速盖好盖子，用胶带或专用封口膜封严穴口。全部料袋接完后贴上标签送入养菌室培养。移入养菌室3 ~ 4天后，菌丝开始吃料，此时要检查一遍有无污染现象，挑出被污染的料袋。此外，还要检查有无老鼠等的危害。子实体发生期的管理经过25 ~ 30天的培养，菌丝已长满料袋或即将长满料袋，通过通风、换气，将养菌室的温度降至20℃ ~ 22℃，并去掉遮光物，增加散射光。

栽培 当料面上开始出现菌蕾时把菌袋移入菇棚或将养菌室的温度调节至18℃ ~ 20℃，拔去料袋的盖子，去掉颈圈出菇。此时要保持空气相对湿度在85% ~ 90%，增加散射光照，并注意适当通风换气，经15天左右子实体即可成熟。

采收 当猴头菇子实体直径达5 ~ 10厘米或九成熟时即可采收。采收时用小刀割下菇柄，留茬1 ~ 2厘米以利再生。采收后继续加强水分、温度、湿度管理，约经10天左右的时间又会长出新的子实体来。一般每个菌袋可采3潮菇，生物转化率为60% ~ 80%。

七、茶薪菇栽培技术

备料 菌袋制作首先要进行培养料配方。配方①：棉籽壳77%、麸皮20%、碳酸钙2%、石膏 1%。配方②：杂木屑 59%、棉籽壳 20%、麸皮 20%、石膏粉 1%。配方③：杂木屑 69%、麸皮 15%、茶籽饼粉 15%、石膏粉 1%。其次是制袋，根据生产所需的数量及比例进行配合，并加水拌料，料水比为 1：1.2 左右为宜。原料要新鲜，无霉变，无虫害。拌料要均匀一致，特别是棉籽壳不能有干粒，否则灭菌不彻底。选用规格（15 ~ 17）厘米 ×35 厘米 ×0.05 厘米低压聚乙烯塑料袋，每袋装料干重 350 克左右，湿重 720 ~ 750 克，装料松紧适度，高度 14 ~ 15 厘米稍整平表面，及时用编织线扎紧，也可套上颈圈并塞好棉塞，防止水分蒸发散失，然后进行常压灭菌，4 小时内将温度加到 100℃，并保持 12 ~ 14 小时。茶树菇抗杂菌能力较弱，因此灭菌要彻底，制作过程要严防菌袋刺、磨穿孔，以防杂菌污染。

播种 待料温降至 30℃以下时方可接种。接种箱或接种室应消毒完全，接种量为每瓶接 30 ~ 40 袋，接种后要避光培养。茶树菇菌丝恢复吃料慢，且易发生杂菌虫害，接种后要注意培养室清洁、干燥和通风换气，防止高低温的影响，促进菌丝均匀生产。并经常检查，如有发现杂菌污染的菌袋，要及时搬出处理，防止扩散蔓延。一般接种后 30 ~ 40 天菌丝即可长满菌袋。

栽培 菇棚（房）搭盖选择地势平坦、通风、近水源的田地做菇棚，用竹、木搭盖，外棚宽 6 ~ 8 米、长 15 ~ 20 米、高 3.5 ~ 4 米，棚顶及四周用芒萁、五节芒覆盖遮蔽，厚度 20 ~ 30 厘米；内棚畦面一般按南北走向，畦面宽 1.1 ~ 1.3 米，长度不定，留宽 50 厘米、深 30 厘米的走道，畦面先用 80% 敌敌畏乳油 800 倍液和 50% 辛硫磷乳剂 600 倍液、高锰酸钾液 600 倍各喷一次，防治地下害虫和杂菌。内设 4 ~ 6 盏 40 瓦日光灯。泡沫房搭盖应选择地势较高、靠近水源、排水良好的向阳平地。一般每座菇房长 8 米、宽 6 米、高 3 米，菇房不宜太大，否则不易升温保温；采用木制框架结构泡沫保温房，人字形屋面，房内架子用竹条搭置，设 8 层床架，层距 0.35 米，中间留工作道宽 0.8 米。工作道两端各设 1 个门，门上方各开 1 个 0.4 米 ×0.6 米的通气窗。塑料膜上加一层 2.5 ~ 4 厘米厚的塑料泡沫板覆盖棚顶及四周，要求密封紧实，菇房两侧的门、窗也要用泡沫板嵌贴。工作道的地下铺设 2 厘米 ×15 厘米的加温烟气管道，进门一侧地下建一炉灶，另一侧建一烟囱，用于加温使用。加温烟气管道和灶面均需密封，以防二氧化碳逸入菇房而影响子实体生长。通过在菇房内预埋回形烟气热风加热管道，在灶口采用废菌棒、枝桠材及煤球等燃烧的方式加热，借助热风烟气在回形烟气热风加热管道内传输散热，将菇房内的温度升到合适的温度来满足茶树菇对温度的要求。光线调节系统由可利用活动门、窗和日光灯实现。喷淋增湿降温系统是由安装在菇房床架中间的水管喷头来实现。每间菇房可栽培 6000 袋左右。茶薪菇由于较抗高温，也能耐低温，因此大部分地区均可周年栽培，但栽培茶树菇要获得高产高效，必须选择好栽培适期。闽东地区常规适期为 1—2 月制袋，4—10 月出菇，利用泡沫房反季节栽培一般安排在 9—10 月制袋，11 月至翌年 5 月出菇。要将夏季出菇的将菌袋搬入荫棚，将冬季出菇的菌袋搬入泡沫房。出菇前要进行催蕾管理，催蕾时菌袋可直立排放，也可墙式堆叠排放。然后将棉花塞拔掉或剪去扎口线，拉直袋口排袋催蕾，每平方米排放 80 袋左右。让菌丝由营养生长转入生殖生长。料面颜色也随之转化，初时有黄水，继而变褐色，出现小菇蕾。这期间，要加大空气相对湿度并保持在 95% ~ 98%，早晚应喷水保湿。光线强度控制在 500 ~ 800 勒克斯，温度控制在 18℃ ~ 24℃范围，这样开袋后 10 ~ 15 天子实体大量发生。常规栽培与反季节栽培组合可形成周年出菇。

采收 茶薪菇接种后 50 天左右即可出菇。出菇后，必须适当低空间湿度和减少通风，此时栽培空间相对湿度降到 90% ~ 95%，并减少通风次数和时间，以防氧气过多易导致早开伞，菌柄短、肉薄。如果菇蕾太密，还可进行疏蕾，每袋 6 ~ 8 朵，朵数适中，长势整齐，朵型好，菇柄粗，否则影响菇的品质和产量。夏季出菇的做好降温措施（如棚顶喷水或畦沟排放冷水），在低温季节出菇的可以在泡沫房内加温，利用“地火垄”加温。从菇蕾到采收一般 5 ～ 7 天，当菌盖呈半球形，菌环尚未脱离柄时就要采收。采收第 1 潮菇后，可淋一次重水，进行搔菌，扒去料面上发黑的部分，菌袋料面需清理干净，停止喷水 3 ～ 5 天，15 天后再将空气湿度提高到 90% 以上，促使生长第二潮菇，以后按以上管理方法再出第 3 潮菇。采摘 4 ～ 5 潮菇后，如袋内基质干枯，可往袋子内补充水分，一次补水 0.1 ～ 0.2 千克，过 1 ～ 2 天后要将袋内多余水分倒掉，增加湿度，还可继续长菇。一般每袋可出鲜菇 0.35 千克以上，生物效率可高达 100% ～ 120%。采收后的子实体剪去根部及附着的杂质即可上市鲜销，亦可烘干，分级包装销售。

第三节　产品加工

一、加工产品

1993 年，宁德地区三大出口罐头厂，即福安罐头厂、宁德罐头厂、福建省三沙渔业罐头厂，收购鲜菇 5972.3 吨，加工罐头 5761.6 吨，平均整菇率 30%。古田杉洋镇杉洋村民余根标兴办东宝食品厂，以银耳拌白砂糖，精制成“快餐银耳”，当年产量 3 吨（1996 年后该产品被银耳茶取代，生产停止）。同年，古田黄田镇双坑村双兴食品厂引进河北“姬菇软包装”技术，生产启包即食产品，当年产量 5 吨。1995 年，宁德地区二大出口罐头厂加工罐头 3191 吨，平均整菇率 39.6%。1996 年，古田人李在智以银耳拌白砂糖及人参、竹荪或枸杞，经小包装后，制成“人参银耳茶”“竹荪银耳茶”“枸杞银耳茶”，启包用开水冲泡即食。1996—1997 年，国内外食用菌市场发生剧烈变化，蘑菇生产连续 3 个产季出口受阻，价格低迷，各罐头厂生产相继停产倒闭，蘑菇罐头厂加工停止。屏南县健神食品公司与福建省中医学院天然药物研究所协作研制开发灵芝系列产品，主要有“灵芝孢子胶囊”“灵芝精粉胶囊”“灵芝孢子原粉”“破壁灵芝孢子粉”“灵芝孢子蜜”“灵芝超细粉”“灵芝孢子鸡”“灵芝茶”“复方灵芝孢子膏”“灵芝片”“紫芝”等。1997 年，古田大桥镇林道生等人集股生产的“佳尔滋香菇多糖冲剂”获卫生部保健食品证书，年产 3 吨。1999 年，地区食用菌办引进台湾药物保鲜配方，使用日本进口蘑菇专用保鲜膜，进行蘑菇小包装，产品主要销往深圳和香港。全区拥有各类保鲜厂、烘干厂、盐渍厂 3000 多家，冷藏车 300 多辆。

2001 年，屏南县健神食品公司与广州何济堂生物研究所合作利用地产灵芝，灵芝孢子粉与生物互助剂制成的高能灵芝饲料喂养的灵芝孢子鸡，获得国家发明专利。2002 年，古田大丰工贸食品有限公司投资 20 万元研究开发即食金针菇、木耳丝等食用菌系列产品。福鼎大华食品有限公司开发蘑菇酱油等调味品及蘑菇软包装产品。屏南县好好吃食品有限公司创办食用菌深加工，开发“山里香”“鸳鸯溪”两个品牌经国家工商行政管理总局商标批准注册，“山里香香菇”“山里香滑菇”“山里香金针菇”等食用菌深加工产品 46 个即食袋装系列，经宁德市食品检验所、福建省食品检验所检验，各项指标均符合国家标准。周宁县超大集团公司，采用花菇保鲜和脱水加工技术，生产鲜菇出口。2004 年，古田县引进马来西亚德信控股有限公司在境内成立古田县德立信生物技术工程有限公司，选用优质糯米和古田红曲为原料，以传统工艺发酵，经过多年陈酿精制，后期加入灵芝重酿，酿制成功“灵芝醋”。2005 年，古田大丰工贸有限公司安装烘干、压缩生产线，选用优质的银耳、黑木耳进行烘干压缩，生产出来“压缩银耳”“黑木耳”，体积小、携带运输方便，当年生产“压缩银耳”“黑木耳”各5吨，投放市场。古田县闽联食品有限公司与江南大学生物工程学院对接，引进食用菌深层发酵技术（菇菌营养蛋白粉），选用古田特产红曲酒糟与腌制工艺，研制出维持菇体固有质构的“糟制茶薪菇”，调配成咸、酸、辣不同风味的小包装方便即食品，当年生产2吨。此外，古田、屏南、寿宁、柘荣等县政府高度重视食用菌加工企业发展，扶持康宏、金松、山奇、大丰、顺杰、大创、梦龙、绿兴等8家年产值在3000万元以上食用菌龙头加工企业发展。全市有200吨以上生产规模保鲜厂50家、烘干脱水厂3000家。

二、主要加工企业

古田康宏食品有限公司 1993年创办，原称古田古宏食品有限公司，址设古田县松吉乡莲桥工业园区，注册资本200万元港币。占地面积7000多平方米，建筑面积4500平方米，建有500平方米冷库一座。2000—2002年，连续三年被省政府授予“农业产业化省级龙头企业”称号。2002年，更名为古田康宏食品有限公司，是一家集科、农、工、贸为一体的食用菌生产加工企业。获得国家质检总局质量认证，可以自营进出口的食用菌生产基地。至2005年，公司主打产品有香菇粒、香菇柄粒、香菇丝、香菇片、香菇条、干香菇、香菇柄等，主要销往美国、韩国、德国、意大利、加拿大、马来西亚等国家。银耳球、猴头菇、茶树菇、黑木耳、姬松茸等产品主销香港、台湾等地区。年生产、销售各类食用菌产品1000多吨，出口创汇300多万美元。

福建省健神生物工程有限公司 1993年创办，其前身为屏南县健神食品公司，址设屏南县际头工业园区8号。1994年实现销售收入125万元，利润38万元。2000年实现销售收入836万元，利润129万元。2003年8月，经福建省工商行政管理局核准晋升为生物工程有限公司。主要生产健神牌灵芝保健品及食用菌系列品。远销美国、加拿大、马来西亚等国家及全国各地，与广州何济堂生物研究所作利用地产灵芝，灵芝孢子粉与生物互助剂制成的高能灵芝饲料喂养的灵芝孢子鸡，获得国家发明专利。2003年获省级农产品加工业龙头企业称号、福建省绿色消费推荐产品以及福建省“重合同、守信用”等称号。2002年、2005年，健神商标被评上福建省著名商标和福建省名牌产品。2005年实现销售收入1270万元，纳税65万元，利润193万元。

福建屏南圣阳食品有限公司 1994年创办，其前身为屏南县圣阳食品公司，址设屏南县古峰镇城东。1998年，由日商融资，成立日商独资企业——圣阳食品有限公司。主要经营香菇、冬笋等蔬菜系列保鲜食品，注册资金380万元。先后在福建省及浙江、河南等地设立6个分厂，年出口保鲜香菇2000吨，冬笋500吨，创汇300万美元。年均缴纳税金100万元。1998年，被福建省委统战部、省工商联、省地税局授予“纳税先进单位”称号。2000年10月，被授予“全国食用菌行业十佳龙头企业”称号。至2005年，拥有固定资产800万元，职工180人。

福建屏南大创食品有限公司 1996年创办，址设屏南县古峰镇环城路一巷7号，为日商独资企业，注册资金388万元，主营食用菌种植、生产、加工出口，具有自营进出口权。1998年始，先后获得“出口工作先进企业”“纳税大户”“AAA级信用企业”称号。1999年始，连续4年被省政府评为“农业产业化省级龙头企业”，在上海、深圳、浙江、辽宁、河南等地均设立分公司。2001年5月，产品“大创牌”夏香菇被福建省名牌产品评定工作委员会评为福建省名牌农产品，产品以鲜（花）菇为主，远销日本、美国及东南亚，兼营银耳、杏鲍菇、白灵菇、木耳、冬笋、鲍鱼菇等。2003年，设立福建大创食用菌交易中心。至2005年，固定资产总额3000多万元，员工310人，年产值3200万元，年出口创汇300万美元。

屏南县锦丰食品有限公司 1997年创办，址设屏南县上洋头开发区，其前身为屏南县锦丰食品加工厂。后经批准更名为屏南县锦丰食品有限公司，注册资本528万元。主要经营食用菌、水果、水产品、笋罐头等。该公司在屏南县长桥镇及福建、广东、浙江、上海、江苏、山东等地，建立出口蔬菜生产加工基地，实现常年生产和经营品种多样化。2001年，经批准获得自营出口权，产品95%销往日本、美国、东南亚等国家和地区，年出口量在1万吨以上，年出口创汇600多万美元。至2005年，公司有职工50人，被宁德市人民政府评为市级龙头企业，被省农业厅、财政厅评为省级农牧业龙头企业，被农业部确定为第一批全国农产品加工业示范企业。

屏南健华食品公司 2001年，由屏南县原供销社食用菌公司改制的股份制企业，址设屏南县古峰镇环城路一巷76号。经营食用菌保鲜．脱水香菇、菇粒、菇脚丁等产品。主要销往日本、韩国、德国、法国等国家以及东南亚，年产值2000万元。2005年，公司有职工160人，生产车间1500平万米，冷库200平方米，并新增锅炉、脱水机，形成保鲜、脱水成品一条龙生产规模。

屏南县好好吃食品有限公司 2002年创办，址设屏南县朝阳村8号，主要开发经营食用菌（即食袋装）深加工项目，总投资1004万元（其中，固定资产投资604万元），第一期工程完成投资600万元。至2005年，开发“山里香”“鸳鸯溪”两个品牌，46个系列（即食袋装）食用菌深加工产品，经福建省宁德市、食品检验所检验，各项指标均符合国家标准，生产出的（即食袋装）产品进入北京、广州、福州、深圳等全国20多个大中城市的100多个超市，并每日向“沃尔玛”中国各连锁超市提供不少于10个品种的产品供应。

第四节　产品营销

1993年，宁德地区三大罐头厂加工5761.6吨蘑菇罐头出口外销。屏南县古峰镇筹资400万元，建成县内第一个食用菌专业交易市场，占地3900平方米，建筑面积3450平方米，并于1994年投入使用，旺季日流量达千人，成交量80吨。市场“三费”（摊位费、工商管理费、市场交易费）月收入25万元。屏南县出口保鲜香菇6000多吨到日本，并保持年递增100%的势头。屏南保鲜香菇风靡日本市场，从而带动6家日商进入屏南投资。香菇产品在进入日本市场的同时还销往新加坡、法国、美国等国家和中国香港地区，成为全国南方最大的香菇生产、出口基地，年产鲜香菇4万吨，年出口保鲜香菇1万多吨。古田县杉洋镇杉洋村余根标兴办东宝食品厂生产的快餐银耳，清甜可口，销往福州、浙江等地。古田黄田镇双坑村双兴食品厂生产的启包即食姬菇食品，运销北京、东北等地。1995年，蘑菇出口市场受出口退税率下调、贷款利率提高、美元汇率下跌影响，出口量锐减，鲜菇转而销往国内市场。1997年，屏南县岭下乡梨洋村建成农贸市场，邻近的上楼、富竹、梅溪以及建瓯部分乡村的菇农纷纷入市交易，菇贩云集，交易活跃，形成一个地方性的香菇市场。各乡、镇也相继建起18个市场，建筑面积达2万平方米，全县形成食用菌交易网络。2002年，福鼎大华食品有限公司开发蘑菇酱油等调味品及蘑菇软包装产品投放市场。屏南县好好吃食品有限公司创办食用菌深加工，开发的“山里香香菇”“山里香滑菇”“山里香金针菇”等食用菌深加工产品46个即食袋装系列产品，进入北京、广州、福州、深圳等20多个大中城市超市，并向沃尔玛中国各连锁超市提供产品。2003年，古田县政府招商引资在县东小区投资6885万元建设占地面积3.8公顷的中国福建古田食用菌批发市场，市场建筑面积34274平方米，按照现代物流业发展要求高标准设计，内设交易大厅、营业店面、展览大厅、会议大厅、仓储用房、和停车场以及相关的经营、生活等配套设施，具有大型农产品专业交易市场的商品集散、信息交汇、质量检测、电子监控、金融服务和保安防护等各项功能，市场投入使用后，有数百家经营者进场营业，日成交量为30～45吨（干品），年交易量达8000多吨，年交易额达5亿～6亿元。不仅全县75%的食用菌通过这个市场完成交易，还吸引浙江、东北、西北、西南、中南及古田周边地区的产品进场交易。该市场也是福建省当时最大的、设施完备的食用菌市场，对带动古田县及周遍地区乃至福建省食用菌产业发展起到重要的作用。同年3月，屏南县大创食品有限公司建成县内规模最大的食用菌交易市场"福建大创食用菌交易中心"，占地面积5000平万米，其中建筑面积3718平方米，店面80间，摊位60个，临时与流动摊点近百个。该市场各种食用菌年交易量为21000吨（鲜品），成交金额达11500万元，旺季时日交易量达260吨，年出口保鲜香菇1万多吨。香菇产品销往福州、厦门、上海、深圳、广州等全国各地，并走出国门，打入日本、新加坡、法国、美国等国际市场。其中，年均出口保鲜香菇6000吨到日本市场。全年全市食用菌鲜菇总产量42.9万吨，总产值约14.7亿元，分别占全省总量28.4%和27.2%，出口香菇、银耳、蘑菇、杏鲍菇等食用菌产品4.83万吨，创汇8025.2万美元，分别占全省26.4%和36.5%。全市3万人以上专业营销队伍，共同架构起信息量多、销售量大、覆盖面广的庞大销售网络。据统计，全国食用菌经销商，福建人约占全国的80%，闽东人约占全国的50%以上，强大的销售队伍有力地支撑全市食用菌生产的良性运转。大量营销、技术输出人员的宣传和出色表现，使闽东食用菌名声在外。2004年，古田县酿制的"灵芝醋"销往马来西亚等地。2005年，古田县政府加强对食用菌市场监管，实行市场准入制度，对掺杂使假等产品，杜绝进入市场交易。宁德市外销食用菌2万吨，创汇2742万美元，内销467875吨，销售值14.7亿元。有3万多名食用菌营销户分布在全国各地，建立各类食用菌个体企业有100多家，在国内大中城市设立了800多个经销点。开辟的主要市场有南方和北方市场，南方市场以广州和深圳为中心，向四周辐射，人数有1万余人。北方以上海和北京为中心，在上海发展的宁德人有5000多人，北京有4000多人。在北京规模较大的农产品批发市场大钟寺市场、太阳宫市场、中央农贸市场等10多个。此外，还有大批宁德商贩以北京为据点，流动到东北、华北甚至西北以及武汉、南昌等中部地区经销食用菌产品。

附：食用菌批发市场简介

中国·古田食用菌批发市场　2001年，经宁德市计委审批立项设立，2003年正式开业。市场总投资6800万元，占地面积4.8公顷，建筑面积6万平方米，其中有3000平方米的交易大厅、2800平方米的办公和技术用房、店面110间和6000平方米仓储用房，是一个集产品交易中心、会展中心、产品质量检测中心、科研技术中心、信息中心以及食用菌博物馆为一体的新型现代化食用菌专业市场。市场内配备了先进的监控电子系统，组成安全防护网，大型的彩色电子滚动显示屏加上触摸式电脑组成的商品信息发布查询系统，为交易者及时提供直接服务。上市品种有银耳、香菇、茶树菇、竹荪、猴头菇、黑木耳等30多种，日均人流量5000余人次。古田生产的食用菌产品有75%是通过该市场交易后销往全国31个省市的超市、大卖场和出口东南亚、日韩、欧美等地，并吸引东北、西北、中南、西南等省区以及周边地区的客商来此交易，成为全国食用菌产品集散地，为食用菌产业搭建完善的科技、信息、文化平台，被农业部指定为全国食用菌批发定点市场。2004年6月，被福建省政府确认为农业产业化省级重点龙头企业。2005年，市场交易量8500多吨（干品），金额3.2亿元。

福建福鼎闽浙边界农贸中心市场　为福鼎市市场建设管理服务中心下辖的12个农贸市场之一。2005年，占地面积12036平方米，实用面积12524平方米。

福建省闽浙边界蘑菇专业市场　1998年成立，占地面积3880平方米，建筑面积7800平方米。2005年，年交易蘑菇15000～20000吨。

第五节　产业管理

1993—1995年，宁德地区食用菌领导小组办公室、宁德地区食用菌管理站合署办公，依据《福建省蘑菇菌种管理规定》，担负全区食用菌生产管理责任，按照外贸签订的蘑菇罐头出口合同，协调菇农、供销社、罐头厂、外贸之间关系，做好菌种组织，安排生产计划等工作。

宁德市技术监督部门根据食用菌产业发展需要，在贯彻执行国家、省有关食用菌产业管理工作的法律、法规和政策之外，制定相关的质量标准。1996年，古田县技术监督局编写的《香菇质量标准》《银耳质量标准》经省技术监督局组织评审，获得通过，成为福建省地方标准。2001年7月，“古田银耳”证明商标在国家商标局注册。8月，由古田县技术监督局、古田县食用菌办公室合编的《古田银耳标准综合体》质量标准，经省技术监督局组织评审，获得通过，成为福建省地方标准。2002年，古田县开展“古田银耳原产地域保护产品”申报工作。8月，国家质量监督检验检疫总局受理该申请并发布公告（2002年第78号），制定“古田银耳”产品质量国家标准。11月，“古田银耳产业化综合标准化示范区”项目通过省专家组验收。11月23日，中国标准化协会在古田县召开“原产地域产品古田银耳”国家标准审查会议，同意“古田银耳”产品质量国家标准给予报批。品牌战略和标准的实施，大大提高银耳产品的产量和品质。2003年2—11月，古田县质量技术监督局组织编写《茶树菇标准综合体》质量标准等。

2004年12月，宁德市食用菌领导小组办公室与宁德市食用菌管理站编制分开，各司其职。宁德市食用菌领导小组办公室主要负责研究制定食用菌行业政策、发展规划，食用菌菌政管理工作，组织协调食用菌产前、产中、产后系列化服务。宁德市食用菌管理站主要负责组织实施食用菌新品种、新技术推广与培训，食用菌良种繁育体系和生产示范基地建设管理以及食用菌项目的科研、示范、推广等工作。

2005年，宁德市开展食用菌产品质量安全活动。古田县政府下发《关于开展食用菌产品质量安全活动的通知》，在全县开展以“质量求发展，安全暖人心”为主题的食用菌产品质量安全活动，加强对食用菌产品生产、加工、销售环节关键点控制和监管，以解决滥用添加剂、农药、掺假使杂、伪造数据、缺斤少两、环境卫生等涉及产品质量的问题，确保产品安全上市。同时，每村都配备一名农民技术员，加强基地标准化生产栽培、病虫害防治等培训，从生产源头上确保产品质量安全；在加工环节上，加强对食用菌产品加工企业，厂房卫生、加工过程等进行全面监督指导；在经销环节上，加强对食用菌市场监管，实行市场准入制度，对掺杂使假等产品，杜绝进入市场交易。

第六节　科研成果

1993—2005年，宁德市获得食用菌研究成果共12项，其中全国2项、省级1项、市级9项，其中，黄聿善等人撰写的《茶薪菇高产优质栽培技术推广》、张维瑞等人撰写的《花厚香菇高产高效综合配套技术推广》获农业部全国农牧渔业丰收奖二等奖；出版食用菌科研人员专著17部，分别由中国农业出版社、厦门大学出版社、金盾出版社出版发行。

1994—2005年宁德市（地区）食用菌科研成果一览表

表16-3

项目名称	参加人员	授奖单位	获奖时间	获何种何等奖	备注
闽东食用菌病虫害种类调查和蘑菇疣疤病防治研究	罗仰奋、王玉华、陈兆肃、郑其春、林丛发	宁德地区行政公署	1994.6	宁德地区科技进步二等奖	农科所 农校 农业局
猴头菌袋栽高产技术研究	陈成基、马立验、魏春信、张素芳	宁德地区行政公署	1994.6	宁德地区科技进步三等奖	农校
草菇巴氏灭菌床架式新法栽培研究	王玉华、刘善继、陈顺灿、苏贵平、王钦良	宁德市人民政（县级）	1996.11	科技进步三等奖	福安
香菇菌袋感染杂菌的综合防治技术研究	谢德松、苏小妹、苏广平、苏广州	宁德地区行署	1997.10	宁德地区科技进步奖三等奖	古田
猴头菇茶开发研究	郭聪、陈成基、杨晓滨、马立验、林学茂等	宁德地区行政公署	1997.6	宁德地区科技进步三等奖	农校
食用菌培植新法（著作）	潘崇环、陈成基	宁德地区行政公署	1997.6	宁德地区科技进步三等奖	农校
香菇优良菌株——农联11号选育	陈成基、马立验、张素芳、龚翔	宁德地区行政公署	2000.11	宁德地区科技进步二等奖	农校
夏季高温型香菇菌株选育	张维瑞、周修赵、包著勤、杨新生、丘彦、	宁德地区行署	2000.11	宁德地区科技进步三等奖	屏南
茶薪菇高产优质栽培技术推广	黄聿善、林芳照、张维瑞、苏贵平、曾丽平、周修赵	农业部	2002.10	全国农牧渔业丰收奖二等奖	全区
花厚香菇高产高效综合配套技术推广	张维瑞、周修赵	农业部	2004.9	全国农牧渔业丰收奖二等奖	屏南
草菇熟料袋栽高产技术研究	周修赵、张维瑞、黄志龙、包著勤、李志庭、黄邦基	福建省政府	2004.12	福建省科学技术奖三等奖	屏南
食用菌优质高效栽培指南（著作）	潘崇环	宁德市人民政府	2005.3	宁德市科技进步二等奖	农校

第二章　大黄鱼

第一节　种苗培育

闽东水产科研人员1985年起开展大黄鱼人工繁殖研究，成功研发了大黄鱼全人工育苗技术，并经过长达8年的一系列研究，1993年，大黄鱼规模化育苗已基本实现。1994年年初，科研人员发现同一尾大黄鱼具有一年两次性成熟的发育特性，为开展大黄鱼多季育苗奠定理论基础。1994年4月，首次育出大黄鱼早春苗50.9万尾，首创大黄鱼早春育苗新技术，为避免春苗受布娄克虫危害、培育大规格鱼种提供一项有效的技术措施，1995年10月，首次成功培育大黄鱼秋苗51.5万尾，首创秋季人工育苗技术，为大黄鱼养殖规模化提供了有利条件。1996年，“大黄鱼人工繁殖与育苗技术研究”项目获农业部科技进步三等奖，参与单位主要有福建省闽东水产研究所、宁德地区水产技术推广站及其试验场。1997年，全区培育全长3.0厘米的大黄鱼种苗5000多万尾。1998年，大黄鱼育苗技术更加趋于成熟和完善，全区大黄鱼育苗规模进一步扩大，培育全长3厘米大黄鱼鱼苗达1亿多尾，大黄鱼成为全国首尾育苗量超亿尾的海水鱼类。同年，宁德地区水产技术推广站着手大黄鱼健康优质苗种培育工作，利用优选的养殖亲鱼培育出大黄鱼优质苗种300多万尾。1999年，大黄鱼育苗规模达2亿多尾。2000年，宁德地区大黄鱼育苗场达到393家，其中蕉城区200家、福安市10家、霞浦县100家、福鼎市83家，年培育全长3厘米的大黄鱼鱼苗3亿多尾。同年，为保护大黄鱼种质资源，农业部向宁德地区海洋与渔业局下达“福建省官井洋大黄鱼原种场”重点建设项目，大黄鱼种质保护正式启动。宁德市水产技术推广站从海区收集和储养了野生大黄鱼200多尾，并培育出原种子一代200万尾。2001年，宁德市水产技术推广站及其试验场利用优选的养殖良种亲鱼培育出大黄鱼优质苗种300多万尾。同年，该场被省海洋与渔业局授予“福建省海水水产良种繁育基地”称号。2002年起，大黄鱼种苗繁育规模进一步扩大，同时带动鮸鱼、真鲷、三线矶鲈、褐菖鲉等10多种海水鱼类繁育技术开发。至2005年，全市大黄鱼种苗繁育达7亿多尾。1993—2005年，累计繁育约20亿尾。

第二节　成鱼养殖

1993—1995年，宁德地区水产技术推广站及其养殖试验场、闽东水产研究所在1991年突破了大黄鱼网箱人工养殖技术的基础上，开展大黄鱼网箱养殖技术深化研究，对大黄鱼养殖网箱制作与设置、网箱鱼苗标粗、鱼种培育与越冬、早春苗培育鱼种、饲料配制投喂、密度控制与管理开展养殖中间试验，使大黄鱼养殖生长速度得到大幅提高。1994年开始，杨惠生等平潭人利用闽东水产研究所提供的苗种在三都镇青山海区设置网箱，养殖大黄鱼获得成功。宁德地区科委承担的“大黄鱼人工养殖技术研究”项目通过福建省科委组织鉴定，成果达到国内先进水平。1995年，宁德地区水产技术推广站及其试验场，开始承担大量大黄鱼养殖技术试验、示范、推广和培训任务。1996年，全区大黄鱼网箱养殖迅速发展，养殖产量2000多吨。同年，为推进大黄鱼土池健康养殖，农业部向宁德地区水产技术推广站下达“大黄鱼土池健康养殖渔业丰收计划”。1997年，全区大黄鱼养殖产量为3301吨。同年，宁德地区水产技术推广站承担省科委、水产厅及农业中华农业科技基金资助的“大黄鱼养殖产业化关键技术研究”项目。1998年，全区大黄鱼养殖网箱达5万多口，土池养殖面积467公顷，年产量6307吨。1999年，全区大黄鱼养殖网箱10万口左右，土池养殖面积400多公顷，年产量13983吨。2000年，实施农业部“大黄鱼池塘健康养殖技术渔业丰收计划”“大黄鱼产业化关键技术研究”等重大科技项目，解决了优质苗种繁育、集约化养殖模式、饲料营养、病害防治等一系列产业化关键技术问题。当年，全区形成土池养殖667公顷、海水养殖网箱20万口、产量3.362万吨、产值10亿元的大黄鱼产业化规模，宁德地区成为中国大黄鱼最大网箱养殖规模的地区。2001—2002年，宁德市水产技术推广站先后制订了DB35/T159.1-159.6——2001《大黄鱼标准综合体》福建省地方标准和NY/T5061-2002《无公害食品大黄鱼养殖技术规范》国家农业行业标准，为实施大黄鱼养殖标准化打下了基础。2001年，全市大黄鱼网箱养殖26万口，产量37824吨。2002年，全市大黄鱼网箱养殖产量27773吨。2003年，大黄鱼养殖年产量30747吨，占全省58684吨的52.40%，被农业部列为全国六大优势出口养殖水产品之一。宁德市浅海大黄鱼围网养殖新模式兴起，进一步拓展大黄鱼的养殖空间，其产品品质接近野生大黄鱼且价格高，成为福建省特色的大黄鱼养殖新模式。2004年，全市大黄鱼养殖产量43006吨。2005年，全市大黄鱼养殖网箱30多万箱，年产量43819吨，产值16亿元人民币，带动20万人就业，成为闽东地区农业支柱产业。

第三节 疾病防治

1993—1995年，大黄鱼养殖病害少，发病面小，死亡率低。其间主要发生的病害育苗阶段为刺激隐核虫病（又称“白点病”），海上养殖阶段为贝尼登虫病，一般采用淡水或福尔马林液浸泡可以得到控制，此外，肠炎、弧菌等一些病害开始零星出现。1996年起，大黄鱼养殖病害种类增多，危害性增大，逐步引起重视。是年，福建省闽东水产研究所成立病害研究室，开始从事全区水产养殖病害和大黄鱼病害的防治技术研究和技术指导服务工作。1997—1998年，宁德地区水产技术推广站试验场，先后完成微生物试验室、鱼病病理试验室建设，引进一批水产大专院校毕业生充实病防队伍，开始对大黄鱼贝尼登虫病、肠炎病、弧菌病等病害的病原生活史、防治药物和预防措施等开展技术研究。与福建省水产研究所共同承担省科委、省水产厅及农业部中华农业科教基金资助的“大黄鱼养殖产业化关键技术研究”项目之“大黄鱼病害防治技术研究”子课题研究。1998年，通过大黄鱼病害防治技术项目实施，培养出两株多发的菌株，并在药敏试验与实际防治中取得良好的效果，对危害最大的贝尼登虫生活史观察取得突破性进展，不但采到卵群，还了解幼虫的习性，为之后防治工作打下基础。1999年，宁德地区水产技术推广站开办鱼病防治网络骨干技术培训班，培训了一支水产养殖病害防治技术骨干队伍。成立宁德地区水产养殖病害防治站，依托宁德地区的水产技术推广系统和闽东水产研究所科研力量，在大黄鱼主养区形成市—县—乡三级的大黄鱼养殖病害防治网络，在病害发生第一时间和第一地点为养殖户提供及时的病害现场防治指导。

2000—2002年，大黄鱼贝尼登虫病、布娄克虫病（又称“瓣体虫病”）、弧菌病等病害在大黄鱼网箱养殖中开始流行。其中，贝尼登虫病主要危害幼鱼和成鱼，发病率达60%以上，死亡率10%～20%，而且继发感染发生弧菌病。布娄克虫病主要危害全长2～3厘米的大黄鱼幼苗，发病率在70%以上，死亡率在50%以上。福安、蕉城、霞浦等县（市、区）于2000年启动了大黄鱼在内的宁德市水产养殖病害测报与预报，在主要大黄鱼养殖海区设立病害监测点，指定病害测报员，每月对危害大和易流行的病害种类的发病海区、面积、死亡率和病害发展趋势进行预测报，使大黄鱼养殖户实时掌握病害发生和流行情况，采取必要的预防措施，提高了养殖成活率。其间，随着大黄鱼养殖病害的加剧，宁德市水产科技人员开始针对养殖中危害较大的病害，同水产科研院校加强合作，加大防治研究力度。通过研究初步摸清几种主要病害的病原生活史、防治与预防措施，有效控制大黄鱼病害的进一步蔓延和减少其危害。2002年，福建省闽东水产研究所开展大黄鱼内脏白点病的研究，查明病因，提出了防治方法。2003—2004年，大黄鱼养殖病害种类开始增多，病害造成危害也日益严重。大黄鱼养殖出现的寄生虫性疾病有刺激隐核虫病、贝尼登虫病、布娄克虫病、淀粉卵甲藻病、涡虫病等，细菌性疾病有假单胞菌病、弧菌病、肠炎病、诺卜氏菌等，病毒性病害有虹彩病毒病、肝胆综合症等，非病原性病害主要有缺氧、机械损伤、卵巢过熟症、畸形等，累计达20多种。此时，原来零星存在的肝胆综合症开始流行。福建省闽东水产研究所利用世界银行贷款，投资400多万元，建成水产养殖生物病害防治研究实验室，为开展大黄鱼病害研究提供先进的科研条件。2005年，大黄鱼刺激隐核虫病开始频繁爆发，成为大黄鱼网箱养殖中危害最严重的病害，发病率在80%以上，其每年给大黄鱼养殖业造成的损失高达数亿元。为控制大黄鱼养殖病害，福建省水产技术推广总站、福建省水产研究所、厦门水产学院等科技部门参与大黄鱼病害防治技术的研究与技术指导工作。科研人员通过开展流行病学调查、病原病理、药物筛选等研究，基本查明了十多种常见养殖病害及流行趋势和特点，掌握20多种大黄鱼养殖的主要疾病病因、病原、流行规律和防治方法，控制病害发生，提高大黄鱼养殖成活率。

第四节　加工与营销

一、加工

1993—2000年，大黄鱼加工基本处于空白状态。2001年后，福建岳海水产食品有限公司开发加工冰冻大黄鱼系列、冰冻香鱼系列、黄鱼鲞、海带鱼肉卷软包装罐头系列、真鲷寿司鱼片、鲨鱼、带鱼等鱼类冷冻系列产品，其中岳海＋图形牌大黄鱼被评为“福建名牌产品”“福建省著名商标”。2002—2005年，一批主营加工、出口的水产加工企业相继出现。加工产品主要有盐渍、片冻大黄鱼、“三去”（去鳞、去鳃、去内脏）大黄鱼、黄鱼鲞、香糟大黄鱼、黄鱼鳔、黄鱼卵等，但尚处粗加工阶段，产品附加值不高。宁德市海洋技术开发总公司开发出独具特色的“海名威”大黄鱼、醉香黄鱼鲞等系列产品。福建福鼎海鸥水产食品有限公司加工的“九洋”牌虾皮被评为“福建省名牌产品”和“中国国际农业博览会名牌产品”。宁德市夏威食品有限公司开发加工大黄鱼鲜冻、调味干制产品和寿司鱼片以及系列水产罐装食品。2005年，宁德市官井洋大黄鱼养殖有限公司开发生产的“威尔斯”系列水产食品，畅销国内大中城市，外销美国、加拿大、澳大利亚、韩国、日本等国家。宁德市养殖大黄鱼的加工企业有20多家。

附：企业选介

福建三都澳食品有限公司　1993年，宁德市官井洋大黄鱼养殖有限公司成立。公司依托三都澳优质的水域环境和丰富的水产资源，专业从事水产品深加工的现代食品加工，后改建为福建三都澳食品有限公司，积累有丰富的育苗、养殖经验。至2005年，建有省级大黄鱼良种场1个、海水养殖基地5个、滩涂养殖基地1个、香鱼（淡水）养殖基地1个、高标准厂房11830平方米、库容量3000吨的低温冷藏库1座，开发生产“威尔斯”系列水产食品。公司占地面积3万平方米，固定资产达5700万元，为福建省水产产业化龙头企业。址设蕉城区飞鸾碗窑飞虎路94号。

宁德市海洋技术开发总公司　1992年创办，注册资本1000万元。至2005年，公司下有5家子公司、1家研究院和3个外省投资项目。拥有大黄鱼深水网箱养殖基地和现代化陆基工厂化鲍鱼养殖基地，是一家集海水鱼贝类育种、养殖、加工、销售及渔业设备设施制造和销售于一体的福建省省级农业产业化龙头企业和国家高新技术企业。先后被认定为国家级大黄鱼养殖标准化示范基地、国家级海水养殖种子工程研发生产基地、福建省鲍鱼良种养殖基地。先后获得“国家高新技术企业”“国家重点新产品企业”“福建省农业产业化龙头企业”“福建省科技成果转化重点企业”等称号。址设宁德市侨兴路长兴城日月星城2栋109号。

福建福鼎海鸥水产食品有限公司　1993年创办。至2005年，控股福建海鹏水产实业有限公司、宁德富发水产有限公司、福州荣锐贸易有限公司，是一家集水产育苗、养殖、加工与销售为一体的国家级农业产业化龙头企业，被农业部评为全国农产品加工业示范企业。注册资金5882.3万元，占地面积3.3公顷，厂房建筑面积12000平方米，其中标准化冷库18000吨容量，年加工水产品超过2万吨。公司高度重视产品质量安全管理体系的建设，先后通过ISO9001质量管理体系认证、HACCP食品安全管理体系认证，九洋大黄鱼荣获“无公害农产品认证”，通过欧盟水产品注册认证。“九洋”商标被评定为福建省著名商标，“九洋”牌虾皮被评为福建省名牌产品和中国国际农业博览会名牌产品。产品远销韩国、日本、美国、澳大利亚、东南亚、欧洲等十多个国家和地区。址设福鼎市秦屿镇水井头工业园区内。

宁德市金盛水产有限公司　2000年5月创办，为水产品育苗、养殖、加工、冷藏和销售为一体的综合型工贸企业。至2005年，公司占地面积15000平方米，注册资金2016万元，总资产1亿多元，固定资产4560万元人民币。在三都澳青山、白基湾等海域拥有26万平方米的养殖基地，年育苗2亿多尾，年养殖大黄鱼、真鲷、鲈鱼等名贵鱼种2000多吨。公司水产品加工厂拥有库容量6000吨的冷库1座，符合美国和欧盟要求总面积1800平方米的国际标准化加工车间，具备满足良好操作规范，危害分析与关键控制点及卫生标准操作规范要求的水产品精深加工生产线。公司先后通过国家无公害产地认证，HACCP认证和QS认证，产品远销韩国、新加坡、日本、美国等国家和中国香港地区。先后被评为福建省水产产业化龙头企业、市级龙头企业、福建省著名商标、宁德市知名商标、讲诚信重质量单位、诚信大黄鱼企业，注册商标“三都港”获中国著名品牌、福建省著名商标和宁德知名商标称号。址设蕉城区飞鸾镇二都上村。

宁德市夏威食品有限公司 2000年9月创办时名为宁德市夏威水产养殖有限公司。系一家集水产品育苗、养殖、冷冻、加工、销售、科研、出口于一身，产、供、销一体化的出口外向型企业。2005年，被市政府授为“守和同重信用单位”，被省工商行政管理局授予“福建省重合同守信用企业”称号。是福建省农业产业化重点龙头企业。址设东侨经济开发区林聪路13号。

福建岳海水产食品有限公司 2001年3月创办，是一家集水产育苗、养殖、加工、冷藏、销售、物流、自营进出口业务为一体的外向型有限责任公司。至2005年，公司拥有资产10084多万元，其中固定资产6081多万元。占地面积3万多平方米，建筑面积15000平方米。其中生产车间4000多平方米；冷藏库1000平方米，速冻能力50T/日，冷藏能力1500T/次；水产养殖场1个，养殖池塘1000多亩；水产育苗场1个，育苗水体2000多立方米；网箱养殖大黄鱼1000多箱；有员工220人。产品主要有冰冻大黄鱼、冰冻香鱼、黄鱼鲞、海带鱼肉卷软包装罐头系列等，其中岳海+图形牌大黄鱼被评为福建名牌产品、福建省著名商标。先后被省、市、区政府和相关部门评为先进民营企业、产值超亿元企业、创汇大户、守合同重信用单位、外贸出口先进企业等荣誉称号。址设蕉城区飞鸾工业集中区。

宁德市登月水产食品有限公司 2003年创办，是以海水养殖为主，集育苗、养殖、加工、贸易于一体的大型综合性水产食品企业。2005年，公司下设1个加工厂、3个育苗场、2个养殖基地。有在建加工厂1座，养殖海域66.7公顷，发展网箱养殖6000多口、3000平方米大围网30口、育苗场6000平方米。公司总资产1.3亿元，有250余名员工，中高级技术人员25名。公司是中国科学院海洋研究所试点、闽东水产研究所海珍品研发基地、国家贝类产业技术体系宁德综合试验站。先后获得福建省农业产业化省级重点龙头企业、福建省水产产业化省级重点龙头企业等称号。“登月”牌商标获得福建省著名商标、福建省知名字号称号。址设东侨经济开发区天安世家A幢7楼。

二、营销

1993—1998年，大黄鱼主要以内销为主，以冰鲜产品直接销售，产品价格高达100～200元/千克，销售地区主要为福建省，有1000～3000吨销往上海、宁波、北京等一些大城市和国内其他沿海城市。1999—2001年，大黄鱼产品销售市场向内陆城市拓展，其营销网络遍布全国各地，并少量销往台湾等地区。销售地区主要集中在福建、浙江、广东、山东，北京、上海等地，每年销售量1万～3万吨，大黄鱼国内主要市场份额在90%以上，但内陆其他城市年销售量不足1000吨，市场份额不足10%。2002年，大黄鱼外销达到高峰，出口量2万多吨，主要出口以韩国为主，还有日本、美国等国家，并销往中国台湾、香港地区。2003—2005年，随着大黄鱼出口企业实力的增强，国际市场不断开拓，大黄鱼进一步销往东南亚、欧盟、中东、南非等国家和地区。大黄鱼年出口量基本稳定在5000～20000吨。

第五节 产业管理

一、品牌建设

1997年，宁德地区开始重视大黄鱼品牌文化建设。行署连续两年举办两届中国闽东大黄鱼节，来自美国、日本、法国、新加坡、马来西亚、加拿大、澳大利亚、菲律宾等国家以及北京、上海、广东、浙江、台湾、香港、澳门等地500多名客商和36家新闻单位记者以及数千名群众参加了大黄鱼节。活动展示了闽东资源优势，扩大了闽东的影响，提高了闽东大黄鱼知名度，促进大黄鱼产业的发展。1998年，宁德地区水产局首次向工商管理部门登记注册了“官井洋”大黄鱼商标。2000年市政府在北京召开“闽东官井洋大黄鱼美食节”，进一步扩大闽东大黄鱼在全国的影响力。2005年，市政府向国家质检总局注册“宁德大黄鱼”原产地标志，提升闽东大黄鱼品牌知名度。

二、政策措施

1993—1994年，宁德地区行署通过招商引资形式，引进福州平潭等地养殖专业户到闽东发展大黄鱼养殖业。1995年，宁德地委、行署提出建设“海上闽东”战略决策，成立大黄鱼产业化领导小组，沿海各县也成立水产支柱产业领导小组，出台优惠政策，推动宁德地区大黄鱼养殖产业化进程。1997年8月，针对大黄鱼养殖产业发展过程出现的技术和管理问题，福建省大黄鱼养殖产业化领导小组出台《关于依靠科技进步，促进大黄鱼养殖产业化的意见》《关于依靠科技进步，促进大黄鱼养殖产业化意见的实施方案》，组织全省科研所与大专院校、各地市水产科技机构进行科研、示范和技术服务，为实现大黄鱼养殖产业化创造了有利条件。1998—2004年，通过实施“大黄鱼池塘健康养殖技术”“大黄鱼病害防治技术研究”“大黄鱼养殖产业化示范基地”“大黄鱼养殖产业化技术研究”“大黄鱼雌核发育培育单雌良种产业化推进”“大黄鱼性早熟防治技术研究”等一批科研项目，加大养殖技术推广与技术培训，促进大黄鱼养殖业快速健康发展。2005年，农业部组织编制《全国出口水产品优势养殖区域发展规划》，大黄鱼被列为中国6大优势出口养殖水产品之一。同年，福建省渔业部门委托宁德市大黄鱼协会起草《福建省出口大黄鱼优势养殖区域产业发展规划》，进一步明确大黄鱼产业地位与发展目标。

三、行业监管

2003年5月，宁德市大黄鱼协会成立，协会以加强行业监管、保护从业者利益为宗旨，成为协调政府与企业之间的桥梁。2004年6月，宁德市大黄鱼协会更名为宁德市渔业协会。渔业协会围绕维护大黄鱼市场经济秩序、参与制订和修订本行业的质量标准、作为行业代表为企业提供决策参考、推进行业内企业信用建设等方面开展工作。2005年，宁德市渔业协会建立“宁德大黄鱼”质量可追溯体系和防伪查询系统，配合地方工商、质监、海洋与渔业部门打击仿冒及伪劣产品，维护大黄鱼市场秩序。

四、环境监测

1997 年，宁德地区水产技术推广站试验场创建水质监测室，开展环境监测。1999 年，开始对三都湾的水温、盐度、溶解氧、化学耗氧量、透明度、亚硝酸氮、硝酸氮、氨氮、活性磷酸盐、微生物、粪大肠菌群、赤潮生物种类与密度、生态学指标、沉积物、重金属等指标开展定点、定期进行水质监测，填补了大黄鱼主养区三都湾环境研究资料的空白，为防治大黄鱼病害、保护大黄鱼产卵场和网箱养殖区生态环境，提高大黄鱼产品质量安全积累了第一手技术数据资料。2003 年，宁德市海洋与渔业环境监测站成立，承担了大黄鱼养殖基地三都湾水质量月常规测报与预报、环境质量监测、重点增养殖区环境监测、大黄鱼繁殖保护区环境监测、农业部渔业环境质量监测、国家海洋局的赤潮监控区监测监视、生态监控区监测，并定期发布海洋与渔业环境简报和编制环境质量报告书，为海洋环境决策与管理提供必要的科学数据。

五、技术培训

1997 年，宁德地区水产技术推广站在试验场成立培训部，培训部先后获得国家社会力量办学许可证、继续教育基地和农科教结合培训基地等资格。1998—2002 年，培训部针对大黄鱼产业的发展现状，对大黄鱼的育苗与养殖技术、病害防治技术，以及其他水产养殖前沿技术、海淡水品种等内容，每年定期或不定期对闽东地区各县市的基层水产技术人员和从事大黄鱼产业的业者开展不同类型、不同层次的技术培训班。累计共举办培训班 40 多期，培训 2000 人次。2003—2005 年，宁德市水产技术推广站、宁德市大黄鱼协会以及各县市区水技推广部门，针对大黄鱼养殖新模式、新技术、养殖标准化、病害防治、出口备案等，开展技术培训和职业职能鉴定。累计培训 30 多期，培训 1500 多人次，大黄鱼从业者素质和产业规模质量进一步提升。

六、技术与信息服务

1997—1998 年，福建省大黄鱼养殖产业化技术服务队建立，以宁德地区水产技术推广站试验场为基地作为技术服务一队，承担全省 95% 以上的大黄鱼养殖技术服务任务。技术服务队累计提供技术咨询、现场病害诊治和养殖技术指导 200 多次。1999 年起，宁德地区水产技术推广站创立“一室、二刊、一网”（图书期刊资料室、《闽东海洋与渔业科技信息》《海洋与渔业信息摘编》和“官井洋海洋与渔业网”）。2000 年 5 月、6 月，《闽东水产养殖病防快讯》月刊和《水产信息》半月刊创刊，主要为社会提供大黄鱼等海水鱼养殖病害防治技术信息动态和报道水产业国内外市场动态、水产科学技术研究动向。2001 年 1 月，《闽东水产养殖病防快讯》更名为《闽东水产养殖快讯》，扩增水产养殖的新品种、新技术与水环境监测等报道内容。7 月，创办“官井洋水产资讯网”（http:www.gjyfish.com）。2002 年 1 月，《闽东水养殖快讯》更名为《闽东海洋与渔业科技信息》，报道内容包括海洋与渔业时政要闻、产业信息、企业风采、科技项目、生态环境保护、水产养殖病害和海洋环境测报与预报、水产品市场等信息。

2003 年 7 月，《水产信息》更名为《海洋与渔业信息摘编》。同月，“官井洋水产资讯网”（http:www.gjyfish.com）中文网名改为“官井洋海洋与渔业网”。2003—2005 年，图书期刊资料室仍由宁德市水产技术推广站运营外，“二刊、一网”由宁德市渔业协会主办、宁德市水产技术推广站协办。其间，图书资料室每年为广大大黄鱼养殖业者提供技术资料查询、图书代购、阅览、资料复印等服务 500 ~ 800 人次。至 2005 年，累计刊发《闽东海洋与渔业科技信息》72 期，《海洋与渔业信息摘编》144 期，总计 6000 多份，分别寄往国家海洋局、农业部、省海洋与渔业局、省科技局、省沿海市的相关部门及主要养殖户，为广大养殖业者及时掌握行业动态和获取技术信息，为渔业主管部门及相关部门提供决策参考发挥重要作用。“官井洋海洋与渔业网”经过多次改版、扩版，不断扩大信息服务范围和内容，为广大养殖业者提供了大量的宁德大黄鱼、行业动态、行业标准与规范、养殖动态、期刊信息、环境和病防月测报与预报、水产市场行情等信息。

第三章　电　机

第一节　行业发展

1993年，《中华人民共和国公司法》实施之后，宁德地区电机电器民营企业开始走上公司化轨道，按照股份制方式组建有限责任公司，逐步建立现代企业制度，实行董事会领导下的总经理负责制。会计、统计、生产、安全、环保等制度逐步建立，并日趋完善。地区有电机电器企业400家。其中闽东电机4个分厂共完成产值22082万元。福安市属乡及乡以上独立核算电机电器企业发展达34家，完成产值10963.9万元。

1994年，宁德地区首次组织电机电器企业参加94秋季广交会，成功举办福安市电机电器及名优特产品订货会，3万多人到会洽谈订货。与福建省中心检验所合作投资60多万元，建立福安市产品质量检验所（电机电器检测中心）。

1995年，宁德地区电机电器产业完成产值10亿元，完成出口商品收购总值2.42亿元。其中闽东电机厂完成产值21098.7万元，福安市属乡及乡以上独立核算电机电器企业57家，完成产值26376.5万元。万达电机有限公司首家通过欧盟CE认证，打通产品出口西欧市场通道。华微电机厂，港发电机有限公司2家企业通过国家安全认证。中闽公司、华丰电机一厂、华丰电机二厂、安波电器有限公司、闽通电机厂通过产品安全认证。

1996年，宁德地区电机电器企业从面向国内市场生产销售产品转向出口生产，产品进入东南亚市场。福安市电机电器产业完成工业产值12亿元，完成出口商品收购总值2.65亿元，其中25家乡及乡以上电机电器企业完成产值4.64亿元。金隆电机有限公司、五一电机有限公司、万达电机有限公司、白云电机有限公司、华丰电机厂5家企业申请质量管理体系认证。港发电机有限公司的YC系列单相异步电动机、亚南电机有限公司的YC系列单项电动机、万达电机有限公司的水泵、金隆电机有限公司的水泵、Y系列电动机、白云电机有限公司的水泵、Y系列电动机通过国家质量认证，华丰电机厂通过CE认证（安全认证标志）。

1997年，福安市委、市政府成立电机电器产业领导小组下设办公室，负责全市电机电器行业的规划、指导、协调、服务，实现从行政管理向行业管理过渡。出台《关于扶持电机电器产业的决定》，对万达、德丰等23家民营电机电器企业进行重点扶持。当年，秦溪洋电机电器工业园区建设启动建设，首期落实工业园地21.3公顷。宁德地区电机电器产业完成工业产值15亿元，完成出口商品收购总值3.6亿元，其中91家乡及乡以上电机电器企业完成产值6.3亿元。

1998年，福安市政府制定《福安市电机电器（1998—2003年）发展规划》并付诸实施。当

2005年，闽东发电机生产线

年，宁德地区电机电器企业达到580家，完成工业产值18亿元。其中，21家规模以上电机电器企业完成产值42754万元。全区电机电器民营企业从“外贸收购、借牌生产、异地出口”等方式逐步转向利用企业自立的品牌自营出口。全区自营出口电机电器产品企业达43家，完成出口商品收购总值3.8亿元，其中企业自管出口559万美元。电机电器产品出口从主要出口东南亚国家转向欧美中东国家。

1999年，福安市委、市政府出台《关于加快秦溪洋工业园区发展的决定》，制定优惠政策，鼓励电机电器企业进驻园区建厂，秦溪洋工业园区建设全面启动。4月6日，福安市恒实担保有限公司成立，当年为32家民营企业担保贷款2512万元，有效解决民营电机电器企业融资难问题。福安市对安波电器有限公司、万达电机有限公司等15家电机电器企业，实行市领导挂钩服务，给予重点扶持。全年宁德地区电机电器产业完成工业产值22亿元。其中23家规模以上电机电器企业完成产值64808.4亿元，完成出口交货值4.86亿元，企业自营出口876万美元。

2000年，闽东电机电器工业区获“全国第三批乡镇企业示范区”称号。全市电机电器产业完成工业产值26亿元，其中23家规模以上的电机电器企业完成产值64870万元，出口交货值6.5亿元，企业自营出口2659万美元。

2001年，万达电机有限公司、太平洋电机有限公司、德丰电机有限公司3家企业年产值首次超亿元，实现福安年民营企业产值创亿元的突破。宁德市电机电器产业完成工业产值30.2亿元，其中35家规模以上电机电器企业完成产值12.39亿元，出口交货值9亿元，自营出口4777万美元，电机电器产业整机出口额首次超过总产量的50%，成为以出口为主的外向型产业。

2002年，宁德市电机电器行业产学研现场会在福安召开，有13家企业与10所高校达成27项技术攻关合作协议，其中8项属于国际水平，5项属于国内先进。福安市电机电器产业完成产值36亿元，首次超过全市工业产值的50%。

2003年3月，福安市政府授权电机电器同业商会，依托恒实担保有限公司，成立恒实咨询服务有限公司，实行市场化运作，推动秦溪洋电机电器工业园区融资建设。宁德市电机电器产业完成工业产值47亿元，出口交货值18.6亿元，其中企业自营出口10893万美元，首次突破亿美元大关。自当年起，

2005年，闽东电机电器工业区

随着欧盟等国家市场开发，医疗保健器材企业逐步实行自营出口。医疗保健器材企业产品销售采取在全国各地设立销售部，实行提成方式销售产品。

2004年，福安市电机电器产业完成工业产值58亿元，规模以上电机电器企业完成出口交货值21.62亿元，其中企业自营出口14456万美元。福安市电机电器产业被列为福建省重点扶持产业集群之一。

2005年，福安甘棠工贸集中区电机电器工业小区完成规划编制，规划工业用地68.44公顷。安波电器有限公司获得产品质量国家免检资格证书，实现福安民营电机电器企业争创国家级质量品牌零的突破。宁德市电机电器企业达700家，完成工业产值65亿元。其中规模以上电机电器企业98家，完成工业产值40.9亿元，出口交货值26.2亿元，企业自营出口18664万美元。

第二节　电机产品

一、产品门类

1993—2005年，宁德市（地区）生产的电机产品主要有电动机、发电机、水泵、电子医疗器械四大类。

电动机类　MS、MY、MC、ML、Y、Y2、Y3、YX系列三相异步电动机，MSE1系列欧洲效率1、CDFE1系列欧洲效率、Y2E、YC、YY、YL、YU、YS、YA等系列异步电动机，美国NEMA标准系列、俄罗斯标准系列、JY、YD、YCT、YEJ、YVP3、YBP、YP系列三相异步电动机，MYT、MSD、MSB、YEJ、Y、YR—6KV/10KV中型、YKK—6KV/10KV、中型、YKS、YRK—S6KV/10KV中型三相异步电动机、ZWS、SAZ、TSZ系列伺服电动机、QDY、ZD1、ZD2、QDJ、QDY、QFD、JEZ系列汽车发动机、电动机，跑步机、高压清洗机、空压机电动机，扇用和风机用系列电动机，罩极系列电动机、车库门、平移门、卷帘门、平开门系列电动机，IC系列冷却塔专用、MSEJ系列制动电机，MLS系列刹车机专用、2D油泵电动机、空调机电动机等40多个系列电动机，功率从几十瓦到150千瓦。

发电机类　ST、STC系列发电机，SD、SDC系列发电、电焊两用机，T-2X、TZH、TFW、SLG、SLI、SLF小型、TWG系列同步发电机，FD系列永磁发电机，日立、小松、三菱挖掘机系列发电机，TW6、JPE系列小型汽油、柴油发电机等30多个发电机系列，GF1、GF2、GF3、TDF、EC、GFS3系列发电机组、DF、HF小功率汽油发电机组，LT系列柴油发电机组等多个系列。功率从几十瓦到1000千瓦。

水泵类　工业泵系列、工业加强泵系列、清水泵系列、自吸泵系列、离心泵系列，射流泵系列、自动泵系列、自动管道增压泵系列、不锈钢泵系列、潜水除污泵系列、游泳池泵系列、BTP-A/B、BTP系列泵、按摩浴缸泵系列、潜水泵多级泵系列、深井泵系列、SWP系列海水泵等40多个水泵系列。

电子医疗器械类　按摩椅、按摩棒、气血循环机、推拿机、脂肪运动机、按摩垫、按摩腰带、按摩枕、活氧机、按摩床、足浴盆等数十个系列。

二、主要产品生产

电机　1993年，宁德地区闽东电机一厂、二厂、三厂、十厂，宁德市拖拉机电机厂、闽东革新电机厂、闽东华丰电机厂、闽东电机制造公司、闽东分马力电机厂、闽东中闽机电设备公司、市惠丰微型电机厂等电机企业主要产品有单三相交流发电机、单三相柴油交流发电机组、单三相发电电焊两用机、单相汽油发电机组、单三相异步电动机、QD系列汽车起动机、特殊用途电动机计7个种类，50多个系列，700多个规格。至年底共生产电机130万千瓦、164万台（发电机115.5万台、分马力电机16.5万台、交流电动机32万台）。1998年，万达公司的“WONDER”牌小型电动机、安波公司的“ABCE”牌中小型电动机、德丰公司的“凯捷利”牌中小型电机首获福建名牌产品称号。2001年，宁德市216家电机生产企业生产电动机300万台、发电机120万台、发电机组30万台，总产值14亿元。2005年，全市电机生产企业300家的产品有600多个门类、1000多种规格。全市生产电动机750万台、发电机255万台、发电机组125万台、总产值38亿元。

水泵　1994年，宁德地区有生产水泵企业110家，主要企业有闽东电机三厂、闽东革新电机厂、闽东华丰电机厂、市万达电机厂、市远东电机厂等。主要产品有JET自吸泵、DB-125清水泵、GP-125TB动泵及多种小型清水泵，年生产电泵256763台。1997年，万达公司“万德”牌水泵获得福建名牌产品称号。2001年，宁德市年产多种电泵1700万台，产值17亿元。2004年，全市年产多种电泵2500万台，产值25亿元。2005年，全市有各类电泵生产企业236家。

医疗保健器材　1993年，宁德地区电子医疗保健器材主要企业有市光电仪器厂、福光电子有限公司、市五州电子有限公司、市电子报警器厂、霞浦县电子仪器厂等5家，主要产品有电子音响、电子理疗、仪器仪表、计量分析仪表、电子报警等五大门类、20多个品种。1996年，全市医疗保健器材企业发展到十多家，其中，宁德市英隆电子有限公司、闽东东方神电子有限公司、市久九神电子有限公司、市康华电子有限公司等企业已形成规模。同年，市电子报警器厂依法进入破产程序。1997年，福建怡和电子有限公司成立。2001年，福光电子有限公司停产，进入清算和职工安置程序。2005年，全市医疗保健器材企业经过整顿后有20多家，其中东方神、怡和、五州（康华）、普力得、旭日神、久九神6家企业，年产品生产总值均超过3000万元。

三、产品质量

1993年，宁德地区电机电器民营企业多数处于粗放发展和原始资本积累阶段，投资生产初级、低档次，检测检验仪器设备不足，质量管理制度不健全。已有新成立的万达、安波等民营企业，按照国家标准批量生产50千瓦以下的电动机、发电机和小型清水电泵等产品。1995年，随着一批企业逐步完成原始资本积累，开始改进提升产品质量档次，逐步建立质量管理体系，创造条件通过产品安全和质量认证，先后有10家企业相继建立质量管理体系。1997年，电机电器民营企业日益重视产品质量、技术研发和品牌创建工作，已能根据出口标准生产市场需求的电机产品，先后获得福建名牌产品称号的有万达公司的中小型电机，安波公司“万德”铝壳电机，“凯捷利”中小型电机、水泵系列。1998年，福安电子有限公司、安波公司通过ISO9001质量管理体系认证。2000年，ISO9000国际质量管理体系新标准出台，作为企业产品出口条件。各电机出口企业纷纷创造条件，申请ISO9000质量管理体系认证，产品申报国家质量和安全认证。1994

年至2000年，有华丰电机厂的自动吸水泵获福建省优秀新产品三等奖，安波公司开发生产国际IE标准的YAC系列铝壳电机，亚南公司开发生产国家专利产品变频发电机组，十数家电机电器公司加强技改，扩大生产规模。亚南公司开发发电机智能控制系统。产品质量明显提升。

2001年，有10家企业通过ISO9002质量体系认证。2002年，福建省电机行业技术研发基地在福安市成立，为电机电器民营企业构筑产、学、研、合的工作平台，这些企业与北京大学、上海交通大学、福州大学、上海电器科学研究所等院校或科研机构，建立长期合作关系，开展联合攻关、研发，促进产品更新换代，企业产品档次、科技含量、质量水平逐步与国际市场及技术要求接轨，高新技术产品相继开发成功，进入欧美市场。2003—2005年，先后有22家企业的27个扩大生产规模项目建成投产，万达、安波、亚南、惠丰4家企业先后被列为福建省企业技术中心，德丰公司、安波公司、亚南公司、广源公司、惠丰公司、怡和电子公司、太平洋公司、华微公司、振中公司、天工公司10家企业被列为福建省高新技术企业。2005年，全市电机电器品种有20项获福建名牌产品称号，1项获国家产品质量免检资格证书，400多项分别通过欧共体国家CE、GS、TUV、ROHS质量认证和美国UC安全认证。全市电机电器企业获专利授权总数达120项。1000多个电机电器产品销往世界各地。至2005年年底，宁德市有50多家电机电器企业通过ISO9002质量管理体系认证，有50多家电机电器企业产品分别通过CE、GS、TUV、VL等标准认证。

第三节　主要企业

一、福建惠丰电机有限公司

1989年创办。至2005年，有员工2300多人，总资产7000多万元，年产值1.8亿元。主要产品有MS、MY、ML、YZ系列钢板壳，铝壳单三相异步电动机，BM系列浴缸泵等30多个系列260多种规格产品。产品通过ISO9001质量体系认证、CE（EVA）认证、CE（TUV）认证。企业先后获“福建省高新技术企业”“全国第一批ROHS达标企业”称号，产品获“福建省优秀新产品奖”称号及多项国家专利。址设福安市秦溪洋工业园区。

二、福建怡和电子有限公司

1992年创办。至2005年，资产总额2660万元，员工300人，年产值8000多万元。主要产品有豪华按摩椅、智能按摩垫、气血循环机、按摩棒等系列80多种产品，远销欧洲、南美等50多个国家和地区及国内各省市。公司及产品先后通过ISO9001质量管理体系认证和IS13485医疗器械制造业质量体系认证，UL、CSA、CE认证、ROHS指令。YHOST系列按摩椅获中国消费者基金会“质量、服务、信誉”消费者可信产品，“怡尔康”商标获福建著名商标，企业获得“福建高新技术企业”称号。址设福安市秦溪洋工业园吉安大道。

三、福建万达电机有限公司

1992年创办。至2005年，总资产1亿元，职工1800人。下辖福州万达电器有限公司、大精密制造有限公司、福建立松金属工业有限公司、新加坡ATT电机有限公司、上海普莱德机电科技有限公司、福安晶丰电机冲压有限公司等。主要产品有IEC/NEMA-M系列等有十多个系列、20多种规格，年出口8000多万美元。企业通过ISO9001质量管理体系、ISO14000环境管理体系和国家“CCC”安全认证，产品获得欧盟CE/GS和美国UL认证。企业先后获福建省民营企业纳税先进单位、用户满意单位、质量管理先进企业、先进乡镇企业、乡镇百佳明星企业、首届光彩之星、百家重点工业企业等称号。址设福安市电机电器工业区兴达路239号。

四、闽东安波电机集团有限公司

1993年7月创办，原名安波电机有限公司。注册资本4116万元，员工1200多人。2005年，创办集团公司，拥有闽东安波电器有限公司、宁德鹏康电机有限公司、安波电机（福州）有限公司、达瑞斯科技贸易有限公司4个子公司，年销售额超过6亿元。主要产品有多S系列电动机、多C系列水泵等多规格，产品通过CCC、CE/GS认证，产品先后获福建省名牌产品、产品质量国家免检资格、产品出口免检资格。公司通过ISO9001质量管理体系、ISO14000环境管理体系认证，企业先后获福建省高新技术企业、福建省创新型示范企业、福建省质量管理先进企业等称号，产品先后获“ABLE”商标、福建省著名商标、中国驰名商标称号。址设福安市秦溪洋工业区。

五、闽东亚南电机有限公司

1993年11月创办。2005年，总资产10044万元，职工480人，年产值近3亿元。主要产品有交流陆用、船用发电机，GFS、SFS、GF系列柴油发电机组，YHLT.LT系列灯塔，系列交流单三相异步电动机和家用电泵。企业通过ISO9001质量管理、GB/T24001环境管理、GB/28001职业健康安全管理体系认证和CCS、CCC、CE、UL、SONCAP等认证。企业先后全国再就业先进单位，全国外商投资“双优”企业，全国产品质量、服务质量无投诉品牌，福建省重点合同守信用企业，福建省高新技术企业等称号，企业列入“联合国采购供应商”。产品先后获“YANAN”牌商标、福建省著名商标、福建名牌产品认证，5项产品被评为福建省高新技术产品。址设东侨经济开发区漳湾工业园区疏港路6号。

六、福建金隆电机集团有限公司

1994年创办，原名金隆公司。至2005年，员工800多人，组建集团公司，拥有8家全资公司和2家参股公司，总资产上亿元，其中固定资产6000多万元、电机年产值8000多万元。主要产品有水泵、电动机、发电机、汽油机动力、汽油机组、柴油机组等50多个系列900多种规格。公司及产品先后通过ISO9001质量体系认证，GE、GS认证。企业先后获福建省农业银行AAA信用等级客户、宁德市外贸出口先进企业、福安市明星企业、福安诚信企业等称号。址设福安市秦溪洋工业园区。

七、福安市振中电器制造有限公司

1994年创办，是专业生产汽车起动机、发电机的企业。2005年，总资产5000多万元，员工

260人，年产值12441万元。主要产品有QD114B起动机、F186飞轮发电机、整流稳压器、永磁城建起动机等多系列产品。企业通过ISO9001、ISO/TS16940质量体系认证，先后获福建省先进企业、福建省科技进步先进企业等称号。址设福安市秦溪洋工业园区。

八、福建凯捷利集团有限公司

1995年创办，原名德丰机电公司。2005年，创建集团公司，下辖闽东德丰电机公司、苏州德丰电机公司、凯捷利电机（福建）公司、昆明电工公司、昆明凯捷利电工公司等10家全资和控股企业，资产总额7亿多元，员工1100多人。年综合销售总额超10亿元，其中电机年产量500多万千伏，销售额6亿多元。主要产品有各系列小型低压单三相交流电动机、中型高压电动机、交流发电机、欧洲能效标准、美国NEMA标准高效率电动机等多种系列型号电机。企业通过CCC、CE、TUV.GS认证，先后获福建省企业集团百强、福建省私营企业百强、中国机械工业优秀企业、中国电器工业最具竞争力企业等称号。产品先后获福建省名牌产品、国家产品质量免检资格证书、凯捷利KAIJIEL1商标、福建省著名商标、福建省重点培育和发展的出口名牌、世界市场中国电机年度品牌、中国机械工业最具影响力品牌等称号。址设福安市坂中坂工业区兴达路3号。

九、福建省银象电器有限公司

1996年创办。2005年，总资产1.6亿元、职工478人、年产值2.85亿元。主导产品有“银象”牌旋涡泵、离心泵、离心射流泵、深入泵、清水泵、潜水泵等18个系列、230多个品种及多系列开关、发电机、汽油、柴油发电机组等。企业先后获外经贸部中国最佳信用企业、商务部中国外贸企业信用体系指定示范单位、福建省出口创汇先进乡镇企业、福建省工业主要行业竞争前十名、福建省AAA级信用企业、福建省质量技术监督局“高质量、高标准荣誉榜”荣誉证书等荣誉，产品获福建名牌产品称号。址设福安市王基岭工业区218号。

十、福安市力源电机有限公司

1998年6月创办。2005年，总资产1116万元，员工300人，年产值2亿多元。主要产品有Y与YC系列异步电动机、多系列发电机、微型电泵计12个系列，200多个品种。产品通过ISO9001质量体系认证及ROHS、CE认证。产品先后获福建省名牌产品、福建省著名商标、福建省乡镇企业名牌产品等称号。址设福安市水岸明珠写字楼B21。

十一、闽东五一机电有限公司

1998年8月创办。2005年，总资产4650万元，员工265人，年产值超亿元。主要产品有DG、CG割草、割灌机，BS、CS系列便携式收割机，QB系列绿篱修剪机，3WF系列喷雾喷扮机，TPC系列茶树修剪机等。产品通过ISO9001质量管理体系认证、CE认证。产品获福建省著名商标称号，企业先后获福建省守合同重信用企业、福建省农行AAA信用企业等称号。址设福安市新华北路53号。

十二、福建泰格动力机械集团有限公司

1998年创办。2005年组建集团公司，下辖福建福安东大电机有限公司、宁德市泰格动力机械有限公司两家中外合资企业及房地产公司、配件厂等，有员工1500多人，总资产30171万元。有生产流水线18条，主要产品有汽油发电机组、柴油发电机组等10多个系列、100多种规格，年生产能力200多万台（套），年销售额12.7亿元，产品远销100多个国家和地区。“泰格”商标为中国驰名商标，“泰格”品牌被评为世界市场中国十大年度品牌、中国著名品牌、中国驰名商标、中国汽油发电机组市场最具竞争品牌、全国发电机组十佳名优品牌。企业先后获全国商务系统先进集体、AAA级质量信誉资质单位、AAA级示范单位、全国重法守信放心单位、中国最具创新力企业等称号。址设福安市电机电器城图书馆大厦三层，另一地址为宁德市东侨高新技术园区科技路1号。

十三、福建永隆电机集团公司

1998年创办，原名永隆电机公司。2005年，有子公司4家、员工1000多人、固定资产7200万元，当年电机年产值7000多万元。主要产品有YL950汽油发电机组、风冷式柴油发电机组等30多个系列、300多种规格。企业通过ISO9001、ISO14000、GB/T28001“三标一体化”认证，产品获福建省用户满意产品称号并通过美国EPA、欧二排放认证，企业先后获中国制造业1000家最具成长性中小企业、福布斯2005年度“中国潜力100”榜入选企业、联合国采购供应商、商务部AAA级诚信企业、福建工业企业出口市场占有率综合500强、福建省用户满意企业、福建省百家重点企业、福建省机电出口基地企业、全国行业诚信经营示范单位、福建省诚信经商承诺企业等称号，产品获福建省用户满意产品等称号。址设福安市秦溪洋工业园区。

十四、福建省恒实担保股份有限公司

1999年4月创办，原名市恒实担保有限公司，是福建省首家专为民营电机电器企业提供融资担保的民营企业。2005年，注册资本从1999年的1080万元增至30898万元，信贷担保余额从1560万元增至7.55亿元，总资产从1080万元增至4.02亿元，实现盈余2800万元。累计为215家民营企业和个人提供融资担保2600余笔、68亿元，未发生担保失偿。址设福安市解放路1号财经大楼5层。

十五、福建天工电机有限公司

2000年创办。2005年，资产总额7104万元，员工286人，年产值1亿元。主要产品有JET等系列测射泵等多个系列水泵、Y、YZ、YC等系列电动机、MS、ML、MY等系列发电机组。公司建立ISO9001质量管理体系，通过CCC、CE、GS、TUV、UL等认证。产品先后获福建省著名商标、福建省知名品牌产品称号，企业先后获福建省高新技术企业、全国机械行业管理先进单位、福建省诚信经营示范单位、福建省农行AA级信用企业、福安市民营企业十佳纳税单位等称号。址设福安市秦溪洋工业园区。

十六、福安远东电机公司

2000年8月创办。2005年，创办集团公司，拥有市远东华美电机有限公司、福建鉴明电机有限公司、宁德远东投资实业有限公司、宁德冠特机械有限公司、市远东铸业有限公司、福建远东机电产品研发有限公司等6家子公司，注册资本8338万元，员工860多人，年产值1.8亿元。主要产品有GW系列管道自动增压泵等多个系列水泵，电动机、发电机60多个系列180多个品种800多种规格型号。公司及产品先后通过ISO9001质量管理体系认证和CCC、CE认证，“远安”牌管道增压泵获福建名牌产品称号，“JIANMING及图”产品获福建省著名商标。企业先后获国家机电产品出口基地企业、中国机械行业先进单位、福建AAA级信用企业等称号。址设福安市阳头工业区。

十七、福建一条龙电机有限公司

2001年创办，2005年，注册资金1658万元，员工215人，年产值7300多万元。主要产品有3～800千瓦H级发电机组系列、多系列电动机，发电电焊两用机及各类水泵等产品。公司及产品先后通过ISO9001质量管理体系认证，欧盟ROHS和CE认证、俄罗斯GS安全认证。址设福安市溪东工业园区。

宁德市志

（1993—2005）

中卷

中共宁德市委党史和地方志研究室 编

方志出版社
Publishing House of Local Records

中卷目录

第十七编　国内贸易与区域协作

第十八编　对外及对港澳台经济与口岸管理

第十九编　服务业　房地产业

第二十编　旅　游

第二十一编　财政　税务

第二十二编 金 融

第二十三编 经济综合管理

第二十四编　中国共产党

第二十五编　人民代表大会

第二十六编　人民政府

第二十七编　政治协商会议

第二十八编　民主党派

第二十九编　人民团体

第三十编　公　安

第十七编　国内贸易与区域协作

1993—2005年，宁德市（地区）流通领域变化深刻，商业、物资、粮食、供销合作等系统调整和改革国营所有制体现形式，实现经营权和所有权分离。商业管理职能由只管国营商业、供销社商业转变到对社会商业的统一管理，建立了多种经济形式并存的、有主有从、分工合作的流通体制，改变了国营商业独家经营的局面，一批具有现代气息的经营形式不断涌现，形成个体、私人商业发展、多种经济形式并存的流通体制。

1993年，随着社会主义计划经济向市场经济转变，商品生产能力空前提高，市场供给明显增强，消费品实现从供不应求到供大于求、由卖方市场到买方市场的转变。1997年，全区613种主要商品中，供求平衡的408种，占66.6%，供大于求的195种，占31.8%，而供不应求的仅占1.6%。1998年上半年供不应求的为零。2002—2005年，长时间在市场上供不应求的商品逐渐消失。城乡居民消费结构发生巨大变化，从20世纪90年代中期，以电视机、冰箱、洗衣机为代表的家电普及为标志的发展型消费结构升级至以汽车、住房、通信、教育、旅游为主导的享受型消费结构。至2005年，宁德市社会消费品零售总额1238170万元，比1995年的424506万元增长了191.67%。

第一章　商　业

第一节　体制改革

一、管理体制改革

1993—1995年，宁德地委、行署在落实商贸管理体制改革工作中，领导商贸部门以建立社会主义市场经济体制为目标，着力构建国有、集体、个体、股份制、股份合作制、中外合资等多种经济成分共同发展、公平竞争的商品流通新格局。在行业管理职能上，主管部门已从直接、微观调控市场转向间接、宏观调控市场，将工作重点放在推动内贸企业改革，加强行业管理，引导生产与消费，建立依法有序的市场贸易秩序，促进国民经济健康发展。

1996年，撤销地区商业局、地区财政贸易委员会，组建宁德地区财贸委员会。由只管国营商业转变到对社会商业的统一管理，在商品购销上，国有商业企业进行经营结构调整，经营范围从全方位经营转向有重点、有选择经营，开展优质、规范化服务，采取连锁店、超市等经营方式，总经销、总代理等购销方式也得到充分重视与推广。国有商业企业改革，开始从单纯的内部管理机制改革深化到产权制度改革，向建立现代企业制度方向发展。

1997年，地委、行署制定并实施内贸企业深化改革战略。在市场建设上，要求建设主体从原来单一的政府投资向社会多主体投资、股份制经营转变，建设项目从单纯集贸市场建设为主转向以综合批发市场、专业批发市场建设为主。副食品基地建设，从数量型发展向质量型发展转变，注重运用科技，发展优质高产肉猪、肉牛、肉羊和反季节蔬菜生产，注重扶持、巩固重点基地厂、场建设，实行宏观调控。到90年代末，基本改变了国有商业独家经营的局面。

2000年，全市国有内贸企业以建立现代企业制度为核心，按照“构大放活”的原则，因企制宜、因企施策，调整和改革国营所有制体现形式。实现经营权和所有权分离，改革单一的公有制形式，实行国有集体经营，国有承包租赁经营和股份制，以股份制、股份合作制、承包、租赁、兼并等形式推进企业改制。在深化改革的同时，一方面努力盘活资产、抵消债务、下岗分流、轻装上阵，另一方面完善企业经营管理，扩大商品购销，企业经济效益逐步好转。年底全市内贸企业改制面达85%，有72个企业实行股份制改造。2001年，全市内贸企业继续以建立现代企业制度为核心，采取股份制、股份合作制、租赁、拍卖、兼并等多种形式转换经营机制，改革面达84.43%。2004—2005年，全市确定8家重点流通企业加入全国市场监测网络，建立9类16种生活必需品和6类12种重要生产资料定期监测网络。经贸、物价、统计等部门加强市场动态监控，及时掌握重要地段的商品供求和价格变化情况，建立全市《商品市场异常波动应急工作预案》和《宁德市应对动物疫情保障肉类市场供应工作预案》以及成品油等应急预案。

二、商业国企改革

1993年起，宁德地区国有商业企业改革逐步从单纯的内部管理机制改革深化到产权制度改革，并向建立现代企业制度方向发展。1997年，贯彻地委、行署制定的内贸企业“构大放活”的深化改革战略。1998年，全区着力构建国有、集体、个体、股份制、股份合作制、中外合资等多种经济成分，共同发展、公平竞争的商品流通格局。1999年，全区367家内贸系统企业，有262家企业采取股份制、股份合作制、拍卖、兼并等多种形式转换经营机制，分别进行不同形式的改革，改革面达71.5%，其中改造成股份有限公司2户家、改造成有限责任公司27家，实行股份合作制9家，兼并7家，破产4家。内贸7个系统共实现商品销售31.57亿元，比增6.18%，其中烟草系统实现利润1939万元，比降24%；石油系统实现利润611万元，比增359%；医药系统实现利润151万元，比增20.8%；商业系统亏损170万元，增亏60.4%；供销系统亏损1184万元，减亏20.74%；物资系统亏损108万元，减亏54.97%；粮食系统经营性亏损1118万元，减亏33.45%，粮食政策性亏损1990万元，减亏72.45%。

2000年，全区国有内贸企业通过建立现代企业制度，以股份制、股份合作制、承包、租赁、兼并等形式推进企业改制，改制企业效益明显提高。全区内贸系统共盘活资产5717万元，减债8967万元，实现自1997年以来的首次总体扭亏增盈。烟草、石油、医药系统分别实现盈利4414.95万元、869万元、153万元，分别比上年同期增长119.4%、38.3%、1.32%。粮食、物资、供销、商业系统分别比上年同期减亏22.88%、71.17%、70.1%和45.30%。

2001年，全市323家企业分别进行不同形式的改革。其中，改造成股份有限公司2户，有限责任公司27户，股份合作制9户，兼并8户，破产5户；全市国有内贸企业继续保持总体盈利，共实现盈利2118万元；烟草系统盈利5930万元，医药系统盈利121万元，物资系统、粮食系统分别减亏45.08%、8.59%，商业系统、供销系统增亏215%、14.17%，石油系统由盈转亏减利1747万元。福建省赛岐百货站、五交化站、纺织品站根据2000年12月市政府专题办公会议研究批准的改革实施方案，制定了配套的实施细则，至年底，“三站”170名员工中，已解除劳动关系136名，内退待满龄办退休手续2名。商业总公司继续采取转移安置、解除劳动关系等方式，推进分流安置员工的扫尾工作；实行总公司中层干部和企业班子的考核聘用工作制度，27名科级干部公开向全体职工述职，按德、能、勤、绩4个方面开展问卷征求意见，民主选配聘任；对总公司直属的7个单位在册181名干部职工进行第二轮竞争上岗、双向选择、优化组合工作。

2002年，市商业总公司先后对原地区财委、商业局所属赛岐工业品站、糖油副食品公司、省食品公司宁德分公司等11家直属商业企业开展以资抵贷、下岗分流安置等改革工作，并取得阶段性成果。市政府召开市长办公会议，决定将上述代管的11家原地直商业特困企业划入市经贸委管理。宁德市希来食品有限公司通过以土地使用权公开挂牌交易的方式，由自然人出资参股，组建宁德市金甸食品有限公司，完成产权改革，实现资产重组。截至年底，全市有内贸流通企业696家，其中国有内贸流通企业7个系统（烟草、商业、粮食、供销、医药、物资、石油）的393家内贸企业，有337家采取改革措施，占企业总数85.7%，其中股份制改造73家，兼并14家，破产12家；在册职工27303人，其中离退休6929人，已置换身份、解除劳动关系的4021人，下岗安置3496人。2004年，民营商贸流通企业快速发展，全市商贸流通业保持较快增长，经济规模不断扩大。

2005年，市政府研究批复《关于市直商贸困难企业改革安置工作意见的请示》，由市商业总公司全权负责实施对市直7家商贸企业的改革安置工作，并成立市商贸企业改革安置领导小组，具体协调指导改革安置的相关事宜。

第二节　市场建设

1993年，地委、行署在全区组织开展“1993市场建设年”活动，有力推进全区商品市场建设步伐。至年底，宁德地区有各类有形商场132个，总面积21.8万平方米，商品交易额10.00亿元。至1998年，一批具有一定规模和交易功能的有形商品市场相继建成投入运营，全区拥有各类有形商场174个、总面积43万平方米，当年商品交易额36.55亿元。市场总数比1993年增加42个、面积增加21.2万平方米，商品交易额增加26.55亿元。全区各类市场年交易额超亿元的市场有6个，累计成交额17.61亿元。分别是福鼎闽浙边贸商城8.03亿元、福鼎中心市场2.89亿元、古田商业大世界2.17亿元、霞浦关帝庙市场1.65亿元、宁德果品批发市场1.5亿元、赛岐中心市场1.37亿元。其中，福鼎闽浙边贸商城获“福建省十佳文明市场”称号，福安东风市场获“全省十优市场”称号，福鼎中心市场、霞浦关帝庙市场获“全省达标规范市场”称号。1999年，境内连锁超市、专卖店、总经销、总代理等新型流通行业态势迅速发展，推动消费需求持续增长；全区八大专业批发市场和9个地级商贸试验区载体建设全面展开，有6个市场列入边界县重点商品市场建设项目，3个被列入“菜篮子”批发市场扶持项目，5个被列入省计委“十五”计划初选项目盘子。地级商贸试验区载体有7个投入运营，全年实现交易额12亿元。

2000年，加强五大市级商贸试验区建设、市场配套设施建设和八大重点市场建设。年底，八大重点市场项目中有福鼎果蔬批发市场、屏南中心农贸市场、霞浦蔬菜批发市场和古田商贸城建成并投入使用，福安富春批发市场A楼主体竣工，霞浦闽东水产品中心批发市场交易大厅和冷库竣工，宁德菜篮子中心批发市场已动工兴建。在有形市场建设步伐加快的同时，无形市场建设也开始起步，继全市供销系统建立的农副产品信息中心之后，霞浦县同兴公司设立“中国台贸网”“同兴电子商务网”专业信息网络。全区农副产品信息中心通过网上信息服务直接或间接促成农副产品交易8366万元。2001年，全市重点商品市场建设进度加快。至年底有4家建成投入运营，1家一期工程完工。此外，由福鼎个体商户投资兴建的北京“京鼎隆”茶叶专业批发市场建成并投入运营，年销售茶叶4000吨，销售额达3亿元，成为闽东茶叶在京的重要销售窗口。2002年，全市商品市场建设步伐进一步加快，福鼎闽浙边贸商城、霞浦三沙台贸商城、古田食用菌交易市场成熟定型，新培育建设福鼎城东农副产品批发市场、福鼎点头茶花交易市场、霞浦蔬菜批发市场、宁德果品批发市场等一批商品交易专业市场。年底，全市有各类商业网点5.7万个，商品市场119个，商品市场面积30.9万平方米，全市完成商品交易额69亿元，其中16个商品市场年交易额上亿元。2003年，全市大力推进专业批发市场、山区市场、边贸市场和流通网点的开发建设，连锁经营、电子商务、物流配送等新型流通业态不断呈现。2004年，全面启动《城市商业网点规划》编制工作。在“5·18”福建省商贸行业投洽会上，宁德市签约项目7项，总投资2.45亿元。全市商业网点32项建设项目列入省经贸委跟踪重点，总投资11.08亿元，总面积64万平方米。同时，网上市场建设步伐加快，当年组织83家企业、288个项目参加第二届福建省网上投资贸易洽谈会，参展企业数、项目数居全省第三。2005年，宁德市经贸委与市农业局、质监局、国税局、地税局联合制定下发《宁德市推进农产品批发市场标准化工作实施方案》，建立宁德市农产品批发市场标准化工作联席会议制度。全市开始实施“万村千乡市场工程”，10家试点企业在4个县（市、区）建了农家店217家，其中乡级店22家，村级店195家，申请国家补贴资金84.6万元，至年底，实际建成农家店222家，其中乡镇农家店14个，村级农家店206个。

第三节　商品购销

1993年起，国有商业通过放开经营，改革价格、分配、用工制度，实现企业经营机制的转换，坚持国家、集体、个体一起上。由于个体私营商业的发展，国有商业、商品购销总额呈逐年下降趋势。1994年，全区国有商业商品购进总额为256427万元，商品销售总额246858万元。到1995年，全区国有商业商品购进总额下降到195293万元，商品销售总额下降到204660万元。至1998年，全区国有商业商品购进和销售总额进一步降至31700.8万元和34455.7万元。1999年，宁德地区举办大、中型展销会7场，参展企业810个，商品销售193万元，签订合同金额8.39亿元。其中，福鼎闽浙边界商品展销会货物交易80万元，签订供货合同236份，标的金额5300万元，达成合作意向1150多项。2000年，地区商贸部门组织388个企业参加“长沙全国商品展销会”“东西部投资及贸易洽谈会”“宁夏清真食品展销会”等大型展销会，现货销售581.9万元，合同成交12.035亿元，设立经销点126个。利用区位优势发展边贸、台贸，福鼎市全年实现边贸额33.47亿元，比上年增长10.61%，位居全省边界县（市）首位。霞浦三沙台贸商城成为省内规模最大、品种最齐全的台湾小商品专业批发市场，上市商品有18个系列3000种，形成辐射温州、福州等大中城市超市的重点商品集散地。

2001年，全市内贸系统重抓开拓市场、扩大消费需求工作，组织全市120家企业参加“福州山海协作展示会”“福州全国老字号展示会”“第十届上海全国消费品交易会”等大型展销会，实现现货销售56.8万元，签订合作意向85项，标的金额3.6亿元，增辟营销窗口38个。2002年，全年市直国有商业各项营业额21185.37万元，比上年增长10.82%，其中国内贸易7487万元、出口创汇1003.56万美元、中介服务3623.95万元、工业加工值849万元、饮食服务700万元。2003年，市直国有商业完成各项营业额2.3亿元，比上年同期增长8.56%。其中，出口贸易794.59万美元、国内流通5960.6万元、饮食服务671.58万元、其他营业9803万元。2004年，全市商贸流通经济规模进一步扩大，实现社会消费品零售总额97.71亿元，比上年增长13.2%，其中市县实现消费品零售总额65.35亿元，比增14.6%；县以下市场实现消费品零售额32.36亿元，比增10.4%。2005年，全市城乡市场持续保持繁荣稳定，全年累计实现社会消费品零售总额1238170万元，比上年增长18.82%。群众餐饮消费趋向社会化，全市餐饮业实现零售额120346万元，“五一”黄金周，全市各旅游景点接待游客10万人次，旅游消费成为拉动市场消费的重要力量。

1993—2005年宁德市（地区）社会消费品零售总额统计表

表17-1　　单位：万元

年份＼项目	社会消费品零售总额	批发零售贸易业	餐饮业	其他行业
1993	246918	204896	11394	8889
1994	330870	262504	23995	12701
1995	424506	330870	34535	19667
1996	501766	387047	41984	32502
1997	587067	454056	58318	31020
1998	659276	508569	78900	24493
1999	708721	540366	84898	29395
2000	758332	578746	94762	28876
2001	812932	621796	102226	30422
2002	883657	673009	115269	34885
2003	978208	819256	121608	37344
2004	1107331	950456	111321	45554
2005	1238170	1066985	120346	50839

说明：2002年以前社会消费品零售总额含制造业及农对非（农民对非农业居民零售额）零售额

第四节　副食品基地建设

1993年，全区社会主义市场经济体制开始全面运作，相应调整基地产销政策，重点是调整生产计划，减少生产补贴，取消区内年调福州4万头生猪任务。原先生产经营粗放，集约化程度低，效益不明显的生产场、户因与新体制不相适应而逐渐被淘汰。全区副食品基地建设受到冲击，生产滑入低谷，建设进入整合时期。1994—1995年，地委、行署总结多年来副食品基地生产与建设的情况，开始从组织领导、增加投入、注重科技、搞活流通等方面强化配套措施，有针对性地以副食品基地生产上规模、上档次、上水平、上效益为重点实施攻坚战略。1996年，全区“菜篮子”工程建设进入快速发展时期，被省政府授予“八五”期间服务城市副食品基地生产先进单位。到1998年，全区建立年出栏千头以上的生猪基地21个，其中年出栏万头上以上的生猪基地1个，出栏5000头以上的生猪基地5个。年产万羽以上蛋鸡、蛋鸭场12个。年出栏1000头肉牛育肥基地1个。1000头以上山羊基地3个。另建33.3公顷以上的连片蔬菜基地8个，其中66.7公顷以上的连片基地2个。全区累计饲养生猪56.70万头，上市肉牛1.1万头，上市山羊5.6万只，提供蛋品14135万千克，蔬菜19.2万吨。1999年，全区副食品基地建设围绕“抓大放小”方针，以优化生产结构、生产技术、生产品种为主线，抓重点骨干基地建设、发展节粮型草食动物、强化专项资金管理和创“品种、品质、品牌”的“创三品”活动。重点建设44个具有市场调控力的重点骨干基地，全区副食品基地发展生猪12.34万头，上市生猪10.20万头，母猪存栏6182头，提供仔猪8.73万头，仔猪自给率达60%。饲养蛋禽35.25万羽，提供蛋品425.5万千克。发展肉牛9760头、肉羊3.15万头、肉兔15.15万只、肉鹅1.38万羽。发展常年性蔬菜基地1300公顷，上市蔬菜 6.12 万吨。

2000 年，投资 1500 万元，建成古田泮洋高岗 3000 头肉牛基地和杉洋溪、湖里万亩专业养羊基地，推广蔬菜新品种 20 个，建立改良供种基地 3 个，引进和培育优良种猪 1200 头，瘦肉型生猪达 70% 以上。开发古田“凤都茭白”“福鼎槟榔芋”“黄田马蹄爽”等系列福建省名牌农副产品和屏南“新田花菜”“南湾夏阳白”“福善萝卜”等一批绿色产品。全市副食品基地饲养生猪 13.42 万头，上市 11.38 万头，分别完成计划的 107.4% 和 113.8%。饲养肉牛 1.1 万头、肉羊 3.54 万头，分别完成计划的 122.2% 和 101.2%。饲养蛋禽 35.3 万羽，上市蛋品 5169 吨，分别完成计划的 118.3% 和 147.7%。蔬菜基地面积 2.26 万亩，上市蔬菜 7.42 万吨，分别完成计划的 125.6% 和 148.4%。2001—2002 年，重点建设 44 个具有市场调控能力的重点骨干基地，培育“宁德青麻鸡”等一批新品种，引进推广“杜长大”“杜大长”瘦肉型母猪、“筛龟头”蛋鸭等一批优良品种。全市副食品基地发展生猪 13.56 万头，上市生猪 11.2 万头，饲养蛋禽 33.2 万羽，提供蛋品 450 万千克，发展肉牛 1.1 万头、肉羊 4.2 万头，发展常年性蔬菜基地 1667 公顷，上市蔬菜 8.5 万吨。2003—2004 年，全市第一家连锁放心食品店“海阳牌”放心猪肉连锁店首批 6 家店铺投入运营，其中 5 家获得省级“放心食品店”称号，使宁德市成为全省除厦门、三明以外拥有省级食品放心店的城市。2005 年，加快“食品放心工程”建设，全市新增万头生猪基地 3 个，宁德市南阳实业有限公司九都祖代种猪场顺利投产，其养殖基地被列为国家生猪活体储备基地，全市直控基地出栏生猪 13 万头，上市蔬菜 15 万吨，发展禽类 70 万羽，供应蛋品 4500 吨。

第五节　管　理

一、机构

宁德市（地区）财贸委员会（经济贸易委员会） 1993 年，地区财政贸易委员会内设秘书科、干部科（监察室）、业务科、政研室、基地办公室、烟草生产办公室、支前办公室、纪检组等科室。1996 年 12 月，撤销宁德地区财政贸易委员会和宁德地区商业局，组建宁德地区财贸委员会（以下简称地区财贸委），为正处级机构，是行署管理、协调全区财税、金融、保险、工商、审计、内贸企业、市场流通、服务业等经济运行的综合部门。内设办公室、干部科、市场流通科、企业管理科、财务统计科、财税金融科、医药管理科、法规政策研究室等 8 个职能科（室），机关行政编制 33 名（含支前办、基地办、纪检、监察干部编制），主任 1 名，副主任 3 名，纪检组长 1 名，科级领导职数 12 名，机关后勤事业编制 3 名。地区副食品基地生产协调领导小组办公室、地区国防动员委员会支前办公室挂靠地区财贸委。

2000 年撤地设市后，宁德市实施市级党政机构改革，根据《中共宁德市委 宁德市人民政府关于宁德市市级党政机构改革的实施意见》（宁市委发〔2001〕22 号），不再保留宁德市财贸委员会，组建宁德市经济贸易委员会。

二、牲畜屠宰管理

1999 年，生猪定点屠宰管理从 9 县（市）城关延伸到 48 个乡镇，全年生猪进点屠宰量 27

万头，比增8%。生猪定点屠宰管理执法队查处违法案件377起，查获病、死猪805头，代征屠宰税402万元，比上年增长32.25%。到2001年，全市已有6个县城及68个乡镇实行生猪定点屠宰管理，进场屠宰量达20.7万头占85.7%，查处案件302起，取缔私宰窝点57个，查获病害猪450头。2005年，在全市范围内组织开展定点屠宰场清理整顿工作，进一步完善定点屠宰场牲畜进场检疫、检验制度和肉品“两单两印”（动物产品检疫合格、肉品品质检验合格单及验讫印章）出卖场制度，全年组织开展牲畜屠宰执法检查3200人次，查处私宰案件187起，取缔私宰窝点7个，查获私宰牲畜215头，肉品5800吨，培育放心肉品牌2个，建设放心肉专卖点17个。

三、治理“餐桌污染”

2001年，在全市开展“餐桌污染”专项治理，相关职能部门组织检查9200多人次，开展畜牧业产品、种植业产品、水产品、饮用水、加工食品和餐饮业治理，检查市场和生产经营单位6.8万个次，取缔无证照经营单位385家，捣毁制假窝点96个。通过开展专项治理，市场食品卫生质量有所改善，调味品、水产品、蔬菜、粮食、饮用水抽检合格率分别为91.1%、88.9%、86.4%、94.2%和88.7%，综合合格率较上年同期提高3个百分点。2004—2005年，全市出动执法人员3.65万人次，查处食品经营违法行为963起，立案查处违法案件496件，查获不合格食品货值290万元，取缔无证照经营户530户。省定30个检测项目，除矿泉水及纯净水、调味品、豆腐及豆制品等3项抽检未达标外其余项目均已达标，市场卫生食品状况有所改善。“餐桌污染”专项治理实施成效明显，全市食品抽检合格率稳步提高。

四、酒类流通管理

2005年，宁德市商贸部门开始受理酒类备案登记，按商务部《酒类流通管理办法》规定逐户分类造册，建立备案登记档案，推行酒类流通溯源制度，组织酒类批发企业认购《酒类流通随附单》，督促经销单位购销索证索票，建立购销登记台账。当年办理备案登记1654家，其中批发261家，零售1051家，餐饮253家，酒吧57家，生产企业15家，其他17家。全年开展酒类执法检查350多次，出动执法人员1200多人次，查获案件96起，查获假冒伪劣酒品7600多瓶，案值达12.8万多元，发出责令改正通知书260多份。

第二章 物 资

第一节 体制改革

一、机构改制

1994—1995年，宁德地区行政公署将地区物资局列入转制经营改革试点单位。1996年10月，宁德地区物资局成建制转为经济实体，改称福建省宁德地区物资集团公司，归口地区财委、原地区物资局行政管理职能移交地区财委、国有资产由地区国资局评估后授权地区物资集团公司经营，公司总员定编为36人。

二、物资流通体制改革

1993年，地、县物资系统以落实企业自主经营权为重点，下放机构设置、劳动用工、干部聘用、物资经营、奖金福利分配等10个方面的权利，引入竞争机制，全面推行经营负责制，改经理任命制为聘任制，把物资企业推向市场。古田、霞浦等县物资局改变原有各摊业务统一核算的做法，实行分立公司，核定承包基数。福鼎县物资局率先组建福鼎物资集团公司，并按集团公司的组织形式，改革内部经营机制。宁德市物资局组建物资总公司，实行一套班子、两块牌子的过渡体制。地区物资局下放经营权限，打破大锅饭格局，对企业销售上亿元、利润超百万元的企业经理给予重奖。业务人员定销售额和销售差价实行收入与效益挂钩，当月盈利的职工和企业按盈利额的一定比例进行分成，拉开员工分配档次。是年，地、县物资企业努力盘活存量资产，地直物资企业将一座职工宿舍楼改造成中档的物资饭店对外营业，将临街闲置仓库和3号宿舍楼底层吸纳外部资金改造成经营网点。并将中岐仓库、古溪仓库、赛岐二库承包，推行代储业务，提高国有资产的使用率。

1994年，地、县物资局对原有资产进行重新评估，实行资产授权经营，以资产为纽带督促直属企业履行国有资产保值、增值责任制。地、县物资企业先后在福州、上海、南京、苏州等地设立8个分支机构，开展边界贸易，提高对外辐射能力。福鼎、寿宁、福安3县（市）利用边界窗口向毗邻的浙江省各县优势，筹办周边地区汽车交易市场，组织适销对路货源。

1995年，地区物资企业对内部机构设置和人员配备实行定编、定职数，精简后勤人员和管理人员，充实业务人员。鼓励职工申请停薪留职，允许办理内退手续。让职工实行双向选择，自行选择岗位，未能组合的待岗职工，每月领取200元生活费。1996年10月，地区物资局改制，成立宁德地区物资集团公司，实行董事会领导下的总经理负责制，过渡期从1997年1月1日至1999年12月31日。集团公司内部机构设置按精简效能的原则和经营发展的实际需要自主设立，对下属公司、全资子公司及控股、参股公司的国有资产委托经营，并承担这部分国有资产保值增值责任。原地区物资局行政职能移交地区财贸委，行业管理职能移交新设立的物资行业管理办公室。宁德地区物资行业管理办公室作为行署行使全区物资行业管理机构，其主要职责是提出行业规划、建议，行使协调、统计、咨询、服务等职能。

1997年，全区6个县（市）物资局相应转制。1998年，地区物资集团公司制定合同工分流方案，凡是合同制人员，合同期已满的依法终止劳动关系，合同期未满的进入再就业服务中心。县（市）级物资企业采取保留身份发给自谋职业铺底金，养老金由职工本人负担，职工与企业以签订合同的办法加以解决。柘荣县物资局分流11人。宁德市物资局筹款14万元作为下岗职工资金，先后组织两批20名职工下岗从事服务业。1999年，福鼎市物资（集团）公司实行《关于企业经营责任制的实施办法》，即实行总经理领导下的各职能部门分工负责制，对人、财、物进行统一调配管理和使用。同时优化内部结构，建立适应市场需要的经营体系。柘荣县机电设备公司向安徽、广东及省内汽车厂家、经销商，提供配套式串换经营业务，从买断型经营向代理、配送经营方式转变。化建公司先后与南京、安徽等地水泥厂建立产销关系，股份经营，对内实行统进分销，独立核算。各专业公司盘活存量资产，采取租赁式承包经营，组建股份制公司，实行“捆绑式”经营。

2000年，市物资系统通过盘活资产、统筹资金、制定统一补偿标准，对59名合同工解除或中止劳动关系，实行一次性安置。福安市物资总公司按照现代企业制度要求，采取产权多元化形式，组建正华汽车贸易有限公司，经营者持大股，经营骨干多持股。公司成立后开展代理配送业务。福鼎市物资集团公司把优化组合，竞争上岗，引入企业管理，人员自由组合并公开参与竞选，由职代会和班子考核选拔上岗。对于未被选拔、录用上岗的职工，采取待岗或领取基本生活费等办法妥善安置处理。

2001年，根据市政府关于内贸企业改革要落实“企业机制转换”和“职工身份置换到位”要求，加快改革步伐，福安市物资总公司改制重组成立福安市物资有限公司。寿宁县物资总公司深入县重点工程双湖公路建设工地调查，把工程所需的各种物资品种、规格、数量和要求，作为组织进货的依据，确保重点工程的物资供应。2002—2005年，钢材、水泥等大宗物资均实行市场化运作，社会化经营，市、县（区）物资公司人员基本分流，由少部分人员承担（或承包）民用爆炸物品专营、旧机动车交易、报废汽车回收等业务。2005年，开拓物资经营新门路，全市先后新增8家二手车经销公司，面对市场竞争格局，交易中心市场占有率一直保持在70%左右，仍然发挥着主渠道的作用。

第二节　物资贸易

1993年，宁德地区物资系统物资购进额5.52亿元，销售额5.88亿元。地直物资企业实现利润199.96万元，当年新增财产220万元。地区金属材料公司和福鼎县物资局销售额首次突破亿元大关。1994年起，地、县物资企业销售逐年萎缩，市场占有率下降。国道104线全线动工，宁德、福安、福鼎、柘荣4县（市）地处国道104线，地、县级物资企业为国道104线拓宽改造工程提供大量的钢材、水泥、装载机、压路机等材料和设备，其中水泥供应量达2万吨。1995年，地、县物资企业把搞好生产企业的总经销、总代理，作为抢占市场的有效途径。集团公司福州汽车经营分公司，作为南京跃进汽车厂的代理商，以依维柯系列汽车为重点，通过全省巡回展出扩大销售量，至1998年，销售汽车560辆，销售额3530万元。

1996年，地区金属材料公司与宁德市物资局联合供应沿海汽专线水泥1.5万吨。地区民爆器材专营公司向芹山电站、飞鸾岭隧道、大港电站、沿海汽车专运线等工程供应炸药、雷管、导火索，销售额606万元。周宁县物资局在上海浦东新区设立公司年销售额达1500万元。地区物资集团公司在国家经贸委的协助下，从事进口设备贸易创利100多万元。霞浦县物资局与空军某部队、省政府有关部门合办“福建省海升贸易发展有限公司”，在物资局内设立“福建省海升经贸发展有限公司霞浦办事处”，争取到对外可从事200万元以内的贸易活动权。

1998年，全区物资购进总额11.75亿元，销售总额12.83亿元，亏损4965.38万元。主要物资供应品种及数量为：钢材154059吨、水泥470211吨、平板玻璃88770箱、有色金属24403吨、塑料7134吨、汽车2404辆。1999年，民爆器材由地区民爆专营公司统一进货、统一销售。在全区建立通畅、可调控的销售网络，全年销售总额747万元，比上年增长171.1%。地区物资集团公司开展优质服务，全年完成销售1222万元，比增68.8%。物资购进1117万元，比上年同期增83.7%。利润亏损额从1998年的65.2万元减少24.5万元。上缴国家、地方各项税费40多万元。实现（集团）公司年初制定的销售跨千万、亏损控制在25万元以内的目标。柘荣县物资局实现物资购进190万元，物资销售210万元，实现利润0.5万元，上缴各种税收8.2万元，人均创税利1.2万元，比上年减亏6.56万元。总公司充分发挥物资流通的主渠道作用，提高市场占有率，水泥、民爆产品等大宗物资销量占全市70%份额。化建公司全年销售额800万元，实现利润37万元，新增固定资产6.4万元。

2000年，商品购进7038.56万元，比上增128.58%，销售额7754.64万元，比增62.34%，亏损142.64万元，比上年减亏353万元。宁德市物资集团公司向福宁高速公路有限公司和省公路二公司供钢材2600吨、水泥21113吨。福鼎物资集团公司销售炸药1600吨，比增220.4%；雷管110万粒，比增93.3%；导火索546.8千米，比增128.8%。福安市物资总公司组建正华汽车贸易有限公司，率先启动汽车销售按揭消费贷款业务，销售多种型号汽车35辆，销售额200多万元。福鼎市物资集团公司完成销售额2485万元，比增103.4%，物资购进2303万元，比增102.2%，亏损9.85万元，比上年减亏14.65元。

2001年，高速公路建设进度加快，市物资集团公司全年为其供应钢材2487.50吨、水泥7426.60吨。全市物资企业商品购进5934.70万元。商品销售额6532.45万元，亏损123.71万元，比上年同期减亏361万元。市直物资企业民爆公司、兴物公司、旧机动车交易中心和福鼎市物资集团公司，积极介入有色金属销售领域，使传统经营项目市场逐步回升。

2002年，全市物资企业实现销售额6016.29万元，比上年下降9.21%，亏损94.67万元，比上年同期减亏41.6万元。市直物资企业民爆公司、兴物公司、旧机动车交易中心和福鼎市物资集团公司，积极介入有色金属销售领域，使传统经营项目市场逐步回升。福鼎市物资集团公司介入有色金属销售领域，全年销售有色金属900吨，实现销售额近千万元，获得差价近30万元。寿宁县物资总公司重新组建寿宁县隆达废旧物资回收利用有限公司，开拓新的经营项目。

2003年，全市物资企业商品购进5276.32万元，与上年基本持平，商品销售额5871.55万元，比上年增20.05%；亏损49万元，减亏120万元。寿宁县物资总公司实现商品销售额1300万元，税利 110 万元，创县物资企业历史以来最高经营水平。2004 年，全市物资企业购进 7075 万元，比上年同期增长 34%；销售额 7805 万元，比增 33%；实现利润 15.1 万元，比上年同期减亏 63.9 万元。其中市直物资企业购进 4594 万元，比增 45%；销售额 5072 万元，比增 46%；实现利润 20 万元，比上年同期减亏 58.8 万元。

2005 年，全市物资企业购进 6450 万元，比上年同期下降 9%；销售额 7207 万元，比上年同期下降 8%；亏损 1406 万元，比上年同期增亏 1421 万元。其中市级物资企业购进 3314 万元，比上年同期下降 28%，销售额 3718 万元，比降 27%，亏损 1259 万元，比上年同期增亏 1278 万元。

1997—2005 年宁德市（地区）物资总公司企业各部门经营（利润）统计表

表 17-2　　　　单位：万元

年份	合计	集团公司	金属公司	机电公司	化建公司	建材公司	再生公司	生资公司	开发公司	物贸公司	民爆公司
1997	-726	-38	-206	-145	-99	-49	-105	-6	-60	-18	—
1998	-883	-105	-335	-109	-81	-110	-78	-8	-63	—	6
1999	—	—	—	—	-44	—	—	—	—	—	1.5
2000	-90	—	—	—	-43	—	—	—	—	—	30.18
2001	-116	-3	-98	-12	-57	—	-4	—	—	—	58
2002	-93	-3	-31	-21	-58	—	-5	—	—	—	25
2003	-10	-1	—	—	-12	—	-11	—	—	—	14
2004	31	10	—	—	-3	—	—	—	—	—	24
2005	-1259	6	—	-709	-95	—	-478	—	—	—	17

1993—2005 年各县（市、区）物资企业经营利润统计表

表 17-3　　　　单位：万元

年份	全市合计	蕉城区	古田县	屏南县	周宁县	寿宁县	福安市	柘荣县	福鼎市	霞浦县	集团公司
1993	-91.22	-14.43	9.95	-36.35	0.13	-6.8	-8.49	-15.99	59.94	-26.18	-53
1994	-478.94	-47.12	2.72	-18.16	-30.27	-16.18	-133.27	-15.54	-79.22	-66.9	-75
1995	-375.2	-63.97	-15.77	—	-13.81	—	-88.43	-34.85	-52.57	-40.8	-65
1996	—	-43.6	-25.06	—	-35.93	—	—	-32.73	-142.2	-45.4	—
1997	—	28.0	-60.23	—	-45.73	—	—	-21.81	-101.85	-85.47	—
1998	—	4.14	-41.99	—	-29.9	3.26	—	-5.71	-65.18	—	—
1999	—	-11.8	—	—	-106.87	-0.027	—	0.59	-24.53	—	—
2000	—	-4.3	—	—	-43.99	-27.29	—	0.12	-9.85	—	—
2001	—	-3.7	—	—	-25.92	0.46	-0.65	-16.12	-10.28	—	—
2002	—	-10.3	—	—	74.94	2.66	0.73	-4.25	-10.39	—	—
2003	—	-18.5	—	—	46.09	91.99	3.46	7.33	1.02	—	—
2004	—	15.01	—	—	16.56	57.71	2.73	0.19	-19.85	—	—
2005	—	19	—	—	0.50	143.73	6.76	-14.01	-170.81	—	—

第三节 特种经营

一、旧机动车交易

1998年，物资集团公司利用机构转制契机，根据国内贸易部颁发的《旧机动车交易管理办法》规定，经省、地有关部门批准，投资创办具有独立法人资格的经济实体——宁德地区旧机动车交易中心，址设蕉城北路9号。1999年，宁德地区旧机动车交易中心经省、地批准，成为全区唯一合法办理旧机动车过户、转籍手续的交易场所，为客户提供过户、报牌、保险、信息、代收税费等服务。同时各县市的旧摩托车、旧农用车交易，一并纳入地区旧机动车交易中心管理范畴，有效遏制报废汽车流入社会。当年，全区交易旧机动车1139部，交易金额5719万元。2000年，交易中心配合公安、交警、工商等部门，规范旧机动车交易管理，全年交易车辆1817部，比上年增长59.5%，营业收入比上年增长26.4%，并在9个县（市）设立旧农用车、旧摩托车交易代办点，全年交易车辆1017部。周宁县物资公司在上海浦东新区设立分公司，开展“两头在外”经营，取得了良好的经济效益。

2001年，物资集团公司加强服务网络建设和对9个县（市、区）旧农用车、旧摩托车交易代办点的业务指导。配合市交警支队，在蕉城、福鼎、福安等县（市、区）开展旧车交易过户法规宣传活动。全年实现交易车辆、营业收入同步增长，累计交易车辆2000余部，营业额106.17万元，分别比上年增长9.9%和14.6%。全市取缔查封14家无证经营点。查获非法拼装龙马牌农用车、福建牌汽车、飞彩牌农用车、龙马牌改型拖拉机和柴油机234辆（台）等，涉案金额200多万元，查获1起套用汽车出厂合格证、发票、说明书等整套购车手续非法拼装农用车46辆案件。

2002年，成立由市府办、经贸委、市公安局、工商局、交警支队、质量监督局、物价局等单位为成员单位的宁德市机动车交易中心管委会，进一步加强对旧机动车交易工作的领导。管委会深入各县（市、区），开展旧机动车交易过户法规宣传咨询活动。交易中心制定工作人员守则，规范工作程序，严格收费标准，张榜公布接受用户监督，在中鹭信息台设立旧机动车交易信息专栏，为用户提供旧机动车交易的各种信息服务。累计交易、过户车辆2236部，营业额122.11万元，分别比上年增长11.97%和14.98%。

2003年，根据社会对二手车需求旺盛、交易活跃的特点，市物资集团公司在交易中心成功举办4次旧机动车交易展销会，参展车辆150余辆，接待客户1200人次。同时将每月23日定期作为旧机动车交易展销日。4月23日，交易中心迁往蕉城古溪，增设信息员，为客户买卖车辆提供咨询服务，制作网页，为客户从事二手车转让、求购搭建信息平台。借助宁德电视台“以案析法”专栏，扩大宣传效果。累计交易、过户车辆3086部，营业额165万元，分别比上年同期增长38%和35%。

2004年，市物资集团公司成立招商引资领导小组，向市政府上报筹建汽车城项目建设方案，由于国家停止审批土地，项目无法落实。公司适时转变思路，投资20余万元，将原有的旧仓库改造成12间网点。年底经市政府批准，由市物资集团公司负责组建二手车交易市场有限公司，有7家进驻市场挂牌营业。当年实现交易车辆和营业收入均创历史最好水平，累计交易、过户车辆3910部，营业额221万元，分别比上年增长26.7%和33.9%。协同开展汽车市场专项整治，查处非法拼装拆卸机动车案件8件，查扣报废汽车6辆，动力配件23个，移送公安机关案件2起。

2005年，新增8家二手车经销公司，面对市场竞争格局，交易中心采取了一系列的措施，市场占有率一直保持在70%左右，仍然发挥着主渠道的作用。当年过户交易二手车4874部，比上年增长24.65%，营业额212万元，与上年基本持平。

二、报废汽车回收

1996年，地区物资再生利用公司和供销部门以股份制形式，设立凯达报废汽车回收利用有限公司，在全区成立5个联络处，年内收购报废汽车561辆。1999年，物资集团公司与地区供销社联手，加强对报废汽车回收管理。

2002年，市物资集团配合有关部门贯彻国务院颁发的《报废汽车回收管理办法》，对全市报废汽车市场进行清理整顿，通过资源整合重组，将原有具备报废汽车经营资格的福鼎、古田县级物资企业和蕉城区供销社的经营权以股份的形式纳入市凯达报废汽车有限公司。新组建的公司按照现代企业制度的要求，实行统一、规范、有序运作，全年回收报废汽车393辆，比上年同期增长6.21%。福鼎市物资集团公司还将废旧金属回收纳入有色金属销售领域。

2003年，新组建的市凯达报废汽车有限责任公司按照现代企业制度要求，完善经营机制，统一规范运作。当年成为全国专业报废汽车拆解委员会会员单位，公司受宁德海关委托，在福安市拆解、销毁走私进口小轿车43辆。经省经贸委批准，公司在福鼎、古田、霞浦3县市设立报废汽车拆解分厂，延伸经营触角，经营业务呈上升势头，全年回收报废汽车585辆，比上年同期增长48.85%，销售额87.88万元。

2004年，市凯达报废汽车有限公司协助公安部门查处两批60吨非法废钢销售，配合交警支队拆解非法拼装二轮摩托车、正三轮摩托车和柴三机200余辆。配合工商部门在蕉城、福安、福鼎打击非法拆解点3处，新设柘荣、屏南报废汽车拆解点。当年公司收购报废汽车325辆，销售额39万元。协同开展汽车市场专项整治，查处非法拼装拆卸机动车案件8件，查扣报废汽车6辆，动力配件23个，移送公安机关案件2起。

2005年，市凯达报废汽车有限公司实行经营目标责任制，核定各拆解场年应上缴公司收入基数。收购报废汽车241辆，废钢300吨，销售额70万元，创利润36万元。

三、民用爆炸物品专营

1993年，全区销售炸药50.04吨，雷管14.42万发，导火索16万米。1994年，全区炸药、雷管、导火索销量分别增至644.61吨，115.2万发，85.36万米。1997年，严格实行民爆器材由民爆专营公司统一进货，统一销售。当年销售额747万元，比上年增长171%。

2001年，县（市、区）物资企业把民爆器材的安全经营摆上重要议事日程。市民爆器材专营公司与市公安局联合召开民爆器材安全工作会议，对民爆器材流通秩序，打击非法销售，消除仓储设施安全隐患，完善流通环节等方面进行全面整顿。寿宁县物资总公司新组建昌盛民爆器材公司。全市民爆器材销售额2672万元，比上年增长14.8%。

2002年，为加强安全生产，寿宁县物资总公司投入80万元，在清源乡清源村里洋岔征地3045平方米，新建符合安全规范要求的火工仓库，仓库经省经贸委会同环保、消防、建设、公安、劳动安全等部门组成验收小组综合验收合格，投入使用。福鼎物资集团公司采取有效措施为火工仓库配备敞路探头、避雷针等设备，以消除安全经营隐患。2003 年，市民爆器材专营公司针对炸药仓库与弘生燃气公司外部安全距离不足问题，投资 30 万元，将原有的民爆仓库改造成两个储存量为 2 吨的小型仓库。库房的安全等硬件标准和环境保护由省经贸委、市公安局、环保局、安全生产监督局联合验收通过。

2004 年，市民爆公司做好市级重点工程福安湾坞大唐火力发电厂和洪口电站民爆器材供应。销售额 2631.3 万元，比上年同期增长 15.04%。

2005 年，民爆公司着力抓好仓库安全管理，投入资金十几万元，改扩建民用爆破器材仓库，新建索类仓库，加宽加高防护土堤，检测防雷设施，在雷管库新建 1 个避雷塔，新增 1 台 45 米扬程的移动式防水泵，新建 1 座消防泵房，配备消防水泵、水带。建立完善安全管理制度 24 项、岗位责任制 13 项。

1993—2005 年宁德市（地区）民爆公司销售情况统计表

表 17-4　　单位：吨、万发、万米

年份	炸药	雷管	导火索
1993	50.04	14.4254	16
1994	644.616	115.202	85.365
1995	668.1126	131.796	77.8743
1996	979.584	138.936	104.7311
1997	784.9656	131.5792	108.1665
1998	278.5455	68.8786	115.415
1999	1355.731	179.5844	117.119
2000	3791.177	488.2054	353.552
2001	4746	515	299
2002	3165.214	415.68	491.0256
2003	4019.84	436.129	643.068
2004	5012.75	390.2102	604.02
2005	4043.956	405.574	507.774

第三章　粮　食

第一节　体制改革

1993 年，全区有粮食企业 505 家，粮站 109 家，粮店 104 家，加工厂 34 家，仓库 390 座，车队 2 个，各类公司 28 家。其中实行独立核算企业 170 家。实行粮食放开价格、放开经营后，地、县粮食部门向当地财政实行承包经营，在企业内采取不同形式的承包经营，层层落实经济责任制，实现利润 660 万元。

1996—1998 年，粮食企业由于受政策因素和外部环境影响，粮食工作出现新情况、新问题、新难点，企业亏损大。3 年共亏损 14457 万元，其中 1998 年亏损 8753 万元，粮食商业、工业、运输及其他全面亏损。其间，加快转换经营机制，因地制宜，一企一策，进行改组、联合、撤并、租赁、承包、股份合作制以及盘活闲置固定资产等多种形式改革。

2000 年，有粮食企业 166 家，其中实行有限责任制公司企业 11 家，租赁承包企业 2 家，股份合作制企业有 108 家。各级粮食行业主管部门逐步实现与企业在人、财、物上彻底分开。2000—2002 年，进行粮食机构改革调整。全市有粮食企业 115 个，在职干部职工 1837 人，比 1999 年 6063 人减少 4226 人，减幅 69.7%，离退休人员 1835 人比 1999 年增加 51 人。

2003 年，是国有粮食改革的重要一年，全市全面实行“粮食三放开”（放开粮食收购、放开粮食价格和放开粮食市场），机构队伍进行有机组合，市粮食局机关精简科室 1 个，办理内退手续 1 人，通过“公开、公正、公平”的方式，竞争上岗科级干部 3 人。是年，有粮食企业单位 116 个，在职干部和职工 1502 人，比 1995 年 6227 人减少 4725 人，减幅达 75.88%。其中，中高级职称 38 人，助师及技师 112 人；本科大专 135 人，中专（中技）309 人，高中 574 人，初中和初中以下 484 人。全市离退休人员 1904 人，占在职干部职工人数的 1.26 倍。2 月，经中共宁德市委批准成立中共宁德市粮食局党组，全市有党总支 7 个，支部 87 个，党员 485 人，工会组织有 93 个，会员约 1300 人。2004—2005 年，粮食队伍通过精简、下岗、分流，至 2005 年年底为 1917 人，其中因下岗分流人员经费未到位的有 834 人，实际在岗 1083 人，比 1993 年减少 5088 人，减幅达 4.69 倍。

2005 年，全市粮食企业 94 家均系独立核算单位，其中购销公司 52 家、粮食储备公司 7 家，粮油加工企业 4 家，批发企业 3 家，零售企业 1 家，其他企业 8 家。

第二节　粮食购销

一、粮食定购、收购

1993年，继续执行粮食定购、计划收购。从1993年到1999年，粮食生产年年增长，到1999年粮食产量已达103368万千克，比1993年增长12.4%，创历史最高水平，人均粮食321千克。2000年后，随着农业结构调整，以及土地、资金等要素大量转向经济作物种植，粮食耕地面积连年调减，粮食产量一路走低，到2005年已降到77817万千克，比1990年减少24.72%，人均粮食占有量240千克，比1999年减少26.80%。粮食产量的下降引起各级党政的重视，把农业放在重要位置，在农业生产上采取“五靠”（靠投入、靠政策、靠科技、靠保护、靠工作）、“三稳定”（稳定面积、稳定产量、稳定库存）和走高产、优质、高效的路子。

2001年，国家取消定购任务，粮食收购从生产者和企业者购进，当年购进1650万千克，销售4177万千克，缺口2527万千克。2002年，开始实行订单收购办法，不定计划任务。2004年5月26日，国务院颁布《粮食流通条例》以维护粮食流通秩序。为扩大粮食市场幅射影响力，搞活市场流通，加强粮食收购市场管理，维护粮食流通正常秩序，宁德市各级政府及有关部门也相应制定了配套管理措施，主要是：加强源头管理。加强农村粮食收购市场管理和稽查，清理整顿各粮食加工企业，特别是私营粮食加工厂，严格检查，管住粮源。经过稽查，全区审批核发粮食许可证516家。加强集市管理。粮食部门会同工商部门实行粮食批发准入制度，进行资格审查，合格者发照经营。1998年已在粮食部门登记办理粮食批发资格证的企业共有113家。加大督查力度。各级粮食部门按照国务院颁发的《粮食收购条例》和《粮食购销违法行为处罚办法》成立了68人的粮食执法队伍，持证上岗，担负起粮食收购市场的责任，严厉查处非法收购粮食案件90起，没收粮食近300万千克，维护和加强了宁德地区粮食收购秩序和市场管理稽查，清理整顿粮食加工企业639家。加强粮食批发经营资格审查，清理整顿各类粮食加工企业，严格检查企业的粮源，全市共审核办理粮食批发经营资格证和加工许可证888家，维护社会粮食流通秩序。抓好种粮农民实行直接补贴政策。组织各地发展“订单粮食”。鼓励私营粮食企业合法经营，引粮入宁，补充闽东地区粮食供给不足。2005年，根据中央对种粮农民实行直接补贴的精神，按照国有粮食购销企业实行储备粮订单挂钩的办法，对种粮农民实行每50千克4元的直接补贴和每50千克1元种子补贴，全市共发放直补经费50多万元。收购粮食1007万千克。从生产者和订单收购粮食3423万千克。

1993—2005年宁德市（地区）粮食定购和计划收购情况统计表

表17-5　　单位：万千克

年份	粮食总产量	定购任务				定购占产量（%）	计划收购		
		任务	实际		完成（%）		计划	实际	完成（%）
			合计	其中：订单收购					
1993	91937	8750	8318	—	95.06	9.05	1750	—	—

续表 17-5

年份	粮食总产量	定购任务				定购占产量（%）	计划收购		
		任务	实际		完成（%）		计划	实际	完成（%）
			合计	其中：订单收购					
1994	96174	8750	9306	—	106.35	9.68	1750	556	31.77
1995	96953	8750	8751	—	100.00	9.03	1750	1076	61.48
1996	99732	8750	8776	—	100.27	8.88	1750	313	17.88
1997	101221	8750	7848	—	89.69	7.75	1750	704	40.23
1998	102542	8750	8146	—	93.10	7.94	1750	500	28.57
1999	103368	8050	7091	—	88.09	6.86	1750	416	42.07
2000	97698	4950	3747	—	75.69	3.84	1750	853	48.74
2001	94648	—	1258	—	—	1.33	—	—	—
2002	88609	—	1874	213	—	2.11	—	—	—
2003	76561	—	683	355	—	0.89	—	—	—
2004	81166	—	6782	659	—	8.36	—	—	—
2005	77817	—	8803	150	—	11.31	—	—	—

二、粮食销售

（一）农村粮食销售

1993 年粮食流通体制改革以后，放开价格，放开经营，农村在完成国家定购任务后，留粮由农户自己支配，除了自然灾害，根据灾情本着“自力更生，生产自救”的精神，国家给予灾区必要的救助，其余不再供应农村回销和库区移民的口粮。1993—2005 年，农村人均口粮都在 200 千克左右，最高的 1998 年人均 300 多千克。

1993—2005 年宁德市（地区）农村粮食产、购、销、留情况统计表

表 17-6

年份	粮食总产量（万千克）	总人口（万人）	人均占有量（千克）	征购量（万千克）	农业人口（万人）	农村人均口粮（千克）	农业销售（万千克）
1993	91937	301.96	304	9318	262.21	264	—
1994	96174	305.58	315	9306	258.47	289	1161
1995	96953	309.94	313	8751	264.76	290	3240
1996	99732	312.86	319	8776	266.92	303	469
1997	101221	316.50	320	7848	269.65	259	450
1998	102542	319.01	321	8146	273.16	306	—
1999	103368	321.85	321	7091	274.25	312	—
2000	97698	323.57	302	3747	275.20	305	—

续表 17-6

年份	粮食总产量（万千克）	总人口（万人）	人均占有量（千克）	征购量（万千克）	农业人口（万人）	农村人均口粮（千克）	农业销售（万千克）
2001	94648	324.60	292	1258	278.93	297	—
2002	88609	325.44	272	1874	278.92	275	—
2003	76561	325.81	235	683	278.72	237	—
2004	81166	326.74	248	6782	238.81	323	—
2005	77817	327.03	240	8803	234.40	318	—

（二）城镇粮食供应

1993 年放开价格、放开经营后，城镇居民口粮供应作为档案予以保留，但国家仍以强化宏观调控为中心，按照总量平衡、分级管理的原则，根据市场粮价波动情况，适时平抑粮价，规定了限价、最高销售价。国营粮食部门品种多、档次全，开展多种形式的预售粮食等便民经营活动。2001 年 5 月 10 日起取消“市镇居民粮食供应转移证明”。2003 年针对“非典”期间，部分县（市、区）群众多购粮食和粮食供求形势的变化，导致市场粮食价格不同程度的上涨，宁德市政府及时采取了应对措施，加快 14 个骨干粮食供应店建设，从 1993—2005 年，全市粮食销售 122308 万千克，确保粮食市场稳定。

1993—2005 年宁德市（地区）城市定量人口、粮食销售情况统计表

表 17-7　　　　单位：万人、万千克

年份	定量（城镇）人口	粮食销售	
		合计	其中：商品销售
1993	42.33	13420	9110
1994	43.75	13609	5722
1995	44.58	13142	6638
1996	45.94	8983	4565
1997	46.85	10229	7872
1998	48.64	8718	5516
1999	50.74	5820	5169
2000	51.96	8518	5420
2001	52.28	4489	2973
2002	—	7009	3895
2003	—	8688	4477
2004	87.94	1981	777
2005	92.64	17694	259

说明：2002—2005 年粮食供应取消发证，其人口系城镇人口，商品销售不再是定量供应

三、粮食价格

1993年，粮食收购根据市场需求和以销定购的原则由收购的经营单位与农民签订经济合同，价格随行就市，粮食销售价按1992年执行。1994年，粮食收购价早籼谷每50千克51元，晚籼谷每50千克56元，取消“三挂钩”（合同定购粮食与预购定金、平价化肥、柴油“三挂钩”）政策。粮食销售价：标一早籼米每50千克91元；标一晚籼米每50千克100元；标二早籼米每50千克78元。1995年，粮食收购价早籼谷每50千克66元；晚籼谷每50千克71元，全区一个价。省物委、粮食厅有关文件规定粮食销售价：标二早籼米每50千克80元，标一早籼米每50千克95元；标一晚籼米每50千克104元。1996年，粮食收价按3月5日行署通知精神，从6月1日起，早籼谷每50千克上调为83元（含价外补贴10元），晚籼谷每50千克调整为88元（含价外补贴10元）。粮食销售价早籼米（标一）省定每50千克95元，地区新定：宁德140元、福安138元，其他各县134元。晚籼米（标一）省定每50千克104元，地区新定：宁德146元、福安144元，其他各县140元。1997年，粮食收购价早籼谷每50千克为83元（含价外补贴10元）；晚籼谷每50千克为88元（含价补贴10元）。粮食保护价早籼谷每50千克为65元；晚籼谷每50千克70元。粮食销售价早籼米（标一）每50千克（地区不定价）；晚籼米（标一）每50千克（地区不定价）。军粮价格标一晚籼米50千克43元，精面粉（特一）每50千克56元，黄豆每50千克55元；花生油每50千克231元，精炼菜油每50千克218元；二级菜油每50千克208元。1998年，粮食收购价早籼谷每50千克71.75元（含价外补贴10元）。晚籼谷每50千克76.5元（含价外补贴10元）。粮食保护价：早籼谷每50千克55元；晚籼谷每50千克62元。粮食销售价：标一和标二早籼米，地区不定价；标一晚籼米每50千克136元，标二晚籼米，地区不定价。1999年，粮食收购价早籼谷每50千克53元（含价外补贴10元），晚籼谷每50千克58元（含价外补贴10元），寿宁边界为55元。粮食销售价：各县（市）自行定价。

2000年，取消早谷定购任务，定购价也随之取消。晚谷定购价每50千克58元。2001—2005年，进行粮食购销市场化改革，粮食实行“三放开”（放开收购、放开价格、放开市场），早、晚籼谷定购价、保护价取消，只保留军粮供应价。2004年，根据省粮食局等4个单位的通知，确定全市对中晚籼谷最低价收购价每50千克72元。2005年，订单早籼谷最低收购价格定每50千克70元；晚籼谷按照每50千克72元的最低收购价挂牌收购农民交售的储备订单中晚籼谷。同时，财政部门将每50千克4元的直接补贴款和1元的良种补贴款兑现给农户。粳籼谷最低收购价每50千克75元。

四、食油购销

闽东的食用植物油料，主要有油茶、花生、油菜为主要油源，1993年前使食用植物油产、购、销、留和使用收支情况大体经历3个阶段。第一阶段，1953—1978年为统购销时期。1978年全区食油产量仅达108万千克，缺口71万千克，靠外地调入解决。第二阶段，1979—1983年为统购、合同定购、计划供应时期。1979—1982年的4年共收购食油791万千克，4年共销售701万千克，节余90万千克。第三阶段，1983—1992年为统购统销、议购议销相结合时期，即食油“双轨制”阶段，国家对收购食油采取“三挂钩”奖售政策，加快食油生产的垦复扶持，食油形势逐步好转。从1993年起油料和粮食一样，取消指令性的油料定购任务，停止执行油料定购“三挂钩”奖售政策，油料收购全面放开，实行市场收购，由企业与农户签订议购合同或通过市场进行收购，食油销售价格除军供食油外，全面放开，国家收购量减少，城乡居民食油供应从市场经营中解决，食油价格随行就市。2005 年全市食油总产量达 247 万千克，全市食油收购 14.50 万千克，食油销售 16.70 万千克。

1993—2005 年宁德市（地区）食油产购销调情况统计表

表 17-8　　　　单位：万千克

年份	食油折油产量	收购	销售
1993	268	37.03	29.37
1994	249	31.50	56.29
1995	275	26.63	34.72
1996	262	17.68	25.19
1997	259	14.11	23.13
1998	262	23.65	20.68
1999	275	15.07	18.06
2000	269	14.26	12.77
2001	249	8.18	9.87
2002	260	9.10	10.48
2003	232	9.55	10.26
2004	239	9.50	10.01
2005	247	14.50	16.70

第三节　粮食储备

一、安全保障与储粮规模

1993 年，建立站（库）应急预警制度、库区安全保卫制度。1993—1997 年，为抑制粮价下跌，解决农民“卖粮难”问题，先后多次增加专项储备粮指标，完善闽东地区国家、省、市（地）、县（市）四级储备制度，各县（市）的地方储备粮不得擅自动用。1998 年，贯彻宁德地区行署《关于进一步深化粮食流通体制改革实施意见的通知》精神，实行储备粮与企业经营周转粮分开管理，争取国家和省级储备粮在闽东地区多储备。按照销区纯购粮人口的 6 个月，产区城镇人口及其水库移民、农村需救助人口的 3 个月所需粮数量确定地级粮食储备规模为 300 万千克。从 2000 年起分 3 年到位。地级储备粮主要委托粮食收储企业向农民直接收购，或通过县（市）以上粮食交易市场购入，轮换和抛售由市粮食局委托有资格的粮食企业具体实施。加强储备粮审计和监督，定期审核库存、资产、负债和损益。

1993—2005 年，贯彻市政府《宁德市粮食安全预警应急方案（试行）》，对购粮总人口（包括城镇定量人口、农村购粮人口、外来流动人口）人均每月基本口粮 12 千克（成品粮）折原粮

17.5 千克，按产区 3 个月，销区 6 个月，自给区 4 个月测算，确定实施方案。方案包括建立粮食储备和粮食种子储备以及粮食风险基金制度。建立全市粮食安全预警系统，监控全市粮食安全状况（粮食库存量、粮食供求量、市场价格、市场供应情况等）。建立全市粮食安全应急系统，成立市人民政府粮食安全应急指挥部，市县两级制定出台《粮食安全预警应急方案》，针对紧张状态、紧急状态、特急状态分别采取不同的应急措施。

二、粮食保管

1993 年，贯彻《福建省地方储备粮管理办法》，建立站（库）主任月会查制度、粮库保管人员查仓制度、药剂管理制度、库存粮情检查制度、粮食熏蒸制度，库区安全保卫制度等保管制度，做到账实相符，专人、专仓、专账，地点落实、品种落实、数量落实、质量落实。为了适应储备粮集中、规范管理的要求，仓储工作以清洁卫生为重点，狠抓制度落实和科保活动，严格控制粮温和蒸用药量，提高保管水平。成立地区清查国家粮食库存领导小组，下设办公室，在全区范围内开展粮食库存清查，清查核实存粮。1994 年，继续开展科学保粮，利用早晚温差，机械通风降温，有效地降低储粮粮温。古田国家粮食储备库、福安市穆阳粮站应用粮面塑料薄膜压盖、电子测温、机械通风、低剂量熏蒸等综合措施，降低了费用，提高“四无粮仓”[无虫（蛀）、无霉（变）、无鼠（害）、无雀（扰）]质量。1995 年，开展以清洁卫生为基础的“四无粮仓”活动。1996 年 4 月，地、县粮食部门组织干部职工，对全区粮站、库、厂的粮食库存进行“四无”普查。1997 年，续建宁德古溪国家粮食储备库。全区投入 200 万元修缮仓库，增加有效仓储。1998 年 4 月下旬，组织检查站（库）、仓库，粮情稳定。投入专项资金 260 万元，新建、续建、改造粮仓。1999 年，全区先后组织春秋两季储粮安全大检查，普查结果，实现“四无”站、库数达 98%。

2001 年，经省政府批准，福安赛岐小留村库址正式列入全省首批省级粮食储备库建设，该项目由赛岐经济开发区组织实施，于 2003 年建成投入使用。2002 年，全市储备粮存放点调减，推行储备粮静态储备动态管理改革试验，先后组织春秋两季储粮安全大检查。2003 年，全市粮情安全稳定。2004—2005 年，按照“治早、治少、治了”的方针，结合粮食系统实际，狠抓粮食库存安全。2004 年，全市开展春季粮油普查和库存清查，全市粮油账卡和实际数均相致。2005 年 10 月 10—20 日，开展秋季粮油安全大普查和库存清查工作，各类粮食库存账实基本相符。

第四节　粮油加工

1993 年，闽东粮食复制品的质量经过改革工艺技术挖掘生产潜力，引进省内外先进设备，产量节节上升，质量不断提高，花色品种逐年增加，特别是霍童粉干，福鼎保健面、空心粉干，福安穆阳线面，古田金梭寿面，周宁九龙漈线面、霞浦波纹面等深受广大群众喜爱。闽东饲料工业拥有新建和改建的 9 座专业混合饲料加工厂，年产能力 6600 万千克，并向着质量标准化，饲料配方科学化，产品系列化方向发展，最高年产量达到 2700 万千克，创利 135 万元。1993 年后，随着粮食市场的全面放开，宁德市独立核算碾米加工企业逐步被民营碾米加工厂所代替。1993—1996 年，粮油加工业实行利改税，价拨经营以及承包责任制，扩大企业自主权。投资 908 万元，实施“九五”粮油科技开发 7 个项目。

1995 年，全区粮油面粉生产逐年滑坡，经济效益下降，盈转亏，包袱沉重。国有粮食油脂加工企业受到原料、价格、成本、销售的影响，食油产量急剧下降。国有饲料工业处于原料靠外地调入，生产成本高，经营管理弱，资金困难困境，不得不采取撤并、租赁、拍卖、破产等形式，职工下岗分流，解除劳动关系。1995—1997 年全区生产食用植物油只有 22.7 万千克，油厂撤并，处境困难。

1996 年，进行全区粮办企业第三次工业普查，摸清全区国有独立核算企业 31 家，非独立核算企业 15 家，固定资产 3448 万元，其中国有资产占 70%，年生产能力 15530 万千克，职工总数 1091 人。当年粮油工业总产值 2476 万元，粮油食品产量 2418 万千克，饲料产量 585 万千克，亏损 72 万元。1997—1999 年，民营粮办工业发展迅速，国有粮办工业阵地缩小，生产下降，亏损增加。1998 年，闽东粮食加工业的重点骨干企业生产陷入困境，欠赛岐开发区农行贷款本息累计达 730 万元，进入拍卖程序。1999 年全区粮油工业总产值 537 万元，比 1996 年下降 78.31%，粮油食品产量 734.40 万千克，比 1996 年减少 69.62%，饲料产量只有 5.4 万千克。

2000 年，国有粮办工业除古田县粮油工业产值 42 万元、粮油食品产量 59.3 万千克以外，其他县（市、区）基本处于停产、停工、停发工资状态。2003 年，全市粮油工业独立核算企业只有 12 个，有职工 380 人，其中在岗人员 72 人，非在岗人员 308 人，离退休职工 221 人，粮油工业亏损 277 万元。

2005 年，全市粮食工业独立核算企业基本消失，只剩 8 人在工作，全年总产量 15 万千克。全市已经没有一家独立核算粮食复制品企业，闽东面粉厂基本消失，原独立核算的油脂、饲料加工企业也逐一消失。

第五节　管　理

一、机构

宁德市（地区）粮食局　1993 年设 1 室（办公室）、6 科（人教科、储运科、购销科、财计科、监察科、综合科）、1 站（粮油质量监测站），下辖 1 厂（闽东面粉厂）、9 个公司（宁德地区粮油贸易公司、宁德地区粮油储运公司、宁德地区粮油饲料工业公司、宁德地区粮油供应公司、宁德地区粮油接运公司、宁德地区粮油运输公司、宁德地区粮宏开发公司、厦门华粮进出口公司宁德分公司、金谷商行）。2005 年，局内设机构调整为 2 室（办公室、监察室）、5 科（储备调控科、市场流通科、行业管理科、监督检查科、财会科）、1 站（粮油质量监测站）、1 会（宁德市粮食行业协会），下辖公宁德市粮食总公司、宁德市储备粮管理有限公司、宁德市粮油贸易公司、宁德市粮油供应公司 4 个公司和宁德市粮食局储备库。

二、企业亏损处理

1993 年粮食改制，放开价格、放开市场、放开经营后，相应建立财务管理，建立财务各项制度，继续贯彻“勤俭办企业”扭亏转盈工作。1994 年，粮食商业企业实现利润 1303 多万元，比上年增长 49.34%，改变粮食企业长期亏损的局面。1995 年，实现利润 190 万元，主要是粮食商业企业实现利润544万元，弥补粮油工业、饲料工业、粮油运输及其他亏损354万元。1999年，根据国务院《关于进一步做好国有企业扭亏增盈工作意见的通知》精神，宁德地区粮食部门充分挖掘潜力，采取各种有力措施，当年亏损3368万元，比1998年减亏5385万元，减亏61.52%，遏制亏损继续上升的势头。2002年，采取措施遏制粮食企业亏损，亏损额由2000年的2564万元和2001年的2326万元降到1255万元。2003年12月22日，市粮食局根据《清理核实粮食企业财务亏损挂账》要求，清理核实1998年5月31日前全市粮食企业财务挂账及不合理资金占用贷款余额为14002万元，到2005年年底全市财务挂账新增的达25585万元，比1998年增63.8%，2005年全市粮食企业亏损895万元，比1996年减亏36.65%。

1993—2005年宁德市（地区）粮食企业盈亏统计表

表17-9　　单位：万元

年份	合计	粮食商业（购销企业）	粮油工业	饲料工业	粮油运输	其他
1993	660	589	40	−27	27	31
1994	1303	1485	−2	−65	−20	−95
1995	190	544	−104	−76	−33	−141
1996	−1255	−724	−322	−72	−27	−110
1997	−7449	−6987	−183	−232	−17	−30
1998	−8753	−7953	−364	−84	−49	−303
1999	−3368	−2861	−237	−6	−54	−210
2000	−2567	−2223	−126	−7	—	−211
2001	−2326	−1959	−236	−7	—	−124
2002	−1255	−942	−184	−18	—	−111
2003	−3906	−3564	−277	2	—	−67
2004	−1855	−1669	−93	—	—	−93
2005	−895	−417	−260	—	—	−218

三、质量监测

1993年，宁德地区粮食局在系统内建立质量监测站，配备专职人员，购置仪器设备，并在产品创优、评先升级、产品监测等方面取得成效。1995—2000年，在深化粮食体制改革中，一度放松对粮食质量监测，至2000年质检工作几乎中断。

2001年开始恢复粮食质量监测工作，对全市粮食系统生产、经营企业（含骨干粮食加工企业）、粮食批发、销售企业（骨干粮店）、军粮供应站（点），生产经营的大米、小麦粉、食用植物油、粮食复制品开展专项检查。2002年，抽查3个季度粮油，批次合格率分别为29.4%、56.5%、90%。同时强化陈化粮流向监管，严禁陈化粮流入粮食市场和军供渠道。2003年，各县（市、区）开展粮油质量自查基础上，组织熟悉粮油工业、购销、军供、质量管理的业务人员和质量检验人员，通过感官检验与化学检测相结合，抽查蕉城、福安、福鼎、霞浦4个县（市、区）粮油，共检查大米、小麦粉、食用植物油、粮食复制品48批次，代表数量21.55

万千克，抽取大米样品 8 份，代表数量 3.65 万千克，经检验合格 4 份，合格率 50%；小麦粉 4 份，代表数量 10.9 万千克，经检验合格 4 份，合格率 100%。古田质监站检测储备粮 51 批次，代表数量 3666 万千克。2004 年，对全市粮食系统大米、小麦粉、食用植物油、粮食复制品开展专项检查活动，在粮食加工、批发、销售企业、军粮供应站自查的基础上，抽查大米 11 批次，代表数量 18.46 万千克，合格率 99%；小麦粉 2 批次，数量 53 万千克，全部合格。对卫生指标不合格的产品，责令生产或经销企业整改，对不符合卫生标准的追查来源，并按有关规定严禁销售。

2004—2005 年，市粮食局争取财政拨款 15 万元和省拨款 30 万元，对粮食质量监测化验室进行重建装修，购置必要检测仪器设备，充实监测人员，更新仪器设备，重新加强质检工作，对全市粮食系统生产、经营企业（含骨干粮食加工企业），粮食批发、销售企业（骨干粮店），军粮供应站（点）等，生产经营的大米、小表粉、食用植物油、粮食复制品开展专项检查，两年检测大米 44 批次，批次合格率 70.45%，开展系统监督检查抽检大米 82 批次，合格率 76.8%，并对销售出的稻谷和储备粮品质进行检测。

2005 年，出动 1194 人次，检查各类粮食企业 555 个，对 17 起案件进行粮食流通监督检查、行政处罚，其中有 11 起责令改正和罚款处罚；对全市地方储备粮收支专用统计台账及相关报表进行抽查；出动 265 人次，对 77 个企业进行检查，检查结果显示统计制度贯彻良好；由市粮食局分管领导、军供、财务人员组成检查组，对军粮供应进行检查，落实军粮质量站长第一责任制度和“一批一检一报告”制度；实施每月对粮油专项治理工作进度跟踪，半年组织一次对大米、小麦粉食用植物油、粮食复制品的专项检查活动，组织储备粮油品质检测稻谷 149 批，代表数量 7788.35 万千克，小麦 12 批次，代表数量 3914.4 万千克，均属宜存。

第四章　供销合作

第一节　体制改革

一、管理体制改革

1993年年初，贯彻省委“马江会议”精神，制定并实施供销社转变职能改革方案，宁德地区供销系统劳动管理权限由省供销合作社联合社条管下放到地区供销合作社联合社，按地、县分级管理。1995年，根据《中共中央、国务院关于深化供销合作社改革的决定》，宁德供销系统全面深化企业内部劳动制度改革，打破干部与职工、固定工与合同工身份界限，做到能上能下，竞争上岗，对企业领导人全面实行聘任制，大胆选拔懂经营、会管理、有开拓精神、作风正派的人担任企业领导。县社聘任工作按干部管理权限程序办理，并报地区供销社和人事部门备案。各县社实行社、企分开，职工通过置换身份，持股入社，变行政隶属关系为企业法人同出资人关系。1996年，贯彻中共中央国务院《关于深化供销合作社改革的决定》，县以上供销合作社退出政府工作部门行列。1997年，供销企业全员实行劳动合同制，富余人员由企业内部消化处理。合同制职工，连续工作满10年以上或离法定退休年限10年以内者（男50岁、女40岁），只要提出签订无固定期限劳动合同，用人单位应当与其签订劳动合同。固定职工允许停薪留职或辞职另谋职业（养老、待业、保险及其他费用仍按有关规定由本人缴纳），经批准辞职职工，按有关规定发给一次性生活补助费。1999年，根据《国务院关于解决当前供销合作社几个突出问题的通知》精神，3月，地区供销社人员经费由原来事业单位55%拨款改为财政全额拨款。转变向下属企业提取管理费做法，对基层供销企业只起指导、协调、扶持和监督作用。各县（市）供销社职工工资由当地财政按事业工资55%差额拨款，列入当年财政预算。5月，福建省财政厅、劳动厅联合下发《关于供销系统下岗职工享受待遇问题的函》，规定“社办企业和基层社下岗职工中属1984年以前参加工作的正式职工，享受国有企业下岗职工待遇”“破产企业根据自身的经济状况给这种类型下岗职工一定经济补偿和安置，当地政府也对供销社破产企业这类下岗职工予以享受两年当地城镇居民最低生活保障金政策”“1984年以后招收的职工下岗后按集体企业下岗职工再就业有关政策规定执行”，供销社对破产企业这部分下岗职工解除劳动合同关系后给予一次性经济补偿（工作一年的补一个月工资）后自谋职业。当年全区有9个基层社停业、重组，40个基层社减员，减少行政人员111人。有30个基层社制定改革方案。直属部分企业实行破产重组，8个停业，23个实行减员，减少行政人员36人，职工分流941人。2000年，县（市、区）供销社劳动管理仍然实行市、县分级管理制。各县（市）供销社因业务需要招收合同制职工，需先报市社研究后报市劳动局审批。从城镇招收合同制工人的指标也由地区劳动局下达，由当地劳动部门办理招工手续。职工跨地区或县（市）内跨系统调动工作的，经市供销社办理调动手续。基层供销社正、副主任，公司正、副经理任职由各县（市）供销社考核任命。职工到法定退休年龄，经当地社保公司审核后由县（市）供销社审批。11 月 14 日，宁德撤地设市。此后，县（市、区）社招收合同制职工，企业调整工资，基层社主任、公司经理任命，均不须通过市供销合作社办理。2003 年 9 月起，市供销系统招收人员由市人事局公开招聘，先笔试后面试，择优录取，先培训，后上岗。2005 年，市、县两级供销社干部、职工均申请参照公务员待遇，实行“三定”（定主要职责、定内设机构、定编制）管理。

二、转换经营机制

1993 年，对小型、微利、亏损和边远的基层分销点（处），实行以利润为主的经济指标大包干或租赁经营责任制。承包期间为确保资金财产安全和按期上缴各项税、利、费，克服“以包代管”现象，还采取招标承包、全员抵押等措施，把风险机制引入承包企业。在经营结构上，打破城乡、行业分工界限，走以商为主、综合经营、商贸并举的新路子。在网点结构上，坚持发展大的，放开小的，加快对边、小、微、亏网点的改、转、租、卖步伐。集中资金在黄金地段抢占制高点，向档次高、功能全、规模大、服务设施完备的综合商场和专业市场方向发展。对农资企业农副产品采购、批发，大型综合商场则不实行大包干办法。经营企业全部实行主任（经理）任期责任制和离任经济审计制度。1994 年，基层社在改造中，对中央政策一时无法吃透其精神实质，认为改革是简单的拆散供销社、处置财产、安置职工、关门走人，出现了思想认识上的偏差，全区供销社系统有三分之一的基层社职工下岗待业。

1995 年，贯彻中共中央、国务院《关于深化供销合作社改革的决定》，宁德地区供销合作社及时纠正基层社改造中集体财产量化到人、分掉和一些地方任意平调处置供销合作社及所属企业的财产，把供销合作社改成股份公司、搞股份合作制的一些错误倾向，坚持供销合作社集体所有制性质，确保资产保值增值，确保社员经济权益。福鼎县供销社在不变更合作制原则上兴办股份制企业沙港石油股份公司、白琳玄武岩板材厂、店下三脚架厂、盐水蘑菇加工厂、网箱养殖等，改变基层社以往单纯的经营模式，增强了企业经营活力。店下供销社兴办多个股份制企业，年创效益近 10 万元。1996 年，针对农副产品购销体制变革这一情况，供销社系统推行开门办社，积极领办、创办各类合作经济组织，农副产品收购得以逐步增长。主要收购品种有蘑菇、蔬菜、食用菌、茶叶、槟榔芋等土特产品。

1997 年，全区供销系统企业全面实行自主经营、自负盈亏、自我发展、自我约束的经营承包责任制。县供销社所属企业、公司负责人与县供销社签订经营合同。各级供销合作社退出政府机构序列。根据实际需承担政府委托的任务，行使政府授权的某些职能。经过改革，使各级供销社拥有更多的经营自主权。1998 年，宁德地区供销系统大力推进农经信息工作。蕉城区和霞浦县供销合作社率先成立农副产品信息中心，为农民提供供求信息服务。蕉城区供销社信息中心成立后，举办信息讲座，深入 14 个乡镇进行调研，选取古溪海洋公司、八都兆华蘑菇厂、龙森果苗培育场、霍童茶叶批发市场、桃源花卉基地等企业进行现场交流，以食用菌办、土产公司开展市场调查，并且和闽东日报社等新闻单位挂钩，为服务对象提供对口信息。蕉城区供销社信息中心深入闽东各大水果批发市场了解行情，发出“柑橘莫惜售”消息，引导农民正确把握销售时机。当年通过网络信息外地客商到宁德开展贸易成交额 1600 万元。霞浦县供销社信息中心，结合当地榨菜、海带等产业开展信息服务，先后接待来自上海、天津、南京、江西、浙江等地业务咨询、洽谈 120 多人次，实现网上交易 4000 万元。各县（市）供销社通过盘活存量资产，利用闲置的场所，加快各类农副产品批发市场建设步伐。全区各县（社）建立农贸市场 22 个，总面积达 2.2 万多平方米，年交易额 1 亿元。其中重点市场有霞浦县社的闽东蔬菜批发市场（2600 平方米）、福安市社口茶叶市场（1200 平方米）、寿宁县县社香菇批发市场（4600 平方米），初步改变批发市场“少、小、差”状况。1999 年，宁德地区供销社，福安、福鼎、寿宁、周宁、屏南、柘荣、古田等县（市）供销社相继成立农副产品信息中心。全区以地区社信息中心为中轴，上与省社主办的农副产品信息中心联网，下与各县（区）社信息中心联网。县社信息中心向下延伸 8 个信息服务站，无偿为农民提供信息服务。霞浦县供销社信息中心收集到国内外香菇市场需求增加后及时发布信息，增加了菇农的种植信心，霞浦县扩大香菇种植面积 28.89 万平方米，增收 600 万元。面对农民盲目增加蘑菇种植面积，地区社信息中心及时发布“科学种植、以销定产、适量增加面积、不可盲目扩大生产”的推断信息，引导农民正确把握蘑菇生产。

2000 年，寿宁、柘荣两县社率先出台改革方案。针对供销社在改革中遇到的产权、盘活资产收费、财产纠纷等具体问题。12 月，地区行署批转《关于加快供销合作社改革与发展的意见》，推动全系统 32 个直属公司，48 个基层社进行盘活资产、安置富余职工，撤销建制或重新组建有限责任制公司及实行股份合作制等形式的改革。其中兼并撤社为店的基层社 17 个，撤销建制、停业整顿的直属企业 16 家。农资系统采取组建股份合作制经营实体，发展农资专业合作社，县公司实行管理、经营两分离等改革方式，分流富余人员 200 多人。全市供销系统通过盘活基层社固定资产，充分利用现有场地设施，结合旧城改造和奔小康工程，承担起农村市场建设任务。选择县城或农副产品集散地，利用供销社场地，通过招商引资、预收摊位出售金、租金、银行贷款等渠道，兴建上规模、上档次的农副产品批发市场，并纳入当地政府为民办实事项目，全市供销系统农副产品批发市场由 17 个发展至 24 个，经营面积达 26700 平方米。

2001 年，贯彻《宁德市人民政府批转市供销合作社关于加快供销合作社改革与发展的意见的通知》，全市有 28 个基层社实行撤并、解散、托管、歇业等改制，安置职工 320 人，自谋职业，自交社保统筹费用 606 人，资产承包、身份不变 124 人。有 24 家社有直属企业，实行联合兼并，关停歇业和进行股份制改选，安置职工 683 人。市社直属宁德市茶叶公司歇业，职工全体下岗。供销社“农副产品流通信息中心”加强对农副产品生产环节技术指导，蕉城区信息中心在九都镇贵村、七都镇六都村信息点采集到需求草莓新品种、草莓病虫害防治、特效低毒农药、有关测土配方，枇杷、草莓专用复合肥等信息 20 条，邀请专家前往实地考察帮助农民解决实际问题。

2002 年，市供销社推进四项经营机制改革工作：一是供销系统参与农业产业化改造基层社。各县（市、区）供销社根据当地的经济特色、基层社布局、辐射能力、服务人口、发展潜力等实际情况，经过充分调研，重点抓组建中心社、领办专业合作社和兴办村级综合服务站以及妥善安置职工等项工作。至年底，全市供销社系统领办专业合作社（协会）30 个，兴办村级综合服务站 63 个，组建中心社 1 个；二是以实现产权多元化改造社有企业。按照有进有退、有所为有所不为的原则，重点办好农资企业，抓好一批创利水平高、有发展前景的骨干企业，组建一批资产营运公司、农资股份公司、烟花爆竹专营公司。当年有 12 家直属企业重组改制；三是转变职能，开放办社，改造联合社。按照总社和省社的要求，通过学习吸收先进地区的经验，重点抓精简机构，减员消肿。通过对科室设置的调整和职能整合，采取干部挂职，下派到控股公司基层社领办专业合作社、村级服务站等办法分流人员。全市下派企业、基层社任职 37 人，吸收社会经济能人 56 人，并带资金、带项目参与供销社农资及农业产业化经营；四是以现代流通方式，改造供销商业经营网络。各县（市、区）社普遍成立了改造供销社经营网络工作领导小组和专门工作机构，重点抓经济重镇、交通要道和沿边、沿路、沿线的经营网点和服务设施的改造建设。当年全市供销全系统分流安置职工 741 人。对已依法置换身份一次性领取补偿金的职工按政策给予安置，基本上没有出现反弹。对下岗而一时又无法安置的职工，尽企业之所能给予适当生活补助，帮助他们重新就业。主管部门积极与有关部门协商，争取纳入低保范围或者申领一次性困难补助，以确保供销社队伍的安定、稳定。

2003 年，市供销合作社推进四项改造工作：一是参与农业产业化经营，改造基层社。各县（市、区）供销社根据当地的经济特色、基层社布局、辐射能力、服务人口、发展潜力等实际，经过充分调研，采取强化有效益的基层社组建中心社，领办专业合作社和兴办村级综合服务站及妥善安置职工等工作。当年，全市供销系统领办专业合作社（协会）43 个，兴办村级综合服务站 152 个。二是以实现产权多元化改造社有企业。按照有进有退、有所为有所不为的原则，重点办好农资企业，选择一批创利水平高、有发展前景的骨干企业，组建一批资产营运公司、农资股份公司、烟花爆竹专营公司。当年，全市供销系统有 30 家直属企业实行重组。三是转变职能，开放办社，改造联合社。通过学习吸收先进地区的经验，重点抓好精简机构，通过对科室设置的调整和职能整合，采取干部挂职，下派到控股公司基层社领办专业合作社、村级服务站等办法分流人员。全市各级供销社有 160 人行政人员到经营第一线、企业、基层社、专业合作社、庄稼医院等任职，吸收社会经济能人 56 人，带资金、带项目参与供销社农资及农业产业化经营。进一步发挥县级联社指导、协调、监督、服务的功能。四是以现代流通方式，改造经营网络。各县（市、区）社普遍成立改造供销社经营网络的领导小组和专门工作机构，拟定工作计划，通过深入调研和反复论证，坚持从本地实际出发，借鉴外地的先进经验，对经济重镇、交通要道和沿边沿路沿线的经营网点实施改造，开办便民商店、超市、连锁店、专卖店。当年已整合发行农资连锁超市 7 家，连锁店 123 家，综合超市 13 家，商品经营额达 8212 万元。

2004 年，全市供销系统转变经营机制，大力发展专卖店、便利店、超市等新型业态，全市供销系统新办股份制便利店、专卖店、超市和购物中心 18 家，新增营业面积 8116 平方米，年销售额 4232 万元，新增盈利 184 万元。在全市供销社系统普遍开展“诚信经营，服务社会”活动，认真履行商品服务承诺制，严格执行物价政策和限价规定，降低经营成本，受到社会好评。积极推进社有企业和基层社的改组改制工作，共有 11 家社有企业、18 个基层社完成改制工作。狠抓企业经营管理和债务清欠工作，层层分解落实扭亏责任目标，加强财务管理，完善财务制度，市供销社下发《全市供销社系统内部审计工作意见》，强化内部审计工作力度，全年减少各项费用 78 万元。采取行政、法律和经济的手段，全面清查催收旧欠，加大内部清欠工作，防止社有资产流失。市供销社还根据国家十部委联合通知精神，做好债务剥离和政策性亏损挂账核实分解工作，全市供销社系统共剥离债务 1.08 亿元，核实分解中央政策性亏损挂账 1603 万元，地方政策性亏损挂账 3119 万元，经营性亏损挂账 7217 万元。在经营管理中层层落实目标责任制。年初市社与县（市、区）社主任签订年度《扭亏增盈责任书》，下达扭亏增盈指标，制定具体财务管理办法。在转换经营机制中，蕉城区农资公司加盟省农资集团“龙得宝”连锁经营网络，福鼎市组建省农资集团福鼎经营部，屏南县成立农资配送中心，霞浦县与泉州客商联合重组农资公司。古田、福安、柘荣等县（市）社也积极筹备加入省“龙得宝”农资经营服务网络。周宁、寿宁县启动农资公司重组和改制。

2005 年，商务部确定蕉城、福鼎、福安、霞浦 4 县（市、区）为“万村千乡”市场工程试点县。市供销社成立“万村千乡”市场工程试点工作领导小组和办公室，抽调专门人员，指导试点工作，组织县（市、区）社主任赴浙江绍兴考察现代经营网络建设，稳步推进“万村千乡”市场工程建设。对乡、村两级农家店，商务部扶持资金分别为2000元和3000元，省财政和省经贸委配套扶持资金各1000元。全市共建农家店52个。年底，全系统在经营管理中亏损面下降35个百分点，实现利润9.8万元，15年来首次实现扭亏为盈。完成54个基层社和44个直属企业的改制工作，分流安置职工1029人。宁德市茶叶公司改制工作进入实施阶段。柘荣县供销社基本完成农资公司、东源等6个基层社和直属公司改制和人员分流工作。霞浦县社结合“万村千乡”市场建设工程，以构建现代流通方式为目标，推进三沙、牙城、长春、下浒4个基层社改造。福鼎市叠石、店下、秦屿等基层社以及福安市坂中供销社、储运公司启动改制工作。屏南、寿宁等县对有条件的基层社进行撤并重组，对个别直属企业进行分流减员。

第二节　合作经济组织建设

1996年，贯彻省委“关于依托供销合作社发展农村专业合作社，专业协会、完善农业社会化服务体系，推动农业产业化通知”精神，把兴办供销系统专业合作社列入工作议事日程，结合农业产业结构调整，抓住本地区支柱产品，以建立水果、食用菌、茶叶、蔬菜、水产品等专业合作社与专业协会为重点，制定具体建社方案。宁德市（今蕉城区）六都草莓专业合作协会率先成立。至年底，全区成立各类专业合作社6个，社员50人。1997年，宁德地区行署下发《关于进一步加快专业合作社建设的通知》。各县（市）纷纷依托供销合作社，启动兴办各种专业合作组织工作。1998年，福鼎市前岐蘑菇专业合作社成立，年鲜菇交易量超过1万吨，交易额5000万元，菇农人均纯收入近万元，前岐蘑菇专业合作社成为全国闻名的“南菇北调”集散地和全省示范专业合作社。全区发展专业合作社9个，协会11个，会员发展到1184人。1999年，全区已创办专业合作社21个，专业协会13个，分布于全区9县（市）30个乡镇，入社农民近千户，入社资金210多万元。2000年，全区创办专业合作社13个，专业协会21个，分布9县（市、区）30个乡镇，入社农民近千户，入社资金210多万元，大部分专业合作社取得明显的社会效益和经济效益，福安上白石太子参专业合作社，蕉城区八都蘑菇专业合作社经营效益明显提高。

2001年，县（市、区）供销社继续发动农民联合兴办各种类型的专业合作社、行业协会。年底，全市建立各类专业合作社10个，入社农民1481人。建立各类行业协会19个，会员增加到321人。分布全市9县（市、区）18个乡镇，入社资金280万元。福鼎前岐蘑菇专业合作社组织销售蘑菇500吨，价格比上年增加1元/千克以上，增收50万元。2004年，市供销社加强专业合作社、行业协会和村级综合服务站建设，贯彻市委、市政府《关于鼓励发展农民专业合作经济组织和农产品行业协会若干意见》精神，召开全市供销社发展农村合作经济组织座谈会，全面研究部署发展专业合作社和村级综合服务站工作，共组建各种类型专业合作社、行业协会51个；建立村级综合服务站218个，入社农户1748人，辐射带动周边农民5000多户。2005年，农村专业合作组织和为农服务体系建设不断加强。全市新建专业合作社11个，村级综合服务站52个，累计组建农村专业合作社、行业协会63个，入社社员2691人，入会会员760人，村级综合服务站268个。

1993—2005 年宁德市（地区）基层社、专业合作社、行业协会组织统计表

表 17-10 单位：个、人

年份	基层社	基层社	专业合作社	专业合作入社社员	行业协会	行业协会入会会员
1993	104	3145	—	—	—	—
1994	104	3140	—	—	—	—
1995	104	3125	—	—	—	—
1996	104	3118	6	50	—	—
1997	104	3105	6	80	—	—
1998	106	3221	9	1184	11	88
1999	106	3115	921	938	1413	321
2000	106	2610	1013	1481	1921	321
2001	106	1739	10	1481	19	321
2002	106	1726	11	1484	19	321
2003	106	1716	19	2197	24	460
2004	106	1110	24	2306	27	622
2005	106	1078	30	2691	33	760

第三节　农业生产服务

一、农资供应

1993 年，宁德地区供销系统生产资料经营种类包括化肥、农药、农膜、农具等。经营管理中又以化肥储运、调拨、供应为主。各地供销社均建立“淡储旺供”的化肥储备制度。确保农资供应计划落实（冬储化肥必须储存 6 个月，即当年 10 月至次年 3 月），农行按行署下达冬储任务贴息款 48.64 万元，交通运输部门车辆在区内运输农资免征过桥过路费。针对当年农资市场较为混乱，非农资专营单位和个体户插手经营农资现象，各级供销社和农资部门采取有效措施，完成省计委和地区行署下达的农资冬储任务。全年全区农业生产资料销售总值 14693 万元，化肥 22.4 万元，农药 2265 吨，农膜 262 吨。

1994 年，贯彻省政府《关于改革化肥等农业生产资料流通体制的通知》精神，化肥调拨二级批发一级零售改为一级批发一级零售。即县农资公司与基层供销社批零结合，推行代销制。农资流通渠道执行各级农资公司为主渠道，农业“三站”（农技站、经管站、种子站）与工厂为辅助渠道的政策。地区供销社与地区工商局联合下发《关于加强农资市场管理的通知》，加大农资市场管理力度，地区财政局拨补化肥冬储超储贴息款 54.18 万元，确保农资经营渠道畅通，全区销售化肥 19.69 万吨、农药 2192 吨，农膜 434 吨，农业生产资料销售总额升至 17780 万元。

1995 年，农资经营提倡“四分开”（计划、价格、品种、数量）、“一监督”（接受群众监督），稳定农资市场，促进农资销售。地区财政拨补化肥冬储超储贴息款 107. 4 万元。全区年销售农业

生产资料总额增至 21700 万元，同比上年增长 22%；销售化肥 21.36 万吨，比增 3.4%；销售农药 2667 吨，比增 21.7%；销售农膜 182 吨。

1996 年，供销系统开展春耕农资供应“六好”优质竞赛活动和“销售农资商品千县万社无假货活动”，开展农资县基层连锁经营改革试点。全区年销售农业生产资料总值 25059 万元，销售化肥 20.62 万吨、农药 2330 吨、农膜 161 吨。地区财政局拨补化肥冬储超储贴息款 52.16 万元。

1997 年，贯彻省政府《关于进一步完善化肥流通体制的通知》精神，在全区推行县级供销社与基层供销社联合、连锁经营化肥做法，减少流通环节，降低流通费用，让利于民。全区推行不同形式的县基层连锁经营体 78 个，占全区基层社总数的 73.6%。设立供肥点 700 个，比 1981 年省定供肥点增加 255 个。全年供应农业生产资料总额 22892 万元，化肥 20.34 万标吨、农药 2089 吨、农膜 95 吨。

1998 年，深化农资流通体制改革，推行县基层连锁经营体 92 个，占全区 106 个基层供销社的 87%，比上年增长 12.7%。继续深入开展农资供应系列化优质服务，做到“联村双联户，登门搞服务”，供肥点增加到 824 个，比上年增长 17.7%。同时向全社会推行质量承诺制服务。针对化肥市场货源不足，价格上涨、竞争激烈等新情况，供销系统积极拓宽货源渠道，探索总经销、总代理的路子，以总代理、总经销方式，向农民供应各种化肥 24.3 万吨。全区供应农业生产资料总额 22892 万元，年销售化肥 19.95 万吨、农药 2089 吨、农膜 95 吨。宁德、寿宁、屏南县（市）农资公司和 8 个基层供销社被省技术监督局和省供销社评为“农资年供应满意单位”。

1999 年，农资部门在抓好经营管理的同时，注重抓好精神文明建设，教育干部职工守法经营，爱岗敬业，积极开展“千县万社无假货”和“六好”（数量、质量、计量、价格、品种、时间）优质服务活动，杜绝假冒伪劣商品，恪守企业信誉。旺季各基层社增设临时供肥点，实现 24 小时全天候营业，变坐店经营等客上门为只要农民需要就直接送货上门。完善由县公司统一进货和以资金安全回笼为核心的县社、基层社联合、连锁经营体制。加强与生产厂家的联合，全区建立 45 个厂家代销、代理点，发展 16 个农资专业合作社，开展预约、送货上门服务化肥 7.1 万吨，占年供应总量的 47.3%，农药 460 吨，占年供应总量的 33.5%。全区配备经省社、省技术监督部门核批配备农资质检员 13 人，自行配备的质检员 100 多人，加强对农资商品质量监督。全年销售化肥 15.7 万吨，比上年下降 1.6%，销售农药 1449 吨，比上年下降 24.18%，销售农膜 198 吨，比上年增长 28.57%。

2000 年，贯彻国务院《关于开展严厉打击制售假冒伪劣商品违法犯罪活动联合行动的通知》，各县（市、区）社配合当地工商、质检、物价、司法等部门，开展专项打假活动。2001 年，宁德市委、市政府在春耕前召开 14 个乡镇分管农业的乡、镇长和农业“三站”（农技站、经管站、种子站）、市财委、物委、技术监督局、工商局、监察局、农业局、供销社等单位负责人参加的整顿农资市场工作会议，对全市农资备供数量、质量、价格等进行全面检查，规范农资市场。供销系统开展农资商品质量自查活动，共自查化肥 3 万吨，农药 210 吨，均符合质量要求。配合质量技术监督、工商等部门开展全社会农资专项打假活动，出动执法人员 815 人次，检查企业 315 家，抽检化肥、农药等 89 批次，查获过期农药 1973 瓶，过期化肥 600 吨，假冒农药 520 瓶。

2002 年，市供销社加强农资市场的监督与管理，组织两个队对供销系统 85 个农资经销点进行拉网式检查，查出部分过期农药当场封存，部分标识不清的化肥、农药，限期退还厂家。蕉城区工商局、农业、公安、质监、农办等 5 个职能部门，联合对 53 家农资经营网点主体资格、农资产品质量和经营秩序进行全面检查。2003 年，贯彻中央一号文件精神，市供销社组织人员分别于3月、4月开展两次大规模的农资自查自纠打假活动，对系统内800个农资网点进行清查，杜绝假、劣农资从供销社渠道流入农民手中。全系统销售化肥18.1645万吨，基本满足全市农业生产的需要。全年实现农资销售22128万元，比上年增长13.53%。

2004年，面对资金不足、价格上涨、运力不足等情况，市供销社班子高度重视，积极应对，确保省计委下达的7.2万吨冬储任务的完成，满足春耕用肥需要。先后组织100多人次，同市、县两级工商、质监、农业、物价等部门开展农资产品质量大检查，严禁假冒伪劣农资产品流入市场。

2005年，各县（市、区）社实行股份制重组农资公司，构建新型农资经营服务平台，开展农技宣传服务，引导农民科学用肥用药。在全市供销系统开展自查自纠35次，配合执法部门开展农资市场专项整治活动，严禁假冒伪劣农资产品流入市场。成立14个农资配送中心，组织开展送肥下乡，方便农村农资冬储和春耕供应。全市供应各种化肥17.9万吨，农药1591吨，基本满足农业生产需求。在全市开展不生产、销售过期、失效、变质和标签不全、不合格以及国家禁用的农资产品；严禁加工、购进和销售硝氨、剧毒杀鼠剂及国家明令禁止的高毒农药；不生产、销售无登记证（或推行许可证）、批准文号、品种审定、生产许可证、经营许可证、产品质量合格证的商品；不生产、销售掺杂、以次充好等假冒伪劣农资产品；不生产、销售假冒他人产品商标、名称、包装、装潢、厂名厂址、各类农资产品；不假冒伪造或者买卖生产（经营）许可证、批准文号或者产品登记证、合格证；不伪造、涂改产品经营单位名称、地址、有效期和有关质量标识；不利用广告或媒体对农资产品质量、服务、功效、适应范围等作虚假宣传；不短斤少两，计量诚信等活动。

二、庄稼医院

1997年，宁德地区供销社为及时有效地防治农业生产上的病虫害，决定在系统内推广“庄稼医院”。至年底，全区建立为“三农”（农村、农业、农民）服务的“庄稼医院”110所。其中，中心庄稼医院9所，配备庄稼医生119人，聘请农业部门农技员27人，实行坐堂、咨询、巡回、开方、买药服务。1998年，各地通过开展农资科技免费咨询服务，发放宣传科技资料2.8万册，举办科普讲座5期，受训农民达3000人次。同时，聘请119人当庄稼医院“医生”，巡回义诊，实行诊病开方卖肥、卖药，并推广新化肥、新农药，以提高科技水平与农资商品利用率。屏南县农资公司投资3万元整修“庄稼医院”，聘请1名高级农艺师，2名农艺师常年坐堂咨询，联合农业科技部门开展测土配方、优化施肥和病虫害综合防治实验。柘荣县农资公司与农业局签定协议书，双方协议农业生产所需化肥、农药等农资商品，必须由县供销社农资公司统一经营。1999年，全区“庄稼医院”覆盖面从1998年的67.1%提高到103.8%。2000—2004年，各地按“十有”（有健全的领导班子，有经济效益，有自营农资、日用品、烟花爆竹、再生资源回收门店，领办专业合作社，设立村级综合服务站，建有农副产品交易市场，统一使用供销社标识）要求继续整顿和完善“庄稼医院”，逐步建立健全科技咨询服务制度，创新服务方式，扩大服务功能。注重抓好队伍建设，吸收一批懂业务、懂技术、有经验、能吃苦的中青年骨干充实到庄稼医生队伍；进一步完善“庄稼医院”服务功能。在抓好咨询问诊、开方卖药的同时，大力开展测土配方施肥工作，加强新肥、新药的试验、示范和推广工作，以加强示范基地建设。2005年，进一步加强“庄稼医院”规范化建设，建有庄稼医院100个，全市“庄稼医院”普遍实现“四有”（有医生、有场所、有工作制度、有农资商品）要求。

第四节　农村生活资料经营

1993 年，宁德地区供销社网点主要经营布匹、服装、鞋、帽、文具、小五金、烟花爆竹等工业品以及油、盐、酱、醋、肉、蛋、茶叶、蔬菜、水果等农副产品。福鼎县供销社组建总公司，先后在温州、苍南、福州开设边贸窗口，在香港办顺富国际有限公司，在沙埕海上网箱养鱼。从当年开始，地区供销社从省外调进烟花爆竹，由公安处和地区供销社联合制定购销计划，各县（市）成立有烟花爆竹管理办公室，宁德市日杂公司被省日杂公司指定为宁德地区向省内外统一归口批拨烟花爆竹的经销单位。采取联购分销的方法，统一向省外组织货源，按合同分销各县（市）日杂公司。全区供销系统社从事经营烟花爆竹企业发展到 10 家（宁德、福鼎、福安、霞浦、古田、屏南、寿宁、周宁、柘荣日杂土产公司和宁德地区土产日杂公司）。

1994 年，贯彻国务院《盐业管理条例》和宁德地区行政公署文件精神，食盐批发、零售业务委托各县供销社经营，实行食盐销售由供销社主管部门颁发许可证制度。

1995 年，贯彻福建省公安厅和福建省供销社联合下发《关于进一步加强烟花爆竹安全经营管理的通知》精神，福安、古田、宁德、寿宁、屏南等县（市）成立烟花爆竹管理办公室。开展全区性烟花爆竹市场整顿工作，对没有爆竹物品销售安全许可证和工商营业执照的一律取缔。

1996 年，基层社网点经营的生活用品种类明显增多，各种玩具、食品、化妆品等琳琅满目。变柜台式销售为自由式选购，改变了过去“油盐酱醋找个体、日常用品赶大集、要买大件跑城里”的落后状况。一些乡村集镇办起了小超市，农村市场欣欣向荣。扩大供销社蘑菇、蔬菜、食用菌、茶叶、槟榔芋等土特产品购销业务。根据《福建省人民政府办公厅关于供销社经营报废汽车请示的批复》精神，地区供销社开始经营占 30% 比例的报废汽车经营业务，成立宁德地区凯达报废汽车回收有限公司，与占 70% 的股份的地区物资局联营。依照国务院关于《食盐加碘消除碘缺乏危害管理条例》《福建省碘盐管理办法》的要求，各县（市）成立碘盐管理站（所）确定碘盐专营公司，指定专人负责全区碘盐零售供应工作，并配合工商、技术监督等相关部门整顿碘盐市场。根据国家工商行政管理局和中华全国供销总社联合下发的《关于加强棉花市场和调拨运输管理的补充通知》，全区供销系统实行联购分销方式，初步形成以土产公司为龙头，以基层供销社为依托的棉花购销体系。

1997 年，采取代购代销经营形式，创办农产品批发交易和信贸市场。大力组织价廉物美的工业品下乡，搞好工业品的联购分销。基层社推行总代理、总经销为主的代理制，在集镇发展一批名牌摩托车、家用电器、建筑装饰材料等名牌商品的专营商店和维修网点。在农村人口相对密集的乡镇开办餐饮、食品加工、修理、文化等综合服务，发展旧货市场和药材特殊商品的经营，活跃农村市场。普遍开展明码标价，诚实守信，预约销售，送货上门，拆零供应，方便购买等承诺服务。建立商品缺货登记簿、村民联络簿，及时为群众组织货源，保障供应。全面推行商品信誉卡制、诚实守信经营承诺制、商品进销台账报备制、商品“三包”（大件商品包送货上门、食品在保质期内发现问题包换、电器在保修期内包修）责任制、联合保护农民消费者合法权益责任制、经营者信用公示等 6 项制度。自觉抵制销售“三无”（商品无产地、食品无生产日期、无使用说明）产品，严禁伪劣商品流入市场。蕉城、福鼎、霞浦、屏南、周宁 5 个县（市）供销社相继开展液化气经营业务。福鼎市社率先组建鑫象石油液化气有限公司，投资 100 万元，兴办设计库容100立方米贮罐站，年供气2000多吨，创利50多万元。蕉城区供销社以供销总公司为龙头，实行“总公司—供应站—供应点”的经营管理模式，在13个基层社发展40多个液化气经营网点，市场占有额达65%。屏南县社成立的聚力液化石油有限公司成为县域液化气经营龙头企业，在城关设立4个液化气经营网点，在每个乡镇各设1个液化气经营网点，市场占有份额达61%。福鼎、屏南等县（市）根据地区供销社下发的《进一步开拓旧货市场的工作意见》，成立再生资源管理站，担负废旧物资收购经营。

1999年，全区5个县社液化气经营合计达55万瓶，金额2500多万元，创利120万元。其中，蕉城区发展用户3万多户，年销量20多万瓶，销售额900多万元；福鼎市发展用户2万多户，年销量17多万瓶，销售额840多万元；屏南县社年销量10万瓶，销售额450多万元；霞浦县年销售额270多万元。由于源头储罐站竞争激烈，供销社只有经营权没有管理权和网点审批权等原因，2000年以后供销社系统逐渐退出液化气经营市场。

2003年起，省外烟花爆竹产品调运审批权下放到各级公安机关办理。全市供销系统开展烟花爆竹专项整治活动。共出动检查6000多人次，查获伪劣商品300多件，金额10多万元。古田县供销社成立“三农”综合服务中心，总建筑面积2530平方米，服务涵盖综合信息发布、农民科技阅览、农资连锁配送、农产品营销代理服务、农村剩余劳动力转移、打字复印传真服务等内容，年发布农产品供求信息1000条，陈列科技书籍1000多册。古田农资配送中心配备专用车，为全县107个“三农”服务网点实行连锁配送。被省计委确认为全省十大新型农村服务体系示范工程项目。

2004年，贯彻《宁德市人民政府关于印发宁德市2004年至2006年深化烟花爆竹安全专项整治工作实施方案的通知》文件精神，先后两次召开全市供销社烟花爆竹安全经营工作会议，全面部署安全经营工作。制定安全经营责任制，明确各级供销社一把手为安全责任人，并层层落实安全经营责任目标和责任追究制，加大安全经营整治力度，市供销社制定《宁德市烟花爆竹清理整顿工作方案》，深入全市有关门市、仓库进行安全检查，认真落实省市安全检查整改意见，全面整改和取缔不符合安全条件经营网点，配合公安部门严厉打击违法生产和经营活动，取缔地下作坊和严肃处理违法仓储的网点，全面规范烟花爆竹安全经营活动。全市供销社系统有烟花爆竹经营企业9个，从业人员1174人，经营网点890个（其中代批点42个，零售网点848个），销售额814万元，专用储存仓库9个，经营储存面积18623平方米。年销售百万元以上的企业有蕉城、古田、霞浦、福鼎4个县（市、区）。

2005年，蕉城、福鼎、福安、霞浦4县（市、区）供销社，被商务部确定为“万村千乡”市场工程试点县。4个试点县（市、区）社“万村千乡”市场工程累计投资371万元，建设农家店134家，配送中心2家，“万村千乡”市场建设工程稳步推进。全市供销社系统生活消费品经营企业120家，经营网点803个，拥有300平方米以上商场33个，营业面积25144平方米，年销售额16628万元。古田县供销社启动26层商住大厦建设项目筹建工作，该大厦全高80米，总建筑面积35768平方米（不含地下室），拥有3个2000平方米的大型商场和大小套房300套，地下室可安排33个车位。工程总投资6000万元人民币。投入使用后，县供销社拥有一层商场和3层商场的一半以及4层的办公场所。

1996—2005宁德市（地区）供销社商品购销情况统计表

表17-11　　单位：万元

年份	购进总额	其中：农副产品购进	销售总额	其中：生活资料销售	生产资料销售
1996	57262	2667	62312	12152	24150
1997	57860	3060	64070	17327	2290
1998	52126	3315	58734	17163	20594
1999	51892	4681	57552	20610	18751
2000	44491	3707	52221	21026	18864
2001	38527	2439	42292	18006	15365
2002	49536	3282	54201	24323	22036
2003	49761	3258	54164	24016	23852
2004	54938	3003	57854	24502	25195
2005	61417	4922	64935	25734	28017

1996—2005年宁德市（地区）供销社系统生活资料批零网点与零售额情况统计表

表17-12　　单位：个、万元

年份	批零网点	消费品零售额	年份	批零网点	消费品零售额
1996	2063	12152	2001	1585	21026
1997	2072	17327	2002	1561	24323
1998	1959	17163	2003	1343	24016
1999	2254	20610	2004	1277	24502
2000	2090	20610	2005	1306	25734

第五节　管　理

一、机构

（一）管理机构

宁德市（地区）供销社　1993—1995年，宁德地区供销社经费由省供销社全额拨给，下辖9个县联社、104个基层社、7个直属企业合计，在岗从业人员10431人。成立宁德地区供销社经贸总公司，实行供销社与总公司“一套人马，两块牌子”。经贸总公司内设贸易一部、贸易二部、综合办公室、财务部。贸易一部、贸易二部负责总公司经营业务，综合办公室负责供销社行政职能，财务部兼管总公司与供销社本部的财务工作。1994年，撤销贸易一部、贸易二部，成立综合贸易部。1995年，地区供销社直属企业减至4个，全区从业人员3125人。1996年，贯彻中共中央国务院《关于深化供销合作社改革的决定》和《宁德地区行公署关于宁德地区供销合作社机构编制及经费问题的通知》精神，宁德地区供销社内设“五科二室”，即秘书科、人事教育科、财务科、计划统计业务科、基层建设科、农业生产资料管理办公室、纪检监察审计室。核定地区供销合作社事业编制 30 名，人员经费按 1996 年在编 21 人控制，以地区事业单位人员定额的 55% 拨支，不足部分收取管理费充抵。12 月，地区供销社正式退出政府行列。下辖 9 个县联社、104 个基层社，直属企业减至 3 个，全区从业人员 3118 人。1999 年 10 月，计划统计业务科增设农副产品信息中心。是年，下辖 9 个县联社、106 个基层社，直属企业减至 2 个，全区从业人员 3115 人。2001—2005 年，宁德市供销社保持原机构编制不变。2005 年，下辖 9 个县联社、106 个基层社，从业人员 1078 人。

（二）直属企业

宁德地区茶叶公司　1993 年，公司编制 30 人。企业单位事业管理。原为经贸部指定“闽东大绿”样品茶加工基地。1995 年前，每年全国“两会”期间，公司均加工一定数量的“明前茶”送往经贸部茶叶司，作为“两会”专用茶。常年以生产各级茉莉花茶为主。1999 年因经营不善而歇业。

宁德地区果品茶叶公司　1993 年，公司编制 20 人。以经营各类干、鲜果品为主，兼营加工各级茉莉花茶，资产 500 万元，职工 53 人。后因茶叶市场滞销，经营管理不善，所欠银行债务 500 多万元无法清偿，1995 年 3 月被银行起诉，经职工会议要求申请破产。12 月，法院依法宣布破产，并对 28 名在职人员、15 名离退休人员和 10 名合同制工人分别进行安置。

宁德地区土产日杂公司　1993 年，公司编制 50 人。地址在福安市赛岐镇，主要经营闽东土特产和生活日用品。1995 年 6 月歇业。

宁德地区再生资源利用公司　1993 年，编制 12 人。地址在福安赛岐，主营回收废旧物资，进行分类处理改造利用。1995 年歇业。

宁德地区供销贸易公司　1992 年，成立，公司编制 17 人。主营家用电器，兼营生活日用品，1996 年停业。

宁德地区供销开发公司　1993 年，公司编制 12 人。1995 年改为宁德地区祥龙副食品有限公司，主营糖、烟、酒、味精等副食品。2001 年一部分职工买断身份下岗，一部分重组经营，机构消失。

福建省供销社驻温州办事处　1986 年 11 月成立，公司编制 7 人，其中 3 个行政编制。内设宁德地区供销社驻温州办事处、福建省供销社驻温州联合采购供应站、福建饭店 3 个机构。2003 年，温州办事处实行改制，其余两家相继破产。

二、管理

（一）清产核资

1993 年，全系统开展资产清查核实工作。地区及各县（市）供销社相继成立清产核资领导组，下设办公室，开展清产核资工作，以解决供销社“家底”不清，管理混乱，资产价值不实，资产闲置浪费，被侵占流失，经济效益高等问题。但由于供销企业历史悠久，点多面广，机构体制几经变动，情况复杂，政府各项相关配套相对滞后等原因，年底，全供销社系统的资产清查核实工作暂停。

1996 年，根据省政府清资办制定的《福建省供销社系统县以上供销社清产核资工作方案》，全区供销社系统经过户数清理，凡 1996 年 6 月 30 日在工商行政管理机关登记册的地、县（市）

社本部和县（市）社以上公司共94家，全部参加城镇集体企业清产核资“小规模试点”工作，以达到“摸清、解困、管好”的工作目标。对企业各项资产及负债、效益在1993年组织的清理基础上，进一步进行核对和查实，清查工作由各单位组织进行。对固定资产原值在200万元以上的企业的固定资产，按国家统一制定的《全国清产核资固定产价值重估统一标准目录》，进行重新估价。通过重估，固定资产增值572万元，计入资本公积。对资产清查中发现的有关资产核实问题，会同同级地方税务局按照有关政策进行处理。全区94个县（市）属以上公司资产额20688万元，负债总额14652万元，资产负债率71.17％。资产损失挂账2231万元，其中经营性亏损挂账366万元，潜亏挂账340万元，由企业在盈利时冲销，即自行消化。在此基础上，按照国务院颁发的《供销社社有资产管理暂行规定》为依据，由地区财贸委牵头，由各级理事会界定和处理产权问题。并按国家有关产权登记的规定，对经过清查、重估、界定、核实后的供销社社有资产及其所属企业法人占有的财产，依法进行登记，为促进供销社的改革与发展以及建立现代企业制度建立基础。

1997年，地区行署召开城镇集体企业清产核资扩大试点工作会议，地区供销社与清资办协调，决定宁德、福鼎、福安、霞浦、周宁、寿宁、屏南7个县（市）社所属的85个基层供销社参加“扩大试点工作”。1998年，全区供销社系统社本部和所属企业以及基层社全部完成清产核资工作。全区供销社系统资产4.87亿元，负债3.8亿元，所有者权益1.07亿元，资产负债率为78.06％。

1999年年初，按照全国供销合作总社提出“将1998年末亏损和财务挂账单列划断后，今年不再发生新的经营性亏损”的要求，全区供销系统有针对性地采取减亏措施。通过开展清欠、加强货款回笼、减少资金占用、加速资金周转工作，从而改善资金结构。使全区应收账款金额下降至4368万元，比上年同期减少207万元，各项管理费用比上年同期减少支出374万元，经营费用同比减少354万元，财务费用同比减少251万元。充分利用供销社大量闲置、低效资产，以较少的投入盘活资产。全区总计盘活资产514万元，抵还银行债务678.5万元，减轻利息负担209.4万元，新上项目6个，投资总额达815万元。

2000年，市、县（市、区）供销社均成立扭亏增盈办公室，县级社与专业公司、基层社签订扭亏责任状，按时检查、督促。开展货款回笼、清理欠账、呆账工作，以减少资金占用，加速资金周转。全系统各项管理费用比上年减少支出894万元，经营费用减少917万元，财务费用减少395万元。同时，通过资产运营，盘活存量资产，使大部分企业摆脱困境。

2001年，全市供销社系统经过改革减员，减少资金占用，减少费用支出等措施，全年三项费用和支出比上年减少837万元；有效剥离部分资产，清偿债务，在市供销社协调下，取得长城公司的支持，剥离200万元的资产，清偿了1540万元债务，减轻基层企业利息负担300多万元；抓扭亏目标责任制的落实，层层明确领导责任，重点抓亏损大户的减亏工作，关闭了一批资不抵债的企业，消除了亏损源，全系统减亏50万元，减亏幅度为14％。

2002年，根据省政府《关于供销合作社财务挂账处理有关问题的批复》，市政府下发《关于供销合作社财务挂账处理有关问题的意见的通知》，对全市供销社系统地方政策性亏损3131万元进行停息挂账处理。经市供销社与中国长城资产管理公司的协调，确认剥离有关县（市、区）供销社历史债务4000万元。各县（市、区）社成立清欠小组，设立清欠专户，制定有关制度措施，组织专人攻关清欠，加大了清欠力度。全系统清理历年欠款回笼资金810万元。

2003年，根据省政府《关于供销合作社财务挂账处理有关问题的批复》，市政府下发《关于供销合作社财务挂账处理有关问题的意见的通知》，对全市供销社系统地方政策性亏损3131万元进行停息挂账处理。经市供销社与中国长城资产管理公司的协调，确认剥离历史债务 10038 万元，收购外单位债权 938 万元，减轻了企业负担，促进了扭亏增盈。

（二）信息网络建设

1998 年，全区各级供销社围绕开拓市场，搞好服务，深化改革，真正办成农民的合作经济组织开展工作。建立信息服务中心，与有关部门联网，为农民提供农产品产销信息，引导调整农产品结构。地区供销社组织各县（市）供销社主任到南平、建瓯市供销社实地考察学习，派出人员到省社培训计算机知识。宁德、霞浦、寿宁等县（市）社相继成立农副产品信息中心，并与省社联网。宁德市供销社信息中心编印简报 12 期 1200 份，为政府提供信息 20 条，为企业提供专项信息 60 份，发布供求信息 500 条，实现网上直接交易总额 5000 万元。霞浦县信息中心设立农副产品供求专版。当年接收全国各网络信息 71 份 2 万条，采编发布信息 26 份 200 条，发行网络商情 74 份 400 条，实现网上交易 2000 万元，初步发挥了运用科技指导生产、引导流通的作用。2000 年市、县（市、区）社均已建成农副产品信息中心，实现全市、全省联网及与全国总社联网。编发专刊 94 期，发布供求信息 6887 条，专版 246 条，接受咨询 1022 人次。开展市场预测、预报指导商品销售 126 次，成交金额 595 万元，促进商品成交额 8366 万元，其中农副产品成交 7771 万元。全年销售化肥 13.7 万吨，农药 1326 吨，农膜 154 吨，基本满足农业生产需要。

2001 年，农副产品信息网络为农服务功能进一步增强，全市 10 个信息服务中心全年发布各类供求信息 1290 条，编发信息刊物 75 期，接受咨询 822 人次，预报指导商品销售 6869 万元，市社信息中心被市政府评为“调整农业结构，增加农民收入”先进单位。2002 年，全市农副产品信息中心发布各类农副产品供求信息 630 条，专版 64 个，编发信息刊物 57 期，接受各种咨询 687 人次。通过网上发布商品供求信息促进商品成交 3684 万元，通过开展市场预测、预报，指导商品购销 3260 多万元。各信息中心向乡镇延伸网络，连接全市农村联动网，成立基层信息站点终端 60 多个，并立足当地主导产业，采集、发布农副产品信息，此举深受农民欢迎。2003 年，全市供销社农副产品信息中心发布各类供求信息 1011 条，专版 39 个，信息网络促进商品成交金额 4874 万元。接受各种咨询 701 人次，开展市场预测、预报 611 次，指导商品销售 3382 万元。按照福建省供销社在全省开展联系百家龙头企业、千家专业大户的工作部署，全市供销社系统信息中心联系龙头企业 12 家，专业大户 100 户，开展对龙头企业、专业大户定向信息服务。各信息中心向乡镇延伸网络，连接全市农村联动网。2004 年，各县（市、区）筹集资金购置有关设备，增加信息专职人员，各县（市、区）社建立信息中心，延伸乡镇农产品信息网点 8 个。全市供销社系统共发布农产品信息 1371 条，接受各项咨询 1441 人次，编发农情信息简报 84 期，联系龙头企业 16 家，专业大户 105 户，开展定向信息服务，促进商品成交额 3692 万元，指导商品购销 4409 万元。编写《闽东农副产品流通信息》12 期，为指导农村生产和领导决策提供服务和参考，取得良好成效。2005 年，发布农产品信息 1599 条，接受各项咨询 2591 人次，编发信息刊物 108 期，联系龙头企业 16 家，专业大户 105 户，开展定向信息服务，促进商品成交额 3711 万元，指导商品购销 4664 万元，编写《闽东农副产品流通信息》12 期。

第五章　烟　草

第一节　卷烟购销

一、卷烟购进

（一）省外购进

1993年，宁德地区烟草分公司根据“二级批发面向全国，三级批发面向全省”的原则，依靠采购人员多跑产地，联络感情，开辟省外烟市场。按计划全区省外烟生产者购进量为27459箱，其中上海烟4964箱、云南烟2749箱，分别比上年增长68.7%和161.1%。1994年，实施福建省烟草公司“实施名牌计划意见”，全区省外烟生产者购进量为36192箱，比上年增长31.8%。保证了烟草行业持续、稳定、健康发展。1995年，地区分公司严格执行省公司计划控制数和限制牌号的省外烟调入，积极完成合同计划。分公司和闽东调剂部以上海、湖南为重点，主攻云南业务。全区省外烟生产者购进量为32833箱，其中：闽东调剂部购进24019箱，比上年增长26.2%；分公司购进上海烟3227箱、湖南烟11310箱、云南烟6849箱。1996年，地区分公司制定“主攻云南、上海烟，发展浙江、湖南烟，兼顾其他省份”的采购策略，广辟省外卷烟货源。全区有15名采购人员负责云南烟货源的组织，10人专门负责北京卷烟市场交易。当年，全区省外烟生产者购进量为34164箱，比上年增长4.05%。1997年，针对全区计划内卷烟货源出现短缺现象，地区分公司组织人员到厂家洽谈、催调，在保证计划内货源及时供应到位的前提下争取计划外货源，并组织各县（市）公司负责人前往上海、云南等省外卷烟厂家，联系货源，以增加卷烟销售量。全区烟草专卖系统省外适销货源的合同履行率达100%。全区省外烟生产者购进量为35197箱，比上年增长3.02%。1998年，福建省烟草公司对省外烟在省内市场的投放量进行调控，省外烟的调入在品牌、数量等方面做出一系列严控规定，为给专销牌号“红古田”腾出市场空间，对曾受宁德烟民长期偏爱的部分省外烟进行调剂。全区省外烟生产者购进量为32636箱，比上年下降7.3%。

1999—2003年，省外烟在宁德市场的份额逐年下降。2003年全区省外烟购进总量36075箱，比上年下降6.1%。其中，批零业购进量21541箱，同比下降3.2%；生产者购进量14408箱，比上年下降10.04%。2004年，按照国家局、省局大市场、大品牌的经营管理策略，宁德市烟草分公司大力引进全国百家牌号卷烟，使省外烟销售量得以大幅增长。当年根据省公司的计划，购进省外烟总量45664箱，比上年增长26.6%。其中，批零业购进量27251箱，生产者购进量18380

箱，分别比上年增长26.5%和27.6%。2005年，市分公司结合国家局“百牌号”战略，在对品牌上实行分梯次统筹规划的同时，认真制定长期发展方案。按计划全年省外烟购进总量为40031箱，比上年下降12.3%。其中，批零业购进量11632箱，同比下降57.3%；生产者购进量28396箱，比上年增长54.49%。

二、省内购进

1993年，宁德、霞浦县抓住泉州“刺桐”省内烟培育，使泉烟调进量分别同比增长73.5%和73.3%。福鼎、屏南、柘荣县巩固罗源烟市场，1—12月，购进罗源烟分别比上年增长72.9%、228.1%和520%。福安市看准云霄烟市场，使云霄烟调进量同比增长165%。分公司扶持“新乘风”等卷烟市场，调进量同比增长29.6%。各县市公司在地产烟“吃不饱”的情况下，派出人马开展区外调剂，弥补市场缺口。全区省内烟生产者购进量为54322箱。1994年，地区分公司在加强宏观调控的措施上突出抓好地产烟购进，全区在城关和农村主要集镇设立特约经销点，培育好地产烟市场。全年省内烟生产者购进量为46798箱，比上年下降13.85%。但由于注重提高地产烟的消费档次，省内地区外购入地产甲级烟比上年增长5.5%。

1995年，地区分公司主动参与市场调节，扩大经营，引导消费，进一步拓宽厦门烟在宁德市场的销路。福鼎软“特”牌，屏南、古田“咀沉香”“咀友谊”销量大增。全区全年省内烟生产者购进量为52593箱，其中购入厦门烟19300箱，比上年增长44.4%。1996年，分公司制定正确的投放策略，努力实现地产烟扩销增效。全区省内烟生产者购进量为49511箱。1997年，宁德卷烟市场竞争激烈。中高档牌号卷烟供过于求。全区烟草系统积极采取措施，培育地产烟，以销售省内烟为主。当年全区省内烟生产者购进量55600箱，比上年增长12.30%。1998年，全省着力培育地产烟市场，对地产烟的货源分配，由过去各县（市）公司自行到厂家订货改为分公司统一订货后再向各县（市）公司下达购进计划。分公司在组织货源时，根据市场走势进行认真分析，掌握投入节奏，及时调整地产烟品牌结构，并努力与厂家保持密切联系，补充货源，提高地产烟销售的市场份额。特别是抓住春节前后行情好、价位高的有利时机，提前组织货源，适时投放市场。省内烟生产者购进量为53332箱，比上年下降4.08%。

2000—2001年，宁德市分公司根据不同季节、不同品种，采取不同的调控策，加强全市卷烟产销计划的协调衔接，合理调整库存商品结构。2000年省内烟生产者购进量17027箱。2001年省内烟生产者购进量65834箱，比上年增长286.64%。2002年，根据福建省烟草专卖局下的总销售计划，全年省内烟购进总量59291箱，其中批零业购进量11437箱，生产者购进量47840箱，分别占总购进的19.31%和80.7%。2003年，市分公司认真执行省局下达的总销售计划，全年省内烟购进总量为58962箱，其中批零业购进量34033箱，生产者购进量24910箱，分别占总购进的57.7%和42.3%。2004年，主要培育省产六大骨干品牌和省局专销牌号sp“七匹狼”。全年省内烟购进总量59019箱，其中批零业购进量26406箱，生产者购进量32613箱，分别占总购进的44.74%和55.26%。

2005年，宁德市烟草系统积极实施国家百牌号战略。全年省内烟购进总量55160箱，其中批零业购进量4724箱，生产者购进量50436箱，分别占总购进的8.56%和91.44%。

1993—2005年宁德市（地区）省内外卷烟购进数量统计表

表17-13 单位：箱

年份	省外卷烟购进			省内卷烟购进		
	总量	批零业购进	生产者购进	总量	批零业购进	生产者购进
1993	—	—	27459	—	—	54322
1994	—	—	36192	—	—	46798
1995	—	—	32833	—	—	52593
1996	—	—	34164	—	—	49511
1997	—	—	35197	—	—	55600
1998	—	—	32636	—	—	53332
1999	—	—	26712	—	—	56019
2000	—	—	16148	—	—	17027
2001	—	—	16122	—	—	65834
2002	38418	22253	16017	59291	11437	47840
2003	36075	21541	14408	58962	34033	24910
2004	45664	27251	18380	59019	26406	32613
2005	40031	11632	28396	55160	4724	50436

说明：2001年前省内、外卷烟购进量没有把批零业购进指标分开。总量还包含专卖购入

二、卷烟销售

（一）换制转机

1993—1995年，宁德地区烟草专卖系统按照建立社会主义市场经济要求，抓好卷烟流通体制改革，在转换企业经营机制上下大功夫。古田、福鼎两县开展“三项制度”（干部制度、劳动用工制度和分配制度）改革，突出抓好“优化劳动组合”，实行“定员、定责、定岗”，卷烟配送责任制试点。1997—1999年，重点抓优化市场服务机制，在全区烟草行业树立“三个观念”（专卖专营观念，先有市场后有效益观念，送货服务是网建灵魂观念），提高“三个效率”（提高送货率、零售率和市场占有率），改变坐店经营作风，实行送货上门服务。屏南、周宁等山区县烟草公司购置送货车，加大送货上门力度。地区分公司专门制定了网点职工奖金分配与送货上门服务的业绩相挂钩制度，以促销地产的“七匹狼”“石狮”“特醇乘风”“盖沉香”等中、高档卷烟为重点，调动职工送货上门的积极性。福鼎、寿宁等县（市）还在浙江南部地区设点促销。

2000—2001年，重点加强卷烟市场管理，实行管销结合，在提高市场控制力中，全市烟草系统按照省烟草专卖局《全省烟草行业经济运行和专卖管理行为规范》《全省卷烟销售网络总体规划》中提出的努力做到“六个同步”（专卖管理和卷烟销售同步到位，市场管理和送货服务同步落实，专卖管理和批发网点同步运行，专卖科和网建科对网点销量同步承担责任，进行考核；管理和销售同步向农村市场深度和广度延伸，信息管理系统与网络建设同步运行）和“五个到位”（送货到位、专卖到位、服务到位、管理到位、领导观念到位）要求，并采取调整网点布局，强化送货服务，加强督查等措施，推进规范经营。2002年，全市烟草行业以“狠抓基础、狠抓规范、狠抓落实”为指导思想，坚持“至诚至信，全心全意”服务理念，巩固和强化网建工作，

2005年，宁德市举办卷烟零售客户法律知识竞赛　　彭康强　摄

全力打造大配送系统工程，加强经营机制创新，促进行业规范经营再上新台阶。

2003—2004年，市烟草系统注重制度化、规范化建设，建立健全规章制度，先后制定出台《关于进一步抓好规范经营和规范管理的实施意见》《关于紧俏烟销售管理的暂行规定》《全市烟草系统卷烟销售策略管理暂行规定》《全市农村卷烟委托代送点管理办法》等规范性文件，重点解决套证、变相卖大户等不规范行为，把规范经营放在第一位，推进全市范围内的商流、物流整合重组，对卷烟零售户星级评定、供货原则、农村代送点的选择、运作方法、监管办法等做出明确规定。坚持实行营销员（客户经理）定期拜访制度，印发客户手册，为零售户更好地了解烟草行业的法规、政策，进一步密切双方关系；制定客户经理岗位职责、考核办法及客户投诉管理办法等一系列规章制度，规范营销行为。销售策略的实施，提高了卷烟销售的透明度和行业规范化层次，推行卷烟零售明码标价，对高档消费场所和销售档次较高的核心经营户，在高档紧俏烟供应上给予倾斜。上述规定和措施受到了省烟草专卖局肯定，并在全省烟草行业推广。2003年销售一类烟比重占9.74%，销售二类烟比重占13.2%，全市共销售卷烟84750箱，同比下降3.57%。地产烟销售58568箱，同比下降5.2%。全年实现销售额7.67亿元，税利1.06亿元，其中利润7986万元。

2005年，建立健全品牌的引入和淘汰机制，为保证卷烟品类管理的科学性和民主性，分公司成立品类管理委员会，制定出台《品类管理委员会工作细则》，明确规定委员会组织架构、职能权限，细化委员会运作规划。

（二）市场销售

1993—1994年，注重名牌卷烟促销工作，在抓名牌卷烟上，制定“实施名牌计划”，重点加大出口“富健”“翻盖古田”地产名优烟的市场开发，在抓促销工作中，针对全区卷烟市场“抛空库存，销售下降”状况，采取建立特约经销点，货源分配切块安排、搞活全区农村和边贸市场等措施，加大地产卷烟的促销力度，避免脱销断档。对于积压品种，采取委托寄售、售后付款或退货等措施，以调动经营者的积极性，有效扭转卷烟销售量下降现象。对地产烟坚持稳价促销，调控卷烟市场，挖潜搞活全区农村和边贸市场，加大地产卷烟的促销力度和出口“富健”“翻盖古田”地产名优烟的市场开发，销量增长较快。1993年全区销卷烟103147箱，其中从省内区外调入卷烟81048箱，占78.6%；利润2216万元，比上年增长74.49%；销售税利2652万元，比上年增长83.99%。1995年，创利润1593万元，保持了经济效益持续增长的好势头。

1996年，采取联手开发研制卷烟新产品措施，当年投入市场的新产品有福鼎市公司与厦门卷烟厂联营生产的“鼓浪屿”牌卷烟，霞浦县公司与福州畲山卷烟厂共同开发的“三沙”牌卷烟，地区分公司与龙岩卷烟厂联营生产的“红霞”牌卷烟。福鼎、霞浦分别设立“鼓浪屿”烟经销部和“三沙”烟开发办公室，分公司成立新产品开发科，专门负责此项工作。“鼓浪屿”牌卷烟经销系统内外同时拓展，以定点销售为主，统一调拨价、批发价和零售价。“三沙”牌卷烟在经销中推行“以霞浦带动全区，以福州、涵江辐射全省”的营销方式，立足本地向外拓展，因地制宜，制定合理价格，对推销有方的经销商给予价格优惠。同时注重广告宣传，福鼎市公司利用福建电视台天气预报、泉州李宁体操表演电视实况广播，以及在国道104线、福厦线设路牌广告，并在厦门、泉州和南平、三明、浙江等地开展促销活动。霞浦县公司提出“大众消费品要让大众知道”的口号，面向社会征集广告词，举办“三沙”卷烟电影招待会和文艺晚会。当年，“鼓浪屿”和“三沙”烟分别销出839件和836件。销售卷烟86376箱，比上年下降13.7%。完成销售额53071万元，比上年增长17.74%，创利润3458万元，比上年增长113.46%。毛利率达10.7%，比上年增长3.45%。

1997年，各县（市）烟草部门加强宣传卷烟促销工作，采取设立广告路牌、张贴条幅标语、出动宣传车、放映电影幻灯、发放宣传品、集中展销、送货上门等多种形式促销卷烟。全区销售地产烟57641箱，比上年增长14.4%。其间，为拓展省外市场，福鼎、寿宁等公司派专人到浙江温州、丽水等地设立销售点，把“特醇沉香”“特醇乘风”“鼓浪屿”“七匹狼”“石狮”等卷烟销往当地市场。全年销往省外地产烟3359大箱，同比增长211.88%。年底，全区销售卷烟113170箱，比增31%；销售总额94722万元，比增34.5%；实现税利5034万元，比上年增长15.3%；实现利润3093万元，比上年下降0.6%。

1998—2000年，各县（市、区）烟草部门积极走出去，参加各种展销会，在社会上采取有奖销售方式增加销量，注重拓宽销售渠道，发挥边界贸易优势，扩大云南、上海、杭州等省外名牌卷烟和地产卷烟的销售市场。其中：1998年，全区销售卷烟116688箱，比上年增长3.1%；卷烟销售总额为118555万元，比增20.1%；实现税利3876万元，实现利润2502万元。分别比上年下降23%和19.1%。1999年，完成卷烟销售110031箱，完成指标138.3%；地产烟销售57910箱，完成指标98.15%，地产高档烟销售7708箱，完成指标106.3%；地产中档烟销售15059箱，完成指标103.9%；完成销售额110430万元，比上年增长3.22%，实现税利3120万元，其中利润1991万元，完成年计划117%。2000年，销售卷烟87531箱，比上年下降20.45%。地产烟销售61719箱，比上年增长6.58%。地产一类烟销售8146箱，同比增长5.52%。地产二类烟销售15659箱，比上年增长6.76%。地产三类烟销售25053箱，同比下降22.93%。地产四类烟销售12861箱，比上年增长326.43%。全年完成销售额75192万元，比上年下降27.76%，实现税利6176.27万元，比上年增长80.82%。其中，利润4414.95万元，同比增长119.38%，毛利率为11.12，比上年增长110.61%，利润率为5.65，比上年增长197.37%。

2001—2002年，坚持规范化经营，卷烟销售稳中有升。2001年，销售卷烟88412箱，比上年增长1%。其中，地产烟销售66045箱，比上年增长7%。地产一类烟销售9094箱，比上年增长11.6%。地产二类烟销售17261箱，比上年增长10.2%。完成卷烟销售额94463万元，比上年增长3.3%。实现商业税利7922万元，比上年增长29.2%。其中，利润5930万元，比上年增长34.3%。毛利率为13.55%，比上年增长2.44个百分点。2002年，销售卷烟87889.4箱，同比下降0.6%。地产烟销售61790箱，比上年下降-6.4%。地产一类烟销售6806.4箱，比上年增长15.8%。地产二类烟销售4388.8箱，比上年增长25.1%。地产三类烟32088.6销售箱，比上年增长0.3%。地产四类烟销售14465.6箱，比上年增长15.7%。五类烟销售4040.6箱，比上年下降66.7%。全年完成销售额90014万元，比上年增长11.49%。实现税利11004万元，比上年增长46.43%，其中利润8145万元，比上年增长46.4%。毛利率为15.84，比上年增长2.35个百分点。利润率为9.16，比上年增长2.27个百分点。

2004年，分公司指导各卷烟营销部以“武汉双喜”替代部分“咀富健”市场，以“长城狮”

切换“新白狮”，以“平安狮”取代“红三沙”，并实施“特醇沉香”“黄富健”等牌号卷烟的整合工作，促使货源相对满足。并且在完成县级局（营销部）的大物流整合之后，组织人员深入调研，优化区域送货线路，采取部分区域就近跨县（市）送货办法，降低送货成本。全市完成卷烟销售89361大箱，比上年增长5.4%，地产烟销售55695箱，同比下降4.41%；省外烟销售33613箱，同比增长28.44%；名优烟销售35721箱，占总销量40%，比上年增长33.4%；一类烟销售10956箱，占总销量12.26%，销售同比增长32.77%；二类烟销售15873箱，占总销量17.76%，销量同比增长41.86%；实现利润首次突破亿元大关，比上年增长20.84%。

2005年，市分公司根据国家烟草专卖局提出的“大品牌、大市场、大流通”的指导方针，制定出台《宁德市卷烟品牌规划方案》，该方案对全市经营卷烟进行科学分类，结合国家局提出的“百牌号”战略，制定品牌长期发展规划。市分公司以构建和谐企业为动力，努力实现卷烟销售新目标。下发《2005年宁德烟草系统营销人员培训方案》，采取全员集中培训、骨干重点培训、企业内部培训、市内外交流学习等形式开展培训工作。福安营销部开展“本月我做主”角色换位培训活动，让客户经理轮流值班当一个月的“客户服务中心主任”，通过虚拟平台使客户经理扩展观察视角，提高营销人员的工作能力。结合省公司提出的“客户经理十大课题”，举办首届客户经理业务技能大赛。通过初赛、复赛、决赛，选拔3位客户经理代表市局参加省局决赛。完成卷烟销售92659箱，比上年增长3.7%；实现销售额10.14亿元，比上年减少2%；实现税利16880万元，比上年增长26.5%；实现利润13161万元，比增33.2%，均创历史最好成绩。销售一类烟14802箱，比增35%，占总量比重15.9%。条价均达到51.1元，比上年增长4.6元。市场占有率达到93%。省产烟销售53328箱，占总销量57.6%，省外烟销售39223箱，占总量的42.3%。

（三）网络销售

1. 网点建设

1993—1994年，宁德地区烟草分公司在各县城关和农村主要集镇设立卷烟特约经销点210个（其中农村70个，城关140个），卷烟畅销品种优先安排特约经销点，并开展送货上门服务。

1998年，宁德烟草开展送货服务

1995年，烟草行业以深化流通体制改革为重点，在系统内开展“下伸网点，送货上门”活动。全区建立卷烟销售网点80个，其中烟草专卖局自设76个，委托经营户建设4个；分布在城关35个，农村45个；同时建立卷烟配送中心10个。1996年，地区分公司加大网络建设力度，本着“管建并举，以管为主”的指导思想，搞好基本建设，增强企业后劲。仅宁德市（县级）就投资100万元用于购置店面，扩大网点经营。各地还不断完善监督制约机制，以保证网点工作健康开展。全区新建网点22个，实现网点102个，从业人员260人。1997年，全区网建工作本着“转变机制，完善服务，规范管理，加强监督，发挥功能”的指导思想顺利推行。宁德市（县级）投资158万元，购置店面4间。全区新购置店面6间，面积280平方米，总投资200万元。

1998年，地区分公司加快卷烟网建速度，下发《宁德地区农村网建工作总体规划》和《全区网建工作验收方案》，全区投入购买网点资金 515 万元，其中装修网点资金 49 万元，新增烟草专卖部门自有产权网点 14 个，福鼎、柘荣、屏南等县烟草专卖局自有产权网点分别占 50%，而且全部自建网点设施基本配套，乡镇网点全部配齐传真机。屏南县公司还对城关 3 个网点实行电脑联网。全区批发网点从 102 个增加到 116 个，其中自建网点 78 个，占网点总数的 90.6%。分公司委派 8 位中层干部到 8 个县（市）公司担任网建督察员，定期进行督促检查。9 月，全区网建工作通过省烟草专卖局验收。1999 年，分公司销售管理科更名为网建管理科，并充实人员，健全岗位责任制。各县（市）公司也相继成立网建管理机构。全区累计投入网点建设资金 1810 万元，有 63 个网点配备安装了电脑，7 个县（市）公司的全部网点都安装使用电脑。各单位普遍购置送货专用车辆，招聘 40 名送货员，使送货上门服务形成制度。地区分公司各科室人员轮流参加送货，送货率达 85% 以上。全区共有批发网点 85 个，其中自设网点 74 个。网点供应零售户 5000 多户，从业人员 257 人。周宁县公司在没有设立网点的乡镇开设“流动网点”。

2000 年，宁德市烟草系统认真贯彻省烟草专卖局关于网建工作“一要规划，二要改革，三要创新”的要求，调整网点布局，提高网建质量。撤并效益不高、辐射范围不广、发展潜力不大的网点，集中人力、物力、财力，建设人口集中、商贸繁荣的城镇中心网点。并加强访销与送货力度，最大限度发挥网点功能和效益。全市卷烟批发网点由原来的 74 个调至 59 个，发展卷烟零售户 9793 户。2001 年，市分公司制定《关于贯彻省局卷烟销售网络建设总体规划的实施意见》，对全市卷烟销售的网点设置、工作目标、基础设施、人员轮岗、考核督查等做了全面部署。各县（市、区）完成城关批发网点的撤并与农村批发网点的调整，全市批发网点（配送中心）从年初的 59 个调整为 49 个，其中配送中心 10 个，农村网点 37 个。全市卷烟系统共有专职送货员 137 人，专职访销员 47 人，送货机动车 54 辆、摩托车 31 辆，多数乡镇网点送货从原来的每周 1 ~ 2 次，增加到每周 3 ~ 4 次。基本形成城市网“全面访销，全面配送，访送分离，专销一体”和农村网“边访边送，访送一体，管销结合”的运作模式。全市卷烟市场网络占有率达 92% 以上。其中，蕉城、霞浦、屏南、古田的入网销售率高达 97% ~ 100%。2002 年，全市烟草行业投资兴建卷烟大配送系统工程。全市投入网建大配送基础建设资金 700 多万元，新增购送货车 4 辆，结合新系统升级配置访销 POS 机 118 台、电脑 113 台，在 58 部送货车内安装保险柜。10 月，全市大配送和专卖信息系统启用，11 月电子商务系统开始应用。各县市公司访销中心、配送中心、配货部、打码车间等场所普遍进行了装修改造，基本形成一个访销、配送、稽查三线分离、三线互控、分工明确、密切协作的大配送工作格局。全市系统拥有持证零售户 10013 户，持证率 3.3%，持证入网户 9517 户，网络从业人员 528 人。

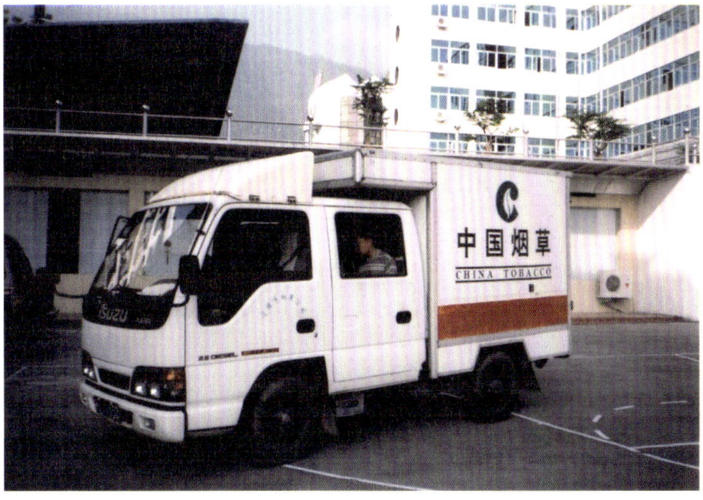

2003 年，宁德烟草送货车辆整装待发

2003 年，按照“狠抓基础，狠抓规范，狠抓落实”的要求，全力打造烟草行业现代网建系统工程，继续拓展农村卷烟市场。对于交通较方便、有开发价值和潜力的行政村（含人口较多的自然村），纳入直接访送范围。对于地处偏远、交通不便的行政村，严格选择代送点，实行委托代送。紧俏货源适当向农村市场倾斜，占领原先大户的辐射区域。全市已开发卷烟市场的行政村达1662个，占总数的75.7%，略超省局下达75%的要求。客户关系管理系统（CRM）全面实行，全市10600家卷烟零售户全部实行电话访销。10月，电子结算开始逐步推行。有22家直营连锁店正式开业。2004年，全市烟草行业完成统一电话呼叫中心、物流整合、办公自动化（OA）、专卖管理系统、财务管理A6软件安装以及信息系统的安装、调试工作。宁德烟草网站的开通，健全了全市网建机构，为行业内部信息交流和对外宣传提供了一个平台。

2005年，市分公司制定《2005年宁德网建工作责任状》，将网建责任目标、要求、时间等内容分解、细化到各个部门和人员。投资270万元，按国家A级标准改造信息中心机房和购置网络交换机、升级小型机，全面完成烟草系统计算机骨干网备份链路建设。通过ISO9000质量认证中心认证。

2. 网点配送

1993年，宁德地区烟草分公司着力于发挥基层代批点优势，实行灵活的销售配送方式，全区共调给省内供销社的卷烟45559大箱，占总销售44.2%。全区有4个县（市）农村卷烟销售比重均在50%以上。1994年，全区共调往基层供销社卷烟36973箱，比上年增长17.6%；有5个县农村卷烟销售比重突破50%，有效地促进农村卷烟配送主渠道的畅通。1996年，古田、宁德两地分别采取销售额、销售量与网点人员收入挂钩办法，大大激发职工的工作热情。全区网点共销售卷烟47630箱，占卷烟总销量的55.1%。周宁、福安、霞浦、寿宁县网点销售量占该县总销量的80%以上，其中周宁县占94%。福鼎、霞浦、柘荣、福安等地网点销售地产烟比重都达到90%以上。1997年，加大全区网点改革幅度，在明确责权利基础上，把网点正式职工的奖金分配与网点卷烟总销量、地产烟销量比重、新产品销量以及网点覆盖面、开展送货上门服务情况等密切挂钩，逐月考核，按经营实绩兑奖。全区网点销售地产烟51993大箱，占地产烟销售总量的90.2%。1998年，全区卷烟批发网络功能日益凸现，主渠道作用越来越明显。福鼎、柘荣、屏南等县烟草专卖局实行公司业务人员、专卖人员与网点挂钩责任制，有效改变了网点的服务形象。全区网点共销售卷烟56509箱，占卷烟总销量的48.4%，其中销售地产烟51980箱，占网点比重91.99%。1999年，全区烟草各单位普遍配置送货专用车，新招聘40名送货员，全区网点坚持开展送货服务，分公司对网点送货实行按条考核兑奖制度，自开展送货服务以来，乡镇网点的月均销量从原来的几十件上百件增加到300多件，送货率达到85%。全区网点销售地产烟比例比上年有较大幅度增长。

2000年，强化送货力度，扩大辐射功能。各网点普遍配有专、兼职送货员和送货车辆，划分送货区域，制定考核标准，树立先进典型，定期或不定期开展访销、预约、送货服务。网点每月送货次数、送货率和市场占有率，有较大提高，其中送货率达88%，送货面达86%以上。分公司实行科室与网点挂钩和领导成员挂点包片责任制，使分公司本部乡镇网点从原来月均销量不足200件普遍增加到300件以上，有的超过400件。2001年，市烟草系统各单位普遍实行访销员、送货员的工资奖金和专卖管理员部分工资奖金与网点销售业绩挂钩制度，建立量化考核，奖优罚劣，并以提高网点销量为中心，积极组织适销对路货源，促进卷烟销售。全市烟草专卖行业自筹资金330多万元，购置16辆卷烟配送车。其中，漳湾、赛岐、穆阳、平湖、秦屿等6个卷烟专卖管理所各添置配送卷烟车1辆。全系统有专职送货员137人，专职访销员47人，送货四轮机动车54部，摩托车31部。2002年，市烟草系统大配送环节实行“五个统一”即统一零售户档案资料、统一上墙制度、统一三线基础表格、统一企业文化、统一考核办法进一步规范大配送运作流程。全市网点从业人员528人，拥有送货四轮机动车58部。2003年，全市有21家卷烟零售连锁店正式开业。1—11月，全市一类烟销售比重为9.38%，居全省行业第一位，二类烟销售比重为12.84%，居全省行业第三位，消费结构进一步提升。2004年，市分公司积极在各网点推行服务营销，使标准化、差异化服务有机结合，让所有入网客户都能不同程度享受服务销售待遇。5月，全市实现了集中统一订货，电话订货率达100%，一户一码全面推广。全市烟草系统投资220万元，购置车辆11部。

2005年，市分公司针对约有70%左右人口在偏远农村山区、海岛"网络送货难、零售户进货难、消费者买烟难"等问题，通过开发农村市场挖掘卷烟消费潜力。蕉城、福安、寿宁、古田等县（市、区）通过采取委托代送、定点取货等方式把偏远行政村纳入卷烟销售网络，大幅度提高农村卷烟市场覆盖面，销售配送点有效拓宽。全市2150个行政村已开发卷烟市场1759个，其中直接送货行政村1129个，委托代送行政村39个，定点取货行政村239个，行政村卷烟市场开发率达87.7%。

附：1993—2005年宁德卷烟市场销售主要品种

省内卷烟："金三角""乘风""刺桐""富健""古田""咀友谊""咀沉香""喜来宝""鼓浪屿""三沙""七匹狼""石狮""红友谊""精品鼓浪屿""海堤""厦门""武夷山""梅花山""海峡""鹭岛""云福""黄兰""金桥""丰产""采茶灯""盖麒麟山""特牌"等。

省外卷烟：云南产的卷烟有"玉溪""红塔山""黄红梅""紫云烟""紫红山茶""红山茶""特制精品云烟""阿诗玛""茶花""红河""恭贺新禧"等。上海产的卷烟有"中华""红双喜""牡丹""前门""熊猫""飞马"等。浙江产的卷烟有"大红鹰""五一""雄狮""上游""西湖"。湖南产的卷烟有"白沙""芙蓉王""黄芙蓉""东方红""银象"等。湖北产的卷烟有"黄鹤楼""红金龙""红双喜""山茶"等。安徽产的卷烟有"一品黄山""黄山""红三环""光明""九华山""渡江"等。山东产的卷烟有"哈德门""八喜""一支笔"等。北京产的卷烟有"牡丹"等。重庆产的卷烟有"龙凤呈祥"等。广东产的卷烟有"红双喜"等。河南产的卷烟有"红旗渠""芒果"等。江西产的卷烟有"金圣""赣烟"等。广西产的卷烟有"甲天下""田七花""真龙"等。四川产的卷烟有"娇子"等。江苏产的卷烟有"南京""一品梅""苏烟"等。

1993—2005年宁德市（地区）卷烟销售情况统计表

表17-14

项目 / 年份	销售数量		销售金额		税利金额		其中利润		毛利率		费用率	
	大箱	比增（%）	亿元	比增（%）	万元	比增（%）	万元	比增（%）	比例	比增（%）	比例	比增（%）
1993	103147	2.7	4.22	12.9	437	83.99	2376.61	74.49	9.09	47.8	—	—
1994	98730	−4.3	4.25	0.53	669.03	—	2810.93	8.92	9.82	0.73	—	—
1995	100118	1.4	4.43	4.45	1675.79	持平	1593	−35.36	7.23	−2.53	—	−1.73
1996	86376	−13.7	5.31	17.74	—	—	3458	—	10.72	3.45	3.88	0.45

续表 17-14

项目 年份	销售数量		销售金额		税利金额		其中利润		毛利率		费用率	
	大箱	比增（%）	亿元	比增（%）	万元	比增（%）	万元	比增（%）	比例	比增（%）	比例	比增（%）
1997	113170	30.0	7.8	54.0	—	—	3090	—	—	—	2.99	-0.69
1998	116688	4.0	9.18	26.7	3415	-20.99	2352	-17.47	5.52	-1.89	2.72	-0.27
1999	110031	24.3	11.04	3.22	3120	—	1991	17.0	5.21	-0.31	3.0	0.08
2000	87531	-16.15	—	—	6273	—	4592	—	11.21	6.0	4.41	1.41
2001	88412	1.0	8.54	2.5	7382	18	5559	21.0	13.58	2.37	5.69	1.28
2002	87889	1.6	—	—	10590	43.46	8021	44.3	15.96	2.38	—	19.19
2003	84750	-4.9	7.67	—	10600	—	7986	—	17.47	1.5	6.38	0.81
2004	89361	5.4	—	—	—	—	10000	—	—	—	—	—
2005	92659	3.7	—	—	16880	26.5	13161	33.2	—	—	—	—

第二节 卷烟储运

一、仓储

1993—1994 年，宁德地区烟草分公司下发《关于开展安全生产周活动的通知》《关于加强全区烟草系统冬季防火安全工作的通知》，对卷烟安全仓储问题提出要求。组织开展“安全周生产活动”“夏、冬季百日安全无事故竞赛活动”，消除仓储隐患；组织观看安全生产电教片，福鼎县成立义务消防队。地区分公司投入 134 万元，建成 1000 平方米卷烟仓库 1 座，周宁县投入 93 万元，建成 1200 平方米卷烟仓库 1 座。1995 年，在全区烟草专卖行业实行安全工作目标管理。调整充实地区烟草专卖局安全生产领导小组，局长（经理）与各县（市）局局长（经理）签订安全生产目标管理责任书。对全区卷烟仓库的防霉度夏仓储安全工作开展大检查，发现问题要求相关单位限期整改。1996 年，开展全区系统基本建设投资情况的普查摸底和全区基建档案的检查和搜集，重点检查霞浦业务用房及卷烟仓库、闽东调剂部业务用房以及周宁、赛歧卷烟仓库，完成系统内清房工作。1997 年，加强对安全工作的领导，地县（市）两级均成立安全工作领导小组，签订“安全责任书”，健全各项规章制度，开展经常性检查。全区共投入 30 万元，增添或更换仓储设备和器材。1998 年，地、县两级及时调整、充实、完善仓储安全工作机制；分公司领导与各县（市）公司主要负责人签订安全责任书，将安全工作单独列为年度考核的一项重要指标，实行“一票否决”，分公司机关本部分别与 9 个网点、8 个科室以及卷烟仓库负责人签订年度安全经营管理目标责任书，对安全工作责任层层分解责任到人；各县（市）公司先后建立健全《仓库管理制度》《商品进出仓制度》《值班制度》《仓库自查整改制度》《仓管员工作职责》《仓库规章制度细则》等规章制度，并补充修订《车辆管理制度》《办公楼、宿舍区值班制度》《卷烟批发网点资金管理办法》《卷烟防伪贴标管理办法》，规范仓储管理行为。投入防霉、防火、防盗安全设施资金 45 万元。

2000年，宁德市分公司于6月26日夜，对全市卷烟仓库网点进行电话接通率突击电话检查，宁德8个网点和1个仓库，电话接通率100%。福安市7个网点1个仓库、闽东贸易中心10个网点1个仓库、古田县公司6个网点、寿宁县5个网点1个仓库、柘荣县公司3个网点1个仓库，电话接通率分别为62.5%、63.6%、64%、66.6%和75%。电话接通率最低的是霞浦县9个网点1个仓库，电话接通率仅30%。周宁县公司4个网点1个仓库和屏南县公司5个网点1个仓库，电话接通率均为50%。2001年，层层建立仓储安全目标管理责任制，层层抓落实。经常开展检查，形成检查、反馈、上报的完整系统，发现问题及时整改。同时加大投入，改善仓储设施，提高安全系数。福鼎、柘荣卷烟仓储设施达到全省先进水平。2002—2003年，全系统进一步加强仓储安全工作，实现安全工作无事故。2004年，市分公司制定《2004年宁德市烟草系统安全生产工作要点》，要求各单位利用“全国安全生产月”“119消防安全周”等活动，围绕《中华人民共和国安全生产法》确立的七项基本法律制度和行业制定的安全规章制度，组织开展宣传教育活动。严格执行事故上报和责任追究制度。按照“谁主管、谁负责”的原则，将企业安全管理全面纳入约束机制之中，实行重特大安全责任事故一票否决制度，有效遏制各类责任事故的发生。各单位还以道路交通、卷烟仓库、卷烟配送中心、卷烟联销店的安全管理为重点，深入开展专项整治工作。并重点检查安全生产责任制的落实和重点要害部位，发现问题和隐患逐一检查整改落实。各单位还加大投入，加强生产经营场所安全设施建设，使安全技术防范水平有了提高。2005年2月，分公司下发《关于2004年度安全检查情况通报》，对少数单位安全管理力度不足，管理人员工作不到位；部分安全管理人员的专业能力薄弱；四个分中心（尤其是福安、古田2个分中心）仓库的防火等级、区域设置、安全设施等均与国家规定标准差距大，存在安全隐患给予通报。并针对闽东山区农村路况差，路途远，送货途中电子结算比例低，现金只能存放在保险柜内，防盗抢力度不够等存在问题，要求限期整改。下发《关于成立2005年安全生产月活动领导小组的通知》，指导系统各单位开展“全国安全生产月”活动。

1993—2005年宁德市（地区）卷烟仓库建设情况统计表

表17-15　　　　单位：万元、平方米

年份	项目名称	投资	规模
1994	本部蕉城区卷烟仓库	134	1000
1994	周宁县卷烟仓库	93	1200
1999	福鼎市烟草仓库	387	1536
2002	霞浦县卷烟仓库	22	250
2005	柘荣县卷烟仓库	31	399
合计	5个	667	4385

二、物流

1993—1997年，省内卷烟主要通过汽车运输，每到一笔货，储运人员都要到达现场检查，调进商品时有出现运输短少等问题。1998—2001年，从省内外调进的卷烟，主要采取由分公司派人调运，通过火车、汽车运输到宁德。此后，此运输方式一直沿用。2002—2003年，除省外烟由铁路运输或派人用汽车调运外，省内龙岩、厦门的卷烟由分公司核准计划后通知厂方，由厂方按品种、货源、计划送货。2004年年初，启动卷烟物流中心建设工作，全市烟草行业8个县级公司全面完成取消法人资格，成立各分公司营销部、物流发展部并投入运作。7月，完成全市卷烟物流中心整合，以市分公司为总虚拟仓库，蕉城、古田、福安、福鼎4个物流中心为实物仓库的现代物流运行模式开始形成。4个物流中心分别设置配货负责人、喷码分拣员、送货员、仓管员等工作人员。装配有半自动分拣线，设有仓储信息管理系统和安全监控系统，负责全市9个单位的4个配送部、5个转送站的卷烟分拣、喷码、配货工作，并对全市1.2万户卷烟零售户实行直接送货服务。全年完成配送卷烟8.94万箱。物流整合后，全市物流从业人员159人，比原来减少48人，年节约工资费用46万元，车辆减少4部，节约费用20万元，降低了配送成本，提高了工作效率和服务质量，初步实现由传统商业向现代流通的转变。2005年，市分公司继续深化规范物流配送改革，先后制定《宁德市烟草分公司客户经理绩效考核办法》《宁德市烟草营销部考核管理办法》《物流工作手册》《卷烟配送紧急预案》等制度。推行跨县域线路整合，优化送货路线，合理调配资源，降低物流运营成本，本着就近便利的送货原则，为所属线路客户提供及时、准确、优质、高效服务。同时，加强终端维护，采取市场走访、召开座谈会和新品推介会等形式推进客户关系管理。是年完成配货9.27万箱，比上年增长3.7%。

第三节　烟草专卖管理

一、机构

（一）宁德市（地区）烟草专卖局

1993年，宁德地区烟草专卖局同时挂宁德地区烟草专卖局、宁德地区烟草分公司牌子，实行一套人马、两块牌子体制。内设监察科纪检组、审计科、政工科、专卖办公室、办公室、业务科、生产科、销售经理部、财务科、计划基建科等办事机构，定编95人。机关工作人员按职务序列分别为：局长（经理）党组书记；副局长、副经理、纪检组长；科长、主任；副科长、副主任；科员；办事员。全系统共有干部职工268人，其中地区局干部27人，职工28人。1996年，地区烟草局专卖办公室更名为专卖管理科；计划基建科更名为综合计划科。经局党组研究决定聘任13人充实到机关各科（室）任领导职务，聘任期两年。成立宁德地区烟草专卖局稽查中队。1997年，核定地区局机关本部内设机构及直属机构人员编制办公室6人、政工科3人、监察科2人、审计科2人、综合计划科3人、新产品开发科2人、业务科10人、销售管理科14人、专卖管理科7人、财务科6人、工会1人。

2000年，宁德地区烟草专卖局更名为宁德市烟草专卖局，内设科室不变。2001年，成立宁德市烟草专卖局安全保卫科，与办公室合署办公。经市局党组研究决定，聘任31人为分公司、各科（室）负责人，聘任期两年。市烟草专卖稽查大队更名为烟草专卖稽查支队。2005年，市局内设10个科室，分别是办公室、综合计划科（督察考核中心）、财务科、审计科、安全科、人事劳资科（政工、工会）、监察科、专卖监督管理科（专卖稽查支队）、卷烟营销中心、物流中心，2个专业部门（信息中心、烟草学会）。市公司有干部59人，职工93人。

（二）县（市、区）局、公司及基层队所

1993年，各县（市）专卖局人员配备干部54人、职工159人，至1995年基本不变。宁德销售经理部更名为销售管理科，增设新产品开发科。1996年，全区合计定编人数282人。增设三沙烟开发营销部，股级，人员从县公司内部调配。成立福鼎、霞浦、福安、古田4县（市）烟草专卖缉查中队，隶属地区大队管理。宁德烟草分公司闽东调剂经理部更名为福建省烟草公司闽东贸易中心，为宁德地区烟草分公司派出机构。1998年，闽东贸易中心与福鼎市烟草专卖局合署办公，实行两块牌子、一套领导班子，隶属宁德地区烟草专卖局领导，闽东贸易中心设总经理，享受副处级待遇，机构不升格，按副局长、副总经理原级别。撤销福建省烟草公司福鼎市公司，其生产经营业务由闽东贸易中心承担。福鼎市烟草专卖局设立人秘科、专卖管理科。闽东贸易中心设立财务科、计划业务科、销售管理科，两单位合署办公。成立福建省烟草公司宁德分公司第四卷烟批发部和三都卷烟批发部。1999年，成立福建省烟草公司宁德分公司投资科，与金叶公司合署办公。同时成立福安市烟草专卖局赛岐管理所、三沙烟销售管理股股级，人员从公司内部调配。成立闽东烟草贸易中心，属独立法人的国有独资企业。2000年，闽东烟草贸易中心成立投资科，股级，人员由单位内部调剂。宁德、福鼎、霞浦、福安、古田、寿宁6个县（市）设立8个烟草专卖管理所，分别是：宁德市设霍童专卖管理所，定编5人，管辖区域为霍童、赤溪、洪口、九都、八都、七都、漳湾7个乡镇；福鼎市设立点头专卖管理所，定编7人，管辖区域为点头、白琳、店下、秦屿、硖门、龙安6个乡镇；霞浦县设立牙城专卖管理所，同时撤销三沙专卖管理所，定编3人，管辖区域为牙城、水门、三沙3个乡镇；设立长春专卖管理所，定编5人，管辖区域为长春、沙江、溪南、下浒、北壁、海岛6个乡镇；福安市设立赛岐专卖管理所，定编5人，管辖区域为赛岐、甘棠、下白石、湾坞、溪柄5个乡镇；设立穆阳专卖管理所，定编4人，管辖区域为穆阳、穆云、康厝、溪潭等4个乡镇；古田县设鹤塘专卖管理所，定编4人，管辖区域为鹤塘、杉洋、大甲、卓洋4个乡镇；寿宁县设立斜滩专卖管理所，定编5人，管辖区域为斜滩、武曲、凤阳、平溪、下党、竹管垅6个乡镇。各县（市）专卖管理所定为副股级机构，人员由各单位内部调整。成立蕉城区卷烟经理部，与蕉城区烟草专卖局合署办公。

2001年，县（市、区）级烟草专卖稽查队更名为烟草专卖稽查大队。宁德市烟草专卖局招聘31人为专卖协管员。其中，蕉城区8人、福鼎市5人、福安市3人、古田县5人、屏南县5人、寿宁县4人、柘荣县1人。增设福鼎市城关、霞浦县城关、福安市城关、古田县城关、寿宁县城关、周宁县城关、柘荣县城关、屏南县城关、双溪等9个专卖管理所，人员由各单位内部调剂解决。各县（市、区）公司内设的业务股、网建管理股分别更名为市场营销部和物流发展部，人员由各单位内部调整。2004年，撤销闽东烟草贸易中心，恢复福鼎市烟草公司。2005年，各县（市、区）局（分公司）设置办公室、专卖管理办公室、客户服务中心、物流中转站（蕉城、福鼎、福安、古田）。是年，全市烟草系统共有干部、职工561人（干部169人，职工392人）。

二、证件管理

1993年，地、县两级烟草公司成立换证领导小组，加强对年检换证工作领导，分别在周宁、宁德召开全区年检换证工作会议，实行“三先三后”即先城关后乡镇、先集中后分散、先易后难的办法开展年检换证工作。全区换证4467户，换证率达72.3%。福安市换发证800多份，换证率达86.4%。1994年，全区烟草销售年检换发许可证339本，其中，国有集体103本，个体236

本。1995 年，全区取缔无证经营 245 家，年检换发许可证 8148 本。1997 年，全区新发放许可证 1197 本。1998 年，全面完成烟草专卖零售许可证的换发工作，累计发放许可证 7169 本，其中宁德 1092 本、福鼎 1381 本、霞浦 839 本、福安 1181 本、古田 850 本、屏南 328 本、寿宁 580 本、周宁 558 本、柘荣 423 本。1999 年，按规定程序按时办理换发证，全区累计换发零售许可证 8555 本。

2000 年，全区（市）开展持证零售户“三无”（无非法“三烟”、无无证经营、无无证批发）达标活动。年底，全市共有持证零售经营户 9793 户。2002 年，全市系统有持证零售户 10013 户，持证入网户 9517 户。2003 年，烟草系统抓住工商委托执法契机，全市取缔无证经营户 311 户。2004 年，为烟草专卖许可证统一换发年，按规定以各专卖管理所为单位进行换发证工作，取缔无证 65 户，劝退 488 户，新办 603 户，全市累计换发 2003 年版零售许可证 10057 本。2005 年，在上年烟草专卖许可证统一换发年后，执行按 15 件以上月供货量审批新规定，确保真正起到“发展小户、扩大中户、限制大户”的作用。

三、审计监督

1993 年，宁德地区烟草分公司审计工作在对上年 6 个单位的专项审计的同时，进行回头看，重点对屏南、周宁、柘荣 3 县公司领导进行离任前经济责任审计；对寿宁县公司财务收支进行审计；对福安、寿宁县公司分别进行卷烟价格和毛利率审计的专项调查。

1994 年，开展“清产核资”工作。地、县成立清产核资领导小组，召开清产核资专题会议，培训清产核资业务骨干 62 人。经清产核资，全区 9 个单位全部资产清查值为 7415 万元，其中流动资产 5600 万元，占资产总额 75.52%，固定资产原值 1257 万元（净值 1102 万元），占 14.86%；在建工程 661 万元，占 8.9%；无形递延及其他资产 15 万元，占 0.2%；负债总额（清查值）3957 万元，占 53.36%；所有者权益 3468 万元，占 46.64%。全部固定资产重估后为 1356 万元，净增值 99 万元，核实核定所有者权益 3534 万元，净增值 99 万元。流动资产待处理损失 31 万元，固定资产净损失 16 万元均经账务处理，减轻企业负担。1995 年，加强内部审计，清理债权债务。全区清理拖欠款 1426 万元，逐笔分解落实到人，限期清收。同时清理系统内“小金库”47.13 万元。寿宁、霞浦、福鼎和地区分公司等单位开展自清自查，查出差价款、房租等收入 6.9 万元。

1996 年，分公司审计、纪检、监察等职能科室，对全区经济指标实现情况和各项规章制度落实情况进行全面检查，与财务部门配合，进行全区财务基础工作评审，对周宁县公司 1995 年经营情况、屏南县公司经理离任、全区应收预付款执行情况及下伸网点、预算外资金使用等情况进行专项审计调查。1997 年，开展经理离任审计 4 次，行业审计 1 次，财务收支审计 2 次，财税物价大检查 4 次。1998 年，制定《宁德地区烟草系统内控制度评审管理办法》。1999 年，地区分公司相继制定《业务招待费分解指标管理办法》《会计电算化内部管理制度》等规章制度。加强资金管理，加大往来款项清理力度，确保资金安全运转。收回欠款 200 多万元。规范会计基础工作，会计电算化质量明显提高。2000 年，地区分公司全年共开展经理离任审计 7 项，开展专项资金审计 7 项，对企业提出整改意见 37 条，管理意见 23 条。

2001 年，开展《中华人民共和国会计法》执法检查，专卖管理自查自纠大检查和卷烟经营环节的效能监察，促进行业管理规范化。2002 年，市分公司完成对第三产业的清产核资工作，并认真开展财经秩序整顿，妥善处理历史遗留问题。2003 年，全市烟草专卖系统认真执行国家局电视电话会议精神，开展财经专项整顿工作。

2004 年，市分公司开展经理离任审计工作。

2005 年，建立以市分公司为独立核算单位新的财务管理机制，对全市各烟草营销部的财务收支实行“集中管理、统一账户、分户核算”制度，相继制定《各营销部财务人员岗位职责和考核办法》《三项制度指标考核》《月度现金流量考核》《会计基础规范化考核》《会计信息质量考核办法》《财务人员岗位责任量化考核办法》《固定资产管理办法》《财务审批权限及程序》等规章制度，保证了审计监督工作的顺利开展。共开展经理离任经济责任审计 2 项，取消法人资格经济责任审计 2 项，同级财务收入审计 8 项。

四、价格管理

1993 年，执行福建省烟草公司规定地产烟骨干牌号 84s 嘴富健、84s 软包特牌全省统一定价；地产烟其余所有牌号由各分公司统一定价。各县（市）公司执行时，允许上浮，但不允许下浮。对走私烟收购价格取消原规定最高收购价，最低调出价及打击走私专项基金办法，由企业自行定价。

1994 年起，全省卷烟零售价格实行计划调节与市场调节相结合的体制。1996 年，卷烟销售坚持竞价销售，由集体定价，规范程序，最后采用竞价投标办法，将每一笔货源价格定到位。1997 年，大多数名烟价格下跌，一些地产销的中高档烟价格也相应下跌，主销售牌号“红塔山”“阿诗玛”“红梅”等名优烟价和全国卷烟市场价格一起下跌。区烟草公司加强宏观调控，根据经管科信息，业务科对部分地产烟新牌号，如“石狮”“武夷山”“七匹狼”等，每条价格上下浮动 0.2 元。1998 年，中高档烟的销售，坚持以市场为导向，实行高价稳销，保价促销。

2000 年，全区烟草系统执行省局《加强内管规范生产经营行为的暂行规定》，从 3 月 27 日起严格执行全省统一价格。2001 年，全市严格执行全省统一价。分公司专门召开经济运行分析会，提出邻县之间不准相互冲击、不准削价销售、不准跨区销售的“三不准”规定。

2003 年，全市烟草系统贯彻省局和省物委关于在全省烟草行业实行卷烟零售明码标价规定。继续巩固地产烟市场，加强价格监控，坚持稳价促销增效原则，引导市场消费。市分公司出台《市场价格信息采定工作暂行规定》，各县（市、区）全面实行卷烟统一零售指导价，由各县（市、区）公司自行制定，报分公司备案；卷烟统一零售指导价由分公司市场营销部统一制定，全市全面实行卷烟销售明码标价。

2004 年，按国家局规定，价格管理实行“六省统一价”，统一华东、华南片区六省的采购批发价。福建省烟草公司出台卷烟销售建议价。宁德市分公司根据省公司规定，制定《宁德卷烟零售价格表》，实行明码标价，在市区培育 29 条明码标价示范街。同时合理安排货源投放市场，加强市场价格采集和差价记录。无偿赠送 100 万个明码标价烟套。是年，零售户卷烟经营收益明显提高，综合毛利从原先 4% 提高到接近 10%。

2005 年，执行国家局“八省统一价”政策，扩大采购批发价的统一范围，避免省际间进价渠道不一的纷乱现象。宁德市分公司根据当地实际情况，对市场指导价进行适时调整，批零价差保持在 10% 左右。

五、执法管理

1993—1995 年，开展《中华人民共和国烟草专卖法》宣传活动，通过举办知识竞赛、评选

“两无”商店，组织基层社学习等方式，使《中华人民共和国烟草专卖法》家喻户晓，为规范卷烟市场专卖管理秩序打下坚实基础。开展系统内烟草专卖品生产、经营企业贯彻《中华人民共和国烟草专卖法》情况检查，并对全区卷烟市场现状、专卖、业务等情况进行综合治理，整治卷烟市场秩序。全区印制《中华人民共和国烟草专卖法》《卷烟经营须知》小册子7000余份，分发到经营户手中。屏南县创设假冒牌卷烟投诉中心，很受消费者欢迎。全区烟草行业坚持以“建立专卖体制下的烟草市场经济”为核心，强化烟草价格、专卖、信息管理，加强对卷烟市场的宏观调控。同时组织4000多人次，开展卷烟市场清理整顿市场。1993年，以“两站”（古田大桥、福鼎贯岭）、“三镇”（福安赛岐、霞浦三沙、福鼎嵛山）为重点，加强卷烟市场监管。查获卷烟违法案件117件，罚没收购差价烟778.14万元，罚没款95.87万元。通过抓源头和突出检查并举，共查处假冒卷烟7000多件，卷烟标识330万张。

1994年，实行“路上堵、海上抓、市场查”，严禁走私烟、假冒烟流入市场。古田县烧毁假冒牌烟750件，价值375万元；柘荣县烧毁假冒烟卷烟8496件，价值2800万元；福安市烧毁假冒牌卷烟1043件，价值520万元；福鼎县烧毁假冒牌卷烟4275件，价值1400万元。全区查处卷烟违章违法案件294起，罚没款127.57万元。1995年，统一开展4次打假联合行动。福鼎市查获假冒卷烟1.8万件，占全区查获量的50%。宁德破获一起地下烟厂，缴获YJ14型卷烟机1台、YJ23型接咀机1台、烟丝12213千克、商标纸1500千克、滤嘴棒1452千克以及烟箱印模等。全区查处卷烟违章违法案件219起，罚没款87.6万元，查获假冒牌卷烟2.08万件，没收走私烟190件、出口倒流烟548起，组织专卖、业务等部门对福安、屏南、霞浦等县（市）进行市场检查，抽查103个重点经营户，对从非正常渠道进货的20多个品种的省外烟进行查处。

1995年，宁德烟草开展识别假冒卷烟咨询服务活动

1996年，广布“耳目”，配备专卖管理专职人员40人，统一着装。地区烟草专卖稽查大队坚持每季度对全区卷烟市场进行一次“拉网式”缉查。各县（市）缉查中队每月对当地卷烟市场进行1～2次突击检查，坚持每周不少于1次的卷烟市场定期检查。全区查处卷烟违章违法案件507起，查获假冒牌卷烟3.04万件，没收走私烟和专供出口倒流烟2600多件，组织烧毁假冒牌卷烟3.2万件，罚没款计463万元。

1997年，地区烟草分公司与闽东日报社合作，利用媒体宣传《烟草专卖法实施条例》《卷烟贴标销售规定》《卷烟经营须知》等有关法律文件。地区烟草、质监、工商等部门联合下发《关于卷烟加贴专卖防伪标识销售的实施方案》和《关于印发宁德烟草分公司专卖标识使用管理暂行规定的通知》，在全区开始实行卷烟专卖防伪标识。实行卷烟贴标销售后，地产烟销售明显上升，特别是中高档烟销售量大幅度增加，非正规渠道流入市场的卷烟明显减少。贯彻国家烟草专卖总局颁布《烟草专卖法实施条例》，投入清理整顿卷烟市场人力4000多人次，查处各类违法违章案件476起，查获假冒牌卷烟8027件，没收走私和专供出口卷烟7743件，烧毁假冒卷烟4313件，没收计划外烟厂生产的卷烟984件，罚没款307万元。地区烟草专卖局在《闽东日报》开辟“消费天地”专栏，报道烟草专卖打私打假动态，宣传专卖法规与识别真假卷烟知识。

1998年，认真贯彻“内管外打，守土有责”的工作方针，采取明察暗访、跟踪追击、目标直指地下“窝点”，全区取缔“钉子户”26家和一些地下批发点。严厉打击并取缔福安赛岐烟草一条街经违法商户。全区专卖部门会同公安、边防、海关、武警、工商等部门，联合开展“百日打假”行动。共查处各类卷烟违法案件604起，没收假冒牌卷烟19870件，没收走私及专供出口倒流烟2455件，没收假冒上海卷烟厂品牌烟标115万张，查获非正规渠道进货烟3978件，捣毁地下制假烟厂3家，罚没款计549万元。

1999年，实行专卖人员下乡蹲点，清理市场与送货服务相结合，以农村包围城市，逐步削弱城关大户的经营能力，并对车站、码头等交通要地实行驻扎检查，及时端掉非法经营窝点。与公安联手，加强市场清理整顿和打私查假力度，全区共查处各类卷烟违法违纪案件3104起，没收假冒烟16573件，没收走私烟及专供出口倒流烟802件，捣毁地下制售假烟窝点24个，查处无证批发窝点45个，烧毁假冒卷烟26327件，罚没款391.72万元。加大查案办案力度，查处福安卷烟被盗案、屏南库存商品短缺案以及贪污案等。全区查处案件挽回经济损失5.31万元。

2000年，全市实行“辖区管理，分片包干，按月考评”管理办法，相继在8个重点乡镇成立烟草专卖管理所，把专卖管理工作延伸至行政村，将村级卷烟市场纳入专卖管理范围，专卖人员分组包片，责任到人，实行卷烟零售户户籍化管理。市烟草专卖部门会同工商部门，组织的万人打假行动，共查处各类卷烟违章案件2185起，没收假冒烟3930件，查获走私烟和专供出口倒流烟451件，查处非正常渠道进烟672件，罚没款178万元。

2001年，全市烟草专卖管理部门普遍成立整顿和规范卷烟市场专项治理办公室，采取有效措施大力整顿和规范卷烟市场秩序。蕉城区与公安部门联合，重点打击以民宅为窝点的违法活动，捣毁售假、乱渠道民宅窝点32个。查处各类卷烟违章案件1764起，没收假冒卷烟6436件，查获走私和专供出口倒流烟142件，非正规渠道进货卷烟654件。捣毁窝点87个，其中售假窝点57个，烧毁假冒卷烟5449件，罚没款95.72万元。

2002年，按照福建省烟草局《专卖管理所规范化建设方案》精神，加大对辖区零售户的检查力度，加大信息沟通，提高市场管理水平。重点对福安赛岐市场、福鼎城关市场进行整治。福安、福鼎、蕉城均建立一支反应快速、机动能力强的稽查队伍，广泛培养耳目，打击非正规渠道卷烟对市场的冲击。市烟草专卖部门确立“抓源头、破网络、市场查、路上堵”方针，会同公安、工商部门，查处各类违法违章案件2254起，捣毁制售假冒卷烟窝点48个，刑事拘留10人，逮捕6人，判刑5人。查处假冒卷烟3921件，查处非正规渠道进货卷烟377件，罚没款39.9万元。

2002年，宁德烟草专卖稽查人员检查卷烟市场

2003年，贯彻《福建省烟草专卖管理办法》，除对福安等重点区域进行整治外，着力扫除农村专卖管理盲区，扩大专卖监管面，为有效拓展农村卷烟市场提供保障。同时对楼堂馆所加强监管，进一步扫除死角，扎实开展卷烟体外循环专项

整治工作，加强烟草专卖准运证管理。市烟草专卖部门采取交换协管员、培养设立特情耳目、设立专线举报电话等办法，与工商联手执法，取缔无证经营，查处各类违法违章案件3224起，捣毁制售假冒卷烟窝点97个，取缔无证户311户，劝退微小户254户。违法户被刑事拘留27人，逮捕1人。查获假冒卷烟4411件和非正规渠道进货卷烟324.7件，罚没款计47.96万元。

2004年，贯彻《福建省卷烟零售户诚信管理办法》等文件精神，市烟草分公司与工商部门联合开展取缔卷烟无证经营专项行动，散发传单23887份，联合行动18次、245人次参加。市烟草系统设立“96629”举报投诉电话，查处各类违章违法案件504起，查扣烟草专卖品2345件，其中非法生产卷烟2152件，公开销毁假冒卷烟9517件，罚没款合计11.65万元。

2005年，贯彻国家烟草局、公安部“6·18”京冀联合打击销售假烟网络活动电视电话表彰大会精神，组织冬末春初打假专项行动，净化“两节”卷烟市场，融入全国打假网络。8月，市烟草分公司与公安部门联手开展打假专项行动，采取拉网式检查和清理，对沿海福安、福鼎、霞浦、蕉城等重点县市市场进行清理整顿。并利用“3·15”“5·4”“12·4”等节日，向社会开展鉴别真假卷烟和烟草法律法规咨询活动。全市共出动打私打假821人次，联合查处违法案件38起，查获假烟11916件，复烤烟叶10吨、烟末32吨。其中福鼎市根据举报，组织专卖人员对城关的“名烟名茶”店进行24小时监控，共取缔“名烟名茶”店10家，查获假烟693条，捣毁售假网络2个，查获假烟2945条，案值23万元。

1993—2005年宁德市（地区）查处卷烟违法案件统计表

表17-16

项目 年份	查处违法案件数（件）	销毁假冒卷烟（条）	没收走私卷烟（条）	罚没款金额（万元）	捣毁制窝点（个）	取缔无证照经营（户）	换发许可证（本）
1993	117	9000	—	95.87	—	—	4467
1994	294	30000	—	127.57	—	—	339
1995	219	208000	738	87.6	—	245	8158
1996	507	30400	2600	463	—	—	—
1997	476	8627	7743	307	—	67	1197
1998	604	4313	26243	549	—	26	—
1999	3104	26327	17375	391.72	690	—	8555
2000	2185	—	5053	177.92	43	—	9180
2001	1764	5449	7232	95.72	87	—	—
2002	2254	—	4298	39.9	48	—	—
2003	3224	655.7	4735	47.96	97	—	—
2004	418	9517	2162	11.2	—	65	12073
2005	499	10769	797	—	7	—	—

第六章　食　盐

第一节　购　销

1993—1995年，宁德盐务局原盐购进基本稳定在20931.37～24241.09吨之间。1993—1997年，各类盐销售基本稳定在20785.29～23445.46吨之间，各类盐库存以1993年最多，为11269.89吨。1997年，采取压缩库存措施，各类盐库存减至7010.16吨。1998—1999年，小包装碘盐销量呈上升势头，其中1998年，小包装碘盐比上年增销1302吨，1999年，小包装碘盐销量达9146吨，比上年增销645吨，当年实现利润240万元。2000—2001年，加强质量管理，建立健全三级营销网络，至2001年，小包装碘盐销量突破万吨大关，达1.1万吨，实现食盐销售总量突破2.2万吨的经营目标。2003年，全市盐行业改革力度加大，各种盐产品销量27600吨，其中碘盐销量13200吨，完成计划的102.33%，实现利润266万元。针对上半年国内十多个省、市流行“非典”疫情，宁德市9个县（市、区）发生不同程度的食盐抢购风的情况，宁德盐业公司采取一系列措施，使混乱的市场局面得以有效控制，保证了碘盐市场的稳定。2004年，盐行业全面实施信息化管理和营销新战略，销售各种盐产品29520吨，完成计划的130%，全年实现利润120万元。2005年，销售各类盐35473.95吨，其中，自然盐2617.82吨，比上年同期增销251.98多吨，小包装加碘精制盐9144.53吨，实现利润130万元，占比185%。

2005年宁德市盐业销量统计表

表17-17　　　　单位：吨

盐种 县（市、区）	总量	小包装碘盐	加工用盐	
			散装碘盐	散装非碘盐
合计	35473.95325	9144.52625	4521.2	21808.227
蕉城区	3922.34125	1349.16625	635.65	1937.525
古田县	3141	1098	538	1505
屏南县	863	531.5	77	254.5
周宁县	588.275	473.275	17.5	97.5
寿宁县	884.7	842.7	16	26
福安市	4543.585	1827.685	1255.35	1460.55

续表 17-17

盐种 县（市、区）	总量	小包装碘盐	加工用盐	
			散装碘盐	散装非碘盐
柘荣县	455.5	258	74	123.5
福鼎市	4653.5	1392.85	797.05	2463.6
霞浦县	16422.052	1371.35	1110.65	13940.052

第二节　盐业管理

一、机构

福建宁德盐务局　1993 年，经福建省政府批准，成立福建宁德盐政处，与福建省盐业公司赛岐分公司合署办公，不另增加编制。同年，福建省盐业公司赛岐分公司更名为福建省盐业公司宁德分公司，更名后隶属关系及人员编制不变。1997 年，设立福建宁德盐务局，与福建省盐业公司宁德分公司合署办公，实行一套人马、两块牌子体制，负责辖区食盐专营管理工作。同年，撤销福建宁德盐政处。盐务局内部盐政执法机构改设盐政稽查大队。1999—2002 年，各县（市、区）盐务局相继成立，与所在地盐业支公司合署办公。2004 年，福建省盐业公司宁德分公司从赛岐迁入宁德市区闽东中路 3 号，正式对外营业办公，成立 3 个盐政稽查中队。一中队管辖蕉城区、古田县、屏南县市场，长驻蕉城区；二中队管辖福安市、寿宁县、周宁县市场，长驻福安赛岐；三中队管辖霞浦县、福鼎市、柘荣县市场，长驻福鼎。2005 年 12 月，福建省盐业公司宁德分公司（福建宁德盐务局）内设有盐政科、运销科、财务科、综合科等科室，下辖各县（市、区）支公司（盐务局），有在职职工 69 人，离退休 25 人。

二、经营管理

1997 年，先后进行 3 轮人事、用工、分配的“三项制度”改革，当年精简分流 40 人，向社会招聘专业人员 11 人。2002 年，根据福建省盐业公司的要求，有针对性制定运输招标方案，向社会公开招标。改变小包装碘盐提货传统供货模式为送销制。针对部分边远的乡镇、海岛、山村、省际毗邻等供盐薄弱地区，把小包装碘盐直接运达零售商店经销，扩大碘盐市场占有率。公司对辖区所有的二级网点进行综合考核，对业绩差、管理不力、经营不规范的网点进行调整。同时新建网点 18 个。对有固定场所的生产用盐厂家采取直供的办法。对季节性强、加工地点分散的加工用盐用户，要求各支公司进行前期调查、走访和摸底工作，根据客户的需求针对性组织供应。季节性用盐过后，对用户剩余的加工用盐进行回收，有效防止加工用盐流入碘盐市场。2003 年，贯彻全省盐业工作会议精神，全面推行食盐流通方式的改革，严格执行盐业计划管理和价格政策。针对年内“非典”疫情所引发的食盐抢购风波、加工用盐调价等新情况，采取措施确保市场稳定供应。同时在霞浦县桃源工业园成立闽东食盐配送中心，推广品种盐，以提高盐品档次，满足消费者多元需求。加强盐政队伍建设，将年轻并具有大专以上学历的工作人员调整到盐政岗位，定期组织培训，全面提高盐政队伍综合素质。有26名职工参加19个中层岗位的竞聘。通过改革，进一步完善绩效挂钩和岗位工资制，为全面实行业务员制度奠定了基础。2004年，利用“3·15”消费者权益保护日和“5·15”碘盐日，向市民群众宣传盐业法规及碘缺乏危害等知识，倡导健康、合理用盐理念。在全市范围内开展以食用碘盐、保护儿童智力能力发育为主题的消除碘缺乏危害健康教育“三进”活动。各支公司深入农户、网点、加工用户、宾馆、酒店、机关、企事业单位和学校食堂，发放宣传标志，填写调查表。共进村712个，进店2879家，入户53266户。实行业务员制度，深化企业改革。进行组织结构调整、业务流程再造、人员结构调整和绩效考核机制建立，把现有工作分成市场营销、市场管理、物流配送和综合管理4个部分。根据宁德销区特点，把宁德的市场分为3个片区，成立3个盐政中队，专门从事食盐市场管理工作。盐政工作从支公司分离出去以后，各支公司专门从事市场营销工作，支公司内部实行片区管理办法，每个业务员分管1个片区，建立业务员薪酬与销量挂钩绩效考核机制。

三、盐政管理

1993年，宁德盐政处会同税务、公安、卫生防疫、供销、经警、边防武警等部门，在福鼎、周宁、寿宁、霞浦牙城、三沙后山等地，依法查缉私盐（劣质盐）75.41吨，同时，摸清用户用盐量和进盐渠道，及时供应适销对路盐种。1994年，查缉私盐49起，处罚51人，查处各类盐255.70吨（其中没收盐产品83.91吨），收取罚没款4.96万元。1995年，查处大、小盐业违法案件73起，查获各类盐315.5吨，其中没收194吨，金额30461.45元，罚款及没收非法所得计83968.62元，总合计金额达114421.07元。1996年，查处大、小盐业违章案件164起，没收各类盐产品达642.85吨，罚没款总金额195451.76元。1997年3月，福建宁德盐政处改为福建宁德盐务局，受省政府委托，负责本区及南平市部分地区（松溪、政和）的盐政执法工作。查处违章案件162起，查处各类车辆10辆，没收各类盐达290.58吨，罚没款总金额达139832.94元。为增强执法力度，通过宁德地区中级人民法院对5起盐业违法案件申请强制执行，至年底办结4起，收回强制执行金额近2万元。1998年，查处各类盐业违章案件68起，缴获私盐181.55吨，罚没款项计85062.28元。1999年，查处各类盐业违法案件115起，罚没款141582元，没收非法所得886元，没收盐产品变价款70221元，3项总计212689元。

2000年，贯彻国务院《盐业管理条例》《食盐加碘消除碘缺乏病危害条例》、省政府《福建省碘盐管理办法》有关法规，依法查处各类盐业违法案件115起，查获各类私盐579吨，查获各类运输车辆45部，运输船1艘，上缴罚没款35万元，有效遏制私盐泛滥，盐业市场日趋规范。2002年，盐业部门加强业务培训，举办第五期盐政培训班，结合实际案例，围绕执法中的疑难问题进行案例分析和书面交流。全市盐业系统参加全省执法资格考试25人，24人合格。当年大量私盐冲击本市碘盐市场，盐务局发动全体职工积极培育举报网络，捣毁私盐窝点4个，占查获全年盐业违法案件的30%。2003年，加强对食盐市场管理，出动3906人次，查获盐业违法案件60起，没收盐产品101吨，罚没款58586元，其中，查获重大盐业违法案件3起，4名当事人涉嫌构成非法经营罪，被移送公安机关立案，追究其刑事责任，其中2人被判刑、1人取保候审、1人被刑拘。是年，在全市范围内有计划，有步骤地开展以食用碘盐、保护儿童智力、消除碘缺乏危害健康为主题的“三进”教育活动。共进村712个，进店2879家，入户53266户。稽查和宣传工作效果明显。2004年，福建宁德盐务局组织定期专业培训，全面提高盐政队伍的综合素质，从而保证盐政执法工作从检查、处罚直到执行均能做到公开、合法、有效。该年度共查获盐业违法案件21起，没收违法盐产品107吨，罚没款8.5万元。2005年，福建宁德盐务局会同市工商局、卫生局、经贸委、公安部门，开展食盐市场专项整治行动，检查二级网点179个，检查零售商店824个，检查食品加工用户307家，小工业用盐户38家，检查宾馆、酒店、餐饮店、学校、机关、企事业单位食堂1656家，检查农贸、水产、批发市场56个，走访186个村庄，入户调查12021户，基本摸清了食盐市场情况。同时加大盐政执法力度，查获盐业违法案件6起，没收违法盐产品37.1吨，罚没款2.3万元。

第七章　石　油

第一节　网点建设

一、中石化宁德石油分公司网点

1993—1995年，中石化福建公司宁德分公司通过收购建造等形式，先后完成福鼎富民加油站、屏南城关加油站、宁德廉坑加油站、福安金龟潭等13座加油站建设，全区中石化网点建设初具规模。1996—1999年，全区全资加油站增至31座。2000年，公司收购加油站7座，租赁加油站5座，发展特许加盟加油站12座，新建宁德中心加油站等4座，改造29座，年底拥有全资、租赁加油站42座，10个经营点（门市部）。大部分油站、网点均分布在国道104线、国道316线和沿海、省、地分界地带，并在加油站及加盟站悬挂中石化统一标识。

2001年，中石化宁德石油分公司租赁宁德汽运集团辖有"一区"（蕉城区）"二市"（福安市、福鼎市）"六县"（古田、屏南、周宁、寿宁、霞浦、柘荣）油料公司的7个加油站、供油点的经营，开工建设霞浦中心加油站。2002年，霞浦中心加油站建成投产。开工建设寿宁南阳加油站。2003年，公司与福宁高速公路服务有限公司联营的8座加油站投入运营，从南到北分别是云淡上下行站、福安上下行站、虎屿岛上下行站、福鼎上下行站。开工建设福安穆阳加油站并投产。2004年，收购福鼎金山、普后加油站，租赁蕉城北环、福鼎公路加油站，改造宁德中心简易站并提升为城市三等加油站。2005年，新建宁德闽东路、柘荣新区加油站，对福安铁福、福鼎金山公路加油站实行技术改造。全市拥有中石化福建公司全资加油站67座。此外，另具有国家成品油零售许可资质的加油站（点）219个，其中蕉城25个、霞浦21个、福鼎58个、柘荣7个、福安23个、周宁10个、寿宁16个、古田52个、屏南7个）。系统外零售经营客户77家（其中海上加油船13艘）。

二、中石油宁德分公司网点

2001年，中石油宁德分公司通过收购、建造、租赁等形式开发福安武京加油站、柘荣长城加油站、宁德站前路加油站、古田安顺加油站、霞浦古镇加油站、福鼎新金塘等13座，实际投运宁德城北加油站、福安武京加油站、古田安顺加油站、福鼎祥和加油站等7座，全区石油网点建设初具规模。2002年，开发宁德金涵加油站1座，新增投运福安南方、林业加油站及柘荣长城加油站3座。2003年，开发福安下白石加油站、霞浦六通加油站2座，新增投运宁德金涵加油站、柘荣城郊加油站、霞浦古镇加油站3座。2004年，开发福安满春街、福鼎前岐、寿宁新城区、周宁狮城4座，新增投运宁德站前路加油站、霞浦六通加油站、福鼎前岐加油站、周宁狮城加油站4座。2005年，开发屏南新城、中沁加油站及古田鹤塘加油站3座，新增投运寿宁新城区加油站1座。至此，中石油宁德分公司拥有国家成品油零售许可资质的加油站20座，大部分油站网点均分布在国道104线、国道316线和沿海省、地分界地带，并在所有站点悬挂中石油统一标识。

第二节　油品采购

1993—1997年，中石化宁德石油分公司全年计划内供应成品油减少为不足10%。宁德地区四大类成品油计划，由上年2.4万吨锐减至1万吨。宁德石油公司以双向拓宽办法，在福建炼油厂、上海建立2个业务联系点，负责资源、价格等方面信息的反馈，同时与福建、上海、镇海等地炼油厂保持密切联系，北上大庆、大连，争取更多资源以满足工农业生产需求。1998—2005年，随着国家重组中国石化股份有限公司，石油系统全面推行“五个统一”（统一规划、统一标准、统一投资、统一建设、统一管理）的统进分销管理体制，成品油资源全部由企业内部调拨、配置。

第三节　油品运输

中石化宁德石油分公司成品油资源调进，主要依赖海上油轮从炼油厂运输至赛岐、漳湾或三沙中转至油库。特殊情况下，用油罐车由陆路到福州马尾红山油库、兴闽油库运进。中石化福建公司宁德分公司本部及9个县级支公司都自备有少量油品销售专用运输车辆，大多为解放牌4吨载重车。公司组建车（船）队，拥有闽油1号油轮1艘、东风牌、解放牌油罐车、货车等20多部（艘），专业负担全区成品油海、陆销售运输任务。1993年，油品运输车辆由员工个人承包经营。1996年，中石化宁德石油分公司有4个1000～5000吨位石油专用码头。1995—1999年，车（船）队撤销解散，油罐车全部竞标拍卖给员工个人运输。依照福建省中石化公司制定的成品油经营“一级集散”“二级分销”“三级零售”大市场、大流通格局，开展成品油二级配送为二级分销，强化零售市场经营，优化资源配置的管理手段。2000年1月1日起，中止与外单位（个人）一切油品承运合同。系统内站、点油料由分公司实行“三统一”（统一调配、统一运输、统一结算），采取定线路、定站（点）、定品种，按里程和区域属地及流向管理等确定吨油运价标准，对二级配送采取公开投标、个人承包、界定线路、核定运价、自筹资金、自主经营、自负盈亏、按章纳税、风险抵押、安全自负的单车承运管理方式，对系统内所属的42座加油站、10个经营（门市）部、20多个农村经营网点全部实施“三统一”配送管理办法。2004年，成立福建省石油总公司中石化宁德分公司福安油品运输车队。按照《关于规范“福建省实华石油运输有限公司”所属各设区市分支机构企业名称的通知》要求，又将福安油品运输车队变更为“福建省实华石油运输有限公司宁德分公司”，成品油陆路运输统一由福建省实华石油运输有限公司宁德分公司承运，海上油品配送、转运由公司租赁三沙、漳湾海上加油配送船只承运。2005 年，油品运输办法不变。

第四节　油品储存

中石化宁德石油分公司成品油储存、中转主要由赛岐、漳湾、三沙 3 个沿海油库。1993 年，投资 60 万元，将该库手工控制发油台，改造为微机控制发油台。1996 年，全区除福安外 8 个县级公司都建有分销油库，其中福鼎支公司增坪油库库容 500 立方米，西岙油库库容 2000 立方。全区总库容 39200 立方米，并辖有 4 个 1000 ~ 5000 吨位石油专用码头。1997 年，因加油站的建设发展，中石化县级支公司分销油库逐渐丧失功能作用而相继关闭（福鼎增坪油库、西岙油库除外）。1999 年，中石化宁德分公司租赁福鼎沙埕港区库场，租赁期 20 年。2001 年，中石化宁德分公司租赁宁德漳湾中原油库库场，租期 15 年。2002 年，随着系统企业深化改革，成品油经营实行垂直化、专业化管理。直属漳湾、赛歧、三沙油库，投入资金 180 万元，增建 3300 立方露天油罐一个 。2005 年，上收省公司物流中心统一管理，福鼎增坪油库、西岙油库、沙埕油库划归宁德分公司直管。中石油宁德分公司拥有三沙储油点 1 座，库容量 1000 立方米，下白石大华储油点 1 座，库容量 6000 立方米。

2005 年宁德市成品油主要经营单位储油设施情况一览表

表 17-18　　　　单位：立方米

油库名称	库容量	隶属企业
漳湾	13900	中石化
赛岐	7300	中石化
三沙	11000	中石化
三沙	1000	中石油
下白石大华	6000	中石油

说明：中石化、中石油分别占总库容的 82.1%、17.9%

第五节　成品油营销

一、中石化宁德石油分公司

1993 年，中石化宁德石油分公司成品油销量为 14.29 万吨，销售总额 2.95 亿元。1997 年，由于成品油流通体制政策不尽完善，走私油品冲击市场，系统外油品经营主体迅速壮大，分公司成品油销量 8.94 万吨。1997—1998 年，公司销售业绩长期处于疲软状态。1999 年，分公司把企业管理的工作重点调整到地、县两级公司一体化管理的方向上来，系统企业实行“人、财、物一条鞭，调、销、存一条龙”管理。对辖区45座自营加油站分别实施以联量联利计酬为基础的站长负责制和部分加油站家庭管理责任制，把成品油二级配送作为强化零售市场、规范经营、扩展营销的手段。成品油销量上升至15.9万吨，实现利润611万元。2001—2003年，成品油销量基本稳定在17万多吨。2004年，国家全面开放成品油零售市场。分公司发动全体员工参与市场竞争。进一步调整加油站经营联量联利联费考核办法，抢抓“福宁”高速公路通车机遇，扩大油品直销，设立福鼎、三沙、赛岐、漳湾和蕉城市区直销部，租赁海上加油船在三沙、漳湾海域提供油品供应，并从加油站站容站貌、硬件设施改造、规范化服务态度入手，强化加油站规范管理，提升加油站优质服务水平。把润滑油划转股份公司专业经营，先后成立福鼎、福安、赛岐、霞浦、古田、蕉城区6个润滑油经营部，拓展了成品油市场。是年成品油销量突破20万吨，达到22.43万吨，实现利润2378万元。2005年，分公司推出“油中感谢”积分增值服务项目，通过对加油IC卡用户提供积分奖励，让忠诚消费者长期享受增值服务。是年成品油销量20.81万吨，实现利润2456万元。

1993—2005年中石化宁德市（地区）石油分公司油品销售情况统计表

表17-19

年份	年销量（万吨）	年销总额（亿元）	利润（万元）	年份	年销量（万吨）	年销总额（亿元）	利润（万元）
1993	14.29	2.95	273.04	2000	17	4.84	845.41
1994	15.96	2.97	183.53	2001	26.15	4.51	−861.71
1995	18.01	3.264	26.58	2002	15.87	4.06	855.43
1996	22.01	3.258	65.77	2003	17.31	5.15	2267.60
1997	8.94	1.73	−464.71	2004	22.43	7.44	2378
1998	7.51	3.65	132.91	2005	20.81	8.32	2456
1999	23.70	4.74	611.05				

说明：不含联营福宁高速公路加油站的销量

二、中石油宁德分公司

2001年，中石油宁德分公司成立，是年成品油销量5.32万吨，实现利润252.23万元。2002年，分公司秉承“诚信、创新、业绩、和谐、安全”的经营理念，扎实推进中国石油在闽东地区的成品油批发、零售业务，成品油销量上升至10.237万吨。2003年，分公司批发工作立足于终端市场，注重对社会加油站和机构用户开发，开展与社会经营单位和其他经销商的合作，做大做强直销基础量。零售业务推行“吨油工资制”与“超量奖励”并举经营，加油站实行统一资源配置、统一调运配送、统一价格、统一结算、合并纳税的管理体制。成品油销量12.25万吨，实现利润324.54万元。2004年，根据公司经营发展需要，优化成品油销售结构，积极推进高标号97#汽油销售，选取宁德市蕉城区站前路加油站为示范点经营站。是年成品油销量8.82万吨。2005年，成品油销量7.64万吨，实现利润812.78万元。实现利润为分公司2001年成立后至2005年最高水平。

2001—2005年中石油宁德市分公司油品销售情况统计表

表17-20

年份	年销售量（万吨）	年销总额（亿元）	年销利润（万元）
2001	5.325	1.23	252.23
2002	10.237	2.43	209.62
2003	12.257	3.38	324.54
2004	8.820	2.86	189.35
2005	7.642	2.96	812.78

第六节 管 理

一、机构

（一）中石化宁德石油分公司

1993年，福建省福安石油供应站由福安赛岐迁址蕉城区西岭路五号，更名为福建省石油总公司宁德分公司。公司设综合业务科、财务资产科、基建安全科、人力资源科等8个内设科室，下辖宁德、福安、福鼎、柘荣、霞浦、古田、屏南、周宁、寿宁9个县级支公司。全系统有在职员工713人。1998年，国家对石油、石化行业进行战略性重组，组建中国石油和中国石化两大石油集团公司，宁德分公司划归中国石化集团公司管辖，遂更名为中国石化集团福建石油总公司宁德分公司。2000年，中国石化集团福建石油总公司宁德分公司完成公司“二分”重组改革，主业部分设立为中国石油化工股份有限公司福建宁德石油分公司（简称中石化宁德石油分公司），主营各类成品油业务。存续部分设立中国石油化工集团公司福建石油总公司宁德分公司。随后对各县级支公司进行业务、资产、人员、机构、债权、债务“五重组”改革，实现主、辅分离。重组完成后，公司设经理办公室、党委办公室、人事教育科、企管审计科、基建安全科、财务资产科、综合业务科、零售管理科等内设科室，全系统共有干部职工621人。2003年，股份公司开展市县一体化改革，撤销古田、屏南、周宁、寿宁、福安、柘荣、福鼎、霞浦8个县级分公司，县级分公司原有职能全部上划市级分公司，保留原县级公司牌子，指定专人兼职，负责协调地方工作。撤销分公司经营部，成立市区直销部。按照区域化管理原则，全部加油站实行管理经理（ME），业务销售实行销售经理（CORO）模式管理，成品油经营实现垂直化、专业化管理。撤销县级公司管理机构后，分别由分公司派出加油站管理经理、销售经理和财务代表分工负责，压扁管理层次，精简队伍，建立起精干、高效、反应快速的管理体系。2005年，公司体制机构沿属不变。

（二）中石油宁德分公司

2001年6月18日，成立中国石油天然气股份有限公司福建宁德销售分公司（简称中石油宁德分公司），是中国石油在宁德市的全资分支机构，主要从事成品油的批发、零售、便利店业务及加油站的终端市场开发，负责中国石油在宁德市1区（今蕉城区）、2市（福安市、福鼎市）、

6县（霞浦县、古田县、屏南县、寿宁县、周宁县、柘荣县）的市场开拓和经营管理工作。原注册地在宁德福安市，隶属于中国石油华东销售福建分公司，级别为正科级。8月，成立加油站管理部宁德分部，负责零售经营，隶属福建公司加油站管部管理，定编8人，其中设分部主管1人，人事、安全、运营、财务专员各1人，财务核算事务2人，运营统计1人。2002年，公司注册地变更为宁德东侨经济开发区，办公场所由福安迁至宁德，并代管福安中油大华石油有限公司。加油站管理部宁德分部撤销，相关人员并入宁德公司管理，内设综合办公室、财务资产部、人力资源部、加油站管理部、市场开发部等办事机构。2004年，公司从华东销售福建分公司划归华南销售分公司实行专业线管理，设零售宁德片区、零售福安片区、财务宁德录入点、人事宁德片区、行政宁德片区等专业线，营销业务由大华公司管理。2005年，公司体制机构不变，在册员工110人。

二、人事制度改革

（一）中石化宁德石油分公司

1993年，中石化分公司在“吨油工资制”的基础上，开始推行公开投标选聘加油站经营者，采取“上缴利润定额包干、超收全留、歉收自补”的租赁和承包经营改革，赋予租赁和承包者经营、价格、用工、分配的自主权。加油站实行独立核算、自负盈亏，所有权与经营权分离，明确加油站的责、权、利，并从用工、分配、管理制度改革入手，相继采取停薪留职、内部退休、离岗休养（凡员工年龄达到距法定退休年龄不足5年的）、人员分流等办法逐步建立小管理大经营格局。当年，全区系统由行政管理岗位转移到生产一线人员达100多人，停薪留职、自谋职业的106人。

1998年，人事关系划归福建省石油总公司管理，中石化分公司开始对人事和薪金制度改革。1999年，根据集团公司和省石油总公司减员增效的精神，开展协议解除劳动关系和正式固定工身份置换工作，压缩分公司机关管理人员和油库工作人员，全系统员工由1997年年初的785人减至749人。对辖区45座自营加油站分别实施以联量联利计酬为基础的站长负责制和部分加油站家庭管理责任制，2000年，经过“二分”重组改革后，中石化分公司人事关系划归中国石油化工股份有限公司福建分公司管理，在岗员工与中国石油化工股份有限公司福建宁德分公司签订劳动合同。存续宁德公司人事关系划归中国石油化工集团公司福建石油总公司管理，企业的内退、退休及停薪留职人员由存续宁德公司管理。

2001年，中石化分公司按照集团公司和省公司的工作部署，在系统企业开展以解除劳动协议为主要内容的减员增效工作。依据县市一体化运作管理需要，结合股份公司组织机构取向，公司对机关管理人员重新核岗定编，中层干部全部实行竞聘上岗，科员实行双向选择，富余人员或协议解除劳动关系，或置换用工身份，或返聘到加油站等一线岗位重新就业。截至7月，全系统完成裁员235人，占上年期末在册职工队伍总数744人的31.7%。年底，宁德石油公司在岗职工总数622人。其中，机关人员57人，直属三个油库161人，宁德经营部81人，8个县级分公司323人。2002年开始，中石化分公司招聘、招收员工由福建海峡人才交流中心或福建省劳务派遣公司派遣 。2003年，中石化分公司成立减员分流工作领导小组，开展减员分流工作。市县一体化改革后，撤销古田、屏南、周宁、寿宁、福安、柘荣、福鼎、霞浦8个县级公司管理机构及分公司本部经营部，按照区域化管理原则，全部加油站实行管理经理（ME）、业务销售实行销售经理（CORO）模式管理，原县级公司管理职能分别由分公司派出加油站管理经理、销售经理和财务代表分工负责。精简分流县级公司管理人员16人到生产一线，有40位员工与企业协议解除劳动关系。

2004—2005年，国家全面开放成品油零售市场。中石化分公司发动全体员工参与市场竞争。加油站经营方面，进一步调整联量联利联费考核办法，调动职工生产积极性。

（二）中石油宁德分公司

2001年，中石油宁德分公司成立，至2005年，中石油分公司成立秉承“诚信、创新、业绩、和谐、安全”的经营理念，在员中推行“吨油工资制”与“超量奖励”机制，做大做强直销基础量。

三、信息化建设

2000年，中石化分公司成立福建省石油总公司宁德分公司信息管理站，是信息化建设管理的开始。2003年1月，分公司机关新销售业务统计系统试运行。3月，销售业务管理系统在全区开票点和油库投入试运行，4月正式运行。10月，中国石化（福建）石油IC卡工程在宁德石油分公司13座IC卡加油站9个发卡网点正式上线运行。全年完成14座加油站IC卡卡机联动改造，区内共有50台机、86条油枪实现IC卡加油。随着IC卡业务的开展，公司建立记账用户卡及记账用户折让管理制度和清算清分系统，加油IC卡客户服务系统和用户卡积分消费等系统。在不断完善IC卡核算、业务流程及相关配套管理措施的同时，继续加强销售业务管理系统和加油站销售数据语音报送技术的推广应用。宁德城南站与建行联网，成为宁德地区第一家开通加油刷卡业务的加油站。2004年，对未安装IC卡的加油站进行技术改造，除九都、溪口站外全都安装了移动POS机。同年，中标宁德市政府采购加油业务，将市直行政机关、事业单位和社会团体的机动车辆全部纳入IC卡加油。至年底，累计发卡5053张，消费金额2831万元。当年开始为各加油站配备液位仪，通过对数据的自动采集，进一步完善了加油站油罐计量、销售、库存统计及进、销、存以及损溢分析。2005年，第一批28座IC卡移动POS加油站开始运行，受理用户卡加油、圈存业务。继续对20座POS加油站和新投产加油站进行升级改造。销售业务管理系统正式上线运行，实现了对批发、直销的规范化管理，取消加油站手工记录账表单，为全区加油站配备电脑，安装加油站零管子系统，实现账表单电子化。9月，视频会议系统建成并投入使用，OA办公自动化系统延伸到所有库、站。

四、成品油市场专项整顿

1993—1999年，中石化分公司对全区274家汽、煤油批零、仓储企业进行登记、造册。全区换发危险品经营许可证418家，查处违法违规经营案件3起，责令整改267家。2000年，取缔无证照或不具备条件的零售经营商店160家，因不具备批发经营条件按规定核转为零售经营的商店21家，核准合格批发商店3家，比清理整顿前减少了21家，具备经营资格的零售商店7家，取得零售经营批准证的加油站（点）225个，其中汽柴油兼营的加油站100个、柴油供应点116个、油船9艘，加油站（点）比清理整顿前减少159个，网点未批滥建、重复建设现象得到有效遏制。2001—2005年，全市取缔查封了14家无证经营点。

第八章　药品营销

第一节　药品购销

1993 年后，随着人民生活水平的提高，药品品种结构变化加快，普药增速逐年放慢，新特药、进口药品增速加快，疗效好、价格高的药品也越来越被人们所接受，药品的消费向高档次转变，药品市场朝着普中求新、新中求优、优化结构方向发展，促进品种更新换代加快。药品销售行业的经济效益有所提高，企业各种征税加重。1998 年，全区有 1 个二级医药批发企业，9 个三级医药批发企业和 4 个基层批发网点。从业人员 1242 人。商品购进总额 2.10 亿元，宁德地区医药站扭转了连续 4 年亏损局面，稍有盈利，全年上缴各种税收 79.4 万元。但企业经营资金愈紧缺，销售与效益不断同步，企业缺少宽松的发展、壮大的外部环境。

1999 年，全区医药商业企业药品、药材、中成药、医疗器械四大类商品总购进累值 2.5 亿元。其中，药品类总购进商品额 1.6 亿元，比上年增长 11.3%，中成药类总购进商品额 0.81 亿元，比增 13.5%，药材、医疗器械同比略有下降。全区 10 个独立核算医药商业企业，医药“四大”类（药品、中药材、中成药、医疗器械）商品总销售额 2.8 亿元，比上年增长 16.67%，药品类总销售为 1.8 亿元，比增 12.5%，药材、中成药、医疗器械“三大”类同比略有提升。全区 10 个独立核算医药商业企业实现利润 151 万元，其中福安市医药公司实现利润额占全区的 73%。全区医药商业企业完成税收 471 万元，宁德地区医药采购供应站完成税收额占全区的 28%。全区医药商业销售中，对农村销售额 4066.83 万元，占全区医药商业总销售的 14.2%，显示出农村消费市场的巨大潜力。

2000 年，全市医药商业独立核算单位 10 家，其中二级医药商业批发企业 1 家，三级医药商业批发企业 9 家。全市“四大”类医药商品购进总额为 2.635 亿元，比上年增长 10%。其中，药品类 1.667 亿元，与上年持平，医疗器械、药材、中成药购进分别为 0.015 亿元、0.063 亿元、0.89 亿元，均比上年略有上升。全市“四大”类医药商品销售总额 2.78 亿元，与上年基本持平。其中，药品类销售 1.73 亿与上年持平。医疗器械、药材、中成药销售分别为 0.017 亿元、0.072 亿元、0.96 亿元。全市高、新、特进口药品销量增幅达 7%。

2001 年，医药商业企业逐渐扩增零售业的布点，实行药品零售连锁经营，全市医药零售企业增至 300 多家，医药商业独立核算单位 10 家。全市“四大”类医药商品购进总额 2.966 亿元，比上年同期增长 12.5%，其中药品类 1.844 亿元，比上年增加 0.174 亿元，中药材、中成药、医疗器械购进分别为 0.065 亿元、1.019 亿元和 0.037 亿元，均比上年略有提升。全市“四大”类医药商品销售总额为3.108亿元，比上年增加0.328亿元。从分类情况看，药品类当年销售1.959亿元，比上年增长13%，中药材、中成药、医疗器械销售分别为0.0697亿元、1.04亿元和0.0303亿元，比上年略有提升。医药零售业销售额增长势头快速，其销售额约占全市药品销售总额30%。据统计，2001年非处方中成药、保健药品销售额以年均15%以上速度增长，明显高于其他医药商品的增长幅度。非处方中成药、保健药品的更新换代节奏加快，现代天然药品、海洋药物、生物药物类的保健药品居保健药品市场的主导地位。2002年，全市医药部门扩大医药品种，拓展经营市场，提高药品销售总量，全年医药商品销售总额6407万元，比上年同期增长86.09%，交纳税金104万元，实现利润16万元。

2003年，宁德医药采购供应站“同兴药行”首家药品超市在蕉城开业。之后福州“宜又佳”在蕉城建连锁分店。打破以往药品零售业格局。医药系统全面实施GSP（Good Supply Practice即商品供应规范）药品经营质量管理，提高国有医药商业企业整体水平，年底，全市医药批发企业仅福安市医药有限公司完成GSP认证，全市300多家医药零售企业均未通过GSP改造与认证。全市医药商业企业医药“四大”类商品总销售约6亿元，比上年增长20%以上。

2004年，全市医药“四大”类商品销售总额为6.6亿元，比上年同期增长10%，医药商业销售总额创历史新高。但全市9县（市、区）发展不平衡，福安市医药有限公司、古田县医药公司商品销售额占全市医药商品销售总额的60%以上，其余县（市、区）医药企业市场占有率和利润空间缩小。全市各县（市、区）药品零售纯销售则比上年有较大幅度增长。从农村药品消费市场销售比重看，农村销售仅占全市医药销售总额8%。

第二节　管　理

一、机构

宁德地区医药管理局　1993年，宁德地区医药采购供应站（地址设在福安），增挂福建省宁德地区医药管理局牌子，开展医药行业管理工作。1996年，在地区财贸委内设医药管理科（对外挂宁德地区医药管理局牌子），全面承担宁德地区医药行业和医药市场管理工作，行使政府对医药管理职能和履行医药行业管理职能。1997年，宁德地区财贸委医药管理科接收原地区医药管理局，正式对外挂牌办公。2000年撤地设市后，宁德市实施市级党政机构改革，2001年根据《中共宁德市委　宁德市人民政府　关于宁德市市级党政机构改革的实施意见》，不再保留宁德市财贸委员会，组建宁德市经济贸易委员会。

二、行业管理

1993年，地区医药管理部门贯彻调整方针，重点调整经营机制和深化企业改革，一方面以盘活资产为突破点，以强化内部管理为手段，以市场需求为导向，想方设法组织购进适销对路医药商品，满足全区突发性事故、灾疫情、麻醉药品等方面的需求。另一方面认真履行全区医药行业管理，指导、协调职能，保证全区医药市场的有序竞争。1994年，加强药品市场管理，保证药品质量，保障人民群众用药安全、有效。主要是加强领导，认真贯彻执行《中华人民共和国药品管理法》和有关政策法规，履行全区医药行业管理职能。严格执行开办药品经营企业的审查条件和审批程序，协同卫生、工商等职能部门开展“闽东药品质量行”，依法打击制售伪劣药品犯罪行为和取缔非法生产经营药品活动，规范药品经营秩序。

1995 年，面对市场激烈竞争，采取让利增盈、薄利多销的促销办法，在价格方面灵活掌握，根据进货量的多与少、回款的快与慢来决定价格、扣率的高与低。根除过去那种“坐等上门”的官商作风，彻底改变“二级医药批发企业”夜郎自大的传统经营模式，扭转过去经营不活、供货不及时、售后不服务的老毛病。密切供需关系，跟踪随访，综合处理药品供求信息反馈，以新的经营观念和多样、新颖的营销策略来展示二级医药批发企业的营销形象。1996 年，率先在全省国有医药商业企业实行股份制。全区国有医药商业企业根据步入市场经济的必然要求和发展趋势，依据企业实际情况和各自特点，积极创造条件，通过参股、投资、风险抵押等多种形式，构筑新的经营体制，逐步向股份制、集团化迈进。

1997 年，发挥国有医药商业企业在职人员、技术、仓储、品种等方面优势，坚持“三树立”原则，即树立商品质量第一的意识，确保销售药品安全有效；树立良好的服务信誉，在营销过程中开展优质服务活动；树立资金信誉，坚持以销定进、勤进快销的原则、集中力量抓销售和抓货款回笼，确保企业良好的资金信誉。全区国有医药商业企业相继为了适应医药商品品种格局变化，采用总代理、总销售等先进的营销方式，使国有医药商业企业逐步形成既具有销售功能、又具有市场开发功能，不断增加销售量和扩大市场占有率，培育商品区域性的“垄断”经营优势，同时开拓省外市场。

1998 年，坚持依法行政，积极配合有关部门查处假劣药品，整顿医药市场，加强麻醉药品、精神药品和毒性药品的管理。对药品经营企业及零售网点实施年度年检及抽检审查，对申请“药品经营企业（零售）合格证”对象进行资格审查认定，验收发证。开展“放心药店”“文明示范药店”评比活动和悬挂“绿十字”标识等工作，推进药品经营企业 GSP（医药商品质量管理规范）工作的开展。同年，在霞浦、福安两地举办医药购销人员培训班、医药经营企业岗前培训班，受训人 100 余人。全区医药经营企业拥有各类专业技术人员 243 人。其中，医药专业技术人员 176 人（中级职称 21 人、初级职称 155 人），各类经济管理专业技术人员 67 人。

1999 年，全区医药商业企业以提高经济效益为中心，加强管理，盯住市场，抓住机遇，转换经营机制，不断深化企业内部改革，及时调整营销策略，在增加经营品种、扩大经营范围的同时，千方百计地拓宽市场，提高经营效益。药品监督管理部门加大农村医药市场监管力度，有效遏制假劣药品流入农村医疗诊所（站）和零售网点。

2002 年，成立宁德市医药采购供应站改革与发展领导小组，重点实施 GSP 认证和制度创新工作。按照《中华人民共和国药品管理法》规定，纠正违规行为；补充完善硬件设施，清理挂靠承包，清退全外聘人员，规范内部股份制，制定规范经营管理的决策构架。2003 年，全市医药系统深化国有医药商业企业改革，建立完善现代企业制度，健全法人治理结构，使企业成为市场竞争主体，组建大型药品物流配送中心；通过改组、联合、兼并、股份制等形式，提高经营集中制；实施品牌战略，做大做强，形成国有医药商业企业联手发展的医药商业流通体系。春夏之交抗击“非典”期间，全市大多数医药商业企业以“药品有价，诚信无价”为经营原则，做到药品不提价，质量有保证，服务不降低，药物有货源，为人民群众健康提供医药保障。医药系统开始实施 GSP 药品经营质量管理，以提高国有医药商业企业整体水平。

2004 年，福安市医药有限公司加快经营规模的拓展和购并重组步伐，在购并建瓯县医药公司的基础上，又控制了霞浦县医药公司的经营权，其市场占有率、控制能力和经济效益迅速提高，成为宁德市医药商业龙头企业。民营企业在医药流通体制改革中异军突起，拉动医药商业纯销售量的快速增长。

2005 年，市政府转发《关于加快国有医药批发企业深化改革若干意见的通知》，成立宁德市医药站改革工作小组，督促指导重新健全领导班子，建立改革运行机制，指导制定了剥离部分资产，引资重组及改制分流和再就业方案。国有医药商业企业加快改革步伐，推进国有医药商业企业股权多元化，建立真正的规范的法人治理结构，着手进行管理机制和经营机制的创新。根据市场经济特点，制定企业发展战略，抓好品种、价格、质量、网络、服务各环节经营工作，增强市场控制力。力求在资本结构、经济体制、市场格局、营销模式、用工制度等方面有新的突破。

第九章　区域协作

第一节　区域经济协作

一、机构

宁德市人民政府经济技术协作办公室　宁德地区经济技术协作办公室成立于1984年5月17日，2000年机构改革被撤销，只在宁德市经济贸易委员会设置协作与联络科。2003年5月19日，市委编办同意在宁德市山海协作领导小组办公室加挂宁德市人民政府经济技术协作办公室牌子，主要负责区域经济技术协作与联合，友好城市交流，参与国内招商引资等。

二、区域合作

（一）闽东北经济协作区

1986年，福州、南平、三明、莆田、宁德五地市共同发起设立闽东北经济协作区。闽东北经济协作区在福州设立专门的办公室，财政拨给专项经费，协调协作区的日常事务，常务副主任由五市中退二线的副厅级以上领导担任。协作区本着“自愿、平等、互利”的原则，在工业、交通、旅游、农业、环保、人事等诸多领域展开协作，建立了“公安、林业、环保、农牧业、劳动保障、人事、发改委、旅游、经贸协作”等专业网络。协作区经历了起步阶段、发展阶段、推进阶段，形成了互为依托、优势互补、共同发展的格局。从2004年起，每年召开一次五市市委书记、市长联席会议。

2003—2005年闽东北经济协作区联合发展计划项目一览表

表17-21　　单位：万元

项目名称	合作地区	总投资	建设规模及内容	项目建设进度	项目承办单位	备注
双福高速公路	福州市 宁德市	800000	共同建设福州—福鼎沿海高速公路	2003年全线建成通车	福州市先行办 宁德高速办	结转项目
温福铁路	福州宁 宁德市	500000	一线干线铁路361.33千米，省内26.33千米	2003全线动工	福州市政府 宁德市政府	结转项目

续表 17-21

项目名称	合作地区	总投资	建设规模及内容	项目建设进度	项目承办单位	备注
宁德良种繁育基地	宁德市 莆田市	1760	建引种园 600 亩，母本园 300 亩，良种繁育 200 亩，年提供优质果苗 100 万株	组织实施	宁德市名优晚熟龙眼示范场 莆田市金果实业有限公司	—
霞浦县（闽东）蔬菜批发中心市场	宁德市 莆田市	1562	建设 2 万平方米果蔬交易厅，农产品精加工区，冷藏区及配套	组织实施	霞浦县供销社 莆田凯源建筑工程公司	—
蕉城区畜牧业产供销一条龙开发	宁德市 福州市	2216	引进国外种猪 173 头，年提供种猪 1.4 万头，商品猪 1.65 万头，年产 3 万吨饲料	组织实施	宁德市南阳养殖有限公司 福州天龙饲料预混总厂	—
古田县农副产品加工	宁德市 福州市	2436	建设古田县农副产品加工区，生产食用菌、瓜果、蔬菜深加工等系列产品	组织实施	古田华闽抗生素有限公司 福建德冠天然食品有限公司	—
周宁农业科技园区建设项目	宁德市 福州市	2080	建设菜薯高优示范区 1210 亩，高山名优花卉示范区 500 亩，无公害茶园示范区 1000 亩，名优水果 450 亩	组织实施	周宁县兴宁农业科技开发有限公司 长乐市农业技术推广中心	—
食用仙人掌良种繁育基地及产品加工	福州市 宁德市	1565	新建设食用仙人掌良种繁育基地 20 亩繁育 20 万片	2003 年建成投产	宁德市工厂化无公害蔬菜研究中心，福建理想科技有限公司	结转项目
超大集团农业产业化	福州市 宁德市 三明市	10000	建三无公害茶园 6000 亩，蔬菜基地 4000 亩，10 万亩优良稻	组织实施	中国“超大”（福建）集团 周宁县 三明市	—
榕屏化工厂二期配套工程	福州市 宁德市	23185	安装尾气（氢气）回收设备，与鑫磊晶体有限公司合作年开发生产 300 吨人造宝石（投资 1 亿元）	年开发生产 300 吨人造宝石 2003 年二期工程建成投产	屏南县电力公司 福州一化 鑫磊晶体有限公司	结转项目
古田药业公司异地扩大技术改造	宁德市 福州市	1450	针剂 2000 万支 / 年，片剂 3 亿片 / 年，胶囊剂 5 亿粒 / 年	组织实施	古田药业有限公司 福州福兴医药有限公司	—
广生堂药业 GMP 异地搬迁技术改造项目	宁德市 福州市	3000	按 GMP 要求建现代化制剂厂房，建片剂、胶囊剂自动生产线 8 线	组织实施	柘荣广生堂药业有限公司 福州奥华实业有限公司	—
柘荣县太子参深加工	宁德市 福州市	3600	太子参口服液、太子参胶囊生产线 3 条	组织实施	宁德市利仁生产工程有限公司 福建神龙集团乔丹食品有限公司	—
应用生物工程技术进行大黄鱼系列加工	宁德市 福州市	1200	加工车间 3000 平方米，年加工大黄鱼干 350 吨	组织实施	宁德市岳海水产有限公司 福州融兴水产贸易批发贝壳总公司	—

续表 17-21

项目名称	合作地区	总投资	建设规模及内容	项目建设进度	项目承办单位	备注
旅游开发项目	三明、南平、福州宁德、莆田	—	联合开发五市旅游资源，推进两大生态旅游带建设	组织实施	五市旅游局	结转项目
闽江流域防洪减灾生态防护林体系工程	三明、南平、福州宁德、莆田	—	建立利益补偿机制、做好流域生态防护林体系建设，适度退耕还林（草）	组织实施	五市财委、林业局	结转项目

（二）闽浙赣皖福州经济协作区

1996 年，由福州市牵头，福建省三明、南平、莆田、宁德，浙江省温州，江西省南昌、九江、抚州、上饶、景德镇、鹰潭，安徽省安庆、黄山等 14 地市共同组建闽浙赣皖福州经济协作区。闽浙赣皖福州经济协作区在福州经委内挂设办公室，指定专人负责协作区事务。协作区区域总面积 19.23 万平方千米，占全国国土面积的 2%，总人口 5596.86 万人，占全国总人口 4.6%，2005 年协作区十四市的 GDP 总和达 7521.87 亿元，占全国 GDP 的 4.1%。协作区每年召开一次市长联席会议，各市（行署）分管副市长（专员）、分管副秘书长、协作办领导、联络员等参会。

（三）泛珠三角协作区

2004 年由广东省发起，广西、云南、四川、福建、江西、湖南、贵州、海南和香港、澳门特别行政区参加的“泛珠三角协作区”，简称“9+2 协作区”，主要有泛珠三角区域合作与发展论坛暨“9+2”行政首长论坛、“9+2”省会城市市长论坛和泛珠三角区域经贸合作洽谈会等活动组成。2004—2005 年，由副市长陈铭玉率领宁德市经贸代表团先后参加了广州和成都举办的“泛珠三角区域经济贸易合作洽谈会”，开展 9 省区 +2 个特别行政区的经济技术协作活动。

第二节　山海协作

一、机构

宁德地区山海协作领导小组于 1999 年成立，地委书记任组长，行署专员任第一副组长，区直 17 个部门领导组成领导小组，下设办公室，分管副专员具体负责，办公室主任由依托的单位分管领导担任。2002 年进行人员调整，办公室挂靠市经贸委，有机关事业编制 2 名，其中，科级领导职数 1 名。市经贸委负责与福州市的对口帮扶工作，山海协作重点项目、贷款贴息项目等工作由市委农办负责。各县（市、区）山海办有的设在经贸局，有的设在农办。

二、对口山海协作帮扶

1999年，为贯彻省委六届九次全会精神，全面落实中共福建省委《关于进一步加快山区发展的决定》，按照省委、省政府部署，宁德地区与福州市互结对口帮扶对子，屏南、周宁、寿宁、柘荣山区四县分别与福州的马尾区、长乐市、福清市、晋安区结对帮扶，签订《福州市与宁德市进一步加强对口帮扶山海协作协议书》。从当年开始至2005年，双方领导不断互访，每年福州市委书记率领市委、市政府、人大、政协四套班子主要成员以及市直机关有关部门和四市（区）主要负责人到宁德考察访问，开展福州、宁德对口帮扶山海协作座谈会，并分组深入四个山区县开展考察调研。开展每年一轮的系列山海协作和对口帮扶活动，在联手招商、产业协作、劳务协作、旅游协作、房地产开发、基础设施建设以及社会事业等方面建立起政府、企业、民间等多渠道合作机制，进一步密切两市协作帮扶关系。

第十八编　对外及对港澳台经济与口岸管理

宁德对外开放起步较晚。1993年9月，国务院批准三都澳城澳港对外开放，下白石白马港作为一类口岸作业区对外轮开放。1994年，又批准全区9个县（市）全部对外开放。进入21世纪，宁德市委、市政府坚持“发展先行、方法先行、科学先行”方针，提出环三都澳区域开发战略，持续推进宁德开放步伐。至2005年，随着外贸经营权的放开和外商投资企业的大批涌入，境内外贸企业迅速发展。进出口经营权由审批制改成备案制，取消了注册资金门槛，并允许个人经营出口业务，形成了国有企业、三资企业齐头并进的格局。全区围绕“大小项目一起上，侨港台外都欢迎”的方针，加快基础设施建设，大力开展招商引资活动，外商独资企业迅猛发展。出资方式转变为以资金、技术、品牌为主，投资领域由来料加工为主扩大到基础设施、农副产品深加工，资源开发等领域。外资还进入房地产市场，参与旧城改造、土地成片开发。

“十五”期间，全市合同外资累计达4.58亿美元，比“九五”时期增长75%，年均增幅17.4%，吸收利用外资成效明显。境内出口商品始终坚持“以质取胜”，不断加强出口企业技术创新，出口商品由粗加工、低附加值为主转到以精加工、高附加值产品出口为主。电机、水产、皮革等高技术、高附加值产品的出口快速增长，商品销往135个国家和地区。累计出口值达10.31亿元，比“九五”时期增长137%，年均增幅达34%。在政府政策支持下，先后有豪鑫纸业、聚福电机等11家企业分别获准到埃及、越南等国家投资兴业。宁德海峡两岸民间贸易往来起步早，对台近海短期渔工劳务年输出人数约占全省对台劳务输出总数的25%～30%。台商到宁德考察、洽谈投资项目增多，成效明显，海峡两岸经贸往来更加密切。

第一章　对外及对港澳台经济

第一节　对外及对港澳台贸易

一、出口贸易

（一）贸易额

1993 年，全区外经贸企业完成自营出口 3764 万美元，其中一般贸易出口 926 万美元，三资企业出口 2838 万美元，分别比 1992 年增长 33%、35%、31.6%。

1994 年，福鼎市、古田县外贸公司、闽东汽车工业集团、闽东联谊集团等 13 家企业，先后经外经贸部批准获进出口经营权。地县外贸系统出口商品收购总值 3.855 亿元，比上年增长 38.56%。全年自营出口 5310 万美元，比上年增长 40%，其中一般贸易出口 1406.29 万美元，增长 52.03%，三资企业出口 3904 万美元，增长 36.1%。

1995 年，全区外贸自营出口 7005.35 万美元，增长 31.9%，其中三资企业出口 4373 万美元，增长 12%，一般贸易出口 2632.35 万美元，比增 87.2%，民间渔钞贸易超过 5000 万美元。是年，全区享有进出口经营权的企业达 19 家。地区外贸公司出口 1188.88 万美元，古田县外贸公司出口 512 万美元，福鼎市外贸公司、霞浦县外贸公司出口均超百万美元。

1996 年，全区外贸自营出口首次突破 1 亿美元大关，达 1.0263 亿美元，比增 46.5%，其中一般贸易出口 2951 万美元，比增 12.1%；对台小额贸 65.46 万美元，三资企业自营出口 7312 万美元，比增 68%。1997 年，全区外贸自营出口达 11658 万美元，增长 13.6%，福安市电机电器民营企业崛起，三资企业生产快速增长，其出口量占全区自营出口的 70% 以上。1998 年，受东南亚金融风暴等因素影响，全区外贸出口总额完成 10035 万美元，与上年基本持平。

1999 年，全区完成外贸自营出口 4057 万美元，其中一般贸易出口 1478 万美元，外贸企业出口 2579 万美元。全区有自营进出口经营权的各类企业 30 家，出口贸易总额达 1478 万美元，占全区外贸自营出口总额的 36.4%。私营企业自营出口 440 万美元，占全区出口总值的 9.5%。

2000 年，全市外贸自营出口 7402 万美元，比上年同期增长 82.45%，其中内资企业自营出口 3537 万美元，三资企业出口 3865 万美元，分别比上年增长 139.3% 和 49.8%。出口超百万美元的企业有 23 家。出口总额达 5967 万美元，占全市出口总额的 80.6%。其中，电机产品出口尼日利亚总额 2741 万美元，出口法国 173 万美元。

2001 年，外贸出口 10496 万美元，比上年同期增长 41.8%，其中，外资企业出口 5881 万美元，内资企业出口4615万美元，分别比增52%和31%。出口百万美元以上企业21家。闽东大地电机有限公司、福安市德丰电机有限公司等一批出口超百万美元以上企业出口达9279万美元。全市机电产品出口4645万美元，比增56.1%，占全市外贸自营出口的44.25%。

2002年，实施“科技兴贸”和“以质取胜”战略，扩大外贸出口。全年外贸出口14735万美元，比上年增长40.74%，其中内资企业出口7470万美元，比增61.83%，国有贸易企业出口4031万美元，比增52.75%，生产性企业出口3439万美元，比增74.21%；外贸企业出口7265万美元，比增24.06%。全市共有70家内资企业获进出口经营权，内资企业自营出口占全市外贸出口总值的51%。

2003年，宁德市新批外贸进出口经营权企业53家，全市有开展自营进出口业务及取得经营资格的各类企业达178家，全市内资企业自营出口11210万美元，比增50%，占全市出口总值的55.1%。外贸企业出口7988万美元，比增21.18%。全市外贸出口2.05亿元，比增39.42%。

2004年，全市外贸出口25823万美元，比增25.69%。全市拥有开展自营进出口业务及取得经营资格各类企业增至256家，外资企业出口占全市外贸出口的48.05%，出口百万美元以上的企业48家，出口千万美元以上的企业3家。全年机电产品出口达14458万美元，占全市出口比重的56.1%。

2005年，全市有开展自营进出口业务及取得经营资格的各类企业增至328家，全市外贸出口32536万美元，比增26%。一般贸易出口31603万美元，加工贸易出口933万美元，内资企业出口19492万美元，外资企业出口13044万美元，分别占全市出口总额的97.1%、2.9%、59.9%、40.09%。出口500万美元以上企业22家。机电产品出口20713万美元，比增29.03%，占全市出口总额的63.66%。

（二）出口商品结构

1993—1994年，宁德地区出口商品达五大类80多种。其中，1994年出口商品中农副产品占45.82%，轻工产品类占33.31%，五金矿产类占12.58%，机械产品类占2.69%，纺织品类占5.60%。自营出口商品中超百万美元的商品有石材制品、水产品、食用菌、竹木制品、伞具等6种。

1995年，宁德地区出口商品以农副产品、纺织品、轻工产品、五金矿产、机械产品五大类为主，有80多个品种。出口商品中农副产品、纺织品、轻工产品、五金矿产类产品、机械产品出口分别达1200.76万美元、333.42万美元、784.58万美元、234.21万美元、79.43万美元。

1996年，上半年出口出现下滑，下半年开始回升。全年农副产品、纺织品、轻工产品、五金矿产品、机械产品出口分别达588.51万美元、829.02万美元、428.13万美元、884.02万美元、221.43万美元。出口非金属矿产品136.24万美元，化工产品83.81万美元。

1997年，宁德地区出口商品逐步形成以农副产品、纺织品、轻工业品、五金矿产品、机械产品为主的五大类近100个品种。其中，粮油食品、土产畜产、纺织丝绸品、轻工业品、五金矿产品、化工产品、机械及设备出口分别为618.14万美元、454.3万美元、284.49万美元、364.35万美元、900.25万美元、364.84万美元、166.64万美元。

1998年，粮油食品、土产畜产、纺织丝绸品、轻工产品、五金产品、化工产品、机械及设备出口分别为255.6万美元、311.87万美元、283.87万美元、21.81万美元、489.04万美元、377.42万美元、328.39万美元、149.23万美元、118.39万美元。出口商品从过去单一的以农副产品为主转变为以轻工产品和部分精加工产品为主，出口商品结构渐趋合理。

1999 年，选择机电、石板材、水产品、竹木制品、食用菌等 5 个大宗商品作为出口重点扶持商品。全区机电产品出口 942 万美元，比增 29.4%；竹木制品出口 589 万美元，比增 46%；服装出口 353 万美元，比增 57%；化工产品出口 301 万美元，比增 11%。

2000 年，宁德市科技含量高、附加值高、深加工出口商品不断增多，初级产品出口比例逐渐下降。主要出口商品有机电产品、农产品、水产品、竹木制品、日用产品、文体用品、服装、化工产品、医药产品等 9 大类 70 多个品种。是年，机电产品出口达 3126 万美元，占全市出口总额的 42.2%。

2001 年，主要出口商品有机电、水产品、农产品、竹木制品、服装、五金矿产、日用产品、文体用品等 9 大类。机电产品出口比上年同期有大幅度增长，出口额达 4645 万美元，比增 56.1%，占全市外贸自营出口的 44.25%。

2002 年，主要出口商品有电机、食用菌、农产品、水产品、五金矿产、化工、医药等 9 大类 100 多个品种。机电产品出口仍大幅度增长，出口额达 6622 万美元，比增 42.6%，占全市外贸自营出口的 44.94%。

2003 年，宁德市政府制定《关于扶持福安电机电器、船舶修造业发展的若干意见》，注重扶持机电等重点产品出口。全年机电产品自营出口超过 1 亿美元，占全市出口总值的 56%。4 家船舶修造企业获得进出口权。

2004 年，全年出口产品有 21 个大类数百个品种，其中机电产品出口达 14458 万美元，占全市出口比重的 56.1%。水产品、皮革制品的出口也快速增长，水产品出口 2449 万美元，比增 61.17%，皮革制品出口 922 万美元，比增 31.09%。计有 20 家出口龙头企业产品合计出口 13776 万美元，出口增量 3483 万美元，占全市出口增量的 65.59%。

2005 年，重点企业、重点产品和高附加值产品出口比重增加，其中水产品、机电、化工、皮革制品、食品、矿产等大类商品出口量较大，达 27063 万美元，占出口总量的 83.18%。尤其是机电出口 20713 万美元，占出口总量的 63.66%，农副产品出口 3946 万美元，占出口总量的 12.13%。

（三）出口国家和地区

1993—1994 年，宁德地区注重对外贸易多元化，在巩固和发展东南亚、日本、欧共体市场的同时，新开辟匈牙利、葡萄牙及马里等非洲西部内陆国家市场，此外，北美地区份额有所增加，出口商品开始进入加拿大。

1995 年，对外贸易开始走向多元化，东南亚、日本、欧共体市场得到进一步巩固，新开辟中东、南亚、西欧、东欧、非洲、北美市场的份额逐步增加，与 47 个国家和地区建立贸易关系。

1996—1998 年，宁德地区商品出口主要有日本、马来西亚、新加坡、美国、英国、德国、法国、韩国、意大利、加拿大、秘鲁、智利、丹麦、乌拉圭、俄罗斯、澳大利亚、阿联酋、泰国、南非、埃及等 50 多个国家和地区。

1999 年，加大对出口市场结构调整力度，重点突破欧美机电市场以及中东、南美、独联体等富有潜力的新兴市场。全区商品出口 44 个国家和地区，出口市场有所减少。

2000 年，宁德市外贸产品出口 61 个国家和地区。其中机电产品在尼日利亚、叙利亚、阿联酋、埃及等国家出口额加大，部分产品出口法国、德国等国家。

2001 年，全市与 100 多个国家和地区有贸易关系。全年出口产品在欧洲、北美、拉美及大洋洲市场份额继续扩大，分别比上年同期增长 41.6%、89.7%、20.0%、90.6%。

2002 年，外贸出口产品市场份额继续扩大，全年出口欧洲、北美、拉美及大洋洲市场分别比上年同期增长 44%、60%、14%、37%。

2003 年，全市与 130 多个国家和地区建立贸易关系。出口欧洲、北美、拉美及非洲市场分别比上年同期增长 29.85%、34.27%、75% 和 131.7%。重点开发中东、非洲、南美市场，中东市场出口额比上年同期增长 92.6%。

2004 年，全年出口亚洲 16932 万美元，占出口额的 65.57%。出口欧盟 2444 万美元，比增 28.86%。拉丁美洲新开拓了库腊索岛等 7 个岛国市场，市场份额比上年同期增长 51.25%。加大对非洲市场开发，安哥拉、埃及、埃塞俄比亚等市场份额得以提升，出口额分别达 203 万美元、126 万美元、78 万美元；新拓马达加斯加、马里、毛里求斯、莫桑比克等 9 国贸易市场，全年对非洲出口 2621 万美元，比增 1.55%。对美国出口 2028 万美元。出口市场遍及 130 多个国家和地区。

2005 年，出口亚洲市场 19785 万美元，比增 16.85%，占全市出口总额的 60.81%。出口阿联酋 2542 万美元，比增 1.32%；出口东盟国家 5169 万美元，比增 5.45%。对非洲市场出口有大幅度增长，其中出口尼日利亚达 2296 万美元，成为当年宁德市第四个出口大国。对伊拉克、阿曼、文莱、博茨瓦纳、塞卜泰、刚果、冈比亚、塞内加尔、赞比亚、阿尔巴比亚、摩纳哥、拉脱维亚、巴哈马、牙买加、苏里南、乌拉圭等国家出口，实现零的突破。宁德市出口商品计销往 135 个国家和地区。

1993—2005 年宁德市（地区）出口总值统计表

表 18-1　　　　单位：万美元

年份	出口总值	一般贸易	加工贸易	三资企业
1993	3793.07	924.99	—	2868.00
1994	5310.29	1406.29	—	3904.00
1995	7005.35	2632.35	—	4373.00
1996	10236.11	2951.11	420.00	7312.00
1997	11658.57	3530.57	266.00	8128.00
1998	4946.00	1538.00	3.00	3408.00
1999	4057.00	1478.00	—	2579.00
2000	7402.00	—	—	3865.00
2001	10497.00	—	—	5881.00
2002	14735.00	14091.00	—	7265.00
2003	20544.00	19847.00	—	9334.00
2004	25823.00	24866.00	957.00	12408.00
2005	32536.00	31603.00	933.00	13044.00

2005 年宁德市重点企业出口总值统计表

表 18-2　　　　　　　　　　　　　　　　　　　　　　单位：万美元、%

企业名称	出口总值	2004 年同期	比增
出口 1000 万美元以上			
东大电机有限公司	1665.00	1675.00	−0.60
宁德华闽进出口公司	1701.00	1712.00	−0.64
宁德商烨对外贸易有限公司	1081.00	161.00	572.36
出口 500 万～1000 万美元			
永留大黄鱼有限公司	868.00	1044.00	−16.82
岳海水产养殖有限公司	610.00	470.00	29.65
宝信经济发展有限公司	529.00	587.00	−9.84
福建万达电机有限公司	901.00	518.00	74.06
闽东大地电机有限公司	567.00	448.00	26.47
天龙电机有限公司	512.00	281.00	82.45
福建省银象电器有限公司	605.00	528.00	14.41
银嘉机电有限公司	916.00	438.00	109.27
福建泰格动力机械有限公司	804.00	529.00	51.84
盛港发电机有限公司	818.00	954.00	−14.26
新永隆电机有限公司	924.00	1443.00	−35.95
亚南电机有限公司	558.00	270.00	106.46
安波电机有限公司	993.00	990.00	0.40
金隆电机有限公司	922.00	908.00	1.65
华微电机有限公司	702.00	574.00	22.37
远东华美电机有限公司	580.00	320.00	81.19
福鼎市外贸公司	617.00	332.00	85.67
海鸥水产食品有限公司	819.00	740.00	10.70
寿宁三祥冶金有限公司	795.00	559.00	42.17

二、进口贸易

1995 年，全区进口贸易 169.5 万美元。进料、来料加工复出口超过 800 万美元。1996 年，全区来料加工 420 万美元。

1997 年，宁德地区外经贸部门帮助生产企业、外贸企业开展加工贸易、审批加工贸易合同 68 份，合同金额 2666 万美元。

1998—2000 年，宁德地区外贸进口总额 3 年分别为 1382 万美元、474 万美元、570 万美元。

2001 年，大地、万达、德丰等一批机电生产企业开展加工贸易业务，从德国、法国、瑞典等国进口优质轴承、压力开关、电容等零配件以提高机电产品的技术含量和市场竞争力。1—10 月，外贸部门共批准内资企业进料加工贸易合同 8 单，进口料件 62 万美元。

2002 年，宁德市政府鼓励有条件进出口生产企业开展加工贸易业务，全市共签订加工贸易合同 77 单，金额 2899 万美元。2003 年，全市外贸进口总额为 588 万美元。

2004 年，全市共审批加工贸易合同 38 单，金额 2899 万美元。进口料件总值 712.63 万美元。全年外贸进口总额 1015 万美元，比增 72.47%。2005 年，全市外贸进口总额 1056 万美元，比上年同期增长 4.10%。

第二节　引进外资及港澳台资

一、重大招商引资活动

1993 年，在“6·28”香港招商洽谈活动、“9·8”厦门洽谈会、10 月北京经贸洽谈会上，共签订外商投资项目合同 152 项。年底已批准领证项目占 70% 强，总投资在 1000 万元以上的项目 25 个，有 2 个项目投资超亿元。

1994 年，宁德地区基本形成以三都澳、三沙、沙埕、古田库区、赛岐开发区等为重点的投资区域，沿海 4 县市、古田县外资额占到全区的 98.3%。利用外资开发三都澳青山岛旅游项目，合同外资 3.64 亿美元。全年引导外商投资宁德资源优势的食用菌种植加工企业 44 家，出口总值达 1320 万美元。

1995 年，在香港“3·18”、厦门“9·8”招商洽谈会上，重点推出基础设施项目对外招商引资活动，签订外资额在 1000 万美元以上的项目 4 个。

1996 年，宁德地区除组团（队）参加香港招商会、“9·8”福建投资贸易洽谈会外，还独立举办“6·13”福州小商品招商博览会、“11·18”上海—宁德地区经贸展示洽谈会。4 次招商洽谈会共签订项目 238 项，其中合同类项目 141 项，合同外资 2.51 亿美元，协商意向类项目 97 项，协议外资 6.62 亿美元。

1998 年 5 月，宁德地区组团参加省政府在北京、上海举办的“福建省国际招商项目推介说明会”，向各国使领馆、商务机构、国际金融组织代表机构和国际大财团、跨国公司的代表处、办事处推出基础工业、高优农业、基础设施等项目 30 多个，达成协议、意向的大项目 4 个。6 月，参加外经贸部在香港举办的投资贸易洽谈会，共推出对外招商项目 30 多个，签约或达成协议、意向的项目 10 个。9 月，参加第二届中国投资贸易洽谈会，共签约 67 个项目，总投资 73208 万美元，外资总额 61864 万美元，其中合同项目 49 个，合同外资 23940 万美元。意向、协议类项目 18 个，外资金额 37925 万美元。

1999 年，举办“’99 福鼎生态环境旅游节”“’99 闽东边贸商品展销会”和中国闽东古田、福安招商会，周宁、屏南旅游招商节，组团参加“福州国际招商月”、外经贸部在香港举办的招商会、“9·8”中国投资贸易洽谈会等活动。在“5·20”福州招商月上，宁德地区举行 2 场重点推介说明会，共推出重点对外招商项目 36 项，总投资 25.3 亿美元，利用外资 10.7 亿美元。在’99 闽东闽浙边界商品展销会上，有来自美国、新加坡、菲律宾、日本、泰国等国家以及中国台湾、香港地区客商参加，签约 15 个项目，总投资 3.7 亿元，其中外资项目 7 个，协议利用外资 3406 万美元。

2000 年，开展“软环境建设年”和“撤地设市暨第二届中国闽东大黄鱼招商节”活动。全年新批外商投资企业 31 家，合同外资 5533 万美元，利用外资 9701 万美元。

2001 年，宁德市组团参加第五届中国投资贸易洽谈会、福州国际招商月暨海峡科技博览会、外经贸部在香港举办的投资贸易洽谈会以及亚太经合组织（APEC）烟台投资贸易博览会。举办省华侨经济开发区招商会和太姥山旅游文化节。全年历场招商活动共签订外资项目 67 项，利用外资 6.9548 亿元，其中合同类项目 44 个，合同外资 3.786 亿美元，协议类项目 23 个，利用外资 3.2 亿美元。全市新批外商投资企业 24 家，合同外资 6205 万美元，利用外资 5985 万美元。

2002 年，宁德市除组团（队）参加市外招商节（会）、"投洽会"外，还举办"9·28"第三届中国闽东招商节。通过招商洽谈活动，在厦门第六届中国投资贸易洽谈会上共签约项目 21 个，合同外资 10363 万美元；在温州举行项目推介会上，签约 8 个项目，总金额 9.17 亿元；在香港招商期间，签订合同类项目 13 项，合同外资 11200 万美元；在福建省经贸合作项目对口洽谈会上，与外商达成 5 个意向项目，总投资 5500 万美元，利用外资 3200 万美元。第三届闽东招商节共接待来自 18 个国家和地区 180 多个企业的 290 名客商。全市共签约项目 74 个，其中合同外资项目 39 个，总投资 3.38 亿美元，利用外资 2.35 亿美元。

2003 年，组团参加"5·18"海峡科技成果交易会、"6·18"福建项目成果交易会、"9·8"中国投资贸易洽谈会。同时举办"6·28"第四届闽东招商节、"7·30"宁德—温州项目推介会。全年累计签订各类合同项目 261 项，其中外资项目 75 项，总投资 6.99 亿美元，利用外资 3.54 亿美元。"9·8"投洽会签订 16 个项目，合同外资 11638 万美元；温州项目推介会签约项目 36 项，总投资 27.68 亿元，合同利用区外资金 26.08 亿元；"6·28"招商节签约项目 183 项，其中外资项目 59 项，总投资 5.69 亿美元，利用外资 2.38 亿美元，签约内资项目 124 项，总投资 96.43 亿元，利用区外资金 77.82 亿元。投资千万美元以上项目 11 项，投资亿元以上内资项目 18 项。全年新批外商合同外资 9380 万美元，实际到资 7588 万美元。从投资情况看，欧美地区投资增长明显，美国、加拿大、日本、西班牙、澳大利亚等国客商的签约项目中合同外资达 53%。

2004 年，参与"新西兰安发（福建）生物科技园"项目洽谈，突出社会事业和现代服务业招商。全年先后洽谈重大项目 30 多项，达成意向、协议 9 项，跟踪 10 多项，重大项目招商取得新突破。全市新批外资企业 32 家，合同外资 9657 万美元，实际到资按历史可比口径 11031 万美元，按验资口径 1302 万美元。

2005 年，成功举办第六届宁德招商节，共签约项目 193 项，其中外资项目 38 项，总投资 5.04 亿美元，合同利用外资 4.03 亿美元，比上届增长 10.8%，外资项目总投资在千万美元以上有 18 项，合同利用外资 30776 万美元。签订利用内资项目 155 项，总投资 109.0875 亿元，合同利用区外资金 101.4485 亿元，比上届增长 23.8%。参加"9·8"投洽会，共签约外资项目 32 项，总投资 21317 万美元，合同利用外资 19526 万美元。全市新批外资企业 32 家，按历史可比径合同外资 12548 万美元，实际到资 11380 万美元。合同外资累计达 4.57 亿美元，实际到资累计达 4.28 亿美元，比"九五"时期分别增长 76.61%、15.3%。

二、引资规模

1993 年，全区迎来外商投资热潮。全年新批外资企业 166 家，合同外资达 18013 万美元，实际利用外资 3750 万美元，分别比上年同期增长 39%、78%、150%。平均每个项目协议外资 108.5 万美元，比上年增加 23.7 万美元。总投资在 1000 万元以上项目有 25 个，总投资在 3000 万元以上项目有 9 个，5000 万元以上项目有 5 个，其中 2 个项目投资超亿元。

1994年，全区外商投资项目在上半年出现滑坡情况，但由于基础设施的不断完善，实际利用外资仍有上升。全年新批外商投资项目58家，比上年同期下降65%，合同外资7059万美元，比上年同期下降61%，实际利用外资5061万美元，比上年同期增长35%。平均每个项目合同外资额121.7万美元，比上年108.5万美元略有增加。年底，全区累计批准外资企业481家，投资总额31.84亿元，合同外资4.02亿美元，实际到资1.28亿元，已投产252家，累计实现产值22.25亿元。

1995年，全区有选择地重点推出基础设施项目对外招商引资。全年新批外商投资企业76家，总投资85177万元，合同外资7426万美元，实际利用外资5023万美元，分别比上年增长31%、16%、5%、3%。年底，全区累计批准外商投资企业557家，合同外资4.76亿美元，实际利用外资1.8亿美元，已投产298家。“八五”期间，实际利用外资额比“七五”期间增长11倍。是年，在“9·8”厦门贸易洽谈会上签约外资额在1000万美元以上的项目有9项，均为基础设施建设项目。

1996年，全区新批企业项目数有所下降，但实际利用外资却创历史最高水平。全年新批外商投资企业57家，合同外资4174万美元，实际利用外资7167万美元，分别比上年减少25%、减少44%、增长38%，三资企业新投产开业30家。年底，全区累计批准合同外资5.18亿美元，实际利用外资2.52亿美元，已开业投产328家。

1998年，宁德地区合同外资和实际利用外资有所增长。全年新批外商投资项目50个，合同外资8202万美元，实际利用外资1.01亿美元，分别比上年同期增长14%、80%、26%，实际利用外资中直接利用外资5518万美元，超额完成省下达计划的9.38%。年底，全区累计批准外资企业708家，合同外资49448万美元，实际利用外资39246万美元。

1999年，受亚洲金融危机影响，利用外资出现下滑。全年新批外商投资企业27家，合同外资3681万美元，实际利用外资9049万美元，分别比上年同期下降46%、55%、10%。

2000年，新批外商投资企业31家，合同外资5533万美元，实际利用外资9701万美元，分别比上年增长15%、50%、7%。2001年，新批外商投资企业24家，比上年有所减少，但合同外资6205万美元，实际利用外资5985万美元，分别比上年同期增长12.15%、8.32%。投资1000万美元以上的基础设施项目有4个，利用外资1.01亿美元，第三产业项目有7个，利用外资1.82亿美元。

2002年，宁德市实施“以质取胜”“科技兴贸”战略，开展“二次招商”，提高利用外资的规模和质量，吸收利用外资创历史新高。是年，新批外资企业32家，合同外资8538万美元，实际到资6861万美元，分别比上年同期增长33.3%、37.6%、14.6%。有12家外资企业增资扩股，增资金额1686万美元。

2003年，全年新批合同外资9380万美元，实际到资7588万美元，分别增长9.86%、10.6%。投资总额在千万美元以上的外资项目11项，合同利用外资在千万美元以上的项目6项。有12家外资企业增资扩股，增资金额1200万美元。

2004年，实现合同外资9658万美元，比增2.96%，实际到资11031万美元，同比增长17.6%。在第五届宁德招商节签约项目中，投资总额在1000万美元以上的外资项目有13个。

2005年，全年新批外商投资企业32家，合同外资12974万美元，实际到资11380万美元，分别比增34.33%、26.08%；新批总投资千万美元以上项目9个，合同外资7370万美元，分别比增12.5%、44.51%；已批单个项目合同外资为405万美元，比2004年增加151万美元。全年有8家外资企业增资扩股，增资额达556.14万美元。在第六届宁德招商节签约项目中，总投资

1000万美元以上外资项目达18个，合同利用外资30776万美元，占签约项目总额的76.31%，平均单个项目合同外资1700多万美元。“十五”期间，全市合同外资累计达4.58亿元，比“九五”期间增长75%，年均增幅达17.4%。

1993—2005年宁德市（地区）外商投资情况统计表

表18-3　　　　单位：个、万美元

年份	外商投资企业	投资总额	合同利用外资金额	实际到资
1993	166	7715	4498	—
1994	58	10746	5723	—
1995	76	10783	6897	—
1996	57	137979	92239	—
1997	44	147466	93388	—
1998	50	—	8202	10100
1999	27	—	3681	9049
2000	31	—	5533	9701
2001	24	—	6502	5985
2002	32	—	8538	6861
2003	32	—	9380	7588
2004	38	—	9658	9026
2005	32	—	12974	11380

三、投资结构

1993年，第三产业是外商投资热点。全区新批外商投资的第三产业33家，包括房地产、餐饮酒家、其他服务设施等，投资总额达11.6亿元，合同外资10779.3万美元，占新批项目累计合同外资的59.8%。其中外商投资房地产项目18项，合同外资8184.2万美元。外商投资沿海岛屿土地成片开发项目4项，合同外资7596.68万美元，其中2个项目已动工兴建。

1994年，以4个沿海开放县（市）为龙头，以古田县、屏南县侧重引进台资，形成三都澳、三沙、沙埕、古田库区、赛岐开发区等投资开发热点。外商投资三都澳青山岛旅游开发项目合同外资达3.64亿美元。地区外经贸委引导外资投向举办食用菌种植、加工外资企业达44家。年底，全区共批准利用外资嫁接老企业127家。

1995年，地区行署重点推出基础设施项目对外招商引资。在“4·18”福州国际招商月上，共推出18个项目，总投资9.5亿美元，主要项目为基础设施项目，有温福铁路、宁德城关到飞鸾一级汽车专用线、三都澳万吨码头、宁德市飞鸾至城澳疏港公路、古田县双口渡水电站、霞浦县沙头围垦等。在“9·8”厦门贸易洽谈会上，共签定项目82个，利用外资3.58亿美元。其中基础设施项目24项，总投资2.55亿美元，利用外资2.21亿美元，分别占签约数的29.2%、56%、61.7%。

1996年，美国VTD控股集团参与共建穆阳溪梯级电站，投资1.5亿美元；马来西亚颜产业控股公司开发古田县省道203线沿线山地独资1200万美元等。1997年，在新批的44家外资企业中，投向农业和水产、林产、食品、机电、建材建筑等五大支柱产业的有 29 家，占 70%，合同外资 2845 万美元，实际利用外资 4909 万美元。

1998 年，引导外资重点投向基础设施、支柱产业、农业综合开发、高新技术产业、基础工业、国有企业改组改造。共签约 67 个项目，其中合同项目 49 个，利用外资 2.89 亿美元。

1999 年，全年新批的外资企业中，投向支柱产业 13 家，比重有所加大，合同外资 2355 万美元，实际利用外资 3563 万美元。投向房地产的项目合同外资 1756 万美元，占全区合同外资的 47.7%，生产性项目不到 2.5%。

2000 年，利用外资产业结构有所改善，全市新批合同外资 5533 万美元，实际利用外资 9701 万美元。外资投向第一、二、三产业的比重分别为 22%、13%、65%。投向农业综合开发的比重有较大回升，比上年增长 7.9 倍；投向机电、化工、制鞋、制表、服装、石板材等行业外资比上年增长 61%。

2001 年，全年新批合同外资 6205 万美元，实际利用外资 5985 万美元。引导外资投向基础设施、第三产业、农业综合开发、高新技术产业、出口创汇型产业等项目。从新批项目的行业分布来看，第一产业占 3%，第二产业占 30%，第三产业占 67%，外资投向趋于合理。原投资比重过大的房地产业同比下降 68%，服务业比重大幅上升。重大项目主要集中在基础设施和第三产业，其中投资 1000 万美元以上的基础设施项目 4 个，利用外资 1.01 亿美元，第三产业项目 7 个，利用外资 1.82 亿美元。

2003 年，新批合同外资 9380 万美元，比增 9.86%。在各项招商引资活动中，签约项目涉及工业、农业、基础设施、服务、贸易等行业，生产性项目占 70%，水电、旅游、资源开发项目占 25%。

2004 年，全年实现合同外资 9658 万美元，比增 2.96%，其中电力产业合同外资 3985 万美元，同比增长 14.7 倍，成为利用外资的主要增长点；投向农、林、牧、渔业的外资项目数同比增长 40%，但合同额仅 420 万美元，同比下降 62.2%；投向采矿业、制造业等的合同外资额 4407 万美元，同比下降 15.7%。

2005 年，在“6·28”第六届宁德招商节上，签约项目涵盖工业、农业、基础设施、旅游、港口、生物科技、社会事业、船舶修造等行业，生产性项目比上届增长 19%，特别是临海产业项目大增。共签约项目 193 项，其中外资项目 38 项，合同利用外资 4.03 亿美元；签约内资项目 155 项，利用区外资金 101.4485 亿元。在第九届“9·8”投洽会上，以临海工业、港口、物流、旅游为重点项目开展招商工作。共签约外资项目 32 项，合同利用外资 19526 万美元。

四、引资效益

1993 年，新批外商投资企业 166 家，全年三资企业完成产值 6.52 亿元，征收三资企业所得税 293 万元。三资企业出口 2868 万美元，比增 33.03%，占全区自营出口值的 76.2%。

1994 年，新批外商投资企业 58 家，全年三资企业完成产值 8.5 亿元，有百家外资企业盈利 2922 万美元，涉外税收 3000 万元，征收三资企业所得税近 300 万元。外商实际到资额相当于全区同期全社会固定资产额的 23.9%。全年三资企业出口 3904 万美元，占全区自营出口值的 73.5%。

1995 年，新批外商投资企业 76 家。正常生产经营的三资企业盈利和持平的达 80% 以上，盈亏对抵盈利 2135 万美元。古田大世纪精密铸造有限公司、宁德华大陶瓷有限公司、霞浦福宁食品有限公司等多家外资企业较大规模地增资扩产，增资额达 567 万美元。全区三资企业实现工业产值 11.4 亿元，占全区乡以上工业产值的 18.22%，外资实际到资已相当于全区同期全社会固定资产投资额的 14.4%，缴纳的涉外税收达 3053.4 万元。全年三资企业出口 4373 万美元，占全区自营出口值的 62.4%。

1996 年，三资企业实现工业产值 10 亿元，占全区乡以上工业产值的 15%，实现利润 2846 万元，实现税收 5100 万元。全年三资企业自营出口 7312 万美元，占全区外贸自营出口总值的 71%。

1998 年，三资企业实现工业产值 13.1 亿元，比上年同期增长 12.5%，占全区乡以上工业产值的 20.54%，缴纳涉外税收 3128.2 万元。三资企业自营出口 7379 万美元，占全区外贸自营出口的 73.5%。出口创汇达百万美元以上的外资企业 22 家，出口总额 5544 万美元，占是年三资企业自营出口总值的 76%。

1999 年，三资企业实现工业产值 8.76 亿元，占全区乡以上工业产值的 21.1%，缴纳涉外税收 4212 万元。三资企业自营出口 2579 万美元，占全区外贸自营出口的 63.6%。1—11 月自营出口百万美元以上的企业 10 家，出口总额达 1283 万美元。

2000 年，三资企业实现工业产值 8.02 亿元，占全市乡以上工业产值的 17.5%，外商投资企业税收有所增长，入库涉外税收达 4773 万元，比上年同期增长 13.3%，占全市入库税收的 11%。外资企业出口 3865 万美元，占全市外贸出口的 52.2%。

2001 年，三资企业实现工业产值 12.39 亿元，占全市规模以上工业产值的 22.76%，外资企业出口达 5881 万美元，占全市外贸出口的 56%，全年涉外税收 4337.4 万元。

2002 年，外商投资企业实现工业产值 14.02 亿元，占全市规模以上工业产值的 20.05%，全年外资企业实现税收 5424 万元，比增 13.97%。外资企业出口 7265 万美元，占全市外贸出口的 49%。

2003 年，外商投资企业实现工业产值 18.62 亿元，占全市规模以上工业产值的 19.9%，外商投资企业出口 9334 万美元，占全市外贸出口的 45.43%。

2004 年，外商投资企业实现工业产值 22.92 亿元，占全市规模以上工业产值的 17.8%，外资企业出口 12408 万美元，占全市外贸出口的 48.05%。

2005 年，全市外商投资企业税收有较大增长，入库涉外税收达 6506 万元。“十五”期间，全市合同外资累计达 4.58 亿美元，比“九五”期间增长 75%，年均增幅达 17.4%，实际到资累计达 4.08 亿美元。是年，全市外资企业自营出口 13044 万美元，比增 5.15%，占全市自营出口总值的 40.1%。

2005 年宁德市各县（市、区）利用外资情况统计表

表 18-4　　　　单位：万美元、%

县（市、区）	合同外资			实际到资		
	2005 年实际完成	2004 年同期	增长率	2005 年实际完成	2004 年同期	增长率
市直	1205	2218	-45.67	1384	2752	-49.13
蕉城	1280	137	834.30	1215	464	161.85
东侨	796	63	1163.49	775	63	1130.20
古田	1115	733	52.11	941	808	16.46

续表 18-4

县（市、区）	合同外资			实际到资		
	2005 年实际完成	2004 年同期	增长率	2005 年实际完成	2004 年同期	增长率
屏南	443	339	30.70	397	286	38.81
周宁	—	802	—	335	306	9.48
寿宁	1481	501	195.60	350	287	21.95
福安	2310	1791	28.98	2138	1931	10.72
柘荣	271	215	20.06	220	215	2.33
福鼎	2006	1989	0.85	1872	888	110.81
霞浦	2067	870	137.60	1753	1026	70.86
总计	12974	9658	34.33	11380	9026	26.08

说明：福安市含赛岐经济开发区

第三节　外经管理与服务

一、组织机构

（一）宁德市（地区）对外贸易经济合作局

1993 年，称宁德地区对外经济贸易委员会（简称外经贸委）。1995 年，地区外经贸委行政编制 20 人，工勤人员编制 2 人。领导职数为主任 1 人，副主任 3 人，科室领导 10 名。下设办公室、干部科、计财科、外资科、外经科、贸管科、监察室和外商投资服务中心。

2002 年 9 月，党政机构改革，更名为宁德市对外贸易经济合作局，将机电进出口管理职能和进出口招标管理职能划归该局，新增和强化承办、协调 WTO 有关涉及外经贸事务，建立和管理外经贸咨询服务体系，研究和推广以电子商务为重点的新的对外贸易方式等职能。机关行政编制 14 人（含纪检监察编制 3 名），保留外经专项编制 4 名、工勤事业编制 2 名。其中局长 1 名，副局长 2 名，纪检组组长（副处级）1 名，纪检副组长兼监察室主任（正科级）1 名。科级领导 8 名（正科级 7 名，副科级 3 名）。机关工勤人员核定事业编制 1 名。下设 5 个职能科室：办公室、计划财务科、对外贸易管理科、外资外经科、人事教育科。至 2005 年不变。

（二）宁德市人民政府招商中心

2003 年 10 月，成立宁德市招商中心，为宁德市人民政府直属的专业招商服务机构，与宁德市招商引资工作委员会办公室合署办公。主要职能是代表市政府负责重大项目的招商洽谈、签约落地，组织承办大型招商活动，建立海内外招商网络，为到宁德投资的客商提供全程代理服务。11 月，调配主任 1 人，副主任 2 人。实行两个牌子、一套人马管理体制。12 月，核定市招商中心事业编制 12 名。中心内设综合部、项目一部、项目二部、宣传联络部、投资咨询部。领导职数设主任 1 名，副主任 3 名（配备处级干部），正科级领导职数 5 名。2004 年 1 月 15 日，宁德市招商中心举行正式挂牌仪式，开始对外办公。4月，宁德市招商中心更名为宁德市人民政府招商中心。2005年，人员机构基本不变。

（三）宁德市招商引资工作委员会

2003年12月成立，市委书记、市长分别任主任和常务副主任，委员会下设办公室，由宁德市人民政府招商中心主任兼任办公室主任，挂靠宁德市人民政府办公室。中共宁德市委机构编制委员会核定市招商引资工作委员会办公室机关事业编制8名。2004年2月，宁德市委、市政府成立宁德市招商引资工作委员会招商组，包括工业交通招商组、城建招商组、商贸招商组、侨台招商组、旅游招商组、农业招商组、社会事业招商组、温州招商组等办事机构。

（四）中国国际贸易促进委员会宁德市支会

2001年年初，市委研究确定由陈允萍副市长兼任中国国际贸易促进委员会宁德市支会会长，陈敏飞担任常务副会长，负责筹备组建工作。2001年6月，中国国际贸易促进委员会宁德市支会（中国国际商会宁德商会）（简称宁德市贸促会）成立。核定机关事业编制5名，其中会长1名、副会长1名、工作人员3名，经费列入财政核拨，人员参照公务员管理。2002年9月，宁德市贸促会级别定为正处级。2003年6月，设办公室、经贸法律部、经贸联络部，人员编制增加机关事业编制4名，合计9名，领导职数为：会长（正处级）1名，副会长（副处级）1名，秘书长（正科级）1名，内设机构科级领导职数3名，人员参照公务员管理，另核定工勤人员事业编制1名。2004年1月，经福建省贸促会同意，在县级分别成立了蕉城区国际贸易促进委员会（蕉城区国际商会）和福安市国际贸易促进委员会（福安市国际商会）。2005年，中国国际商会宁德商会（简称宁德市国际商会）依法在宁德市民政局注册登记。

二、投资环境建设

1993年后，宁德地委、行署和宁德市委、市政府继续加强引导、推动基础设施和完善投资政策，提高服务水平。尤其是“先行工程”“追赶工程”实施以后，通过多方筹措并引导外资投入公路、铁路、港口、电力等主要基础设施建设。同时，大力优化、完善投资政策，如增设贸易窗口、组建领导办公小组等；在税收、投资导向方面也同时发力，通过清理三资企业税外收费工作，规定按出口手册规范收费行为；简化各种审批程序，扩大项目联审制和登记制试点等举措。

1993—1994年，宁德地区行署相继在霞浦县三沙、福鼎县沙埕设立对台经贸窗口，加大对台贸易；在香港设立香港华宁实业有限公司，为外商在境内投资贸易牵线搭桥；在三沙设立保税库；逐步完善宁德海关、中行、商检、卫检、动植（物）检、边检等涉外机构及外商投资服务中心、外商投诉协调中心、国际商会、贸促会等中介服务机构，为外商投资兴业和进出口业务提供各种服务。

1995年，地区外经贸委根据省委、省政府的部署成立清费办公室，负责清理全区地县（市）及部门自行制定的涉及外商投资企业收费项目，共取消110项涉外企业收费项目。市外资企业投诉协调中心受理14起投诉案。

1996年，继续清理三资企业税外收费工作，规定按出口手册规范收费行为；简化各种审批程序，扩大项目联审制和登记制试点；发挥外商投诉中心的作用，妥善处理三资企业投诉，全年受理外企投诉 16 件。地、县（市）外商投资服务中心，为外商提供从咨询，办证到领取营业执照的前期服务，协助三资企业办理工商登记、海关注册、银行开户、外汇登记等服务工作。

1998 年，宁德地区行署制定《关于进一步鼓励外商投资软环境的若干规定》《关于进一步鼓励外商投资的若干规定》，在税收、投资导向、外商到闽东投资的高回报率等方面提出一系列优惠政策。建立“一栋楼”办公体系，实行一栋楼办公、一条龙服务、一个窗口收费，建立重大项目联合审批制度和联合年审制度，简化外商投资审批程序，实行审批承诺制等。

1999 年，全区对照中央、省出台各项有关政策措施开展工作检查，建立三资企业现场办公制度和人大、政协视察制度，帮助企业解决问题。全年共收理外商投诉案件 16 件，结案率达 80%。简化外资审批手续，对原有 148 项审批环节进行简化清理，保留 82 项。执行地区行署出台的《关于进一步改善闽东口岸环境的十一条意见》，减少通关环节，降低收费标准，提高了服务质量。

2000 年，宁德市政府出台《关于加强投资软环境建设，进一步鼓励外商投资的若干措施》，清理县（市、区）级政府颁发的涉及利用外资文件 82 件，废止 66 件，修改 16 件，清理行署颁发同类文件 7 件。取消不符合规定的收费项目，重新制定《宁德地区外商投资企业税外收费项目和标准手册》，严格按手册收费。

2001 年，市外经部门开展机关效能建设，先后制定岗位责任制、办事公示制、服务承诺制、限时办结制、失职追究制等多项制度，并对历年制定的而与现行法律、法规不相符，与 WTO 运行规则不适应的规章政策进行清理，取消审核 2 项，备案 9 项，取消面达 70%。外商投资服务中心为外商投资项目提供全方位、一条龙代理服务制，以方便外商投资办实业。规范已有的外资项目，加工贸易业务，因公外派劳务的审批权、外企代表机构、出口配额、许可证等的审核转报的办事程序，公开承诺办事时限和服务质量。建立领导挂钩责任制，对 20 家重点三资企业进行深入调研，协调解决企业生产经营过程中遇到的困难。主动与银行、税务等方面开展银贸、税贸协作，缓解企业资金通融问题，配合国税部门推动具备条件的生产性企业，由原来执行“先征后退”政策转为“预、免、抵”政策，以缓解出口退税滞后造成的资金紧张。沟通海关、检验检疫局、税务、外汇等部门，为三资企业出口提供优质、高效服务。

2002 年，市委、市政府出台《关于进一步优化投资软环境的若干意见》，市外经部门配合海关、口岸、检验检疫等部门，进一步改善通关环境，研究适合企业通关的便捷方法。在原有简化审批手续的基础上，继续对涉及外经贸业务审批审核、备案等事项进行清理，取消 11 项（原有 16 项）下放 1 项。市外经贸局将原省定由该局审批的 3000 万美元以下利用外资项目，一律下放县（市、区）外经贸部门审批，3000 万美元以上手续齐全的当天上报，其他需要办理的审批审核项目，手续齐全的一律当天办结。

2003 年，继续加强银贸、税贸、关贸协作，实现减少通关环节加快通关速度，实行关口前移贴近服务，简化检验程序，加快出口退税速度。

2004 年，市委、市政府出台《关于损害经济发展软环境行为责任追究的暂行规定》，围绕“五个一批”，即推动一批项目增资扩产、走访一批企业、查处一批投诉、为企业办一批实事、宣传一批典型，切实帮助外资企业解决实际困难。

2005 年，市外经贸局加强与口岸通关部门协作，提高通关效率；与检验检疫和产业部门密切配合，互通信息，指导出口企业应对技术性贸易壁垒和反倾销；与财政、国税、海关、外管等部门联系，做好出口退税工作；商同 7 个审批部门，做好外资审批环节的衔接工作，提高外资项目的审批效率。

1993—2005年，在改进投资软环境的同时，加紧加快硬环境建设，相继竣工或在建的重要基础设施有：①公路项目。飞鸾岭隧道左右洞、国道104线闽东段拓改、福宁高速公路、宁德至武夷山高速公路（国家高速公路沈阳－海口纵线宁德至上饶连接线宁德段）、罗宁高速公路、“一个半小时交通网”（含省级干线）等；②温福铁路。为东南沿海铁路福建段重要组成部分，境内线路长达144.5千米。③宁德港（包括三都澳港区、赛江港区、三沙港区、沙埕港区）及港口码头。完成货物吞吐量214.5万吨，规划深水岸线110千米，三都澳港区深水岸线达88千米，50万吨船舶可全天候进港作业。已建成东冲口至宁德大唐电厂5万吨级进、出港航道，三都澳国际集装箱码头（总投资30亿元、泊位3个）、城澳30万、吨级石油码头（总投资12亿元）、30万吨级船坞（总投资20亿元），福安下白石3000吨级滚装码头、福鼎杨岐5000吨级滚装码头等。全市拥有港口码头泊位110个，其中千吨级以上码头10个，最大泊位5万吨。④电站电场。主要有穆阳溪梯级电站（总装机43万千瓦）、芹山电站（总装机40万千瓦）、霞浦风电场（总装机10万千瓦以上）、宁德大港电站、福鼎潮汐能电站（总装机3.6万千瓦）等。

三、外贸企业管理

1993年，宁德地区外经贸企业开始走“一业为主、多种经营”路子，改变以往单一贸易方式为灵活多变贸易方式。实行进出口、内外贸结合，开展多元化、全方位经营，打破长期以来由省以上外贸专业公司垄断经营格局。全区完成外贸自营出口3764万美元，同比增长33%。

1994—1995年，全区外经贸企业取消指令性计划，推行指导性计划和市场调节，使外贸管理由计划管理为主向市场调节为主转变。同时，按照现代企业制度，改组国有外贸企业，促使企业真正成为自主经营、自负盈亏、自我发展、自我约束的经营主体；取消无偿或有偿上缴外汇额度任务，废除分成制；加速审批符合条件生产企业、科研机构、商业物资企业进出口权改革，以释放外贸出口企业活力和潜力。

1996—1997年，地区行署执行国务院《关于进一步深化外贸体制改革的通知》，引导外经贸企业逐步走上平等竞争、自主经营、工贸结合的轨道。1997年，全区涉外企业34家，其中有进出口经营权外贸、工贸企业25家，有劳务签约权的国际公司1家，对台小额贸易企业2家，境外企业3家，对台渔工劳务专营公司3家，初步形成以地区外贸公司为主体多层次多形式的外贸收购出口经营机制。

1999年，地区外经贸委选定地区外贸公司、华闽进出口公司宁德分公司、霞浦县外贸公司进行外贸企业改革试点，从资产重组和产权制度改革入手，制订实施方案。2000年，提出外贸出口企业向扩大规模、注重质量和提高效益方向发展，并针对国有外贸企业银行贷款难等情况，倡导开展进出口代理制业务，使国有外贸出口企业呈现良好态势。福鼎市、古田县、周宁县等外贸公司出口较之上年有较大增长，寿宁县外贸公司上年出口为零，下半年出口额达40万美元。

2001年，市外经贸局对市外贸公司机构进行重组，人员实行分流，同时抓住国家进一步放宽自营进出口企业申报进出口经营权有利时机，扶持符合条件企业申办进出口经营权，壮大外贸自营进出口队伍。年底，全市共有进出口经营权的内资企业达39家，全年出口4616万美元，占全市出口总额的44%。市进出口公司和市商业总公司等外经贸企业，先后开展出口代理制业务，全年出口分别达1154万美元和716万美元。

2002年，全市外贸企业实施科技兴贸战略，运用高新技术和先进适用技术优化电机、电器产品结构，促进产业升级换代。帮助外向型机电企业申报技改贴息项目和争取各类认证的国家补贴资金，推进企业科技创新，提高产品附加值。

2003年，市外经贸部门继续引导外贸企业向多元化、规模化方向发展。全市获得进出口权的内资企业增至124家，出口生产企业148家，有4家船舶修造企业获得进出口权。

2004年，外经贸部门帮助机电企业申报新产品研发项目，有4项获得国家研发补助资金320万元；申报机电技改贴息项目8项，获得省贴息补助76万元；申报4家机电企业通过技改验收，1家企业机电新产品研发项目获得国家补助资金276万元。在商业企业继续开展进出口代理制，市进出口公司和商业总公司分别完成代理出口980万美元和857万美元。

2005年，市外经贸部门帮助机电企业申报省支持技改贴息项目12项，获得贴息补助资金78万元；7家机电企业通过技改验收，1家机电企业产品研发项目通过验收；分别获得国家贴息补助资金275万元、研发补助资金50万元。年底，全市获得自营进出口权各类企业为328家，其中三资企业60家，内资企业268家，外经贸经营主体初步形成多元化格局。

四、贸促会服务

2001—2002年，按照宁德市委、市政府确定的产业发展战略，市贸促会和国际商会将电机电器、船舶修造、食品加工、汽摩配件、建筑建材、医药化工6大传统优势工业产业和水产、茶叶、食用菌等3大优势农业产业作为重点服务行业和服务对象，确定以临海工业、旅游业、服务业为招商引资服务的重点产业。充分发挥贸促机构国际、国内两个网络、两个市场的优势，提供优质的服务。2001年，市贸促会创办《宁德贸促信息》，为200多家企业提供对外联络、国际商务、海外商情等方面的信息服务，促进企业寻找商机、开拓市场、扩大投资和贸易。

2002年2月1日起，正式开展出证认证业务。在办证过程中，推出定期“上门签证”的新举措，试点放在福安市，服务时间为每周三，深受企业好评。同时，考虑到其他县市出口企业较少、办证数量不多。2003年，宁德市贸促会申请列入全省贸促系统首批网上签证试点单位，推行“来人、来函、上门、网上”签证为一体的全方位出证认证服务体系，实行签证人员“AB”制，即一人如出差或请假，另一人保证在岗，极大地方便了广大出口企业。2002—2003年，利用中国贸促会主管全国展览业务的资源优势，向市内企业提供有关中国贸促会以及其他机构举办国内外展会的信息，组织企业参与，为企业的产品扩大销路提供贸易平台，促进对外贸易和对外经贸技术合作的发展。

2003年，配合“5·18”宁德招商节、“9·8”厦门投洽会宁德投资环境说明会等重大活动，邀请西班牙瓦伦西亚大区驻上海总代表瑞卡多、新西兰贸发局首席代表马克林、瑞典驻广州总领事苏沛、新加坡祥燕公司郑京里以及中国香港、台湾地区的企业家参加活动，与之建立工作联系。配合“5·29”首届海峡两岸妇幼用品儿童玩具展和“9·23”第三届哈尔滨冬洽会，动员市内企业远东彩笔和龙岗茶厂等单位参展。从2001年至当年年底，市贸促会在对外经贸联络中，突出与外国驻华商务机构、外国企业，以及中国台湾、香港、澳门地区的联系。先后邀请、接待欧盟、瑞典、西班牙、美国等7个国家以及中国台湾、香港地区共9个团组28人到宁德考察、交流。

2004年，主动参与第六届中国·宁德招商节、首届“欧盟—海峡西岸商协会领导人会议”，参与4个台湾团组40多人次在宁德市周边的福州、罗源等地的联络、交流。

2005年3月，宁德贸促会举办全市出口企业培训班。来自91家出口企业的105位经营管理人员参加培训。培训班邀请省贸促会领导、省外经贸厅和省政府WTO事务协调办公室、广东省的专家和市直相关部门的领导讲课。5月，向省会申请设立中国国际贸易仲裁委员会宁德联络处，争取为企业发展和维权提供更大的便利。主动为外资企业在投资、服务中遇到的问题和纠纷提供咨询、协调和案外调解等服务，当年即办理原产地证2228份，国际商事证明306份，认证对外商业单据484份，代办使馆认证188份。邀请中欧国际合作协会主席、前联合国驻华大使帕德莱彻·波罗教授带领中欧国际合作协会代表团3个国家的6名成员到宁德进行考察，宁德与欧盟的商务联系有了重大进展。6月，贸促会与美国索浪达集团公司驻福建代表处签订合作协议书，为宁德市第一次与国外组织签订第一份协议。在中国贸促会官方网站——中国贸促网（www.ccpit.org）下设宁德市贸促会、国际商会的二级网站，发布各种经贸信息，为企业提供更为便捷、及时的信息服务。另一方面，利用中国贸促网在海外的影响力，在“投资中国在线”发布全市重点企业项目信息，进行招商引资。至年底，全市贸促组织获取加拿大、西班牙等国及中国台湾地区投资意向项目4个，其中风力发电项目1个，纸浆（年产15万吨）项目1个，港区开发建材建厂1个和校园建设项目1个。

第二章　口岸管理

第一节　海关监管

一、监管机构

（一）宁德海关

1993年3月18日，宁德海关正式开关，正处级机构，隶属福州海关，行政编制33名，内设办公室、货管征税科、保税业务监管科、调查科、驻三沙办事处5个科级机构。同年12月，根据国务院批复，海关总署决定设立宁德海关驻城澳港办事处（科级机构）。1995年4月，货管征税科、保税科撤销，设立业务科。1997年4月，业务科分设为业务一科和业务二科。2001年4月，根据海关通关作业改革需要，内设机构调整为办公室、通关科、物流监控科、调查科、驻三沙办事处、驻城澳港办事处。2005年7月，调查科更名为稽查科，内设机构有办公室、通关科、物流监控科、稽查科、驻三沙办事处、驻城澳港办事处，在编关员39人。

（二）宁德海关缉私分局

1999年11月11日，宁德海关走私犯罪侦查支局挂牌成立。隶属福州海关走私犯罪侦查分局，正处级。2003年1月1日，更名为宁德海关缉私分局，同年，增设查私科。2005年，内设办公室、政工科、侦查科、法制科、情报科5个科室，正式民警15人。

二、货运监管

1993年，宁德海关货管征税科初步建立岗位操作规程，在“促进为主”工作方针指导下，做好货运监管和征税工作，全年共监管进出境船舶6艘次，监管进出口货物4.91万吨，其中进口货物0.41万吨、出口货物4.5万吨。

1994年，采取主动、灵活、方便的通关监管措施，促进关区外向型经济发展。监管验放出口鲜菇、蘑菇罐头及蔬菜7000多吨。全年共监管进出境船舶101艘次，监管进出口货物6.73万吨，其中进口货物1.66万吨、出口货物5.07万吨。1995年，国务院发布《国际航行船舶进出中华人民共和国口岸检查办法》，海关登轮参与联检制度取消，进一步简化进出境船舶监管手续。H883微机系统投入试运行，提高了海关对进出口货物监管的规范化、科学化水平。全年共监管进出境船舶 39 艘次。监管进出口货物 7.7 万吨，其中进口货物 4.9 万吨、出口货物 2.8 万吨。

1996 年，针对关区进出货物多属成品油、废纸、废钢等大宗或敏感散货实际情况，实行双人监管工作制，强化海关监管。12 月，开通漳湾港至香港集装箱航线。全年共监管进出境船舶 53 艘次，监管进出口货物 10.83 万吨。

1997 年，引进第三方理货机制，与中国理货公司宁德分公司签订合作备忘录，强化进出口货物理货数据的准确性和规范性。全年共监管进出境船舶 98 艘次。进出境货物 13.66 万吨，其中进口货物 6.04 万吨、出口货物 7.62 万吨。监管漳湾港至香港集装箱航线 213 个标准箱。

1996 年 3 月，宁德海关监管船舶进境

1998 年，重新修订业务监管操作规程，加强对港区、码头的管理，派关员进驻漳湾港区，实行 24 小时巡查监管，3 月起，漳湾港至香港的集装箱班轮停开，宁德关区进出境船舶又恢复为不定期散装货轮为主，这些货轮主要是来港运载河沙、毛角石等货物，悬挂巴拿马、伯利恒等国的“方便旗”，往返于日本和中国台湾地区。全年共监管进出境船舶 79 艘次，监管进出口货物 17 万吨，其中进口货物 3.28 万吨、出口货物 13.72 万吨。

1999 年，按照统一部署，在三沙、漳湾码头安装了电子地磅，发挥科技装备的作用。规范查验工作制度，落实统一的查验操作规程，确保监管工作到位。全年监管进出境船舶 97 艘次，监管进出口货物 22.97 万吨，其中进口货物 0.84 万吨、出口货物 22.13 万吨。

2000 年，按照海关对港口码头监管要求，协调地方政府及有关部门完善码头设施设置，并对漳湾、下白石、赛岐等重点码头实行 24 小时不定期巡查。全年监管进出口货物 64.1 万吨。

2001 年，借调武警部队进驻宁德海关协助海关开展监管工作。实施节假日加班制度，对鲜活产品的验放实行上门服务。全年共监管进出境船舶 191 艘次，监管进出口货物 61.05 万吨，其中进口货物 1.85 万吨、出口货物 59.2 万吨。

2002 年，以加强业务基础建设，健全制度，提高监管水平为监管工作重点，健全和落实监管制度。清理和整顿码头、堆场等海关监管场所，设立监控室，不定时对码头、堆场进行远程监控。规范外籍船舶的维修管理，拟定外籍船舶进坞维修管理规定。由于运载高速所需沥青的船舶吨位较大，无法靠泊，海关派员实施现场监管，直接海上过驳保证快速通关。发挥协勤武警作用，坚持每周三次不定时、不定点的巡查，严防走私回潮。全年共监管进出境船舶 265 艘次，监管进出口货物 31.11 万吨，其中进口货物 4.74 万吨、出口货物 26.37 万吨，监管维修船舶 19 艘。

2003 年，着力打造“服务型海关”，以“严密监管、高效运作”为目标，进一步提高武警监管协作能力，实行“提前报关、实货放行”的便捷通关方式，实现口岸进出“通得快，管得住”。针对关区海岸线长、港口多特点、严格控制非开放水域新增码头要求，严格把关监管区外的监管事项，执行进场单申报制。加强与国检、边检等有关部门协作，与外轮理货公司、船舶代理等 8 家企业签订合作谅解备忘录，共同规整和维护关区口岸监管环境。全年共计监管进出境船舶 290

艘次，监管进出口货物 11.78 万吨，其中进口货物 3.35 万吨、出口货物 8.43 万吨，外籍船舶维修 12 艘。

2004 年，创新查验工作机制，建立关长巡视、科长带班制度，规范一线监管执法行为，提高整体监管效能。积极推进“大通关”建设，与国检局签订执法协作备忘录，定期加强沟通、协作，及时解决通关监管过程出现的问题。7 月，“就近报关、口岸验放”通关模式试行。全年共监管进出境船舶 284 艘次，监管进出口货物 21.39 万吨，外籍船舶维修 27 艘。

2005 年，宁德港口岸正式对外开放，海关出台“绿色通道”快速通关机制、“门对门”服务转关运输进口货物、“全天候无假日 24 小时预约加班制”等“七项”通关便利。按照“既要通得快又要管得住”的监管要求，加强进出境船舶监管，规范舱单管理，完善关长巡视、科长带班制度，充分发挥协勤武警作用，加强堆场卡口、外籍船舶维修点管理，加大海关监管点巡查和反走私力度，严格督促船代、外代部门加强行业管理，协调督促有关部门加快铺设和改装港区电子监控设施，加强与口岸各单位的联系，严密物流监控。5 月，台湾农产品首航三沙港。全年共监管进出境船舶 513 艘次，进出境货物 105.15 万吨，外籍船舶维修 22 艘次。

三、海关税收

1993 年，宁德海关树立“促进为主”“从严治关”方针，初步建立业务监管工作机制。但受港口条件的限制，仅福鼎沙埕港少量进口台湾饮料。征税 41.34 万元。

1994 年，贯彻新颁布的有关减免税政策法规，主动服务企业，简化通关手续，支持开辟海上鲜菇出口。宁德的漳湾、下白石等港口开始进口废纸、废铜、废钢铁等货物。累计征税 121 万元。

1995 年，H883 微机系统投入运行，实现关税、监管两个数据库的信息共享，同时通过跟踪重点税源企业、狠抓审价归类、强化加工贸易核销补税等。共征税 339.27 万元。

1996 年，开展审价、征税环节的岗位培训，提高业务技能，重点加强对成品油、废纸、废铜、废电机等进口货物的审价力度；加强保税中期核查、催缴欠税力度及优化服务措施等。共征税 569.96 万元，完成年税收计划的 114%。

1997 年，努力挖掘税源，进一步加强归类和审价，严格依率计征，加大清缴欠税和加工贸易内销货物的征、补税工作新增惠宁石化公司进口石化项目。共征收税款 641.97 万元，完成税收任务。

1998 年，宁德漳湾至香港的集装箱班轮停开，关区原有的三家废旧金属进口企业两家停业整顿，只剩一家经营。在认真分析征税形势基础上，采取挖掘新税源，培养纳税大户，扶持长期税源等有效措施。征收税款 404.75 万元，审批减免税证明 9 份，货值 15 万美元。

1999 年，按照新的通关模式，加强对税收基础工作研究，加强中期核查，严格单耗核定和余料补税，加强验估与监管、审单与查验配合，严防逃、漏税，骗税，做到应收尽收。但由于进口量锐减，全年征收税款 212.78 万元，审批减免税证明 16 份，价值 130 万美元。货值 67.15 万美元。

2000 年，面对关区严峻税源形势，对口岸纳税、内销补税、保证金转税、对台小额贸易征税、转关运输属地征税等 5 个方面加强 征管工作，征收税款 107.04 万元，审批减免税证明 16 份，货值 138 万美元。

2001 年，依法开展转关运输属地征税工作，加强对台小额贸易监管征税工作，加大加工贸易内销补税力度，共完成税收 153.82 万元，审批减免税证明 16 份，减免货值 111 万美元。

2002 年，加大对加工贸易内销补税力度，从审价、归类、原产地认定等方面加强征管，开展反价格瞒骗专项活动，加强对加工贸易进出口货物监管。福宁高速公路建设需要进口大量沥青，成为宁德关区的主要税源。当年共征收税款 1297.63 万元，首次突破税收千万大关。

2003 年，强化税收工作“轴心”意识，进一步优化通关环境，创新监管模式，提高通关效率，降低企业贸易成本，留住税源；建立反价格瞒骗工作机制，打击低价瞒骗价格活动，在预申报、归类、审价环节加强审核，有针对性的加大价格稽核力度；增强对纳税企业风险管理意识，加强风险的预测和管理，发现隐患和问题及时采取措施，努力确保应收尽收。共征收税款 1340.72 万元，再创税收历史新高。

2004 年，落实政务公开制度，提高行政透明度，理顺通关秩序。加大对进口货物的审价与归类力度，努力提升价格水平。成立了以一把手为组长的“大通关”工作领导小组，协调、解决通关环节出现的“瓶颈”问题。共征收税款 1160.44 万元。

2005 年，开展税源调查分析，与重点税源企业交流沟通，宣传海关政策，努力挖掘存量，同时加大对进口货物的审价、归类以及加工贸易核销力度，加强对废钢铁、二手船进口的前期验估、调研，提升税收质量和水平，认真开展稽查业务以防控税收的“跑、冒、滴、漏”。共征收税款 1491.40 万元。当年减免税企业备案 4 份，审批减免税设备 9 份，货值 143.37 万美元，免税额 240.99 万元。

四、加工贸易管理

1993 年，宁德海关制定加工贸易管理岗位操作规程，完善监管制约机制，建立减免税三级审批制、手册双复核二级审批制，全年备案加工贸易合同 163 份。

1994 年，全面清理三资企业遗留问题，以核销手册为工作重点，清理了分布在全区 9 个县（市）39 家存在遗留问题的外资企业，有效地加强海关对三资企业的依法管理，促进外资企业守法经营，全年备案加工贸易合同 167 份。

1995 年，开展加工贸易政策咨询、扶持、引路，帮助地方寻找新设项目突破口。同时自 7 月份开始，历时 3 个月，对关区 434 家注册企业实施全面的中期核查，发现倒闭、停产企业 184 家，“三无”企业 65 家。通过核查，摸清“家底”，为下一步保税业务建设打下基础。全年备案加工贸易合同 159 份。

1996 年 7 月起，在辖区内全面施行银行保证金台账制度，对加工贸易企业实行严格的前期双人验厂，评估生产能力，合理手册核发量，并对重点敏感商品实行风险担保制度，限量限口岸进出和下厂实地确定单耗。加强中期核查力度，检查了解企业实际生产状况。严格后续管理，执行定期核销和催核制度。全年共备案加工贸易合同 154 份。

1996 年 7 月，宁德海关到远东彩笔厂核查情况

1997 年，加强对加工贸易企业的前期验厂、中期核查和后续核销

各项管理，完善各项作业流程，严格各类单证审查、复核。与银行等部门密切配合，规范对加工贸易异地报关、跨关区结转、耗量定额等管理制度，使加工贸易管理进一步规范化、制度化。全年共备案加工贸易合同113份。

1998年，加工贸易管理坚持既严格监管，又大力支持的原则，严格坚持下厂定单耗，中期核查制度，坚决制止飞料、假加工、假出口行为，全年共备案加工贸易合同64份。

1999年，实行加工贸易保证金台账“实转”新制度。实行分类管理，优化结构，促进加工贸易健康发展，认真开展加工贸易渠道的打击飞料走私专项行动，10月起，全国海关实现加工贸易合同备案数据异地传输，随后实现异地报送出口数据、深加工结转异地数据传输，从而实现加工贸易合同及进出口“底账”数据的完整采集与联网传输，有效地防止和打击假手册和假出口骗核销等走私违法行为。全年共备案加工贸易合同33份。

2000年，加强加工贸易管理，加大对遗留问题清理，确保监管到位。2001年，备案加工贸易合同50份，核销52份，清理历年遗留手册149本并上报职能处等候处理。2002年，加强对加工贸易的监管，全年共备案加工贸易合同41份，核销36份。

2003年起，福安市电机行业呈发展趋势，对外加工合同增多，以福建亚南、闽东安波等一批电机制造企业纷纷到海关办理加工贸易手册，这类企业以装配为主，成为宁德辖区加工贸易业务新的增长点。2003年备案加工贸易合同35份，备案金额835万美元。2004年备案加工贸易合同31份，备案金额502万美元。2005年备案加工贸易合同30份，备案金额287.97万美元。

五、对台小额贸易监管

1993年10月，对外贸易经济合作部与海关总署联合签署《关于对台湾地区小额贸易的管理办法》，限制了到大陆进行对台小额贸易交易的台湾船舶吨位和每个航次交易金额，且对台湾进口商品开始征税，三沙口岸进口业务逐步萎缩并最终停止。同年，对台水产品出口业务正常开展，由于交易船次较多，将原来对台小额贸易货物一船一报关改为一天一报关，简化申报手续。全年监管进出境台轮2216艘次，监管对台小额贸易货物总值135.23万美元。

1994年起，三沙办事处与当地边防、工商、税务等部门联合办公，并采取巡视监管，船边验放的方式，简化手续，加快通关速度，促进三沙口岸对台小额贸易出口业务繁荣发展。全年监管进出境台轮2194艘次，对台短期渔工劳务3449人次，监管对台小额贸易货物总值297.89万元。

1995年，共监管进出境台轮2525艘次，监管对台小额贸易货物总值287万美元，监管对台短期渔工劳务3876人次。

1996年，为加强对台短期渔工劳务的规范管理，制定《宁德海关关于对台短期渔工劳务行李物品进出境监管办法（试行）》，建立“对台短期渔工劳务进出境行李物品申报单”申报制度，纠正了霞浦闽隆劳务公司未向海关办理备案手续，开展劳务业务的行为。全年共监管进出境台轮2607艘次，监管对台小额贸易货物总值54.02万美元，对台短期渔工劳务3551人次。

1997年，共监管进出境台轮2616艘次，监管对台小额贸易货物总值88.24万美元，监管对台短期渔工劳务1661人次。

1998年，共监管进出境台轮1875艘次，监管对台小额贸易货物总值37.66万美元，监管对台短期渔工劳务2835人次。

1999年，共监管进出境台轮1003艘次，监管对台小额贸易货物总值19.92万美元，监管对台短期渔工劳务1884人次。

2000年，监管对台短期渔工劳务1647人次。

2001年，借调武警正式进驻三沙协勤，加强三沙口岸的监管力量。全年共监管进出境台轮1522艘次，监管水产品出口494.6吨，货物总值26万美元，监管对台短期渔工劳务4802人次，查验行李物品9716件。12月29日，对外贸易经济合作部、国务院台湾事务办公室、外交部、公安部、交通部、农业部等六部委联合下发《关于全面暂停对台渔工劳务合作业务的通知》，从2002年1月起，进出三沙港的台湾船舶开始下降，全年监管进出境台轮708艘次，监管台湾籍船员2402人次，监管水产品出口425吨，货物总值21.25万美元，监管台轮补给671.872吨，价值140.22万元。2003年，监管进出境台轮下降至314艘次。共监管进出境台轮271艘次，监管水产品出口406吨，货物总值19.45万美元。

2004年，三沙古镇3000吨码头及对台小额贸易监管仓库通过福州海关监管处验收，宁德海关制定出《对台小额贸易监管操作规程》。7月6日，台轮"成信号"载运2.77吨台货试营业从台湾金门到达三沙，向宁德海关申报进口，并通过H2000系统办理通关放行手续，标志着三沙口岸中断多年的对台小额贸易进口业务得以恢复。全年共监管进出境台轮314艘次，出口货物2574吨、价值86万美元，补给台轮渔需物料340吨、价值11万美元，监管上岸台湾渔民1143人次。

2005年，宁德海关进一步规范进出境台轮、对台小额贸易货物、台轮补给监管。三沙办事处坚持365天无节假日通关，24小时预约查验，随到随办的对外服务承诺，以实际行动支持对台小额贸易发展。全年共监管进出境台轮295艘次；进口货物548吨、价值91万美元；出口货物1706吨，价值116万美元；监管台轮补给渔需物料112吨，价值67892美元；监管上岸台胞1072人次。三沙口岸对台小额贸易逐渐走出低谷。

六、调查和稽查

1993年3月，在东海海域查获"渔丰72号"船走私香烟665件，罚没收入88.83万元。7月，查获"闽狮渔2986"船走私香烟1407件，罚没收入205.26万元。8月，在宁德城郊查获走私传呼机97架，全年3起私货罚没收入300万元。

1994年7月，查获福建"32-20679"货车67件，假"555"牌香烟，送罗源县烟草公司处理。查处3起外资企业违规案件，案值70万元，罚款32万元。

1995年，共查获走私违规案件7起，其中走私案件4起、违规案件3起，总案值1017万元，罚没收入624万元，补缴关税48万元。8月，在三沙海域查获37辆走私小汽车车身、2辆整车及部分旧电器。11月，查获6辆小汽车。

1995年8月，宁德海关查获大批量走私汽车

1996年，对上年抓获的38部小汽车车身私货案进行处理，共变卖价款600万元，其中300万元上缴中央财政、300万元交宁德地区财政。本年度查获走私违规案件6起，其中走私案件2起，案值297万元，违规案件4起，案值376万元，罚

款 30 万元、补税 1.5 万元。

1997 年，查处走私案件 2 起、违规案件 3 起，罚没收入 235 万元，其中 8 月查获 1 起走私香烟案，9 月查获 1 起旧摩托车走私案。

1998 年，查获走私违规案件 12 起，案值 400 万元。包括走私香烟 1 起 238 件、小汽车 7 辆、旧摩托车配件 27 件、新摩托车 48 辆、布匹 576 捆。

1999 年，宁德海关侦查支局成立，海关调查工作重点是开展打击加工贸易“飞料”走私，共立案调查 14 起，派员深入加工生产单位调查，将已构成走私罪嫌疑的 5 起案件移送侦查支局。查获走私香烟 50 件、案值 11.5 万元。在漳湾码头查获走私聚酯纤维 24 吨、案值 23.4 万元，对上年查获的摩托车及配件进行拍卖，拍卖收入 155.82 万元。

2000 年，主要是对加工贸易遗留问题开展调查。

2001 年，按照“联合缉私、统一处理、综合治理”的体制，以维护正常进出口秩序为目标，以稽查为先导，以查私为威慑，以综合治理为后盾，加大货运渠道打私力度，密切与缉私警察协调配合，初步形成较完善的反走私体系。全年立案 8 起，其中走私案件 2 起、违规案件 6 起。稽查企业 2 家，接收其他部门移交海关统一处理私货 8 批，拍卖价款 38.68 万元，本年度罚没收入 41.23 万元。

2002 年，按照上级海关有关清理积案的规定，清理 145 本手册 77 个案件，在辖区内核查企业 74 家，在辖区外核实 39 家企业 72 本手册。全年共立案调查案件 5 起，办结案件 9 起，挂案 3 起；接收私货 6 批，组织私货委托拍卖 7 次，拍卖款共计 589.28 万元；全年罚没收入入库 369.63 万元，其中缉私罚没收入 365.13 万元，海关罚没收入 4.5 万元；调查稽查补税入库 116.3 万元，开展企业稽查 1 家。

2003 年，宁德海关走私犯罪侦查支局更名为宁德海关缉私分局，统一负责走私违规案件的行政处罚案件及侦查案件的调查、侦查工作，同时将调查职能中的违规案件处理权责划归缉私警察。

2004 年，落实创新查验工作机制，认真开展稽查、贸易调查业务，实现海关监管工作的前推后移，增强企业守法意识。全年共办理企业年审 163 家，新办理注册企业 59 家，办理异地备案 88 家，修改企业数据 35 家。对新注册企业特别是租赁型企业进行电话跟踪，查询企业经营状况。

2005 年 7 月，调查科更名为稽查科，实现调查职能向稽查职能的转换，建立稽查、风险、企管三位一体稽查机制，以规范企业进出口行为为中心，以风险分析为先导，以企业管理、风险管理、企业稽查、行政处罚、综合治理为手段，防范和遏制关区走私违法活动。同年，配合宁德中级人民法院对霞浦中恒化建有限公司等涉案企业执行追税，追补税款 30.85 万元。完成对福建三祥冶金有限公司稽查，补征税款 3.75 万元。办理进出口货物收发货人报关注册 76 家，办理企业变更登记 69 家。年底，宁德海关通关有效期内共有在册企业 286 家。

七、查缉走私

1999 年 11 月，宁德海关走私犯罪缉私支局受理宁德海关调查科移交一起由 3 人为首的倒卖加工贸易手册案件，并立案侦查。支局仅用 3 个月的时间就顺利侦破全案，将犯罪嫌疑人全部缉捕归案并移送司法机关起诉。

2000 年，受理走私腈纶纱案、福建海洁保税有限公司“飞料”走私纺织品原料案 2 起刑事案件。其中福建海洁保税有限公司“飞料”走私纺织品原料案案值 3980 多万元，涉嫌偷逃税额

1082多万元。年底，共受理案件8起，立案3起，案值5534.14万元，涉嫌偷逃税额1461.24万元，结案1起，共抓获犯罪嫌疑人7人，逮捕5人。3人被法院判处有期徒刑。同时共查缉走私违规案件14起，并将查缉的新摩托车12辆、旧摩托车8辆、香烟295.6件及涉嫌盗抢小轿车等移送海关、烟草、公安等相关执法部门处理。12月，2名犯罪嫌疑人受香港人委托，雇船驶往香港海域，过驳旧拼装车配件48辆（套），旧挖掘机配件1台。30日晚运抵霞浦县三沙古镇码头，在卸货过程中被公安边防抓获，移交海关缉私警察侦查。该案共8名犯罪嫌疑人被移送检察机关审查起诉。

2001年4月，1艘油船在钓鱼岛附近海域从一外籍油轮过驳没有合法证明的柴油141.341吨。20日下午，途经福鼎硖门跳尾岛海面时被海关缉私警察抓获。全年缉私警察共抓获犯罪嫌疑人36人，其中刑事拘留20人，逮捕16人，移送检察院审查起诉12人。

2002年1月11—12日，宁德市公安边防支队在海上分别查获2批“555”牌卷烟共2222箱，移交缉私警察处理。7月6日，“榕风翔168”货船前往东洛岛海域运输走私台货，7日上午，抵达非设关的福安市赛岐糖厂码头，在卸货准备运往福州过程中，被缉私警察抓获。全年共受理案件6起，立案3起，总案值人民币721.84万元，涉嫌偷逃税额人民币218.73万元，抓获犯罪嫌疑人29人，其中刑事拘留13人，执行逮捕8人，法院一审判决9人。

2003年12月14日，“闽宁德货3029”船舶到指定地点过驳没有任何合法手续的印刷机、照相感光材料、电机产品等一批台货。15日凌晨，在霞浦县西洋岛海域被宁德市公安边防支队抓获。该团伙成员全部被缉捕归案。全年共受理刑事案件6起，立案4起，抓获犯罪嫌疑人14人，执行逮捕5人，法院判决3人。

2004年5月24日凌晨，缉私分局在“吉利2号”台轮暗舱内查获藏匿象牙制品610件，抓获3名犯罪嫌疑人。7月，与福鼎市公安局联手在福鼎沙埕码头查获涉嫌走私冻品的“金丰”号台轮，当场查获运输大卡车3辆，查获鸡爪等冻品175吨，抓获3名犯罪嫌疑人，该案涉嫌偷逃税额50万元。全年共受理刑事案件4起，立案4起，总案值人民币546.28万元，涉嫌偷逃税额人民币84.96万元，抓获犯罪嫌疑人26人，执行逮捕19人，移送审查起诉15人，法院一审判决16人。共摧毁走私犯罪团伙3个，扣押走私运输工具船舶2艘，缴获象牙制品610件，重量合计34081.49克，保健品“伟哥”20194粒，药品米索前列醇片1000粒，念珠停2994粒，冻品174.89吨，价值人民币173万元。

2005年，开展“打击旧船舶走私”专项行动，共立案5起，总案值人民币794.41万元，涉嫌偷逃税额人民币188.17万元，抓获犯罪嫌疑人15人，逮捕9人，移送审查起诉9人，宁德市中级人民法院判决2案5人。全年立行政案件14起。其中走私4起，案值人民币80万元，偷逃税额17万元。违规案件10起，案值593万元。全年补税入库60.5万元，罚没入库12.1万元。

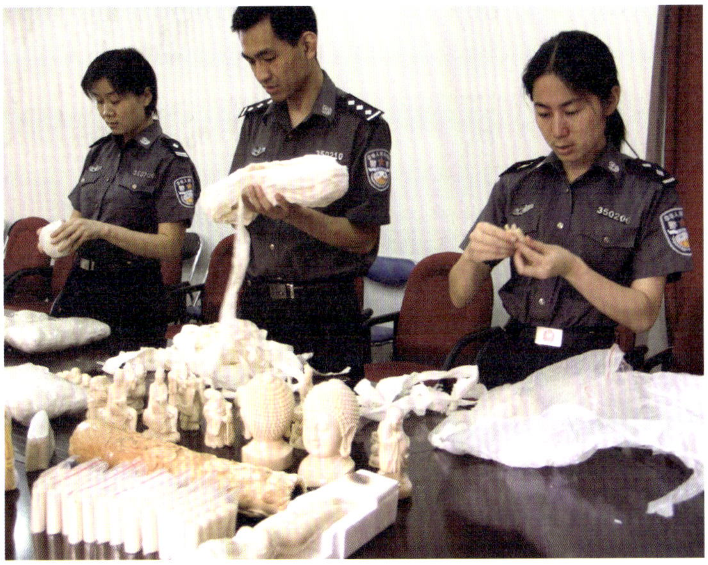
2004年5月，宁德海关缉私分局民警清点被扣走私象牙制品

第二节　出入境检验检疫

一、机构

（一）商品检验机构

1993 年，宁德进出口商品检验局主管辖区内进出口商品检验、公正鉴定、监督管理、认证和行政执法工作，县处级，编制 20 人。1997 年 1 月，经国家商检局批准编制增至 31 名（行政编制 27 名、事业编制 4 名）。内设办公室、检验监管一科、检验监管二科、机电检验科、检务科以及三都澳办事处（副处级），至 1999 年 10 月不变。位于宁德市蕉城南路 78 号。

（二）动植物检疫机构

1993 年 12 月，成立宁德动植物检疫局。1997 年 12 月，正式对外挂牌办公。依法对进出境的动植物、动植物产品和其他检疫物、装载动植物、动植物产品和其他检疫物的装载容器、包装物以及来自动植物疫区的运输工具实施检疫和检疫监督，规格为县处级，编制 15 人，至 1999 年 10 月不变。位于宁德市蕉城区万安西路 4 号。

（三）卫生检疫机构

1994 年 12 月，宁德卫生检疫局成立。1995 年 3 月正式对外办公，依法实施检疫查验、传染病监测、卫生监督、卫生处理和紧扣食品卫生监督与检验，规格为县处级，核定事业编制 15 人。下设办公室、检疫检查科和卫生监督科，至 1999 年 10 月不变。位于宁德市蕉城区万安西路 3 号。

（四）检验检疫机构

1999 年 11 月，宁德进出口商品检验局、宁德动植物检疫局、宁德卫生检疫局合并成立宁德出入境检验检疫局。当月 25 日，正式挂牌对外办公，是福建出入境检验检疫局设在宁德的分支机构，级别为正处级，实行垂直管理。负责辖区出入境卫生检疫、动植物检疫和进出口商品检验、鉴定、监督管理等行政执法工作。2005 年，内设办公室、综合业务科、卫生检疫监督科、动植物检验检疫科、检验监管科、机电检验监管科、检务科、福安国检办公室等 8 个科室。三都澳办事处（副处级）尚未正式挂牌。共有人员 39 人，其中行政编制 31 人，事业编制 8 人，专业技术人员占 92.3%，大专以上学历 35 人，其中硕士 3 人，中级职称 12 人，位

1999 年 11 月 25 日，宁德检验检疫局成立大会召开

于宁德市蕉城南路 78 号。

二、进出口商品检验

1993 年，共检验进出口商品 2144 批，商品总值 24056 万元，同比分别增长 57.2% 和 133%，其中出口商品 2062 批，21234 万元，同比分别增长 55.4% 和 129.7%；进口商品 82 批，501 万美元，同比分别增长 121.6% 和 154.3%；经检验不合格商品 7 批，29 万元，同比分别增长 75% 和 –57.3%。一般商品包装检验 804 批 170 万箱，同比分别增长 44.1% 和 19.9%。签发一般原产地证 47 份，金额 50 万美元，普惠制原产地证 155 份，金额 194 万美元，同比分别增长 3.7 倍和 1.5 倍。

1994 年，共检验进出口商品达 2700 批，商品总值 4.6 亿元，同比分别增长 26% 和 28%。包装检验 1200 批，同比增长 41%。签发普惠制产地证 235 份，金额 498 万美元，同比分别增长 52% 和 257%。签发一般产地证 55 份，金额 85 万美元，同比分别增长 17% 和 90%。7 月，举办首期出口食品、农产品认可检验员培训班，有 15 个厂家 21 个认可检验员参加培训。

1995 年，共检验进出口商品 3051 批，总值 6617 万美元，同比分别增长 13.5% 和 26.2%。其中检验出口商品 2961 批，货值 6056 万美元，同比分别增长 13.1% 和 30%；检验进口商品 90 批，货值 561 万美元，同比分别增长 30.4% 和 –3.9%；一次出口商品检验不合格率 3.86%，出口商品检验不合格批次 43 批，金额 272.5 万美元，进口商品未检出不合格。进口监重 12 批，36400 吨，检验普通包装 1395 批，海运出口危险货物性能检验 14 批，使用鉴定 58 批。签发一般原产地证书 54 份，金额 110 万美元，同比分别增长 –0.18% 和 13.5%。签发普惠制产地证 350 份，744.2 万美元，同比分别增长 47.7% 和 20.1%。涉外资产鉴定 55 批，下降 9 批，货值 41.4 万美元。3 月 31，对闽东首次进口 9500 吨铬铁矿进行抽样检验。6 月，举办第二期出口纸箱认可检验员培训班，全区 11 家出口纸箱企业的 33 名检验员参加培训。12 月 14 日，举办第二期报验员，来自全区 77 个出口企业的 83 名商检报验员参加了培训，通过考试 73 人合格取得报验员证。

1996 年，共检验进出口商品 2189 批，总值 6612 万美元，同比分别增长 –15.3% 和 25.5%。其中检验出口商品 2135 批，货值 6265 万美元，同比分别增长 –14.6% 和 32.3%；检验进口商品 54 批，货值 347 万美元，同比分别增长 –36.5% 和 –35%。出口签发普惠制产地证 293 份，金额 1724.7 万美元。签发一般原产地证书 48 份，金额 1025 万美元。进出口监重 19 批，29870 吨。检验普通包装 880 批，180 万箱。海运出口危险性能检验 3 批，6000 件。涉外资产鉴定 21 批，总值 199.4 万美元，降值 3.2 万美元。出口商品检出一次不合格 65 批，一次不合格率 5.1%，最终不合格批次 3 批，最终不合格率 0.23%。7 月，在福安举办出口电机认可检验员培训班，来自 25 个厂家 42 名认可检验员参加培训。

1997 年，共检验进出口商品 2295 批，总值 6046 万美元，同比分别增长 4.8% 和 –8.5%。其中出口 2238 批，金额 5685 万美元，同比分别增长 4.8% 和 –9.3%；进口 57 批，金额 361 万美元，同比分别增长 5.6% 和 4%；一次检验不合格出口商品 8 批。签发普惠制产地证 354 份，金额 1155 万美元，同比分别增长 20.8% 和 33%。签发一般产地证 63 份，金额 128.67 万美元，同比分别增长 31.2% 和 25.5%。完成普通包装鉴定 1340 批，170 万箱。危包使用鉴定 20 批，危包性能鉴定 1 批。重量鉴定 21 批，30333 吨，短重 121 吨，出证提赔 187 吨，金额 20334 万美元。涉外资产鉴定 21 批，申报价值 203 万美元，降值 8.63 万美元，降值率 4.2%，规费收入完成计划75.7%。7月29—31日，举办首期机械产品生产企业认可检验员培训班。8月12—14日，举办第三期食品认可检验员培训班。

1998年，共检验进出口商品3231批，总值6698万美元，同比分别增长32.9%和1.1%。其中出口3202批，金额6265万美元，同比分别增长34.9%和0.03%；进口29批，金额423万美元，同比分别增长-50%和23.3%。商检覆盖面为81.5%，一次检验不合格出口商品18批。签发普惠制产地证430份，金额841万美元，同比分别增长10.5%和-31.4%。签发一般产地证60份，金额117.6万美元；普通包装鉴定1194批，1378354箱。重量鉴定30批，85272吨，短重585吨。危包使用鉴定44批。涉外资产鉴定3批，申报价值201万美元，降值13.4325万美元。

1999年，共检验进出口商品4680批，总值5746万美元，同比分别增长67.8%和-6.5%。其中出口商品4661批，金额5559万美元，同比分别增长68.5%和3.1%；进口商品19批，金额187万美元，同比分别增长-17.4%和-54.6%。一次检验不合格出口商品30批。签发普惠制原产地证370份，金额874.2万美元，同比分别增长-5.3%和14.2%。签发一般产地证51份，金额80.7万美元。普通包装鉴定1029批，940384件。重量鉴定12批，76929吨，危包使用鉴定41批，27680件。涉外资产价值鉴定21批，总值68万美元。

三、动植物检疫

1996年，共检疫进出境动植物及其产品348批次，总重量2650.1吨，4808.95立方米，2.23万尾，货值达6371.6万元。其中检疫动物及产品129批次，货值3699.2万元，以出口冷冻海水产品及来料加工鱼翅、鱼肚居多；出境植物及其产品为215批次，货值2609.9万元，主要以出口竹木制品及食用菌为主；进境废纸4批次。消毒处理进境废旧物品11批次。检疫进出境船舶45艘次。

1997年，共检疫进出境动植物及其产品335批次，重量1863吨，10958.2立方米，鲜活成鱼2.7万尾，货值达7755.3万元。其中检疫出境动物及其产品50批次，货值1985万元；检疫进境植物产品3批次，货值2359.3万元；出境植物产品282批次，货值3411万元，出口以竹木制品及食用菌为主，还有腌渍生姜、扫把等，主要输往日本、韩国、马来西亚等十几个国家。检疫进出境船舶101艘次，对定期行驶港澳的小型船舶采取监管、抽查制度，为闽东船舶运输的发展提供方便。对进境集装箱进行检疫监管、箱体消毒工作，共检疫进出境集装箱1011个。经检疫消毒处理进境带土废旧物13批次、1万吨。配合动检处监督烧毁闽东中进公司的生虫（皮蠹）的鱼翅小脚料约2.4吨。严防台湾口蹄疫传入，共检疫台轮3420艘次，对11200人次进行鞋底消毒；其中发现3艘船带有约230千克猪肉，按规定进行封存处理。

1998年，共检疫进出境动植物及其产品624批次，重量15189.6吨，2289.815立方米，货值12552万元。其中检疫出境动物及其产品84批次，1018吨，11429尾活鱼，货值2703.16万元。检疫进出境植物及其产品578批次，14171.6吨，货值9849.37万元。业务量同比增长一倍，检疫收费同比增长约70%。出境植物产品以保鲜菇为主，还有干菇、竹木制品、腌渍生姜等十几种产品，主要输往日本、美国、韩国等十几个国家。检疫进出境船舶68艘次，其中入境31艘次，出境活贝类、活鱼三艘次。在检疫进境马耳他籍外轮阿莎斯号时，从食品船舱中截获谷蠹、玉米象、锯谷盗、赤拟谷盗等粮谷类害虫。在对进口废钢船SHINSEI和KUAN CUI NO.1检疫时，截获马铃薯、冻猪肉片等禁止入境货物，按规定进行消毒和销毁处理。

1999年，共检疫进出境动植物及其产品728批次，4089.07吨，货值7449.4万元。其中检疫出境植物及其产品 662 批次，3324.9 吨，1491.66 立方米；熏蒸处理木质包装 23 批次；检疫进出境动物及其产品 66 批次，864.2 吨，48 万尾；检疫监管船舶 113 艘次，其中对禁止进境物处理 7 次。

四、卫生检疫

1997 年，共检疫入出境集装箱 440 标准箱，集装箱卫生监督 110 标准箱，卫生处理 91 标准箱。对出入境人员健康体检 146 人次，预防接种 149 人次。检疫入境船舶 43 艘次，交通员工 690 人次，货物 38508 吨；检疫出境船舶 58 艘次，交通员工 870 人次，货物 70748 吨；货物卫生处理 8466 吨；船舶鼠患检查 14 艘次，除虫 2 艘次；签发船舶卫生证书 1 艘次；企业监管注册 28 家；进口废旧物品审批 1 家。

1999 年，共检疫入出境船舶 122 艘次（其中外轮 104 艘次），同比增长 100%；检疫进出口货物 18.76 万吨，同比增长 81.59%；检疫入出境交通员工 948 人次，船舶鼠患检查并签发免予除鼠证书 14 艘次，外轮卫生监督 14 艘次，传染病监测体检签证 221 人次，发现 HBsAg（乙肝表面抗原）13 例；预防接种签证 315 人次。船舶熏蒸卫生处理 1 艘次；进口废旧物品卫生处理 3 批 3686.7 吨，外经贸企业监管注册 13 家。

五、三检合一检验检疫

2000 年，共检验检疫进出境货物 7638 批，货值 13636.5 万美元。其中出境货物 7554 批，货值 13489.5 万美元，入境货物 84 批，货值 147 万美元。其中检验检疫动植物产品：出境保鲜蔬菜 2337 批次，重量 27380.5 吨，货值 3583.4 万美元，同比分别增长 –25.6%、41.3% 和 52.8%；出境水产品 513 批次，重量 4833 吨，金额 1545.4 万美元，同比分别增长 62.3%、100.5% 和 109.7%；木质包装熏蒸处理 80 批，处理木托盘、木箱 6028 件；检出进境动植物疫情 13 批，重量 43.6 吨。检验出口电机 2584 批次，数量 81 万台，货值 4515.4 万美元，同比分别增长 28.8%、56.4% 和 46.7%。卫生检疫出入境船舶 322 艘次，同比增长 117.6%。检疫交通员工 3220 人次，同比增长 132.8%。完成出入境人员传染病监测体检和签证 402 人次，同比增长 55.8%。发现各类疫病 45 例，其中梅毒 3 例，HBsAg 阳性 28 例。完成出境人员霍乱疫苗预防接种 764 人次，同比增长 70.9%。签发普惠制原产地证 676 份，金额 1531.2 万美元，同比分别增长 54.3% 和 48%。正式启用报检新单证，实行“先报检、后通关”的通关协调机制，全面推行 CIQ 2000 管理系统。对电机产品推行企业分类管理制度和企业信誉制度。帮助宁德市华大陶瓷有限公司、霞浦县外贸联合冷冻厂、山海水产冷冻厂建立质量保证体系，指导企业编写质量手册。

2001 年，共检验检疫出入境货物 9517 批，货值 17075 万美元，同比分别增长 24.6% 和 25.2%。其中出境货物 9357 批，货值 16329 万美元，同比分别增长 24.3% 和 22.4%；入境货物 160 批，货值 746 万美元，同比分别增长 42.8% 和 148.7%。检验检疫进出口动植物产品 5317 批，重量 52704.7 吨，货值 9394.1 万美元，同比分别增长 35.9%、40.5% 和 41.7%；检验出口电机 3298 批，货值 5376.97 万美元，同比分别增长 27.6%、19.1%。检疫出入境船舶 217 艘次，同比增长 –32.4%，检疫交通员工 3138 人次，同比减少 2.54%。传染病监测体检 880 人次，预防接种 1198 人次，同比分别增长 116.7% 和 66.8%；人员健康体检 880 人次，同比增长 116.7%，其中发现疾病 208 例，疾病检出率 23.6%，其中梅毒 13 例，肺结核 1 例，HBsAg 阳性 80 例。完成霍乱预防接种 1198 人次，同比增长 66.8%。签发普惠制产地证 823 份，金额 1798.8 万美元，同比分别增长21.7%和17.5%。签发一般产地证303份，金额847万美元，同比分别增长44.3%和49.7%。出口包装性能鉴定880批，154万件；危包使用鉴定43批，7万件；鉴重2批，1.7万吨。对出口电机企业推广ISO 9000认证，6月，举办首期ISO 9000：2000培训班，来自电机行业的19家企业78名企业有关人员参加了培训；8月，举办了首期ISO 9000：2000内审员培训班，共有23家企业的50名人员参加了培训。2家企业通过ISO 9000：1994认证，另有2家企业开展二次内审，对7家企业开展ISO 9000：2000认证咨询。

2002年，共检验检疫出入境货物9446批，货值17436万美元，同比分别增长-0.46%和2.32%。出入境船舶卫生检疫226艘次，同比增长4.15%。检疫出入境人员2499人次，同比减少20.4%。国际航行船舶卫生监督97艘次，同比增长340%，口岸卫生监督30次，从国际航行船舶上截获监测目录内齿动物、病媒昆虫3属4种9批次。出入境人员健康体检670人次，霍乱预防接种482人次，同比分别减少21.6%和59.7%。签发普惠制产地证1007份，2113万美元，同比分别增长22.4%和17.5%。一般产地证399份，1560万美元，同比分别增长31.7%和84.2%。普通包装性能鉴定211.3万件，危包性能鉴定2.52万件，危包使用鉴定7.17万件，同比分别增长11.3%、1580%和1.3%。行政处罚2件，其中罚款1件，罚款金额0.8万元人民币，警告1件。实施行政强制措施52批，涉案金额67.8万美元，其中除害处理10批，退回2批，返工整理40批。参与打私打假5次，查处违法案值0.96万美元。卫生注册企业3家，卫生登记企业11家，质量许可34家，与上年同期相比，登记数有所减少，注册数增加2家，质量许可数基本持平。原产地标记保护工作实行了零的突破，“岳海牌”闽东官井洋大黄鱼通过国家局的原产地标记保护考核，获得地理标记保护注册资格。推行“三电工程”，对出入境货物检验检疫实行电子申报、电子转单和电子通关；有14家企业申请安装电子报检和电子签证软件，8月份全面推行电子报检，电子报检率达到100%，电子签证率达到70%，从而减少了申报环节，缩短签证、发证时间，提高了通关效率。有8家出口电机企业进行ISO 9000咨询，其中7家投入试运行，1家正式通过CQC认证。3月份，举办第五期ISO 9000：2000标准的内审员培训班，来自20家企业的47名企业管理人员参加了培训。1家企业签订了HACCP咨询协议（Hazard Analysis Critical Control Point危害分析的临界控制点。是国际上共同认可和接受的食品安全保证体系，主要是对食品中微生物、化学和物理危害进行安全控制）。

2003年，共检验检疫出入境货物9333批，货值19652万美元，同比分别增长-0.8%和12.7%。其中出境货物9137批，货值18649万美元，同比分别增长-1.2%和11.2%。出入境船舶卫生检疫272艘次，同比增长20.4%。检疫出入境人员2479人次，同比减少0.8%。收验“出/入境健康检疫申明卡”1623份，测量体温1623人次，未发现“非典”疑似症状体征。完成监测体检及预防接种1152人次，同比增长71.9%，艾滋病监测1074人次。签发普惠制产地证1465份，2884.5万美元，同比分别增长45.5%和30.3%。一般产地证305份，958万美元，同比分别增长-23.6%和-38.5%。包装鉴定216万件，同比减少2.3%。依法实施行政处罚1件，实施行政强制措施115批，涉案金额201.32万美元，其中处害处理50批，销毁1批，改作他用23批，返工整理41批。卫生注册企业5家，卫生登记13家，质量许可40家。抗击“非典”取得成效，结合辖区实际，对“防非”工作进行全面部署。同时撰写《“非典”对我市外贸的影响及对策建议》，及时向市委市政府提出建议，积极帮助出口企业度过“非典”和“非典”后的艰难时期。全面推广工矿产品检验监管新模式，对辖区内70家企业18类工矿产品中实施新模式。探索对出口农产品生产企业的分类管理模式，对27家竹木制品企业进行分类管理，转变“批批检”“项项检”把关模式，将工作重点放在对安全、卫生、健康、环保威胁大的产品和项目上，加快通关速度。加大“大通关”建设。加强信息化建设，打造电子检验检疫，实施电子报检100%、出口货物电子转单率80%以上，电子签证率达到100%。建立企业检验检疫信用监管体系，提高检验检疫全过程监管效率。实施“集中审单、快速核放”模式和“绿色通道”制度，6月份以后，有138批货物通过“快速核放”直接放行，同时有大地、德丰、安波3家电机公司被列入实施“绿色通道”。加强与海关的协调联系，建立“关检”协作机制，成功实现电子通关业务。

2004年，共检验检疫出入境货物9101批、21243万美元，同比分别增长-2.5%和8.1%。其中出境检验检疫8927批，货值20086万美元，同比分别增长-2.3%和7.7%；入境检验检疫174批，货值1157万美元，同比分别增长-10.8%和15.5%。共检疫出入境船舶285艘次，同比增长4.8%；检疫出入境人员2893人次，同比增长16.7%。签发普惠制原产地证1576份，3621万美元，同比分别增长7.58%和25.52%；签发一般原产地证447份，1437万美元，同比分别增长46.56%和49.96%；签发《中国—东盟自由贸易区协议》原产地证书15份。包装鉴定1928批、241万件，同比分别增长-9.9%和11.6%；依法实施行政处罚7件；实施行政强制措施107批，涉案金额229万美元，其中处害处理64批，退回2批，返工整理33批，其他9批。卫生注册企业8家，卫生登记18家，国外注册6家，质量许可48家。对16家养殖鳗鱼场、20家渔排、6家香鱼养殖场实施备案，引导2家食用菌企业建立基地；继续巩固和深化工矿产品模式体系、竹木制品分类管理，对出口普包生产企业实施分类动态管理，试行电机产品的检验监管工作重点转移，推进各项业务检验检疫监管模式的转变和体系的完善。加强进口废物、旧机电等的把关力度，检出不合格进口废五金1批22万美元，9艘进口旧船舶违规；检出出口冻香鱼四大类抗生素初筛呈阳性1批，4.65万美元，不合格出口电机29批，64.5万美元等，有效地防止了不合格品出入境。加强“非典”“禽流感”的防治工作，完善疫情防制相关制度，建立联动机制，截获来自禽流感疫区的19批禽类产品共计484千克，会同海关销毁175吨非法入境禽类产品。检出进境的动植物疫情52批，疫情检出率明显提高。加强卫生检疫监管和传染病监测工作，截获医学媒介2.2万只，妥善处理3名外籍船员患传染病事件。投入近40万进行电机实验室扩项，通过CNAL扩项监督审核，拓展社会检测项目和领域，提高了检测实力。实现100%电子报检和电子签证，电子转单保持在85%左右；快速核放企业达到26家，比增116%。通过“绿色通道”放行342批，占同类产品批次12.37%；运行出入境船舶电子检验检疫系统。当年，向地方政府积极建言献策，对辖区内六类重点产品进行调研，呈送有关工作建议16份，其中促进茶叶出口建议被市政府列为当年工作重点之一。与福安市政府签订《促进电机电器扩大出口议定书》，帮扶茶叶企业实现卫生注册零的突破。

2005年，检验检疫出入境货物11479批，货值26798万美元，同比分别增长26.10%和25.93%。其中出境货物11286批，货值25584万美元，同比分别增长26.43%和27.38%；入境货物193批，1214万美元，同比增长9.66%和1.53%。检出不合格货物169批，货值559万美元，同比分别增长57.94%和142.07%。其中出境不合格99批、386万美元，同比分别增长130.23%、208.50%，批次不合格率0.88%，货值不合格率1.50%。入境不合格70批、173万美元，同比分别增长9.38%和63.45%，批次不合格率36.26%，货值不合格率14.25%。检出植物疫情和致病菌12种类179种次，1种是二类检疫性疫情，11种是一般检疫性病虫害，检出疫病种类是上年同期的2.5倍。其中，从来自哥斯达黎加的50批未加工鱼翅、鱼肚中检出白腹皮蠹、拟白腹皮蠹；从3批进境冰鲜未加工鱼翅中检出金黄色葡萄球菌；从1批台湾进境椰子上检出椰子白盾蚧、拟轮蚧、软蚧三种虫害；从1批进境红棕中检出腐食酪螨、刺足根螨计5种；从1批入境木质包装上检出绿虎天牛；从2批入境交通工具携带物中检出黑片盾蚧、咖啡绿软蚧、软蚧、盾蚧科、拟白腹皮蠹等5种一般性害虫。艾滋病监测869人次，同比增长32.07%，未检出HIV感染者。健康体检869人次，同比增长32.07%。发现病例181人次，比增41.41%。其中，非传染性疾病109例、澳抗阳性70例、性病2例；出境人员检出病例达179人，检出率为43.2%。预防接种359人次，比增-3.75%，主要是因为7月、8月、9月疫苗供应不上造成预防接种人次减少。检疫出入境船舶575艘次，同比增长101.75%。其中，出境船舶277艘次，比增113.08%；入境船舶298艘次，比增92.26%；来自动植物疫区的船舶263艘，比上年同期比增77.70 %，来自传染病疫区船舶35艘，比增3400%。实施卫生除害处理船舶245艘，同比增长81.48 %。截获医学媒介生物6个种类（褐家鼠、黄胸鼠、市蝇、刺扰伊蚊、美洲大蠊、德国小蠊）、29批次、57885只，同比分别增长20%、38.1%、222.71%。其中，褐家鼠3只、黄胸鼠1只、市蝇300只、美洲大蠊20只、德国小蠊46375只、刺扰伊蚊1只。共检疫出入境人员6936人次，同比增长139.75%，其中出境3384人次，同比增长148.64%；入境3552人次，同比增长131.85%。普包性能鉴定共1836批、296万件，同比增长1.60%、34.55%。其中，纸箱486批、224万件，木箱1338批、68万件，其他包装11批2.9万件。重量鉴定34批、1.99万吨，比增88.89%、4.43%。其中，水尺计重21批15484吨，衡器计重13批4476吨。共签发普惠制原产地证1922份、货值4950万美元，分别比增22.34%和36.84%，主要签往国家或地区有欧盟、日本、俄罗斯，分别签证1375份、398份、38份，占签证总量的72.5%、21.0%、2.0%。共签发一般产地证534份、货值1684.3万美元，分别比增19.5%、17.2%。主要签往美国、韩国、新加坡，分别签证268份、88份、23份，占签证总量的50.2%、16.5%、4.3%。

第三节　海事监管

一、机构

（一）行政机构

2005年11月6日，宁德海事局新大楼落成揭牌

宁德海事局　1993年，福建省港航管理局赛岐海上安全监督局为副处级建制。1994年2月，赛岐海上安全监督局划归福州海上安全监督局管理。1996年8月，更名为闽东海上安全监督局。1999年，根据《国务院办公厅关于转发交通部水上安全监督管理体制改革实施方案的通知》，实行垂直管理体制，闽东海上安全监督局隶属福建海事局管理。2000年6月，局机关从福安市赛岐镇迁至宁德市蕉城区，同年6月，经中央机构编制委员会办公室批准，成立中华人民共和国宁德海事局，

正处级建制，为福建海事局分支机构，同年 12 月正式对外挂牌。2001 年 1 月，宁德海事局设立三都澳海事处、白马港海事处、赛岐海事处、霞浦海事处、福鼎海事处等 5 个派出机构。2002 年 5 月，将船舶引航工作及管理职能划转给宁德港务局。局机关设综合办公室、政工科、财务会计科、法制监督室、监管中心、船舶检验科、政务中心等 7 个职能部门，位于宁德市蕉城南路 121 号。

（二）派出机构

三都澳海事处　2001 年 1 月成立，副处级单位，前身为漳湾海上安全监督站，下设城澳和漳湾 2 个办事处。管辖水域范围有虎尾角、鸡公山东南角、鸡尾角、象鼻头、青山北礁、长撬尾、灶屿、佛头角连线以西。位于蕉城区天湖西路祥和楼。

福鼎海事处　2001 年 1 月成立，正科级单位，前身为福鼎海上安全监督站，下设沙埕和秦屿 2 个办事处。管辖水域范围：北界线以沙埕港港界北点北纬 27° 10′ 06″ 、东经 120° 25′ 54″ ，沿 118° 方位线向东南沿至 27° 00′ 00″ N 纬度线，再沿 27° 00′ 00″北纬度线向正东延伸，南界线以牙城湾北面与小嵛山岛西面灯标之间边线向南延伸至 26° 55′ 纬度线，再沿纬度 26° 55′ 纬度线向正东延伸。位于福鼎市桐南新城玉晖路 223 号。

霞浦海事处　2001 年 1 月成立，正科级单位，前身为霞浦海上安全监督站，下设三沙和溪南 2 个办事处。管辖水域有福鼎海事处南界线以南的虎尾角、牛角坡灯桩连线以东、以南的宁德海事局管辖水域和三都澳内水域的盘前村盘屿、蓬屿、元宝屿、月牙屿、长腰岛东南角和长腰岛西南侧岸线、长腰岛西北角、龙鼻穿角东侧以东，外屿、长鼻头连线以北三沙湾水域。位于霞浦县六一七路 38 号。

白马港海事处　2001 年 1 月成立，正科级单位，前身为下白石海上安全监督站，设有东冲办事处和甘棠办事处。管辖水域在三都澳海事处责任水域以东，虎尾角、牛角坡灯柱连线以北，东冲半岛西侧牛角坡至盘前岸线，盘前村盘屿、蓬屿、元宝屿、月牙屿、长腰岛东南角、长腰岛西南侧岸线、长腰岛西北角、龙鼻穿角东侧以西，外屿、长鼻头连线以南三沙湾水域和白马河水域。位于福安市下白石镇白马街 84 号。

赛岐海事处　2001 年 1 月成立，正科级单位，前身为赛岐海上安全监督站。管辖水域为北纬 26° 52′ 45″ 、东经 119° 40′ 24″ 和北纬 26° 53′ 05″ 、东经 119° 39′ 26″ 两点的连线往上游到赛岐大桥止。位于福安市赛岐镇下港路 5 号。

二、船舶管理

1993 年，在东冲口设立检查点，把赛监 2 号艇挂靠到三沙，实行南北联网。利用东冲关卡有利的地理位置，对进出港口船舶进行现场检查。针对霞浦县三沙镇竹排礁附近水域的复杂海况和事故多发现象，进行事故通报，发出船舶航行该水域应注意的事项警告。全年共出动港监艇 200 艘次，检查船舶 2600 多艘次，纠正违章 1187 艘次。当年 2 月起，根据《中华人民共和国海上交通安全法》规定，对非军事、公安、体育运动船进行办理船舶检验、登记，并与边防配合对非认可船厂建造船舶促其认可，做到船舶检验与技术把关相结合。全年共检验船舶 75 艘，总吨位 11120 吨。

1994 年，同地市交通局配合，组织力量对辖区内乡镇船舶建造市场进行调查摸底，以实行对船舶建造质量进行必要的宏观调控。开展制止船舶无证无照航行和“易地发证、一船多证、大船小证”的专项治理工作，共检查船舶 2560 艘次，纠正违章 1037 艘次。检验船舶 82 艘，比上年提高 9.2%，总吨位达 11900 吨。

1995 年，采取多下基层的方式，经常深入福鼎、霞浦等地进行现场检验船舶，全年有 132 艘船舶通过检验，总吨位 13467 吨。检查船舶 4200 艘次，纠正违章 1037 艘次。

1996 年，根据新的《船舶登记条例》组织辖区船舶全面排查登记，与船检所配合对新造船舶开展检验登记一条龙服务，共登记船舶 38 艘。闽东海上安全监督局实施船舶安检 89 艘次。办理船舶进出口签证 3747 艘次、共检查船舶 3650 艘次、纠正违章 2320 艘次。共检验大小船舶 133 艘，19373 吨，16494 马力。

1997 年 3 月，与福鼎市交通局联合成立福鼎市乡镇船舶治理整顿领导小组。由闽东海上安全监督局牵头，在福州海监局的指导下对福鼎市乡镇船舶进行治理整顿。出台《福鼎市乡镇运输船舶管理试点工作实施方案》，形成为期 6 个月整治行动，分宣传发动检验登记阶段、建立乡镇“船管”机制阶段和船员培训巩固成果及总结经验阶段。重点治理在福鼎市沿海乡镇（岛屿）的所有未归口纳入船检部门检验和主管部门登记的客、货（油）运输船舶（含挂机船、摩托艇、渡船）。9 月，要求福州海监局协助查处 41 艘“三无”船舶，并建议将 100 总吨以下船舶的检验、登记权限下放闽东海上安全监督局，以方便船民，减轻船民负担。

1998 年，为船舶进出口签证 3959 艘次，165 万吨，安检船舶 65 艘，联检 63 艘次。还加强对乡镇船舶的管理，建立专访联系制度，走访沿海 33 个乡镇，开展安全宣传活动 34 次，检查渡口渡船 123 艘次。检验船舶 123 艘，其中初检 22 艘、坞检 21 艘、年度检 66 艘、临检 14 艘，总吨 2.42 万吨，20313.7 千瓦。

1999 年，船舶进出口签证 3278 艘次，安检船舶 114 艘，联检 169 艘次，对到港船舶检查率达 100%，查出隐患 123 处，处理违章船舶 3 艘，停航 1 艘，处理违章船员 12 人。

2000 年，开展“2000 年水上统一执法行动”，制定实施方案，与蕉城区、福安市、福鼎市和霞浦县政府配合，由分管副市（县）长、安办主任、交通局局长组成领导成员，统一指挥，联合执法。共出动执法人员 327 人次，执法船艇 29 艘次，检查船舶 84 艘，发出整改通知书 68 份，现场纠正违章船舶 55 艘次。检验船舶 105 艘，总吨位 11611 吨，总功率 12018 千瓦，征收检验费 15.61 万元。

2001 年，宁德海事局开展对建造年月不详船舶的船龄评估工作，规范修造船行业行为，认可 3 家船舶修造厂，保证船舶修造质量。当年还实现微机管理，使船检日常工作程序化、规范化，全年共检验各类船舶 92 艘，12519 总吨，总功率 10966 千瓦。安全检查船舶 100 艘次，查出缺陷 525 项，调查摸底辖区内 12 家船运公司的国内航行船舶的登记工作，对原有船舶登记权限内的船舶档案进行全面清理，登记船舶 29 艘，5253 总吨。全年办理进出港船舶签证 6278 艘，对 192 艘油轮、液化气船 80% 实行现场签证。

2002 年，加强船舶登记管理，制定《宁德海事局船舶登记审批程序》。制定内部工作程序，确定初审、复审、批准三级审核。在 3 月 10 日至 11 月 30 日开展整治“三无”（无船名船号、无船舶证书、无船籍港）船舶专项工作，出台《宁德海事局“2002 年整治‘三无’船舶专项工作”活动方案》，白马港和福鼎海事处在打击“三无”船舶力度较大，扣留“三无”船舶 29 艘，对设备较好又符合船检规范和登记条件的，采取疏导的方式，简化手续，由船舶科与船检所配合，进行检验登记。据统计有 100 吨以下船舶 43 艘。同年，执行交通部《内河小型钢丝网水泥船建造规范的通知》，从 7 月 30 日起，在宁德全市停止对新造钢丝网水泥船的建造检验和发证工作。

2003 年，加大船舶登记注册管理，减少外地登记。强化船舶安检，提高安全性能，同时对宁德礁头、福鼎市沙埕、霞浦县三沙等重点渡口的现场巡查监管，落实签证职责，核对船舶和船员证书，建立初审、复审、批准三级审核制度，以规范船舶登记档案的收集、整理和归档工作。船检人员严格按程序进行查验。全年共办理船舶签证6021艘次，一般货轮现场签证率达40%以上，"四客一危"（客渡船、客滚船、高速客船、旅游船和危险品运输船）船舶现场签证率达100%；共检验各类船舶175艘次，总吨位23530吨，总功率19850千瓦，并完成船检机构资质认可申报工作。

2004年，将船舶登记受理、初审工作的时限从原有的3小时工作日缩短到1个工作日。推出否定报备制、首问负责制、一次性告知制。公布船舶登记咨询电话，接受社会24小时咨询服务。结合管理上的需求，提倡急事急办的原则，对于符合办理条件，又需要急办的事，给予快办，原则上在1个工作日内办结。建立内部自查制度，登记员对照船舶登记工作流程，每季度自查一次，有问题及时纠正，确保船舶登记合格率达到100%。船检人员对正在建造和改建中的船舶，严格按程序进行查验，对重要技术资料不齐全、来源不清、建造年月不详、设备陈旧又无法修复的船舶，都不给予检验发证。当年共检验船舶176艘次，合计53693总吨，主机功率43276千瓦。

2005年，以"质量第一、预防为主、服务至上"原则，开展船舶和水上设施的法定检验业务。7月，开始受理宁德船籍港国内航行船舶的营运检验和新建、改建船舶初次检验以及异地船检机构委托检验业务。12月6日，印发《宁德海事局沿海渡口渡船安全管理专项整治实施方案》，方案分组织动员与调查摸底、检查整改、验收总结和再整改验收4个阶段，共实施FSC（船旗国监督）检查232艘次，其中开航前检查4艘次，老龄船48艘，重点跟踪船舶6艘次；安检河船72艘次，平均单船缺陷率1.15项，实施PSC（港口国监督）复查5艘次。共完成各类船舶检验180艘次。

三、通航管理

1993年9月，成立引航站，并设立航道管理科负责通航管理工作。将全区13座20世纪50年代建造的航标灯更新为半导体脉冲闪光仪，提高发光率，确保船舶进出港安全。12月，投入28万元开始疏浚赛江航道的漳港至苏阳段，工程总量为7万立方米。当年测量航道20千米，疏浚航道25000立方米，航标完好率和发光率为100%。

1994年6月16日，配合宁德地区水运管理处和渔政站对三都至漳湾港航道海域乱布网进行清理，并与公安、边防、交通联合治理沙埕港主航道，清除定置网50张，网箱1000多口。全年测量航道25千米，疏浚航道10万立方米，航标完好率和发光率达100%。

1995年，航标站对所辖区内13座灯标进行维护保养，完好率和发光率均达100%。赛岐海上监督局投入万元购置航标设备，与宁德地区矿管办、宁德市水电局等职能部门配合，对采沙船进行规范管理，改善通航条件，引航站全年引航40多艘次，保障船舶进出港的安全。

1996年，投入5万元资金对辖区灯标进行技术改造，全部更换新电池和闪灯，使灯标发光率、完好率达到100%。航道管理科还加强航道采沙管理，严格审批手续。引航科为船舶安全引航进出白马港达74艘次。

1997年，投入10万元用以加固、维护航标和航道清理。赛岐海上安全监督局拨款24万元给赛岐航道疏浚工程队，购置1艘作业量每小时300立方米疏浚工程船从事航道疏浚。

1998年，引航115艘次，清除障碍物47件，现场巡航1200艘次。

1999 年，为治理非法养殖和无序捕捞，与地区海防办、边防、港务、水产等部门配合，对白马港、三都青山和沙埕等航道与锚地进行清理，清除渔网和渔具 16 件。4 月，与福安市交通局联合开展内河安全整治，有针对性地对沙场和运沙船进行整顿，改善通航环境，全年引航达 272 艘次。

2000 年，制定《闽东辖区引航工作若干事项规定》，完成 3.6 万吨“海王星”轮的引航。对重点港口、重要航段和繁忙水域实施跟踪监控，保持辖区船舶航行畅通，全年安全引航船舶达 251 艘次。

2001 年 3 月，建立海区巡航制度，加强水域巡逻，整治通航秩序，维护航运畅通，对夜航船舶和超大型船舶实行护航服务。利用仅有的 2 艘内河监督艇在白马港、沙埕港、八尺门港等部分航段巡航 801 航次、805 小时、3911 海里，共出动船艇 449 艘次，1652 人次，引航 256 艘次。全年共审批 10 起水上水下施工作业许可，整治赛江、白马河挖沙作业，发布航行通告 14 起，航行警告 4 起。

2002 年，在通航区域内按照“重点时段、重点航段、重点目标”的巡航原则，严格执法，违规重罚，扣处违章船舶 7 艘，巡航 923 航次，出动执法人员 2810 人次，达到威慑作用。

2003 年，将白马港进港 42 千米航道作为文明示范航道，通过护航服务方式，协助船舶进港与靠泊。3 艘巡航快艇和 1 艘高速巡航艇投入使用，及时清除海上碍航物，发现航标 2 座位移，2 座漂失，在第一时间内采取补救措施。9 月，下发《宁德海事局水域巡航检查制度》，加强辖区通航水域现场监督管理。全年共巡航 588 航次，巡航时间 1276.2 小时，航程达 13558 海里，出动执法人员 2437 人次，纠正违章 161 起，检查航标 223 次。

2004 年，做好交溪河道采砂日常监管工作，新增霍童溪上游采砂点审批 4 处，杜绝无序采砂行为。按通航标准审批临河、跨河建筑物及河道清淤等工程项目 6 项，制止向交溪航道倾倒生活垃圾和废弃物事件 1 起，通过城澳一类口岸进港航道航标竣工验收工作，发布《航道通告》4 期。港航部门还投入 20 多万元资金修复交溪航道和水北溪航道 14 座灯桩，保障航道畅通。

2005 年 11 月 11 日，宁德海事局开展冬季联合巡航活动

2005 年，实施《宁德海事局创建“安全畅通文明”航线实施方案》，在施工作业区、重要航路、锚地、禁锚区和抛锚区等处巡航 2498 次，纠正违章 193 次，航程达 3.2 万海里，出动船艇 1490 艘次，执法人员 5717 人次。

四、船员管理

（一）船员培训

1993 年 12 月，交通部上海海上安全监督局在宁德举办小轮船员培训班 1 期，有 40 名船员接受培训。

1994 年，赛岐海上安全监督局组织举办内河船舶船员安全生产知识培训班 1 期，有 30 名船员接受培训。

1995 年，查获 3 艘船舶伪造船员适任证书 9 本。

1996 年，在福鼎、宁德两地分别办一、二期小轮驾机人员培训班，共有 84 人参训。

1997 年，逐步对辖区部分渡船渡工进行客渡船船员的安全知识培训，并颁发培训合格证。

1998 年 8 月 5 日，执行中华人民共和国港务监督局《关于 STCW78/95 公约过渡规定的实施办法》及《过渡期知识更新培训纲要》，组织船员进行培训，举办培训班 1 期，有 50 多人参加。

1999 年 12 月，根据福州海上安全监督局《关于重申参加海上运输工作的海员必须经过船员专业培训的通知》，霞浦县海监站组织船员培训 25 人次。

2000 年 7 月，开展辖区小海渡轮船员培训、考试、评估和发证工作。

2001 年 7 月 19—20 日，福建海事局在宁德举办 1 期船员实操检查和安全知识检查培训班，制定《“四客一危”船舶现场检查实施细则》，对到港油轮、液化气船实施检查达 80%，提高船员实操能力。开办全市乡镇客渡船驾驶员培训班一期，共有 121 人参加。

2002 年，开展各专业知识更新换证前的培训。

2003 年，各海运公司及时完成过渡期换证任务，共办理各类船员适任证书 259 本，参加培训船员达到 164 人。2004 年，引导和扶持区外海员培训中心到宁德市海事局辖区筹建船员培训机构，莆田市国际海员培训中心到宁德与 4807 工厂合作，达成建立船员教育和培训基地意向，促进宁德辖区船员培训教育走上正常轨道。

2005 年，执行中华人民共和国海事局《关于海船船员培训、考试和发证工作有关事宜的通知》，对全市参与船员教育和培训的机构进行核准，凡未通过教育和培训质量体系审核和验收的，均不得组织船员培训。

（二）船员考试发证管理

1993 年，派出 2 名港监工作人员参加福建省港航管理局组织的研讨会，加强对内河船员考试发证工作进行管理。

1994 年，建立健全船员档案，把船员的证书进行造册入档。当年有 38 名船员通过考试，发放小轮船员证书。

1995 年，按照中华人民共和国港务监督局《办理船员证件管理规则》要求，按规定规范包括办理海员证、适任证书、培训合格证、船员服务簿等各类船员证书的公务行为。

1996 年，全区组织 41 名船员参加甲乙丙类的适任证书考试。

1997 年，将全区的摩托艇驾驶员考证纳入船员管理范围。

1998 年，全区通过摩托艇考证驾驶员 76 人，通过率达 72%。

1999 年 5 月 20 日，福鼎市监督站对“鼎航 15 号”1 本 200 ~ 1600 总吨证书产生怀疑，经与广东省港务监督局联系确定该证书系伪造，同时查获伪造船长证书 5 本，依据《中华人民共和国水上监督行政处罚规定》分别对当事人做出行政处罚。

2000 年，组织在闽东辖区海渡船技术船员考证，有 23 名船员获得船员证书。

2001 年，完成辖区船员持证、换证情况调研，添置电脑、打印机以及专用书籍，做好船员档案交接前期工作。12 月 1 日，开展辖区内海船员丙、丁类适任证书和船员服务簿的签发工作。

2002 年，全年共组织 102 名船员参加全国海船船员适任证书考试，其中驾驶专业的 13 人，轮机专业 23 人，无线电专业 3 人。

2003 年，有 129 名小海轮船员通过考试和评估，取得适任证书。其中值班轮机员合格 17 人，轮机长适任证书合格 2 人，驾驶专业的 50 ~ 100 总吨值班驾驶员合格 7 人，其他船员 103 人。

2005 年，继续加强对内河船舶及船员管理，当年船员违法记分 27 人次，共扣 63 分。船员适任证书发放 48 本，其中丙类 18 本，丁类 30 本，船员服务簿 513 本。

五、危防管理

（一）危险货物运输管理

1993 年，赛岐海上安全监督局根据交通部《关于近期两起个体船载运危险货物发生燃烧、爆炸事故的通报》精神，对闽东危险运输船舶单位进行摸底监管，填报办理核准单。凡未经批准办理“危险货物准运证”船舶，不得参与水上运输。

1994 年，起草了《船舶载运危险货物管理办法（讨论稿）》，组织石油、农药等 7 家危险物资企业和 9 家海运企业共 31 人参与讨论。

1995 年 5 月 1 日，《船舶载运危险货物管理办法》付诸实施，使全区水域船舶载运危险货物监管工作有法可依。

1996 年，采取专项检查方式，分别到下白石液化气码头、沙港油库码头、宁德中源油库、三沙祥宁保税区油库码头检查，发现问题及时整改。

1997 年 10 月，闽东海上安全监督局邀请上海海监局危管处高级工程师，对现场监督员进行水运危险货物安全管理知识培训。全年审批船载危货 36 艘。

1998 年 7 月，漳湾监督站对在田螺、礁头和漳湾港务作业区内载运危险货物的进出船舶、托运人和收货人，均按照《船舶载运危险货物管理办法》规定进行监督管理。

1999 年，结合烟台“11·24”特大海难事故教训，共检查危险品码头 53 个，危险品运输船 10 艘。

2000 年 2 月，闽东海上安全监督局发出《关于对危险品船舶实行强制引航的通知》，规定凡进出赛岐港、漳湾港、白马港和桐山港液化汽船以及 500 载重吨及以上的其他危险品船舶应申请引航，并对危险品运输船舶实行全程监视、现场签证。

2001 年 4 月 1 日起，货主、船舶及其代理人，应持有福建海事局签发的危险货物申报员证书进行申报，对船舶载运危险货物，在抵港或装货 3 天前应向宁德海事局船舶监督科申报。

2002 年，宁德海事局结合“水上运输安全管理年”活动，加大“四客一危”船舶安全检查，对危险品运输船舶做到现场检查，签证率达 100%。

2003 年，加大对港内明火作业审批管理，举办明火作业培训班 1 期。全年船舶装载危险货物进港的国内航行船舶 210 艘，230470 吨，国际航行的 5 艘，20590 吨；出港的国内航行船舶 1 艘，1000 吨，纠正违章 11 次。

2004 年，共审批危险品运输船进港 302 艘次，进口危险货物 34.88 万吨，其中液化气 11 艘次，9889 吨；散装油类物质 291 艘次，338863 吨。12 月，成立宁德海事局船舶载运危险货物安全专项整治领导小组，为 2005 年开春整治工作打下基础。

2005 年 1 月 1 日开始，在辖区内开展为期一年的船舶载运危险货物安全专项整治活动，全年共受理和检查进港的载运危险货物船舶 287 艘次，32.5 万吨。对到港载运危险货物船舶检查发现的 101 项缺陷，整改情况进行跟踪，落实整改 86 项，缺陷整改率达 87.7%。

（二）船舶防污染管理

1994 年，赛岐海上安全监督局制定《赛岐港防止船舶污染水域有关规定》，组织人员到船舶上宣传并张贴防污染通告 100 多份。

1995 年 7 月 1 日，下白石港发生大面积油污染案件，在福州海监局配合下，依靠科技手段，采取采样检测方法，依法对事故进行调查取证，认定肇事方为海南天福船务有限公司的“远东”轮，并对其进行处理。

1996 年 4 月，赛岐海上安全监督局起草《防止船舶污染水域管理办法》，征求船东、船厂等单位意见。为防止危险品船舶污染水域，采取监卸、护航和强制引航等措施，当年未发生因船舶装运危险品而污染环境案件。

1997 年，防污登船检查 22 艘，未发现污染环境事件。

1998 年，下白石监督站针对辖区两岸船坞影响水域环境，把有关防污染法规和各项防污染注意事项制成宣传材料，发给业主和船方，同时建立船坞档案和船舶进出坞及污水处理申报制度。1999 年，福安市下白石镇长楼海域的福安造船厂违章拆船引起油污漏泄污染水域，闽东海上安全监督局立即责令其停止生产，组织人员消除海域油污，会同福安市环保局、下白石镇政府等部门介入调查并处理善后工作。

2000 年 2 月 14 日，成功救助搁浅的满载柴油 1500 吨的“浙舟油 217”油轮，避免海域污染事故发生。从 2 月开始组织为期两个月的船舶防污染大检查，检查货船达到船舶签证数 30%，油轮、散化、液化汽船达到 100%。在船舶防污大检查行动中，下白石站在甘棠至白马门口岸线上进行 2 次“拉网式”监督清理，查处涉及环境污染的违章船舶 10 艘。

2001 年 9 月 30 日，“金海顺”油轮载运 4439 吨柴油在霞浦县西洋岛东南水域触礁，船底破损进水。宁德海事局与福州海事局配合，展开事故现场施救，调集防污器材和救助船组成防污队伍，赶赴现场布设围油栏，针对可能出现的险情，制定并实施防污方案，指挥 9 艘总吨位达 3 万吨的救助船，通过抽油过驳、探摸、修补、堵漏，防止溢油污染。

2002 年，福安市中油大华石油有限公司因油码头改建，经审核福鼎秦屿码头达到防污设施及周边养殖区的环保要求，同意将其作为临时油轮靠泊接卸点。

2003 年，在辖区内 7 家油码头建立“油码头溢油应急计划”，采取指导方式帮助解决问题，提高辖区应急处理能力。

2004 年，针对白马港水域长期存在的无序拆船等问题，开展白马港水域拆修船舶防污染专项整治，成立专项工作领导小组，主动走访地方政府，反映周边环境污染问题，提出整治建议。

2005 年，向码头及船舶业主宣传《中华人民共和国港口法》《中华人民共和国安全生产法》《危险品化学品安全管理条例》《船舶载运危险货物安全监督管理规定》等法律法规，做到严格申报审批制度，加强危险品船舶的适装和适航条件现场监督检查，危险品船舶的现场签证率达到 100%。

六、海上搜寻救助

1993 年，境内海上船舶事故遇险搜救工作力量不足，海上搜寻、救助由福建省海上搜救中心接到报警后开展工作。

1994 年，由福州海监局负责对闽东海域船舶的搜救工作，赛岐海上安全监督局密切配合。

1995—1996年，闽东海监部门配合福建省海上搜救中心及福州海监局组织的海上搜救行动，共救助各种遇险船舶21艘，救出遇险船员18人，成功率达100%。

1997年2月28日，武汉籍千吨级货轮“黄鹤1号”在福瑶列岛东部海面上遇险，东监2号艇接到求救后开始施救，成功将货轮“黄鹤1号”拖回到三沙古镇港。

1998年，全年开展海上搜救任务9起，救助遇险船舶3艘，挽回经济损失62万元。

1999年2月26日，宁波籍“浙象机823”号散装货船在广东省佛山开往安徽省安庆时，途经福鼎大嵛山岛南面海域遇险，经三沙签证站派员施救，脱离险境。

2000年3月21日，南京籍“天华6号”货轮从罗源往宁波，途经霞浦三沙竹排礁附近水域触礁，三沙签证站得到求救信号后，组织附近水域船舶进行施救，成功拖至古镇港，脱离了危险。

2001年，宁德海事局为突出闽东海域搜索救助功能，设置12395值班求救电话，实行24小时全天候值班。先后救助伯利兹籍的“昌盛荣”轮、“宏利66”轮、“建华”轮，特别是成功救助了在霞浦西洋岛东南水域触礁的“金海顺”油轮，做到“反应快速、施救有效”，使油轮转危为安。

2002年2月20日，成立宁德市海上搜救中心，由市政府、海军、海事局、海洋与渔业局、交通局、边防支队、港务局、安全生产监督局、石油分公司和四〇七工厂等部门组成，下设办公室负责日常工作协调。9月7日，接到韩国籍PIA FRONTIER货轮在台山列岛附近遇险报警，在中国海上搜救中心的指挥下，派出“沪救1”和“沪救10”救助船前往事故现场搜寻遇险船舶和船员，并发布NAVTEX航行警告，协调过往船舶参与搜寻，救起7名遇险船员。

2003年，市海上搜救中心对“闽霞渔6643”渔轮、“新晨光86”油轮、“协通107”货轮等6艘遇险船舶实施搜救，投入搜救时间98小时，成功救助遇险人员80人，救助实物价值计2535万元。

2004年，宁德海事局制定宁德市海上应急搜救预案，明确各成员单位的职责和海上应急反应程序。当年共组织搜救13起，搜寻遇险人数91人（其中成功救起85人）、遇险船舶8艘（成功救助5艘），累计搜救时间达到179.5小时。

2005年，建立闽浙边界海域区域性监管一体化机制，与浙江省温州市海上搜救中心达成共识，3月，宁德市海上搜救中心与温州市海上搜救中心签订《闽浙两省交界海域搜救协调机制备忘录》，两市搜救中心实现信息共享、搜救协调、日常协作的联动机制。通过联动处置4起海上遇险事件，成功救助24名遇险人员。

七、水上交通事故处理

1993年1月25日，寿宁县的麻竹坪水库发生翻船事故，造成40人遇难的特大恶性事故。赛岐海上安全监督局派员配合有关部门进行事故调查，做好技术鉴定，查明是由无证人员非法驾驶船只而造成。1月，一艘浙江的“浙苍渔运422号”船舶在三沙海域发生船舶碰撞事故，港监部门做好疏导调解工作。

1994年，调解及处理海事27起，损失493.1万元。

1995年，发生事故6起，经济损失达238万元。

1996年，闽东海上安全监督局共处理事故6起，发生沉船3艘，经济损失772.54万元。

1997年，处理福州宏远航务公司“宏远3号”轮在霞浦海区沉没事故。

1998年，共处理事故4起，沉船1艘，经济损失193.3万元。

1999 年，共处理事故 3 起，死亡 1 人，经济损失 9.5 万元。

2000 年 4 月 7 日，闽霞运 1408 轮从福清运活水鱼到韩国，途经闽浙交界的沙埕港口外附近的海域时，船上机舱突然发生失火，福鼎市海监站及时赶到现场与边防和消防采取拖船、灭火，避免沉船事故发生。

2001 年，宁德海事局调查处理在白马港的巴拿马籍 LI TONG 船走锚碰撞下游锚泊的武汉钟祥市航运公司“仁和 2 号”船事故。全年共调查处理海上交通事故 8 起，结案 8 起。

2002 年 8 月，对福安市溪尾镇的“安沙 6”和“富江 19”轮相撞事故作出事故调查报告。9 月处理“闽东 9”轮和“闽霞 F196”轮碰撞事故，对 2 艘船船长分别以 3000 元罚款，扣留“闽东 9”轮船长适任证书 12 个月。

2003 年，全年水上交通事故总数共 7 起，其中沉船 2 起，碰撞 3 起，触礁与搁浅 2 起，经济损失达 662.7 万元。7 起事故中结案 5 件，结案率 74.1%，受理调解 2 件，结案 2 件。

2004 年 3 月，“闽霞渔 4002”船在台山岛附近被大货轮撞沉，接警后立即组织人员收集第一手证据材料，查明肇事货船，使遇难船东和船员获赔。4 月 29 日，大陆“金富达 9”轮在东引岛以北海域与台湾地区的“鱼圣”号轮发生碰撞，造成“金富达 9”轮沉没事故，调查人员与福建省搜救中心和宁德市政府及台办、边防支队等相关单位协调配合，及时掌握事故资料，使事故调查工作圆满完结。当年发生水上交通事故共 12 起，造成 3 人死亡，沉船 4 艘，经济损失 2182 万元。

2005 年 1 月 25 日，宁德海事局与所属海事处协调分工，认真查处福鼎市航运公司的“鼎航 36”轮在福宁湾水域与一艘小渔船发生碰撞，造成小渔船倾覆，1 人死亡的事故。全年辖区发生事故 3.5 起，其中受调解的 2.5 件，结案率达 100%。

第四节　出入境边防检查

一、机构

1993年9月，成立宁德边防检查站，担负境内出入境边防检查工作。1994年，部队进驻宁德。1995 年 1 月，开始担负边防检查任务，至 2005 年编制不变，位于宁德市蕉城区万安西路 3 号。

二、主要工作

1993 年 8 月，漳湾港区由起运点升格为国轮外贸运输装卸点，为闽东重要港口之一。1995 年，漳湾港实施集装箱技改工程。

1997 年 10 月 5 日，边检站查获一艘停靠在福安下白石码头的渔船运载走私香烟，收缴走私香烟 712 件，总价值 100 万元人民币，并查扣三部货车。11 月，国务院批准白马港区作为三都澳城澳港口岸的一部分对外国籍船舶开放，为一类口岸城澳港港区。

1998 年 1 月 28 日，边检站对查获的 1 人企图偷渡日本案件进行深挖，从中挖出 100 多人偷渡日本未遂案。2 月 14 日，查获福安市樟港码头伯利兹籍“畅达 101 号”轮走私韩国进口旧小轿车 42 辆，价值 160 万元。

2000 年 3 月 15 日，巴拿马籍“三协 302”轮从台湾基隆港出发开往印度尼西亚，航行途中，该轮非法入境前往福鼎沙埕港接送 32 名大陆劳务人员到印度尼西亚渔船工作，依照《出境入境边防检查条例》对其作出处以 3 万元人民币罚款决定。

2005 年 6 月，国务院批准宁德城澳及白马港区开放水域扩大到赛岐大桥。宁德边防检查站担负对上述港区出入境人员及其行李物品、交通运输工具及其载运货物的边防检查、监护以及口岸限定区域的管理任务。同月，边检站制定《外国籍船舶修造边防检查分类管理办法》，对进出宁德港外国籍船舶实施分类管理，有效维护口岸出入境管理秩序。

1995—2005 年宁德市（地区）边检站检查出入境船舶及员工统计表

表 18-5　　单位：艘、人

年份	入境船舶	出境船舶	入境员工	出境员工	出入港
1995	23	10	497	224	—
1996	26	28	457	580	—
1997	49	61	801	1076	—
1998	25	40	434	848	—
1999	40	54	542	848	—
2000	137	136	1526	1481	—
2001	103	114	1570	1569	—
2002	115	111	1278	1190	—
2003	142	138	1332	1211	—
2004	153	128	1474	1350	58/1012
2005	—	—	—	—	47/979

第十九编 服务业 房地产业

1993年，地区行署下发《关于进一步鼓励发展个体私营经济的若干意见》，全区个体私营服务企业开始逐年增多。随着经济进步、旅游业和城乡建设事业发展以及人民生活水平的提高，服务业进入发展快车道。住宿、餐饮、家政、广告、中介、娱乐服务等发展较快。到2005年，全市还建成街道级社区服务中心9个、社区服务站93个，建有各类老年人服务设施143个，文化活动站137个，社区卫生服务站131个，极大地方便了百姓生活。

20世纪90年代中期以后，地委、行署加快住房制度改革，建立住房公积金制度。到21世纪初，实施住房分配货币化改革。推动了商品房开发，房地产业得到迅猛发展。2000年，全市完成房地产开发投资5.13亿元，到2002年升至10.94亿元。2005年，再升至16.98亿元，房地产投资占全社会城镇固定资产投资的14.15%。房地产投资和消费，有力拉动了经济增长。

第一章　服务业

第一节　住　宿

1993年年初，全区有宾馆、旅社397家，从业人员1427人。各县（市）继续对县市宾馆（干部招待所）进行改、扩建，县市宾馆一般设有套房、标准客房（单间、双人间）、会议厅等，客房配备有彩色电视机、沙发、席梦思床及电话、空调等。一般旅社（宾馆）客房设置简单，有单人间、双人间、三人间、四人间及通铺之分，客房设备有黑白或彩色电视机、电风扇、沙发、茶几、五斗橱、高矮床、办公桌、衣架、床头柜等。柘荣县荣城宾馆、柳城宾馆、花园宾馆等宾馆相继开业，客房设施较完备，并提供按摩、桑拿、足浴、卡拉OK等服务。霞浦县新城大饭店、松涛中心酒店、福兴大酒店相继开业。松涛中心酒店与福兴大酒店为台商投资兴建，内设酒家、美容厅、KTV、歌舞厅、咖啡屋、购物中心，配备传真、复印机，客房可直拨国际长途电话。霞浦干部招待所继续实行承包经营。霞浦金利来宾馆（隶属县饮服公司）推出“金利来幸运旅客年”活动，在全区率先试行规范管理。福鼎饭店（隶属福鼎县政府）设有大小餐厅、浴室、会议厅和电梯。闽东大酒店成为全区首家三星级宾馆，设有多功能厅和商务中心、票务中心、商场、咖啡厅、歌舞厅、棋牌室、足浴室等。全区商业系统有旅社20家。地区行署《关于进一步鼓励发展个体私营经济的若干意见》下发后，全区个体私营旅社（宾馆）开始逐年增多。

1994年起，全区各酒店经营管理采用国家旅游系统的星级标准，弃用原商业部的国家旅社标准，商办旅店业管理职能名存实亡。屏南鸳鸯溪成为国家级名胜风景区，到鸳鸯溪旅游的游客逐渐增多。屏南县干部招待所更名为翠屏宾馆。6月，地区财政局出资在福鼎太姥山成立闽东太姥山玉湖宾馆。全区商业系统有旅社19家，床位1309张。1995年，周宁县宾馆经改造装修升格为三星级宾馆。霞浦干部招待所经装修改造，更名福宁饭店。福鼎太姥饭店投入200多万元进行装修改造。全区商业系统有旅社18家，床位1247张。1996年，全区有从事旅馆业法人单位56个，从业人员1477人。其中商业系统有旅社17家，床位1134张。1997年，周宁饭店按二级宾馆标准进行改造、改建。全区商业系统有旅社14家，床位832张。

1998年，省政府服务中心与霞浦福宁饭店联营，投资80多万元，对原饭店进行改造，开办集住宿、洗浴、游乐、健身、休闲于一体的长安娱乐城，经营面积9000多平方米，内设客房、酒楼、保龄球馆、咖啡、桑拿浴、游戏机厅、KTV包厢等。1999年，屏南天外天国际大饭店（民营企业）开业，有客房73间，并设有餐厅、会议厅、商务中心、桑拿中心、观景电梯等。福鼎京生大酒店开业，拥有豪华客房160间（套），大小宴会厅7个，包厢30个，为集客房、餐饮、娱乐、会议、商务为一体的豪华商务酒店。周宁商业招待所经改造装修，更名为周宁饭店。周宁县新建电信宾馆、邮电公寓、东方宾馆、教师公寓等较大宾馆7家，新增床位600多张。

2000年，福鼎太姥饭店拆迁改制拍卖。6月，福鼎饭店拆迁停业。宁德京生大酒店被评为三星级饭店。福安东方大酒店、福鼎玉湖大酒店被评为二星级饭店。全区有旅游星级宾馆饭店9家。旅游定点饭店10家。2001年1月，柘荣金都大酒店开业。柘荣县宾馆经改扩建后，有客房55间，内设君成大酒家、君成休会所、新乐府、健身中心、游泳池等，成为一家集食宿、娱乐、健身为一体的三星级宾馆。宁德市交通宾馆开业。同时，在三沙五澳设立三沙海国贸易有限公司台胞公寓，设有49个床位，专门接待到访台胞。宁德友谊宾馆采取价格优惠、免费就餐，节日特价、午夜后半价等措施，使客房平均周转率提升至75%以上。全市有从事旅馆业法人单位88个，从业人员3134人。有12家星级宾馆饭店。

2002年，霞浦龙首山宾馆停业，改为霞浦县教育局办公楼，开始建设晨曦大酒店。9月，福鼎海天大酒店（位于福鼎市邮政大厦内，三星级）开业，有客房总数60间（套）。宁德全市有不同档次星级宾馆饭店15家，其中当年新增星级酒店3家，在建的三星级以上酒店有东侨环岛大酒店、霞浦环岛大酒店等3家。2003年，省煤炭集团公司收购宁德京都大酒店，并投资7000万元改建为四星级大酒店。福鼎太姥山风景区内的玉湖宾馆经重新装修开业，有高中档客房81间（套），并配有卡拉OK歌舞厅、商务中心、美容美发中心、导游摄影、出租车等配套服务，成为集食、住、行、游、购、娱于一体的二星级宾馆。在旅游黄金周前，宁德市金穗宾馆、霞浦环岛大酒店、太姥山电信宾馆、秦屿东方宾馆、福安邮电宾馆等星级宾馆相继挂牌营业，新增1000多个床位。12月，福鼎东源大酒店开业，有客房50间、宴会厅2个、包厢26个，成为综合性的三星级酒店。全市有不同档次星级饭店21家，其中当年新增星级酒店6家。

2004年，福鼎开通高速公路后，旅馆业发展较快。1月，福鼎皇朝大酒店开业，有标准和豪华客房62个，成为一家套集住宿、餐饮、会议于一体的多功能酒店。宁德全市有不同档次星级饭店29家，其中新增旅游星级饭店6家。全市有住宿业企业法人单位96个，客房3694间，床位6690个，从业人员4014人。全市住宿业营业额21297万元，其中限额以上企业22个，从业人员2046人，营业额12334万元。全市住宿业个体经营户803户，从业人员2037人，实现营业收入7197万元。

2005年1月10日，宁德美伦大饭店开业。之后，福安国际会展中心大酒店、宁德山水大酒店、福鼎国际大酒店等3家四星级国际商务酒店相继开业，其中仅福鼎国际大酒店，就有客房198间。同时，福鼎京九龙饭店按五星级标准投建并开工建设。寿宁聚得乐大酒店开业，有床位115个、大小餐厅及KTV、停车场等设施。屏南天外天大酒店按四星级酒店标准扩建，并更名为天外天国际大饭店，饭店有豪华套房和标准客房346间，可容纳600人就餐的餐厅和会议室及游泳池、夜总会、商务中心、休闲保健中心、桑拿中心、商场、地下停车场等配套服务设施。霞浦长安娱乐城停业。全市有旅游星级饭店38家，其中预备四星级1家，三星级6家，二星级31家，当年新增8家。福鼎市区与太姥山风景区周边有江南商务酒店、福建九度尚品商务酒店、东方红大酒店、锦江之星、边贸宾馆、友谊宾馆和连锁企业速8酒店、锐思特汽车酒店、丽豪假日酒店、太姥大酒店、海山宾馆、新世纪大酒店等酒店、宾馆，太姥山风景区内有电信宾馆、新月宾馆、明月宾馆、玉湖宾馆、葫芦酒店等酒店、宾馆。

第二节　餐　饮

一、发展规模

1992年，古田县饮服公司对饮服网点进行改造、改建。霞浦县金利来饭店进行改造、改建。全区有饮食网点3734家，其中全民62家，集体65家，个体3607家，从业人员6656人。1993年，全区各县市国有商业、供销合作商业企业开始进行体制改革，原县商业局、供销合作社所属的商业企业逐步实行转让或承包经营。各县市餐饮业发展迅速，一些独具地方特色的小餐饮店开始增加。快餐店开始在全区各地兴起，柘荣县城开办“九八”“东区”“河滨”“千禧园”等快餐店。由于快餐店价格实惠、口味地道，逐渐成为学生、过客、打工者爱去的餐店。屏南县鸳鸯溪宾馆、柘荣县柳城大酒店进行改造、改建，其中柳城大酒店融住、吃、娱乐于一体。7月，全区选派8名厨师到苏州参加全国5年1次的烹饪大赛，获得2枚铜牌、7枚银牌。霞浦三沙作为台轮进港停泊点，有各类酒家44家，从业人员124人，服务员数百人，每天接待食客2000人以上，最多一天超过3000人。全区商业系统有饮食网点47家。全区有独立核算餐饮企业7家，营业网点4925个，从业人员10046人。有个体餐饮网点4503个，从业人员8720人。全区餐饮业实现社会消费品零售总额10789万元。

1994年，屏南鸳鸯溪被列入国家名胜风景区，带动屏南县城与景点周边餐饮业迅速发展。全区各县市中档饮食店开始增多，古田县古田饭店、寿宁县梦龙宾馆、福鼎市太姥饭店、宁德市（今蕉城区）宁德饭店进行改造、改建，其中古田饭店按二级宾馆标准进行改造、改建，太姥饭店融住、吃、娱乐于一体。全区有商业系统饮食经营网点44家。1995年，寿宁县对饮服综合楼进行改造、改建。全区有商业系统饮食经营网点49家，有独立核算餐饮企业7家，营业网点5568个，从业人员13230人。有个体餐饮网点5498个，从业人员12687个。全区餐饮业实现社会消费品零售总额32718万元。1996年，福安市富春大酒店、上街饮食店，宁德市（今蕉城区）上海西餐厅进行改造、改建。全区商业系统有饮食经营网点33家。

1997年，福鼎市区政府路、南大路、古城路、城东、中山路等相继开设快餐店。同时，沿海人口密集的乡镇，也相继开设快餐店。霞浦松城东门、南街、西街、北街、龙首路开设多个快餐店。福安市对福安菜馆进行改造、改建。全区商业系统有饮食经营网点44家。1998年，霞浦松城开设“肯得利”西餐厅。福鼎福祥大厦2楼开设首家较有规模的沙拉斯西餐店。之后，福鼎市城区又陆续新开多家西式餐厅。福鼎市首次组队参加温州’98金秋旅游节美食大奖赛，获得优秀组织奖。霞浦县饮服广场、屏南县商业综合大楼、蕉城区东京湾大楼（饮服综合楼）进行改造、改建。福鼎商城店面完成拆建并回迁。当年，受亚洲金融风暴影响，全区商业系统饮食经营网点减至31家。1999年，全区民营饮食业逐步发展，家常菜、乡土菜层出不穷，并以低价格、高品位、精制作吸引消费。4月，地区旅游局、餐饮协会联合在福鼎举办“1999中国•福建（闽东）生态环境游美食大奖赛”。

2000年，中央实行积极的财经政策，刺激内需，拉动消费，饮食市场精彩纷呈。国道104线沿线4县（市）采取“统一品牌、统一标识、统一价格、统一加工、统一配送、分散经营”的连锁经营方式，启动首期“便民早餐”工程，福安、福鼎、宁德等3市设置44个流动餐饮营业点。周宁县城相继有鸿运酒家、满堂红、客来香、福缘、天元、富豪等大酒楼开业。县城有酒家、饭店、西式餐点、快餐店、街边小炒店等383家，从业人员1750多人。福鼎三门里开办“森林人家”，经营烧烤。霞浦松城有容纳50人同时就餐的快餐店15个，从业人员104人。全区有餐饮业法人单位14个，营业网点7008个，从业人员17605人。有个体餐饮网点6870个，从业人员16135人有旅游定点饭店10家。全区（市）餐饮业实现社会消费品零售总额89723万元。2001年，宁德友谊宾馆餐饮部在闽菜和闽东地方风味基础上，引进粤菜、川菜、淮扬菜，增设海鲜馆、保鲜陈列柜，新增包厢4个、豪华宴会厅1个、大厅2个，改造包厢10个，能同时满足500人就餐。同时，友谊宾馆3次选派餐饮人员到福州大酒家、福州新紫阳餐厅、厦门龙宝大酒店参观学习，选派餐饮人员参加广东粤菜技术交流。柘荣金都大酒楼厨师制作的太子鸡、梅花土鲍、泥鳅面、八宝乌饭、牛肉丸等，在省市比赛中获奖。金都大酒店由于烹饪独具特色，被评为福建餐饮名店。全市有餐饮业企业法人单位42个，从业人员781人，全市实现营业收入3679.2万元。2002年，市商业局直属的饮食服务业营业收入700万元。

2003年，随着高速公路通车与旅游业的发展，全市旅游定点酒家及民营小饭店迅速增加。霞浦新城区东吾路、福宁大道、太康路、三河路两旁新菜馆、酒楼骤增，并纷纷打出三沙“闽南糊”、盐田“滩涂海鲜”、崇儒“倒流溪河鲜”等乡土菜。柘荣金都大酒店被省旅游局确定为旅游定点餐馆。福鼎美食城被福建省烹饪协会授予首家“福建美食名城”称号。市商业局直属的饮食服务业营业收入671.58万元。2004年，全市社会群众投资办酒店、餐饮业空前高涨，有餐饮业企业法人单位38个，餐位4884位，从业人员1102人。全市餐饮业企业营业额5223万元，其中限额以上企业5个，从业人员271人，营业额2234万元。全市餐饮业个体经营户6714户，从业人员16752人，实现营业收入94213万元。2005年，全市群众餐饮消费向社会化发展。福鼎市区有快餐店100家，从业人员450人，并在快餐店设包间，顾客可看单点海鲜小炒。福鼎古城南路198号太姥商务豪庭A座1楼肯德基福鼎环城店开业。是年，霞浦县城有菜馆、酒楼280多家，其中快餐店28家。全市餐饮业实现零售额12亿元，同比增长8.1%。福鼎大酒店获福建省放心店称号，并被授予全省商贸系统2004年度十佳酒家称号。

二、大排档

1990年起，福鼎县的一些个体户在拆迁的宜宾菜馆原址、电影院、原外贸局门口、原太姥饭店对面空地等处，以蒙古包形式经营夜间大排档，其中仅电影院内简易搭建的大排档，就可容纳60个桌位。其后，全区各县市县城相继出现各色大排档。霞浦大排档集中在每年夏秋季节，每逢入夏，霞浦三沙五澳、奇沙等地张灯结彩，播放音乐，摆售用冰块、果品、糖制作的刨冰，及各种鸡鸭卤料、精致糕点、贝壳、海鲜、饮料、冰淇淋、啤酒等。1996年，福鼎市一些个体户在边贸商城后侧、石湖小区、春亭桥一带，发展近百个蒙古包形式的夜间大排档，但地点经常变换。

1999年后，福鼎市大排档经营地点相对固定在石湖小区内侧一条街和靠龙山溪一侧，多为半敞开、前灶后堂式，内设包厢，桌面设有小转盘（类似小酒店）。刚开始因为大排档占道，一般白天不经营，晚上经营，后发展为暮色初霭就开始经营。节假日期间，甚至中午就开始经营大排档。2000年，霞浦松城大街小巷有各色大排档100多个，主要经营蛤、螺、虾、蚶、蟹、剑蛏、跳鱼等海鲜和传统小吃。在霞浦三沙五澳、奇沙、下浒等地海滩设有30多个刨冰摊。至2005年，各县（市、区）都有不同形式的夜间大排档。

三、小吃

1991年，地区工商局、个体劳动者协会在宁德举办“闽东风味小吃展评”，柘荣袁菊珠制作的牛肉丸获特等奖。1993年后，随着旅游业的兴起，闽东各县（市）地方特色小吃店逐步增多。1994年，周宁县泥鳅面参加闽东风味小吃比赛，获得金奖。1998年，霞浦松城、三沙有“三沙小吃”“福鼎肉丸”“柘荣牛肉羹”“福安田鸭”特色小吃店20个，有扁肉、炖罐、小笼包、鱼片果汤、炒米粉、牛肉丸、牛杂等各色小吃。柘荣县设立夜间风味小吃街，实行定点经营。1999年，屏南华侨旅行社、富豪大酒店、天外天国际大饭店等相继推出“双溪泥鳅汤面”“漈头扁肉”“美容豆”等小吃，颇受游客青睐。寿宁县宾馆、寿宁聚得乐酒店、天然居酒楼、商贸城酒楼等相继推出土豆粿、御豆等小吃。地区餐饮协会在宁德举办“闽东风味小吃展示会”，福鼎市厨师获第一名，柘荣县有28名厨师获团体二等奖。

2000年，福鼎市区开始增加沙县小吃、兰州拉面、麻辣烫等外来小吃。同时，福鼎市的永芳、鼎派、太姥小镇等小吃店到外地开展小吃连锁经营，其中永芳、鼎派、太姥小镇的小吃产品还打入东南亚等国家和地区。2003年9月，“福鼎扁肉”“鱼片”被认定为“福建名小吃”。2004年，福鼎市经贸局根据福鼎市委的“一个好地点，一条好政策、一批好人才”创办福鼎美食城的指示，牵头组织在南大路经贸商城创办福鼎小吃美食城，内设各类小吃店60家，汇聚各种风味小吃150多种，主要有芋泥、炊饼、气糕、扁食（馄饨）、鱼片、鱼丸、鲟片、牛肉丸、肉燕、小汤丸、炒米粉、水粿等，开业后日均人流量上万人。当年，福鼎市选送6种小吃参加全国第十四届厨师节评比，全部获得“中华名小吃”称号，并获9枚金牌。2005年，福鼎人在省内多地经营福鼎肉片、福鼎鱼片。

第三节　生活与文娱服务

一、照相

1993年，全区有照相馆150家、技术人员226人，其中商业系统有照相馆11家。照相种类有一般照、艺术照、商品广告照等。周宁县的清华照相馆采用数码影像进行婚纱摄影。其后，县（市、区）原饮服公司的照相企业，开始进行承包经营、租赁经营或“国有民营”等方式进行改制，继续经营。1994年，在服务业推行承包、租赁、国有民营、委托经营等多种形式改革，鼓励企业联合兼并、合资经营、股份合作。寿宁县照相综合楼进行改造、改建。全区商业系统有照相馆3家。1995年，全区照相业除婚纱影楼、人相艺术室、儿童摄影室外，出现彩扩冲洗加盟连锁店。同时照相经营项目不断增加，出现专业制作VCD、SVCD、DVD、电子相册、广告编辑制作、音乐伴奏卡拉OK、CD等。霞浦县照相馆进行改造、改建。全区商业系统有照相馆3家。1996年，全区商业系统有照相馆4家。1997年，全区商业系统有照相馆4家。1998年，全区商业系统有照相馆6家。

2000年，全区各影楼和照相馆都配备专业的数码摄影器材和专业技术人员。婚纱照和艺术照加入后期艺术制作。相片制作由传统的冲、洗、整修转变为与数码制作同时兼有。相片的装饰装裱也由过去单一的相框向过塑、冷裱、水晶裱、制相册等逐步发展变化，精美而具有时代感。各影楼和照相馆开始把现代数码技术与传统银盐技术结合使用，把传统照相机拍摄的底片和照片采用底片扫描仪和图片扫描仪存入计算机，打印数码影像照片，而用数码照相机拍出的照片也可通过胶片记录仪，制作成135英寸、120英寸或45英寸底片，再用传统的放大机、扩印机洗成普通的银盐照片，或直接用数码放大机放大照片。2001年，周宁县巴黎春天婚纱摄影馆成立。2002年，周宁县翔天影像冲印有限公司开业。2004年，霞浦维纳斯婚纱开业。2005年，周宁县亲密爱人婚纱摄影营业，开始有少数老人补拍摄婚纱照。周宁巴黎春天举办湖上游船摄影，增添温馨浪漫情趣。

二、理发美发洗浴

1993年，全区商业系统有理发店4家。1994年，宁德市（今蕉城区）桑拿浴场所进行改造、改建，引进新设备，增设桑拿浴、冲浪浴、泡泡浴、贵妃浴等新浴种。经营服务项目开始由传统的清洁型向舒适健身型转化，由单项服务转为多项服务。全区商业系统有理发店3家。1995年，各县（市）个体理发业开始向连锁店发展，个体发廊开始遍布街头巷尾。霞浦理发服务拉开档次，部分理发店顺应消费新潮，投资装修店堂，更新设施，增加焗油、染发、洗发、烫发、拉发、护发、美发项目，提高收费和营利。1996年3月，宁德地区名流歌舞美容厅在宁德市区成立。柘荣县柳城东路开设县内首家“华荣足健中心”，从业人员8人，收费25～40元不等。全区商业系统有理发店4家。1998年，青年女子时兴日本和韩国流行的“离子烫”“空气烫”“活力调配烫”“超导能量烫”等，美发焗油由纯黑色发展为红、黄、棕、紫、金等多种色彩，染发手法由全染发展变化到多层次、多色彩的挑染。全区各县（市）相继兴起桑拿、泡脚、洗浴等休闲保健服务活动，洗浴养足休闲中心、洗足屋，规模有大有小，档次有高有低。设在闹市中心规模大的，面积数百平方米，服务项目有清浴（洗澡）、足疗、保健（推拿按摩、拔火罐）、修甲、修脚、采耳（清洁耳朵），还设有健身、棋牌、阅读等休闲娱乐项目。屏南县出现泳池、足沐、桑拿店等。柘荣县有专业洗浴室3家，从业人员25人。在河滨路两岸有大小洗浴店十几家。1999年，柘荣理发业逐步延伸成美容美发业，店面装潢考究，服务项目不断更新。除传统的理发外，新增染发、烫发、保健按摩、化妆及日式、泰式洗头等多种服务项目。收费则根据服务的内容，从数元至几百元不等。2003年，霞浦松城美容化妆店增至40多个，店号有永康、娇雪、贝儿、佳丽、奥之美、芳妍、金叶、时尚、新视、魅力等，美容化妆店的服务项目主要有护肤、美白眼、眉毛、睫毛、鼻、唇护理。2004年，宁德市紫罗兰美容公司在宁德市区成立。

三、家政与中介服务业

1991年，屏南县城关有家政服务业机构30家，从业人员52人，主要服务项目有保姆、疏通管道、卫生、家教、搬家、修房补漏、送煤气、送米、配匙开锁及钟点服务工等，有县百帮公司、婚姻介绍所等中介机构。柘荣县城关有家政服务机构16家，从业25人。1993年，柘荣县城关家政服务项目拓展到保姆、卫生、家教、搬家、修房补漏、送煤气、钟点杂工等行业。霞浦家政服务开始向职业化和社会化方向发展，保姆服务范围由“带小孩”扩展到辅导少幼儿识字图、看护老人、病人、产妇，家院保洁等方面。全区有职业介绍机构16个，劳动部门批准的劳务站23个，开展求职登记、职业介绍、信息服务、培训导向、办理招工手续、合同鉴证、寄存档案、劳务输出等业务。通过职业介绍登记求职人数 9805 人，交流成功 6576 人，办理务工许可证 8222 本。全年输出劳动力 10365 人，其中劳动部门输出 3338 人。全年安置待业人员 11074 人。1994 年，全区有职业介绍机构 130 个，其中劳动部门批准的劳动工作站 103 个，登记求职人数 16069 人，其中交流上岗 13533 人，办理务工许可证 12549 本。全年输送劳动力 363 人。1995 年，全区有职业介绍机构 153 个，在 103 个乡镇建立乡镇劳动工作站。登记求职人数 24005 人，交流成功 20062 人，输送劳动力 31308 人，其中劳动部门输出 11698 人。为农村和外来劳动力办理流动就业证 2690 本，发放就业卡 2410 本。全区成立 13 个职业技能鉴定站和 2 个培训机构，鉴定 850 人，涉及 6 个工种。1996 年，全区有职业介绍机构 143 个，其中劳动部门 120 个，民办 23 个，初步形成以地区为龙头、县（市）为依托、社会为补充的劳动力市场网络。全区输出劳务 61759 人，其中劳动部门输出 13831 人，全区办理流动就业证 14922 本，办理外出就业卡 17368 张，证卡合一 10186 本。全区建立鉴定站 16 个，对美容美发、烹调、计算机文字录入处理员、摩托车、汽车修理等 12 个工种的 2050 人进行技能鉴定，培训高级工 68 人，发证 59 人。1998 年 7 月，宁德市（今蕉城区）地产中介服务中心（首家房地产中介代理企业）在市区成立。柘荣成立家乐家政服务中心，全县有家政服务机构 50 多家。全区建成福鼎、古田、霞浦 3 个县级社区服务中心。之后，宁德市（今蕉城区）蕉北街道、福安市阳头街道相继建立社区服务中心。各中心建有老年人活动室、托幼所等服务场所，开展婚姻介绍、职业介绍、信息咨询、实用技术培训、文化娱乐等服务项目。

2000 年，霞浦照顾产妇的“月嫂”供不应求，月收入超过当地平均工资一倍以上。至年底，全市有职业介绍机构 128 个，国有企业再就业服务中心 108 个，全市安置下岗职工再就业 2550 人，再就业率 64.3%。2001 年，三德物业管理服务有限公司营业收入 122.71 万元。2002 年 3 月，宁德市洁宁保洁服务公司与宁德市国梦房地产中介服务公司、宁德市佳家乐房地产中介服务公司分公司在市区、东侨经济开发区成立。 8 月，宁德市鼎信房地产中介服务公司在市区成立。霞浦兴达公司派“钟点工”，直接到雇主家帮助洗衣。全市中介服务营业额 3623.95 万元。2004 年 2 月，宁德市金达中介服务公司在宁德市区成立。2005 年 4 月，宁德市佳家乐房地产中介服务公司在市区成立东湖分公司。12 月，宁德市电信家政服务公司在市区成立。柘荣县有个体家政服务 66 家。全市劳动力市场用工登记 77646 人次、求职登记 51362 人次，其中网上用工登记 57948 人次、求职登记 30469 人次，职业指导 39763 人次，介绍成功 22212 人次。全市职业技能鉴定 22110 人，劳务派遣 25715 人。全市建成街道级社区服务中心 9 个、社区服务站 93 个，建有各类老年人服务设施 143 个，文化活动站 137 个，社区卫生服务站 131 个。

四、机动车与家电维修

1989 年，宁德市区设福建省汽车工业集团宁德销售公司汽车维修站。1995 年 3 月，地区华侨友谊供应公司家用电器维修部成立。1996 年 3 月，闽东现代办公设备公司成立空调制冷设备维修部。1997 年 5 月，地区机关汽车维修厂设立鹤峰维修点。1998 年 3 月，地区邦泰经济发展公司汽车维修厂成立。1999 年，地区宏信贸易公司摩托车维修站和闽东佳和汽车修配公司汽车维修厂成立。2000 年 2 月，闽东大众汽车维修公司成立。6 月，地区科讯通信技术公司销售维修部成立。7 月，地区科讯通信技术公司第二销售维修部成立。至 2005 年，全市共有维修部、维修站 10 余家。

五、文化娱乐业

1993年，全区各县（市）城区遍布录像厅、卡拉OK、歌舞厅，各乡镇也相继开设卡拉OK、歌舞厅。1996年3月，地区电影发行放映公司镭射影碟录像发行放映站在宁德市区成立。1997年4月，宁德市（今蕉城区）录像放映节目专供站在宁德市区成立。1998年3月5日，镭射影碟录像发行放映站注销。全区有文化经营单位2409家，其中“三厅”783家，游艺机室670家，音像制品经营点293家，台球室310家，书刊点173家，保龄球馆11家，美术品等其他文化经营场所169家。1999年，柘荣县有卡拉OK、歌舞厅37家，从业185人。2001年，全市有电子游戏机场所170家。2002年，全市电子游戏机场所由170家压减至85家。2003年12月，宁德市录像放映节目专供站被吊销营业执照，关闭。2005年，柘荣县有卡拉OK、歌舞厅40家，其中较大的有星光大道自助KTV、大地飞歌、新乐府、国会娱乐城、鑫隆娱乐城等6家，均配有空调、卡拉OK包厢、舞池、卫生间等，可提供点心、饮料和酒菜等。

第四节　拍　卖

1997年4月，地区商业总公司成立地区拍卖行，为全区唯一一家依法取得资格的国有拍卖企业。7月，地区拍卖行举办首期拍卖会，拍卖地区公安处委托的畅达808号货船，成交金额63万元，地区拍卖行提取拍卖成交价的5%作为佣金。之后地区拍卖行在全区各县（市）设立联络处。9月，地区拍卖行受地区中级人民法院委托，对“海德利”货船进行拍卖，成交金额103.5万元。地区拍卖行受地区中级人民法院委托，对闽东毛纺厂进行拍卖，委托金额480万元，成交金额486万元。受地区海警一支队委托，对1300吨0号柴油进行拍卖，成交金额696.41万元。12月，地区拍卖行受宁德电子元件厂委托，对电子元件厂的土地使用权及厂房进行拍卖，委托金额200万元，成交金额210.50万元。全年全区举办拍卖会42场次，拍卖成交6475万元，其中百万元以上有12场，拍卖成交额3095.14万元。标的涵盖房产、土地使用权、车辆船舶、机械设备、家用电器等。1998年5月，地区拍卖行受福鼎市法院委托，对福鼎市机砖厂进行拍卖，委托金额136万元，成交金额192万元。6月，地区拍卖行受福鼎市法院委托，对福鼎市喷雾器厂进行拍卖，委托金额56万元，成交金额59万元。8月，地区拍卖行受福鼎市公安局委托，在宁德对0号柴油进行拍卖，成交金额62.58万元。地区拍卖行受福鼎市茶叶公司破产清算组委托，在福鼎对福鼎市茶叶公司下属的6个茶站进行拍卖，委托金额86万元，成交金额91.70万元。10月，地区拍卖行受地区中级人民法院委托，在宁德对霞浦三沙台贸大厦房地产进行拍卖，委托金额430万元，成交金额451万元。12月，地区拍卖行受福鼎市法院委托，在福鼎对福鼎秦屿海滨冷冻厂进行拍卖，委托金额96.5万元，成交金额96.5万元。受地区公安处委托，在宁德对进口白砂糖进行拍卖，委托金额0.14万元/吨，成交金额216万元。受地区国有资产管理局、土地局委托，在宁德对闽东新技术开发有限公司厂房、设备进行拍卖，委托金额110万元，成交金额110万元。

1999年2月，地区拍卖行受福安市打火机厂破产清算组委托，在宁德对福安打火机厂的厂房、设备进行拍卖，委托金额120万元，成交金额120万元。6月，地区拍卖行受中国农行古田分行委托，在古田对新城镇胜利街614路205号房地产进行拍卖，委托金额80万元，成交金额80万元。9月，地区拍卖行受福鼎柠檬酸联营厂清算组委托，在福鼎对福鼎柠檬酸联营厂厂房、设备进行拍卖，委托金额200万元，成交金额200万元。10月，地区拍卖行受地区公安处委托，在宁德对“福安号”杂货轮进行拍卖，委托金额170万元，成交金额206万元。11月，地区拍卖行受闽东造纸厂委托，对原闽东造纸厂设备进行拍卖，委托金额96万元，成交金额104万元。同时，经财政部福建监察专员办事处和福州海关审查，地区拍卖行成为全省两家拍卖行之一的海关缉私罚没物品指定拍卖企业。拍卖行拍卖成交价收取不高于5%的佣金。2000年，地区拍卖行在蕉城举办全市首届中国名家书画拍卖会，拍卖画家刘海粟、程十发、吴作人、启功、钱松喦、郑乃珖等200余人的书画作品362件，单件拍卖品最高成交价为福州画院郑乃珖的立轴《雄鹰图》，以3.3万元拍卖成交。全市举办拍卖会50场次，拍卖成交4300万元。其中在蕉城区举办司法裁定物拍卖22场次，成交2300万元。在蕉城、霞浦等地举办陈化粮拍卖会6场次，成交1000万元。在县（市）举办拍卖会24场次，成交1000万元。

2001年，闽东拍卖行坚持“公开、公平、公正”和诚实信用原则，加强同市、区两级法院协作，做好司法仲裁物拍卖工作。1月，受福鼎市法院委托，在福鼎对福鼎市中山北路69号房产进行拍卖，成交金额165万元。受蕉城区法院委托，在宁德对宁德市莱森柯有限公司设备进行拍卖，成交金额68.5万元。2月，受福建鼎龙房地产公司委托，在福鼎对福鼎市华福安居大厦一层沿街店面进行拍卖，成交金额1202.7万元。4月，受霞浦建筑工程公司委托，在霞浦对霞浦县建筑工程公司店面进行拍卖，成交金额79万元。5月，受中国华融资产公司委托，在屏南对屏南县城关翠屏路252号房地产进行拍卖，成交金额215万元。受霞浦县标准件厂委托，在霞浦对霞浦县标准件厂厂房进行拍卖，成交金额236.5万元。受福鼎市法院委托，在福鼎对福鼎市新街南大路28号房地产及设备进行拍卖，成交金额1002万元。6月，受霞浦县粮油储运公司委托，在霞浦对霞浦县松城镇万贤东街150号房地产进行拍卖，成交金额80万元。受市中级人民法院委托，在古田对古田县物资局综合大楼店面进行拍卖，成交金额500.9万元。9月，受古田县法院委托，在古田对古田县城关六一四路3号房地产进行拍卖，成交金额58万元。10月，受闽东包装厂清算组委托，在宁德对原闽东印刷包装有限公司的房地产进行拍卖，成交金额294万元。11月，受福鼎市法院委托，在福鼎对福鼎市新街54号房地产进行拍卖，成交金额392万元。受霞浦城西路拓宽指挥部委托，在霞浦对霞浦县城西路拆迁安置房进行拍卖，成交金额188.14万元。受古田县建委委托，在古田首次举办公交车线路经营权拍卖。举办“福建工艺美术（宁德）百花展”拍卖专场。闽东拍卖行被中国拍卖行协会评为A级拍卖企业。全市举办拍卖会60场次，拍卖成交6045.03万元。

2002年，福建鸿远拍卖公司在蕉城区成立。闽东拍卖行举办“古田书画艺术品”拍卖专场，举办宁德首届茶王和精品名茶专场拍卖会和欠税企业资产拍卖会。是年，全市举办拍卖会58场次，拍卖成交3500万元。2003年1月，福建省贸易信托拍卖行宁德办事处在市区成立。10月，海峡拍卖行有限公司宁德分公司在宁德市区成立。12月，福建省贸易信托拍卖行有限公司宁德分公司在蕉城区成立。福建省贸易信托拍卖行宁德办事处被吊销营业执照，关闭。全市举办拍卖会29场次，拍卖成交额7289万元。2004年8月，福建国拍拍卖公司在宁德市区成立。2005年，制定《2005—2010年宁德市拍卖行业发展初步意见》，建立拍卖企业信息化管理数据库。全市有拍卖企业和分支机构15家。

第五节　广告服务

1993年，周宁成立天城帝都广告装修有限公司。柘荣县闽东制药厂、闽东狮山矿泉水饮料联营公司等企业到北京、沈阳、天津、上海、广州、福州等城市设置路牌广告。10月，闽东日报广告公司在宁德市区成立。当年全区新增路牌广告89面、1483平方米，新增广告专栏23个和灯箱广告470面、1400平方米。全区有广告经营企业23家，广告营业额179万元。1994年，全区广告经营企业增至64家，广告营业额454万元。1995年3月，闽东海岸广告公司在宁德市区成立。8月，宁德市综艺装潢广告公司在东侨区成立，宁德市电视台成立广告部。宁德市增设一诚、国强、金太阳广告有限公司等广告企业。全区有广告经营企业77家，广告营业额774万元。1996年3月，福建省广告公司宁德分公司在宁德市区成立，全区有广告经营企业83家，广告营业额660万元。1997年1月，宁德华龙装修工程公司在宁德市区成立广告分公司。9月，福建省广告公司宁德分公司被吊销营业执照，关闭。10月，宁德市正方广告装潢工程公司在宁德市区成立。全区广告经营单位87个，广告营业额1590万元。1998年3月，宁德市盛世广告装潢工程公司在宁德市区金龙商贸广场成立。闽东日报广告公司成立新闻俱乐部，经营书吧、酒吧、网吧。4月，金苑广告传媒公司在宁德市区成立。7月，福建省广告公司闽东分公司在东侨区成立。8月，宁德市气象局成立华风气象广告公司。闽东日报广告公司新闻俱乐部被吊销营业执照，关闭。9月，宁德市德旺广告公司成立、宁德市郑氏广告装潢工程公司在市区成立。12月，宁德市天达广告公司在市区成立。全区有广告经营企业91家，广告营业额1942万元。1999年1月，宁德市兰马广告公司在东侨区成立。3月，宁德市创意广告装饰工程公司在市区成立。福安市在市区醒目、人流量大的地段设置户外广告，形成广告一条街。宁德市在市区二环岛地段设置14面大型户外广告，面积1920平方米。全区设置户外广告1232面，新增路牌广告300面、灯箱广告603面、霓虹灯广告59面，广告经营额1750万元。

2000年2月，宁德市三都潮广告公司在市区成立。3月，宁德市创想广告装潢设计公司在市区成立。6月，宁德市邮政局成立信函广告局。12月，福州金视广告公司宁德分公司在市区成立。宁德市区新增灯箱霓虹灯路牌广告247面、2500平方米，公益性广告200面。全市有广告经营企业123家，广告营业额3144万元。2001年4月，宁德市嘉铭广告公司在市区闽东大广场成立。6月，宁德市鼎新广告公司在市区成立。8月，宁德市经纬广告公司在市区成立。2002年4月，宁德市三都澳广告装饰工程公司、宁德市太姥广告装潢工程公司蕉城分公司相继成立。11月，宁德市天马广告装饰工程公司、宁德市非凡广告公司相继成立。2003年，宁德市金鹰广告设计公司、宁德市海天广告公司相继成立。全市设置各类户外广告1976面，其中路牌广告472面，布幅广告370条，灯箱广告580面，霓虹灯广告57面，其他广告495面。全市有广告经营单位150家，广告经营额3370万元。2004年，在全市开展创建“广告示范一条街”活动，各县（市、区）分别在城区主街道开展广告示范一条街创建活动。福州两岸广告公司宁德分公司在东侨经济开发区成立。全市设置各类广告1508个，其中路牌广告250面，布幅广告334条，灯箱广告540面，霓虹广告68面，其他广告372面。全市有广告经营单位152家、从业人员1158人，广告经营额4100万元。

2005年5月，福州晨曦广告公司宁德分公司、宁德市致远广告公司在市区成立、宁德市海峡西岸广告公司东侨分公司分别在市区与东侨经济开发区成立。全市设置各类广告 928 个，其中路牌广告 92 面，灯箱广告 270 面，霓虹广告 30 个，电子显示屏 3 块，布幅广告 295 条，其他广告（含印刷品广告、载体广告等）238 个。全市有广告经营单位 168 家、从业人员 1130 人，广告经营额 4006 万元。

第二章　房地产业

第一节　城镇住房制度改革

一、住房制度改革

公房租金改革　1996年，宁德地区房屋制度改革领导小组出台《关于地区地直单位公有住房租金改革实施办法的通知》，当年10月1日起将宁德地区公有住房租金在1992年统一租金标准的基础上翻一番，即一等砖混结构住房租金每平方米使用面积0.44元、框架结构0.48元。1997年7月1日起，在1996年提租的基础上再翻一番，即一等砖混结构每平方米0.88元，框架结构0.96元。1999年，宁德地区房改领导小组出台《关于全区提高公房租金的通知》《关于地直单位提高公房租金的通知》等文件，对全区各县（市）和地直单位公房提租做出明确的规定。从1999年7月1日起，各县(市)、地直各单位将公房租金提高到占双职工家庭平均工资的8%，地直单位一等砖混结构公房租金每平方米1.76元，宁德市1.76元，福安市1.80元，寿宁县1.20元，屏南县1.20元，周宁县1.20元，霞浦县1.00元，福鼎市0.80元，古田县0.80元，柘荣县0.80元。2002年，宁德市继续实施公房租金改革，市住房委员会出台《关于严格实行公房新租金标准有关事项的通知》，公房租金提高到一等砖混每平方米使用面积2.0元，框架结构2.20元。市建委根据宁德实际情况，制定出台《关于提高全区公有住房租金的通知》等配套文件，全市公房租金水平从原来的平均1.30元/平方米提高到平均1.61元/平方米。至2005年，租金不变。

公房出售　1993年，宁德地区行署先后出台《贯彻〈福建省出售公有住房暂行规定〉的实施细则》和《〈实施细则〉的补充规定》，首先在16个地直单位出售17幢公房计2.40万平方米。1995年，全面推开公房出售改革工作。1997年，宁德地区行署出台《宁德地区地直单位已售公有住房与国务院〈决定〉衔接实施办法》，对1993年前出售的地直单位公房确定为58%产权，按当年公房出售成本价重新计价并补交购房款后，取得全部产权。1999年，为加快公房出售步伐，宁德地区建委出台《关于进一步做好公有住房出售工作的遗留问题的通知》，对当年6月30日前一次性付清公有住房购房款的给予20%折扣率，7月1日以后给予10%的折扣率。同时，下发《关于做好全区公有住房出售工作问题的紧急通知》，要求各县（市）、地直有关单位加强领导，集中力量，采取措施，加快公房售房步伐。11月，全区出售公房2777套，建筑面积20.72万平方米，回收资金4206.88万元。2001年，宁德市政府出台《宁德市已购公有住房和经济适用房上市管理若干规定》，2002年，宁德市政府出台《关于全面放开我市房改房二级市场的通知》，鼓励房改房上市交易流通，同时相关部门制定出台《关于做好已购公有住房和经济适用房（集资建房）土地登记发证工作的通知》，积极稳妥地推进公房出售，出售公房 1149 套，建筑面积 8.61 万平方米，回收售房款 1922.80 万元。2002 年，各县（市、区）按照要求提高公房出售成本价，平均比增 4%，出售公房 792 套，面积 5.80 万平方米，回收售房款 1422 万元。2004 年，办理出售公有住房 315 套，面积 2.57 万平方米，回收售房款 981 万元。5 月，市住房委员会办公室委托审计机构对 9 县（市、区）和市直公房出售收入进行专项审计，据审计情况，全市累计归集单位住房资金 1.71 亿元，其中住房出售收入 1.56 亿元，集资建房补交款 627.15 万元，公房租金 719.14 万元，利息和其他收入 122.96 万元。总支出 8254.94 万元，其中公房维修支出 2015.14 万元，集资建房配套支出 2854.12 万元，公积金配套支出 823.79 万元，退房款支出 940.45 万元，用于发放离退休干部职工住房工龄补贴支出 403.34 万元，其他支出 1218.10 万元，余额 8859.44 万元。2005 年办理出售公房 1.62 万平方米，回收售房款 595 万元。至此，宁德全市公房出售工作基本完成。

集资建房 1999 年，宁德地区住房制度改革领导小组制定出台《宁德地直单位集资建房规定》，由房改办严格把关，审批地直单位零星集资建房。对于确有土地、住房矛盾突出、集资建的住宅又能符合城市规划要求的单位，经建委研究上报行署批准后可办理审批手续。当年审批地直单位集资建房 23 幢、406 套，建筑面积 3.25 万平方米，投资 2115 万元。全区全年建集资建房 1079 套，11.24 万平方米，总投资 5884.9 万元。2000 年，推进单位集资建房发展，全市共集资建房 104 幢 2687 套。2002 年，宁德市各县（市、区）基本停止审批零星分散单位集资建房，开始集资建房个人产权界定工作，全市完成集资建房个人产权界定 1920 套。2004 年，集资建房补交款总收入 627.15 万元，完成集资建房个人产权界定 270 套、建筑面积 2.90 万平方米。全市全面停止集资建房。

二、经济适用房制度

1999 年，宁德地区行署出台《宁德地区关于进一步深化城镇住房制度改革和加快住房建设的实施方案》，在全区各县（市）范围内停止住房实物分配，通过住房分配货币化、提高公积金缴存率，公租房等措施，加快住房建设步伐，稳步推进住房商品化、社会化，逐步建立起以经济适用住房为主的多层次城镇住房供应体系。同年，地委行署将经济适用住房建设列入为民办实事的重要事项。各县(市)积极响应发挥职能作用，采取措施控制零星分散住宅建设，推进全区经济适用住房建设，福鼎市首期经济适用房石湖住宅小区动工建设，占地 16450 平方米，总建筑面积 25408 平方米，总投资 1680 万元。当年，全区动工经济适用房项目 5 个，施工面积 5.81 万平方米，完成投资 5395 万元。2000 年，宁德市政府制定出台《经济适用住房价格管理规定》《已购公房和经济适用房上市管理实施办法》等文件，逐步完善经济适用房建设配套措施。福安、福鼎、周宁 3 个县(市)动工建设经济适用住房面积 7.7 万平方米，完成投资 5600 万元，竣工经济适用住房面积 6.2 万平方米。2002 年，全市各县（市、区）加快经济适用房建设，积极探索廉租住房制度。至年底，福安、福鼎和周宁 3 个县（市）动工建设经济适用房 3.92 万平方米，完成投资 2320 万元，完成销售面积 3.02 万平方米。2003 年，省计委、建设厅和国土资源厅联合下达给宁德市年度经济适用住房建设投资和信贷计划 4 个项目，建设规模为 8.50 万平方米，信贷规模 3300 万元。福安、福鼎、柘荣和周宁等 4 个县(市)动工建设经济适用房 4.38 万平方米，完成投资 2990 万元。宁德市政府同时成立宁德市直经济适用房建设领导小组及其办公室，确定宁德市区经济适用房华庭小区建设用地，计划首期工程征地 5.73 公顷。2004 年，省建设厅等部门下达给宁德市经济适用住房建设规模为 19.5 万平方米，项目 4 个，投资 1.70 亿元，信贷规模 9700 万元。福安、柘荣和周宁等 3 个县（市）动工建设经济适用房 0.72 万平方米，完成投资 640 万元。市直经济适用房华庭小区加快建设步伐，2005 年，华庭小区首期市直经济适用住房 A 标段住宅楼 6 幢、206 套、建筑面积 3.60 万平方米通过竣工验收，完成投资 2800 万元，进入销售阶段；B 标段 8 幢住宅楼、306 套，计 5.30 万平方米动工建设。

三、住房公积金制度

1996 年，各县（市）相继建立住房公积金制度。1997 年，全区发放公积金贷款 552 万元。至 1998 年，全区有 1071 个单位 3.97 万人，缴纳住房公积金，公积金累计归集率 55%。

1999 年，宁德地区制定出台《宁德地区个人公积金贷款实施细则》，组织全区住房公积金管理中心财务人员学习培训，通过宁德电视台、《闽东日报》《房改导报》《闽东住房公积金简报》等宣传媒体，对《住房公积金管理条例》《宁德地区个人公积金贷款实施细则》进行全方位的宣传报道。7 月 1 日，全区各县（市）住房公积金的缴存比率由 5% 提高到 6%，财政配套资金也逐步到位。9 月在霞浦县开展全区住房公积金组合贷款试点，制定组合贷款试行办法，10 月付诸实施，申请组合贷款的职工有 300 多户，组合贷款资金 1000 万元。全区 9 县（市）全部建立健全的公积金管理机构，地区公积金中心建立软件管理系统，全面实现电脑网络化管理，与建行实现电脑联网，使公积金的缴交、支取、转移、贷款等流程全部实现从记账核算到个人的财务的电算化管理体系，公积金管理工作步入正常的运作轨道。全区累计归集住房公积金 8363 万元，当年归集公积金 4191 万元，完成全区当年应归集额 3225 万元的 130%，与 1998 年同期 2340 万元相比归集率提高 79%，累计发放政策性个人贷款 1832 万元，其中地区一级发放贷款 798 万元，贷款回收率 100%。

2000 年，全市住房公积金缴存比率达到 6% 以上，其中市烟草公司、税务局、联通公司、商检局、福宁证券公司等单位住房公积金缴交率已提高到 10% ~ 15%。全市有 6.40 万人归集住房公积金 6388 万元，利用住房公积金发放住房贷款 3676 万元，累计归集住房公积金 1.50 亿元，发放公积金贷款 5252 万元。

2002 年，全市当年归集住房公积金 1.38 亿元。在公积金住房贷款方面，增加政策性住房贷款额度、延长贷款年限，全市发放住房公积金个人贷款 8128 万元，占当年归集总额的 58.9%。

2003 年，住房公积金缴存比例提高到 8%，部分经济条件较好的单位提高到 10% ~ 15%。当年全市缴存住房公积金单位 1837 个，职工 8.05 万人，归集住房公积金 1.80 亿元，比上年增长 29%，全市累计归集住房公积金 5.9 亿元。全年利用住房公积金发放个人贷款 1.60 亿元，累计发放个人贷款 3.80 亿元，受益 1.67 万户，全市累计个贷占累计归集的 64%。贷款种类从单纯的住房公积金保证贷款，增加抵押贷款，贷款额度也提高到保证贷款 3 万元，抵押贷款 8 万元。在住房公积金个贷管理上，加大个贷拖欠的催讨力度，严格控制个贷风险，加强对逾期贷款的清理，完善个贷信用等级评估制度，建立无信用人员档案。

2004 年，全市住房公积金政策覆盖面进一步扩大，各项规章制度逐步完善，实现“统一决策、统一管理、统一制度、统一核算”。全市有 2024 个单位的 9.50 万职工，累计归集住房公积金 8.53 亿元，当年归集 2.60 亿元，比上年增长 44%，是 1998 年以后增幅最高的一年。合理运作资金，有效控制银行沉淀资金总量，全部资金使用率 70%，增加存款利息收入。当年全市利用住房公积金发放个人贷款2.55亿元，比上年增长59%，累计发放个人贷款6.34亿元，个贷资金使用率为62%。贷款额度提高到自然人保证贷款最高达5万元，财产抵押贷款最高达12万元，抵押贷款年限从原来的10年延长到15年。在住房公积金个贷管理上，加大个贷拖欠的催讨力度，当年个贷逾期率控制在3‰以下，建立“审贷不批贷、批贷不审贷”的机制。

2005年，实现审贷、批贷分离的个贷三级审批制度，规范全市个贷业务工作开展。制定《宁德市住房公积金个人住房贷款档案管理规定》，实现个贷档案的科学管理。全市住房公积金累计缴存人数达10.29万人，归集覆盖率累计达95%，归集住房公积金11.55亿元，归集净额9.23亿元。当年归集3.02亿元，比上年增长16.15%，完成年度计划的121%。全年全市利用住房公积金发放个人贷款3.65亿元，比上年增长45%，累计发放个人贷款10.11亿元，个贷资金使用率为72%。

四、住房分配货币化改革

2002年，宁德市开展市直单位住房工龄补贴调查，拟定《宁德市住房工龄补贴实施意见》并上报市房委会研究讨论。

2003年，市政府出台《宁德市人民政府关于批转〈宁德市直单位先行解决离退休人员（含“5·12”）住房工龄补贴的实施意见〉的通知》，解决市直离休（含“5·12”）和70周岁以上的退休人员住房工龄补贴问题。10月，开始发放市直单位离休（含“5·12”人员）和70周岁以上退休人员的住房工龄补贴，完成市直103个单位、493多人的住房工龄补贴审批工作，发放住房工龄补贴资金574.80万元。其中，财政全额拨款单位63个291人，发放住房工龄补贴350.4万元。非财政全额拨款单位40个202人，发放住房工龄补贴224.4万元（其中企业119人，住房工龄补贴134万元）。

2004年，市直单位全面完成离、退休人员住房工龄补贴发放任务，累计审批离退休人员住房工龄补贴139个单位、1331人、金额1295.30万元。福安、福鼎市分别出台实施办法，分期分批解决离退休人员住房工龄补贴，福安市完成42个单位、205人的住房工龄补贴审批工作，发放工龄补贴237.20万元。福鼎市完成91个单位、290人的住房工龄补贴审批工作，发放工龄补贴362.30万元。3月，市房改办开始实行市直干部个人住房档案电脑管理制度，在省内率先开发干部住房档案电脑管理系统软件，逐步将房改纸质档案转换为数字化档案。全年录入干部住房档案4800份9000多人。

2005年，市直出台《市直单位离退休老干部全额自资扩建房改房面积部分发放困难补助的实施意见》，审批23个市直单位，发放住房工龄补贴资金103.50万元。古田、霞浦和周宁等3个县相继出台实施住房工龄补贴制度。

第二节 房地产开发

一、开发企业

1993年，全区有房地产开发公司32家，其中三资开发公司8家。1998年，全区有房地产开发公司83家，其中三资房地产开发公司24家。2000年，全市房地产开发企业增至138家，开发企业资质逐步提高，三级房地产开发企业 36 家。

2001 年，结合开展建筑市场秩序专项治理，对全市所有的房地产开发企业进行一次全面的清理整顿，吊销 23 家无开发能力或项目的房地产开发企业，进一步规范房地产开发经营行为。同时，强化房地产开发企业资质审批管理，原则上不再审批四级资质，扶持 4 家房地产开发企业资质升级，缓解宁德市存在的开发企业数量增长过快、资质等级过低、开发规模过小的问题。

2004 年，根据省建设厅要求推行电子政务，实行房地产开发项目手册制度，强化房地产开发项目跟踪监管，开展房地产开发经营“诚信企业”“优秀经理”评选活动，逐步建立企业信用档案，规范企业经营行为。9 月，市建设局组织各县（市、区）房地产行政主管部门 13 人参加省厅在厦门举办的房地产开发经营动态管理系统培训班。11 月，在宁德举办房地产开发企业动态管理系统培训班，183 人参加培训。

2005 年，加强企业信用建设，制定房地产企业自律行规，评选出 7 家“诚信企业”和 7 位“优秀经理”，对连续两年未年检且无项目的 18 家房地产企业给予注销资质证书。全市有房地产开发企业 192 家，按企业资质等级划分二级资质企业 1 家、三级资质企业 34 家、四级资质企业 54 家、暂定三级资质企业 87 家、暂定四级资质企业 16 家，按照行政区域划分宁德市区 74 家、福安市 29 家、福鼎市 36 家、霞浦县 28 家、古田县 11 家、屏南县 5 家、寿宁县 2 家、周宁县 3 家、柘荣县 4 家。

二、商品房开发

1993 年，宁德市房地产业起步。至 1994 年，宁德房地产业引进资金 3.53 亿元，与外商签订旧城改造合同 15 项，新辟安置房新区 3 片，总建筑面积约 6.20 万平方米，开发新区 8 片，面积约 200 公顷，至 1994 年动工 66.67 公顷，宁德主城区面积从 5.60 平方千米扩大到 7.6 平方千米。此后，房地产开发投资额逐年增加，2000 年，全市完成房地产开发投资 5.13 亿元，比上年增长 93.9%，占全市固定资产投资的 9.6%。商品房施工面积 63.87 万平方米，新开工商品房屋面积 21 万平方米，竣工商品房屋面积 26.14 万平方米，房屋交易总建筑面积 81.74 万平方米，其中商品房销售面积 24.56 万平方米，住宅销售面积 19.94 万平方米。2002 年，完成房地产开发投资 10.94 亿元，比增 67.3%，占全社会固定资产投资总量从 2001 年的 9%提高到 12.4%。商品房施工面积 131.05 万平方米（其中新开工面积 52.49 万平方米），比增 64.97%，商品房竣工面积 39.39 万平方米。

2003 年，贯彻国务院《关于促进房地产市场持续健康发展的通知》，宁德市政府成立促进房地产市场健康发展的协调机构，进一步规范房地产市场管理。房地产管理部门通过建立房地产市场预警预报和信息披露制度，推广使用房地产开发经营动态管理系统，开展市场调查，对宁德市房地产市场研究分析，因地制宜改善供需结构，正确引导房地产开发企业理性投资，消费者理性消费。全市完成房地产开发投资 13.60 亿元，比增 24.28%；商品房施工面积 223.24 万平方米，比增 70.35%；商品房竣工面积 70.68 万平方米，比增 79.44%；商品房销售面积 79.20 万平方米，比增 55.40%；完成商品房销售金额 12.25 亿元，比增 24.11%。房地产开发投资量占全社会固定资产投资 75 亿元的 16.37%，占全市 GDP271 亿元的 4.53%；房地产消费总额 15.44 亿元，占全社会商品零售总额 86 亿元的 17.96%，房地产投资与消费有力地拉动经济增长。

2004 年，宁德市住宅与房地产业围绕拉动经济增长为中心，以市场需求为导向，强化房地产宏观调控，加强商品房预售，规范物业管理，促进宁德市房地产市场持续健康发展。通过加强宏观调控，强化土地供应管理和规划引导作用，坚持新区建设和旧区改造相结合的原则，合理制定实施房地产开发建设年度计划，调整住宅、商业、写字楼的投放比例，引导商品住宅开发的重点向普通商品住宅建设转移，发展经济适用住房建设，提高开发档次和水平。注重优化房地产投资消费环境，建立房地产市场运行情况分析制度，健全房地产企业信用档案制度，制定实施商品房预售管理、物业企业资质管理等有关规定，促进房地产市场的规范运作。全年完成房地产开发投资16.20亿元，占全市城镇固定资产投资84.10亿元的19.26%，完成房屋施工面积233.73万平方米，比增4.70%。其中新开工面积82.96万平方米，同比下降39.6%，房屋竣工面积78.75万平方米，比增11.42%。房地产行业完成地方税收和财政契税收入2.08亿元，占地方性财政收入的20%。

2005年，宁德市建设局开展房地产市场专项调研。市政府出台《宁德市人民政府关于促进房地产市场持续健康发展的通知》，要求各级政府加强土地供应和城市房屋拆迁工作，土地管理、规划、金融、建设、电力、房地产等部门合作与配合，共同促进房地产业发展。推进房地产信息系统和预警预报体系建设，全面推广应用房地产开发经营动态管理系统，加强对房地产经营的监控。当年全市新区房地产在建项目60个，总用地面积160万平方米，房地产开发完成投资16.98亿元，比增4.83%，房地产投资占全社会城镇固定资产投资14.15%。商品房施工面积249.94万平方米，比增6.9%。其中，新开工面积104.96万平方米，比增26.5%；商品房竣工面积54万平方米，同比下降29.3%；商品房销售面积100.50万平方米，同比下降5.7%；完成商品房销售金额19.11亿元，同比增长0.1%。宁德市区新区房地产在建项目22个，总用地面积83.40万平方米，商品房施工面积97万平方米，商品房竣工面积15.75万平方米，建成冠宏星花苑B区、文笔嘉园、华庭小区一期、信达豪庭华新园小区等住宅小区。

1993—2005年宁德市（地区）房地产开发投资完成情况统计表

表19-1

项目 年份	完成投资（万元）					房屋建筑面积（平方米）					
	合计	住宅	办公楼	商业营业用房	其他	施工面积			竣工面积		
						合计	住宅	其他	合计	住宅	其他
1993	5736	—	—	—	—	—	—	—	—	—	—
1994	11766	—	—	—	—	—	—	—	—	—	—
1995	22205	8662	4227	4017	5299	291672	191828	99844	97665	61378	36287
1996	11756	4296	1674	945	4841	221326	85977	135349	38799	28633	10166
1997	15083	5517	529	3503	5534	205165	135967	69198	29973	20945	9028
1998	25569	10075	1272	4651	9571	431328	302755	128573	97171	66681	30490
1999	26460	10229	581	5004	10646	475347	347763	127584	216949	184295	32654
2000	51299	22188	419	15265	13427	638747	397615	241132	261375	171316	90059
2001	65409	30040	1502	18500	15367	794394	547674	246720	440395	316862	124073
2002	109431	50755	2494	33716	22466	1310495	858669	451826	393854	267982	125872
2003	136002	80166	1152	32252	22432	2232444	1587870	644574	706882	503123	203759
2004	161955	84434	901	27453	49167	2337329	1790936	546393	787524	616505	171019
2005	169776	96788	1056	21555	50377	2499404	2046856	452548	539997	432460	107537

第三节　房地产管理

一、机构

宁德市建设局（宁德市房地产管理局） 1993年，宁德地区行署房地产主管部门为宁德地区建设委员会，建委内设人事秘书科、计划财务科、建筑管理科、城市建设科、建筑材料科5个科室，环境保护委员会办公室、重点工程办公室、测绘管理办公室、散装水泥办公室4个办公室。2002年，根据《中共福建省委、福建省人民政府关于宁德市党政机构改革方案的通知》和《中共宁德市委、宁德市人民政府关于宁德市市级党政机构改革的实施意见》，宁德市建设委员会更名为宁德市建设局，加挂宁德市房地产管理局牌子，内设办公室、人教科、计财科、城建科、建筑业科、技术科、法制科（新增设）和房地产业科（新增设），核定行政编制21名。市建设局职能为贯彻实施国家和省的有关工程建设、城市建设、村镇建设、建筑业、住宅与房地产业、市政公用事业、勘察设计咨询业、建材业的方针、政策、法律、法规和规章以及相关的发展战略、产业政策、中长期发展规划，并指导检查督促实施。指导和管理全市建设行政执法、执法监督以及建设监察工作，进行行业管理。2004年，设立宁德市房地产管理中心、园林环卫管理中心、市政工程管理中心。宁德中心城市市区两级事权进行划分，本着“财随事划，人随事走，物随人走，债随财产走，编制随人走”的原则，上收的机构有蕉城区房地产管理局、支提山风景名胜区管理处、公交公司、区城建档案馆。上收事权有房地产管理、园林绿化、风景名胜区建设与管理、环卫基础设施建设管理、城市主干道及红线宽度24米以上道路建设和管理、公共交通、城建档案。

2001年，根据《中共宁德市委、宁德市人民政府关于市级党政机构改革的实施意见》，宁德市建设委员会更名为宁德市建设局，加挂宁德市房地产管理局，代行全市房地产行政管理工作。

宁德市房地产管理中心 宁德市房地产管理中心前身为成立于1991年的蕉城区房地产管理局（副科级）。按照撤地设市后建设系统市、区两级事权划分有关精神，2004年4月，蕉城区房地产管理局与所属蕉城区房地产交易管理所、蕉城区房屋安全鉴定事务所成建制上收市建设局管理，蕉城区房地产管理局更名为宁德市房地产管理中心，为直属市建设局正科级全额事业单位，其所属两所分别更名为宁德市房地产交易管理所、宁德市房屋安全鉴定事务所。宁德市房地产管理中心及所属机构主要职责包括：贯彻党和国家的房地产法规、法令和政策，负责房地产交易市场管理，房地产产权产籍管理；承担辖区房屋权属、房地产转让、房地产抵押、房屋租赁、商品房合同备案、房地产测绘成果管理、危房鉴定等相关登记和管理职能。

二、产权登记发证

2001年，宁德市建设局从对全市房地产业的宏观管理转为宏观与微观相结合的房地产管理，开展中心城区商品房预售、房屋产权登记发证等业务。全年核发房屋所有权证74批3168本，核发商品房预售许可证5宗。

2002年，根据建设部《简化房地产交易与房屋权属登记程序的指导意见》及省市建设行业主管部门的部署和要求，8月，在全市推行房地产交易与房屋权属登记一体化工作，通过设立统一窗口，以局域网络为依托，实现从登记收件到发证一条龙服务。

2003年，各县（市、区）结合实际调整办事程序，对一些重复步骤进行调整和删除，如过去转移登记在交易所转让部办理完转让手续后，还须到产权部门重新收件，初审、复审、审批、缮证。改为将两个程序合二为一，交易所转让部在办完转让手续后直接进行产权初审、复审、审批，最后交产权部门缮证。交易时程由原来的1个月缩减为10个工作日，其他产权登记时间也从原来的2个月缩短为30个工作日。当年全市发证26815本，其中颁发"房屋所有权证"16901本、"房屋共有权证"1381本、"房屋他项权证"8533本。

三、房地产经营

抵押 1993年，全区房地产抵押571起，面积39.22万平方米，抵押金额9703.10万元。此后数额逐年攀升。1994年，全区房地产抵押超过千起，达到1061起，面积57.11万平方米，抵押金额1.64亿元。1995年，全区房地产抵押2545起，面积101.23万平方米，抵押金额5.26亿元。1996年，全区房地产抵押3140起，面积120.15万平方米，抵押金额5.18亿元。1997年，全区房地产抵押4362起，面积156.98万平方米，抵押金额7.19亿元。1998年，全区房地产抵押4210起，面积164.81万平方米，抵押金额8.30亿元。2000年，全市房地产抵押7067起，抵押房地产建筑面积190.66万平方米，抵押总金额10.3亿元。2002年，全市房地产贷款抵押金额16.25亿元，比增36.9%。2003年，全市房地产抵押8840起，面积708万平方米，抵押总金额23.70亿元，比增45.84%。2004年，全市房地产抵押登记面积348.88万平方米，抵押登记额49.80亿元。2005年，全市房地产地产抵押登记13358起，抵押登记面积358万平方米，抵押金额48.36亿元。

房屋租赁 1993年，全区房屋租赁532起，面积6.10万平方米，成交金额109.54万元。1994年，全区房屋租赁467起，面积3.84万平方米，成交金额1205.13万元。1995年，全区房屋租赁701起，面积4.41万平方米，成交金额1192.32万元。1996年，全区房屋租赁903起，面积2.38万平方米，成交金额983.52万元。1997年，房屋租赁565起，面积1.70万平方米，成交金额807.45万元。1998年房屋租赁1573起，面积4.07万平方米，金额804.61万元。2003年，制定出台《宁德市城市房屋租赁管理办法》，全市房屋租赁登记工作取得较大的突破，当年办理房屋租赁合同备案3757起，面积31.60万平方米，其中蕉城区办理登记备案795起，登记面积6.90万平方米；福安1051起,20.20万平方米；福鼎1428起,登记面积3万平方米；霞浦483起,登记面积1.50万平方米。

房地产交易 1993年，全区房地产转让1160起，面积26.30万平方米，成交额3296.86万元。1994年，全区房地产转让1083起，面积95.10万平方米，成交额6144.70万元。1995年，全区房地产转让2224起，面积142.71万平方米，成交额6.70亿元。1996年，全区房地产转让1340起，面积32.26万平方米，成交额1.22亿元。1997年，全区房地产转让1352起，面积44.43万平方米，成交额1.77亿元。1998年，全区房地产转让1687起，面积36.44万平方米，成交额1.84亿元。2000年，房屋交易总建筑面积81.74万平方米，其中商品房销售面积24.56万平方米，比上年增长50.3%，商品房住宅销售面积19.94万平方米，增长32.2%。2002年，房地产市场交易活跃，全市完成房地产交易金额8.33亿元，比增51%，其中，商品房销售金额6.16亿元，比增19.23%。全市商品房销售面积39.81万平方米，比增34.86%，其中住宅销售面积33.41万平方米，商业用房4.60万平方米，写字楼1.80万平方米，比增122.22%。2003年，宁德房地产市场培育成效明显。通过加大推行房地产交易与权属登记管理一体化工作，举办“6·28宁德市房地产交易展示会”，进一步落实省政府关于促进住房二级市场发展的一系列政策措施，积极培育和激活房地产市场，有效促进住房消费，房地产市场交易活跃，房地产买卖登记面积87.42万平方米，成交金额9.60亿元，其中，商品房销售面积79.20万平方米。2004年，温州“炒房团”进入宁德，商品住宅呈现产销两旺的态势。全市发放住房经营性贷款3.50亿元，受益户3190户。其中住房按揭贷款3.07亿元，受益户2769户；住房装修贷款4337万元，受益户412户。商品房屋预售面积76.20万平方米；商品房屋销售建筑面积86.16万平方米，销售额15.28亿元。商品房空置面积11.90万平方米，比上年同期9.23万平方米增加2.67万平方米，空置1～3年的5.60万平方米，其中住宅2万平方米，商业营业用房3.30万平方米。2005年，国务院办公厅出台《国务院办公厅转发关于做好稳定住房价格工作意见的通知》针对一些地区存在商品住房价格上涨过快，供应结构不合理，市场秩序比较混乱等突出问题，提出加强对房地产市场的引导和宏观调控措施，遏制投机性炒房，控制投资性购房等方面意见。宁德市建设局结合实际制定《关于加强宁德市区商品房预售管理工作的通知》，实施宁德市区商品房预售许可统一管理，将宁德市区商品房预售管理工作收归市局统一管理，强化商品房预售跟踪管理，规范行政许可行为。全市房地产市场销售仍持续旺盛，商品房实际销售面积80.44万平方米，销售金额15.29亿元；存量房交易79.36万平方米，成交金额11.46亿元。房屋交易总量159.80万平方米，交易额达26.75亿元，相当于全社会消费品零售总额的23.26%。全市房地产业营业税、所得税和契税收入达2.63亿元，占地方财政收入20.87%。当年，宁德市区建立房地产信息系统，实现商品房买卖合同网上备案。

房改房二手市场 2002年，出台《宁德市人民政府关于全面放开房改房二级市场的通知》文件，对房改房上市交易实行取消准入制、简化办事程序、降低收益金等优惠政策，促进住房消费，降低房改房上市交易门槛，全面放开房改房二级市场，全市房改房交易256起，交易面积2.23万平方米，交易金额979万元。2004年，进一步规范和发展房改房二级市场，全市房改房交易320起，交易面积3.04万平方米，交易金额达2069万元，交易量比上年增长21%。2005年房改房二级市场交易量有所增长，全市房改房交易369起，交易面积3.50万平方米，交易金额3390万元。

四、物业管理

1993—1999年，宁德市房地产项目规模普遍偏小，物业由业主自行管理。2000年，随着房地产开发、旧城改造建设、住宅建设步伐加快，住户对住房的优美、舒适、安全、卫生的居住环境要求更加迫切。福安、蕉城、柘荣等地开展小区物业试点工作，对入住率达到法定数量的小区，建议成立业主委员会，对小区内的重大事项进行管理，实行业主自治。福安市成立康乐物业发展有限公司，首先在安居小区实行物业化管理。福安市商业城成立封闭式与半封闭式相结合的物业管理模式，保证商业城和住宅区的安全。宁德东侨逸涛花园等住宅小区，交房后即启动成立住宅小区物业管理公司，地委、行署集资建设的下宅园小区也成立物业公司。柘荣县柳东区住宅小区以柘荣县房地产开发公司为主体，实行二级环保物业管理的模式。闽东大广场成立华隆物业管理公司。

2001年，逐步推广和规范物业管理，强化物业管理企业的资质管理制度。当年，全市审批

3 家物业管理企业资质。同时，组织 2 批物业人员岗位培训，初步实现物业管理向社会化、专业化、经营化转变。

2002 年，加强推广物业管理工作，市建设局房管所组织 30 多人参加建设部和省厅举办的物业管理岗位培训班。出台《关于进一步加强物业管理工作的通知》，审批 8 家物业管理企业资质。宁德闽东大广场物业管理试点工作取得成效，改善社区居民的生活和工作环境。

2003 年，国务院颁布《物业管理条例》，宁德市各级主管部门组织房地产管理部门、房地产开发企业、物业管理企业人员学习、宣传、贯彻《物业管理条例》，召开贯彻《物业管理条例》座谈会。9 月，全市采取张贴标语、上街咨询、电视新闻媒体等宣传手段，加大宣传力度。组织全市房地产管理部门、在建房地产项目负责人和物业管理企业人员 45 人参加全省贯彻《物业管理条例》培训。组织 2 期物业管理部门经理、管理人员 220 人参加岗位培训，提高全市物业管理队伍人员素质。组织对全市物业管理企业进行一次调查摸底，并根据调查摸底情况加强引导，对通过努力能达到条件的企业督促限期申报资质等级，未取得资质的不得从事物业经营活动。把推行和规范物业管理工作列入房地产开发经营监管的重要内容，要求开发企业与商品房买受人签订的合同应当包含前期物业服务合同的内容。开发企业在申办商品房预售许可证时，必须提供物业管理方案，提交其制定的业主临时公约、选聘的物业管理企业、前期物业服务合同以及注明预留物业管理用房面积及方位等资料，并作为核发商品房预售许可证的必要条件。同时，建设行政管理部门与房地产管理部门积极协调配合，将物业管理用房列入房地产开发项目初步设计方案审查的内容，要求开发企业应当按物业总建筑面积 2‰比例提供物业管理用房，最低不得少于 50 平方米。经初设批准预留的物业管理用房不得进行销售，未经批准不得进行变更。房地产管理部门加强监管，对不符合前款规定的，不予核发“商品房预售许可证”。未按规定提供物业管理用房或推行物业管理的，不予通过综合验收。加强住房售后的维修管理，组织制定《宁德市商品住宅共用部位共用设施设备维修基金管理办法》，将缴交共用维修基金事项列入商品房买卖合同中，从源头上抓好缴交共用维修基金工作的落实。

2004 年，宁德市物业管理企业资质等级企业 24 家，其中三级 17 家、暂定 7 家。

2005 年，加强物业管理工作，重点规范前期物业管理，强化从业人员素质教育，提高物业管理整体水平，维护业主合法权益，重新制定实施物业管理用房配置标准，适当提高物业管理用房指标。在全市范围内对所有新开发建设的房地产项目都要收缴专项维修资金，9—12 月，宁德市区收缴归集专项维修资金近 200 万元。全市物业管理水平和覆盖面有较大提高，新建住宅小区物业管理覆盖面达 100%。物业管理规模迅速扩大，物业服务范围和服务质量逐步提高，全市物业管理企业已发展到 35 家，从业人员 1500 多人。

五、房屋拆迁与安置

1993 年，为适应城市旧城改造房屋拆迁任务相配套，全区有社会化、专业化房屋拆迁工程公司 9 个，其中宁德市社会化公司 2 个、专业化公司 1 个，福安市专业化公司 2 个，福鼎市专业化公司 1 个，霞浦县专业化公司 1 个，屏南县专业化公司 1 个。当年，拆迁房屋占地面积 2.81 公顷，拆除房屋面积 4.45 万平方米，拆迁补偿金额 1381 万元，安置建筑面积 3.20 万平方米，其中安置住宅面积 2.92 万平方米，非住宅面积 0.28 万平方米，安置户 276 户。1993—1998 年，拆迁房屋占地面积 39.28 公顷，拆除房屋面积 38.91 万平方米，拆迁补偿金额 10086.20 万元，安置建筑面积 16.55 万平方米，其中安置住宅面积 13.32 万平方米，非住宅面积 3.23 万平方米，安置总金额 4090.10 万元，安置户 1933 户。

1998 年拆迁房屋占地面积 2.25 公顷，拆除房屋面积 2.87 万平方米，拆迁补偿金额 2180 万元，安置建筑面积 1.17 万平方米，其中安置住宅面积 0.99 万平方米，非住宅面积 0.18 万平方米，安置总金额 363 万元，安置户 96 户。

2001 年，国务院颁布实施新的《城市房屋拆迁管理条例》，宁德市各级主管部门选派业务人员参加建设部、省建设厅等单位举办的有关《城市房屋拆迁管理条例》等配套文件的学习，提高业务素质。切实抓好实施《城市房屋拆迁管理条例》的衔接工作，在《城市房屋拆迁管理条例》颁布实施后及时进行清理与新《城市房屋拆迁管理条例》规定和精神有抵触的有关拆迁法规、政策，依法实施拆迁和管理。全年审核 8 个片区（拆迁总占地约 13.33 公顷，拆除房屋面积 23 万平方米）拆迁补偿安置方案，纠正部分县市补偿安置标准不一，行为不规范等问题。做好拆迁户信访工作，深入霞浦、福鼎等县（市）处理拆迁信访案件，按照《福建省城市房屋拆迁纠纷裁决办法》规定，依法依事实客观公正地裁定，维护拆迁当事人的合法权益。

2002 年，福建省出台《福建省城市房屋拆迁管理条例》，宁德市加强城市房屋拆迁管理，积极协调，依法裁决，强化旧城改造建设项目的拆迁安置管理，促进房地产市场快速健康发展。全市拆除房屋建筑面积 3.69 万平方米，拆迁户数 149 户。

2003 年，全市拆除房屋建筑面积 4.80 万平方米，同比增长 30%，拆迁户数 199 户同比增长 33.3%，裁决总量 8 起，强制拆迁 3 起，受理拆迁纠纷 11 宗。

2004 年，制定宁德中心城市 2005 年度和中长期城市拆迁计划，在全市范围内建立城镇房屋拆迁信访案件处理情况周报制度，建立纠正城镇拆迁中侵害居民利益工作联席会议制度，做到依法行政，规范拆迁。全年实施拆迁房屋住宅面积 4.08 万平方米，受理房屋拆迁信访 18 件，办结 9 件，每件均能按期反馈，查办率 100%，办结率 50%。

2005 年，全市贯彻国务院办公厅《关于控制拆迁规模严格拆迁管理的通知》，推广使用《拆迁补偿安置协议示范文本》，减少矛盾纠纷投诉。严格执行省建设厅的要求做好拆迁年度计划审批，确保总量控制和结构调整到位。实行强制拆迁听证、公告等制度，坚持依法裁决与注重调解相结合，避免强制拆迁激发矛盾。推行拆迁公示、信访接待、投诉举报、拆迁承诺和拆迁监管等五项制度，规范拆迁实施行为。当年审批拆迁项目 20 个，计划拆迁面积 28.79 万平方米，审批发放 3 个拆迁项目，实施拆迁房屋住宅面积 3.27 万平方米，比上年同期下降了 20%。

六、房地产价格

1993—2002 年，宁德市商品房平均价格在 360 ~ 1100 元 / 平方米。2003 年下半年，因受温州炒房团和建筑材料上涨因素的影响，宁德市商品住宅价格增幅较大，由 2003 年 10 月的 1150 元 / 平方米增至 2004 年 3 月的 1450 元 / 平方米。

2004 年，宁德市住宅房价稳中有升，年初商品房住宅价格 1450 元 / 平方米，6 月份提升到 1500 元 / 平方米，年底住宅房均价在 1600 元 / 平方米左右浮动，比上年年底增长 10.34%。

2005 年，结合国务院办公厅《国务院办公厅转发关于做好稳定住房价格工作意见的通知》文件要求，宁德市建设局会同财政等部门对 2005 年上半年商品住房平均交易价格进行调查、测算。下半年，商品住房平均交易价格各地标准不同，宁德市区普通住房 1800 元 / 平方米、福鼎市区 2250 元 / 平方米、福安市区 2000 元 / 平方米、霞浦县城 1557 元 / 平方米。购房户还可以享受国家、省规定的优惠政策。

第二十编 旅游

闽东山海川岛兼备，旅游资源丰富。其中，福安白云山景区火山岩地貌与晶洞花岗岩地貌并存，河谷壶穴延绵千米；福鼎太姥山碱性晶洞花岗岩鬼斧神工，洞穴千奇百怪；屏南白水洋河床基岩坦荡如砥，有“十里水街”之称。此外，还拥有三都澳“海上渔排”、古田翠屏湖两个国家级农业旅游观光示范点，狮峰寺和闽东北木构古廊桥国家重点文物保护单位，蕉城南漈山公园、福安葡萄沟等国家AA级旅游景区、屏南宜洋鸳鸯猕猴和福安瓜溪杪椤省级自然保护区、支提山和屏南天星山国家森林公园等一批人文与自然景观。1993—1998年全区共接待国内游客594万人次，回笼人民币4.4亿元，接待境外旅游者3.51万人次，旅游创汇93.1万美元。21世纪初，宁德市政府制定“开发旅游资源，带动闽东经济发展”的战略决策，出台《加快宁德市旅游产业发展的若干意见》，组织编制《宁德市旅游业发展总体规划》。全市上下内抓旅游资源开发，外塑旅游品牌形象，营造“大旅游、大市场、大产业”，推动旅游产业的协调、健康、可持续发展。1988年，太姥山被国务院被列为第二批国家重点风景名胜区。1994年，鸳鸯溪被国务院列为第三批国家重点风景名胜区。太姥山景区自2003年被列为省级地质公园后，又于2004年被列为国家地质公园。白水洋于2005年先后被列为省、国家地质公园。经过多年的努力，太姥山、白水洋、鸳鸯溪（宜洋）已具备国家AAAA级旅游景区标准。2005年，宁德市旅游接待游客345万人次，旅游综合收入24亿元，闽东旅游业正成为拉动宁德市国民经济发展的新增长点。

第一章　旅游资源

第一节　国家级重点风景名胜区

一、太姥山国家级风景名胜区

位于福建省东北部。东临东海，南濒三都澳，西接武夷山，北连浙江雁荡山。其主体风景区在福鼎境内（含霞浦县辖杨家溪风景区）。最高峰为摩霄峰，景区融山、海、川与人文景观于一体，素有“海上仙都”之美誉。景区观赏面积86平方千米，保护面积200平方千米。1987年1月，太姥山被福建省人民政府批准列为第一批省级风景名胜区。1988年8月被国务院列为第二批国家重点风景名胜区。2003年8月，被列为省级地质公园。2004年1月，被批准列为国家地质公园（3月正式授牌）。该地质公园主要包括：花岗岩峰林地貌核心景观区（含摩霄峰、九鲤朝天2个景群）、地质游览区（含太姥山核心区外围的天门寺、香山寺、岩石蛋地貌景区鱼井和仰佛寺2个景群）、野营区（含嵛山天湖和杨家溪金龟戏鳖2个野营区）、史迹游览区（含冷城古堡、瑞云寺）、休闲度假区（含大箕笃沙滩及其附近渔村、大岗头仰佛寺景群的青屿与中谷半岭自然村）、生态观光区（含鸟岛、渡头村枫香林和古榕树）、生产经营区（含大嶂山玄武岩矿山）、旅游综合服务区（含太姥洋、马祖）和行政管理区（含太姥洋、秦屿、马祖、牙城）。太姥山国家级风景名胜区主要自然观光景区有：

太姥山风景区

山岳景区　以花岗岩峰林岩洞为特色的主景区。由于中生代侏罗纪中晚期大面积的酸性火山岩喷发和白垩纪晚期地壳运动，构成太姥山花岗岩节理和构造断裂发育明显，西侧有一条北北东西向长达40多千米的大断裂，岩体交织成空间方格状裂隙网，致山体从北向南形成梯状排列，层层下降，并在花岗岩体内部发育为一系列走廊式裂隙岩洞。故险峰突兀，岗峦重叠，高耸入云，下临峡谷深沟，与东海万顷碧波交相辉映。呈现出峰峻、石奇、洞异、溪秀、瀑急、云幻等自然景观。太姥山花岗岩岩体因形状各异，被命名的有摩霄、新月、莲花、笔架、拨云、飞仙等奇峰54座。其中通天洞、通海洞、滴水洞、三折腰、一线天、七星洞、神仙洞、将军洞等24个岩洞纵横交错、曲折幽深。中华人民共和国成立后经普查编号岩洞有100多个和九鲤朝天、二佛谈经、仙人锯板、罗汉岩、金龟爬壁、一片瓦、云标石等45个怪石，构成景区360景和国兴寺、葫芦洞、一片瓦、九鲤朝天、白云寺、天门寺和香山寺（五百罗汉堂）7个游览板块。自唐代以来，引历代游人、香客、山民、旅游爱好者登临探访。

滨海景区　即晴川湾海滨地貌与福瑶列岛景区，由晴川湾海域沙滩和岛屿组成，海域面积40平方千米，其中景区面积25平方千米。海上有姆屿、日屿、跳尾、七星诸岛，沿岸因海水长久冲刷风化，基岩裸露，礁石林立，海蚀地貌突出，形成金猴观日、千页岩、海龟礁、五叠礁等众多奇形怪状的岩石景观。在长达30多千米的海岸线上，散布着众多沙滩，与岩滩相交错。其中大筼筜沙滩长1220米，宽100～400米，以“滩平、沙软”著称。福瑶列岛主要由大嵛山、小嵛山、鸳鸯岛、银岛、鸟屿、音礁等11个岛屿和9个礁石组成，总面积24.5平方千米。呈现参差错落的岛链景观。其中大嵛山岛有大小两个湖泊，称大小天湖，大天湖面积近70公顷，小天湖13公顷多，各有泉眼，常年不竭。湖畔多有野生乌龟出没。天湖四周山峰俊朗，山坡平缓，云飞雾霭，绿草如茵，草场万亩，被称为“南国天山”。

杨家溪景区　位于太姥山岳西南侧，霞浦县牙城镇境内。杨家溪，唐代名秦溪，宋代名饭溪，相传因宋代杨文广平定南蛮十八洞而得名，素有“海国桃源”之誉。1988年8月经国务院批准，被列为国家重点风景名胜区太姥山“山、海、川”三大游览区之一。杨家溪景区属丘陵花岗岩地貌，植被优良，水质清澈，生存着多种国家级的珍稀动植物种，人文与自然景观兼备，既有奇峰怪石、急濑碧潭、岩洞瀑布、古树名木等自然景观，又有古道、古桥、古庙、古堡、古驿、古寨和古碑刻等人文景观，更有杨文广、朱熹、文天祥、王十朋、游朴等名人在此地的民间传说及畲家对歌、中秋曳石等民俗风情。其中尤以“卅里清溪、百丈飞瀑、千年古榕、万株红枫”最具有特色。有中国最长的竹筏山海漂流（16.5千米），福建省单级落差最大的龙亭瀑布（136米），更有喻为“中国奇景，江南一绝”且已载入《中国树木奇观》一书的榕枫林，拥有江南最大的枫香林（面积16.7公顷，1.1万株），全球纬度最北的古榕群（北纬27°），全国最大的小叶榕（树龄近千年，树干周长12.6米，冠幅占地3.06亩）。沿溪还有绵延18千米的国家二级保护珍贵树种天然香樟。有名扬海内外的香鱼、花鳗鲡等20多种天然稀鳞，还有数量不少的鸳鸯、绶带、锦鸡等珍禽和五色杜鹃、素心兰等异卉。景区冬暖夏凉、气候宜人，是理想的旅游、度假、避暑、游泳、垂钓胜地，也是中国华东南地区生态保护完好、开发潜力较大的景区。

畲族风情景区　太姥山西南麓的硖门畲族乡瑞云村是畲族聚居地，以蓝、雷、钟、吴、李姓为多，尤以瑞云村所辖的箩九、柿树下、水尾等自然村畲族人口最多。畲族是保留有本民族独特文化的少数民族。具有鲜明的民族特色和丰富的文化内涵。尤其是在服饰、婚嫁、节庆、盘唱山歌等风俗习惯上，凸显了本民族的文化独特性。每年农历“三月三”“四月八”是畲族的传统节日。“三月三”是乌饭节。畲族男女成群结队出门“踏青”，采摘乌稔叶子，泡制乌米饭祭祀祖先，并赠送亲友，预祝丰年。在“踏青”中对唱山歌；每年“四月八”要在瑞云寺外森林中举行盘歌赛歌，热闹非凡。硖门畲族乡以石兰古村、渔井、大岗头和瑞云为主要资源，突出畲族的人文特色，可打造畲族文化旅游的精品。

古迹遗址、宗教寺庙 景区内道教、佛教、基督教、回教、摩尼教寺院堂观均有分布。其中历史最为悠久的是道教，最有学术研究价值的是摩尼教，影响最大的是佛教。已进行考古发掘并基本得到证实的人文遗址有马兰山遗址、枕头山遗址、潭头下山遗址和南广古窑址等。还有众多分布于各处的关隘和寨堡，如分水关、叠石关、桐山堡、玉塘堡、冷城堡石兰堡等。太姥山景区内还存留有历代摩崖石刻32处，碑记（亭、桥、寺、墓、祠等）17处，楹联（草堂、书院、亭阁、祠庙等）8处。

古建筑 洋里大厝，位于福鼎市白琳镇翠郊。始建于清乾隆十年（1745年），是当地吴氏住宅。建筑规模宏大，规制对称。整厝占地1.3万多平方米，建筑总面积近1.4万平方米，为三进二层合院前后连续构成大厝主体建筑，由6个大厅、12个小厅、24个天井、192间房和360根大柱组合而成。四周围有防火围墙。大门建筑仿官式，呈八字外开门楼制式，门匾书有“海岳钟祥”4个大字；两侧于青石门柱上刻有固定对联，左联为“门拱紫宸春富贵”，右联为“天开黄道日光华”。大门内建有八角藻井，俗称太子亭。洋里大厝至今保存基本完好，被福鼎市列为重点建筑保护文物。所拍摄的大厝照片23幅，在1996年的世界图书博览会上展出引起轰动。前来大厝参观的古建专家、学者、游客络绎不绝。景区内古建筑还有望仙桥（别名御风桥，俗名天桥），位于太姥山摩霄庵下，属于挑梁石板平桥；秦屿石板桥，位于秦屿镇下尾村口的才溪上，属于弧形平板石桥；龙山石湖桥，位于福鼎市城关南的龙山溪上，属于平面石拱桥；点头横溪石拱桥，位于福鼎市点头镇柏柳村横溪，属于单孔石拱桥。桥跨径16米，为福鼎市现存最大跨径的石拱桥。

二、鸳鸯溪国家重点风景名胜区

位于屏南县东北部，地处屏南、周宁、政和三县交界处，景区范围东至石水坑，南到水竹洋，西起鸳鸯湖，北至翠溪，南北长约12.3千米，东西宽约10.7千米，总面积约66平方千米。溪长14千米。流域内森林茂密，物种繁多，幽静恬美，是鸳鸯栖息的天然良地。景区86%以上面积为繁茂森林，原始生态自然风貌突出，生物多样性特征明显。鸳鸯溪风景名胜区主要景点有二十二峰、二十一洞、四十一石、五十二岩、三湖、四岛、五涧、十溪、九桥、二泉、十二瀑、十三滩、十八潭，融洋、峰、岩、洞、瀑、湖、峡于一体。500多处景观动静交融，形态各异，构成雄、奇、险、秀的独特风格。

1984年8月，鸳鸯溪区域被省政府确定为屏南宜洋鸳鸯猕猴省级自然保护区。1991年3月，该区域又被列为福建省省级风景名胜区。1994年1月，被列为第三批国家重点风景名胜区。2006年8月，“中国鸳鸯之乡”授牌。同年9月，屏南县国家级生态示范县建设规划通过专家评审。“四平戏”被列入首批国家级非物质文化遗产代表作名录。万安桥、千乘桥、百祥桥被列为第六批国家重点文物保护单位。岭下73株成片天然水松林荣登特种邮票，并成功举办《孑遗植物・水松》邮票首发式。2007年12月，在福建省旅游局、福建省旅游宣传中心协办的“福建最佳旅游目的地”电视推举活动中被评为“福建最佳旅游目的地”。

鸳鸯溪风景名胜区共划分为5个景区：

白水洋景区 又名仙耙溪。景区包括岩后、上潭头、下潭头3个自然村，面积为6.7平方千米，以白水洋为主要观赏点，由上洋、中洋、下洋三大浅水广场和周围山石景点构成。三大浅水广场面积达8万平方米，其中最大的中洋4万平方米，最宽处182米。溪床一石铺就，坦荡如砥，且与两岸的山体连接得天衣无缝。河床布水均匀，水深没踝，阳光下，波光潋滟。中洋与下洋之

白水洋景区

间有1条50多米长的冲浪滑道，堪称天然的水上游乐场。白水洋浅水广场经国家建设部论证，系世界上稀有的浅水广场。周围群峰叠翠，森林葱郁，风光旖旎。两岸五老峰、观音岩相对，峭岩与平洋构成强烈视觉反差。此外还有纱帽岩、洞潭峡瀑、猴王远眺、双仙下凡、槽潭雄潭、双乳潭、仙鲤朝天、巨象迎宾等一系列奇异景点。

2005年，白水洋先后被列为省、国家地质公园。该地质公园东起太堡楼，南起双溪村，西至鸳鸯湖，北至潭头村，总面积77.34平方千米。集火山地质、火山构造、典型火山岩类、火山岩地貌、水体景观等地质遗迹于一体，记载了1亿多年来白水洋地区漫长的火山地质演化历史，构成地质历史长卷中的精彩篇章。地质公园生态环境优良，奇峰异石、瀑布溪流、深潭浅滩、古树名木众多，其中白水洋景区拥有典型独特的平底基岩河床、典型的柱状节理、典型的破火山口、典型酸性火山岩岩石、阶地、断裂构造、侵入关系及洞穴地貌等丰富的地质地貌遗迹资源，具有极高的科学研究价值。地质公园还拥有双溪古镇、古廊桥、北岸寺、红军洞、古堡战壕、后周大理寺评事陆公墓、新四军六团北上抗日留守处以及四平戏等一大批人文景观。

宜洋景区 位于白水洋下游，鸳鸯溪中段。景区包括宜洋、杨坪自然村，面积5.35平方千米。以鸳鸯溪、瀑布、奇岩及鸳鸯猕猴等野生动植物景观为主要观赏游览内容。景区谷幽树茂，奇潭雄瀑罗列，融溪、瀑、峰、岩、洞、潭、雾等山水景观为一体，是不可多得的综合性游览区。自然景观有百丈际水帘洞、小壶口瀑布、鼎潭仙宴谷、如来观音同驾雾、情岭、虎嘴岩、大白岩、鸳鸯瀑、喇叭瀑、瓮潭、仓潭雄瀑、青蝶瀑等。属全球唯一的鸳鸯猕猴自然保护区。2005年，在中国野生动物保护协会发起“中国鸟类之乡”评选活动中，获“中国鸳鸯之乡”美誉。被称作“爱侣圣地”“鸳鸯故乡”“猕猴乐园”“人间仙境”。

刘公岩景区 包括刘公岩、考溪、茄溪和水竹洋自然村及石老厝、仙峰顶等地，面积6.73平方千米。景区以自然幽谷、清凉世界为特色。内有刘公岩、仙峰顶、玉笔峰、情侣峰、三鲤峰、桃源洞、古栈道、柳杉王等自然景观和古代栈道等。刘公岩由石堡和峰丛组成，颜色如黛、草木不生。玉笔峰位于景区中心的山谷之中，石峰拔地而起，形如玉笔，高达百余米，峰尖常有云雾缭绕，神秘而壮观。情侣峰双峰并立，远望如一对情侣。三鲤峰由峰丛组成，形如三只巨鲤跃向蓝天。景区内还有桃源洞和桃源村，村旁有一条30多米长的古代栈道，可供游人攀援。

太堡楼景区 位于鸳鸯溪下游，以原始森林为主要特色，包括太堡楼、叉溪桥、下岗仔等地，面积2.9平方千米。景区内奇峰林立，峡谷幽深，良好的植被构成该景区的独特风光。主要有太堡楼、玉兔岩、老翁岩、金鸡岩、牛鼻洞、折叠瀑、银杏王以及后垄溪电站水库等景点。

鸳鸯湖景区 鸳鸯湖位于古镇双溪之南，面积330多公顷，为国家自然保护区。景区以湖面、湖心岛为特色，包括周围瑞光塔、古战壕、北岩寺等古迹以及距风景区约3千米的溪尾水库，面积5.66平方千米。其度假山庄与双溪古镇、迎恩桥、劝农桥、玉带桥、北岩寺、新四军北上抗日集结地、孔庙、城隍庙、陆氏宗祠、薛氏宗祠、盖屏厝、宋宅等人文景观构成一个休闲、垂钓、游泳、疗养、访古的好去处。

甘国宝故居与薛文潮陵墓 甘国宝字继赵，号和庵，系清代名将，一生戎马倥偬，从军40余载，治军严谨、戍边尽责、守土有方，体恤兵民、热心公益，尤其是两任台湾总兵，为保卫、建设台湾做出了杰出的历史贡献。甘国宝故居位于景区小梨洋村，建于明末，是甘国宝出生和儿童时期生活的故居，故居正厅悬挂有甘国宝中试后上司赠给的“会魁”金字匾。村中遗存明城楼一座，俗名“八角亭”，城楼内有练武的大小石蛋两个，城门外有石锁两个，每个重150多千克。甘国宝曾祖甘良坦墓位于小梨洋村后门洋，旧时知县上任后皆要到此墓祭奠。现为县级文物保护单位。薛文潮，字长纲，号飞澄，清乾隆五十一年（1786年）任宁德千总，旋升守备。时荷兰殖民者骚扰台湾，薛文潮奉旨率军渡海剿冠，身先士卒，英勇杀敌，所向披靡。清乾隆五十三年（1788年）五月二十日，薛文潮在搜拿残寇时遭潜寇镖击，心脏中伤，呕血阵亡。同年8月朝廷降旨追授薛文潮为广威将军，旌表忠烈敕赐国祭礼葬，入祀台湾昭忠烈祠。现存薛文潮陵墓和薛氏祠堂，以及保存于薛氏宗祠的钦赐“忠烈”匾、薛文潮使用过的大刀等。近年来，不少回乡探亲观光的台胞慕名前往参观，凭吊这位为保卫台湾而献身的民族英雄。

古桥梁 万安桥，为全国最长的木拱廊桥，始建于北宋元祐五年（1090年），清乾隆七年（1742年）重建，清乾隆三十三年（1768年）又遭盗焚，清道光二十五年（1845年）复建为34开间136柱桥屋，民国21年（1932年）再度重建。现桥长98.2米、宽4.7米，桥面至水面高度8.5米，五墩六孔，正中桥墩上有一嵌入桥墩的石碑，船形墩，不等跨，最大跨度15.3米，最小跨度10.6米，桥堍、桥墩均用块石砌筑，桥屋建37开间152柱，四柱九檩穿斗式构架，上覆双坡顶，桥面以杉木板铺设。该桥形似长虹卧波，颇为壮观。可在桥上小憩，观看古村风貌，远眺山间美丽景色。千乘桥，屏南境内第二长木拱廊桥，始建于南宋理宗年间（1225—1264年），明末毁于火，清康熙五十四年（1715年）重建，清雍正十年（1732年）落成。清嘉庆十四年（1809年）被大水冲毁。清嘉庆二十五年（1820年），再次重建。桥长62.7米、宽4.9米，桥面至水面高度9.7米，一墩二孔，单孔跨度27米，桥堍和桥墩以块石砌筑，墩船形，墩尖雕成鸡喙形状。桥屋建24开间99柱，四柱九檩穿斗式构架，悬山飞檐翘角顶，桥面以木板铺设。桥造型别致典雅，雄伟壮观。龙井桥，为江南十五险桥之一，位于县境东南部上培电站下游约7千米处。始建于宋代，至清嘉庆二十三年（1818年）重修。桥系单孔，折线木拱桥结构，长27.5米、宽5米，自水面至桥顶屋脊23.5米，瓦面屋顶，树柱52根，共12扇。桥四周环境险绝，桥下龙井水势汹涌，建桥难度极大，令人叹服。

古村 主要有北干、漈下、棠口、龙源、漈头等古村落，保留了众多明清风格的古民居、牌匾等，是旅游、休闲、访古的好去处。

古刹名寺 有文庙、城隍庙、龙漈仙宫、天宝寺、北岩寺、九峰寺等。省级文物保护单位——文庙，即孔庙，又称学宫，俗称圣人庙。位处双溪村，清乾隆元年（1736年）由屏南知县沈钟创建。后经历代知县10多次修复、扩建，成为一座颇具山区特色、布局合理、结构齐全的文庙。城隍庙，位于双溪村，清雍正十三年（1735年），知县朱岳楷建，清乾隆三年（1738年）知县沈钟扩建，由正殿、寝殿、碑廊、戏台等建筑组成。省级文物保护单位——龙漈仙宫，位于漈下村，建于明嘉靖二十九年（1550年），重建于明隆庆三年（1569年），宫为穿斗、抬梁混合式构架，上覆藻井天花，屋面重檐圆形屋网构架，形成外观独特的圆穹窿顶屋面，宫内祀马氏真仙。天宝寺，建于唐开元二十九年（741年），位于长桥镇长桥村东南的屏琴山上，屏南名寺之一。北岩寺，位于屏南旧邑双溪镇东，宋雍熙元年（984年）僧人觉海创建，寺周有狮峰、虎洞、松桥、竹阁、鲸山、龙涧、莲沼、藤岩诸胜景，门前一条小溪的潭边岩石上有“洗心岩”石刻。九峰寺，位于熙岭乡三峰村附近，明景泰元年（1450年）由寂照禅师创建。该寺有大雄宝殿、观音阁、读书楼、魁星楼等，明代风格建筑。“九峰禅林”为明万历东阁大学士叶向高为该寺所题之匾。

三、国家农业旅游观光示范点

三都澳“海上渔排城” 三都澳位于宁德市城区东南约30千米，自古号称闽东沿海的“五邑咽喉”。三都澳是世界罕见的深水天然良港，港内水域总面积714平方千米，可使用面积约为430平方千米。澳海内除了具有10米以上的深水面积173平方千米，可供开发的深水港岸72千米以外，还拥有大面积可供海水养殖的天然经济水域。历史上三都澳海域盛产生猛海鲜。以澳海中的官井洋为代表的牧海耕渔，是三都澳历代渔民赖以生存的主产业。当地流传有“官井洋，半年粮”谚语。在三都澳海中，大黄鱼、红膏蟹、石斑鱼、鳗鱼、对虾、章鱼、泥蚶、蛏等水产品素享盛名。

自20世纪晚期以后，当地居民充分利用三都澳得天独厚的优越自然条件，大力发展网箱养殖产业，从而形成闻名海内外的海上渔村。青山海域集中建设海上渔排3万箱，面积约60公顷。作为海上渔排的主要景区，布局规范整齐，水上街巷错落有致。总体上，整个主景区实行统一规划，集中管理，体现“统一安排、分散接待、节目丰富、安全至上”的原则。建立了融观赏、喂养、垂钓、饮食、住宿于一体的渔排示范区建设。三都澳“海上渔排城”已开发形成多处反映渔业生产、生活、经营、管理、科技等参观点，如海上科技园、连家船、斗姆岛、渔排党支部（成为党组织服务基层的典范）、海上社区管理中心、海上警务区、海上超市（全国规模最大的海上饵料交易市场）、垂钓俱乐部等。2004年，三都澳“海上渔排城”被评为第一批全国农业旅游示范点。

古田县翠屏湖 翠屏湖位于古田县东，于2006年被列为全国农业旅游示范点。古田县翠屏湖因1958年为建古田水电站筑坝拦截古田溪而成。翠屏湖东西宽10.2千米，南北长14.5千米，水域总面积37.1平方千米。翠屏湖最高蓄水高程382米，最大蓄水量可达6亿多立方米。

翠屏湖自然生态极好，山清水秀，湖山相映成趣。有大小岛屿36个。因湖背靠翠屏山，遂名“翠屏湖”。1997年向社会开放游览。翠屏湖以湖宽、水清、岛秀而稀奇。湖周山峰绿色环湖，由近及远自低到高，错落有序，岛上山林植被葱郁，蕴藏众多珍稀野生动植物。在被誉为“爱情之岛”的白鹭岛上，有建于百年前的湖心岛欧式别墅，在后垄岛上有极富地方特色的溪山书画院。湖东畔有闻名东南亚及中国台湾的“陆上女神”陈靖姑之祖殿临水宫，湖西畔有千年古刹、中国佛教协会第一任会长古田人圆瑛法师修炼地极乐寺。

翠屏湖向社会开放后，先后开发的精品景点有蛇岛、锁岛和鸟岛三大景点，集趣味性、参与性、惊险性、奇特性为一体，并先后建立了旅游码头，景区售票处等旅游配套设施。自2002年以后，翠屏湖先后举办了陈靖姑文化旅游节、中国食用菌美食节、相约翠屏湖中国情人节、端午龙舟赛活动等节庆活动，吸引了大量游客。主要奇观有翠屏朝雨、大坝飞龙、七星伴月、虹桥钓月、极乐远眺、晴峰倒影、梅亭春色、白鹭归巢、湖心赏月、湖滨听涛等30多个。

柘荣国家级生态示范县 柘荣县东接福鼎市，西依福安市，南靠霞浦县，北邻浙江省泰顺县。东西宽31千米，南北长26千米，县域面积538.22平方千米。县域平均海拔在600米以上，气候温凉湿润，冬无严寒，夏无酷暑，通过大力发展生态农业经济，实施沿海防护林工程、主要流域生态修复工程、绿色通道工程、珍贵树种示范村建设工程，农水产品中有机产品、绿色食品和无公害产品种植（养殖）面积比重大，全县森林覆盖率、生态公益林面积和城镇绿化覆盖率明显提高。获得“中国长寿之乡”“省级园林城市”等称号。2003年6月，被国家环保总局批准确定为全国第八批国家级生态示范区建设试点县。

四、国家森林公园

支提山国家森林公园 支提山国家森林公园位于宁德市西北部的霍童镇，东临福安，南接宁德市区，西靠屏南，北通周宁，总面积 2299.93 公顷，霍童溪流径森林公园，流域面积 559.91 公顷。支提山历史上曾名霍桐山、霍童山、仙游山等。其属于鹫峰山南麓，山岭纵横交错，山峰险峻奇绝，最高峰海拔 1321 米。地质构成主要以岩浆岩、火山碎屑沉积岩和变质岩为主。分布土壤则以松软肥沃的红壤、粗骨性红壤、黄红壤和紫色壤为主。公园植被茂密，古树参天，种属繁多。共有 8 个植被类型，141 群系，100 多科 500 多种类。其中，名古树有虎浿的杉木王和霍童的古樟、古榕等。横贯其间的霍童溪，溪水清澈，溪水山景相映成趣，有九曲十八弯二十七滩之说。支提山域内历史悠久，人文厚重，古有来“道之洞天，佛之禅林”之说。

第二节 省级重点风景名胜区

一、霍童支提山风景区

支提胜场 以华严寺为中心包括周边奇特的岩、洞、泉组成的旅游景区。支提乃梵语，意为“佛生处、成道处、转法轮处、涅槃处”。支提山是世界佛教历史上仅有的三处“支提山”之一，拥有佛、道文化旅游资源，是佛教《华严经》记载的华藏世界之东方佛国，为天冠菩萨道场。明永乐至万历年间，支提山作为天冠菩萨道场，被誉为海内第一禅林，与五台山、峨眉山、普陀山、九华山同为佛教名山，世有“不到支提枉为僧”之说。支提山华严寺为宋开宝四年（971 年）吴越王钱俶所建，寺院保存有近千尊“千圣天冠”铁佛、“鎏金大毗卢”铜佛和明版经书等历代圣赐宝物。历代帝王多次敕赐寺名，派遣钦差封赐修缮。历史上，支提寺还是中国工农红军闽东独立师成立地。1983 年 4 月，支提寺经国务院批准为全国佛教重点寺观。1985 年 10 月，经福建省人民政府批准为省级文物保护单位。

支提山下的霍童，于唐朝天宝六年（747 年）朝廷大封天下名山大川时，霍童山名列榜内。有国家森林公园支提山景区、三涧溪峡谷瀑布、外表村小桂林、柏步松林、邑坂生态植物园（原始森林）等山岳景观，还有大童峰、葛仙岩、仙岩寺、小支提寺、双峰书室、黄鞠故里、道教鹤林宫等景点。霍童古迹众多。在石桥山下村、邑坂村瓦窑岗以及芦坪岗有三处石器时代遗址。人文景观有体现道教丹鼎派双修文化的场所标志的大、小童峰双修奇石画群以及霍林洞、摘星台等。有省级文物保护单位隋代古水渠和引水隧洞，还有黄鞠古墓、霍林宫遗址、宫后垄遗址、唐代“霍童洞天”石碣、邑坂仙峰庵的摩崖石刻等唐宋时期的古迹。明清时期的古建筑以支提华藏寺、外表村的清代民居“百二间”、霍童村的清代建筑文昌阁、汪侯亭、双峰书室等闻名。霍童下街还保存着较为完整的明清风格的民居街区。境内有寺、庵、观 10 多处，尤以支提寺和仙岩寺、转水宫闻名。北宋张君房在《云笈七签》卷 27 的《福地洞天》中，将霍童山列为第一洞天；明代成书的《闽都记》中有载曰：“闽境之山，西则武夷，东则霍童。”明末史学家何乔远所撰的《闽书》云：“宁德洞天最方舆，视武夷无所让。”

古瀛仙池和那罗辟支 瀛洲，地处蕉城区洪口乡莒洲村。有勒马回朝、金钟覆地、半卷珠帘、新妇下轿、龙珠浮印、双虹饮涧、十八学士、梦笔生花、八仙歇岩等成名人文景观。石林石笋，鬼斧神工。

那罗辟支。位于蕉城虎浿乡境内。主要景点包括那罗寺、辟支岩和百丈岩等。那罗寺始建于宋开宝六年（973年），其依天然石窟而成寺，自然天成，让人叹为一绝。有古籍记载石窟说："高可百寻，深广五十丈。上方若凿，下平如镜。群峰插汉，北涧奔流，别一乾坤，非复人世。"历来游人络绎不绝，香火鼎盛，远近闻名。

辟支岩。其景观由罗汉洞、古佛塔、狐猿叫月、五鸟攀枝、珍珠帘、九龙盘、升法台等景点组成。其中，以在辟支岩上挥洒而出的一脉山泉及其喷涌而下的珍珠帘最为壮观。

百丈岩。高百丈，陡峭冲天。第二次国内革命战争时期，闽东红军曾经在这里进行过一场惨烈的战斗。时闽东红军独立师第三纵队在这里遇强敌围追，为掩护大部队突围，第一支队20多名红军战士受命阻敌，最后只剩下9名战士，面对步步逼近的敌人毅然砸枪跳崖，壮烈牺牲。

二、周宁九龙漈瀑布群和鲤鱼溪风景区

九龙漈风景区 位于周宁县鲤鱼溪下游，距县城13千米。景区四周群峰竞秀，绿林密布，九龙漈瀑布群共由九级瀑布组成，相传古时有九条蛟龙聚游于此而得名。在长仅1000米多的流程中，龙江溪在危崖断壁之间层层跌落，形成落差近300米的九级瀑布群。以全国十大瀑布之一的第一级九龙漈大瀑布最为壮观，瀑高46.7米、宽75米，盛水期可达83米，瀑布右上方还有一个直径14米、深12米的深潭镶嵌在瀑间，人称"龙眼"。巨瀑顶部的水潭，其形状酷似中国版图，而"龙眼"正如海南岛坐落在"版图"的右下方。边上又有一株虬曲的龙松，人称"迎客松"，依偎在古铜色的石崖上，平添无限神奇。第二级瀑布龙蛙瀑，俗称"龙潭瀑"。瀑高8.4米，宽70米。第三级瀑布龙鳄瀑，此级瀑布溪流由急转缓，连续跌落成两级，高11.5米、宽51米。形似一条巨大的鳄鱼，循石滩而上，吞云吐雾。第四级瀑布龙牙瀑。高22.5米、宽26米，瀑中有一形龙牙般的巨石落出将瀑流扯成两半。第五级瀑布卧龙瀑，水流缓缓而下，流入一个面积达2000多平方米的潭中，瀑布斜面13米、宽48米，似乎巨龙至此略感疲倦，静卧从容。第六级瀑布龙井瀑，为整条瀑布群最险峻之处，山如刀砍斧削，声如隆隆雷声，瀑高14.7米、宽22.4米，瀑下的一个深潭中有三处有水从潭底冒上来。第七级瀑布葫芦瀑。高14.4米、宽24米，瀑间山崖欲坠，危岩压顶，断壁凌空，惊涛汹涌，瀑雾缭绕。此处悬崖下有一瓮口形的石窟，深不可测，传说此处为龙王出没之所，每当瀑下深潭有雾气升出时，必将降雨。第八级瀑布龙角瀑，其处在金鱼峰和鲤鱼峰之间的深谷间，有一巨岩形似"龙角"，其下即为"龙角瀑"，瀑高22.4米、宽62米。第九级瀑布龙口瀑，瀑布高17.7米、宽69米，瀑下有一水帘洞，似"九龙张口"，瀑水喷口而出，激浪飞珠，冲成宽69米、高37米的银幕，把"龙口"遮得严严实实，龙口下有一圆石，形似九龙戏珠，故人称龙珠石。该景区于1987年被福建省人民政府列为首批省级风景名胜区。

此外，在九龙漈瀑布群侧的山梁上，修建有腾龙峰三亭。它们分别是茅草亭、树皮亭、竹子亭。亭阁风格迥异，位于"龙尾""龙脊"及"龙首"之上。三亭闻名远近，也是游客游览九龙漈瀑布群必到的休憩景点。

鲤鱼溪风景区 位于福建省周宁县城西5000米处的浦源村中，距九龙漈约半小时车程。传说南宋嘉定年间（1208—1224年），郑氏一支从河南迁到这里，当时喝的是东洋溪的水，为防

外人投毒，就在溪里放养了鲤鱼。为保护“救命恩人”，族长郑晋十召集村民订下保护鲤鱼的乡规民约，浦源村的村民敬鲤如神，在岸边种植蒲草，修下水道，以便洪水来时鲤鱼藏身。山洪暴发，鲤鱼便会乖巧地紧咬岸边蒲草或藏身石洞存身。纵然被洪水冲至数里之外，仍会成群结队地逆流而上回到村里。鲤鱼溪源自宋代，历经800年，2008年以“三个世界唯一”（鱼冢、鱼葬、鱼祭文）收入吉尼斯纪录。

三、福安白云山风景区

白云山风景名胜区位于福安市西北部晓阳镇和穆云乡境内，坐落福安市三大山脉之一的洞宫山南段，距市区55千米。风景区东起黄兰溪东岸第一重山，南起蟾溪与龙亭溪交汇处华龙铸造厂，西至龙停溪西侧与周宁县交界，北至黄兰湖，寿宁县官田为界，总面积为95平方千米。2004年11月，白云山风景名胜区被省政府列为省级风景名胜区。

白云山风景区地质构成以中生界侏罗系上统南园组第二段火山碎屑岩类为主，主要是流纹质熔结凝灰岩，岩石呈浅灰、灰、深灰、灰紫、紫色，致密块状，显示流动构造。风景区内地质构造复杂，河流多沿断裂破碎带深切，使得景区地势陡峻，峭崖连绵。由于冰川运动的影响和河流下切，造成风景区高山深谷的险峻地势。景区内龙亭溪及其支流蟾溪等峡谷河床上雕琢出无数个形态各异的垂直洞穴、漂砾等，经地质专家鉴定，系古冰川遗迹——冰臼。地质专家最新研究发现，在距今300万～200万年的第四纪早期，全球气候曾发生过一次大降温，3/4的陆地被冰雪覆盖，冰层厚达1～2千米，冰融雪化，汹涌的冰水，携沙漂砾，在长期旋流侵蚀作用中，形成类似古代人类舂米的石臼，而得名冰臼。白云山冰臼分布集中，规模巨大，保存完好，是当时冰川、冰臼考察发现史上绝无仅有的。整个风景区由白云山、九龙洞、龙亭峡谷、金钟山、黄兰峡谷等5个景区组成。

白云山景区　位于风景区东部，东起里楼村西侧山坡，南起龟凤村北，西至东源村东南侧山体，北至晓阳至马洋环山公路，面积30.6平方千米。白云山群峰耸峙，雄伟挺拔。因山腰间时常云障雾绕而得名。晴日远望，如同仙姬下凡，拥翠裙罗亭亭玉立；腊月下雪，则好比仙姑降临，红装素裹，分外妖娆。《福安县志》载其：“山最高，为闽东第一山，上有庵常积雪不散，登绝顶，俯瞰城邑川海，如在宇下。”

缪仙峰。为白云山主峰，海拔1450.3米，因传说中缪仙翁在此得道升天而得名。顶面约上百平方米，地势险要，突兀苍穹，登缪仙峰如临绝顶，方圆150千米的群山峻岭一览无余，是观日出、看佛光、望云海的最佳地点。白云峰日出与晚霞变化无穷。白云山缪仙峰及邻近山头之所见佛光，则常有单体与群体交相辉映的奇观出现。更为奇特者，有莲峰寺前的天池畔，每逢深更半夜或是月色空蒙，还偶尔会出现银色的佛光。这种极为罕见的佛光群和子夜佛光，堪称是白云山之自然“绝”景。而白云山云海最为奇观。登临白云峰望云海，但见山中云雾缭绕，变幻莫测。彩石谷是白云山又一奇特的自然景观。白云山山体属火成岩，由于火山爆发后形成的彩色花岗石，经过千百万年的洪水冲刷、溶蚀，将松软彩石层表壳的岩体剥蚀干净，使满山谷五彩斑斓，称彩石谷。

白云山有诸多自然人文景观，其中莲峰寺前的仙人棋盘，为一形状如棋盘的天然巨石。传说是缪仙翁打造专供其师南极仙翁与北斗星君到此弈棋所用。白云山山巅有一巨石矗立，形似一只展翅欲飞的天鹰，威猛雄壮，故称飞鹰岩。位于白云山东坡，坡上遍布点点白石，称“苏武与群羊”石景，白石形态各异，似羊群食草玩耍，有一石惟妙惟肖如人状，如苏武牧羊。位于白云山南坡的将军岩，形似一个骑着宝马、头戴钢盔、身披战甲的大将军，威猛神武。位于白云山西麓山涧环绕的锁泉寺。寺前涧中一石如锁，故名“锁泉”。寺庙始建于宋景德元年（1004年），该寺在历史上曾鼎盛一时，为福安寺院之首。位于晓阳镇晓阳村太后公厅，又称皇后坊，由太后木牌坊和众厅戏台两部分组成，为木质宫殿式建筑。太后木牌坊始建于宋端平元年（1234年），众厅戏台始建于宋嘉熙四年（1240年），分别于明弘治八年（1495年）、明弘治九年（1496年）重修。后基本保留明代建筑构架，中轴线上依次为门楼、天井、戏楼。戏台两侧设“子母台”，正中悬挂“太后公厅”匾额一面。据考证，太后名谢道清，为南宋理宗的皇后。2005年5月，众厅戏台被列为省级文物保护单位。

白云山植被多样，珍稀草木独特，生长于白云山顶的“天池”之中的午时莲，为野生中国睡莲。通常于夏秋季节的午时开花，过午而沉，次日复出。花呈黄白色，花开之时，有噼啪之声发出。午时莲如移植他处，则无法存活，十分奇异，堪称白云山之珍稀植物景观。每年的3月下旬至4月末，白云山漫山遍野各种杜鹃花竞相怒放，千姿百态，五彩缤纷，形成一个宏大天然花园。白云山西面山坡，成片的松树林遮天蔽日，幽深静谧，空气清新，俗称黑松林。白云山空气负离子含量最高的地方就是在黑松林内测出的。

九龙洞景区 位于风景区中部。东起高山东坡与白云山景区交界，南起蟾溪出水口，西至大坪下西坡与龙亭峡谷景区交界，北至南溪村南，包括蟾溪两侧山体。

九龙洞位于蟾溪上游，洞内冰臼数量繁多，个体大的高60米，直径30米。白云山冰臼据专家考察确认，为第四纪冰川遗迹，规模巨大、种类齐全、形态多彩，是全国低纬度地区发现的冰臼群和第四纪冰川遗迹中保存最多、最好，发育最典型的地区之一。景区口小腹大，冰臼形态类型丰富，特征明显，大小冰臼连环相套，入其函水洞窖观之，洞连洞，洞套洞，洞内藏潭、洞间有瀑布。九龙洞岩石形象各异，栩栩如生。九龙湖。位于九龙洞的上方，属于人工筑坝栏水而成的调节性水库。湖面宽阔，波光耀耀，湖边植被茂密，茶园层层，湖光山色相映成趣。由九龙湖一直沿河床延绵下游的蟾溪，溪流急湍，形成大大小小的潭池和瀑布景观，长达6000多米的河床上，冰臼连绵，数量繁多，形态各异，有的像漏斗，有的像交椅，有的像板壁；有的地方一个圆坑连着一个圆坑，像一个连环的灶台；有的地方圆坑低浅，排列紧密，似大象脚印。九龙瀑布是九龙洞下方的二级瀑布，落差80余米，瀑布穿石入潭，蔚为壮观。九龙壁位于九龙洞之上，高150米、宽200米，巨大的石壁矗立于山巅，石壁上的模纹极似传说中的缪仙公所降伏的九条孽龙，故称九龙壁。九龙滚漈位于九龙洞景区，蟾溪两岸峰峦连绵，仰头望去崖壁上成片的如瀑布般整块的岩石，似奔腾而下的九龙瀑布，故称为九龙滚漈，为古冰川时期的“冰悬槽”地貌。

龙亭峡谷景区 位于风景区西部，东起三帽岗西坡与九龙洞景区交界，南起闽东水电站新坝址，西至龙亭溪西岸第一重山，北至过岭头仙岗南坡，规划面积为19.6平方千米。包括长达16千米的峡谷、溪流以及竹州山革命文化村。龙亭峡谷是景区内比较典型的峡谷。峡谷峭崖连绵延伸16千米，峡谷两侧山峰随溪流向下深切，相对高差在300～500米，峡谷面宽在100～800米，两岸峭壁对峙，形成惊险壮观的峡谷景观。峡谷底部溪流湍急，多深潭、瀑布，奇峰怪石密布，峡谷下游至蟾溪汇合地段发现大量冰臼群，自然景观丰富。有龙脊山、石笋山、驼峰山、大象岩、蛤蜊石、蝙蝠岩、风动石、宠物眼冰臼、水缸冰臼、脚印冰臼、猫眼冰臼、雨点冰臼、天坑冰臼、桃心臼、陨石冰臼、圆形冰臼、锅状冰臼等，共四十八景。

金钟山景区 位于风景区西北部，东起首洋村以西，南起首洋电站以南，西至金钟山，北至首笕村以北首洋溪的上游，景区面积为8.05平方千米。金钟山海拔881米，山峰状如金钟，因此得名。山上植被茂密，色彩层次感强，极富特色。山中奇岩随处可见，有“黑熊舔瀑”“金龟观瀑”以及石船、石锣、石鼓等，造型神奇逼真，极富个性美。杜鹃花满山遍野，有多种颜色和品种，珍贵的野生动植物资源丰富。首洋溪。位于金钟山下，蜿蜒于山间，山中叠瀑奔泻，溪幽谷深，滩多潭多，奇形怪石遍布谷底，两岸山坡奇花异草色彩斑斓。

黄兰峡谷景区 位于风景区的东北部，东起上山村以北，南起前洋村到马洋村前道路，西至谷口村以东，北至寿宁的官田，包括黄兰湖和黄兰溪，规划面积16.8平方千米。黄兰峡谷位于白云山东侧，全长8千米，峡谷面宽100 ~ 600米，有的只有40 ~ 50米，峡谷两侧峭壁悬崖，谷深在100 ~ 200米，谷中溪流湍急，深潭瀑布，奇石林立。八仙过海位于白云山东麓、黄兰溪边，耸立8尊形态各异的石峰，犹如传说中的八仙，栩栩如生。黄兰湖位于白云山北麓，投资近3亿元的黄兰溪水电站，于1997年全面竣工。拦溪而成为160多公顷的高山湖泊，大小十余座山头，如芙蓉出水婷立湖中。沿黄兰峡谷下行，在黄兰溪的溪底，石头多为是红绿相间的彩色奇石，故名五彩石。安瓜溪刺桫椤自然保护区位于福安市溪潭镇瓜溪畲族村，属于省级自然保护区。在里瓜溪村海拔150 ~ 500米的峡谷及其周围方圆10平方千米的山野中，分布有3600多株大大小小的桫椤树，最大的一株高6.5米，被誉为“桫椤王”。刺桫椤的祖先与恐龙同时代，是名副其实的活化石，为国家二级保护植物。黄兰峡谷瓜溪刺桫椤是华东地区所发现的桫椤生长的最北点，不仅观赏价值高，而且极具科研价值。此外，瓜溪自然保护区还有三叠瀑布、鸳鸯潭、蝴蝶谷、蟒蛇洞、红军洞等景点。

四、寿宁杨梅洲风景区

景区地处寿宁县东北部，距寿宁城关40千米，与浙江省的泰顺、景宁县交界。景区杨梅州溪流域为主体，东界为犀溪乡李家山村与泰顺县交界之友谊桥，南界为麻米时岗头，西界为坑底乡小东村，北界为山羊尖，南北长18千米、东西宽14千米，整个景区以坑底、大安、犀溪三乡相连，总面积约72.94平方千米。景区森林茂密，山清水秀，景色宜人。景区内有660多公顷的原始次生林和1330多公顷的常绿阔叶混交林以及3平方千米的水库面积和5座古廊桥。由休闲度假、峡谷探险、旅游观光、漂流、原始森林考研、黑风洞探史寻秘和古廊桥览胜等七大部分组成，是闽东北、浙南一带著名的生态旅游理想之地。风景区自然资源特色主要为峰峦俊秀、碧水多姿、峡谷奇秀、四季分明和原始森林多样性，其人文景观资源以廊桥文化在国内桥梁建筑史上具有典型性和代表性。景区内有5座廊桥散布，占全县廊桥总数的3/10，其中杨梅州桥（虎啸桥）为全国重点文物保护单位，历史悠远，技艺精湛，在福建乃至中国桥梁史上占有重要地位，更有廊桥孤匠一脉尚存，是中国传统工艺的宝贵遗产。2004年11月，福建省人民政府授予杨梅洲风景区“省级风景名胜区”称号。

主景点杨梅州位于杨梅溪和杨梅州古村落一带，为杨梅州风景名胜区的核心部位，包括国家级文物保护单位杨梅州廊桥、杨梅州水库和杨梅州峡谷的玉玺池、晒布岩、海浪石、龙潭、彩字潭、双架潭、梦幻池、白水漈瀑布等主要景点，面积18.12平方千米。官台山景点。官台山地势险要，于司前官台山一带，是闽浙四大古银场之一,《明史》《福建通史》中均有记载。有冯梦龙官道、宝寨尖、黑风洞、太监府遗址、铜坑亭、银坑洞群、大宝坑银场等主要景点。地洋景点包括小东村、地洋村和新安一带的古村落、廊桥、古道和新安峡谷、新安水库库区，有小东廊桥、灵蛇望翠、秋风醉红、地洋梯田和油杉王等主要景点。山羊尖景点位于闽东第一高峰山羊尖一带，包括东冠飞雪、东峰雾凇、倚角刺云、闽浙远眺、望东洋高山沼泽、十里杜鹃长廊等主要景点，分布着大量黄山松林带，森林植被较好，面积16.45平方千米。芎坑景点位于风景区西北部芎坑村到三宛漈瀑布一带，包括小虎跳峡、三宛漈瀑布、芎坑原始森林、大鲵栖息地、青草隘、芎坑水库等主要景点，以三宛漈瀑布和原始森林最具特色。面积9.76平方千米。

五、古田翠屏湖风景区

临水宫 位于大桥镇中村，已有1000多年的历史，是海内外各地临水宫的祖庙，内中供奉有临水娘娘陈靖姑等神像。陈靖姑与莆田的妈祖同为闽地著名女神，临水夫人信仰是极具影响的民俗文化，海内外信徒众多，常年到临水宫朝拜上香者络绎不绝。临水宫请香接火仪俗已被公布为福建省首批非物质文化遗产保护名录。供奉陈靖姑的临水宫为仿唐宫殿风格建筑，始建于唐贞元八年（792年），后经元明清历代重修扩建。现在的临水宫是21世纪以后由古田县政府牵头，海内外临水夫人的男女信众慷慨捐资，在原址上严格以修旧如旧的原则重修而成，规模宏伟，金碧辉煌。主体建筑有：敬香台、宫门建筑及匾额、古戏台、太保殿、婆奶宫、葛太夫人殿、梳妆楼、三清殿、观音堂、土地公殿等。属于省级文物保护单位，国家级非物质文化遗产。每年到祖宫朝拜陈靖姑，举行请香接火仪俗，是福建省乃至江南地区最有影响的一种民间信仰民俗活动形式。此俗约肇于宋，盛于明清，千年以来香火不断，已成为一种有特殊文化内涵的世界民族文化现象。临水宫请香接火仪俗一年四季都在进行，主要集中在陈靖姑诞辰正月十五、忌辰七月二十八最为隆重。2002年9月26日，成功举办“陈靖姑文化节”。

极乐寺 坐落于翠屏湖畔，始建于唐天宝元年（742年），明天顺年间（1457—1464年）大修，明嘉靖四十一年（1562年）毁于倭寇。此后，又历经毁修。直到民国25年（1936年），爱国高僧圆瑛法师募善款在原址上重建，规模宏大超过往时。寺庙概貌基本保持圆瑛法师重建的原状。寺内布局有大雄宝殿、藏经阁、地藏殿、方丈室、圆瑛法师纪念堂等。山门上书有中华民国国民政府主席林森题写的“极乐寺”匾额，两旁则镌刻有第一届中国佛教协会会长的圆瑛法师撰写的对联。联曰：“得到此中真极乐，不知何处是西天。”大殿门顶悬挂第四届中国佛教协会会长赵朴初手书“极乐寺”牌匾，寺内藏有阿弥陀佛、观世音、大势至三尊佛门中罕见的古铜佛像和一尊由缅甸佛教届领袖于21世纪初赠送的白玉释迦牟尼佛像，镌刻精致，保存完好。

翠屏湖 位于县城东郊，距离城关3千米，属于亚热带气候。湖中烟波浩渺，碧水青山，相映成趣。湖周有著名的文笔峰、五华峰、羊角峰，形成三峰鼎立的妙景奇观。湖内散落着36个岛屿，大小各异，千姿百态。其中以白鹭岛尤为有名，被人们誉为“爱情之岛”。湖区可供游人览胜的景点有临水宫、极乐寺、仙爷庙、弥勒寺、天皇寺、极乐喷泉、翠屏湖度假村，还有深藏于山腹之中的地下发电站等。2002年，被列为省级风景名胜区。2006年，被评为全国农业旅游示范点。2007年被列为“CCTV闽东北亲水游”旅游线路的首、终点站。翠屏湖畔不但有闻名遐迩的食用菌生产基地，而且还有品种繁多的农

翠屏湖　　彭植棉　摄

业生产观光基地，是一处独具农业特色的旅游观光胜地。

溪山书画院 为宋代理学家朱熹讲学的地方，几废几修。2002 年，本着修旧如旧的原则，重新修建。据传当年朱熹为避迫害而逃亡古田蓝田，广设书院，讲学授徒。其中就有蓝田、溪山、魁龙、浣溪等 9 所书院，民间素有“朱熹一日教九斋”的佳话。

六、霞浦福宁海湾风景区

位于霞浦县东南部沿海，距离县城约 15 千米，东北邻里山湾，东南接外海，南抵长春镇、沙江镇，西连松港街道，北靠三沙镇，面向东海，平面略呈漏斗形，东西长 26 千米、南北宽 15 千米。基岩海岸，岸线曲折，岛屿众多，长 86 千米。湾外湾外福瑶列岛、四礵列岛、马祖列岛环峙，与祖国宝岛台湾辖管的东西引岛也近在咫尺。湾内有大目岛、小四岛、火烟山岛等 72 岛礁列成天然防波大堤，位置优越。被称为“中国最美丽的半岛”，独一无二的旅游资源，被中国旅游规划专家誉为“梦幻海岸，休闲天堂”。

大京城堡 建于明洪武二十年（1387 年），为抗御倭寇而建，城堡辟有东、南、西三门（北面依山不设门），东门双重建构。城堡西挹北山，紧锁海口，与南京明城、崇武古城一样历史悠久，是福建省保护最完整的古城堡之一，省级文物保护单位。城垣依山而筑，周长 2815 米。明

霞浦北岐风光　　王清生 摄

万历元年（1573 年）再拓出。城墙以花岗岩乱毛石砌就，内夯硬土，最高达 9.2 米，8 个城墩均为长方块石砌，沿城掘有 800 多米长的护城河，东门为双重城（瓮城），城上窝铺、敌台、炮位等御敌设备齐全，与外海烽火门、南日山互为表里，结为犄角。城外开凿护城河，可谓壁垒森严。《霞浦县志》称其“崇墉屹若不亚于小县之城矣”。城堡内留存有跨街亭、八角井、旗杆夹柱石等大量海防文化古迹遗物。城内显现明初古建风格，明代青石街、八角亭、方盖井古风犹存。登城堡而望，近视岩奇石怪，舣舟如织，远眺海天一色，苍茫寥廓。宋端明殿学士魏了翁曾以“瑶台新境界”为誉。城堡西侧群峰耸秀，万派滋润。山有七景：海上笔架山、龙岩山仙洞、八星岩、凤山狮球、峻岩风动石、三十六石门洞、巨石龟岩，其中笔架山却是一岛,《福宁府志》称其“三峰矗立海上，形如笔架。远望浮空，最为奇特”。城堡西侧为大京沙滩，全长 3000 余米，沙滩西倚沙垅林带，北衔窑后鹅卵石滩，东临浩瀚东海，遥对笔架诸岛，蜿蜒的沙滩呈新月形，细如粉，柔如毯，浩然平坦，沙滩之后另有 2000 余米长、数米高的沙垅，中华人民共和国

成立后在垅上遍植木麻黄防护林，沙垅、林带浑然一体，蔚成绿色长城奇观。沙滩之北，数百米长的窑后鹅卵石滩更为沙滩锦上添花，卵石色彩斑斓，玲珑剔透，光润如玉。

高罗沙滩　全长3500多米、宽500米，面积1.75平方千米。沙质洁净，色泽金黄，海水清澈，是一处未被污染，优质的海滨浴场。沙滩三面环山，一面临海。山中“九龙潭”，九瀑九潭，潭水曲折幽深；更有50多亩樟树林，茂密成荫；以“碧海、金沙、绿树、奇岛”为天然资源；海上岛屿奇秀俊美，岛上礁石犬牙交错，是一处避暑胜地。

北兜外海湖沙滩　是东冲半岛距县城最近的沙滩，长3000米、宽300米，呈长条状，沙质细腻，坡高平缓，海水清澈湛蓝，轻偎沙滩。沙滩外有佛堂、短尾屿等岛屿。

外浒沙滩　下浒外浒沙滩是闽东乃至福建省最美的沙滩。沙滩水净天蓝，沙洁如玉，光灿似珠，浩然平坦，古诗赞云“此地莹沙细如尘，轻车驶过了无痕”，素有“福建夏威夷”“闽东北戴河”之美誉。沙滩长1500米、宽300多米，面积0.4平方千米，呈半月形静卧在港湾。更有琵琶岛、云峰寺、狮子山、朱熹讲学地——文星坪，外浒明代古堡等名胜古迹相衬托，是闽东集“山、海、川、岛”于一体的一处旅游休闲地。

葛洪山　原名高平山。地处霞浦县南部15千米处，省道“沙间”线旁。主峰海拔605米，东入福宁湾，西靠东吾洋，独立于内洋、外海及小平原之上，南北两侧为悬崖峭壁，云峦叠嶂，幽谷曲折，碧潭清涧，怪石奇洞，以峰、崖、洞、石、泉、潭、嶂胜称。山顶风高气爽，视野广阔，近俯海陆田园，远眺群山碧海，尽收眼底。葛洪山还被列为“中国道教名山”，相传为晋代道教家葛洪炼丹处，现仍存有“葛洪洞及篆文”六字，葛洪洞泉眼近海，深不可测。半山腰有按生态学原理建立的福建省名茶“元宵绿”的13公顷多生态茶园，山脚下还有千亩晚熟荔枝果园，生态环境优美。

下尾岛　位于霞浦县东冲半岛的东南部，距县城56千米，距长春镇16千米，距间峡村2千米，下尾半岛东西走向呈长条状直插大海。半岛周边分布着大大小小、形状各异的小岛礁，半岛中部南侧有一小海湾，千百万年的地质构造运动加上海水侵蚀、海浪拍击等外力作用，形成了许多洞穴、奇礁怪石环绕着到整个岸线，潮涨潮落变化无穷。

七、柘荣东狮山风景区

位于柘荣县境内，太姥山脉盘桓其中，地势由东向西倾斜，山峦重叠，群峰耸峙，沟壑纵横，盘谷错综其中，海拔平均500米以上，东狮山海拔1479米为最高点。气候属中亚热带海洋性季风气候，四季分明。东狮山，因形似狮而得名，距柘荣县城东3千米处，总面积13.7平方千米，海拔1479米，是国家级风景名胜区太姥山脉的主峰。东狮山群峰耸峙，雄伟挺拔，集太姥山的奇伟雄姿，兼武夷山的柔媚挺秀。环山之中有谷、泉、洞、岩、峰、石等自然景观227处，移步换景，令人流连忘返。清闽侯举人江西信丰知县徐友梧曾留诗赞曰：“绿帜插云霄，岩岩众山祖。太姥在下峰，高标谁与伍。”1998年，被省政府批准为省级风景名胜区。风景区主要由蟠桃映翠、百丈朝暾、仙人锯板、普悦洞天、龙井瀑布和寺观景观六大景区组成。

蟠桃映翠　位于风景区中西部，面积1.88平方千米，以溪涧风光为景观特色，洞奇石怪，风景资源多而集中。主要景点有迎宾亭、仙景岭、普光寺、仙掌泉、蟠桃溪、蟠桃岩、金蟾朝圣、蟠桃洞、马头岩、象鼻岩、玉屏洞、南天门、三曹院遗址、白马宫等。东狮山有许多八仙的美丽传说，仙掌泉就是最有代表性的一个。相传八仙曾游狮山，正逢炎夏，吕洞宾随手插入岩石中取水解渴。从此后，岩中留下巴掌大的孔穴，泉水汩汩，终年不断，“仙掌泉”因而得名。

百丈朝暾 位于风景区中部，蟠桃映翠景区的东北面，面积3.54平方千米，以绝岩峭壁，幽深洞岩为景观特色，主要景点有罗隐湾、土地岩、清云宫、石门、石将军、风吹洞、石门楼、仙人脚印、观日台、灵岩洞、通真洞、灵峰洞、何仙姑洞、百丈灵岩等。

仙人锯板 位于景区中部最高峰，景点沿山脊线集中分布，地势险峻，以险峰、怪岩、奇洞为景观特色。该景区的面积2.1平方千米，主要景点有鬼洞岩、仙人棋盘、岩庵洞、飞石将军、千笋石、龟背岩、万书岩、旗峰插汉，天峰奇观、灵鼋听钟、仙人锯板、一线天、擎天一柱等景点。旗峰插汉，是东狮山南麓的最高峰，是东狮山的主要景点。这里峰、岩、洞俱全，奇峰、怪石之多，令人目不暇接，眼花缭乱。仙人锯板、灵鼋听钟、万书林立、擎天一柱、老僧传经，飞石将军等绝属天工神斧。千笋石、飞棺岩、岩庵洞等神奇逼真，与太姥山的奇峰怪石相比有异曲同工之妙。

普悦洞天 位于风景区南部，面积1.54平方千米，以山崖、竹林、寺庙为景观特色。主要景点有觉性禅寺、蝙蝠洞、骆驼峰、水帘洞、玉女峰、红军洞等。普悦山，环境幽雅，别有洞天。水帘洞，水珠四溅，似天女散花；玉女峰，轻纱环绕，亭亭玉立；还有骆驼峰、通天古藤、蝙蝠洞等。

龙井瀑布 位于风景区东部，以溪涧、峡谷、瀑布景观为特色。景区面积3.22平方千米。主要景点有龙井瀑布、龙井潭、龙井溪、九曲溪、龙溪水库等。

寺观景观 山腰密林中有三曹院、普光寺、白马宫，中部有青云宫，南麓觉性寺，山下有龙兴庵，马仙观、东峰寺、广福寺、仙屿、孔氏家庙、三清观等。普光寺建于五代后唐清泰元年（934年）。广福寺坐落于柘荣县前山村，又名白云寺、根鼓寺。始建于后唐长兴元年（930年），唐高僧一行和尚从浙江天台云游至此见广福寺环境幽雅，鳌鱼山面临清溪，形如半月沉江，山麓处白云缭绕，氤氲不散，祥光闪烁，随咏诗句：“白云古刹景清幽，半月沉江吉水流。”该寺高僧辈出，民间流传有得道高僧的神奇故事。大雄宝殿内有万佛，气势恢宏。

除了上述六大景点以外，东狮山还是多彩多姿的动植物世界。据初步调查，整个景区栖有长尾雉、黄头雉、真鸟仔、鹁鸪、翠鸟、画眉等40多种飞禽。“百啭千声随意啼，山花红紫树高低。”徜徉于山水之间，畅游于林泉之下，倾听鸟儿浅唱低吟，无比惬意。东狮山景区内花木品种众多，有桃花、樱花、百合、空谷幽兰，杜鹃更是一绝，每逢春夏之交，满山花开，有红、有白、有黄、有紫，绚丽多彩，白的素洁、红的热烈。山上珍贵树、果品种有水杉、柳杉、罗汉松、猕猴桃、银杏，还有柘荣特产的果树林檎。

从东狮山范围内征集的出土文物看，柘荣先人早在一万年前就在这块土地上繁衍生息。南麓的后井、洪坑出土文物有新石器时期的石箭、石斧，前楼出土汉唐古钱币120多种，碗窑村的宋时窑群遗址有唐宋年间的各种陶瓷30多种，山麓下的“泰安宫”，是明朝开国功臣袁天禄的义军练兵场，还有明湖广布政司游朴之墓和石亭、石坊等名胜古迹。

八、省级农业旅游观光示范点

溪塔葡萄沟 溪塔葡萄沟旅游风景区位于福安市穆云畲族乡溪塔村境内，秀溪河畔。相传临溪曾有一塔故名。是福安蓝姓畲族主要发祥地之一，俗称“溪塔蓝”。溪塔村地处峡谷，群山环抱、山清水秀，风光幽美，一年四季树木葱郁，村中有溪涧交汇南流，溪涧两岸生长大量野生刺葡萄沿溪塔架，茂密生长的藤蔓覆盖溪面，连绵数里，形成南国独有的“葡萄沟”景观。溪塔葡萄沟是中国完美假期十佳线路——闽东北亲水游的重要景区。

九、省级生态示范村

霍童镇邑坂村 地处支提山下，霍童溪畔。2005年入选福建省生态示范村。邑坂村四周植被茂密，鸟语花香，生态环境极佳。其中，最为有名的是村西南保留着一片约20公顷的原始森林。森林内古木参天，到处可见到诸如榕包楠、姐妹枫、古藤攀树、老梅争春等等，珍稀树种繁多，有竹柏、八角桂花、龙爪樟、灵芝等百多种。单樟树一目，总数有五六百株，有的已近1500年，树围大的需七八个人方可围拢，成片绵延。邑坂村的历史文化悠久厚重。是国内最早道教的源起地之一，综合自然人文景观，其间最具研究观赏价值的有芦坪岗、瓦窑岗古人类遗址考古。村落九宫八卦布局。村周围原始森林和全村百余座明清古建筑。

十、省级森林公园

霞浦杨梅岭省级森林公园 位于霞浦县县城西郊的杨梅岭国有林场辖区内，距县城8千米。公园于2001年1月3日经省林业厅批准成立。公园规划面积约1200公顷，规划建设杨梅岭休闲娱乐、兰溪探险观光、狮山农业观光、高罗海滨度假和目莲山健身游乐等5个景区，1条文物观光线。公园境内峰奇峦异，山清水秀，林茂竹修，花香鸟语，湖光山色，涧蓝峡幽，海阔滩美，古刹名寺，风纯俗朴。境内有景点79处，其中地景11处、水景8处、生物景观11处、人文景49处。

古田溪省级森林公园 2001年11月15日，经福建省林业厅批准成立。2005年《福建古田溪省级森林公园总体规划》通过评审。公园位于古田县中部，距县城2千米，总面积5996.7公顷，其中水域面积3710公顷。森林公园内海拔380～570米，青山绿水，湖周群峰列屏、林海莽莽、古树名木、奇花异草竞相争艳。人工湖畔森林茂盛，野生动植物资源丰富。

古田溪水库是全国著名的人工湖，库容量6.41亿立方米。水库四周公路畅通，游船快艇沟通湖内各村庄。公园建设以自然、人文景观为背景，集生态旅游、水上游览，度假疗养、休闲娱乐、游泳健身为一体的多功能省级森林公园。公园内湖光山色，烟波浩渺，鸟飞鱼跃。33个千姿百态的小岛，大小不一，形状各异。众多岛屿中，最有特色的当数白鹭岛和湖心岛。在白鹭岛上，数以万计的白鹭群起群落，蔚为壮观。登临其岛可览“落霞与群鹭齐飞，秋水共长天一色”的美景。而湖心岛上，则果树成林。在林木掩映中，耸立着一座建于清代的英式别墅，雅致美观，吸引着络绎不绝的海内外游客观光游览。

周宁仙风山省级森林公园 2001年11月15日，经福建省林业厅批准成立。地处浦源镇麻岭头，距县城9千米，与鲤鱼溪咫尺相邻。省道302线从森林公园旁穿过，森林公园属鹫峰山脉，是迄今为止福建省海拔最高的森林公园。森林公园总面积667公顷。平均海拔1200米，主峰小麻岭海拔1494米。20世纪70年代，南京军区在仙风山上建有山顶军事哨所。年平均气温13℃。公园景观资源丰富，集“高”（高海拔）、“绿”（绿色森林）、“奇”（奇岩怪石）、“水”（金池潭、日月潭）、“神”（道教传说）于一体。自然景观具有“珍、奇、险、野、雄、秀、旷、幽、古、神”众多特点。公园设五大景区，有108处景点可供游客观光、度假、探险、休闲。有绿色生态旅游为主的观光度假区、草原风情区、水上休闲游览娱乐区以及以宗教旅游为主的石景观赏区等。主要景观有卧狮峰、玉乳峰、蛤蟆望月、卷石亭、日月生辉、玉兔望角、古驿道、试剑石、将军石印、仙人问天、狐狸戏山猪等。

主要景点为红军洞。从白云庵往东北方向拾级而上400多米处，矗立着3块高达十五六米的巨石，呈品字形，前边一石顶如房屋瓦栋，俗称栋石。远观仿佛一座石屋，底部有一石洞，内供齐天大圣神像，从大圣洞往右延伸20多米至右边巨石底部出口，洞中可容200多人。土地革命战争年代，凌福顺等领导的闽东独立师和闽东游击队在周宁活动期间曾藏身于此洞，故称红军洞。从红军洞往北面百余米处又有一巨石群，占地面积100多平方米，形同石笋，上有“欲穷胜景，更上高峰”的题刻。五谷仙公洞。计有两处，一处是在红军洞北300米处，20世纪80年代初由村民新建的花岗岩石拱洞，宽5米、深4米、高4米，洞内供奉五谷仙公神像；另一处在麻岭头金池潭西北部200多米，系五谷仙公旧迹，由花岗岩石砌成。民国27年（1938年）版《周墩区志》名胜篇载：“五谷仙岩在十七都上洋，人迹罕到，山顶有石香炉，岩下刻‘五谷真仙’四大字。清乾隆二十一年（1756年），县丞徐必显申禀定于每岁孟秋朔诣山下祭之。”当时道路尚未开辟，官绅祭祀地点只在上洋村北边一空坪上，后人称之皇差拜仙坪。空军哨所。从诸保仙公洞往西500多米便见20世纪70年代解放军某部在此修建的空军观察哨所洞，雷达站为四间钢筋水泥建筑，每间高8米、宽6米，站后边挖掘成丁字形的防空洞，各深20多米。再往西行至麻岭头金池潭附近另有一个规模较大的防空洞，洞高、宽各2米，深200多米，中段宽敞，可容千余人。金池潭。位于麻岭头古道隘口之东侧，池潭表面积宽约3000平方米，潭中水久旱不枯，潭边外地开阔，是游览的好去处。民间流传金池潭里有金舂臼的故事，颇有神奇色彩。

第三节　市级风景区

一、蕉城环三都澳景区

（一）环三都澳景点

三都澳位于宁德市市区东南约30千米，自古号称闽东沿海的“五邑咽喉”。三都澳是世界罕见的深水天然良港，港内水域总面积714平方千米，可使用面积约430平方千米。可供开发的深水港岸72千米。主航道水深在20～125米之间，深水航道平均宽度3000米，50万吨级巨轮能够在港区内作360°转向。三都澳南城澳半岛，东有东冲半岛环绕，由东冲口出东海。整个三都澳口小腹大，澳内浪静风平，碧波荡漾；由里向外，依次排列有三都岛、青山岛、斗帽岛、白匏岛、鸡公岛5个岛屿。澳内海域，以官井洋和覆鼎洋最为有名。此外还分布有14个屿、17处礁和5块滩涂。三都澳自古以来海运发达，是闽东重要的海贸商品集散地。传说明代郑和下西洋时，就曾经利用过三都澳。清朝康熙二十三年（1684年），曾经在三都澳设立宁德税务总口，下辖周边9个口岸。清光绪二十五年（1899年），正式开通对外通商口岸，称为“福海关”，关址就在三都岛。先后有英国、美国、德国、俄罗斯、日本、荷兰、瑞典、西班牙、葡萄牙等国的20多个公司在此设立公司和商行。

三都澳域内的岛屿及周边岸港湾汊，景物奇特，内容丰富，海岸岛礁峰奇石怪，传说故事俯拾皆是。其中，最为有名的自然景观有金龟伏珠、大鹏展翅、烈马回首、螺壳岩、官井洋、仙人画、古猿人、鸡笼屿、笔架山等等。家喻户晓，口口相传的故事有鲤鱼墓与十八进士、海上少林、青山寨抗倭、横屿大捷等等。

（二）碧山景点

碧山位于宁德市城东1000米处，由天王寺、镜台和林振翰墓等景点组成。天王禅寺始建于五代后晋天福七年（942年）。历代曾几经兴废重修，基本保留原貌，是一处香火极盛的古刹胜地。镜台山位于天王禅寺后，清乾隆三十二年（1767年），有福兴游击在原金仙塔废址旁，砌石为台以辅游人观景。台高二丈一尺，方圆九尺有余。台的周围雕栏为屏，中竖擎柱置石镜。石镜正面书“日”字，石镜之背面书“月”字，隐含“明镜高悬，文明焕彩”之意。

（三）戚继光公园景点

戚继光公园又称西山公园，位于蕉城城西1千米处，占地2平方千米。内有戚继光广场、灵溪禅寺、灵光洞幽谷和白鹤峰等景观。戚继光曾于明晚期率领所部戚家军入闽抗倭，在宁德境内取得横屿大捷。为缅怀这位抗倭英雄的事迹，宁德市政府于1986年在此树立戚继光塑像，并配套建设公园、广场纪念。公园旁的灵溪禅寺是一座始建于宋代的古刹，其寺庙建筑仍然保留着宋代的建筑风格。邻近的灵光洞幽谷峭壁嶙峋，险绝奇妙。白鹤峰是公园景区的主景。有摩崖石刻、三仙阁、白鹤亭、听松亭鹤峰亭、思儿亭等景点。

二、霞浦县景区

（一）龙首山景点

龙首山景点位于霞浦县城北向，海拔432.5米。明成化年间（1465—1487年），知州刘向曾率民在此山广植松树而成林，故霞浦县便有“松城”之雅称。明嘉靖年间（1522—1566年），戚继光曾于山顶建有防御倭寇的报警烟墩，至今烟墩遗址仍在。山上散布有历代名家书写岩刻，如“白云深处”“海国桃源”等。山下的龙首寺（又名东庵），始建于明代正德年间（1506—1521年）。西仙小福寺（又名西庵），建于清康熙年间（1662—1722年），庵内有知府李拔的“西寺惊涛”刻石。在龙首山景区内，还有圣水寺、金字山、莲花峰、虎镇塔等历史古迹遗址。

（二）东吾洋景点

东吾洋属内海，古称东虎洋或东港洋。景点位于霞浦县东南部，东临东冲半岛，南与官井洋毗连，西界溪南半岛。东吾洋周边沿岸散布着名山古村，保存有大量的古迹遗址。著名的有：

竹江岛 岛在东吾洋西北向的近海中。岛上有一天后宫，始建于南宋宝庆年间（1225—1227年），为县级文物保护单位。竹江岛风景极佳，曾有清道光时的奉政大夫张光孝留有咏叹其岛景的《竹江十景咏》传世。竹江汐路桥修建于滩之上，系连接陆地与竹江岛的石桥。桥为东西走向，因路和桥建在滩涂上，涨潮没于海水中，退潮时才能行走，故称汐路桥。由于地处滩涂泥泞中，建路时，路基用松树打桩、铺垫杂木草皮，然后铺上条石横竖三层砌成。全长3651米，最宽1.8米，途经6座桥，最高2.9米，其中有4座桥，桥孔上下二层，边有小孔，具有排潮防潮作用。

白鹭坑 白露坑畲族行政村位于霞浦县溪南镇东北部的洪山下，距镇驻地东北5千米处，东连东吾洋，西连洪山，距海3千米。是中国最大的畲族聚居地和畲族小说歌的发祥地，为畲族歌王钟学吉的故里。境内山峦起伏，山清水秀，有着独特的福源溪、老虎岗、雄狮山、象山、梨花洞、师公厝、水流蛇瀑布、仙人床、龙潭洞、仙人脚迹等自然人文景观和神奇色彩的传说。白露坑有保存完好的古民居群，占地面积达3000平方米。古宅雕梁画栋，气势不凡且存文物颇丰，达300多件，包括畲族四室“龙杖、宋谱、花轿、图腾”等，被族人视为先祖的吉祥之物。

（三）霞浦县赤岸风景区

空海大师纪念堂 位于霞浦县松港街道赤岸村，紧邻霞浦动车站。赤岸自古就是沿海重要的对外口岸和交通要道，因海岸岩石呈赤红色而得名。唐贞元二十年（804年），日本空海大师入唐求法海上遇险，九死一生，漂着赤岸，在此获得救援。故赤岸被日本佛教真言宗信徒誉为“空海漂着、受难的圣地”。自1984年日本高野山真言宗委派高野山大学教授静慈圆率领访华团到赤岸朝拜访问后，每年都有数以百计的日本真言宗信徒前来朝圣。1994年5月21日，由中日双方共同出资建设的“空海大师纪念堂”在此落成，与入唐求法的目的地西安惠果空海纪念堂遥相辉映。从此，赤岸便成为中日民间友好往来和文化交流的重要平台。赤岸除了建有祭海亭、空海登陆纪念碑、望海亭、赤岸文物室等，还有古城堡遗址、桂枝亭、留耕堂、多宝佛塔等诸多文物古迹。

（四）罗汉溪

紧邻城关，地处霞浦县松港街道，且与赤岸空海城、松山妈祖宫、东关建善寺、葛洪山紧密相连，具有很强的旅游互补性、互动性和组合度。以罗汉溪下游两岸自然生态景观为主体，上至下村吴坑岩，下至桥头，河道长8.8千米，溪流两岸的第一重山为范围，风景区面积约18平方千米。罗汉溪以其水质清澈、绿竹成林、白鹭栖息、人鸟同欢、怪石嶙峋、观音道场而闻名遐迩，是一个娱乐、健身、休闲、度假的好去处。

（五）三沙留云洞

三沙位于霞浦县东北，是全国著名的渔港，濒临福建省最大、全国第二大渔场——闽东渔场，与台湾隔海相望，素有“海疆重镇”“闽浙要冲”之称，是闽东海上交通枢纽。留云洞位于三沙西面，被誉为“闽东小普陀”，洞内大佛被一块巨大岩石，俗称“一片瓦”覆盖着，在九龙壁上的“留云寺”，飞檐斗拱、画栋雕梁、金碧辉煌。寺廊前四根高大石雕龙柱，工艺精湛，为闽东之最。留云洞风景区摩崖石刻甚多，有霞浦籍女书法家游寿的“龙沙获象骨，草原觅渔田”，书画家郑乃珖的“流云听涛”，青年书法家朱艾萨克的“天风海涛”等题刻，福建师范大学教授黄寿祺题诗赞曰：“三狮浮青黛，八澳凝烟翠，佳景倍怡情，顿尔忘劳瘁。”

（六）三沙烽火岛

位于霞浦县三沙港对面650米处，面积2.32平方千米，岛上奇石嶙峋，海岸蜿蜒曲折，澳口遍布，岛上树林，郁郁葱葱，岛内港湾水质清澈，波光粼粼，景色秀丽。具有较大的旅游开发资源和近台优势。

（七）西洋岛洋屿灯塔

位于海岛乡西洋岛的洋屿航标灯塔为鸦片战争时英国人所造，有150多年的历史。该塔高20多米，为圆柱体钢质结构，虽然年代久远，但依然雄伟壮观，该塔所在的洋屿岛与横屿岛相连，面积约30万平方米，是西洋岛向外延伸的一个美丽的小岛，不仅绿草如茵，风光旖旎，而且是个充满神秘色彩的革命传奇的小岛。民国22年（1933年）4月，中共福安中心县委派曾志到西洋岛收编柯成贵部队，渔家英雄柯成贵成为闽东红军独立团海上游击独立营营长。这支队伍以洋屿为革命根据地，驰骋千里海疆，震慑了国民党及日本过往船舰。

三、周宁县风景区

（一）滴水岩景点

滴水岩景点在礼门乡西南，距县城29千米。滴水岩风景奇特，古人题匾称之为“八闽首景”。滴水岩原称显圣岩。主要景点有滴水岩石壁、狮口洞、狮耳洞、大雄宝殿、琵琶瀑、人工湖等。

滴水岩石壁　石壁宽300余米、高200余米，形似巨狮横卧，气势雄伟。民国27年（1938年）版《周墩区志》载：“虎溪桥，灵岩井，醉经堂；罗汉洞，天然池，滴珠帘；虚凉阁，金炉峰，石浮屠，合本岩为十奇景。”人工湖建成后部分景点被淹没。清嘉庆进士、国史馆总纂魏敬中游显圣岩（滴水岩的旧称）诗曰：“隐现楼台缥渺岑，滴珠帘下洞口深；天开石壁群灵会，路转溪桥独客寻。”

狮口洞　滴水岩壁上有天然石洞，俗称狮口洞。洞高23米、宽13米、深29米，洞中可容数百人。宋代辟为佛地。明景泰三年（1452年）的洞内兴建大雄宝殿，几经修建，保护完好。明嘉靖年间洞口立“八闽首景”匾额，后因年久湮没。1949年，县长黄颐重立石匾。

狮耳洞　狮口洞上方左右各一洞，形似狮耳洞。左耳洞宽10米、高6米、深9米，右耳洞宽15米、高7米、深12米。洞前建有钟亭，游人由此远眺，峰峦叠嶂尽收眼底。

（二）蝙蝠洞景点

蝙蝠洞风景点地处周宁县礼门乡溪山村，因部分岩洞栖息众多的蝙蝠而得名。是一处长约3～4千米的溪谷，瀑布成群，溪水清澈，稀有树种密布。蝙蝠洞主景区12平方千米，内有40多个景点，景区深邃幽奇，怪树奇石密布，被誉为“闽东的西双版纳”，被宁德市旅游局列入“优先开发景区”。

景区内的“生命之门”，是蝙蝠洞第一景，洞口鬼斧神工，呈A字形，高11米、底宽10米。从“生命之门”到天然大石门的蝙蝠洞群是景区最精华的部分。前后镬形状如大铁锅，一前一后，如民间农家的土灶上的铁锅。洞外的彩虹瀑溪水奔泻飞溅而下，如“大珠小珠落玉盘”，因在阳光的照射下折射出彩虹而得名。景区奇花异木随处可见，文武树位与景区必经小道上，自然生成“∩”形。游客至此须弯腰才能通过。到此古代的文官下轿、武官下马，故称文武树。又有一树干挺直、粗如海碗、高约15米的枫树，在平整如削的悬崖上贴崖而生，却枝茂叶盛，枫何以成长，仍是一个谜。

（三）官山风景点

官山风景点位于周宁城关东北部，距县城12千米。官山海拔730米，由5座宛如手指微张的手掌般的山峰连接而成，临溪拔起，四壁如削，山脚下的龙亭溪沿五指峰形成一个壮美的大拐弯，使官山成了一个名副其实的半岛。旧时，因山林权属纠纷，朝廷命官难以判处，收归官府，供周边百姓共同使用，故称官山。官山景点植被保护良好，四季云雾缭绕，终年漫山滴翠，层林密布，有观赏树木60多种，以峰、崖、洞、石、泉、潭、嶂、云、霭称胜，又以石、树、洞、水、云称奇。景观有“猪头壁”“金龟爬壁”“石笋”“鲤鱼朝天”等，还有“钱柜下”“溪边洞”“孤楼洞”等20多个大大奇异的山洞。官山还有遍布5平方千米，数以万计的官山溪奇石，神态各异，造型精美。有“古棺”“古船”“鳄鱼群”等等，岩石群中还有冰川时代的“冰臼”。

（四）后垅大峡谷

后垅大峡谷位于礼门乡境内，北起陈峭村天地山，南至后垅村拇指山。全长 25.6 千米，宽处 100 多米，窄处几十米，沿岸密布着广袤的原始次森林和部分原始森林，被列为鸳鸯和猕猴的自然保护区。峡谷被专家学者誉为“闽东的西双版纳”。峡谷内千米以上山峰有 20 多座，最高山峰 1285 米，峡谷昼夜温差大，白天温度高，植被十分丰富，在成片茂密的原始次生林中，有名贵树种红豆杉，其中秀坑村后门山中有红豆杉 60 多株，最大的直径达 1 米，树龄已千年，还有樟木、古银杏等名树，珍稀野生动物有狒猴、白鹇、鸳鸯等。新建成的后垅水库，形成约 5 千米长，180 ~ 230 米宽的人工湖，湖水全部来自山涧清泉，无任何污染。沿岸有许多保存完好的古廊桥、古道、古亭、古寨、古炮楼和古堡，这里还有闻名遐迩的“长寿村”、南少林虎桩拳的传人、建造古廊桥的世家。

（五）灵峰寺

灵峰寺原名灵显寺，位于纯池乡禾溪与桃坑之间的灵显山麓，建于宋淳化元年（990 年）。明弘治十二年（1499 年），禾溪村民许韬山捐资重建。明嘉靖二十五年（1546 年），寿宁知县张鹤年建坊题匾“丹华胜境”。民国元年（1912 年）全寺毁于火灾。民国 34 年（1945 年）起陆续重建。灵峰寺殿堂依山傍立，建筑错落有致，整个布局以山门、照壁、放生池、天王殿、天井、大雄宝殿、养鱼塘、法堂为中轴线，两翼有宽敞的廊庑，左厢依次为钟楼、僧舍、服务部、客堂。大雄宝殿为重檐歇山顶，主间抬梁式，次间穿斗式，面宽 16.7 米、进深 17 米、高 12.2 米。殿中塑有三宝如来等大小鎏金佛像，殿后部为普陀山，寺前建有海会塔、七姐妹亭。灵峰寺是周宁县首批重点开放佛寺之一。

（六）方广寺

方广寺是供奉开山祖师平麓活佛肉身坐像而闻名遐迩的古寺。该寺坐落于玛坑乡首章村附近一个群山叠翠茂竹修林环抱的山坳中，距周宁县城 42 千米、宁德市蕉城区 104 千米，有柏油路直达寺区。方广寺始建于元顺帝至元五年（1339 年），据《方广禅寺林谱》记载：“方广寺几百年来，几经倾废，清雍正、嘉庆两次进行重修葺。”方广寺古色古香，具有元代建筑物的独特风格。寺的山门悬挂“空门第一”匾，门联“佛显名山第一，祖建梵刹无双”。《方广碑志》记述这个寺的历史。《方广丹碑》《平麓祖师赞》记载寺创始僧获明刑部尚书林聪题写的“慈云广被”匾额。景区内还有莲花墓、石佛出山、龙滚田、涌木井等古迹，罗汉松、红豆杉等名贵树种。方广寺位于周宁、福安、宁德三县交界处。第二次国内革命战争时期，闽东独立师经常在此活动，并在寺建立活动据点。

（七）林公宫

林公宫位于玛坑乡杉洋村村尾。是供奉一位为民除害，悬壶济世的林公。林公原名林亘，生于宋宁宗庆元三年（1197 年），原籍福安，后迁往杉溪（今周宁玛坑杉洋村）。林亘高大健壮，威猛善战，带领村人除兽安民，用青草药治病救人，相传他还会斩妖除魔。后卒于宋度宗咸淳五年（1269 年），村民以“神”敬之，改原白马塔纪念之。明成化七年（1471 年），明宪宗敕封亘公为“杉洋感应林公忠平侯王”，下诏杉洋谕其名。明正德八年（1513 年）建林公宫，清时增建太子亭，20 世纪 80 年代重修，保留明清建筑风格。

（八）古民居

楼坪古民居，位于李墩镇，有几十栋保存完整的对称式土木结构百年老屋，大多数是清同治、光绪年间建造的，以黑砖瓦的马头墙著称。窗格、廊壁都雕饰精美，镂刻有千姿百态的花鸟人物图案。保存最好的是光绪年间张政庠的老屋，雕刻最精美的当数楼坪第一秀才张鹏程的房子。最高的炮台厝建于民国 23 年（1934 年），设有 30 个炮眼，70 多个房间。咸村洋中古民居，位于咸村镇内，清嘉庆七年（1802 年）始建，后略有翻修，占地 18660 多平方米，其主座 5 幢互为相通，厝仔 7 座，建筑面积近万平方米，属中原流派建筑风格，厝内雕梁画栋。

（九）其他景点

石门山　石门山位于李墩镇楼坪村后的龙头岗南侧，主峰海拔 1449 米，属鹫峰山脉中段东侧。石门山环周山峦起伏，嵯峨挺拔，东西走向延绵 3 千米，中段岩嶂断裂一缺口，二石高出地面 80 余米，相隔 100 余米，石壁如削，两面对立，远看极似石门，故称石门山。石门山峰奇洞幽，怪石嶙峋，村人以其神态各异而命名的有老虎岩、老君岩、纱帽岩、锣岩、三层岩、坛底岩、石笋、旗山、田螺洞等景观。

石门山南向 2.5 千米的北洋村附近有一景观碧水岩，俗称里岩。岩嶂斜复突出，高 100 余米、宽 300 余米，岩顶泉水终年不竭，临空飘洒而下，犹如珠帘高挂。清顺治年间（1644—1661 年），村民阮、叶二姓建寺于岩下，栋不加瓦，寺中可容纳千人。

芹山湖　位于周宁县城西北 26 千米处，为华东地区海拔最高的湖泊，面积 7.8 平方千米，是国家二级电站芹山电站的库区所在地。沿湖有千年古刹灵峰寺，禾溪村、桃坑村的古民居及祖龙村的 800 年桂树和红豆杉等古树名木，还有禾溪廊桥、桃坑廊桥、禾溪鲤鱼溪、溪尾后山岛屿、半岛等等，为旅游避暑胜地。

天池峰　位于周宁县七步镇东面，有历史悠久的天台寺旧址，寺边瀑高 200 多米、宽 25 米，呈五级叠连，旁有高 80 余米“情侣峰”。峰顶可远眺五县，天池峰顶植被丰富，1 万多亩的原始次阔叶林和 20 多种珍稀动物，还有神秘幽深的红军洞、龙井、情人谷绵绵十多千米景点，山峦叠翠，石奇洞异，谷深峰险，飞瀑急流穿梭其中。

虎头山　位于咸村镇之西的慧日峰上，远望似一只卧着的老虎。北宋宗开宝七年（974 年）僧元自结茅居此，现复建有慧日寺大雄宝殿和天王殿。自然景观有峭峰巨岩、观日台、玉兔岩等。

八蒲龙井　八蒲龙井原称龙迹岩，位于县城东南 20 千米处的群山峡谷之中。《周墩区志》载：“龙迹岩在十五都八蒲，岩下有井，深险异常”。八蒲龙井在深山峡谷中，溪流从陡峭的悬崖奔冲而下直捣龙井，响声轰鸣，震撼山谷。平时瀑面宽 5 米，丰水期瀑面宽可达 20 余米，瀑高 70 余米。

东峰山　位于纯池镇，又称天柱山，因其峻拔于纯池东部而得名。东峰山毗邻纯池蒙坑林场，景区内大树参天，浓荫蔽日，环境极其清幽，峰顶有一平台，居高临险，视野开阔，为观日出和雾海的绝佳之境。

四、福安市景区

（一）富春溪景点

位于福安市西部，属于交溪的上游。富春溪蜿蜒曲折，从岩湖潭至阳头最为秀丽。沿溪两岸林木葱茏，风光旖旎。有倒流水、桃花岛、岩湖板、龟湖夕照等有名景观。

（二）富春公园

位于福安市西部，因其紧邻富春溪而得名。公园的前身是始建于民国29年（1940年）的中山公园，后荒废。1982年，福安地方政府在进行市政建设中，斥资改造重建，命名全新的公园为富春公园。新建后的富春公园总面积20多公顷。园内绿竹拥翠，古木参天。其中，单树木的品种就有200多种属，如国家珍稀树种相思树等。

（三）阳春公园

位于福安城郊之韩阳镇阳头村，总面积66公顷。园中以植被丰富而著称，满园的古松翠柏和绿竹桦林，既可供游人休闲观赏，又可起到防洪保土、美化城市的作用。

（四）满春公园

位于福安市郊坂中乡坂中村，总面积40多公顷，其与富春公园和阳春公园仅有一水之隔。满春公园与阳春公园的特色功能大同小异。园中古树繁多，更为奇特者，尚有形似牛头、童子、情侣树、龙凤门、达摩面壁、罗汉打坐等奇特自然景观。

（五）岩春公园

位于福安市城西3千米处，以仙岫山为主景区。园内的主要景点有天鼓石、石猪群、马仙洞、天泉甘露、鸳鸯成对、仙女献桃、石头将军等。如天气晴好，可登山顶，站立于天鼓石上观到“佛光”的奇特现象。此外，公园里还栖息有穿山甲、黄鼠狼、鹧鸪、云雀等着数十种珍稀野生动物。

五、屏南县景区

（一）仙山草场

位于屏南县城西北70千米处，与古田、建瓯交界，属高山缓坡稀林草场，面积约6660余公顷。山坡上生长着千姿百态的黄山松，草场里流淌着20多条终年不涸的小溪，沿岸的山中盛产各种竹笋、野菇、蕨菜、树梅、豺狗、野山羊、鹿、穿山甲、山鸡、野兔、棘胸蛙等野生动植物。这里既可领略到“天苍苍，野茫茫，风吹草低见牛羊”的北国草原情调，又可欣赏到江南牧场所特有的四季如春的山光水色，是江南难得的草原旅游胜地。有仙山湖、聚仙岩、仙人洞和县级文物闽东特委、军分区驻地纪念碑等景点。

（二）天湖顶高山湿地

在甘棠乡境内，离县城28千米，海拔1200米，总面积130多公顷，为罕见的高山沼泽化草甸泥炭湿地。湿地周边峰峦连绵，生长着茂密的天然阔叶林和混交林，风景十分秀丽。野生生物种类丰富，有红豆杉、水杉、银杏、楠木等珍稀植物，有雉、麋鹿、穿山甲、金钱豹等国家重点保护野生动物。

（三）罗经山风景区

位于寿山乡境内，与国家重点风景名胜区鸳鸯溪、国家地质公园白水洋、省级森林公园的康里、古廊桥龙井桥相毗邻，占地面积2平方千米。1亿年前的火山运动形成了景区内奇峰竞秀，怪石林立，罗经石、公鸡石、顽熊石、牛鼻石等天造奇景，各具神韵，引人入胜。罗经山东侧为放射状的火山塌陷盆地，区域内生态保护良好，有大片天然林、毛竹林和珍稀树种红豆杉群。该景区周围有古民居、古石牌坊、古窑址、古戏（乱弹戏）和茶盐古道等人文景观。

（四）九仙山风景点

位于县城西60千米，与仙山草场、建瓯交界，面积约20平方千米。山上奇石罗列，生长着大片黄山松，姿态万千，尤以螺旋松、莲台松令人称奇。山谷中原始次生林遮天蔽日。1979年版《辞海》中记载："鹫峰山……主峰九仙山在屏南县西，风景秀丽，为闽北名山。"景区内还有九仙庙、鹫峰、天马石、九仙岩、观湖岗、将军岩、仙翁岩、百丈岩、"胸有成竹"等山岳景观。

（五）熙岭龙潭

又名虎朝潭，位于熙岭乡南面4千米处，上有瀑布，潭边岩壁上无数古藤老蔓攀援其上，壮观秀丽。还有倒挂树，古朴俏美。潭边有巨穴，岩滑如磨，人称龙床。潭池上方岩壁处有一石像，酷似观音。景点周边植被茂盛，山体险峻。此外还有惠泽龙的传说等。

（六）上楼水松林

水松是非常古老的孑遗植物，被称为"活化石"，被列为珍稀树种之一。上楼水松林位于闽东第一高峰东峰尖北麓的一片沼泽地中，成片73株原生天然水松枝繁叶茂，树干挺拔遒劲，树高多在15米左右，胸径多在60～70厘米之间，最大1株高达17米，胸径7.6厘米，是全国仅有的最大的原生天然水松林。据专家考证，树龄多在千年以上，世界罕见。

（七）四季杜鹃花

位于棠口乡龙源村口，有一四季开花杜鹃树，经鉴定系珍贵的云锦杜鹃变种，树高4.1米，树冠直径5米多，七枝丛生，树干多苔藓，树龄400年以上。通常屏南的杜鹃在春季开花，而这株杜鹃却季季开花，花呈红色，以春季最多最旺盛，仅7月份无花。冬季这里经常凝霜，偶有飘雪，但这株杜鹃却依然开出娇艳红花。20世纪80年代初期，上海植物研究所有关专家对这株的杜鹃花植株进行了专门的研究，做了组培试验，但未成功。对其季季开花的原因至今仍无法解释。据记载，这株杜鹃树龄是400年前该村陆姓落祖时栽种，因四季开花而被当地群众称为"神花"，并加以保护。

六、柘荣县景区

（一）闽东药博园

闽东药用植物博览园（简称闽东药博园）位于福建省柘荣县境内，省级风景名胜区东狮山山麓。柘荣境内中药材资源丰富，品种繁多。据1986年药材资源普查，全县拥有全国重点普查的363个药材品种中的124种，占34.2%，拥有省增列普查的65个药材品种中的34种，占

52.3%，一般品种132种，民间用药45种，其他中药材上千种。柘荣县在中药材种植、药材（品）加工、营销上有着悠久的历史传统。药博园是构筑“闽东药城”的标志性工程，彰显了柘荣药业发展特色、成就和“中国太子参之乡”时代风采以及体现“闽东药城”深厚地域文化，展示了“建设国家生态县”人与自然和谐相处的“城市森林”景观。闽东药博园由药用动物养殖区、花类药区、珍稀濒危药区、原生药用植物区、水生药用植物区、木本药区、藤本药区、抗癌药用植物区、中药材种植示范区等特色园区组成，是一处独具柘荣特色和浓厚的医药文化色彩，集旅游、科研、科普、教学、休闲、养生保健于一体的观光胜地。

（二）青岚湖旅游度假区

青岚湖即青岚水库，位于东源乡境内霞泰公路蜿蜒湖畔，距城关10千米。是柘荣水利工作者“高峡出平湖”的一大壮举，水库坝高51米，库容量达1082万立方米，积雨面积19.34平方千米。湖中小岛错落，风光殊秀。1997年以来共投入资金数百万元，将青岚建设成集住宿、餐饮、娱乐、垂钓、游泳、赛艇于一体的旅游度假区，尤以夏日气候凉爽宜人，是避暑的最佳去处。

（三）仙屿公园

位于东狮山西麓脚下一座形如玉玺的小山上，又名“印屿”或者“鳌头一岛”。公园绿树簇拥，古木参天。仙屿宛如暗夜之中的绿纱灯笼，故有“美人挑灯”之美誉。清人徐友悟游仙屿，曾作一脍炙人口的《印屿诵》，诗云：“金印落岩阿，人间窃据多，妖气横狂后，千古镇山河。”仙屿顶有马氏仙庙，是本地马仙信徒朝拜马仙的圣地。仙庙终年香火不断。

（四）凤岐古民居

位于乍洋乡凤岐村，距柘荣县城20千米，距太姥山国家级风景名胜区20千米，东狮山至福鼎太姥山旅游公路从其门前经过。凤岐古民居系清代民居建筑，建造于清乾隆五年（1740年），被列为县级文物保护单位。古民居总占地面积9913平方米，主体建筑由3个三进的合院并列而成，内外两重围墙，四周花园。该建筑斗拱、门窗木雕多且工艺精美，建筑布局、采光、通风、排水等较为科学，整体规模宏大，气势宏伟，极具特色，可称为华夏古建筑的“活化石”。

（五）乍洋九龙井生态旅游点

景区主要集中在环石山洋的石山、溪口、凤里、长岐等村，处于国家级风景名胜区太姥山与省级风景区东狮山的中间地带，有乍洋至白琳的旅游公路连接。景区生态环境优良，人文与自然景观兼备，有龙井瀑布、岩洞奇石、急流碧潭、古树名木等自然景观，有古民居、古官道、古牌匾、古宗祠、七星墩等人文景观，也有袁天禄、李宗仁等名人在此地的民间传说，更有“十里翠竹、千亩木瓜、万担茶乡”和“石山粮仓”的田间风光。境内特色景点有建于清乾隆五年（1740年）、华东第二大单体结构的凤岐古民居、长47.2米的华东最大单孔石桥、元末明初修建的溪口古城墙、袁氏宗祠和树内可容纳10多人的中华马褂王，其中尤以九龙井瀑布最具特色，瀑布集形态各异的龙井瀑布、冰臼奇观、自然风貌原生态景观于一体。

（六）富溪古镇

富溪旧名古溪。富溪村在历史上曾是福宁州（府）直通中原古官道的必经之路。民国23年（1934年），在柘洋下城召开霞鼎苏维埃中心县政府会议，将中心县划分为4个辖区，富溪为第四区，派遣红军七连驻守富溪。富溪里街温厝砖墙上还留有当年红七连的标语和遗迹。

（七）古巡检司署

库溪古巡检司署，始设于五代后唐时期，其长官为巡检使或巡检宰，职主兵甲训练和巡逻、捕盗。宋、元续设，原为治安机构。明、清后改为行政机构，凡市镇、沿海、关隘或远离县辖地区，均设巡检司。据《宋史》载：威武节度使兼福建路钤辖。各路寨兵隶于巡检司，归县节制。相传库溪巡检司辖区二十四都沈青芦门堡巡检兵寨，地处闽浙交界，离库溪巡检司署路途遥，传讯难，弓兵寨员常有怨言，有偈语道："千里鼋潭，万里暗溪。芦门三届地，出入上下排。"

（八）东源目海尖

目海尖位于柘荣县东源乡杨家溪村东南侧，海拔1192.4米，介于柘荣、霞浦和福鼎三县（市）相交界的崇山峻岭之中，西面登峰路中央保存有国务院于1997年建立的县际"界碑"，路南侧属霞浦县，北侧为柘荣县境。峰顶之东系福鼎市辖地。海拔近千米处的柘荣界内有一天然岩洞可容数千人，民间相传有神仙驻守在此显灵佑民，故一年四季香客如云。柘荣、霞浦两县民间热心群众自20世纪90年代初开始捐资开发"目海尖"旅游资源，已修通柘霞公路交界处至半山接待站公路，铺设登山石道，架通至仙洞电线，兴建游客接待站和凉亭等。

（九）游朴德政坊

上黄柏是福建历史名人明代湖广布政司右参政游朴的第一故居，下黄柏立有游朴德政坊。长冠村立有游朴父亲明诰赠中宪大夫按察司使游德石亭2座、石坊1座。上黄柏还有"古泉井"，建于明正德十三年（1518年），水清见底，终年涓流不息，夏凉、冬暖，古人诗赞曰："泉流一鉴开，朝暮携瓶汲，上照碧苔零，下怜明月湿"。村西"兴福寺"尚悬一口清乾隆三十八年（1773年）铁铸的晨钟，声音洪亮，外形完好。

七、寿宁县景区

（一）南山风景点

南山风景点位于寿宁县东北面，距离城关19千米，海拔1254米，面积15平方千米。其山势磅礴，怪石磷峋、洞穴迷离，山清水秀、雄伟瑰丽。往南远景开阔，被誉为南方的"泰山"。往北山峰险峻突兀，颇有亲临"黄山"之感。明代著名的通俗文学家冯梦龙在任寿宁知县时经常登临绝顶，遗迹尚留。福建省第一位进士薛令之，也曾结庐南山，苦读成名，现读书处遗址尚存。景区由金鸡山、黄龙洞、南山顶龙岩寺、石鲤朝天、葫芦岭、天文台旧址、情人湖、鸳鸯戏水等景点组成。1991年，被寿宁县人民政府批准为县级风景名胜区。主要景点有：

金鸡山　位于南山半山腰，有金鸡山第一桥、曲径通幽、连环洞、金鸡报晓及寺庙文化景观。有寺庙11座，供奉神（佛）像360余尊，早在560多年前，附近的村民就在"风云洞"的石窟设立香火神案，该洞神签文彩典故对后人颇有启发、警醒，常为困惑时指点迷津。夏秋之间"云海"极为壮观。

连环洞　洞内怪石嶙峋，似龟似鱼，如狮如猴，遍布满山，石锁横空、鳄鱼出水、金蟾渡天、金龟探海等栩栩如生，连环洞穴交错。

金鸡槽　相传金鸡槽有一只美丽的金鸡，每逢拂晓，它悦耳的啼声，方圆数百里都可听到，山脚下王龙山的石鼓也响起，金鸡槽下前后鼎的水也沸腾，合抱的夫妻岩也就分开。传说金鸡槽有个小石洞，每当金鸡飞回时，总要将田野采回的稻米存入洞内，只要穷人求舍，洞内即流出一小碗米，后来有个贪心的财主发现这个秘密，就把洞掘大，企图得到更多的米，结果一粒米也未流不出。金鸡发现后，怒发冲冠，吓坏了财主。从此，金鸡化为一块巨石，立于金鸡山之巅，人们称这块巨石为“金鸡报晓”“金鸡独立”，金鸡山也因此得名。

黄龙洞 黄龙洞是一个奇洞怪穴，洞旁葫芦岭左下方的“十八罗汉”神态各异，黄龙洞长约300多米，内有一线天，天坛口，贴肚石，是一个由无数天然巨石迭垒构成的石洞，洞内恍若迷宫。据说当年“十八罗汉”路过此地，发现此洞，谁都不愿第一个进洞，久之，在洞口化为“十八罗汉”石像。

（二）白鹤仙岩景点

仙岩景点位于寿宁县西南，距离县城20千米，是寿宁鳌阳、托溪、大安三个乡镇及浙江庆元县江根交界点，景点海拔1527米，山势巍峨，石崖突兀，怪石嶙峋。顶峰上屹立一天然奇石，直插云天，高10米有余，方围10米。杜鹃花是仙岩景区的主要特色，这里的杜鹃枝繁叶茂，种类繁多，广袤万亩。位于仙岩景区对面、闽浙两省交界地、海拔为1626米的双苗尖，为闽东第二高峰，山中奇石林立，杜鹃遍野，高山草甸郁郁葱葱，景色十分壮观。杜鹃花密布山野，平均每亩296丛（株），最密每亩489丛（株）。榧峰寺后山弯一株杜鹃花丛高3.6米，单株地径4.7米，冠幅3.8米 ×2.9米。最高5.3米，最大地径17.4米。山际水库位于仙岩景区山脚下，气候凉爽，环境优美。岚下坑位于仙岩景区东面山脚下，两边山坡林木茂密，中间有一条清澈见底小溪缓缓流过。仙灵亭建于2000年7月，以解游人登山跋涉之艰辛，暂供风雨骤时的避息，位处上山之半山中，四周草木秀拔，空气清新。新建榧峰寺位于仙硐景区半山中弥勒佛像下。白鹤仙宫地处仙岩景区最高点，建在一群奇怪石之上，内塑白鹤真仙像。白鹤仙岩高达十余米，方围数十余丈，呈方圆形，稍见倾斜，一平如砥，下部犹台蜻蜓点水般点于地上，只由几颗小石相垫，几乎悬空。弥勒佛像。坐落于榧梓尖峰半山之中，从山下驻足仰视，该佛端坐山上，便便大肚，眉清目秀，开口含笑，栩栩如生。母子岩又称背子岩，形同母子二人，其子由母亲背于背上，惟妙惟肖，母子情深，颇为传神。鲤鱼朝天宛如一条跃然而上之鲤鱼，张着大嘴冲上蓝天。玉印位于顶峰仙宫前方，几块岩石就像摆着一张桌案，桌案上摆放着一颗玉印。

（三）三关胜境

三关胜境景区位于斜滩、芹洋、平溪三个乡镇交界处，有陵、宫、亭、阁、山、林、湖、岛等，交相辉映。四周群山叠翠，湖面碧波荡漾，山清月近，山水交融，不乏荷塘月色之秀丽。湖心岛恰如蓬莱仙境又似玉石仙台，美轮美奂。整个景区湖映山，山环水，一片湖光山色。

第四节 红色景点

一、兰田暴动旧址

位于福安市溪潭镇风林村陈氏宗祠。1932年9月14日，中共福安中心县委将兰田村反动民团作为攻击的目标，举行武装暴动。“兰田暴动”打响了闽东工农武装斗争的第一枪。1992年，中共宁德地委、宁德地区行政公署在此立碑纪念。

二、百克医院地下交通站旧址

位于宁德市蕉城区三都镇。1932年6月间，中共福州党组织为沟通与闽东的联系，派丁立山到三都澳，开设百克医院为掩护，建立海上交通站，为党组织和红军游击队搜集、传递情报，秘密运送军需用品，保护革命同志等。1938年春，丁立山遭敌追捕，离开三都。历经5年多的百克医院地下联络站工作结束。

三、闽东红带会总部成立旧址

位于福安市溪柄镇柏柱洋狮峰寺。1933年，中共福安中心县委正式成立闽东红带总队，总部设在福安柏柱洋的千年古刹狮峰寺。1985年10月，狮峰寺被福建省人民政府公布为福建省文物保护单位，2006年5月被国务院公布为全国重点文物保护单位。

四、闽东苏维埃政府旧址

位于福安市溪柄镇斗面村。1934年2月，全闽东工农兵第一次代表大会在福安柏柱洋的斗面村召开，会上成立了闽东苏维埃政府。1984年7月，中共宁德地委、宁德地区行政公署在斗面村头设立闽东苏维埃政府成立纪念碑。1985年10月，闽东苏维埃政府旧址被列为省级文物保护单位。

五、中共闽东临时特委旧址

位于福安市溪柄镇斗面村。1934年6月，中共福安中心县委、连江中心县委在福安溪柄柏柱洋附近的菜花桥畲村召开联席会议，成立中共闽东临时特别委员会。临时特委机关设在福安柏柱洋斗面村。1985年10月，中共闽东临时特委旧址被列为省级文物保护单位。

六、中央红军北上抗日先遣队与闽东红军会师旧址

位于蕉城区赤溪镇阳谷宫。1934年7月，中央红军北上抗日先遣队从江西进入福建，转战闽东，于8月20日抵达宁德赤溪阳谷村。8月21日，闽东红军一部与先遣队在阳谷村会师。1984年，中共宁德县委、县人民政府在赤溪立碑纪念。

七、中国工农红军闽东独立师成立旧址

位于宁德市蕉城区霍童镇支提山。1934年9月30日，中国工农红军闽东独立师在支提寺成立。1938年春，根据中共中央的指示，闽东红军独立师改编为新四军第3支队第6团。

八、闽东红军独立团海上游击独立营遗址

位于霞浦县海岛乡西洋岛。1934 年 1 月，中共福安中心县委将海上群众武装组织柯成贵队伍收编为闽东红军独立团海上游击独立营（简称“霞浦海上游击队”）。从 1934 年春到 1935 年 5 月，霞浦海上游击队活跃于福鼎、霞浦、福安、宁德（今蕉城区）、罗源、连江及长乐、福清等县的千里海域，在截击敌人海上交通、保护海上交通线，配合陆上红军作战等方面发挥了重要的作用。

九、中共闽浙边临时省委旧址

位于寿宁县犀溪乡甲坑村郑家坑自然村。1935 年 10 月 5 日，中国工农红军挺进师一部与闽东红军独立师第二纵队在郑家坑村胜利会师，并召开联席会议，成立中共闽浙边临时省委。1984 年 7 月，中共宁德地委、宁德地区行政公署在郑家坑自然村的公路旁设立中共闽浙边临时省委成立纪念牌。

十、中共闽东特委旧址

位于寿宁县南阳镇含溪村。1935 年 5 月，分散闽东各地坚持斗争的负责人在寿宁含溪召开会议，总结反“清剿”斗争的经验教训，研究深入开展游击战争的有关问题，成立了中共闽东特委，确定了对内恢复巩固老区、对外波浪式发展新区的基本方针。

十一、中共闽东特委楮坪会议旧址

位于柘荣县楮坪乡龙井庵。1935 年 8 月，中共闽东特委在柘洋楮坪龙井庵召开会议。

十二、百丈岩九壮士牺牲遗址

位于蕉城区虎浿镇东源村。1936 年 9 月，闽东红军独立师第 3 纵队 120 余人，从连罗地区返回宁德驻扎在虎浿东源村，遭到国民党省保安团的袭击。为掩护部队安全撤退，二支队长阮吴近带领 20 多名战士在百丈岩顶与敌人展开肉搏战。最终，在寡不敌众、弹尽援绝的情况下，阮吴近、冯廷育、余深德、高细瑶、谢兆量、何帮灿等 9 名红军战士跳下山崖，壮烈牺牲。

十三、闽东国共第一次和谈旧址

位于蕉城区霍童镇文昌阁。1937 年 9 月，中共闽东特委、闽东军政委员会全权代表与国民党福建省当局代表在霍童文昌阁举行第一次国共合作共同抗日和平谈判。1992 年 12 月，霍童文昌阁被列为县级文物保护单位。

十四、闽东红军独立师北上抗日整编旧址

位于蕉城区霍童镇桃坑村陈氏祖厅。1937 年 10 月，中共闽东特委将闽东独立师各部及各县游击队集结在宁德桃花溪根据地整编为三个营奔赴抗日前线。1984 年，中共宁德县委、宁德县人民政府在陈氏祖厅旁设立一座纪念碑。

十五、闽东独立师北上抗日石堂集训旧址

位于蕉城区虎浿镇梅鹤村、文峰村。1937 年 12 月底，整编不久的红军游击队全数移驻虎浿石堂（今梅鹤、文峰两村）进行集训。石堂集训历时 2 个月，部队进行了严格军事训练，还积极开展抗日救亡宣传。

十六、新四军第 3 支队第 6 团北上抗日出发地旧址

位于屏南县棠口村、双溪村。1937 年年底，闽东地区国共合作达成协定，划屏南县为红区，作为闽东红军北上抗日的集结地。1938 年 1 月 24 日，国民革命军福建抗日游击第 2 支队，从石堂、玉洋、忠洋分批开往屏南棠口整编。27 日，全部红军到达棠口集结完毕。1 月底，在棠口召开中共闽东特委扩大会议，闽东红军独立师奉命整编为新四军第 3 支队第 6 团，下辖 3 个营。2 月 14 日，新四军第 3 支队第 6 团分别从棠口、双溪出发北上抗日。1984 年 7 月，屏南县委、县政府分别在棠口、双溪两村建立新四军六团北上抗日纪念碑。

十七、闽东革命纪念馆

位于福安市新华北路，纪念馆建筑面积 3836 平方米。纪念馆是反映闽东地区革命斗争史和闽东苏区老一辈革命家活动的专题性纪念馆，共展出闽东革命斗争史的照片、图片 328 幅，文物、文献 325 件，人物照片 95 幅，历史画 24 幅。先后被确定为省级爱国主义教育基地、青少年革命传统教育基地、省直机关政治思想教育基地、福建省小公民道德建设示范基地。

十八、闽东畲族革命纪念馆

坐落于福安市城区，展厅面积 342 平方米，展出革命旧址照片、图表 120 幅，文物 76 件，分三部分再现了闽东畲族人民 1929—1949 年的光辉战斗历程：一是畲族人民接过马克思、列宁主义火种，畲族山村创立红色政权；二是三年游击战争艰苦岁月，畲族人民付出了巨大代价；三是畲族人民置身于两种命运的决战。

十九、张高谦烈士陵园

位于寿宁县武曲镇大韩村，是全国青少年教育基地。1961 年 2 月 6 日，年仅 13 岁的大韩小学少先队员张高谦，为了保护集体的羊群，与偷羊歹徒英勇搏斗而献出了年轻的生命。张高谦牺

牲后被共青团福建省委追认为“优秀少先队员”，团中央追认为“红色少年”。1991 年，寿宁县委、县政府在大韩村迁建新的张高谦陵园。张高谦陵园于 1994 年被共青团福建省委命名为首批“福建青少年革命传统教育基地”，被福建省教委命名为“福建省德育教育基地”。1996 年被省人民政府公布为第四批省级文物保护单位。2000 年，共青团中央将张高谦陵园列为第三批“全国青少年教育基地”。2004 年，寿宁县委宣传部牵头组织对陵园再次进行规划修缮扩建。

第二章　旅游规划与建设

第一节　旅游规划

一、宁德市旅游业发展总体规划

1998年，宁德市旅游业正式被列为重点产业加以促进发展。在建设海峡西岸经济区东北翼中心城市总体布局中，宁德市委、市政府高度重视对旅游资源的开发，成立市旅游重点产业领导小组，出台《加快宁德市旅游产业发展的若干意见》，为规划制定确定指导思想和总体目标。2003年8月，聘请北京大学旅游规划研究中心组织的编修小组组织编撰《宁德市旅游业发展总体规划》（后简称《总体规划》）。2005年年初，完成16万余字《总体规划》编制定稿。《总体规划》提出"一轴两带三区"的核心旅游布局概念，"一轴"，指国家海滨风景道，"两带"即蓝色旅游带和绿色旅游带。蓝色旅游带指的是以宁德东部太姥山、杨家溪、三都澳以及沿海的港湾、海滨、海岛及海水等以蓝色海洋旅游资源为依托的海洋旅游度假带；绿色旅游带指宁德内陆地区，以白水洋为龙头，包含支提山、鲤鱼溪、九龙漈瀑布群、翠屏湖等山水文化为主打品牌的绿色山水生态旅游带。"三区"：包括泛太姥旅游度假区、环三都澳海滨游憩度假区和大白水洋生态文化旅游区。打破了以县为界的行政区划，实现资源的合理配置和优化组合。在此基础上，宁德市政府制定"十一五"旅游计划，并着手将规划付诸全面实施。

二、景区规划

2001年，经福建省林业厅审核批准成立，相继启动《福建省霞浦杨梅岭省级森林公园总体规划》和《福建古田溪省级森林公园总体规划》编制。

2002年6月，由福建省地质调查研究院承担《太姥山国家地质公园总体规划》编制。该院相关专家应邀到秦屿、硖门、磻溪、白琳、店下、沙埕、嵛山等地，进行地质地貌勘探，同年9月，提交《太姥山国家地质公园综合考察报告》。

2003年5月，完成《太姥山国家地质公园总体规划》编制。8月，太姥山被批准列为省级地质公园。太姥山国家地质公园主要包括花岗岩峰林地貌核心景观区（包括摩霄峰、九鲤朝天2个景群）、地质游览区（包括太姥山核心区外围的天门寺、香山寺、国兴寺3个景群；九鲤溪瀑游览区；晴川湾游览区大箕筜、牛郎岗2个景群；福瑶列岛海蚀地貌景区天湖草场、鸳鸯岛海蚀地貌2个景群及乌岛独立景点；大岗头海蚀及花岗岩石蛋地貌景区鱼井和仰佛寺2个景群）、野营区（嵛山天湖和杨家溪金龟戏鳖2个野营区）、史迹游览区（冷城古堡、瑞云寺）、休闲度假区（大筼筜沙滩及其附近渔村、大岗头仰佛寺景群的青屿与中谷半岭自然村）、生态观光区（乌岛、渡头村枫香林和古榕树）、生产经营区（大嶂山玄武岩矿山）、旅游综合服务区（太姥洋、马祖）和行政管理区（太姥洋、秦屿、马祖、牙城）。11月下旬，在北京国家地质公园专家评审会上，该规划以84.78的高分通过评审论证。

同年，柘荣县被国家环保总局批准确定为全国第八批国家级生态示范区建设试点，着手制定《柘荣县国家生态示范区建设总体规划》，规划内容包括充分利用山、水两大资源，发挥生态、农业、药业三大优势，积极推动"工业强县、项目带动、可持续发展"三大战略。

2005年《福建省霞浦杨梅岭省级森林公园总体规划》和《福建古田溪省级森林公园总体规划》相继通过评审，其中霞浦杨梅岭省级森林公园规划面积约1200公顷，规划建设杨梅岭休闲娱乐、兰溪探险观光、狮山农业观光、高罗海滨度假和目莲山健身游乐等5个景区，1条文物观光线。

第二节 旅游区基础设施建设

一、太姥山风景区建设

作为宁德市首批开发的国家重点风景名胜区，1993年后，不断加大投入，利用国债资金、争取财政拨款等，多渠道投入资金1.12亿元，全线开通了环太姥山旅游公路，彻底解决了太姥山景区交通"瓶颈"问题。2000年，多方集资加大太姥山景区建设项目的投入。投资3700万元，用于秦太公路第三期拓改工程；投资1200万元，用于玉湖景区太姥娘娘雕像主体工程；投资600万元，用于牛郎岗海滨度假区建设；投资10万元，拓改太姥山生态停车场、修缮和配套修建景区内部分亭、台、步游道。同年又以项目为依托，拓宽旅游投融资渠道，集资用于梅岩宾馆和太姥山庄改造，兴办葫芦酒家和秦屿商贸城。21世纪初，政府和民间各方逐年加大对于太姥山风景名胜区的旅游设施和相关配套建设的投入。2003年，提倡走社会办旅游的路子，采取股份制、合作制等形式吸引社会民间资金用于旅游景点、娱乐接待、旅游商品等项目的开发。至2005年，太姥山风景区建设总投资达到4.2亿元，完成景区水、电、路、通信等基础设施建设和大型购物商场的设置，成立宁德畲族旅游艺术团，促进景区自然景观和畲族文化的融合。

通过大力度投资建设，太姥山风景区整体环境得到绿化、美化、净化，取得明显的经济效益。从1991年开始，福鼎县旅游收入呈级数增长，每年对国民经济所占的比重不断增大。进入太姥山的游客从1991年的40余万人次发展到2005年的近80万人次。1991—2005年，旅游总收入15.26亿元，年均1.02亿元。其中：1991—1995年5年旅游收入1.53亿元，年均3063万元；1996—2000年5年旅游收入2.86亿元，年均5720万元；2001—2005年5年旅游收入10.87亿元，年均2.17亿元。

二、嵛山岛风景区建设

至2005年，累计投入资金近1000万元，修建硖门便道、贝雷桥、渔井停车场，拓宽嵛山天马旅游公路，新建环大天湖景区公路、天湖步游道，增设安全警示牌及景点标识牌，开辟天湖露营基地，购置一艘百座高速豪华游艇等设施。

三、白水洋风景区建设

2004年起被列为全省十大旅游品牌之一，连续三年作为省属重点建设项目，倾斜支持建设。已投入基础设施建设资金5600多万元，建成景区标志性牌坊，通往白水洋的旅游公路、大型生态停车场、观景台等和景区管理中心、游客休息长廊，完成安全、环保、排污等一系列基础设施和配套设施建设，白水洋景区面貌有了根本性的改变。2004年，被列为福建省十大旅游品牌之一。

四、宜洋风景区建设

至2005年，总投资约4000万元的10.03千米旅游公路基本完成路基工程，宜洋景区管理中心等建设项目全面启动。

五、鸳鸯溪国家重点风景区建设

2003年12月25日，宁德市政府召开专题会议，研究白水洋旅游开发问题，提出政府主导、科学规划，倾力打造白水洋品牌。2004年1月3日，宁德市政府召开专题会议，研究白水洋国债旅游公路建设规划调整问题；省林业厅同意县政府提出的“将鸳鸯猕猴自然保护区同毗邻的鸳鸯溪风景名胜区作为整体开展旅游”的设想，并进行规划。省政府对白水洋景区建设给予倾斜支持，白水洋景区建设项目于2004年起连续3年被定为省属重点建设项目，计划总投资15000万元。

六、鲤鱼溪风景区建设

至2005年，完成景区鲤鱼溪停车场、游客集散中心、休憩亭、排洪、排污、引水工程、售票楼、管理房等旅游基础服务设施建设。完成鲤鱼溪1.5千米河道拓宽工程、2.1千米仿古道建设，并完成两岸亭台、楼阁、水榭、小桥等景观的修建以及两岸3万平方米的绿化工程建设。

七、九龙漈风景区建设

至2005年，完成景区一至九级栈道、索桥、汀步桥以及进出口步游道和进口至出口路段亭台、楼阁、公厕、小卖部等旅游配套设施建设，完成景区夜景工程建设，启动九龙漈一、二级停车场建设，全面展开七步至九龙漈景区旅游公路拓宽工程征地工作。

第三章 旅游市场开发

第一节 旅游交易推介活动

一、旅游交易会

福鼎市 1993年，太姥山被列为福建省对外开放旅游经济区之后，陆续与15家外商洽谈旅游合作项目，正式签约5家，投资总额9850万元。1997年，在福建省旅游局组织下，参加“1997年香港国际旅游交易会”，在香港会议展览中心展出太姥山丰富的旅游资源，并与其他一些国家、地区进行交流，赠送“福鼎画册”“太姥山导游图”“太姥胜景百石印谱”等宣传资料，扩大太姥山知名度。在福建省旅游经贸洽谈会上，与台商签约投资2000万元的太姥山葫芦酒家、小白鹭度假村2个开发项目。在厦门“1998年中国投资贸易洽谈会”上，与台商蔡某签约投资8000万元的九鲤溪度假村开发项目。1998年，参加厦门“1998年中国投资贸易洽谈会”的招商引资和泉州市的“1998年国内旅游交易会”。1999年，组团参加昆明市举办的“1999年中国国内旅交会”，单独设展台推介太姥山旅游线路和旅游资源，散发画册、宣传品4300多份。2000年，组团赴福州参加2000年福建旅游商品交易会和赴乌鲁木齐参加2000年国内旅交会，设展台展出多幅太姥山风光和福鼎市风情民俗照片，散发宣传画册、资料5000多份。2001—2002年，先后赴四川参加2001年国际旅交会和赴南京参加2002年国内旅交会。2003年，太姥山管委会组织新世纪、交通、中亚等旅行社总经理到温州参加2003烹饪王国游温州旅游节，首次推出“闽浙边界山海生态游”促销项目。先后参加上海国际旅交会和厦门国际旅交会。在第四届太姥山旅游文化节在招商推介会上，签约3个利用外资旅游项目，投资总额2.26亿元，利用外资2800万美元。2004年，举办第五届太姥山文化旅游节，推出旅游招商项目7个，签约项目3个，投资总额3.4亿元。参加杭州国内旅游交易会和福建省旅游局主办的北欧旅游促销活动。同年，太姥山管委会（市旅游局）牵头组织，并经省工商局核准，由万博（漳州）房地产开发有限公司、太姥山旅游经济开发有限公司和磻溪镇人民政府共同出资组建福建省太姥山万博旅游开发有限公司，注册资金1000万元，开发经营九鲤溪景区。2005年，参加第九届中国国际贸易投资洽谈会（首届海峡旅游博览会），太姥山风景名胜区作为宁德展区的旅游品牌，现场分发宣传资料7400份，向来自欧美、日韩、东南亚等100多个国家以及中国港、澳、台地区的客商展示了宁德市丰富独特的旅游资源和旅游产品；参加广州国际旅游文化节，发放资料5600多份。举办第六届太姥山文化旅游节，太姥山管委会、市旅游局会同秦屿、白琳、硋溪、嵛山、硖门等乡镇共推出22个旅游项目，项目签约投资总额近8亿元人民币。签约投资项目为太姥山旅游服务中心、秦屿洋里休闲度假中心、白琳镇翠郊古民居、福瑶列岛开发等22项。参加浙江省旅游交易会活动，发放资料15000份。太姥山管委会组团赴宁波参加中国旅游投资洽谈会，共推出旅游项目23个，发放太姥山宣传单2000多份，其间与远见旅研企业机构总裁召开太姥山品牌提升专题座谈会。

屏南县 1993年，举办屏南县鸳鸯溪招商恳谈会暨白水洋田径运动会。利用鸳鸯的象征“爱情”主题，开设“新婚蜜月仿古花轿之旅”旅游项目，吸引了不少新婚夫妇到鸳鸯溪观光、拍照。1995年，县政府举办闽东屏南鸳鸯溪国家风景名胜区暨夏香菇之乡招商会。1998年，旅游部门组团参加在泉州举办的国内旅游交易会；与古田、周宁联合推出“闽东绿色山水游”旅游专线。1999年，参加云南昆明市举办的昆明世界园艺博览会，获最佳展台奖；同年参加“1999福州旅游交易会”；制作《乐山乐水——闽东游》风光VCD。2003—2005年，县委、县政府连续2年邀请国内知名专家、学者聚首屏南，举办“白水洋旅游论坛”，纵论屏南旅游发展战略。

柘荣县 从2005年开始，组团参加海峡旅游交易会，柘荣县旅游商品展台作为宁德旅游商品的代表深受国内外客商好评。

二、推介活动

1993—2005年，根据“依托两州（福州、温州），拓展两南（闽南、浙南），进军上海，吸引港澳台”的市场定位，市旅游局注重发挥区位优势，通过举办文化旅游节、签订旅游合作协议，建立温州、福州、宁德两省三市旅游城市合作联盟，同时，以“长三角”为主攻方向，拓展旅游客源市场，南部以福州为聚散地，拓展厦、漳、泉和粤、港、澳、台客源市场，北部以温州为“桥头堡”，融入宁德与江、浙、沪旅游大循环。

福鼎市 1993年9月，在温州开展为期1个月的太姥山旅游展销活动。10月，在温州邀请当地各旅行商社洽谈1994年旅游业务。温州方面也开展相应的推介活动。是年，浙南地区组团到太姥山旅游的游客比上年增加2.24倍。1998年1月，接待台湾旅游同业公会理事会30多位旅游客商到访，与之达成业务往来的合作意向。随后接待7批近700人的台湾地区旅游客团。1999年6月和2000年6月，参加温州市旅游节活动，开展太姥山旅游推介招徕活动，发放宣传品近万份。2001年4月，福鼎市市长率团在上海举行太姥山旅游推介会，邀请上海市政协副主席等厅级以上领导干部近20人和上海国内旅行社107家，新闻记者30多人参加。2003年，参加福建省旅游局主办的东北三省的旅游促销活动。11月底，分别接待台湾地区旅行社负责人100多人和全国百强旅行社负责人70多人考察太姥山旅游线路。2004年，福鼎市委、市政府分别在上海、杭州举办较大型的太姥山旅游推介会，促进两地更多的市民和旅行商社认识太姥山，走进太姥山。同年，采取“管委会搭台，旅行社唱戏”的办法，组织各旅行社积极介入，统一编制旅游线路报价单，全面推销太姥山旅游精品线路。2005年，组织三支营销队伍，分赴广州、深圳、厦门、杭州、上海、南京等客源市场，走访当地旅行社近百家，进行调研与线路促销，并邀请当地旅行社陆续前往太姥山实地踩线考察。广东佛山市永安假期旅行社、深圳康辉旅行社合同《深圳商报》记者对太姥山各大景点及福鼎市各星级酒店，旅行社逐一进行踩线、考察，达成与太姥山联合营销意向。2005年

“十一”旅游黄金周期间，上海“白猫集团”“三德利啤酒集团”分别组织首批考察团到太姥山风景区实地踩线调研。

屏南县 2004年8月18日，举办由福建省旅游局、宁德市政府联合主办，屏南县政府、市旅游局承办的首届中国•白水洋旅游文化节。此后每年的8月18日，白水洋都举办规模不等的文化旅游节；同年，组织旅游作品参加省旅游局主办的首届福建旅游品牌展示会，在福州于山堂展示鸳鸯溪风光图片与说明；邀请省内外地质专家来白水洋开展探秘活动；制作景区风光挂历、台历、有奖明信片、邮资信封，并推出白水洋歌曲手机彩铃铃声和移动“动感地带”畅游白水洋活动业务，连续举办以白水洋生态科考游、景区探秘游、古廊桥文化游、休闲度假游为主题的宣传活动。

蕉城区 2005年，参加厦门“9・8中国投资贸易洽谈会”，与台商王健民签约三都澳旅游开发项目，正式成立海天公司控股澳翔公司，并完成600万元斗姥岛景区和200万元海上渔家开发项目签约，投资主体为宁德市三都澳旅游开发有限公司，该项目经相关部门审批立项，并完成景区一期工程建设。

霞浦县 2003年，温州神力集团与霞浦县签订总投资5亿元的高罗湾旅游度假村开发项目。

周宁县 1997年，与新加坡客商陈金凤、钱书良合作成立福建省周宁九龙漈旅游开发有限公司，调整充实九龙漈风景区管理所。1988—2005年，省、地、县共投入2000多万元资金用于景区景点建设，重点对“一溪一瀑一岩”旅游资源进行开发，形成以县域为中心的旅游景区。“一溪”即中华奇观鲤鱼溪。1988年启动鲤鱼溪景区建设，铺设通往鲤鱼溪街道水泥路面300米。1991年，新建鲤鱼溪公园石牌坊。1993年，完成鲤鱼溪公园路鹅卵石路面铺设及花圃建设。至2005年，先后投资800多万元修建完善鲤鱼溪公园、牌坊、鲤鱼溪茶楼、停车场等基础设施建设，对郑氏宗祠进行修缮，修建1500米环村公路和3000米的排污水沟。“一瀑”即华东第一瀑——九龙漈瀑布群，1987年，九龙漈景区被列入福建省第一批省级风景名胜区，同年成立周宁县九龙漈景区管理所。1990年，九龙漈观瀑亭竣工验收。1995年起，开工建设九龙漈半山六角亭、公厕。1996年，建设九龙漈第一级瀑布石阶游道及观瀑台；进行第二级至第九级游道整修，增建整个主景区险路扶手。1997年，投资300多万元，开工建设九龙漈调节水库重点工程，1999年5月竣工，库容45万立方米。1999年，投资150万元，完成省道310线从七步分岔至龙溪电站10千米景区柏油公路路面铺设；投资100万元，完成九龙漈风景区综合楼、停车场建设。2000—2003年，先后投资100多万元，完成观瀑亭、游道、停车场建设。2004—2005年，投入150多万元，完成景区标识牌设置、公厕改造、停车场扩建等工程建设。“一岩”即滴水岩（原称显圣岩）。1996年，退休干部李克庭带领礼门溪山村民自发成立周宁县龙溪建设理事会，对蝙蝠洞风景区进行勘探和初步开发。2001年，先后投入3万多元，修建风景区简易游道、防护设施等。2005年，投入5万元，完成官山风景区简易游道、风雨亭建设。

第二节　节庆促销

中国·太姥山文化旅游节　2000年12月，福鼎市人民政府举办首届福鼎建市五周年暨太姥山海大观第一届旅游文化节商品展销会，此后每年举行一届。从2003年开始，举办文化旅游节日期定于每年的6月27—29日，并与福鼎白茶文化节、旅游招商节和各种展销展览相结合，增强了文化旅游节经济唱戏的促销内涵。

中国·白水洋文化旅游节　从1992年开始，不定期组织举行白水洋水上运动会。水上动会有水上鸳鸯板竞走、水上舞龙、水上拔河、水上接力、竹杠舞、滑板和百米赛跑等丰富多彩的传统节目，并邀请国家、省、市、县媒体采访报道宣传。2004年8月18日，在白水洋隆重举办由福建省旅游局和宁德市政府主办、屏南县政府承办的首届中国·白水洋文化旅游节，省、市、县有关领导、海外游人客商400多人、国内各地3万多名游客参加开幕式，旅游节进行了千人体操表演、水上舞龙、舞狮、传统武术、大型水上歌舞等精彩表演。文化旅游节还举办了经贸洽谈、重点项目开工典礼和“白水洋神游论坛”等丰富多彩的经贸洽谈和文化旅游活动。此后每年的8月18日，“中国·白水洋文化旅游节”成为屏南县固定的文化旅游节日。

古田陈靖姑文化旅游节　2002年，古田县政府成功举办“9·26”首届陈靖姑文化旅游节，此后每年举办一次成为惯例。

畲族风情旅游节　1996年，蕉城区主办首届畲族风情旅游节。此后每年都举行有关专题的畲族风情旅游节庆。

中国·古田食用菌节　2002年，古田县结合旅游产业开发，举办首届全国食用菌产业高峰论坛暨中国（古田）食用菌节，此后，每年举办食用菌节成为古田县对外宣传展示旅游资源文化的重要节庆之一。

除此外，还有屏南县每年举办的中国古廊桥文化旅游节、柘荣县的马仙文化旅游节和福安、蕉城、霞浦、福鼎等县（市、区）每年举办的畲族的“三月三”“四月八”歌会等旅游产品促销节庆活动。2005年，第六届中国·宁德招商节期间，宁德市旅游协会与澎湖县旅行协会经过友好协商签定了海峡两岸岛屿旅游合作协义书。提出以宁德福瑶列岛与台湾澎湖列岛为核心旅游协作区，以期使之成为继“两门”（厦门与金门）、“两马”（马尾与妈祖）之后又一新的“两列”（福瑶列岛与澎湖列岛）旅游对接合作热线。同时，加强区内区域协作，将屏南白水洋、翠屏湖、周宁鲤鱼溪、九龙漈瀑布群、福鼎太姥山、宁德三都澳等几块重点旅游景区有机串联起来，形成区域“山、海、川、岛”旅游资源集群优势。

第三节　旅游特色品牌打造

2003年，宁德市政府抓住“闽东北亲水游”线路参选国家十大完美旅游线路的契机，召开专题会议，提出打造“亲水游”旅游品牌。对打造“白水洋”品牌的策划、宣传、促销做出决策，提出具体措施；同年，屏南县委、政府做出决定，各级、各部门领导的名片上统一用代表白水洋景区的标志图景。是年，在中央电视台经济频道推出的“完美假期旅游线路大赛”中，由白水洋、翠屏湖、临水宫、鲤鱼溪、九龙漈瀑布群、太姥山、杨家溪、三都澳等景点串联的“闽东北亲水游”线路从全国数千条线路中脱颖而出，入围全国前三名，形成“中国完美假期十佳旅游线路”新品牌。市旅游局提出把白水洋、太姥山打造成为中国一流、世界知名的旅游品牌，整合开发白水洋、太姥山、三都澳三大旅游区特色，融入畲族文化、古廊桥文化、宗教文化以及红色旅游文化等内涵，提高闽东旅游产品的质量和品位。

第四章　旅游服务与管理

第一节　旅游管理机构

宁德市（地区）旅游局　1991年7月，宁德地区旅游局从宁德市侨务办分离出来，成为独立的机构。内设综合科，局行政编制4人，工勤人员1人。1996年机构改革，增编企业管理科。行政编制增加到7个。2002年机构改革，行政编制增加到8人，工勤人员1人，处级领导职数4人。至2005年不变。

宁德市旅游质量监督管理所　2005年4月，成立市旅游质量监督管理所，事业编制定编3人。

第二节　旅游服务

一、旅游线路

（一）一日游部分线路

1.三都澳之旅：从宁德城区乘车到城澳码头，换乘快艇到斗姥岛景区。主要景点有：三都渔城、笔架山、斗姥女神、斗姥迷宫洞、岛顶观海、东冲口、状元帽、岩壁栈道、官井洋碧波、螺壳岩等。中午到三都渔城用餐，品尝海鲜。餐后到三都岛游览清代福海关等古迹。傍晚5点返回宁德城关，结束一日游。

2.其他部分一日游线路

屏南—白水洋（五老峰、白水洋水上活动）—屏南。

屏南—岭下水松林—广福桥—广利桥—屏南。

屏南—鸳鸯湖—双溪古镇—百丈漈—屏南。

唐塔（楞枷宝塔）—国兴寺—萨公岭—迎仙台—仙人锯板—蓝溪涧——线天——片瓦—通天洞—七星洞—回音谷—滴水洞—将军洞支道—璇玑洞—停车场（返回）。

唐塔（楞枷宝塔）—国兴寺—萨公岭—迎仙台—仙人锯板—蓝溪涧——线天——片瓦—通天洞—南天门洞—香山寺—香山水库—蝙蝠洞—平兴寺—停车场（返回）。

唐塔（楞枷宝塔）—国兴寺—萨公岭—迎仙台—仙人锯板—蓝溪涧——线天——片瓦—香

山寺—天梯岭—仙桥—回音谷—七星洞—滴水洞—三折腰洞—将军洞支道—璇玑洞—停车场（返回）。

（二）二日游部分线路

1. 畲族宫—南漈山公园—三都澳。

第一天：上午参观中华畲族宫、蔡威故居、国共和谈旧址“天后宫”；下午游览南漈山公园，主要景点有：湖滨游乐、南漈山观景、寺庙礼佛、龙湫观瀑等。夜宿宁德城关。

第二天，由城区乘车到城澳码头，转乘快艇到三都岛，参观福海关、西班牙教堂、修女院等。中午，到三都渔城品尝海鲜。下午，到斗帽岛游览，傍晚返回宁德城关，结束二日游。

2. 其他二日游线路

宁德城关—三都澳—杨家溪—太姥山。

宁德城关—霍童—九龙漈瀑布—鲤鱼溪—白水洋。

白水洋（五老峰、白水洋水上活动）—宜洋（鸳鸯生态动物园、珍稀植物生态园）—屏南。

唐塔—国兴寺—萨公岭—葫芦洞—将军洞—天柱峰—大盘石—玉兔听潮—云标石—三折腰—七星洞—回音谷—白云寺（夜宿）—覆鼎峰（观日出）—龙珠岗—香山寺—香山水库（游船）—蝙蝠洞—平兴寺—停车场（返回）。

唐塔—国兴寺—萨公岭—葫芦洞—将军洞—天柱峰—大盘石—云标石—七星洞—回音谷—白云寺（夜宿）—覆鼎峰（观日出）—龙珠岗—通天洞—一片瓦—鸿雪洞—一线天—蓝溪涧—仙人锯板—迎仙台—璇玑洞—停车场（返回）。

霞浦县城关—杨家溪—太姥山。

霞浦县城关—杨家溪—留云洞—嵛山岛。

周宁县城关—九龙漈瀑布—鲤鱼溪—白水洋—鸳鸯溪。

（三）三日游部分线路

1. 畲族宫—南漈山公园—支提山—霍童—三都澳。

2. 屏南—翠屏湖（临水宫）—雪峰寺（大目风景区）—福州宗教朝圣。

3. 唐塔（楞伽宝塔）—国兴寺—萨公岭—迎仙台—仙人锯板—云标石—三折腰洞—七星洞—回音谷—白云寺—乌龙岗—龙珠冈（次日）—覆鼎峰（观日出）—牛背岭—天门寺—韦陀洞—瞭望台—仙桥—天梯岭—香山寺—（第三日）—九鲤湖—南天门—通天洞—一片瓦—一线天—蓝溪涧—将军洞—大盘石—葫芦洞—璇玑洞—停车场（返回）。

4. 宁德城关—三都澳—南漈山公园—畲族宫—杨家溪—留云洞—太姥山。

5. 宁德城关—三都澳—支提山—九龙漈瀑布—鲤鱼溪—白水洋—临水宫。

6. 宁德城关—三都澳—南漈山公园—畲族宫—白马港—富春公园—桃花岛—东狮山。

7. 宁德城关—三都澳—支提山—临水宫—翠屏湖。

8. 福鼎城关—太姥山—翠郊古民居—杨家溪。

9. 福鼎城关—牛栏岗—太姥山—杨家溪。

10. 福鼎城关—太姥山—杨家溪—廉村—九龙漈瀑布—鲤鱼溪—支提山—三都澳。

11. 福鼎或霞浦县城关—太姥山—九龙漈瀑布—鲤鱼溪—白水洋。

12. 霞浦县城关—大京古堡—嵛山岛—杨家溪。

13. 古田县城关—翠屏湖—临水宫—鸳鸯溪。

（四）四日游部分线路

1. 宁德城关—三都澳—鲤鱼溪—鸳鸯溪—九龙漈瀑布—白水洋—翠屏湖—临水宫。
2. 宁德城关—三都澳—畲族宫—支提山—九龙漈瀑布—鸳鸯。

（五）五日游部分线路

1. 宁德城关—三都澳—畲族宫—支提山—太姥山—杨家溪。
2. 宁德城关—支提山—太姥山—杨家溪—东冲半岛—三都澳。

（六）六日游部分线路

1. 宁德城关—太姥山—东狮山—九龙漈瀑布—鸳鸯溪—翠屏湖。
2. 福鼎城关—太姥山—东狮山—九龙漈瀑布—鸳鸯溪—翠屏湖。

（七）闽东红色旅游线路

1. 福安柏柱洋一日游：由福安城关乘车前往楼下，到站后步行约200米到狮峰寺参观。回程步行前往榕头村观赏九头榕，游览郑虎臣祠堂。然后，乘车前往斗面村午餐。餐后参观闽东苏维埃政府旧址、共青团闽东特委旧址、闽东特委纪念亭等。最后，乘车回福安城关参观闽东革命烈士陵园和闽东革命纪念馆，结束一天的福安柏柱洋红色之旅。

2. 蕉城一日游：早上参观斗帽岛海上交通站旧址，中午到海上渔城参观品尝海鲜，午后到三都岛参观百克医院、西班牙教堂、福海关旧址等。回程前往漳湾参观南埕盐民暴动旧址。

二、购物

蕉城区　传统特产除了闻名中外的天山绿茶、天山银毫和茉莉花茶以及曾经一度被列为朝廷贡品的晚熟龙眼、荔枝以外，还有霍童有名的“四大”地方土产，即剪刀、草席、老酒和粉干。著名的海产品有三都澳大黄鱼、二都蚶、七都寸金鱼等。

福鼎市　福鼎市名优特产繁多。最能代表地方特色的有1983年被外经贸部评为出口优质产品的福鼎芋（槟榔芋），有1989年被农业部授予“部优”水果称号的四季柚，作为“中国白茶之乡”，有驰名中外的福鼎白茶；以及海特产如石斑鱼、青蟹、对虾、鳗鱼、丁香鱼等水产品等。工艺品有旅行箱、皮服装、马兰草席、贝雕、针织玩具、竹编等。传统的工艺美术产品有木雕、银器、福鼎香袋、福鼎饼花等。

屏南县　县城、白水洋管理中心共有10多家土特产店，经营鸳鸯面（苦槠面）、笋干、屏南老酒、高山茶叶、根雕、野生黄荇菇（美味牛肝菌）、野生红菇、银耳、香菇以及油柰、柿子、锥栗等土特产品。

周宁县　主要土特产品有茶叶、魔芋、苎麻、木耳、金针菇、黄花菜、笋干、茶油、桐油、棕床、棕垫、藤床、雪梨、柿枣、猕猴桃酒。

福安市　土特产品有芙蓉李、穆阳水蜜桃、紫葡萄、穆阳线面等。其中，特产的紫葡萄颇具盛名，以紫葡萄深加工的特色葡萄酒。最具有地方代表性的是银器，福安银器制作精巧美观，浸染着浓厚的民俗文化，被列为首批省级非物质文化遗产保护名录。

霞浦县　主要土特产品海鲜干货，作为“中国海带之乡”“中国紫菜之乡”和“北参南养”的主产区，榨菜、海带、紫菜和海参远销国内外市场。沙塘剑蛏、杨家溪鲥鱼亦为独有特产。霞浦工艺品珠帘和贝雕颇具特色。

古田县 古田县作为“中国食用菌之都”，古田银耳、香菇远销国内外市场，已成为全国最大的食用菌系列产品展销基地。主要土特产品有水蜜桃、柿子、油柰、蜜柚、马蹄笋等。古田竹编颇具特色，其中竹枕曾在20世纪30年代的国际万国博览会比赛中获得优等奖。

寿宁县 旅游购物品种主要有梦龙陶艺、竹编和叶腊石工艺品。其中，梦龙陶艺是集古代陶瓷、青铜器和篆隶书刻等艺术手法于一身的现代陶瓷艺术工艺品。其作品曾经先后被福建省工艺美术精品馆、中国历史博物馆、中国工艺美术馆等机构收藏。

柘荣县 作为“中国太子参之乡”，柘荣太子参是地方特产远近闻名。1992年，柘荣太子参获得首届中国农业博览会金奖，已开发出太子参咖啡、太子参酒等系列产品。成为全国最大的太子参系列产品产销基地。

三、美食小吃

（一）传统小吃

福鼎肉片 肉片最早称肉圆，后称肉丸、肉片，尤以福鼎管阳西阳肉片最为出名。据《福鼎小吃》记载，明朝初期，西阳吴氏先祖，为避战乱携家由南京丹徒县郊迁居西阳，并把肉片制作方法流传下来。制作时，把猪腿肉，加薯粉（地瓜粉）、盐、葱末、姜末，用木槌反复捶打成泥状（或用刀剁捣成泥状），再撮成肉片或肉丸，经蒸或捞煮后备用。煮出的肉片具有脆、滑、韧、香、嫩的特点，并受到闽东及省内外越来越多人的喜爱。2005年，省内许多地方都有福鼎人在经营福鼎肉片。

福鼎扁肉 历史悠久，早在清康熙年间（1662—1722年）就小有名气，后经不断改进创新，形成皮薄如纸、馅心脆嫩、酸辣鲜香、清爽可口的独特风味。2003年被评为“福建名小吃”。

福鼎鱼片 福鼎鱼片，以福鼎“江记鱼片”最为著名。民国20年（1931年），福鼎江声赣首创“江记鱼片”，并以肉质鲜嫩、酸辣可口的特点名扬福鼎。其后，其后人秉承江声赣所创配料秘方，精心制作，使“江记鱼片”声名远扬。2003年被评为“福建名小吃”。2005年，福鼎鱼片畅销全市，并在省内许多地方均可见到。

蕉城江南丸 又名元宵丸、上元丸，由糯米与猪腿肉混合一起制成，分甜、咸两种口味。遍布蕉城区大街小巷，其中八一五中路的彭记“江南丸”最有名。彭记“江南丸”的创始人彭愚山十几岁时到杭州谋生，西湖边的江南丸店当学徒，两年后回到宁德开始经营江南丸。制作时，先把糯米磨成粉，再和水制成皮，以糖、芝麻和研碎的花生仁制成皮里，成汤圆状，放沸水的锅中煮熟即可。具有皮薄、肉鲜、味美的特点，备受游客欢迎。20世纪80年代，彭记“江南丸”被评为闽东个体风味小吃特别奖。

福安海蛎包 遍布福安市区街头小巷，尤以溪柄海蛎饼为最佳，历来有“去溪柄吃爹包，去穆阳吃扁肉”之说。海蛎饼之所以称为爹包，一说是柄镇老街一家老字号海蛎饼摊，摊主继承其老爹的海蛎包特殊做法，故称爹包。一说是海蛎在福安方言里称作“die”（近似于“爹”音），所以叫爹包。制作时，先把黄豆、大米磨成米浆，再把白萝卜切成条状，装在布袋里，挤掉萝卜部分水分，再把萝卜、海蛎分别加入调味品入味15分钟，再在米浆均匀涂抹在大勺子内，把萝卜馅、海蛎分别放在米浆上，再均匀涂抹上米浆，放入五成热的油锅中炸至海蛎包边沿呈黄色时，再翻一面继续炸至呈金黄色，就可出锅。

霞浦阿达元宵 民国19年（1930年），霞浦城关刘祖达（乳名阿达）在县城设摊专营元宵，由于热情待客、童叟无欺，其经营的元宵声誉日隆，成为远近闻名的小吃，人称“阿达元宵”。制作时，糯米、粳米按10∶3比例混合，经浸泡、碾磨、脱水后压成小，再放入用猪腿肉、虾米、葱白、香油、精盐、白糖、葱花、酱油等调制的丸馅，制成的元宵洁白细腻、皮薄、柔软、馅多、味纯，香津可口、食而不腻。1956年，“阿达元宵”店并入集体饮食企业，仍由阿达主理。20世纪80年代，集体饮食企业解体，“阿达元宵”传人在城关设点经营元宵，风味犹存，为霞浦城关传统小吃。

霞浦三沙闽南糊 三沙“闽南糊”，别称“下南糊”，是霞浦县三沙镇别具一格的传统小吃。由明清时期迁居境内的闽南乡民传入，故名。三沙“闽南糊”以精制淀粉为主料，配以虾仁、墨鱼鲞、精肉、香菇、笋干、芹菜、香葱等佐料，用传统铸铁锅烹制。先将配料制成汤料，尔后缓缓倒入淀粉水浆，反复搅拌，并不断地往锅边添加熟猪油，直到锅中淀粉浆煮成暗绿色半流体，再加入适量去膜炒制花生仁，搅拌片刻即可出锅。味道荤鲜素香，清美可口。冷却后呈凝脂状，色如翡翠，可切片作冷食糕点，或加以煎烤而吃。20世纪90年代起，众多三沙个体户在霞浦城关经营此种小吃，声誉颇佳。

古田苏州糕 原名“满州糕”。据传是清乾隆年间古田县平湖街的糕饼师傅首创。民国初年，改名为“苏州糕”。制作时，选用肥肉去皮切成肉丁，连同白糖、芝麻和炒熟的碎花生仁掺入面粉中加水拌匀，再将揉好的面倒入屉板的四边形木框内压实，然后在铺着蕉叶或莲叶的蒸笼里蒸熟即可。或把肥肉丁先放在锅中炒至稍出油，再加少许酱油，制作的苏州糕叫“炒馅苏州糕”，甜中带咸，又不油腻，是古田民众逢年过节馈赠亲友的上乘礼品。

芋蛋面 古田、屏南传统小吃。用蒸熟的小芋与地瓜粉揉成团，再用薯切推切成圆条状，加入滚沸的汤锅内，伴以海蛎、芹菜等佐料，又称“喜乐面”，既可当点心，又可当汤菜。

寿宁立夏糊 寿宁传统节令小吃。每年立夏之日，寿宁家家做“立夏糊”。制作时，先把浸泡一夜的大米磨成米浆，再把瘦肉、目鱼丝、笋丝等加入盐、红酒、味精等配料，把黄豆、花生米爆炒至香脆，再把米浆置锅内微火煎熟，然后加入已加工好的瘦肉、目鱼丝、笋丝和黄豆、花生米等配料搅拌成糊状即可。寿宁习俗，“立夏糊”除自家食用外，还要分送左邻右舍品尝。

周宁泥鳅面 周宁民间历来有煮泥鳅面的传统。制作时，把清洗过的泥鳅置在碗里，滴入几滴花生油，待泥鳅吐出污物，再用清水洗净，以适量的黄酒和蛋清喂食，当泥鳅蛋饱酒醉后，用高压锅将泥鳅煮熟备用。煮食时用上好榛油、葱白、姜丝和酸菜用高火油炸（不要烧焦）后，加入料汤、熟泥鳅，待料汤沸后投入适量线面和酒糟，佐以香菜、香油、香醋、味精、辣椒、精盐即可。1994年，周宁县泥鳅面参加闽东风味小吃比赛，获得金奖。

柘荣牛肉丸 始于明朝末期，初为乡人自作自尝。清朝，柘荣县城便有牛肉丸沿街叫卖。光绪年间，柘荣县城游增清制作的牛肉丸最出名，成为民众喜爱的小吃。制作时，先把牛腿肉剁成牛肉酱，再按500克牛肉、250克甘薯淀粉、7.8克食盐、2.93克碱的比例搓揉（加少许姜泥、老酒、白糖、酱油、味精等佐料），掰成小丸，用蒸笼蒸熟或开水煮熟捞起备用。食用时，把牛肉丸放锅内加水、姜丝煮后，舀到碗里，加酱油、醋、味精、辣椒、葱花等即食用。1991年3月，在地区工商局、个体劳动者协会举办的“闽东风味小吃展评”上，柘荣袁菊珠制作的牛肉丸获特等奖。柘荣牛肉丸从此闻名遐迩，福州、闽北等地亦有柘荣牛肉丸店。

（二）特色菜肴

1993年，闽东菜肴以福州菜居多，多以水产品为原料。烹调方法有炒、煎、炸、炖、熘、蒸、煨等，味鲜清淡，汤菜居多，略带酸甜。1998年，福鼎市餐饮协会选派厨师参加世界华人烹饪技艺表演赛，其果蔬雕获得金奖。1999年，屏南华侨旅行社、富豪大酒店、天外天国际大饭店等相继推出米烧兔、鸳鸯面、青草药膳等特色菜肴，颇受游客青睐。寿宁县宾馆、寿宁聚得乐酒店、天然居酒楼、商贸城酒楼等相继推出寿宁地瓜扣、花菇、药膳鸡鸭等特色菜肴。

2000年，宁德市飞鸾扒鸡店店主注册“飞鸾扒鸡”品牌，并专门设计礼盒包装，扒鸡销量直线上升。2003年11月，福鼎市餐饮协会选派厨师参加第五届全国烹饪技术大赛，参赛的果蔬雕刻作品“龙云梦”（“神五”升空）被北京中青生活音像出版社作为杂志封面。2004年10月，在福州举办的中国第十四届厨师节上，福鼎蟳肉玉技获得金牌奖。2005年，闽东各县（市）区特色菜肴有米烧兔、古田火麒麟、福安流蜞蛋、柘荣牛肉丸、周宁马铃薯面条、福鼎太极芋泥、福鼎蟳肉玉技、闽东腊兔肉、屏南芋头面、柘荣泥鳅面、寿宁金丝扣、寿宁滑肉、周宁酸辣魔芋、福鼎龙舟鱼卷、霞浦沙塘剑蛏等。是年，屏南县“乡下厨房”（食品加工企业）采用传统方法生产烤肉兔，产品畅销国内各地。

（三）名菜

蕉城飞鸾扒鸡 早在清道光年间（1821—1850年）就小有名气，并吸引三都澳海关洋人定期到店家预定扒鸡，用于宴请宾客。制作时，要经清洗、造型并处理、蒸煮、制汁、卤制、灭菌、真空包装等几十道工序，采用秘方调制的卤汁，温火慢熬卤制（卤制2个小时以上），做出的扒鸡才肉嫩醇香。2000年，飞鸾扒鸡店店主注册“飞鸾扒鸡”品牌，并专门设计礼盒包装，扒鸡销量直线上升，逢年过节，更是供不应求。

福安流蜞蛋 流蜞是产于福安赛岐咸淡水交界的稻田中的一种环节水生动物，学名疵吻沙蚕，也称禾虫。身长约四五厘米，软体有红绿色条纹。流蜞用清水洗净，装入木桶，用鲜蛋清养至肚子鼓胀，再倒进陶钵内，加入剁碎的蒜头、切碎的陈皮、蛋和少许精盐和醋，并用筷子不停搅动成浆糊状。把流蜞和蛋清拌匀后，放到油锅，用温火烤熟，压成扁饼状即可。烤熟的“流蜞蛋”，在淡黄色中，微显红、绿线条，煞似缎锦；也可把陶钵架在炉子上以火煨熟或将陶钵放进锅中隔水蒸熟。具有入口清甜鲜美及滋阴、健脾、暖身、去湿之功效，被称为“江中的冬虫夏草”。

福鼎太极芋泥 选用福鼎槟榔芋，精制而成。制作时，选用正宗的福鼎槟榔芋，去皮洗净后，放入锅中蒸熟，捣烂，加入熟油、调料（可甜、可咸）调匀，制成太极图案，再置蒸笼或锅内蒸15分钟即可。其味清甜香郁，柔软滑润。1990年，国家经贸委授予荣誉证书，并正式命名为“福鼎芋”。此后，福鼎有关企业把太极芋泥加工成碗装，置于冰箱冷冻，食时蒸15分钟即可。福鼎各大超市均有销售。

福鼎太姥挂霜芋 亦称高丽，用福鼎特产的槟榔芋加工而成。制作时，把槟榔芋切成条状，裹上蛋面糊，下油锅炸成金黄色，因油炸膨胀后芋条大小与高丽参相似，故称“高丽”，再把白砂糖熬成糖液，离火倒入已炸熟的槟榔芋条，翻炒至呈霜即可。具有外酥肉嫩、香甜爽口的特点。

福鼎金丝凤尾 主要用料为鲜活九节虾、土豆、脆皮浆和调料，制作方法：将土豆切丝炸成金黄色，九节虾取净肉裹上脆皮浆炸熟。特点是外酥里嫩、刀工精细。

福鼎蟳肉玉技 制作时，把槟榔芋叶下白管去膜切成块，加入姜丝、调料烹制后，再加入蟹肉稍烩，用湿淀粉勾芡即可。2004年10月，在福州举办的中国第十四届厨师节上被授予“中华名宴”，并获得金牌奖。

霞浦剑蛏　霞浦剑蛏以霞浦沙江镇沙塘剑蛏村海滩生长的最负盛名。霞浦剑蛏有水焯剑蛏、葱香剑蛏、蒜茸剑蛏之分。制作水焯剑蛏时，先往锅中注入适量清水，待水中萌发气泡时，把剑蛏倒至锅内一两分钟后，再用勺子往同一个方向焯至锅内剑蛏微开小口，便起锅。具有清甜、鲜美的特点。

古田火麒麟　为古田民间酒席上的甜食。制作时，把槟榔芋去皮，煮熟，碾成芋泥，然后加入猪油、白糖和炒过的黑芝麻，把芋泥盛到圆盘里，将它堆得像一座小山丘，散发出扑鼻的芝麻香味，最后，再把用开水浸泡的红枣去核，枣肉向下，枣皮朝上，有规则地散贴在芋泥上。食用时，在小山丘腰部以下部位徐徐浇上一圈烧酒，再把烧酒点燃，就着烧酒点燃的火光，由“山顶”吃起。开始几口，甜丝丝、香喷喷，柔而不腻，吃到圆盘底部时，经烧酒烤过的芋泥则酥脆可口，可谓闽东一绝。

米烧兔　为古田、屏南、周宁一带传统美食，已有千年历史。尤以古田杉洋、鹤塘，屏南寿山的米烧兔为佳。制作时，先在铁锅里放入一小堆大米，再把宰后洗净的整兔置于“米烧”锅（锅内放米炒焦），用微火慢慢熏烤至兔肉体红油亮后取出待用。熏制后兔肉色泽褐红油亮、肉质干结细嫩、香甜浓郁。食用时，把兔肉切成细块，拌以生姜曲醋蒸煮，味道酸辣香甜。2002年前，屏南县每年生产米烧兔约11万只，基本上属于自产自销。2003年后，随着屏南县旅游业的快速发展，米烧兔逐渐被游客认可，成为游客必点的一个特色菜肴。2005年，屏南县“乡下厨房”（食品加工企业）采用传统方法生产烤肉兔，产品畅销国内各地。

屏南芋头面　传统美食，尤以屏南代溪芋头面尤为地道，闻名遐迩。制作时，先把芋头蒸熟捣烂成芋泥，与地瓜粉相混揉成面团备用。把洗净的活泥鳅先用酒糟醉软，改用温火煮透捞出，去内脏，再把姜葱蒜炒熟和糟汤一起烧开，用“番薯切”把芋泥推切入锅，边推边煮，待全浮起即熟透。起锅前，可加海鲜、菇类与香菜、葱花、黄酒、味精等佐料，即成一道呈粉红色、味道奇特的美食，望而生津，具有兼软滑润、浓郁诱人的特点。

寿宁金丝扣　俗称番薯扣、地瓜扣，寿宁著名美食。制作时，先把番薯粉放在水桶里，加入适量碱树灰（用常绿灌木烧制的碱灰）过滤后的碱水，搅拌至粉浆，用勺舀入糕房置于锅内蒸煮几分钟至熟，再添加一层粉浆蒸煮。如此反复，至糕房装满为止，再把糕房内的粉糕倒在竹房上晾干，刨成粉丝，放在篾垫上晒干即可。金丝扣既可以水煮也可以煎炒，在炒金丝扣时，先把金丝扣放在热汤里泡浸柔软，用油热炒葱、香菇、目鱼丝、虾肉、白菜丝等佐料，再把金丝扣倒进锅里炒一会儿，加入适量高汤，佐以盐、红酒、味精等，炒至金丝扣色泽金黄，软韧且具有弹性，即可装盘上桌。

寿宁滑肉　柘荣、寿宁美食。制作时，把地瓜粉调成浆状，摊入平底锅，再加上切成小片状的肉片（最好用肥瘦兼有的肉片），再放上少量芹菜、香葱等置在锅上蒸熟备用。食用时，把切成小片状的肉片煮成肉汤即可。柘荣人还喜欢把肉片与牛肉丸、猪肉丸拼煮，既可当汤又可当点心。

周宁马铃薯面条　周宁因海拔高，昼夜温差大，所产马铃薯品质佳、韧性好，是制作马铃薯面条的优质原料。制作时，把马铃薯洗净煮熟去皮，捣烂加入适量地瓜粉搓揉至软硬适中的面团备用。煮时，先把葱白、姜丝放入锅中稍炸，再加事先已用菜心、芹菜、目鱼干或鲜目鱼、虾仁、番鸭肉等煮好的汤料，再把马铃薯面团切成片状倒入汤料中，调以猪油、精盐、老酒、蒜泥、豆酱和剁碎的香菜、腌嫩姜煮上几煮即可。

柘荣泥鳅面　柘荣及福鼎管阳、磻溪等一带民间独特的风味小食。先把小泥鳅净养1～2天（不喂食），让其吐尽污泥、去除土气后，再把鸡蛋和家酿米酒倒入，让其浸食1～2个小时后，再加入茶油（亦可用调和油）茴香、食用红染料炖煮1～2小时装起。再放在熬煮好的猪骨汤内，加入鲜笋、酸菜、番薯粉丝（条），再加入蒜头、大葱头、辣椒、红酒等佐料，最后加入野生泥鳅茶（一种香味独特的香菜）即可。

四、民俗欣赏服务项目

蕉城区 霍童古镇是本地区最有代表性的历史、民俗文化村镇。其间不但集中了古人类遗址、宗教文化、红色老区等文化内涵，而且流传有鲜明地方特色的民俗文化。例如，每年二月初一的传统灯会，集中了铁技、纸扎、高跷、线狮等传统民俗技艺。霍童线狮2006年被列为国家非物质文化遗产。

福鼎市 除有畲族民俗民风以外，还有沙埕的铁技、秦屿的藤牌舞、桐城的“台阁”赛会、西昆的孔氏传统殡礼，以及流行于福鼎域内的说唱曲艺“嘭嘭鼓”等。

屏南县 最具代表性的为屏南四平戏和传统武术。

屏南四平戏被誉为“明代四平腔的活化石”“中国四平戏的活化石”，被列入首批国家非物质遗产代表名录的屏南四平戏，有闽剧前身的古老剧种平讲戏，福建省有影响的古老剧种之一“乱弹”戏，以及杖头木偶戏、提线木偶戏等。20世纪80年代以后，县里组织力量对其进行挖掘抢救，使这一古老地方剧种重现舞台。

屏南盛行武术运动，人才辈出。他们以武术强身健体，除恶抗暴，行侠仗义，并在境内外授徒传艺，留下许多传奇故事。屏南武术至明清两代，达于鼎盛，出过武举以上名流14人，如清朝虎将甘国宝、武进士张渊澜、武举人薛文潮以及许多影响甚大民间拳师。屏南传统武术门派众多，习者甚众，延传至今的传统武术有单鞭罗汉拳、虎形拳、龙虎形拳、将军拳、一字棍、鹿形棒齐眉棍、六桩棍、梅花棍、八卦棍、双头棍和镗术、扣链术、锏术、铁尺、刀术、剑术等。此外，农村中还延传着许多由农具及各种工具演化出来的特色武功，如锄头功、扁担功、烟筒功、狼筅功、扫帚功、扇子功等。许多名师身怀绝技，擅轻功、千斤坠、提肚吊阴、喷沙、喷针、铁砂掌、点穴、解穴术等等。改革开放以后，屏南武术界同仁摒弃门户之见，齐心协力，在继承传统武术的基础上，大量吸收其他外地优秀拳种，丰富和发展了屏南武术，并结合国际国内的武术比赛项目，开展跆拳道、拳击、散打等现代的竞技武术，在省、市历届比赛中取得优异成绩，涌现出一批优秀武术人才。

周宁县 民俗文化主要有浦源护鱼习俗、方广寺祈梦、林公宫迎神、后垅虎桩拳、三月三宗亲。

福安市 为全国畲族人口最多的县级市，以畲歌、畲俗等为主要内容的畲族文化成为独特的文化资源。“三月三”等畲族文化节展示了传统畲婚、农业劳作、原生态畲家游戏、农耕文化风貌。

古田县 为陈靖姑信俗文化发祥地，每年陈靖姑文化节举办的盛大临水夫人祭祀大典颇具传统民俗文化特色。评话、灯谜亦蜚声省内外。

霞浦县 “曳石”是沿海群众相沿久袭的群众性民间传统文化活动，以纪念戚家军摆空城计抗倭之举。每逢中秋佳节，霞浦沿海集镇群众便用粗绳捆绑石块，一人坐之石上，由数十甚至成百青壮年男子拖拽，在凹凸不平而平滑的石板路上奔跑，声响隆隆，助阵者声声呐喊，围观者甚众，十分热闹。

寿宁县 寿宁北路戏为国家级非物质文化遗产，北路戏俗称福建乱弹、横哨戏，是清代中叶传入福建的乱弹与当地民间戏曲融合形成的一种地方戏曲声腔剧种，已有300多年的历史，是代表清代乱弹声腔的珍稀剧种。

柘荣县 柘荣县马仙信俗是福建省唯一列入民俗门类的第四批国家级非物质文化遗产代表性项目，每年柘荣都要举办中国马仙文化旅游节，其中，送仙绕城环游仪式尤为热闹，一万多人分成彩旗队、彩车队、管乐队、腰鼓队、舞龙、舞狮队等方阵，身着各色服装，场面蔚为壮观。提线木偶戏、布袋戏、地坪戏、抬阁装饰、灯饰剪纸等民间技艺在仪式活动中得以展示和发扬。

五、旅行社

1992年，福安市旅行社成立后，福鼎太姥山旅行社、宁德市交通旅行社、宁德市教育旅行社、宁德市假日旅行社等相继成立。进入21世纪，各县（市、区）均成立旅行社。2004年，省中旅宁德分社设立，为宁德市第一家国际旅行社分社。2005年，共有国内旅行社50家。

2005年宁德市部分旅行社一览表

表20-1

县（市、区）	旅行社名称	成立时间	体制
蕉城区	宁德市闽东假日旅行社	1999	私营
	福建省宁德市青年旅行社	2000	私营
	宁德市中贸旅行社	2000	私营
	宁德山水旅行社有限公司	2001	私营
	宁德康辉旅行社有限公司	2002	私营
	宁德市世纪商务旅行社有限公司	2002	私营
	宁德市神州旅行社有限公司	2002	私营
	宁德市闽东假期旅行社	2003	私营
	闽通旅行社有限公司	2003	私营
	宁德市中联华侨旅行社有限公司	2003	私营
	宁德市东方旅行社有限公司	2003	私营
	福建省中国旅行社宁德分社	2004	私营
	宁德环球旅行社有限公司	2004	私营
	宁德四季阳光旅行社	2005	私营
古田县	古田天马旅行社有限公司	2000	私营
	古田中国旅行社有限公司	2000	私营
	古田翠屏湖春秋旅行社有限公司	2003	私营
	古田阳光假日旅行社有限公司	2004	私营
	古田山水旅行社有限公司	2004	私营
屏南县	屏南县鸳鸯溪旅行社有限公司	2004	私营
	屏南县交通旅行社有限公司	2004	国有

续表 20-1

县（市、区）	旅行社名称	成立时间	体制
周宁县	周宁县旅行社有限公司	2003	国有
	周宁县交通旅行社有限公司	2004	国有
寿宁县	寿宁县逢源旅行社	2003	私营
福安市	宁德市交通旅行社有限公司	1998	国有
	福安天马旅行社有限公司	2003	私营
柘荣县	柘荣县交通旅行社	2004	国有
福鼎市	福鼎太姥山旅行社有限公司	1998	国有
	福鼎新世纪旅行社有限公司	2000	私营
	福鼎市中亚旅游服务有限公司	2000	私营
	福鼎市交通旅行社有限公司	2000	国有
	福鼎市海上仙都旅行社有限公司	2003	私营
	福鼎市假日旅行社有限公司	2003	私营
	福鼎市远洋旅行社有限公司	2003	私营
	福鼎市天一旅行社有限公司	2003	私营
	福鼎市东方旅行社有限公司	2003	私营
	福鼎市阳光旅行社有限公司	2003	私营
	福鼎市神州旅行社有限公司	2004	私营
	福鼎市太姥风光旅行社有限公司	2004	私营
	福鼎市世纪行旅行社有限公司	2005	私营
	福鼎市春秋旅行社有限公司	2005	私营
	福鼎市太姥山海旅行社有限公司	2005	私营
	福鼎市海峡旅行社有限公司	2005	私营
霞浦县	霞浦县滨海旅行社有限公司	2000	私营
	霞浦县交通旅行社有限公司	2000	国有
	霞浦县万贤旅行社有限公司	2001	私营
	霞浦县环球旅行社有限公司	2002	私营

六、宾馆饭店

2005 年，宁德市旅游星级饭店 38 家，其中预备四星级 1 家，三星级 6 家，二星级 31 家，新增 8 家。（详见第十九编“服务业与房地产业”第一章　服务业）。

第三节 旅游市场管理

1993年，贯彻落实《福建省旅游市场管理暂行办法》。1999年，整顿旅游市场，取缔非法旅行社和非法代办点，严肃处理违规经营和侵害旅游者的事件。2000年，贯彻落实国家旅游局颁布的《导游人员管理条例》和《旅行社管理条例》，市旅游局制定下发《关于加强旅游市场管理的通知》，开展旅游市场整顿，取缔非法旅行社代办点。经省旅游局批准确定4家经营代办境外旅游业务的国内旅行社。2001年，市旅游局在全市开展整顿和规范旅游市场秩序工作，下发《宁德市旅游局整顿和规范旅游市场秩序工作方案》，并成立领导小组。各县（市）局亦成立相应机构，打击非法经营旅行社业务行为，落实旅行社责任保险。2002年，引导省内国际旅行社在闽东设立分社，先后有福建省世纪神舟旅行社、福建省康辉旅行社、福建省中国旅行社等加入闽东旅游市场开发。2003年，针对景区管理力量薄弱问题，全市各级旅游部门开展景区经营秩序整顿工作，市旅游局开展对游客反映较强烈、投诉较多的杨家溪景区重点检查，霞浦县政府组织县领导干部分6个小组分工负责，全面落实整改措施，使杨家溪景区游客投诉问题得到及时化解。市旅游局开展旅游市场大检查，重点查处和打击违法经营和无照经营、超范围经营等违规行为，惩处强拉强卖、哄抬物价、销售假冒伪劣旅游商品等不法行为。2004年，贯彻落实全国和福建省整顿和规范旅游市场秩序工作会议精神，综合整治宁德市旅游业的软硬环境，市旅游局联合消防、卫生防疫、交通、安监等部门，开展餐馆摊点的食品卫生、车站码头的交通工具及公众聚集场所的安全状况安全大检查，对太姥山景区道路、护栏、险要地段重点进行安全抽查，规范杨家溪竹筏、排工技术、急救设施设备装备要求。2005年，成立宁德市旅游质量监督管理所，充实旅游行政执法队伍。加大旅游市场治理整顿力度，深入开展旅游行风评议和旅游企业诚信建设。配合省旅游局开展“百佳诚信旅游企业评选活动”，宁德市闽通旅行社、宁德市青年旅行社、福鼎市新世纪旅行社、宁德美伦大饭店、福鼎海天大酒店、宁德三都澳景区、福建省品品香茶叶有限公司等7家旅游企业入选福建省百佳诚信旅游企业。强化旅游安全工作，建立健全各项责任制、规章、操作程序，不定期开展安全生产检查与督查工作，确保全年旅游系统安全生产无事故。特别是在“春节”“五一”“十一”黄金周期间，市旅游局开展了全面的节前安全大检查，24小时值班，确保了黄金周“健康、安全、秩序、质量”四统一目标的实现。

第四节 旅游行业管理

一、旅行社及宾馆、饭店管理

1993年，加快旅游企业转换机制，增强活力，进一步落实旅行社旅游安全保险、价格标准、财务统计等方面工作，引导旅行社逐步走上正常、规范的运行轨道。同时，加强对旅游企业的经营管理，扩大行业规模，创办地区旅游船舶服务公司、太姥山旅行社综合服务中心、福安物资经济开发公司等。先后组建太姥山旅行社、地区交通旅行社、宁德三都澳旅行社、青年旅行社、假日旅行社和地区教育旅行社等7家国内旅行社。地区旅游局在旅游行业中开展创造“青年文明号”活动。加强宾馆、饭店服务规范化指导，为开展评星工作奠定基础。

1995年，地区旅游局在全区开展整顿旅游市场检查评比，启动宾馆、饭店评星定级工作，宁德闽东大酒店被评为三星级酒店。同时推行旅行社质量保证金制度。1996—1998年，福安富春大酒店和九州大酒店被评为三星级饭店、福鼎海星大酒店和宁德凤凰大酒店被评为二星级饭店。至1998年，全区有三星级酒店3家，二星级饭店2家，国内旅行社7家。1999年，建立健全6家国内旅行管理制度，各家旅行社保证金落实到位。加强对全区星级宾馆的检查、督促，促进规范化、制度化建设。在全区旅游系统开展“文明窗口”“文明示范点”“青年文明号”活动。

2000年，贯彻落实国家旅游局颁布的《旅行社管理条例》，针对旅游队伍规模小的现状，采取扶持发展的策略，培育发展旅游企业。新办10家国内旅行社。扩大旅游饭店数量，指导旅游饭店加强软硬件建设，使其与国际星级饭店的管理服务水平接轨。加快评星步伐，京生大酒店加入三星级饭店的行列，福安东方大酒店、福鼎玉湖大酒店加入二星级行列，启动福鼎环岛大酒店、福安赛岐大酒店二星级饭店报批工作。全区有旅游星级饭店9家、旅游定点饭店10家、国内旅行社15家。2001年，重点落实旅行社责任保险。

2003年，市旅游局加强对各旅行社在大型旅行团的行程调度的指导，要求在线路上采取交错穿插办法，做到游客进得来、住得下、游得好。2004年，针对宁德市旅游企业弱、小、散、差的状况，加快培育旅游市场主体，积极发展饭店业，加强旅游饭店评星工作，是年新增旅游星级饭店6家，全市星级饭店总数达29家，国内旅行社新增12家，全市旅行社总数达43家。

2005年，宣传贯彻新《旅游饭店星级评定标准》，做好旅游饭店复核换牌工作。通过制定优惠政策、简化程序，鼓励发展旅游企业，新增4家旅游汽车公司。同时深化行业自律，市旅游局按照《中华人民共和国行政许可法》要求，清理许可项目，公开政务事项。

二、导游培训

1993年，输送15名导游人员参加省统一组织的资格考试，11名导游取得合格证。配合商业部门组织中初级厨师培训，职称考核。1999年，组织全区旅行社总经理、部门经理参加省旅游局举办的资格培训考试，组织30多名人员参加导游资格考试。2000年，贯彻落实国家旅游局颁布的《导游人员管理条例》，重点以培养新世纪旅游管理、服务人才为目标，加强内部员工培训，导游员培养。市旅游局与市机关管理局合作创办闽东旅游培训中心，培训初级导游人员、礼仪人员、保安人员共计100多人，同时向省旅游干校输送旅游企业总经理、部门经理参加培训，推进持证上岗。报送33名导游员参加培训考核，其中7人取得导游证。全市持证导游人数增加到40人。2002年，加快旅游人才培养速度，全市持证导游员75人参加导游计分管理培训，推行导游员IC卡制作发放，与全国、全省同步实行导游员全国联网管理。成立宁德市导游服务中心，加强对社会导游的管理，并在福鼎市、古田县、蕉城区成立导游服务站。对辖区内的导游、旅游企业进行监督检查和日常管理。2003年，明确要求各旅行社必须提前做好接待团队及选派导游、司乘人员上岗服务的计划安排，旅游宾馆、饭店和车队要遵守经营规则，优先落实旅游团队住宿、用餐和用车计划服务。2004年，新增导游164人，全市持证导游达370人。2005年，全市持有国家导游证人员473人。

第二十一编 财政 税务

1994年实施分税制财政体制改革后，各级政府增收积极性上升，宁德地区财政收入开始大幅增长，是年，全区财政总收入6.25亿元，比1993年增长31.4%。撤地设市之后，全市每年财政总收入均增长1亿元以上。2005年，全市财政总收入历史性地迈入20.33亿元，比增28.4%，是1993年的4.27倍，与2000年相比接近翻了一番。同时，财政支出也不断增长，支出重点逐步向民生项目投入转变，大量公共产品进入财政支持领域，使财政支出结构呈现了历史性的转变，支出规模持续有效放大，财政保障能力显著提高。2005年，全市财政支出25.86亿元，相当于1993年3.9倍。1993—2005年，13年间宁德财政收入累计完成145.11亿元，财政支出累计达到197.36亿元。

1994年，宁德实行国家、地方分税制，强化纳税管理。各级国税部门重点抓好纳税登记、纳税申报、账簿凭证管理、税务稽查、税款征收入库等环节，确保税款及时足额入库。大力加强税收信息化建设，实现电子报税、IC卡报税、电话报税等税收申报方式，形成“集中、联网、服务”全方位的税收信息化格局。国税收入由1994年的27.828万元上升到2005年的91.027万元，增长3.27倍。各级地税部门深化税收征管制度改革，优化组织税收收入办法，分解和落实税收计划，健全地税局和各征收单位“双向”定责、“双轨”考核目标责任制，开展税收稽查和清理欠税工作，税收收入总量大幅提高。2005年，全市地税税收收入为111601万元，比1994年的11791.9万元增长9.46倍。

第一章 财 政

1994 年实施分税制财政体制改革后，各级政府增收积极性上升，宁德地区财政收入开始大幅增长，是年，全区财政总收入 6.25 亿元，比 1993 年增长 31.4%。1997 年，财政总收入达到 10.12 亿元，比增 13.7%。2000 年，全区财政总收入达到 10.98 亿元，比增 15.5%。撤地设市之后，全市财政收入一年上一个台阶，每年财政总收入均增长 1 亿元以上。2005 年，全市财政总收入历史性地迈入 20.33 亿元，比增 28.4%，是 1993 年的 4.27 倍，与 2000 年相比接近翻了一番。同时，财政支出也不断增长，支出重点逐步向经济社会发展、“三农”工作，环境保护、科技教育、医疗卫生、社会保障、文化娱乐等民生项目投入转变，大量公共产品进入财政支持领域，使财政支出结构呈现了历史性的转变，支出规模持续有效放大，财政保障能力显著提高。2005 年，全市财政支出 25.86 亿元，相当于 1993 年 3.9 倍。1993—2005 年，13 年间宁德财政收入累计完成 145.11 亿元，财政支出累计达到 197.36 亿元。中共宁德市委、市政府实施环三都澳区域开发战略后，改革开放不断推进，非公有制经济发展迅猛，财政收入来源于国有经济成分的比例在总收入中明显下降，来源于集体、私营、个体及其他经济成分的比例大幅上升，尤其是来自第三产业的收入在总收入中的比例逐步上升。同时财政供养人口不断增长，改善民生政策陆续出台，财政工资性支出增加。进入 21 世纪以后，全市各级财政干部坚持依法理财、依法行政能力不断增强，财政管理更加规范。财政保障经济社会协调发展的能力逐步提高。

第一节 财政体制改革

1993 年，全区财政沿袭“分级包干”（划分收支、核定基数、定额缴补、增收全留、分集包干、自支平衡）管理体制。全区财政部门为实现地委、行署提出财政扭赤解困、打翻身仗目标，广泛开展“增收节支”活动，努力增加财政收入。1994 年，为理顺中央和地方财政分配关系，开始实行分税制财政体制。福建省相应对市县实行分税制财政管理体制，省财政分成所有地级和县级市增值税的 10%、营业税的 30% 和所得税的 30%（简称“1、3、3”体制）。宁德地区本着“大稳定、小调整”原则，完善区对县的“一个统一”“两个调整”“三个不变”财政体制。“一个统一”即财权与事权相统一，以事权为依据对财权进行合理划分；“两个调整”即对县区现行征收范围不明确、不规范的关系进行调整，财力分配格局更加合理；对收入增量部分进行调整，调动县区增收的积极性；“三个不变”即各县市既得财力不变，一律以 1993 年为基数，区级上划部分，或调减上解，或增加税收返还；分级核算的原则不变，市县区财政分灶吃饭，自求财政平衡；原体制分配格局暂时不变，新老体制“双轨”并行。

1995—2001年，继续执行1994年财政体制，其间不断加强乡镇一级财政体制改革和完善。根据乡镇的经济基础、发展现状等实际，确定不同的乡镇财政核算体制，促使县域经济稳定发展，提高财政运行质量和效益。2002年，中央实行所得税分享改革（将按企业隶属关系等划分调整为中央与地方按统一比例分享，企业所得税和个人所得税的50%划为中央收入，2003年上划比例调整为60%），全省相应取消“1、3、3”分成，对县（市）地方一般公共预算收入以2001年为基数，实行增量全留。省级集中设区市级地方一般公共预算收入增量20%。

第二节 财政收入

一、分税制改革前的财政收入

（一）一般预算内收入

工商税收 1993年，各级税务部门采取有效措施加强对工商各税的管征。地区财政部门为扶持工业、商业生产发展，向省财政厅争取工交专项资金1245万元，省、地共投入工、农、商业周转金1.84亿元，培植地方财源，促进工商税收的增长。全区地县级工商税收完成3.36亿元，比上年增收1.36亿元，增长68.3%，增收额和增幅均高于往年，其中，增值税完成1.14亿元，营业税完成8562万元，城市维护建设税完成1027万元，房产税完成488万元。

企业收入 1993年，各级财政部门从政策措施和资金扶持两方面促进企业财源建设。工业、商业、粮食等企业制定扭亏为盈的具体目标和要求，财政部门支持商粮企业转换经营机制，发动企业挖掘潜力，努力改善经济效益；地区财政为工、农、商粮企业投放各类周转金1.12亿元，有效缓解企业生产资金短缺困难，地区财政局配合年前财务、税收大检查，要求各县、市对粮食企业亏损和企业超承包收入，按年度退库计划及退库指标的完成情况，予以及时足额退库和拨补。全区企业收入完成313万元，比1992年增收244万元，增长353.6%，其中，工业企业收入完成615万元，比上年增71万元；商业企业收入完成71万元，比上年减52万元；粮食企业收入完成-1.093万元，比上年多退库17万元；其他部门企业收入完成454万元，比上年增68万元。企业收入偏低，主要原因是国有商业企业大面积持续亏损，粮食企业亏损退库现象未能完全制止。

农业税收 1993年，全区农业税收较上年略有减少，主要原因是地方拆除道路检查站卡后出现较为严重的偷漏税现象。为此，全区各级财政部门加强农、林特产税税源分布和流向动态监管，针对检查站、卡拆除采取新措施，加强源头管征，堵塞税源流失，保证税款足额征收入库。同时加大对农林牧业生产扶持和财源培植力度，全区安排农业支出560万元，筹集农业发展基金110万元，投入支农周转金219万元，有效促进农林牧业生产发展和农业税增收。全区农业税完成3830万元，比上年减收137万元，下降3.5%，其中，农业税入库679万元，比上年减收9万元；特产税完成2640万元，比上年减收249万元；耕地占用税完成348万元，比上年增收39万元；契税入库163万元，比上年增收81万元。1994—2002年，农业税收均有增长，2002年农业税收达1.08亿元，达到最高收入年份。至2004年，全区农业税完成929万元，比上年增收2

万元，其中，农业税入库601万元，比上年减收14万元，下降2.3%；特产税完成328万元，比上年增收16万元，增长5.1%。2005年以后不再征收农业税。

其他各项收入 为保证全区财政年收入稳定增长，各级财政部门结合一年一度财务大检查，纠正违纪行为，清理并组织各项罚没收入；组织专人深入工商、公安等部门，检查罚没票据缴销情况，对已实现的罚没收入催交入库，做到应收尽收。1993年，全区其他各项收入完成9854万元，比上年增收2.56万元，增长31.5%，其中，工商罚没收入完成310万元，比上年减收1154万元；政法罚没收入完成3084万元，比上年增收805万元；其他罚没收入3676万元（其中审计地方财政违规收入258万元、清查小金库收入56万元、公产收入393万元等），比上年增收1405万元；专项收入368万元（征收排污费108万元，教育附加费260万元），比上年增收86万元。

（二）预算外收入

1993年，全区财政预算外收入除来自集中事业、行政事业单位、乡农村教育费附加等收入外，另一途径是通过财务大检查，清理各项罚没收入，使其及时入库。是年，开展的财务大检查共查出违纪金额716万元，应入库398万元。全年财政部门共组织预算外收入3475万元，比上年增收1049万元，增长43.4%，其中，各项附加收入1741万元（含农牧业税附加241万元、城镇公用事业附加61万元），集中企业收入235万元（主要是集中企业利润），集中其他收入1489万元（含集中事业收入73万元、公房租赁收入16万元等）。1994—2005年，预算外收入均有增长，2005年预算外收入达7.15亿元，比1993年增收6.81亿，增长19.6倍。

二、分税制改革后的财政收入

（一）上划中央税收收入

上划中央“两税”收入 1994年，上划中央“两税”（地、县增值税收入的75%和地、县消费税的全部）收入为1.98亿元（其中：增值税1.88亿元，消费税1026万元）；1995年为2.21亿元（其中：增值税2.08亿元，消费税1294万元），比上年增长11.8%。1996年为2.13亿元（其中：增值税1.99亿元，消费税1.32亿元），比上年下降3.68%。1997年为2.40亿元（其中：增值税2.26亿元，消费税1474万元），比上年增长13%。1998年，上划中央“两税”为2.56亿元（其中：增值税2.42亿元，消费税1397万元），比上年增长6.31%。1999年为2.57亿元（其中：增值税2.44亿元，消费税1244万元），比上年增长0.27%。2000年为2.79亿元（其中：增值税2.69亿元，消费税1042万元），比上年增长8.7%。2001年为2.90亿元（其中：增值税2.86亿元，消费税450万元），比上年增长4.03%。

2002年，上划中央“两税”为3.17亿元（其中：增值税3.14亿元，消费税246万元），比上年增长9%。2003年为3.55亿元（其中：增值税3.48亿元，消费税716万元），比上年增长12.2%。2004年为3.72亿元（其中：增值税3.63亿元，消费税966万元），比上年增长45%。2005年为5.43亿元（其中：增值税5.30亿元，消费税1310万元），比上年增长45.8%。

上划中央所得税收入 2002年起，实行所得税上划中央。上划款额为1.19亿元。2003年，所得税收入中央与地方分享比例由原来的“五五”分成改为“六四”分成，上划款额为1.52亿元，比上年增长1.27倍。2004年，上划款额为1.92亿元，比增1.6倍。2005年，上划款额为2.25亿元，比增1.89倍。

（二）地方一般预算收入

工商各税收入 1994年，全区工商各税收入1.58亿元，比上年下降52.9%，其中：增值税完成6254万元，营业税完成5002万元，个人所得税完成992万元，城市维护建设税完成1295万元。1995年，为实现工商各税增收，财税部门将以往依靠条条协调税收，改由财政、国税、地税三家联合分解下达办法，使税收任务获得均衡增长，工商各税收入2.06亿元，比上年增长30.4%，其中：增值税完成6948万元，营业税完成6270万元，个人所得税完成3029万元，城市维护建设税完成1788万元。

1996年，全区工商各税收入2.62亿元，比上年增长27%，其中：增值税、营业税、个人所得税、城市维护建设税各完成6663万元、6796万元、6455万元、2025万元。1997年，工商各税收入2.99亿元，比上年增长14%，其中：增值税、营业税、个人所得税、城市维护建设税各完成7543万元、9155万元、5873万元、2593万元。1998年，工商各税收入3.43亿元，比上年增长15%，其中：增值税、营业税、个人所得税、城市维护建设税各完成8074万元、1.27亿元、6589万元、2839万元。

1999年，工商各税收入3.66亿元，比上年增长6.7%，其中：增值税、营业税、个人所得税、城市维护建设税各完成8149万元、1.39亿元、2573万元、3069万元。2000年，工商各税收入4.48亿元，比上年增长22.2%，其中：增值税、营业税、个人所得税、城市维护建设税各完成8957万元、1.99亿元、8872万元、2962万元。2001年，财政部门加强与各征管部门的协调，强化目标责任制，加大征管力度，克服减收增支压力，实现工商各税收入4.83亿元，比上年增长7.94%，其中：增值税、营业税、个人所得税、城市维护建设税各完成9531万元、2.08亿元、1.13亿元、2716万元。

2002年，实现工商各税收入5.16亿元，比上年增长6.8%，其中：增值税、营业税、个人所得税、城市维护建设税各完成1.04亿元、2.81亿元、6100万元、3214万元。2003年，工商各税收入5.70亿元，比上年增长10.5%，其中：增值税、营业税、个人所得税、城市维护建设税各完成1.16亿元、3.08亿元、4760万元、3837万元。2004年，工商各税收入6.35亿元，比上年增长11.3%，其中：增值税、营业税、个人所得税、城市维护建设税各完成8120万元、3.45亿元、5414万元、4584万元。

2005年，市财政以产业聚集为突破口，以资金扶持为引导，促进全市工业经济快速发展，使工商税收有了"源头活水"，出现持续增长新势头，全年工商税收7.85亿元，比上年增长23.8%，其中：增值税、营业税、个人所得税、城市维护建设税各完成1.77亿元、4.02亿元、6140万元、5671万元。

企业所得税收入 1994年，全区企业所得税收入2337万元，比上年增长99.6%。1995年为2818万元（其中集体企业所得税收入1287万元），比上年增长20.6%。1996年为2505万元，比上年下降11.1%。1997年为5760万元（其中集体企业所得税收入2043万元），比上年增长129.9%。1998年为3728万元，比上年下降35.3%。1999年为7820万元，比上年增长110%。2000年为8848万元，比上年增长13.1%。2001年为1.54亿元，比上年增长73.56%。2002年为4688万元，比上年下降61.8%。2003年为5369万元，比上年增长14.5%。2004年为7362万元，比上年增长37.12%。2005年为8852万元，比上年增长20.2%。

农业税收入 1994年，全区农业税收入为9256万元，比上年增长49.9%，其中农业特产税、契税各完成6428万元、361万元，分别比上年增长46.2%、154.2%。1995年为1.14亿元，比上年增长24%，其中农业特产税、契税各完成7744万元、809万元，分别比上年增长20.5%、

124.1%。1996年为1.17亿元，比上年增长2%，其中农业特产税、契税各完成7565万元、566万元，分别比上年下降2.3%、30%。1997年，全区农业税收入1.40亿元，比上年增长19.7%。其中农业特产税、契税各完成9141万元、2081万元，分别比上年增长20.8%、267.6%。1998年，为1.41亿元，比上年增长0.8%，其中农业特产税、契税各完成9833万元、1875万元，分别比上年增长7.6%、-9.9%。1999年为1.24亿元，比上年增长9.9%，其中农业特产税、契税各完成8637万元、1237万元，分别比上年增长11%、-9.9%。

2000年，全区农业税收入1.46亿元，比上年增长18.2%，其中农业特产税、契税各完成9542万元、1493万元，分别比上年增长10.7%、20.7%。2001年为1.26亿元，比上年下降13.84%，其中农业特产税、契税各完成8016万元、2131万元，分别比上年增长-15.99%、42.73%。2002年为1.38亿元，比上年增长9.6%，其中农业特产税、契税各完成9845万元、2502万元，分别比上年增长22.8%、17.4%。2003年为2667万元，比上年下降44.5%，其中农业特产税、契税各完成312万元、5505万元，分别比上年增长-96.8%、120.2%。2004年为9473万元，比上年增长23.6%，其中农业特产税、契税各完成328万元、7554万元，分别比上年增长-5.1%、37.22%。2005年为1.24亿元，比上年增长31%，其中耕地占用税、契税各完成3950万元、8460万元，分别比上年增长299.2%、12%。

非税收入　1994年，以行政性收费及罚没为主的非税收入为1.46亿元，比上年增长48.3%，其中工商罚没、政法罚没、征收排污费、教育费附加等项收入各完成1330万元、1870万元、128万元、247万元。1995年为2.25亿元，比上年增长49.1%，其中工商罚没、政法罚没、征收排污费、教育费附加等项收入各完成392万元、1045万元、220万元、467万元。1996年，为2.56亿元，比上年增长13.7%，其中工商罚没、政法罚没、行政性收费、征收排污费、教育费附加等项收入各完成490万元、2221万元、1446万元、289万元、733万元。1997年为2.58亿元，比上年增长0.83%，其中工商罚没、政法罚没、行政性收费、国有土地使用权有偿出让等项收入各完成703万元、1495万元、2515万元、1.13亿元。1998年，为2.64亿元，比上年下降0.5%，其中行政性收费、罚没、土地和海域有偿使用、征收排污费和城市教育费附加等项收入各完成2512万元，4349万元、5364万元、966万元。1999年为1.25亿元，比上年下降52.7%，其中行政性收费、罚没、土地和海域有偿使用、征收排污费等项收入完成1267万元、4419万元、1840万元、370万元。2000年，为1.35亿元，比上年增长7.9%，其中行政性收费、罚没、海域场地矿区使用费、征收排污费等项收入各完成1632万、6307万元、5272万元、4879万元。2001年，为1.43亿元，比上年增长6.01%，其中行政性收费、罚没、征收排污费、教育费附加等项收入各完成2352万元、6824万元、500万元、1239万元。2002年，为1.56亿元，比上年增长9.3%，其中行政政性收费、罚没、征收排污费、教育费附加等项收入各完成2444万元、9006万元、568万元、1430万元。2003年，为2.01亿元，比上年增长28.4%，其中行政性收费、罚没、海域场地矿区使用费、征收排污费、教育费附加等项收入各完成3873万元、1.17亿元、137万元、704万元、1888万元。2004年为2.09亿元，比上年增长4.25%，其中行政性收费、罚没、海域场地矿区使用费、征收排污费、教育费附加等项收入各完成4829万元、1.18亿元、345万元、562万元、2297万元。2005年，为2.64亿元，比上年增长26.3%，其中行政性收费、罚没、海域场地矿区使用费、征收排污费、教育费附加等项收入各完成5782万元、1.54亿元、209万元、658万元、2944万元。

（三）专项补助（上级补助）收入

1994年，上级补助收入4.02亿元，其中，税收返还2.60亿元、专项指标补助1.21亿元、专项结算补助533万元、其他补助1553万元。1995年，上级补助收入4.44亿元，其中：税收返还2.60亿元、专项指标补助1.43亿元，各项结算补助2581万元、其他补助1413万元。1996年，上级补助收入5.22亿元，其中：税收返还2.75亿元、专项指标补助1.89亿元、各项结算补助2742万元，其他补助3107万元。1997年，上级补助收入5.41亿元，其中：税收返还2.75亿元、专项指标补助1.95亿元、转移支付4940万元、各项结算补助1486万元、其他补助696万元。1998年上级补助收入5.70亿元，其中：税收返还2.74亿元、专项指标补助1.94亿元、转移支付6800万元、各项结算补助2325万元、其他补助1168万元。1999年，上级补助收入6.93亿元，其中：税收返还2.69亿元、专项指标补助2.61亿元、转移支付8560万元、增加工资补助2018万元、专项决算补助1340万元。2000年，上级补助收入7.02亿元，其中税收返还2.67亿元、专项指标补助1.59亿元、转移支付2.59亿元、各项结算补助1378万元。2001年，上级补助收入7.76亿元，其中：税收返还2.64亿元、专项指标补助1.62亿元、转移支付3.22亿元、各项结算补助2705万元。2002年，上级补助收入8.57亿元，其中：税收返还1.78亿元、所得税基数返还补助1.30亿元、原体制补助1.93亿元、专项指标补助1.80亿元、转移支付1.62亿元、决算专项补助719万元。2003年，上级补助收入11.49亿元，其中：原体制补助2.63亿元、中央两税基数返还1.78亿元、所得税基数返还1.57亿元、专项补助2.04亿元、转移支付补助3.33亿元、结算补助754万元、农业税灾歉补助680万元。2004年，上级补助收入13.05亿元，其中：原体制补助8888万元、中央两税基数返还1.78亿元、所得税基数返还1.57亿元、出口退税基数返还3974万元、专项补助2.29亿元、转移支付补助5.89亿元、结算补助2112万元、农业税灾歉补助284万元。2005年，上级补助收入15.05亿元，其中：原体制补助9454万元、中央两税基数返还1.78亿元、所得税基数返还1.57亿元、专项补助2.68亿元、转移支付补助7.55亿元、结算补助5248万元。

（四）基金预算收入

1997年起，宁德地区基金征管工作逐步步入正常轨道，同时部分基金纳入预算管理，因而基金收入不断增加。基金主要来自工交、文教、农业、社会保险等部门基金收入和土地有偿使用、地方财政税费附加等收入以及地方财政部门的预算安排、上级国有资产管理部门的配套支持资金。基金专项收入1.494万元，其中：电力建设基金收入200万元，城市教育费附加收入481万元，排污费收入340万元，职工医疗保险收入200万元，农牧业税附加收入257万元。1998年，为1839万元，比上年增长23.1%，其中：文教部门基金收入1162万元，地方财政税费附加收入668万元。1999年，为1970万元，比上年增长7.4%，其中：文教部门基金收入1172万元，地方财政税费附加收入716万元，工业交通部门基金收入82万元。2000年，为2621万元，比上年增长33%，其中：土地有偿使用收入1038万元，文教部门基金收入706万元，地方财政税费附加收入846万元，工业交通部门基金收入29万元。2001年，为4107万元，比上年增长56.7%，其中：工业交通部门、文教部门、土地有偿使用、地方财政税费附加等项基金收入各为90万元、510万元、2491万元、1016万元。2002年，为5100万元，比上年增长24.4%，其中：土地有偿使用、地方财政税费附加、文教部门、工业交通部门、农业部门等项基金收入各为2229万元、1151万元、963万元、421万元、327万元。2003年，为1.32亿元，比上年增长169.2%，其中：工业交通部门、文教部门、农业部门、土地有偿使用等项基金收入各为542万元、135万元、1883万元、9992万元。2004年，为1.34亿元，比上年增长2.04%，其中：土地有偿使用、农业部门、工业交通部门、地方财政税费附加等项基金收入各为1.05亿元、2030万元、477万元、112万元。2005年，为1.77亿元，比上年增长31.9%，其中：工业交通部门、农业部门、土地有偿使用、其他部门等项基金收入各为1343万元、6339万元、9683万元、361万元。

（五）预算外收入

1994年，全区预算外收入4597万元，比上年增长32.7%，其中：各项附加收入3073万元，集中企业收入292万元，集中其他收入53万元。1995年，为7484万元，比上年增长62.8%，其中：各项附加收入4727万元，集中企业收入535万元，集中其他收入2222万元。1996年，为1.45亿元，比上年增长94.3%，其中：各项附加收入4730万元，集中企业收入1411万元，集中其他收入8397万元。1997年，组织力量对全区227个单位进行预算外收入重点抽查，通过对违法违纪案件的处理和整改，使预算外资金滥收乱支势头得以遏制。全区预算外收入1.39亿元，比上年下降4%，其中：集中事业收入2736万元，集中其他收入1.12亿元。2001年，严控单位人员编制关，杜绝超编单位和人员统一支付工资，全市清理“吃空饷”人员302人。2003年，进一步完善异地收费管理办法，确保预算收入及时足额缴入财政专户。市财政局组织17个检查组，对全市43个单位进行财政督查，清查违纪金额272.18万元，配合市纪检委深入县（市、区），对开虚假发票和滥发钱物等现象加以制止。全市预算外收入为7.15亿元，比上年增长15.6%，其中：行政事业性收费收入4.89亿元，政府性基金（资金、附加）收入933万元，乡镇自筹、统筹收入1.39亿元，主管部门集中收入21万元，集中其他收入7628万元。2004年，为6.19亿元，其中：行政事业性收费收入4.19亿元，政府性基金收入1859万元，主管部门集中收入157万元，乡镇自筹、统筹资金收入1.21亿元，集中其他收入5910万元。

2005年，全市预算外收入7.15亿元，比上年增长15.6%，其中：行政事业性收费收入4.89亿元，政府性基金（资金、附加）收入933万元，乡镇自筹、统筹收入1.39亿元，主管部门集中收入21万元，集中其他收入7628万元。

1993—2005年宁德市（地区）财政总收入统计表

表21-1 单位：万元、%

年份	总收入	比上年增长
1993	47586	52.1
1994	62534	31.4
1995	81846	30.9
1996	89045	8.8
1997	101230	13.7
1998	108087	6.8
1999	95071	−12
2000	109792	15.5
2001	119856	9.2
2002	132883	10.9
2003	141651	6.6
2004	158277	11.7
2005	203291	28.4

1993—2005年宁德市（地区）财政分项收入统计表

表21-2　　单位：万元、%

项目＼年份	1993	比增	1994	比增	1995	比增	1996	比增
一、一般预算收入	47586	52.1	62073	30.4	81555	31.4	88816	8.9
（一）上划中央两税收入	18121	—	19789	9.2	22131	11.8	21316	-3.7
上划中央所得税收入	—	—	—	—	—	—	—	—
（二）地方级一般预算收入	47586	52.1	42284	-11.1	59424	40.5	67500	13.6
1. 工商各税收入	33589	68.3	15814	-52.9	20618	30.4	26189	27
增值税	11454	134.9	6254	-45.4	6948	11.1	6663	-4.1
营业税	8562	36.6	5002	-41.6	6270	25.3	6796	8.4
个人所得税	无	—	992	—	3029	205	6455	113.1
资源税	无	—	13	—	23	76.9	26	13
城市维护建设税	1027	51.2	1295	26	1788	38.1	2025	13.3
房产税	488	—	770	57.8	1028	33.5	1294	25.9
印花税	无	—	112	—	169	50.8	214	26.6
城镇土地使用税	无	—	98	—	113	15.3	163	44.2
土地增值税	—	—	—	—	—	—	27	—
车船使用和牌照税	97	—	104	7.2	142	36.5	182	28.2
屠宰税	30	—	103	243.3	176	70.9	204	15.9
2. 农业税收	3830	-3.5	9256	141.7	11473	24	11708	2
农业税	679	-1.3	1390	104.7	1416	1.9	1835	29.6
农业特产税	2640	-8.6	6428	143.4	7744	20.5	7565	-2.3
耕地占用税	348	12.6	1077	209.4	1504	39.6	1742	15.8
契税	163	98.8	361	121.4	809	124.1	566	-30
3. 企业收入	313	353.6	2117	576.4	4826	128	4020	-16.7
企业所得税	1171	28.4	2337	99.6	2818	20.6	2505	-11.1
国有资产经营收益	493	26.1	1109	124.9	2919	163.2	2333	-20.1
国有企业计划亏损补贴	-1245	—	-1329	—	-911	—	-808	—
4. 其他各项收入	9854	35.1	14613	48.3	22507	49.1	25583	13.7
罚没收入及行政性收费收入	7171	6.17	4919	-31.4	4003	-18.6	5836	45.8
专款收入	368	30.4	484	31.5	687	41.9	1.022	48.8
其他杂项收入	1319	158.8	4067	208.3	17817	338.1	18725	5.1
二、政府基金收入	—	—	—	—	—	—	—	—

续表 21-2

项目 \ 年份	1997	比增	1998	比增	1999	比增	2000	比增
一、一般预算收入	100409	13	106520	6.1	95071	−10.7	109792	15.5
（一）上划中央两税收入	24098	11.8	25619	6.3	25687	0.23	27917	8.7
上划中央所得税收入	—	—	—	—	—	—	—	—
（二）地方级一般预算收入	76311	14.8	80901	4.9	69384	−14.2	81875	21.2
1. 工商各税收入	29857	14	34342	15	36635	6.7	44752	22.2
增值税	7543	13.2	8074	7	8149	0.9	8957	9.9
营业税	9155	34.7	12767	39.5	13995	9.6	19863	41.9
个人所得税	5873	−9	6589	12.2	7573	14.9	8872	17.2
资源税	43	65.3	60	39.5	81	35	101	24.7
城市维护建设税	2593	28	2839	9.5	3069	8.1	2962	−3.5
房产税	1649	27.4	1994	20.9	2026	1.6	2310	14
印花税	224	4.7	294	31	412	40.1	503	22.1
城镇土地使用税	206	26.4	205	0.49	181	−11.7	243	34.3
土地增值税	35	29.6	134	282.9	316	135.8	349	10.4
车船使用和牌照税	187	2.7	167	−10.7	165	−1.2	118	−28.5
屠宰税	246	20.6	273	11	287	5.1	292	1.7
2. 农业税收	14018	19.7	14128	0.8	12385	9.9	14642	18.2
农业税	1574	−14.2	1423	−9.6	1332	−6.4	1112	−16.5
农业特产税	9141	20.8	9833	7.6	8617	11	9542	10.7
耕地占用税	1222	−29.9	997	−18.4	1199	20.3	2495	108
契税	2081	267.6	1875	−9.9	1237	−34	1493	20.7
3. 企业收入	6641	65.2	5940	−10.6	7847	32.1	8975	14.4
企业所得税	5760	129.9	3728	−35.3	7820	109.8	8848	13.1
国有资产经营收益	2037	−12.7	2870	40.9	612	−78.7	500	−18.3
国有企业计划亏损补贴	−1.129	—	−635	—	−585	—	−373	—
4. 其他各项收入	25795	0.83	26491	−0.5	12517	−52.7	13506	7.9
罚没收入及行政性收费收入	7362	26.1	6861	−10.4	5686	−17.1	7939	39.6
专款收入	—	—	966	—	1004	3.9	1528	52.2
其他杂项收入	18433	−1.6	13300	88.6	3987	−70	3512	−11.9
二、政府基金收入	1494	—	1839	23.1	1970	7.4	2621	33

续表 21-2

项目＼年份	2001	比增	2002	比增	2003	比增	2004	比增	2005	比增
一、一般预算收入	119856	9.2	132883	10.9	141650	6.6	150350	9	203291	31.7
（一）上划中央两税收入	29043	4.03	31665	9	35539	12.2	37251	4.8	54317	45.8
上划中央所得税收入	—	—	11960	—	15194	27	19164	26.1	22488	17.3
（二）地方级一般预算收入	90813	10.92	89258	−1.71	90917	1.85	97935	7.8	126486	25.1
1. 工商各税收入	48305	7.94	51.611	6.8	57013	10.5	63478	11.3	78593	23.8
增值税	9531	6.41	10473	9.9	11608	10.8	8120	−30	17669	117.6
营业税	20795	4.69	28119	35.2	30805	9.5	34455	11.85	40221	16.7
个人所得税	11348	27.91	6100	−46.8	4760	−22	5414	13.74	6140	13.4
资源税	107	5.9	140	30.8	199	42.1	374	87.9	455	21.7
城市维护建设税	2716	−8.31	3214	18.3	3837	19.5	4584	19.47	5671	23.7
房产税	2422	4.85	2998	23.8	2771	−7.6	2945	6.2	3470	−17.8
印花税	358	−28.83	562	57	1127	100.5	1098	−2.6	1.283	16.8
城镇土地使用税	165	−32.1	219	32.7	222	1.4	312	40.5	672	115.3
土地增值税	442	26.6	817	84.8	1345	64.6	1807	34.3	2602	44
车船使用和牌照税	154	30.5	189	22.7	316	67.2	397	25.6	410	3.3
屠宰税	198	−32.2	192	−3	22	−88.5	—	—	—	—
2. 农业税收	12615	−13.84	13822	9.6	7667	−44.5	9473	23.6	12411	31
农业税	914	−17.81	918	0.4	615	−33	601	−2.3	—	—
农业特产税	8016	−15.99	9845	22.8	312	−96.8	328	−5.1	—	—
耕地占用税	1554	−37.72	557	−64.2	1235	121.7	990	−19.84	3950	299
契税	2131	42.73	2502	17.4	5505	120.2	7554	37.22	8460	12
3. 企业收入	15575	73.54	6766	−56.6	6153	−9	8017	30.3	9039	12.7
企业所得税	15356	73.56	4688	−61.8	5369	14.5	7362	37.12	8852	20.2
国有资产经营收益	550	10	948	72.4	784	−14.5	655	−16.45	187	−71.5
国有企业计划亏损补贴	−331	—	−42	—	—	—	—	—	—	—
4. 其他各项收入	14318	6.01	15647	9.3	20085	28.4	20939	4.25	26444	26.3
罚没收入及行政性收费收入	9176	15.6	11450	24.8	15545	35.8	16591	6.7	21183	27.7
专款收入	1739	13.81	1998	14.9	2611	30.7	3022	15.7	4253	40.7
其他杂项收入	3403	−3.1	2174	−36.1	1792	−17.6	981	−45.26	799	−18.6
二、政府基金收入	4107	56.7	5100	24.4	13167	169.2	13435	2.04	17726	31.9

第三节 财政支出

一、一般预算支出

（一）基本建设支出

1993年，全区基本建设支出1408万元，比上年下降5.4%，其中水利、文教卫生、行政、公检法等部门的支出各为135万元、278万元、462万元、371万元。1994年，为1597万元，比上年增长13.4%，其中交通邮电、文教卫生、行政、公检法等部门的支出各为210万元、526万元、447万元、236万元。1995年，为2895万元，比上年增长81.3%，其中文教卫生、城市建设（公用）、行政、公检法等部门的支出各为298万元、600万元、962万元、252万元。1996年，为3383万元，比上年增长16.9%，其中农林水、文教、行政、公检法等部门的支出各为488万元、460万元、357万元、225万元。

1997年，全区基本建设支出2203万元，比上年下降34.9%，其中文教、卫生、行政、公检法等部门、地方股份制企业的支出各为617万元、103万元、564万元、169万元、80万元。1998年，为1856万元，比上年下降15.8%，其中文体、教育、卫生等部门、建筑工程企业的支出各为273万元、153万元、162万元、45万元。1999年，为641万元，比上年下降65.5%，其中文体、教育、环保测绘消防等部门的支出各为82万元、133万元、408万元。2000年，为2263万元，比上年增长253%，其中文体、教育、环保测绘等部门的支出各为205万元、223万元、1.819万元。

2001年，全市基本建设支出为2119万元，比上年下降6.36%，其中工业、交通邮电、文体、教育等部门的支出各为600万元、600万元、90万元、187万元。2002年，为3612万元，比上年增长70.5%，其中交通邮电、文体、教育、公安等部门的支出各为1900万元、146万元、70万元、100万元。2003年，为3225万元，比上年下降10.7%，其中交通邮电、文体、公安、法院等部门的支出各为1000万元、250万元、320万元、50万元。2004年，为1569万元，比上年下降51.35%，其中文体、教育、公安等部门的支出各为127万元、70万元、70万元。2005年，为1279万元，比上年下降18.5%，其中交通邮电部门支出350万元，环保、测绘、国土资源等部门支出929万元。

（二）企业投资支出

1993年，全区企业投资支出4041万元，比上年增长339.7%，其中：工业企业支出3469万元、商业企业支出165万元、水产部门企业支出58万元、县办“五小”技改补助支出108万元。1994年，为2511万元，比上年下降37.9%，其中，工业企业支出2284万元、商业企业支出39万元、交通邮电企业支出37万元、县办“五小”技改补助支出55万元。

1995年，全区企业投资支出2950万元，比上年增长17.5%，其中：工业企业支出2669万元，交通邮电企业支出47万元，商业企业支出69万元，城市建设、物资管理等部门企业支出120万元。1996年，为2901万元，比上年下降17%，其中：工业企业支出2240万元，农林水等部门企业支出255万元，商业企业支出106万元，城市建设、环境保护等部门企业支出。1997年，为3423万元，比上年增长18%，其中：工业企业支出2763万元，交通邮电企业支出273万元，商业企业支出93万元，文教部门企业支出98万元。1998年，为4512万元，比上年增长31.8%，其中：工业企业支出2466万元，交通邮电企业支出472万元，流通部门企业支出123万元，环保测绘等部门企业支出1447万元。1999年，为2140万元，比上年下降52.6%，其中：工业企业支出1833万元，流通部门企业支出77万元，交通邮电部门企业支出30万元，环保测绘等部门企业支出187万元。2000年，为1836万元，比上年下降14.2%，其中：工业企业支出1300万元，交通邮电企业支出52万元，流通部门企业支出60万元。

2001年，全市企业投资支出2805万元，比上年增长52.78%，其中：工业企业支出2515万元，交通邮电企业支出60万元，流通部门企业支出24万元，环保物价等部门企业支出191万元。2002年，为1532万元，比上年下降45.4%，其中：工业企业支出1374万元，农林气象部门企业支出19万元，环保勘探等部门企业支出123万元。2003年，为1138万元，比上年下降25.7%，其中：工业企业支出852万元，农林气象部门企业支出17万元，环保物价等部门企业支出263万元。2004年，为967万元，比上年下降15.03%，其中：工业企业支出403万元，农林水部门企业支出95万元，环保物价等部门企业支出458万元。2005年，全市企业投资支出1390万元，比上年增长43.7%，其中：工业企业支出529万元，流通部门企业支出37万元，农林水部门企业支出58万元，环保物价等部门企业支出745万元。

（三）农业扶持支出

1993年，全区农业扶持支出5602万元，比上年增长12.6%，其中支援农村生产支出2799万元，农林水利气象等部门事业费2803万元 。1994年，为6502万元，比上年增长16.1%，其中：支援农村生产支出3255万元，农林水利气象等部门的事业费3247万元。1995年，地委、行署要求增加对农业的投入，投放支农周转金。地区财政紧安排水电水利以及“米袋子”“菜篮子”和科技兴农基地建设基金，各县市财政部门采取措施保证国家定购粮食加价款及时拨付到位。全区农业扶持支出8216万元，比上年增长264.4%，其中：支援农村生产支出4083万元，农林水利气象等部门的事业费4133万元。

1996年，全区农业扶持支出1.14亿元，比上年增长39.2%，其中：支援农村生产支出5029万元，农林水利气象等部门的事业费5430万元。1997年，地区财政加大对行政村扶贫奔小康资金投入额度，落实全区村财政收入3万元以下1225个行政村省级6125万元5年期奔小康周转金拨付计划。对农业综合开发有偿资金实行“四专”（专户储存、专人管理、专账核算、专款专用）管理，确保资金及时到位。是年全区农业扶持支出为1.03亿元，比上年下降9.6%，其中：支援农村生产支出4650万元，农林水利气象等部门的事业费5116万元。1998年，为1.12亿元，比上年增长8.2%，其中：支援农村生产支出4475万元，农林水利气象部门的事业费6178万元，农业综合开发支出541万元。1999年为1.17亿元，比上年增长4.6%，其中：支援农村生产支出4669万元，农林水利气象等部门的事业费6513万元，农业综合开发支出524万元。2000年，为1.16亿元，比上年下降1.3%，其中：支援农村生产支出4270万元，农林水利气象等部门的事业费6964万元，农业综合开发支出316万元。

2001年，全市农业扶持支出1.28亿元，比上年增长10.47%，其中：支援农村生产支出4425万元，农林水利气象等部门的事业费7998万元，农业综合开发支出336万元。2002年，为1.33亿元，比上年增长4.2%，其中：支援农村生产支出3474万元，农林水利气象等部门的事业费9647万元，农业综合开发支出171万元。2003年，贯彻全国农村工作会议精神，市财政进一步加强对农业基础设施建设的扶持力度，并自当年起连续3年每年安排一定资金，用于重点贫困村的基础设施建设。全年全市农业扶持支出1.52亿元，比上年增长14.04%，其中：农业支出8905万元，林业支出2054万元，水利和气象支出4199万元。2004年，为1.76亿元，比上年增长16.01%，其中：农业支出9933万元，林业支出2044万元，水利和气象支出5608万元。2005年，市财政农业支出资金重点安排支持农业综合生产能力建设；安排专项资金继续支持重点贫困村建设；拨付农业救灾资金支持农业生产自救。全市农业扶持支出1.93亿元，比上年增长9.5%，其中：农业支出1.08亿元，林业支出2249万元，水利和气象支出6222万元。

（四）社会事业支出

教育卫生事业费 1993年，全区教育卫生事业费支出1.79亿元，比上年增长15.6%。1994年，为2.51亿元，比上年增长40.5%。1995年，地区财政与教育、工商、税务等部门密切配合，顺利征收全区农村教育费附加，改善农村办学条件。是年，全区教育卫生事业费支出为2.87亿元，比上年增长14.3%。1996年，为3.36亿元，比上年增长17.4%。1997年，为3.94亿元，比上年增长17.4%。1998年，为4.09亿元，比上年增长3.7%。1999年，为4.70亿元，比上年增长15%。2000年，为5.16亿元，比上年增长9.7%。

2001年，市财政局取得省财政支持，超借调度一批资金，加大对县市财政的支持，促使县市财政兑现中央出台的增资政策。是年，全区教育卫生事业费支出5.8亿元，比上年增长12.3%。2002年，为6.34亿元，比上年增长9.3%。2003年，为7.00亿元，比上年增长10.4%。2004年，为7.57亿元，比上年增长8.2%。2005年，市财政部门积极争取将古田、屏南、寿宁、周宁4县列入中央"三奖一补"财政困难县名单，对县市财政解困，促进社会各项事业发展也起了积极的作用。是年，全区教育卫生事业费支出为7.94亿元，比上年增长4.84%。

科技事业费（含科学事业、科技三项费用） 1993年，全区科技事业费支出427万元，比上年增长181 %，其中科技三项费用为121万元。1994年，为457万元，比上年增长7%，其中科技三项费用为42万元，比上年下降65.1%。1995年，为771万元，比上年增长68.7%。在资金调度十分紧张的情况下，仍安排一定数量用于科教兴农基地和"米袋子""菜篮子"基地建设，其中科技三项费用137万元。1996年，为855万元，比上年增长10.9%，其中科技三项费用215万元，比上年增长56.9%。1997年，在全区财政入不敷出情况下，仍安排一批"五小技措"、企业科技三项费用和"产、学、研"基金，用于科技建设，全区科技事业费支出997万元，比上年增长14.3%。全区科技三项费用为225万元，比上年增长4.7%。1998年，全区科技事业费支出1086万元，比上年增长11.2%，其中科技三项费用为282万元，比上年增长25.3%。1999年，全区科技三项费用为1167万元，比上年增长7.5%，其中科技三项费用为381万元，比上年增长35.1%。2000年，为1352万元，比上年增长15.9%，其中科技三项费用为387万元，比上年增长1.57%。2001年，为1219万元，比上年下降9.8%，争取省财政科技三项经费用拨款225万元，全市科技三项经费用451万元，比上年增长16.54%。2002年，为1502万元，比上年增长23.2%，其中科技三项费用为610万元，比上年增长35.31%。2003年，为1592万元，比上年增长6%，争取省补助资金用于企业技术改造、中小企业技术革新。全市科技三项经费用472万元，比上年下降22.6%。2004年，为1451万元，比上年下降8.9%，其中科技三项费用418万元，比上年下降11.4%。2005年，为1837万元，比上年增长26.6%，市财政安排科技支出资金用于组织实施国家、省和市级各类重点科技项目53个，其中有4项获省科学技术奖。全市科技三项经费用466万元，比上年增长11.5%。

文体广播事业费 1993年，全区文体广播事业费支出258万元。1994年，为912万元，比上年增长253.5%。1995年，为942万元，比上年增长3.3%。1996年，为266万元，比上年下降71.8%。1997年，为942万元，比上年增长254.1%。1998年为4454万元，比上年增长372.8%。1999年，为4941万元，比上年增长10.9%。2000年，为5288万元，比上年增长7%。2001年，为6482万元，比上年增长22.6%。2002年，为7340万元，比上年增长13.2%。2003年，为8523万元，比上年增长16.1%。2004年，为9597万元，比上年增长12.6%。2005年，为1.62亿元，比上年增长21%。

其他部门事业费 1993年，全区其他部门事业费支出2641万元，比上年增长39.5%。1994年，为3601万元，比上年增长36.3%。1995年，为4616万元，比上年增长28.2%。1996年，为5578万元，比上年增长20.8%。1997年，为7276万元，比上年增长30.4%。1998年，为6694万元，比上年增长–8%。1999年，为6262万元，比上年增长–6.5%。2000年，为6620万元，比上年增长5.7%。2001年，为8300万元，比上年增长25.4%。2002年，为8701万元，比上年增长4.8%。2003年，为9105万元，比上年增长4.64%。2004年，为8998万元，比上年增长–1.18%。2005年，为1.07亿元，比上年增长19.7%。

社保优抚费

1. 抚恤和社会福利支出

1993年，全区抚恤和社会福利支出2215万元，比上年增长9.76 %，其中：抚恤事业费528万元、社会救济福利费622万元、救灾支出552万元。1994年，为2707万元，比上年增长22.2%，其中：抚恤事业费590万元，社会救济福利费680万元，救灾支出633万元。1995年，为2799万元，比上年增长3.4%，其中：抚恤事业费671万元，社会救济福利费667万元，救灾支出616万元。1996年，为3866万元，比上年增长38.1%，其中：抚恤事业费689万元，社会救济福利费743万元，救灾支出264万元。1997年，为3955万元，比上年增长2.3%，其中：抚恤事业费1034万元、社会救济福利费894万元、救灾支出1569万元。1998年，为3950万元，比上年下降0.13%，其中：抚恤事业费926万元，社会救济福利费1146万元，救灾支出1364万元。1999年，为4221万元，比上年增长6.9%，其中：抚恤事业费1059万元，社会救济福利费1295万元，救灾支出1130万元。2000年，为4754万元，比上年增长12.6%，其中：抚恤事业费1571万元，社会救济福利费1411万元，救灾支出1019万元。

2001年，全市抚恤和社会福利支出4910万元，比上年增长4.28%，其中：抚恤事业费1609万元，社会救济福利费1608万元，救灾支出1019万元。2002年，为7600万元，比上年增长54.8%，其中：抚恤费2441万元，社会救济福利费2671万元，救灾支出1706万元。2003年，为8383万元，比上年增长10.3%，其中：抚恤费2893万元，社会救济福利费2590万元，救济支出1199万元。2004年，为1.39亿元，比上年增长65.51%，因2004年全市全面建立农村低保制度，低保资金支出较大；又受18号台风“艾利”影响，受灾较重，救灾资金支出较上年增长较大，其中：抚恤费2922万元，社会救济福利费7034万元，救灾支出1878万元。2005年，为1.71亿元，比上年增长23.1%，其中：抚恤费3134万元，社会救济福利费7932万元，救灾支出3307万元。

2. 社会保障补助支出

1998年，全区社会保障补助支出546万元，其中城镇就业补助费74万元，下岗职工基本生活补助243万元。1999年，为981万元，比上年增长79.7%，受积极财政政策影响，国家加大了对社会保障的投入，其中城镇就业补助费148万元，下岗职工基本生活补助556万元。2000年，为455万元，比上年增长48.3%，其中城镇就业补助费77万元，下岗职工基本生活补助436万元。

2001年，全市社会保障补助支出1643万元，比上年增长12.9%，其中城镇就业补助费43万元，下岗职工基本生活补助291万元。2002年，为2077万元，比上年增长26.4%，其中城镇就业补助费89万元，下岗职工基本生活补助291万元。2003年，为2331万元，比上年增长12.23%，其中城镇就业补助费328万元，下岗职工基本生活补助41万元。2004年，为2173万元，比上年下降6.78%，其中城镇就业补助费158万元，下岗职工基本生活补助164万元。2005年，为3126万元，比上年增长43.9%，其中城镇就业补助费960万元，下岗职工基本生活补助149万元。

行政管理费 1993年，全区严控行政事业单位人员编制、加强行政事业单位包干经费管理。全区行政管理费支出1.01亿元，比上年增长24.9%，其中工交商贸系统、公检法司的事业费支出各为461万元、2530万元。1994年，为1.37亿元，比上年增长35.3%，其中工交商贸系统、公检法司的事业费支出各为484万元、5016万元。1995年，为1.49亿元，比上年增长9.5%，其中工交商贸系统、化检法司的事业费支出各为297万元、5199万元。1996年，为1.66亿元，比上年增长11%，其中工交商贸系统、公检法司的事业费支出各为444万元、6797万元。

1997年，全区行政管理费支出1.82亿元，比上年增长9.6%，其中工交商贸系统、公检法司的事业费支出各为724万元、7562万元。1998年，为1.94亿元，比上年增长6.8%，基中工交商贸系统、公检法司的事业费支出各为581万元、8145万元。1999年，为2.23亿元，比上年增长15%，其中工交商贸系统、公检法司的事业费支出各为684万元、9091万元。2000年，为2.50亿元，比上年增长11.8%，其中工交商贸系统、公检法司的事业费支出各为666万元、1.02亿元。2001年，着手部门预算编制改革，严格实行“零基预算法”，全市行政管理费支出2.46亿元，比上年下降1.35%，其中工交商贸系统、公检法司的事业费支出各为556万元、1.02亿元。2002年，为2.64亿元，比上年增长7%，其中工交商贸系统、公检法司的事业费支出各为664万元、1.24亿元。2003年，为2.81亿元，比上年增长6.53%，其中工交商贸系统、公检法司的事业费支出各为838万元、1.46亿元。2004年，为3.19亿元，比上年增长13.55%，其中工交商贸系统、公检法司的事业费支出各为902万元、1.59亿元。2005年，加快国库支付改革步伐，严控行政费等非生产性支出，节约财政资金。全市行政管理费支出为3.32亿元，比上年增长3.9%，其中工交商贸系统、公检法司的事业费支出各为1136万元、1.76亿元。

城市维护费 1993年，加强城市市政建设，全区城市维护费支出1742万元，比上年增长62.8%。1994年，为2122万元，比上年增长21.8%。1995年，为4084万元，比上年增长92.5%。1996年，为1731万元，比上年下降57.6%。1997年，为2723万元，比上年增长57.3%。1998年，为2727万元，比上年增长0.15%。1999年，为2402万元，比上年下降11.9%。2000年，为2913万元，比上年增长21.3%。2001年，为3134万元，比上年增长7.6%。2002年，为2280万元，比上年下降27.3%。2003年，为2492万元，比上年增长9.3%。2004年，为2907万元，比上年增长16.65%。2005年，为3172万元，比上年增长9.1%。

国防建设费 1993年，全区国防建设费支出178万元，比上年增长5.95%。1994年，为231万元，比上年增长29.8%。1995年，为218万元，比上年下降5.6%。1996年，为350万元，比上年增长60.6%。1997年，为373万元，比上年增长6.6%。1998年，为335万元，比上年下降10.1%。1999年，为372万元，比上年增长11%。2000年，为550万元，比上年增长47.8%。2001年，为587万元，比上年增长6.7%。2002年，为741万元，比上年增长26.2%。2003年，为599万元，比上年下降19.2%。2004年，为794万元，比上年增长32.55%。2005年，为548万元，比上年下降31%。

其他各类支出 1993年，全区其他各类支出1.17亿元，其中：边境建设事业补助费129万元、少数民族地区补助费185万元、办案费用补助3740万元 。1994年，为9604万元，其中边境建设事业补助费239万元、少数民族地区补助费228万元、行政管理补助支出1047万元。1995年，为1.65亿元，其中边境建设事业补助费123万元、少数民族地区补助费170万元、城镇土地开发建设2507万元。1996年，为1.86亿元，其中边境建设事业补助费150万元、少数民族地区补助费77万元、城市土地开发建设支出6522万元。1997年，为1.89亿元，其中边境建设事业补助费117万元、少数民族地区补助费276万元、城市土地开发建设支出5192万元。1998年，为1.9亿元，其中：兵役征集费支出128万元、支前费50万元。1999年，为1.37亿元，其中：兵役征集费111万元、支前费45万元、简易建筑费613万元。2000年，为1.24亿元，其中：兵役征集费151万元、支前费52万元、简易建筑费394万元。2001年，为1.43亿元，其中兵役征集费155万元、支前费88万元、简易建筑费406万元。2002年，为1.21亿元，其中兵役征集费138万元、补助村民委员会支出216万元、简易建筑费331万元。2003年，为1.44亿元，其中兵役征集费133万元、补助村民委员会支出757万元、住房改革支出13万元。2004年，为1.29亿元，其中兵役征集费164万元、支前费34万元、补助村民委员会支出1005万元。2005年，为2.04亿元，其中兵役征集费159万元、支前费101万元、补助村民委员会支出1999万元。

二、基金预算支出

1997年，全区基金预算支出1754万元，其中：电力建设、城市教育费附加、农村教育费附加、排污费、职工医疗保险、地方财政税费附加的基金支出各为200万元、269万元、123万元、291万元、200万元、550万元。1998年，为2392万元，比上年增36.4%，其中：文教、农业部门和地方财政税费附加的基金支出各为1411万元、239万元、440万元。1999年，为2113万元，比上年下降11.7%，其中：工业交通、文教、农业部门和地方财政税费附加的基金支出各为76万元、1197万元、116万元、512万元。2000年，为1906万元，比上年下降9.8%，其中：工业交通、商贸、文教、农业部门和地方财政税费附加的基金支出各为299万元、74万元、643万元、59万元、674万元。2001年，为2777万元，比上年增长45.7%，其中：工业交通、商贸、文教、农业部门和地方财政税费附加的基金支出各为348万元、67万元、309万元、69万元和552万元。2002年，为3665万元，比上年增长32%，其中：工业交通、文教部门和土地有偿使用、地方财政税费附加的基金支出各为365万元、552万元、1116万元、876万元。2003年，为6876万元，比上年增长87.61%，其中：工业交通、文教、农业部门和土地有偿使用，地方财政税费附加的基金支出各为361万元、329万元、819万元、3936万元和715万元。2004年，为8247万元，比上年增长16.7%，其中：工业交通、文教、农业部门和土地有偿使用、地方财政税费附加的基金支出各为469万元、257万元、906万元、5517万元、556万元。2005年，为1.05亿元，比上年增长27.8%，其中：工业交通、文教、农业部门和土地有偿使用、地方财政税费附加的基金支出各为711万元、1015万元、2083万元、6217万元、272万元。

三、预算外支出

1993年，全区预算外支出3475万元，比上年增长38.9%，其中：基本建设、城市维护、事业的支出各为445万元、575万元、110万元。1994年，为4061万元，比上年增长16.9%，其中：基本建设、城市维护、事业及更新改造的支出各为82万元、407万元、2505万元、18万元 。1995年，为6457万元，比上年增长59%，其中：基本建设、城市维护、事业、更新改造的支出各为154万元、436万元、3998万元、51万元。1996年，为1.42亿元，比上年增长118.7%，其中：基本建设、城市维护、事业、更新改造的支出各为1112万元、349万元、9216万元、97万元。1997年，为1.56亿元，比上年增长3.1%，其中：基本建设、行政事业、乡镇自筹统筹资金、教育事业的支出各为594万元、5791万元、4691万元、662万元。1998年，为4.04亿元，比上年增长177%，其中：基本建设、行政事业、城市维护的支出各为1.06亿元、2.40亿元、756万元。1999年，为3.92亿元，比上年下降2.91%，其中基本建设、行政事业、城市维护、乡镇统筹自筹的支出各为3495万元、2.36亿元、464万元、6807万元。2000年，为4.35亿元，比上年增长11.1%，其中：基本建设、行政事业、城市维护、乡镇统筹自筹的支出各为3375万元、2.86亿元、628万元、4496万元。2001年，为5.75亿元，比上年增长32%，其中：基本建设、行政事业、城市维护、乡镇统筹自筹的支出各为3576万元、3.27亿元、1081万元、1.45亿元。2002年，为5.77亿元，比上年增长0.56%，其中：基本建设、行政事业、城市维护、乡镇统筹自筹的支出各为4143万元、3.19亿元、841万元、1.46亿元。2003年，为5.77亿元，比上年下降0.2%，其中基本建设、行政事业、城市维护、乡镇统筹自筹的支出各为2142万元、3.35亿元、263万元、1.26亿元。2004年，5.42亿元，比上年下降6%，其中行政事业费、基本建设、城市维护、乡镇统筹自筹资金的支出各为3.79亿元、1076万元、355万元、1.11亿元。2005年，为6.54亿元，比上年增长20.7%，其中基本建设、行政事业费、乡镇统筹自筹资金的支出各为1130万元、4.37亿元、1.32亿元。

1993—2005年宁德市（地区）财政总支出情况统计表

表21-3　　单位：万元、%

年份	总支出	比增
1993	66260	111.7
1994	78392	18.3
1995	97452	24.3
1996	111572	14.5
1997	126363	13.3
1998	140958	11.6
1999	143657	1.9
2000	158440	10.3
2001	174980	10.4
2002	193188	10.4
2003	214546	11.1
2004	238370	11.1
2005	269096	12.9

1993—2005 年宁德市（地区）财政分项支出情况统计表

表 21-4　　　　单位：万元、%

项目＼年份	1993	比增	1994	比增	1995	比增	1996	比增
一、一般预算支出	66260	35	78392	18.3	97452	24.3	111572	14.5
基本建设支出	1408	−5.4	1597	13.4	2895	81.3	3383	16.9
企业挖潜改造资金	4041	339.7	2511	−37.9	2950	17.5	2901	−1.7
科学事业费	306	−1.3	415	35.6	634	52.8	640	0.9
科技三项费用	121	—	42	−65.3	137	226.2	215	56.9
农业“三项”及支农与开发支出	5602	12.6	6502	16.1	8216	26.4	11439	39.2
工、交、商等部门事业费	461	18.8	484	5	297	−38.6	444	49.5
流通部门事业费	—	—	—	—	—	—	—	—
教育卫生事业费	17853	15.6	25082	40.5	28657	14.3	33631	17.4
地质勘探费	无	—	无	—	634	52.8	640	0.9
其他部门的事业费	2641	39.5	3601	36.3	4616	28.2	5578	20.8
抚恤和社会福利救济费	2215	9.8	2707	22.2	2799	3.4	3866	38.1
社会保障补助支出	—	—	—	—	—	—	—	—
行政管理费	10096	24.9	13664	35.3	14967	9.5	16622	11
公检法司支出	2530	26.1	5016	98.3	5199	3.6	6797	30.7
武装警察部队支出	—	—	—	—	—	—	133	—
城市维护费	1742	62.8	2122	21.8	4084	92.5	1731	−57.6
国防支出	178	6.3	231	29.8	218	−5.6	350	60.6
行政事业单位离退休支出	328	9.7	581	77.1	283	−51.3	327	15.5
政策性补贴支出	3159	95.5	2980	−15.3	2541	−14.7	2748	7.5
支援不发达地区支出	886	−0.3	871	−1.7	682	−21.7	957	40.3
海域开发建设和场地使用费支出	—	—	—	—	—	—	—	—
专款支出	308	46.2	429	39.3	615	43.4	735	19.5
其他支出类	11776	71.4	9604	−18.4	16484	71.6	18641	13.1
二、政府基金支出	—	—	—	—	—	—	—	—

续表 21-4

项目 \ 年份	1997	比增	1998	比增	1999	比增	2000	比增
一、一般预算支出	124609	11.7	138566	10.7	141544	2.1	156534	11.2
基本建设支出	2203	−34.9	1856	−15.8	641	−65.5	2263	253
企业挖潜改造资金	3423	18	4512	31.8	2140	−52.6	1836	−14.2
科学事业费	752	17.5	804	6.9	786	−2.2	965	22.8
科技三项费用	225	4.7	282	25.3	381	35.1	387	1.6
农业“三项”及支农与开发支出	10340	−9.6	11194	8.2	11706	4.6	11550	−1.3
工、交、商等部门事业费	724	63.1	581	−19.8	684	17.7	666	−2.6
流通部门事业费	—	—	288	—	403	39.9	551	36.7
教育卫生事业费	39471	17.4	40912	3.7	47033	15	51612	9.7
地质勘探费	—	—	—	—	—	—	35	—
其他部门的事业费	7276	30.4	—	—	—	—	—	—
抚恤和社会福利救济费	3955	2.3	3950	−0.13	4221	6.9	4754	12.6
社会保障补助支出	—	—	546	—	981	79.7	1455	48.3
行政管理费	18222	9.6	19453	6.8	22370	15	25018	11.8
公检法司支出	7562	11.3	8145	7.7	9091	11.6	10251	12.8
武装警察部队支出	157	38.9	151	−3.8	276	82.8	425	54
城市维护费	2723	57.3	2727	0.15	2402	−11.9	2913	21.3
国防支出	373	6.6	335	−10.2	372	11	550	47.8
行政事业单位离退休支出	783	139.4	3068	291.8	5098	66.2	9583	88
政策性补贴支出	3951	43.8	2711	−31.4	2734	0.8	2946	7.8
支援不发达地区支出	2917	204.8	3463	18.7	3262	−5.8	3469	6.4
海域开发建设和场地使用费支出	—	—	1750	—	808	−53.8	7	−99.1
专款支出	560	−23.8	734	10.7	1211	65	936	−22.7
其他支出类	18863	1.02	19124	1.4	13741	−28.1	12454	−9.4
二、政府基金支出	1754	—	2392	36.4	2113	−11.5	1906	−9.8

续表 21-4

项目＼年份	2001	比增	2002	比增	2003	比增	2004	比增	2005	比增
一、一般预算支出	172203	10.01	189523	10.1	207670	9.58	230123	10.81	258559	12.4
基本建设支出	2119	−6.36	3612	70.5	3225	−10.7	1569	−51.35	1279	−18.5
企业挖潜改造资金	2805	52.78	1532	−45.4	1138	−25.7	967	−15.03	1390	43.7
科学事业费	768	−20.4	892	16.1	1120	25.6	1033	−7.77	1371	32.7
科技三项费用	451	16.54	610	35.3	472	−22.6	418	−11.4	466	11.5
农业“三项”及支农与开发支出	1279	10.47	13292	4.2	15158	14.04	17585	16.01	19254	9.5
工、交、商等部门事业费	556	−16.52	664	19.4	838	26.2	902	7.64	1136	25.9
流通部门事业费	721	30.9	834	15.7	736	−11.75	910	23.64	825	−9.3
教育卫生事业费	57983	12.3	63402	9.3	70022	10.4	75731	8.2	79396	4.84
地质勘探费	42	20	60	42.9	38	36.7	34	−10.5	60	76.5
其他部门的事业费	8300	—	8701	4.8	9105	4.64	8998	−1.18	10772	19.7
抚恤和社会福利救济费	4910	3.28	7600	54.8	8383	10.3	13875	65.51	17086	23.1
社会保障补助支出	1643	12.9	2077	26.4	2331	12.23	2173	−6.78	3126	43.9
行政管理费	24681	−1.35	26415	7	28139	6.53	31951	13.55	33199	3.9
公检法司支出	10229	−0.21	12402	21.2	14605	17.76	15.969	9.34	17602	10.2
武装警察部队支出	358	−15.8	383	7	468	22.2	518	10.7	701	35.3
城市维护费	3134	7.58	2280	−27.3	2492	9.3	2907	16.65	3172	9.1
国防支出	587	6.7	741	26.2	599	−18.9	794	32.55	548	−31
行政事业单位离退休支出	13966	45.7	18978	35.6	20026	5.53	24010	19.89	28414	18.3
政策性补贴支出	2165	26.51	1844	−14.8	1802	−2.28	1804	0.11	1863	3.3
支援不发达地区支出	1529	−55.92	1486	−2.8	1301	−12.45	2398	84.32	1441	−39.9
海域开发建设和场地使用费支出	5	—	30	—	17	—	305	—	111	−63.6
专款支出	1668	78.21	2261	35.6	2186	−3.31	2264	3.57	2787	23.1
其他支出类	14312	14.92	12087	−15.5	14422	19.32	12883	−10.67	20379	58.3
二、政府基金支出	2777	45.7	3665	32	6876	87.61	8.247	16.7	10537	27.8

第四节 财政管理

一、机构

1993年，地区财政局机关内设15个科室，下辖7个直属单位（其中副处级单位1个，科级单位6个）。同时，地区财政局还设有中央企业驻厂专员组，专司对中央企业的财务监督检察之责。1995年10月，根据财政部提出的中企驻厂专员组设置应“转变职能，加重任务，理顺关系，更换名称”的总体要求，原中央企业驻厂员组改建为财政部驻福建省财政监察专员办事处宁德组，为正处级建制，直属省专员办。1998年10月，专员办宁德组撤销。1995年4月，在原国有资产管理科的基础上升格组建了副处级建制的宁德地区国有资产管理局。9月，为加强住房资金管理，成立自收自支的科级事业单位——宁德地区住房资金管理中心。1996年7月更名为宁德地区住房公积金管理中心，改挂靠地区行署建委。1997年11月，经地区编委、监察局批准，在“三定方案”取消原监察科后，设监察室主任1人。1998年年底，财政局内设13个职能科室：人事秘书科、综合计划科、预算科、工交企业财务科、商业粮食企业财务科、外经企业财务科、行政事业财务科、社会保障财务科、农业财务管理科、农业税收征管科、会计事务管理科、基本建设财务科和农税稽查队。此外，行署挂靠地区财政局的科级单位有控制社会集团购买力领导小组办公室和财务大检查领导小组办公室；局辖下属单位7个，其中副处级单位2个（闽东福宁信托投资公司与地区国有资产管理局），科级单位5个（地区国债服务部、闽东会计事务所、太姥山财政培训中心、中华会计函授学校宁德分校）。下属单位中仅国有资产管理局为行政单位，其余均系事业单位。

2000年年底，宁德地区财政局改称宁德市财政局。内设科室与下属单位基本不变。2002年5月，经市编委批准，增设市直单位离休干部离休费、医药费管理中心，为正科级事业单位，核定编制数5名，科级领导职数1名。2002年，市直机关开展机构改革，市财政局内设16个职能科室：办公室、综合科、预算科、国库科、行政政法科、教科文科、经济建设科、农业科、社会保障科、外经科、企业科、农税科、人事教育科、会计科、统计评价科、监督检查科。全局机关核定行政编制22名。保留省下达各类专管人员专项编制数27名、财务大检查机关事业编制数5名、工勤人员事业编制数3名。处级领导职数5名，其中，局长1名，副局长3名，纪检组长1名。科级领导职数25名，其中，正科级16名，副科级9名。下辖挂靠单位4个，分别是市人民政府控制社会集团购买力办公室（机关事业编制数2名，科级领导职数1名）、市人民政府采购委员会办公室（机关事业编制数3名、科级领导职数1名）、市人民政府国有资产管理委员会办公室（机关事业编制数5名，科级领导职数2名）、市清产核资领导小组办公室（机关事业编制数4名，科级领导职数1名）。以上机构设置与人员编制延至2005年。

二、预、决算管理

（一）预算管理

1993年，宁德地区主要实行“分级包干”体制下“抓增收节支、促预算管理”的预算管理办法；对支农资金实行预算早安排，指标早分配，资金早下达；并采取年终分析考核等制度。1994年起，在全区范围将预算管理改革纳入以分税制为基础的财政体制改革。1995年，地区财政部门着手部门预算编制改革，在预算外资金管理方面，开始全面清理预算外资金银行账户，地区和9县（市）先后成立行政事业性收费中心，实行一个窗口收费、“收支两条线”管理（“收支两条线”是指具有执收执罚职能的单位，根据国家法律、法规和规章收取的行政事业收费和罚没收入，实行收入与支出两条线管理。即上述行政事业性收费和罚没收入按规定应全额上缴国库或预算外资金财政专户；同时，执收执罚单位需要使用资金时，由财政部门根据需要统筹安排核准后，从国库或预算外资金财政专户拨付）。1996年，全区对国家立项农业综合开发项目资金、发展粮食生产专项资金、特大防汛等大宗支农资金实行专户存储、专户直拨；强化支农专项资金使用检查监督，确保资金安全、及时、足额到位；地区对年度支出进度达标的县（市）给予表彰；对达不到要求的县（市），给予通报批评。同时采取“三挂钩”（农业支出与地区分配下达支农资金、借用支农周转金、年终评比挂钩）办法，加强农业支出预算管理，促进农业投入资金及时、足额到位。

1999年，制定财政工资专户管理办法，修订出台新的地区本级差旅费补贴标准，以适应经济发展与实际工作的需要。2000年，地区财政局在编制2001年部门预算中，实行“两上两下”（“两上两下”是指年度预算的编制程序，具体：“一上”阶段，预算单位在收到财政部门年度预算编制通知之后，对下一年度的收支进行测算，报送财政部门；“一下”阶段，财政部门根据对下一年度的预测，下达各部门预算控制数；“二上”阶段，各部门在财政部门下达的控制数内重新调整编制本部门的预算，再次报送财政部门，财政部门审核汇总编制政府预算，按程序报市委市政府审查，最后，经市人大会议审议通过；“二下”阶段，人大通过预算后，由财政部门批复各部门执行）编报法，将各单位预算内、外收支全部纳入部门预算，实行统一管理。对部门预算执行中的预算外收入超收部分，原则上不安排当年支出；当年短收部分相应调减支出，以督促各部门如实编制收入预算，统筹预算内外财力。

2001年起，在部门预算编制内容上实行综合预算，使部门预算成为涵盖部门所有公共资源的完整预算；在编制方法上，采取零基预算；在编报办法上，继续实行“两上两下”，增加透明度，提高科学性。是年，全市行政管理费支出2.54亿元，比上年增长1.4%，低于全市财政支出7.6个百分点。2002年7月，市政府在古田县召开全市财政管理工作专题会议，推广古田县财政实行综合预算管理经验。市政府下达《关于加强财政管理的若干意见》，为2003年后市、县两级财政全面实行部门预算打下基础。2003年，全市财政执行预算结果为市本级、东侨开发区、古田县、福鼎市、福安市、柘荣县，继续实现是年收支平衡；蕉城区、霞浦县、屏南县、寿宁县、周宁县是年尚有赤字6882万元。2004年，全市财政执行预算结果为市本级、东侨开发区、福安、福鼎、古田、柘荣，继续实现是年收支平衡。东侨开发区财政总收入4774万元，完成预算的123.74%，增长49.6%，其中地方级财政收入3809万元，完成预算的126.42%。其余各县（市、区）仍存在赤字。2005年，全市财政执行预算结果为市本级、东侨开发区、福安、福鼎、古田、柘荣，仍继续实现是年收支平衡。其余各县（市、区）是年财政赤字均控制在责任状范围内。

（二）决算管理

1993—1998年，6年中地区财政本级共开展300多项工程决算审核，共核减资金上亿元。仅1998年区财政通过加强工程概、预、决算审核工作，审查有关单位工程决算项目45户，送审总造价 10842 万元，核减率达 13.7%。1999 年起，地区财政对各县（市、区）报送的预、决算进行分析审核，适当调整增、降。配合审计部门做好区内利用国债专项资金建设项目的审计工作，促使福宁高速公路建设项目顺利列入 1999 年度中央新增的第二批国债专项资金安排计划。同时加强基建工程预、决算审核工作。全年共审查有关单位工程预、决算项目 51 户，送审总造价 1.08 亿元，实施决算审结后造价 9821 万元，净核减 971 万元，核减率达 9%。

2002—2005 年，宁德市财政决算工作步入规范化轨道。4 年中共审核相关单位工程决算项目 350 多项，送审总造价 2 亿元，实施决算审结后造价 1.75 亿元，净核减 2500 万元，核减率达 12.5%。

三、收入管理

（一）工商各税管理

1993 年起，宁德地区财政局依据《中华人民共和国企业财务通则》《中华人民共和国企业会计准则》规定，加强对区、县（市）两级财政工商各税的企业财务和企业会计管理。1994 年，开展以增值税、消费税、营业税等流转税为主要内容的新税制改革，实现新旧财税体制的平稳过渡。1995 年，地区财政局根据分税制模式调整县乡财政体制，重新制订乡（镇）财政发展计划。1996 年，地区财政局先后在福安市、寿宁县分召开“培植财源经验交流会”“发展经济，振兴财政”两场研讨会，探讨调整收入结构，壮大财政实力的途径。1998 年，国有企业骨干财源稳定，加强非公有制经济培育，民营经济对财政贡献率趋向提高。是年，来自民营经济提供的工商税收达 1.19 亿元，从而使工商各税避免成为“无根之木，无源之水”。全区规模化、基地化、名优化的基础财源初步形成。1999 年，地区财政通过协调国税、地税，及时下达全区财政收入计划，使各级财税部门明确管理责任，确保工商各税征管任务的完成。是年，全区共收入工商各税 4.1 亿元。2000 年，全区财政收入中，工商各税收入已占 4.48 亿元。

2001 年，工商个税收入增长到 4.83 亿元。其中，企业所得税收入与个人所得税收入成为拉动地方财政收入增长的主要因素。两项收入共计增收 8980 万元，占地方级财政收入总增收额的 100.5%，分别拉动地方级收入增长 7.9 个百分点与 3 个百分点。2002 年，市财政部门加强对高速公路、房地产开发、邮电通信、城市维护费建设四大块工商税收的征管，促进工商税收增收 1.04 亿元，使全年工商各税收入增至 5.16 亿元，增幅占地方级增收总额的 88.1%，拉动地方级收入增长 13.4 个百分点。

2004—2005 年，市财政部门继续加大工商各税征管力度，经过科学安排收入计划，强化收入目标责任制，实现工商税收持续增长。2004 年，全市工商各税收入达到 6.35 亿元，比上年增长 11.34%。2005 年，全市工商各税收入达到 7.85 亿元，比增 23.6%。

（二）农业税收管理

1993 年，宁德地区农业税收征管仍沿 20 世纪 80 年代体制。1994 年起，在税制改革背景下，将原农林牧渔产品税与农林特产税归并，统一征收农业特产税，开始农税征管体制上的第一次变革。1995 年，地区行署下发《关于加强农税源头管征的通知》，各级财政部门采取“凭账征收、评产征税、依托村征”为主的新征管办法，同时针对撤除检查站、卡后可能出现更为严重的偷漏税现象，加强征管，农税征收机关相应建立农税稽查、举报等制度。1997 年，全区财政部门全面贯彻实施《契税暂行条例》，从源头上加强农业“四税”（农业税、农业特产税、耕地占用税、契税）管征，实现了农税征管体制上的第二次变革。1998 年，全区农税收入从 1993 年的 3850 万元增至 1.11 亿元，增长近 3 倍。1999 年，地区各级财政部门开展“农税宣传月”活动，大张旗鼓地宣传农税政策，辅以全面开展税源普查、建立健全税源档案等措施，促进农税征管工作的顺利开展。全区共完成农业“四税”征收额 1.24 亿元，同口径比上年增收 18.8%。2000 年，完成农业“四税”征收额1.46亿元，同比增长 18.2%。2001 年，市财政实施农村税费改革试点工作。全市财政共完成农业税 1.38 亿元，同比略有下降。

2002 年起，全市各县（市、区）全面实行税费新政，农业税收征收额大幅下降，全年农业税收完成额仅为 4066 万元。2003—2005 年，全市财政部门以改革契税征管模式，全面实现契税征管由部门代征向财政直征的转变，取得显著效果。2003 年，全市共完成农业税收 7667 万元，比上年增长 88%。2004 年，全市共完成农业税收 9473 万元，比增 23.5%。2005 年，全市共完成农业税收 1.24 亿元，比增 31%。

（三）上级补助收入管理

1993—1998 年，全区各级财政部门共争取国家、省重点工程建设资金 2.36 亿元，用于重点基础设施项目建设。其中，福宁高速公路建设项目争取中央国债转贷资金 1.5 亿元，文教、卫生、农林水产项目建设计争取利用世行、亚行贷款项目建设资金 2610 万元。同时加强对重点工程的概算、预算、决算审核监督，有效提高投资效益。1999 年，争取到省级农业专项补助 4402 万元，用于扶持农业产业化建设、农业现代化建设、农业基础设施建设、粮食生产基地建设、老区“五通”（通路、通电、通电话、通邮、通自来水）和连家船民上岸等建设项目。争取到中央、省级专项拨款 2548 万元，用于工业企业挖潜、革新和改造。

2001 年，市财政局配合有关部门找准项目，全年共争取到国债项目 13 个，国债资金 3.16 亿元。1.5 亿元用于福宁高速公路建设，投资寿宁县双湖公路、宁德第三水厂、福鼎市太姥山旅游公路、福安第二水厂、蕉城飞鸾至礁头战备公路、沿海县（市、区）海堤加固以及以工代赈等项目建设。2002 年，市财政配合有关部门争取到国债资金 1.6 亿元，用于福宁高速公路、太姥山旅游公路、赛江防洪堤、城市自来水工程及中小学危房改造等建设项目。争取到省级专项资金 741 万元，用于工业企业挖潜、革新、改造和环境保护、污染治理等项目建设。其中，用于壮大升级闽东电机产业资金 300 万元、环保专项补助 176 万元、返还闽东电力股份有限公司所得税 1066 万元。2003 年，市财政通过出让福宁高速公路股份，盘活资产 2 亿元，为温福铁路的动工、闽东大学的兴建和其他重点经济建设项目准备了部分资金。争取到农村税费改革专项转移支付补助 7363 万元，保障了基层政权的正常运转。争取到省级专项资金 2.04 亿元，保证了宁德市“第二层面”（省委省政府把宁德列入全省发展的“第二层面”）建设和农村各项事业的发展。2004 年，市财政争取到政法项目专款 1607 万元，用于改善公检法机关一线装备争取到教育专项资金 3486 万元，用于全市中小学危房改造。争取到上级科研项目补助 609 万元，文体广播宣传专项经费 905 万元。2005 年，市财政争取到国债资金 9166 万元、省级基建资金补助 1.54 亿元，投入交通、港口等基础设施建设。

（四）政府基金管理

1996 年起，执行国务院《关于加强预算外资金管理的决定》要求，将养路费、铁路建设基金、电力建设基金等 13 项数额较大的政府性基金（收费）纳入财政预算管理。根据《中共中央、国务院关于治理向企业乱收费、乱罚款和各种摊派等问题的决定》和《国务院关于加强政府性基金管理问题的通知》等文明要求，进一步加强政府性基金管理。1997 年，全区基金收入为 673 万元。1998 年，地区财政基金收入增至 1834 万元。2000 年，全区政府性基金收入呈上升趋势，达 2621 万元。2001 年，全市基金收入 4107 万元。2002 年，全市基金收入 4891 万元。2003 年，全市基金收入上升至 1.32 亿元。2004 年，全市基金收入 1.33 亿元。2005 年，全市基金收入 1.71 亿元。

四、会计管理

（一）制度建设

1993 年，宁德地区财政局设会计事务管理科，主管会计事务工作。至 1998 年，全区共成立会计师事务所 12 家，有注册会计师 27 人。加强全区财政会计制度建设。1999 年，闽东会计师事务所会计制度渐趋完善，成为完全独立核算，承担民事法律责任的社会中介机构。2000 年，实行会计委派制试点并取得成功，开始在全区推广会计委派制。2003 年 6 月，市财政局在柘荣县召开全市会计管理工作会议，专题研究市、县会计管理制度建设问题。根据会议精神，出台《加强会计从业资格持证人员继续教育管理》《会计从业资格证书年检审核办法》《重新对会计电算化培训点资格的审查和管理》《与下级及有关单位之间内部款项缴交办法》等多项管理制度。同时鼓励国有授权经营企业率先实施新企业会计制度。2004 年，在继续教育培训及考试管理方面，实行统一命题、统一考试、统一改革，以提高培训质量。继续鼓励资产质量好、有承受能力的市汽车运输公司、市建筑公司等一批国有企业，实施新企业会计制度。2005 年，市财政局着力深化会计制度改革，大力贯彻《村集体经济组织会计制度》《非营利性组织会计制度》，努力做好《小企业会计制度》的宣传培训工作，并召开现场交流会，营造普遍重视建立内部会计控制制度氛围，促进会计管理体制逐步向规范化、制度化方向健康发展。

（二）会计事务管理

1993 年，宁德地区开始全面实施《中华人民共和国企业财务通则》《中华人民共和国企业会计准则》等会计事务管理规则。1994—1998 年，地区财政局依据上级颁布的新规则，对企业会计事务实施管理。1999—2000 年，地区财政局贯彻实施《中华人民共和国会计法》（以下简称《会计法》）《中华人民共和国注册会计师法》，强化会计事务管理。2001 年，市财政局先后两次开展对《会计法》执行情况大检查。2003 年，市财政局介入对注册会计师行业的日常行政管理工作。根据财政部《独立审计准则第 7 号审计报告》等通知精神，深入远大会计师事务所调研；召开全市 6 家会计师事务所座谈会，探讨宁德市注册会计师行业存在无序竞争等问题，提出规范执业行为的意见与建议。对全市公路管理部门、房管部门的 22 家单位开展第三次《会计法》执法检查，发现会计基础工作薄弱单位 12 个、违纪单位 22 个，违纪金额 1121.10 万元。2004 年 3 月，市财政局在寿宁县召开全市会计管理工作会议，会议总结经验，明确目标，提出拓展会计事务管理工作新局面的措施。2005 年 6 月，市财政局对 5 家符合配置总会计师的企业，要求开展总会计师配备情况自查。8 月，对 5 家企业开展检查，并提出整改意见。

（三）会计人员管理

1993—1998 年，宁德地区财政局会计事务管理科，对全区 12 个会计师事务所和地、县、乡镇三级机关与企事业单位的 27 名注册会计师、500 多名专、兼职会计人员实施管理。1999 年，全区先后举办30多期新会计法规培训班，共培训500多名专、兼职会计人员。同时做好会计专业技术人员职称考试和评审工作，全区参考人数1353人。全区参加电算化培训800多人，经考试合格600人。招收中华会计函授班420人，毕业327人。发放会计证1000本。珠算定级测试8000人，合格5000人。2000年，地区财政局先后举办3期财会人员培训班。2001年，市财政局认真做好会计专业技术人员资格考试工作。全市报考2165人，发放资格证书411本，其中，发放注册会计师全科合格证书7本、单科合格证书55本。全年共有3600人次参加由市、县两级财政组织的珠算定级测试，发放定级证书823本。2003年，市财政局贯彻《福建省会计从业人员资格管理实施办法》，严把会计从业人员资格入口关，全市共受理申请办证人员1750人，经审查予以办理1697人，不符合条件退回不办理53人。将取得会计电算化初级合格证书作为办理会计从业资格证书和年检的必备条件之一。全市有2061人次参加培训考试，合格人数1828人，合格率89%。2004年，市财政局按照《福建省会计从业资格管理实施办法》，实行由经办、审核到分管领导审批的"三级办证审批制度"，严把会计从业人员注册登记入口关。在转出注销方面，严把会计从业人员出口关。全年共办理登记手续430人，转出手续27人。全市有4000人接受继续教育培训，有25人通过全国高级会计师统一考试，388人报名注册会计师考试，实际参考57人，713人报名会计从业资格考试，实际参考437人，1199人报名会计专业技术资格考试，实际参考514人。

2005年，市财政局按规定对申办会计从业资格证人员进行审核，办理会计从业资格证425本，并完成会计持证人员换证信息录入2000人，审核通过1900人。全市组织各类会计人员继续教育培训7100多人。报名注册会计师考试全国统一考试312人，实际参考49人，报名会计从业资格考试1396人，实际参考1033人，报名会计专业技术资格考试1213人，实际参考570人。有6人被评为高级会计师。

五、资金管理

（一）企业资金管理

1993—1994年，地区财政通过制定扶持重点国有企业3～5年翻番目标、支持商业、粮食国有企业转换经营机制。1996年，分别在福安、寿宁两地召开全区财政系统"培植财源经验交流会"和"发展经济，振兴财政"研讨会，探讨调整收入结构，壮大财政实力的途径。地区财政局出台加强财源建设，以财政资金为引导，凝聚资金用于财源建设为主要内容的11条措施。1998年，地、县财政部门大力扶持蔬菜、副食品基地的生产发展，突出抓好重点骨干基地建设，确保全区蔬菜副食品基地生产总量和生产质量的稳步发展。累计无偿投入用于开发生产的资金7313万元，推进"菜篮子"工程建设，使种养、加工、供销形成一条龙。1999年，地区财政从中央与省里争取专项拨款2548万元，同时安排自有资金200万元，用于工业企业挖潜、革新、改造，以提高产品的科技含量。县（市）财政多方筹资安排大量资金支持重点企业发展和名牌产品开发。全年全区共向上争取到内贸市场建设和网点建设专项扶持资金517万元，投入"菜篮子"工程建设资金625万元。2000年，地区财政投入904万元资金，用于保障国有企业下岗职工基本生活；投入721万元，作为支付解除劳动关系职工经济补偿；安排200万元，用于解决国有企业离休干部"两费"拖欠问题；向上争取改制资金138万元，存量资产盘活资金1400万元，用于改制企业职工安置。2001年，争取到福建省财政厅拨款853万元，用于企业挖潜、革新、改造和科技三项建设；安排资金1808万元，用于扶持闽东电力股份有限公司、宁德汽车运输集团公司产业结构调整；投入资金 299 万元，支持副食品基地建设，拿出出口产品技改专项贴息资金 150 万元，用于支持部分出口企业发展生产。2002 年，市财政共争取省级专项资金 741 万元，用于工业企业挖潜、革新、改造和环境保护、污染治理，提升企业技术改造与环境污染治理质量。2003 年，市财政盘活罗宁高速公路股份，通过资本运作融资 7600 万元，用于市工业园区等项目建设。盘活闽东电力股份公司的国有土地资源，筹措资金 7000 万元，为培植工业园区、壮大市级财源发挥积极作用。2004 年，市财政支持商业、粮食国企深化粮食制度改革，通过追加储备粮利息补贴，新增地方储备粮 15000 吨，确保地方储备粮规模达标。2005 年，市财政从排污费中集中安排环境治理专项资金 100 万元，用于敖江重点流域、重点企业环境治理补助；安排配套资金 50 万元，用于建设空气自动监测设施，实现中心城市空气质量日报和预报；向上争取环境污染防治资金补助 641 万元，用于配套建设市环境自动监测中心。

（二）基建拨款管理

1993—1998 年，全区从国家、省里下拨重点工程建设资金主要用于福宁高速公路建设（1.5 亿元）、支持文教卫生等事业项目建设与农林水等生产项目建设（2610 万元）。地、县财政共安排重点项目前期经费 3751 万元，保障重点工程按时开工建设。收回原委托建行代行使的基本建设财政财务管理职能，成立地县财政基建财务管理机构，进一步健全对重点工程的管理。1999 年，地、县财政部门配合审计部门做好区内利用国债专项资金建设项目的审计工作，促使福宁高速公路建设项目顺利列入 1999 年度中央新增第二批国债专项资金安排计划。2000 年，市财政向上争取到中央国债转贷资金 3.62 亿元，用于福宁高速公路建设（3 亿元）以及蕉城城东路、福安市垃圾无害化处理场、千里海堤水闸加固、赛江防洪堤等项目建设。引进世行、亚行贷款 2158 万元，用于沿海资源可持续发展、森林资源发展和保护等项目建设。2001 年，市财政将争取到的国债资金中的 1.5 亿元用于福宁高速公路项目建设，其余用于寿宁双湖公路、宁德第三水厂、福鼎太姥山旅游公路、福安第二水厂、蕉城飞鸾至礁头战备公路、沿海县（市、区）海堤加固以及以工代赈等项目建设。全市共完成固定资产投资 60 亿元，比上年增加 11.9%。2002—2003 年，市财政争取到国债资金 1.6 亿元，主要用于福宁高速公路、太姥山旅游公路、赛江防洪堤以及中小学危房改造、城市自来水工程等 11 个项目的建设。全年共完成固定资产投资 70.73 亿元，对全市经济结构调整、扩大劳动就业和新一轮创业起到良好的促进作用。2005 年，市财政将争取到的国债资金 9166 万元，省级基建资金补助 1.54 亿元，投入交通、港口等基础设施建设。

（三）行政事业单位经费管理

1993—1998 年，宁德地区各项行政事业费均呈增长趋势。1993 年，文教卫生科技经费为 1.82 亿元，工业交通商贸经费为 461 万元，行政管理费为 1.26 亿元，其他部门事业费为 2641 万元。1998 年，文教卫生科技经费增至 4.62 亿元，工业交通商贸经费流通增至 869 万元，行政管理费增至 2.78 亿元，其他部门经费增至 6694 万元。1999 年，全区共投入财政资金 7200 万元，用于发展卫生事业，推动医疗保险制度改革；提供粮食风险基金 200 万元，完善粮食基金准备；地县两级安排各种粮食专项补贴资金 3294 万元，并从上级争取到各种粮食专项补贴资金 1314 万元，为粮食流通体制改革提供保障；从省里争取到挂账补助款 111 万元，专项资金 88 万元，支持供销系统搞好农村产品信息网络建设和供销网点建设。2001 年，全市支出教育事业费 4.84 亿元，比上年增长 16.7%；支出文体广播事业费 6482 万元，增长 22.6%；支出科技三项经费 451 万元，增长 16.5%。同年，福建省财政厅补助宁德市行政、教科文卫等事业专项经费 4802 万元，用于教育系统危房改造、中小学信息技术教育补助、中小学布局调整。下达公检法司项目补助资金502万元。全市除蕉城区、福安市外，其他7县市和市本级医改全面启动，参保人员7.4万多人，财政共安排医保经费3500万元。2002年，市财政拨付省、市两级差价补贴727万元，帮助粮食部门处理1999年以前“老库存”周转粮3.9万吨；争取到省财政专项补助675万元，帮助分流企业人员807人；落实财政贴息340万元，帮助粮食部门解决粮食财务“老挂账”问题。安排粮食专项补助2483万元，保证由地方政府负担的各项粮食政策性补贴及时足额到位。2004年，共争取中央政法项目专款1607万元，用于公检法司机关一线装备改善。支持教育事业发展，安排教育支出6.47亿元，净增支5614万元，增长率9.5%。争取省级以上资金3486万元，用于全市教育系统危房改造。争取省级科研项目补助609万元、省级文体广播宣传经费905万元，用于科技、文体广播事业发展。2005年，市财政共安排科技支出1757万元，比上年增长306万元，增长21.10%，使全市高新技术产值比上年增长13%。下达“免书本费”专项资金199.5万元，全市受益学生16804人。安排公检法司经费支出1.63亿元，比上年增加296万元，增长1.9%。在预算执行中累计追加2325万元，用于“平安宁德”建设。

（四）支农资金管理

1993—1995年，重点抓好农业支出预算管理，在执行农业预算中采取支农资金预算早安排，指标早分配，资金早下达，建立省、地、县支农资金年度分析、年度考核制度。1996年，对国家立项农业综合开发项目资金、发展粮食生产专项资金、特大防汛费等大宗支农资金，实行专账管理、专户存储、专户直拨办法，强化支农专项资金使用检查监督，确保资金安全、及时、足额到位。1997年，对财政收入年人均不足50元的乡（镇）和村集体纯收入3万元以下的村，按省与地、县1∶1配套的要求，明确地区与县乡1∶9比例，进行配套落实。地区财政局制定《关于扶持乡村扶贫开发与小康建设专项周转金使用管理规定》，保障资金及时运转，推动脱贫致富奔小康进程。1999年，地区财政集中资金倾斜扶持农业产业化、现代农业建设、农业基础设施建设、粮食生产基地建设、老区“五通”与连家船民上岸定居5项重点。2000—2003年，财政支农资金重点用于农村基础设施建设、生态环境保护、推进农业产业化、加快农业科技进步、完善农业社会化服务体系、支持灾后恢复生产等方面。2004—2005年，兑现惠农政策，推行农村居民最低生活保障制度；兑现农村“五大员”（流通信息员、劳动力转移信息员、农业科技员、计划生育员、卫生医疗员）补贴，全面落实农村教育“两免一补”（免杂费、免书本费、逐步补助寄宿生生活费）和国家助学贷款政策；推进农村计划生育家庭奖励工作，开展新型农村合作医疗试点。

（五）外经资金管理

1999年，地区财政从债务和项目实施情况入手，规范转贷和担保模式，对最终债务人实行资产抵押，并明确其债权、债务、担保、风险等方面的责任。全区累计安排还贷资金448万元，如期偿还债务240万元，已累计偿还本、息、费共99万美元。2001年，市财政从世亚行提款转账213万美元，付还本息680万元人民币。市本级建立还贷准备金580万元。年底，全市共有9项世亚行贷款项目，贷款总额度3390万元，累计提款2392万美元，综合提款率70.57%，外债余额997.6万美元。2002年，针对世亚行贷款还贷数逐年增加情况，除在市本级预算安排一部分还贷金外，从部门切块资金中预留一部分，用以应对。年底，偿还到期债务431万元，并累计建立还贷准备金720万元。至2003年年底，全市财政归口管理的世亚行贷款项目十项，转贷协议核定贷款总额度3130万美元，累计提款报账2632.74万美元，综合提款率84%。2003—2005年，市财政继续建立健全与完善还贷准备金和偿债基金制度，同时开展世行贷款项目还贷奖励及项目债信制约机制，全市财政归口管理的世行贷款项目无欠款发生。

六、国有资产管理

（一）国有资产管理体制

1993年，宁德地区财政局设立国有资产管理科，专司管理国有资产职能。1996年，经行署批准成立“宁德地区国有资产管理局”，为副处级，辖3个科室，10名编制（9名行政、1名事业），直隶地区财政局。1997年4月，地区国资局辖下成立国有资产投资经营有限公司，法人代表由地区国有资产管理局局长兼任。地区行署将本级全部国有资产授权国资局经营公司经营。全区有10家国有资产经营公司。同年建立宁德地区国有企业结构调整基金。2003年9月，市直机关开展机构改革，撤销市国有资产管理局，改在新成立的市国有资产管理委员会（简称国资委）下设办公室（简称国资办），为正科级实体机构，核定事业编制5名，科级干部职数2名。机构规格、人员编制延至2005年不变。

（二）国有资产基础管理

1993年，地区国有资产管理局对全区具有法人资格的全民所有制企业、集团企业、股份制企业、联营企业以及完全用国有资产开办的集体企业和实行企业化管理的全民所有制事业单位占有使用的国有资产进行国有资产产权登记。1995年起，采用计算机编制年报表。1997年起，实现“三表合一、数据共享”，即国有资产年度报表、国有资产产权登记和国有资产保增值指标数据的互相调用，避免以往一个指标几套数据的不合理现象。1998年，改为一式上报四套报表，即国家投资企业类报表、行政事业类国有资产年度报表、金融类国有资产报表、建设类国有资产报表。年底，全区共登记企事业单位584户，登记资产总额54亿元、国有资产17亿元，实收资本14亿元，基本摸清全区经营性国有资产的存量、构成和分布情况，从法律上确认国家对国有资产的所有权和企事业单位占有使用权，增强企事业单位的国有资产产权意识，为全区进一步优化配置国有资产，建立国有资产管理制度提供必要准备。1999年，全区完成340户国有投资企业和1000多户行政事业单位的年报工作。2000年，全市共完成472户国有投资企业和1112户行政事业单位年报工作。同时完成年度企业产权登记及国有资产统计汇报总分析报告工作。2001年，在加强国有资产基础管理方面，注意做好产权交易的监管工作，按照国务院规定，实行“阳光交易”，防止暗箱操作，至2005年不变。

（三）国有资产经营

1996年起，在全区开展国有资产保值增值考核试点工作。1997年，将全区261家国有企业纳入国有资产保值增值考核范围。其中，144家为盈利企业、117家为亏损企业。纳入考核的国有资产总量8亿元。国资局积极参与地区燃料总公司、闽东制药厂、福鼎酱厂等一大批企业的股份制改革、股份转让、企业重组、破产清算等工作。1997年，全区有15家企业实行股份制改革，其资产总额达2.3亿元；7家企业破产，其资产总额为3486万元；2家企业拍卖，其资产总额为76万元；4家重组，其资产总额为3026万元。使一批困难企业获得新生，职工得到安置，资产得到优化组合。1999年，国资局严格按照有关规定处置国有资产，搞好国有资产产权变动审批工作，并对企业资产报废进行认真核实，严格把关，把企业固定资产报废审批工作引入正常轨道。2000年，地县两级国有资产管理部门继续认真协助有关部门做好企业改制工作，配合有关部门实施企业改革配套工作，准确、合理地处置国有资产。通过引导企业兼并、联合、承包、拍卖、参股和收购等多种方式，实现国有资产逐步向高效益产业和基础性产业转移。2001年起，为进一步加快市属国有企业的主辅分离、辅业改制工作，市国资办在全市34家市属企业实施改制基础上，继续督促市属企业进一步做好职工参与企业改制工作。是年，有4家市属企业完成主辅分离辅业改制工作。2002—2005年，市国资办注意引导企业将资源投向关系国民经济命脉的关键领域和市政府确定的重点企业。2004年起，针对市属企业投资房地产方面存在的问题，贯彻实施福建省政府《关于严格控制省属企业投资房地产项目的通知》，对市属企业的房地产投资项目进行清理，加以严格控制。

（四）国有资产评估

1993—1996年，贯彻实施国务院《国有资产评估管理办法》，开展国有资产评估工作。1997年，注册资产评估师执业资格产生，进一步规范资产评估行业。正式成立宁德地区资产评估事务所，执行注册评估师签字制度，做到责任明确。1998年，全区共进行有国有资产评估项目566个，评估前资产账面净值为12亿元，评估后资产现值为27亿元，增值额15亿元，平均增值率为125%。2000年，地区国资局对没有资质条件的评估机构所提交的评估报告一般不予确认，同时继续开展全区注册资产评估师的考试及后续教育工作，提高评估人员的业务素质。全区进行评估立项92项，确认92项，评估增值率9.5%。2001年起，建立资产评估机构信息库，规定评估机构选择确定必须坚持公开招标的准入制度，严格规范操作程序。2004年，贯彻实施国务院国资委、监察部、财政部、工商总局《关于开展企业国有资产转让管理检查工作通知》精神，市国资办对国有资产转让交易进行重点检查。2005年，完成市属企业产权转让事项48宗，转让成交额1.21亿元，比评估增值6.1%。进入省产权交易中心交易成交5项，交易额6118万元，比评估增值11%。

（五）清产核资

1996年，宁德地区始有国有企业清产核资工作。是年试点98家。1997年，企业清产核资试点扩大至359家。1998年，全面铺开企业清产核资。1996—1998年，3年共清理国有企业619家，其中，金融类企业130家、非金融类企业489家。通过3年清理，核实资产总额约25亿元、负债总额20亿元，所有者权益为3456万元，负债率80%，损失挂账及不良资产达2.4亿元。2000年，国资局对全市行政事业单位资产重新进行调查清核，共收到自查表51份，对所报单位的土地使用面积、房屋建筑面积、仪器设备、小汽车等项目逐项进行核实汇总，正式列表造册存档。2001—2005年，市国资办规范建立清产核资制度，摸清机构改革后的国有企业情况，夯实家底，为国有企业保值增值考核奠定基础。

（六）国有资产收益管理

1998年，全区资产总额78亿元，其中，国有资产总额32亿元，负债总额42亿元；行政事业单位非经营性资产22亿元，企业经营性资产56亿元，经营负债38亿元；资产负债率为70%，权益总额17亿元。2003年，全市共有国有企业522户，拥有资产总额22.43亿元。2004年起，市国资委按照国有资本“进而有为，退而有序”战略，加大对国有资产的优化配置，促进企业提高效益，实现国有资产规模的稳定增长。2005年，全市国有企业数减至469户，但资产总额增至23.56亿元，比2003年增长6.3%。从区域分布看，市属企业59家，资产总额为16.02亿元，占全市的67.15%；9个县、市区属企业410家，资产总额为7.84亿元，占全市的32.85%。县、市、区国有企业主要分布在福安、蕉城、古田等县（市、区）。从行业分布看，全市国有企业主要集中在电力、建筑、交通运输、批发和零售业，资产存量总体偏小。由于市场消费需求的增长，是年市国有企业实现销售收入38.33亿元，比上年增长12.04%，实现利润总额1.8亿元，比上年增加0.2亿元，增幅达11%。利润主要来源于第一、第二产业，第三产业国有企业基本处于亏损或微利状态。

七、财政监督

（一）理财监督

1993—1995年，市财政始终把财务大检查作为财政监督主要手段，加强宏观调控，严肃财经纪律。1994年起，财务大检查工作主要以科（股）牵头为主，采取统一安排，分组进点办法，同时实行跨县互查，注意把重点、难点、热点问题查深查透。1996年，取消自查程序，改为重点检查。1997年，改为日常监督检查。至1998年，全区财务大检查共查出违纪金额4636万元，应入库2879万元，已入库2546万元，平均入库率88%。其间，各级财政部门共组织1511人，组成455个财经检查组，对全区1899个行政、企事业单位开展重点检查，查出违反财经纪律单位1345个。1998年，开展全区财政日常监督检查取得明显成效，全区查出违纪金额863万元，应入库540万元，已入库448万元。1999年，财政监督工作中心开“日常监督”转向“立足日常监督，狠抓专项检查”。以公路、运管为重点带动对教育、计生、社会保障等部门的监管和对社会审计机构执业质量核查。全区共查出违反财经纪律单位289个，查出违纪金额988万元，应入库633万元，已入库393万元。2000年，地区财政对全区18个乡镇及基层所站和交通运输行业开展财务检查，同时对地直单位由财政预算安排的60个5万元以上项目资金进行跟踪监督检查，查出各类违纪金额429万元，对违纪单位和人员提出处理和整改意见。2001年，市财政对全市3845个二级、三级行政事业单位的9780个银行账户开展专项清理，采取单位与银行自报、清户小组双向核对办法，共撤销、归并2436个账户，清理缴入专户资金841万元。开展对财政系统内部的监督检查。全市共检查268个单位，查出违纪金额1829万元，应入库689万元，已入库432万元。

2002年，通过自查、重点检查，对市直行政系统62个单位往来款项中存在问题进行纠正，增强单位重视往来款项管理意识。加强对事业单位的“中小学危房改造”和“支援不发达地区支出”两个专户资金的监督。同时做好抚恤与社会福利救济事业经费监督工作。2003年，全市共清理未经国务院批准着装的部门16个，着装人数2936人，着装金额307.96万元，人均1048元。除交通部门经福建省政府批准未脱装外，其余各部门均全部脱装，计收回服装2570.5件（套），收回着装标志2762件（套），清理整顿统一着装工作。经过对全市1200多个单位调查摸排，共查出拖欠公款的干部1494人，收回欠款金额383.42万元。查出享受公款购买个人商业保险干部职工计480人，应清退保费49.79万元，已清退43.33万元，清退率87%。2004年，全市共申报各类公务车辆391辆，实际审批301辆，退回违规申报90辆，其中压缩超编超标车71辆，节约财政支出773万元，重点清查市直行政事业单位176辆已购公车，查出存在违规问题公车26辆并责令整改。初步遏制公款购车趋势。

2005年，按照《财政违法行为处罚处分条例》《福建省监督条例》要求，实现由财务检查向财政监督的转变。全年共检查89个单位，清查违纪金额1300万元。

（二）会计监督

1993—1998年，地区财政对各企事业单位实行会计监督，并通过中介机构，即会计师事务所加强社会监督。1999年起，市财政制订出一套适合区情的会计委派制实施方案，通过公开招聘，严格考核，录用7名会计师，作为行署直接委派的第一批进驻重点企事业单位的会计监督人员，对企业实施会计监督。2000年，强化财会人员和单位负责人培训，继续推行会计委派制，加强重点企业和重点项目的会计财务监督。2001年，市财政抽调70人，组成20个检查组，对36个重点单位开展会计监督检查，共查出违纪金额1155万元。还开展《中华人民共和国会计法》执行情况的检查。

2002—2003年，开展对会计监督与《中华人民共和国会计法》执行情况的检查，对查出违规问题的10个单位进行行政处罚。2004年，对市公路管理系统9个下属单位下发《宁德市财政局监督检查征求意见书》，提出处罚意见或建议。对市房管部门10个下属单位的处罚由市财政局委托各县（市、区）财政局代行处理。2005年，市会计监督工作以纪念《中华人民共和国会计法》实施20周年为契机，着力推动实施新出台的会计法规和单位内部会计控制制度建立，依法依规监督，打击会计造假行为。利用会计管理信息系统，实现会计监督管理工作信息化。

第二章 税 务

1994年，宁德实行国家、地方分税制，强化纳税管理。1993—2005年，各级国税部门重点抓好纳税登记、纳税申报、账簿凭证管理、税务稽查、税款征收入库等环节，确保税款及时足额入库。各级检察室和稽查局积极推进稽查改革，建立选案、检查、审理、执行4权分开稽查机制，制定新的稽查工作规程。对纳税人不主动申报纳税，隐匿收入，非法取得进项发票抵扣税款以及虚开、代开发票等问题进行严厉查处。以“科技兴税”为指针，大力加强税收信息化建设，先后完成市、县二级广域网络及局域网建设，实现电子报税、IC卡报税、电话报税等税收申报方式，并逐步推广应用CTAIS软件，形成“集中、联网、服务”全方位的税收信息化格局。国税收入由1994年的27.828万元上升到91.027万元，增长3.27倍。各级地税部门着眼服务地方经济发展大局，不断深化税收征管制度改革，优化组织税收收入办法，分解和落实税收计划，健全地税局和各征收单位“双向”定责、“双轨”考核目标责任制，开展组织收入调度、督导和通报，开展税收稽查和清理欠税工作，赢得组织税收收入的主动权，税收收入总量大幅提高。2005年，全市地税税收收入为111601万元，比1994年的11791.9万元增长9.46倍。

第一节 国家税务

一、税制改革

1994年起，宁德全面推行税制改革。9月，地区国家税务局正式挂牌对外办公，实行国家税务总局垂直领导管理体制。地区国税局不再承担跨行政辖区的税务管理职能，实行属地化征收管理。新税制按税收征管范围把税种分为中央税、地方税和中央、地方共享税3类。其中，国税系统征收管理的项目有增值税，消费税，各银行总行、各保险公司集中缴纳的营业税、所得税，城市维护建设税，金融、保险企业缴纳的营业税中高于5%的部分，中央企业缴纳的所得税，中央与地方所属企业、事业单位组成的联营企业、股份制企业缴纳的所得税，地方银行、非银行金融企业缴纳的所得税，海洋石油企业缴纳的所得税、资源税。1999年，恢复对储蓄利息征收个人所得税。2001年1月，开征车辆购置税。2002—2005年，对本年度开始注册的企业、事业单位缴纳的所得税，外商投资企业和外国企业所得税，对储蓄存款利息征收的个人所得税，车辆购置税，燃油税，证券交易税，中央税的滞纳金、补税、罚款等进行改革，主要内容是：改产品税、增值税、营业税为实行比较规范的以增值税为主体，消费税、营业税并行，内外资企业统一适用的流转税制，并取消工商统一税，停止征收烟、酒专项收入，实行新的所得税制。将过去对国有企业、集体企业、私营企业分别征收的多种所得税合并，统一适用于所有内资企业，按33%的比例税率征收。同时规定27%和18% 2个低档照顾税率和税前列支项目、标准，改税前还贷为税后还贷，企业亏损可用下年利润弥补。此外取消国营企业调节税和对国有企业征收的国家能源交通重点建设基金以及国家预算调节基金；统一个人所得税制，把原来对外国人征收的个人所得税，对中国人征收的个人收入调节税、城市个体工商业户所得税合并，执行新颁布的《中华人民共和国个人所得税法》；扩大资源税征收范围，开征土地增值税，取消盐税、奖金税、工资调节税、烧油特别税、集市交易税等税种，特别消费税并入新的消费税。改革后，形成以增值税为第一主体税种、所得税为第二税种的税制结构。

二、税种　税率

（一）货物与劳务税

增值税　1993年，在全区贯彻国务院颁布的《中华人民共和国增值税暂行条例》和财政部发布的《增值税暂行条例实施细则》，是年，全区增值税收入25.01万元。1994年，全区实施工商税制改革，确立以增值税等流转税为主体税种的税制体系。5月1日，农业产品、金属矿采选产品、非金属矿采选产品的增值税税率由17%调整为13%；残疾人员个人提供加工和修理修配劳务，免缴增值税；增值税一般纳税人外购货物（固定资产除外）所支付的运输费用，根据运费结算单据（普通发票）所列运费金额依10%的扣除率计算进项税额准予扣除。1997年，全区增值税收入突破30万元，达30.45万元。1998年7月1日，运输金额扣除率从下调到7%；全区商业个体经营者的增值税征收率由6%调减为4%，其他个体经营者的增值税征收率仍为6%。2002年1月9日，全市农产品进项抵扣率从10%提高到13%。是年，全区增值税收入42.10万元。2003年1月，全市个体工商户增值税起征点销售货物上调到月销售额3000元；销售应税劳务提高到月销售额3000元；按次纳税的起征点提高到每次（日）150元。2004年1月，全市对销售水产品、畜牧产品、蔬菜、果品、粮食等农产品的个体工商户，以及销售上述农产品为主的个体工商户，其起征点调整为月销售额5000元，按次纳税的起征点提高到每次（日）200元。2005年，全市入库增值税71.17万元。年底，全市累计共入库增值税460946万元。

消费税　消费税是对特定的消费品和消费行为在特定的环节征收的一种间接税。由原产品税、特别消费税、烧油特别税调整改革后新设置的税种。从课税对象上看，它属于选择税。1993年12月，国务院发布《中华人民共和国消费税暂行条例》，财政部于同年12月25日颁布《中华人民共和国消费税暂行条例实施细则》。1994年1月1日，开征消费税，实行价内税，以含有消费税税金而不含增值税税金的消费品为计税依据。共设置15档税率（5%～45%）和11个征收税目（烟、酒及酒精、化妆品、护肤护发品、金银首饰及珠宝玉石、鞭炮、焰火、汽油、柴油、汽车轮胎、摩托车和小汽车），在其中的3个税目之下又设置11个子目，共计列举22个征收项目。1994年1月1日起，对甲类卷烟暂减按40%的税率征收消费税；对香皂的消费税的税率由17%调整为5%。9月1日起，将金银首饰消费税的税率从10%调整为5%，其他应税首饰，仍按10%征收消费税。1995年1月1日起，金银首饰消费税由生产销售环节征收改为零售环节征收，其他应税首饰仍然在生产环节征收。

1996年1月1日至1997年12月31日，对摩托车胎消费税暂减按5%的税率征收。1997年，全区消费税收入1473万元。1998年7月1日起，卷烟消费税税率由40%调整为：一类卷烟（含进口卷烟）50%，二、三类卷烟40%，四、五类卷烟和雪茄烟25%，进口卷烟50%。

1999年1月1日起，对含铅汽油消费税税率由0.2元/升提高到0.28元/升，无铅汽油税率不变；对香皂外的护肤护发品的消费税率统一由17%降为8%，香皂仍然按照5%征收。2000年，全区消费税收入1042万元。2001年1月1日起，对香皂停止征收消费税，对汽车轮胎的子午轮胎免征消费税，对翻新轮胎停止征收消费税。其余轮胎继续按照10%的税率征收消费税。

2001年5月1日起，对酒类产品消费税政策进行调整，对粮食白酒和薯类白酒，由单一的从价定率征收的方式调整为从价定率和从量定额复合征收的方式，即在原有比例税率的基础上，对粮食白酒和薯类白酒加征每斤0.5元从量定额税率，对每吨出厂价（含包装物及包装物押金）在3000元（含3000元，不含增值税）以上的啤酒，调高为每吨250元。2001年1月1日起，将钻石（含钻石毛坯及成品钻石）及钻石饰品消费税的税率从10%降为5%，并由生产环节、进口环节征收改为零售环节征。2003年5月1日起，将铂金首饰消费税的税率从10%降为5%，并由生产环节、进口环节征收改为零售环节征收。2005年，全市征收消费税1308万元。年底，全市累计共征收消费税12481万元。

营业税 金融保险业营业税，是对金融、保险企业经营业务收入征税。1993年12月，国务院发布《中华人民共和国营业税暂行条例》，规定金融保险业营业税为5%。1994年，全区营业税收入257万元。1997年1月，国务院调整金融保险业税收政策，将金融保险业营业税征收率由5%提高到8%，提高营业税税率后，除各银行总行、保险总公司缴纳的营业税仍全部归中央财政收入外，其余金融、保险企业缴纳的营业税，按原5%税率征收的部分，归地方财政收入由地方税务局征收，按提高3%税率征收的部分，归中央财政收入由国家税务局征收。全区营业税收入772万元。2001年起，金融保险业营业税税率每年下调一个百分点，分三年金融保险业营业税率从8%降低到5%。2003年1月1日起，金融保险业营业税税率降为5%，国税机关停止征收金融保险营业税。2003年，共征收营业税145万元。1993年至2003年年底，全市累计共征收营业税8248万元。

车辆购置税 车辆购置税是对在我国境内购置规定范围车辆的单位和个人征收的一种税。2000年10月22日，国务院发布第294号令，颁布《车辆购置税暂行条例》，并从2001年1月1日起实施。车辆购置税实行从价定率的办法按10%税率计算应纳税额，由国税部门负责征管。应纳税额的计算公式为：应纳税额＝计税价格 × 税率 。2001—2004年，车辆购置税委托交通部门代征。2005年，国税系统开始直接征收车辆购置税。全市共征收车辆购置税5481万元。

（二）所得税

企业所得税 以企业取得的生产经营所得和其他所得为征税对象所征收的一种税。1993年12月13日，国务院颁发《中华人民共和国企业所得税暂行条例》，从1994年1月1日起施行。它适用于全国境内除外商投资企业和外国企业以外所有实行独立经济核算的企业。它是以原税制中的国营企业所得税、集体所得税、私营企业所得税为基础修订的。同时，原来使用的“国营企业所得税、集体企业所得税、私营企业所得税”以及企业承包所得税的办法同时停止执行。企业所得税采用33%比例税率。同时设置27%和18%两档优惠税率，即年纳税所得额在3万~10万元的，按27%的税率征收；年纳税所得额在3万元以下的，按18%的税率征收。国税系统负责征收管理的内资企业所得税范围包括：铁道部门、各银行总行、各保险总公司集中缴纳的所得税，中央企业缴纳的所得税、中央与地方所属企业、事业单位组成的联营企业、股份制企业缴纳的所得税，地方银行、非银行金融机构缴纳的所得税，海洋石油企业缴纳的所得税。1994年，全区企业所得税收入338万元。

2002年1月1日起，所得税征收管理改变原有按企业隶属关系划分所得税收入的办法，除少数特殊行业或企业外，对其他企业所得税实行中央和地方按比例分享。2002年所得税收入中央分享50%、地方50%；全市企业所得税收入3928万元。2003年、2004年、2005年所得税中央分享60%、地方40%；以后年份的分享比例再行确定。原地方税务局征管的企业所得税范围不变，新登记注册的企事业单位的所得税，由国家税务局征收管理。2005年，全市企业所得税收入39651万元。至2005年年底，全市累计征收企业所得税39651万元。

外商投资企业和外国企业所得税 外商投资企业和外国企业所得税是向在中国的外商投资企业和从中国境内取得应税所得的外商投资企业和外国企业征收的一种税。1991年4月，全国人大通过《中华人民共和国外商投资企业和外国企业所得税法》，国务院于同年6月31日发布《中华人民共和国外商投资企业和外国企业所得税实施细则》自7月1日起施行。同时,《中华人民共和国中外合资经营企业所得税法》和《中华人民共和国外国企业所得税法》废止，中外合资经营企业所得税、外国企业所得税停止征收。

在中国境内的外商投资企业和外国企业生产、经营所得及其他所得按30%税率缴纳所得税，按3%缴纳地方所得税。外国企业在中国境内的利润、股息、租金、特许权使用费和其他所得，或者虽设立机构场所，但上述所得与其机构、场所没有实际联系的，应缴纳20%的所得税。属于沿海经济开放区，生产性外商投资企业减按24%的税率征收企业所得税。属于能源、交通、港口、码头或者国家鼓励的企业项目的，可以减按15%的税率征收企业所得税。对生产性外商投资企业，经营期在10年以上的，从开始获利的年度起，第一、二年免征企业所得税，第三至第五年减半征收企业所得税。从事农业、林业、牧业的外商投资企业在享受上述优惠期满后，在以后的10年内可以继续按应纳税额减征15%～30%的企业所得税。对从事农业综合开发的企业，免征地方所得税。对于外商投资企业或外国企业与其关联企业之间的业务往来，应当按照独立企业之间的业务往来收取或者支付价款、费用。1994年，全区涉外企业所得税收入262万元。1997年，全区涉外企业所得税收入427万元。1999年，全区涉外企业所得税收入795万元。2002年，全市涉外企业所得税收入突破千万元，达1333万元。2005年，收入1211万元。年底，全市累计征收外商投资企业和外国企业所得税10829万元。

个人所得税 以个人（自然人）取得的各项应税所得为征税对象所征收的一种税。1994年，全区个人所得税收入547万元。1994—1996年，宁德国税系统负责征收集市贸易和个体工商户个人所得税。1997—1998年，宁德国税系统为地税部门代征个人所得税。1999年8月，全国人大常委会通过《中华人民共和国个人所得税法修正案》，决定从1999年11月1日起，恢复对居民储蓄存款利息所得征收个人所得税，对个人在中华人民共和国境内存储人民币、外币而取得的利息所得征收20%的个人所得税。全区范围内的储蓄存款利息所得个人所得税有国税系统负责征收管理。2000年，全区个人所得税收入1200万元。2003年，全市个人所得税收入2016万元。2005年，个人所得税收入2500万元。年底，全市累计征收个人所得税15647万元。

三、税收征管

征管制度 1994年，国税机构成立之初，宁德地区国税征管继续沿袭“一人进厂、各税统管”的老模式。1995年，开始在全区推行专管员管事、纳税人主动申报纳税办法，实施税收征管改革。1996年年底，全区国税系统全面按新的征管模式运转，宁德（县级）、福安、福鼎、古田、霞浦等县（市）局，全部设立办税服务大厅，实现固定业户上门自行申报纳税；县（市）所属城关分局50%以上设立办税服务大厅，企业上门申办纳税率达100%，个体工商户上门申报纳税率达90%以上。基本实现从管户制到管事制，从专管员上门收税到纳税人主动申报纳税的转变。1997年，在全区实行统一规范的征管业务规程，统一税务文书；同时，全区各征管单位100%建立办税服务厅，统一办税服务厅的设置标准，推行公开办税，规范办税程序，建立全方位的纳税服务体系。1998年，全区开始应用税收征管软件，并在县（市）局建立电脑广域网。确立“以纳税申报和优化服务为基础，以计算机网络为依托，集中征收，重点稽查”的征管模式。2001年，全市国税系统推行征收、管理、稽查“三分离”制度。2002年10月，启用“12366”纳税服务热线。2003年10月1日，成功实现中国税收征管信息系统上线。2004年，确立“以纳税申报和优化服务为基础，以计算机网络为依托，集中征收，重点稽查，强化管理”的税收征管新模式。2005年，全市推行“多元申报纳税、市区集中征收、属地分类管理、市级一级稽查”征管制度。

发票管理 1994年，执行1993年12月财政部颁布的《中华人民共和国发票管理办法》和国家税务总局颁布的《中华人民共和国发票管理办法实施细则》。发票分为普通发票（国税、地税）和增值税专用发票两大类。增值税专用发票分为电脑版（开票10万元以上，使用防伪税控）和手工版两种。一般纳税人经过申请批准才能领购使用，小规模纳税人和非增值税纳税人不得领购使用。普通发票使用期限为3个月，专用发票为2个月，逾期进行截角作废。

税收管理员制度 2005年1月始，按照国家税务总局规定，全市国税推行税收管理员制度，建立税管员岗位准入制度和能级管理激励机制，对税源进行分级分类管理，有利于提高税收征管质量和效率。

纳税服务 2001年始，市国税局推行采用金融网点、电话申报、邮寄申报等多元化申报方式，方便纳税人申报办税。2002年10月1日，全市国税系统开通“12366”纳税服务热线。2003年，在全市国税系统实施简化办税审批程序改革，共减少52个审批环节，下放16个审批权限，合并17个审批手续，明确9个即办事项和44个限时办事项。是年7月，在全市一般纳税人中全面推行增值税“一窗式”申报方式。

信息化建设 1994年年底，宁德地区国家税务局开发出“增值税专用发票交叉审核软件”，并在全省推广使用。1997年12月，全区国税系统信息中心普遍成立。1998年，全区开始使用稽查管理系统办案。2000年，全面推行金税工程。至2001年7月，全市稽核、协查系统正式并入全国金税工程网络实现成功运行。2003年10月，宁德市正式开通全国统一的中国税收征管信息系统（简称CTAIS），进一步简化纳税环节，规范执法程序，提高工作效率。

1994—2005年宁德市（地区）国税收入统计表

表21-5　　单位：万元

税种＼年份	1994	1995	1996	1997	1998	1999	2000	2001	2002	2003	2004	2005
税收收入合计	27828	31616	32511	34172	36633	38563	43017	45864	50229	55943	63311	91027
增值税	25016	28144	26862	30458	32976	33152	36719	38617	42107	46779	48945	71171
消费税	1026	1293	1326	1473	1394	1244	1042	450	245	715	965	1308

续表 21-5

年份 税种	1994	1995	1996	1997	1998	1999	2000	2001	2002	2003	2004	2005
营业税	257	362	137	772	1567	1440	1411	1429	728	145	2	—
企业所得税	338	177	115	78	45	1925	2097	2526	3928	4860	8725	14837
涉外企业所得税	262	389	503	427	592	795	548	953	1333	1428	2388	1211
个人所得税	547	805	2416	44	49	7	1200	1889	1888	2016	2286	2500
其他各税	382	446	1152	920	10	—	—	—	—	—	—	—

四、税务管理

（一）税务登记

1996 年和 1999 年，宁德地区国家税务局两次在全区范围统一更换税务登记证。2002 年，宁德市国家税务局统一编制纳税人税务代码，改变以往由各县（市、区）单位自行编制纳税人识别号做法，避免了纳税号的重复，加强了对税务登记的科学管理。2003 年，市国税局牵头，与市地税局、市工商局召开联席会议，确定了相互之间统一进行数据交换的工作制度，实现税务登记信息传递与共享。

（二）税务稽查

稽查队伍建设 1995 年，在地区局和宁德市（今蕉城区）、福安市、福鼎市、霞浦县、古田县成立稽查分局，屏南县、周宁县、寿宁县、柘荣县保留稽查队。1996 年，全区 9 县市均成立稽查分局，并规范设置综合股、稽查一股、稽查二股 3 个内设机构。1998 年，地、县（市）两级稽查机构名称统一更名为“稽查局”，地区稽查局升格为副处级，内设机构为副科级建制；各级稽查局内部均按《税务稽查工作规程》设立有综合（选案）、稽查、审理、执行等办事机构。2001 年，全市设置 1 个市级稽查局、8 个县级稽查局；蕉城区、东侨开发区国家税务局不再设置稽查机构；市、县稽查局内设综合科、选案科、稽查一科、稽查二科、审理科、执行科等办事机构。2005 年，蕉城区国家税务局、东侨开发区国家税务局重新设置稽查局。

税收大检查 1994 年起，宁德地区国税系统依照国家有关税收法律、法规、规章和财务会计制度规定，依法对纳税人、代扣代缴义务人履行纳税义务、扣缴义务情况进行检查。检查工作由各级国家税局稽查机构和征管部门依法开展。至 2005 年，各级稽查机构共检查纳税户 14522 户，查处有问题户数 10687 户，查补各项税款、罚款及滞纳金合计 26584 万元。

税收专项检查 1994—2005 年，宁德市国税局根据总局、省局的统一部署，先后开展对金融、保险、移动通信、电力、钢材、邮电、汽车、石油、烟草等行业，开展税收专项检查。

（三）税收行政执法

税收执法责任制

根据《国家税务总局关于全面推行税收执法责任制的意见》（国税发〔2001〕127 号），

2001年开始，宁德市国家税务局（以下简称市国税局）在全市系统推行税收执法责任制，参照全国税务系统税收执法责任制岗位职责和工作规程范本，结合实际，市国税局制定本地化的岗位职责和工作规程，建立人机结合的量化评议考核办法，规范税收执法，提高执法质效。

税收执法监督 2001—2005年，市国税局根据福建省国家税务局统一部署，依据《国家税务总局关于全面加强税收执法监督工作的决定》（国税发〔2001〕125号）和国家税务总局制定的《税收执法检查规则》，组织开展全市系统年度税收执法检查，并创新与监察部门联合开展执法检查执法监察，在布置10个县（市、区）局百分百自查基础上，市国税局法规部门组织实施重点税收执法检查，一般从10个单位中抽取2～3个单位作为被查对象，由市局选派的县（市、区）局组队开展互不交叉重点执法检查，发现和纠正税收执法不规范问题，对认定的执法过错相关责任人员进行责任追究。

重大税务案件审理 根据国家税务总局《重大税务案件审理办法（试行）》，2001年2月，市国税局成立重大税务案件审理委员会，制定出台《宁德市国税系统重大税务案件审理办法（试行）》，明确将包括补税100万元以上作为市局重案审理范围和标准。期间，各县（市、区）局也相应成立重大税务案件审理委员会，规定重案受理范围和标准。实践重大税务案件审理工作“六化”模式，即审理会议经常化、审理环节时限化、审理材料无纸化、审理工作系统化、审理执行务实化、审理范围标准化。2001—2005年共受理223件，维持稽查决定216件，发回补充调查5件，改变稽查决定7件，审理率在10%以上，稽查层级案件抽查数在10%以上。

法律救济

市国税局的税务行政复议、行政应诉和行政处罚听证工作认真执行《税务行政复议规则（试行）》、《税务行政应诉工作规程（试行）》和《税务行政处罚听证程序实施办法（试行）》各项规定，做到税务行政复议及时答复，裁决定性准确，应诉准备充分，听证程序合法，充分保护纳税人的合法权益。2001—2005年共接收税务行政复议案件5起，不予受理1件，维持3件，变更1件，组织行政处罚听证4件，行政诉讼应诉案2件。

五、机构

1993年12月，国务院发布《关于实行分税制财政管理体制的决定》，将税种统一划分为中央税、地方税和中央地方共享税，建立中央税收和地方税收体系，分设中央与地方两套税务机构。1994年9月，宁德地区国家税务局正式挂牌成立，规格为正处级，机关内设办公室、税收政策管理科、征收管理科、计划财务科、监察室、人事教育科；霞浦、福安、古田、宁德（蕉城）、福鼎5县（市）国家税务局也相继成立，规格为正科级；屏南、周宁、寿宁、柘荣4县局实行国税、地税一套人马、两块牌子，编制暂归地方税务局管理；全辖8个基层分局，5个稽查分局，43个税务所，3个检查站（船），实行垂直管理。1995年10月底，屏南等4县机构、编制划归国税系统管理。1996年11月，计算机信息中心成立，负责计算机开发和应用工作。1997年8月，撤销人民检察院税务检察室。1999年9月，成立机关服务中心。

2000年9月，撤销原宁德地区国家税务局直属分局，成立闽东华侨经济开发区国家税务局，正科级，内设办公室、税政科、征管法规科、计划财务科、人事监察科，辖事业单位信息中心。11月，宁德撤地设市，宁德地区国家税务局更名为宁德市国家税务局。

2001年8月，撤销闽东华侨经济开发区国家税务局，设置宁德市国家税务局管理二局，内设办公室、税政征管科、计划财务科、人事监察科，辖事业单位信息中心，辖东侨税务分局。2003

年，撤销宁德市国家税务局管理二局，设置闽东华侨经济开发区国家税务局，内设办公室、税政科、征管法规科、计划财务科、人事监察科，辖事业单位信息中心，辖东湖税务分局。

2005年，宁德市国家税务局机关内设办公室、法规科、税政科、计划征收科、征收管理科、车购办、财务管理科、人事教育科、监察室、国际税务管理科、机关党委办公室，另辖信息中心、机关服务中心等2个事业单位，辖直属单位稽查局。另辖蕉城、东侨、福鼎、福安、霞浦、古田、屏南、周宁、寿宁、柘荣等10个基层国税局。

第二节　地方税务

一、税制改革

1993年12月15日，国务院发布《关于实行分税制财政管理体制的决定》。1994年1月，宁德进行税收管理体制改革。将税种统一划分为中央税、地方税和中央地方共享税，并建立中央税收和地方税收体系，分设中央与地方两套税务机构分别征管。地方税制改革主要内容包括：1.营业税改革。改革后的营业税征收范围是提供应税劳务、销售不动产和转让无形资产三类经营行为，具有9个征税项目，即交通运输、建筑安装、邮电通信、文化体育、金融保险、服务、转让无形资产、销售不动产和娱乐业，共分3档税率：3%、5%、5%～20%。2.实行新的企业所得税。取消过去按不同经济性质设置的企业所得税，除外资企业仍执行外商投资和外国企业所得税外，国有企业、集体企业、私营企业所得税统一实行33%的比例税率，改企业所得税前还贷为税后还贷。其优惠政策为：企业的亏损可以用下年的利润弥补，并且规定18%和27%两档照顾税率。3.实行统一的个人所得税。取消原来对外国人的《中华人民共和国个人所得税法》和对中国公民的《个人收入调节税暂行条例》《城市个体工商业户所得税暂行条例》，颁布新的《中华人民共和国个人所得税法》，统一个人所得税。4.扩大资源税征收范围，将原来的盐税并入资源税。8月，地（市）税务局人员按国税系统60%，地税系统40%进行分离。实行当地政府和福建省地方税务局双重领导，以福建省地方税务局领导为主的管理体制，机构设置、人员编制、干部管理、经费开支实行省垂直管理。地区地方税务局与同级政府工作部门平衡，规格为正处级。至此，宁德地区地方税务局及各县（市）地方税务局陆续挂牌成立，对外办公。

2001年，国务院对银行企业的税款入库体制进行调整，其中对银行和保险企业的营业税、土地使用税的50%缴入省级国库，其余部分上缴到市县级国库。2002年，市地税局对部分税种的开征、停征和税款入库做出相应的变化和调整。对2000年1月1日全区新发生的投资额，暂停征收固定资产投资方向调节税，并对全区的纳税户在2000年1月1日前实际完成的投资额，进行固定资产投资方向调节税应纳税款的结算。自此，固定资产投资方向调节税自2000年开始全面停征。2002年，市地税局按照税种不同，将营业税、企业所得税、个人所得税入库级次和比例进行调整，其中7大银行的营业税收入全部为省级收入，其他纳税业户营业税的10%为省级收入，90 %为市县级收入；企业所得税的50%为中央级收入、25%为省级收入、25%为市县级收入；个人所得税的50%为中央级收入、15%为省级收入、35%为市县级收入。2003年1月1日开始，市地税局在全市停止征收屠宰税。至2005年12月，地方税制保持不变。

二、税种 税率

（一）营业税

是对境内提供应税劳务、转让无形资产或销售不动产的单位和个人所取得的营业额征收的一税种，是宁德市地方税收收入最主要的税种，每年收入占地方税收收入总量近50%。1993年12月，国务院发布《中华人民共和国营业税暂行条例》，自1994年1月1日起实施。原属营业税征税范围的商品零售、商品批发等改征增值税。营业税按行业共设置交通运输业、建筑业、邮电通信业、文化体育业（税率为3%）；服务业、转让无形资产、销售不动产和金融保险业（税率为5%）；娱乐业（税率为20%）等9个税目。根据1993年12月财政部颁布的《中华人民共和国营业税暂行条例实施细则》规定，营业税按期纳税的起征点为月营业额200～800元，按次纳税的起征点为每次（日）营业额50元。1994年1月1日起，宁德地区根据福建省统一规定，确定营业税按期纳税的起征点为月营业额400元，按次纳税的起征点为每次（日）50元。

2003年1月1日起，营业税起征点调高，县城以上（含县城）按期纳税营业额起征点调高到月营业额1500元；乡镇以下（含乡镇）按期纳税营业额起征点调高到月营业额1000元；房产租赁不分区域统一调高到月1000元；按次纳税的起征点调高到每次（日）100元。2004年7月1日，全市娱乐业税目台球、保龄球税率从20%调为5%。2005年年底，全市从1994年起累计共入库营业税263267万元，占同期地方税收收入48.4%。

（二）所得税

企业所得税 是以境内企业取得的生产经营所得和其他所得为征税对象所征收的一种税。1993年12月13日，国务院颁发《中华人民共和国企业所得税暂行条例》，从1994年1月1日起施行。将国营企业所得税、集体企业所得税和私营企业所得税统一为企业所得税。国家为鼓励个人投资、公平税负，规定从2000年1月起对个人独资和合伙企业停征企业所得税，只对其投资者的经营所得征收个人所得税。企业所得税实行统一的33%的比例税率。考虑到利润水平较低的小型企业，又规定两档照顾性税率：即年应纳税所得额在3万元以下（含3万元）的企业，按18%的税率征税；年应纳税所得额在3万～10万元（含10万元）的企业，按27%的税率征税。2002年1月1日起，新登记注册的企事业单位的企业所得税，不再归地方税务机关征收管理。2005年年底，全市从1994年起累计共入库企业所得税89668万元，占同期地方税收收入16.5%。

个人所得税 是以个人（自然人）在一定期间取得的各项应税所得为征税对象所征收的一种税。1993年10月31日，第八届全国人民代表大会常务委员会第四次会议通过《关于修改〈中华人民共和国个人所得税法〉的决定》，将1980年通过的《中华人民共和国个人所得税法》和1986年、1987年国务院颁布的《中华人民共和国城乡个体工商业户所得税暂行条例》《中华人民共和国个人收入调节税暂行条例》等三部法律法规，合并修订为新的《中华人民共和国个人所得税法》，从1994年1月1日起施行。个人所得税共设11个税目：工资薪金所得按5%～45%九级超额累进税率征税；个体工商户的生产、经营所得和对企事业单位的承包经营、承租经营所得按5%～35%五级超额累进税率征税；劳务报酬所得，稿酬所得，特许权使用费所得，利息、股息、红利所得，财产租赁所得和财产转让所得，偶然所得和其他所得按20%比例税率进行征税，其中，劳务报酬所得一次收入畸高的，在适用20%税率征税的基础上，实行加成征税办法；稿酬所得在适用20%税率征税的基础上，按应纳税额减征30%。2005年年底，全市从1994年起累计共入库个人所得税99877万元，占同期地方税收收入18.4%。

土地增值税　是对有偿转让国有土地使用权及地上建筑物和其他附着物权（简称转让房地产）、取得增值性收入的单位和个人所征收的一种税，土地增值税实行30% ～ 60%四级超率累进税率。1996年1月1日起，福建省土地增值税实行预征率征收，平均预征率为2% ～ 5%。2003年1月1日起，下调平均预征率，从2% ～ 5%下调为0.5% ～ 3%。宁德市土地使用税预征率为1%。2005年3月11日起，实行新的预征率标准，具体标准如下：住宅按1%预征；商业营业用房、写字楼等其他房地产按2%预征；别墅按3%预征。2005年年底，全市从1994年起累计共入库土地增值税7872万元。

（三）财产税

房产税　是以房屋为征税对象，以房屋的计税余值或租金收入为计税依据，向房屋产权所有人征收的一种财产税。房产税征收范围为城市、县城、建制镇、工矿区。在开征范围内拥有房产产权、使用权、代管权的单位或个人为房产税的纳税义务人，但不包括外商投资企业、外国企业及外籍人员、华侨及中国香港、澳门、台湾同胞的房产。房产税的计税依据采用从价计征，对经营自用的房屋，以房产的计税余值作为计税依据，税率1.2%。计税余值是指依照税法规定按房产原值一次减除10% ～ 30%的损耗价值以后的余额，福建省规定的减除比例为25%。对于出租的房屋，以租金收入为计税依据，税率12%。自2001年1月1日起，对个人按市场价格出租的居民住房，房产税暂减按4%的税率征收。2005年年底，全市从1994年起累计共入库房产税25536万元。

资源税　是对境内开采应税矿产品及生产盐的单位和个人，就其应税资源销售数量或自用数量为课税对象而征收的税种。资源税共设7个税目：原油、天然气、煤炭、其他非金属原矿、黑色金属矿原矿、有色金属矿原矿、盐。资源税实行从量定额征收。2005年，全市从1994年起累计共入库资源税1610万元。

城镇土地使用税　是对在境内占用土地的单位和个人，就其实际占用面积从量定额征收的一种税。城镇土地使用税征收范围为城市、县城、建制镇、工矿区。城镇土地使用税采用分类幅度税额，实行从量定额计征，纳税期限为按年征收，按月或按季缴纳。市、县、区政府根据实际情况，将本地区土地划分为若干等级，在福建省政府确定的税额幅度内，制定相应的适用税额标准。2005年7月1日，宁德市在全市范围内调整土地等级划分，提高土地使用税税额标准。2005年年底，全市累计共入库土地使用税2805万元。

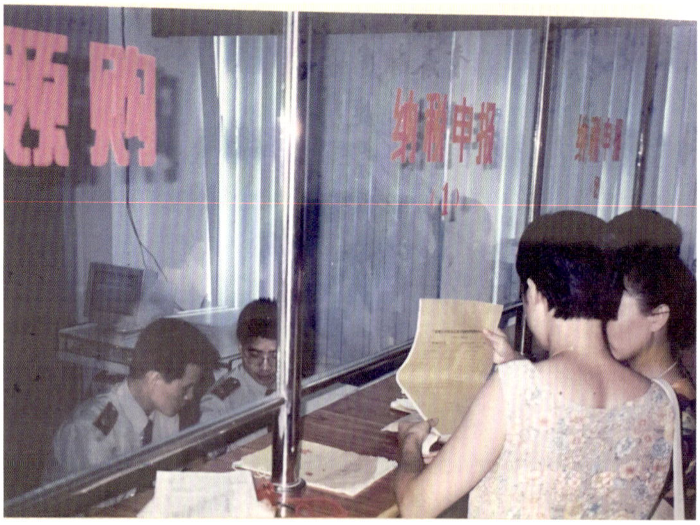

1998年8月7日，纳税户在地税办税大厅办理申报手续

（四）其他税

印花税　是对境内书立、领受的应税凭证的单位和个人所征收的一种税。凡在全国境内书

立、领受的应税凭证的单位和个人均为印花税的纳税人，根据不同纳税对象，分别称为立合同人、立账簿人、立据人、领受人。印花税确定13个税目，即购销合同、加工承揽合同、建设工程勘察设计合同、建筑安装工程承包合同、财产租赁合同、货物运输合同、仓储保管合同、借款合同、财产保险合同、技术合同、产权转移书据、营业账簿、权利许可证照。“营业账簿”税目中的其他账簿和“权利许可证照”税目采用定额税率，税额均为每件5元；其他税目采用比例税率，税率共分四档，其中：财产租赁合同、仓储保管合同和财产保险合同税率为1‰；加工承揽合同、建设工程勘察设计合同、产权转移书据和记载资金账簿税率为0.5‰；购销合同、建筑安装工程承包合同、货物运输合同和技术合同税率为0.3‰；借款合同税率为0.05‰。2005年年底，全市从1994年起累计共入库印花税6325万元。

车船使用税 是以车船为征税对象，向拥有并使用的单位和个人，按照其拥有车船的种类、吨位和规定的税额计算征收的一种税。征税对象是行驶于公共道路的车辆和航行于国内河流、湖泊或领海口岸的船舶，对不使用的车船或只在企业内部行驶，不领取行驶执照、不上公路行驶的车辆不征收车船使用税。车船使用税征税范围由车辆和船舶两大类构成，按定额征收，其中，车辆分机动车和营业性的非机动车，税额从4～300元不等，载重汽车按净吨位每吨40元计算；船舶分机动船和非机动船，税额按净吨位或载重吨位，每吨0.6～5.0元不等。2005年年底，全市从1994年起累计共入库车船使用税2530万元。

城市建设维护税 是对缴纳增值税、消费税和营业税的单位和个人征收的一种附加税，同增值税、消费税和营业税同时征收。1994年，税制改革后，由地税机关负责征收。凡缴纳增值税、消费税、营业税的单位和个人，均为城市维护建设税的纳税人，但暂不包括外商投资企业和外国企业。城市维护建设税的征税范围同增值税、消费税和营业税的征收范围相同，在全国各地区都开征，以实际缴纳的增值税、消费税、营业税税额作为计税依据。城市维护建设税的税率为：纳税人所在地在市区的，税率为7%；纳税人所在地在县城、镇的，税率为5%；纳税人所在地在市区、县城或镇以外的，税率为1%。2005年年底，全市从1994年起累计共入库城市维护建设税36073万元。

屠宰税 是对屠宰猪、牛、羊等牲畜的行为征收的一种税。1994年，分税制改革后，国务院明确继续将屠宰税的管理权下放到地方，由各省、自治区、直辖市政府根据本地区情况，决定是否开征或停征屠宰税。是年7月，福建省政府颁布《福建省屠宰税征收办法》规定：凡在福建省境内屠宰或收购猪、牛、羊的单位和个人，为屠宰税的纳税人，包括外商投资企业和外国企业。屠宰税按头定额征收，税额为：猪10元/头、牛15元/头、羊2元/头。根据《中共福建省委、福建省人民政府关于在我省部分地区开展农村税费改革试点的通知》精神，福鼎市、古田县作为首批农村税费改革试点地区，从2001年1月1日起，停止征收屠宰税。2003年1月1日起，福建省政府推行农村税费改革，宁德市全面停止征收屠宰税。2003年年底，全市从1994年起累计共入库屠宰税1987万元。

固定资产投资方向调节税 是对在境内从事固定资产投资行为的单位和个人征收的一种特别目的的税。1994年，税制改革后，由地税机关负责征收。在中国境内进行固定资产投资的单位和个人，为固定资产投资方向调节税的纳税人，但不包括中外合资经营企业、中外合作企业和外资企业。固定资产投资方向调节税实行差别比例税率，税率分为0%、5%、10%、15%、30%五个档次。为鼓励社会投资，拉动经济发展，根据财政部、国家税务总局、国家发展计划委员会的通知，宁德市1999年7月1日至12月31日减半征收固定资产投资方向调节税。1994—1999年，共入库固定资产投资方向调节税2842万元。2000年1月1日起，暂停征收固定资产投资方向调节税。2000—2001 年，清理以前年度欠税 497 万元。

（五）费金　基金

教育费附加　是以单位和个人缴纳的增值税、消费税、营业税税额为计算依据征收的一种附加费。规定凡缴纳增值税、消费税、营业税的单位和个人（除按规定缴纳农村教育费附加的单位除外）为教育费附加的缴费人，其征收标准为：以实际缴纳的增值税、消费税、营业税的税额为计征依据，征收率为 3%。1997 年 7 月 1 日，福建省将教育费附加征收率提高到 4%。2002 年 1 月，福建省开征地方教育附加，同时取消了原增提一个百分点的城市教育费附加，教育费附加征收率由 4% 调整为 3%。2005 年年底，全市从 1994 年起累计共入库教育费附加 13379 万元。

地方教育附加　2002 年 1 月，福建省政府办公厅印发《关于征收地方教育附加有关问题的通知》，从 2002 年 1 月 1 日起，在全省征收地方教育附加。2 月，福建省财政厅、地方税务局制定《福建省地方教育附加征收管理暂行办法》，规定在福建省境内从事生产经营活动的地方企事业单位和个人（包括中央与地方合资企业、省内外合资企业和三资企业等，中央独资企事业单位除外）为地方教育附加的缴费人，以各单位和个人实际缴纳的增值税、营业税、消费税的税额为计征依据，征收率为 1%，由地税机关负责征收。对已经缴纳农村教育附加的单位和个人不再征收地方教育附加。2005 年年底，全市累计共入库地方教育附加 2731 万元。

文化事业建设费　1996 年 9 月 5 日，国务院颁发《关于进一步完善文化经济政策的若干规定》，决定从 1997 年 1 月 1 日起，开征文化事业建设费。1997 年 5 月 21 日，福建省财政厅、地方税务局印发《福建省文化事业建设费具体征收管理办法》。1997 年 7 月 7 日，财政部、国家税务总局颁发《文化事业建设费征收管理暂行办法》，规定凡在中华人民共和国境内依照《中华人民共和国营业税暂行条例》规定缴纳娱乐业、广告业营业税的单位和个人（包括外商投资企业、外国企业和外籍个人），为文化事业建设费的缴费人，按营业额的 3% 计算缴纳文化事业建设费，由地方税务机关在征收娱乐业、广告业营业税时一并征收。2003 年，财政部、国家税务总局针对“非典型肺炎”疫情对娱乐业的影响，规定是年 5—9 月疫情期间的文化事业建设费给予免征。1997 年至 2005 年年底，全市累计共入库文化事业建设费 678 万元。

社会事业发展费　1994 年 3 月，福建省政府印发《福建省社会事业发展费征收管理暂行规定》，规定从 1994 年 7 月 1 日起，征收社会事业发展费，由地税机关负责征收。社会事业发展费的纳费人为福建省境内（不含厦门市和民政福利企业）从事生产、经营活动的各种所有制的生产、经营单位和个人，计费依据为销售（营业）总额，费率为：商业批发企业按批发销售总额的 1‰，其他按销售总额的 2‰；外商投资企业和外国企业从 1996 年 2 月 1 日起降低 15% 计征，即征收率为 0.85‰、1.7‰。2002 年 1 月 1 日起，福建省停止征收社会事业发展费。2001 年年底，全市累计共入库社会事业发展费 6418 万元。

基础设施建设附加费　1994 年税制改革后，福建省将基础设施建设附加费委托地税部门征收，并根据国家税制改革情况，对基础设施建设附加费的征收管理规定进行修订调整。基础设施建设附加费的计费依据为实际缴纳的增值税、消费税、营业税的税额。征收标准为：按各单位和个人实际缴纳的增值税、营业税总税额的 5%，消费税总税额的 2.5%。1996 年 2 月 1 日起，福建省对外商投资企业缴纳基础设施建设附加费的征收标准实行降低 30% 的办法计征。2000 年 9 月 1 日起，福建省暂停征收基础设施建设附加费。至是年 8 月，全区累计共入库基础设施建设附加费 2260 万元。

预算外资金调节费　1996 年 12 月 23 日，福建省政府发布《福建省预算外资金调节费征收管理暂行规定》，从1997年1月1日起，征收预算外资金调节费，规定福建省境内的所有行政事业单位为预算外资金调节费的纳费人。预算外资金调节费的计费依据为：全额预算管理的行政事业单位取得的预算外收入、事业收入及未纳入预算管理的行政事业性收费，按全额计征；差额预算管理单位的业务收入和自收自支的事业单位取得的事业收入，按照是年提取的职工奖励基金和职工福利基金计征；社会团体取得的收入（不含政府的拨款和社会捐赠），按照是年提取的职工奖励基金计征；未纳入预算管理的各种基金、资金（不含捐赠部分）、附加及专项事业收费，按照全额计征。预算外资金调节费的征收率为20%。1999年12月1日起，福建省暂停征收预算外资金调节费。至1999年年底，全市累计共入库预算外资金调节费57万元。

以工建农基金 按乡镇企业销售（营业）收入总额的1.5%征收。1994年税制改革后，以工建农基金由福建省政府委托地税机关征收。2001年6月25日起，福建省暂停征收以工建农基金。至2001年年底，全市累计共入库以工建农基金247万元。

（六）社会保险费

根据福建省人大常委会决定，从2001年1月1日起，全省城镇职工基本养老保险费和失业保险费由地税部门负责征收，实行“地税征收，财政监管，社保发放”的新的社会保险费征缴管理体制。

基本养老保险费 从2002年起单位缴费的费率按其全部职工工资总额的18%、缴费个人按其个人月工资总额的6%；2002—2003年按7%缴纳；2004年起按8%缴纳。城镇个体工商户本人按缴费基数的25%。2001—2005年，宁德市地税系统共征收入库城镇职工基本养老保险费6.56亿元，年均增长14.45%。截至2005年年底，全市基本养老保险参保户和参保人数分别达10919户、115407人，分别比2001年增长205.26%和47.11%。

失业保险费 2001—2005年，全市失业保险费缴费基数，按不得低于福建省政府公布的当地职工最低工资标准，上不封顶实行。缴费单位、有雇工的城镇个体工商户，按照本单位工资总额的2%缴纳失业保险费，缴费个人按照本人工资的1%缴纳失业保险费，城镇个体工商户本人按缴费基数的3%缴纳失业保险费。至2005年，全市地税系统累计征收入库失业保险费0.81亿元，年均增长10.68%。截至2005年年底，全市失业保险参保户和参保人数分别达5715户、97232人，分别比2001年增长134.89%和27.10%。

1994—2005年宁德市（地区）地税收入统计表

表21-6 单位：万元

项目＼年份	1994	1995	1996	1997	1998	1999	2000	2001	2002	2003	2004	2005
各项收入总计	11791.9	17728.8	21048.4	30423	33171	38629	50219	71208	77427	84765	96849	111601
一、税收收入合计	11440.4	16406.2	20056.8	29155	31755	36973	46990	56275	62298	67527	76944	87924
其中：中央级税收收入	0	0	0	0	0	0	0	0	11165	13742	15244	16108
省级税收收入	1469.2	1828.7	2117.1	2428	2593	2457	2922	3160	3520	3980	5567	6295

续表 21-6

项目＼年份	1994	1995	1996	1997	1998	1999	2000	2001	2002	2003	2004	2005
县市级税收收入	9971.2	14577.5	17939.7	26727	29162	34516	44068	53115	47613	49805	56133	65521
其中：市本级税收收入	0	936.9	1121.2	2199	2120	3789	9725	13261	12344	10567	8579	9844
县级税收收入	9971.2	13640.6	16818.5	24527	27041	30727	34343	39854	35269	39238	47554	55677
（一）营业税	5914.4	7295.0	8410.6	11221	14987	15987	22609	23885	31639	34784	40020	46515
其中：省级营业税	1178.9	1388.2	1752.4	2066	2220	1992	2747	3091	3520	3980	5567	6295
县市级营业税	4735.5	5906.8	6658.2	9155	12767	13995	19862	20794	28119	30804	34453	40220
（二）企业所得税	1816.8	2859.8	2542.2	5654	3563	6120	8275	14344	10126	11001	11872	11495
其中：中央级企业所得税	0	0	0	0	0	0	0	0	5063	6601	7123	6897
省级企业所得税	0	42.3	36.0	0	18	90	0	0	0	0	0	0
县市级企业所得税	1816.8	2817.5	2506.2	5654	3545	6030	8275	14344	5063	4400	4749	4598
（三）个人所得税	462.2	2224.2	4037.1	5831	6541	7575	8869	11345	12204	11902	13536	15350
其中：中央级个人所得税	0	0	0	0	0	0	0	0	6102	7141	8121	9211
省级个人所得税	0	0	0	0	0	0	0	0	0	0	0	0
县市级个人所得税	462.2	2224.2	4037.1	5831	6541	7575	8869	11345	6102	4761	5415	6139
（四）房产税	751.0	967.7	1237.0	1648	1994	2026	2310	2421	2998	2770	2944	3470
（五）城市维护建设税	1085.5	1640.4	1873.6	2589	2829	3070	2961	2717	3213	3838	4586	5671
（六）印花税	101.9	155.2	202.0	223	295	413	504	360	563	1126	1098	1283
（七）土地使用税	99.8	113.3	164.8	207	206	179	245	166	219	222	311	672
（八）资源税	13.2	21.5	23.4	41	59	81	98	106	139	199	373	456

续表 21-6

项目＼年份	1994	1995	1996	1997	1998	1999	2000	2001	2002	2003	2004	2005
（九）车船税	102.9	141.2	182.2	187	166	164	120	153	189	318	397	410
（十）土地增值税	0	0	0	34	134	317	348	441	816	1346	1807	2602
（十一）屠宰税	98.2	176.5	202.9	247	273	286	293	198	192	21	0	0
（十二）固定资产投资方向调节税	290.3	398.2	328.7	362	708	755	358	139	0	0	0	0
其中：省级投向税	290.3	398.2	328.7	362	355	375	175	69	0	0	0	0
县市级投向税	0	0	0	0	353	380	183	70	0	0	0	0
（十三）税收收入之滞罚	704.2	413.2	825.4	911	0	0	0	0	0	0	0	0
二、非税收入合计	351.5	1322.6	991.6	1268	1416	1656	3229	14933	15129	17238	19905	23677
（一）教育费附加	42.5	187.8	204.5	422	622	699	1199	1441	1431	1887	2298	2945
（二）地方教育附加	0	0	0	0	0	0	0	0	494	590	713	934
（三）文化事业建设费	0	0	0	50	35	28	42	80	83	86	126	148
（四）基本养老保险费	0	0	0	0	0	0	0	10053	11094	12578	14662	17229
（五）失业保险费	0	0	0	0	0	0	0	1364	1429	1655	1627	2015
（六）预算外资金调节费	0	0	0	21	21	15	0	0	0	0	0	0
（七）税务部门其他罚没收入	0	0	0	0	0	0	4	40	79	70	107	60
（八）税务部门行政性收费收入	0	0	0	0	0	0	0	0	236	353	361	345
（九）地方水利建设基金收入	—	—	—	—	—	—	—	—	—	—	—	—

续表 21-6

项目 \ 年份	1994	1995	1996	1997	1998	1999	2000	2001	2002	2003	2004	2005
（十）残疾人就业保障基金收入	—	—	—	—	—	—	—	—	—	—	—	—
（十一）其他非税收入	309.0	1134.8	787.1	775	738	914	1984	1955	283	19	11	1
1. 以工建农基金	9.9	54.8	30.6	7	15	24	61	45	0	0	0	0
2. 基础设施建设附加费	114.1	615.4	254.7	272	236	324	419	17	7	1	0	0
3. 社会事业发展费	185.0	464.6	501.8	496	487	566	1504	1893	276	18	11	1

三、税收征管

（一）税务登记

1994 年起，宁德地区从事生产、经营的纳税人领取工商营业执照（含临时工商营业执照）的，按照税务登记有关规定，自领取工商营业执照之日起 30 日内申报办理税务登记。从事生产、经营的纳税人未办理工商营业执照，但经有关部门批准设立的，应当自有关部门批准设立之日起 30 日内申报办理税务登记。从事生产、经营的纳税人未办理工商营业执照，也未经有关部门批准设立的，税务机关可以核发临时税务登记证及副本。同时，执行《中华人民共和国发票管理办法》第十五条规定，该类纳税人可以向主管税务机关申请领购发票。有独立的生产经营权、在财务上独立核算并定期向发包人或者出租人上交承包费或租金的承包承租人，应当自承包承租合同签订之日起 30 日内，向其承包承租业务发生地税务机关申报办理税务登记。境外企业在宁德境内承包建筑、安装、装配、勘探工程和提供劳务的，应当自项目合同或协议签订之日起 30 日内，向项目所在地税务机关申报办理税务登记。对外来经营的纳税人（包括超过 180 天的），只办理报验登记，不再办理临时税务登记。上述规定以外的其他纳税人，除国家机关、个人和无固定生产、经营场所的流动性农村小商贩外，均应当自纳税义务发生之日起 30 日内，向纳税义务发生地税务机关申报办理税务登记。1994—2005 年，全市共登记纳税 36048 户，其中，内资企业 8646 户、港澳台商投资企业 59 户、外商投资及外国企业 187 户、个体工商户 27156 户。

1997 年 8 月，霞浦县地税局干部深入溪南鱼排开展下户检查

（二）纳税申报

1994—2005 年，地税机关逐步建立健全纳税人

自行申报纳税制度。要求纳税人、扣缴义务人依照法律、行政法规规定的申报期限、申报内容，如实办理纳税申报，包括报送纳税申报表、代扣代缴、代收代缴税款报告表以及税务机关根据其他实际需要要求报送的其他纳税资料。即使纳税人在纳税期内没有应纳税款的，纳税人享受减税、免税待遇的，也应当按照规定办理纳税申报。纳税申报办法有提供上门申报、网上申报、税库行联网划缴税款等方式，由纳税人自愿选择。

（三）定期定额管理

1994年起，地税机关主要是依照有关法律、法规规定程序，核定纳税人在一定经营时期内的应纳税经营额及收益额，并以此为计税依据，确定其应纳的税额。2002年，开始改革征收方式，全面推行民主评税活动。邀请人大、政协、纪委、个协等部门和部分纳税人代表，共同参与评定税收定额，实现税收定额机制民主、过程透明、结果公开。2005年，全市地税系统通过民主评税，按照定期定额核定程序共完成35721户纳税人的定额核定工作，其中定额调高8526户，调低2013户。

（四）设置纳税服务厅（中心）

2000年，宁德地区地税机关开始规范办税服务厅建设，统一涉税窗口业务设置，执行公开文明办税。2002年年底，古田县地税局率先推出体现纳税服务新理念的办税服务中心。2003年6月，全市城关地区及管辖500户纳税户以上的乡镇分局也按办税服务中心模式完成改造。硬件设施上确保资金投入、设备添置、人员管理“三到位”，达到功能齐全、合法规范、服务前置、庄重亲和、公开透明标准。功能转换上，按照服务功能设置不同的功能区域，集中统一办理或受理纳税人各项涉税事项。使用功能强大、项目齐全的“纳税直通车”软件。颁发《宁德市地方税务局关于规范窗口服务的通知》，全市地税局全体员工做到文明服务、优质高效。2004年，全市所有乡镇地税分局办税厅全部按照办税服务中心模式，推行“一站式”“一窗式”运作。兼具管理与征收职能单位，一律实行“领导带班”“管理员坐班”制度，开通12366服务热线，开展预约上门、流动办税等服务，方便纳税人。

（五）漏征漏管户清理

2003年起，地税系统确定每年4月和10月，统一开展漏征漏管户清查行动，组织力量，调配人员，分街道、分片区，实行拉网式清查纳税人的税务登记证件办理情况。至2005年年底，共清查漏征漏管户1057户。

（六）纳税评估

2004年，市地税部门开展纳税评估试点工作，逐步建立纳税评估、疑点约谈、自查自纠、日常检查和税务稽查等协调配套的工作机制，提高对税源的动态监控能力。至2005年，共对3928户纳税人进行纳税评估，入库差异税款1256.2万元。

（七）税收调整

1994年起，内资企业所得税由地方税务机关管征。2002年1月1日起，新登记注册的企事业单位的企业所得税，改由国家税务机关征收管理。1994—2005年，为有利于宁德市、蕉城区、东侨开发区的共同发展，同时达到加强税收征管、公平税负、减少征管交叉、防止税款流失的目的，宁德市地税局对在宁德市工商局办理工商登记、生产经营地在蕉城城区的企业征管范围进行过多次调整。

（八）信息化建设

1998年4月6日，宁德地区地方税务局设立信息技术科。1999年3月，机构人员正式到位，负责全市地税系统计算机开发应用、指导和管理工作。2000年4月，宁德地区地税局召开深化征管改革工作会议，全面部署征管信息系统建设。5月，全区地税系统完成5个机构分设县（市、区）地税局局域网设备的安装调试及广域网设计方案；7月，建成宁德地区地方税务局中心机房；8月，向电信部门租用并开通了32条64K帧中继专线。2003年年底，将连接省局和5个分设县（市、区）地税局的线路从64K扩容至2M；新增11条2M广域网数字线路，将4个未分设县局的单位统一并入地税网络。9月，全市地税系统按时与福建省地税局实现广域联网，税收征管信息系统如期上线运行，全市地税系统税收征管初步实现信息化、现代化。2004年1月，实现全市地税系统网络互联互通。在应用原有征管二层信息系统的基础上，推广福建省地税局开发的税务登记、建筑安装、执法考核、稽查子系统等征管三层信息系统模块，完成“宁德市地税局内部网站”“电子台账”“信息考评”等系统设计建设。2005年，福鼎市地税局开发了个体工商业户参数定额管理系统和短信互动平台，福安市地税局开发电子征管地图。全市地税系统购置430台PC机，机关信息化建设不断提高。

四、税收管理

（一）税收管理员制度

2004年7月，宁德市地税局制定《直属单位入户管理办法》，明确税收管理员入户的基本规定和要求，并在直属分局、东侨分局试行税收管理员入户管理。2005年1月，国家税务总局在全国税务系统推行税收管理员制度。3月，宁德市地税局制定《宁德市地税系统税管员下户管理办法》（以下简称《办法》），该《办法》针对以往存在“淡化责任，疏于管理”等问题，规定了税管员下户管理的程序、步骤、内容、记录及要求，力求达到科学化、精细化管理税源目的。

（二）发票管理

1994—1997年，宁德地税局发票管理执行《中华人民共和国发票管理办法》。1998年，随着全省地税系统征管信息系统上线运行，宁德地税局实现发票电子化、规范化管理。2002年起，在全市陆续推行服务业有奖定额发票，消费者索取发票的积极性空前高涨，服务、娱乐行业的发票使用量迅速增加。2004年，全市各级税务机关推行“票表比对”“票额比对”，提升对纳税人发票控管力度。同年，按照国家税务总局、福建省地税局的统一部署，全面启用全国统一的普通发票分类代码和发票号码。

（三）税务稽查

稽查队伍建设 1994年8月，宁德地区地方税务局稽征分局成立，内设征收管理股、稽查股，负责全区地方税收征收管理和稽查工作，各县稽征局担负本辖区地方税收征收管理和稽查工作。1995年12月，稽征分局征收管理和稽查职能分离，成立稽查分局，内设综合科、稽查一科、稽查二科，专门负责涉税案件查处工作，后又增设审理科，职能分工初步明确。1999年2月，稽查分局更名为稽查局，执法主体资格更加明确。2001 年 7 月，市、县（市、区）稽查局增设计划执行科（股），全市地税稽查系统内部实行选案（计划）、检查、审理、执行四个环节，形成职责分工明确，又相互分离、相互制约的工作机制。2002 年，贯彻《福建省地方税务局稽查单位规范化建设意见（试行）》，全市地税稽查局开始开展稽查单位规范化建设活动，着重解决办案程序和办案质量问题。2005 年，全市地税稽查单位全部通过省地税局稽查单位规范化建设考核验收，实现机构规范、执法规范、内部管理规范、队伍建设规范和装备规范的目标。

税收大检查 1994 年 10 月，宁德地区行署成立财税物价大检查领导小组，统一部署税收大检查工作。宁德地区地方税务局按照自查自纠、重点检查和整改建制三个阶段要求，安排在每年下半年组织开展一次全区税收大检查。至 1997 年，共查补税费、滞纳金、罚款合计 10499 万元。1998 年起，随着税收征管改革不断深入，征收、管理、稽查“三分离”工作机制不断完善，税收检查转为日常检查、专项检查和专案检查，国家不再组织税收大检查。

行业税收专项检查 1998 年，组织开展对交通运输、建筑安装、土地、金融、保险等行业税收专项检查，共检查 78 户，查补地方税费 1773.77 万元。1999 年，组织开展对律师事务所、饮食服务行业税收专项检查，共检查 86 户，查补地方税费 877.67 万元。2000 年，组织开展对水电、建筑安装、装饰装潢等行业税收专项检查，共检查 112 户，查补地方税费 1368.56 万元。2001 年，组织开展对邮电通信、液化气、房地产和中介等行业税收专项检查，共检查 28 户，查补地方税费 1326.36 万元。2002 年，组织开展对加油站、集贸市场、电力、邮电通信、行政事业单位、社会团体税收专项检查，共检查 130 户，查补地方税费 1165.58 万元。2003 年，组织开展对建筑安装、房地产、金融、电力行业税收专项检查，共检查 81 户，查补地方税费 900.47 万元。2004 年，组织开展对建筑安装、房地产、电力和货物运输行业税收专项检查，共检查 83 户，查补地方税费 1777.3 万元。2005 年，组织开展对钢铁生产、房地产、娱乐行业税收专项检查，共检查 90 户，查补地方税费 1151.63 万元。

发票专项检查 1997 年 6—8 月和 1999 年下半年，宁德地区地方税务局先后两次部署开展全区性的发票专项整治工作，分别对饮食服务业、建筑安装业、交通运输业、娱乐业、广告业进行检查，共审核抄录各类发票 25466 份，发现问题发票 2645 份，涉案金额 122.6 万元，重点检查涉案纳税户 84 户，查补地方税费及罚款 76.32 万元。2000 年，地方税务部门组织开展对建筑安装、房地产、饮食服务、交通运输等行业和行政事业单位发票专项检查，共重点检查 1260 户，查出有问题 234 户，查补地方税费 136.22 万元。2001 年 4 月，地方税务部门在全市开展打击假发票“20 点行动”，各级地税局联合公安部门统一在当天 20 点对全市娱乐、服务、饮食业户纳税情况和发票使用情况进行突击检查，共检查 65 户，查处涉税违法案件 34 起，检查发票 6439 份，查补地方税费 349.3 万元。2004 年，执行福建省公安厅、国税局、地税局《关于开展打击制售假发票和建筑安装企业偷税等涉税违法犯罪专项行动的工作方案》，部署对建筑安装、房地产企业发票进行专项整治，共检查 15 户，查补地方税费 367.95 万元，查处偷税案件 2 起，查补金额 119.99 万元。2005 年 7 月，市地税局联合公安部门，组织人员捣毁一个印制假发票窝点，查获印制倒卖和运输假发票工具，抓获犯罪嫌疑人 2 人。

单项税种检查 1999 年，宁德地区地方税务局组织开展对全区律师事务所代扣代缴个人所得税情况专项检查，共检查 34 户，查补个人所得税 52.63 万元。同年组织对全区 536 户重点纳税户开展企业所得税汇算稽查，查补税款 759.67 万元。2001 年，地方税务部门对全区 307 户重点企业所得税纳税人上年度纳税情况进行汇算稽查，共查补税款滞纳金及罚款 828.03 万元，同年组织开展对烟草、电信、医院、房地产和律师事务所等重点行业个人所得税检查，共检查 28

户，查补税款258.36万元。2003年，地方税务部门开展对81户重点纳税户上年度企业所得税汇算稽查，共查补税费、滞纳金及罚款900.47万元。2004年，地方税务部门在全市范围内组织开展对大中专院校个人所得税检查，重点检查9户，查补税款22.52万元。2005年，地方税务部门对市区中介服务机构个人所得税代扣代缴情况进行检查，共检查14户，发现有问题10户，查补税款、罚款39.09万元。

税收专项整治 1998—1999年，宁德地区地方税务局在全区范围内组织开展出租车行业、保龄球、KTV等娱乐场所税收专项整治，共检查47户，查补税款滞纳金及罚款874.36万元。2002年，地方税务部门组织开展集贸市场税收清理专项整治活动，共检查1532户，查补地方税费42.35万元。同年在全市范围内组织开展行政事业单位、社会团体税收专项整治，按照自查和重点检查两个阶段，确定交通、建设、卫生、广电和报社等单位为重点，自查面58%，自查补税19.4万元，重点检查57户，查补税款488.3万元。2003年3月，地方税务部门开展出租、转让加油站专项整治，共检查16户，查补税费、罚款7.4万元。2004年5月，地方税务部门开展汽车市场专项整治行动，重点对汽车销售企业和汽车修理修配企业进行检查，查处偷税案件2起，查补税费18.88万元，滞纳金3.62万元，罚款11.57万元。2005年，市地税局选择征管基础相对薄弱的汽车驾驶培训行业、高速公路服务区、营利性医疗机构和饮食服务行业开展专项整治，重点检查11户，查补税款88.5万元。

（四）税收行政执法

税收执法检查 2000—2005年，宁德市地方税务局根据国家税务总局和福建省地方税务局统一部署，依据国家税务总局印发《税收执法检查规则（试行）》规定，每年都在全市范围内开展税收执法检查。采取各县（市、区）地税局异地交叉检查，市地税局复查、重点检查等方式进行税收执法检查，及时发现和纠正税收执法工作中存在的问题，并对相关责任人员进行执法过错责任追究。

重大税务案件审理 2001年2月，宁德市地税局成立重大税务案件审理委员会，依照国家税务总局《重大税务案件审理办法（试行）》规定，确定重大税务案件标准。决定将宁德市地税局稽查局查补各项税费金额在50万元以上或者税务处罚金额在10万元以上的大案要案；本级与下级案情复杂，定性有困难或与纳税人意见有明显分歧，争议较大的涉税案件；上级机关转办的重大案件，确定为应当移送市局案审会审理的重大税务案件。各县（市、区）局也相应成立重大税务案件审理委员会，确定本级地税局案审会负责审理的重大税务案件标准。至2005年，全市地税系统共审理重大税务案件337件。

执法责任追究 2001年11月起，执行国家税务总局《关于全面推行税收执法责任制的意见》，在全市地税系统推行税收执法责任制，要求各级税务机关明确岗位职责。2005年9月，根据《全国地税系统税收执法责任制岗位职责和工作规程范本》《福建省地税系统税收执法责任制岗位职责和工作规程范本（提纲）》精神，市地税局先后制定《宁德市地方税收执法岗位设定及工作职责》《宁德市地方税收执法工作规程》《宁德市地方税收执法质量评议考核办法（试行）》《宁德市地方税收执法过错责任追究实施办法（试行）》《税收执法责任制自动化考核暂行办法》等文件，全系统按"以事定岗、以岗定责、以责定人、权责相当"原则，将税收征管流程内的征收、管理、稽查等执法工作，细化到具体执法岗位，并落实到人。对地税人员执法岗位设置、规程、质量考核、过错追究等做出明确规定。

行政复议 1999—2005年，宁德市地税系统共收到行政复议申请10起，其中符合条件受理

10起，申请人主动撤回复议申请3起，复议机关撤销被申请人作出处理决定并责令其重新作出处理6起，维持被申请人做出的行政处理、处罚决定1起。

（五）协税护税

委托代征 1994—2005年，全市地税系统执行《福建省地方税款委托代征管理办法》，按照双方自愿、简便征收、强化管理和依法委托的原则，对符合下列条件的税款包括农贸、建材、文化等专业市场的个体地方税收；建筑安装、交通运输、房地产交易、牲畜屠宰交易、私房租赁、矿产开采加工销售、林业、小水电等行业的地方税收；人民法院执行程序中，拍卖或变卖的财产依法应当缴纳的地方税收；拍卖行拍卖的财产依法应当缴纳的地方税收；国税机关代开发票征收增值税时纳税人依法应当缴纳的地方税收；印花税、城市维护建设税、土地增值税、车船税、资源税等；以及其他实行核定征收税款的小型企业的地方税收，零星分散、背街小巷、边远山区和海岛、异地缴纳的个人、个体工商户的地方税收等，由地税机关委托有关单位、组织按照《委托代征税款协议书》规定，代地税机关征收税（含规费）款。

司法保护 1994年8月，税务机构分设后税务检察室挂靠国税局管理。1995年9月，地区及机构分设的5个县地税局相继成立税务检察室，负责地税系统重大涉税案件侦查工作。税务检察室正职领导由地区检察院派出，副职领导和部分工作人员由地税局派出。业务上实行双重领导，即检察业务范围由检察院指导，涉及税收业务范围由税务部门指导，日常各自负责所辖范围案件。1997年10月，新《中华人民共和国刑法》正式实施。涉税犯罪案件不再由检察机关管辖，重大涉税案件侦查职能归公安部门管辖。11月，宁德地区检察分院、国税局、地税局联合下文，撤销各级税务检察室。1990—1997年，全区各级税务检察室，共受理各类涉税案件1294件，初查不立案871件，补罚税款1136.65万元；立案侦查290件、352人，其中偷税案233件、279人，抗税案17件，虚开增值税专用发票和投机倒把案24件，贪污案13件，贿赂案3件。重大案件84件、特大案件36件。协税护税2032件，协税金额1116.52万元，协办税务治安案件67件。通过初查、立案、协税共为国家挽回税款损失3771.4万元。

（六）社会保险费征收管理

2002年，贯彻《福建省地方税务局社保费征缴五项制度》规定，制定《宁德市地方税务局社保费征缴五项制度实施办法》，进一步规范社保费登记、申报、催缴、检查、处罚等规章制度。初步建立市、县、分局三级重点费源监控体系，促进社保费征缴管理规范化、法制化，实现部门信息交流共享。宁德市地税系统坚持“税费并重、两费并举”方针，坚持与财政、劳动、社保等部门定期召开协调会，研究解决社会保险费征缴工作中存在的困难和问题。2004年，推行“税费统管、税费统查”办法，实现社保费与地方税收同步管理、同步稽查。2005年，推行“税费统责”，将社保费征管要求列入税管员岗位职责，与税收征管情况一并考核。

五、机构

（一）宁德市（地区）地方税务局

1993年12月15日，国务院发布《关于实行分税制财政管理体制的决定》，决定实施分税制改革，将税种统一划分为中央税、地方税和中央地方共享税，并建立中央税收和地方税收体系，分设中央与地方两套税务机构分别征管。

1994 年 6 月 19 日，福建省政府下发《福建省人民政府关于组建国家税务总局直属机构和地方税务局有关问题的通知》，规定地方税务局按行政区划设置，地、市、县地方税务局的规格与同级政府的工作部门平衡。各地地方税务局实行当地人民政府和省地方税务局双重领导，以省地方税务局领导为主的管理体制，机构设置、人员编制、干部管理、经费开支实行省垂直管理。各地地方税务局与同级政府的工作部门平衡，规格为正处级。1994 年 7 月，宁德地区地方税务局内设 8 个科室，即办公室、税政管理一科、税政管理二科、税政管理三科、计划财务科、稽征科（分局）、人事教育科、监察室（纪检组与监察室合署），各内设机构的科级领导职数原则上按一正一副配置，规格为正科级。8 月，各地地方税务局的人员相继以国税系统按 60%，地税系统按 40% 进行分离，至此，宁德地区地方税务局及各县地方税务局陆续挂牌成立。9 月 22 日，宁德地区地方税务局机关内设 9 个科室，分别是办公室、税管一科、税管二科、征收管理科、计划财务科、稽查管理科、信息技术科、人事教育科、监察室。

2000 年 10 月 16 日，宁德地区地方税务局更名为宁德市地方税务局，其直属机构宁德地区地方税务局直属分局、宁德地区地方税务局稽查局也同时分别更名为宁德市地方税务局直属分局，宁德市地方税务局稽查局。

2001 年 11 月 1 日，根据《中共福建省委、福建省人民政府关于全省市县乡党政机构改革的意见》和省委机构编制委员会办公室会议意见，宁德市地方税务局机关内设 8 个职能科室，即办公室、政策法规科、税政管理一科、税政管理二科（社保科）、征收管理科、计划财务科、信息技术科、人事教育科，纪检组与监察室合署办公，机关党委按照《中国共产党章程》有关规定设置。至 2005 年不变。

宁德市（地区）地方税务局直属分局 1994 年 8 月，成立宁德地区地方税务局直属分局，内设综合股、征收股，规格为正股级。1998 年 10 月内设科室更名为综合科、征收管理科，并增设稽查科，规格为正股级。2000 年 10 月宁德地区撤地建市，宁德地区地方税务局直属局更名为宁德市地方税务局直属分局。2001 年 7 月，机构改革，内设综合科、征收科、管理一科、管理二科、管理三科，规格为正股级。至 2005 年不变。

宁德市（地区）地方税务局稽查局 1994 年 8 月 12 日，成立宁德地区地方税务局稽征分局，内设征收管理股、稽查股，规格为正股级。1995 年 12 月，稽征分局的征收管理和稽查职能分离，更名为宁德地区地方税务局稽查分局，内设综合科、稽查一科、稽查二科，规格为正股级。1999 年 2 月宁德地区地方税务局稽查分局更名宁德地区地方税务局稽查局。1999 年 6 月，增设审理科，规格为正股级。2000 年 10 月宁德地区撤地建市，更名为宁德市地方税务局稽查局。2001 年 7 月，机构改革，内设综合科、审理科、执行科、稽查一科、稽查二科，规格为正股级。2005 年 1 月 1 日，经省地税局批准，在宁德市区（蕉城区、东侨经济开发区）实施"一级稽查"体制，内设综合科、审理科、执行科、稽查一科、稽查二科，规格为正股级。至 2005 年不变。

宁德市（地区）地方税务局东侨分局 2000 年 9 月 2 日，设立宁德地区地方税务局东侨分局，2000 年 10 月宁德地区撤地建市，批文更名为宁德市地方税务局东侨分局。机构为正科级。2001 年 7 月，机构改革，正式成立宁德市地方税务局东侨分局，内设综合科、征收科、管理一科、管理二科，规格为正股级。至 2005 年不变。

第二十二编 金融

1993年，宁德地区辖内金融机构有中国人民银行宁德地区分行、中国农业银行宁德地区中心支行、中国人民建设银行宁德地区中心支行、中国工商银行宁德地区中心支行、中国银行宁德分行、福建兴业银行宁德办事处、农村信用社、城市信用社、邮政储汇局、中国人民保险公司宁德分公司和闽东信托投资公司。随着金融经济体制改革的不断深入，金融业分业经营秩序得以重建。其间，银行业中间业务也随之不断增加，开始逐步由辅助性业务向主营业务转变；业务品种也由传统代收代付向新兴业务、品牌业务、高技术含量和高收益业务品种转变，中间业务呈现出高效快速发展的好势头，成为各商业金融机构一个新的经济增长点。各种金融机构营业网点遍布城乡各地，全市银行业、保险业、信托业、证券业各业兼具。2005年年底，宁德市辖内金融机构有中国人民银行宁德市中心支行、中国农业银行宁德分行、中国建设银行宁德分行、中国工商银行宁德分行、中国银行宁德分行、兴业银行宁德市分行、中国农业发展银行宁德分行、农村信用社、邮政储汇局9家，共有各类金融机构网点411个，从业人员5094人。全市金融机构各项存款余额218.85亿元，各项贷款余额198.89亿元。全市拥有人保公司、人寿公司、太平洋财险公司、太平洋寿险公司、平安财险公司、平安寿险公司、泰康人寿公司等保险机构7家，下辖县（市、区）级保险机构（营业网点）49家（个），从业人员3631人，共经销保险品种350个。累计实现保费收入57933万元，累计理赔金额4.0314亿元。全市有证券经营机构4家，开户31003户，A股基金权证交易额376.1亿元。

第一章　银行业

第一节　机构与网点

一、中国人民银行宁德市中心支行

1993年，称中国人民银行宁德地区分行（简称地区人民银行），内设办公室、人事教育科、科技科、行政科、计划科、调查研究室、保卫科、国库科、会计科、外汇管理科、货币发行科、监察室、政工室、工会办等机构；6月，成立外汇交易办事处；10月，成立福建资金融通中心宁德办事处。1994年1月，设立资金清算分中心；10月，成立保险统筹办公室（挂靠人事教育科）。1998年8月，宁德市支行（县级）撤并入地区分行，设立营业部。1999年1月，改称人民银行宁德地区中心支行，直属人民银行上海分行管辖；4月，合并货币信贷管理科与调查统计科业务，设立货币信贷与统计科。2000年11月，更名为“中国人民银行宁德市中心支行”（简称市人民银行）；12月，撤销福建资金融通中心宁德办事处。2004年，货币信贷与统计科分设为货币信贷管理科、调查统计科。2005年，内设办公室、人事教育科、科技科、后勤服务中心、保卫科、国库科、货币信贷管理科、调查统计科、会计财务科、外汇管理科、货币金银科、纪检监察科、内审科、群工科、工会办、机关党委、营业部、共青团、宣传部、损伤券销毁中心、会计事后监督科、反洗钱科、征信管理科等22个职能机构，下辖福安、古田、福鼎、霞浦、屏南、周宁、寿宁、柘荣8个支行，共有职工382人（下属支行227人），聘有专业技术人员332人，其中，高级专业职务4人、中级175人、初级153人。位于宁德市蕉城南路61号。

二、中国农业银行宁德分行

1993年1月，称中国农业银行宁德地区中心支行（简称地区农行）；2月，更名为中国农业银行宁德地区分行；8月，迁蕉城南路53号新址办公；9月，成立信用卡业务部。1995年12月，成立养老保险统筹办公室。1996年9月，成立代理业务科；10月，撤销信合科，信用社与农行脱离行政隶属关系。12月，分离粮食收购专项业务，分立了中国农业发展银行。1997年5月，成立法律顾问室。1998年4月，成立总稽核室；7月，成立专项信贷科；8月，代理业务科更名市场开发部；9月，成立中共中国农业银行宁德地区分行委员会、纪检组改设纪律检查委员会；11月，成立机关党组委员会；12月，成立分行党校、培训中心、项目办公室。1999年6月，成立分行中国共产主义青年团委员会、闽东城乡金融学会。2000 年 11 月，更名为中国农业银行宁德分行（简称市农行）。2001 年 7 月，设立驻沪客户经理部（挂靠信贷处）、票据业务管理中心（挂靠计划处）；8 月，成立金达理财中心（挂靠资金组织处）。2002 年 8 月，上收分行营业部、蕉城支行管理职能；12 月，成立保险代理部。2003 年 10 月，恢复分行营业部、蕉城支行管理职能；11 月，成立东侨开发区支行。2004 年 5 月，驻沪客户经理部改挂客户部；风险资产经营管理部更名为资产风险管理部。2005 年 3 月，驻沪客户经理部单列；7 月，重组科技会计部，会计职能划归计划财务部，驻沪客户经理部更名为驻沪客户部。2005 年年底，内设机构有办公室、计划财务部、信贷管理部、会计结算部、科技部、监察室、保卫部、个人业务部（银行卡）、风险资产经营管理部、国际业务部、客户部、人事部、审计部、工会办、驻沪客户部等 15 个部室。下辖 11 个县支行、1 个分行营业部、11 个支行营业部、33 个营业所（分理处）、12 个储蓄网点。共有员工 1157 人。有各类专业技术人员 705 人，其中，高级职称 5 人，中级职称 272 人，初级职称 428 人。位于宁德市蕉城南路 53 号。

三、中国建设银行股份有限公司宁德分行

1999 年 12 月，建设银行宁德分行新大楼乔迁仪式

中国建设银行股份有限公司宁德分行原为中国人民建设银行宁德地区中心支行。1992 年 10 月，更名为中国人民建设银行宁德地区分行。1993 年 12 月，成立经济民警中队。1995 年 8 月，成立信用卡科；10 月，成立保险统筹办公室（挂靠人事教育部）。1996 年 1 月，撤销投资部，成立投资调查部、行政科、基建办公室；3 月，更名为中国建设银行宁德地区分行；6 月，设立资金清算中心；8 月，撤销信贷部成立信贷经营部，撤销投资调查部设立信贷管理保全部，信用卡部并入筹资部；11 月，成立“ATM 中心”（隶属筹资部）。

1997 年 4 月，撤销信贷经营部、信贷管理保全部、建筑经济部，成立调查评估部、信贷管理部、中介业务部；11 月，设立核算中心、稽核中心。1998 年 11 月，成立房地产信贷部；12 月，分设筹资部、信用卡部。1999 年 5 月，撤销信贷管理部、调查评估部，设立信贷管理委员会办公室、信贷经营部、信贷风险管理部。2000 年 1 月，设立营业部；11 月，更名为中国建设银行宁德分行；12 月，计算机部更名为科技部。2001 年 6 月，设立资产保全部、个人银行业务部，撤销筹资部、信用卡部。2002 年 1 月，撤销清算中心；3 月，撤销基建办公室。2003 年 1 月，设立国际业务部。2004 年 3 月，成立信用卡中心（隶属个人银行业务部）；6 月，设立业务运行中心（隶属会计结算部）；9 月，设立法律事务部，中国建设银行改制改称中国建设银行股份有限公司宁德分行。2005 年 9 月，成立工程咨询部（挂靠公司业务部）；至 12 月底，内设机构有办公室、财务会计部、风险管理部、人力资源部、个人金融部、信用卡中心、公司业务部、工程咨询部、国际业务部、住房金融与个人信贷部、营运管理部、信息技术管理部、法律事务部等机

构，下辖 10 个支行、2 个办事处、38 个储蓄网点。共有职工 682 人，聘有专业技术人员 325 人，其中，高级 2 人、中级 189 人、初级 134 人。位于宁德市蕉城南路 43 号。

四、中国工商银行股份有限公司宁德分行

1993 年，称中国工商银行宁德地区中心支行（简称地区工行）。2000 年，对营业网点实行优化整合，撤并了一批规模小、功能单一的储蓄所；11 月，改称中国工商银行宁德分行（简称市工行），2005 年 10 月，实施股份制改革，中国工商银行宁德分行更名为中国工商银行股份有限公司宁德分行。年底，下辖分行营业部、蕉城、福安、福鼎、霞浦、古田、周宁、寿宁、屏南、柘荣等 10 个一级支行及宁德东侨、大众、南路，福安东风、阳头、赛岐，福鼎城南、太姥山、桐山，霞浦目海路、古田城东等 11 个储蓄所。内部机构设综合管理部、人力资源部、机构业务部、公司业务部、信贷管理部、个人金融业务部、财务会计部、监察保卫部、运行管理部、国际业务部、内控和风险管理部等办事部门。共有从业人员 819 人，其中，在岗员工 646 人，派遣员工 173 人。位于宁德市蕉城南路 51 号。

五、中国银行股份有限公司宁德分行

1993 年，称中国银行宁德分行（简称地区中行），2000 年 11 月，因撤地设市，改为市中行。2003 年，业务管理处分设为公司业务处、零售业务处。2004 年 8 月，实施股份制改革，中国银行宁德分行更名为中国银行股份有限公司宁德分行。2005 年年底，内设综合管理部、人力资源部、公司业务部、个人金融部、风险管理部、监察保卫部、计划财会部、营业部 8 个职能部门，下辖福安、福鼎、霞浦等 4 个支行，13 个储蓄网点。共有员工 285 人。位于宁德市蕉城八一五西路 3 号。

1995 年，中国银行宁德分行八一五西路 3 号新营业办公大楼落成

六、兴业银行宁德分行

1993 年，称福建兴业银行宁德办事处。1994 年 1 月，升格为福建兴业银行宁德地区分行。1999 年，增设业务拓展部、法律事务室等办事机构。2000 年 11 月，简称市兴业银行。2003 年 3 月，福建兴业银行宁德分行更名为兴业银行宁德分行。2005 年，撤销个人业务部，设零售业务部。年底，内设机构调整为综合部、人力资源部、计划财会部、风险管理部、公司业务部、零售业务部、派驻审计室等，下辖福安、福鼎、古田、霞浦、蕉城 5 个支行和分行营业部。共有在岗员工 156 人，其中大学本科、专科学历 136 人，占员工总数的 97.1%；聘有专业技术人员 118 人，其中高级专业职务 2 人、中级 55 人、初级 61 人。另有派遣员工 54 人。位于宁德市蕉城南路 11 号。

七、中国农业发展银行宁德分行

1996年12月17日正式成立，为宁德市首家农业政策性金融机构（简称地区农发行），人员、财产及部分业务由农业银行划转过来，同时也接收人民银行部分专项贷款。2005年年底，内设办公室、资金计划科、客户科、信贷与风险管理科、财务会计科（下设会计结算柜台）、人力资源科、监察保卫科、内部审计科等科室，下辖福安、福鼎2个支行，1个营业部和6个代理部。共有职工86人，其中，聘有专业技术人员74人（中级36人、初级38人）。位于宁德市蕉城南路53号农业银行7～9层。

八、农村信用社联合社宁德办事处

1993年，全区共设有农村信用社111个，分社144个，分社储蓄所19个，金融服务社2个，依托农业银行管理。1996年10月，农村信用社与农业银行脱钩，改设宁德地区农村金融改革领导小组，由中国人民银行代管。是年，全区成立有9个农村信用联社营业部，县（市）联社对基层农村信用社行使管理、指导、协调、服务职能。1998年年底，全区共设有9个县（市）农村信用合联社、9个联社营业部、109个农村信用社、59个农村信用分社、12个储蓄所、71个信用代办站，共有1256名职工。2003年，国务院下发《国务院关于印发深化农村信用社试点方案的通知》，对农村信用社的管理体制和产权结构进行改革，将农村信用社的管理交由地方政府负责，银监会承担对信用社的金融监管职能，并确定8个省（市）作为首批试点省（市）。2004年，国务院下发《国务院办公厅关于进一步深化农村信用社改革试点的意见》，将在福建省在内的21个省（区、市）作为进一步深化改革试点地区。2005年8月，宁德农村信用社划归福建省农村信用社联合社管理；9月，成立福建省农村信用社联合社宁德办事处，为福建省农村信用社联合社派出机构（简称市信用社）。年底，共有农村信用社157个，其中，联社9个，非法人信用社130个，信用分社18个。职工1390人，聘任各类专业技术人员632人，其中，高级5人，中级118人，初级509人。位于宁德市蕉城鹤峰路36号。

九、城市信用合作社

1993年，区内有9家城市信用社，8家储蓄所，职工149人。1997年，根据中国人民银行《城市信用社管理办法》，区内城市信用社按照合作制原则进行规范，加强自身民主管理建设。1998年下半年，全区城市信用社进行清产核资工作，当年区内共有城市信用社10家，储蓄网点9家，职工174人。2000年，根据国务院有关城市信用社体制改革精神，对全区城市信用社进行清理；其中，8家归口当地农村信用合作社联合社，2家清算关闭。从此，结束城市信用社开办长达12年的历史。原址设宁德市蕉城815中路16号，已无存。

十、宁德邮政储汇局

1993年，称宁德地区邮电局储汇科，调配科室成员3人（科长1人、业务管理员1人、会计1人），储汇科下设储汇班，设3个营业网点，人员17人。1995年，宁德地区邮电局储汇科改设宁德地区邮政储汇局（隶属地区邮电局），内设业务部、稽查部等。1998 年，宁德邮、电分营，宁德地区邮政储汇局隶属宁德地区邮电局。2000 年 11 月，宁德地区邮政储汇局更名为宁德市邮政储汇局（简称市储汇局）。2005 年，拥有储蓄营业网点 76 个，汇兑营业网点 128 个。市局有工作人员 39 人。位于宁德市蕉城塔山路 2 号。

第二节　货　币

一、货币发行

1984 年 10 月，宁德地区人民银行开始发行第一套金属流通纪念币，后逐年发行并形成系列。流通纪念币由中国人民银行在全国范围内限量发行，在宁德发行量甚少，基本上以民众收藏为主。流通纪念币不是金、银铸造，而是由铜、镍、锌等普通金属铸造，因它具有纪念意义，也就有收藏价值。流通纪念币面额设定有 1 角、1 元、5 元、10 元 4 种，面额同实际币材价值大致相符。

1997 年 9 月 19 日，宁德地区人民银行发行“庆祝中华人民共和国香港特别行政区成立纪念币”（简称回归纪念币），宁德地区人民银行要求各县（市）人民银行加强领导，指定一名副职专门负责纪念币发行工作。宁德地区人民银行以指令性计划数量，通过商业银行向社会公开兑换。各县（市）人民银行设立若干个临时兑换回归纪念币发票点，向社会公开发票，每人壹张，凭票到指定商业银行兑换纪念币一套。经过周密紧张部署，“庆祝中华人民共和国香港特别行政区成立纪念币”于 10 月份在全区顺利公开发行。

1999 年 9 月 20 日，发行庆祝中华人民共和国成立 50 周年纪念钞。面值 50 元，与人民币等值流通。纪念钞背面第一次只用行长官印，体现法人代表为一人，是中国人民银行发行各种纪念币钞最多的一次，也是第一次。10 月 1 日，央行陆续发行第五套人民币（1999 年版），共有 1 角、5 角、1 元、5 元、10 元、20 元、50 元、100 元 8 种面额，其中 1 角、5 角、1 元有纸币、硬币 2 种。第五套人民币根据市场流通需要，增加了 20 元面额，取消了 2 元面额，使面额结构更加合理。第五套人民币在防伪性能和适应货币处理现代化方面有了较大提高。人民银行宁德地区中心支行按照上级通知精神，部署发行工作。

2000 年 11 月 28 日，央行发行“迎接新世纪”100 元塑料纪念钞，是中国货币发行史上第一枚塑料纪念钞。

2005 年，央行发行 2005 年版第五套人民币，主图案与 1999 年版保持一致，但变光数字、面额水印位置有调整，背面面额数字后加缀“YUAN”。市人民银行认真落实《人民银行办公厅关于 2005 年版第五套人民币发行宣传有关事项的通知》《人民银行办公厅关于发行 2005 年版第五套人民币有关事项的通知》精神，部署 2005 年版第五套人民币发行前保密工作和发行后宣传工作。8 月 31 日，发行宣传工作全面铺开，全市共张贴宣传画 2500 张，发放宣传手册 1 万册。各金融机构严格遵照《人民币管理条例》规定，安排好新钞调运，确保储备有一定量的库存，满足发行供应，保证 2005 年版第五套人民币顺利发行。

二、货币管理

（一）现金管理

主要由开户银行实施，中国人民银行加强检查监督。1993年，境内金融各机构做好发行、保卫人员配备、车辆设备保障等工作，总计调配发行干部44人。1994年，现金净投放7.38亿元，因9月份储蓄存款下降，现金投放量加大，以保证旺季现金供应。1995年4月4日，人民银行寿宁县支行发行库，发生短少发行基金20万元案引起各单位重视，当年把现金管理列为责任目标考核内容，建立大额提现审批制度与现金投放登记台账制度，加强现金监管和调度。

1996年年底，根据国务院文件精神，地区人民银行提出现金管理“七字诀”即，包、管、堵、查、组、调、统，地县（市）各行普遍成立现金管理稽查队，开展日常现金检查，对非基本账户提现、汇票转储蓄套现、白条抵库、坐支现金及超额库存现金等违规现象严加查处。

1997年3月，地区人民银行运钞押运队成立，全区运钞实现全部由押运队武装押运。地区人民银行及9个县支行全面实现电子监控设备对发行库、业务库、各主要进出梯口、机关大院等要害部位监控录像。与当地“110”联网，把地区人民银行纳入当地公安部门重点保卫对象。全年调拨发行基金121次，调拨金额达242780.2万元。全年货币投放314031.5万元，比上年多投放59682.1万元，货币回笼351824.6万元，比上年多回笼160090.6万元，总回差37793.1万元，出现了历史上的第一次总回差，超额完成上级行下达任务。

1998年，地区人民银行执行《人民银行省分行发行库管理工作达标和升级办法》，开展库房达标升级活动，全区共增加发行室面积60多平方米，改用9套密码锁，安装4台空调机、6台去湿机、6张复点桌、30盏杀菌灯、应急灯，配置发电机、款车、防火器材、票架和电子显示牌等，增强了安全系数。全年共执行调运任务83次，行程2.6万千米，安全无事故。至11月30日止，调拨发行基金99次，金额达178204.2万元。货币投放308947.2万元，货币回笼327322.2万元，净回笼18375万元。

1999年7—8月间，开展“发行库安全大检查”活动，人民银行地区中心支行组织4个检查小组，对全区10个库房进行全面检查，保证现金调拨供应，全年共调拨122车次，金额46.6亿元。

2000年，制定《宁德辖区金融机构现金往来业务规定》，在系统保卫人员中开展学习法律知识及进行法律知识测试活动，增强保卫人员遵纪守法意识。2002年，积极推广使用硬币，以解决硬币流通不畅、小面额人民币残损严重、在银行体外循环难以回笼等问题。

2003年4月，加大对小票特别是硬币的调拨和供应力度，实现从结构上满足市场流通需要。2004年，加强发行基金调拨，确保现金供应。截至12月15日，全市共投放现金70.96亿元，回笼现金65.32亿元，净投5.64亿元；从辖外调入小票3221.2万元，调往辖内小票1550万元；投放小面额票币2333.6万元，其中硬币639万元。举办全辖货币金银人员应知应会知识测试，进一步提高货币金银人员业务水平，增强货币金银队伍整体素质。购置亚洲卫星电话，保证运钞途中通信畅通。

2005年，市人民银行下发《宁德辖区金融机构现金往来业务处理规定》《宁德市金融机构交存人民币银行发行库钱捆质量要求》，全辖货币金银人员实行持证上岗，以保证一线人员综合素质。据统计，1993—2005年，共调拨发放人民币503.17亿元，其中，为加强货币结构调整发放硬币2761万元，发放小票额人民币16737.8万元。

（二）残损票币回收与销毁

1997年，全区金融机构共回收损伤券36703.2万元。1998年，全区共调销毁损伤券40510万。1999年，全区共销毁损伤券82701.8万元。

2000年，市人民银行组建损伤人民币销毁中心，保质保量完成了75亿元损伤人民币销毁任务。2001年，做到"一个提高、三个完善"（提高销毁中心人员素质，完善制度、完善设备、完善管理），加强市销毁中心建设。

2003年，加大残损人民币复点、销毁工作力度，共销毁残损人民币11.76亿元，完成全年残损币销毁任务，提高了流通市场人民币的整洁度。2004年，全辖金融机构共回收残损人民币约9.13亿元。

2005年，全辖金融机构共回收残损人民币12.4亿元，复点、销毁残损人民币8.83亿元。

（三）防伪反假打击贩卖假币犯罪活动

1994年，地区人民银行下发《关于开展贯彻落实全国"三防一保"电话会议情况大检查的通知》，防范重点放在现金押运、库款、枪弹、印章、出纳、会计、联行、信贷、微机等工作管理上。组成6个工作组，对基层支行进行检查，先后堵住5起金融诈骗活动。1995年，各县（市）支行闭路监控防盗系统陆续投入使用。

1997年6月6日，宁德地区国家安全处破获一起贩卖1990年新版百元面额30万元假人民币案件。9月23日，霞浦县公安局巡警大队破获一起贩卖假币案件，抓获4名犯罪嫌疑人，共缴获假币142700元。12月31日，宁德地区公安处破获一起贩卖假人民币案件，抓获案犯3人，缴获假人民币317200元。

1998年5月，全区金融机构开展"爱护人民币宣传周"活动，组织400多人上街设点咨询，兑换损伤人民币，向过往群众散发宣传材料15000多份，接受咨询达20000多人次。12月15日，破获一起由广东陆丰和寿宁芹洋3名不法分子合伙贩卖假币案。收缴假币2271张，金额97691元，其中新版100元券640张，金额64000元，50元券633张，金额31650元，2元券988张，金额1976元，80年版10元券3张，5元券7张。

2000年，开展《人民币管理条例》宣传月活动。以农村、集镇为重点，至2002年，全市共收缴假币150.8万元。2003年，收缴假币数量呈上升态势。公安部门共破获贩卖假人民币案件5起，收缴假人民币2146张，金额9.345万元；金融部门共收缴假人民币10062张，金额77.4778万元，假外币86张。为做好防伪反假打击贩卖假币工作，各县（市）金融机构开通热线咨询电话，利用营业网点，将宣传资料分发到群众手中，共发放宣传材料10万多张，为群众兑换残损人民币3万余元；宣传反假币知识、解答群众关心问题达5万多人次。

2004年，开展"反假货币宣传周"活动。全市共发放宣传材料10万多张，咨询群众达6万人次，兑换残损人民币8万多元，深入乡镇30多次，共收缴假人民币10549.5张，金额84.1471万元，假外币81张。金融系统先后组织3场反假货币知识考试，有300多名职工参加，及格率达90%，一线出纳人员全部做到反假货币持证上岗。

2005年，银行、公检法、工商行政管理、海关等部门密切配合，发动群众参与反假活动，形成全社会防假、反假新态势，并按照《中华人民共和国人民银行法》和《人民银行假币收缴、鉴定管理办法》，对金融机构业务人员进行反假币业务培训，规范收缴、鉴定操作程序，杜绝假币从金融机构流进流出。全年共收缴假人民币16778张，金额140.903万元，假外币174张，公安部门破获贩卖假币案件6起，收缴假人民币258张，金额2.55万元。

（四）金银市场管理

1997年，宁德地区人民银行配合公安、工商行政管理部门开展打击金银走私活动。门市收兑黄金6458克，收兑白银3838克。年审116家个体银匠使用银指标，同时，支持中汇银品厂等企业正常生产，促进全区国营、集体、个体金银饰品市场健康发展。

1998年，从年初起继续配合公安、工商行政管理部门打击金银走私活动，至11月30日止，全区门市收兑黄金2007克，收兑白银27克。做好138家个体经营金银业务户年审换证工作，把金银市场管理工作纳入制度化、规范化轨道。打击和禁止无证经营金银业务和经营钱币业务，做好审核经营金银业务企业申报及年检工作。

1999年，做好199户金银匠登记发证，审查用银企业用银计划及跟踪督促检查生产经营情况，促进企业合理利用指标，提高经济效益。

2000—2005年，境内人民银行各机构继续挂牌收购黄金、银元和银饰品。

第三节　存　款

根据宁德银行业存款业务和中国人民银行对存款类别的划分，将银行机构间存款和非银行机构存款以及同业拆借业务等归为银行各项存款。将个人、机构在银行的储蓄归为银行储蓄存款。邮政储蓄存款作为邮政储蓄业务的单支，独立划分。

一、银行各项存款

1993年，境内金融机构通过开办“夜市银行”延长服务时间，开辟电话存款、特约存款、代发工资等新业务，工行系统率先在宁德市（县级）、福安市、福鼎县三地实现储蓄微机联网，开办牡丹卡、实行“柜员制”管理等试点工作，拓展存款业务。年底，全区金融机构各项存款余额为206371万元。

1994年，金融机构在加强宏观调控，推进金融体制改革中拓展存款业务。年底，各项存款余额为270728万元，比1993年年底增64357万元。

1995年，为“八五”计划最后一年，实行适度从紧的货币政策。年底，全区金融机构各项存款余额为338424万元，比1994年年底增67696万元。

1996年，工行系统实行中高端客户行领导分片包干制，做好大系统、优质客户的稳存、增存工作。年底，全区金融机构各项存款余额为453957万元，比1995年年底增115533万元。

1997年，境内金融各机构签订《宁德地区金融业反不正当竞争同业公约》，通过行业自律管理来防范和化解风险。年底，各项存款余额为569828万元，比1996年年底增115771万元。

1998年，全区金融机构各项存款余额696964万元，比1997年年底增127236万元。

1999年，各银行机构围绕创建闽东金融安全区，采取措施防范化解金融风险措施。年底，各项存款余额806425万元，比1998年年底增109461万元。

2000年，全市金融机构以“五新”（支持经济发展要有新对策，金融监管要有新思路，各项管理和服务要上新台阶，思想政治工作要有新举措，党的建设和队伍建设要有新进展）为主题，保证金融稳健运行。年底，各项存款余额为917087万元，比1999年年底增110662万元。

1999年2月25日，开展全区工行储蓄存款超10亿咨询活动
金伏佑 摄

2001年，市人民银行围绕“以立足发展为中心，强化监管为重点，促进创新为途径，优质服务为宗旨”总体思路，全面推进闽东安全区和“双文明”单位创建活动。全市金融业实现整体盈利，农村信用社也摆脱了多年来亏损局面，实现盈利209万元。年底，各项存款余额为1094791万元，比2000年年底增177704万元。

2002年，突出做好“抓降”“化险”工作。年底，全市金融机构本外币存款余额为141.08亿元，比年初增长28.57%，各项存款余额1373522万元。

2003年，用好用活货币政策，支持项目带动战略，克服了“非典”、干旱对经济的负面影响，实现经济金融全面、协调、持续发展。年底，金融机构各项存款余额为1649118万元，比2002年年底增320596万元。

2004年，各行转变服务理念，强化服务管理，努力提高服务水平。年底，金融机构各项存款余额为1908924万元，比2003年年底增259806万元。

2005年，围绕市委、市府建设海峡西岸经济区东北翼港口中心城市发展战略，努力构建和谐金融生态环境，支持经济平稳较快发展。年底，金融机构各项存款余额为2188488万元，比2004年年底增279564万元，据统计，进入21世纪以后，全市年均存款增量约为28.4亿元，新增的金融总量超过20世纪后50年增长量，为地方经济发展和新农村建设提供有力支持。

二、银行储蓄存款

1993年，境内银行机构以二次调息为契机在全区范围内掀起“百日储蓄竞赛”，开展大额定期储蓄、礼仪贺卡储蓄和“储蓄宣传月”等活动。年底，全区金融机构储蓄存款达121619万元。

1994年，执行整顿金融秩序，严肃金融纪律，控制信用总量方针。年底，全区储蓄存款达166643万元，比1993年年底增45024万元。

1995年，进一步强化金融监管，改善金融服务，抑制通货膨胀。年底，全区金融机构储蓄存款达216625万元，比1994年年底增49982万元。

1996年8月，地区工行实行《活期储蓄异地通存通兑管理暂行办法》，客户可凭带磁条存折、存折密码、身份证，在储蓄所办理异地续存、续取业务。年底，全区储蓄存款达305191万元，比1995年年底增88566万元。

1997年年底，全区金融机构储蓄存款达388032万元，比1996年年底增82841万元。

1998年年底，全区储蓄存款达476410万元，比1997年年底增88378万元。

1999年，全区强化金融监管机制。年底，储蓄存款达543569万元，比1998年年底增67159万元。

2000 年，地区工行开办网上银行业务，各金融单位也以加强“双文明建设”为主线，努力开展工作。年底，全区储蓄存款达 570777 万元，比 1999 年年底增 27208 万元。

2001 年，全市银行业直面加入 WTO 新机遇、新挑战。市工商行系统对优质客户发放贵宾卡，建立贵宾窗口，收到很好成效。年底，全市储蓄存款达 678274 万元，比 2000 年年底增 107497 万元。

2002 年，各银行业化解金融风险目标顺利实现，金融在低风险区运行。年底，储蓄存款达 816905 万元，比 2001 年年底增 138631 万元。

2003 年年底，全市储蓄存款达 953620 万元，比 2002 年年底增 136715 万元。

2004 年，执行货币政策，年底，储蓄存款达 1071262 万元，比 2003 年年底增 117642 万元。

2005 年，市工行系统开展“银行产品进军营”为主题大型系列营销活动，密切军银关系，促进军队客户存款稳定增长。全市储蓄存款达 1233515 万元，比 2004 年年底增 162253 万元。

三、邮政储蓄存款

2005 年 10 月 25 日，客户在邮政办理窗口邮储业务

1993—1997 年，邮政储蓄业务取得快速发展。至 1998 年年底，全区邮储期末余额达 95437 万元，市场占有率为 20.1%。1999 年年底，全区邮储期末余额达 107665 万元。2000 年年底，全市邮储期末余额达 118675 万元。2001 年年底，全市邮储期末余额达 140234 万元。2002 年年底，全市邮储期末余额达 171137 万元，市场占有率提高至 20.9%。

2003 年，市储汇局开始从营销体系建设、建立健全激励机制、强化品牌宣传和提高服务水平等方面进行发展，以有效调动广大邮储员工拓展业务积极性。年底，全市邮储期末余额达 197115 万元，活期比重为 51.9%。2004 年年底，全区邮储期末余额达 224613 万元。2005 年年底，全区邮储期末余额达 261572 万元。

第四节　贷　款

1993 年以后，以兴业银行为代表的银行业贷款业务发展较快，地区工行、建行、农发行等国有银行贷款业务也持续推进。1993 年，地区兴业银行严格执行“区别对待、择优限劣”原则，适时调整信贷资金投向，合理安排使用资金。地区建行采取“大力压缩逾期贷款，减少和防范贷款风险”措施。年底，全区金融机构各项贷款余额达 271796 万元。

1994 年，地区兴业银行坚持“优化投向、抵押贷款、收贷结合、注重效益”贷款原则。年底，全区金融机构各项贷款余额 328077 万元，比 1993 年年底增 56281 万元。1995 年，地区工行实施信贷结构调整，重点支持国有企业改制工作。地区兴业银行实行贷中严格审查，力求做到“放得准、管得好、收得回、效益好”。年底，全区金融机构各项贷款余额376616万元，比1994年年底增48539万元。

1996年，地区兴业银行优化贷款结构，清收逾期贷款成效显著。年底，金融机构各项贷款余额426507万元，比1995年年底增49891万元。1997年，地区工行实行对贷款企业进行信用评级，按照信用等级办理信贷业务，贷款重点是AA级及其以上企业；6月，地区建行自上而下实施授权—转授权—再转授权法人授权管理制度。年底，全区金融机构各项贷款余额504555万元，比1996年年底增78048万元。

1998年，地区工行依靠品种创新，增加并购贷款、银团贷款、按揭贷款、消费贷款等业务，农发行按“库贷挂钩、钱随粮走”原则，对收购资金实行全流程监管。年底，全区金融机构各项贷款余额593944万元，比1997年年底增89389万元。1999年，地区建行执行《中国建设银行福建省分行信贷业务管理体制改革实施方案（试行）》，开始以审贷分离、部门制衡为特征的信贷业务管理体制改革。年底，全区金融机构各项贷款余额698259万元，比1998年年底增104315万元。

2000年，市工行大幅度调整经营格局，在贷款业务分类上，逐步以“法人客户”和“个人客户”代替以往以行业为标准划分方法。年底，全市金融机构各项贷款余额780552万元，比1999年年底增82293万元。2001年，市农行按照“放得出、收得回、有效益”原则，重点支持产业化龙头企业、农业产业基地和劳动密集型企业。市中行努力拓展公司和零售授信业务，发展一批优质客户。年底，金融机构各项贷款余额912578万元，比2000年年底增132026万元。

2002年，建行总行《中国建设银行信贷资产风险实施细则》颁布实施，按照国际通行的办法对信贷资产质量进行分类，把中国银行业传统的以贷款形式划分的“一逾二呆”分类法，改变为以风险为基础判断偿还本息可能性的五级分类法，即正常、关注、次级、可疑、损失五类。市中行全面启动“三创新”（产品创新、服务创新、营销创新）来实现超常规发展。年底，全市金融机构各项贷款余额1103048万元，比2001年年底增190470万元。

2003年，市人民银行加大“双百计划”实施力度，让优质企业和农户加入到“双百计划”支持行列中，积极推广“农户小额信用贷款”“农户联保贷款”，以架设便农服务桥梁。年底，全市金融机构，各项贷款余额1437888万元，比2002年年底增334840万元。2004年，市建行开展“降不良、防案件，抓管理、促发展”攻坚战，以实现资产质量再上新台阶。年底，全市金融机构各项贷款余额1720514万元，比2003年年底增282626万元。

2005年，市农发行支持国有粮食企业与私营粮油企业开展联营购销业务，以稳定市场粮价。年底，全市金融机构各项贷款余额1988902万元，比2004年年底增268388万元。

1993—2005年宁德市（地区）金融机构存、贷款情况统计表

表22-1　　　　单位：万元

年份	各项存款余额	储蓄存款	各项贷款余额
1993	206371	121619	271796
1994	270728	166643	328077
1995	338424	216625	376616
1996	453957	305191	426507

续表 22-1

年份	各项存款余额	储蓄存款	各项贷款余额
1997	569728	388032	504555
1998	696964	476410	593944
1999	806425	543569	698259
2000	917087	570777	780552
2001	1094791	678274	912578
2002	1373522	816905	1103048
2003	1649118	953620	1437888
2004	1908924	1071262	1720514
2005	2188488	1233515	1988902

第五节　中间业务

一、代理国库统一支付工资

1995 年，宁德邮政储蓄提出“三不嫌”（不嫌单位小、不嫌人员少、不嫌工资低）口号，率先在境内开办代发工资业务。在巩固原邮电系统代发工资基础上，向部队等单位拓展代发官兵工资业务，还抓住各县（市）基础设施建设快速发展机遇，将土地赔偿金、拆迁补偿金、小水电分红，以及破产企业补偿金等，作为代发业务重点，取得较大成绩。

1998 年，地区建行开办代发工资业务，先后有 838 个单位，18031 人接受代理国库统一代发工资服务。2000 年，市工行开办代发工资业务，随着自身经营市场化的推进，代发工资业务不断得到巩固和发展，至 2005 年，代发工资单位数达 298 个，人数 10010 人。

2004 年，市兴业行开办代发工资业务，代理国库统一代发工资 6892 万元。至 2005 年，代发工资 9489 万元，市工行代发工资单位数达 913 个，月上账 8.23 万笔，金额 8602 万元，代发工资沉淀余额超过 2 亿元。

二、代理证券业务

1993 年，地区工行、兴业行分别开办银证转账、银证通，代理证券等业务。1998 年，地区兴业行取得福宁信托投资公司沪市证券清算代理行资格，设有 1 个代理户、3 个普通户，存款总额达 1652 万元，清算款日均余额达 1700 万元，当年 10 月，还与该券商联合在福鼎开展“银券通”业务，以扩大兴业顺通卡在当地影响。

2001 年，地区兴业行与福宁证券公司联合推广“银券通”业务，代理证券资金清算业务进一步扩大。2004 年，兴业行完成与广发华福证券 24 小时银证资金划转业务。

2005 年，工行代理证券业务额达 6.17 亿元。兴业行证券交易代办点，累计购入各种证券 6826 万元，卖出 7202 万元。

三、代理保险业务

1993 年，地区工行以发展代理保险业务来增加中间业务收入。1997 年，地区建行与中国财保签订代理保险业务协议，办理保险金额 101 万元，吸收第一笔代理保险业务存款 5.05 万元。

1999 年，建行代理保险业务 805 份，保费收入 55.97 万元，吸收代理保险业务存款 1069.93 万元。监理工程 2 项，监理造价 1586 万元，收取保费 15 万元。储汇局先后与中国人寿、太平洋保险公司、中国财险合作，举办多次全区范围的业务培训，使邮政储蓄代理保险人员在营销理念和展业技巧方面得到有效提高。

2000 年，市建行代理保险业务 4461 份，完成代理保险业务 378.04 万元，吸收代理保险业务存款 1341.19 万元。2001 年，市建行代理保险业务量达 510.95 万元。2002 年，市建行代理保险价值 653.42 万元。

2003 年，市兴业行与中国人寿签订全面业务合作协议，代理“储保乐”业务，当年实现代理业务 48 笔，资金达 0.315 万元，市建行完成各类代理保险价值 1075 万元。2004 年，市建行完成代理保险价值 950.52 万元，收取代理手续费 45.2 万元。

2005 年，市农发行先后与太保、人保、大地、平安、人寿、新华等 6 家保险公司合作代理保险业务。年底，代理保险手续费收入 20260 元。市农行代理人保、平保、财险 3 家保险公司业务，金额 5.3 亿元，代收保费 203 万元。同年，市工行代理保费收入累计达 71 万元。

四、代理销售基金、发行债券

1999 年，宁德邮政储蓄开始代理国债业务，因国家发行国债规模和时间的不确定性，邮政储蓄代理国债业务更多的是着眼于丰富其业务品种，提高市场竞争力。2000 年，市兴业行全年销售凭证式国债 381 万元。

2003 年，市建行开拓基金市场，主销各类基金累计达 2418 万元。2004 年，市兴业行累计发售“万利宝”人民币理财产品 468 万元，累计实现中间业务收入 119.96 万元，同比增长 167.83%。

2005 年，市农行代理销售国泰等 7 种基金，认申购近 1060 万元，承销凭证式及记账式国债 3 期 116 万元。

五、代理企业发行资金债券

1993 年，地区兴业行为福鼎漆器工艺厂推出首期企业短期融资券 200 万元，年利率 10%；5 月，为福安中外合资企业“福华彩印包装有限公司”代理发行企业债券 60 万元，期限两年，年利率 10.5%；6 月，为福鼎汽车配件厂代理发行企业债券 150 万元；上半年共为 5 家企业代理发行债券 460 万元；7 月，为福安市装潢彩印厂代理发行企业债券 100 万元；9 月，为福鼎建设开发总公司代理发行企业债券 100 万元；11 月，为宁德地区第三海运公司代理发行企业债券 300 万元，期限两年，年息 10.2%。

六、代理住房公积金业务

1996年，宁德地区住房公积金管理中心经宁德地委机构编制委员会批准设立，地区建行作为宁德地区住房公积金管理中心的合作伙伴，始终承办住房公积金归集业务和委托个人住房贷款业务。截至2005年年底，住房公积金存款0.82亿元，委托个人住房贷款5.87亿元。

2005年7月，市兴业行住房专项维修资金管理系统正式上线运行，开始代理住房公积金业务。年底，住房专项维修资金存款余额达4844万元。

七、其他中间业务

除了上述主要中间业务外，1999年以后，宁德市金融机构还承办了其他各类金融业务，包括代收电话费、代理工程审价、代理房地产评估等。

（一）代收电话费

1999年，地区农行独家承办宁德联通公司话费代收业务，并对固定电话公司、移动电话公司、国信寻呼公司全面率先取得固定电话和寻呼公司代收权，代收电信资费，新增客户6万户，月代收金额超过720万元，仅联通、八闽通月代收金额就达400万元。

2000年，市工行代理移动电话代缴6571户，金额558万元，代缴电信固定话费10476户，金额318万元。2004年，市兴业银行开始代办代缴电信话费业务，代收电话费136万元。

2005年，市兴业行代收电话费133万元。

（二）代理工程审价咨询

1993年，地区建行在全省率先成立“宁德地区建发工程经济事务所”，开始以工程审价业务为龙头，拓展到代编代审财务报表、工程监理、资产评估、培训基建财务人员等咨询服务。全年审价定案工程造价1118份，价值2.58亿元。

1996年1月，地区建行执行总行《中国人民建设银行工程造价审查及咨询业务管理办法》，强化建行对工程造价审查和咨询业务的管理，维护国加投资者、建设单位、施工单位和其他权利人的合法权益，促进工程造价审查和咨询业务的健康发展。当年，预、决算及标底997份，价值3.62亿元，净核减金额1833.18万元。1999年，地区建行全年编审工程预、决算及标底价值3.268亿元，净核减金额4134.71万元。

2000年，市建行工程造价咨询业务实行分级管理体制，共审查工程预算及标底价值5.04亿元。2001年3月，市建行执行建设部办公厅和福建省建设厅有关文件精神，终止“宁德地区建发工程经济事务所”工程造价咨询业务，全年编审工程预算及标底价值5.21亿元。

2002年4月，市建行执行省分行《进一步加强和发展工程造价咨询业务的指导意见》，二级分（支）行成立工程造价咨询分中心，以巩固和发展业务。是年，完成工程造价咨询业务564份，价值3.78亿元，标底编制26份，价值3808.59万元。

2003年，市建行完成工程造价咨询业务328份，价值3.57亿元。2004年，市建行完成工程造价咨询业务221份，价值2.11亿元。

2005年，市建行完成工程造价咨询业务59份，价值0.305亿元。

（三）代理房地产评估

1999年，地区建行提出“合并求存、集约经营、规范管理、防范风险、稳住审价、发展咨询、提高市场占比，开发推广新的中介业务品种，实现保险代理业务量和房地产价格评估资质新突破”的经营理念，开展代理房地产评估。全区完成贷款抵押物评估项目495份，评估价值9636.06万元。

2000年，市建行完成项目评估1051份，评估价值4.61亿元。2001年，建行完成房地产项目评估72份，评估价值1.73亿元。2002年，建行完成房地产项目评估215份，评估价值3.67亿元。

2003年，市建行完成项目评估223份，评估价值5.05亿元。2004年，市建行完成项目评估154份，评估价值2.98亿元。2005年，市建行完成项目评估217份，评估价值24.85亿元。

（四）代理商业银行结算

1993—2005年，境内先后有8家信用社在所属机构开户，年均沉淀系统内往来资金1000多万元。

（五）代收税款

2002年，市农行累计新开银税通代扣电话申报账户11864户，累计代收税款1150万元，沉淀账户资金108万元。

第六节 结 算

一、结算方式

1993年，境内银行机构县支行、办事处、营业所、城乡信用社等推行“县辖银行汇票”“通用转账支票”结算方式，跨系统行、处、所之间以及行、社之间可以通签通兑，缩短资金在途时间。

1997年，全区各国有商业银行全面开办银行本票业务。12月1日起，全市银行机构执行新的《支付结算办法》。银行使用的支付票据包括银行汇票、商业汇票、银行本票和支票，结算方式主要是汇兑、委托收款、托收承付等。

1999年6月1日起，全区银行机构普遍采用新的防伪、防涂改措施印制的银行汇票和商业汇票凭证。7月1日起，各银行对签发和兑付的全国银行汇票实行编押、核押制度。

2000年，在全市部分国营大、中型企业之间推行商业汇票和国内信用证结算，以防止企业间货款拖欠。

2002年，全市银行机构规定了县辖汇票的操作程序和金额限制。至2005年不变。

二、联行往来

1993年，境内金融系统加速了电算化进程。地区人民银行完成宁德、福安市卫星通信小站建设，为电子联行办理跨系统和系统内大额转汇业务创造条件。宁德市（县级）、福鼎县、霞浦县三支行率先实现电子同城票据交换。

1994 年 1 月 10 日，地区人民银行第五批电子联行业务正式运行，5 月 16 日并入全国网络，与全国 201 个小站发生业务往来。各县（市）人民银行机构正式开办微机电传资金调拨业务，并与地区分行联网。全年汇出入 2010 笔，26.27 亿元。当年实现联行往来直接参加地区人民银行组织的票据交换，加快了资金往来速度与同城票据交换范围。

1995 年，地区人民银行拨出专款优先支持“快通工程”建设，各项业务均使用计算机处理，还完成了寿宁县、周宁县支行同城票据交换机微机处理，扩大全区同城交换覆盖面。9 月 18 日，宁德市（县级）、福安市两个卫星小站与全国 400 个卫星站电子联网业务并网通汇，为全区与全国经济往来开辟了“高速公路”。全年共发出网账 1707 笔，26.72 亿元，比上年增 717 笔，14.45 亿元；接收来账 1859 笔，33.3 亿元，比上年增 848 笔，19.80 亿元。

1997 年 9 月，地区人民银行组织宁德市（县级）、福安市等地金融机构有关人员前往莆田市参观学习，通过移植改造人民银行莆田市分行清算系统软件，采用先进联网方式，建成高效实用的清算系统，并对全区电子同城票据清算和电子联行“天地对接”网络推广工作进行部署。宁德市（县级）、福安市如期完成通信线路申请，设备安装和组网调试以及系统操作维护人员培训等各项工作，12 月 1 日，进入人机并行结算。

1998 年，发挥科技为金融业务“服务、保障、支持、促进”作用，支付清算电子化工作在 1997 年电子联行同城清算人机并行基础上，开展了对各个清算网点的指导与检验。4 月 1 日，脱离手工正式运行，实现宁德地区网络方式电子联行同城清算“天地对接”，促进账户管理、确保资金清算实时和安全。

2000 年 11 月 13 日，全市电子联行业务到县系统投入正式运行，全市电子联行业务覆盖面达 100%。县、市级电子同城票据清算网络建设全面完毕，与全国同步运行。

2001 年 12 月，宁德市 9 个银行机构网点会计核算建账入网工作完成，并投入同步试运行。2003 年，市人民银行加强会计核算系统、电子联行系统、同城票据交换清算系统等业务系统的运行管理，确保安全运行。

2004 年，市人民银行制定《宁德市电子同城票据交换清算系统应急处理预案》《中支核算中心对县（市）支行营业网点会计核算工作的考评办法》等，加强账户、清算业务管理，为各金融机构和企事业单位提供高效、快捷结算服务，加速资金周转速度。

2005 年，市人民银行会计集中核算系统、大额支付系统、人民币银行结算账户管理系统、小额支付系统先后成功上线运行。全市具有全国联行行号并参加同城票据交换的银行机构，均通过电子联行办理。

三、国际结算

1993 年，地区农行开始代办国际结算业务，但营业额不大。地区中行办理通知来证 190 笔、出口信用证议付 207 笔、进口开证 23 笔、进口付款 32 笔、汇出汇款 96 笔，业务量达 1243.63 美元，收汇安全率达 100%。

1994 年，地区中行办理通知来证 242 笔，出口信用证议付 299 笔，出口无证拒收 57 笔，进口开证 5 笔，汇出汇款 99 笔，金额分别为 733 万美元、709 万美元、90 万美元、64 万美元和 702 万美元，收汇安全率达 100%。

1995年，地区中行共办理通知来证330笔，出口议付379笔，出口托收31笔，汇出汇款98笔、汇入汇款298笔、结售汇605笔，累计业务量达4493万美元。

1996年，地区中行共办理通知来证335笔、金额1107万美元；出口信用证押汇13笔，金额54万美元；汇出、汇入款282笔，累计金额992万美元；办理结售汇2055万美元。

1997年，地区中行办理进出口结算业务3099万美元，办理结售汇业务4220万美元。1998年，地区中行办理进出口结算业务2812万美元，办理结售汇业务2804万美元。全年解付侨汇1686笔，金额272万美元，为境内居民提供出境换汇业务510笔，金额85万美元。

1999年，地区中行办理结汇业务2154万美元，售汇业务653万美元，办理侨汇业务1967笔，金额313.7万美元，因私批汇业务2305笔，金额371万美元。

2000年10月底，市中行开办代收付申购新股资金业务，年底余额达1.2亿元，并进一步改进营销、宣传、服务，结售汇比上年底提高3个百分点，其中结汇3925万美元，售汇646万美元。市兴业行累计办理国际结算业务330万美元。

2001年，市中行福安支行办理首笔资本项目项下500万美元的售付汇业务，实现进出口贸易结算额6322万美元，比上年增长1963万美元，增长47%。结售汇7904万美元，比上年增长3675万美元，增长72%，累计签发银行承兑汇票1.5亿元，同比增长634%。兴业行累计办理国际结算业务660万美元。

2002年，市中行实现进出口贸易结算额7167万美元，完成年计划的102.39%，结售汇11098万美元，结算手续费收入人民币239万元，完成年计划的149.38%。兴业行累计办理国际结算业务3047万美元。

2003年，市中行完成出口押汇及贴现119笔，金额667万美元，比上年增长617%；累计签发银行承兑汇票66068万元，比上年增长137.29%，市场占有率达15.11%；银行承兑汇票贴现累计22333万元，比上年增长387%，共实现结算量8993万美元，同比增长25.48%，完成省行任务的128.47%，外汇宝交易量达6008万美元，比2002年增长7.8倍，完成了省行计划的300%；共实现银行卡收益35万元，比上年增长11.22万元；全辖手续费收入168.19万元，增幅42.40%；资金业务收入269.66万元，增幅25.83%。兴业行累计办理国际结算业务550万美元。

2004年，市中行全年外汇宝交易量达10040万美元，银券通交易量9430万元。兴业行累计办理国际结算业务1025万美元。

2005年，市中行实现国际结算业务量11776.91万美元，同比增长24%。实现国际结算业务收入474.78万元，完成省行任务的103.66%。贸易融资业务倍增式发展，突出发展国际保理业务，至12月底国际保理量达到166.6万美元，比上年增加164.6美元。累计办理国内商业发票贴现42笔，金额9150万元。兴业行累计办理国际结算业务4028万美元。

第七节 外 汇

1993年，外管部门努力发展外汇调剂市场，合理调节辖区外汇余缺，全年共调剂240万美元用于支持重点国营企业技改和邮电程控电话设施用汇。

1994年，全区开展外商投资企业的银行结售汇试点工作，为推行银行结售汇制度打好基础。年底，全区银行全年累计结汇1950万美元，售汇支出262万美元，催收回逾期未收汇31.45万美元，收汇核销率提高了13.14个百分点。全年外资企业共调剂成交591.1万美元，占总成交额的60.4%。年底，全区银行全年累计结汇1950万美元，售汇支出262万美元，顺差1688万美元。

1995年，全区指定8家银行结汇、售汇，并加强重点监管。年底，全区银行全年累计结汇3622万美元，售汇支出246万美元，顺差3376万美元。

1996年，大力宣传外汇结售汇制政策，在全区全面推行银行结售汇制度。年底，全区银行全年累计结汇4452万美元，售汇支出278万美元，顺差4172万美元。

1997年，全区新批外商投资项目40个，合同外资金额4504万美元，比上年同期增长23%，实际利用外资5525万美元，比上年同期增长31%；对外贸易进出口总额9301万美元，比上年同期增加1343万美元，增长16.87%；其中，出口9107万美元，同比增长16.43%，完成全年计划的80%；进口194万美元，同比增长43%，实现进出口贸易顺差8913万美元。外汇指定银行结汇4794万美元，比年初增加342万美元；售汇315万美元。比年初增加37万美元，结售汇顺差4479万美元，比年初增加7.3%；其中，贸易项下净结汇3261万美元，非贸易项下净结汇867万美元，资本项下净结汇636万美元，结售汇顺差主要来源于贸易顺差。外汇存款余额952万美元，比年初减少173万美元，下降15%。其中，个人外汇存款余额834万美元，比年初增加32万美元，增长4%；企业外汇存款118万美元，比年初下降205万美元，下降63%（主要原因是结汇增加）。外汇贷款余额821万美元，比年初减少90万美元，下降9.9%。全区外汇金融运行态势良好。年底，全区银行全年累计结汇5188万美元，售汇支出366万美元，顺差4822万美元。

1998年，全区银行结售汇制度不断完善，结汇平稳增长，售汇日趋合理。年底，全区银行全年累计结汇3643万美元，售汇2059万美元。顺差1584万美元，结汇顺差主要来源于贸易顺差。

1999年，继续认真落实外管法规政策。年底，全区银行全年累计结汇4232万美元，售汇724万美元，实现顺差3508万美元。

2000年，宁德市外汇金融以安全运行为目标，从“基础建设”和“监督检查”两翼展开工作。年底，全市银行全年累计结汇6257.1万美元，售汇684万美元，实现顺差5573万美元。

2001年，外管、公安、工商等部门密切配合，严厉打击外汇黑市交易活动，规范外汇市场经营秩序。年底，全市银行全年累计结汇6257.1万美元，售汇684万美元，实现顺差5573万美元。

2002年4月1日，宁德市居民个人因私购汇管理信息系统开始试运行，为个人提供更好的外汇金融服务。年底，全市银行全年累计结汇19375万美元，同比增长70%；售汇380万美元，同比下降64%；实现净结汇17155万美元，比上年同期增加8616万美元；外汇存款余额4512万美元，比增17%，其中居民个人储蓄存款4284万美元；国内外汇贷款余额384万美元，比减14%，减少的都是逾期贷款；直接外债余额193.31万美元，比上年年底增加19%；外汇转贷款余额2186.28万美元，比上年底增加12%。

2003年，外管部门通过建立面向商业银行的“宁德外汇信息网”，开通办理外汇业务“绿色通道”等服务措施，外汇业务质量有效提高。年底，全市银行全年累计结汇27339万美元，售汇481万美元，实现外汇结售汇顺差26858万美元，同比增长41.4%，金融对地方经济发展的贡献进一步提高。

2004年，外管部门通过积极搭建外汇管理平台，加大政策传导，业务督导等办法，推进外汇管理工作。年底，全市银行全年累计实现结汇35119万美元，增长28.5%，历史性突破30000万美元大关；售汇819万美元，增长70.3%，累计净结汇34300万美元，增长27.7%。

2005年，以做强外汇业务品牌、做大外汇业务总量、做活外汇金融业务为突破口，大力加强外汇金融生态环境建设。对台小额贸易创新外汇核销方式，开始使用人民币核销，实现对台小额贸易外汇进口业务零的突破。年底，全市银行全年累计结汇43335万美元，售汇554万美元，实现顺差42781万美元。

第八节 国库业务

一、国库设置

1993年，地区人民银行设立国库科，下辖中心支库，负责经理库款收缴与报解、退库支拨、代理国库券等业务。1994年10月，会计股和国库股分设，依照《关于设立人民银行县（市）支行国库机构的通知》精神，各县（市）支行也相应调配专职国库股人员。宁德市（县级）、福安市、福鼎县、霞浦县、古田县支行配备3人，周宁县、寿宁县、柘荣县、屏南县支行配备2人。

1998年，国库科增设会计核算系统和同城清算，为构筑支付系统网络化、集成化总体框架打下基础。

2001年3月，经人民银行福州中心支行批复，国家金库赛岐经济开发区支库设立，4月1日开始正式办理业务。同年，国家金库会计核算系统启用，并出台《银行结算信誉等级考评办法》，完成国库财税联网系统工作。

二、库款收纳与报解

1993年，国库会计核算手续变更频繁，国库人员及时掌握新核算办法，重点抓与财税等征收部门对账工作，确保各级预算收入数准确。

1994年，共收纳各级预算收入30.96万笔共6.46亿元，做到当日逐级分成报解入库。

1995年10月，地区人民银行中心支库会同宁德市（县级）、福安市、福鼎县检查组就“国库资金收纳报解入库情况”进行为期17天的抽查，共抽查三个县支库、61个经收处、45个国税机构、48个财政机构。共查阅凭证18526笔共金额7656.8万元，共查出延解国库资金477笔共5077万元。

1996年，全年共收纳库款91577万元。其中中央级收入17989万元，占收入总数的19%，地方级收入73588万元，占收入总数的81%。全年预算收入退库13668万元，占累计收入数91577万元的14.8%。其中，中央级退库6982万元，占退库总额51%，地方级退库6685.7万元，占退库总额49%。而退库方向为：退给企事业单位8438万元，占退库总额的62%；退给财政机关2862万元，占退库总额的20.9%；退给税务机关2354万元，占退库总额的17%。当年税务手续费提退为1787万元。

1998年，政府为扶持校办、福利企业及地方“菜篮子”工程建设而进行政策扶持，使这些原本盈利较少企业得以发展，新增先征后退项目。全年企事业单位退库为5848万元，当年税务手续费提退为2326万元。

1999年，中央级收入23828万元，占全年累计收入的24.7%，地方收入73102万元，占累计收入的 75.3%。预算收入退库 19802 万元，占累计收入 96929 万元的 20.4%。其中：中央级退库 5111 万元，占退库总额的 26.3%，地方级退库 14691 万元，占退库总额的 73.7%。而退库方向为：退给企事业单位 14343 万元，占退库总额 72.4%；退给财政机关 2417 万元，占退库总额 12.2%；退给税务机关 3041 万元，占退库总额的 15.4%。当年税务手续费提退为 2644 万元。

2000 年，完成 1999 年度国库决算汇编并于当日通过省分库验收。决算期间市各级国库部门积极配合当地财税部门及时、足额报解入库各级预算收入，并根据省、地政府和有关部门要求，挤干历年财政收入“水分”，按时向有关部门报送真实的财政收入数据。市中心支库在汇编全区各种决算报表时，认真审核增值税的中央与地方共享分成，省、地、县（市）税收返还，预算科目使用情况等，并纠正财政部门预算科目使用错误问题，挽回全市财政收入损失 248 万元。

2003 年，全市共收纳各级收入 270324.38 万元，其中流转税 68571.27 万元，所得税 24367.54 万元，基金预算收入 23033.10 万元。2004 年，全市共收纳各级收入 380642.73 万元，同比增长 3.10%。其中流转税 55855.50 万元，同比减少 19.99%；所得税 38805.46 万元，同比增长 24.34%；基金预算收入 30574.34 万元，同比增长 8.86%。

2005 年，全市共收纳各级收入 448185.99 万元，同比增长 17.74%。其中流转税 90935.62 万元，同比增长 62.81%；所得税 45396.96 万元，同比增长 16.99%；基金预算收入 38067.15 万元，同比增长 24.51%。

2003—2005 年宁德市国库预算收入情况统计表

表 22-2　　单位：万元

年份	中央预算收入	省级预算收入	县（市、区）预算收入
2003	43417.20	−10020.56	322623.29
2004	31814.28	−10937.16	359765.61
2005	60468.20	−20593.33	408311.11

三、库款支拨

1994 年，全年共受理财政支拨款项 1.95 万笔，金额 5.89 亿元，做到审核及时，支拨及时。

2003 年，全市共拨付各类款项 330378.61 万元，其中一般预算支出 199796.04 万元，基金预算支出 4704.75 万元。

2004 年，全市共拨付各类款项 361907.53 万元，同比增长 9.54%。其中一般预算支出 220925.58 万元，同比增长 10.58%；基金预算支出 3474.79 万元，同比减少 26.14%。

2005 年，全市共拨付各类款项 411431.92 万元，同比增长 13.68%。其中一般预算支出 243999.73 万元，同比增长 10.44%；基金预算支出 9203.13 万元，同比增长 164.85%。

四、预算收入退库

1996 年，全区预算收入退库 13668 万元，占累计收入 91577 万元的 14.8%。其中，中央级退库 6982 万元，占退库总额 51%；地方级退库 6685.7 万元，占退库总额 49%。而中央级收入仅 17989 万元，占收入总数的 19%；地方级收入 73588 万元，占收入总数的 81%。退库方向：退给企事业单位 8438 万元，占退库总额的 62%；退给财政机关 2862 万元，占退库总额的 20.9%；退给税务机关 2354 万元，占退库总额的 17%，税务手续费提退 1787 万元。当年，国家为鼓励出口争取外汇，出口退税比例较大，退税指标为 5370 万元，大大刺激了地方外贸企业发展。

1997 年，中央大幅缩减出口退税比例，宁德地区出口退税指标为 1200 万元。第一季度预算正常收入仅 1100 万元，占工资总额的 75%，正常支出 1732 万元。1 月入库 365 万元，2 月入库 195 万元，3 月入库 569 万元。由于财政资金紧张，调入款来不及应付发放工资，3 月中旬，各机关、行政事业单位发放工资资金出现断层，为稳定民心，确保机关单位工作正常运行，机关、行政事业单位工资正常发放。

1998 年，政府为扶持福利企业及地方“菜篮子”工程建设，使这些原本盈利较少的企业得以发展，新增先征后退项目，全年企事业单位退库为 5848 万元，税务手续费提退 2326 万元。

1999 年，强化国库基础工作，准确及时收纳、划分、报解各项预算收入及监督财政库款支拨、退库，全区预算收入退库 19802 万元，占累计收入 96929 万元的 20.4%。其中，中央级退库 5111 万元，占退库总额的 26.3%；地方级退库 14691 万元，占退库总额的 73.7%。而中央级收入 23828 万元，占全年累计收入的 24.7%，地方收入 73102 万元，占累计收入的 75.3%。退库方向为：退给企事业单位 14343 万元，占退库总额 72.4%；退给财政机关 2417 万元，占退库总额 12.2%；退给税务机关 3041 万元，占退库总额的 15.4%，税务手续费提退为 2644 万元。

2003 年，全年退库 21028.96 万元。2004 年，全年退库 40083.31 万元。2005 年，全年退库 32374.68 万元。

五、代理国债

（一）发行

1994 年，全区共发行国库券 6140 万元，兑付国库券本息 810 万元。1995 年 3 月 1 日，凭证式国库券开始发行，7 月 31 日结束，发行 7580 万元。

2003 年，全市金融机构完成四期凭证式国债发行 1912 万元任务与国债兑付工作。

（二）销毁

1995 年 2 月下旬，对全区 1994 年度已兑付国家债券进行 100% 复点，3 月 8 日，销毁 1994 年已兑付国家债券 217.3598 万元。其中：1981 年国库券 52.2980 万元、1982 年国库券 1.2853 万元、1983 年国库券 1.9320 万元、1984 年国库券 5.6935 万元、1985 年国库券 2.2565 万元、1986 年国库券 2.3440 万元、1987 年国库券 3.5485 万元、1988 年国库券 4.3395 万元，国家建设债券 1.6000 万元、1989 年国库券 5.6935 万元，保值公债 13.7380 万元、1990 年国库券 16.0300 万元、1991 年国库券 108.0460 万元。

1998 年 2 月，全区销毁 1997 年度已兑付国家债券 1310723 元。2000 年 3 月，已兑付 1999 年国家债券 1590613.50 元，在地区国债推销办公室监督下，组织中国人民银行各支行国库、发行、保卫、会计等部门 20 人，进行清点核对无误后销毁，并向上级报送销毁报告和销毁清单。

2002 年 1 月，由市国债推销办公室监督，销毁 2001 年度已兑付国债债券 17.87 万元。

第九节　电子化建设

一、设备配置

1993年6月，地区农行信息电脑中心开展信息技术管理工作。11月，古田县支行率先购置第一个县级城区储蓄网络系统，实现报表上传网络化。工行城市电子化局域网络开始筹建。年底，储汇局计算机联网技术开始实施改造工程。

1994年7月，地区农行福鼎县支行开始使用省行开发的县级储蓄网络系统，随后霞浦县、福安市、分行营业部等县级网络系统也逐步建成。

1995年，地区建行耗资989万元，购置各种电子设备，全系统拥有不同型号计算机191台，配套设备707台。

1996年9月，地区工行网点一线柜面全部配备计算机终端。全区9个支行营业大楼5个分理处营业网点和53个储蓄营业场所，进行全面装修与改造，同时投入资金2000多万元，先后将储蓄存款、牡丹卡业务、对公存款实现全区电子联网并全省电子联网。同年，中行在国际结算部安装并开通SMZFT系统（环球同业银行金融电信协会），加快出口收汇速度，业务总量大幅度增长。兴业行同城储蓄网点实现通存通兑，随后系统模式从分散“微机群”向“分部集中式”转变，将服务器从支行集中到分行，实现分行辖内储蓄网点通存通兑。年底，农发行开始购置电子设备。

1998年，地区农行首批安装4台自动取款机起，自助终端、POS机、补登折机、回单柜、夜间金库等自助设备也陆续被投放安装使用。农发行拥有门柜计算机系统并上线运行，会计核算由传统的手工记账发展到计算机核算。

2000年，市建行投放ATM 3台，服务器7台，打印机139台，POS机83台。同年，工行安装POS机78台，ATM17台。中行在实施汇划即时通系统、会计综合业务系统、数据库系统和数据大集中工程中，信息科技处安装和搭建培训测试环境和生产运行环境、改造三级网络和实现RS/6000系统舵HS/9000、AS/400系统数据转换。11月底，储汇局同全国31个省（区、市）的1294个县、市实现联网，全市投资350万元，拥有联网网点75个，区域性邮政储蓄联网县市9个，联网ATM45台。

2005年，市建行全行累计投入资金2451万元，拥有各类电子设备1066台（套）。同年，市农行先后投入自助终端70台、POS机、补登折机11台、回单柜12台、夜间金库设备4台、自动柜员机68台。工行共配备各类自动存取款机、自助柜员机等机具52台，计算机平均人手一台。市中行开始拥有IT系统。市兴业行投入大量资金，致力开发各种系统上线，实行全辖办公微机联网，创新网银交易页面、提升优化各项功能等，先后研发与购置一批具有领先水平的电子化设备。市农发行全行配有办公电脑90台、服务器5台，电脑配置都为P4以上，同时做到人手一台打印机，设备使用年限基本都在5年内，确保正常使用。年底，市储汇局全系统拥有联网网点82个，区域性邮政储蓄联网县市9个，联网ATM59台，总投资达210万元。

二、网络设立与应用

1993 年，地区中行加大设备投入、完善服务功能，基本实现储蓄业务电脑化及同城通存通兑。

1994 年，地区储汇局加大资金投入，提高邮政储蓄科技含量，11 月，实现全区邮政储蓄城关网点营业电子化。

1995 年 7 月，地区农行福鼎市支行升级使用省行组织修改的县级储蓄网络系统 2.0 版，实现资金 24 小时到账抵用。10 月，地区储汇局投入 407.3 万元资金，实现全区邮政储蓄县内营业网点联网。地区建行实现全辖对公对私业务通存通兑，完成与厦门分行异种机平台、全业务功能联网，同时推出 POS 银证转账系统，在全国建行系统首批开通个人电子汇款业务，并为电力、石化、卫生、盐业等行业性结算中心资金管理提供系统支持。

1996 年 9 月 8 日，福鼎农业银行开设电脑储蓄夜市方便群众存取款

1996 年 5 月，地区建行资金清算网络系统开始试运行，顺利完成省分行交给的全省建行系统试运行任务，为 10 月 7 日全国建行资金清算网络系统投入运行做准备。6 月，地区储汇局实现全区邮政储蓄网点联网。12 月，地区建行计算机综合业务系统二期工程开通并投入运行。同年，地区工行启动大机延伸工程，辖内储蓄网点全部上机，各项储蓄业务处理全面实现电子化，实现省域联网。联网后，做到异地存、取款结算当即到账。地区中行按照总行 CI 形象设计要求，对辖内储蓄网点进行规范化装修，加快机构形象标准化和储蓄电子化步伐，努力实现全区储蓄通存通兑，缩短与其他商业银行电脑化建设的差距，使长城电子借记卡得以顺利发行。依托先进科技平台，全行构建了一整套电子化综合服务体系，国际结算部门安装开通 SWZFT 系统，提高了结汇速度，市场占有率达 80% 以上，并利用 SWZFT 网络优势，加快出口收汇速度，业务总量大幅度的增长。地区农发行与上下级行采用双设备、双线路（电信、联通 SDH2M 带宽）热备份方式运行，主要应用电子邮件、各类内部网站、网络视频会议系统、会计保卫远程监控系统，与地区人民银行横向联网应用。

1997 年 6 月，地区储汇局实现全省联网，7 月，实现全国联网，为方便用户存取款，全辖安装邮政绿卡 ATM 46 台。年底，地区农行建立区域数据中心 A 级机房。同年，地区兴业行科技部门开发综合业务系统 1.0 上线。

1998 年 2 月，地区农行实行储蓄网络数据上收及区域网络系统建设工程，4 月，全面完成农行区域网络系统建设。年底，地区农行在全区 107 个储蓄所（柜）实现全省储蓄通存通兑，经过储蓄卡、金穗卡“双卡”工程建设，全省联网综合业务建成，ATM、POS 机也成功支持信用卡、储蓄卡实时交易，为客户提供 24 小时服务。地区建行先后完成会计账务集中管理系统、稽核系统、个人电子汇兑和信贷管理信息系统的推广与应用。实现全省商户 POS 机 100% 联网。相继与闽东福宁信托投资公司、国泰证券公司福州分公司联手，开通证券转账业务新系统，实现全省建行首列跨区域证券龙卡转账联网业务。地区兴业行对综合业务系统 1.0 进行升级，同时新建外汇业务系统和内部报表系统。

1999 年，地区农行与人寿保险公司联合开发全省首创“开设保险费收入账户”应用软件，不仅增加保费存款归集量，而且为全省农行提供经验，全区保户超 1 万户。同年，地区建行实现本外币 POS 机一体化。在推进龙卡网络纵向延伸的同时，积极参与“金卡工程”建设，并于当年加入福建省银行卡网络，加强龙卡用卡范围的横向延伸。11 月，按照《解决“2000 年问题”应急演练方案》《应急方案实施细则》《应急期间核算规定》要求，做好模拟演练工作。至 24 日，完成供电、拨号备份、设备替代（分行）各业务系统全手工，应急软件（储蓄、信用卡）的演练，确保综合网系统顺利跨入 21 世纪。年底，地区工行实现对公、储蓄、信用卡、ATM、POS 机在省分行数据中心集中处理，实现储蓄所省域联网，基本形成零售业务电子化架构和应用系统，开通“95588”电话银行。

2000 年 7 月，市建行全辖推行《本级财务业务处理系统》，对依托城市综合业务网络系统进行本外币对公、储蓄、信用卡、政策性房改等多种业务会计核算营业网点，逐步实行综合柜员制。电话银行启用全国统一号码“95533”客户服务热线，增设人工服务，受理客户的咨询与投诉。同时，推出“银商通”，实现龙卡与商户 MIS 系统的联网。9 月，正式推出网上银行电话银行业务。年底，累计安装 POS 机 78 台，ATM 17 台。完成储蓄前台、会计前台等系统的升级和个贷业务系统的上线，还首家推广与石油公司账务接口系统、信用卡信用度等级评价系统等等。同年，市工行优先发展储蓄业务电子化建设，基本形成依托计算机及其网络的电话银行、手机银行、自助银行、ATM、POS 机、电子监控等电子化零售业务架构和应用系统，为传统储蓄产品改造、功能升级和新产品开发、实现由传统储蓄业务向个人金融业务转型提供坚实的技术基础。市中行全辖完成信贷咨询登记系统联网工作，实现全辖信贷信共享。除外，电话银行、网上银行、自助银行等新的服务方式相继推出，以及住房按揭贷款、出国留学保证金贷款、个人汽车消费贷款等个人贷款；外汇宝、期权宝、黄金宝、银券通等个人理财业务；企业外汇资金管理、国际保理、出口商业发票贴现、出口押汇等国际结算业务；银行承兑汇票、国内商业发票贴现、国内信用证、保函授信等贸易融资业务；远期结售汇、远期外汇买卖、即期外汇买卖、外汇掉期等外汇资金业务。一批又一批高品位、高附加值、贴近客户个性化需求的金融产品被推出，使全行核心竞争力快速提升，为业务创新发展提供强大支持。市兴业行实施数据大集中，实现兴业银行全辖通存通兑业务，全辖办公微机联网。

2001 年 5 月，市建行完成包括会计系统、MIS 系统、储蓄系统、个贷系统、总行资金清算系统、信用卡和 ATM 系统在内的新旧会计科目结转。7 月，推出“银证通”业务，以此不断健全完善个人金融服务功能，开拓新的业务领域。“银证通”业务将储蓄账户与证券资金账户有效地结合起来，以电话委托系统、网上银行、自动终端平台为媒介，具有证券买卖、撤单、查询、对账、分红、派息等证券投资功能。“银证通”业务通过储蓄系统和相关券商联网运行，既有助于券商管理资金，又方便客户证券投资。全行“银证通”业务签约 4005 户，证券交易额达 3803.61 万元；一级申购签约 4345 户，资金总量达 10947 万元。为适应企事业、大型批发商以及在全国各地有经销网点的公司等客户需求，还先后推出“银证转账”“银证通”等业务。市工行继续提升个人金融业务电子化应用水平。农行开始建立内部电子邮件系统。

2002 年 2 月，市工行启动网上银行对公业务；5 月，综合业务系统——个人金融子系统整合版投产。8 月，市农行成功进行对公业务系统向“新一代”业务系统切换，实现全市 65 个网点对公业务数据由区域向省域集中；9 月，成功进行储蓄、信用卡业务系统 97 个网点向“新一代”

业务系统切换，实现省域银行数据大集中。11月，市工行个人综合账户、个人理财系统投产应用；12月，个人关系客户管理系统在全行投入使用；年底，个人网上银行全面开通。同年，市人民银行实现银行信贷登记咨询系统软件版本升级和全国联网，做好银行卡联网调试、开通国库财税联网系统，提高金融服务水平。市兴业行全辖实现无纸化办公。

2003年5月，市储汇局计算机系统统一版本工程建设正式启动。9月，市工行个人银行结算账户项目投产；“银保通”柜面出单系统推广使用、消费信贷台账管理系统纳入大机核算；11月，全功能银行系统（NOVA）和新一代个人网上银行“金融@家”投入应用。全年组织4次全辖范围计算机安全大检查，加强外联设备管理，部署全行生产运行系统、办公自动化系统防病毒检查，全年共消除各类病毒26起，为综合业务系统CB2000各类升级和维护工作、NOVA全功能银行系统投产奠定基础。市农行建立以办公基础平台为目标、面向全行员工的内部网站。同时加强科技创新，开发福鼎惠泉啤酒公司收费软件、员工揽储统计软件、柜员业务量考核软件、ATM业务量统计软件等新业务软并投入使用。市人民银行完成国库会计核算系统安装、调试以及多版本升级，完成会计软件2.2版本升级更新，电子联行卫星小站转星工作顺利完成，运行态势稳定良好，推广现金检查信息系统、进出口收付汇核报系统、“双文明单位”电子台账管理系统、食堂电子售饭系统，加强内联网建设，使内联网成为信息交流、沟通和互相学习的一个良好平台。市建行系统有11个网点安装ATM，9个网点安装自助终端，当年新发展网上银行企业客户170户，交易10949笔，交易额14.2亿元。

2004年9月，市建行DCC系统成功切换上线，投入运行。11月，市农行综合办公信息系统上线运行，实现公文流转电子化、无纸化，各支行也相继建立综合办公信息系统；当年完成全辖2M线路改造工程，改善系统运行质量，此外，统一设计包装，大力推广自助银行服务，制定并落实ATM运行维护管理考核办法，有效改变银行卡受理环境，新配置ATM10台、BSM16台。10月，市储汇局福建省邮政储蓄统一版本上线，12月，储汇局计算机系统统一版本工程建设圆满结束，邮政金融信息化水平迈上新台阶。市工行投产牡丹灵通卡·e时代系统，个人金融业务全面发展。在开发个人网上银行同时，加强电话银行、手机银行等电子产品与服务的创新建设，形成了全面涵盖网上银行、电话银行、手机银行，以“金融e通道”为主品牌，“金融e家”和“95588”为子品牌的品牌体系。市信用社综合业务系统上线，辖内9个联社181个电子营业网点分5批加入全省农信社综合业务系统，并全部开通省内储蓄通存通兑业务，上线工作圆满成功，系统运行平稳。

2005年元旦，市农行全行开始电子公文单轨流转，实现无纸化办公，并建立贷审会材料电子管理系统，提高工作效率。6月，市储汇局邮政储蓄与电子汇兑系统两网互通工程推广上线，实现账户到账户、现金到账户以及商务汇款等多种汇款产品。9月，市农发行综合业务会计应用系统正式上线，采用营业网点直接对应总行中心一级实时清算模式，对外与市人民银行大额支付系统、小额支付系统连接，汇兑业务达到系统内和跨行大额汇划业务实时到账，跨行小额汇划业务当时到账。同年，市中行增加ATM、自助终端和网点的LED大显示屏投放，并对符合条件的网点进行理财区改造，提高网点服务水平。市兴业行研发“实现不间断服务的数据处理方法和系统”，技术获国家专利，填补中国金融业技术发明专利授权领域的空白。后又相继建成固话代收系统、烟草返销配送系统、电费代缴系统、国地税横向联网系统、国库统一支付系统、非税收入系统、住房公积金业务系统等，进一步提高对市场竞争服务能力，丰富业务产品，拓宽中间业务服务领域，并对网银交易页面、各项功能进行升级优化，加强网上银行业务创新，打造具有竞争优势的网银特色产品，提升网银对客户的服务能力与服务水平。在电话银行方面，正式开始客户服务中心三期系统建设与开发，项目上线后，系统最大坐席能力将达到1000席，并具备多点支持能力，较强的客户信息挖掘与分析功能，支持包括短信、因特网、电子邮件等多种接入方式。在手机银行方面，继续实施手机银行20版项目建设、提升系统可靠和稳定性、进一步推进手机银行业务创新，开发手机保险、任意转账、手机彩票、手机支付、手机商旅等功能，扩展手机银行增值服务空间，巩固和增加手机银行竞争优势，促进短信平台30上线后的功能完善，确保报务质量。年底，市兴业行拥有企业网银客户780个，自助银行网点12个，POS机客户356个。市信用社完成大额支付系统上线和信贷业务上线，反洗钱信息系统、人民币账户管理系统和小额现代化支付系统等子系统也先后投入运行，并对辖内5个联社87个网点进行线路升级转换，重新安装分中心防火墙，集中部分联社前台服务器进行管理。加强计算机安全管理，提高各县联社综合业务系统应急处理能力。市工行电子化网点覆盖率达100%。

三、银行卡业务

1993年9月，地区农行成立信用卡业务部。地区工行根据党的十四届三中全会对金融改革推出“积极推行信用卡，减少现金流通量”要求，“金卡工程”全面启动。

1994年1月，地区农行开始发行金穗信用卡。

1995年10月，地区农行成立金穗卡POS机自动授权，TBS电话银行查询系统全区联网正式开通使用。

1996年，地区建行推出首张龙卡储蓄卡，按照“一卡多能”原则，推进网络建设，强化品牌营销，以龙卡为载体，逐步整合各种个人金融服务品种，积极介入代理业务与资本市场，促进龙卡附加值不断提高。地区中行信用卡部门实行分别集中管理发卡，统一授权，统一清算的集约化经营模式，积极利用借记卡全省发行的契机，开展长城卡、借记卡有奖消费活动。

1997年，地区农行发放信用卡5339张。地区工行根据地区人民银行加强银行卡品种管理要求，工商银行把牡丹取款卡命名为牡丹灵通卡，创造全方位金融服务功能，因客户持卡通用，异地存取方便，仅一年多时间，全区发行量达77366张。

1998年，地区建行启动龙卡公积金、社会保险金查询系统，为龙卡客户提供24小时龙卡账务查询、挂失、证券转账等便捷服务。年底，成功推出龙卡证券POS机划账业务，先后实现龙卡全省、全国联网。同年，地区工行系统共发行牡丹信用卡23003张，建立了170个牡丹卡特约单位，把牡丹卡发展到存款、取现、消费、结算、转账为一体，功能充分应用于代理缴税、缴电费、水费、电话费等。同年5月，地区储汇局成立邮政绿卡刷卡中心，使绿卡从申请到发卡时间大大缩短，满足绿卡用户需求。

1999年5月，建设银行宁德分行开展“龙卡储蓄卡跨省联网服务宁川千家万户”宣传活动

1999年，地区建行推出全国银行业第一张面向中、小学生发行的银行借记卡3000张，兔年生肖卡

3000张。

2000年，市建行累计发行龙卡380466张，新增95569张。市农行发卡量上升，发信用卡6885张、借记卡239784张。8月，市工行发行了牡丹贷记卡；10月，发行牡丹国际借记卡。

2001年，市工行积极开展银行卡业务，牡丹信用卡新增发卡量1872张，牡丹灵通卡发卡19.02万张，牡丹卡直接消费783万元。

2002年，市农行组织科技人员开发新业务软件，整合研发“一卡通”，全行银行卡发卡量累计达42.17万张，卡存款余额6.57亿元。市建行新增龙卡储蓄卡8.03万张，总发卡量达到54.16万张，当年新发龙卡信用卡399张。市中行逐步完善理财中心功能，从理财品种、操作流程、风险控制、客户信息管理等方面进行重新整合，借记卡发卡量新增15426张，完成年计划的154.26%；银行卡直接消费额3558万元，完成年计划的593%；长城国际卡净增119张，代理外卡交易33万元，完成年计划的330%。市兴业卡正式加入全国银联，用卡环境进一步改善，与福宁信托投资公司签订存管协议，取得主办存管银行业务资格；全辖统一协调，发挥整体优势，加大市场开拓度，组织开展“兴业理财、助您兴业”市场营销活动；至12月底，分行本外币各项存款余额85294万元，比年初增加800万元，增长10.42%，完成年度计划的402.55%。12月，市储汇局计算机系统完成银联卡改造，实现绿卡跨行取款、查询和消费。银联卡上线后，为推动普通绿卡的更新换代，邮政储汇局对前台营业员新增银联卡按量计酬，加大宣传邮政绿卡业务，银联卡发卡量明显上升，每年以10万～20万张速度递增。

2003年，市兴业行增发银行卡5445张，年底发卡量达38888张，比年初增长16%。网上银行积极推进，“在线兴业”公司客户开户93户，资金交易量达19700万元。市农行开始办理网上银行，同时采取有效措施，积极防范金穗借记卡“单边账”风险和伪卡诈骗工作，全行发卡量63万张，新增21万张，吸收存款3亿元。以卡为媒，为持卡人提供方便、快捷存取款、代收代付等服务。9月，市建行正式发行双币种贷记卡5000张，以设立个人结算账户为契机，切实抓好龙卡储蓄卡开户工作，当年储蓄卡新增75932张，卡均存款1477元，龙卡品种进一步丰富。

2004年，市农行网银签约客户122户，网银交易金额6665.82万元。当年，采取有效措施，积极防范金穗借记卡“单边账”风险和伪卡诈骗工作，累计发卡量达76万张，新增12万张，吸收存款12.6亿元。

2005年，市农行发借记卡1066145张、发信用卡2117张，全系统电子化营业网点覆盖面达98%。市建行信用卡业务针对不同群体，如闽东在沪商贸人员，辖内高级公务员等，量身定做营销方案，当年发展POS95户，贷记卡开卡3809张，完成比率居全省建行系统第四位，贷记卡实现消费交易额2533万元。至年底，共发行龙卡77万张，年交易额0.112亿元，年消费交易额15亿元。市中行积极寻求中间业务增长点，引导员工开展多品种营销，银行卡发卡量新增4212张，完成全年计划的140%。市储汇局发卡16.97万张，累计卡结存76.34万张。为提高绿卡使用率，要求每一个邮储员工每月必须刷卡3笔以上，有效促使全市绿卡刷卡消费业务量逐年增长。当年全市持卡消费笔数达6.63万，消费金额达2.29亿元，还积极发挥绿卡的结算功能，培育绿卡高端客户，有效地拉动异地交易业务发展，全市异地交易金额达84.44亿元。

第十节　经营管理

一、财务管理

1993 年以后，宁德地区金融业财务管理机制不断完善，管理覆盖面持续拓展，在资金调节、权责监管等财务管理制度方面不断完善。同时，农行、建行、农发行等国有银行根据自身发展实际，先后制定出台符合本行业发展需要的财务管理制度，垂直管理与横向管理能力不断加强。

1993 年 7 月，地区农行设立资金调节中心，对全辖资金实行按期限管理。地区建行财务改变“收付实现制”办法，遵循“权责发生制”原则进行会计核算，执行先收息后收贷办法。

1994 年，地区农行依照财政部《企业财务通则》《企业会计准则》《金融保险企业财务制度》《金融企业会计制度》等规定，对财会制度进行全方位改革。地区建行根据国务院《关于金融体制改革的决定》，对所辖支行会计机构同在 1 月 1 日内，完成新、旧制度转轨。

1996 年，地区建行根据《中华人民共和国商业银行法》要求，将经营规模和效益实行分类管理。对连续三年亏损且发展后劲不大的支行，实行预拨费用按月报账管理办法。12 月，地区农发行遵循不以营利为最终目的、实现保本微利、系统管理宗旨，实行集中清算财务管理体制，通过计划、组织、控制，以保证既定目标的实现。

1998 年 3 月，地区建行根据《中国建设银行福建省分行资金计划部、财会部、资金清算中心机构改革实施方案》，会计账务集中管理系统和稽核系统软件开始投入运行；4 月，全行会计、储蓄、信用卡、ATM 中心等营业网点的会计账务数据全部集中到分行会计核算中心；5 月，组建计划财务部和会计部，把全行 12 个对公会计网点、41 个储蓄网点、1 个 ATM 中心和 1 个信用卡部的会计数据集中到会计核算中心，会计账务数据集中面达到 100%；6 月，实现所有对公会计网点凭证送到分行会计稽核中心集中稽核，稽核面达 100%；初步实现“会计管理统一”“资金计划和财务管理统一”管理体制。

1999 年 9 月，地区农行对中小企业贷款利率实行最高上浮幅度到 30%，最低下浮幅度到 10%；大型企业贷款利率最高上浮幅度 10%，最低下浮幅度 10% 的利率浮动政策。地区建行对清算中心和清算组的会计账务也进行集中，共集中上传流水 64 个网点，数据集中面达到 100%；同时，将本级财务核算、本级日常核算、蕉城办事处会计凭证全部纳入集中稽核，消除所辖网点集中稽核的盲区，使对公网点的凭证送审面达 100%；全年稽核中心累计接收流水 36.35 万笔，审核凭证 31.63 万笔，再次录入凭证 23.20 万笔；通过对会计核算正确审查，及时发现隐患，下发稽核差错通知书，各网点抓紧整改，差错率从 1998 年的 1.39% 下降到 0.44%。兴业行成立事后监督中心，取消事中监督，财务管理改以实行业务主办、主管现场授权监督、事后监督为主的控制模式。

2000 年，市农行执行省行大额外币 300 万美元以上（含 300 万美元）存款利率上浮上限可实行同期基准利率上浮 15%，下浮幅度不限，外币贷款利率上浮幅度不限，下浮幅度不得超过指导利率的 10% 的规定。

2001 年 2 月，市建行成立统一会计制度领导小组，在制度实施、人员培训、会计核算、软件测试、新旧会计科目过渡等方面做了统一安排；4 月，统一进行会计科目结转工作；5 月 1 日起，全面实施总行先后出台的《中国建设银行会计科目（试行）》《中国建设银行会计凭证（试行）》《中国建设银行会计账簿（试行）》《中国建设银行会计报表（试行）》《中国建设银行会计核算规定（本外币）（试行）》《中国建设银行会计核算规定（本币）（试行）》等会计核算制度。

2002年1月1日起，市农发行依据《企业财务通则》《金融保险企业财务制度》《政策性银行财务管理规定》和国家有关财政税收法律法规，财务管理实行4个原则（政策性与效益性统一原则、统一管理原则、监督制约原则、真实合法性原则），推行“统一计划、集中管理、分级核算、统负盈亏、财政补贴、保本经营”财务管理体制。

2003年，市农行执行《中国农业银行财务管理制度》，实行“统一领导、分级管理、自负盈亏、目标考核、集中分配”，实行法人代表逐级授权，各级行在授权范围内开展经营活动；逐级下达年度财务目标，就财务目标实绩进行考核的财务管理体制。市建行制定《宁德分行辖属支行会计岗位兼办储蓄业务实施细则（试行）》；6月，在东侨支行成功试运行会计兼办部分储蓄业务。

2004年1月1日，市农行按照人民币贷款浮动利率定价管理有关规定，实行利率上下浮动，最高上浮幅度为70%，最低下浮幅度为10%，7 ~ 10年以上各档次贷款利率下浮后不得低于年利率5.76%。5月，市建行下发《中国建设银行宁德分行DCC系统培训推广方案》，对柜面人员、管理人员进行培训，同时做好业务清理、客户信息补录，需要清理和补录的业务达64项，绝大部分在6月底前完成，全辖10个会计网点全部实行对公业务柜员制；在蕉城区、古田县、霞浦县3个支行推行会计主管委派制试点工作，蕉城区支行拟聘副科级会计主管，古田县、霞浦县支行拟聘股级会计主管，有3人通过竞聘选拔的委派会计主管到岗就职；年底，所辖13个会计机构，会计基础工作一级单位有4个，二级单位9个。分行营业部、古田县、屏南县支行顺利通过省分行会计基础工作一级验收。

2005年，市农行采取“统一平台、集中核算，额度控制，统筹使用”管理模式，即将上收行财务资金归集到集中行费用存款户核算，并由上收行根据核定的支付额度使用资金，实现财务资金集中管理，推进财务资金改革，更好地为“三农”和县域经济服务。11月，市建行在全辖推行《中国建设银行宁德分行营业网点综合柜员委派制管理办法（暂行）》。市兴业行按总行要求推行基层机构会计主管委派制。会计结算部门、财务部门与科技运行合并，财会部会计管理职能下设事后监督中心、清算中心；会计人员管理形成了由分行集中统一管理和实行会计主管派驻制度；会计主管考核由计财部和人力资源部共同进行，考核内容包含会计内部控制制度执行情况、会计基础工作、柜员技能、业务培训等内容；市中行全面执行新的金融企业会计制度。管理上不断完善以全面预算管理为手段、以全面成本管理为主要内容的“大财务”运行机制，突出效益为中心的管理理念，强化总体财务安排。

二、实行一级法人体制

1995年，《中华人民共和国商业银行法》颁布，该法第二十二条规定，商业银行为统一法人。

1996年，宁德地区人民银行印发《商业银行授权、授信管理办法》（以下简称《办法》）。地区工行根据该《办法》要求，进一步完善了统一法人体制和法人授权、授信管理制度，通过法人授权制度，合理界定了一级（准一级分行）分行、二级分行的经营管理权限。工行总行是全行的经营管理中心、资金调度中心和领导指挥中心，拥有全行的法人财产权，对全行经营的效益性、安全性和流动性负责；一级（准一级分行）分行的事权范围和经营管理权限，由总行通过法人授权界定；二级分行的事权范围和经营管理权限，由一级分行在总行授权的范围内转授权界定；并进一步确立二级分行为基本经营核算单位的体制，把二级分行办成其管辖范围内的财务管理中心、资金清算中心和信贷经营中心；二级分行原则上只在中国人民银行开立一个账户，实行统一调度资金和统一清算，并通过计算机联网，实行资金清算、票据交换和联行收付三集中；二级分行逐步集中信贷经营，逐步上收县级支行、城市办事处的贷款审批权；二级分行辖内的县级支行、城市办事处在财务管理上改成本核算制为报账制。地区工行作为总行分支机构不具有法人资格，只在总行授权范围内依法开展业务。12月，执行建行总行制定的《中国建设银行法人授权制度（试行）》办法。

1997年2月，建行总行颁布法人授权制度，同时颁发“法人授权书”“转授权书”及“再转授权书格式”统一格式，规范了法人对一级分行、二级分行的授权操作规程，强调了上级行对下级行，可以“声明”减少授权事项，缩小授权范围，但不能扩大授权范围。3月，总行印发《信贷授权管理办法（试行）》，按照“统一标准、分级授权、定期考核、适时调整”的原则，旨在增强内部控制信贷风险能力，提高信贷经营管理水平，增强总行、一级分行的调控能力。6月，地区建设银行首次自上而下实施授权—转授权—再转授权法人授权管理制度，授权期限原则上为1年。一级分行在业务权限、财务管理权限、人事管理权限等三大方面对二级分行转授权，二级分行根据授权管理规定，分别对所属机构和内部有关职能部门进行纵向和横向的再转授权。

2003年，建行总行在《中国建设银行法人授权管理办法》中重申“被授权人在行使被授予的权限时，必须接受中国建设银行的统一领导，遵守中国建设银行的各项规章，在授权范围内依法进行经营管理活动，严禁越权从事，强化统一法人和法人授权管理制度”，市建行执行中国建设银行总行法人授权管理办法。

2005年，中国银行实行统一法人总分行体制。可在中国境内外依据中国和相关国家或地区法律、法规规定设立分支机构。设在中国境外的分支机构经营所在地法令许可的一切银行业务或其他业务。中国银行各分支机构不具备法人资格，严格执行在总行授权范围内，进行转授权和授信，依法开展经营管理活动。市中行执行统一法人总分行体制。同年，兴业银行总行实行统一法人总分行体制。可在中国境内外依据中国和相关国家或地区法律、法规规定设立分支机构。设在中国境外的分支机构经营所在地法令许可的一切银行业务或其他业务。

此外，农业银行、兴业银行等也相应实行统一法人总分行体制。

三、信贷管理体制改革

1993年，地区兴业行贷款体制逐步健全，贷款审查委员会坚持“区别对待、择优限劣”信贷原则，既支持生产，也支持流通，促进信贷资金良性循环，并坚持“优化投向、抵押贷款、收贷结合、注重效益”原则，扶优限劣。先后制定《关于人民币流动资金贷款审批分离和“三查”制度》《贷款调查情况登记表和贷后检查跟踪落实情况表》等制度，不断优化贷款投放结构，还出台《关于清理小额贷款通知》《关于严格执行“三查”制度的通知》等30多项信贷管理制度，使信贷行为有章可循，有法可依。

1996年，地区农发行把全市粮油收购资金贷款集中办理，并按照政策性原则发放。同时，加强对粮食收购资金供应，以解决收购资金不到位的问题。1998年3月，地区农发行根据国务院决定将农村扶贫、农业综合开发、粮棉企业附营等业务划转给农业银行、工商银行办理，集中精力搞好收购资金封闭运行管理工作。6月，地区兴业行印发《福建兴业银行宁德分行信贷业务审批工作（暂行）规定》，对支行（处）不实行转授权，所有信贷业务集中分行审批，建立健全信贷风险防范制度，对各机构开展信贷权限、质押手续、信贷档案等方面进行检查。

1999 年，地区工行对信贷管理体制进行改革，逐步建立分工明确、组织合理、调控有力、运作高效的信贷经营和管理体制：统一全行企业信用等级评定内容、评定标准和评级资格，依据企业信用等级制定统一贷款政策；建立统一的固定资产项目评估机制，统一评估机构、评估标准和评估程序，固定资产贷款项目须通过评估后才能进入审贷程序，评估权限与法人授权及贷款审批权限相一致，实行“主评估人”制度和评估专家委员会制度；通过法人授权，确定各级行贷款审批权限，建立并实行分级审批、审贷分离、集体审贷制度，实行贷款签批人责任制度和责任追究制度；明确贷后管理具体内容和操作程序，建立以贷款安全性、效益性和流动性为主要内容的贷后跟踪检查制度和贷款监测反馈系统；依托先进科技手段，建立贷款台账系统，实现总行对全部贷款逐笔全过程监控。

2000 年，市兴业行不断优化信贷结构，加快信贷管理信息系统建设。修订《福建兴业银行宁德分行人民币贷款（承兑）管理实施细则》，印发《分行银行承兑汇票业务操作规程》《分行信用审查委员会工作规则》《分行信用责任追究委员会工作规则》等规章细则，成立分行信用审查委员会，建立信贷市场进入退出机制，认真做好信贷风险分类工作。

2001 年，市中行根据总行建立良好公司治理机制，深化风险管理体制改革精神，成立风险管理委员会和尽职调查小组，实现尽职调查和风险评审两位一体的授信决策机制。同年，在粮食收购全部退出保护价后，市农发行适应粮改要求，发放贷款，以确保粮食购销企业合理的资金需要，支持国家专项粮食储备和地方粮食储备体系的建立，保证地、县二级储备粮正常轮换的资金需要，支持企业参与非保护价粮食收购，参与粮食市场经营活动，满足企业合理的资金需要。

2002 年，市中行制定《中国银行宁德分行问责审批制实施细则》，在全辖推行尽职调查、风险评审和问责审批制三位一体的授信决策机制，并辅之以评价制度，促进全辖评审授信决策制度体系和组织体系的进一步完善。还根据总行全程内控新体制理念，不断完善授信风险管理规章制度，使贷款发放真正做到符合“安全性、流动性和效益性”原则。

2004 年，市兴业行修订《分行放款中心操作规程》，简化审查审批程序，对职能部门进行业务转授权，以提高工作效率。实施《信贷投向指引》，制订《贷前调查工作规范》，建立与信贷人员交流制度，完善分行信用审查委员会的运作模式。同时，改变单一授权模式，实行风险敞口和低风险业务双线控制，切实防范集团客户授信风险。

2005 年，市兴业行撤销审贷小组，简化审查审批流程，对具体客户、风险敞口、低风险业务，实行区别授权。7 月，市农发行制定《中国农业发展银行宁德市分行贷款审查委员会工作规则》，开始实行审贷分离制度。

四、资金营运管理

1994 年，地区工行执行总行《中国工商银行资金管理暂行规定》和《关于〈中国工商银行资金管理规定〉的实施意见》，在全辖实施统一资金管理规定。

1996 年 9 月，地区工行执行总行《〈中国工商银行资金管理规定〉的实施办法》，标志着工商银行统一法人资金管理体制的建立。

1998 年 3 月，地区工行执行总行《关于印发改革联行体制及资金清算办法方案的通知》，新的联行体制及资金清算办法于 1999 年 5 月 31 日起在宁德正式运行，其主要内容有“实存资金，同步清算，头寸控制，集中监督”。

2000年，市农发行现金管理依据1988年国务院《现金管理暂行条例》和中国人民银行相关现金管理办法并结合实际制定出现金管理办法，主要规定各类账户现金支付分级审批授权管理，现金收支两条线管理，库存现金限额管理，大额现金支付管理，对企业库存现金进行检查管理等。

2002年6月，市工行执行总行《中国工商银行资金管理体制改革方案（试行）》《关于在部分二级分行进行资金管理体制改革试点的通知》。7月，开始实行资金管理体制改革，原则是实行“全额集中、统一配置、分类计价”和“钱账分离、收支两条线”管理。

第十一节　金融监管

一、金融管理机构

（一）国家外汇管理局宁德市中心支局

国家外汇管理局宁德市支局是国家外汇管理局在宁德的二级分支机构。1985年5月，经福建省人民银行批准成立国家外汇管理局宁德地区支局，局长由同级人民银行行长兼任。1993年6月8日，成立福建省外汇调剂中心宁德地区外汇交易办事处、中国银行三沙居民外汇调剂代办点，负责办理辖内外汇调剂业务。2000年11月，国家外汇管理局宁德地区支局更名为国家外汇管理局宁德市支局。2005年称国家外汇管理局宁德市中心支局。址设宁德市蕉城南路61号。

（二）中国银行业监督管理委员会宁德监管分局

2003年12月，筹建并完成从市人民银行人员和财产划转。2004年1月，正式挂牌对外办公（简称银监局）。机关设办公室、人事科、监管一科、监管二科、监管三科、统计信息科、财务会计科等科室；下辖各县（市、区）监管办事处。2005年年底，共有员工66人，其中机关37人，监管办事处29人，副高职称2人，中级职称38人；大学本科学历44人，研究生、双学历各2人。址设宁德市蕉城南路11号。

二、防范金融风险措施

1993年，地区建行作出“大力压缩逾期贷款，减少和防范贷款风险”部署，贯彻总行《贷款风险管理试点办法》，风险管理框架开始建立。1995年，兴业行严格执行改贷审批程序，审批权限和“三查”制度，强化事前防范，推行抵押贷款，减少信用放款；坚持“优化投向、抵押贷款、放贷结合、注重效益”原则，达到“放得准、管得好、收得回、效益好”目的。

1996年，地区农行提出“思想和效益”两大攻坚战略，实施“整顿、存款、管理、清收、发展”五大救行工程，推行“存款立行、信贷强行、科技兴行、文明办行”，取得明显业绩，不良贷款下降率连续3年居全省榜首。地区中行相继出台员工业绩量化解核指标和公开选聘信贷员办法，将不良贷款率、贷款收息率和派生存款率分解到每个信贷员，突出催收不良贷款，积极推进信贷体制改革，初步形成审贷分离、分级审批、责任分明的信贷管理机制。1997年，信用社以改革为契机，抓好“存款上总量，优化贷款增量，清收不良贷款，加强制度建设，保障资产安全”等5项工作。

1999年，地区人民银行把建立金融风险防范“三道防线”作为创建闽东金融安全区核心工作来抓，制订《创建闽东金融安全区的试行规划》，重点抓好金融债权管理、金融宣传、农村合作基金和防范化解中小金融机构风险等工作，理顺地方党政与人民银行关系、人民银行与金融机构关系、金融部门与社会监督部门关系，加强与工商行政管理、公安、检察、法院和纪检监察等部门协作，加大查处非法金融活动。建行拉开以审贷分离、部门制衡为特征的信贷业务管理体制改革序幕，增设风险管理委员会，成立信贷风险管理部，研究制订各项信贷风险规章制度，审查、考核和分析所辖行信贷资产状况，督促信贷经营部门提高资产质量，对重点行业、地区和企业进行风险跟踪，提出防范风险建议，督促落实信贷责任制。农行针对工作中存在的薄弱环节，修订、完善规章制度，使行内各项制度纳入了制度化、规范化、程序化管理轨道。农发行对辖内3个自营行和6个代理行资金计划管理情况，支付有否超限额，收购贷款发放是否按照进度、数量等问题展开稽核，针对问题，提出整改意见，限期纠正。

2000年，市中行按照总行“加强内部管理年”要求，制定《中国银行宁德分储蓄网点达标考核暂行办法》，抽调人员组成两个检查小组，采取问、闻、看、访、试、查方式和行际交叉检查形式，对全辖20个储蓄网点文明优质服务、三防一保、劳动纪律、内部管理等情况进行全面检查，提高员工守规经营、按章办事自觉性。建行建立信贷风险监管重点联系和信贷责任认定制度，坚持“统一程序、划分权限、责任到人、客观公正”原则，通过对责任认定范围内信贷业务有关责任人信贷经营和审批行为进行评价，以评判其对已出现信贷风险是否应该承担责任，对规范信贷人员行为，提高信贷资产质量，化解信贷风险起到积极作用。兴业行在防范金融电子化风险方面，做好防范计算机犯罪工作，印发《综合业务处理系统授权管理实施细则》，及时更新、升级综合业务处理系统，保证各项业务正常运转。还修订《分行储蓄业务规范化管理暂行办法》，内部控制的完整性、科学性和有效性得到很大提高。

2001年，市人民银行建立全市商业银行不良贷款台账，对全辖13235笔不良贷款逐笔落实原因，分清责任。同时，建立不良贷款月度考核制度，不良贷款季度（年度）分析报告制度，不良贷款通报制度，对不良贷款变化情况及整体状况，在全市行长联席会议上通报交流，并且把各地资产质量状况向当地政府报告，还建立不良贷款监控网络，形成统一领导、分级监管、责任到人、跟踪监测，有效控制金融风险。建行建立重大信贷风险事项报告制度，规范对重大信贷风险事项的监察，完善风险防范化解机制，保障信贷资产质量安全。执行总行《中国建设银行客户信用等级认定工作管理规定（试行）》，按照“先横后直、分级认定”原则，评价客户信用等级，A级以下（含A级）客户信用等级由行信贷风险管理委员会组织审核认定，县级支行以下机构无权认定客户信用等级，使风险控制机制从贷后向贷前延伸，健全信贷风险内部制衡机制。市农发行按照省分行做好贷款风险分类管理要求，做好贷款五级分类情况的转结，坚持贷款风险分类管理与期限分类管理相结合，贷款风险分类与企业资产相对应原则，确保贷款风险分类新老管理办法的衔接。组织人员学习《中国农业发展银行贷款风险分类管理试行办法》以及实际操作方法和各种工具表填制，完成贷款额为基数的贷款风险八级分类工作。

2002年4月，建行总行颁布《中国建设银行信贷资产风险分类实施细则》（以下简称《实施细则》），市建行依托信贷管理信息系统（CMIS），按照总行《实施细则》，对信贷资产质量进行全面、及时和准确的评价，并将信贷资产按风险程度划分为“正常、关注、次级、可疑、损失”五个不同类别，实施对资产质量五级分类管理。5月，合并信贷风险管理部和信贷委办公室，设风险管理部，从信用、市场、操作等方面深入开展对风险管理的探索与研究。信用社以防范化解风险创建金融安全区为目标，以促进发展为主题、以支农为主线、以抓降为重点，积极推进农户小额信用贷款和创建信用村镇工作。同时整合行业管理和监管力量，提高监管的规范性、有效性和权威性，促进农村信用社健康稳定发展。农发行进一步增强贷款风险意识，加强贷款风险管理，顺利完成贷款从五级分类到八级分类结转工作，对不良贷款进行实时监测，及时掌握贷款风险变化情况。工行加大对不良贷款监控力度，建立重点行监测制，抓重点清收对象，积极运用法律手段依法打击逃废债企业，全年清收逾期、呆滞、呆账贷款4790万元，不良贷款比率当年下降了0.38个百分点。

2003年，市人民银行制定42项规章制度，完善各种业务流程，将各项业务纳入规范化、制度化管理轨道，减少差错，提高工作效率。建行制订《中国建设银行宁德分行客户信用等级审查认定工作操作规程》，成立客户信用等级审查认定小组，对客户信用等级审查认定在申报材料、受理初审、客户等级认定、档案管理等方面做了详细规定，提高客户信用等级认定质量。农发行进一步加强信贷风险管理，努力防范和化解存量贷款和新增贷款风险，抓住政策性周转销售处理机会，努力清收不良贷款，优化信贷资产质量，全年不良贷款下降2705万元，清收企业亏损挂账和其他不合理占用贷款353万元，完成省下达清收任务。工行进一步完善“下管一级，监控两级”动态监测体系，运用信贷综合管理系统中监测平台，加大对不良贷款和违规贷款监测力度，控制压缩不良贷款。

2004年，市人民银行围绕金融热点、难点问题深入开展调查研究，认真处理好福安“标会、倒会风波”，确保辖内金融稳定。同时，加强自身风险防范，把国库、货币发行逐步纳入事后监督，增设一道防线，启动中心支库国库会计核算事后监督，保障国库资金的安全。并在全辖建立内部监督管理联席会议制度，开展“学制度、找不足、抓落实”专项活动，以完善业务流程，提高工作效率。建行出台《宁德分行内部控制等级评定暂行办法》《宁德分行信贷风险监管问责若干规定（试行）》，完善内控体系建设。组织10个职能部门，对11个支行进行内部等级评定，有6个支行被评为A级，5个支行评为B级。全年现金收回不良贷款2523万元，完成省分行下达计划的505%，现金回收催收利息235万元。农行强化贷后管理，构筑风险防范屏障。辖内各行成立在线监测中心，加大CMS系统信息在线监测力度，促进省行贷后管理实施细则在全行实施。继续推行“三色”（蓝色客户、黄色客户、红色客户）管理，规范信贷管理档案，推行统一、规范的信贷客户“三色”分类管理法，为信贷管理人员及决策人提供风险管理决策依据。银监局认真落实“区别监管”政策，在高风险联社机构“重点看管”、异地商业汇票和邮政储蓄内控监管等方面取得良好成效。注意做好银行业协会恢复工作，加强对协会规范性指导和监督，努力引导协会发挥“第四方”监管职能作用。农发行根据贷款审贷分离原则以调查、审查、审批岗位分离为基础，各负其责，逐级把关，对有条件粮食购销企业按照财务规定，提取一定比例风险准备金和储备轮换风险准备金，作为贷款和弥补轮换亏损贷款风险补偿基金，完善贷款风险管理。

2005年，市银监局完成对市工行个人消费贷款、市农行内控制度、市兴业行贷款分类偏离、邮政储蓄稽查运行机制等一系列涵盖各类银行业机构多种风险的17个现场检查，累计投入2589个工作日，200多人次，检查金融机构130家次，发出现场检查意见书21份，提出整改意见318条，促进金融机构依法合规经营和风险防范。市建行实施总行《中国建设银行公司类客户信用评级办法（试行）》和《中国建设银行公司类客户信用评级工作管理办法（试行）》。新客评办法将公司类客户信用等级划分为AAA、AA、A、BBB、BB、B、CCC、CC、C、D等10个等级，风险逐级递增。农发行严格按贷款操作流程办理贷款，坚持企业自有资金比例贷款管理、风险准备金、参与保险等多项并举的风险防范措施，建立信贷业务综合分析制度，不断提高信贷监督水平，积极推行担保抵押贷款方式，对新开办的各类粮油企业贷款，有条件或有能力提供担保的，坚决推行保证担保或抵押担保贷款方式，对原有国有购销粮食企业贷款，尽可能要求企业创造条件，实行担保贷款方式，改进和完善风险防范措施。兴业行努力加强风险管理基础工作，先后修订《分行信贷业务审批工作规定》《分行信用责任追究制度实施细则》，制定《公司客户授信工作尽职制度》《分行信贷资金流向监督管理实施细则》《公司业务产品管理实施细则》等一系列管理制度，对业务审批、责任追究、资金流向、授信工作等进行详细规范，提升专业管理水平。

三、执法监察

1993年5月，地区建行成立“两防一保”（防盗窃、防诈骗、保资金安全）领导小组，采取“抓教育、抓重点、抓检查、抓培训、抓领导”办法，推进安全监察工作。一方面，完善制度建设，在各支行、网点统一印制《营业场所日常安全检查登记簿》《进出营业场所、重点部位人员登记簿》《枪支弹药检查登记簿》《保卫工作请示汇报批复记录》《调换班审批表》《综合治理领导小组会议记录》等考核考勤表，狠抓安全责任制的落实。另一方面，在“两节”和家假日期间，到辖属各支行开展安全生产检查。全行围绕“约法三章”（下乡不准大吃大喝、不准用公款消费娱乐、不准接受馈赠），开展反腐倡廉教育，至年底，累计教育时数达1214课时，到课498人，共派出检查组57组次283人，对10个县市（区）行进行各类检查73次。地区农行根据《中华人民共和国审计法》、审计署《关于内部审计工作的规定》，建立内部稽核制度。各级行稽核部门依照规定职权和程序，对系统内业务经营和管理工作进行稽核监督。各业务部门和经营单位依照《中国农业银行稽核工作规定》接受稽核检查，并如实提供资料，汇报情况。稽核部门独立行使稽核监督权，不受其他部门和个人干涉，实行本级行长和上级行稽核部门双重领导，接受国家审计机关和中国人民银行业务指导。

1994年，地区建行根据省分行《银行营业场所风险等级和防护级别的规定》《基层金融单位治安保卫暂行规定》精神，各支行普遍建立“三防一保”领导小组，订立有11项规章制度，19种簿册卡，3套应急预案，开展综合治理工作。10个基层保卫机构，经检验有7个达到优等保卫组织标准，45个网点，有39个达到防护级别标准。同时，以储蓄、会计、出纳岗位为重点，以防抢劫为目标，开展各种保卫组织创优活动。全年共组织人员下基层126人次，落实整改措施142条，并运用本地典型案例开展教育。

1995年，地区建行根据省分行《储蓄业务规章制度执行情况调查和执法检查方案》，开展储蓄业务规章制度执行情况执法检查，检查历时30天，检查了24个储蓄网点，检查面达51%。8月，抽调13人，组成3个小组，历时7天，分别对县（市）支行设备储备贷款和工商企业流动贷款，进行稽核审计，共稽审176户，金额8730万元，收回贷款6364万元，余额2096万元，回收率达73%。

1996年，地区建行开展历时20天的“三防一保”大检查，检查10个支行、3个营业网点，发出整改通知书23份42条，改造了15个旧柜台。

1997年5月，地区农行成立中国农业银行宁德地区分行法律顾问室，开展执法监察工作。地区建行继续抓好“三项制度”（领导干部收入申报、礼品登记、重大财务开支向职代会报告）贯彻落实，有4名领导干部上交礼金2400元，20名干部、职工按规定补交集资建房超面积款5.76万元。历时82天，对全区10个支行及本部的会计、筹资、房贷等部门进行稽审；要求会计部门进一步健全对重要空白凭证及有价单证收缴、销毁、保管制度，对已兑会计未销毁有价证券要进行彻底清理；按筹资部门管账，会计部门管实物原则，做好有价证券管理；房贷部门要严格执行双人管库，实行账物分管，健全保管登记簿等制度，有效防范风险发生。同时，狠抓技防建设，共投资93万元，完成霞浦县支行、福安市支行、赛岐办事处电视监控工程以及5个柜员制监控系统装置；全区营业网点防抢防盗报警系统实现与公安“110”报警中心直接或间接联网，全区储蓄所、柜，风险等级防护级别达100%，并通过当地公安机关验收。

1998年年初，地区建行监察、保卫、工会部门深入全区7个县（市）支行，开展以案件防范、廉政建设、窗口服务等为主要内容的综合宣传教育活动，受教育人数达120人；组织中层以上干部对总行颁布的关于加强党风廉政教育的有关规定，进行7个场次测试，增强员工“安全出效益”“三防一保”人人有责的思想意识。邮汇局邮、电分营之后，重视加强基础管理，完善内控制度，实现业务操作规范化。先后印发《邮储网点基础管理目录》《邮储网点台账设置规范》《规范实名证件修改操作规定》等规章制度，统一了邮储前台各种登记簿、管理台账及相关管理资料。是年，地区人民银行将金融债权保全工作列为年度金融监管工作中的重中之重，经过努力，区内金融逃废债行为在一定程度上得到遏制，列为逃废债企业（或个人）由年初205户、本息3.9亿元，降为177户，本息3.8亿元。同时，对个别银行账外经营行为，责成其彻底并账，清理账务，及早追回损失资金，对有关责任人做出处理，提高依法经营意识。地区农行全年开展两次对专项信贷检查，发现问题，限期整改；建立和完善专贷档案移植电脑管理，落债9179笔，金额20434万元，补充完整贷款手续2382笔，金额12433万元；同时开展对专贷、粮食企业附营业务贷款检查，实行清理与整改相结合，促进专贷业务正常开展。工行根据《中国工商银行福建分行贷后稽查核实施细则》规定，对福鼎市、宁德市（县级）8个行1998年以后新发放贷款进行现场稽查，发现问题，及时整改；全年对全辖各项业务进行专项或常规检查65次，其中现场检查45次，非现场检查20次，发现问题76笔，提出整改意见63条。拨出安全防范费用223万元，为8个县级库点和1个分理处库点安装电话监控系统，为14个网点安装监控系统，为41个储蓄网点安装防弹玻璃，内控外防整体水平明显提高，稽查监管在风险防范中发挥出应有作用。

2000年年初，地区人民银行启动全市金融债权管理系统，对典型逃废债企业联手制裁。加强与地方政府司法宣传部门配合，行署转发了金融债权管理办公室制定的全区金融债权管理工作意见，与公安部门联手开展打击信用卡恶意透支行为，年底，四家国有商业银行不良贷款比率由年初的27.4%下降至16.63%，不良贷款额降至7.89亿元，金融创安各项指标基本实现，初步构建成由地方政府、金融机构、人民银行组成的化解金融风险的“三道防线”。市建行安全保卫工作贯彻“预防为主，标本兼治，强化管理，保证安全”方针，先后举办安全管理培训班32期，投入资金125万元，购置3部运钞车，搬迁或改造9个营业场所，增设监控设备5套，清洗录像机63台，擦拭摄像机镜头180面，更新录像带2500盒；为全区营业厅出纳柜和储蓄所（柜）安装防弹玻璃；培训一批技防技术员，把网点监控设备接入UPS，保证监控设备正常运行；利用监控录像资料协助公安机关侦破案件9起，案值达21万元；处理差错事故4起，挽回经济损失0.32万元；实现与“110报警联网”；全体经警人员军事体能训练优良率达80%，技防物防能力有了较大提高。兴业行加强诉讼案件档案管理，建立诉讼、执行案件呈报审批制度和案件诉讼、执行监控制度，规范案件起诉、代理、执行等法律行为，开展对各机构信贷权限、抵质押手续办理、金融法律法规执行情况检查，对全辖信贷业务中存在问题进行整改，加大资产保全工作力度，极力清收化解不良资产，配合法院开展执行工作；全年累计提起诉讼45笔，金额1847万元，通过诉讼共收回不良贷款862万元。

2001年，市人民银行利用“整顿市场经济年”机遇，加紧完善高级管理人员监管体系，以

《高级管理人员任职期间资格审查办法》取代《金融机构分支机构高级管理人员任职资格操作规程》《高级管理人员任职资格意见（建议）书》《高级管理人员任内重大事项报告制度》等规章制度，规范高级管理人员经营行为，提高监管权威。当年有44位高级管理人员涉嫌违规行为50次，共组织谈话43次，端正高级管理人员经营行为。市建行围绕“钱、权、人”三个环节，从源头上杜绝“吃、拿、卡、要、报”不正之风滋生。通过邀请检察官宣讲《中国的法律框架和金融法律知识》，增强职工遵守纪律自觉性，开通纪检监察网站，执法监察依照“不发一案、不误一人”目标，先后对霞浦县、屏南县、周宁县支行个人贷款项目进行专项监察，通过对整改意见的跟踪落实，纠正存在问题，查处违规操作人员。农发行制定《进一步加强内部控制管理的意见》《内部控制建设情况稽核检查评价办法》等制度，全年先后对9个所辖营业机构开展现场稽核检查18次，定期开展计划、信贷、财会、稽核分析工作，发现问题，内部通报，并建立整改情况反馈制度，健全内部管理制度。市农行依法从严治行，加强稽核监督，坚持合法合规经营，实现6年无责任事故。

2002年，市人民银行进一步完善分类管理办法，向分类监管中被评A类以上银行机构进行授牌，实施区别监管。采取召开商业银行不良贷款“抓降”经验交流会，向县、市政府通报不良贷款情况，严格贷款五级分类等多种形式，抓降工作成效显著。建行针对以往对基层储蓄网点负责人检查较少这一现象，决定对福鼎市、柘荣县、寿宁县分理处储蓄网点负责人立项监察。通过调阅有关凭证、账簿、记录本、录像等资料，发现3个行（处）领导在执行储蓄规章制度方面存在某些薄弱环节，通过整改使之得到规范；同时，对蕉城区、古田县、周宁县3个支行32个科（股）级干部，进行党风廉政执法监察，查阅各种资料250多份，召开座谈会3次，收回调查问卷70份，逐条整改，跟踪落实，保证政令畅通；在11个所（柜）安装数码录像机，21台ATM安装监控系统，更换旧录像带1500盒，利用监控录像协助公安机关侦破案件31起，案值达30多万元；全年发生经济诉讼案件111笔，结案并胜诉12笔，通过法律手段收回现金868万元。市农行加大依法清收力度，采取“追偿一批、起诉一批、保全一批、执行一批”措施，全年依法清收“两呆”贷款本息3522万元。市兴业行加强诉讼案件档案管理，开展对各机构信贷档案、信贷权限、制度执行、抵质押手续办理、金融法律法规执行情况检查，有效控制信贷资产隐性风险。

2003年，市人民银行在防治“非典”期间，增强服务意识，建立发行基金调拨应急机制，做好钱币“非典”防范工作，确保非常时期市场现金供应。市农行认真贯彻中国人民银行《金融机构反洗钱规定》《人民币大额和可疑支付交易报告管理办法》和《金融机构大额和可疑外汇资金交易报告管理办法》，成立反洗钱工作领导小组办公室，建立健全反洗钱内部控制制度，落实反洗钱工作责任制，严格执行客户身份识别、客户身份资料和交易记录保存、大额和可疑交易报告制度，开展反洗钱工作宣传和培训。市建行结合全国金融系统案情、案例，查找工作隐患，开展运钞工作大检查，制定16个检查项目，采取明查、暗查、突击查、随机查等办法，及时纠正不规范操作6处，确保运钞环节安全；先后对福安市、霞浦县、屏南县、寿宁县、东侨开发区支行党风廉政建设责任制落实情况进行执法监察，对所辖10个支行进行全部监察，召开座谈会5场，收回调查问卷222份，把基层行党风廉政建设责任制落到实处。市农发行落实每季度一次的预案演练和安全讲评制度，学习上级行、人民银行以及当地公安部门的案例通报资料，增强全行员工的安全防范意识，同时对安全保卫人员坚持每周检查一次，每季度依据年初签订的安全防范责任书，进行全面检查，及时发现和处理存在问题；分行还与各行签订《安全保卫工作责任书》，把现场规范操作、安全生产、奖惩标准等列入责任书内容、做到逐级落实，责任到人。市工行组织开展流动资金贷款贷后管理专项自查，电子银行业务综合检查，债券业务整改情况后续检查，票据融资业务专项检查等工作；做好聘请外审和离任审计，完成会计一体化监督交接等工作，全年共开展内审项目16个，分别对人事、信贷、会计、结算、出纳等10个专业进行检查，发现违规违章问题97个，提出整改意见78条。市农行坚持依法合规经营，继续推行审计体制改革，改审计人员派驻支行为集中二级分行办公，完善审计组织体系；全面开展对各支行内部控制包括制度建设、制度执行、制度保障系统综合评价审计，加强经济案件防范和查处力度，全年共组织各类安全检查756次，发出隐患通知书32份，整改率达100%。信用社以信贷“抓降”为突破口，督促联社抓好“堵新收旧”加大对信贷质量监管力度，把信贷质量作为衡量经营业绩的主要依据并与高级管理人员任职相挂钩，加大奖惩力度，确保“抓降”目标完成。

2004年，市银监局依法行政，完善市场准入程序，在《中华人民共和国行政许可法》正式颁布第一年，针对市场准入操作规程进行行政许可方面补充，下发《宁德市农村信用社行政许可事项受理程序》，规范农村信用社行政许可事项申请与受理，提高金融行政许可事项办事效率；针对行政许可时限，设计《行政许可事项登记簿》，对行政许可时限进行严格要求。全年，撤并农村信用社分支机构6家、新设2家、更名1家、升格1家、搬迁机构12家；规范银行业管理人员准入程序，在高管人员准入方面，核准53个高级管理人员，备案29个高级管理人员，建立健全机构和高管人员档案，完善银行管理人才数据库；加强现场检查，累计投入100多人次，2648个工作日，完成19个现场检查项目，发出《现场整改意见书》33份，立案处罚违规机构两家，罚款10.3万元，促进辖内银行业金融机构依法合规经营。市建行随着《中国建设银行宁德分行内部控制等级评定暂行办法》制定，对基层行事前防范、事中控制、事后监督、风险考核也随之展开。依照内控等级评定项目，对业务流程控制和风险防范制定出详细的量化考核评分标准，其等级评定结果作为年度工作考核的依据，并与绩效工资，再转授权挂钩，以提高内部管理水平；在深入开展“降不良、防案件、抓管理、促发展”活动中，组织监察、工会、保卫部门深入各支行，从治安形势、安全防范、规章制度以及员工职业道德等方面，广泛开展思想教育，提高员工安全防范意识；制定《宁德分行机关案件风险防查部门联席会议制度实施细则》，及时通报工作和业务情况，保证业务发展和资金安全运营。储汇局认真开展储汇重要岗位人员审查登记工作。工行加强内部管理，制定《宁德分行党风廉政建设责任制实施方案》，对全辖党风廉政建设实行量化考核，形成共同参与，齐抓共管局面。全年共开展内审项目15个，检查面达100%，发现违规违章问题75个，提出整改建议50条，坚持“安全第一”指导思想，全辖开展安全生产大检查，发现存在问题12条，全部整改到位。信用社一年来共投入资金496.5万元，对185个网点进行安全防卫改造，签定联防协议146份，组织实施保卫干部和经济民警预案演练达87人次，全年对网点安全检查次数达641次，发现隐患61处，整改66次，对责任人处罚107次，确保资金财产和人身安全。

2005年，市银监局制定《宁德市银行业重大突发事件报告制度》《宁德银监分局重大突发事件处置暂行预案》，促进宁德市银行业重大事件报告和处置进一步规范化和程序化，监管合力逐步加强。对农村信用社在改革中出现新情况、新问题、加强风险监测，在蕉城区开展清收公职人员拖欠贷款整治活动，收回拖欠贷款61.44%，100%收回副科级以上公职人员拖欠贷款本息。市建行贯彻省分行《关于开展“学条例、守规章、促管理、保安全”教育活动的通知》的文件精神，以各支行为单位组织职工学习讨论103场次，对166名保卫人员进行规章条例测试；通过巡回宣讲、组织观看“营业网点安全操作指南”录像，发动员工撰写心得体会文章，加深对文件精神实质的理解；历时8天，对各支行枪支弹药、金库安全管理进行专项检查，存在问题督促整改；把保障网点 ATM 安全摆上重要日程，共安排 ATM 巡查 4456 人次、蹲点守护 204 人次；投入安防费用 91 万元，在各营业网点安装监控摄像机、数码硬盘录像机 9 台、ATM 监控器 31 台；适时调整反洗钱工作领导小组，制定出反洗钱工作实施细则，在网点悬挂反洗钱宣传横幅标语，向客户发送宣传品，设置网点专栏，开展反洗钱工作。市储汇局开展重要岗位轮换和岗位分离制度，当年储蓄所负责人轮换 65 人，储汇出纳和收送款员轮换 19 人，事后监督轮换 21 人；同时落实"营业交接、日终监盘、岗位制约、授权授信、密码管理、柜员权限、业会对账"等制度，全市 47 个有金库农村邮储网点在全省率先实行"双人双库"制度；霞浦县邮政局实现所有邮储网点与"110"联网，其他县（市、区）局城关网点实现与"110"联网，农村网点实现与当地派出所联网。市工行加强贷后管理，有效防范风险，重点开展房地产开发贷款、项目贷款、小企业贷款的贷后检查，全年累计开展各项贷款检查 6 次，有效地防范信贷风险；建立健全保卫工作管理机制，把推进守押体制改革列入工作议程，加强金库、营业网点、守押和消防等重要部位安全检查，清除管理隐患。市农行严格执行风险预警制度，按月进行监测分析通报，坚持依法清收，对钉子户、赖账户，诉诸法律，全年共诉讼 326 户，债权金额达 4973 万元，执行收回 287 户 667 万元。选定海峡拍卖行等 5 家拍卖机构，中兴资产评估公司等 4 家评估机构作为资产处置中介单位，成功处置抵债资产 1 户，处置金额 9.8 万元。

四、国库监管

1993 年 8 月，地区人民银行查出中行、兴业行、工行营业部共转移占用财政性存款 99 户，金额 4089.3 万元，并提出整改措施。同年，还对全权财政账户开展清查整顿，查出擅自设立账户 20 户，财政性存款转一般性存款 47 户，金额 618 万元，予以相应处罚，制止财政性资金在中央银行"体外"循环。

1996 年，地区人民银行完善国库会计核算操作规程，定期做好内、外对账工作，确保国库资金安全。

1997 年，地区人民银行对 148 个国库经收处、征收机关国库资金收纳划缴情况以及金融机构进驻纳税大厅收纳税款及税款划缴情况开展检查，全区共查阅各种凭证 22395 笔，总金额 12758 万元，查出延压国库资金 116 笔，金额 514 万元。上缴征收机关非法利息收入 933.92 元。对个别国库经收处有意延压税款行为处以经济罚款 9848 元，保证入库渠道畅通。

1998 年，国库部门强化内部管理，加强国库检查，确保国库资金安全。2000 年，宁德中心支库认真审核增值税中央与地方共享分成，省、地、县（市）税收返还，预算科目使用等情况，纠正财政部门预算科目使用错误，挽回财政收入损失 248 万元。

2001 年，市人民银行加强对国库经收处及农村信用社办理国库经收业务检查，把握国家预算收入收纳、入库、退付、支拨 4 个环节，确保国库资金安全。2003 年 10 月，全市国库会计核算管理和操作规程培训会议在福鼎市召开。是年，加强对国库经收处和金融机构进驻税务服务场所及代理行政执法罚没收入管理，完善国家金库会计核算系统（2.0 版）运行后有关国库机房设置、人员和机具配备。

2004 年，市人民银行国库与国税部门密切协作实现网络互联。9 月，将中心支库国库会计核算事后监督纳入"事后监督中心"监督，成为全省第一家由"事后监督中心"对国库会计核算业务进行事后监督的中心支行。11 月初，试点延伸至所辖的霞浦县支库，实现国库部门事前、事中监控与"后督中心"事后监督双重防线，防范资金风险，保障国库资金安全。

2005年，市人民银行制定《国家金库中心支库内部检查工作规范》，对国库资金支付清算业务管理和印、押、证保管领用等，每月进行定期或不定期检查，杜绝人为操作性风险；正式启动税库行横向联网电子缴税，推动税、库、行横向联网，国税系统缴税基本实现“无纸化”；在全省率先开展POS机缴税业务试点；组织开展《国家金库条例》颁布20周年宣传活动；全年共堵住各类不规范预算拨款104笔、金额2404.58万元，收入退库11笔、金额526.6万元。

五、结算监管

1994年，地区人民银行对全区专业银行和非银行金融机构进行结算检查及大额转汇和邮政汇兑资金清算执行情况专项检查，纠正了压票、随意退票和受理无理拒付等违章行为，严肃结算纪律，重新制定《交换员工作守则》，加强票据交换会计监督。

1995年，地区人民银行在全区开展清理账户工作。截至12月，全区清户31461户，确认基本账户18436户，其他账户5907户，待清户804户。编制《银行结算工作手册》《银行结算宣传手册》，印发给乡镇营业所、信用社及各家金融机构开户单位。健全商业银行会计科（股）长，结算专管员联席会议制度和结算纪律执行情况定期报告制度，强化对结算工作领导。督促各行全面贯彻执行结算纪律，整顿同城结算秩序，督促各金融机构向客户公布结算纪律和到账时间及客户票据传达银行时间，扩大同城票据交换范围，缩短同城结算时间。实施《宁德地区人民银行会计结算工作考核办法》，将各家银行会计结算工作纳入考评范畴，全年受理查处各类结算举报投诉问题14件，金额467万元。

1996年，地区人民银行组织会计检查辅导和结算监管工作小组，通过定期不定期检查辅导，使会计监管日常化、制度化。1—11月，全辖结算自查385万笔1829亿元，其中，自查自纠违规业务7笔914万元；全区共受理结算举报9笔219万元。

1997年，地区人民银行建立健全事后监督和会计科（股）长坐班制，坚持日常重大会计事项审批制度，定期开展自查自纠，发现问题及时纠正。全年对辖属各支行专项检查2次，常规检查16个单位，发出整改通知书12份。全区共协调各种结算纠纷8起，金额627万元，查处各类结算举报25笔，金额1378万元。

1998年，地区人民银行会计监管部门围绕加强结算管理，畅通结算渠道，加大会计打假力度，组织开展银行账户清理和账户年检工作，清理转专户预算外资金6000多万元，撤销预算外账户300多个。同时，在福鼎市、古田县、屏南县、寿宁县、周宁县（市）支行布置账户年检，共年检各类存款账号8863户，撤销630户，重新办理开户手续785户；组织对全区12家金融机构开展结算大检查，发现违规违纪65笔，金额865万元，根据有关规定进行处罚。全区共受理结算举报31起1018.2万元，及时处置共罚款3.5万元，责成赔偿客户1374万元。

1999年，地区人民银行重点查处违规签发承兑商业汇票，发现查处违规问题104笔，1168万元，责令有关行处支付赔偿金0.35万元，处以罚款12.6万元，查处各类举报投诉12起，225万元。下发《大额现金管理规定》补充通知，对辖内各金融机构62个网点进行抽查，共查处违规提现150笔，2017万元，责成整改并对7家金融机构处罚款5.9万元。

2000年，市人民银行组织结算监督检查44次，抽查各类金融机构98个，发现并查处违规行为59笔，金额573万元。查出结算违规行为82笔，结算金额1216万元，处罚金额0.5万元。

2003年，市人民银行组织金融机构68人参加上海分行、福州中心支行举办的业务培训班。当年，全市有22家金融机构被评为支付结算信用等级AAA级单位、26家金融机构被评为AA级、

2家金融机构被评为A级。

2004年12月，组织召开宁德市14家金融机构联席会议，部署会计年终决算工作。

2005年，市人民银行围绕“四个会计核算业务系统”上线，进行岗位培训和人员调整，做到“三个到位”，即思想认识到位、制度建设到位、检查督促到位。

六、外汇管理

1993年，宁德地区外管部门对98家企业进行检查，查出违反外汇管理行为单位8家（10起），违法金额36.3万元美元，罚没收入1.4万元人民币。查出逾期未收汇企业18家，催收回历年逾期外汇83.2万美元。6月，在霞浦县三沙设立居民外汇调剂交易点，采取灵活浮动价格，共调入外汇1085万美元，占全区外汇调剂总量的43%，支持对台贸易发展，抑制外汇黑市交易活动。

1994年，大力宣传外汇体制改革，通过电视台等新闻媒体和举办讲座等形式，宣传结售汇制度具体办法及兑换券收尾工作规定。

1995年，全区银行业开展1994年度外汇业务自查，重点对工行国际业务部，兴业行经营状况开展年检考评。1996年，以中行、工行、兴业行为重点进行抽查，指导外汇银行进行自纠。

1997年，外管部门对辖区金融机构外汇信贷资产质量和风险状况，外汇业务内控制度，外汇账户收支状况，企业进出口收付汇情况，因公出国（境）批汇业务，资本项下结汇资金使用，国际收支申报情况等开展专项检查，对发现信贷管理不规范、内控制度薄弱、外汇账户管理不规范、国际收支漏报、错报等问题提出60多条整改意见。对1996年外汇业务大检查中发现中行违规经营问题进行复核，并对事实清楚无有效单证售汇93.18万美元和占用地区人民银行资金累计日积数28474.25万元行为处以罚款44.23万元。

1998年，外管部门批准工行4家县支行，农行、兴业行国际业务部代理转自营业务，新批准1家县支行开办外汇业务。加强资本项目外汇收支管理，将全区资本项下结售汇业务集中地区中行1家办理；加强购汇还贷的监管，强化外债登记管理，严格外债还本付息核准；参与行署牵头组织的外商投资企业联合年检，督促企业纠正投资资本中人民币部分没有来源证明问题，并做好外汇登记换证和年检抽查，加强出口收汇核销管理。举办二期进出口企业核销员培训班。实施核销单领用押金制度、发单数量限额制度、出口收汇逾期催收制度及“出口收汇风险企业”制裁制度等，强化管理出口核销率保持在93%以上。布置外汇指定银行和有进口业务企业自查，查清6家企业假报关单套汇涉及金额折合922.77万美元，罚没款82.25万元。采取由公安部门布眼线，外管部门配合方法，对外汇黑市实施打击。

1999年，外管部门重点检查银行结售付汇情况，账户开户和信用证，托收等结算业务合规性等情况，全区共立案查处6起，结案6起，罚没人民币计66.9万元。是年，组织两次对地区中行因私售汇业务检查，纠正个别售汇出境护照复印件作为附件现象，提高国际收支统计申报质量，确保全区申报工作走在全省前列。

2000年3月，为改变全市银行网点业务单一局面，审批新增外汇业务机构10家。同时，加大国际收支银行结售汇等基础统计数据核查力度，杜绝进口逾期未核销、骗购汇行为，全市出口收汇企业考核达A级。

2001年，市外管部门支持商业银行新增外汇业务，全年共批准17家商业银行网点新增或扩大外汇业务，作为“口岸电子执法系统”重要组成部分的出口核销管理系统正式投入运行。

2002年，组织辖内外汇指定银行参加外汇账户试点改革并通过验收。同年，还在外汇指定银行开展资本金结汇和外汇贷款还本管理方式改革试点。

2003年，市外管部门与外经贸委探讨推进境外投资工作及宣传境外投资外汇管理法规，建立面向商业银行的“宁德外汇信息网”，在网上公布“出口收汇荣誉企业”“进口付汇名录企业”和“进口止付企业”。

2004年，市外管部门对辖区15家外汇指定银行进行量化考评，对不同等级外汇指定银行实行区别监管对策。规范结售汇业务市场准入关，全年共批准2家机构开办结售汇业务，3家机构开办居民个人购汇业务。推广“出口收汇核报网上申报辅助系统”，全市拥有110家企业事业“出口收汇核销网上申报辅助系统”，简化核销工作程序，实行实地走访制，促进企业及时收汇，对违反外汇管理规定企业列入“黑名单”重点监管。

2005年，针对境内外汇总量偏小特点，新批准8家金融机构开办结售汇、外币兑换等业务，增加银行结售汇业务网点，并将出口收汇核报系统业务端口延伸到古田县、屏南县支行，方便企业用汇收汇。召开一次“汇率改革与汇率避险工具研讨会”，指导企业使用汇率避险工具，提高汇率风险意识，通过与国税部门协调，简化企业出口收汇核销退税联审核，当年外商投资企业年检率达104.8%，比上年增一倍。查处东海房地产公司违反外汇管理规定案，罚款63.96万元，采用外汇反洗钱系统记性相关分析，移送3条线索给公安部门，通缉抓捕嫌犯1名，捣毁地下钱庄1个。

第二章 信托业

第一节 机 构

1988年7月，经中国人民银行总行批准成立闽东福宁信托投资公司，为宁德地区地方性非银行业金融机构，属自收自支的副处级事业单位。2002年年初，省政府出台《福建省整顿信托投资公司总体方案》，并下发《福建省人民政府办公厅关于闽东福宁信托投资公司整顿实施方案》，闽东福宁信托投资公司在整顿中不再保留，也不再经营信托和证券业务，转为实业公司。在宁德市人民政府直接领导和市财政局、人民银行宁德中心支行指导下，福宁信托投资公司采取剥离证券资产、参股证券公司、清理信托资产、清偿信托债务、成立实业公司、发展实业投资等措施，实现信托投资公司平稳转制，更名为宁德市福宁投资有限公司。2005年年底，公司内设办公室、财务部、投资部、资产管理部等办事机构，共有职工36人。

第二节 主要业务

一、信托业务

闽东信托投资公司成立初期，股东为宁德地区财政局和9县（市）财政局，主要从事证券经纪、委托存款、委托贷款、信托贷款、投资融资、租赁等业务。通过信托公司吸收社会闲散资金，支持企业发展。随着财政体制改革，一部分财政资金由无偿改为有偿使用，由信托公司进行盘活管理。信托公司将资金投向闽东地区重点工业企业，如电机制造、船舶运输、食品加工等行业。1993年，先后为闽东制药厂等3家企业代理发行企业债券300万元。

1994年，闽东福宁信托投资公司开办证券业务代理股票交易，并在重点县（市）设立证券服务网点，为股民提供服务。至2001年年底，股民开户数1.53万户，累计交易量203.8亿元。

2002年，闽东福宁信托投资公司转制，不再经营证券、信贷等金融业务。为实现平稳过渡确立了走为中小企业建立融资平台、扶持民营中小企业发展的经营战略，开办典当业务和租赁业务。

二、典当业务

2001年年底，国家经贸委出台《典当行管理办法》，福宁信托投资公司抢抓机遇，提出申请成立典当公司方案，并且获得国家经贸委批准。2002年12月，宁德市福宁典当有限责任公司正式成立。福宁典当公司主要开展房地产抵押、股权质押和动产质押业务，重点支持一些信用度高、管理规范、符合国家产业政策扶持的中小型民营企业发展生产。

2003年，全年典当742笔，累计发放当金7362万元。年底典当存数为120笔，当金余额2076万元。全年实现营业收入202.11万元，利润77.71万元，超过计划73.55%。

2004年，全年典当766笔，累计发放当金8116万元，当金余额3019万元，其中，股权质押典当1233万元，房地产抵押典当872万元，股票质押典当303万元，动产质押典当600万元，黄金质押典当11万元，全年实现营业收入346.48万元，利润111.03万元。

2005年，全年典当638笔，累计发放当金12603万元，当金余额4043万元，其中，股权质押典当1373万元，房地产抵押典当1272万元，股票质押典当184万元，动产质押典当1200万元，黄金质押典当14万元，全年实现营业收入464万元，利润142万元。至年底，累计发放当金5亿元。

三、租赁业务

租赁业务是福宁典当公司主要业务之一。主要以船舶租赁业务为主，向设备租赁业务延伸。租赁机构对每一笔租赁业务都进行细致的调查论证并实施动态管理，定期或不定期派专人到租赁企业进行检查，了解企业经营情况，检查租赁资产运作情况，安排专人定期催收租赁款项。

2003年，新投入租赁、投资等业务资金累计9394万元，资产质量明显好转，全年实现营业收入474万元，利润162万元。

2004年，新投入租赁、投资等业务资金和发放当金累计11427万元，全年实现营业收入721万元，同比增长44%，实现利润207万元。

2005年，注重实施动态管理，如提前解除“福远渔FI66”船舶协议，收回资金666万元，确保租赁资产安全。

第三章 保险业

第一节 机构与网点

一、中国人寿保险股份有限公司（简称中国人寿）宁德分公司

1996年5月，宁德地区人保系统实行产、寿险分业，中保人寿保险有限公司宁德地区分公司成立。1999年5月，中保人寿保险有限公司宁德地区分公司更名为中国人寿保险公司宁德分公司。2001年3月，全面推行县（市、区）两级公司机构体制改革。2003年6月，中国人寿保险公司重组，设立中国人寿保险股份有限公司，原下属分支机构全部划归中国人寿保险股份有限公司，9月，中国人寿保险公司宁德分公司更名为中国人寿保险股份有限公司宁德分公司。2005年，公司设办公室、人力资源部、财务部、客户服务中心、信息技术部、个险销售部、团险销售部、中介代理部、区域发展部等9个职能机构，辖10个县（市、区）支公司、营业部，从业人员1780人。全系统共有营销员1483人，乡镇营销服务部55个，兼业代理机构5个，代理网点195个。址设宁德市蕉城南路57号。

二、中国人民财产保险股份有限公司（简称人保财险）宁德分公司

1996年5月，中国人民保险公司分业经营，中国人民财产保险公司宁德分公司成立。1999年1月，中国人民财产保险公司宁德分公司更名为中国人民保险公司宁德分公司，各县（市、区）支公司亦相应更名。2003年7月，实施股份制改造，中国人民保险公司宁德分公司更名为中国人民财产保险股份有限公司宁德市分公司。2005年，下辖宁德、福鼎、福安、霞浦、古田、周宁、赛岐7个支公司和屏南、柘荣、寿宁3个营业部，在职员工127人（大专以上学历113人，中专以下学历14人；高级职称1人、中级职称38人），招聘用工105人，持证代理人370余名。内设办公室、人力资源部、监察部、理赔中心、财务中心、承保中心、车险部、非车险部、营销渠道管理部、客户服务管理部、信息技术部等机构。址设宁德市蕉城南路9号。

三、中国平安人寿保险股份有限公司（简称平安寿保）宁德中心支公司

1998年，中国平安人寿保险股份有限公司宁德支公司成立。2002年5月，升格为中国平安

人寿保险股份有限公司宁德中心支公司。

2003年1月，平安集团完成产、寿险分业，同时保留中国平安人寿保险股份有限公司宁德中心支公司；2月，成立蕉城营销服务部；3月，成立古田、屏南营销服务部；4月，成立福安、寿宁营销服务部；10月，成立福鼎营销服务部。2005年，公司内设经理室、人事行政室、财务室、营销培训部、两核管理部、保费部、客服部、银保部8个办事部门，有内勤管理人员64人，保险代理人员735人，组建12个营业部，102个营销小组。址设宁德市蕉城闽东大广场华隆大厦6楼。

四、中国平安财产保险股份有限公司（简称平安产险）宁德中心支公司

1998年，中国平安财产保险股份有限公司宁德支公司成立。2002年5月，中国平安保险股份有限公司宁德支公司升格为中国平安保险股份有限公司宁德中心支公司。2003年1月，平安集团完成产寿、险分业，成立中国平安财产保险股份有限公司宁德中心支公司，公司设总经理室、财务部、办公室、市场部、客服中心、业务部等部门。内勤管理人员18人，保险业务人员32。下辖福鼎、福安支公司，古田、霞浦、寿宁、屏南营销部（筹建），在周宁、柘荣县设有承保、理赔网点。2005年年底，机构承前不变，共有从业人员63人。址设宁德市蕉城南路。

五、中国太平洋人寿保险股份有限公司（简称太平洋寿保）宁德中心支公司

2002年5月成立，员工19人。下设古田、福鼎、福安、霞浦等县级营销服务部4个，销售小组3个；内设后援服务中心、个险业务中心、团险业务中心、银保业务中心等办事机构，有员工300余人。2005年年底，机构承前不变。址设宁德市蕉城815中路6号。

六、泰康人寿保险有限公司（简称泰康寿保）福建宁德中心支公司

2003年7月成立。2004年4月，先后设立福安、福鼎、古田、霞浦、寿宁、周宁6个营业网点。2005年，公司内设总经理室、助理总经理室、办公室、财务部、营销部、培训部、客户服务部等办事机构，下辖8个营业小组，共有职工536人。址设宁德市蕉城区815西路2号东方大厦。

七、中国太平洋财产保险股份有限公司（简称太平洋财保）宁德中心支公司

2004年6月设立。内设总经理室、综合行政部、计财部、业务管理部、理赔中心、公司业务部、蕉城业务部、业务拓展部等7个办事机构，全辖共有从业人员58人。2005年年底，机构承前不变。址设宁德市蕉城南路11号闽东财贸广场5层。

第二节　保险业务

一、人身保险

（一）保险类型

1. 人寿保险

1996 年，中国人寿成立营销部开办营销业务，并在福鼎、福安、霞浦、古田等 5 县（市）支公司设立营销辐射点，开展寿险营销工作，当年实现保费总收入 4773 万元。

1997 年，中国人寿将营销业务在屏南、寿宁、周宁、柘荣、赛岐等县（区）支公司全面铺开。1—2 月，根据总公司、省公司的部署，策划组织，在全区系统统一开展为期一个半月的“绿色工程”计划——“霹雳行动”营销业务竞赛活动，共收入营销保费 508.38 万元，寿险营销业绩综合评分名列全省系统第一名，排名全国系统第五名，荣获总公司授予的“春雷杯”先进单位称号。

1998 年，中保人寿保险有限公司宁德地区分公司与宁德地区安全生产委员会联合举办“中保人寿杯”安全知识竞赛活动，与地区交警支队联合开展“中保人寿杯”中小学生交通安全征文竞赛活动，与地区妇联联合主办“庆六一、迎回归、争当文明好儿童”活动，与宁德市直机关党工委联合举办“中保人寿杯”庆七一拔河比赛和庆香港回归一周年灯谜竞猜活动。平安寿保坚持举办一年一度的平安客户服务节，从平安大型游园活动到平安少儿才艺大赛，一直贯穿着增强服务的宣传理念。中国人寿先后组织开展“创业杯”“虎啸行动”“金秋百日赛”“升华’98”等系列业务竞赛活动，选拔出 1 名累计新保单保费超 100 万元的营销精英，荣获省公司铜质“百万皇冠杯”奖。同年 6 月，荣获全省寿险系统“春苗行动”人均保额和累计保额两项第一名。当年累计实现保费收入 8719 万元，比上年增长 24.68%。

1999 年，中保人寿保险有限公司宁德地区分公司相继开发以保障型为主的新寿险条款，组织开展“999 玉兔杯”开门红等劳动竞赛，全国系统“绿满神州”竞赛活动，荣获全省系统竞赛组织奖。全年累计实现保费收入 9514.73 万元，超额完成省公司计划。同时，还先后选拔 1 名累计新单首年保费达到 100 万元和 1 名累计新单首年保费达 200 万元的营销精英，分别荣获省公司铜质“百万皇冠杯”和银质“百万皇冠杯”奖。平安寿保销售产品有“平安鸿利”“平安鸿祥”“平安鸿盛”“万能险”等，累计实现保费收入 928.7 万元，其中“平安长寿保险”累计保费收入 114.48 万元，“平安永利增额还本终身保险”累计保费收入 125.29 万元，“少儿终身幸福平安保险”累计保费收入 159.51 万元。

2000 年，中国人寿先后在全市系统组织开展“千禧龙年有奖纪念保单”销售活动、“腾飞新世纪，群龙争霸赛”“携手新世纪、群英争标兵”等系列业务竞赛活动，实施省公司组织的“保平争半实现业务均衡发展展业活动”，全市系统全年总保费收入 1.1 亿元，同比增长 15.61%，完成省公司下达全年目标任务的 101.54%。平安寿保累计实现保费收入 1114.5 万元。

2001 年，中国人寿组织开展“跨越世纪开门红”“世纪春晖”“世纪春潮”“国寿红闽东”以及“开世纪新篇　创金牌标王”等系列营销业务竞赛活动，累计实现总保费收入 1.34 亿元，同比增长 20.72%，提前 96 天完成省公司下达的全年寿险新单标准保费任务，荣获省公司授予“金牌标王”称号。平安寿保累计实现保费收入 2605.2 万元，其中“平安鸿利两全保险（分红型）”年累计保费收入 634.75 万元，“平安鸿盛终身寿险（分红型）”年累计保费收入 394.4 万元，“平安鸿祥两全保险（分红型）”年累计保费收入 393.76 万元。

2002 年，中国人寿累计实现总保费收入 1.8 亿元，同比增长 34.33%。平安寿保累计实现保费收入 3532.6 万元，其中“平安千禧红两全保险”年累计保费 160.6 万元。太平洋寿保，参保 2119 人，累计实现保费收入 276.2 万元。

2003 年，中国人寿针对举国上下掀起“众志成城，抗击非典”的形势，强势启动以“三康”险为主打险种的个险期交业务，累计实现总保费收入 2.34 亿元，比增 30%。平安寿保累计实现保费收入 4682.9 万元。太平洋寿保参保 5920 人，累计实现保费收入 1882 万元。泰康寿保开办人寿保险，当月个险保费收入 178 万元，年底个险保费收入实现 478 万元。

2004 年，中国人寿保费收入创历史新高，全年累计实现总保费收入 3 亿元，比增 28.21%，其中累计寿险首年新单保费 1.28 亿元，全面完成省公司下达的各项经营指标。在全省系统组织开展的“健康伴我行”业务竞赛中，经省公司评比和审定，授予宁德分公司 2004 年上半年个险期交任务达标突出贡献奖。太平洋寿保参保 6981 人，累计实现保费 912.2 万元。泰康寿保银行保险、团体保险齐头并进，全辖各网点承保 5000 多人，实现保费收入 142 万元。特别是当年面市的泰康人寿养老加重大疾病的组合保险，既有高额的身故保障，又有约定的生存领取，可作“二次养老金”，又兼顾被保险人的身后费用，自己确定领取年龄及领取比例，给付灵活，可满足不同客户的个性化需求，对 27 种常见重大疾病附于高额的保障。针对此产品，公司还推出“关爱生命，关怀心灵”活动，承保 395 人，实现保费收入 71 万元。

2005 年，中国人寿累计总保费收入 3.33 亿元，比增 11%，其中，寿险首年期交保费收入 4883.59 万元（其中 10 年期以上期交保费收入 2964 万，保费占比 61.75%），完成省公司下达调整后目标任务的 101.74%，实现寿险首年新单保费 1.23 亿元，完成省公司下达调整后目标任务的 117.39%。平安寿保累计实现保费收入 5900.6 万元，其中“平安智富人生终身寿险”年累计保费 590.6 万元。太平洋寿保宁德中心支公司参保 8179 人，累计实现保费收入 1107.9 万元。太平洋寿保在打造专业化、高品质服务品牌的同时，不断完善“95500”全国统一电话服务系统和“急难救助服务计划”，认真履行保险责任，切实保障被保险人利益，有效发挥保险的经济补偿、资金融通和社会管理功能，树立良好的企业形象。泰康寿保开展“爱家总动员”活动，正式推出主要针对中产阶层人群的全新升级产品——“爱家之约（2005）”，增加了新的险种，扩大缴费期限，增加灵活性，强化保障功能，当年承保 132 人，实现保费收入 38 万元。

2. 意外伤害保险

1996 年，中保人寿保险有限公司宁德地区分公司确定“以短养长、长短结合，优化结构，提高效益，协调发展”的方针，把发展各种短意险业务作为当年增加费用的主要险种，强调长期性的业务为基础险种，逐步降低双定等储金还本性业务的比重。

1997 年，宁德地区行署专门转发公司《关于开展意外险工作的意见》，对促进该项业务发展起了重要作用。中保人寿保险有限公司宁德地区分公司分别与同级金融机构和有关代理机构签订代理协议。屏南、周宁两县营业部积极主动理顺当地人民银行、交警的关系，开办车上人员意外险业务，当年两县共收取保费 20 多万元。

1999 年，平安寿保实现保费收入 9.5 万元，其中平安意外伤害保险保费收入达 4.4 万元。

2000 年，平安寿保累计实现保费收入 25.9 万元，其中平安附加意外伤害保险保费收入达 11.7 万元。

2001 年，平安寿保累计实现保费收入 60.7 万元，其中平安附加意外伤害保险保费持续增长达到 24 万元。

2002 年，平安寿保累计实现保费收入 86 万元，平安团体意外伤害保险保费收入 6 万元，学生团体平安保险 1.6 万元。

2003 年，平安寿保累计实现保费收入 110.5 万元，其中学生团体平安保险高速发展保费收入达到 15.7 万元。

2004 年，平安寿保累计实现保费收入 79.8 万元。泰康寿保开发形式多样低保额，高保障的意外伤害保险，适合少儿、老人、中青年等各阶段人群，当年推行综合意外伤害保险，承保 7250 多人，实现保费收入 58 万元。

2005 年，平安寿保累计实现保费收入 88.6 万 元。中国人寿累计实现短期意外险保费收入 840 万元，赔款支出 286 万元。

3. 健康保险

1999 年，平安寿保累计实现保费收入 192.3 万元，其中“平安康泰终身保险（甲）(9906)”累计保费收入达 68 万元。

2000 年，平安寿保累计实现保费收入 543.9 万元，其中“平安康泰终身保险（甲）(9906)”保费收入持续增长达到 289 万元。2001 年，平安寿保累计实现保费收入 874.1 万元，其中平安附加重疾终身保险保费收入达 180 万元。

2002 年，平安寿保累计实现保费收入 1404 万元，其中平安常青树终身男性重大疾病保保费收入达 193 万元，平安康乃馨终身女性重大疾病保 265 万元。

2003 年，平安寿保累计实现保费收入 2026.4 万元，其中平安常青树终身男性重大疾病保与平安康乃馨终身女性重大疾病保持续增长，保费收入分别为 350 万元和 505 万元。泰康人寿，开办泰康生命关爱重大疾病险种，承保 823 人，实现保费收入 41 万元。

2004 年，平安寿保累计实现保费收入 2116.3 万元。泰康寿保针对女性疾病开办“泰康附加花样年华女性健康保险”，承保 563 人，实现保费收入 26 万元。2005 年，中国人寿累计实现短期健康险保费收入 1231 万元，赔款支出 854 万元，赔付率 69.37%。泰康寿保开发“重疾终身保险”，承保 287 人，实现保费收入 25 万元。平安寿保累计实现保费收入 2108 万元。

1996—2005 年宁德市（地区）人身保险保费收入情况统计表

表 22-3　　单位：万元

年份	小计	中国人寿宁德分公司	平安寿保宁德分公司	太平洋寿保宁德分公司	泰康寿保宁德分公司
1996	4773	4773	—	—	—
1997	6993	6993	—	—	—
1998	8719	8719	—	—	—
1999	10645	9515	1130	—	—
2000	13045	11100	1945	—	—
2001	16940	13400	3540	—	—
2002	23705	18000	5023	682	—
2003	32995	23400	6820	2297	478
2004	38870	30000	7117	1277	476
2005	43092	33300	8097	1465	230

（二）理赔

1996年产、寿分业以后，中保人寿保险有限公司宁德地区分公司在发展公司业务和提高经营效益的同时，始终恪守“诚信服务，笃守信誉”职业道德，做好理赔工作。1998—2005年，平安寿保以提高理赔时效，提升服务满意度为主轴，强化理赔审核力度和电话回访工作，切实保护消费者利益，先后有7000多人次及时领到保险赔偿金，累计个险理赔金额达3000多万元。2005年年底，全市各家寿保机构累计支付赔款和各类满期给付达4亿元。

二、财产保险

1996年以后，宁德地区财产保险业务发展较快。从保险类型来看，机动车辆保险是地区财产保险的主要类别。同时，企业财产保险总额与投保数量持续增加。船舶（渔船）保险主要集中于沿海县，具有一定特殊性。货运保险、家庭财产保险等均稳步发展。

（一）保险类型

1. 机动车辆保险

1996年，人保财险机动车保费收入4178.13万元。其中，汽车保费收入3967.25万元，占财险保费收入5223.85万元的76%。承保摩托车5860辆，保额为5428.7万元，保险费收入178.27万元，拖拉机承保485辆，保额297.2万元，收保费32.61万元。

1997年，人保财险收保费4685.68万元，比上年增长12.1%；承保汽车8200辆，保额为208547.7万元，收保险费4225.87万元，比上年增长3.77%，其中附加险1140.48万元；承保摩托车13292辆，是上年的一倍多，保额为6675.3万元，比上年增长26.83%；承保拖拉机678辆，保额677.2万元，收保险费50.78万元，比上年增长35.88%；当年，福鼎市支公司收保费金额最高，财产保险保费收入为879.16万元；蕉城次之，保险费收入670.56万元；福安公司保费收入为561.96万元。

1998年，人保财险全辖收保费4972.15万元，比上年增长5%，比1996年增长21.1%，其中，承保汽车8273辆，比上年增长0.95%，保额277186万元，保费收入4454.68万元，比上年增长5.17%，其中附加险保费收入1382.51万元；承保摩托车14666辆，比上年增长10.34%，保额53798.7万元，保费收入448.4万元，比上年增长9.64%，比上两年都高；承保拖拉机1744辆，保额5331.6万元，收保费69.01万元，比上年增长55.75%。

1999年，全区人保财险收保费5694.5万元。2000年，保费收入6157万元，比增8.05%，占总保费比重达79.86%（全省占比66.21%）。

2002年，人保财险收保费6857.47万元，比增3.3%。2003年，全市系统收机动车辆险保费收入7205万元，比增6.95%。其中，承保汽车14594辆，保额为260590万元，收保险费6656万元，比上年增长6.5%，其中附加险2004万元；承保摩托车26147辆，承保2414辆拖拉机，收保险费96万元。比上年增长–8.78%。

2004年，人保财险全市系统收机动车辆险保费收入9138万元，比增26.82%。其中，承保汽车15223辆，保额为237173万元，收保险费8400万元，比上年增长26.19%，其中附加险2076万元；承保摩托车39325辆，承保2133辆拖拉机，收保险费92万元；比上年增长–3.28%。太平洋财保，收机动车辆险保费71.48万元。

2005 年，人保财险全市系统收机动车辆险保费收入 8470 万元，比增 -7.31%。其中，承保汽车 15634 辆，保额为 240722 万元，收保险费 7761 万元，比上年增长 -7.6%，其中附加险 1828 万元；承保摩托车 39052 辆，承保 2158 辆拖拉机，收保险费 94 万元；比上年增长 1.29%；“太平洋财保”宁德中心支公司收机动车辆险保费 201.23 万元。

2. 企业财产保险

企业财产保险设有附加险种，诸如“暴风”“暴雨”“洪水保险”“雪灾”“冰凌保险”“泥石流”“崖崩”“突发性滑坡保险”“雹灾”“水暖管爆裂”“矿下财产保险”和“水灾”“爆炸第三者责任保险”等。1996 年，人保财险全辖参加企财保险共 947 户，保额 217685.3 万元，共收保费 639.60 万元，全年发生赔案 426 件，赔款 622.51 万元，赔付率 97.33%。福鼎市支公司保险费收入较高，赔付率也很高，全年保费收入 125.49 万元，赔款 142.82 万元，赔付率 113.8%；福安市支公司保费收入 126.50 万元，赔款 32.47 万元，赔付率仅占 25.76%。

1997 年，人保财险全区参加企财保险 1257 户，保额 220486.9 万元，收保费 683.36 万元，比上年增长 6.8%，全年发生赔案 403 件，赔偿损失 4010713 元，赔付率 58.69%。福鼎保费收入 173.17 万元，比上年增长 37.98%，居全区第一位，发生赔案 52 件，赔款 60.83 万元，赔付率 35.13%；霞浦县赔付率最高，保费收入 93.13 万元，赔款 108.26 万元，赔付率 116.25%；周宁赔付率最低，保费收入 28.09 万元，赔款付出 5.06 万元，赔付率仅 18%。宁德市赔付率也高，收费 57.33 万元，赔款 57.80 万元，赔付率 100.83%。

1998 年，人保财险全区参加企财保险 1388 户，比上年增长 10.26%，保额 279067.6 万元，保费收入 857.40 万元，比上年增长 25.47%；全年发生赔案 302 件，赔款 465.20 万元，赔付率 54.26%。保险费收入最高的是福鼎、福安分别为 174.14 万元和 171.47 万元；赔付率分别为 41%、59.51%。赔付率最高的是柘荣，年收保费 32.40 万元，赔款 28.66 万元，赔付率 88.47%；赔付率最低的是赛岐经济开发区支公司，保险费收入 25.8 万元，赔款 9.73 万元，赔付率仅占 37.71%。

1999 年，人保财险全区企财保险保费收入 793.5 万元。2002 年，人保财险全市企财保险保费收入 877.68 万元，比上年增长 7.92%。2003 年，人保财险全市企财保险保费收入 990.16 万元，比上年增长 12.82%。2004 年，人保财险全市参加企财保险 1100 户，保额 391755.7 万元，保费收入 1037.34 万元，比上年增长 3.18%；全年发生赔案 343 件，赔款 1536.17 万元，赔付率 148.09%。太平洋财保宁德中心支公司企财保险保费收入 40.12 万元。

2005 年，人保财险全市参加企财保险 1291 户，比上年增长 17.36%，保额 760369.5 万元，保费收入 1098.92 万元，比上年增长 5.94%；全市全年发生赔案 452 件，赔款 1745.67 万元，赔付率 158.85%。太平洋财保宁德中心支公司企财保险保费收入 50.31 万元。

3. 船舶（渔船）保险

1996 年，人保财险全辖共承保船只 50 艘，保额 4081.3 万元，收保费 1031747 元，发生赔案 37 件，赔款 1292449 元，赔付率 127.27%。1997 年，人保财险全市共承保船舶（包括渔船）56 艘，保额 3541.6 万元，收保费 583447 元。全年发生赔案 24 件，赔付金额 643075 元，赔付率 110.22%。

1998 年，人保财险全区船舶投保 34 艘，保额 1914.6 万元，保费收入 808649 元，比上年增长 38.6%，全年发生赔案 11 件，赔款 1093639 元，赔付率为 135.24%。赔付率最高的是宁德市（县级），收保费 15120 元，赔款 50574 元，赔付率高达 334.49%；福鼎市收保费 55800 元，赔款 14633 元，赔付率 26.22%；霞浦收保费 44710 元，赔款 11556 元，赔付率 25.85%；古田收保费 12301 元，没有赔款；赛岐收保费 680718 元，赔款 561696 元，赔付率为 82.52%。

2001年，人保财险全市船舶（渔船）保险保费收入89.5万元。2002年，人保财险全市船舶（渔船）保险保费收入89.5万元。2003年，人保财险全市船舶（渔船）保险保费收入89.5万元。

2004年，人保财险全市船舶险投保4艘，保额85万元，保费收入3.13万元，比上年增长-96.68%，全年发生赔案6件，赔款69.37万元，赔付率为2215.61%。2005年，太平洋财保船舶（渔船）保险保费收入41.63万元。

4. 货运保险

境内保险机构货运保险包括国内“水路”“陆路”“公路”“海洋”运输等。1996年，人保财险全辖承保货物运输险共1118笔，计收保险费929479元，发生赔案65件，赔款387615元，赔付率41.7%。

1997年，全市承保货运险3578笔，保额34612.1万元，收保险费146.8万元。全年发生赔案54件，赔款72.03万元，赔付率49.07%。1998年，全辖承保1131笔，保额65089.9万元，收保费2303785元，发生赔案44件，赔款580953元，赔付率25.22%。

2004年，人保财险全市承保货运险2610笔，保额151748.6万元，收保险费385.22万元。全年发生赔案145件，赔款138.6万元，赔付率35.98%。太平洋财保收货运保险费9.54万元。2005年，人保财险全市承保货运险2950笔，保额245529.7万元，收保险费342.17万元。全年发生赔案94件，赔款101.65万元，赔付率29.71%。太平洋财保收货运保险费18.03万元。

5. 家庭财产保险

1996年，人保财险全辖家庭财产保险承保9869户，保额21433.2万元，共收保险费930920元。发生赔案359件，赔款977078元，赔付率104.98%。

1997年，人保财险全区有17694户投保家财险，保额38841.9万元，收保费1542348元，比上年增65.68%。发生赔案273件，赔款780023元，赔付率50.57%。其中宁德市收保费159510元，赔款25569元，赔付率16.03%。

1998年，人保财险全区承保家财保险7853户，保额73817.2万元，收保费156.96万元，发生赔案150件，赔款54，44元，赔付率34，68%。

1999年，人保财险收家财险保费211.9万元，发生赔案150件。

2002年，人保财险全市收家财险保费243.33万元。

2003年，人保财险全市收家财险保费1101.2万元，比上年增长352.55%，发生赔案150件。

2004年，人保财险全市承保21057户，保额396110.3万元，共收家财险保险费669.53万元。发生赔案109件，赔款32.65万元，赔付率4.88%。太平洋财保收家财保险保费16.39万元。

2005年，人保财险全市有20995户投保家财险，保额401086.6万元，收保费271.92万元，比上年增-59.39%。发生赔案107件，赔款28.44万元，赔付率10.46%。太平洋财保收家财保险保费5.95万元。

6. 其他财产保险

1996年，人保财险全辖承保其他财险4706户，保额118819.1万元，共收保费1164534元，发生赔案28件，赔款237102元，赔付率20.36%。1997年，人保财险全市承保其他财险898户，保额20576.1万元，收保费935192元。发生赔案118件，赔款375913元，赔付率40.2%。赛岐收保费1030元，赔款10851元，赔付率1053.5%。

1998年，人保财险全区承保其他财产保险1289户，比上年增长43.94%，保额54070.2万元，共收保险费2085857元，比上年增长123.04%，全年发生赔案245件，赔款1139270元，赔付率为54.62%。

2002年，人保财险全市共收其他财产保险保费234，29万元，比增75.26%。

2004年，人保财险全市承保其他财产保险3701户，比上年增长20.59%，保额451284.6万元，共收保险费697.87万元，比上年增长-15.05%，全年发生赔案926件，赔款549.68万元，赔付率为78.77%。太平洋财保收其他特殊风险保费7.17万元，意外险保费29.48万元。

2005年，人保财险全市承保1310户，保额2254609.3万元，共收保费1091.69万元，发生赔案502件，赔款478.48万元，赔付率43.83%。太平洋财保收其他特殊风险保费71.37万元。

7. 责任及保证保险

2004年，太平洋财保收责任险及保证险保费0.82万元。2005年，太平洋财保收责任险及保证险保费45.34万元。

1996—2005年宁德市（地区）财产保险保费收入情况统计表

表22-4 单位：万元

年份	小计	人保宁德分公司	平安财保宁德分公司	太平洋财保宁德分公司
1996	5224	5224	—	—
1997	5832	5832	—	—
1998	6606	6506	100	—
1999	7406	7194	212	—
2000	8068	7710	358	—
2001	9424	8644	780	—
2002	10463	9391	1072	—
2003	11979	10877	1102	—
2004	17440	12397	1868	175
2005	14841	12026	2381	434

（二）理赔

1996年，人保财险全年发生赔案105件，赔款33.76万元，赔付率18.89%。其中拖拉机发生赔案7件，赔款3.76万元，赔付率11.5%；汽车赔款2426.54万元，赔付率58.1%。

1997年，人保财险全年发生赔案3715件，赔额2680.26万元，赔付率63.22%。其中，摩托车发生赔案190件，赔款99万元，赔付率24.2%，略高于上年；拖拉机发生赔案46件，赔款17.40万元，赔付率34.26%。福鼎出险率较高，年发生案件805件，赔款586.6万元，赔付率66.72%；蕉城出险率略低于福鼎，发生赔案452件，赔款457.29万元。赛岐经济开发区出险率最高，收保费313.77万元，赔款228.38万元，赔付率72.79%。

1998年，人保财险全年发生赔案4735件，赔款付出为3921.85万元，赔付率88.04%。其中承保摩托车发生赔案249件，赔款121.65万元，赔付率27.13%，比上两年都高。承保拖拉机发生赔案43件，赔款11.26万元，赔付率16.32%。1999年，人保财险发生赔案9440件，赔额7348万元，赔付率80.41%。

2002年，水灾、旱灾、火灾、交通事故频繁，人保财险在这些重大灾害事故中特别是“森拉克”台风正面袭击宁德的紧急警报传来后，共成立45支抢险救灾、查勘定损小组做好理赔工作。全年发生赔案8219件，赔额5351万元，赔付率74.27%。其中摩托车发生赔案249件，赔款 119 万元，赔付率 26.33%；拖拉机发生赔案 157 件，赔款 136 万元，赔付率 142.08%。

2004 年 8 月，闽东遭受第 18 号强台风“艾利”袭击，人保财险紧急部署受灾理赔工作，全年发生赔案 7981 件，赔额 6064 万元，赔付率 71.6%。其中摩托车发生赔案 324 件，赔款 182 万元，赔付率 28.25%；拖拉机发生赔案 106 件，赔款 69 万元，赔付率 74.23%。

2005 年，人保财险开展理赔质量活动，制订了一系列理赔工作考核办法，特别是在防抗台风洪灾中组织人力投入抗灾理赔第一线，开展施救、定损、理赔工作。当年承保摩托车发生赔案 451 件，赔款 231 万元，赔付率 37.47%；承保拖拉机发生赔案 117 件，赔款 83 万元，赔付率 88.77%。

第三节　保险电子化

1996 年，中保人寿保险有限公司宁德地区分公司营销电子化管理系统和省颁业务系统上线，结束了手工填单的历史，正式开启了国寿电子化发展的序幕。人保财险分业经营后，加大电子化建设投入，全区财险系统投入资金 228 万元，购置电脑设备 220 台（套），全系统实现承保出单电子化，会计、统计业务电算化和理赔电子化，并逐步实现出险抄单、承保登记、出险登记、赔案理算和业务部门统计分析电子化。同时，加强电子计算机网络建设，全系统实现业务主机拨号联网，地区与县（市、区）两级公司（营业部）实现保费收入日报及时准确传送，分公司建成大楼局域网。

1997 年，中国人寿租用电信 DDN 专线初步形成以地区为中心网络，实现电脑联网，地区业务、财务、统计报表实现电脑化处理，并辐射 5 家县级支公司。

1998 年，人保财险全系统已基本形成以地区为中心的电脑管理网络，实现直销、营销业务、会计、统计、统计报表电子管理，地、县公司均实现文件接收、传送电脑化，逐步向无纸化办公迈进。10 月，中国人寿电脑办公自动化联网，实现文件材料接收、传送电脑化。全系统共投入资金 228 万元，购置电脑设备 220 台（套），实现业务主机拨号联网。平安寿保先后投入资金数百万元，采用平安文件处理系统（EOA），将所有通过纸质形式签报、公文等转化为办公效率更高、使用更方便的电子签报，通过签报系统完成中国平安保险（集团）股份有限公司及各子公司、分公司所有的签报、公文、外来文、印章、合同审批、归档等工作。公司引进并实施人力资源管理系统，为企业提供人力资源管理全方位支持。资产管理系统实现对寿险除 IT 资产以外所有资产的管理。实现资产录入、分发、调拨、回收、报废、资产查询、盘点等功能。平安财保致力于建设统一高效的业务运营平台。全国后援中心已投入应用，该中心是全国第一家大型综合性后援中心，信息录入、财务、核保、理赔等在内后援业务已部分完成集中，其他后援业务也进行整合处理。

1999 年，中国人寿财务 CLAF 系统上线，实现会计核算和财务管理电子化。人保财险机关实现大楼局域网联通，并通过总公司、省公司代理服务器实现与因特网互联，为保证保监会监制的新保单按时启用，全部更换了车险业务系统电脑程序，促进车险电子化服务正常运转，货运险实行电脑出单，确保计算机系统平稳过渡。

2000 年，人保财险开通县（市）两级办公自动化系统，设置邮件服务器，安装办公自动化客户终端软件，开发咨询服务中心报案登记、收发电查询记录系统，进一步完善电脑统计台账系统，完成机动车险程序更新和数据转换工作，举办办公自动化系统培训班，提高了办公质量、办事效率和电子化管理水平。中国人寿，承保理赔业务实现电子化管理。2001年，中国人寿抓好办公自动化系统和财务电脑记账工作，举办1期县级办公自动化升级软件推广使用培训班，提高了办公效率。

2002年，人保财险完成统计数据集中管理。更新分公司内部网页，增强了业务新闻动态功能，创建可对外使用的电子邮局。完成全系统软件升级、修改，完成统计和财务核算、报表系统、各主要险种、法定分保、个人代理、营销管理等基础数据的集中管理，为业务分析、监管、决策等多种信息服务奠定数据基础。中国人寿在加强计算机安全检查监督和对系统维护和数据备份的同时，成功实现CBPSV7业务处理系统、Amis系统转换的相关检测、清理和转换，完成省、地、县之间网络线路提速工作。太平洋寿保，启动保单录入管理系统，对各种纸质资料（投保单、核保资料、索赔、理赔等）进行集中管理，通过对各种投保资料用高速扫描仪进行扫描录入，生成电子影像文件并将这些电子图像资料上传到总公司统一存档管理，以便于日后进行查询、理赔等各项业务需要。

2003年，泰康人寿秉承专业化、规范化、国际化发展战略，率先在保险行业全面通过ISO9001:2000国际标准质量体系认证，公司各项体系严格按照ISO流程进行规范操作。全市各网点之间搭建了网络会议平台，建立实时沟通系统OUTLOOK，OA办公自动化平台，网络会议室、卫星会议室，为促进员工培训与交流奠定良好基础。公司还通过“泰康在线”为在职营销员提供全面的营销支持系统（MSS），成为首家实现客户在线投保的寿险公司。

2004年，中国人寿抓好信息技术工作，完成福安和赛岐两地机构业务、财务等合并工作，完成OA系统升级、各季度业务精算、红利入账、银保通系统测试、升级以及分公司电话交换机扩容和县级公司的网络升级。

2005年，中国人寿华平视频会议系统上线，改变了传统会议受时间、空间限制，任何人任何时间任何角落，都能实现面对面“视频图像”的交流。人保财险落实数据质量日常监控制度，及时对业务系统进行升级，建立数据录入质量差错考核机制，落实数据录入、管理人员责任，有效提高数据质量，充分利用数据资源加强数据分析，测算全市车险监控数据，各经营单位车险满期赔付率、结案率、结案速度、各项理赔周期等理赔监控数据，为经营决策提供有力的数据信息支持。

第四节 行业管理

一、经营管理

宁德保险业根据《中华人民共和国保险法》《保险营销员管理规定》等法律规章，并结合自身发展情况，制定、实施科学的行业经营管理制度，为保险业稳健运行提供了保障。

1996—1998年，人保财险开展以“讲学习、讲政治、讲正气”教育活动，分公司党组抓好对县（市、区）领导班子成员考核，及时充实基层班子，同时抓好领导干部廉洁自律的监督与检查。中保人寿保险有限公司宁德地区分公司先后制定《机关工作守则》等13种规章制度，在健全各项规章制度的基础上，建立内部控制制度领导小组。地区分公司与各县（市、区）支公司、营业部，各县（市）与各乡镇代办站及科室负责人层层签订《防范经济案件责任书》，防患于未然。平安寿保，根据《中华人民共和国保险法》《保险营销员管理规定》，对经营管理制定了严格的制度。从营销人员招募进入公司起，其职责、守则、业务考核等都有明确规定。特别还制定《个人寿险业务人员基本管理办法》，加强对个险人员业务培训和品质教育。据统计，共举办各种培训班34期，受训3228人次。平安财保，遵循“专业、价值”经营理念，努力提升业务技能和经营管理水平，拥有60多位高级精算人员，其中包括11位获得国际精算认可的精算师，在保险产品开发、产品评估等方面有着丰富的经验。在同业中率先实行核保核赔制度；率先引进风险控制体系，为客户提供防灾防损专项服务；在行业内首创分险种核算管理，使产险经营向精细化、专业化、集约化迈进；在全系统推行全预算管理，使管理成本得到有效控制。2001年在产险总部全面导入ISO9001∶2000质量体系，并顺利通过了国际权威认证机构SGS的认证，公司管理品质进一步提升。

1999年，人保财险组织人员对全区系统干部职工档案进行整理，制定经营目标责任制管理办法，在正常年景下，对连续亏损的县（市）公司经理实行黄牌警告、就地免职等处罚。确定以发展雇主责任险为龙头、公众责任险为支柱，其他责任险协调发展的方针，有效巩固车辆险这一龙头险种业务。修订《机动车辆险承保查勘理赔暂行规定》《汽车零部件报价管理实施细则》《财产保险实务规程》《业务单证管理规定》等业务管理制度，开展保险代理清理整顿工作，全区兼业代理机构由1998年年底的63个压缩为48个，撤销无证兼业代理机构，终止个人代理员代出单行为和无证人员代理业务。制定《业务单证管理规定》，对业务单证归口管理、领用、销毁、库房管理等都做了明确规定。实行节假日值班制度，为保户提供24小时全天候服务。

2000年9月12日，中国人寿开通号码为“800—8583999”的人寿保险免费服务热线咨询电话，为客户提供有接受客户咨询投诉、预约投保、受理报案、上门服务，主要包括更正被保险人资料，投保人基本资料、更改住所及电话号码、更改受益人交纳续期保险费、签订保险费银行代扣协议、生存金银行代付协议等项目。人保财险建立核保核赔体系，加大核保核赔力度，严把承保理赔质量关，严格验标承保和风险评估。分公司还推行改革，有4人办理内退手续，1人办理辞退手续，解聘科级干部2人，股级干部3人，充实调整4个县（市）公司和机关4个部门负责人，提拔科级干部9人。先后举办12期培训班，有200人次参加培训，选派4名基层公司经理参加长沙保院轮训，14人考取对口专业学院。

2001年，中国人寿“95519”客户服务专线电话正式开通，服务范围包括咨询、查询、投诉受理、挂失登记、报案登记、客户回访等“一站式”服务。人保财险，全市新招收营销员234人，有400余名营销员获得保险代理人资格证书。公司设立举报箱、举报电话等，对客户风险状况等信息进行汇总、统计和分析。推出《机动车辆救助特约保险条款》和《机动车辆保险理赔案处理暂行规定》，打破传统服务方式，进一步拓宽服务领域。先后开展两次公开竞聘工作，有9位职工参加业务处理中心经理竞聘，15位参加副经理后备干部竞聘，13位走上领导岗位。同时，执行省公司《减员增效暂行办法》，有28名职工自愿报名与公司解除劳动合同。平安财保加大改革力度，对全体销售人员进行系统培训，提高销售人员素质为推广新业务、新险种拓展空间，打造一支既能开拓业务又能团结一致的团队集体。

2002年，人保财险制定《宁德分公司“三个中心”建设实施方案》，同时将统一法人制度纳入综合计划考核体系，建立责任追究制度和监督约束机制。1—10月，共核保19612份保单，受理查勘、定损案件2658起，公司从任务式管理型转变为经营管理型。同时，将竞聘上岗与任前公示制、任期责任制结合起来，提高干部年轻化比例，按照德才兼备原则，调整充实分支公司两级班子。中国人寿有计划、分阶段地在全系统组织实施“万马奔腾迎新春”“骏马奔腾泰国游”等系列业务推动策划案，推动业务发展。全系统共有 62 个营销服务部通过保监办审批获得许可证。

2003 年，泰康人寿强调“以制度促管理，以管理见效益”经营理念，公司建立有《财务预算管理制度》等制度，有效加强成本控制和财务管理工作，同时完善业内《个人代理人管理办法》和以“世纪圣典”为核心的激励制度。中国人寿宁德分公司全面推行全员劳动合同制，实行全员聘任聘用制和员工双向选择，建立激励制约机制，根据业务发展和工作需要，对市、县两级机构人事进行调整，加大了考核交流力度，在全市系统全体员工中开展两个县级公司经理助理和市分公司机关部（室）经理助理岗位的公开竞聘活动。在省公司确定的系数范围内，进一步拉大公司员工的分配距离，提高员工的工作积极性。市、县两级公司层层实行目标管理考核制，按季度进行考核奖惩，实行以岗定薪、效益工资制，将员工的收入与任务、效益直接挂钩，进一步拉大分配档次，收入分配政策逐步向敬业精神好、工作绩效高、实际贡献大的人员倾斜，进一步提高全员的工作积极性和能动性。中国人寿举办系统首届职工业务技能竞赛。竞赛分上机操作和现场答题两部分，以检验职工上机操作能力和熟悉管理文件水平。人保财险进一步推广代理营销制，加强营销队伍建设和营销方式创新，在省公司组织的“春蕾行动”中，有 3 位营销员分别获金花、银花和红花奖。公司坚持“以市场为导向、以客户为中心”经营理念，加强客户服务体系建设，并根据客户需要提供特约保险，构成含有 300 多个险种的产品体系和保障体系，在全系统开展业务经营督导工作，以确保经营成效。

2004 年，人保财险加大企财险、货运险、责任险、家财险业务的拓展力度，加强与银行为主的兼业代理机构联系，集中力量对重点工程、重点项目进行攻关，使真正意义的分散性业务占比达到 25% 以上，非车险业务占比力争达到 40% 的战略目标。开展“星光灿烂”以及“合家欢乐”等系列业务竞赛和促销活动，坚持走效益型发展道路。中国人寿注重业务拓展和考核力度，规范个人代理人管理工作，开展“迎新春开门红”“金猴报喜”“金秋鸿泰”等业务竞赛，实现业务发展新跨越。太平洋财保以“诚信天下，稳健一生”作为企业核心价值观，通过服务创立太平洋产险品牌。公司努力整合业务结构，应对车险费率改革，同时，加大开拓非车险力度和深度，取得榕屏化工企业财产保险、宁德市工商行车辆及财产保险等项目承保权；探索推广业务人员绩效工资制度，调动业务人员工作积极性；采取“请进来、走出去”方式加强人才培训，夯实基础管理工作。

2005 年，人保财险以“精英在行动之飞越巅峰”竞赛活动为契机，开展劳动竞赛，有 20 人/次员工和营销员获得表彰。并深入开展“规范服务达标”和“理赔无忧——车险快捷”服务承诺活动。中国人寿制定下发《宁德分公司国寿鸿鑫宣传咨询企划案》，营造鸿鑫销售氛围。同时加强个险风险督察力度，狠抓案件查处，全年共查处违规案件 47 件，涉案金额 1309 元，重大违规案件 2 起，涉案金额 17925 元，挽回经济损失 15815 元。聘请 10 名兼职纪检监察员和兼职监察员，为稳健经营提供保障。太平洋寿保举办新人岗前培训 22 次，培训人数 260 人，使保险代理业务人员上岗前培训时间不少于 80 小时，相关法律知识及职业道德教育不少于 12 小时。

二、保险财务（资金）管理

1996—1998 年，人保财险规定银行存款以国有商业银行为主，严格限制在其他商业银行存款，禁止在非银行业金融机构（如信托投资公司等）存款。出纳人员根据银行送达对账单及时核对活期存款日记账，月底编制活期存款余额调节表，对未达账项应于次月初查清处理。季末活期存款余额调节表和定期存款核对表要经公司一把手和计财部门负责人签字后，于每季度终 20 天内报省公司计财处备案。公司主要领导直系亲属不得聘任为同一公司会计机构负责人，不得担任同一公司出纳工作。会计人员分工执行“钱、账分管”原则，会计、出纳岗位不得一人兼任，出纳人员不得兼管收入、支出、债权、债务账目登记及会计档案管理工作。系统以外付款除经办人员签章外，200 元以内由综合部负责人会同财务人员审批，200 元以上需报分公司分管领导（或其他指定领导）审批，出纳人员凭相应签章办理资金支付手续。公司购入和领用支票应进行登记，不得开具空白支票和远期支票，支票开出日期、用途栏不得留空，凡难以事先确定金额，应注明最高限额。公司分管计财工作经理定期或不定期对银行存款进行检查和核对，重点部署、组织对基层公司银行存款和现金支付结存情况的专项检查，每年至少两次抽查，对查出问题及时处理，应该查出但未查出的问题必须承担责任。

中保人寿保险有限公司宁德地区分公司健全财务考核制度，制定全区财务核算管理办法和奖惩办法以及财会工作质量考核，对财会工作进行量化考核，严格会计持证上岗制度，提高财务工作质量。公司进一步规范银行账户管理，规避资金风险，对全区银行存款进行重新确认和对全区定期存单进行集中管理，实行大额资金转移专人办理制度，并组织开展资产清理，摸清家底。

平安寿保成立后，资金管理实行“收”“支”两条线。资金调回由总公司根据下属机构申请实际需求量回调，上划由总公司统一上划，并对每日现金储备量进行控制，对每周现金储备量进行限制。平安财保成立财务制度体系包括两大部分，即外部财务法规和内部财务制度。外部财务法规以《中华人民共和国会计法》为核心，包括《中华人民共和国会计法》《企业会计准则》《金融企业会计制度》及《保险公司财务制度》等，同时还包括保险公司偿付能力管理规定、税务法规和外汇法规等。内部财务制度侧重于公司内部财务控制和内部管理，包括会计核算、费用和预算管理、资产及职场管理、税务法规、人员及组织建设等。公司主要执行外部法规，按照外部法规要求进行日常账务处理和披露财务信息报告，并缴纳各项税收。但随着公司业务范围扩大，经营手段创新及公司主体不断增加，在外部财务法规基础上，陆续推出了切合公司实际的内部财务制度，以完善和堵塞经营漏洞，化解经营中存在的风险。

1999 年，中国人寿在全市系统实行保费收入专户管理和财务收支两条线管理，为资金规范化管理奠定了基础。人保财险组织力量修订了包括财务管理在内的《管理制度汇编》，加强财务制度建设。贯彻省公司《关于在公司更名期间加强业务单证管理的通知》，对业务单证实行集中管理。纪检监察部门加大对埋单、吃保单、签发阴阳单等违规行为查处力度，杜绝违规行为发生。

2000 年，人保财险制定经营目标责任制，严格执行资金高度集中、分散管理制度，落实收支两条线办法，实行资金专户存储和定额管理。强化费用预算和总额控制，加强财务核算管理，健全完善定期分析制度，定期反馈业务统计分析，及时催缴应收保费，贯彻执行新《中华人民共和国会计法》，为经营决策提供准确的财会信息。

2001 年，中国人寿加强业务结构调整，在制定上交管理费办法上进行改革，即在按各险种保费比例上交基础上，按照保费计划确定各公司上交管理费上限，凡上交数达到限额，超过部分即予以全额免交，同时改变对部分费用困难公司实行费用定额补助做法，只在上交定额上做调整，引导费用困难公司从多发展业务及险种结构调整中得到免交管理费好处，从而解决费用困难。制定出台《财务中心财务处理意见》，以经济手段规范财务人员行为，实行会计核算管理化，制定《费用开支规范手册》，严格控制费用开支。人保财险制定财务核算管理办法，对基层公司银行存款开户情况进行清理，分别与市工行和市建行签订《委托划转银行存款协议书》，保证资金及时上划。不定期对基层公司财务收支，银行存款及库存现金情况进行检查。

2002 年，人保财险根据福州保监办《关于开展严厉打击保险造假行为的通知》及省公司《全面彻底清理账外账、假赔案、小金库》通知，深入开展“打假”工作。经组织检查全系统 10 个支公司均不存在账外账、假赔案、“小金库”等违法违纪现象。

2003 年，人保财险制定《资金管理办法》，对所辖分支机构实行“资金集中，定额与经营业绩结合拨补，收支两条线”的资金管理体制。中国人寿加强计财工作事前、事后、事中各环节监控力度，下发《关于进一步防范资金风险的通知》《关于规范费用佣金开支的通知》《当前有关财务事项的通知》，在规范开支、风险防范等方面取得一定成效。

2004 年，人保财险制定《资金支付有权人签字制度》，公司系统内、系统外付款有权签字人为各公司经理，若经理授权其他人签字，必须有授权书，明确签字人权限，并报分公司财务中心备案。有权签字人发生变动时，必须在 2 个工作日内将有权签字人姓名上报分公司财务中心，出纳凭以付款票据，必须经有权签字人签字，否则不得付款。

2005 年，人保财险对所辖分支机构实行资金定额管理，根据分支机构以前年度资金使用情况及现金流量状况，下达支出户、费用户、外币户资金定额。中国人寿制定《县市支公司一把手主要经营指标责任制考核办法》和《费用佣金管理办法》，发挥全面预算制管理政策导向作用，依托固定资产管理系统，完成全系统固定资产卡片档案电子化。

第四章　证券业

第一节　机构与网点

一、闽东福宁信托投资公司证券交易营业部

1993年，福宁信托投资公司证券交易所设署前路2号，有员工13人。2002年，福宁信托投资公司剥离证券资产、参股证券公司，更名为宁德市福宁投资有限公司。1996—1999年，先后在福鼎、福安、霞浦（后撤销）设立服务网点（称证券咨询服务站或远程证券交易点），从业人员增加到64人。2002年3月，按照国务院“关于信托业务与证券业务分离”精神，停止营业。

二、广发华福证券宁德营业部

2004年年底，闽东福宁信托投资公司证券交易营业并入福建省华福证券，机构整体并入广发华福证券有限责任公司，宣告广发华福证券有限责任公司宁德蕉城南路证券营业部成立（简称华福证券），设址蕉城南路11号闽东财贸广场二层，营业面积约1700平方米，营运资金500万元，下辖福安、福鼎服务部两个营业网点。

2005年，成立古田服务部。年底，本部设客户服务部、电脑部、财务部和综合部。下辖福安、福鼎、古田服务部3个营业网点。共有从业人员31人。

第二节　证券业务

一、闽东福宁信托投资公司证券

1993年，闽东福宁信托投资公司证券营业部，利用各种条件拓展证券市场，为股民提供优质服务，使境内沪、深股票交易业务有了较快发展。2001年年底，已知有开户股民1.53万户，累计交易量达203.8亿元。

二、广发华福宁德营业部证券

2005年，是广发华福证券在整合重组后开始运作的阶段，经过两年运作，交易量逐步增加。至2005年年底，证券市场在股权分置改革等因素推动下，涌现出前所未有的全民炒股热潮，迎来宁德证券业跨越式的发展时期。营业部及所辖服务部累计总开户数为31003户，全年A股基金权证交易金额达376.1亿，创造营业税金及附加559.32万元，个人所得税115.09万元，其中，营业部本部累计开户总数达18878户，全年A股基金权证交易金额达227.01亿元。福鼎服务部累计开户总数达5298户，全年A股基金权证交易金额达65.77亿元。福安服务部累计开户总数达4422户，全年A股基金权证交易金额达61.27亿元。古田服务部累计开户总数达2405户，全年A股基金权证交易金额达22.05亿元。

第二十三编 经济综合管理

1993—2005年，各经济管理部门加强经济管理体制改革与管理，扩大固定资产投资规模，加强重点项目建设管理，在规划、调控、监督和服务经济社会发展等方面发挥积极作用，有力推进“八五”“九五”“十五”计划的实施落实：统计部门开展多项普查和调查项目，基本涵盖了经济和社会事业各个方面；审计机关也充分发挥在维护财经法纪、改善管理、提高效益方面的重要作用；工商行政管理部门加强市场管理，整顿市场秩序，维护消费者合法权益，规范企业和广告登记、商标注册管理；物价管理方面逐步放开全区商品价格和经营性服务收费，缩减政府指导价，扩大市场调节比重，合理调节价格水平；质量技术监督部门加强计量管理，扩大计量器具监测范围。推行国际化标准体系，实施质量认证、生产许可证制度，开展质量检验、质量行政执法工作，并加强特种设备安全监察。药监部门加强对药品的检验工作，督促医药生产企业淘汰落后生产工艺、设备，倡导和鼓励药品生产企业与科研机构联合开发医药新产品，加强药品稽查力度；安全生产部门落实安全生产第一责任人制度，各企业与职工签订安全生产责任制，建立安全生产许可证制度，实行安全目标管理。同时建立健全安全检查、监督机制，定期开展安全检查，排除安全隐患。

第一章　发展与计划管理

1993年，宁德地区各级发展计划部门在当地党委、政府的直接领导下，认真履行职责，强化宏观经济调控。2002年，计划委员会更名为发展计划委员会，市物价委员会并入市发展计划委员会。全市经济体制改革稳步推进，推动经济朝着高质量、合理结构、科技进步、增进效益的方向发展。1993—2005年，各经济管理部门加强经济管理体制改革与管理，扩大固定资产投资规模，加强重点项目建设管理，在规划、调控、监督和服务经济社会发展等方面发挥积极作用，有力推进“八五”“九五”“十五”计划的实施落实。2005年，全市地区生产总值由1993年的57.99亿元增加到2005年的335.09亿元，按可比价格计算增长近4倍，年平均增长12.14%，财政总收入20.33亿元，是1993年4.76亿元的4.27倍，年平均增长13.65%；城镇居民人均可支配收入9784.67元，是1993年2193.54元的4倍多，年平均增长13.27%，农民人均纯收入3807.76元，是1993年935.52元的4倍多，年平均增长12.41%。1993—2005年累计完成固定资产投资625.67亿元。

第一节　计划管理体制改革

1993年，宁德地区计划委员会坚持管住宏观，放开微观，加强宏观性、战略性、政策性计划的指导思想，进一步下放计划管理权限，简化办事程序，提高办事效率；进一步减少对工业、农业、固定资产投资、外经外贸、劳动工资等方面的指令性计划。全区除水泥外，放开钢材等10种主要统配物资的计划管理。同时，执行投资许可证制度。1996年，实行基本建设项目法人责任制和资本金制度，计划工作逐步向“研究战略、制订规划、宏观调控、总量平衡、产业政策、培育市场、重点建设、协调服务”的方向转变，同时下放、弱化应由市场调节的职能，除个别指标外，全区的工业产品、物资、商品全部实行指导性计划。不断简化基本建设项目审批手续，下放符合国家产业政策、生产和建设条件能自求平衡的基本建设项目的审批权限。1998年，地区计委简化外资项目审批手续，下放外资项目审批权限。2001年，市计划部门开始建立新的国民经济核算体系和宏观经济监测预警系统。实施第一轮行政审批制度改革，市计委的32项审批审核事项，经改革简化，保留19项。2002年，继续简化审批制度，市发展计划委员会的审批审核事项由19项减至12项。2003年，市发展计划委员会的审批审核事项进一步减为9项（其中审批6项、审核3项）；下放第一批赋予县级相当于市级经济管理权限审批事项7项。2004—

2005年，执行国务院《投资体制改革的决定》，企业投资项目实行核准和备案制，政府投资项目仍实行审批制。

第二节 计划编制

一、“八五”计划（1991—1995年）

1993年10月，宁德地区计划委员会在1991年完成《宁德地区国民经济和社会“八五”发展计划》编制的基础上，围绕更好落实“八五”计划，根据福建省计委下达的计划指标，采取经济分析法、水平测算法、综合平衡法，运用经济数学模型等方法，编制1994年宁德地区经济和社会发展计划草案，并报地委、行署确定。此后，地区计委在每年的10—12月编制次年的经济和社会发展计划草案，并报地委、行署确定。

二、“九五”计划（1996—2000年）

1993年5月，根据省计委通知，地区计委开始研究编制《宁德地区国民经济和社会发展“九五”计划和2010年规划基本思路》。1994年，地区计委开始编制《宁德地区国民经济和社会发展“九五”计划和2010年远景目标纲要》，同时完成《三都澳区域总体规划》《三都澳区域产业发展布局规划》编制。1996年5月，完成“九五”计划编制。1996年6月3日，地区行署批准《宁德地区国民经济和社会发展“九五”计划和2010年远景目标纲要》。

主要经济指标：“九五”期间，全区国内生产总值平均增长19.2%；1997年实现比1980年翻三番，2000年达290亿元（按1995年价格计算，下同）；工农业总产值2000年达575亿元，“九五”平均增长24.2%。人均国内生产总值2000年达8870元，比1980年翻三番以上。三次产业比重按当年价测算到2000年为25∶37∶38；三次产业的劳动者比例为50∶23∶27。财政收入争取与国内生产总值同步增长，2000年达20亿元，“九五”平均增长19.6%。外贸出口总值2000年达2.5亿美元，“九五”平均增长29.0%；实际利用外资“九五”期间累计达8亿美元以上。全社会固定资产投资总额“九五”累计达280亿元左右，“九五”平均增长29.0%。国内生产总值综合能耗每年降低2%以上；全员劳动生产率平均每年增长9%；工业资金利税率保持在12%以上。社会商品零售价格年均上涨幅度力争控制在8%以内。科技进步对经济增长的贡献率争取每年提高2个百分点，到2000年达46%。全区1998年基本普及九年义务教育，2000年中等职业技术学校在校生达2.4万人。城镇居民人均生活费收入2000年达7000元以上，“九五”平均增长15.0%；农民人均纯收入2000年达3700元，“九五”平均增长15.7%。到2000年全区总人口控制在329万人以内，“九五”平均增长率控制在13‰以内。

2000年4月30日，地区行署第26次专题办公会议对“九五”计划目标进行调整。调整后的“九五”期间，国内生产总值年平均增长12.5%，到2000年达225亿元（当年价，下同）。农业总产值116亿元，年均增长8%；工业总产值230亿元，年均增长19%。2000年，三次产业结构为32∶33∶35；财政收入达到10.26亿元；实际利用外资累计4.4亿美元，年平均增长14%。全社会固定资产投资累计168亿元，年平均增长14%。城镇居民人均可支配收入6000元，农民人均纯收入达 2900 元，分别增长 9.4% 和 10.2%。人口平均增长率不超过 9.9‰，人口总数控制在 325 万人以内。

三、"十五"计划（2001—2005 年）

1998 年 3 月，地区计委开始进行重点课题调研。1999 年，组织开展"十五"计划基本思路研究。2000 年，开始编制《"十五"计划纲要（草案）》及重点专项规划和行业规划。2001 年 4 月 13 日，《"十五"计划纲要（草案）》经市一届人大二次会议审议通过。2001 年，撤地设市，地区计委完成宁德市经济和社会发展计划草案拟定，报经市委研究同意，由市政府提请市人民代表大会审议批准下达执行。年终再逐级上报计划完成情况，根据计划组织年度目标考核。至 2005 年，市计划发展委员会先后编制 5 次全市经济和社会发展计划草案。

主要经济指标："十五"期间，国内生产总值年递增 9% 左右；财政收入年均增长 10%；全社会固定资产投资率保持在 20% 以上；三次产业结构由 2000 年的 30.8∶33.9∶35.3 调整为 24∶38∶38；城镇化水平达到 36% 以上；出口总额年均增长 10% 左右，外商直接投资年均增长 5% 以上；城镇和农村居民人均可支配收入年均分别增长 5% 和 4% 左右；人口自然增长率控制在 10‰以内；全市森林覆盖率继续保持在 65% 左右；城市建成区绿化覆盖率达到 35% 以上；城镇登记失业率控制在 4% 以下。

第三节　计划执行

1993—1995 年，计划部门积极转变计划分配指导思想，开展计划投资体制改革，强化宏观经济调控，建立按竞争性项目、基础性项目、社会公益性项目分类的投融资体制。全区贯彻执行国家计划经济改革精神，加强经济管理体制改革与管理，调整农业结构，深化企业改革，加快发展外向型经济和第三产业，实施扶贫、海建工程，推动经济朝着高质量、合理结构、科技进步、增进效益的方向发展，经济和社会各项事业协调发展。1995 年，全区国内生产总值达到 119.8 亿元（当年价，下同），年递增 19.3%，比计划高 9.3 个百分点，经济总量提前 6 年（在 1994 年）实现翻两番；第一、第二、第三产业比例由 1990 年的 45.7∶19.1∶35.2 调整为 41.5∶27.3∶31.2。工农业总产值 183.4 亿元，年递增 28.4%，其中工业总产值 104.8 亿元、农业总产值 78.6 亿元，年递增分别为 39.9% 和 14.2%；工农业总产值提前一年上百亿元，比计划提升 19.4 个百分点；财政收入 8.2 亿元，比计划增加 4.2 亿元，为计划的 204.9%；社会消费品零售总额 42.45 亿元，年递增 25.4%，比计划高 12.1 个百分点；全社会固定资产投资 24.6 亿元，5 年累计投资 52.98 亿元，比计划增加 29 亿元，超计划 72.5%；出口总额 0.7 亿美元，比计划增加 0.2 亿美元，为计划的 140.1%；实际利用外资 0.52 亿美元，5 年累计利用外资 1.61 亿美元，比计划增加 0.91 亿美元；城镇居民人均生活费收入年递增 23.6%，农民人均纯收入年递增 24.2%。

"九五"期间，计划部门通过建立项目资本金制度和推行项目法人责任制，经济管理部门围绕深化经济管理体制改革，加强经济工作管理。面对亚洲金融危机冲击、市场需求疲软等不利因素的影响，全区人民始终坚持以经济建设为中心，解放思想，更新观念，企业改制全面推开，结构调整取得进展，加强投资体制改革和投资服务市场体系建立，推动温福铁路、沿海汽专线闽东段等8个重点基础设施建设，经济社会事业发展稳中向好。2000年，全区国内生产总值达202.7亿元，年均增长10.2%，低于调整后计划目标（下同）2.3个百分点。人均国内生产总值达6756元，实现比1980年翻三番的计划目标，年均增长10.8%。1999年财政收入调整口径后，2000年财政收入达10.98亿元，年均增长6.6%。三次产业结构比例由1995年的41.5：27.3：31.2调整为2000年的32.5：28.8：38.7。农业总产值109.55亿元，比1995年增长41.7%，年均增长7.2%，低于计划目标0.8个百分点。工业总产值177亿元，年均增长12.4%，低于计划目标6.6个百分点。全社会固定资产投资完成49.67亿元，比1995年增长1.2倍，5年累计完成全社会固定资产投资175.64亿元，年均增长12.6%，低于计划目标1.4个百分点。城镇化水平35.8%，比1995年提高5个百分点。外贸出口总值达7402万美元，年均增长1.1%。5年实际利用外资3.1亿美元，完成计划的70.8%，年均增长1.2%，低于计划目标12.8个百分点。农民人均纯收入达2850元，比1995年增长59.8%，年均增长9.8%，低于计划目标0.4个百分点；城镇居民人均可支配收入达5745元，比1995年增长49.9%，年均增长8.4%，低于计划目标1个百分点；实现社会消费品零售总额达75.8亿元，完成计划的103.8%，年均增长12.3%，高于计划目标3.8个百分点；人口自然增长率由1995年的9.17‰降到2000年3.72‰，年均增长9‰，控制在计划目标内。2000年，全区排放污染物总量不仅实现国家规定的比1995年排放总量削减10%的总体要求，实际排放量低于福建省政府下达的排放污染总量指标；全区废水处理率达71.05%，工业废气处理率94.76%，工业固体废物综合利用率47.78%。通过省“一控双达标”验收。

“十五”期间，撤地设市，市发改委实现计划职能转变，成立市项目开发中心与市重点建设工程领导小组办公室。全市紧紧围绕发展主题，与时俱进，开拓创新，实施项目带动战略，进一步放宽企业投资环境，开展整顿和规范房地产市场秩序，投资主体由过去的政府投资为主，逐步向银行资本、证券融资、民间资本、外商投资等多元化投资主体转化，国民经济持续、协调、有序发展，各项社会事业发展加快。2005年，全市国内生产总值335.09亿元，年平均增长10.0%，超计划目标1个百分点。人均国内生产总值11476元，年平均增长9.6%，超计划目标1.6个百分点。三次产业结构比例由32.5：28.8：38.7调整为23.2 ：34.7 ：42.1。财政总收入20.33亿元，完成计划的126.3%，年平均增长16.7%，超计划目标6.7个百分点。社会消费品零售总额增长120.36亿元，年平均增长10.3%。外贸出口总值3.25亿美元，年平均增长34.5%，超计划目标24.5个百分点。5年累计实际利用外资4.08亿美元，年均增长15.5%，超计划目标10.5个百分点。5年累计完成固定资产投资425.97亿元，完成计划的150%，年平均增长17.8%。全市城镇化水平从2000年的35.8%提高到2005年的38.2%，超计划目标2.2个百分点。人口自然增长率5.6‰，控制在计划目标内。城镇和农村居民人均可支配收入年均分别增长10.5%和6.0%，分别比计划高2个和低2个百分点；全市森林覆盖率继续保持在65.8%；城市建成区绿化覆盖率达到38.2%。城镇登记失业率4.2%，超出计划控制目标0.2个百分点。

第四节　固定资产投资管理

1993年，执行国家计委等3部委《印发〈关于基本建设和技术改造工程项目可行性研究报告增列“节能篇（章）”的暂行规定〉的通知》精神，基建和技改项目可行性研究报告增列节能篇章。继续实行建设项目业主责任制、投资许可证等制度。下达全区年度全社会固定资产投资计划8.26亿元。实施“交通先行”工程，开展国道104线闽东段改造。实施扶贫、海建工程。霞浦沙头围垦等一批地区重点项目建议书获福建省计委批复。地区计委批复地委、行署机关干部住宅楼、宁德闽东财贸广场、福鼎县闽浙边贸城等一批房地产项目可行性研究报告。全区办理投资许可证59份，完成固定资产投资12亿元。1994年，继续实施“交通先行”工程、扶贫海建工程。全区办理投资许可证185份，下达全区年度全社会固定资产投资计划15亿元。福建省“八五”重点建设项目穆阳溪梯级水电站可行性研究报告经国务院批复，初步设计经水利部和福建省政府批复；宁德城关至飞鸾一级汽车专用公路项目建议书获交通部批复，沙头围垦工程可行性研究报告获福建省计委批复。地区计委批复中外合资古田路桥开发有限公司投资经营建设省道203线古田至水口路段及闽江水口大桥可行性研究报告。全区完成固定资产投资17.8亿元。1995年，继续实施投资许可证制度，下达全区年度全社会固定资产投资年度计划22亿元。开展“九五”固定资产投资计划编制工作。宁德城关至飞鸾一级汽车专用公路可行性研究报告获交通部批复，闽东大酒店可行性研究报告获国家计委批复。地区计委批复宁德第二自来水厂、地区人民银行综合楼等项目可行性研究报告与宁德中华文化村、宁德汽车站、周宁汽车站等项目的项目建议书。是年，全区完成固定资产投资24.6亿元。

1996年，在全区实行基本建设项目法人责任制和资本金制，下达全区年度全社会固定资产投资年度计划24亿元。完成“九五”固定资产投资计划编制和报批工作，安排“九五”计划主要建设项目128项，总投资534.7亿元。宁德洪口水电站、温福铁路、沿海汽专线闽东段、闽东飞机场等8个重大基础设施项目列入省规划；宁德大港水电站可行性研究报告获福建省计委批复，宁德三都澳城澳万吨级多用途码头项目建议书获福建省计委批复。地区计委批复城东路、闽东日报综合楼、地区国税局办公楼等一批重点建设项目。宁德城关至飞鸾一级汽车专用公路开工建设。是年，全区完成固定资产投资24.4亿元。1997年，执行国家计委的关于基本建设大中型项目开工条件规定和大中型项目实行招标投标规定，规范商业银行基建贷款管理，实行业主择优选择贷款银行、银行择优选择贷款项目。编制下达全区年度全社会固定资产投资计划32亿元。国道主干线宁德飞鸾岭隧道项目工程可行性研究报告获交通部批复，宁德三都澳城澳万吨级多用途码头项目可行性研究报告获福建省计委批复，古田双口渡水电站项目建议书获福建省计委批复。地区计委批复宁德新华图书城项目工程可行性研究报告。穆阳溪梯级电站等一批重点项目动工建设。全区完成固定资产投资27亿元。1998年，执行国家计委、经贸委、建设部的《关于固定资产投资工程项目可行性研究报告“节能篇（章）”编制及评估的规定》，固定资产投资项目可行性研究报告必须增加节能篇。全区争取国债资金3.266亿元，其中公检法设施建设国债90万元，地方债70万元；福宁高速公路建设地方债3.25亿元。编制下达全区年度固定资产投资计划37亿元。同时执行严格控制新建、扩建、购买和装修办公楼及新建宾馆项目审批政策，严格控制楼堂馆所项目建设，开展控制新建办公楼检查。全面启动经济适用房建设，全区下达经济适用房投资计划3批，安排建设31万平方米。福宁高速公路福鼎分水关至宁德城关段项目建议书获、可行性研究报告交通部批复。宁德闽东路项目建议书获福建省计委批复，古田双口渡水电站、宁德城东路、闽东路项目工程可行性研究报告报告获福建省计委批复，宁德三都澳城澳万吨级多用途码头项目初步设计获福建省计委批复。地区计委批复地区邮电通信枢纽楼项目。全区完成固定资产投资33.6亿元。1999年，继续严格控制楼堂馆所项目建设，实施经济适用房建设，全区下达经济适用房投资计划21万平方米。全区争取国债、地方债资金27989万元，其中公检法设施建设国债170万元，地方债80万元；福宁高速公路建设地方债2.35亿元；城建环保项目国债500万元，地方债2800万元；农村电网改造国债869万元，地方债70万元。福宁高速公路福鼎分水关至宁德城关段（含福安连接线）项目初步设计获交通部批复。宁德市（今蕉城区）第三水厂可研获福建省计委批复，宁德闽东路初步设计获福建省计委批复。实施东湖塘华侨农场侨居造福工程。同时加强财政预算内项目工程质量管理，把抗震设防和地震安全评价纳入基建管理程序；开始执行重大建设项目稽查制度，严格控制修造船基础设施重复建设政策，控制修造船基础设施项目审批。开始编制"十五"全市固定资产投资计划。编制下达全区年度全社会固定资产投资计划43亿元，全区完成固定资产投资39.2亿元。

2000年，执行《中华人民共和国招标投标法》和国务院办公厅"关于实施招标投标活动行政监督职责分工意见"，开始监督招投标活动。加强中小水电项目管理，禁止建设无调节能力水电站。开始执行党政机关办公用房建设标准。福宁高速公路福鼎分水关至宁德城关段开工报告获交通部批复，并动工建设。福建双港至湖塘坂二级公路可行性研究报告获福建省计委批复。市计委批复宁德会展中心项目建议书和可行性研究报告、文化中心项目建议书。继续编制"十五"全区固定资产投资计划。下达全市社会年度固定资产投资计划45亿元，全区完成固定资产投资53.9亿元。2001年，执行《中华人民共和国招标投标法》，全市转发工程建设项目核准招标事项2件。执行《福建省重大建设项目稽查办法》。完成"十五"全市固定资产投资计划编制和报批。宁德市污水处理工程可行性研究报告获福建省计委批复。市计委批复宁德市看守所迁建项目建议书。下达全市社会年度固定资产投资计划60亿元，全市完成固定资产投资67亿元。2002年，实施投资项目审批窗口服务制度，把所有投资项目的审批审核工作移入市投资服务中心办理。开展整顿和规范房地产市场秩序、工程建设项目公开招标投标执行情况执法检查，完善招标投标制度，指定招标公告发布媒体。国务院第63次常务会议批准温福铁路项目立项。宁德洪口水电站项目建议书、寿宁牛头山水电站项目可行性研究报告、穆阳溪梯级周宁水电站开工报告，获福建省计委批复。市发展计划委员会批复市公安局迁建拘留所、看守所项目可行性研究报告。下达全市社会年度固定资产投资计划66亿元，全市完成固定资产投资70.7亿元。2003年，对水电项目实行新的水电项目征地移民管理办法。实施"全省村村通"工程，下达全市农村公路建设项目投资计划95个，总里程470千米，总投资19643万元。宁德洪口水电站、宁德八都桥头至屏南城关二级公路可行性研究报告，获福建省计委批复；古田、周宁、寿宁茗溪新区、霞浦、福安、福鼎等县（市）供水管网改造或供水项目，获福建省计委批复。福建大唐宁德电厂一期工程开展前期工作。下达全市社会年度固定资产投资计划71亿元，全市完成固定资产投资74.3亿元。2004年，启动"十一五"全市固定资产投资计划编制工作。实施建设项目安全设施"三同时"（建设项目安全设施必须与主体工程同时设计、同时施工、同时投入生产和使用），规范特许经营权项目招标管理。改进固定资产投资项目银行贷款工作。执行福建省《委托咨询评估管理办法》，政府投资项目实行咨询评估。改革固定资产投资计划管理体制，由指令性、指导性、预测性计划改为预测性计划；下达全市社会年度固定资产投资预期计划82.5亿元。开展固定资产投资项目清理，遏制固定资产投资膨胀。10月，温福铁路项目可行性研究报告获国务院常务会议批准；11月，温福铁路项目初步设计获铁道部、福建省政府、浙江省政府批复；12月24日，温福铁路开工建设。省道304线宁德至古田高坑公路、省道202线屏南至古田公路、福安潭头水电站等项目可行性研究报告，获福建省计委批复。市发展计划委员会批复宁德学院项目建议书、福安湾坞至半屿二级公路可行性研究报告、初步设计；寿宁刘柴、下东溪水电站、东湖南岸景观项目可行性研究报告。全市完成固定资产投资101.9亿元。2005年，全面落实投资体制改革政策，把国家产业政策鼓励和允许的企业投资项目改为核准和备案制。加强燃气项目管理，执行福建省发改委制定的燃气项目核准要求条件。大唐宁德火电厂一期项目经国家发改委核准。温福铁路全线开工建设。市发展计划委员会批复宁德东湖南岸景观、宁德污水处理项目初步设计，核准宁德市城市供水水源一期官昌水库项目，批复水库项目初步设计。下达全市社会年度固定资产投资预期目标120亿元，全市完成固定资产投资135.5亿元。

第五节　重点项目建设管理

1993年，在全区兴建16个重点项目，其中大中型水电站和水库项目8个。1994年，按地委、地区行署要求，地区计委加强重点前期工作项目筛选，福鼎桑园水库电站、霞浦三沙3000吨客货码头、闽东财贸广场等12个项目列入地区重点项目，温福铁路、穆阳溪梯级水电站、霞浦县沙头围垦工程等10个项目列入地区重点前期工作项目。1995年，穆阳溪梯级水电站、屏南溪尾水库等一批1994年重点前期工作项目转为地区重点建设项目，其中国道104线飞鸾岭隧道工程被列为全省重点建设项目。温福铁路、宁德洪口水电站、寿宁牛头山水电站等一批重大项目继续作为地区重点前期工作项目开展项目前期工作。1996年，全区各有10个项目列入重点项目盘子和重点前期项目盘子。1997年，全区安排穆阳溪梯级水电站一级电站等8个重点项目和寿宁牛头山水电站等10个重点前期项目。

2001年，大力实施项目带动战略，着力策划实施一批重大项目。2002年，市重点建设工程领导小组办公室划归市发展计划委员会，增加指导和协调全市大中型项目管理等职能。至2005年，全市实施市级重点项目111项，省级重点项目38项（项目总投资671亿元），其中福宁高速公路、大唐火电厂3#机组、穆阳溪梯级一级芹山水电站、穆阳溪梯级二级周宁水电站、寿宁牛头山水电站、屏南旺坑电站、屏南上培电站、古田双口渡电站、宁德城澳万吨码头、霞浦三沙供水扩建工程、宁德市体育中心、宁德电力输配电网络建设、东侨开发区路网工程、古田食用菌批发市场、宁德“中国红”家居装饰材料批发市场、宁德长兴城商贸广场、福安闽东电机电器批发市场、寿宁双湖公路、国道104线柘荣至福鼎二级公路改造柘荣段、福安湾坞互通至龙珠二级疏港公路、蕉城区象溪至城澳二级疏港公路、屏南合成刚玉系宝石项目、福鼎有氟密泵阀异地搬迁、古田药业公司技改、福安白马船坞一期、福鼎市生活垃圾卫生填埋场、福安市生活垃圾卫生填埋场等27个项目建成投产。全市累计完成投资179.2亿元。

第六节　机　构

1995年，宁德地区计委内设办公室、干部科、计划科、投资科、综合科、物资科、以工代赈办、矿管办，实有26人。

1997年，根据《中共福建省委、福建省人民政府关于宁德地区党政机构改革方案的通知》和《宁德地区地直党政机构开展“三定工作”的意见》精神，保留宁德地区计划委员会，内设办公室、干部科、综合科、投资科、农村经济科、外资外经科、科技社会事业科。编制20人，其中行政编制19人，事业编制1人。宁德地区行署温福铁路前期工作领导小组办公室挂靠地区计委。

2002年，宁德市计划委员会更名为市发展计划委员会，市物价委员会并入市发展计划委员会。内设办公室、干部科、综合科、投资科、对外经济科、农村经济和社会事业科、商品价格管理科、行政事业收费管理科、物价审理科，机关人员20人。宁德市国防动员委员会交通战备办公室、宁德市国防动员委员会经济动员办公室为挂靠单位。归口管理市经济信息中心。7月，宁德市项目开发中心成立，挂靠市发展计划委员会。

2003年，市发展计划委员会内设办公室、干部科、综合科、投资科、对外经济科、农村经济和社会事业科、商品价格管理科、行政事业收费管理科、物价审理科，机关人员20人。市重点建设工程领导小组办公室挂靠市发展和改革委员会。

2005年，市发展计划委员会内设办公室、干部科、综合科、投资科、对外经济科、农村经济和社会事业科、商品价格管理科、行政事业收费管理科、物价审理科，机关人员20人。市国防动员委员会交通战备办公室、市国防动员委员会经济动员办公室、市重点建设工程领导小组办公室、市项目开发中心为挂靠单位。

第二章　统　计

1993—2005年，宁德市（地区）统计部门根据国家和福建省统计部门的规定，更新和完善统计制度和统计方法。按规定编制和发布各类统计信息。加强统计管理，使统计资料更好地为国民经济和社会事业发展服务，为党政部门和领导决策服务。同一时期，统计部门根据中央、省及地（市）部署，开展7项重要普查，13项重要调查，普查和调查项目基本涵盖了经济和社会事业各个方面。统计部门还加强统计信息化建设，应用先进技术处理统计数据，开通统计门户网，有效地拓展了统计工作领域，统计服务作用日益凸显。

第一节　专业统计

一、国民经济核算统计

1993年，国民经济核算继续采用物质产品平衡表体系（MPS）与国民账户体系（SNA），报表主要有MPS国民收入统计、SNA国民生产总值统计和社会经济效益统计三个方面。1994年，全面实施新国民经济核算体系（SNA），执行《国民生产总值统计报表制度》，从分配法、生产法和支出法三方面开展国民生产总值核算，取消国民收入统计和社会经济效益统计。1996年，执行县级国内生产总值（GDP）由地区统计局审定反馈制度。2002年，市统计局印发实施《季度GDP利用相关指标评估方法》。2003年起，实施修订后的《中国国民经济核算体系（2002）》。2004年，根据福建省统计局通知，对国内生产总值核算进行改进和规范，把地区GDP中文译名定为“地区生产总值”，并规范县级GDP数据发布程序，地市级按常住人口测算人均GDP，并调整2000年以后的统计数据。2005年，建立县级GDP下算制度，即对县（市、区）季度GDP实行下算一级，年度GDP实行联审评估。

二、农村社会经济统计

1993年，执行的农村统计报表主要包括农村生产条件和农业生产情况，农业和农村经济总量，农业和农村经济对外联系情况，县（市）农村社会经济发展水平状况。1994年，全区农村社会经济统计增加乡（镇）农村社会经济统计。1998年，增加少数民族乡、村社会经济情况统计。2001年，增加蔬菜及特种作物生产情况季报。2003年，增加农业产业化经营情况统计。2004年，增加村基本情况统计，周期为4年一调查。同时，改革农业发展速度计算方法，农业发展速度由原来采用不变价格计算，改用农产品价格指数缩减法计算。

三、工业统计

1993年，工业统计分为乡及乡以上工业、城镇个体和村及村以下工业两部分，采用全面统计方法。1995年，工业统计年报制度与福建省第三次全国工业普查实施方案合二为一。1996年，工业总产值改按新规定的方法计算，即工业总产值不含价外增值税。1997年，城镇个体和村及村以下工业改称为城乡集体和私有工业。1998年，工业统计分为国有及年销售收入500万元以上非国有工业（简称规模以上）和年销售收入500万元以下非国有工业（简称规模以下）两部分，继续采用全面统计方法。1999年，规模以下工业统计采用抽样调查方法，规模以上工业统计仍采用企业直报、超级汇总的统计方法。2004年，工业发展速度计算方法由原来的按不变价格计算，改为采用工业品价格指数缩减法计算工业发展速度。2005年，大中型工业企业开始实行联网直报。

四、固定资产投资统计

1993年，全社会固定资产投资统计包括国有经济单位投资、城乡集体经济单位投资、其他各种经济单位投资和城乡居民个人投资。国有经济单位的固定资产投资总额分为基本建设投资、更新改造投资、房地产开发投资和其他投资4个部分。城乡集体经济单位投资包括城镇集体投资和农村集体投资。其他各种经济单位投资包括股份合作、联营、有限责任公司、股份有限公司、港澳台商及外商投资等。城乡居民个人投资包括城镇、工矿区、农村个人建房及购置生产性固定资产的投资。1995年，开展房地产快速调查。1996年，开展500万元以上固定资产投资项目快速调查。2000年起，城镇私人建房投资统计范围调整为城关镇以上私人建房投资，其他建制镇的私人建房投资纳入农村固定资产投资统计。2003年，开始实施农村规模以上固定资产投资统计报表制度。

2005年起，取消基本建设投资、更新改造和其他投资分组，全社会固定资产投资分为城镇固定资产投资和农村固定资产投资，城镇投资包括城镇（农村区域3000万元以上）项目投资和房地产开发投资；农村投资包括农村非农户（项目）投资和农户投资。城镇项目投资统计范围为城镇区域计划总投资50万元及50万元以上的建设项目（单位）、县级以上工业园区（开发区）内建设项目（单位）、农村区域计划总投资3000万元以上建设项目（单位）。房地产开发投资统计从固定资产投资统计中分离，单设房地产开发统计。同时，部分企业实行联网直报。

五、批发零售贸易餐饮业统计（商业统计）

1993年，根据国家统计局通知，对商业统计内容进行修改，把“社会商品零售总额”改为“社会消费品零售总额”，即零售额中不再包括对农民的农业生产资料零售额（该指标改为对农民的农业生产资料销售，在商品流通统计中体现）；把原有“对居民的消费品零售额”和“对社会集团的消费品零售额”两个指标合并，统称“对居民和社会集团的消费品零售额”；修改后的商品流转指标体系以商品销售（包括批发、零售）、商品库存为核心指标；统计范围为除乡（镇）企业以外的各种类型独立核算法人批发零售贸易、餐饮企业、附营商业饮食单位。1994年，商业统计范围扩展到乡镇企业和所有外资企业。2001年，贸易餐饮业统计对限额以上企业（批发企业年销售额2000万元及以上、零售企业年销售额500万元及以上、餐饮业年销售额200万元及以上）实施全面统计；对限额以下贸易、餐饮业实施抽样调查。

2005年，批发零售贸易餐饮业统计包括社会消费品零售额、限额以上批发零售贸易业商品购进销售库存总额、限额以上批发零售贸易餐饮业销售情况等。

六、对外及对港澳台经济统计

1993年，全区对外经济统计由外商及港澳台商投资企业统计报表和国际旅游统计报表两部分组成，反映外商和港澳台商在宁德地区直接投资情况，三资企业机构、人员和生产经营状况等。1994—1995年，对对外经济统计报表进行调整。2005年，执行的报表主要有外国和港澳台地区在华投资企业生产经营情况年报表、外国和港澳台地区在华直接投资重点企业主要经济指标月报表、接待国内外过夜旅游人数月报表、住宿设施接待能力及景区接待能力半年报表。

七、劳动工资统计

1993年，对全区劳动工资统计进行改革，由专业统计改为行业统计，统计范围由“职工统计”扩大为“从业人员统计”。1998年，职工统计范围改为在岗职工。2005年，劳动工资统计主要包括企业（单位）从业人员、劳动报酬及从业人员变动等情况。统计范围为全市独立核算企业（单位），不包括乡镇企业、私营单位和个体工商户。

八、建筑业统计

1993年，执行国家统计局新的建筑业统计报表制度，统计内容以建筑业主营业务活动为主，兼顾附营业务活动。2002年，建筑业统计报表制度实施范围扩展为辖区内具有建筑业资质等级的所有独立核算建筑业企业，主要包括建筑企业生产情况、建筑业企业财务状况及劳务分包建筑企业生产经营情况等内容。2005年，建筑业增加值核算由原来的以投资方统计为主改为以施工方统计为主。

九、城市社会经济基本情况统计

2001年，开始实施城市社会经济基本情况统计年报制度，统计内容包括城市人口和劳动力资源、经济发展、社会发展、环境与基础设施等4个方面，由宁德市城市社会经济调查队负责填报。2005年，城市社会经济基本情况统计年报制度维持不变。

十、能源统计

1993年，继续执行工业企业能源加工转换情况统计年报制度。1994年，开始执行“重点工业企业工业产值综合能耗”“重点工业企业能源购进、消费及库存”季报表。1998年，根据国家统计局通知，把1998年的能源统计年报和1999年定报的“能源购进、消费及库存”“能源加工转换”年报表分别纳入工业和运输邮电统计报表中。2003年，执行国家统计局新增设的“能源统计报表制度”，取消工业统计报表制度及运输、邮电统计报表有关能源统计的内容。2004年，能源统计年报被全国第一次经济普查表代替。2005年，开始收集部门煤、电、油、气等数据，统计并公布全市单位GDP能耗、单位GDP电耗、规模以上工业增加值能耗等指标。

第二节　普查与调查

一、普查

1994年，执行全国性的周期性普查制度，普查项目包括第三产业普查、工业普查、基本单位普查、农业普查和人口普查等五项。2003年，国家统计局对国家普查项目及周期安排进行调整，调整后普查项目包括经济普查、农业普查和人口普查三项。

第三产业普查　1993年，根据国家部署，在全区开展全国第三产业普查。普查内容包括除第一产业（农业）、第二产业（工业、建筑业）以外的所有国民经济部门基本情况及主要经济活动指标。普查年度为1991年和1992年。普查结果：1991年年底，全区第三产业单位数72946个，从业人员233428人，年底固定资产原值45.96亿元，1991年全区第三产业增加值12.32亿元；1992年年底全区第三产业单位数81644个，从业人员253489人，年底固定资产原值54亿元，1992年全区第三产业增加值14.13亿元。

工业普查　1995年，根据国务院的《关于进行第三次全国工业普查的通知》与福建省政府的《贯彻国务院关于进行第三次全国工业普查的通知》，在全区组织开展第三次全国工业普查，普查对象为全区境内的全部工业企业和附营工业单位。普查标准时间为1995年12月31日。普查结果：1995年年底，全区工业企业和生产单位20416个，其中乡及乡以上工业企业和生产单位1517个；1995年全区全部工业总产值（原规定，现价，下同）114.61亿元，轻重工业总产值比例为57.6∶42.2，其中乡及乡以上工业总产值54.03亿元；1995年全区乡及乡以上独立核算工业企业工业增加值13.58亿元，工业增加值率为28.34%。

基本单位普查　1996年，在全区开展第一次全国基本单位普查，普查对象为全区境内除农户和个体户以外的所有的法人单位和产业活动单位。普查标准时点为1996年12月31日，普查资料的调查年度为1996年。普查结果：1996年年底，全区有法人单位9464个，其中企业法人单位4857个，行政法人单位（国家机关和政党机关）995个，事业法人单位1167个，社会团体法人单位187个，社区管理型机构（居委会和村委会）2258个；全区有17820个产业活动单位，其中营利性单位7080个，行政单位3407个，事业单位3508个，社会团体单位531个，社区管理型单位3294个；法人单位中从事第一、二、三产业的单位数所占比重分别为3.4%、34.4%和62.2%。

2001年，在全市开展第二次全国基本单位普查，普查对象为全市境内除城乡住户和个体户以外的所有法人单位及其所附属的产业活动单位，内容包括各类单位的基本标识、主要属性、基本状态和主要总量指标。普查标准时点为2001年12月31日，普查资料的调查年度为2001年。

普查结果：2001年年底，全市有各类法人单位10887个，其中企业法人单位4869个，事业法人单位1812个，机关法人单位（国家机关和政党机关）1108个，社会团体法人单位609个，其他法人单位（包括村、居委会）2489个；全市有产业活动单位18725个；全市法人单位中从事第一、二、三产业的单位数所占比重分别为2.8%、26.5%和70.7%。

农业普查　1997年，在全区组织开展第一次全国农业普查，普查对象为全区境内各种类型的农业生产经营单位、农村住户、乡镇企业、行政村和乡镇。普查标准时点为1996年12月31日，标准时期为1996年1月1日到1996年12月31日。普查表分为农村住户调查表、非农村住户类农业生产经营单位调查表、行政村调查表、乡镇调查表、非农乡镇企业基本情况卡片、农业用地卡片。普查结果：1996年年底，全区从事生产经营活动的农村住户为512504户，其中农业生产经营户为436118户；非农村住户类农业生产经营单位2235个；全区非农乡镇企业4274个，从业人员76803人；农村从业人员1378694人，其中从事农业人员994198人，占72.11%；全区农村镇（不包括城关镇）57个，占全部乡镇个数的51.4%，每个镇区平均占地面积1.72平方千米。福鼎市农普办等4个单位被评为国家级第一次全国农业普查先进单位，全区有38人被评为第一次全国农业普查先进个人。

税源普查　1998年，根据福建省政府部署，在全区开展第一次全省税源普查，普查对象为全区除个体工商户外的所有营利性活动和承担纳税义务的独立核算企事业单位。普查标准时间为1997年12月31日，普查年度为1996年和1997年。普查结果：1997年年底，全区有从事营利性活动、具有纳税义务的独立核算企事业单位4357个，其中第一产业83个，第二产业2701个，第三产业1573个；1997年全区普查单位应缴税额4.52亿元，实缴税额4.17亿元；普查单位人均创收入64115元，人均创税费3191元，名义税负4.9%，实际税负4.4%。

人口普查　2000年，在全区开展第五次全国人口普查，普查对象为全市具有中国国籍并常住的自然人。普查内容包括住户人口数量、住房情况，个人姓名、年龄、性别、民族、户口等基本情况，及住户房屋用途、房屋建成时间、房屋结构、房屋生活设施、房屋墙体材料、房屋来源、房屋费用、炊事燃料、用水情况、个人出生地、迁移情况、就业情况、婚姻状况及妇女生育情况等。普查标准时间为2000年11月1日零时。普查结果：全市总人口299.13万人。全市有家庭户77.38万户，平均家庭户规模为3.77人。全市男性159.67万人，占总人口的53.38%，女性139.46万人，占46.62%，性别比（以女性为100，男性对女性的比例）为114.49。全市人口年龄构成为0～14岁人口占25.05%，15～64岁人口占67.12%，65岁及以上人口占7.83%。全市汉族人口占总人口的94.25%，少数民族人口占总人口的5.75%。全市每10万人中，具有大学文化程度的1330人，具有高中文化程度的7545人，具有初中文化程度的27993人，具有小学文化程度的43854人，文盲率9.73%。全市人口中，居住在城镇的人口占35.77%，居住在乡村的人口占64.23%。

经济普查　2004年，在全市组织开展第一次全国经济普查，普查对象为从事第二、三产业的全部法人单位、产业活动单位和个体工商户，普查内容包括单位标志、从业人员、财务收支、资产状况，企业主要生产经营活动和生产能力，主要原材料和能源消耗及科技开发投入状况，及个体工商户基本情况等。普查标准时间为2004年12月31日，时期资料为2004年度。普查结果：2004年年底，全市有第二、三产业法人单位1.25万个，其中企业法人单位0.52万个，机关、事业法人单位0.27万个，社会团体法人单位0.05万个，其他法人单位0.41万个；产业活动单位1.89万个，其中第二产业0.34万个，第三产业1.55万个；个体经营户11.54万户，其中第二产业2.40万户，第三产业9.14万户。2004年，全市第二产业实现增加值98.34亿元，其中工业增加值 79.52 亿元，建筑业增加值 18.82 亿元，第二产业增加值 126.93 亿元。

二、调查

城市住户调查 1993 年，全区在宁德（今蕉城区）、福鼎、福安、霞浦、古田 5 县市开展城市住户调查，各县调查住户 50 户，全区共调查住户 250 户，调查样本每 3 年轮换 1 次，对全区居民生活收支情况的推算采用 5 县市样本值简单平均的方法。2002 年起，改用按照城市人口为权数加权平均的方法推算全市居民生活收支情况。据调查，2005 年，全市城镇居民人均可支配收入 9785 元，人均生活消费支出 6827 元。

农村住户调查 1993 年，全区 9 县市选取 630 户农村常住户，作为农村住户调查样本进行农村住户调查，对农村居民所在村发展情况、家庭基本情况、居住情况、人口与劳动力就业基本情况、农业生产结构调整和技术应用情况以及农村居民收入、支出情况等进行调查，调查样本每 5 年轮换一次。2000 年，全市调查户增加到 650 户。2002 年，全市调查户数扩大为 770 户。据调查，2005 年全市农民人均纯收入 3808 元，人均生活消费支出 2522 元，人均使用住房面积 30.17 平方米，人均口粮 251 千克，平均每户常住人口 4.29 人，平均每户整半劳动力 2.94 人，平均每 1 个劳动力负担人口 1.46 人。

消费价格调查 1993 年，在宁德（今蕉城区）、福鼎、福安、霞浦、古田 5 县市开展消费价格调查，据调查，全市居民消费价格总水平同比上涨 16.7%。重点编制生活费用价格指数和商品零售物价总指数（含消费品零售物价指数、农业生产资料价格指数、服务项目价格指数）。1994 年，取消生活费用价格指数，改为编制居民消费价格指数，同时将服务项目价格指数归入居民消费价格指数。1999 年，新增屏南、寿宁、周宁、柘荣 4 县为消费价格调查县。2001 年，除蕉城区、霞浦县外，市本级及其余县（市）取消商品零售物价指数，改为编制消费价格指数；同时除霞浦县外，市本级及其余县（市、区）停止农业生产资料价格指数的编制。消费价格调查选择全市 6045 个消费量大且价格变动趋势和变动程度有较强代表性的合格产品为调查规格品；调查网点分布在全市 9 县（市、区）的 10 个农贸市场（每个市场 30 个摊位）、443 个商店和超市、255 个服务项目网点。据调查，2005 年，全市居民消费价格总水平同比上涨 2.4%。

投入产出调查 1997 年，继续按照 1987 年《国务院办公厅关于进行全国投入产出调查的通知》和全省统一部署，在全区组织开展第 3 次投入产出调查工作；投入产出调查一般每 5 年进行一次。全区（市）调查对象由福建省统计局在以全省为总体的样本框内确定，调查采用全面调查、抽样调查和典型调查相结合的方法。2002 年，根据全省统一部署，在全市组织开展第 4 次投入产出调查。是年，宁德市统计局获"2002 年投入产出调查国家级先进集体"称号。

企业景气调查 1998 年起，在全市采用对企业家进行问卷调查的方式开展企业景气调查，编制景气指数。2000 年，对全市有代表性的工业企业进行扩点调查。2005 年，全市抽中工业、建筑业、交通运输仓储和邮政业、批发和零售业、房地产业、社会服务业、信息传输计算机服务和软件业、住宿和餐饮业等八大行业的 132 家企业（其中工业企业 103 家）进行企业景气调查。据调查，2005 年，全市工业企业综合经营景气指数 4 个季度分别为 120.4、131.4、123.5、127.5，工业企业综合经营景气指数全年在高位运行，工业经济状况处于上升状态。

规模以下工业调查 1999 年，根据国家统计局部署，在全区开展以省为总体规模以下工业抽样调查。2000 年，开展以市为总体的规模以下工业抽样调查。2002 年，开始开展以县为总体规模以下工业抽样调查工作。2005 年，全市抽中 65 个以市为总体的样本村居和 209 个以县为总体的样本村居调查。据调查，2000—2005年，规模以下工业占全社会工业比重大幅下降，从2000年的73.5%降至2005年的36.5%，表明全市规模以上工业发展迅速，工业规模化程度呈快速提升趋势。

企业集团调查 1999年起，在全区开展企业集团统计。2003年，全市有10家企业集团被列入统计。

全社会R&D资源清查 2000年11月，根据全省统一部署，在全市组织开展2000年度全社会R&D（科学研究与试验发展）资源清查工作。内容包括科技活动和R&D活动人力、财力资源总量及其结构，政府资助R&D活动资金规模及其结构，各类独立科研机构及政府、高校、企业设立的非独立科研机构的现状等。清查结果：2000年，全市从事科技活动人员1653人，科技活动经费总额支出6151万元，从事R&D活动人员415人年。R&D经费内部支出总额2234.4万元，占GDP的0.1%。

农户固定资产投资调查 2001年，在全市9县（市、区)70个乡镇77个村选择581个农户，作为调查样本，开展农户固定资产投资抽样调查。对农户使用年限在2年以上、单位价格在50元（含50元）以上的房屋建筑物、机器设备、器具等固定资产进行调查。2004年，在全市增加调查样本189个（其中省点样本77个、市点样本112个）。

工业品出厂价格调查 工业品出厂价格指数是根据每种代表产品的价格指数加权平均计算而得出的，权数用工业销售额计算，调查产品一般5年更换一次。2004年，正式开展以全市为总体的工业品出厂价格调查，在全市9个县（市、区）抽选220家（省点样本32个，市点样本188家）生产稳定的工业企业作为调查对象，其中：规模以上工业企业218家，规模以下工业企业2家。调查产品涵盖28个大类、78个中类、115个小类、217个调查产品、500多个规格品，调查产品所代表的行业销售产值占2003年规模以上工业销售产值的比重为74.71%。工业品出厂价格调查实行月报，调查内容包括报告月调查日（分别是每月8日和18日）的代表产品出厂价格及相应的基期单价。

播种面积抽样调查 2005年，根据全省统一部署，在全市9县（市、区）开展播种面积抽样调查，对抽中地块采用GPS定位仪或皮尺测量面积，推算全市和各县粮食实际播种面积。

限额以下批发和零售业、住宿和餐饮业调查 2005年，在蕉城区、福鼎市、霞浦县、古田县抽选277户样本（其中个体户220户，中小商贸企业57户），开展限额以下批发和零售业、住宿和餐饮业调查。批发业和零售业的调查核心指标为商品销售额，住宿业和餐饮业的调查核心指标为营业收入。企业样本由企业统计、会计或企业指定人员根据企业销售、财务、劳动工资、固定资产报表等直接填报。个体户样本除注明由指定方式采集样本数据外，一律采用由调查员每月入户询问与评估方法取得样本数据。亿元市场通过抽取市场内样本摊位推算的方法取得数据。据调查，2005年全市限额以下批发和零售业、住宿和餐饮业消费品零售额90.0亿元，其中，批发业4.1亿元、零售业74.1亿元、住宿业0.6亿元、餐饮业11.2亿元。

服务业调查 2005年，在全市抽选11个行业大类的服务业企业开展以省为总体的服务业抽样调查，主要有服务业企业基本情况、从业人员、营业收入等内容。

第三节　统计服务

一、数据服务

《宁德统计月报》 原名《每月统计提要》，每月1期，简明反映全市（区）国民经济发展情况。2000年10月，由折叠式改为册子式。2005年，更名为《宁德统计月报》，增加全省各设区市和温州市主要经济指标。

《统计快报》 2002年创办，于每月6日前编发1期“全市主要经济指标完成情况”，发送市委、市政府主要领导参阅。2003年起，每月增加1期“本市主要经济指标在全省的位次”。

《统计手册》 前身是《宁德地区国民经济资料》，创办于1971年，每年1册，主要收录全区及各县（市、区）社会、经济各方面的统计数据。1978年，更名为《宁德地区国民经济统计资料》。1988年，更名为《宁德地区统计资料手册》。1995年起，增加全省及各地（市）主要经济指标。2002年，更名为《宁德统计手册》。2004年，年号由资料年份改为编辑出版年份，并增加温州市主要经济指标。

《统计年鉴》 创办于1988年，是全面反映全市国民经济情况和社会发展情况的资料性年刊。1991年起，地区统计局每年编纂一册《统计年鉴》，收录全市及各县（市）社会经济各方面统计数据及主要经济指标的历年数据或主要年份数据。1993年，增收全省及各地（市）主要经济指标和宁德地区统计局当年发布的全区国民经济和社会发展统计公报。1994年，增加主要统计指标解释。2000年，《统计年鉴》由32开本改为16开本。2002年，《统计年鉴》改版为大16开本，年号由资料年份改为编辑年份，并首次采用彩色插页。2003年，增加温州市及各县（市、区）主要经济指标。

《统计公报》 1993年4月20日，地区统计局首次在《闽东报》发布《1992年地区国民经济和社会发展统计公报》。此后每年年初市统计局均在《闽东日报》发布宁德市国民经济和社会发展统计公报，并形成制度。

《统计资料》 1994年，地区统计局开始编印《统计资料》（内部刊物），不定期刊登地区统计局专业人员撰写的各类统计分析报告，全年编发24期。1995年，全年编发39期。1996年，全年编发31期。1997年，全年编发28期。1998年，全年编发24期。1999年，全年编发31期。2000年，全年编发24期。2001年，全年编发22期。2002年，全年编发45期。同年，市统计局有1篇分析获全省优秀统计分析和统计制度方法改革论文三等奖。2003年起，市统计局每月坚持撰写经济形势分析报告，做到月度有进度分析，季度有综合分析，其中季度综合分析报告作为市委市政府的经济运行情况通报稿。全年编发《统计资料》54期。市统计局有1篇分析获全省优秀统计分析报告优秀奖，有1篇报告获全省第二次基本单位普查课题二等奖。2004年，全年编发《统计资料》56期。市统计局有1篇分析获全省优秀统计分析报告二等奖，有2篇分析获全省优秀统计分析报告优秀奖。2005年，全年编发《统计资料》60期。市统计局有2篇分析获全省优秀统计分析报告三等奖，有1篇分析获全省优秀统计分析报告优秀奖。

普查资料 1997年，根据全国第三次工业普查资料，编印《福建省宁德地区全国第三次工业普查资料汇编》。1998年，根据全国第一次基本单位普查资料，整理编印《地区法人单位名录》。1999年，根据福建省税源普查资料，整理编印《宁德地区税源普查资料汇编》。2000年，根据第一次全国农业普查资料，整理编印《宁德地区第一次全国农业普查资料汇编》。2002年，根据第五次人口普查资料，整理编印《宁德市第五次人口普查资料》。2003年，根据第二次全国基本单位普查资料，整理编印《宁德市第二次全国基本单位普查资料汇编》。

其他资料　1995年，编印反映中华人民共和国成立45周年闽东农村经济状况的《闽东农村奋进45年》。1996年，编印反映全区改革开放17年和"八五"成就的《闽东风采》小册子（折叠式）。1997年，编印《香港地区统计资料》和《展示新成就，迎接十五大》小册子（折叠式）。1998年，编印反映全区改革开放20年成就的《闽东改革开放20年》。1999年，庆祝中华人民共和国成立50年，编印反映中华人民共和国成立50年成就的《光辉的历程——闽东五十年》。2000年，编印反映"九五"成就的《从数字看"九五"辉煌》小册子（折叠式）。2001年，市统计局编印《宁德市"九五"主要数据一览》，作为市一届人大二次会议参阅材料。2002年，编印《宁德市2001年国民经济和社会发展的统计公报》单行本，作为市"两会"参阅材料；编印《喜迎十六大，展示新成就》卡片。2003年，编印当年统计公报单行本，作为市"两会"参阅材料。2004年，编印《宁德市县域经济发展情况》分析报告、《2003年宁德市国民经济和社会发展情况》白皮书，作为市"两会"参阅资料。2005年，市统计局编印《2004年宁德市国民经济和社会发展情况》分析报告作为市"两会"参阅资料。

统计信息和新闻　1993年起，地区统计局每年向地委办公室、地区行署办公室专报统计信息。1995年4月，地区统计局在《闽东日报》建立各县（市）每月物价指数通报制度。1997年，地区统计局在《闽东日报》第2版开辟《每月经济述评》专栏，按月公布全区经济运行状况。2000年后，地区统计局综合科连年获党委系统和政府系统的"信息工作先进单位"称号，市统计局信息工作位居市直机关前列。2004年，市统计局每季度在《闽东日报》头版开辟数字新闻，同时与闽东日报社联合编写《辉煌55年——从数的飞跃看发展》。

二、业务服务

2003年，根据市委、市政府的《关于在各县（市、区）开展经济工作"增实力比后劲"活动的意见（试行）》，市统计局对各县（市、区）上半年经济工作进行试评，并在市委经济分析会上通报各项考评指标完成情况。根据市委部署，开展宁德经济实力"十强"和经济发展"十佳"乡镇评选工作。2004年，市统计局抽调专人到市效能办和市精神文明办，参与市政府组织的绩效评估和市委的创建文明城市工作，开展2003年度各县（市、区）经济工作"增实力比后劲"考评活动。2005年，根据市委部署，市统计局参加各县（市、区）经济工作"增实力比后劲"活动评比。同时，根据市委办《关于开展政府及其部门绩效评估工作的意见》对霞浦县政府（2004年度政府绩效评估试点单位）进行测评、检查验收，协同市效能办印发宁德市政府2005年度绩效评估工作方案，参与县级政府绩效评估指标体系设置、人员培训、工作方案审定等工作。

第四节　统计管理

一、普法宣传

1993年12月，地区统计局组织开展《中华人民共和国统计法》颁布十周年宣传活动。1995年6月，地区统计局组织开展《福建省统计工作管理办法（修正）》宣传活动。1996年，地区统计局制定《地区“三五”统计普法规划》，成立统计“三五”普法领导小组，组织开展统计“三五”普法工作。1998年，地区统计局与司法局联合举行“三五”统计普法考试，全区有8600人参加统计普法考试。2001年，市统计局印发《宁德市统计法制宣传教育第四个五年计划》，成立统计“四五”普法领导小组，组织开展统计普法工作。2003年，以《中华人民共和国统计法》颁布20周年为契机，市统计局采用报纸专栏、宣传栏、宣传手册等多种形式开展统计法宣传。同时，市统计局对统计人员进行持证上岗培训与普法教育。2003—2005年，全市共有1257名机关企事业单位和乡镇统计人员通过上岗培训，成为统计法规的义务宣传员。2005年，市统计局参加市社科联组织的“社会科学在你身边”活动，在现场开展统计知识问卷和咨询，宣传统计法规。是年，全市“四五”统计普法工作通过福建省统计局的质量验收。

二、统计执法检查

1994年，地区统计局在全区组织统计调查单位自查统计执法情况，自查发现迟、拒报统计报表行为41件、统计数据不实等行为17件、未持证上岗统计人员753人，大部分单位主动自行整改。地、县两级统计局重点抽查130个单位，查处统计违法行为24件。1999年，地区统计局在全区9县市开展统计执法检查，对发现的25件案件进行查处，其中19件由地区统计局处理，6件移交有关县市统计局处理。共立案2件，罚款11600元，告知处罚4件。2001年，在全市90个单位开展统计执法自查，并进行重点抽查，全市查出统计违法问题135件，案件53件，处罚51件，其中行政警告处分1件，罚款8.33万元。2002年，福安市法院对福安某公司不服福安市统计局行政处罚一案做出维持福安市统计局处罚决定的判决，3月18日《闽东日报》在头版以《玩数字游戏处罚》为题对此案作报道。2003年，全市查处统计违法案件82件，结案81件，处罚41件。2004年，全市立案统计违法案件78件，查处统计违法案件65件，其中处罚28件，罚没6.89万元。2005年，全市统计部门立案查处统计违法案件76件，其中通报批评1件，处罚42件，罚款8.6万元。

三、统计信息化

1987年，地区统计局利用仅有的3台M24微机，对部分专业报表进行简单汇总。1988年，地区统计局配备信息专业技术人员。1990年，以开展第四次全国人口普查为契机，地区统计局建立标准机房。1993年，全区统计部门继续普及计算机技术，开始直接对基层数据进行超级汇总；全国第三产业普查数据首次在县级进行处理。1995年，按分级负责原则，地区和县两级统计部门分别完成第三次全国工业普查数据处理。1997年，地区统计局首次采用光电机扫描录入技术，完成第一次全国农业普查数据处理工作，完成第一次全国基本单位普查数据处理。此后，地区统计局多次采用光电机扫描录入或数据集中市级管理县级远程在线处理的C/S或B/S模式等先进技术进行普查数据处理。

2000年，地区统计局统计信息工程项目获得地区计划委员会立项，得到财政资金补助，建成100M（兆）局域网络，与福建省统计局开通帧中继网络，实现国家、省、地（市）三级统计系统内部网络连通。是年，宁德统计内部信息网网站正式运行。2002年，市统计局计算机网络与市政务网实现连通。2003年，全市县级统计局相继建成局域网，市县两级统计局实现专业统计人员“人手一机”，市统计局开通2兆光纤互联网专线。7月1日，宁德市统计局门户网站正式运行。2004年，市统计局投入专项资金更新完善信息工程设备，并对统计内外网站进行改版，福鼎市统计局在全省率先开通统计网上直报系统。2005年，宁德市统计局门户网启用www.stats-fjnd.gov.cn新域名。开发制作市“两会”统计信息查询系统，并首次利用该系统在市“两会”会场开展现场统计咨询服务。

第五节　机　构

一、宁德市统计局

1993年，宁德地区统计局设有人秘科、综合统计科、农村统计科、经济统计科、电子计算站，行政编制17名，后勤服务人员事业编制2名。宁德地区人口普查领导小组办公室挂靠地区统计局，核定专项编制6名，其中科级领导职数1名。1996年，宁德地区实行党政机构改革，地区统计局增设政策法规科，核定机关编制18名，其中行政编制17名，后勤服务人员事业编制1名。

2000年11月，宁德地区撤地设市，宁德地区统计局更名为宁德市统计局。2002年9月，在新一轮党政机构改革后，宁德市统计局划出国有企业下岗统计职能，新增组织实施基本单位的统计及名录库管理、资源环境核算、涉外社会调查活动管理、蕉城区所在地的宁德市属及市属以上单位的统计调查、管理、监督、检查等四项职能。计算站更名为计算中心。市纪委、市监察局派驻监察室。核定机关行政编制15名，机关工勤人员事业编制1名。2003年4月，宁德市编委批准设立宁德市统计局普查中心，承担各项普查的专业技术性工作，机构规格相当正科级，核定事业编制6名，科级领导职数1名。至2005年不变。

二、统计调查机构

1993年，宁德地区统计局下辖宁德地区农村社会经济调查队（简称农调队）和宁德地区城市社会经济调查队（简称城调队），均为副处级事业单位，分别核定事业编制2名和4名。9个县（市）均组建有农调队，其中福安、福鼎、霞浦和周宁为国家调查点农调队，其余5县为省扩大调查点农调队。宁德、福安、福鼎、古田和霞浦5县（市）设有省调查点城调队。1995年4月，经宁德地区行署第7次专员办公会议研究，决定在周宁、寿宁、屏南、柘荣4县组建由统计部门主管的城调队。县级农调队和城调队均为副科级事业单位，接受上级农调队、城调队和当地统计局的双重领导。1998年4月，宁德地区企业调查队（简称企调队）成立，为副处级事业单位，内设综合科、产业调查科和专项调查科，核定事业编制13名。

2002年1月，根据《中共宁德市委、宁德市人民政府关于撤地设市后市区事权划分有关问题的通知》精神，蕉城区城调队的工作职能、范围和承担的调查任务，机构、编制、人员全部上划市城调队，蕉城区农调队部分编制、人员上划市农调队。调整后的宁德市农调队和城调队分别有事业编制4名和11名。2003年1月，宁德市编委批准宁德市城调队内设综合科、流通消费价格科、住户调查科和生产投资价格科，核定事业编制11名，工勤事业编制1名。2004年12月，宁德市编委批准宁德市农调队内设综合科和业务科，核定事业编制8名，工勤事业编制1名。2005年年底，全市市县两级调查队共有编制123名，干部职工105人。

第三章　工商行政管理

1993—2005年，宁德市（地区）工商行政管理部门在加快市场建设的同时，加强市场管理，整顿市场秩序，查处假冒伪劣商品，稽查走私贩私，开展治理“餐桌污染”专项行动，维护消费者合法权益；开展“重合同、守信用”活动，推进诚信体系建设；规范企业和广告登记、商标注册管理。至2005年，全市有各类市场678个，其中超市67个，粮食市场355个，汽车市场55个，食品批发市场4个，农贸市场91个。登记注册内资企业16502户，私营企业7053户、从业人员55899人，外商投资企业174户。全市累计注册商标2900件，其中福建省著名商标48件、闽东知名商标102件。寿宁花菇、柘荣太子参、福鼎四季柚、福安绿笋、霞浦三菜（海带、榨菜、紫菜）、古田白木耳、官井洋大黄鱼、宁德茉莉花茶等特色农产品凭借商标走俏全国及海外市场。

第一节　市场建设与管理

一、市场建设

1993年，根据地委、行署的“市场建设年”部署，地区工商行政管理局（以下简称工商局）参与建设培育市场，重新修订市场建设“八五”规划，组织到外地考察市场建设经验，提出加快市场建设新措施。全区有各类市场159个，市场总面积31.12万平方米。其中在建市场24个，面积9.32万平方米，已竣工投入使用市场27个，面积21.91万平方米。福安赛岐市场、霞浦关帝庙市场、福鼎中心市场被评为1991—1992年度全国文明集贸市场，8个市场被评为省级文明集贸市场，22个市场被评为地区级文明集贸市场。1994年8月，地区财贸委员会、工商局、试验区办公室联合印发《关于进一步加快我区市场体系培育和发育的意见》，相继建成宁德城关木材市场，霞浦西关木材市场，古田劳务市场、信息市场，屏南房地产综合开发市场、劳务市场等。全区有各类专业市场167个、面积28.23万平方米。其中新建市场19个、面积6.63万平方米。

1995年8月，地区工商局制定下发《工商行政管理机关与所办市场实行办管分离的实施方案》，并在古田、福鼎、蕉城开展办、管脱钩移交试点，工商部门负责市场监督和行政执法。福安、霞浦市场服务中心正式挂牌办公。全区有各类市场191个，面积30.25万平方米。新建宁德城关、霞浦西关、福安木材市场和福鼎竹木市场（面积1.68万平方米），年成交额达1047万元。古田劳务、信息市场，宁德、屏南房地产综合开发市场、劳务市场投入运转。1996年，坚持“谁投资，谁受益”的原则，开展市场建设，在全区继续实施市场建设多元化集资、企业化管理和办、管分离的做法。对全区 191 个市场进行摸底排队，确定有一定规模与产权明晰的 14 个市场作为首批分离市场。至 6 月 26 日，全区 9 县（市）均成立市场办管分离服务中心，并完成 14 个市场分离工作。其中：宁德 4 个，霞浦 1 个，古田 2 个，屏南 1 个，福安 2 个，柘荣 1 个，寿宁 1 个，周宁 1 个，福鼎 1 个。全区共投资约 1748 万元，建成宁德蕉南等 8 个市场（总面积 20157 平方米），并投入使用。全市有福安赛岐市场、福鼎中心市场 2 个市场被评为国家级文明集贸市场，有 7 个集贸市场被评为省级文明集贸市场，有 24 个集贸市场被评为地区级文明集贸市场。

1997 年，市工商行政管理部门转向市场管理，在全区组织开展创建无假冒伪劣商品和计量信得过市场活动，在城市市场推行巡查制，对市场实行全天候、全方位监管。按省工商局部署，在全区推行经营者文明守法经营承诺制度。1999 年，继续在全区实施办管脱钩。福安市工商局利用赛岐罗江水利运输之便，筹建赛岐粮油交易市场。全区工商系统脱钩市场 51 个，其中自办 46 个，联办 5 个。2001 年，赛岐粮油批发市场正式开办。协助市粮食部门筹办闽东粮食批发交易中心，指导福安筹建罗江早籼稻购销市场，一些粮食产、销较大的县（市、区）筹办粮食批发市场。同时加强建筑材料、水产品、海上养殖、茶叶、茉莉花、水果、蔬菜、苗木花卉、金银饰品、废品收购等专业市场建设。2005 年，全市有各类市场 678 个，其中超市 67 个，粮食市场 355 个，汽车市场 55 个，食品批发市场 4 个，农贸市场 91 个。

2005 年宁德市各类市场统计表

表 23-1　　　　单位：个

县（市、区）	市场数	其中						
		超市	粮食市场		汽车市场		食品批发市场	农贸市场
			总数	国有	总数	二手车		
合　计	678	67	355	102	55	4	4	91
蕉城区	122	11	53	18	13	2	1	24
古田县	147	10	82	39	6	—	—	10
屏南县	45	4	40	—	—	—	—	1
周宁县	15	3	7	4	—	—	—	1
寿宁县	62	6	34	17	—	—	—	5
福安市	110	11	59	2	16	2	—	20
柘荣县	20	4	9	3	—	—	—	4
福鼎市	57	13	6	2	20	—	1	15
霞浦县	100	5	65	17	—	—	2	11

二、市场管理

（一）集贸市场管理

1993 年，根据福建省工商局“把假冒劣质商品赶出集贸市场”的要求，地区、县市工商局在集贸市场组织开展不销售假冒伪劣商品活动。实行“三优”（优秀岗位、优秀服务、优秀奖励）目标责任制，市场管理人员奖金与争创文明市场挂钩，市场管理实现“三个转变”（由注重应付检查转变到平时打基础，由注重文明市场评比分数转变到解决问题，由注重文明市场数量转变到抓文明市场质量）。4 月，福建省工商局在福安召开市场管理研讨会。同时，执行福建省工商局的《福建省集中交易市场登记管理办法》，加强各类市场登记管理，打击制售假冒伪劣商品、走私贩私、欺行霸市、骗买骗卖和强买强卖等不法行为。全区集市贸易成交额 12.7 亿元。1994 年，根据国务院、福建省政府关于加强宏观调控，抑制通货膨胀，平抑市场物价等有关通知，地区工商局与物价委员会联合下发《关于切实抓好明码标价工作的通知》，在全区集贸市场开展商品和服务明码标价工作。全区城乡集市贸易成交额 16.98 亿元。1995 年，执行福建省政府《关于加强市场监督管理的通知》，对全区市场进行价格监控，继续在集贸市场商品推行明码标价。全区集市价格总水平 124.96%，比 1994 年下降 4.1 个百分点。8 月，全区各县（市）工商局与所办市场，实行办管分离，工商行政管理部门负责集贸市场监督和行政执法。全区集市贸易商品成交额 19.87 亿元。1997 年，在全区推行市场经营者文明守法经营承诺制度，全区经营者相继与工商行政管理部门签订公开承诺责任书，做出文明经商承诺。全区集市贸易成交额 25.18 亿元。1998 年，根据福建省工商局“让市场干净起来”现场会精神，地区工商局成立让市场干净起来领导小组，组织人员到福州津泰等市场参观学习。在全区组织开展市场“四干净”（摊位干净、周边环境干净、商品干净、市场管理者和经营者行为干净）活动。组织开展创建“十佳”“十优”文明市场、省级达标市场评选活动。全区集市贸易成交额升至 36 亿元。1999 年，全区工商行政管理部门成立 9 个服务中心，基本达到办管脱钩四分离工作要求。按照“人随市走，债随市移”原则，霞浦、古田等县工商局把市场建设贷款等债务关系移至市场服务中心。同时，在全区推行市场巡查制度，对各类市场进行不间断和全方位流动巡查，查获不合格罐头 8400 瓶、酒类 6100 瓶、饮料 7300 瓶、化妆品瓶。查处违法违章案件 231 件，罚没 6 万元。

2000 年，地区工商行政管理部门对集贸市场实施预警式监管，对超越经营范围、改变经营地点、逾期缴纳管理费、未经登记擅自开业等行为，采取先通知、后处罚方式管理。同时，开放粮食集贸市场。2002 年 6 月，根据国务院办公厅《关于开展集贸市场专项整治工作的通知》和福建省政府办公厅《关于印发福建省集贸市场专项整治工作方案的通知》及省工商局《贯彻国家工商总局关于开展集贸市场专项整治工作的通知》，市工商局印发《关于加强集贸市场规范管理、建设个体户信用工程的通知》，对全市集贸市场进行规范管理。市工商局印发实施《集贸市场巡查工作制度》《治理餐桌污染工作制度》《消费者投诉服务台承诺制度》及《集贸市场开办者职责》《集贸市场经营者守则》《小商品市场经营责任书》《小商品市场质量管理制度》《农贸市场治理餐桌污染责任书》，在集贸市场推行“信誉卡”制度，以“信誉卡”作为消费者购买商品凭证和个体工商户信用情况凭据。在农贸市场试行商品进、销台账管理办法。是年，在全市组织开展集贸市场经营主体专项整治行动，对全市 148 个集贸市场开办单位和 10 个出租柜台商业企业及近万名经营者进行清理整治，取缔无照经营 235 户，罚款 8.12 万元。2003 年，市工商行政管理部门在全市组织检查集贸市场 90 个次，加强上市蔬菜农药残留、水产品、水发产品浸泡福尔马林等的查处。在“非典”期间，市工商局印发《处置市场经营秩序突发事件工作预案》，实行 24 小时值班制，坚持每日上报市场动态信息，发放宣传材料 3 万份。2004 年，市工商行政管理部门在全市组织开展代号为“零点行动”的查处黄鱼注水专项活动，制止“消费储值”等扰乱市场秩序行为。在全市设立以集贸市场为主体的不合格食品召回站，组织开展“共建规范市场”活动，全市建立规范市场 19 家。2005 年，市工商行政管理部门在全市组织开展创建平安市场活动，全市有 19 家市场成为规范化市场。

（二）食品、食盐市场管理

1993年，根据国家工商总局与福建省工商局通知，对全区从事食盐生产批发单位重新进行注册登记。1994年4月，根据国家工商总局等五部委、局的《关于加强食盐市场管理，坚决杜绝非碘盐进入缺碘地区的通知》与福建省工商局部署，地区工商局、盐政处、卫生局、供销社、技术监督局、税务局、武警边防支队等部门联合下发《关于加强食盐市场管理，严禁非碘盐进入碘缺乏病区的通知》，加强食盐缉查。5月，在全区组织防治碘缺乏病宣传活动。1995年，根据福建省政府《关于加强"菜篮子"工程建设的决定》及省工商局实施意见，在全区加强"菜篮子"工程建设。支持国有商业进场交易，实行优惠政策，简化手续，减免摊位费，全区集贸市场优先安排国有商业企业摊位365个。鼓励菜农进场交易，对直接进场的菜农免收摊位费和市场管理费。全区安排菜农直销摊位3600个。地区工商行政管理部门协同物价等部门建立价格监测制度，对米、肉、禽、蛋、菜、水产品等采取指导性限价。协同有关部门组织开展打击制售私盐和假碘盐行动，加强食盐市场监督管理。1996年，贯彻执行《福建省公平交易执法年总体工作方案》，加强市场公平交易管理。

2001年9月，市工商局印发《宁德市工商行政管理系统开展治理农贸市场餐桌污染工作实施方案》，在全市组织开展"餐桌污染"治理工作。柘荣县工商局举行全省首场集贸市场食品安全听证会，邀请社会各界对食品安全问题献计献策，广泛征求消费者食品安全意见。柘荣县的做法得到国家工商总局和福建省工商局的肯定，《中国工商报》作专题报道。2002年，市工商局在全市推广柘荣县的食品安全听证会做法，建立群防群治的食品安全监管机制。2004年4月，市工商局印发《不合格食品三小时下架操作程序规定（试行）》，建立肉类及其制品、粮食及其制品、酒类、奶制品、蔬菜、水产品、调味品、水果、饮料、饮用水等不合格食品召回程序和市、县、乡（镇）三级食品安全应急预案。在超市建立下架和召回食品联系人和召回点。在全市建立食品市场准入、食品安全信息公示、索票索证查验、不合格商品撤柜退市、先行赔付等监管机制。不合格食品乙级预警预案由市工商局发布警示，丙级预警预案由县工商局发布警示。7月，市工商局印发《宁德市工商行政管理局关于流通领域食品安全专项整治工作方案》，在全市组织开展流通领域食品安全专项整治活动。在全市检查食品生产、加工、经营企业10714户次，立案455件，取缔无照生产、经营食品企业301户，查处各类假冒伪劣、有毒有害食品96.7吨。2005年，市工商行政管理部门以治理餐桌污染为重点，在全市落实食品安全监管"十条措施"（健全市场准入制度，严把入市商品质量关；健全责任追究制度，确保食品安全监管工作到位；全面实行业主承诺制度，增强行业自律意识；建立质量举报警示制度，完善食品安全消费维权方式；落实商品质量公告制度，引导安全健康消费；实行不安全食品限期退市制度，加强食品市场退出管理；实行依法从严查处制度，严厉打击违法经营行为；强化信用管理制度，建成食品经营企业信用体系；建立新闻监督披露制度，营造全社会重视食品安全氛围；建立科学的检测制度，提高科学监管水平），建立长效监管机制。先后组织清理整顿无证加工经营食品市场、水果市场、蔬菜批发市场、水产品批发市场、活禽市场、儿童食品市场、夏令饮料市场、元旦春节供应市场、大黄鱼市场等8次专项整治行动。以蕉城区为试点，构建食品经营行业自律网，在蕉城南环路建立诚信一条街示范，推行质检员制度、质量保证金制度、先行赔付制度，对活禽宰杀市场进行全面整治。以福安东风市场为试点，建立信息化索证索票制度，得到国务院盐业市场检查组充分肯定，并在全省推广。

（三）农资市场监管

1993年，柘荣县工商局协同县农业、计量等部门，对全县生产资料门市部、仓库进行检查，查获销毁劣质农药4000多瓶，查封过期农药7200瓶。屏南县工商行政管理局和周宁县咸村工商所、古田县平湖工商所，协同农业、物委、计量、供销等部门，对辖区农资市场进行全面检查，取缔2家经营劣质化肥销售点。1994年11月，根据省政府《关于加强农资市场管理的通知》，地区工商局、供销社联合下发《关于进一步加强农资市场管理的通知》，在全区取缔非法生产或无证经营化肥、农药摊点。同时，地区工商行政管理局与物价委员会联合在全区生产资料交易市场开展商品和服务明码标价工作。

1995年，根据省工商局《关于在春耕期间集中整治农资市场的通知》，在全区农资市场开展为期两个月的专项整治活动，检查农资经营点643个，取缔118家农资经营单位和30个代销点（其中无证经营单位50家），解除个人承包经营农资合同9份，限期补办营业执照6家，查处非法经营化肥384.69吨、农药2355吨、种子3500千克、冒牌化肥26吨。全区立案15起，结案9起，罚没6100元。1996年，地区工商行政管理部门对全区374家农资经营单位进行检查，取缔28家无证经营单位，查封45家不符合规定经营单位，解除个人承包合同9家，限期补办营业执照5家。

2001年2月，市工商局与市农业局联合下发《农资市场“打假”整治联合执法行动工作方案》，在全市组织开展农资市场“打假”行动，对全市生产、经营种子、农药、肥料、兽药、饲料及饲料添加剂、鱼粉的企业进行重点整治，检查农资生产、销售单位2.38万户次，查处各类违法违规案件3236件，结案2062件，案值4275万元，罚没885万元，查获假化肥、假农药、假种子案值1400多万元。2004年7月，市工商局转发福建省工商局《关于深入开展“红盾护农行动”，进一步加强农资市场监管工作意见》，加强种子、农药、化肥等七大类农资市场管理。全市立案1553件，案值3109.7万元，罚没188.46万元，捣毁各类非法窝点202个，吊销营业执照76户，取缔无照经营1327户，移送司法机关案件7件。2005年，在全市组织开展消费维权“护农维权保节日活动月”行动及春耕生产“护农维权保春耕”专项行动。组织开展先行赔付制度、化肥留样备查制度、三方联保责任制等活动，古田县有121户农资经营单位实行“农资六制”（农资商品销售信誉卡制度、诚实守信经营承诺制度、农资商品进销台账报备制度、农资商品“三包”责任制度、联合保护农民消费者合法权益责任制度、农资经营者信用公示制度），并签订诚信经营承诺书。寿宁等县推行农资先行赔付制度，中央电视台和《人民日报》《中国质量报》《中国工商报》《福建日报》等媒体进行专题报道。

（四）粮食市场监管

1994年，根据地区行署《关于加强粮食市场管理的通知》，地区工商行政管理部门对全区粮食经营单位和个体粮商进行调查摸底。1998年，根据国务院《粮食收购条例》，地区行署印发《关于加强粮食收购市场管理的通知》，在全区组织开展粮食市场整治行动。地区工商行政管理部门协同粮食部门，严控粮食收储企业准入，变更注销未经地区审批的粮食收储企业。全区审查登记粮食经营加工企业1038家，变更不符合粮食经营、加工条件企业经营范围115家，取缔粮食经营加工企业109家。查处粮食案件139件，查获粮食260吨，其中非法贩运71吨、非法收购120吨。

1999年，根据国务院《关于推进粮食流通体制改革的意见》，在全区组织开展粮食市场整顿。地区工商局转发福建省工商局《关于加强港口码头、铁路沿线站点粮食市场管理的通知》，宁德（今蕉城区）、福安、福鼎、霞浦、古田县（市）工商行政管理局采取措施，加强港口码头、铁路沿线粮食市场运输环节监管。全区共有粮食加工企业469家，其中国有粮食加工企业44家、私营粮食加工企业29家、个体工商户396家。粮食经营企业569家，其中国有经营企业112家、私营经营企业15家、个体工商户440家、有限公司2家。全区审查登记粮食经营加工企业1038家，变更115家不符合粮食经营加工条件的企业，取缔109家粮食经营加工企业。

2000年，开放粮食批发交易市场和集贸市场，完善粮食经营台账、市场巡查、粮食收购市场举报等制度。全区检查粮食市场63个，检查粮食经营、加工企业4716户，取缔无照经营5户，变更3户，查处案件17件，查扣粮食37.26吨。经市工商局批准，全市有3家农业产业化龙头企业、饲料生产企业入市收购粮食，有20家粮食加工、经营企业可直接到农村收购中、晚稻。经县（市、区）工商局批准，有58家粮食加工、经营企业可直接到农村收购早籼稻。同时，扶持农村经纪人组织从事粮食代购代销活动，取缔无证经纪活动2户，纠正不规范经纪行为5起。2002年，福鼎市工商行政管理局组织检查380户粮食经营户，取缔无照经营8户。立案查处浙江灵溪城关粮食加工厂生产的“香米宝”大米、浙江灵溪恒和粮食加工厂生产的“美味佳”大米、浙江苍南先旺粮食加工厂生产的“泰国”大米、江苏南通华粮食品有限公司生产的“如东”精米、江西宏达米业有限公司生产的“泰优”大米、江西上饶米业有限公司生产的“金泰香”大米、政和粮站粮食加工厂生产的“政和”晚米、“家家欢”大米等。

2003年，市工商局印发《关于处置粮食市场经营秩序突发事件工作预案》，成立处置粮食市场经营秩序突发事件领导小组和预警信息处理组、应急指挥组和现场处置组等。对粮食市场经营秩序突发事件预警启动程序做出具体规定。2004年，根据市政府部署，市工商行政管理部门对全市从事粮食收购和粮食销售、储存、运输、加工、进出口等经营活动的经营者进行全面清理，取缔无照无证经营和超范围经营。同时对全市陈化粮购销实行合同备案制，对陈化粮出库、运输、加工、饲料生产、库存等进行全程跟踪监管。2005年，加强粮食市场专项整治，福安市赛岐工商所查获涉嫌用于制作食品的陈化粮46吨。

第二节　注册登记管理

一、公有制企业登记管理

（一）注册登记

1993年，在全区试行企业法人登记管理制度，地区与县（市）工商局相继举办企业法人登记管理培训班。加强企业注册资金验证和国有产权登记，对全区97户违反《企业法人登记管理条例》的企业予以处罚。同时根据《中华人民共和国公司法》，规范登记有限责任公司63户。全区登记企业17076户，其中企业法人7535户，营业单位9547户，从业人员268359人，注册资金392618万元，当年新登记注册内资企业1749户，注销企业561户。1994年7月，根据公司法，宁德市、福安市和福鼎县工商局印发《宁德市企业法人登记管理条例暂行规定》《福安市无主管部门企业登记补充规定》《福安市股份合作制改革试行实施方案》，分别推行企业核准登记制，无主管部门企业登记管理办法和“先照后证”（先发营业护照、后办经营许可证）的做法。其后，周宁、霞浦等县工商局对部分企业实施“先照后证”的做法。

1995年，地区工商局在全区推广宁德市（今蕉城区）工商局的企业直接登记制、福安市工商局的无主管企业登记制、福鼎县工商局的先照后证登记制做法，全区股份制企业普遍实现直接登记制。成立首家跨地区的由5家地、县（市）农资公司与福州耀隆工贸总公司共同投资、股份多元的有限公司。福鼎县百货公司登记为以国家股为控股、干部和职工个人参股经营的百货大楼有限公司，古田县国有企业制药厂改为古田县制药有限公司，福鼎制药厂、东闸厂、乳品厂、标准件厂、水泥厂等集体企业登记为股份合作制企业。全区新登记企业700户，其中公司213户、从业人员11200人，注册资本20871万元，重新规范登记企业58户。1996年，地区工商部门把企业登记的重点放在审查投资主体和法定代表人资格、注册资本真实性等方面。全区登记注册企业16405户，注册资本40.46亿元。当年新登记企业937户，其中新登记公司199户，重新规范登记有限责任公司130户。

1999年，全区有内资企业9804户，注册资本45688万元，其中国有企业2968户、集体企业5307户、联营企业120户、股份制企业192户、股份合作制企业397户。全区组建国有独资有限责任公司32户、国有企业整体改制或部分改制有限责任公司65户。2000年，全区有内资企业8573户，注册资本552423万元，其中国有企业2591户、集体企业4230户、联营企业34户、有限责任公司1295户、股份合作制企业423户。全区新登记内资企业892户，注册资本57478万元。同时，利用电信改革之机，拓宽登记领域，全市登记邮政、电信及其兴办第三产业352户。

2001年，全市登记内资企业8122户，注册资本51.99亿元。其中国有企业2480户，注册资本15.7亿元；有限责任公司727户，注册资本25.73亿元；集体企业3906户，注册资金7.7亿元；联营企业36户，注册资金1.1亿元；股份合作制企业348户，注册资金1.66亿元。2002年，全市登记内资企业7176户，注册资本605725万元。其中国有企业2185户、联营企业15户、股份合作制企业244户、有限责任公司1366户、其他企业31户，全市新登记内资企业551户。2005年，全市登记注册内资企业16502户，其中先办照后办证承诺登记109户，放宽经营范围核准71户，注册资本分期到位63户，按新的资信证明设立362户。

（二）监管服务

1993年，组织开展党政机关与经办经济实体脱钩工作，全区列入清理的422个实体全部脱钩。1995年，根据国家工商总局关于清理“三无”企业（无资金、无场所、无机构）部署，对全区1118户企业进行清理，责成246户企业限期补足资金、完善机构，吊销872户查无下落“三无”企业营业执照。1996年，地区工商行政管理部门对374户农资经营单位进行检查，取缔28户无证经营单位，查封45户不符合规定经营单位。霞浦县工商局松城分局组织开展无证照经营专项执法检查，取缔无证照集体企业5户。是年，全区工商行政管理部门通过年检，吊销宁德吉星电器有限公司、宁德富耀电子有限公司等158户“三无”企业营业执照。1997年，地区工商行政管理部门加强企业年检，全区应检企业15199户，已检12599户，并责成166户擅自改变登记事项的企业重新办理变更登记，解除55户企业挂靠关系，对11户擅自设立分支机构的企业和963户无故逾期年检企业处罚46.64万元。福安市穆阳工商所在年检中查出60户假集体企业，查处取缔4户长期无照企业。1998年，地区工商行政管理部门加强特殊行业监管，促使82户金融、石油、煤炭、印刷经营企业补办审批手续，143户金融、石油、煤炭、印刷经营企业变更企业经营范围。同时，根据中共中央关于军队、武警部队、政法机关不再从事经商活动的决定，协同地区“清理办”组织开展专项清理活动，全区仅保留2户企业的挂靠关系，其余企业一律注销或解除挂靠关系。1999年，执行《中华人民共和国公司法》，地区工商局参与国有企业改革前期论证，为企业提供法律、法规咨询服务。地区工商局与福建省第九建筑工程公司等6户企业建立重点联系制度，帮助4户企业改制为有限责任公司或组建为企业集团。全区工商行政管理部门与56户国有企业建立重点联系制度。全区组建国有独资有限责任公司32户、国有企业整体改制或部分改制有限责任公司65户。柘荣县城关工商所根据举报，查获柘荣县合资旅游日用品厂利用假营业执照诈骗案，并移交公安机关查处。2000年，地区工商局在《闽东日报》公告国有企业联系制度，新增17户国有企业为重点联系户，帮助18户国有企业实施改制。在全市推行企业免检制度，对32户连续3年以上无违法违章行为、经营状况良好、信誉较高的国有企业实行免检。全市清查内资企业登记档案1497户，未提交前置审批手续或提交不全、审批件时效已过的有1288户，办理变更登记340户，吊销执照401户，注销执照61户，取缔无照经营20户，查封“八小”（小歌舞厅、小理发店、小餐饮、小网吧、小招待所、小足浴、小副食品店、食品加工小作坊）企业6户，取缔气功组织兴办企业3户，清理“三无”企业326户，注、吊销2226户未参检企业。

2001年，在全市推进企业产业结构调整，柘荣县工商局协同有关部门引进国内著名科研单位，通过新建、兼并、租赁、联合等形式，先后组建闽东力捷迅药业有限公司和福建广生堂药业有限公司等5户药业企业。市工商行政管理部门帮助48户国有企业、集体企业改制认证。福安市工商局参与闽东安福建筑工程公司的改制认证。全市清理前置审批内资企业3420户，其中提交齐全有效审批材料2083户，限期补交审批材料257户，办理变更登记952户，注、吊销138户。2002年，按照市委、市政府的“优化一产、壮大二产、发展三产”及“工业富市”战略，市工商行政管理部门支持市、县（区）政府确定的重点国有企业改造、改组，组建企业集团。2003年，在全市推行重点项目服务代理制，与县级以上政府确定的80个重点建设项目建立代理服务关系。在全市推行承诺登记制，全市有80户企业享受“先照后证”待遇，18户企业通过承诺登记制登记，5户企业享受“注册资本分期到位”优惠待遇。同时，市工商行政管理部门加强年检和取缔无照经营专项整治，全市内资企业应年检6684户，实检3593户，实检企业注册资本金到位率98%。通过年检，规范企业登记前置审批条件715户，其中补齐前置批文467户，办理变更登记212户，注销199户，确定绿牌企业30户，B级标识32户。2004年10月，在霞浦、福鼎、屏南、寿宁4县（市）率先推行注册官制度，聘任中级注册官9名、初级注册官58名。除有限责任公司的设立登记、股东和注册资本变更登记及外商投资企业登记事项外，其他登记事项均由注册官负责，实行终身负责制。在全市组织初、中级注册官考试，经福建省工商局核准，全市确认企业注册官256名，其中三级注册官1名、四级注册官59名、五级注册官170名、六级注册官26名。2005年，市工商局在全市建立工商事务联络员和重点企业联席会议制度，在全省率先提出推行工商事务指导制和工商事务提醒制。全市工商行政管理部门聘请工商事务联络员361名，召开重点企业联席会议21场次，并确定洪口水电站、温福铁路、鉴明数码等8个重点项目及大唐国际宁德发电有限公司等30户重点企业作为代理服务重点对象。各县（市、区）工商局结合地方实际，确定307户地方政府重点扶持的项目和企业作为重点服务对象。全市有内资企业5654户，注册资本863211万元。其中全市新登记内资企业286户、注册资本38932万元。

二、个体私营企业登记管理

1993年，市工商行政管理部门贯彻地区行署《关于进一步鼓励发展个体私营经济的若干意见》，在全区开展个体私营企业年检和贴花验照工作，全区贴花验照32765户，占应年检、贴花验照数的96.6%。福安市工商局检查1152户个体私营企业，查处违法企业近110户。是年，全区登记个体私营企业 55116 户，从业人员 92826 人，注册资金 46300 万元。其中个体工商户 53060 户，从业人员 73833 人，注册资金 29436 万元；个人合伙经营 1228 户，从业人员 7134 人，注册资金 6033 万元；私营企业 828 户，从业人员 11859 人，注册资金 10831 万元。1994 年，地区工商行政管理部门对边远贫困山村采取“先放后理”措施，实行“只登记、不取缔、不收费”的扶持办法，对流动摊点、运输业和国有企业富余人员从事个体经营的，给予登记发照。同时，地区工商局进一步下放营业执照办理手续，对冠以“公司”名称的注册资金在 50 万元以上的私营企业，由县（市）工商局发放营业执照；对冠以“闽东”“宁德地区”字号的私营企业，由地区工商局发放营业执照。地区工商局与物价委员会联合在全区个体工商户开展商品和服务的明码标价工作。全区登记个体工商户 70618 户、从业人员 104180 人，注册资金 26637 万元。其中当年新登记个体工商户 17558 户、从业 30347 人；有私营企业 1236 户、从业人员 16839 人，注册资金 21660 万元；其中当年新增私营企业 408 户，从业 4980 人。1995 年，地区工商局印发《关于发挥工商行政管理职能作用，解放思想，促进闽东经济大开放、大开发、大发展的意见》，采取“一个减免、两个优先、三个放宽、四个鼓励”措施（即减免相关管理费用，优先办理营业执照、优先安排摊位，放宽经营范围、放宽经营方式、放宽注册资本，鼓励从事第三产业、鼓励创办服务性企业、鼓励从事为农业服务企业、鼓励再就业人员走出县外、区外、境外、国外经商办企业），扶持富余职工和失业人员发展种植业、养殖业、运输业、加工业。同时，地区工商行政管理部门加强无证照经营行为清理查处。1995—1996 年，全区登记个体工商户 69347 户，从业人员 103068 人，注册资金 41506 万元。其中当年新登记个体工商户 16686 户、从业人员 24968 人；全区有私营企业 1681 户，从业人员 23063 人，注册资金 41288 万元；其中当年新增私营企业 463 户，从业人员 5224 人。全区清理无证照经营户 3245 户，补办营业执照 2808 户。屏南县工商局对全县 11 个乡镇所在地的 1055 户个体工商户进行一周检查，查处无证照经营户 34 户，证照过期户 11 户，未亮照经营户 60 户，未验照贴花户 11 户，未进行变更登记 19 户。霞浦县工商局松城分局组织开展无证照经营专项执法检查，取缔无证照经营户 104 户，其中集体企业 5 户，个体工商户 99 户。查出擅自改变经营地点 22 户，超越经营范围 2 户，不亮照经营 14 户。1997 年，地区工商行政管理部门在全区推行文明守法经营承诺制度，霞浦县三沙镇 580 户个体工商户向三沙工商分局递交“承诺书”，承诺“守法经营、正当竞争、不损害消费者的合法权益、不短斤少两、不制售伪劣商品、不发布张贴未经审核的广告、招牌，自觉按期验照、换照，文明服务、礼貌待客，不强买强卖、不哄抬物价”。福安市穆阳工商所在年检中查出 60 户假集体企业，查处取缔 4 户长期无照企业。全区登记科技型个体工商户和私营企业 166 户，出口创汇个体工商户和私营企业 81 户，与外商合资合作办的私营企业 14 户。全区私营企业承包国有集体企业 23 户，购买、租赁、兼并国有集体企业 38 户。全区个私企业安置下岗职工 212032 人，占全区下岗职工总数的 86.7%。1999 年，全区应检个体户 59688 户，实际验照贴花 52329 户；应检私营企业 1965 户，实际年检 1533 户；全区清理无照经营商贩 2306 户，其中补办营业护照 1998 户，取缔 166 户，停歇业 4491 户，处罚 57550 元，补交管理费 130 万多元。

2000 年，地区工商局制定下发《关于建立私营企业连接挂钩、重点服务联系制度的通知》，县（市、区）工商局定期走访私营企业，提供服务。全市工商行政管理部门对 755 户逾期年检企业，处罚 7.93 万元；全市清理“三无”企业 326 户，注、吊销 2226 户未参检企业；清理自行停歇业个体工商户 10310 户，查出无照经营 1113 户，分别予以注销、罚款、取缔、补办执照等处理。2001 年，市工商行政管理部门鼓励、支持个体私营企业参与公有制经济战略重组，优先办理山区和沿海贫困乡村个体私营经济开发种、养、加工业。市工商行政管理部门结合年检对前置审批企业进行“回头看”检查，全市检查前置审批私营企业6285户，通过年检4531户，限期补交前置审批材料670户，办理变更登记121户，注、吊销845户。全区登记个体工商户54762户，从业人员98141人，注册资金61425万元，其中当年新注册登记个体工商户9326户，从业人员15534人，注册资金10470万元。全市登记私营企业2457户，从业人员29222人，注册资金136926.7万元，其中当年新登记私营企业894户，从业人员9984人，注册资金54490万元。2001年，全市登记私营企业户均资金56.6万元，全市有注册资本在100万元的私营企业302户，注册资本在100万～500万元的私营企业266户，500万～1000万元的私营企业28户，1000万元以上的私营企业8户，出口创汇个体私营企业68户，创汇1.46亿元。2003年，市工商行政管理部门降低个体私营经济准入门槛，对符合主体登记条件但未取得批文的，试行“先照后证”制度；对在机械、石化、电子及农业综合开发、环境保护、城乡基础设施和公用事业领域申请设立私营公司制企业的，允许注册资本分期到位。下放私营公司企业登记权限，允许注册资本100万元以上的公司，冠以宁德市名。同时，在全市实行“就近办理，一级办结”制度，把个体工商户发照权限下放给城关以外的基层工商所，由工商所直接办理个体户执照。同时，市工商行政管理部门加强年检和取缔无照经营专项整治，全市查处无照经营户2801户，取缔871户，罚款141万元。全市应检私营企业4968户，实检3378户，实检企业注册资本到位率122%；应检个体工商户48896户，实际验照30171户。全市登记个体工商户42461户，从业人员70824人，注册资本295971万元。其中新登记个体工商户9223户，从业人员13484人，注册资本228564万元。全市登记私营企业4600户，注册资本383552.8万元。其中注册资本100万元的836户，注册资本在100万～500万元的596户，注册资本500万～1000万元的168户，注册资本1000万元以上的72户；全市新登记私营企业1347户，注册资本136645.8万元。2004年，执行福建省政府的《关于促进和服务我省企业发展的若干意见》，市工商行政管理部门在全市推行“先照后证”制、“承诺登记”制、“注册资本分期到位”制。屏南县工商局检查各类经营单位486户，发出责令无照经营整改通知68份，蕉城区蕉北工商所在清理无照经营行动中，建立“一户一卡一档”制度，清理停、歇业个体工商户519户。全市新注册登记农民工商户412户，农民个人创办独资企业11户、合作企业14户，受理农民个体工商户办理经营变更登记211户。全市登记个体工商户41921户，从业人员67126人，注册资金278944万元；私营企业7053户，从业人员55899人，注册资金966483.6万元。2005年，市工商行政管理部门对农民申办生态农业企业，允许其试办半年后再注册登记，同时，受理农民就近登记注册个体工商户412户、就近登记注册独资企业11户和合伙企业14户，受理农村个体工商户办理经营变更登记211户。全市有私营企业7053户，从业人员55899人，注册资本966483.6万元。其中当年新登记私营企业1644户，从业人员17471人，注册资本258878万元。有个体工商户41921户，从业人员67126人，注册资金278944万元。其中当年新登记个体工商户9217户，从业人员14900人，资金数额82733万元。

三、外资企业登记管理

1993年，贯彻省工商局通知精神，对外商投资企业登记实行新规定：凡以县（市）冠名或以地区及“闽东”冠名的外商企业，由所在县（市）初审，报地区工商局核定。以省以上行政区划冠名或不挂行政区划名称的外资企业由地区工商局初审，报省工商局核定。外商投资企业开业登记由地区工商局受理。1995年，执行地区行署的《地区外商投资企业登记制试点实施意见》，简化外商投资企业审批登记手续，并以宁德市、福安市赛岐经济开发区、霞浦三沙对台贸易区为试点，先行试点。1997 年，根据外经贸部等七部委的《关于外商投资企业实行联合年检的通知》，地区工商局、外经委、财政局、外管局、国税局、地税局等 7 个单位联合制定贯彻实施意见。1998 年，地区工商局、外经委、财政局、外管局、国税局、地税局等 7 部门开始实行联合年检，召开全区年检工作会议，下发联合年检公告，向企业发送联合年检报告书、材料清单等。截至 4 月底，全区应参检的 347 户外商投资企业，实际参检 169 户。其中年检不合格企业 19 户，全区上报注、吊销企业 30 户。

2000 年，根据地委、行署《关于加强投资软环境建设进一步鼓励外商投资的若干措施（试行）》，地区工商局印发贯彻实施意见，对申办外资企业采取“一审一核”制，降低外资企业 20%的开业登记收费，对外商投资超千万美元项目，实行专项专人登记负责制。全区有外商投资企业 212 户（外商独资企业 112 户、中外合资企业 94 户、中外合作企业 6 户），投资总额 39732 万美元，注册资本 25032 万美元，外方认缴出资额 19109 万美元。其中新登记外商投资企业 28 户（合资 11 户、合作 1 户、独资 16 户），投资总额 5123 万美元，注册资本 2861 万美元，外方认缴出资额 2141 万美元。全区吊销外资企业 527 户，其中“三无”外资企业 83 户。2002 年，经国家工商总局批准授权，市工商局可直接登记外商投资企业。继续实行外商投资企业联合年检办法，降低外商投资企业 20% 的开业登记收费标准。全市有外商投资企业 202 户，投资总额 43702 万美元，注册资本 26244 万美元。其中外商独资企业 119 户，中外合资企业 78 户，中外合作企业 5 户。全年新设立外商投资企业 26 户，投资总额 5590 万美元，注册资本 3027 万美元。2003 年，市工商局改进外资企业登记监管，全市新登记外商投资企业 25 户，投资总额 39111 万美元，注册资本 18373 万美元，其中外方认缴 7946 万美元。应检外商投资企业 171 户，实检 132 户，实检企业注册资本到位率为 87%。2005 年，实有外商投资企业 174 户，其中合资企业 73 户，合作企业 3 户，独资企业 98 户，投资总额 78182 万美元，注册资本 41998 万美元（外方认缴 26088 万美元）。其中当年新登记外商投资企业 21 户，投资总额 10704 万美元，注册资本 4901 万美元（外方认缴额 4230 万美元）。实有外商投资企业分支机构和办事机构 100 户。

若干年份宁德市（地区）私营企业情况统计表

表 23-2　　　　单位：人、户、万元

年份	户数				投资人数	职工数	资金	总产值	生产经费
	合计	独资	合伙	有限公司					
1993	828	256	437	135	2241	9618	10831	14271	21185
1994	1236	332	632	272	3404	13435	21660	37120	21321
1995	1586	422	788	376	4871	16679	34055	50368	42814
1996	1725	474	755	496	5620	18418	46702	55043	47763
1997	1665	480	653	532	5209	17193	54849	58604	39545
1998	1247	533	671	43	5651	19776	89331	122706	89081
1999	2109	—	—	—	—	—	102141	123755	85898
2000	2457	—	—	—	—	29222	136926	—	—
2003	4600	1537	836	2227	9946	27343	383552	—	—
2004	5623	1920	864	2839	11584	33619	694126	—	—
2005	6512	2158	885	3469	13762	55899	966483	—	—

1993—1999 宁德地区个体工商业情况统计表

表 23-3　　　　单位：人、户、万元

年份	户数	从业人数	城镇户数	城镇从业人数	农村户数	农村从业人数	当年登记情况				当年登记情况			
							企业户数	企业类别			投资总额	注册资本	外方认缴	吊销数
								合资	合作	独资				
1993	53060	73833	26814	39116	26246	34737	171	77	1	93	19899	13509	10552	0
1994	57176	80706	25619	20806	31557	42468	46	19	1	26	9238	5861	4750	46
1995	69807	105124	37561	59522	32246	45602	70	31	1	38	9876	6468	4722	63
1996	57064	92136	30521	50441	26525	41695	55	14	3	38	5496	4563	2905	93
1997	57766	100100	30602	5364	27164	44736	40	13	1	26	5620	3456	2193	48
1998	59688	104800	32711	58999	26977	45801	50	12	2	36	10319	7334	6862	59
1999	62233	107697	—	—	—	—	—	—	—	—	—	—	—	—

1993—2005 年宁德市（地区）外商投资企业登记注册情况统计表

表 23-4　　　　单位：户、万美元

年份	累计企业户数	年底实有情况						
		企业户数	企业类别			投资总额	注册资本	外方认缴
			合资	合作	独资			
1993	382	345	189	10	146	43641	29357	20786
1994	474	391	208	11	172	52818	35218	25546
1995	550	404	225	11	168	50539	34068	24451
1996	608	369	191	11	167	47598	33586	23233
1997	647	360	183	11	166	51120	35327	24324
1998	695	349	160	11	178	53277	37748	27218
1999	713	269	120	10	139	45760	31145	24617
2000	212	212	94	6	112	39732	25032	19109
2001	232	—	—	—	—	—	—	28414
2002	202	202	78	5	119	43702	26244	20995
2003	228	228	132	5	91	83397	45118	29588
2004	197	197	78	5	114	79347	42414	26398
2005	174	174	73	3	98	78182	41998	26088

第三节 商标广告管理

一、商标管理

1993年年初，全区有注册商标467件，其中福建省著名商标8件。地区工商局组织执法人员，对全区434件注册商标进行验证，验证率达93%，其中能正确使用的商标329件，不能正确使用的商标（包括自行改变注册商标的文字、图形等）105件。地区工商局举办商标广告管理师资培训班、商标广告技术岗位培训班、商标知识培训班3期，培训广告管理人员、商标代办员及广告经营单位从业人员、广告媒体业务人员、登记注册企业主管等100人。1994年，全区代理注册商标155件，其中古田西洋油柰成为全区首例水果注册商标，并经国家商标局核准注册，获得商标专用权。1996年，开展假冒伪劣注册商标、虚假广告专项治理活动。销毁假冒注册商标标识11万套，查处商标侵权案97件，违法广告案件103件，清理乱张贴违法广告5005张，拆除违章广告牌487面，罚款22.72万元。

1995—1996年，地区工商行政管理部门为企业代理注册商标215件，其中有80件经国家商标局核准注册。1998年，全区有福建省东鼎燃具集团公司的东鼎商标与福建省白莲花化工有限公司的白莲花商标被福建省工商局认定为福建省著名商标。1999年，根据行署的《关于实施闽东商标战略的八条措施》，地区工商局在全区建立商标专用权保护网和打假维权工作，全区有78家企业登记加入商标专用权保护网并列为重点保护对象。在全区组织开展著名商标培育和推荐工作，县（市）工商局推荐上报58件商标，经地区工商局审定转报5件，其中福安市康华电子医疗仪器厂的五州商标、闽东甜菊糖食品厂的瑞彩商标、福安农药厂的丰牌商标被福建省工商局评为福建省著名商标。“柘荣太子参”在福建省工商局与商标事务所支持下，办理全区首例证明商标注册手续。同年9月，地区行署印发《关于公布1999闽东知名商标的公告》，宁德地区茶叶公司的鞠岑牌商标、福建天山茶叶有限公司的天山牌商标、福安化工厂的神牛牌商标等25件商标被认定为闽东知名商标。地区工商局对全区的683家1998年注册的企业商标进行验证，验证率达96%。2000年，福安市白马调味品厂的白马河商标与福鼎玄武石材集团公司的玄武商标被福建省工商局评为福建省著名商标。

2001年，市工商行政管理部门注重茶叶、药业、食用菌、水产品、电机电器、石板材及旅游标志等商标注册，全市申请注册商标189件，比上年增长20%。全市累计商标注册1500件，其中支柱产业和名、优、特产品商标注册占40%。全市核准广告经营单位22家，审批各类灯箱、路牌、霓虹灯等媒体广告1956件。同时，市工商部门对5件申请注册证明商标产品进行产地论证，“柘荣太子参”“古田银耳”被国家商标局授予证明商标。对使用期已满3年的福建著名商标进行重新考核，并报福建省工商局核准。市工商局报“健神”“绿雪芽”“华大”“港发”“东方神”“东湖”“桑月”等7件商标参加福建省著名商标认定。福鼎市华大食品有限公司的“鼎帅”商标、福安市新港发电机有限公司的“港发”商标、屏南县健神食用菌有限公司的“健神”等3件商标被福建省工商局评为福建省著名商标。闽东知名商标认定委员会认定27件2000年度闽东知名商标。

2002年，根据省工商局、农业厅的《关于规范使用依法保护绿色食品证明商标的通知》《关于开展保护绿色食品证明商标专项行动的通知》，市工商局与市农业局绿色食品办公联合在全市开展保护绿色食品证明商标专项行动，检查超市、商场20家，农资市场、专业市场40个和副食品店、茶叶经销店、牛奶专卖店637家，查扣食品90多件，产品包装箱3300个，立案处理6起。根据《中华人民共和国商标法》，在全市组织开展商标申报认定工作，全市申请注册各类商标177件，其中自然人注册商标57件。市工商局对全市14家申请认定福建省著名商标的企业和申请复核认定的“五洲”“丰牌”“瑞彩”等著名商标进行审核和筛选，并报福建省工商局认定10件。有福鼎天湖茶叶有限公司的“绿雪芽”、屏南龙潭庶民酒业有限公司的“惠泽龙”、福建省天龙电机有限公司的“图”、闽东力捷迅药业有限公司的“力捷迅”等4件商标被省工商局认定为福建省著名商标。

2003年，对全市福建省著名商标企业实施重点保护措施，把相关企业录入“华东五省一市商标管理协作网”与工商红盾网诚信单位红名单，企业享受免年检待遇。4月，根据省整规综合办公室等九部门《关于在世界知识产权领导人会议召开前开展保护知识产权专项打假行动的紧急通知》和省工商局《关于开展保护知识产权专项打假行动的紧急通知》，市工商部门对全市企业和工商户的食品、化妆品、服装、皮具、交通运输工具及零配件等商品进行拉网式检查。全市检查各类超市、商场857家（户），驰名品牌专卖店146家，专业市场31个，商标印制企业42家，查获侵权服装、皮具、饮料、鞋等3200多件，化油器23万台，商标标识3500张。立案查处涉嫌假冒箭牌口香糖、华伦天奴皮具、佳能喷墨、皮尔卡丹服装等案件26起。全市工商部门代理注册各类商标185件，全市累计注册商标2180件，其中福建省著名商标14件、知名商标27件，知名商标注册居全省首位。全市有宁德市仙山茶厂的“憩园”、宁德市大登服饰有限公司的“好男儿”、福安市闽东安波电器有限公司的“ABLE”、福建省闽东德丰电机有限公司的“凯捷利”、福安市太平洋电机有限公司的“图”、闽东阳光食品有限公司的“阳光”等6件商标被评为福建省著名商标。

2004年，全市申请注册商标751件。首次转让闲置商标5件，其中福安农药厂的丰牌商标（福建省著名商标）以50万元转让。有宁德市茶叶公司的“鞠岭”商标、福建泰格动力机械有限公司的“Tiger”及“图”、福建顶丰食品有限公司的“顶丰”、福安市仁升食品有限公司的“仁升”、闽东五一机电有限公司的“MDJ”、福建福鼎京科化油器有限公司的“JINGKE”及“图”、福建省友力化油器有限公司的“KEIHIN”、福鼎市品品香茶厂的“品品香”、霞浦正阳摩擦工业有限公司的“JOYYOUNG”、古田县武豪食品有限公司的“武豪”、古田县大丰工贸有限公司的“八荒”及“图”、柘荣太子参协会的“柘荣太子参”、福建广生堂药业有限公司的“广生堂”等13件商标被新认定为福建省著名商标，有23件商标被新认定为宁德市知名商标。

2005年，在全市推行《商标注册建议书》《商标品牌策略提示书》制度，全市申报“福鼎大白茶”“福鼎白毫银针”“福鼎白琳功夫”“福鼎太姥绿雪芽”“福鼎石兰紫菜”“福安巨峰葡萄”“古田黄田马蹄笋干”“蕉城晚熟龙眼”等9件地理标志证明商标，居全省首位。选送福鼎四季柚到北京参加由世界知识产权组织和国家工商总局举办的战略性利用商标促进经济暨农村发展国际研讨会展览。全市申报注册各类商标810件，比上年增长11.85%，转让闲置商标29件。全市有福安市海洋技术开发总公司的“海名威”、宁德市南阳实业有限公司的“海旸”、福安市怡和电子有限公司的“怡禾康”、福建银嘉机电有限公司的“YINJIA”、宁德市恒信粮油贸易有限公司的“青牛”、福安市城湖茶叶有限公司的“东湖”、福鼎市华益机车部件厂的“华益”、福建圣王乳业有限公司的“圣王”、福鼎海鸥水产食品有限公司的“九洋”、福鼎市大吉好刀剪五金有限公司的“大吉”、福建省三沙华美实业有限公司的“HMK”、古田县金松食品有限公司的

“金松”、屏南县新田王蔬菜开发有限公司的“新田王”、福建仙洋洋食品科技有限公司的“仙洋洋”、福建三祥冶金有限公司的“FSM”等15件商标被评为福建省著名商标。同时，市工商局制定《宁德市2005年保护注册商标专用权行动方案》，把保护注册商标专用权专项行动列入年度绩效考评内容。全市工商部门检查经营户13982户次，检查商品交易市场662个次，捣毁商标制假窝点21个，查处商标侵权案件261起，其中涉外商标侵权案件16起，移送公安机关查处7起。没收、销毁侵权商标标识26万张（套），没收、销毁侵权商品8.6万多件，罚款88.55万元。市政府举行高知名度商标授牌仪式，市政府、市人大常委会、市政协领导和省、市新闻媒体及企业代表参加商标授牌大会。2005年，全市累计注册商标2900件，其中福建省著名商标48件、闽东知名商标102件。寿宁花菇、柘荣太子参、福鼎四季柚、福安绿笋、霞浦三菜（海带、榨菜、紫菜）、古田白木耳、官井洋大黄鱼、宁德茉莉花茶等特色农产品凭借商标走俏全国及海外市场。

二、广告登记管理

1993年，全区新增路牌广告89面、1483平方米，新增广告专栏23个和灯箱广告470面、1400平方米。柘荣县闽东制药厂、闽东狮山矿泉水饮料联营公司等企业在北京、沈阳、天津、上海、广州、福州等城市设置路牌广告。1994年，宁德市（今蕉城区）蕉南、蕉北工商所对市区范围的灯箱广告、路牌广告、招牌广告进行专项整治，检查广告户数156户，鉴证张贴广告8000万份，审批临时广告15家。对违反广告管理条例的京都卡拉OK、金鹤宾馆等13家企业，依法分别处罚1250元。1995—1996年，全区工商行政管理部门查处违法广告案件137件，清理乱张贴广告1835份，没收违法广告1020份，拆除违章广告145面。1999年，福安市工商局在市区醒目、人流量大的地段设置户外广告，形成广告一条街，政府免收占道费。宁德市工商局组织4家广告公司在市区二环岛地段设置14面大型户外广告，面积1920平方米。地区工商部门举办商标广告培训班18期，培训数百名广告设计制作人员。全区工商行政管理部门审批各类户外广告1232面、新增路牌广告300面、新增灯箱广告603面、霓虹灯广告59面，广告经营额1029万元，比上年同期增长8%。

2000年，地区工商局牵头协同卫生、宣传等单位，对全区医疗、药品、保健品广告市场进行拉网式清查。全市检查医疗机构147家、药店205家、媒体20家，重点抽查医疗药品、保健品广告280条，责令停止刊登145条，立案查处26起。全市查处违章违法广告案件221起，罚款15.4万元。市工商部门扶持发展户外广告和公益性广告，市区新增高质量灯箱霓虹灯路牌广告247面、2500平方米，公益性广告200面。福鼎市工商局统一制作公共广告栏20个，把市区广告纳入规范化管理轨道。2002年，在全市开展广告经营单位资质等级标准认定工作，全市128家广告经营单位全部参加资质考核等级认定。经考核认定，全市有二级广告资质经营单位1家，三级广告资质经营单位3家，四级广告资质经营单位10家，五级广告资质经营单位114家。同时，在全市组织开展广告市场专项整治，全市查处各类违章违法广告案件209件，罚款34.85万元。其中医疗广告19件，药品、保健品、食品广告31件，房地产广告10件。2003年，在全市建立广告台账制度，一般性广告审批时间由7天缩短至3天。全市审批各类户外广告1976面，其中路牌广告472面，布幅广告370条，灯箱广告580面，霓虹灯广告57面，其他广告495面，广告经营额3370万元。

2004年，根据省工商局部署，在全市组织开展医疗、药品、食品广告和房地产广告专项整治行动。全市拆除无主广告牌346面，清理沿街店面广告牌429面，查处违法违章广告案件154起，罚款29.14万元，其中医疗广告11件，药品广告4件，保健食品广告14件，房地产广告3件。在全市开展创建“广告示范一条街”活动，县（市、区）工商局在城区各选择一条有代表的主街道，作为广告示范一条街，组织开展创建活动。7月，执行《中华人民共和国行政许可法》，取消店堂广告、店堂牌匾广告、临时性广告审批，保留户外广告、烟草广告和固定形式印刷品广告审批。是年，全市审批各类广告1508个，其中路牌广告250面，布幅广告334条，灯箱广告540面，霓虹广告68面，其他广告372面，广告经营额4100多万元。全市广告经营单位增加至152家、从业人员1158人。

2005年，市工商行政管理部门在全市组织开展整治虚假违法广告专项行动，全市监测各类广告3263条，发现涉嫌违法广告561条，立案查处违法广告199起，罚款28.83万元。其中监测检查保健食品、药品、医疗、化妆品、美容服务广告2036条，发现涉嫌违法广告411条，立案查处96起，罚款18.61万元。全市审批各类广告928个，其中路牌广告92面，灯箱广告270面，霓虹广告30个，电子显示屏3块，布幅广告295条，其他广告（含印刷品广告、载体广告等）238个。

1993—2005年宁德市（地区）商标广告注册管理情况统计表

表23-5　　　　单位：个、万元

年份	商标注册数	广告经营单位	广告营业额	商标案件数	广告案件数
1993	434	23	179	21	7
1994	528	64	454	122	30
1995	662	77	774	90	102
1996	789	83	660	101	123
1997	890	87	1590	164	85
1998	1087	91	1942	38	65
1999	125	—	1750	22	198
2000	136	58	1500	89	221
2001	189	22	—	—	—
2002	177	128	3144	367	209
2003	185	150	3370	117	221
2004	751	152	4100	147	154
2005	677	168	2405	261	199

第四节　经济合同监管

一、合同种类

1993年，全区使用的合同种类有工矿产品购销合同、农副产品购销合同、加工承揽合同、建设工程承包合同、财产租赁合同、企业承包合同、企业联营合同、借款合同及其他合同等8种合同。1995年，随着物流发展，全区新增加货物运输合同、仓储保管合同、企业租赁合同、供用电合同、财产保险合同、技术合同等6种合同。2000年，全市农业生产领域有农业生产种植合同、粮食购销合同、水果购销合同、蔬菜购销合同、茶叶购销合同、花卉种植与购销合同、农药和化肥购销合同、种子培育与购销合同等合同，建筑领域有工程承包合同，建材购销合同、房屋装修合同、水电安装合同等合同，商品流通领域有商品购销合同、商品仓储保管合同、商品运输合同等合同，生活领域有房屋买卖合同、房屋租赁合同、借贷合同、居间合同、财产保险合同、人寿保险合同、财物移交合同、供电供水合同、赠予合同、委托合同等合同，涉外投资领域有中外合资合同、中外联营股份制合同、合作企业合同等合同。2005年，全市各类经济合同150多种。

二、合同监管

1993年，全区立案仲裁合同6558件、38049万元。其中经济合同纠纷案件1508起、893.33万元，结案1472起。通过鉴证和仲裁，为352家企业挽回经济损失1628.29万元。1994年，执行新颁布的《中华人民共和国经济合同法》和《中华人民共和国仲裁法》，全区工商行政管理部门受理各类经济合同纠纷案件456件、1215.74万元，鉴证各种经济合同5605份、2.78亿元。同时，通过检查、监督或中止合同等措施，为当事人挽回经济损失2780万元。1996年，地区工商行政管理部门开始鉴证建筑施工企业经济合同，全区鉴证建筑施工企业经济合同44份、3022万元。同时开展打击合同欺诈专项治理活动，重点检查566家企业，立案89件，结案28件、移交司法部门14件、罚款5.3万元，为合同当事人挽回损失51.23万元，避免损失922.38万元。1995—1996年，全区鉴证各类经济合同4654份、30705万元，检查合同17654份、91949万元，发现并解除违法合同42起、370万元，查处违法合同12起、258万元，为外地9家企业挽回经济损失370万元，为本地5家企业挽回经济损失48.6万元。全区办理动产抵押登记36件，抵押3000万元，受理合同纠纷案件359起、8463万元。

1997年，全区鉴证建筑施工企业经济合同102份、8579万元。办理企业动产抵押登记41件，抵押9854万元。1998年，全区鉴证各类经济合同1147份、10089万元。1999年，全区工商行政管理部门开始鉴证粮食购销合同、建筑安全合同、劳务合同、购销合同、借款合同、租赁合同等。全区鉴证各类经济合同2202份、16528万元。

2000年，全区开展商品房合同鉴证、粮食购销合同鉴证、拍卖合同鉴证、劳务合同鉴证、装潢装修工程合同鉴证和监理工程合同鉴证。全区鉴证各类合同3329份，金额44673万元。其中鉴证商品房合同98份、金额1096万元，鉴证粮食购销合同162份、金额330万元，鉴证拍卖合同131份、金额3356万元，鉴证劳务合同17份、金额32万元。办理动产抵押登记76份，抵押物金额17220万元。行政调解合同22份，金额94万元。开始介入建筑市场、拍卖市场监管，参与建设工程招投标40场，工程金额5532万元。监督拍卖现场77场，备案拍卖合同402份，金额8564万元。全年查处违法合同9份，罚款3.31万元，其中查处欺诈合同案件2起，罚款3万元。

2001年，市工商行政管理部门加强粮食合同、房地产合同、建筑合同等监管，打击利用经济合同进行欺诈行为。2002年，全市鉴证建筑工程承包合同、商品房买卖合同、拍卖合同等合同897份，合同标的42674万元。检查合同303份，合同标的1879万元，查出不合格合同5

份，金额6.3万元。到期未履约合同13份，金额503万元。违法合同1件，金额0.2万元。办理动产抵押登记32份，抵押物价值8035万元。参加招投标监管48场次，中标金额10650万元。现场监管拍卖127场次，金额13280万元，鉴证拍卖合同286份。督促房地产企业纠正合同违约行为，理赔285户，赔付金额400万元。2003年，市工商行政管理部门查处违法合同8件，金额29.22万元，罚款3.05万元，上报典型案例2件。办理动产抵押物登记57件，抵押物价值21100.97万元。调解合同争议案件30件，为合同当事人挽回经济损失47.12万元。参加建设项目招投标29场，金额7813万元。现场监管拍卖146场，金额20641万元。2004年，全市工商行政管理部门检查各类合同449份，金额14719.99万元，不合格合同3份，金额51.30万元，到期未履约合同11份，金额612.30万元，解除合同8份，金额10万元，查处合同违法行为2件，违法金额3.82万元，罚款600元。办理动产抵押登记44份，抵押物价值24440.24万元，抵押权人为国有企业的抵押合同3份，抵押物价值1527.96万元，主债权金额400万元。抵押权人为集体企业的抵押合同1份，抵押物价值270.60万元，主债权金额11099万元。抵押权人为国内金融机构的抵押合同40份，抵押物价值22641.64万元，主债权金额19116万元。开展拍卖报备共122场，现场监拍109场，拍卖委托书236份，金额15685.40万元。拍卖确认书174份，成交金额13300.89万元。查处违反拍卖程序的案件1起，罚款1.8万元。2005年，市工商行政管理部门加强订单农业宣传和订单合同监管，加强对拍卖行业监督，实施药品、医用耗材招投标合同备案等。全市检查各类合同1059份，金额14711.53万元，其中不合格合同2份，金额1.30万元。查处合同违法案件4件，移送司法机关1件，受理合同行政调解9起，争议金额4.30万元，结案8起。办理动产抵押登记34份，抵押物价值54996.11万元，主债权金额34447.9万元。

三、重合同、守信用活动

1998年7月，地区工商局下发《关于开展“重合同、守信用”单位认定工作的通知》，在全区组织开展“重合同、守信用”活动。“重合同、守信用”企业实行分级命名，已连续生产经营2年以上的企业，经业务主管部门审查推荐与县（市）工商局审定，由县（市）政府批准命名。已连续生产经营3年以上（含3年）企业，经县（市）政府报地区工商局审定后，由地区行署批准命名。已连续5年以上被认定为“重合同、守信用”企业，经地区、县（市）工商局考核，由省工商局批准命名。是年，全区完成1997年度企业重合同、守信用评选认定工作，评出连续三年以上重合同、守信用单位18家，一至两年的重合同、守信用企业15家，并在《闽东日报》刊登公告。

2002年，推进诚信体系建设，参与“以德治市”，建设“诚信宁德”活动，开展各类经营主体法律法规、职业道德、信用意识教育。组织开展“重操守、讲诚信、创光彩业绩”活动及“重合同，守信用”“诚信单位”评选等工作。7月30日，向福建省工商局推荐40家连续5年以上被认定为“重合同、守信用”企业参加省级“重合同、守信用”单位认定。2003年，全市有福安市农药厂、省盐业公司宁德分公司、霞浦华威机电有限公司、福建三祥冶金有限公司、福建白莲花有限公司等5家企业被国家工商总局认定为全国“重合同、守信用”企业，有43家企业被省工商局评为福建省“重合同、守信用”企业。有113家企业被市工商局评为宁德市“重合同、守信用”企业。

2004年，根据东侨开发区的“政府牵头、工商搭台、部门联动、综合征集、标准管理”统一部署，东侨开发区工商牵头，与税务、公安、金融等15个部门联动，综合采集企业信用信息，评出信用等级。2005年，市工商行政管理部门组织评选2003—2004年度守信用重合同企业。全市有41家企业被福建省工商局评为福建省“重合同、守信用”企业，有108家企业被市工商局评为宁德市“重合同、守信用”企业，有52家企业被县（市、区）工商局评为福建省“重合同、守信用”企业，并进行表彰。

1999—2005年宁德市（地区）合同管理情况统计表

表23-6　　单位：份、万元

年份	鉴证合同	金额	其中			处理		动产抵押			挽回损失
			不合格合同	到期未履行合同	解决争议合同	违法合同	罚没款	登记件数	抵押物价值	现场拍卖场数	
1999	3333	34097	45	5	30	12	—	87	14896	77	114
2000	3329	44673	76	146	—	11	3.0	76	17220	—	190
2001	1416	51819	—	—	18	32	5.3	76	19220	—	121
2002	897	42674	—	—	—	1	0.2	32	8035	146	—
2003	—	—	—	—	30	8	3.0	57	21100	—	41.12
2004	449	14719	—	—	—	2	—	—	24440	—	—
2005	1059	14711	—	—	—	4	—	—	—	—	—

第五节　消费者权益维护

1993年3月，地区、县市工商局与市消委会，在国际消费者权益日组织开展查处假冒伪劣商品活动。1994年，贯彻执行《中华人民共和国消费者权益保护法》与《福建省实施〈中华人民共和国消费者权益保护法〉办法》，加强消费者权益保护。是年，全区工商部门受理消费者投诉案件761起，结案752起，为消费者挽回经济损失20余万元。宁德地区消委会对群众反映强烈的液化气供应问题进行调查处理，退还用户钢瓶周转费1.38万元。1995年，执行《福建省保护农民购买使用农业生产资料权益若干规定》，全区工商行政管理部门和各级消委会本着“积极主动、秉公办事”原则，维护消费者特别是农民的权益，向社会公布咨询电话，接受群众咨询2697人次。至1996年，全区共受理消费者投诉案件1101件，处理结案1069件，为消费者挽回经济损失104.58万元。

1997年3月，地区工商局与消委会在宁德市区组织开展“3·15”活动，接待咨询万余人次，展出假冒伪劣商品130多种，省、地新闻媒体进行专题报道。同时，地区工商局设立“95315”消费者纠纷投诉服务台，其后，周宁、寿宁、古田、宁德等县（市）相继设立“95315”投诉服务台。古田县“95315”服务台在3个月内接受消费者投诉94起，立案查处2起，移办案件7起。寿宁县“95315”服务台受理投诉和举报33起，案值24.87万元，为消费者挽回经济损失17.5万元。地区消费者协会新建19个消委会基层分会、8个行业分会、21个联络站，初步形成县（市）、乡镇、村三级监督网络。全区受理消费者投诉案件471起，处理452起，为消费者挽回经济损失

51.59 万元。

1999 年，地区工商局和消委会结合“安全健康消费”主题年活动，把消费维权工作从城镇延伸到农村，全区受理消费者投诉案件 907 件（其中农村消费者投诉 167 件），处理结案 890 件，为消费者挽回经济损失 117.22 万元。霞浦县消委会为 76 位农民处理早稻种子问题，挽回经济损失 3.35 万元。2000 年，各级工商行政管理部门组织开展“明明白白消费”年主题活动，全市受理消费者投诉 659 起，其中调解 599 起、立案查处 46 起、移送处理 13 起，消费者获得赔偿 5.3 万元，为消费者挽回经济损失 181.37 万元。霞浦县工商局率先组建海上“12315”维权服务艇，受理渔民养殖户投诉 19 起，立案查处 9 起。

2001 年，市工商行政管理部门组织开展“消费者满意街”活动，各县（市）工商局分别在蕉城区南环路、福安市韩城中兴街、古田县建设路、霞浦县龙首路、周宁县狮城大街、福鼎市古城路设立“消费者满意街”，组织开展维护消费者权益活动。全市“12315”投诉台受理投诉和举报 1757 件，案值 329 万元，为消费者挽回经济损失 174 万元。全市消委会受理消费者投诉 510 件，解决 503 件，为消费者挽回经济损失 181.37 万元。同年，市工商局在全省率先立案查处“自来水最低消费”维权案，责令屏南县自来水公司停止设置收费起码吨行为，并罚款 5 万元。福建省建委鉴此决定在全省范围取缔自来水“最低消费”侵权行为。2002 年，市工商行政管理部门继续开展创建“消费者满意街”活动，各县市区相继设置联络员、投诉站等，推进维权体系建设，进一步完善“12315”“一个中心、三级执法”消费者权益保护执法网络。福鼎市工商局设农村“12315”联络员，霞浦县工商局设“海上 12315”投诉站，蕉城区工商局成立“海上 12315”工作站。市工商局与梦得娇服饰、雪津啤酒、脑白金、元秘 D 等 20 多家知名企业联手维权，打击侵害消费者权益违法行为。全市受理消费者投诉 1400 起，为消费者挽回经济损失 210 万元。

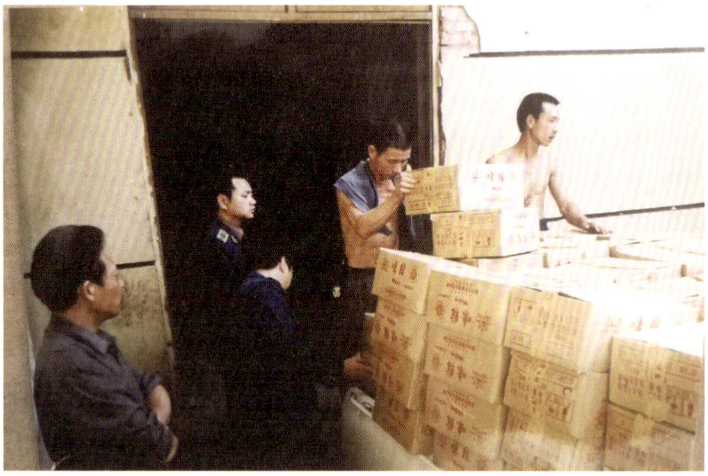
2002 年 10 月 20 日，宁德市工商局查获一批含水超标味精

2003 年，在全市推行消费争议纠纷先行赔付制度，全市集贸市场、超市、商场相继向消委会缴纳先行赔付保证金，签订先行赔付委托书。同时，市工商行政管理部门大力推进维权体系建设。全市建立村级“12315”联络站 194 个，聘请 194 名村干部和离退休老同志任联络员，建立社区（商场）“12315”联络点 107 个，与全市 107 家支柱企业、外地 143 家名优企业建立联手打假机制，初步形成纵向到底、横向到边的“12315”维权网。全市“12315”投诉台（站、点）受理消费者投诉案件 2110 起（其中由联络站、点受理或移交处理投诉案件 571 起），为消费者挽回经济损失 166.31 万元。市工商行政管理系统与市内外 250 家企业联手打假 151 次，立案查处一批仿冒、假冒侵权案件。2004 年，市工商行政管理部门进一步拓展“12315”维权网络，全市新增村级“12315”联络站 102 个，新增商场（社区）“12315”联络点 85 个，新设校园维权点 192 个，全市有专兼职维权工作人员 852 人，其中基层维权联络员 680 人。市工商行政管理部门与全市 191 家名优企业联合开展打假维权行动，全市受理消费者投诉 2236 件，调解成功 2181 件，

为消费者挽回经济损失 198.57 万元，其中基层维权联络点受理申诉 625 起，调解成功 620 起。

2005 年，市工商局成立“12315”消费者申诉举报服务指挥中心（台），实现指挥中心、检查大队、消委会“三位一体”。寿宁县聘请红领巾维权小卫士和驻村干部为“工商事务联络员”。全市接受消费者咨询、举报、申（投）诉电话 5498 个，其中咨询电话 3081 个，申（投）诉电话 2105 个（办结 2062 件），举报电话 312 件（处理 297 件）。全市 12315 系统受理消费者投诉 3059 件，调解 3016 件，为消费者挽回经济损失 535 万元。

第六节　经济监督检查

一、缉查走私贩私

1993 年，根据福建省委反走私工作会议部署，地区工商行政管理部门在全区组织开展打击走私贩私活动，全区查处走私贩私、投机倒把案件 654 起，其中万元以上案件 318 起，罚款 882 万元，查获进口汽车 49 辆、进口家电 847 台、卷烟 48 万条。1994 年，贯彻国务院有关反走私文件精神，全区缉私队、检查站停止上路下海检查，把工作重点从“海上堵、陆上查”转移到“陆上查、市场管”及“专项治理”上。全年查案 739 件，其中大案要案 386 件，罚没金额达 1301 万元。查获的物资主要有进口汽车 126 辆、各种卷烟 95 万条、外汇券 2.3 万元、黄金 1.09 万克、摩托车 117 辆、进口布料 52 万米、录放像机 201 台、进口涤纶丝 17.7 吨。1997 年 1 月，福鼎市缉私队依法扣押 A—53345 货柜车贩运的走私“三五”卷烟 44994 条，案值 400 万元，为福鼎缉私队建队以来查处的个案值最大的案件。

1999—2000 年，根据国家工商总局打击走私工作会议部署，地区工商行政管理部门集中打击走私贩私活动。至 2000 年，全区查处走私贩私案件 74 件，案值 2350 万元，罚款 245.08 万元。查获进口钢材 153 吨、化工原料 83 吨、化纤布 150 万米、香烟 1512 件、电子元件 3 万套等。福鼎市工商局缉私队查处案值 10 万 ~ 30 万元案件 22 件，案值 30 万 ~ 100 万元案件 4 件，案值 100 万元以上案件 2 件。2002 年，市工商部门查处走私贩私案件 60 件，案值 888.20 万元，罚款 66.3 万元，其中移送公安机关查处 5 起，案值 270 万元。2005 年，市工商部门查处走私贩私案件 21 起，案值 74 万元，罚款 11.6 万元。查获走私卷烟 5260 条、手机 16 部、牛皮 5.4 吨。

二、查处假冒伪劣商品

1993 年，全区工商行政管理部门立案查处数 128 件，捣毁制假窝点数 23 个，查获假冒伪劣商品价值 2351 万元，销毁假冒伪劣商品价值 2036 万元，罚款 27 万元。1994 年，地区工商局协同标准计量、卫生防疫、检疫、海关、商检、安全、文化等部门，采取经常性与突击性检查相结合方式查处假冒伪劣商品。福鼎县工商局协同有关部门查处福鼎轻工机械骗销案，案值 3900 多万元，退赔 747 万元，该案被列入 1994 年中国十大经济案件之一。1995 年，全区组织查处活动 2564 次，检查各类摊店 20185 家，捣毁制假窝点 46 个，查处冒牌卷烟 78 万条、劣质啤酒 4 万瓶、饮料 2.5 万瓶、建材产品 201 件、低压电器 3033 件、药品 729 盒，案值 1215 万元。销毁假冒伪劣商品价值 1100 万元，立案 390 件，罚没 41 万元。

1996年，全区组织假冒伪劣商品大检查959次，检查国有、集体、个体摊店20183家，捣毁制假窝点82个，立案230起，查获假冒伪劣商品价值345.77万元，销毁假冒伪劣商品价值133.77万元，罚没26.3万元。1998年，根据福建省工商局的“让市场干净起来”现场会精神，地区工商局在全区组织开展市场“四干净”（摊位干净、周边环境干净、商品干净、市场管理者和经营者行为干净）活动；检查国有、集体、个体工商户1392家，查获假冒“红粮液”“福盈门”“五粮液”“剑南春”“郎酒”等白酒3.92万瓶，案值40多万元。

2002年8月20日，福安工商局赛岐分局执法人员查获福安一非法炼油点

2000年2月，地区工商局下发《关于贯彻落实全国“百城万店无假货”活动电视电话会议精神的通知》，在全市组织开展百城万店无假货活动。6月，地区工商局牵头成立“万人打假大行动”指挥小组，在全区组织开展万人打假行动。福鼎市工商局根据举报，在前岐镇柯湾村查获林某伙同谢某等合伙生产和销售假冒“大哥大”卷烟盒窝点，查缴假冒卷烟盒32万个，制假设备9台，案值150多万元。全区查处各种违法违章案件318件，其中查处假冒伪劣商品案件267件，案值345.18万元。捣毁制售假冒伪劣商品窝点82个。清理“三无”企业6户，清理无照、无证企业268户。清理取缔违法违章生产经营行为53户。查处商标侵权假冒案件29件，查处虚假广告案件6件。取缔非法传销窝点1个，查处传销案件1件，涉及传销人员8人。

2003年，市工商行政管理部门端掉“黑心”窝点53个，查获“黑心”棉被2920条，价值21万元。全市组织大检查2843次，检查国有、集体、个体摊店41200家，捣毁制假窝点301个，立案4458起，罚没711万元。2004年，市工商行政管理部门以“奶粉事件”为鉴，在全市检查生产、加工、经营企业1.1万户次，立案455起，取缔无照生产、经营企业301户，查处假冒伪劣和有毒有害食品96.7吨。同时，针对水产品注水、水产品浸泡福尔马林、制售地条钢和食用菌、茶叶掺杂使假等行为，组织开展“零点行动”、查处黄鱼注水专项整治等活动，查处一批防空洞酿造劣质酒、停车库生产有毒菜籽油和劣质米加工米粉等黑窝点。2005年，全市检查国有、集体、个体摊店10714家，立案3530起，罚没1036.56万元。

三、整顿市场经济秩序

1996年，地区工商行政管理部门加强市场经济秩序整顿，全区查处违法违章案件359件，不正当竞争案件61件，罚没770万元。1997年，根据国家工商总局部署，地区工商行政管理部门对全区223户中介组织进行清理，取缔13户未经登记注册的中介组织，注销5户不具备经营条件的中介组织，有8户中介组织重新办理登记手续。1999年，根据福建省公安厅、劳动和社会保障厅、文化厅、卫生厅、工商局部署，对全区按摩服务行业进行清理整顿。全区检查按摩服务行业746户，查出无照经营82户，补办营业执照80户，查出超越经营范围120户，期限改正和停业整顿45户，变更76户。同时，地区工商局印发《关于进一步规范经纪人管理工作的通知》，确定乡（镇）村集贸市场经纪人资格由地、县（市）工商局认定（一般经纪人和特殊行业经纪人资格由福建省工商局认定）。经纪人经认定后，从事个体经纪或成立经纪组织，必须向县以上工商管理机关申请登记，经核准领取营业执照后方可开展经营活动。

2000年，地区工商行政管理部门开始推行片区监管模式改革，对前置审批条件生产经营民用爆炸物品、烟花爆竹、成品油、液化气、药品、建筑业、娱乐业等及国家明令关闭的“八小”企业进行全面整顿。地区工商局举办经纪资格培训班7期，培训467人，并对342名经纪人进行年检，年检率达84.86%。全市处理经济人违章事件29件。2001年1月，按全国、全省和全市整顿、规范市场经济秩序会议部署，市工商局和县（市、区）工商局相继成立整顿和规范市场经济秩序领导小组。市工商局印发《宁德市工商行政管理系统开展整顿和规范市场经济秩序实施方案》，市、县（市、区）工商局对全市市场进行调查摸底，全面清理非法拆解拼装机动车、小铸钢企业、涉及前置审批企业，查处公用企业不正当竞争行为和商品房维权活动。组织开展公用企业专项整治活动，立案12起，结案11起，罚没90万元。同时，结合文化市场专项整治，检查前置审批的娱乐业、网吧、音像制品销售经营单位2302户，其中限期补交审批材料134户，办理变更登记20户，注、吊销登记261户，取缔无照违法经营25户，立案查处38起。12月，根据国务院严厉打击传销、整顿和规范建筑市场、强化税收征管电视电话会议及国家工商总局、公安部的“打击传销重点案件协调会议”和国务院办公厅《关于开展严厉打击传销专项整治行动的通知》，市工商局与公安局联合印发《关于开展严厉打击传销和变相传销专项整顿行动的通知》，在全市组织开展“秋风战役”集中打击传销和变相传销专项整治行动，查处台湾华良股份有限公司、北京恒源伟业电子商务顾问有限公司、兴田企业投资有限公司等非法传销企业在宁德市的传销网点及其他传销违法犯罪活动。

2002年，在全市建立“经济户口”，对经营户实行“一卡两档一台账”管理。组织开展“五小”（小炼铁，小炼焦，小化肥，小造纸，小煤窑）企业与无照从事药品、医疗器械经营业及成品油、液化气、烟花爆竹市场专项整治活动。全市检查市场2843个次、各类经营单位4.2万户次，查处案件4458起，案值4782万元，移送公安部门处理案件11起16人。查缴并销毁一批价值1100多万元的假冒伪劣及有毒有害物品。2003年，在抗击“非典”期间，市工商行政管理部门组织平息食醋、板蓝根、食盐、大米等抢购风，查处违法案件24起，其中销售劣质口罩案件10起，查扣劣质口罩14454个，责令816家公共娱乐、饮食经营场所停业整顿。2004年，在全市组织开展整治网吧专项行动，全市检查网吧357户、游戏机厅120户，立案查处黑网吧68户，取缔无证照经营网吧56户，罚没21万元，责令整改267户，查扣电脑主机333台、电脑显示屏123台、交换机2个、查封游戏机64台、赌博机25台、电脑主板416件。古田县工商局在食品质量监管中，取缔无照经营53户，罚没6600元。2005年6月，市工商局转发《福建省工商局关于2005年对行政许可法贯彻执行情况开展监督检查工作方案的通知》，成立行政许可法贯彻执行情况监督检查工作小组。随后，各县市区工商局相继成立行政许可法贯彻执行情况监督检查工作组，并按“三清理”要求组织自查。同时，在全市组织开展创建“平安校园”活动、二手车交易和汽摩配件市场专项整治行动、2005秋季红盾行动等，全市查处各类经济违法违章案件3530件，案值3332万元，罚没1036.56万元。有8起案件移送司法机关查处。

第七节 机 构

1993年，地区工商局机关科级领导职数16名，设置办公室、人教科、财务统计科、市场管理科、经济检查科、企业登记管理科、经济合同科、个体经济科、商标广告科、打击办综合科、缉私队、干训班、工商信息中心、外资企业登记管理科，负责指导全区工商系统的业务工作。

1996年9月20日，地区打击走私领导小组办公室隶属关系改为挂靠行署办公室，核定7名行政编制，机构保留原规格。10月7日，在宁德地区工商行政管理局设置纪检组。1997年4月22日，内设职能科室调整为办公室、人事教育科、法制科、财务装备科、公平交易科、企业注册管理科、外商投资企业注册管理科、个体私营经济监督管理科、市场监督管理科、商标广告监督管理科、经济合同监督管理科。

2000年，更名为福建省宁德市工商行政管理局，原宁德市工商行政管理局更名为宁德市蕉城区工商行政管理局，原宁德地区工商局所属机构、派出机构和各县（市）工商局的名称也一律予以更名。

2001年6月4日，纪检组与监察室合署办公，其人员编制、人事任免由省工商行政管理局决定。设区市工商行政管理局纪检组、监察室配备纪检组长1名、副组长兼监察室主任1名，监察室副主任1名，工作人员1～2名。

2001年12月7日，福建省工商行政管理局批复设立宁德市东侨经济开发区工商行政管理局，规格为正科级，直属于宁德市工商行政管理局。

2002年2月25日，市工商局机关内设职能科（室）8个，分别是办公室、法制科、公平交易科（消费者权益保护科）、注册管理科、市场监督管理科（合同监督管理科）、商标广告监督管理科、财务装备科，派驻的纪检组和监察室合署办公。市工商局直属行政机构3个，分别是检查支队与12315消费者申诉举报指挥中心合署办公、外商投资企业注册管理分局、信息技术管理分局。保留原干部训练班机构（配副科级领导职数1名），挂靠人事教育科管理。县（市、区）工商局机关内设职能股室5个，分别是办公室、法制股、行政执法股、注册管理股、人事教育股（纪检组、监察室、机关党委）。直属机构检查大队与12315消费者投诉服务台合署办公，其中福鼎市工商局检查大队加挂“缉私队”牌子。全市保留工商所14个，升格为分局8个，保留原有分局27个，其中更名1个，撤减工商所6个，新设立分局4个。

第四章 物价管理

1993年，继续执行省政府《关于进一步深化价格管理体制改革意见的通知》，开始逐步放开全区商品价格和经营性服务收费，由市场调节，全区社会商品总额政府定价与政府指导价比重达4.8%，市场调节价商品比重扩大95.2%。全区物价持续在两位数高位运行，1996年后，略有回落。在稳定价格的同时，物价部门加强行政事业性收费管理，逐年取消一批不合理收费项目，或降低收费标准。加强物价监督检查，严厉查处乱涨价、乱收费行为。2005年，全市全年居民消费价格总水平比上年上涨2.4%，比全省平均涨幅2.3%高0.1个百分点，列全省第三位。全市社会商品零售总额政府定价比重缩至1.3%，政府指导价比重缩至0.6%，市场调节价比重增至98.1%；农产品收购总额政府定价比重缩至0，政府指导价比重缩至3.2%，市场调节价比重增至96.8%；生产资料销售总额政府定价比重缩至5.2%，政府指导价缩至0，市场调节价比重增至95.8%。

第一节 物价指数

1993年1月，全区商品零售价格指数为8%，其后呈逐月上升态势，至年底升至15%，各种商品中，以食品、建材、燃料及服务项目等4类价格涨幅最为显著。食品类价格同比上涨18.1%，其中粮食价格上涨30.5%，副食品价格上涨18.6%（食用植物油价格上涨16.9%、鲜菜价格上涨32.2%、肉禽蛋价格上涨16.5%、水产品价格上涨19.6%），农业生产资料价格上涨10.8%。全区城市商品零售价格指数上涨16.5%，农村商品零售价格指数上涨12.7%，居民消费价格总指数上升16.7%。1994年，全区社会商品零售价格指数比上年同期上涨23.7%，食品价格同比上涨34.5%，其中粮食价格指数上涨49%、肉禽蛋价格指数上涨42%、水产品价格指数上涨28.8%、蔬菜价格指数上涨21.9%、农业生产资料价格指数上涨17.6%。全区城市商品零售价格指数上涨23.9%，农村商品零售价格指数上涨23.4%，居民消费价格总指数上涨26.4%。1995年，全区国民经济运行平稳，社会总供求平衡状态有所改善，抑制通货膨胀、稳定物价工作取得成效。全区社会商品零售价格总指数比上年同期上涨14.8%，其中城市商品零售价格指数上涨15.1%，农村商品零售价格指数上涨14.8%，居民消费价格总指数比上年同期上升18%，实现全年控价目标。1996年，全区各县（市）相继建立城市居民基本生活必需品和服务价格监审制度。全区1—10月，商品零售价格指数与上年同期比平均上涨4.4%，涨幅回落12.6个百分点，居民消费价格指数平均上涨5.8%，涨幅回落17.4个百分点。1997年，全区全年商品零售价格总指数和居民消费价格总指数与上年同期相比分别上涨0.2%和2.5%，比全省平均水平-0.2%和1.7%分别高出0.4和0.8个百分点。1998年，全区市场价格总水平持续走低，工业消费品价格降多升少，农业生产资料普遍下调，各县（市）价格水平变动比较一致。在13类工业消费品中，纺织品、日用品、家用电器、首饰、燃料、建筑装潢材料、机电产品等8类价格指数下降0.4%～8.1%。服装鞋帽、中西药品、化妆品、书报杂志等5类价格指数涨幅仅1.8%～3.7%。农资价格指数在连续8年上涨后，首次出现负增长，价格总指数下降4.8%，其中化肥价格指数下降4%，农药及农药机械价格指数下降7.1%，农用机油价格指数下降8.2%，农用薄膜价格指数下降3.3%。全区各县（市）除周宁县商品零售价格总水平上涨5.6%外，其他各县（市）均有所下降。其中宁德（今蕉城区）下降0.3%、福安下降0.3%、福鼎下降0.5%、霞浦下降2.3%、古田下降0.8%、屏南下降0.8%、寿宁下降2.2%、柘荣下降3.2%。全区商品零售价格总指数与上年同期比下降1.1%（为1991年以来首次出现负增长），居民消费价格总指数与上年同期比上涨0.2%，两类价格总指数分别比全省平均水平-1.5%和-0.3%高出0.4和0.5个百分点。1999年，全区市场价格继续走低，全年社会商品零售价格指数为-2.5%，与上年同期相比下降1.4%。居民价格总指数为-0.9%，比上年同期下降1.1%，为1991年来首次出现的负增长。其中粮食下降2.6%，油脂下降1.4%，肉禽及制品下降7%，蛋品下降0.4%，蔬菜下降3.8%。2000年，全区社会商品零售价格指数为-0.8%，比上年增长1.7%，比全省平均水平高-8.5%。居民消费价格总指数为1.5%，比上年增长2.4%，比全省平均水平高4.5%。

2001年，全市居民消费价格总指数为-1.3%，其中城市为-2.3%，农村为-0.3%。社会商品零售价格指数为-2.6%，其中城市为-3.5%，农村为-1.7%。2002年，全市聘请涉农收费联络员、监督员2253人，清理取消不合法收费项目23项，降低收费标准12项。全市价格总水平逐月回升，从7月开始逐月回升，1—11月平均全市居民消费价格总水平比上年同期下降0.1%，比全省平均水平高0.5个百分点，与泉州市并列为全省第一。2003年，全市居民消费价格总水平比上年上涨2.2%，比全省平均涨幅1.2%高1个百分点，位居全省首位。2004年，全市居民消费价格涨幅4.2%，与三明市并列为全省第六位。2005年，全市全年居民消费价格总水平比上年上涨2.4%，比全省平均涨幅2.3%高0.1个百分点，与三明市一同并列全省第三位。

第二节　商品价格

一、粮食粮种价格

（一）粮食收购价格

1993年7月15日，执行地区行署《关于下达1993年早籼稻合同收购基准价的通知》，宁德、福安、霞浦、福鼎等4个县市的早籼稻每50千克32元，加3.75元价外加价（7月21日，福鼎的早籼稻调整为每50千克30元），其余的古田、屏南、周宁、寿宁、柘荣等5个县的早籼稻每50千克31元，加3.75元价外加价。9月13日，宁德、福安、福鼎、霞浦等4个县市的中稻每50千克36元，加价3.75元，其余的古田、屏南、周宁、寿宁、柘荣等5县的中稻每50千克35元，加价3.75元。10月4日，宁德、福安、福鼎、霞浦等4个县市的晚稻为38元加价3.75元，古田、屏南、周宁、柘荣、寿宁等5个县的晚稻为37元加价3.75元。1994年6月7日，根据省政府的1994年度国家定购粮食收购价格通知，全区早籼稻收购价格51元，晚籼稻收购价格56元，同时取消“三挂钩”物资价差补贴（原价外加价）和财政预购定金贴息，等级差率按原3%执行。

1995年4月1日，执行省政府1995年度国家定购粮食收购政策实施办法通知，全区国家定购粮实行价外补贴的粮肥挂钩政策，每50千克定购粮食在国家定购价基础上，价外补贴15元，并奖售优质优价化肥12.5千克，价外补贴由各级政府负责筹措。地区外调拨粮每50千克中等标准早籼稻64元、晚籼稻69元，并根据距离浮动1元，每50千克价外补贴15元。1996年，实行国家粮食定购基准价，全区中晚稻收购价格每50千克78元。

1998年7月20日，根据省粮食厅、财政厅、物委、农发行、工商局的夏粮收购工作实施方案，粮食收购按保护价，敞开收购余粮，收购基准价每50千克65元，保护价每50千克55元。同时贯彻《粮食收购条例》，加强农村粮食收购市场管理。1999年7月14日，地区行署下达《关于完善1999年粮食收购政策及认真做好夏粮收购工作通知》，早籼稻保护价每50千克53元，价外补贴10元和奖售粮挂肥12.5千克，等级差率为3%。是年，全区收购定购粮8310万千克。同年9月，全区早籼稻定购价每50千克61.75元，保护价每50千克55元。2000年10月23日，执行福建省政府关于中籼稻和晚籼稻定购价与保护价的通知，全区中、晚籼稻仍实行定购制度和保护价政策，中籼稻每50千克56元，晚籼稻每50千克58元，等级价差2元。取消价外补贴，奖售粮挂肥12.5千克。此后至2005年，全市中籼稻和晚籼稻定购价与保护价维持不变。全市中晚稻收购价格每50千克72元。

1993—2005年宁德市（地区）粮食收购价格一览表

表23-7　　　　单位：元/50千克

年份	收购价		价外加价	奖售化肥（三化优质）	保护价
	早籼稻	中晚籼稻			
1993	32.00	38.00	3.75	12.5千克	晚籼稻33
1994	51.00	56.00	15.00	12.5千克	早籼稻21、中籼稻26、晚籼稻28、粳米31.5、小麦31、大豆45
1995	64.00	69.00	15.00	12.5千克	—
1996	73.00	78.00	10.00	12.5千克	—
1997	73.00	78.00	10.00	12.5千克	—
1998	61.50	66.50	10.00	12.5千克	早籼稻55、晚籼稻62
1999	55.00	58.00	10.00	12.5千克	早籼稻53、晚籼稻58
2000	55.00	58.00	—	12.5千克	取消价外加价，早籼稻退出保护价
2004	—	72.00	—	—	早籼稻70、中晚籼稻72、粳米75
2005	70.00	72.00	—	—	早籼稻70、中晚籼稻72、粳米75

说明：2004年国家开始实行最低收购价政策

（二）粮食销售价格

1993年12月，根据省物委、粮食厅的《关于平抑粮价稳定市场的紧急通知》，全区标一早籼米每50千克零售价81元、标二早籼米每50千克零售价76元，标一晚籼米每50千克零售价

88 元、标二晚籼米每 50 千克零售价 83 元。具他品种按质论价、优质优价、放开经营。全区所有国有粮店在 12 月 31 日前实现公开挂牌销售。1994 年 5 月 1 日，根据省物委、粮食厅的《关于国家定购粮食销售价格有关问题的通知》，每 50 千克籼米（标一、标二早、晚籼米）零售挂牌价格在上年基础上提高 2 元。同年 6 月，根据省物委、粮食厅调整粮食销售价格的通知，粮食销售价格实行国家定价，分级管理。地区所在地的粮食销售价格由省政府核定，各县（市、区）的粮食销售价格由地区行署核定。经福建省政府核定，宁德市粮食零售价为标一早籼米 0.91 元、标一晚籼米 1.00 元。1995 年 5 月，按照省物委、粮食厅《关于国家定购粮食销售价格有关问题的通知》，全区粮食销售统一执行每 0.5 千克标二早籼米 0.80 元，每 0.5 千克标一早籼米 0.95 元，每 0.5 千克标一晚籼米 1.04 元。

1996 年 6 月，执行省政府《关于调整定购粮食销售价格的通知》，全区县市所在地定购粮销售价格每 0.5 千克 1.34 ~ 1.46 元；其中宁德市标一早籼米 1.40 元，标一晚籼米 1.46 元；福安市标一早籼米 1.38 元，标一晚籼米 1.44 元；福鼎、霞浦、古田、寿宁、周宁、屏南、柘荣等县市标一早籼米 1.34 元，标一晚籼米 1.40 元。1998 年 7 月 20 日，根据省粮食厅、财政厅、物委、农发行、工商局的“夏粮收购工作实施方案”，粮食收储企业顺价销售粮食。全区标一早籼米集市平均价每 50 千克 98.75 元，标一晚籼米每 50 千克 114.4 元。1999 年，全区县市所在地早籼稻集市价每 50 千克 68 ~ 82 元；其中宁德早籼稻集市价每 50 千克 70 元，晚籼稻集市价每 50 千克 81 ~ 82 元；福安早籼稻集市价每 50 千克 71 元，晚籼稻集市价每 50 千克 83 ~ 85 元；福鼎早籼稻集市价每 50 千克 70 元；古田早籼稻集市价每 50 千克 65 元，晚籼稻集市价每 50 千克 78 ~ 80 元；屏南晚籼稻集市价每 50 千克 72 ~ 75 元；周宁晚籼稻集市价每 50 千克 80 ~ 82 元；寿宁晚籼稻集市价每 50 千克 68 ~ 70 元；柘荣晚籼稻集市价每 50 千克 80 元。

2004 年，执行省物价局、粮食局的《关于发布对大米等粮食销售价格在过快上涨时期实行价格干预预案的通知》，在全市对标一早、晚籼米，特等早、晚籼米，特一面粉等进行价格干预，在标一籼米零售价接近每 0.5 千克 1.90 元时，启动粮食安全预警应急方案，实行大米零售最高限价。其他粮食品种按品种比价计算差率，原粮进销差为 6%，成品粮出厂价按原粮加工成成品粮加工费（含利润）6 元 /50 千克，出米率按早 65%、晚 66% 计算，成品粮出厂价加 8% 经营费率为最高零售价。

2005 年，全市粮食销售价格较平稳，基本与上年持平。

1993—2005 年宁德市（地区）市场粮食销售价格一览表

表 23-8　　单位：元 /50 千克

年份	标一早籼米	标二早籼米	标一晚籼米	标二晚籼米	备注
1993	81.00	76.00	88.00	83.00	挂牌价
1994	83.00	78.00	90.00	85.00	挂牌价
1994	91.00	78.00	100.00	85.00	挂牌价
1995	95.00	80.00	104.00	—	挂牌价
1996	140.00	—	146.00	—	挂牌价
1998	98.75	—	114.40	—	市场价
1999	92.93	—	104.00	—	市场价
2000	71.80	—	19.00	—	市场价

续表 23-8

年份	标一早籼米	标二早籼米	标一晚籼米	标二晚籼米	备注
2001	77.87	—	85.33	—	市场价
2002	78.10	—	85.74	—	市场价
2003	75.00	—	85.60	—	市场价
2004	130.00	—	137.00	—	市场价
2005	130.00	—	125.00	—	市场价

（三）粮种价格

1994 年 1 月，执行省物委、农业厅《关于加强粮食种子价格管理的通知》，把全区常规稻、杂交稻和不育系优良种子的购销价格列入管理范畴，常规稻、杂交稻和不育系优良种子购销价格种子收购价以当地粮食部门收购价为基础，常规种子的种、稻比价按 1∶1.1 ～ 1∶1.3，杂交稻种子的种、稻比价按 1∶5 ～ 1∶6，不育系种子的种、稻比价按 1∶8 ～ 1∶20 控制。种子销售价格以购进价为基价，加进销差率（县内收购不超 25%，县外调进不超 22%）和合理运杂费作价。1997 年 3 月，执行福建省物委、农业厅的《关于福建省粮食种子价格管理办法（试行）的通知》，粮食种子收购价实行分级管理、分别定价，按种、稻合理流动比价制定，一年一定；种子收购价由农业部门提出，由同级物价部门按种、稻合理流动比价制定，常规稻为 1∶1.1 ～ 1∶1.3，杂交稻为 1∶4 ～ 1∶8，不育稻生产种为 1∶7 ～ 1∶10、株系种为 1∶15 ～ 1∶20；种子产地调拨价等于产地收购价加调拨费率（不超 20%）；县与县之间的粮食种子调拨价 =（实际调进价 + 调进运杂费）×（1+ 经营费率）；省、地两级经营费率合计不超 14%。县内粮食种子零售价 = 收购价格 ×（1+ 购零差率）；购零差率不超 25%。县外购进粮食种子的零售价 =（调进价 + 调进运杂费）×（1+ 购零差率）购零差率不超 21%。购零差率包括工资、损耗、折旧、财务费、管理费、保险费、检疫费、利润、短途运输费、代销手续费等。同一品种粮食种子零售价格实行县（市、区）内综合平均价。不育系种子由福建省种子公司统一繁殖、统一收购、统一调拨、统一供应。

1999 年 3 月，地区物委下发《关于 1998—1999 年度地区种子公司杂交水稻种子价格的批复》，地区种子公司 1998—1999 年度小包装杂交水稻种子（特优 42），对县调拨价每千克为 15.60 元。2001 年 1 月，市物委下发《关于核定 2000—2001 年度杂交水稻种子收购价、调拨价的批复》，核定市种子公司从制种基地收购的特优 420、特优 70 种子，收购价格为每千克 9.20 元；核定市种子公司从外地调进的种子，不论进货渠道和品种，对县调拨价一律按实际进价加不超过 14% 的经营费率（含省级费率）和调进运杂费制定价格。2004 年 4 月 27 日，执行省物价局的《关于加大价格监管力度努力降低农资零售价的紧急通知》，对种子价格进行限价管理，其中受品种保护的特殊组合种子每千克最高不超过 20 元，不受品种保护的普通组合种子每千克最高不超过 14 元，零售价分别为每千克不超过 26 元和 18 元。2005 年，粮食种子继续实行限价管理。

二、主要农业生产资料价格

（一）地产化肥定价

1. 化肥生产价格

1993 年 5 月，地区物委下发《关于调整古田碳铵出厂价格的通知》，核定古田优质一级品碳铵（含氮量17.1%，含水量3.5%，双袋包装）出厂价格由1992年的295元/吨调整为325元/吨。下发《关于调整古田过磷酸钙出厂价格的通知》，核定古田12%过磷酸钙出厂价格由320元/吨调整为330元/吨。

1994年4月23日，国务院批转国家计委《关于改革化肥价格管理办法请示的通知》，按照市场形成价格的原则，对原统配化肥的国家统一定价、地方管理的化肥价格和计划外化肥的最高限价统一改为国家规定化肥出厂中准价格和上下浮动幅度，由企业在国家允许的范围内自主确定出厂价格。1995年3月22日，地区物委下发《关于调整古田碳铵出厂价的通知》，核定古田碳酸氢铵（简称碳铵）出厂价实行浮动，中准出厂价450元/吨（包括2元风险基金）允许上下浮动5%，零星零售价可在中准出厂价450元/吨基础上上下浮动15%。1996年2月11日，地区物委下发《关于古田碳铵价格有关问题的通知》，古田碳铵出厂最低保护价格480元/吨，允许企业在8%内上浮，零星零售价格允许在出厂价的基础上上浮15%。地区物委按照调价金额征收1%的价格调节基金。同年12月31日，执行福建省物委的《关于农业生产资料经营作价有关问题的通知》，全区化肥综合经营差率（不含运杂费）由11%提至12%，其中省级4%、县、乡8%。

1997年1月29日，地区物委下发《关于核定灵吉牌复混肥价格的通知》，核定周宁县饶宁复混肥厂生产的普通型复混肥（含氮磷钾分别为8%、7%、10%），出厂价格为1080元/吨，零售价为1160元/吨。"中茶11号"茶树专用肥（含氮磷钾分别为12%、7%、6%），出厂价格为1200元/吨，零售价为1280元/吨，允许下浮，试销一年。2月18日，地区物委下发《关于核定过磷酸钙等化肥出厂价格的通知》，核定古田产过磷酸钙（含磷≥12%），中准出厂价格定为450元/吨，允许上下浮动5%；25%复混肥（含氮磷钾9%10%6%），出厂价定为950元/吨，允许下浮。4月2日，地区物委下发《关于核定九七年古田县化肥价格的通知》，核定古田碳铵全县零售价为650元/吨。1998年3月30日，地区物委下发《关于古田县化肥销售价格的批复》，核定古田碳铵全县零售价为560元/吨。4月1日，地区物委下发《关于寿宁县宏彬牌全元素复合肥出厂价的批复》，核定宏彬牌全元素复混肥出厂价1600元/吨，允许下浮，试销一年。

1999年8月10日，地区物委下发《关于卢博士有机复合液肥试销价格的批复》，核定闽东益荣生物工程有限公司生产的瓶装有机复合液肥试销价，100毫升瓶装花卉液体化肥每瓶出厂价5元，批发价5.8元。500毫升瓶装有机复合液体化肥，每瓶出厂价20元，批发价23.4元，零售价29元。2000年后，地产化肥价格由企业根据市场供求关系进行确定，不再由物价部门核定。

2. 化肥销售价格

1993年5月29日，执行省物委《关于中央统配化肥销售价格的通知》，化肥销售由全省统一零售价改为各县市统一零售价，零售价为集团分公司调拨价加县基两级差额（尿素、复合肥每吨60元，氯化钾、硫酸钾每吨50元）与合理运杂费。福建省农资集团分公司对宁德地区的调拨价格为尿素（N46%）610元/吨，氯化钾（K50-60）330元/吨，硫酸钾（K48）383元/吨，硫酸钾（K50-52）395元/吨，复合肥（N15、P15、K15）439元/吨，复合肥（N12、P12、K17）397元/吨，复合肥（N16、P16、K16）464元/吨，复合肥（N15、P15、K12）420元/吨，复合肥（N11、P15、K15）402元/吨，复合肥（N10、P12、K21）404元/吨。

1994年4月，对进口议价化肥实行最高限价。厦门、福州站对县尿素最高调拨价1350元/吨，氯化钾最高调拨价1230元/吨，复合肥最高调拨价1870元/吨；赛岐站对县尿素最高调拨价1450元/吨，氯化钾最高调拨价1330元/吨，复合肥最高调拨价1970元/吨。同年5月1日，执行《国务院批转国家计委的关于改革化肥价格管理办法请示的通知》，化肥价格改由企业在国家允许的范围内自主定价，化肥调拨价格和零售价格实行经营差率或利润率控制。尿素、硝酸铵在准出厂价基础上（尿素1000元/吨、硝酸铵700元/吨），上下浮动15%。零售价在省定平均进货价基础上加10%经营费率和运杂费作价。7月，根据省物委通知，进口化肥口岸交货最高限价改为中准价，尿素1300元/吨，氯化钾1180元/吨，复合肥（含氯）1800元/吨，站、县、基三级综合费率为10.5%。

1996年2月2日，根据省物委关于《关于化肥价格有关问题的补充通知》，核定三明化肥厂生产的碳铵出厂最低保护价为455元/吨，核定宁德古田化肥厂碳铵出厂最低保护价为480元/吨。2月7日，地区物委下发《关于加强我区化肥价格有关问题的通知》，地级调拨化肥调拨价由地区物委制定，县（市）级调拨化肥调拨价由县（市）物委制定，零售价格实行统一经营费率控制，综合平均零售价格由地区物委核定。同时，地区物委核定三明化肥厂生产的化肥在古田县各供肥点的运杂费140元/吨。2月12日，地区物委下达《关于对于福建省农资集团闽东公司化肥零售价格的批复》，核定省农资集团闽东公司门市部进口尿素零售价2450元/吨，镇海尿素2380元/吨，国产复合肥1940元/吨，三元素进口复合肥2450元/吨。3月，地区物委核定下发屏南、霞浦、柘荣、宁德、福鼎、福安等县市化肥价格通知，进口复合肥每50千克零售价125～128.5元。同年5月18日，地区物委下发《关于核定屏南县九六年度粮肥价格的通知》，核定屏南县粮挂肥统一零售价2000元/吨。6月1日，地区物委下发《关于核定氯化钾及部分农药等价格的通知》，核定进口氯化钾1500吨，门市部批发价1390元/吨，零售价1430元/吨。7月8日，地区物委下发《关于核定进口尿素销售价格的批复》，核定进口尿素进价2000元/吨，赛岐批发2234元/吨（含48元价格调节基金），门市部零售价2310元/吨（含48元价格调节基金）。

1997年1月，地区物委下发《关于核定进口含硫三元素复合肥价格的通知》，核定芬兰产含硫复合肥（含氮磷钾各15%）200吨，进价2450元/吨，站对外赛岐仓库调拨价2715元/吨（含59元价格调节基金），门市部零售价2800元/吨（含59元价格调节基金）。2月18日，地区物委下达《关于核定进口硫酸钾销售价格的批复》，核定进口硫酸钾300吨，进价1950元/吨，站对外批发价2180元/吨，门市部零售价2260元/吨（含45元/吨价格调节基金）。4月2日，地区物委下发《关于核定九七年古田县化肥价格的通知》，核定古田县进口尿素仓库调拨价2177元/吨，进口48%复合肥7348元/吨，进口氯化钾1385元/吨；国产二铵7404元/吨，福州25%复混肥1070元/吨，12%过磷酸钙（简称过钙）570元/吨；三明粮挂尿素实行全县统一零售价1998元/吨。4月4日，地区物委下发《关于核定九七年宁德市（蕉城）化肥价格的通知》，核定三明粮挂尿素全市统一零售价2000元/吨；市城关零售价：进口尿素2300元/吨，进口复合肥2444元/吨，进口大粒尿素2400元/吨；三明粮挂肥2000元/吨；国产尿素2088元/吨，氯化钾1526元/吨，连江碳铵636元/吨，古田碳铵652元/吨，过钙664元/吨，钙镁磷630元/吨；国产复合肥1120元/吨。其后地区物委相继核定下发霞浦县、寿宁县、福鼎市、屏南县、福安市、周宁县、柘荣县化肥价格通知。同年4月11日，古田县物委下发《关于九七年度化肥销售价格的通知》，核定县农资公司48%进口复合肥调拨价2348元/吨，进口尿素2177元/吨，进口氯化钾1385元/吨；国产二铵2404元/吨，25%复混肥1070元/吨，12%～14%过钙570元/吨；三明市粮挂尿素1925.80元/吨，碳铵607元/吨。5月9日，地区物委下发《关于核定部分农资销售价格的通知》，赛岐仓库三明议价尿素调拨价1910元/吨，进口45%含硫复合肥2340元/吨，进口氯化钾1430元/吨，美国大颗粒尿素2240元/吨。门市部三明议价尿素零售价1950元/吨，进口45%含硫复合肥2370/吨，进口氯化钾1460元/吨，美国大颗粒尿素2280

元/吨。

1998年3月30日，地区物委下发《关于古田县化肥销售价格的批复》，县城仓库调拨价：48%进口复合肥2134元/吨，进口氯化钾1492元/吨，进口硫酸钾2327元/吨，磷酸二铵2254元/吨，过钙502元/吨，25%复混肥944元/吨。三明粮挂尿素全县零售价1500元/吨。4月1日，地区物委下发《关于化肥销售价格的批复》，核定站自采（计划外采购）批发价：南方含氯复合肥1790元/吨，自采南方含硫复合肥2130元/吨，自采海南富岛牌尿素每1560元/吨。门市部零售价：南方含氯复合肥每50千克92元，南方含硫复合肥每50千克120元，海南富岛牌尿素每50千克80元，俄罗斯复合肥每50千克104元，挪威复合肥每50千克127元。4月15日，地区物委下发《关于福鼎市化肥供应价格的批复》，福鼎市区各种化肥批发价分别为：福州钙镁磷批发价550元/吨，福州过钙570元/吨，福州25%混合肥1020元/吨，福州碳铵560元/吨，福州3×15复合肥1770元/吨，永安尿素1490/吨元，三明粮挂尿素1400元/吨，海南尿素1660元/吨；3×16含氯进口复合肥2040元/吨，进口氯化钾1460元/吨，进口尿素1880元/吨，中阿含硫复合肥2340元/吨。福鼎市区各种化肥零售价分别为：福州钙镁磷每50千克29元，福州过钙每50千克31元，福州25%混合肥每50千克55元，福州碳铵每50千克30元，福州3×15复合肥每50千克93元，永安尿素每50千克78元，三明粮挂尿素每50千克73元，海南尿素每50千克87元，3×16含氯进口复合肥每50千克为107元/吨，进口氯化钾每50千克77元，进口尿素每50千克99元，中阿含硫复合肥每50千克122元。此后，地区物委相继核定下发寿宁县、柘荣县、宁德市（蕉城）化肥价格通知，各县（市）福州过钙化肥每50千克零售价为31～34元。1999年4月5日，执行国务院、省政府关于深化化肥流通体制改革部署，化肥出厂价由政府定价改为政府指导价，放开化肥零售价格。

2000年7月，执行省物价局《关于我省粮挂肥价格及有关问题的通知》，地区物委核定宁德、福鼎粮挂肥最高零售价每吨1250元，寿宁县粮挂肥最高零售价每吨1300元吨，屏南县粮挂肥最高零售价每吨1240元，古田县粮挂肥最高零售价每吨1224～1254元。2004年8月，执行省物价局的《关于进一步做好化肥供应工作稳定化肥价格的通知》，三明尿素由每吨1500元调为1550元，永安、顺昌尿素由1470调为1520元；批发环节进销差率3%，零售环节4%；并另加运杂费，调整限价水平不高于10%。12月17日，根据省物价局、发改委、经贸委、供销社联合通知，调整全市化肥价格，三明尿素由每吨1550调为1680元，永安、顺昌尿素由每吨1520调为1650元/吨，调整限价水平不高于15%。

2005年1月7日，省物价局《关于加强化肥价格管理的紧急通知》要求切实加强对化肥价格监管工作，对地方化肥厂出厂价格实行价格备案制度与限价管理。2月25日，市物价局下发《关于加强化肥价格监管的通知》，出厂价仍实行最高限价管理，省定三明尿素最高限价为1680元/吨，永安、顺昌尿素最高限价为1650元/吨，省内企业生产的除尿素外的其他品种化肥最高限价由产地价格主管部门核定公布最高限价，批发价格仍实行限制一道环节和差率管理办法，在出厂价或港口调拨价基础上加3%进销差率，进口化肥港口调拨价按3%经营费率和每吨60元的港口费用计算。零售价在批发价基础上加4%批零差率计算。同时，对化肥批发环节和零售环节的运杂费用，根据化肥经营企业的实际情况由销售地价格主管部门核定。市物价局核定海南至赛歧线路，海运每吨90元，进仓费每吨16元，厂、站至港口运杂费每吨30元；上海至赛歧线路，海运每吨63元，进仓费每吨16元，厂、站至港口运杂费如有发生另计；深圳至赛歧线路，海运每吨70元，进仓费每吨16元，厂、站至港口运杂费如有发生另计。厦门至赛歧线路，海运每吨55元，进仓费每吨16元，厂、站至港口运杂13元/吨；福州至赛歧线路，汽车运费每吨

55元，装卸费每吨13元；三明至福州线路，火车运费每吨50元，装车费每吨5.76元；永安至福州线路，火车运费每吨60元，装车费每吨5.76元。同年6月，执行省物价局的《关于加强化肥价格监管工作的通知》，化肥流通环节限制一道批发改为同城限制一道批发，批发进销差率由3%下调为不超2%。11月14日，全市化肥冬储企业批发环节进销差率调整为3%。

（三）农膜价格

1993年2月，根据省物委《关于1993年春耕农用薄膜价格的通知》，全区聚乙烯农膜出厂价格每吨6750元，地膜出厂价格每吨6950元，销售价格三级经营费率11%，其中地区4%，县基7%。1994年1月，执行省物委《关于1994年春耕农用聚乙烯薄膜价格的通知》，全区聚乙烯农膜（厚度0.08±0.02毫米）出厂价格每吨6550元，聚乙烯中膜（厚度0.06毫米以下）出厂价格每吨6650元，聚乙烯地膜（厚度0.014±0.003毫米）出厂价格每吨6750元，农膜三级经营费率维持不变。1995年3月，地区物委下发《关于安排1995年农膜站对县调拨价的通知》，核定福建省农资闽东分公司寿宁工厂农膜交货价7132元/吨，中膜交货价7184元/吨，地膜交货价7343元/吨。核定赛岐仓库农膜交货价7205元/吨，中膜交货价7285元/吨，地膜交货价7417元/吨。

1996年3月，地区物委下发《关于核定九六年春耕农用薄膜站对县调拨和门市部零售价的通知》，核定聚乙烯农膜工厂交货价9170元/吨，中膜工厂交货价9280元/吨，地膜工厂交货价9390元/吨。核定赛岐仓库聚乙烯农膜交货价9280元/吨，中膜交货价9390元/吨，地膜交货价9500元/吨。核定赛岐站门市部聚乙烯农膜零售价9580元/吨，中膜零售价9690元/吨，地膜零售价9800元/吨。1997年2月，地区物委下发《关于核定宁德市农用地膜售价的通知》，核定春耕农用聚乙烯地膜每50千克调拨价500元，城关批发价503元，各乡镇所在地零售价统一530元/50千克。1998年3月，地区物委下发《关于核定宁德市农用地膜销售价格的批复》，核定宁德市零售价9700元/吨，仓库调拨价9120元/吨。乡镇零售价由宁德市物委负责核定。

1999年3月23日，执行国家计委的《关于发布1999年度国产农膜原料出厂价格的通知》，全区农膜原料出厂价格由政府定价改为政府指导价，其中一级品高压聚乙烯指导价格（含税中准出厂价）每吨6200元，一级品线性低密度聚乙烯（含税中准出厂价）每吨5600元，一级品聚氯乙烯（含税中准价）每吨5000元，并允许上下浮动10%。此后，农膜出厂价格由企业依据市场供求关系进行确定，不再由物价部门核定。

（四）农药价格

1993年，继续对联营服务中心农药价格实行最高限价，对敌敌畏、甲铵磷、乐果、杀虫双、杀虫脒、井岗霉素、敌百虫、1605乳油、1605粉剂等9种农药实行价格管理。福鼎县农药厂生产的18%增效杀虫双继续执行出厂价4300元/吨。1995年7月18日，地区物委核定福安农药厂农药3%呋喃丹颗粒剂出厂价每吨3800元，40%ZX水胺硫磷乳剂出厂价每吨15100元，20%三唑磷乳油出厂价每吨14400元，40%异硫磷乳油出厂价每吨15900元，3%异硫柳颗粒剂出厂价每吨2000元。

1996年2月8日，地区物委下发《关于对农药40%乐果农药站对县调拨价和门市部零售价的批复》，三明40%乐果农药3.9吨站对县赛岐仓库交货价每吨17480元，门市部零售价每吨17970元。核定湖北仙桃产50%甲基1605乳油农药站对县赛岐调拨价每吨18420元，门市部零售价每吨18940元。三明产50%甲胺磷乳剂每吨13.5吨，对县赛岐调拨价每吨18970元，零售价每吨19500元。6月2日，地区物委下发《关于对三万单位井岗霉素农药站对县调拨价和门市部零售价的批复》，核定浙江海宁三万单位井岗霉素农药站对县赛岐仓库调拨价每吨4060元，门市部零售价每吨4200元。7月2日，地区物委核定三明50%甲胺磷站对县调拨价每吨16810元，门市部零售价每吨17580元；建瓯50%甲胺磷站对县调拨价每吨16490元，门市部零售价每吨17240元；三明40%乐果站对县调拨价每吨16390元，门市部零售价每吨17140元；南通80%敌敌畏站对县调拨价每吨18460元，门市部零售价每吨19310元；福鼎18%杀虫双站对县调拨价每吨5140元/吨，门市部零售价每吨5390元；杭州100%甲基1605原油站对县调拨价每吨23370元，门市部零售价每吨24420元，含量降低1%，调拨、零售价各减少230元；浙江海宁井霉素站对县调拨价每吨4300元，门市部零售价每吨4460元。7月24日，地区物委，核定青岛磷酸二铵（含氮18%、磷46%）150吨，进价每吨2300元，赛岐区仓库调拨价每吨2583元（其中56元列入价格调节基金），门市部零售价每吨2670元。11月4日，地区物委下发《关于甲胺磷等到五种农药站对县调拨的门市部批发价的通知》，核定三明50%甲胺磷（玻璃瓶装）站对县调拨每吨18540元，门市部批发价每吨19040元。三明50%甲胺磷（聚乙烯瓶装）站对县调拨每吨19060元，门市部批发价每吨19580元（允许上下浮动10%，下同）。核定建瓯50%甲胺磷（玻璃瓶装）站对县调拨每吨18220元，门市部批发价每吨18720元。建瓯50%甲胺磷（聚乙烯瓶装）站对县调拨每吨18740元，门市部批发价每吨19250元。核定南通80%敌敌畏站对县调拨每吨26850元，门市部批发价每吨27580元。南通95%敌百虫站对县调拨每吨14600元，门市部批发价每吨15000元。核定杭州100%甲基1605原油站对县调拨每吨28560元，门市部批发价每吨29320元。杭州5%甲基1605粉剂站对县调拨每吨1880元，门市部批发价每吨1950元。12月31日，根据福建省物委《关于农业生产资料经营作价有关问题的通知》，农药经营费率由13%调整为15%，其中省4.6%，县、基10.4%，农药零售价在出厂价格基础上加规定的经营费率和定额运杂费作价。1997年5月9日，地区物委下发《关于核定部分农资销售价格的通知》，赛岐仓库调拨价：兰溪80%敌敌畏乳剂每吨21125元；三明50%甲铵磷乳剂每吨16930元，三明40%乐果乳剂每吨15675元；仙桃50%甲铵磷每吨16360元，仙桃50%甲基1605乳油每吨16680元。门市部零售价：兰溪80%敌敌畏乳剂每吨21540元；三明50%甲铵磷乳剂每吨17280元，三明40%乐果乳剂每吨15990元；仙桃50%甲铵磷每吨16690元，仙桃50%甲基1605乳油每吨17010元。1998年后，农药价格由企业依据市场供求关系自行确定，不再由物价部门核定。

三、食盐价格

1993年年初，全区各县（市）城关食盐（散装）批发价格每吨448.20～498.00元，零售每500克0.27～0.30元；其中宁德、福安批发价格每吨448.20元，零售每500克0.27元；福鼎、霞浦、古田批发价格每吨464.80元，零售每500克0.28元；周宁、柘荣、屏南批发价格每吨481.40元，零售每500克0.29元；寿宁批发价格每吨498.00元，零售每500克0.30元。赛岐批发价每吨431.60元。1995年6月1日，全区食盐收购价格由每吨132元调为163元，区内销售每吨出厂价315元，调出省外出厂价185元。地区内调拨价格422.10～432.10元，省外及出口297.10～307.10元。全区食盐（加碘食盐）市场零售价平均每500克提高0.20元（散装原盐）。1996年2月25日，执行省物委的《关于调整食盐价格的通知》，全区食盐零售价由省物委确定。批零差改倒扣为顺加20%。非碘盐批发价每吨比碘盐低97.11元（含增值税），非碘盐零售价每

500克比碘盐低0.06元（含增值税）。品质、包装差价每500克食用原盐比日晒细盐零售价低0.04元，精盐比日晒细盐零售价高0.06元，小包装在散装食盐基础上每500克批发加价不超0.12元，零售加价不超0.15元。城乡差价原则上每500克不超0.05元。

2001年，取消食盐零售价格分价区管理办法，实行全省统一零售价，各级盐业公司送货上门。核定复合袋加碘日晒盐（纸箱），全市统一零售价格每500克0.90元；复合袋加碘日晒盐（纸箱），批零差率为顺加13%。2003年2月13日，执行省物价局的《关于食盐价格管理的紧急通知》，全市每500克小包装日晒盐，零售价0.90元；500克小包装加锌、加硒、加钙、加铁盐零，售价3.30元；450克小包装低钠盐，零售价3.30元；400克小包装自然盐，零售价1.00元。4月14日，执行省物价局的《关于核定无碘加工、畜牧渔业用盐价格的通知》，核定福建省盐业公司无碘晒盐加工、畜牧渔业用盐统一配送批发价每吨650元（含税价）。2004年1月19日，执行省物价局的《关于核定餐桌盐、低钠盐等价格的批复》，全市小包装食盐实行统一零售价格，批零差率为13%，批发价为零售价除以1+13%，转批费率为8%。6月10日，执行省物价局的《关于散装加碘日晒盐等食盐价格问题的批复》，核定复合袋加碘日晒盐（纸箱）每500克统一零售价0.90元。加碘日晒盐降低批发价每吨720元，无碘精制盐每吨750元，加碘精制盐每吨800元，并沿至2005年。

四、金银价格

1993年5月，根据省物委通知，全区含金量90%及不足99.9%的黄金收购价格，由每克48元调整为51.20元；含金量低于90%的（不含90%），收购价格每克50.8元；含金量99.9%及不足99.99%的，收购价格每克51.6元；含金量99.99%以上（含99.99%），收购价格每克52元。工业用金，含金量不足99.99%的，按每克80元配售；含金量99.9%及不足99.99%的，按每克80.4元配售；含金量99.99%以上的，按每克80.8元配售。高级消费品用金按每克96元配售。1994年8月，执行国家计委等部门《关于调整白银收售价格和生产白银的中间产品价格的通知》，调整后收购价：含银量不足99.9%的，每千克1330元；含银量达99.9%以上的，每千克1350元；银元每枚31.6元。调整后含银量不足99.9%的白银，配售价格每千克1480元；含银量达99.9%以上的，每千克1500元，调整后实行统一配售价格。

1995年1月，执行国家计委的《关于稳定金饰品价格的通知》，足金饰品出厂价格每克最高不超过125元，最低不低于121元，零售价格每克最高不超过142元，最低不低于134元。同时金饰品消费税由生产环节改按零售环节征收。3月9日，执行国家计委、中国有色金属工业公司的《关于调整白银收售价格和生产白银的中间产品价格的通知》，白银收售价格按低于国际市场白银价格的10%制定，并由固定定价方式改为浮动定价方式。含银量不足99.9%的白银收购价格，每千克1330元，含银量达99.9%以上的白银收购价格，每千克1350元，银元每枚31.60元。配售价格和国际白银价格持平，含银量不足99.9%白银配售价格，每千克1480元，含银量99.9%以上的白银配售价格为每千克1500元。8月21日，执行福建省物委的《关于调整金银及金饰品价格的通知》，含金量不足99.9%的黄金，调整后收售价格分别为每克92.72元和103.03元，含金量达99.9%以上的，调整后收售价格分别为每克93.22元和103.53元。含量不足99.9%的白银，调整后收售价格分别为每千克1250元和1390元。含银量达99.9%以上的，调整后收售价格分别为每千克1270元和1410元。银元收购价格每枚29.30元。11月10日，根据福建省物委通知，金饰品出厂价格最高限价每克121元，厂零差率最高不超15%（其中5%消费税），零售价最低每克 135 元。

1998 年 5 月，执行国家计委办公厅的《关于调整金饰品价格的通知》，足金饰品出厂价每克 94 ~ 98 元，零售价格每克 110 ~ 120 元。含金量不足 99.9% 的黄金与 99.9% 以上的黄金，收购价格分别调为每克 80.50 元和 81.20 元，配售价格分别调为每克 82.10 元和 82.80 元。同年 8 月 21 日，根据福建省物委关于《关于调整金银及金饰品价格的通知》，含金量不足 99.9% 的黄金，调整后收售价格分别为每克 92.72 元和 103.03 元，含金量达 99.9% 以上的，黄金调整后收售价格分别为 93.22 元和 103.53 元。含量不足 99.9% 的白银，调整后收售价格分别为每千克 1250 元和 1390 元，含银量达 99.9% 以上的白银，调整后收售价格分别为每千克 1270 元和 1410 元，银元调整后收购价格每枚 29.30 元。同时对省内生产的金饰品实行最高限价，每克 121 元，厂零差率最高不得超过 15%（其中 5% 消费税）。金饰品零售价实行最低限价，每克 135 元。1999 年 8 月 27 日，根据福建省物委通知，调整金饰品厂销价格，足金饰品出厂价格调为每克 86 ~ 90 元，零售价格调为每克 102 ~ 112 元。金饰品生产企业可根据市场情况在上述价格范围内自行确定，报省物委和区、县（市）物委备案，非足金饰品厂销价格由企业自行调整。此后金饰品生产价格由企业依据市场供求关系自行确定。

五、工业生产资料价格

（一）石油价格

1993 年，成品油计划内、外价格并存，省制定计划内高价成品油价格实行统一出厂价，70# 汽油每吨 1250 元、每吨灯煤油 1150 元、0# 柴油每吨 1120 元。统一调拨价，70# 汽油每吨 1360 元、灯煤油每吨 260 元、0# 柴油每吨 1230 元。市场批发价按调拨价加进货运杂费与综合差率（分公司综合差率 9.2%、支公司 7.7%，批零差率统一为 13%），税金核定。1994 年，计划内与计划外成品油并轨，一律实行国家定价。成品油出厂价，70# 汽油每吨 2290 元，灯煤油每吨 1955 元，0# 柴油每吨 1900 元。宁德销售价格由省物委制定，宁德漳湾每吨 70# 汽油 2850 元、灯煤油每吨 2510 元、0# 柴油每吨 2410 元，福安 70# 汽油每吨 2930 元、灯煤油每吨 2545 元、0# 柴油每吨 2445 元，周宁 70# 汽油每吨 2950 元、灯煤油每吨 2565 元、0# 柴油每吨 2465 元；寿宁 70# 汽油每吨 2960 元、灯煤油每吨 2600 元、0# 柴油每吨 2475 元，柘荣 70# 每吨汽油 2935 元、灯煤油每吨 2575 元、0# 柴油每吨 2450 元，福鼎 70# 汽油每吨 2960 元、灯煤油每吨 2600 元、0# 柴油每吨 2440 元，霞浦 70# 每吨汽油 2960 元、灯煤油每吨 2565 元、0# 柴油每吨 2445 元，古田 70# 汽油每吨 2975 元、灯煤油每吨 2670 元、0# 柴油每吨 2525 元，屏南 70# 汽油每吨 2980 元、灯煤油每吨 2630 元、0# 柴油每吨 2530 元 / 吨，宁德（今蕉城区）70# 汽油每吨 2910 元、灯煤油每吨 2560 元、0# 柴油每吨 2440 元。

1996 年 10 月，执行省物委的《关于调整部分成品油价格的通知》，0# 柴油每吨上浮 90 元。12 月 25 日，执行省物委的《关于调整成品油出厂价格和销售价格的通知》，福建炼油厂 0# 柴油出厂价格每吨提高 200 元，为 2190 元 / 吨，70# 汽油出厂价格每吨提高 60 元，为 2240 元，并允许企业每吨在 50 元 / 吨内上浮，灯煤油出厂价格每吨提高 100 元。全区 0# 柴油零售价，宁德仓库每吨 2505 元，福安每吨 2540 元，周宁每吨 2560 元，寿宁每吨 2570 元，柘荣每吨 2545 元，福鼎每吨 2535 元，霞浦每吨 2540 元，古田每吨 2620 元，屏南每吨 2625 元，宁德市（今蕉城区）每吨 2535 元。灯煤油零售价，宁德漳湾每吨 2625 元，福安每吨 2660 元，周宁每吨 2680 元，寿宁每吨 2715 元，柘荣每吨 2690 元，福鼎每吨 2715 元，霞浦每吨 2685 元，古田每吨 2785 元，屏南每吨 2745 元，宁德（今蕉城区）每吨 2765 元。0# 柴油零售价，宁德漳湾每吨 2735 元，福每吨 2770 元，周宁每吨 2790 元，寿宁每吨 2800 元，柘荣每吨 2775 元，福鼎每吨 2765 元，霞浦每吨 2770 元，古田每吨 2850 元，屏南每吨 2855 元，宁德市（今蕉城区）每吨 2765 元。1997 年 7 月，全区灯煤油零售价继续调整，宁德漳湾每吨 2785 元，福安每吨 2820 元，周宁每吨 2840 元，寿宁每吨 2875 元，柘荣每吨 2885 元，福鼎每吨 2875 元，霞浦每吨 2840 元，古田每吨 2945 元，屏南每吨 2905 元，宁德市（今蕉城区）每吨 2835 元。1998 年，汽油、柴油零售价格由政府定价改为政府指导价。全区汽、柴油零售中准价，70# 汽油每吨 2755 元，0# 柴油每吨 2430 元，汽、柴油实行城乡统一价。1999 年 11 月，执行国家计委的《关于调整部分成品油价格的通知》，宁德、福安、霞浦、福鼎、柘荣为第二价区（沿海县），90# 汽油、0# 柴油零售中准价每吨分别为 2985 元、2560 元，古田、屏南、周宁、寿宁为第三价区（山区县）90# 汽油、0 # 柴油零售中准价每吨分别为 3075 元、2640 元。

2000 年，石油价格波动较大。2 月 5 日，宁德、福安、霞浦、福鼎、柘荣等沿海县（市）汽油、柴油每吨分别为 3030 元、2660 元，古田、屏南、周宁、寿宁等山区县汽、柴油每吨分别为 3125 元、2740 元。9 月 18 日，沿海县（市）汽油、柴油每吨分别为 4225 元、3610 元，山区县汽、柴油每吨分别为 4315 元、3690 元。2001 年 2 月 5 日，沿海县（市）汽、柴油每吨分别为 3480 元、3025 元，山区县汽、柴油每吨分别为 3570 元、3105 元。10 月 17 日，沿海县（市）汽、柴油每吨分别为 3350 元、3040 元，山区县汽、柴油每吨分别为 3440 元、3120 元。2002 年 3 月 4 日，沿海县（市）汽、柴油每吨分别为 2890 元、2600 元，山区县汽、柴油每吨分别为 2980 元、2680 元。10 月 1 日，沿海县（市）汽、柴油每吨分别为 3590 元、3270 元，山区县汽柴油每吨分别为 3680 元、3350 元。2003 年 2 月 1 日，沿海县（市）汽、柴油每吨分别为 3780 元、3440 元，山区县汽、柴油每吨分别为 3870 元、3520 元。2004 年 3 月 31 日，沿海县（市）汽、柴油每吨分别为 4080 元、3360 元，山区县汽、柴油每吨分别为 4170 元、3440 元。

2005 年 3 月 23 日，沿海县（市）汽、柴油每吨分别为 4620 元、3860 元，山区县汽、柴油每吨分别为 4710 元、3940 元。7 月 23 日，沿海县（市）汽、柴油每吨分别为 5270 元、4410 元，山区县汽、柴油每吨分别为 5360 元、4490 元。

（二）电力价格

1993 年，继续执行省物委、电力局《关于调整一般性照明用电价格的通知》，宁德市居民生活用电 0.35 元 / 千瓦时，福安居民生活用电 0.50 元 / 千瓦时，福鼎居民生活用电 0.28 元 / 千瓦时，霞浦居民生活用电 0.26 元 / 千瓦时，周宁居民生活用电 0.224 元 / 千瓦时，寿宁居民生活用电 0.23 元 / 千瓦时，屏南居民生活用电 0.178 元 / 千瓦时，古田居民生活用电 0.28 元 / 千瓦时。宁德市普通工业用电 0.3192 元 / 千瓦时，福安普通工业用电 0.47 元 / 千瓦时，福鼎普通工业用电 0.24 元 / 千瓦时，霞浦普通工业用电 0.25 元 / 千瓦时，周宁普通工业用电 0.156 元 / 千瓦时，寿宁普通工业用电 0.146 元 / 千瓦时，屏南普通工业用电 0.178 元 / 千瓦时，古田普通工业用电 0.225 元 / 千瓦时。宁德市农业用电 0.23 元 / 千瓦时，福安农业用电 0.383 元 / 千瓦时，福鼎农业用电 0.24 元 / 千瓦时，霞浦农业用电 0.17 元 / 千瓦时，周宁农业用电 0.13 元 / 千瓦时，寿宁农业用电 0.1156 元 / 千瓦时，屏南农业用电 0.18 元 / 千瓦时，古田农业用电 0.207 元 / 千瓦时。宁德市营业用电 0.56 元 / 千瓦时，福安营业用电 0.69 元 / 千瓦时，福鼎营业用电 0.28 元 / 千瓦时，霞浦营业用电 0.45 元 / 千瓦时，周宁营业用电 0.35 元 / 千瓦时，寿宁营业用电 0.33 元 / 千瓦时，屏南营业用电 0.275 元 / 千瓦时，古田营业用电 0.76 元 / 千瓦时。

1994年，地区物委调整宁德、福鼎、霞浦、周宁、寿宁、屏南等县（市）的综合电价居民生活用电价格、普通工业用电价格、农业用价格与营业用电价格。其中居民生活用电价格宁德市调为0.41元/千瓦时，福鼎调为0.40元/千瓦时，霞浦调为0.35元/千瓦时，周宁调为0.254元/千瓦时，寿宁调为0.26元/千瓦时，屏南调为0.23元/千瓦时。普通工业用电价格宁德市调为0.41元/千瓦时，福鼎调为0.38元/千瓦时，霞浦调为0.40元/千瓦时，周宁调为0.229元/千瓦时，寿宁调为0.23元/千瓦时，屏南调为0.23元/千瓦时。农业用电价格宁德市调为0.29元/千瓦时，福鼎调为0.38元/千瓦时，霞浦调为0.26元/千瓦时，周宁调为0.22元/千瓦时，寿宁调为0.18元/千瓦时，屏南调为0.276元/千瓦时。营业用电价格宁德市调为0.65元/千瓦时，福鼎调为0.40元/千瓦时，霞浦调为0.55元/千瓦时，周宁调为0.50元/千瓦时，寿宁调为0.48元/千瓦时，屏南调为0.50元/千瓦时。1995年，地区物委调整宁德市、福鼎县、古田县、霞浦县、寿宁县等县市的综合电价居民生活用电价格、普通工业用电价格、农业用价格与营业用电价格。其中居民生活用电价格宁德市（今蕉城区）调为0.45元/千瓦时，福鼎县调为0.465元/千瓦时，古田县调为0.36元/千瓦时，霞浦县调为0.39元/千瓦时，寿宁县调为0.26元/千瓦时。工业用电价格宁德市（今蕉城区）调为0.37元/千瓦时，福鼎县调为0.445元/千瓦时，古田县调为0.31元/千瓦时，霞浦县调为0.41元/千瓦时，寿宁县调为0.25元/千瓦时。农业用电价格宁德市（今蕉城区）调为0.33元/千瓦时，福鼎县调为0.385元/千瓦时，古田县调为0.28元/千瓦时，霞浦县调为0.30元/千瓦时，寿宁县调为0.18元/千瓦时。营业用电价格宁德市（今蕉城区）调为0.79元/千瓦时，福鼎县调为0.465元/千瓦时，古田县调为0.78元/千瓦时，霞浦县调为0.65元/千瓦时，寿宁县调为0.49元/千瓦时。同年9月30日，执行省政府的《关于省电价改革的实施意见》，全区电价分为居民生活用电、非居民照明用电、商业用电、大工业用电、非工业、普通工业用电、农业用电、趸售电等七大类。

1996年，地区物委调整宁德市、福鼎市、福安市、霞浦县、寿宁县、屏南县、周宁县等县（市）综合电价。其中居民生活用电价格宁德市调为0.51元/千瓦时，福鼎市调为0.60元/千瓦时，福安市调为0.57元/千瓦时，霞浦县调为0.50元/千瓦时，寿宁县调为0.375元/千瓦时，屏南县调为0.431元/千瓦时，周宁县调为0.38元/千瓦时。工业用电价格宁德市调为0.45元/千瓦时，福鼎市调为0.578元/千瓦时，福安市调为0.57元/千瓦时，霞浦县调为0.48元/千瓦时，寿宁调为0.358元/千瓦时，屏南县调为0.394元/千瓦时，周宁县调为0.36元/千瓦时。农业用电价格宁德市调为0.40元/千瓦时，福鼎市调为0.52元/千瓦时，福安市调为0.433元/千瓦时，霞浦县调为0.38元/千瓦时，寿宁县调为0.23元/千瓦时，屏南县调为0.394元/千瓦时，周宁县调为0.26元/千瓦时。营业用电价格宁德市调为0.85元/千瓦时，福鼎市调为0.60元/千瓦时，福安市调为0.82元/千瓦时，霞浦县调为0.82元/千瓦时，寿宁县调为0.625元/千瓦时，屏南县调为0.687元/千瓦时，周宁调为0.72元/千瓦时。1997年5月，地区电力公司电网与华东电网并网，地区物委下发《关于调整宁德地区电力公司售电价格的批复》，全区售电价执行华东网的峰、谷时段价（高峰时段8：00～22：00，低谷时段22：00～次日8：00），并在售电价外设还贷基金0.03元/千瓦时/千瓦时。同时，地区物委调整福鼎市、福安市、霞浦县、寿宁县、古田县等县市综合电价，其中居民生活用电价格福鼎市调为0.64元/千瓦时，福安市调为0.73元/千瓦时，霞浦县调为0.56元/千瓦时，寿宁县调为485元/千瓦时，古田县调为0.40元/千瓦时。工业用电价格福鼎市调为0.625元/千瓦时，福安市调为0.738元/千瓦时，霞浦县调为0.588元/千瓦时，寿宁县调为0.475元/千瓦时，古田县调为0.30元/千瓦时。农业用电价格福鼎市调为0.56元/千瓦时，福安市调为0.59元/千瓦时，霞浦县调为0.57元/千瓦时，寿宁县调为0.38元/

千瓦时，古田县调为0.266元/千瓦时。营业用电价格福鼎市调为0.89元/千瓦时，福安市调为1.015元/千瓦时，霞浦县调为0.895元/千瓦时，寿宁县调为0.65元/千瓦时，古田县调为0.82元/千瓦时。全区农村电价平均每千瓦时从1.0元/千瓦时降至0.80元/千瓦时。1998年，地区物委调整福鼎市、柘荣县的综合电价。其中居民生活用电价格福鼎市调为0.66元/千瓦时，柘荣县调为0.42元/千瓦时。工业用电价格福鼎市调为0.625元/千瓦时，柘荣县调为0.42元/千瓦时。农业用电价格福鼎市调为0.648元/千瓦时，柘荣县调为0.26元/千瓦时。营业用电价格福鼎市调为0.92元/千瓦时，柘荣县调为0.67元/千瓦时。9月，取消全区电网和各县（市）电网在各类售电价外征收的电价调节基金与还贷基金。1999年3月，执行省政府的《关于组织实施全省农村电网"两改一同价"的通知》，在全区各县市推行全网同价。同时，地区物委调整寿宁、柘荣县综合电价。其中居民生活用电价格寿宁县调为0.51元/千瓦时，柘荣调为0.50元/千瓦时。工业用电价格寿宁县调为0.46元/千瓦时，柘荣县调为0.49元/千瓦时。农业用电价格寿宁县调为0.44元/千瓦时，柘荣县调为0.35元/千瓦时。营业用电价格寿宁县调为0.78元/千瓦时，柘荣县调为0.75元/千瓦时。

2000年7月4日，执行国家计委的《关于调整福建省电网价有关问题的通知》，省电网趸售给宁德地区电价0.403元/千瓦时。2001年4月10日，执行省物价局的《关于调整宁德市各县（市、区）综合分类电价的通知》，核定各县（市、区）综合销售电价水平每千瓦时分别为：蕉城区0.51元/千瓦时，福安市0.57元/千瓦时，福鼎市0.533元/千瓦时，霞浦县0.519元/千瓦时，古田县0.347元/千瓦时，寿宁县0.302元/千瓦时，柘荣县0.381元/千瓦时，周宁县0.381元/千瓦时，屏南县0.349元/千瓦时（均含电力建设基金和三峡工程建设基金，但不含城市附加）。4月26日，地区物委印发《关于调整宁德市各县（市、区）部分水电站上网电价的通知》，核定各县（市、区）电力公司综合平均购电价格为：蕉城区0.3586元/千瓦时，福安市0.4063元/千瓦时，福鼎市0.3806元/千瓦时，霞浦县0.3657元/千瓦时，柘荣县0.2763元/千瓦时，古田县0.2365元/千瓦时，周宁县0.2241元/千瓦时，寿宁县0.22元/千瓦时，屏南县0.25元/千瓦时。2003年，全市农村居民照明用电平均每千瓦时降至0.50元/千瓦时，降幅达30%以上。

2004年9月3日，执行省物价局《关于疏导趸售县电价矛盾规范电价管理的通知》，对全市除蕉城区外的屏南县、霞浦县、古田县、福安市、福鼎市、寿宁县、周宁县、柘荣县趸售销售电价进行调整，实行综合分类电价。2005年，趸售销售电价继续执行综合分类电价。

六、经营服务性价格

（一）自来水价格

1993年，全区自来水继续执行政府定价，地区所在地城市自来水价格由省物委审定，其余县（市）自来水价格由地区物委审定。是年，经省物委批准，宁德市（今蕉城区）民用自来水价格由0.30元/立方米调为0.42元/立方米，工商企业用自来水价格由0.45元/立方米调为0.60元/立方米，营业性用自来水价格由0.45元/立方米调为0.60元/立方米。经地区物委批准，福安市民用自来水价格由0.30元/立方米调为0.40元/立方米，工商企业用自来水价格由0.45元/立方米调为0.56元/立方米，营业性自来水价格由0.45元/立方米调为0.56元/立方米。福鼎县民用自来水价格由0.35元/立方米调为0.40元/立方米，工商企业用自来水价格由0.35元/立方米调为0.50元/立方米，营业性用自来水价格由0.38元/立方米调为0.60元/立方米。柘荣县民用自来水价格由0.30元/立方米调为0.40元/立方米，工商企业用自来水价格由0.45元/立方米调为 0.50 元 / 立方米，营业性用自来水价格由 0.45 元 / 立方米调为 0.50 元 / 立方米。古田县民用自来水价格由 0.28 元 / 立方米调为 0.40 元 / 立方米，工商企业用自来水价格由 0.28 元 / 立方米调为 0.45 元 / 立方米，营业性用自来水价格由 0.28 元 / 立方米调为 0.50 元 / 立方米。屏南县民用自来水价格由 0.28 元 / 立方米调为 0.39 元 / 立方米，工商企业用自来水价格由 0.28 元 / 立方米调为 0.44 元 / 立方米，营业性用自来水价格由 0.28 元 / 立方米调为 0.49 元 / 立方米。周宁县民用自来水价格由 0.33 元 / 立方米调为 0.40 元 / 立方米，工商企业用自来水价格由 0.35 元 / 立方米调为 0.50 元 / 立方米，营业性用自来水价格由 0.38 元 / 立方米调为 0.60 元 / 立方米。寿宁县民用自来水价格由 0.30 元 / 立方米调为 0.40 元 / 立方米，工商企业用自来水价格由 0.30 元 / 立方米调为 0.45 元 / 立方米，营业性用自来水价格由 0.30 元 / 立方米调为 0.45 元 / 立方米。1994 年，经地区物委批准，福安市民用自来水价格调为 0.62 元 / 立方米，工商企业用自来水价格调为 0.82 元 / 立方米，营业性用自来水价格调为 0.92 元 / 立方米。福鼎县民用自来水价格调为 0.50 元 / 立方米，工商企业用自来水价格调为 0.60 元 / 立方米，营业性用自来水价格调为 0.70 元 / 立方米。霞浦县民用自来水价格调为 0.65 元 / 立方米 ~ 0.75 元 / 立方米，工商企业用自来水价格调为 0.75 元 / 立方米 ~ 0.85 元 / 立方米，营业性用自来水价格调为 0.85 元 / 立方米 ~ 0.95 元 / 立方米。柘荣县民用自来水价格调为 0.65 元 / 立方米，工商企业用自来水价格调为 0.80 元 / 立方米，营业性用自来水价格调为 0.95 元 / 立方米。古田县民用自来水价格调为 0.53 元 / 立方米，工商企业用自来水价格调为 0.58 元 / 立方米，营业性用自来水价格调为 0.63 元 / 立方米。屏南县民用自来水价格调为 0.60 元 / 立方米，工商企业用自来水价格调为 0.65 元 / 立方米，营业性用自来水价格调为 0.75 元 / 立方米。周宁县民用自来水价格由调为 0.70 元 / 立方米，工商企业用自来水价格调为 0.90 元 / 立方米，营业性用自来水价格调为 1.00 元 / 立方米。寿宁县民用自来水价格调为 0.60 元 / 立方米，工商企业用自来水价格调为 0.70 元 / 立方米，营业性用自来水价格调为 0.90 元 / 立方米。1995 年 8 月，经福建省物委批准，宁德市（今蕉城区）民用自来水价格由 0.42 元 / 立方米调整为 0.65 元 / 立方米，工商企业用自来水由 0.60 元 / 立方米调整为 0.75 元 / 立方米，宾馆、饭店等经营企业用自来水由 0.60 元 / 立方米调整为 0.90 元 / 立方米（含地方附加费）。

1996 年，经省物委批准，宁德市民用自来水价格调为 0.80 元 / 立方米，工商企业用自来水价格调为 1.00 元 / 立方米，营业性用自来水价格调为 1.20 元 / 立方米。经地区物委批准，福安市民用自来水价格调为 0.78 元 / 立方米，工商企业用自来水价格调为 0.95 元 / 立方米，营业性用自来水价格调为 1.12 元 / 立方米。福鼎县民用自来水价格调为 0.72 元 / 立方米，工商企业用自来水价格调为 0.72 元 / 立方米，营业性用自来水价格调为 0.90 元 / 立方米。柘荣县民用自来水价格调为 0.88 元 / 立方米，工商企业用自来水价格调为 0.88 元 / 立方米，营业性用自来水价格调为 1.20 元 / 立方米。古田县民用自来水价格调为 0.86 元 / 立方米，工商企业用自来水价格调为 0.86 元 / 立方米，营业性用自来水价格调为 1.20 元 / 立方米。屏南县民用自来水价格调为 0.77 元 / 立方米，工商企业用自来水价格调为 0.77 元 / 立方米，营业性用自来水价格调为 1.10 元 / 立方米。周宁县民用自来水价格调为 1.09 元 / 立方米，工商企业用自来水价格调为 1.09 元 / 立方米，营业性用自来水价格调为 1.35 元 / 立方米。寿宁县民用自来水价格调为 0.85 元 / 立方米，工商企业用自来水价格调为 0.85 元 / 立方米，营业性用自来水价格调为 1.20 元 / 立方米。霞浦县民用自来水价格调为 0.88 元 / 立方米 ~ 1.35 元 / 立方米，工商企业用自来水价格调为 0.95 元 / 立方米 ~ 1.35 元 / 立方米，营业性用自来水价格调为 1.20 元 / 立方米 ~ 1.80 元 / 立方米。1998 年，经地区物委批准，福安市民用自来水价格调为 1.08 元 / 立方米，工商企业用自来水价格调为 1.25 元 / 立方米，营业性用自来水价格调为 1.40 元 / 立方米。福鼎县民用自来水价格调为 1.02 元 / 立方米，工商企业用自来水价格调为1.02元/立方米，营业性用自来水价格调为1.22元/立方米。柘荣县民用自来水价格调为1.30元/立方米，工商企业用自来水价格调为1.50元/立方米，营业性用自来水价格调为1.50元/立方米。古田县民用自来水价格调为1.10元/立方米，工商企业用自来水价格调为1.20元/立方米，营业性用自来水价格调为1.35元/立方米。屏南县民用自来水价格调为1.00元/立方米，工商企业用自来水价格调为1.20元/立方米，营业性用自来水价格调为1.50元/立方米。霞浦县民用自来水价格调为1.26元/立方米～1.70元/立方米，工商企业用自来水价格调为1.30元/立方米～1.85元/立方米，营业性用自来水价格调为1.70元/立方米～2.10元/立方米。1999年5月，经省物委批准，宁德市民用自来水价格调为1.10元/立方米，工商企业用自来水价格调为1.30元/立方米，营业性用自来水价格调为1.60元/立方米。经地区物委批准，屏南县民用自来水价格调为1.25元/立方米，工商企业用自来水价格调为1.30元/立方米，营业性用自来水价格调为1.70元/立方米。寿宁县民用自来水价格调为1.40元/立方米，工商企业用自来水价格调为1.50元/立方米，营业性用自来水价格调为1.70元/立方米。

2001年，经市物委批准，古田县民用自来水价格调为1.35元/立方米，工商企业用自来水价格调为1.50元/立方米，营业性用自来水价格调为1.70元/立方米。2002年9月，经省物价局批准，蕉城区民用自来水价格调为1.30元/立方米，商业企业用自来水价格调为1.80元/立方米，营业性用自来水价格调为2.10元/立方米，工业用自来水价格维持1.30元/立方米。2002年，经市物价局批准，屏南县民用自来水价格调为1.45元/立方米，工商企业用自来水价调为1.45元/立方米，营业性用自来水价格调为2.30元/立方米。福鼎市民用自来水价格调为1.30元/立方米，工商企业用自来水价格调为1.50元/立方米，营业性用自来水价格调为1.60元/立方米。

2005年，经市物价局批准，周宁县民用自来水价格调为1.56元/立方米，工商企业用自来水价格调为1.56元/立方米，营业性用自来水价格调为190元/立方米。

（二）液化气价格

1993年5月，经地区物委核定，宁德市液化气平价气开户价1060元（包括双炉灶具1台、15千克钢瓶1只、调压器1个、胶管1.5米），气价35元/瓶，每年13瓶，供气4年。议价气开户价540元（不含开发费520元），配双炉灶具1台、15千克钢瓶1只、调压器1个、胶管1.5米，气价40元/瓶为中准价，允许上下浮动15%。1994年3月，地区物委下发《关于核定议价液化气销售价格的通知》，议价气中准价调为43.50元/瓶，允许上下浮动15%。同年10月1日，执行地区物委的《关于液化气实行最高限价的通知》，宁德市每瓶净重13.5±0.5千克，残液量不多于0.5千克，市场最高零售限价由50元/瓶调整为48元/瓶（每千克净气按3.56元计价），允许企业向下浮动。1995年1月25日，经地区物委核定，宁德市液化气价格调为50元/瓶，其他县市参照执行。

1996年4月，经地区物委核定，宁德市液化气批发最高限价为43元/瓶，零售最高限价53元/瓶，允许向下浮动。是年12月，地区物委对全区液化气最高限价进行调整。全区液化气零售最高限价由53元/瓶调整为65元/瓶。1997年2月1日，经地区物委核定，全区液化气临时最高限价由65元/瓶调整为58元/瓶，宁德市液化气下调为56元/瓶。各县（市）根据当地实际情况确定液化气价格，但不得突破地区最高限价。1998年1月10日，经地区物委核定，全区液化气市场零售最高限价为每瓶45元。2月15日，经地区物委核定，液化气市场零售价由45元/瓶调整为50元/瓶。3月18日，霞浦县液化气城乡零售最高限价由50元/瓶调整为45元/瓶，批发价由45元/瓶调整为40元/瓶。4月17日，古田县城乡零售液化气价格由45

元 / 瓶调整为 37 元 / 瓶，除城关和黄田外，各乡镇另加城乡差价。5 月 4 日，霞浦县液化气城乡零售最高限价由 45 元 / 瓶调为 40 元 / 瓶，批发价由 40 元 / 瓶调为 35 元 / 瓶。6 月 11 日，霞浦县液化气城乡零售最高限价由 40 元 / 瓶调为 37 元 / 瓶，批发价由 35 元 / 瓶调为 32 元 / 瓶。10 月 13 日，霞浦县液化气零售最高限价由 37 元 / 瓶调整为 40 元 / 瓶，批发价由 32 元 / 瓶调为 35 元 / 瓶。12 月 1 日，福鼎市液化气城关零售最高限价 43 元 / 瓶，批发价 37 元 / 瓶，各乡镇另加运费 1 元，并可适当下浮。1999 年 2 月 7 日，霞浦县液化气城乡零售最高限价由 40 元 / 瓶调为 43 元 / 瓶，批发价由 35 元 / 瓶调为 38 元 / 瓶。7 月，全区液化气价格采取分级管理，批发价和各县（市）城关零售价地区物委核查，各乡镇零售价由各县（市）物委核定。各县（市）城关液化气零售价实现同城一价。

2000 年 3 月 3 日，地区物委下发《关于液化气价格的紧急通知》，对各县（市）城关基础准价格进行调整（允许上下浮动 15%），福安城区批发基准价 45 元 / 瓶、零售基准价 49 元 / 瓶，宁德市、福鼎城区批发基准价 46 元 / 瓶、零售基准价 50 元 / 瓶，古田、霞浦、周宁、寿宁、柘荣城关批发基准价 47 元 / 瓶、零售基准价 51 元 / 瓶，屏南城关批发基准价 48 元 / 瓶，零售基准价 52 元 / 瓶。批零差价保持每瓶 4 元。6 月 1 日，地区物委下发《关于宁德城关液化气价格的批复》，宁德市液化气零售基准价格调为 48 元 / 瓶，允许上下浮动 10%。

2001 年 3 月 30 日，根据市物委的《全市各县市（区）液化气基准价》（可浮动 10%），蕉城区液化气基准价 54 元 / 瓶，福安液化气基准价 54 元 / 瓶，福鼎液化气基准价 53 元 / 瓶，霞浦液化气基准价 53 元 / 瓶，柘荣液化气基准价 60 元 / 瓶，周宁液化气基准价 56 元 / 瓶，寿宁液化气基准价 58 元 / 瓶，古田液化气基准价 60 元 / 瓶，屏南液化气基准价 61 元 / 瓶。7 月，市物委下放除蕉城区外的 8 县（市）液化气价格管理审批权限，各县（市）液化气零售价由各县（市）物委根据市场供求情况，提出价格意见，报当地政府批准后执行（报市物委备案）。蕉城区城关液化气零售价格，由蕉城区物委提出意见，报市物委审批。全市乡镇液化气零售价格，由县（市）物委审批。

2002 年 3 月 10 日，市物价局下发《关于调整液化气价格的通知》，蕉城区液化气价格 43 ~ 49.20 元 / 瓶，福安市液化气价格 42.00 元 / 瓶，霞浦县液化气价格 46.00 ~ 49.00 元 / 瓶（其中海岛 52.00 元 / 瓶），屏南县液化气价格 45 ~ 46.00 元 / 瓶，周宁县 43.00 元 / 瓶（各乡镇另加运费），寿宁县 38.00 ~ 41.50 元 / 瓶，柘荣县 45.00 ~ 46.00 元 / 瓶。11 月 4 日，对全市各县市区液化气零售价格进行调整，蕉城、福安、福鼎、霞浦 54 元/瓶，柘荣 57 元/瓶，周宁 55 元/瓶，寿宁 57 元 / 瓶，古田 58 元 / 瓶，屏南 59 元 / 瓶。2003 年 11 月，经市物价局核定，宁德市区液化气零售基准价格为 52 元，允许上下浮动 10%。

2004 年 3 月，调整蕉城区城关瓶装液化气零售基准价 55 元 / 瓶，允许上下浮动 10%，乡镇零售价格另加运杂费作价。7 月 16 日，市物价局下发《关于管道燃气建设费收费标准的批复》，核定宁德市安然燃气建设费收费标准，居民小区住宅（不含高层建筑）为 2600 元 / 户，居民独立户、高层住宅建筑、别墅 2800 元 / 户。8 月，市物价局重新核定蕉城区瓶装液化气零售基准价 60 元 / 瓶，上下浮动 10%。10 月，市物价局确定蕉城区城关液化气市场零售价格最高限价 72 元 / 瓶。

2005 年 3 月 5 日，市物价局下发《关于宁德安然燃气有限公司管道燃气价格的批复》，核定宁德市居民用气价格 10 元 / 立方米，允许向下浮动力 10%。商业用气价格 11 元 / 立方米，允许上下浮动 10%。

（三）汽车票价

1. 客运票价

1996年之前，全区的汽车客运票价无考。1997年1月，经地区物委核定，全区汽车客运票价实行最高限价，普通车每人千米0.12元，中级车座位每人千米0.13元，卧铺每人千米0.20元。1999年9月，经地区物委核定，宁德—福安全程客运票价16.50元/人，其中0.50元/人为微机售票服务费。宁德—福州全程客运票价24.50元/人，其中1.00元/人为微机售票服务费。2000年7月，地区交通局、物委调整宁德—福州客运票价，调整后运价为最高限价，允许下浮。2003年8月10日，执行市物价局、交通局的《关于宁德至福州客运票价的批复》，宁德—福州西园客运站（高速）高级中型客车运票31元/人次。经市物价局、交通局核定，"闽东快客"宁德—福鼎的高级中型车票价格为37.70元/人次，宁德—秦屿的高级中型车票价格为29.90元/人次，秦屿—福鼎的高级中型车票价格为8.40元/人次。9月，经市物价局核定，霞浦县往福宁高速公路运行客车票价，霞浦北站—福州北站的豪华大型车票为48.80元，霞浦北站—宁德的高级中型车票为18.20元，霞浦北站—福鼎南站的高级中型车票为19.80元。2004年11月，经市物价局、交通局核定，福鼎—霞浦班线小型高级客车车票价为26.00元/人，平时上限票价为29.00元/人。至2005年不变。

2. 公交票价

1994年9月，经地区物委批准，宁德市公交大客票价上调0.10～0.40元，其中洋尾至罐头厂由0.70元上调为0.90元，金涵线由0.30元调为0.40元，飞鸾线由1.40元调为1.80元，漳湾线由1.30元调为1.60元。公交小客车（19座软宽高靠）上调0.90～1.49元，其中礁头线由2.20元调为3.60元，七都线由1.20元（原为大客）调为2.10元，八都线由1.80元（原为大客）调为3.00元。公交汽车月票上调3元，学生月票由5.00元调为8.00元，成人月票由12.00元调为15.00元。1995年4月，经地区物委批准，核定宁德市公交公司新型中巴城区一号线的票价为1～4站0.5元，5～8站1.00元，8站以上及全程1.50元；城区中巴月票，中、小学生月票12元，成人月票26元；飞鸾线中巴票价2.5元，漳湾线中巴票价2.5元（终点延伸至新街码头）。6月，由于国道104线拓宽改造，地区物委调整宁德市公交公司部分线路中巴票价，其中七都线由2.10元调为2.50元，八都线由3.00元调为3.50元。9月，宁德市七都线路公共巴士票价调为2.40元，八都线路公共巴士票价调为3.40元。1996年1月，地区物委核定宁德市公交公司新设的宁德城关至漳湾下塘线路，至六都10千米1.50元，至增坂路口13千米2.00元，至漳湾斗门头18千米2.50元，至下塘码头23千米3.00元；行署至南际公园新型中巴（全程8站）0.50～1.00元，其中1～4站0.50元、4～8站1.00元；福海花园至金涵大队大客车（全程9站）0.40～0.70元，其中1～5站0.40元、5站以上0.70元。1997年1月，地区物委核定宁德师范至继光花苑线路公交票价0.50～1.50元，其中宁德师范至五里亭、五中、中医院、东湖市场0.50元，至邮电大楼、百货商店、广播电台1.00元，至市医院、国税局、继光花苑、武警支队1.50元。4月，对宁德公交月票及部分线路票价进行调整，其中宁德至漳湾由2.50元调为3.00元，宁德至礁头由3.60元调为4.00元，学生月票由12元调为16元，成人月票由26元调为37元。9月，地区物委核定宁德市"面的"运价，城区范围东至师范学校、西至戚继光公园，南至后岗环岛，北至单石碑大桥头，每人每次2.00元，出城按0.20元/人、千米计，包车按每小时30元，3小时内按3小时计费，长途包车在每小时30元内双方协商。1999年1月，地区物委重新核定宁德市"面的"运价，城区范围东至师范学校，南至后岗环岛，西至戚继光公园，北至单石碑大桥头，每人每次

1元，包车每趟次8元。7月，地区物委核定宁德市公交公司豪华小旅行车飞鸾等线路票价2.5～5元，其中宁德—飞鸾全程3元，宁德—礁头全程5元，宁德—七都全程2.5元，宁德—八都全程4元。8月，地区物委核定福鼎市公交线路票价，北站—丹岐全程1.5元/人次，烈士陵园—岩前全程1.5元/人次，山门—北站全程2.00元/人次，党校—五里牌全程1.00元/人次，百胜—民中全程1.50元/人次，环城全程1.00元/人次，资国寺—希里全程2.00元/人次。学生月票16元/人，成人月票32元/人。

2000年10月12日，地区物委下发《关于宁德市城东路公交票价的批复》，核定蕉城区城东路公交线路（全程14个站），1～4站0.50元，4～9站1.00元，10站以上1.50元。12月18日，市物价局下发《关于鹤峰路公交票价请示的批复》，核定鹤峰路公交线路（全程9个站），1～4站0.50元，4站以上1.00元。2001年8月，市物委核定宁德市公交单线成人月票调为40元，学生月票调为20元，成人通用月票调为66元，学生通用月票调为33元。2004年7月，市物价局核定宁德市区公交票价实行一票一元制，成人普通月票56元，学生普通月票为36元，成人通用月票85元，学生通用月票45元。至2005年不变。

3. 出租车票价

1998年之前，出租车票价无考。1998年9月，经地区物委核定，宁德—福州的小型桑塔纳轿车票价每座50元/人次。11月，经地区物委核定，福安—福州捷达轿车票价每座80元/人次。1999年7月，经地区物委核定，宁德市（今蕉城区）顺达出租汽车有限公司和国泰出租车有限公司奥拓轿车运价1.00元/每车千米，基价千米为1千米，起步价3元。2000年4月15日，执行地区物委的《关于“云雀”出租车运价的批复》，地区交通旅行社“云雀”出租车运价1.00元/每车千米，基价千米为2千米，起步价为3元。

2001年1月，经市物委核定，闽澳华侨汽车服务有限公司夏利出租车运价1.20元/每车千米，基价千米为2千米，起步价5元。9月，经市物委核定，宏恒出租汽车有限公司奥拓、百利出租车运价1.00元/每车千米，基价千米为1千米，起步价为3元。闽澳华侨汽车服务有限公司奥拓出租车运价1.00元/每车千米，基价千米为1千米，起步价3元；夏利出租车运价1.20元/每车千米，基价千米为1千米，起步价3.50元；富康出租车运价1.40元/每车千米，基价千米为1千米，起步价3.50元。11月，经市物委核定，宁德市交通旅行社“云雀”出租车运价1.00元/每车千米，基价千米为1千米，起步价3元。

2002年9月，经市物价局核定，闽澳华侨汽车服务有限公司夏利出租车运价调为1.00元/每车千米，基价千米为1千米，起步价3元。11月，经市物价局核定，闽澳华侨汽车服务有限公司富康、奥拓出租车运价调为1.00元/每车千米，基价千米为1千米，起步价3元。宁德市宏恒出租车有限公司奥拓、百利出租车运价调为1.00元/每车千米，基价千米为1千米，起步价3元。2003年11月，经市物价局核定，宁德市区内出租车运价调为1.00元/每车千米，基价千米为2千米，起步价3元。2004年6月，经市物价局、交通局核定，对更新的羚羊1.3L和东风起亚1.3L轿车型出租车运价定为起步4元/2千米，每增加1千米加1元。至2005年不变。

第三节　收费管理

1993年，继续执行省政府办公厅的《关于福建省行政事业性收费许可证管理办法》，中央、省、地（市）以上直属部门在地（市）所在地收费单位的行政事业性收费许可证，由地区物委核发。县（市、区）直属及其他部门不分隶属关系收费单位的行政事业性收费许可证，由县（市、区）物委核发，各收费单位实行亮证收费，明码标价。9月30日，根据福建省农民负担监督管理办公室、物委、财政厅、农委的《关于下发经审核处理的涉及农民负担的收费、集资、基金项目及标准、文号的通知》，逐项审核涉及农民负担的131个收费、集资、基金项目，取消55项，暂缓执行2项，继续执行的45项。取消52项要求农民出钱、出物、出工的达标升级活动收费。10月，地区财政局、物委下发《关于第一批取消停止行政事业性收费项目的通知》，取消行政性收费项目19项。1994年2月，根据福建省物委、财政厅转发财政部、计委公布的第一批、第二批取消收费项目，取消全区第一批、第二批收费项目143项。8月，根据福建省物委、财政厅通知，取消第三批不合理收费项目49项，取消专项基金3项。

1996年6月，执行《福建省行政事业性收费管理条例》。1998年1月，执行国家计委、财政部的《关于第一批降低22项收费标准的通知》，降低全区第一批22项收费标准。1998年2月，执行国家计委、财政部《关于公布取消第一批行政事业性收费项目的通知》，全区取消工商、建设、外贸、交通、外交、公安、税务、保密等部门的行政事业性收费项目29项。1999年1月，根据财政部、国家发展计划委的《关于公布取消第二批行政事业性收费项目的通知》，取消全区文化、公安、建设、旅游、广播电视、林业、口岸等部门收费项目20项。11月，执行国家计委、财政部《关于第二批降低收费标准的通知》，降低公安、民政、国土资源、银行、工商、林业、监督、出入境检验检疫等部门收费标准20项。

2000年3月，执行国家计委、财政部《关于公布取消第三批行政事业性收费项目的通知》，取消第三批行政事业性收费项目20项。11月，根据省政府通知，取消计委、教育、科技、公安、财政、物价及司法、建设、农业、外经贸、审计、环保、工商、技监、药监等部门收费项目47项。

2001年6月，执行省政府的《关于取消部分省级及省级以下人民政府及其所属部门设立的政府性基金项目的通知》，取消电价地方附加费、地质勘探费、安全技术措施费、耕地开发专项基金、城镇增容费、商业网点配建费等26项政府性基金收费项目。2002年3月，执行省物价局《关于立即停止征收涉及外出或外来务工人员有关收费项目的通知》，取消征收暂住人口管理费、外来流动人口管理费、城市人口增容费（含蓝印户口）和流动人口计划生育管理费及施工企业管理费等收费项目。2003年3月14日，执行省财政厅、物价局《关于贯彻落实下岗失业人员从事个体经营有关收费优惠政策的通知》，全市下岗失业人员从事个体经营的，除国家限制行业外，自工商部门批准其经营之日起3年内，凭劳动保障部门核发的“再就业优惠证”，可免交有关登记类、证照类和管理类的各项收费。8月8日，根据财政部、国家发改委的《关于切实落实2003年普通高等学校毕业生从事个体经营有关收费优惠政策的通知》，全市高等学校毕业生从事个体经营，免交个体工商户注册登记费、个体工商户管理费、集贸市场管理费、经济合同监证费、经济合同示范文本工本费、税务登记证工本费、民办医疗机构管理费、卫生监测费、卫生质量检验费、预防性体检费、预防接种劳务费、卫生院许可证工本费、民办非企业单位登记费（含证书费）、劳动合同鉴证费、职业资格证书费、特种行业许可证工本费、烟草专卖许可证费及涉及个体经营的其他登记类和管理类收费项目。8月19日，执行国家发改委、财政部、建设部《关于专项治理涉及建筑企业收费的通知》，取消全市城市增容费、外省施工企业调节金、出入省建筑施工企业管理费、出省承包工程管理费、报建费、外国企业承包工程管理费、建筑检测试验费、治安联防费、区外企业在本区室内装饰施工资质审验费、技术开发费、驻外联络机构劳动服务费等。2005 年 1 月，执行国家发改委、财政部《关于降低部分收费标准的通知》，降低台湾同胞定居证工本费、华侨回国定居证工本费、农业化学物质产品行政保护费、在职人员攻读专业硕士学位全国入学联考报名考试费、导游证 IC 卡工本费、企业注册登记费等收费标准。

第四节　价格调控

1993 年，继续执行省政府《关于进一步深化价格管理体制改革意见的通知》，放开全区计划外成品油、地产小化肥、农药、水泥的出厂价及理发、照相、修理业等商品价格和经营性服务收费，由市场调节。同时理顺煤炭、饲料、汽车货运、水运价格、区内港口收费、搬运装卸费、汽车运杂费、进口药品、医疗单位自配药剂、黄金、工业用金配售等地管商品价格。全区社会商品总额政府定价与政府指导价比重达 4.8%，市场调节价商品比重扩大 95.2%。1994 年，全区物价持续在两位数高位运行，市物价部门为抑制通货膨胀，采取“放管结合，适度干预”措施，制定实施粮食及主要副食品、液化气等最高限价管理办法。根据国务院和福建省政府的“对 50 种重要商品和收费项目实行监审的规定”，对全区 50 种重要商品和收费项目实行监审。在全区推行明码标价，全区明码标价率达 85% 以上。9 县（市）政府相继建立副食品价格调节基金。全区相继调整电、水、化肥、农药、石油、粮食、食盐、煤炭、液化气等商品价格与客运票价、中小学学杂费、医院门诊挂号费、公交票价、邮电资费等，调价总额 1586.5 万元，调整收费总额 281.36 万元。1995 年，地区物价部门加强市场物价调控，实施控价目标责任制。全区社会商品零售价格总指数比上年同期上涨 14.8%，其中城市上涨 15.1%，农村上涨 14.8%，居民消费价格总指数比上年同期上升 18.0%，实现控价目标。

1996 年，全区市场物价涨幅保持低位运行，商品零售价格和居民消费价格分别比上年同期上涨 4.7% 和 6.3%，实现控价目标。1997 年，地区物委组织县（市）物委主任到泉州市学习考察，借鉴泉州市物委组建职工物价监督站经验，在全区各县（市）的重点乡镇建立农村物价检查管理站，加强农村物价管理。地区物价部门清理附加在电价上的教育附加、卫生费、义务兵优抚费、防洪基金等 4 项收费，全市减轻企业和农民负担 180 万元。寿宁县通过整顿，取消搭车收费和不合理的附加费及基金，每千瓦时电降价 0.1 元；全县减轻农民负担 52 万元。1998 年，地委、行署把农村电价整顿列入为民办实事项目，在全区开展农村电价整顿，取消附加在电价上的各种乱加价、乱收费和乱摊派，全区各乡镇所在地及村电价审定公布率达 100%，执行率达 97.5%，农村电价平均每千瓦时从 1.01 元降至 0.82 元，全区年减轻农民负担 6099.72 万元。1999 年，继续加强农村电价整顿，实现每千瓦时电价下降至 1 元以下。是年，全区整顿电价减轻农民负担 2596.09 万元，同时对邮电资费进行结构性调整，降低固定电话初装费、移动电话入网费和互联网、出租电路、国际及中国港澳台电话附加费，适当提高宁德城区自来水价格和有线电视加密频道收费标准。

2001 年 9 月，执行国家计委的《关于实行涉农价格和收费公示制度的通知》，全市涉农价格和收费公示由乡镇政府和村分别公示。乡镇政府公示粮食保护价、电价、水价等价格，村公示提留、乡统筹及水价、电价等收费项目情况。2002 年，市物价部门继续推进“两改一同价”（即建设改造农村电网、改革农村电力管理体制、实现城乡用电同网同价）进程，对全市综合电价进行测算审核，实现城乡用电同价，全市减轻农民负担 1.22 亿元。

2003年，执行省政府《关于规范行政性收费，运用价格杠杆扩大内需的若干意见》，加强全市价格监测、预警、分析，为地方政府宏观调控提供决策参考。继续协同有关部门做好“两改一同价”工作，农村居民照明用电平均每度降至0.57元，降幅达31%，全市减轻农民负担4150.67万元。同时，根据福建省物价局通知，在蕉城、福安、福鼎、霞浦城区范围开征城市污水处理费，对污水排放单位和个人（包括自备水取水）按实际用自来水量每立方米征收0.40～0.45元。2004年，执行教育部、国家发改委和财政部《关于在全国中小学义务教育阶段推行“一费制”收费办法的意见》，在全市中小学推行“一费制”。同时，执行国家发改委《关于严格控制出台涨价项目的通知》和省政府《关于规范行政性收费，运用价格杠杆扩大内需的若干意见》，严控提价。1—11月，全市居民消费价格总水平涨幅为4.3%，与三明市并列全省第五位。

2005年，执行国家发改委的控价“两条控制线”政策，即本省（自治区、直辖市）居民消费价格涨幅月环比超过（含达到）1%或者同比累计连续3个月超过（含达到）4%时，必须暂停出台省级管理和授权市、县管理的政府提价项目3个月，全市社会商品零售总额政府定价比重缩至1.3%，政府指导价比重缩至0.6%，市场调节价比重增至98.1%；农产品收购总额政府定价比重缩至零，政府指导价比重缩至3.2%，市场调节价比重增至96.8%；生产资料销售总额政府定价比重缩至5.2%，政府指导价缩至零，市场调节价比重增至95.8%。5月，市物价局对蕉城区自来水公司供水成本进行监审。同时，市物价部门审定印发全市旅游景点门票价格与市本级、福安、霞浦、屏南、柘荣县垃圾处理费收费标准，审核制定霞浦、屏南、柘荣、福鼎污水处理收费标准。同时，加强客运票价、房地产价格、液化气价格、药品价格管理，按照《药品差比价规则》，审核调整县（市、区）医疗单位生产的200多种自制药剂成本价格，调整出台县级电网优惠电价政策，解决县级电网丰水期富余电量的消化和丰水期弃水问题。柘荣、寿宁县供电公司把富余电量分别以每度0.38元和0.28元价格供给生产企业。

1993—2005年宁德市（地区）价格总指数一览表

表23-9

年份	居民消费价格总指数	其中		消费价格总指数	其中		服务项目价格总指数	其中	
		城市	农村		城市	农村		城市	农村
以上年价格为100									
1993	116.7	117.6	114.7	115.6	116.5	113.5	126.3	125.7	128.3
1994	126.4	126	126.7	124.4	124.6	124.1	124.9	127.8	121.9
1995	118	118.7	117.7	114.8	115.1	114.8	125.6	135.1	119.5
1996	106.3	107.6	105.3	104.7	106.1	103.8	114.9	115.6	114.5
1997	102.5	103.5	101.9	100.2	101.6	99.5	122.8	118.2	125.5
1998	100.2	101	99.7	98.9	99.5	98.5	107.6	111.6	105.2
1999	99.1	100.1	98.5	97.5	98.5	97	112	112.8	111.5
2000	101.5	101.8	101.1	99.2	99.9	98.7	129.6	120.7	135.3
2001	98.7	97.7	99.7	97.4	96.5	98.3	104.7	103.3	106.1
2002	100.1	99.7	100.5	99	99	99	104.3	102.6	105.8
2003	102.2	101.3	103.2	99.9	99.8	100	110.5	107.1	113.8

续表 23-9

年份	居民消费价格总指数	其中		消费价格总指数	其中		服务项目价格总指数	其中	
		城市	农村		城市	农村		城市	农村
2004	104.2	103.9	104.4	104.6	104.2	104.8	102.8	102.4	103
2005	102.4	102.4	102.3	102.2	102.1	102.3	103	103.7	102.3
以 1989 年价格为 100									
1993	133.7	137	126.5	130.5	134.1	123.3	163.2	161.9	166.7
1994	169	172.6	160.3	162.3	167.1	153	203.8	206.9	203.2
1995	199.4	204.9	188.7	186.4	192.3	175.6	256	279.5	242.8
1996	212	220.5	198.7	195.1	204	182.3	294.1	323.1	278
1997	217.3	228.2	202.5	195.5	207.3	181.4	361.2	381.9	348.9
1998	217.7	230.5	201.9	193.3	206.3	178.7	388.7	426.2	367
1999	215.7	230.7	198.9	188.5	203.2	173.3	435.3	480.8	409.2
2000	218.9	234.9	201.1	187	203	171.1	564.1	580.3	553.6
2001	316.1	229.5	200.5	182.1	195.9	168.2	590.6	599.4	587.4
2002	316.3	228.8	201.5	180.3	193.9	166.5	616	615	621.5
2003	221.1	231.8	207.9	180.1	193.5	166.5	680.7	658.7	707.3
2004	230.4	240.8	217	188.4	201.6	174.5	699.8	674.5	728.5
2005	235.9	246.6	222	192.5	205.8	178.5	720.8	699.5	745.3

若干年份宁德市（地区）居民生活费用价格分类指数一览表

表 23-10

项目 \ 年份	1995	1998	1999	2000	2001	2002	2003	2004	2005
总指数	118.0	100.2	99.1	101.5	98.7	100.1	102.2	104.2	102.4
一、食品	121.5	100.2	97.1	98.4	98.4	100.3	101.1	110.4	105.2
粮食	123.9	100.0	97.4	88.1	95.9	97.4	109.5	128.9	99.3
淀粉及薯类	127.8	106.9	100.6	98.5	95.2	98.7	100.1	103.5	103.2
豆及豆制品	114.0	99.6	90.3	101.7	101.4	105.8	106.6	117.0	102.9
油脂	113.2	97.6	98.6	91.6	98.2	97.6	110.1	118.0	95.2
肉禽及制品	117.1	95.2	93.0	99.6	100.3	98.7	103.3	114.0	105.6
蛋	116.3	102.2	99.6	84.7	106.5	104.2	97.6	124.7	102.5
水产品	113.7	93.2	99.8	99.1	98.7	99.4	97.6	107.8	106.0
菜	138.9	115.4	96.2	109.2	91.0	108.7	98.3	102.1	117.8
调味品	123.2	101.7	99.1	98.9	100.5	101.4	98.4	101.8	100.7
糖	124.9	90.6	85.3	108.8	104.8	99.8	90.8	104.2	105.9
茶及饮料	112.3	102.8	96.3	99.6	95.1	97.3	100.2	99.9	100.7
干鲜瓜果	120.9	104.2	95.5	101.9	96.3	104.5	103.7	100.9	109.6

续表 23-10

项目＼年份	1995	1998	1999	2000	2001	2002	2003	2004	2005
糕点饼干	115.0	100.1	100.2	95.3	100.3	98.4	105.0	100.2	98.8
奶及奶制品	139.7	100.0	101.1	100.3	98.6	99.6	97.5	99.2	96.3
外用膳食品	132.4	100.7	101.6	101.1	99.5	97.3	98.7	108.3	101.1
二、烟酒及用品	104.4	103.2	97.2	99.7	99.3	99.8	100.0	100.5	100.7
三、衣着	112.8	101.3	96.5	99.7	97.7	98.6	95.6	94.6	97.1
服装	109.8	102.0	94.6	99.5	97.2	98.7	94.9	94.1	96.4
衣着材料	110.5	100.3	99.6	99.2	100.0	98.3	98.0	100.4	99.6
鞋袜帽	120.9	100.2	99.6	100.9	99.2	98.7	96.4	94.9	98.5
四、家庭设备及维修服务	110.6	99.0	98.0	98.8	95.2	96.7	97.8	97.4	97.0
耐用消费品	107.9	97.9	94.1	95.6	94.8	96.3	94.9	95.5	94.6
室内装饰品	108.0	98.4	98.7	99.5	90.5	100.1	100.3	96.2	95.0
床上用品	112.9	98.7	95.9	97.8	92.7	93.2	97.5	98.8	97.0
家庭日用杂品	116.7	99.3	102.2	97.9	98.3	97.3	100.3	99.6	99.8
五、医疗保健和个人用品	114.1	102.5	102.0	102.3	102.3	99.0	98.9	97.6	98.4
六、交通和通信	97.6	95.8	91.0	95.6	99.8	98.5	99.3	98.8	99.6
交通	96.8	97.7	93.1	98.3	101.1	96.1	98.9	100.1	101.5
通信	100.2	89.4	83.6	84.9	99.1	100.0	99.4	98.3	98.7
七、娱乐教育文化用品及服务	110.2	96.0	96.8	97.3	102.8	106.2	115.7	103.6	102.1
文娱用耐用消费品及服务	101.7	91.6	91.1	96.0	88.8	89.2	92.4	92.9	90.3
教育	133.6	109.2	113.8	135.5	105.9	112.1	125.7	107.4	105.9
文化娱乐用品	115.5	98.8	104.0	97.1	99.5	101.1	101.1	99.6	97.9
八、居住	112.2	97.5	106.7	107.6	95.8	97.6	104.8	106.1	106.3
建房及装修材料	103.5	98.0	97.4	96.3	97.1	97.4	99.3	105.9	101.4
水、电、燃料	112.4	96.4	109.0	109.2	94.2	97.7	107.0	106.9	109.1

说明：以上年价格为 100

第五节　物价服务与监管

一、物价监测与服务

1993 年起，地区物价部门加强市场物价监测、预警。1994 年，贯彻省物委《关于进一步加强和改进市场监测与分析工作的通知》，地区物委加强市场价格监测与分析，编辑发行价格分析旬报、月报、季报、半年报、年报。1995 年，地区物价部门继续做好市场价格监测与分析工作。

1996 年，在全区建立市场商品价格监测网，地区物委与县（市）物委分别建立月度物价形势分析制度，按月编写《物价形势分析》。建立主副食品价格旬报制度，按时汇总上报主副食品价格。在《闽东日报》开辟《全区主副食品价格》专栏，定期公布主副食品价格情况。2001 年，市物价部门在全市聘请涉农价格监督员和收费联络员 2253 人，建立健全农村收费管理网，受到国家计委检查组肯定，并在全省纠风工作会议和福建省电视台《纠风之窗》栏目做经验介绍。2005 年，在全市组织开展“价格服务进万家”活动。福鼎市开展“价格服务进企业”活动，福安市开展“价格服务进商场”活动，古田、霞浦县开展“价格服务进社区、进企业、进学校、进医院”活动，屏南县开展“价格服务进景区”活动，寿宁、周宁、柘荣县和蕉城区开展“价格服务进校园”活动。

二、物价检查

1993 年 4 月，地区物委在全区抽调 60 人，组成 30 个检查组，对全区 2099 个单位的 1992 年收费执行情况进行年审，其中合格单位 1679 个，基本合格 315 个，不合格 105 个。地区物价部门加强教育、邮电、电力、自来水、化肥、粮食、医疗、药品等关系国计民生和群众反映强烈的价格违法行为的监督检查，严厉查处乱涨价、乱收费行为。全区查处非法所得 110.20 万元，实行经济制裁 102.95 万元，其中退还用户 45.60 万元，上缴财政 57.75 万元。1994 年，地区物价部门对农资价格、农用柴油价格、粮食价格、邮电资费价格等进行专项检查，全区检查行政企事业单位 737 个，查出违纪金额 423 万元，其中退还消费者 17.66 万元，没收 155.3 万元，上缴财政 97.79 万元。4 月，根据地区行署《宁德地区行政行政公署关于开展 1994 年全区物价大检查的通知》，全区 1206 个应查单位，实际自查 1163 个。全区组织 26 个检查小组，对农资、电力、液化气、客运票价及教育、交警等进行重点检查。至 5 月 10 日，查出价格违纪违法行为和案件 31 起，违纪违法金额 87.4 万元，经济制裁 47.90 万元（其中没收非法所得 26.06 万元，退还消费者 19.16 万元，罚款没 2.68 万元），入库 26.07 万元。

1995 年，贯彻国家计委、监察部、内贸部《关于开展全国粮食价格检查的通知》，对全区地属与县（市）、乡（镇）所属粮食经营单位进行检查，查处价格违法案件 12 件，没收非法所得 87.30 万元。1996 年，全区物价部门查处案件 387 件，查处非法所得 320.32 万元，实行经济制裁 256.19 万元，其中退还用户 60.47 万元，没收非法所得 184.47 万元，罚没 11.25 万元，上缴财政 195.72 万元。1997 年，全区物价部门查处案件 373 件，查处非法所得 671.09 万元，实行经济制裁 609.13 万元，其中退还用户 191.17 万元，没收非法所得 403.60 万元，罚没 14.36 万元，上缴财政 417.96 万元。1998 年，根据国家计委《关于夏粮收购期间开展粮食价格检查的通知》，对全区粮食购销部门进行检查，查处各类价格违法行为和案件 7847 件，查处非法所得 4686.43 万元，实行经济制裁 2689.32 万元，其中退还用户 1394.85 万元，没收非法所得 1180.71 万元，罚没 113.76 万元，上缴财政 1294.47 万元。1999 年，地区物价部门继续以“清费、治乱、减负”为中心，采取上下配合、下查一级、联合检查的办法，组织开展春运票价、农资价格、交通收费、民航客票代售点收费、中小学收费、卫生收费等专项检查。全区查处种类价格违法行为和案件 167 件，查处非法所得 929.81 万元，其中交通系统违法收费 211.42 万元。实行经济制裁 954.41 万元，其中退还用户 766.41 万元，没收违法所得 77.80 万元。2000 年，地区物价部门查处案件 362 件，查处非法所得 1255.96 万元，实行经济制裁 1286.79 万元，其中退还用户 886.22 万元，没收非法所得 328.33 万元，罚没 72.24 万元，上缴财政 400.57 万元。

2001年，根据国家计委和省物价局的部署，在全市组织开展春运票价、成品油价格、教育收费、药品价格和医疗价格、电力价格及农村电网改造收费检查。全市查处种类价格收费违法行为和案件172件，查处非法所得1199.72万元，实行经济制裁619.10万元，其中退还用户240.77万元，没收违法所得354.09万元，罚没24.24万元，上缴财政378.33万元。霞浦县物委在元旦、春节期间组织开展的物价大检查中，邀请县有线电视台记者进行跟踪采访报道，并在报刊等媒体上公布价格举报专用电话“12358”。全县受理群众举报187起，已处理反馈185起，办结率达98.93%。霞浦县物价部门受理县交警城关中队向三轮车车主收取驾驶员安全教育费问题，责成县交警城关中队全额退还驾驶员安全教育费12987元。2002年，地区物价部门查处案件141件，查处非法所得741.46万元，实行经济制裁816.16万元，其中退还用户662.08万元，没收非法所得150.42万元，罚没3.66万元，上缴财政154.08万元。

2003年，在防治“非典”期间，市物价部门在全市药品批发、零售企业及相关经营者中推行“提醒告诫”制度，组织检查小组164个、813人次，检查医药单位和药店598个，发出价格提醒函12637份，责令改正单位153个，查处价格违法案件56件，查处非法所得5.22万元，实行经济制裁6.03万元。同时，市物价局联合药监局、工商局、质监局成立联合执法队，对防治“非典”所需的中药材及饮片药汤（剂）和消毒器械等实行限定差价率的价格干预措施，抑制防治“非典”相关药品和商品价格的过快上涨。当年，全市查处价格违法案件169件，查处非法所得1128.02万元，实行经济制裁704.34万元，其中退还用户417.36万元，没收非法所得262.14万元，罚没24.84万元，上缴财政286.98万元。2004年，市物价部门在全市组织开展药品及医疗服务价格、农业生资及涉农收费、司法系统收费、春运票价、教育收费、电力价格、成品油价格等物价监督检查。全市查处价格违法案件69件，查处非法所得233.81万元，实行经济制裁199.94万元，其中退还用户55.63万元，没收非法所得138.39万元，罚没5.82万元，上缴财政144.21万元。

2005年，根据国家发改委和省物价局部署，市物价部门在全市组织开展春运票价、供水价格、环保收费、土地收费、广播电视系统收费、建设系统收费、出租车价格、化肥等农业生产资料价格及涉农收费专项检查，全市查处种类价格违法案件149件，查处违法所得1040.16万元，实行经济制裁479.13万元，其中退还用户279.84万元，没收非法所得164.52万元，罚没34.77万元，上缴财政199.29万元。

1993—2005年宁德市（地区）价格查案情况统计表

表23-11　　单位：件、万元

年份	案件数	查处非法所得	实行经济制裁	其中			
				退还用户	没收	罚款	上缴财政
1993	—	110.20	102.95	45.60	—	—	57.75
1994	—	42.30	—	17.56	155.30	6.00	97.79
1995	—	—	—	—	—	—	—
1996	387	320.32	256.19	60.47	184.47	11.25	195.72
1997	373	671.09	609.13	191.17	403.60	14.36	417.96
1998	47	542.63	581.13	458.24	84.39	38.50	122.89
1999	167	929.81	954.41	766.41	77.80	110.20	188.00

续表 23-11

年份	案件数	查处非法所得	实行经济制裁	其中			
				退还用户	没收	罚款	上缴财政
2000	362	1255.96	1286.79	886.22	328.33	72.24	400.57
2001	172	1199.72	619.10	240.77	354.09	24.24	378.33
2002	141	741.46	816.16	662.08	150.42	3.66	154.08
2003	169	1128.02	704.34	417.36	262.14	24.84	286.98
2004	69	233.81	199.94	55.63	138.39	5.82	144.21
2005	149	1040.16	479.13	279.84	164.52	34.77	199.29

三、价格听证

1998 年，贯彻省物委的《福建省价格听证管理办法》，开始建立商品价格和收费试行决策听证制度。12 月，根据宁德市（今蕉城区）自来水公司申请，地区物委印发《关于参加宁德市自来水价格调整听证会的通知》，首次召开自来水价格调整听证会。邀请地区人大财经委、地区政协科技经委、地区总工会、团地委、妇联、消委会、财政局、审计局、建委、行署办、闽东日报社、宁德电视台等 12 个单位代表和部分群众代表，参加自来水调价听证会。1999 年 4 月，根据地区广播电视局申请，地区物委召开加密电视收视费听证会，邀请 20 个单位与部分老干部及用户代表，对宁德有线电视台要求调整收费标准进行公开听证。

2000 年 8 月，贯彻省物委、财政厅、卫生厅《关于对医疗服务收费实行“统一领导、分级管理”的通知》，地区物委在地区第二医院召开医疗卫生收费听证会，邀请地区人大、政协、地委宣传部、地委办公室、总工会、地区消委会、审计局、医药管理局、闽东日报社、宁德电视台、卫生局、医疗单位代表、医疗单位临床专家代表等及宁德市有关单位代表参加听证。2003 年 1 月，受省福建物价局委托，市物价局在福鼎市召开开征污水处理费听证会，经听取各方意见与论证，同意福鼎市污水处理费按每吨 0.40 元征收，并上报福建省物价局审批。同时，市物价局分别对宁德市区、霞浦县、福安市污水处理费进行公开听证，同意宁德市区和福安市的污水处理费按每吨 0.45 元征收，霞浦县的污水处理费按每吨 0.40 元征收。8 月，执行福建省物价局的《关于公布听证会目录的通知》，宁德市区自来水价格与宁德市、县（市、区）污水处理费由市物价局组织听证，趸售县居民生活用电价格，由县级物价局组织听证。2004 年 5 月，市物价局召开宁德市公交票价调整听证会，对公交票价进行调整。同时，各县市物价部门分别召开听证会，在中小学推行“一费制”收费办法。

第六节　机　构

1993 年，地区物委下设人秘科、价格科、收费管理科、综合科、物价检查所、工农产品成本调查队、大检查办公室、“宁德地区价格事务所”挂靠价格科。地区物委为正处级行政机构，在编人员 9 人，物价检查所在编人员 10 人，农产品成本调查队在编人员 9 人，共计 28 人。

2000年，随撤地设市改称为宁德市物价局。2003年，宁德市价格事务所更名为宁德市价格认证中心，宁德市工农产品成本调查队更名为宁德市价格成本调查队。

2005年1月28日，核定宁德市物价检查所编制15名（其中省定行政编制7名、事业编制8名），科级领导职数3名。人员结构为行政管理人员3名，专业技术人员10名，工勤人员2名。市价格成本调查队核定编制9名，科级领导职数1名。人员结构为行政管理人员1名，专业技术人员7名，工勤人员1名。编制经费开支渠道不变。6月8日，成立宁德市物价局价格成本监审委员会。

第五章　审　计

1993—2005年，宁德市（地区）审计机关根据审计法规和上级审计机关的部署，先后开展财政预决算审计、行政企事业单位审计、经济责任审计、固定资产投资审计、专项资金审计，同时开展审计调查，形成专项审计调查报告送市委、市政府，充分发挥国家审计在维护财经法纪、改善管理、提高效益方面的重要作用。在社会审计方面，加强审计事务所管理，检查审计质量。内部审计方面，全区85家内审机构开展财务收支审计、财经法纪审计、资产审计、预算执行审计、承包经营责任审计、内部控制制度审计、厂长（经理）离任审计等内部审计，共完成内部审计3519项，纠正违纪金额2899万元，查出损失浪费金额1216万元，促进征收节支3779万元，提出建议被采纳2278条。

第一节　国家审计

一、财政预决算审计

（一）财政决算审计

1993年起，地区审计局开始对县（市）财政决算进行第三轮审计，把审计业务拓展到财政管理的预算外资金、财政信用资金等方面。是年，地区审计局对财政收支、结余情况及增加财力分配和使用状况进行审计，并向地委、行署呈报财政决算审计的违纪违规与财政管理问题。1999年，地区审计部门把税务部门混淆税种入库、多提征收手续费、农业四税收入、财政专项资金的拨付使用、财政预算外专储资金列入财政决算列入审计重点，对个别财政运转极端困难的县（市）的财政账内外的累计赤字进行核实。2000年，地区审计部门对26个财政决算审计单位进行审计，对古田、柘荣、周宁3个县的财政决算进行审计。县（市）审计部门对乡镇级财政决算进行审计，霞浦县审计局在乡镇财政决算审计中查出一起涉嫌贪污案，并依法移送检察机关处理。

2001年，市审计部门对全市12个县乡两级的财政决算进行审计。市审计局对福安、福鼎两市2000年度的财政决算进行审计，查出财政收支不实，征收“过头税”，乱收费，坐支土地使用权有偿出让收入等违纪违规问题。各县（市、区）审计部门对财政决算审计中，查出挤占、挪用专项资金、虚增财政收入、虚列专项支出、隐瞒收入、财政预算收支严重赤字、负债严重等问题，并提出建议与对策。2002年，市审计局对蕉城、屏南2个县级财政决算进行审计，查出财政虚增企业所得税收入、隐瞒坐支土地出让金收入、混淆科目挖挤截留上级收入等各类违规款项4397万元，其中应归还原渠道资金50万元，调账处理14万元，应缴上级财政5万元，由单位自行纠正4328万元。2003—2005年，根据福建省审计厅统一部署，结合经济责任审计开展财政决算进行审计。

（二）财政预算执行情况审计

1995年10月，执行《中华人民共和国审计法》和《福建省地方预算执行情况审计监督试行办法》，在全区开展本级预算执行审计，对同级财政预算执行情况进行审计。至1996年4月，地区审计部门完成全区147个财税及预算单位审计，查出违纪违规资金7994万元，其中应追还被侵占挪用资金82万元。1997年，根据省审计厅部署，地区审计局每年安排支农资金、卫生事业费、教育科技经费、基本建设资金、支持国有企业改革资金、城市维护资金等专项资金作为"同级审"重点，逐步拓展到财政预算外资金、财政周转金等其他财政资金。2000年，全区审计部门结合财政经济工作和社会事业发展重点，对各级财政、地税、教委、科委、环保、水电、土地、文化等预算执行单位实施审计监督。全区完成74个预算执行审计单位，查出少征预算收入、违规退库、延解占压财政库款、应缴未缴预算收入、挪用预算资金、虚列支出、违规办理财政结算等违纪违规问题，决定处理处罚573万元，指明要求纠正6628万元。

2001年，市审计局开展市本级预算执行情况审计。全年完成79个预算执行审计单位，查出少征预算收入、违规退库、应缴未缴预算收入、挪用预算资金、虚列支出、违规办理财政结算等问题。查出违规行为金额11021万元，其中决定处罚860万元，指明要求纠正10161万元。查出应缴财政117万元，已缴财政45万元。市审计局对市直8个重点部门18个单位的预算执行情况进行审计，查出部分单位私设"小金库"、挪用专项资金等问题。查出违规违纪资金236万元，查出市科委会计贪污公款27.07万元。各县（市、区）审计部门在当年同级审计中，查出财政财务收支中不真实、不合法、不规范及损失浪费、腐败等问题，为同级人大监督财政预算提供准确依据。2002年，市审计部门加强本级预算执行情况审计，对掌管财政资金分配权和管理财政资金较多的重点单位与教育、农业、科技三项费用及预算外资金进行审计，对税收政策执行和税收经费情况进行审计。全市完成84个预算执行单位审计，查出违规减免税收、应缴未缴及少征、隐瞒、挖挤预算收入、虚列财政收支、挪用预算资金、预算外收入未缴专户、乱收费乱摊派乱罚款等违规金额7221万元，其中处理应缴财政98万元，调账47万元，罚没14万元，由单位自行纠正金额5731万元，已缴财政22万元。2003年，市审计部门对2002年度预算执行情况进行审计，对77个具体组织预算执行部门单位进行审计，查出违规金额5659万元、管理不规范金额4913万元。查出应上缴财政203万元，应归还原渠道资金749万元，应调账处理1440万元，应自行纠正4275万元。市审计局在对市民政局的预算执行情况审计时，查出近百万元"账外账"，下发《关于加强事业单位财务管理的通知》。2004年，市审计局对9县（市、区）财政预算执行情况进行审计，对部分二、三级重点用款单位（项目）进行延伸审计。市审计局对65个单位的预算执行审计，查出违规金额2620万元，管理不规范金额21936万元，审计决定处理处罚应上缴财政371万元，应归还原渠道资金355万元，应调账处理金额51万元，应自行纠正金额18301万元。2005年，市审计局对市直6个单位进行预算执行审计。全市完成预算执行审计项目58个，查出违规金额3179万元、管理不规范金额1.23亿元，审计决定处理处罚应上缴财政73万元，应归还原渠道资金1647万元，应调账处理金额598万元，应自行纠正金额1.12亿元。

二、行政企事业单位审计

（一）行政单位财务审计

1993年，地区审计部门继续加强法院、检察院、工商、公安、交警等执法部门的定期审计，对执法部门执法收费情况和罚没收入、行政性收费规模和上缴情况及乱收费、私设“小金库”、转移坐支应缴预算收入、违规收取赞助、滥发补贴奖金等进行处罚，并针对财务管理和资金收缴、核算不规范等问题，提出改进措施和建议。1999年，地区审计局对地区中级人民法院审计问题，提出整改意见。2000年，全区审计部门对251个行政事业单位进行审计，查出违规金额11145万元，其中决定处理处罚3713万元，指明要求纠正7432万元。

2001年，市审计部门对全市227个行政事业单位进行审计，查出违规行为金额9622万元，其中决定处罚2744万元，指明要求纠正6878万元。同时查出应缴财政343万元，已缴财政195万元，应归还侵占挪用资金1053万元，应调减支出17万元。完成审计署统一部署的普教经费审计。2002年，市审计部门完成全市325个行政事业单位审计，查出违规金额2.98亿元。其中应缴财政555万元，应归还原渠道资金235万元，调账处理金额433万元，处罚和没收141万元，应由单位自行纠正金额1.8亿元。2003年，根据福建省审计厅部署，市审计局对全市5个县市的公安、交警部门的财务收支情况进行审计，并向市政府和公安交警部门提出审计建议，公安交警部门专门下发整改通知。同时，市审计局与市机关管理局组成3个清查核实小组，对市直机关大院的固定资产进行一个多月的盘点核对，核实机关大院内66个单位固定资产总值6705.06万元。2004年，市审计部门对全市工商行业进行审计，查出财务管理不规范、暂存暂付款长期未清理、接待费超支等问题，提出审计建议。2005年，市审计局对市委办、市政府办进行审计。同时，市审计局牵头，抽调福鼎等4个县的13名审计人员组成审计组，对市质监局与福鼎、福安、霞浦、古田等4个县（市）质监局及所属单位财务收支情况进行审计，并延伸审查所属的8家社团组织，查出违规金额39万元，管理不规范金额214万元，审计决定处理处罚上缴财政11万元，自行纠正金额97万元。

（二）事业单位财务审计

1993年，地区审计部门多次对计划外生育费进行审计，纠正计划外生育费征收，管理混乱等问题。1996年，地区审计部门对全区中小学进行审计，发现重点中小学开设私立学校，挤占师资、教学设备、场所，影响教学质量，及部分学校以集资兴教名义擅自收费、变相赞助等问题。1997年，地区审计部门对部分医院、卫生院进行财务收支审计，重点检查药品“回扣”、医疗收费、药品价格等。审计发现部分医院、卫生院存在进货渠道不够规范，采购管理混乱，药品质量把关不严及药品折让收入不入账等问题。

2002年，市审计局对全市10个住房公积金管理中心的住房公积金归集、管理、使用情况进行审计，发现部分县（市、区）财政及单位挪用、占用住房公积金，配套资金不到位及住房公积金管理和核算不完善的问题，并把审计结果在市政府公开栏公示。2003年，市审计部门对公路行业进行审计，发现存在路政赔偿费收入不及时解库，转移收入、超比例返还及工程投资内部管理等问题，向市政府和公路部门提出审计建议。2004年，市审计部门对全市33家中小学和有关教育部门的教育事业费进行审计，发现存在专项资金拨付不到位不及时、教育部门及学校挤占挪用代办费、固定资产管理不够规范等问题，审计综合报告得到市长及副市长的批示。2005年，市审计局对市政府采购中心进行审计，对多年未审计的市医院和市教师进修学院进行财政财务收支审计。

（三）企业财务审计

1993年，继续执行《关于国营企业实行承包经营责任审计的通知》《关于企业承包经营责任审计的几点意见》，对国营企业负责人进行离任审计。对全区国有企业和国有资产控股或占主导地位的工业、商业、交通、粮食、供销、物资、外贸、旅游等企业进行审计监督。同时对粮食行业财务挂账情况进行审计，核实粮食行业新老财务挂账情况。1996年，地区审计部门完成宁德东朗汽车电器有限公司、霞浦东洋针织有限公司、福安华闽化工有限公司、福鼎美丽达化妆品有限公司等7家中外合资企业资产、负债及所有者权益审计，发现存在企业注册资金不到位、盈亏核算不实、漏缴税费等问题。1998年，根据福建省审计厅授权，地区审计局对九洲商社下属的福安九洲大酒店、福建省九洲集团股份有限公司福安分公司、福建天马集团公司、福鼎啤酒有限公司等4家企业资产真实性、运作质量、效益进行审计，查清福鼎啤酒有限公司、霞浦龙泉啤酒有限公司1997年度财务收支及企业亏损原因。同时，地区审计局在全区抽调31名业务骨干，参加泉州市粮食亏损及挂账审计。1999年，地区审计局对福安市旅行社和福鼎市太姥旅行社的旅游企业财务状况和经营管理情况进行审计，发现存在开发投入资金严重不足、资源利用率低、财务核算欠规范等问题。同时选择地区医药站作为企业真实性审计试点，按《企业财务审计操作指南》，对企业内控制度进行测试。2000年，地区审计部门对全市工业、国内贸易、粮食、农林水、城建等29家企业进行审计，查出违规行为金额1915万元，其中决定处理处罚569万元，指明要求纠正1346万元。同时，地区审计局参与全省百家重点国有企业审计，查清宁德地区商业总公司、霞浦佳坤工贸有限公司、福鼎市农药厂、福安市印刷厂、古田县医药公司等5家企业资产质量、会计信息及改制过程存在问题。对全市各新华书店的资产负债损益情况进行审计，审查新华书店资产质量状况、兴办第三产业情况、中小学用书销售情况及支付教育部门宣传推荐和劳务费情况等情况。同时，地区审计局在试点基础上，对7家企业资产负债真实性进行审计。

2001年，市审计部门对全市50家企业进行审计，查出收入不实、成本不实、有账无实、损失浪费、虚增虚减利润等违纪违规金额3908万元。同时，完成省审计厅授权的邮政行业审计。2002年，市审计部门对全市25家企业单位进行审计，查出各类违规金额3128万元，处理应缴财政179万元，查出应归还原渠道资金26万元，调账526万元，罚没13万元，应自行纠正金额1989万元。2004年，市审计部门对全市汽车运输集团资产、负债、损益情况进行审计，发现存在有截留、转移、隐瞒收入和虚列、挤占成本费用，虚增利润、少计成本等问题。2005年，市审计部门从核实企业资产、负债、损益和保护国有资产安全入手，对全市35个企业资产负债损益情况进行审计，发现企业存在自身财务管理不力、下属单位监管流于形式、虚报或隐瞒转移收入、国有资产流失、少计成本费用及账外资产等问题。

三、经济责任审计

1996年起，在全区开展党政机关、企事业单位领导干部任期经济责任审计。古田县审计局协同财政局、统计局等组成审计小组，对党政机关、企事业单位领导干部进行经济责任审计。1999年，根据中共中央办公厅、国务院办公厅的《县级以下党政领导干部任期经济责任审计暂行规定》《国有企业及国有控股企业领导人员任期经济责任审计暂行规定》，地区审计部门先后组织开展县级以下党政领导干部和国有企业及国有控股企业领导人员的任期经济责任审计。2000年，霞浦县审计局建立经济责任审计台账，在部分企业结合进行经济责任审计与常规审计。福安市委、市政府下发《领导干部任期内经济责任联合抽审制度》，福安市组织部、纪检、监察、审计等4部门组成联合工作组，对在任领导干部遵纪守法情况进行抽查审计。是年，地区审计部门对47个单位领导进行经济责任审计，其中党政科级领导干部46人，国有企业1人，查出违规金额1865万元，其中主管责任违规金额758万元，直接责任违规金额1050万元，决定处理处罚1118万元，指明要求纠正747万元。

2001年，市审计局开始试行处级领导干部进行任期经济责任审计，对市交通局、市计生委、市妇女委员会、市直党工委、市卫生局、市闽东医院（原地区第一医院）等6个单位主要领导进行经济责任审计。是年，全市审计部门对全市88个单位领导进行经济责任审计，其中处级领导干部6人，科级领导干部75人，企业领导7人。查出违规金额3865万元，其中主管责任违规金额3337万元，直接责任违规金额491万元，决定处罚1020万元，指明要求纠正2845万元。通过经济责任审计移送纪检监察机关3人，其中科级2人，非领导1人。

2002年，根据审计署要求，市审计局在全市推进任期经济责任审计。同时，对未经任期经济责任审计调动的领导干部试行“代理制”，即先上岗，后审计，再任命。是年，全市审计经济责任人241个，审计单位242个，查出违纪违规金额8386万元。其中主管责任违规金额7720万元，直接责任违规金额666万元，由单位自行纠正金额1.3亿元。查出损失浪费29万元，直接责任9万元。2003年，市审计部门对127个单位的经济责任人进行审计，查出违规金额4166万元，其中主管责任违规金额4024万元、直接责任违规金额142万元。管理不规范金额5549万元，其中主管责任违规金额5091万元，直接责任违规金额458万元。查出领导干部个人经济问题1人，移送纪检监察机关6人。福安市审计局在审计中查出5名领导干部违规报销电话费和驾驶员培训费，并进行清退，把2名坐支罚没款的领导干部移送纪检（监察）机关处理，并建议组织部门追究1名领导干部任职期间造成的重大经济损失，对10名领导干部违规问题进行诫勉谈话。对参加公开选拔的拟提拔副处级干部进行经济责任审计。同时根据福建省委组织部的委托和省审计厅安排，市审计局对三明市明溪县县长进行经济责任审计。

2004年，市审计部门完成153个单位163个经济责任人审计，查出违规金额5032万元，其中主管责任违规金额4615万元，直接责任违规金额417万元。管理不规范金额5707万元，其中主管责任违规金额5410万元，直接责任违规金额297万元。完成市委组织部委托的7个市直处级干部的经济责任审计。市委书记、市长等市领导分别对经济责任审计的关于私设“小金库”和挪用专项资金等问题作批示，市纪委、监察局、财政局和审计局联合印发《关于对私设“小金库”和挪用专项资金进行专项清理的通知》。根据省审计厅安排，对古田县县长进行经济责任审计。

2005年，市审计部门根据各级党委、政府和组织部门委托，对全市121个单位的148个党政领导干部与国有企业领导开展任期经济责任审计，查出违规资金4560万元。市审计局完成三明市沙县县长、闽东电力股份有限公司（上市公司）、宁德市医药站和宁德市驻京办等4个较大项目的经济责任审计。其中闽东电力股份有限公司经济责任审计被评为2005年度全省审计优秀项目，并被省审计厅推荐参加全国地方优秀审计项目评选，沙县县长任期经济责任审计项目被评为2005全省优秀审计项目。古田县对28个部门单位的36位领导干部进行任期经济责任审计。霞浦县对10位科级领导进行任中审计。福安市印发《党政领导干部任期经济责任审计结果利用办法（试行）》。福鼎市经济责任审计联席会议成员单位印发实施《福鼎市科级干部经济责任审计结果组织处理暂行规定》。

四、固定资产投资审计

1993年，地区审计部门把工程竣工决算审计列为固定资产投资审计重点。1996年，根据省审计厅《关于实行建设项目（工程）竣工决算全面审计制度的通知》，地区审计局印发执行审计署等部门的《建设项目审计处理暂行规定》，在全区普遍开展建设项目、重点工程预算执行和竣工决算审计。1997年，地区审计部门完成省审计厅安排和地区、县（市）政府领导交办的各项固定资产投资审计，对1996年竣工和新开工的投资50万元以上的建设工程项目及农村电网改造项目进行审计。1998年年底，地区审计部门在全区开展重点项目动态跟踪审计和固定资产投资专项审计，开展建设项目预算执行情况动态跟踪审计试点。1999年，在全区开展建设项目预算执行情况动态跟踪审计，完成宁德三都澳万吨码头、中国闽东大酒店、地区新华图书城、地区广电大厦、东侨大道、兰溪大桥等10个地区重点项目预算执行情况动态跟踪审计，发现地区重点工程普遍存在超规模超计划、"三边"（工程项目实行边勘测，边设计，边施工）工程多、资金来源甚至基本的项目资本金不落实等问题。2000年，审计部门对交通、农业、基础设施等13个固定资产投资项目进行审计，审计项目投资总额16203万元，完成投资总额8136万元，查出违规行为金额236万元，其中决定处理处罚62万元，指明要求纠正174万元。对宁德市（今蕉城区）希来绿色食品有限公司综合楼工程竣工决算审计，核减16万元工程费，占工程造价197.6万元的8.1%。对宁德市城东路工程、周宁七步至牛岭山区道路发展工程预算执行情况审计，发现搞"三边"工程，挤占工程建设资金，概算外项目多、建设资金缺口大、挪用建设资金等问题。

2001年，全市完成19个固定资产投资项目审计，审计项目投资总额98029万元，完成投资总额20921万元，查出违规金额5863万元。查出应缴财政资金63万元，应核减工程结算794万元。市审计局对福安垃圾卫生填埋场工程预算执行情况进行审计，把审计结果以呈阅件形式专题报市五套班子。同时对福宁高速公路工程开展动态跟踪审计。2002年，市审计局对穆阳溪梯级水电站一级芹山电站工程动态跟踪审计，对福安湖塘坂至寿宁友谊桥双港公路进行审计，配合纪检部门开展国债专项建设资金审计检查。全市审计部门审计8个固定资产投资重点项目（投资总额833万元），查出多结工程款、概算外投资等违规金额750万元，其中资金不落实230万元，处理应缴财政4万元，核减工程结算13万元，罚没2万元，应由单位自行纠正金额450万元。2003年，对国家重点建设资金国债项目"双湖"交通战备公路寿宁段、福安段和环保国债项目福安垃圾卫生填埋场进行审计。查出工程建设管理不规范、建设资金不落实、挪用国债资金和建设专项资金等问题。2005年，市审计局和福鼎、古田等县（市）审计局相继成立固定资产投资审计中心，印发实施固定资产投资审计管理办法。

五、专项资金审计

（一）社会保障资金审计

1993年起，地区审计部门连续对养老保险基金、失业保险基金等社会保障资金进行审计，查处社会保障资金存在欠缴、外借、挪用等问题。1999年，地区审计局以呈阅件形式，向行署汇报养老保险基金审计问题，行署专员及分管副专员分别对呈阅件进行批示。2000年，全市审计部门对机关社会保险基金、劳动养老基金、农村社会保险基金的征缴、支出和管理情况进行审计，查出部分养老基金未纳入专户管理，单位欠缴基本养老保险和其他保险金等问题。2000 年，地区审计局的《关于全区机关社保公司基金、经费收支审计的综合报告》，经行署专员批示，行署办公室印发《关于进一步加强机关社保养老基金管理的通知》。地区审计局以呈阅件专题呈报农村社会保险基金审计存在问题，行署领导批示有关部门整改。

2001 年，市审计部门对市建行、市中行、市农行、市工行人保公司 5 个金融系统的养老保险基金进行审计。2002 年，市审计部门审计企业职工养老保险基金等各类专项资金 1.02 亿元。2003 年，市审计部门对医保资金进行审计，发现并揭示医疗保险定点药店同类药品价格高过非定点药店的问题，得到省纪委领导批示。在全市组织开展专项检查，扩大医疗定点药店范围。2005 年，根据省审计厅的逐步推行审计结果公告要求，经市政府同意，市审计局首次公告社会保障资金审计结果。

（二）科技教育资金审计

1998 年起，根据审计署《关于加强对预算执行中教育和科技经费安排情况进行审计监督的通知》，地区审计部门加强教育科技经费审计，向地委、行署提交审计综合报告。1999 年，霞浦县审计局在审计教育经费时，查出 1 个乡镇小学涉嫌教育经费贪污案。2000 年，地区审计部门对科技专项资金进行审计。2001 年，市审计局对全市科技、教育经费进行审计，查出市科委会计贪污公款 27.07 万元的犯罪事实。2004 年，市审计部门在全市审计 33 家中小学和有关教育部门，发现专项资金拨付不到位、不及时，跨年度拨款及截留教育系统预算外资金、教育部门及学校挤占挪用代办费、固定资产管理不够规范等问题，并报送统计专题报告，福建省省长做出批示。2005 年，市审计部门组织对普九扫盲教育经费和其他教育经费进行审计。

（三）扶贫资金、农业专项资金审计

1993 年，地区审计部门组织对全区 6 个贫困县的扶贫资金进行审计，组织到 90 个乡镇企业、厂矿、果（茶）场、贫困户实地调查取证。1998 年，地区审计部门对各级水利水电主管部门和水土保持办公室的水利资金使用情况进行审计，延伸抽查资金量大的乡镇财政所、水利工作站、水库工程指挥部，调查财政、计委和农发行等部门，审计涉及全区 115 个单位和项目，审计资金 8316.97 万元，查出违纪违规资金 416.8 万元。2000 年，地区审计部门对老区民政专项资金、水利专项资金进行审计。

2001 年，市审计部门对老区专项资金进行审计，并延伸至蕉城、福安、霞浦县（市、区）及 6 个乡镇基层用款单位，发现老区专项资金在拨付、使用中的滞留及挤占挪用等违纪违规问题。2002 年，市审计部门对市本级和福鼎、福安、霞浦、周宁、寿宁、屏南等 6 县市农业综合开发资金进行审计，查处农业专项资金在使用和管理中存在财政配套资金未及时足额配套到位、违规收息收费、用项目资金抵扣到期未收回的有偿资金、用农业综合开发资金及配套资金列支单位事业费等非项目开支、项目验收手续不完善、财务核算不规范、财务管理不健全等问题。市审计局与蕉城、霞浦县（区）审计局对三峡移民外迁安置资金进行审计，发现三峡移民资金使用存在违纪违规问题，依法做出处理。2004 年，市审计部门对全市 81 个单位的 26539 万元农业专项资金进行审计，其中古田县审计局反映农业专项资金被滞留挤占的信息，得到副省长批示。2005 年，市审计部门对农业综合开发资金等 11 个专项资金进行审计，审计金额 1.26 亿元，发现存在配套资金不到位、资金拨付不及时、挤占挪用、虚支冒领、财务管理不规范等问题。市审计局组织开展水利专项资金审计。

（四）外资运用审计

1993年，根据国家审计署和省审计厅授权，对全区国际金融组织贷款和国外援助项目、外国政府贷款和商业贷款项目以及中外合资企业进行审计。2000年，地区审计部门对农村卫生人力开发、师范教育发展、兴建公路、第3个贫困地区基础教育、森林资源发展与保护、沿海资源可持续开发、红壤二期及亚行水土资源与保护等11个国际金融组织贷款和国外援助项目的41个单位进行审计，审计项目计划投资总额49564万元，其中外资19181万元，累计完成投资总额32992万元，查出违规行为金额1114万元，指明要求纠正1114万元。查出应归还侵占挪用资金340万元，并对世亚行贷款首次实行市、县交叉审计。

2001年，市审计部门完成世行贷款第4和第9个农村卫生人力开发、师范教育发展、福宁高速公路、第3个贫困地区基础教育、森林资源发展和保护、沿海资源可持续发展、红壤二期及亚行的水土保持与乡村发展等43个国外贷款援款项目的审计任务，审计金额74119万元，查出违规金额1555万元。2002年，市审计部门对世行贷款第4个农村卫生人力开发、第9个农村卫生人力开发、福建公路、第3个贫困地区基础教育、沿海资源可持续发展、红壤二期及亚行的水土保持与乡村发展等10个项目、43个单位进行审计，审计金额6.08亿元，其中外资1.03亿元，查出违规金额559万元。2004年，市审计部门对世行结核病控制项目、沿海资源可持续发展项目、第9个卫生发展项目等17个项目执行单位进行审计，并出具审计报告。

2005年，市审计部门对全市农村卫生人力开发、第2个农村信贷、第四个农村信贷、师范教育发展、福建公路、第3个贫困地区基础教育、森林资源发展与保护、沿海资源可持续开发、水土保持与乡村发展、红壤二期等国外援贷款项目进行审计，查出存在地方配套资金不到位、侵占挪用、虚报外资工作量、核算不规范等问题，查出项目管理不规范金额131万元。

（五）其他专项资金审计

1999年之前，地区审计部门没有安排其他专项资金审计。2000年，地区审计部门对土地开发专项资金和先行工程专项资金进行审计。2002年，市审计局对福宁高速公路福安连接线工程投资建设情况进行专项审计，查出福安市高速公路指挥部下属3个分部及个别村有关人员任意截留、挪用、侵占、贪污和骗取高速公路征地拆迁补偿费等问题，并移送福安市纪检委、检察院查处。同时，对全市住房公积金的收集、管理、使用情况进行专项审计。2003年，市、县（市、区）审计局对全市土地专项资金进行审计，发现有3个项目未按规定进行招投标，有5个项目未实行工程监理，同时土地专项资金存在资金到位不及时，部分专项资金被改变用途等问题，提出关于加强土地开发专项资金管理建议。2004年，市审计局对土地出让金、市政道路、公园景观、工业园区资金使用情况、地税系统经费进行专项审计。同时，按福建省审计厅部署，对霞浦和福鼎2个县（市）的土地出让金进行审计，发现存在违规减免缓征、欠缴出让金、违规出让划拨土地、违规协议出让、出让金流失等问题，并进行处理处罚。2005年，市审计局对市本级的市政道路及公园景观建设等7个项目进行审计。

六、审计调查

1993年，根据国务院的《全民所有制工业企业转换经营机制条例》和省政府的《福建省全民所有制工业企业转换经营机制实施办法》，地区审计部门选择地区电力公司、地区罐头厂等30

家国有工业企业进行转换经营机制调查，提出相应建议。对计划外生育费进行审计调查。1999年，地区审计局对财政决算真实性情况审计调查。2000年，地区审计部门组织开展政府负债情况审计调查，对政府负债总体规模及类型、政府负债投向、政府负债逾期和偿债能力等进行综合分析，提出建立政府债务预警机制，培植财源发展经济，严格控制支出等规范和化解财政风险的建议；对机关社会保险基金、劳动养老基金、农村社会保险基金的征缴、支出和管理情况进行审计调查；对福宁高速公路跟踪审计，编写福宁高速公路工程调查报告，得到省市有关领导批示，促使有关部门及时收回外借的1238万元工程资金。全市完成41个审计专项调查项目，其中省定项目20个，审计调查单位285个。

2001年，按省审计厅部署，组织实施农村电网“两改一同价”审计调查。对省、市级专项资金进行跟踪审计调查。2002年，市审计局组织进行福宁高速公路福安连接线工程投资建设情况专项审计调查，市委书记、副书记与副市长等分别对调查报告进行批示，市纪检委组织力量查处，市审计局因此被评为福宁高速公路建设先进单位。同时市审计局根据福建省审计厅部署，对部分县（市）工资无法及时兑现、财政连年赤字、运转困难情况开展审计调查。对政府承借的外债项目及还本付息的总体状况进行审计调查。2004年，市审计部门对市重点工程“一个半小时交通网”、闽东工业园区进行专项审计调查，提交调查报告，并向纪检监察部门移送案件1起。组织开展农业专项资金、教育事业费审计调查。市审计部门完成21项审计调查，调查单位37个，金额18.78亿元，发现问题金额3.55亿元，移送纪检机关案件线索1起，提交审计调查报告21篇，综合报告2篇，市领导4次作批示。

2005年，市审计部门对32个项目的241个单位开展专项审计调查，审计调查金额14.61亿元，调查发现问题金额占调查资金总额的10%。市审计部门配合财政、农发行和粮食部门，对粮食购销企业1992年4月至2004年12月粮食财务挂账情况进行审计调查。寿宁县以农村居民最低保障资金为主要内容开展专项审计调查。屏南县对以工代赈资金和扶贫资金使用情况进行跟踪审计和审计调查。福安市对2004年“艾利”台风救灾救济款开展专项审计调查，对救灾救济款存在的拨付不及时、改变资金用途、救灾款未按规定使用、个别乡镇及主管部门挪用救灾款问题进行披露，福安市政府领导分别作批示。市审计局对财政投入大、政策性强、政府关注的城市建设投资开发有限公司的运作及资金管理情况进行审计调查。对市商业总公司的资产、负债、损益情况进行审计调查，查出违规金额1690万元，管理不规范金额87246万元，浪费金额28026万元。同年，市审计局向市委、市政府报送审计要情专报2份。

第二节　内部审计

1993年，全区内部审计主要有财务收支审计、财经法纪审计、资产审计、预算执行审计、承包经营责任审计、内部控制制度审计、厂长（经理）离任审计、审计调查等。2000年，全区审计部门对内部审计采取对口分级管理办法。全区有内审机构85个，其中专职机构56个；内审人员185人，其中专职人员98人；全年有131个单位完成内部审计，其中财务收支审计78个，经济效益审计2个，经济责任审计39个，其他12个；查出损失浪费65万元，促进增收节支31万元，纠正违规行为金额54万元。

2001年，全市有内审机构90个，其中专职机构61个，内审人员148人。全市有221个单位完成内部审计，其中财务收支审计150个，经济责任审计27个，经济效益审计18个，基本建设审计2个，其他审计24个。查出损失浪费40万元，促进增收节支31万元。提出建议意见被采纳105条，纠正违规金额156万元。2002年，市审计部门继续加强内部审计的指导、管理。是年，全市有内审机构85个，其中专职机构59个。内审人员148人，其中专职人员82人。全市有171个单位完成内部审计，其中财务收支审计91个，经济责任审计33个，专项资金审计13个，内控评审34个。查出损失浪费40万元，纠正违规金额532万元。提出建议意见被采纳56条。至2005年，全市完成内部审计3519个项目，纠正违纪金额2899万元，查出损失浪费金额1216万元，促进增收节支3779万元。提出建议被采纳2278条。

第三节　社会审计

1993年，继续执行省审计局的《审计（师）事务所社审达标的五项标准》，对全区审计（师）事务所社的机构、队伍、办公场所与审计业务、固定服务项目、内部管理制度等以及审计师事务所的真实性进行检查。8月，根据省审计局的《关于切实加强社会审计组织管理工作的通知》与《福建省审计（师）事务所管理暂行办法》，对全区社会审计人员再次进行职业道德教育和审计质量教育，对审计师事务所的企事业单位验证报告的可靠性进行抽查。1994年6月，根据省审计局的《关于重申对审计（师）事务所管理若干问题的通知》，加强审计事务所管理。1995年11月，根据《中华人民共和国注册会计师法》，对全区注册审计师资格进行认定。1996年起，地区审计部门做好审计事务所人员、财务脱钩工作。1997年，地区审计部门在全区组织开展审计事务所清理整顿工作，对审计事务所审计质量进行检查。地区审计局把各事务所的达标情况、业务开拓情况、业务质量等列入县（市）审计局业务考核范围。1999年，地区审计部门加强社会审计管理与监督。2000年，全市各审计师事务所与审计部门全部脱钩，社会审计管理职能收归省财政厅。

2001年，根据省审计厅部署，市审计局对改制后的闽东益泰会计师事务所和闽东远大会计师事务所的企业报表、验资等业务的执业质量进行检查，发现存在事务所审计报告不规范，重要事项未按规定披露，审计取证不充分，重要事项漏审等问题，并督促有关事务所及其注册会计师进行纠正。2002年，市审计局对闽东益泰会计师事务所2001年完成的验资、审计等进行抽样检查，对存在的审计程序和审计工作底稿达不到中国注册会计师独立审计准则要求等，提出改进建议。此后，由于机构改革，社会审计监督职能收归福建省审计厅。

第四节　机　构

1993年，宁德地区审计局内设人秘、综合、财政金融审计、行政事业审计、企业审计等5个科（室），核定编制36名，实有人员32人。1997年，机构改革宁德地区审计局内设办公室、综合审计科、法规体系管理科、财政金融审计科、行政事业审计科、外经贸审计科、农林水审计科、工交企业审计科、固定资产投资审计科，派驻纪检监察室。核定行政编制34名（其中机关事业编制7名），实有人员33人。2001年，因宁德撤地建市，更名为宁德市审计局。2002年，机构改革宁德市审计局内设办公室、法制科、财政金融审计科、行政事业审计科、经贸审计科、农业与资源环保审计科、社会保障审计科、固定资产投资审计科，派驻纪检监察室。核定行政编制27名（含纪检监察编制3名），机关事业编制2名。至2005年不变。

第六章　质量技术监督

1993 年，宁德地区质量技术监督部门加强计量管理，扩大计量器具监测范围，在全区开始推行国际化标准体系，在周宁、古田、霞浦等县率先开展农业标准化工作。开始指导企业制定企业产品标准，帮助企业建立工作标准、管理标准、技术标准等标准体系。地区行署成立统一代码标识制度领导小组及领导小组办公室（设地区技监局），在全区企事业单位、社会团体推行机构代码，到 2005 年，全市代码换证数达 2018 家，换证率达 118.7%，年审代码 4481 家，年审率达 128%，居全省第二位。

在质量管理方面，从 1993 年开始，先后开展“质量万里行”“质量建设年”“质量立市”“质量兴市”等活动，实施质量认证、生产许可证制度，开展质量检验、质量行政执法工作。同时，加强特种设备安全监察。2005 年，全市质监系统出动安全监察检查人员 4424 人次，检查单位 1699 家，查出事故隐患 1064 条，发出监察整改通知书 810 份，责令整改单位 368 家。取缔土锅炉 13 台，土压力容器 17 台。全市锅炉、医用氧舱、电梯、起重机械、厂内机动车辆、游乐设备检验率达 100%。

第一节　计量管理

一、计量器具检测

1993 年，执行《中华人民共和国计量法》，地区、县（市）相继成立强制检定工作领导小组和领导小组办公室，对全区计量器具实行强制检定。地区计量测试所开展加油机、电学三表、可见分光光度计、工业热电偶、天平、砝码、压力、硬度、测力、材料试验机、直流电位差计、直流电桥电阻箱、兆欧表、温度二次仪表、酸度计、比色计、游标卡尺、量块、百分表等计量检定。1994 年，全区计量器具受检率达 92%。1995 年，全区强检器具受检率达 90% 以上。1997 年，福建省技术监督局在霞浦县开展强检“1112 工程”［指通过普及宣贯好一个规范——JJG（闽）1005-95《强制检定计量器具管理规范》，建好一组“强检户口簿”“强制检定计量器具申请备案、检定、变更情况表（册）”，公开明示一个标识——强检标志，确保实现二项达标——强检计量标准受检率达 100% 和强检工作计量器具受检率不低于 90%］试点。1998 年，开始对眼镜行业进行检测，地区技监局对古田、屏南两县的强制检定工作进行考核验收。1999 年 11 月，经地区技监局批准，成立地区商品房销售面积计量公正行，开展商品房销售面积计量检定。全区强检标准计量器具受检率达100%，各种商品计量监督抽查合格率达85%以上。完成农村电表计量检定35.85万台（占应检数的82.7%）。完成1112个强检工程验收，完成2590台计量器具检测，其中强制检定1408台（件）。

2000年4月，开始对出租车里程计价表实施强制检定。9月，抽检全区10家县级医院及乡镇卫生院的77台氧气吸入器，合格率为46.80%。对宁德城关10家经营电表的商店进行监督检查。共抽检单相电度表63台，合格44台，合格率为69.8%，误差最大达+26%。同年，贯彻国家局提出的“光明工程”计划，对区内47家224种镜片质量进行监督检验，合格率为80.2%，全区眼镜店受检率98%。全区全年完成3668台件计量器具检测，其中强制检定1760台件。2001年，全市开展电能表、电子秤、弹簧度盘秤、加油机、医用计量器具等计量检测。全年检定电能表36万台次，检测各种计量器具4380台件，检测质量实现微机化动态管理和网上操作。2002年，市计量部门新建油罐车和水表检定标准。配备计量器具4671台件。投资10万元，新建“水表检定装置”计量标准并通过省级认证，填补本市该检定项目的空白。对全市8个县（市、区）计量标准进行复查，眼镜市场专项监督抽检62家99批次，合格60批次，合格率53.8%。

2003年，对福宁高速公路沿途8个加油站的加油机进行强制检定。2004年，市计量测试所投入30多万元资金，改造扩建电学、长度及实验室，添置电能表检定装置、温场检测仪及电学计量仪、医用B超检定仪等设备。全市集贸市场强检计量器具受检率达88%，加油站受检率达100%，眼镜店受检率达99.2%，医院受检率达98.7%，企业受检率达89.1%。是年，全市眼镜店受检率99.2%。2005年，市计量测试所与中国计量测试院四川分院合作成立校准中心（创全省之先），对全市医疗卫生系统的CT机等医用设备进行检定，对全市81家眼镜店及眼镜镜片生产企业进行定期抽检。

二、计量器具管理与监督

1993年，全区技监部门做好计量器具调查摸底和备案检验工作，淘汰杆秤。同时，加强定量包装商品、液化石油气、加油机、金银首饰、农药、化肥、种子、粮食等的计量监督检查。1994年5月，地区技监局与物委、闽东日报社、消防中队、宁德电视台、地区石油公司等组成联合检查组，对国道104线沿线加油站进行突击检查，处罚2个不合格加油站。1995年，地区技监局下发《关于强制检定计量器具量化管理的通知》，加强强制检定计量器具管理。在全区组织开展计量监督大检查活动，霞浦、福鼎、屏南、古田、福安、寿宁等县（市）技监局分别制定实施检查方案，全区检查食品、定量包装、黄金首饰、加油机等345批次。1997年，执行省技监局的《强制检定计量器具管理规范》，对计量器具实行规范化管理。7月30日，屏南县政府下发《关于在公众交易中禁止使用杆秤的通告》，全县公共交易禁用杆秤，使用电子秤或弹簧度盘秤。其后，各县（市）相继下发通知。是年，全区更换电子秤和弹簧度盘秤1097台。8月，地区技监局对全区9县（市)259台加油机进行检查，合格率为88%。1998年，执行地区行署的《关于对全区液化石油气市场进行专整治的通告》，对全区液化石油气的进行整顿，规范液化气石油市场管理。1999年，地委、行署把“加强农电计量管理，完成农村电能表校验并更换或淘汰不合格的电能表”列为为民办实事项目，全区80%的农村电能表进行校验更换。地区计量部门为全区145家企业检测维修计量器具1392件。全区开展计量执法445次，罚没8万元，其中屏南、古田两县计量监督工作居列全区前列。2004年，福安检验所与省计量所联合设立省计量所福安工作站，为43家企业检定计量器具360多台件。2000年，根据国家技监总局部署，对全区乡镇以上医疗卫生单位和个体医疗点进行强检监督检查。地区计量所检测各类计量器具共3650台件，全区流通领域计量器具抽检合格率为76.4%。

2001年，市计量部门加强粮食收购站、化肥供应点、液化气充装站和经营点、集贸市场、固定商店的衡器监管。6月，市政府批转市建委等部门的《关于宁德市液化石油气管理的意见通知》，全市液化石油气充装站相继配备液化气体灌装秤，启用半自动或自动充装设备。市计量机构检定各类计量器具15766台（个）。全市计量检测主要项目有电能表、电子秤、弹簧度盘秤、加油机、医用计量器具等，年检测器具达4380台件。检测质量实现微机化动态管理，实行网上操作，提高检定证书、报告的真实性。全市18家开业经营的液化气充装站全部配备半自动充装秤，全面推行瓶装液化气标识标注制度，推行瓶装液化气一次性塑料封口技术措施，要求除了按标识标注规定标注内容外增加充装站名称、充装日期，经销地点、投诉电话等内容的标注，制定《规范液化气充装程序和计量记录办法》下发各充装站执行。2001—2002年，全市受理计量投诉案件68件，结案170件，其中计量督促检定17件，调解计量纠纷27件。2002年，在全市开展集贸市场器具计量专项检查，组织开展液化气计量、质量专项整治，在市政府政务公开栏和《闽东日报》定期公布液化气质量、重量抽检及钢瓶检验结果。全市开展集贸市场计量专项监督检查57次，配备计量器具4671台件，受检率从整治前的85%，提高到95%，全年检定公平秤36台件。2003年，市质监部门加强液化气重量和质量计量监督，在全市抽查瓶装液化气664批次37798瓶，合格率为98.9%。立案10起，案值260.3万元，移送公安部门2起，案值217万元。2003年，市计量部门检查集贸市场57个，市场计量器具配备率达90%。全市检查集贸市场57个，设立公平秤51台，计量器具配备率达90%，受检率85%。周宁县质量技术监督局委托市场管理所监管，建立相关经营户的计量器具档案，指定专人专管。每年摊位续租时，严格把关，经营户必须具备经检验合格的计量器具，方可入场经营。“十一”期间，派出执法人员40人次，检定器具117台件，没收不合格计量器具7台件。2004年，在全市开展市场计量专项监督检查，检查全市大米、面粉加工企业37家次，集贸市场26个次、加油站67个次、超市35家次。市质监局抽检市本级企业定量包装商品净含量54家次、380批次，完成省级定量包装商品净含量专项监督抽查17家30批次。在全市开展法定计量监督。中秋、国庆两节期间，市质量技术监督局对市区热销商品进行计量监督检查，重点检查8家超市，发现2家超市使用超期检定的电子秤，5家超市继续使用非法定计量单位器具。针对存在的问题，进行宣传教育，责令其限期整改。全年完成流通领域在用衡器抽查176台。市质量技术监督局直属分局在无电脑录入软件的情况下，自制一套计量器具管理表格，将辖区强检计量器具情况按工业、商业、集贸市场、眼镜行业、医疗卫生行业、出租车行业、粮食供销行业、石油行业、养殖行业行政单位等行业系统录入，使强检计量器具电脑录入工作达到100%。完成水、电表监督抽检91台。

第二节　标准化管理

一、国际标准

1993年，地区经委、技监局、财政局、企业管理协会联合在全区推行国际化标准体系，并联合组织评审。是年，全区有福光电子有限公司、福安铜矿、福安机电铸造厂、赛岐铁合金厂、柘荣玻璃卡纸厂、宁德地区罐头厂、闽东电力电器厂、福安天然饮料厂、福鼎啤酒厂、福鼎挂机厂、东风压铸厂、霞浦自动化仪表厂等12家企业通过标准化体系建设，并获管理标准化科技成果奖。1994年，继续推行采用国际标准和国外先进标准，全区企业采用国际标准和国外先进标准73项。1995年，地区技监局与地区经济委员会、地区外经贸委员会联合下发《关于对全区三资企业推进采用国际标准和国外先进标准的通知》，在全区推动采标产品申请使用采用国际标准标志。是年，全区完成产品采标和使用采标标志10项。1996年，根据地委、行署部署，在水产、林业、食品、电机电器、建材建筑和石油化工、机械修造、旅游等行业开展采用国际标准工作。福安市技监局与福安电机行业商会根据电机进口国要求，召集电机企业共同制定符合进口国标准的电机企业产品标准，扩大电机出口市场。1998年，福鼎市有12家企业采用国际标准。全区有111家企业的117项产品采用国际标准和国外先进标准。1999年，全区食品加工业有65%产品采用国际标准或国外先进标准，医药化工业有57%产品采用国际标准或国外先进标准，冶金行业有80%产品采用国际标准或国外先进标准。市电线电缆有限公司有2个产品采用国际标准。2003年，全市有9项企业产品采用国际标准，其中注册登记数7项，标志备案数2项。2004年，全市工业企业有5项产品采用国际标准，同时有纯净水、饮料酒等12家企业申报采用国际标准。2005年，全市有5家企业申报采用国际标准，其中3家企业获得国际标准标志使用权。

二、农业标准

1993年，周宁、古田、霞浦等县率先开展农业标准化，建立省级宁德农牧标准化示范区、国家级古田杂交水稻综合标准化示范区、霞浦鳗鲡养殖、加工标准化示范区等。1994年，在全区继续组织实施“池塘养鱼综合标准”“毛竹丰产林培育技术标准”。1996年，古田县组织制定香菇、银耳福建省地方标准审定，并通过审定，填补地方标准空白。1997年，地区技监部门协调农业部门在全区推广实施“杂交水稻栽培技术规范”“无公害蔬菜栽培技术规范”“杉木马尾松速生丰产林标准”。至1998年，全区已建立省级福安绿茶综合标准化示范区和寿宁花菇综合标准化示范区。发布福安花猪、福安水牛、黑番鸭、茉莉花茶、芙蓉李、四季柚、槟榔芋、魔芋等地方综合标准8项，制订平腹小蜂防治荔枝蝽技术规范、龙眼栽培技术规范、夏橙栽培技术规范、罗曼父母代种鸡饲养管理规范等4项地方农业技术规范。1999年，在全区推行农业标准化工作，成立地区农业标准化工作领导小组，制定地区农业标准化“九五”后两年规划，成立大黄鱼综合标准化示范工作小组，组织开展示范工作，建立一批有地方特色的农业产业化综合化示范项目。宁德市晚熟龙眼、二都蚶列入省、地农业产业化综合标准示范项目。至1999年，全区建立省、地农业产业化综合标准化示范区项目13个，其中省级5个，地区级8个。

2000年，承担“绿茶标准综合体”福建省地方标准制订，并通过审定。2001—2002年，市质监部门对全市区第一批13个农业产业化综合标准化示范区项目进行验收。全市13个农业产业化综合标准化示范区项目，全部通过验收。福安绿茶农业产业化综合标准化示范区和寿宁花菇农业产业化综合标准化示范区被省质监局授予“福建省农业产业化综合标准化示范区”称号。2003年，水蜜桃综合体标准通过审定，同时完成海水鱼饵料、天山绿茶、三都澳晚熟龙眼、葡萄标准综合体标准修订。2004年，在全市新建古田银耳省级标准化示范区、闽东大黄鱼省级标准养殖示范区、福安水牛省级保种示范区等省级示范区。全市有省级示范区5个。

2005年，继续在全市推动主导产业、优势产业采标工作，新建福鼎太姥绿茶和弹涂鱼2个国家级标准化示范区，完成闽东大黄鱼和坦洋茶场绿茶2个省级标准化示范区验收。全市有11项产品获省地方标准。

2004—2005年宁德市获国家保护地理标志产品一览表

表23-12

序号	地理标志产品名称	单位名称	审查申报局	国家质检总局审查批准公告号	公告时间
1	古田银耳	古田县人民政府	宁德质检局	2004年第72号	2004.6.16
2	福鼎槟榔芋	福鼎市人民政府	宁德检疫局	2004年第14号	2004.2.4
3	福鼎四季柚	福鼎市人民政府	宁德检疫局	2004年第14号	2004.2.4
4	福鼎绿茶	福鼎市品品香茶厂	宁德检疫局	2004年第14号	2004.2.4
5	福鼎白茶	福鼎市品品香茶厂	宁德检疫局	2004年第14号	2004.2.4
6	福鼎白茶	福鼎市东南白茶有限公司	宁德检疫局	2004年第14号	2004.2.4
7	福鼎白茶	福鼎市天湖茶叶有限公司	宁德检疫局	2004年第14号	2004.2.4
8	太姥山绿雪芽茶	福鼎市天湖茶叶有限公司	宁德检疫局	2005年第8号	2005.1.11
9	福鼎太姥山绿雪芽	福鼎市人民政府	宁德检疫局	2005年第8号	2005.1.11
10	福鼎白毫银针	福鼎市人民政府	宁德检疫局	2005年第8号	2005.1.11
11	福鼎大白茶	福鼎市人民政府	宁德检疫局	2005年第8号	2005.1.11
12	福鼎白琳工夫	福鼎市人民政府	宁德检疫局	2005年第8号	2005.1.11
13	宁德大黄鱼	宁德市人民政府	宁德检疫局	2005年第41号	2005.3.23

三、企业标准

1993年，地区技监部门开始指导企业制定企业产品标准，帮助企业建立工作标准、管理标准、技术标准等标准体系。全区有4家企业产品达到省级标准，有3家企业建立企业标准化，有5家企业在建企业标准。1994年，地区技监部门完成全区730个产品的产品标准注册登记，全区产品标准备案数达118个。1995年，全区完成15家企业18个产品采标，并有5家企业8个产品使用采标标志。

1996年，根据国家、福建省“关于开展消灭无标准生产工作”部署，在全区开展消灭无标准工作。古田县生产企业的标准覆盖率由33.30%提高到96%，并通过国家级验收，获得“全国消灭无标准生产县”称号。1997年，地区技监局指导1家企业开展标准体系合格认定，全区有23家企业应用采标标志产品，全区有676家723个产品完成标准注册。1998年，宁德市、寿宁县获得“福建省消灭无标准生产县（市）”称号。其中宁德市标准覆盖率由29.10%提高到97.08%，寿宁县标准覆盖率由28.0%提高到95.20%。1999年，全区有6县（市）通过国家、省级“消灭无标生产”验收，全区70%的工业产品消灭无标生产，63%的食品加工业、60%以上的冶金行业产品执行GB/TI9000-ISO9000《质量管理和质量保证》系列标准。至2001年，全市实现消灭无标生产。

2002年，市质监部门完成1621家企业产品执行标准目录及分类编制，制定企业产品标准6项，备案10项，申报采标注册登记7项。2003年，全市有188家企业的259产品项执行标准注册，有128家企业的306项产品进行标准备案。全市企业标准化人员岗位培训率达60%。2004年，在全市组织开展企业标准咨询87项，标准备案126件，标准登记注册151起。市质监部门派出161人次到企业开展标准化检查和服务，发放标准文本358份，服务企业258家。2005年，全市检查企业800多家，帮助企业起草修订标准文本31份，备案31份，登记注册43份。同时引导、推动主导产业、优势产业开展企业采标，全市有11项省地方标准列入省级项目计划，10家无公害农产品企业通过复审。

四、机构代码

1993年5月，地区行署成立统一代码标识制度领导小组及领导小组办公室（设地区技监局），在全区企事业单位、社会团体推行机构代码。12月，人民银行宁德地区分行、地区技监局、地区代码办联合下发《关于在账户管理工作中实施查验全国统一代码证书的通知》，银行新开户单位凭单位代码证书办理账户。是年，全区有4600个单位申请代码证书。1994年，在全区开展机构代码赋码工作，全区有1300个单位办理统一代码证书。至1995年，全区完成代码颁证11443个单位，建立代码数据库6个。1998年，地区技监局与地区国税局联合下发实施《关于在全区1998年税务登记证验证工作中查验统一代码的通知》，机构代码成为税务登记必备数据。1999年，全区申办代码（含复审、换证）4135家。

2000年，在全市区个体工商开展赋码工作，全区新办代码2000家。地区代码办计算机完成与福建省中心联网，实现网上集中赋码。2001年，全市申办代码新（换）证2100家。2002年，市质监局把代码办等办证业务转到市投资服务中心，并实行16项办理程序。2003年，市质监局印发《关于印发市质监局技术机构改革的实施方案的通知》，撤销宁德市蕉城区代码办，由市技监局代码办负责蕉城区域组织机构代码赋码、发证及代码推广和应用。是年，全市新增代码用户470家。2004年，全市新增代码用户537家，全市换证1907家，废置用户840家。2005年，全市代码换证数达2018家，换证率达118.7%，年审代码4481家，年审率达128%，居全省第二位。

五、商品条形码

1993年，在部分县市推广商品条形码。1995年，宁德、福安、福鼎、柘荣、古田等县（市）有29家企业商品使用条形码。1996年，地区技监局、地区统一代码办公室下发《关于加强我区“两码”管理工作的通知》，是年举办商品条码应用技术培训班。1997年，地区技监局印发《关于调查条码系统成员条码使用情况的通知》，对全区条码系统成员条码使用情况进行调查。1998年，经福建省条码分中心考核，确定宁德印刷厂为地区条码定点印刷企业。至1998年，地区技监部门帮助全区150家企业注册商品条形码。年底，全区条形码注册企业达166家。1999年，柘荣县有1家企业获得中国物品编码中心颁发的条形码专用权。古田县有7家企业申报使用条形码。全区有56家企业完成条码注册申报。2000年，全区新申办条码36家，复审21家。2001年，全市新增企业条码19家，2002年，市质监部门指导企业新申报商品条码7家。2003年，全市有13家企业申报商品条码，有2家企业推广计算机编码技术，有12家企业续展。

第三节　质量管理与监督

一、质量建设活动

1993年，在全区宣传贯彻《中华人民共和国产品质量法》，组织开展“质量万里行”活动。同时，针对福鼎县发生的机械骗销事件，在全区工业企业开展质量意识教育和提高产品质量活动。全区工业企业产品质量升至84.98%，比上年提高2.8个百分点。1999年，福安市政府印发《关于加强电机电器行业质量管理的通知》，福安市有95个单位进行质量承诺制。福鼎市政府印发《福鼎市质量建设年活动方案》，在福鼎市开展“质量建设年”活动。全区重点工业产品可比性质量监督抽查合格率达80.24%，产品出口合格率达100%，市场商品监督抽查合格率达70.35%。全区有20%机电产品质量达国际水平。2000年，福鼎、福安继续推行“质量立市”工作，并逐步延伸到乡镇。福鼎、蕉城开展创建“放心一条街”活动。全区营造6666.67公顷无公害茶园，茶青农残量合格率达98.2%，有3种茶叶在全国茶叶评比中获国家绿色产品标志。同时，地区技监部门授予32家店“放心店”称号。2001年，全市主要产品质量监督抽检合格率上升为82.2%，主要商品质量抽检合格率上升为83.5%。全市有3家民营企业获福建省质量管理奖，有25家企业被授予“质量放心工程示范单位”和“眼镜验光配镜质量放心示范单位”称号。福鼎市获全国“质量兴市”先进县（市）称号。

2002年，成立市质量技术监督协会和蕉城区质量促进会，有187家企业加入协会。在全市组织开展茶叶质量专项整治，对茶叶实行分类监管，完成790家茶叶加工企业的保证产品质量建档工作。全市有37家企业参与质量放心工程活动，全市产品质量抽检合格率达88.2%，商品质量抽查合格率达87.4%。2003年，在全市开展“以质兴企、名牌兴业”活动，对茶叶、液化气、农资产品等进行专项整治。全市有5个产品（其中3个为农产品）获福建省名牌产品称号。引导地条钢生产企业投入4亿元，转产连铸钢坯。2004年，在全市实施“1126”工程（重点挂钩扶持10家龙头企业、重点联系100家质量进步企业、推进20家企业开展质量体系认证、争创6个省级以上名牌产品）。组织开展支柱产业企业质量状况调查和质量建档工作，完成543家企业质量状况普查，完成《宁德市茶叶质量状况与发展》《宁德市电机电器质量状况与发展》《古田县银耳质量状况与发展》等3份质量分析白皮书编纂。

2005年，继续实施“1126”工程与政府食品安全管理责任制，市政府与省质监局签订《关于促进产业质量提升做大做强宁德茶叶、电机电器、食用菌三大支柱产业合作议定书》，支持三大支柱产业提升产品质量。全市有772家食品企业建立质量档案，全市乡（镇）相继建立质量协管员网。

二、质量认证

1993年，在全区实施质量认证工作，对规定认证产品，强制执行质量认证，在宁德罐头厂、屏南酒曲厂等6家企业推行GB/T9000-ISO9000标准试点。在全区举办ISO9000知识讲座和培训，发行《现代企业与ISO9000》录像带，按照ISO9000《质量管理和质量保证》标准，帮助企业制订产品标准。1994年，继续推行GB/T9000-ISO9000质量管理和质量保证系列标准试点工作。1995年，举办地区质量体系和质量认证企业法人培训班，培训207家企业法人代表。至1998年，全区有28家企业产品通过产品质量认证，有6家企业通过质量体系认证。1999年，地区行署下发《关于进一步促进和鼓励出口企业开展ISO9000质量体系认证工作的通知》，推进出口企业ISO9000质量体系认证工作。是年，全区有21家企业通过体系认证。2000年，有40家企业通过质量体系认证。

2001年，全市有33家企业通过ISO9000体系认证，3家企业通过GS认证，1家企业通过美国UL认证，13家企业通过欧盟CE认证，有5种产品通过产品质量认证。福安市有11家电机电器企业通过ISO9002质量体系认证。2003年，市质监部门加强引导企业申请无公害食品、绿色食品、有机食品、名牌农产品和企业质量标准体系认证，帮助企业申报无公害农产品标志，全市有3家企业12个产品通过认证。引导食品生产企业开展食品质量安全市场准入（QS认证），全市有25家42个产品类别单元通过QS认证，全市小麦粉、大米、食用油、酱油、食醋等五类食品加工企业综合取证率达44.7%。2004年，在全市推进优质农产品认证工作，全市建立35个无公害农产品基地，有26个企业130种产品获得无公害农产品标志认可，有26家食品企业办理“QS”认证。全市有福安市东方神电子有限公司等23家企业开展质量体系认证。帮助15家企业建立质量标准体系。2005年，加强电机电器市场准入认证工作，引导电机电器企业建立ISO9000质量认证体系。帮助福鼎天湖茶叶公司开展HACCP体系认证。

三、质量检验

1993年，地区技监部门对全区48项项目进行检测，完成检验290批次。1998年，对全区的化工原料、化肥、农药、食品、饮料、酒类、饲料、化妆品、洗涤剂、电机、电器、机械、轻工、建材、冶金产品、石油产品等130多种产品300多个项目进行质量检验。1994—1998年，地区质监部门承检400项，完成检验3880批次。其中，1995年，市技监部门对全区企业产品质量进行114批次定期监督检验，对零售、定量包装、黄金首饰商品量进行345批次抽查，对市场商品质量进行1389批次抽查检验。1997年，地区技监部门建立茶叶农残检测项目，在全区开展茶叶原料成品质量检测。1998年，对福鼎、福安、寿宁、霞浦、宁德等县（市）54家企业的茶叶质量进行监督抽样，抽检合格率为72.70%，对闽东电机质量进行监督抽样，产品抽查合格率为98.53%。1999年，全区完成产品质量检验2138批次，比上年同期增长28.8%。2000年4月开始，对出租车里程计价表实施强制检定。地区质检所新置摄谱仪和原子吸收光谱等装置，全区完成产品质量检验2350批次。蕉城、福安和周宁的强检工作均通过验收。

2001年，市质监部门按国家标准，对茶叶进行全项检测，按欧盟标准检测茶叶9项农残指标，检测能力居全省前列。全市法定计量机构共检定各类计量器具15766台（件），其中强检计量器具9889台（件），非强检计量器具5877台（件）。

2002年，市质监部门拓展检验领域，完成调味品、饮用水、茶叶生产企业多轮委托检验，对“五大类”（小麦粉、大米、食用植物油、酱油、食醋）和肉制品、乳制品、饮料等产品开展307批次检验，对抽取的82份茶青进行农残含量检验，和铜、铝含量检测。是年，全市完成检验3340批次，产品质量抽检合格率达88.2%，商品质量抽检合格率达87.4%，分别比上年增长12.4和8.6个百分点。2003年，新增种植业、养殖业和农副产品加工等产品质量检验。对福宁高速公路8个加油站的加油机进行强制检定。全市共检定各类计量器具79514台（件），其中强检计量器具 76480 台（件），非强检计量器具 3034 台（件）。强检计量器具由法定计量检定机构检定 11565 台（件），授权检定机构检定 64915 台（件）[其中检定电能表 54937 台（件），水表 9978 台（件）]。其中：检定加油机 1193 台次，衡器 4747 台（件），压力表 1680 台（个），血压计 1260 台（件），电能表 60 台（件），水表 5 台（件），B 超机 69 台（件），X 光机 60 台（件），心电图机 58 台（件），氧气吸入器 160 台（件），酸度计 38 台（件），出租车计价器 750 台（件），电话计时计费器 914 台（件），油罐车 20 台（件），天平 346 台（件）。

2004 年，市质监部门投入 50 多万元，改造微生物实验室，添置气相色谱仪、紫外分光光度计等。建立建材放射性检测项目，市质检所初步具备食品和建材有害物质限量检测能力。古田县政府投资 81 万元给食用菌检测部门，配置食用菌质量检测设备，新增食用菌及食品、农产品检验检测。是年强检计量器具范围为集贸市场 88%、加油站 100%、眼镜店 99.2%、医院 98.7%、企业 89.1%。2005 年，市质监部门与工商部门联合开展苏丹红一号专项治理，全市 55 家食品生产加工企业抽样检验可疑食品及原料 19 份，均未检出苏丹红一号。市质监部门帮助企业新申报国家免检产品 2 个，12 月 9 日，闽东安波电机获“国家免检产品”称号。全市强检计量器具受检率分别为：集贸市场 87.8%、加油站 100%、眼镜店 98.6%、医院 97.5%、企业 89.6%。

四、生产许可证管理

1993 年，地区和各县（市）技术监督部门不断组织开展打击制售无证产品工作。1995 年，地区技术监督局下发《关于开展查处无生产许可证产品工作的通知》，在全区组织开展无证生产产品企业整治。印发《关于加强对全区实施生产许可证产品生产企业监督管理的通知》，对许可证管理产品进行定期监督。2002 年，执行国家质检总局的《关于印发小麦粉等五类食品生产许可证实施细则的通知》，引导食品生产企业开展食品质量安全市场准入工作。2003 年，全市有 3 家企业的 4 种产品获得食品生产许可证。8 月，根据《关于福建省实施食品质量安全市场准入的通知》，市质监局印发《关于做好我市食品质量安全市场准入工作的通知》，规定全市小麦粉、大米、食用植物油、酱油、食醋等 5 类食品生产企业，必须取得食品生产许可证才能进行生产。同时，举办大米生产企业食品生产许可证宣传贯彻培训班。2004 年，市质监部门继续加强食品质量安全监管，建立完善食品生产许可证企业数据库。全市有 25 家企业 42 个单元的大米、酱油等五类产品获得食品生产许可证，并建立许可证企业数据库。至 2005 年 9 月，全市有 24 家饮用水企业申报食品生产许可证，其中 9 家企业通过现场核查取得食品生产许可证。福建圣王乳业有限公司的巴氏杀菌乳和古田县古榕羊乳有限公司食品取得食品生产许可证。2005 年，全市有 62 家企业 79 个单元获得食品生产许可证。

五、质量行政执法

1993 年，地区技监部门在全区组织商品抽查 2280 批次，检验产品 127 批次，清理销毁一批假冒伪劣商品，同时结合“质量万里行”活动，督办处理投诉案件 65 起，查处生产加工、销售轻工机械伪劣商品的土炼钢厂 39 家。1994 年，地区技监部门对寿宁、福鼎、柘荣、宁德、屏南等地的 5 家轧钢厂进行抽查，责令 4 家检验不合格轧钢厂停业整顿。至 1996 年，全区开展产（商）品质量监督检查 1200 次，检查生产和经销企业 2319 家，抽查各类产（商）品 300 种 10700 批次，立案 1088 件，罚没 252.51 万元。1997 年，根据地委、行署部署，地区打假办公室由工商部门划归技术监督部门。市技监部门组织开展“打假治劣”扶名牌专项整治活动。地区技监局稽查大队查获标值5.5万元的假冒茅台、五粮液、剑南春等高档名酒的白酒。1998年，在广东质监部门配合下，捣毁假冒福鼎东鼎燃具集团生产的东鼎牌液化器调压阀造假窝点。地区技监局稽查大队会同南平电线电缆厂到部分县（市）联合打假，查获销售假冒太阳牌电线电缆5万米（价值2.5万元），配合广东驰生集团查处假冒万能胶100余件，案值1.8万元。1999年，地区技监部门以“查市场、保两节”“查农资、保春耕”“查建材、保建设”为重点，组织开展打假保名牌活动1200次。全区查获假冒伪劣产品标值700万元，捣毁制售假冒窝点9个。查处各类过期、变质及假冒的副食品、酒、烟、化妆品、家电等2.5万件，假冒凤凰牌自行车49辆，劣质及不合格化肥1200吨，假冒、过期农药14.5吨，假冒种子0.45吨，不合格饲料36吨，农膜2.3吨，劣质及不合格钢筋112.3吨，劣质水泥1130吨。办案776件。

2000年，地区质监部门执行地区行署《关于开展严厉打击制售假冒伪劣商品违法犯罪活动联合行动的紧急通知》，组织开展“三大战役”“质量月”“质量卫士周”活动与联合打假行动2898次，检查单位22032家，查处假冒伪劣产品商品标值3726万元，销毁假冒伪劣产品商品标值2547万元。立案查处3044件，捣毁制售假冒伪劣产品商品窝点207个。组织执法检查1858次，立案468件。按时审结4个行政复议案。2001年，全市检查生产、经销企业6221家，立案562件。2002年，全市查获不符合强制性标准农资30吨，查处非法生产地条钢企业99家，查扣地条钢1694吨，拆解炼钢中频炉20个。2003年，在全市实施打假责任制，印发“五个一”（有一份计划、有一个方案、有一本台账、有一张地图、有一本记录）措施，组织开展重点整治。2004年，市政府召开福安电机、地条钢、食品、茶叶等质量整治专题会议。市质监部门印发实施《打假责任制实施方案》和《执法打假责任制量化考评指标》。全市检查企业6629家，立案查处422起，现场处罚18起，案值1018万元。2005年，查获各类假冒伪劣产品商品货值498.5万元，销毁假冒伪劣产品价值14.9万元，捣毁制假窝点7个。全市质监部门检查企业3907家，立案查处317件，移送公安机关1件。

1997—2005年宁德市（地区）打假情况统计表

表23-13

年份	打假次数（次）	查处商品标值（万元）	销毁商品标值（万元）	立案数（件）	罚没款总额（万元）	捣毁窝点（个）	整顿市场（个）
1997	1447	5108	343732	1391	320.69	22	15
1998	3059	5094.08	4586.86	1041	734.65	38	67
1999	1200	700	100	776	200	9	—
2000	2898	3726.56	2547.68	3044	344.21	207	6
2001	—	1209	114.5	562	246	41	—
2002	1310	803.62	—	407	324.54	—	—
2003	1395	960	—	431	349.73	—	—
2004	348	455.31	—	295	252.84	—	—
2005	3907	498.5	14.9	317	247.84	7	—

第四节　特种设备安全监察

一、检验检测

1993年以前，宁德地区锅炉压力容器检验所隶属劳动局。1994年，经宁德地区编制委员会批准，更名设立福建省安全卫生检测中心站宁德站。全区全年检验锅炉222台，占应检锅炉95%；压力容器51台，占应检压力容器91%；检验电梯、起重机70台。1995年，全区检验锅炉249台，占应检锅炉100%；压力容器51台，电梯、起重机械73台。1995年，地区劳动部门检验锅炉249台，占应检锅炉的100%；检验压力容器51台，电梯、起重机械73台。1996年，全区检验锅炉232台、压力容器104台、电梯50台、起重机22台。1997年，全区检验锅炉房151个、蒸气锅炉230台、变压容器94台、电梯57台、起重机188台、厂内机动车辆15台。1998年，全区检验锅炉185台、压力容器163台、电梯69台、起重机50台、厂内机动车辆15台。1999年，全区检验锅炉230台，检验率92%；液化石油气钢瓶检验2.9万只，检验电梯、起重机、厂内机动车等96台。

2000年，根据地区编办《关于地区锅炉、压力容器、电梯等特种设备安全监察管理及检测机构、职能、编制划转问题的通知》，原属地区劳动部门管辖的锅炉、压力容器及特种设备的考核职能人员资产划入宁德地区质量技术监督局，成立地区特种设备国家职业鉴定站，由地区质监局负责全区特种设备安全监察。地区安监局联合组成2个验收组，分别对古田、屏南、周宁、福安、寿宁和蕉城、柘荣、福鼎、霞浦的特种设备进行验收。全面完成锅容管特设备普查，通过省局组织的检查验收，普查到位设备3369台，其中锅炉945台，固定式压力容器1235台，特种设备1189台。经普查整治，顺利通过省级验收，任务完成率100%，普查准确率93.6%，输入计算机率96.3%，设备使用发证率平均达66%，安全隐患整治率为85.1%，达到规定要求。地区质监局在全区组织开展锅容管特的普查登记和专项整治，开展特种设备安全检查，协同福建省质监局完成15家液化气充装站和压力容器制造企业换证年审审查，全区审核发证212本，检验锅炉207台，其中强制报废6台；检查常压热水锅炉81台，其中现场确认32台、报废13台；检查压力容器237台，强制报废16台；检查电梯49台，起重机21台，简易升降机7台，厂内机动车73辆；检查游乐场3个，检验游艺机45台。查扣和强制送检各种气瓶17060只，行政处罚4.86万元。2001年，全市检验锅炉266台、压力容器231台、电梯110台、起重机291台、厂内机动车70辆。同年，宁德市质量技术监督局与宁德市安全生产委员会办公室联合召开全市锅容管特普查登记及清理取缔“土锅炉”“土压力器”专项整治工作会议。2002年7月，设立宁德市锅炉压力容器安全监察科。在全市组织开展特种设备产品监检与安装监理业务，为周宁化机厂监检锅炉产品79台，为惠泉公司福鼎啤酒厂监检压力容器10台，完成13台电梯安装监理，全市检验各类特种设备1491台。市质监部门完成全市锅（炉）、容（器）、管（道）、特（特种设备）设备的普查登记，普查登记率达100%；全市在册锅炉压力容器电梯等特种设备3668台，其中锅炉965台，压力容器1396台，特种设备1307台。2003年，全市检验特种设备1139台次，其中锅炉332台、容器373台、电梯193台、起重机206台、厂内机动车辆35辆、压力容器34台。开展锅炉和压力容器专项整治，加强对海岛企事业单位使用锅炉和压力容器普查整治的补缺补漏工作。检验在用锅炉386台，锅炉、压力容器制造监督检验46台。

2004年，宁德市锅炉压力容器安全监察科改称特种设备安全监察科。全市检验锅炉386台、压力容器165台、电梯238台、起重机338台。全市查封土制设备22台，普查各类气瓶40多万只，检验94867只，锅炉、压力容器制造监督检验46台，压力管道安装监督检验3条，校验安全阀152只。工业压力管道83.2172千米。普查压力管道使用单位405家，其中在用250家，停业停产155家。全市压力管道普查整治工作通过福建省质监局验收。是年，普查确认全市拥有压力管道使用单位404家，其中在用275家，停业停产129家。普查登记工业管道81.2578千米，已完成在线检验单位256家，占在用单位数275家的93.1%。未完成在线检验单位19家，长42.0326千米。

2005年，对液化气瓶进行安全检查

2005年，把特种设备安全监察工作，作为创建“平安宁德”和“平安单位”重点，检验评估土制起重机械性能279台，整改发证64台，报停取缔27台。对全市10个无缝气瓶充装站和24个液化石油气充装站及2个溶解乙炔气瓶充装站进行专项检查。全市719台土制起重机，其中172台矿山桅杆吊因没有整治标准，未进行整治，其余547台土制起重机全部进行专项整治。全市完成土制起重机械安全性能评估和检验279台，整改发证64台，报停取缔27台。实现整治率61.1%。借鉴浙江温州整治经验，制定土制起重机械整治方案，全市整改合格土制起重机械454台，实现整治率61.1%，完成市政府下达的整治目标。是年，全市质监系统出动安全监察检查人员4424人次，检查单位1699家，查出事故隐患1064条，发出监察整改通知书810份，责令整改单位368家。取缔土锅炉13台，土压力容器17台。全市锅炉、医用氧舱、电梯、起重机械、厂内机动车辆、游乐设备检验率达100%。

二、普查整治

1993年，继续贯彻“安全第一，预防为主”方针，在全区组织开展《中华人民共和国矿山安全法》宣传，组织开展建筑施工安全、易燃易爆品安全、交通和消防等专项整治。1995年，地区劳动部门与建委、消防、工商等部门联合开展液化气市场安全专项整改，检查两个液化器充装站和17个经营点。2000年下半年，地区质监局在全市区组织开展特种设备普查整治。2002年8月，市质监局下发《关于对古田及其他县（市、区）锅容管特设备普查整治工作进行验收的通知》，根据通知要求，9月，市质监局和市安监局联合组成2个验收组，分别对古田、屏南、周宁、福安、寿宁和蕉城、柘荣、福鼎、霞浦的锅容管特设备普查整治情况进行验收。全市普查完成率100%，普查准确率93.6%，安全隐患整治率85.1%。是年，市质监部门完成全市锅容管特设备普查，并通过福建省质监局检查验收。普查到位设备3369台，其中锅炉945台、固定式压力容器1235台、特种设备1189台。2003年，在全市组织开展气瓶和压力管道普查整治，建立市质监局和县质监局特种设备普查数据库。全市有28家企业接受气瓶普查整治。全市普查登记压力管道使用单位114个，办理气瓶产权转移36.3万只，检验11.7万只。2004年，全市普查各类气瓶40万只，检验94867只。普查压力管道使用单位405家，普查整治压力管道83.22千米，并通过福建省质监局验收。同时对沿江码头、石材加工企业和矿山开采企业的起重机械进行专项整治。

2005年，全市普查土制起重机738台，鉴定安全性能402台，查封75台。同时借鉴浙江温州整治经验，制定土制起重机械整治方案。全市整改合格土制起重机械454台，整治率61.1%。

三、安全监察

1994年，在宁德市（今蕉城区）首次开展建筑行业安全生产资格认证。1995年，在全区落实企业安全生产责任制，监察企业871个，下发监察通知书4621条，提出整改意见4701条。全区伤亡和重伤人数均在省核指标的60%和25%以内。1996年，加强建筑、液化气、易燃易爆等危险性较大的生产企业安全监察，全区监察企业1046家，提出整改意见4477条。是年，全区发生工伤事故14起，因工负伤4人、死亡11人，事故结案率100%。1997年，劳动部门抽调全区安监人员分3组对各县（市）事故多发、隐患较多的42户重点部位进行集中监察，整改违规项目120多项。监察建筑施工企业、液化石油气企业及乡镇、三资、私营企业1245户，提出整改意见6824条。是年全区发生工伤事故20起，死亡19人，重伤3人。1998年，加强全区非国有企业和建筑、矿山企业、行业监察，全区监察企业665户，下发通知书735份，提出整改意见3621条，实际整改3326条，整改率92%。组织对9县（市）隐患较多的重点部位进行集中监察，对拒不整改的企业申请法院强制执行。是年，全区发生工伤事故14起，死亡17人，重伤5人，分别占控制指标89%和14%。1999年，对全区乡镇、私营、三资企业和建筑、液化气、易燃易爆等事故多发、职业危害突出的行业、企业进行重点监察，检查矿山183家，提出整改意见771条。对18家违反《锅炉压力容器安全监察暂行条例》的企业进行安全监察。配合福建省劳动厅对宁德、福安、福鼎3市21台土锅炉压力容器就地切割扫废处理，督促企业自拆4台。是年，全区企业发生工伤事故12起，死亡13人、重伤6人。

2000年，地区质监局下发《关于对承压及特种设备安全监督工作实行督查制度的通知》，建立特种设备安全督察制度。是年，地区质监局组织安全大检查3次，检查企业647家，发出安全监察通知300余份。2001年，全市质监部门对辖区2500家企业的特种设备进行检查，发出“安全监察意见书”1196份，提出整改意见4461条，完成整改3791条。2002年，质监部门对全市300多家石材企业的土起重设备进行专项监察，处罚87家企业16.74万元。2003年，市质监部门制订安全预警和应急救援机制，在全省率先开展乡镇特种设备协管员网络建设，把安全动态监管延伸至乡镇。是年，全市9个县（市、区）全部建立乡镇特种设备安全协管机制，配备协管员125人。2005年，市质监部门加强特种设备安全监察平台建设和应用，加强国家重点建设项目大唐火电站和地方重点建设项目福鼎工业园区的永宝特钢、福安船舶修造企业、福鼎石材加工企业、柘荣荣兴钢铁有限公司及东侨开发区冷冻厂等特种设备现场监察，确保重点企业特种设备安全运行。2004—2005年，全市质监部门对2584家企业的特种设备进行检查，查出事故隐患1503条，发出整改通知书1056份，查封土制设备97台。

第五节　机　构

宁德市质量技术监督局前身为宁德地区标准计量管理所，1991 年，宁德地区行政公署发文成立宁德地区技术监督局为正处级行政机构。同时，撤销宁德地区标准计量管理所，设办公室、标准科、质量监督科、计量科，人员编制 20 名。宁德地区计量测试所和宁德地区产品质量检验所为局下属科级事业机构，实行一套人马、两块牌子。1994 年 11 月成立宁德地区技术监督稽查队，为局所属科级事业单位，定编 8 人。

1996 年 10 月，宁德地委办公会议议定，把宁德地区技术监督局列为政府成员单位，同年派驻监察室。1997 年宁德地区行署批准地区技术监督局“三定”方案，内设办公室、监督管理科（增挂政策法规宣传科）、标准化科（增挂质量管理科）、计量科，核定机关人员编制 16 名，其中行政 15 名，工勤事业 1 名。

2000 年 2 月，省政府同意福建省质量技术监督管理体系改革实施方案，省以下质量技术监督系统实行垂直管理，即省级局对全省的质量技术监督系统的机构、编制、经费、人事、业务实行统一管理，全省各级技术监督局统一更名为质量技术监督局。各级质量管理和锅炉、压力容器、电梯、防爆电器等特种设备安全监察监督管理职能及相关技术机构一并划入质量技术监督部门。当年宁德地区技术监督局对全区技术监督系统的人、财、物进行登记造册接收。同年 11 月 27 日，宁德地区质量技术监督局更名为宁德市质量技术监督局，原宁德市质量技术监督局更名为宁德市质量技术监督局蕉城分局，加挂宁德市蕉城质量技术监督稽查队牌子。

2001 年，经市委批准局机关设立市质量技术监督局党组纪检组，同年监察室由市监察局派驻调整为市局内设机构，与纪检组合署办公。2001 年 12 月，省委编办《关于省以下质量技术监督系统机构编制的批复》文，确定科级领导职数 14 名，内设办公室、计划财务科、政策法规科（行政复议办公室）、质量管理与监督科、标准化科、计量科、锅炉压力容器安全监察科、人事教育科。核定行政定编 55 名（含稽查大队定编 16 名和工勤 4 名）。

2002 年 11 月，省委编办在全省 8 个设区市局统一设置直属分局，为设区市局的派出机构，撤销宁德市质量技术监督局蕉城分局，其职能并入市局直属分局。2004 年 12 月，省委编办批准增加全省 58 个县（市）质量技术监督局副科级领导职数各 1 名，用于配备纪检组长。同年，局属内设的锅炉压力容器安全监察科更名为特种设备安全监察科。

2005 年，经中共宁德市市直机关工作委员会批复，成立中共宁德市质量技术监督局机关委员会。

2005 年 3 月根据省委编办要求，将原由质量技术监督部门承担的流通领域商品质量监督管理的职能划给工商行政管理部门，福建省内生产环节引起的产品质量问题归质量技术监督部门管理，外省生产环节引起的产品质量问题归工商行政管理部门管理。

第七章　药品、医疗器械监督管理

2001—2005年，宁德市药监部门加强对药品的检验工作，执行《中华人民共和国药品管理法》，对药品生产实行药品生产企业许可证、药品生产企业合格证和营业执照的“二证一照”管理。同时，采取“内扶外联”，督促医药生产企业淘汰落后生产工艺、设备，倡导和鼓励药品生产企业与科研机构联合开发医药新产品。“柘荣太子参”GAP基地和“太子参规范化种植研究”课题分别通过国家药监局组织的GAP专家组现场认证和科技部验收，“柘荣太子参”获得福建著名商标称号。在流通领域，组织开展“放心药店”“文明示范药店”评比活动和悬挂“绿十字”标识等活动，推进药品经营企业开展GSP（医药商品质量管理规范）工作。全市加强药品稽查力度，仅2005年，检查涉药（械）单位6969家次，查处药械违法案件520件（其中医疗器械案件99件），取缔无证经营44家。

第一节　药品检验

2001年，市药检所加强药品生产、经营企业和医疗单位药品的监督抽验，加强乡村卫生所和个体诊所药品检验，全市抽验药品109种937批次，检出不合格药品35批次，不合格率3.73%。2002年，市药品检验部门以监督检查为主，抽样检验为辅，分周期安排品种抽样方式对药品进行检验，全市抽验药品142种，查出不合格药品63种，完成检品1328批次。2003年，市、县（市、区）药检部门相继配备药品快速鉴别箱，方便药品检测。全市完成抗“非典”药品专项抽验115批次，抽验药品112种886批次，检出不合格药品47批次，不合格率5.30%。2004年，在全市药品检验部门试行药品抽验和检验分离改革。

2005年，市药品检验采取稽查、药检人员联合组队方式，实行“抽验分离、盲法检验”靶向抽样等做法，提高抽样命中率。全市检品药品867批（其中中药材119批），其中不合格药品65批（其中中药材47批），药品平均合格率93.5%，完成快检1268批，其中不合格49批。

第二节　药品、器械、制剂生产监管

一、药品生产企业监管

1993 年，继续执行《中华人民共和国药品管理法》（以下简称《药品管理法》），对药品生产实行药品生产企业许可证、药品生产企业合格证和营业执照的“二证一照”管理。药品生产企业合格证由市药品生产主管部门颁发，药品生产企业许可证由市卫生行政部门颁发，营业执照由市工商部门颁发。1998 年，根据国家药品监督管理局通知，药品生产恢复药品生产企业许可证、营业执照的“一证一照”管理。

2002 年 2 月，市药监局成立推行药品 GMP 认证工作协调小组，指导全市药品生产企业实施药品生产企业质量管理规范（简称 GMP）认证。5 月，市药监局成立监督实施 GMP 认证工作领导小组，指导药品生产企业分批分期进行 GMP 认证改造。同时，成立市药学会，通过学会牵线搭桥，引进在外地从事医药工作的宁德籍企业家回宁德投资兴业。古田药业有限公司、古田华闽抗菌素有限公司、闽东力捷迅药业有限公司等 5 家生产企业投入 9000 万元资金，对 5 条生产线实施 GMP 改造，并一次性通过 GMP 认证，其中闽东力捷迅药业有限公司粉针生产线，在通过 GMP 认证的同时通过 ISO9001 质量体系认证，成为全省首家通过 GMP、ISO 双认证药品生产企业。

2003 年，各县（市）政府把实施 GMP、GSP 改造列入优先技改项目，支持药企技术改造。市药监局印发《结合药品监管职能服务医药健康产业发展总体思路》，做好内扶外联与扶优促强工作及认证企业的跟踪巡查与监管。

2005 年，根据市委、市政府的《扶持制药行业发展的若干意见》与《关于加快国有医药批发企业深化改革的若干意见》，市药监局组织召开药品生产企业和批发企业负责人座谈会，采取“内扶外联”，督促医药生产企业淘汰落后生产工艺、设备，倡导和鼓励药品生产企业与科研机构联合开发医药新产品。7 月，“柘荣太子参”GAP 基地和“太子参规范化种植研究”课题分别通过国家药监局组织的 GAP 专家组现场认证和科技部验收，“柘荣太子参”获得福建著名商标称号。全市中药材种植面积达 6.6 万亩，有 10 余个品种形成规模种植，产值达 2 亿元。福鼎市引进温州康乐药业、海鹤集团有限公司中药厂，柘荣和蕉城引进天人药业中药饮片厂和溢广堂中药饮片厂，福安医用酒精厂建成投产，形成闽东力捷迅、古田药业等年产值超亿元企业。全市医药工业完成总产值 4.5 亿元，同比增长 28%。全市药品生产企业有 14 个品种获得新药证书和生产批件，其中广生堂药业有限公司与中国药科大学中药学院联合开发抗乙型肝炎病毒国家二类新药阿德福韦酯，获国家药检局批准，进入临床试验。新开发的好味口儿童健胃消食片，正式投入生产。古田福兴医药新增万古霉素，古田药业新增 ATP—氯化镁注射液、珍珠灵芝胶囊、莲芝消炎片报国家药监局审批。

二、医疗器械生产企业监管

2000 年 1 月，执行国务院《医疗器械监督管理条例》、国家药监局《医疗器械分类规则》，依据《医疗器械分类规则》《医疗器械分类目录》，对全市医疗器械产品进行界定，对市场实行准入注册管理，对风险较高的部分二类产品及其生产企业实行重点监管监控。4月，根据国家药监局的《医疗器械注册管理办法》，对全区医疗器械产品实施强制性注册管理。同时实施《医疗器械生产企业质量体系考核办法》。2002年，市药监局在全市组织开展《医疗器械监督管理条例》宣传活动，在生产企业实施监督卡制度。同时在全市组织开展一次性无菌医疗器械生产专项检查。2005年，市药监局在全市药品、医疗器械生产企业建立诚信档案。福鼎市引进福建金名流医疗器械有限公司，霞浦引进美国“医用真空引流袋”项目。8月，周宁雪莲医疗器械有限公司和周宁县平安卫生材料厂通过ISO13485认证。其后，霞浦县康鑫电子有限公司、福鼎市康福医疗器材有限公司、福安市康华电子仪器厂、宁德市益群义齿制作有限公司等相继通过ISO9000或ISO13485质量体系考核认证。全市新增注册一类医疗器械产品9个。

三、医疗机构制剂生产监管

1993年，继续执行《中华人民共和国药品管理法》，由地区卫生局负责医院制剂室制剂许可证核发管理。1996年，对医院制剂重新进行注册，规范医院制剂管理。1997年10月，对11所县级以上医院药剂科两房、两库、两室进行检查验收。1999年，根据《药品生产质量管理规范》，地区卫生局加强医院制剂质量管理。2000年，全区大部分医疗机构放弃医院制剂项目，特别是放弃灭菌制剂项目。同时，根据福建省医药局部署，地区卫生局组织全市医疗单位对制剂室进行改造。2001年，市药监局在全市组织开展医疗机构制剂专项检查。12月，执行第一次修订的《中华人民共和国药品管理法》，由药监局负责医院制剂室制剂许可证核发管理。全市9家医院制剂室参加换证，其中宁德地区第一医院、宁德地区第二医院、宁德地区中医院、古田县医院、福鼎市医院、霞浦县医院等6家医院制剂室换发灭菌制剂许可证，古田县皮肤病防治医院、霞浦县中医院、屏南县医院等3家医院制剂室换发普配许可证。此后，由于药品制剂成本高且制剂质量难以控制，市内医疗机构制剂单位、制剂品种及数量日趋减少。2002年，根据《医疗机构配制制剂质量管理规范》，市药监局在全市组织开展医疗机构制剂许可证换证工作。全市有8家医疗机构取得医疗机构制剂许可证，有200余种制剂取得制剂品种批准文号。2004年6月，根据国家药监局部署，凡未取得新制剂许可证和制剂品种批准文号的医疗机构，不再进行制剂配制。2005年，市药监部门加强4家医疗机构制剂室日常监管，全市有宁德市中医院、古田县医院等4家医院通过年检换证。

第三节 药品、器械流通监管

一、一般药品经营监管

1993年，根据福建省医药管理局部署，对药品经营实行药品经营企业合格证、药品经营许可证和营业执照管理，药品经营企业合格证由市药品经营主管部门颁发，药品经营企业许可证由市卫生行政部门颁发，营业执照由市工商部门颁发。同时根据国家医药管理局的《医药商品质量管理规范达标企业（批发）验收细则（试行）》，在全区医药商业企业推行医药商业药品质量管理规范（GSP）达标活动。1994年，执行《中华人民共和国药品管理法》与《国务院关于进一步加强药品管理工作的紧急通知》，加强药品管理。执行开办药品经营企业的审查条件和审批程序，协同卫生、工商等共同开展“闽东药品质量行”，打击制售伪劣药品犯罪行为和取缔非法生产经营药品活动。1996年9月，率先在全省国有医药商业企业推行股份制改革。福安市医药公司借助总代理“三九”“丽珠”等名牌医药厂家产品，实现商品销售总额超亿元。1996年11月，地、县（市）药品监督员在闽东日报社曝光卖假药的“康乐药行”，没收药品100多种，案值5万多元。同时，制定实施医院采购药品季报制度和首次进入医院新特药、保健药品审批报验等制度。1997年5月，根据国家医药管理局《关于全国药品零售企业悬挂统一的绿十字标志的通知》和福建省医药管理局部署，在全区组织开展零售药店市场整顿，给整顿验收合格药店悬挂绿十字标志。1998年，根据《中华人民共和国药品管理法》，对药品经营企业及零售网点实施年检及抽检，对申请药品经营企业（零售）合格证对象进行资格审查认定。同时组织开展“放心药店”“文明示范药店”评比活动和悬挂“绿十字”标识等活动，推进药品经营企业开展GSP（医药商品质量管理规范）工作。在全区医药经营企业推行GSP，各医药经营企业加强医药商品的计划购进、验收、储存、调拨、销售、运输及售后服务、质量跟踪等全方位管理。霞浦、福安县市药监局举办医药购销人员培训班、医药经营企业岗前培训班，培训100余人。全区有1个二级医药批发企业，9个三级医药批发企业和4个基层批发网点。药品购进总额2.10亿元，销售总额2.85亿元。2000年，药品经营企业恢复“一证一照”管理。

2001年10月，市药监局接手药品零售企业许可证换发工作。11月，市药监局对15全市家药品批发企业进行审查验收，有13家批发企业通过验收，取得新版药品经营企业许可证。对312家药品零售企业进行审查验收，有180家药品零售企业通过验收。121家药品零售企业因证照不全，按新开办药店受理。11家药品零售企业因达不到要求被淘汰。同时，根据新修订的《药品经营质量管理规范》，市药监局组织市内各医药经营企业进行药品经营企业质量管理规范认证工作（简称GSP）。2002年4月，市药监部门给全市62家企业验收核发药品经营企业许可证。同时，市内各国有医药公司开始改制、重组，福安万家春、古田达元堂等药品零售连锁店相继开业，民营药品经营企业开始逐渐取代国有医药体制。8月，市药监局印发《加快监督实施药品经营企业质量管理规范认证工作的实施意见》，加强药品经营企业的GSP和药品分类管理。福安市医药有限公司和古田县医药公司率先通过GSP认证。蕉城区评出14家药品经营质量管理规范商店，福安市评出4家放心药店。2003年，市药监局在蕉城区启动农村药品供应和监督网络（两网）建设试点。翌年，蕉城区初步建成以医药公司为主体的集中配送模式。2003年，全市农村药品供应和监督网络建设试点在蕉城区启动。农村药品供应和监督网络以医药公司为主体，实施集中配送供应。2004年3月，在全市选择屏南、福安、福鼎3县（市）及其他县（市）的15个乡镇，作为农村药品供应网络重点建设单位，开展农村药品供应和监督网络建设。

2004年，根据《药品经营质量管理规范实施细则》，在全市药品零售企业推行划片分区管理。6月，市药监部门在全市组织开展“抗菌药物监管，促进合理用药”宣传咨询活动，发放宣传资料2000多份，接待咨询1200多人次，规范中药饮片的经营和使用行为，不准中药饮片经营使用单位从无证企业购进中药饮片。7月，在全市开展抗菌药品分类监督检查，推行药品分类管理，把抗菌药物纳入处方药管理。印发《药品零售企业日常监管考核标准》《零售药店评比评分标准》，在全市启动药品质量诚信店评审工作。同时，选择屏南、福安、福鼎3县（市）及其他县的15个乡镇作为农村药品供应重点建设单位。全市有药品零售企业465家，药品批发企业10家，其中145家药品经营企业通过CSP认证和现场检查。

2005年，市政府印发《宁德市进一步加强农村药品监督及供应网络建设的工作方案》，建立教育培训制度、例会制度、工作报告制度、案件协查制度、奖惩制度各项制度，在全市91个村聘请药品质量监督员、协管员、信息员（简称“三员”）961人，其中药品质量监督员71人、协管员229人、信息员661人。举办“三员”培训班55期、培训“三员”1318人次。同时，在巩固医药公司直配式、连锁公司委托配送式基础上，建立乡镇卫生院为村卫生所（室）代购药品制度与鼓励在农村开办药品零售网点等方式，完善农村药品供应网络建设。农村药品网覆盖全市112个乡镇和81%的村，全市药品连锁、配送实现县到乡100%，进村97.2%。全市有326人次“三员”参加专项检查，108人次协助查办案件20起，全市“三员”提合理化建议32条，提供案件线索26条，直接举报16件。继续监督药品经营企业实施GSP认证和认证后企业监管，对全市药品批发企业和零售企业实行100%跟踪检查。全市390家药品零售企业达到药品分类管理要求。市药监局印发《农村边远地区非处方药柜设置办法》，对农村边远地区非处方药柜设置的验收标准、申报审批程序等进行规范。福安市医药公司采取购并、托管等方式，成功地收购霞浦医药公司、周宁医药公司经营权，兼并建瓯医药公司，成为福建省第三产业300强企业。全市有药品零售企业562家，当年新增零售药店96家，药品批发企业15家，当年新增5家药品批发企业（民营药品批发企业4家），有286家药品经营企业通过CSP认证。全市药品批发企业实现销售总额7.9亿元，同比增长21%。

二、特殊药品监管

1993年，全区麻醉药品和一类精神药品由地区医药采购供应站（二级供应站）供给县（市）医药公司（三级供应单位），再由各县（市）医疗公司供给辖区各医疗使用单位。二类精神药品经二级站、县（市）医药公司，再由到零售药店销售。1997年，根据福建省医药管理局部署，市卫生局、市医药管理局对全区三级麻醉药品经营供应点进行整治。各经营单位对麻醉药品、一类精神药品储存仓库进行整修加固，增添报警设施，完善安全管理制度。4月，对全区120多家麻醉、精神药品供应、经营、使用单位进行大检查。1998年，根据《中华人民共和国药品管理法》，加强麻醉药品、精神药品和毒性药品管理。

2001年，根据卫生部的《关于加强医疗单位麻醉药品管理的通知》和省卫生厅、药品监督管理局的《关于严防麻醉药品和精神药品流入非法使用渠道的通知》，市药监局对全市10个麻醉药品、精神药品经营单位和21个县级以上医疗机构及13个乡镇卫生院的特殊药品使用情况进行检查，更换麻醉药品购用卡。2002年，贯彻省药监局《关于重新确认第二类精神药品经营资格的通知》，市药监局印发《关于加强麻醉药品专用卡管理工作通知》《关于贯彻执行癌症患者申办麻醉药品专用卡规定的通知》，对全市129家乡（镇）级以上医疗单位使用麻醉药品、精神药品购用印鉴卡进行重新核发。6月，市药监局举办1期特殊药品管理培训班。2003年8月，市药监局组织开展氯胺酮专项检查，检查82家经营单位及医疗机构。10月，市药监局与卫生局联合举办全市特殊药品管理“癌症病人三阶梯止痛治疗法”师资培训班，邀请北京大学中国药物依赖性研究所教授张开镐和福建省肿瘤医院主任医师黄诚授课。2004年，市药监局在全市医药机构推行《麻醉药品逐日消耗统计表》《医疗机构麻醉、一类精神药品处方登记专册》等，对全市4家麻醉药品供应点、8家二类精神药品批发企业和180多个乡镇以上医疗机构的特殊药品进行检查，对癌症患者申办麻醉药品专用卡和麻醉药品、一类精神药品购用印鉴卡，采用一次性告知办法。2005年，经国家食品药品监管局批准，古田药业有限公司成为全省唯一的一类精神药品盐酸氯胺酮注射液生产企业，市药监局指派专人到古田药业有限公司生产现场监督盐酸氯胺酮生产，实施全程监控，对全市4家麻醉药品供应点、8家二类精神药品批发企业和180多个乡镇以上医疗机构进行检查，对存在问题逐一落实整改和规范，监督2家医疗机构制剂室销毁过期麻黄素。11月，执行国务院《麻醉药品和精神药品管理条例》。加强特殊药品监管，全市未发生特药监管事故。是年，全市新增零医疗器械专（兼）经营企业39家，注册医疗器械产品9个。

三、器械经营监管

2001年，市药监局开始受理申请发放医疗器械经营企业许可证。至2002年，完成兼营医疗器械药品零售非法人企业发证工作，全市有95家企业通过验收，并对新受理的24家医疗器械经营企业进行初审。2003年，市药监局印发《宁德市医疗器械经营企业监督管理手册》，对医疗器械经营实行积分管理制。2004年，市药监局在全市组织开展医疗设备、一次性医疗器械、酰胺凝胶、非典医疗器械专项检查与口腔义齿及材料、避孕套、角膜接触镜、橡胶避孕套、心脏起搏器等产品专项检查。

2005年，市药监部门以医疗器械经营许可证换证为契机，加强医疗器械专（兼）营企业监管，对医疗器械经营企业实行100%的跟踪检查。在全市组织开展“关爱生活，关爱健康——拒绝虚假药品医疗器械保健食品广告”宣传日活动，规范医疗器械购药渠道与质量监管，完善储存条件、健全各项记录，定期检查医疗机构的器械使用情况，确保群众使用药品安全有效。同时在全市建立药品监管协作机制与工作沟通机制等，集中全市稽查人员开展药品质量异地交叉联合执法大检查活动。全市组织执法人员检查涉药单位7500家次，查处药械违法案件533件，取缔无证经营46家，案值73万元，没收药械标值20.2万元，罚没152.6万元，入库138.4万元。

四、药品、器械使用管理

2003年，市药监局印发并实施《宁德市涉药单位日常监管手册》，与市卫生局联合印发《医疗机构药房药库药品管理规定》，对全市医疗机构的药库（房）药品质量进行规范管理。根据省药监局部署，市药监局在全市组织开展假劣药品、医疗器械专项检查活动。2004年，市药监部门继续加强医疗机构药库（房）药品质量的规范管理，4月，市药监局印发《关于在全市范围内开展医疗机构一次性使用无菌医疗器械监督检查的通知》，对全市医疗机构一次性注输器械购进及使用后处理情况进行专项检查。2005年，市药监部门坚持“教育在先、防范在先、关口前移”原则，做好药品器械使用的跟踪监管和分类监管。在全市组织开展“规范药房”建设，完善药房，尤其是乡镇卫生院和卫生所药品的采购和使用行为。9月，市药监部门在全市组织开展以“关爱生活关爱健康，拒绝虚假药品医疗器械保健品广告”为主题的宣传月活动，发放宣传资料8500份，张贴画报500份，接受咨询16000人次。

五、药品不良反应监测

2003年9月，市药监局和卫生局联合成立市药品不良反应监测协调领导小组，在全市组建药品不良反应监测网。古田县药监局上报药品不良反应病例2例。2004年，全市二级以上医疗单位相继成立药品不良反应监测机构，全市发现药品不良反应病例47例，其中蕉城区9例、福鼎市20例、霞浦县18例。2005年，市药监局采取举办培训班、组织县级以上医疗机构有关负责人到长乐市取经等形式，加大药品不良反应监测报告的宣传与上报。全市除蕉城区外的8县（市）相继成立药品不良反应监测中心，全市发现药品不良反应病例137例，其中蕉城区11例、福安市5例、福鼎市64例、霞浦县9例、寿宁县32例、周宁县6例、柘荣县10例。

第四节 药品稽查

1993年，地区药品管理部门在全区组织药品监督检查216次，查出假劣药品4642种次，查处假劣药案件218起，罚没16.7万元，取缔无证经营23家，审核发证191家。1995年，全区组织药品监督检查210多次，检查3577家41万种次药品，查出伪劣药品38478种次，药品平均合格率99.10%，取缔非法售药点82家，罚没20多万元。福鼎县销毁价值180万元"鹿茸胶囊"劣药。地区卫生局获全省执行《中华人民共和国药品管理法》先进单位称号。1996年，全区组织药品监督检查186次，检查药品生产、经营和使用单位1838家，检查药品42.8万种次，查出假劣药品2155种次，罚没35万元，取缔无证卖药100多家，依法关闭福安中药材专业市场。1997年，全区组织药品监督检查345次，检查药品51.5万种次，查出假劣药品2973种次，药品平均合格率为99.4%。查处药品违法案件379起，罚没30多万元，取缔无证开业和无证经营药品184家，申请法院强制执行13家，行政复议2家。1998年，根据药品管理法，地区医药管理局协同有关部门查处假劣药品，整顿医药市场秩序。在全区组织药品监督检查183次，检查1765个单位的34.3万种次药品，查出假劣药品20958种次，药品平均合格率99.39%，查处违法案件182起，罚没45万元。申请法院执行3家，取缔无证经营100多家。

2001年10月，根据省药监局部署，市药监局采取"五个结合"（堵源头与截暗流、综合与分开、拉网式与突击式、现场与抽验、正面与暗访）措施，加强药品稽查，先后组织开展药品经营专项稽查、基层药品质量大检查、"两节"（元旦、春节）药品市场大检查、农村药品市场大检查和各项普查。11月，市药监局会同卫生、工商、物委、新闻等部门在蕉城区组织开展医药市场联合大检查，查出伪劣药品100多种次，标值3000多元，对查出问题的20多家药品经营单位进行处罚。2002年，市药监局在制定实施大案、要案督办制、执法责任制等稽查制度的同时，建立联手打假、受理投诉举报案件程序等机制，药品稽查实现突出检查与日常监管并重，防范与查处并重"两个转变"。11月至翌年4月，市药监局组织开展销售使用无效期标志、过期失效药品和篡改药品生产批号等专项监督检查。2003年，市药监局协同公安、物价部门联合开展药品打假和药品价格检察，会同工商部门开展清理违法药械广告活动。2—7月，市药监局做好预防非典药品医疗器械市场监督检查，对防治非典药品不良反应监测报告实行24小时值班工作制。全市出动检查人员4900人次，检查涉药单位3500家次，抽验药品113批次，查处涉及防治非典药械案件6件，罚没1.26万元。4—9月，市药监局组织开展"两节"药品质量监督检查、药品专项监督检查、医疗器械市场专项督查、医疗机构用药及制剂质量专项稽查及中药材专项整治等。2004年，根据国家药监局《关于规范中药饮片生产、经营和使用行为的通知》，市药监局发文禁止中药饮片经营单位和医疗使用单位从无证生产、经营企业购进中药饮片的行为，取缔无证生产加工中药饮片单位，关闭前店后厂的中药饮片加工作坊。同时，市药监局加强县以下药品经营使用单位药品采购渠道和药品质量检查，组织开展中药材、中药饮品片、预防性疫苗、中成药非法添加化学药品、制售假劣藏药等专项整治，加强特殊药品、高风险医疗器械产品和药械广告监督。

2005年，根据省药监局部署，在全市组织开展饮片生产经营秩序、灾后浸泡药品、各类药品医疗器械展示和医疗器械说明书，标签和包装标识等5个专项整治，组织开展药品市场、疫苗质量、中药材、过期失效药品、特殊药品、齿科材料等专项检查，组织开展药品质量异地交叉联合执法检查活动。加强福安、福鼎、古田、蕉城等重点区域县以上医疗机构、各类专科医院、门诊部的监控和检查，在全市组织开展两次药品质量异地交叉联合执法大检查，查处违法案件100多件，罚没20万元。全市检查涉药（械）单位6969家次，查处药械违法案件520件（其中医疗器械案件99件），取缔无证经营44家，案值70.6万元，没收药械标值19.8万元，罚没148.3万元（其中医疗器械21.3万元），入库136.6万元［其中市药监局和霞浦、福安、福鼎等3个县（市）药监局罚没入库超过20万元］，案件数、罚没款数和入库数分别比上年同期增长12.6%、21.2%和28%。

2001—2005年宁德市药品稽查情况统计表

表23-15

年份	案件数（件）	出动执法人员次数（次）	检查涉药单位数（家）	案件总值（万元）	没收药械标值（万元）	罚没款金额（万元）	罚没款入库金额（万元）
2001	28	783	845	20.19	5.79	4.85	2.47
2002	475	7209	7882	93.45	49.45	108.76	103.22
2003	535	10877	9634	61.42	30.87	79.40	71.53
2004	517	8371	7388	54.66	33.56	128.15	108.89
2005	533	6660	6020	73.02	20.23	152.58	138.39
合计	2088	33900	31769	302.74	139.9	473.74	424.5

第五节　机　构

2001年10月12日，宁德市药品监督管理局挂牌成立（简称药品监管局）。11月，8县、市（福安、福鼎、古田、霞浦、寿宁、周宁、屏南、柘荣）药品监督管理局也相继成立。根据《国务院批转国家药品监督管理局药品监督管理体制改革方案的通知》和国家药品监督管理局、中央机构编制委员会办公室、人事部《关于省以下药品监督管理机构编制和人员管理问题的通知》以及《福建省人民政府关于印发福建省药品监督管理体制改革实施意见的通知》精神，省以下药品监督管理机构实行垂直管理，负责本行政区域内对中药材、中药饮片、中成药、化学原料药及其制剂、抗生素、生化药品、生物制品、诊断药品、放射性药品、麻醉药品、医疗用毒性药品、精神药品、医疗器械、卫生材料、医药包装材料等的研制、生产、经营、使用进行行政监督管理、技术监督管理和执法监督管理。结束全市长期以来药品监督管理存在多头、分散、交叉、牵制的混乱局面，建立统一、权威、高效的药品监管体制。12月，省药品监督管理局下达《宁德市药品监督管理局职能配置、内设机构和人员编制的规定》，宁德市药品监督管理局为省药品监督管理局直属机构，正处级单位，编制40名（含工勤编制4名），内设办公室、人事教育科、药品安全监管科、药品市场监督科、医疗器械科、稽查科和监察室。蕉城区不设药品监管机构，其监管职能由市药品监督管理局承担。8个县（市）药品监督管理局为市药品监督管理局直属正科级单位。

2002年9月，省药品监督管理局下达市、县级药品检验机构的编制通知，宁德市设药品检验所（简称药检所），为市局直属正科级事业单位，编制43名，负责宁德地区药品检验和技术仲裁工作。福安市设药检所，编制12名，福鼎市设药检所，编制10名，古田县设药检所，编制10名，为所在县（市）药品监督管理局直属副科级事业单位，业务归市药检所指导，承担指定的或相邻行政区域内的药品检验和技术仲裁工作。

第八章　安全生产监督管理

1993—2005年，宁德地区（市）安全生产部门协同经委、公安、交通、建设、工商行政管理、矿产、劳动、质量技术监督、海事、海洋渔业等部门以及新闻媒体开展安全宣传教育和培训活动。地区行署、市政府重视安全工作，落实安全生产第一责任人制度，各企业与职工签订安全生产责任制，建立安全生产许可证制度，实行安全目标管理。同时建立健全安全检查、监督机制，定期开展安全检查，排除安全隐患。每年两节期间及其他重要节庆活动，把安全管理作为大事抓好。至2005年，先后开展非煤矿山安全治理、城乡建筑工程与消防安全专项治理、危险化学品与烟花爆竹安全专项治理、道路交通与水上安全专项治理等，有力保障人民生命和国家财产的安全。

第一节　宣传教育与安全培训

一、宣传教育

1993年，贯彻执行“安全第一，预防为主”方针，在全区组织开展《中华人民共和国矿山安全法》宣传。地区经委在全区组织开展“安全生产周”“夏季百日安全无事故竞赛”和“夏季百日‘平安杯’竞赛”活动。地区交通局在“春运”“安全周”“安全月”期间，开展形式多样的宣传教育活动。1996年，地区交通部门召开各类安全宣传会议48场次，播放影视108场，广播68次，出动宣传车80辆次、宣传艇36艘次。2001年，市安办在全市组织开展安全生产法律和安全生产知识宣传教育活动。各县（市、区）安监局联合工商、公安、矿管部门，在矿山组织开展安全生产宣传活动。同时，市安委会联合新闻媒体对安全生产管理混乱、事故隐患久拖不改单位进行曝光。5月13—19日，市安监部门以“落实安全规章制度，强化安全防范措施”为主题，组织安全生产知识竞赛，并通过举办文艺演出、展览会，召开座谈会、演讲会等方式，宣传安全生产知识。市安监部门接待群众咨询150人次。组织县（市、区）93个单位19647人参加全省安全生产知识竞赛。2002年，市安委会召开全市安全生产会议，在全市组织开展“安全生产月”宣传活动。宁德电视台开设市领导安全生产访谈节目，广播电台、报刊广告栏（电子屏幕）按专项分类播放安全生产公益广告。6月5日，在全市手机、寻呼机显示安全标语。各企事业单位组织职工收看《警钟长鸣》等安全生产电视系列片。8月，成立市《中华人民共和国安全生产法》学习宣传贯彻领导小组与领导小组办公室，在全市开展《中华人民共和国安全生产法》宣传活动。市安监局组织开展“五个一”（即召开一次职工大会，开展一次内部安全宣传活动，与职工签订一份《安全责任书》，对所有职工进行一次岗位安全测试，对所属设备进行一次安全检查）活动。11月，《中华人民共和国安全生产法》颁布实施，全市各生产单位相继组织职工学习安全法。市安委会在市区蕉城电信大楼电子屏幕连续2周播放安全法。全市安监部门接待群众咨询476人次。

2003年5月，根据中共中央宣传部、国家安监局、全国总工会、共青团中央的《关于开展2003年“全国安全生产月”活动的通知》，市委宣传部、总工会、广电局、团市委和市安全生产协会等联合成立市“安全生产月”活动领导小组，各县（市、区）相继成立“安全生产月”活动领导机构。在全市组织开展“安全生产月”宣传活动，在宁德电视台和《闽东日报》《宁德晚报》曝光各类安全事故和安全生产违章行为，组织有关单位负责人参加全省安全生产管理工作研讨班学习和全省“安全生产月”有奖征文比赛，组织百家企业万名职工参加“十个一”（搞一次安全生产签名活动，读一本安全生产的书或学习一项安全生产规章制度，查一起事故隐患或一起违章行为，看一场安全生产录像片，提一条安全生产建议，忆一次事故教训，做一件预防事故的实事，当一天安全检查员，接受一次安全生产知识培训，写一点安全生产体会）活动。6月8日，市安委会牵头组织市安监局、宣传部、总工会、广电局等16个单位在八一五中路的蕉城区政府广场开展安全生产咨询日活动，发放安全法等资料2万份，展出大幅图片70多幅，接受群众咨询1000人次。8月，市委宣传部和市安监局联合印发《闽东安全生产宣传教育》系列专题片（VCD光盘）1万套。市政府网站开通安全生产教育之窗。2004年，市政府成立“安全生产月”活动指导委员会，市直各部门和县（市、区）相继成立“安全生产月”活动领导小组，在全市组织开展“安全生产月”系列活动，加强安全生产管理者的安全生产宣传教育。市安委会组织16个市直单位70多名技术人员到蕉城区政府广场开展“安全生产月”咨询活动，接受群众咨询377人次，展出图片230幅，发放安全生产法律、法规读本、宣传品1200多份。各县（市、区）相继组织开展“安全生产月”咨询日活动。市安监局组织全市安监部门与生产单位7000多名职工参加全省安全生产知识问卷答题。市委宣传部、市电视台、安监局等联合摄制播放《安全为天》电视片。市电视台创办《社区与交通交全》《红绿灯下》等栏目。在全市32个乡镇（街道）开展创安生产合格试点活动，其中福鼎秦屿、点头和蕉城金涵等3个乡镇，获福建省政府安全生产委员会授予创安先进单位。

2005年，全市安监部门组织开展“安全生产月”“安全生产闽东行”“安康杯”竞赛、“学校安全教育周”、道路交通安全百日竞赛、春运安全进万家以及《安全为天》教育片电视播放周等宣传教育活动。6月12日，全市9县（市、区）安监部门统一在繁华地段开展“遵章守法，关注生命”为主题的“安全生产月”咨询日活动。蕉城区安监局向市民发放安全生产法律、法规读本、宣传单、宣传品2万多份，接受群众安全生产咨询128人次，组织参展图片100幅，悬挂标语横幅40条。古田、周宁县安监局组织“安全生产乡镇行”宣传车队，到社区、乡镇宣传。市安委会组织开展“安全生产闽东行”活动，到蕉城、柘荣、福安、福鼎、霞浦等县（市、区）乡镇宣传，举办流动图展，发放宣传材料，召开3场企业、部门座谈会。11月9日，市消防支队组织“119”宣传日活动。

二、安全培训

2001年4月23—25日，省安全生产委员会（以下简称安委会）组织专家在宁德市举办安全生产管理培训班，市安委会成员单位领导、全市各乡镇长、街道办事处主任等50多人参加培训，参训人员经考试合格后，由省安委会发给福建省安全生产监督员资格培训结业证书和福建省安全生产监督员证。6月15—17日，省安委会再次在宁德市举办安全生产管理培训班，培训全市各乡镇、街道、办事处领导118人。市安委会举办1期分管副乡镇长安全培训班与沿海农村村委会主任安全培训班，1期非煤矿山矿长安全资格培训班，培训矿长41名。同时，市、县（市、区）安委会协同企事业单位做好新员工进厂“三级”安全教育培训工作。是年，全市培训司炉工187人，电梯维修操作工65人，起重工343人，厂内机动车驾驶员132人，液化器经营点安全员414人，压力容器操作工130人。2002年10月，受省安委会委托，福建省劳动保护科学研究所组织专家在宁德市举办2期安全生产管理培训班，培训全市分管副县（市、区）长，乡镇、办事处主要领导160人，省安委会常务副主任、安监局局长邓云贞到会做动员报告。同时，根据市委办和市府办的《关于加强安全生产的紧急通知》，全市各级各部门加强对企业员工安全培训教育。市安监部门举办1期企业安全技术骨干培训班，培训20多名企业骨干。组织全市623名特种作业人员参加岗位专业培训和鉴定。2003年2月26日至3月4日，受省安委会委托，福建省劳动保护科学研究所在宁德市举办2期分管乡镇长安全生产管理培训班，培训130多名乡镇领导。同时，执行安全法，加强全市从事特种作业人员的培训，特种作业人员经培训考核合格后，由省安全生产监督管理局颁给“中华人民共和国特种作业人员操作证”，实行持证上岗。4月，市安委会举办电工、焊工培训班。5月，市安委会举办登高架设作业、危险物品作业培训班。6月，市安委会举办起重工培训班。9月13—17日，市安委会举办内机动车辆驾驶员与非煤矿山矿长、矿山安全生产管理员安全资格培训班。11月24—28日，市安委会在霞浦举办危险化学品经营单位主要负责人、主管人员和安全管理人员培训班。全市共组织各类安全生产培训班43期，有3971人通过考试取得资格证书，其中乡镇长班2期135人、矿长及矿山安全员班6期559人、注册安全主任2期208人、特种作业班29期2584人、危险化学品销售经营单位负责人安全管理员班4期485人。

2004年3月9—16日，市安监局在福安市举办1期电工作业安全技术培训班。市安监局、人事局联合下发《关于做好2004年度我市注册安全工程师执业资格考试工作的通知》，组织全市188名符合条件人员参加全国首届注册安全工程师执业资格考试。4—8月，市建设部门举办4期建筑施工安全强制性标准辅导培训班，对施工管理人员进行年度安全教育培训。10月，组织县（市、区）安全监督管理机构和一、二级施工企业安监人员到现场参观学习文明施工管理和安全设施。市交通、海事、建设、质监、海洋与渔业等部门相继举办各种培训班60多期，培训4000多人。是年，全市各部门举办各种培训班29期，培训人员2338人，其中非煤矿山矿长安全员4期300人，危险化学品管理人员、从业人员11期1200人，特种作业14期838人。2005年，市安委会组织全市131个乡镇（街道）139名安办人员参加安全管理培训。组织全市符合条件的200多名技术人员参加全国注册安全工程师考试。全市组织举办危险化学品、非煤矿山、渔业生产、水陆运输、建筑、特种设备、消防、烟花爆竹、民爆器材及应急救援等培训班240期、12300人。全市举办职务船员等培训30多期、2636人。市安监部门举办培训班29期、培训2168人，其中电工培训（复审）班12期、773人，起重工培训（复审）班1期、41人，架子工培训（复审）班1期、41人，危险化学管理员培训2期、224人，矿山矿长安全员培训班8期、589人，危险化学品管理员培训班5期、500人。加强拓展乡镇特种设备协管工作，组织分期协管员业务培训活动。至2005年，全市举办特种作业人员安全资格培训班34期，培训操作工1685人。

第二节 安全生产管理

一、制度建设

1994年，地区经委印发《关于试行安全生产管理考核办法的通知》，建立安全管理考核、事故报告评比、安全生产工作月报、重大事故隐患报告等规章制度。1996年，地区交通部门在全区推行水运企业安全管理新机制，坚持现场检查和事故隐患治理。1998年，地区交通部门全区推行交通安全生产“一票否决”制度，对各类事故主要控制考核指标进行分解、落实。

2001年，根据《国务院关于特大安全事故行政责任追究的规定》和《福建省人民政府关于重大安全事故行政责任追究的规定》，市政府印发《市长、副市长安全生产责任制的通知》《宁德市特大、重大安全事故应急处理预案》，市安委会各成员单位相继印发单项事故应急处理预案，在全市推行安全生产目标管理制度与安全生产责任制考核奖惩制度，对年度安全生产目标管理责任制成绩显著单位予以表彰奖励，对不能实现安全生产目标管理责任制单位予以通报批评。2002年5月，市政府下发《关于进一步加强安全生产工作坚决防止重特大事故发生的通知》。8月21日，市安委会召开第三季度防范重大、特大安全生产事故专题会。会后，市政府印发《安全生产实行一票否决制的办法》，对安全生产实行一票否决。市公安局等单位根据《宁德市危险化学品安全管理专项整治工作实施方案》，加强危险化学品管理。根据《中华人民共和国安全生产法》，在《闽东日报》等新闻媒体公布全市每季度安全生产情况。9月，市政府颁发施行《宁德市加强烟花爆竹管理暂行规定》，制定烟花爆竹生产、销售单位法定代表人安全管理责任制，加强全市6家烟花爆竹生产企业与212个销售网点监管。

2003年，市经济委员会依据国务院办公厅《关于认真落实安全生产责任制的意见》和省政府《关于重大安全事故行政责任追究的规定》，印发市经济委员会领导安全生产责任制，市经济委员会主任为经委系统安全生产第一责任人，对安全生产负总责。2004年5月，市安委会印发并实施《宁德市安全生产专项整治工作制度》，在全市组织开展定期不定期专项整治检查、督查。市安委会牵头组织成员单位到古田、柘荣、霞浦、福鼎、福安等县市调研安全生产工作。6月，市安委会印发《宁德市安全生产举报奖励制度》《宁德市行政领导安全责任履职报告制度》，由市政府办公室转发全市执行。同年，市海事部门印发宁德市海上应急搜救预案。2005年，根据市政府印发的《宁德市重大、特大安全事故应急预案》《危险化学品重大、特大安全事故应急预案》《非煤矿山重大、特大安全事故应急预案》，各成员单位组织进行预案演练。市建设局制定全市建设系统安全生产目标管理责任书，推行安全生产目标跟踪管理制度。11月9日，市消防支队组织进行消防演练。11月29日，高速福宁分公司协同消防支队、交警高速一大队、高速运政和宁德市医院开展重大事故应急救援演练。12月6日，福安市在天海电子有限公司驻地举办危险品事故预防应急救援演练。市海上搜救中心与温州市海上搜救中心签订《闽浙两省交界海域搜救协调机制备忘录》，实现两市搜救中心信息共享、搜救协调、日常协作联动机制。是年，通过联动处置4起海上遇险事件，成功救助24名遇险人员。

二、目标管理

1993年，在全区企业推行安全风险抵押金制度。1994年，地区经委加强安全生产管理考核，对企业安全生产进行评比、表彰。同时，按“三不放过”（发现隐患不放过，不及时整改不放过，整改不好不放过）原则，地区劳动、建筑、公安、交通、消防、矿管等部门依法调查处理事故12起。1995年起，地区行署对地直12个部门实行安全生产责任目标考核。地区经委适时组织安全检查。是年，全区经委系统发生伤亡事故及直接经济损失万元以上火灾事故16起，其中伤亡事故13起，火灾事故3起，死亡6人，重伤9人，直接经济损失46.28万元。同时，地区劳动、建筑、公安、交通、消防、矿管等部门监察企业871个，发出监察通知书4621条，提出整改意见4701条。全区未发生生产死亡事故。1996年，地区劳动、建筑、公安、交通、消防、矿管等部门监察企业1046户，提出整改意见4477条，全区发生工伤事故14起，因工负伤4人、死亡11人，事故结案率100%。

1997年，地区劳动、建筑、公安、交通、消防、矿管等部门联合组织全区安监人员分3组对事故多发、隐患较多重点部位进行监察。地区交通部门在全区推行《交通安全生产目标管理责任书》，组织开展乡村渡口、渡船专项治理，组织经常性、季节性的安全检查。全区监察企业42户，整改违规项目120多项，全区发生工伤事故20起，死亡19人，重伤3人。1998年，地区劳动、建筑、公安、交通、消防、矿管等部门监察企业665户，发出通知书735份，提出整改意见3621条，整改3326条。组织全区监察人员对9县（市）隐患较多的89户进行监察，发出整改通知书80份，提出整改意见309条，处罚35户。全区发生工伤事故14起，死亡17人，重伤5人。1999年，地区劳动、建筑、公安、交通、消防、矿管等部门加强乡镇、私营、三资企业和建筑、矿山、液化气、易燃易爆等事故多发、职业危害突出的行业、企业的重点监察。全区企业发生工伤事故12起，死亡13人，重伤6人。2000年7月，机构改革后，地区安全监察职能由劳动保障部门划转质量技术监督部门，地区质监部门在全区组织开展3次安全大检查，检查企业647家，发出安全监察通知书300余份。

2001年，根据市政府的“搞好安全生产，减少伤亡事故，开创安全生产工作新局面”要求，全市各级各部门与安全管理部门对辖区企业实行分类监控和重点监控，对重大危险源和事故隐患地进行普查和安全评估。各乡镇均安排专职安全员，在全市组织开展“建设安全社区”和“建设安全村镇”活动。11月22—27日，市政府在全市组织开展安全生产大检查，对全市道路、码头、迪吧、舞厅、酒店，液化气站点、打火机厂，建筑工地、公路建设工地，矿山企业、采石场，学校、医院，森林防火场所等进行检查。全市召开15次专题会议，下发通知、通报24件，办理督查件8件，受理举报投诉件78件，督办反馈65件。全市发生肇事车（万车率）348.7起、死亡人数25.45人，受伤人数276.8人。

2002年5月20日，宁德市政府成立市安全生产检查组，副市长带队到各县（市、区）开展检查，检查全市车站、码头47个、船舶92艘、锅炉特种设备252台、公共娱乐场所368家、易燃易爆单位180家、烟花爆竹企业11家、矿山107家、建筑工地110个、学校114所，发出整改通知437份，提出整改意见2177条，责令57家违规企业停业整顿，取缔149家违规企业，吊扣证照136件，扣留违章证件467本，纠正违章5670人。市教育局印发“宁德市教育局学校安全检查安全隐患分析表”，对存在安全隐患的学校进行通报，督促整改。8—10月，县（市、区）对省、市检查组通报的安全生产问题进行复查落实，同时对闽东宾馆、闽东大酒店、市体育中心进行安全生产检查；对福鼎市区与太姥山旅游点进行检查。市安监局到古田城区与陈靖姑文化点进行检查。10 月，对全市旅游景点继续安全措施进行检查，全市出动 2160 人次，检查企业 750 家，车辆 4140 辆次，查隐患 980 条，当场整改 790 条，限期整改 190 条，完成整改率 93%。全市发生各类事故 1783 起，死亡 287 人，受伤 1253 人，直接经济损失 1945.58 元。其中肇事起数（万车率）347.1 起，死亡 25.28 人，受伤人数 278.59 人。烟花爆竹事故 1 起，死亡 3 人。渔业水上事故 3 起，死亡 14 人（含失踪 6 人），沉船 3 艘，重大事故 3 起。

2003 年，市安委会在元旦、春节、元宵、"五一"、国庆等重大节日开展节前安全生产检查，并把检查发现问题的整改作为责任制考核指标，与年终评优评先挂钩，基本消除生产经营活动中的安全隐患。同时，各级政府与有关部门根据国务院和省、市有关部署，层层制订安全生产责任制，签订安全生产责任状。根据市政府办公室的《关于组织开展 2003 年度安全生产目标责任制检查考核工作的通知》，市安委会组织 3 个小组对全市 9 县（市、区）的重点部门、重点企业、车站、客运车辆、公路、油库、码头、渔船、客渡船、企业、建筑工地、宾馆、旅店、舞厅、迪吧、卡拉 OK 厅、网吧、学校、旅游景区（点）等进行"四查"（责任制落实、安全现状、隐患整改、实际效果）。全市发生各类事故 1786 起，死亡 282 人，受伤 1265 人，直接经济损失 2303.48 万元，其中一次死亡 3 人以上重大事故 10 起、死亡（失踪）43 人。全市发生道路交通事故 1423 起，死亡 202 人，受伤 1198 人，直接经济损失 1207.25 万元；发生火灾事故 327 起，死亡 38 人，受伤 27 人，直接经济损失 1052.3 万元；工伤事故 26 起，死亡 24 人，重伤 14 人，直接经济损失 143.93 万元（其中私人建筑施工 7 起，死亡 6 人，重伤 5 人）；水上交通事故 2 起，死亡 3 人。

2004 年 4 月底，根据市安委会的《关于开展安全生产检查工作的通知》，各县（市、区）对道路交通、水上运输、渔业生产、危险化学品、非煤矿山、建筑施工、特种设备、消防安全、学校安全、汽车维修企业等进行安全生产大检查。全市开展安全大检查 12 次，出动 1515 人 / 次，汽车 276 多辆次，检查车站、渡口、码头 78 个，船舶 1792 艘，检查锅炉特种设备 22 台（套），公共娱乐场所 76 家，易燃易爆单位 25 家，烟花爆竹经营点 13 家，矿山 328 家，建筑工地 37 处，学校 11 所，发出整改通知 41 份，提出整改意见 758 条。责令问题企业停业整顿 8 家，取缔 2 家，吊扣证照 2 件，扣留违章证件 138 本，纠正违章 709 人。全市发生各类事故 1949 起，死亡 274 人，受伤 1525 人，直接经济损失 2181.70 万元。市海事部门组织搜救 13 起，搜寻遇险人数 91 人（其中成功救援 85 人）、遇险船舶 8 艘（成功救援 5 艘）。全市发生死亡 3 人以上重大事故 9 起，其中屏南、寿宁、周宁、福安、福鼎县（市）各发生 1 起，古田、霞浦县各发生 2 起。周宁、古田、福鼎、屏南 4 县（市）发生事故死亡人数超过控制指标。发生道路交通事故 1402 起，死亡 237 人，受伤 1503 人，直接经济损失 1257.09 万元。发生火灾事故 522 起，死亡 10 人，受伤 19 人，直接经济损失 635.61 万元。工伤事故 19 起，死亡 19 人。渔业生产事故死亡 3 人。

2005 年元旦、春节前夕，市安委会在全市组织开展安全生产大检查。市安监部门通过办证申报，对高危行业实施安全生产许可管理，全市危险化学品经营单位 1099 家，有 1027 家经营单位取得安全生产许可证；生产企业 22 家，有 15 家生产企业取得安全生产许可证；建筑施工企业 93 家，有 72 家施工企业取得安全生产许可证；民爆生产企业 2 家；有 2 家生产企业取得安全生产许可证；烟花爆竹生产企业 6 家，有 5 家生产企业取得安全生产许可证；非煤矿山 264 家，有 212 家申报许可。同时对上年排查的 108 处重大危险源、78 处重大事故隐患，进行重大危险源和重大事故隐患普查登记，建立档案，并依法追究有关单位 11 名责任人。全市发生各类事故 1967 起，死亡 248 人，受伤 1588 人，直接经济损失 793.93 万元。发生 3 人以上重大事故 13 起，死亡47人；发生道路交通事故1328起，死亡191人，受伤1569人，经济损失309.48万元；发生火灾619起，死亡18人，受伤12人，经济损失466.45万元；发生工伤事故（含非煤矿山）15起，死亡17人，受伤4人，经济损失2万元；发生渔业事故5起，死亡失踪22人。

第三节　专项治理

一、非煤矿山安全治理

1994年，地区劳动、公安、矿管等部门在全区现场检查非煤矿山企业950个次，发出整改意见书5295条，检查矿山145个次。1995年，地区劳动局与建委、消防、工商等部门联合对全区的34个矿山进行监察，提出整改意见447条。1996年，全区监察矿山企业188户，提出监察意见352条，国营、乡镇矿山监察面分别为100%和68.6%。1997年，地区劳动、公安、矿管等部门加强矿山企业监察，全区监察矿山企业188户，提出监察意见352条，国有、乡镇矿山监察面分别为100%和68.6%。1998年，地区劳动、公安、矿管等部门在全区检查矿山企业160个。1999年，地区劳动、公安、矿管等部门检查矿山183家，提出整改意见771条。

2001年，市政府召开全市非煤矿山专项安全整治会议，成立专项安全整治小组，在全市组织开展非煤矿山检查，同时，市地矿、公安、电力等职能部门协同加强非煤矿山安全管理。对未取得矿长安全资格证的矿山，市地矿部门不发给（或不年检）采矿许可证。电力部门不供电。对未取得采矿许可证的矿山，市公安部门不审批火工材料。蕉城区安办检查各类矿山56家，下达福建省劳动安全监察通知书14份，提出各类事故隐患627条，责令停产整顿38家。蕉城区地矿局取缔无证开采矿山18家。地区公安部门依照重大责任事故查处规定及民爆物品管理规定，查处整治期间擅自开采而发生爆炸事故的采石场业主及直接责任人，并刑拘1人、治安拘留2人。全市应年检矿山301个，实际年检247个，其中年检合格矿山176个，依法取缔非法开采矿山6个，吊销采矿许可证4本，注销采矿许可证2本，责令停产整顿矿山企业3个，限期整改8个，追缴矿产资源补偿费及采矿权使用费9.71万元。2002年，根据国家《关于加强非煤矿山安全整治工作的意见》，市政府印发《宁德市非煤矿山安全专项整治工作实施方案》，对饰面用花岩石、建筑用花岗石矿山进行整顿。蕉城区、福安市、周宁县、古田县、霞浦县、寿宁县相继成立非煤矿山安全整治领导小组，制定整治方案。福安市召开专题会议研究工作部署。古田县对全县123个非法在采矿点进行造册填表，排队处理，对238个已停采或半开采非法矿点停止火工材料和电力供应。全市查处无证采矿点385起，责令停产矿山304家，取缔75家，立案7起，申请法院执行5起，关闭整改不合格矿山102家，取缔1处以采代探行为，吊销4份采矿许可证，注销84份采矿许可证。2003年，市安监部门在矿管、工商等部门配合下，对全市非煤矿山继续专项整治，重点检查规模较大的矿山企业，并发出整改通知书5份，取缔关闭非法矿山97家，完成145家非煤矿山安全评估。古田、蕉城、福鼎、屏南等县（市、区）作为整治重点，组织开展非煤矿山安全生产宣传和检查督查活动，开展非煤矿山的矿长、矿山安全员的安全生产资格培训和安全生产状况评估。市安监局印发21项作业、岗位操作规程，供矿山企业参考。2004年4月9日至5月20日，市安监部门对全市9县（市、区）非煤矿山安全整治工作进行验收。全市取缔、关闭非法和不具备安全生产条件的矿山251个。

2005年，市安委会组织开展“安全生产闽东行”活动，组织到蕉城、柘荣、福安、福鼎、霞浦、古田等县（市、区）乡镇实地调研、指导企业落实安全生产责任制，对15家存在安全生产隐患的单位进行检查。在古田县鹤塘镇进行专项整治调研，提出6点整改建议，促进鹤塘镇非煤矿山的监管。4月15日至5月30日，市安监局组织开展矿山企业安全监督检查，检查矿山企业112家，查处隐患232条，取缔、关闭非法矿山企业88家，对21家新办的非煤矿山企业进行严格审查，参加事故调查2起，事故批复9件，处罚违法案件2家罚金5万。市安监部门与三明、厦门等市安监部门开展非煤矿山安全监管互查。至12月，全市有141家非煤矿山企业申报安全生产许可证，127家非煤矿山企业进行安全评价，2家非煤矿山通过核查上报福建省安监局审核。

二、道路交通与水上安全专项治理

1993年，地区公安、交通等部门在道路、水上开展交通专项整治。1996年，地区交通局组织职能科室人员到现场检查车间30个，发现隐患70处，检查各类船舶178艘，检查港口机械15件，发现隐患7件，整改2件，限期整改4件。1998年，地区交通部门组织开展乡村渡口、渡船专项治理活动，组织经常性、季节性安全检查。是年，全区交通部门组织检查169次，在三都、漳湾、下白石等重要港口码头，查出事故隐患186条，整改116条，限期整改70条，检查船舶1086艘，清理碍航布网270多张。做好航运企业四项安全整顿工作和50吨44.13千瓦船舶登记的前期工作，对全区交通企业整顿升级达标工作进行验收，及格2个、及格至良12个、良到优7个。

2002年，市政府成立水上运输管理安全年活动领导小组，印发《水上运输安全管理年活动方案》，组织开展水上运输安全管理年活动，检查油码头和“四客一危”（客渡船、客滚船、高速客船、旅游船和危险品运输船）及液货船。全市查获“三无”船舶32艘，检查液货船3艘，查出缺陷37项，重大缺陷8项，走访5家“重点跟踪船舶”公司，查获符合“全国重点跟踪”船舶6艘。同时，各县（市、区）安监局协同交通安全管理部门，对全市道路交通安全进行分阶段督查和重点抽查。1—9月，全市发生道路交通事故2571起，死亡41人，受伤2024人，直接经济损失889.2万元。10月28—29日，市安监局与市交警支队共同对全市道路进行连续24小时的路面检查。

2003年，继续开展“水上交通运输安全管理年”系列活动，依法清理、取缔“三无”船舶。市、县（市、区）的海洋渔业、海事、安监、运管等部门相继成立联合工作组，组织到各片区对适航船舶进行登记、检验、发证，对存在安全隐患船舶，发出整改通知书责令限期整改，补办牌证。霞浦、福鼎、福安、蕉城逐一对长5米以上、载重50吨以下客、渡船舶进行登记，经检验合格后发给许可证，改善水上交通运输环境。同时，市、县（市、区）交警和交通部门牵头组织开展为期两个月的预防道路交通事故交通秩序专项整治、夏季道路交通安全防范百日大会战、创建道路交通安全社区（安全村）活动、创平安大道、畅通工程、春运道路交通安全等活动。市政府筹集资金加固、改造事故黑点和多发地段危桥，修建危险地段防护墩、防护墙及路面改造，设置危险路段标志、标线等，改善道路交通基础设施安全水平。通过专项整治，全年道路交通事故死亡人数202人，创历史新低。2004年，市海事部门在全市海域组织开展水上安全专项整治，开展“百日安全无事故”、春运安全检查、雾航安全大检查、“安全生产月”、“反三违月”、黄金周安全大检查活动。市海事局受理并审核和发布航行通告16件，航行警告5件。受理水工作业申请10起，核发水工作业许可证10本。

2005年，市交通局组织开展预防事故“百日安全竞赛”、治理车辆超限超载超速和开展畅通工程等专项整治活动，有95%以上“大吨小标”车辆的标定吨位得到纠正，排查整改道路交通安全隐患19处。投资1698万元，撤渡建桥和危桥加固项目12个。投资8740万元，用于增设安全标志标线等道路防护设施。组织开展港口设施保安工作，建立港口安全应急救援体系和应急处理机制。对全市二类以上汽车维修业进行全面整治。市汽车运输集团公司加强车辆日趟检和维修质量。市公路局多次开展安全生产大检查，筹资购置养护工人标志服。宁德海事局印发《宁德海事局船舶载运危险货物安全专项整治方案》，严格把好船舶载运危险货物进出港审批关，对辖区内危险品运输船舶和企业进行全面安全检查。在全市组织开展12次安全专项检查，行政处罚83起117件、罚没32.62万元。市交通局审验客货运输企业54家，其中客运28家，出租客运企业17家，货运企业8家（含危货6家），货运站1家。年审合格38家，整改16家。地方海事部门检验沿海河船213艘，内河船舶471艘。直航台湾马祖沙石运输船舶进港76艘次，办理国际航行船舶出口岸审批588艘次，现场查验588艘次，开航前检查4艘次，无一艘船舶被国外海事机构滞留。受理船舶载运危险货物进港申请257艘次，现场检查率达100%，对检查发现的172项缺陷整改情况进行跟踪，落实整改151项。市海事部门受理船舶载运危险货物进港287艘次，未发生船舶污染水域事故发生。市、县（市、区）相继成立渔监、船检机构，组织开展海上安全执法检查30多次，检查育苗室200多座，渔船300多艘，处理案件100多起。

三、危险化学品与烟花爆竹安全专项治理

1993年，地区公安、交通、消防等部门在全区道路、公共场所等开展易燃易爆品安全专项整治。1995年，地区劳动局与建委、消防、工商等部门联合开展液化气市场安全专项整治，检查2个液化器充装站和17个经营点。1997年，地区公安、交通、消防等部门加强对液化气、易燃易爆等事故多发、职业危害突出的行业、企业监察。2000年，地区质监局配合省质监局对全区液化气充装站进行年审。

2001年，市安办把液化石油气列入专项重点整治范围，与市建设、质量技术监督及消防部门共同组织检查45次，查处隐患39起，发出整改通知书343份，查处举报8起，取缔非法经营点46家，责令停业整顿24家，查扣钢瓶820个。市建设局成立燃气管理站，加强全市燃气管理。

2002年5月，根据全国危险化学品安全管理专项整治工作电视电话会议和国家经贸委等10部、委、局《关于开展危险化学品安全管理专项整治工作的通知》和福建省安委会《关于印发福建省危险化学品安全管理专项整治工作的实施方案的通知》，市经贸委牵头召开全市危险化学品专项整治工作电视电话会议，对全市危险化学品专项整治进行部署。成立市危险化学品专项整治领导小组，印发《宁德市危险化学品安全管理专项整治工作实施方案》，对危险化学品安全管理进行专项整治。其后，各县（市、区）相继成立危险化学品专项整治领导小组，对加油站（点）、氧气瓶、危险货物运输车辆进行专项整治。全市抽查加油站（点）的汽油质量与加油机“三证”（计量、防爆、税控功能合格证），打击无证、无照经营与制售假冒伪劣油品、非标油品、掺劣油品和走私油品行为。召开氧气瓶经营单位会议，制定氧气瓶安全经营规范和氧气充装险情处理预案及氧气瓶托管制度，对氧气市场进行整顿。对化学危险货物运输车辆进行检测，取缔不适宜从事危险品货物运输车辆18辆。对122名化学危险货物运输从业人员进行培训，经考核合格后，发给道路危险货物运输操作证。8月，市公安局、供销合作社在福安联合召开2002年度烟花爆

竹安全生产、经营管理工作会议，对烟花爆竹生产和经营单位进行安全专项整治，全市捣毁地下非法爆竹生产作坊 3 个，查获特大捆炮 110 排、大号捆炮 160 袋，其他烟花爆竹 359 箱，成品半成品 50 多捆工，缴获火药枪 3 支，治安拘留 2 人，刑拘 1 人。10 月 11 日，蕉城区召开危险化学品集中整治动员大会，在全市组织开展联合执法行动，检查危险化学品生产、经营企业 67 家，下发整改通知书35份，查扣液化气326瓶，成品油1300千克，查封违规加油站2家，取缔31家，清缴一批化学品。成立宁德市华安危险货物运输公司、宁德市汽运集团公司、宁德市弘生安宁燃气运输车队、福安市长安化学危险货物运输有限公司，专事危险货物运输。全市有化学危险货物运输经营企业 25 家，运输车辆 54 辆，从业人员 122 人。全市有榕屏化工厂、福安氧气厂等危险化学品生产企业 20 多家。加油站（点）180 家（其中中石化 51 家，中石油 11 家，其他 118 家），海上加油船 37 艘，总吨位 1973 吨。

2003 年，市、县（市、区）安监局相继印发《深化危险化学品专项整治工作方案》，组织开展危险化学品专项整治。市安监局与工商局联合发文，把危险化学品安全评估作为工商登记注册前置条件，同时结合危险化学品经营许可证发放，组织开展危险化学品生产经营单位负责人、安全管理员安全生产资格岗位培训及生产销售经营安全评价、安全评估。9 月，在全市开展烟花爆竹和民用爆炸物品专项整治，组织暗访组、专项督查组分赴 9 县（市、区）进行专项督查，规范整治烟花爆竹经营市场。市工商部门多次组织对全市民爆物品、烟花爆竹的生产销售、储存、使用单位进行安全大检查，对矿山采石场、涉爆单位生产经营状况、仓储设施、储存数量、内部安全保卫措施和安全经营情况进行检查。是年，完成全市成品油加油站（点）、农药经营部（门、点）等生产、经营单位安全评价 565 家，批准发放危险化学品乙种经营许可证 92 本。检查危险化学品生产、经营企业 800 余家，拆解无证加油车 1 辆，查封无证（非法）危化品经营点 27 家。取缔无证经营燃气经营者，组织开展医药市场过氧乙酸、含氯化合物等消毒剂安全检查。全市烟花爆竹生产单位清理整治面达 100%，未发生安全生产事故。

2004 年，市质监局在全市组织开展液氯、液氨使用单位和液化石油气、溶解乙炔气充装单位和公共娱乐场所及小作坊专项检查。2005 年，市安监部门组织危险化学品专项检查 11 次，检查危险化学品从业单位 104 家，查出事故隐患 254 条，下达整改指令书 104 份，查处无证经营 20 家，行政处罚 15 起，罚没非法所得 10 多万元。整顿关闭 8 家不符合安全生产条件的企业，参与并接受全省危险化学品安全专项督查 2 次。全市 1276 家危险化学品从业单位（其中经营单位 1099 家），发证 925 家，生产单位 27 家，发证 12 家。全市有 1700 多名从事危险化学品生产经营单位的主要负责人和安全管理员取得安全生产资格证书。全年培训危险化学品生产经营单位主要负责人和安全管理员 500 人，矿山主要负责人和安全管理人员 168 人，特种作业人员 1591 人。2005 年，全市检查危险化学品从业单位 104 家，整治隐患 254 条，查处无证经营 20 家，整顿关闭 8 家不符合安全生产条件的企业。

四、城乡建筑工程与消防安全专项治理

1993 年，地区建筑部门在全区建筑施工工地开展建筑专项治理。地区公安、消防等部门在全区工矿企业、公共场所等开展消防等专项治理。1994 年，地区建筑部门在宁德市（今蕉城区）开展首次建筑行业安全生产资格认证。1997 年，地区建筑部门加强建筑监察，全区发生工伤事故 20 起，死亡 19 人，重伤 3 人，大多集中在建筑施工企业和矿山企业。2002 年，全市消防部门下发责令当场改正通知书与责令限期改正通知书 581 份，复查意见书 473 份。全市 181 个不合

格单位，经整治合格128家，不合格53家，回访不合格和新发现不合格单位28家，整改合格23家。市消防部门对福鼎大酒店、古田大世界商场等24家场所违规现象处罚23.5万元，警告27人，责令停业21家，查封16家。

2003年，市建设部门继续在全市组织开展建设工程专项治理，组织开展城乡建筑工程质量大检查，对全市1996年以来建设的所有建筑工程进行“拉网式”排查。市消防部门检查全市各类人员密集场所440余家次，责令停业（用）19家（座），建议工商、文化部门吊销证照13家，专项治理合格586家。全市违法投入使用479座建筑，经治理合格408座，补办审核验收手续400座，对不合格建筑依法进行处罚，并责令停业。根据国家安委会的“对电力线、通信线、广播电视线交越和搭挂进行安全整治”的通知与福建省政府安办《全省电力线、通信线、广播电视线交越和搭挂安全整治方案》，在全市开展“三线”交越和搭挂专项整治，对全市杆路、线路进行检查，全面整治交越和搭挂现象。是年，全市查出“三线”违章交越、搭挂、捆绑2.2万余处，整改率达53%，新增设“三线”交越保护套2万处。

2005年，在全市开展2次建设工程质量安全巡查，检查32个在建工程项目，发出督促整改通知16份、督促停工整改通知书4份。开展消防安全大检查，检查单位或场所2100家次，整改隐患1370处。市消防支队与各县（市、区）政府、市直有关单位签订《2005年消防安全目标管理责任书》，组织开展春季防火、商场市场、消防产品专项治理和火灾隐患整治。全市消防部门组织检查人员1400多人次，抽查单位2100多人，发现火灾隐患1520多处，督促整改1370处，对违法行为警告21人次，罚没33.6万元，责令停产停业单位41个。全市建筑单位自查公私房屋645幢、面积18万平方米，其中责令整改118幢，责令拆除64幢。加强城市燃气安全监管，下发出整改通知书20份，责令115个项目进行整改。

第四节　机　构

一、宁德市人民政府安全生产委员会

2001年，根据《中共宁德市委、宁德市人民政府关于宁德市市级党政机构改革的实施意见》设立宁德市安全生产委员会（简称安委会）。领导班子由市分管领导兼任主任，市安监局局长，政府办和公安局一名副职兼任副主任，成员抽调有关部门领导组成，领导成员随着人事变动而随时更换。

2002年2月，更名为宁德市人民政府安全生产委员会，并对其组成人员和成员单位进行调整充实。安委会在市安全生产监督管理局设内立办公室，办公室主任由市安全生产监督管理局局长兼任，副主任由市安全生产监督管理局1名副局长兼任。

二、宁德市安全生产监督管理局

2001年，根据《中共宁德市委、宁德市人民政府关于宁德市市级党政机构改革的实施意见》设立宁德市安全生产监督管理局（简称市安监局），对外加挂宁德市安全生产委员会办公室牌子。安监局为政府综合管理全市安全生产的工作机构，副处级单位，归市经济贸易委员会管理。原挂

靠在市劳动局的市安全生产委员会办公室承担的职能、原市劳动局劳动安全监察和矿山安全监察职能、原市经委、财委安全生产监督管理职能，一并划入归市安全生产监督管理局。

2002 年 4 月 1 日，宁德市安全生产监督管理局和宁德市人民政府安全生产委员会办公室正式挂牌成立，定编行政编制 8 人，事业编制 1 人，实际到位 3 人。

2005 年，机关内设综合科、安全监督管理一科、安全监督管理二科，3 个办事机构。调配局长（副处级）1 名、副局长（正科级）1 名，科级领导职数 5 名，机关工勤人员按有关规定核定事业编制 1 名。下辖蕉城区、古田县、屏南县、周宁县、寿宁县、福安市、柘荣县、福鼎市和霞浦县安监局，全市共有安监工作人员 40 多人。

1993—2000 年，中共宁德地委重视各级党组织的建设和党员尤其是领导干部的思想建设。在推动宁德经济和社会事业发展方面作出重要决策，先后提出“强工兴农活商”、加快沿海和山区开放开发发展，加快全区扶贫、脱贫、建设小康农村，加快国有企业改革和发展民营企业，加快实施科教兴区战略、实施农村“造福工程”“连家船民”上岸定居、彻底消除茅草屋、为民办实事等社会建设工程。开展“讲学习、讲政治、讲正气”和保持共产党先进性等专题教育活动。2000 年 11 月宁德撤地设市后，市委又作出“环三都澳海峡西岸经济区新兴港口城市”建设、加快宁德中心城市建设推进全市城市化进程、加快宁德林业发展、建设绿色闽东等一系列重要决策，并制订宁德“十一五”规划建议等。

地委和市委在全区、全市反腐败、建立廉政勤政工作制度方面，配合省纪检委查处周宁县委书记、福安市委书记等一批大案要案，并在宣传、统战、政法、精神文明等党务工作中取得成绩。在新时期党的领导如何适应新形势、如何加强组织建设和党员教育以及领导干部反腐倡廉等方面做了许多探索，也有值得吸取的教训。

第一章　组织机构

第一节　地　委

一、组成人员

1993 年 1 月至 2000 年 10 月，宁德地区设有中共宁德地区委员会（简称中共宁德地委），为中共福建省委派出机构。地委设书记 1 人、副书记若干人，秘书长 1 人、副秘书长若干人，均由中共福建省委选派。宁德地委下辖宁德、屏南、古田、周宁、福安、寿宁、柘荣、福鼎、霞浦 9 个县（市）委员会。

1993—2000 年中共宁德地委组成人员一览表

表 24-1

职务	姓名	性别	民族	籍贯	任职时间
书记	陈增光	男	汉	福建寿宁	1993.1—1995.5
副书记	汤金华	男	汉	福建莆田	1993.1—1997.8
	钟雷兴	男	畲	福建宁德	1993.1—2000.11
	李川（挂职）	男	汉	福建莆田	1995.4—1997.5
	陈济谋	男	汉	福建福鼎	1996.4—2000.3
	林　平	男	汉	福建福州	1996.4—1998.11
	张经喜	男	汉	福建屏南	2000.3—2000.10
	张立先	男	汉	福建政和	2000.9—2000.10
地委委员	陈修茂	男	汉	福建福清	1993.1—1994.9
	姚智梅	女	汉	福建福鼎	1993.1—2000.10
	李育兴	男	汉	福建福州	1993.1—1993.12
	何团经	男	汉	福建福清	1993.1—1993.6

续表 24-1

职务	姓名	性别	民族	籍贯	任职时间
地委委员	钟　安	男	畲	福建福安	1993.1—2000.3
	林泉顺（军分区）	男	汉	福建惠安	1993.1—1995.4
	谢作民	男	汉	福建福鼎	1994.5—1996.5
	赵海雷（军分区）	男	汉	福建漳浦	1995.4—1997.6
	缪希铃	男	汉	福建福安	1996.4—2000.10
	林少雄	男	汉	福建平潭	1997.2—2000.9
	陈必滔	男	汉	福建周宁	1997.8—2000.10
	王建国（军分区）	男	汉	山东牟平	1997.12—2000.10
	林多香	男	汉	福建福清	2000.9—2000.10
	林鸿坚	男	汉	福建福州	2000.10—2000.10

说明：地委书记、副书记不在地委委员中重复

二、工作部门

1993年，中共宁德地委设有13个工作部门，分别是办公室、组织部、宣传部、统战部、对台部、政法委、政策研究室、党建办、老干部局、直属机关党委、文明办、信访局接待处、机要局。直属事业机构3个，分别是：讲师团、党校和党史研究室。

1996年，地委工作部门调整。设立农村工作领导小组办公室（加挂行署农业办公室牌子），承担原地委农村工作职能；政策研究室与地委办公室合署；对台湾工作部更名为台湾办公室（简称台办，加挂行署台湾事务办公室牌子）；保留老干部局，由组织部管理；机要局由地委办公室管理；精神文明领导小组办公室更名为精神文明建设办公室（仍简称文明办），由宣传部管理；行署档案局与档案馆合并，改为地委直属事业单位（保留档案局牌子）。直属机关党委改为地直机关工作委员会（简称机关党工委）。经调整后，中共宁德地委设工作机构7个，即办公室、组织部、宣传部、统战部、政法委、台办、机关党工委。设老干部局、机要局、文明办、信访局等4个部门管理机构，农办为议事协调机构。

各部门内设科室：

办公室　1997年，中共宁德地委办公室内设综合一科、综合二科、信息科、督查科、秘书科、党建科、干部科7个科室以及《闽东通讯》编辑部。机关编制39名，行政编制33名，事业编制6名。至2000年不变。

政策研究室　1993年，中共宁德地委政策研究室内设调研科、协调科，行政编制8人。1997年，地委政研室与地委办合署办公，业务相对独立，增加一名事业编制。至2000年不变。

保密局　1993年，地区保密局与地委保密委员会办公室一个机构两个牌子，归属政府序列，行政定编4人。1996年机构改革，地区保密局机构、人员编制不变，内设综合科，改归党委序列。1999年，根据上级有关精神和规定要求，各县（市）保密工作机构全部归并到党委办公室序列。至2000年不变。

机要局　1997年，中共宁德市委机要局为副处级机构，与地区密码工作领导小组办公室一个机构、两块牌子，内设综合科、报务科2个科室，机关编制8名，行政编制7名，局长1名，

副局长1名。至2000年不变。

组织部（老干部局）　1993年，地委组织部下设有办公室、研究室、干部科、青干科、干审科组织科、党员管理科、党员电教办、干训科、知工科。1996年1月，增设“党群机关参照试行《国家公务员暂行条例》管理办公室”，5月改称“党群机关干部管理科”。1997年，地委组织部设11个职能科室，分别是办公室、研究室、干部科、青年干部科、党群机关干部管理科、干部调查审理科、组织科、党员管理科、党员电化教育办公室、干部教育科、知识分子工作科。另设地委组织员办公室。机关编制为32名，其中行政编制29名，工勤人员事业编制为1名，档案管理人员2名。至2000年不变。

老干部局设有办公室、安置科（后改市直科）、活动科（后改县市科）。

宣传部　1997年，地委宣传部内设办公室、干部科（挂企业、新闻职称办公室牌子）、调研资料科、理论科、宣传科、新闻科、党员教育科、企业宣传科、对外宣传科（对外挂行署新闻办公室牌子）9个科室，宁德地区新闻出版办公室为挂靠单位，编制28名。

文明办　1993年中共宁德地委精神文明建设办公室（简称中共宁德地委文明办）为副处级单位，编制6名。1997年4月，升格为正处级单位。至2000年不变。

统战部　1993年，内设机构有办公室、党派科、联络科和干部科。1996年6月30日，重新核定行政编制12人，事业编制2人，工勤人员1人，合计15人。

政法委　1993年，地委政法委内设办公室、干部科、研究室、案件督办协调科，干部编制11名，实有干部11人。地区社会治安综合治理委员会办公室干部编制6名，实有干部6人，由副书记兼任主任。1997年7月，地委政法委干部科更名为政治部，升格为副处级机构，案件督办协调科更名为执法监督室。

农办　1997年，中共宁德地委农村工作领导小组办公室、宁德地区行署农业办公室（简称地区农办）为正处级机构，内设秘书科、干部科、政策法规科、基层工作科、外经科技科5个科室，并代管宁德地区水土保持委员办公室、宁德地区农业资源区划委员会办公室、宁德地区农村能源开发领导小组办公室、宁德地区农业综合开发领导小组办公室，编制16名。至2000年不变。

对台工作部（台湾办公室）　其前身先后为中共宁德地委海防部、中共宁德地委对台工作部、中共宁德地委台湾工作部，并为适应对台工作形势发展的需要，实行“一套人马、两块牌子”。

编办　1993年，宁德地区编制委员会为正处级，编制5～8名，内设办公室和事业科，与人事局合署办公。1996年机构改革后，宁德地区编制委员会改为宁德地区机构编制委员会办公室，内设综合科、事业科，行政编制5名，工勤编制1名。1998年4月，地委对地区编委及办事机构进行调整，成立中共宁德地委机构编制委员会，作为地委负责行政管理体制和机构改革以及机构编制管理的议事协调机构，编委会下设办公室，规格仍为正处级。同时挂行署机构编制管理办公室牌子。至2000年，内设机构不变。

机关党工委（直属机关党委）　1993年，中共宁德地委地直机关工作委员会（简称地直党工委），作为地委的派出机构，领导地直机关党的建设。内设一室两部（均为正科级），即办公室、组织部（含工、青、妇业务工作）、宣传部（含统战业务工作）。同时，中共宁德地区机关纪律检查委员会改为中共宁德地区直属机关纪律检查工作委员会（副处级，简称地直纪工委），为地区纪委派出机构，受地区纪委和地直党工委双重领导。地直党工委编制15人（包括地直纪工委5人）。1997年，宁德地区地级党政机构改革，地直党工委设地直纪工委和4个职能部室即办公室（挂研究室牌子）、组织部、宣传部（挂文明办、机关工会牌子）、统战部。人员编制16名（含地直机关计生编制1名），其中行政编制15名（含纪工委5名），机关后勤服务人员事业编制1名。至2000年不变。

档案局 1997年，宁德地区档案馆（局），履行全区档案事业行政管理和地区级各机关、团体及所属单位档案的保管、利用两种职能，为地委、行署直属事业机构，规格为正处级。属地委序列，由地委直接管理。地区档案馆（局）内部机构设办公室、业务指导科、保管利用科、法制教育科4个科室，编制15名，配备馆（局）长1人，副馆（局）长1人。1998年，经省委组织部审核，地委同意地区档案局（馆）列入参照国家公务员制度范围。

信访局 1993年，宁德地区信访局为正处级建制，内设办公室、办信接待科。编制9人。1996年12月，根据《中共宁德地委、宁德地区行署转发〈关于宁德地区级党政机构开展“三定”工作的意见〉的通知》的规定，保留宁德地区信访局（地委信访局），调整为归口地区行署办公室管理的副处级机构，内设办公室、办信接待科2个职能科室（正科级），编制8名。至2000年不变。

党史研究室 1993年7月，党史研究室内设3个科室，即人秘科、征研科、宣编科，人员编制10名。至2000年不变。

地委党校 1993年，中共宁德地委党校定编为75人，有教职员工61人，其中专兼职教师24人（有副高职称2人，中级职称13人，初级职称9人），其他系列专业中级技术职称的5人，初级职称2人。内设10个科级机构，其中教研单位有哲学、政治经济学、科学社会主义、党史党建、科技文化、理论等6个教研室和图书资料室，行政管理部门有办公室、教务处、行政处。此外，宁德地区党校系统中级职务评审委员会、宁德地区哲学学会、经济学学会、科学社会主义学会、党史学会设在地委党校。至2000年，内设机构不变。

第二节 党代会与市委

一、党代会

2000年11月1—3日，中国共产党宁德市第一次代表大会召开，是宁德撤地设市后召开的首次党代会。会议代表376名，到会368名，代表全市115285名党员。

大会的主要任务是：认真贯彻党的十五大、十五届五中全会和省委六届十二次全会精神，回顾和总结1995年以来党的工作实践，确定今后5年全市工作的指导思想、奋斗目标和战略措施。选举产生中共宁德市第一届委员会。进一步动员全市党员、干部和群众，迎接21世纪的机遇和挑战，解放思想，开拓进取，为实现21世纪之初发展的宏伟目标而奋斗。

中共宁德地委副书记、专员主持开幕式，地委书记代表中共宁德地委向大会作《抓住新机遇，开创新局面，为实现宁德市现代化建设新跨越而努力奋斗》的工作报告。中共宁德地区纪律检查委员会在大会作工作报告。大会听取、审查并通过中共宁德地委、中共宁德地区纪委的工作报告。与会代表经过酝酿以无记名投票和差额选举的方式选出中共宁德市第一届委员会委员36名、候补委员5名，组成中共宁德市第一届委员会，选出中共宁德市纪律检查委员会委员30名，组成中共宁德市纪律检查委员会。

大会表决通过《中国共产党宁德市第一次代表大会〈关于中国共产党宁德地区委员会工作报告〉的决议》和《中国共产党宁德市第一次代表大会〈关于宁德地区纪律检查委员会工作报告〉

的决议》，批准中共宁德市纪委第一次会议选出的领导成员，通过《中共宁德市委关于进一步加强思想政治工作的决定》。

二、市委

（一）组成人员

2000 年 11 月 1—3 日，在宁德撤地设市召开的中共宁德市第一次代表大会上选举产生第一届中共宁德市委员会（简称宁德市委）。在一届一次全委会上，选举常务委员会（简称常委会）、书记、副书记。

副书记：张经喜、张立先

常　委：陈必滔、王建国、傅贤光、林鸿坚

委　员（共 36 名，按姓氏笔画为序排列）：王玉连、王建国、王绍据、江小源、李元明、李少华（女）、何　鸣、张立先、张经喜、陈　星、陈允萍（女）、陈必滔、陈应辉、陈泽霖、陈铭玉、陈添生、林多香、林鸿坚、林福佺、范世尧、周敦彬、郑民生、郑京水、钟雷兴、姚智梅（女）、黄信焜、傅贤光、雷长梅（女）

候补委员（5 名，按得票数多少为序排列）：林家浦、官明辉

2000 年 11 月—2005 年 12 月中共宁德市委书记、副书记、常委一览表

表 24-2

职务	姓名	性别	民族	籍贯	任职时间
书记	朱之文	男	汉	福建东山	2005.6—2006.12
副书记	张经喜	男	汉	福建屏南	2000.11—2005.4
	张立先	男	汉	福建政和	2000.11—2008.5
	林多香	男	汉	福建福清	2001.11—2011.1
	陈荣凯	男	汉	福建闽侯	2003.7—2007.6
	陈家东	男	汉	福建长乐	2005.4—2010.4
	朱之文（主持市委工作）	男	汉	福建东山	2005.5—2005.6
市委常委	陈必滔	男	汉	福建周宁	2000.11—2006.11
	王建国（军分区）	男	汉	山东牟平	2000.11—2007.6
	傅贤光	男	汉	福建邵武	2000.10—2011.9
	林鸿坚	男	汉	福建福州	2000.11—2010.3
	郑民生	男	汉	福建德化	2005.6—2011.8
	蔡小林	男	汉	福建福州	2005.8—2011.8
	唐　颐	男	汉	福建福州	2005.10—2007.8

说明：市委书记、副书记不在市委常委中重复

（二）工作部门

2000年11月，中共宁德市委成立后，原中共宁德地委的工作部门相应改为中共宁德市委的工作部门。2001年12月，根据中共福建省委、福建省人民政府批复的《宁德市党政机构改革方案》，市委对原来工作机构进行改革与调整。工作机构保留办公室、组织部、宣传部、统战部、政法委（市综治办与其合署办公）、台湾工作办公室（加挂市政府台湾事务办公室）；保留机构编制委员会办公室（简称编办，加挂市政府机构编制办公室牌子，列入市委机构系列）；保留中共市直机关工作委员会（简称党工委，加挂市直机关纪律工作委员会牌子），仍为市委派出机构；政策研究室并入市委办公室（保留牌子）；保密委员会办公室（加挂市保密局）、机要局并入市委办公室（保留牌子）。撤销原设在市委宣传部的新闻出版办公室，其职能划入新组建的文化与出版局。管理机构保留老干部局，仍由组织部管理；文明办（加挂市精神文明建设指导委员会办公室牌子）由宣传部管理；市委信访局（市政府信访局）由市委办公室、市政府办公室管理。议事协调机构，保留农村工作领导小组办公室（简称农办），脱贫致富领导小组办公室（脱贫办）并入（保留牌子）。设立市委防范和处理邪教问题办公室（市政府防范和处理邪教问题办公室），挂靠市委办公室。改革调整后，中共宁德市委设工作部门8个，即市委办公室（保留政研室、保密办、机要局牌子）、组织部、宣传部、统战部、政法委、台办、编办、党工委等。设部门管理机构3个，即老干部局、文明办、信访局。设议事协调办事机构2个，即市委农村工作领导小组办公室、市委防范和处理邪教问题办公室。

各部门内设科室：

办公室（市委政研室、保密办、机要局） 2000年，宁德撤地设市，地委办公室更名为中共宁德市委办公室，内设机构、职能及人员编制不变。2002年，市委政策研究室、市委保密委员会办公室（市国家保密局）、市委机要局并入市委办公室，保留牌子。内设综合科、信息科、市委督查室、党建科、政研科、秘书科、文电科、经济科、《三都潮》编辑部、干部科、保密科、密码管理科、通信技术科13个职能科室，机关行政编制50名。至2005年不变。

宁德市信访局 2000年10月，宁德撤地设市，地区信访局更名为福建省宁德市信访局。2002年9月，宁德市信访局调整为归宁德市委办公室、市政府办公室管理的副处级机构，内设科室和人员编制数不变。2005年11月，宁德市委信访局（市人民政府信访局）升格为正处级机构，仍作为部门管理机构，仍归市委办公室、市政府办公室管理。

市委防范和处理邪教问题办公室 2006年2月，中共宁德市委防范和处置邪教问题领导小组办公室与市委政法委合署办公，市委防范和处理邪教问题办公室办内设一科、二科，干部编制6名。主任由市委政法委副书记兼任。

组织部（老干部局） 2000年，宁德撤地设市，地委组织部更名为中共宁德市委组织部。内设机构、职能及人员编制不变。2002年9月，市委组织部内设办公室、研究室（挂政策法规室牌子）、干部科、党群机关干部管理科、干部监督室、干部教育科、党员教育管理科、组织科、党员电化教育办公室。挂靠单位为中共宁德市委组织员办公室、中共宁德市委知识分子工作领导小组办公室。机关行政编制29名，市委组织员行政编制9名。2004年12月，撤销市委知识分子工作领导小组办公室，设立“市委人才工作领导小组办公室”。至2005年不变。

宣传部 2000年11月，宁德撤地设市，地委宣传部更名为中共宁德市委宣传部，内设机构、职能及人员编制不变。2002年9月，市委宣传部内设办公室、综合调研科、干部科（挂企业、新闻职改办牌子）、理论科（挂党员教育科牌子）、宣传科（挂国防教育科牌子）、企业宣传科、对外宣传科（挂市政府新闻办公室牌子）、新闻科、网络新闻宣传管理科。机关行政编制23名。至2005年不变。

文明办　2000年11月，宁德撤地设市，中共宁德地委文明办更名为中共宁德市委文明办，2005年编制增加8名。其间，各县（市、区）也都相应成立文明办，为科级单位。

统战部　2000年11月，宁德撤地设市，更名为中共宁德市委统战部，内设机构、职能及人员编制不变。2002年9月，市委统战部内设办公室、党派科、联络科、干部科、民族宗教科。机关行政编制为11名，机关工勤人员核定事业编制1名。至2005年不变。

政法委（综治办）　2000年11月，宁德撤地设市，地委政法委更名为中共宁德市委政法委，内设机构、职能及人员编制不变。2005年3月，宁德市综治办增设综合协调科、基层督导科。

农办（脱贫办）2000年11月，宁德撤地设市，地委农办更名为中共宁德市委农村工作领导小组办公室，内设机构、职能及人员编制不变。2002年，增挂宁德市人民政府农业办公室牌子，是市委、市政府负责农村工作的议事协调办事机构，为正处级。内设人秘科、农村政策法规科、农科教工作科、农村基层工作科、农村扶贫小康科（挂市脱贫致富领导小组办公室牌子）。人员编制13名。挂靠单位有宁德市农业综合开发领导小组办公室、宁德市农民体育协会办公室。至2005年不变。

台办　2000年11月，宁德撤地设市，地委台办更名为中共宁德市委台湾工作办公室，内设科室为人秘科、沿海科、联络经济科、宣传科。编制12名。至2005年不变。

编办　2000年11月，宁德撤地设市，地委机构编制委员会及办公室更名为中共宁德市委机构编制委员会及办公室。2002年1月，编办挂宁德市人民政府机构编制办公室牌子。为市委机构编制委员会常设办事机构，既是市委工作部门，又是市政府的工作机构，机构规格为正处级，内设综合科、事业编制科（挂宁德市事业单位登记管理局牌子），核定机关行政编制5名，机关工勤人员核定事业编制1名。2005年，原由市体制改革办公室承担的有关行政审批制度改革的职能划入市委编办。同时调整市行政审批制度改革领导小组及办公室组成人员，更新梳理行政审核、审批事项。11月，成立编办信息中心，与市事业单位登记管理局合署，核定科级领导职数1名。

党工委　2000年11月，宁德撤地设市，中共宁德地委地直机关工作委员会更名为中共宁德市委市直机关工作委员会（简称市直党工委）。2002年9月，中共宁德市委市直机关工作委员会，作为市委的派出机构，为正处级，内设办公室、组织部、宣传部（挂市直机关精神文明建设办公室和市直机关工会工作委员会牌子）。机关行政编制9名，工委委员职数6名。机关工勤人员核定事业编制1名。中共宁德市直机关纪律检查工作委员会是市纪委的派出机构，同时挂监察室牌子，为副处级，内设综合室，市直纪工委机关行政编制5名。至2005年不变。

档案局　2000年11月，宁德撤地设市，地区档案局（馆）更名为宁德市档案局（馆），内设机构、职能及人员编制不变。

党史研究室　2000年11月，宁德撤地建市，地委党史研究室更名为中共宁德市委党史研究室。内设人秘科、征研科、宣编科，机关人员编制10名。至2005年不变。

党校　2000年11月，宁德撤地设市，地委党校更名为中共宁德市委党校。机构、职能及人员编制不变。2002年，增设老干活动室、基层党校联络室和学员工作处。2003年3月，核定党校人员编制120名，内设办公室、组织处、职教处、基层党校工作处、行政处、教务处、科研工作处、学员工作处、图书资料室、哲学法学教研室、经济学教研室、科社党建教研室、管理学教研室、科技文史教研室，保留原设在市委党校的市直福安片老干部活动室。同年6月，与宁德市工交干部学校、福安市委党校合并。2004年，对16个处室重新定性，明确办公室、组织处、教务处、行政处、学员工作处、基层党校工作处、财务处和老干部活动室为行政处室，参照国家公务员管理。哲学法学教研室、科社党建教研室、经济学教研室、管理学教研室、科技文史教研室、职教处、科研工作处和图书资料室为专业技术处室，实行专业技术聘任制。2005年，核定党校编制120名，各类专业技术人员54人（包括教师、会计、图书等系列），其中副高职称16人、中级职称32人、初级职称6人。

第三节　纪　委

1993年年初，中共宁德地区纪律检查委员会内设办公室、纪律检查室、案件审理室、控告申诉室、教育室、调研室。全区纪检系统干部总编制182人，实配170人，其中，地厅级1人、县处级16人、科级86人、一般干部54人、职工13人。3月26日，中共宁德地区纪委和宁德地区监察局合署办公，内设办公室（监察局办公室）、纪检监察一室、纪检监察二室、纪检监察三室、案件综合管理室、案件审理室、信访室（监察局举报中心）、执法监察室、宣传教育室、政策法规研究室、党风廉政建设室（挂行署纠正行业不正之风办公室牌子）、干部管理室等12个科室。配备专职委员9人，其中书记1人、副书记3人、秘书长（委员兼）1人，副书记1人兼监察局局长，委员2～3人兼副局长，另配1名非党副局长。全区九县（市）纪委、监察局也分别在1993年年初合署办公，合署后内设办公室（监察局办公室）、纪检监察一室、纪检监察二室、案件审理室、信访室（监察局举报中心）、执法监察室、宣传教育室、党风廉政建设室等8个科室，配备纪委常委7～9人，其中监察局局长由纪委副书记兼任。

1996年10月7日，中共宁德地区纪委、宁德地区监察局在地直34个单位和部门设立派驻（出）纪检监察机构（包括双派驻纪检组、监察室，单派驻纪检组和单派驻监察室）。随后，九县（市）纪委、监察局也陆续向所在县（市）直机关部门派驻纪检监察机构。撤地设市后，中共宁德市纪委、宁德市监察局在市直34个单位和部门设立派驻（出）纪检监察机构，核定人员编制95名。派驻（出）纪检监察机构作为市纪委、监察局的组成部分，受市纪委、监察局和驻在部门党组（党委）、行政的双重领导，以市纪委、监察局领导为主；派驻机构编制单列，由市纪委、监察局实行专项使用和统一管理。9县（市、区）纪检监察系统参照执行。

1997年3月24日，地区纪委、监察局核定机关编制55名（含纠风办2名），其中行政编制52名，机关后勤服务人员、事业编制3名。1999年，设立纠正行业不正之风工作室（挂行署纠正行业不正之风办公室牌子）。

2000年11月，宁德撤地建市，原中共宁德地区纪委更名为中共宁德市纪委、原宁德地区监察局更名为宁德市监察局。原中共宁德市（县级市）纪委更名为中共蕉城区纪委、原宁德市（县级市）监察局更名为蕉城区监察局。

2002年，寿宁县开展派驻机构统一管理试点工作，归口设置5个系统纪检组监察室（派驻计划系统纪检组监察室、派驻经贸系统纪检组监察室、派驻农业系统纪检组监察室、派驻政府综合系统纪检组监察室、派驻文教系统纪检组监察室），派驻机构由县纪委、监察局直接领导，派驻干部由县纪委、监察局统一管理。

2002年机构改革，市纪委、市监察局内设办公室（监察局办公室）、监察综合室、纪检监察一室、纪检监察二室、案件综合管理室、案件审理室、信访室（监察局举报中心）、党风廉政建设室、宣传教育室、执法监察室、政策法规研究室、纠正行业不正之风工作室（挂市政府纠风办牌子）、干部管理室等13个科室。核定编制57名，其中行政编制52名，机关工勤编制5名。至2005年不变。

第四节　县（市、区）委

1993年年初，中共宁德地委下辖宁德、福安、霞浦、福鼎、古田、周宁、寿宁、屏南和柘荣9个县（市）委，均为县级。1997年7月，成立中共闽东华侨经济开发区委员会（简称东侨开发区），归中共宁德市委管辖（县级市、今蕉城区）。同年8月，东侨开发区作为宁德地区行署派出机构，设立中共闽东华侨经济开发区工作委员会（简称东侨开发区党工委）。2000年10月底，宁德撤地设市，宁德市改为蕉城区，设蕉城区委。至2005年，中共宁德市委辖9县（区、市）党委及东侨开发区党工委。

第五节　党组及基层组织

一、党委党组

1993年，中共宁德地委下设地委机关、行署机关、经济委员会、政法委员会、财贸办公室、财贸委员会、农林水办公室、农业委员会、计划委员会、建设委员会、中级人民法院、检察分院、公安和宁德军分区等14个党委、党组。全区有党委党组190个。

1998年年底，中共宁德地委下设机关党委、党组增加至29个。全区有党委、党组210个。

2000年11月，宁德撤地设市，中共宁德市委设立市人大常委会党组（同时撤销宁德地区人大工作委员会党组）、市政府党组（同时撤销地区行署党组）、市政协党组（同时撤销地区政协工作委员会党组）。2001年1月，设立市国家安全局党委（同时撤销市国家安全局党组）。3月，设立市劳动局党组。4月，设立市民政局党组、市林业局党组。6月，设立市水电局党组。8月，设立市土地管理局党组。12月，市委发出更改原批准设立的党组名称的通知（在机构改革中因部门名称更改，其党组名称亦自然更改），并设立市工商业联合会（总商会）党组（同时撤销地区工商联办事处党组）。2002年1月，设立市药品监督管理局党组。2003年2月，设立市科学技术局党组、市广播电视局党组、市体育局党组、市计划生育委员会党组、市海洋与渔业局党组、市民族与宗教事务局党组、市旅游局党组、市审计局党组、市粮食局党组、市总工会党组、团市委党组、市科学技术协会党组。2004年9月，设立市文化与出版局党组、市城乡规划局党组、市统计局党组。

2005年10月，设立市外事侨务办公室党组、市人民防空办公室党组。12月，设立市公安局党委（同时撤销市公安局党组）。至2005年12月底，中共宁德市委共设立市直单位党委、党组37个，全市共有党委、党组261个。

二、党总支、支部

1993年，宁德地区机关企事业单位共有基层党组织411个，其中总支26个、支部370个。全区有基层党组织5716个，其中党总支165个、支部5361个。

此后，全区通过开展农村扶贫、奔小康活动，加强企业（含非公企业）党建工作等，基层党组织有所增加。至1998年年底，全区有基层党组织5882个，其中总支163个、支部5509个。

2000年11月，宁德撤地设市后，全市进一步加强基层党建工作，尤其重视在国有企业、非公有制经济组织、大中专院校、科研单位的党的组织建设，基层党组织有较大幅度增加。至2005年年底，全市有基层党组织6139个，其中党总支233个、支部5906个。其中市直机关、企事业单位有基层党组织612个，其中党总支51个、支部561个。

第二章　重要会议

第一节　地委工作会议

一、1993 年地委工作会议

1992 年 12 月 28—30 日在宁德召开。会议学习中央十四大精神，按照省委五届七次全体（扩大）会议部署，回顾宁德地区改革开放 14 年的实践。地委书记陈增光在会上作题为《全面落实十四大精神，真抓实干再上新台阶》的工作报告。会议提出必须做好以下 10 个方面工作：加快市场体系建设，千方百计搞活流通；全面转换企业机制，积极推进股份制经营；大办兴办乡镇企业，广兴“两高一优”农业；努力拓展对外经贸合作，尽快朝外向型经济转轨；集中力量，保证重点，致力加快基础设施建设步伐；积极调整和优化产业结构，以第一速度上第三产业；积极扶持、努力促进个体私营经济发展；坚持“两手抓”，全力推进社会各项事业；切实转变政府职能，不断推进政治体制和机制改革。加强党的建设，提高党的战斗力。会议通过了宁德地区“八五”计划，通报 1992 年宁德地委、行署为民办的 10 件为民办实事的完成情况，表彰一批先进集体和个人。

二、1994 年地委工作会议

1994 年 1 月 22—24 日在宁德召开。会议主要任务是：学习党的十四届三中全会精神，传达贯彻省委农村工作和全省经济工作会议精神。地委书记陈增光代表地委作题为《把握改革大机遇 推进闽东大发展》的报告。报告在回顾全区过去一年经济工作主要成绩，总结全区初步走出若干具有闽东特色的经济发展路子后，强调全区经济发展的重点是继续走“强工兴农活商重科技”之路。9 县（市）主要领导、地区民政局局长在会上作典型发言。地委副书记、行署专员汤金华作大会总结，并部署工作。地委委员、秘书长李育兴通报全区 1993 年 10 件为民办实事的完成情况。地委副书记钟雷兴宣读地委、行署表彰先进集体和先进个人的决定。

三、1995 年地委工作会议

1995 年 1 月 12—13 日在宁德召开。会议主要任务是：以党的十四大和十四届三中、四中全会精神为指针，认真传达贯彻中央、全省经济工作会议精神，回顾总结全区改革和发展的实践，分析研究当前形势，全面部署1995年工作，动员和组织全区人民进一步加快实施“追赶工程”，扎实推进两个文明建设，确保全区国民经济持续、快速、健康发展和社会事业的全面进步。陈增光代表地委作题为《增创优势，奋力追赶，谱写闽东发展新篇章》的报告。9县（市）委书记或县（市）长在会上作表态发言。地委副书记、行署专员汤金华作大会总结，并代表地委、行署就贯彻落实会议精神提出5点意见。地委副书记钟雷兴通报地委、行署1994年为民办10件实事进展情况。

四、1996年地委工作会议

1996年2月8—10日在宁德召开。会议主要任务是：以党的十四届五中全会精神为指针，传达、贯彻省第六次党代会精神和全省经济工作会议精神，回顾总结全区“八五”期间改革、发展的经验，确定“九五”时期发展总体目标，部署1996年工作。地委书记代表地委作题为《总结新经验，面向新世纪，开创新局面，实现闽东大开放、大开发、大发展的新跨越》的报告，代表分组讨论了报告。地委副书记李川传达省委副书记何少川在闽东调研时的讲话精神。地委副书记、行署专员汤金华作题为《继往开来，再创新绩，把我区改革开放事业不断推向前进》的总结讲话。地委副书记钟雷兴通报地委、行署1995年为民办10件实事的完成情况。

五、1997年地委工作会议

1997年1月11—13日在宁德召开。会议主要任务是：进一步深入贯彻党的十四届五中、六中全会和中央、省经济工作会议精神，回顾总结1996年全区改革、建设与发展的实践，安排1997年各项工作，动员组织全区人民铁心拼搏、实现小康，确保国民经济持续、快速、健康发展和社会事业的全面进步。地委书记作题为《把握机遇奋力攻坚，开拓进取争创小康，为实现闽东历史性跨越而努力奋斗》的报告，代表们对报告进行了讨论。地委副书记、行署专员汤金华作《抓住机遇，乘胜而上，促进经济建设和社会事业再上新台阶》的总结讲话。并传达省政府1997年第一次全体会议主要精神，对加强地直机关精神文明建设提出要求。地委副书记、省人大常委会宁德地区工委主任钟雷兴通报1996年地委、行署为民办10件实事完成情况。地委副书记李川传达全省政法工作会议精神。

六、1998年地委工作会议

1998年1月22—23日在宁德举行。会议的主要任务是：全面贯彻党的十五大精神和中央、省经济工作会议以及省人大、政协会议精神，以经济建设为中心，认真组织实施新一轮创业。按照中央指示，实现经济体制从传统计划体制向社会主义市场经济体制和经济增长方式从粗放型向集约型转变这“两个根本性转变”，以巩固提高脱贫致富奔小康成果和做好撤区设市前期工作为主线，加快改革开放步伐，努力增加经济总量，促进全区各项社会事业的全面进步。地委书记作题为《高举伟大旗帜，奋力开拓前进，把宁德地区社会主义现代化建设全面推向新世纪》的报告。会议讨论“宁德地区九五计划”和“十年规划”，提出到20世纪末，力争超额完成“九五”计划目标。到2010年，全区国内生产总值要比1997年再翻两番，经济社会发展基本达到全省平均水平，人民的小康生活更加富裕。再经过10年努力，全区经济建设、文化建设、人民生活水平和综合实力再上新台阶。会议要求，全区上下必须统揽全局、狠抓落实，1998年要着重抓好8个方面工作：加快“一市两区三港”建设步伐；稳定和加强农业基础地位；以建设高速公路为重点推进基础设施建设；加快产业结构调整以推进多种所有制发展；积极利用两个市场两种资源以推进对外开放；搞活资本融通；大力发展商品流通；加强精神文明建设。

七、1999年地委工作会议

1999年2月8—9日在宁德召开。大会的主要任务是：学习党的十五届三中全会精神，传达贯彻中央和省经济工作会议、农村工作会议精神、省人大九届二次和政协八届二次会议精神，以及全省政法工作会议、计生工作会议精神，回顾总结全区1998年工作，研究部署1999年工作。地委书记作《增创新业绩，迈向新世纪，为实现闽东跨世纪宏伟蓝图而努力奋斗》的报告。提出1999年全区工作的指导思想是：以邓小平理论为指导、以经济建设为中心，紧紧抓住脱贫致富奔小康建设和撤地设市加快发展两条线，确保全区经济持续、快速、健康发展，社会事业全面进步和社会政治稳定，向中华人民共和国成立50周年献礼，并具体提出了要加强农业基础地位、推进全面小康建设，全力推进撤地设市，加快沿海发展，实施结构调整、培植新经济增长点，打好国有企业改革攻坚战、全面推进各项配套改革，加大资金流通力度、进一步扩大内需，营造良好投资环境、提高对外开放水平，实施科教兴区和可持续发展战略、加强精神文明建设等新一年工作目标。地委副书记在闭幕会上作《统一思想，求真务实，确保完成今年各项目标任务》的总结讲话。

八、2000年地委工作会议

2000年1月28日，地委召开工作会议。地委书记作题为《抓住机遇　争创新业绩，团结奋斗迈向新世纪》的工作报告。会议还传达了省九届人大三次会议和省政协八届三次会议精神，9县（市）签订党政领导社会治安综合治理责任书。

第二节　市委全体会议

一、一届一次全体会议

2000年11月3日在宁德召开。全会选举产生中共宁德地委常务委员，市委书记、副书记。张经喜、张立先为市委副书记。

二、一届二次全体（扩大）会议

2001年1月9—11日在宁德召开。会议主要议题是：传达贯彻党的十五届五中全会、省委六届十二次全会和中央、省经济工作会议精神。市委书记在会上作《明确目标 开启新征程 为争创宁德市现代化建设的新业绩而努力奋斗》的报告。市长作《关于制定宁德市国民经济和社会发展第十个五年计划的建议的说明》，并部署2001年经济工作，还就关于“九五”计划的执行情况、制定“十五”计划的指导思想和目标任务作了说明。市委副书记张经喜、张立先，市委常委、宣传部部长陈必滔，市委常委、政法委书记林鸿坚，副市长陈允萍分别在会上传达全省统战工作会议、全省“三个代表”重要思想培训会议、全省政法工作会议、全省计生工作会议精神。会议审议通过《中共宁德市委关于制定国民经济和社会发展第十个五年计划的建议》和《中共宁德市委一届二次全体（扩大）会议关于〈中共宁德市委关于制定国民经济和社会发展第十个五年计划的建议〉的决议》。会上，市委、市政府还通报2000年为民办实事的完成情况，表彰全市1998—1999年度群众性精神文明创建活动先进基层单位和先进个人以及环保目标责任制暨“一控双达标”工作先进单位、先进个人，同时表彰2000年度先进宣传文化中心（站）。

三、一届三次全体（扩大）会议

2001年7月24—25日在宁德召开。会议主要任务是：以邓小平理论和“三个代表”重要思想为指导，深入学习江泽民“七一”重要讲话，贯彻落实省委六届十三次全会精神，总结上半年工作，部署下半年主要任务。市委书记传达省委六届十三次全会精神，并作《深入学习江泽民同志“七一”重要讲话精神，开拓进取真抓实干确保完成全年工作目标任务》的报告。市委副书记张经喜、张立先先后就农村“三个代表”重要思想教育工作、社会安定稳定工作和经济工作作了发言。会上，与会者认真学习江泽民“七一”重要讲话、省委书记宋德福在省委六届十三次全会上的讲话，分组讨论通过《中共宁德市委关于贯彻落实〈福建省城市社区建设纲要（试行）〉的实施意见》和《中共宁德市委关于贯彻落实〈福建省乡镇工作纲要（试行）〉的实施意见》。会议还审议通过《中共宁德市委认真组织学习江泽民同志“七一”重要讲话的决定》和《中共宁德市委关于依法治市的决定》。

四、一届四次全体（扩大）会议

2001年9月11日在宁德召开。市委书记主持会议，副书记张立先作关于出席省第七次党代会代表候选人预备人选建议名单产生情况的报告。会议审议并通过以无记名投票方式选举产生出席省第七次党代会代表候选人预备人选办法，并选举产生出席省第七次党代会36名代表候选人预备人选。

五、一届五次全体（扩大）会议

2002年5月31日在宁德召开。会议按照中央要求和省委部署，依据党章要求和规定程序，推选宁德市出席省第七次党代会的代表。市委书记主持会议并讲话。副书记张立先作关于出席省党代会代表候选人建议名单产生情况的报告，审议通过出席省党代会代表候选人、推选办法和监票人建议名单。会议投票选举产生23名出席省党代会的代表。

六、一届六次全体（扩大）会议

2002 年 11 月 24—25 日在宁德召开。会议主要任务是：学习党的十六大会议精神和江泽民总书记代表十五届中央委员会作的《全面建设小康社会，开创中国特色社会主义事业新局面》的报告以及十六大通过的新修改的《中国共产党章程》。听取市委书记代表市委常委会作的《认真贯彻落实党的十六大精神，为把宁德建设成全面小康社会而奋斗》的报告。与会代表分组进行讨论，表示一致拥护以胡锦涛为总书记的新一届中央领导集体，审议通过市委作出的《关于贯彻十六大精神　构建“三条战略通道”　加快发展的意见（讨论稿）》工作报告和《中共宁德市委关于学习贯彻党的十六大精神的决议》。

七、一届七次全体（扩大）会议

2003 年 10 月 24—25 日在宁德召开。会议主要任务是：深入贯彻党的十六大、十六届三中全会和省委七届五次全会精神，号召全市兴起学习贯彻“三个代表”重要思想新高潮，全面加强党的建设，为推进宁德市全面协调快速发展提供坚强保证。市委书记代表市委常委会在会上作《推进党的建设新的伟大工程，实现宁德全面协调快速发展》的报告。会议审议通过市委《关于加强党的基层组织建设的意见》和《关于加强执政能力建设的若干意见》，并作出决议。票决部分县（市、区）5 名党政主要领导干部拟任用、拟推荐人选。

八、一届八次全体（扩大）会议

2003 年 12 月 22—23 日在宁德召开。市纪委委员列席会议。会议主要任务是：对全市进一步深化经济体制改革、完善社会主义市场经济体制进行部署，审议通过《关于贯彻落实党的十六届三中全会和省委七届六次全会精神，进一步完善社会主义市场经济体制的若干意见（讨论稿）》（以下简称《若干意见》），并作出决议。市委书记代表市委常委会在会上作《进一步推进改革完善体制，为全面建设小康社会提供保证》的报告。会议分组讨论并通过市委的《若干意见》和工作报告。

九、一届九次全体会议

2004 年 5 月 8 日在宁德召开。会议主要任务是：审议通过《中共宁德市委一届九次全会关于部分县（市、区）党政正职拟任人选和推荐人选表决办法》，副书记张立先介绍人选名单及产生情况。全会审议并通过蕉城、福鼎、古田 5 名县（市、区）党政正职拟任人选和推荐人选。

十、一届十次全体（扩大）会议

2004 年 8 月 31 日至 9 月 1 日在宁德召开。会议主要任务是：全面落实科学发展观，研究部署海峡西岸经济区新兴港口城市建设工作，审议《建设海峡西岸经济区新兴港口城市实施纲要》（以下简称《实施纲要》）和《关于加快中心城市发展，努力推进城市化进程的若干意见》（以下简称《若干意见》），并作出决议。市委书记代表市委常委会作《牢固树立和全面落实科学发展观，推进海峡西岸经济区新兴港口城市建设》的报告。全会一致同意该报告。原则同意《实施纲要》和《若干意见》两个文件，在进一步修改完善后抓紧组织实施。全体市委委员作出集体廉政的承诺。

十一、一届十一次全体（扩大）会议

2004年12月29—30日在宁德召开。会议主要任务是：学习、贯彻党的十六届四中全会和省委七届八次全会精神，研究部署全市加强党的执政能力建设问题，审议《中共宁德市委贯彻〈中共中央关于加强党的执政能力建设的决定〉的实施意见（讨论稿）》（以下简称《实施意见》）。市委书记在会上作市委常委会工作报告和《全面提高党的执政能力，建设海峡西岸经济区东北翼增长极港口中心城市》的讲话。会议分组讨论并通过工作报告以及市委的《实施意见》。

十二、一届十二次全体（扩大）会议

2005年12月13—14日在宁德召开。会议的主要任务是：回顾总结市委一届十一次全体（扩大）会议以来的工作，审议通过中共宁德市委《关于制定宁德市国民经济和社会发展第十一个五年计划的建议（讨论稿）》（以下简称《"十一五"计划建议》），对制定和实施全市"十一五"计划工作进行全面部署，动员和组织全市党员和干部群众树立并落实科学发展观，锐意进取，全面建设海峡西岸经济区东北翼中心城市，推动全市经济社会又快又好发展。市委书记朱之文主持大会，并受市委常委会委托，作题为《珍惜发展机遇　凝聚发展合力　全面推进海峡西岸经济区东北翼中心城市建设》的报告。市委副书记、市长陈荣凯作《"十一五"计划建议》说明。与会者结合宁德市实际进行认真讨论，提出修改意见。会议审议并通过中共宁德市委《关于制定宁德市国民经济和社会发展第十一个五年计划的建议（讨论稿）》。

第三节　纪委全体会议

2000年11月3日，中共宁德市第一次代表大会选举产生中共宁德市纪律检查委员会。市纪委第一次全体会议选举产生了市纪委常委和书记、副书记。

2001年2月2日，市纪委第二次全体（扩大）会议在宁德召开。会议的主要任务是：坚持以邓小平理论为指导，按照"三个代表"的要求，深入贯彻党的十五大、十五届五中全会、中纪委第五次全会和省纪委第十一次全体（扩大）会议精神，回顾总结2000年全市反腐倡廉工作，研究部署2001年党风廉政建设和反腐败斗争，更好地为改革、发展、稳定工作大局服务。

2002年2月22日，市纪委第三次全体（扩大）会议在宁德召开。会议的主要任务是：高举邓小平理论伟大旗帜，坚持以江泽民在庆祝中国共产党成立八十周年大会上的重要讲话和"三个代表"重要思想为指导，深入学习贯彻党的十五大、十五届六中全会精神和中央经济工作会议、中央纪委第七次全会、省纪委第二次全会精神，总结2001年全市反腐倡廉工作，研究部署2002年党风廉政建设和反腐败任务，推进全市反腐倡廉工作深入开展。

2002年11月25日，市纪委第四次全体会议召开。会议的主要任务是：进一步学习贯彻党的十六大精神，按照省委七届四次全会、省纪委三次全会和市委一届六次全会的部署，动员和组织全市各级纪检监察机关和纪检监察干部，高举邓小平理论伟大旗帜，全面贯彻“三个代表”重要思想，进一步加强党风廉政建设和反腐败斗争，为全面建设小康社会提供政治保证。

2003年4月4日，市纪委第五次全体（扩大）会议在宁德召开。会议的主要任务是以邓小平理论和“三个代表”重要思想为指导，认真贯彻党的十六大、中央纪委二次全会和省纪委四次全会精神，总结全市2002年党风廉政建设和反腐败工作，研究部署2003年工作任务，推进全市党风廉政建设和反腐败工作深入开展。

2004年2月17日，市纪委第六次全体（扩大）会议召开。会议的主要任务是：以邓小平理论和“三个代表”重要思想为指导，深入学习贯彻党的十六大、十六届三中全会、中纪委三次全会、省委七届六次全会、省纪委五次全会和市委一届八次全会精神，回顾总结2003年全市党风廉政建设和反腐败工作，研究部署2004年任务，推动党风廉政建设和反腐败工作深入开展。

2004年8月31日，市纪委第七次全体会议召开。会议的主要任务是：以邓小平理论和“三个代表”重要思想为指导，认真学习贯彻省委七届七次全会、省纪委六次全会和市委一届十次全会精神，动员、组织全市各级纪检监察机关和全体纪检监察干部，牢固树立和认真落实科学发展观，全面履行纪检监察职能，扎实推进全市党风廉政建设和反腐败工作，为推进海峡西岸经济区新兴港口城市建设提供有力的政治保证。

2004年12月29日，市纪委第八次全体会议召开。会议的主要任务是：学习贯彻党的十六届四中全会、中央纪委四次全会、省委七届八次全会、省纪委七次全会和市委一届十一次全会精神，努力提高党的纪律检查工作能力，深入开展党风廉政建设和反腐败工作，促进海峡西岸经济区东北翼增长极港口中心城市建设，为加强党的执政能力建设提供有力保证。

2005年2月2日，市纪委第九次全体（扩大）会议在宁德召开。会议的主要任务是：深入学习贯彻党的十六大、十六届四中全会和中央纪委第五次全体会议、省委七届八次全会、省纪委第八次全体（扩大）会议和市委一届十一次全会精神，回顾总结2004年工作，研究部署2005年工作任务。

第三章　重大决策

第一节　经济建设

一、推进农业开发

1993年3月23日，地委、行署制定《关于加快建设亿元乡镇的意见》，就各县（市）、地直各口挂钩创建亿元乡镇的目标、任务、措施要求提出具体意见。5月，地委、行署出台《关于贯彻省委、省政府〈关于进一步加强农业和农村工作若干问题的决定〉和〈关于加快山区开放开发若干问题的决定〉的实施意见》。围绕农业和农村工作，加快奔小康、建新村的步伐，利用中央授予的“开放促开发综合改革试验区”政策，对落实粮食生产扶持政策、大力发展乡镇企业、加强农业基础设施建设、大力发展农村外向型经济、实施科技兴农战略、增加农业投入、保护耕地资源、积极推进山区开放开发、减轻农民负担、加强对农业和农村工作的领导等方面作出明确要求和具体规定。

1996年11月14日，地委、行署作出《关于进一步深化土地使用制度改革加强土地管理的决定》，对全区保护耕地面积资源、控制土地供应总量、培育和规范土地市场、加强农村集体土地制度建设作出规定，并要求加强领导，深化土地管理体制改革，各县（市）党委、政府和地直部门结合各地、各部门实际，抓紧落实。

1998年3月5日，地委、行署制定《关于加快发展农业产业化的实施意见》，提出：要科学制订规划。加快粮食流通体制改革，走粮食生产、加工、销售一体化的路子，搞好产品加工转化，促进粮食增值增效益。确立支柱产业，山区5县要加快优质丰产商品用材林和工业原料林、竹林和干果类经济林基地建设；沿海4县（市）要重点抓好沿海防护林的巩固、发展，加快短周期工业原料林、果茶、绿麻竹等名优新经济林基地建设培育主导产业，水产业在布局上，以两大渔场、五大天然港湾、7个淡水大中型水库、垦区为主要开发领域。茶叶和食用菌必须稳定现有生产规模，瞄准国内外市场，加快产业的改造步伐和产品的系列开发。同时，应积极扶持名优水果、蔬菜、畜禽等种养业的发展，培育具有发展前景和特色种养业生产项目。要培育龙头企业。采取改造扩建，企业联合以及新建等办法，建立起辐射面广、带动能力强的农产品加工、销售、科技开发等龙头企业。要建设生产基地。通过调整农村产业结构和布局，把基地建设与主导产业的形成和龙头企业的发展紧密结合起来。大力发展专业户、专业村、专业乡，逐步形成与资源特色相适应的区域经济格局。要积极开拓市场。在大宗、重要农产品的产地或集散地，重点扩建和新建一批辐射范围广、交易量大、服务设施齐的农产品及其加工品的专业市场。同时，各地要加快建设和完善农贸市场。积极培育和规范农村资金、土地、劳力、技术、信息等要素市场。引导、鼓励和支持农民、社会经济能人参与组织营销，培植壮大市场营销队伍。要推进科技革命，分期分批对农经干部、农技人员、社会经济能人、企业经管人才、农村种养专业户和农村初高中毕业生进行专业知识、市场经济知识教育和技能培训。大力鼓励科研单位和科技人员到生产第一线兴办经济实体，吸引一批高、中级技术人才，优秀大中专毕业生、研究生到产业化龙头企业和生产基地工作。

1999 年 1 月 27 日，地委、行署作出《关于加强山海协作促进区域经济发展的决定》，就指导思想、政策措施、组织领导等方面作出明确规定。同年 9 月 21 日，地委办公室、行署办公室印发《宁德地区新一轮土地承包合同签订工作方案的通知》。提出此轮土地承包经营的指导思想是：以党的十五届三中全会精神为指导，坚持稳定以家庭承包经营为主的责任制和统分结合的双层经营体制，准确理解和把握中央关于土地承包期再延长 30 年的政策，依法签订土地承包合同，促进农村经济发展。合同签订工作分三个阶段进行，即 1999 年 9 月为开展试点阶段；10—12 月为全面实施阶段；2000 年 1 月为结束检查验收阶段。承包合同要明确承包期限、加强土地承包费管理，明确集体土地发包权，对无正当理由拒签或因对某些具体问题处理不尽满意而不签订承包合同的应由农业承包合同主管部门依法处理，规范土地流转行为，并保证政策的连续性。

2000 年 11 月 1 日，在中共宁德市第一次代表大会的市委工作报告中，从巩固农业基础地位、推进农业农村经济结构调整，实施“海洋强市”战略，大力加强山海协作，突出抓好旅游经济、大力发展服务业，增强经济发展动力等方面提出规划和具体要求，作为宁德设市后迈入新世纪的经济发展奋斗目标。之后先后出台推进农业和农村经济结构调整的措施文件。

2002 年，市委和市政府作出决定，要求全市加大农业产业结构调整步伐，继续调减粮食种植面积、提高优质品率水平，蔬菜、水果、茶叶、食用菌等农业优势产业的产量和质量要进一步提高。

2004 年 2 月 18 日，市委在蕉城召开全市农村工作会议。会议要求，各级各部门要坚持求真务实的精神，坚持统筹城乡经济社会发展，努力全面完成农村和农业工作各项任务，推动“三农”（农村、农民、农业）工作上新台阶。12 月，市委、市政府作出《关于加快林业发展、建设绿色闽东的决定》。

二、发展工业和民营经济

1994 年，地委在年度工作会议中提出全面实施经济建设“追赶工程”，走“强工兴农活商重科技”之路，大力发展民营经济，拓展外经外贸合作领域，重点开发“三海”（海产品、海洋产业、海上通道），扶持发展优势产业，建立多元多级经济发展新格局，努力缩小与省内各地区经济发展差距。当年，全区国民生产总值较上年增速提高 20 个百分点，工农业总产值突破百亿元，提前一年实现调整后的“八五计划”主要指标，增幅高于全省平均水平。

1997 年 5 月，地委、行署作出《关于加快实施“工业富区”战略的决定》，提出 8 条具体措施，决定要求要进一步推进“放开搞活”转制经营，各县（市）要按照企业改革的目标要求，分别制订出各类型工业企业制度创新、增资减债、盘活重组、兼并联合等深化改革的实施方案，强化配套改革措施，完成全区国有企业的转制任务；要加快支柱产业的发展步伐，地、县（市）要做好扶持支柱产业和重点行业的规划、协调和指导服务工作。在支柱产业中确定 21 家重点骨干企业按现代企业制度要求进行改制、改组，明晰产权，建立公司制治理结构。并按照有关破产、兼并文件的精神，重组资产负债结构。各县（市）政府要对21家重点骨干企业制订灵活优惠的地方财税扶持政策，促其形成支柱产业的“柱石”优势；要加快重点开发区域的建设步伐，对已确立重点开发建设的3个工业城市、12个临海工业重镇和8个工业卫星城镇，按大工业管理的要求实行单列，重点扶持。地、县（市）政府和交通、邮电等部门要把重点工业区域的基础设施建设列入重点，加大投入；要拓展规模经营壮大实力，打破所有制、部门、区域等界限，加快产权流动重组步伐。各县（市）要推进优化企业组织结构，主动推出一批经营状况较好的相关企业，采取资产划拨，资产委托或优惠折价入股或减债分流出让等形式加入大公司、大集团；要鼓励企业创名牌，对全区重点扶持的创名牌产品，可实行“地方财税收入基数包干”政策，超收部分全部返还或记留企业，用于扶持其技术上档次，质量上水平或拓展市场。要开展评选、推荐闽东著名、驰名商标工作，把产品推向国内外市场；要突出产学研，加快“科技兴企”进程。各县（市）都要制订推进本地产学研开发以及企业技术进步活动目标和实施方案。对产学研联合开发项目做出贡献者，按项目投产后三年内的利润总和一次性提取1%～5%的奖金。此外，还应大力扶持民营工业发展，着力提高企业人才素质。

1998年6月22日，地委、行署作出《关于加快发展民营经济的决定》，明确提出应加快民营经济发展步伐，特别是放宽政策，加大扶持，放手发展民营经济，并聚集政策优势，培植民营经济试验区，进一步壮大区域经济总量。

1999年9月24日，地委召开地直机关党员大会，传达学习《中共中央关于国有企业改革与发展若干重大问题的决定》，部署地直国有企业改革工作。12月12日，地委发出《关于加快国有企业改革和发展的决定》，再次要求全区全面推进国有企业转制放活。继续采取改组、联合、兼并、股份合作制、公司制改造和出售、盘活重组等多种形式，推进未改制企业放开搞活，实现国有小企业改革、脱困目标。要发展混合所有制经济，鼓励有实力的非公有制企业，通过并购、参股、控股、收购或兼并、联合等形式，构建多元化出资的法人实体，并建立公司制治理结构。要加快国有企业战略性改组，对列入国家重点扶持发展的产业以及具有地方资源特色优势的企业和产品，各级政府要采取有效的扶持措施或优惠政策。对产品有市场但经营困难的企业，要通过资产重组和结构调整，盘活存量资产，剥离不良资产，降低负债率等增强企业“造血功能”。

2000年11月1日，在中共宁德市第一次代表大会的市委工作报告中，从实施“工业富市”战略，加强工业化进程，实施“海洋强市”战略，大力加强山海协作，推进体制改革，提高开放型经济水平等方面提出规划和具体要求，作为宁德设市后迈入新世纪的经济发展奋斗目标。

2001年，是宁德撤地设市后的第一年，按照市第一届党代会提出的宁德经济发展总方针、总规划，出台扶持龙头企业和名牌产品、加快新产品开发和技术改造，积极发展非公有制经济，加大项目引进力度，提高企业管理水平等多项政策措施。

2002年，市委和市政府作出决定，要求全市在工业生产中要继续扶持有优势、有市场、高质量的规上企业发展，加大发展通信、房地产、旅游、教育、社区服务等新兴产业。

2003年，市委在年初召开一届八次全会会议，审议通过《关于贯彻落实党的十六届三中全会和省委七届六次全会精神，进一步完善社会主义市场经济体制的若干意见（讨论稿）》，要求市、县两级在行政管理体制、投融资体制、国有资产营运体制以及东侨开发区和闽东工业园开发管理体制、社会保障体制、软环境建设长效体制等10个方面要按市场经济发展规律加大改革创新。此后，先后制定《关于加快民营经济发展的若干意见》《关于促进行业协会改革与发展的实施意见》《关于贯彻落实党的十六届三中全会和省委七届六中全会精神，进一步完善社会主义市场经济体制的若干意见》等，要求政府对民营企业用地、市场准入、进出口经营权等方面给予进一步鼓励和支持。

2005年，宁德市委以组织制订“十一五”规划为契机，谋划宁德经济发展，在当年市委提出的《关于国民经济和社会发展第十一个五年规划的建议》中，要求全市大力实施工业立市、以港兴市、人才强市、区域协调互动、改革开放推动和坚持可持续发展战略。“十一五”时期末宁德经济要跃上一个新台阶，年经济增长率保持12%左右。

三、优化投资环境和基础设施

1993年2月1日，地委、行署在宁德召开宁德地区开放促开发综合改革试验动员大会。大会指出，必须以党的十四大、十四届三中全会和邓小平南方谈话精神为指导，充分运用国务院批准宁德地区为“开放促开发综合改革试验区”的特殊政策，采取灵活措施，坚持以开放促开发，以改革求发展，搞好综合改革试验，走“强工兴农活商重科技”的发展新路子。

2000年1月28日，地委召开工作会议，在《抓住机遇争创新业绩，团结奋进迈向新世纪》的工作报告中，提出全区要突出中心，明确责任，以撤地设市为契机，立足于抓紧、抓实、抓重点、抓机遇，采取有力措施，稳步推进经济建设。先后出台推进农业和农村经济结构调整的措施文件。多次召开重点建设工程会议，专题研究福（鼎）—宁（德）高速公路、温（州）福（州）铁路宁德段、宁德城澳万吨码头、穆阳溪梯级电站中芹山电站、闽东机场、山区各县（市）公路改造以及农村电网改造等一批基础设施建设情况。

2000年11月1日，在中共宁德市第一次代表大会的市委工作报告中，从巩固实施“海洋强市”战略，突出抓好旅游经济，大力发展服务业，切实抓好软环境建设，提高开放型经济水平等方面提出规划和具体要求，作为宁德设市后迈入新世纪的经济发展奋斗目标。

2001年，按照市第一届党代会提出的宁德经济发展总方针、总规划，把强化基础建设和重点工程建设作为推动当年全市经济发展的主动力，与市政府联合发出多份通知，推进福（州）宁（德）高速公路、城澳万吨级多用途码头、全市一个半小时交通网建设步伐，加快温（州）福（州）铁路立项开工工作。寿宁牛头山电站、霞浦三沙和福鼎沙埕一级渔港等重点项目前期工作取得突破性进展。

2002年，市委和市政府作出决定，要求加大发展通信、房地产、旅游、教育、社区服务等新兴产业。全市各行各业要为发展经济创造良好环境，查处一批破坏投资软环境的人与事，提高办事效率，成立宁德市投资服务中心并投入运行，推进第二轮行政审批制度改革，要求政府工作部门进一步加大政务公开。9月15日，市委召开构建三条战略通道，加快第二层面发展调研成果交流会。会议指出，宁德应进一步加快对外开放通道、对内连接通道、山海协作通道的建设，全方位推进对外开放，并继续加强对这方面的调研。

2003年10月20日，市委召开常委（扩大）会议，研究宁德中心城市总体规划和近期建设规划问题，宁德港口总体布局规划和市行政中心建设初步方案。会议确定宁德中心城市总体规划的编修设计单位，提出中心城市发展的一些方向性原则问题，要求把宁德的港口放在全省、全国乃至全世界的大范围来考虑，立足“世界深水良港”来搞建设。12月5日，市委、市政府在蕉城召开宁德市加快中心城市发展研讨会，提出要实现“三个转变”：转变思想观念，要从过去的地区建制的工作思维、工作方式转到设区市的工作思维、工作方式方法上来；转变职能，主要从地区建制的工作职能转到设区市的工作职能，从地管县的职能转到市带县的职能；转变工作重点，就是要求市直各部门各单位要把工作重点、主要精力转移到加快推进中心城市发展建设上来。

2004 年，在中共宁德市委召开的一届十次全会上，市委对一届六次全会以后几年中在推动全市经济发展方面的思路、举措等进行总结和深化。10月14日，市委、市政府分别制定下发《建设海峡西岸经济区新兴港口城市实施纲要》和《关于加快中心城市发展，努力推进城市化进程的若干意见》，进一步确定宁德在建设海峡西岸经济区中的角色、功能定位、举措等。提出要把宁德建设成为海峡西岸经济区对接长江三角洲的前沿区域、发展临海重化产业和海洋经济的重要基地、连接内陆与沿海乃至国际经济联系的枢纽港口、面向国内外市场的绿色食品生产供应基地、东南沿海重要的生态旅游休闲度假胜地和密切海峡两岸交流与合作的重要平台。并以此为目标，确定一个总目标（加快发展，争取与全省同步实现小康社会）、三步走（第一步是上项目打基础、第二步是实现经济社会发展进入提升阶段、第三步是在此基础上保持全市经济持续增长并力争与全省同步实现全面建设小康社会）。7 月 19 日，市委、市政府在福州召开福建宁德·海峡西岸经济区新兴港口城市论证会。论证会介绍宁德市建设新兴港口城市的构想与建议，听取部门及专家意见，从多视角探讨宁德全局和长远发展大计。

2005 年，市委提出的《关于国民经济和社会发展第十一个五年规划的建议》中，要求全市坚持以经济建设为中心，转变发展观念，创新发展模式，破解发展难题，提高发展质量，大力实施工业立市、以港兴市、人才强市、区域协调互动、改革开放推动和坚持可持续发展战略。基础设施建设要取得重大成效，宁（德）武（武夷山）高速、温（州）福（州）铁路建成通车，港口开发建设初具规模，综合性能源产业基地基本形成。社会主义市场经济体制更加完善，经济发展环境更加优化，利用外资和对外贸易规模进一步扩大，与台港澳侨的交流合作要取得新成效，与周边区域的经济联系更加紧密。

3 月 4 日，市委、市政府在蕉城召开全市实施项目带动战略暨重点建设工作会议。会议指出，应把实施项目带动战略作为拉动经济增长的重要举措，并把着力点放在强力推进重点项目建设上，以推动全市经济社会快速全面发展。4 月 23 日，市委、市政府在北京举办海峡西岸经济区——福建省宁德市临海产业发展布局规划咨询论证会。会议指出，在 20 世纪头 20 年宁德临海产业发展的总目标是：经过十多年努力，把宁德建设成为以现代工业和旅游业为主导，三项产业协调发展的新型工业区、旅游区和物流基地，成为海西经济区东北翼增长极中等港口中心城市。

第二节　社会事业建设

一、改善医疗卫生条件

1995 年，地委工作会议提出，建成宁德地区第一医院（今宁德市医院）病房大楼、扩建地区第二医院（今闽东医院）住院病房。

1996 年，地委、行署规划安排全区新增农村改水（卫生饮用水）受益人口 5 万人，加大农村“造福工程”建设项目，有 3000 多户、1.5 万人居住的生产条件恶劣的农村要搬迁安置。又有 20 个农村行政村通电、全区通电率达 95% 以上。全区所有乡镇均开通程控电话。

1997 年，地委、行署提出宁德（今蕉城区）、古田、福鼎、霞浦、福安要通过农村实施初级卫生保健评审验收。1999 年，宁德地委又提出发展社会事业 10 件 22 项当年为民办实事项目，其中要求实现全区县（市）农村初级卫生保健全部达标计划和一批残疾人康复工程。

2000 年，地委提出为民办实事社会事业项目中涉及医疗卫生主要有：建成地区第一医院内科病房大楼（建筑面积 6430 平方米）、地区二院新病区综合大楼（建筑面积 3000 平方米），在实现全区县（市）初级卫生保健全部达标的基础上，全区三分之二的乡（镇）再达标。为此应改善 50 个乡镇卫生院的医疗条件、培训 500 名乡镇卫生院医务人员。

2003 年年初，面对突如其来的“非典”疫情，宁德市委加强对防治“非典”工作的领导，研究建立应急机构，落实责任与科学防治工作。在此基础上，市委要求市、县两级政府及时总结经验教训，制订建立社会公共卫生应急机制，以确保人民群众生命安全和社会稳定。

三、实施科教兴市战略

1995 年 1 月 13 日，地委、行署在宁德召开全区教育工作会议，贯彻落实全国、全省教育工作会议精神，落实优先发展教育的战略，研究制定全区教育改革和发展目标。在当年的地委工作会议中提出当年要建成宁德电视台和独立发射频道，增加节目频道，扩大农村收视覆盖面。新布点建设农村初级中学 19 所。12 月 14 日，地委、行署在宁德召开全区首次科学技术大会，表彰一批科研项目和科技工作者，动员全区科技人员为宁德经济发展再作贡献。

1996 年，地委、行署又规划安排全区新建 18 所农村初中，加大农村“造福工程”建设项目，有 3000 多户、1.5 万人居住的生产条件恶劣的农村要搬迁安置。又有 20 个农村行政村通电、全区通电率达 95% 以上。全区所有乡镇均开通程控电话。

12 月，地委、行署召开全区科学技术大会。同年，制订《关于依靠科技进步，加快闽东经济发展的若干规定》，明确提出全区实施科教兴区的战略目标、重点任务以及对策措施。同时，组织全区编制企业科技发展“九五”计划和 2010 年规划纲要。

1999 年 11 月 17 日，地委召开扩大会议，重点部署闽东实施科教兴区、工业富区的战略目标任务和具体措施，动员和组织全区广大党员和干部群众，为实现闽东跨世纪发展的宏伟目标而努力奋斗。12 月 30 日，地委、行署作出《关于加快实施科教兴区战略的决定》，内容包括加快实施科教兴区战略基本框架、构筑技术创新体系、全面推进素质教育等 8 个方面。

2001 年 4 月 2 日，宁德市委下发《宁德市“十五”期间社会主义精神文明建设规划》。提出宁德市社会主义精神文明建设的主要任务是要坚持“以德治市”，实施全民素质教育工程。把理想信念教育作为思想政治工作的核心内容，加强马克思主义唯物论、无神论和社会主义民主法制教育，引导干部增强法制观念，自觉依法办事。广泛开展城乡公民道德教育，大力倡导文明的社会公德、职业道德和家庭美德。要对干部进行勤政廉政、反腐倡廉、依法行政教育，对行业进行优质服务、文明执法教育，对青少年进行革命理想和道德品质教育，对群众进行社会公德和行为规范教育。开展创建文明城市、文明村镇、文明行业等一系列活动。同时要全面提高设市后城乡的规划、建设和管理水平，强化环境的卫生、美化和保护。重点发展宁德中心城市，形成布局合理、结构协调、分工明确、山海协作城乡一体的城镇规划。要加快实施小城镇发展战略，要继续实施“新绿亮洁美”工程，并加强污染的防治。继续开展创建“国道 104 线暨沙吕线文明走廊”“村镇文明片”活动，开展爱国卫生活动等。实施“科教兴市”战略，实施一批科技攻关项目、创作一批文艺“精品工程”。

2003 年 12 月 9 日，市委在蕉城召开全市精神文明建设工作会议。会议要求各级各部门要认真总结经验，认清形势，再接再厉，坚持统筹发展观，进一步提高对社会主义精神文明建设的认识，促进全市物质文明、政治文明和精神文明的协调发展。

2004 年 5 月，为保护、宣传、展示闽东历史悠久和独特的畲族文化，市委决定成立“抢救与发展畲族文化工作领导小组”，由市委书记任第一组长，副书记、市长任组长，市人大常委会主任任常务副组长，市委宣传部部长、市政府分管副市长任副组长，下设办公室，抽调专职人员开展日常工作。全市各县（市、区）也都成立相应的工作领导小组，同步开展工作。计划用 3 年时间完成对全市畲族文化、文物的普查，同时要征集整理和编辑出版丛书，要建设一批畲族文化展示活动场所。

2005 年 6 月 13 日，市委、市政府作出《关于加快教育事业发展若干问题的决定》。为解决基础教育中存在的突出问题，要求各县（市、区）健全教育经费投入的保障和监控机制。县（市、区）财政预算内生均公用经费拨款及省对农村税费改革专项转移支付中用于农村义务教育补助资金中的公用经费应不低于省定的标准。教师培训经费按省政府的规定以不低于教师年工资总额的 1.5% 核拨，确保教师增资、医疗保险、养老保险等政策性待遇落实到位。由税务部门征收的城市教育费附加，纳入预算管理，全额由教育主管部门统筹安排。必须确保农村税费改革专项转移支付中用于农村义务教育补助的资金及时足额到位，不得作为他用。并从 2005 年起应将此项资金纳入专户，由各县（市、区）教育和财政部门共同实行封闭式管理。各级各部门须按国务院和省政府的有关规定对各类学校预算外资金进行管理与使用，不得统筹、挤占、截留、挪用。市政府每年组织一次对县级政府上一年度教育经费的投入、管理与执行情况的审计和检查，限期纠正违规现象。成立学校债务清查小组，凡当年为实现“两基”（基本实施九年义务教育和基本扫除青壮年文盲）或接受“两基”督查列入当地政府规划而建设的项目，其债务由同级政府承担。要努力改善办学条件。各县（市、区）2003 年度和 2004 年度、2005 年度危房改造项目分别在 2005 年年底、2006 年年底前完成。市财政局和教育局按完成项目进度比例，及时下拨中央、省、市补助资金。各县（市、区）要积极筹集配套资金，保证施工顺利进行。各县（市、区）要对城区中小学布局规划进行前瞻性调整，同时也要充分考虑农民工子女进城入学的要求。适当集中财力，新建扩建一批校舍，并扶持社会力量办学。要加强教师队伍建设和管理。市、县教育部门应负责制定中小学教师队伍建设的整体规划并组织实施，依法行使对中小学教师的资格认定、招聘录用、职务评聘、培养培训等管理职能。各县（市、区）中小学教职工编制应分别在每年 5 月、10 月进行预核编和定编。同时对在编而又脱岗人员进行清理。鼓励师范类及具有教师资格的高校毕业生到农村中小学任教，并在专业岗位聘用职数方面予以优先照顾。与此同时要依法保证学校正常的教育教学秩序和良好的育人环境。

第三节　扶贫开发与民生工程

一、扶贫开发

1993 年 3 月 23 日，中共宁德地委、宁德地区行署在宁德联合召开“奔小康”工作动员大会，首批由地直单位抽调的 120 名工作队员分赴 9 县（市）农村开展扶贫“奔小康”工作，为期一年。这是省内首创派工作队到农村帮扶脱贫工作。5 月，地委、行署出台《关于贯彻省委、省政府〈关于进一步加强农业和农村工作若干问题的决定〉和〈关于加快山区开放开发若干问题的决定〉的实施意见》，对加快奔小康、推进山区开放开发、减轻农民负担、加强对农业和农村工作的领导等方面作出明确要求和具体规定。

1996年5月30日，地委、行署召开全区第一批争创小康村总结表彰暨第二、三批动员部署大会，决定再抽调3000名地、县、乡（镇）三级干部分两批进村驻点开展工作。会议提出全区要在1997年消灭绝对贫困和2000年全面实现农村小康。

1997年2月，地委、行署印发《关于贯彻闽委〔1996〕20号文件精神，加快扶贫开发与小康建设步伐的实施意见》，决定从八个方面推进农村脱贫建小康工作，包括：帮助农民发展生产提高收入。除完善家庭联产承包为主的责任制和统分结合的双层经营体制，鼓励土地依法流转，以搞活家庭经营外，地、县（市）、乡三级共同筹集资金，借给每个贫困户1000元作为发展生产的启动资金，各挂钩扶贫单位要帮助每个贫困户上2个以上的短期项目和1个以上的长期项目。大力扶持贫困乡村创办集体经营实体。利用省财政周转金，并按1∶1由地区财政确定与各县（市）不同的配套比例，作为帮助创办集体经营实体的启动资金。加快实施“造福工程”。除补助标准提高到每人1000元外，从当年起，地、县（市）交通、水电、教育、卫生等部门从用于农村路、电、水、学校的专项资金中每年分别切出10%，专项用于“造福工程”新村的建设。加强科技培训提高农民素质。1997—2000年，地区财政每年用于科技培训的经费增加到80万元，确保全区每年培训农民技术员1万名。科技部门要制定科技扶贫规划。加大脱贫致富奔小康投入。从1997年起，全区财政每年增加投入无偿资金不少于1000万元、地区财政每年投入周转金3000万元，地区农行争取扶贫专项贴息贷款1500万元、其他国有商业银行争取扶贫贷款2000万元，用于扶持贫困乡、村发展生产。同时，加强农村基础设施建设，鼓励和组织社会力量支持农村扶贫开发与小康建设，并倾斜支持4个特困乡和8个民族乡。

1998年，地委发出通知，要求全区干部群众继续努力，巩固发展脱贫致富奔小康成果、促进农民增产增收、生活水平稳步提高。并通过广泛开展“千名领导挂千村帮万户”活动和扶贫攻坚、加大投入力度、争创“小康村”等，努力完成这一历史性任务。

2004年2月18日，市委在蕉城召开全市农村工作会议。会议要求，各级各部门要坚持求真务实的精神，坚持统筹城乡经济社会发展，努力全面完成农村和农业工作各项任务，推动“三农”（农村、农民、农业）工作上新台阶。11月17日，市委、市政府召开老区工作会议。会议指出，要大力实施“老区工作优先行动”，加快老区发展，使老区人民更快地富裕起来。同年12月，市委、市政府作出《关于加快林业发展、建设绿色闽东的决定》，为把宁德市建设成为人居环境优美，绿色产业发达，生态文化先进的海峡西岸经济区新兴港口城市作出应有的贡献。

二、推进民生工程

1993—2005年，中共宁德地委（市委）、地区行署（市政府）着力改善基础设施条件、落实民生工程，并将其作为推进扶贫开发的基础性工作来抓。大量的民生工程实施后，有力地助推了农村扶贫开发进程。

1993年12月，宁德地委推动正式动工建设国道104线飞鸾岭特长公路隧道，其中宁德境内3.91千米，总投资4.8亿元，工期4年。成立工程建设领导小组，由地委副书记、行署专员任组长。隧道通车后，福州至宁德国道104线可缩短行程18千米，大大方便宁德地区东出口。是年，全区9县（市）全部实现电话传输数字化、电话交换程控和移动电话化。

1994 年，地委在工作会议上提出的全面推进社会各项事业发展中，首先将解决 105 个无电行政村用电和农村 3 万人用电及饮水困难，将 1 个县、14 个乡镇的农村“五保户”统筹供养工作，列为当年应解决的问题，并做出具体部署安排。

1996 年，地委、行署规划安排全区新增农村改水（卫生饮用水）受益人口 5 万人，加大农村“造福工程”建设项目，有 3000 多户、1.5 万人居住的生产条件恶劣的农村要搬迁安置。又有 20 个农村行政村通电、全区通电率达 95% 以上。全区所有乡镇均开通程控电话。

1997 年，地委、行署提出宁德建成 10 所乡镇敬老院、更新改造乡镇光荣院 3 所、福利院 5 所。全区修建通行政村农村公路 245.8 千米，使全区行政村公路通达率达到 87%。提出实施“连家船民上岸定居”工程规划，计划用 3 年时间在全区建设 65 个连家船民新村，让尚未上岸定居的 1.94 万名“连家船民”全部上岸定居。1998 年 12 月，由福建省政府召开，宁德地委、行署承办的全省“造福工程”暨“连家船民”上岸定居现场会在福安举行。“造福工程”是宁德地区最早在省内实施以建新村形式帮助地质灾害点或生产、生活条件差的偏远地区农村贫困群众搬迁到自然条件较好地区安置生活、发展生产的办法。

1998 年，地委提出社会事业 12 件 28 项为民办实事项目，其中交通项目 4 项：新增通公路农村行政村 30 个（应修建农村公路 100 千米以上）；铺设省、县道及县、乡（镇）公路高等级路面（水泥或沥青）100 千米；完成宁德至福鼎高速公路（福州—福鼎“双福”高速公路宁德段）设计和项目审批、年内完成宁德东侨新区“闽东路”一期 6.5 千米和“东侨大道”4.5 千米建设。农村用电、饮水工程 3 项：解决农村 3 万人饮水困难、解决 50 户以上自然村 6000 户用电问题、完成宁德城区 14 千米防洪堤建设。改善群众居住和生活条件 4 项：启动万人住宅小区建设，计划用地 66.67 公顷、可容纳住户 5 万人，经济适用房建设 13 幢（565 套、4.99 万平方米），新增城市园林绿地 20 公顷和 6 公顷、新增城市管道液化气用户 300 户。实施城市再就业工程 2 次，计划安排 6000 名下岗职工再就业。

1999 年，宁德地委又提出发展社会事业 10 件 22 项当年为民办实事项目，其中“菜篮子”“米袋子”工程 4 项：建设赛岐省级粮食储备库（库容 0.3 亿千克）和宁德省级粮食储备库（库房 0.4 亿千克），建立年养殖 12 万只生猪、9000 头肉用牛、3 万只肉用羊、35 万只家禽和 1130 公顷蔬菜生产基地。实施城乡电网改造和城乡生活用电同价工程。继续解决农村 4 万户人饮水困难和 138 个少数民族行政村人畜饮水困难问题以及 9 个少数民族行政村尚未通电话、11 个少数民族行政村未通公路问题。再建城市 600 套、6 万平方米经济适用房。

2000 年，地委提出为民办实事社会事业项目主要有：实现全区农村所有行政村电视收看全覆盖。实施城镇再就业工程 3 项：分流安置国企下岗职工再就业 6000 人，对进入再就业服务中心的 9500 名下岗职工实行生活保障和失业保障制度、进一步完善 9 县（市）城市居民最低生活保障制度（同时建立实施地直单位城市居民最低生活保障制度）。

2001 年 12 月 18 日，市委、市政府下发《贯彻〈福建省城市社区建设纲要（试行）〉的实施意见》（以下简称《意见》），提出全市要通过 5 ~ 10 年努力，构建新的城市社区组织体系，建立与社会主义市场经济体制相适应的社区管理体制和运行机制。社区的划定应遵循便于居民自治、管理和资源开发等原则，并考虑地域性、认同感等社区构成要素来进行。按宁德实际划分为 3 类：小区型。将新开发的具有一定规模的住宅小区划为一个社区；地域板块型。以道路或明显的地物地貌为界，将成片的老式平房和单栋楼房区划为一个社区；单位型。将一个或几个连在一起的单位职工宿舍区和办公区划为一个社区。社区规模一般 1000 ~ 3000 户或实有人口 3000 ~ 5000 人。在实施步骤方面，可分为试点阶段（2001—2002 年）。全市 9 个县（市、区）要结合实际各自抓好社区建设若干试点。市本级重点加强对“一区（蕉城区）、二市（福鼎市、福安市）、一县（柘荣县）”试点的指导；总结推广阶段（2003 年）。总结试点社区建设的经验，借鉴先进地区社区建设与管理的办法，制订有关政策措施；全面实施阶段（2003—2006 年）。组织试点单位现场观摩，普及试点单位经验，在全市全面推行此项工作；深化阶段（2007—2010 年）。全面总结全市社区建设工作，落实各项政策措施，制订新的发展目标。为了有序推进工作,《意见》还提出各种保障措施：要完善设施，落实经费；在硬件建设方面，社区居委会的办公用房和公用设施用房，由县（市、区）人民政府统筹解决。县（市、区）财政要逐步提高对社区居委会的经费支持。

2002 年 12 月 23 日，市委、市政府发出《关于进一步做好下岗失业人员再就业工作的实施意见》，提出各县（市、区）要对失业人员再就业主要采取如下措施：扩大就业领域，促进充分就业。要大力发展第三产业，吸纳下岗就业人员。要推行多种形式的灵活就业。鼓励劳动者自谋职业、自主创业、灵活就业。通过发展劳动事务代理、劳动派遣、就业基地等形式，为下岗失业人员灵活就业提供服务和帮助。与此同时，全面做好就业和再就业工作，要对城镇新成长的劳动力，进行引导参与市场竞争就业；进一步深化大中专毕业生就业制度改革，鼓励他们到农村、基层、非公有制单位就业；做好农村劳动力开发试点工作，促进农村劳动力转移就业。要定期开展城镇劳动力抽样检查，尽快建立社会保障信息系统和就业预警机制，在下岗失业总量接近或超过警戒线时，各级政府要及时采取措施缓解矛盾。各级政府要建立健全再就业工作督查机制，组织各职能部门和工会每年对再就业扶持政策的落实情况进行专项检查。宣传部门、新闻单位要大力宣传党和政府的有关方针政策，将有关政策的落实情况置于群众和社会舆论的监督之下。各级党政一把手对这项工作要亲自抓，切实做到政策落实、资金投入、保证措施等均到位。要把就业工作目标完成情况作为衡量各级政府执政水平和政绩考核的重要内容，定期检查。

2004 年 7 月，市委、市政府发出《关于建设“平安宁德”的实施意见》，在指导思想、总体目标、具体步骤、主要任务、工作责任、保障措施等 6 个方面提出具体要求。并要求市委有关工作部门配合政府认真落实、付诸实施。首先要完善市、县、乡 3 级治安综合治理领导工作和责任制落实，扭住严重暴力犯罪、有组织犯罪、多发性侵财犯罪、非法组织活动犯罪、赌毒犯罪，加大打击力度。同时要建立健全社会矛盾排查化解协调机制，预防并及时妥善处置群体性事件，以有效维护和保障社会安定稳定。

第四节　党的建设

在 1992 年 12 月 28—30 日召开的 1993 年地委工作会议上，地委书记陈增光在题为《全面落实十四大精神，真抓实干再上新台阶》的工作报告中，将“加强党的建设，提高党的战斗力”作为当年必须做好的十项工作之一。全区在各级党组织和广大党员中广泛开展党的十四大精神和《邓小平文选》（第三卷）的学习和爱国主义、集体主义和社会主义思想教育活动。大力加强农村党支部的建设，全区三类支部从 4.5% 下降为 2.7%，后进村委会从 6.1% 下降为 2.9%。

1994 年 11 月 10 日，地委、行署在福安原闽东苏区驻地柏柱洋召开纪念闽东苏区创建 60 周年活动。叶飞、曾志、游德馨、林兆枢、潘心城、郑义正、伍洪祥、温秀山、左丰美、钟大湖等老同志和领导出席大会。地委利用纪念闽东苏区创建60周年，广泛组织党员开展瞻仰革命遗址、纪念学习革命先烈、继承和发展优良革命传统的宣传教育活动，以增强党组织的战斗力和共产党员的先锋模范作用。

1995年1月，地委在召开的工作会议上作出的当年要抓好的9个方面工作中，提出要进一步加强党的建设，每个共产党员尤其是党的领导干部要以高度的历史责任感，在实施宁德经济和社会事业建设“追赶工程”中努力做贡献。当年，全区普遍重视和加强各级领导班子和基层党组织建设，坚持和健全党的民主集中制，深入开展反腐败斗争，党组织的战斗力和凝聚力进一步提高。

1996年2月，地委在召开的工作会议上提出闽东要实现“面向新世纪，开创新局面，实现大开放、大开发、大发展的新跨越”和当年的奋斗目标，根本保证是要加强和改善党的领导，关键抓好党的自身建设，努力寻找经济工作和党建工作的最佳结合点，全面实施党的建设的伟大工程。要求全区各级党组织和党员干部要从6个方面做好党建工作。即坚持用邓小平建设有中国特色社会主义理论武装全党；全面加强党的基层组织建设；大力加强各级领导班子建设；创造培养选拔优秀年轻干部的良好环境；持之以恒地开展反腐败斗争；联系群众转变作风，把工作落到实处。当年，全区有1457个村实现“五个好”，其中包括村党支部发挥战斗堡垒作用好和党员模范带头好。

1997年1月10—13日，地委召开工作会议，在题为《把握机遇奋力攻坚，开拓进取争创小康，为实现闽东历史性跨越而努力奋斗》的工作报告中，特别强调指出，全区要加强和改善党的领导，各级领导必须认真学习，努力提高领导水平；要坚持从严治党，提高党组织的战斗力；要关心群众生活，注意工作方法；要转变作风，狠抓落实，推动各项工作的全面完成。当年，地委组织部和纪检委出台有关规定，规范党的组织生活和党员的行为准则，各级领导班子结构不断完善，战斗力不断增强，民主集中制建设不断深化，党风廉政建设和反腐败斗争力度加大。

1998年，地委在工作会议和常委（扩大）会议上多次指出，全区要坚持加强和改善党的领导，大力抓好党的自身建设；要用邓小平理论武装全党、切实加强党的思想建设；要努力提高各级党员干部的整体素质，采取整体推进、分类指导的办法，加强党的基层组织建设；要落实各项廉政准则，加强党风廉政建设，健全和完善民主集中制，切实加强制度建设；要牢记党的宗旨，密切联系群众。

1999年，根据省委统一部署，宁德地委组织全区开展“三讲”（讲学习、讲政治、讲正气），并把它作为进一步加强党的建设的重要工程。6月22日，地委召开扩大会议。会议传达贯彻全省“三讲”教育工作会议精神，讨论、研究全区贯彻意见。从6月24日开始至9月初，在全区地级领导班子和领导干部中开展“三讲”教育活动。教育活动坚持走群众路线，实行开门搞“三讲”。通过召开党员、干部、群众、各界人士座谈会，发放征求意见表、民主评议和深入基层和群众中调研、谈心，设立专线电话和意见箱等方式，广泛征求意见。五套班子党员领导干部认真查找问题，开展对照剖析和批评与自我批评。在整改阶段，边整边改、能改就改、立说立改，并建章立制。10月，地委决定地直机关74个处级单位，5名兼任职务的厅级干部和280名处级干部也按规定全面开展“三讲”教育活动，至年底，地直单位的“三讲”教育活动全面结束。

2000年2月18日，地委召开全区党风廉政建设和反腐败工作会议，回顾1999年全区党风廉政建设和反腐败斗争，部署2000年工作。当年，地委多次召开地委委员（扩大）会议和地委“三讲”教育领导小组会议，检查地直单位“三讲”教育整改和“回头看”工作。同时根据省委安排，组织开展9个县（市）的“三讲”教育。全区分两批，共有273名处级以上党员领导干部参加集中学习教育，为期3个月。地委向各县（市）派出指导组，指导、检查整个学习教育过程，并于当年7月接受中央和省巡视组的检查验收。

是年11月，宁德撤地设市，在市委一届一次全会上，市委出台《关于进一步加强思想政治工作的决定》，提出全市要认真开展创建全省党建工作先进县（市、区）、乡（镇）活动，切实加强党的基层组织建设，以“提高素质、完善结构、增强活动”为重点，对全市乡（镇）党委书记、分管党务副书记、组织委员有计划、有步骤地进行轮训。同时要推进企业和非公经济组织党建工作。进一步落实党风廉政建设责任制、全面推进领导干部廉洁自律、严肃查处大要案。

2001年2月，中共宁德市委又决定在全市农村开展“三个代表”重要思想学教活动并结合开展村党支部的整顿工作。首批以乡镇和部分（市、区）涉农部门为重点，学教活动时间为6个月，至8月底基本完成。全市共有128个乡镇（街道）、1018个县（市、区）直部门、2.82万人参加。第二批“三个代表”重要思想学教以农村党支部和乡镇基层站所为重点，于11月全面铺开。全市共有2184个村（居）党支部、1691个基层站所、2.52万名党员、干部参加学习。

同年，在机关党建方面，市委通过建立县（市、区）党委理论学习领导责任制形式，进一步规范党委（党组）中心组学习，并以此推动党员干部的理论学习。

2002年，市委围绕通过学习贯彻党的十六大精神推进党建工作。市委常委会召开专门会议部署，市委学习中心组安排6个专题学习以带动全体党员干部学习，为迎接十六大召开做好思想、理论上的准备。党的十六大召开后，市委下发《关于近期学习党的十六大精神的安排意见》，在全市党员中开展学习贯彻十六大精神活动。配合学习，全市共举办处级干部学习研讨班3期、700多名处级干部分别进行为期一周的轮训学习；举办县（市、区）理论骨干、市直单位理论骨干和乡镇宣传委员培训班5期、1030多人参加培训学习；组织10个宣讲团到基层单位开展近千场宣讲活动，并结合乡镇和村（居）班子换届工作，进一步加强农村基层党建工作。

2003年年初，市委召开一届七次全体（扩大）会议，审议并通过《关于加强执政能力建设的若干意见（讨论稿）》和《关于加强党的基层组织建设的意见（讨论稿）》，再次对加强和改进党的建设工作进行全面部署。市委还采取下派干部的办法，组织优秀青年干部到乡镇、村（居）、社（区）任职，既锻炼培养年轻干部又加强农村党建工作。

2004年，市委召开一届十一次全体（扩大）会议，制定《中共宁德市委贯彻〈中共中央关于加强党的执政能力建设的决定〉实施意见（讨论稿）》，把加强全市党的组织建设作为加强党的执政能力的基础工作来抓，并提出明确要求。组织实施基础党建工作“堡垒工程”，选派610名市、县（区）两级干部到村任职一年，在全市开展100个村务、党务公开和民主管理示范活动。

2005年1月5日，市委召开全市党员领导干部电视电话会议，收看中央、省委关于“保持共产党员先进性教育活动工作会议”实况转播并进行工作部署。是年，市委决定在全市6169个党组织和12.4万名党员中分3批开展保持共产党员先进性教育活动。并采取建立领导干部责任制，挂钩联系点等办法，保证学习活动的扎实有效开展。市委还派出736名党员干部组成86个学习督导组，到9个县（市、区）和市直单位开展巡回指导检查工作，按照中央提出的“提高党员素质、加强基层组织、服务人民群众、促进各项工作”的总体要求，保证先进性教学活动的顺利开展。

第四章　组织工作

第一节　党员发展

1993年，地委贯彻执行《中国共产党发展党员工作细则（试行）》，制定发展党员工作计划，重点抓多年未发展党员党支部的党员发展工作。全区结合整顿后进村党支部工作，狠抓生产一线、特别是在青年中发展党员。当年，全区发展农村党员2856名，35岁以下占80%，188个3年以上未发展党员的建制村发展了党员。全区共有党员93262名，其中女性党员9738名，35岁以下党员20211名、大专以上学历党员6651名、少数民族党员4691名。

1994年，地委出台《关于进一步加强农村发展党员工作的意见》，把发展党员工作列入党建工作目标责任制，努力解决好青年党员和妇女党员偏少、文化偏低等问题。当年，全区发展党员3569名，其中女党员565名、35岁以下青年党员2537名、高中文化以上党员2255名、农民党员1754名、一线工人党员577名。

1995年，地委组织部按照省委组织部《加强和改进科技、教育、文化、卫生等单位党建工作的意见》要求，注重在大中专学生和大中专院校、中小学青年教师中发展党员，全年培养学校青年教师、大中专学生入党积极分子1043人。制定《宁德地区国有企业发展党员工作1995—1997年规划》，规定企业党支部每年应培养5～10名入党积极分子，确定2～5名重点发展对象，发展1～3名党员。1997年，地委组织部出台《宁德地区发展党员工作五年规划》，确定18所重点学校作为培养入党积极分子的试点单位。

1998年，全区发展党员5122名，同时全面消除三年以上未发展党员的建制村，并实现村村有女党员。各地还对三年来发展党员工作开展自查、互查和复查，确保发展党员质量。当年，全区有党员112108名，其中女性党员14697名、35岁以上党员28410名、大专以上学历党员12591名、少数民族党员6122名。

2000年，全区（市）共发展农村党员1820名，其中35岁以下1399名、女党员472名，培养入党积极分子1.14万名。

2001年，中共宁德市委制定《2001—2005年宁德市发展党员工作规划》（以下简称《规划》），对发展党员人数、结构、培养入党积极分子等方面提出具体要求。

2002年，全市各级党组织落实全国发展党员工作座谈会精神，按照“自下而上、自上而下、上下结合”的原则，增强发展党员工作的主动性和预见性。

2003年，按照发展党员《规划》，全市从保证质量、改善结构入手，试行党员发展预审制、公示制、民主测评制和票决制，把好党员“入口关”。建立市、县两级发展党员重点管理单位制度，加强对发展党员工作的指导和检查。全年共发展党员 2926 名。

2004 年，市委组织部制定下发《关于加强发展党员工作全程质量管理的意见》和《关于发展党员工作责任追究的暂行规定》，进一步完善和落实发展党员工作机制。突出抓在生产、工作一线和青年、高级知识分子群体中发展党员工作，把在新的社会阶层中发展党员作为一项经常性工作进行部署。全市共发展党员 3592 名，全市 255 个二年以上未发展党员、55 个三年以上未发展党员和 7 个无女党员的建制村都发展了党员。

2005 年，重点在生产、工作第一线和知识分子群体、青年中发展党员，做好在妇女、少数民族中发展党员工作，突出抓好连续两年以上未发展党员和党员力量比较薄弱的建制村发展党员。全年发展党员 3139 名，其中有 44 个三年以上、165 个两年以上未发展党员的建制村发展了党员，发展在校大学生党员 85 名。至年底，全市有党员 125488 名，其中女性党员 19385 名、35 岁以下党员 29395 名。

若干年份宁德市（地区）中共党员情况统计表

表 24-3　　　　单位：人

年份	党员总数	在岗职工	其中			年龄结构					文化结构			
			正式党员	女性党员	少数民族党员	35 岁以下	36～45	46～55	56～60	61 岁以上	大专以上	中专	高中	初中以下
1993	93262	35995	89760	9738	4691	20211	24272	19633	10905	18241	6651	8054	12015	66542
1998	112108	42758	105347	14697	6122	28410	26591	21998	8859	26250	12591	11619	16430	71432
2003	122075	45464	118764	18071	5966	29252	29326	24395	10167	28935	19086	15233	18752	69004
2005	125488	45245	121846	19385	6021	29395	30006	25137	11068	29882	22011	15127	19452	68898

第二节 基层组织建设

1993 年开始，全区基层党组织开展多种形式的“争先创优”（争当先进党支部、争创优秀业绩）活动。1994 年，宁德地委组成调查组，深入福安、霞浦、福鼎等县（市）近 20 家国有企业开展调查研究，召开全区企业党建工作座谈会，形成《企业党建工作座谈会纪要》，总结推广 11 家企业党建的典型经验，对外商投资企业组建党支部、工会组织进行指导。

1995 年，全区把村级组织建设列入争创小康村活动的重要内容，采取多种形式，选择党性强、作风正、懂经济、会管理，能带领群众致富的优秀党员担任村支书，先后有 1116 名优秀党员被选为村支书记，为争创小康村和先进党支部提供组织保证。1995—1996 年，探索现代企业制度下如何正确处理好企业党组织与厂长负责制的关系，在 13 个企业中建立党的基层组织建设工作联系点，其中国有企业 9 个。1996 年年底，全区 4472 个新经济组织，符合党组织组建要求的 386 个，建立党委的 1 个、党总支 3 个、党支部 254 个，党小组 128 个。1997—1998 年，地委对全区国有企业党建工作开展一次全面调查，并充实党组织领导成员 106 名，选送 2 名国有企业党委书记参加省百家国有大中型企业党委书记培训班学习。1998 年，全区村党支部建设以开展“学美岭、学西坑”（美岭为泉州市永春县经济和精神文明“双先进”村；西坑为福鼎市管阳镇一行政村，该村党支部带领群众自力更生、艰苦奋斗，仅用几年时间就改变了村贫穷落后面貌）活动为主要内容，同时，组织机关事业单位党支部与农村党支部结对共建先进党支部，把基层组织建设与经济建设和精神文明建设有机地结合起来，先后有1061个机关、企事业单位党支部与1174个农村党支部结对共建。把机关党支部“创先争优”与“当公仆、办实事”活动紧密结合起来，宣传、号召向身边典型——“全国十佳公务员”、宁德市（今蕉城区）石后乡乡长蓝秀珍学习，形成争创机关一流工作业绩的良好风气。

1999年，地委组织部对任期已满的224家国有企业党组织进行换届，占企业党组织总数的56.6%。同时，深入开展“学南纺（福建南平纺织厂）、创四好（政治素质好、经营业绩好、团结协作好、作风形象好）”活动，表彰宁德地区商业总公司党委、福安市医药公司党总支、宁德地区汽车运输总公司党委、霞浦宏昌机电有限公司党委、宁德市公交公司党支部等一批先进企业党组织。同年，成立地区非公有制经济组织党建联席会议，下设办公室，各县（市）也相继成立联席会议领导小组。建立13个非公有制经济组织党建工作示范点，要求每个地委委员、行署专员和其他副厅级领导干部挂1个非公有制企业。

1999—2000年，全区基层党组织分3批开展“三讲”和“三个代表”重要思想教育活动，通过活动开展，促进基层党的组织建设、思想建设、作风建设、制度建设和精神文明建设。地（市）、县（市）机关普遍开展创建“党建工作先进单位”活动。

2000年，地委对15家国有企业领导班子进行整顿，实行党委会、董事会、监事会和经理层成员“双向进入、交叉任职”。在深入开展的“三个代表”重要思想和“致富思源、富而思进”教育中，树立蕉城三都“海上渔排”党支部、福安市电机电器同业商会党委等一批党建先进典型。市五套班子成员分别与24家民营企业挂钩，并经常深入这些非公有制企业调研，指导非公有制企业的党建工作。全市结合村“两委”换届，对确定相对后进的134个村支部进行整顿，并安排147个机关事业单位帮扶挂钩。明显转化的有88个、占65.67%。

2001年，市委组织部出台《2001—2005年宁德市非公有制经济组织党建工作五年规划》，加快非公有制企业党组织和群团组织的组建步伐。到年底，全市新组建非公有制企业党支部24个、工会组织316个、团组织150个、妇女组织251个，发展党员59名。2002年，全市继续推进国有企业、非公有制经济组织党建工作，市委制定《宁德市管国有企业领导人员管理任用的暂行办法（草案）》，以抓好闽东电力股份公司、闽东商业总公司、市汽车运输总公司等企业的人事制度改革工作为重点，对全市16户市管企业、9户省管企业、299户县属企业的职工数、党员数、企业党组织设置等基本情况进行一次全面的调查摸底。2003年，进一步落实领导干部挂钩联系制度和联席会议制度，继续采取“建、联、挂、靠、派、荐”等方式，组建非公有制企业党支部13个，新发展党员98名。

2003年，把村级班子新一届换届工作作为加强基层组织建设、增强基层党组织战斗堡垒作用的重要举措来抓。在选举村党支部班子中，全面推行“两推两考一选”（组织推荐与考核、群众推荐与考核和党员大会选举）办法，同时，提倡村党支部成员与村委会成员“双向进入，交叉兼职”。通过村级班子换届选举，有136个村党支书和村委会主任实行“一肩挑”，支委和村委交叉兼职的有2350人，提高村“两委”的工作效率。全市共选拔7193名农村各类经济能人进党组织领导班子，占全部农村党组织的50.7%，比上一届增加10.1%。

2005年，在全市开展保持共产党员先进性教育活动中，市委将活动与加强基层党组织战斗力和发挥党员先锋模范作用结合起来，在机关、企业事业单位党组织中分3批开展教育活动，并统一安排学习教育计划、统一派督导指导检查、统一考核验收学习教育成果。在农村党支部中，结合“三农”工作开展学习对照，边学边改，重点整顿175个软弱涣散、不起作用的后进党支部。

若干年份宁德市（地区）获中央组织部、福建省委表彰的基层党组织一览表

表24-4

年份	单位	授予名称	授予机关
1993年（15个）	宁德地委组织部党支部	先进基层党组织	中共福建省委
	周宁县狮城镇党委		
	福安市城北街道党委		
	柘荣县人民武装部党委		
	宁德市蕉北街道崇文村党支部		
	古田县湖滨乡新丰村党支部		
	屏南县税务局党支部		
	寿宁县精细化工厂党支部		
	福安市赛岐工商分局党支部		
	福鼎县啤酒厂党支部		
	福鼎县桐城镇山前村党支部		
	霞浦县松城镇中乘村党支部		
	闽东电机三厂党总支		
	宁德市蕉城北街道党员		
	宁德市七都镇六都村党总支		
1995年（19个）	古田县粮油厂党支部	先进基层党组织	中共福建省委
	古田县水口镇水口村党支部		
	古田县鹤塘镇东际村党支部		
	屏南县甘棠乡巴地村党支部		
	周宁县狮城镇洋庄村党支部		
	寿宁县大安乡后西村党支部		
	福安市范坑乡党委		
	福安市委组织部党支部		
	柘荣公路分局党支部		
	福鼎县桐城镇山前村党支部		
	福鼎县啤酒厂党总支		
	霞浦县松城镇中乘村党支部		
	霞浦县电力公司党总支		
	霞浦县邮电局党支部		
	宁德地区公路局党委		

续表 24-4

年份	单位	授予名称	授予机关
1995 年（19 个）	宁德地区交通局党支部	先进基层党组织	中共福建省委
	宁德市霍童镇霍童村党总支		
	古田县平湖镇玉库村党总支		
	屏南县代溪镇党委		
1997 年（9 个）	寿宁县鳌阳镇党委	先进基层党组织	中共福建省委
	福安市城南街道南郊村党总支		
	柘荣县城郊乡党委		
	福鼎市店下镇溪美村党支部		
	霞浦县州洋乡古岭下村党支部		
	宁德地区公路稽征处党委		
	宁德市三都镇大黄鱼养殖协会党支部	先进基层党组织	中共中央组织部
	宁德市霍童镇党委	先进基层党组织	中共福建省委
	屏南榕屏联营化工厂党委		
1999 年（21 个）	古田县湖滨乡新丰村党支部	先进基层党组织	中共福建省委
	古田县鹤塘镇鹤塘村党支部		
	屏南县黛溪镇党委		
	屏南县长桥镇新乡村党支部		
	周宁县李墩镇阮洋中村党支部		
	寿宁县斜滩镇山田村党支部		
	福安市阳头街道党委		
	福安市医药总公司党总支		
	福安市工商局韩城分局党支部		
	柘荣县楮坪乡党委		
	福鼎市沙埕镇南镇村党总支		
	福鼎市桐山街道城关村党支部		
	霞浦县松城镇万贤村党支部		
	福建华美（三沙）机械配件有限公司党支部		
	霞浦县工商行政管理局松城分局党支部		
	福安师范学校党支部		
	宁德地区地方税务局党支部		
	宁德市公路分局党支部		
	宁德市漳湾镇党委		
	古田县黄田镇党委		
	古田县湖滨乡西山村党支部		

2001年、2003年宁德市获中共福建省委表彰的基层党组织一览表

表 24-5

年份	单位	授予名称	授予单位
2001年（21个）	周宁县纯池镇豪阳村党支部	先进基层党组织	中共福建省委
	寿宁县犀溪乡党委		
	寿宁县南阳镇山坑村党支部		
	福安市政府办口直属机关党委		
	福安市下白石镇党委		
	福安市溪柄镇溪柄村党支部		
	柘荣县乍洋乡党委		
	福鼎市人民检察院党总支		
	福鼎市店下镇党委		
	福鼎市白琳镇沿州村党支部		
	霞浦县纪委监察局党支部		
	霞浦县松城镇俊星村党支部		
	福建华美（三沙）机械配件有限公司党支部		
	宁德市公安局交警支队党委		
	宁德市建委党支部		
	福建省古田溪水力发电厂党委		
	宁德出入境检验检疫局党支部		
	蕉城区飞鸾镇党委		
	蕉城区漳湾镇党委		
	福安市城北街道党委		
	福安市溪尾镇溪邳村党总支		
2003年（9个）	福安市太平洋电机有限公司党支部	先进基层党组织	中共福建省委
	福鼎市白琳镇党委		
	福鼎市秦屿镇秦屿村党支部		
	古田县鹤塘镇党委		
	古田县工商局党总支		
	屏南县路下乡党委		
	寿宁县清源乡角林村党支部		
	霞浦县医院党支部		
	柘荣县教育局党支部		

第三节　党员教育

1993年，全区各级党组织开展学习《邓小平文选》（第三卷）和十四届三中全会通过的《关于建立社会主义市场经济体制若干问题的决定》活动（以下简称“两学习”），培训教育党员3.6万人次。1995—1996年，全区以增强党性、提高党员素质为目的，开展理论学习和解放思想大讨论，增强党员“大开放、大开发、大胆试、大让利、大科技、大服务、大协作、大发展”的八大观念，地委组织部先后下发《关于搞好党员“两学习”试点工作的意见》《关于进一步狠抓“两学习”活动的意见》和《关于结合民主评议党员，搞好党员“两学习”对照检查和整改提高的意见》，全区7.23万名党员参加了“两学习”活动，占全区党员总数的75.5%。并对5700多名流动党员（其中农村党员4000多人）进行跟踪管理。

1997年，地委组织部发出关于贯彻省委《关于在全省县处级以上领导干部中进行“讲学习、讲政治、讲正气”为主要内容的党性党风教育的通知》的意见，按照理论学习、理想信念、党的宗旨、政治纪律、思想作风5个专题进行集中教育。同时要求各级党组织把学习理论、学习党的十五大精神和学习党章作为加强党的建设的一项长期性工作来抓，并与争创小康村等活动相结合，全区参加学习的党员总数达103645人。结合“民主评议”，共民主评议基层支部5119个，占全部基层支部的91.9%；评议党员99072名，占全体党员的95.3%。处分党员438名，其中，开除党籍187名，劝退和除名41名，取消预备党员资格54名。1998年，加强对流动党员的学习和管理，地委组织部总结周宁县组织和加强在沪流动党员教育管理的经验，并在全区推广。当年全区轮训党员1700多人次。1999年，结合开展纪念“古田会议”召开70周年活动，在全区党员中开展“学先进、讲奉献、作表率”活动。地委组织部制定并实施党员干部培训计划，共举办培训班260期、1.42万名党员参加学习培训。

2000年，开展“三讲”教育“回头看”，把“三讲”学习教育引向深入，全区各级党组织共举办学习培训班366期，培训3.36万名党员。

2001年，市直机关及县（市、区）继续深入开展“三讲”教育。全市590多名处级党员领导干部分三批参加学习教育，并抽调123名干部组成30个巡视组到各县（市、区）开展巡视督查。市委制定《2001—2005年宁德市干部培训规划》，其中计划培训党员干部1.2万人次。

2002年，根据省委部署，在全市党员中开展“三个代表”重要思想学习教育活动。至10月，全市128个乡镇（街道）、2272个村（居）、2203个基层站（所）、5.4万多名党员参加学习教育。

2003年，全市各级党委共举办各类党员培训班30期、培训1725人。并推行教育培训“学时累计制”，保证每个党员受培训的教育时间。

2004年，全市采取多种方式在流动党员较为集中的上海、福州等地组建驻外党组织，发放“流动党员证”。全市组建驻外党委2个、党总支2个、党支部19个，并在这些党员中开展学习教育活动。

2005年，按照中央要求，在全市6169个党组织和12.4万多名党员中，分3批开展“保持共产党员先进性教育”活动，市委向县（市、区）派出3个巡回检查组、向市直单位派出3个督导组，9个县（市、区）委共向直属单位和乡（镇）、街道派出83个督导组。全市共建立联系点484个，由303名县处级以上领导干部进行挂钩联系，以保证教育活动的正常、有序开展。

第四节　干部管理

一、改革干部选拔制度

1993年，地委按“管少、管好、管活”领导干部的精神，下放干部管理权限。将原来由地委管理的县二级机构领导干部（除县委部、委、办正职外）和地直二级机构的领导干部（除人秘科长外）下放给县委和地直机关主管部门管理，地委组织部对领导干部的任免实行宏观管理。建立后备领导干部制度，重点收集后备领导干部现实表现情况，形成资料档案。同年，地委按照省委组织部《关于党政机关领导干部回避制度的通知》，要求在党委、政府和司法部门提任正职领导干部、非领导职务的干部在任职单位和执行公务时，对具有夫妻关系、直系血亲关系、两三代内旁系血亲及其配偶、近姻亲关系等进行回避调整，妥善安排他们的工作。对不服从组织调整的，视其情节，给予批评直至党纪政纪处分。当年，全区共交流处级干部82人，基本做到各县（市）委书记、县（市）长、纪委书记、组织部部长及公、检、法“三长”等7个岗位都实施异地交流任职和回避。在此基础上，全区进一步扩展交流范围，统筹规划在地、县（市）机关之间，县（市）之间党政部门的干部交流、部门内部的岗位交流，并推荐干部到中央和省内发达地区挂职锻炼，培养人才。

1994年，下发《关于认真学习贯彻〈中共中央组织部关于坚持防止和纠正选拔任用干部工作中不正之风的通知〉的通知》，在全区有计划地推行“公开推荐选拔”领导干部工作试点。

1995年，采取“双考”（笔试、面试）办法公开选拔领导干部。当年，地委组织部还根据中央组织部和省委组织部要求，下发《关于领导干部实行任期制和聘任制的通知》，规定地直机关、直属事业单位和部分县（市）新任科级以上干部试行试用制度。试用期为1年，期满经群众评议、组织考评，能胜任者予以正式任命。地区党政机关领导班子成员的任期与县（市）党政领导任期相同，以利按规定实行任满换届和交流。领导班子成员任期届满后应重新任命、未被重新任命的其职务自然免除。新提任事业单位的领导干部一律实行聘任制，聘期3～5年，能胜任且工作需要的，期满后也应重新任命。不称职、不胜任的，采取诫勉谈话、待岗、交流、改任非领导职务、降职、辞职、免职等形式进行调整。

1996年，地委组织部提出在保持领导班子相对稳定前提下，对现职领导干部、新提拔干部、后备干部进行县（市）间、地直部门间、行业之间、岗位之间横向交流，选送7名县处级干部到中央、省直厅局任职或挂职，12名青年干部到福州地区的沿海经济发达乡镇挂职。从地直机关选调21名35岁以下、大专以上学历的科级干部到21个经济基础较差、条件比较艰苦的区内乡镇担任党政主要领导；52名中青年干部担任各种岗位的助理，其中行署专员助理2名、县（市）长助理13名；全区123个乡镇街道办事处100%实现乡镇党委书记、乡镇长异地交流任职。制定了《宁德地区1996—2000年县（市）领导班子建设规划》。

1997年，注重选拔优秀年轻干部，优化班子结构。实现全区各县（市）党政班子中配有1名35岁以下的县（市）委副书记或常务副县（市）长的目标。在选人渠道上，不仅在党政机关，而且把视野拓展到企事业单位和乡镇基层一线。按照省委组织部《关于进一步加强和改进县（市）、乡（镇）科技副职工作的意见》精神，对全区乡镇科技副职进行重新调整，配备61名乡镇科技副职，占全区乡（镇）数的51%。认真抓好县（市）党政领导班子及其成员实绩考核的试点工作。加强国有企业领导班子建设，对全区444家国有企业班子和1187名班子成员全面考核，选拔了77名优秀年轻干部担任企业领导，建立了一支780名的企业后备管理人才队伍。

1998年，全区以民主推荐和考核选拔相结合方式产生多名女县长和年轻县（市）长，地区人事局、闽东日报社、地区华福公司、福鼎市秦屿等先后开展干部竞争上岗试点。结合县（市）领导班子换届工作，对各县（市）领导班子和地直88个处级单位、506名处级干部进行了考察，按程序开展全额定向推荐、干部选配等工作，顺利完成了县（市）领导班子换届选举任务。

1999年，在宁德、古田、屏南、福安、寿宁等5个县（市）公开选拔部分副乡镇长和县（市）直机关单位副科级领导干部28名。在上年部分事业单位试点的基础上，市委组织部下发《关于党政机关推行竞争上岗的意见的通知》。当年，宁德地区检察院也首次开展竞争上岗工作，选择法纪、经审、技监处3个副处长职位进行公开竞争上岗。同年，市委组织部还下发《领导干部离任审查审计制度》《领导干部谈话制度》《领导干部回复群众反映本人重大问题制度》等文件，以完善对领导干部的管理。

2000年，地委在市直单位推出10个处级职位（正处级2个、副处级8个）面向全省、全市公开选拔。根据市委《关于宁德地区副处级干部任用公示的暂行办法》，先后对13位拟提拔为副处级干部人选在《闽东日报》上进行公示。并明确要求今后拟提任的正副处级干部，除少数岗位外全部实行任前公示。在干部考核中，普遍实行预告制，促进干部考核工作的公开化、制度化、规范化。同时，加大对领导班子和领导干部的监督力度。进一步完善领导干部谈话制度、离任审查审计制度、个人重大事项报告制度、个人收入申报制度等。建立经济责任审计联席会议制度，配合纪委抓好党风廉政建设责任制考评工作。上半年，全区665名县（处）级以上领导干部申报个人收入，申报率达99.5%。加强年轻干部培养选拔，全年共提拔县处级年轻干部17名。

2001年，市委组织部按照中组部《党政领导干部任期试用期暂行规定》，出台《宁德市副处级领导干部试用期实施暂行办法》，对试用期的适用对象、管理办法等方面做出明确规定。当年全市新提拔的75名副处级以上领导干部，全部实行1年期试用。同时要求各县（市、区）委组织部，市直各口、各单位党组根据规定，制定科级领导干部任职试用期实施办法。开展公开选拔和竞争上岗工作，共推出市计生委主任等10个处级领导职位面向全省、全市公开选拔，推出100个科级领导职位在机关内部开展竞争上岗。

2002年，市委先后出台《关于实行领导干部量化考核的实施意见》《关于规范民主推荐领导干部暂行办法》《关于调整不称职、不胜任现职领导干部的实施意见》，总结近两年全市开展领导干部选拔制度改革试点的经验，规范领导干部的选拔使用。

2003年，面向市管后备干部和在县级领导班子届末考察、市直单位定期考察中民主推荐票数比较集中的干部，进行“组织推荐，公开选拔”副处级领导干部工作。经过个人报名、组织推荐、资格审查、统一面试等程序，全市从各县（市、区）委和市直机关各单位（党组）上报的94名基本具备提拔副处级领导干部条件的人选中，选拔产生44名不分职位拟任人选。根据班子配备需要和干部特点，其中28名充实到县级党政班子，16名充实到市直单位领导班子。为继续扩大处级干部选拔工作的民主化和公开化，发挥下级党委（党组）在干部推荐提名中的重要作用和扩大群众在干部选拔任用上的知情权、参与权、选择权和监督权，市委在总结开展“组织推荐，公开选拔”提名机制改革干部任用工作中，规定今后县级和市直单位领导班子换届或调整提拔处级干部较集中的，均要采取“组织推荐、公开选拔”的方式进行。同时，在福鼎、柘荣两县（市）票决制试点工作的基础上，对县（市、区）委全委会的票决程序、步骤和时间等都做出具体规定。当年，在中共宁德市委一届七次全委会上就对5名拟任和拟提任党政正职人选进行票决。制定出台《部分县（市）党政正职领导和市直单位正职领导拟任人选和推荐人选表决办法》，首次把市管企业主要领导也列入票决范围。

2004年，市委组织部结合换届工作，严格全面实施近几年试点形成的一整套领导干部考核选拔办法。全市全面推行科级（含）以上提任领导干部公示制度，科级干部在单位公示、副处级以上在《闽东日报》公示，全年共公示126名。

2005年，市委制定下发《关于开展处级干部年度考核工作的通知》，把年度考核与干部述职述廉，党员先进性教育结合起来，加强思想政治建设。开展进一步完善选人用人机制的调研，研究制定《关于大力推进干部队伍建设的若干意见》《关于加强干部选拔任用工作的规定》《关于党政领导干部交流工作的规定》等制度，调整充实市管后备干部队伍，确定了407名后备干部名单。

二、知识分子和人才工作

1993年，中共宁德地委出台《关于专业技术干部若干待遇问题的暂行规定》、修订《关于选拔管理一批“拔尖人才的意见”》，对区内具有高级职称的知识分子在住房、津贴、家属“农转非”、子女就业等方面给予优待，并建立首批地区拔尖人才队伍12人、实行目标使用管理。

1994年，地委组织部开始建立“优秀青年专业技术人才”管理队伍。1995年，确定27人为第一批人选，并直接列入地委组织部管理。

1996年，地区成立人才评审委员会，评审30名有较大贡献的知识分子为第二批地管拔尖人才。

1997年，2位省管优秀人才和8位连续两次被评为地管拔尖人才者各增加一级职务工资。当年，全区评审认定21人为第三批地管拔尖人才，并设立3年管理期限。同时，选拔25人为第二批“优秀青年专业技术人才”。

1998年，发出《关于选拔跨世纪科技专家和学术技术带头人培养人员的通知》，建立了180名后备人才队伍，第一批选拔了30名人选上报省委组织部。

1999年，地委组织部、地区人事局对12位连续两次被评为地管拔尖人才的各增加一级职务工资。当年，评审16人为第四批地管拔尖人才，并对第二批列为地管拔尖人才的30人逐一进行重新认定，其中12人重新确认为拔尖人才、18人不再列入。第三批29位“优秀青年专业技术人才”也评选产生，并对列为第一批优秀人才的进行再评审，其中6人继续保留管理。同年，地委组织部还与地委宣传部、地区科委等5部门联合评选“闽东十佳科技人才”。

2000年，地委组织部与地区科委联合制定拔尖人才“一带一”办法，即要求一个拔尖人才要培养帮带一个青年科技人才，发挥他们“传、帮、带”作用。

2001年，宁德市人才评审委员会开始选拔第四批“优秀青年专业技术人才”。次年，将选拔的35人列为优秀青年技术专业人才管理，并经重审后继续将第二批获评的7人列为“优秀青年专业技术人才”。

2002年，宁德市委、市政府确定25人为宁德市第五批拔尖人才，并重新确认第三批20人为市管拔尖人才、1人不再列入。同时对20位连续两次评为市管拔尖人才的在3年管理期限内增加一级浮动工资。同年，宁德市人民政府还下发《关于解决部分正高级专业技术人员和中小学特级教师享受医疗保健待遇问题的通知》，对55周岁以上、聘任5年以上的市直单位正高级专业技术人员、中小学特级教师以及具有正高级职称并享有国务院特殊津贴的市直单位人员给予享受较好的医疗待遇。

2003年，全市对管理期满的一、二、四批“拔尖人才”进行重新评审确认。

2004年，宁德市召开人才工作会议，全面部署新世纪人才工作。成立中共宁德市委人才工作领导小组及办公室，加强全市人才工作的领导；建立创新人才激励保障机制，人才收入与经济效益和工作业绩挂钩分配制度。对在发展经济、攻克关键技术难关方面作出重要贡献的人才，可按其创造的企业当年新增同级财政收入的15%～30%予以一次性奖励。每两年评选2名“宁德市科学技术杰出人才重大贡献奖”，每人奖励15万元；评选10名“宁德市十佳人才奖”，每人奖励1万元。加强高层次人才队伍建设，对入选“百千万人才工程”第一、二层次人才等国家人才工程的重点高层次人才，用人单位每年应给予不低于5万元的特殊津贴；对入选省管优秀专家、“百千万人才工程”第三层次人选等省人才工程的高层次人才，用人单位每年应给予不低于3万元的特殊津贴。市管拔尖人才每人每月享受300元津贴，优秀青年专业技术人才每人每月享受100元津贴。建立人才引进“绿色通道”，实行人才柔性引进机制，鼓励企事业单位采取咨询、讲学、兼职、短期聘用、项目合作、技术顾问、人才租赁等方式引进国内外人才和智力。对柔性引进的人才实行人才居住证制度，在宁德市享有创办企业、择业就业及养老保险、住房公积金、子女就读、商务出国等方面的待遇。对自愿来宁德市事业单位工作并能履行不低于5年服务期协议的引进高级人才，用人单位和同级财政各出资50%，一次性发放不少于3万元的安家费；对来宁德市定居满5年的引进高级人才由同级财政一次性发放购房补助款5万元。当年，全市评选新一届“宁德市拔尖人才”和“宁德市优秀青年专业技术人才”，分别评出91人和57人，并享受特别津贴。

2005年，市委组织部和市科委联合在宁德市“拔尖人才”和“优秀青年专业技术人才”中分别开展“一师一项目”活动，以加强对专业技术人才的管理、促进他们出成果。同年，宁德市政府设立“宁德市科学技术杰出人才重大贡献奖”和“宁德市十佳人才奖”，当年在大黄鱼人工繁殖作出突出贡献的刘家富获得“宁德市科学技术杰出人才重大贡献奖”，一次性奖励15万元。是年，为进一步规范高级人才调动，市委组织部、市人事局还制定《关于高级专业技术人才调动管理的暂行规定》，完善高级人才调动程序。

1993—2005年宁德市（地区）获国务院政府特殊津贴名单一览表

表24-6

序号	姓名	工作单位	职称	获评年份
1	陈恩沛	福安市农药厂	高级经济	1992
2	陈伯淳	地区一院（今闽东医院）	主任医师	1992
3	陈则清	地区一院（今闽东医院）	检验主任医师	1992
4	邓　存	宁德师专	教　授	1992
5	江叶钦	地区林业局	高级工程师	1992
6	罗　坚	地区农科所	副研究员	1992
7	林玉和	地区农科所	副研究员	1992
8	林之行	周宁县闽剧团	二级编剧	1992
9	林　寿	宁德师专	教　授	1992

续表 24-6

序号	姓名	工作单位	职称	获评年份
10	林晋良	福安市机电厂	高级工程师	1992
11	刘卓雄	宁德师专	副教授	1992
12	洪维铭	霞浦县林业局	高级工程师	1992
13	吴建光	地区二院（今宁德市医院）	主任医师	1992
14	周文通	地区农科所	副研究员	1992
15	林永明	地区二院（今宁德市医院）	主任医师	1993
16	林　种	地区文化局	二级编剧	1993
17	林洪炳	福安市农科所	高级农艺师	1993
18	林永安	地区环保监测站	高级工程师	1993
19	郭守荣	地区水电局	高级工程师	1993
20	潘道壹	福鼎机电工业公司	高级工程师	1993
21	谢庆梓	周宁县茶叶指导站	高级农艺师	1993
22	徐承定	地区农机局	高级农艺师	1993
23	肖孝正	地区文化局	副研究馆	1993
24	游友基	宁德师专	副教授	1993
25	钟伏荣	福安农药厂	高级工程师	1993
26	朱国丰	闽东制药厂（今力捷迅药业公司）	高级工程师	1993
27	叶锦凤	福安县茶科所	高级农艺师	1993
28	李　迅	福安一中	中学高级教师	1994
29	林友志	闽东电机（集团）股份公司	高级工程师	1995
30	陈兆樵	地区二院（今宁德市医院）	主任医师	1996
31	周名缪	地区水电工程局	高级工程师	1996
32	罗仰畲	地区农科所	副研究员	1997
33	章武壮	周宁县卫生防疫站	副主任医师	1997
34	黄烺增	地区林业局	高级工程师	1998
35	王绍据	闽东日报社	高级记者	1998
36	王　春	地区一院（今闽东医院）	主任医师	1999
37	李惠长	闽东医院	主任医师	2000
38	李康增	闽东医院	主任医师	2003

1997—2003 年宁德市（地区）获国家“百千万人才工程”人选第三层次人员一览表

表 24-7

序号	姓名	工作单位	职称	获得年份
1	林智钦	地区行署经济研究中心	研究员	1997
2	林　寿	宁德师专	教　授	1997

续表24-7

序号	姓名	工作单位	职称	获得年份
3	李　迅	福安一中	中学高级教师	1997
4	黄　沅	地区一院（今闽东医院）	副主任医师	1998
5	谢向东	宁德师专	教　授	1998
6	黄烺增	地区林业局	高级工程师	1998
7	郑华峰	宁德市水利局	高级工程师	2000
8	李惠长	闽东医院	主任医师	2000
9	王　春	闽东医院	主任医师	2000
10	郑一平	宁德市民族中学	中学高级教师	2000
11	陈泽龙	福安一中	中学高级教师	2002
12	张进德	寿宁县林业局	高级工程师	2002
13	张维瑞	屏南县食用菌办	高级工程师	2002
14	宋一帆	宁德市医院	主任医师	2002
15	杨良雄	柘荣一中	中学高级教师	2003
16	缪晓玲	宁德师专	教　授	2003

第五章 宣传工作

第一节 理论学习

1993年，全区组织学习宣传《邓小平文选》（第三卷）、新党章和党的十四届三中全会精神。1994年，在继续推动学习《邓小平文选》（第三卷）的同时，突出抓好社会主义市场经济理论和现代科学基础知识的学习，并举办全区“邓小平理论与闽东改革开放实践研讨会”。1995年，组织学习宣传《邓小平同志建设有中国特色社会主义理论学习纲要》、党的十四届五中全会精神。1996年，组织学习宣传中共中央总书记江泽民《领导干部一定要讲政治》《社会主义市场经济法制建设》《正确处理社会主义现代化建设中的若干重大关系》和十四届六中全会精神。1997年，组织学习《邓小平论社会主义精神文明建设》《讲学习、讲政治、讲正气》、《邓小平经济理论学习纲要》《告全党全军全国各族人民书》等。1998年，中共中央《关于在全党深入学习邓小平理论的通知》下达后，地委发出《关于认真贯彻〈中共中央关于在全党深入学习邓小平理论的通知〉的通知》，并提出“八学”，即“重学、求学、治学、讲学、述学、考学、督学、验学”学习要求，年底开展检查和考试。当年，全区还召开纪念真理标准讨论20周年座谈会和纪念中共十一届三中全会召开20周年理论研讨会。

1999年，地、县（市）两级党委建立健全党委中心组学习制度，举办全区中、高级青年知识分子理论学习培训班和全区企业深入学习邓小平理论骨干培训班。召开“全区庆祝建国50周年暨第五次邓小平理论与闽东改革开放实践研讨会”，并评选1998年度全区企业思想政治工作优秀论文。

2000年，地委宣传部制定《宁德地区党委（党组）理论学习的实施意见》，进一步明确学习内容、时间、要求和保证措施，组织8次地、市中心组学习会；邀请省委党校教授上辅导课；聘请100名理论骨干任“理论辅导员”，分赴全区各基层单位开展理论宣传教育活动。召开全区“第六次邓小平理论与闽东改革开放实践研讨会”，在《闽东日报》开辟《理论与实践》专栏，在宁德电视台开辟《闽东纵横》固定栏目，不定期进行理论宣传。牵头组织召开由地委组织部、党建办、纪检委、机关党工委等部门参加的党校工作联席会议；围绕“讲理想信念，做合格党员”主题，开展领导干部带头讲党课活动，分别由地委、行署、人大等6位领导给党员干部授党课，受训党员干部达2000人次。同时，组织宁德电视台记者对领导讲党课进行全场录像，制成VCD电教片，发放各基层党组织作为党员教育教材。

2001年，中共宁德市委下发《关于认真组织学习江泽民同志“七一”重要讲话的决定》，组织学习宣讲“三个代表”重要思想。2002年，以学习宣传党的十六大精神为主线，开展理论进基层活动。市委作出《关于认真学习贯彻党的十六大精神的决议》，开展以“学习贯彻十六大精神，加快宁德发展步伐”主题活动，由市五套班子成员、县处级领导干部和理论骨干等组成宣讲团，分10个分团，深入百个乡镇开展千场大型宣讲活动。2003年，将“三个代表”重要思想学习教育不断向纵深推进。2004年，重点抓好十六届四中全会精神、“三个代表”重要思想的学习宣传，召开了全市理论界“深入开展邓小平理论研究、推进海峡西岸经济区新兴港口城市建设”研讨会。举办领导干部“树立和落实科学发展观”理论研讨班。

2005年，市委在组织全市开展保持共产党员先进性教育活动中，带动理论学习宣传，主要组织学习《胡锦涛总书记在新时期保持共产党员先进性专题报告会上的讲话》、十六届五中全会文件、党的执政建设、科学发展观、建设和谐社会理论等。在全市举办理论宣讲会、报告会1500多场次，受教育干部群众达30多万人次。市委宣传部与组织部联合举办全市保持共产党员先进性教育基层理论骨干培训班，133位乡镇宣传委员和组织委员参加培训。同时围绕研究、探讨理论学习下基层的办法，深入蕉城区金涵乡和有关社区调研，完善健全与基层干部和退休人员共建共学理论途径。市委宣讲团全员下基层开展理论宣传辅导工作。

第二节　形势任务宣传

1993年，宁德地委根据中央批准宁德为全国“开放促开发综合改革试验区”的机会，组织开展综合改革宣传。地委宣传部发出《关于加强综合改革试验区宣传工作的意见》，对试验区的重大改革内容、进展及成效进行经常性系统报道宣传。

1994年，组织对芹山电站、飞鸾岭隧道、“先行工程”等区内八大重点工程的宣传。开展中华人民共和国成立45周年系列宣传和闽东苏区创立60周年纪念宣传活动。

1995年，全区配合农村扶贫工作，开展争创小康村宣传活动，制定《关于加强争创小康村宣传工作的意见》，编写和发放宣传提纲和有关材料10万份。同时，在各个争创小康村运用“六个一”形式广泛开展宣传活动，即发放一份宣传提纲、教唱一首小康歌、张贴一张宣传标语、设立一块宣传板报、编写一份简报、组建一支农村奔小康宣传队。

1996年，全区开展“百村千户奔小康”系列典型宣传活动。邀请省内农村“奔小康”先进典型泉州市永春县美岭村党支部书记苏新添到宁德作巡回报告。组织对宁德地区经济社会发展“九五计划”和“2010年远景规划”编写的报道宣传。

1997年，为迎香港回归，组织6项万人活动，即：闽东老区人民拥抱香港万人签名活动、万人环城跑、万人篝火晚会、万人踩街、万人歌咏演唱会、万人宣讲《中华人民共和国香港特别行政区基本法》，并带动14个中型活动和上百个小型活动。同时，举办各种形式的报告会、座谈会、知识竞赛、征文演讲、图片展览等系列活动，展演展播展映一批弘扬爱国主义精神的戏剧、电视、电影，组织了体现特色、民情的“畲乡人民盼回归”等活动。

1998年，开展闽东“改革开放十佳人物”评选、宣传系列活动，组织下岗职工“下岗不失志，自强再创业”先进事迹系列宣传。还加大对福宁高速公路、飞鸾岭隧道、东侨开发区、芹山电站等区内重点建设工程的宣传力度。

1999年，全区开展形式多样的纪念“五四运动”80周年宣传活动，有“立足岗位做奉献”

青年志愿者行动和第二届校园文化艺术节活动，“爱党、爱祖国、爱社会主义教育”和“百城万店无假货”示范街活动等。在庆祝新中国成立50周年庆祝活动中，举办“祖国颂”歌咏大会、“走向辉煌”大型综艺晚会、焰火晚会、群众性游园活动、“今日闽东”摄影展、“迈向新世纪”书画展、“五十年回眸”征文活动、大型升国旗仪式等。编印《闽东五十年回眸》一书、制作《闽东大典》VCD光盘、在《闽东日报》和宁德电视台开辟“走过五十年”宣传栏目，系统宣传闽东50年的发展历程和建设成就。为迎接澳门回归祖国，组织“祖国的澳门”学习读书活动、全区大中专学校澳门知识竞赛、全区迎澳门回归知识竞答、全区企业职工“真龙杯”新中国建设成就知识竞赛、闽东畲乡喜迎澳门回归广场文化表演等大型宣传活动等。

2000年，围绕宁德撤地设市，地委宣传部组织系列宣传活动。包括发动各行各业“创优异成绩、迎撤地设市”活动，撤地设市庆典大会、军警民风采展示、迎宾茶艺晚会、殷承宗钢琴演奏会、“美丽的三都港”文艺演出、撤地设市文艺晚会、歌星演唱会、焰火晚会、“迈向21世纪的闽东”书画、摄影、民间艺术展、游园活动、水上散打擂台表演赛等20多项活动。配合有关部门做好第二届闽东大黄鱼招商节新闻发布会暨签约仪式、闽东名优特产品展销会、宁德市与甘肃张掖地区缔结友好地市活动、各县（市、区）招商暨项目开工、竣工剪彩活动等宣传工作。拍摄制作专题片《打开山海之门》、18集系列专题片《跨越》、30分钟电视访谈节目《走近宁德》以及在《人民日报》、《人民日报》（海外版）、《新华每日电讯》、香港《文汇报》、《福建日报》、《闽东日报》组织刊登一系列宣传宁德改革开放的文章等。制作《今日宁德》大型画册、《宁德》、《宁德文明之光丛书》和“美丽的三都港”音乐电视VCD片等一批宣传品。

2001年，市委宣传部开展对中共中央总书记江泽民“以德治国”重要思想及有关法律法规的学习宣传。还以隆重纪念中国共产党建党80周年为主题，开展党的知识、革命传统和宁德改革开放20多年成就的宣传活动。邀请不同革命时期工作的老同志，以其亲身经历到中小学校介绍各历史时期共产党人的精神风貌和党的优良传统。组织“重返闽东苏区百千万活动”，即组织百名记者到闽东苏区采风，千名机关党员干部重返老区瞻仰先烈、重温誓词、访问老革命，万名青年团员走访苏区、忆党恩、做奉献。

2002年，全区开展迎接、学习、宣传贯彻党的十六大系列活动。有喜迎十六大召开图片展、“党旗颂”广场文艺演出、“解放思想、与时俱进、加快发展”调研活动、“营造投资环境、加快闽东发展”系列宣传，“学习实践‘三个代表’重要思想基层干部标兵先进典型报告会”等。

2003年，按照市委、市政府提出的宁德经济应对接浙南经济圈的战略决策，主动与浙江温州新闻界开展交流协作、互访宣传报道等活动，并抓住福（州）温（州）高速公路全线通车的机遇，开展“新机遇、新起点、新行动”系列宣传报道活动。

2004年，围绕市委关于全面推进海峡西岸经济区新兴港口城市建设的决策，市委宣传部编印《加快海峡西岸经济区新兴港口城市建设》宣传画册，开展对中共宁德市委、宁德市人民政府《建设海峡西岸经济区新兴港口城市实施纲要》的学习宣传。编写宣传中共中央1号文件关于“三农”工作的“下基层搞宣讲，驻千村抓落实”活动宣讲提纲，配合市委、市政府组织市、县、乡三级5000多名干部深入农村开展宣讲活动。

2005年，是世界人民反法西斯和中国人民抗日战争胜利60周年纪念年，全市组织系列宣传活动，深入开展围绕市委、市政府建设海峡西岸经济区东北翼中心城市战略部署的系列宣传。在全市青少年中开展“爱祖国、爱福建、爱宁德”宣传学习活动，通过主题教育、读书活动、宣讲比赛、志愿者行为等培养青少年“热爱祖国、建设家乡”思想。

第三节 市（区）外宣传

从1993年开始，宁德对外宣传工作坚持以正面宣传为主、以事实为主，立足闽东区情，突出区域特色，拓宽宣传渠道，努力为全区对外开放和经济社会发展新一轮创业提供良好的外部舆论环境。同时，注意加强与中央、省涉外新闻单位、香港媒体驻闽机构以及境外新闻媒体的合作与交流，邀请境内外新闻记者到闽东采访。当年，宣传部门及新闻媒体，配合地委、行署参加厦门“9·8”贸洽会、香港招商会、福州国际招商月等经贸活动，通过举办新闻发布会、刊登专版、刊发招商广告、分发宣传品等形式，配合招商工作的开展。

1994年，霞浦赤岸“空海大师纪念堂”落成之际，接待了日本佛教真言宗派出的200人的朝拜旅行团。地委宣传部还制作出版“闽东好风光”挂历，通过对台、侨务、经贸部门及宁德地区驻外单位等渠道向外输送。

1995年，邀请并配合台湾群视国际文化事业股份有限公司深入宁德地区拍摄《畲族风情》电视片，向台湾民众介绍区内优美风光和畲族多彩风情。组织宣传报道1995年中国闽东畲族风情旅游节，并会同地直有关部门编印《宁德地区投资指南》。召开第三届空海学术讨论会，接待日本佛教真言宗信徒访华团。同年，还召开闽台陈靖姑学术研讨交流会，邀请海内外专家学者开展交流活动。

1996年，地委宣传部制作发送《开放的闽东》电视录像片，采用中英文解说；更新《宁德地区投资指南》；举办霞浦空海研讨会，编印发送《空海研究》日文版300多册。1997年，编辑印制《宁德地区》画册（中英文对照）。协助民政部做好美国卡特中心代表团考察宁德地区村委会换届选举和村民代表议事会制度的宣传报道工作。1998年，制作《宁德地区》折叠画页，拍摄制作《乐山乐水游闽东》电视宣传片。

1999年，宁德地、县（市）宣传部门配合做好“1999中国福建（闽东）生态环境游开幕式”“1999中国·闽东古田招商会”“1999福州国际招商日”“1999昆明世博会福建周”等活动。举办闽台陈靖姑文化学术交流会。做好《人民日报》（海外版）、日本朝日新闻上海支局、日本关西电视台上海支局、《人民中国》杂志社（日文）、香港《经济导报》、福建电视台国际部等一批国（境）外和国内涉外新闻单位（部门）到宁德地区采访的接待和宣传工作。开设互联网“宁德之窗”网页，向外编辑输送对外宣传资料片。

2000年，宁德地、县（市）宣传部门参与并做好宁德香港投资贸易洽谈会、福州国际招商月、第四届中国投资贸易洽谈会（厦门“9·8”贸洽会）及第二届中国闽东大黄鱼节、宁德地区（北京）农副产品展销会和迎接宁德撤地设市等对外宣传报道工作。接待《人民日报》（海外版）、香港《文汇报》、新华社、福建电视台国际部等记者在宁德的采访。拍摄制作对外宣传电视片《猴哥》，在东南电视台播出。在11月宁德撤地设市庆典活动期间，邀请一批国（境）外媒体采访参观。

2001年，市委宣传部组织《闽东日报》、宁德电视台、《三都潮》杂志社等媒体记者开展“闽东投资环境行”对外新闻宣传采访活动。配合香港《文汇报》、中国新闻社记者、日本NHK拍摄组到宁德的采访、拍摄。“宁德之窗”网站进行全面改版，分设“重点栏目”“图片精选”“新闻媒体”“电视专题”“宁德网站”等，并将文章翻译成英文链接“福建之窗”上网；拍摄制作

《第 17 次相逢》和《乡村义务消防队》两部对外宣传电视片在福建东南卫视播出，并通过对外电视协作网向海外输出。当年，全市新闻工作者共向省级以上涉外媒体发送稿件 1240 多篇，总字数达 37.2 万字。2002 年，配合省外新闻媒体做好全省对外电视异地采访宁德活动的组织工作，拍摄了《海上家园》《鸳鸯溪在线》《柘荣剪纸》《代表》等电视专题片在东南电视台播出。

2003 年，建立健全全市对外宣传工作机制，通过建立和完善对外宣传统筹协调、对外新闻发布、突发事件的对外新闻宣传、对外宣传激励机制等，提高对外宣传工作的整体水平。组织在《香港大公报》连续推出《宁德新闻》专版 6 期、在《中国商报》上推出 4 个专版、《福建日报》推出 3 个半专版等对外宣传报道。在中央电视台国际频道《中国新闻》栏目连续播出《项目推动宁德区域经济发展》《高速公路让宁德经济驶上快车道》《高速公路为宁德旅游业插翅》等系列专题报道。开展网上有害信息的治理工作，及时处理违规登载新闻或链接境外新闻的网站，做好“宁德之窗”网页的改版工作。2004 年，策划制作福宁高速公路通车后沿线户外广告牌，集中宣传和展示地方经济文化，扩大宁德知名度。精心策划、设计和制作对外宣传的《中国宁德》画册和《中国宁德》DVD 片。组织省外媒体“建设海峡西岸经济区”记者团在宁德的采访活动。

2005 年，宁德市建立新闻发言人制度，举办市委宣传部牵头的新闻发布会发言人培训班，召开首场宁德港口岸正式对外开放新闻发布会。制作《崛起的宁德》画册和 DVD、《我爱你，宁德的山海》歌曲专辑 VCD 等一批外宣品。与中央电视台联合拍摄七集电视纪录片《走遍中国・宁德》，在央视国际频道黄金时段播出。

第六章　纪检监察工作

第一节　领导干部廉洁自律

1993 年 8 月，地委召开地管新任领导干部就职暨廉政教育会，要求领导干部加强廉洁自律。9 月，地委召开反腐败斗争工作会议，学习中共中央总书记江泽民在中纪委二次会议上的讲话精神。领导干部廉洁自律被正式确定为反腐败三项工作格局之一，对党员领导干部重申和提出“五不准的要求”[1. 不准经商办企业；不准从事有偿的中介活动；不准利用职权为配偶、子女和亲友经商办企业提供任何优惠条件。2. 不准在各类经济实体中兼职（包括名誉职务），个别经批准兼职的，不得领取任何报酬；不准到下属单位和其他企事业单位报销应由个人支付的各种费用。3. 不准买卖股票。4. 不准在公务活动中接受礼金和各种有价证券；不准接受下属单位和其他企事业单位赠送的信用卡，也不准把本单位用公款办理的信用卡归个人使用。5. 不准用公款获取各种形式的俱乐部会员资格，也不准用公款参与高消费的娱乐活动]。同月，地委成立反腐败工作指导小组，加强对全区反腐倡廉工作领导，制定了《关于县（处）级以上领导干部廉洁自律的若干规定》下发执行。

1994 年 1 月，地委召开地直各单位负责人、地厅级离休干部、民主党派、无党派人士代表情况通报会。通报全区反腐败工作和地厅级领导干部廉洁自律专题民主生活会情况，对照廉洁自律的有关规定，地委领导班子进行自查，并提出领导班子思想作风建设和建立党风廉政建设责任制的办法。

1995 年，全区各级纪检机关继续会同组织部门抓好领导干部执行廉洁自律新老“五不准”[新五不准：1 . 不准违反规定购买和更换进口豪华小汽车；不准利用职权向企业、下属单位换车、借车和摊派款项买车；不准用贷款、集资款和专项资金购买供领导干部使用的小汽车；县（市）党政领导机关和单位，凡拖欠职工工资的不准购买小汽车。 2. 不准违反国务院关于住房制度改革的规定压价购买住房；不准利用职权为自己和子女、亲友购买住房提供优惠条件；不准用公款超标准为个人装修住房。3. 领导干部在国内公务活动中要轻车简从，食宿不准超过当地接待标准；不准为领导干部举办专场舞会。4. 不准利用本人及家庭成员婚丧嫁娶以及工作调动、过生日、迁新居等机会大操大办，挥霍浪费，更不准动用公款公物操办和借机敛财。5. 不准利用职权拖欠公款不还；不准借用公款为个人及其亲友买房、建私房和从事营利活动] 及补充规定（不准违反规定参加集资建房，不准违反规定建私房。不准违反规定使用军警车号牌、外籍车号牌；未经批准不准用公款和单位的车辆学习驾驶技术。不准参加用公款支付的营业性歌厅、舞厅、夜总会等的娱乐活动。在同国内的单位和个人的交往中，不准接受可能对公正执行公务有影响的宴请）的监督检查工作。地委反腐办向全区发出《领导干部廉洁自律有关规定文件选篇》7000多册。全区开展清理领导干部违规购换小汽车、违规购买或装修住房、超标准接待、挪用公款等工作。

1996年，领导干部廉洁自律工作以反对奢侈浪费为重点。开展清理领导个人公款购用通信工具，全区清理用公款配备领导移动电话2705部；清理用公款为领导购买摩托车、大哥大、传呼机和使用公款或单位车辆学习驾驶工作；清理违规超标车辆，共封存76辆。全面整治会风，控制会议数量和规模，狠刹会议赠送礼品和纪念品风气。

1997年，开展遏制用公款吃喝玩乐歪风专项治理，全区107个乡镇（街道办事处）恢复食堂接待，全年各级接待费普遍下降20%。继续开展清房工作，全区共清理1639名领导干部以各种形式违规占用的住房。有620名处级以上干部在规定时间申报了个人收入。386家国有企业都建立“四项制度”（企业领导干部收入申报制度、礼品登记制度、重大事项报告制度、企业业务招待费使用情况向职代会报告制度）。

1998年，全区各级各部门贯彻中共中央总书记江泽民在中纪委八次全会上的重要讲话和《中共中央国务院关于党政机关厉行节约制止奢侈浪费的若干规定》，以贯彻落实制止奢侈浪费八项规定为重点，全面推进领导干部廉洁自律各项工作，严格控制改建、扩建、新建或购买、装修办公楼和新建宾馆，严格管理公费出国（境）。

1999年4月，地委制定《贯彻〈关于实行党风廉政建设责任制的规定〉的实施细则》。当年，严禁党政机关工作人员到庐山、武夷山等12个国内风景名胜区开会，不准用公款组织与会人员到会议所在地外的风景名胜区游览，不准党政机关会议在区外召开。严格控制改建、扩建、新建或购买、装修办公楼和宾馆。严格管理公费出国（境），全年压缩或制止公费出国（境）团组8批26人，节约经费86.4万元。继续执行党政机关不准违规购买、乘坐超标公务用车等规定。

2000年，全区贯彻落实《中国共产党党员领导干部廉洁从政若干准则（试行）》和《关于党政机关厉行节约制止奢侈浪费行为的若干规定》。执行公务活动接待标准，全区大多数单位实行接待费单列。同时，加大监督检查和清理工作力度，查处领导干部送收“红包”行为。

2001年，市委将清理领导干部配偶、子女及其身边工作人员经商办企业作为廉洁自律的一项重要工作。全市671名县（处）级领导干部填报了配偶、子女个人从业情况，其中1名属应纠正对象并及时采取措施予以纠正。有21名领导干部报告本人或配偶、子女持有因私护照或港澳台通行证，制止3批6人不符合规定要求的出国（境）团组。清理收缴自1997年中央颁布廉政准则后，市、县两级科级以上领导收受现金、有价证券、支付凭证和礼品计210人次（厅级4人次、处级56人次、科级150人次）、人民币（含折合）59万元。2名领导干部因大操大办宴席被立案查处。纠正违规为领导配备使用公务用车84部，纠正党政机关和国有企业负责人投资入股非煤矿山59人、撤资245万多元。

2002年，全市对领导干部配偶、子女个人从业登记清理工作进行“回头看”，对清理处置不彻底的督促处理。不予审批不符合规定的出国（境）团组17个18人。查封26辆违规为领导干部配购的公务车并处理当事领导干部。针对群众反映强烈的乡镇领导“走读”（指上班在乡镇、下班回城）现象，出台《关于纠正乡镇领导干部“走读”现象的实施意见》，对乡镇领导干部在岗驻乡（镇）作出硬性规定，并列入考核重要内容。

2003年，重点抓不准领导干部利用职权插手建设工程招投标、经营性土地使用权出让、房地产开发和经营活动；不准收受与行使职权有关系单位、个人的现金、有价证券和支付凭证；不准接受个人或单位邀请到国（境）外旅游；继续抓领导干部廉洁自律各项规定的贯彻落实。11月份，全市对此活动进行全面自查和组织抽查，并将检查情况在全市通报，发现问题的责令限期整改，其中12名领导干部受到党政纪处分。

2004年年初，市委针对全市领导干部廉政从政方面存在的突出问题，对各级领导干部提出“约法五章”的要求，按照市委要求，市纪委、市委组织部联合下发《关于认真落实领导干部“约法五章”要求的通知》（约法五章指：不利用职权收受现金、有价证券和支付凭证、不违反财经纪律建立账外账和“小金库”、不参与赌博和“六合彩”等非法彩票活动、不奢侈浪费贪图享乐、不违反组织人事纪律）。

2005年，市委根据2004年提出的对党员领导干部的“约法五章”开展全面检查，检查789名厅、处级领导干部的廉洁自律情况。查处领导干部参加赌博和“六合彩”案件97件97人、清理各级领导干部拖欠公款1494名，追回资金1061.4万元，查处挪用公款5万元以上案件65件。

第二节　宣传教育与源头治理

1993年，全区各级党委制订党风廉政学习制度，配合“三讲”教育活动，开展廉洁自律教育，向孔繁森、李国安、吴天祥等先进模范人物学习活动。采取办班或放映录像等形式宣传讲解法规和剖析典型案例，对广大党员干部进行反腐倡廉和遵纪守法教育。1994年，在全区开展为期1个月的反腐倡廉教育图片巡回展览，受教育人数达10万多人次。1995年，突出“教育为主，预防在先”，开展领导干部廉洁自律教育。地区纪委从各级党组织推荐的正反典型材料中筛选编印《星光与邪影》一书3000册，分发到基层党组织开展学习。1996年，地区纪委、监察局与《闽东日报》联合开辟反腐倡廉专栏，举办“清风杯”征文活动；组织全区党员干部参加全国党政条规知识竞赛（厅、处、科级干部参赛率分别达100%、98%、96%）。1997年成立《中国纪检监察报》宁德地区通联站，挂靠地区纪委宣传教育室。组织2万多名党员、干部参加中央纪委、监察部举办的党纪条规竞赛活动。1998年4月，全省“反腐倡廉教育”巡回展在行署礼堂展出，地、县（市）六套班子的领导，地直各单位领导，干部6000多人次观看展览，其中处级干部400多人次、科级干部1500多人次。组织各级领导、党员干部参加《中华人民共和国行政监察法》颁布1周年知识竞赛活动，有29851人参加。全区有29名纪检监察干部通过中纪委业务培训，提高办案能力。组织撰写正反典型专题材料270多篇，编印“星光与邪影”等反腐倡廉正反典型案例小册9000多册。组织播放反腐倡廉录像8900多场次，观看人数达69万多人次。着力提高干部队伍的反腐倡廉意识和拒腐防变能力。

1998年，地县两级财政部门相继成立行政事业性收费中心，加强对各项收费行为的监督。1999年，全面实行“收支两条线”管理工作，开始推行政务、厂务、校务公开工作。各级党委政府及纪检监察部门落实党风廉政建设责任制，完善目标管理、考核评议、谈话诫勉、案件查处、责任追究等配套制度。各级公安、检察、法院和工商行政部门等先后推行行政性收费和罚款收入全部实行“收支两条线”管理制度，并逐步向所有执法部门推广。

2000年，全区地、县（市）两级有执罚权部门在全面推行“收支两条线”基础上，进一步推行行政事业单位银行账户网络化管理。并试行会计委派试点工作。全区在14个国有重点单位委派会计人员，开始试点村账乡（镇）管、乡（镇）账县（市）管工作。行署出台《宁德地直单位实行政府采购管理的暂行规定》，并在卫生部门先行推行。加强经济责任审计制度落实，全年共审计领导离任单位 47 个、追究领导责任 3 人，在全区乡镇以上各级机关和有行政管理职能的单位全面建立公务公示、承诺、否定报备、失职追究等制度，以强化内、外监督机制。全区纪检、监察机关按照中共中央、国务院《关于实行党风廉政建设责任制的规定》和福建省的相关规定，成立落实党风廉政建设责任制工作领导小组，制订落实责任制实施办法和细则，逐步分解责任范围和内容，并开展检查考核。全区（市）有 11 名领导干部因违反责任制规定受到责任追究，并分别给予党政纪处分。

2001 年，全市所有执收执罚部门开始实行“票款分离”的“收支两条线”管理办法，行政事业单位实现银行账户网络化管理。开展规范工程建设招投标工作，各县（市、区）建立工程建设项目交易场所，成立招标代理机构，建立评标专家库。在 7 个市直单位和 7 个县（市、区）试行会计委派制度。成立市级政府采购委员会、政府采购办和政府采购中心，出台《宁德市直单位实行政府采购管理的暂行规定》。全市 114 个乡镇（街道）开展政务公开的占 91.7%；1765 个行政村开展村务公开的占 78.3%；447 家企业开展厂务公开的占 88%；校务公开和院务公开工作结合民主评议行风工作也全面展开；领导干部任前公示制度开始推行。同年，全市开展行政审批制度改革工作，全市共取消审批审核项目 312 项，整理合并、下放转移项目 193 项，取消面、改革面分别达 34.5%、52.5%；取消行政收费事项 155 项，转移下放、整理合并项目 111 项，取消面、改革面分别达 37.3%、55.8%。全市实行“票款分离”执收单位 488 个，占总数的 72%，纳入网络运行的收费项目 897 项，占收费项目总数的 61%。全市共组织招标采购 47 次，中标金额 928 万元，标的造价平均下降 15.4%。

2002 年，全市累计减少 516 项行政审批审核事项，简化合并审批审核事项 99 项，审批审核事项改革面为 64.9%、减少面为 54.5%；减少收费事项 219 项，收费事项减少面为 53.9%。全市所有 755 个执收执罚部门全部落实“票款分离”管理办法，“票款分离”执收项目 1578 个、项目到位率 100%，通过“票款分离”进入财政专户资金达 3.37 亿元。开展“小金库”专项检查工作，检查单位 1254 个、查出违纪金额 2459.12 万元。在 14 个国有重点单位试行会计委派制度。全面实行县（处）、乡（科）级正职领导干部任期经济责任审计。

2003 年，全市深入开展查处和禁止开具虚假发票公款报销行为专项治理工作，发现和收回一批违规报销经费，有 12 名责任人受到党政纪处分。开始实行国库统一支付工资制度，1489 个党政群机关、学校共 38144 人由国库统一支付工资，占 42.86%。全市开展政府采购 310 宗，节约资金 428.63 万元，平均节约率 9.91%。

2004 年，全市清理 1997 年以后市本级制发的涉及行政许可的规范性文件 118 件，废止 67 件；清理各县（市、区）涉及行政许可的规范性文件 182 件，废止 131 件。全市查处违规设立“小金库”案件 10 件，涉及金额 60 多万元。全市开展政府采购 538 宗，节约资金 654 万元，节约率 10%。

2005 年，全市共清理涉及行政许可规范性文件 84 件，向社会公布第一批涉及行政许可规定的规范性文件目录。对全市承担执收政府非税收入的行政事业单位、社会团体，统一实施政府非税收入项目库管理。继续开展制止开具虚假发票报销行为专项检查工作，共检查单位 109 个，涉及违纪违规金额 6.52 万元。全市开展政府采购 516 宗，共节省资金 1584 万元，项目平均节约率 10.93%。市委反腐办制定《关于深化办事公开制度“抓本级、带系统、促基层、求实效”活动的实施意见》，规范公务行为，防止滋生腐败。

第三节　执法监察

1993—1995年，宁德地区纪委、监察局围绕中央宏观调控和抑制通货膨胀政策措施的贯彻落实组织开展执法监察。对金融系统“乱拆借、乱集资、乱贷款”自办公司进行检查，收回违章拆借资金3680万元，撤销自办公司25家。开展以粮食价格为重点的物价政策管理情况监督检查，查处一批违法违规行为。围绕农业、农村问题和减轻农民负担工作组织开展检查，全区清理涉农负担文件692份，取消涉农负担项目523个，取缔达标升级活动52项。围绕党委、政府有关改革、发展的重大举措进行检查，督促有关部门转变作风，简化程序，提高工作效率。开展《中华人民共和国药品管理法》《中华人民共和国统计法》《中华人民共和国反不正当竞争法》《中华人民共和国教师法》等法律法规的监督检查，发现问题并移送公安机关处理3件。

1996—2000年，全区纪检监察机关重点加强对农民负担日常监督管理三项制度（农民负担监督卡、专项审计和预决算制度）落实情况的监督检查，坚决查处坑农、害农、加重农民负担的典型案件，受理反映涉及农民负担违法违纪问题40件，立案10件、党政纪处分10人。组织开展耕地保护检查工作，查处各类土地违法行为191起。开展城乡电价、副食品专项资金、粮食流通体制改革、种子管理条例执行情况的监督检查。对国有企业社保四项资金（下岗职工基本生活保障资金、养老保险基金、失业保险基金和城市居民最低生活保障资金）管理使用情况开展专项检查，发现一些部门挪用、欠缴问题，并对违法违纪人员进行处理。开展建筑市场专项整治，成立建设工程项目专项执法监察领导小组，进一步健全建设工程招投标制度和有形建筑市场管理。到2000年年底，全区（市）工程建设基本实现招标发包。开展国债资金监督检查，组织自查自纠和检查整改。参与重特大事故的调查处理工作，查处渎职失职行为案件9起，党政纪处分19人。开展招生和招考公务员工作专项监察检查，加强对考试纪律、录取工作公平、公正情况的监督，查处违纪案件24件，处理38人。

2001年，全市各级纪检监察机关，对审核审批改革工作的执行情况开展跟踪监督检查。分三批清理60余个市直单位961项审批审核事项和527项行政事业性收费项目。成立高速公路专项监察领导小组，下设办公室，对高速公路建设资金、建设程序和质量、征地、招投标、廉政建设情况开展监督检查。追回福安连接线指挥部外借资金1238万元，制止串标围标1起，避免资金损失1000多万元。开展全线征地拆迁情况监督检查，共查出违法违纪金额123万元，给予党政纪处分67人，移送司法机关处理43人。

2002年，全市各级纪检监察机关重点开展经营性土地使用权出让招标拍卖、建设工程项目公开招投标、政府采购、产权交易进入市场等4项制度执行情况专项监察。加大对国债资金管理使用情况的监督检查力度。开展高速公路建设工作专项监察。开展社会保障资金和民政救灾款物管理使用情况的监督检查，抓好重大责任事故的调查处理监督工作。当年，全市确定执法监察项目191项次、涉及部门和单位611个，发现各类问题和线索143条、立案15件，作出执法监察决定（建议)18份、给予党政纪处分12人、查出违纪金额138.02万元、挽回经济损失42.66万元。

2003年，市监察局、财政局、审计局联合对各县（市、区）实施《中华人民共和国政府采购法》情况进行全面检查，督促按公布的采购目录进行政府采购。全年确立执法监察项目210项次，监督检查涉及单位778个、立案17起17人，查处违纪金额194.14万元、挽回经济损失

368.33万元。开展安全生产检查，查处事故背后的腐败行为。继续开展企业效能监察，促进企业领导人员廉政建设。

2004年，全市纪检监察机关在监督检查中，落实“四个坚决纠正”。即坚决纠正征用土地中侵害农民利益的问题。出台《宁德市区征地补偿费用标准暂行规定》，设立征地资金专户，按照法定补偿标准核算和支付补偿安置费用，禁止拖欠、截留和挪用征地补偿费用。办结征地信访督办件10件，受理群众投诉件15件，保护被征地农民的合法利益，维护社会安定稳定。坚决纠正城镇拆迁中侵害居民利益的问题。建立宁德市纠正城镇拆迁中侵害居民利益工作联席会议制度，开展对城镇拆迁工作自查整改和监督检查，各县（市、区）相应成立工作机构，开展自查自纠和落实整改工作。坚决纠正企业重组改制和关闭破产中侵害职工合法权益问题。对26家改制企业职工安置方案进行认真审核，及时并妥善解决36起涉及国有企业改革分流安置职工引起的劳动争议，维护职工的合法权益。坚决纠正拖欠农民工工资问题。全市检查用人单位548户，受理农民工投诉257件，为农民工追回被克扣、拖欠工资1225.3万元。全年共确定执法监督项目312项次，监督检查单位1108个、发现问题线索336个（条），立案64起、查处36人，涉及违纪违规金额2450.68万元，挽回经济损失309.3万元。

2005年，根据省统一部署，开展集中整治企业违法排污工作。全市确定10家企业为市级挂牌重点督促整治对象。采用明察暗访和不定期现场跟踪检查、督办等措施推进重点企业的污染整治工作。围绕社会热点问题，积极开展各专项资金使用管理情况执法监察。各级纪检、监察机关发挥专项监督检查联席会的作用，强化对社保资金征管用、失业人员再就业工作情况、农业专项资金、民政救灾款物管理使用情况的监督检查。对检查发现的问题采取“情况反映”等呈报市领导，同时对存在问题进行通报，限定时间要求有关部门对照整改，并组织成员单位人员对典型违纪违规问题开展专项调查工作。围绕安全生产开展监督检查，查处重大责任事故。督促蕉城区相关职能部门取缔单石碑黄某非法加油点，消除安全隐患。

第四节　纠正行业不正之风

1993年，地区纪检监察机关将涉农“三乱”（乱设卡、乱收费、乱罚款）作为纠正有关部门不正之风重点，开展专项整治。当年，查处涉及农民负担“三乱”案件（事件）176件，给予党政纪处分42人，减除农民负担1.48亿元。1994年，全区撤除各类检查收费站（点）56个，查处公路“三乱”案件78件次、给予43人党政纪处分。1995年，重点治理教育部门乱收费和拖欠教师工资问题，当年发还教师被拖欠的工资1076万元。1997年，成立纠正医药购销中不正之风领导小组，建立联席会议制度，加强药品生产、流通和使用领域的监管，整顿和规范药品市场秩序。1998年，以整治医药卫生部门药品（器具）购销回扣为重点，检查62家经销企业和医疗机构，在全区推广药品（器具）采购政府招投标制度。

1999年，全区通过清理，取消涉及农民负担项目收费988万元，120多个乡镇实行农村提留统筹预算制度，占乡镇数的96.7%。在电信、城管、电力等5个公共服务部门开展行风评议，在计生、财政、民政、交通、土地、农业等9个部门开展基层窗口行业作风整顿。

2000年，全区对所有124个乡镇上年度农村统筹费进行决算审计，其中106个乡镇的1481个行政村做到依规依卡收筹，切实减轻农民负担，分别占乡镇的85.4%和行政村的68.79%。清理涉及企业乱收费案件78件次、金额222.93万元。清理中小学乱收费89件、涉及金额168万元，其中退还家长132万元、上缴财政36万元，给予59人党政纪处分。市政府纠风办从人大代表、政协委员、特邀监察员和工、青、妇组织中邀请18位评议代表，对20多个基层窗口单位进行行风评议，评出“十佳基层窗口”行风建设先进单位，以推动全市基层窗口行风建设。

2001年，重点抓两方面纠风工作，进一步推进农村税费改革，减轻农民负担。确保试点县（市）农民负担真正做到“减轻、规范、稳定”，对未实行农村税费改革的县（市、区）继续实行农民负担监督卡制度；开展减轻企业负担工作，建立企业负担监督网络，聘请50名监督员承担县（市、区）企业减负重点试点单位监督工作。

2002年，全市纠风工作重点是继续打击医药购销领域不正之风，市、县（区）两级医药机构普遍推行药品招标采购并逐步规范化。当年全市以招标形式中标，签订采购合同的药品达2955个，接近采购药品数的71.3%，合同金额2311.84万元，查处药品违法违规采购销售案件506件。在26个服务性行业部门开展民主评议行风工作，解决一批群众反映强烈的热点、难点问题，特别是公路与水上“三乱”问题和中小学违规招生、违规收费问题。

2003年，全市纠风工作重点，一是深入治理教育乱收费。建立治理教育乱收费工作局际联席会议制度，在全市组织开展明察暗访，组织27个检查组，抽查28个乡镇93所中、小学幼儿园教育收费情况，查处乱收费案（事）件22起、涉及金额82.95万元，给予党政纪处分5人。二是继续纠正医药购销中不正之风。全市有18名有关人员被立案调查，涉及金额37.68万元。三是做好减轻农民负担工作。全市清理和审核涉及农民负担的文件39个，项目92项。四是巩固治理公路“三乱”（乱收费、乱罚款、乱设卡）的成果，整顿道路收费站点，撤销境内公路收费站3个，处理公路“三乱”责任人5人。五是窗口单位民主评议工作在27个重点部门开展，解决群众反映强烈的突出问题。同时开展制止开具假发票公款报销违规消费专项治理，下发《关于进一步贯彻制止开具假发票公款报销行为的通知》。市、县（区）纪委、监察局、纠风办组织人员深入一些县（市、区）和市直重点单位抽查，全市有12名责任人受到党政纪处分。成立治理报刊散滥和利用职权发行工作领导小组，停办《福安报》《霞浦报》《三都潮》，并加强农村和学校征订报刊限额制落实情况的监督检查。

2004年，继续治理教育乱收费，下发义务教育“借读生”、公办高中“择校生”等招生和收费规定。全市推行义务教育阶段“一费制”收费办法，减轻学生家长负担524.4万元。查处教育乱收费33起，涉及金额183.847万元，退还学生及家长131.35万元，对7名责任人进行立案查处。继续加大对药品生产、流通、使用领域的督查和执法力度，检查涉药单位6716家次，查处药品违法案件494件，案值53.36万元，没收药品标值32.63万元，取缔无证经营50家，移交司法机关处理1件；开展医德、医风整顿，退还“红包”金额4.23万元，上缴“红包”8280元；继续执行药品集中招标采购制度，金额达12041万元，占全市医院用药总金额的75.8%，通过采购让利患者金额达1468.9万元；对全市县以上医疗机构药品及医疗服务价格进行检查，查出市级3所医院违纪金额105万元。进一步落实减轻农民负担的各项政策，市、县两级调整充实农民负担监督管理领导小组，强化监督检查，巩固治理公路和水上“三乱”成果。

2005年，全市纠风工作在巩固连续几年开展减轻农民负担、减轻企业负担、治理公路水上“三乱”和教育乱收费、开展服务行业行风评议成果的基础上，把纠正重点转向日益突出的在征用土地中侵害农民利益的问题上，出台《宁德市区征地补偿费用标准暂行规定》，禁止克扣、拖欠、截留和挪用征地补偿款。对全市经国务院和省政府批准当年征用的1934公顷（实际征用1486.67公顷）土地应交付的1.91亿元补偿款逐一进行核查。解决2起拖延多年的城镇拆迁中侵害居民合法利益的补偿款支付问题。对企业重组改制和关闭破产中侵害下岗职工合法权益的5起争议案，组织有关部门认真调查研究，合理合法给予解决。市县两级纪检监察机关配合教育、纠风部门为完善义务教育阶段“一费制”办法，开始实行公办普通高中招收择校生“六项制度”，即全面执行收费公示制、审批制、结算制、监督制、听证制、责任追究制等。落实中小学校“两免一补”（免杂费、免书本费，补助寄宿生生活费）政策，不许变相收费。对全市教育转移支付资金实行财政专户管理、专款专用，并对630所中小学校收费情况进行全面检查。当年，全市还开展治理整顿党政机关及其所属单位乱办培训班、乱收费、乱发证现象，共停止387个项目培训班。开展整顿统一着装工作，全市收回服装2570件（套），收回标志2762件（套）。

第五节　机关效能建设

1999年，地委出台《加强行政机关勤政建设，提高办事效率的若干规定》，成立行政效能投诉中心，设立举报电话，开展行政机关效能监察，立案查处行政效能违纪案件17件、处理28人。

2000年5月，宁德地区机关、事业单位效能建设全面推开，成立宁德地区机关效能建设领导小组及其办公室和机关效能投诉中心，县（市、区）也成立相应机构。

2001年，全市开展“机关服务质量万里行”活动，市、县（市、区）效能办围绕市委、市政府重点工作、中心城市建设、重点建设项目、投资软环境建设、机关作风建设、行政执法、民生问题等开展效能督查，行程7万多千米，发现并督办一批群众反映强烈的热点难点问题。

2002年，全市开展“深化机关效能建设、优化投资软环境”和“建信用闽东城、做诚信闽东人”活动。7月，宁德市机关效能建设领导小组办公室和投诉中心确定为常设机构，实行合署办公，挂靠市纪委监察局，并聘请50名离退休老干部和党外人士担任监督员。各县（市、区）也按此设置，聘请221名监督员，把市、县两级机关事业单位效能建设和监督工作作为日常常规工作长期抓下去。

2003年，宁德市在机关事业单位中开展创建“效能型、服务型、责任型政府，营造优良政务环境”活动。重点抓行政审批审核制度改革、投资服务、政务公开、建设诚信政府和依法行政5方面工作。市政府制定《关于损害经济发展软环境行为责任追究的暂行规定》，加大对破坏投资软环境、影响效能建设行为的惩处力度。继续组织机关服务质量“万里行”巡查组，先后深入9县（市、区）及40多个市直单位，发现违反机关效能建设有关规定给予效能告诫17人、诫勉教育50人。全市各级机关效能投诉中心受理各类投诉861件，到期应办结845件、办结832件，办结率98%。其中市级投诉中心受理投诉件216件，到期应办结214件、办结208件。对违反效能建设有关规定的人员给予效能告诫32人、诫勉教育47人，给予党政纪处分7人。

2004年，宁德市推行机关单位绩效评估，建立“效能建设一票否决”制度。围绕“创建效能型服务型责任型政府，营造优良政务环境”活动，加大效能督查力度，切实解决一些机关和部门的效率低下、办事推诿等问题。全市各级效能投诉中心共受理各类投诉1018件，应办结887件、办结843件，全年对违反效能建设有关规定人员给予告诫94人次、诫勉教育125人次、党政纪处分7人。

2005年，全市继续组织开展机关服务质量“万里行”巡查，先后对9县（市、区）、东侨、赛岐开发区和40多个市直单位进行巡查。各级机关效能投诉中心共受理各类投诉1176件，应办结1021件、办结1001件。对违反机关效能建设有关规定给予告诫33人，诫勉教育45人。开展“行政提速，服务发展”活动，组织企业、政协委员、人大代表对72个市直单位进行评议、评出前后各三名并通报全市。同年，对绩效评估试点单位2004年度履行职责、发挥职能、服务经济发展等情况进行评估，市发展计划局、市建设局和霞浦县政府等3个试点单位评估等次为良好。在总结试点单位经验的基础上，设定县（市、区）政府绩效评估指标考核体系，决定在市政府成员单位和9个县（市、区）政府及东侨、赛岐开发区全面推行绩效评估工作。各地各部门也纷纷建立行政服务中心，构建优质高效服务平台。至2005年年底全市建立较为规范的市、县行政服务中心5个，市、县部门行政服务中心或办事大厅31个，有效增强了政府服务社会、服务群众的功能。

第六节　案件查处

1993年开始，宁德地区纪委、监察局对信访举报实行目标管理，拓宽信访举报渠道、认真办理举报事项。当年地、县（市）两级纪检、监察部门受理信访举报4550件，立案436件478人。结案318件327人，其中处级领导案件12件9人。1994年查处案件532件543人（含上一年度未结案转本年度结案，下同），其中新立案件426件437人，结案率82.5%，处级案件6件6人。1996年查处案件有所上升，计664件670人，其中新立案件619件625人、结案636件，结案率95.78%，立案和查处率均比上两年提升。1998年，查处618件619人，其中新立案597件598人、结案558件559人、结案率90.3%，查处县处级领导干部4人。

1999年，受理举报件增多，全年共受理4522件、立案605件605人，其中大要案196件；查处结案629件，给予党政纪处分649人，其中处级领导干部9人。

2000年，受理举报件仍呈较多态势，受理4803件、立案609件609人，其中大要案157件、结案614件，结案率95.2%，为历年最高。党政纪处分618人，其中县处级领导5人、乡科级领导96人。案件以经济和失职渎职为多。

2001年，宁德市纪检监察机关加大反腐查案力度，收到群众来信来访和电话举报4226件次，受理初查核实线索1046条，转立案392件。累计立案在查件共612件612人，其中大要案140件（处级7件、科级82件）；受贿万元和挪用公款5万元以上经济大案51件。当年结销案件623件，办案挽回经济损失500.46万元。案件主要有以下特点：一是经济案件上升。立案285件，同比增加31件，上升12.2%。其中贪污案件93件93人，同比增加7件7人，上升8.1%。二是初查成案率上升。初查核实线索1046条，其中初查转立案392件，同比增加17件，上升4.5%。三是自办案件上升。自办501件，占新立案件的81.9%，同比增加73件，上升17.1%。四是结案率提高。结销案606件，处分606人，结案率为96.9%；同比上升1.7个百分点。五是乡镇纪委办案数上升。全市有122个乡镇和街道办事处纪委办案255件，比上年107个乡镇办案192件分别增加15个和63件，上升14%和32.8%。

2002年，全市纪检监察机关收到群众来信来访和电话举报3572件次，其中涉及处级领导干部案件214件次、科级1102件次。受理初查核实线索788条，转立案341件，成案率42.8%。全年累计办案634件634人（含历年遗留20件20人）。新立案件614件614人。案件性质分别为经济案件275件275人，占44.6%；失渎职类案件80件80人，占13.2%；侵犯党员权利和公民权益类案件29件29人，占4.7%；违反社会管理秩序类案件206件206人，占33.6%；违反组织人事纪律类案件12件，占1.95%；严重违反社会道德类案件10件，占1.6%；违反政治纪律类案件12件，占1.95%。涉及党员案件504件，涉及监察对象案件245件。新立大要案136件，其中要案85件（处级6件、科级79件），贪污受贿万元和挪用公款5万元以上经济大案51件。新立“三机关一部门”（党政领导机关，行政执法机关，司法机关和经济管理部门）案件213件，结案率95.7%。办案挽回经济损失634.52万元。

2003年，全市各级纪检监察机关受理群众信访举报4296件次，初步核实线索1017条，转立案379件。新立案件614件，其中政治类3件、组织人事类5件、经济类276件、失渎职类83件、侵犯党员权利公民权利类30件、严重违反社会道德类5件，违反社会管理秩序类208件、其他类4件。大要案153件，比上年增加17件，上升12.5%；涉及科级以上干部案件71件，其中县处级案件6件；经济大案82件，比上年增加31件上升60.8%；“三机关一部门”案件153件；结销案612件，结案率为99.7%，通过查案为国家和集体挽回经济损失461.99万元。

2004年，全市各级纪检监察机关共受理群众来信来访和电话举报2736件次，初查核实线索823条，转立案255件。新立案件616件，其中政治类1件、组织人事类18件、经济类210件、失渎职115件，侵犯公民和党员权利类17件，严重违反社会道德类1件，违反社会管理秩序类225件，其他类3件。大要案150件，比2003年同期增加7件，上升4.9%；涉及科级以上领导干部123件，其中县处级6件。全年全市查处经济大案71件，比去年同期增加48件，上升31.4%；涉及党员案件537件，涉及监察对象案件246件；结案622件，结案率96.6%，通过办案挽回经济损失499.58万元。

2005年，全市纪检监察机关受理群众信访举报2484件次，初步核实线索837条，转立案255件。立案639件，其中新立案件617件，比2004年同期上升0.2%，大要案123件，占立案总数的19.9%，涉及科级以上要案78件（其中处级及以上6件6人），贪污受贿万元和挪用公款5万元以上经济大案65件，“三机关一部门”案件157件，结案626件，结案率98%。通过办案为国家和集体挽回经济损失1.8亿元。

2001—2005年，宁德市纪检监察机关共受理群众信访举报17314件，立案3073件3073人，其中大要案692件。共查处2979人，其中厅级领导干部2人、处级29人、科级领导干部415人。

1993—2000年宁德市（地区）纪检监察机关案件查处情况统计表

表24-8

年份	受理举报（件）	立案总数（件/人）	大要案数（件）	处分人数（人）	其中处级（人）
1993	4550	436/478	—	300	9
1994	4296	426/437	—	308	6
1995	2443	467/482	—	476	7
1996	2763	619/625	—	600	5
1997	3192	624/624	173	580	5
1998	3766	597/598	185	524	4
1999	4522	605/605	196	587	9
2000	4803	609/609	157	580	5
合计	30335	4383/4458	711	3955	50

2001—2005年宁德市纪检监察机关查处案件情况统计表

表24-9

年份	受理举报（件）	立案数（件/人）	大要案（件）	查处人数（人）	其中处级（人）
2001	4226	612/612	140	606	7
2002	3572	614/614	136	579	6
2003	4296	614/614	143	592	6
2004	2736	616/616	150	596	6
2005	2484	617/617	123	606	6
合计	17314	3073/3073	692	2979	31

说明：大案指贪污贿赂万元以上或挪用公款5万元以上案件；要案指乡科级（含以上）党员干部违法违纪案件

第七章　统战工作

第一节　多党合作与政治协商

1993 年，宁德地委、行署和各县（市）多次邀请民主党派、工商联、无党派人士座谈，引导他们围绕党委和政府的中心任务参政议政。地、县（市）党政领导建立与 360 位党外人士交友联系制度。全区共聘请 104 位党外人士为各级特邀监察员、审计员和廉政监督员。组织安排党外人士 4000 多人次参加各种形式的学习调研和参观考察。党外人士通过调查研究，就建立社会主义市场经济体制、促进全区农业升温、加强基础教育、抓好反腐败斗争等提出意见、建议 529 条，有 300 多条得到采纳。

1994 年，地委出台《中共宁德地委关于进一步加强我区统一战线工作的意见》，强调要进一步明确党委、政府以及县级政协同民主党派、工商联、无党派人士政治协商的问题及协商的形式和程序，并不断充实协商内容、丰富协商形式、提高协商质量。同时要求协商内容应提前通报，要坚持做到协商于决策之前和执行决策过程之中，并尽可能创造让他们知情出力条件。地委、行署和各县（市）委建立健全落实向党外人士通报工作情况、定期协商和交友谈心等制度。地委、行署主要领导还不定期约谈民主党派和工商联负责人、党外人士，主动听取意见和建议。

1995 年，地委根据领导班子成员变动情况，重新确定地委领导与 36 名党外人士联系交友对象，进一步加强同党外人士交谈制度。1996 年，地委及统战部又进一步完善协商合作制度。先后聘请 153 位党外人士担任特邀“四员”（特邀人事监督员、国土资源监督员、特级审计员、特级监督员）参与反腐倡廉、“严打”斗争和社会治安综合治理等工作。

1998 年，地委统战部与地区检察院联合召开情况通报会，地区检察院检察长向地直各民主党派和工商联、党外人士代表通报当年检察系统机关作风、组织纪律整顿情况并征求意见。地委统战部还举办一期由各县（市）统战部部长和各民主党派、工商联、党外干部参加的新时期统一战线政治协商、多党合作研讨班，探讨进一步加强多党合作、参政议政等问题。

1999 年，地委针对与党外人士联系交友制度不够落实的情况，把密切与党外人士的联系交友谈心活动作为地厅级干部“三讲”教育的一项重要内容，要求每位厅级领导干部都要联系两名民主党派、工商联及党外代表人士，多抽出时间与他们开展谈心活动。地委、行署还对一批工作成绩突出的民主党派、党外知识分子及非公有制经济代表人士通报表彰，进一步发挥他们的积极性。

2000 年，宁德地区政协工委和地委统战部 3 次组织民主党派和各界人士代表，对地委 2000

年工作会议报告意见稿进行讨论，就改革开放、经济建设、社会各项事业发展以及迎接宁德撤地设市等重大问题提出上百条建议意见，其中大部分被地委、行署采纳吸收。7位区内各级政协委员代表宁德各民主党派分别就民营经济、少数民族经济发展、教育改革、开发保障、农村医疗网络建设，大黄鱼产业持续发展和科教兴市等7个方面的问题发表意见，受到党政领导和有关部门的高度重视。地区政协工委和地委统战部还组织党外人士、工商联组织组成调研组到宁德（今蕉城区）、福鼎、福安、柘荣等县（市）开展调研活动，并详细分析闽东软环境建设的现状及存在的5大方面问题，提出多条建设性建议。当年，由党外人士参与调研向省政府、省政协提交的关于闽东“连家船民”上岸定居和茅草屋急需改造建设等提案建议被省政协列为重点提案，受到省政府及省政协领导的高度重视，批示后很快得以实施。

2001年，宁德市委、市政府邀请民主党派负责人赴江浙等地参观考察民营经济，向民主党派通报“双福”（福州—福鼎）高速公路建设进展情况等。为充分发挥民主党派、党外代表人士的民主监督作用，在原有“特约四员”的基础上，市政府还聘请民盟、农工党、九三学社等民主党派多位人士为宁德市民主评议行风评议代表。市人事局、国土资源局、审计局、监察局等单位也先后召开各民主党派、工商联等党外人士座谈会，通报情况、颁发聘任证书，听取各界人士建言献策。市人事局还向特聘人员印发“特邀人事监督员信息反馈卡”，及时收集和反馈监督员意见。

2002年，市委将“关于推进公有制经济发展的研究”课题交给市委统战部，组织党外人士组成调研组深入9县（市、区）和市直有关部门调查。调研组先后召开10场座谈会、走访30多家民营企业、发放并收回200多份调查问卷，形成《关于推进非公有制经济“二次创业”的调研报告》，送省、市领导及有关部门参考，该调研报告获得宁德市委2002年调研成果和省委统战部调研成果一等奖。

2005年，全市各级党委抓住《中共中央关于进一步加强中国共产党领导的多党合作和政治协商制度的意见》颁发实施时机，进一步促进多党合作、参政议政有关制度的完善和落实，特别是在制定“十一五”规划等工作上发挥他们的积极作用。当年，为保证市（县、区）党员领导干部在调整与新老交替之际与民主党派、无党派人士联系交友制度的落实，市委及统战部按有关要求重新确定市委领导、市政府党员副市长以及各市、县（区）委、政府中共党员领导与党外人士联系交友工作。

第二节　支持民主党派和工商联自身建设

1993年，宁德地区除民盟宁德地区工委会外，还有农工党宁德市委会和农工党福安市委会两个县级民主党派组织，全区有民主党派成员300多人。此后，全区加大支持民主党派和工商联工作的力度。1994年4月，地委发出《关于进一步加强我区统一战线工作的意见》，强调各级党政主要领导要关心支持民主党派和工商联的组织建设，帮助他们开展好日常工作。9县（市）均成立工商业联合会（简称“工商联”），有执委230人，专职干部33人。地区设有省工商联驻宁德地区办事处（商会），配备6名专职干部。1996年3月，成立民盟宁德市（县）委。1998年，成立宁德市民革省委会直属小组。同年，省民建组织开始在宁德地区发展成员。1999年，经地委办公会议研究，成立农工党宁德地区委员会筹备组，着手筹备成立宁德地区农工党组织。在地委统战部指导协助下，民革宁德支部也于同年10月30日正式成立、民进福安支部于12月24日正式成立，全区的民主党派组织工作有了新的发展。2000年，区内又先后成立民建、民革、九三学社等党派省属支部组织。6月，地委召开办公会议，专门研究民主党派组织换届工作。至年底，宁德地区有民盟、农工等县级民主党派组织，地区级民盟宁德地区工委会1个、农工党委员会（筹备组）1个。

2001年，宁德撤地设市后，全市民主党派组织及人员得到进一步发展。在1月召开的宁德市委一届一次常委会议上，即安排民主党派和工商联负责人听取全国和全省统战工作会议精神传达汇报，研究加强对民主党派和工商联工作的领导。4月，成立福建省民建直属宁德市（地级市，下同）支部。10月31日，成立民革宁德市委员会筹备组。12月8日，中国农工民主党宁德市第一次代表大会召开，成为撤地设市后的第一个民主党派市委会组织。12月21日，成立中国国民党革命委员会宁德市委员会筹备组。中国民主同盟宁德市第一次代表大会也于12月29日召开，正式成立民盟宁德市委员会。2003年，市委统战部会同市委组织部经过考察，并与民盟福建省委会多次协商沟通，推荐的民盟宁德市委会主委人选并顺利当选。同年12月20日，中国国民党革命委员会宁德市第一次代表大会召开，选举产生民革宁德市第一届委员会。当年还成立民建宁德市委会筹备组。至2005年年底，宁德有农工、民盟、民革3个市级委员会，民建宁德市委（筹备组）和九三学社省直属支部以及宁德市工商联等组织，有成员1110多人。

第三节　党外人士培养和推荐

1993年，地委统战部以各县（市）人大、政府、政协换届为契机，同地委组织部等有关部门密切配合，对换届中党外人士、人大代表、政协委员的安排提出具体要求，筛选出6名党外副县（市）长候选人名单。全区共选出新一届党外人大代表915名，占代表总数的34.3%，推荐政协委员716名，占委员总数的61.6%，全区有5个县（市）配备了党外副县（市）长。柘荣县除了在党政机关事业单位配备党外干部外，还在七乡二镇中至少配备一名党外副乡（镇）长，全县配备科以上党外干部51人，占同级干部的13%。当年11月，在宁德地委党校举办换届后第一期党外干部培训班，由地委统战部派员担任班主任，全体学员均经过各县（市、区）和地直单位考核上报，经地委组织部、统战部共同研究确定。

1994年，地、县（市）统战、组织部门又对党外干部的培养教育和推荐使用工作进行研究，经过单位推荐、组织考核，全区共确立党外后备干部186人（其中处级42人，科级144人），并在地委党校举办首期39人参加的党外后备干部培训班，为期一个月。

1995年，地、县（市）委贯彻落实中央组织部、统战部《关于进一步做好培养选拔党外干部担任政府和司法机关领导职务工作的意见》及省委组织部、统战部关于进一步做好党外干部培养选拔工作座谈会精神，把党外干部的培养推荐工作纳入干部工作的总体规划之中，作为整个干部工作的组成部分。地委统战部在对1994年党外干部培训班39名学员了解掌握、跟踪考察的基础上，积极举荐党外干部担任政府和司法机关领导职务。至6月底，全区9县（市）共推荐处级干部48人、科级干部368人，其中正处3人、正科32人。一些党外人士开始在乡镇长、局长、主任等主要领导岗位上发挥作用。与此同时，全区建立一支192人的党外后备干部队伍，其中处级党外后备干部51人。并对党外后备干部逐一建档立卡，加强培养提高和跟踪反馈工作。全区初步形成从基层抓起，逐级锻炼、强化培养、定期考察、后备选拔、不临时动议等较为规范的党外干部培养使用制度。

1997 年，地委统战部在太姥山举办民主党派主要负责人读书班，与地委组织部联合召开党外干部从政经验交流会，并建立地委统战部与组织部统战工作联席会议。

1998 年，全区新一届县（市）人大、政府、政协换届中有 6 个县（市）配备党外副县（市）长，18 名党外干部当选各县（市）政协副主席，9 名党外干部当选各县（市）人大常委会副主任。

1999 年，地委统战部又推荐选送 2 名副处级党外人士领导干部到省直机关挂职锻炼，推荐 1 名党外副书记到中直机关挂职锻炼。地委统战部与组织部还联合在地委党校举办第二期党外干部培训班，对 43 名科（局）级党外干部进行为期一个月的系统学习培训。古田县 15 个乡镇有 13 个乡镇配备党外副乡（镇）长，党外干部的实职安排工作有了新的进展。

2000 年，围绕撤地设市，全区认真做好党外干部的推荐工作。在各级党委、统战部、组织部等共同努力下，拟任市政协委员、常委推选工作进行顺利。在 11 月召开的宁德市政协第一届委员会上共推荐党外人士委员 155 名，占全体委员的 60.8%。当选的 57 名政协常委中，党外人士 37 名，占政协常委总数的 64.9%，其中 3 名党外干部当选为宁德市政协第一届委员会副主席。市第一届人民代表大会新当选的 362 位人大代表中，党外人士代表 133 名，占代表总数的 36.7%。

2001 年，中共宁德市委在撤地设市后召开的第一次市委全体（扩大）委员会上提出，要提高对统战工作重要性认识，立足当地、突出重点，加强对新时期统战工作的领导，把党外后备干部培养纳入全市干部培训总体安排计划中。4 月，市委统战部、市直党工委、市委党校联合举办宁德市第六届乡镇统战委员培训班，有 80 多人参加。10 月，市委发出《中共宁德市委关于进一步加强统一战线工作的意见》，当年，先后有 5 名党外人士担任市直政府部门和县（市、区）政府领导职务，其中 1 名为部门正职领导。安排推荐 2 名年轻民主党派人士担任党派组织负责人。向省委统战部推荐 2 名民主党派省委会常委和 7 名民主党派省委会委员人选。2002 年，全市推荐 14 名党外人士拟作为新一届省人大代表候选名单和 17 名党外人士省政协委员候选名单。市委统战部、组织部联合在市委党校举办为期 2 个月的第三期党外干部培训班。

2003 年，全市党外干部实职安排实现新的突破。有 14 名党外干部得到提拔使用，走上了处级领导岗位，并第一次在市司法机关即宁德市中级人民法院配备党外副院长。福鼎市、古田县也推荐党外人士担任副县（市）长。至年底，全市除周宁县外，全部配备党外副县（市、区）长。与此同时，市委统战部进一步建立和健全党外后备干部名单，协助有关部门加强对后备干部队伍培养教育；与有关部门配合，注重在知识分子较集中的学校、医院、科研单位的领导班子中配备党外领导干部。宁德师专成立党委统战部。当年推荐选送一批党外干部参加省委统战部、省社会主义学院和市委党校的学习培训。全市有 28 名党外人士先后参加中央社会主义学院、省委统战部、省社会主义学院举办的党外高级知识分子培训班，各民主党派骨干进修班、工商联常任执委培训班、省政协党外委员培训班以及市委党校举办的处级干部研修班和机关科局长班的培训学习。

2004 年，全市共举办统战干部、民主党派、工商联和无党派人士各类培训班 9 期，培训 390 多人次。选送 26 名党外人士（包括 8 名党外副县市区长）、8 名统战部部长和 14 名基层统战委员参加省委党校、省委统战部和省社科院组织的培训。同时，以课题调研为引导，组织统战干部以会代训、岗位培训，完成省委、市委“党外人才”课题和省委统战部年度调研课题以及纪念邓小平 100 周年诞辰和建设海峡西岸经济区港口中心城市征文等调研任务。在市委领导重视下，协调解决民主党派主要职能确定、内设机构职数、办公场所及工作经费等实际问题，加强民主党派组织的基础建设。指导各县（市、区）完善新一届政协委员会的党外人士推荐工作，顺利开好换届会议。当年，全市共调整使用党外干部 22 名，推荐 1 名科级统战干部到副处级领导岗位任职。

2005 年，宁德市着眼发展大局和统一战线工作面临的形势任务，进一步加强统战队伍教育培养。全市采取依托党校、社会主义学院，自办、联办培训班，参加上级组织培训等多种形式，加强对统战干部和统一战线对象成员培训，全年共组织各类培训班 118 期次，培训 1612 人次党外干部。坚持及时召开组织部、统战部联席会议，研究分析党外干部培养选拔工作，健全后备干部培养制度，认真推荐省管党外后备干部和省民主党派后备人选。当年，市委在宁德市委党校增设“宁德市社会主义学院”并开班授课，加强统战干部和统一战线人士培训工作。

第四节　落实民族宗教政策

一、落实民族政策

宁德地区有 21 个少数民族，18.9 万少数民族人口，占全区总人口的 6%，其中畲族是全区人口最多的少数民族。全区有畲族人口近 15 万人，占全国畲族人口的 40%，全省畲族人口的近 75%。各县（市、区）均有分布，其中以福安、霞浦、福鼎为多。1993—1994 年，地、县（市）统战部门重视加强同组织部、民委等有关部门的联系，贯彻落实党的民族政策，培养推荐少数民族干部，配合地、县（市）政府实施“造福工程”，帮助少数民族地区的经济、社会发展。1995 年，地委统战部与地委组织部、地区民委联合下发《关于对〈福建省 1995—2000 年培养选拔少数民族干部工作规划〉的实施意见》，对如何进一步有计划地吸收少数民族干部，扩大少数民族干部数量，选配好少数民族领导干部及加强少数民族后备干部队伍建设等提出具体实施意见。地、县（市）统战部门邀请省、地有关部门、民主党派、工商联、政协委员等考察福安畲族经济开发区，为加快经济发展出谋献策，协助有关部门办好“1995 中国·闽东畲族风情旅游节”，促进闽东旅游资源开发。1996—1998 年，地区统战部门继续配合党委组织、政府民委等部门做好少数民族干部的培养选拔工作。组织区内民主党派专家、学者到少数民族地区考察调研，帮助落实扶贫项目资金，组织卫生医疗专家巡回义诊，培训农村卫生骨干，大力促进少数民族地区各项事业发展。

1999 年，地委统战部先后参与成立由地委统战部和行署计委、财政、民委等 19 个地直单位组成的宁德地区民族工作协调委员会，协调各部门，共同搞好全区的民族工作。

2000 年年初，地委、行署在福鼎召开全区民族工作会议，传达中央和全省民族工作会议精神。会后，地委统战部抽调人员组成工作组，深入民族村开展宣传调研，并结合扶贫攻坚工作，继续动员和帮助挂钩帮扶的少数民族村落实各项优惠政策、筹措扶贫资金发展经济、兴建移民搬迁造福工程。对全区贯彻落实《福建省 1995—2000 年培养选拔少数民族干部工作规划》开展调查总结，针对存在问题，向地委及组织部提出建议。并在筹备宁德撤地设市拟召开的第一届宁德市党代会、人大会和政协会中，做好少数民族代表、委员人数及人选的调研和推荐工作。

从 2001 年开始，市委统战部协助省委统战部和省工商联在闽东选择部分少数民族乡村开展

“三个一工程”（民营企业家一对一、一帮一、一带一）帮扶贫困户试点工作。2002年，在机构改革中，市直机关原宗教事务局和民族事务委员会合并成立民族宗教局，蕉城、福安、霞浦、福鼎、古田设立政府一级机构，屏南、寿宁、周宁、柘荣4县则撤销宗教局，人员与县委统战部合署办公。继续联系省直4个单位挂钩帮扶宁德4个少数民族村的扶贫工作，共协助筹措扶贫资金121.2万元。2003年，市委统战部协助市委组织部做好少数民族干部的培养选拔工作，全市共推荐提拔少数民族处级干部12人，其中正处级6人。通过调查，对市内少数民族人口在万人以上的福安、蕉城、福鼎、霞浦、古田5县（市、区）党政领导均配备少数民族干部。全市9县（市、区）党委、政府、人大、政协领导班子中共配备少数民族领导干部14人。还推荐10多名少数民族干部作为省、市人大代表与政协委员候选人。

2004—2005年，市委统战部与福安市康厝乡金斗洋少数民族村建立挂钩帮扶关系，并派出1名干部担任该村党支部第一书记，直接参与组织领导村“两委”工作、制订脱贫发展规划。多次发动组织市统战系统单位共同帮助该村落实帮扶措施，先后解决了村委办公楼、医疗所、小学校舍、饮用水、修路、修桥、电视收看等建设项目资金短缺困难。

二、落实宗教政策

1993年，宁德地区有佛教、道教、天主教、基督教等4个宗教组织，寺观、教堂144座，教徒15万多人，约占全区总人口的5%左右。特别是宁德作为天主教在国内、省内重要的工作区域，传播历史久、信徒多、情况复杂、遗留问题多。做好区内宗教工作，对全区的改革开放、安定团结和经济建设都具有十分重要的意义。当年，地区统战部门在全区范围内开展实施《福建省宗教活动所登记管理暂行规定》的试点工作，指导宗教部门从宗教界爱国人士中推荐57人为各级人大代表、政协委员。1994—1996年，继续组织宗教活动场所的登记发证工作。帮助部分县（市）落实宗教房产政策，解决遗留问题和旧城改造搬迁中产生的房产纠纷。成立地区基督教协会联合会。1997年，地、县（市）统战部在全区组织开展制止乱建庙宇、教堂的专项治理工作。对近年来未经批准滥建、扩建的庙寺、教堂进行调查整顿。1998年，地委、行署下发《关于加强宗教工作的意见》，维护全区宗教界稳定和正当合法的宗教活动。

1999年，在地委、行署召开的全区宗教工作会议上，地委和地委统战部提出，要根据中央领导提出的宗教工作“三句话”，即全面正确地贯彻执行党的宗教政策、依法加强对宗教事务的管理和积极引导宗教与社会主义社会相适应的精神为指导，围绕经济建设中心，统一思想、提高认识，认真做好宗教工作。特别是坚决揭露、取缔挂着宗教名义的各种非法组织和活动。在全区宗教信众和广大群众中开展广泛、深入宣传，引导帮助认识不清或误入歧途的少数人员提高认识、脱离并抵制非法组织和境外敌对势力的渗透影响，维护宗教活动的正当性和社会稳定。

2000年4月，召开全区宗教工作和天主教专项工作会议，由地委统战部和宗教局通报全区宗教工作情况并部署工作。全区继续加大对宗教活动场所的登记和管理，限期整改和取缔不登记或登记不合格的活动场所。继续治理乱滥建寺庙教堂，依法打击邪教组织和非法活动。地委统战部利用区内纪念基督教“三自”（自传、自治、自养）爱国运动五十周年机会，进一步激发教徒和信教群众的爱国、爱教热情，自觉抵制境外敌对势力渗透和影响。还选送20多名年轻教徒到各宗教院校进修学习。在筹备宁德撤地设市中，推荐2名宗教界人士为宁德市第一届人大代表、8名为第一届政协委员。

2001年，市委及统战部组织全市宗教界人士深入开展反对邪教及地下组织活动的斗争。市委统战部组织引导宗教界人士做好宣传防范工作，严防境外非法活动渗透。2002 年，全市 126 个乡镇配备 117 名统战委员，重点乡镇还增配宗教工作干事。5 月，全市首届天主教民主办教代表大会在福安召开，选举产生堂管组织组成人员，并通过教堂管理规章制度，进一步推进全市自主办教、民主办教工作的进程。2004 年，宁德市建成投资 300 多万元、占地 400 平方米的天主教闽东教区综合楼。同年，支持宁德市天主教爱国会主教詹思禄当选全国天主教爱国会副主席。

2005 年，詹思禄又当选为中华人民共和国成立以后福建省天主教界第一位全国政协委员。同年，在各级党委和有关部门密切配合下，宁德市积极、稳妥处置罗马天主教保罗二世逝世和闽东地下教区主教谢士光病逝问题，得到中央、省、市委的充分肯定和中央统战部、国家宗教局的通报表扬。

第八章　政法工作

第一节　队伍建设

1993 年，地委政法委在政法系统开展反拜金主义、反享乐主义、反极端个人主义的“三反”活动。各单位在自查、自摆、自纠的基础上，实行开门整风。重点清理干警投股经商、从事第二职业、办第三产业和巧立名目乱收费等问题，要求所办公司（企业）不得与机关挂钩、限期脱钩，政法系统干部职工不得在外兼职。1994 年，在全区政法系统干部中开展“五项教育”，即爱国主义宗旨、反特权思想、反腐倡廉、职业道德和职业纪律教育。宣传廉政勤政、秉公执法的先进典型，同时，严肃查处队伍内部违法违纪问题。当年共查处违法违纪干警 39 名。全区加大政法机构改革，地、县（市）组建刑警支队（大队）和城关巡警支队（大队），地区检察院成立反贪污贿赂局。全区试行由国办律师事务所律师辞职后发起创办了三家合伙制律师事务所。1995 年，在全区政法干警中集中开展贯彻执行“七条禁令”（一是绝对禁止接受案件当事人吃请、送礼、给好处；二是绝对禁止利用职便参股经商办企业和变相从事第二职业；三是绝对禁止充当发廊、歌舞厅、电子游戏机等公共娱乐场所的后台、保护伞；四是绝对禁止对告状求助群众采取冷漠、生硬、蛮横、推诿等官老爷态度；五是绝对禁止滥用强制措施，打人、骂人、刑讯逼供等侵犯当事人合法权益的行为；六是绝对禁止越权办案、瞒案不办、泄露案情等违法违纪行为；七是绝对禁止乱收费、乱罚款、乱摊牌，凡违反禁令的，要根据不同情节给予党纪政纪处分，直至追究法律责任，无论是谁都不能例外）的教育整顿活动，加强检查督促和明察暗访，有效地遏制违反“禁令”的现象和行业不正之风，解决一批群众反映强烈的问题。1996 年，在全区公安系统中开展向漳州“110”学习，年底全部开通 9 县（市）“110”报警服务台。

1997 年，全区政法机关在广泛开展“三讲”学习教育中，结合整治“乱收费”“参股经商”“执法不公”“办人情案”等问题，开展对照检查、整风整改，增强政法干警“做表率、当公仆、树形象”和“为民执法”的意识。各地各部门从窗口示范单位抓起，公安机关提出“十项服务承诺”；法院推出以告申庭和基层法庭为重点的 19 个试点单位开展创建“110”式窗口单位活动；检察、司法行政机关改进工作作风，做好来访接待工作，组织干警深入乡镇、街道开展法律服务活动。地委政法委对 9 县（市）的公、检、法“三长一政委”进行考察，及时调整交流 13 名县（市）公、检、法、司班子成员。地区公安处对 20 名科级干部实行跨县（市）交流任职。全年查处干警违法违纪案件 24 件 30 人。

1998年，全区政法机关开展以提高队伍整体素质为目的的教育整顿活动，整肃“懒”“散”“霸”

作风，改变“冷”“硬”“横”现象，遏制办案粗暴、插手经营娱乐业、赌博等现象。全区调查干警违法违纪306件，查证属实和部分属实的132件134人，5人被追究刑事责任、6人被调离、6人被辞退、64人受到党政纪处分。各级政法机关还注意从建章立制上堵塞漏洞，以制度来管理队伍，办案、办证和款物管理等都形成比较健全规范的监督制约制度。

1999年，全区政法系统大力开展“双争”（争创人民满意的政法单位和争当人民满意的政法干警）活动，健全学习制度，受教育面达100%。公安机关共播发电视新闻163条、编发简报268篇、发放宣传材料6万多份、刊发有关“争创”活动的文章815篇；检察机关设立12个宣传栏出刊23期，发放宣传材料2.3万份。审判机关在案件受理、审判、诉讼费收取等方面实行全面公开；检察机关在办案各环节建立告知制度、成立闽东公诉团、推行竞争上岗、岗位轮换、末位淘汰等制度；公安机关印发“警民联系卡”“便民卡”，加强窗口建设。各县（市）进一步抓好班子思想作风建设，配强领导干部，推行“一岗双责”（抓好岗位业务、抓队伍建设）落实领导责任。

2000年，地委政法委、地直政法部门组织由18名干部组成政法系统“三讲”巡视组，加强对基层教育学习的指导。结合加强干警思想建设和业务培训，鼓励干警参加大专、本科函授学习以及本系统业务培训。公安系统1970多名干警参加人民警察基本素质考试考核，合格率100%、优秀率达85%。当年，全区检察机关实行主诉检察官制度，司法行政机关开通“96148”法律服务专线。通过学习培训，全区交警工作群众满意率平均达98%，并在全省交警系统的工作考评中获优胜称号。

2001年，市委政法委坚持把队伍建设作为政法工作的重中之重，开展“三个代表”重要思想、江泽民“七一”讲话和党的十五届六中全会精神的学习。结合领导班子建设，对部分政法领导班子和重要岗位的领导干部进行较大幅度的调整充实，全市相继调整提拔40名处级干部。推动市直政法部门深化人事制度改革，通过公开选任、竞争上岗等形式调整选拔140名优秀科级干部充实到重要岗位。政法各部门分别制定实施年度业务培训计划，采取多种形式开展教育培训和岗位练兵活动。还开展纪律作风整顿，进一步完善违法违纪问题的查处，共查办违法违纪干警54人。学习教育中运用典型教育引导，以正面宣传、团结鼓劲为主，认真总结推广先进典型事迹和经验。组织评选出31个“人民满意的政法单位”和71名“人民满意的政法干警”，由市委、市政府作出表彰决定并广加宣传。市委政法委还组织编写政法系统7名英模事迹资料，组织英模报告团，在全市开展10多场巡回报告会。同时加强反面典型的警示教育，也组织编写政法系统8个反面典型材料，在全市政法系统集中开展为期半个月的“利用身边的事，教育身边人”警示教育活动。全系统抓队伍管理机制的健全，探索队伍管理的长效机制，进一步严明纪律和行为规范。抓效能投诉办理，强化效能监督，试行岗位目标绩效量化考评管理，制定落实八小时以外监督管理措施，组织督查组开展明察暗访，加大监督纠改力度。采取政法部门自查和政法委阶段性专项抽查和常规性全面检查，面上督促提高与重大案件协调督办、面上了解情况与专项调查研究相结合的办法，及时协调解决执法中带有普遍性和典型性的问题。突出抓好各级领导关注、上级部门挂牌、群众反映强烈、新闻媒体关注的大案要案的督办，树立政法机关的良好形象。

2002年，市委政法委对全市政法队伍综合素质教育作出全面部署。6月，全系统开展以忠诚教育为主题的提高政法干警综合素质、加强作风建设为目的的集中教育整顿活动。全市按照领导班子（领导干部）、县（市、区）公检法司“四长”和其他政法干警三个层次组织学习与对照检查。各级各部门根据市委政法委提出的意见，通过集中筛选和专题研究，确定39个重点整改单位和38名重点整改对象，并相应落实整改责任人和挂点指导责任人。市委政法委还主动取得市纪委支持，查办数起在全市有影响的干警犯罪案件，并要求有关部门领导班子认真剖析管理中存在的问题，集中进行整改。

2003年，根据省委政法委《关于开展公正文明执法活动的意见》，全市从4月起，开展以“政治坚定、业务精通、作风优良、执法公正”为目标的政法干警公正文明执法活动。市委政法委全年受理群众反映政法干警在执法中存在的违法违纪问题46件次，并逐件进行查处。

2004年，全市政法系统干警进一步加强执法为民教育，继续深入开展公正文明执法活动。先后开展“公正执法树形象”“强化法律监督，维护公平正义”等专项教育活动。通过专题教育、对照自查、加强整改，努力解决政法队伍在执法思想、纪律、作风等方面的问题。全年全市培训干警3216人次，公安机关开展大练兵活动，举办培训52场次，参训2130人次；举办封闭式训练班39期、1981人完成训练，受训率达76.8%。先后组织开展学习任长霞、郑忠华、宁德三都边防派出所先进事迹和评选“十佳青年卫士”，开展“学英模、找差距、比奉献”活动。通过调整充实使领导班子结构更趋合理，一批优秀干警走上领导岗位。市司法局建立16项管理制度，对干警遵守制度的情况实行每月通报，及时纠正个别干警纪律松懈、作风散漫等现象，并加强对干警八小时以外的监督。政法各部门不间断地对酒家、歌舞厅等高消费娱乐场所进行明察暗访，严禁干警违反禁令出入其间。对顶风违法违纪干警，予以坚决查处。全年全市政法系统共立案查处违法违纪干警案件25件33人。

2005年，全市各级政法部门仍然坚持从严治警的方针，政法机关党员普遍参加第一批共产党员先进性教育活动。市委政法委组建政法系统英模事迹报告团深入各县（市、区）开展巡回报告，进一步弘扬政法队伍的清正风气。先后召开两场警示教育反思会，引导广大干警作警示反思。各县（市、区）针对乡镇政法综治队伍缺编问题，采取机关下派、挂职锻炼等办法，配齐乡（镇）政法队伍，配备专抓综治工作的党委副书记和专职综治办主任。在全市开展“规范执法行为，促进执法公正”专项整改活动中，深入查摆整改，解决一批群众反映强烈的突出问题。8月，市委政法委召开全市政法系统党风廉政建设工作座谈会，严肃查处一批政法干警涉赌护赌案件。

第二节　组织“严打”斗争

1993年，地委政法委组织各县（市）政法部门根据当地社会治安情况和“稳、准、狠”的原则，集中开展“严厉打击各类刑事犯罪活动”（简称“严打”），并以围歼“车匪路霸”、反偷私渡、追击在逃犯罪嫌疑人和打击流氓团伙等专项斗争为重点。全区共破获刑事大案749起，追回在逃犯罪嫌疑人253名，一些罪恶重大、潜逃多年的犯罪嫌疑人落网归案。

1994年，在地委政法委的协调下，全区各级政法部门在广泛发动群众检举揭发和调查摸底的基础上，又开展3次全区性的“严打”专项统一行动。共出动干部、公安干警等1.35万人次，清查重点部位6024处，抓获各类违法人员1657人。

1995年，组织全区开展“春季严打攻势”“夏季治安整治斗争”“百日会战”和“冬季严打”4大战役。共破获刑事案件2598起、其中重大刑事案件1070起，抓获各类违法人员、犯罪嫌疑人1400多人，其中在逃犯罪嫌疑人251名。组织沿海县（市）海上治安整治专项行动，共检查沿海乡村、岛屿、港（澳）口100多处，查处各类违章船只154艘、37人，缴获一批管制物品。

1996 年 4 月，全区在年初部署开展打击“车匪路霸”、确保“两节”（元旦和春季）安全的“冬季严打行动”基础上，组织开展“严打”统一行动。地委共召开 6 场全区性“严打”专题会议，及时解决“严打”斗争中出现的问题。

1997 年，地委政法委先后组织全区开展“春季严打整治”“禁毒禁赌专项斗争”“收枪治爆”等一系列“严打”行动，共破获刑事案件 1229 起（其中大案 520 起），抓获各类犯罪嫌疑人 2013 人、摧毁犯罪团伙 96 个 354 人。

1998 年，全区先后组织“春季严打整治”“百日治安整治”“打击盗抢机动车”“禁毒专项斗争”“打击毁林开垦和乱占林地违法行为斗争”等多项“严打”斗争。全区公安机关共破获各类刑事案件 4215 起，其中重大案件 2295 起，抓获各类犯罪嫌疑人 2526 名。1999 年，全区各级政法部门以“破大案、追逃犯、打团伙”为主攻方向，组织开展“打击盗抢机动车犯罪”“反盗窃”“禁种铲毒”“追逃”“治爆”“禁娼禁赌”等专项斗争。共破获刑事案件 4465 起，其中重大案件 2501 起；抓获网上在逃犯罪嫌疑人 1019 名，其中公安部督捕的 9 名在逃犯罪嫌疑人全部抓获；查禁取缔邪教组织活动点 12 处，查获参加邪教活动的成员 209 人；依法传唤邪教组织骨干及参与者 267 人，收缴非法组织书刊 2100 余册。

2000 年，全区（市）各级政法机关继续坚持开展“严打”斗争，共破获刑事案件 5326 起，其中大要案 2815 起，抓获犯罪嫌疑人 3265 人；查禁取缔邪教组织活动点 10 处、查获参加邪教活动的成员 425 人、缴获非法出版书籍 1000 多册。

2001 年，全市政法部门贯彻全国、全省社会治安工作会议精神，有重点、不间断地组织“严打”整治斗争。全市公安机关共破获各类刑事案件 6420 起，抓获犯罪嫌疑人 5398 人、摧毁各类犯罪团伙 157 个成员 597 人、抓获在逃犯罪嫌疑人 807 人，并有 295 名犯罪嫌疑人慑于“严打”攻势投案自首。

2002 年，市委政法委组织召开全市性“严打”和集中解决治安突出问题电视电话会议 4 场，召开市委安定稳定分析会 5 场，并由市委市政府挂牌督办 10 件刑事大要案。各县（市、区）也分别确定一批由党政一把手亲自过问督办的大要案，市委政法委负责跟踪督办。集中力量突出打击黑恶势力、严重暴力、“两抢一盗”（抢劫、抢夺和盗窃）3 类重点犯罪。同时，针对一些犯罪的季节性特点，在全市部署开展春季“集中解决治安突出问题”的专项行动。7 月的“禁毒”、打击“六合彩赌博活动”等会战。全市共破获各类刑事案件 5453 起、抓获各类犯罪嫌疑人 3482 名。

2003 年，宁德市针对毒品犯罪现象日趋严重的情况，突出“禁毒”打击重点。3 月，全市开展大规模打击农村种植、加工、贩卖罂粟（鸦片）行动，重点查处携带、贩卖、吸食新型毒品案件。在开展的“利剑”百日扫毒专项行动中，破案和收戒吸毒人员的工作居全省前列。10 月份，在全国召开的“禁种铲毒”工作会议上，宁德市受到大会表扬。1—10 月，全市共破获刑事案件 4545 起，破案率高于全省平均水平 8 个百分点，抓获犯罪嫌疑人 3054 人。刑事办案质量居全省第 4 名。

2004，宁德市继续保持“严打”的高压态势，适时组织开展各类专项斗争和整治行动，公安机关共破获各类刑事案件 6650 起，抓获犯罪嫌疑人 3857 人，打掉各类犯罪团伙 118 个、成员 378 人，抓获在逃犯罪嫌疑人 937 人，尤其是全市命案破案率达 96%，居全省首位。

2005 年，宁德市仍然坚持深入开展以“命案侦破”、打击“两抢一盗”“追逃”等一系列专项行动为重点的“严打”整治斗争，破获一批刑事重案。破案率高出全省平均水平 6 个百分点，其中，8 类严重暴力犯罪案件破案率高出全省平均水平 7.8 个百分点，现行命案破案率居全省前列，全市9个县（市、区）实现现行命案全破获。全市共破获多发性侵财案件4000多起，查获赌博案件2000多起，抓获一大批犯罪嫌疑人。

第三节　社会治安综合治理

1993年，宁德地委、行署在纪念《全国人大常委会关于加强社会治安综合治理的决定》发布两周年时，决定向各县（市）陆续选派34名政法干部到基层挂职，专职抓社会治安综合治理工作。同时配好区内21个城关街道和一些重点乡镇综治工作专职副职，还配备综治专职干部138名。全区2310多个治保会和2260多个调委会以及联防队等群众性自治组织也得到整顿。健全后的“两会”组织共有专兼职人员1.32万人，1400多个各类联防组织落实了管理制度。同时开展声势浩大的“全民抓治安、建设美好家乡”的宣传活动，表彰一批见义勇为、维护社会治安、建设和谐社区的先进单位和个人。全区推广三明市共建文明安全小区经验，成立军民共建点224个、文明安全小区79个，参与者达38万人次。全区开始实行社会治安综合治理分级负责责任制并签订责任状和社会治安“一票否决制”。

1994年，地委政法委督促各地进一步配齐乡镇综治工作副职领导，至9月底，全区124个乡镇已有123个配备。同时，在乡镇一级成立社会治安综合治理委员会，增加公安基层所队编制55名，使公路国道线上的派出所基本都能保证5人以上警员。全区结合换届选举，调整充实村“两委”和治保会、调委会组织。50%以上的乡镇成立治安联防队，许多建制村成立护村队，周宁县咸村镇川中村还成立村级联防队。全区在宣传中共中央、国务院《关于加强社会治安综合治理的决定》，全国人大常委会《关于加强社会治安综合治理的决定》和中央综治委等五部委《关于实行社会治安治理领导责任制的若干决定》工作中，各县（市）都落实层层领导分工负责制，并签订责任书，列入各级领导年终工作考核内容。1995年，地委政法委表彰区内40个社会治安综合治理先进单位和60名先进个人的同时，有21个单位和2名领导受到综治工作“一票否决”并通报全区。

1996年，各县（市）成立创建文明安全小区领导小组，制订创建方案，全区规划3年86个安全文明小区建设任务，当年年底应建成12个。从当年开始，地委书记和行署专员与各县（市）书记、县（市）长签订社会治安综合治理责任书，由地区政法委负责督查。1997年3月，地区综治委在霞浦县召开全区加强社会治安综合治理基层基础建设工作会议，推广霞浦县松城镇经验；会后下发了《宁德地区1997—1999年加强社会治安综合治理工作规划》，提出三年工作目标及要求。6月，地区综治委连续举办2期乡镇综治副职领导干部培训班，并进行结业测试。全区建成或在建的“文明安全小区”和“治安模范村”共699个（文明安全小区70个，治安模范村629个）。其中，宁德市（今蕉城区）继光、福鼎市龙山、福安市中兴路商业街文明安全小区被评为省级示范点；福安市南郊、福鼎市桐山镇海口文明安全小区的创建经验在宁德地区“文明安全小区”创建工作经验交流会上得到推广；福安市赛岐经济开发区推出的“安全承诺制”、古田县黄田镇的“长安链工程”以及全区“110”向农村延伸的做法得到省、地领导的充分肯定。

1998年，各县（市）、乡镇（街道）按照省文明办提出的文明安全工作要“覆盖每一寸土地，覆盖每一个人”的要求，继续组织开展创建“文明安全小区”和“治安模范村”活动。当年，全区已建成或在建的“文明安全小区”和“治安模范村”1546个，其中文明安全小区117个，覆盖城区居民户数的63.5%；治安模范村1429个，覆盖全区49.9%的行政村。宁德市继光文明安全小区、福安市闽东电机厂文明安全小区被命名为“全省创建文明安全小区活动先进小区”，11个文明安全小区被确定为“全省创建文明安全小区活动示范点”。

1999年，全区又将社会治安综合治理工作纳入各县（市）各级党委、政府经济和社会发展总体规划和年度计划，由地委政法委对落实情况进行考核检查。在乡镇党委政府换届选举后，全区125个乡镇重新配备专抓综治工作的副书记，调整综治委，并做到“四有”，即有办公地点、有牌子、有机构、有人员。大部分乡镇综治委主任都由党委书记担任，并配备乡镇综治办专（兼）职干部。宁德市边防大队根据三都澳青山海域外来人口多、社会治安复杂的情况，在养殖区设立“海上警务区”（海上“110”），将社会治安工作从陆地延伸到海上，做到经济发展到哪里，安定稳定就带到哪里，受到中央、省领导及群众的赞誉，成为全国创建安全小区工作的典型。

2000年年初，宁德在全区乡镇（街道、社区）普遍建立矛盾纠纷排查调处机构，成立由地、县（市）政法委组织协调，综治委负总责，综治办、司法所、法庭、派出所等政法部门参加的矛盾纠纷排查调处中心。当年，全区还根据公安部要求，将国道104线闽东段列入全国创建“平安大道”重点。全区建立并形成“党政领导、政法委协调、公安牵头、多警联动、部门协作、警民共建、齐抓共管”的创建和综合治理工作格局，改善公路交通和沿线村镇的治安状况。道路交通事故、死伤人数和直接经济损失都比上年有较大幅度减少。

2001年，宁德撤地设市后，市委政法委、综治委进一步履行组织协调职能，建立健全社会治安综合治理成员单位联席会议等制度，成立专项工作领导小组及办公室，加强基层基础建设，把社会治安综合治理各项工作纳入乡镇工作和社区建设发展的整体规划推进综治机构的规范化建设。下发《重大问题领导责任追究通知书》，当年，对市内15个单位治安工作不到位予以“一票否决”。全市推广校园特别管护区制度和组织群众性社会治安巡逻（含夜间巡逻）。

2002年7月，调整充实市综治委，由市委、市政府主要领导担任主任、副主任，各县（市、区）也调整社会治安综合治理委员会，由党政主要负责人担任综治委正副主任，形成直接由党政主要领导抓综治工作的格局。市委政法委制定《执法监督工作的暂行规定》，建立重大治安案件督办协调、检查考核制度。

2003年，市委、市政府将进一步加强新时期规范化基层人民调解委员会建设列入为民办实事项目。全市127个乡镇全部建立人民调解委员会。蕉城区人民法院在三都镇成立全国第一个海上巡回法庭，及时处理海上民事纠纷案件，区内其他沿海县（市）也陆续设立海上巡回法庭。在山区，总结推广柘荣县在偏远山区设立“住户型”警民联系点的经验和霞浦县民警驻村入户点、警民联系中心户的做法，做到警力下沉、村庄设点，以保证偏远村庄的治安。全市各县（市、区）综治委牵头组建的专业治安巡逻队已达到37支354人。

2004年，市委先后召开3次常委会议，研究解决市综治办及“平安宁德”建设工作机构、人员经费保障等问题，决定市综治办主任按正处配备、增设一位副处级副主任。各县（市、区）也都召开常委会议，参照市里做法，作出相关规定。同时，市委还调整配备18名处级干部加强政法部门班子建设。市、县两级从政法各部门选派35名优秀政法干警到矛盾多、治安状况差、社会问题复杂的重点整治乡镇和综治检查考评末位的乡镇担任综治特派员。制定和实行综治特派员工作职责和管理制度，并纳入组织部门下派干部的整体安排，由市委组织部和市委政法委、综治办共同管理。同年，全市还先后集中举办3期基层综治干部培训班，每期进行为期一周的“抓综治、建平安”工作系列培训，9县（市、区）和127个乡镇（街道）167名综治干部参加培训。

7月初，市委政法委对下派到乡村挂职的市直机关近百名干部集中进行建设“平安宁德”专题培训。10月，又对全市、县（市、区）两级“平安办”、综治办工作人员进行培训。在开展“平安宁德”建设活动中，全市各级注意巩固和扩展综治工作成果，不断发现和培育先进典型，推动“平安宁德”建设扎实开展。沿海乡镇总结推广全国边防系统先进典型三都边防派出所的“三个跟进”（经济发展到哪里，保障工作就跟进到哪里；治安热点在哪里，管理工作就跟进到哪里；人民需要在哪里，服务工作就跟进到哪里）经验。在国道、省道和高速公路一线，总结推广蕉城区七都交警中队创建“平安大道”工作经验。全市进一步建立健全处理交通事故案件的快速反应机制，积极防事故、保安全、保畅通。在山区，总结推广寿宁县南阳义务消防队集防火灭火、抢险救灾、治安巡逻于一体的先进工作经验，全市有77个乡镇成立治安巡逻队，占所有乡镇的60.6%，共有人员812人。全市127个乡镇（街道）全部成立人民调解委员会，建立健全规章制度，改善办公条件，有117个达到规范化标准，占92.9%；全市2284个村（居）调委会，达到规范化标准要求的有1512个，占66.1%。

2005年，进一步调整充实各级政法委、综治委领导班子和工作机构，新增5个单位为市综治委成员单位。市委、市政府继在上年确定市综治办主任按正处高配并增设一名副处级副主任的基础上，又批准市综治办内设综合协调科和基层督导科2个科室。各县（市、区）委、政府也相应作出本级综治办主任按正科高配的决定，并且有5个县已配备到位。市委政法委与市编办还联合下发《关于加强乡镇（街道）社会治安综合治理基层组织建设的通知》，进一步加强乡镇（街道）综治机构人员配备。各县（市、区）在所有乡镇（街道）都配备专抓综治工作的党委副书记和专职综治办主任的基础上，按照一类乡镇不少于2人、二类乡镇不少于1人的要求配齐综治专职干部。市委组织部继续从政法部门和综治委成员单位选派8名优秀年轻干部到重点乡镇和上年度综治检查考评末位的乡镇担任综治特派员。同时，市委政法委和组织部、市农村工作创新办还联合下文，确定市委下派村级挂职的136名干部兼任综治特派员，扩大下派工作面，强化基层综治工作和平安建设的组织推进和抓落实力度。各县（市、区）在乡村普遍设立警民联系点，形成以派出所为龙头、建制村警民联系点为中心、自然村警民联系员为支点的“三级联动”治安工作网络。当年，宁德市、县两级共举办县（市）、乡（镇）综治干部和基层“综治工作”人员培训班97个班次，600多人参训。

第九章 精神文明建设

第一节 市民道德建设

一、社会公德建设

1993年年初，宁德地区文明委提出在全区开展市民“两德”（社会公德、职业道德）建设，实施德育工程，重点突出社会道德风尚建设。地委文明办编印《文明市民基本常识200题》作为文明市民社会公德基本教材之一。举办“文明杯”文明市民基本知识竞赛。

1994年，全区以180个文明市民学校为主阵地。各县（市）编写公民（市民）守则，制定市民文明公约，开展评选文明市民活动。宁德、福安、福鼎等县（市）分别举办“创文明城市、当文明市民”演讲比赛、市民常识竞赛、文艺晚会等。全区还以2000多个老人会为依托，开展以“六提倡六反对”（提倡崇尚科学、反对封建迷信；提倡健康娱乐、反对聚众赌博；提倡婚姻自主、反对买卖婚姻；提倡村邻和睦、反对宗派纠纷；提倡艰苦创业、反对铺张浪费；提倡晚婚优育、反对超生早育）为主要内容的移风易俗、道德评议活动，并表彰活动开展较好的宁德市（今蕉城区）红旗老人会、福安市上白石老人会、周宁县狮城老人会等。

1995年，全区开展“三德”（社会公德、职业道德、家庭美德）建设。在社会公德教育方面，以干部、职工、个体工商户和村（居）民为对象，开展多种形式市民文明教育活动。推广福安市个体协会文明市民业余学校片区教育经验。开展评选文明市民标兵和精神文明先进工作者活动，全区推荐评选26名文明标兵和54名精神文明建设先进工作者。地委文明办制作《郑培峰先进群体事迹》录像带教材，组织全区干部群众观看学习。

1996年，地委文明办继续把“三德”教育作为全区思想道德建设的重要内容。结合地委提出的树立“大开放、大开发、大胆试、大让利、大科技、大服务、大协作、大发展”八大观念的讨论，在干部群众中开展“人人都来塑造闽东新形象”文明道德活动。通过遍布全区的青少年德育基地、文明学校、婚育学校、青年联谊会、老年协会、妇女禁赌会等群众自治组织，开展经常性的文明市民基本知识教育。福安市创办文明市民广播电视学校，利用电化教学，推动文明业余学校向电教化发展。各县（市）普遍制定市民文明公约、乡规民约。

1997年，全区各级文明办广泛开展“讲文明、树新风”活动，举办“向不文明言行告别”演讲大会、宣誓仪式、签字仪式、街头宣传、知识讲座、踩街活动等，营造活动的浓厚氛围；围绕集中治理举止言行、环境卫生、服务质量、交通秩序4个方面存在的不文明现象，在公共场所、服务窗口、社区三个重点部位开展集中宣传整治。全区还开展“爱我闽东、振兴闽东”系列活动，重塑闽东“滴水穿石、艰苦创业、铁心拼搏、知难而进、增创优势、开拓创新、同心同德、顾全大局，负重前进，奋力争先”的40字“新闽东精神”。地委文明办实施“育人工程”，利用文明市民业余学校、农村宣传教育中心（站）、电视广播、文明安全片区等多种载体，对广大市民进行文明市民基本常识宣传教育，组织市民道德评议。

1998年，地委文明委提出遵循“巩固、提高、延伸、辐射”和“主题不变、充实内容、一抓到底、务求实效”的全区精神文明建设工作思路和实施“新绿亮洁”工程的具体要求，将不断提升城市公民社会公德、文明素质教育列为重要内容。1999年，总结、宣传宁德地区在改革开放和经济发展中涌现出来的先进典型，举办“新时期闽东精神建设图片展览”，编辑出版先进集体和先进个人事迹专辑《山风海雨花烂漫——闽东精神文明建设群英谱》。还根据省文明安全小区创建管理办法的要求，组织调研组深入各县（市）调研并制定管理实施细则，开展“建文明安全小区、做文明模范公民”活动。地委、行署还将加强城乡居民思想道德教育列入当年全区精神文明建设十件大事来抓，要求全区农村开展评选“五个20”（评选20名农村精神文明建设带头人、20个标准文明集镇、20个精神文明村、20个文明标兵户、20个文明乡镇企业）活动。

2000年，全区结合宁德撤地设市，广泛开展市民社会公德教育。年初，地委成立城市精神文明建设指导小组，开展城市文明先锋行动，并举行1000多名志愿者的签名和宣誓仪式。“先锋行动”围绕宁德撤地设市开展6个主题活动，包括军民千人清理护城河义务劳动、“建文明社区、做文明市民”、“党的温暖送万家”、“崇尚科学文明，反对迷信愚昧”和“我为撤地设市做什么”等。广大市民踊跃参与，开展多种多样的城市文明建设自愿活动，并收到单位和个人300多万元捐款，建设城市先锋广场第一期工程。

2001年，全市开展“以德治市”教育活动。3月，市委召开“以德治市”教育动员大会，随后又发出《中共宁德市委关于开展以德治市教育活动的意见》（以下简称《意见》），要求各县（市、区）在开展这一活动中突出对市民守法意识和社会公德的教育。4月，市文明委又发出《关于上报“以德治市”教育活动实施方案的通知》。市直110多个单位按照市委和市文明委的要求，及时组织学习《意见》，制定本部门、本单位的实施计划。宁德电视台、《闽东日报》、《宁德晚报》均以较大篇幅报道全市开展“以德治市”教育活动的情况。同年，还结合“以德治市”活动，开展市民“崇尚科学教育”活动。市委文明办及时通报有关开展教育活动的信息。11月，市委宣传部、市委文明办、市公安局、市司法局、市科协等6家单位联合举办“反对邪教，崇尚文明”图片展，展出5天中，共接待参观人数5000多人次。

2002年年初，市委、市政府制订《公民道德建设实施纲要》实施意见。市委宣传部、市委文明办、市委党校、市社科联联合召开“以德治市”理论研讨会。5月，市委在全省首先出台了建设“诚信宁德”的工作意见。在全市进一步深入开展崇尚科学反对迷信教育和移风易俗活动、打击黄赌毒社会丑恶现象中，各地建立、健全各社区移风易俗促进会，倡导喜事新办、丧事俭办、神（鬼）事不办，禁赌禁毒。市政府有关部门制定《宁德市殡葬管理规定》，提倡公布丧事简办、推行遗体火化。

2003年，全市继续贯彻落实《公民道德建设实施纲要》，重点开展以“倡导见义勇为，弘扬社会正气”为主题的公民道德教育活动。6月，以市退休职工唐八荣（建行宁德市分行退休职工）见义勇为反遭冷漠和殴打事件为案例，组织全市开展以“倡导见义勇为，弘扬社会正气”为主题的公民道德教育活动。市领导就此事件作出专门批示，市委宣传部、文明办联合召开学习唐八荣座谈会，市委文明办、市综治办联合向全市发出向唐八荣学习的倡议书，新闻媒体进行跟踪报道，开辟专栏组织专题讨论，从而提高了群众明辨是非、惩恶扬善的精神风尚。

2004 年，全市深入开展“以德治市（县、区）系列教育”活动。市委宣传部围绕“弘扬和培育民族精神，全面建设小康社会”宣传主题，组织各县（市、区）及市直有关单位开展“爱我中华、兴我闽东、艰苦奋斗、建设小康”系列活动。各地开展公民道德实践活动，并把道德实践活动与为民办实事结合起来。市、县（市、区）文明办组织开展文明单位与困难户“结对济困帮扶”“情暖老区献爱心”等系列活动。

2005 年，全市加大《公民道德建设实施纲要》的宣传教育力度。重点宣传“爱国守法、明礼诚信、团结友善、勤俭自强、敬业奉献”20 字公民基本道德规范和市民文明公约。市委文明办印制镶有“公民基本道德规范”“宁德市民文明公约”“门前五包”等内容的公民道德宣传年历、宣传单等，发至全市街道、社区、乡村、机关、学校。在第三个全国“公民道德宣传日”，市、县（市、区）各有关部门按照市文明委统一部署，在社区、学校、机关单位开展公民道德主题宣传系列活动，全市开展“爱祖国、爱福建、爱宁德”活动。市文明委及时总结推广蕉城区开展道德评议活动做法，在全市开展“垃圾乱倒、污水乱排、废弃物乱丢、广告标语乱贴、道路乱占，车辆乱停”等“六乱”现象和“不敬养老人、婚丧陋习、封建迷信、聚众赌博”等各种不良风气在机关单位、乡镇、学校、社区（村居）存在现象的道德评议活动，并要求整改。市、县（市、区）文明办还组织各级文明单位、文明学校开展“文明春风暖万家”活动，协同有关部门开展“献爱心无偿献血”“扶残助弱帮学”等活动。当年，全市还开展向福建省见义勇为先进分子，勇救落水者而英勇牺牲的柘荣县农民、共产党员郑邦明学习活动。

二、职业道德建设

1993 年，全区在加强市民社会公德教育中，加强职业道德教育。各行各业提倡“公平竞争、等价交换、信守合同”，反对“权力经商、权钱交易、不守合同、坑人拐骗”等违背社会主义市场经济法则的行为。开展“宁德十大行业、百家窗口创优质服务竞赛”和“岗位学雷锋、服务行业评优选佳”和评选“信得过摊点”活动，涌现出全国、全省学雷锋标兵、福安个体工商户王爱莲等先进典型人物。

1994 年，全区窗口行业完善职业道德规范，纠正行业不正之风。普遍开展服务行业评优选佳活动，促进经营户守法经营，优质服务。重点抓好机关、商业、交通等百家“窗口”的创优质服务竞赛。福安市开展“百家企业创文明单位”竞赛活动，全市行政执法部门、商业服务行业开展“创文明窗口竞赛”活动。福鼎市交警开展“扶老携幼过人行道”，供应行人茶水等活动；古田、屏南县个体工商户主动上街为民做好事。全区继王爱莲后又涌现出全国女职工先进标兵缪惠吟，爱岗敬业好干部郑韩华，省见义勇为英雄陈华、温玉龙、叶海斌等一批先进模范人物。地委、行署、军分区等大力宣传他们的先进事迹并号召全区干群向他们学习。

1995 年，全区加强对执法部门和垄断性、专营性行业的职业道德教育，纠正行业不正之风，提高服务水平。突出抓金融、税务、公路等行业和商业、邮电、口岸等单位的精神文明建设，深入这些部门基层单位调查研究，帮助制定和规范职工职业道德，加大对这些部门创建活动的指导力度。当年，全区又涌现出金融卫士林碧玲等一批英雄模范人物。

1996 年，全区着力开展党政机关、执法部门和服务行业的“树行业新风、创优质服务”活动。部门、行业推出职工服务承诺制，制定服务规范管理办法，实行量化考核评比，完善监督奖惩机制，改善服务环境，纠正行业不正之风，提高社会满意率，促进闽东“开放、宽松、有序、守信、安全、整洁”投资软环境的形成。地委、行署组织了一场“爱岗敬业好干部郑韩华同志先进事迹报告会”。会后，学习好厂长、好党员郑韩华的活动在全区进一步展开。

1997年，全区强化职业道德建设，党政干部开展“向全国优秀公务员兰秀珍学习”活动，解决“脸难看、门难进、事难办”的机关衙门作风。1999年，重点开展“树典型、学先进”活动。地委文明办编辑出版反映中华人民共和国成立以后全区涌现出来的有重大影响的先进集体和先进个人事迹专辑《山风海雨花烂漫——闽东精神文明建设群英谱》一书，发放到基层单位和广大市民手中，广泛宣传生活在身边的好人好事。

2000年，全市以撤地建市为契机，以开展“城市文明先锋行动”为主轴，推动市民职业道德教育，继续开展“岗位学雷锋、行业树新风”“送温暖、解忧愁、办实事”等活动。

2001年，全市围绕开展“以德治市”教育和崇高科学活动，在行业道德教育中，继续以“创文明行业、建满意窗口”为载体，着重抓“满意服务、文明执法”，开展党政机关、执法部门和商业服务行业的优质规范服务活动，以促进形成良好的投资软环境。当年7月，市委文明办和市质量技术监督局联合组织“质量放心工程示范单位”与“购物放心示范街”活动。

2002年全市机关、企事业单位在深入开展学习“三个代表”重要思想中，结合精神文明建设活动，把整顿行业不正之风、提高职业道德水平作为一项重要内容来抓。城建监察工作过去作风比较粗暴、群众反应比较强烈，在“三个代表”重要思想学习教育中，开展“依法管理、文明执法、热情服务”宗旨教育。在履行城建监督任务时，提倡文明执法、主动接受群众监督批评，积极开展作风评议。城建部门聘请7名行风监督员，发放1000份调查问卷，针对执行中存在的问题，重点从队员形象、文明执法、舆论宣传、内部管理、工作效率等方面进行整改。制定《队容风纪管理规定》，要求队员在执法中做到文明礼貌，不骂人、不打人、不损坏执法对象财物。还建立周末以及节假日值班巡查和夜间巡查制度，以减轻违规者的损失和群众的对立情绪。全年执法中没有与单位和群众发生较大冲突。建设银行宁德分行在“三个代表”重要思想学习中结合开展优质文明服务大检查，采取明察暗访、走访客户、问卷调查、查看录像资料等形式，全方位、多渠道地加强监督整改，有效提升职工的优质服务水平。他们还拍摄制作《窗口优质文明服务》示范录像片，从服务准则，环境设计、职业形象、服务制度和服务项目等方面对员工进行规范服务教育培训。宁德海关工作人员改正过去只有“人求我，我不求人”的工作作风，把眼睛“向内看”抓好自身作风建设。各岗位认真落实责任制、承诺制、问责制、否定报备制、限时办理制、加强目标管理、严肃勤廉纪律、设立奖罚制度等，努力营造“讲大局、识大体、公正廉洁、文明高效”和“满意在口岸、满意在海关”良好氛围和工作形象，并在报关厅设立咨询台、便民箱和工作人员去向牌，免费为企业提供办理业务手续、政策法规，办事程序等服务，还实行8小时以外及节假日预约加班办证制度，千方百计方便客户。

2003—2004年，全市职业道德教育仍以窗口单位为重点，各服务行业普遍深入开展以“诚实守信、爱岗爱业”为教育重点，深入开展“百城万店无假货”“打假维权一条街”“创建诚信一条街”“守合同、重信用”行业评选等一系列活动。

2005年，市政府多次召开专题会议，检查部署开展活动。市委文明办专门印制一批“创建诚信一条街”宣传单，分发给活动单位和群众。当年底，经省市有关部门组织的检查评述，全市有国家级“诚信无假货”示范店一家、省级示范店18家，省级示范街7条、省级“价格计量信得过”单位10家。市文明委为加强全市精神文明创建活动的信息交流，特别是开展“窗口单位”精神文明建设工作信息交流和经验推广，开通了“宁德文明网”。全年共发布信息500多条、被点击访问4万多次，一批全国、全省精神文明窗口先进单位的创建工作和成果在网站上交流推广。

三、家庭美德建设

1993年，开始在全区城镇和农村开展“五好文明家庭”（爱国守法，热心公益好；学习进取，爱岗敬业好；男女平等，尊老爱幼好；移风易俗，少生优育好；勤俭持家，保护环境好）、“双文明户”（物质文明和精神文明）、“十星户”（爱国星、教育星、科技星、法纪星、和笑星、婚育星、新风星、卫生星、勤俭星、公德星）、“五星户”（科技致富之星、遵纪守法之星、诚实守信之星、和谐友爱之星、文化卫生之星）评选活动，以此推进城乡精神文明活动以提升居民道德建设水平。当年，还把关心加强未成年人思想道德教育作为家庭美德建设的重要组成部分。地区妇联与教育部门联合开展“抱起希望之星”家庭教育丛书的征订阅读。1994年，地区妇联开展“家庭文化建设”评选活动。1995年，在“两德”建设的基础上推进全区家庭美德教育。蕉城区继光文明片区利用文明市民业余学校，举办家庭美德培训班，聘请专家讲课以及模范家庭代表作现身说法，受到片区内居民的好评。1996年，把家庭美德建设作为提高公民素质、优化社会细胞的一项基础工作来抓，摆上全区各级文明办工作的重要议事日程。各县（市、区）城乡普遍开展“家庭文化建设”“五好家庭”“十星文明户”的评选。各地在宣传《中华人民共和国未成年人保护法》时，在家庭中开展“孩子、明天、责任”主题教育，并组织对少数失足少年儿童的帮教工作。

1997年，全区创文明家庭活动重点是开展农村“五星”“十星”文明模范户评选，以提倡邻里团结，建立社会主义新型人际关系。并根据争创“小康户”的标准、地委文明办把争创农村文明户的主要内容和标准概括为10个方面，即评“十星”户标准：勤劳致富、爱国奉献、遵纪守法、计划生育、卫生整洁、教育达标、科技示范、移风易俗、家庭和睦、邻里友爱。当年全区共评选农村“五星”“十星”级文明户7万多户。1999年年初，地区调整“五好文明家庭”创建活动协调小组，以加强对此项工作的领导。各级妇联将反腐倡廉和创建“五好文明家庭”活动结合起来，召开全区“家庭倡廉座谈会”，在全区各级领导干部配偶中开展“反腐倡廉、利国利家”的宣传教育活动。在《闽东日报》上公布各县（市）评选出的47户“五好文明家庭”、10对“好夫妻”、10对“好婆媳”和9位“好儿女”名单，宣传其先进事迹。2000年，在开展农村“星级文明户”创建活动中各地还通过“农户认星，小组评星、村评审会定星”等程序，对星级文明户评选实行动态管理。

2001年5月，市计生委、妇联、教委在全市开展的“家庭美德教育”中，联合组织“世纪父母读书活动”，推荐一批适合各类家庭成员阅读的书籍，并开展读书辅导。并举行“世纪父母读书活动”表彰暨“欢乐一家”读书知识竞赛活动，推进全市家庭文化和家庭美德建设活动。

2002年，全市继续围绕深入贯彻落实《公民道德建设实施纲要》，开展创“五好文明家庭”“美德在农家”和“讲文明、讲卫生、讲科学、树新风”（“三讲一树”）家庭美德教育活动。2003年5月，市委文明办、市妇联在全市农村开展“美德在农家”活动。主要内容和形式是：家家学，呼唤美德进农家；家家议，点评农家新鲜事；家家做，共签治家新协议；家家乐，争当家庭好成员。并制定活动方案，通过活动在全市建立一批“美德在农家”示范点。2004年，根据省委、省政府关于开展建设“平安福建”活动的要求，全面启动“平安宁德”和“平安家庭”创建活动。蕉城区开展万名党员挂万户、万张板报进万家、万户群众创平安家庭、万名学生争当好孩子的“四个万”活动；电信部门发送手机短信给千家万户送去建设“平安家庭”的宣传祝福语；公安、边防、交警、消防等部门也根据各自业务特点开展“平安家庭”建设专项活动；妇联、公安、司法等部门还联合开展“反家庭暴力活动”，设立“家庭暴力投诉中心”、开展有关家庭暴力的咨询和调处。并根据许多家庭孩子逐渐“上网成瘾”现象，市文化、教育、文明委、工商局等联合在学校和家庭教育中开展“青少年阳光上网”活动，整顿“黑网吧”、实施“青少年绿色上网工程”。

2005 年，全市在家庭美德建设中，在家庭和中小学生中开展“与家长同做一张卷”活动，共同参与宁德市争创省级文明城市基本知识问答和宁德市创建文明城市调查问卷，各县（市、区）教育行政部门和家长学校开展“当家庭小主人、做创城（创建文明城市）小卫士”的家庭美德社会实践专题活动。

第二节　文明创建活动

一、创建文明城市（县城）

1993 年年初，全区开始在 7 县 2 市开展文明城市（县城）创建竞赛活动。地委采取一年一初评，两年一总评办法，对总评成绩予以通报，创建成绩优秀的给予表彰奖励。文明城市创建活动主要通过对市民行为规范、城市日常管理、城市功能配套、城市社会服务、单位文明创建等项活动，提升城市和公民的文明程度。当年 12 月，地委精神文明建设领导小组抽调人员组成年度创建文明县（市）城考评调研工作。福鼎、古田获全区创建先进县城。1994 年，全区各县（市）加强创建文明县（市）城工作。分别建立创建文明县城管理委员会、城区建设协调管理委员会、城市综合治理指挥部、城区精神文明建设督导队等。竞赛活动“重在建设”，把城区硬环境建设纳入创建文明城市主要内容，大力实施基础设施建设改造工程，环境卫生设施明显改善，各县（市）均成立或加强环卫队伍建设，城区绿化覆盖面扩大，脏、乱、差现象得到扼制。

1995 年，全区推行以城带乡、城乡并进的工作方法，深入开展创建文明城市（县城）活动。上半年，地委精神文明建设领导小组抽调人员组成考查组，对全区 7 县 2 市创建文明城工作进行考评。通过综合评估，古田县、福鼎市、屏南县名列前三名，被推荐为创地级文明（先进）县城的优胜城。11 月初，省文明委组织创建文明城市竞赛总评考评，福安市、古田县分别被评为创建省级文明城市“优胜城市”“优胜县城”，受到省委、省政府的表彰。

1996 年，全区各县（市）开展学习全国精神文明城市江苏省张家港市，努力争创文明县城（城市）竞赛活动。福安市抓重点、攻难点，先后 3 次组织到张家港市考察学习。宁德市（今蕉城区）着力实施“一把手工程”“道德养成工程”“形象工程”“繁荣文化工程”“创优工程”等。柘荣县调整县精神文明领导小组成员和工作机制，以治理“脏、乱、差”为突破口，全面整治市容市貌，实行规范管理。当年，地委决定在全区实施精神文明建设十件实事工程。其中，要求各县（市）要广泛发动群众，制定出《文明市民公约》，并在公共场所建文明市民公约牌；各县城区（城市）、乡镇要认真治理“乱倒垃圾、乱贴广告、乱停车辆、乱设摊点、乱挤客车”的“五乱”现象，在沿街设置统一规范的垃圾桶、果皮箱、广告牌、自行车和人力车停靠点。同时，规范街道报栏设置、路牌标志、广告用字；各县城区道应选择一条最繁华的街道建成“精神文明三优示范街”。

1997 年，地区和各县（市）城区全面实施“新、绿、亮、洁工程”，制订建设方案，依规建设、加强管理，并发动广大群众参与，地区文明办负责检查督促，考核评比。

1998 年，全区 9 县（市）着力加强城区文明环境建设，把治理“脏、乱、差”，实施“新绿亮洁”工程作为创建文明县城（城市）的攻坚战。截至年底，全区实施“新绿亮洁”工程累计完成投资 5.3 亿元、创建“三优示范街”19 条、新建改建道路 46 条面积 24 万平方米；新增园林绿地 20.2 公顷、公共绿地 9.8 顷，绿化覆盖率达 29.2%；新建环岛及城市标志设施 20 处、各类广告灯箱 2589 个；新建改建垃圾处理场 14 个、停车场 21 个、农贸市场 15 个、公厕 35 座，各县（市）城区“五乱”现象得到全面整治。

1999 年，全区各县（市）继续实施城市“新、绿、亮、洁工程”，完成一批提升城市文明形象的工程。同时把创建文明安全小区作为创建文明城市的基础工程，按照“全面覆盖、规范管理、提高水平”的原则，通过分清职责、强化领导、健全制度、抓好示范、突出特色、落实经费来加强文明安全小区建设。

2000 年，地区和宁德市在城区开展“城市文明先锋行动”活动。成立由离退休干部、劳动模范、革命军人、新长征突击手、“三八红旗手”、少先队员等发起组成的宁德市文明先锋协会，第一批签名加入协会的会员有 1000 多人，并决定把每年的 5 月 1 日定为宁德“城市文明先锋日”。宁德市文明先锋协会成立后，按照地委的要求迅速开展工作，并按 6 个阶段开展系列主题活动。协会还开通“文明先锋 2000 热线”，接受群众投诉和对创建文明城市方面的建议，并着手在城东路中段筹建先锋广场，设立文明先锋标志雕塑。当年，全区开始把创建卫生城市工作列入议事日程，行署领导分别到各县（市）开展调研，并召开专题会议部署创建工作。地区成立创建卫生城市领导小组，各县（市）也成立相应的组织领导机构，并制定创建卫生城市方案。经过一年的努力，各县（市、区）城区的卫生状况都得到较大改变，建立起一套卫生管理办法。城市文明现象普遍得到提升。

2001 年，宁德成立“增强精神文明建设实效”专题调研组，由一位市领导牵头组织开展调研。调研组深入 9 县（市、区）对城市近几年开展精神文明城市创建情况进行全面调查，总结经验、分析存在的问题，提出建议。市委、市政府发出《关于增强社会主义精神文明建设实效的若干意见（征求意见稿）》，对进一步开展文明城市创建工作提出具体指导意见。市委宣传部、市委文明办、民政局还对城市文明创建活动中加强城市文明安全社区工作进行调研并提出进一步工作意见。市政协邀请有关部门在蕉城区召开城市卫生、交通、污染、基础设施建设管理等 4 个方面的座谈会，以商讨改进措施。

2002 年，围绕“加快城市建设步伐，提高城市文明程度，创造良好投资环境，服务经济建设中心”这一主题，严格实施编修后的城市总体规划，加快东侨新区开发，推进旧城区改造，加强城市基础设施建设，强化城市环境综合整治。全年共投入资金 2500 万元，对公交、绿化、公园广场、文化设施、环境卫生、集贸市场等进行改造建设并加强管理，提高城市管理和文明水平。

2003 年，市委、市政府出台《宁德市创建文明城市工作方案》，要求全市各县（市、区）创建文明城市工作要实行职能部门分工负责、文明委协调指导，坚持动员教育市民与为民办实事相结合方针，激发和调动群众参与创建活动的积极性和主动性。在监督制约机制上，邀请市、县（区）人大代表和政协委员定期或不定期进行考察调研指导，并组织“记者行动”进行舆论监督。

2004 年，全市进行创建文明城市（县城）考评、申报工作。市委文明办召开各县（市、区）文明办主任会议，专题研究、部署开展 2003—2005 年度创建文明城市（城区）初评工作，并组织人员深入各县（市、区）进行指导、督查。10月19日至10月27日，受省文明办委托，市文明委组成初评考核团对柘荣县、霞浦县、蕉城区、古田县展开初评考评工作。11月中旬，又对屏南、周宁、寿宁3个县开展初评考核。下旬，市文明委抽调市、县（市、区）两级有关部门人员组成自评考评团，分文档资料考评组、实地考察组、问卷调查组三个组，采取材料审核、问卷调查、实地考察、整体评价等方法对市本级创建省级文明城市工作进行自评。

2005年，市委、市政府和市文明委进一步加强创建文明城市、县城工作的领导力度。市文明委在上年考评的基础上，制定深入开展创建文明城市工作方案，并于6月上旬召开全市创建文明城市工作会议进行具体部署。有关县（市、区）也都研究制定创建文明城市（县城、城区）工作方案，并采取措施，认真落实工作责任，打好“创城”攻坚战。《闽东日报》开设《创建文明城市，构建和谐宁德》专栏，连续刊发文章，对全市创建文明城市活动情况进行集中报道，积极营造创建文明城市的浓厚氛围。9月，市文明办召开全市创建文明城市工作汇报会，部署阶段性工作。10月，又由市委、市政府领导带队深入宁德市区和各县（市）进行检查指导，以迎接省最后考评。

二、创建文明行业（窗口）

1993年，全区各县（市）普遍开展创建文明行业和文明“窗口”评优选佳活动。国道104线沿线203个路边店有138个开展创“四优”（优美环境、优良秩序、优质服务、优化管理）竞赛活动，公路征管所“窗口”普遍开展文明竞赛活动。1994年，在开展“窗口”评优选佳活动中，各“窗口”行业进一步完善行业职业道德规范，更加注重守法经营、优质服务。宁德市（今蕉城区）开展十大行业百家“窗口”创优质服务竞赛，福安市在全市行政、执法部门、商业服务行业开展“创建文明窗口竞赛”活动，着重纠正垄断性、专营性行业不正之风，提高服务水平。1996年，全区在开展“窗口”评优选佳活动中，重点抓党政机关、执法部门和“窗口”服务行业的“树行业新风、创优质服务”活动，推行服务承诺制，制定服务规范，实行量化考核、评比，完善监督、奖惩机制，纠正行业不正之风，提高社会满意率。

1997年，在全区22个行业中确定44个示范单位，充分发挥他们的示范、带头和辐射作用，普遍推行“企业挂牌服务”“社会承诺制”和“一条龙办公”三位一体服务体系，推动“满意服务，情暖闽东”系列活动的深入开展。地委文明办召开多场参赛行业联席会议，深入示范点检查督促，总结经验，宣传推广。年底，市文明委开展了22个参赛行业测评活动，组织服务对象、人大代表、政协委员、民主党派人士和社会各阶层代表参与测评。有三个行业满意率较高，并评出15个先进示范单位和15个先进个人，还向省行业创建协调小组推荐10个行业参加全省评选。

1998年，全区深化“创文明行业、建满意窗口”竞赛活动。市委精神文明建设领导小组分别召开全区竞赛活动工作会议和交流会，提出行业创建活动的工作重点是：加强行业规范化服务建设，强化“交通秩序、环境卫生、建筑工地、集贸市场”4项管理。并采取强化舆论监督、行风测评、满意率测评、问卷调查、人大代表及政协委员评议、窗口创优明察暗访等方法了解、考评工作情况。

1999年，全区参加“创文明行业、建满意窗口”竞赛行业发出《“创文明行业、建满意窗口”竞赛活动协议书》，开展实行规范服务标准、规范承诺项目、规范办事程序、规范工作用语的“四个规范”，落实仪容仪表、精神面貌、行为举止的“三项服务礼仪”，开展便民服务和优化服务环境等竞赛活动。通过组织群众参与行业服务满意率测评、实地抽查行业服务窗口、检查文明单位建设和有关专项创建工作等，深入开展行业精神文明创建和竞赛活动。地区地税、工行、国税系统成绩突出，被评为全区创文明先进行业。

2000 年，全区交警部门联合实施城市“畅通工程”和创建“平安大道”活动，整治交通秩序、加强车辆和重点路段、路口管理，推行文明执法、禁止乱罚，取得明显成效。建设部门开展创建文明工地活动，城管部门加大城市管理力度，提倡文明执法，环卫部门学习推广柘荣环卫所管理城市卫生的先进经验，当好城市“美容师”。全区各服务行业的服务管理水平进一步提高。

2001 年，宁德市在创建文明城市（县城）中，把创建文明行业（窗口）放在突出位置。重点开展党政机关、执法部门、“窗口”行业的优质、规范服务活动。8 月，市文明委召开全市创建文明行业经验交流会，提出大力推进行业道德建设，切实纠正行业不正之风；加强示范点建设，促进行业文明建设整体水平的提高等方面的要求。市文明委在广泛征求各地、各行业意见的基础上，重新确定第三届创文明行业、建满意窗口示范单位。其中：省级 58 个、市级 62 个。10 月，市文明办制定和印发《宁德市“创文明行业、建满意窗口”示范点规范化建设的基本要求》，使示范点规范化建设有章可循。

2002—2003 年，全市以诚信建设和规范服务为重点，继续深入开展“创文明行业、建满意窗口”竞赛活动。通过开展诚信道德宣传教育，整顿市场经济秩序，规范服务标准、服务程序、服务承诺、服务言行，从抓示范点向全行业拓展，推动“服务群众、奉献社会”行业新风的形成。党政机关、执法部门重点抓廉政建设和效能建设，涉台涉外涉侨部门重点抓提高办事效率，卫生医疗部门重点抓医德医风建设，旅游商贸部门重点抓诚信经营、文明管理，涉农部门重点抓服务“三农”和减轻农民负担。

2004 年，市文明委公布第四届“创文明行业、建满意窗口”竞赛活动示范点名单，并成立竞赛活动联席会议及其办公室，确定联席会议协调办公室联络员，同时召开全市创建文明行业工作联席会议暨第四届创建竞赛活动签字仪式，35 个参赛行业领导都与市领导签订协议书。12 月，全市组织开展第四届“创文明行业、建满意窗口”竞赛活动初评工作。

2005 年，市文明委对第四届“创文明行业，建满意窗口”竞赛活动初评工作进行分析汇总和整体评估。组织人员深入各参赛行业和示范窗口，在深化创建内容、拓展创建形式、健全创建文档、规范创建管理等方面加强检查指导。市、县（市、区）文明委先后召开“创文明行业、建满意窗口”工作会议，对深化创建文明行业活动进行具体部署。市、县（市、区）文明办组织有关行业单位，以行业规范化服务和文明示范窗口建设为重点，组织开展行业“共铸诚信”“守合同、重信用”企业评选、“诚信旅游”企业评选等活动。

三、创建文明村镇

1993—1994 年，地委实施“以城带乡”做法，把创建文明村镇与创建文明县城一样重视、一并研究、一起部署、一块检查、一同表彰。地、县（市）制定老区、少数民族地区、贫困地区开展创建文明村镇竞赛活动实施方案，以扶贫脱贫、建设社会主义新农村为目标，深化农村综合试验工作，加强社会治安综合治理，加大农村基础设施建设力度。在工作方法上，注意树立典型，以点带面，努力推广省级文明村周宁县阮洋中村等经验。宁德市（今蕉城区）、福安、福鼎、霞浦、古田等县（市）还设立乡镇文明办。各地加强村镇规划、建设和管理，并把解决行政村的水、电、路、厕、通信问题作为重点，使农村的生产、生活环境不断得到改善，村容村貌逐步改观。同时，开始实施“造福工程”，把极少数自然条件恶劣的特困村搬迁到条件较好的地方新建村。全区832个机关党支部与1174个农村党支部开展共建先进村党支部活动。地、县（市）机关组织1120多名的工作队员。分赴428个村驻点挂钩帮扶，开展创“双文明户”，评“五好家庭”“五星户”活动。

1995年，地委文明办在对各县（市）推荐的重新申报的历届67个省级文明乡镇、村（居），根据新制订的7条标准进行资格认定和考核把关。当年，经省文明委审核，由省委、省政府表彰命名，福鼎秦屿镇被命名为省级“十好文明集镇”，18个建制村被授予“文明村”。

1996年，地、县（市）贯彻落实省委、省政府《关于加强农村精神文明建设的意见》，推进文明村镇创建上水平。各地围绕文明村镇的创建目标，开展创“五星”“十星”文明户评选活动。地委加强农村精神文明建设工作，提出以“学美岭、奔小康、建新村”为目标，广泛开展“建文明村镇、奔小康目标”活动。5月，地委文明办会同老区办、民委、扶贫办、小康办组成检查组，对186个参赛村进行总评检查。这些村基本摘掉了贫困帽子，近50%的村实现小康达标，有81个村被评为省、地、县（市）文明村。通过检查评比，评选出创建文明村竞赛活动3个组织优胜县、9个优胜村、10个先进村。

1998年，全区以新村建设和移风易俗为重点，深入开展创建文明村镇活动。确定福鼎溪美村为新农村建设典型，并推荐为全国文明村示范点。全区普遍创办农村宣传文化中心（站），使其成为农村集思想教育、科技教育、文化教育与文化活动“四位一体”的精神文明活动场所。至年底，全区创办乡镇宣传文化中心103个、村宣传文化站572个，配套建立的文化室121个，农民图书馆、村书库588个，村（乡镇）史教育室390个，科技宣传服务站390个，农村黑板报3004块，阅报栏1581块。宁德地区创办农村宣传文化中心（站）的经验，还得到省委宣传部和中宣部的充分肯定，并在宁德召开推广现场会。

1999年，全区加快农村宣传文化中心（站）建设。在开展创建“文明村镇”“文明户”活动中，以移风易俗为重点，加快农村树立新风新尚。3月，地委作出《关于加快宣传文化中心建设步伐加强农村精神文明建设的决定》，对农村宣传文化中心（站）建设和农村精神文明建设的各项任务从四个方面作出明确的规定，提出更高的要求。

2000年，地委文明办在全区推广福安市、霞浦县在创建农村文明村镇工作中“城乡共建”，以城市带农村尤其是重点做好城乡接合部和城中村的精神文明创建工作经验。当年，全区有9个乡镇、30个建制村评为宁德地区第七届精神文明先进单位，宁德三都镇青山村大黄鱼养殖协会党支部与宁德边防派出所文明共建先进典型等。

2001年，宁德市委一届二次全体（扩大）会议和市精神文明建设工作会议提出，要进一步提高村镇精神文明创建水平，开展文明单位与村镇结对共建活动。会后确定10个创建文明小城镇示范点、10个创建文明村示范点，推广福鼎秦屿、白琳、店下3镇“创建文明示范片”和福鼎店下溪美村创建“文明示范村”的经验，并继续推广“以城带乡，城乡结合”做法，推动小城镇和精品村为重点的农村精神文明创建活动。

2002—2003年，全市在开展村镇创建活动中，推行“千分制竞赛”办法。宁德市城区有62个省、市、区三级文明单位与62个村结对共建，城市文明社区（小区）创建也在向农村辐射、延伸，仅在蕉城区范围，乡镇一级就建有14个文明小区，并按“千分制”对创建村镇进行评估考核。

2004年，市文明委制定下发《关于加强农村精神文明建设的意见》，提出应在农民科学文化教育、改善农村生产生活环境、推进农村思想阵地建设，开展农村文明户创建、精品文明村创建、“以城带乡、城乡共建”活动和加强对农村精神文明建设的领导等8个方面作为创建文明村镇内容，并加以落实。

2005 年 3 月，全市在农村开展环境卫生专项整治工作，重点解决“乱倒垃圾、乱倒污水、乱放柴草、乱堆粪土、禽畜乱放”的“五乱”问题。配合卫生、交通、水利部门开展改厕、改路、改水工作。把“城乡共建、以城带乡”的创建工作提升为区域成片共建，即将市、县（市、区）城区周边村镇建成文明片区；把高速公路、国道、省道沿城乡（镇）驻地及村庄“连线”建成文明走廊。福鼎市硖门柏洋村，利用修建高速公路过境征迁机会，将原有 13 个自然村中的 9 个搬迁至主村建设永和（意为永先和谐）新村，并精心设计、组织实施文明新村建设。市委文明办还根据省文明委部署，组织开展全国文明村镇考评、申报工作，并深入参评村镇配合省考评团组织工作。8 月，在福鼎秦屿召开全市农村精神文明建设工作会议。当年，福鼎秦屿镇再次被评为全国文明单位（乡镇），古田黄田镇被中央文明委评为全国创建文明单位（村镇）工作先进村镇。

第十章　政策研究与党史党校工作

第一节　政策研究

1993年，宁德地委政策研究室确定以“追赶工程”为主的18个重点课题，并组织联合攻关，共写出调研文章19篇16万字，其中7篇被省委政研室《调研文稿》采用。此外，围绕地委工作中心，开展“三农”（农业、农村、农民）调查研究，有“闽东股份合作制问题”“区域经济研究”“综合改革试验研究”“党委和社会治安研究”等专题，写出70多篇合计30余万字的调研报告。

1994年，地委政研室组织地直各部门和县（市）政研室，对“进一步实施有闽东特色的经济发展战略”“综合改革工作由点向面的拓展问题”“1994年重大项目改革对我区经济影响”等18个关系全区经济建设和社会发展的重大课题开展长线调研，共完成21篇调研报告、17万多字。同年，就经济、社会生活中出现的热点、难点、敏感点进行短线调研。如针对“三农”问题中“山区开放开发政策落实情况”“股份民营企业发展要求”等改革难点进行调查研究，形成书面调研材料供领导参阅。全年组织撰写调研文章12篇合计10多万字。当年，由地委政研室主办主编的《闽东调研》创刊，为双月刊，全年编发5期共42万多字。

1995年，地委政研室确定18个重点调研课题，全年收到134篇调研文章。重点开展“争创小康村”“地方工业发展”等课题调研工作，形成调研文集《为了闽东工业的春天》。参与三沙、嵛山对台贸易试验区优惠政策研究，撰写题为《如何搞活三沙、嵛山对台贸易设想》的调查报告。同时，就“解放思想大讨论”“争创小康村”“海洋利用开发”等热点、难点问题开展调研，并精选其中8篇文章刊登在《闽东调研》上。

1996年，地委政研室确定18个重点课题并组织调研，收到调研报告176篇。开展“争创小康村”“工业富区”等专题调研，参与制定地委、行署《关于支持四个特困乡和八个少数民族乡发展的有关政策》和《关于扶贫开发和小康建设的实施意见》等文件。

1997年，地委政研室确定“宁德经济社会发展再上新台阶”“加快实施海上闽东建设规划”“加快山海协作”“基本实现小康后农村发展问题”“大力推进党的建设”“加强依法治区”“关于地方财政建设及加强地级宏观调控能力”等8个重点调研课题，全年收到调研文章153篇。同时，就“小康村建设”“软环境建设”“民营经济发展”等专题课题组织调研，完成6篇调研报告。

1998年，地委政研室就“加快山海协作，提高综合实力的研究”“加强民主与法制建设，推进依法治区工作的研究”等11个重点课题组织调研，共收到调研文稿250多篇。其中，地委政研室独立完成“发展个体和私营经济”“下岗职工再就业”“连家船民上岸定居”“农业产业化”“闽东茶叶出路”等热点问题的调研报告。

1999年，地委政研室围绕地委决定，开展“进一步实施科教兴区战略的研究”“宁德地区‘十五’国民经济和社会发展的基本思路研究”“农村改革和经济发展‘双十’工程实施方案的研究”等12个重点课题调研。收到调研稿240多篇。地委政研室直接承担“进一步实施科教兴区战略的研究”“加快东侨、赛岐、三都澳及穆阳畲族经济开发区建设的研究”“农业产业化与农村市场体系建设研究”等3个重点课题调研任务。

2000年，依照地委提出的12个重点调研课题，地委政研室对调研任务进行分工，收到调研文稿140多篇。其中由地委办承担的“关于中国加入世贸组织对我区经济社会发展影响及对策的研究”，出版集结《加入WTO与闽东经济发展》一书。地委政研室承担的“关于工业结构调整和培育新工业经济增长点的研究”和“关于我区技术创新体系建设的研究”2个重点课题的调研，形成《闽东工业发展纲要（初稿）》和《闽东生物高新技术产业园区建设方案设想》2篇文稿。撰写《赛岐打火机产业陷入绝境》《我区扶贫攻坚任务仍很艰巨》《温州归来话发展》《海岛乡反映应加大岛区基础设施建设力度》《加快我区小城镇建设步伐的若干建议》《国有小企业改革发展的实践探索》《闽东农村税费改革的成效与建议》《加快发展闽东老区经济的建议》《海洋：闽东21世纪的新增长点》《更多地从制度层面考虑扶贫攻坚工作》《突出创新，探索机制，为彻底摆脱贫困而努力奋斗》《以水产养殖业为突破口，努力发展闽东海洋经济》等调研文稿。当年，编发《区外动态》内部刊物，主要刊登一些对区内有借鉴意义、对领导决策有一定参考价值的区外各方面新做法、新经验、新政策、新动态等。

1993—2000年，在中共宁德地委的组织和指导下，由地委及各县（市）委政策研究室牵头，全区开展广泛的政策性重点问题的调查研究，共形成1200多篇、约370多万字的文章，其中部分结集出版，还有部分被评为省重点课题优秀调研成果。其中《运用负值滚动再生方式拉动闽东区域经济总量骤增》获省委政研室组织的全省政策研究调研二等奖，《为农民走向市场开辟通道》和《闽东农村工业开发区研究》获三等奖。

2001年，宁德撤地设市后面临诸多新情况、新问题。为此，市委更加重视对政策问题的调查研究，并围绕全市中心工作，组织开展调查研究。市委政研室制定“关于宁德市经济发展后劲问题的研究”“关于精神文明建设实效问题的研究”“关于为人民服务质量问题的研究”“关于党的建设活力问题的研究”“关于乡镇发展问题的研究”“关于社区建设问题的研究”“关于培育新的生财点问题的研究”等7个重点调研课题，分别组织调研。

2002年，市委决定就贯彻省委“努力构建‘三条战略通道’，加快第二层面发展”战略决策，在全市开展大范围的调研活动。市委政研室具体组织实施此项活动，为市委起草课题调研方案、组织筹备3场讨论会，并在全市开展大讨论，组织征文活动。同时承担“关于构建三条战略通道，加快第二层面发展”“关于区域经济布局研究”“关于构建三条战略通道的研究”“关于港口经济发展的研究”等4个分课题的调研。市委政研室对活动所取得和形成的39个调研报告、11篇评论员文章、整个调研讨论活动的总结以及相关报道等进行整理，编成52万字的《宁德市第二层面发展研究》一书。市委政研室还制定12个市重点调研课题，组织各县（市、区）开展调研和讨论，收回20余篇调研报告和100多篇讨论文章，精选其中57篇编成《2002年宁德市重点调研课题集》一书。其中市委政研室直接承担“加快发展宁德经济综合实力”“宁台农业合作”“应对WTO加快政府职能转变”以及省委政研室下达的“加强与周边省份经贸合作问题研究”等重点课题调研。市委政研室撰写《当前应解决投资环境中存在的七个突出问题》《关于市农校改办成职业技术学院的可行性及其建议》《密切关注宁德市城区房地产业健康发展》等9篇调研送阅稿。同年，原《闽东调研》双月刊改为《宁德调研》不定期活页刊，每期编发一篇调研文章。《区外动态》改为《市外领导动态》。

2003年，市委政研室确定21个重点课题组织调研。其中“宁德实施项目带动战略问题研究”“三都澳开发与福州、温州、宁德区域经济发展研究”等5个课题由市政研室直接承担。3月，市委政研室全程参与“关于宁德加快县域经济发展问题”的调研活动，并形成《关于加快宁德市县域经济发展的对策思路》调研文稿。另外还抽调人员参与“非典”防治督察调研、社区建设调研等。

2004年，市委政研室确定“加快海峡西岸经济区建设”“理清‘十一五’规划基本思路”“加快中心城市发展”“壮大主导产业”“促进非公经济发展”“促进农民增收”“实施人才强市战略”“做好新形势下乡镇工作”等14个重点课题，并围绕这些重点课题，安排“产业集聚”“发展临海产业”“乡镇减债”“增加农民收入”等20多个子课题。还开展“提高党的执政能力”“加快老区建设与发展”等调查研究。全年撰写调研文章13篇，收到来稿200多篇，在省级刊物发表20多篇。

2005年，市委政研室围绕“宁德市国民经济和社会发展‘十一五’规划”及“2020年远景目标研究”“增强构建社会主义和谐社会能力”“加快船舶修造业”“农产品加工与发展”“加强领导班子思想作风建设”等15个重点课题组织开展调研工作。为制订好宁德“十一五”发展规划做准备，提出许多有参考价值的建议意见。

据统计，2001—2005年市委政研室在全市组织开展近百个课题、子课题调研，形成400多篇调研文章和征文稿。在省级刊物发表70多篇，《实施三条战略通道、实现第二层面发展》等6篇文章获省重点课题优秀调研成果奖，其中获二等奖3篇、三等奖3篇。

第二节　党史工作

1993年，宁德地委党史研究室围绕纪念毛泽东100周年诞辰，组织撰写纪念文章，在省、地报刊上发表。福安市委党史研究室举办毛泽东像章展，展出民间收藏的毛泽东像章7740多枚，参观人数达数万人。当年，全区党史工作部门进行闽东新民主主义革命时期党史资料的挖掘整理，特别是对一些重大、疑难问题做深入的调查考证。同年，全区各县（市）陆续开始新民主主义革命时期地方史编写工作，年底寿宁出版了地方革命史。

1994年，为纪念闽东苏区创建60周年，全区开展征文活动，编印纪念专辑，并开始收集资料、编写闽东英烈传略。当年即出版由地委党史研究室主编的记述74名闽东新民主主义革命时期英烈事迹的《闽东英烈》丛书第一辑，共35万字。

1995年，地委党史研究室与地区新四军研究会联合召开纪念抗日战争胜利50周年学术研讨会并组织撰写23篇纪念文章，其中5篇被省、地报刊和电视台采用。同时还举办“新安旅团事迹展”“勿忘国耻、强我中华邮票展”等，收集到新四军第3支队第6团团史资料1万多字、照片40多张。同年，全区开始收集社会主义时期党史资料，至2005年共查阅档案资料2万多卷，摘录复印资料3000多万字，发出信访函200多封、走访老同志300多人次，召开座谈会30多场。同时，地、县（市）委党研室共同配合，从当年开始至2000年，先后完成省下达的“闽东城市接管与社会改造”“闽东新时期农村变革”“闽东新时期城市改革”“闽东‘大跃进’运动”“闽东农业合作化运动”“闽东六十年代国民经济调整”“闽东‘十年内乱’”“闽东拨乱反正”“闽东社会主义市场经济体制的构建与探索”9个重点党史专题的研究编写。

1996年，为纪念中国工农红军长征胜利60周年和中国共产党成立75周年，全区党史部门撰写纪念文章25篇，召开革命传统教育报告会4场、受教育人数2500多人。召开老干部座谈会、举办纪念图片展览各2场，组织干部群众和青少年学生数千人参观闽东革命纪念馆和其他重要革命遗址、遗迹。

1997年，围绕香港回归、党的十五大召开和闽东红军独立师在宁德虎浿石堂整训60周年、古田澄阳暴动暨闽浙赣游击纵队成立50周年等党史上的重大事件，全区党史部门召开纪念会、座谈会、学术研讨会5场；组织撰写纪念文章、学术论文、回忆录等100篇50多万字；举办革命斗争史展览2场；组织老干部宣讲党史10多场；组织1万多人次参观闽东革命纪念馆和重要革命遗址。古田县委党史研究室编辑出版《中共古田县党史画集》，收录图片110多幅，生动反映中国共产党领导下古田人民光辉的革命斗争历史。

1998年，为纪念中国共产党十一届三中全会召开20周年，地、县（市）委党史研究室组织撰写纪念文章82篇30多万字；召开纪念会、座谈会、学术研讨会10场；举办党史图片展4场，展出图片600多幅；举办党史知识竞赛1场；组织老干部宣讲党史25场，受教育人数3万多人。同年，配合福建省革命历史纪念馆完成该馆闽东部分内容的陈列方案和小样的修改、审定及有关革命文物、照片的征集、选送工作。

1999年是中华人民共和国成立50周年、“五四运动”80周年、古田会议召开70周年和澳门回归之年。全区党史部门和新四军研究会、南下服务团团史研究会、长江支队研究会等社团组织联合召开纪念会、座谈会8场；组织老干部和党史工作者为机关干部、职工和中小学生作报告10场；组织党史知识竞赛3场。同时，组织撰写一批纪念文章，其中《加强党的建设，保持党的无产阶级的先进性——从古田会议谈起》入选《纪念古田会议70周年论文集》。福安市委党史研究室开展“红土地杯”征文活动，收到征文106篇。福安、宁德、周宁等县（市）委党史研究室积极参与新闻部门组织的“红旗颂”“重走解放路”等文艺采风活动，为活动提供大量党史资料。柘荣、寿宁等县党史部门还举办革命斗争史和迎澳门回归宣传专栏。

2000年，为迎接建党80周年，地委党史研究室举办党史图片展1场，报告会、座谈会10场，受教育人数1.5万人次。同年，《中国共产党革命英烈大典》闽东部分92名英烈传略的编写工作完成。各县（市）委党史研究室和组织部联合编写《社会主义时期党史人物》工作启动并进展顺利。闽东社会主义时期地方简史《与共和国同行——闽东50年沧桑巨变》出版发行。各县（市）也陆续公开或内部出版一批反映闽东地方革命斗争和社会主义建设历史的书籍，其中有《黎明前的战斗》《闽浙边革命斗争史话》《中共鼎平县委与鼎平根据地史略》《历史的跨越——寿宁五十年》等。

2001年，市委党史研究室以建党80周年为契机，开展各项党史研究活动。组织撰写纪念文章和学术论文30多篇，其中有10多篇在报刊发表，论文《“三个代表”是21世纪党的建设的行动指南》《中国共产党代表中国先进文化的前进方向的历史必然性》分别入选华东六省一市2001年学术讨论会和福建省纪念建党80周年理论研讨会。召开全市党史系统党建理论研讨会，有10篇论文入选。在宁德市委、市政府机关大院展出《奋斗辉煌——纪念中国共产党成立80周年》

宣传图片90余张。与宁德市新四军研究会联合举办新四军军部重建60周年暨陈毅元帅100周年诞辰纪念会。与市委宣传部、宁德电视台联合拍摄电视片《为了这片土地》，宣传闽东党的历史。为《闽东日报》专版提供闽东英烈传略、革命故事、斗争史话等党史文章10多篇，为福建电视台、东南卫视台、福州晚报等提供闽东党史资料近2万字。蕉城、柘荣、霞浦等县（区）在乡镇巡回展出党史图片；寿宁、周宁等县与有关部门联合拍摄反映当地革命斗争的电视片；古田县委党史研究室与县委宣传部、组织部联合举办“党的建设理论与古田发展实践研讨会”；周宁县举办凌福顺烈士牺牲65周年纪念会。全市党史系统还组织干部、群众和青少年参观重要革命遗址，参观人数达2.5万人次；举办革命传统教育报告会53场，受教育人数2万余人。市委党史研究室还和市老区办联合为寿宁含溪革命传统教育基地授挂牌。当年，《中共福鼎党史人物辞典》出版发行。

2002年，全市党史部门结合闽东党史重要纪念日，组织召开纪念“蓝田暴动”暨闽东工农游击队第一支队成立70周年、学习党的十六大精神等纪念会、座谈会5场；举办党史知识竞赛1场；举办党史、革命传统教育展览2场。福安、霞浦、柘荣、周宁等县（市）先后组织干部、群众和学生瞻仰革命遗址、祭扫烈士陵园、参观革命纪念馆，深入开展革命传统教育。寿宁县为纪念中共寿宁县特别支部成立70周年，与县广播电视局等单位联合拍摄宣传当地党史的教育片。当年，《中共霞浦党史人物辞典》《中共柘荣党史人物辞典》相继出版发行。

2003年，市委党史研究室和蕉城区委党史研究室组织干部参观瞻仰闽东红军独立师成立旧址和纪念碑。蕉城区委党史研究室结合中共宁德县委成立、霍童暴动、颜阿兰烈士牺牲、闽东工农游击第三支队成立等纪念日，在区政府大院内举办党史图片展，并在霍童镇召开纪念座谈会。柘荣县委党史研究室开展地方革命史宣传月活动，深入全县20所中小学举行为期一个月的“回顾柘荣历史，展望柘荣未来”专题巡回讲座，近1万名师生参加活动。全市还举办革命传统报告会2场，1200多人到会听讲。当年，《中共宁德党史人物》出版发行。

2004年，市委党史研究室为纪念闽东苏区创建70周年，编撰出版《闽东革命史画集》，收录图片近500幅，文字8万多字，图文并茂地展示闽东党和人民光荣而又艰辛的革命历程及新闽东的风采；与市直党工委联合举办闽东革命史知识竞赛。在蕉城区繁华路段及闽东技校举办闽东革命史大型图片展，展出170版400多张闽东革命史图片。召开党史专题研讨会1场，为《闽东日报》“纪念闽东苏区创建70周年”专栏提供闽东革命史简要大事记、闽东英烈小传、闽东苏区重要事件等文章近20篇。为纪念邓小平100周年诞辰，市委党史研究室制作宣传栏、展出图片50多张；组织党史工作者参加纪念邓小平100周年诞辰征文活动，其中4篇入选宁德市“深入开展邓小平理论研究，推进海峡西岸经济区新兴港口城市建设”理论研讨会。

2005年，为纪念抗日战争暨世界反法西斯战争胜利60周年，市委党史研究室在蕉城重要路段及宁德一中、宁德师范附属小学、闽东技校举办抗日战争大型宣传图片展，展出70版220张图片，同时邀请老干部为3所学校600多名学生讲述抗战历史；与海军驻宁德部队联合举办两场闽东革命史大型图片展，500多名官兵观看展览；为省市宣传媒体提供闽东党史资料2万多字。同时，组织党员到寿宁含溪村参观瞻仰中共闽东特委旧址，到福建省革命历史纪念馆参观“八闽丰碑——福建革命英烈事迹展”。蕉城区委党史研究室与区委宣传部、发展计划局、旅游局、摄影家协会等部门联合组织红色之旅采风活动，到蔡威故居、新四军留守处林氏宗祠、南埕盐工暴动旧址、三都百克医院旧址、百丈岩、花兰渡、支提山、文昌阁等革命遗址、纪念地进行采风，并制作成专题片，在宁德有线电视台播出。周宁县委党史研究室举办纪念抗日战争胜利60周年图片展，共展出图片286幅，参展观众达1万多人次。柘荣县委党史研究室与县委宣传部、县文明办、县民政局、县未成年人思想道德教育办公室联合筹建柘荣革命史图片展览室，并列为县党史教育基地。

第三节 党校工作

一、干部培训

从1993年开始，中共宁德地委党校按照“学马列要精，要管用”的原则，改革教学体系，变系统教学为专题教学，着重讲授“建设有中国特色社会主义理论”（以下简称“中特”理论）。以办培训班的形式对区内各级领导干部和专业人员进行培训学习，培训时间一般1—3个月，即“主体班”。当年办班18期、培训666人。其中，《邓小平文选》（第三卷）理论研讨班2期79人，“中特”理论培训班2期102人，中学政治教员骨干培训班1期33人，驻宁德省属单位、地直单位干部1期49人，青年干部班（简称“青干班”）2期102人，副处级干部综改研讨班2期37人，乡镇书记班1期38人，科技副乡镇长班2期65人，机关科局长班1期39人，土地管理系统干部班1期12人。

1994年，举办各类干部培训班25期，培训1024人次。其中，有《邓小平文选》（第三卷）研讨班、乡镇党委书记岗位培训班、机关科局长进修班、乡镇组织委员岗位培训班、乡镇宣传委员岗位培训班、青干班、乡镇统战委员岗位培训班、非党科级干部培训班、环保培训班、纪检和监察业务培训班、乡镇企业干部（业务知识）培训班等。

1995年，举办各类培训班、进修班及其他班次共30期，受训人数1581人。其中县处级干部进修班两期、县处级邓小平“中特”理论轮训班2期、科局长进修班2期、乡镇书记培训班2期、“青干班”理论培训2期、企业党支部书记培训班1期。在办班过程中，坚持突出邓小平“中特”理论的主课地位，并密切联系闽东经济建设的实际。同时，为提高教学质量，进一步完善各种教学制度，包括集体备课、观摩教学、新课试讲等等。

1996年，举办各类培训班、进修班及其他班次23期，培训1627人次。其中“主体班”次有县处级干部进修班、科局长进修班、乡镇科级正职党员干部培训班、青干班、地直企事业单位党支部书记培训班等。

1997年，举办干部进修培训班31期、培训2258人。有乡镇纪检书记班、乡镇组织委员班、乡镇统战委员班、宁德地区稽征处“三讲”培训班、地直党支部书记学习“十五大”培训班、地区企业局岗位培训班、地区交通局路桥专业培训班、地区建委水电与工程安全培训班、地区保险公司培训班、市财政局会计培训班等。在培训中，注重结合形势教育，增加以“三讲”为主要内容的党性党风教育课程和“十五大”专题辅导，并聘请地委、行署领导和专家来校授课。

1998年，举办“主体班”5期，到训218人，第1、4、5期为县处级领导干部学习邓小平理论轮训班，到训186人。此外，还有地直党工委和地委宣传部深入学习邓小平理论骨干培训班、地区公路稽征处中心组学习班等，共培训307人。在培训教学中，突出三方面的教学内容：一是突出“邓小平理论”主课地位，并结合“三讲”教育内容；二是强化理论联系实际，加强对地区新一轮创业的研讨；三是根据新时期领导干部从政要求，设置现代领导从政知识课程。全年地委、行署领导12人次到校讲课。校领导和43位教师还走出校门，到地、县有关单位调研，丰富教学内容并开展学习辅导。同时，强化学员自学研讨环节，要求学员做到自学与辅导相结合，规定阅读书目，在学习中做好读书笔记并在全班交流。

1999年，举办“主体班”7期，到训294人，并改革课程设置，对不同班次精选特色课程，压缩教学内容，还根据中央党校提出的“理论基础、世界眼光、战略思维、党性修养”的教学思路精心设置课程。11月，在地委党校举办全区党校系统教学观摩与研讨会，3位参加全省党校系统教学观摩与竞赛的教师为全区党校的副校长、教务科长和教员进行专题课示范，并以此开展如何上好专题课的研讨。

2000年，精心设计“主体班”教学课程，其中新课、新内容占70%。根据关于“三个代表”重要思想的论述，共办班6期，到训260人，完成计划外办班16期。在“青干班”教学计划中，增设学习“三个代表”重要思想教学单元，安排4个专题课。十五届五中全会召开后，除及时组织“青干班”学习外，在乡镇正职党员领导干部进修班教学计划中，也及时安排十五届五中全会内容，并采取研讨式、论辩式、案例式教学，给学员充分发挥空间，活跃课堂气氛，提高教学质量。

2001年，市委贯彻《中共中央关于加强和改进党校工作的决定》精神，下发《2001—2005年宁德市委干部教育培训工作实施意见》，提出适度扩大办学规模，突出培训重点。全年党校举办党员领导干部培训班13期，轮训处级以下党员领导干部784人次，还完成计划外办班10期。市委党校从观念创新、方法创新、机制创新入手，改进教育培训内容，规范党校教学。在举办的全市“三农”问题研讨班、“工业富市”研讨班上加强对基础性、应用性知识的培训，把理论学习与专业知识有机结合起来，着眼于运用理论研究解决实际问题。

2002年，市委党校举办县处级干部进修班2期、青干班1期、机关科局长进修班2期、非中共党员干部培训班1期、县处级领导干部学习十六大精神研讨班2期、全市理论骨干学习十六大精神培训班1期，共11期，培训769人。完成计划外办班11期（行政处9期、人民银行班2期）。在教学中坚持新课试讲制度，全年完成新课试讲47个专题。并探索开放式的办学路子，实行客座教授制，聘请省内知名专家学者、省市有关部门领导为市委党校客座教授。同时加强基础学科、重点学科和特色学科的建设力度，确定“马克思主义基本理论”“党史党建理论”“经济学”“行政管理”“法学”“科技文化”和“闽台关系”“民族与宗教”为市委党校的重点学科和特色学科。调整原有学科带头人评选条件及其职责和任务要求，使学科带头人真正起到“领头羊”的作用，并坚持集体备课制。

2003年，举办“主体班”9期、培训人员365人，短期培训班9期、培训人员890人。教学中围绕提高教学质量，从课程设置、师资配备、教学管理等环节，深化学习“十六大”精神和“三个代表”重要思想等教学内容；充实增加“牢记‘两个务必’，弘扬党的优良作风”和“学习十六届三中全会精神”等课程；并且利用中央党校远程教学网络，扩展教学内容。在师资配置方面，继续实行多角色备课、竞争上岗、优化配置制度，选择有较高教学水平的骨干教师担任“主体班”教学工作，以确保教学质量。同时继续借助外力，聘请16人次的客座教授及市领导和部门领导到校讲课。在教学管理方面，继续强化课前巡查制度，避免教师塌课；继续完善新课试讲制度，采取以教研室为单位的新课负责制；继续进行教学评估及领导随堂听课制度，督促教师提高教学质量。

2004年，按照市委关于全力以赴办好“主体班”的要求，市委党校举全校之力，确保人、财、物向“主体班”倾斜。当年共办12期，人数528人，培训规模、人数均超过往年。计划外办班40期、轮训4136人。在课程设置上，仍然突出“三个代表”重要思想主导教学培训地位，围绕“三个代表”重要思想增加新知识、新本领的教学。设置20讲学习贯彻党的十六大和十六届三中全会精神的新课。同时根据形势发展和工作需要及时调整和充实新课程，如在课程设置中增加“树立和落实科学发展观”的内容。党的十六届四中全会召开后，及时开设学习十六届四中全会精神专题课等。继续发挥中央党校远程教育网络的资源优势，以增强教学效果。针对教师队伍业务水平参差不齐的现状，分别对39位任课教师进行80多次教学评估，推动教师提高教学质量。严把教师任课关，明确规定重要“主体班”次，授课的应是讲师以上骨干教师。

2005年，共举办“主体班”11期，人数486人。在教学上进一步加快教学手段现代化，充分利用中央党校远程教育网络的资源优势和多媒体教学手段，播放远程教学专题课30讲、70多次。同时，有6位教师在不同的班次共30多次采用多媒体课件上课。探索研讨互动式、参与式教学方式。根据县处班学员既具有一定理论水平，又有较丰富实践经验的特点，安排若干专题由学员上台作辅导发言，然后进行研讨，这一做法既充分发挥学员的学习主动性，又丰富教学的现实性，使理论与实际、教与学得到较好结合。还坚持新课试讲和一课一评制度。全年在11期“主体班”进行392次教学评估，对教师课堂授课进行全面评估，促进教师加强业务钻研，提高总体教学水平。

二、学历教育

1993年，宁德地委党校为适应干部学历教育要求，开始面向全区招收中央党校函授（以下简称中函）本科、大专班学员。对象主要为党政机关、企事业单位中的党政干部。当年，全区报名人数875名，录取590名，其中本科生181名、大专生409名。办学采取面授、远程及互联网和自学相结合的教学方式，开设党政管理、涉外经济、公共管理、经济管理、法律等专业，学制二年。

1994年，全区录取中函本科155名，大专455名。1995年，举办首次中函本科毕业论文答辩会，152人参加答辩、70%学员通过答辩。

1996年，招收中函本科班经济管理、政务管理、涉外3个专业189名学员，同时1994级139名学员通过毕业论文答辩。是年，还与福安市民族职业中学联合办学，招收文秘、村级后备干部中专班各一期，共44人，拓展了办学路子。

1997年，全区录取中函本科240人，大专504人。1998年，全区中函大专严格入学考试，保证学员质量。当年，全区招收中函本科学员388人，大专班学员398人。

1999年，中函本科报考录取301人。地委党校通过中函省分院对宁德学区中函评估验收。2000年，全区录取中函本科410人、大专722人，均创下地委党校学历班办学8年来录取人数之最。是年，开设行政管理、法律和经济管理三个专业，学制均为两年半。

2001年，宁德市委党校完成中函本科1101人面授任务，1999级学员论文答辩工作。是年，全市录取中函本科381人、大专601人。大专开设行政管理、经济管理和法律3个专业，学制均为三年。本科同样开设此3个专业，学制均为两年半。

2002年，市委党校完成对中函本科800人、大专43人的面授任务。为方便学员就学和充分调动县（市、区）委党校办学积极性，在中函福建分院的支持下，市委党校将函授本科教学点下放设在县（市、区）委党校，由党校教师定时下点教学辅导。当年中函招生得以扩大，共录取本科641人、大专583人。

2003 年，全市录取中函本科 506 人，大专 461 人，党政干部学历中专班 49 人。开设专业与学制均与 2001 年相同。

2004 年，在中函教育中，扩大专业技术职业教育的规模。是年，中函学区（中央党校函授学院福建分院宁德学区）注册大专 271 人，本科 330 人，首次招收中专职教财会专业学员 49 人。

2005 年，市委党校负责中函宁德学区招生与教学任务。在生源明显萎缩的情况下，对招生方式进行调整。当年新生注册人数本科 503 人，大专 271 人，入学总人数超过上年。年底，全学区在籍学员本科生 1491 人，大专生 1338 人。在宁德部分中专学校合并中，原宁德工交干校被撤销，市委党校积极寻求合作办学伙伴，最后确定挂靠宁德理工职业技术学校，再次招收中专班职教财会专业 49 人。

1993—2005 年，宁德地委（市委）党校举办的中央党校函授本科、大专及自办中专班，共有 9646 人通过学习获得大、中专党校学历。

三、科研工作

1993—1995 年，地委党校的科研人员突出对“建设有中国特色社会主义理论”和“在社会主义市场经济条件下党的基层组织建设问题”的研究。按照自报自选的原则，确定全年科研项目 35 个。参加省委党校国家级课题研究，撰写各类论文、调研报告 43 篇。其中有 10 篇在国家级和省级报刊发表。召开省、地级研讨会 3 场。11 月，承办省经济学会年会，到会代表 60 人，收到论文 32 篇。

1996 年，全校完成论文、调研报告 70 篇，其中 10 篇在国家级和省级公开刊物发表，有 11 篇参加省、地有关理论研讨会交流。

1997 年，加强对经济领域和对本地区实际问题的研究。全校教研人员完成论文 87 篇，其中发表于省级刊物 32 篇、地级刊物 5 篇。党史党建教研室刘雄专著《海峡风云 48 年》（25 万字）由福建人民出版社正式出版发行，并被选送香港参加全国“九七回归书展”。郭增荣的《坚持党员标准，发挥表率作用》论文获福建省第二次党建研讨会论文评比第一名，《激流勇进，率先垂范——关于共产党员保持先进性要体现时代要求的思考》获省党建学会研讨会优秀论文三等奖。仲晓明《从“自卑、自封、自由、自傲”现象浅论加强思想政治工作针对性》一文获省党校系统思想政治工作理论研讨会二等奖。缪云震《抓住机遇，推动闽东新一轮创业》在“全区邓小平理论与闽东改革开放实践研讨会”上获奖。刘培麟《社会主义有两大动力》一文被中国人民大学《社会主义研究》转载。陈瑞泉撰写的《必须把握解放思想和实事求是的内在统一性》在《学习月刊》发表，并被 12 家报刊转载。吴力伟撰写的《福安赛岐一体化及其基础工程》《建设福湾高速公路之我见》受到福安市委、市政府重视，文中提出的部分建议被采纳。集体研究攻关项目“闽东乡镇工作研究”收录 37 篇研究文章 22 万字，并结集出版。

1998 年，地委党校上报国家级重点课题 1 项，参与地区重点课题研究 3 项，确定科研重点 6 个方面，重点课题 54 项。同时参与纪念真理标准问题大讨论 20 周年活动，开展纪念党的十一届三中全会召开 20 周年研讨会活动，有 12 篇纪念文章在《闽东日报》上发表。是年，全校发表论文、调查报告 62 篇，其中 7 篇在省级以上刊物发表，27 篇论文被推荐参加全国、省、地 7 场研讨会，有 6 篇论文获奖。同时完成《闽东论坛》全年 4 期编辑出版工作。

1999 年 7 月，刘雄的专著《永远的中国》出版。10 月，常务副校长陶敏辉主编的《乡镇工作研究》一书出版。当年，全校教职工在各类刊物共发表论文、调研报告 78 篇，在省以上刊物发表的文章30篇，其中省级刊物14篇。4项校级重点课题全部完成，其中《乡镇机构改革研究》分别在《中共福建省委党校学报》和《领导科学》上发表，并获“宁德地区面向21世纪改革与发展战略”征文活动二等奖。《面向21世纪，闽东港口经济问题》课题报告获地区征文活动一等奖。完成《闽东论坛》4期的编辑任务。

2000年，全校教研人员在各类刊物发表论文、调研报告79篇，其中省级刊物18篇、地级刊物16篇。多次参加省、地级研讨会，其中，在全省党校系统科研成果评奖活动中获一等奖1篇、获二等奖2篇、获三等奖1篇。在全国党校系统科研成果评奖活动中，2篇获三等奖，在全省地（市）党校中位居前列，仅次于厦门市。是年,《闽东论坛》扩版，增加1/3版面，出版4期。

2001年，全校教研人员共完成论文、调研报告83篇，发表于省级刊物17篇、地级刊物32篇。李烈坤专著《知识经济与福建经济问题》出版，其撰写的《欠发达地区如何应对WTO》发表在《人民日报》(海外版)；刘雄撰写的《孙中山关于祖国统一思想论述》发表在《中央党校学报》上。

2002年，全校共发表各类论文、调查报告65篇，其中发表在省级公开刊物27篇。在宁德市第二届社科优秀成果评奖活动中，李烈坤专著——省“十五”社科规划课题《知识经济与福建经济发展》获一等奖，刘雄专著《永远的中国心——台湾人民爱国运动》获二等奖，李琳的论文《农业结构调整必须切实保证农民主体作用的发挥》获三等奖。并有多项科研成果参加中央党校和省委党校社科成果评奖活动。开展校委会研究确定的10项校级科研重点课题。

2003年，市委党校组织申报全省党校系统邓小平理论研究基地课题，获得6项立项，确定校级课题12项，结项4项。组织全市党校系统论文12篇参评福建省纪念毛泽东110周年诞辰学术研讨会，其中1篇入选论文集；召开全市党校系统纪念毛泽东110周年诞辰，闽东第二层面发展暨2001—2003年度优秀社科成果表彰大会。在全体教学科研人员的努力下，全校共发表各类论文60篇，其中发表于国家级刊物1篇、省级刊物24篇、市级刊物14篇。《闽东论坛》全年4期共编发各类文章72篇。

2004年，市委党校获得省社科规划课题自筹课题立项1项。组织参与全省党校系统“邓小平理论和‘三个代表’重要思想研究基地”的课题申报工作，获立项8项，取得历次最好成绩。此外，经校学术委员会评选确定校级课题15项。当年，完成论文81篇，其中发表于国家级刊物1篇、省级刊物32篇、市级刊物6篇。还完成2003年省党校系统“邓小平理论和‘三个代表’重要思想研究基地”课题5项立项的验收工作，其中2篇被评为优秀论文。组织全市党校系统参加全国和全省纪念邓小平100周年诞辰征文，并与市委组织部、宣传部等单位联合举办“纪念邓小平100周年诞辰研讨会”；组织召开全市党校系统加强党的执政能力建设理论研讨会。在学术研讨活动中，获全省党校系统第五届社科优秀论文评奖一等奖和三等奖各一项。

2005年，组织教研人员参与全省党校系统“邓小平理论及‘三个代表’重要思想研究基地”的课题申报工作，获立项3项。是年，2004年度立项的7项课题全部完成结项，其中3项被评为省优秀奖。被省社科规划办列为“十五”二期补充项目的课题也顺利结项。全年发表论文、调研报告59篇，其中发表于国家级学术刊物1篇、省级刊物29篇、市级刊物4篇；1篇论文入选参加华东六省一市纪念抗战胜利60周年学术研讨会。同时完成《闽东论坛》4期的编辑出版工作。

1993—2005年，全校教研人员共出版专著10部，发表论文及调研报告1000多篇，其他文章676篇，获得各类奖项22项。编发出版《闽东论坛》52期。

第十一章　信访工作

第一节　信访制度建设

1993 年，宁德地区信访局开始建立信访工作领导小组例会制度，地委、行署分管领导及领导小组成员单位领导定期听取汇报、研究情况、分析典型个案、部署全区工作。地、县（市）和公、检、法等部门逐步建立起每月一次的“领导信访接待日”。

1995 年 10 月，国务院颁布《信访条例》（以下简称《条例》），信访部门一方面在全区广泛开展宣传贯彻，另一方面，根据《条例》精神调整信访工作方法，采取“分级归口、疏导协调、实事求是、合情合理、就地化解”和教育疏导、就地解决的办法处理来信来访。部分重大来访件及时送有关领导阅处，引导群众依法依规、正当上访，做好防范工作。

1999 年，全区加强信访工作，通过召开例会制度，地、县（市）每季度召开一次信访例会，研究信访问题、落实处理办法；建立信访呈报制度，重要信访信件及时摘报，向有关部门和领导提供信息动态；信访通报制度，每季度通报各县（市）越级到地、省、中央信访情况；信访统计分析制度，地、县（市）信访一月一统计一分析；挂牌督办制度，包括重点、难点信访问题限期 3 个月内办结；坚持完善地、县（市）领导“信访接待日”制度。为中共宁德地委、宁德地区行署起草《关于进一步落实信访工作责任制的通知》，强化领导责任、层层把关做好信访工作。

2000 年，为做好宁德撤地设市筹备工作，地、县（市）两级政府和信访部门进一步加强信访工作责任制落实，尽力将信访解决在基层，不允许推诿上送或拖延不办。

2001 年，市委、市政府下发《关于进一步做好信访工作的意见》，要求各级领导要牢固树立“稳定压倒一切”思想，强化领导责任制，坚持前几年信访工作中总结探索出的“六项”制度：领导约访、信访接待日制度、信访例会制度、信访动态呈报制度、信访动态通报制度、信访统计分析制度、挂牌督办制度。“六条”原则：必须把人民的利益放在心上；必须坚持以事实为依据，以法律为准绳；必须坚持思想教育与为民办实事相结合；必须坚持党性与人民性相结合；必须坚持原则性和灵活性相结合；坚持“分级负责，归口办理，谁主管，谁负责”的原则。“六项”职责：认真负责地处理人民群众写给本级党委、政府及党委、政府主要负责同志的信件和上级机关交办的信件，接待好到本级党委、政府上访的人民群众；及时负责地向本级各部门和下级党委、政府交办信访事项，提出办理要求和时限；负责地对交办的信访事项进行督促检查，对已办回复的信访事项，如发现事实不清或处理不当，要督促承办单位复查处理，按时反馈；对涉及需要几家联合调查、协调处理的信访事项，要及时组织联合调查、协调处理；在办理信访事项中，发现承办单位对交办的信访事项顶着不办或拖延办理，以致造成不良影响或严重后果的，要通报批评或提请有关部门追究责任；要经常检查、督促、协调、指导本级各部门、各单位以及下级党政机关的信访工作。并要求各级领导坚持做到亲自召开会议安排部署信访工作，亲自协调处理信访问题，亲自过问承办单位信访件办理情况，亲自查办重要信访积案，亲自接待人民群众来访，亲自排查化解各种矛盾和隐患。同年，市委办、市政府办发出《关于处理群众越级集体上访工作预案的实施意见》，进一步明确集体上访处理原则、处理程序和办法、现场处理工作组织和指导、工作责任追究制。为了使信访工作关口前移，加强信访网络建设，市信访局在蕉城区霍童镇、蕉南街道办事处、柘荣县双城镇、周宁县李墩镇阮洋中村等12个基层设立信访工作点，协助他们尽力将来访来信解决在基层，使群众信访向“三无”（无集体访、无越级访、无信访积案）方向发展。

2002年，为进一步做好信访工作，宁德市委、市政府要求各级领导加强对信访工作领导，特别要求党政一把手做到思想到位、认识到位、工作到位，建立和完善信访工作领导责任体系。强调各级党政一把手是信访工作的第一责任人，要对信访工作负总责，亲自抓信访工作、亲自处理重大信访问题。并把信访工作纳入考核领导干部社会治安综合治理，维护社会稳定的一项重要内容，作为考核县（市、区）党政领导工作的政绩的重要依据。建立健全信访考评管理目标责任制，把提高初访结案率作为衡量各地、各部门信访工作成效的重要指标，并对各县（市、区）信访工作考核提出具体要求。

2003年，市委、市政府领导主持召开四套班子领导会议，并决定由市委主要领导带领市直有关部门分别下到所挂钩的县（市、区）开展一次重点信访件接访督办与检查，解决一批重大、难度较大的信访案件。同年，全市还开展对重复信访专项治理工作，解决越级上访问题。根据“三个不限于”，即不限于原来的调查结论、原来的处理意见、原来的表态要求，根据群众反映的问题，重新组织力量深入调查、逐件分析研究、实事求是予以解决，并加强对信访者的教育疏导、不乱开口子，杜绝“缠访”“赖访”现象。

2004年，宁德市把信访工作与创建“平安宁德”，维护广大人民群众利益，构建社会主义和谐社会结合起来，将信访工作解决在基层。对中央和省排查的信访突出问题，按照“分级负责，归口管理”原则进行分解并落实责任制、督促检查办理情况直至消件。

2005年5月1日，国务院颁布实施新的《信访条例》（以下简称《条例》）。宁德市信访局把贯彻落实新《条例》作为一件大事来抓，采取电视、报纸、标语、发放《条例》等多种形式广泛宣传，并按照“分级负责，分级培训”的原则，开展《条例》学习培训工作。同时，根据新《条例》的有关规定，制定和完善一系列配套工作措施，进一步规范信访行为。制定新的办理群众来信、接待群众来访、督查督办工作规则等制度和办法。出台《关于处置信访人在市委、市政府机关门口聚集上访的工作预案》等配套措施。通过广泛宣传，群众依法信访的意识明显增强，大多数信访人能够按照《条例》的规定进行信访，信访秩序进一步好转。

第二节 信访件处理

1993—1994年，宁德地区信访局受理的信访件增多，反映的问题重点集中在库区移民补偿安置、旧城拆迁改造补偿安置、土地开发征用补偿、企业停产倒闭职工安置再就业、土地海域权属纠纷以及基层干部违法违纪等问题上，仅1994年，地区信访局就接待来信、来访近2000件次。

地委、行署分管领导及领导小组成员单位领导定期开会分析典型个案，并通过每月一次的“领导信访接待日”现场解决问题。

1995—1996年，反映基层领导干部贪污腐化、违纪渎职问题的来信来访增多。信访部门采取“分级归口、疏导协调、实事求是、合情合理、就地化解”和教育疏导、就地解决的办法处理来信来访。部分重大来访件及时送有关领导阅处，引导群众依法依规、正当上访，做好防范工作。1996年，全区共受理群众信访1.03万件（人次），其中来信3951件，来访901批、6347人次。宁德地区信访局受理来信1528件，比上年上升16%，其中揭发控告类和求诉类占84%；集体来访8批140人，比上年增加4%。

1997—1998年，地区信访局共受理来信来访3987件次。信访反映的突出热点、难点问题主要集中在土地开发与征用、旧城改造、拆迁及道路改线拓宽，破产、停产、半停产企业职工生产、生活和再就业，乱摊派、乱收费，基层干部工作方法简单粗暴、利用职权贪污受贿，以及海域、滩涂、山林、水利纠纷等问题。地区信访局按照“谁主管谁负责”的原则督促处理。对重大和疑难信访件采取领导包案、包干挂牌督办。至1999年，宁德地区信访局共收到群众来信956件，接待来访101批850人次，其中集体上访23批729人次，直接由地区信访局受理调查66件，数量较前几年有所下降。

2000年，全市信访工作重点放在县（市），重心下移到乡（镇）一级，把解决信访问题的关口前移。全年，地区（市）信访局共接待群众来信1168件次，接待来访137批1861人次。其中集体上访48批988人次，受理上级查报件和排查件48件。信访量比1999年又有所增加。2001年，全市共受理来信1329件，来访401批、2232人次，但没有发生非正常上访等事件。2002年，全年全市信访总量与2001年同期相比有所下降，上访次数有所回落。

2003年，全市共受理群众来信2678件，比上年同期下降13.3%；来访1582批、1.05万人次，与上年同期分别下降1.06%和1.99%。宁德市信访局共受理群众来信900件，接待群众来访201批1813人次，集体上访69批、1686人次。全市越级到省上访179批802人，其中集体上访36批565人次，与上年同期相比分别上升56.52%和54.79%；进京上访4批7人，比上年同期分别下降8%和41.4%。当年，市委、市政府领导主持召开四套班子领导会议，并决定由市委主要领导带领市直有关部门分别下到所挂钩的县（市、区）开展一次重点信访件接访督办与检查，解决一批重大、难度较大的信访案件。一方面开展对重复信访专项治理工作，解决越级上访问题，重新组织力量深入调查、逐件分析研究、实事求是予以解决；另一方面加强对信访者的教育疏导、不乱开口子，杜绝“缠访”“赖访”现象。至年底，列为重点、重复信访件175件中，办结106件，正在协调处理可办结的50件，无法解决19件，但大部分信访者已表示息访。

2004年，全市非正常上访事件有所回落。当年，宁德市信访局共受理来信624件，接待来访191批1437人，大部分直接办理或转办结案。向领导呈报《信访快报》《信访呈阅》27件。

2005年，全市共受理群众来信1053件，来访471批、2595人次。市信访局受理453件，对较重大来信来访64件，采取报送领导审阅、直接包案负责办理，其中办理中央和省交办的信访19件。

第十二章　老干部工作

第一节　老干部管理

1993年，中共宁德地委老干部局组织离退休干部学习政治理论、时事政策，并加强老干部党支部建设。把地直离休干部和副处以上退休干部编成14个学习小组，坚持每月学习1次，形成制度。地委和行署领导不定期向老干部通报工作，组织老干部就近参观调研，召开座谈会，征求重大工作和解决热点问题的意见。地、县（市）都建有老干部活动中心，开展丰富多彩的学习和文体活动。

1994年，地、县（市）委老干部局注意做好落实离休干部生活待遇工作，在重大节日均开展慰问活动，走访困难户，每3年组织慰问1次异地安置的离休干部。

1995年，贯彻党中央、国务院关于老干部工作的方针政策和全国全省老干部工作会议提出的各项任务，落实老干部各项待遇，探索老干部工作中出现的新情况新问题。在政治待遇方面，主要采取建立老干部看文件、听报告、向老同志通报工作等制度；建立领导联系老干部制度，采取座谈、走访等加强感情联络、沟通思想、达成共识；发挥老干部政治学习小组、老干部党支部和各种老年人组织在思想政治教育方面的作用等3种办法。全地区共建立老干部学习组103个，老干部党支部（小组）131个，老年各种协会组织1968个，会员达28万人次。大部分老同志日常政治生活和党内生活有组织保证。在生活待遇方面，主要抓政策规定的离休干部工资、福利、住户、医疗保健等方面的落实，离休干部的工资、交通补贴费、特需费和70岁以上高龄补贴费等做到按规定及时发放，做好调整工资和种种补贴工作。4月，福鼎、霞浦、福安、柘荣4县（市）老干部活动中心被评为先进单位。6月，地委委员、宁德市委书记谢作民主持召开常委会，听取老干部工作汇报，议定召开全市老干部工作会议；提高企业离休干部山区补贴；提高离休干部公务费标准；发展老年教育等问题。根据省委组织部、老干部局《关于开展全省老干部工作检查的通知》精神，地委组织部、老干部局对地直单位开展一次以中央、国务院和省、地制定的现有政策规定为依据的老干部工作检查。7月17—23日，举办地直离休干部学习组组长交流读书班。8月24日，地区召开地直宁德片抗战时期参加工作老同志座谈会。至年底，全区有1026位离休干部在参与党的建设、基层组织建设、社会治安综合治理和发展经济等方面发挥着重要作用。

1996年3月，全地区老年教育基层办学现场经验交流会在古田召开。9月，地委组织部、老干部局召开全区老干部党支部建设经验交谈会，会议表彰宁德师范高等专科学校离退休教职工等21各先进老干部党支部。组织对全地区老红军的慰问，建立离休干部“两费”（离休费和医疗费）保障机制。

1997年3月，地委增加老干部局领导职数和工作人员配备。地区财政局拨出专款，改善和维修地区干休所和老干部活动中心。地区老年大学也加强领导，扩大用房场所，聘请教师扩大办学科目，增加招生名额。同年5月，地委办公会议听取全省老干部工作会议精神汇报，并决定解决企事业离休干部“两费”（离休费、医疗费）不够落实问题，将已停产的6个地直企业的17位离休干部“两费”改由地区财政负担，亏损企业的46位离休干部“两费”由企业主管部门负责落实，无法落实的及时报地委老干部局协调。各县（市）有此情况也依此原则办理。

1999年6月，地委组织部和地委老干部局印发《宁德地区老干部工作领导责任制度实施意见和考核办法》和《宁德地区国有企业离休干部“两费”管理办法》，进一步明确和完善对企业离休干部的生活照顾问题。地委组织部、老干部局、财政局、人事局、卫生局等有关部门认真组织实施，很快将地直121名企业离休干部和30名企业“5·12”退休干部落实到16个主管局（公司）管理。各县（市）企业离休干部的“两费”管理也按此执行。10月，扩建地区老年大学教学楼，并追加办学经费，扩大办学规模，提高办学质量。

2000年1月，地委召开地、县（市）老干部局长会议，决定对全区老干部工作进行一次检查。要求地区及各县（市）先做好自查、立即解决存在问题，再由地区组织复查，重点是解决“两费”落实情况。当年12月，撤地设市后的市委老干部局和市直有关部门抽调工作人员，组成5个慰问小组，先后到山西、河南、山东、安徽、上海、江苏、江西及省内的福州、漳州、厦门、南平等13个省、市（地）慰问原在宁德工作、回原籍安置的离休干部。

与此同时，地（市）委、行署（政府）以及地（市）、县（市、区）老干部局还十分重视和支持老干部利用所长发挥作用，地（市）、县（市、区）关工委和计生协会多由老干部参加并在其中发挥积极作用。

2001年，市委调整充实市老干部局领导及人员编制。春节前，全市由市、县（市）老干部局牵头、财政局配合，集中解决2000年12月31日前拖欠离休干部的“两费”。122位老干部领回被拖欠的76.47万元（其中离休生活费17.01万元、医药费59.46万元），经费按省、市、县5∶3∶2比例由各级财政拨款统付。事后，省、市委老干部局还组成“关于建立和完善离休干部医药费保障机制问题”课题调研组，深入9县（市、区）调研，形成《如何健全离休干部医药保障机制的思考》的调研报告，提供省、市有关部门作决策参考。

2002年1月，市委、市政府发出《关于表彰重视关心支持老干部工作先进集体和先进个人的决定》，对47个单位和37位先进个人予以表彰，从而推动全市老干部管理工作。4月，市、县（市、区）两级成立离休干部“两费管理中心”，并配备专职领导和人员，作为科级事业常设机构，以利于解决离休干部、特别是企业离休干部“两费”保障问题。市、县（市、区）两级还成立老干部工作领导小组，由党政分管领导任组长，市、县（市、区）委办、政府办、组织部、老干部局、人事局、财政局、卫生局、劳动和社会保障局等部门领导组成，并要求市、县（市、区）直各口及有5名以上离休干部的单位也都要成立此机构，以进一步做好全市老干部工作。

2003年，市委、市政府先后发出《关于实行厅级领导约谈老同志制度的通知》《关于调整在职领导联系老干部的通知》和《宁德市直单位先行解决离退休人员（含“5·12”人员）住房工龄补贴实施意见》等，进一步体现在工作中尊重、征求老干部，生活上重视、优先照顾老干部的做法。8—9月间，市委组织部、老干部局，市政府财政局、劳动和社会保障局组织开展对全市老干部工作检查，总结宁德设市后3年的老干部工作情况，以促进进一步做好此项工作。当年，全市共慰问离休干部（含“5·12”人员）和副处级以上退休干部2582人次，发放慰问金60.89万元，其中特别注意慰问困难和病患户。

2004年，各县（市、区）把解决离休老干部“两费”问题工作延伸至乡（镇），也将长期在乡（镇）工作离休的这部分老干部“两费”收为县（市、区）财政统筹统管，具体由县（市、区）离休干部“两费管理中心”管理。7月，市委召开全市老年大学工作会议，议定每年市、县（市、区）可视情况需要，不定期举办一些老干部读书班，并增加老年大学办学经费。至当年年底，全市已兴办老年大学（学校）173所，县（市、区）、乡（镇）办学普及率达80%，其中寿宁、柘荣、福安、古田等县（市）乡镇更达到100%。全市在校学员8644人，其中市老年大学562人。在省委召开的老干部“双先”（先进集体、先进个人）表彰会上，福鼎市人大常委会退休干部党支部和古田县大桥镇离退休干部职工支部被授予先进集体，有7名老干部被授予先进个人。

2005年，市、县（市、区）委老干部局为进一步做好高龄期、高发病期离休干部的管理服务工作，建立全市特困老干部信息库。内容包括离休干部或离休干部遗偶的姓名、单位、原职务、家庭住址、联系电话以及生活困难情况等。当年列入特困户信息管理的老干部共64户（人）、遗偶特困户73人。当年，全市还开展老干部工作领导责任制落实情况检查，对9县（市、区）及市直数个单位的检查结果显示，各级重视老干部工作，工作领导责任制的建立和落实良好，老干部对工作的满意度较高。至年底，宁德市纳入市、县（市、区）老干局管理的离休老干部共1131人，其中厅级离退休干部12人、“5·12”干部467人、享受部分厅级（医疗、住房、用车）待遇的退休老干部8人。

第二节　关工委工作

一、组织机构

1993年，宁德地区关心下一代协会（简称宁德地区关协）设名誉主席1人，顾问1人，主席1人，副主席5人，常务理事11人，理事15人，秘书长1人。下设办公室、学校青少年教育工作委员会、社会青少年教育工作委员会、机关企事业青少年教育工作委员会、家庭教育工作委员会和基金会等工作机构，调配专职工作人员1人。

1994年10月23日，经地委同意，宁德地区关协改称宁德地区关心下一代工作委员会（简称宁德地区关工委）。委员会设顾问6人，主任1人，副主任8人。同年12月6日，经地区关工委成员会议研究，决定设委员40人，秘书长1人、副秘书长2人。下设学校、家教工作委员会，地直机关、企事业青少年教育工作委员会，乡镇、农村基层青少年教育工作委员会，帮教工作委员会，基金工作委员会和办公室。

1996年3月，地区关工委下设办公室（科级），挂靠地委老干部局，增加事业编制3人（合计4人），经费列地方财政开支。

1998年6月，经地委同意，增补地区关工委顾问1人、常务副主任1人、副主任4人。

1999年11月30日，经地委同意，宁德地区关心下一代基金工作委员会成立。组成人员设名誉主任5人，主任1人，副主任2人，委员4人。

2001年11月，宁德撤地设市，宁德地区关工委更名为宁德市关心下一代工作委员会（简称宁德市关工委）。

2003年5月22日，中共宁德市委对市关工委成员进行调整，设名誉主任4人、顾问8人、主任1人、常务副主任1人、副主任13人。宁德市关工委经研究，设委员40人，副秘书长1人。

2005年6月13日，市委再次调整充实市关工委领导成员，设顾问8人、主任1人、常务副主任4人、副主任15人。6月14日，宁德市关工委召开常务主任会议，研究决定市关工委领导班子成员分工和专委会负责人名单。召开全体委员会议，决定设委员42人，秘书长1人，副秘书长2人。内设学校工作委员会、帮教工作委员会、家教工作委员会、农村工作委员会、基金工作委员会和办公室。各专业工作委员会主任由关工委组成人员兼任。在职人员编制5人。12月23日，宁德市关工委调整充实12位同志为市关工委有关工作委员会负责人。

二、重要会议

1993年12月18—19日，宁德地区关协在霞浦县召开全区关心下一代工作研讨会，探讨在改革开放和建立社会主义市场经济新形势下如何做好关心下一代工作。地委有关领导到会指导。地区关协顾问、常务理事、内设委员会主任及地直有关部门领导，各县（市）关协（关工委）主席、老干部局领导、关协秘书长（或专干）等，共60多人出席会议。

1995年1月15日，宁德地委召开宁德地区关工委成立大会，地委、行署有关领导，各县（市）委书记、县长，各乡镇负责人，地直各部门单位负责人，地区关工委组成人员和地直单位老同志等800多人出席大会。9月4—5日，经地委同意，宁德地区关心下一代工作“双先”表彰会暨工作会议在柘荣县召开。会上，地委、行署表彰全区关心下一代先进集体16个、先进个人69名。

1996年9月，全省关工委帮教工作座谈会在福安市召开。会议交流帮教工作新情况，探讨帮教工作新问题，总结帮教工作新经验，研究帮教工作新途径，促进帮教工作再上新台阶。省直、9地市关工委和全区各县（市）关工委代表85人出席。

1997年5月22—23日，宁德地区基层关心下一代工作经验交流暨工作会议在宁德市召开。地、县（市）乡（镇）关工委主任、专干，地、县（市）委老干部局局长，以及地区有关部门领导150人参加会议。

1998年6月11—12日，宁德地区基层关心下一代工作经验现场交流会在福鼎市召开。地、县（市）关工委领导、专职干部，地委老干部局和地区教委领导等50多人参加会议。10月8—9日，宁德地区校外辅导员工作经验交流会在屏南县召开。省关工委、地、县（市）关工委、教委、团委领导以及校外辅导员代表和屏南县直机关单位代表70多人参加交流会。

1999年4月23—24日，中共宁德地委、宁德地区行署召开全区关心下一代工作暨第二次“双先”表彰大会。出席大会的有省关工委、地委、行署、地区人大工委、地区政协工委、纪委、军分区领导，公检法主要领导，地区关工委组成人员，各县（市）委书记、关工委主任，地、县（市）“双先”代表，地委有关单位领导，地直机关、企事业单位副科级以上干部700多人。会上，地委、行署表彰关心下一代先进集体20个，先进个人60名。6月22—23日，宁德地区关工委联合地区科委、农委在福安市召开宁德地区关工委科技兴农暨科技员经验交流会。12月12—13日，宁德、莆田、南平、三明、福州五地（市）关心下一代工作协作片会议在福鼎市召开，会议主题是“如何把关心下一代工作落实到基层”。

2000年6月20—21日，地区爱国主义宣讲、报告团经验交流会在霞浦县召开，总结各级关工委宣讲、报告团十年来开展宣讲报告活动的经验、体会。

2001年10月23—24日，宁德市关工委召开法制工作座谈会，传达省关工委法制会议精神，交流各地法制教育和帮教工作经验。市关工委主任、副主任，各县（市、区）关工委主任或分管法制工作副主任，市教委、市综治办、团市委领导等30多人参加会议。

2002年9月27日，宁德市关心下一代基金会座谈会在柘荣县召开，总结交流3年多来全市关工委基金工作所取得的成绩和经验，提出和部署下一步基金工作的思路及任务。市、县（市、区）关工委领导，柘荣县委、县政府领导、宁德师专领导以及柘荣县民营企业家代表共20多人参加座谈会。

2003年5月，宁德市关工委在霞浦县召开全市关工委科技兴农经验交流会，9个县（市、区）关工委在会上交流各自的做法和经验。

2004年5月26日，宁德市关工委召开中小学未成年人思想道德状况调查任务的落实会议。

2005年6月16日，宁德市第二届关工委第一次全体委员会议召开。7月8日，宁德市委、市政府召开纪念市关工委成立十五周年暨第三次“双先”表彰会。表彰30个关心下一代工作先进集体、70位关心下一代工作优秀工作者、10位关心下一代事业突出贡献奖和1位关心下一代事业荣誉奖。

三、主要工作

（一）主旋律教育

1993年后，全区各级关协坚持对青少年开展爱国主义、革命传统、思想道德、民族精神的主旋律教育，用马克思列宁主义、毛泽东思想、邓小平理论武装广大青少年。

1995年，全区有510位老干部，组成76个报告团，作爱国主义教育报告1180场次。9月28日，地区关工委举办地直学校抗日歌曲演唱会，寓教育于活动中，现场评出一等奖2名，二等奖3名，三等奖6名以及荣誉奖和表演奖若干名。

1996年10月，宁德地区关工委副秘书长应邀到周宁县中小学做“纪念红军长征胜利60周年”宣讲报告8场，受教育人数5700多人次。同年，地区关工委主任深入古田、屏南、周宁3县关工委和部分中学中，宣传、贯彻中共十四届六中全会精神，将六中全会精神贯彻、落实到关心下一代工作中。

1997年，全区各级关工委宣讲报告员919人，组成160个报告团到各地宣讲。3月，宁德地区关工委副秘书长应邀到地区职业技术学校、工业学校、宁德十中，作“迎香港回归”专题宣讲报告。3月23日至4月22日，地区关工委委员应邀到宁德城关和乡镇10所小学、3所中学、6所大中专学校，开展“迎回归 雪国耻 爱中华”“继承先烈遗志 争当跨世纪接班人”为主题的爱国主义教育活动，受教育者8000多人次。5月25—31日，地区关工委组织人员宁德地区农校、民族中学，福安一中、职中、四中、十中、老区中学、七中等学校作香港回归爱国主义主题报告8场，受教育人数6000多人次。6月，地区关工委委员到宁德市（今蕉城区）九都学区作主题为“庆六一 迎香港回归”和“爱我闽东”的爱国主义内容报告，听众1000多人次。

1998年，地区关工委成立由19名成员组成的宁德地区关心下一代爱国主义报告团。各级关工委有宣讲报告员1135人，到中小学校等基层单位向青少年作报告1300多场。清明节，地区关工委与地委宣传部、地区教委、团地委、民政局联合在宁德烈士陵园，举行题为“继承革命传统、誓做‘四有’新人”祭扫烈士陵园活动，1000多名大、中、小学生在烈士墓前宣誓。

1999 年，全区各级关工委有 1135 位老干部担任宣讲报告员，组成 162 个报告团。地、县（市）和部分乡（镇）爱国主义报告团，以庆祝“五四运动”80 周年、中华人民共和国成立 50 周年、迎接澳门回归等为主题，深入中小学校等基层单位给青少年作报告 1379 场，受教育者 42.7 万人次。

2001 年，全市关工委成立有 1112 名报告员组成的青少年思想教育工作队伍。当年这些报告员深入机关、部队、中小学校和企事业单位宣讲、报告 1661 场，受教育者达 29.6 万人次。开展普法教育活动 737 场次。

2002 年，宁德市各级关工委宣讲、报告团，结合重大节日、纪念日，以宣讲《公民道德建设实施纲要》、党的十六大精神等为主要内容，深入农村、军营、学校、海岛、厂（矿），作报告 2398 场，受教育者达 75.7 万人次。

2003 年下半年，宁德市各级关工委广泛开展革命传统、理想信念、公民道德教育和党的十六大精神宣讲报告活动。宁德市、蕉城区关工委宣讲团为全区 48 所中小学校及机关单位、解放军指战员共举办宣讲报告会 100 多场，听众 5.3 万多人。

2004 年，宁德市各级关工委有 1083 位老同志宣讲、报告员，组成 381 个宣讲、报告团，结合重大历史事件、纪念日，到中小学校、机关、企事业单位、部队等向青少年学生、机关干部、解放军战士作报告 881 场，受教育者 61 万人次。

2005 年，全市各级关工委召开各种报告会 2635 场，听讲的人数达 101.6 万人次。9 月，全国纪念抗日战争胜利 60 周年活动月，9 月 12—14 日，市关工委爱国主义报告团到宁德师专、宁德一中、宁德高级中学、宁德财校，举办题为“前事不忘 后事之师”报告会。参加听讲的师生共 2220 人（师专 200 人、高级中学 520 人、宁德一中 700 人、财校 800 人）。

（二）法制宣传与帮教活动

1993，宁德地区关协组织老干部帮教员 1903 人，组成 869 个帮教小组，采取结对包干、教育疏导、以情感人、帮助就业等措施，开展法制宣传、法律咨询等活动，重点帮教失足青少年 5782 名，已改好 5114 人，改好率达 88.4% 以上。当年，撰写调研报告《关于当前（中小学生）违法犯罪问题的探索》。

1994 年 5 月，宁德地区关协在地委政法委、综治委、司法局、妇联等部门配合下，组织前往省少管所看望帮教宁德地区籍失足少年召开帮教大会。

1995 年，全区各级关工委组织 1916 位老干部开展对 1427 名失足、后进青少年的帮教工作。10 月 31 日，地区关工委撰写的调研报告《关于当前青少年违法犯罪问题的探索与对策》，在全省关心下一代工作研讨会上作交流发言。

1997 年 12 月 3 日，宁德地区关工委到地区妇教所对收容人员开展帮教活动，对在该所劳教人员按所在县籍分成 9 个帮教组召开帮教座谈会，18 位代表在座谈会上发言。并召开宁德籍全体劳教人员大会，向劳教人员分发生活日用品。12 月 17 日，地区关工委 4 位老干部与公安处干部组成的帮教组，到南平劳教所看望宁德地区在该所劳教的失足青少年。

1998 年，全区有帮教员在帮教过程中，采取结对包干、教育疏导、以情感人、帮助就业等措施，重点帮教 1435 名失足青少年。

1999 年，全区有老干部帮教员重点帮教 1195 名失足青少年，经帮教改好 977 人。

2001 年，全市各级关工委开展法制教育活动 737 场次，帮教失足青少年 1797 名。经帮教转好的 1352 人。

2002年，全市有老干部帮教员1794人，重点帮教1797名失足青少年，经帮教改好的1352人。

2003年3月，宁德市关工委、市妇联、市直机关妇委会、市离退休女干部联谊会等，到市妇教所看望16名收容女犯，开展“一对一”的帮教活动，并送去慰问品，鼓励她们自尊、自爱、自强，告别昨天，走向新生。

2004年，全市有老干部帮教员1903人，组成869个帮教小组，重点帮教5782名失足青少年。

2005年8月31日，宁德市关工委组成帮教组，前往福建省未成年人教管所，对宁德籍失足青少年开展帮教活动。9月，宁德市关工委到霞浦县开展法制教育和帮教工作情况调研，并形成调研报告。

（三）帮困与助学

1993年，宁德地区关协成立地区关心下一代基金，开始关注城乡贫困群体，并开展对贫困学生的助学活动。1994年开始筹资设立助困、助学基金会。

1995年4月11日，宁德地区关工委领导带着慰问品和500元现金，到宁德地区第二医院看望因宁德市八都镇仁后村仁后宫硝爆炸受重伤的雷妙妹母子。5月中旬，地区关工委发出向贫困地区学校少年儿童赠书的倡议，至“六一”前夕，收到各类书刊、玩具等2922件，捐书款6925元。

1996年，全区各级关工委奖励、帮助特困生1278名。

1997年全区各级关工委在开展扶贫助学中，结成帮困对子3581对，捐款59.5万元；帮助失、辍学学生2933人，捐款60.7万元；奖励学生6820人，奖教17.4万元；奖励教师1589人，奖金4.9万元。9月2日，地区关工委举行“参与扶贫行动，捐助失学儿童”捐赠仪式，地区领导和关工委领导带头，地直单位踊跃捐款，现场共募捐13万多元。

1998年，全区各级关工委在开展扶贫助学中，结成帮困对子964对，帮助失、辍学学生2285人，捐款22.9万元；奖励学生4614人，奖励教师2581人。3月31日，地区关工委领导深入到挂钩帮扶的石后村小学一年级特困生石进栋家中，了解其家庭和学习情况，捐赠现金550元。4月9日，再次到石进栋家，送去衣服10件和书包等学习用品。12月18日，第三次到石后村看望慰问，送去现金400元、过冬衣服9件。

1999年，宁德地委先后召开3次专题会议，帮助地区关工委筹集基金。3月1日，地区关工委领导到柘荣县关工委，专门研究革命老区基点村50名贫困学生助学问题。6月，地区关工委提出：地、县（市）领导带头，机关、企事业单位领导带头，关工委领导带头；宣传发动各机关、企事业单位不漏，干部、职工不漏的“三带头两不漏”，并提出实现关心下一代帮困助学金1000万元的目标。至7月15日，地区关心下一代基金收到22个单位捐款286650元。9月7日，地委办公室召集地直各口负责人会议，对做好关心下一代基金募集工作进行专题研究。11月30日，地区关工委召开地区关心下一代基金会成立大会。1999年，地区关工委共筹集基金70多万元，全区各级关工委基金总额364.33万元，结对帮困助学964对，帮助失、辍学学生2285人，捐款22.9万元，奖励学生4614人，奖励教师2851人。至2000年7月，宁德地区关工委筹集到关心下一代基金85万元，增值47316.06元。

2001年8月8日，宁德市关工委给霞浦县海岛中学11名特困生发放助学金5500元，给福鼎市浮柳小学20名特困生发放助学金1600元。8月20日，宁德市关工委给屏南县第二中学10名特困生发放助学金5000元。至9月10日，宁德市关工委关心下一代基金为12所大中小学校的78名贫困生发放助学金4.28万元。

2001年，全市各级关工委扶助贫困生3064名，金额70.3万元；奖励学生、教师418名，金额15.1万元。当年，全市各级关工委关心下一代基金总额达700万元，其中各级财政拨款252.6万元，单位捐赠254万元，个人捐款202.4万元。

2002年，全市关心下一代基金总额709.02万元。各级关工委资助贫困大学生1042人，金额68.77万元。

2003年，全市各级关工委资助贫困生3836人，金额92.88万元。全市关心下一代基金总额达到1043.98万元。

2005年，宁德市关工委举办宁德市孤、残儿童青少年专项教育基金募捐启动仪式

2004年"六一"儿童节，宁德市关工委、市残联领导前往市残疾人康复中心，看望和慰问15名少儿聋哑学生及7名教职员工。6月，市关工委、市侨联、民革宁德市委、闽东旅港联谊会、宁德电视台、宁德晚报社联合开展"英才助学工程"活动。6月23日晚，6家单位联合在东方康宁购物广场举办"英才"助学工程义演晚会，倡议社会各界人士加入爱心行动。活动共募集资金192.21万元，资助贫困大学生1565人。

2004年，全市关工委基金资助人数为3867人、金额402.5万元。全市建立关心下一代基金100个，基金总量1104.53万元。

2005年12月25日，宁德市关工委修订《宁德市关心下一代基金工作章程》。宁德市关工委当年帮困助学资金总额10.53万元，资助贫困生312名。其中，小学生225名，金额22500元；中学生76名，金额6.08万元；大学生11名，金额22000元。当年，市、县（市、区）关工委助学基金总额达1252.4万元，累计资助贫困生8186名，发放助学金227.8万元。

（四）科技服务

1998年，全区有864位老干部担任培训农村青少年的科技员，授课384课时。

1999年，科技员采用举办科技实用讲座、培训班等形式，授课711课时。

2000年5月23日，福鼎市贯岭镇关工委被确定为省关工委农村工作联系点。

2001年，全市各级关工委以举办科普宣传、科技培训、咨询等形式，开展在校生青少年科技服务活动。当年举办各类各式宣传、展览、培训、咨询活动2337场次。参加的青少年达10.8万人次。

2002年5月27日至6月2日，宁德市关工委邀请省关工委科技专家团到宁德开展为期一周的科技活动，深入蕉城、福安、福鼎、霞浦、屏南5县（市、区）农村、矿山、水产养殖区，帮助解决蔬菜、果树、食用菌、水产养殖、食品保鲜、矿山综合利用、环境保护等科技疑难问题。当年，全市有1010位老干部参与培训农村青年科技员，授课2337课时，培训10.8万人次。

2003年2月，宁德市、县（市、区）关工委先后成立科技委、科技队（组）。5月，市关工委成立葡萄无公害规范化研究课题组。宁德市、福安市关工委在赛岐镇象环村、甘棠镇西门村、溪柄镇溪柄村等3个示范点建立巨峰葡萄无公害规范化生产试验示范基地，引进新品种、新技术。11月，宁德市、福安市关工委科技委在溪柄镇举行“巨峰葡萄无公害规范化栽培技术示范”项目启动仪式，并举办“巨峰葡萄无公害规范化栽培示范点”培训班。来自溪柄、赛岐、甘棠等乡镇的17户葡萄种植大户、宁德、福安市关工委领导、课题组成员等20多人参加仪式。课题组还向种植户发放相关技术资料，并组织观看农业部农民教育培训中心和中央农业广播电视学校联合制作的《无公害葡萄病虫害防治技术》录像片。宁德、福安市关工委科技委还与17户种植示范户及各乡镇技术指导员签订“关于实施巨峰葡萄无公害规范化栽培技术责任书”。

2004年3月，宁德市关工委一行4人深入福鼎市瑞云村和霞浦县长沙村，开展黄栀子种植和大弹涂鱼育苗科技服务试点工作。当年，全市老干部担任培训农村青少年科技员1184人，举办科技培训班642场次，人数达1.5万人次。

2005年7月6日，宁德市关工委、市科技局、市海洋与渔业局和水技站及霞浦县委、县关工委等有关部门领导、专家25人，前往霞浦县松港社区长沙村，进行大弹涂鱼土池育苗阶段性验收。当年，全市有1000多位老干部，配合科委、农委、科协等部门和社会力量，对农民特别是青年农民进行科技培训、咨询以及科普进校园等活动。共举办科技培训班、实用讲座、咨询活动13902场次，参加人数达218.33万人次。据不完全统计，全市各级关工委帮助建立食用菌、茶叶、葡萄、水果、蔬菜等农业示范基地38个，带动5.5万多农户。推广新技术80多项，新品种36个，带动2.18万多农户。

（五）学校家庭社会“三结合”工作

1993年3—4月，宁德地区关协到地直学校、单位，街道、工厂召开座谈会，了解青少年的思想状况，研讨加强青少年思想政治教育的工作方法与措施。10月上、中旬，地区关协组成两个调研组，分别到福安、霞浦、古田、屏南调研青少年思想教育工作。撰写《对进一步推进我区家庭教育工作的思考》《家庭与德育教育》《少年犯罪与家庭教育》等调研文章3篇。

1995年11月，宁德地区关工委成立家庭教育委员会，开展家庭教育工作。全区关工委召开家教报告会、讲座1540场，1418位老干部担任651所中小学校的校外辅导员。

1996年10月10—15日，宁德地区关工委赴古田、屏南、周宁调研关心下一代工作。12月4日，到宁德师专调研关心下一代工作开展情况。

1997年10月23日，宁德地区、宁德市（今蕉城区）、蕉北办事处关工委领导，到宁德十中开展调研工作。

1998年，宁德地、县两级关工委把“三结合”家教工作纳入年度工作计划。12月，地区关工委到宁德市（今蕉城区）调研学校、家庭、社会三结合教育情况。全区有1599位老干部担任845所学校校外辅导员，1342位老干部担任529所学校家教员。

1999年，全区有1933位老干部担任1232所各级学校的校外辅导员。11月24日，地区关工委领导到蕉北街道调研村（居）民小组关心下一代联络员如何发挥作用。全区有1385位老干部担任459所中小学家长学校的家教员，依托中小学开办家长讲座1069课时。

2002年8月，宁德市关工委到福鼎、柘荣、福安调研基金工作及奖助学情况、基层开展争创“五有六好”（有班子、有牌子、有场所、有经费、有制度，领导班子建设好、学习科技文化好、典型引路机制好、活动经常效果好、积极探索创新好、尊老爱幼风气好）活动情况和社区关心下一代工作进展情况。11月13日，宁德市关工委到霞浦县涵江村、江边村调研科技服务对农村经济发展的作用。宁德市关工委8位老干部分别担任宁德十中、闽东技校、宁德师范附属小学等5所中小学校校外辅导员并开展辅导工作。同年，全市有1794位老干部担任459所中小学家长学校的家教员，依托中小学校、妇联等开办家教讲座1293课时，听众7.6万人次。

2003年3月，宁德市关工委领导到古田检查指导农村关心下一代工作。全市各级关工委有校外辅导员1984位，活跃在全市各级学校的青少年中间，协助学校开展主旋律、理想信念和公民道德教育活动，加强师生的思想、品德，密切家校联系。

2004年7月5—7日，宁德市关工委领导到屏南、古田开展关心下一代工作调研。全市有1441位老干部担任569所家长学校的家教员，开办家教讲座923场次，听众5.1万人次。

2005年10月，宁德市关工委在市出入境检验检疫局举办家庭教育讲座。12月，市关工委在市委市政府礼堂举办幼儿家庭教育讲座。当年，全市各级关工委共有2014位老干部担任学校的校外辅导员。

第十三章　编制工作

第一节　机构改革

一、1996年机构改革

1993年，贯彻中共中央、国务院有关党政机构改革精神，宁德地区开始着手进行党政机构改革的准备工作。地区编委对地直党政群机关83个单位开展以转变职能、理顺关系为主要内容的全方位的调研。通过调查，提出强化地直机关“督导、检查、协调、服务”的职能的意见。同时抓好福安、宁德、古田3个县（市）、12个乡镇机构改革的试点工作。1994年1月，地委、行署成立宁德地区机构改革领导小组，领导小组下设办公室，挂靠地区编委。3月，正式对外办公。随后各县（市）相应成立机构改革领导小组及其办公室。10月，通过对地委、行署各工作部门的职责任务、机构设置和人员编制现状的调查分析，地区编办编印《中共宁德地委、宁德地区行署组织机构概要》一书。1995年，地委、行署向省委、省政府上报《宁德地区党政机构改革方案》。

1996年1月，经福建省委、省政府批复：宁德地级党政机构设48个，比原有68个减少20个，精简29.4%。经调整，地委机构设7个，行署机构设41个。地委、行署工作机构的规格为正处级，部委办局管理的机构原则为副处级。地级机关行政编制（不含政法系统，含地方税务局、省无线电管理委员会办公室派出机构的编制）为1000名，比实有1438人减少438人，精减30.5%。县级机关行政编制为：宁德市（2000年10月改蕉城区）、福安、福鼎3个三类市，核定行政编制2045名，比原有2975名减少930名，精简31.3%；霞浦、古田为二类县，寿宁为三类县，屏南、周宁、柘荣为四类县，核定6个县行政编制总数3210名，比原有4021名减少811名，精简20.2%。全区118个乡（镇），一类乡（镇）38个、二类乡（镇）79个、三类乡（镇）1个；乡（镇）行政编制总数核定为4140名，比原有7507名（含自聘人员2854名）减少3367名，精简44.8%。全区地、县（市）、乡（镇）三级机关的行政编制总额为10395名（不含政法系统），比原有15941名减少5546名，精简34.8%。5月，地委、行署召开宁德地区地级党政机关机构改革方案实施动员大会，宣布地直机关机构改革方案。开始部署地直机关“三定”（定职能、定机构、定编制）工作。12月，地委、行署批准地直机关编制分配及“三定”方案。1997年，地直85个副处级以上单位的“三定”方案全部审批结束。9月底前，地委、行署先后批复各县（市）机构改革方案，宁德市、福安市各设党政机构36个，福鼎市设37个、霞浦县设34个、古田县设33个、屏南县设30个、寿宁县设31个、周宁县设30个、柘荣县设30个。确定全区各乡（镇）设5～6个综合办公室。随后，各县（市）全面开展“三定”工作。是年，全区地、县（市）、乡（镇）机构改革任务基本完成。

二、2001年机构改革

1999年，宁德地区开始准备新一轮机构改革工作。4月，地区编办印发《关于在机构改革中严肃纪律的通知》。要求各地、各单位在机构改革期间，严禁擅自增设机构、提高机构规格、自行增加编制、超编进人、超职数配备领导干部。7月，贯彻全省机构改革会议精神，针对机构改革中出现的问题做出具体部署，提出严格控制机构编制增长，实行“三个不突破”（机构不超设、人员编制不增加、领导职数不超配）。地直机关处级领导严格按“三定”职数配备，地、县（市）科级职数从严、从紧控制。地区编办深入调查研究，对地直机关131个议事协调机构和临时机构进行分类，并结合机构改革提请地委、行署研究。开展对地直党政群工作部门、归口管理机构、合署办公机构、挂牌机构、挂靠机构和议事协调机构以及254个事业单位的机构编制、规格、内设机构、人员结构、领导职数、实有人数等基本情况的普查。同时做好清理清退临时自聘人员工作，地直及各县（市）共清理清退临时自聘人员7812人。

2000年6月，地区编委根据宁德地区撤地设市实际，向福建省委机构编制委员会报送《中共宁德地委机构编制委员会关于按二类市核定地级宁德市委、人大、政府、政协工作机构和人员编制的请示》。9月，福建省委机构编制委员会下发《关于宁德地改市后有关机构编制问题的批复》，同意原宁德地区党政机构相应改为地级宁德市党政机构，暂核定行政编制1694名（含原宁德市行政编制690名）。地级宁德市人大暂设立6个工作委员会，政协机关工作机构控制在3个以内，另设立6个专门委员会。为做好撤地设市事权划分工作，编办与有关部门深入市级有关单位召开25场座谈会，提出事权划分方案。

2001年，市委成立宁德市机构改革工作小组，并调整充实市机构编制委员会成员。完成市委、市政府2001年重点调研课题《关于乡镇发展的问题》中乡镇机构改革的调研工作。开展市直机关编制精简比例的调查与测算，做好市直党政群机关编制、内设机构和现有人员结构调查、统计工作，摸清市直机关基本情况。配合有关部门，全面推进审批审核制度改革。按照福建省委的部署，结合实际，形成《宁德市党政机构改革方案》，8月正式上报福建省委、省政府审批。省委、省政府批准《宁德市市级党政机构改革方案》，同意除市人大、政协、群团和民主党派工作机构外，市级党政机构设41个，部门管理机构设6个，议事协调机构设6个，总编制精简22%。调整后的机构为：市委设工作部门9个，部门管理机构3个，议事协调办事机构2个。市纪律检查委员会（监察局与其合署办公）。市政府设工作部门32个（监察局列入政府工作部门序列，不计入政府机构数），部门管理机构3个，议事协调办事机构3个，另设派驻机构8个。市委、市政府工作部门的规格为正处级，部门领导一般设置2～4名，不配备部门领导助理。内设机构综合设置，规格为科级。宁德市县、乡机关原有行政编制10434名，按22%精简并扣除垂直管理机构编制后，重新核定行政编制7550名。全市政法机关（不含国家安全局）现有专项编制2281名，按10%精简后，重新核定政法机关专项编制2053名。其中公安局机关676名，司法局机关187名，法院机关659名，检察院机关531名。12月召开市级党政机构改革动员大会，正式启动市级党政机构改革。同时对县（市、区）乡镇机构改革工作做出部署。是月，市编委印发《关于宁德市级党政机构改革的实施意见》《关于宁德市市级党政机构设置的通知》《关于在市级党政机构改革中严肃纪律的通知》《关于党政机构改革中印章衔牌制作使用的通知》《关于宁德市级机关机构变动部门和单位经费物资房地产等资产处置的意见》《关于制定宁德市市级党政机构“三定”规定的通知》《关于核定市、县（市、区）、乡镇党政群机关行政编制的通知》《关于市、县（市）政法机关专项行政编制精简情况的通知》等8份机构改革配套文件。

2002年，完成市直党政机关53个单位的“三定”方案审查批复工作。通过此次行政机构改革，政府职能逐步转变到加强经济调控、社会管理和公共服务等方面上来，政府职能划出74项，转变职能56项，划入职能73项；下放到企事业单位管理职能81项，新增职能41项。把企业生产经营的投资决策权真正交给企业，把技术性、辅助性和服务性的事务交给事业单位，把社会可以自我调节与管理的职能交给中介组织，加强对工业企业和内贸企业经济活动的宏观指导，减少政府对企业经济活动的微观管理。同时推进审批、审核制度的改革，在制定各部门“三定”规定时，取消一些需取消的审核事项，不再列入职责范围，并在“三定”规定中予以明确。是年，全市积极推进县乡机构改革。根据宁德市实际情况，市委常委会及时研究批复县（市、区）机构改革方案，并发文提出乡（镇）机构设置和人员编制的意见。

2003年，市编委做好改革后理顺党政部门之间、政府综合部门之间、综合部门与专业部门之间、部门内设科室之间的关系，发挥各司其职的作用。做好法院、检察院的“三定”工作，按照两院行政编制精简10%的精神审核。印发《关于市直派驻（出）纪检监察机构实行统一管理的通知》，对纪检监察人员编制实行单列管理，市直派驻（出）34个纪检监察机构，核定专项编制95名，做到专编专用。各县（市、区）纪检监察人员编制实行单列管理。是年，全面完成乡（镇）机构改革，一类乡（镇）设置5 ~ 6个综合办公室，二类乡（镇）设置4 ~ 5个综合办公室，核定全市乡（镇）机关行政编制3088名。乡（镇）事业单位统一设置乡（镇）事业单位（不含学校、医院）由财政拨款的事业单位编制比原有精简20%以上。理顺乡（镇）管理体制，除公安派出所、司法所、税务所、工商所、林业站、土地所、广播电视站等7个机构以县主管部门管理为主外，其余由乡（镇）管理或以乡（镇）管理为主。

2004年，市编委完成市人大常委会、政协、群团、民主党派和工商联等机关的“三定”工作。2005年，继续完善各机构职能，组建市政府国有资产监督管理委员会（以下简称市国资委），撤销宁德市人民政府国有资产管理委员会办公室。将市经济贸易委员会承担的指导国有企业管理和改革的职能，市委有关部门承担的管理国有企业负责人和领导企业单建工作职能，市财政局承担的国有资产管理职能，市国有资产管理委员会办公室职责，市劳动和社会保障局承担的国有企业收入分配政策和监管企业工资分配的总体水平调控职能，市经济体制改革委员会办公室研究和组织指导市国有企业股份制改革、审核股份有限公司设立的职能进行整合，并相应划转有关编制，组建市国资委，为市政府的正处级特设机构，使用行政编制。市政府授权市国资委代表国家履行国有资产出资人职责，实行管资产与管人、管事相结合。将市发展计划委员会改组为市发展和改革委员会（简称市发改委），为市政府工作部门。撤销市经济体制改革委员会办公室，将其承担的经济体制改革职能划入市发改委，有关行政审批制度改革的职能划入市委编办。将原挂靠在市体改办的“宁德市开放促开发扶贫综合改革试验区领导小组办公室”牌子改为挂靠市发改委。保留市经济贸易委员会，为市政府工作部门。将市农业局承担的指导乡镇企业管理的职能划入市经济贸易委员会，将原挂在市农业局的市乡镇企业局牌子改挂在市经济贸易委员会。将市计划生育委员会更名为市人口和计划生育委员会，为市政府工作部门。将市卫生局承担的保健品审批职能划入新组建的市食品药品监督管理局。组建市港口开发建设管理委员会办公室，作为市政府议事协调机构。调整后，市政府设置工作部门32个、特设机构1个、部门管理机构3个、议事协调办事机构4个，同时，开展乡（镇）机构改革试点工作。福鼎市列为全省乡镇机构改革试点县（市）之一。

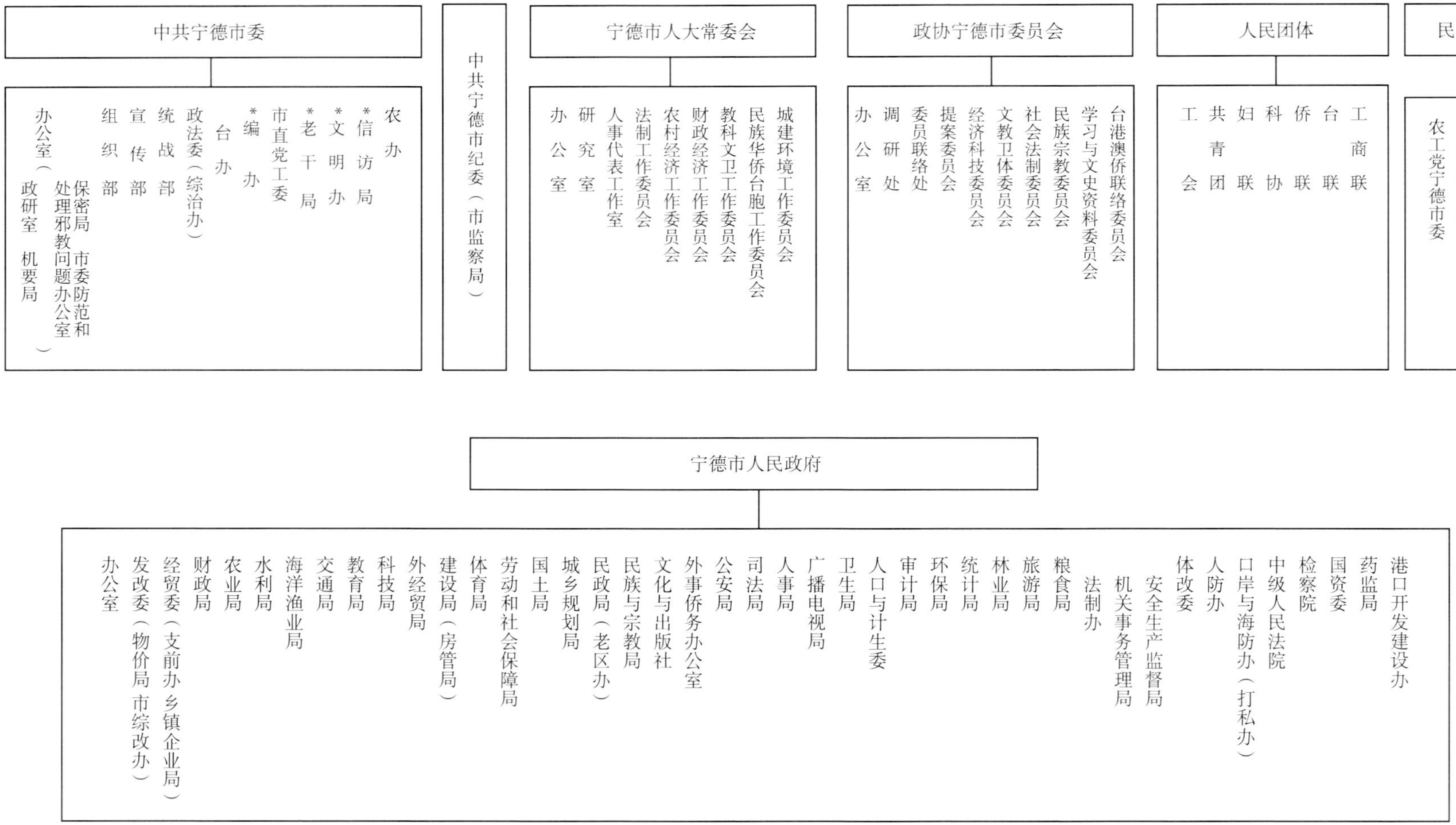
中共宁德市委
办公室（保密局 市委防范和处理邪教问题办公室 政研室 机要局）
组织部
宣传部
统战部
政法委（综治办）
台办
*编办
市直党工委
*老干局
*文明办
*信访局
农办
中共宁德市纪委（市监察局）
宁德市人大常委会
办公室
研究室
人事代表工作室
法制工作委员会
农村经济工作委员会
财政经济工作委员会
教科文卫工作委员会
民族华侨台胞工作委员会
城建环境工作委员会
政协宁德市委员会
办公室
调研处
委员联络处
提案委员会
经济科技委员会
文教卫体委员会
社会法制委员会
民族宗教委员会
学习与文史资料委员会
台港澳侨联络委员会
人民团体
工会
共青团
妇联
科协
侨联
台联
工商联
民主党派
农工党宁德市委
民盟宁德市委
民革宁德市委
民建宁德市委（筹）
宁德市人民政府
办公室
发改委（物价局 市综改办）
经贸委（支前办 乡镇企业局）
财政局
农业局
水利局
海洋渔业局
交通局
教育局
科技局
外经贸局
建设局（房管局）
体育局
劳动和社会保障局
国土局
城乡规划局
民政局（老区办）
民族与宗教局
文化与出版社
外事侨务办公室
公安局
司法局
人事局
广播电视局
卫生局
人口与计生委
审计局
环保局
统计局
林业局
旅游局
粮食局
法制办
机关事务管理局
安全生产监督局
体改委
人防办
口岸与海防办（打私办）
中级人民法院
检察院
国资委
药监局
港口开发建设办

说明：1.“*”者表示为同属市委、市政府工作机构，或同属群团、事业单位。2.“（ ）”表示直属机构，但对外挂牌、分署办公

2005年宁德市党政群机关及事业单位设置图

第二节　机构编制管理

一、行政机构编制管理

1993年，宁德地委批转《关于在机构改革期间停止各级党政群机关增设机构、增加编制、增加人员的通知》，地、县（市）机关人员基本做到有出不进、有退不补，切实控制增设机构及内设科室。1994年年底，地直党政群机关在职人数1390人，与1993年同期相比，减少46人，地直行政机构编制为零增长。1995年，地区编办下达增设地区综合改革试验区办公室编制、全区公检法系统增编140名；成立地区行署驻海南办事处，为科级机构；设立中级人民法院法警大队，为副科级。1996年，地区编委严格控制提高机构规格、增加内设机构，严肃编制纪律。地、县（市）机关人员基本做到有出不进、有退不补，控制机关人员增长。年底地直机关在职人数减少到1250人，比1995年同期的1364人减少114人，精减8.4%。重点加强公安司法部门，下达13名公安收容教育所的专项编制。1997年5月，地区编委根据上级要求，通知各部门、各单位保持机构编制的相对稳定。已经撤并或转为经济实体、服务实体和行业协会的机构，不得以任何形式恢复；实行合署办公或一个机构、两块牌子的部门不得擅自改变，个别确需新设、分设或调整的，必须严格履行报批程序；各级机构名称、规格，不得随意更改。调整行署驻厦门、深圳、海口联络处机构的隶属关系，核定人员编制，为全区发展外向型经济提供必要保证。成立地、县（市）林业公安局（分局）、全区减轻农民负担监督管理机构。是年，增加地区经委等19个单位监察室领导职数，及时核定县（市）公安巡警大队机构规格，组建全区9个工商分局。调整地、县（市）文明办、人防办、支前办、交战办机构规格，理顺地区职工教育工作机构和地、县（市）外事办、侨办的机构隶属关系，调整全区地矿工作机构的规格、隶属关系；调整地、县（市）保密局机构归属；理顺地、县（市）二轻局成建制转为二轻工业公司，物资局成建制转为物资集团公司以及商业总公司的关系等。1998年，地区编委贯彻全省机构编制会议精神，控制机构编制和人员增长，从7月1日起，全区统一对机关、事业单位实行核编制度，重新明确各单位编制、领导职数、内设机构和人员结构比例，加强教育、卫生等单位的核编工作，对进入行政机关的人员一律先经编制部门核编，领取准予核编通知单后，组织、人事等部门方予调配人员；严禁超编进人，对调入行政机关人员，在编制允许的前提下，必须符合单位的人员结构比例，否则不予入编。是年，全区党政群机关实有人数比1997年减少167人。1999年，地区编委坚持核编制度，严把入口关。全年地直行政单位共审核增编60人（其中：军转干部12人，考录9人）。核定地区农工党筹备组临时编制3名。成立地区财政局华侨经济开发区财政分局、地区土地局华侨经济开发区土地分局。地委办公室督查科、行署办公室督查科对外分别增挂督查室；地区新闻出版办公室对外增挂地区版权办公室牌子，地区农业局外经科增挂“宁德地区利用世行贷款红壤二期开发项目办公室”牌子等。8月，全区工商系统成建制上划省垂直管理。2000年，地区编委明确各县（市、区）在机构改革期间对要求增加行政和财政核拨的机构编制事项不开新的“口子”，在重点控制“逆向”流动人员方面，切实维护核编制度的严肃性。同时，重新下达地、县（市）两级人大、政协机构编制，及时调整闽东华侨经济开发区管委会内设机构、编制及福安畲族经济开发区管委会规格、内设机构等。核编新设立地区经济犯罪侦察机构以及地区公安局国内安全保卫等4个支队，组建闽东华侨经济开发区公安分局，同时对安全处、检察院、法院编制进行调整充实。5月，全区技术监督系统成建制上划省垂直管理。2001年，市编委印发《关于冻结机构编制审批工作的通知》，在机构改革期间，除个别工作急需的机构外，一律冻结增设机构、增加编制的审批。8月，贯彻落实中组部、人事部、中编办《关于进一步加强管理严肃干部人事纪律有关问题的通知》。按照有关规定做好核编工作，坚持标准，重点控制“逆向”流动人员。同时，配合全省公安体制改革，将全市公安系统的治安、政保、经侦、禁毒等机关内设机构改设为大队，实行队建制，加强公安一线警力。2002年，市编委完成市直党政机关53个单位的“三定”（定职责、定内设机构、定人员编制）方案批复工作。党政工作部门行政编制平均减少22%；取消党政机关原使用的机关事业编制147名，减少内设机构减少19个、挂牌机构16个。2004年，市编委贯彻执行福建省《关于重新明确全省市县乡各级党政群机关行政编制的通知》的规定，市、县、乡三级党政机构设置，没有超设或变相增加机构设置个数、提高机构级别，行政编制没有突破省定的数额，政法编制实行专项管理，机关事业编制已逐年控制。建立引进人才专项编制储备制度，并核编设立市委人才工作领导小组办公室。

2005年，市编委按照《中共福建省委机构编制委员会办公室关于印发〈福建省机构编制监督检查暂行办法〉的通知》，组织对全市机构编制情况开展自查。与市纪委、组织部、人事局、财政局联合下发《关于在市直机关事业单位开展清理在编不在岗人员工作的通知》，全面清理在编不在岗工作。贯彻中编办和省编办《关于严格控制乡（镇）机构和人员编制的通知》精神，严格控制乡（镇）机构人员编制的增长，结合市情，冻结乡（镇）机关的机构编制。规定各乡（镇）机关不得增设机构、提高规格、增加人员编制和领导职数。凡满编和超编制的乡（镇）一律不准调进人员，缺编单位需要补充人员的，必须从现有机关人员中调剂解决，确保5年内乡镇机构和人员编制不增加。至2005年年底，宁德市级党政群机构55个，其中，市委机构12个，市政府机构43个。

二、事业机构编制管理

1993年，地区编委同意设立地、县（市）、乡（镇）三级农村社会保险、地区机关事业单位社会保险、地区音像市场管理、地区小学教师培训、地区土地科技咨询和兽医卫生监督等机构。理顺地区农机监理所、农机培训班、农机研究所、宁德电视台、地区三院（原精神病防治院）、地区中医院、新华书店、赛岐港务局等机构编制问题；重新核定福建省公路局宁德分局下放地区管理后的有关机构编制问题。确定宁德市桥头水库管理处、福安经济研究中心、古田县食用菌办、古田报社和各县（市）一中、成人中专，福安、宁德、福鼎三所职业学校及各县实小、城关职业高级中学、部分完中的机构规格问题。1994年，地区编委同意设立地区技术监督稽查队、地区环保监理所，重新核定闽东报社、地委党校、地区农校、地区卫校、地委党史委等单位内设机构和领导职数。规范地区第一、第二医院和防疫站的内设机构和领导职数。确定全区部分职业中专学校、福安报社等机构的规格；配合技术监督部门，做好事业单位代码标识工作。全年地直事业单位新增编制212名，除农校、卫校等几所学校按比例增长和闽东报扩版增编外，其余61名事业编制经费渠道均为自收自支，体现从严掌握、区别对待原则。同时，共审核180名职工进事业单位，其中全额拨款的17名，占9.3%。

1995年，地区编委同意设立闽东广播电视报社、地区文化市场管理稽查队、闽东书画院、中心血站、劳动就业管理处、住房公积金管理中心、老年大学办公室、机动车辆综合性能检测中心等机构。理顺公路管理体制，确定全区公路路政管理机构及编制。重新核定地区二院的床位和编制；成立京宁实业公司，核定6名自支编制；增加地区国债服务部5名自支编制。确定地区妇幼保健所规格为副处级，增加编制10名；增加机关幼儿园2名编制，调整宁德电视台内设机关和编制。确定古田地震办，福安、宁德实验幼儿园规格为副科级。1996年，地区编委同意设立福安白塔、柘荣城关车辆通行费征收站、驻沪联络处接待站等机构。核定地直各中、小学和各县市的部分小学、学区配备专职保卫人员编制；增加地区审计师事务所和闽东会计师事务所的事业编制；调整地区第一医院、中医院的床位数和编制数、理顺地区妇幼保健所的内设机构。严格查处事业单位超编、超比例配备工勤人员，全年地直事业单位的工勤人员控制增加89人，其中自收自支65人，占73.1%。1997年，地区编委同意设立地区土地监察大队、劳动监察支队、水政监察支队、水利水电经济发展中心等工作机构并核定编制；批复各县（市）茶叶技术推广服务中心对外增挂茶业管理局牌子。1998年，地区编委对地直副处级以上事业单位内设机构和人员编制情况进行调查，规范事业单位内设机构名称，科学合理设置内设机构和核定领导职数。对267个地直事业单位实行按结构比例核编工作，全区事业编制增长幅度比1997年有明显下降。成立地区基本建设工程预决算审核中心、地区会计委派中心、地委办文印室、行署办文印室、地区水利水电工程质量监督站，明确部分县（市）幼儿园机构规格。1999年，地区编委围绕中心工作，同意设立宁德地区医疗保险管理中心、卫生培训中心、建筑设计研究院等机构；确定东湖塘华侨农场内设机构、人员编制、领导职数和人员结构比例；下达地区宗教局天主教专项工作事业编制3名；印发地委党史办“三定”方案；完成地区会计师事务所、审计事务所脱钩改制工作；审批地区交通工程勘察设计院事业编制3名等。严格实行单位人员核编制度，全年地区事业单位核编新增179人，其中新招聘毕业生89人。

2000年，地区编委核准设立宁德地区建设工程交易中心、地区收费票据管理所等机构；增加地级医院床位数；调整地区劳动监察机构编制经费渠道。2001年，市编办调整宁德师范学校、闽东福宁信托投资公司、古田库区办等机构的名称。成立市建筑工程施工图审查中心、中国海监宁德市支队、绿色食品发展中心、《闽东侨乡报》编辑部、液化石油气管理站、广播电视网络传播中心以及东侨土地收购储备中心等事业机构。确定屏南县职业中专学校，福安、福鼎市场建设管理服务中心的规格问题；规范市农村社保、中波转播台、人才数据库等机构编制。2002年，市编委同意设立宁德港引航站和航道局、县（市、区）农村社会服务联动中心、市防洪堤管理中心、广播电视稽查队、卫生监督所、铁路开发中心、市审计局计算机应用技术中心、城市规划监察大队、东侨开发区城建监察大队等机构。确定市、县（市、区）律师事务所与主管机关脱钩，收回事业编制49名；整顿国债中介机构，撤销市国债服务部，收回事业编制15名。明确住房公积金管理中心为直属市政府的不以营利为目的的独立的事业单位，重新核定编制、规范机构设置；将蕉城区城调队全部和农调队部分职能上收，以适应撤地设市工作需要；增加农村致富技术函授工作编制。同时召集教育、财政等部门抽调专人深入市直6所中小学逐个调查学生数、现有教职员工数的基础上，针对脱产进修和病休一年以上教职工以及学校寄宿生数，微机配备情况等重新提出核定教职工编制和控制数。2003年，市编委同意将市外经贸局管理的外商投资服务中心和经贸委管理的商贸发展服务中心合并，设立宁德市招商中心，将卫生防疫机构更名为疾病预防控制中心；批准全市各县（市、区）设立农村社会经济服务联动中心。2004年，宁德市建立引进人才专项编制储备制度，市编办对满编事业单位接收硕士以上研究生和高级人才实行专项报批、追加编制的制度。继续实行本科毕业生“直通车”制度。是年市编办同意设立的事业单位16个，核定编制67名，调整理顺17个事业单位人员编制；办理本科毕业生到市直事业单位的核编 128 名。理顺市土地收购储备中心、市政建设管理中心的职能；将原隶属市广电局管理的音像市场管理站成建制划转到市文化与出版局管理；将蕉城区园林、环卫、房地产管理、城建资料档案、公交管理等职能上收到市建设局。2005 年，市编委对市直事业编制分配进行综合平衡、合理调剂使用，规范管理。将福鼎贯岭交通公路稽查站划转事业编制 6 名分别给宁德市道路运输管理处和水路运输管理处使用；从宁德市计划生育服务站划转事业编制 3 名给宁德市流动人口计划生育管理站；从宁德市公路局划转事业编制 48 名给宁德八都道路通行费征收管理所使用；从宁德市人民政府公报编辑部划转编制 2 名给宁德市政府总值班室使用。同时精简闽东书画院事业编制 1 名，收回宁德市新华书店事业编制 35 名。对宁德市项目中心和物检所、价格事务所等机构人员编制实行分开管理。确定宁德市地震局为隶属市政府管理的正处级事业单位、宁德市库区移民开发局为市政府办公室管理的副处级事业单位，宁德市旅游质量监督管理所、建筑职业技能鉴定站、流动人口计划生育管理站等为科级单位。

第三节　事业单位改革与登记管理

一、事业单位机构改革

1993 年，宁德地区在党政机关改革的同时，进行事业单位机构改革。地区编委对地直 251 个事业单位的工作性质、人员编制、经费收支、结构分布等进行全面调查摸底，并向地委、政府提出改革意见。是年，全区有 20 个事业单位由全额财政拨款转为差额补助、差额补助转为自收自支、自收自支转为企业化管理，企业化管理的完全转为企业。1994 年，全区有 61 个事业单位转轨变型，其中财政全额拨款转为差额补助的事业单位 36 个，差额补助转为自收自支的 10 个、自收自支转为企业化管理的 4 个。1996 年，按照政事分开和走社会化路子的事业单位改革思路，地区编委开始建立事业单位法人登记制度，重新审定事业单位经费预算方式，压缩财政拨款比重，财政拨款人员的编制压缩 10%。1997 年，对全区各县（市）2160 个基层所（站）事业单位编制和实有人数情况展开调查。2000 年，地区编委在地（市）直和各县（市、区）选择各种类型代表事业单位开展改革试点，宁德师范附小为市直事业单位试点。2002 年，市编委将市直 273 个事业单位分成三大类，经费自给的 91 个单位分成 4 类，提出转移合并、弱化、取消和转制的具体改革意见，市委、市政府研究审批。乡（镇）事业单位机构限额不超过 6 个，人员编制一类乡（镇）控制 35 名以内、二类 30 名。明确拟定由县以上垂直管理和县乡双重管理的事业单位。2003 年，宁德市政府制定《关于推进事业单位机构改革的意见》，全面部署市、县（市、区）两级事业单位的机构改革。总结推广宁师附小等一批市、县（市、区）改革试点单位的做法。2004 年，市编委在机构改革中适时撤销、转制、合并一批市属事业单位，其中撤销 5 个、转为企业 19 个、转为中介组织 6 个、合并 14 个。乡（镇）事业机构按限额综合设置后，精简编制人员 20% 以上。2005 年，宁德全面有序推进事业单位改制，对市直事业单位机构布局、管理体制、运行机制、职责任务、内设机构、人员编制和收入分配等都做出明确规定，并要求各事业单位按分类性质认真落实。

二、事业单位登记管理

1996年，宁德地区事业单位按福建省政府规定，开始实行单位法人登记。1997年，宁德地区及县（市）成立事业单位登记中心，明确地区级为正科级，各县（市、区）为副科级，全面开展登记发证工作。是年，全区共有事业单位3491家（法人单位1339，非法人单位2152），发证830家。1998年，地区编办和事业单位登记中心贯彻国务院颁发《事业单位登记管理暂行条例》（以下简称《条例》），按《条例》规定检查对照，调整工作思路和方案。1999年，地、县两级机构编制部门为全区3238家事业单位颁发事业单位法人证书或事业单位证书，登记率100%。同时首次开展事业单位年检，3238家（其中：地直252家）应年检事业单位全部通过年检。2000年，宁德地区编办事业科增挂“事业单位登记管理局”牌子，同时，各县（市、区）委编办增挂“事业单位登记管理局”牌子，加强事业单位登记管理工作。地区编办转发中央15部委关于事业单位法人证书使用问题的通知，明确事业单位法人证书的使用范围，提高证书的使用效率，强化事业单位登记管理工作的权威。从11月起，全区事业单位登记工作着手与国务院颁发的《事业单位登记管理暂行条例》接轨，重新登记换证。2001年，市、县（市、区）两级事业单位登记机关协调有关部门和验资机构，做好登记工作。至12月底，全市事业单位全国统一登记工作基本结束，为1600多家法人事业单位颁发全国统一的“事业单位法人证书”。两级登记机关会同工商等部门对“双法人”（一个事业单位同时具备事业法人和企业法人双重身份）单位进行清理，维护事业单位登记管理法规的权威性。

2002年，全市符合法人登记条件的事业单位2213个，登记率100%，其中市直办理事业单位登记245个，变更登记12个。对核准登记的事业单位进行年度检验，年检合格率达98%，进一步规范事业单位登记管理制度。市编办采取以会代训形式，分别召开各县（市、区）委编办主任及登记中心负责人会议，明确登记工作指导思想、目标任务；全市共举办培训班26期，参加培训人数3000多人。各县（市、区）编办领导深入每个乡（镇），召开座谈会，促进乡（镇）非法人事业单位的过渡工作。注重建立和完善各种制度，结合机关效能建设，健全办事流程、工作人员岗位职责、财务管理、资料档案管理、一次性告知、催办等制度。市、县（市、区）各级都开展以“学《登记条例》、用《法人证书》”为主题的宣传活动，营造依法登记、依法管理，广泛使用事业单位法人登记证书的浓厚氛围。录制“认真学习《条例》、依法使用《证书》”宣传专题片，在《闽东日报》《宁德晚报》上刊登事业单位登记相关的文章，在宁德政府公众网上开辟事业单位登记管理工作宣传专栏，提高事业单位依法登记意义的认识，促使事业单位从“要我登记”变为“我要登记”。为进一步落实法人证书的使用情况，市编办两次召集工商等16家相关部门的领导和经办人员，召开《事业单位法人证书》使用情况座谈会。各县（市、区）委编办也相应召开座谈会，全市共召开事业单位登记工作座谈会50多场，参加人数2120多人次。通过座谈达成共识，促进相关职能部门联动配合、通力协作、形成合力，使《法人证书》在办理人事调动和工资基金、社会保险、银行开户、贷款、刻制印章、申办代码证等业务活动中发挥重要作用，真正成为事业单位进入市场的“身份证”和“通行证”。市事业单位登记中心加强建档工作，逐步完善档案管理，做到一户一档、内容完整准确、材料规范统一、保管措施安全得当。2003年1月至3月31日，全市对核准登记的事业单位进行年度检验，市直事业单位年检率达到92%以上。同时从6个方面规范和统一登记工作，即规范统一登记规则、规范统一年检标准、规范统一监督管理、规范统一执法主体、规范统一档案管理、规范统一窗口形象。市人事局还参与省人事局编辑出版《福建事业单位概览》一书宁德部分，为相关职能部门共同配合把好事业单位的市场“准入关”提供依据。按照《福建省事业单位登记档案管理暂行办法》的要求，对登记的档案材料进行一次全面的自查，做好归档工作，确保文件、证件等材料齐全，手续完备，真实有效，做到一户一档，专柜保管，并由专人负责。

2004 年，市及各县（市、区）事业单位登记管理局统一由挂牌改为单独设置，并根据行政许可实施程序的要求和工作需要，规定各县（市、区）登记管理机构专职人员编制不少于 2 名。同年，对市直事业单位法定代表人分 3 期进行培训，提高法定代表人的法律责任意识。2005 年，为适应行政许可实施程序的要求和网络登记管理工作的需要，市事业单位登记管理局人员编制增加到 5 名，同时配齐相关人员。明确单位职责及办事流程，对不符合条件和不按程序要求的不予登记，并建立相应的处罚措施和监督办法。对一年以上无开展业务活动或超范围经营违规行为的，收回法人证书并要求整改。市事业单位登记管理局积极开展网上登记工作，以提高工作效率、降低行政成本。是年，全市事业单位年检率达 98%。经登记的事业单位 1825 个，其中市属事业单位 280 个。

第二十五编　人民代表大会

1993年，宁德地区设有福建省人大常委会宁德地区工作委员会（简称地区人大工委），其主要职责是检查、督促法律和法规在区内的贯彻实施，检查了解地区国民经济和社会发展情况及行署、地区法院、地区检察院（简称“一署两院”）的工作情况，并向省人大常委会报告；建立与区内选出的省人大代表的联系，听取他们的意见和建议；组织区内省人大代表视察；督促有关部门认真办理代表提出的议案、建议、批评、意见和代表的来信来访；对省人大常委会拟任免的地区中级人民法院和检察分院工作人员进行考核，并提出任免建议；检查指导区内县（市）、乡两级人民代表大会的换届选举工作；省人大常委会交办的其他事项。至2000年10月底，人大工委共组织开展对60多部法律法规在区内的贯彻执行进行检查，召开14次与“一署两院”的联席和评议会议，开展80多次全区性调研、视察活动，向省人大提交议案、建议600多件，办理或接办来信3000多件。

2000年11月宁德撤地设市，并召开宁德市第一届人民代表大会第一次会议，选举产生宁德市第一届人大常委会作为大会闭会期间的常设机构开展工作。至2005年年底，宁德市第一届人大共召开7次代表大会，43次常委会会议，作出76项重要决定、决议。听取和审议市政府及其部门和法院、检察院的工作报告97项。任免和批准任免国家机关工作人员358人次，办理或交办代表提出的1067件建议、批评和意见，并答复代表。

第一章　人大代表

第一节　全国、省人大代表

1993—2005年，宁德市（地区）先后选举出席第八、第九、第十届全国人大代表7名；选举出席福建省第七、第八、第九、第十届人大代表分别为56名、59名、52名、50名。

1993—2005年宁德市（地区）选出的全国人民代表大会代表一览表

表25-1

届次	姓名
第八届全国人民代表大会代表	汤金华　蓝玉凤（女，畲族）
第九届全国人民代表大会代表	梁婉卿（女）　钟梅允（女，畲族）
第十届全国人民代表大会代表	钟梅允（女，畲族）

宁德地区选出的福建省第七届人民代表大会代表（56名）一览表

表25-2

县（市）	姓名
宁德市（今蕉城区）	蓝玉英（女、畲族）　古松基　吕居永　池颂光　许开瑞　李裕德　林永明　薛伏成
古田县	李宗时　吴雅芬　陈由鹄　卓贞妹　程　序　曾锡龙　谢德和
屏南县	叶清威　李庆昌　黄成雪（女）
周宁县	叶起风　吴捷生（女）　周宋谦（1990年补选）
寿宁县	严成让　何淑静（女）　张大发
福安市	王泽恭　王振武　阮良箴　张实之　陈兆武　陈增光　林孝祥　林桂镗 钟逢连（畲族）　施　程
柘荣县	刘金峰　黄资本（辞职）　龚守栋（1989年补选）　游灿希（逝世）　郑帮德（1989年补选）
福鼎县	王一士　刘祖品　张忠勋　林一经　林定一（女）　周义务　钟柔旭（畲族）　温秀山
霞浦县	刘志刚　李天瑞　李喜荣　吴敦诚　陈　持　晋静波　游银欢（女）　雷仕庆（畲族）

宁德地区选出的福建省第八届人民代表大会代表（59名）一览表

表25-3

县（市）	姓名
宁德市（今蕉城区）	古松基　陈铭玉　林永明　林铭侃　钟外英（畲族）　谢祖德
古田县	余长继　陈桂媚（女）　林文树　曾耀香　戴仁平　王青贻（1994年增选）
屏南县	包素钗（女）　李庆昌　吴启乾　陈道孔　黄振军（1995年增选）
周宁县	李林清　陈友荣　林　鹏　蔡玉婉（女，迁出）　陈小春（1994年补选）　温树海（1995年增选）
寿宁县	王帮兴　陈　敏　郑义正　缪明忠
福安市	王光松　王国珍　刘宗奇　张实之　林晋良　蓝翠英（女，畲簇）　雷维善（畲族）　雷瑞华（畲族）　詹　毅　张振郎（1995年增选）
柘荣县	刘金峰　李敏忠　袁启彤　龚守栋　张林金（女，1994年增选）
福鼎市	王玉珠（女）　张月娇（女）　林一经　钟柔旭（畲族）　钟雷兴（畲族）　黄明富　董东堡（逝世）　叶荣云（1996年补选）　温秀山
霞浦县	李淑琴（女）　吴敦诚　张文良　陈　抟　卓宝玉（女）　蓝致和（畲族）　雷宝耀（畲族）　张联方（1995年增选）

宁德地区选出的福建省第九届人民代表大会代表（52名）一览表

表25-4

县（市）	姓名
宁德市（今蕉城区）	苏　寅　陈修茂　陈衍辉　钟钦银（女、畲族）　傅佛华　缪耕山
古田县	李德海　张小华（女）　陈桂媚（女）　郑安思　郑尚珍　雷雅玲（女，畲族）　潘心城
屏南县	李谋祥　陆修长　陈俊杰
周宁县	王宗华　林建强　蔡林裕
寿宁县	杨金柱　吴　城　陈祖武　施健儿（女）　夏　鹏
福安市	王　津　张振郎　陈成基　林　青　雷卫平（畲族）　雷金梅（女，畲族）　詹翠霞（女）　詹　毅
柘荣县	张郑雄　张学海　林　鸿
福鼎市	叶荣云　纪元忠　吴允耀　陈振俊　陈　梅（女）　林锦荣（女）　钟雷兴（畲族）　袁启彤　雷爱美（女，畲族）
霞浦县	毕振东　刘俊仪　吴初明　林　玲（女）　林斌喜　雷大联（畲族，1998年8月补选）

宁德市选出的福建省第十届人民代表大会代表（50名）一览表

表25-5

省、市、县（市、区）	姓名
省　直	马潞生　王守铭　李力军　张学清　陈祖武　林乃铨　林　平　林祥忠　袁启彤　黄瑞霖　鲍绍坤　张大共（2005年1月补选）
市　直	钟雷兴　朱之文（2005年10月补选）　苏　寅

续表 25-5

省、市、县(市、区)	姓名
蕉城区	苏祥荣　李成良　陈铭生　蓝晓平（女，畲族）
古田县	林　鸿　卓贞珠（女）　郑志泰　戴维浩
屏南县	张书华（女）　张尊镇
周宁县	林建强　周华瑞
寿宁县	王勤仕　杨金柱　夏　鹏　雷美美（女，畲族）
福安市	尤长铃　阮培金　陈　英（女）　郭　健（回族）　雷金梅（女，畲族）
柘荣县	周秋琦（女）　黄树华
福鼎市	叶荣云　吴允耀　陈仁春　林斌喜　钟雪铃（女，畲族）　黄益寿
霞浦县	吴初明　黄　雄　雷金花（女，畲族）　蔡兴华（女）

第二节　市人大代表

一、选举机构

2000年10月9日，中共宁德地委成立宁德市第一次人民代表大会筹备工作办公室，负责代表选举和大会有关筹备工作。筹备工作办公室设主任1人、常务副主任1人，副主任2人。下设秘书、组织、会务、宣传4个工作组，负责日常具体事务。其间，各县（市）的代表选举工作，在各县（市）党委领导下，由所在县（市）人大常委会负责实施。驻宁德部队代表选举工作，在宁德军分区、海军21支队党委领导下，设立选举委员会负责实施。

二、名额分配

宁德市第一届人民代表大会代表名额按照《中华人民共和国选举法》第九条第二款规定，结合宁德市的人口规模进行分配。2000年5月26日，省九届人大常委会第十九次会议作出《关于宁德市人大代表名额及常委会组成人员名额的决定》，确定市一届人大代表名额为369名。考虑到届内5年人员变动和工作需要等情况，保留7个名额作为机动数，实际分配各县（市、区）和驻宁部队的代表数为362人。其中　蕉城（含东侨开发区）42名、福安（含赛岐、穆阳开发区）59名、福鼎50名、霞浦44名、古田40名、寿宁20名、周宁16名、屏南15名、柘荣11名、解放军8名、地直机关寄选57名。选举结果，实际产生一届人大代表362名。

2000年11月14日，在宁德撤地设市典礼上，福建省人大常委会主任袁启彤（右一）向宁德市人大常委会主任钟雷兴（左二）授牌

三、资格审查

根据 2000 年 5 月 26 日第九届福建省人民代表大会常务委员会十九次会议决定，新设立的宁德市一届人大会议代表名额为 369 名。经各县（市、区）和驻宁部队选举结果，实际产生市一届人大代表 362 名。所有代表均经过无记名投票，按照法律规定的差额数和当选的法律要求选举产生，各个环节符合《中华人民共和国选举法》《中华人民共和国地方各级人民代表大会和地方各级人民委员会组织法》和军队选举地方人大代表办法的规定。根据 2000 年 10 月 30 日宁德地区筹备工作办公室《宁德市第一届人民代表大会第一次会议筹备工作情况汇报》，“经请示省人大，市一届人大代表资格审查，由各县（市）人大常委会和驻军师级单位的选举委员会审查。代表资格审查后，由市一届人代会筹备办公室汇总”。市人代会议筹备工作办公室综合各选举单位的资格审查情况认为：当选的 362 名代表，其代表资格全部有效。2000 年 10 月 25 日，《闽东日报》公布代表名单。2001 年 3 月 16 日，设立市一届人大常委会代表资格审查委员会，其组成人员 9 人，负责审查选举、补选的市人大代表资格是否有效。市一届人大常委会代表资格审查委员会在任期内召开 10 次全体会议，向常委会提出代表资格审查报告 10 件，常委会审议通过并予以公告。

2001 年 5 月 12 日，确认郑少玲、侯金东 2 人调离宁德市，代表资格终止，实有市一届人大代表 360 名。8 月 17 日，确认补选叶明祥、游国生、黄少姿 3 人的市人大代表资格有效，实有市一届人大代表 363 人。

2002 年 3 月 18 日，确认补选唐颐、翁成禄、郑其桂、杨青、谢尔国、高建林 6 人的市人大代表资格有效。许传典、黄松玉、邓本源 3 人调离宁德市，代表资格终止。实有市一届人大代表 365 人。12 月 4 日，王振泉调离宁德市，代表资格终止；陈世进辞去代表职务，代表资格终止。实有市一届人大代表 363 名。

2003 年 4 月 4 日，确认补选张恒振、林平、杨飞铭、陈云林、李建海、吴伟洒等 7 人的市人大代表资格有效。翁书寿、谢一工、陈少平、黄斌、胡国海、高建林 6 人调离宁德市，代表资格终止。实有市一届人大代表 364 名。

2004 年 1 月 17 日，确认补选尤柯利、蓝运全、陈荣凯、胡继虹、廖依敏、郭孟希、林守钺 7 人的市人大代表资格有效。杨飞铭、王国庆、孙锦铭、章海燕等 5 人调离宁德市，代表资格终止。蔡循镇病故，代表资格终止。实有市一届人大代表 365 名。

2005 年 2 月 2 日，确认补选阮玉玲、蓝清元、张水松 3 人的市人大代表资格有效。杨青、黄亮生、林平、吴晓春 4 人调离宁德市，代表资格终止。王玉连病故，代表资格终止。至当年年底，实有市一届人大代表 361 名。

四、代表构成

2000 年，撤地设市时选举产生市一届人大代表 362 名，其中，工人代表 48 名，占 13.26%；农民代表 74 名，占 20.44%；知识分子代表 77 名，占 21.27%；干部代表 105 名，占 29.01%；解放军代表 9 名，占 2.49%；民主党派和无党派爱国人士代表 38 名，占 10.50%；归侨代表 11 名，占 3.03%。代表中，妇女代表 89 名，占 24.3%；非中共党员代表 133 名，占 36.7%；少数民族代表 41 名，占 11.3%。大专以上学历 247 名，占 68.23%，中专、中学学历 115 名，占 31.77%；代表中没有文盲者，均具有独立审阅大会有关文件和参加选举的文化水平。代表平均年龄 42.83 岁，其中 55 岁以下的占 94.75%。

宁德市第一届人民代表大会代表一览表（截至2005年年底）

表25-6

代表团	姓名
蕉城区代表团	丁献芝　马金盛　甘耀光　石水凤（女）　刘登健　李莲芬（女）　张　军（女）　陈国秋　陈　星　林庚华　林维基　林　锵　郑孟唐　姚智梅（女）　翁书寿（2003年4月调离）　黄如瑟（女）　黄丽秋（女）　黄振端　章力毅　彭　钊　黄文斌（畲族）　蓝华英（女、畲族）　雷长平（畲族）　蔡循镇（2003年8月病故）　魏艳玉（女）　王幼兴（女）　王统生　毛文灏　乐玉海　苏祥荣　吴细香（畲族）　何雅清（女）　陈久诚　陈　军　陈旭铎　陈　远　林阿彩　林家浦　郑少玲（女，2001年4月调离）　郑建安　钟小清（女、畲族）　姜国器　姚希平　黄俊敏　黄　敏　黄德荣　章海燕（女，2004年1月调离）　詹建同　廖依敏（2004年1月补选）　缪希崇
古田代表团	丁寿全（回族）　叶　圣　刘淑珍（女）　江克杰　李光华（女）　吴长基　陈开福　陈化就　陈玉菊（女）　陈成和　陈荣凯（2004年1月补选）　陈振亮　林志东　林孝直　林碧兰（女）　林　平（2003年4月补选，2005年2月调离）　范世尧　黄永平　曾美云（女）　谢一工（2003年4月调离）　谢国强　蓝良吉（畲族）　戴仁平　戴瑞文　丁学义　叶素梅（女）　叶雅珠（女）　刘伦建　池礼武　李可文（女）　肖泽梅　吴渭洋　陈学文　陈泽育　陈宝桐　陈桂媚（女）　林晓青　林　鸿　胡继虹（2004年1月补选）　卓昌旭　周郭彬　栗致荣　彭宜周　彭南平　谢基润　蓝慈富（畲族）　雷上海（畲族）　雷美琴（女、畲族）
屏南代表团	甘健民　江小源　吴重全　张书巡　张茂贤　张家平（女）　张尊镇　陈立云　陈世进（2002年11月离职）　陈成章　林宝珍（女）　林帮武　林隆碧　林福佺　卓美容（女）　游代进　谢连端　蓝穗清（女、畲族）　薛成康
周宁代表团	王邦得　刘必贵　江德端（女）　孙鼎鸿　肖许华　何　鸣　张立先　陈希周　陈奶城　林建强　周鲜娇（女）　周福堂　郑孝良　郑妙珠（女）　钟雷兴（畲族）　谢宏明　蓝秀珍（女、畲族）　蓝运全（2004年1月补选）　雷先菊（女、畲族）
寿宁代表团	叶大根　叶桃秀（女）　叶斌华　叶朝阳　卢明泽　刘小玲（女）　刘信华　杨全柱　吴向明　吴先顺　吴晓春（女，2005年2月调离）　吴道兴　何发亨　邱炳贵　张恒振（2003年4月补选）　陈少平（女，2003年4月调离）　陈佑年　林多香　林坤华　林祥崇　胡友兰（女）　钟设炎（畲族）　钟晓荣（女，畲族）　陶学海　黄祖高　蓝清元（畲族2005年2月补选）
福安代表团	王　艺（女）　尤长铃　冯成贵　冯振光　吕增华　刘少华　刘木祥　刘秉辉　刘振荣　阮春菊（女）　吴燕月（女）　汪锦章　陈奶康　陈恩进　林　平　林仕仁　林安华　林树春　林峰雪（女）　罗铃忠　钟平容（女，畲族）　钟应洪（畲族）　姜　平（女）　陶敏辉　黄旭明　黄赛平（女）　彭雅云（女）　谢德仪　董芳娇（女）　雷瑞华（畲族）　詹春玲　王韩英（女）　许晓英（女）　阮玉铃（2005年2月补选）　阮兆平　阮培金　吴尚宇　邱天兰（女）　张水松（2005年2月补选）　张振耀　陈　栋　陈云生　陈发松　陈华容（女）　陈志强　陈荣冰　陈建明　陈国清　陈泽霖　陈碧玉（女）　林长青　钟桂梅（女、畲族）　钟隐芳（女、畲族）　钟　韩（畲族）　施　铭　黄丽挺（女）　黄亮生（2005年2月调离）　黄萍萍（女）　龚家唐　傅贤光　释正誉（女）　蓝存安（畲族）　雷美美（女，畲族）　雷逢德（畲族）
柘荣代表团	冯　春　邢雅惠（女）　刘兆祥　许永安　张经喜　陆成伟　陈守榕　陈茂祥　陈秋萍（女）　林鸿坚　周秋琦（女）　郑明德　雷金兰（女，畲族）

续表 25-6

代表团	姓名
福鼎代表团	王上秀　王月容（女）　王亦雄　王孙明　王　韧　叶荣云　朱　沉　杜联生 杨雪晶（女）　李步泉　吴祖霖　吴敦诚（2005 年 7 月病故）　邱　健　张国星 陈明发　杨飞铭（2003 年 4 月补选，2004 年 1 月调离）　林世忠　林青青（女） 官明辉　赵方第　耿建国　翁时铭　黄金星（女）　喻方兴　蓝承忠（畲族） 裘见珍　鲍晓珍（女）　滕方华（女）　潘觉民（女）　魏观谋　王为美 王玉连（2004 年 5 月病故）　王玉珠（女）　王贞安　王晓琳（女）　石志洲　朱乃琳 刘向东　杨国祥　吴　敏　张进炎　张桂生　陈爱雪（女）　陈铭生　林亚业 周建群　郑其桂（2002 年 3 月补选）　姚双霞（女）　徐加善　郭智慧 唐　颐（2002 年 3 月补选）　黄松玉　董加旺　董苏芬（女）　蓝承斌（畲族） 蔡丽晶（女）　缪希玲　颜谋元　潘平顺
霞浦代表团	丁玉贞（女）　尤柯利（2004 年 1 月补选）　王月香（女）　苏芳平　朱冰玲　刘阿顺 李幼霖（女）　宋骏华　张小芳（女）　陈必滔　陈振全　陈桂荣　林开福　郑伏送 郑德勇　胡屏辉　钟仲生（畲族）　钟春景（畲族）　袁冰英（女）　徐　菁（女） 郭　城　龚润源　谢　鹤　雷树连（畲族）　蔡尚华　蔡金标　王永杰　王雪森 邓本源　朱新梅（女）　许希元　李忠瑜　吴初桢　吴榕星（女）　张家寿 林丽云（女）　林怀玉　林斌喜　卓文禧　易永华　柳智勇　钟晓惠（女，畲族） 俞国强　翁惠文　翁成禄（2002 年 3 月补选）　黄寿源　黄　斌（2003 年 4 月调离） 蓝玉凤（女，畲族）　蓝丽萍（女，畲族）　雷玉耀（畲族）　蔡兴华（女）
解放军代表团	王国庆（2004 年 1 月调离）　王建国　王振泉（2002 年 12 月调离） 许传典（2002 年 3 月调离）　孙锦铭　陈云林（2003 年 4 月补选） 李建海（2003 年 4 月补选）　吴伟洒（2003 年 4 月补选） 杨　青（2002 年 3 月补选，2005 年 2 月调离）　林守钺（2004 年 1 月补选）　林学初 胡国海（2003 年 4 月调离）　侯金东（2001 年 4 月调离）　郭孟希（2004 年 1 月补选） 高建林（2002 年 3 月补选，2003 年 4 月调离）　谢尔国（2002 年 3 月补选）

第二章　地方人大组织

第一节　地区工作委员会

一、组成人员

1993年，福建省人大常委会宁德地区工作委员会（简称人大工委）设主任1人，后增设副主任1人，委员3人。1996年，地区人大工委机构“三定”后，确定为正厅级。

2000年11月，宁德撤地设市，宁德地区人大工委协助筹备召开宁德市第一届人民代表大会第一次会议，选举产生宁德市人民代表大会常务委员会（简称宁德市人大常委会），工委撤销。

1993—2000年宁德市（地区）人大联络组、人大工委组成成员一览表

表25-7

姓名	籍贯	政治面貌	职务	任职时间
章志正	浙江平阳	中共党员	地区人大联络组办公室主任、地区人大工委委员、工委机关党支部书记	1982.4—1993.10
钟雷兴（畲族）	福建宁德	中共党员	中共宁德地委副书记、地区人大工委主任	1994.3—2000.10
谢德仪	福建宁德	中共党员	地区人大工委副主任	1992.6—2000.10
林阿彩	福建柘荣	中共党员	地区人大工委副主任	1996.5—2000.10
陈成章	福建宁德	中共党员	地区人大工委副主任	1998.9—2000.10
张维俭	福建屏南	中共党员	地区人大工委委员、办公室主任 地区人大工委办公室调研员	1989.5—1992.3 1992.3—1994.10
蔡泽琨	福建宁德	中共党员	地区人大工委委员、办公室主任 地区人大工委办公室调研员	1992.3—1995.12 1995.12—2000.10

二、工作机构

1993年，福建省人大常委会宁德地区工作委员会（简称人大工委），内设办公室、联络处。

1996年，地区人大工委机构“三定”后，确定为正厅级机构，内设办公室、法制处、经济处3个处级机构。办公室下设人秘科、代表联络信访科、行政科，法制处下设综合科，经济处下

设经济科、社会事业科，共6个科，人员编制增至22名。至2000年10月不变。

第二节 人大常委会

一、组成人员

2000年11月10日，宁德市一届人大一次会议选举产生第一届宁德市人大常委会，选出主任1人、副主任5人，秘书长1人、副秘书长1人，委员22人。根据《中华人民共和国选举法》规定，市人大常委会由主任、副主任和秘书长组成主任会议，处理常委会的日常工作。常委会组成人员名单

主　任　钟雷兴

副主任　缪希铃、林阿彩、谢德仪、林坤华、刘必贵

委　员　毛文灏、邢雅惠（女）、刘登健、李少华（女）、吴　敏

邱炳贵、陈世进、陈佑年、陈荣冰、林福佺、郑孟唐、官明辉、钟隐芳（女）

翁惠文、黄祖高、谢　鹤、蓝秀珍（女）、蓝慈富、蔡循镇、载仁平

2002年3月31日，补选黄少姿、谢尔国为委员。

2004年2月14日，补选范世尧为副主任，陈泽霖、尤柯利、蓝运全、叶明祥为委员。

2000—2005年宁德市一届人大常委会主任、副主任、秘书长一览表

表25-8

姓名	籍贯	政治面貌	职务	任职时间
钟雷兴（畲族）	福建宁德	中共党员	市一届人大常委会主任	2000.11—2007.3
缪希铃	福建福安	中共党员	市一届人大常委会副主任	2000.11—2006.4
林阿彩	福建柘荣	中共党员	市一届人大常委会副主任	2000.11—2004.2
谢德仪	福建宁德	中共党员	市一届人大常委会副主任	2000.11—2007.3
林坤华	福建霞浦	中共党员	市一届人大常委会副主任	2000.11—2007.3
刘必贵	福建福鼎	中共党员	市一届人大常委会副主任	2000.11—2007.3
范世尧	福建寿宁	中共党员	市一届人大常委会副主任	2004.2—2007.3
李步泉	福建福鼎	中共党员	市一届人大常委会秘书长	2000.11—2007.3

二、办事机构

2000年11月，第一届宁德市人大常委会机关设办公室、研究室、人事代表工作室和法制、农村经济工作委员会、财政经济工作委员会、教育科学文化卫生工作委员会、民族华侨台胞工作委员会、环境与城建工作委员会等办事机构。至2005年年底不变。

第三章　会　议

第一节　市人民代表大会会议

一、一届人大一次会议

2000年11月8—12日，第一届宁德市人民代表大会第一次会议在宁德市蕉城举行。会议听取和审议《宁德市人民政府工作报告》《宁德市中级人民法院工作报告》和《宁德市人民检察院工作报告》。选举产生宁德市人大常委会主任钟雷兴，副主任5人；宁德市人民政府市长，副市长6人；宁德市中级人民法院院长，宁德市人民检察院检察长；宁德市人大常委会委员22人。会议期间，市人大代表共提出建议、批评和意见109件，经大会主席团审议决定由议案转为建议办理的83件，两项合计192件。

二、一届人大二次会议

2001年4月10—13日，第一届宁德市人民代表大会第二次会议在蕉城举行。会议听取和审议《宁德市人民政府工作报告》，审查和批准《宁德市国民经济和社会发展第十个五年计划纲要》。听取和审议《宁德市2000年国民经济和社会发展计划完成情况及2001年国民经济和社会发展计划草案的报告》，审查和批准《宁德市2001年国民经济和社会发展计划》。听取和审议《宁德市2000年预算完成情况及2001年预算草案的报告》，审查和批准《宁德市2001年预算草案的报告》。听取和审议《宁德市人大常委会工作报告》《宁德市中级人民法院工作报告》和《宁德市人民检察院工作报告》。会议期间，市人大代表共提出建议、批评和意见98件，经大会主席团审议决定由议案转为建议办理的75件，两项合计173件。

三、一届人大三次会议

2002年3月28—31日，第一届宁德市人民代表大会第三次会议在蕉城举行。会议听取和审议《宁德市人民政府工作报告》。听取和审议《宁德市2001年国民经济和社会发展计划执行情况及2002年国民经济和社会发展计划草案的报告》，审查和批准《宁德市2001年国民经济和社会发展计划执行情况的报告及2002年国民经济和社会发展计划》。听取和审议《宁德市2001

年预算执行情况及2002年预算草案的报告》，审查《宁德市2001年预算执行情况的报告及2002年预算草案》，批准《宁德市2001年市本级预算执行情况的报告及2002年市本级预算》。听取和审议《宁德市人大常委会工作报告》《宁德市中级人民法院工作报告》和《宁德市人民检察院工作报告》。会议补选宁德市人大常委会委员2人。会议期间，市人大代表共提出建议、批评和意见159件，经大会主席团审议决定由议案转为建议办理的67件，两项合计226件。

四、一届人大四次会议

2002年12月5—6日，宁德市第一届人民代表大会第四次会议在蕉城举行。会议议程为选举福建省第十届人大代表。会议以差额选举办法选出代表49人。

五、一届人大五次会议

2003年4月21—24日，宁德市第一届人民代表大会第五次会议在蕉城举行。会议听取和审议《宁德市人民政府工作报告》。听取和审议《宁德市2002年国民经济和社会发展计划执行情况及2003年国民经济和社会发展计划草案的报告》，审查和批准《宁德市2002年国民经济和社会发展计划执行情况的报告及2003年国民经济和社会发展计划》。听取和审议《宁德市2002年预算执行情况及2003年预算草案的报告》，审查《宁德市2002年预算执行情况的报告及2003年预算草案》，批准《宁德市2002年市本级预算执行情况的报告及2003年市本级预算》。听取和审议《宁德市人大常委会工作报告》《宁德市中级人民法院工作报告》和《宁德市人民检察院工作报告》。会议期间，市人大代表共提出建议、批评和意见77件，经大会主席团审议决定由议案转为建议办理的35件，两项合计112件。

六、一届人大六次会议

2004年2月10—14日，宁德市第一届人民代表大会第六次会议在蕉城举行。会议听取和审议《宁德市人民政府工作报告》。听取和审议《宁德市2003年国民经济和社会发展计划执行情况及2004年国民经济和社会发展计划草案的报告》，审查和批准《宁德市2003年国民经济和社会发展计划执行情况的报告及2004年国民经济和社会发展计划》。听取和审议《宁德市2003年预算执行情况及2004年预算草案的报告》，审查《宁德市2003年预算执行情况的报告及2004年预算草案》，批准《宁德市2003年市本级预算执行情况的报告及2004年市本级预算》。听取和审议《宁德市人大常委会工作报告》《宁德市中级人民法院工作报告》和《宁德市人民检察院工作报告》。会议选举产生宁德市人民政府市长陈荣凯，补选宁德市人大常委会副主任1人、宁德市人大常委会委员4人。会议期间，市人大代表共提出建议、批评和意见90件，经大会主席团审议决定由议案转为建议办理的42件，两项合计132件。

七、一届人大七次会议

2005年2月27—3月3日，宁德市第一届人民代表大会第七次会议在蕉城举行。会议听取和审议《宁德市人民政府工作报告》。听取和审议《宁德市2004年国民经济和社会发展计划执行情况及2005年国民经济和社会发展计划草案的报告》，审查和批准《宁德市2004年国民经济和社会发展计划执行情况的报告及2005年国民经济和社会发展计划》。听取和审议《宁德市2004年预算执行情况及2005年预算草案的报告》，审查《宁德市2004年预算执行情况的报告及2005年预算草案》，批准《宁德市2004年市本级预算执行情况的报告及2005年市本级预算》。审议《宁德市人民代表大会关于推进海峡西岸经济区东北翼增长极港口中心城市建设的决定（草案）》；听取和审议《宁德市人大常委会工作报告》《宁德市中级人民法院工作报告》和《宁德市人民检察院工作报告》。选举宁德市中级人民法院院长，宁德市人民检察院检察长。会议期间，市人大代表共提出建议、批评和意见132件，经大会主席团审议决定由议案转为建议办理的51件，两项合计183件。

第二节　常委会会议

第一次会议

2000年11月12日召开，组成人员28人出席。会议议程：市委书记讲话；审议《市一届人大常委会一次会议表决办法决定（草案）》；审议《市人大常委会组成人员守则（草案）》；审议《市人大常委会议事规则（草案）》；审议《市人大常委会任免国家机关工作人员办法（草案）》；审议人事任免事项。第二次全体会议表决通过《市一届人大常委会一次会议表决办法的决定》《市人大常委会组成人员守则》《市人大常委会议事规则》《市人大常委会任免国家机关工作人员办法》。任命市人大常委会机关工作人员9人。

第二次会议

2001年1月15—16日召开，组成人员29人出席。会议议程：审议《市人大常委会联系人大代表制度（草案）》；审议《市人大常委会与本级人民政府、人民法院、人民检察院工作联系制度（草案）》；审议《市人大常委会关于执行决议决定和办理重要意见建议的规定（草案）》；审议人事任免事项。第二次全体会议表决通过《市人大常委会联系人大代表制度》《市人大常委会与本级人民政府、人民法院、人民检察院工作联系制度》《市人大常委会关于执行决议决定和办理重要意见建议的规定》。

第三次会议

2001年3月15—16日召开，组成人员28人出席。会议议程：听取和审议市政府关于起草政府工作报告（初稿）和编制“十五”计划纲要（草案）情况的报告；讨论市人大常委会工作报告（初稿）；审议《关于召开市一届人大二次会议的决定（草案）》和《大会建议议程（草案）》；审议《市一届人大二次会议主席团和秘书长名单（草案）》；审议《市一届人大二次会议财政经济审查委员会组成人员名单（草案）》；审议人事任免事项。全体会议表决通过《关于召开市一届人大二次会议的决定》《市一届人大常委会代表资格审查委员会组成人员名单》《市一届人大二次会议主席团和秘书长名单》《市一届人大二次会议财政经济审查委员会组成人员名单》。决定任命市政府组成人员1人。

第四次会议

2001 年 3 月 21 日召开，组成人员 21 人出席。

第五次会议

2001 年 4 月 8 日召开，组成人员 27 人出席。会议议程：听取和审议《市一届人大常委会代表资格审查委员会关于代表资格的审查报告》；审议《市一届人大二次会议日程（草案）》；审议《市一届人大二次会议副秘书长名单（草案）》；审议《市一届人大二次会议列席人员名单（草案）》；审议《市一届人大二次会议特邀在主席台就座人员名单（草案）》；审议人事任免事项。全体会议表决通过《市人大常委会公告》。

第六次会议

2001 年 6 月 14 日召开，组成人员 23 人出席。会议议程：听取和审议《关于宁德市农民增收减负的调研报告》；审议《关于办理市一届人大二次会议主席团交付市人大常委会审议的代表提出的 3 件议案的决定（草案）》；审议人事任免事项。全体会议表决通过《关于办理市一届人大二次会议主席团交付市人大常委会审议的代表提出的 3 件议案的决定》。

第七次会议

2001 年 8 月 16—17 日召开，组成人员 26 人出席。会议议程：学习中共中央总书记江泽民“七一”重要讲话，贯彻落实市委一届三次全体会议精神；听取《关于“提高为人民服务质量”专题调研的报告》；听取和审议《市政府关于宁德市 2001 年上半年预算执行情况的报告》；听取和审议《市一届人大常委会代表资格审查委员会关于选举、补选代表的代表资格的审查报告》；审议《关于“依法治市”的决议（草案）》；审议《关于进一步深入开展法制宣传教育的决议（草案）》；审议人事任免事项。全体会议表决通过《关于“依法治市”的决议》《关于进一步深入开展法制宣传教育的决议》《市人大常委会公告》。

第八次会议

2001 年 10 月 24—25 日召开，组成人员 24 人出席。会议议程：听取和审议《市人大常委会执法检查组关于检查〈中华人民共和国产品质量法〉实施情况的报告》；审议《市政府关于调整 2001 年市本级预算的议案》；审议《关于第 059 号议案办理情况的报告》；听取和审议《关于评议市建委的报告》；听取和审议《关于评议市公安局交警支队的报告》；审议关于《进一步贯彻实施〈福建省少数民族权益保障条例〉的决定（草案）》；审议人事任免事项。全体会议表决通过《关于批准调整 2001 年市本级预算的决议》《关于进一步贯彻实施〈福建省少数民族权益保障条例〉的决定》。

第九次会议

2001 年 12 月 26—27 日召开，组成人员 26 人出席。会议议程：听取和审议市政府关于机构改革情况的报告；审议《关于召开市一届人大三次会议的决定（草案）》；审议《宁德市人大常委会密切联系群众的若干制度（草案）》；审议市政府《关于依法行政的实施规划（草案）》；审议市法院《关于实施依法治市方案》，审议市检察院《关于实施依法治市的方案》，审议人事任免事项。全体会议表决通过《关于召开市一届人大三次会议的决定》《关于市政府机构改革人事任免有关事项的决定》《关于批准市政府〈关于依法行政的实施规划〉的决议》《关于批准市法院〈关于实施依法治市方案〉的决议》《关于批准市检察院〈关于实施依法治市方案〉的决议》《宁德市人大常委会密切联系群众的若干制度》。

第十次会议

2002 年 3 月 18—19 日上午召开，组成人员 25 人出席。会议议程：听取和审议《宁德市人大常委会代表资格审查委员会关于选举、补选代表资格的审查报告》，听取和审议《宁德市人大常委会工作报告（稿）》；听取和审议《宁德市人民政府工作报告（稿）》；审议《宁德市一届人大二次会议代表建议、批评和意见办理情况的报告》；审议《关于宁德市一届人大二次会议主席团交付市人大常委会审议的代表提出的 3 件议案的审议结果综合报告（草案）》；审议《宁德市一届人大三次会议议程（草案）》；审议《宁德市一届人大三次会议日程（草案）》；审议《宁德市一届人大三次会议主席团和秘书长名单（草案）》；审议《宁德市一届人大三次会议财政经济审查委员会组成人员名单（草案）》；审议《关于接受林福佺、翁惠文辞去市人大常委会委员职务的请求的决定（草案）》。全体会议表决通过《宁德市人大常委会公告》《关于宁德市一届人大二次会议主席团交付市人大常委会审议的代表提出的 3 件议案的审议结果的综合报告》《宁德市一届人大三次会议议程》《宁德市一届人大三次会议日程》《宁德市一届人大三次会议财政经济审查委员会组成人员名单》《关于接受林福佺、翁惠文辞去市人大常委会委员职务的请求的决定》。

第十一次会议

2002 年 5 月 21—22 日上午召开，组成人员 23 人出席。会议议程：听取和审议市公安局关于贯彻《〈福建省禁毒条例〉和禁毒工作情况的报告》；审议《关于办理宁德市一届人大三次会议主席团交付市人大常委会审议的代表提出的 2 件议案的决定（草案）》；审议《关于开展〈中华人民共和国宪法〉宣传月活动的决定（草案）》。全体会议表决通过《关于办理市一届人大三次主席团交付市人大常委会审议的代表提出的工作议案的决定（草案）》《关于宪法宣传日活动的决定》。

第十二次会议

2002 年 7 月 18—19 日上午召开，组织人员 22 人出席。会议议程：听取和审议《宁德市人民政府关于 2002 年上半年国民经济和社会发展计划执行情况的报告》《2002 年上半年宁德市财政预算执行情况的报告》《关于我市宣传贯彻执行中华人民共和国人民代表大会〈代表法〉情况的报告》；审议人事任免事项。

第十三次会议

2002 年 9 月 23—24 日召开，组成人员 24 人出席。会议议程：听取和审议《宁德市人民政府 2001 年财政决算的报告》《宁德市人民政府关于 2001 年市本级财政预算执行和其他财政收支的审计工作报告》《关于开展“宪法宣传月”活动情况的报告》；审议《宁德市人民政府关于调整 2002 年市本级财政预算议案》《关于市人大代表持证视察的暂行规定（草案）》、《关于聘请市人大代表为廉政监督员的暂行规定（草案）》、《关于宁德市一届人大三次会议第 004 号议案办理情况的报告》。全体会议表决通过《关于批准宁德市人民政府 2001 年财政预算报告的决议》《关于批准宁德市人民政府关于调整2002年市本级财政预算议案的决定》《关于市人民代表持证视察的暂行规定》《关于聘请市人大代表为廉政监督员的暂行规定》。

第十四次会议

2002年11月19—20日召开，组成人员25人出席。会议议程：听取和审议《关于宁德市一届人大四次会议安排意见的报告》《市人大常委会执法检查组检查〈关于依法治市的决议〉贯彻实施情况的报告》《宁德市人大常委会执行检查组检查〈中华人民共和国环境保护法〉贯彻实施情况的报告》《宁德市人大常委会执法检查组检查〈福建省森林条例〉贯彻实施情况的报告》《宁德市人大常委会代表资格审查委员会关于代表资格的审查报告》；审议《宁德市关于接受陈世辞去市人大常委会职务的请求的决定（草案）》；审议人事任免事项。全体会议表决通过《关于召开市一届人大四次会议的决定》《宁德市人大常委会公告》《关于接受陈世进辞去市人大常委会委员职务的请求的决定》。

第十五次会议

2003年1月22日上午召开，组成人员21人出席。会议议程：会议传达省十届人大一次会议精神；听取和审议《宁德市人民政府〈关于宁德市2002年重点项目完成情况暨2003年重点建设项目初步安排意见〉》；讨论《宁德市人大常委会工作报告（初稿）》、《宁德市人大常委会2003年工作要点》。

第十六次会议

2003年4月3—4日上午召开，组成人员26人出席。会议议程：听取和审议《关于宁德市一届人大五次会议安排意见的报告及有关事项》《宁德市人大常会委代表资格审查委员会关于递补代表的代表资格的审查报告》《宁德市人民政府关于市一届人大三次会议代表建议、批评和意见办理情况的报告》《宁德市法院关于市一届人大三次会议代表建议、批评和意见办理情况的报告》《宁德市检察院关于市一届人大三次会议代表建议、批评和意见办理情况的报告》《宁德市审计局关于审计工作情况的报告》；审议《关于宁德市一届人大三次会议主席团交市人大常委会审议的代表提出的2件议案审议结果的综合报告（草案）》；审议人事任免事项。全体会议表决通过《关于召开宁德市一届人大五次会议的决定》《市人大常委会公告》《宁德市人大常委会调整市一届人大常委会代表资格审查委员会成员名单》《关于宁德市一届人大三次会议主席团交付市人大常委会审议的代表提出的2件议案审议结果的综合报告》。

第十七次会议

2003年5月29日召开，组成人员23人出席。会议议程：听取和审议《宁德市人民政府关于防治“非典”工作情况的报告》《宁德市人民政府关于推进工业化进程情况的报告》和《宁德市人民政府关于加强文物保护管理的决定（草案）》；审议《关于办理宁德市一届人大五次会议主席团交付市人大常委会审议的代表提出的第001号议案的决定（草案）》。全体会议表决通过《宁德市人民政府关于加强文物保护管理的决定》《关于办理市一届人大五次会议上主席团交付市人大常委会审议的代表提出的第001号议案的决定》。

第十八次会议

2003 年 7 月 25—26 日召开，组成人员 24 人出席。会议议程：听取和审议《宁德市人民政府关于 2003 年上半年国民经济和社会发展计划执行情况的报告》《宁德市人民政府关于 2003 年上半年财政预算执行情况的报告》；审议《关于高速公路沿线两侧一重山生态环境保护建设的决定（草案）》、《关于陈荣凯代理宁德市政府市长职务的决定（草案）》；审议人事任免事项。全体会议表决通过《宁德市人民政府关于高速公路沿线两侧一重山生态环保保护建设的决定》《关于陈荣凯代理宁德市政府市长职务的决定》。

第十九次会议

2003 年 9 月 25—27 日召开，组成人员 26 人出席。会议议程：听取和审议《宁德市财政局关于 2002 年市级财政决算的报告》《宁德市审计局关于 2002 年市级财政预算执行和其他财政收支情况的审计工作报告》《宁德市人大常委会执法检查组关于〈中华人民共和国教育法〉、〈中华人民共和国义务教育法〉实施情况的检查报告》《市人大常委会执行检查组关于〈福建省个体工商户和私营企业权益保护条例〉实施情况的检查报告》；审议《宁德市人民政府关于调整 2003 年市级财政预算的议案》；审议人事任免事项；听取和评议宁德市人事局、林业局、科技局局长的述职报告。全体会议表决通过《关于批准宁德市财政局 2002 年市级决算的决议》《关于批准调整 2003 年市级财政预算的决定》。

第二十次会议

2003 年 11 月 26—27 日上午召开，组成人员 23 人出席。会议议程：听取和审议《宁德市人民政府关于推进宁德市农村全面建设小康社会问题的报告》；审议《关于召开市一届人大六次会议的决定（草案）》《宁德市人大常委会关于实行审议意见书的规定（草案）》《关于表彰宁德市一届优秀人大代表的决定（草案）》；审议《关于市一届人大五次会议主席团交付市人大常委会审议的代表提出的第 001 号议案审议结果的报告（草案）》；审议人事任免事项。会议表决通过《关于召开市一届人大六次会议的决定》《关于实行审议意见书的规定》《关于表彰宁德市一届人大优秀代表的决定》《关于宁德市一届人大五次会议主席团交付市人大常委会审议的代表提出的第 001 号议案审议结果的报告》。

第二十一次会议

2004 年 1 月 17 日召开，组成人员 24 人出席。会议议程：听取和审议《宁德市人大常委会代表资格审查委员会关于市一届人大六次会议补选代表的代表资格的审查报告》；听取和审议《市一届人大六次会议安排意见的报告》；审议《市一届人大六次会议主席团和秘书长名单（草案）》，并决定提请市一届人大六次会议预备会议选举；审议《宁德市一届人大六次会议建议议程（草案）》，并决定提请市一届人大六次会议预备会议表决；审议《宁德市一届人大六次会议财政经济审查委员会组成人员名单（草案）》，并决定提请市一届人大六次会议预备会议表决；审议《宁德市一届人大五次会议代表建议、批评和意见办理情况的综合报告（草案）》；听取和审议《宁德市人民政府关于市一届人大五次会议代表建议、批评和意见办理情况的报告》；审议《宁德市人大常委会工作报告（讨论稿）》，并决定提请市一届人大六次会议审议；审议《宁德市人大常委会 2004 年工作要点（讨论稿）》；审议人事任免事项。全体会议表决通过《宁德市人大常委会公告》《宁德市一届人大六次会议主席团和秘书长名单》《市一届人大六次会议建议议程》《市一届人大六次会议财政经济审查委员会组成人员名单》《宁德市人大常委会工作报告》《宁德市一届人大六次会议列席人员安排原则的决定》。

第二十二次会议

2004 年 3 月 29 日召开，组成人员 22 人出席。会议议程：会议传达学习十届全国人大二次会议精神；听取和审议《宁德市人民政府关于实施项目带动战略工作情况的报告》；审议《关于办理宁德市一届人大六次会议主席团交付市人大常委会审议的第 11 号议案的决定（草案）》《关于接受林阿彩辞去市人大常委会副主任职务的请求的决定（草案）》《宁德市人大常委会妇女儿童工作组组成人员名单（草案）》；审议人事任免事项。全体会议表决通过《关于办理宁德市一届人大六次会议主席团交付市人大常委会审议的第 011 号议案的决定》《关于接受林阿彩辞去市人大常委会副主任职务的请求的决定》《宁德市人大常委会妇女儿童工作组组成人员名单》。

第二十三次会议

2004 年 5 月 28—29 日上午召开，组成人员 22 人出席。会议议程：听取和审议《宁德市人民政府关于 2004—2005 年中心城市建设计划和任务的报告》《关于宁德市畲族文化的调研报告》《关于宁德市农村医疗卫生情况的调研报告》；审议人事任免事项。

第二十四次会议

2004 年 7 月 28—29 日召开，组成人员 22 人出席。会议议程：听取和审议《宁德市人民政府关于 2004 年上半年国民经济和社会发展计划执行情况的报告》《宁德市政府关于 2004 年上半年财政预算执行情况的报告》《宁德市人大常委会执法检查组关于〈中华人民共和国农村土地承包法〉实施情况的检查报告》；审议《宁德市人大常委会关于保护与发展畲族文化的决定（草案）》《关于监督司法机关具体案件的暂行规定（草案）》；听取《宁德市中级人民法院关于 2004 年上半年工作情况的报告》《宁德市人民检察院关于 2004 年上半年工作情况的报告》。全体会议表决通过《关于保护和发展畲族文化的决定》《关于监督司法机关具体案件的暂行规定》。

第二十五次会议

2004 年 9 月 29—30 日召开，组成人员 26 出席。会议议程：会议学习党的十六届四中全会精神；听取和审议《宁德市财政局 2003 年市本级决算的报告》《宁德市审计局关于 2003 年市本级预算执行和其他财政收支的审计工作报告》《宁德市人大常委会执法检查组关于〈中华人民共和国食品卫生法〉实施情况的检查报告》《宁德市人大常委会视察组关于〈高速公路沿线两侧一重山生态环境保护建设的决定〉实施情况的视察报告》；审议《宁德市人民政府调整 2004 年市本级预算的议案》《宁德市人民政府关于调整 2004 年重点建设项目的报告（书面）》《关于宁德市一届人大六次会议主席团交付市人大常委会审议的代表提出的第 011 号议案审议结果的报告（书面）》；审议人事任免事项。全体会议表决《关于批准宁德市财政局 2003 年市级决算的决议》《关于批准宁德市人民政府关于调整 2004 年市本级预算的议案的决定》。

第二十六次会议

2004 年 11 月 29—30 日召开，组成人员 23 人出席。会议议程：会议学习贯彻全省人大工作会议精神；听取和审议《宁德市人民政府关于县域经济发展战略实施情况的报告》《宁德市司法局关于“四五”普法工作情况的报告》《宁德市人民政府关于市一届人大六次会议代表建设批评和意见办理情况的报告》《宁德市法院关于市一届人大六次会议代表建议、批评和意见办理情况的报告》《宁德市人民检察院关于第一届人大六次会议代表建议、批评和意见办理情况的报告》；审议《宁德市政府关于“十五”计划执行情况的报告（书面）》、《关于宁德市一届人大六次会议代表建议、批评和意见办理情况的综合报告（书面）》、《关于召开宁德市一届人大七次会议的决定（草案）》、《调整宁德市一届人大常委会代表资格审查委员会组成人员名单（草案）》、《关于接受郑孟唐辞去市人大常委委委员职务的请求的决定（草案）》；听取《宁德市对外经济贸易合作局局长、市水利局局长、市计划生育委员会主任、市法院副院长、市检察副检察长的述职报告》并开展评议；审议人事任免事项。全体会议表决通过《关于召开宁德第一届人大七次会议的决定》《关于调整宁德市一届人大常委会代表资格审查委员会组成人员名单》《关于接受郑孟唐辞去市人大常委会委员职务的请求的决定》。

第二十七次会议

2004 年 12 月 30 日下午召开，组成人员 25 人出席。会议补选张大共为省第十届人大代表。

第二十八次会议

2005 年 2 月 2 日召开，组成人员 24 人出席。会议议程：传达学习省十届人大三次会议精神；审议《关于推进海峡西岸经济区东北翼增长极港口中心城市建设的决定（草案）》，并决定提请市一届人大七次会议审议；听取和审议《宁德市一届人大常委会代表资格审查委员会关于补选代表的代表资格的审查报告》《宁德市一届人大七次会议安排意见的报告》；审议《宁德市一届人大七次会议主席团和秘书长名单（草案）》，并决定提请市一届人大七次会议预备会议选举；审议《宁德市一届人大七次会议建议议程（草案）》，并决定提请市一届人大七次会议预备会议表决；审议《宁德市一届人大七次会议财政经济审查委员会组成人员名单（草案）》，并决定提请市一届人大七次会议预备会议表决；审议《宁德市一届人大七次会议列席人员安排原则的决定（草案）》；审议《宁德市人大常委会工作报告（初稿）》，并决定提请市一届人大七次会议审议；讨论《宁德市人大常委会 2005 年工作要点（讨论稿）》。全体会议表决通过《关于提请市一届人大七次会议审议〈关于推进海峡两岸经济区东北翼增长极港口中心城市建设的决定〉的议案》《宁德市人大常委公告》《宁德市一届人大七次会议主席团和秘书长名单》《宁德市一届人大七次会议建议议程》《宁德市一届人大七次会议财政经济审查委员会组成人员名单（草案）》《宁德市人大常委会工作报告》《宁德市一届人大七次会议列席人员安排原则的决定》。

第二十九次会议

2005 年 2 月 24 日下午召开，组成人员 24 人出席。会议议程：审议《关于接受何鸣辞去宁德市中级人民法院院长职务的决定（草案）》《关于接受郑京水辞去宁德市人民检察院检察长职务的决定（草案）》《关于市法院院长代理人选的决定（草案）》《关于宁德市人民检察院检察长代理人选的决定（草案）》；审议人事任免事项。全体会议通过《关于接受何鸣辞去宁德市中级人民法院院长职务的请求的决定》《关于接受郑京水辞去宁德市人民检察院检察长职务的请求的决定》《关于杨建明代理宁德市中极人民法院院长职务的决定》《关于游美萍代理宁德市人民检察院检察长职务的决定》。

第三十次会议

2005 年 4 月 18 日召开，组成人员 21 人出席。会议议程：传达学习十届全国人大三次会议精神；听取和审议《宁德市人民政府关于农村土地征收征用情况的报告》；审议《关于办理宁德市一届人大七次人民会议主席团交付市人大常委会审议的第 015 号议案的决定（草案）》。全体会议表决通过《关于办理宁德市一届人大七次会议三席团交付市人大常委会审议的第 015 号议案的决定》。

第三十一次会议

2005 年 6 月 24—25 日召开，组成人员 20 人出席。会议议程：学习贯彻中共中央《关于转发中共全国人大常委会党组〈关于进一步发挥全国人大代表作用，加强全国人大常委会制度建设的若干意见〉》；听取和审议《宁德市人大常委会执法检查组关于〈中华人民共和国工会法〉实施情况的检查报告》《宁德市人大常委会执法检查组关于〈福建省少数民族权益保障条例〉实施情况的检查报告》《宁德市中级人民法院〈关于民商事审判工作情况的报告〉》《宁德市公安局 关于打击“六合彩”违法活动情况的报告》《关于 2004 年度宁德市本级预算执行和其他财政收支的审计工作报告》；审查和批准《2004 年宁德市级决算（草案）的报告》；审议人事任免事项。全体会议表决通过《关于批准 2000 年宁德市级决定的报告的决议》。

第三十二次会议

2005 年 8 月 25—26 日召开，组成人员 23 人出席。会议议程：听取和审议《宁德市人民政府关于 2005 年上半年国民经济和社会发展计划执行情况的报告》《宁德市政府关于 2005 年上半年预算执行情况的报告》《宁德市政府关于〈中华人民共和国行政许可法〉贯彻执行情况的报告》《宁德市人大常委会执法检查组关于〈宁德市人大常委会关于加强文物保护管理的决定〉执行情况检查的报告》《宁德市人大常委会调研组关于农村道路硬化专题调研情况的报告》《宁德市人民检察院关于开展预防职务犯罪工作情况的报告》；审议《关于维护农民工合法权益的决定（草案）》《宁德市人民政府关于调整 2005 年市本级预算的议案》；审议人事任免事项。全体会议表决通过《关于批准〈宁德市人民政府关于调整 2005 年市本级预算议案〉的决定》《关于维护农民工合法权益的决定》。

第三十三次会议

2005 年 10 月 23—24 日召开，组成人员 25 人出席。会议议程：听取和审议《宁德市人民政府关于宁德市“十一五”规划编制情况的报告》《宁德市人大常委会执法检查组关于〈中华人民共和国防洪法〉和〈福建省防洪条例〉贯彻实施情况的检查报告》《宁德市人大常委会执法检查组关于〈中华人民共和国防洪法〉和〈福建省防洪条例〉贯彻实施情况的检查报告》《宁德市人大常委会执法检查组关于〈中华人民共和国未成年人保护法〉实施情况的检查报告》《宁德市人大常委会视察组关于宁德市中心城市建设重点项目的视察报告》；审议《关于宁德市一届人大七次会议主席团交付市人大常委会审议的代表提出的第 015 号议案审议结果的报告（草案）》；补选省十届人大代表 1 人。全体会议表决通过《关于宁德市一届人大七次会议主席团交付市人大常委会审议的代表提出的第 015 号议案审议结果的报告》；补选朱之文为省十届人大代表。

第三十四次会议

2005 年 11 月 14 日召开。组成人员 25 人出席。会议议程：会议人事任免事项，决定任免市政府组成人员 3 人。

第三十五次会议

2005 年 12 月 26 日召开。组成人员 23 人出席。会议议程：听取和审议《宁德市人民政府关于市一届人大七次会议代表建议、批评和意见办理情况的报告》《宁德市中级人民法院关于市一届人大七次会议代表建议、批评和意见办理情况的报告》《宁德市检察院关于市一届人大七次会议代表建议、批评和意见办理情况的报告》；审议《关于召开市一届人大八次会议的决定（草案）》；讨论《宁德市人大常委会工作报告（讨论稿）》；全体会议表决通过《关于召开市一届人大八次会议的决定》。

第三节　主任会议

2000 年 11 月 11 日召开第一次主任会议，会议宣布中共宁德市委关于成立市人大常委会党组的通知，研究市人大常委会主任、副主任和秘书长的工作分工以及市一届人大常委会一次会议有关事项等。

2000 年 11 月 28 日召开第二次主任会议，讨论《宁德市人民代表大会常务委员会组成人员守则》修改事项。

2001 年 1 月 4 日召开第三次主任会议，研究市一届人大常委会二次会议和市、县（市、区）人大常委会主任座谈会有关事项、37 名市人大代表联名提出的关于蕉城区八一五中路改造拆迁问题的建议意见的处理意见，传达全省人大信访工作会议的主要精神。

2001 年 1 月 15 日召开第五次主任会议，研究市一届人大二次会议有关事项、市第一届人大代表开展视察活动方案以及人事事项等。

2001 年 2 月 2 日召开第六次主任会议，研究市人大常委会 2001 年工作要点。

2001 年 2 月 16 日召开第七次主任会议，传达省九届人大五次会议主要精神，研究向中共宁德市委汇报市人大常委会工作情况的报告、市一届人大二次会议和市一届人大常委会三次会议有关事项。

2001 年 2 月 21 日召开第八次主任会议，听取各委室关于 2001 年工作安排和市人大常委会设立以后工作情况汇报、市人大常委会专题调查组关于蕉城 815 中路改造专题调查报告。

2001 年 3 月 2 日召开第九次主任会议，研究市人大常委会代表资格审查委员会组成人员名单（草案）、市人大常委会组成人员联系市人大代表的意见、市人大常委会组成人员接访人大代表和人民群众工作制度、市人大常委会与“一府两院”信访工作联席会议制度等。

2001 年 3 月 12 日召开第十次主任会议，研究市一届人大常委会三次会议有关事项。

2001 年 3 月 16 日召开第十一次主任会议，听取市一届人大常委会第三次会议分组审议的情况。

2001 年 3 月 20 日召开第十二次主任会议，研究市一届人大常委会四次会议有关事项。

2001 年 4 月 3 日召开第十三次主任会议，研究市一届人大二次会议、市一届人大常委会五次会议有关事项。

2001年5月10日召开第十四次主任会议，研究市一届人大二次会议主席团交付审议的代表提出的第006号、第032号和第059号议案的办理意见，听取市人大常委会民侨台委关于东湖塘华侨农场改革和发展问题的调研报告。

2001年6月5日召开第十五次主任会议，听取市公安局、市法院和市检察院关于“严打整治”情况汇报。

2001年6月5日召开第十六次主任会议，研究市一届人大常委会六次会议有关事项，关于开展评议市建委、市公安局交警支队的工作方案。

2001年10月22日召开第十九次主任会议，听取市人大常委会财经委关于财政预算调查初审工作情况汇报、市计委关于2001年国民经济计划执行情况汇报。

2001年12月18日召开第二十次主任会议，听取市长通报市政府机构改革情况，研究市一届人大常委会九次会议有关事项。

2002年4月12日召开第二十二次主任会议，研究市人大常委会2002年调研课题、市一届人大三次会议期间代表提出的议案、建议和意见的办理意见。

2002年4月25日召开第二十三次主任会议，听取市人大常委会城环委关于“畅通工程”蕉城路严管街建设问题的调查报告。

2002年8月30日召开第二十六次主任会议，听取东侨开发区管委会关于东侨开发区规划与建设情况的汇报。

2003年1月17日召开第二十九次主任会议，研究市一届人大常委会十五次会议有关事项、市人大常委会2003年工作要点，听取关于建设宁德生态市的调研报告、关于落实“三条社会保障线”扩大城镇就业的调研报告。

2003年5月7日召开第三十二次主任会议，听取市工商局工作情况汇报。

2003年5月8日召开第三十三次主任会议，听取市药监局工作情况汇报。

2003年5月20日召开第三十四次主任会议，听取宁德海关执法工作情况汇报，研究市一届人大常委会第十七次会议有关事项。

2003年6月24日召开第三十五次主任会议，听取关于接访代表活动情况及代表建议意见办理情况的汇报。

2003年7月26日召开第三十七次主任会议，研究讨论市、县两级人大常委会内设机构增设和更名事项。

2003年9月27日召开第四十一次主任会议，听取市政府关于财政预算内列支专项资金用于偿还国家开发银行贷款进度情况的报告。

2003年9月29日召开第四十二次主任会议，研究市科技局等三个单位负责人的述职评议意见。

2003年10月28日召开第四十三次主任会议，听取市政府关于推进“十五”后三年农村全面建设小康社会的若干意见的汇报、市公安局关于全市公安机关开展为期两年“严打整治斗争”工作及2003年以后工作情况的汇报。

2003年11月12日召开第四十四次主任会议，听取市法院关于清理超期羁押、超审限案件工作情况汇报，市检察院关于清理超期羁押案件工作情况汇报。

2003年11月21日召开第四十五次主任会议，传达全省人大信访工作座谈会精神，研究市一届人大常委会二十次会议有关事项、市一届人大代表缺额补偿事项以及市人大常委会2004年工作要点。

2004 年 1 月 16 日召开第四十七次主任会议，研究计划、预算初审报告和优秀市人大代表表彰活动安排以及有关人事任免事项。

2004 年 2 月 16 日召开第四十八次主任会议，传达学习中共中央总书记胡锦涛在中纪委三次全会上的讲话精神、国务院第二次廉政建设工作电视电话会议精神，研究市人大常委会 2004 年工作要点、市人大常委会主任会议成员工作分工调整事项。

2004 年 3 月 24 日召开第四十九次主任会议，研究市一届人大常委会二十二次会议有关事项、市一届人大六次会议期间市人大代表对市人大常委会工作提出的建议、意见和批评的办理意见。

2004 年 4 月 21 日召开第五十次主任会议，听取市工商局关于依法行政工作情况汇报、宁德国检局关于执法工作情况汇报、市公安局关于开展查禁“六合彩”活动情况汇报，研究人事事项。

2004 年 6 月 28 日召开第五十二次主任会议，传达中共福建省委“四个专题”调研组反馈意见与中央宁德市委贯彻意见，听取各委室上半年工作情况与下半年工作计划，部署市人大常委会下半年工作任务。

2004 年 8 月 9 日召开第五十四次主任会议，听取市审计局关于宁德市审计工作情况汇报、市统计局关于《中华人民共和国统计法》实施情况汇报、市国土资源局关于国土资源执法工作情况汇报。

2004 年 9 月 10 日召开第五十五次主任会议，听取关于“全国人民代表大会成立 50 周年暨地方人大设立常委会 25 周年”系列活动筹备工作情况汇报。

2005 年 3 月 8 日召开第六十一次主任会议，研究市人大常委会 2005 年工作计划安排，市人大代表在市一届人大七次会议期间提出的议案、建议办理意见。

2005 年 5 月 8 日召开第六十三次主任会议，研究关于市人大代表联名提出的宁德商业总公司与鸿辉房地产开发有限公司合同纠纷案的处理意见。

2005 年 5 月 17—18 日召开第六十四次主任会议，听取市劳动局、民政局、规划局、电业局工作情况汇报。

2005 年 6 月 17 日召开第六十五次主任会议，研究市一届人大常委会三十一次会议有关事项、市人大代表建议督办工作意见、市人大常委会信访值班制度以及举办地方人大构建和谐社会研讨班有关事项。

2005 年 6 月 23 日召开第六十六次主任会议，学习讨论《中共中央转发中共全国人大常委会党组关于进一步发挥全国人大代表作用，加强全国人大常委会制度建设的若干意见》。

2005 年 7 月 21 日召开第六十七次主任会议，研究市人大常委会对宁德电业局开展创建“人民满意的电业局”活动情况评议方案、市人大信息楼设计初步方案、市人大常委会机关平安建设创建工作情况。

2005 年 8 月 2 日召开第六十八次主任会议，研究市政府关于提请市财政安排预算专项资金补贴市国投公司向国家开发银行融资还贷的报告。

2005 年 12 月 12 日召开第七十二次主任会议，学习全国人大常委会委员长吴邦国在七省人大负责同志座谈会上的讲话精神。

2005 年 12 月 20 日召开第七十三次主任会议精神，研究市一届人大常委会三十五次会议有关事项、市人大常委会 2006 年工作要点。

第四章　职权履行

第一节　决定重要事项

1993年，全区开展县（市）、乡（镇）两级人大换届选举，地区工委提出并要求各县（市）人大要在当地党委政府领导和支持下，正确处理党管干部与人大依法任免干部的关系，保证在人大换届中党的干部政策的落实和换届选举的依法进行。1994年，地区人大工委联合各县（市）人大常委会作出关于在全区开展“三农”（农业、农村和农民）和清理农村“三乱”（乱收费、乱摊派和乱罚款）工作检查。1996年，地区人大工委根据福建省国民经济和社会发展“九五”计划和2010年远景目标纲要，围绕宁德地区“九五计划”和2010年远景目标纲要的制定，要求各县（市）人大常委会开展调查研究并依法审查批准。1997年，地区人大工委根据全省和宁德地区行署提出的“提前三年消除贫困，基本实现小康”的要求，发出通知要求各县（市）人大要协助并督促各级政府加大农村工作力度、增加投入，努力完成消除农村绝对贫困、实施“造福工程”和基本实现小康目标三大历史性任务。

1998年，地区人大工委在周宁县召开全区县（市）人大常委会主任联席会议，贯彻落实省人大常委会党组提出关于做好人大工作的意见，会后作出决定并向宁德地委写出《关于贯彻全区人大工作会议精神的报告》。会后，地委作出《关于进一步加强人大工作的决定》。

1999年3月，宁德地区工委在屏南召开全区县（市）人大常委会主任联席会议，并作出《人大工作应围绕中心，进一步做好服务经济工作的决定》，并提出具体要求，要求县（市）人大充分发挥职能作用。

2001年1月，市一届人大常委会二次会议审议通过市人大常委会与本级人民政府、人民法院、人民检察院工作联系制度，市人大常委会联系人大代表制度，市人大常委会关于执行决议决定和办理重要意见的规定等。3月，市一届人大常委会三次会议审议通过市人民政府工作报告和“十五”计划纲要草案。8月，市一届人大常委会七次会议审议通过《宁德市人大常委会关于依法治市的决议》和《宁德市人大常委会关于进一步深入开展法制宣传教育的决议》。10月，市一届人大常委会八次会议审议通过《宁德市人民代表大会常务委员会关于进一步贯彻实施〈福建省少数民族权益保障条例〉的决定》。12月，市一届人大常委会九次会议审议通过批准市人民政府、市中级人民法院、市人民检察院关于实施“依法治市”方案的决议，宁德市人大常委会密切联系群众的若干制度等。

2002年5月，常委会十一次会议通过《关于开展〈中华人民共和国宪法〉宣传月活动的决定》。9月，常委会十三次会议审议通过关于批准2001年市级决算的决议和关于批准调整2002年市本级预算的决定，审议通过市人大常委会关于人大代表持证视察的暂行规定和关于聘请市人大代表为廉政监督员的暂行规定。

2003年7月，常委会第十八次会议审议通过市人民政府关于2003年上半年国民经济和社会发展计划、预算执行情况的报告；审议通过《宁德市人民代表大会常务委员会关于高速公路沿线两侧一重山生态环境保护和建设的决定（草案）》。11月，常委会第二十次会议通过《宁德市人民代表大会常务委员会关于实行审议意见书的规定》《宁德市人民代表大会常务委员会关于表彰市一届人大优秀代表的决定》等。

2005年8月，常委会三十二次会议审议并通过《宁德市人大常委会关于维护农民工合法权益的决定》《宁德市人民政府关于调整2005年市本级预算的议案》等。

第二节　人事任免

一、任免人大常委会机关工作人员

1993年至2000年11月，地区人大工委作为省人大常委会派出机构，没有人事任免权。宁德市人大常委会产生后，作为地方一级人大开始执行政府工作部门（含法院、检察院）和人大常委会机关的人事任免职责。

2000年11月12日至2004年11月30日，宁德市第一届人民代表大会常务委员会分别任免市人大大常委会委（室）主任、副主任、副秘书长等29人次，其中任命23人次、免去6人。

二、任免“一府两院”组成人员

2000年11月12日至2005年11月14日，宁德市一届人民代表大会常务委员会历次会议上任免市人民政府组成人员82人次，其中任命65人次、免去17人。

任免市中级人民法院审判人员157人次，其中任命129人次、免去28人。任免市人民检察院检察人员119人次，其中任命103人次、免去16人。

三、撤销、罢免、暂停人大代表资格

2000年11月至2005年12月26日，宁德市一届人大常委会会议先后审议通过撤销、罢免、暂停10名涉嫌严重犯罪的市一届人大常委会委员、省人大代表、市人大代表职务资格。

2000—2005年宁德市一届人大常委会人事任免、批准任免情况统计表

表25-9　　单位：人

任免机关	职务	任职人次	免职人次
市人大常委会	副秘书长	1	1
	正副委办负责人	22	5

续表 25-9

任免机关	职务	任职人次	免职人次
市政府	副市长	4	2
	市政府组成人员	61	15
市中级人民法院	副院长	5	—
	正、副庭长	40	17
	审判委员会委员	12	1
	审判员	77	10
市检察院	副检察长	6	—
	检察委员会委员	17	4
	检察员	66	7
	县级检察长	14	5

第三节　监督工作

一、执法检查

1993 年，地区人大工委组织对《中华人民共和国统计法》《中华人民共和国工会法》《中华人民共和国档案法》《中华人民共和国残疾人保障法》《中华人民共和国矿山安全法》《中华人民共和国妇女权益保护法》等 20 多个法律法规的执法检查。

1994 年，地区人大工委对《中华人民共和国农业法》在宁德地区贯彻实施情况，在全区开展执法检查。

1995 年，地区人大工委对《中华人民共和国全国人民代表大会和地方各级人民代表大会代表法》以及《福建省实施〈中华人民共和国全国人民代表大会和地方各级人民代表大会代表法〉办法》《中华人民共和国水土保持法》《中华人民共和国教育法》等 10 多部法律法规在宁德的贯彻执行情况进行执法检查。

1996 年，地区人大工委配合省人大常委会开展《中华人民共和国农业技术推广法》《中华人民共和国体育法》《中华人民共和国基本农田保护法》等多部法律的执法检查，使这些法律法规在全区得到有效实施。特别对《农技推广法》的执法检查，历时 3 个月，在各县（市）自查的基础上，检查组深入宁德、霞浦、福安抽查，围绕宁德大黄鱼养殖场和当地农民围垦发生纠纷问题进行监督，督促围垦停工，责成恢复原貌，收到良好的效果。

1997 年，地区人大工委配合省人大常委会开展《中华人民共和国台湾同胞投资保护法》《中华人民共和国外商投资企业条例》等法规的执法检查。检查人员深入到台商企业，了解生产与经营中存在的问题，督促有关方面认真加以解决，以保护台商、外商合法权益。

1998 年，地区人大工委召开《中华人民共和国建筑法》《中华人民共和国森林法》《福建省计划生育条例》《福建省气象条例》等法律法规在区内贯彻实施情况座谈会，配合省人大常委会对《中华人民共和国档案法》《中华人民共和国城市规划法》《中华人民共和国农业法》《中华人民共和国海洋资源保护法》《中华人民共和国老年人权益保障法》等法律法规的执法检查，提出整改意见，督促进行整改。特别是对《档案法》执法检查，在全区进行自查情况通报，促进《档案法》的贯彻实施，推动了全区档案事业的发展。

1999年，地区人大工委配合省人大常委会开展《中华人民共和国体育法》《中华人民共和国教育法》《中华人民共和国水法》《中华人民共和国防洪法》《中华人民共和国台湾同胞投资保护法》及《福建省实施〈中华人民共和国台湾同胞投资保护法〉办法》《福建省保护华侨房屋租赁权益的若干规定》《中华人民共和国大气污染防治法》《中华人民共和国残疾人保障法》及《福建省实施〈中华人民共和国残疾人保障法〉办法》《中华人民共和国女职工劳动权益保护条例》等法律法规情况执法检查。

2000年，地区人大工作加强对依法行政、公正司法的监督。开展《行政诉讼法》执法检查，召开依法治教工作座谈会，督促和推动政府及有关部门依法行政。把推行执法责任制作为贯彻落实依法治区的具体措施来抓，督促行署和“两院”（法院、检察院）及职能部门建立和完善执法责任制，并在监督工作上下功夫。纠正原宁德市财政局有关农业特产税征收中的一些违法行为。督促地区中级人民法院对寿宁县犀溪乡自来水管质量纠纷一案和原宁德市影剧院拆迁纠纷案提起再审，以及与有关部门组成调查组调查省人大执法检查组督办的一起因制止盗伐林木遭殴打致伤事件。这几起案件分别得到改判、落实、查处，促进公正司法，维护公民的合法权益，维护法律的尊严。加强对经济法律法规实施的监督，为经济发展创造良好的法制环境。配合省人大常委会搞好《森林法》的执法检查，部署开展检查前的自查自纠工作，对重点自查单位原地区林业局的自查自纠情况进行检查落实，针对全区存在的突出问题督促进行整改。加强对教科文卫等社会事业方面法律法规实施的监督，努力促进经济建设和各项社会事业的协调发展。做好立法调研服务工作。配合省人大常委会村民自治、村财管理调研组，深入部分县（市）、乡（镇）开展专题调研村民自治、村财管理情况，征求对“村民委员会选举办法”、《福建省村级财务管理办法（草案）》的修改意见。

2001年，宁德市一届人大常委会组织对《中华人民共和国产品质量法》的执法检查。通过听取汇报、实地视察、调查研究、走访座谈、接待信访等办法，全面了解《产品质量法》执行情况。针对检查中发现的问题，提出生产企业和监督管理部门执行《产品质量法》要树立产品质量意识，维护、保护企业和消费者利益，加强打假治劣扶优扶强工作，提高监管水平的建议意见。

2002年，市人大常委会组织开展《中华人民共和国环境保护法》《福建省森林条例》《福建省实施〈中华人民共和国归侨侨眷权益保护法〉办法》《福建省保护华侨房屋租赁权益的若干规定》等法律法规的执法检查。听取“一府两院”和有关部门贯彻实施依法治市决定、决议的情况汇报和贯彻《福建省禁毒条例》情况报告。在开展《森林条例》执法检查中，针对一些地方非法征占用林地现象突出、林权登记发证工作尚未启动、森林生态效益补偿制度执行不力等问题，督促有关部门认真整改，促进《森林条例》的贯彻实施。针对反映比较强烈的超期羁押问题，组织专题调查，督促司法机关严格遵守《中华人民共和国刑事诉讼法》，在规定的期限内办结案件，提高办案质量与效率。在《环保法》执法检查中，对群众反映强烈的一些地方建公墓严重破坏植被、矿山开采污染水源等问题，进行直接督办，促其整改。常委会还组织对依法治市决定、决议贯彻实施情况的检查。针对存在问题提出建议意见，促进政府依法治市规划和“两院”实施方案得到落实。

2003年，市人大常委会先后组织对《福建省个体工商户和私营企业权益保护条例》《教育法》《义务教育法》贯彻实施情况的检查。配合省人大常委会开展《台湾同胞投资保护法》等法律的执法检查。为贯彻落实好环境保护基本国策，常委会组织开展以“推进林业建设，再造秀美山川”为主题的“中华环保世纪行（宁德）”活动，促进一些突出问题的解决。

2004年，常委会组织人大代表对《关于高速公路沿线两侧一重山生态环境保护建设的决定》实施一年来的情况进行检查，并对检查中发现的问题，向有关部门提出整改意见，以保护高速公路沿线生态环境。常委会还组织开展以“珍惜水资源，保护水环境”为主题的“中华环保世纪行（宁德）活动”。曝光对水环境造成污染的单位和企业，督促环保部门对造成污染严重的企业按相关法规进行处罚，促其整改。同时，开展《农村土地承包法》《食品卫生法》执法检查。

2005年，市人大常委会开展《工会法》《福建省少数民族权益保障条例》《中华人民共和国防洪法》《福建省防洪条例》《中华人民共和国未成年人保护法》《中华人民共和国劳动法》《中华人民共和国律师法》和《中华人民共和国职业教育法》等法律法规实施情况的检查。听取市政府关于《中华人民共和国行政许可法》贯彻执行情况报告、市法院关于民商事审判工作以及市检察院关于开展预防职务犯罪工作情况报告，以及市民政局、劳动局、城乡规划局、电业局等部门相关法律法规执行情况的报告，针对法律法规执行中存在的问题，提出意见和建议，督促执法机关进一步改进和加强执法工作。常委会还配合省人大常委会开展对《职业教育法》《中华人民共和国海洋环境保护法》《福建省海洋环境保护条例》《中华人民共和国安全生产法》和《中华人民共和国矿山安全法》《律师法》《劳动法》等法律法规实施情况的检查。

二、“一府（署）两院”工作监督

1993年，地区人大工委加强对宁德地区行署、宁德地区中级人民法院和宁德地区人民检察院（简称“一署两院”）工作监督，做到监督与支持并举，在监督中支持，在支持中监督，注重监督的实效性。并以农业和农村工作为重点，执行中央宏观调控政策，加强对财税、金融工作的检查监督。

1994年，听取“一署两院”关于开展全区“严打”斗争情况的汇报，并向省人大常委会作专题报告。同年，地区人大工委制定《地区人大工委与“一署两院”联系制度》，并召开第一次联席会议。此后每年均召开1～2次与“行署两院”领导人联席会议，针对经济发展中遇到的困难和存在的问题，以及人民群众关注和社会反映强烈的“热点”“难点”问题交换意见，支持和督促“行署两院”改进工作。

1996年年初，地区人大工委组织以区内省人大代表为主体的对“行署两院”及行署各部门工作的评议活动，探索地区一级人大代表民主评议政府工作的途径。10月，组织省人大代表和部分县（市）人大代表，对地区中级人民法院、地区工商局工作进行为期20天的民主评议，为地区一级人大代表民主评议政府部门工作积累经验。同年，省八届人大四次会议后，地区人大工委根据省国民经济和社会发展的“九五”计划和2010年远景目标纲要，围绕宁德地区“九五”计划和2010年远景目标纲要的制定工作，深入有关县（市）调查研究，提出意见和建议，促进计划和规划的科学完善。

1997年，地区人大工委围绕全区“提前三年消除贫困，基本实现小康”的中心工作开展检查，督促各级政府加大“三农”投入，保证粮食增产、农民增收、村财增长，完成消除绝对贫困，实施造福工程和基本实现小康目标的历史性任务。同时，督促有关部门落实建设海上闽东、工业富区、科教兴区战略目标。6月，人大工委贯彻省人大评议工作座谈会精神，选择法制建设的窗口单位公（安）、检（察）、法（院）、司（法）机关，在全区开展反对地方和部门保护主义，严禁刑讯逼供、非法拘禁的专题评议活动。组织部分省人大代表和县（市）人大代表，组成2个专题评议小组，深入评议单位和有关部门及部分县市调查研究，在掌握第一手材料的基础上进行民主评议。既肯定地区公（安）、检（察）、法（院）、司（法）机关的工作成绩，也指出存在的问题，并督促进行整改。

1998年，地区人大工委围绕新一轮创业目标，对“海上闽东”战略实施情况开展调研，了解地情、县情，分析现状和存在的问题，提出对策建议，供决策部门参考。参与和服务推动全区中心工作，在教育“两基”、国道104线改造、治理乱建坟墓、脱贫致富奔小康等方面做了大量工作。

1999年4月和11月，地区人大工委分别与行署有关部门、地区中级人民法院和地区检察院召开联席会议，互相通报工作，研究“十五”计划修订情况，讨论拟提交省九届人大三次会议的议案、建议和意见，对“两院”工作提出意见和建议。人大工委主任办公会议还分别听取地区教委关于初中招生改革、地区经委关于国有企业改革、地区科委关于“科教兴区”、地区公安处关于创建“人民满意公安”、地区财政局关于财政周转金使用和清理工作、地区卫生局关于卫生改革等工作情况的汇报，提出建议意见。

2001年，宁德市人大常委会加强与市人民政府、宁德市中级人民法院和宁德市人民检察院（简称“一府两院”）的联系，以进一步履行职责，发扬工作监督作用。当年10月，市人大常委会主任会议听取市政府关于国民经济和社会发展计划执行情况报告，建议政府对农业投入、工业发展、固定资产投资、财政收支、软环境建设以及就业情况等问题应予高度重视，采取有效措施，确保年度计划目标的实现。当年，市人大常委会第九次会议还对市政府《关于依法行政的实施规划》和市中级人民法院、市人民检察院的《关于实施依法治市决议的方案》进行审议，并批准“一府两院”的规划和方案。

2002年，市人大常委会第十三次会议听取和审议宁德市2002年上半年国民经济与社会发展计划执行情况和预算执行情况的报告，并审查批准了两报告。在第十五次常委会会议上又听取和审议市政府关于2002年重点建设项目完成情况及2003年重点建设项目初步安排意见的汇报，就加强重点项目管理、项目跟踪和做好预备项目论证等问题提出建议意见。听取和审议市政府关于2001年财政决算的报告、审计部门对同级财政的审计报告，审查批准2001年的财政决算。对审计中发现的预算执行和财政收支方面存在的问题，督促有关部门落实整改措施，推动市人大常委会对预算审查从程序向实质的转变。常委会主任会议专题听取东侨经济开发区规划建设管理情况的汇报，提出要注意处理好开发区规划与建设、开发区与华侨农场发展、新城区与旧城区建设、发展与管理、开发区与产业发展、开发区建设与环境保护等方面的关系。

2003年，市人大常委会加强对计划和预算执行情况的监督。其中常委会第十七次会议听取和审议市经贸委《关于本市推进工业化进程情况的报告》，在审议中提出　要做好科学规划，制定近、中、长期的发展方向和目标；进一步加快民营工业发展步伐，大力激活民间投资热情；下大力气构筑市一级企业平台，扩充市级经济总量；注重发展农产品精深加工企业，以工业化推动农业产业化；继续优化投资软环境；注重对环境的保护，对生产工艺落后、污染严重的企业要严格审查，严格把关等多条建议意见。在第二十次常委会会议上，听取和审议市政府关于推进本市农村全面建设小康社会问题的报告，要求政府及有关部门要进一步完善规划、分类指导、深化改革、推进农业产业进程，要把解决农村通电、通水、通电视、通电话、通公路等“五通”遗留问题，恢复和健全农村医疗站（所）建设作为实现农村小康的重要工作来抓。

2004年，市人大常委会第二十五次会议听取并审议市政府《关于2004—2005年中心城市建设计划和任务的报告》，并向市政府发出审议意见书。市政府根据常委会审议的意见对该计划做了适当调整。同时在实施规划与征地、领导与协调、筹资与投入等方面加大工作力度。市人大常委会第二十六次会议听取审议市政府《关于县域经济发展战略实施情况的报告》，提出进一步完善项目推进机制，加大项目工作力度；认真研究解决农村发展中的难题，进一步加强“三农”工作；坚持在发展中推进和优化产业结构调整；创新人才观念，大力培养和使用人才；进一步完善落实机制，及时总结县域经济发展中积累的经验并加以推广。

2005年，市人大常委会听取和审议“一府两院”及有关部门工作报告（汇报）18次（项），其中较重要的有市政府的《宁德市国民经济和社会发展第十一个五年规划》。会后，还多次组织调研，对政府部门实施这一决定中在规划制订、土地征用、项目落实等方面开展检查监督。常委会第三十一次会议听取市法院关于民商事审判工作的情况报告。在第三十二次常委会议上，听取并审议市政府关于贯彻执行《中华人民共和国行政许可法》实施情况和市人民检察院关于开展预防职务犯罪工作情况的报告。

第四节　调研工作

1994年，地区人大工委以贯彻实施《中华人民共和国农业法》为重点，对区内农业、农村工作、减轻农民负担和清理乱收费等情况并围绕新税制下财税改革开展调研。

1995年，地区人大工委配合省人大常委会财经委，深入闽东制药厂调研。

1996年，地区人大工委围绕宁德地区“九五”计划和2010年远景目标纲要的制定，到县（市）调查研究，提出计划制定意见和建议。

1997年，地区人大工委组织人员，围绕宁德“提前三年消除贫困，基本实现小康”的全局性工作开展调研。督促各级政府加大投入，保证粮食增产、农民增收、村财增长，完成消除宁德绝对贫困、加快“造福工程”和基本实现小康目标等三大历史性任务。同时，督促有关部门，加快建设海上闽东，落实工业富区、科教兴区战略目标的落实。

1998年，地区人大工委对“海上闽东”战略实施情况开展调研，通过分析现状和存在的问题，提出十条对策与建议，供决策部门参考。

1999年，地区人大工委围绕老区基点村和少数民族地区“五通”工作、人大如何加强对“一府两院”的监督工作、乡镇人大换届选举工作等开展调查研究，努力掌握新情况，并形成老区基点村和少数民族地区“五通”（通公路、通水、通电、通广播电视、通电话）工程情况的调查报告报地委。在加强对“两院”工作的调研中，重点调研检察院开展“争创人民满意的检察院、争当人民满意的检察官”的情况，以及法院判决执行难的问题，以及“人大如何对‘一府两院’加强监督力度”等。通过调查研究，探索人大对“一府两院”监督工作力度的途径、方法、经验。同时，根据全国人大常委会和省人大常委会的部署，开展《福建省实施〈母婴保健法〉条例（草案）》《中华人民共和国海洋环境保护法（修改草案）》《福建省接受台湾学生就学的若干规定（草案）》《中华人民共和国土地管理法（修改草案）》《福建省各级人民代表大会常务委员会监督司法机关具体案件规定（讨论稿）》《福建省少数民族权益保障条例（草案）》《福建省浅海滩涂增养殖管理条例（草案）》等法律法规草案的征求意见工作。先后召开10多场座谈会，深入县乡村进行立法调研，共收集建议意见150多条，整理上报省人大常委会，以反映广大干部群众的立法意愿。

2000 年，地区人大工委配合省人大常委会村民自治、村财管理调研组，深入部分县（市）、乡（镇）开展专题调研村民自治、村财管理情况，征求对《村民委员会选举办法》《福建省村级财务管理办法（草案）》的修改意见。在全区广泛开展对《福建省城市房屋拆迁管理办法》《福建省建筑市场管理条例》《福建省个体工商户和私营企业权益保护条例（草案）》等法规征求意见工作，共收集意见 100 多条，及时整理上报省人大常委会相关委室，努力反映广大干部群众的立法意愿。

2001 年，市人大常委会组织开展为期 3 个月的“提高为人民服务质量”专题调研活动。常委会组织 12 个调研组，先后有 173 人次到 9 个县（市、区），51 个乡镇和单位调研，共召开座谈会 85 场，发放 1260 多份 5 种调研问卷。广泛调查农民增收减负、城镇扩大就业和完善社会保障制度、依法保护公民诉讼权利、保障台港澳侨同胞合法权益、强化机关效能建设、加大社会事业资金投入、提高城乡环境质量、落实人大代表建议反馈机制等方面的问题。在调查和研究的基础上形成《认真实践“三个代表”重要思想，努力提高为人民服务质量》的专题调研总报告和 12 个子课题调研报告。报告肯定近年来国家机关及其工作人员在提高为人民服务质量上所作的积极努力和所取得的成就，列举当前为人民服务质量上存在的群众反映强烈的问题，分析了问题的症结和原因，提出提高为人民服务质量的对策和建议，取得较好的调研成果。当年，市人大常委会民侨台委还开展“关于东湖塘华侨农场改革和发展问题调研”，并将调研结果情况通报市政府。建议政府及有部门要落实有关华侨工作政策法规，促进东侨开发区和华侨农场的建设发展。

2002 年，市人大常委会在开展农民增收减负调研的基础上，组织开展“加入世贸组织与宁德市农业”的专题调研，提出了优化农业区域布局、加大农业产业引进力度、提高农业服务功能、建立农业保障体制等应对措施和建议。

2003 年，市人大常委会先后组织开展“宁德市农村全面建设小康社会研究”“市直国有企业职工下岗安置情况调研”“官井洋大黄鱼繁殖保护区管理规定调整”“改善投资环境，促进非公有制经济发展”等调研活动。“宁德市农村全面建设小康社会研究”的调研报告，客观分析了宁德市农村全面建设小康社会的基本状况和现实差距，提出农村全面建设小康社会的总体构想及对策措施，为宁德市农村小康建设提供决策参考。“市直国有企业职工下岗安置情况调研”“官井洋大黄鱼繁殖保护区管理情况调查”“改善投资环境，促进非公有制经济发展”以及“畲族村社会经济发展情况调研”等活动，对进一步完善国有企业社保机制、充分发挥官井洋渔业生产优势、推进民营经济和畲族地区经济发展等，也都起到促进作用。

2005 年，市人大常委会协助省人大常委会做好《福建省海域使用管理条例（草案）》《福建省财政监督条例（修改稿）》《福建省失业保险条例（草案）》《福建省招标投标条例（草案）》等法规的征求意见，开展对《国家通用语言规范化条例》立法调研等工作。

第五节　代表工作

一、代表议案办理

2001 年，市一届人大二次会议主席团交付市人大常委会审议的代表提出的《关于实施行政执法责任和错案责任追究制加快依法治市进程》的议案，市人大常委会决定交由法制委具体办理。2001 年 5 月，由市人大常委会法制委、研究室、办公室等有关人员组成的起草工作小组，在深入基层调研，征求各方面建议和意见的基础上，形成《宁德市人民代表大会常务委员会关于依法治市的决议（草案）》征求意见稿，在充分吸收各方面意见后，对征求意见稿作多次修改，8 月，提交市人大常委会审议，根据审议意见再次进行修改。2001 年 9 月 17 日，经市一届人大常委会七次会议审议通过。

同年，市一届人大二次会议主席团交付市人大常委会审议的代表提出的《关于做好民族政策、法规的宣传贯彻落实和实施监督》的议案，市人大常委会决定交由民侨台委具体办理。民侨台委组织有关人员深入各县（市、区）畲族乡村，就《福建省少数民族保障条例》和有关民族政策法规在宁德市的贯彻实施情况开展调研，在集中各方面意见基础上，结合宁德市实际，起草《宁德市人民代表大会常务委员会关于进一步贯彻实施〈福建省少数民族权益保障条例〉的决定（草案）》，提交市人大常委会审议。2001 年 10 月 25 日，经市一届人大常委会八次会议审议通过。

2002 年，市一届人大三次会议主席团交付市人大常委会审议的代表提出的《关于开展〈宪法〉并人大制度宣传月活动决定》的议案，市人大常委会决定交由研究室具体办理。研究室在调查研究和广泛征求意见的基础上，提出处理意见。2002 年 5 月 21 日，市一届人大常委会十一次会议作出《关于开展〈宪法〉宣传月活动的决定》并组织实施。

2003 年，市一届人大五次会议主席团交付市人大常委会审议的代表提出的《关于福宁高速公路沿线两侧一重山生态环境保护建设决定》的议案，市人大常委会决定交由环城委具体办理。环城委根据《福建省权力机关行政机关规范性文件管理办法》，在深入调研的基础上，起草《宁德市人民代表大会常务委员会关于高速公路两侧一重山生态环境保护建设的决定（草案）》，并专程向省人大常委会法工委、环境委汇报了该草案的相关内容，经多次征求有关县（市、区）政府和有关部门的意见后，将《决定》（草案）提交市一届人大常委会十八次会议审议通过。

2004 年，市一届人大六次会议主席团交付市人大常委会审议的代表提出的《关于抢救畲族文化遗产，发展畲族文化决定》的议案，市人大常委会决定交由民侨台委具体办理。民侨台委参照 2004 年 4 月国家财政部、文化部下发的《中国民族民间文化保护工程实施方案》《福建省民族民间文化保护条例》等有关规定，在深入调研的基础上，起草《宁德市人民代表大会常务委员会关于保护与发展畲族文化的决定（草案）》，提交市一届人大常委会第五十三次主任会讨论，2004 年 7 月 29 日，经市一届人大常委会二十四次会议审议通过。

2005 年，市一届人大七次会议主席团交付市人大常委会审议的代表提出的《关于保障农民工合法权益，促进农村劳动力转移决定》的议案，市人大常委会决定交由农经委具体办理。2005 年 5 月，农经委组织召开市直有关部门负责人座谈会，先后到部分县（市、区）进行调研，广泛征求意见，在此基础上起草《宁德市人民代表大会常务委员会关于维护农民工合法权益的决定（草案）》，提交市一届人大常委会第六十七次主任会议讨论。2005 年 8 月 26 日，经市一届人大常委会三十二次会议审议通过。

二、代表建议、批评和意见办理

2000 年 11 月 8—11 日，市一届人大一次会议期间，代表共提出建议 109 件，经主席团决定由议案转为建议办理的 83 件，两项合计 192 件。闭会期间，代表建议中，所提问题全部或部分解决的 30 件，正在解决或列入解决的 92 件，暂时不能解决的 54 件，留作参考的 16 件。

2001年4月10—13日，市一届人大二次会议期间，代表共提出建议98件，经大会主席团决定由议案转为建议办理的72件，两项合计170件。闭会期间，代表建议中所提问题全部或部分解决的有25件，正在解决或列入解决的90件，因条件限制或其他原因暂时不能解决的40件，留作参考的15件。

2002年3月27—31日，市一届人大三次会议期间，代表共提出建议159件，经大会主席团决定由议案转为建议办理的65件，两项合计224件。闭会期间，代表建议中所提问题全部或部分解决的有33件，列入计划逐步解决的有140件，因暂时不能解决的有37件，留作参考的14件。

2003年4月21—24日，市一届人大五次会议期间，代表共提出建议124件（其中闭会期间13件），经大会主席团决定由议案转为建议办理的34件，两项合计158件。闭会期间，各承办单位均办理完毕并答复代表。代表建议中所提问题全部或部分解决的有32件，正在解决或列入解决的92件，暂时不能解决的有17件，留作参考的17件。

2004年2月10—14日，市一届人大六次会议期间，代表共提出建议100件（其中闭会期间10件），经大会主席团决定由议案转为建议办理41件，两项合计141件。闭会期间，各承办单位均办理完毕并答复代表。代表建议中所提问题全部或部分解决的48件，正在解决或列入计划逐步解决的63件，暂时不能解决的13件，留作参考的17件。

2005年2月27日—3月3日，市一届人大七次会议期间，代表共提出建议132件，经大会主席团决定由议案转为建议办理的50件，两项合计182件。闭会期间，各承办单位在法定的时限内办理完毕并答复代表。代表建议中所提问题已经解决或正在解决的有93件，代表建议中正在或列入规划将逐步解决的60件，代表建议所提问题因客观条件或其他原因暂时不能解决的17件，留作参考的12件。

三、代表活动、培训与工作保障

（一）代表活动

代表小组活动　2000年11月，市人大常委会按照便于组织和开展活动的原则，组建代表活动小组，建立健全代表活动网络，制定代表活动制度。鼓励代表小组围绕经济建设和人民群众普遍关心的热点问题开展会前视察、专题视察、对口视察和交叉视察。2002年，市人大常委会组织开展“代表回家”活动，在市直单位的市人大代表分期分批回到原选举单位开展活动，听取群众意见，自觉接受群众监督。

代表视察和专题调研　2000年12月，市人大常委会受省人大常委会委托，组织宁德市和漳州市的部分省人大代表在市内进行视察活动，为出席省九届人大四次会议、审议“十五”计划及各项报告做好准备。2001年12月，市人大常委会组织人大代表对宁德市的经济社会、民主法制、生态环境、城乡规划建设、精神文明等方面内容进行视察。2002年9月，市人大常委会组织人大代表对福宁高速公路建设情况和市直机关效能情况进行专题视察。2004年，市人大常委会改进代表视察方式，提倡“四个结合”，即省、市人大代表视察工作相结合；代表履职培训与代表视察相结合；代表就地视察与异地视察相结合；代表集中视察、专题视察与个人持证视察相结合。2005年，按省人大常委会统一安排，在福州的部分省十届人大代表和在漳州市的省人大代表到宁德开展视察活动，市人大常委会组织在宁德市的省人大代表赴三明开展视察活动。

（二）代表培训

2000年，市人大常委会多次举办代表培训班，组织代表学习《中华人民共和国宪法》和相关法律法规以及人大知识，增强代表的政治意识、法律意识和履职意识，着力提高代表素质和履职能力。

2005年，举办人大代表培训班5期，对300多名市一届人大代表进行全员培训。

（三）代表联系工作

2000年，市一届人大常委会重视与代表的联系，建立市人大常委会联系人大代表制度和常委会组成人员挂钩联系代表制度，并根据审议议题，有选择地邀请有关人大代表出席市人大常委会会议，拓宽常委会与人大代表和人民群众的联系渠道。

2001年5月，在全市各级人大代表中开展“怎样当好人大代表”的大讨论活动。

2003年6月和2004年7月，市人大常委会组成人员分别到9县（市、区）开展接访人大代表活动，听取基层人大代表对市人大常委会工作的意见和对“一府两院”办理人大代表建议的意见。

（四）代表工作保障

市人大代表在闭会期间的活动经费列入市财政预算，2005年之前，每人每年500元。2005年调整为每人每年700元。

第六节　信访处理

1993年，宁德地区人大工委逐步完善群众信访工作，并建立一套对重要信访件接待、接谈、立案、交办、督查、反馈等制度。至1999年，共收到群众来信1700多件、接待来访1200多次。对群众来信来访、人大工委办公室均做好登记、记录，能即时答复的及时答复，不能及时答复的重要件做好立案审查登记，及时送交工委领导或转送有关部门办理，并注意跟踪，了解办理情况、督促及时答复来信来访者。

2001年1月，市人大常委会成立群众来信来访工作领导小组，并设立信访科。建立信访、来访接待处理工作制度，实行信访工作责任制。5月，市人大常委会召开全市人大信访工作座谈会，会后出台《关于加强人大信访工作的意见》，对重要信访件的处理反馈、信访工作责任制的落实督查、与市“一府两院”联系等都作出明确规定并抓好检查落实。从当年召开的市人大一届二次全体会议开始设立大会期间信访工作组，直接在常委会党组和会议主席团领导下开展工作。信访工作组会前就与各县（市、区）人大和信访局联系，制定大会信访工作方案，并以“两办”（市委办、市府办）名义发出明传电报通知各县（市、区）。会议期间，还安排9县（市、区）和东侨开发区1位副处级领导专门负责各辖区的来信来访工作。大会期间坚持信访工作组人员24小时值班制，每天以《信访快报》形式将来访、来信反映的问题及时向大会及市委、市人大常委会、市政府、公检法部门及有关县（市、区）领导反馈。当年，共受理群众来信1066件、来访154批508人次。

2002 年，市人大常委会在机关内和每次全体代表会议期间均设立“意见征集箱”，以方便代表和群众反映问题。全年受理群众来访 928 件、来访 209 批 566 人次。

2003 年，人大常委会受理的群众来信来访有较大增加，来信达 759 件、来访 1017 人次。信访科和大会信访组均做好接待工作，并将其中 60 多件重要件作为领导批办的重点件，及时交付转办，并跟踪督办，做到件件有落实、事事有回音。

2004 年，市人大常委会与“一府两院”建立信访工作联系制度。定期召开联席会议、急件要件及时沟通处理，并做到信访工作“三个转变”，即由单纯来信来访接待处理向综合分析信息情况、依法监督办理方向转变；由一般性转交转办向更好地为人大常委会负责、为来信来访群众负责转变；由被动接待（收）向主动了解民情、反映民意、集中民智方面转变。

2005 年，市人大常委会先后与“一府两院”联合召开 3 场信访工作协调会（联席会），并开始实行每月一次的市委、市政府主要领导信访接待日派常委会领导参加接待工作。当年，共受理群众来信来访 1138 件。

第七节 指导县（市、区）乡（镇）人大工作

1993 年，地区人大工委按照职责，密切同县（市）乡（镇）人大联系，加强指导工作，每年召开 3 ~ 4 次全区县（市）人大常委会主任联席会议，交流探讨地方人大工作。

1995 年，与各县（市）人大常委会联合开展“加强党的领导、健全监督机制，发挥人大代表和乡（镇）人大主席团作用”的调研和试点工作。

1996 年，是《中华人民共和国地方各级代表大会和地方各级人民政府组织法》(简称《组织法》) 和《中华人民共和国全国人民代表大会和地方各级人民代表大会选举法》(简称《选举法》) 修改后的第一次乡（镇）换届，地区人大工委召开全区县（市）人大常委会主任会议并派出人员到各县（市）指导乡（镇）人大代表选举和换届工作，并录制《基层民主选举纪实》录像片，在全区县（市）、乡（镇）两级播放宣传。1998 年，地区人大工委召开全区县（市）人大常委会办公室主任会议，部署加强对人大工作的宣传，逐步建立起宣传网络，并指导当年的县（市）人大换届选举。

1999 年，地区人大工委参与成立地区选举工作指导小组和办公室，直接组织和指导新一届乡（镇）人大换届选举工作。

2000 年，为做好宁德撤地设市及召开市一届人大一次会议，地区人大工委早准备、多沟通，多次与地委和各县（市）人大常委会召开联席工作会议，开展市一届人大代表的名额分配和代表选举等工作。

2002 年，市人大常委会成立乡镇换届选举工作办公室，制定《关于做好 2002 年全市乡级人民代表大会换届选举工作的意见》，全面部署乡镇换届选举工作，加强对乡级人大换届选举工作的指导，并做好全国人大代表的推荐工作。

2003 年，根据省委、省人大常委会关于县级人大换届选举工作的部署，市人大常委会制定《关于做好 2003 年全市县级人民代表大会换届选举工作的意见》，加强对具体工作的指导。

2004 年，在纪念全国人民代表大会成立 50 周年时，组织县（市、区）人大常委会组成人员学习中共中央总书记胡锦涛和全国人大常委会委员长吴邦国的重要讲话。到各县（市、区）开展

"坚持和完善人大制度，促进地方人大工作创新"的巡视活动。

2005年，市人大常委会召开全市人大工作会议，并作出《关于进一步加强人大工作的决定》，要求各县（市、区）人大常委会认真贯彻执行。通过抓学习、抓落实、抓宣传、抓检查，进一步改进县（市、区）和乡（镇）人大工作，并要求各县（市、区）增加人大代表活动经费，落实县级人大代表工作室和乡镇（街道、社区）人大工委机构的设置、改善办公条件、加强制度建设，开创市、县、乡（街道、社区）三级人大工作新局面。

第二十六编 人民政府

1993—2000年，宁德地区行政公署抓住宁德作为“全国改革促开放试验地区”的政策优势，加强决策研究，深化农村改革，实施“科技兴农”战略，调整产业结构，开发海洋经济、开拓工业经济，推进农村扶贫。2000年，全区国内生产总值从1993年的57.99亿元增加到202.67亿元，其中农业产值从35.04亿元增至109.55亿元，第三产业总产值从19.55亿元增至78.41亿元，工业总产值从55.55亿元增至177.00亿元，农村人均纯收入从1993年的936元增至2850元。

2000年11月，宁德撤地设市。新成立的宁德市人民政府以经济建设为中心，加强政务建设，改革行政审批制度，优化宏观调控，出台各项政策，做大做强工业经济，推进农业综合开发，加强基础设施建设，聚力社会事业，大力改善民生。2005年，全市国内生产总值335.09亿元，社会消费品零售总额120.36亿元，三次产业结构比例更加优化，分别为23.2∶34.7∶42.1，全市经济、社会面貌焕然一新。

第一章 机构设置

第一节 行政公署

一、领导成员

1993年，宁德地区行署作为福建省人民政府的派出机关，设专员1人、副专员9人。1994年，设秘书长1人、副秘书长若干人。1997年，仍设专员1人，副专员8人。设秘书长1人、副秘书长若干人。1999年11月，经国务院批准，宁德撤地设市，撤销福建省人民政府驻宁德地区行政公署。领导成员任职至2000年11月。

1993年1月—2000年11月宁德地区行署专员、副专员、秘书长一览表

表26-1

职务	姓名	性别	籍贯	政治面貌	任职时间
专　员	汤金华	男	福建莆田	中共党员	1990.12—1997.8
副专员	吴增德	男	福建福安	中共党员	1983.12—1993.12
	张学清	男	福建连江	中共党员	1985.2—1996.9
	许美星	男	福建长汀	中共党员	1988.7—1995.9
	林思翔	男	福建连江	中共党员	1989.6—1996.11
	林　平	男	福建福州	中共党员	1991.10—1994.5
	杨有志	男	福建漳浦	中共党员	1992.12—1994.11
	陈永强（挂职）	男	陕西	中共党员	1993.11—1996.12
	徐　谦（挂职）	男	福建晋江	中共党员	1994.4—
	龚守栋	男	福建寿宁	中共党员	1994.6—2000.4
	蔡尔申	男	福建福鼎	中共党员	1994.4—2000.9
	常晓村（挂职）	男	黑龙江	中共党员	1995.4—
	陈应辉	男	福建安溪	中共党员	1996.4—2000.11

续表 26-1

职务	姓名	性别	籍贯	政治面貌	任职时间
副专员	缪希铃	男	福建福安	中共党员	1997.3—2000.11
	李元明	男	福建连江	中共党员	1997.3—2000.11
	傅贤光	男	福建邵武	中共党员	1997.3—2000.11
	陈铭玉	男	福建连江	中共党员	1998.2—2000.11
	郑民生	男	福建德化	中共党员	1998.10—2000.11
	陈允萍	女	福建福州	中共党员	2000.9—2000.11
秘书长	陈添生	男	福建福州	中共党员	1994.12—1996.5
	徐桂春	男	福建宁德	中共党员	1998.9—2000.1

二、工作部门

1993—1995 年，宁德地区行署有工作机构 56 个，分别为：行署办公室、民政局、体改委、老区办公室、侨务办公室、外事办公室、旅游局、监察局、人事局、机构编制委员会、宗教事务管理局、土地管理局、档案局、地方志编纂委员会、机关事务管理局、保密局、信访局、公安处、国家安全处、司法局、科学技术委员会、文化局、教育局、体育运动委员会、计划生育委员会、卫生局、广播电视局、计划委员会、物价委员会、建设委员会、劳动局、统计局、物资局、环境保护局、经济协作办公室、经济委员会、工业局、轻工业局、二轻局、交通局、口岸办公室、技术监督局、农业委员会、农业局、林业局、水电局、水产局、乡镇企业局、对外经济委员会、财贸委员会、财政局、审计局、地方税务局、工商行政管理局（打击走私办公室挂靠该局）、商业局、粮食局。派出机构 3 个：驻榕办事处、驻京联络处、驻沪联络处。

1996 年，实施机构改革，根据福建省委、省人民政府有关宁德地区机构设置的文件批复，宁德地区行署设置机构 42 个，比 1995 年减少 17 个（不含驻外机构），分别为：行署办公室、计划委员会、经济委员会、财贸委员会、经济体制改革委员会、教育委员会、科学技术委员会、公安处、国家安全处、监察局、民政局、司法局、财政局、地方税务局、人事局、劳动局、建设委员会、物价委员会、民族宗教事务委员会、地方志编纂委员会、口岸办公室、交通局、农业局、水利水电局、水产局、林业局、粮食局、对外经济贸易合作局、文化局、广播电视局、卫生局、体育运动委员会、计划生育委员会、审计局、统计局、工商行政管理局、土地管理局、环境保护局、旅游局、技术监督局、乡镇企业局、外事办公室。

行署办公室 1993 年，地区行政公署办公室内设秘书科、干部科、综合一科、综合二科、综合三科、经济一科、经济二科、经济三科、经济四科、文卫科、信息科、法制科、普查科、公开办、扶贫科、库区办、档案室、收发室、打字室等 18 个科室，挂靠代管单位有海防办、打击走私办、经济研究中心等 3 个科室。1996 年，按照“精简、统一、效能”的原则，内设 12 个职能科室：秘书科、干部科、督查科、法制科、信息科、综合一科、综合二科、经济一科、经济二科、经济三科、经济四科、科教文卫科，挂靠单位有宁德地区行政公署打击走私领导小组办公室、宁德地区海防管理委员会办公室。1998 年，增设文印室。

第二节　市人民政府

一、领导成员

1999年11月14日，国务院下发《关于同意福建省撤销宁德地区设立地级宁德市的批复》。12月13日，福建省人民政府下发《关于撤销宁德地区设立地级宁德市的批复》。2000年9月13日，福建省委机构编制委员会下文，同意原宁德地区党政机构相应改为地级宁德市党政机构。2000年11月8—11日，宁德市召开第一次人民代表大会，选举傅贤光、陈应辉、李元明、陈允萍、陈铭玉、郑民生为副市长。2001年12月，任命郑其桂为秘书长。2002年7月，陈兴生增补为副市长。2003年7月，宁德市人大常委会决定由陈荣凯任代市长。2004年2月14日，宁德市人民代表大会召开一届六次会议，选举陈荣凯为宁德市人民政府市长。2005年11月，薛成康增补为副市长。

2000年11月—2007年12月宁德市人民政府市长、副市长、秘书长一览表

表26-2

职务	姓名	性别	籍贯	政治面貌	任职时间
市长	陈荣凯	男	福建闽侯	中共党员	2003.7—2004.2（代市长） 2004.2—2007.12
副市长	傅贤光	男	福建邵武	中共党员	2000.11—2011.9
	陈应辉	男	福建安溪	中共党员	2000.11—2007.3
	李元明	男	福建连江	中共党员	2000.11—2006.2
	陈允萍	女	福建福州	中共党员	2000.11—2004.4
	陈铭玉	男	福建福州	中共党员	2000.11—2007.3
	郑民生	男	福建德化	中共党员	2000.11—2005.6
	陈兴生	男	福建柘荣	中国农工民主党中央委员会委员	2002.7—2012.1
	薛成康	男	福建福安	中共党员	2005.11—2009.6
秘书长	郑其桂	男	福建宁德	中共党员	2001.12—2004.5
	刘水金	男	福建长泰	中共党员	2006.8—2010.11

二、工作部门

2000年9月13日，福建省委机构编制委员会下文，同意原宁德地区党政机构相应改为地级宁德市党政机构。2001年8月，省委、省政府批准《宁德市市级党政机构改革方案》，市人民政府设工作机构33个（不含对外加挂单位和驻外机构）、部门管理机构3个、议事协调机构3个，分别是：市人民政府办公室、发展计划委员会（对外加挂物价局和国防动员委员会经济动员办公室牌子）、经济贸易委员会（对外加挂国防动员委员会支前办公室）、财政局（对外加挂国有资

产管理局）、农业局（对外挂牌乡镇企业局牌子）、水利局、海洋与渔业局、交通局（加挂国防动员委员会交通战备办公室牌子）、教育委员会、科学技术委员会、对外贸易经济委员会、建设委员会（对外加挂房地产管理局牌子）、体育局、劳动和社会保障局、国土资源局、城乡规划局、民政局（对外加挂革命老根据地建设委员会办公室牌子）、民族与宗教事务局、地方志编纂委员会、文化出版局、外事侨务办公室、公安局、监察局（与市纪委委员会合署办公）、司法局、人事局、广播电视局、卫生局、计划生育委员会、审计局、统计局、环境保护局、林业局、旅游局、粮食局。部门管理机构为：法制办公室、机关事务管理局，均为副处级单位、由政府办公室管理；安全生产监督管理局、为副处级单位，由经济贸易委员会管理。议事协调机构：经济体制改革委员会（加挂市综合改革试验区领导小组办公室牌子）、人民防空办公室（为市政府人民防空工作的主管部门，又是国防动员委员会的常设办事机构）、口岸与海防管理委员会办公室（加挂打击走私综合治理领导小组办公室牌子）。市政府驻外办事机构：驻京办、驻沪办、驻榕办、驻厦办。

2002 年，宁德市政府工作部门仍设置 33 个（不含对外加挂单位和驻外机构、部分机构名称及加挂单位有变动）。分别是：市人民政府办公室、发展和计划委员会（增挂物价局、开放促开发扶贫综合改革试验区领导小组办公室牌子）、经济贸易委员会（增挂乡镇企业局、支前办牌子）、教育局（市委教工委与其合署办公）、科学技术局、民族与宗教事务局、地方志编纂委员会、公安局、监察局（与市纪律检查委员会合署办公）、民政局（增挂老龄委办公室牌子）、司法局、财政局、人事局、劳动和社会保障局、国土资源局、建设局（增挂市房地产管理局牌子）、城乡规划局、交通局（增挂战备办公室牌子）、水利局、农业局（增挂畜牧兽医局牌子）、海洋与渔业局、林业局（增挂森林公安局牌子）、对外贸易经济合作局、文化与出版局、广播电视局、卫生局、体育局、计划生育委员会、审计局、统计局、环境保护局、旅游局、粮食局、外事侨务办公室。市直属机构 1 个：国有资产监督管理委员会。驻外办事机构 3 个：驻福州办事处、驻北京联络处、驻上海联络处。2005 年，经省委、省政府批准，撤销宁德市国有资产管理委员会办公室、组建市国资委，为市政府正处级机构；将市发展计划委员会改组为发展改革委员会（简称发改委）；将市计划生育委员会更名为人口和计划生育委员会。组建市港口开发建设管理委员会办公室，作为市政府议事协调机构。

市政府办公室　2000 年 11 月，撤地设市，宁德地区行署改称宁德市人民政府办公室。2001 年，根据《中共福建省委、福建省人民政府关于宁德市党政机构改革方案的通知》和《中共宁德市委、宁德市人民政府关于宁德市级党政机构改革的实施意见》，保留宁德市人民政府办公室，为正处级单位，将宁德市人民政府打击走私领导小组办公室和宁德市海防管理委员会办公室及政府法制工作的职能分别交市口岸与海防管理委员会办公室和市人民政府法制科承担。市政府办公室内部机构有综合一科、综合二科、计划财经科、农业政法科、经济贸易科、外经侨务科、科教文卫科、信息技术科、市政府督查室、干部科、科书科、文电科等 12 个，挂靠单位有温福铁路前期工作办公室。2004 年 3 月，增设宁德市人民政府公报编辑部，属政府办直属正科级事业单位。7 月，设立宁德市人民政府信息网络管理中心。

第三节 县（市、区）人民政府与东侨经济开发区管委会

一、县（市、区）人民政府

1993年，宁德地区行署辖宁德市、古田县、屏南县、周宁县、寿宁县、福安市、柘荣县、福鼎县、霞浦县9个县（市）。1995年12月，经国务院批准，撤销福鼎县建制，设立县级福鼎市。2000年9月，经国务院批准，撤销县级宁德市建制，设立蕉城区。11月，宁德撤地设市，市政府辖蕉城区、古田县、屏南县、周宁县、寿宁县、福安市、柘荣县、福鼎市、霞浦县等9个县（市、区）政府。至2005年年底不变。

二、闽东华侨经济开发区管委会

闽东华侨经济开发区（简称东侨开发区）前身为福建省侨办所属闽东华侨农场。1997年6月，经省政府批准下放地方管理。1997年7月，经省政府批准同意设立为经济开发区。8月，宁德地委、行署决定成立闽东华侨经济开发区管委会，作为地区行署派出机构，属县（市）级行政建制。赋予地区一级管理权限和各类审批权。1999年，经省政府批准为省级经济开发区。

第二章　重要会议

第一节　专员办公会议与行署专题会议

一、重要专员办公会议

1993 年

第五次专员办公会议　3 月 20 日，行署专员汤金华主持召开会议，传达全省环保工作会议精神，研究宁德地区环境保护与发展问题。会议要求，必须认真贯彻党的十四大提出的加强环境保护战略任务，加大宣传力度，进一步提高全民环保意识；依法行政，强化监督管理；规划先行，提前介入；协调配合，共同把关；环保部门要加强自身建设，加强环境保护工作。

第十次专员办公会议　4 月 5 日，行署专员汤金华主持召开会议，研究加快闽东邮电通信设施建设步伐问题。会议要求，1993 年全区各县（市）要实现市话程控化；地区、县（市）要实现传输光缆数字化；全区各县（市）邮电局要完成移动电话建设网络；全区各县（市）要实现无线寻呼自动化。

第十六次专员办公会议　4 月 23 日，行署专员汤金华主持召开会议，研究 1993 年全区重点工程建设工作。会议强调，1993 年全区的 16 项重点建设工程是改善投资环境、增强经济发展后劲的主要建设项目，是全区经济发展的关键，必须齐心协力，抓紧抓好抓实。

第二十一次专员办公会议　5 月 26 日，行署专员汤金华主持会议，研究进一步发展个体私营经济问题。会议听取地区个体私营经济管理委员会调查组和地区工商局的汇报。会议指出，要把发展个体私营经济列入政府的重要议事日程，加强领导，明确分工，落实责任。要为个体私营经济发展创造宽松环境，给经营场所、给资金、给技术、给排忧解难。会议还就简化办照办证手续、提供注册登记方便、放宽经营范围与经营方式的限制和信贷支持提出要求。

1994 年

第四次专员办公室会议　2 月 22 日，行署专员汤金华主持召开 1994 年第 4 次专员办公会议，听取地区财政局、税务局关于财税体制改革情况的汇报。会议认为，财税体制改革是 1994 年各项综合改革的中心环节，涉及方方面面，应引起各级领导足够重视，做到学习新政策、执行新体制、掌握新情况、解决新问题，确保财税体制改革的顺利出台和实施。会议要求，各级政府和有关部门要坚决执行新的财税体制，并据此制定相关政策措施，把财税体制改革引向深入。

第七次专员办公会议 3月4日，行署专员汤金华主持召开会议，听取地区劳动局关于劳动制度综合配套改革的汇报。会议认为，劳动制度改革关系到经济发展和社会稳定，劳动工作只能加强，不能削弱。会议议定，把劳动制度综合配套改革纳入地区综合改革的大配套中，纳入行署当年工作框架统筹部署。

1995年

第一次专员办公会议 2月23日，行署专员汤金华主持召开1995年第1次专员办公会议，听取地区农委和农委口各单位关于农业和农村工作的汇报。会议要求各级各有关部门要进一步加强对农业和农村工作的领导，作为当前突出问题抓紧抓好，努力争取1995年农业和农村工作实现新跨越。

第六次专员办公会议 4月4日，行署专员汤金华主持召开会议，听取地区环保局关于1993—1994年环保责任书执行情况和全省环保工作会议精神及本区贯彻意见的汇报。会议要求，1995年的环保工作要按照全省环保工作会议提出的要求，抓龙头、抓规划、抓重点、抓管理，为实现本区国民经济持续、快速、健康发展和社会全面进步保驾护航。

1996年

第一次专员办公会议 1月26日，受行署专员汤金华委托，行署常务副专员张学清主持召开会议，听取地区水产局关于水产产业政策落实情况的汇报。会议认为，加快海洋资源的开发和利用，发展壮大水产产业，对于建设“海上闽东”、振兴闽东经济具有十分重要的意义。地委、行署拟制定出台《加快发展水产业的若干规定》，下发各县（市）及有关部门执行。会议还就发展水产产业的有关问题进行讨论研究。

第十四次专员办公会议 6月5日，行署专员汤金华主持召开会议，听取地区脱贫办公室关于全区扶贫攻坚工作情况汇报，研究贯彻落实国家“八七扶贫攻坚计划”意见。会议肯定了10年来本区扶贫工作取得的显著成绩，贫困人口从原来的80万人减少到9.6万人，扶贫工作已进入攻坚阶段。余下的贫困户都是“难脱户”，今后扶贫攻坚的难度更大，任务更重。会议就继续完成全区脱贫计划具体措施进行讨论研究。

第二十三次专员办公会议 6月11日，行署专员汤金华主持召开会议，研究地区物资局按照机构改革方案成建制转为经济实体问题。会议议定：从1996年7月1日起，地区物资局成建制转为经济实体，其企业名称为“福建省宁德地区物资集团公司”，归口地区财委，原地区物资局的行政管理职能移交地区财委。根据工作需要，转制后的地区物资集团公司仍承担部分行政管理职能。

1997年

第八次专员办公会议 3月20日，行署专员汤金华主持召开会议，研究1996年农业生产、农村工作和服务农业先进单位表彰问题，听取地区物委、地区民政局关于全省物价工作会议、全省民政工作会议和村（居）委会换届选举工作会议精神汇报。会议议定：各县（市）政府要对擅自立项收费、随意提高收费标准以及附加在水、电价格上的各种集资、收费项目进行一次自查自纠，确保1997年控价目标的实现；全区要加强房地产价格管理，地区行署拟制定出台《宁德地区房地产价格管理规定》；在全区乡镇一级设立农村物价管理机构；同意救灾预备金200万元列入政策预算盘子预备费；建立城市居民最低生活保障线制度，在全区3个市先行推开。

第十一次专员办公会议 5月21日，行署专员汤金华主持召开会议，听取地区水产局关于水产支柱产业规划及实施方案的汇报。会议认为，宁德地区具有发展水产业得天独厚的优势，改革开放以来全区水产产业化雏形已基本形成。会议议定：成立地区培育和发展水产支柱产业领导小组，制定出台《关于加快培育和发展水产支柱产业的决定》，筹建宁德地区（闽东）水产发展集团公司（或有限责任公司），按照建立现代企业制度和公司法的有关规范要求，以大黄鱼育苗基地为核心，以地区水产发展总公司为基础，抓紧组建集团公司，培植龙头企业。

第二十一次专员办公会议 6月13日，行署专员汤金华主持召开会议，研究扶贫工作，听取地区扶贫办公室关于全区扶贫工作情况汇报。会议认为，宁德地区是全国18个集中连片的贫困地区之一，十多年来，在中央、省的正确领导和支持下，在地委、行署的高度重视下，坚持走扶贫开发路子，取得显著成效。会议指出，由于自然条件和历史等多种原因，全区还有贫困户23595户、贫困人口9.86万人，居全省首位，扶贫攻坚任务仍然十分艰巨。会议就继续深入开展扶贫攻坚工作进行了具体讨论研究。

第二十五次专员办公会议 10月17日，行署专员主持召开会议，听取地区行署办公室关于"闽东大黄鱼招商节"筹备工作汇报。会议认为，举办"闽东大黄鱼招商节"可以展示闽东改革开放成果，扩大闽东影响，推动新一轮创业。会议要求，招商节应以大黄鱼招商为龙头，开展全方位、多领域招商，及时启动工业企业项目、旅游项目、商贸项目、房地产项目、基础设施项目、农业开发项目等。

第二十九次专员办公会议 11月19日，行署专员主持召开会议，听取行署副专员龚守栋关于全省沿海港口发展研讨会精神及全区贯彻意见的汇报。会议认为，必须充分认识港口建设对本区经济发展的重要意义，抢抓全省交通基础设施建设已从重点建设公路"先行工程"转到重点建设港口码头上来的机遇，把全区港口建设摆上重要位置，加快"海上闽东"建设步伐。会议要求，各级各有关部门思想要更解放一些，办法要更多一些，时间观念要更强一些，用改革的精神，切实把港口建设抓紧抓好。

第三十一次专员办公会议 11月23日，行署专员带领行署副专员及地直有关部门领导，前往宁德市召开现场办公会议。会议听取地区口岸办公室关于口岸检验机构建设和宁德市关于三都澳开放开发情况汇报。会议认为，开发建设三都澳是闽东经济发展的客观要求、是撤地建市的需要，是建设"海上闽东"的重要内容。会议要求，各级各部门要从大局出发，抓住机遇，强化措施，切实加快三都澳开放开发步伐。

1998年

第一次专员办公会议 2月9日，行署专员主持召开办公会议，研究地区新华图书城、地区广电大楼建设有关事项，听取新华图书城、广电大楼的筹建工作情况汇报。会议认为，新华图书城、广电大楼建设，是宁德地区贯彻落实党的十五大精神，建设精神文明窗口的重大项目，是向国庆50周年献礼的重点项目。会议要求，各有关部门要统一思想，充分认识两个项目建设的重要意义，大力支持项目落实。会议还就两个项目的选址、征地、筹资具体问题进行研究。

第六次专员办公会议 4月15日，行署专员主持召开办公会议，会议听取行署办公室关于1998年地委、行署为民办实事项目汇报。会议认为，要认识到为民办实事的重要意义，体现党和政府一贯关心群众、体贴民情的优良传统。会议议定：当年安排12万元帮助部队改善生产生活条件，安排50万元改善中心城市医院医疗卫生条件。

第十四次专员办公会议 7月8日，专员主持召开办公会议，听取地区计委、建委等部门关于重点项目建设情况汇报。会议议定：1998 年宁德地区 10 个重点建设项目为：高速公路福鼎分水关至宁德城关路段、芹山水电站、高速公路宁德城关至飞鸾路段、闽东榕屏化工二期工程、国道飞鸾岭隧道左洞工程、城澳万吨级多用途码头、宁德大港电站、屏南溪尾水库、东侨游乐中心、宁德新建城区道路工程（东侨大道、闽东路、坪塔路、商贸街）；国庆 50 周年献礼 15 个项目，即高速公路宁德城关至飞鸾路段、芹山水电站、闽东榕屏化工厂二期工程、闽东大黄鱼系列开发项目、地区广电大楼、新华图书城、城东路一期工程、城澳万吨级多用途码头一期工程、万人住宅小区一期工程、闽东商业大厦、宁德宝洋围垦、新建城区道路一期工程、东侨游乐中心、地区会展中心、东侨车站等；15 个跨世纪项目，即高速公路福鼎分水关至宁德城关路段、穆阳溪水电站二三级电站、温福铁路、闽东机场、闽东火电厂、古田双口渡水电站、宁德洪口水库电站、福安交溪水库梯级电站、闽东 5 万吨船坞、闽东大学、霞浦风电场、地区 3 个 200 公顷民营工业区建设、宁德海滨大道一期工程等。

第二十一次专员办公会议　8 月 18 日，行署专员主持召开办公会议，会议听取地区脱贫办公室关于 1998 年上半年扶贫工作情况及下半年工作汇报。会议议定：加快扶贫步伐，力争在中华人民共和国成立 50 周年前实现全区 3.55 万贫困人口脱贫，力争用两年时间实现“连家船民”上岸定居。

第二十四次专员办公会议　9 月 2 日，行署专员主持召开办公会议，听取福安穆阳民族经济开发区情况汇报。会议肯定了穆阳民族经济开发区成立以后取得的成绩，会议要求，要抓紧理顺开发区管理体制，穆阳民族经济开发区升为省级开发区后，仍由福安市负责管理；福安市要认真制定开发区总体规划，进一步明确发展目标、总体思路、实施步骤及开发规模；抓紧研究出台开发区优惠政策。

第二十六次专员办公会议　9 月 28 日，行署专员主持召开办公会议，听取东侨开发区关于新城区“十大项目”建设进展情况汇报。会议认为，加快宁德新城区“十大项目”建设步伐，是撤地建市的需要，是加大基础设施建设投资的需要，是扩大内需、拉动闽东经济增长的需要。会议议定：免去东侨开发区、城东路和城东路两侧综合开发建设征用土地的粮食征购任务；给予兰田、下凡、马山三村部分农转非指标；贝乐公司涉及的 88 名农转非指标的城市增容费，在减免 50% 的基础上，再免去余额部分，及时拨付东侨开发区建设征地补偿费。

1999 年

第六次专员办公会议　2 月 28 日，行署专员主持召开办公会议，听取地区文化局、体委、老体协关于筹建文化广场、体育中心和召开老年人运动会等情况汇报。会议认为，建设文化广场、体育中心是加强宁德地区“两个文明”建设的需要，是撤地建市的需要，要把这两个项目作为 20 世纪末的重点项目。会议议定：文化广场和体育中心地址建议选在东侨开发区，文化广场向东侨开发区征用非耕地 6.53 公顷，体育中心征用非耕地 19.3 公顷，按每亩 10 万元地价分期付款。

第七次专员办公会议　2 月 28 日，行署专员主持召开办公会议，听取地区脱贫办公室关于全区“造福工程”“连家船民”建新居工作汇报。会议认为，帮助“连家船民”建新居工作是农村脱贫致富奔小康的重要内容，是贯彻全心全意为人民服务宗旨的客观要求，是向国庆 50 周年献礼的迫切需要。会议议定：地区财政要确保落实配套资金 508.24 万元，有关县（市）要不折不扣落实配套资金；“连家船民”建新居选址和规划要按照建设社会主义新农村的要求，做到高起点、高标准、有前瞻性，“连家船民”上岸定居要与“造福工程”相结合，与小城镇建设相结合，与开发性生产相结合。

第十次专员办公会议 4月6日，行署专员主持召开办公会议，分别听取地区经济委员会、地区农业办公室、地区体改委关于工业、农业企业抓龙头创名牌工作及制定优惠政策情况汇报。会议议定：地区财政从1999年开始，每年从农业产业化资金中安排100万元，用于支持培植农业龙头企业和创名牌产品，并制定出台各项优惠政策，鼓励和扶持龙头企业和名牌产品发展生产。

2000年

第一次专员办公会议 1月30日，行署专员主持召开办公会议，会议研究撤地建市的筹备工作。会议议定：成立行署撤地建市筹备工作领导小组；加快建设城建步伐，重点抓好18个建市重点项目建设，迎接撤地建市。

第二次专员办公会议 2月28日，行署专员主持召开办公会议，审议《中共宁德地委、宁德地区行署关于加强工程质量管理的若干意见（讨论稿）》，听取行署副专员缪希铃关于国家开发银行、省政府信贷工作联席会议精神，香港华宁公司工作和地区人防办工作的汇报。会议议定：原则同意《中共宁德地委、宁德地区行署关于加强工程质量管理的若干意见》，进一步充实完善后报地委审定下发；地区计委要积极与国家开发银行沟通联系，多争取信贷资金。

第三次专员办公会议 3月23日，行署专员主持召开办公会议，会议听取了2000年为民办实事项目安排，研究制定《加快外商投资软环境建设的若干措施》。会议议定：2000年地委、行署为民办实事项目安排"米袋子"、"菜篮子"、改善办学条件、改善城乡医疗条件、解决少数村"三通"（通水、通电、通公路）、发展邮电通信等10个项目；原则同意对《加快外商投资软环境建设的若干措施》进行修改完善后，提交地委办公会议研究确定，以"试行"形式下发执行。

第五次专员办公会议 4月13日，行署专员主持召开办公会议，研究闽东华侨经济开发区建设有关问题。会议议定：东侨开发区按政区合一的模式进行建设，赋予其区一级的所有经济，行政管理权限和省级开发区的各种管理权限及优惠政策；同意按地改市后区一级行政区设置机构编制；东侨开发区的区域范围按省政府批复的16.7平方千米范围界定；开发区管委会建立一级财政、一级金库，实行独立的预决算体制。开发区的税收构成地方财政收入部分，全额返还开发区建设，一定三年（2000—2002年）不变；进入东侨开发区的行政单位和行政性事业单位用地价格，按所在地段的土地价格优惠15%出让，所有单位一视同仁；东侨开发区要尽快成立再就业中心，自行研究解决华侨农场侨民再就业问题。

二、重要行署专题会议

1993年

第一次行署专题会议 2月20日，行署专员汤金华主持召开专题会议，研究1993年全区教育工作，会议要求，1993年全区要继续实行教育年度目标管理，积极推进实施义务教育，多渠道筹资打好初中教育翻身仗。会议议定：行署原则同意各县（市）向初中和小学学生家长收取义务教育保证金，向非义务教育阶段学生家长借资建设校舍，在学生毕业时一次性还清。收取标准区别对待，由各县（市）具体制定。

第三十七次行署专题会议 9月9日，行署专员汤金华主持召开专题办公会议，研究加快区内股份制和股份合作制企业改革问题。会议指出，股份制是企业产权制度和企业组织制度改革的基本模式，是转换企业机制的主要形式，应大胆借鉴和积极推行，本着"先发展推开、后规范完善”的原则，在全区范围内大力推行股份合作制经营。

1994 年

第二次行署专题会议　2 月 22 日，行署副专员许美星主持召开行署专题会议，研究全区 1994 年招商工作。会议要求：采取多样化招商形式，进一步强化招商工作；充分发挥各个涉外部门作用，广开招商渠道；做好海外闽东华侨、华人工作，争取侨心、利用侨力；切实做好项目储备工作；切实办好现有的三资企业；搞好协调服务。

第二十五次行署专题会议　9 月 6 日，行署专员汤金华主持召开专题办公会议，研究漳湾港至日本航线外贸出口运输的有关问题。会议认为，开通漳湾至日本航线外贸运输业务，对进一步扩大本区对外开放步伐，促进农业综合开发，繁荣地方经济，将起到积极的促进作用。会议要求：各级各部门要树立全局观念、形成共识，加强协作切实把这项工作抓紧抓好；要切实提高港口服务质量，提高港口管理水平；要保证航运畅通，不在航道上设网捕鱼，提供迅速的联检服务，改革装卸工艺，确保 24 小时供电不中断等。

1995 年

第一次行署专题会议　1 月 11 日，行署专员汤金华主持召开专题办公会议，研究三都澳城澳港万吨级码头项目建设问题。会议认为，三都澳城澳港万吨码头的建设是三都澳城澳港对外开放的重要启动项目，事关闽东发展大局。会议要求：各有关部门要齐心协力，争取项目立项和加快项目前期工作，争取在 1995 年内完成项目上报立项，1996 年开工建设。

第三十二次行署专题会议　6 月 26 日，行署副专员许美星主持召开专题会议，听取地区计委关于地区“九五”计划及 2010 年规划的编制及修订情况汇报。会议指出，编制规划是不断深化认识区情的过程。会议要求，要根据省委省政府四地市规划会议精神和地委关于大开放、大发展的部署，对“九五”计划和 2010 年规划进行深化和修订，争取将限额以上项目和需要支持帮助的内容列入省部门、行业的规划盘子。

第三十九次行署专题会议　7 月 7 日，在宁德市金涵畲族乡亭坪村召开专题会议，行署专员汤金华主持。研究闽东畲族风情旅游节有关事宜，听取宁德市陈铭玉市长的工作汇报。会议认为，举办“1995 中国・闽东畲族风情旅游节”，是实行旅游搭台、经贸唱戏的重要措施。会议同意调整后的旅游节活动方案。会议对举办畲族旅游节的有关细节问题进行讨论研究。

第五十四次行署专题会议　11 月 15 日，行署专员汤金华主持召开专题办公会议，研究 1995 年重点工程建设问题。会议听取了地区建委关于本区重点工程建设情况和霞浦沙头围垦、福鼎桑园电站、福安黄兰溪电站、周宁李园水库工程建设情况的汇报。会议强调，抓好重点工程建设，对顺利实施“九五”计划和 2010 年规划，保持经济、社会稳定发展具有重要意义。会议要求：1995 年 11 个重点项目要实现 6 个保主体工程完工，5 个保年度计划完成。

1996 年

第十七次行署专题会议　6月7日，行署专员汤金华、副专员陈应辉率地区外经委、口岸办、交通局、外运公司、赛岐港务局等单位负责人赴漳湾码头调查研究，并召开专题办公会议，研究漳湾集装箱码头建设及运输经营问题。会议认为，促进闽东大开放、大开发、大发展，首先要加快“海上闽东”建设，发挥漳湾码头的作用，搞好、搞活集装箱运输业务。会议议定：由地区外运公司、闽东轮船公司、漳湾港集装箱公司联合组成“闽东集装箱联运公司”，开展漳湾至香港定期班轮集装箱运输业务。

第二十七次行署专题会议 8月5日，行署副专员龚守栋主持召开行署专题办公会议，听取城澳万吨码头工程指挥部负责人关于码头建设前期工作进展情况的汇报，并就加强城澳港码头建设领导问题、大黄鱼保护区问题、疏港公路建设问题等进行具体讨论研究。

第五十三次行署专题会议 11月10日，行署专员汤金华主持召开关于减轻农民负担的工作专题办公会议，听取地区农业局关于减轻农民负担工作检查情况的汇报。会议指出，要正视减轻农民负担工作，地、县（市）、乡、村干部要牢记中央“约法三章”“三项制度”和“四项要求”等减负工作的基本要求。要吸取教训，举一反三，在清理乱建房屋、正确引导农民消费方面加强宣传和引导，促进农村精神文明建设。

1997年

第三十四次行署专题会议 6月25日，行署副专员龚守栋主持召开专题办公会议，研究全区石材工业发展的有关问题，行署副专员刘阿顺介绍了区内石材资源分布、品种特点、石材加工企业状况和发展前景等情况。会议认为，宁德地区拥有丰富的石材矿山资源，储量预计在2亿立方米以上，具有花色品种多、品质好、开采容易等特点。会议要求：要加强矿山资源探查与矿山开采的管理，坚持科学、安全、集中、规范开采，降低损耗，提高利用率。

第四十二次行署专题会议 7月30日，行署专员汤金华，地委副书记、宣传部部长陈济谋带领地直有关部门负责人，深入福安市溪潭乡廉村进行调查研究，在廉村召开研究保护廉村古文化工作现场办公会议。会议认为，廉村是八闽第一位进士薛令之故里，是重点文化保护区。保护廉村古文化是地、市、镇、村各级领导的共同责任，也是全体村民的责任。会议对保护廉村古文化中的规划编制、解决饮水卫生和灌溉、修建防洪堤、收集古文物等问题提出具体要求。

第五十二次行署专题会议 9月15日，行署专员主持召开专题会议，研究闽东港口建设规划工作，会议听取了省交通规划设计院关于编制《宁德地区港口建设规划》的介绍。会议认为，省委、省政府加强港口建设的重大举措，对闽东经济发展是一个机遇。会议认为，闽东的最大优势在海洋，闽东未来的希望也在海洋。全区拥有港口21个、泊位78个，港口年吞吐量在150万吨左右，特别是拥有可供开发5万吨级以上的泊位三都澳、沙埕湾等避风又不淤的深水良港，是建设“海上闽东”的强项。会议对《宁德地区港口建设规划》提出了一些补充意见，并对沿海四县（市）的港口建设提出具体要求。

1998年

第八十次行署专题会议 1998年12月30日，行署专员主持召开第八十次行署专题会议暨地区电力企业改制上市工作领导小组成员会议，听取闽东老区水电开发总公司1998年度经济运行情况和闽东电力企业改制上市工作情况汇报。会议议定：组建闽东老区水电开发总公司董事会和闽东电力股份有限公司董事会及监事会；做好股份公司上市后的各项准备工作，进行效益评估，制定利益分配方案，确定公司管理体制，落实资金投向项目等。

1999年

第九次行署专题会议 3月1日，行署副专员缪希铃主持召开各界人士座谈会，研究宁德地区撤地设三都港地级市事宜。与会代表认为，撤地建市是大势所趋，人心所向，众望所归，一致表示拥护党中央、国务院的正确决定。

第十三次行署专题会议　3月9日，行署副专员陈铭玉带领宁德港务局、三都港口建设发展有限公司、三都澳开发区管委会以及宁德市电力公司和自来水公司负责人赴城澳万吨码头进行现场考察，并就码头开发前的水、电、路“三通”及拆迁等各项准备工作召开专题会议。会议认为，城澳万吨码头是本区重中之重的建设项目，是实施“兴海富区”战略的重要步骤，必须早日动工建设。会议就码头建设中的用电、用水、道路施工等问题进行责任分工。

第三十七次行署专题会议　6月30日，行署专员主持召开专题办公会议，研究地区文化中心、地区体育中心选址问题。会议议定：地区文化中心及文化旅游度假村建设选址在东侨开发区大门山东南侧至湖边，总面积20公顷，其中文化中心、文化旅游度假村、绿地面积各占地6.67公顷；地区体育中心建设选址在东侨开发区海滨大道东侧、乌龟山南侧，总面积20公顷。

第四十五次行署专题会议　7月28日，行署副专员龚守栋主持召开筹建地区担保公司有关事项专题办公会议。会议认为，成立地区担保公司，是解决本区中小企业贷款难和资金瓶颈制约问题、促进区域经济发展的重要举措。会议议定：地区担保公司由福建德亚集团、地区能源投资公司、地区交通建设开发公司为发起人，由地区工商联、地区体改委和地区人民银行牵头，组成地区担保公司筹备工作班子，共同研究有关政策、制定担保公司方案；3家地区担保公司发起人分别出资500万元、300万元和200万元，同时吸收30～50家企业入股，按照《中华人民共和国公司法》规定，由发起人直接到工商部门登记注册。

第二节　市长办公会议与政府常务会议

一、重要市长办公会议

2000年

第一次市长办公会议　11月21日，市长主持召开宁德撤地设市后的首次市长办公会议。会议听取市政府办公室关于《宁德市人民政府工作规划（征求意见稿）》的起草情况汇报，研究市政府领导工作分工和部署当前有关工作。会议原则同意《宁德市人民政府工作规划（征求意见稿）》，要求参照《福建省人民政府工作规划》，结合市政府工作实际做进一步修改完善后，提交市人民政府全体会议审议通过。原则同意市政府领导工作分工方案，要求以市政府文件下发执行。

第二次市长办公会议　12月22日，市长主持召开办公会议，会议听取各有关部门关于2001年经济工作思路初步意见汇报，讨论2001年经济工作思路和部署当前有关工作。会议指出，2001年是进入新世纪、实施“十五”计划的第一年，各级各部门务必早安排、早准备，研究确定2001年经济工作思路。

2001年

第一次市长办公会议　2月13日，市长带领有关领导和有关部门负责人实地考察宁德市城区农贸市场、中国红家居装饰材料大市场、大综合市场、环形步行街、仿古街和宁德蕉北片旧城改造步行街，并召开办公会议，着重研究城区市场建设问题。会议议定同意中国红家居装饰材料大市场按10.8公顷土地进行整体规划设计，一次性审定，分步实施；重新修订环形步行街、仿古街规划设计；重新修改、审定城区蕉北片旧城改造步行街规划方案；东湖农贸市场易地搬迁扩大面积。

第二次市长办公会议 2月21日，市长主持召开办公会议，听取市财政局、人事局、审计局、计生委的工作汇报，重点研究税费改革和重点项目建设工作。会议指出，重中之重是要抓好福宁高速公路、温福铁路和“一个半小时交通网”建设。会议要求，对初步确定的27个重点在建项目、12个预备重点项目、28个重点前期项目和12个探讨性前期项目，要在进一步论证后提交市委办公会议研究审定。

第六次市长办公会议 4月3日，市长主持召开办公会议，重点研究液化气市场的管理和改革问题。会议要求，液化气市场要打破垄断，开展有序竞争，决不允许搞独家经营。

第七次市长办公会议 4月17日，市长主持召开办公会议，研究市政府机构改革、社会治安、整顿规范市场经济秩序等工作。会议要求，要根据中央、省委、省政府部署，开展一场声势浩大的“严打整治”斗争，要打击声威，打出成效。

第十一次市长办公会议 5月31日，市长主持召开办公会议，研究审批制度改革、温福铁路筹建、闽东电力股份有限公司控股等问题。会议议定，市财政局局长林家浦增补为闽东电力股份有限公司董事。

第十三次市长办公会议 9月14日，市长主持召开办公会议，研究招商引资工作，并对《宁德市招商引资奖励规定》进行审议。

第十五次市长办公会议 10月17日，市长主持召开办公会议，会议原则通过《关于发展壮大旅游支柱产业的若干规定》《关于建立评选表彰宁德市劳动模范制度的意见》《宁德市人民政府关于劳动模范管理暂行规定》《宁德市特大、重大安全事故应急处理预案》《宁德市人民政府关于加强城市规划工作的实施意见》《宁德市城市规划管理办法》《宁德市城市规划技术规定》等文件。

第十七次市长办公会议 11月20日，市长主持召开办公会议，会议原则同意《宁德市人民政府关于依法行政的实施规划》，议定着手编制《宁德港口布局规划》《宁德市港口管理规定》。

2002年

第一次市长办公会议 1月10日，市长主持召开办公会议，研究筹建闽东大学和行政中心及东侨开发区土地储备等事宜。会议议定，在东侨开发区划出100公顷土地作为闽东大学校园建设用地；原则同意《宁德市人民政府关于贯彻执行福建省国有土地使用权招标拍卖管理办法的实施意见》。

第二次市长办公会议 1月31日，市长主持召开办公会议，重点研究2002年《政府工作报告》和妇女工作以及东湖塘华侨农场职工安置问题。会议原则同意《宁德市政府工作报告》（征求意见稿）和《宁德市市政府第一次全体会议主报告（讨论稿）》，以及《宁德市妇女发展纲要》《宁德市儿童发展纲要》。会议要求，要加快建设华侨新村，建立健全农场职工最低生活保障线。

第三次市长办公会议 2月2日，市长主持召开办公会议，重点研究安排2002年市政府为民办实事项目。会议要求，除了与省委、省政府10件实事相衔接外，重点突出“一个半小时交通圈”建设、农村基层卫生院建设、“三个中心”（文化中心、广电中心、体育中心）二期工程建设、扩大再就业渠道等项目。

第八次市长办公会议 7月17日，市长主持召开办公会议，研究“9·28”招商节筹备工作。会议议定，在古田举办陈靖姑旅游招商会，在东侨开发区举办项目推介会，在太姥山、杨家溪举办旅游文化节。

第九次市长办公会议　8月14日，市长主持召开办公会议，研究支持温福铁路筹建、引进培养高层次人才、非师范类大中专毕业生就业、市商业总公司下辖企业归属、筹建市投资服务中心等事宜。会议议定，市商业总公司下辖11家内资企业改由市经贸委管理；原则同意大中专毕业生分配方案和投资服务中心建设方案。

第十三次市长办公会议　11月21日，市长主持召开办公会议，重点研究闽东工业园区建设问题。会议议定：闽东工业园区规划用地面积为3公顷、分5期进行开发。

2003年

第一次市长办公会议　2月18日，市长主持召开办公会议，会议重点研究扶持福安市电机电器、船舶修造业发展政策措施和扶持“中国红家居装饰材料批发市场”和“闽东农贸中心市场”若干政策。会议原则同意《关于扶持福安市电机电器、船舶修造业发展的若干规定》。

第四次市长办公会议　4月3日，市长主持召开办公会议，重点研究全市防治“非典型肺炎”工作和2003年为民办实事项目。

第六次市长办公会议　5月22日，市长主持召开办公会议，会议分别研究了建立宁德市疾病预防控制机构、“6·28”招商节筹备、“6·18”中国·福建项目成果交易会筹备等工作。

第七次市长办公会议　6月25日，市长主持召开办公会议，会议原则同意《宁德市2003年至2005年农村全面建设小康社会规划纲要》《宁德市区征用土地补偿标准暂行规定》《宁德市区城市房屋拆迁补偿价格指导意见》等文件。

第十一次市长办公会议　10月8日，代市长陈荣凯主持召开办公会议，重点研究宁德中心城市建设问题，包括中心城市的定位、目标、治理整顿土地市场、收购储备土地等。

第十三次市长办公会议　10月21日，代市长陈荣凯主持召开办公会议，重点研究农村税费改革工作。会议议定在全市范围内取消农业税、停止征收教育集资、停止征收乡统筹和村提留费。

2004年

第六次市长办公会议　5月31日，市长陈荣凯主持召开办公会议，研究安排2004年为民办实事项目。会议原则同意《关于加大扶持工业发展力度的若干意见》《关于扶持制药行业发展的若干意见》两个文件。

第十二次市长办公会议　9月1日，市长陈荣凯主持召开办公会议，研究《福建省高速公路网支线、连接线建设规划（征求意见稿）》中涉及宁德市境内规划方案和温福铁路宁德三都澳港至内地铁路通道问题。

第十五次市长办公会议　10月14日，市长陈荣凯主持召开办公会议，研究宁德学院筹建工作和海洋渔业工作。会议原则同意宁德学院建设用地调整为70.85公顷；原则同意市海洋与渔业局代市政府拟写的《关于三沙渔港监督处、三沙渔业船舶检验处人员移交和财产划拨的协议》。

第十六次市长办公会议　10月25日，市长陈荣凯主持召开办公会议，会议原则同意《关于进一步加强人才工作的若干意见》《宁德市科学技术奖励规定》等文件。

2005年

从2005年开始，原市长办公会议改为市政府常务会议，由市长或市长指定的某副市长（一般由分管工作副市长）代为主持召开。所有副市长、市长助理、市政府秘书长或副秘书长和有关部门负责人参加。

第一次市政府常务会议 1月4日，市长陈荣凯主持召开2005年第1次市政府常务会议。听取中心城市城建项目责任单位关于2004—2005年83个城建项目进展情况汇报，研究加大城建项目实施力度、加快中心城市发展的措施。

第二次市政府常务会议 1月25日，市长陈荣凯主持召开常务会议，分别听取市科技局关于宁德市科技进步奖评选工作，市安全生产监督局关于《宁德市安全生产举报奖励制度》《宁德市行政领导安全责任履职报告制》，市财政局、市人事局关于失业保险金管理的汇报。会议议定，2000—2004年度宁德市科技进步奖设一等奖3名、二等奖8名、三等奖19名，报市委常委会研究确定；原则同意《宁德市行政领导安全责任履职报告制度》《宁德市安全生产举报奖励制度》两个文件；原则同意全市失业保险金实行"市级统筹、统一管理、分级负责、适当调剂"的新管理体制方案，从2005年1月1日起实行。

第三次市政府常务会议 3月23日，市长陈荣凯主持召开常务会议，分别听取市政府办公室关于2005年为民办实事项目安排、中心城市出租车管理、招商节前期筹备和市监察局《关于开展市直部门行政提速、服务发展活动的方案》的汇报。会议议定：原则同意2005年为民办实事项目安排方案，报市委常委会研究后公布实施；原则同意《关于宁德市中心城区出租车市场管理的几点建议》《2005年第六届中国·宁德招商节及临海产业投洽会总体方案》《关于市直部门开展"行政提速、服务发展"专项活动方案》等3个文件，以市政府文件下发执行。

第五次市政府常务会议 5月8日，市长陈荣凯主持召开常务会议，重点研究旅游工作和教育工作。会议议定，原则同意《宁德市旅游发展总体规划》，报市政府批准后实施。从2005年起，各县（市、区）要将农村税费改革转移支付义务教育补助经费纳入专户，用于农村义务教育，实行封闭式管理；启动义务教育阶段低保家庭学生"两免一补"政策（免杂费、免书本费、补助寄宿生生活费），对特殊教育学校的学生实施免费教育，残疾儿童全部实施免费教育。

第八次市政府常务会议 5月30日，市长陈荣凯主持召开常务会议，分别听取市交通局关于交通建设工作、市铁路建设指挥部关于温福铁路闽东段征地拆迁和协调工作汇报。会议就公路交通和铁路建设的有关问题进行了讨论研究。

第十次市政府常务会议 7月7日，市长陈荣凯主持召开常务会议，听取全省机关效能建设领导小组第10次会议主要精神传达，研究贯彻意见。会议议定，成立宁德市绩效评估工作领导小组，市长陈荣凯任组长，常务副市长傅贤光任副组长，下设办公室，具体负责协调指导全市的绩效评估工作。

第十一次常务会议 7月21日，市长陈荣凯主持召开常务会议，研究第5号台风灾后生产自救与重建工作。会议议定，及时把省里下拨的350万元救灾款下拨给各县（市、区）并发放到灾民手中。会议还就金马防洪堤建设，福安城区防洪堤建设和赛江下游防洪堤一、二期建设，三都澳渔排养殖，险库险堤加固等灾后重建工作进行研究部署。

第三章 政务纪要

第一节 管理体制改革

一、行署、政府机构改革

1993年，宁德地区行政公署开始着手工作机构改革前期准备，从转变职能入手，深入调查研究，搜集各类建议和问题1000多条，找准地直机关机构改革重点和改革的突破口，提出强化地直机关应具“督导、检查、协调、服务”的职能意见。1994—1996年，相继出台《宁德地区行署组织机构概要》以及职能机关改革方案，部署地直机关“三定”（定职能、定机构、定编制）工作。1997年，宁德地区行署对处级以上单位“三定”方案全部审批结束。通过“三定”，明确地直机关各单位的职责任务、工作程序、办事规则、精简内设机构、严格定编定员，完善单位工作制度，促进机关工作作风的转变，提高工作效率。1999年，行署下发《关于在机构改革中严肃纪律的通知》，规定在机构改革期间，严禁擅自增设机构、提高机构规格、自行增加编制、超编进人、超职级配备领导干部。重点开展4项基础性工作：对地直机关各部门职能进行分类，列出转移、下放职能项目，对重复交叉的职能和合并、转移的机构，提出初步意见，有针对性地深入各县（市）乡镇和地直单位，通过召开座谈会、查询资料等方式，摸清底细，为县（市）、乡（镇）机构改革做准备；组织学习考察，拓宽视野，进一步理清机构改革的思路；继续抓好地级机关非常设机构的调查摸底工作，对议事协调机构和临时机构进行分类，对非常设机构进行清理，并提请地委、行署研究；开展对地直机构的编制、规格、内设机构、人员结构、领导职能、实有人员等基本情况普查，对原“三定”情况进行“回头看”。2000年，行署编办对各职能单位提出事权划分方案，有关部门组成调研组，到福州、厦门、龙岩、三明、南平等地学习调研，为深化机构改革提供借鉴经验。是年，对9县（市）乡（镇）编制精简比例展开进一步调研，提出编制精简比例的测算因素和财政供养人员精简重点以及机构设置等建议。

2001年，宁德撤地设市期间，完成市政府重点调研课题《关于乡镇发展的问题》中乡镇机构改革部分的调研工作，省委、省政府批准宁德市市级党政机构改革方案。至年底，市级机关机构改革工作顺利完成。2002年，市政府各机关开始实施新一轮“三定”工作，以保证通过政府机构改革各职能部门能逐步转变到加强经济调节、社会管理和公共服务等方面上来，促进政府职能的转变。2003年，主要理顺政府综合部门之间、综合部门与专业部门之间、部门内设科室之间的关系。市政府各工作部门的科（室）设置、职数职务、工作职责更加明确，克服了工作中可能出现的重复行政、扯皮等现象。2005年，结合宁德经济社会发展实际和海峡西岸经济区东北翼中心城市建设的要求，市政府召开县（市、区）政府机构改革动员大会，布置县（市、区）政府机构改革工作，机构改革工作延伸至各县（市、区）。

二、行政审批制度改革

1993—2000年，宁德地区行政审批制度存在不适应经济和社会事业发展的问题。2001年开始，进行行政审批制度改革。2002年，加大对行政审批制度改革力度，根据“可以取消的行政审批项目都要取消，可以用市场机制替代行政审批的，要通过市场机制来处理”的原则，全市对各类行政许可、审批项目做到减少审批环节、简化办事程序。凡是国务院、省政府规定各部门取消的事项一律取消，做好与国家、省行政改革审批制度改革的衔接，全面完成县（市、区）权限内行政审批事项的清理。对各部门向社会公布的审批规范内容和程序以及承诺的办结时限，进行跟踪检查监督。9月，市政府召开第二轮行政审批制度改革专题会，审议通过宁德市政府关于公布市级部门第一批减少审批等事项目录和第二批减少现行收费事项目录。对已公布审批决定取消7个项目中，取消3项、下放2项、合并2项。第二轮行政审批制度改革取得阶段性成效。2003年，市政府决定将宁德市审批审核制度改革工作小组更名为宁德市行政审批制度改革工作办公室，并制定《2003年宁德市行政审批改革工作要点》。进一步改革行政审批事项，审批事项减少面达60%以上。制定取消行政审批事项的后续监管暂行规定，跟踪取消事项的执行情况和后续监管工作。清理简化企业登记前置审批，试行企业登记告知承诺制。对基建投资项目审批的全过程进行梳理，建立“牵头受理、适当报送、并联审批、强化监督、限时办理”运行机制。对长途客运线路、城市公交线路、城市公用设施广告等审批事项实行拍卖、招标等市场化运作，推行公共设施配置类审批改革。2004年，全市审批审核制度改革进一步深化，把简化办事程序、减少审批项目、减少审批程序、降低收费标准为主要内容的行政审批审核制度改革作为提高机关效能的重要举措；强化审批监管，建立健全审批监督制约机制，实行审批责任制和过错追究制。据统计，全年累计清理减少审批事项516项、取消收费事项193项、简化审批事项99项、下放26项，取消面和改革面分别为53.9%和64.9%。2005年，全市行政审批审核工作改革的重点为提高行政审批审核效能，市政府下发《关于在市直单位开展“行政提速，服务发展”活动的通知》，列入活动的有72个市直单位，其中52个单位具有行政审批审核权。各单位确定“提速”服务的具体措施、审批审核项目办理承诺等。20多个单位对没有法定规定时间的办理项目的办结时限进行重新调整，大幅度压缩办理时间。许多单位将原承诺的几天内办理改为随到随办，并保证办理质量。完成市政府提出的“经过改革，减少面达到50%以上”的总体改革目标要求。各县（市、区）政府部门也进行了行政审批制度改革，各县（市、区）行政审批制度改革面基本达到50%以上。

三、政务公开

1997年，按照中央纪委、国家监察部部署，宁德地区行署开始推行机关职能部门政务公开工作，增强政府工作透明度，改进工作作风。各县（市、区）也陆续推行政务公开工作，从人权、事权、财权三个方面，确定政务公开内容。2000年，全区首次对2000多名拟提拔为科级的干部进行任前公示，开始对重大决策、审批事项、重点项目建设、国有资产管理等进行公开，并在“宁德地区行署公共信息网”发布。2001年，全市党政机关、事业单位购买小汽车、空调、办公设备、教学科研仪器、医疗广电设备，总价值在1000元以上的均纳入政府公开采购。各县（市、区）政务公开开始接受同级人大监督，实行重大事项集体讨论决定，实行预公开、民主评议和征求群众意见。按照《福建省人民政府关于进一步提高政务公开工作质量的通知》要求，逐步健全完善政务公开五项基本制度，重点落实政务公开责任制度、审议制度、评议制度、反馈制度和备案制度。是年，全市各县（市、区）乡镇及村都设立政务公开栏，并聘请人大代表、政协委员、老同志等1200多人作为政务公开监督员。2002年9月，市政府建立“开放式办公、一站式服务”的投资服务中心，并由市直15个单位168项和蕉城区11个单位91项审批项目入驻，实行“并联审批”运作制度，以及服务内容、办事程序、办事依据、申报材料、办理时限、收费标准“六公开”和即办件、承诺件、联办件、上报件、退回件、委托件“六件式”管理；同时实行窗口审批权责任制，对核准事项实行超时登记制度，对审批、审核事项实行超时回复制度，核准事项的办结时限一般不超过5个工作日，审批、审核事项一般为10～30个工作日，法律、法规、规章另有规定的，按实际情况适当缩短。市招投标办在办理123项工程建设中，有39项实行公开招标、54项采取邀请投标，并全部进行公示。蕉城区建立“政务公开全区评”评比制度；霞浦县实行“回音公开”“听证会”等制度，政府将政务公开内容列入政府网站，接受监督；福安市利用市中心大型电视广告屏定期、不定期地公开政务；柘荣县利用声讯电话及时传播政务信息。2003年，市政府各工作部门多形式、多角度扩大政务公开范围。市税务、工商、公安、交警等部门加强对外窗口建设，在办税大厅、办证大厅、服务大厅、登记注册窗口等显著位置设立政务公开栏，把依法行政的有关岗位职责、办事程序、办事时限、办事结果和服务承诺等以多种形式进行公示。2004年，市政府开始着手政务公开网站建设，利用政府办公业务网和公众信息网，公开政务信息。通过《闽东日报》、市政府网站、市政务公开栏等平台，将市直各部门简化审批环节、提高审批时效和规范收费标准等具体承诺全部对外公开。2005年，全市政务公开工作进一步深化，重点抓三项工作，一是深化干部人事制度改革，严格实行领导干部任用公开选拔、竞争上岗、党政领导班子正职拟任人选和推荐人选表决决定、领导干部辞职等规定；二是进一步完善建设工程招投标、经营性土地使用权出让、产权交易和政府采购“四项制度”。凡经营性用地使用权出让一律实行公开招标、公开拍卖、挂牌交易，凡建设工程一律按规定进入市场公开招标，实行公开竞争；三是全面推行办事公开制度。全面推行村务、厂务、局务、校务、政务、院务等办事公开制度，重点抓好市本级办事公开工作。市政府制定《关于深化办事公开制度“抓本级、带系统、促基层、求实效”活动的实施意见》，确定22个市直重点部门，突出经费收支、行政处罚、工程招投标、为民办实事等问题的公开，全市基本形成上至机关、下至基层的纵横向、层级式政务公开系统。

四、电子政务建设

2001年，市政府提出建设“数字宁德”的战略思路，开发以“566工程”为主的“数字宁德”工程。成立“数字宁德”建设领导小组，具体由市计委负责综合协调，技术工作及日常工作依托市经济信息中心开展。2002年7月，完成《“数字宁德”工程“十五”建设规划（讨论稿）》编制，确定“数字宁德”建设的总体发展目标。加快信息基础设施建设，建设省政务网宁德市本级纵向网带点机房装修，“数字宁德”纵向网节点分布全市9个县（市、区），视频会议系统建成投入使用。此外，还完成宁德市政务信息网网站建设。2003年，完成宁德市横向接入网实施方案编制，投入120万元，对宁德市政务信息网网站进行改造，建成全市统一的网站，"数字宁德"首先接入市政府大院内的72个单位和大院外的30个主要单位。柘荣、蕉城、霞浦建成县（区）级政务网网站，周宁县、柘荣县、寿宁县横向接入网实施方案获福建省数字办批准，农村社会服务联动、公众信息、政务网建设工作集中由政府信息中心负责。建成的宁德市政务信息网网站，开辟宁德概况、政务新闻、文件汇编、地方法规、产业经济、社会事业、招商引资、城市建设等栏目信息。2004年，对"数字宁德"网站进行改造，增加栏目，实行分级管理，按照责任分工要求，将部分栏目分解落实到市直部门维护、更新，建成全市统一的政务信息网网站，达到资源共享目的。霞浦县投资55万元，完成48个单位的横向接入和政府公众信息网、农村社会服务联动网建设、多媒体户外屏的建设。柘荣县、古田县、福安市和屏南县相继开通连接宁德市政务信息网网站。市政府公众信息网改版成"中国宁德"。2005年，工程市、县两级政务信息网全部建成开通，并开展网上信息发布、公文流转、视频会议、电子邮件等办公自动化应用。是年，全市接入市直党政机关的有72个部门和单位。各县（市、区）政务横向接入网初具雏形，并实现与省政府信息网的互联互通。全市机关、企事业单位设立26家网站。

五、综合行政执法改革

从1996年开始，宁德地区行署开始进行行政执法改革工作。1997—1998年，以"依法治区""依法行政"为改革的重点，开展对规范性文件审查、备案，依法受理和审理行政复议案件，开展行政执法调研，协助"110联动办"开展执法工作。1999年，开始对全区行政执法机关和队伍进行清理，确认行政执法主体和人员，做好执法人员岗前考试和持证上岗工作，举办5期行政执法资格考前培训班，组织3次参加全省行政执法资格考试，参考人员7488人次。2000年，宁德地区完善行政执法监督各项制度，推行行政执法责任制，在各部门实施公示制度、罚缴款分离等制度。依据《中华人民共和国行政处罚法》《福建省权力机关、行政机关规范性文件管理办法》等有关法律法规，全面清理对1980—1999年制定的规范性文件，共审查清理规范性文件255件，其中废止143件、修改17件、保留95件。

2001年，市政府制定《关于依法行政的实施规划》，为全面推进政府的依法行政工作提供依据。全市对1949—2000年以政府名义制发的规范性文件进行全面清理。2002年年底，共审查清理规范性文件1019件，其中废止374件、修改41件、保留257件，停止执行的164件。2003年，全市结合加入世界贸易组织的要求清理有关文件，对制定文件的必要性、是否违反法律、法规的规定进行审查把关，共审查40件规范性文件及30件涉及有关国家政策方面的文件，并提出处理意见。同时审理涉及公安、林业、土地、房产、劳动、海洋渔业、规划、工商等行政执法活动的行政复议案件50件。2004年，市政府及各部门把依法行政放在工作全局的角度全面部署、统筹规划，做好《中华人民共和国行政许可法》实施工作，组织全市24个行政许可单位开展宣传活动。进一步做好涉及行政许可规定的规范性文件及项目和实施机关的清理。共清理涉及行政许可规定的规范性文件84件、涉及行政许可项目374项，暂停47个原行政许可实施机关的部分或全部行政许可权。各县（市、区）政府相应成立清理工作小组开展工作。共审查48件规范性文件，取消不符合法律、法规规定以及与国家政策不一致的内容，纠正和查处各种违法和不当执法行为7件。

2005年，全市行政执法工作以《全面推进依法行政实施纲要》为重点，推进行政执法体制改革，完善行政执法监督和行政复议制度。市政府印发《宁德市人民政府办公室关于推行行政执法责任制的实施意见》，并成立宁德市推行行政执法责任制工作小组，进一步规范、监督检查全市行政执法行为。全年收到行政复议案件72件，决定受理71件，不予受理1件，结案率98.6%。严格执行《中华人民共和国行政许可法》，规范行政许可行为，改进行政许可方式，减少行政许可项目。

第二节　经济工作

一、发展农业

1993年，宁德地、县、乡各级政府强化对农业工作的领导，深化改革、实施科技兴农战略、调整优化产业结构，组织开展“农业升温千村行”活动。拨出专款70万元，扶持“三稻”（早、中、晚稻）种植、植保、土肥、经作、畜牧、农村信息等工作。支持抗旱与农资贮备，巩固农业基础地位。1994年，围绕“保粮增收”主线，精心组织实施“粮食工程”，全区14个国有农垦企业调整优化产业结构，在稳定粮食生产的前提下，开发名优茶种，引进新工艺，新技术，开发“福宁龙井”“碧螺春”“福宁毫茶”“清水绿”等名茶。全区农业开始朝高新技术、高产和高效方向发展。1995年，全区农业以杂交水稻为中心的良种项目得到推广，在再生稻、水稻旱育种植等增产技术的推广和中低产田改造方面取得突破。果业生产以优化品种结构、深化实施“1153工程”（到“八五”末全区有林地面积达到1000万亩、茶果面积100万亩、水电装机容量50万千瓦、水产品产量30万吨），抓育苗、果园管理和低产果园改造，食用菌生产重点抓反季节品种栽培和花菇生产。1996年，继续完善农业承包责任制和社会保障制度，因地制宜地调整产业结构和经营策略，发展“三高农业”（高品质、高效益、高附加值农业生产项目）及农村二、三产业，建立一批具有地方特色的高优农业基地。开展减轻农村农民负担工作，全区各级政府发放农民减负卡34万份，取消涉农收费项目40个，减轻农民负担1785.27万元。1997年，行署下发《关于发展科教兴农年活动的通知》，全区农垦企业投资2000万元，建立一批特色高优农业基地，引进资金500万元，兴办股份制企业，加强水、电、路、通信等基础设施建设。粮食生产落实“三稳定”（稳定耕地面积，稳定粮食播种面积，稳定粮食总产）和“三不变”（粮食增产目标不变，定购任务不变，扶持粮食政策不变）政策，加强农业实用技术推广。粮食生产获得丰收，实现增幅“三二一”，即商品粮基地和粮食自给工程实施县增产3%，农业综合开发县增产2%，一般县增产1%，全区粮食总产突破100万吨大关。1998年，全区继续贯彻落实粮食生产的“三稳定、三不变”政策，走“稳面积、抓科技、攻品质、创高优、提单产、增产量”的路子，粮食增产逐步转到依靠科技进步和提高劳动者素质轨道。各县（市）政府充分利用各自山地资源优势，发展名特优农产品品种，推进新技术推广和品牌战略实施。古田、福安、屏南、福鼎、宁德、霞浦、寿宁、周宁等8个县（市）被列入国家农业综合开发项目县，当年各级政府累计投入农业综合开发资金2.48亿元。1999年，全区农业生产采取确保粮播面积，推广应用适用增产措施，强化农业技术服务等有效措施，全年引进水稻新品种37个、甘薯新品种5个。经济作物以生态区划布局为基础，以市场为导向，发展有规模、有品牌、有效益的名、特、优、新产品。

2000年，对全区农业结构进行一次较大调整，大黄鱼、茶叶、水果、食用菌、蔬菜、药材等特色产业进一步发展，初步形成晚熟龙眼、晚熟荔枝、油柰、四季柚、板栗、无核柿、芙蓉李、水蜜桃、葡萄等特色水果基地。福鼎、福安、霞浦、周宁、寿宁5个县（市）在实施国家农业综合开发项目中，累计完成投资4333.4万元。2001年，市政府做出关于“扶龙头创名牌”的决定，发展“订单农业”。重点抓22家省、市级农业产业化龙头企业建设。巩固和发展吉乐牌古田油柰、莲跃牌茉莉花茶、富春牌茉莉花茶、双芽牌白毛茶、仙岩雪峰茶、屏南黛溪的白萝卜等6个绿色食品和4个省名牌农产品基地建设，开发福鼎四季柚、鞠岭牌蕉城天山绿茶、炭山牌寿宁花菇、大创牌屏南夏香菇等5个省名优农产品。“订单农业”涉及茶叶、中药材、蔬菜、食用菌、水果等10多个品种。柘荣太子参、古田银耳获准使用国家地理标志商标。2002年，全市国家农业综合开发项目投入7876.1万元，扶持发展多种经营项目7个。市政府下发《关于加快发展绿色食品产业的意见》，成立“宁德市绿色食品发展中心”。建立一批具有闽东特色的畜牧业生产基地。宁德市南阳实业有限公司的生猪生产通过专家认证，并在宁德市区开设6家“海旸牌”放心肉专卖。2003年，市政府制定《关于扶持农业产业化经营的若干意见》，在政府服务、财政扶持、税收优惠、信贷融资等方面，扶持农业产业化经营。按照建设沿海蓝色农业产业带、山区绿色农业产业带和城郊平原高优农业示范区的“两带一区”的总体规划要求，各县（市、区）政府发挥山、海、田资源优势，加强农业区域化布局，进一步调整农、林、牧、渔产业结构。2004年，全市农业生产围绕食用菌、茶叶、果蔬、畜牧等主导产业，优势农产品生产基地标准化生产和品牌化建设取得成效，农业产业化经营步伐加快。宁德市南阳实业有限公司被国家确认为第三批农业产业化国家级重点龙头企业。2005年1月1日起，全面取消农业税，免征30年；全市按照县评、乡批、村聘方式，开展选聘村级农民技术员工作；全市共实施标准农田示范片21片，投入资金1812.5万元，建设标准农田示范片2499.9公顷，新（修）建石砌排灌沟渠112.87千米，全市农业生产在大灾之年继续保持稳定增长，全年实现农、林、牧、渔业总产值143.39亿元，比上年增长4.2%，全市市级以上农业龙头企业增加到88家。有22个农产品获省名牌产品或著名商标称号，8个品牌被授予绿色食品推荐品牌，6个产品获得地理标志证明商标，居全省第二位。

二、扶贫

1993年，全区有福安、福鼎、屏南、周宁、寿宁、柘荣6个国家确定的贫困县、52个省定贫困乡（镇），贫困人口达30多万人，扶贫工作任务艰巨。1994年，宁德地区行署成立“造福工程”领导小组，由地委书记、行署专员挂帅，民政局局长任办公室主任，全面组织实施帮助生产、生活条件差的贫困村整体搬迁、异地安置。1997年，全区开始实施扶贫小额信贷，用于贫困户发展生产，逐步从救济式扶贫转向开发式扶贫。1998年，地区行署从区情出发，把脱贫致富奔小康作为经济工作的中心来抓，出台关于扶贫工作的一系列扶持优惠方针政策。全区累计有15835名各级党政机关、企事业单位领导和干部挂钩帮扶贫困村、贫困户，发展生产、改善生活环境，贫困人口范围逐步缩小为主要因缺乏劳动力的农户，原有绝大多数贫困农户家庭劳动力基本掌握2门以上农村脱贫致富实用技术。为贫困户培训生产技能、农村实用技术6万人次，其中培训一年制农民技术员4600人，使大部分农（渔）民都拥有林、茶、果、竹和食用菌、中药材、畜牧业、海淡水养殖等具有稳定收入的项目。各县（市）组织贫困医疗队10多支，无偿为贫困户诊治各类病患1万多人次，免费发放药品7万多元，一定程度上减轻因病致贫家庭的困难。全区68个贫困村普遍开展扶贫小额贷款，扶持1286户贫困家庭发展短期见效快的项目，增加收入。当年，6个国家贫困县和49个省定贫困乡基本脱贫。1999年，全区脱贫致富奔小康取得阶段性成果，有107个乡镇、1935个行政村、54.49万个农户实现基本小康，分别占其总数的

87%、89.7%和89.6%。当年，宁德地区行署办公室下发《关于1999年山区“造福工程”补助资金安排意见的通知》。到2000年，全区完成“造福工程”搬迁2616户、11524人，有339个老区基点行政村和少数民族行政村基本实现“五通”（通电、通自来水、通公路、通电话、通闭路电视），基本完成乡乡通柏油路工程。全市有108个乡镇、1963个行政村、55.2万户农户基本脱贫实现小康，29.5万人消除绝对贫困，全面完成“连家船民”上岸定居建新房，全区小康综合平均分值达95分。

2001年，市政府投入老区“五通”建设资金达1536.3万元。寿宁县列为小额信贷扶贫承贷县，争取到中央及省财政配套资金176万元。2002年，市政府进一步加大扶贫力度，在上年度基础上巩固提高脱贫致富奔小康成果。全市坚持开发式扶贫，开展“村增财、户增收”活动，壮大村级集体经济，消除村财空壳村，推动特困乡、少数民族聚居区、老区基点村的开发与发展。继续实施“造福工程”，加快地质灾害村搬迁工作。市政府下发《关于下达2002年“造福工程”和滑坡险情搬迁任务的通知》，财政补助搬迁人均1000元，滑坡险情搬迁户人均另增补助300元，全市绝对贫困人口比重降到1%以下。2003年，市政府出台《关于推进“十五”后三年农村全面建设小康社会的若干意见》，市委农村工作领导小组下发《关于进一步加强市级扶贫开发重点村挂钩帮扶工作的意见》，为全市农村全面建设小康社会做出详细规划，完成全市贫困人口和未解决温饱人口建立档案工作。是年，全市有贫困户4547户、18232人得到挂钩帮扶。2004年，全市完成省、市下达的“造福工程”任务，争取到一批中央扶贫贴息贷款，支持一批农业龙头企业和基础设施建设项目。2005年，全市在实施扶贫攻坚工作中，加大对特困村、户的扶持力度，全市派出93名副处以上领导和174个部门到特困村挂点扶贫，筹集1145.3万元资金，帮助发展生产和改善基础设施。举办90多期农村实用技术培训班，14241名贫困户主要劳动力受训，完成“造福工程”和地质灾害村搬迁8822人。全市贫困人口降至20.52万人，占农村总人口的8.59%。

三、发展海洋渔业

闽东濒临东海，海洋渔业资源丰富，“开发海洋资源，发展蓝色产业”是宁德地区经济发展的重点。1993—1996年，临海的宁德市、福安市、霞浦县、福鼎县各级政府大力发展海洋渔业，成为全区海洋渔业开发利用基地，3年全区累计渔业产值45.88亿元。1997年，全区围绕“海上闽东”建设、海洋资源开发，在水产业、滩涂围垦和第三产业等方面取得较大进展。组建闽东大黄鱼集团，全区网箱养殖6.78万箱，其中大黄鱼养殖2.12万箱，海水产品产量56万吨，比上年增长11.6%，初步形成水产业开发格局。1998年，全区水产总产量63万吨，网箱养殖7.39万箱，其中大黄鱼养殖5.1万箱。年渔业产值21.17亿元，闽东成为全国海水鱼类养殖中心。1999年，实施“兴海富区”战略，发展闽东海洋经济，以建设闽东水产综合开发示范区为龙头，继续实施大黄鱼、藻类、贝类三大系列开发工程，着力建设网箱养殖、虾塘综合利用、鱼虾贝藻种苗繁育等水产养殖八大基地，开发龙胆石斑、南美白对虾等7个新品种，是年水产品总量67.8万吨，比上年同期增长7.62%。2000年，开展海洋功能区划试点工作，制定《浅海水产资源发展战略规划》。逐步形成以海水养殖、淡水养殖和海洋捕捞为重点的海洋渔业生产，水产品加工及水产品市场得到发展，培育有福鼎薛桥海蛎营销村、福鼎小筼筜紫菜产销村、蕉城古溪海带营销村、蕉城增坂缢蛏产销村、霞浦石湖海带产销村等海水产品营销专业村，水产品流通网络从沿海向内陆辐射，由小城市向大城市延伸。官井洋大黄鱼名列福建省四大水产名优品牌之首，与“二都蚶”一齐被评为福建省首批农副产品名优品牌。

2001年，为规范全市养殖生产，市政府转发《关于开展海上网箱专项整治的实施意见》《宁德市海水鱼育苗场管理暂行规定》，促进海上网箱养殖业走上科学健康发展轨道。2002年，完成市、县两级海洋大比例尺功能区划图编制，通过省级专家评审。设立“宁德市海洋生态特别保护区”，开展保护区范围测定、白海豚日常观察和西洋岛龟足封岛栽培试点等工作，加强渔业保护区建设。是年，市政府发布《关于加快海洋经济发展的若干意见》，实施“海洋强市”战略，着力调整优化海洋产业结构和布局。海水养殖品种向多元化发展，一批效益好、有市场潜力的养殖品种得到推广，新品种人工育苗攻关和养殖实验取得重大突破。2003年全市渔业总产量74.85万吨，形成海洋捕捞、海水和淡水养殖并重，生产和加工共同发展的渔业生产格局。“闽东香鱼”被列入福建省首批重点新产品计划，霞浦县大弹涂鱼生产性育苗技术研究及规范化养殖试验项目，被福建省科技厅列为重大科研项目，市水产技术试验场被科技部列为星火行动计划农村科技服务体系成果转化基地。2004年，各级政府加强水产加工业发展，水产加工企业发展到304家，形成以大黄鱼、海带、紫菜、对虾、鱼翅、香鱼、蛏干、鲳鱼等加工龙头产品。真鲷、海蜇、刺参、章鱼、香鱼、虹鳟鱼等成为渔民增收新品种，鱼虾贝藻多元化的养殖格局得到进一步优化。文渡大弹涂鱼土池半人工育苗获得成功，“养殖大黄鱼品种改良育种技术”863计划通过阶段性验收，卡帕藻养殖试验、紫菜新品种育苗等科研项目取得进展。完成《宁德市海洋生态特别保护区总体规划》编制并经专家组评审通过。2005年，市海洋管理部门发布《2004年宁德市海洋环境状况公报》，开展闽东沿岸生态监控区、三都湾赤潮监控区、陆源入海排污口及其邻近海域监测工作，努力优化渔业生产环境。

四、发展工业经济

1993年，宁德地区工业经济进入新的发展时期，全区国有企业实行的“放小搞活”改革，得到国家经贸委充分肯定。1993—1995年，各级政府引导国有工业企业转换经营机制，从承包经营向以租赁承包发展，到1995年，全区近200个竞争性的国有工业企业中，有60%推行租赁承包、20%实行固定资产租赁制、流动资产股份制的国有民营式经营，有效调动经营者积极性，推动生产发展。1996年，宁德地区主要工业经济指标综合考核居全省各地市第一名，个体、私营工业发展步伐加快，其中不少个体、私营企业已发展成为区域工业重点行业中的龙头骨干企业。1997年，全区工业产业结构不断优化，有各种类型的乡级以上独立核算工业企业1700家，固定资产净值20亿元，机电产品出口基地企业从无到有，并形成一定规模。1998年，全区工业完成产值165.76亿元，比上年增长16.32%。工业产业结构从单纯依赖农业和满足地方需要的小型加工为主体的格局，发展为以化工医药、冶金拆船、电机电器、轻工食品、建筑建材等为主的地方特色工业群体，工业内部结构由初级向高级化发展，形成多种经济成分共同发展的格局。1999年，全区工业围绕经济工作重点和企业改革与脱困的目标，突出结构调整、加大经济运行调度与协调、壮大经济总量、开拓产品市场，全区工业生产保持稳定增长。全年完成工业总产值201.14亿元。年底，行署出台《2000年工业结构调整和支柱、重点产业培植思路》，进一步强化产业引导，使产业结构持续有序推进。2000年，全区工业经济得到快速发展。据统计，工业完成产值226亿元，比增11.5%；工业企业经济效益综合指数122，高于全省平均水平8个百分点；完成技改投资9.82亿元、开发新产品70项、新创省级名牌产品2项。

2001年，宁德市政府加强重点企业扶持，全市企业创优创名牌有新进展，福安安波电器、天龙电机、远东电机、东方神按摩器和福鼎玄武石材、海鸥虾皮6项产品获福建省名牌产品。全市工业经济发展运行质量稳步提高，主要工业经济指标综合考评全省第三名。市政府重点扶持的15家市级工业龙头企业生产经营状况良好。市、县工业园区建设取得新成效，建成3个市级重点工业园区、7个县级工业园区、30个乡镇工业园区。工业企业技改力度加大，医药化工等优势产业和高新技术产业加快发展，淘汰一批生产能力落后的高耗能污染严重的小企业，工业经济整体素质和竞争力有新提高，年工业总产值250.40亿元。2002年，全市工业以提升综合竞争力为核心，逐步形成一批有宁德特色的工业产业链，带动产业结构升级。重点发展壮大食品、机电、建材3个优势行业和医药化工、船舶修造、冶金等3个重点行业。规模工业生产高速增长，增幅逐月走高；龙头骨干作用日趋明显，新增长点拉动继续加大；轻重工业协调发展，股份和私营经济快速发展；经济效益明显提升，企业亏损面大幅度下降。2003—2004年，按照市委的“工业立市”战略，市政府先后出台《关于认真组织实施工业“双过半”工程的意见》《关于扶持福安电机电器、船舶修造业发展的若干意见》《加大扶持工业发展力度的若干意见》和《关于〈闽东工业园区鼓励投资的优惠政策〉的通知》等一系列推动工业经济发展政策和措施，为工业经济的发展创造良好氛围。福安、福鼎、古田、寿宁等县（市）工业经济增势强劲，全市工业经济呈现区域互动、整体推进、相互促进的发展格局。2005年，全市完成工业总产值294.92亿元，比上增长22.4%。工业品产销衔接良好，产销量97.6%，比增0.9个百分点，增幅居全省第一。闽东工业园区、东侨开发区高新技术园区、福安秦溪洋、福鼎星火、霞浦三沙陇头、寿宁武曲等一批工业园区初具规模，发挥工业发展重要载体作用。

五、发展国内贸易

1993年，全区国内贸易进入新的发展时期，随着社会主义市场经济体制的发展，商业贸易格局发生巨大变化。在行署领导下，全区流通领域在职能管理上从直接、微观调控市场转向间接、宏观调控市场，重点放在推动内贸企业改革，引导生产与消费，建立有序的市场贸易秩序。国有商业通过放开经营，实现企业经营机制的转换。由于个体私营商业的发展，国有商业商品购销总额呈下降趋势。1994年，全区国有商业商品购进总额为3.56亿万元，商品销售总额4.10亿万元，到1996年又分别降至3.03亿万元和3.39亿万元。1997年，根据行政机构改革方案，撤销宁德地区商业局和宁德地区财政贸易委员会，组建宁德地区财贸委员会。地区行署制定内贸企业“构大放活”深化改革战略，推动内贸经济改革。1998年，全区商品市场建设从原来单一的政府投资向社会多主体投资、股份制经营转变，建设项目从单纯集贸市场建设为主转向以综合批发市场、专业批发市场建设为主。形成福鼎闽浙边贸商城、福鼎中心市场、古田商业大世界、霞浦关帝庙市场、宁德果品批发市场、赛岐中心市场等较大型商贸市场，全年累计成交额17.61亿元。1999年，地区行署采取一系列措施，发挥政府引导市场和企业开拓市场的主导作用，拓展区内外市场，引导产品流通大户到省、区外中心城市，扩大闽东商品市场占有率。全区共举办各类商品展销会7场、参展企业810个、现货销售193万元，签订合同金额8.39亿元。此外还参加厦门举办的第三届中国投资贸易洽谈会、福州国际招商节等大型商贸活动。2000年，全区各级政府进一步深化内贸企业改革，以建立现代企业制度为核心，按股份制、股份合作制、承包、租赁、兼并等形式对原有商贸企业进行改制，完善经营管理、扩大商品购销，企业经济效益明显好转。年内全市内贸企业改制面85%，盘活资产5717万元。重点加强五大市级商贸试验区和市场配套设施建设，设立“中国台贸网”和“同兴电子商务网”专业信息网络。

2001年，全市内贸系统主要抓开拓市场和扩大消费需求工作。组织企业参加“福建山海协作展销会”“福州全国老字号展销会”“第十届上海全国消费品交易会”等大型展销活动，实现现货销售56.8万元，签订合作意向85项，标的金额3.6亿元。此外开拓以旅游、教育、电脑、休闲、住宅等为重点的消费需求，利用区位优势发挥闽浙边贸商城交易活动。全市共实现社会消费品零售总额77亿元，比上年增长7.2%，增幅较比增0.3个百分点。2002年，宁德市加快商贸功能区载体建设，着力发展商贸流通产业，特别是加快古田食用菌批发市场建设，培育和完善福安船舶交易市场。开展多种形式促销活动、架构全国、全省重点地区“宁货”促销体系。发展连锁经营、物流配送等各种流通领域建设。2003年，闽东商业大厦被中共中央宣传部等八部委评为“百城万店无假货”示范店。是年，市政府制定《宁德市粮食安全预警应急方案》，确保全市粮食市场的稳定。2004年，全市全面启动《城市商业网点规划》编制工作，拓展连锁经营、电子商务、物流配送等新型流通业务，推进中小流通企业体制创新和技术创新。全市商业网点32项建设项目列入福建省经贸委跟踪重点项目，共有83家企业、288个项目参加第二届福建省网上投资贸易洽谈会，企业及项目数列全省第三。2005年，在“福建省商贸行业投资合作洽谈会”上，宁德推出97个招商项目，共签约42项，总投资1.37亿元，城乡市场继续保持繁荣稳定。

六、发展对外及对港台贸易与利用外资及港台资

1993年，面对国际市场的激烈竞争，在行署领导下，全区外贸企业在“自负盈亏、自主经营、自我发展、自我约束”的经营机制的基础上，开始走“一业为主、多种经营”的道路，将比较单一的贸易方式向灵活多样的贸易方式转变。实行进出口结合、内外贸结合，开展多元化、全方位经营，打破长期以来由省以上外贸专业公司垄断经营的格局。当年完成外贸自营出口3764万美元。1994年，全区外经贸企业取消指令性计划，推行指导性计划和市场调节，使外贸管理按市场经济的要求，由计划管理为主向市场调节为主转变，以市场需求作为经济活动的总目标。要求企业努力开拓国际市场，不断开发出口产品，优化出口商品结构，培育外贸出口优质货源和发展后劲，促进外贸出口取得较快发展。1995年，各级政府在加大吸收外资力度的同时，加强投资软环境建设，行署制定《关于进一步鼓励外商投资软环境的若干规定》和《关于进一步鼓励外商投资的若干规定》等一系列优惠政策。1997年，外贸出口首次突破1亿美元大关，达1.17亿美元。据统计，1993—1998年，全区共完成外贸自营出口4.80亿美元，平均每年以30%的速度增长。出口商品有农副产品、纺织品、轻工产品、五金矿产品、机械产品为主的五大类、100个品种。出口市场由东南亚国家逐步扩展到日本、美国、英国、意大利、加拿大、秘鲁、智利、丹麦、乌拉圭、澳大利亚、俄罗斯、南非、德国、法国、阿联酋等国家，与50多个国家和地区建立稳定的贸易伙伴关系。1999年，地区行署加大对出口市场结构调整力度，在巩固东南亚、日本等国家主要传统出口市场的同时，继续拓展欧美机电市场以及中东、南美、独联体等富有潜力的新兴市场。改进招商方式，建立“中国三都澳”招商互联网，并在美国全球商业发展网络上网招商。2000年，全区外贸企业抓住宁德“撤地设市暨第二届中国闽东大黄鱼招商节”的契机，大力组织外贸产品出口和吸引外商投资。年外贸自营出口7402万美元，实现合同外资5533万美元，分别比上年同期增长82.45%和50%。外商投资除亚洲地区外，拉美、北美、大洋洲等外资比例提高。对外贸易主要商品有九大类、70多个品种，产品销往61个国家和地区。

2001年，全市各级政府按照福建省政府提出“大力促进外贸投资环境建设”的要求，以加入世界贸易组织为契机，着重抓全市外贸出口和投资软环境建设。市政府领导与县（市、区）经

济开发区领导在全市利用外资工作会议上签订责任状，推进全市招商引资和外贸出口工作。是年，全市实现外贸出口总额1.05亿美元，出口市场呈现多元化趋势。2002年，市政府相继出台《关于进一步优化投资软环境的若干意见》《关于鼓励企业开展境外加工贸易业务的实施意见通知》和《关于贯彻“走出去”开放战略实施意见》等一系列文件，对宁德市企业到境外开展加工贸易和鼓励外商投资起到重要作用。2003年，全市外贸呈现全面增长态势，利用外资实现稳步增长，实施“走出去”战略成果排在全省前列。2004年，市政府为改善投资环境，出台《关于损害经济发展软环境行为责任追究的暂行规定》，制定《宁德市外经贸部门行政许可审查暂行规定》等，鼓励发展外向型经济发展的各项政策措施，创建效能型、服务型、责任型政府，以营造优良的政务环境。筹办宁德市唯一的中英文专业招商网站“投资宁德在线”，成为宁德市对外开放的重要窗口和招商引资的权威平台。2005年，宁德市利用外资及港台资项目平均规模与往年相比明显扩大，新批总投资千万美元以上项目9个，比上年同期增长125%。除中国香港等地区外资来源持续增长外，日本、美国、澳大利亚等国家和中国台湾地区投资增长较快。对外贸易连续3年保持高速增长。当年进出口总额3.36亿美元，出口首次突破3亿美元，创历史新高。

第三节 城乡建设

一、交通设施建设

1993年，地区行署开始实施公路交通“先行工程”建设，当年完成国道104线旧线改造第一期工程。1994年，国道104线闽东段列入第二期拓宽改造。1995年，全区公路运输紧张状况随着国道104线闽东段的主线改造完成明显缓解，促进交通运输生产平稳发展，全年货运量725.35万吨，客运量3656.84万人。1996年，交通运输发展水平明显提高，全年完成增加值10.32亿元，比上年增长23.3%，交通运量结构继续得到调整。1997年，以飞鸾岭隧道和宁德城关至飞鸾高速公路为重点的公路建设取得进展，全区路网功能逐步完善，交通基础设施不断改善，完成一批县、乡公路修建。全区行政村通路率91.1%，实现县县通柏油路。相继建成赛岐港2个500吨级杂货码头及一批陆岛交通码头。1998年，飞鸾岭隧道右洞竣工通车，全部完成宁德城关至飞鸾高速公路路基铺设。全区新铺水泥路45千米、柏油路351千米，福安、古田、福鼎、柘荣4县（市）实现乡乡通柏油路。完成港口码头建设投资0.76亿元，建成13座码头，新增吞吐量8700吨。完成场站建设投资992万元，宁德汽车站一期工程建设投产，完成周宁车站主体工程建设，开工建设福鼎汽车南站。1999年，罗（源）宁（德）高速公路宁德段19.3千米全线贯通，福（州）宁（德）高速公路全线动工建设，完成6个县（市）乡乡通柏油路。农村奔小康公路建设取得新进展，至年底全区行政村通路率94.46%，全区交通基础设施建设得到进一步改善。

2000年，各级政府实施“一路一洞一港”（温州—福州高速公路、飞鸾岭高速公路左洞、城澳港）和以区道路发展工程为重点的交通基础设施建设。建成福宁高速公路飞鸾岭第二隧道，实施山区道路的一个半小时交通网工程。开工建设城澳港万吨码头。全区公路建设从过去低标准量的延伸向高等级质的提高方向发展。全区港口综合通过能力达到285.9万吨，新增旅客108.8万人次。解决沿海大部分岛屿群众出行难的问题。到2001年，全市交通基础设施建设完成投资27.46亿元，为全市交通基础设施完成投资最多的一年。

2002年，市政府实施“大交通、大港口、大腹地”战略，把福宁高速公路、温（州）福（州）铁路和“一个半小时交通网”等3个项目作为重中之重。全市交通基础设施完成投资21.72亿元，占年度交通建设计划21.35亿元的101.73%。福宁高速公路漳湾至蕉城互通段建成试运行。完成三都澳城澳万吨多用途码头水工主体工程建设。2003年6月28日，福宁高速公路主线建成通车，全市交通建设形成投产一批、建设一批、开工一批、储备一批的流动式发展格局。全年公路建设完成投资3.04亿元，港口建设完成投资4540万元，道路货运量590.19万吨，港口货物吞吐量142万吨。2004年，全市形成以福宁高速公路、国道104线和6条省道为主骨架，以县道和乡道为枝干，初具规模的公路网络和港口码头群，实现交通从制约型向基本适应型转变。城澳港通过省级一类口岸验收，并作为国家对台货物直航临时点实现首航。农村路网铺设水泥路面650千米，投资2.6亿元，成为历史上农村公路投资最多、建设速度最快的一年。2005年，全市编制完成《宁德市“十一五”综合交通运输体系建设专项规划》，开展宁（德）（邵）武、福安至泰顺高速公路的前期筹建工作。宁德至屏南公路、礁头至城澳公路、柘荣城关至彭家山公路、福安湾坞至半屿疏港公路和古田环湖公路按计划建设，进展顺利。温（州）福（州）铁路动工建设，福（州）宁（德）高速公路福安连接线建成通车。全市完成路面铺灌水泥715.06千米，有1050个行政村实现公路路面硬化。完成站场投资1800万元，宁德汽车南站开工建设。是年，三都澳港口岸更名为宁德港口岸，经国家级验收作为一类口岸对外开放。

二、电力设施建设

1993年，宁德地区行署把解决全区无电村用电问题列入为民办实事之一。1994年，闽东地方区域电网实现北部福安、福鼎、柘荣、寿宁、周宁、霞浦等6县（市）联网。1993—1996年，全区累计投入资金2768.28万元，完成261个行政村电力建设、架设高压线路1059千米。1996年，闽东电网与华东电网正式联网。全区实现行政村村村通电。是年，宁德行署决定将地区8县（市）13家国有电力企业划入闽东老区水电开发总公司统一经营、管理，实现闽东电力企业一体化经营目标。1997年，省重点工程芹山电站开工建设，黄兰溪水库梯级电站二级电站建成投入营运。闽东老区水电开发总公司在全区年发、供电和年税利均创历史最高水平，装机总量为15.15万千瓦，发电量6.6亿千瓦时。1998年，闽东老区水电开发总公司成为福建省重点企业。1999年，全区水电总装机14万千瓦，拥有高压线路9586千米，福鼎桑园水库电站实现“五年二期四年完成、三年发电”的目标，被水利部评为优质工程。全区建成乡村电站75个，装机10.6万千瓦，起到对主导电站配合、辅助的作用，形成地方电力系统内大、中、小结合的“企业群体”和“规模经济”。是年，行署出台《关于成立地区农村电力体制改革领导小组的通知》，加快全区农电体制改革步伐。

2000年，是全国电网调度系统管理年，宁德地区利用闽东电网可以与福建省电网和华东电网双向联网的优势，采用灵活的运行方式满足电能富余县电能的“上网”要求和需要“下网”电能县的用电要求。当年地区行署与省电力建设公司和闽东老区水电开发总公司三方签订农电代管协议，全区8县（市）电力公司归福建省公司代管，理顺省、市两级的电力体制。是年，行署出台《关于进一步加快农业“两改一同价”工作的通知》。当年全市完成农电改制的乡镇有22个、改制面20.4%、改制到位率81.82%。到2001年，全市完成地方电力建设装机容量2.4万千瓦，发电量18亿千瓦时，顺利完成全市108个乡镇的农网改造任务，工程投资3亿元、新增固定资产2.5亿元。全市当年完成供电量16.52亿千瓦时，比上年增长17.57%。

2002 年，全面完成全市农村电网改造，解决 286 万人口的用电问题，屏南、周宁、古田、柘荣 4 县率先实现同网同价。实施乡镇供电所规范化建设，减少县级、乡镇供电的中间环节，将规范化建设延伸到村级营业点，进一步完善村一级电业管理。2003 年，全市乡镇电力管理体制改革工作稳步推进，各县（市）已改制的电管站对网改行政村的农村供电，通过省规范化管理验收达标的有 49 个。2004 年，全市全面启动“城网改造”工程，全年累计完成投资 2.88 亿元，建设和改造线路 244 千米，重点工程蕉城兰田变电站竣工投入使用。2005 年，全市电网改造完成福州至宁德及县（市）的双回路输变电线路建设，解决全市长期以来电网脆弱、承受力低的状况。完成穆阳溪梯级二级周宁水电站的主体工程，大唐火电厂一期项目已竣工试产，新投资建设水电站 46 座、总装机容量 47.57 万千瓦。全市实现工业、民用用电稳定、充足、安全。

三、通信设施建设

1993 年，全区移动电话通信网得到广泛应用，县城实现电话交换程控化，无线寻呼自动化。1994 年 12 月 4 日零时，宁德地区本地电话网号码由 6 位升到 7 位，区内 9 个县（市）全部并入 C3 本地电话网，统一使用长途区号“0593”，无线寻呼同时实现联网升位。1995 年 5 月，全区实现移动手机号码升 7 位，同年宁德三载频数字电话基站开通，数字化移动通信开始崭露头角。10 月，可视电话会议系统在全区得以广泛应用。1996 年 5 月，计算机互联网宁德节点开通，实现宁德地区信息用户与外界的信息交流与共享。9 月，全区 120 个乡镇全部实现交换程控化。邮政事业在全省率先成立“180”服务台，受理用户投诉及业务咨询。1997 年 7 月，宽带综合业务数字网的开通，为区内电信通信提供高速率、高带宽的数字通道，电信网综合实力逐年显著增强。1998 年，建成 6 万门数字移动交换机，宁德地区本地网 SPN 工程顺利通过验收，全区本地网络传输速度得到提高，提供充足的传输电路。是年，国家决定对邮电体制进行重大改革，实行邮电分营，宁德地区按照省局邮电分营各项实施细则，有计划、按步骤地推进邮电分营、电信重组改革。全区 18 个邮政、电信企业于 10 月 26 日正式挂牌运营，宁德地区邮政局正式成立。12 月 23 日，无线寻呼从电信系统剥离，移动通信公司在 1999 年 7 月 17 日分营独立运营。到是月 22 日，全区数字移动电话网由 10 位升到 11 位。10 月，地区 ATM 数字交换宽带试验网正式建成，推动闽东信息化发展进程。2000 年，全区完成网关局工程、SSP 工程、无线环路－无绳市话系统等一系列省、地重点建设项目；完成交换机，接入网，数据交换，通信管道，光电缆的新、扩、改工程。在全区各乡、镇设立电信代办营业点，有效提升农村电信服务水平。

2001 年，宁德市建成国家骨干传输第三南沿海光缆闽东段工程，完成宁德、福安两局 F150 交换设备七期扩容、S1240 升版扩容工程、优化现有铜缆网络、新建和改制接入网点以及乡镇物理线路环网建设，兴建政务信息网工程、加快建设宽带城域网、增加出口容量和带宽。2002 年，全市邮政业务不断扩大，新增服务项目有邮资封片、快递包裹、商业信函、混合信函、邮递广告、鲜花礼仪、企业金卡、电子汇总、特快专递、报刊图书、物流代递、代办电信、邮政寻呼、邮政储蓄、邮购、集邮等业务。电信业务加快扩容电话交换网、优化无线市话网和增容骨干传输建设。建成市内 SDH 环网，为闽东通信发展提供充足的传输线路。全市移动通信网络覆盖到 95% 以上的行政村，主要交通干线实现连续覆盖，海域基本实现全覆盖。2003 年，市政府稳步发展邮电通信事业，完成市内 2 条环网光缆干线建设，小灵通宽带覆盖全市。建成宽带小区端口 1 万个，为“数字宁德”开辟通道。移动通信新建基站 96 个，新增载频 760 个。宁德网通也在新型的宽带网络基础上构建集成语言、数据、视频业务。2004 年，全市电信部门秉承“用户至上、用心服务”的经营理念，不断提升电信网络的规范化服务。成功举办“太姥一号”应急通信演练，加强网络通信保障。移动通信也推进品牌建设，全市农村信号覆盖面达到80%以上。网通建立宁德—福安—福鼎城域网，覆盖大部分区域的语言和数据网络。联通公司的CDMA目标网基本建成。2005年，通信网络覆盖闽东重点乡（镇）村、国道、高速公路、海域、隧道、风景点等区域。移动通信在三都海上建立全省首家海上营业厅，全方位服务海上渔民。宁德电信创建首个客户品牌“全家福”，推出短信、彩铃、超线无绳等多样化的新业务。宁德、福安、福鼎和霞浦等主要县（市）开展网通业务。

四、城市环境与公用事业建设

1993年，全区开展“市场建设年”活动，至1994年，两年共引进外资4.50亿元，建设大小商业街6条，拆除旧城面积39万平方米，城区新建面积65万平方米，全区城区面积达到30平方千米。新建改建城市道路20.40千米，新建福安罗江水厂，扩建福鼎水厂，供水能力达到2.2万立方米/日。新建公厕12座，福安市成为全区第一个水冲式公厕达标城市。1995年，行署发出《关于加强宁德地区城市园林绿化工作的通知》，将城市园林绿化工程作为城市建设和环境建设的重要组成部分，提出将宁德建设“城在林中，水在城中”，以亚热带风光见长的山水园林城市发展目标。1996年，地委、行署出台《关于加强城市规划建设管理工作的决定》，在全区开展规划建设管理年活动。行署成立“规划年”活动领导小组，以“规划年”活动带动城区基础设施建设，确定10项城市建设项目。周宁、宁德、古田第二自来水工程建成投产。福安下白石2000平方米液化气中转站建成。宁德市（今蕉城区）南北路改造和街景装饰完成。1997年，地区行署为加强城市形象工程建设、改善城市环境，提出在全区实施“新、绿、亮、洁”工程，重点实施“净化工程、路网工程、形象工程、夜景工程、绿化工程”等主要工程。全区共建立市容示范街19条、灯箱广告街22条，设置街面大小灯箱1300面，装饰道路立面27条街，新建城雕2个，新设环岛12个，新建公厕23座，新增城市园林绿地21.08公顷、公共绿地11.18公顷。1998年，全区城市道路340千米，新建水厂17座，供水普及率96.6%；公厕水冲率60%以上，园林绿地863公顷，人均公共绿地达4.6平方米，建设大小公园24个。1999年，全区各县（市）政府加大园林绿化建设力度，重点抓城市道路绿化、中心绿地建设和庭院绿化工作。福安市在城市中心区建设莲池绿化广场，开发建设江滨绿化长廊；古田县完成解放路、六一路、河圪路的绿化。全区新增园林绿地29.09万平方米。宁德城东路完成主车道铺设，东侨开发区闽东路、商贸街完成路基工程。2000年，城市建设重点围绕撤地设市为主线，加快重点工程项目和城市基础设施建设。行署安排的12个迎接撤地设市项目如期完成。全区完成基础设施建设投资3.79亿元，新增城市园林绿地25.6万平方米，新增公共绿地7.59万平方米，新建或改建城市道路8.20千米，新建垃圾中转站9个，新建城市环岛3个、城雕3个、广场2个，改建公厕7个。其中蕉城区市区新建道路城东路、闽东路、东侨大道，改建鹤峰路、拓宽北大路。建成文明先锋广场一期工程、塔山公园一期工程，整治蕉城南路、护城河，新建公交停车场

2001年，全市加快以宁德中心城市建设为重点的城市建设，推进全市城镇化进程。动工建设宁德市区工业路、坪塔路，完善城市路网结构。福安市建设“欧式”特色的穿山路投入使用，古田县建成人行天桥。全市新增公交车辆31标台，新增城市日供水能力2万吨，新增城市园林绿地10.2万平方米。2002年，市政府出台《关于做好经营城市工作若干意见》，完成城市客运市场管理、通信管道开发建设规划，加快城市基础设施和园林绿化建设，提高城市化水平。当

年，仅宁德市中心城市建设投入资金 730 万元。全市建成燃气供应基地 21 个。2003 年，全市以环境建设为重点，加大市政基础设施建设投入。市政府确定的中心城市 27 个城建项目完成 17 项，累计完成投资 9017.94 万元。完成中心城市供水工程第三水厂厂区主体工程，建成小东门溪河道净化工程、小东门溪南岸绿地、东湖路绿地化小走廊等环境工程，中心城市功能得到完善。2004 年，市政府首次召开中心城市建设工作会议，明确 2004—2005 年度建设海峡西岸经济区东北翼增长极港口中心城市建设目标，成立宁德中心城市建设指挥部，全力推进宁德中心城市建设。全年完成投资 4.95 亿元，比上年增长达 147%，是历年来投资增幅最大的一年。2005 年，市政府围绕加快宁德海峡西岸经济区中心城市建设的战略部署，针对中心城市基础设施短板，提出四个发展目标：一是路网框架系统要基本形成；二是城市市政基础设施基本配套；三是公共服务设施要逐步完善；四是城市生态休闲景观要独具特色。全年投入城市基础设施建设的资金 8.10 亿元，一批骨干项目和重点工程相继建成并投入使用，支撑城市发展的路网系统、供水系统、生态系统等基础设施框架初步形成。

五、村镇建设

1993 年，全区完成集镇公共建筑建设 84.33 万平方米，新村房屋建设 388.28 万平方米。1995 年，行署确定抓好 1000 个奔小康村住宅建设，同时实施造福工程，有 2150 户农民迁入新居，农村人均居住面积达到全省中上水平。是年，行署在 18 个乡镇、110 个中心村进行村镇建设试点，进行分类指导，以建制镇水、电、路和农贸市场等建设为重点，在点头等中等新型村镇，实行统一规划，综合开发、配套建设。1996 年，福安市赛岐镇列入国家建设部小城镇建设试点镇。1998 年，全区有地市级以上试点建制镇 10 个。全区拥有乡村道路 4967 千米，其中高级、次高级道路 111.9 千米，占总长度 22.39%；村镇自来水的供水能力 11.14 万立方米 / 日，80% 的乡镇拥有自来水厂；有供水设施的村庄 1372 个，受益人口 143.51 万人，占村镇总人口的 51.24%。村镇用电普及率提高，所有乡镇和 78% 的村庄实现通电；村镇环卫设施不断完善，全区拥有环卫机械 200 辆、公厕 335 座；新增公共绿地面积 66 公顷、拥有乡村公园 10 个。1997 年，地委、行署把全区 161 个老区基点行政村“五通”（通电、通水、通公路、通电话、通电视）工作列为扶贫攻坚的重点任务，村镇的用电、通话普及率不断提高。1999 年，在各级政府领导下，推动乡镇电信网向信息网转变，完善乡镇数据网的补点工程。全区投入 1075 万元，采用先进的接入网技术，新增 81 个通话行政村，行政村通话总数达到 2066 个。全区新建、扩建乡镇自来水厂各 1 个，新增日供水能力 2500 立方米，自来水普及率 82.6%。是年，福安市赛岐镇投入资金 787 万元，重点进行“一路一场一区”建设。是年，霞浦县牙城镇渡头小区列入第二批省级村镇住宅小区建设试点。2000 年，全区村镇建设共投入资金 7.41 亿元，新增住宅建筑面积 170.02 万平方米，新增公共建筑总面积 18.17 万平方米，新增生产性建筑面积 16.06 万平方米。村镇自来水普及率 90.2%，绿化覆盖率 8.8%，人均拥有道路面积 3.32 平方米。

2001 年，市、县（市、区）两级政府出台一系列鼓励试点小城镇建设的优惠政策和实施办法。主要是放宽户籍政策、推行小区统一建设经济适用房、给予税费减免和财政资金扶持等优惠政策。随着城市化水平的提高，建制镇、集镇住宅建设量较上年增加 3.7%，村庄住宅建设量明显下降。全市新建公共建筑面积 12.73 万平方米，新建自来水厂 4 个，拥有公共绿地面积 74 万平方米，新增村镇道路 135 千米，人均铺装道路面积 3.49 平方米 / 人。2002 年，全市乡镇拥有自来水厂 93 个，日供水能力 12.48 万立方米，用水普及率提高到 91.56%；人均拥有公共绿地

1.27 平方米；拥有道路 5694 千米，道路硬化率 94.34%。全年完成基础设施建设投资 0.81 亿元。2003 年，宁德市政府继续推进试点村镇住宅小区建设。组织人员到省级村镇住宅优秀试点小区参观，并在柘荣县、寿宁县、福安市、霞浦县推广。全市乡镇新建公共建筑面积 20.12 平方米，人均公共建筑面积 3.15 平方米，较上年略有增加。2004 年，全市共有各级村镇建设试点 106 个，全市完成公共设施建设投资 1.87 亿元，农村自来水受益人口 179.01 万人，用水普及率 64.42%，拥有公共绿地 78.51 万平方米，村镇道路总长 6040 千米、道路硬化率 98.44%。2005 年，全市各级建设试点村镇达到 129 个，建设总投资比上年增加 17.49%。

六、国土资源管理与环境保护

（一）国土资源管理

1993 年，地委、行署关于海洋开发总体思路是，闽东海洋资源开发利用先以海岸带和近海开发为主，有计划地加强海洋资源的调查，开展海洋研究和科技开发，为逐步向海洋资源开发利用的深度和广度进军创造条件。同时建立以海洋生物资源开发为先导，以海洋港口资源开发为重点，带动其他海洋产业的全面发展，促进海洋资源优势转变为经济优势，并以环三都澳开发为龙头，辐射沿海区域的发展和山区的开发。土地开发依照“统筹兼顾、保证重点”的原则，优先安排农业用地，保障粮食和茶叶生产，合理安排建设用地规模和布局，推进土地制度改革，坚持土地公有制原则和土地有偿使用制度，重视提高土地复种指数和开发复垦土地，实行科学经营管理。地委、行署还利用国务院批准宁德地区为“全国综合改革促开发试验区”的有利条件，全面启动土地制度改革试验，并初见成效。是年，全区共出让国有土地 286.91 公顷。1994 年，综合改革试验八大项目顺利推进，其中土地制度建设试点在全区 104 个行政村铺开，成为经济发展的重要推动力量。1999 年，行署根据福建省政府下达任务，划定基本农田保护片 29674 片、1.309 万公顷，基本农田保护率 86.4%。全区大力开发耕地后备资源，加大围海造地，共有 23 个耕地开发、土地整理项目列入全省重点项目。2000 年，全区被列入省重点耕地开发项目 20 个、总面积 7546.27 公顷，可新增耕地 4644.73 公顷。其中滩涂围垦项目通过福建省国土资源厅转报申请，列为国土资源部耕地开发重点项目。同时，利用土地适应性评价结果，全面展开土地开发整理专项规划的编制和项目建立工作。全区有 4 个县（市）相继成立土地开发整理中心。

2001 年，市政府制定出台《关于加强土地开发管理工作的通知》，明确将土地开发整理作为一项产业化和特色产业发展，将其列入各县（市、区）人民政府国土资源工作目标管理责任内容，作为年度考核重要内容之一。全市建立三级项目储备库，完成土地整理开发专项规划编制。2003 年，为进一步深化土地制度改革，优化土地资源配置，规范土地市场秩序，市政府印发《宁德市土地收购储备试行规定的通知》，增强国土资源各项管理职能，将测绘行政管理职能划入国土资源部门，实现统一监管。当年，全市完成基本农田保护区调整工作和洪口电站、闽东大学城、温福铁路等国家、省、市重点工程建设用地的审批。发出《关于保护港口岸线及陆域资源的通告》，加强对港口开放建设的国土资源管理。2004 年，全市进一步加强对国土资源管理，保证国土资源管理工作目标责任制的落实。制定年度国土资源管理工作目标责任考核办法，聘请 15 位特邀国土资源监察员，参与国土资源管理决策监督工作。2005 年，市政府制定《宁德市工业项目建设用地控制指标》，在坚持执行省定控制标准的基础上，提高工业用地利用率。当年，完成《“十一五”矿产资源开发规划》《宁德市地质灾害防治规划》《“十一五”基础测绘规划》《“十一五”土地开发利用专项规划》等编制工作。在全市 9 个县（市、区）全面开展新一轮土地利用现状调查，其中试点乡镇的外业调查工作还通过了省验收。

（二）环境保护

1993—1994 年，地委、行署每年都召开二次以上研究环境保护问题的专题会议，把环保作为一项重要工作进行部署，并与各县（市）政府签订环保责任书，作为领导任期目标考核内容。1995 年，全区在治理水环境、大气环境、城市噪声和工业污染排放方面取得成效。1996 年，各级政府对石板材、林业、造纸、电镀、制革以及其他污染环境的小企业，按照国务院部署采取取缔关停措施，全市共关停各类危害环境的小企业 48 家。1997 年，对福安市穆阳溪进行治理，全流域治理率 90%。1998 年，地区行署颁布《宁德地区乡镇个体私营企业排污费征收办法》，加大排污费征管力度。同年 10 月，成立“110”环保联动工作领导小组和全区“110”环保联动网络。1999 年，加强“一控双达标”（控制工业污染物排放和水环境、大气环境治理达标）工作，开展全区范围内汽车尾气专项治理。把石材加工业列为治理污染源的重点，古田敖江流域板材废水治理通过省政府验收。2000 年，地区行署出台《关于进一步加强石板材行业环境保护工作的通知》。地委、行署为加快全市“一控双达标”工作步伐，批转市环保局《关于加强我市“一控双达标”工作意见》，截至 12 月，全区“一控双达标”工作基本完成，达到控制指标。

2001 年，市政府下达《宁德市人民政府关于开展严肃查处环境违法行为专项行动的通知》，全面布置环境治理专项行动。2002 年，市政府出台《关于贯彻实施敖江流域水环境保护规划的意见》，完成全市生态环境规划纲要编制和“十五”环境规划修编工作。2003 年，市政府与各县（市、区）长签订新一轮环保目标责任制，通过抓县（市、区）长环保目标责任制，促进环保工作各项制度、法律、法规的落实。是年，市环保局在完成省政府部署的生态环境现状调查的基础上，配合市人大常委会开展生态城市建设调研，形成《高速公路两侧一重山生态环境保护规定》决议。2004 年，市政府出台《关于加强环境保护促进人与自然和谐发展的决定》，加强环境保护工作。全市开展城市大气监测优化布点工作，完成水、气环境容量测定。2005 年，完成《宁德市“十一五”环境保护规划》《交溪流域环境保护规划》《宁德市城市环境规划大纲》编制。同年，宁德市的柘荣、霞浦、周宁 3 个县被列为国家级生态示范区建设试点。

第四节　社会事业建设

一、教育

1993 年，宁德地区行署确立教育优先发展战略地位，把发展初中教育、实施“两基”（基本普及九年义务教育、基本扫除青壮年文盲教育）作为“翻身战”“攻坚战”来部署，明确规定县（市）长是“两基”工作第一责任人。1994 年，出台《宁德地区全日制小学学生成绩考核办法试行意见》，一批学生在各级各类学科竞赛中脱颖而出。当年全区在福建省学科竞赛中，获一等奖的 5 名、二等奖 13 名、三等奖 22 名。1995 年，福安一中学生陈华一获全国数学竞赛一等奖，被选为国家数学奥林匹克队正式队员，是福建省第一个获此殊荣的学生，1996 年再获第 27 届国际中学生数学奥赛金牌。1997 年，行署作出关于大力发展职业教育的决定，职业教育进入“依法治教”轨道，开始改变中等教育结构单一局面。加强师资队伍建设，鼓励和动员教师在职或离职培训、进修，严格控制合格教师改行，严禁师范类毕业生改派，使师资紧缺矛盾得到有效缓解。是年8月，全区“两基”工作通过省政府的评估验收。1998年11月，全市“两基”工作通过教育部的督导检查，寿宁县被教育部评为“两基”先进县，成为全区唯一获此殊荣的县份。是年，行署下发《关于中小学实施全面素质教育的若干意见》，加快全区教育改革步伐。同时制定《宁德地区各级各类幼儿园管理暂行办法》，对社会力量办园在申报、广告、招生、登记注册、年检复查、评估等做出明确规定，加大对教育行政部门管理力度。对社会力量举办学前教育采取鼓励扶持与严格规范管理相统一的办法。1999年，宁德、福安、福鼎、霞浦、周宁、柘荣等6县（市）的7所达标完中停止初中招生，改办高级中学。古田、屏南、寿宁等3个县以电脑派位形式实现初中免试入学。是年，行署在霞浦县召开全区社会力量办学暨校务公开工作会议，专题部署推动社会力量办学、推行校务公开和深化中小学内部管理体制改革工作，拟订《宁德地区行署关于鼓励社会力量办学的若干规定》。2000年10月，行署在福安召开全区民族教育工作会议，讨论地区行署《关于发展民族教育的若干意见》，制定民族教育发展规划。重点做好招生制度、中小学内部管理体制、办学体制和市直大中专学校布局结构调整4项教育改革，首次实行高校招生计算机采集考生信息，并在部分学校实行网上录取。

2001年，尝试与高校联办高职班，同省内名校联合办学，推行“双证制”（毕业证和专业技术证），同时推进课程改革，确定福安市、古田县为省基础教育课程改革实验区。2002年，市政府印发《宁德市基础教育事业“十五”计划的通知》。是年，霞浦县职业中专与日本横滨国际教育学院开展联合办学，成为全市第一所与国外院（校）联合办学的学校。霞浦县实验小学张浩然同学获第七届全国少年儿童“故事大王”选拔赛特等奖，被授予全国“故事大王”称号。2003年，宁德市第一所由宁德一中和宁德师范附小两所名校创办的宁德市东侨实验学校秋季开始招生，宁德市职业学校开始实行学分制。2004年，开通“宁德教育网”，逐步实现全市教育系统办公电子化和教育资源共享，加快东侨华侨小学筹办及宁德师专升级为本科学校和新校区建设工作。2005年，宁德市职业技术学院正式获准成立，宁德师专新校区征地基本完成。是年，市委、市政府出台《关于加快教育事业发展若干问题的决定》，进一步健全教育经费投入的保障和监控机制，启动农村义务教育阶段低保家庭学生“两免一补”（免义务教育阶段学杂费、教课书本费、补助寄宿生生活费）工作和对特殊教育学校的学生实施义务教育。

二、科技

1993年，地委、行署以“科技是第一生产力”的思想为指导，围绕“九五”科技发展目标和实施科教兴区战略，依靠科技发展特色高优农业，开发海洋生物资源，培育发展高新技术产业，推进科技星火密集区和科技示范乡镇建设。1995年，地委、行署制定《关于依靠科技进步，加快闽东经济发展的若干规定》，明确全区实施科教兴区的战略目标、重点任务以及对策措施，确定“九五”科技发展以实施“9432”工程为重点（即建设9大农业示范基地，主攻4大兴海项目，发展3大主导产业，创建2个高新技术园区、2个科技工作先进县、市和20个科技示范乡、镇）。1996年，全区粮食、畜禽、水产、水果、林竹、食用菌、“三车”（自行车、摩托车、汽车）配件、电器电机和国民经济信息网络建设等一批重点项目启动，项目被分别纳入省“十大科技工程”。1997年，行署对新一轮创业进行部署，确立形成与“9432”工程相配套的“七区二带”（建立霞浦和三都澳海洋科技园区、福鼎对台农业引进示范区、福安赛江—溪柄农业科技园区和宁德七都科技星火密集区，创建福安电机电器技术创新工业园区和福鼎“三车”配件产业技术开发区，建立沿国道104线和沿海高速公路的农产品加工产业带和环三都澳、东吾洋沿岸晚熟龙眼、荔枝生产带）为格局的闽东沿海科技密集区发展思路。1998年，全区共有20项科技成果获得省科技进步三等奖，其中1项获1993年国家“星火计划”三等奖。1999年，全区着眼高产、高效、优质，抓好产业化配套技术研究开发，全年组织实施农业科技项目20项。在科技推动下，全区繁育大黄鱼等鱼类苗种10亿尾以上，成为全国最大的海水鱼类繁育基地。2000年，全区共实施省级重大农业科技项目4项，新实施省重点项目6项、市本级项目14项。

2001年，实施科技项目46项，其中22项新产品开发为国内首创，4项科技成果获省科技进奖。2002年，全市科技工作以“创新、产业化”方针为指导，突出项目带动、环境营造和管理创新，发挥科技进步的动力作用，开发新产品、新工艺，引导发展高新技术及其产业。福鼎“化油器系列产品开发”新产品技术含量提高，在全国具有一定知名度，在国内市场占有率20%以上。2003年，全市投入科技资金1592万元，22项新产品开发达到国内领先、首创或国际先进水平。2004年，市政府制定《宁德市科学技术奖励规定》及其《实施细则》，鼓励发明创新，首次设立市科学技术杰出人才重大贡献奖。科技项目中的“膜分离鲜茶浓缩汁技术开发”获国家农业科技成果转化基金资助，“食用菌新品种筛选、栽培及保鲜加工技术示范”等5个项目列入国家“星火计划”的指导性计划。2005年，全市专利申请量324件、授权168件。全市高新技术产品工业总产值5.8亿元，比上年增长21%。

三、文化

1993年，各级政府实施“宁德地区芳草计划实施方案”，结合闽东畲族聚居地区特点，开发特色文化，采取以点带面、城乡结合、全面推进的做法，弘扬畲族文化。1994年，成立宁德地区文化市场管理委员会，负责全区文化市场的日常管理。地区行署发出《宁德地区行政公署关于加强文物保护工作的通知》，推动全区文物工作的进展。1995年，地区行署在福安召开全区农村文化站建设现场会，在全区推进农村文化设施建设工程。1996年，将扶持乡镇文化站建设列入行署改善城乡人民生产、生活条件要办的10件实事之一。1997年5月，地委、行署召开全区文化文物工作会议，把建设标志性文化设施作为文化基础建设重点，计划在东侨开发区筹建中心图书馆、中心博物馆、中心影剧院和畲族艺术中心等建设项目。1998年，宁德地区畲族歌舞团应邀赴新加坡演出，加强对外文化交流。1999年，组织全区庆祝中华人民共和国成立50周年《走向辉煌》综艺晚会。是年，福鼎市被列为全国先进文化县，柘荣县的“全国剪纸之乡”通过省级验收。2000年，围绕撤地设市，举办大型文艺会演，宁德人民剧场、文化馆、图书馆建设列入地委、行署为民办实事项目。完成《宁德文物》编辑出版，文化部门组织文化下乡活动。

2001年，市政府发出《关于做好农村文化工作几点要求的通知》。2002年，宁德人民广播电台试播成功，全市完成80个广播电视“村村通”工程建设，越剧小戏《荷花嫂》晋京为党的“十六大”展演，文物普查和闽越文化遗址考察取得成效。是年，市政府制定出台《宁德市“十五”文化事业和产业发展规划》《关于加强农村文化工作的基本意见》，颁发《创建文化先进乡镇活动办法》，以全面推动农村文化事业的发展。2003年，宁德电视台公共频道开通，宁德人民广播电台实现全辖区覆盖。全市实施农村电影放映“2131工程”（在21世纪初开始，基本实现农村一村一乡放映一场公益性电影的目标），举办“宁德·温州青年歌手大赛”，加强闽浙边界的文化交流。2004年，全市开展抢救和弘扬畲族文化工作。文艺创作的舞蹈《赤髀横裙》《我的家》分获全国专业舞蹈比赛三等奖和福建省第四届百花文艺奖二等奖。2005年，各级政府组织对非物质文化遗产的调查与保护，畲族小说歌、畲族民歌、寿宁北路戏、四平戏、霍童线狮等5项被列入全国第一批非物质文化遗产代表名录。

四、卫生

1993年，在各级政府领导下，全区卫生单位开始推行管理体制改革，各级医疗单位普遍推行岗位责任制，实行定额管理、增收节支，拓展服务项目，兴办各类家庭化病房、产房、专家门诊。地区行署把1994年4月至1995年4月确定为闽东医疗卫生改革与发展活动年，地区行署专员办公会议同意并批转地区卫生局拟定的卫生事业发展“九五”计划。是年，全区有霞浦、福安、柘荣、宁德、古田、福鼎6县（市）设立“农村防保基金”。1996年，区内有部分疫情发生，又遭遇强台风和洪水侵袭，但全区仍保证做到“大灾之后无大疫”。1997年，宁德地区急救中心、地区中心血站挂牌成立，宁德、福安、福鼎三市“120”急救电话开通。区内9县（市）开展“农村卫生与小康关系”的课题调研活动，为卫生改革与发展的若干优惠政策出台提供依据。1998年11月，地区行署出台《关于进一步加快卫生改革与发展的决定》，对卫生综合执法体制、医疗服务、卫生机构人事制度改革、卫生投入、合作医疗、预防保健、加强卫生工作等做出明确规定。全区农村合作医疗在巩固原有开展试点的基础上，扩大试点和参加合作医疗人口的覆盖面，实现县县都有小批试点。2000年，全区开展医疗服务收费标准调整，实行医护人员公开考试聘用，药品实行招标采购，社区卫生服务开展试点。是年，农村初级卫生保健以县（市、区）为单位通过省级评审。

2001年，实现全市农村初级保健以乡镇为单位全面达标。2002年，全市组织34家县以上医疗机构参加全省第一次药品集中招标采购工作。加强全市乡（镇）中心卫生院建设，公共卫生重大突发性事件预防控制能力得到提高。社区卫生服务按照“成熟一个、发展一个”的原则逐步发展。2003年，宁德市作为全省最早做到对“传染性非典型性肺炎”及时防治的地区，实现“三无”（无二代感染、无医护人员感染、无死亡病例）目标。是年，实施世行贷款援助项目，开展对高危人群的干预。2004年，全市全面启动疾病预防控制、医疗救治和卫生监督三大体系建设，市政府出台《加强农村卫生工作的实施意见》，市财政安排资金，改造33个乡（镇）卫生院危房，并对全市341个农村卫生所“空白村”站所建设和村医给予补贴。2005年，各级政府加强传染病疫情、突发公共卫生事件的监测预警和网络直报工作，落实《宁德市人民政府2004—2006年度农村卫生工作责任状》，下发《宁德市乡镇卫生院发展规划（2005—2010年）》，对卫生院进行分类管理，改变农村医疗卫生薄弱状况。新型农村合作医疗制度开始在市内试点。

五、体育

1993年，宁德地区成立全民健身领导小组，开始实施全国《全民健身一二一启动工程》，全区8个省级试点单位以及23个地区试点单位逐项落实计划、人员、经费、场地等。1994年，全区中小学生达到《国家体育锻炼标准》的人数比上年增长9.9%。1995—1996年，区内向国家输送运动员3人。1996—1997年，各县（市）贯彻落实《全民健身计划纲要》和《中华人民共和国体育法》，举办首届地区全民健身节，进行成年人体质监测工作。1998年，第二届地区全民健身节暨地区皮划赛艇训练基地落成典礼在福安市坂中乡长汀村举行。屏南县把体育健身和旅游开发结合起来，举办独具特色且全国独有的屏南白水洋水上运动会。1999年，宁德地委、行署做出决定，在东侨开发区建设一个具有跨世纪特点的与新设地级宁德市相匹配的集健身、竞技、娱乐为一体的体育中心。2000年，全区体育工作围绕“为奥运争光计划”和“全民健身计划纲要”，加紧备战2002年的第十二届省运会。

2001年，成功举办宁德市第一届运动会。2002年，市政府把建设全民健身活动点作为市政府为民办实事项目之一，建成示范点1个、全民健身活动点25个。2003年，市体育部门开展宁德市业余训练项目调研，市政府召开专题办公会议，议定每年在体育彩票公益金中划出10%～15%的比例作为业务训练的专项资金。2004年，全面开展全市第五次体育场地普查工作。2005年，宁德市运动员在第十届全运会上取得三金一银一铜的历史最好成绩，获得两项世界锦标赛冠军。全民健身活动形成常态，全市常年参加各种体育活动的人数183万多人，占成年人口总数的50%。城乡体育锻炼和活动场所基本普及，人均占用面积达0.75平方米，基本达到国家标准。全年共举办各种群众性大型体育活动100多场次，全市新增全民健身工程点65个、全民健身路径4条。在竞技体育方面，全市设立19个项目，有注册运动员760人，举办宁德市第二届运动会。

六、计划生育

1993年开始，宁德地区行署每季度召开一次以上办公会议，专题研究计划生育工作问题。地区行署与各县（市）政府签订计划生育责任书，把计划生育合格村列入争创小康村的一项重要内容。1994年，地区行署分别在宁德市九都镇扶摇行政村和屏南县黛溪镇所在地，开展计划生育规范化管理试点并推广到全区，使村级计划生育管理走上规范化轨道。1995年，地区行署先后发出《关于认真做好1995年计划生育工作的通知》和《关于落实人口与计划生育目标管理责任制，认真兑现奖惩办法的通知》。1996年，地区行署把计划生育工作同发展农村商品经济相结合、同农民勤劳致富奔小康相结合、同建设文明幸福家庭相结合的“三结合”做法纳入人口责任制目标，下达到各县（市），作为党政一把手亲自抓、负总责重要内容。出台《关于在全区农村广泛开展计划生育“三结合”活动的实施意见》《关于下达地直有关部门1996—1998年计划生育“三结合”工作责任书的通知》和《关于对农村计划生育“三户”（独生子女户、二女绝育户、计划生育困难户）实施倾斜政策的暂行规定》，各县（市）相继制订实施细则。截至1998年，全区共扶持“三户”资金1108万元。1999年，在全区范围开展计划生育“五清理”（清理出生人口漏报、清理结育措施落实情况、清理漏管育龄妇女、清理社会抚养费征收情况、清理独生子女户和二女户法定奖励落实情况）工作，人口出生率、计生合格村率、晚婚率、长效节育率、合格村成立计生协会率、9个县（市）计生服务站等7项指标均完成责任书规定目标。

2000—2001年，宁德市计生工作突出落实“三为主”（坚持宣传教育为主，避孕为主，经常性工作为主）的各项指标，推广福安市范坑乡马冈村的工作典型，开展以村级管理为重点的计划生育试点工作。2001年，市政府研究出台两项落实计生“三结合”方针的工作措施，市财政从当年开始，每年拨出100万元作为贴息贷款，支持帮助农村计生“三户”特别是二女结扎户发展生产项目，县、乡两级政府对农村二女结扎户和独生子女户减免从小学到大学的学杂费。9个县（市、区）人口与计划生育工作有不同进展，古田县于2000年进入“三为主”计生县份，屏南县、福安市初步实现“三为主”的工作管理模式。2002年，市政府研究确定作为为民办实事项目之一，把每年市财政100万元小额贴息贷款帮扶二女户发展经济的政策延长到2005年。

2003年，围绕“依法管理、村（居）民自治、优质服务、政策推动、综合治理”的新工作机制，全市推进人口与计划生育综合改革。市直机关单位计划生育采用属地化管理，完善“属地管理、单位负责、居民自治、社区服务”的城市人口计划生育工作管理机制。是年，福鼎市进行计生投入机制改革试点。2004年，市委、市政府下发《进一步做好计划生育“五清理”工作的通知》，各县（市、区）开展“五清理”工作，柘荣县、周宁县、古田县启动对农村部分计生家庭实行奖励扶助制度的试点工作。是年，福鼎、古田被评为省级计生优质服务先进县（市），柘荣、屏南、霞浦、蕉城被评为全市计生优质服务县（区）。

2005年，全市进一步巩固发展创建计生优质服务先进县（市、区）活动成果，加快工作思路和工作方法的转变，人口计生工作整体水平有新提高，计生工作政策符合率平均90.1%。在全市实施农村部分计生家庭奖励扶助制度中，共扶助对象2481人。蕉城区城南镇贵岐村10户独生子女户依法获得优惠征地补偿份额，使计划生育优惠措施得到实实在在的落实，优化了计划生育的社会环境。是年，全市人口自然增长率控制在6.29‰以内，人口计划生育率90.1%。

第五节　移民安置

一、古田溪水电站库区移民安置

1956年，国家“一五”计划建设重点项目之一的古田溪水电站水库开工建设，1959年5月水库竣工开始蓄水。二十世纪八九十年代，古田县与宁德地区先后成立古田电站库区工作办公室和宁德地区库区工作办公室，协调解决有关问题。1993年，宁德地区为适应经济发展和群众生活需要，利用区内丰富的水力资源，加快水能电站发展步伐，开工建设的中型以上水库（库容1000万立方米以上）17座，其中大型水库3座。各县（市）均成立库区工作（移民）办公室，重点解决水库建设征地、移民搬迁安置和生产发展工作。地区行署规定县城内水库建设移民安置由所在县自行解决，跨地、县域的库区移民安置由地、县（市）库区办协调解决。由于原古田溪水库建设移民8019户43154人当时移民补助标准较低，遗留问题较多。当年5月，水利部移民局下拨给古田县100万元补助资金和300万元贴息贷款，用于古田城关原安置移民生产、生活补助及安置小区基础设施建设。1994年，水利部批准《古田县老库区扶持规划报告》，再拨给古田县200万元老库区扶持资金，用于古田溪水库移民生产生活及部分移民安置点基础设施建设补助。1995年，古田县政府领导多次到北京，向水利部移民局汇报古田溪水库移民遗留问题；古田县库区办和广电局等联合摄制古田溪库区电视专题片，全面反映古田溪库区面貌与古田溪水库移民安置历史遗留问题。经水利部移民局同意，古田溪水库移民遗留问题纳入中央直属水库建设问题予以统筹解决。1999年，古田县政府组织编制的《古田溪水库移民遗留问题处理和扶贫攻坚规划报告》，经福建省政府转报国务院，纳入国家规划。2002年5月，根据《国务院办公厅转发水利部等部门关于加快解决中央直属水库移民遗留问题若干意见的通知》与福建省水利厅有关通知，古田县库区办着手编制《古田溪水库古田库区移民遗留问题处理2002—2007年规划及总体规划》。经水利部批准，该规划项目开始实施。是年，水利部下拨古田溪水库移民补助资金890万元，建设原库区移民安置点基础设施和生产项目40个，其中农村公路和水泥路项目18个，新建、扩建、改建饮水项目10个、农村供电和电网改造项目4个、食用菌专用房建设项目4个、茭白市场建设项目1个、码头建设项目1个、造田和农田水利项目2个。2003年，继续实施《古田溪水库古田库区移民遗留问题处理 2002—2007 年规划及总体规划》项目。2005 年，国家下拨原古田溪水电站库区移民建设基金 3432.8 万元，实施农村道路、饮水、农田水利等项目 134 个，其中农村公路、机耕路、桥梁建设和道路硬化项目 63 个、码头项目 4 个、农村饮水项目 20 个、农田保护工程 5 个、新建和改建农田水利项目 4 个、食用菌专用房建设项目 9 个、种养业项目 10 个、培训项目 19 个，培训移民群众 15980 人次、移民干部 655 人次。

二、水口水电站库区移民安置

水口水电站系国家"七五"计划重点建设工程项目。1994 年，发放古田水口库区移民山地开发贷款 614.83 万元，开发茶果园 833 公顷。向当年发生重大灾害水毁工程的黄田、水口两镇发放专项扶持资金。1995 年，水口水电站水库建成竣工。库区总面积 93.5 平方千米，总库容 23.6 亿立方米，淹没区涉及宁德古田县、三明尤溪县、南平延平县的部分乡镇。其中古田县淹没土地总面积 1647.33 公顷，涉及莪洋（今黄田镇）、水口 2 个镇、17 个村、45 个自然村。其中淹没水田 649.32 公顷、旱地 159.35 公顷、园地 94.07 公顷、经济林地 169.62 公顷、用材林地 574.98 公顷，淹没房屋总面积 86.73 万平方米，淹没省、地、县、乡镇机关企事业单位 127 家，需搬迁安置城乡居民 4922 户、19687 人。受水库建设影响，外（南平市外洋）福（福州）铁路改线，涉及黄田、水口 2 镇铁路沿线搬迁居民 162 户、994 人，两项工程合计需搬迁居民 5084 户、20681 人，安置任务艰巨。为此，省政府水口水电站库区移民工作办公室制定一系列方针、政策，做好库区移民安置工作，古田县认真汲取原古田溪水电站库区移民搬迁安置工作的经验和教训，坚持公平、公正、公开原则，充分发动群众，集中县、镇两级技术、管理干部，采取切实有效措施，循序渐进，顺利完成水库移民资产登记、资料核实，安置房建设选址规划及三通一平（平整地基，通水、通路、通电）、用地分配、复建搬迁等各项工作。按照统一规划和移民自愿相结合的原则，水库淹没区移民主要集中建镇安置。其中原莪洋镇淹没区搬迁到原镇以西约 6 千米的黄田村建镇，取名黄田镇。随迁库区搬迁移民 2201 户、11027 人和企事业 73 家，即在镇所在地统一规划建房安置。原旧水口镇淹没区搬迁到东南方 1.5 千米处建新水口镇，随迁库区移民 2000 多户、8000 多人及企事业单位 25 个。随迁安置的城镇居民设 2 个居委会和 1 个横山行政村。两库区新镇、新村移民安置点均由福建省城乡建设设计院设计，移民房屋按原拆原建原则，对宅基地不搞平调，按其原宅基地面积实行公开抽签分配。移民搬迁补偿费、安置费及工调资金实行分期足额兑现发放。1996 年，库区移民搬迁基本落实并进入新建、复建房屋和组织生产发展阶段。是年，省库区办开始给古田水口库区下拨后期扶持基金，扶持移民种植脐橙、黑李、枇杷等名优水果与绿麻竹等。水口镇溪岚村种植脐橙 67 公顷，建成专业脐橙果苗供应基地，带动周边汶潭、嵩溪、水潮、湾口等村共同种植脐橙。黄田镇双坑村组织村民种植绿麻竹。1997 年，省水利厅共下达给古田县黄田、水口两镇"6・20"灾害水毁工程专项扶持资金 737.84 万元。是年，完成水口铁路边宝玉宅库岸、黄田汽车站库岸、汽车站后边坡、松峰新村库岸等水毁工程、抢险工程和边坡治理等重点项目 16 个。1998 年，省水利厅安排，古田县开始利用水口库区周边防护建设基金进行库区防护建设。周宁县根据省政府有关扶持政策，在芹山水库建成后，每年按每发电 1000 千瓦时提取电费 5 元的标准，从芹山电站提取库区移民后期扶持资金。至 2005 年，省库区办多次下拨古田水口库区移民生产、生活专项资金，分别为：下拨库区后期生产扶持基金 508 万元，扶持移民种植脐橙、黑李、枇杷等名优水果 155 公顷、绿麻竹 450 公顷、丰产速生林 13 公顷；下拨古库区建设基金 389.5 万元，补助移民平整场地 6000 多平方米，修建食用菌生产专用房1563间，建成年加工400吨银耳的烘干厂和朝天桥食用菌专业市场，水口镇朝天桥移民居委会先后建造银耳专用房430间，户均4间，年种植银耳600多万袋，年产银耳干品600吨，成为古田重要银耳生产基地之一；下拨库区后期养殖生产扶持基金89万元，扶持移民发展网箱养鱼4000多箱，建成年产5万只的养鸭基地和1个种鸡基地，在湾口、岭边扶持修建羊栏20座，养羊1500只；下拨库区后期市场建设扶持基金374.4万元，建成黄田、水口综合商场和嵩溪、双坑、湾口农贸市场；下拨古田水口库区企业发展扶持基金87万元，扶持建立黄田酱油厂、松峰木制品加工厂、村里村茶叶加工厂和莪洋华丰食品厂等农副产品加工厂。古田县投入水口库区周边防护建设基金653.56万元，完成湾口村田垅湾边坡、黄田镇西湖路、水口岭边滑坡治理、黄田江滨春风路北段边坡等12个重点库区周边防护工程建设。

三、芹山水电站库区移民安置

芹山水电站是省重点建设项目。1997年5月，周宁县芹山水电站水库开工建设。该电站设计水库库容2.65亿立方米，水库淹没区涉及周宁县纯池镇溪尾、湖山、上房、东坑、东家寨、北山、纯池、禾溪等村，淹没土地面积7.65平方千米，需搬迁村民611户3146人。根据宁德地区库区办与周宁、福安两县（市）有关部门协调，移民安置方案本着大部集中、少量自愿选择原则，大部分就地安置。其中，安置周宁县纯池镇为268户1473人；安置狮城镇新建的兴福社区193户944人；安置浦源镇6户30人；安置泗桥乡112户557人。安置福安市赛岐罗江新区30户131人；另有2户11人投亲靠友安置南平武夷山市。2000年，芹山水电站自主安置在赛岐罗江的30户移民，在当地政府的帮助下，购得1.33公顷耕地，作为生产用地。其余移民以自谋职业为主，政府相关部门推介就业为辅。移民主管部门适时为移民举办就业知识、技能培训班，促使移民自谋职业，自主创业，或由中介机构和亲友介绍就业，基本实现“搬得出，稳得住，逐步能致富”目标。2005年，周宁县移民局聘请福建农林大学教授，到纯池镇举办养鸭技术培训班，省移民局无偿为搬迁户提供北京番鸭苗1.50万羽。是年，周宁县政府先后利用从芹山电站提取库区移民后期扶持资金，帮助溪尾村架设输电线路11千米，修建耕机路14.80千米，确保21.33公顷耕地和30.67公顷茶园正常生产。

四、洪口水电站库区移民安置

2003年6月，蕉城区洪口水电站水库开工建设。该水库系霍童溪干流梯级开发六级水电站水库，坝址位于蕉城区洪口乡所在地下游1.3千米处，设计总库容4.5亿立方米，为大型水库。淹没区域涉及蕉城区洪口乡的洪口、上村、下村、金山、吴峰、朝阳、吉垄村及周宁县咸村镇的富濑、樟岗村，礼门乡的油湾村，屏南县寿山乡的白凌村等。淹没耕地93.13公顷、园地28.73公顷、林地558公顷。需搬迁移民涉及3县多乡镇多村庄，共1175户4036人。其中，蕉城区1113户3729人，周宁县21户84人，屏南县若干户。经宁德市与3县有关部门协调，蕉城区安置七都镇河墘村秋山尾自然村安置点563户1746人，安置霍童镇安置点220户712人，两处均建设安置新村，统一规划建房；另有325户1250人移民发给补偿及安置费自主安置。周宁县咸村镇溪乾村21户84人搬迁户均实行货币安置。屏南县寿山乡白凌村为数不多搬迁户在淹没区就地后撤安置。至2005年年底，尚有未签协议2户6人。

五、三峡库区移民安置

2000年，根据国家有关部门协调和省政府统一安排，蕉城区、福安市、福鼎市、霞浦县负责接收安置部分三峡库区移民。2001年1月，蕉城区、福安市、福鼎市、霞浦县相继成立三峡库区移民安置领导小组和办公室，负责三峡库区移民接收安置工作。4县（市）先后制定“三峡库区移民安置工作方案”，选定安置点，开始调整征用移民生产用地，统一共建安置房。至2004年8月，蕉城区接收移民64户328人，集中安置七都镇黄厝村长宁自然村移民新村。福安市接收移民18户66人，其中安置下白石镇顶头村移民新村10户34人，安置湾坞乡马头村移民新村8户32人。福鼎市接收移民19户65人，其中安置在太姥山镇潋城村横塘移民新村10户35人，安置在前岐镇柯湾村闸基自然村移民安置点9户30人。霞浦县接收的48户180人，全部安置在洲洋乡沙头村移民新村。

第二十七编　政治协商会议

1993年，宁德地区政协工委作为省政协的派出机构，接受省政协和中共宁德地委双重领导，以通过召开政协工委会议、情况通报与组织驻宁德地区省政协委员调研视察等履行工作职责。至2000年，政协工委组织调研视察28次，并形成调研视察报告，报送省政协及宁德地委、行署，供工作参考。

2000年11月6日，中国人民政治协商会议第一届宁德市委员会第一次全体会议召开，成立政协宁德市第一届委员会。2000—2005年，市政协认真履行政治协商、民主监督、参政议政职能。市政协一届一次至六次会议共提交提案1210件。同时，市政协加强与宁德市委、市政府和市人大以及各民主党派、工商联、人民团体的沟通协作，建立了与市委、市政府定期召开联席会议、与各民主党派的协商会，完善参政议政、政治协商等制度。组织委员学习、开展视察调研、征集出版文史资料，并广泛开展与海外侨胞、台港澳同胞的联络联谊。

第一章　政协委员

第一节　全国、省政协委员

1993—2005 年，宁德市（地区）共推荐 1 名第八届全国政协委员、1 名第九届全国政协委员、2 名第十届全国政协委员，17 名第六届福建省政协委员、26 名第七届福建省政协委员、20 名第八届福建省政协委员、24 名第九届福建省政协委员。

1993—2005 年宁德市（地区）全国政协委员一览表

表 27-1

届次	姓名	性别	民族	界别
宁德地区第八届全国政协委员	钟　安	男	畲族	少数民族界
宁德地区第九届全国政协委员	钟　安	男	畲族	少数民族界
宁德市第十届全国政协委员	蓝秀珍	女	畲族	少数民族界
	詹思禄	男	汉族	宗教界

宁德地区第六届福建省政协委员（17 名）一览表

表 27-2

姓名	性别	民族	界别
杨家华	女	汉族	福建省妇联
苏笑容	女	汉族	文学艺术界
邱光荣	男	汉族	特别邀请人士
曾汝里	男	汉族	医药卫生界
林承周	男	汉族	科学技术界
陈祖荣	男	汉族	华侨界
戴维浩	男	汉族	福建省青联
薛承敢	男	汉族	特别邀请人士
何邦浩	男	汉族	特别邀请人士
吴阿堂	男	汉族	福建省总工会

续表 27-2

姓名	性别	民族	界别
李春贵	男	汉族	特别邀请人士
吴守润	男	汉族	科学技术界
钟隐芳	女	畲族	少数民族界
陈秋生	男	汉族	福建省工商联
雷锦灼	男	畲族	少数民族界
释性藏	女	汉族	宗教界
钟雷兴	男	畲族	特别邀请人士

宁德地区第七届福建省政协委员（24 名）一览表

表 27-3

姓名	性别	民族	界别
吴阿堂	男	汉族	福建省总工会
雷　斌	女	畲族	福建省妇联
谢德松	男	汉族	福建省青联
郑婉如	女	汉族	福建省工商联
薛承敢	男	汉族	福建省侨联
丁知足	男	汉族	福建省科协
邢雅惠	女	汉族	文学艺术界
华　山	男	汉族	文学艺术界
苏笑容	女	汉族	文学艺术界
林武谟	男	汉族	科学技术界
焦海晏	男	汉族	科学技术界
林宝明	男	汉族	经济界
冯良利	男	汉族	农业界
吴捷生	女	汉族	教育界
林　寿	男	汉族	教育界
蓝存安	男	畲族	少数民族界
赵林桦	女	汉族	医药卫生界
钟隐芳	女	畲族	少数民族界
雷锦灼	男	畲族	少数民族界
释妙果	男	汉族	宗教界
詹思禄	男	汉族	宗教界
李春贵	男	汉族	特别邀请人士
何邦浩	男	汉族	特别邀请人士
姚智梅	女	汉族	特别邀请人士

宁德地区第八届福建省政协委员（22名）一览表

表27-4

姓名	性别	民族	界别
丁知足	男	汉族	民盟福建省委员会
肖　玉	女	汉族	福建省工商联
郑婉如	女	汉族	福建省工商联
林福佺	男	汉族	福建省工会
李少华	女	汉族	福建省妇联
林　寿	男	汉族	福建省科协
郑智莺	男	汉族	福建省科协
李　迅	男	汉族	教育界
吴捷生	女	汉族	教育界
邢雅惠	女	汉族	文学艺术界
赵林桦	女	汉族	医药卫生界
董帝銮	男	汉族	社会科学界
林如屏	女	汉族	经济界
谢德松	男	汉族	农业界
蓝存安	男	畲族	少数民族界
蓝运全	男	畲族	少数民族界
释界诠	男	汉族	宗教界
詹思禄	男	汉族	宗教界
苏　光	男	汉族	特邀（一）界
姚智梅	女	汉族	特邀（一）界
黄兆钱	男	汉族	特邀（一）界

宁德市第九届福建省政协委员（25名）一览表

表27-5

姓名	性别	民族	界别
姚智梅	女	汉族	特邀（一）界
缪耕山	男	汉族	福建省总工会
黄信焜	男	汉族	特邀（一）界
林　寿	男	汉族	福建省科协
陈兴生	男	汉族	农工党福建省委员会
黄建龙	男	汉族	社会科学界
蓝运全	男	畲族	少数民族界
官明辉	男	汉族	共青团福建省委员会
刘慧宇	女	汉族	福建省妇联

续表 27-5

姓名	性别	民族	界别
王代忠	男	汉族	民建福建省委员会
李惠长	男	汉族	医药卫生界
钟隐芳	女	畲族	民进福建省委员会
蓝存安	男	畲族	少数民族界
苏笑容	女	汉族	文学艺术界
戴　绮	女	汉族	教育界
包章泰	男	汉族	农业界
周培建	男	汉族	经济界
苏锦平	男	汉族	农业界
陈勇生	男	汉族	福建省侨联
林旭光	男	汉族	福建省科协
董帝銮	男	汉族	社会科学界
黄国铭	女	汉族	福建省侨联
郑瑞招	女	汉族	医药卫生界
詹思禄	男	汉族	宗教界

第二节　市政协委员

一、委员产生与构成

2000年上半年，根据中共宁德地委《关于撤地建市选举地级宁德市党代会、人代会代表和推荐市级政协委员的通知》，成立政协第一届宁德市委员会筹备工作委员会，开始筹备成立政协宁德市第一届委员会。第一届委员会拟设委员261名，来自18个界别，另设特邀委员54名。其后，按照“统筹兼顾、全面安排”的原则，经全区各县（市）民主党派、人民团体、无党派人士协商推荐市政协委员名单，报送中共宁德市委统战部确定建议名单，再推荐给市政协一届大会协商确定。同年11月6日，在市政协一届一次会议上，确定第一届政协委员255名。其中中国共产党（简称中共）党员委员100名，占39.22%；非中共党员委员155名，占60.78%；妇女委员54名，占21.18%；少数民族委员19名，占7.45%；大专以上学历委员199名，占78.04%；高级职称委员54名，占21.18%。委员平均年龄45岁。

2000年宁德市政协第一届委员公布名单（255名）一览表

表27-6

界别	姓名
中共界（12名）	尤柯利 李小路 李继梅（女） 佘上富 陈 忠 金霞东 郑其桂 费志林 姚智梅（女） 黄兆钱 黄信焜 缪耕山
民盟界（8名）	丁知足（回族） 卢 腾 伊 漪（女） 许丽珍（女） 孙一山 李少春 陈孔屏 戴 绮（女）
农工党界（8名）	许少鹤 李 辉 陈 禧 陈成基 陈臣权 陈兴生 郑 震 龚达元
工商联界（15名）	王冬明 韦义平 包章泰 刘永生 苏锦平 李成良 邹少明 张良信 陈道孔 范希汇 林奇典 翁盛康 谢 泉 谢秉祥
工会界（8名）	苏 强 巫住才 李宝卿 张宜芳 张集诵 陈建斌 陈惠萍（女） 卓雪维（女）
共青团界（4名）	郑建茂 黄敏皓（女） 雷文忠（畲族） 阙少波
青联界（4名）	杨 烽 林 强 雷高平（畲族）
妇联界（8名）	王少萍（女） 王晓敏（女） 阮丹萍（女） 李幼燊（女） 张巧荣（女） 张晨华（女） 林自芳（女） 林琼华（女）
侨联界（6名）	阮文类 吴汝云 林 瞻（女） 林天钦 郭守清 廖家才
台联界（4名）	朱德民 张燕燕（女） 黄福跃 程道俊
科协界（5名）	李承元 陈兆樵 陈锡坤 阙洪德 蔡沐曦（女）
科技界（14名）	叶乃波 张皎明（女） 张瑞平 陈立根 陈孟莘 陈德斌 林 寿 林兴明 周敦强 罗仰奋 黄永耀 龚孟忠 章积森 缪妙青（女）
教育界（20名）	韦信伴 朱德云（女） 刘 玉（女） 刘云绸（女） 江 山 江 榕（女） 邱景华 何雪梅（女） 张 帆 张垂尧 张新般 陈嵘嵘 林 纲 林进禄 郑贻雄 凌翠花（女） 梁榕生 褚孝壮 蔡坚基（女） 缪 钦
文艺界（8名）	卢渊霖 苏笑容（女） 李 晨 吴丹萍（女） 张晓华（女） 缪丽容（女） 薛卫群 魏思东
医卫界（19名）	王守铭 叶 裕 李世官 李声国 李惠长 肖国耀 陈 芳（女） 陈 虹（女） 陈 耀 陈郑增 陈祖平 陈惠华（女） 林江帆（女） 林维荣 郑旭愉 胡召新 郭尧允 曾子健 谢连邦
社科界（7名）	方向新 陈启光 苗健青 林校生 黄幼声 游文清（女）蔡梅荣
经济界（10名）	王代忠 叶承志 何光大 林 强 林鼎森 洪辉益 高 珊（女，满族） 黄建龙 黄颖倩（女） 缪庚庸
新闻界（4名）	王珠芳（女） 汤养宗 李振富 彭国江
农业界（11名）	马翠珍（女） 刘招玲 江怀生 孙兰葆 李 青（女） 陆 恒 林亚明 林学茂 徐开亩 黄聿善 蓝斯琦（畲族）
体育界（3名）	王晓华 陈上越（女） 陈炳盛
民族界（15名）	丁玉钊（回族） 钟 鸣（女，畲族） 钟利晖（女，畲族） 钟陈营（畲族） 钟明华（畲族） 钟相坤（畲族） 蓝永世（畲族） 蓝兴贵（畲族） 蓝运全（畲族） 蓝纯干（畲族） 蓝荣生（畲族） 蓝晓平（女，畲族） 雷岩弟（畲族） 雷朝瑞（畲族） 雷瑞华（畲族）
宗教界（8名）	池永广 林美菊（女） 黄光辉 章慕顺 释世敏（女） 释净慧 释智愿 詹思禄

续表 27-6

界别	姓名
特邀界（54 名）	王建生　王胜熙　方卢阳　包海妹　连德仁　庄仁想　刘木全　刘延兴　刘建华　许友诚　江锦声　江福顺　阮妙容（女）　孙文祥　苏维营（女）　李坤新　张　胜　张世久　张良柱　张林金（女）　张海泉　陈　明　陈凤隆　陈永清　陈俊丹　陈清田　陈源清　林良庄　林春利　林梅珠（女）　周玉成　周伦滔　郑昌西　郑惠胜　胡志华　胡继灼　洪恒钗　翁成禄　高忠泉　郭孟春　诸葛骥　黄世莉　黄尚生　黄家增　彭晓斌（女）　傅立军　游丹清　蔡勤林　管双红　缪云震　潘陈秋　魏坚明　魏林宪　魏郑铃

二、委员界别

市政协一届委员 255 名，分别由 18 个界别人员组成，其中：中共 12 名、工会 8 名、共青团 4 名、妇联 8 名、农业界 11 名、经济界 10 名、教育界 20 名、科技界 19 名（含科协 5 名）、文化艺术界 12 名（含新闻界 4 名）、卫生界 19 名、体育界 3 名、少数民族 15 名、工商联 15 名、宗教界 8 名、社科界 7 名、青联 4 名、侨台 10 名（含台联 4 名）、民主党派 16 名、特邀 54 名。

2000—2005 年政协宁德市第一届委员界别构成统计表

表 27-7　　单位：人

委员数	性别		界别																	
	男	女	中共	工会	共青团	妇联	农业	经济	教育	科技	文艺	卫生	体育	少数民族	工商联	宗教	社科	青联	侨台	民主党派	特邀
255	202	53	12	8	4	8	11	10	20	19	12	19	3	15	15	8	7	4	10	16	54

三、委员变动

2002 年 3 月，经市政协一届七次常委会会议审议，增补陈卫华、陈勇生、林生钦、赵惠春、郭文彬（女）、黄光细 、曾春 、曾祖奇、薛世平、刘慧宇（女）、李兴平、张小萍（女）、张志雄、张贵辉、王松云、叶玉琳（女）、申江胜、朱小同等 18 名委员。同年 9 月，经一届十次常委会会议审议，同意林强 、陈兴生、王胜熙 、黄志林等 4 人辞去委员，撤销魏林宪委员资格。

2003 年 3 月，经市政协一届十二次常委会会议审议，增补郑少清（女）、陈少波、陈孝禧、郑婉如（女）、肖玉（女）、胡嘉谋、赵林桦（女）、林如屏（女）等 8 名委员。同年 7 月，经一届十四次常委会会议审议，撤销林奇典委员资格。

2004 年 2 月，经一届十七次常委会会议审议，增补林峰雪（女）为委员。

2005 年 2 月，经市政协一届二十三常委会会议审议，增补刘水金、李过渡、杨昌健、吴安通 、林峰、陶敏辉、刘丛生、陈汉生、蓝家勇、缪希富、王青、陈美莺（女）、蓝玉（女）、雷仕庆、王丽云（女）、叶海游、叶健松、付东、牟秀兵、刘美森、江宋堂、许文斌（女）、许丽斌（女）、李宗廉、李爱莲（女）、李溢清（女）、张春晓、张增椿、沈久宽、杨金柱、沈绍芳（女）、林学初、林忠豪、林盛宝、周孔寿、柯全章、钟家尧、施健儿（女）、雷德鸿、董品春、释净雄、潘耀芳等 42 名委员，同意李小路、郑其桂、薛世平等 3 人辞去委员。

第二章　政协地方组织

第一节　地区工作委员会

一、领导成员

1993年，政协福建省委员会宁德地区工作委员会（简称地区政协工委）为副厅级机构，受省政协和中共宁德地委双重领导，设主任、副主任各1名。1996年5月，地区政协工委升格为正厅级机构，设主任1名，副主任2名。2000年11月，宁德撤地设市，成立政协宁德市第一届委员会。

1993—2000年宁德地区政协工委领导一览表

表27-8

职务	姓名	性别	籍贯	政治面貌	任职时间
主任	姚智梅	女	福建福鼎	中共党员	1993.1—2000.11
副主任	郑仲腾	男	福建福鼎	中共党员	1993.1—1995.9
	黄兆钱	男	浙江平阳	中共党员	1996.5—2000.11
	余上富	男	福建建阳	中共党员	1996.6—2000.11

二、工作机构

1993年，地区政协工委内设办公室和联络处2个副处级办事机构，核定编制14名。地区政协工委主要负责与县（市）政协联系，推动执行全国政协和省政协有关决议，指导县（市）政协工作，组织区内各级政协委员开展学习、视察、专题调查等活动，了解、反映政协委员和县（市）政协对省政协工作的意见和建议，落实县（市）政协及时办理全国政协委员和省政协委员提案。1996年5月，地区政协工委升格为正厅级机构，内设办公室、联络处2个正处级机构；核定编制19人。1998年1月22日，地区政协工委机关从中共宁德地委大院搬迁到蕉城北路39号办公。同年，核增编制1名，实有工作人员19人。2000年11月，宁德撤地设市，成立政协宁德市第一届委员会。

第二节　政协宁德市委员会

一、常委会组成人员

2000 年 11 月，市政协一届一次会议上成立第一届宁德市政协常务委员会（简称市政协常委会），市政协常委会由主席、副主席、秘书长和常委组成。设常务委员（简称常委）60 名。在一届一次会议上选出政协常委 49 人。常委会行使召集并主持市政协全体会议，组织实施《中国人民政治协商会议章程修正案（修订）》规定的各项任务和全国政协、省政协所做出的决议，执行市政协全体会议决议。政协全体会议闭会期间，常委会审议通过提交中共宁德市委、市人大及其常委会或市政府的重要建议案，决定市政协工作机构设置与机构负责人任免。市政协主席、副主席、秘书长每届任期 5 年，如遇特殊情况，由常务委员会全体组成人员三分之二以上多数通过，可延长任期。

2000 年 11 月政协宁德市第一届常务委员会委员名单（57 名，以姓氏笔画为序）

丁知足	王代忠	王胜熙	王晓华	尤柯利	卢　腾
卢渊霖	包章泰	刘云绸（女）	江怀生	江锦声	江福顺
余上富	汤养宗	苏　强	苏笑容（女）	苏锦平	李小路
李惠长	李继梅（女）	张世久	张林金（女）	张晨华（女）	陆　恒
陈　忠	陈　耀	陈孔屏	陈兴生	陈成基	陈孟莘
林　寿	林　强	林天钦	林校生	金霞东	周伦滔
郑　震	郑其桂	郑贻雄	姚智梅（女）	钟利晖（女）	黄志林
翁成禄	黄兆钱	黄建龙	黄信焜	程道俊	释净慧
曾子健	蓝兴贵	蓝运全	雷高平	詹思禄	阙洪德
褚孝壮	缪耕山				

2002 年 3 月，经市政协一届三次会议选举，增选常委 5 名。同年 9 月 19—20 日，市政协一届十次常委会通过林强、陈兴生因工作变动辞去一届市政协副主席职务以及 2 人辞去一届市政协常委。

2004 年 2 月，经市政协一届五次会议选举，增选林峰雪为市政协副主席，增选常委 2 名。

2005 年 3 月，经市政协一届六次会议选举，增选黄建龙为政协副主席，陶敏辉为政协秘书长，增选常委 8 名，并同意余上富因到退休年龄辞去市政协副主席职务，李继梅辞去市政协秘书长职务。

宁德市政协第一届委员会主席、副主席、秘书长一览表

表 27–9

职务	姓名	籍贯	政治面貌	任职时间
主席	姚智梅（女）	福建福鼎	中共党员	2000.11—2007.3
副主席	余上富	福建建阳	中共党员	2000.11—2005.3
	缪耕山	福建福安	中共党员	2000.11—2007.3
	林　强	福建福州	民主党派（民建）	2000.11—2002.09
	黄信焜	福建罗源	中共党员	2000.11—2007.3
	林　寿	福建周宁	无党派人士	2000.11—2007.3
	陈兴生	福建柘荣	民主党派（农工党）	2000.11—2002.9
	林峰雪（女）	福建福安	无党派人士	2004.02—2007.9
	黄建龙	福建福安	民主党派（民盟）	2005.3—2007.3
	刘慧宇（女）	北京市	民主党派（民革）	2006.3—2007.3
	陶敏辉	安徽泗县	中共党员	2006.3—2007.3
助理巡视员	黄兆钱	浙江平阳	中共党员	2000.11—2003.3
秘书长	李继梅	福建福州	中共党员	2000.11—2005.3
	陶敏辉	安徽泗县	中共党员	2006.3—2007.3

二、工作机构

（一）专门委员会

2000 年 11 月 11 日，市政协一届一次常委会会议通过《政协宁德市委员会专门委员会组织通则》，决定常委会工作机构设提案委员会、经济科技委员会、文教卫体委员会、法制与民族宗教委员会、学习与文史资料委员会、台港澳侨联络委员会等 6 个专门委员会。各专门委员会为处级工作机构，设主任 1 人，副主任若干人，其中专职副主任 1 人。6 个专门委员会各设 1 个办公室（科级）。专门委员会委员由在宁德市区的市政协委员中产生，征得委员本人同意后，由主席会议决定；各专门委员会人数一般为 15 ~ 30 人。2002 年 3 月 6 日，市政协一届七次常委会会议决定撤销法制与民族宗教委员会，设立社会法制委员会和民族宗教委员会。2004 年，市政协对专门委员会主任、副主任人选进行调整。2005 年 2 月，根据全国政协常委会《中国人民政治协商会议全国委员会专门委员会通则（修订案）》，市政协制定《政协宁德市委员会专门委员会通则》。

（二）办事机构

2001 年，市政协机关设办公室、委员联络处、调研处 3 个处级机构。核定编制 51 名，其中行政编制 43 名，事业编制 8 名。政协主席、副主席编制另列。2005 年，市政协设办公室、委员联络处、调研处等 3 个处级办事机构，其中办公室下设人事秘书科、综合科、行政接待科，委员联络处下设联络科、宣传科，调研处下设调研科、信息科等 7 个科级机构，政协机关人员编制不变。

第三章　政协会议

第一节　全体委员会议

一、市政协一届一次会议

2000年11月6—11日，政协宁德市一届一次会议在蕉城召开，会议应出席委员255人，出席252人。听取并审议地区政协工委《关于筹备成立政协宁德市第一届委员会的工作报告》，听取提案委员会关于一届一次会议提案审查情况报告。列席市人大一届一次会议，听取并讨论市政府工作报告和其他报告。审议通过《市政协一届一次会议政治决议》和《关于政协工作报告的决议》。会议选举一届市政协主席1名、副主席6名、秘书长1名、常务委员49名。中共宁德市委、市政府和市直有关部门负责人参加全体会议、小组讨论会、专题协商会，7名委员围绕民营经济、少数民族经济发展、教育改革、社会保障、农村医疗网络建设、大黄鱼产业持续健康发展和科教兴市等做专题发言，提出意见和建议。中共宁德市委书记和新当选政协主席姚智梅在闭幕式上讲话。会议收到提案300件，立案279件。

二、市政协一届二次会议

2000年11月6日，市政协一届一次全体会议投票选举现场

2001年4月9—12日，市政协一届二次会议在蕉城召开，会议应出席委员255人，出席251人。听取并审议《市政协常务委员会工作报告》和市政协一届一次会议以后提案工作情况报告，听取提案委员会《关于一届二次会议提案审查情况报告》；列席市一届人大二次会议，听取并讨论市政府工作报告和其他报告。会议期间，召开城市管理问题和液化气市场管理问题两场专题对口协商会，以及揭批邪教座谈会，举办政协提案工作

讲座。会议审议通过《市政协一届二次会议政治决议》和《关于常委会工作报告的决议》。中共宁德市委、市政府领导和有关部门负责人出席全体会议、小组讨论会和对口协商会。会议收到提案 172 件，立案 152 件。

三、市政协一届三次会议

2002 年 3 月 27—31 日，市政协一届三次会议在蕉城召开，会议应出席委员 266 人，出席 251 人。听取并审议市政协常委会工作报告和市政协一届二次会议以后提案工作情况报告，听取提案委员会关于一届三次会议提案审查情况报告；列席市一届人大三次会议，听取市政府工作报告和其他报告。会议期间，举行“数字福建”知识讲座。中共宁德市委、市政府和有关部门负责人参加全体会议、小组讨论会、专题协商会；会议印发大会专题发言材料 17 份，10 名委员分别对农业结构调整、产业化进程、城市化进程、应对中国加入世界贸易组织挑战及临海工业、旅游业、非公有制经济发展等作专题发言。会议审议通过《市政协一届三次会议政治决议》和《关于常委会工作报告的决议》。增选 5 名一届市政协常委。表彰 9 份优秀提案、9 个提案先进承办单位、10 名提案先进工作者。会议收到提案 216 件，立案 213 件。

四、市政协一届四次会议

2003 年 4 月 21—24 日，市政协一届四次会议在蕉城召开，会议应出席委员 266 人，出席 249 人。听取并审议常委会工作报告和《市政协一届三次会议以后提案工作情况报告》；听取提案委员会关于一届四次会议提案审查报告；列席市一届人大五次会议，听取并讨论政府工作报告和其他报告。中共宁德市委、市政府和有关部门负责人参加全体会议、小组讨论会、专题协商会；会议印发大会专题发言材料 30 份，9 名委员分别对农业结构调整和产业化建设、城市化建设、滨海工业发展、敏感岗位权力监督、农村人才资源开发等做专题发言；会议期间举行“加快农业产业化进程”和“建设滨海中等港口城市”两场专题民主协商议政会。会议审议通过《市政协一届四次会议政治决议》和《关于常委会工作报告的决议》。会议收到提案 193 件，立案 191 件。

五、市政协一届五次会议

2004 年 2 月 9—13 日，市政协一届五次会议在蕉城召开，会议应出席委员 260 人，出席 243 人。听取并审议《市政协常委会工作报告》和市政协一届四次会议以后提案工作情况报告；听取提案委员会关于一届五次会议提案审查情况报告；列席市一届人大六次会议，听取并讨论市政府工作报告和其他报告。中共宁德市委、市政府和有关部门负责人参加全体会议、小组讨论会、专题协商会；会议印发大会专题发言材料 23 份，11 名委员分别对宁德工农业发展、城市化建设、民营经济发展、文化教育事业等作专题发言。会议期间举行“规范水资源开发与建设”“发展教育事业”两场专题民主议政会和“台海局势”讲座。会议通过市政协一届五次《关于常委会工作报告的决议》，增选一届市政协副主席 1 人，增选常委 2 人。会议收到提案 198 件，立案 194 件。

六、市政协一届六次会议

2005年2月26日—3月2日，市政协一届六次会议在蕉城召开，会议应出席委员297人，出席288人。听取并审议《市政协常委会工作报告》和市政协一届五次会议以后提案工作情况报告；听取提案委员会《关于一届六次会议提案审查情况报告》；列席市一届人大七次会议，听取并讨论市政府工作报告和其他报告。中共宁德市委、市政府和有关部门负责人参加全体会议、小组讨论会、专题协商会；会议印发大会专题发言材料27份，12名委员分别就合理利用宗教优质资源发展旅游业、加强教育经费管理与监督、加大网吧整治监控、推进三都澳深水港口开发建设、发展海洋经济等作专题发言；会议期间举行“食品安全”“闽东古文化保护、挖掘和利用”两场专题民主议政会。会议通过市政协一届六次《关于常委会工作报告的决议》，增选一届市政协副主席1名、一届市政协秘书长1名、一届市政协常委8名。表彰优秀政协委员20名和市政协一届三次会议以后优秀提案16件、提案办理先进单位10个及先进工作者13名。会议收到提案195件，立案181件。

第二节　常委会会议

据《中国人民政治协商会议章程》规定，政协常务委员会会议（简称常委会会议）一般每季度召开一次，主要对地方大政方针、主要工作履行政治协商、民主监督、参政议政职能及研究决定政协其他有关工作。2000—2005年，市一届政协常委会共召开28次常委会会议。

2000年11月11日，市政协召开一届一次常委会会议，审议决定一届市政协6个专门委员会设置及其主任、副主任人选。

2001年2月27—28日，市政协召开一届二次常委会会议，讨论《宁德市国民经济和社会发展第十个五年计划纲要（草案）》，审议召开市政协一届二次会议有关事项，通过《政协宁德市委员会关于委员参加政协活动的基本要求》。4月12日，市政协召开一届三次常委会会议，审议通过《市政协一届二次会议政治决议（草案）》和《关于常委会工作报告的决议（草案）》。6月27—29日，市政协召开一届四次常委会会议，审议通过《政协宁德市委员会关于政治协商、民主监督、参政议政的实施办法》，确定市政协常委会会议一般每季度举行一次，必要时可临时举行；常委专题座谈会不定期举行。9月27—28日，市政协召开一届五次常委会会议，讨论“农业增效、农民增收”问题，审议通过《关于认真学习贯彻江泽民同志“七一”讲话的决议》。12月6—7日，市政协召开一届六次常委会会议，围绕全市“严打”整治斗争工作建言献策，提出“标本兼治、群防群治、综合治理”等建议。

2002年3月5—6日，市政协召开一届七次常委会会议，讨论《市政府工作报告（讨论稿）》，审议《市政协常委会工作报告（讨论稿）》，审议通过召开市政协一届三次会议有关事项；研究通过撤销市政协法制与民族宗教委员会，设立市政协社会法制委员会、民族宗教委员会的决定，讨论拟增补市政协委员、副秘书长、有关专委会主任、副主任人选；通过市政协与市政府联合表彰2000—2001年度优秀政协提案、政协提案办理工作先进单位、先进工作者的决定。3月30日，市政协召开一届八次常委会会议，审议通过拟增补市政协常务委员人选，提交一届三次全会审议、选举。6月24—25日，市政协召开一届九次常委会会议，围绕宁德软环境建设工作参政议政、建言献策。9月19—20日，市政协召开一届十次常委会会议，专题协商讨论“闽东教育·人才与发展战略问题”。11月27—28日，市政协召开一届十一次常委会会议，审议通过市政协《关于认真学习贯彻中共十六大精神的决议》。

2003年3月24日，市政协召开一届十二次常委会会议，审议通过召开市政协一届四次会议有关事项，通过拟增补委员人选。4月24日，市政协召开一届十三次常委会会议，审议通过《市政协一届四次会议政治决议（草案）》和《常委会工作报告决议（草案）》，拟提交大会审议。7月3—4日，市政协召开一届十四次常委会会议，围绕“大力发展非公经济，促进县域经济发展”议题参政议政，提出“更新观念、创新机制、转变政府职能、落实项目跟踪、拓宽融资渠道和实施人才发展战略”等意见、建议，被中共宁德市委、市政府吸纳到《关于进一步加快民营经济发展的决定》文中。9月22—23日，市政协召开一届十五次常委会会议，围绕发展农村医疗卫生事业参政议政，提出“推进乡镇卫生体制改革、加大政策扶持与资金投入、建立农村合作医疗制度和医疗救助制度、加强农村医药卫生监管”等6个方面意见和建议。12月25—26日，市政协召开一届十六次常委会会议，讨论《市政府工作报告（征求意见稿）》，审议通过召开宁德市政协一届五次会议有关事项。

2004年2月8日，市政协召开一届十七次常委会会议，审议通过拟增补委员1名，专委会主任1名、副主任5名人选。2月12—13日，市政协召开一届十八次、十九次常委会会议，审议通过《市政协一届五次会议选举办法（草案）》，听取通过拟增补一届市政协副主席、常委候选人建议名单等；听取关于增补副主席、常委候选人建议名单讨论情况汇报，审议通过大会选举办法，拟提交大会表决。5月27—28日，市政协召开一届二十次常委会会议，对促进农业增效、农民增收和粮食安全等进行参政议政。9月17日，市政协召开一届二十一次常委会会议，专题协商加强和改进全市未成年人思想道德建设工作，提出意见和建议；审议通过拟增补3位专委会副主任人选。12月16日，市政协召开一届二十二次常委会会议，审议通过关于召开市政协一届六次会议有关事项，通过《政协宁德市委员会关于优秀委员、优秀提案、提案工作先进单位和个人的评选方案》。

2005年2月25日，市政协召开一届二十三次常委会会议，审议通过3名市政协常委辞去常委、委员职务，撤销1名市政协常委、1名市政协委员职务；审议拟增补42名一届市政协委员人选。3月1—2日，市政协召开一届二十四次、二十五次常委会会议，审议通过余上富、李继梅分别辞去一届市政协副主席、秘书长职务的请求；通过拟增补一届市政协副主席、常委候选人建议名单，市政协一届六次会议有关事项，拟提交大会讨论；听取市政协一届六次会议各组讨论市政协常委会工作报告、政府工作报告、会议决议（草案）、大会选举办法（草案）等情况汇报，通过拟增补秘书长候选人建议名单。审议通过市政协一届六次会议有关事项。6月20—21日，市政协召开一届二十六次常委会会议，对“如何缩小山海城乡差距、加强社会治安治理、建立和谐人际关系、重视环境保护”等提出意见和建议。9月20日，市政协召开一届二十七次常委会会议，听取民营经济发展情况通报，提出“打造产业集群、提高招商成效、创造优质环境、培育乡土管理和技术人才”等6个方面的意见、建议；市长陈荣凯到会听取委员意见建议并讲话；会议决定调整充实部分专委会负责人。11月18日，市政协召开一届二十八次常委会会议，听取宁德市“十一五”规划编制情况通报，对新农村建设规划、培育特色产业链、实施人才战略等提出意见和建议。

第三节 主席会议

2000年11月，宁德市政协一届常委会成立并召开第一次主席会议，研究议定市一届政协常委会有关工作安排，市政协主席、副主席工作分工等。当年共召开3次主席会议。

2001年开始制定并执行《政协宁德市委员会关于政治协商、民主监督、参政议政的实施办法》，市政协主席会议一般每月举行一次，必要时可临时召开；主席会议由政协主席、副主席、秘书长参加，市政协副秘书长、办公室和与议题有关处室负责人、有关单位负责人可列席会议。当年，市政协召开19次主席会议，研究确定政协领导挂钩联系县（市、区）政协方案，通过《市政协机关财务管理制度》《接待工作制度》《车辆管理使用制度》；确定召开市政协常委会会议有关事项，决定在屏南县召开第一次市、县（市、区）政协主席联席会议与会议议题；确定政协领导督办重点提案分工，讨论通过市政协《关于进一步加强对县（市、区）政协工作指导的意见》《关于认真组织委员开展活动的意见》《关于规范市政协内设办事机构工作职责的意见》等；决定成立市政协书画院；决定在蕉城区召开第二次市、县（市、区）政协主席联席会议与会议议题；研究组织省、市政协委员开展视察调研活动及出版《闽东文史资料》第一辑；确定在2002年1月召开宁德市各界人士迎春茶话会；决定2002年3月下旬召开市政协一届三次会议，并通过市政协、市政府联合表彰优秀提案、提案办理先进单位和先进个人的决定等。

2002年，市政协召开10次主席会议，研究通过关于表彰优秀提案、提案承办先进单位和提案工作先进个人名单；通过市政协一届三次会议选举办法；决定在古田县召开第三次市、县（市、区）政协主席联席会议与会议议题；研究出版《闽东文史资料》第二辑；研究省财政拨付县（市、区）政协修缮补助款安排方案；调整市政协副主席工作分工；确定在2003年2月下旬召开市政协一届四次会议等。

2003年，市政协召开9次主席会议，研究市政协一届四次会议有关事项，通过市政协常委会工作报告；议定“委员风采”采访宣传对象，确定在寿宁县召开第五次市、县（市、区）政协主席联席会议与会议议题；决定组织开展“委员议政日”活动；研究省政协在宁德召开全省九市政协主席第六次工作座谈会工作；通过市政协各专门委员会与市政府各职能部门对口联系协商制度；研究出版《闽东文史资料》第三辑及在国庆期间出版一期书画刊；通过有关人事任免事项；研究接待省政协工作新闻采访团到宁德采访事项；决定召开各界人士中秋茶话会及召开第三次市政府与市政协联席会议有关事项。

2004年，市政协召开16次主席会议，研究决定召开市、县（市、区）政协主席学习会，调整市政协副主席工作分工；研究举办中华人民共和国成立55周年暨纪念邓小平同志100周年诞辰文艺会演事项；决定召开全市政协工作会议有关事项，决定组织省、市政协委员开展视察；通过关于加强宁德中心城区安全防灾体系建设主席会议建议案，决定市政协、市政府联名表彰政协优秀提案、提案工作先进单位、提案工作先进个人有关事项；决定在全市政协系统开展学习2004年3月12日新通过的《中国人民政治协商会议章程修正案（修订）》并举办知识竞赛；研究出版《闽东文史资料》第四辑；研究市政协一届六次会议有关筹备工作；确定在霞浦县召开第八次市、县（市、区）政协主席联席会议与会议议题等。

2005年，执行市政协新制定的《政协宁德市委员会主席会议工作规则》，市政协主席会议由主席或主席委托的副主席召集并主持，会议议题由主席或副主席、秘书长提出，由主席或主席委托的副主席确定；市政协副秘书长，办公室、调研处、委员联络处主任、副主任及有关处室或有关单位负责人可列席主席会议。当年，市政协召开11次主席会议，协商通过增补委员，增补市政协副主席、秘书长、常委名单，拟提交大会通过；调整市政协领导工作分工；研究省政协学宣委在宁德召开全省政协学宣委工作座谈会有关工作；研究出版《闽东文史资料》第五辑；决定政协领导分工联系县（市、区）政协和分管专委会工作；决定举办“委员活动日”，确定在周宁县召开第九次市、县（市、区）政协主席联席会议与会议议题；通过有关人事任免事项；通过学习与文史资料委员会关于开展“古文化采风、创作及民评”活动方案，决定成立宁德市炎黄文化研究会；听取市政府关于宁德市“十一五”规划编制情况通报；决定组织在宁德的省政协委员对“十五”重点项目建设情况和“十一五”重点项目布局等开展视察；确定在宁德召开第十次市、县（市、区）政协主席联席会议与会议议题；决定召开全市政协系统信息工作会议。

第四章　职能履行

第一节　协商议政

1993年6月，地区政协工委组织调研组到福安市甘棠镇外塘村调研民间船舶修造业，并向地区行署和福安市政府提出整顿发展的建议意见。1995年2月，地区政协工委组织委员到福鼎、宁德市调研教育工作和国有工业企业改革工作，提出8点意见、建议送中共宁德地委、行署领导参阅。同年，地区政协工委配合省、地全国政协委员到闽东视察，在全国政协八届三次会议上提出设立三都澳地级市、福鼎撤县设市和要求国务院有关部门把宁德地区实施“造福工程”作为全国试点工程予以重点支持以及修建福（州）温（州）铁路等4项提案。

1996年4月，在闽东的省政协委员在省政协四次全委会上提出关于修建芹山（周宁）梯级电站的提案，得到省有关部门的重视和采纳。1997年5月，地区政协工委围绕全省实施的“扶贫攻坚”工作，配合省政协民族宗教委到霞浦县视察少数民族乡村脱贫致富奔小康工作，将了解到的一些少数民族群众仍然住“茅草房”等问题向省委、省政府作专题报告。

1998年4月，地区政协工委召开下岗职工安置和再就业情况调研通报会，提出10多条意见和建议。10月12日，召开福宁高速公路建设情况通报会，提出意见建议。1999年，地区政协工委组织调研组调研乡镇财政状况、下岗职工再就业和基本生活保障、老区“五通五改”（通路、通电、通电话、通电视、通自来水和改水、改厕、改电、改路、改灶）等，提出对策，促进相关问题解决。同年，为落实省政协会议“（闽东）鳌江流域水资源治理”重点提案，地区政协工委组织开展鳌江流域视察，并向中共宁德地委、行署汇报调研视察情况，同时派人到省政协做专题汇报，帮助争取专项治理经费60万元。召开各界人士座谈会，对编制地区“十五”计划提出56条意见和建议，许多意见和建议被重新修订的“十五”计划吸纳。

2000年6月，地区政协工委组织调研组到宁德、福鼎、柘荣、福安等4县（市）调研视察，提出5条建议，供地、县（市）党政领导决策参考。9月，组织调研组对民族地区经济发展问题与对策进行调研。至2000年11月，地区政协工委围绕“三农”（农村、农民、农业）工作、农村奔小康、廉政建设、计划生育、社会治安综合治理、编制“九五”“十五”计划、宁德撤地设市等召开30多场政协委员和各界人士座谈会，协商议政，提出意见建议。1993年至2000年11月，地区政协工委共组织开展28次视察调研。

2000年12月，宁德市政协组织委员对福宁高速公路、东侨开发区等重点工程建设和“三农”工作进行视察。并围绕“三农”工作、农村奔小康、廉政建设、计划生育、社会治安综合治理、编制“九五”“十五”计划、撤地设市等，召开多场政协委员和各界人士座谈会，协商议政，提出意见建议。

2001年1月，市政协制定《关于政治协商、民主监督、参政议政的实施办法》，通过召开全体委员会议、主席会议、常务委员会议、通报会、协商会等方式，开展政治协商、参政议政。2月5日，市政府办与市政协办联合下发《关于加强市政府与市政协工作联系的办法（试行）》，建立市长、副市长和主席、副主席联席会议制度。3月，组织委员和民主党派人士进行海上网箱养殖专题调研，提出争创大黄鱼省级名牌产品，拓展大黄鱼销售渠道等6点建议，得到市政府的重视和采纳。组织委员到蕉城区开展城市管理专题调研，提出城市卫生、交通、噪音、基础设施管理等4条建议。4月，在市政协一届二次会议期间，市政协召开液化气市场管理和城市管理问题2场专题协商会。会后，市委、市政府采纳市政协建议，制定《宁德市液化气市场管理意见》；围绕宁德市“十五”计划纲要的编制，市政协委员提出许多意见建议。组织委员到重点侨乡古田县大桥镇、吉巷乡开展台港澳侨情况调研。5月，组织委员考察古田临水宫，对临水宫开发建设提出意见、建议，并送中共宁德市委、市政府领导参阅。6月18日，组织委员、市各民主党派、工商联负责人到9县（市、区）的机关单位、街道、乡镇、社区、学校，开展增强精神文明建设实效专题调研；召开全市政协主席联席会议，交流调研成果；并经市政协一届四次常委会审定，形成《关于“增强我市精神文明建设实效”问题的调研报告》，为中共宁德市委制定增强精神文明建设实效工作意见提供依据，该调研报告被省委政策研究室《调研文稿》刊用。7月26日，市政协召开乡镇财政情况调研通报会，向市政府建议不要超越自身财力盲目举债搞建设，应建立乡镇债务责任追究制度，建立财政转移支付制度等6条意见，被市政府采纳。组织委员对福鼎市农村税费改革试点工作进行调研，提出4条意见、建议，并在全省政协经科委工作会议交流。8月，组织委员和教育界专家一行8人，到蕉城区、福安市开展素质教育专题调研，提出转变教育观念，推进素质教育，确保教师培训经费等建议，并在省政协文教卫体委龙岩素质教育座谈会上交流。同时，组织委员到古田、屏南等县开展“严打”整治斗争情况调研，组织开展增强少数民族村集体经济发展后劲调研。9月，市政协一届五次常委会议以“农业增效、农民增收”为议题，展开专题讨论、建言献策；提交《关于宁德市“三农”工作的调研报告》。市政协经济科技委员会及部分常委和县（市、区）政协共提交17篇调研材料，得到市党政领导的肯定，并把其作为“三农”工作的重要参考依据。10月17日，市政协与市政府领导召开联席会议，对进一步做好农民增收、农业结构调整、民营企业发展、软环境建设和下岗职工生活保障、东湖塘华侨农场职工安置等问题进行协商。

2002年2月，市政协经科委与市民建支部联合组织开展“发展临海工业，加快三都澳开发”调研，形成调研报告；在市政协一届三次全会上发言。4月，市政协组织委员到宁德师专开展高等教育发展情况专题调研，形成调研报告，送市政府领导参考。5月，组织委员到企业、工业园区开展投资软环境建设调研，提出转变政府职能、创新管理体制，简化办事程序等7条建议；并召开常委会会议对进一步改善宁德投资软环境问题进行协商议政。中共宁德市委、市政府主要领导和有关部门负责人参加会议听取意见建议，并责成有关部门限期解决服务不到位、执法不规范、“三乱”（乱收费、乱罚款、乱检查）等问题。会后，中共宁德市委、市政府制定《关于开展深化机关效能建设，优化投资软环境活动的实施方案》和《关于进一步优化投资软环境的若干意见》。同月，市政协还组织委员到蕉城、福安、周宁、古田、屏南等县（市、区）开展诚信建设专题调研，提出加快社会信用体系建设、加强法律建设、开展诚信教育等5条建议，调研报告被《宁德通讯》《三都潮》《改革与参考》刊用。经省政协推荐，调研报告被省委办公厅编入有关书籍。6月，组织委员到霞浦、福鼎进行禁毒调研，提出严厉打击毒品犯罪分子，加强可制毒化学品管理、严格控制源头等建议。7月23日，市政府、市政协召开第二次联席会议，市政府与市政协互相通报工作，商讨工作重点、难点问题及对策措施。组织委员到霞浦县原东关义乌城隍庙、临水宫、关帝庙等进行视察调研，提出有关保护文物单位、保护健康传统民俗活动的建议意见，促成霞浦县政府专门召开会议研究做出决定，解决东关义乌城隍庙、临水宫、关帝庙房产遗留问题。8月，组织教育、卫生界委员到市直单位和柘荣、蕉城等县（区）对教育、卫生人才问题进行调研，提出优先发展教育、实施教师教育工程、引进急需人才等建议，形成调研报告。组织委员到市区视察书店、网吧、音像制品商店，提出加强文化市场管理稽查队伍建设、成立联合执法队伍等建议，形成调研报告，送市政府领导参考。9月，组织委员到福安市畲族经济开发区，穆云、康厝畲族乡和福安市民族职业中学调研，形成《我市少数民族干部培养选拔工作的现状与建议》。同时，市政协向中共宁德市委、市政府报送《关于投资软环境建设问题的调研报告》，其中不少观点和建议被《中共宁德市委关于贯彻党的十六大精神，构建三条战略通道，加快发展的若干意见》所吸收，该调研报告获宁德市调研成果一等奖。市政协各专门委员会还加强与市党政有关部门的对口联系和沟通，组织委员听取市地税局、工商局、教育局、文化局、卫生局、温福铁路前期办公室等情况通报，提出工作意见和建议。

2003年3月，市政协组织委员开展“关于推进滨海港口中心城市建设问题”调研，提出加快宁德市中心城市建设、调整行政区域规划、加快城市路网建设和规划等4点建议。5月19日，市政协召开预防“非典”暨农村卫生工作情况通报会，听取通报，向市政府提出意见建议。组织委员到福安、寿宁、蕉城等县（市、区）开展“关于发展非公有制经济，促进县域经济发展”专题调研，经市政协常委会会议专题研究，提出转变政府职能、规范执法行为，加快民营工业园区建设，加大非公有企业资本投入等6条意见、建议，部分建议被中共宁德市委、市政府的《关于进一步加快民营经济发展的决定》吸纳。9月，市政协组织委员在对蕉城、霞浦、屏南、周宁等县（区）12个乡镇农村卫生工作情况进行调研的基础上，召开第15次常委会会议进行讨论，提出推进乡镇体制改革、建立农村合作医疗制度和医疗救助制度、加强农村医药监管和农村中小学卫生常识教育等意见、建议；引起市领导和有关部门的高度重视。同时，组织开展“实施项目带动战略与工业园区建设的若干思考”及教育情况、电力供应和安全用电等调研。组织委员视察宁德市城区河道，提出整治建议，督促相关职能部门加大城区河道整治和管护。11月21日，市政府、市政协召开第三次联席会议，通报市政府工作与市政协工作，研究通过《关于进一步加强规范市政府各工作部门与市政协各专委会的工作联系制度》。

2004年1月，市政协组织委员到福安、寿宁、周宁等3个水电资源较丰富的县（市）开展水电资源开发建设情况调研，提出完善流域规划、理顺管理体制、调整产业结构、建立电力交易机制等建议；在市政协一届五次会议上做专题发言，与市政府领导和市直单位负责人进行面对面的协商；市政府采纳委员建议，专门下发有关规范水电资源开发问题的通知；市直有关部门制定水资源规划和管理办法。2月11日，市政协一届五次会议期间，50多名政协委员参加教育事业发展专题民主议政会，提出尽快建立完善农村义务教育经费投入保障体制、保护进城农民工子女同等享受义务教育权利、加强和扩大优质高中教育、加强农村学校公共卫生工作等7条建议。4月，组织委员到屏南县棠口乡专题调查教会房产问题，并向市、县政府领导反映，促成尽快妥善解决。组织专题调研组到蕉城区金涵、福安市穆云、福鼎市硖门、霞浦县盐田4个少数民族乡进行农业增效、农民增收问题调研，对有关少数民族乡负债沉重、影响财政正常运转情况进行调查，送市领导参考，该调研报告经市民宗局呈报，被国家民委信息处采用。5月，市政协召开常委会第20次会议，对促进全市农业增效、农民增收和粮食安全问题进行研讨。会后，向市委、市政府报送呈阅件，供领导决策参考。6月，组织委员到9县（市、区）有关厂、场（基地）和乡（镇）开展“关于基层科技工作和科技人员情况”调研，提出改革用人机制，完善管理体系，加强资金扶持，促进成果转化等建议，送市政府领导参考。7月，组织委员到蕉城、霞浦、福鼎等县（市、区）开展促进体育事业发展专题调研，提出适当增加对体育事业投入，加强学校体育和传统校建设等意见、建议，并形成调研报告，送中共宁德市委、市政府参考。组织委员到周宁、屏南、古田等县公安局、看守所、戒毒所视察，形成调研报告，经市政协主席会议审定，转送中共宁德市委、市政府参阅。8月，组织委员到蕉城、福安和寿宁等县（市、区）开展加强和改进未成年人思想道德建设专题调研，形成调研报告，供中共宁德市委参考。9月，市政府、市政协在市政府召开第四次联席会议。同时，市政协召开“规范水资源合理开发与建设”和“教育事业发展问题”专题民主议政会，与市委、市政府及有关部门领导对口协商，建言献策。10月，组织各县（市、区）政协分管领导，到蕉城、屏南、周宁、霞浦等县（区）开展发挥全市旅游资源优势专题调研，提出整合旅游资源、打造宁德大旅游格局，坚持科学开发和保护旅游资源，打造有宁德特色的旅游品牌等建议。同时，针对台风“艾利”袭击福安、柘荣等造成严重损失，在深入调研基础上，向市委、市政府提交“全市城区防洪防潮防灾安全体系建设问题”主席会议建议案，引起市委、市政府领导的高度重视和充分肯定，市委领导做出重要批示。11—12月，组织省、市政协委员和民主党派负责人，视察福安市白马门10万吨级船坞、大唐火电厂、高速公路福安连接线、闽东医院、穆阳溪梯级电站等8个重点工程，提出意见和建议。

2005年，市政协重新修订《政协宁德市委员会关于履行政治协商、民主监督、参政议政的若干规定》，把政协例会，列席党委、人大、政府会议，民主协商会，常委会专题座谈会和专委会会议作为政协协商、民主监督、参政议政的主要方式。3月，组织委员到蕉城、福鼎等市（区）开展食品安全调研，提出加强生态环境的保护和建设、发展循环经济、增加环境保护资金投入等意见、建议，并在市政协一届六次会议上做专题发言。4月下旬，市政协社会法制委员会与霞浦县政协联合开展促进司法为民，构建和谐社会专题调研。组织委员到蕉城、古田、屏南、福安、福鼎等县（市、区）开展构建和谐社会，促进宁德发展专题调研，形成的调研报告入选市政府《宁德市2005年重点调研论文集》。组织委员及市台办、农业局等有关人员，到蕉城、福鼎等县（市、区）开展宁台农业合作与交流专题调研，提出加强闽台农业合作与交流意见和建议，形成调研报告，送中共宁德市委、市政府领导参考。6月，组织委员到蕉城、福安、柘荣、福鼎、寿宁5县（市、区）开展提升民营经济发展水平专题调研，并到泉州、晋江、石狮和温州等地学习考察，形成调研报告；经市政协第26次常委会会议专题研究，提出强化产业规划、打造产业集群，转变招商方式、提高招商成效，提高政府服务水平、创造优质环境，创新管理体制、建立行业商会等意见建议；市政府办公室把建议全文转发市直有关部门，出台《关于促进和提升非公有制（民营）经济发展的若干意见》。8月，组织委员到福安市、蕉城区、霞浦县、福鼎市的8个民族乡进行民族乡村经济和社会发展情况调研，提出加快基础设施建设，加大财政扶持，减少乡（镇）村债务，加大民族干部培养等8点建议。9月，组织委员到蕉城、霞浦、福鼎等县（市、区）开展加强职业教育，促进经济发展专题调研，提出加强职业教育、加大职业教育投入等4条建议，送中共宁德市委、市政府领导参考，并在省政协文教卫体委工作座谈会上交流，省政协副主席潘心诚对该调研报告作批示。召开宁德市应对灾害性气候防范工作情况通报会，听取市气象局、水利局、民政局、电业局、疾控中心等9个单位通报灾害性气候应对防范情况，提出普及灾害性气候防范知识，加快防灾抗灾基础设施建设，营造良好防灾抗灾管理环境等5点建议，形成《关于加强我市灾害性气候防范工作的建议》。召开宁德城市绿化景观规划设计通报会，对东湖景观设计提出意见建议。10月19日，市政府、市政协在市政协召开第五次联席会议，通报市政府工作与市政协工作，交流工作意见。11月，市政协召开常委会第28次会议，听取市政府“十一五”规划编制情况通报，对新农村建设规划、培育特色产业链、实施人才战略等提出意见和建议，得到市政府及规划编制部门的重视和采纳。同年，市纪委、市监察局、市中级人民法院分别制订实施《中共宁德市纪律检查委员会、宁德市监察局关于支持配合人民政协履行民主监督职能的若干意见》《宁德市中级人民法院关于进一步接受人民政协民主监督的实施意见》。

第二节　民主监督

1995年1月，全国政协制定《关于政治协商、民主监督、参政议政的规定》。地区政协工委制订贯彻实施意见，新订或修订一系列规章制度，使人民政协履行民主监督职能工作逐步走上规范化、制度化的轨道。主要有：坚持县（市）政协主席、副主席分别列席同级党委常委会、政府办公会议制度；坚持季度通报会制度，地、县（市）党委、政府一年4次（季度）分别向当地政协委员和各界人士通报工作情况；健全工作决策前的协商制度，党委、政府（行署）召开事关全局工作的大会都及时征求政协委员和各界人士的意见，做到先协商后决策；建立行署与地区政协工委的联席会议制度，行署专员、副专员与工委领导互通工作情况，加深了解、促进配合。为政协委员知情出力，各级政协开展工作创造良好的外部条件。

1999年，地区政协工委两次组织县（市）政协委员开展调研，对全区公安系统创建“人民满意单位”活动进行检查评议。同年，地区政协工委还配合福安、霞浦等县（市）政府对政协委员提出并由政府决定实施的少数民族地区“茅草屋”改造、“连家船民”上岸定居工程、鳌江流域水资源污染整治等进行跟踪督查，对存在问题及时向地委、行署及有关县（市）政府反馈，要求及时整改、限期完成。

2000年4月，地区政协工委与地委、政府、纪检等部门召开联席会议，就如何发挥政协组织民主监督工作作出决定。会后，地、县（市）政协与纪检、监察、组织、宣传、党校、财政等有关部门制定相关规定，支持政协委员民主监督工作进一步规范化、制度化。

2000年年底，部分市政协委员被宁德市党政执法部门聘为特邀监督员、审计员、教育督导员等，参与“清房”“纠风”、党风廉政、教育督导等监督检查。2001年，部分市政协委员受聘担任特邀廉政监督员、检察员、监察员、审计员、教育督导员和行风评议员，参加各类检查和评议活动，开展民主监督，推动政府有关部门依法行政，改进工作作风。

2002年，市政协组织市政协委员会同有关职能部门对市区液化气经营市场进行跟踪督查，促进管理规定的落实。11月26日，市政协印发《关于加强特约监督工作的意见》。当年，全市有42名市政协委员被部门聘为特约监督员、检察员、教育督导员、行风评议员，并参与20多个部门行风民主评议工作。

2003年，市政协编发反映东侨开发区华侨农场、水口电站古田库区移民生产生活困难、设立太姥山畲族风情展演点等重要社情民意专报件12期，其中《我市“连家船民”上岸定居后生产生活困难应引起有关部门高度重视》引起中共宁德市委、政府领导重视并做出批示，市政府专题召开会议进行研究。有关《加强监管严禁在预防“非典”中攫取暴利》的建议引起有关部门采取有效措施进行查处，制止哄抬药品价格现象。《东侨开发区华侨农场存在问题应引起重视》建议得到东侨开发区党工委和管委会高度重视，较好地解决了问题。同年，市政协组织委员对宁德市城区河道进行视察，对河道管护提出整治意见建议，督促相关部门加强城区河道整治和管护，使市区河道脏乱差面貌得到较大改观。当年，全市有46名市政协委员应聘担任特约监察员、检察员、审计员、教育督导员和民主监督员、行风评议员等，参与各类检查和行风评议活动。

2004年，市政协向中共宁德市委、市政府和省政协报送各类政协信息、社情民意135条，报送重要社情民意专报件16期（条）。其中开展评选市树、市花建议，市长陈荣凯作批示，有关部门在《闽东日报》、宁德电视台等媒体开展市树和市花征集活动。对于《古田水口库区水浮莲泛滥成灾危及库区渔民生存》建议省委副书记梁琦萍作批示，有关部门及相关县采取有效措施，对水浮莲进行清理。对于《畲族群众在蕉城城区务工聚居后出现的住宅等问题应引起重视》建议，有关领导多次牵头召开会议，协调解决该问题。《宁德城区废品收购点泛滥政协委员反映强烈》建议得到市政府采纳，相关部门开展联合执法，对城区违章搭盖经营废品场所进行取缔。同年，市政协还进一步完善特邀监督工作，市政协委员在参与特邀监督、各类检查和行风评议活动中进一步发挥民主监督作用，推动有关部门依法行政，公正司法。

2005年，市政协制定《关于市政协委员担任特约监督员管理办法》。市政协召开党风廉政建设座谈会，听取市纪委关于党风廉政建设情况通报，推动市反腐倡廉工作。当年，全市有36名市政协委员被市政府及有关部门聘为特邀监督员或民主评议员，参与市直72个单位和9县（市、区）行风政风评议工作。同年，市政协还编发重要问题专报件48期，其中关于加强少数民族年轻干部培养专报件，被全国政协采用。《我市教育经费投入管理与使用存在问题应引起重视》《我市殡葬改革工作存在问题严重，应引起重视》等建议，获得市领导重视采纳。市政协专题向省政协报送古田库区移民存在“饮水难、行路难”等问题，引起省政协领导重视，省政协专门对解决库区遗留问题和促进库区经济发展向省政府提出建议。

第三节　提案工作

1993—1998年，地区工委、县（市）政协在深入研究的基础上，提出3176个提案和建议、意见，其中立案2698条，立案率85%。对于应由地区政协工委和各县（市）政协办理的提案，地区工委、县（市）政协认真立案、及时办理并答复。6年间，立案的2698条提案、建议和意见，办复2535件，办复率94%，被采纳1645条，采用率61%。

1999年，地区工委、县（市）政协共收到委员提案、建议和意见56条。

2000年1月，在省政协八届三次全会上收到宁德委员提案65件，各县（市）政协委员提案、建议和意见300多条，地区政协工委和各县（市）政协都及时立案、办理并答复，重点提案、建议还由政协领导亲自交办、检查、落实。

2000年11月，市政协召开一届一次全会，设立提案审查委员会及工作机构，负责会议提案的收集、整理、审查。此次会议共收到提案300件，经提案委审查立案279件。会后，中共宁德市委、市政府领导主持召开提案交办会，对提案办理提出具体要求；中共宁德市委办公室、市政府办公室分别发出《中共宁德市委办公室关于办理省、市政协提案有关问题的通知》《宁德市人民政府办公室关于办理省、市人大代表建议和政协提案有关问题的通知》《关于办理省、市政协提案有关问题的通知》，对中共宁德市委办公室分解交办的提案，市委所属部门和各县（市、区）委要在1个月内应反馈办理情况。中共宁德市委所属部门和各县（市、区）委直接承办的市政协委员提案，要在3个月内办结并答复委员，3个月内无法办结答复的，要向委员说明原因，最后答复时间不得超过6个月。市政协委员对提案办理结果不满意的，各承办单位要再作研究处理，并在1个月内再次答复。《宁德市人民政府办公室关于办理省、市人大代表建议和政协提案有关问题的通知》对提案种类、提案交办承办和督办、承办单位职责、提案办理原则、办复要求、办理时限等也做出规定。对《关于加快建设闽东旅游业“龙头”项目太姥山—杨家溪旅游度假区的建议》，市委领导做出批示，市政府把景区开发工作列入议事日程，成立太姥山旅游经济开发区；并纳入《宁德市旅游业发展总体规划》与宁德市“十五”发展规划。《关于采取紧急措施对罗江至黄沙桥路段进行特殊管理以确保104国道畅通和安全的建议》提案，市政府领导批示市交通、公路部门采取紧急管制措施确保国道104线畅通和行车安全。《关于加快三都澳开发区建设的建议》提案，中共宁德市委、市政府召开专题会议，把三都澳开发区建设列入宁德市“十五”发展规划。当年，全市提案办复率为88.9%。市政协收到提案办理征询意见表72份，其中满意和基本满意的占93.1%。

2001年4月，市政协一届二次会议及会后收到提案172件，经提案委员会审查立案152件。市政协发出《关于提案征集、审查、交办、督办、征询意见的暂行办法》，建立主席督办重点提案制度，并采取走访承办单位、召开“两见面、三结合”办理座谈会等形式，推动提案工作由答复型向落实型转变。对重要提案，中共宁德市委、市政府领导都会分别做出批示，对提案办理提出具体要求。《关于建设闽东中心城市，必须加快发展社区建设》提案被主席会议列为重点督办提案，市政协领导先后到蕉城区及有关单位召开提案者、承办单位和提案委共同参加的办理座谈会，共商提案落实措施。《政府部门如何引导民企走向工业化道路》提案被《宁德市“十五”工业发展规划》采纳。《关于我市大黄鱼产业化问题的建议》提案引起市政府和有关部门重视，并出台政策措施加以扶持。《关于要求蕉城区政府尽快解决中外合资企业福建闽东德立水力发电有限公司车里湾水电站移民安置和上网电量收购的建议》被市政协第五次主席会议列为重点提案。经市政协台港澳侨联络委督办，较好解决移民安置问题。《进一步改善软环境，加快我市民营企业健康发展》《非公有制经济与国有经济享受同等待遇》《关于增强我市民营经济发展后劲的建议》等提案的10多条建议被市政府纳入《关于加快发展非公有制经济的若干决定》。《关于增进我市社区精神文明建设实效》提案，被中共宁德市委列入7个重点调研课题之一。《关于东侨开发区金马海堤严重隐患应引起高度重视》《关于进一步做好液化石油气安全管理工作的建议》提案，在市政协督办下，获得满意的效果。当年，全市提案办复率100%，提案所提意见、建议得到采纳和列入计划采纳的占86.4%。市政协收到提案办理征询意见表88份，其中满意和基本满意的占95.5%。12月31日，市政协第九次主席会议通过政协宁德市委员会《关于评选表彰优秀提案、先进承办单位、先进工作者的暂行办法》，促进提案办理工作。

2002年年初，市政协给委员和各民主党派寄发提案编写参考资料，在政协一届三次会议报道与住宿点设立提案征集处。一届三次会议及会后收到提案216件，经审查立案213件，其中党派团体提案11件。中共宁德市委、市政府领导对10件重点提案做出批示，市政协主席、副主席对6件提案进行重点督办，同时通过走访和邀请提案委员座谈等形式，改进提案办理工作。《必须高度重视温福铁路的设计评审工作》提案经市领导责成铁路办与委员沟通后，把委员提出的建议向业主和设计单位反映，并要求沿线县（市、区）有关部门主动配合做好温福铁路设计衔接和评审工作。市政协根据《关于评选表彰优秀提案、先进承办单位和先进工作者暂行办法》，与市政府联合表彰一批优秀提案、先进承办单位和先进工作者。当年，市直74个承办单位全部办复提案，提案所提意见、建议得到采纳和列入采纳计划的占总数的79.3%。市政协收到提案办理征询意见表142份，其中满意和基本满意的占总数的93.7%。

2003年4月，市政协一届四次会议及会后收到提案193件，经审查立案191件。会议期间，市政协办公室邀请中共宁德市委办公室、市政府办公室派员协助开展审查立案和承办单位确定工作，增强提案立案和交办的准确性。各县（市、区）、市直各承办单位严格执行《福建省提案工作条例》及政协宁德市委员会《关于提案征集、审查、交办、询问意见的暂行办法》。市政协主席、副主席分工督办《落实“三条保障”线，完善社会保障体系》等4件重点提案;《关于完善我市农业农村社会化服务体系的建议》提案，中共宁德市委、市政府领导先后批示，市农办、农业局采纳提案建议，进一步完善全市农业社会化服务体系。《振兴闽东茶业，推进小康建设》提案，被中共宁德市委、市政府的《关于扶持茶叶支柱产业发展的若干意见》采纳。《关于鼓励、支持和引导民营经济发展的建议》提案的许多建议被中共宁德市委、市政府纳入《关于进一步加快民营经济发展的决定》。《呼吁市政府亟待加强对畲族民间艺人知识艺能和畲族文物的抢救、出版与征集》提案经市政府办公会议专题研究，市文化、民委等部门采取切实措施予以扶持。《采取有效措施，防止家庭暴力发生的建议》提案被市公安局采纳，各县（市、区）派出所、警务区相继设立家庭暴力投诉点。5月，市政府办制发《关于办理省市人大代表建议和省市政协提案有关问题的补充通知》，对政府系统答复省、市政协提案做出5点补充规定。市政协办公室制发《关于办理政协提案的意见》，并由中共宁德市委办公室、市政府办公室转发执行。9月15日，市政协召开“三条保障线”（职工基本养老保险、下岗职工基本生活保障和失业保险、城市居民最低生活保障）问题座谈会，听取市劳动保障局、民政局、财政局等单位的提案答复情况通报。当年，市直63个承办单位提案办复率为100%，提案所提意见、建议得到采纳和列入采纳计划的占总数的89%。市政协收到提案办理征询意见表131份，其中满意和基本满意的占总数的90.8%。

2004年2月，市政协一届五次会议及会后收到提案198件，经审查立案194件。在市政协五次会议期间即时办理6件，召开座谈会6场。会后，中共宁德市委、市政府和市政协领导对委员重要提案建议做出批示，市政协主席、副主席跟踪督办了《加快建立粮食安全体系》《禁止“六合彩”赌博活动》《加强中心城市交通管理》等6件重点提案。5月24日，市政协召开禁止“六合彩”提案办理座谈会，邀请中共宁德市委宣传部、市公安局、司法局、综治办等9个单位参加，提出打击和防范“六合彩”赌博蔓延的对策，市公安局等在全区开展严打“六合彩”活动。《关于加快宁德中心城市协调发展的建议》提案被市政府采纳。《关于建立我市新型农村合作医疗制度的建议》提案引起市卫生部门重视。《关于筹建畲族文化大观园，打造畲族开发区经济文化发展平台》提案被市政府采纳。当年，市委成立抢救与发展畲族文化工作领导小组，市政府拨出专款安排在全市全面开展畲族文化、文物普查工作，并决定筹建中华畲族宫文物馆，年底完成一期工程。同时，各承办单位进一步完善提案办理制度，建立“领导分管、专人负责、统一把关、限期完成”工作机制和审核督查制度。市公安局制发《关于进一步完善接受人大、政协监督机制的通知》，把提案办理纳入年终综合考评项目，指派专人对提案委员不满意的《关于规范养狗的建议》进行解释沟通。市交警支队在办理《关于加强中心城市交通管理》提案时，与基层单位组成提案办理小组，抽调民警到大街小巷开展调研，确保提案建议得到落实。当年，市直70个承办单位提案办复率为100%。提案所提提案建议基本或部分被采纳的129件，占66.5%。市政协收到提案办理征询意见表110份，其中满意和基本满意占总数的98%。

2005年2月，市政协一届六次会议及会后收到提案195件，经审查立案181件。市政协重新下发《关于提案征集、审查、交办、督办、征询意见及表彰的办法》。在一届六次全会期间，中共宁德市委、市政府领导专题召开政协委员提案即办会，选择《关于在宁德市区主要街道设立城区简图的建议》《关于在东侨开发区合理布设公厕的建议》《关于在机关大院内设立部门办公示意图，为社会提供方便的建议》《关于在闽东大广场十字路口建设城市标志的建议》等7件提案，直接交市直有关单位即时办理。同时，确定《关于积极推进三都澳深水港口开发建设的建议》等6个方面27件提案为当年应办重点提案，由市政协领导负责督办。其中，《关于积极推进三都澳深水港口开发建设的建议》提案，在市政府和承办单位的争取下，国务院批准三都澳港城澳口岸更名为宁德港口岸，并提升为一类口岸；《关于抢救保护木拱廊桥文物的建议》提案纳入《宁德市旅游业发展总体规划》；《关于发展船舶业的建议》提案被列为市政协主席会议督办提案，经组织提案承办单位和提案者进一步调研论证，形成《做大做强宁德船舶修造业》调研报告，被市“十一五”规划采纳，调研报告被省委《调研内参》刊用。当年，市直76个承办单位提案办复率为100%，提案所提意见、建议得到采纳和列入采纳计划的占总数的86%。委员对提案办理征询意见满意和基本满意的占95.9%。

第四节　宣传学习

1993年，地区政协工委继续加强对委员的学习领导工作，当年组织委员学习邓小平理论、全国人大七届五次会议、全国政协七届五次会议精神。地区政协工委每季度组织一次驻区全国、省政协委员和各界人士代表专题学习会，每周组织工委机关工作人员参加学习。1995年，组织委员学习中共中央总书记江泽民的《为促进祖国统一大业的完成而继续奋斗》重要讲话、中共十一届五中全会精神、全国政协主席李瑞环《关于人民政协履行职能的若干问题》的讲话与《政协全国委员会关于政治协商、民主监督、参政议政的规定》等。

1997年7月6日，地区政协工委邀请省政协经科委副主任张瑞尧到周宁县，为参加全区第二十五次政协主席联席会议的县（市）政协主席讲授金融工作形势。8月30日，召开各界人士迎香港回归、庆“七一”座谈会，邀请在宁德的部分省政协委员、民主党派、工商联及无党派人士30多人参加学习座谈。1998年3月31日，地区政协工委召开各界人士座谈会，传达全国政协九届一次会议精神。至1998年年底，地区政协工委先后选派33人次参加全国政协干部培训中心和省委、中共宁德地委党校的培训学习。1999年6月，地区政协工委采取以会代训形式，举办全区政协主席学习会。组织机关处级领导开展“三讲”教育活动。组织驻区全国和省政协委员学习《中共福建省委关于进一步加强人民政协工作若干问题的决定》。12月17日，召开各界人士迎澳门回归座谈会。当年，地区政协工委选派缪耕山副主任参加北戴河全国政协举办的政协干部培训班学习。

2001年年初，宁德市政协组织委员学习邓小平理论、“三个代表”重要思想，组织在蕉城区的市政协常委和民主党派负责人学习中共十五届六中全会精神。4月，召开文史工作座谈会，采取以会代训方式，对市、县（市、区）文史委委员进行培训。6月27—29日，召开各界人士庆祝中国共产党成立80周年座谈会，举办世贸知识专题讲座。8月，邀请省社科院教授马元柱作WTO知识讲座、民革省委会常务副主委史炳奇作纪念辛亥革命90周年专题讲座。选派姚智梅、李继梅到北戴河参加全国政协举办的政协干部培训班学习。组织政协委员、各界人士和机关干部学习胡锦涛总书记七一讲话、省第七次党代会精神。接待全省高速公路采风团，组织宁德书画家与省内30多名艺术家交流技艺。10月9日，市政协在闽东宾馆召开辛亥革命90周年纪念大会，市政协领导和各界人士200多人参加。12月25日，市政协成立书画院，省政协原主席陈明义、游德馨和原副主席陈增光为书画院题词，书画院收到省内外书画作品50多幅，并举办书画笔会和书画展。

2002年2月，市政协组织委员学习"三个代表"重要思想，组织学习中共宁德市委一届六次（扩大）会议精神。3月，举办"数字福建"讲座，邀请宁德师专副教授许少鹤给部分委员举办书法讲座。9月30日，为纪念《中华人民共和国妇女权益保障法》实施10周年，市政协社会法制委员会和市妇联联合召开学习座谈会。11月，举办喜迎"十六大"暨纪念市政协书画院成立一周年书画展，展出作品88幅，省政协副主席何少川、省文联党组书记陈济谋和著名书画家吴进、王卉等寄送作品参展，市委、市人大常委会、市政府、市政协有关领导及社会各界书画爱好者400多人参观书画展。在市政协一届十一次常委会上，组织学习中共第十六次全国代表大会精神并做出决议，要求全市政协委员、政协机关干部带头学习、宣传、贯彻中共十六大精神。

2003年，市政协制发《关于兴起学习贯彻"三个代表"重要思想新高潮的意见》，分层次组织市政协中心组、委员小组和机关工作人员学习。开展创建学习型机关活动，召开机关干部会议，传达学习省人大、政协"两会"精神。6月，组织10幅书画作品参加省政协和龙岩市政协主办的八闽政协书画精品联展。"七一"期间，组织开展学习谷文昌及宁德市优秀共产党员郑培民先进事迹活动。8月，组织市内部分书画家和政协委员到霞浦县杨家溪、高罗海滩采风，并创作20多幅作品。9月，配合省政协和省委宣传部组织省内6家主要新闻单位记者采访团，到宁德采访宣传政协工作。选派市政协副主席林寿到北戴河参加全国政协举办的政协干部培训班学习。10月，与市文物管理委员会、市文化与出版局、市摄影家协会联合举办"澳泰杯"《宁德文物》摄影作品展。11月，与省炎黄文化研究会、省民族与宗教事务厅联合举办全国畲族文化学术研讨会，参会的省内外60多名专家学者提交论文70多篇。12月，组织宁德、莆田两市政协书画院作品联展，展出书画作品50多幅，省政协原副主席陈增光，宁德市代市长陈荣凯，省政协副秘书长陈维山，市委常委、宣传部部长陈必滔，副市长陈兴生和著名书画家吴进等作品参展，市委、市人大常委会、市政府、市政协有关领导及书画爱好者1000多人参观书画展。是年，市政协在全市政协委员中聘任22名特约信息员，编发《政协信息》30期。派员参加全国政协、省政协和省委党校、宁德市委党校，省社会主义学院举办的各类读书班、培训班学习培训。

2004年2月，市政协中心组召开学习会，组织学习中共中央总书记胡锦涛在中纪委第三次全会上讲话精神。3月30日，召开全市政协信息工作座谈会。5月27—28日，邀请省政协学宣委副主任许和农作《中国人民政治协商会议章程修正案（修订）》辅导讲座，并组织市、县政协机关干部开展学习竞赛。8月，组织13名书画家和摄影师参加省政协与省炎黄文化研究会联合举办的庆祝人民政协成立55周年书画摄影作品展，选送11幅作品参展。9月，召开各界人士学习十六届四中全会精神座谈会。组织开展纪念人民政协成立55周年活动，学习胡锦涛总书记在大会上的重要讲话；与市委统战部、市文化与出版局联合举办全市政协统战系统庆祝人民政协成立55周年暨纪念邓小平100周年诞辰"同心赞"文艺晚会，市委、市人大常委会、市政府、市政协领导和各界人士共1000多人参加晚会。传达学习中共宁德市委一届十次全体（扩大）会议精神。10月，组织部分书画艺术工作者到成都等地采风。成立宁德市政协网站，建立委员电子信箱。

2005年2月，市政协组织民主党派、各界人士学习《中共中央关于进一步加强中国共产党领导的多党合作和政治协商制度建设的意见》。3月16日，召开市政协机关保持共产党员先进性教育征求各界人士意见座谈会，组织开展保持共产党员先进性教育活动。3月22日，召开宁德市各界人士学习《反分裂国家法》座谈会。5月，组织开展委员活动日活动，邀请近百名在市直和蕉城片区的全国、省、市政协委员参加书法、美术鉴赏讲座，健康咨询，乒乓球、射击比赛等。组织机关全体共产党员观看电影《张思德》，并召开观后感座谈会。组织开展以闽东古文化资源为题材的“古风行”采风活动。6月21日，邀请省社科院研究员潘步明到宁德作“构建社会主义和谐社会”专题讲座。选派副主席黄建龙、秘书长陶敏辉到北戴河参加全国政协举办的政协干部培训班学习。9月，组织政协部分文艺工作者到蕉城区霍童镇支提寺、仙岩寺、文昌阁、黄鞠水利工程，福安市廉村、狮峰寺、郑虎臣祠堂，寿宁县斜滩镇古民居、南山风景区等地采风。10月18日，与中共宁德市委宣传部联合召开全市政协宣传工作座谈会，学习贯彻省委宣传部和省政协办公厅《关于进一步加强新时期人民政协宣传工作的意见》，研究、探讨加强和改进政协宣传工作的具体措施。同月，召开全市各界人士学习中共十六届五中全会精神座谈会和全市政协宣传工作座谈会。11月25日，召开全市政协信息工作座谈会，表彰2003—2005年度全市政协信息工作先进单位4个、先进工作者10名。

2001—2005年，市政协共选派30多人（次）干部参加全国政协、省政协和省委党校、中共宁德市委党校及社会主义学院举办的各类读书班、培训班学习。

第五节　视察调研

一、重要视察调研活动

1993—1998年，宁德地区政协工委围绕地委工作中心、行署工作重点，服务和推动宁德地区的改革开放、经济建设和社会发展，组织驻区全国和省政协委员开展视察调研，作为委员参政议政的重要渠道和形式，先后组织视察调研活动53次，撰写视察调研报告36篇，这些报告大多有情况、有分析、有建议、有对策、有价值，为党政领导正确决策提供重要的参考依据，并推动有关问题的解决，得到上级的肯定、社会的好评。1997—1998年，宁德地区教育“两基”（普及基本教育和基本扫除青壮年文盲）达标进入关键时期，地区政协工委及时组织宁德地区的省政协委员到福安、霞浦、福鼎等县（市）视察，向地委、行署提交视察报告，地委、行署领导分别做出批示，行署还召开专题会议，研究解决具体问题并进行重新部署，促进宁德地区教育“两基”达标工作顺利通过省级验收。1997年5月，地区政协工委组织对沿海“连家船民”上岸定居问题的视察调研，在掌握第一手材料的基础上，向省委、地委和省政协提交调研报告，反映的问题引起省、地领导的高度重视，省委、省政府决定将“造福工程”的有关支持经费继续延长到20世纪末，并决定用3年时间帮助全区“连家船民”4125户18466人分期上岸定居。

1999年，宁德地区政协工委先后组织在宁德的省政协委员、民主党派负责人，围绕全区经济发展与环境保护问题开展调研视察，配合省政协就民主法制建设、社会力量办学等社会热点问题开展专题调研，提出许多可供参考的意见和建议。地区工委和各县（市）政协委员还先后多次深入基层调研，就乡镇财政的现状、下岗职工再就业和基本生活保障问题、老区经济和基础设施建设等问题收集大量意见、提出建议，供政府及相关部门研究解决。

2000 年 6 月，地区政协工委本着“少而精、专而深”的原则，选择全区性社会和经济发展的几个重点、难点、热点问题，组织委员深入基层调研，先后到宁德、福鼎、柘荣、福安 4 县（市），采取小范围调研、大范围论证的方式，就闽东软环境建设等五大方面的问题提出 5 条富有建设性的意见建议供党政领导决策参考。9 月，又针对全区少数民族地区经济发展问题与对策进行全面调研。12 月 18—19 日，市政协协同省政协法制委调研组到福安市调研“依法行政”工作。

2001 年 3 月，市政协协同省政协经科委副主任林思翔等到福安等地调研创建文明村镇和农村税费改革工作。8 月 9—10 日，组织在宁德的省政协委员和部分市政协委员开展福宁高速公路建设视察。12 月 19 日，市政协组织在闽东的省政协委员与市政协委员到福安市、福鼎市、霞浦县视察民营经济和旅游业。

2002 年 3 月 18—20 日，市政协协同省政协文教卫体委调研组一行到蕉城、周宁等县区开展农村医疗卫生事业发展问题专题调研。4 月 8—12 日，协同省政协经科委副主任林思翔等到蕉城、周宁、寿宁等县（区）开展农村中介组织建设情况专题调研。

2003 年 3 月 11 日，市政协协同省政协文史委调研组一行 10 人到蕉城区霍童镇、福安市溪潭镇廉村及张高谦烈士陵园、闽东苏维埃旧址考察。4 月，协同省政协“农村义务教育问题”调研组到霞浦、古田、周宁、屏南、寿宁等 5 县调研，形成《关于我市农村义务教育问题的情况报告》，报送省政协。协助省政协经科委到周宁、屏南、古田等 3 县开展县域经济情况调研。协助省政协民族宗教委到霞浦、福鼎等县（市）调研。5 月，协同省政协法制委到蕉城区、福安市、古田县开展“农民工进城问题”调研，提出 5 点建议，并在省政协召开的全省农民工进城问题专题研讨会上交流。6 月，与市财政局协同省政协经科委到部分县（市、区）开展“宁德市县域财政现状与对策”专题调研，提出建立规范转移支付制度、加大转移支付、引进激励机制等 3 条建议，并在九届省政协常委会第三次会议上交流。7 月 7—9 日，陪同省政协经科委副主任林思翔一行到福安市考察民营企业。7 月 28—30 日，协同省政协经科委主任夏玉瑚等一行到蕉城、霞浦、福鼎等县（市、区）开展海洋开发与渔业生产情况调研。12 月 10—12 日，组织在宁德的省政协委员到寿宁县、福安市、蕉城区等地开展县域经济发展情况视察。

2004 年 2 月 24 日，市政协协同省政协经科委副主任林思翔等到霞浦、福鼎等县（市）调研。5 月 25—29 日，陪同省政协经科委主任夏玉湖等一行到寿宁、屏南等县考察县域经济发展情况。6 月 23—24 日，协同省政协副秘书长王健等一行到屏南县开展政协工作调研。11 月 16—19 日，协同省政协经济科技界部分委员到屏南、古田、蕉城等县（区）开展生态建设调研。

2005 年 3 月 15—18 日，协同省政协文教卫体委主任林锦华等到蕉城、寿宁、霞浦等县（区）调研农村税费改革后社会事业发展情况。4 月，协同省政协经科委到宁德开展农村基本农田保护与土地整理调研。协同省政协经科委副主任林思翔等一行到福安开展加强科技对区域经济发展的支撑作用课题调研。协同省政协经科委开展“加强海洋资源规划，促进海洋经济健康发展”专题调研，撰写《找准着力点，做好“海”文章，促进海峡西岸经济区东北翼中心城市经济发展》调研报告。8 月 8—9 日，协同省政协经科委副主任林思翔等到柘荣、寿宁等县开展“加强生态环境建设和治理，构建人与自然和谐发展的生态文明”专题调研。12 月 5—7 日，组织在宁德市的省政协委员到福鼎、福安、周宁 3 县（市）开展“实施项目带动战略，促进‘海西’建设”视察。

二、协同全国政协、省政协领导视察调研

2000年，地区政协工委陪同全国政协副主席张思卿、全国政协常委胡平、全国政协委员视察团等在宁德的调研视察活动。2000年11月29—12月3日，省政协主席游德馨与全国政协委员视察团，在市政协主席姚智梅等陪同下视察宁德市。12月5日，全国政协常委王荣生在市政协副主席林强陪同下，到福安市考察造船业。12月12—13日，省政协副主席陈增光率民族宗教委视察组在市政协副主席余上富陪同下，视察宁德少数民族地区。

2001年3月26—27日，省政协副主席陈增光一行15人，在市政协副主席余上富陪同下，到宁德参加畲族“三月三”歌会，并召开民族宗教工作座谈会。4月2日，省政协副主席周厚稳在市政协副主席缪耕山陪同下，到屏南、周宁、寿宁等县调研。6月5—7日，省政协副主席林逸率省政协经科委视察团在市政协副主席林强陪同下，到蕉城、霞浦等县（区）考察近海养殖。6月22—25日，省政协副主席陈增光率省政协民宗委在市政协副主席余上富陪同下，到蕉城、福安等市（区）考察民族村财政和贫困乡镇经济情况。7月5日，全国政协副主席周铁农率全国政协委员一行27人到宁德市考察近海养殖。8月19—24日，省政协副主席陈增光率部分省政协委员到古田、屏南、周宁、福安、蕉城等县（市、区）开展企业改制和下岗与退休职工情况调查，并与部分职工代表座谈。8月20—24日，省政协副主席金能筹率部分省政协委员到宁德对少数民族乡村经济发展情况进行调研，市政协领导陪同调研。9月3日，全国政协台港澳侨委副主任林开钦在市政协副主席余上富陪同下，到周宁、福安等县（市）调研。9月11—13日，省政协副主席金能筹在市政协副主席余上富陪同下，到蕉城、福安等市（区）开展民族宗教工作调研。9月18日，省政协副主席陈荣春、林逸率省委检查组，在市政协主席姚智梅陪同下，到霞浦检查、调研工作。11月13—15日，省政协主席陈明义一行6人在市政协主席姚智梅陪同下，到福安市、寿宁县和东侨开发区调研。

2002年3月8—10日，省政协副主席陈增光到蕉城区开展“造福工程”调研。4月15—17日，省政协副主席金能筹一行在市政协副主席余上富陪同下，到福鼎市参加太姥山“三月三”畲族歌会。5月12—14日，省政协副主席周厚稳率省政协学习宣传委员会一行16人在市政协副主席陈兴生陪同下到蕉城、福安等市（区）视察中共中央颁布的《公民道德建设实施纲要》实施情况。5月23—27日，全国政协常委、社会和法制委副主任王厚德和蒋先进等一行12人，在省政协副主席陈增光，市政协主席姚智梅和中共宁德市委常委、政法委书记林鸿坚等陪同下，到霞浦、福鼎、福安等县（市）开展“当前社会治安问题的成因及对策”专题调研。9月25—29日，省政协副主席何少川在市政协主席姚智梅陪同下，到蕉城、霞浦、福鼎等县（市、区）调研救灾工作并参加“9·28”宁德招商节活动。11月1—6日，省政协副主席陈增光率省政协社会法制委调研组在市政协主席姚智梅、副主席余上富陪同下，到蕉城、福安、周宁等县（市、区）开展“机关效能建设”专题调研。12月3—4日，省政协副主席陈增光一行在市政协副主席余上富陪同下，到福鼎市调研。

2003年3月4日，省政协副主席叶家松在市政协主席姚智梅陪同下，到柘荣、福安等县（市）调研并看望在宁德的省政协委员和市政协机关工作人员。4月17日，省政协副主席金能筹在市政协领导陪同下考察生辉表业、华联石材、远藤食品与东侨开发区的外资企业，与外资企业代表座谈。5月15—18日，省政协原副主席陈增光在市政协副主席余上富陪同下，到屏南、周宁、寿宁等县调研。6月26日，省政协副主席叶家松到宁德参加“第四届中国·闽东招商节”

活动。10月27日，省政协副主席潘心城及省政协民宗委部分委员在市政协副主席余上富陪同下，到福安市调研。

2004年4月6日，省政协副主席金能筹在市政协主席姚智梅陪同下，到蕉城区德立水力发电公司和欣怡花卉公司调研。4月26—27日，民盟中央副主席吴修平在省政协原主席游德馨和市政协主席姚智梅陪同下，到霞浦、蕉城等县（区）视察。5月18—20日，省政协副主席金能筹率省政协香港委员考察团，在市政协主席姚智梅、中共宁德市委副书记张经喜、副市长陈应辉陪同下，到宁德参加“5·19”招商活动，并考察蕉城、屏南等县（区）。5月31日至6月5日，省政协原主席伍洪祥在市政协主席姚智梅、副主席余上富陪同下，到蕉城、福安、福鼎等区（市）考察。6月7—11日，省政协主席陈明义率省委调研检查组，在市政协主席姚智梅、副主席黄信焜陪同下，到福安、柘荣、福鼎、霞浦、蕉城等县（市、区）及东侨开发区调研检查工作。7月12—13日，省政协副主席潘心城率部分省直单位负责人，在市政协主席姚智梅、副主席缪耕山陪同下，到宁德市调研港口建设工作，并对省政协《加快港口建设的若干建议》和《加快建设福建深水大港和港口工业区》重点提案办理情况进行调研督办。10月24—25日，省政协副主席王耀华率省政协委员在市政协副主席林峰雪陪同下，到福安、蕉城等市（区）考察非物质文化遗产（民族民间文化）保护工作。11月18—19日，全国政协副秘书长、中国农工民主党中央副主席陈宗兴及中直有关部门一行，在省人大常委会副主任贾锡太和市政协领导陪同下，到宁德考察港口和交通网络建设情况，并召开工作汇报会。12月3—4日，全国政协民族和宗教委员会副主任、全国妇联副主席、西藏自治区政协原党组书记巴桑，全国政协常委、全国政协民族和宗教委员会副主任、中共新疆维吾尔自治区党委原副书记克尤木·巴吾东，全国政协民族和宗教委员会副主任、国家民委原副主任李晋有，全国政协常委、全国政协民族和宗教委员会副主任、内蒙古自治区政协原副主席夏日等组成的全国政协民族和宗教委员会考察团一行，在省政协民族和宗教委员会主任汤金华、市政协主席姚智梅、中共宁德市委副书记张经喜、市政协副主席余上富等陪同下，到福安、蕉城市（区）考察调研。

2005年1月5—7日，西藏自治区政协副主席次仁卓嘎一行在市政协副主席余上富陪同下，到福鼎、霞浦等县（市）考察。2月21—24日，省政协副主席、省工商联负责人李祖可一行在市政协副主席余上富等陪同下，到宁德开展“促进民营经济发展，提升民营企业竞争力”调研。3月7—9日，省政协副主席叶家松在市政协主席姚智梅等陪同下，到寿宁县开展“共产党员先进性教育活动”调研。3月21—22日，省政协副主席金能筹、副秘书长陈新华等在副市长郑民生、市政协副主席缪耕山陪同下，到古田县调研。3月下旬，全国政协港澳台侨委员会副主任、省炎黄文化研究会会长何少川和省政协副主席陈家骅率省政协民宗委、省炎黄文化研究会一行，在市政协领导陪同下考察宁德中华畲族宫、畲族文物馆、福安民族中学，参观福安民族民间文化遗产图片展，并观看福安市穆云乡溪塔村畲族民间风情表演。4月19—29日，省扶贫协会、省扶贫基金会会长、省政协原副主席陈增光在市政协副主席林峰雪陪同下，到蕉城、寿宁、福安、霞浦等县（市、区）调研闽东苏区红色旅游资源及农村扶贫工作。4月25—27日，原全国人大常务委员会委员陈明枢在省政协副主席苍震华、省人大常委会原副主任郑义正、省政协原副主席陈增光及市领导陈荣凯、姚智梅等陪同下，考察宁德中华畲族宫、东侨开发区、福鼎太姥山和霞浦杨家溪景区，并听取蕉城、东侨、福鼎、霞浦等县（市、区）工作汇报。5月1—6日，省政协主席陈明义在市政协主席姚智梅陪同下，到蕉城、霞浦、周宁、屏南、古田等县（区）调研旅游资源开发建设情况。6月6—7日，省政协副主席潘心城、副秘书长陈维山一行，在市政协副主席缪耕山陪同下到宁德考察。6月16—17日，青海省政协副主席赵启中一行在市政协副主席黄建龙陪同下，到宁德三都澳、霞浦杨家溪、福鼎太姥山等地考察旅游开发情况。6月25—27日，福建省原省长胡平到宁德参加“第六届中国·宁德招商节”活动，并在市政协副主席缪耕山陪同下到霞浦、福鼎、蕉城等县（市、区）考察。8月25—29日，省政协副主席陈家骅一行在市政协主席姚智梅，副主席缪耕山、黄建龙等陪同下，到蕉城、霞浦、屏南等县（区）考察。10月2—7日，省政协原副主席高胡一行，在市政协主席姚智梅，副主席缪耕山、林峰雪陪同下，到蕉城、屏南、周宁、福安等县（市、区）考察。10月11—12日，省政协副主席金能筹率省政协委员视察团，到宁德市东湖塘华侨农场视察归侨侨眷权益保护情况。10月20—22日，全国政协常委、全国政协人口资源环境委员会主任陈邦柱率“沿海生态环境保护和海洋灾害预警机制”专题调研组一行，在省政协经科委副主任林方磊，市政协主席姚智梅、副主席黄建龙及市海洋与渔业局、林业局、环保局等有关部门负责人陪同下，到蕉城、霞浦、福鼎等县（市、区）调研。11月14—16日，省政协副主席李祖可在市政协副主席缪耕山陪同下，到宁德市进行提案工作调研。12月15—16日，全国政协常委、省政协副主席邹哲开一行在市政协主席姚智梅、副主席缪耕山陪同下到蕉城区、东侨开发区考察“加快中心城市发展，促进海峡西岸经济区建设”工作。

第六节 文史资料工作

2001年4月，宁德市政协学习与文史委召开文史工作座谈会，布置征集辛亥革命人物史料工作。同年8—9月，市政协分管副主席率学习与文史委负责人等到9县（市、区）调研征集文史资料工作。10月，完成《纪念辛亥革命90周年》专辑（《闽东文史资料》第一辑）编纂出版，该辑设雪泥鸿爪寻遗墨、沧海桑田忆故人、乡贤群像、旧文重刊等4个栏目，收录资料45篇，共14.9万字。12月下旬，市政协召开各县（市、区）政协分管领导和文史委办公室负责人座谈会，举行《纪念辛亥革命90周年》专辑首发式。

2002年，市政协确定编辑出版《闽东廊桥实录》专辑（《闽东文史资料》第二辑），组织有关人员到9县（市、区）有关乡（镇）、村考察木拱廊桥，举行座谈会，征集文史资料稿。次年完成《闽东廊桥实录》专辑编纂出版，该书图文并茂，收录区内木拱廊桥53座、其他类型木石桥梁51座、古渡口3处。全书设桥形、桥屋、桥工、桥批、桥俗、桥殇等六章，共11万多字，图片210张。当年，市政协配合省政协文教卫体委、省文史馆和省诗词学会在全市开展纪念邓小平100周年诞辰诗歌征集活动，选送诗歌100首，有27首被编入省政协《心声》诗文集。

2003年3月，根据省政协文史委要求，市政协召开县（市、区）政协文史委负责人会议，部署有关文史资料征集工作，并完成《历史名镇霍童》与《历史名村廉村》文史资料征集工作，报送省政协。同时，市政协在福鼎召开全市政协文史工作座谈会，部署计划编辑出版《两岸同根》专辑（《闽东文史资料》第三辑）的资料征集工作。

2004年，市政协多次召开专题会议研究部署《两岸同根》专辑编纂工作，组织到9县（市、区）调研征稿。次年2月，完成《两岸同根》专辑编纂出版，该辑设闽东籍在台知名人士及后裔、寻根谒祖、文化交流、投资经营、文物史迹等栏目，共24万字。同时，根据省政协编纂文史资料协作丛书部署，组织开展“非物质文化遗产”（民族民间文化情况）宁德部分资料收集，完成省政协文史委交付的宁德17个名人故居资料征集工作，其中寿宁县6个、福安市6个、霞浦县2个、柘荣县2个、福鼎市1个，完成区内15个摩崖石刻资料收集，其中福鼎市6处、福安市4处、霞浦县3处，柘荣县1处、寿宁县1处。

2005年3月，市政协召开专委会主任专题会议，研究部署编辑《闽东历史名人》专辑（《闽东文史资料》第四辑）编纂工作，并召开各县（市、区）政协分管副主席和文史委负责人座谈会。5月，召开专委会主任会议，对各县（市、区）政协报送的历史名人进行筛选，确定收录闽东历史名人31人（实际收录27人，其中隋唐至清代闽东籍乡贤23人，外籍寓贤陆游、朱熹、戚继光、冯梦龙等4人），并初步完成专辑编纂，该辑收录文章27篇，图片50多张，共21万字。

第七节 “三下乡”服务活动

2001年9月13日，由宁德市扶贫办牵头，市政协法制与民族宗教委文教卫体委协同组织部分委员到霞浦县盐田畲族乡开展义诊，接诊300多人。9月21日，市政协组织医疗专家一行10人再次到霞浦县盐田畲族乡给畲族群众、“连家船民”开展送医送药活动，接诊300人，免费发放药品价值3100多元。

2002年1月2日，市政协组织10名委员到蕉城区漳湾镇开展文化、科技、卫生“三下乡”活动，给村民传授科技知识、提供致富信息，写春联400多幅，义诊200多人。

2003年1月，市政协书画院组织书画家、科技人员和医生到蕉城区八都镇开展文化、科技、卫生“三下乡”活动，为村民书写春联300多幅，科技咨询30多人次。

2004年1月15日，市政协组织10多名委员到蕉城区赤溪镇开展科技、文化下乡活动，给村民传授科技知识、提供致富信息，写春联200多幅。6月，市政协组织书画院人员参加“阳光助学”活动，现场创作30多幅书画作品，部分作品经团市委组织拍卖，所得2.4万元全部捐给贫困大学生。12月10日，组织农业、科技、医卫界委员专家到蕉城区霍童镇上洋老区基点村开展“情暖老区献爱心”活动，为村民提供农业技术指导和义诊，接诊村民100多名、免费发放药品价值2600元，给村委会送电视机、DVD播放机和科技书籍，给“五老”（老地下党员、老游击队员、老交通员、老接头户、老苏区乡干部）和五保户送慰问金和棉衣。

2005年1月16日，市政协组织委员开展“三下乡”活动，给市级扶贫开发重点村蕉城区八都镇际山村送去34寸彩电、DVD播放机、扩音器和2000多册书籍等。组织政协书画院到蕉城区赤溪镇开展文化下乡活动，为村民写春联200多幅。5月10日，市政协联合市红十字会，组织委员到霞浦县牙城镇义诊，接诊324人，免费发放药品价值3800元。11月7日，市政协配合省政协组织的医疗专家队到寿宁县平溪乡、斜滩镇、鳌阳镇送医送药，接诊1100多人并在寿宁县医院举办医疗卫生讲座。

第八节　联络联谊

一、联系各界人士

1993年后，宁德地区政协工委每年春节、中秋均邀请驻宁德各民主党派、工商联、人民团体、无党派人士，全国、省政协委员，“三胞”（台胞、侨胞和港澳同胞）及其眷属代表，各界知名人士等参加联欢或座谈会、茶话会、团拜会，交心通气会，共襄全区经济建设大计。

1996—1997年，宁德地区先后两次遭受强台风正面袭击，地区政协工委和福鼎市政协委员郑婉如联系台湾慈善基金会派员到灾区了解灾情，捐赠1500多万元的款物救济灾民、修复海堤等，并投资500万元在福鼎市前岐镇兴建一所中学、捐资300万元帮助宁德地区精神病院修建病房大楼。

2001年2月1日，市政协牵头召开市民营企业家代表座谈会，宁德市政协主席姚智梅参加，并与民营企业家代表进行座谈建立联系。7月，市政协举办庆祝中国共产党成立80周年座谈会，邀请各界人士参加座谈活动。9月底，市政协召开全市台港澳侨资企业、归侨、侨眷中秋座谈会，举办“迎中秋、庆国庆”联欢晚会。10月9日，市政协举办辛亥革命90周年纪念大会，邀请各界人士参加纪念活动。此后，每年春节、中秋节前夕，市政协工委和中共宁德市委统战部均共同召开各界人士新春茶话会、中秋联欢会，邀请各界人士参加有关活动，加强和他们的联系。

2005年，市政协举办中秋、迎春茶话会，邀请社会各界人士参加活动。

二、接待港澳台与海外宾客

1993年，地区政协工委接待应邀回宁德探亲考察的美国华侨总商会会长冯近凡（曾陪同尼克松访华），请其作国际经济贸易知识讲座，建议行署和宁德市政府聘其为经济顾问。1994—1995年，地区工委、县（市）政协促成马来西亚实业家回乡考察并投资1亿元人民币成立中外合资福建古田颜玉路桥开发有限公司，建设省道203线古田至水口段二级公路及水口闽江大桥。

1997年，地区政协工委领导陪同省政协澳门委员到闽东考察，考察期间省政协澳门委员捐款40万元帮助福安、宁德两市修建小学和兴办公益事业。1999年3月24日，地区政协工委主任姚智梅陪同新加坡客商洪文发与台湾客商及莆田市政协副主席、中共莆田市委统战部部长林能玉等在宁德考察并促成宁德城澳毛石出口项目。

2001年6月16—20日，福建省政协香港特区委员暨香港“希望工程”基金会考察团一行40多人，在市政协主席姚智梅、副主席黄信煜陪同下到蕉城区、福鼎市、福安市考察并捐资60万元兴建蕉城区兰田生辉希望小学、碗窑希望小学和福安特殊教育学校。11月12日，市政协邀请新西兰皇家学院教授、古田籍侨胞高益槐回乡观光考察，并在宁德、古田作3场“生物科技与21世纪”学术讲座；市政协主席姚智梅和副主席黄信煜、林寿会见高益槐。2002年9月，经市政协台港澳侨联络委多次联系，意大利福建华侨华人联谊总会会长陈铁群一行7人到宁德市考察投资项目。市政协主席姚智梅、副主席黄信煜等分别会见考察团。考察团计划在东侨开发区首期投资300万元人民币兴办经济实体。同年9月，市政协促成菲律宾石狮同乡总会捐助的蕉城区石后乡中心小学菲华楼落成，30多名菲律宾石狮乡亲到蕉城参加落成典礼。当年，市政协还与市台办联合接待回乡探亲的台胞林宜信夫妇，周西德、阮清康等一行，安排参观东侨开发区、蕉城工业园区、市政建设工程和三资企业等。

2003年6月28日，受市委、市政府委托，市政协做好参加“6·28”招商节活动的全国政协港澳委员李群华、卢温胜，原世界台商协会会长、美籍华人颜树洋，世界台商协会秘书长、哥斯达黎加籍华人张永裕，印度尼西亚林氏集团顾问林际茂等海外宾客邀请与接待工作。8月下旬，市政协接待台湾成功大学教授王明蘅带领14名教师和研究生组成的闽浙古民居考察团，到蕉城区赤溪镇赤溪村，霍童镇霍童、石桥、外表村，福安市溪潭镇廉村、溪柄镇楼下村和福鼎市白琳镇翠郊村，柘荣县乍洋乡凤岐村考察，并与白琳镇政府及翠郊古民居旅游开发公司进行座谈。10月1日，世界台商协会原会长、美籍华人颜树洋与世界台商协会秘书长、哥斯达黎加籍华人张永裕，应邀回国参加全国政协国庆招待会后到宁德考察，市政协主席姚智梅、副主席黄信煋会见了客人。2004年2月2日，市政协接待新西兰皇家科学院首席科学家、梅西大学教授、中国新西兰经济科技促进会会长、古田籍华侨高益槐并与其座谈。当年，市政协还协同市政府做好“5·19”第五届中国·宁德招商节和“6·28”第二届太姥山旅游文化节等海外侨胞和台港澳同胞邀请与接待工作。接待省政协香港特区委员暨香港福建社团考察团，促成考察团为屏南希望小学捐资20万元。全年共接待海外侨胞和海外社团组织、台港澳同胞团30多批次。

2005年6月，市政协配合市委、市政府做好“6·28”招商节海外宾客的邀请与接待工作；接待专程到宁德参加“海峡西岸经济区临海产业投资洽谈会”及“第六届中国·宁德招商节”的海外客商和台胞，组织参观考察东侨开发区、闽东工业园区、水产品加工企业。组织台胞参加在霞浦召开的宁台农业合作投资洽谈会，参与有关侨资项目开工奠基典礼及农产品、民间工艺品展销活动。8月，协助市台办召开宁德市企业技术需求介绍会。11月14日，市政协常委、闽东旅港联谊会会长郑少清率闽东旅港联谊会回乡参观团回宁德考察，市政协主席姚智梅、副主席缪耕山、黄信煋、黄建龙等会见他们。12月28—29日，市政协主席姚智梅到温州慰问住院的意大利侨领、原罗马福建华人华侨联谊总会会长陈铁群。是年，市政协还先后接待应邀回国参加全国政协会议的全非洲中国和平统一促进会会长叶北洋，马来西亚雪隆福州会馆陈自成率领的马来西亚福建寻根访亲团，泰国福州十邑同乡会会长林立盛，意大利福建华侨华人联谊总会会长陈铁群等一批海外侨胞和闽东籍华侨社团侨领等。协助新西兰皇家科学院首席科学家高益槐做好在宁德投资2000万美元，开发食用菌为原料的天然药物建设项目调研工作。

三、出访联谊

2001年11月5—21日，宁德市政协副主席余上富到美国考察，联络和拜访在美国的宁德乡亲和华人社团组织。12月9—24日，市政协主席姚智梅率市政协考察团访问意大利、法国等欧盟国家，拜访意大利福建同乡会、华人华侨联合总会、旅法福建同乡会、德国华人移民和中国留学生代表。2002年10月，应美国华人华侨社团邀请，市政协副主席黄信煋到美国考察，拜访华人华侨社团和旅美乡亲。12月上旬，应世界福州十邑同乡总会会长、印度尼西亚材源帝集团董事长、拿督斯里黄双安和印度MIDTOWN公司邀请，市政协主席姚智梅率市政协台港澳侨联络委部分委员及古田、屏南等县领导组成的恳亲团，出席在印度尼西亚首都雅加达举行的世界福州十邑同乡总会第七次恳亲大会，并访问印度尼西亚和中国香港地区。

2003年4月8—21日，市政协副主席缪耕山到韩国、日本开展招商引资活动。10月23—

30日，市政协主席姚智梅、秘书长李继梅率团到澳大利亚、新西兰进行经贸考察，拜访新西兰皇家科学院首席科学家、梅西大学教授、中国新西兰经济科技促进会会长、古田籍华侨高益槐等海外乡亲。

2004年2月27日，市政协副主席余上富率团到欧洲5国考察，联络拜访海外乡亲和在宁德投资的意大利罗马福建华人华侨总会会长陈铁群等。11月，市政协委员联络室主任许文斌跟随宁德市恳亲团到马来西亚参加第八届世界福州十邑同乡会。

2005年4月5—18日，应南非中华工商总会、非洲和平统一促进会邀请，市政协主席姚智梅率部分市政协委员到南非、埃及考察，拜访南非环洋国际实业有限公司董事长、全非洲中国和平统一促进会会长、南非中华福建同乡会会长、福建省海外交流协会副会长、古田籍侨胞叶北洋等一批海外乡亲。

第二十八编　民主党派

1992年年底，宁德地区仅有民盟福建省宁德地区工作委员会和农工党福安市（县级）委员会、农工党宁德市（县级）委员会3个地方组织，有21个支部、盟员（党员）298人。1993年后，其他几个民主党派也迅速得以发展，先后成立了农工民主党宁德市委员会、中国国民党革命委员会宁德市委员会、中国民主建国会宁德市委员会（筹备组）。至2005年年底，宁德市共有市级民主党派（含筹备组）4个，有党员（盟员）1116个。

各民主党派地方组织根据自身组织的特点和优势，积极参政议政、开展社会服务，为宁德市的经济建设、社会事业发展做出积极贡献。中共宁德市委、市人大常委会、市政府、市政协根据“多党合作和政治协商制度”的精神，也为各民主党派的活动提供保障。

第一章　民革宁德地方组织

第一节　组织机构

2001 年 12 月，成立中国国民党革命委员会（以下简称民革）宁德市（地市级）委员会筹备组。2003 年 12 月成立民革宁德市委员会。

2005 年，民革宁德市委员会有市直机关支部和民革蕉城区支部等 2 个，有党员 65 人。

第二节　重要会议

1999 年 2 月 6 日，召开中国国民党革命委员会福建省委直属宁德（县级）小组成立大会。参加会议的有第一批党员 7 人，会议确定宁德小组负责人 1 人。同年 10 月 30 日，召开中国国民党革命委员会福建省委员会直属宁德支部成立大会，大会产生支部主委 1 人、委员 3 人。

2001 年 12 月 21 日，召开成立中国国民党革命委员会宁德市委员会筹备组会议，筹备组设成员 6 人，组长 1 人，副组长 2 人。

2003 年 12 月 20 日，召开民革宁德市第一次全体党员大会，正式成立中国国民党革命委员会宁德市委员会。大会产生第一届委员会委员 9 人，主任委员 1 人，副主任委员 1 人，秘书长 1 人。刘慧宇当选为主委。

2004 年 9 月，召开民革宁德市全体党员学习大会，邀请中共宁德市委统战部领导为全体党员作“多党合作理论”讲座。

2005 年 7 月 1—2 日，民革宁德市委员会举办学习报告会，邀请湖北大学博士生导师田子瑜教授为全体党员作《台湾问题与台海局势》的讲座。

第三节 主要活动

一、协商议政、民主监督

1999—2001年，民革宁德组织通过视察、调研，就纠正不正之风、改革文教卫生事业、服务“三农”、对台农业、农业技术人才培养、发展闽东水果业、加快城市建设、保障食品安全，推进“两个文明”建设等方面提出许多建议和意见。担任各级政协委员的党员结合省、市、区（市）政协组织的各种调研、视察活动，形成有关农村医疗卫生、企业发展、软环境建设、城市社区建设、台侨资企业等方面的调研成果。

2002年，民革宁德组织就蕉城碗窑侨捐学校建设事宜进行跟踪监督，促进其落实解决。同年7月，提交的《我市农资市场混乱亟待规范》呈阅件得到中共宁德市委、市政府主要领导的高度重视，并要求相关部门在全市范围内展开为期40天的全面清理整顿农资市场的行动。

2003年，在市（市、区）“两会”上，民革党员中的人大代表、政协委员就“三农”问题、旅游开发、教育体制改革、司法公正、经济发展、反腐倡廉等诸方面提交了提案和大会发言。

2004年，根据中共宁德市委提出“工业立市、海洋强市”的战略部署，民革宁德市委会选择“大力发展海洋经济”和“壮大民营企业”等课题开展调研。多次组织民革党员前往三都澳、下白石、湾坞等沿海工业区开展调研活动，提出发展海洋经济和大力发展草根企业的思路和建议。为关注民生，提倡“以人为本”构建和谐社会，民革宁德市委会还就食品安全问题、农产品农残问题以及环境保护问题开展调研。同时，还发挥党员中农业专家较多的优势，对蕉城区晚熟龙眼的现状开展调研，提交“大力发展海洋经济，实现宁德跨越式发展”和“关于在我市建立农产品市场准入制度”等调研报告并在大会发言。

民革党员中有许多人被市、区部门聘为行风评议员、特邀监督员等，为能切实履行参政党的民主监督职能，党员们深入各县（市、区）和有关部门开展行风评议廉政监督，对土地、城建、交警、公安、人事、卫生、教育、文化等部门存在的一些问题，敢于监督，善于建言，很好地树立民主党派形象。秘书长陈孟莘在周宁县进行行风检查时，对15家网吧进行明察暗访，发现存在较严重的违规问题，就及时向文化部门提出整顿和规范网吧的一些建议。此外，民革党员中的人大代表、政协委员和民主监督员、行风评议员以及在政府任实职的党员，借助在各部门的调研活动，积极建言献策。刘慧宇主委积极参与福建省发改委制定“十一五”规划的前期工作，还参与中共福建省委、省政府，中共宁德市委、市政府2003年以后重大决策部署贯彻落实情况的调研检查活动。

2005年，民革宁德市委会就宁台农业合作、农村中小学撤点并校问题、农村地质灾害隐患和古籍古文献保护工作情况，先后组织人员前往蕉城、福安、福鼎、霞浦、周宁等县市调研。同时还走访市教育局、市劳动与社会保障局、市台办、市农办、市农业局、市文化局和市劳动服务就业中心，完成4篇调研报告。“关于解决我市征地难问题的建议”的提案被市政协作为重点反映社情民意材料递交给中共宁德市委、市政府，并在市政府出台的有关征地文件中予以参考采纳。“实施准入制度保障食品安全的建议”的提案被市政协列为重点跟踪提案，6月，还专门召集市工商、卫生、农业、质监等有关部门进行提案落实情况反馈专题会议。“关于加强我市地质灾害治理搬迁工作的建议”的提案被市政协作为重点提案于9月召集政府有关部门进行跟踪反馈。“蕉城区龙眼种植现状分析与若干建议”的提案促使蕉城区政府拨出专项资金40万元，用于龙眼品种的改良工作。“狠抓落实、强化措施、促进文化基础设施建设”的提案获得市政府同意，将城东路塔辉花苑东侧，规划用地面积1.72公顷，建设3000个座位的体育馆，1000座位的剧场以及图书馆、文化馆、博物馆等系列文体活动场所。民革市委还积极发挥民革党员中的特邀监察员、监督员、行风评议员的民主监督作用，积极履行职责，敢于监督、善于监督，为促进宁德市的民主行风评议和民主法制建设、推进机关效能建设和廉政建设起了良好的作用。

二、宣传祖国统一

2004年，民革党员曾经参加辛亥革命的老人周忠魁的嫡孙周文南多年来向海内外名家征集丹青墨宝200多幅，作品的作者涉及台湾政界以及国内外教育界、佛教界人士和宗亲乡贤。这些书法作品对于促进闽东与台湾的相互了解，增进祖国统一，增强对辛亥革命以后重要历史进程的共识有着重要的意义。5月21—28日，经过民革市委会的筹备，名为“缅怀辛亥老人，共盼两岸团圆”的书画大展在宁德文化馆举办，展出期间3000多名各界人士前往观看。

2005年4月23日，民革宁德市委会集中学习《反分裂国家法》和中共中央总书记胡锦涛对台工作的4点意见，加深了对中共中央关于对台方针政策的理解。市委会主委刘慧宇撰写的《〈反分裂国家法〉符合两岸同胞的根本利益》在福建广播电台东南广播公司和解放军中国华艺广播公司对台播出。市委会还一直保持与台湾“中央研究院”研究员陈永发、张至庆，台北中山纪念堂卓遵容、东海大学教授蒋永敬等人的联系，并借此宣传“一国两制、和平统一”方针。民革党员、百岁老人陈海亮（原国民党国民大会代表）和周文南两位老先生常年保持与台湾友人的书信往来。

三、海外联谊

2005年4月12日，民革宁德市委会邀请美国华人、孙中山基金总会主席王可富、副主席游芳悯一行到市委会进行座谈交流。8月，市委会主委应邀前往新加坡进行学术访问与交流，先后访问了新加坡国立大学、新加坡中国工商总会、华裔馆、福建会馆、新加坡南洋理工大学，并于18—20日参加海外华人华侨座谈会。市民革党员还配合市政府招商部门，引进新西兰皇家科学院首席科学家高益槐教授在宁德投资2000万美元的项目，成立安发益槐福建生物科技园。部分侨属党员发挥海外亲友多、联系面广的优势，多次自费赴国（境）外进行招商引资，先后引导亲属到闽东创办5家外商独资企业，总投资额达5000多万元。引进“希望小学”4所，受到国务院侨务办公室、中华全国归国华侨联合会和福建省“希望小学”领导小组的表彰。

四、服务社会

（一）支教助学

捐资助学是宁德民革组织长期坚持的办实事内容之一。1999年10月，通过民革省委会的搭桥牵线，泉州民革企业家郭文圣到金涵畲族乡设立终身制的“文圣奖学金”（每年提供人民币6000元），奖励优秀的少数民族中小学生。2001年10月，民革宁德（蕉城）支部与福州企业家郑世平（民革成员）签订“正盛奖教金”协议，每年资助1万元人民币（协议期10年），奖励优秀教师。2002年9月，该支部又对蕉城九都中心小学6名品学兼优的贫困学生开展助学活动，给他们送去助学金和学习用品。

2004年6月，民革宁德市委会、宁德市关工委、市侨联联合举办“英才助学”活动，20名博士、教授为“英才助学”发出募捐倡议书，并与贫困大学生“结对子”，共募资近20万元，资助全市各县（市、区）高考前20名的应届贫困大学生60名。当年，民革宁德市、县两级组织共募得“英才助学资金”170多万元，资助应届贫困大学生1505名。

2005年，为帮助山区少数民族辍学学生重返校园，民革宁德市委联合民革福建省逸仙艺苑支部开展书画义卖活动，资助民族教育。至年底，共筹集助学资金92万元，资助贫困大学生265人。

（二）支农送医

从1999年开始，民革宁德地方组织多次通过民革省委会组织一批省立医院的医学专家到宁德开展义诊活动，送医到基层；组织书法家到宁德开展“文化三下乡”送春联活动；组织省农科院、农大的专家到石后乡开展智力扶贫，开展“立体农业”项目调研，并争取上级的扶持资金，为农村的脱贫致富和区域经济发展服务。2002年6月，市民革党员中的农业专家深入到蕉城九都镇云气村和扶摇村开展农业科技下乡活动，还先后帮助在石后上、下洋村开辟百亩反季节蔬菜种植示范基地，依靠科技带动周边农民共同富裕。民革蕉城区支部帮助九都镇编制《万亩优质枇杷发展规划意见书》，促进九都枇杷产业的进一步发展。他们还与市、区有关部门联合举办讲座，邀请专家讲授宏观经济形势和经济发展趋势等问题。民革宁德市、区（市）组织发动民革党员中的农业专家多次深入基层，开办农业技术培训班。

2003年，民革宁德市委联系福州市蔬菜研究所副所长、享受国家津贴的农业专家陈文辉（民革党员）到虎浿乡考察，决定由福州蔬菜研究所与虎浿乡“结对子”，在虎浿乡建立马铃薯供种基地，实行从供种到销售一条龙服务。还引进日本荞麦、甘蓝、南美洲萝卜、三叶花菜等新品种，建立3.33公顷的新品种示范基地，为农村脱贫致富和农业产业结构调整起到促进作用。通过民革省委会介绍与著名茶叶专家张天福（民革党员）到宁德调研，为闽东茶叶发展出谋划策。

2004年7月，组织民革成员在虎浿乡举办首届“泥腿子评选良种”活动，组织蕉城区农民专业户种菜能手对2003年引进的以及近几年在蕉城区推广的几十个蔬菜新品种进行现场评选，选出7个性状良好的、适宜高山反季节种植的优良品种，为蕉城区的蔬菜生产和可持续发展提供后续保障。民革党员针对蕉城区晚熟龙眼价格低的状况，先后联络水果销售大户北上温州、杭州、上海、南京直至山东青岛、威海等地帮助果农找销路，开通北方营销渠道。

2005年4月，民革市委开展大型“科技下乡”活动，到蕉城区漳湾镇的漳湾村和雷东村进行龙眼嫁接改良技术讲座，并现场指导农民操作。5月25—26日，民革市委会通过民革省委会组织省立医院10位著名医疗专家到宁德的三都镇和虎浿乡开展义诊活动，为350多名群众进行义诊，并赠送价值3000多元的药品。9月，民革省委会又组织省中医学院9位著名专家到周宁义诊两天，有400多名群众得到专家的诊治。民革宁德市委会组织民革党员中的农业专家到蕉城区的七都、八都、漳湾等地开办8期农业技术培训班，受培训农民达400多人，印发1000份农业技术资料。至年底，民革宁德市委在蕉城区组织举办各类农业技术培训班30多期，培训农民1000多人次。

此外，民革宁德市委还帮助招商引资7400万元，筹集扶贫捐款（物）70万元，帮助安排下岗职工再就业56人。

第四节　自身建设

一、思想建设

2001—2005年，主要是抓学习，加强民革党员思想建设。其内容方法是组织全体党员学习邓小平理论和中共十五大、十六大及十六届三中全会精神，学习“三个代表”重要思想以及“5·31”讲话和“七一”讲话精神，学习全国统战工作会议精神，学习民革党章、党史，坚持把握正确的政治方向，发扬民革优良传统，增强全体党员接受中国共产党领导的自觉性。结合形势教育，组织全体党员学习《反分裂国家法》《中共中央关于进一步加强中国共产党领导的多党合作与政治协商制度的意见》《中国人民政治协商会议章程》《中共中央关于加强人民政协工作意见》及社会主义荣辱观（八荣八耻）。开展批判邪教、声讨以美国为首的北约集团轰炸驻南使馆和美国撞毁战机的罪恶行径，在大是大非问题上与中共中央保持高度的一致；组织学习《民革党员参政议政手册》，开展“我为参政议政贡献什么”讨论，以提高党员参政议政的水平。以澳门回归为契机，组织大型的“迎回归，千禧年书画影联展”活动，引导党员学习“和平统一、一国两制”方针。开展孙中山革命思想的学习、研究与宣传活动，每年在孙中山诞辰、辛亥革命胜利以及孙中山逝世纪念日开展各种活动，激励党员继承和发扬孙中山爱国、革命和不断进步的精神。

二、组织建设

2003年民革宁德市委会正式成立后，班子内部贯彻民主集中制原则，实行集体领导和分工负责相结合，对集体形成的决议或决定，由秘书长组织实施。建立健全《主委会议事规则》《委员会议事规则》和《主委职责》《副主委职责》《秘书长职责》等制度，规定民主集中制原则所要求的民主程序、决策程序和执行程序等。分批选送主要领导和骨干党员到中央、省社会主义学院和党校学习培训，通过各种理论学习、培训，到实践中锻炼和多种调研活动，使市委会一班人逐步成为既能继承民革的优良传统，具有时代特征，熟悉民革工作规律、特点，又具有较高参政议政能力和较高素质的一代领导者。2004年，把工作重点转到加强基层组织建设。市委会领导经常深入基层了解情况，参加支部活动，加强对基层组织建设和组织发展工作的指导。市委会要求各支部要不断研究和探索适应新形势发展变化的工作思路和工作方法，及时总结经验。逐步建立并规范各种学习制度、组织活动制度、民主生活会制度。加强组织发展工作，处理好发展与巩固、数量与质量、重点与非重点的关系以及发展骨干成员与一般成员的关系。注重发展年龄轻、学历高、职称高、有代表性的人士，使组织发展呈现出年轻化、知识化的趋势。还联络到20世纪50年代入党的老党员2人，接纳外省转入党员1人。至2005年年底，全市65名党员中有省政协委员1人，市人大代表3人，市政协委员4人（其中副主席1人、常委2人），县（市、区）政协委员10人。党员中大专以上学历的占97%，博士1人，教授3人，高级职称的13人，民营企业负责人 2 人。

1993—2005 年，主委刘慧宇应邀出席由程思远主持的在北京人民大会堂召开的“中国财富论坛”，并在大会上宣读《论金融全球化中我国投资银行家及其培育》的论文。副主委林校生主编出版《闽东历史名人》。秘书长陈孟莘的“龙眼新品种引进”成果获农业部颁发的二等奖，先后获民革福建省委会授予的“经济建设和社会发展服务先进个人”和“福建省民革先进党务工作者”等荣誉称号。蕉城支部副主委在抗击台风和开展社会服务方面表现突出，被民革中央和蕉城区分别授予“民革全国社会服务工作先进个人”和“抗台先进个人”等荣誉称号。还有党员被民革中央评为“服务社会先进个人”、被国务院侨务办公室和中华全国归国华侨联合会授予“全国归侨侨眷先进个人”、被民革福建省委会授予“优秀党员”、被省妇联授予“三八红旗手”、被省希望工程领导小组授予“希望工程热心奖”、被宁德市人民政府授予“劳动模范 ”等荣誉称号。

第二章　民盟宁德地方组织

第一节　组织机构

1993年，中国民主同盟宁德地区工作委员会（简称民盟宁德地工委）机关设组织、宣传、社会服务部等办事机构，置主委1人，副主委3人，下辖11个支部，共有盟员139人。

1997年，民盟宁德地工委核定行政编制2人，其中处级领导职数1人。

1998年，全区共有支部24个，盟员326人，93.2%为中、高级专业技术人员。

2001年1月14日，中国民主同盟宁德地区工作委员会更名为中国民主同盟福建省宁德市委员会（简称民盟宁德市委会），机关设组织、宣传、社会服务部等办事机构，置副主委4人。下辖民盟蕉城区委会、民盟福安市委会，支部26个，盟员394人。

2004年，民盟宁德市委会机关行政编制核定为3人，其中处级、科级职数各1人。民盟蕉城区委、福安市委编制各2人。

2005年，民盟宁德市委会机关内设组织部、宣传部、社会服务部以及教育委员会、文化艺术委员会、经济科技委员会、妇女工作委员会、联络委员会等工作机构。下辖民盟蕉城区委会、民盟福安市委会2个县级地方组织，支部30个，盟员520人。

第二节　重要会议

1999年5月16日，民盟宁德地工委举行建盟50周年纪念大会。50年前亲自到宁德创建民盟组织的民盟中央副主席吴修平，福建省政协副主席、民盟省委会主委王耀华以及省、地、市领导和盟员代表300多人出席纪念大会，大会总结了宁德民盟组织50年的光辉历程，并提出新的奋斗目标。

2001年3月20日，民盟宁德市委会、蕉城区委会联合举办纪念中国民主同盟成立60周年座谈会，会议号召盟员发扬民盟和中共长期合作的光荣传统，增强坚持基本理论、基本路线、基本政治制度的自觉性。同年12月29日，中国民主同盟福建省宁德市第一次代表大会在宁德召开。民盟中央副主席吴修平向大会发来贺电，省政协、民盟省委会，中共宁德市委、市人大常委会、市政协等有关方面领导出席大会。中共宁德市委为大会致贺词。市直有关单位和其他民主党派、

1999 年 5 月，宁德市民盟建盟五十周年纪念会召开

工商联领导也到会祝贺。出席大会的代表共 60 人，大会听取审议并通过民盟宁德市工委工作报告，选举产生民盟宁德市第一届委员会委员 17 人、副主委 4 人。会议还选举产生出席民盟福建省第十一次代表大会代表 10 人。

2003 年 4 月 7 日，民盟宁德市委会召开一届二次全委会，民盟福建省委会任命黄建龙为民盟宁德市委会主任委员。4 月 23 日，民盟宁德市委会召开常委扩大会议，学习中共十六大精神和“三个代表”重要思想，要求广大盟员按照“三个代表”重要思想的要求加强自身建设。

2004 年 4 月 3 日，民盟宁德市委会召开一届三次全委（扩大）会议，学习中共十六届三中全会精神和胡锦涛总书记在中纪委三次会议上的讲话。9 月 25 日，召开市委常委扩大会议，学习中共十六届四中全会精神并开展讨论。会后，民盟市委会发出文件，号召全市盟员深入学习中共十六届四中全会精神。

第三节　主要活动

一、协商议政、民主监督

1993—2005 年，民盟宁德地工委、民盟宁德市委会主要领导和盟员代表参加中共党委、政府和政协召开的情况通报会、协商会、征求意见会等 160 多次，就闽东经济社会发展的重大问题建言献策。

1993 年，民盟宁德地工委与三都澳开发区管委会、《闽东通讯》编辑部联合举办三都澳开发研讨会。会后，民盟宁德地工委向民盟中央专题汇报三都澳开发的有关情况。同年，民盟中央在全国政协会议上提出《关于尽快开放三都澳的建议》，得到国务院的重视和支持，为推动三都澳城澳港作为一类口岸对外开放和将三都澳开发列入国土规划起了积极的作用。1993—1998 年，宁德各级民盟组织有 56 位盟员被监察局、审计局、法院、检察院、政法委、公安局、税务局等部门特邀为监察员、审计员和监督员。同时，盟员中的“特约四员”，参与民主行风评议、廉政建设等各项民主监督活动。

1994—1998 年，民盟宁德地工委负责人先后参加地区政协工委组织的赴各县（市）视察工业、农业、教育、乡镇企业、重点工程建设、“连家船民”上岸定居等专项活动。通过深入基层调研，向地、县（市）领导反馈了视察中了解到的情况并提出建议，促进各项工作的顺利开展。在中共宁德地委、行署组织的《宁德地区国民经济和社会发展十年规划》《宁德地区“九五计划”和“2010 年远景规划”》等讨论会上，与会盟员提出许多意见与建议。担任宁德、福安两市政协委员的盟员在政治协商会议上提出了许多提案和建议，先后有23件提案被评为优秀提案。

1999年10月，中共宁德地委、行署在制订国民经济发展“十五”计划草案征求意见时，民盟宁德地工委负责人参加讨论，提出许多补充修改意见。工委负责人在省政协八届二次会上提出的提案也被列为重点提案。当年，省“两会”期间，民盟宁德地工委发动盟员踊跃参政，共向“两会”提出提案19件，总数居宁德各党派团体之首。民盟福安市委会发挥群体优势，在福安市政协会上提出8件提案，其中《关于阳头大桥改建和开发利用》提案被评为1998年度优秀提案。

2000年11月，宁德市“两会”相继召开，民盟宁德地工委发动盟员参政议政，在政协大会安排的6个发言人中，民盟占2个，分别为《优化教育资源配置，努力提高办学质量》和《加强引导管理，致力服务扶持，确保大黄鱼产业持续健康发展》。团体提案《关于加快三都澳开发区建设的建议》、盟员提案《发展闽东中药材生产，培植新经济增长点，促进农业结构调整》被列为重点提案。会上，民盟委员围绕党委工作中心和政府工作重点，共提交提案29件。民盟蕉城区委会在“两会”上共提交议案提案26件。其中，3件提案成为现场协商的重点提案。《鹤峰路的整治》和《加强城市卫生管理》两项提案的办理被区政府作为向“撤地设市”献礼项目。民盟福安市委在政协会上提交提案19件，占会议提案总数18.4%。其中《保护赛江流域生态环境，促进我市经济可持续发展》被列为重点提案。

2001年3月，在市政协一届二次大会上，民盟市委会和盟员共提出提案20件，其中《关于宁德市农村税费改革后加强义务教育投入的建议》被列为主席跟踪督办的重点提案。2002年，在市政协一届三次会议上，民盟宁德市委会共提交大会发言8份，占会议发言总数一半。《转变政府职能，抢抓经济发展新机遇》《实施品牌战略，推进农业化进程》被安排为重点发言。同时向大会提交提案30件。

2002年3月，在宁德市政协一届三次会议上，民盟宁德市委会共提交大会发言8份，提案30件。在宁德市政府、市政协表彰的2000—2002年度10件优秀提案中民盟宁德市委会的《加快三都澳开发区建设》等5件提案受表彰。

2003年4月，在宁德市政协一届四次全会上，民盟宁德市委会共提交大会发言9份，团体提案11件、委员提案20件。这些提案，均着眼于经济建设和社会发展，内容充实、观点鲜明。民盟蕉城区委会在会上提交提案和建议45件，其中团体提案21件，提案总数继续保持各党派、团体提案数量的首位。在福安市政协九届五次会议上，民盟福安市委会共提交提案14件。

2004年2月，在市政协一届五次会议上，民盟宁德市委会共提交大会发言稿8份。其中《关于促进闽东工业发展的几点建议》《加强生态环境建设，实现可持续发展》《关于社区文化建设的思考与建议》分别被安排作大会发言。提交提案11份，其中《关于加强水资源保护和规划，保证人口与经济发展供水安全问题的建议》《关于保护进城农民工子女接受义务教育平等权利的建议》《禁止“六合彩”等赌博活动迫在眉睫》被列为重点提案。提交的盟员个人提案21件。当年，民盟宁德市委会被中共宁德市委授予“2000—2004年度政协工作先进单位”。

2005年2月，在宁德市政协一届六次全会上，民盟宁德市委会共提交大会发言7份。在会议的第二次全体会议上，共有3位盟员在大会上作了发言。提交提案3件，盟员个人提案30件。提案《加强对社会闲散青少年管理工作的建议》《关于加快我市农产品加工业发展的几点建议》被市政协列为重点提案。在政协一届六次会议期间召开的“食品安全”与“古文化保护”两场议政会上，盟员中的政协委员也建言献策，履行职责。民盟蕉城区委会在蕉城区“两会”上，共提交提案和建议44件，其中团体提案13件。其中《关于加快发展农产品加工业，促进农业增效农民增收的建议》《关于加大霍童溪水域污染防治力度的建议》被列为重点提案。在福安市政协大会上，民盟福安市委会提交党派提案1件，盟员个人提案20件，其中《治理垃圾公害，造福子孙后代》《共同关注未成年人健康成长》和《街尾路拓宽迫在眉睫》3件提案被列为重点提案。

2001—2005年，先后有96位盟员分别受邀担任省、市、区监察、审计、教育、法院、税务等部门的特邀监察员、特邀审计员、廉政监督员和机关效能建设监督员，参加了环保、国税、地税、技术监督、计生、水电等系统的行风评议工作。有87位盟员被聘为市、区两级的各种特邀监督员，参加民主行风评议工作。有的还担任行风评议指导小组组长，负责指导市直27个部门和古田县的民主行风评议工作。

二、社会服务

（一）服务“三农”

1993年，民盟宁德地工委针对1992年区内新植果苗大面积冻死，农民损失严重的情况，邀请省农科院、省气象局盟员专家，为宁德市编制气象分布图，省气象局总支还与宁德地区气象局合作，为宁德市建立霍童镇气象站培训人员，并赠送价值5000元的气象仪器和设备。

1996年8月，民盟宁德地工委组织盟员深入奔小康挂点单位宁德虎沨乡新亭村调研，与村干部座谈共商奔小康大计。1997年，邀请福建农业大学专家到宁德市七都镇帮助果农解决草莓育苗、品种改良、生产管理、果实保鲜及深加工等问题。

1997年，民盟宁德地工委组织食用菌专家四上宁德坑头村，为村民讲授食用菌栽培技术，向村民赠送《花菇栽培技术》一书，并筹措资金5万元、选派1名盟员驻村帮助村民栽培花菇23万袋，成为该村脱贫致富的龙头项目。市直支部捐款3000元，帮助该村修理变压器和电视接收器，支援架设电网裸铝线60千克。发动盟员为坑头村捐献书刊350册、文具150套、衣服500件。

1998年5月、10月，民盟宁德地工委配合民盟福建省科技工作委员会引进由省科委、计委批准立项总投资为15.3万元的“绿色食品产业化新技术开发应用”项目，在宁德石后乡、飞鸾镇等生产基地开展实验，并分别在赤溪、七都、洪口等乡镇建立辐射示范基地，为宁德市农业结构调整和绿色食品产业化发展探索新模式和新路子。同年，民盟宁德地工委组织人员深入霞浦沙江、北斗村，福安下岐村，宁德海星村等地调研，了解当地“连家船”的生产生活情况，为“连家船民”上岸定居献策出力。

1999年，民盟宁德地工委配合民盟省委会组织水产与海洋专家到宁德三都澳考察水产养殖情况，专家们针对三都澳海域大黄鱼养殖密度过大、育苗处于无序状态等问题提出许多建议，受到有关部门和领导的重视。民盟宁德市直机关支部还捐献1万多元资金，作为霍童坑头村的扶贫周转金。

2000年4月，民盟宁德市委会邀请省民盟科工委专家教授来宁德举办“绿色食品农业产业化和反季节蔬菜栽培”培训班，有50多名农业科技人员参加培训。8月，再次组织福建农业大学食用菌专家到蕉城区洪口乡开办“食用菌栽培”讲座，有40多人参加。民盟福安市委会以科技帮扶为重点，对当地农民葡萄种植技术进行培训。全年共举办“绿色食品产业化和反季节蔬菜栽培”“食用菌栽培”等各类培训班10多期。民盟蕉城区委会与区教委联合举办素质教育研讨会，共收到论文166篇，其中有50篇被评为优秀论文。民盟福安市委会联合有关部门深入到社口镇牛山湾小学开展扶贫帮教活动，并向该校学生送去“六一”儿童节的礼物。民盟福安十中支部到锦桌头小学开展支教活动，给该校160名小学生送去了学习用品。

2002年1月，民盟福安市委会文教卫支部赴福安湾坞上洋村慰问灾民，为灾区捐款3000元、衣物80多件。3月，民盟蕉城区直机关支部为老区基点村霍童镇八斗村赠送一批“早钟六号”枇杷苗，并在村里开办培训班传授种植技术。民盟福安市委会把民盟赛岐科技支部和民盟赛岐教育支部联合制作的葡萄栽培技术、水蜜桃栽培技术及蔬菜、西瓜病虫害防治光盘500多张，赠送给各乡镇农技站和各村果蔬种植专业户，以提高农民的实用技术水平。

2003年，民盟蕉城区委会与中共蕉城区委宣传部、蕉城区社区办共同组织开展“勿忘历史——纪念抗战胜利六十周年电影展播周”活动。还与有关部门深入金涵畲族乡开展“纪念全民普法20周年，送法进畲乡”活动，到七都镇埔源社区联合举办科技、文化、卫生、法律“四进社区”活动。帮助金涵上茶洋村、八斗村建设村委楼。民盟蕉城区委会牵头中国农工民主党区委会、区人事局、区地矿局等单位深入金涵上茶洋村调研，并筹集资金帮助建设村委楼。民盟福安市委会组织盟员开展农业技术下乡活动，印制《西瓜优良栽培》手册3000多份，分发到农民手中。

2004年，民盟宁德市委会与省内其他设区市民盟组织联系，邀请专家到宁德开展科技扶贫活动。11月26日由民盟福州市委会组织科技下乡专家组一行8人到宁德，深入石后竹洋反季节蔬菜基地和七都镇草莓协会，帮助农民提高种植科技水平。

2005年，民盟宁德市委会协助民盟福建省委会抓好清华大学教育扶贫项目落户福安市工作。当年9月1日，“清华大学教育扶贫现代化远程福安小平基金教学站”挂牌成立，成为该项目在福建省建立的唯一的现代化远程教学站。民盟福安市委会引进中国科协与英特尔公司联合举办的“英特尔——求知计划”项目，免费为城阳、板中、赛岐小学贫困学生培训电脑知识。同年，为纪念中国人民抗日战争胜利60周年，民盟宁德市委会组织20多位文艺工作者深入屏南、霞浦、蕉城、福安等地开展文艺采风，创作了一批讴歌抗战英雄的作品在《闽东日报》上发表。

（二）送医义诊

1993—1995年，民盟宁德地工委先后共组织医疗卫生支部盟员深入农村街道开展义诊活动达53次。

1996年5月，民盟宁德地工委组织一支20多人的医疗队赴宁德虎浿、石后等贫困山乡开展义诊，3天诊疗1700人次。地直卫生支部和地区第一医院支部也先后组织医疗队到福安下白石平岗村、潭头镇棠溪村等地开展义诊，并为群众捐药1000多元。宁德中医院支部组织专家赴霞浦县海岛义诊，为当地卫生院培养医卫人才，赠送价值20多万元的医疗器械。

1997年5月24日，民盟福安市委会、文教卫支部、地区第一医院支部的盟员组成义诊队到少数民族聚居地牛山湾村开展义诊活动。

1999年，卫生系统盟员开展一系列卫生咨询和下乡义诊活动。民盟宁德地区中医院支部，先后组织盟员两次到宁德增坂渔村和霞浦西洋岛义诊，共诊治930多人，做了12台肿瘤切除等手术。民盟地区第一医院支部盟员赴霞浦长春开展义诊，诊治200多人。

2000年，民盟宁德地区中医院支部两次组织盟员深入到山村、渔村，为群众诊治疾病500人次。第二医院支部组织13名盟员到寿宁武曲镇开展义诊，诊治400人。

2002年3月5日，民盟宁德市中医院支部组织内科、外科、骨伤科、康复科，眼科盟员医师参加“3·5”学雷锋义诊活动，一天接诊200多人次。同年，民盟蕉城区委会被中共宁德市委、市政府授予“八七扶贫攻坚先进集体”称号。

2003年，在抗击“非典”中，全市医疗系统盟员立足岗位积极参加各种抗“非典”活动。

宁德市中医院、闽东医院全体盟员签名向支部上交请战书，要求到抗击“非典”第一线参战。有的盟员组织民营企业家为“抗击非典献爱心”捐资活动，制作抗击非典宣传画，配合做好抗击“非典”的宣传工作。同年9月10日，民盟宁德市中医院支部组织盟员赴蕉城区漳湾镇为教师义诊。

2005年9月，民盟宁德市委会组织市直卫生支部、市直中医院支部盟员深入社区进行义诊和卫生防疫活动，接诊1000多人次。10月，民盟宁德市直卫生支部与市卫生局联合举行防治艾滋病宣传活动。

第四节　自身建设

一、理论学习

1993—2005年，民盟宁德地工委、市委会通过主委学习会、常委扩大会、全委扩大会、专委会活动、支部活动等形式，组织盟员学习邓小平理论和“三个代表”重要思想，树立科学发展观和社会主义荣辱观，学习中国共产党代表大会精神，学习贯彻《中共中央关于进一步加强中国共产党领导的多党合作和政治协商制度建设的意见》，学习盟史、盟章以及新时期统一战线理论。先后选送200多名骨干到中央、省社会主义学院学习。

1999年5月16—18日，民盟宁德地工委举办全区盟员“三讲”教育培训班，请中共宁德地委统战部领导和地委党校教师讲课。地、市民盟组织分别举行大会，批判邪教本质，批判分裂祖国言行。组织盟员愤怒声讨北约轰炸中国驻南斯拉夫联盟使馆的暴行，坚决拥护中共中央和中国政府的严正立场。

2000年，根据全省盟务工作会议精神，民盟宁德地工委组织区内全体盟员开展学习，不断加强民盟的思想建设。民盟宁德市委会举办盟员理论培训班，结合学习“三个代表”重要思想，集中培训基层支部骨干，并交流理论学习经验。盟机关及时把《中央盟讯》《福建盟讯》《福建乡土》以及自办的盟讯分发到各基层支部和盟员手中，使其尽早了解到民盟中央的新精神、上级的新指示和盟务工作的新信息，以丰富学习的内容。同时发动各级民盟组织和民盟员积极向盟刊、盟讯投稿，把盟内的好人好事、新经验新信息向外宣传，起到树正气、鼓士气的作用。至2005年年底，市内盟员中有被评为市管专业技术拔尖人才、市优秀青年专业技术人才，科技成果获奖，以及发明“中文四笔码”字典等。

二、组织建设

1993年，民盟宁德地工委共有11个基层支部，139位盟员。1994年12月，全区盟员人数发展到150人。1995年，加强市级及基层组织建设。1月24日，民盟宁德市委会（县级）筹备组召开第一次会议，讨论筹备成立民盟宁德市委会有关问题。5月20日，民盟宁德市教育支部召开盟员大会并举行挂牌仪式。年底，宁德地区共有盟员174人。1996年3月26日，民盟宁德市（县级）第一次盟员大会召开，选举产生民盟宁德市委员会（县级）。12月15日，成立民盟福安市委会。1997年年底，全区有盟员298人，其中大专及大专以上学历盟员占83.7%。1998年年底，全区共建立民盟基层支部组织24个、盟员326人，多为各部门各行业的业务骨干，其中具有中高级专业技术职称的占 93.2%。1999 年年底，全区有盟员 347 人，具有中高级专业技术职称的占 91.2%。

2000 年，民盟宁德地工委开展直属机关、教育、文化、师专、一中 5 个支部换届工作。选拔了一批年富力强的后备干部作为支部班子候选人。直属教育支部曾因盟员退休、调动及老主委年老等原因，工作一度陷入瘫痪。换届后让一批年轻盟员担任支部委员，盟务面貌焕然一新。师专支部换届后组织盟员到各县开展师德情况调研，写成调查报告供有关部门参考。民盟蕉城区委会也顺利完成区职专支部和十中支部换届选举工作，充实了两个支部的骨干力量。年底又将区直机关支部和文教卫生支部合并为 3 个支部，并召开换届大会选举产生新支部班子。民盟福安市委会针对该市文教卫生支部盟员多、组织活动有困难等情况，成立民盟福安师范支部、民盟福安十中支部，整顿文教卫生支部。全市全共发展盟员 66 人，全市盟员达 373 人。

2001 年年底，全市盟员人数发展到 394 人，基层支部 26 个，共有 4 个基层支部和 9 位盟员被民盟福建省委会评为先进支部和优秀盟员。2002 年，全市盟员人数 417 人，具有中高级专业职业技术职称的盟员占 90.8%。2003 年，全市共有盟员 474 人，其中高级职称 108 人、占 22.78%，中级职称 295 人、占 62.23%，平均年龄 42.49 岁。盟员的知识和年龄结构有较大改变。

2004 年，宁德市民盟发展新盟员 26 人，其中高级职称 5 人、中级职称 19 人，副处级 1 人、科级 2 人，中小学校长 2 人。截至年底，全市共有盟员 499 人，其中具有高级职称盟员 125 人、中级职称盟员 292 人，担任科级以上职务盟员 31 人，具有中高级职称和科级以上职务的盟员占盟员总数 91%，平均年龄 42.66 岁。

2005 年，全市新发展盟员 23 人。新发展盟员平均年龄 37 岁，其中高级职称 6 人、科级干部 1 人。年底，全市共有盟员 520 人，平均年龄 44 岁，具有中高级职称的盟员 429 人。共有 30 个支部，其中宁德市直属支部 10 个，盟员 162 人；蕉城区 8 个支部、盟员 173 人；福安市 12 个支部、盟员 185 人。具有高级职称盟员 174 人、中级职称盟员 298 人，平均年龄 45.9 岁。

第三章　民建宁德地方组织

第一节　组织机构

2000年3—4月，中国民主建国会（简称民建）在宁德地区发展第一批会员5人。8月，决定筹建民建宁德市支部。

2001年4月26日，民建福建省委直属宁德市支部成立大会召开

2001年4月26日，成立民建福建省委会直属宁德市支部。11月，支部下设宁德市直、蕉城区两个小组。

2003年8月23日，民建宁德市直支部成立。9月6日，民建宁德市蕉城区支部成立。12月13日，成立民建宁德市委会筹备组。核定临时编制1人。

2004年8月3日，民建宁德市委会筹备组向中共宁德市委统战部提出成立民建宁德市委会的申请。至2005年年底，各项准备工作仍在进行中，全市会员数69人。

第二节　重要会议

2001年4月26日，召开民建福建省委直属宁德市支部成立大会，出席会员25人。大会选举产生民建福建省委会直属宁德市支部委员会。

2003年12月13日，召开民建宁德市委会筹备组成立大会，大会选举王代忠为筹备组组长。

第三节　主要活动

一、协商议政、民主监督

2003 年，民建宁德市委筹备组成立后，主要负责人多次应邀出席中共宁德市委、市政府、市政协召开的各种协商会、通报会、座谈会，就贯彻中共中央、中共福建省委重大战略部署等发表意见和建议，一些意见和建议被中共宁德市委、市政府吸收采纳。2003—2004 年，市、区两级民建组织和会员共向省、市、区政协大会提交大会发言 4 份、团体提案 6 件、委员提案 61 件。其中，《关于下决心改革宁德市区城市管理体制、建立宁德市城市管理综合行政执法机构的建议》《政府投资建设项目存在的问题及对策建议》《大力发展中介组织，服务我市经济建设》等提案被列为市政协大会重要提案。《建立生态公益林补偿机制的建议》被民建省委会作为《情况反映》上报，被省政府吸收采纳。《加强权力运行监督制约》等提案被中共宁德市委、市政府采纳。在省政协九届一次全会上，王代忠委员关于《发挥福建“北大门”作用，加快构建宁德对内北联通道》的有关建议被省发改委采纳。

2005 年，《关于统筹城乡就业，促进农村劳动力有序转移的建议》被宁德市政协全会列入重要提案，蕉城区支部提案《整合机构、整顿队伍，建设效能政府》连续两年被列为区政协主席督办提案，对清理在编不在岗工作起到促进作用。《积极应对以市带区》《整合固定资产、重建行政中心》等提案得到蕉城区主要领导批示，被评为区政协优秀提案。此外，关于完善城区路标门牌、及时清理三都澳海上垃圾等 10 多份调研报告、社情民意信息稿件分别被民建省委《咨询与建议》《情况反映》和《福建统一战线》等刊物采用。至 2005 年年底，共有 3 名会员获得市优秀政协委员、统战工作先进个人等荣誉称号，蕉城区支部被授予蕉城区“统战工作先进单位”。

2000—2005 年，担任各类特邀监督员、行风评议代表的宁德民建会员，认真履行民主监督职责，积极参加执法评议、行风评议、效能检查、公务员录用考试等监督工作；及时反映群众呼声，通过民主监督活动，帮助有关单位履行职责、改进工作作风，维护群众利益。

二、服务社会

2000 年，民建宁德市支部筹备组支持会员为宁德地区撤地设市捐资，资助霞浦县长春镇和蕉城区飞鸾镇的乡村小学修校舍、建操场，扶持蕉城区洋中镇南坪村发展山羊饲养业，帮助困难户发展生产。

2001 年，民建宁德市支部与民建省直企业家总支联合在蕉城区金涵乡开展捐资助学、送医送药、科技法律咨询“三下乡”活动，资助金涵乡 5 所学校 47 名品学兼优的畲族特困生，赠送金涵乡中心小学 1 台彩电和一批教学参考书籍，为当地村民义诊 300 人次，提供农业科技和法律咨询 70 人次。联合会员企业福安市天正会计师事务所在福安举办会计、经济、法律义务咨询活动。为福安城阳乡林洋村公路争取以工代赈省级资金补助 8 万元。

2002 年，联系省民建企业家总支会员免费为金涵乡规划花卉基地发展生态农业，提高农民收入。

2001年，民建蕉城区支部开展“六一”儿童节慰问活动

2004年，为福安挂钩帮扶贫困村、学校等多渠道争取到帮扶资金6万元。

2005年春节期间，民建蕉城区支部企业家会员到老区赤溪镇炉田村慰问11户五老户、五保户，送去生活用品和慰问金，给炉田小学送去DVD、音响、球类等文娱用品。7月，组织会员捐资15万元用于霍童镇坑头村革命老区道路硬化工程。9月，市委会筹备组选送5名贫困初中毕业生免费三年到福建经贸学校深造。市委会筹备组负责人为挂钩帮扶的福安市松罗乡筹集帮扶资金30多万元。

2001—2005年，连续5年坚持每年六一儿童节开展助学慰问活动，为蕉城区石后乡中心小学、三望小学、洋中镇凤田小学、八都镇猴盾小学等4所学校送去总计3万多元的电脑、彩电、体育用品、学习用品等，组织企业会员与3名贫困生进行“手拉手”帮扶活动，计划资助他们完成从小学到大学的学业。

第四节　自身建设

一、思想建设

2001年3月10日，民建宁德市支部筹备组举办新会员和民建之友培训班，26名新会员和民建之友参加培训。6月26日，民建宁德市支部召开纪念中国共产党建党80周年座谈会，会员们畅谈回顾民建与中共同心同德、通力合作的光荣历史，一致表示要坚持和发展中国共产党领导的多党合作制度，共创新的辉煌。9月29日，支部举办“庆国庆·迎中秋”联欢晚会，并举办以中共中央总书记江泽民“七一”讲话及统战、民建等有关知识为主要内容的有奖问答。11月30日，举办《中华人民共和国婚姻法》知识讲座，增强会员法律意识。

2002年6—8月，民建宁德市支部两次组织会员学习中共中央总书记江泽民“5·31”讲话，领会精神实质。11月8日，组织会员收看中共十六大开幕式，并结合工作实际开展中共十六大报告学习活动。12月1日，举办中共十六大报告学习辅导讲座，并就进一步学习贯彻中共十六大精神做出具体部署。

2003年9月，市、区两级民建组织开展中秋、国庆活动，结合国际国内形势和国家新时期的方针政策，在会员中开展形势和任务教育、基本路线和基本纲领教育、爱国主义和社会主义教育，激发会员为国出力、为会增光的热情。

2004年，民建宁德市委会筹备组领导班子制定定期召开成员会议、支部会议等规章制度。通过发放材料指导会员自学，选派骨干会员、后备干部参加各级各类培训班、学习研讨班、读书班，报告会、座谈会、辅导讲座形式，组织会员学习邓小平理论、“三个代表”重要思想等，以提高会员思想政治水平。

2005年8月7日，民建宁德市委会筹备组举办暑期培训班，邀请省社会主义学院老师、民建省委会领导为会员讲解会章、会史。同月，蕉城区支部和市直支部分别组织会员开展以学习中央有关文件精神为主题的支部活动。12月18日，举办纪念民建成立60周年座谈会，回顾民建60年的光辉历程，畅谈宁德民建6年的工作体会。

二、组织建设

2000—2005年，民建宁德市、区两级组织坚持积极稳健的组织发展原则，着重发展经济界代表性人士和具备参政议政能力的人士入会，注重质量，注意数量，队伍结构不断改善，素质不断提高，初步形成以企业经营管理者和经济界专业人士为主的两支基本队伍。

2001年年底，全市会员38人，平均年龄37.2岁，大专以上学历的30人，占81%，经济界28人，占76%。2001年4月，支部副主任黄颖倩经公开选拔，被任命为市审计局副局长。

2002年年底，全市会员50人，会员以经济界和中青年知识分子为主，45岁以下的占78%，平均年龄38岁，大专以上学历的占84%，中高级职称的占60%，科处级干部占干部会员的一半。

2003年年底，全市会员53人，会员以经济界和中青年知识分子为主，45岁以下的占90%，平均年龄39岁，大专以上学历的占87%，中高级职称的占70%。会员中，担任省人大代表1人，省政协委员2人，市政协委员8人，区政协委员9人，担任政府和司法机关处级干部3人、科级干部7人。11月，支部主任王代忠任福安市政府副市长，支部委员方向新通过公开选拔被任命为市中级人民法院副院长。

2004年年底，全市会员66人，重点吸收一批中介组织专业人员入会。其中，经济界占86.4%，经济界会员中非公代表性人士占24.2%，大专以上学历占会员80%，平均年龄37.8岁。同年，民建宁德市委会筹备组落实机关办公场所，解决工作经费，配备办公设备，录用一名机关专职干部，实现机关工作的正常运转。

2005年9月13日，民建福建省委会主委林强到宁德与中共宁德市委书记朱之文协商成立民建宁德市委会的有关事宜，看望民建市委会筹备组成员和企业会员代表。12月9日，民建中央副主席刘珩到宁德调研民建市级组织建设工作，听取筹备组工作情况的汇报，并与中共宁德市委领导就民建宁德市级组织建设进行沟通。当年年底全市会员69人，平均年龄37.5岁。大专以上学历的占总数的81.2%，经济界人士占总数的85.5%。民建市委会筹备组机关添置电脑、打印机、传真机等设备，改善办公条件。选派机关工作人员参加民建全省机关专职干部培训。当年，民建蕉城区支部被评为“中国民主建国会福建省先进支部”。

第四章　农工党宁德地方组织

第一节　组织机构

1999年8月31日，中国农工民主党（简称农工党）宁德地区工委会筹备组成立，筹备组成员5人，全区共有农工党员322人。

2001年12月8日，正式成立农工民主党宁德市委员会，设主任委员1人、副主任委员3人、常委9人，委员17人。机关内设办公室、组织部、宣传部、社会服务部及医疗卫生专委会、文化教育专委会、经济科技专委会、港澳台侨胞专委会等4个专门工作委员会，下辖蕉城区委会、福安市委会2个县级委员会和基层支部22个，共有党员392人。

2005年，农工党宁德市委会下辖蕉城区委会、福安市委会2个县级委员会，基层支部24个。设有办公室、组织部、宣传部、咨询部，有文化教育专委会、经济科技专委会、医疗卫生专委会和港澳台侨胞专委会。全市共有党员460人，其中女党员68人，党员中有高级职称的170人、中级职称的180人，占党员总数的76.1%。

第二节　重要会议

2000年8月5日，农工党宁德地工委筹备组举办中国农工民主党成立七十周年座谈会，中共宁德地委、农工党福建省委会、宁德地区行署、政协宁德地区工委有关部门领导以及宁德地区农工党基层支部和其他民主党派负责人等70余人出席座谈会。

2001年12月8日，召开农工党宁德市第一次代表大会，时有党员392人，出席大会党员代表60人，大会选举产生农工党宁德市第一届委员会委员17人，常务委员9人，主任委员1人，副主任委员3人，陈兴生当选为主任委员。会议还选举产生出席农工党福建省第九次代表大会代表13人。

2005年1月23日，召开农工党宁德市一届五次全委会，增补农工党宁德市第一届委员会委员4人。

第三节 主要活动

一、协商议政、民主监督

1999—2005年，农工党宁德地工委筹备组、市委会主要领导和骨干党员参加中共党委、政府和政协召开的情况通报会、协商会、征求意见会、听证会等100多次，就宁德经济社会发展的重大问题坦诚建言。

1999年，农工党宁德地工委筹备组成立后，就重视发挥党员优势，紧密围绕宁德市改革开放和经济建设中的重点、难点、热点问题，组织党员深入基层，开展专题调研，积极为中共宁德市委、市政府建言献策，参政议政水平不断提高。2000年，在市政协一届一次会议上，农工党宁德市委会筹备组党员、委员共提交大会协商材料1份、提案36件，其中团体提案4件。团体提案《关于加强宁德市区交通管理的建议》《关于采取紧急措施对罗江至黄沙桥路段进行特殊管理，以确保104国道畅通和安全的建议》被市政协列为重要提案，市政府主要领导对提案作出批示。

2001年，在宁德市“两会”期间，农工党市委会筹备组共提交政协团体提案2份、政协大会发言材料1份、个人提案25份。其中团体提案《关于进一步做好液化气安全管理工作的建议》是针对液化气市场长期存在质次价高、短斤少两、安全隐患严重、群众意见很大的状况，在主委组织深入宁德城区及周边市场调查后形成的。中共宁德市委、市政府领导分别在这份提案上作了批示，市政府以《宁德市人民政府办公室关于开展全市液化气石油气市场整顿的紧急通知》明传电报下发各县（市、区）人民政府、市直有关单位。市建委等6个液化气市场管理部门按各自的职责抓紧对市场的整顿。至2002年4月的一年多时间内，影响百姓安全的废旧钢瓶万只报废率从20%下降至6.6%。气价回落尤其明显，一年来为社会居民减负近亿元。

2002年，在宁德市“两会”期间，农工党宁德市委共提出人大建议案6件，提交政协大会发言4篇。其中专题发言2篇；提交提案41件，其中团体提案2件。中共宁德市委、市政府领导就团体提案《关于调整修编城市规划推进第二层面发展》、大会发言《加强城市规划推进第二层面发展》做出批示。

2003年，在福建省“两会”期间，农工党宁德市委会主委陈兴生在政协会议上代表农工党省委会作题为《适应新形势，做好农村劳动力就业培训和组织输出工作》的发言，并提出《关于要求改革农村居民建房等用地审批办法的建议》和《关于重点扶持宁德市垃圾场、污水厂建设的建议》两个提案。农工党党员、省人大代表苏寅共提出代表建议5个，其中《关于要求修改福建省劳动力市场管理条例》被列为福建省十届一次人大常委会会议的议案；在宁德市的“两会”上，农工党党员人大代表、政协委员共提出人大建议案6件、提交政协大会发言4篇，其中专题发言2篇；提交提案40件，其中团体提案6件，提交给政协会议团体提案占政协全会提案立案总数的21%；团体提案《振兴闽东茶叶推进小康建设》得到了中共宁德市委、市政府领导批示。

2004年，在福建省“两会”期间，农工党宁德市委主委、省政协常委陈兴生在省政协大会上作《关于加强我省动物防疫体系建设的建议》的发言，并提交《关于要求对建设宁德学院资金补助的建议》和《赤溪镇雁乐溪土地复垦项目二期建设工程的建议》提案；农工党党员、省人大代表苏寅《关于出台〈福建省海上社区管理条例〉的建议案》被福建省人大十届二次会议列为议案。在当年宁德市的“两会”上，农工党人大代表、政协委员共提出人大建议案6件、政协大会发言5篇、政协提案59件，其中政协团体提案10件，占政协大会团体提案总数立案数的31%。中共宁德市委和市政府领导对《大力发展农村沼气，完善扶贫开发机制》《加大农村教育投入、完善农村寄宿制中小学办学条件》的大会发言和《关于加强中心城市交通管理的建议》《构筑疾病预防控制长效机制，增强公共卫生突发事件抵御能力》的提案分别做出批示，其中《关于加强中心城市交通管理的建议》和《关于规范宁德市物业管理的建议》被列为宁德市政协主席督办案。11月，全国人大常委会副委员长、农工党中央主席蒋正华率领“港口和交通建设”专题调研考察团考察三都澳。农工党中央向国务院提交的《加快福建港口发展促进祖国统一大业》的建议引起国家发改委等有关部门的重视。

2005年，省“两会”期间，农工党宁德市委会主委陈兴生在大会上作《明确政府职责，进一步促进我省农村公共卫生发展》的发言，并就加大三都澳开发力度和解决宁德—福州边界线勘定遗留问题提出2件提案，农工党党员、省人大代表苏寅《关于修改〈福建省禁毒条例〉的议案》被列为省人大十届三次会议议案。在宁德“两会”期间，农工党宁德政协委员共提交提案42件，占政协会议立案总数的23.9%，提案涉及“三农”问题、医疗文教、社会治安、临港经济、城市建设、旅游和人才培养等方面。市党政主要领导分别就团体提案《关于积极推进三都澳深水港口开发建设的建议》和《在发展临海产业中重视发挥船舶修造业的先导作用》做出批示。团体提案《关于加强中心城市交通管理》被评为“2002—2004年度市政协优秀提案”。农工党宁德市委会也十分重视宁德市“十一五规划”的制定，专门召开座谈会，听取部分党员专家对“十一五规划”的建议意见，在中共宁德市委召开的关于“十一五规划”征求意见会上提出建议。

据统计，2000—2005年，农工党宁德市政协委员和人大代表共向市政协大会提交重点发言10份，向市“两会”提交议案、提案415件，其中政协团体提案38件。《关于加强中心城市交通管理》等6件提案被评为“2002—2004年度市政协优秀提案”，10多篇调研论文获农工党省委表彰。市委会先后获中共宁德市委“政协工作先进单位”、农工党福建省委会“2004—2005年参政议政工作优秀调研组织奖”等荣誉。市委会先后推荐28名党员受聘担任各级特约监察员，特约审计局、特约教育督导员和土地监察员等，履行民主监督职能。

二、服务社会

1999—2005年，宁德各级农工党组织共开展“医疗、卫生、科技”三下乡活动和“国际科学和平周”活动30多次，服务群众近2万人次，捐赠药品金额7万元。

2000年8月6日，农工党宁德市委会筹备组在宁德城区举行庆祝中国农工党建党70周年义诊活动。28名来自地区第二医院、地区中医院、地区卫生防疫站和市医院的医疗专家参加，共接受咨询、检验和诊疗800多人次。

2003年，防治“非典”期间，市委会主委陈兴生担任宁德市人民政府防治“非典”工作总指挥部的常务副总指挥。医疗一线的63名党员请缨参战，涌现一批先进个人和集体。宁德市医院、闽东医院、宁德人民医院3个基层支部被农工民主党中央授予“先进集体”称号。3人被农工民主党中央评为“优秀党员”，11人评为“先进个人”。宁德市人民政府、蕉城区人民政府也分别授予4位党员“先进个人”称号。市委会还组织党员共捐款、捐物折合人民币3.5万元。

2004—2005年，市委会配合农工党中央和福建省委会做好蕉城区七都卫生院帮扶工作，先后为该院筹得22.8万元资金和价值约80万元的药品和器械，多次组织医疗专家到该卫生院进行技术指导、培训。配合中国初级卫生保健基金会在蕉城区开展“上消化道普查”和“妇科普查”项目，普查覆盖人口分别为154237人和15066人，并对查出的患者进行减、免费治疗。还配合该基金会开展“爱心医院”项目落户宁德工作，共报送市、县、乡三级5所医院作为“爱心医院”项目捐赠和扶持对象。市委会被农工党中央评为“2004—2005年度全国社会服务先进地市级组织”。

第四节　自身建设

2000—2005年，先后成立农工党福安市直文艺支部、福安市直经济支部、宁德职业中专支部、福安市中医院支部、宁德十中支部、蕉城区区直机关支部等6个基层支部，遵循“发展与巩固相结合，有计划地稳步发展”方针发展党员，共发展党员72人。

2001年，宁德农工党市委会机关刊物《宁德农工》创刊。旨在宣传中国共产党的方针、政策，宣传多党合作制度和统一战线政策，总结交流党派工作经验，报道市委会努力加强自身建设，履行参政议政职能，号召党员学习中共代表大会精神，学习邓小平理论、“三个代表”重要思想，进一步增强党员坚持和维护中国共产党领导的多党合作和政治协商制度、走中国特色社会主义政治发展道路的坚定性。

2004年10月，为进一步加强党员思想建设工作，市委会举办首期新党员培训班，30多位新党员参加培训。

2004年10月，举办农工党宁德市委会首期新党员培训班

2005年，农工党宁德市委会先后制定《宁德市委会领导工作规章制度》《创建先进基层支部活动方案》，以实际行动贯彻落实中共中央总书记胡锦涛在中共中央召开的党外人士迎春座谈会上的重要讲话中提出的以“思想建设为核心、组织建设为基础、制度建设为保障”加强自身建设的要求。全市24个基层支部陆续开展先进基层支部创建活动。市委会按标准分别向中共宁德市委统战部和农工党省委会推荐一批后备干部。当年，国家公布《反分裂国家法》，市委会及时组织党员学习和讨论。

第二十九编　人民团体

1993年，宁德地区人民团体有工会、共青团、妇联、科协、侨联、台联、工商联，各人民团体按照章程要求开展活动。至2005年，7个人民团体按时召开代表大会，顺利完成换届选举，并加强自身建设，健全组织机构。各人民团体在地方党委的领导下，依法履行职能，积极宣传党的路线、方针、政策，协助党政机关工作，特别在维护群众合法权益、组织和发动群众发展经济、推进两个文明建设、推广普及科学技术、提高群众文化水平、促进闽东与台湾的合作和交流、广泛团结海内外同胞等活动中发挥了重要作用。

第一章　工　会

第一节　组织机构

一、地区办事处

1993—2001年，福建省总工会宁德地区办事处为福建省总工会派出机构。机关设办公室、组织部、生产部、宣传教育部等办事机构，主任1人，副主任2人。2000年11月，宁德撤地设市，福建省总工会宁德地区办事处开始筹备成立宁德市总工会。2001年4月市总工会成立后，办事处撤销。

二、代表大会与市总工会

2001年4月16—18日，宁德市工会第一次代表大会在宁德市召开，应到会代表272人，实到244人，特邀列席代表40名。会议审议并通过工作报告和财务工作报告，审议并通过经费审查委员会工作报告；选举产生市总工会第一届委员会委员33人，经费审查委员会委员5人，常务委员11人；设主席1人，常务副主席1人，副主席2人，经费审查委员会主任1人，女职工委员会主任1人。机关内设办公室、经济部、组织部、宣传教育部。

2004年7月，市总工会机构改革完成，内设机构调整为“六部一室”，即组织建设部、宣传教育部、保障与法律工作部、劳动保护与经济技术部、女职工部、财务部（加挂宁德市总工会经费审查委员会办公室牌子）、办公室。设主席1名（由市领导兼任），常务副主席1名、副主席2名，机关编制16名。同年12月14日，成立宁德市工人文化宫，为市总工会下属科级事业单位，设事业编制3名。至2005年年底，组织机构、人员编制不变。

三、基层工会

1993—2000年，地区办事处按照全国总工会和省总工会的要求，在发展基层组织工作中，突出抓新经济组织的工会组织建设，全区基层工会1912个，工会会员138540人。

2001—2005年，各县（市、区）工会按照“哪里有职工，哪里就必须建立工会组织”的组建原则，采取“走出去、请进来”的方法，组建基层工会。各级工会重点抓新建企业、改制企业、小型企业、困难企业和开发区、工业园区、社区的工会组建、改组、充实、巩固等基础工作。同步建立工会经费审查委员会、女职工委员会和劳动争议调解委员会。继续开展建设模范职工之家活动。至2005年年底，宁德市有基层工会组织3921个，涵盖单位4499个，会员188492人。创建省级“模范职工之家”11个，省级“模范职工小家”15个，表彰市级“先进职工之家”24家，市级“先进职工小家”17家。全市112个乡镇、12个街道全部建立工会组织。有工会专职干部204人，兼职干部和积极分子10901人。

第二节　职能履行

一、维护职工合法权益

1993年，省总工会宁德地区办事处发出通知，要求各县（市）工会开展纪念《中华人民共和国工会法》（以下简称《工会法》）颁布实施1周年活动。4月2日，地区办事处与宁德市总工会联合召开纪念座谈会，地、县（市）人大常委会、司法、宣传、经委、劳动等有关部门的负责人以及部分企业厂长、书记、工会干部和职工代表参加座谈。8月，由地区人大工委牵头，在各基层自查的基础上深入各县（市）开展对《工会法》《福建省实施〈工会法〉办法》《福建省外商投资企业工会工作条例》实施情况进行检查，推动工会工作开展，得到省总工会的肯定和好评。

1995—1996年，地区办事处针对地区果品公司、福安运动鞋厂、闽东造纸厂等企业出现集体上访和罢工事件，向上级工会、当地党政领导反映，使问题得以解决，对一时无法解决的认真做好解释工作，使矛盾得到较好化解。

1998年，全区各级工会组织加大《工会法》《劳动法》贯彻力度，帮扶亏损企业38家，使20家实现扭亏增盈，有10470名下岗职工通过多渠道实现再就业。1999年企业职工来信来访数量增多。当年，地区办事处共收到职工来信80多件次，来信职工涉及3000多人次，地、县（市）工会接待职工来访达1000多人次，集体上访、重复上访增多，“两节”期间有增加趋势。反映问题大部分是企业改制后职工身份不明确、安置不落实，企业违反《劳动法》损害职工合法权益，下岗职工再就业和基本生活保障不落实，企业管理混乱、厂务不公开以及各种劳动争议等。针对职工反映的问题，地区办事处组织调查落实、及时反馈，协调依法维护职工合法权益，做到调查、落实、反馈三到位，形成以县（市）工会为主力、基层工会为依托、地区工会参与协调的三级维权网络。

2000年，地区办事处收到职工来信60多件次，涉及2000多人次。针对职工反映的问题，组织各级工会认真协调。霞浦县总工会被省总评为信访工作先进单位，2人被评为全省信访工作先进个人。

2001年，全市各级工会在参与国企改革和解困工作中，努力履行第一责任人职责，帮助特困职工、下岗职工解决实际问题，千方百计保障职工的基本生活。各级工会联合劳动部门开展安全生产大检查，查处各种安全隐患1500多起，参与重大工伤事故调查，处理工伤事故32起。2003年，各级工会配合各级政府安全部门深入乡镇、重点企事业单位开展安全生产大检查47次，参加事故调查处理21起，对存在事故隐患单位及时提出整改意见。执行省人大常委会《关于加强社会保障工作监督的决定》，开展全市社会保险政策执行情况调研，确保社保政策得到有效执行。在“非典”防治期间，市总工会成立“非典”防治领导小组，要求各级工会时刻把职工利益放在第一位，加强监测预防，普及健康知识，共同构筑抗击“非典”的防线。

2004 年，市总工会协同劳动保障、公安、工商行政管理部门开展用人单位实施劳动合同制度情况和农民工劳动保障权益保护专项执法检查活动。共检查用人单位 1031 家，涉及劳动者 3.72 万人。组织开展全市非公企业维护职工劳动安全卫生权益情况调研，督促企业进一步改善劳动条件、优化劳动环境。在全市范围内开展以“尊重生命，保护劳动者健康”为主题的《职业病防治法》宣传检查活动，并将检查重点放在矿山、建筑、冶金、化工、电力等事故易发行业以及非公企业。全市检查 23 次，调查工伤事故 21 起。协助政府加强劳动监察，督促企业依法足额支付工资，确保职工工资不低于最低工资标准。与劳动保障局、经贸委配合举行全市百家企业依法按时足额发放工资签约仪式，配合建设等部门对建筑企业拖欠农民工工资情况进行调查摸底，与市劳动和社会保障局等 5 单位联合开展农民工工资支付情况专项大检查，坚决打击恶意欠薪行为。当年，全市清欠农民工工资 1756 万元，涉及农民工 2700 人。

2005 年，市总工会贯彻落实国务院办公厅《关于深入贯彻工会法支持工会工作的通知》，开展《中华人民共和国工会法》执法检查。5 月 27 日至 6 月 3 日，检查组听取市政府及市总工会、经贸委、劳动和社会保障局等有关部门负责人的汇报，随后深入屏南、周宁、福安、霞浦 4 个县（市）开展执法检查，从源头上维护职工合法权益。参与促成人大、政府对于保护进城务工人员合法权益政策的调研和制定。8 月 31 日，市人大常委会发布实施《关于维护农民工合法权益的决定》。加强企业劳动争议调解组织建设以及区域性、行业性劳动争议调解组织建设，探索建立劳动争议调解员队伍，形成劳动关系预警机制。

二、开展劳动竞赛活动

1993 年，地区办事处引导全区职工根据省委和地委调整国民经济和社会发展规划的要求，开展以“双增双节”（增产节约、增收节支）、合理化建议为主要内容，创优质产品为目标的劳动竞赛活动。当年，全区共有 17 名职工获得全国、省“五一劳动奖章”，14 个班组被省总工会、省经委、省建委评为先进班组。

1994 年，全区各级工会依靠和动员广大职工参与企业改革，促进企业转机建制。配合有关部门在全区 5 个重点建设项目中开展“立功竞赛”活动，针对个别企业亏损面增大的情况，组织 30 多批 120 多人次深入企业调研，寻找造成企业困难的原因，帮助扭亏增盈。

1996 年，地区办事处以“为闽东新一轮创业贡献力量”为主题，发挥各级工会网络优势，把省总工会和地委关于“讲文明、树新风”活动的精神落实到基层。在新一轮创业中，工会注重发挥先进人物的榜样作用，经过组织推荐和考核，全区有 27 人评上省劳模，还专门成立了地区劳模协会，利用电视、报刊对他们进行大力宣传，展现劳模风采，弘扬时代精神，掀起“学劳模、比贡献”的活动热潮。

1998 年，全区各级工会组织开展职工岗位技术练兵等活动，有 4 万多名职工参与此项活动。到 1999 年，全区开展各种形式的劳动竞赛活动的基层单位有 1152 个，参加职工 7.5 万人，参加岗位练兵职工 3.7 万人，参加窗口行业创优竞赛活动职工 1.5 万人。全区增收节支 5533 万元，提合理化建议 1.8 万件，采纳建议 9582 件，实施 5666 件，增创价值 2834 万元。推荐并评选上 2 位全国“五一劳动奖章”获得者、17 位省“五一劳动奖章”、1 个省“五一劳动奖状单位”、1 个全省“十佳工人”，还有 1 个全省“十佳职业道德先进集体”、1 个“十佳职业道德标兵”。组织开展首届“安康杯”竞赛活动，发动全市广大企业职工组织开展安全防护预案演练和安全生产大比武，7家企业428名职工参与。

2000年，各级工会组织开展基层“双增双节”合理化建议活动，参加单位962个、职工6万多人，增收节支5647万元，实施合理化建议3800件，增创价值2636万元，参加岗位练兵3.3万人。开展窗口行业创优竞赛活动的基层300多家，参加职工2万多人。各级工会还注重在基层生产活动中培养、选送劳模、先进人物。评选出5名全国劳模、15名省劳模，评选出的22名省优秀工会工作者、22名工会工作积极分子、17名关心支持工会工作的党政领导和2名优秀职工之友在省工会“十大”上受到表彰。

2001—2002年，市总工会实施经济技术创新工程，全市参加企业有2617家，参加活动职工159164人，增创经济效益17422.3万元。其中，重大项目73项，开展技术革新、实施技术攻关442项、开发新产品279项、推广新技术287项，职工参加岗位练兵活动36533人。2002年职工参加读书自学活动35037人，组织开展第四届“安康杯”劳动竞赛，提高职工安全生产意识。

2003年，根据省总工会的部署，全市各级工会组织开展“技能月”活动，成立领导小组，制定活动方案，开展“普及创造学知识”活动、职工计算机知识普及应用学习活动、技术比赛、岗位练兵和合理化建议活动，提高职工的创新能力和业务能力。市总工会组织的宁德市职工代表队在全省职工职业技能大赛中，分获焊工工种团体总分第4名、车工工种团体第6名。同年，继续开展第五届“安康杯”竞赛活动。

2004年，全市各级工会22155名职工参加计算机知识普及应用活动。开展非公有制企业合理化建议和岗位技术练兵活动。全市职工实施合理化建议2713件，技术革新167项，推广先进操作法80项，选树创新能手92人，创经济效益4155万元。广泛发动企业参加第六届“安康杯”竞赛活动，共402家企业参赛，其中非公有制企业189家，参赛职工39691人，4家企业荣获全省“安康杯”竞赛先进单位，福鼎市总工会获这项竞赛的“优秀组织奖”。

2005年，全市各级工会开展以提高岗位技能为目标的技术练兵与比武活动，以推动企业技术进步和提高效益为目标的合理化建议与发明创造活动，选拔“经济技术创新示范岗”和“经济技术创新能手”。发动企业开展第七届“安康杯”竞赛活动，全市共有445家企业3万多名职工参赛。宁德电信分公司获全国“安康杯”优胜企业，周宁电信分公司、福安供电有限公司、屏南电信分公司获福建省“安康杯”先进单位，福安市总工会获“优秀组织奖”。

三、宣传教育与职工文化活动

1993年，各级工会学习、宣传建设有中国特色社会主义理论和中共十四大精神，重视调查研究，掌握职工思想动态，把职工读书自学活动作为社会主义精神文明建设和职工思想政治教育的内容来抓。各级工会还以“依靠主力军、建设主力军”为主题，倡导广大职工开展读书自学活动，促进岗位成才，开展评选劳模工作，弘扬时代精神，以科学理论武装人，以先进事迹鼓舞人。

1995年，各级工会组织2000多名工会干部参加新颁布的《中华人民共和国工会法》和《中华人民共和国劳动法》的学习。1996年，开展企业精神文明建设，全区各级工会召开各种座谈会1124场、报告会185场，680个基层工会开展读书自学活动，参加学习职工30327人。在开展“岗位学雷锋、行业树新风”活动中，涌现出3192个学雷锋活动小组，为民办实事8171次。

1999年，在职工中大力弘扬爱国主义、集体主义、社会主义和艰苦创业精神，深入进行形势任务、民主法制和科学知识、科学精神教育，组织基层职工坚决抵制邪教组织，引导职工树立正确世界观、人生观和价值观。11月，召开全区企业文化建设福鼎车站现场会，推广福鼎车站的成功经验，总结和表彰先进典型，推进全区企业文化建设和职业道德教育，在基层掀起比职业道德、争当先进人物的热潮，涌现出一批典型人物和先进代表。各级工会举办理论培训班216期，参训人员7268人。职工学校办学也有新的进展，全区开设1个研究生班66人，1个中专班44人，3个高中班100人，各种岗位业务培训班428个、参训职工10037人。宁德地区有31个单位、38人被省总工会评为宣传教育工作先进集体和先进个人。

2000年，各级工会在职工中进行"致富思源、富而思进"爱国主义和社会主义信念教育，加强职工职业道德建设和精神文明建设。在开展职工教育中，各级工会注重发挥职工校、工人文化宫、俱乐部的"学校和乐园"的作用，把职工教育与文体活动紧密结合起来，丰富职工业余文化生活，倡导科学、文明、健康的生活方式，开展了各种形式的职工读书自学活动，全市共评选12位职工读书自学成才典型。当年还在全市职工中开展揭批邪教、反对"台独"势力的教育活动。

2001年，市总工会以北京申奥和庆祝中国共产党成立80周年活动为契机，充分发挥工会组织宣传教育阵地作用。在宁德市工会第一届代表大会期间，举办闽东工人阶级成就图片展、宁德市职工"党在我心中演讲"比赛，并选拔2名选手参加全省职工演讲比赛，获得银奖。4月，组织全市职工开展"申奥运职工体育活动月"活动，古田溪水电厂工会获申奥运"全国亿万职工体育活动月"优秀组织奖。当年，全市还组织2万多名职工参加计算机知识普及应用学习，市总工会在福建省第二届职工计算机知识普及应用比赛中获组织奖。

2002年，市总工会分别召开劳模先进人物、工会干部学习中共十六大精神专题会议、座谈会和学习党章研讨会。市（县、区）工会组织劳模、先进人物、工会干部、离退休人员、基层职工等学习会、座谈会46场。各级工会举办培训班、研讨班以及宣讲活动23场次，参加活动职工有4000多人。

2003年，各级工会大力实施职工素质工程，通过职业道德教育、读书自学成才等活动，促进职工岗位成才、建设职工干部队伍。开展2001—2002年度全市职工自学成才奖评选活动，组织和吸引更多的职工读书自学，走自学成才之路。

2005年，市总工会加强开展"创建学习型组织、争做知识型职工"活动，同时利用工会植根基层、贴近职工的优势，组织开展丰富多彩、喜闻乐见的文体活动。

四、"再就业"和"送温暖"工程

1993年起，各级工会协助政府有关部门做好下岗职工再就业和基本生活保障工作，配合有关部门推进企业改革，转变企业经营机制，采取各种措施处理好职工安置和基本生活保障问题。开展职工转岗培训和技术教育，提供各种就业信息，创造各种条件，参与和推动政府、企业制定和落实有关职工下岗再就业的政策措施。通过宣传再就业典型，帮助和引导下岗职工转变观念，实现再就业、再创业，并以扶贫帮困为重点，实施"送温暖工程"，建立特困职工档案和领导干部联系困难职工家庭制度。每年元旦、春节期间，各级工会都筹集大量资金，广泛开展送温暖活动。推进失业、养老、医疗等保险制度的改革，努力做好离退休职工管理服务工作。

1995年，地、县（市）工会采取结对帮扶、救急解困、转机建制的途径对亏损企业和困难职工给予帮助。深入基层调查企业、职工基本情况，解决企业和职工的实际困难。

1996—2000年，全市依法解除劳动关系10071人、发放补偿金1353万元，累计发放下岗职工基本生活保障金5100万元，实现再就业1.72万人。全区工会建立"送温暖工程"基金组织50

家、基金总量520.5万元，建立特困职工档案的单位588个。全市各级工会筹集慰问资金209万元，慰问困难企业1203家、困难职工家庭9649户、下岗职工11786人。

2001年，市总工会在市政协一届代表大会上提出的落实破产企业职工安置补偿金兑现的议案得到市领导高度重视，并批转有关部门执行。全市工会系统建立3415户特困职工档案，联系2339名党政工会领导干部与218个特困企业的1784户下岗困难职工开展“帮扶结对子”活动，争取920户特困职工纳入城镇居民最低生活保障线。“两节”送温暖活动中，各级工会筹集慰问资金276万元，慰问困难企业209家、特困职工、下岗职工、离退职工和劳模先进人物3712户。市工会针对许多特困职工家庭子女因交不起学费面临辍学的现状，从当年起组织实施“金秋扶困助学行动”，发动企业、职工和社会各界开展捐资助学和结对助学，帮助解决特困职工子女上不起大学的问题。是年，筹集资金28.32万元，为百名特困职工子女解决了上大学费用问题。全年各级工会职业培训机构举办培训班19期，培训职工900人，帮助428名下岗职工再就业。

2002年，各级工会加强基础性管理工作，对特困职工档案实行微机管理，市本级、9县（市、区）总工会和459个基层单位对符合“低保”条件的2139户特困职工家庭建立档案并实行动态管理。建立党政干部联系企业和困难职工制度，全市参加联系活动的党政领导干部2121人，联系困难企业186家、困难职工2049户。“两节”期间，全市共筹集慰问资金297.8万元，慰问困难企业230家、困难职工家庭5316户，还专门慰问特困劳动模范和特困职工党员。

2003年，市总工会继续贯彻落实市委、市政府“16833”［2003—2005年3年内全市帮助1万名下岗失业人员再就业，社会各类就业培训6万人，城镇新增就业8万人，对3000名女满40岁、男满50岁下岗失业人员（俗称“4050”人员）实施再就业援助，实现30万名城镇新增劳动力、农村劳动力等社会各类人员就业或转移就业］就业工程和省总工会“863”（争取在三年内培训下岗失业人员8万人，提供就业介绍服务6万人次，扶持和帮助3万下岗失业人员实现再就业）再就业援助行动。4月，在全市开展再就业政策贯彻落实情况调研。为安置下岗失业人员提供50个交通协管员岗位。职工养老保险和医疗保险扩面工作，重点促进困难企业、集体企业和非公有制企业参保。9月，市总工会与市委组织部、宣传部、机关党工委、市劳动和社会保障局5家单位联合制定《关于在全市开展“送温暖、献爱心、促帮扶”行动的实施意见》。10月，5家单位联合召开市直单位“送温暖、献爱心、促帮扶”活动动员大会，挂牌成立宁德市困难职工帮扶中心。会上，市直143个单位及其干部职工捐款21万元。市总工会还争取到市政府支持困难职工帮扶中心启动资金10万元，全国总工会和省总工会支持帮扶中心15万元。各县（市、区）的职工帮扶中心也相继成立，市、县两级职工帮扶中心从“基本生活救助、政策咨询、法律援助、子女入学救助、再就业援助”等方面为特困职工实行“一站式”救助，逐步形成全市困难职工帮扶网络。“两节”期间，全市各级工会慰问特困职工5110户，发放慰问款62.9万元。“金秋扶困助学”活动筹集资金30万元，资助学生150名。当年，全市新增就业2.34万人，有7800名下岗失业人员实现再就业，城镇登记失业率4.3%，低于省控指标0.3个百分点。开展劳模待遇专题调研，确保劳模待遇落到实处。开展“爱心献劳模”、组织劳模疗（休）养等活动。对全市全国劳模中，年收入低于全市年人均收入的15人、特困劳模14人分别给予补贴，最高的补助7200元；对省劳模中年收入低于全市年人均低收入的35人、困难劳模25人、特困劳模11人给予补助，最高的补助4500元。春节期间，市总工会代表全国总工会分别向全国劳动模范和全国五一劳动奖章获得者颁发慰问金500元和300元。

2004年，市总工会以困难职工帮扶中心为载体，推动工会送温暖活动经常化、制度化和社会化。坚持成熟一个、建立一个、办好一个的方针，大部分县（市、区）都已成立帮扶中心或法律援助站，逐步形成全市困难职工帮扶网络。当年，全市帮扶中心筹资 132 万元，帮扶 1869 人次。“低保”线的特困职工 100% 建立档案，实现微机动态管理。全市各级工会组织充分发挥职工教育阵地和师资资源，自办或与有关部门联办下岗职工技能培训班 21 期，培训各类人员 1041 人，其中下岗失业人员 722 人，有 483 人通过工会组织的帮助实现再就业。还与市劳动和社会保障局联合举办劳动力供需见面会，吸引近百家福州、泉州等区外用工单位参加，供需见面会上共有 2300 多人与用工单位达成求职意向。全市参加联系困难企业、困难职工活动的党政领导干部达到 2227 人，联系困难企业 160 家、困难职工 1963 户。“两节”期间全市工会系统筹集慰问金 62.9 万元，慰问困难企业 229 个，困难职工家庭 5110 户。“金秋扶困助学”共筹资 31 万元，有 220 多名特困学生得到相应的补助，“结对子”帮扶 63 人，其中市总工会筹资 10 万元，帮扶贫困生 45 人，“结对子”帮扶 10 人。开通“12351”维权热线电话，及时受理职工求助、控告和申诉，到年底接受职工来信来电 75 件，有 29 件得到答复，转办 34 件，向有关部门反映情况 8 件，向上级请示 4 件。其中举报欠薪的有 8 件，涉及金额 19.7 万元，协调解决 13 万元。针对部分省级以上劳模生活较困难的实际情况，在全总和省委、省政府的重视支持下拨出专款用于他们的解困和帮扶以及劳模的进修学习和疗休养工作。全市有 200 多名生活困难的劳模得到上级工会的补助。

2005 年，全市各级工会采取多种形式帮助下岗失业人员实现再就业。市总工会与劳动保障、经贸等有关部门联合举办职工技能培训班 23 期、培训职工 2496 人，其中下岗失业人员 1632 人中 1061 人通过工会的帮扶实现了再就业。宁德市财政局、总工会、劳动和社会保障局联合下发《关于省级以上退休劳模医疗补助有关问题的通知》，解决国有破产、撤销、关闭和特困企业省级以上退休劳模医疗费用问题。以困难职工帮扶中心为依托，全市各级工会共筹集资金 122.64 万元，用于慰问困难职工以及用于帮助遭受自然灾害的企业和职工进行灾后自救，恢复正常的生产生活。“金秋扶困助学”活动共发放助学款 56.45 万元，资助学生 478 人。发动单位或个人与困难职工子女结对帮扶 52 对。全年接待职工来信来电来访 110 件次，基本做到条条有落实，件件有回音。至 2005 年年底，全市已初步形成以物质帮扶、岗位帮扶、法律帮扶、助学帮扶、医疗帮扶、协调帮扶为主要内容的全方位的立体帮扶体系。

五、推进企业民主管理

1996 年开始，各级工会探索新形势下依靠职工办企业的新途径，实行企业民主管理、民主监督、厂务公开制度。1999 年，地区办事处把推行厂务公开制度，加强基层民主政治建设列为全区工会工作的重点，抓好落实。加强企业民主参与、民主监督、民主管理工作，选择不同类型的企业开展试点工作。由地区办事处、县（市）工会领导分别带队深入各种类型企业，进行调查研究，摸清情况，就实行厂务公开的范围、内容、形式、措施等方面问题进行现场指导，做到点上抓落实、局部抓督查、面上抓推广。当年，全区有 36 个企业开展厂务公开制度试点。2000 年召开 3 场有 100 多个基层代表参加的工作会议和经验交流会，以会代训，进行厂务公开业务培训。至年底，全区已有 538 家企事业单位推行了厂务公开、民主管理制度，768 家企业建立职代会制度，351 家企业开展民主评议企业领导干部工作，655 家企事业单位实行业务招待费向职代会报告制度。

2001 年，全市公有制企业普遍建立职代会制度，有 1290 家企事业单位召开职代会，使职代会成为职工群众参政议政、实行民主管理的主要渠道。7—8 月，市总工会组织人员对各县（市、区）工会厂务公开工作考核检查。9月召开现场交流会，交流各地的经验做法，表彰一批先进集体和先进个人。至年底，全市有642家企事业单位推行厂务公开制度，65%的单位达到了规范化要求，并逐步深化实施领域，实现公开工作向经营领域延伸，向困难企业、亏损企业延伸，向科教文卫单位延伸。

2002—2003年，全市贯彻落实省委办公厅、省政府办公厅《关于进一步深入开展厂务公开工作的通知》和中纪委等六部委《关于深入学习贯彻党的十六大精神，做好2003年厂务公开工作的通知》，巩固和规范厂务公开成果。执行工会财务预算、决算管理办法，严格控制工会行政费用支出，发挥经费审查委员会职能作用。推行工会经费委托地税代征工作，市工会还联合市地税局开展全市工会经费征缴专项检查。

2004年，全市各级工会贯彻中央5部委《关于做好2004年厂务公开民主管理工作的意见》，加大厂务公开工作创新力度，推广古田溪水电厂“借鉴ISO9001质量管理标准认证，建立厂务公开质量体系”的经验，在全市规模较大、管理规范、党组织和工会组织健全的非公有制企业中开展试点工作。全市各县（市、区）普遍制定厂务公开工作规范、实施办法，形成一整套工作制度。

至2005年年底，全市建立职工代表大会制度的企事业单位已达1309家，共有607家公有制企事业单位、359家非公有制企业建立了厂务公开民主管理制度。

第三节　组织建设

1993—1998年，地区办事处、县（市）工会组织针对新经济组织中工会发展缓慢、数量小、规模小的现状，争取有关部门支持，大力开展组建工会工作，组建私营企业工会31家，乡镇工会70家，外商投资企业工会81家。5年间，全区基层工会被评上“全国模范职工之家”3家、“模范职工小家”3家；被评为“省模范职工之家”30家、“模范职工小家”28家；地区“先进职工之家”190家、“先进职工小家”67家。全区成立退管会（退休职工管理委员会）352家，合格“退休职工之家”326家，全区先进退休职工之家59家，省“模范退休职工之家”25家，依托街道、乡镇建立起来的区域性退管会43家，系统退管会55家。

2000年，各级工会重点抓新建企业、改制企业、小型企业、困难企业的工会组建、改组、充实、巩固等基础工作。同步建立工会经费审查委员会、女职工委员会和劳动争议调解委员会。至年底，全市组建非公有制企业工会372家，其中蕉城区25家、古田126家、屏南2家、周宁26家、寿宁10家、福安71家、柘荣10家、福鼎80家、霞浦22家。全市被评上省“模范职工之家”12家、“模范职工小家”13家。全市复验全国“模范职工之家”3个、“省级模范职工之家”29个，其中对3个单位由于企业关停并转，不符省级“模范职工之家”条件建议予以摘牌；对1个单位由于企业生产经营困难，建“家”活动停顿的，建议暂缓复验。复验市级“先进职工之家”106个，其中确认继续保持市级“先进职工之家”79个；因生产经营不正常等原因，企业要求暂缓复验或未通过复验、限期复验的单位15个；撤销“先进职工之家”称号的单位12个。

2001年1月，市委、市政府下发《关于成立宁德市非公有制企业工会组建工作领导小组的通知》。同年8月，市委下发《关于进一步加强非公有制企业工会组建工作的意见》，要求建立市、县、乡三级领导体系和组织工作网络，一级抓一级，层层抓落实，坚持以党建带工建，形成党委领导、政府支持、部门配合、工会运作的工作格局。至年底，全市有2048家非公有制企业建立工会，占完成任务数的99.2%，发展工会会员34873人，占完成任务数的94.8%。其中：蕉城区建会250家，发展会员4816人；古田县建会244家，发展会员4955人；屏南县建会116家，发展会员1316人；周宁县建会136家，发展会员1650人；寿宁县建会155家，发展会员2069人；福安市建会412家，发展会员8183人；柘荣县建会63家，发展会员1080人；福鼎市建会390家，发展会员5733人；霞浦县建会282家，发展会员5071人。建立社会退管会103个，合格退休职工之家368个。

2002年，全市有2840家非公有制企业建立工会组织，发展工会会员57217人。其中：蕉城区建会356家，发展会员6941人；古田县建会399家，发展会员6650人；屏南县建会148家，发展会员1768人；周宁县建会160家，发展会员1786人；寿宁县建会196家，发展会员2985人；福安市建会515家，发展会员12416人；柘荣县建会198家，发展会员6145人；福鼎市建会486家，发展会员12792人；霞浦县建会382家，发展会员5734人。

2003年，非公企业组建工会率、职工入会率均超额完成省总工会下达的指标。评选省级“模范职工之家”7个、“模范职工小家”7个，市“先进职工之家”31个，“先进职工小家”28个，通过评选先进，推动建设职工之家活动深入发展，不断增强基层工会活力。2004年，各级工会紧紧围绕“组织起来，切实维权”这个重点，把主要精力放到抓基层组织建设、发挥作用上来，按照全国总工会提出的“最广泛地把职工群众组织到工会中来，最充分地把工会组织的活力激发出来”的要求，继续抓好基层工会组建工作。霞浦县总工会与蕉城区总工会把基层工会的各项重点工作纳入“建家”活动之中，评选出省级“模范职工之家”6个、“模范职工小家”7个，同时开展了省级“模范职工之家”复验工作，共对全市51个单位进行复验，建议保持荣誉42个，要求确认4个，限期整改1个，予以撤销4个。

2005年，全市实施《关于组建工会和发展会员工作考核奖励办法》，重点做好改制企业、非公有制企业和开发区、工业园区、社区的工会组建工作。各县（市、区）工会按照“哪里有职工，哪里就必须建立工会组织”的组建原则，采取“走出去、请进来”的方法，组建基层工会。至年底，宁德市有基层工会组织3921个，涵盖单位4499个，会员188492人，比2004年年底新增基层工会组织421个，新增工会会员6849人。创建省级“模范职工之家”11个，省级“模范职工小家”15个，表彰市级“先进职工之家”24家，市级“先进职工小家”17家。全市112个乡镇、12个街道全部建立了工会组织。

第四节　工会经费管理

1993年，地区办事处根据缴费难的情况，要求各县（市）工会严格执行财经制度，培训一批懂业务、善把关的经审干部，完成经费收缴工作。同时，严格管好、用好工会经费，抓好拨缴经费工作，做到不漏缴、欠缴，每年都有较大增长。1997年，全区工会经费收入达358万元，比增10%。

2000年，严格执行工会主席离任审计制度，各县（市）工会充分发挥各级经审会的审计、监督作用，做好审、帮、促，促进财务工作规范化和工会经费的收缴。工会“第三产业”也有新的增长点，大部分县（市、区）工会经济实体收入比去年有一定幅度的增长，弥补工会经费开支的不足。2001 年，全市拨交工会经费收入完成预算 98%。2002 年工会经费收缴态势良好，全年收缴工会经费完成预算 99%，比上年增长 5.7%。

2003 年，市总工会制发《宁德市工会财务内部互审工作制度实施细则》。通过评选 2001—2003 年度工会财务工作先进集体、先进工作者、积极分子，调动基层工会财务工作者的积极性，开展地税代征工会经费工作。市总工会与市地税局、市人民银行协调，经市政府同意，7 月 1 日，执行对全市范围内企业化管理事业单位及各类型企业应上解县级以上工会的工会经费统一由地税部门代为征收。通过在《闽东日报》上全文刊登《宁德市人民政府批转市地税局、人民银行、总工会等三个部门关于收缴工会经费的通知》及《致全市企业主的一封信》，编印《工会经费问题问答》分发至各企业、单位，取得基层的理解和支持，各县（市、区）工会也积极与地税部门沟通协调，使工会经费地税代征工作顺利在全市全面铺开，取得明显成效。据统计，2003 年全市工会经费收入 553.96 万元，比上年同期增长 41.36%。许多非公企业也借助工会经费纳入地税代征契机，主动申请组建工会，加快全市非公企业工会组建步伐。市工会还联合市地税局开展全市工会经费征缴专项检查。

2004 年，市地税局、市财政局、市监察局、市审计局联合下发《关于进一步加强宁德市市直行政事业单位、社会团体、民办非公企业单位地方税费征缴管理工作的通知》，完善工会经费列入地税税费征缴管理工作，为工会经费委托地税代征的合法性，提供法律保障。截至年底，全市收缴工会经费 660.74 万元，完成全年预算经费收入的 110%，比上年同期增长 21.88%。福鼎、福安市总工会经费收缴首次突破百万大关。

2005 年 4 月，宁德市财政局与市总工会联合下发《关于进一步贯彻落实财政拨款的机关事业单位工会经费列入财政年度预算等问题的通知》，在 11 月召开的市政府与市总工会第四次联席会议上，议定由市政府督查室配合市总工会对该文件落实情况开展督查。同意市直机关事业单位按比例应拨缴市总工会的 40% 部分工会经费，由市财政局参照省总工会和省财政厅《转发全国总工会、财政部〈关于财政拨款的行政事业单位计拨工会经费有关问题的通知〉》，实行国库集中支付。当年全市工会经费收缴 744 万元，比增 15.2%，超额完成全年预算经费收入。

第二章 共青团

第一节 组织机构

一、代表大会

2001年4月23—24日，共青团宁德市第一次代表大会在蕉城区召开。出席会议正式代表258人。大会选举产生共青团宁德市第一届委员会委员31人，候补委员14人。共青团宁德市一届一次全委会，选举产生共青团宁德市第一届常委9人，书记1人、副书记2人。

二、团地（市）委

1993年，共青团宁德地委（简称团地委）机关编制10名，内设办公室、组织部、宣传部、学少部等4个科室。设书记1名，副书记1名。

2000年11月，宁德撤地设市，共青团宁德地委更名共青团宁德市委员会（简称团市委）。2001年4月24日，正式成立共青团宁德市第一届委员会。设书记1人，副书记2人，委员31人，常委9人。团市委机关设办公室、组织部、宣传部、学少部、辖市直团工委等工作机构，编制10人。至2005年不变。

三、基层团组织

1993年，宁德地区有240个基层团委、214个团总支、4867个团支部（其中农村团支部2340个），专职团干部372名，团员108487名，占青年总人数639874人的24.5%。1998年年底，全区共有9个团县（市）委、204个基层团委（其中农村基层团委124个）、189个团总支、5625个团支部（其中农村团支部2980个），专职团干部320名；团员173836名，占青年总人数732135的23.8%。

2000年11月，宁德撤地设市，共青团宁德地委更名共青团宁德市委员会。全市有206个基层团委（其中农村基层团委124个）、190个团总支、5626个团支部（其中农村团支部2980个），专职团干部325名，团员17万名，占青年总人数76万人的22.4%。

至2005年年底，全市有268个基层团委、129个团总支、5236个团支部。团员197369名，占青年总人数 87 万人的 22.6%。

第二节 职能履行

一、服务经济建设

1993 年，团地委组织开展“劳动创造”“岗位竞赛”和“科技进我村，小康在我家”主题活动，在企业青工中开展“三杯”（以小发明、小创造、小改革、小革新、小建议为内容的“五小智慧杯”，以增产节约、增收节支为内容的“聚宝杯”，以为企业完成急、难、重任务为内容的“突击杯”竞赛活动）。全区设立 650 个青年红旗岗、文明岗，有 450 支青年突击队活跃在各个岗位上。霞浦县康乐集团公司在青工中开展“一师一项目一成果”活动，参加技术攻关的职工 70% 是青年。

1995—1996 年，团地委与中共宁德地委组织部联合举办“300 名青干包百村，争创小康献青春”活动，从地、县、乡镇机关和企业事业单位共抽调 300 名青年干部，分赴全区 166 个村挂职，使 100 个村达到小康水平。

1997 年，团地委实施“服务万村”行动。各级团组织直接为农村提供科技、文化、卫生、信息、项目、资金等服务，举办各类培训班 630 多期，培养“青年星火带头人”100 多名，扶持他们领办科技推广项目，带动更多农村青年走科技致富之路。组织 730 支青年突击队参加国道改造，组织 35 场大规模义务劳动。至 1998 年，涌现出 100 个先进个人和 30 个先进集体。组织召开第二届闽东青年企业家会员大会，促进青年企业家之间的交流，更好地服务经济建设。

1999 年，全区有 89 个乡镇团委领办经济林、食用菌、畜牧等种养殖科技项目 100 多个。有 20 多个乡镇团委专门成立项目开发办，为农业生产和农户发展商品生产提供便利、有效的服务。团地委与福州团市委共同响应两地、市党委的“山海协作”号召，结成友好对子，促成福州年青企业家到闽东投资经商，达成协议 4 个，协议资金 1.53 亿元；签订合同 2 个，合同资金 0.5 亿元。2000 年，全面实施“中国青年绿色行动”，各级团组织大力筹集“保护母亲河基金”，开展各种植绿护绿行动和倡导绿色文明活动。组织“八闽杰出青年巡回报告会”到闽东巡回报告，宣传青年创业典型，鼓励青年立足岗位做贡献、深入基层建功立业。当年，全区有 1000 多名外出打工青年带回先进的生产技术和管理方式回乡创业，有 50 多名大中专院校毕业生到农村寻职，被聘为党支书、村民委员会主任助理或团支部书记。开展“中国青年科技创新行动”，在广大青工中开展小发明、小创造等活动，在大中学校中开展“挑战杯”科技创新活动，培养出各级青年岗位能手 1600 多名。在农村，以“科技进我村，小康在我家”为主题，抓实用技术培训和“青年星火带头人”培养。1999—2001 年，全区举办各类培训班 1021 期，培养县（市）级以上青年星火带头人 860 名。

2002 年，各级团组织通过开展青年创业意识教育和创业技能培训，增强青年的创业意识。团市委组织人员深入到扶贫挂点村帮助农村青年掌握实用技术、领办农业科技推广项目。带领“暑期大学博士服务团”到屏南创办大棚蔬菜栽培基地。

2003 年，市、县（市、区）团组织开展送科技下乡活动。依托农村农技站、青年之家、农技校、种植示范基地等场所开展各种农村培训。同时发挥农村“青年星火带头人”和“青年致富能手”的带动示范作用，推动农村青年创业活动。在企业青年职工中则大力开展争当“青年岗位能手”“导师带徒、技术练兵”等活动，促进青年职工业务技能和综合素质的提高。

2005年，全市各级团组织实施“青年创业辅导计划”，举办“港口中心城市青年话创业”活动，通过讲述创业经历交流创业感想等形式，启迪广大青年创业思维，激发创业热情；召开青年创业座谈会，举办“金融服务青年创业”主题研讨会，为创业青年了解各政府部门相关政策以及争取金融支持提供条件；在霞浦举办“青年企业家创业辅导会”，全市100多名青年企业家参加活动；组织优秀青年企业家参加第二届海峡青年论坛，深入交流，拓展视野，为青年创业创造条件。通过举办农村青年实用技术培训班，开展“科技下乡”活动，提供信息、政策、资金服务等方式，着力提升农村青年创业和增收本领。积极培养和举荐青年创业人才，宁德市身残志坚青年创业典型冯作友被评为省“青年创业自强奖”，并在全省青年创业大会上作典型发言，省电视台《创业之路》栏目对其事迹进行专题报道。举办第二届宁德市大中专学校学生竞技模拟挑战赛，继续推进“城乡互动百千万工程”。实施“青工技能振兴计划”，举办青年技术工人技能大赛，培养了一批优秀青年技术能手。当年，宁德团市委被团中央、农业部授予2005年度“服务农村青年增收成才”先进集体荣誉称号。

二、开展“青年文明号”活动

1994年年初，团地委下发《关于在全区开展“青年文明号”活动的意见》，并把近几年开展的创建红旗（文明）岗、台、哨活动，“创红旗团支部”活动，“青春在国道上闪光”活动等纳入该活动中。按照原表彰条件及新制定的创建“青年文明号”的基本条件进行整合，保证活动的连续性。团地委在全区选定3家“青年文明号”创建单位，作为全区创建活动的试点。当年，被选为试点单位的赛岐大桥征费窗口、闽东电机厂九车间被命名为省级“青年文明号”。

1996年，全区“青年文明号”创建活动已在商业、粮食、供销、公安、邮电、金融、国税、地税、乡镇企业、旅游、个体协、卫生、工商、交通、电力等16个系统的25个处、局、行、司展开。在推进创建活动过程中，各系统以“一流服务、一流人才、一流管理、一流业绩”为创建总目标，开展“立足岗位、号手联动、推卡服务、奉献社会”等活动，团地委、地区创建组委会在《闽东日报》等新闻媒体开辟宣传专栏，组织成果展、经验交流、事迹报告会、“示范周”“示范月”等活动，加强宣传、树立典型、展示形象、形成氛围，组委会制定出台《宁德地区“青年文明号”管理办法（试行）》、成立“青年文明号”监察委员会，稳步提高创建活动水平，“青年文明号”开始成为市场经济条件下经得起考验的名牌。地委、行署和地区人大、政协工委等领导多次参加“青年文明号”活动并给予指导。年底，全区涌现出国家级“青年文明号”1个、省级37个、地级198个、县（市）级286个。1997年，全区“青年文明号”创建活动，得到省青年文明号复查工作检查组的充分肯定。霞浦北礵海洋观测站被命名为国家级“青年文明号”和全国百家“青年文明号”标兵单位。同年，宁德地区公路稽征处被授予“全国创建青年文明活动优秀组织奖”，18个集体被命名为省级“青年文明号”，宁德地区公路稽征处、地区邮电局、福安市地税局等3个单位被授予全省创建活动优秀组织奖。

1998年，地区“青年文明号”活动组织委员会（以下简称“组委会”）下发《关于做好省、地级青年文明号参评单位申报工作的通知》，制定《宁德地区青年文明号量化考核标准》，制作宁德地区青年文明号投诉登记卡，完善“青年文明号”的创建机制，保持“青年文明号”先进性。当年，地区涌现国家级“青年文明号”单位1个、省级12个。中保人寿屏南县营业部获首届福建省十佳“青年文明号”称号，宁德团地委、霞浦团县委、兴业银行宁德分行被评为全省创建活动优秀组织奖，5人被评为福建省“青年文明号”先进工作者。年底，全区涌现出国家级“青年文明号”4个、省级54个、地级264个，共有31个处、局、行、司系统创建办开展创建活动，基本上覆盖了所有窗口行业。

1999年，全区推行的“参评申报制”和“服务卡申报审批制”得到省组委会的肯定，并向全省推广。2000年，市组委会和团地委继续聘请一批“青年文明号”工作特级监察员，监察指导创建工作的开展。至2000年年底，全区涌现出国家级青年文明号5个，省级“青年文明号”76个，地级“青年文明号”311个。

2001年，市组委会召开国道104线闽东段“百里文明走廊”现场推进会，海上“千里文明走廊”启动仪式和“青年文明号”表彰大会，进一步提高全市“青年文明号”创建水平。涌现出省级“青年文明号”9个，新命名市级“青年文明号”44个，市级“五连冠青年文明号”7个。2003年，团市委实施“青年文明号信用建设示范行动”，发动全市青年职工立足本职岗位，弘扬职业道德，规范信用行为，在整顿和规范市场经济秩序、构建社会道德体系中发挥示范作用。在全国第一个成立“青年文明号”协会。开展“青年文明号”为下岗失业青年“送温暖”、与特困户“结对子”“真情助困进万家”等活动。拓宽“青年文明号”创建领域，在全国计生系统率先开展创建“青年文明号”活动。加大对创建活动明察暗访，不断保持“青年文明号”活动的先进性、持久性。当年，全市涌现出4个国家级“青年文明号”集体、1个省十佳“青年文明号”集体、9个省级“青年文明号”集体、10个市十佳“青年文明号”集体以及47个市级“青年文明号”集体。

2004年，全市召开“青年文明号”活动十周年表彰大会，表彰一批获得“青年文明号”活动十年成就奖、突出贡献奖、优秀组织奖的先进集体和先进个人。举办“宁德市‘青年文明号’十周年巡礼——图片展”，在《闽东日报》上开设《宁德市“青年文明号”十周年巡礼》专栏，举办宁德市“青年文明号”集体信用公约宣誓活动，开展“文明先锋——‘青年文明号’统一行动日”。继续命名一批市级“青年文明号”，全市新增国家级“青年文明号”2个，省级“青年文明号”11个，团市委荣获团中央等25个部委颁发的“十年全国青年文明号活动优秀组织奖”。

2005年1月12日，团市委、市国土资源局在福安召开国土资源系统创建“青年文明号”活动现场推进会，并举行国家级“青年文明号”——福安市国土资源局政务服务大厅揭牌仪式。4月1日，团市委组织35个行业系统的百个“青年文明号”集体开展统一行动日活动，拉开“青年文明号”岗位创优示范月活动的序幕。当年，新增宁德市交警直属大队七都中队、宁德市医院急诊科被授予全国“青年文明号”。

三、组织青年志愿者行动

1994年，全区青年志愿者结合学雷锋活动，以“热心献社会、真情暖人间”为行动口号，广泛开展青年志愿者新春献爱心、环保、打假、家电维修、科技文化卫生“三下乡”、无偿献血等活动。1997年，团地委成立宁德地区青年志愿者协会，各县（市）也成立协会。同年，团地委在福安召开表彰大会，全区有20个青年志愿者队伍，50多位青年志愿者受到表彰。至1998年年底，全区有10多万青年参与各种志愿服务活动，有100多支青年志愿者服务队以“一助一”长期结对和建立服务站重点服务的方式，为急需帮助的孤寡老人、残疾家庭、老干部等提供服务。全区涌现出全国志愿者先进队伍1个、省级54个，先进个人67人。2001年，全区青年志愿者组织网络基本形成。

2002年，团市委通过招募一批注册志愿者，进一步完善青年志愿者活动的服务体系和服务网络，组织“阳光志愿者”社区行动、爱心献血行动、爱心助残行动等。植树节期间，团市委联合市绿化委员会在漳湾兰田村高速公路旁种植一片“共青林”，在赛江流域开展水上清除垃圾活动。2003年，团市委在《宁德晚报》刊登招募公共卫生事业志愿者公益广告，下发《关于做好防治“非典型性肺炎”有关工作的通知》，动员和组织青年投身抗击“非典”的斗争。当年，寿宁县南阳青年义务消防队获中宣部、中央文明办、解放军总政治部、共青团中央授予的“全国学习雷锋志愿服务先进集体”。

2004年，全市以青年志愿者行动实施10周年和《福建省青年志愿者服务条例》颁布1周年为契机，不断完善工作机制，规范青年志愿服务活动。组织青年志愿者打假行动，举办“青年志愿者服务一条街”活动，开展“美丽家园环境保洁统一行动”和“关爱夕阳‘1+1’结对”仪式。当年，团市委联合市教育局、财政局、人事局启动宁德市“大学生志愿服务欠发达地区计划”，12位大学生志愿者在霞浦、周宁2个县开展支教、支医、支农服务。屏南团县委荣获2004年全国大中专学生志愿者暑期“三下乡”社会实践活动先进单位。

2005年，全市有14名大学生志愿者继续到周宁、霞浦开展支教、支医、支农服务工作。继续开展大中专学生暑期“三下乡”活动和青年志愿者科技、文化、卫生“三下乡”活动。启动“‘烛光计划’青年志愿者乡村行”“闽东小星星真情助困”等系列活动。

四、建设“希望工程”

从1993年开始，团地委组织开展“希望工程百万爱心”“希望工程1+1助学”“希望工程义演”“希望工程爱心储蓄”“希望工程志愿者劝募行动”“捐百元、建百校”等系列活动。到1998年年底，多渠道筹资近2000万元（含当地配套资金），资助1.1万名贫困失学儿童，兴建40多所“希望小学”，10个“希望工程开发基地”，为17所希望小学配备“希望书库”。

1999—2001年，“希望工程”建设有新的发展，全区（市）各级“希望工程领导小组办公室”累计筹资300多万元，兴建希望小学9所、资助贫困儿童2000多名，并设立“阳光奖教助学基金”。

2002—2005年，全市继续开展“阳光助学行动”，筹集助学资金670万元，资助家庭贫困的大学生2056名，建成希望小学10所。屏南县双溪镇白水洋希望小学学生还代表福建省到北京参加首届“全国希望小学歌咏大赛”，获得团体第三名。

五、维护青少年权益

1993年，地、县两级团组织成立青少年维权机构，配备专兼职干部，聘请3名青年法律顾问，开展青少年维权工作。团地委印发《中华人民共和国未成年人保护法》宣传提纲2万份，全区组织10万多名青少年参加维权知识竞赛。与司法部门配合，设立9个少年法庭和周末青少年热线电话和维权接待日。1994年，在全区参与书摊、歌舞厅、录像厅、游戏室等文化市场的监督和“扫黄打非”活动。倡导青少年走出“山门”，开展联谊互助活动。1996年，团地委在宣传《中华人民共和国未成年人保护法》方面加大力度，开展以“孩子、明天、责任”为主题的“保护明天”行动，依托青年就业服务中心，探索对失足青年就业援助路子。1998年，开展创建“优秀青少年维权岗”活动，参与对侵害少年儿童权益案件的调查和陪审工作。

2000年，团地委在全市逐步推开创建“优秀青少年维权岗”活动。2001年，团市委联合市综治办、公安局、工商行政管理局、法院、检察院、质量技术监督局、文化局等单位下发《关于在全市开展创建“优秀青少年维权岗”活动的通知》，成立市创建优秀青少年维权岗活动组委会。在全市“优秀青少年维权岗”统一行动日活动中，市组委会组织工商行政管理、公安、质监、法院、检察院等10多家单位举办统一接待日活动，对蕉城区所属的网吧、音像市场、电子游戏厅等场所进行执法大检查。各县、市（区）团委也相应开展各种维权活动。2002年，市组委会通过制定量化考评标准，对全市50多个申报创建单位进行考核评选，表彰市级优秀青少年维权岗30个，并授予30个单位“市优秀青少年维权岗”荣誉称号。

2003年，团市委组织全市青少年参加“八闽万名少年维权签名活动”，进一步增强学生的维权意识。积极整合社区资源，进一步加强社区青少年法制教育工作。宁德市首批社区青少年法制学校在蕉城东湖和鹤峰社区揭牌。推进“青少年安全放心网吧”创建。开展禁毒宣传，教育青少年抵御诱惑、预防犯罪，青少年远离毒品的思想意识得到增强。

2004年，成立宁德市青年法律工作者协会，构建全社会关心支持未成年人健康成长的工作网络。联合中共宁德市委宣传部、市人大常委会内务司法委员会等单位举行“阳光上网”倡导活动暨首届青少年Flash（动画）制作大赛启航仪式，倡导安全文明健康的网络生活。围绕“平安宁德”建设，启动以“雏鹰三色”平安行动为主要内容的宁德市少年儿童平安成长行动，建立“雏鹰三色平安馆”、社区学校平安联络站和学生“平安卡”项目。举办“八闽维权热线校园行——宁德少年儿童平安成长晚会”，营造全社会关心少年儿童健康成长的良好氛围。继续推进“优秀青少年维权岗”创建工作，表彰命名15个市级“优秀青少年维权岗”，福鼎市工商局秦屿分局荣获“全国优秀青少年维权岗创建活动先进集体”称号，柘荣交警大队游泽松被评为“全国优秀青少年维权岗创建活动先进个人”。

2005年，全市深入开展青少年“阳光上网”“青少年远离毒品”和“雏鹰三色”青少年平安成长行动，重点帮助青少年提高自护自救能力和法律意识。市少工委获得全国少年儿童平安行动优秀组织奖。开展“未成年人零犯罪社区”创建活动。团市委规划未来三年全市青少年平安成长活动，被中共宁德市委、市政府列为“平安宁德”建设10个专项工作之一。

六、开展“青年创业行动”

2001年，宁德团市委在农村启动通过领办科技推广项目开展职业训练和培养青年创业带头人的“青年创业行动”，带领广大农村团员青年投身经济建设主战场，帮助农村青年增收成才；在企业中深化青工“创新创效”活动、“青年岗位能手”活动。2002—2003年，农村“青年创业行动”重点围绕农业和农村经济结构调整，结合“农村社会服务联动网”建设，通过举办农村实用技术培训和组织参观，为农村青年提供服务。

2004年，团市委实施“共青团城乡互动百千万工程”[组织100个省直单位团组织与100个乡镇团委结对子，1000个市、县（区）直单位团组织与1000个村级团组织结对子，在全省培养1万名农村青年创业致富带头人，培训1万名农村青年营销员和1万名农村青年网络信息员，创建5～10个农村青年创业示范园]。联合市人才中心等单位在宁德师专举办青年就业供需见面会等，为全市大中专毕业生和下岗失业青年就业创业提供条件。组团参加海峡青年论坛和中国福建项目成果交易会，参加“挑战杯”全国大学生创业计划大赛和“创业海峡西岸”全国大学生项目成果对接会。周文军、林前武、林旭光3人获“全国农村青年创业致富带头人”荣誉称号。团市委获团中央和劳动部颁发的“2004 年度中国青年创业行动优秀组织奖”。

2005 年，团市委和有关部门联合举办港口中心城市青年话创业研讨会、召开青年创业座谈会、举办金融服务青年创业主题研讨会、在霞浦举办青年企业家创业辅导会，全市 100 多名青年企业家参加活动。组织优秀青年企业家参加第二届海峡青年论坛。举办农村青年实用技术培训班，开展科技下乡活动，提供信息、政策、资金服务等方式，着力提升农村青年创业和增收本领，不断深化农村青年创业增收成才活动。团市委被团中央、农业部授予 2005 年度“服务农村青年增收成才先进集体”荣誉称号。深入实施青工技能振兴计划，举办全市青年技术工人技能大赛。积极推动宁德青年与外界的交流交往，先后举办宁德青年话创业和宁台经贸合作与文化交流论坛。与温州团市委、上海长宁团区委结成友好团委，举办青年创业（上海）高峰会。闽东青年企业家协会与温州青年企业家协会结成友好协会，市青年联合会与闽东旅港联谊会定期交流互访。

七、开展“青年文化行动”

2001 年开始，宁德市青年文明社区工作随着城市社区建设展开，团市委等 6 个部门联合下发《关于在全市开展创建“青年文明社区”活动的通知》，成立宁德市创建青年文明社区活动指导委员会。各级团组织把创建“青年文明社区”活动摆上工作日程，围绕青年联谊会组织建设、选择主导性服务项目、完善运行机制 3 个中心环节，努力整合社会资源，扩大共青团组织在社区中的影响。福鼎市开展首届青年文明社区文化周活动，屏南县开展青年文明社区活动，通过设置“大家乐”舞台、成立社区工作联谊会、组织社区内“青年文明号”单位开展“青年文明号服务卡助万家”活动和“青年文明社区反邪教行动”等，使共青团组织在社区两个文明建设中发挥排头兵的作用。青少年科技文化活动阵地得到加强。福安市、蕉城区青少年宫不断完善基础设施建设。省里列出的宁德市未建青少年宫的 4 个县（市）也全部启动筹建工作。乡镇青少年科技文化活动中心建设、乡村文化建设得到加强。团市委与市建委共同下发《关于创建青年文明一条街活动的通知》，示范文明经营。

2002 年，团市委举办社区“大家乐”活动，引导青年志愿者进社区，为社区青年提供切实的文化服务。宣传网络文明公约、发放“青少年上网情况调查问卷”，引导青年自觉遵守网络文化道德。在纪念中国共青团成立 80 周年活动中，举办“全省百万青少年火炬传递活动”宁德交接仪式暨千人火炬环城跑、“威特利”杯首届闽东青年歌手大奖赛等。2003 年，团市委下发《关于进一步深化创建青年文明社区工作的实施意见》，在全市确定“青年文明社区”创建示范点，指导各县（市、区）围绕社区文化在内的文明社区建设。举办“宁德市第二届青少年读书节”组织 3000 多名青年参加读书活动。当年，福鼎市被团中央授予“全国乡村青年文化活动先进县”称号。2004 年，举办“宁德市三届青少年读书文化节”“宁德市青少年合唱节”，推动“班班有歌声”“村村有歌声”“县县有舞台”的活动。组织开展“校园文化节”活动和“百部优秀影片、百部优秀图书、百首优秀歌曲进校园”以及“大中专环保时装设计大赛”“大中专学生校园街舞挑战赛”“第二届大中专学生篮球联赛”。霞浦团县委组织的“城乡互动百千万工程文艺演出活动”获第六届全国优秀乡村青年文化活动项目。

2005 年，团市委举办宁德市第二届青少年街舞挑战赛、第四届青年辩论赛、首届青年欢乐节和第二届青少年环保时装设计大赛，倡导健康、时尚的青少年文化。联合市旅游局开展闽东苏区山海红色之旅和“重走抗战路·奉献助学情”活动，让广大青少年感受爱国主义传统文化。举办首届畲族青少年文化节，加强畲汉青少年交流，进一步弘扬畲族传统文化。举办宁德市第二届校园文化节、首届校园歌手电视大奖赛、第五届青少年读书文化节、宁德市第三届青年登山挑战赛、首届青少年“三人制”篮球赛，推进全民健身活动和向上的青少年体育文化。

八、领导少先队工作

1993 年，根据地区少工委的统一部署，全区开展增进城乡联谊的“红领巾手拉手、心连心”活动。全区有 450 所学校结成联谊对子，开展以深化“学赖宁、闽东小星星在行动”为主题的“首届闽东十佳小星星”评选活动，树立一批具有闽东特色、代表当代先进少年儿童的典型群体。

1994 年，开展以实施“雏鹰行动”为主题的少先队教育活动。制定“巧手献未来”的主题活动内容，全区以少儿技能技巧大赛为载体的活动全面展开。由 4 名小学生组成的地区代表队参加全省少儿技能技巧大赛，获团体第四名和最佳组织奖。团地委在《少年报》（上海版）上向全国少先队组织发出“牵少年情、圆读书梦”的倡议，引导各地少先队组织与闽东少先队组织“结对子”开展互助活动。全省第一所由少先队员捐款修建的“红领巾手拉手”希望小学在柘荣县建成。古田县 13 所中学成立“少年团校”。寿宁县鳌阳小学成立“少年警校”，培养学生爱国、爱军观念，并荣获“全国最佳少年军校”称号。

1995 年，全区开展争创少先队工作“金奖县、校”和“创新县、校”活动。全区有 3 个县（市）被授予“全国、省级少先队工作先进县”，5 个学校被评为全国“雏鹰红旗大队”，13 个学校被评为省“少先队工作金奖校”。全区基层“雏鹰行动”参加省评选，获奖牌总数居全省之首。1996 年，地区少工委被授予全国少先队工作先进单位，5 个学校被授予“全国红旗大队”称号。

1997 年，地区少工委制定《少先队工作奖励办法》，评选表彰第三届“闽东十佳小星星”和优秀少先队员、少先队辅导员，树立一批先进典型，在全区形成学先进、赶先进的良好氛围。当年评选出全国“手拉手”好少年 34 名、“全国红旗大队”6 个。

1998 年，全区少年儿童“手拉手”活动进一步开展，已成为社会各界普遍欢迎的一种少儿主导性教育活动，内容也不断拓展。有“手拉手情系灾区小伙伴”“书信交友”“赠送书报”“假日农庄营”“雏鹰假日小队手拉手文明行动”“手拉手红领巾助残”“手拉手看朋友”等多种活动。当年，全区有 8 万多名少先队员与省内外少先队员结成“手拉手好朋友”对子。有许多学校和辅导员也与省内外学校辅导员结成“手拉手”对子。地区少工委被授予“全国雏鹰文明假日小队活动优秀组织奖”单位。全区涌现出省文明雏鹰假日小队 10 个，省先进少年军校 3 个、全国红旗大队 5 个，先进个人 14 名。

2001 年，市内各地少先队组织通过继续开展“手拉手”等行之有效的体验教育实践活动，帮助市内外少先队员、城乡少先队员结对子。通过举办辅导员培训班、夏令营，加强学校少先队辅导员之间的联谊。延伸“手拉手”活动、启动“亲子营”国际项目，首批参加试验的 4 所学校率先启动“亲子营”国际项目，通过活动带动了“小手拉大手”，使家庭、社会、学校三者在教育上达到有机的结合。

2003 年，宁德市召开中国少年先锋队宁德市第一次代表大会，选举产生第一届宁德少先队工作委员会。会议期间举办少先队主题活动、“小主人论坛”、文艺晚会等活动。同年，还召开宁德市第十一届学校团队工作校际会暨少先队工作学会第四次年会。举办全市少先队辅导员培训班，通过对学员进行“即兴演讲”“挑战主持人”“鼓号演奏”“队会礼仪”“队刊编排”“自我介绍”等技能技巧展示，提高少先队辅导员的综合素质。

2004年，团市委、市少工委下发《关于学习贯彻〈中共中央国务院关于进一步加强和改进未成年人思想道德建设的若干意见〉》，提出2004年为未成年人办好10件实事。发挥“老干部、老战士、老专家、老教师、老模范”担任市级少先队思想道德建设中的重要作用，聘请30名“五老”担任市少先队思想道德建设志愿辅导员。依托闽东革命纪念馆、闽东老区革命旧址、革命烈士陵园等德育教育基地，组织开展“民族精神代代传”“爱祖国、爱福建、爱宁德”“我与祖国共发展”等主题团队会教育活动，为青少年的基本道德规范的形成奠定基础。宁德少工委“少先队精神”课题组还经过充分的调研，提炼出宁德市少先队六种精神，即“以我所能尽责任的”少先队柏柱洋精神、“人民利益高于一切的”少先队张高谦精神、“哪里有红领巾，哪里就有新风尚”的少先队鲤鱼溪精神、“珍爱生命、自护自律”的少先队军警校精神、“勇于探索自然奥秘”的柘荣东源小学“少先队百草园”精神、“勇敢顽强、自强不息”的少先队闽东畲族少年精神，并在全市少年儿童中宣传、学习。

2005年1月1日，宁德市举办“少先队‘爱祖国、爱福建、爱宁德’示范主题队会”活动，市领导出席并与少先队员代表展开互动。“六一”儿童节期间，举办首届“爱我宁德·展我风采”少儿美术节。同年12月25日，在全市共青团、少先队中启动以“集聚爱心之光、奉献和谐社会”为主题的“烛光计划”活动。计划在3年内组织发动1万名少先队员参与“手拉手”活动，结成1万对少年儿童“助学对子”。当年，宁德少工委提出的宁德少先队员“六种精神”体验营地建设中的“少年英雄张高谦营地”“柘荣东源‘百草园’营地”正式开营，组织市内一批少先队员参加营地活动、接受教育。

第三节 组织建设

1993年，共青团宁德地委坚持用有中国特色的社会主义理论武装青少年，采取多种形式教育引导青少年。在全区范围内举办学习《邓小平文选》知识竞赛、社会主义市场经济知识问答，采用宣传栏、报告会、学习班等各种形式的学习。把“双推优”（推荐农村优秀青年入党、推荐农村优秀青年担任村干部）工作列为农村团建工作的重点。6月，召开全区“双推优”工作经验交流会，组织人员下乡及时检查督促基层工作。当年，全区团组织共推荐2800名优秀团员作为中共党组织的发展培养对象，其中1020人入党，935人列为党外积极分子。各级团干进入乡镇、企事业单位领导班子的有68人。农村团支部书记中有964名被选入村级“两委”班子。全区农村三类团支部由1990年的19%降到2.96%，一类支部由1990年的29%上升为53.2%。

1994—1996年，团地委制定全区团员3年发展规划，把发展团员的重点放在农村、中学和新型经济组织。地委组织部、团地委、地区外经委、地区工商局、地区乡镇企业局联合下发《关于进一步加强新型经济组织团建工作的意见》，加强三资企业、乡镇企业等新型经济组织团建工作，使三资企业建团率达到39.7%。1996年4月，团地委与中共宁德地委组织部联合成立全区基层后进团组织整顿工作领导小组，通过摸底、整顿、调整，结合换届，撤换一些长期外出、工作能力差或违反计生规定的团干部，使一些后进支部的面貌有明显改变。

1998年，团地委在乡镇团委和中等学校团委中，先后开展“争创红旗团支部竞赛活动”，举办乡镇团委书记、中学团委书记、“青年文明号”单位负责人、少先队辅导员、地直机关干部培训班，对团干部进行理论、业务、品德等全方位培训，参训人数达500多人。加大团员发展力度，全区团员总数达 17 万名，团员与青年比例为 22.4%。至 2001 年年底，全市累计推荐 7500 名优秀团员加入党组织。全区（市）进一步推动“五四红旗团委（团支部）”创建活动，涌现出宁德渔排团支部等一批颇具特色的创建典型。全面启动团干部培训计划，全市举办县级以上团干部培训班 100 多期，培训团干部 3000 多人次。

2002 年，全市各级团组织贯彻团中央《关于加强和改进团的作风建设的决定》。团市委机关率先垂范，建立健全一系列制度，不断完善管理机制。团市委常委实行挂县联系制度，深入基层、广泛调研，为青年事业多办实事。各级团干部在工作中牢固树立正确的世界观、人生观和价值观，把团的岗位作为学习、锻炼和奉献的平台。各级团组织贯彻中共宁德市委“党建带团建”的要求，深化以创建“五四红旗团委、团（总）支部”“团建工作先进县”为主要内容的基础组织“三级联创”活动。推进全市非公有制经济组织、社区、小城镇、社会力量创办的学校的团建工作。利用各县（市、区）、乡（镇）团委换届年，配合中共宁德市委组织部和各县（市、区）党委做好团干部选拔、配齐配强县、乡团委班子。全市 126 个乡（镇）团委中，新配团委书记 79 个，县（市、区）团委书记中新任 6 名（其中 2 名通过公开选拔竞争上岗）。

2003 年，全市各级团组织继续推进党建带团建工作，蕉城团区委被授予“全国团建先进县”、福鼎白琳镇团委被授予“全国五四红旗团委”、27 个基层团委被授予“宁德市五四红旗团委”、40 个基层团（总）支部被授予“宁德市五四红旗团（总）支部”。为加强对流动团员的管理，团市委、市直团工委成立机关综合团委。团支委还加强市青联和各县（市、区）青年的自身建设指导工作。

2005 年，团市委开展县、乡团委换届后基层团建专题调研和团组织基本情况调查摸底工作，采取团市委常委驻点挂钩、市直团组织与基层团组织挂钩帮扶等方式促进基层团建工作。还配合有关部门对各级团组织换届后做好超龄团干部的推荐转岗工作。联合中共宁德市委组织部举办全市县、乡团委书记培训班，邀请市委、市政府、市人大常委会、市政协领导及老团干部等为他们上课，学习和宣传团组织和团的干部优秀工作作风和传统。

第三章 妇 联

第一节 组织机构

一、地区办事处

1993 年，福建省妇联宁德地区办事处为福建省妇联的派出机构，机关设办公室、宣传部、儿童部、生产权益部等办事机构，有主任 1 人、副主任 1 人、人员编制 10 人。

2001 年 4 月，因宁德撤地设市，设立宁德市妇女联合会（简称宁德市妇联）。办事处撤销。

二、代表大会与市妇联

2001 年 4 月 19—21 日，召开宁德市妇女第一次代表大会，出席大会代表 308 名，其中正式代表 270 名、特邀代表 38 名。正式代表中，各条战线妇女代表 146 名，占 54.1%；妇女工作者代表 124 名，占 45.9%；少数民族代表 23 名，占 8.5%；非中共党员代表 93 名，占 34.4%；获得市（厅）级以上表彰的先进模范人物 94 名，占 34.8%。文化程度大专以上 138 名，占 51.1%；高中、中专 110 名，占 40.7%。年龄 35 岁以下的代表 114 名，占 42.2%；36 ~ 45 岁代表 113 名，占 41.9%。大会选举产生市妇联第一届执行委员会，选举产生主席 1 人、副主席 2 人，执行委员 29 人、常委 11 人。内设机构有办公室、宣传联络部、儿童工作部、生产权益部。

2005 年 1 月，市妇联增设市直机关妇工委，生产权益部更名为发展权益部。挂靠单位有宁德市妇女儿童工作委员会办公室，下属单位有宁德市妇女儿童活动中心、宁德市儿童游乐园、宁德市妇女就业服务中心。指导蕉城、古田、屏南、周宁、寿宁、福安、柘荣、福鼎、霞浦 9 县（市、区）妇联，124 个乡镇（街道）妇联，153 个县、市直机关事业单位妇委会开展工作。

三、基层组织

1993 年，宁德地区各级各类妇联组织 2136 个，一类妇代会 1154 个，占 54%；二类妇代会 924 个，占 43.3%；三类妇代会 58 个，占 2.7%。全区村妇代会有妇女活动阵地 1722 个，创经费基地 467 个。

1994 年，在村级换届选举中，妇代会主任进村“两委”达 1808 人，占 84.4%。全区有村级后备女干部1750人。1997年，妇代会换届，选出村妇代会主任2154人，妇代会主任进村“两委”1969人，占91.4%。2000年，妇代会换届产生2171名村妇代会主任，进村“两委”1560人，占71.9%。

2003年，全市妇女组织初步形成专业与社会化互补的工作网络。全市有县（市、区）妇联9个、乡镇（街道）妇联124个、村妇代会2141个、社区妇联50个、机关事业单位妇委会98个、乡镇企业、个私协、新经济组织妇代会239个。全市已换届的2139个村中，女性进村支委887人，进村委1496人（其中村委主任助理573人），实现99.9%两委班子中至少有一名女性的目标，居全省首位。

2005年，市妇联与市委组织部联合下发《关于进一步加强机关、事业单位妇女组织建设的意见》，成立市直机关妇工委。至年底，市直机关单位建立妇女组织48个。蕉城、古田、屏南、柘荣、福鼎等县（市、区）也全面展开机关单位妇联组织组建工作。全市各级各类妇女组织2854个，其中县（市、区）妇联9个，乡镇（街道）妇联125个，农村妇代会2141个，社区妇联85个，市县直机关事业单位妇委会126个，乡镇企业、个私协、新经济组织妇代会368个。

第二节　职能履行

一、维护妇女儿童合法权益

1993年，省妇联宁德地区办事处与地区人大工委联合在全区9县（市）开展《中华人民共和国妇女权益保障法》贯彻实施情况调查。协同地区人大工委召开学习座谈会，司法局、普法办也组织上街、下乡咨询宣传活动，号召社会各界树立“爱护教育儿童，为儿童做表率办实事”的公民意识。至1994年，全区成立家长学校299所，家长学员11.1万人。

1995年，为配合打击拐卖妇女儿童专项整治行动，地区各级妇联对本区域内外来妇女儿童、外流妇女儿童、被拐妇女儿童、人贩子进行调查摸底。在为期2个月的打击拐卖妇女儿童专项整治行动中，全区出动警力1280人次，对1725家公共场所、旅社、发廊进行清查，查办“黄丑”案件18起，抓获各类违法犯罪分子348人，解救被拐卖妇女儿童25人。

1996年3月，古田县妇联组织乡镇妇干撰写有关妇女权益问题调查报告15篇，举办司法培训班32期，1283名妇女参加培训。霞浦县妇联开展下岗女工再就业情况调查，召开会议10多场，走访40多人，发出问卷200多份，对发现的一批落岗不落志的妇女典型作为先进人物进行宣传。各级妇联配合公检法司部门开展打击拐卖妇女儿童犯罪活动，寿宁、周宁、福鼎3县（市）共解救妇女儿童84名，抓获人贩子2名。

1997年，地区妇女儿童工作委员会（妇儿工委）联合地区人大工委召开座谈会。组织各县（市）政府分管领导参加省妇儿工委培训班，系统学习有关知识。制定和颁布《宁德地区妇女发展纲要》，随后，全区9县（市）也分别制定颁布。各级妇联配合公安部门做好社会治安综合治理，打击拐卖妇女儿童。福鼎市解救受骗妇女25人，寿宁县妇联将两名被拐卖贵州妇女送回家。

1998年，部分县（市）企业离退休老干部、下岗女工集中上访要求解决工资、福利和安置问题，形成信访热点。福鼎市无线电厂30名女工下岗后没有任何生活补贴，反映强烈。地区办事处多次与厂家协商，解决部分女工的安置问题。还深入到女工密集的外资企业，与外商进行贯彻劳动法座谈，促使其依法与女工订立合同。

1999年3月，地区办事处召开各界妇女座谈会，广泛征求对《福建省实施〈母婴保护法〉办法（草案）》的意见，组织各县（市）300多名妇女参加草案讨论，并将意见反馈给省妇联和地区人大工委。地区妇女儿童工作委员会成立全省第一家依托司法局并与法律援助中心合署办公的妇女法律咨询服务中心。该妇女法律服务中心成立后，接受妇女咨询24人次。11月初，地区人大工委、妇儿工委组织劳动、妇联、卫生、工会等组成检查组，对4家不同所有制的企业女职工进行劳动权益保障执法检查，撰写《女职工劳动权益不容忽视》调研报告，上报省妇联及有关部门。全年，全区配合公安部门解救被拐卖妇女儿童50人。

2000年，地区办事处针对全市企业职工生育保险社会统筹工作差距较大问题进行调研，形成政协提案，引起有关部门重视。地区妇女法律咨询服务中心当年共接到来信来访40件，咨询50多人次，免费代书10起，协助办案10余起，使一些受害妇女的合法权益得到保障。各县（市）相继成立妇女法律咨询服务中心或妇女法律援助站，全市形成妇女维权服务网络。与司法局联合开展“148”妇女维权法律知识咨询、宣传活动，到地区收容教育所开展帮教活动。当年，各级妇联配合公安部门解救被拐卖妇女儿童1059人。

2002年，市妇联开展《中华人民共和国未成年人保护法》（以下简称《未成年人保护法》）、《中华人民共和国预防未成年人犯罪法》（以下简称《预防未成年人犯罪法》）宣传和小公民道德建设和青少年法制教育。举办预防青少年犯罪巡回展览，帮助青少年辨别是非，提高自我保护能力。全市县级以上妇联平均接待处理来信来访600余件次，转结率达98%，直接参与为贫困妇女儿童提供法律援助案件15件。建立妇女法律咨询服务中心和妇女维权联席会议制度。全市共建立妇女法律咨询中心或援助站10个，其中，挂靠司法局援助中心7个，挂靠妇联办公3个，在全市公安派出所设立家庭暴力投诉点143个。对受暴力侵害、经济困难的弱势群体，给予缓减免诉讼费。

2003年，市妇联与市公安局、法院、司法局联合起草《关于预防和处理家庭暴力设立“家庭暴力投诉中心”的意见》，由市委办、政府办发文下达，要求各乡镇均要成立家庭暴力投诉站。当年，全市有19名妇女干部被聘为法院特邀陪审员，参加陪审13（件）次法律援助案件。市妇联还开展劳动保障守法诚信用工企业评选活动，开展“三法”（《未成年人保护法》《预防未成年人犯罪法》《妇女权益保障法》）执法检查。全年举办《中华人民共和国婚姻法》培训班300多期，受训妇女8000多人次。各级妇联开展《中华人民共和国婚姻法》义务咨询30场，分发宣传品3.5万册。

2004年，市妇联与司法局开展“三八维权周”活动，当年接待来信来访500多件次、提供法律援助108起。全市143个基层派出所与家庭暴力投诉站受理投诉案件196起，追究刑事责任1起、治安处罚8起、调解174起。

2005年，市妇联牵头开展全市未成年女性受性侵害问题调查和《未成年人保护法》执法检查，在蕉城、霞浦等地进行外嫁金门、马祖新娘的婚姻状况问卷调查。古田县法院设立反家庭暴力巡回法庭，黄田法庭在全市率先成立家庭暴力法律援助中心，进一步加强社会化维权工作。加强妇女陪审员队伍建设，全市共有81名人民法院陪审员，其中女性40名（妇联系统干部17名）。当年，市妇联接待来信来访41件，提供法律援助11起，全程督办多个影响较大的案件。

二、开展“双学双比”活动

1993—1994年，省妇联宁德地区办事处召开“双学双比”（学文化、学技术，比成绩、比贡献）理论研讨暨工作汇报会，交流论文11篇。开展“一乡一特色、一村一项目、一户一品种”专业竞赛，引导妇女发展大农业，参与大流通，建设大市场。树立1.1万科技文化户，涌现出1.9万户妇女专业户、重点户和734个专业村。

1995年，地区办事处开展农村妇女“双学双比”工作和农村“巾帼扶贫攻坚”双结合活动，建立扶贫挂钩联系户制度，帮扶5000户实行计划生育的妇女脱贫致富。全区筹措30万元贷款，建立45个扶贫联系点，帮助800户贫困妇女发展生产。1997年全区妇联系统与1547个贫困村6514个贫困户挂点联系。古田县开展“百名女能人带头致富”和“百名妇干帮扶活动”。全区女能手、女科技员扶持838个点、1597名贫困妇女。地区妇联与省妇联、省民委联合举办少数民族妇女实用技术培训班4期，自办4期，使区内8个畲族乡的妇女骨干普遍得到培训。1995—1997年，全区在开展“双学双比”活动中，累计举办扫盲班151期，1510人；提高班59期，693人；科技培训班157期，4410人。

1998年3—4月，地区办事处深入基层考察调研，与各级妇联共抓当地特色经济，筛选试点项目、对象，分析效益和风险，严密论证其可行性。至9月，90万元小额专项扶贫贷款陆续发放到9县（市）18个乡镇20个村538户妇女群众手中。妇女群众用贷款发展种、养、加工等项目，其中种植类333户，养殖类130户，加工类55户，其他20户。当年，屏南县作为首批试点，第一批应回收的10万元贷款如期收回，并解决该县甘棠、黛溪、长桥、双溪4个乡镇102户贫困人口温饱问题。屏南县又将30万元扶贫贷款全权交妇联管理，使小额贷款面进一步扩大。广大农村妇女开创“公司+农户”的生产方式，组织自己的营销队伍。福鼎市农村妇女组成海产品、四季柚、玄武岩、皮衣等营销队伍，到北京开办茶庄，销售额占北京茶叶销售总量的10%。寿宁县清源乡25%妇女进入流通领域，仅花菇年销量就突破4万袋，推动“中国花菇之乡”的发展。

1999年，全区召开农村妇女“双学双比”活动10周年纪念大会，评选表彰先进单位7个、先进个人100名、“双学双比”能手10名。受全国表彰的先进能手2名，受省表彰先进单位4个、先进工作者5名、先进女能手10名、“三八”工程1个、“三八”绿色奖章获得者1名。

2000年，地区各级妇联组织在开展“双学双比”活动中，配合有关部门，推荐招收一批农村妇女参加农函大、农广校学习。开展女农民技术员职称评定申报工作。年底，全市在“双学双比”活动中成绩突出的275名妇女获评女农民技术员，385名农村妇女获得“绿色证书”，10名“双学双比”女能手受到表彰。

2001年，市妇联制定《宁德市“双学双比”竞赛活动“十五”规划》。开展“新千年科技致富八闽行”活动。当年，全市举办高新技术培训班32期，受训农村妇女2000多人。小额贷款项目良性运转，为15个乡镇、342户妇女提供的82万元小额贷款，获得良好收益，户均增收1000元。各地妇联利用贷款，帮助群众建成养羊、食用菌等生产基地，积极实施百名农村妇女科技致富带头人扶助千名贫困妇女帮技术、帮资金、帮信息活动。

2002年5月，宁德市农村妇女科技致富协会成立。市妇联在市农村社会服务联动网上建立“闽东妇女之窗”网页。全市举办各类实用技术培训班700多期，受训人数近4万人次。争取省妇联小额贷款60万元，扶持霞浦、屏南、周宁、古田、福鼎5县（市）14个乡镇36村、248户妇女群众发展生产。

2003年，市妇联开展创建“科技致富示范村”活动，聘请专家成立“巾帼科技致富”农业科技指导组，制作专家联系卡发放到创建村。当年，全市有572名女农民技术员。下发省妇联小额贷款65万元，屏南、霞浦、古田、福鼎等4县（市）350名妇女受益。争取市农行贴息贷款120万元，帮助屏南、古田、福鼎、蕉城更多妇女解决生产资金问题。配合政府，加快农村劳动力转移。举办茶艺培训班、茶艺表演赛，并促使学员与企业现场签约。市妇联在30个乡镇所在地村妇代会建立农村妇女劳动力转移站，与基层劳动力供给市场建立直接联系。利用市妇女就业服务中心，转移劳动力200多人。

2004年，市“双学双比”领导小组在寿宁县召开全市农村妇女增收致富工作暨表彰会，表彰53个先进集体和个人。获福建省“双学双比”领导小组表彰的集体、个人30个。涌现出全国农村妇女“双学双比”竞赛活动女能手黄珠妃、先进工作者李随票、全国“三八”绿色奖章获得者陈燕华、省“十大农民女状元”叶赛云、省“三八”绿色优质工程福安市坂中乡坑下村蔬菜基地、周宁县李墩镇黄浦村妇女科技致富协会等一大批省级以上先进个人和先进集体。

2005年，全市妇联在“双学双比”活动中，组织50多名妇女参加省扶贫开发重点村妇女干部培训学习、农产品女经纪人培训等。先后举办各类培训班120多期，受训妇女5030人。当年，受聘用女农民技术员386人，享受政府津贴。培育省级巾帼科技致富基地（村）9个。受省级以上表彰先进15人。全市争取信用社小额贴息贷款113万元，扶持农村妇女发展生产。

三、“巾帼建功”活动

1993年，省妇联宁德地区办事处组织华闽毛纺织有限公司女工进行岗位技能竞赛。屏南县女职工开展“学、比、创”竞赛活动，其中7项成果被选送参加全省成果展览。

1994年9月，福鼎和浙江苍南县妇联联合举办闽浙边界迎国庆“巾帼建功”联谊表演赛，来自各条战线的35名女标兵、女选手表演了演讲、珠算、点钞、邮电报务、打字、手术穿针、盖邮戳等9个项目技能。

1996—1997年，各级妇联鼓励职业女性接受再教育，更新知识。根据区内下岗女工明显增多的情况，主动配合实施“再就业工程”，动员下岗女工转变择业观念，自谋出路再上岗。同时，举办下岗女工培训班48期，受训女工3583人次，其中重新上岗者2295人。地区妇联还充分发挥执委、女领导、女企业家作用，千方百计帮助女职工重新就业。霞浦县妇联帮助3000名下岗女工和待业女青年，实现再就业。

1998年，各级妇联深化“巾帼建功”活动。地区办事处牵头举办客房卫生、烹调、电脑、裁缝等培训班4期，78名下岗女工参加培训。福鼎市妇联协助金达公司开办再就业管理人才培训班，从中招收部分成绩优秀的学员就业。全区各级妇联举办47期实用技能培训班，对1400名下岗女工进行免费培训。地区办事处多次与闽东宾馆协调联系，推荐录用12名女工。11月，地区、县（市）妇联组织成立妇女就业服务中心，为下岗女工提供信息、咨询、就业等服务。推荐钟点工、保姆、营销员、护理员等66人。古田县妇联家政服务站，为30多名女工提供工作，输送200名女青年到外地打工。当年，宁德市妇女就业服务中心，先后介绍妇女就业达165人次。表彰巾帼文明岗30个、巾帼建功先进个人73名。

2000年，全市实施“巾帼科技致富工程”，涌现出一批依靠科技增收致富的先进家庭和个人。树立10户家庭为宁德市妇女科技示范户，97人为宁德市科技致富带头人。地区办事处积极帮助贫困户解决资金，先后争取农业贴息贷款250万元、小额贷款207万元，使农村800多户妇女利用贷款发展生产、增收受益；表彰了20个巾帼文明示范岗并授牌；与地税局、工商银行、个体企业协会联合开展创建巾帼文明示范岗活动；在全区内部宾馆、星级宾馆和饭店中开展“迎设市巾帼文明服务技术”竞赛。

2001年，市妇联在“巾帼建功”活动中，授予市工行、地税、个协3个行业26个岗位为市巾帼文明示范岗，其中2个岗位和5个岗位分别获全国、省巾帼文明示范岗称号。

2003年，市妇联在30个乡镇所在地村妇代会建立农村妇女劳动力转移站，市妇女就业服务中心推荐妇女就业200多人。在巾帼文明示范岗创建与复查工作中表彰94个巾帼文明示范岗。

2004年，全市建立巾帼科技致富示范村45个，县级妇联指导的农村妇女科技致富协会14个，乡镇、村级科技致富协会（小组）423个，共培养女农民技术员1208人。全年表彰市级巾帼科技致富示范村15个、巾帼科技培训示范基地9个、科技致富先进协会10个、农村妇女致富带头人19人。有10个单位继续被评为省级巾帼文明示范岗，5个单位被推荐申报国家级巾帼文明示范岗，表彰20个市级巾帼文明示范岗。全市获省“巾帼建功”先进集体2个、省“巾帼建功”标兵8名。

2005年，市妇联拓展巾帼文明示范岗创建领域，全市涌现出国家级巾帼文明示范岗5个，省级巾帼文明示范岗11个。

四、实施“春蕾计划”

1998年，宁德地区开始启动旨在救助失学女童的“春蕾计划”，由妇联、教育局、共青团等部门主导，并通过社会支持等渠道帮助城乡、主要是农村适龄女童实现义务教育。

1999年5月30—31日，福安锦桌头小学、兰田小学和宁德市（今蕉城区）的24名“春蕾女童”参加地区妇联组织的“城里行”活动，参观了儿童乐园、宁德师专、宁师附小，并和城里孩子一起欢度“六一”儿童节。闽东宾馆为儿童提供住宿和娱乐活动，还捐赠活动经费2000元。地区“春蕾计划”先进个人、福鼎市君度大酒店总经理施均炎在“六一”节期间邀请由他资助的10名“春蕾女童”到城里过节，并捐资2500元，再结对5名女童。

2000年，全区第一个“春蕾小学”——福安市兰田民族春蕾小学正式成立。福安市老区办、民委、民政局、妇联、教委等5家单位联合举办首届畲族老区特困女童春蕾职专班，招收53名少数民族和老区的特困女生到福安职专学习。地区办事处和蕉城区妇联、教委联合举办“六一献爱心、儿童大游园”活动，在开园仪式上开展“春蕾计划”捐款活动，收到捐款41855元。地区办事处、民委慰问柘荣县楮坪湾里村少数民族儿童和福安民中“春蕾班”女童，送去慰问金及慰问品1.8万元。

2001年，全市收到“春蕾计划”捐款13800元，受助女童320名。蕉城区、福安市妇联分别与省电视台公共频道《女性·人生》栏目组合作，举办春蕾助学现场结对仪式，现场收到捐款43400元，结对105个女童。

2003年，市妇联与市个协、私协联合在个体户、私营企业主中开展“爱心献春蕾”行动，当年收到资助款12.7万元，资助“春蕾女童”228人。

2004年，市妇联开展“在阳光下成长”春蕾女童征文活动，并向省儿童基金会推荐13篇文章。完成全国儿童基金会“春蕾计划”调查评估，并向省儿童基金会推荐部分品学兼优的春蕾女童。联系新加坡华侨投资建成福安康厝乡畲族“福耕春蕾小学”，并对该校42名贫困女童给予捐资助学。当年全市各界人士捐助春蕾女童445名。

2005年，全市实施“春蕾计划”得到社会捐款200多万元，资助失、辍学女童4000多人。建成“春蕾小学”5所、“春蕾班”10个。蕉城区妇联获福建省实施“春蕾计划”先进集体，5人获先进个人，10人获“十佳春蕾园丁”，10人获“十佳春蕾”女童，12人获“百名优秀春蕾女童”称号。

五、创建“五好”文明家庭活动

1993年，各级妇联把“五好”文明家庭（爱国守法，热心公益好；学习进取，爱岗敬业好；男女平等，尊老爱幼好；移风易俗，少生优育好；勤俭持家，保护环境好）创建活动作为实施“公民道德工程”的重要载体，广泛开展创建活动。1996年，全区表彰“美好家庭”200多户，“五好文明家庭”550户，“五好家庭标兵户”203户。1996年，全区表彰“美好家庭”200多户，“五好文明家庭”550户，“五好家庭标兵户”203户。

1997年，地区、县（市）两级地区妇联把“五好文明家庭”创建活动同“讲文明、树新风”与创建文明城市、文明村镇、文明安全片区相结合。当年，全区评选表彰“五好文明家庭”7027户、金邻居38户、好婆媳291对、好婆婆995个、好媳妇1522个、好妻子35个、贤内助64个、金婚佳侣28对、银婚佳侣32对、敬老好儿女23个。

1999年年初，地区各级妇联将反腐倡廉和创建活动相结合，在全区各级领导干部配偶中开展“反腐倡廉、利国利家”的宣传教育活动，涌现出一大批具有时代特色和民族传统美德的先进家庭典型。地区办事处在9月28日《闽东日报》公布47户“五好文明家庭”、10对“好夫妻”、10对“好婆媳”和9位“好儿女”名单，以表彰他们的事迹。

2000年，地区办事处实施“家庭文明工程”，以“法律、科技知识进家庭”活动为载体，“巾帼反腐倡廉、共创世纪辉煌”为主题，在全区女干部、女党员和领导干部贤内助中开展“巾帼倡廉”宣传教育活动。开展“美在农家”、创建“文明楼院”等家庭、社区文化活动。2001—2002年，全市评选表彰“五好文明家庭”2850户（其中地区“五好文明家庭”47户、“好婆媳”156对、“好夫妻”131对、“好儿女”54位）。

2003年，市妇联开展“美德在农家”活动，全市设立20个试点。开展“家庭读书”活动，成立家庭读书俱乐部，在《宁德晚报》开辟“读书之家”栏目，开展“母亲颂”家庭征文活动。组织专家学者撰写家教论文，6篇入选省家教研讨会并获奖。

2005年，各级妇联围绕党风廉政建设，开展“廉内助”评选、征文比赛、知识竞赛、座谈会、参观反贪警示教育基地、倡廉公益会演、“家庭助廉”剪纸艺术作品展等活动。广泛发动全市家庭参与全国家庭助廉教育读书知识竞赛。市妇联被授予“全国家庭助廉教育知识竞赛”优秀组织奖。年底，全市有60户家庭被评为福建省“五好文明家庭”、270户家庭被评为市“五好文明家庭”。

第三节　组织建设

1993年，省妇联宁德地区办事处组织检查组深入9个县（市）23个乡镇、35个村对《农村妇代会建设三年规划》进行检查。当年，全区村妇代会有妇女活动阵地1722个，创经费基地

467 个。2136 名村妇代会主任中，党团员 916 人，占 42.9%；初中以上文化程度的 842 人，占 39.4%；有 1055 名妇代会主任进村“两委”班子，占 49.4%。

1994 年，在村级换届选举中，地区办事处与中共宁德地委组织部、地区民政局联合下发《关于认真选拔农村妇女干部进村班子的通知》。换届后，妇代会主任进村“两委”达 1808 人，占 84.4%，比上届提高 35 个百分点，其中进支委 495 人，进村委 1315 人。有女村党支部书记 29 人，女村委主任 25 人。全区有村级后备女干部 1750 人。

1995 年，地区办事处推行后进妇代会挂钩联系制度。全区 96 个县、乡妇干分别挂钩 103 个后进妇代会，转化 46 个，选送 17 位专职妇干参加省妇干校岗位培训。11 月，地区办事处在地委党校举办为期一周的后进村妇代会主任培训班，培训妇干 38 人。推动解决村妇代会主任的经济、政治待遇，每位村妇代会主任获得每月补贴 20 元。

1996 年，各级妇联组织着力加强妇代会班子建设，调整妇代会主任 196 人，增补委员 386 人。对尚未转化的后进妇代会落实挂钩联系制度。在全区开展创建基层妇女组织建设先进单位活动，11 月，地区办事处组织两个检查组，到各地检查第二轮农村妇代会规划实施情况，并对推荐上报的 10 个基层妇女组织建设先进乡镇进行复核，有 9 个先进乡镇妇联受地区表彰，有 57 个后进妇代会得到转化。全区 2149 个村妇代会中有先进妇代会 1169 个，比上年提高 18 个百分点；后进妇代会 49 个，占 2.3%，比上年下降 2.5 个百分点。

1997 年，指导全区 2154 个村妇代会换届，选出村妇代会主任 2154 人，其中党团员 1387 人，占 64.4%；初中以上文化程度的 1708 人，占 73.9%。2010 个村“两委”班子中配备女干部，占村总数的 93.3%，其中妇代会主任进村“两委”1969 人，占 91.4%。

1998 年，全面加强机关妇女组织建设，拓展妇女工作领域。地区交警、广电局建立妇委会。对村妇代会班子进行届中调整充实，全区调整主任 103 人、委员 235 人。地区办事处在省妇干校举办第三期乡镇妇干岗位培训班，有 40 名乡镇妇干参加培训。当年，各级妇联积极协助中共宁德市委组织部做好乡镇（街道）妇联“以工代干”人员和招聘干部的考核和录用工作，有 7 县（市）35 名乡镇妇干被正式录用。

1999 年，全区加强培养选拔女干部工作，地区办事处与中共宁德地委组织部联合下发《关于培养选拔女干部工作检查的通知》，要求各县（市）对照省、地 1995—2000 年规划，对培养选拔女干部和发展女党员工作情况进行自查，并抽查部分县（市）。联合中共宁德地委组织部举办首期科级女干部培训班；联合下发《关于在乡镇领导班子换届中做好选拔任用女干部和乡镇妇联换届工作建议》。全区 124 个乡镇（街道）党政班子均配备 1 名以上女干部，每个县（市）都有 1 ~ 2 名女乡镇党委书记或女镇长。全区换届乡镇妇联数 113 个，选举主席 105 人，副主席 70 人，平均年龄 29.9 岁，其中党员 126 人，占 72%；本科 4 人，大专 52 人，高中、中专 119 人。换届产生 98 名新当选人，更新度为 56%，其中提拔 28 人，外单位选进 70 人，交流 12 人。

2000 年，地区办事处与中共宁德地委组织部、地区民政局联合下发《关于认真做好农村妇女进村级领导班子工作的意见》，明确要求“确保每个村两委班子中至少有一名妇女干部，努力做到每个乡镇有 1 ~ 2 名女村党支部书记或村民主任”。在完成“两委”换届的 2192 个村中，有 747 个村支部配备了女性，占 34.4%，其中女支书 72 人；1279 个村委配备女性，占 58.9%，其中女村民主任 69 人。妇代会换届产生 2171 名村妇代会主任，其中党员 1393 人，占 64.2%；初中以上文化程度的 1880 人，占 86.6%；35 岁以下的 1390 人，占 64%；进村“两委”1560 人，占 71.9%。

2002 年，根据《2001—2005 年宁德市妇联基层组织建设规划》，市妇联结合县乡换届，推进妇女参政议政。全市9个县（市、区）124个乡镇（街道）领导班子中共配备女干部162人，其中，提拔女干部62人，每个乡镇（街道）党政领导班子中至少有1名女干部，每个县（市、区）配有1～3名女乡镇党委书记或乡镇长。县（市、区）有8名妇联正副主席提拔或交流到其他部门，县乡21名妇干提拔为副科级干部。全市124个乡镇（街道）配备妇联主席115人、副主席91人，其中党员150人，占总数的72.8%；具有大专以上学历的93人，占45.1%，比上届增加37人；具有高中（中专）学历的112人，占54.4%；年龄35岁以下的154人，占74.8%。在宁德师专建立第一个高等院校妇委会。

2003年，全市妇女组织初步形成专业与社会化互补的工作网络。全市有县（市、区）妇联9个、乡镇（街道）妇联124个、村妇代会2141个、社区妇联50个、机关事业单位妇委会98个、乡镇企业、个私协、新经济组织妇代会239个。为确保村级换届村“两委”100%配有女性，中共宁德市委组织部、市民政局、市妇联联合下文，对推进女性进村级领导班子工作进行部署。全市有2141个村，已换届2139个，女性进村支委887人，进村委1496人（其中村委主任助理573人），实现99.9%“两委”班子中至少有一名女性的目标，居全省首位。换届后，村妇代主任的年龄、知识结构得到优化，党员1099人，占51.3%；初中以上的占87.1%；45岁以下的占88.1%，比上届提高15.8个百分点；获农民技术员职称的374人，占15.7%；进村“两委”1870人，占87.3%。

2004年，市妇联建立全市副科级以上女干部及高级职称妇女专业人才档案，开展妇女党政人才课题调研，向中共宁德市委提交《宁德市妇女党政人才调研报告》。市妇联召开一届五次执委会议，选举市妇联副主席，增替补市妇联一届执委、常委。与中共宁德市委组织部在市委党校联合举办农村妇女干部培训班，参训93人。

2005年，市妇联与中共宁德市委组织部联合下发《关于进一步加强机关、事业单位妇女组织建设的意见》，成立市直机关妇工委。至年底，市直机关单位建立妇女组织48个。蕉城、古田、屏南、柘荣、福鼎等县（市、区）也全面展开机关单位妇联组织组建工作。

第四章　科　协

第一节　组织机构

一、代表大会

1997 年 12 月，召开宁德地区科协第四次代表大会，听取第三届科协工作报告，选举产生第四届科协领导班子，表彰全区科协系统 45 个先进集体和 60 名先进工作者。

2003 年 4 月，召开撤地设市后宁德市科协的第一次代表大会，出席大会代表 323 人，占代表总数的 90%，特邀代表 30 人，选举产生宁德市科协第一届委员会委员 69 人，选举主席 1 人，副主席 6 人。

二、协会、学会、研究会

1993 年，宁德地区科学技术协会设有办公室、学会部、普及部，定编 9 人，在职 8 人。有直属学会、协会、研究会 48 个，会员 3428 人。9 个县（市）均设有科协，有所属协会、研究会 176 个、乡镇技术协会 43 个。

1996 年，宁德地区科协机关增设农村农民技术函授大学工作办公室。地区科协机关行政编制定为 7 人，专职主席 1 名、副主席 1 名、科级职数 4 名。

1999 年，全区有地、县（市）级科协 10 个，乡（镇）科协 120 个，地直学会（协会、研究会）14 个，县级学会 50 个，拥有会员 1 万多名。

2000 年，宁德撤地设市，宁德地区科学技术协会更名为宁德市科学技术协会。机关行政编制 7 人，另设有科技咨询服务中心，定编 3 人。专职主席 1 名、副主席 1 名、科级职数 5 名。

2003 年，全市有 9 个县（市、区）科协、120 个乡（镇）、街道办事处科协、市级学会（科协、研究会）26 个，县（市）级学会 130 个、农村专业技术研究会 68 个，厂矿企业科协 19 个，会员达 2.6 万名。

2005 年，市科协内设机构有办公室、学会部、普及部，机关行政编制 5 名，机关后勤服务人员事业编制 1 名。处级领导职务为主席 1 名、副主席 1 名，科级领导职数 3 名。全市科协系统有市、县（市、区）级科协 10 个，乡镇科协 120 个，市直学会（协会、研究会）49 个，县级学会 175 个，拥有会员 2.3 万名。

第二节　职能履行

一、科普宣传

1993年，宁德地区科协贯彻中共中央、国务院《关于加强科学技术普及工作的若干意见》和《关于加速科学技术进步的决定》。大力开展科普宣传教育，充分利用科普性报刊、广播、录像及科普展教等媒介和手段，促进全社会形成爱科学、学科学的氛围，提升了公众的科学意识。

1994年，开展科技宣传月活动。活动期间，组织科技讲座、科技人员下乡下厂、科技咨询、出科技专栏，宣传科技成果，宣传科技拔尖人才等。与地委宣传部、行署科委在政府机关门口举办大规模的“科技夜市”活动，内容有科技咨询、科技图片展览、科技录像展播、科技书籍优惠展销、科技灯谜等。

1995年，地区科协利用科普性报刊、广播、录像及科普展教等媒介和手段，以及科普车、科普画廊等科普阵地，以科技宣传月为重点、促进宁德地区形成学习“科教兴国”战略的热潮。举办具有特色的科技夜市活动，内容有科技咨询、科技讲座、科技知识竞赛、科技灯谜、科技图片展、科技专栏、科技录像展播等。组织科技工作者开展“送科技下乡”活动。通过科技宣传提高全社会的科技意识，使科教兴国战略决策深入人心。

1996年，地区各级科协继续将贯彻落实中共中央、国务院《关于加强科学技术普及工作的若干意见》作为重要任务，广泛开展科普宣传，利用报刊、广播、科普画廊、黑板报、发放资料、图片展等手段向城乡广大群众宣传科学知识。全年开展较大规模科普宣传活动320次，受教育人数达5万人次。

1997年，开展以科教兴区为中心内容的宣传活动。地、县科协都与宣传部门及科委联合举办内容丰富影响面广的科技宣传活动，围绕“人口、资源、环境与可持续发展”为主题，开展科技游园、科技知识竞赛、科技谜语竞赛、科技图书展销、科普录像播放、挂图展览、科技咨询等宣传活动。结合香港回归，举办迎香港回归知识竞赛、文艺踩街、科技咨询等活动，通过普及科技知识，弘扬爱国主义精神。

1998年，地区各级科协充分利用科技宣传周形式，广泛调动社会力量，开展形式多样的科技宣传活动，福安科协联合市委办、市政府办、市委组织部等25个单位，开展知识竞赛、科技咨询、科技灯谜书展等科普活动。科技宣传周服务团深入宁德漳湾镇南埕村，开展科技宣传活动。地区第二医院专家义诊、妇幼保健计生咨询、水产咨询受到农民群众的欢迎。地区科协组队参加了省首届农业高新科技知识竞赛决赛，获得优秀奖。组织开展了科技、卫生、文化“三下乡”活动。

1999年，组织开展科技、文化、卫生“三下乡”活动和举办较大规模的以“创新与科技兴区”为主题的“99科技宣传周”活动。全区有近300个单位、约2000名科技人员、8万多名干部和学生参加了各类科技活动，有1万多套科普资料下乡进村。举办较高层次的科技讲座或学术报告会，并建设了一批县、乡（镇）科普画廊、宣传栏、科技活动室。

2000年，宁德地区（市）科协组织“树文明新风科普万里行”活动，各级学会、协会组织通过深入乡村、山寨、科普报告会、座谈会、实用技术讲座、培训班、大力宣传科学思想和科学方法，普及推广节水灌溉、良种包衣、坡改梯等农业实用技术。举行“百种录像片、千套挂图、百万册图书进万村”活动。

2001年，市科协开展校园科技节、科技宣传周、科普展板进校园等活动，通过科普讲座、科普影视、科普宣传、科技竞赛等形式，进行广泛的科普宣传。在校园科技周活动中，展出“崇尚科学知识、反对愚昧迷信”等科普图片9种120多幅，并邀请学生家长与子女一同参加科普展，提升青少年的科学素养。

2002年，《中华人民共和国科学技术普及法》颁布，宁德市各级科协组织紧密联系实际，开展“全国科普日”和科技宣传周等科普宣传活动，采用科普画廊和发放图片资料等形式，向广大人民群众宣传防灾、防病、防震、种植、养殖等方方面面的科学知识。

2003年，市科协每年举办的科技宣传周活动成为行之有效的科普形式，蕉城区科协联合区委宣传部等10个部门，深入社区开展科普宣传活动，主要有法律咨询、卫生宣传、农业结构调整图展及电影放映等，福鼎市科协开展科普进社区，利用群众喜闻乐见的科技灯谜、举办“太姥山百花剪纸”等形式进行科普宣传。

2004年，市各级科协组织通过开展科普节、科普宣传周、科普志愿者、农函大培训、科技报告会、科技竞赛等形式，开展丰富多彩的科普活动，全年全市各级科协共举办了568场科技讲座、展览、宣传活动，参加观众36万人次，参加社会建言献策和科技服务140多项，其中科技咨询117项，金桥工程获得省科协优秀项目奖。

2005年，市各级科协组织通过技术下乡、技术培训、科普报告会、科技咨询、成果转化、青少年科技竞赛等形式开展科普活动，共举办320多场科普讲座，参观人数近38万人次。举办科普展览320多场次，组织科技下乡210多次。加大各县科普画廊的建设宣传力度，全市建设标准科普画廊16座，全年出刊98期，版面长度980米。服务“三农”，帮助农民致富，组织专家进行农技、茶叶、食用菌等农村实用技术咨询，发放科技资料2000多份。利用科普挂图进行“以人为本，科学发展”为内容的科学知识宣传。开展全国科普日、科技宣传周活动。

二、农村科技普及

1993年，宁德地区各级科协组织学习贯彻中共中央、国务院《关于加强科学技术普及工作的若干意见》。把科普工作作为基层科协工作的基本任务，重点放在农村。加强宣传力度，巩固和发展科普网络。地、县科协与地、县委宣传部、科委等部门联合开展形式多样的科技文化下乡等科普宣传活动。采取举办科技宣传月、科技宣传周、科技知识竞赛等形式等开展科普宣传，每年形成惯例。在《闽东日报》开辟《科普天地》专栏。地区行署把办好农函大列入为当年为民办十件实事之一。宁德地区农机协会组织科技人员帮助地区茶机厂开展技术攻关，研制出了6CH-360型多功能名茶机与6CH-400型名茶滚筒杀青烘炒机，占有地盘小，轻巧好用，深受用户青睐。该厂被省农业厅定为名茶加工机械定点厂家。产品畅销内外，总产值110多万元，创历史最高水平。

1995年，地区科协组织编写《农村实用技术培训教材》，全书12万多字，印行20多万册，举办各种实用技术培训班1602期，受训人数共达7.4万人次，经济效益6000万元，社会总体效益1.8亿元。1993—1995年，农业函授大学闽东分校共招收学员18642名，设立专业22个，成为广大农民和农村青年获取科学知识的一个重要途径。

1996年，农函大第六届招收学员5300名，超额完成省定任务32.5%。设立专业22个，办学成绩突出，受省农函大总校和省科协的表彰。福安、福鼎等县市充分利用已建成的网络，归类招生，责任到村，支持当地支柱产业的发展，既方便群众又提高了授课率，保证了教学质量。

1997 年，地区科协确定农村科普为重点的工作方针，制定全区“九五”科普计划。大力发展科普网络，全区建立了 120 个乡镇科协、600 多个村级科普小组，各种专业技术研究会 67 个，科技示范户 5.8 万户。开展了较大规模“科技下乡”活动 6 次，大力培养乡村技术人才。农函大闽东分校超额完成了省下达的第七届招生任务，办学 6 年共培训 2.4 万人次。组织科技人员进村入户开展科普工作解决生产难题，提高农村劳动力的素质和脱贫致富的能力。

1998 年，市各级科协组织开展农村实用技术培训，培养乡村技术人才。全区举办各类技术培训班 933 期，受训人数达 8.1 万人次。加强以农函大为主要形式的农村科技培训工作，全区农函大招生完成 1815 名，顺利完成省、地下达的第八届招生任务。组队参加省农业科技知识竞赛获得优秀奖。从 1993 年到 1998 年年底，全区共建立 621 个村级科普小组，各种专业技术研究会 67 个，科技示范厂、场、村 340 个，科技示范户 6.1 万户，已基本形成以县科协为枢纽，县级学会为支柱，乡镇科协、农村专业技术研究会为基础的农村科普组织网络。共出科普宣传栏 6000 多期，印发各种科普资料 36 万份，举办各种科普讲座 1100 多场，放映科普录像 520 余场，组织科普车下乡宣传 150 多次。农函大 6 年共招生 2.65 万人。逐步建立 9 个县（市）农函大分校，123 个乡镇、街道办事处辅导站和 183 个村教学点，同时还建立 100 多个农村实用技术培训基地。

1999 年，地区科协农村科技服务工作的中心以农函大办学为重点，开展农村实用科技培训，先后召开科技副镇长会议和农函大校务会议，专题研究部署招生工作，并把农函大办学纳入地委组织部“321”培训进程中。霞浦组织“一师一项目一成果”活动，共申报项目 93 项，县农学会开展“水稻抛秧示范片”、马铃薯提纯与良种推广、“台湾嫩姜推广种植示范”等获得经济效益 380 万元。

2000 年，宁德市（地区）科协组织带动性强的科技项目下乡，重视宣传马克思主义唯物论，普及科学知识、科学思想、科学方法，破除封建迷信和陈规陋习，增强农民的科学意识。组织科技人员进村入户，通过举办技术培训班、现场示范和技术讲座等形式，普及推广高产高效技术。

2002 年，市科协组建科普志愿者队伍“宁德科普志愿者分团”，成员有 1000 人，成为市科普工作的中坚力量。市科协农村科普工作扎实开展，全年共邀请专业技术人员 600 余人，组织科技下乡 140 次，受益乡镇 68 个，受益农户 15000 多户。2000 多名学员接受了农函大教育。

2003 年，屏南县科协以“科技与农民”为主题，在 11 乡镇开展技术培训，共举办培训班 26 场次，发放各种宣传、实用技术材料 3000 多份。

2004 年，市各级科协立足“三农”，共组织 3167 次科技下乡活动，参加的专业培训人员 1900 多人次，活动范围涉及 99 各乡镇，收益农户达 26418 户。

2005 年，市科协在人、财、物上给予农函大多方支持，促进农函大招生培训工作的完成，并开始组织实施“一村一名大学生村干”培养计划，举办“乡村管理”专业大专班。在福安市首批录取 34 名学员，通过 2 年学习考试后，获得福建农林大学大专文凭。

三、青少年科普教育

1993 年，地区科协与教育局联合举办“中小学优秀科技辅导员夏令营”，组织各县（市）在青少年科技辅导工作上取得较好成绩的教师和干部 18 名，前往大连、秦皇岛开展科技夏令营活动。

1994年，在全省青少年科技工作理论研讨会上，宁德地区有3篇论文被评为优秀论文。地直各基础学科学会，精心组织和辅导青少年科普活动，当年在学科竞赛中，获省级表彰24人，其中一等奖4人、二等奖8人、三等奖12人。

1995年，为培养跨世纪人才，地区科协及有关学会与地区教育局、团地委以及有关部门配合，组织中小学校参加各种小发明、小星火计划、青少年生物百项活动、科普知识讲座活动、航模、计算机竞赛以及学科竞赛等。宁德地区物理学会组织学生参加全国初中物理竞赛，获全国一等奖1名、二等奖2名。

1997年，柘荣县东源中学建成中草药百草园、蛇标本室及蛇伤防治草药标本室；古田县举办“科技夜市”；屏南县建成400多平方米的“鸳鸯溪科技夏令营”活动基地；霞浦县、柘荣县建成海洋生物标本室；周宁县开展“爱科学月”活动。青少年“生物百项”科技活动在全区普遍开展，广泛组织学生参加活动，共申报项目25项。在科学竞赛中，获得省以上奖15名；参加全国数学集训队2名、获国际数学奥林匹金牌1名。地、县（市）科协拨出专款作为活动经费，专门编写30余部青少年实用科技教育活动资料供学习使用，并选派科技人员到各学校辅导授课。

1998年，全区组织参加省青少年科技传播系列活动。其中科幻作品获省一等奖1名、二等奖1名、三等奖2名、优秀奖1名，演讲比赛获省三等奖1名。组织学生参加“第四届福建省青少年发明创造作品和科技论文比赛”，获省发明创造三等奖3件，科学论文奖一等奖1篇、二等奖2篇。福安科协组织中小学生及青少年科技辅导员40人参加“青少年生物科技夏令营”。古田玉田中学陈彬同学的科学论文《银耳熏磺污染环境的实验与调查》获得全国金奖及高士其科普大奖。

1999年，为提高青少年科学素质，地区科协及有关学会与教育部门配合，组织全区中小学生参加“1999福建省中小学创造科技制作展”，申报项目25项，获省二、三等奖5项。

2000年，全市筹集一批青少年科技教育奖励资金，开展“大手拉小手，迎接新世纪”青少年科技传播活动。组织中小学生参加全国及省奥林匹克计算机竞赛和青少年创新方案设计比赛。

2001年，宁德市加强培养青少年科技辅导员工作，并通过开展“科技节”“大手拉小手”等多种形式的课外、校外科技教育活动，培养青少年科学素质和创新能力。积极参与省举办的“科学之路——北京科普夏令营”“第六届全国青少年生物和环境科学实践活动”和“‘大手拉小手’新世纪英才培育工程”。

2002年，市科协继续抓好青少年科普教育工作，全年组织27所中小学参加“第十七届福建省青少年科技创新大赛”活动，报送省参评作品43项，获省二等奖、三等奖5项、优秀活动奖2项。推荐12位学员参加中国科协举办的“科学之路——北京、上海科普夏令营”。

2003年，全市青少年科普教育开展以培养学生的创新精神和实践能力为主旨的活动，主要有“大手拉小手”“绿色家园——种之树”“科技传播活动”“科技创新大赛”等，培养青少年独立创新意识和动手能力。是年，全市荣获全国一等奖2项、三等奖1项，省二等奖26项、三等奖62项、优胜奖15项。

2004年，市、县（市、区）科协积极组织各活动基地多方筹集经费，加大青少年科技教育力度。组织学生参加市组织的“体验科学”和“科学英语”两场夏令营，并参加“第十九届福建省青少年科技创新大赛”，上报科技创新实践成果、科幻画等53项，获优秀项目作品二等奖2项、三等奖5项，科幻画作品二等奖2幅、三等奖3幅，优秀组织奖2项。

2005年，全市各级科协组织全市近90所中小学、3600多名学生围绕“探究身边科学”主题，开展各具特色的科学实验活动，并参加“第二十届福建省青少年科技创新大赛”，获省优秀项目作品一等奖 1 项、二等奖 4 项、三等奖 8 项。

四、学术交流与技术推广

1993 年，由中国农学会葡萄分会、福建省农业厅、福安市人民政府联合主办、福安市科协承办的第十二届全国葡萄学术研讨会在福安市召开，标志着宁德地区学术交流和科技成果迈上新台阶。

1994 年 11 月，古田县食用菌协会由于成绩突出，该会理事长、地区科协委员丁湖广被推荐参加在北京召开的全国农村科普工作暨农村专业技术协会经验交流会，并被评为全国农村科普先进工作者和农村专业技术协会优秀理事长，古田县食用菌协会被评为“全国先进农村专业技术协会”。

1995 年，学术交流活动与科技咨询相结合，开展多项技术咨询，更多面向厂、场、乡镇企业，为企业科技兴业搭建金桥。茶学会为茶场及广大茶农进行“茶树病虫害防治配方”咨询，园艺协会为果农作“生产调节剂使用”等技术咨询。

1997 年，全区各级科协和所属学会坚持不懈地开展多层次、多形式的学术活动。地直学会、协会、研究会举办学术报告会、交流会 105 场，3100 多人次参加，发表交流学术论文 1200 余篇。

1998 年，地区科协大力提倡开展科技与经济结合的学术交流活动。“闽东丘陵区阔叶树混交改造针叶纯林的研究”等 9 个项目被列为省林业厅科研、推广项目。6 个项目获得省、厅级科技进步奖。地直学会、协会、研究会共举办学术交流会、报告会 95 场，参加人数达 3300 人次，交流学术论文 1350 篇。地区科协选送优秀论文参加第四届福建省优秀论文奖评选，获得一等奖 1 篇，三等奖 2 篇。

1999 年，市科协继续加强学会管理，提高学术活动质量。实施“种子工程”建设，全区推广杂交水稻 170 万亩。开展多层次、多形式的学术活动，提高区内科技工作者的学术研究水平，地区医学会共举行讲座 30 次，参加人数 3500 人次，出席华东和全国会议 34 次，提交论文 58 篇。科协和所属团体坚持把科技与经济的有效结合作为学术活动重点，加快科技人才的培养，促进科技成果的转化。继续开展“一师一项目一成果”的活动，引导企业、乡村协作，发展特色经济，开展厂矿科协“讲理想、比贡献”活动，推动企业科技进步，并受地委、行署委托，承办全区科教成果展。

2000 年，地区（市）科协组织征集“第二届福建山区发展论坛”的论文，组织第五届福建省自然科学技术优秀论文评奖活动和“运盛青年科技奖”推荐工作。

2001 年，市科协召开第四届青年学术年会，围绕学科发展前沿问题、国家重大科技攻关项目、世界科技发展趋势等内容展开学术交流。

2002 年，市科协组织“院士八闽行”活动，推进科教兴市步伐。全市各级科协及其所属学会共举办学术会议 158 场次，参加交流的科技人员达 9500 人次，交流论文或学术报告 237 篇。

2004 年，市科协各学会、协会组织 1800 多人次参加各种学术研讨交流活动，共发表论文 310 多篇，其中参加全国性和华东地区学术交流论文 55 篇，共举办 120 期科普讲座，发放 1 万多册资料，推动科学技术转化为生产力。

2005 年，市科协就新形势下学会、协会如何开展工作进行了专题讨论。霞浦县科协紧紧围绕全县经济建设和社会发展实际，广泛开展学术活动，促进科技成果转化。县级各学会共举办学术交流活动 65 场，参与的科技人员 590 多人次。

1993—2007年，全年各级学会（协会、研究会）召开各种学术交流会达1300余场，参加人员23810人次，交流论文或专题报告6925篇。发放宣传资料130396多册（份），组织外出学习、参观、考察1100人，咨询人数13800多人，组织200多名科技工作者到农村进行农业、林业、卫生、食用菌、水电等服务。

五、实施“金桥工程”

1993年，宁德地区及各县（市）科协开始实施“金桥工程”，宣传贯彻“经济建设必须依靠科学技术，科学技术工作必须面向经济建设”的新时期科协工作方针。

1994年6月，地区科协在三届二次全委会上，对“金桥工程”活动专门做了动员和部署。据1995年统计，全区实施“金桥工程”项目20多项。1996年，在实施“金桥工程”中，寿宁县开展的“花卉栽培技术推广”、福安市开展的“巨峰葡萄栽培技术推广”都取得经济成效，成为农村脱贫致富奔小康的有效途径。

1997年，地区科协把“一师一项目一成果”活动与“金桥工程”结合起来。霞浦县科协组织参加的“一师一项目一成果”活动人数达1200多人次，取得科技成果122项，新增产值近2000万元，创利税1200万元，节支990万元。

1998年，全区“金桥工程”立项47个，上报省科协11个。霞浦县在开展“一师一项目一成果”和“金桥工程”活动项目中，获得县级科技进步成果奖一等奖12项、二等奖30项、三等奖54项。直接为经济建设服务的技术开发成果项目应用37项，新增产值2000多万元。1999年，全区“金桥工程”取得进一步成果，全年立项58项。

2001年，“金桥工程”已成为全市科协系统促进科技进步、技术创新和科技工作者服务经济建设的重要活动之一。2003年，市、县（市、区）科协组织所属农学会、食用菌学会、林学会、蔬菜协会等涉农学（协）会对2000年上报的“金桥工程”项目进行跟踪指导，发现问题及时组织力量攻关解决。屏南县科协在“金桥工程”反季节（大棚）蔬菜推广种植中，在品种选育、防虫避害、采收储藏等环节解决了菜农11项难点。古田县科协指导的“白毛木耳菌种及栽培技术”获得省“金桥工程”一等奖。

2004年，福安科协推广“黄观音优异乌龙茶树杂交品种推广”示范项目，寿宁县科协推广的“中华寿桃示范推广”分别获得省第四届“金桥工程”优秀项目二等奖和三等奖。

2005年，市科协在实施全市“金桥工程”活动中，突出重点、力求突破。福安市科协成功完成“电动悬架用电动制动器研究及产业化”“葡萄园立体套种综合利用示范推广工程”等4项“金桥工程”项目。寿宁县完成“秀珍菇高产栽培及病虫综合防治技术推广”“三元商品猪在寿宁推广养殖”等多项“金桥工程”农业项目。两县（市）8个项目上报省科协立项并被确定为重点项目。

第三节　组织建设

1993年，宁德地区各级科协组织坚持以邓小平建设有中国特色社会主义理论为指导，倡导“献身、创新、求实、协作”的科学精神，通过机关作风整建，改进机关作风，提高办事效率和为科技工作者服务的宗旨意识。

1997年，各级科协组织学习省委、省政府有关文件精神，自觉服从党和政府对科协工作的领导。与此同时，各县科协加强班子建设逐步实现年轻化，积极开展外向交流，增强组织整体效能。2001年，市科协组织部分科协常委和基层科协主席赴西北参观考察，与当地科协和科技界人士举行交流探讨，开阔视野，取长补短，颇有收益。

2002年，为充分发挥党和政府联系科技工作者的桥梁纽带作用，科协系统开展各种形式的建“科技工作者之家”活动。各级科协都把发挥这种桥梁纽带作用作为科协工作的基本任务，认真履行人民团体职责，努力反映科技工作者的意见，宣传、表彰优秀科技工作者的业绩和精神风貌，维护科技工作者的合法权益，积极参政议政。为了扩大科协的影响，使各级领导更了解科协，市科协从有限的办公经费中挤出一部分订阅《福建科技报》和《科学与文化》，分送给各级分管科协的领导和科协的常委们。为进一步改进机关思想作风和工作作风，切实转变科协职能，加强自身建设，优化投资软环境，为“三条战略通道”和第二层面的发展服务，7月，市科协制定机关效能建设实施方案，提出指导思想、思想建设、作风建设、制度建设的工作目标任务和工作步骤与方法，并成立领导小组。

2003年，特别是市科协一大召开后，为充分发挥党和政府联系科技工作者的桥梁纽带作用，科协系统开展各种形式的建“科技工作者之家”活动。为发挥老科技工作者发挥“银色人才”作用，搭建党和政府联系老科技工作者的桥梁和纽带，根据省老科协要求，市科协牵头筹备成立宁德市老科学技术工作者协会。各级科协组织每年都给科协委员和党政领导赠送《福建科技报》《科学与文化》等报刊。2003年还组织市县科技工作者和科协工作人员到广西、云南等地进行科技考察，促进感情沟通，增进凝聚力。县（市、区）科协主席有8个进入同级人大或政协常委会，8个县（市、区）科协办公条件得到改善，提高服务能力。为改善科协系统的办公条件，加大科普宣传工作，市科协2003年从省财政厅申请到补助款4万元。

2004—2005年，市科协各级组织重视科协内部的组织思想建设和科技创新工作。认真学习中央、省委、市委会议精神，按照省科协六届四次全委会议工作布置，市科协按期召开科协全委会、学（协）会秘书长会议、县（市、区）科协主席会议、市老科协成立会议等，市委常委会还专门听取科协有关工作的汇报，形成会议纪要，解决科协几项悬而未决的问题。市委副书记林多香、副市长陈兴生多次听取工作汇报并对科协具体工作给予有力支持与帮助。市科协坚持把学习“三个代表”重要思想和作为首要的政治任务强化贯彻落实，以增强对科学发展观和提高党的执政能力建设的新认识，把科学普及、科技创新作为科协的重要任务来抓。结合科协工作实际，充分发挥党和政府联系科技工作者的桥梁和纽带作用，开展科学技术普及，科技成果转化，促进科技人才成长，维护科技工作者合法权益和组织科技工作者为推动全市科技事业发展，促进社会主义物质文明、政治文明和精神文明做贡献。市和各县、区科协都制定了学习计划，加强组织领导，确保学习有实效。市科协机关坚持每周两个半天的学习制度，并保证时间、内容、人员三到位。各县（市、区）也坚持每周集中一定的时间进行学习并形成制度。通过学习，增强科技工作者的责任感、紧迫感和使命感，开创科协工作的新局面。

第五章　侨　联

第一节　组织机构

一、代表大会

1997 年 6 月 9—11 日，召开宁德地区侨联第四次代表大会，出席代表 112 人，大会选举产生地区侨联第四届委员会，选举主席 1 名，驻会副主席 1 名、兼职副主席 3 名、秘书长 1 名，委员 37 人、常委 14 人。

2001 年 11 月，召开宁德市归国华侨联合会第一次代表大会，出席代表 87 人，大会选举产生第一届委员会，设主席 1 人、专职副主席 1 人、兼职副主席 3 人、秘书长 1 人，委员 36 人、常委 14 人。

二、地区（市）侨联

1993 年，宁德地区归国华侨联合会（简称侨联）机关内设办公室，行政编制 3 名。实行团体会员制。

2000 年 11 月，改称宁德市归国华侨联合会，机关内设办公室，有工作人员 5 名。

2005 年，确定宁德市归国华侨联合会为正处级单位，设处级领导 1 名、科级领导 1 名。指导 9 个县（市、区）侨联，19 个乡镇侨联和 142 个村级侨联小组开展工作。有青年委员会、闽南侨乡联谊会、法律顾问委员会、越柬老归侨联谊会、留学生及其亲属联谊会 5 个团体会员。

第二节　职能履行

一、为经济发展服务

（一）引智引资

1993—1995 年，地区侨联参与引进外资，在东湖塘华侨农场兴办了占地面积 400 亩、投资

4000 万元的南洋工业开发区和投资 1000 多万元的东湖商贸区。1996—1997 年，引进 10 家侨资企业，合同外资 1530.8 万美元。

1998—1999 年，协助地委、行署做好“1999 中国·闽东古田招商会”和福州招商会的对外联接待、宣传工作。引进归侨投资 3000 万元进行旧城改造。

2000—2001 年，福安市侨联派员专程赴美庆贺美国福安旅美留学人员联谊会成立，为引资引智打下基础。先后引进美中工商联合会张子霖、张子旭到宁德考察，促其与福鼎市有关部门签订旧城改造项目。帮助客商在宁德投资环保项目。引进客商在古田投资办厂。

2002—2005 年，市侨联引进澳大利亚客商林盛育到福鼎投资兴建太姥山旅游度假区，引导生辉表业、丰胜蔬果、中进海味增资 2000 多万元扩大企业规模。协助市政府邀请来自美国、马来西亚、意大利、新加坡、泰国、南非等 13 个国家的海外侨胞回乡参加在古田举办的陈靖姑文化旅游节。协助市委、市政府在福州西湖大酒店举办国际天然药物高新技术产业化高峰论坛，邀请新西兰、韩国等 29 个国家和中国台湾地区的专家学者献计献策，推动了宁德市食用菌产业走向世界；先后邀请新西兰皇家科学院首席科学家高益槐教授在宁德和古田举办生物学术报告会；邀请旅美博士余佩华在蕉城区讲解茶叶方面的专业知识；邀请美中友好协会副会长、美国桥港大学终身教授吴卫平博士在福安作“中国的崛起与中美关系”讲座；邀请旅美博士、美国国家实验室研究员郑力夫妇到福安分别作“环境与资源”“人才培养与可持续发展”讲座。此外，还利用每年招商活动邀请有实力、有影响的侨商参加大会。引进新西兰皇家科学院首席科学家高益槐教授在宁德投资 2000 多万美元，成立安发益槐福建生物科技有限公司；引进客商在宁德投资 3000 多万元，成立泰华燃气有限公司；协助美籍华人吴新榕在宁德漳湾盛隆码头投资 1.8 亿元，建设 3 万吨杂货码头。引进匈牙利福建同乡会副会长黄聿辉在古田吉港纸厂投资 500 万美元，进行技术改造；促成加拿大华洋有限公司在古田投资 126 万美元兴办实业；引进侨胞在屏南县投资 360 万元捐建兴屏中学；引进客商在霞浦投资 200 多万美元成立服装、装饰有限公司；引进美国蓝湖集团董事长刘郑美在宁德洋中镇投资 1000 多万元开发无机茶和无机农副产品加工基地；促成福建德立水电公司董事长郭守清再次在宁德投资 1000 多万元兴办德源自来水公司等。

（二）服务侨企

1993—1995 年，地区侨联，霞浦、福安侨联始终把服务侨企作为工作重点，从谈判签约、办理手续，到开工生产、产品销售，处处为他们排忧解难。地区侨联派专人对引进的京都商贸区大酒店建设进行跟踪服务，为侨企办理各种手续，从地质勘探、图纸设计到工程预算，帮助解决具体问题。

1996—1997 年，地区侨联确定生辉表业、华联石材、京都大酒店、永葆房地产、澳尼斯电器等 10 家外资企业作为重点跟踪服务对象。屏南县侨联做好许美升教学楼建设跟踪服务。霞浦县侨联着重对马威尔时装特艺有限公司从考察、立项、购置厂房、装修试产全程跟踪服务。

1998—1999 年，地区侨联组织人员开展走访侨企活动，帮助企业排忧解难。福安市侨联深入福安电子有限公司、群益房地产开发公司了解企业生产情况，做好有关协调工作，确保企业正常运行。2000—2001 年，深入企业召开“侨企心连心”座谈会，建立走访制度。

2002—2005 年，市侨联帮助侨企生辉表业公司理顺各种关系，使该企业经省科技厅审核评定，精密机械双历自动表机芯研制开发列入福建省重点高新科技项目。各地侨联组织还深入侨资企业，及时把《中华人民共和国归侨侨眷权益保护法》及其《实施办法》和《福建省保护华侨投资权益若干规定》精神贯彻到侨资企业中去。通过召开座谈会，走访侨资企业等形式听取意见，通过呈阅件、政协提案等形式反映情况，通过筛选上报重点侨资企业与市县（区）领导挂钩等形式，维护侨资企业合法权益。协调解决侨资企业古田颜玉路桥公司收费延期、德力水电征地、闽东泰华燃气有限公司码头使用纠纷、宁德盛隆公司码头土地征用纠纷、安发公司建设受阻、蓝湖集团厂房用地等问题，维护侨资企业的合法权益，获得海外投资者的好评。

二、发动侨捐

1993—1995年，通过地区侨联牵线，全区接受捐赠1700多万元人民币，用于举办公益事业和教育事业。使用侨捐建成屏南华侨中学图书馆、光华小学教育大楼、古田玉田中学礼堂，九都中学四座大楼和多间乡村小学。1996—2001年，配合省侨联设立林水金助学金，帮助周宁、寿宁适龄失学儿童15名，每人每年500元。引导捐资兴建兰田、碗窑两所希望小学并创立宁德民族教育基金会；还有侨胞捐助38.8万元修建穆云留洋中心小学教学楼。

2002—2005年，海外侨胞捐资办学共捐建5所小学，设立助学基金2个。联合关工委等6家单位开展英才助学活动，邀请海外专家学者20多人积极参与，争取海内外资金20多万元，资助60多名品学兼优的贫困大学生；引导华侨创立了“李诗严、苏玉兰”奖教奖学金，资助“路下芳院”小学3名孤儿；引导海外捐资360万元，兴建13所中小学及教学楼，资助特困大中小学生65人；引导美籍华人捐建“快乐儿童之家”福利院；引导西班牙福建同乡会乡亲捐资24.6万元资助“桑美”台风受灾户。引导侨胞捐资500多万元建设蕉城、洋中、溪富、八都、兰田、屏南路下等21所爱心小学和希望小学。

三、维护侨益

（一）宣传侨法

1993—1995年，宁德地区侨联配合人大工委、经委、统战、侨办等有关部门以各种方式共同开展《中华人民共和国归侨侨眷权益保护法》和《中华人民共和国归侨侨眷权益保护法实施办法》等法规学习宣传贯彻活动。借纪念《中华人民共和国归侨侨眷权益保护法》颁布实施5周年之机，召开各种类型的座谈会。1996—2001年，积极通过广播、电视、印刷宣传品大力宣传侨法，结合对《福建省保护华侨投资权益若干规定》的宣传，依法维护侨资企业在宁德的合法权益。

2002—2005年，组织侨务干部认真学习领会“中国侨联”关于开展维护侨益年的活动的决定，明确维护侨益的工作重点，组织归侨侨眷学习《中华人民共和国归侨侨眷权益保护法》和《实施办法》，积极配合人大侨委、政协台港澳侨委员会，侨办等单位举办“侨法宣传月”活动，充分利用广播、电视、发放《侨务政策汇编》等广为宣传。此外，还组织广大归侨侨眷学习归侨侨眷权益保护法和实施办法。采取召开座谈会、现场咨询，下基层宣讲等多种形式广泛开展普及侨法活动。增强广大归侨侨眷依法维护自身权益的意识。通过召开纪念“12·4”全国法制宣传日座谈会，发放由省人大常委会统一印制的《侨务法律法规》，向基层侨联、市侨联团体会员、归侨侨眷宣讲侨法，营造依法护侨的良好氛围。

（二）依法护侨

1993—1995年，侵犯侨益的案件时有发生，古田、屏南侨联帮助理顺侨眷王顺月、王顺留侨墓，霞浦、蕉城、寿宁侨联帮助理顺归侨侨眷吴明知、林克由、江茂干侨房拆迁，东湖塘农场侨联深入现场，帮助理顺周边村庄侵占农场场界土地纠纷。1996—1997年，地区侨联协同地区人大工委、行署侨办切实解决海外“三胞”及国内眷属所提出的问题，为他们解难60人次，协助办理出国探亲访友、定居16人次，帮助落实归侨退休职工增发生活补贴费2人次。1998—1999年，霞浦县侨联热情为20多位归侨、侨眷、新移民提供有关出境政策咨询，协助办理有关公证及境外探亲手续，帮助侨属叶翠英解决房产纠纷，全区侨联在维护归侨、侨眷合法权益方面，协助有关部门妥善处理侵侨案件12起，协助办理赴海外探亲、定居、出国考察125人次，协助落实归侨离退休职工增加生产补贴10人。

2000—2001年，市侨联帮助侨企奥尼斯电器公司侵权案件理顺关系，帮助侨企金屏林业有限公司处理林木盗伐和森林火灾问题，帮助侨资兴铁合金有公司解决停电停水、东信鞋业解决退税，解决侨胞黄宜秀40年久拖未办的祖厝赔偿等问题。帮助侨企德立水电、宝洋围垦、三都兰葆围垦以呈阅件或政协提案解决有关问题。

2002—2005年，市侨联帮助侨眷蔡鸾英解决退休金被扣，贫困侨魏宜德房屋通道被侵占，华侨江德兴祖籍地被占等问题。其间，成立宁德市侨联法律顾问委员会，为归侨侨眷和海外侨胞提供法律咨询服务。侨联在协助解决魏宜德祖厝被占多年的涉侨案例，充分运用法律手段，维护侨眷权益，历经8年，在省、市、县三级侨务部门的呼吁下，最终获得胜诉，被国侨办干校作为授课的解读案例。东湖塘华侨农场安置归侨生产的耕地在东侨开发区的建设中被大面积征用，由于存在青苗赔偿、职工安置的问题、造成职工不断集体上访，市侨联认真做好农场归侨职工的思想工作，实地考察华侨新村建设工地，要求开发区领导要认真落实市政府办公会议精神，想方设法解决好归侨职工的生活和就业问题。使东湖塘华侨农场归侨安置成为全国解决最好的案例之一。先后帮助解决8人侨眷祖厝被占、房产纠纷等问题。

（三）慰问解困

1993—1995年，圣诞节和新年期间，地区侨联向海外闽籍群众团体和重点侨胞寄赠贺年卡。1996—2001年，在“两节”期间开展慰问贫困侨活动，帮助1949年从缅甸归国的老归侨申请生活补助，帮助东湖塘归侨下岗职工申请生活补助金，帮助退休职工陈中芦申请每月60元生活补助金。帮助日本归侨寻回探亲时遗失的内装300多万日元和相关证件的密码箱。帮助解决赤岭村“行路难”问题，资助考上大专院校贫困子女3人，每人每年3000元。

2002—2005年，市侨联继续开展送温暖、献爱心活动，做到经常化、制度化。逢年过节，省、市、县（区）侨联深入华侨农场、社区、山村，慰问贫困归侨侨眷，帮助他们解决生产、生活上的困难。在圣诞节和春节期间向海外华侨社团和归侨侨眷寄去贺卡。邀请致公党省委会在东湖塘华侨农场开展义诊活动，为贫困归侨送医送药，受到了归侨侨眷的普遍赞誉。古田县侨联对现有的20户归侨特困户每月发给50元生活补助费，争取财政专项资金每人每月补助50元。屏南县侨联对18户归侨特困户每月除补助50元外还增加财政专款补助70元。

四、联络联谊

（一）接待

1993—1995年，地区侨联先后接待马来西亚房屋暨地方政府部长陈祖排博士，美国华侨总商会会长冯近凡博士及马来西亚砂罗越美里福州公会观光考察团、诗巫林氏公会中国访问团、榕联青代表团等团组。1996—1999年间，接待海外侨胞1000多人。

2000—2001年，加强与海外100多位重点人士和70多个社团联系，先后接待陈祖排、林源水、陈志诚、刘贤镇、钱本统、张尧基、张尧雄等率领的经贸考察团。2002—2005年，先后接待林元茂、游方良、林华兴、黄祖星、吴卫乐、郑力、方征宇、王春斗、黄忠义、诸克峰等人率领的经贸考察团。市侨联还充分发挥“两个平台”和“两大资源”的优势，在巩固东南亚的同时，积极拓展欧、美、澳联谊活动。先后接待了40多个国家和地区的200多批海外华人团组。重点接待中国留德学者、计算机学会主席周盛宗博士率领的全欧华人专业协会访闽团；马来西亚中华大会堂总会长林玉唐率领的闽南籍企业家考察团；美国华人社团联合总会主席、美国华人总商会主席陈清泉率领的经贸考察团；世界福州十邑同乡总会会长张仕国、常务副会长刘贤威率领的经贸巡访团，西班牙华侨华人协会主席叶玉兰率领的经贸考察团；马来西亚原地方和住房部部长、巴生港务局主席陈祖排率领的访亲考察团，共接待重要侨领达80多人。

（二）联谊

1993年，地区侨联开展海外联谊活动活跃。2月，马来西亚房屋暨地方政府部长陈祖排博士应邀回到闽东考察。7月，美籍华人、美国工商总会会长冯近凡回到阔别40年的闽东考察。5月，地委书记陈增光率侨联、侨办领导赴马来西亚考察，侨联参与引进15个项目、合同外资近1700万美元，接受捐赠700多万元人民币用于举办公益事业和教育事业。1994年10月下旬，世界福州十邑第三届大会在福州召开，海外乡亲纷纷返乡观光考察，颜清文等10位著名侨领考察家乡的投资环境，侨联参与引进项目6个，合同外资1500万余元。

1995年，侨联领导先后出访马来西亚、新加坡、美国等地，带回了一些侨情资料，也带回了一些公益教育事业捐款。全区共接待来访“三胞”近3000人次。参与引进侨资项目5个，合同外资1200万余元。

1998年，地区侨联主席应邀出访马来西亚，参加砂罗越古田公会70周年庆典活动。侨联领导先后出访马来西亚、新加坡、美国、加拿大等地。地区侨联还组织庆贺团赴北京参加九届世界福州十邑同乡大会。参与引进张敏儒家族捐资100万元建设屏南县华侨中学教学楼。1999年，古田、屏南两县充分利用侨乡独特优势，开展对外联谊活动。古田侨联主席陪同县委书记组团访问新马泰的古田乡亲。抓住中华人民共和国成立50周年和澳门回归契机，积极开展“爱祖国、爱家乡，为家乡建设作贡献”的宣传活动。

2000—2005年，市侨联推动成立美国福安旅美留学人员联谊会。市、县（区、市）侨联领导人先后出访澳大利亚、马来西亚、印度尼西亚、印度和部分欧洲国家，拜访了旅居当地的福建同乡会。

五、对外宣传

1993年，地区侨联配合人大、统战、侨办等有关部门以各种方式共同开展《归侨侨眷权益保护法》及其《实施办法》和《福建省保护华侨投资权益若干规定》宣传贯彻活动，在《闽东乡讯》《玉田乡音》《松涛》等刊物登载宣传文章，全年出刊累计4万份。11月，全区3家乡讯获得全省乡讯总结表彰大会的表彰奖励，其中《松涛》乡讯获一等奖。1994年5月，《鸳鸯溪》（后改《白水洋》）创刊。1995年，古田《玉田乡音》由季刊改为双月刊，霞浦的《松涛》由双月刊改为月刊，全区4家乡讯全年累计出刊5万多份，全部寄赠海外侨胞。1997年，《福安乡音》创刊。

霞浦《松涛》乡讯社被省对外宣传小组评为对外宣传先进单位。

2000年5月,《闽东乡讯》经省外宣办和省新闻出版局批准，更名为《闽东侨乡报》，在撤地设市期间正式出刊发行。全区5家侨刊乡讯一年对外发行几十万份。

2002—2005年,《闽东侨乡报》《松涛》《玉田乡音》《福安乡音》《白水洋》5家报刊乡讯，积极宣传宁德政治、经济、文化建设的成就，宣传家乡的风土人情、宣传海外同胞、归侨侨眷先进事迹和各种联谊活动。霞浦县的《松涛》乡讯富有特色，多次受到省新闻出版局的表扬，被评为一类报刊。各级侨联促成古田县玉田中学与砂罗越古田公会开展“学生交流计划”，与马来西亚国立中学结为“姐妹校”，成功组织两校互派留学生。协助颜清文选拔了吉巷乡梧山、昆山2所小学7名优秀的应届毕业生前往“昆明五杰国家学校”就读。协助中国侨联组织世界小学生华文作文比赛活动，选送了100多篇作文，有20多篇获奖。每年都开展侨界中秋网上赋诗联谊活动，近20个国家和地区的侨友参与，几百人在网上发表了诗歌、散文、对联、谜语等作品，引起媒体的广泛关注。新浪网、美国《侨报》、中华信息网等海内外网站媒体都作了报道。

第三节 组织建设

一、理论学习

1993—1995年，地区侨联组织委员学习邓小平南方谈话和中共十四届三中、四中、五中全会精神、《邓小平文选》(第三卷)；学习市委工作会议和省侨务工作会议精神；学习孔繁森和侨界“十杰十佳”事迹。1996—1997年，组织委员学习中共十五大精神，开展爱国主义和社会主义教育和学习贯彻省第六次侨代会精神。1998—1999年，组织委员学习邓小平关于新时期侨务工作的理论和省侨联六届三次常委扩大会精神，在机关开展以党性党风建设为重点的“三讲”教育和机关作风建设，揭批邪教的歪理邪说，抨击李登辉的“两国论”，组织侨界人士开展“庆50周年国庆，迎澳门回归”系列活动。2000—2001年，通过“三讲”教育，树立侨务干部“了解侨情、理解侨心、维护侨益、发挥侨力”的观念，学习邓小平侨务理论和“三个代表”重要思想，学习贯彻中共十五届五中、六中全会和省委六届十二次全会精神。

2002—2005年，组织委员学习邓小平理论、中共中央总书记江泽民“七一”讲话、中共十六大精神、《反分裂国家法》、中共十六届四中全会精神。

二、干部培训

1993—1997年，地区侨联选派干部参加中国侨联举办的干部培训班，参加地、县党校学习《邓小平文选》研讨班、学习班。1998—1999年，组织参加省侨联成立四十周年庆祝活动，在侨务实践活动中提高干部工作能力。2000—2001年，组织侨联干部参加“WTO”(世界贸易组织)培训班。2002—2005年，共选送16人次到中央、省、市、县党校等培训学习。开展“结对子”活动，开展互学互帮活动，提升侨联干部的整体素质和工作能力。

三、基层组织和机关作风建设

1993 年 11 月下旬，福安市和屏南县侨联进行换届改选，产生新的侨联委员会领导班子，古田县也及时增补侨联专职主席。1994 年，地区侨联加大机关建设力度，开展干部考核和民主评议党员活动，参加地委部署的机关作风整顿，制定侨联学习制度、廉政制度和工作守则。当年召开侨联三届五次全委会议，新当选的地区、古田县和福安市侨联主席出席全国第五次侨代会。寿宁、周宁、宁德、霞浦县 4 个县（市）分别召开侨代会，进行换届选举，一些优秀的中青年侨眷干部进入新的侨联委员会。福安市和寿宁县分别选拔一位侨眷女干部任侨联副主席。1996 年，宁德各级侨联做好地区侨联机关的机构改革工作，古田、福鼎进行换届选举。1997 年 6 月，地区侨联完成换届工作。1999 年，地区侨联协助县（市）做好侨联组织的班子调整及换届工作。1 月福安市侨联进行换届选举，4 月古田县侨联进行换届选举，12 月成立东湖塘华侨农场侨联。

2000—2001 年，市侨联领导深入古田、屏南、周宁 3 县开展加强侨联基层组织建设专题调研，提出把古田县大桥镇及屏南县陆地村分别作为县、(乡）镇、村三级侨联基层组织建设的试点。全市新建乡镇侨联 13 个，充实调整 5 个，建立村级侨联组织 129 个。2001 年 12 月，宁德市侨联完成换届工作。

2002—2005 年，市侨联先后指导古田县、屏南县、周宁县、福鼎县侨联换届，周宁县侨联解决了编制的问题。全市初步形成市、县、乡（镇）、村侨联组织网络。

第六章　台　联

第一节　组织机构

一、代表大会

1993 年 9 月，召开宁德地区台湾同胞第四次代表大会，出席大会正式代表 72 人，会议选举产生宁德地区台湾同胞联谊会第四届理事会理事 12 人，常务理事 7 人，会长 1 人，副会长（兼职）1 人。

二、市（地区）联谊会

1993 年，宁德地区台湾同胞联谊会（简称宁德地区台联）。机关内设办公室，编制 3 名（行政编制 2 名，机关事业编制 1 名），处级领导职数 1 名，科级领导职数 1 名。

2000 年 11 月，更名为宁德市台湾同胞联谊会（简称宁德市台联）。2005 年，宁德市台湾同胞联谊会机构改革，机构人员不变。

第二节　职能履行

一、帮扶台胞

1993—1994 年，根据省政府《关于解决好我省台湾省籍同胞贫困户问题的通知》，地区台联配合各县（市）统战部深入全区各乡（镇）村，调查台胞中贫困户情况。调查显示，全区 80 户、142 名台胞中，有贫困户 4 户 6 人。主要原因是年老多病丧失劳动力，或缺乏资金无法发展生产。地、县（市）台联多次深入福安、古田、福鼎等县（市）与当地有关部门协商解决办法。古田、福安台胞贫困户得到民政部门每月 100 元和 70 元的定期生活补助。1999 年，地区和古田县台联，发现古田县高山族台胞谢义概兄弟 3 人下岗待业生活困难，地区台联想方设法给予扶持，帮助安排就业。2003 年，市、县（市、区）台联对全市在校台籍大学生情况进行调查造册，跟踪了解他们毕业后就业及工作情况。2004 年，市台联通过县（市、区）台联理事对回宁德定居的台胞生产、生活、就学情况展开调查了解，对有困难的台胞帮助他们解决问题。2005 年，市、县两级台联先后接待到宁德探亲访友台胞 16 批、120 多人，协助区内 25 户、67 位台胞及其家属赴台探亲或定居。

二、服务台商台企

1993 年，地区台联先后接待到闽东进行经贸活动的台湾基隆渔业公会、桃园云林农贸考察团、台湾立洲工程顾问、旅阳船业有限公司等 10 多家企业。至 1998 年年底配合有关部门签订近 10 项合作协议。2000—2005 年，协助有关部门引进 66 家台资企业落户宁德，总投资额 2.32 亿元，其中合同外资额 3478 万美元。其间，配合开展《中华人民共和国台胞投资保护法》执法检查，及时向有关部门反映、解决台商、台资企业生产、生活中的问题。

三、交流交往

1993 年后，地区与县（市）台联向台胞、台属宣传“和平统一、一国两制”方针政策和大陆改革开放后的大好形势，宣传台胞在大陆探亲、旅游、定居和办厂兴业的情况。至 1998 年年底，地、县（市）两级台联邀请接待台湾客人 50 多批、400 多人次，并与他们保持联系。

2000 年 5 月后，一些在宁德投资兴业的台商有顾虑，台胞到宁德探亲旅游的也明显减少。各级台联干部深入台企做宣传稳定工作，帮助他们解除忧虑。台联干部还发动区内台属向在台亲属挂电话、发信函宣传大陆安定稳定的形势，邀请他们放心到宁德探亲旅游。

2003 年，市、县（区、市）台联发动宁德市内台胞开展“三个一”（写一封信、打一个电话、寄一张贺卡）活动，通过乡情、亲情，联络两岸同胞感情，并加强与在宁德台商、台胞、台属的联谊，及时了解他们的心态和想法，以解疑释惑、增进信任和友谊。

2005 年，市台联加强市内赴台探亲归来人员的回访工作，及时了解双方人员情况，有针对性地做好联谊工作。宣传表彰赴台人员中表现出良好的自尊、自爱、自强、自立的精神，遵纪守法、维护两岸和平发展关系以及积极宣传大陆改革开放、社会主义现代化建设成就、积极开展两岸联系交往工作的好人好事。至 2005 年，市台联先后邀请台湾地区行政管理机构永续发展委员会委员陈士章、台湾地区行政管理机构工程会顾问萧英志、台湾地区立法机构党团主任陈恩泽、世界台商总会秘书长张永裕、中华海峡两岸交流促进会常务理事林金泉等岛内外一批知名人士到访、参会。

第三节　自身建设

1993 年，地区台联换届后采取岗位培训、学历教育、集中培训等形式，提高台联干部整体素质，共推荐 3 批 12 名区内青年对台工作干部到各级党校、社会主义学院培训学习，提高对台工作理论水平和业务能力。1993—1998 年，为抓好台籍中青年干部的培养教育，先后推荐 10 多位中青年台胞参加中共中央党校、省委党校和省社会主义学院举办的台籍中青年干部培训班学习。1996—1998年，地区台联协助组织部门做好培养、选拔优秀中青年对台工作干部和台籍党员代表推荐工作，经省、市两级台籍党员代表会选举，有1位台胞出席全国和福建省台籍党员代表会议。

1999年，在机关整建中，结合“三讲”教育，加强台联机关的自身建设。

2000年，结合宁德市委机关作风整建方案，提高工作效率，爱岗敬业，立足岗位，干好本职工作，积极为台胞提供服务。同年，在政协宁德市一届一次代表大会上，有4名台联和台籍干部当选为委员。

2001年，随着宁德撤地设市，对台交往密切，宁台交流领域拓展，对台工作干部的素质亟需培养，市台联协助党委组织部门，做好培养、推荐、选拔优秀中青年台胞干部工作，配合市委组织部做好台籍党员代表推荐工作。

2002年，为了加强对第二代青年台胞的培养、教育，市台联积极配合省台联做好在校考生的摸底服务工作，全市有4名台籍考生被高校录取。在提高台胞文化素养的同时更加关心台胞在政治上的成长，积极配合宁德市委统战部做好台籍党员代表推荐工作，有1名台胞代表出席全国和福建省台籍党员代表会议，以及推荐台胞出席全国台联第七次代表大会及全国人大协商会议。

2004年，以“三个代表”重要思想统领台联工作，把贯彻落实“寄希望于台湾人民”的工作方针，作为对台工作的立足点。

2005年，全市台胞中有1人当选为省政协委员，2人当选市政协委员，2人当选县（市）政协委员。

第七章　工商联

第一节　组织机构

一、地区办事处

1993 年，福建省工商联在宁德地区设有办事处，为省工商联派出机构，有驻会干部 7 名。1995 年 3 月 15 日，成立宁德地区光彩事业推动委员会，旨在组织和推动民营企业家投身以扶贫开发为主要内容的光彩事业。

1997 年 12 月，在宁德地委统战部和福建省工商联宁德地区办事处的指导下，成立由 52 名理事组成的宁德地区总商会。2000 年 6 月，成立宁德地区民营企业权益维护中心。2001 年 4 月，成立宁德市民营企业教育培训中心。2001 年 12 月 20 日，福建省工商业联合会宁德地区办事处撤销，组建宁德市工商业联合会（总商会）。

二、代表大会与市工商联

2001 年 12 月 20 日，召开宁德市工商联（总商会）第一次会员代表大会，与会代表 130 人。其中，非公有制经济代表人士 102 名，女代表 9 名。平均年龄 44 岁，大专以上文化程度 44 名。中共宁德市委、民盟宁德市工委、宁德市总工会等领导到会致贺词。大会听取《面向新世纪，争创新业绩，为实现全市工商联工作的新跨越而努力奋斗》的工作报告。大会选举产生由 61 人组成的第一届执行委员会，设会长 1 人、副会长 7 人（专职 1 人）、秘书长 1 人（专职）。

三、基层组织

1993 年年初，宁德地区 9 县（市）的工商联执行委员有 230 人、专职干部 33 人。全区的团体、企业、个人会员计 3689 个，其中新会员 1098 个、非公有制经济会员实体 442 个。共建立乡镇商会、同业公会、女会员联谊会 7 个。1999 年，组织发展工作取得较大的突破，全区工商联共发展团体会员 1 个、企业会员 169 个、个人会员 763 人。全区工商联的会员总数达到 7805 个。

2003 年 9 月，成立宁德市级第一个异地商会——宁德市上海商会。同年，成立市工商联直属商会。2004 年，成立厦门宁德商会。2005 年，成立宁德市北京商会、三明闽东商会、乌鲁木齐闽东商会。至年底，市、县两级工商联共有会员10289个，其中企业会员5297个、团体会员96个、个人会员4896人。9个县（市、区）工商联下辖基层组织98个，其中乡镇（街道）商会41个、异地商会20个、同业（行业）商会33个、联谊会4个。

第二节 职能履行

一、学习宣传

1993—2003年，宁德市（地区）工商联组织围绕经济建设中心开展各项活动。组织会员学习中共十四大、十五大、十六大精神，“三个代表”重要思想和科学发展观，学习党对非公有制经济的方针政策和相关法律法规。充分运用会议、简报、报纸等多种形式，大力开展宣传活动。及时对非公有制经济人士进行“爱国、敬业、诚信、守法”教育，主动加强与非公有制经济代表人士的联系，关心他们的生产和生活，表彰和宣传他们的先进典型事迹，听取和反映他们的意见和要求，维护他们的合法权益。2004年4月，与宁德市总工会等部门共同组织开展“创学习型组织，争做知识型职工”活动，引导民营企业家加强企业文化建设，提高企业整体素质。2005年，宁德市民营企业权益维护中心大力开展宣传《福建省个体工商户和私营企业权益保护条例》，及时受理民营企业的投诉，协调有关部门依法予以调查处理。

二、协商议政、民主监督

1993年，宁德地县（市）工商联组织积极开展调研、广泛收集民营企业家等方面的意见、建议和要求，为党委、政府决策提供参考。1994年，省工商联宁德地区办事处向地委、行署报送《关于我区非公有制经济发展情况的调研报告》。1995年，重点就民营经济和基层商会建设问题开展调研，写出1份参阅件和2份调查报告送给地委、行署领导。行署领导在《目前部分基层税务征管人员的工作态度和作风亟待改变》的参阅件上作批示，要求有关部门对反映的问题核实并整改。1996年，省工商联宁德地区办事处与地委统战部联合召开全区民营企业家代表座谈会，会后以《目前我区民营经济人士的主要反映》为题向地委、行署领导报送呈阅件。1997年，办事处向地委、行署提出在全区各县（市）停止收取私营企业管理费的建议，得到领导的重视，此问题很快得到妥善解决。1998年，省工商联宁德地区办事处先后向地委、行署提交《关于加快发展我区个体私营经济的几点建议》和《关于表彰民营企业应经工商联推荐的建议》的呈阅件，均受到领导的重视。当年，福鼎市工商联深入白琳玄武岩矿山调研后，向市委、市政府提出的整顿矿山生产管理的5条建议被采纳，推动该市石材业的健康发展。福安市工商联为市政府代拟《福安市鼓励民营企业发展的若干暂行规定》。1999年，省工商联宁德地区办事处向地委、行署呈报《关于要求成立民营企业权益维护中心的请示》，很快经行署办公会议研究同意成立。全区工商联还参加地、县（市）委工作会议报告稿的修改，参与当地一些重大问题的协商，一些领导应邀担任特邀监察员，参加行风评议等活动，积极提出建议意见。

2000年，区内工商联界的省人大代表和政协委员联合在“两会”期间提出出台《福建省保障民营企业健康发展条例》的建议。10月，《福建省个体工商户和私营企业权益保护条例（草案）》

（以下简称《条例》）公布后，又组织全区工商联和非公有经济代表人士座谈，对《条例》提出修改意见。11月，在政协宁德市第一届第一次会议上，省工商联宁德市办事处提交了《关于把民营经济软环境建设列入我市软环境建设重点的建议》和《关于成立宁德市民营企业教育培训中心的建议》。

2001年，省工商联宁德市办事处和部分县（市、区）工商联先后参与市内关于加快发展民营经济的政策研究和增强全市经济发展后劲、提高为人民服务质量、培育新的财政增长点的重点课题调研，并提交《工商联参与非公有制经济组织党建工作情况调研报告》和《关于增强我市民营经济发展后劲的调研报告》。

2002年，市工商联承担市委重点调研课题——“关于推进公有制经济发展的研究”，深入9个县（市、区）召开10场座谈会，到30多家民营企业调研，发放300多份调查问卷，历经3个多月完成《关于推进非公有制经济“二次创业”的调研报告》，并被市委评为调研成果一等奖。调研成果被市委的《宁德市构建三条战略通道，加快第二层面发展研究报告》和新制订出台的有关鼓励民营经济发展的政策所采纳，被省委政研室和省委统战部作为省重点调研文稿予以刊发。是年，开展全市驻外商会和基层商会情况的调查摸底，并配合全国工商联和省工商联开展民营企业情况的抽样调查。

2003年，市工商联在市政协一届四次全体会议上作《按照党的十六大要求，继续推进非公有制经济稳步发展》的书面发言，并向大会提交《关于进一步提高政府部门工作效能，切实维护民营企业合法权益》的团体提案。当年，市工商联还随同省工商联到蕉城、福安、屏南等县（市、区）考察调研水产养殖、船舶修造、电机电器行业生产发展情况。

2004年，由省委统战部、省工商联联合推动的扶贫帮扶试点工作在福安、霞浦两县（市）启动，共投入资金70多万元，帮扶241户农户、578人，市工商联和两县（市）工商联多次深入开展此项活动的乡（镇）、村及农户，具体了解情况、实施帮扶指导。一年中，市工商联许多会员积极参与各级政府和有关部门的行风评议、效能建设等方面的民主监督活动。如蕉城区工商联组织百家企业评议政府部门的活动取得积极效果，有效地促进政府部门的机关作风建设和效能建设，推动非公有制经济发展环境的进一步改善。

2005年，在宁德市“两会”上，市工商联作《大力提升民营经济发展水平，为实现全面小康做贡献》的大会发言。市、县（市、区）工商联界人士代表向大会提交了30多份提案。

三、服务民企

1993年，地、县（市）两级工商联组织，组织会员企业参加国内、省内的各类商品交易会、展销会10多场。1994年起，根据上级指示，工商联组织开始牵头为非公有制经济人士评定职称。

1996年，地区工商联办事处与技术监督部门联合开展民营企业技术监督服务。1999年，探索为民营企业提供融资服务。2002年10月，市工商联组织10名民营企业家赴台湾开展商务考察活动。2003年，组织发动市、县民营企业家参加福建省“6·18”项目成果交易会、闽东招商节、世界闽商大会、厦门“9·8”投资贸易洽谈会以及宁德市委、市政府在温州、深圳、东莞、上海等地举办的投资说明会等。至2005年，全市各级工商联组织先后共组织800多家会员企业参加各类商品交易会，总成交额达50多亿元。共举办食用菌、机电、法律、财会、企业经营管理、产品质量标准等各类培训班150多期，受训1.5万人次。共为34名会员出国出境进行商务活动申办因私护照出具证明。全市各级工商联共组织民营企业会员100多人次出国出境学习考察、开展商务活动。先后联络侨胞、台胞、港胞625人次，协助政府引进资金1550万美元和24515万元人民币。

四、公益活动

2001年市工商联正式成立后，市、县两级工商联发动广大非公企业家弘扬扶贫济困、乐善好施的中华民族传统美德，投身社会公益事业，捐资助学助教，扶贫救灾，以回馈社会。1993—2005年，先后共签订光彩事业项目120项，总投资27.3亿元。其中，有15位民营企业家在省外投资15个项目，投资额12亿元；有20位民营企业家回乡投资兴业20项，投资额10.68亿元；有350位民营企业家共捐资6000万元，参与抗洪救灾等各类社会公益事业；有30家民营企业共安置下岗工人1万人。全市民营企业家共捐助了大学生1663人、中学生4060人、小学生8200人，修建各类学校20所，建立奖教奖学基金10个，“光彩助学”捐资总额达2500万元。

第三节　组织建设

1993年，是宁德地区各级工商联换届之年。8月，省工商联对宁德地区办事处领导班子进行调整，并设立中共福建省工商联宁德地区办事处党组。同时，古田、霞浦、福安、宁德、寿宁、屏南等县（市）工商联先后进行换届。9月，全区有25名工商联代表出席省工商联第六次会员代表大会，范希汇、高忠泉当选省工商联常委，5人当选省工商联执委。同年，全区商会工作现场会在霞浦县召开，会议推广霞浦县工商联及松城商会、三沙商会的工作经验。古田县大桥镇、黄田镇成立了商会。

1994年，全区各级工商联（商会）按照地委《关于进一步加强我区统一战线工作的意见》，重视做好非公有制经济代表人士的思想政治工作，努力培养其积极分子队伍。分别在古田县鹤塘镇，霞浦县州洋乡、盐田乡、下浒镇、牙城镇，柘荣县富溪镇，福安市穆阳开发区、下白石镇，福鼎市点头镇，屏南县黛溪镇、长桥镇先后建立商会组织，全区发展会员957名。1995年，宁德市蕉南街道、洋中镇，霞浦县水门乡、崇儒乡、北壁乡，周宁县狮城镇，古田县杉洋镇，寿宁县南阳镇等8个基层商会组织建立。全区有565名新会员入会。1996年，成立周宁县上海商会、浦源商会，寿宁县斜滩商会、私营企业联谊会，霞浦县鳗业同业商会，福鼎市沙埕商会等6个基层商会，共发展新会员546名，同时，柘荣、周宁两县工商联进行了换届。1997年，屏南县上海商会、食用菌同业商会，福安市福州商会、社口商会，周宁县李墩商会、咸村商会，福鼎市白琳商会、霞浦县溪南商会、三沙渔业商会，古田县石材同业商会，柘荣县双城商会相继成立，全区新发展会员714名。宁德、霞浦、古田、福安、福鼎、屏南、寿宁等7个县（市）工商联先后完成换届工作。一批政治上有影响，经济上有实力，热心工商联工作的非公有制经济代表人士进入领导班子，完成新老交替的历史任务。在此基础上，全区推选出的25位代表出席省工商联第七次会员代表大会，黄信焜、范希汇当选省工商联常委，7人当选省工商联执委。12月，宁德地区总商会召开成立大会，推选出总商会首届理事会理事52名，洁仕（福建）集团董事局主席、总裁郑少清当选为副会长。1998年，福鼎市点头、秦屿、城关石材同业公会、点头珠茶同业公会、三轮车同业公会，寿宁县武曲商会、上海商会、汽车运输同业商会，福安市工商联饭店饮服业同业商会、美容美发同业公会，屏南县果业同业商会、木竹加工同业商会、畜牧业同业商会，古田县平湖商会、银耳制菌同业商会，霞浦县上海商会，柘荣县英山商会等 17 个基层商会先后成立，全区发展会员 632 名，郑少清增补为省工商联常委。

1999 年，组织发展工作取得较大的突破，全区工商联共发展团体会员 1 个、企业会员 169 个、个人会员 763 人。至此，全区工商联的会员总数达到 7805 人。在发展会员的基础上，先后建立了周宁县广西商会、屏南县卷烟销售同业商会、寿宁县眼镜同业商会等 3 个基层组织，进一步扩大了组织网络。霞浦县三沙商会、福安市电机电器同业商会、周宁县上海商会、古田县石材同业商会等一批基层商会在发展经济生产中起到其他组织不可替代的作用。此外，各县（市）工商联还增补了常委、执委 19 人。

2000 年，全市工商联共发展会员 377 名，其中团体会员 1 名、企业会员 208 名、个人会员 168 名，进一步调整了会员结构，壮大了会员队伍。先后成立霞浦县溪南镇大黄鱼育苗同业商会、霞浦县长春商会、霞浦县三沙商会会计协会、屏南县工商联副食品同业商会等 4 个基层商会组织，开展了柘荣县工商联和周宁县上海商会、蕉城区上海商会、蕉城区蕉南商会等一些基层商会的换届工作，进一步加强和充实了领导班子。3—5 月，省工商联宁德市办事处机关领导班子和两位处级党员领导干部，按照市委的统一部署，认真开展了以“讲学习、讲政治、讲正气”为主要内容的党性党风教育活动。坚持以党组为核心，凡是重大事宜均能与党组协商并抓好落实，既维护了领导班子团结，也有效保证了各项工作的顺利开展。同时，组织机关干部学习“三个代表”重要思想，树立服务意识。密切联系实际撰写《以“三个代表”重要思想为指导，进一步加强非公有制经济代表人士的思想政治工作》的体会文章上报。机关进一步修订完善各项规章制度。年底，省工商联宁德市办事处以积极慎重的态度推荐 50 多名政治上可靠、经济上有一定实力，有较强先进性、代表性和参政议政能力的非公有制经济代表人士，作为市政协委员的人选，其中推荐安排为政协委员的有 30 人（常委 4 人）。进一步壮大非公有制经济代表人士积极分子队伍。

2001 年，全市工商联发展一批新会员，全市会员总数达到 8668 个。各级工商联加强自身建设，涌现出一些先进单位和先进个人。蕉城区工商联和福安市工商联副会长黄宝明工作成绩突出，12 月份被省人事厅、省工商联联合授予 1998—2001 年度省工商联系统先进单位、先进工作者光荣称号。机关工作作风大为改观，工作效率明显提高，为会员、为社会服务的意识不断增强。

2002 年，市、县两级工商联共同抓县级工商联和基层商会的换届工作。全市大部分县（市、区）顺利完成换届任务。周宁上海商会、霞浦三沙商会等一批基层商会通过换届，进一步增强基层组织的活力。各县市在组建同业商会方面有了新的进展。大部分县（市、区）工商联和基层商会组织通过换届，一批新的代表性企业家走上了商会工作的舞台，非公经济代表人士的队伍得到进一步的发展壮大。市工商联机关履行工作职能，结合机关效能建设活动，重点加强机关的自身建设。同时注意加强各方面的协调，努力争取上级领导的支持。3 月，省政协副主席、省工商联会长李祖可率机关各部室负责人到宁德指导工作。此后，省工商联几位副会长也先后到宁德各市县调研指导。市县两级工商联负责人还经常深入一些民营企业，了解其生产经营状况，关心其遇到的困难和问题，参加他们的一些重要活动，进一步融洽与会员之间的联系。

2003 年，基层组织建设有了新的进展。6 月成立宁德市工商联直属商会，直接发展 20 多名会员，联系了一批有较高素质的民营企业家。9 月 23 日在上海召开宁德市上海商会成立大会，省政协副主席、省工商联会长李祖可，市政协主席姚智梅，市政府副市长陈铭玉，市政协副主席、市委统战部部长黄信煨等领导专程前往指导，上海浦东、静安、黄埔、长宁等区工商联和福建上海商会领导也到会祝贺。宁德市上海商会的成立，既进一步扩大闽东商帮的影响，也扩大工商联组织的社会影响。县（市、区）也积极拓展工作领域，组建异地商会和同业商会。蕉城区工商联成立渔业同业商会，福安市工商联成立服装服饰协会和福安市上海商会，福鼎市成立啤酒业同业公会。商会班子得到加强。福安市工商联完成换届工作。蕉城、霞浦、周宁3个县（区）上海商会的领导班子，通过换届得到调整充实。各县（市、区）工商联还加强乡镇基层商会的换届和组织巩固工作。一大批经济上有实力、社会上有影响的企业家被吸收进各级商会领导班子，进一步增强工商联组织的生机和活力。截至2003年年底，全市工商联共有会员8278名，比上年增加876名。其中企业会员3837家，比增418家；团体会员81个，比增2个；个人会员3178名，比增597名；老会员1182名。

2004年，县级工商联领导班子得到进一步加强。古田、周宁、柘荣等县都进一步调整充实了领导班子。异地商会蓬勃发展。9月7日，厦门宁德商会举行成立大会，省、市领导陈增光、陈荣凯、姚智梅、陈允萍、陈铭玉、黄信煨以及两地有关领导到大会指导。至2004年年底，市、县两级工商联共成立异地商会14家。全市共有会员9946名，比上年增加1649名。

2005年年初，宁德市工商联机关根据市委部署，开展保持共产党员先进性教育活动。机关领导分别带队到福安、霞浦等县（市），听取各级工商联和会员企业的意见和建议，召开意见征求会6场，发放问卷50多份，广泛听取各方面意见，并采取有针对性的整改措施，从而保证了先进性教育活动更具实效性。市工商联支持引导在外创业的闽东籍企业家成立异地商会，4月22日成立宁德市北京商会，6月8日成立三明市闽东商会，12月29日成立乌鲁木齐市闽东商会，市工商联党组书记李兴平代表宁德市工商联与乌鲁木齐市工商联签订友好商会协议。柘荣上海商会、古田上海商会、古田北京商会、古田海南商会、古田南平商会等异地商会组织相继成立。至2005年年底，市工商联及各县（市、区）均在上海成立商会组织，成为在上海市形成商会网络最为齐全的地级市。全市共有市县两级异地商会组织20个，异地商会工作成为宁德市工商联工作的新亮点。组建同业商会工作也有新进展。新成立霞浦县电子电器商会、蕉城区电子电器商会、柘荣餐饮行业商会、福安市涂装行业协会、水路运输行业协会等行业组织。至年底，全市共有同业商会33家。基层乡镇商会方面新成立了霞浦县柏洋商会。通过各级商会组织的组建，全市共发展新会员523名。至2005年年底，市、县两级工商联共有会员10289个，其中企业会员5297个、团体会员96个、个人会员4896人。9个县（市、区）工商联下辖基层组织98个，其中乡镇（街道）商会41个、异地商会20个、同业（行业）商会33个、联谊会4个。会员总数位列全省地级市第三位。

第三十编　公安

1993年，全区公安机关把加强队伍建设作为头等大事，并根据刑事犯罪、暴力犯罪、经济犯罪和毒品犯罪上升趋势，连年组织开展多次“严打”专项斗争，破获一批影响恶劣的重大案件，遏制各类犯罪活动。同时，公安机关推行侦查、预审一体化，改革户籍管理制度。加强交通管理和消防工作，并开通“110”服务台，推行巡警制，建立以“110”报警服务台为龙头、以巡警为骨干的社会治安控制和快速反应体系。1997年，在全区开展创建安全文明小区和治安模范村活动，实施社会治安综合治理。随着宁德全面对外开放，公安部门也加强出入境管理，武警边防在沿海加强对船只、船民管理和对走私、偷渡的打击力度。2000年，宁德撤地设市后，市委、市政府高度重视公安工作，把维护社会稳定列入重要议事日程。2002年，全市开展社区警务建设，初步建成居民区安全防范体系。加强信息网络安全管理，建立刑侦综合信息系统等。1993—2005年，全市公安机关有1人获全国公安系统英雄模范称号，1847个次集体获一、二、三等功和嘉奖，698人次荣立一、二、三等功。公安民警为保卫社会稳定和社会主义现代化建设做出了重要贡献。

第一章　巡警与“110”服务

第一节　巡　警

1993年年初，全区各县（市）公安局执行省公安厅《关于加快我省城市专职巡警队伍建设的决定》，开始建立巡警体制。3月，柘荣县公安局巡逻民警在国道104线管辖路段抓获2名正在抢劫的犯罪嫌疑人、挖出11名抢劫团伙成员，连带破获自1992年12月以后拦路抢劫案10起。5月，地区公安处组织宁德、福安、福鼎、霞浦4县（市）公安局领导到漳州芗城区学习考察巡警工作。宁德、福安2市公安局组建巡警大队，配备48名巡警。当年，全区巡警接警658次，出警516次2880多人，抓获犯罪嫌疑人86人，追缴赃款赃物3.8万余元，纠正交通违章1.08万人次，调解纠纷106起，参与抢险救灾6次，为群众办好事实事136件。1994年，全区执行公安部《城市人民警察巡逻规定》，区内福鼎、霞浦等5县（市）巡警大队在城区开展武装巡逻，共巡接警2647次、出警2484次1.36万人次，纠正交通违章6768人次、查处治安案件464件、破获刑事案件128起，抓获违法犯罪嫌疑人1182人，调解群体性纠纷事件326起，为民办好事实事590件。1995年，5县（市）巡警大队初步形成市区主干道步巡与面上车巡、规范巡逻与便衣巡察相结合的巡察勤务方式。当年，全区巡警接警2873次，出警2852次，查处各类案件1232件，纠正交通违章6572起，抓获犯罪嫌疑人926人，调解民事纠纷519件，收缴管制刀具43件、赃款6.41万元，为群众办好事实事818件。

1996年，根据公安部《关于组建公路巡逻民警队伍在公路上实施统一执法工作的通知》，宁德公路巡逻民警由地区、县（市）公安交警支队、大队组建，两块牌子一套人马。11月，地区公安处成立巡警科，全区各县（市）全部成立巡警大队，并相继开通“110”报警服务台、建立报警服务岗、制定“110”报警电话责任制等，全区巡警实现接警后5分钟到达现场。是年，全区巡警接警5126次，抓获犯罪嫌疑人986人，纠正交通违章1860人次，抢险救灾98起，调解民事纠纷1620起，为群众做好事实事1920次。1997年，全区巡警共接警1.39万次，出警1.31万次，查获刑事案件230起，办理治安案件1428起，抓获犯罪嫌疑人1872人，抓获负案在逃犯罪嫌疑人26人，调解群众纠纷3256起，为民办好事4876件。

1998年，全区巡警接警1.14万次、出警1.09万次，破获刑事件198起，查办治安案件4166起，抓获犯罪嫌疑人1874人，调解各类纠纷2805起，为民办好事实事3147起。1999年，全区改革巡警勤务制度，在城区设立2～3个警区。同时，组建步巡中队，并建立步行、摩托车、警车多种巡逻模式，提高巡逻效率。10月，福安巡警大队接到城区1名歹徒手持两把马刀欲行凶的报警后，迅速赶到现场，及时制服歹徒，并从其身上搜出 1 包已接好雷管的炸药，消除 1 起恶性案件。是年，全区巡警共接警 3.57 万次，出警 3.31 万次，抓获违法犯罪嫌疑人 1582 人，抓获批捕在逃犯罪嫌疑人 9 名，负案在逃犯罪嫌疑人 28 名，查处治安案件 391 起，调解纠纷 2511 起，为民办好事实事 4162 起。

2000 年，全市巡警接警 1.34 万次，出警 1.30 万次，侦破刑事案件 212 起，查处治安案件 2707 起，抓获违法犯罪嫌疑人 1921 人，调解纠纷 2876 起，为群众做好事 2346 件。

2001 年 1 月，市巡警支队下设政勤大队、情报大队、防暴大队。8 月，寿宁县巡警大队接到清源乡水洋村、童洋村 800 多户村民被突发洪水围困报警后，迅速组织警力转移群众 180 人，抢救出 8 名儿童和 10 名 80 岁老人。是年，全市巡警接出警 2.42 万次，抓获违法犯罪嫌疑人 2194 人，处置群体性事件 67 起，处理各种违章 3595 起，抢险救灾 89 起，为群众办好事实事 4123 件。

2002 年，福鼎巡警大队落实以“巡查”为主的巡逻勤务机制，盘查抓获 242 名犯罪嫌疑人。蕉城巡警大队盘查抓获 48 名违法犯罪嫌疑人。柘荣巡警大队采取武装巡逻与便衣巡逻相结合方式，盘查抓获 68 名违法犯罪嫌疑人。周宁巡警大队在“打黑除恶”“两抢一盗”专项行动中，抓获违法犯罪嫌疑人 29 人，协助破获刑事案件 22 起。福安市巡警在富春公园抓获 1 名蒙面抢劫犯罪嫌疑人，连带破获强奸、抢劫案件 20 余起。同年，宁德市巡警开展“创文明行业、建满意窗口”活动，蕉城巡警大队协调卫生、医疗等部门共同打造“110”社会联动体系。寿宁巡警大队开展“青年文明号服务卡进万家”活动，派民警到学校举办法制教育课。屏南巡警大队设立来访求助接待室，向社会发放“巡警承诺卡”，救起 2 名落水儿童。是年，全市巡警接警 3.20 万次，抓获违法犯罪嫌疑人 1992 人，调解各类民事纠纷 4190 起，为民办好事 2760 件次，参加抢险救灾 96 次。

2003 年，市巡警防暴支队建立一般警情就近处置、重大警情快速集结处置、堵截警情卡点迅速布控等快速反应机制。是年，全市巡警接警 1.94 万次，出动民警 5.27 万人次，抓获各类违法犯罪嫌疑人 1791 人，处理各类违法犯罪案件 388 起，保护事故现场 48 起，抢险救灾 16 起，制止群体性事件 31 起，调解各类纠纷 3401 起，为民办好事 2584 件，纠正违章 2.30 万次，收缴枪支和管制刀具 120 件。

2004 年，古田、屏南公安局开展交巡警体制改革，整合交警与巡警警力，实现治安和交通合力协同管理。是年，全市巡警接出警 2.11 万次，抓获违法犯罪嫌疑人 2031 名，其中“两抢”嫌疑人 90 名、在逃犯罪嫌疑人 20 名，收缴枪支和管制刀具 196 件，处理违法人员 1176 人，制止群体性事件 243 起，调解各类纠纷 2809 起，抢险救灾 98 次，救助群众 6090 人，纠正违章 1.50 万次。

2005 年，宁德公安部门在全市进一步推进巡逻勤务机制改革，在各县（市、区）城区推广福鼎市巡警构建巡防体系的省内先进经验，延伸巡防触角，扩大巡防服务覆盖面。增加案件高发易发时段、路段、部位巡逻，在城区出城口设立关卡，努力形成全天候、全方位、多层次的巡防格局，提高打击违法犯罪活动能力。全市组织实施跨区布控堵截 4 起，追回被盗、被抢车辆 5 部，抓获犯罪嫌疑人 9 人。

第二节　“110”服务

1993年6月29日，宁德市公安局成立巡逻警察大队，共30人，内设110报警台。1994年，宁德市公安局指挥中心引进技防报警，实现重点要害部门一键式报警。

1995年，宁德、福安、霞浦、福鼎、周宁5县（市）公安机关相继组建“110”报警台与自动报警装置，方便群众报警和迅速出警。1996年5月，根据省公安厅关于向“漳州110”学习的决定，地区公安处建立指挥中心。11月底，全区9县（市）公安局全部开通“110”报警服务、建立报警服务岗、制定“110”报警电话责任制等。1997年1月，省公安厅下发《福建省公安机关“110”报警服务台规范化建设意见（试行）》，地区公安处的指挥中心、“110”报警服务台，完善24小时值班勤务，接受群众报警求助和指挥、协调处置全区各类突发性事件（案件）等。柘荣、周宁、宁德县（市）公安局也相继成立指挥中心。9月底，全区“110”报警服务台相继筹建CK2.1报警系统。11月，宁德市公安局成立指挥中心，开设110接警席位，实现信息化接警。民警5人，接警7人。宁德市成立“110”报警联动协调小组，有成员单位15个。

1998年4月，根据《福建省关于建立“110”报警与社会救助服务体系工作方案》《福建省“110”报警与社会救助联合行动各部门主要职责任务》，地区公安处成立“110”社会联动工作领导小组。同时，在周宁县召开全区公安指挥中心现场会议，部署加快各县（市）公安指挥中心建设。7月底，初步形成以公安“110”指挥中心为龙头，巡警、交警、消防、刑警联动的快速出警机制。全区9县（市）相继建立“110”社会联动机制，实现“110”联网联动。是年，地区公安处指挥中心（“110”指挥中心）接警7452起、出警6916起，接受求助1985起。1999年4月，执行省政府的《福建省社会联动规范化建设工作细则》，地区“110”指挥中心协助处理各类信息2316条。其中，被省公安厅采用285条、地委办采用73条、行署办采用66条。

2000年3月，根据公安部通知，全区公安机关“110”报警服务台正式受理群众电话投诉。地区“110”指挥中心购进YA-110公安指挥调度系统，对“110”指挥中心进行扩建。扩建后，地区“110”指挥中心集接处警、指挥调度、安全防控、社会联动、信息管理于一体，提高指挥调度、快速反应、整体作战能力。10月，宁德撤地设市，宁德地区公安处改为宁德市公安局，成立宁德市公安局指挥中心。原宁德市公安局指挥中心职能并入现宁德市公安局指挥中心。是年，全市“110”报警服务台接警2.79万次（含投诉55次），做到件件有回应。地区（市）公安局指挥中心向地（市）委、行署（市政府）、地区（市）政法委、省公安厅报送各类信息2071条。

2001年，宁德市“110”指挥中心协助处置“1·8”古田杉洋选举引发的打架事件、“4·22”霞浦沉船事故等。是年，全市“110”报警服务台接警3.83万次，其中违法犯罪案情1.25万起、群体性事件46起、交通事故1217起、灾害事故240起、公民纠纷3580起、联动服务6654起、其他投诉求援等1.40万起。市公安局指挥中心向市委、市政府、省公安厅报送各类信息1430条。2002年，全市“110”报警服务台受理群众有效报警3.93万起，其中违法犯罪案情1.31万起、群体性事件22起、交通事故1120起、交通违章222起、灾害事故273起、群众纠纷3423起、联动服务8197起、投诉41起、其他1.29万起。市公安局指挥中心向市委、市政府、省公安厅报送各类信息2394条。

2003年，执行省公安厅《福建省公安机关“110”处警工作实施细则（试行）》，全市“110”

接警电话铃响 3 声内应接听，紧急警情自接听 2 分钟内应下达处警指令，处警民警接到“110”指令后，城市中心区 5 分钟内应赶到现场。市“110”指挥中心受理群众报警 1.41 万起，其中违法犯罪案情 3972 起、群体性事件 5 起、火灾 39 起、交通事故 299 起、群众纠纷 889 起、联动服务 1674 起、投诉 13 起、其他 7208 起。市公安局指挥中心向市委、市政府、省公安厅报送各类信息 3339 条。

2004 年，根据《福建省公安机关布控堵截工作规定（试行）》，市公安局制发《宁德市公安局布控堵截工作预案（试行）》。12 月，根据《公安部关于大力推进县（市）公安机关“110”“119”“122”“三台合一”工作的通知》，确定霞浦县公安局为 2004 年“三台合一”试点单位，并投入试运行。全年市公安局指挥中心接处警 5.27 万次，其中有效报警 1.57 万起，报警中杀人案 1 起、抢劫 245 起、抢夺 131 起、强奸 3 起、盗窃 1637 起、诈骗 59 起、非正常死亡 10 起、其他违法犯罪活动 3543 起。群体性事件 8 起、火灾 64 起、交通事故 351 起、群众纠纷 763 起、公民求助 903 起、联动服务 1392 起、投诉 6 起、其他 6544 起。当年，指挥中心向市委、市政府、省公安厅报送各类信息 4358 条。

2005 年 1 月，全市范围开展“三台合一”试点，11 月，市公安局实现“三台合一”。全年市公安局指挥中心接警 1.4 万起，其中杀人案情 4 起、伤害 3 起、绑架 3 起、抢劫 253 起、抢夺 167 起、强奸 4 起、盗窃 1673 起、诈骗 73 起、非正常死亡 26 起、其他违法犯罪案情 3981 起，群体性事件 18 起、火灾 68 起、交通事故 858 起、群众纠纷 773 起、公民求助 699 起、联动服务 1233 起，投诉 6 起、其他 4153 起。向市委、市政府、省公安厅报送各类信息 4563 条。全市组织实施跨区域布控堵截 4 起，追回被盗、抢车辆 5 部，抓获犯罪嫌疑人 9 人。

第二章 侦 查

第一节 刑事侦查

一、侦破案件

1993年，全区公安机关破获各类刑事案件1424起，其中大案749起、重特大积案281起，查获各类刑事犯罪嫌疑人1613人，摧毁各类犯罪团伙211个，缴获赃款赃物502万余元。全区发生杀人案51起，破获46起。1994年，全区破获刑事案件1660起，其中大案850起，查获各类刑事犯罪嫌疑人1778名，摧毁各类犯罪团伙240个，缴获赃款赃物651万余元。宁德市公安局破获由6人组成的抢劫团伙抢劫中巴车乘客财物案，犯罪嫌疑人中，击毙1名、击伤2名（其中1人在送往医院途中死亡）、抓获3名，缴获全部赃款和作案工具，受到省公安厅通令表扬。1995年，全区立案各类刑事案件4812起，破获2598起，其中大案2256起、破获1070起，破获重特大积案581起，抓获各类刑事犯罪嫌疑人1993名，摧毁各类犯罪团伙204个，缴获赃款赃物1409万余元。地区公安处和福安市公安局联手破获福安市农行康厝营业所抢劫金库杀人案，抓获1名犯罪嫌疑人。周宁县公安局抓获在浦城—石狮客车（周宁县犁坪路段）实行抢劫的5名犯罪嫌疑人，连带破获5起重、特大案。地区公安处技侦科通过侦控，在屏南县抓获公安部挂牌督办的特大抢劫杀人案的1名主要犯罪嫌疑人。屏南县公安局刑警大队协助安徽省巢湖市公安局破获一起公安部挂牌的杀人抢劫案，抓获1名主要犯罪嫌疑人，追回赃款70万元。1996年，推行侦防机制改革试点，地、县（市）刑事案件主要由刑警大队负责侦破。宁德市公安局值日侦缉队增至5个探组，古田县公安局实行探长工作制，增设值日侦缉队。当年，全区发生各类刑事案件4838起，其中大案2459起，破获2701起，破获重特大积案440起，抓获各类刑事犯罪嫌疑人2572名，摧毁各类犯罪团伙271个，缴获赃款赃物1030.9万余元。地区公安局技侦支队在南平市技侦部门配合下，破获省公安厅挂牌督办的古田“3·25”车匪案，抓获4名犯罪嫌疑人。

1997年，全区继续开展侦防机制改革，各县（市）普遍建立刑侦责任中队，推行落实破案责任制，侦查破案责任区覆盖所有街道乡镇。全区杀人、抢劫、放火、车匪路霸等恶性案件明显减少。6月下旬，宁德、古田、福鼎、福安、霞浦5县（市）城区值日侦缉队破获各类现行犯罪案件43起。全区立案各类刑事案件6483起、破获3825起，其中大案立案3345起、破获1591起，包括省公安厅、地区公安处挂牌案件12起，重特大积案506起，抓获犯罪嫌疑人2718名，摧毁各类犯罪团伙231个，缴获赃款赃物3.36亿元。地区刑警支队在福安市刑侦部门配合下，经过8个月侦查，破获公安部、省政法委、地区公安处督办的“8·22”特大杀人抢劫案件，抓获3名主要犯罪嫌疑人，缴获部分赃款赃物。寿宁县公安局破获地区公安处挂牌的“10·3”伤害致死案件，抓获犯罪嫌疑人3名。1998年6月，全区公安机关全部实行侦审一体化，由刑侦部门负责刑事案件侦查、预审、移送起诉。全区建立责任区刑警队33个、专业中队29个，有刑侦民警383名，占民警总数的19.4%。全年破获各类刑事案件4215起，其中重大案件2295起，破获省公安厅挂牌督办案件3起、地区公安处挂牌案件18起、积案481起，抓获犯罪嫌疑人2526名，摧毁犯罪团伙200个，缴获赃款赃物1422.5万元。地区刑警支队、技侦支队与古田县公安局联合侦破省公安厅挂牌督办的屏南—福州大巴（古田兰溪路段）抢劫案（被抢钱物7万余元）。1993—1998年，全区共破获各类刑事案件16424起，抓获各类刑事犯罪嫌疑人13263人，摧毁团伙犯罪1357个，缴获赃款赃物39.16亿元。

1999年，在全区公安刑侦中建立和完善办案责任制、检查考核制、逐级把关制、奖惩制和错案追究制。8月中旬，地区公安处、福安市公安局专案组在11天内破获发生在福安市溪潭镇上湾村的投毒案、抓获1名犯罪嫌疑人，连带破获该村自3月以后发生的6起投毒案件。全区破获各类刑事案件4465起，其中重大案件2501起、积案1118起，破获省公安厅挂牌案件4起，地区公安处挂牌案件32起，查获犯罪嫌疑人3111名，摧毁犯罪团伙228个，缴获赃款赃物1575.43万元。

2000年，全区立各类刑事案件10616起，破获5326起，其中重特大案件2982起、破获省公安厅挂牌案件2起、地区公安处挂牌案件64起、积案1063起，查获刑事犯罪嫌疑人3265名，缴获赃款赃物541.84万元。2001年，全市破获各类刑事案件7152起，其中省公安厅挂牌案件4起、市公安局挂牌案件35起、积案892起，查获犯罪嫌疑人4242名，摧毁犯罪团伙164个，缴获赃款赃物376.23万元。8月，蕉城公安分局通过严密布控，抓获2名四川籍犯罪嫌疑人，连带破获市公安局挂牌督办的福安天马山抢劫杀人案和2起重大、特大抢劫、盗窃案件。2002年，市公安机关继续推行主办侦查员、办案质量倒查等制度。全市破获各类刑事案件6189起，其中积案953起，抓获犯罪嫌疑人3799人，摧毁犯罪团伙134个，缴获赃款赃物139万元。市技侦支队与省公安厅联手破获霞浦“1·28”特大涉黑案，抓获12名犯罪嫌疑人。

2003年，全市共立刑事案件10811起，破获6196起，抓获犯罪嫌疑人3862人，摧毁犯罪团伙153个、抓获团伙成员468人，破获积案702起，共缴获赃款赃物101万元。4月，市技侦、刑侦等部门在省公安厅、南平市公安局协助下，在南平抓获4名犯罪嫌疑人，破获省公安厅挂牌督办的古田“3·27”入室抢劫案件。市技侦支队协同福安市公安局破获福安发生的黑恶势力动用砂枪、炸药、刀具火拼案件，抓获涉黑犯罪嫌疑人19名。在5—8月的夏季百日会战中，市技侦支队破获2003年省公安厅第一号挂牌督办案件，抓获蕉城八都镇路段发生的卧铺客车抢劫案8名犯罪嫌疑人、连带破获4起抢劫出租车案件。10月15日，宁德市、周宁县公安局仅用26小时破获寿宁县电信宾馆415房发生一起重大盗窃案，同时连带破获各地宾馆盗窃案10多起，案值10多万元。市政府给专案组记集体二等功，林锋、林建成记个人二等功，金向谦、陈为玲记个人三等功。

2004年，全市破获刑事案件6650起，抓获犯罪嫌疑人3865人，摧毁犯罪团伙118个，抓获犯罪嫌疑人378人。

2005年，全市共破获各类刑事案件6957起，抓获犯罪嫌疑人2143名，摧毁犯罪团伙135个，缴获赃款赃物80万元。破获省公安厅、市公安局挂牌督办命案多起。

二、"严打"专项行动

1993年，全区组织为期3个月的"严打"专项斗争，开展21次区域性的统一行动。7月，寿宁县公安局历时半年，转战闽、浙、赣3省17个县（市）抓获寿宁县西溪乡山后村山墩洋自然村凶杀案的犯罪嫌疑人。全区召开3场公开宣判处理大会，集中处理84名严重刑事犯罪嫌疑人，其中宣判35名、逮捕29名、收审审查20名。1994年7月，根据省公安厅部署，在全区开展3次农村社会治安"严打"整治活动，破获刑事案件799起、其中大要案396起，追捕缉获在逃犯罪嫌疑人288名，收缴各类枪支178支、管制刀具1000件、炸药104.5千克、雷管2234枚。宁德市公安局与屏南县公安局民警在屏南抓获2名犯罪嫌疑人，连带破获发生在福州、古田、宁德等地的抢劫、敲诈、盗窃案20多起，缴获赃款30余万元。1995年，全区组织开展打击利用微机技术制作、贩卖、传播淫秽物品的专项斗争。同时，组织国道沿线县（市）公安局开展打击盗窃、抢劫为重点的路面违法活动，破获各类刑事案件109起，其中重大案件48起、打掉"车匪路霸"犯罪团伙5个、抓获犯罪嫌疑人13人。3—5月，根据省公安厅部署，在全区开展"破大案、挖团伙、追逃犯、打流窜"专项行动，破获刑事案件602起，其中重大案件231起、抓获各类犯罪嫌疑人1147名，摧毁各类犯罪团伙90个，追逃犯罪嫌疑人57名。1996年，在"严打"中，破获各类刑事案件1877起，其中大案876起，抓获犯罪嫌疑人2554名，其中在逃犯罪嫌疑人1047人。全区有467名犯罪嫌疑人投案自首，其中有2名杀人犯罪嫌疑人、3名省公安厅挂牌重要犯罪嫌疑人，摧毁犯罪团伙255个，其中地痞村霸、流氓恶势力团伙103个510人。1997年，全区公安机关继续进行"严打"斗争，破获各类刑事案件1955起。在10—12月的"收戒吸毒人员和破案会战"行动中，全区破获各类刑事案件1108起，其中重大案件551起，破获省、地挂牌案件3起。1998年，全区开展"春季严打整治行动""打击走私、盗窃、抢劫机动车犯罪专项斗争"等，印发《关于严厉打击走私、盗窃、抢劫机动车犯罪的通知》。破获各类刑事案件4555起，抓获犯罪嫌疑人2054名，追缴赃车204辆。其中破获省、地挂牌案件19起。1999年年初，全区开展"打击走私、盗抢机动车犯罪活动"专项行动，破获走私、盗窃、抢劫机动车案件30起，抓获犯罪嫌疑人72人、摧毁盗车团伙4个、缴获赃车85辆。在打击"车匪路霸"专项行动中，破获各类刑事案件257起。6月，全区开展"盗窃案件侦破会战"，破获各类刑事案件1310起，其中盗窃案件876起。抓获各类犯罪嫌疑人409名，摧毁各类犯罪团伙41个110人，缴获赃款赃物282.75万元。2000年，全区开展"打击人贩子，解救被拐卖妇女儿童"专项行动，破获拐卖妇女、儿童案件112起，抓获犯罪嫌疑人118名，其中网上在逃犯罪嫌疑人1名。摧毁拐卖妇女、儿童团伙9个，全年解救被拐卖妇女2435名、儿童4名。8—10月，全区开展侦破会战暨"扫黑除恶"专项行动，破获刑事案件2114起，其中积案183起、抓获犯罪嫌疑人1012人（其中在逃罪嫌疑人97人）。摧毁盗窃、抢劫、流氓等犯罪团伙84个299人，团伙涉案387起，缴获赃款赃物164.45万元。

2001年，根据省法院、检察院、公安厅《关于"打黑除恶"专项斗争中有关问题的意见》，全市开展"打黑除恶"专项行动，摧毁黑社会性质组织3个、恶势力团伙20个。其中公安部挂牌1个、省公安厅挂牌2个、市公安局挂牌7个，抓获黑社会性质犯罪嫌疑人27人、恶势力团伙犯罪嫌疑人136人，破获刑事案件183起，其中省公安厅挂牌1起、市公安局挂牌3起。古田县公安局打掉公安部挂牌的1个黑社会性质组织。2002年3月，全市继续开展为期6个月的"打黑除恶""扫穴"行动，摧毁黑恶势力团伙13个，抓获犯罪嫌疑人106名，破获重大、特大刑事案件270起。霞浦县公安局摧毁公安部挂牌的1个恶势力团伙，抓获团伙犯罪嫌疑人30名，连带破获各类刑事案件47起。同时全市开展“多发性侵财犯罪侦破专项行动”，破获抢劫案件517起、抢夺案件105起、盗窃案件3049起、诈骗案件163起。2003年，全市开展打击“两抢”（抢劫、抢夺）行动和“夏季百日会战”，全市立案922起，破获575起。在“夏季百日会战”中，破获刑事案件1119起、抓获犯罪嫌疑人1454名，其中在逃犯罪嫌疑人313名，摧毁犯罪团伙55个，抓获犯罪嫌疑人143名。仅5月15日至7月15日，全市就破获八大类暴力犯罪案件181起。10—12月底，全市开展“打击盗窃、破坏电力设备、窃电犯罪专项行动”，整治重点村镇、社区46处，破获盗窃电力设备案件6起，窃电案件16起，抓获犯罪嫌疑人15人，取缔非法收购点4个。2004年，全市继续开展“打‘两抢’、破大案专项行动”，破获各类刑事案件348起，抓获犯罪嫌疑人442名。5—8月，在全市开展为期4个月的“夏季侵财案件侦破会战”中，破获刑事案件3530起、抓获犯罪嫌疑人1625名，其中网上在逃犯罪嫌疑人314名，摧毁犯罪团伙42个150人。10—12月，开展“打击盗窃、破坏电力设备、盗电犯罪专项行动”，摧毁4个盗窃、破坏电力设备团伙，破获盗窃、破坏电力设备案件104起。其中公安部挂牌1起，省公安厅挂牌1起，市公安局挂牌2起，抓获犯罪嫌疑人15人。

2005年，全市根据省公安厅部署，开展“两抢一盗”（抢劫、抢夺和盗抢机动车）犯罪专项行动，破获案件4361起，其中抢劫案件381起、抢夺案件221起、盗窃汽车案件28起、盗窃摩托车案件632起，抓获犯罪嫌疑人1249名，缴获赃车132辆，其中汽车28辆。福鼎市刑警大队开展串并案侦查，破获省、市两级挂牌督办的系列拦路抢劫案及系列雇车抢劫出租车案、系列抢劫小学生案、系列盗窃化油器配件案、系列诈骗案等多起案件。

三、“追逃行动”

1993年，全区公安机关抓获各类在逃犯罪嫌疑人259名。1994年，全区公安机关抓获各类在逃犯罪嫌疑人441名。福安市公安局抓获省公安厅督办的“9·13”特大客车抢劫案2名主要犯罪嫌疑人、“9·14”客车强奸案3名犯罪嫌疑人。1995年，全区公安机关抓获在逃犯罪嫌疑人251名。1996年，全区公安机关抓获在逃犯罪嫌疑人912名。1997年，全区公安机关落实追逃责任，强化追逃措施，全面开展追逃工作。共抓获在逃犯罪嫌疑人381名，其中批捕在逃99名，负案在逃282名。1998年，全区公安机关抓获在逃犯罪嫌疑人290名，其中批捕在逃109名、负案在逃181名，抓获省公安厅督捕在逃犯罪嫌疑人6名。1999年4—10月，全区开展追逃专项斗争，抓获在逃犯罪嫌疑人1016名。其中网上在逃犯罪嫌疑人990名，抓获公安部督捕在逃犯罪嫌疑人8名、省公安厅督捕在逃犯罪嫌疑人7名。连带破获各类刑事案件435起，其中大案221起、积案96起，缴获赃款赃物折值80多万元。8月，根据省法院、检察院、公安厅联合发布的《关于敦促在逃人员投案自首的通告》与省公安厅的《致在逃人员亲属的一封信》，地区公安处发出敦促在逃犯罪嫌疑人投案自首通告。地区公安处与霞浦县公安局在安徽广德抓获1名1999年“1·25”特大爆炸案件首犯、公安部督捕在逃犯罪嫌疑人。各县（市）公安局通过网上核查抓获61名在逃犯罪嫌疑人，敦促401名在逃犯罪嫌疑人投案自首，其中公安部督捕在逃犯罪嫌疑人2名。

2000年，地区公安处采取“A、B”级通缉、网上追逃等措施，抓获在逃犯罪嫌疑人343名。寿宁县公安局抓获公安部督办的1999年“10·30”拐卖人口团伙案1名主要犯罪嫌疑人。9—11月，根据省公安厅部署，在全市组织开展“网上追逃和清查统一行动”。2001年9—11月，根据公安部和省公安厅部署，在全市开展4次集中统一追逃专项行动。全市设立盘查点1000余个，清查在逃犯罪嫌疑人可能落脚点和藏匿场所1万余处，查获各类违法犯罪嫌疑人1000余名。其中，网上在逃犯罪嫌疑人300余名。同时，全市公安机关运用网上查询、光盘比对、重点缉捕等方式，抓获网上在逃犯罪嫌疑人799名。其中，省公安厅、市公安局督捕的在逃犯罪嫌疑人3名，有207名网上在逃犯罪嫌疑人投案自首。2002年，继续开展“网上追逃”活动，抓获在逃犯罪嫌疑人584人、其中省公安厅督捕在逃犯罪嫌疑人9人。2003年，实施破案追逃新机制，抓获网上在逃犯罪嫌疑人838名，其中外地在逃犯罪嫌疑人127名。抓获公安部通缉、省公安厅督捕在逃犯罪嫌疑人5名。

2004年，抓获网上在逃犯罪嫌疑人924名、其中外地在逃犯罪嫌疑人146名，公安部通缉在逃犯罪嫌疑人1名、公安部督捕在逃犯罪嫌疑人1名，省公安厅督捕在逃犯罪嫌疑人2名、省“十大要犯”2名，抓获命案在逃犯罪嫌疑人16名，其中协助抓获外地在逃命案犯罪嫌疑人8名。

2005年4—7月，全市开展为期3个月的追逃专项行动，抓获网上在逃犯罪嫌疑人557名，其中外省在逃犯罪嫌疑人21名、本省外市在逃犯罪嫌疑人34名、故意杀人在逃犯罪嫌疑人11名，并敦促164名在逃犯罪嫌疑人投案自首。是年，全市抓获网上在逃犯罪嫌疑人1213名，其中外省在逃犯罪嫌疑人102名、本省外市在逃犯罪嫌疑人61名、故意杀人在逃犯罪嫌疑人57名。

四、预审

1993年，全区根据省公安厅《关于提请批准逮捕的案件由预审部门审查把关的通知》，提请批捕案件，统一由预审部门负责审查把关。是年，全区公安部门审查报捕案83件215人，提请逮捕68件179人，批准逮捕63件168人，受理各类案件580件1003人，审结542件940人。通过预审挖出犯罪线索389条、查破案件147件、追捕犯罪嫌疑人110名、治安处罚293名、追缴赃物107.06万元，其中受理“车匪路霸”案件81起266人、审结80起265人、缴获赃款27万元。1994年，全区预审部门提前介入重特大案件和团伙犯罪案办理，并做到优先审理，从快处理。同时，根据省公安厅部署，对1993年以后预审终结的大要案进行自查。是年，全区受理各类大要案346件692人，审结328件634人，通过预审查破案279起，其中大案106起，缴获赃款赃物40.47万元，发现线索182条，追诉58人，追捕48人。1995年，全区公安预审部门继续加强大要案审查，福安市公安局预审科快审快结福安康厝营业所杀人、抢劫案。7月，霞浦县公安局在“打霸”专项行动中，优先审理此类案件，收到良好效果。宁德市公安局在3个月内规劝20名批捕在逃犯罪嫌疑人投案自首。是年，全区受理各类刑事案件676件1024人，审结640件983人，其中对犯罪嫌疑人定性、定罪、处理意见都准确的963名，提请批捕691人。通过预审查破案183起，其中重特大案件27起，追捕追诉犯罪嫌疑人69人、劳教1人，缴获赃款赃物16.34万元。1996年，全区公安机关成立清案消化领导小组，采取定人、定任务、定时间的方式加强预审工作。全区预审部门受理各类刑事案件1414起2317人，审结2296人，通过预审查破案540起。1997年，在春季“严打”整治行动、收戒吸毒人员、破案大会战等专项行动中，全区预审部门受理各类案件490起834人，审结365起625人，通过预审查破案件48起，查获犯罪嫌疑人23人，缴获赃款赃物40.36万余元。1998年，全区公安机关推行侦审一体化改革，预审职能由侦查部门承担，县级预审科撤销。1999年1月，地区公安处预审科改为监所监管科，专司监所管理指导。

第二节　经济犯罪侦查

1993年5月，宁德地区公安处技侦科破获骗贷福安工商银行22.8万元案，抓获5名犯罪嫌疑人。1994年，地区公安处刑事警察支队下设经济侦察大队，负责经济案件侦查。1996年6月，地区技侦支队与经侦大队协同福安市公安局，破获福安农行罗江营业所主任诈骗250余万元巨款潜逃案。1997年，地区经侦大队破获1起重大金融诈骗案。2000年，根据省法院、检察院、公安厅《关于依法从重从快打击制售假冒香烟犯罪的意见》，对区内假冒香烟犯罪进行打击。与地区烟草专卖局配合查获走私和专供出口倒流烟451件、非正常渠道进烟672件、假冒烟3930件。

2001年，宁德市公安局经侦支队与市金融部门在蕉城、福安、福鼎3个金融犯罪案件高发市（区）开展重点整治。与税务部门组织联合行动33次，查处房地产、小水电、餐饮、建筑等四大行业140多户企业偷漏税情况，查补税款1007万元。侦破2起特大虚开增值税发票案。与市有关部门联合行动42次，取缔捣毁制假窝点23个，查获拆解拼装农用车、拖拉机、四轮车71辆，假冒香烟2429件、烟丝5吨。10月，抓获1名省公安厅督办的利用假合同诈骗浙江一公司100多万元、在逃6年的犯罪嫌疑人，破获3起省公安厅督办的虚开增值税专用发票案。市经侦部门共破获经济案件237起、涉案金额5887万元、处理涉案人293名，抓获经济犯罪在逃犯罪嫌疑人49名、捣毁犯罪团伙10个、挽回经济损失2370万元。

2002年，市经侦支队破获经济犯罪案件90起，抓获犯罪嫌疑人67名。在开展打击传销和变相传销、金融票证诈骗、制假贩假等专项行动中，与税务机关联合行动26次，查处涉及集贸市场、加油站及房地产商偷漏税与抗税案件23起，案值7457万元。与金融部门配合，侦破金融犯罪案件82起，抓获犯罪嫌疑人53名。与工商行政管理、质监部门协作，捣毁制假窝点15个、收缴假烟3611件、查处非法入境物品900多件、缴获虚假商标广告宣传品7000多份。市公安局经侦大队在深圳抓获1名犯罪嫌疑人，破获省公安厅挂牌督办的涉案金额6000多万元的虚开增值税发票案；在江苏常州抓获省公安厅督捕的骗取工程定金420万元的1名在逃犯罪嫌疑人；破获以环保工程项目为由、诈骗1673万元的特大合同诈骗案，在厦门抓获1名主要犯罪嫌疑人。是年，经侦大队受理行政执法机关移送案件41起，协助外地公安机关办理经济犯罪案件136起，抓获犯罪嫌疑人29名，协助追缴赃款赃物300万元。全市共立经济犯罪案件367起，破获311起，涉案总额1.16亿元，处理各类经济犯罪嫌疑人237名，挽回经济损失2491万元，抓获网上在逃经济犯罪嫌疑人29名。破获省公安厅督办的案值7800多万元的柘荣闽通贸易有限公司虚开增值税专用发票案，市公安局督办的1起福安挪用资金案、1起蕉城区合同诈骗案等案件。

2003年，根据省公安厅部署，市公安局协同有关部门持续开展打击各类生产、销售假冒伪劣商品违法犯罪活动，组织开展打击涉税、“地下钱庄”、假币、制假贩假违法犯罪和集中“追逃”5个专项行动。其中与税务机关联合行动21次，协助追回税款及其他款项161.8万元。全市破获假币案5起，抓获贩卖、运输、出售假币犯罪嫌疑人11名，查获假币9.85万元、假美金6300元。查处以制售假烟为主的假冒伪劣产品21起，案值1428万元，抓获犯罪嫌疑人23名。捣毁制假“黑心棉”窝点6个，成品500多捆，查获假冒名酒商标外包装盒7600套，假冒水泵2404台。抓获网上在逃经济犯罪嫌疑人41名。对蕉城城区、福安赛岐镇开展重点整治，破获各类案件38起，抓获犯罪嫌疑人37名，涉案金额336万元。受理行政执法机关移送案件62起，协助外地公安机关办理经济犯罪案件86起，抓获犯罪嫌疑人19名，协助追缴赃款赃物87万元。全市立各类经济犯罪案件410起，涉案金额5823万元，破案332起，其中公安部督办案件1起、省公安厅督办案件1起、市公安局督办案件3起。

2004年，市公安机关建立跨部门、跨区域防范打击经济犯罪预警、综合防控和办案协作机制，与税务、银行、保险、工商、烟草等召开联席会、工作协调会、座谈会62场次，受理行政机关移送案件58起。全市破案各类经济犯罪案件486起、涉案金额28.73亿元。福安市处理一涉案额26.3亿元的非法吸收公众存款案，抓获犯罪嫌疑人228名、挽回经济损失1.73亿元。

2005年，根据卫生部、中医药管理局、公安部《关于进一步整顿和规范医疗服务市场打击非法行医违法犯罪活动的通知》，市公安局协同卫生等行政部门，开展以整顿和规范医疗服务市场秩序、打击非法行医违法犯罪活动为主的专项治理。破获侵犯商标专用权案14起、涉案金额281万元，抓获犯罪嫌疑人23名。查处非法买卖土地案11起、涉案金额659.1万元，抓获犯罪嫌疑人23名。查处涉税案件8起、涉案金额2618.4万元，抓获犯罪嫌疑人13名。在“追逃”专项行动中，抓获经济犯罪在逃犯罪嫌疑人96名、抓获网上在逃经济犯罪嫌疑人56名。在执行省公安厅与福建保监局联合下发的《关于在查处保险领域违法犯罪案件中进一步加强协作配合的意见》中，召开联席会议34次、开展联合行动42次、受理行政执法机关移送案件10起、协助外地公安机关办理经济犯罪案件8起，并与温州地区公安机关联合开展打击经济犯罪协作。是年，全市共立各类经济犯罪案件303起、涉案金额3.89亿元，破案217起，抓获经济犯罪嫌疑人255名，追回涉案款物1.4亿元。

第三章　治安管理

第一节　扫黄　禁赌　禁毒

一、扫黄禁赌

1993年5月，根据省法院、检察院、公安厅联合下发的《关于查处卖淫嫖娼违法犯罪行为若干问题的意见》，全区开展查禁淫秽物品统一行动和专项治理。共清理整顿录像放映场点314处，查封、查扣有黄色、淫秽内容录像片671盒，裸体扑克1152副，黄色、淫秽图片750张，书刊58册。10月，在全区开展发廊业清理整顿，捣毁色情窝点7家，处罚卖淫嫖娼违法人员43人。1994年5月、10月、11月，在全区开展以打击卖淫嫖娼、制贩播黄色淫秽录像、售卖黄色书刊及非法出版物为主的扫黄打丑专项斗争和扫黄打非"飓风行动"，查处卖淫嫖娼案件74起213人、介绍容留卖淫案件8起17人、查处播放淫秽录像案件48起99人、缴获黄色录像带378盒、淫秽书刊1072册。全区查获卖淫嫖娼和介绍容留卖淫、嫖娼案件389起1108人，查获制贩、传播淫秽物品案件130起323人，查处赌博案件1295起7191人。1995年，根据省公安厅、文化厅、工商局《关于全面清理整顿电子游戏机市场取缔赌博机的通知》，在全区开展清理整顿电子游戏机市场与取缔赌博机活动。同时，开展重点打击卖淫嫖娼、传播淫秽录像、聚众赌博等黄丑案件，立案1921起、抓获违法犯罪人员9446名，其中传播淫秽物品52起132人、卖淫嫖娼273起1545人、介绍容留卖淫嫖娼102起185人、赌博1494起7584人，收缴黄色淫秽录像带78盒及部分淫秽书刊。1996年，组织实施"扫黄打非""打击非法电子出版物""查禁取缔有奖电子游戏机"等集中统一行动，查处卖淫嫖娼案件287起、抓获卖淫嫖娼人员932名，查获传播淫秽物品案36起107人。地区公安处治安科协助屏南县公安局查获省公安厅督办的1起特大组织卖淫案。1997年6月、11月，地区公安处在全区开展两次禁赌专项斗争，检查有奖游戏机经营场所43家、收缴赌博机147台、查处违法经营者及参赌人员103人。各县（市）公安局结合旅馆业、桑拿按摩业清理整顿，开展大规模清查行动。全区查处卖淫嫖娼案件183起551人、传播淫秽物品案39起116人、查获吸毒人员51名。1998年，全区公安机关把"扫黄打丑"作为治安管理的重点，查处制作、复制、出版、贩卖淫秽物品案件16起25人，传播淫秽物品案件29起48人，组织播放淫秽音像制品案件30起70人，依法收缴淫秽VCD、LD11998盘，淫秽录像带500盘，淫秽刊物100本，查处卖淫嫖娼案件272起607人，介绍容留卖淫嫖娼案件79起182人。1999年8月下旬至10月中旬，地区公安处开展"禁娼禁赌"专项行动，查处组织强迫、引诱、容留、介绍卖淫嫖娼案件 101 起 252 人，赌博案件 226 起 1493 人，收缴赌博机 161 台、赌资 70 多万元。是年，全区共查处卖淫嫖娼案件 352 起 682 人，查获赌博案件 1092 起 5637 人，制售淫秽物品案件 61 起 76 人。

2000 年，地区公安局会同有关单位制发《宁德地区加强娱乐服务场所管理严厉打击卖淫嫖娼赌博吸毒贩毒等社会丑恶现象专项行动实施意见》，确定蕉城、福安、福鼎为重点县（市），开展查处“黄丑”活动。共查处卖淫嫖娼案件 412 起 940 人，制售淫秽物品案件 54 起 63 人，查处赌博案件 1549 起 9302 人。

2001 年，全市查处卖淫嫖娼案件 296 起 664 人，查处赌博案件 1765 起 9560 人，传播淫秽物品案件 40 起 44 人、收缴淫秽物品 4100 件。2002 年，全市公安机关查处卖淫嫖娼案件 252 起 740 人，赌博案件 2413 起 1.19 万人，传播淫秽物品案件 12 起 16 人、收缴淫秽物品 1 万多件。同时，开展查禁“六合彩”赌博专项行动，市公安局接到检举揭发犯罪线索 234 条、查破案件 98 起。全市共查禁“六合彩”案件 431 起，捣毁窝点 289 个、查处涉案人员 1199 人。2003 年，继续开展打击“六合彩”专项行动，查处案件 246 起、摧毁窝点 14 个、查处涉案人员 729 人，其中刑事拘留 41 人、治安处罚 665 人次。全市查处卖淫嫖娼案件 178 起 589 人，赌博案件 2636 起 1.25 万人，其中“六合彩”赌博违法犯罪活动 997 起 1704 人，逮捕 50 人、判刑 7 人、劳教 44 人。传播淫秽物品案件 11 起 14 人。2004 年，全市查处卖淫嫖娼案件 175 起 510 人，查处赌博案件 2303 起、抓获 1.09 万人、摧毁赌博团伙 82 个。同时，市公安局成立打赌专案组，查办铲除地下流动赌场。针对不法分子利用互联网进行“六合彩”赌博新动向，加强侦查，破获一批“六合彩”网上赌博案件。8 月，全市联合开展网上“扫黄”专项行动，打击开设淫秽色情网站，在网上刊载、制作、传播淫秽色情图片、影片，介绍卖淫嫖娼等违法犯罪活动。12 月，在蕉城、福鼎、福安、霞浦等地开展统一收网行动，抓获 20 名参与网络赌博的涉案人员。

2005 年，全市开展“禁赌 1 号行动”和“禁赌 2 号行动”，集中打击“六合彩”与聚众赌博，抓获 35 名赌头赌徒、摧毁福安最大的 4 个赌博犯罪团伙、缴获赃款赃物 300 多万元。全市公安机关查获赌博案件 2258 起、抓获涉赌人员 1.02 万人，其中“六合彩”赌博违法犯罪活动 1103 起 2169 人。

二、禁毒

（一）打击吸食、制造和贩卖毒品

1993 年，霞浦县公安局发现并处理一起引诱、教唆沿海渔民吸食冰毒案。1995 年 10 月，地区刑警支队在霞浦三沙破获 1 起制毒大案，逮捕 2 名犯罪嫌疑人、缴获冰毒 80 千克、一套制毒设备及一批化学药剂，摧毁闽东首起集制作、贩卖、销售为一体的境内外勾结制贩毒团伙。霞浦县边防大队、三沙边防派出所、三沙公安分局联手在台轮“瑞升满 6 号”查获冰毒 126 千克，抓获 4 名犯罪嫌疑人，其中 2 名为境外毒贩。次日，在福鼎、浙江苍南查封 2 个制毒工厂，该案成为宁德地区中华人民共和国成立以后查获的最大一起制贩毒品案。11 月，地区公安处破获 5 起制、贩、吸毒案件，抓获犯罪嫌疑人 18 名，其中境外 8 名，缴获冰毒 206 千克、鸦片 5 千克，捣毁制毒工厂 3 个，缴获一批制毒设备和化学配剂。1996 年，全区公安机关破获毒品案件 36 起，其中贩毒案 10 起（特大贩毒案 3 起）；非法持有毒品案 2 起，抓获贩毒、吸毒违法犯罪嫌疑人 135 名，缴获鸦片 80.31 千克，摧毁贩毒团伙 9 个，抓获犯罪嫌疑人 38 名；查办吸毒团伙 6 个，抓获犯罪嫌疑人 58 名。1997 年，在全区组织开展“收戒吸毒人员和破案会战行动”，地区公安处缉毒大队与福州市公安机关联合在赛岐苏阳村摧毁一个地下制毒窝点，缴获一批制毒化学配剂、设备。全区共破获各类毒品犯罪案件 102 起，其中制造、贩卖毒品案 47 起，吸食、注射毒品案 21 起，摧毁贩毒团伙 8 个，抓获各类毒品违法犯罪嫌疑人 227 名，摸排登记吸毒人员 188 名，收戒 81 人，缴获毒品海洛因、冰毒 30 克，鸦片 29.2 千克，杜冷丁 4 支，摧毁制毒窝点 1 个。

1998 年 4 月，地区刑警支队挖出 1 个贩卖杜冷丁团伙，该团伙从福安、寿宁、柘荣、福鼎等 4 县（市）的 5 个乡镇卫生院及浙江苍南等地非法购进一批杜冷丁，以每支 10 倍以上价格出售，牟取暴利。全区破获各类毒品案件 214 起，抓获各类毒品违法犯罪嫌疑人 122 名。1999 年 4—6 月，地区公安机关协同古田、福鼎、柘荣、福安等 4 县（市）公安局破获一批重特大毒品案件。全区公安机关共破获各类毒品犯罪案件 477 起，查获贩毒团伙 8 个、捣毁 2 个窝点，抓获吸食、注射毒品人员 68 名，逮捕犯罪嫌疑人 155 名，缴获鸦片 25.75 千克、海洛因 35.21 克、冰毒 81.26 克、管制精神药品（安定剂）1560 支。

2000 年，地区公安机关开展“打零包、挖网络、摧团伙”行动，严厉打击毒品犯罪活动。6 月，古田县公安局破获闽东首例贩卖“摇头丸”案，抓获贩毒 1 名犯罪嫌疑人，摧毁 1 个特大犯罪团伙，抓获犯罪嫌疑人 14 名，破获贩毒案 42 起，连带破获杀人、绑架、敲诈等刑事案件 20 起。全市共破获各类毒品犯罪案件 537 起，其中制、贩毒案 476 起，吸毒案 45 起，摧毁贩毒团伙 3 个，抓获各类违法犯罪嫌疑人 168 名，逮捕、刑拘毒品犯罪嫌疑人 65 名，缴获海洛因 971 克、鸦片 12.5 千克，捣毁制毒加工厂 1 个。各县（市）公安局相继成立临时戒毒所，采取限期戒毒和自愿戒毒相结合办法，落实帮教措施，以控制毒品犯罪案件上升趋势。

2001 年，根据省公安厅部署，全市开展“飓风”扫毒专项行动。全市破获各类毒品案 937 起、抓获违法犯罪嫌疑人 224 名，其中逮捕、起诉 95 名，刑拘 35 名，劳教 41 名，治安处罚 69 名。查获吸毒人员 282 名，缴获毒品鸦片 19.3 千克、海洛因 473 克、摇头丸 190 粒。其中强制戒毒 159 名，限期戒毒 39 名。

2002 年，市公安局在全市开展为期 4 个月的“禁吸收戒”专项斗争，突查“迪吧”、歌舞厅 230 家次，抓获吸毒人员 219 名，缴获“摇头丸”30 粒、冰毒 6 克。古田县公安局破获贩毒案 110 起。是年，全市破获各类毒品案件 1298 起，其中贩毒案 1210 起、抓获犯罪嫌疑人 296 名、摧毁贩毒团伙 16 个；查获吸毒人员 387 人，缴获鸦片 14.54 千克、海洛因 45.1 克、冰毒 6.7 克、摇头丸 36 粒。

2003 年 7—9 月，全市开展为期百日的“利剑”扫毒专项行动。是年，全市破获毒品犯罪案件 859 起，其中贩毒案 854 起、抓获犯罪嫌疑人 568 名，其中刑拘 69 人、逮捕起诉 60 人、判刑 30 人。查获吸毒人员 574 名，其中强制戒毒 335 人、劳教 95 人、限期戒毒 155 人，缴获鸦片 26.88 千克、海洛因 9.11 千克及一批罂粟种子、摇头丸、大麻、K 粉、三唑仑等。

2004 年 3 月，宁德市公安边防支队侦破一起特大涉台走私毒品案，在霞浦、福安、福州等地抓获 7 名犯罪嫌疑人，其中境外犯罪嫌疑人 6 名，缴获 K 粉 9.89 千克及运输船 1 艘。4 月，全市清查 144 家重点歌舞娱乐场所，查出尿检呈阳性吸毒人员 28 名，缴获毒品 2000 多克、摇头丸 579 粒。是年，全市破获各类毒品刑事案件 333 起，抓获各类毒品犯罪嫌疑人 111 名、摧毁犯罪团伙 7 个，查获吸毒人员 639 名，其中劳教 104 人、强制戒毒 345 人、限期戒毒 59 人、行政拘留 165 人次，缴获各类毒品 15316 克，其中海洛因 2220 克、K 粉 11197 克、摇头丸 1155 粒、大麻 940 克。

2005 年，全市多次组织开展打击毒品犯罪、禁种铲毒、公共娱乐场所涉毒整治等专项行动。其中，市公安局配合省公安厅、省武警总队，在福安城关街尾 27 号抓获公安部悬赏通缉的 1 名全国第一号毒枭及1名同伙。全市破获毒品刑事案件323起，抓获毒品犯罪嫌疑人90名，抓获吸毒人员869名。

（二）禁种与铲除罂粟

1995年4月，地区刑警支队协同霞浦县公安局溪南派出所在霞浦南门山一带山区，铲除罂粟10万余株。全年公安机关共铲除种植的罂粟22万余株。1996年，全区开展“春季严打攻势”，在霞浦、福安、柘荣等县（市）破获3起非法种植罂粟案，铲除罂粟20余万株，缴获生鸦片1500克、熟鸦片262克，捣毁鸦片提炼坊1个、抓获犯罪嫌疑人4名。全年破获非法种植罂粟案24起，铲除罂粟65万余株。1997年4月，全区开展铲除罂粟统一行动，宁德地委领导率地委政法委、地区公安处等部门领导，到福安、霞浦边远山村的荒山僻野实地了解违法种植罂粟情况，并铲除10万余株。各县（市）组织100多个、1.1万人次的行动组、督导组，在69个乡镇96个村铲除罂粟196.5万余株。全区破获非法种植罂粟案34起，抓获非法种植人员89名。1998年4月，根据地区禁毒委部署，在全区开展清查、铲除罂粟专项行动。地区禁毒办组织两个小组，先后检查福安、霞浦2县（市）7个重点乡镇的12个村的禁种工作，并在福安溪潭镇兰田村七定自然村铲除一批罂粟。1999年6月，全区各级党委、政府组织102个、近8000人的督导组、检查组，全面清查非法种植罂粟情况。全区缴获罂粟种子1千克，铲除非法种植罂粟11.37万株。

2000年，地区禁毒办3次组织到重点偏僻山区，对种植罂粟情况进行明察暗访，督促有关县、乡铲除工作。福安、周宁、霞浦、寿宁4县（市）11个乡镇上半年铲除非法种植罂粟2.87万株。全市破获非法种植罂粟案9起，缴获罂粟种子140克，铲除罂粟3.89万株。

2001年2月，宁德市公安局禁毒支队对福安、霞浦2县（市）6个乡镇的9个村进行实地检查，铲除罂粟60万株。3月，根据市委、市政府部署，在全市开展禁种铲毒“迅雷”行动，全市4个县（市、区）31个乡镇101个村铲除罂粟160余万株，破获非法种植罂粟案46起，抓获违法犯罪嫌疑人52名。12月，市委政法委、综治委、禁毒委联合开展以禁种铲毒、禁吸戒毒、创建“无毒害社区”活动为重点的禁毒工作检查。对全市29个乡镇检查中，抓获涉嫌种毒人员8名，缴获罂粟种子70余克，铲除罂粟苗5万余株。全市共破获非法种植罂粟案59起，缴获罂粟种子70克，铲除罂粟160余万株。2002年2月，福安、霞浦县（市）被国家禁毒委列为非法种植罂粟原植物重点整治区域，市禁毒委召开紧急会议，指定福安8个乡镇、霞浦6个乡镇、蕉城4个乡镇为市禁毒委直接挂牌督办的重点整治区域。3县（市、区）公安机关组织10多万人次开展禁种铲毒、禁吸戒毒宣传和上山踏查铲除罂粟行动。4月，国家禁毒委常务副秘书长、国家禁毒局局长杨凤瑞到宁德市检查指导禁毒严打整治工作。国家禁毒办和公安部禁毒局主办的《禁毒工作》严打整治专刊第70期专门刊发《福建宁德全面推进禁种铲毒专项治理工作》，介绍宁德市开展禁种铲毒工作的经验和做法。是年，全市破获非法种植罂粟案件81起，缴获罂粟种子834克，铲除罂粟15.27万余株。2003年3月17日，国家禁毒办在宁德召开全国部分省际交界处禁种铲毒联合行动动员部署会议，福建、浙江、内蒙古、重庆等10省（市、区）禁毒部门负责人参加会议，研究部署在省际交界处开展联合禁种铲毒行动。4月，市公安局禁毒支队和浙江温州市公安局禁毒支队联合制订《2003年闽浙宁德温州交界处开展禁种铲毒联合行动工作方案》，市禁毒支队组织福鼎、福安、柘荣、寿宁4县（市）公安机关联合开展踏查铲毒行动。全市破获非法种植罂粟案5起，铲除罂粟1.1万株。国家禁毒委授予宁德市2002年全国禁毒严打整治“禁种铲毒奖”。

2004年，根据省委、省政府批转省禁毒委员会的《关于全面加强禁毒工作的意见》，市政府制订《关于对禁种铲毒工作实行奖励的办法》，对发现种植罂粟并铲除的有关单位和个人，破获、查处非法种植罂粟案件和抓获在逃犯罪嫌疑人的办案单位实行奖励。当年，全市铲除罂粟1.35万株，缴获罂粟种子590多克。福安、霞浦2县（市）禁毒工作成效突出，摘掉全国非法种植罂粟原植物重点整治区域“帽子”，并在2004年全国部分省市禁种铲毒工作会议上做经验介绍。

2005年，宁德市委市政府把禁毒工作列入社会治安综合治理责任状考核，对禁毒工作开展不力的地方、部门和单位实行责任追究、挂牌限期整治、通报警告和社会治安综合治理“一票否决”。5月，市公安局制发《宁德市开展禁毒人民战争实施方案》，在全市开展为期3年的禁毒行动。全市铲除罂粟2.4万株，种植罂粟和制售鸦片犯罪活动现象在很大程度上受到遏制。

（三）禁毒宣传与创建“无毒害社区（乡镇）”

1997年6月26日“国际禁毒日”，地区禁毒工作领导小组副组长蔡尔申在宁德电视台发表电视讲话。《闽东日报》头版头条发表《热爱生命、远离毒品》长篇报道。1998年，全区实施禁毒宣传教育“五个一工程”（举办一次禁毒教育展览、出版一本禁毒教育读本、印制一套禁毒宣传图片、组织一次禁毒知识竞赛、举行一次禁毒晚会）。6月26日，“国际禁毒日”在全区开展形式多样的禁毒宣传活动，出动25辆宣传车，举办禁毒宣传专栏310个，设置跨街标语165条，张贴标语18000余张、图片5000余幅。部分县、市公安局结合涉毒案件，对市民、村民进行正反面宣传教育。1999年6月3—26日，全区组织开展以禁毒预防教育为重点的“禁毒月”活动，并组织开展创建“无毒社区”活动。

2000年，地区禁毒委在全区开展创建“无毒害社区”活动与“网上毒情调查”专项行动，各县（市）选择不同类型社区开展禁毒工作试点。霞浦县公安局对1993年以来吸毒人员逐个进行筛查，发现并列入监管的吸毒人员由7名增至166名。古田县采取规劝投案登记和调查登记相结合的办法，吸毒人员上网监控率达100%。2001年，全市继续开展创建“无毒害社区”活动，屏南、寿宁、周宁等县巩固扩大“无毒害社区”创建。古田县以古田溪水电厂为创建“无毒害社区”试点单位，以吸毒较为严重的新城、松吉、湖滨为争创“无毒害社区”重点乡镇，建立涉毒人员家庭、村（居）委、单位、派出所“四位一体”帮教小组，加强涉毒人员管控。11月，市公安局与团市委在蕉城区城东路口开展禁毒宣传。12月，市委政法委、市综治委、禁毒委联合开展全市以禁种铲毒、禁吸戒毒、创建“无毒害社区”活动为重点的禁毒工作检查。2002年，市禁毒委在全市推广霞浦溪南、福鼎叠石和古田新城、湖滨、松吉等5个乡镇及古田溪水电厂创建“无毒害社区”示范点经验。

2003年，全市公安机关继续加强禁毒宣传工作，在社区开展“社区青少年远离毒品”、创建“无毒害社区（村居）”“不让毒品进我家”等活动。蕉城区禁毒办、蕉城公安分局联合区教育局到100多所中小学校开展为期一个多月的禁毒图片巡回展，受教育师生达8万余人次、有2万多名学生写了观后感。柘荣禁毒大队连续半个月到全县各中小学校给学生上禁毒宣传课。2004年5月，市公安局、文化与出版局、工商局联合制订《宁德市公共娱乐场所禁毒管理暂行规定》，各县（市、区）公安、文化、工商部门与公共娱乐场所业主签订责任状，并组织娱乐场所从业人员参加禁毒知识培训。各娱乐场所在显要位置悬挂禁毒警示牌、民警告示、禁毒宣传、举报热线电话等。

2005年4月，全市开展禁毒集中宣传周活动，市委、市政府领导在《闽东日报》发表署名文章，在宁德电视台发表电视讲话，市禁毒办与市卫生、药监局等禁毒工作领导成员单位，举办专题座谈、上街宣传、咨询及开展“拒绝毒品、珍爱生命”万人签名等活动。

第二节　公共场所与特种行业管理

1993年，根据省公安厅《关于申领特种行业公共场所治安管理证照办法》《关于加强发廊业治安管理严厉打击流氓犯罪活动的通知》，地区公安处制发《宁德地区美容业治安管理暂行规定》，与美容业主签订治安管理责任状。10月，对全区发廊进行清理整顿，清查发廊990家，查封整改、停业整顿54家，取缔7家。同时，根据公安部《关于加强刻字业治安管理打击伪造印章犯罪活动的通知》，会同工商行政管理等部门对刻字业进行调查摸底，并结合年审对刻字业进行清理整顿。1994年，执行省公安厅、省工商行政管理局《关于进一步加强发廊（美容厅）治安管理的通知》与省公安厅《福建省推拿按摩业治安管理办法》，全区清查公共场所、特种行业978家，取缔发廊35家、停业整顿199家、整改377家；停业整顿旅社11家，录像播放点、出租点42家，电子游戏机室18家。1995年，根据省公安厅、文化厅、工商行政管理局《关于全面清理整顿电子游戏机市场取缔赌博机的通知》，对全区电子游戏机经营场所进行清理整顿，查禁取缔赌博机、禁止有奖游戏机经营，查封专营、掺杂经营的有奖游戏机场所21家，收缴赌博用电脑板93块。同时，整改发廊321间、旅店57家、录像播放厅28家、取缔发廊28家。1996年，执行《福建省公共场所治安管理办法》《福建省公共场所治安安全条件暂行办法》，组织实施“打击非法电子出版物”集中统一行动，全区查封经营场所50家、收缴电子游戏机157台，基本完成对公共场所、特种行业调查摸底、清理整顿和换发新证工作。1997年，继续实施《福建省公共场所治安管理办法》，与业主签订治安责任状，对从业人员进行岗前培训。同时，根据省公安厅部署，开展废旧物资专营收购站点、旅馆业、桑拿按摩业专项清理整顿，查处一批违法经营业主。全区有特种行业经营者2600家，举办从业人员培训班116期7243人、签订治安责任状1687份。1998年，全区开展机动车修理业清理整顿活动，对机动车修理业进行全面调查摸底和治安检查，清理整顿742家，其中取缔26家、吊销许可证24家、限期整改137家。对全区892家营业性录像出租点、放映厅、销售点进行清查，查获非法出版物4.27万份，清理音像出租、播放点130家，取缔61家。1999年，执行《中华人民共和国娱乐场所管理条例》和省公安厅、省邮电局、文化厅、工商行政管理局《福建省网吧管理办法》。对按摩服务场所、印刷业、网吧、游戏机场所等进行清理整顿。召开特殊行业从业人员会议52场，参会3800人次；检查865家，处罚224家。继续落实机动车修理业管理责任制，建立健全车辆登记、验证、报查及可疑情况报告等制度，全区取缔违法经营22家、限期整改77家。开展按摩服务场所清理整顿，清查352家、发出整改通知224份，取缔按摩服务场所51家，消除不良广告264个，培训按摩业从业人员1111名。全区检查印刷企业257家，停业整顿20家、取缔3家。

2000年，地区行署成立公共复杂场所专项整治领导小组，成员单位有地区公安局、监察局、文化局、工商行政管理局等。在蕉城、福安、福鼎等重点县（市）开展娱乐服务场所管理暨电子游戏经营场所专项治理工作。清查娱乐服务场所2661家，责令停业整顿609家、取缔无证照和非法经营娱乐服务场所677家、限期整改1300家、吊销经营许可证195家，清理盈利性陪待人员266名。查获卖淫嫖娼案件88起260人、赌博案件149起728人、收缴各类具有赌博性质的游戏机355台、电脑版430片、淫秽光盘469张。同时，根据省公安厅《关于开展废旧金属收购业清理整顿的通知》，组织开展废旧金属收购业清理整顿，打击盗窃生产设施和破坏电力、通信设施等犯罪专项斗争。2001 年 8 月，市公安局与市监察、文化、工商行政管理部门等联合制订《关于清理整顿按摩服务场所严厉打击非法经营活动的通知》，在全市开展 3 次清理整顿娱乐服务场所集中统一行动，清查各类娱乐服务场所 1627 家、取缔无证经营场所 101 家、吊销证照 33 家、停业整顿 183 家、限期整改 216 家，查处各类案件 246 起、抓获违法犯罪嫌疑人 613 人。2002 年，执行省公安厅《互联网服务营业场所安全管理暂行规定》，全市公安机关加强网吧管理。同时，根据行政审批制度改革要求，调整行政审批权限。除省公安厅委托的桑拿浴、足底按摩、拍卖、公章刻制等行业外，其他行政审批权限全部下放给县（市、区）公安局。市公安局治安支队开发宁德市特种行业管理系统软件，并投入运行。2003 年，根据省有关部门制定的《互联网上网服务营业场所管理条例》，在网吧安装一卡通系统。在全市全面开展治安管理信息系统建设，有 125 家旅馆实现联网，通过旅馆业信息系统布控和报警，抓获各类犯罪嫌疑人 123 名。同时，全市各级公安机关继续进行行政审批制度改革，取消审批审核项目 13 项。对拍卖业经营活动采取网络数字化备案登记模式。2004 年，执行省人大常委会重新修订的《福建省特种行业和公共场所治安管理办法》，在全市开展网吧、游戏机场所专项整治行动 32 次，取缔无证经营黑网吧 48 家、责令校园周边 28 家网吧停业整顿、16 家网吧搬迁。完成全市 50 张床位以上宾馆的信息系统联网建设，实行监控管理。

2005 年，全市进一步加强特种行业和公共场所治安管理。在三星级以上宾馆开展技防措施，大部分县（市、区）娱乐场所、按摩场所按规定配备保安人员。印章刻制业完成使用软件论证和确定。全市受理行业场所内刑事案件 174 起、治安案件 136 起，抓获违法犯罪嫌疑人 400 多人。

第三节　危险品管理

一、枪支、刀具管理

1993 年，全区加强对枪支、刀具管理，发放非军用枪支证 756 本，猎枪证 680 本，体育运动枪证 150 本。1994 年，执行省公安厅《关于坚决收缴非法枪支管制刀具的通告》，全区收缴各类枪支 805 支，电击催泪麻醉枪 52 支、子弹 1670 发，手榴弹 16 枚，管制刀具 891 把。1995 年，地区公安处与福鼎市公安局侦破“3・27”特大贩运枪支案件，捣毁浙江省永嘉县制枪窝点 2 处，查获私制枪支 600 多支、子弹 10 万多发。宁德、福安、古田等县（市）公安机关对城区“娱乐场所”等进行突击清查，查出非法枪支 28 支、管制刀具 237 把。通过宣传发动，有 53 名群众主动交出 9 支砂枪、2 支自制手枪、217 把管制刀具。全区破获涉枪犯罪案件 24 起、摧毁团伙 9 个，抓获团伙成员 31 人、缴获枪支 375 支、子弹 7375 发。1996 年，全区在执行《中华人民共和国枪支管理法》中，收缴各类非法枪支 683 支，子弹 1066 发，管制刀具 767 把。1997 年，全区查处涉枪涉爆案件 39 起 50 人，缴获枪支 273 支、子弹 50 发、管制刀具 381 把，收回全区企业派出所枪支，换发公务用枪及新版持枪证。1998 年，全区开展清理整顿民用枪支专项行动，共收缴非法枪支 1803 支、收回公务用枪 18 支。1999 年，全区公安机关举办公务用枪人员培训班 14 期，培训 500 多人次；完成公务用枪审批表审核及数据录入。全区收缴各类非法枪支 80 支、管制刀具 93 把，收缴各类民用枪支 352 支、管制刀具 465 把、收回超范围配备枪支 81 支。

2000 年，全区收缴各类枪支 29 支、管制刀具 300 件，查处违反枪支管理规定案件 15 起 14

人。2001 年，在全市开展“治爆缉枪”专项行动中，收缴非法枪支 1127 支、子弹 7235 发、管制刀具 548 件，查处涉枪涉爆案件 195 起 206 人；其中刑事拘留 39 人，群众主动上缴各类非法枪支 962 支。2002 年，全市开展枪支弹药专项整治行动，收缴非法枪支 295 支、仿真枪 536 支，子弹 3158 发、手榴弹 25 枚；查获涉枪涉爆案件 106 起、摧毁涉枪团伙 4 个，逮捕 34 人、取保候审 30 人、治安处罚 70 人。同时，开展公务用枪管理使用专项整治行动，举办枪械考试、考核 10 期 3493 人，检查公务用枪 2693 支、收回超范围配备枪支 132 支。2003 年，在全市收缴非法枪支 260 支、子弹 10108 发，查获涉枪涉爆案件 85 起 124 人。2004 年，在全市开展“缉枪治爆”专项行动，检查涉枪单位 558 家，查处涉枪涉爆案件 22 起，收缴各类枪支 127 支、子弹 315 发。举办金融系统公务持枪人员培训班 1 期 83 人，复训公务持枪人员 2 期 76 人；完成全市拆装军用枪、配发 97 式防暴枪工作，撤装换装率达 90%。

2005 年，全市执行省公安厅《福建省公安机关治安管理部门办理枪支弹药审核审批事项工作规范（试行）》，检查涉枪涉爆单位 749 家，收缴自制枪支 48 支、仿真枪支 3 支、军用子弹 933 发、废旧炮弹 l 枚，查处涉枪涉爆案件 51 起 79 人。

二、民爆物品管理

1993 年，全区对民爆物品实行社会化管理。10 月，地区公安处成立民爆物品服务公司，对民爆物品运输、使用、储存进行统一监管。1994 年，全区收缴炸药 32 筒，雷管 23 枚。1995 年，全区检查涉爆单位 348 个，整改治安隐患 128 处。1996 年 1 月，全区对民爆物品生产厂点、经销点、储存点进行安全大检查，取缔地下私营厂点 18 家，查获非法销售、调运烟花爆竹 205 箱，销毁烟炮 2900 多箱，并对 400 多名生产、经营和管理人员进行培训。是年，全区查处违反民爆物品管理规定案件 7 起 12 人、收缴炸药 208 千克、雷管 1300 枚、导火索 6.6 万米。1997 年，全区公安机关查处涉枪涉爆案件 39 起 50 人，缴获炸药 3736 千克、雷管 220 枚、导火索 418 米。1998 年，全区检查涉爆单位 348 个，发现治安隐患 128 个、发出整改通知书 150 份、取缔非法生产厂家 39 个、非法销售点 49 个，收缴炸药 5377 千克、雷管 5322 枚，导火索 6080 米，培训“四员”（爆破员、仓管员、安全员、押运员）800 名。1999 年，全区开展“强化爆破物品管理，严打涉爆犯罪”专项斗争。根据省公安厅、国防工办等单位联合下发的《关于加强民爆器材行业自律进一步提高管理水平的通知》，对 214 名公安民警进行民爆管理业务培训。全区举办“四员”培训班 45 期，培训 1871 人。12 月，全区开展为期 1 个月的安全大检查活动，检查涉爆单位 417 家、烟花爆竹生产及销售点 334 家，取缔无证零售点 47 家、取缔烟花爆竹地下作坊 7 家、查封不符合安全条件的仓库 4 个、收缴烟花爆竹成品 740 箱、半成品 87 箱。全年全区公安机关检查涉爆单位 915 家，发现隐患 269 起、落实整改 268 家、取缔非法涉爆单位 217 家，查处非法制贩涉爆案件 73 起 100 人、缴获炸药 7909 千克、雷管 5.7 万枚、导火索 4.08 万米、烟花爆竹成品 1095 箱、半成品 298 箱。

2000 年，执行省政府批转的《全省烟花爆竹集中清理整顿工作方案》，在全区开展烟花爆竹清理整顿工作。检查烟花爆竹生产、经销单位 729 家，责令停业整顿 71 家、吊销许可证 29 份；取缔非法生产、经销点 162 个，查处涉及烟花爆竹案件 74 起 87 人。2001 年，全市开展“治爆缉枪”专项行动，检查涉枪涉爆单位 955 家，发现隐患 495 处、发出整改通知书 247 份、发出停业整顿通知书 83 份；收缴炸药 7362 千克、雷管 7647 枚、导火索 5180.7 米、烟花爆竹 6694.1 万头。2002 年，全市开展民用爆炸物品专项整治行动，收缴炸药 2495 千克、雷管 7596 枚、导火索 2765 米、黑火药 21 千克。同时，重新审核烟花爆竹批发和零售网点布设，推广福鼎市以供销社日杂公司为营销监管的烟花爆竹批发、零售定点和统一标识、连锁经营办法。全年全市收缴非法烟花 191 件，非法爆竹 43.45 亿头。2003 年，在全市开展民爆物品、烟花爆竹专项清理整治，收缴炸药 479 千克、雷管 3025 枚、导火索 938 米、黑火药 26.5 千克，烟花爆竹 6560 箱。2004 年，全市开展“缉枪治爆”专项行动，查处涉枪涉爆案件 22 起、处理涉爆犯罪嫌疑人 66 人，收缴炸药 3042 千克、雷管 1.08 万枚、导火索 9568 米、黑火药 143 千克、烟花 5054 个、爆竹 237 万头。全市检查涉爆单位 656 家，发现隐患 129 处，发出整改通知书 114 份。

2005 年，全市根据省公安厅的《福建省公安机关治安管理部门办理民爆物品审核审批事项工作规范》，检查涉枪涉爆单位 749 家，发现隐患 211 处、发出整改通知书 139 份、督促整改落实 186 起，收缴炸药 155.7 千克、雷管 9121 枚、导火索 386 米、烟花爆竹 127.7 万箱、黑火药 1573 千克，查处涉枪涉爆案件 51 起 79 人。

第四节　治安专项整治

1993 年，宁德地区公安处在全区开展农村社会治安专项整治，抓获犯罪嫌疑人 252 名，摧毁犯罪团伙 13 个 77 人。协同古田、宁德、福安等县（市）查处各类纠纷械斗事件 4 起。全区查处各类治安案件 7942 起，其中打架斗殴 3207 起、查处违法成员 12280 人，治安拘留 4641 人、罚款 6650 人、警告 986 人。1994 年，根据省公安厅部署，地区公安处与县（市）公安局相继成立专门领导班子，在全区开展 3 次农村社会治安整治、打击流氓犯罪活动，查处各类治安案件 3017 起、摧毁团伙 142 个、抓获犯罪嫌疑人 521 人，其中流氓团伙 61 个 226 人、其他犯罪嫌疑人 2421 名。1995 年 7 月，福安市公安局开展打击“菇霸”“花霸”等欺行霸市团伙活动，查处案件 26 起、抓获团伙成员和其他犯罪嫌疑人 155 名。

1996 年，针对集镇与乡村、城乡接合部恶势力横行问题，全区公安机关开展“打霸”“打团伙”专项斗争，摧毁“菇霸”“菜霸”“花霸”“果霸”“渔霸”等地痞、村霸团伙 125 个 712 人，收缴枪支 113 支、管制刀具 388 把。1997 年，全区开展治安专项整治和破案会战行动，摧毁各类犯罪团伙 19 个，抓获犯罪嫌疑人 65 人。全区城区新建治保组织 179 个，治安联防队 71 个，新增联防队员 84 名。1998 年，全区开展“百日治安整治”专项行动。1999 年，全区公安机关对治安不好的乡镇和公共场所进行集中整治，全区有治保组织 2366 个、治保人员 6244 名。

2000 年，结合撤地设市，大力开展治安整治，查处各类治安案件 7863 起、违法成员 16218 人，其中移交有关部门 224 人、劳教少教 44 人、治安处罚 14892 人。2001 年，全市开展创建“治安维权岗”活动，加强校园及周边地区治安重点整治，清理整顿校园内外非法经营摊点 80 多家。开展重点区域、重点部位治安专项整治，摧毁黑恶势力团伙 379 个，抓获犯罪嫌疑人 580 名。各县（市）公安治安巡逻接出警破案 891 起，抓获在逃犯罪嫌疑人 416 名。2003 年，根据省公安厅部署，全市开展“治安防控体系建设年”活动，组建社区治安防控网。

2005 年，根据《全市治安防控体系建设三年计划》，市公安局和霞浦、福安等县（市）公安局实现 110、119、112“三台合一”，方便群众报警、求助、投诉。全市受理各类治安案件 12351 起，查处 10159 起，查处违法人员 18067 人，重点整治带有黑恶势力团伙犯罪活动。

第五节　创安工作

1996 年，宁德地区公安处率先在东湖新村、福宁花苑等 3 个小区开展创建安全小区活动。全区有 12 个居民小区成为安全文明小区。1997 年，全区 9 个县（市）城区全部开展创建安全文明小区活动，共创建安全文明小区 50 个、安全文明楼院 8 个。1998 年，全区创建安全文明小区 60 个，安全文明楼院 8 个。同时，在全区农村开始创建治安模范村 649 个，覆盖率 34%。1999 年，创建文明安全小区 189 个，治安模范村 1459 个。2000 年，各县（市）公安机关相继成立创建安全文明小区领导小组，在群防群治基础较好的小区开展社区安全保障服务，在开放式的旧式民居开展综合治理与治安联防工作。全年创建安全文明小区 93 个，其中文明楼院 11 个，治安模范村 1687 个。

2001 年，全市公安机关以警区为单位，开展治安巡逻、护村护厂护楼（院）活动。柘荣县城关派出所把创安工作列入责任区民警工作范畴进行考核。是年，全市创建安全文明小区 93 个，农村治安模范村 1690 个。

2002 年，根据省委、省政府《福建省城市社区建设纲要（试行）》、省公安厅《关于社区警务建设实施意见》，市公安局制发社区警务建设实施意见，各级公安机关相继建立社区警务工作领导组织和工作机构。5 月，柘荣县公安局在双城镇城北社区成立全市首个社区警务室，并建立“六个一”（一个警务公开栏、一本工作笔记、一块民警去向牌、一套公安基础台账、一张辖区平面图、一个民警联系箱）工作规范。2003 年，全市推广柘荣县城北社区警务工作经验，共设立社区警务室 91 个，配备民警 82 名。同年，全市各派出所挂牌设立社区家庭暴力投诉中心。

2004 年，全市推行一区一警或一区双警的警力配置模式，全市新建社区警务室 90 个，配备社区民警 117 名。同时，建立社区民警入户访查制度。

2005 年，全市公安机关全面开展小区（社区）入户访查，屏南县公安局推行公安、社区（小区）防控联网，柘荣县公安局推行警民治安联系卡，市公安局制发规范小区（社区）治保会考评实施细则。全市再新建社区警务室 91 个，配备社区民警 133 名；建立社区（小区）治保会 2400 个，共有专兼职治保干部 7044 名；基层治保组织协助公安机关破获各类刑事案件 172 起，协助抓获违法犯罪嫌疑人 239 人，调解各类纠纷 1582 起。

第四章　安全保卫

第一节　单位安保

1993年，宁德地区公安处内保科下发《关于在我区内部单位开展安全防范设施建设达标活动的通知》，各县（市）公安局加强重点单位安全检查，增设报警器、探头、警用器械等，组织开展昼夜治安巡查。全区破获单位失窃案件32起、抓获盗窃嫌疑人25名、查获盗窃团伙4个15人。1994年，全区金融单位开展防护级别达标检查，中国银行宁德分行、中国工商银行宁德分行等单位安装闭路监控报警系统。全区开展重点部门安全大检查，查出内部单位隐患1276条、发出整改通知书1000余份、整改率达90.3%。全区单位推广使用安全防盗门、红外线报警器等安全防范设施。当年，全区发生单位刑事案件88起、破获66起，抓获犯罪嫌疑人51名、查获盗窃团伙4个23人。

1995年，全区结合“创安”活动，在重点安保单位开展安全大检查，查出各类事故隐患1396条、发出整改通知书1127份、整改率91.2%。金融单位开展三级防护活动，加强内部保卫群防群治工作。5月，根据公安部、中国人民银行《关于立即采取有力措施切实加强金融保卫工作的通知》，全区开展金融工作保卫大检查，先后检查20个支行、113个基层营业网点、26辆运钞车，查出各类安全隐患167条，发整改通知书107份；责令3个营业网点停业整顿。12月，地区公安处与中国人民银行宁德地区分行制发《关于在全区金融单位开展安全防范专项整治工作的实施方案》，128个基层营业场所达到防护级别规定要求，占全部营业场所的92.3%。福鼎、柘荣、寿宁、古田等县（市）公安局挑选160多名公安干警担任中小学校兼职治安副校长。全区破获单位发生的各类刑事案件20起，受理治安案件267起、查破193起，处理违法人员462人。1997年，全区公安机关加强金融系统安保工作，对金融单位重点保卫部位进行安全检查，查出隐患971条、发整改通知书234份、整改率90%；全区改装运钞车54辆、增配专业运钞车22辆，协同人民银行宁德地区分行、农业银行宁德地区分行开展运钞车应急处置演练。全区85%以上金融营业网点与公安“110”或派出所联网，营业网点防护级别全部达标。

1998年3月，地区公安处和中国人民银行宁德地区分行牵头抽调人员组成查岗工作组，抽查单位20个、金库35个、运钞车21辆、营业网点84个，发出整改通知书117份，限期整改一批安全隐患。地区公安处和地区7家金融单位联合制定《宁德地区金融系统安全防护设施规范》，并对营业场所、金库、运钞车防护措施进行检查评比。全区504个营业网点，有498个达三级以上防护标准。全区还查处滋扰学校治安案件167起。1999年，地区公安机关继续加强重点单位安保工作，举办安保培训班16期、培训843人，重点单位增配保卫人员118人。对全区金融系统196个支行进行7次明察暗访，发出整改通知书236份、整改率95%。城区金融营业场所全部实现与“110”报警台联网，并全部达到三级以上防护标准。全区查处校园治安案件107起。2000年，地区公安处对地区党政机关进行安全检查116次，整改消除安全隐患86个（处）。会同金融单位对216个营业网点、71辆运钞车及50多处金库进行5次明察暗访，查处安全隐患97处、纠正违章76个（处）、发整改通知书127份、整改率95%。全区金融单位投入1000多万元，对营业网点进行维修、改造、购置防弹运钞车、增加监控报警设施等。全区单位发生刑事案件80起、破获41起，查处治安案件267起。查处滋扰校园治安秩序、侵害师生权益案件111起，依法处理违法犯罪嫌疑人52人、摧毁犯罪团伙5个20人，取缔校园周边游戏机经营场所121家，清理整顿校园内外非法经营摊点30多家，选派265名派出所领导和责任区民警担任中小学校治安副校长。

2001年，全市多次组织开展校园及周边治安秩序专项整治，破获各类案件111起、依法处理违法犯罪嫌疑人52人、摧毁犯罪团伙5个20人、取缔游戏机经营场所121家、清理整顿校园内外非法经营摊点80多家。2002年，全市公安机关检查金融营业网点、金库及党政机关等1277个（处），发现安全隐患319处、落实整改187处，检查运钞车142辆次。市治安支队被省公安厅和中国人民银行福州中心支行评为全省金融安全保卫工作先进集体。2003年2月，市治安支队到宁德师专，对校园内的可疑人、物进行全面排查。3月，协同市卫生、防疫部门做好预防非典型性肺炎工作，加强巡逻防控与外来流动人口及公共娱乐场所管理。

2004年，全市执行《中华人民共和国企事业单位内部治安保卫条例》，检查金融营业网点、金库及党政机关等638个（处），发现隐患125处、落实整改107处、下发整改通知书76份，检查运钞车80辆次。开展全市中小学、幼儿园及少年儿童安全管理专项整治，检查中小学、幼儿园481所，整改隐患136处；设立治安报警点174个、指导建立治安巡逻队131支，建设学校绿色安全通道56条；选派204名民警担任中小学校治安副校长；指导增设265个单位内部保卫机构，选配专兼职保卫人员398人。

2005年，全市开展金融安全大检查，检查营业网点420个、金库210个、运钞车80辆次，发现治安隐患132个（处）、下发整改通知110份、限期整改80个（处）。执行公安部关于《公安机关维护校园及周边治安秩序“八条措施”》，选派441名民警担任中小学治安副校长、在学校周边设立治安岗亭199个、检查中小学、幼儿园481所，整改隐患136处；取缔网吧29家、娱乐场所27个。

第二节　警卫安保

1997年4月4日，地区公安处成立警卫科，负责国内外重要人士到宁德和区内重大活动警卫安保工作。1997年，全区公安机关投入警力3000多人次，先后完成中央、省领导到宁德考察、调研等警卫保卫工作54批次。1998年，全区公安机关完成警卫保卫工作37批次。1999年，全区公安机关完成重大警卫保卫工作28批次。2000年，地区公安局成立安全保卫领导小组，制定市党代会、人代会、政协会议和撤地设市庆典活动等安保方案，完成中央、省领导到宁德视察调研，宁德撤地设市等警卫安保工作26批次。

2001 年，全市公安机关完成东侨招商节、市运动会和市委、市政府、人大、政协重要会议，及重大节日、重要人士的警卫保卫工作 182 场次。2002 年，全市公安机关完成全国人大常委会副委员长布赫和中央、省领导到宁德调研视察的警卫保卫工作。东侨公安分局完成“9・28”闽东国际招商节等警卫安保工作。2003 年，全市公安机关完成第四届中国闽东“6・28”招商节与中央、省领导到宁德视察、调研的警卫安保工作 136 场次。2004 年，全市公安机关完成“5・19”招商节、纪念闽东苏区成立 70 周年、温（州）福（州）铁路动工等重大活动和全国人大常委会副委员长蒋正华及中央、省领导到宁德调研视察的警卫安保工作。

2005 年，全市公安机关完成全国政协副主席陈家骅、张思卿等中央领导到宁德和宁德“6・18”招商节、第二届中国・白水洋旅游节以及新西兰前总理珍尼・希普莉到宁德考察的警卫安保工作。

第五章 户政管理

第一节 户籍与身份证管理

1993年，根据省公安厅《关于改进户籍管理进一步为改革开放服务的通知》，地区公安处结合实际制订改革方案，放宽小城镇入户条件，解决部分群众在城镇落户难的问题。同时，在农村聘请户籍协管员、举办培训班38期，培训协管员1100名、发放协管员聘书1050本。开展户口整顿，加强居民身份证、临时身份证管理。全区有56个乡、镇开展户口整顿工作，新增、补发、换发门牌5.63万户，更换户口簿18.5万份。办理各类户口迁移869户2687人，制发居民身份证7.82万张，临时身份证1.54万张。1994年，全区86个乡、镇进行户口整顿，56个乡镇建立一户一簿一册一员牌；新增、补发、换发门牌8300户，更换户口簿20.5万份，制发居民身份证6.40万张、临时身份证6170张，完成审批审核户口“农转非”7448名、审核办理“农转非”4613名。1995年，根据省法院、检察院、公安厅联合发布《关于办理伪照、变造居民身份证案件问题的通知》及省公安厅《关于进一步加强查验居民身份证工作的通知》，全区加强居民身份证查验。同时，根据省公安厅修订的《福建省农村户口管理规定》，全区农村户口实行城市化、规范化管理，统一规范户口簿、门牌与村级户口底册。是年，全区有2015个村完成门牌编订，编发门牌34.95张；有2173个村完成户口簿的补、换、发工作，有2230个村设置村级户口底册。全区配备村级户口协管员2250人，基本实现一建制村一人。制发居民身份证8.99万张，临时身份证8141张。1997年，全区开展户口整顿，采取“以房定户，以户找人，以房管人”方法，逐家逐户进行人口调查。完成全区5.17万户16.53万人户口核对，解决“人户分离”3.58万户110万人。同时，年底全区进行户籍人口调查统计，有常住人口756626户3164981人。

1998年，全区开展小城镇户籍制度改革试点，培训户口协管员98人。在开展居民身份证编号纠错中，发现重号、错号、一人多证号3.14万人、纠错2万余人，收缴身份证5999张、重新制证1.16万张。1999年，全区开展创建人民满意户政窗口活动，户籍窗口全部公开各项办事办证条件、收费项目和标准、办事结果和投诉方式。全区查验居民身份证20.54万人次，查获假身份证26张。是年，全区解决随父落户户口2690人，夫妻投靠子女户口495人，购买商品房迁入户口3641人，投资兴办实业迁入户口308人；办理各类“农转非”7916户9390人；换发新式证表140.39万份，户口簿49.73万本，制发门牌53.14万块；制发居民身份证18.48万张，临时身份证1.30万张。

2000年，根据省公安厅《关于切实解决好户口整顿中有关问题的通知》《关于解决我省婚嫁未迁户口问题的通知》，组织全区公安机关开展户口整顿。同时，开展居民身份证号码编号赋码工作，对1985年以后使用的行政区划代码进行清理。为320.87万人编制18位身份证号码，71.59万本户口簿补登18位证号，纠正身份证重、错号和一人多号2212人，全区新发放身份证16.85万张、临时身份证1.06万张，查验居民身份证14.09万人次、查获假身份证11张。同时，为配合做好第五次全国人口普查，在全区开展户口整顿，查出人户分离373685人，未落户53021人。整顿后，全区实有人口3223136人，解决人户分离13202人，落户28663人，纠正户籍登记差错80374件，纠正人口信息数据67293项。并建立人口信息计算机管理系统，为社会各界提供查询53860人次、办理“农转非”7947户8927人。

2001年，蕉城区、霞浦县公安局成立三峡库区移民安置工作小组，到重庆市奉节县对108户509名拟安置的三峡移民逐户、逐人、逐项进行核对，帮助办理移民落户手续。当年，全市又制发居民身份证6.70万张，销毁过期或临时身份证1.57万张，办理省内婚嫁未迁移人员户口9148份。2002年，根据省政府批转的《关于户籍管理制度改革意见》，市公安局制发《关于认真做好户籍管理制度改革工作的通知》，在全市推进户籍管理制度改革。进一步放宽进城落户特别是科技与专业人才的落户条件。是年，全市办理迁入市区户口1025人，小城镇落户8631人，夫妻投靠落户3233人，子女投靠父母落户1925人，父母投靠子女落户359人，购房落户3432人，科技人才落户412人，投资落户32人。2003年，市公安局户政处推出6项举措，进一步放宽户口迁移准入条件。全市办理户口迁移2.88万人，其中办理迁入设区市2892人、办理小城镇落户2.59万人。办理小城镇落户中，夫妻投靠落户7813人、子女投靠父母落户3623人、父母投靠子女落户1306人、购房落户1.43万人、科技人才家属落户655人、投资人员落户151人、解决历史遗留问题落户128人。2004年，全市核对户口88.35万户313.45万人，解决户口项目差错4.35万人次、户口应销未销6225人、户口待定处理1.44万人，整顿门牌20.46万块。

2005年，根据省政府《关于认真做好全省换发第二代居民身份证工作的通知》，全市开展二代居民身份证换发工作，加强换证工作宣传，对工作人员进行培训。各县（市）区公安户政部门采取多种措施，提高人口信息数据质量，基本做到常住人口登记表、计算机人口信息、居民户口簿、居民身份证和公民本人实际情况五个一致。是年，全市受理二代身份证258538张，审核上报223224张，完成任务数的135.9%。

第二节　流动人口管理

1993年，全区公安机关加强重点人口和暂住人口管理，通过调查登记全区有暂住人口69228人，其中重点管理人口7688人。全区有帮教小组2365个、帮教人员7569人、帮教对象4606人，帮教转好率45.3%。1994年，执行《福建省暂住人口管理办法》，各县（市）设立暂住人口管理站、申报点725个，配备协管员1130人，举办户籍内勤、户口协管员培训班45期。全区有暂住人口86333人、重点人口6899人，帮教小组2493个、帮教人员5983人、帮教对象4002人。全区查获暂住人口刑事案件189起，治安案件568起。1995年5月，执行省政府办公厅转发的《租赁房屋治安管理实施办法》，加强对全区出租房及暂住人员登记管理。1996年年底，在执行《福建省流动人口治安管理条例》中，全区调查有暂住人口74938人、重点人口7528人。全区有帮教小组3035个、帮教人员6532人、帮教对象4254人，帮教改好率61.2%。1997年，全区有重点人口 7003 人，帮教小组 2806 个、帮教人员 5583 人、帮教对象 4015 人，帮教改好率 96.8%。1998 年 3 月，全区公安机关对公共场所、特种行业、出租房等场所的外来暂住人口进行两次清查，清理流动人口 2.15 万人次，整顿出租房屋 7895 户、查验暂住证 2.01 万人次、清理遣送“三无”（无身份证、无暂居证、无用工证明）人员 18 批 209 人次；发放“租赁房屋治安管理许可证”4450 本、暂住证 7832 本，新列管重点人口 83 人。1999 年，全区进一步加强重点人口清理整顿，建立健全重点人口列管、审批、查证、控制、帮教、考核、信息采集及打击处理等规章制度。在全区开展的“流动人口管理月”活动中，清理流动人口 2.05 万人次，整顿出租房屋 5601 户、查验暂住证 1.67 万人次、清理遣送“三无”人员 25 批 227 人次。全区有重点人口 5262 人。

2000 年，全区对重点人口实行动态管理，列管 5534 名、清理流动人口 3.26 万人次、整顿出租房屋 5822 户、查验暂住证 1.97 万人次、清理遣送“三无”人员 15 批 134 人。2001 年，全市清查流动人口 6.40 万人次、出租房屋 1.01 万户、办理暂住证 1.79 万本、发放租赁房屋治安管理许可证 4651 本、收容遣送“三无”人员 6631 人；摸排 1998 年以后刑释解教人员 4557 名，其中有 3669 名列为重点人口管理、1654 名列为重点对象。2002 年，全市清查流动人口 7.58 万人次，登记暂住人口 2.53 万人，登记出租房屋 9288 户 2.12 万间，遣送“三无”人员 107 人。2003 年，执行省公安厅《关于取消房屋登记核准项目后进一步加强租赁房屋治安管理工作的通知》，市公安机关做好暂住人口和租赁房屋统计工作、暂住人口倒查工作。至 6 月底，全市有暂住人口 2.01 万人，租赁房屋 1.07 万户 2.06 万间。全市倒查涉及暂住人口案件 68 起 85 人，发现未办理暂住登记 22 人。同时，为做好“非典”防治工作，协同有关部门做好流入人口与本地外出人员返乡情况摸底登记。2004 年，全市重点对暂住人口聚集地的暂住人口进行摸底登记，倒查涉及暂住人口案件 95 起 115 人，发现 25 人未办理暂住登记和暂住证。是年，全市重新登记暂住人口 2.28 万人。

2005 年 5 月，全市执行省综治办、省公安厅、工商局等联合下发的《关于进一步加强和改进出租房屋管理的通知》，把出租房屋管理纳入社会治安综合治理范畴，推动出租房屋社会化管理。组织开展清理整顿出租房屋专项行动，清查 451 人次、登记出租房屋 1.34 万户、签订租赁房屋治安责任保证书 1.30 万户、发现违法犯罪线索 123 条、破获刑事案件 14 起、查处治安案件 60 起、查处 85 人，抓获在逃犯罪嫌疑人 7 人。是年，全市户籍迁入 1.59 万人。

第六章　交通管理

第一节　交通安全宣传

1993年，各县（市）交警部门分别与县（市）电视台合作播发道路交通安全宣传报道，同时加强青少年交通安全宣传教育。霞浦交警大队编写一套图文并茂的中小学生交通安全教材，并在全县建立22所交通安全教育示范学校。1994年，地区交警支队在《闽东日报》开辟宣传专栏，柘荣交警大队开展“每月一案例、每日一条例”宣传活动，霞浦交警大队开展“十个安全行车家庭评比”“生活与道路交通安全演讲竞赛”“妇女交通安全知识竞赛”等活动。是年，全区交警部门有610篇稿件被各级报刊电台采用，12条新闻在省地电视台播出。1995年，地区交警支队与地区教育局联合在全区对40万名中小学生进行2个月的道路交通安全常识专题教育。福安、福鼎、霞浦、古田等县（市）交警大队在当地报纸、有线电视台设置相对固定的宣传栏目。1996年，全区交警部门采取踩街、图展、咨询、讲座、灯谜竞猜等形式，开展“交通安全宣传周”活动。在报纸、电台、电视台播发交通安全宣传稿件、图影669篇（幅）；与60所中小学校开展“警校共建”活动，刊出宣传栏248期、举办图片展140场，开展安全知识咨询32场次。1997年，在全区开展“告别不文明交通行为”活动，召开各种动员大会83场次，大型踩街、签名等宣传活动31场次，散发传单、倡议书5万多份，举办图展、讲座80余场次。是年，全区交警部门在报刊发表文章、图片130篇（幅），在省、地电视台播出新闻89条、专题7条。1999年，全区交警部门围绕春运、国庆五十周年、澳门回归等开展交通宣传活动，福鼎交警大队开展“送教到校”和“电影与交规”活动，受教育师生3.3万名、群众3万余人。福安交警大队罗江中队创办全区首家交通安全教育家长学校。地区交警支队3次组织新闻单位到国道104线沿线县（市），对创建平安大道活动进行采访、跟踪报道。是年，省、地级新闻媒体播发有关宁德交通安全宣传报道267篇。

2000年，全区交警部门组织开展“122”（实施一个宣传标牌工程，建立交通安全村、交通安全校两个阵地，实施交通要素普查行动和记者行动）宣传活动，在国道104线竖立宣传、指示牌412面，建立62个平安大道交通安全学校、67个平安大道交通安全村、3个军警共建点。同时，市交警部门与电视台、报社合作开展工作动态、违章曝光报道活动。柘荣县堵坪乡群众自发成立协助保护事故现场、维护交通秩序护村护路队，蕉城区七都镇群众多次主动帮助交警追缉交通肇事逃逸者。2001年，全市有297所学校开展创建交通安全校活动，全市驾驶员参加日常行车安全教育达2.68万人次。是年，省、市级新闻媒体播发有关报道170多篇。2002年，全市

9县（市）均实现交通安全宣传进社区，经常性开展交通安全宣传社区6个。在全国性、省级、市级新闻媒体刊播有关报道528条。从2002年起，宁德市中心城区连续保持“畅通工程”城市道路交通管理三等（良好）水平。2002年，福鼎市被评为“畅通工程”城市道路交通管理四等（合格）水平。2003年，福安市被评为“畅通工程”城市道路交通管理四等（合格）水平。市交警支队在宁德电视台创办《红绿灯下》专题宣传栏目，与县（市、区）宣传部合作编辑《农村黑板报》母报交通安全宣传专栏，在1525个村开展交通法规宣传，受教育群众70多万人次。在全市创建交通安全社区28个。市交警支队的事故处理办法被《人民公安报》、《福建日报》、福建电视台等报道，闽浙边界交警、运管春运联勤人性化服务等办法被中央电视台一套、二套、《人民公安报》、福建电视台、东南电视台、《福建日报》等媒体报道。2004年，在全市开展道路交通安全宣传“五进”（进农村、社区、家庭、单位、学校）活动，全市交警部门组织到173个乡镇、34个运输企业、246所学校和80处公共场所，播放宣传光盘1082场、展出宣传图板1351场、发放宣传材料77万份，张贴、悬挂宣传标语1794幅，张贴宣传画3763套，受教育群众113万人次。在全国性、省级、市级新闻媒体刊播有关报道1356篇（条）。

2005年，宁德市交警到70余所中小学校、110余家车辆单位讲授交通安全法制教育课，在宁德电视台《红绿灯下》制作专题节目24期。全市9县（市、区）交警部门在电视台开辟专题栏目10个、广播电台栏目11个。是年，全市交警部门制作宣传展板1270余块，印制“致市民和驾驶员一封信”“致外地人一封信”“致中小学生一封信”和“行车安全常识”等宣传材料10余万份，制作《关爱生命，安全出行》教育光盘300余张。市交警支队制作的《珍爱生命》宣传片获全省交通安全宣传比赛三等奖。市交警支队直属大队、福鼎交警大队被评为全省交通安全宣传工作先进单位，有6名民警被评为先进个人。

第二节　交通安全设施建设

1993年，全区加强县城交通设施建设。霞浦城关中队对城区交通设施和停车场进行规划，福鼎城关中队建成2100多米网状护栏。周宁、霞浦城关地区加强停车场所建设。1994年，全区增设各种交通标志70余面、标线8700余米，建标准化交通岗亭10个；增设隔离栏2150余米，其中网状绿篱150密、钢管栏杆2000米，刷新标志栏杆24600余米；新开辟公共停车场3处、约500平方米，临时停车处17处，筹建停车场2处。1995年，国道104线改造拓建期间，沿线县（市）交警部门规范安全护栏、交通安全标志标线等，实现人车隔离、机动车和非机动车分道行驶。1997年，全区交警部门分别采取建立乡镇停车场、设立乡镇交通安全员等措施，加强农村交通管理。各县（市）交警大队利用创建文明县城契机，增加道路交通安全标志标线和防护设施。1999年，宁德市交警大队与城区重点路段商店签订交通安全协议和文明公约34个。全区公路沿线建立交通安全共建村124个，交通安全共建校126所，军警共建点2个。

2000年，全市开展“畅通工程”活动，宁德市区完成城东路、东侨大道等总长8千米的4条道路建设，新增设一批交通标志标线、交通信号灯。市区沿街工商业主主动与交警部门签订共同维护门前路段交通秩序协议书，配合交警做好车辆停放、违章纠正等工作。宁德市区乱停车违章率降至10%，主干道时速提高到40千米以上。2001年，屏南县交警大队协助县政府对城区主要道路进行公交化改造。2002年，市交警部门对交通事故多发路段进行整治。2003年4月，市交警支队会同公路部门在国道104线车辆事故多发的2077千米+500米等处设置“挡撞墙”。

2005年，全市各级交警部门开展“畅通工程”和“平安大道”活动，宁德中心城市重点改造易堵路口，对蕉城南路煤炭厂路口等易堵路段拆除了绿化带，并拓宽行车道。福安交警大队在城区新设5个交通信号灯路口。

第三节　路面交通管理

一、路面勤务

1993年，全区公安交管勤务继续采取在主要路口设置指挥勤务与路段巡逻勤务两种形式，指挥勤务主要是在路中央用手势指挥车辆通行、巡逻勤务则在规定的路段内以骑摩托车方式进行巡查。同时，配合治安、刑侦等部门开展打击“车匪路霸”行动。1994年，全区强化道路交通管理和疏导指挥，对境内国道改造拓宽工程实行全天候巡逻监控与值班报警制度。1995年，地区交警支队制订《宁德地区公安交通管理科技规划》，改静态定点式勤务为动态巡逻式勤务；开展流动巡逻、重点监控、驻点值勤，加强国道104线闽东段改造拓宽工程路面管理。1996年年初，在春运交通安全行动月中，全区清除违章占道摊点1300余处。在“学济南交警整顿交通秩序行动”和“夏季交通秩序大整顿行动”中，清除路障800余处、查扣非法安装警灯、警报器150余个。1997年，全区交警部门相继建立“122”快速反应机制，分别采取设立乡镇交通安全员、成立股份制车队、按行车线编队管理、村街群防群管等措施加强交通管理。1998年，全区省道沿线县（市）相继组建公路巡逻民警队23个、155人，协助开展路面交通安全、事故处理等，为群众做好事、实事7291次。1999年，根据公安部《关于集中整治城市交通秩序突出问题的通知》，在全区市区开展以提高市民交通意识为主的“会走路、会骑车、会乘车、会停车”的“四会”普及教育活动。同时，在国道104线宁德段开展创建“平安大道”活动，实行24小时巡逻监控与“六勤”（勤巡逻，勤检查，勤宣传，勤询问，勤服务，勤联络）执勤。全区公路沿线建立交通安全共建村124个，交通安全共建校126所，军警共建点2个，聘请96名安全联络信息员。

2001年，为规范闽东华侨经济开发区和福（州）宁（德）高速公路交通管理，宁德成立市交警支队直属二大队和高速公路大队。2002年，确定福安、蕉城、福鼎和古田为区内事故重点防控区域，组织重点整治，排查事故多发路段（简称事故“黑点”）24个、完成治理18个，其中省级事故“黑点”3个，治理率达100%。2003年，全市贯彻执行省公安厅、建设厅、文明办《2003年福建省城市道路交通实施“畅通工程”工作方案》与省安监局、交警总队《关于2003年福建创建“平安大道”工作的通知》和《创建“平安大道”、“行车秩序严管示范路段”标准》。在防治“非典”期间，全市交警部门制发防治“非典”快速处置道路交通紧急事件工作预案。福鼎、寿宁交警大队配合防疫部门对外省进入宁德市的客运车辆进行疫情检查。各县（市）交警大队派出交警人员协助进行返乡人员检查和登记；开辟运输“非典”预防药品、工具的绿色通道。全市交警协助消毒客运车辆7万多辆次、检查旅客19万人次。同年，全市推行霞浦县乡镇交通管理社会化试点工作经验，有21个乡镇建立乡镇交通管理社会化联合执勤队，以解决乡村交通管理脱层、断管问题。福鼎市交警、保险和医院与苍南、泰顺2县合作建立边界联勤联防制度，并启动闽浙边界三县（市）事故伤员抢救绿色通道。2004年，实施《中华人民共和国道路交通安全法》，开展“生命防护工程”活动，重点整治不系安全带、不戴安全头盔、摩托车无证驾驶和超载滥载等违法行为，规范人行横道交通秩序，倡导“你让我让，道路通畅”交通礼让活动。继续进行事故“黑点”整治，排查治理3个省级事故“黑点”、22个市级事故“黑点”和16个县级公路危险路段。

2005年，宁德市交警支队改革中心市区交警勤务模式、实行工作业绩量化考评，并运用雷达测速仪、酒精测试仪、移动测重仪和拍照、摄像等装备查处交通违法行为，雇请一批下岗人员协助劝导市民按交通信号灯指示行走，减少行人和非机动车交通违法行为。古田县交警大队连续在乡镇开展禁止不安全车辆载客和二轮摩托车超速、超载专项整治活动。当年，原交通事故较多的古田、福安交警大队辖区交通事故死亡人数分别比上年减少18人、14人。

二、交通整治

1993年“春运”期间，全区交警组织230个检查组上路、投入警力1510人次，检查车辆14万辆次、纠正各种违章2.4万车辆次。1994年，全区开展多次交通秩序专项整治，对边远地带和山区道路开展“保干线、抓边远、打‘双无’（无牌无证）、整农（农用车）柴（柴三机）”整治行动。6月，县（市）交警部门在城关开展整顿两轮摩托和人力车违章占道为重点的整治行动，清除违章占道970余处、取缔无牌证人力车2000多部、查扣无牌证二轮摩托车700多辆。1996年年初，全区开展“春运交通安全保卫”行动，纠正各类违章1.53万余起、拘留34人。开展“学济南交警整顿交通秩序行动”和“夏季交通秩序大整顿行动”，全年查纠各类交通违章近10万辆次。1997年，在全区开展的春、夏、冬3次交通秩序大整治中，纠正车辆违章21.6万起、查扣无牌证车辆3250部，扣证880本。1998年，开展“春运保卫战”“创建文明城”等专项整治活动，地区与县（市）相继成立反超载工作领导小组，县（市）交警协同安办、交通、保险、教育、工商、农机等部门做好反超载工作。全区纠正路面违章16万起，行政拘留120人次，查扣无牌证车辆3600辆次，吊扣驾驶证1040本。1999年，开展夏季、“迎国庆”和“澳门回归”等交通专项整治。2000年，在全区开展春运交通安全整治和柴三机载客专项整治，采取强制拆解报废、取缔非法柴三机改型改装厂、引导群众升级转换车型等措施。柘荣、周宁、屏南等县（市）交警部门促成政府优先安排原柴三机车主、驾驶员购买客车，从事正当客运，并与县（市）公交公司协商开辟乡镇公交客车线路。当年，全区解体柴三机711辆、拆除座位8000个，切割车厢210辆，取缔柴三机非法改装厂家8个、责令停业整顿6个。全市柴三机事故起数、死、伤人数和直接经济损失分别比上年同期下降36.5%、6.45%、34.78%和66.7%。

2001年4月，根据省政府《关于禁止客货运输车辆超载上路运行的通告》，开展以反客货车辆严重超载违章为重点的交通秩序整治，继续开展打击柴三机载客、盗抢机动车犯罪等整治行动，集中查处假牌假证、无牌无证车辆。福鼎交警大队和浙江苍南交警部门共同建立边界地区反超载联防联动机制。2002年，全市开展治理机动车违章和严厉打击柴三机载客为重点的交通秩序专项整治，查纠违章10.85万起，强制报废柴三机、正三轮摩托车338辆，割除改装车辆544辆。2003年，全市开展“春运交通安全整治”“夏季道路交通安全防范百日大会战行动”等专项整治，查纠违章10.50万多起，吊扣驾驶证2062本、暂扣机动车辆3850辆次，行政拘留20人次，先期处置治安、刑事案件19次，抓获犯罪嫌疑人11人，暂扣车辆1250辆，违章记分14831人次，强制报废无牌证车辆280辆。2004年，在春运交通整治中，全市交警部门设立春运交通安全服务站点12个，出动警力2.6人次，检查客运车辆11.02万辆次，纠正交通违章2.26万起，其中查纠客车严重超载违章614起、卸客转运1.18人次、拘留10人。

2005年春运期间，全市交警部门查处交通违法行为3.44万次，卸客转运4897人次、拘留10人。同时，执行省政府的《福建省2005年预防道路交通事故“五整顿”“三加强”工作实施意见》，开展预防特大道路交通事故百日竞赛活动。在全市开展无牌证小轿车、机动车无牌证和假牌证、危险化学品运输安全秩序专项治理、二轮摩托车专项整治活动等，全市报废无牌证小车86辆、二轮摩托车200余辆。

三、交通事故处理

1993年，执行国务院颁布的《道路交通事故处理办法》，全区发生道路交通事故344起，死亡136人，受伤359人，直接经济损失217.8万元。全区交警上路8.47万人次，纠正违章车辆23万辆次。1994年，全区发生一般以上道路交通事故422起，死亡211人，受伤419人，直接经济损失498.4万元，但交通安全事故上升势头仍未扼制住。1995年，省政府颁布《福建省道路交通事故处理办法》，全区发生一般以上道路交通事故556起，死亡181人，受伤566人，直接经济损失435.7万元。1996年，根据省公安厅《道路交通事故估损机构管理办法》，成立地区交通事故估损机构。在全区推行交通事故处理催办书制、事故分段处理制和处理事故便民联系卡。当年发生一般以上道路交通事故799起，死亡214人，受伤636人，直接经济损失632.6万元。1997年，全区建立“122”交通事故报警台，提高处置事故效能。全年发生一般以上道路交通事故1041起，死亡276人、受伤917人、直接经济损失837万元，为交通事故高发年度。1998年上半年，地区交警部门在福安、霞浦2县（市）率先建立事故处理新机制，与法院联合建立交通巡回法庭，初步解决交通事故执行难问题。下半年，执行《中华人民共和国行政处罚法》，在全区推行公安交通管理处罚听证制度。全年发生一般以上道路交通事故1159起，死亡301人，受伤1020人，直接经济损失842.6万元。1999年，实行交通事故案件认定“三级审批制”，严格事故处理程序和办案时限。2000年，地区交警部门相继设立审理室，推行集体研究案件与建立三级（经办民警、交管股长和大队领导）事故台账制度。在霞浦交警大队开展事故处理阳光作业试点，初步建立起交通管理警务公开机制。全市共发生一般以上道路交通事故786起，死亡245人，受伤801人，直接经济损失459.1万元；市交警部门交通事故结案率保持100%，善后调解成功率从80%提高到92%。当年11月21日起，执行最高人民法院《最高人民法院关于审理交通肇事刑事案件具体应用法律若干问题的解释》，办理交通肇事案件。

2001年，全市发生重大以上交通事故210起，死亡219人，受伤113人。2002年，全市发生道路交通事故3405起，死亡248人，受伤2733人、直接经济损失1155.9万元。2003年，在全市继续推行以探组负责制为主的事故处理机制，推广事故接处警、案件信息录入、审批管理、事故统计分析、警员业绩和警务公开等计算机管理系统。全市发生道路交通事故1423起，死亡202人，受伤1187人、直接经济损失1207万元。2004年，全市发生道路交通事故1402起，死亡237人，受伤1513人，直接经济损失1257万元。5月1日起，施行《中华人民共和国道路交通安全法》《中华人民共和国道路交通安全法实施条例》处理交通事故，按照《最高人民法院关于审理人身损害赔偿案件适用法律若干问题的解释》调解交通事故人身损害赔偿。

2005年，全市发生道路交通事故1328起，死亡191人，受伤1568人、直接经济损失309.48万元。

第四节　车辆与驾驶员管理

一、车辆管理

1993年，地区交警对全区柴三机进行调查摸底，给全区营运的5171辆柴三机挂牌（占全区柴三机总数的95%），并以乡镇为单位对柴三机进行编队管理，扭转柴三机运行混乱局面。是年，全区还为1250辆汽车挂牌，3989辆摩托车挂牌，2288辆农用车、手扶机新挂牌。1994年，全区汽车新挂牌1121辆，非汽车类机动车新挂牌6912辆（其中柴三机1740辆，摩托车2804辆），全年检验机动车6458辆。1995年，地区交警支队制订准报证、准购证使用管理规定，解决全区未上目录农用车挂牌问题。换发"九二式"机动车牌证。全区核发汽车类车牌6932辆，非汽车类车牌14330辆；挂发非正常渠道来源摩托车宁登牌3062辆；检测机动车辆7000余辆。1996年年初，开展"春运交通安全保卫行动"，全区检验营运性客运车辆2291台。开展"学济南交警整顿交通秩序行动"和"夏季交通秩序大整顿行动"，查扣非法安装警灯警报器150余个，上门为3000余辆车辆办理挂牌手续。1997年，执行公安部的《关于机动车登记项目公开的规定》《车辆管理所业务岗位规范》等，全区进一步规范机动车登记工作。1998年，在全区推广宁德交警大队的"分组划线、责任到人，依托社会、加强管理，重点对象、重点管理，路面监控、狠刹违章，交叉检查、互相竞赛"的联系户工作试点，有2700部车辆（占全区车辆的99.45%）纳入联系户管理。核发机动车牌证13981本，检验汽车8303部。1999年，全区核发车辆牌证11615辆，其中汽车1158辆，摩托车、农用车辆1.05万辆，检验汽车5683辆。

2000年，全区开展以整治柴三机为重点的专项整治活动，柘荣、周宁、屏南等县采取强制报废柴三机，引导群众升级转换车型。7月，全市推行农用车和两、三轮摩托车及轻便摩托车牌证由市、县两级管理调整为由县（市）公安局车管站直接管理。推行流动车管站上门服务、委托乡镇中队代办部分车管业务等措施。2001年，执行《中华人民共和国机动车登记管理办法》，全市对车辆登记流程与操作事项进行细化，市车管部门开展机动车登记业务培训。全市办理机动车注册登记18273辆，其中汽车2127辆，办理过户1909辆，转入转出553辆，变更2363辆，补换牌1204辆，报废注销1498辆，抵押登记307辆，检测汽车1万余辆。2002年，市交警部门在全市开展以治理摩托车违章、机动车"三超"（严重超速、超员、超限超载）违章等专项整治。

2003年，贯彻落实公安部交通管理十七项便民利民措施，推行车辆号牌、号码电脑公开自动选号。经市政府批准，在全市开展以客货两用车替代淘汰的农村柴三机工作。同时，市交警部门组织民警到上海为闽东驻沪企业年检车辆100多部；与市运管部门联合组织下乡流动车管站，到乡镇开展摩托车报牌、年检便民服务。开展车辆超限超载治理行动。是年，全市有机动车11.87万辆，核发机动车牌证2.41万辆，其中汽车类3133辆。2004年，全市继续开展满意窗口建设，新车注册登记、转出登记等业务从原来1个工作日办结缩短为2个小时办结；增发登记证书业务从1个工作日办结缩短为当场办结。5月，执行《中华人民共和国道路交通安全法》，拖拉机转由农业机械部门进行登记、检验、年审。6月，市交警部门协同交通部门在福鼎分水关、蕉城八都、古田宝桥设立3个反超载检查点，检查超载车辆6.41万辆，纠违近5万次，卸载4559.8吨，更正"大吨小标"车辆1535辆。是年，全市核发机动车牌证2.95万辆，其中汽车类3373辆。

2005年，全市开展二轮摩托车违法专项整治行动、整治“双超”违法行为专项行动、机动车无牌证和假牌证专项治理行动等，福安交警大队开展无牌证小轿车和二轮摩托车专项整治活动，报废无牌证小车86辆，二轮摩托车200余辆。是年，全市完成各类机动车业查验年审2.70万辆次，检测汽车类机动车1.59万辆。

二、驾驶员管理

1993年，全区培训柴三机驾驶员723人。1994年，举办汽车类培训班1369班次，培训5897名驾驶员。1996年，全区执行《福建省机动车驾驶员考试办法》《机动车驾驶证管理办法》，对机动车驾驶员进行考试，取消实习驾驶证，驾驶证有效期延长至6年。同时，根据省公安厅、教委的《关于建立驾驶员安全教育机构的通知》，地区交警支队设立机动车驾驶员安全教育分校，县（市）交警大队设立机动车驾驶员安全教育所。在春运交通安全月行动中，给1363名客运驾驶员办理春运资格审查，纠正各类违章1.53万余起、拘留34人。是年，全区培训汽车类驾驶员2902名，非汽车类驾驶员7981名。1997年，执行省车辆管理所《福建省机动车教练员管理暂行规定》、省交警总队《关于加强预考管理和严格考试措施的通知》，对机动车驾驶员进行文明行车、安全行车教育。在春、夏、冬3次交通秩序大整治行动中，强制培训无证驾驶人员2398人、违章学习班1900人，查处无证人员780人、行政拘留52人。1998年，执行省交警总队的《福建省机动车教练员教练车管理办法》，规定教练员必须参加全部科目考试合格后，方可核发机动车驾驶教练证。同时，改革驾驶员培训制度，由中心驾校负责组织驾驶员进行驾驶理论、交通法规、驾驶员职业道德、汽车构造、急救常识等课程学习。改革非汽车类驾驶员考试，制订两轮、三轮摩托车驾驶员考试标准。是年，全区制发驾驶证4.60万本，新训驾驶员1.43万名，完成驾驶员等级鉴定发证5570人，举办驾驶员再教育培训337期1.77万人。1999年，执行省交警总队《福建省机动车驾驶员预考监督管理暂行办法》，实行首接首办制度，推行阳光考试作业。继续开展交通安全联系户制度建设，做好各级政府、职能部门安全责任状，用车单位安全责任制及车主、驾驶员安全保证书签订。全区新训汽车类驾驶员2534人，非汽车类驾驶员1.25万人，办理各类驾驶证4.15万本。

2001年，全市办理各类驾驶证2.2万本，驾驶员年审率达90%以上。2003年，贯彻落实公安部交通管理17项便民利民措施，市交警部门制发深化改革服务经济建设10条措施，开展驾驶证邮政快递寄送服务。是年，全市培训各类驾驶员2.29万人，其中汽车驾驶员7392人。2004年，执行公安部《机动车驾驶证申领和使用规定》，对驾驶员进行道路交通安全法律法规与相关知识、场地驾驶技能、道路驾驶技能考试。9月，根据公安部、交通部、农业部《机动车驾驶员队伍整顿工作实施方案》，市交警部门所属的驾驶员培训机构陆续划转交通行政管理部门。执行省交警总队的《关于进一步规范办理机动车管理证业务工作的通知》，规范汽车培训管理、汽车驾驶员考试，实行考试员、教练员、学员三分离，全过程公开。

2005年，市交警部门加强机动车驾驶员培训监管，全年核发机动车驾驶证4.24万本，其中汽车类驾驶证1.59万本，办理补换证2.15万本，记满分学习158人，撤销、注销驾驶证3982本。

第七章　消防与森林公安

第一节　火灾预防

一、消防规划和公共消防设施建设

1993 年，根据国务院《城市消防规划建设管理规定》与省政府的《福建省消防监督管理办法》，宁德、福鼎等县（市）完成城市消防规划编制工作。1994—1997 年，区内其他各县（市）也陆续完成城市消防规划编制，并逐步完成消防站（队）、消防通道、消防供水建设及消防车辆等装备。1998 年，执行《中华人民共和国消防法》（简称《消防法》），全区征收城市公共消防设施建设配套费 118 万元。至年底，全区各级政府新建和修复市政消火栓 200 多个，更新添置消防车 10 多辆，购置各类破拆抢险防护器材 400 多件。

2000 年，宁德、福安、古田等县（市）根据城区发展状况，相继完成消防规划修订。全区新购消防车 3 部（其中高低压泵消防车 2 部、水罐消防车 1 部）、进口消防泵浦和空气呼吸器充装设备、专勤器材各 1 套，个人防护及破拆器材 43 套。2001 年，全市有 2005 家单位投入 551 万元，用于安装各类消防设施和灭火器材。全市新建室外消火栓 30 个，各场所配置室内消火栓 260 个、灭火器 3683 台、应急照明灯 1163 盏、疏散指示标志灯箱 1013 盏，安装或改装自动报警、自动喷淋系统 9 套，整改火灾隐患 6640 处。2002 年 5 月，市政府批转市消防支队《关于增设市政消火栓的意见》。全市新增设消防双自动系统建筑 5 座、修复 19 座，建筑消防设施完好率由原来的 23.3% 提升至 100%。并在福安万方燃气公司和宁德电业局进行消防社会化试点，召开现场会、推广两单位试点经验。

2003 年 2 月，宁德市公安局、建设局、规划局联合转发省公安厅、建设厅《转发〈关于进一步加强小城镇消防规划建设工作的通知〉的通知》。4 月，根据市政府《关于切实加强公共消防设施建设的通知》，全市各级政府把编制消防规划和公共消防设施建设纳入议事日程。10 月，市政府举办消防举高车购车款募捐仪式，募集资金 114.9 万元。会后，市政府再拨款 120 万元，购置宁德市第一辆高平台消防车。是年，全市消防部门新增消防车 3 部，新置 600 多件装备器材，全市新增消火栓 252 个，消火栓配备率由上年的 56.8% 升至 73.9%。福鼎、霞浦、屏南、寿宁县（市）完成消防规划的编制和修订。2004 年，全市开展城镇消防规划和公共消防设施建设达标活动，4 个县（市）、1 个中心镇的消防规划通过审批，并颁布实施，2 个县（市）和 4 个中心镇、重点镇完成消防规划编制。7 月，市政府下发《关于进一步加强城镇消防规划和公共消防设施建设的通知》，在全市开展城镇消防规划和公共消防设施建设达标活动。全市新增市政消火栓 142 个，消火栓配备率由上年的 73.9% 上升到 85.3%。其中福鼎、福安和蕉城等市（区）的配备率均超过 90%。

2005 年 6 月，市消防支队向市政府报送《关于要求增设市政消火栓的请示》。市政府及时作出《关于同意将东侨开发区市政消火栓建设列入 2005 年中心城市城建计划的批复》。全市 9 个县（市、区）全部完成消防规划修订编制，有 8 个县（市、区）的消防规划通过政府审批。全市 14 个中心镇、重点镇，有 6 个完成消防规划编制，并有 1 个镇通过政府审批。全市新增设市政消防栓 148 个，新置消防车 5 辆，新置装备器材 319 件，实现全市消防员个人防护装备基本达标。屏南县完成新消防站建设，福鼎、古田、柘荣等 3 县（市）新消防站相继在 10 月、11 月开工建设。全市共有市政消火栓 1221 个。

二、消防宣传与培训

1993 年，区内成立少年儿童消防教育指导委员会、妇女消防教育指导委员会、雏鹰消防宣传团等群众性消防宣传队伍。同时，加大各行业和各有关单位法人代表、特殊工种人员的消防培训力度。

1995 年，执行国务院《消防改革与发展纲要》《福建省贯彻〈消防改革与发展纲要〉的意见》，在全区开展消防常识、消防法规和火灾案例等宣传教育。全区举办消防安全培训班 35 期、参训 1489 人次，发放防火宣传牌 1973 面，印发宣传材料 2925 份（册）。1996 年，执行《福建省消防条例》，全区消防部门利用报刊、标语、墙报、专栏、电视、广播等宣传消防安全常识。1998 年，贯彻执行新颁布的《中华人民共和国消防法》，全区大力开展中小学生消防安全教育活动，并根据中国武警消防总队《关于在全国中小学生“安全教育日”开展消防宣传教育活动的通知》，联系地、县（市）教委、中小学、师范、进修院校等，开展形式多样的消防宣传教育活动。各县（市）政府领导发表动员讲话，利用电视、标语、宣传车等开展宣传活动。古田县消防大队在县第二小学成立全区第一所少年消防警校。霞浦县消防大队与学校举办消防夏令营活动，给师生普及消防知识和传授火场逃生知识。全区消防部门召开座谈会 9 场，发放“中小学生消防常识画册”“消防安全 20 条”等 3000 多份，组织观看录像 5 场、开展消防知识竞赛 7 场次。至 1998 年年底，全区共举办各类消防培训班 90 多期，培训 8000 多人次，培训特种岗位员工 4500 多人次。1999 年，全区重点在妇女儿童中开展消防宣传教育，集中培训乡镇领导和易燃易爆从业人员。地区消防支队也在宁德地区师范附小成立少年消防警校。

2000 年，根据宁德地区有关部门制订的《中小学校消防教育规范要求》，在宁德附小、古田县二中等 4 所学校进行少儿消防教育试点工作，并在全区中小学校中推广。同时，成立 21 所少年消防警校，开设消防知识课。在 10 所幼儿园组织娃娃消防宣传团，对儿童进行消防启蒙教育。在宁德职业中专等中学开展青年消防志愿者活动。在有关学校定期举办“消防在我心中”演讲比赛、“我与消防”有奖征文活动及“消防书画展”、知识竞赛等。同时，根据省消防总队的《关于在我省开展妇女消防教育活动的通知》，在全区星级宾馆、酒店和女职工相对集中的单位开展“五个一”[每季度举办一次消防常识竞赛，参加一次消防宣传活动，举行一次消防逃生自救模拟演练，有一支固定的妇女消防队伍，一个简易的消防展厅（室）活动]。在宁德召开的全省“消防站对外开放建设现场会”期间，宁德市消防站正式对外开放，成为全省首个对外开放的消防站。12 月 29 日，省妇女儿童消防教育活动指导委员会、省教育厅、省总工会、团省委、省妇联、省公安消防总队等在宁德召开全省妇女儿童消防教育工作会议暨宁德现场会，公安部消防局领导及省、市有关部门主要领导参加会议。当年，全区（市）设立有21个消防展览馆。

2001年，全市在中小学生和青年中继续普及消防科学知识和自防自救常识，在工厂、企业、社区、较大市场和商场等行业或场所，组建妇女消防宣传组织。市教育局、消防支队、蕉城区消防大队联合举办"消防杯'新世纪，我能行'少先队消防技能、技巧大展示"活动。市消防支队会同市工商、妇联开展"福建省百万女职工消防知识有奖竞赛"活动。全市9县（市、区）消防站全部对外开放，全年接待各界群众和省内外消防同行102批、1.1万人。2002年，根据公安部《机关、团体、企业、事业单位消防安全管理规定》，全市消防部门召开宣传贯彻工作会议。继续在学校开展"3·29"防火安全教育日、"六一"消防宣传教育等活动，组织开展以"预防火灾是全社会的共同责任"为主题的全民消防宣传活动，组织开展消防知识竞赛和灭火演练。在《闽东日报》开辟"消防在线"专版，在宁德电视台《社会观察》栏目设立消防专栏。组织上街开展消防咨询40多次，发放宣传资料2万余份。举办机关、团体、企业、事业单位消防安全责任人、消防安全管理人、防火员消防安全培训活动200多场次。是年，全市各级消防站接待参观群众94批1.1万人次，宁德市消防站开放工作受到国家公安部消防局表彰。

2003年，全市消防部门依托少年消防警校、消防站和群众性组织，开展消防知识进学校、进企业、进农村、进社区、进家庭"五进"活动。组织上街咨询40多次，发放宣传资料2万多份。12月中旬，市公安局在福安赛岐镇举办公安派出所专兼职消防民警业务培训班。宁德市师范附小少年消防警校被评为"全国少年军校示范校"。2004年5月，在蕉城区中小学生劳动教育基地成立蕉城区中小学生消防安全教育基地。8月，在区青少年活动中心建立蕉城区消防教育馆。同月，宁德市政府下发《关于开展消防宣传进社区进学校进企业进农村工作的通知》，并在全市开展消防宣传"五进"活动；市消防支队印制发放消防"五进"宣传挂图5万份。全市举办消防安全培训班37期，各地消防站接待群众159次、2.3万多人次。

2005年8月，宁德市消防支队在蕉城消防大队召开现场会，并举办监督员培训班。9月，在市政府大院开展"消防宣传进大院"活动。是年，全市消防部门开放消防站147次，接待企事业单位员工、中小学生和群众2.1万多人次，向市民发送消防警示手机短信10万多条。至当年年底，全市成立少年消防警校、娃娃消防宣传团、雏鹰消防宣传团等组织机构900多个，成员1.6万多人。

三、消防监督

1993年，全区消防部门继续与劳动、工商行政管理等部门配合，共同做好元旦、春节、国庆等节日的消防安全工作。对宾馆、酒楼、卡拉OK厅、舞厅和高层建筑开展防火大检查，对重大火险隐患发出《火险隐患整改通知书》，责令限期改正。对国道104线的加油站点进行检查，全区培训42家液化气经营单位和64家石油气站124人操作人员。1994年，执行《福建省公共娱乐场所消防安全管理暂行规定》，公共娱乐场所必须取得"消防安全认可证"后方可开业。执行公安部《易燃易爆化学物品消防安全监督管理办法》，生产、储存、经营和运输易燃易爆化学物品的单位与个人，必须取得《易燃易爆化学物品消防安全审核意见书》"易燃易爆化学物品消防安全许可证"与"易燃易爆化学物品准运证"（合称"一书两证"）。地区消防支队协同地区经委、外经、工业局、企业局、保险公司等单位抽查39个乡镇的72家工厂、企业，发现火险隐患132条，并督促整改。抽查国道104线宁德至福安路段的9家加油站，发现隐患40条，要求并督促限期整改。1995年，全区开展公共文化娱乐场所、易燃易爆化学物品行业和集贸市场专项治理，检查431个企业单位，发现火险隐患5227条，当场整改4965条、发出《火险隐患整改通知书》113份，责令停产停业3家、黄牌警告3家。1996年，执行公安部《关于城市公安消防管理工作规定》《福建省消防条例》，全区派出所开始承担对居民小区管理单位、居（村）民委员会履行消防安全职责和消防监督检查工作。同时，执行省公安厅的《重大火险隐患认定与监督整改暂行规定》，对化学危险品行业、公共文化娱乐场所、高层建筑开展多次专项检查，查出火险隐患1547条，督促整改924条、限期整改623条。1997年，开展“五一”和“香港回归”、全国“十五大”召开期间防火安全检查，查出火险隐患1530处，督促整改635处、限期整改895条；审核建筑工程119项、建筑面积27万平方米，发出《违反建筑设计防火审核通知书》27份。1998年，执行《中华人民共和国消防法》，全区消防部门建立健全消防监督内部管理和制约机制，联合安监、建委、工商行政管理、劳动等部门开展多次防火监督专项检查，查出火灾隐患3711条，督促整改2627条、限期整改1115条。全区消防监督部门办理消防服务预约单2000多份，发放警民联系卡3000张、消防服务指南2300多份。1993—1998年，根据公安部的《建筑工程消防监督审核管理规定》和省消防总队的《福建省建筑工程设计防火审核程序规定》，地区消防部门共审核建筑工程消防设计600多项，提出审核意见近3000条；检查建筑工程消防设施600多处，参加竣工验收500多项。1999年5月，执行公安部《公共娱乐场所消防安全管理规定》，废止消防安全许可证制度。在全区推行乡、镇政府、村（居）民委员会、公安派出所消防监督职责，全区消防部门多次开展大规模专项整治和重大火灾隐患整改，查出火灾隐患4542条，督促整改3534条、限期整改1008条；审核建筑工程消防设计207项。

2000年，根据《中华人民共和国消防法》和《福建省公安派出所消防监督工作暂行规定》，地区公安局制订并实施《宁德地区农村公安派出所消防监督工作实施办法》。在全区开展7次公共场所和重大隐患场所、“三合一”（厂房、仓库、职工宿舍合而为一）厂房、易燃易爆场所“三项”专项治理。检查公共场所1200多家、易燃易爆单位近千家、“三合一”场所12家，发现火灾隐患8000多条、落实整改措施6500多条。根据《福建省建筑工程消防监督审核管理规定》《福建省建筑工程设计审核程序规定》，地、县（市）消防部门审核建筑工程165项，建筑面积46万平方米，其中高层民用建筑13幢、多层住宅60幢、装修工程21项，参加竣工验收30项、合格25项。2001年4—6月，根据国家11个部、委、局的《关于开展公众聚集场所消防安全专项治理的实施意见》，在全市公众聚集场所和学校、医院开展消防安全专项治理。全市合并、撤销公众聚集场所和学校、幼儿园210家，取缔不符合规定设置公共娱乐场所277家。2002年，市消防部门组织开展易燃易爆经营管理单位、建筑消防设施、公众聚集场所及重大节日期间的消防安全专项检查和整治活动。全市检查单位3665家，不合格209家、经整治合格151家。协同经贸系统开展加油站专项整治，有23家加油站依法补办消防审批手续、责令37家停业、关闭4家、建议取缔12家。全市各级消防部门协同文化行政部门对网吧进行大检查、大整治，关闭4家不合格网吧。2002年，根据国务院《化学危险品安全管理条例》，由公安消防部门负责再次对易燃易爆物品生产、储存、经营场所等单位的消防安全设施及管理情况进行监督检查，整改并消除一批隐患。

2003年3—6月，宁德市消防支队开展多用途民房及人员密集场所消防安全疏散通道专项治理，全市检查1324处（所），发出《限期改正通知书》252份，消除火灾隐患432处、下发《复查意见书》243份。市公安局在全市92个派出所推广赛岐公安分局消防监督管理经验。2004年2月，根据省公安厅、民族与宗教事务厅、文化厅、旅游局、文物局《关于开展古建筑消防安全专项治理的通知》，全市检查86处古建筑的消防设施与措施，其中省级保护古建筑5处、县级保护古建筑15处，消除火灾隐患73条（处）。5月，市消防支队下发《关于进一步落实简政放权推进建设项目消防服务工作的通知》，给县级重点建设项目开通消防服务绿色通道。开展船舶制造业、港口码头和海上渔排消防安全专项整治。在人员密集场所进行消防安全专项治理和火灾隐患排查整治，检查673家场所，发现火灾隐患297条、督促整改201条，发出隐患整改通知书134份、处罚23家11.3万元，责令停业24家、吊销证照1家、取缔1家。

2005年，市政府召开全市消防工作会议，发出《关于落实消防安全责任制的意见》，建立火灾隐患整改责任体系和长效机制。市消防支队制发实施《宁德市消防部队消防宣传“五进”工作考评实施细则》，组织开展商场、市场消防安全专项治理，检查107家商场市场、发现火灾隐患52处，督促整改39处；发出隐患限期整改通知书23份，责令4家重大火灾隐患停产停业、申请强制执行1家、提请工商部门吊销营业执照1家。开展学校、幼儿园及周边消防安全专项治理，检查学校及周边场所95个，发现火灾隐患87处、整改81处。8月，市公安局、质量技术监督局、工商行政管理局联合下发《关于在全市范围内集中开展消防产品专项整治行动的实施意见》，在全市开展检查64次，对3个消防产品生产、16个销售安装、106个使用单位和在建工程进行检查；抽查消防产品73种1373件，判定不合格消防产品994件、督促9个单位撤换不合格消防产品983件、没收不合格消防产品11件、取缔违法经销点1个。宁德市还在全省率先实现政府挂牌督办的19个重大火灾隐患单位全部整改销案；22个未实施政府挂牌督办的重大隐患单位销案16个。是年，市消防部门办理建筑工程审查项目486项、消防验收418项、开业前检查206项，全部按照法定程序和规定时限办结。

第二节 火灾事故与消防救援

1993年1月22日，因群众欢度除夕燃放烟花，引燃福安市赛岐镇前进街居委会办公楼二楼的可燃物，造成火灾。火灾现场位于赛岐镇前进街，危及沿街两面各类商店及居民密集木屋。福安市消防中队接到火警后，即出动2辆消防车、20名消防员赶到火场，并调动赛岐、穆阳义务消防队和下白石4807工厂专职消防队的3辆消防车、40名消防员参加灭火。福安市委、市政府、市人大常委会、市纪检、人武部、市公安局、赛岐镇领导及地区消防支队领导相继赶到，成立火场指挥部，由地区消防支队副支队长任总指挥，对灭火进行部署。指挥部警戒火场外围、组织房屋破拆、人员抢救、物资疏散等。4支消防队采取“四面包围，合力扑火”的办法，经全体消防员全力扑救，大火在5个小时后被彻底扑灭。但这次火灾仍烧毁房屋46幢633间，受灾206户，1030人。至年底，全区消防部队接出警396次，出动人员3600人次，扑救火灾162起。

1995年，出警403次，出动车辆762车次，人员5884人次，扑救火灾162起。是年，武警宁德地区消防支队被省消防总队评为“先进单位”，被地委、行署授予“双拥工作先进单位”“文明单位”，全支队有98人立功受奖。古田县消防中队队长魏振潮被评为“全国优秀人民警察”，为全省消防系统中唯一获此殊荣的人。1996年，全区消防部队接出警419次，出动人员5303人次，扑救火灾147起。1997年，全区消防部队相继建立“119”消防报警台，加强接警、着装上车、消防车启动出警训练。当年，全区消防部队接出警373次，出动车辆718车次，人员4734人次，扑救火灾125起。1998年，全区消防部队接警出动711车次，5025人次，扑救火灾195起。

1993—1998年，全区共发生火灾3000多起，烧死59人，伤132人，直接经济损失3000多万元。1999年，全市消防部队接警出动448起，出动车辆696车次，4780人次、扑救火灾423起，其中包括成功扑救福鼎前岐镇“5·19”、福安上白石镇“11·19”等重大火灾。参加社会抢险救援30多起，抢救人员50多人。2000年，全区消防部队接出警408起、出动车辆641车次，人员4176人次、扑救火灾300起，成功扑救宁德市锦福城“二月花”商场、周宁咸村镇“9·12”、霞浦三沙镇古镇海域“11·15”等重大火灾；参加社会抢险救援29起，抢救被困人员46人、抢救财产价值2112.7万元。

2001年，全市消防部队接出警453起，出动车辆725车次，4952人次，扑救火灾364起；抢险救援42起，社会救助44起，抢救财产价值1272.7万元。成功实施福鼎“5·23”、国道104线交通事故、福安“6·4”安波电机厂厂房坍塌和周宁“11·2”七步镇坑门底造纸厂氯气泄漏等重大事故抢险救援。

2002年，全市消防部队接出警487起，出动车辆684车次，人员4445人次，扑救火灾280起；抢险救援45起，社会救助151起，抢救被困人员22人，抢救财产价值2296.3万元。5月25日下午，蕉城区蕉城南路50号宁德市远东彩笔有限公司二楼仓库发生火灾，烧毁面积2966平方米、直接经济损失93.3万元，经蕉城消防大队，福安、罗源、连江消防中队及2支油库专职消防队和当地干部群众200多人12多个小时的扑救，次日凌晨才扑灭大火。

2003年，全市消防部队接出警388起，出动车辆575车次，人员3757人次，扑救火灾310起。其中，成功扑救福鼎“1·13”民房火灾、福安“4·8”货轮失火、屏南“7·15”菇棚火灾、古田“8·4”厂房火灾等6起重特大火灾。抢险救援28起、社会救助47起、抢救被困人员70人、抢救财产价值2.91亿元。古田县消防大队一中队在“10·27”华港不锈钢工房倒塌事件中，抢险救援表现突出，被省消防总队记“集体三等功”。2004年，全市消防部队接出警639起、出动车辆921车次，人员6243人次，扑救火灾535起；抢险救援49起，社会救助34起，抢救被困人员82人，抢救财产价值3.52亿元。

2005年，全市消防部队接出警794起，出动车辆1056车次，人员6868人次，扑救火灾618起；抢险救援134起，社会救助54起，抢救人员189人，抢救财产价值超过7000万元。

第三节　群众性消防组织建设

1993年，全区有14个乡镇组建义务和专职消防队。是年，寿宁南阳青年义务消防队被团省委授予“福建省青年突击队”称号。1994年7月,《福建省公安消防监督管理办法》颁布执行，对机关、团体、企事业单位消防责任做出明确规定。是年，寿宁南阳青年义务消防队再次被团省委授予“福建省青年突击队”称号。1995年，又被团省委授予“福建省优秀青年志愿者”称号。1996年，寿宁南阳青年义务消防队被团中央授予“全国优秀青年志愿者杰出集体”称号。地区消防支队的魏振潮被公安部评为“全国优秀人民警察”。1998年4月,《中华人民共和国消防法》公布后，全区进一步加强群众性消防组织建设，宣传推广寿宁县南阳青年义务消防队、福鼎市秦屿农民专职消防队等先进事例。

1999年，全区有5个乡镇、企事业单位建立5支专职消防队，有队员42人；全区各乡镇、街道设立125个防火办，有125人专兼职人员。是年，寿宁南阳青年义务消防队发展成集义务消防、抢险救灾、治安巡逻和为群众办好事的志愿者组织，并被福建省评为“先进文明单位”。2000 年，寿宁县犀溪乡成立义务消防队。2001 年，柘荣县富溪镇成立青年义务消防队。是年，寿宁南阳青年义务消防队被团市委评为“五四红旗团支部”，该队指导员王勤仕被团省委评为“福建省新长征突出手”。2002 年，中共宁德市委、宁德市政府授予寿宁南阳青年义务消防队“社会治安综合治理先进集体”，该队指导员王勤仕获“福建省青年五四奖章”和“宁德市首届十大杰出青年”称号。

2003 年 4 月，市政府办公室下发《关于切实加强乡镇专职、义务消防队建设的通知》。5 月，市公安局、民政局联合下发《关于切实加强社区消防工作的通知》。屏南县率先在佳洋社区成立全市第一个社区消防服务中心。蕉城、福安（市、区）把社区消防建设试点纳入社区建设总体工作。5 月，市政府下发《关于切实加强农村消防工作的通知》。6 月，市政府在寿宁召开命名大会，授予寿宁县南阳青年义务消防队“乡镇模范消防队”称号。会上，福建万友消防集团与南阳青年义务消防队举行友好互助结对子仪式。宁德市消防支队在蕉城区鹤峰社区召开社区消防建设试点现场会。是年，在各级政府推动下，全市乡镇（社区）专兼职义务消防队增至 65 支。寿宁南阳青年义务消防队被中宣部、解放军总政治部、中央文明办、共青团中央授予“全国学习雷锋志愿服务先进集体”，队长龚顺明受邀到北京参加全国学习雷锋四十周年纪念大会、指导员王勤仕被评为“福建省新长征突击手”，并获“福建省青年五四奖章”、当选福建省第十届人大代表。2004 年，蕉城区三都澳成立全省首支海上义务消防队。全市 110 个乡镇（社区）组建专职、义务消防队 75 支、有队员 1076 人，组建率达 68.1%，其中福鼎、寿宁、柘荣、屏南 4 县（市）组建率达 100%。

2005 年 1 月，宁德市政府发出《关于落实消防安全责任制的意见》，把义务消防队伍建设纳入各级政府消防安全责任目标考核内容。3 月，在全市消防工作会议上，市政府与 9 个县（市、区）政府、闽东华侨经济开发区管委会及市直 20 个部门签订《2005 年消防安全目标管理责任书》。10 月，市公安消防支队、福建省鑫海消防工程有限公司、中石化宁德分公司发起成立宁德市消防协会。寿宁县政府给县内 200 多名义务消防队员购买人身保险，该县成立了全国首家农村消防协会。福鼎市在太姥山成立全市第一个寺庙僧人义务消防队。是年，全市新成立义务消防队 20 支。全市 110 个乡镇村组建专职、义务消防队 95 支，有义务消防队员 1300 名，消防车 31 辆，水泵 129 余台。霞浦县公安消防大队大队长吴启明被公安部消防局评为全国公安消防部队“优秀共产党员”。寿宁县南阳义务消防队指导员王勤仕被评为“全国社会治安综合治理先进工作者”，并参加全国表彰大会。

第四节　森林公安

1993 年 9—12 月，宁德地区行署下发《关于开展严厉打击盗伐滥伐、乱捕滥猎、整顿林区社会治安专项斗争的通知》，在全区开展打击盗伐滥伐林木、非法运输木材，整治林区治安秩序为重点的专项斗争。其间，全区林业公安部门共查处各类涉林案件 990 起，处罚违法犯罪人员 1065 人次，收缴盗（滥）伐木材 224.3 立方米，挽回经济损失 62.4 万元。

1994—1995 年，执行国务院办公厅《关于加强森林资源保护管理工作的通知》，宁德地区法院、检察院、公安处、林业局四家联合部署开展“严打”专项斗争。重点打击毁林犯罪和乱收购、乱经营、乱加工、乱运输林木的“四乱”现象。共出动林业公安干警和执法人员400多人，查处各类森林案件504起。其中，侦破森林刑事案件83起，查处林业治安案件57起。

1996年，全区林业公安机关执行福建省政府《关于批转〈省林业公安局关于开展一九九六年第二季度“严打”工作的方案〉的通知》，4—9月开展以“破大案、摧团伙、抓逃犯”为重点的“严打”斗争。投入警力481人次，出动警车189辆次，侦破森林刑事案件47起，捣毁犯罪团伙5个28人，查处治安案件8起，查处林业行政案件108起。

1997年，根据中共福建省编制委员会《关于调整全省各级林业公检法机构的通知》精神，撤销“宁德地区林业公安科”设立“宁德地区林业公安局”，为副处级，作为地区林业局的直属行政机构，同时列入地区公安处序列。同年，全区林业公安机关开展“破大案、挖团伙、追逃犯、攻难点”为重点的春季“严打”整治行动，共查处各类森林案件77起，其中侦破刑事案件27起，查处治安和林业行政案件50起。

1998年2月，全区林业公安组织开展打击破坏森林和野生动物资源违法犯罪“冬季行动”，查处各类森林案件87起，收缴非法木材235立方米。1998年5月，中共福建省委机构编制委员会办公室核定宁德地区林业公安局专项行政编制16名。6月16日，宁德地区林业公安局挂牌成立。

1999年，全区执行国务院《关于保护森林资源制止毁林开垦乱占林地的通知》，宁德地区法院、检察院、公安处、林业局、监察局联合部署开展打击破坏森林资源违法犯罪活动专项斗争，共查处各类森林案件140起，其中森林刑事案件22起；查获国家二级保护野生动物猫头鹰、穿山甲等47只，地区林业公安局查处霞浦县牙城镇梅花村一棵原木蓄积3.3立方米的南方红豆杉被非法采伐案。

2000年1月15日零时，全区森林公安机关实施“南方二号”行动，开展对破坏野生动物资源违法犯罪活动统一打击，清查重点部位111个，其中捣毁非法收购、经营加工野生动物窝点15个，取缔非法驯养野生动物繁殖场2个；查处野生动物案件11起，收缴罚没财物2.41万元、收缴野生动物活体262只与蛇类110千克，其中国家一级保护野生动物蟒蛇3只、巨蜥1只；二级保护的猫头鹰、娃娃鱼、虎纹蛙等164只。

2001年1月20日，宁德市法院、检察院、公安局联合发出《关于宁德市森林公安机关执法权限的若干问题的通知》，对全市各级森林公安机关刑事、治安执法权限，治安案件管辖范围，治安行政复议与诉讼作出明确规定。宁德市森林公安局对所辖刑事案件，可以自己名义行使执法权限、有权决定采取刑事侦查措施和强制措施。蕉城区森林公安分局对所辖刑事案件，可以宁德市森林公安局名义办案。市森林公安局对所辖治安案件，具有独立的执法主体资格、有权决定治安处罚。县（市、区）森林公安分局可以自己名义对所辖治安案件行使警告、罚款的裁决权，森林公安派出所可行使警告和50元以下罚款的裁决权。全市森林公安机关管辖发生在森林公园、自然保护区、生态保护区及国有林区范围内的所有治安案件，以及《治安管理处罚条例》中的14类治安案件。全市森林公安机关执法活动进一步规范。

2002—2003年，全市森林公安开展为期两年的林区“严打”整治斗争。全市共整治重点部位17处，其中省挂牌督办的3处，市林业局、公安局挂牌督办5处；清理整顿非法木材加工厂、木材交易市场39家，非法收购、经营加工野生动物的饭店、酒楼和集贸市场52个。查处各类森林案件1042起，其中侦破森林刑事案件128起，收缴非法木材2832立方米，各类野生动物1563只、制品243千克，其中国家重点保护的一、二级野生动物34只，挽回经济损失206.8万元。周宁县查处纯池镇蒙坑林场领导、职工伙同个别镇政府干部滥伐该林场林木4000多立方米的特大案。古田县查处凤都镇桃源村以“两委”负责人为主无证或越界砍伐双山村、石峰村林木立木蓄积量达8144.9立方米的五起系列特大滥伐林木案。福安市查处溪潭镇红旗林场滥伐半岭坑与宅林山场林木立木蓄积量分别达2367.2立方米与2314.03立方米两起重大滥伐林木案。2003年5月29日，中共宁德市委办公室、宁德市人民政府办公室发文，规定了宁德市森林公安局主要职责、内设职能科（室）、人员编制和领导职数。

2004年，全市森林公安机关组织开展侦破森林火灾案件大会战，共立案116起，侦破73起（重特案件27起），查处野外用火治安案件172起，拘留144人。全市公检法部门联合开展涉林案件公捕、公判大会8场，公开逮捕和审判17人。

2005年，全市森林公安开展打击破坏生态林、国有林犯罪的“长剑一号”“长剑二号”行动，共查处各类案件472起，其中侦破刑事案件87起，挽回经济损失151.6万元。寿宁县依法查处坑底乡长岭村翁村山场林木被浙江省泰顺县北岭乡半岭村群众结伙多次砍伐，面积达28.4公顷、活立木蓄积量达850立方米的案件，并协调泰顺县方面做好边界林区治安稳定工作。

第八章　边防与出入境管理

第一节　边防管理

一、船舶与渔船民管理

1993年，宁德地区边防支队根据省公安厅、边防总队部署，对出海船舶、渔船民边防证件进行年审，对沿海船舶底数进行登记造册，规范船舶入出港检查、停泊段设置、证件制作发放等，对违法违规船舶进行查处。是年，年审船舶5779艘、审验渔船民边防证件2.25万本。1994年，根据公安部《沿海船舶边防治安管理规定》与《福建省台海船舶停泊点管理办法》《福建省沿海船舶边防治安管理条例》《闽台近海渔工劳务合作办法》，加强沿海港澳口、船舶、渔船民管理，严格进出港申报、检查制度，严禁无证人员或非本船人员上船出海。是年，地区边防部门审验、重新发放船舶户口簿、边防登记簿6363本，渔船民证2.18本，没收处理无证簿铁壳船3艘。1995年开始，执行国务院《国际航行船舶进出中华人民共和国口岸检查办法》与《中华人民共和国出入境边防检查条例》，对在港的出入境船舶进行定期、不定期巡逻巡视。同年3月，根据省公安厅《关于换发新版〈出海船民证〉的通知》，在全区沿海开展换发新牌渔船民证和出海船舶边防证件年审工作。是年，地区边防部门年审船舶5484艘、换发新版渔船民证件2.09万本、审验出海船舶边防证5484本、清理查扣无证簿船只2艘、查处违章船只236艘。1996年，执行地区行署《关于公布涉及海上收费项目允许出海执收执罚单位及船只的通知》。1996—1998年，全区边防部门年审船舶1.30万艘，渔船民证3.34万本次。1999年7月，宁德地委、行署、地区边防支队联合在福安召开沿海船舶管理现场观摩会。12月，省政府在福安甘棠召开全省沿海船舶管理现场会。全区边防部门年审船舶1.05万艘、渔船证民2.84万本次、年审率分别为97%和98%。

2000年，地区边防支队完成7个新增所（站）选址、挂牌工作。对辖区港澳口进行清理整顿，对新造、重修、报废及重新组装船只进行重新归类建档。同时，根据《关于出海船舶户籍簿等出海渔船民边防证件工本费收费标准的通知》，出海船舶户口簿、出海船舶边防登记簿、出海船民证等证件工本费由原来的6元、1元、1元调为15元、15元、5元。是年，全区年审船舶9040艘、渔船民证2.09万本次。

2001年，宁德边防支队协同地方党委、政府和公安机关在沿海地区开展综合治理，实现沿海船舶、港澳口、渔民管理规范化。是年，完成年审船舶9701艘、渔船民证2.67万本次。2002

年，年审船舶9356艘、渔船无证2.63万本次，年审率分别达到97%、98%。2003年，执行公安部《沿海船舶边防治安管理规定》及省公安厅通知，取消出海船舶、渔船民公安边防证件年审费，船舶进出港签证费。全市年审船舶4230艘。2004年4月，根据省公安厅《关于开展2004年度出海船舶、渔船民公安边防证件审验工作的通知》，对全市2936艘船只进行年审，停用出海船舶边防登记簿。同时，执行省边防总队《关于警民共建"平安辖区（口岸）"的实施方案》，与海洋渔业等部门建立协作机制。是年，全市有证件不齐全和无各类证件船舶1.04万艘，登记造册9576艘，其中5091艘发放公安边防证件、回收公安边防证件1974本。全市查处违法违规船舶313艘次、渔船民694人次。

2005年5月，根据省公安厅《关于取消出海船舶户口簿等出海渔船民证件工本费的通知》，取消出海船舶户口簿、出海船舶边防登记簿、出海船民证、合资船船员登轮证、合资船船员登陆证、台湾居民登陆证、对台劳务人员登轮作业证等6种证件工本费。是年，全市年审船舶2850艘、渔船民1.36万人，查处违章船舶848艘次、渔船民1816人次，查处"无证簿"船舶两艘，查获非法电炸渔船4艘、抓获违法电渔人员8人。

二、靠泊台轮管理

1993年，地区边防支队执行省边防局《关于对台湾渔船民进行分类管理的通知》，对靠泊区内三沙、沙埕口岸的台轮及渔船民实行分类管理。同时，三沙边防工作站率先对靠泊台轮实行电脑管理，并开发出管理软件。是年，接待靠泊台轮3471艘次，接待台胞1.19万人次。1994年开始，执行省人大常委会《福建省台湾船舶停靠点管理办法》。1995年3月，根据省边防总队《关于停泊点台湾船舶规范管理的规定》，规范台轮停靠、检查监护、证件签发、设立档案等。1993—1995年，全区边防部门共检查监护来靠台轮9958艘次、人员3.69万人次，查处违法违纪台轮27艘。1996—1998年，全区边防部门强化停泊台轮管理，完善各项管理制度、缩短办理时间，对因故未及时办理的，还主动登船了解情况，提供服务。3年共登记、监护台轮1.08万艘次、人员3.40万人次。1999年，全区边防部门审检、登记来靠台轮2455艘次、6639人次。

2000年，地区边防支队在三沙边防站建立电子监控系统，完善监控手段。是年，全区边防部门共监护台轮2836艘次、8081人次。2001年，根据省边防总队的《台轮停泊点及闽台渔工劳务输出规范化管理试点工作实施方案》，宁德边防支队在福鼎市沙埕开展台轮停泊点和闽台渔工劳务输出试点。同年4—6月，根据省边防总队《台轮停泊点及闽台近洋渔工劳务输出规范化管理试点工作实施方案》，对靠泊三沙、沙埕边防工作站的台轮与渔工输出进行统一规范；加强台轮管理窗口和境内沿海船舶管理窗口、台胞办证中心和劳务回访中心建设。12月，根据外经贸部、外交部、公安部、交通部、农业部、国务院台湾事务办公室《关于全面暂停对台渔工劳务合作业务的通知》，暂停对台渔工劳务输出业务。是年，边防部门监护台轮2735艘次、人员7329人次，办理台胞登陆证6352本。2004年，市边防部门检查、监护停靠台轮254艘次、人员1000人次。2005年，全市接待靠泊台轮299艘次，接待人员1064人次。

1993—2005年，宁德市（地区）共登记3.19万艘次台轮靠泊、接待人员10.26万人次。

1993—2005 年宁德市（地区）台轮停靠船次统计表

表 30-1　　　　单位：艘次、人

年份	停靠台轮	停靠人数
1993	3471	11862
1994	3674	13668
1995	3806	13639
1996	3694	12578
1997	3790	12493
1998	3310	8920
1999	2455	6639
2000	2836	8081
2001	2735	7329
2002	1122	3518
2003	416	1615
2004	308	1239
2005	299	1064
合计	31916	102645

三、船管站建设

2004 年 10 月，福鼎市边防大队率先在沙埕镇南镇村，水澳、敏灶村建立社会化船管站，船管站办公经费、船管员工资由所属村委自筹自管。此后，市内各边防派出所又出资筹建霞浦县牙城镇柯头、三沙镇三澳和海岛乡北礵，福安市下白石镇本斗坑、半屿，湾坞乡溪尾和甘棠镇南塘、港岐，福鼎市秦屿镇后岐，嵛山镇东角、芦竹村等船管站 11 个。福鼎市公安边防大队与福鼎市海洋与渔业局选定福鼎沙埕南镇、秦屿后岐、龙安和山前海上警务区船舶管理站 4 个船管站作为试点，开展共建船管站工作。10 月，福鼎市政府把共建乡镇船舶管理站经费纳入财政预算管理。

2005 年 3 月，根据省海洋与渔业局、省边防总队的《关于印发加强渔业船舶管理建沿海乡镇船舶管理站工作意见的通知》，区内各船舶管理站由乡镇、边防和渔业管理部门共同建设管理。至当年年底，全市沿海边防辖区建有 28 个乡镇船舶管理站，其中渔船民自发筹建的 8 个，边防派出所出资筹建的 16 个，共建的 4 个。全市船管站管辖 84 个码头、92 个澳口、11 个港口，有船管员 33 名，其中兼职 26 名、专职 7 名。

四、沿海乡（镇）村户口与治安管理

（一）户口管理

1993 年，地区边防支队下辖宁德市三都、飞鸾，福安市下白石，霞浦县三沙、西洋、后港、牙城、东冲、渔洋、吕峡、下浒，福鼎市沙埕、秦屿、白露、俞山、鱼井等 16 个边防派出所，除福鼎市嵛山镇因未设公安派出所外，其余15个边防派出所均把户籍管理工作移交当地公安派出所。

2000年10月，增设宁德市（原县级市）下塘边防派出所，把漳湾派出所管辖的上塘、下塘、雷东、横屿、官沪和鳌江等6个村划归下塘边防派出所管辖区，并把6个村的船舶、港澳口全部纳入边防管理。2004年10月，根据中共中央《关于进一步加强和改进公安工作的通知》和公安部《关于进一步加强公安派出所建设的意见》，蕉城区三都边防派出所作为全省试点单位之一（全省2个试点单位），恢复辖区人口户籍管理职能。

2005年，根据《福建省公安厅关于进一步加强公安边防派出所工作的通知》，并经宁德市公安局同意，全市边防派出所恢复辖区人口户籍管理职能。是年年底，全市边防派出所完成户籍管理移交接收工作。

（二）边境治安管理

1993年，地区边防支队加强福鼎县七星、嵛山、沙埕，霞浦县三沙、西洋、东冲，福安市赛岐、甘棠、下白石，宁德三都、飞鸾等重点地区、重点部位和重点海域布控，采取陆上查、海上截和重点整治等方式，加强复杂场所、旅社客栈布控及重点海域、重要港澳口巡逻检查，维护沿海地区社会治安。1993—1995年，全区边防部门共破获刑事案件157件，查处治安案件660起。1996年，全区边防部门相继成立“严打”领导小组，组织开展“冬季严打整治行动”和“春季严打整治行动”。地区边防支队与海警一支队、宁德海关等单位建立联勤联动机制和定期会晤制度，加强情报、案件查缉与办理协作。是年，地区边防部门破获刑事案件31起，其中省地挂牌督办案件6起、查处治安案件58起；抓获各类犯罪嫌疑人137名，其中投案自首52名、负案在逃44名；摧毁各类犯罪团伙21个，抓获团伙成员65名、破获积案11起，其中海上重大抢劫案6起。1997年，全区边防部门继续开展“严打”斗争，破获各类案件50起，抓获犯罪嫌疑人12名。1998年，地区边防支队组织开展治安清查行动，宁德三都边防派出所在案件多发的青山养殖区创建全国第一个海上警务区。全区边防部门破获各类案件283起，其中重特大刑事案件18起案4起。1999年，边防支队在全区推广三都海上“110”经验，创新“法制治安+道德治安”社会治安管理模式。

2000年，全区在沿海开展海上治安大整治和“打拐”专项行动，破获、查处各类案件160余起，打掉7个犯罪团伙，抓获45名犯罪嫌疑人，查扣无证簿船只1艘，解救被拐妇女111名，追捕在逃犯罪嫌疑人11名。

2001年，宁德市边防支队破获刑事案件53起，查处治安案件216起，调解海事、民事纠纷326起，摧毁黑恶势力团伙3个、抓获各类在逃犯罪嫌疑人27人，破获假币案2起、缴获假币15.88万元。

2002年，边防支队破获各类案件293起，调解海事、民事纠纷162起，摧毁犯罪团伙6个，抓获团伙成员17名、在逃犯罪嫌疑人8名；破获假币案1起，缴获假币1万元；查处涉爆涉枪案件3起3人；查获非法种植罂粟案8起，抓获涉案人员15人。

2003年，宁德市边防支队破获各类刑事案件29起，查处各类治安案件230起，调解民、海事纠纷303起，抓获各类在逃犯罪嫌疑人9人、摧毁犯罪团伙1个，抓获团伙成员4人。2004年，边防部门组织开展海上治安清查、打黑除恶、缉毒等专项斗争，破获各类刑事案件34起、查处治安案件163起。

2005年，根据公安部出入境管理局的《关于进一步加强港口边防检查工作有关问题的通知》，全市加强和规范港口边防检查工作管理。同时，组织开展缉枪治爆、打黑除恶、“禁赌1号”专项活动，破获刑事案件50起、查处治安案件287起。清理历年刑事、治安积案74起，其中刑事案件25起、治安案件49起；收缴赌博机34台，查获违规使用爆炸物品案1起；查获贩卖、运输毒品案1起，抓获涉案人员7名，查获海洛因18.5克；查获非法打捞文物案件4起，收缴元代瓷器2262件。

五、反偷渡与走私

1993年，宁德地区边防支队加大打击反偷渡和走私活动力度。4月，福鼎海上缉私队在福鼎沙埕海面查获1起偷渡案，截获企图偷渡美国人员142人。是年，全区边防部门出动警力2585人次、船艇490台（艘）次，查获偷私渡案件4起217人。1994年，根据《福建省打击走私联合行动方案》，地区边防支队组织开展整治海上治安行动，查获走私案件5起，没收船只3艘、缴获走私货物价值392万元。1995年，地区边防部门查获偷私渡案件7起259人，其中走私毒品案2起。1997年，地区公安机关与公安边防海警部队查获走私电脑主机及配件700多套、电梯配件140件，案值1300万元。在福鼎市沙埕港一油库码头查获巴拿马籍“叁洋壹号”油轮装载4700吨走私柴油。1998年，执行省公安厅《关于开展打击走私联合行动和专项斗争的通知》，开展打击走私联合行动，查获百万元以上走私案4起。1999年8月17日，地区边防支队破获“福安轮”特大组织、运送偷渡者案件，查获该轮曾先后5次组织运送偷渡人员到日本等国，涉案人员160人。在宁德漳湾码头查扣“苏鹏号”轮装载走私物品案值3000多万元。全年，地区边防部门查获偷私渡案件5起99人，霞浦边防大队被评为反偷私渡先进单位。2000年，地区边防部门开展“抓基础、严管防、追蛇头、打现行”专项行动，抓获在册、在逃偷私渡组织者、运送者8人。破获以假结婚名义私渡台湾案1起，抓获嫌疑人7名。抓获1999年“8·18”“福安轮”特大组织运送他人偷越国（边）境案主要涉案人员4人及省公安厅挂牌在册在逃达5年之久的偷私渡组织者1人。12月，在霞浦县三沙古镇码头查获走私船“运泰88号”，抓获犯罪嫌疑人9名，查获奔驰、丰田、奥迪、别克等走私小轿车47辆及汽车配件和4台挖掘机，总价值1100多万元。

2001年10月6日，市边防支队在国道104线宁德八都段查获1起特大偷渡日本案，从“闽A73057”车载集装箱救出憋得奄奄一息的54名偷渡客。查获走私案2起，查扣船只1艇、割顶旧卧车48套、不锈钢卷板和平板及加工的半成品400吨。当年，根据全国社会治安工作会议精神与省边防总队的《关于开展打击偷私渡为重点的“严打”整治斗争的通知》，在全市开展反偷私渡综合治理、“百日大会战”等集中统一行动。10月6日，市边防支队查获1起在福清组织、借道宁德的预谋偷渡日本案件，抓获涉案人员57人、截获运送车辆1台，其中组织者2名、运送者1名、偷渡人员54人。是年，边防部门破获偷私渡案件5起70人，抓获组织者、运送者11名，查处骗取证照出境案3起，抓获犯罪嫌疑人17人。查获香烟走私案2起，缴获“三五牌”香烟2224件、案值600多万元，查获涉嫌运送走私货船3艘，查获电机、工艺品、手机等台货332件（台）。2002年12月6日，市边防支队在霞浦至三沙古桶码头路段查获1起私渡台湾案，抓获27名涉嫌私渡去台人员。全年，市边防部门破获偷渡案件3起53人，协助破获偷渡案件2起15人，抓获组织者、运送者9名；查获非法入境案件1起，抓获越南非法入境人员3人。2003年1月6日，福鼎嵛山海域发生偷渡船只漏水沉没事件，船上13人全部落水（其中运送者3人，涉嫌偷渡人员10人），造成6人死亡、7人失踪。2月20日，市边防支队抓获2名该案偷渡组织者。

2004年1月14日，宁德边防支队在省总队统一指挥和宁德市公安局配合下，在霞浦县城关破获1起重大偷渡去台案件，抓获偷渡去台人员25人（均为女性）、组织者2人。同时，在霞浦县州洋乡松山沃口抓获偷渡运送者2名、运送船只“闽霞渔F751”1艘。1月17日，在省边防总队侦查队和福州支队配合下，在福州抓获该案偷渡运送者4名。当年，宁德市综治委制发《关于对反偷渡工作实行社会治安综合治理“一票否决”制度的决定》，对反偷渡工作实行社会综合治理“一票否决”制度。沿海县（市、区）公安机关和各职能部门相继成立领导、办事机构，加强反偷渡工作。市边防支队制发《支队反偷渡工作实施方案》，在全区开展反偷渡专项行动，先后印发反偷私渡宣传单3890余份、张贴标语370余条。当年底，还与福州边防支队配合，在霞浦鸡公山海域查获走私台轮“宏泰1号”及接驳货车5辆，缴获走私冰冻鸡翅84吨。

2005年，宁德边防支队采取印发传单、刷写标语、签订责任书等形式，加强反偷私渡专项行动宣传，同时发挥船管站、申报站、治保会等群防群治组织作用，建立反偷渡与走私的群防群治防范体系。是年，边防支队抓获在逃偷渡组织者2人，偷渡人员3人。查获非法劳务案件35起199人，其中组织者11名、运营者14名、非法劳务人员174名。

1993—2005年，宁德边防支队共破获偷私渡案件89起，抓获涉案人员1897人，查获走私案件95起，案值4578.84万元。

六、为民服务与抢险救灾

1993年，宁德地区边防支队帮助驻地173户困难家庭，向他们送去慰问金，为病患者免费治疗；结对339余名留守儿童，在生活和学习上予以帮助；参加地方抢险救灾214次，出动警力1833人次，帮助转移伤员28名。

1994年，边防支队又帮助驻地196户困难家庭，结对327名留守儿童帮扶；参加抢险救灾255次，出动警力2377人次，帮助转移伤员16名。

1995年，帮助217户驻地困难家庭，与378名留守儿童结对子、在生活和学习上予以帮助；参加地方抢险救灾286次，出动警力2831人次，帮助转移伤员15名。

1996年，帮助243户驻地困难家庭得到地区边防支队的帮助，结对帮助416余名留守儿童；参加地方抢险救灾322次，出动警力3210人次，帮助转移伤员29名。

1997年，宁德边防支队帮助驻地291户困难家庭发展生产，结对362余名留守儿童进行关怀帮助；参加地方抢险救灾314人次，出动警力3754人次，帮助转移伤员17名。

1998年，与驻地238户困难家庭和319余名留守儿童开展结对帮扶；参加地方抢险救灾295次，出动警力3422人次，帮助转移伤员24名。

1999年，边防部门组织开展“走百村、访万户”活动，在宁德三都海上警务区设立海上“110”“120”和海上文化中心，并被省边防总队向全省推广。全区边防部门参加地方急难险重任务60多次，抢救遇险船只8艘、解救群众200人次、挽回经济损失300多万元。2001年，根据省边防总队《公安边防派出所责任区警官“辖区通”活动量化考核标准（试行）》，全市边防部门组织开展“辖区通”工作，密切与地方和群众的联系。同年，宁德边防支队发起成立全国第一个“海上希望工程基金”，配合当地党委、政府在青山岛上建立“海上希望小学”，帮助160多名渔排子弟和贫困学生圆了读书梦。同时，与共青团宁德市委联合开展创建“海上千里文明走廊”活动，协助市中级人民法院、市司法局开设海上巡回法庭和海上法律服务中心，开展送法到排、普法到户等活动。联合中国移动、气象等部门开通警民短信互动平台，依托海上警务区建立海上广播站、海上文化中心，向群众发送民警提示、警情通报、办证查询、天气预报、安全防范小常识等各类信息。在抗击“飞燕”台风中，市边防支队船艇大队“海上110”，帮助转移渔排群众600多人。

2002年，边防部队官兵开展创建“海上千里文明走廊”、结对子“扶贫帮困”活动和“送法到排、普法到户”等活动，为帮扶对象解决实际困难760多件。在防抗“森拉克”台风期间，市边防部门转移9艘台轮、2109艘当地渔船到安全海域抛锚避风，排除险情52处，帮助养殖户加固渔排网箱近3万箱，转移1.1万名海上养殖人员，抢救漂流渔排5户，挽回经济损失300多万元。2003年，宁德市边防支队推出10项服务地方经济建设新举措，组织召开警民、警政座谈会80场次，走访146个沿海村庄、发放意见卡1300张、收集群众意见130条。7月4日，“闽连2115”运沙船在三沙海域大嵛山岛附近触礁、5名船员落海，市边防支队船艇大队35102艇协助镇政府出海搜救，成功救起5名落海船员、挽回经济损失上百万元。全年，边防支队为群众做好事、办实事280件；抢险救灾160余次，救助遇险船只279艘510人次，挽回经济损失2400余万元。

2004年2月，宁德“海上120”帮助养殖户抢救不慎掉入渔排的未满8个月的婴儿。在抗击“艾丽”“云娜”“海马”等强台风期间，市边防部门出动警力125人次、船艇18艘次，疏散渔排上680多户、船舶386多艘、人员1256人次，抢救住在渔排上的养殖户6户、遇险船只3艘，挽回经济损失500多万元。全年，市边防支队为残疾人、见义勇为基金会、贫困群众捐款捐物3万多元，为群众做好事4300多件。

2005年，宁德边防部门参与抗击“海棠”“艾利”强台风等地方抢险救灾160余次，抢救遇险群众80多人次、遇险船舶300多艘次。先后安全转移海上养殖户、渔船民等15万多人次，挽回经济损失6000多万元。

1993—2005年，宁德边防部门还通过海上广播站、海上文化中心先后向群众发送民警提示、警情通报、办证查询、天气预报、安全防范小常识等信息2300多条，“海上120”为群众出诊730多人次、接诊1820多人次，先后抢救中毒、病危、溺水、工伤群众82人。边防官兵共为残疾人、见义勇为基金会、贫困群众捐款捐物152.97万元，为群众做好事3.59万件次，抢救遇险群众9800多人次、遇险船舶3400多艘次。

第二节　出入境管理

一、公民出入境管理

1993年，地区公安处出入境管理部门继续坚持每月5日接访制度，做好出入境政策法规宣传咨询工作。全区受理因私出国（境）申请1894人，其中出国申请780人、往港澳1004人、往台湾110人；审批出国698人，其中获得签证的636人。1994年，全区受理公民因私出国（境）申请2799人，其中出国申请997人、往港澳1576人、往台湾226人；审批出国742人，其中获得签证658人。1995年，地区公安处制发实施因私出国（境）申请办理有关规定，公安部门对因私出国申请必须在收到申请材料之日起15日内办结、双程往返港澳申请的必须在收到申请材料之日起30日内办结，分别较原先缩短5个工作日。全区受理公民因私出国（境）申请3395人，其中出国申请1332人、往港澳1697人、往台湾366人；审批出国1232人，其中定居88人、探亲560人、自费留学328人、商务考察67人；出境往港澳探亲1675人、定居351人，往台湾探亲326人、定居40人。1996年，全区公安出入境管理部门把原每月5日一天的接访日扩展为所有工作日，给到境外奔丧和探望病危亲人提供预约办证服务。建立境外人员在区内购建房情况登记档案、台胞定居滞留人员登记制度和三资企业状况登记制度。地区公安处出入境管理科全年接访7250人次，其中东湖塘华侨农场归侨4230人次。全区审批因私出国（境）3314人，其中出国1050人、往港澳1768人（探亲1552人、定居216人）、往台湾496人。1997年，全区公安机关开展“满意在出入境”活动，执行“四统一”（统一申请办法、审批条件、办事时限、收费标准）办证方法。一级审批15个工作日完成、二级审批20个工作日完成。当年审批因私出国（境）4178人，其中出国1814人、往港澳1572人（探亲1464人、定居108人）、往台湾792人。1998年，根据公安部《公民因私出国护照申请审批管理工作规范》《内地居民赴港澳地区定居审批管理工作规范》，地区公安处对出国境申请受理、审核、审批、制证、证照发放等程序都限定办理时限，提高办证效率。5月，地区公安处出入境管理科在受理出国境申请时，发现申请到越南探亲人数突然增多的异常情况，及时与省公安厅联系核查，查扣18份伪造材料。全区受理出国（境）申请4829人次，审批出国（境）4566人次，其中因私出国1616人次（含自费出国旅游600人）、往港澳1772人（探亲1762人次、定居10人）、往台湾1078人次（含定居28人）。全区发现并查扣伪造中国驻外使领馆认证、外国移民部门入境批文等虚假材料25件次。1999年，全区统一制发出国（境）“申请须知”“一次书面说清”等表格，并推行预约办证和上门服务，开通“急事急办”绿色通道。同时，执行公安部的“法定不准出境人员报备”制度，全区办理报备手续16人次。9月，台湾地区发生地震，地区公安处出入境管理部门开辟赴台绿色通道，及时给60多名大陆居民和台胞办理赴台手续。全区受理出国（境）申请6858人次、审批出国（境）6520人次，查处伪造驻外使领馆认证等虚假材料14件次，查处其他假材料、假证明16件次。

2000年，根据省公安厅“下放港澳商务审批权”的有关规定，地区公安处出入境部门简化手续，减少非国有企业人员办理赴港澳地区商务签注程序。8月底，全市启用1997版因私出国（境）护照。全市受理出国（境）申请9230人次，审批出国（境）8457人次，查处各类弄虚作假材料12人次、办理不准（限制）出境人员报备手续91人次。

2001年，宁德市公安局改革出入境受理、审批方法，明确受理、审核、审批各环节工作时限，更新“申请须知”。全市受理出国（境）申请量增多，达1.44万人次，审批出国（境）1.28万人次，查处各类虚假材料57人次、查处异地办证2起15人、发现处理不准出境人员7人次。2002年，全市贯彻执行全国、全省公安出入境管理工作会议精神，取消公民因私出国（境）须提交境外邀请函和签发出境登记卡的做法，赴港澳商务签注实行按需申领。市公安局制发《关于简化出国（境）审批程序的通知》《关于为我市企业人员出国（境）从事商务活动提供便利的通知》，简化除申请赴港澳定居外的出国（境）审批，给企业人员出国（境）从事商务活动开辟“绿色通道”，实行企业信誉等级制度和赴港澳商务签注备案制度。8月起，对赴台湾探亲的，只需提交台湾当局签发的“入台许可证”影印件、台湾亲属关系证明，取消邀请信、户籍复印件、台办证明等材料。是年，全市受理出国（境）申请2.89万人次，审批出国（境）2.90万人次（含上年受理申请出国境人员，下同），查处各类虚假材料70人次、办理法定不批准出境报备手续607人次。12月，全市实施按需申领护照。2003年，全市受理出国（境）申请2.64万人次，审批出国（境）2.71万人次，查处各类虚假材料146人次、办理法定不批准出境报备手续3022人次。2004年，全市协同开展清理整顿非法出入国（境）中介组织工作。是年，全市受理出国（境）

申请3.49万人次，审批出国（境）3.58万人次，查处各类虚假材料140人次。

2005年，全市进一步加强对公民出入国（境）管理工作，以准确、方便为出发点完善各项制度。年底经省公安厅验收，市公安局出入境管理科护照办理工作全部达标。全市受理出国（境）申请3.55万人次，审批出国（境）3.45万人次。

二、外国人、华侨与港澳台同胞入境管理

1993年，根据省公安厅部署，在全区开展查处“三非”（非法入境、非法居留、非法就业）外国（境）人活动，对全区三资企业和申办“暂住证”外资人员进行调查摸底，并给全区279家三资企业的151名外国与港澳台地区人员办理相关证件。其中办理“外国人居留证”9本、办理各类签证和签证延期变更16人次，办理港澳台胞“暂住证”142本。对一些入境后不申报、逾期不归的台胞，采取规劝返回、补办延期申请、经济处罚等措施。当年，全区办理台胞停留延期签注215人次，办理多次入出境签注46人次，全区接待经济文化交流的外国人、华侨、港澳台胞1968人次。1994年，继续做好三资企业国（境）外人员调查摸底和审查办证工作。全区办理外商“暂住证”25人，办理“外国人居留证”8人，办理签证及签证延期、变更24人次；办理台胞停留延期签注212人次，办理台胞多次入出境签注33人次，劝返台胞9人；接待经济文化交流的外国人、华侨、港澳台胞2681人次。1995年，根据省公安厅《关于加强基层公安机关对入境人员管理的规定》，全区公安机关普遍设立外管工作专职或兼职民警，配备外事兼职民警150名；在华侨较集中的村、居委会和三资企业、外商常住机构、涉外宾馆聘请外事户管员1497人、外事联络员176人。1996年，全区有外事兼职民警139名、外事联络员和户管员1560名，并由公安机关组织学习培训。全区发现、查处7起涉外案（事）件。4月16日，一美籍男子以旅客身份私自到福安社口拍摄茶叶制作过程录像片，被社口派出所民警制止。1997年，对基层派出所外管民警进行调整，将原先1个派出所只配1名外管民警，扩展为派出所全体户籍民警，并组织外管民警学习有关外管业务知识。3月，地区公安处组织对东湖塘农场（归侨聚居地）进行“三非”人员调查清理，查出“三非”人员9名，其中依法遣送4名非法滞留的越南妇女出境。1998年，继续加强外管工作，把“四有”（有分管领导、有接待窗口、有境外人员户口申报牌、有社会协管队伍）、“四建立”（建立工作制度、建立岗位考评、建立电脑管理、建立基础档案）工作纳入基层派出所工作考评。

2000年，全区放宽境外人员住宿点限制，改涉外宾馆审批制为报备制。12月，全市正式启用1999版贴纸签证，简化外国人办理证件手续，规范入境信息和证件制作，做到当天受理、当天取证。是年，全市办理签证和签证延期、变更67人次；给台胞办理停留延期、暂住加注282人次，多次入出境签注12人次；给港澳同胞办理暂住证4人次；给外国入境人员办理居留证（含延期）27本。2001年，进一步规范基层派出所外管工作，把国（境）外人员管理工作纳入派出所（分局）考评标准和责任区民警岗位职责。继续加强国（境）外人员临时住宿申报工作管理，全市涉外宾馆国（境）外人员临时住宿申报率达100%、散居申报率达95%以上。市公安局还建立外事联络员制度，录入不准入境人员710人次。2002年，根据省公安厅、工商局部署，在全市开展集中打击非法因私出入境中介机构专项行动，市公安局和工商局等联合查封2家无证经营非法中介机构，查获2名非法中介个人。是年，全市查获并遣送“三非”外国人2起5人，制止非法传教1起，录入不准入境人员946人次。2003年，市公安局建立全市出入境中心数据库，撤销县级出入境数据库，实现出入境部门三级联网与远程终端受理。市公安局国家工作人员信息

数据库、法定不批准出入境人员信息数据库、常住人口中心数据库通过省验收。2004 年，市公安局、市外事办等联合开展“春雷行动”，查处非法中介机构 8 个，其中取缔 4 个、限期整改 4 个，取消 2 家违规办理港澳商务签注企业备案资格。市公安局建立共享人口信息库，做好新增人员备案和原有备案人员的及时变更、撤销工作。

2005 年，全市执行公安部新的《外国人签证和居留许可工作规范》与《台湾居民来往大陆通行证、签注受理审批签发工作规范》，简化手续，缩短外国人入境签证和居留许可申请、应邀赴台申请等受理审批时限。全市办理外国人入境签证 108 人次、居留许可（证件）13 人次。办理台湾同胞来往大陆签注 407 人次、居留签注 106 人次。

第九章　监所建设与管理

第一节　监所建设

1993年，地区公安处在古田、宁德、福鼎3县（市）治安拘留所开展规范化建设。古田县治安拘留所继霞浦县之后，成为第二批省级规范化拘留所。地区公安处完成地区收容教育所第一期工程建设。1994年，福鼎、宁德2县（市）拘留所被评为省级规范化拘留所。1997年，根据公安部《看守所等级评定办法》，以霞浦、柘荣县看守所为试点，开展创建三级看守所活动，继而在全区推广，有条件的县（市）开始在看守所安装监控设备。是年，宁德、福鼎、霞浦、柘荣、周宁5县（市）看守所经省公安厅考核，被评为全省第一批“三级看守所”。1998年，根据公安部《关于开展“严格执法、文明管理”看守所创建活动的通知》，全区继续开展创建等级看守所活动。1999年1月，地区公安处成立监所管理科，负责全区看守所、治安拘留所、收容教育所、强制戒毒所等场所的管理、指导、协调工作，组织监所开展季度安全大检查与治理整顿等。地区公安处开始筹建地区强制戒毒所。

2000年7—12月，根据公安部、省公安厅部署，全市看守所开展以解决环境脏、卫生差和管理秩序乱等为主要内容的专项治理，各县（市）加强看守所软硬件建设。2003年，全市执行公安部新修订的《看守所等级评定办法》，各县（市、区）看守所普遍设立岗楼和配套设施，周宁、古田、福鼎看守所建立围墙巡逻道。市看守所和市治安拘留所开工建设，当年完成主体工程。2004年，全市有公安监管场所20个，其中看守所9个、治安拘留所9个、收容教育所1个、强制戒毒所1个。

2005年，宁德市看守所和治安拘留所竣工，工程总投资2100万元。

第二节　监所管理

1994年，根据省公安厅部署，在看守所开展百日安全竞赛活动。地区公安处制定看守所整改方案，加强看守民警安全意识教育，落实安全巡视、安全检查、新犯人入所周内跟踪观察、民警集体交接班等制度。同时，采取多种形式，对在押人员进行教育改造。是年，全区看守所对收押违法嫌疑人和收审人员进行法制教育320场次，个别谈话5382人次，邀请“三长”（看守所所长、武警中队长、驻所检察室主任）讲课19次，从中获取犯罪线索79条、破案5起、追缴赃款赃物2200元。全区看守所制止各类监管事故143起370人。1995年，在各看守所开展“打击牢头狱霸、防事故、保安全”活动，加强在押违法嫌疑人教育改造，促使其坦白余罪309条，从中破案15起、抓获犯罪嫌疑人13人。全区公安机关完成收容教育所扩建改造。古田、霞浦、福鼎、宁德拘留所被省公安厅授予“规范化拘留所”称号。1996年“严打”期间，各县（市）看守所通过宣传，从在押违法嫌疑人中获取犯罪线索126条、查破案件40起，其中福安市看守所破获3起省公安厅挂牌的重特大案件。全区开展打击“牢头狱霸”专项行动18次，打击违反监规在押违法嫌疑人240人。当年，全区看守所发现并制止各类事故290起。1997年，全区监管部门加强在押人员政策法律教育，采取请“三长”讲话，召开宣判大会等方式，对在押违法嫌疑人进行教育改造。59名在押违法嫌疑人主动坦白交代，协助破获案件8起，发现罚处“牢头狱霸”6人，发现制止各种事故56起。1998年，全区看守所开展安全大检查240次，消除隐患30起，收缴违禁品198件，开展打击牢头狱霸18次、46人。地区公安处预审科审核减刑20人，经法院裁定减刑18人。1999年，执行公安部《关于调整公安监管职能有关问题的通知》，全区看守所、治安拘留所、收容教育所等统一由监管部门管理。全区看守所进一步严格实行监所24小时内外值班、集体交接班、安全巡视及新在押人员所内24小时跟踪观察等制度。定期召开管理部门联席会议和狱情分析会，采取“三个结合”（普遍教育与重点教育相结合、狱内教育与社会教育相结合、严格管理与感化教育相结合）与民警“三包”（包安全、包管理、包教育）等制度，加强监所管理与在押人员教育改造。同时，武警由所内看守勤务，改为外围武装警戒；各地监管部门加强与武警部队联系，制定安全管理预案，设立“内管、外警”责任区，完善防逃制暴机制。

2000年，在宁德市看守所开展“三共”（共管、共建、共保安全）试点活动，全区看守所推行管理联席会议、狱情分析会、安全大检查、联合演练等制度。各县（市）加强在押人员思想教育，规范看守所管理。是年，全区看守所制止各类事故28起39人，配合侦查部门破案28起37人，其中重大案件6起18人，为侦查部门提供线索137条，协助破获案件55起，其中重特大案件7起、抓获犯罪嫌疑人22人。

2001年，全市公安监管场所推行等级化管理，加强收押、清监、巡视、提审、外出就医等环节安全防范，以及在押人员教育转化工作。配合“打黑除恶”“追逃”等专项斗争，协助破获各类刑事犯罪案件41起，其中重大案件8起；追捕犯罪嫌疑人11人，追缴赃款赃物2.7万元。2002年，全市看守所开展“看守所民警执勤行为规范”活动。配合“严打整治”专项行动，全市监管场所获取各类线索125条，协助破获刑事案件17起，其中杀人案件3起，抓获犯罪嫌疑人10人，网上在逃犯罪嫌疑人2名，发现在逃犯罪嫌疑人27人，追缴赃款赃物9000元。7月，市公安局强制戒毒所开始收戒吸毒人员。2003年，全市公安监管部门开展执法大检查，实施《看守所民警执勤行为规范》《行政强制场所民警执勤行为规范》，继续开展清理超期羁押工作，完成全部超期羁押案件清理。全市看守所加强与武警中队、检察室横向联系，采取“教育、互帮互助、联席联防、联检联评”等方式，促进管理制度落实。市公安局与市检察院、市中级人民法院联合制发《看守所办理减刑、假释、暂予监外执行操作规范》，加强在押人员留所服刑、保外就医、提前解拘解教审核监督。是年，全市监管场所通过深挖获取各类犯罪线索82条，协助破案22起，其中重大案件4起，抓获犯罪嫌疑人15人，发现在逃犯罪嫌疑人15人，追缴赃款赃物8万元。2004年，全市公安监管部门相继开展“大练兵”等活动，与驻所检察室、武警中队联合开展防脱逃、防冲监暴狱、防停电等突发事件应急演练。开展场所安全无事故竞赛活动，加强在押人员教育感化，推行人性化监所管理，保障在押人员各项合法权益。向社会公开保外就医、留所服刑、减刑办理程序、审批时限及收费标准；建立完善超期羁押催办制度、被监管人员家属联系制度、被监管人员家属探望和送钱送物回执制度。全市监管场所提供各类犯罪线索31条，协助破案5起，其中重大案件1起、抓获犯罪嫌疑人3人。

2005年，在全市公安监管场所中开展管理工作大整顿活动，重点整顿监管工作秩序，严厉打击“牢头狱霸”行为，切实保障被监管人员合法权益。在全市公安监管场所中推广便民利民措施，方便办案机关和群众办事。

第十章 公安法制工作

第一节 案件审核

1993年，根据省公安厅《福建省各级公安机关法制机构工作职责范围（试行）》，全区各级公安法制部门负责本级公安机关直接承办的收容审查、劳动教养和有关案件的依法审核工作。是年，全区公安法制部门审核各类案件1680起，纠正部分不符合有关法规案件142起。1994年，执行省公安厅《关于加强案件审核工作的通知》，全区公安法制部门审核各类案件1501起，提出处理意见448条。1995年9月，全区公安法制部门的审核工作，在原主要为劳动教养有关案件基础上，扩至监视居住、取保候审。寿宁县公安局制发《关于严格执行案件审核把关和收审、监视居住制度的通知》，古田县公安局制发《关于正确使用监视居住强制措施的暂行规定》。是年，全区公安法制部门审核各类案件2178起，提出意见1203条。1996年，全区公安法制部门审核各类案件违法犯罪嫌疑人3155人，其中收审1185人、监视居住1640人，并逐一提出审核意见。1997年，审核各类案件1241起，其中取保候审177人、监视居住21人、刑事拘留183人、治安处罚590人、收教10人，劳教、少教158人；发出《纠正违法通知书》27份，纠正案件27起。1998年，全区公安法制部门审核各类案件1224起，给基层办案单位提供法律指导和咨询679条，参与研究、督办疑难案件206起。1999年年初，地区公安处制发《关于明确法制部门对案件审核把关范围的通知》。全区公安法制部门审核各类案件1664起，研究、协调、处理疑难案件397起，提供法律咨询或法律服务1906件次，开展个案监督100件，口头或书面发出纠正违法通知65次。

2000年，全区公安法制部门审核各类案件2145起，纠正执法问题197起，帮助协调、处理疑难案件135起，提供法律咨询服务3000多件次，督办案件35件，督办信访30件。

2001年，全市公安法制部门审核各类案件1488起，建议采取强制措施1399起2025人、纠正执法问题124起145人、帮助协调处理疑难案件395起584人、提供法律咨询服务2358件次、办理督办件53起64人、纠正执法不当9起12人。2002年，执行省公安厅《福建省公安机关内部执法监督实施细则》。全市公安法制部门审核各类案件及强制措施4695起7537人，其中纠正执法问题629起1082人、帮助协调处理疑难案件321起552人、提供法律咨询服务3633件次、办理督办件74起133人。2003年，全市公安部门进一步扩大案件审核范围，特别是对刑事强制措施的审核。市公安局对部分县（市、区）公安局办理的赌博、卖淫嫖娼、轻伤害案件进行专项检查，并督促有关县（市、区）公安局进行违法方面的整改。是年，全市公安法制部门审核各类案件4481起，提出纠正意见550条。各县（市、区）公安机关普遍建立法制员制度，并筹措资金建立网上查询、监督机制。2004年，全市公安机关普遍建立逐级把关、个案评析等制度，把刑事案件、治安行政处罚、采取强制措施等全部纳入案件审核范围。共审核各类案件7870起，提出纠正意见1520条。市公安局法制处每月召开法制员例会，通报案件审核存在问题，探讨执法热点、难点问题。

2005年，全市公安法制部门审核各类案件及采取强制措施案9750起1.02万人次，发现并纠正执法问题1328起1982人，受理个案督办58起76人、办结57起75人，其中纠正执法不当52起60人。

第二节　复议与应诉

1993年，全区公安机关受理治安申诉案件112起124人，审结106起118人。其中不服申诉裁决向法院起诉10起10人、法院审结9起9人中，维持4起、变更1起、撤销和部分撤销2起、申请人撤诉2起；直接向法院起诉行政案件18起26人、审结13起20人，其中维持1起、撤销5起、变更11起、申请人撤诉3起。1994年，根据《中华人民共和国国家赔偿法》，地区与县（市）公安局相继成立理赔委员会。全区公安机关办理治安行政申诉案件70起79人，全部审结。其中维持18起、变更22起、撤销10起，撤销原裁决同时决定应重新认定具体行政行为23起，申诉人撤诉6起，不服申诉裁决向人民法院起诉6起8人。直接向法院起诉行政案件22起22人，也全部审结，其中维持2起、撤销2起、变更10起、其他处理8起。1995年，全区公安机关受理行政复议案件79起81人、其中劳动教养案件27起27人，直接向法院起诉的收审、扣押等行政案件13起13人，审结12起12人。1996年，全区公安机关受理各类行政复议案件58件，经审理维持16件、变更24件、撤销5件、退回重审10件、未结3件。不服公安具体行政行为向法院起诉25件，法院判决维持7件、变更4件、撤销5件、申请人撤诉5件、法院未审结4起。1997年，全区公安机关受理各类行政复议案件141起，经审理维持38起、变更29起、撤销74起；不服公安机关具体行政行为处罚向法院起诉18起，法院判决维持12起、变更3起、申请人撤诉3起。决定国家赔偿案件2起。1998年，县（市）公安局严格案件复议办案程序，共受理行政复议案件111起，经审理维持34起、变更12起、撤销59起、申诉人撤诉6起；不服公安机关具体行政行为处罚向法院起诉35起，法院判决维持8起、撤销20起、申诉人撤诉7起。1999年，全区公安机关执行《中华人民共和国行政复议法》，共受理公安行政复议案件118起，经复议维持34起、变更13起、撤销64起、申诉人撤诉7起；不服公安机关具体行政行为处罚向法院起诉17起，法院判决维持15起、撤销2起。

2000年，全区公安机关受理行政复议案件50起76项，其中维持9项、撤销55项、变更8项、申请人撤回申请4项；不服公安机关具体行政行为处罚向法院起诉16起，法院一审判决维持6起、撤销6起、判决限期履行1起、申诉人撤诉2起、未结1起；二审受理18起，审结4起，其中判决公安机关胜诉3起、败诉1起。受理国家赔偿案件3起，决定赔偿2起，决定不予赔偿1起。

2001年，全市公安机关办理行政复议案件77起，其中维持33起、撤销38起、变更5起、申诉人撤回1起；不服公安机关具体行政行为处罚向法院起诉7起，法院一审判决维持4起、撤销3起；二审受理4起，其中判决公安机关胜诉2起、败诉1起，未结1起。2002年，执行省公安厅《关于进一步加强公安行政复议工作的通知》，全市公安机关办理行政复议案件83起，其中维持31起、撤销32起、变更5起、申诉人撤回14起、未结1起；不服公安机关具体行政行为处罚向法院起诉22起，法院一审判决维持10起，撤销2起、变更2起、申诉人撤诉6起，未结2起；二审受理11起，其中判决公安机关胜诉5起、败诉5起、未结1起；受理国家赔偿案件5起、办结5起，决定赔偿1起。2003年，全市执行公安部《公安机关办理行政复议案件程序的规定》和省公安厅的通知，市、县公安机关相继成立行政复议办公室，办理行政复议案件47起。其中维持21起、撤销9起、变更6起、申诉人撤回11起；不服公安具体行政行为向法院起诉12起，法院判决维持6起、撤销1起、申诉人撤诉4起、未结1起；受理国家赔偿案件5起，办结4起、决定赔偿4起。2004年，全市公安机关受理行政复议案件36起，办结36起，其中维持17起、撤销3起、变更7起、申诉人撤回9起；不服公安机关具体行政行为处罚向法院起诉20起，法院一审判决维持13起、撤销2起、判决返还财物1起、申诉人撤诉1起；二审判决维持5起，申诉人撤诉1起；受理国家赔偿案件4起、办结4起，其中决定不予赔偿3起、申诉人撤回1起。

2005年，全市公安机关审核各类案件及强制措施9750起1.02万人次，发现并纠正各类执法问题1328起1982人；受理个案督办58起76人，办结57起75人；纠正执法不当52起60人。受理行政复议案件34起，其中维持22起、撤销10起、变更1起、未决1起。县（市、区）公安机关受理派出所行政裁决复议案件5起，其中维持4起、撤销1起。申诉人不服公安行政决定，向法院起诉18起，法院一审判决维持公安行政决定10起、撤销1起、申诉人撤诉5起。受理国家赔偿案件3起，结案并决定不予赔偿1起、未结2起。

第三节　教养审批

1993年，全区公安机关审批各类成年人劳动教养和少年收容教养案件70起79人，不服决定申请复查5起5人、维持4起4人。1994年，全区公安机关审批劳动教养案件366起、少年收容教养案件20起，不服决定提出复议22起22人、审结17起17人。1995年“严打”期间，全区公安机关受理劳动教养、收容教养案件165起，审批113起。当年，全区受理劳动教养、收容教养案件479起，全部审结、审批225起。

1996年1月，全区劳教对象统一划归公安法制部门审核后报批。1997年，执行省劳动教养管理委员会（简称省劳教委）、省公安厅《关于加强劳教审批工作有关问题的通知》，全区收到劳动教养、收容教养申请158件，审结155起。1998年，根据公安部《关于劳动教养范围有关问题的通知》和省公安厅的有关通知，全区公安机关受理劳动教养、收容教养申请125件，审批劳动教养、收容教养案件97件，证据不足退回补查6件、建议追究刑事责任或作其他处理22件。1999年，全区公安机关受理劳动教养、收容教养申请103件，审批85件，证据不足退回补查9件、建议追究刑事责任或作其他处理9件。

2000年，全区公安机关办理劳动教养和收容教养申请92件，审批教养66件、证据不足退回补查6件、建议追究刑事责任2件、作其他处理17件、未结1件。2002年6月，执行公安部《公安机关办理劳动教养案件规定》与省公安厅《关于加强劳动教养审批工作的意见》，宁德市公安局成立劳动教养审批委员会及办公室。当年，共受理劳动教养、收容教养申请158起，审批138起。2003年，根据省公安厅、劳教委、司法厅《关于规范劳动教养、少年收容教养人员送所执行交接有关问题的通知》，全市公安机关统一规范送所交接的材料、手续及难于交付执行情况的处理方式。5月，又根据公安部《关于严格执行劳动教养案件规定 进一步提高劳动教养案件质量的通知》，对劳动教养案件实行集体审议。是年，全市公安机关受理劳动教养、收容教养申请161起，审批153起。2004年，市公安局组织检查组对全市公安机关2003年1月1日至2004年8月31日办理的劳教案件进行全面检查，并下发《关于进一步规范劳动教养执法的通知》，加强办理劳教案件指导。是年，全市公安机关受理劳动教养、收容教养申请186起186人，审批178起178人；被劳教人员不服决定申请行政复议10起，复议机关维持9起、撤销1起；不服劳教决定提起行政诉讼3起，法院一审判决维持1起、撤销1起。

2005年，全市公安机关执行公安部《关于推进劳教审批制度改革的实施意见》，共受理劳教申请165起，审批156起156人、审批所外执行4起4人、建议追究刑事责任3起3人，被劳教人员不服决定申请行政复议2起，复议机关维持2起。

第四节　执法检查

1993年，根据省公安厅部署，在全区公安机关开展执法检查活动，对发现的滥用强制措施等行为予以解除、撤销、纠正。1994年10月，开展执法清案大会战。1995年7月，对1990年以后公安行政、刑事执法情况进行大检查，查处各类明显降格处理及其他未依法处理案件51起。全区初步形成以案件审核把关为重点，执法检查、行政复议、纠正处理相结合的执法监督机制。1996年，开展执法检查和清案工作，建立健全公安机关内部执法监督机制。1997年，开展专项法制检查，查处15起公安干警非法插手经济纠纷案件，并严肃处理相关责任人。

1998年，全区公安机关继续开展执法大检查，建立健全办案制度、财务管理、队伍管理等规章制度102项。地区公安处在检查中，查阅1990年以后办理各类案卷6800卷，发现存在执法问题240卷；查纠降格处理案件29起，查纠违反规定动用扣押物品、车辆37起37人，清退乱罚款5110元；办结1996年、1997年省公安厅督办案件16起、地区公安处督办案件31起、久拖未决案件108起、群众反映强烈及当事人长期申诉案件50起。1999年，结合“争创人民满意单位，争当人民满意民警”活动，全区公安机关自查、抽查、复查各类案件8378件，发现并纠正存在执法问题21类305起，其中刑事案件87起、治安案件218起；查出超期羁押173人，违法收取保证金29000元；查结群众反映强烈、当事人长期申诉案件129起。至当年年底，全区公安机关已在基层所队设置220名法制监督员，负责执法指导和执法监督。

2000年，全区公安机关开展专项执法大检查，查阅2000年上半年办理的各类刑事、行政案件3459件，发现并纠正存在各种执法问题615件、有4名民警因执法过错受到责任追究。同时，在全市推行执法责任制和执法质量考评，普遍开展执法质量自查自评工作。经市公安局执法质量考评，全市9县（市）公安机关执法质量全部合格。

2001年，根据公安部《公安机关内部执法监督工作规定》《公安机关人民警察执法过错责任追究规定》，全市开展执法大检查、执法质量考评活动，通报并纠正部分县（市、区）公安机关办理卖淫嫖娼案件存在的重罚款、轻收教现象，呈报的劳教对象被超期羁押、滥用强制措施等问题，并移交相关部门处理。2003 年，市公安局印发《关于进一步规范我市劳动教养审批和公安行政执法有关问题的通知》《关于进一步规范治安调解工作的通知》，并与市检察院、市中级人民法院联合下发有关指导执法办案的规范性文件。市公安局组织到县（市、区）公安局和市公安局 7 个支队进行考评，评选出 4 个执法质量优秀和 6 个达标单位。

2004 年，执行《福建省公安机关行政许可听证规定》《福建省公安机关行政许可公示规定》，在全市公安机关推行民警个人执法质量考评制度。11 月、12 月，市公安局组织检查组对 9 个县级公安局和市公安局机关 7 个办案部门进行考评，评出 5 个优秀和 5 个达标执法办案单位（部门）。

2005 年，全市公安机关继续推进执法质量考核评议工作，共开展执法质量考评 38 次，发现各类执法问题 1800 个、督促整改 1780 个。市公安局印发《宁德市公安局关于进一步规范犯罪嫌疑人异地羁押工作的通知》等。同时，根据大接访和在“保持共产党员先进性教育”活动中反映的部分公安机关及民警“不作为”等问题，组织开展专项执法检查，发现执法问题 380 个、督促整改和纠正 368 个。

第十一章　公安科技与通信网络安全管理

第一节　公安科技

1993年，全区公安机关加强刑侦技术建设，勘查现场890起、提取痕迹物证642件、利用刑事技术破获案件174起。法医活体检验4244件、尸体检验193件，出具鉴定书2865份、痕迹物证鉴定书50份、化验鉴定书27份；搜集违法犯罪嫌疑人资料卡605份，捺印指纹卡1210份。1994年，法医介入现场侦查案件1252起，勘查现场1125起、提取痕迹物证615起726件，出具法医技术鉴定1798份、运用技术档案破案70起，搜集违法犯罪资料754份、检索1500份、捺印指纹卡1976份、搜集刑嫌档案806份。福安刑警大队利用脚印比对，认定1名嫌疑人盗窃10多起的犯罪事实。柘荣刑警大队利用痕迹物证串并案，抓获1名盗窃惯犯、破获21起入室盗窃案。1995年，全区搜集录入违法犯罪嫌疑人信息2300份，录入被盗机动车辆数据180份，从中查获赃车32辆；录入在逃犯罪嫌疑人信息410份，录入刑嫌人员、流窜犯等信息2808份。1998年，全区公安机关加强犯罪信息咨询网与县（市）工作站建设，微机检索犯罪信息624件、从中查获犯罪嫌疑人25名、赃车86辆。1999年12月，公安机关相继引进美国指纹自动识别系统，并实现全省联网，供指纹信息共享。

2000年，各县（市）公安局相继建立县（市）刑侦信息中心，初步建成刑嫌人员资料、在逃犯罪嫌疑人资料等犯罪情报信息资料数据库。是年，公安机关通过指纹自动识别系统，破获蕉城区“12·15”“5·5”盗窃案，福安“10·16”“5·28”盗窃案、区内系列抢劫寺庙案等40多起疑难重特大刑事案件。2001年11月，全市刑侦综合犯罪信息系统4.0版正式运行。福安市公安局提取现场指纹案件166起，应用指纹自动识别系统认定案件7起，连带破获刑事案件73起。2002年，根据《福建省公安厅经侦基础业务建设三年规范》，市公安局开始建立全市经侦情报信息数据库，录入各类信息资料186份。在开展“刑事科学技术质量效益年”活动中，全市提取现场指纹案件395起，应用指纹自动识别系统识别认定犯罪嫌疑人31名、破获刑事案件171起。4月，福鼎市公安局利用指纹比对，抓获犯罪嫌疑人1名并破获市区盗窃案件46起。5月，蕉城刑侦大队利用指纹比对，抓获2名犯罪嫌疑人、破获入室盗窃案件51起。2003年5月，市刑侦支队成立刑事情报大队，建立并开通刑侦综合信息网。各县（市、区）刑警大队也相继成立刑事情报队、开通信息网，并采集刑嫌人员信息1571条。是年，市公安局刑侦综合信息系统储存提供信息10万余条、建立经侦经嫌档案775份，并运用刑侦综合信息系统数据库协助破案227起。2004年，全市公安机关应用指纹远程自动比对系统，直接认定犯罪嫌疑人113名、破获刑事案件425起。

2005 年，市公安局刑侦综合信息系统存储信息 30 万余条且日增 100 多条，入库违法犯罪嫌疑人信息数据 8929 条、被盗抢汽车信息 27.90 万条。公安机关应用指纹远程自动比对系统认定犯罪嫌疑人 132 名，破获本地案件 1461 起、外地案件 29 起，连带破获案件 312 起。

第二节　通信与网络安全建设管理

1995 年，全区公安机关开始筹建公安电话专网，地区公安处购置自动拨号组网机、四线 E\M 中继板，对配线架进行扩容。1996 年，地区公安处派工程技术人员到县（市）公安局，帮助恢复 150 兆无线网络，对专网电路进行测试，及时排除故障。1997 年，继续对全区专网线路进行测试与故障排除，帮助霞浦、周宁、古田等县公安局多次解决接口设备与交换机故障，福安市公安局增置程控设备。1999 年，地、县（市）交警部门在全省率先建立覆盖全区的交警系统办公自动化信息网络与全区公安系统网站主页。同时，地区公安处配合省公安厅业务部门和电信部门做好专网电路电平测试调整，确保全区公安专网畅通安全。2000 年，地区公安局对接处警系统、宁德城区主要路段、单位的监控系统、公安机关无线调度系统、宁德城区主要单位技防报警系统进行调试。建立局域网中心机房，完成网络硬件设施建设。

2001 年，宁德市公安局制发《全市公安信息网络工程建设方案》，开通市公安局与省公安厅的 2 兆数字电路与电视电话会议系统，实现与省公安厅数据共享、语音交换。同时，对信息中心和通信机房进行全面改造，建成信息中心和传输中心；更新原有通信电源、配线架、交换机，开通 800 兆应急通信系统。2002 年，根据《福建省公安厅“金盾工程”建设管理办法（试行）》，建立全市人口信息网上查询及人口管理网络办公系统，实现 330 多万常住人口数据网上实时查询和暂住人口网上查询。寿宁、霞浦等县公安机关相继建成县级至派出所四级网络信道和网络版人口综合信息系统，并联入公安专网，实现与全国“百城联网”人口信息系统互访查询及辖区内“网上审批”“网上迁移”等人口管理网上办公。开通全市公安机关 2 兆数字电路和语音话路。福鼎市公安局率先试运行视频会议系统，实现数据、语音和视频传输三网合一。全市大部分县（市）公安局的刑侦、户政、出入境等系统并到公安三级主干网。寿宁县公安局在全市率先建成四级网，其后，霞浦、古田、屏南、柘荣、福安、蕉城、周宁等 7 县（市、区）公安局（分局）也相继建成四级网，全市 108 个派出所全部接入公安网。是年，市公安局建成局域网主页，实现非涉密信息上网发布。2003 年，执行《福建省公安厅金盾工程建设项目管理规程》，各县（市、区）全部建立四级接入网，建成刑侦信息系统、指纹自动识别系统和指纹信息库，实现网上串并案分析和认证比对；建成人口信息网络管理系统，实现网上办公及与全国“百城联网”人口信息系统互访查询；同时，率先与省公安厅、厦门市公安局实现互联互通，建成互联网监控系统（网警）和网吧安全管理平台；建成治安旅店特殊行业管理系统、出入境按需申领护照管理系统，把公安信息系统和“110”“122”报警指挥系统、违法犯罪嫌疑人信息管理系统及市区主要街道、重点部位、要害场所、闭路监控、社区报警服务系统全部联入公安网。建立市公安局数字多媒体教室，分 20 期培训考核民警 300 多人。10 月，公安部部长助理张新枫、省公安厅厅长陈由诚等到宁德视察“金盾工程”建设情况，充分肯定宁德市公安机关信息化建设工作。

2004 年，全市继续实施“金盾工程”，建成队伍管理信息系统，完成二代证、人口信息管理系统升级改造，加载全市 330 万人口数据。建成违法犯罪嫌疑人信息系统，与公安部、省公安厅及全市看守所、拘留所实现数据交换。加强“四网”（旅馆业、印章印刷业、社会治安、拍卖业管理系统信息平台）建设，市治安支队筹措30多万元资金，完成省公安厅要求的50张床位以上宾馆实现旅馆业信息系统联网。确定天津戈德防伪技术有限公司为宁德市印章管理信息系统承建单位，实现全市治安管理信息系统与拍卖业管理信息平台建设与联网。完成全市公安机关视频会议系统建设，开通至省公安厅带宽8M的4根2M电路。全市公安机关四级接入网统一升级为512K ADSL接入方式，全市看守所、戒毒所、拘留所、收教所与基层所（队）计算机全部接入市公安网。全市开展打击和治理利用手机短信进行网络诈骗等专项行动，与通信部门协作把警示信息发送给手机、小灵通用户，提高群众防骗意识。

2005年7月，市公安局成立信息中心，负责全市公安计算机网络建设与网络运行安全维护。开通市公安信息中心警务信息综合查询平台，提供包括人口、交管、出入境、刑侦综合查询、宾馆旅店业管理、违法犯罪嫌疑人等6个系统信息。给全市民警配备数字证书。完成全市8个公安信息资源库和23个一类应用系统建设，市公安二级网带宽扩大为100M，三级网带宽扩大为4M。当年，在全市还开展对“点对点网络视频聊天室有害信息专项整治”。

第十二章 机构与队伍

第一节 机 构

1993 年，宁德地区行政公署公安处内设 17 个科室，下属 17 个基层单位（所、站、队），人员编制 136 名、实有人员 131 名。1994 年，刑侦科改为刑事警察支队（刑警支队）。1996 年设立警卫科并成立技术侦察支队（技侦支队）。

1997 年，按照地区行署“三定”方案，地区公安处内设警令部、后勤保障部、政治保卫科、经济文化保卫科、治安管理科、户政管理科、预审科、出入境管理科、机要通信科、计算机管理监察科、对外联络办公室、法制科、科技科、宣传科、巡警工作指导科、警卫科、警务科、人事科、老干部工作科等 19 个科室和刑事警察支队、技术侦察支队 2 个支队，核定行政编制 199 名，工勤人员编制 4 名。

1998 年，成立警务督察队。1999 年成立监所管理科。2000 年 5 月成立经济犯罪侦查队（经侦支队），11 月成立国内安全保卫支队（国保支队）、巡逻警察支队（巡警支队）、治安支队、禁毒支队和闽东华侨经济开发区公安分局。同年，撤地设市，地区公安处改称宁德市公安局，原下属机构不变。原宁德市公安局改称宁德市公安局蕉城分局，为宁德市公安局派出单位，编制另列。

2002 年 9 月，按照新一轮“三定”方案，市公安局内设办公室、政治部、警务督察室、装备财务处、法制处、出入境管理处、信息通信处、公共信息网络安全监察处、警卫处、监所管理处、科技处、户政处、对外联络办公室 13 个处（室）以及国内安全保卫支队、经济犯罪侦查支队、治安支队、刑事侦查支队、行动技术支队、禁毒支队、巡警防爆支队、交警支队等 8 个支队，下设看守所、治安拘留所、收容教育所、强制戒毒所、人民警察培训学校等 5 个基层单位；其中办公室为副处级，下设研究科、秘书科、统计督查科、信访科等 4 个科和指挥中心；政治部为副处级，下设队伍管理科、人事科、宣传科、老干部工作科等 4 个科；纪检组与监察室合署办公。2003 年，成立行政复议办公室。2005 年，信息通信处更名为信息机要通信处。

至 2005 年年底，宁德市公安局设 1 个部（政治部）、1 个中心（指挥中心）、17 个处（室、科）、8 个支队、2 个分局（东侨经济开发区分局和蕉城分局）。市公安局有干警 345 人（不含蕉城分局和消防、边防支队）。其中东侨经济开发区分局辖 3 个直属大队、2 个派出所，有干警 47 人；蕉城分局下辖 16 个派出所，有干警 296 人。

第二节　队伍建设

一、培训

1993年，地区公安干校先后举办治安、内保、新干警岗前培训等培训班5期，培训干警200多名。举办法制教育课16场、法律研讨会19场，2000多名干警参加听讲或学习。1994年，组织学习中共十四届四中全会精神和《邓小平文选》，召开专题报告会等36场、举办培训班3期，5680人次干警参加各种学习培训。1995年，执行公安部“七条禁令”，开展“做人民爱戴的好警官”教育整顿活动；举办封闭式轮训班，对全市民警进行培训。向全区公安干警发送《法制教育年学习手册》《中华人民共和国国家赔偿法》等学习资料。1996年，采取中心组学习、民警自学、集中办班及知识竞赛等形式，组织学习中国共产党十四届六中全会精神，《中华人民共和国刑事诉讼法》和《中华人民共和国行政处罚法》。对晋升警司警衔的142名警官进行培训。

1997年，组织学习邓小平建设有中国特色社会主义理论、中国共产党十四届七中全会和十五大会议精神，开展党风廉政教育活动。选送11名骨干民警参加省公安厅的新颁《中华人民共和国刑法》师资培训班学习；培训结束后，在全区举办辅导培训班27期，培训民警2070人次；举办新民警培训班2期，培训新民警106名；进行民警“三五”普法测试；举办警司晋升警督培训班1期，培训46人。1998年，地区公安处把学习邓小平理论纳入警衔晋升、党员培训、新民警岗前培训内容。举办3期刑警全员执法办案培训班，培训民警393名；举办内保、外事、户政电脑操作员，所长指导员培训班5期401人次；举办司晋督培训班3期，培训民警281名。组织送教到农村派出所培训民警624名。1999年，地区公安处在处领导班子和机关处级干部中开展“三讲”教育活动。组织全区1974名民警参加全国公安机关人民警察基本素质考试并全部及格，成绩居全省前列。

2000年，组织巡警、刑警、派出所责任区民警全员培训1500人次。2001年，组织开展“三个代表”重要思想学习活动。2002年，继续组织民警学习“三个代表”重要思想和中国共产党十六届全国人民代表大会精神。2003年，以贯彻执行公安部“五条禁令”（严禁违反枪支管理使用规定、严禁携带枪支饮酒、严禁酒后驾驶机动车、严禁在工作时间饮酒、严禁参与赌博）和《公安机关人民警察内务条令》为主线，开展集中整治活动；抽调309名民警组成工作组，到基层开展集中整治活动。2004年，组织民警学习《中华人民共和国行政许可法》《福建省公安机关行政许可听证规定》《福建省公安机关行政许可公示规定》等；开展全警大练兵活动，举办封闭式训练班41期、训练民警2068人次，受训率达79.8%。在当年全省公安机关大练兵汇报演练中，市公安局代表队获得手枪射击比赛男子团体第1名，同时获得武装越野3000米团体与个人第1名。

2005年，在全市公安民警中开展保持共产党员先进性教育活动，全面落实整改措施。举办2期县级公安机关执法质量考评末位执法办案单位负责人及后3名民警执法培训班，培训民警113名。

二、任用、录用、授衔

1993 年，全区调整充实县（市）公安局领导 8 人，其中，宁德、福安、古田 3 县（市）公安局长首次高配为副处级。各县（市）公安局做好新录用民警面试和政审工作，首批从职工（含以工代警）中录用 77 名干警。同时，根据公安部《评定授予人民警察警衔实施办法》和《中华人民共和国人民警察警衔条例》，全区分 3 批对 297 名民警警衔进行调整。1994 年，全区公安机关从以工代警人员中再录用 188 名警察。开展公安技术职称评聘摸底、培训和申报工作，全区有 25 名干警获得中级职称。1995 年 9 月，全区公安机关相继签订队伍建设责任状，实施连带责任和队伍建设一票否决制。1996 年，根据人事部、公安部颁布的《公安机关人民警察录用办法》，建立凡进必考和择优录用进人机制。同时地区公安处率先在出入境、户政、刑侦、干校等部门开展岗位轮换。是年，全区公安机关招收录用新民警 186 人。全区有 246 名民警晋升警督警衔。1997 年，全区录用新民警 150 人。地区公安处对 20 名县（市）公安局副局长以上干部进行异地交流，各县（市）公安局对 300 多名基层所主干进行岗位交流。1998 年，全区公安机关对录用民警实行公务员考试录用制度，全区录用民警 33 名，辞退 2 名不合格民警，从省公安厅所属 2 所院校直接录取优秀毕业生 57 名。全区公安机关提拔科级干部 47 人，对 8 个县（市）公安局局长和 2 个县（市）局公安局政委、37 名副科以上干部、500 多名民警进行岗位轮换。全区有 164 名民警被授予警衔，320 名民警晋升警衔。1999 年，地区公安处抽调 30 名民警到宁德市公安局锻炼半年。霞浦县公安局率先在刑侦队实行“双向选择、优化组合、竞争上岗”人事改革。福鼎市公安局实行中层领导干部聘任制，9 名优秀民警走上领导岗位。是年，全区公安机关提拔任用科级干部 57 人，对 200 多位民警进行岗位轮换。撤销 20 多个企事业单位自批自建的民警室、公安室、治安民警队等机构。

2000 年，全区公安机关对 300 多名科、所、队干部进行异地异岗交流，有 5 名选调生被选拔任命为中层领导，接收军队转业干部 22 名，通过公务员考试招收院校毕业生 38 名。福安、福鼎市公安局按照“公开、平等、竞争、择优”原则，公开选拔部分中层领导干部。2001 年，宁德市公安局对局机关 26 个副科级职位实行公开竞争上岗。全市调整充实县（市）公安局长 4 人、政委 2 人，提拔任命 12 名正科级干部；对 53 名县（市、区）局中层领导和民警进行岗位交流。当年，全市录用民警 107 名，其中通过公务员考试招收院校毕业生 83 人。完成 413 名民警警衔晋授。2002 年，全市公安机关录用公务员 60 名，接收军转干部 10 名，外单位入警 4 名。2003 年，市公安局推出 12 个副科职位进行竞争上岗，东侨、蕉城公安分局选拔任用 23 名科级干部。同时，执行省公安厅《关于全省公安机关考录国家公务员（人民警察）有关问题的通知》，全市公安机关录用公务员（警察）36 名。2004 年，执行省公安厅、省人事厅颁布的《关于在全省公安机关分类考试录用人民警察试点工作的实施意见》，全市公安机关录用新民警 109 名。

2005 年，执行省公安厅颁布的《全省公安队伍正规化建设实施意见》，市公安局制发《局机关考勤管理办法》，实行民警上下班指纹签到（退）制度，印发《县级公安机关年度工作综合考评办法》，统一考核考评。同年，市公安局局长首次由市委常委兼任。蕉城公安分局把下派锻炼的 13 名民警和新录用的 14 名新警充实基层派出所。至当年年底，宁德市公安局授予警衔的有 316 人，其中三级警监 6 人、一级警督 50 人、二级警督 49 人、三级警督 91 人，一级警司 48 人、二级警司 17 人、三级警司 54 人，二级警员 1 人。

三、内部督察

1993年，全区对18家原公安机关所属公司和经济实体进行清理整顿，经营性公司全部撤销，划转1家，保留的保安公司也与机关脱钩。1994年，全区公安机关对擅自组织干警上路检查走私轿车，乱查扣、乱罚款、乱收费（简称“三乱”）等问题进行重点整治；查处违法违纪案件23起31人，取消警衔2人。1995年，全区公安机关立案查处违法违纪48起66人，澄清对57名民警的错告、诬告。查出违反有关“警纪”民警31人次，对其中17人进行党纪政纪处理。1996年，全区立案查处违法违纪民警36起43人，其中追究刑事责任2起2人，党纪政纪处理28起35人，清理“小金库”和预算外资金56.6万元。

1997年，地区公安处制发《关于严肃政令，坚决禁止公路“三乱”的决定》，严查3起公路“三乱”事件，对6名责任人进行党纪政纪处理并通报全系统。11月，地区公安处增设1名专职监察室主任。全区公安机关立案查处违法违纪民警28起36人，法纪处理19起27人。1998年，全区公安机关立案查处民警违法违纪案件93起114人，其中受党纪政纪处分48起59人。同年，地区公安处成立警务督察队。各县（市）公安局也相继成立。1999年，全区公安机关查处民警违法违纪案件24起30人。各级公安纪检、监察、督察等部门开展督察3074件次，组织明察暗访35次，查处违规问题45件。2000年，全区公安机关查处民警违法违纪案件30件32人。

2001年，宁德市公安局监察室协同出入境、治安、刑侦等部门，对行政审批审核项目进行清理。全市公安局警务督察部门出动干警571人次，受理群众投诉63起，纠正各类问题130余件，移送违法违纪案件线索6人。2002年，全市公安机关开展民主评议行风、治理“三乱”专项行动，查处民警违法违纪案件28起32人。各级警务督察部门出警1914人次，检查警用车辆194辆次，移送违法违纪案件线索6起7人，纠正各类问题103个。2003年，开展以保护群众合法权益为重点的专项执法大检查、留置专项检查整治、超期羁押专项清理、信访举报件积压集中清理、派出所执法为民教育整顿等。建立诫勉谈话制度，全年谈话告诫59名民警；查处民警违法违纪案件26起38人。2004年，各级警务督察部门检查警用车辆430辆次，移送违法违纪案件线索6起19人，纠正各类问题196个，发放场督察通知（建议）书55份，督促落实整改措施110条，提出工作建议68条。全市公安机关查处民警违法违纪案件23起27人。

2005年，全市各级公安警务督察部门受理群众举报投诉171件，其中核查件40件，停止执行职务19人，移送检察机关立案5人，移送纪检监察部门处理10人，督察部门独自办理和协助办理专案37起，办理维权案件14起，纠正各类问题212个。

宁德市志

（1993—2005）

下卷

中共宁德市委党史和地方志研究室 编

方志出版社
Publishing House of Local Records

下卷目录

第三十一编　检　察

第三十二编　法　院

第三十三编　司法行政

第三十四编　军　事

第三十五编　外事　侨务与港澳台事务

第三十六编　教　育

第三十七编　科学技术

第三十八编　文　化

第三十九编 卫 生

第四十编 体 育

第四十一编　扶贫扶建与造福工程

第四十二编　人力资源与社会保障

第四十三编　民　政

第四十四编　少数民族

第四十五编　宗教信仰

第四十六编　民　俗

第四十七编　人　物

附　录

索　引

第三十一编 检察

1993年，全区检察机关履行法律监督职能，继续开展“严打”专项斗争，维护社会稳定。1999年后，先后推行主诉检察官制度，建立侦查一体化机制，试行人民监督员制度，实施检务督察制度，加强检察队伍建设。严肃查办贪污贿赂、渎职侵权、危害税收征管等犯罪，促进廉政建设；强化刑事、民事、行政监督，确保公平正义。1993—2005年，检察机关共受理公安机关提请批捕各类刑事犯罪嫌疑人2.70万人，批准逮捕23564人，受理公安机关和自侦部门移送审查起诉案件19144件28983人，决定起诉1.55万件2.25万人，立案查处贪污、贿赂、渎职侵权案件2232件2651人。

第一章 检察制度改革

第一节 推行主诉检察官制度

1999年，根据最高人民检察院（以下简称高检院）关于检察机关六大改革精神，福建省人民检察院宁德分院（以下简称宁德分院）和福安市人民检察院（以下简称市院）、古田县人民检察院（以下简称县院）作为试点单位，确定10名检察官为主诉检察官，并从全区挑选9名优秀公诉人组建“闽东公诉团”，推行主诉检察官办案制度。2000年，根据高检院《关于主诉检察官办案责任制的实施细则》，在全市范围内实行主诉检察官办案责任制，古田县院个案平均审期缩为8天、宁德市检察院平均审期缩为10天。同年4月，全市有19名检察官通过全省主诉检察官资格统一考试，取得主诉检察官资格。6月，“闽东公诉团”提前介入高检院督办的一拐卖妇女、儿童案，该案29名被告人拐卖妇女、儿童154人，得赃款90多万元，经13天出庭公诉，有2人被判死刑，其余人均被判处有期徒刑。2001年，进一步改革主诉检察官办案方式，个案平均审结时间从13天缩短至8.4天。2003年，全市又有16名检察官获得主诉检察官选任资格。2004年，市检察院从诉前、诉中、诉后3个环节，完善主诉检察官监督制约机制。同时选择典型案例，组织观摩出庭公诉并开展评议。

第二节 建立侦查一体化机制

2001年4月16日，根据全国检察机关第五次侦查工作会议要求，市检察院成立查办职务犯罪大要案侦查指挥中心。由市检察院主要领导兼任大要案侦查指挥中心指挥，下设办公室挂靠反贪局，统一指挥全市重大疑难案件和窝串案办理。2004年，市检察院大要案侦查指挥中心加强重大疑难案件的提办、督办、参办、异地交办工作，全年派出办案小分队10多批次，帮助县（市、区）检察院查办重大疑难案件30多件。

2005年，市检察院指派一副检察长任市委福安“打赌”专案组副组长，抽调全市两级检察院反贪、反渎等业务部门办案骨干23人参与查办“保护伞”案件。2001年，市检察院共选派250人次组成65支办案小分队，到各县（市、区）检察院参办、督办案件，指挥县（市、区）检察院立案135件154人，占同期立案总数的16.3%，其中大要案97件106人，涉及处级干部

12 人、科级 56 人。

第三节　试行人民监督员制度

2003 年 9 月，根据高检院和省检察院部署，全市检察机关试行人民监督员制度，对检察机关直接立案侦查犯罪嫌疑人不服逮捕决定、拟撤销案件、拟不起诉等 3 类案件实行监督。同时，把该立不立、超期羁押、违法扣押、刑事赔偿、违法办案等 5 种案件，纳入人民监督员监督范围。全市两级检察院聘任 100 名人民监督员，其中市检察院聘任 17 名、县（市、区）检察院聘任 83 名。2003—2004 年，监督案件 47 件 60 人，经人民监督员监督同意承办部门意见 45 件 58 人、不同意承办部门意见 2 件 2 人。

2005 年，根据高检院有关规定，市检察院制发《宁德市人民检察院人民监督员制度试点工作实施方案》和《宁德市人民检察院直接受理侦查案件实行人民监督员制度的实施细则》，人民监督员办事机构由研究室归口办公室管理。是年，人民监督员监督案件 38 件 40 人，其中同意承办部门意见 34 件 36 人、不同意承办部门意见 4 件 4 人。

第四节　实施检务督察制度

2003 年 12 月，根据省检察院“关于加强执法活动内部监督制约试点工作座谈会”精神，确定市检察院和福安、寿宁检察院为内部监督制约试点单位，开展检务督察工作。2004 年 4 月，市检察院检察委员会讨论通过《关于执法活动内部监督制约的实施细则（试行）》，采用自查、互查、督察与事前、事中、事后监督相结合，程序和实体相结合，面上和专项相结合方式进行内部监督。

2005 年 9 月，市检察院召开全市检察长暨检务督察工作座谈会，在全市推行检务督察机制。当年，全市检察机关督察案件 520 件，纠正程序和实体不当 38 件 47 人、发现和查处违法违纪检察人员 1 人。

第二章 刑事检察

第一节 审查批捕

1993 年 3 月，全区检察机关根据地委、行署部署，开展“严打”和围歼“车匪路霸”专项斗争，至 6 月批捕“车匪路霸”192 人。1994 年 8 月，在集中整治农村社会治安中，批捕各类刑事犯罪嫌疑人 208 人。1995 年，根据地委部署，宁德分院与地区公安、法院协同开展春季严打攻势和夏季社会治安整治等专项斗争，批捕各类刑事犯罪嫌疑人 996 人。1993—1995 年，全区检察机关共批捕各类刑事犯罪嫌疑人 3107 人，批捕自侦部门移送犯罪嫌疑人 340 人。1996 年，宁德分院组成精干办案组，提前介入公安部挂牌督办的“3·28”杀人抢劫特大恶性案件，当天受理批捕 4 名犯罪嫌疑人。是年，全区检察机关受理公安机关提请逮捕案件 1147 件 2481 人，审查批捕 1042 件 2259 人；决定逮捕自侦部门移送审查逮捕案 78 件 84 人。1997 年，执行新修订的《中华人民共和国刑法》《中华人民共和国刑事诉讼法》，至 1999 年，全区检察机关批捕各类刑事犯罪嫌疑人 5093 人，其中重特大犯罪嫌疑人 1408 人，决定逮捕自侦部门移送审查逮捕犯罪嫌疑人 201 人。2000 年，全市检察机关受理提请批捕案件 1740 件 2721 人，审查批捕 1541 件 2349 人，其中重特大犯罪嫌疑人 598 人，不批准逮捕 150 件 276 人，公安机关撤回 49 件 96 人。

2001 年，市检察机关参与“严打”整治斗争和“扫黑除恶”“治爆缉枪”“打假”“禁毒”“查禁‘六合彩’”“打击‘两抢一盗’”等一系列专项斗争。霞浦县检察院在审查批捕省检察院挂牌督办的 1 个黑社会性质组织犯罪时，由分管检察长带队，组织办案骨干提前介入，保证案件快审快捕。2001—2003 年，全市检察机关受理批捕案件 4527 件 7107 人，批准逮捕 4253 件 6637 人，其中批捕“黑恶势力”犯罪、严重危害社会治安案件和严重影响群众生活重大案件等“三类”案件 1405 件 2378 人；不批准逮捕 140 件 257 人，公安机关撤回 135 件 213 人；受理自侦部门移送逮捕案件 255 件 278 人，审查决定逮捕 254 件 277 人。2004 年，全市两级检察院决定逮捕自侦部门移送审查的职务犯罪案件 158 件 185 人。

2005 年，根据全国检察机关第二次侦查监督工作会议和全省侦查监督工作会议精神，全市检察机关坚持贯彻“双重”（对严重刑事犯罪从重从快，对严重经济犯罪从重从严）方针与“区别对待、少捕慎捕政策的统一，坚持打击犯罪与保障人权的统一，坚持数量、质量、效果的统一，坚持制约、监督与配合的统一”原则，履行审查逮捕职能。是年，全市检察院提前介入生产、销售伪劣产品、生产、销售不符合卫生标准的食品罪等罪案 11 件 27 人，批捕 8 件 18 人。福安市检察院依法批捕非法吸收公众存款、集资诈骗等犯罪案件 139 件 148 人。全市批准逮捕各类刑事犯罪嫌疑人2193人。2004—2005年，全市检察机关受理提请批准逮捕案件2944件4466人、审查批捕2754件4119人，其中危害国家安全犯罪2件2人、毒品犯罪案件81件142人、“六合彩”等赌博犯罪案件111件177人；不批捕125件251人，其中不构成犯罪不批捕28件70人、无逮捕必要不批捕58件106人、事实不清及证据不足不批捕39件75人；受理自侦部门移送逮捕案件158件185人，全部决定逮捕。

第二节　审查起诉

1993年，全区检察机关继续坚持“严打”方针，至1995年，全区检察机关共受理公安机关移送起诉案2032件3688人，起诉1522件2570人，免诉176件355人，其中起诉重特大犯罪嫌疑人803人。受理自侦部门移送起诉、免诉案701件893人，决定起诉249件316人，免诉216件265人。1996年，在“严打”活动中，宁德分院起诉无期徒刑以上案件129件460人。受理自侦部门移送起诉、免诉案335件423人，决定起诉130件159人，免诉164件200人；受理公安机关移送起诉案1578件2841人，决定起诉1248件2119人。1997—1999年，全区检察机关受理公安机关移送起诉案4331件6157人、决定起诉3322件4576人，其中起诉重特大犯罪嫌疑人1297人，不诉85件127人；受理自侦部门移送起诉案429件519人，决定起诉250件296人，不诉38件45人。2000年，全区检察机关受理公安机关移送起诉案件1621件2472人，决定起诉1376件2012人，不诉84件116人；受理自侦部门移送起诉案件127件135人，决定起诉62件68人，不诉25件26人。

2001年，市检察院公诉部门提前介入公安部挂牌督办的蕉城区9名犯罪嫌疑人组成的黑社会性质团伙组织、故意伤害、敲诈勒索、聚众斗殴等罪案和霞浦县13名犯罪嫌疑人组成的团伙组织、领导参加黑社会性质组织、寻衅滋事等罪案，提出侦查建议，依法起诉两个黑社会性质犯罪集团案件。至2003年，全市检察机关受理公安机关移送起诉案件5668件8424人，审查决定起诉4732件6709人、不诉241件358人。

2004—2005年，全市检察机关受理公安机关和自侦部门移送起诉案件3914件5401人，决定起诉3348件4523人，其中起诉重特大犯罪嫌疑人1008人，不诉179人。

第三节　出庭公诉

1993年，宁德地、县两级检察机关重视出庭支持公诉工作。1994年6月，福鼎县检察院与浙江省苍南县检察院联合举办出庭公诉对抗论辩赛，温州市检察院及相邻县、区检察院和宁德分院及各县（市）检察院派员观摩。1995年，宁德分院在全区组织评选优秀公诉人活动，16人参赛，评出5名优秀公诉人，选送2人到省检察院参加比赛，均获得省级优秀公诉人称号。至1996年，全区检察院出庭支持公诉案2665件。

1997年，做到全区两级检察院的检察长、副检察长全部出庭支持公诉，并组织开展全区第一庭公诉人评比活动，评出福安、周宁、福鼎3个优胜单位送省检察院参评。1998年，根据省检察院“优秀公诉人评选实施方案”，组织2次全区优秀公诉人评选活动，评出4名优秀公诉人。10月，选派3人参加全省优秀公诉人评选，其中1人获得省级优秀公诉人第二名，1人获得省级优秀公诉人第三名（兼获最佳辩论手第一名）。1997—1999年，全区出庭支持公诉3115件。

2002年，古田等部分县（市）检察院加强与法院沟通，结合庭前证据开示制度，试行被告人认罪案件普通程序简化审制度。全市两级检察院选派3名检察官参加全省优秀公诉人比赛，其中2人获得“省级优秀公诉人”称号。2003年，市检察院公诉处运用多媒体示证系统出庭公诉，选择典型案例开展示范庭活动。霞浦县检察院试行量刑建议46件82人，被法院采纳37件72人。是年，市检察院公诉处林晖获“全国优秀公诉人”称号。

2005年3月，市检察院组织开展优秀公诉人评比活动，全市有14名选手参赛，评出优秀公诉人3名、优秀辩手2名。

第四节 侦查监督

1993年，全区检察机关对公安机关的侦查违法行为，提出纠正意见302件次，追捕犯罪嫌疑人100名、追诉刑事被告人17名，对不应当逮捕而报捕的225人作出不捕决定，对不应追究刑事责任的13人作出不诉决定。1997年，根据高检院的《关于完善人民检察院侦查工作内部制约机制的若干规定》，全区检察机关办理刑事立案监督10件12人。1999年，全区检察机关办理刑事立案监督30件53人。

2000年，全市检察机关办理刑事立案监督72件85人，其中发出《说明不立案理由通知书》70份、《通知立案书》7份；对立案侦查的60件69人，发出《纠正违法通知书》2份、公安机关撤案2件2人。同时，对公安机关侦查活动的违法行为进行监督，发出《纠正违法通知书》97份；对审查逮捕案件存在的漏犯，发出《应当逮捕犯罪嫌疑人意见书》305份、追捕到案264人；对证据不足的逮捕案件，发出《提供法庭审判证据材料意见书》476份；对事实不清、证据不足的批捕案件，发出《不予批捕案件补充侦查提纲》232份。2002年，福安市检察院针对甘棠镇重点案件频发的状况，组成以分管检察长为组长、批捕科长为副组长的立案监督专项工作组，到甘棠镇走访、调阅治安案件卷宗100余卷，对恶势力团伙“池头帮”的11名犯罪嫌疑人依法进行立案监督。2001—2003年，全市两级检察院办理立案监督195件265人，其中发出《说明不立案理由通知书》180份、《通知立案书》11份，监督公安机关立案侦查163件225人，发出《纠正违法通知书》15份、依法监督公安机关撤销不该立案的案件15件15人。2003年，针对公安机关、检察自侦部门提请（移送）批准（决定）逮捕的案件材料，大部分未查清并列明犯罪嫌疑人是否患有影响羁押的严重疾病、怀孕或正在哺乳婴儿现状，发出检察建议书；市公安局根据检察建议书，向全市公安机关发出《关于进一步规范侦查提捕工作的通知》，纠正处理不妥的报审批捕案件。

2004—2005年，全市两级检察院加强侦查活动监督，对公安机关违反程序法规定的行为发出《纠正通知书》44份，依法做出不批捕决定225件432人，发出提供法庭审判所需的证据材料《意见书》929份、《不予批捕案件补充侦查提纲》140份、《应当逮捕犯罪嫌疑人意见书》155份，提捕、批捕198人。

第五节　审判监督

1993—1996年，全区检察机关共抗诉44件，法院改判8件。1997年，全区检察机关进一步加强对有罪判无罪案件、重罪轻判案件以及群众关注度大的案件、重点打击的案件、违反诉讼程序案件的监督，至1999年，共抗诉77件。古田县1起3人轮奸案，古田县法院以“认定被害人主观上不愿意的证据不足”为由，判决被告无罪。检察机关依法抗诉，二审法院改判3名被告各有期徒刑10年以上。2000年，全市检察机关对法院的判决、裁定提出抗诉19件29人，按审判监督程序提请抗诉4件6人，改判6件10人。寿宁县1名小学教师多次奸淫、猥亵女学生，情节恶劣，法院一审仅判处有期徒刑8年。经县检察院抗诉，二审改判有期徒刑14年。

2001—2002年，根据高检院《关于刑事抗诉工作的若干意见》《刑事抗诉案件出庭规则（试行）》，全市检察机关加强刑事抗诉工作，按上诉审程序提出抗诉58件89人，按审判监督程序提请抗诉2件7人，改判19件30人，向法院发出书面纠正违法通知书18份。福安市1名犯罪嫌疑人挪用资金案，一审法院以指控罪名不成立为由，判其无罪。福安市检察院提出抗诉，二审裁定发回重审，一审法院重新开庭审理仍坚持原判，经再次抗诉，二审最终改判有期徒刑1年10个月，缓刑2年。同时，全市检察机关配合打击“治爆缉枪”“两抢一盗”“六合彩”赌博犯罪等专项斗争，加强对顶风作案案件的诉讼监督。1名被告人非法买卖炸药120千克、雷管150枚、导火索40米，一审法院判处其有期徒刑3年，缓刑4年。经抗诉，二审改判有期徒刑10年。2003—2004年，全市检察机关进一步加强审判监督，按上诉审判程序抗诉38件63人，按审判监督程序抗诉3件10人，法院改判16件25人。周宁县检察院对县公安局1名原副局长强奸、妨害作证案抗诉后，二审法院把一审判处被告人有期徒刑3年改为有期徒刑12年。

2005年，全市两级检察院本着“慎重、坚决、准确”和“敢抗、善抗、抗准”原则，对刑事判决、裁定提出抗诉14件29人，改判7件。霞浦县1起抢劫案，县检察院认定被告人参与抢劫3起且为主犯，一审判处其有期徒刑5年，经提起抗诉，二审法院采纳抗诉意见，改判有期徒刑10年。

第三章 职务犯罪侦查与预防

第一节 贪污贿赂检察

1994 年 8 月，地区检察分院成立反贪污贿赂局，加强反贪污贿赂工作。1993—1996 年，全区立案贪污贿赂等职务犯罪案件 794 件 1055 人，其中贪污案 268 件 360 人，贿赂案 451 件 518 人。查处屏南县农行寿山营业所原主任贪污 28.96 万元案，宁德财经学校原校长受贿 2 万多元、挪用公款 12 万元案，古田县公安局原副局长、原刑警队长共同受贿 4.5 万元案，地区电业局原局长受贿 2.2 万元案，地区农行原副行长及寿宁县农行原正副行长、行长助理、信用社主任等 6 人受贿 10 万多元等一系列案件。宁德分院从查办宁德市蕉南街道福山村主干共同贪污案中，挖出蕉南街道办事处、市土地局规划办旧城改造指挥部等有关人员贪污受贿群案 17 件 24 人，其中大案 11 件 20 人，涉及科级干部 8 人，处级干部 1 人，涉案总金额 110 多万元。

1997—2000 年，全区检察机关立案贪污贿赂等职务罪案 517 件 567 人。宁德检察分院和福安市检察院查处国道 104 线福安段建设工程贪污、受贿案，涉案人员 31 人，立案 7 件 7 人，贪污、受贿 46 万多元，涉及福安市公路局原局长、原副局长、办公室原主任、财务科原科长等。宁德市检察院千里追逃，把贪污 226 万多元的地区邮政储汇局话费班原负责人、贪污 60.9 万元的地区电信局计划部原出纳兼收款员分别缉拿归案。宁德分院查处华闽公司宁德分公司 1 名原总经理受贿 9.7 万元，屏南县委 1 名原常委、常务副县长受贿 7 万多元案，古田县检察院查办县交管所及下属 6 个交管站贪污 50 多万元案，立案 27 件 28 人。2003 年，市检察院成立查办周宁县委原书记为重点的“409”专案组，共立案 16 件 18 人，涉及处级干部 4 人、科级干部 9 人、涉案金额 720 万多元。查办蕉城区“宝洋塘”专案，立案 4 件 6 人，涉及处级干部 1 人，科级干部 2 人，涉案金额 47.8 万元，为国家挽回经济损失数亿元。2001—2004 年，全市检察机关查办贪污贿赂案 474 件 564 人，其中贪污 243 件 306 人，贿赂案 143 件 165 人。

2005 年，全市检察机关立案侦查贪污贿赂案 33 件 35 人。在查办福安赌案及“保护伞”的职务犯罪案中，立案侦查活力案件 23 件 23 人，其中受贿 12 人、行贿 11 人，涉案金额 400 多万元，涉及公安干警 11 人。

第二节　渎职侵权检察

1993—2005年，全市检察机关还立案查处其他经济犯罪案件520件605人，其中挪用公款案件341件367人，查处偷税漏税案件154件198人，查处私分国有资产案件22件26人。

1993年，根据省检察院部署，全区检察机关以“五类”案件为重点，组织开展法纪检察。全年受理各类法纪案件76件,决定立案侦查24件36人。1994年，全区检察机关受理法纪（渎职侵权）案件90件，决定立案侦查34件47人，挽回经济损失34万余元。1995年，全区检察机关受理法纪（渎职侵权）案件116件，决定立案侦查46件59人，挽回经济损失97.5万元。霞浦县检察院查办霞浦县公安局原副局长徇私舞弊案。1996年，根据新修订的《中华人民共和国刑事诉讼法》《中华人民共和国刑法》，渎职侵权检察范围扩展为查办33个罪名和国家机关工作人员利用职权实施的侵犯公民人身权利、民主权利犯罪。宁德分院查办柘荣县1名政协副主席，柘荣县检察院查办县计生委主任等案件。是年，全区检察机关受理各类法纪案件86件，经初查决定立案侦查44件60人，挽回经济损失170万余元。1997年，全区检察机关立案侦查法纪（渎职侵权）案件36件44人。屏南县检察院查办4人刑讯逼供致人死亡案。1998年，全区检察机关初查法纪（渎职侵权）案件92件94人，决定立案4件4人。1999年，全区检察机关依法初查各类渎职侵权案线索86件，立案侦查11件20人。

2000年，全市检察机关受理各种渎职侵权案件线索88件111人，决定立案侦查18件22人。市检察院侦破省检察院挂牌的古田县法院刑庭原庭长徇私枉法案，并挖出古田县公安局城关原分局长、宁德市检察院起诉处1名副科级检察员等行贿、受贿窝串案。2001年，市检察院和蕉城区检察院查办宁德海关原关长、业务科副科长等5人滥用职权、玩忽职守窝案，涉案金额1097万余元。是年，全市检察机关受理渎职侵权案件线索99件,决定立案26件40人。

2002年，全市检察机关受理渎职侵权罪案线索94件，决定立案侦查24件26人。2003年，全市检察机关受理渎职侵权罪案线索60件61人，决定立案侦查20件21人。市检察院查办古田县法院告申庭庭长民事枉法裁判案（全市首起民事枉法裁判案）。是年，市检察院法纪检察处更名为渎职侵权检察处。2004年，市检察机关组织开展查办国家机关工作人员利用职权侵犯人权犯罪案件专项活动，全市检察机关受理渎职侵权案件线索57件，决定立案侦查24件28人，涉案金额427万元。市检察机关查处了蕉城区1名原副区长滥用职权，致使国家利益遭受重大损失案；市司法局公证处1名副主任玩忽职守，致使企业被骗资金270多万元案；蕉城区国税局城区分局1名工作人员不履行职责，造成国家税收流失167万元案；周宁县法院刑庭庭长徇私枉法案；福安市法院刑庭庭长徇私枉法案，1名民庭副庭长民事枉法裁判案。

2005年，全市检察机关组织开展查办国家机关工作人员利用职权侵犯人权犯罪、破坏和扰乱社会主义市场经济秩序渎职犯罪活动，受理渎职侵权案件线索55件，决定立案侦查22件37人，其中重特大案件4件7人。立案人数位居全省第二，为《中华人民共和国刑事诉讼法》《中华人民共和国刑法》修订颁布实施后立案数最多的年份。这年，市检察机关立案查处蕉城区国税局5名工作人员涉嫌徇私舞弊不征、少征税款，致税收流失60余万元案；古田县运管所杉洋运管站负责人玩忽职守，致交通事故8死3伤案；寿宁县质监局局长、工商局城关分局1名副局长等5人徇私舞弊不移交刑事案等。12月，市检察院渎职侵权检察处更名为反渎职侵权局。

第三节 职务犯罪预防

2000年，根据高检院的《关于加强预防职务犯罪工作的意见》，市检察院设立职务犯罪预防中心。9月，制发《宁德市县处级干部履职法律培训班实施方案》，会同有关单位召开全市县处级干部履职培训班实施方案协调会，部署实施干部法律培训工作。12月，市检察院职务犯罪预防中心与福宁高速公路指挥部共同召开廉政建设大会，与工程设计单位、监理单位、施工单位签订40多份廉政合同。在全市开展个案预防，发出检察建议250份。

2001年3月，市检察院与上海金融系统监察专员驻宁德市金融系统监察室联合下发《关于在全市金融系统开展预防职务犯罪调研工作方案》，在银行系统开展预防职务犯罪调研。市检察院派员到福宁高速公路指挥部开展职务犯罪专项预防工作，初查高速公路公路工程建设单位、监理单位举报线索6件；在福宁高速公路沿线各村发放《警示教育读本》2000多册、宣传材料600多份。5月，市检察院在农业银行宁德分行和工商银行宁德分行等开展个案预防，召开座谈会，发放检察建议书。6月，根据高检院、海关总署《关于在海关系统共同开展预防职务犯罪工作中加强联系配合的通知》，在宁德海关成立预防职务犯罪工作领导小组，市检察院与宁德海关召开联席会，并在宁德海关开展为期两个月的预防职务犯罪工作调研，形成《渎职犯罪产生的原因及预防对策——宁德海关原关长及有关人员渎职案件的警示》调研报告。9月上旬，完成银行系统预防职务犯罪调研，形成《宁德市银行系统职务犯罪情况及预防对策》。8—10月，根据高检院、省检察院《关于在金融证券等八个行业和领域开展预防职务犯罪工作的通知》，在全市工商行政管理、国税、地税、卫生药品监管系统开展预防职务犯罪工作。

2002年1—4月，根据省检察院《关于贯彻最高人民检察院、国家发展计划委员会、建设部、交通部、水利部〈关于在工程领域共同开展预防职务犯罪工作加强联系配合的通知〉的意见》和《关于贯彻最高人民检察院、中央金融工委、中国人民银行、中国证券监督管理委员会、中国保险监督管理委员会〈关于在金融系统开展预防职务犯罪工作的通知〉的意见》，在交通、建设、金融系统开展预防职务犯罪工作。6月，根据省检察院、省国税局《关于联合开预防职务犯罪宣传教育月活动的通知》，在全市国税系统开展预防职务犯罪宣传教育活动。9月，市预防职务犯罪警示教育基地正式动工，12月底竣工。同时，成立市预防职务犯罪工作领导小组。是年，市检察机关组织开展预防警示教育宣传活动46次，通过对63件个案预防发出检察建议152份。2003年1月，市预防职务犯罪警示教育基地正式开馆。全市检察机关对21个典型案件开展“三抓三看”（抓案前预防、看掌握案件线索的质量和数量，抓案中预防、看案

1999年，检察院法纪处与地税局开展预防职务犯罪座谈

件形成的轨迹和症结，抓案后预防、看整改对策的实施和效果）。9月，根据市委决定，市检察院在全市组织开展为期1个月的预防职务犯罪图片巡展，展出121场次，接待观展人员11000多人。是年，成立市检察院职务犯罪预防处，全市检察机关初查或办理职务犯罪案件23件，发出检察建议32份。市检察院与市金融、税务、工商行政管理等系统联合举办预防职务犯罪知识竞赛活动13场，专题调研18次，向省检察院及党政机关提供预防信息264条，市预防职务犯罪警示教育基地接待观展77批3139人。

2004年，全市检察机关结合安徽阜阳劣质奶粉事件，在福鼎、霞浦、柘荣3县（市）开展个案预防，在全市15个发案单位开展案后预防。5月，市检察院对预防职务犯罪警示教育基地的展示内容进行改版，重新收集有关照片130多张、资料220多份、编写案例70多例。8月，根据省检察院、省烟草专卖局联合下发的《关于在全省烟草专卖商业系统开展预防职务犯罪教育宣传月活动》，市检察院在全市烟草专卖系统开展为期一个月的警示教育活动。11月，根据高检院、建设部、交通部、水利部的《关于在工程建设领域开展行贿档案查询工作的通知》，建立工程领域行贿档案查询系统，录入2000年以后工程建设的行贿记录，供工程建设管理部门和项目法人查询。是年，全市检察机关召开预防联席会议、预防专题座谈会20场，在16个重点行业、建设工程开展同步跟踪预防。举办预防宣传活动33场次，在党校、行政干校举办预防职务犯罪警示教育课43场次，受教育3600多人。在市区设立大、中型预防职务犯罪公益广告牌4面，撰写专题预防调研文章6篇，编发预防信息123条。全市检察机关协助初查或办理职务犯罪案件13件，向44个发案单位发出预防整改意见或检察建议。

2005年5月，市检察院在全市开展历时1个多月的新一轮预防职务犯罪图片巡展，全市有11800多人观展。9月，省检察院在霞浦召开全省检察机关预防职务犯罪工作“三抓三看”经验交流会。11月，根据省教工委、省检察院、省教育局联合部署，在全市教育系统开展为期1个月的预防职务犯罪警示教育宣传月活动。12月，市检察院对1997年以后全市60多件涉及建设、交通、医药卫生等领域的行贿案件进行全面摸排，筛选13件行贿案件录入档案查询系统。是年，市检察院在市委党校和有关单位举办预防职务犯罪警示教育课36场次，受教育4500多人，召开预防联席会议、预防专题座谈会15场，向省检察院及党政机关提供预防信息68条、简讯22条。

第四章　民事行政与控告申诉检察

第一节　民事行政检察

1993年9月，宁德分院成立民事、行政检察科，负责民事（经济）、行政检察。其后，霞浦、宁德（今蕉城）等县市也相继成立民事行政检察科。至1994年，全区民事行政检察部门共立案审查民事、行政申诉案14件，提出抗诉5件，提出再审建议7件，法院再审后改判5件。1995年，宁德分院把霞浦县检察院民事行政科作为全区示范点，组织观摩民事抗诉开庭活动。1996年，又把福安市检察院民事行政科列为示范点。至当年6月，全区县（市）检察院全部成立民事行政检察科。1995—1996年，全区民事行政检察部门共审理民事行政申诉案39件，提出抗诉13件。1997年，全区检察机关坚持"公正、公开、合法、敢抗、会抗、抗准"原则办理民事抗诉案，至1998年，共办理抗诉案59件，收到法院再审抗诉案判决40件，其中改变原判决、裁定28件，出席抗诉再审法院庭审96人次，发表抗诉意见45篇。1999年，全区民事行政检察部门受理民事行政申诉案62件，提请抗诉40件，再审改判23件；全区检察机关提请省检察院抗诉案件36件，省检察院审结34件，提出抗诉25件；收到法院一审判决18件，改变原判决16件。

2001年，根据高检院《最高人民检察院关于加强民事行政检察工作若干问题的意见》，宁德市检察院加强对民事行政审判人员枉法裁判案件的检察，保证裁判案件的依法、公平，维护法律的严肃性。2002年6月，市检察院民事行政检察部门办理侵害国家与弱势群体及社会公共利益案件15件，涉案标的221万元。2003年5月，根据省检察院的《福建省人民检察院关于民事行政检察机关开展初查工作的若干规定》，对全市涉嫌枉法裁判等犯罪案件开展初查。市检察院查办古田县法院林业庭原庭长涉嫌民事枉法裁判案，经法院审理认定该庭长构成民事枉法裁判罪，判处有期徒刑1年、缓刑2年。2004年，市检察院在审查香港宝盟公司诉香港信辉公司、第三人宁德市围垦开发总公司（简称宁德围垦公司）投资纠纷案时，发现市中级人民法院的民事调解书错误认定香港信辉公司投入福建宝洋综合开发公司港币377万元、人民币857.8万元和香港宝盟公司侵害宁德围垦公司20多公顷围垦土地的合法权益，即向市中级人民法院提出再审检察建议。同时，在对市中级人民法院和蕉城区法院审理均为福建宝洋综合开发有限公司败诉、需承担债务本金2600多万元、涉及34起民事案件进行审查后，向市中级人民法院提出再审或指定蕉城区法院再审检察建议。宁德市、蕉城区两级法院采纳检察建议，再审后予以改判。

第二节 控告申诉检察

一、信访举报和控告

1993年，全区检察机关贯彻高检院关于进一步加强举报工作、加大举报宣传的部署，组织开展举报宣传。同时，按“分级负责，归口办理”原则，开展“检察长接待日”活动，分级受理信访与控告。至1996年，全区检察机关受理信访1.30万件，接待来访1.24万人次，处理集体访83批、告急访126件、处理信访老户31件，参与办理重要信访案72件；受理举报线索5435件，其中贪污贿赂等经济犯罪线索3397件，奖励举报有功者5人、共1.1万元。全区有4个县（市）检察院被省检察院评为1995—1996年度省级文明接待室，宁德分院控申科、霞浦县检察院控申科被高检院授予“文明接待室”称号。1997年，全区检察机关组织开展检察长接待日活动8次，接待来访200多次、当场解决18件；全区检察机关受理信访2748件，其中接待集体访19批、告急访7批、上访老户5批。接待来访249人次，受理举报1779件，其中经济犯罪线索770件，渎职侵权线索177件，奖励举报有功者9人，共1.15万元。1998年，全区两级检察院检察长接访1131人，办结省检察院等交办案件24件。全区检察院受理信访3220件，其中集体访18批、告急访14批、上访老户4批；受理举报违法违纪线索2904件，其中贪污贿赂等线索1352件、渎职侵权线索371件。1999年，宁德分院在全区开展争创“文明接待室”活动，两级院检察长共接访1800人次。全区检察院受理控告、举报3235件，接待集体访21批、告急访895批、上访老户5批；受理举报贪污贿赂等经济犯罪线索1294件。2000年6月27日，省、市、县三级检察长在宁德市（今蕉城区）举行联合接访，接待来访156人次，受理各类举报、控告、申诉案件45件。是年，全区检察机关受理信访2999件，其中来信2638件、来访361件（包括集体访16批）；受理控告、举报2688件，其中举报贪污、贿赂等线索1259件，举报渎职犯罪线索317件。

2001年，全市两级检察院坚持“预防为主、教育疏导、依法处理、防止激化”原则，做好信访工作。全市受理控申举报线索2750件（包括集中上访9批），其中来信2421件、来访329件，受理控告申诉470件。2002年，全市两级检察院开展检察长接待日活动358场，接待来访3827人次，受理控申举报线索1840件，其中违法犯罪线索1245件，刑事、民事申诉471件，受理举报贪污贿赂犯罪线索711件，渎职侵权犯罪线索136件。2003年，全市两级检察院组织检察长接待日活动351场，接待来访1700多人次，受理信访2065件，其中举报贪污贿赂线索719件，举报渎职侵权线索174件。2004年，全市两级检察院组织检察长接待日活动357次，接待来访1810人次，受理信访1837件，其中举报贪污贿赂线索590件，举报渎职侵权线索192件。市检察院获高检院“全国文明接待示范窗口”称号，霞浦县检察院、古田县检察院和蕉城区检察院获高检院“全国文明接待室”称号。

2005年，全市两级检察院开展检察长接待日活动352次，接待来访1750人次。宁德市检察院向全市12万户小灵通用户开通手机举报，周宁县检察院在全市率先开通网上举报。当年，全市检察机关受理信访1856件，其中举报828件、控告560件。

二、刑事申诉与赔偿

1993—1997年，全区检察机关受理申诉案400件，其中"两不一免"（不批捕、不起诉、免予起诉）134件，上级交办8件；经审查维持原决定165件，纠正58件；办理不服法院裁判申诉26件，依法提出建议8件，抗诉5件。办理不服公安不立案申诉25件，依法追究刑事责任3件。1998—1999年，全区检察机关受理刑事赔偿案件9起，受理不服检察机关决定申诉55件，受理不服公安机关不立案申诉445件，发出说明不立案理由通知书34件，立案24件。2000年，全区检察机关受理刑事申诉复查案件12件，立案复查7件、不立案复查1件，受理刑事赔偿案件6件。

2001年，全市两级检察院受理刑事申诉案12件，其中不服检察机关不起诉决定申诉10件、不服法院生效判决申诉2件；受理未结刑事申诉案17件，经审查决定立案复查11件、不立案2件、审查处理4件，复查维持原处理决定10件，撤销原决定依法起诉1件；受理申诉刑事赔偿案6件；受理被害人不服公安机关不立案线索67件，立案监督49件。2002年，全市检察机关受理刑事申诉案件14件，立案复查11件，复查后维持原决定10件，提请抗诉1件。是年，全市受理刑事赔偿2件，全部办结；立案监督70件，监督后公安机关立案37件。2003年，市两级检察院受理刑事申诉案件38件，其中不服检察机关处理决定11件、不服法院生效判决裁定27件，立案复查18件、不立案2件、审查处理9件、提出纠正意见2件；受理刑事赔偿申请6件，受理立案监督案件31件，监督后公安机关立案14件。2004年，全市两级检察院受理刑事申诉案件20件，其中不服检察机关处理决定10件、不服法院生效判决裁定10件，全部立案复查，已审结19件；受理刑事赔偿申请10件，全部审结，做出赔偿决定1件。立案监督35件，监督后公安机关立案12件。

2005年6月13日，市检察院在福鼎市召开刑事申诉公开审查听证会，对申诉人福鼎市建筑工程公司不服福鼎市检察院对其不起诉决定申诉案进行公开听证观摩。是年，市两级检察院受理刑事赔偿申请5件，立案复查5件；办理立案监督17件，监督后公安机关立案4件；办理上级交办件13件，其中省检察院交办件7件；向下级检察院交办案23件，办结反馈16件。

第五章　其他检察

第一节　监所检察

1998年6月，贯彻执行高检院《关于清理和纠正检察机关直接受理侦查案件超期羁押犯罪嫌疑人问题的通知》与“两高一部”（最高检察院、最高人民法院和公安部）的《关于严格执行刑事诉讼法关于对犯罪嫌疑人、被告人羁押期限的规定 坚决纠正超期羁押问题的通知》，全区检察机关纠正超期羁押265人次。1999年，根据中央政法委《关于严格依法办案 坚决纠正超期羁押问题的通知》，宁德分院成立清理纠正超期羁押专项工作领导小组，先后下发《宁德分院关于开展集中清理纠正超期羁押专项行动实施方案的通知》《关于加大力度清理和预防超期羁押案件发生的通知》《关于当前清理纠正超期羁押案件工作存在问题的通报》等，对超期羁押实行动态监督、跟踪纠正、定期报告与通报等制度。2000年，全区检察机关纠正超期羁押141人次。

2001年，全市检察机关协助整治监所秩序时发现和纠正超期羁押121人次。2002年，依法纠正超期羁押112人次，纠正超期羁押35人次。2004年纠正超期羁押50人次。2005年，全市检察机关进一步加大对超期羁押监督力度，发现、纠正违法收关押18人，纠正超期羁押50人次。

第二节　林业检察

1993年10月，根据省政府部署，在全区开展严厉打击盗砍滥伐、乱捕滥猎和整顿林区治安专项斗争。1994年，根据省、地区林业“专打”会议部署，全区抽调59名检察干警参与“专打”斗争，抓获在逃犯罪嫌疑人13名。协查治安案件36件，捣毁林木销售窝点9个，取缔非法木材交易场所7个，整治用林单位27个。古田县检察院在地区林业公安和宁德分院林检科协助下，查获古田凤都重大团伙滥伐林木案2起，并挖出黄田火车站2名货运值班员帮助木材贩子非法运输木材2万多立方米案受贿6万多元；古田县林业局1名原副局长在处理山林权属纠纷中受贿案。古田县检察院林检科被授予全省打击毁林犯罪活动夏季战役先进集体。1996年，宁德、周宁、福安等县（市）检察院相继成立林业检察科。至1996年年底，全区林业检察部门共受理公安机关提请逮捕林业刑事案件183件330人，批准逮捕167件288人、不捕6件14人；受理移送起诉、免诉案件192件323人，审查决定起诉118件186人、免诉65件124人；协查林业行政案件264件，自侦林业刑事案件6件

11人。1997—2000年，全区林业检察部门受理公安机关移送审查批捕案件198件254人，批准逮捕187件237人（追捕2人），不捕11件19人，受理公安机关移送起诉案件215件259人，决定起诉190件233人，不诉8件11人，抗诉4件4人。对公安机关立案监督16件25人，发纠正违法通知书21次、发说明不立案理由通知书6份，协助处理林政案件58件，挽回经济损失63.8万元。

2001年，宁德市检察机关在全市开展打击盗伐、滥伐林木集体行动和森林防火专项整治活动，受理公安机关提请批捕案件31件38人。其中，批准逮捕盗伐、滥伐林木案件16件19人，森林火灾案件10件；受理公安机关移送审查起诉43件56人，起诉34件45人，其中盗伐、滥伐林木案件21件31人，不起诉1件2人，要求公安机关说明不立案理由9件。2002年年初，市检察院在全市开展《中华人民共和国森林法》《福建省森林条例》宣传，共受理公安机关提请审查批捕案件37件54人，批捕35件50人，受理公安机关移送起诉案件54件63人，审查起诉48件56人。古田县检察院在查办1起滥伐林木案中，挖出党政机关、公安机关人员充当“保护伞”涉林渎职犯罪案件5件5人。2003年，全市两级检察院林业检察部门参与“春雷行动”“百日行动”，受理公安机关提请审查批捕案件39件47人，批捕38件46人，受理公安机关移送起诉案件63件86人，审查起诉54件71人，向公安机关发出《说明不立案理由通知书》9份，《纠正违法通知书》5份。2004年，两级检察机关受理公安机关提请审查批捕案件89件97人，批捕87件95人；受理公安机关移送起诉案件119件126人，审查起诉109件116人、不起诉3件7人。

2005年，全市检察机关受理公安机关提请的批准逮捕林业刑事案件41件52人，经审查批准逮捕40件50人、不捕1件2人，受理公安机关移送起诉案件100件126人，经审查决定起诉88件105人、不起诉5件9人。福鼎市检察院、古田县检察院分别查办1起盗伐林木616立方米和1起滥伐林木面积9公顷的重大毁林案。

第三节 未成年人犯罪检察

1997年，地区检察机关把综合治理工作纳入“法德工程”，做好未成年人犯罪检察工作。1999年，宁德市检察院创建“优秀青少年维权岗”，成效明显。被共青团省委、省检察院命名为全省检察院“优秀青少年维权岗”。2000年，市检察院成立“优秀青少年维权岗”活动领导小组和未成年犯罪案件领导小组，在侦查监督处设立未成年犯罪办案组。年底，市检察院与市人大常委会、政协、未保办、关工委、文明办、团委及学校建立共建领导小组，制定预防未成年犯罪工作方案。在案件多发学校建立联系点，选派业务骨干担任兼职副校长或法制辅导员，定期或不定期到中小学校开展法制教育活动，开通学生法律服务热线。

2001年，宁德市检察机关派员担任多所学校法制辅导员，与家庭、社区共同构建青少年维权立体网络。到企业、学校举办法制课60次，上街宣传法律、解答咨询52次。2002年，蕉城区检察院在办好“青少年维权岗”咨询热线基础上，组织开展共建无毒社区、创建安全放心网吧。2003年，全市两级检察院普遍在中小学建立综治联系点，开辟法制宣传栏、开设法制教育课，帮助整顿校园秩序。2004年，蕉城区检察院、霞浦县检察院获得省级“优秀青少年维权岗”称号。

2005年，全市检察机关继续做好未成年犯罪嫌疑人的帮教和青少年预防犯罪工作，通过图片展览、举报宣传周等活动，到学校开展普法教育。至当年年底，全市检察机关在中、小学建立社会治安综合治理和青少年法制教育联系点26个，帮教档案24份。

第六章　检察技术与宣传

第一节　检察技术

1992年，地区检察分院增设法医检验业务，至1993年，全区检察机关受理各类检验鉴定案53件，出具鉴定28份，其中法医检验39件，出具鉴定21份。1994年，区检察机关新增司法会计鉴定，至1995年，全区检察机关受理各类检验鉴定120件，其中法医鉴定93件，出具鉴定书12份，检验报告7份，发现并纠正错误11件，受理司法会计鉴定15件，出具鉴定书10份，涉及金额300多万元。屏南县检察院侦破的1起贪污28万元案，复核时，应省高级人民法院要求，补充笔迹、印文和司法会计鉴定。1996年5月，地区检察分院依据法医对宁德陈某的受伤鉴定（确认重伤），向市中级人民法院提出抗诉。1997年8月，福安市检察院办理的下白石镇供电所所长等人涉嫌贪污案，司法会计在审查送检账目的同时，到发案单位获取被隐瞒的有关财务证据，为审判提供新的证据。地区检察分院检察技术科更名为检察技术处。1996—1997年，全区检察机关受理法医鉴定125件，出具鉴定书40份，文证审查意见书41份，改变原鉴定结论9件，退回补充鉴定6件；司法会计鉴定21件，出具鉴定书21份（案值500多万元）；完成声像资料780多分钟，摄像560多张，制作视听证据8件1200多分钟。1999年9月，古田县法院依据地区检察分院的司法会计鉴定出具的被告人挪用64万元公款的检验报告，判处1名被告有期徒刑7年。同年，全区检察机关法医、司法会计、文检等门类的技术人员增至12人，全部获得鉴定资格。1998—1999年，全区检察机关受理各类检验鉴定327件，其中法医鉴定270件，现场勘验7件，出具检验鉴定书29份，文证审查意见书216份。司法会计鉴定和文证审查51件，出具鉴定书21份，检验报告和文证审查意见书14份，提供技术协助16件。2000年，全市检察机关受理各类检验鉴定379件，出具文书材料372份，其中法医检验360件，出具鉴定书10份，文证审查意见书345份，司法会计鉴定17件，出具鉴定书4份，检验报告11份，文件检验受理2件，出具鉴定书2份。

2001年，全市检察机关受理各类检验鉴定543件，出具文书材料115份，其中法医鉴定79件，出具鉴定75份；文证审查355件，改变25件；司法会计鉴定95件（包括司法会计协助），出具检验报告29份，提供司法协助66件次；文件检验14件，出具鉴定书11份；完成摄像800余分钟，完成摄影图片180幅。经蕉城区检察院法医鉴定，以故意伤害罪移送起诉案1起。2002年，全市检察机关受理各类检验鉴定492件，出具文书材料105份。其中法医鉴定83件，出具鉴定书73份；文证审查367件，改变67件（其中鉴定结论错误鉴定书32件）；司法会计鉴定

18件，出具鉴定书和检验报告17件，提供司法协助46件次；文件检验24件，出具检验鉴定书15件，提供司法协助5件。2003年，市检察机关开始承接交通伤残评定和现场勘验工作，全市检察机关受理各类检验鉴定517件，出具文书材料184份，其中法医鉴定128件，出具鉴定书96份；文证审查313件，改变44件（其中鉴定结论错误的鉴定书15件）；司法会计鉴定54件，出具司法会计鉴定书和检验报告76件，提供司法协助38件次；文件检验22件，出具检验鉴定书12件，提供司法协助10件。2004年，全市检察机关受理各类检验鉴定248件，出具文书材料26份，其中法医鉴定22件，出具鉴定12份；文证审查195件，改变28件（其中包括14件结论错误的法医鉴定）；司法会计鉴定16件，出具司法会计鉴定书8份，提供司法协助4次；文件检验15件，出具检验鉴定6份，提供司法协助4次。2005年，全市检察机关受理各类检验鉴定225件，其中法医鉴定7件，文证审查218件，改变35件（其中结论错误的鉴定书16件）。

第二节 检察宣传

1996年，地区检察分院派员参与拍摄“严打”专题片，在《闽东日报》开辟检察经纬专栏，宣扬区检察机关“严打”成效和事迹。全区检察机关组织开展法制宣传及咨询534场，受教育群众2万余人次。1997年6月和11月，区检察机关组织开展两次全区性举报宣传周活动，开展法制宣传和咨询53场。2000年6月26—30日，根据高检院及省检察院有关通知，全市检察机关统一组织开展“举报宣传周”活动，发放宣传材料1500余份，接待群众200多人次；蕉城区检察院编发《人民检察院立案监督工作简介》宣传材料。至年底，全市检察机关组织开展法制宣传119场次，举办法制课84场次，举办街头法律咨询50余次，受教育11万多人。市检察院制发了《检察宣传工作意见》和《检察宣传工作奖励规定》，全市检察机关有606篇文稿被各级媒体采用，其中地（市）级以上媒体采用222篇，中央、省级媒体分别采用30、48篇；在省、市两级电视台播出11部电视专题片。全市检察机关创办宣传专栏14个99期，在县级报刊开辟5个宣传栏目，刊出106篇稿件；在县有限电视台开辟4个栏目，播出111期199篇稿件；组织举办法制课135场次，受教育3万余人；印发“检务公开”等材料5万余份。2001年，全市检察机关组织开展“举报宣传周”活动，制作展板90板，接待咨询945人，发放宣传材料5910份。组织举办法制宣传课76场次，受教育1万多人；上街宣传法律、解答咨询52次，发放宣传材料10580份、《罪案警示》3000多本。古田县检察院组织对鹤塘镇（石板材开发大镇）矿主、爆破工等进行涉爆法规宣传；屏南县检察院配合妇联开展反对家庭暴力“白丝带”活动，解答群众法律咨询38人次。2002年，市检察机关组织举办法制宣传课114场次，组织开展预防警示教育宣传活动46次。2003年，市检察院派员到金融、税务、工商等系统及有关部门上法制课183场次，受教育13700多人。全市两级检察院组织分发宣传材料4500份，受教育8000余人。市预防职务犯罪警示教育基地接待观展77批3139人。2005年，全市两级检察院采取送法下乡，举办图片展，开办法制讲座，借助新闻媒体和互联网等形式开展宣传。市检察院选送的文章被《人民检察》采用1篇、被《检察日报》采用2篇、被最高人民法院的《最高人民法院最新刑事法律文件解读》采用3篇。有2篇论文在首届全省检察机关理论研究年会和中国女检察官协会论文交流会上获优秀论文奖，有2篇论文被省检察院推荐参加第六届全国检察理论研究年会。

第七章　机构与队伍

第一节　机　构

1993年，福建省人民检察院宁德分院设有办公室、刑事检察批捕科、刑事检察起诉科、经济检察科、法纪检察科、监所检察科、控告申诉检察科、林业检察科、民事行政检察科、研究室、刑事技术科和监察室、纪检组、政治处、电大工作站。1994年9月，经济检察科改为反贪污贿赂局。1994年11月，电大工作站改为福建省人民检察院检察官培训中心宁德分部。1997年，宁德分院设办公室、审查批捕处、审查起诉处、反贪污贿赂局、法纪检察处、监所检察处、民事行政检察处、控告申诉检察处（对外加挂福建省人民检察院宁德分院举报中心）、检察技术处、法律政策研究室、林业检察处、行政装备处、监察处、法治宣传处等14个职能部门和政治部（内设干部科、教育科、法警科等3个副科级机构）。2000年5月，根据最高人民检察院《关于加强预防职务犯罪工作的意见》，设立职务犯罪预防中心。9月，根据全国检察机关第一次侦查监督工作会议精神，审查批捕处更名为侦查监督处。10月，根据高检院《关于撤销宁德地区设立地级宁德市后检察机构设置问题的批复》，撤销福建省人民检察院宁德分院，成立福建省宁德市人民检察院，内设机构不变。2003年，根据《中共宁德市委办公室关于印发〈宁德市人民检察院职能配置、内设机构和人员编制规定〉的通知》，市检察院设办公室、侦查监督处、公诉处、反贪污贿赂局、渎职侵权检察处、监所检察处、民事行政检察处、控告申诉检察处（加挂“宁德市人民检察院举报中心”和“宁德市人民检察院刑事赔偿办公室”牌子）、职务犯罪预防处、法律政策研究室（挂“宁德市人民检察院检察委员会秘书处”牌子）、行政装备处、干部处、宣传处、检察技术处等14个职能部门和直属机构法警支队，设置宁德市人民检察院政治部，干部处、宣传处由政治部统一管理。保留林业检察处，根据《中国共产党章程》和《中华人民共和国行政监察法》规定，设立监察处（与市纪委驻市检察院纪检组合署办公）、机关党委。9月，根据高检院和省检察院部署，成立人民监督员试点工作领导小组和人民监督员办公室（挂靠法律政策研究室）。2005年，根据高检院有关通知，人民监督员办公室划归办公室管理。同年11月，渎职侵权检察处更名为“反渎职侵权局”。

同期，全区检察机关在供销、税务、农行、财政、粮食等部门派驻26个检察室，在重点乡镇由所在县（市、区）检察院派驻24个乡镇检察室。1997年，撤销在地区供销、税务、农行、财政、粮食等部门派驻的检察室。1998年，撤销22个重点乡镇的派驻检察室，保留赛岐镇检察室、纯池镇检察室2个乡镇检察室。2002年，纯池镇检察室不再派驻检察官。2003年8月，设立市检察院派驻宁德看守所检察室。

第二节　队　伍

一、教育培训

（一）专业教育

1993年1月，宁德分院在全区检察机关开办法律（检察）专业证书教育，至1994年7月有69名干警学成毕业，获得国家检察官管理学院法律（检察）专业证书。1994年11月，宁德分院电大工作站更名为福建省检察官培训中心宁德分部。是年，对全区184名助理检察员以上检察官进行适应性培训，并全部通过考试。1996年7月，全区有35名干警获得法律（检察）专业证书。9月，宁德分院举办新颁《中华人民共和国刑事诉讼法》研讨班，全区有82名干警参加研讨学习。1997年1月，全区有7名干警被中央党校函授管理学院政法专业本科班录取。8月，宁德分院举办《中华人民共和国刑法》培训班，培训干警150人。2000年9月，根据地委《宁德地区市县处级干部履职法律培训班实施方案》，举办全区县处级检察领导干部履职培训班，实施法律培训。当年共举办业务培训、计算机操作培训、专项培训等87批次，培训干警2644人次。1998—2000年，全区有108名干警被中央党校函授管理学院政法专业本科班录取。

2001年，全市有514名干警报名参加并完成检察干部基本素质学习考试，有84名干警参加中央党校函授、自考、电大、远程网络法律本科学历教育，2名干警参加硕士学位研究生教育。4月，宁德分院举办1期事务检察官业务技能培训班。2002—2003年，根据高检院和省检察院要求，全市检察院选送95名检察官参加省检察院举办的检察官续职资格培训班学习。全市检察系统有145名干警参加自考、业大、电大、远程网络法律本科学历教育，其中有2名干警参加厦大法律硕士学位研究生教育，有33名干警法律本科毕业、1名干警获得法律硕士学位证书。2004年，全市检察系统有11名干警参加本科学历教育，有10名干警法律大专毕业、90名干警法律本科毕业、1名干警获得法律硕士学位证书。

（二）人才培养

2003年，市检察院还制发《宁德市检察机关高层次人才培养实施方案》，向省检察院推荐培养对象37名，其中高层次复合型人才5名、高层次专门型人才32名。2005年，组织全市197名检察人员集体脱产培训，其他人员进行在岗培训。是年，全市检察系统有7名干警参加本科学历教育、1名干警参加硕士学位研究生教育，4名干警法律大专毕业、96名干警法律本科毕业。至年底，全市检察机关具有本科以上学历的干警达69.3%，提前3年实现高检院提出的检察人员大学本科学历人数平均达60%的要求。2002—2005年全市检察机关21名干警通过司法考试。

（三）“四查”活动

1998年3月，根据高检院和省检察院部署，在全区检察系统开展“四查”（查思想、查作风、查纪律、查人员）活动。11月，地委批转宁德分院党组的《关于开展争当人民信任的检察官系列活动的报告》，宁德分院在全区组织开展“双争”（争当人民信任的检察官、争创人民满意的检察院）活动。1999年10月，根据地委部署，宁德分院开展“三讲”（讲学习、讲政治、讲正气）活动。2000年11月，根据市委政法委《关于在全市政法系统开展“利用身边事，教育身边人”警示教育活动的通知》，组织全市干警开展警示教育活动。组织开展“争先创优”活动，反贪、起诉、民行、监检4个处（室），获得省院表彰。2002年，宁德市检察院制发《宁德市检察官职业道德规范实施细则（试行）》，开展“检察官职业道德规范”专项教育活动，举办“检察职业道德在我心中”演讲比赛和主题大讨论活动，并在全市检察机关推行以岗位责任制为重点的目标量化管理，制发并实施个人、科室、全院三级目标责任制考核办法。同年7月，检察分院制发《宁德市人民检察院关于2002年贯彻落实〈人民检察院基层建设纲要〉的实施方案》，确定古田县检察院为省示范院，屏南县检察院为市示范院，柘荣县检察院为重点帮促院。当年，宁德检察分院起诉处获省、市“青年文明号”称号，有7个县（市）检察院被授予县、市“青年文明号”称号。2003年4月，全市检察系统开展以“强化法律监督、维护公平正义”为主题的公正执法专题教育活动，集中进行“四查四比四看”（查思想、比认识、看公正执法理念；查工作、比贡献、看履行岗位职责本领；查作风、比形象、看检察职业道德观念，查纪律、比廉洁、看自身要求）教育。10月，市检察院在福鼎召开全市检察机关教育活动查摆现场会。2005年，全市检察机关组织开展保持共产党员先进性教育活动与“规范执法行为，促进执法公正”专项整改活动。

二、检察官等级评定

1993年，宁德检察分院有干警70人，其中检察长1人、副检察长1人，主任、科长19人，检察员24人、助理检察员22人，司法警察3人。全区有检察人员470人。

1997年12月，根据中共中央组织部、人事部、高检院印发的《中华人民共和国检察官等级暂行规定》与高检院的《评定检察官等级实施办法》，检察官设四等12个级别。其中，高级检察官设一级、二级、三级、四级4个级别，检察官设一级、二级、三级、四级、五级5个级别。1999年年初，全区两级检察院401名在职检察官参加首次检察官等级评定；经考评、考核，有204名检察官经高检院、省检察院批准评定检察官等级，其中二级高级检察官2名、四级高级检察官38名，一级检察官85名、二级检察官79名；有184名检察官经宁德分院批准评定检察官等级，其中三级检察官95名、四级检察官82名、五级检察官7名。此后，每年4月和10月，宁德分院分别对检察官等级进行晋升、评定。1999年年底，两级检察院检察官等级进行微调，经批准评定检察官等级68名，其中四级高级检察官1名、一级检察官2名、二级检察官1名、三级检察官5名、四级检察官36名、五级检察官23名。晋升检察官等级68名，其中四级高级检察官12名、一级检察官7名、二级检察官25名、三级检察官22名、四级检察官2名。

2000年，全市两级检察院评定、晋升检察官等级31名。其中，三级检察官1名、四级检察官12名、五级检察官16名，晋升四级检察官2名。2002年，全市两级检察院有159名经评定、晋升检察官等级。其中，评定一级检察官2名、二级检察官2名、三级检察官1名、四级检察官5名、五级检察官2名，晋升四级高级检察官10名、一级检察官18名、二级检察官27名、三级检察官70名、四级检察官22名。2004年，全市两级检察院有55名经等级评定晋升。其中，评定为四级检察官2名、五级检察官2名，晋升三级检察官40名、四级检察官11名。

2005年起，四级高级检察官以上检察官等级评定、晋升应报高检院批准，一级至五级检察官由省检察院批准。是年，全市两级检察院评定、晋升检察官等级158名。其中，评定三级高级检察官1名、四级高级检察官1名、一级检察官1名，晋升四级高级检察官4名、一级检察官68名、二级检察官83名。

第三十二编 法院

1993年，宁德地区中级人民法院加强审判制度改革，完善再审监督审判职能由刑事、民事两个门类扩展至包括经济、行政审判及国家赔偿、法律援助等司法实践。1997年贯彻修订后的《中华人民共和国刑法》和《中华人民共和国刑事诉讼法》，严格落实罪刑法定原则和公开审判的有关法规、规定，进一步提高办案质量和效率。同时，加强民商事审判，维护国家、集体和公民的合法权益，促进市场经济秩序健康有序发展。不断加强审判机构和队伍建设。全市两级人民法院共审结一审案件10811件，其中民商事案件8747件、刑事案件1646件、行政案件418件，审结二审案件884件，其中民商事案件556件、刑事案件235件、行政案件93件。一审调解、撤诉4710件，调撤率43.57%。

第一章　审判制度改革

第一节　改革审判方式

1993 年，地区中级人民法院（简称中院）加强审判制度改革，把合议庭意见一致的二审民事、林业、经济案件决定权放给合议庭；把合议庭意见有分歧的案件，提交庭长或分管院长审定；把分管院长拿不准的案件，提交审判委员会研究决定。同时，执行《中华人民共和国民事诉讼法》和全国民事审判工作会议精神，组织直接开庭现场观摩会。在全区推行直接开庭、“谁主张谁举证”及“当庭质证”等多种方式，对民事案件的审判进行改革。改变过去法官调查、取证的繁琐方式，缩短办案周期。全区各级法院相继成立经济纠纷调解中心。1994 年，全区各级法院继续探索审判方式改革，逐步扩大当庭宣判率。地区中级人民法院多次组织全区和县（市）直接开庭观摩会，相继建立《错案责任追究制》。同时，地区中级人民法院尝试在二审案件中推行直接开庭，设立主审人审判（从收案到调查取证、开庭审理及裁判和法律文书制作等都由主审人负责）、主审人及合议庭对案件事实和适用法律负责等制度。是年，全区法院民事案件直接开庭率达 90%。1995 年，地区中级人民法院继续在经济审判中推行直接开庭和“诉辩式”庭审，制发实施直接开庭、合议庭负责制、庭前准备、庭审调查、当庭宣判等制度，制订《当事人诉讼须知》等 10 多种卡片。全区各级人民法院当庭宣判案件 369 件。1996 年，执行《福建省高级人民法院关于做好当前审判方式改革工作的意见》，地区中级人民法院与县（市）法院分别成立民事审判方式改革领导小组，开展“一公开，三强化”（公开审判原则，强化庭审功能、强化当事人的举证责任、强化合议庭和独任审判员职责）活动。确定福安、福鼎、霞浦 3 个法院为审判方式改革指导联系点，推行当庭宣判。省高院还在周宁召开全省法院审判方式改革工作会议。地区中级人民法院副院长张鼎华作为全省唯一的中级人民法院代表，出席在北京召开的全国审判方式改革工作会议。1997 年，全区各级法院围绕“一个中心、两个及时、三个强化”（开庭审判为中心，及时做好庭前准备、开庭审理，强化当事人举证责任、庭审功能、合议庭和独立审判员的职责），全面实施“诉辩式”“控辩式”庭审方式改革。宁德市法院采取直接开庭方式审理 1 名原告诉赤溪镇政府违法拆除房屋案和宁德市五洲广告公司诉市城建大队违法拆除布条广告案，取得较好审理效果，受到涉案双方的欢迎。1998 年，继续推行“控辩式”和“诉辩式”庭审方式改革，除涉及国家机密、个人隐私、未成年及法律另有规定不予公开审理的案件外，其余案件全面实行公开审理。1999 年，继续开展民事审判方式改革，努力做到审理工作“五公开”（诉讼当事人争议、举证、质证、辩论、认证和裁判公开）。2000 年，贯彻全国、全省民事审判工作会议、最高人民法院《关于民事经济审判方式改革问题的若干规定》及省高院《福建省法院适用简易程序审理民事案件暂行规定》，全面推行民事审判方式改革，健全和完善庭前准备程序、当事人举证制度。地区中级人民法院制发实施《刑事案件审委会讨论决定的案件范围及裁判文书签发权限规定》，确定地区中级人民法院审委会在刑事审判中仅讨论决定死刑、死缓、无罪及驳回抗诉案件，其他案件均由合议庭讨论决定。同时，建立立案、审理、执行、监督相互分立、相互制约的办案机制。地区中院，福鼎、霞浦、寿宁县（市）法院专门成立案件质量督查机构，加强对合议庭和独任审判员审理案件和执行审判纪律情况监督。霞浦、福鼎、寿宁、周宁、屏南、福安等县（市）法院建立审判长、独任审判员选任及书记员单列管理等工作制度。

2001年，宁德市、县（市、区）两级法院相继成立执行局，在全省率先试行裁判权与执行权分离改革。同时，推出“债权凭证制”“执行申请备案制”“执行案件流程管理制度”“执行款项分配公示制”“举报有奖”等方法。坚持在裁判中“能调则调、当判则判、调判结合、案结事了”原则，重视庭前、庭中和庭后全程调解，福鼎市法院民事调解结案率达60.70%。全市还推行排期开庭制度，所有案件均由立案庭统一立案，确定承办人、排定开庭时间，用电脑对审限进行跟踪警示。市中级人民法院在院门口设立开庭公告电子显示屏，公开开庭时间、合议庭组成人员等。制定实施合议庭评议规则和审判委员会工作细则，规范合议庭和审委会权限。制定一审法院对二审法院改判案件提请复议制度、实行逆向监督，民事、经济、行政二审案件全部实行公开开庭审理。市中级人民法院率先进行“判前说理”，即在裁判前向双方当事人阐明案件证据采信、事实认定、法律适用，并推广普及到全市各级法院。全市法院审判与执行权分立的改革得到最高院和省高院的肯定和推广。10月，省高院在福安召开全省法院执行权分立改革经验现场会，福安、寿宁法院作典型介绍。2002年，根据最高人民法院《关于民事诉讼证据的若干规定》，全市进行庭前调解及扩大简易程序适用改革。古田县法院设立审前调解法庭，在成立后的4个月内调解结案48件。2003年，在全市推行刑事案件普通程序简化审。对被告人认罪的案件，简化审理程序、使大量刑事案件能在一审即可判决。12月，执行最高人民法院《关于适用简易程序审理民事案件的若干规定》，规范适用简易程序审理民事案件的范围、庭前准备、开庭审理和裁判等。2004年，全市法院继续进行执行方式方法改革，推行执行案件备案和流程管理制度。同时改革执行工作业绩考核机制，把执行标的兑现率作为执行工作的一项重要指标，督促执行人员最大限度地维护申请人的合法权益。市中级人民法院还进一步改革未成年在押人员案件审判方式，可对未成年人犯罪嫌疑人采取暂缓判决的做法。2005年，全市法院执行《最高人民法院关于以法院专递方式邮寄送达民事诉讼文书的若干规定》。法院的民事诉讼文书，由邮政局以法院专递方式寄送。同时，推行立案庭与行政庭共同审查疑难、复杂行政诉讼案件新机制，探索行政争议协调解决新方式。

第二节 完善再审监督

1993年，全区法院严把申诉审查关和提起再审关，完善申请再审案件的登记、审查、调卷、审理、查办、催办、审结及归档制度，推进申请再审审查与申诉审理工作规范管理，凡确定再审案件一律由法院另行组织合议庭审理。1997年，根据最高人民法院与省高院部署，全区开展反对地方主义、部门保护主义执法大检查，对1995年以后办理的约2.1万件一审、二审案件进行全面自查、互查和抽查，对发现的问题进行整改。

2000 年，两级法院坚持“实事求是，有错必纠”原则，依法审结 101 件依审判监督程序提起的再审案件。2002 年，全市法院按照公开、透明的原则，普遍建立申诉听证制度，并在立案审理、审理执行、审理监督三分离基础上，建成审判流程计算机全程局域网。采取统一跟踪管理、案件质量认定、严格审理时限、落实督办制度、实行定期通报等方式，规范审判全流程程序，实现对案件审理过程的有效预警和监督。同时建立院、庭领导主审、参审、听审、议审、评审“五审”制度。2003 年，市中级人民法院撤销告申庭，设立审判监督庭，由审判监督庭负责原告申庭部分职责。2004 年，市中级人民法院成立审判监督领导小组和审判监督庭，制发《市中级人民法院审判监督管理规定（试行）》。2005 年，根据全国人大常委会《关于完善人民陪审员制度的决定》，市、县（市、区）两级法院建立人民陪审员制度，并集中培训新聘任的人民陪审员，进一步完善对案件审理和再审监督。

第二章　刑事与经济案件审判

第一节　刑事案件审判

一、危害国家安全案审判

1997年7月30日，地区中级人民法院一审审结7名罪犯非法提供国家秘密案，判处1人有期徒刑20年、其余6人15年以下有期徒刑。同年10月，执行新颁布的《中华人民共和国刑法》。2000年，执行全国人大常委会《关于取缔邪教组织、防范和惩治邪教活动的决定》与最高人民法院、最高人民检察院《关于办理组织和利用邪教组织犯罪案件具体应用法律若干问题的解释》，判处1名罪犯有期徒刑7年。2002年，周宁县法院审结1起邪教案，判处1名罪犯有期徒刑3年。2003年，协同开展“火鼠”“断血”“天网”等专项活动，打击邪教组织阴谋破坏活动。市中级人民法院审结霞浦邪教活动案，判处3名罪犯有期徒刑3年，1名有期徒刑2年、缓刑3年。此后，至2005年，全市法院系统未受理危害国家安全案件。

二、故意杀人、伤害案审判

1993年4月20日，地区中级人民法院和宁德市法院联合在体育场公开宣判海上抢劫、故意杀人案。21名犯罪嫌疑人在1990年2月至1991年3月间，在闽浙海域持械抢劫11艘船只，抢走款物折合人民币54万余元，并采取将被害人绑石坠海等手段，残忍杀害33名被劫船员、炸毁5艘船只。法院审理后以故意杀人、抢劫罪判处4人死刑，以故意杀人罪判处3人死刑，以抢劫罪判处2人死刑，其余12名罪犯分别被判处死刑、缓期二年执行，无期徒刑和1～15年有期徒刑。8月，地区中级人民法院召开宣判大会，判处1名故意杀人犯死刑。1994年，全区法院对事实清楚、证据确凿的故意杀人、伤害罪犯本着依法从重从快原则予以惩处。审判中，各级法院严格把握审判质量，对关键证据未作鉴定、口供与证据不符的案件，依法退回补充侦察。同年9月，地区中级人民法院与屏南等6县（市）法院召开6场宣判会，判决27名罪犯死刑。1996年，地区中级人民法院审结古田县1起恶性抢劫杀人案，4名罪犯拦路抢劫一辆货车，将车上3名被害人捆绑后沉湖致死、抢走车上价值23万余元的铝合金材料。该案起诉后，法院在调查取证基础上快审快结，判处4名罪犯死刑。

2000年，全区继续打击抢劫及发案率较高的拐卖妇女等犯罪。2004年8月，受省高院委托，市中级人民法院在霞浦依法对5名犯罪嫌疑人故意伤害案做出终审判决，判处1人死刑、4人5～10年有期徒刑。2005年1月，市中级人民法院在霞浦召开宣判大会，判决1名犯故意伤害罪、2名犯抢劫犯罪的罪犯死刑。同年12月，市中级人民法院在霞浦县召开宣判大会，判决1名犯抢劫、故意杀人罪的罪犯死刑。

三、抢劫、抢夺与盗窃案审判

1993年，全区法院加大依法审理“车匪路霸”“船匪海霸”及抢劫、盗窃案件。5月，宁德市法院在八都镇闽坑村召开宣判大会，依法判处6名犯抢劫罪的罪犯有期徒刑3～7年。7月，宁德、古田、福鼎、周宁、福安等县（市）法院相继召开5场宣判大会，公开宣判30名车匪路霸，判处11名罪犯死刑。8月，地区中级人民法院在古田、宁德、柘荣召开宣判大会，对12名“车匪路霸”案进行判决，其中判处死刑4人，死缓1人，其余处有期徒刑。当年，全区法院快审快结“车匪路霸”案件9件33人。1995年，继续严厉打击各种严重危害社会治安的犯罪人员，地区中级人民法院仅用十余天时间就审结1起抢劫福安某银行案，判处1名罪犯死刑。1996年4月，根据最高院、省高院“严打”部署，全区开展“打抢劫、摧团伙、抓逃犯”为重点的“严打”斗争。共召开85场宣判执行大会。1997年，贯彻实施修订后的《中华人民共和国刑法》《中华人民共和国刑事诉讼法》，取消普通盗窃死刑判决，但仍对严重危害社会的抢劫、抢夺和重大盗窃罪予以严厉打击。1998年，全区执行最高人民法院、最高人民检察院、公安部、国家工商行政管理总局《关于依法查处盗窃、抢劫机动车案件的规定》，依法惩处窝赃、销赃犯，追缴赃款赃车。1999年，贯彻全国、全省刑事审判工作会议精神，宣判60多起对社会治安危害大、影响恶劣的抢劫、绑架、盗窃、盗抢机动车案件。

2000年，继续打击抢劫及发案率较高的盗窃等犯罪。地区中级人民法院审结1起盗窃小轿车案，3名罪犯被判处有期徒刑5～10年、处罚金3.5万元。2003年，全市按照中央提出的“实现两年内社会治安工作取得新的明显进步”的要求，在全国开展“严打”斗争中先后多次组织“打击抢劫和盗窃犯罪”专项斗争。市县法院配合召开100多场集中宣判大会，判处一批抢劫、抢夺等严重犯罪分子，扩大整治斗争社会效果。2005年，全市法院审结抢劫、抢夺、盗窃及故意毁坏财物、破坏生产经营等侵犯财产犯罪案件432件681人。

四、涉毒与黑社会性质组织案审判

（一）涉毒案件审判

1993年7月，地区中级人民法院召开宣判大会，判处走私贩毒案罪犯4人死刑、2人死缓、4人有期徒刑。1997年，全区法院针对农村种植、贩卖、走私毒品案件趋于增多的现象，集中宣判一批毒品犯罪案件。1998年“国际禁毒日”前夕，地区中级人民法院审结5名团伙制贩毒案，判处1名罪犯无期徒刑。进入21世纪后，全市法院加大对毒品活动打击力度，坚持依法从重从快的“严打”方针，对涉毒分子予以坚决打击。2003年3月，市中级人民法院审理1起贩卖、制造毒品案，其中2人被判处死刑、缓期2年执行，剥夺政治权利终身，并处没收个人全部财产，其余6人被判处6年以上至无期徒刑并处罚款。1999—2005年，全市（区）审结涉毒类案件266件436人。

（二）黑社会性质组织案审判

1993年后，黑社会性质组织已在区内发展为扰乱社会治安、破坏正常经济活动的一种新型犯罪形式，地区、县法院加大对这一犯罪活动的审判打击力度。1996年，古田县法院受理并判处1起多达十几人的组织、领导黑社会性质组织案。该团伙以股东组成形式，成立垄断组织，以胁迫、殴打手段，垄断部分古田收购白木耳、江西南昌白木耳的市场销售，并按收购和销售量抽缴保护费，以至打伤多人，在社会上造成极坏影响。古田县法院依法判处1名为首组织者有期徒刑3年6个月，宁德地区中级人民法院终审裁定驳回上诉，维持原判，维护古田县和南昌市白木耳专业市场的正常经营秩序。1997年，依据新修改的《中华人民共和国刑事诉讼法》，全区法院开始加大配合“扫黑除恶”斗争，依法从重从快审结黑社会性质组织案件。

2001年，全区法院以黑恶势力犯罪、严重暴力犯罪和多发性犯罪为打击重点，加强对黑社会性质组织案件的审理。2002年，霞浦法院全年判决8个黑恶势力团伙52名罪犯。2003年，全市法院继续重点打击黑社会性质组织犯罪及其他严重危害社会治安犯罪，霞浦、福安县（市）法院分别审结公安部、省公安厅挂牌督办的两起涉黑案件，判处21名罪犯5～20年有期徒刑。2004年12月，福安市法院审结19人组成团伙的“涉黑”案，判处2名罪犯9年有期徒刑。2005年12月，古田县法院宣判一起涉及12人的“涉黑”大案，该团伙为垄断古田至上海、南京货运市场，采取殴打或持枪威胁货主、车主，砸车等手段，有组织地进行强迫交易、故意伤害等违法犯罪活动，先后作案15起、致伤6人。法院依法判处12名罪犯1～9年不等有期徒刑，并处罚金，没收非法所得193.17万元。

第二节　经济案件审判

1993年，全区各级法院充实审判力量，加强对贪污、受贿等经济犯罪案件审理力度。1994年4月，地区中级人民法院审结地区公安处出入境管理科原科长郑某受贿案，判处该罪犯无期徒刑。1995年，全区法院受理经济犯罪案件161件229人、审结159件222人，其中贪污52件75人、受贿47件53人、挪用公款12件13人、其他48件81人。1996年，地区中级人民法院审结屏南县委原常委、副县长张某受贿案，该罪犯受贿11万余元，被判处有期徒刑5年。1997年，执行第八届全国人大五次会议修订的《中华人民共和国刑法》，取消投机倒把罪，增加非法吸收公众存款罪等新出现的经济犯罪。3月，地区中级人民法院审结全区首起非法吸收公众存款案，该案1名罪犯非法吸收公众存款95.85万元，案发后仅归还55.99万元，仍有39.86万元无法归还，被依法判处有期徒刑7年10个月、并处罚金3万元。地区中级人民法院审结古田县委常委、政法委原书记、公安局局长谢某受贿罪，该罪犯被判处有期徒刑8年。1998年，全区两级法院共受理各类利用职务经济犯罪案件60件96人、审结66件107人，其中贪污案42件82人、受贿案10件11人、挪用公款案12件12人、其他2件2人。1999年，宁德市法院审结一对夫妻诈骗案，致使宁德、寿宁等地70多人被骗8000多元。法院审理后分别判处2名罪犯有期徒刑1年和7个月。

2002年，全市法院重点打击虚开发票、贪污受贿等破坏经济秩序案件。市中级人民法院审结1起虚开增值税专用发票案，分别判处2名罪犯有期徒刑11年和10年；审结古田县平湖镇党委原书记黄某贪污、受贿案，蕉城区地税局原局长郑某受贿案，2 人分别判处有期徒刑 15 年和 10 年 6 个月。2003 年，全市法院审结金融诈骗、扰乱市场秩序、危害税收征管等各类破坏市场经济秩序的案件 48 件 80 人，受理贪污贿赂职务犯罪案件 74 件 109 人。2004 年，市中级人民法院审结周宁县委原书记林某受贿、巨额财产来源不明案，判处其死刑。2005 年 5 月，福安市民间“标会”倒会，市中级人民法院和福安市法院做好涉会清理和犯罪审判工作，判处 1 名犯非法吸收公众存款罪特大会首无期徒刑并处没收个人全部财产；审结福安市利用民间“标会”集资诈骗 356 万元案，判处 1 名被告无期徒刑。是年，福安市法院共受理 27 件非法吸收公众存款案、非法吸收公众存款 11.33 亿元，“倒会”后造成存款会员直接经济损失 1.67 亿元。

第三章　民商事与行政案件审判

第一节　民商事案件审判

1993 年，宁德地区中级人民法院制发加强综合改革试验区司法服务六条意见，并充实福安市赛岐、霞浦县三沙、古田县新城、福安市韩阳、柘荣县双城人民法庭的审判力量。在福鼎、寿宁县法院设立边贸专业巡回法庭，地区与县（市）两级法院以及赛岐开发区法庭分别成立民商事纠纷调解中心。地区中级人民法院成立金融合议庭，县（市）法院在农行成立银行巡回法庭，依法审结一批借贷合同纠纷。9 月，地区中院经济庭派员到上海调解结案一起经济纠纷案件，为赛岐港务局追回欠款 108 万元。是年，全区法院共受理经济纠纷案件 1541 件、审结 1606 件（含上年积存）；调解经济纠纷案件 324 件，标的 1478.11 万元。1994 年 7 月，宁德市法院配合市委、市政府对民间“标会”进行清查，对符合《中华人民共和国民事诉讼法》规定和经市清会办公室登记及确认事实清楚、属于单会或单一的“会债”，或经过双方当事人协商、有确凿债权债务证明，或经清会办调解、双方或一方当事人反悔或拒绝履行的标会纠纷案进行立案审理。霞浦县法院专门组成“会案”合议庭，由一名副院长带队进驻三沙镇，审理三沙“日日会”倒会债务纠纷。至次年，宁德市法院审结民间“标会”纠纷案 1140 件。12 月，地区中级人民法院在宁德召开全区法院民事审判方式改革经验交流会，省高级人民法院派员到会指导。当年，宁德市法院还受理宁德市霍童镇党委原书记兼镇长诉该镇纪检书记等 6 人诽谤案。法院经审理查明事实，认定被告构成诽谤罪，经调解给予免于刑事处分，责令具结悔过并赔礼道歉。《福建日报》和《闽东日报》相继报道该案的审理情况，并刊登被告的公开道歉声明。1995 年，全区两级法院受理经济纠纷案件 2467 件、审结 2428 件，解决诉讼争议标的额 2.55 亿元。1996 年，古田县法院针对民间“倒会”数量不断增多的情况，迅速组成若干个合议庭、审结“会案”4086 件，向被欠会款人员发回执行款 188 万元。1997 年，执行省高级人民法院《关于进一步做好审判工作正确处理人民内部矛盾维护社会稳定的通知》，采取积极慎重态度处理涉及群众切身利益的职工生活困难、拆迁安置、征地补偿、经济纠纷、土地权属等引发的案件。同时，执行省高院《关于全省不再设立经济纠纷调解中心的通知》，全区法院撤销经济纠纷调解中心。当年，全区两级法院受理一审、二审经济纠纷案件 2367 件，审结 2274 件，一审解决诉讼争议标的额 2.78 亿元。1998 年，执行《最高人民法院关于在审理经济纠纷案件中涉及经济嫌疑若干问题的规定》，对同一公民、法人或其他经济组织因不同的法律事实，分别涉及经济纠纷案件和经济犯罪嫌疑的，其经济纠纷案件和经济犯罪嫌疑案件实行分开审理。同时，加强对土地承包经营使用权、一般经济纠纷、生产销售伪劣种子和化肥等坑农案件的司法调解。全区两级法院共受理一审、二审经济纠纷案件2213件，审结2084件，一审审结诉讼标的额3.35亿元。

2000年12月，全市执行《最高人民法院关于刑事附带民事诉讼范围问题的规定》，对人身权利受到侵犯又遭受物质损失的，可以提起附带民事诉讼。全市两级法院受理各类一审、二审、再审民事、经济纠纷案件11383件，审结10798件。寿宁县法院在全省率先试行办理"农村基金会"纠纷案件，全年审结该类案件594件，标的1200余万元。地区中级人民法院加强调解力度，促成一起合伙育鱼苗合同纠纷案达成和解。2001年，蕉城区法院为方便海上养殖户及渔民诉讼，在三都成立海上巡回法庭。市中级人民法院审理宁德市岐头村800村民多次联名起诉村委会擅自与第三方签订土地综合开发合同案，依法判决该开发合同无效。全市法院审结一审、二审民事、经济等案件10167件，标的额3.30亿元。2002年，根据最高人民法院部署，全市法院经济纠纷审判并入民事审判序列，建立"大民事"审判格局；原民事庭、经济庭分别改为民事一庭、民事二庭，经济纠纷改称民商事案件。12月，全市按《最高人民法院关于诉讼代理人查阅民事案件材料规定》，诉讼代理人为申请再审需要，可以查阅已经审结的所代理案件的有关材料。全市法院依法审理买卖合同、借款合同、建设工程合同等各类经济纠纷案件5416件，涉及诉讼标的额2.47亿元。依法审理劳动争议案件233件，《闽东日报》上开辟《劳动争议案件》宣传专栏，配合有关部门做好劳动争议案件当事人工作。审理民事活动领域中的财产权属、财产损害赔偿、人身损害赔偿等权属、侵权纠纷案件1610件，诉讼标的额7482万元。全市法院依法审理企业破产案件14件，审理婚姻家庭、财产继承纠纷案件3534件。市中级人民法院还依法审理知识产权纠纷案件6件。2003年，根据《最高人民法院关于审理与企业改制相关的民事纠纷案件若干问题的规定》，两级法院审理一批企业公司（股份合作制）改造、企业分立、企业债权转股权、国有小型企业出售、企业兼并等民事经济纠纷案。还根据《中华人民共和国农村土地承包法》、最高人民法院的《关于审理融资租赁合同纠纷案件若干问题的规定》与《关于审理商品房买卖合同纠纷案件适用法律若干问题的解释》，审理一批涉及农村土地承包使用、融资租赁合同纠纷与商品房买卖合同纠纷案。同时，将地方"标会"纠纷交由所在地政府统筹解决、法院不再受理。全市各级法院全年审结各类民商事案件9937件，标的额4.66亿元，其中买卖、借款、建设工程等各类合同纠纷案件4683件，标的额3.53亿元；房地产纠纷、劳动争议、人身损害和医疗事故等各类民事纠纷案件1278件；离婚、继承、抚养、赡养等婚姻家庭纠纷案件3976件。审理商标权、著作权等知识产权纠纷案件11件。2004年，根据《最高人民法院关于加强涉农案件审判工作为农村经济发展提供司法保障的通知》与《关于人民法院民事调解工作若干问题的规定》，审理一批涉及生产和销售伪劣农药、化肥、种子及其他农用物资等侵害农民利益案件。为了便于简化程序、加强调解，各县（市、区）法院分别成立简易调解法庭与特色法庭。蕉城区、福鼎市法院分别成立海上巡回法庭，福安市法院成立畲族乡巡回法庭，柘荣县法院成立社区法庭，寿宁县法院成立小额诉讼法庭。市中级人民法院审结福建天湖集团破产案，配合政府安置职工568名。全市各级法院全年审结各类民商事案件9343件，解决争议标的额3.91亿元。其中，审结涉及企业破产、土地滩涂权属等群体性纠纷案件42件，审结拖欠农民工工资款案件91件，为农民工追回拖欠工资1342万元。

2005年4月，宁德市中级人民法院审结全市首例特大群体性环境污染损害赔偿纠纷案件，对原告屏南县溪坪村、后垅村、古厦村、屏南酒厂等1721人诉福建省（屏南）榕屏化工有限公司环境污染损害赔偿纠纷一案做出一审判决。判令被告立即停止侵害、赔偿损失24.98万元，并做好后期工业废渣处理，同时驳回原告的精神损害赔偿等其他诉讼请求。全市法院还参与食品、药品安全专项整治活动，福鼎、霞浦、柘荣法院分别对危害群众生命健康权利、生产劣质奶粉的9案件15名犯罪嫌疑人追究刑事责任。同时，加强对国有企业破产案件审理、监督，凡破产案件重大事项都要由法院审判委员会讨论决定。10月，古田县法院在2004年设立家庭暴力援助中心基础上，率先在全市法院系统成立反家庭暴力巡回法庭，成员由法院刑事、民事审判员及县妇联人民陪审员组成，对家庭暴力案件快审快结。至年底，古田县法院成功制止家庭暴力36起、实施法律援助18人次，对2名家庭暴力故意伤害案做出公开宣判，判处2名施暴者3年以下有期徒刑。是年，全市法院审结各类民商事案件9372件，诉讼标的额5.50亿元，审理调解各类群体性纠纷案件115件、涉案2933人，制止群体性上访、冲突隐患等事件35起。

第二节　行政案件审判

1993年，全区各级法院在执行《中华人民共和国行政诉讼法》的行政审判中，既坚持依法保护公民、法人和其他组织的合法权益，又坚持维护和监督行政机关依法行使职权。行政审判从原来的治安、工商、土地、林业等案件，扩展到农业、财政、消防、交警、文体、劳动、学校、煤管、人事、环卫、税收及劳动教养、收容审查、公路稽征等案件，并新增侵犯企业经营自主权、技术监督、土地确权、计划生育等方面违法确认和要求履行法定职责等案件。是年，全区两级法院共受理案件124件，审结128件。

1994年，贯彻全省行政审判工作会议精神与省高院通知精神，把非诉行政执行案件统一划归行政审判庭办理。宁德市法院受理广西梧州航运公司诉宁德市公安局罚款不合理案，依法撤销宁德市公安局的行政处罚。《福建日报》专门采访报道此案。是年，全区两级法院受理行政案件157件，审结153件。

1995年，全区法院受理拆迁、土地征用等新型案件，加强与卫生、土地、农机、城建等行政部门联系，慎重处理疑难复杂案件。共受理141件，全部审结。

1996年，执行中央政法委《关于认真贯彻行政诉讼法 加强行政审判工作的通知》与最高人民法院《关于认真贯彻行政诉讼法加强行政审判工作的通知》《关于处理行政机关申请人民法院强制执行案件分工问题的通知》，规范办案程序，由行政审判庭负责强制执行案件的审查。对经教育后行政行为相对人能自动履行的即结案，对需要强制执行的由行政审判庭移送执行庭办理。同时不断完善行政诉讼立案审查制度，对不符合立案条件的行政诉讼依法做出不予受理裁定。宁德市法院受理市水电部门呈报的4起擅自拦河筑坝案，经调查最终调解拆除违法修筑的拦河坝。是年，全区法院受理行政审判案件279件，审结283件，居全省各地（市）之首。

1997年5月，地区中级人民法院在福鼎召开全区法院行政审判工作会议，推行直接开庭审理方式。宁德市法院受理宁德市五洲广告公司诉宁德市城市建设监察大队违法拆除其布条广告案，经庭审调查后，认定宁德市城市建设监察大队拆除宁德市五洲广告公司4幅布条广告的具体行政行为违法，当庭判决被告败诉、赔偿损失1.36万元。福建电视台、东南电视台等对该案进行报道。地区中级人民法院审理全区首起私营企业诉宁德市水电局行政处罚不当案，判决维持市水电局对三都渔潭港道堵堰工程的处罚决定。是年，全区两级法院受理行政案件247件，审结221件。

1998年起，根据省高院漳州行政审判方式座谈会精神，全区法院加强行政审判方式改革，强化合议庭职责。当年，全区法院受理行政案件538件，审结502件。

1999年，地区中级人民法院制发《关于开展行政案件办案质量年活动的实施方案》，对行政案件的立案审理、裁判、结案、执行监督等作出具体规定。省高院在宁德召开全省行政审判工作经验交流会，地区中级人民法院和福鼎市法院在会上作典型发言。

2000年，全区法院扩大行政案件受理范围，受案范围达30多个行政部门，并首次将行政管理相对人不服道路交通事故责任认定案件纳入司法审查范围。地区中级人民法院组织合议庭审结4件国家赔偿案件，其中古田县罗湖村3位村民错捕错判案获得国家赔偿，实现区内国家赔偿案件零的突破。周宁县法院审理玛坑乡升阳村诉周宁县政府、第三方玛坑乡玛坑村委会林地所有权纠纷案时及时组织各方当事人到现场调处，达成协议，圆满处理长达8年之久的林地所有权纠纷案。是年，全市法院受理行政案件627件，审结549件。

2001年，全市涉农案件和国有企业转制及医疗、房地产等新类型行政诉讼案件增多。法院严格执行行政诉讼的证据规则，平等保护行政管理各方主体的合法权益。在审理1名原告诉宁德市兽医卫生监督所强制对其猪苗进行免疫案时，首次采用举证责任倒置原则，依法判处在收到法院起诉状副本后，不履行举证责任的被告败诉。全市法院审结各类行政案件533件，审结数量和质量名列全省前列；受理再审案件101件、审结90件，其中改判26件。

2002年，全市执行最高人民法院《关于各高、中级人民法院赔偿委员会及其办公室机构设置的通知》，重新调整充实市、县（市、区）两级法院赔偿委员会，设立赔偿委员会办公室（挂靠行政审判庭）。同时，在执行《福建省城市房屋拆迁管理条例》中，加强对旧城改造引起的不服政府拆迁裁决行政诉讼案件审理，依法维护和支持行政机关申请强制执行的案件。市中级人民法院与宁德市公路稽征处还联合下发《关于严厉打击偷逃抗缴国家公路规费违法行为的通告》，开展稽征案件执行专项行动。市中级人民法院接受邀请到公路管理部门开展行政法、行政诉讼法讲座。是年，全市法院审结各类行政案件461件。

2003年，市两级法院贯彻全国行政审判工作会议精神，加大对涉农和其他敏感性行政争议案件的审理，以维护行政管理相对人的诉讼权利和其他实体权利，促进行政机关依法行政。市中级人民法院审理蕉城区蕉南桥头下村第一、第八村民小组和下宅园第三村民小组诉宁德市政府不服行政复议终止通知案。经合议庭实地调查和审委会讨论决定后慎重做出裁判，使双方当事人均不再申诉。是年，全市法院审结各类行政案件445件，审结国家赔偿案件8件。

2004年，全市有关道路安全的行政诉讼案件增多。蕉城区法院受理1名当事人不服蕉城区交警的道路交通事故责任认定案，系全市受理的首例不服道路交通事故责任认定案件，蕉城区法院认真审理并做出合理裁判。市中级人民法院在审理屏南县工商局申请强制执行屏南县自来水公司罚款5万元、加处罚款119万元行政处罚案时，审查发现工商部门的处罚款决定缺乏事实和法律依据，依法决定对加处罚款不予认定。是年，全市法院审结各类行政案件395件。

2005年，全市法院推行立案庭与行政庭共同审查疑难、复杂行政诉讼案件新机制，探索行政争议协调解决新方式。蕉城区法院在审理中国建筑第二工程局拖欠40名农民工11.08万元工资引发的行政诉讼案，合议庭在庭前、庭后多次召集当事人进行协调，终于达成一致意见，促使原告按协议向农民工支付工资款、被告申请撤诉。12月，市中级人民法院对受理的寿宁县南阳工业区征地过程中引发的群体性征地补偿行政纠纷，做好协调释法工作，促成纠纷双方达成和解协议。是年，全市法院审结各类一审、二审行政案件515件，审结申请国家赔偿案件14件。

第四章　其他案件审判

第一节　林业案件审判

从1993年起，区内盗砍滥伐林木等毁林与林业权属纠纷等案件日渐增多。全区法院依法加大审理盗砍滥伐案件与林业民事、经济案件。同时，执行全国民事审判工作会议精神，对林业案件审判方式进行改革。1994年6月，执行省高院、检察院、公安厅、林业厅联合下发的《关于开展严厉打击毁林犯罪活动专项斗争夏季战役的通知》，在全区联合有关部门开展打击毁林犯罪活动专项斗争的夏季战役。至11月，全区法院受理林业刑事案件21件32人、审结19件28人，其中判处有期徒刑的18人。1995年，全区法院受理审结林业刑事案件27件39人，其中判处3年以上有期徒刑1人、3年以下有期徒刑38人。1996年，根据省高院部署，全区法院开展以“打现行、破大案、摧团伙、追逃犯”攻坚战，受理毁林案件43件51人、审结40件47人，其中判处3年以上有期徒刑1人、3年以下（含3年）有期徒刑37人并处罚金11人共7.8万元。地区中级人民法院林业庭为此获得全省法院系统1996年林业“严打”先进集体称号。同时，全区法院依法受理一批林业承包、林权转让等纠纷案，清理林业企事业单位的债权债务，追回欠款50多万元。地区中级人民法院林业审判庭主动上门为地区林业投资公司审查借贷合同。古田县法院为古田木材公司、林业局果业公司立案24起，追回欠款37万多元。其中包括林业局果业公司诉杉洋镇政府拖欠货款纠纷案，经调解杉洋镇政府在15日内清偿拖延2年的13万元欠款。1997年，全区法院继续加强林业债权债务审理。4月，地区中级人民法院审理地区林业投资公司木材周转金借款纠纷案，经调解后解决被拖欠4年之久的50多万元借款纠纷。霞浦县法院受理国有水门林场诉水门乡武坪、里洋两村14户村民侵占林场有林地案，经实地勘验作出侵占方退还林地、林场方给造林户适当林木补偿的决定，双方表示服从判决。

2000年，全区开展严厉打击毁林犯罪专项活动。4—5月，屏南、古田两县法院审结16件毁林案，其中审结屏南县路下乡1名干部失火毁林、造成经济损失17万余元案，被告被判处有期徒刑4年6个月。宁德市法院审结一起烧毁有林地191.13公顷、直接经济损失104.13万元的特大失火毁林案，判处1名罪犯有期徒刑4年6个月。2003年，全市法院林业庭配合林业和森林公安开展“严打整治”专项斗争和严厉打击破坏野生动物资源的“春雷行动”。古田县法院审结省高级人民法院挂牌督办的特大滥伐林木团伙调包顶罪案。2名犯罪嫌疑人在古田凤都镇凤都村购买多片林木，采取不办采伐证或办证后任意乱砍滥伐林木1.3万立方米，并用3万元贿赂1位村民，指使其到古田县森林公安分局作虚假供述。法院审理后依法分别判处2名罪犯有期徒刑

6 年 6 个月和 5 年 8 个月，并处罚金和没收违法所得。周宁县法院审结一起非法猎捕、出售珍稀野生动物案，判处 1 名罪犯有期徒刑 2 年缓刑 3 年，并处罚金 3000 元；1 名罪犯有期徒刑 1 年缓刑 2 年，并处罚金 3000 元。寿宁县法院在审理 64 人诉犀溪大王前村委返还赔偿款纠纷案时，针对该村两姓村民为争夺林木赔偿款纠纷，组织勘察、多次协调，最终达成协议，化解了矛盾。2004 年，市中级人民法院受理一起寿宁县托溪乡际头村 205 户 1300 名村民与恒利云公司开发矿山（县政府招商引进项目）引起的林地补偿纠纷案。恒利云公司在办理采矿许可证等手续后，投资 400 万元修建进山公路。205 户 1300 名村民以山林权属为其所有为由，强行阻止施工、拦截毁坏工具车，致使恒利云公司被迫停工。市中级人民法院接案后，两次派员到实地调查，经过艰苦工作，妥善处理此纠纷案。2005 年，宁德市两级法院受理林业刑事起诉案件 100 件 126 人，审查决定起诉审判 88 件 105 人，案件数较上年有较大幅度下降。

第二节　未成年人案件审判

1993 年，全区执行《中华人民共和国未成年人保护法》和最高人民法院《关于审理未成年人刑事案件的若干规定》，对少年在押人员案件审判实行“教育为主、惩罚为辅”原则。

1994 年，全区法院有针对性地制定实施失足青少年回访考察，少年审判庭法官到少年犯家中及看守所对刑满、缓刑和未判决的少年犯及其家庭进行回访考察等制度。

2003 年，全市 9 个县（市、区）法院均成立少年审判庭。福安市法院审理 1 起 8 人抢劫案，由于 8 名被告均为在校初中生，承办法官与合议庭经反复走访，召集家长、帮教人员座谈，最终做出判处有期徒刑 1 ~ 3 年，缓刑 2 ~ 5 年的判决。

2004 年，全市法院继续做好未成年人帮教工作。霞浦县法院派遣法官到当地小学兼任法制副校长，组织审判人员到中小学校上法制宣传课、配合学校抓好未成年人帮教工作。屏南县法院建立被判处缓刑的未成年人帮教台账、对未成年人罪犯进行回访帮教。走访当地学校、村委会、派出所，结合该学生犯罪时未满 16 周岁，且归案后认罪态度好、有悔罪表现，符合适用缓刑条件，遂改判有期徒刑 2 年，缓刑 3 年，并让其重返校园、接受学校教育监管。

2005 年，全市法院组织到 35 所中小学校开展校园法制宣传 53 次。市中级人民法院召开专题工作会议，对审理未成年在押人员罪案件的定性、量刑提出具体指导意见。当年，全市法院依法审慎处理此类案件，对 25 名未成年人罪犯判处缓刑、管制、免刑，帮助 6 名失足少年重返校园。

第五章 申诉 执行

第一节 信 访

1993年后，地、县（市）两级法院更加重视群众来信来访，并把它作为立案受理和调解审判的重要参考之一，建立及时接访处理、专人受理接待、及时报告转送等制度。1994—1995年，每年两级法院接待来信、来访约均在1万余件（人次）。1996年后，来信来访量增加。1998年开始连续两年来信来访量近2万件（人次）以上，较前年均翻一番，成为法院日常的一项主要工作。1999年，贯彻执行《福建省高级人民法院关于处理人民群众来信来访的若干规定》与全省法院第四次信访工作会议精神，全区法院相继建立信访工作领导责任制、院长接待日联动工作制。确定每月10日为院长接待日，对信访热点、难点问题和信访老户进行排查。是年，全区法院受理来信1.12万件，接待来访7851人次。

2000年，两级法院接待群众来访1.06万人次，处理来信8792件。2003年，根据《最高人民法院关于落实23项司法为民具体措施的指导意见》，全市法院认真做好来信来访和申诉接待工作，并把来信来访纳入计算机管理，设立信访接待室。2004年，市中院努力构建大信访工作格局，强化各业务庭（室）责任，加强有关部门联系，对集体访、老访户、越级访等重点案件采取主动约访、下访，认真调查分析、耐心做好宣传和息诉工作，对情况明了、可以及时解决的，责成有关庭（室）及时做出处理反馈。2005年，全市法院相继建立健全信访工作联动制度、领导督办制度、信访案件排查制度、院长预约接访制度、基层巡回接访制度、信访工作联席分析会议以及随时报告重要信访件、每半月报送一次信访动态等制度，对信访办理情况进行动态管理。同时，全市法院开展涉诉信访案件集中处理活动，主动约访、下访重点信访户，做好息诉息访工作。全市法院加强对各级党委、人大，上级法院督办、催办信件的办理，做到逐件登记办理，及时反馈办理情况。是年，全区法院受理来信2583件、接待来访5163人次。

1993—2005年宁德市（地区）法院来信来访情况统计表

表32-1　　单位：件、人次

年份	来信	来访
1993	4402	4413
1994	4001	4935

续表 32-1

年份	来信	来访
1995	4674	5434
1996	6014	6091
1997	6928	5074
1998	12931	6076
1999	11221	7851
2000	8792	10635
2001	7553	8744
2002	5386	5122
2003	5707	4946
2004	2391	4932
2005	2583	5163
合计	82583	79416

第二节 告申立案与调解

1993 年，全区各级法院相继设立告诉申诉审判庭（简称告申庭），建立统一的立案制度，全区各级法院立案 8668 起。1994 年立案 9805 起。1994 年，宁德市法院首次受理漳湾兰田村 3 位村民诉漳湾镇供销社兰田代销店 1 名承包人出售掺杂“粮优 63 号”晚稻杂交种子案，经法庭调解，被告同意赔偿 3 位村民经济损失 2890 元。1995—1996 年，全区法院立案 2.59 万起。1997 年 1 月，全区法院相继独立设立立案庭，由立案庭负责经济、民事案件的立案，由告申庭负责经济、民事一审案件审理。全区法院立案 1.25 万起。1999 年，贯彻全国法院立案工作座谈会精神，全面推行立、审、执分离。全区法院立案 1.23 万起。2000 年，立案 1.32 万起。

2001 年，宁德市中级人民法院实行《案件流程管理制度》和《执行案件流程管理规程》，案件审理由立案庭统一分配排期开庭、全程跟踪管理，改变以往单纯由领导督促个案的做法，实现以诉讼程序公正到保证案件实体公正的转变。同时设立书记员管理室，对书记员实行单独管理。是年，全市法院立案 1.27 万起。2002 年，部分县（市）法院告申（立案）庭设立专职调解法官，由不同法官负责立案和庭前调解，试行庭前调解制度。当年，在专职法官的调解下，部分民商案件立案后迅速得到调解、提高服判息诉率及自动履行率，实现民商案件立案阶段的繁简分流。同年 8 月，古田县法院在立案庭内设审前调解法庭，两年多共调结 315 件案件。市中级人民法院在寿宁县召开全市庭前调解论证会，会后制发《关于加强一审民商事案件庭前调解工作的指导意见》。福安、寿宁县法院相继成立速裁庭或简易庭，对案件进行庭前调解。是年，全市法院立案 1.84 万起。2003 年，市、县（市、区）两级法院撤销告申庭，设立立案庭和审判监督庭。全市法院立案 1.24 万起。2004 年，全市法院立案 1.54 万起。2005 年，全市法院共立案 1.27 万起。

第三节　司法救助

2000年，全区各级法院开始执行最高人民法院《人民法院诉讼费用管理办法》，对法院诉讼费实行“收缴分离”。对能证明合法权益受到侵害且经济确有困难的当事人，实行诉讼费用缓交、减交和免交。

2001年，执行《最高人民法院关于对经济确有困难的当事人予以司法救助的规定》，对经济确有困难的公民和特困企业，在受理或者执行案件时，依法予以当事人缓、减、免交诉讼费。是年，全市法院依法实施司法救助案件484件，决定缓、减、免诉讼费用127万元。

2002年，全市法院继续在山区、沿海进行巡回办案，设立便民诉讼法庭、海上巡回法庭、山区速裁法庭、假日法庭等，多数法院都在城区设立简易法庭。5月，中央电视台《新闻30分》节目对蕉城区法院在三都澳养殖区成立海上巡回法庭的做法进行专题报道。当年，全市法院对615件经济确有困难的案件当事人缓、减、免交诉讼费109万元，免费为盲、聋、哑人聘请辩护律师或代理人。

2003年，全市法院对400件经济确有困难的案件当事人，决定缓、减、免诉讼费99.73万元。

2004年，全市法院对682件经济确有困难的案件当事人，减、缓、免诉讼费114万元，帮助审结拖欠工程款及农民工工资案件91件、追回工程款及工资1342万元。市中级人民法院在审理一家建设工程公司诉蕉城区某街道办事处长期拖欠350万元工程款，致使百余名农民工拿不到工资案时，采取诉讼保全措施、并做好协调工作，促使双方达成还款协议，被告在签订协议次日向原告支付工程款50万元、使农民工在春节前及时领到全部被拖欠的工资，并适当给予诉方减免诉讼费。

2005年，全市两级法院继续完善巡回审判工作机制，采取电话立案、口头立案或为残疾人上门立案等措施，便民立案服务83次，对557件经济困难的案件当事人，缓、减、免交诉讼费和执行费用143万元，执结拖欠工程款及农民工工资案件52件、标的额542万元。

第四节　案件执行

1993年，全区各级法院重视加强各类案件执行，采取平时与突击、分散与集中、说服教育与强制执行相结合等措施，促进执行工作的实施。对拒不履行生效法律裁判的当事人，采用拘留、查封、冻结、划拨财物等措施强制执行。5月、11月，地区中级人民法院组织两次执行大会战，执结大批案件。地区中级人民法院执行庭在执行宁德地区经济协作公司申请执行福鼎无线电厂代理进口合同货款纠纷案时，采取以资偿债、转换体制、集资促企、以租补偿等方式执结的同时，帮助被执行企业一次性安置流散在外的44名职工。地区中级人民法院在地区环保局设立驻局执行室，福鼎、福安县（市）法院在卫生局、环保局和水土保持办设立执行室。全区法院全年受理执行案件1421件，执结1389件。1994年，全区法院采取分散与集中、自觉履行和强制措施、派员执行和委托外地法院协助执行相结合等多种方式，加强执行工作。9月，地区中级人民法院会同公路稽征处，在福安召开全区法院公路稽征执行座谈会。全区法院审结执行案件2121件。1995年，全区各级法院多次执结技术监督部门非诉行政执行案。全区全年共受理执行案件2276件、执结2221件。1996年，全区各级法院执行《福建省法院执行工作人员形象标准》《福建省法院执行案件大要案报告制度》《全省法院委托执行及上级监督执行制度》等，严格依法办事、促使大多数被执行人自觉履行义务。1997年，根据最高人民法院《关于集中清理跨省、自治区、直辖市委托执行工作方案的通知》，各级法院开展集中清理委托执行案件，同时撤销派驻单位执行室。地区中院制定《关于集中清理市中级人民法院1996年前外省外地区申请执行及委托执行积案的实施方案》，抽调20名干警进行执行会战。至年底，共执结25件案件、标的额1545万元。是年，全区各级法院受理执行案件1.16万件、执结9735件，标的4.36亿元。1998年，根据最高人民法院《关于人民法院执行工作若干问题的规定（试行）》和省高院召开的全省法院执行工作会议精神，开展集中清理执行积案行动。地区中级人民法院执行庭强制执行涉诉15年的寿宁县一起房屋产权纠纷案。8月，全区法院开展执行工作“百日会战”，执结一批老大难案件。其中，对有财产而拒不履行的当事人采用查封、扣押、拘留等强制措施予以执行；对判决后不履行拆除违章建筑决定的，采取果断措施强制拆除。1999年，执行中共中央《关于转发〈最高人民法院党组关于解决人民法院“执行难”问题的报告〉的通知》和省、地政法委电视电话会议精神，全区开展“执行年”活动。地区法院先后下发《被执行人财产申报制度》《执行案件公告督促制度》《对拒不执行或妨碍执行生效法律文件行为的举报制度》等文件。寿宁县法院在12天内执结16个案件，屏南县法院在一周内执结疑难案件14件，福安市在全省率先成立执行局。6—9月，全区法院开展“百日执行大会战”，采取“兑现会”“教育会”等形式敦促执行。地区中级人民法院与福安、古田、宁德等县（市）法院当场兑现执行款700余万元。地区中级人民法院执行庭先后召开9场协调会，较好地执结福州市中级人民法院委托执行的航天工业部福州经理部与宁德地区协作公司及第三方福州市无线电厂购销合同纠纷案，被告方偿还54万元债务。是年，全区各级法院全年受理执行案件5915件，执结5215件，执行标的额3.57亿元。

2000年，根据最高人民法院《关于认真搞好集中清理未结金融执行案件行动的通知》和省高院“泉州会议”精神，全区法院系统开展为期一个月的“专项执行会战月”活动，把金融部门案件（包括基金会案件）、国有企业申请人案件及疑难、督办案件作为专项执行的重点。是年，全市两级法院共执行各类案件6607件，标的4.29亿元。2001年，市中级人民法院制发《宁德市中级人民法院关于实施执行权分权运行监督机制的改革方案》，率先实行执行裁判权与执行实施权分离改革。实行债权凭证、执行申请备案、执行案件流程管理、执行款项分配公示、举报有奖等多项制度。市中级人民法院首次公示中国工商银行宁德市支行等5位债权人申请执行宁德地区经济发展公司借款合同纠纷案，依法拍卖被执行单位坐落东湖路1号的房地产，并在《闽东日报》公示拍卖价款及分配方案。蕉城区法院经济庭首次委托宁德市公证处送达有关原告宁德市建筑工程公司、宁德市房地产开发总公司分别起诉被告宁德地区经济发展公司两起要求返还工程款纠纷案的民事诉状副本等诉讼文书，为解决诉讼文书送达难进行有益探索。全市各级法院执结各类执行案件7414件，执行标的额3.05亿元。2002年，全市各级法院根据最高人民法院关于清理积案的通知，继续强化各项执行工作。对有履行能力而拒不履行生效裁判确定义务的当事人，采取查封、扣押、划拨、拍卖甚至司法拘留等强制措施，对一些影响大、难执行的案件采取提级执行措施。市中级人民法院得知中国银行古田支行与被执行人福建天禄食品有限公司及1名个人借款合同纠纷案执行过程中遇到阻力，便决定提级执行、拍卖被执行人在福州的一处房产，为申请人追回11万元的欠款。是年，全市法院执结各类案件5187件、标的额2.59亿元，其中提级执行36件。市法院的执行工作在全省执行工作评比中获得第一名。2003年，市中级人民法院在全省率先推出县（市）法院执行案件由市中级人民法院统一调配新举措。全市两级法院共执结各类案件5739件，执行标的额2.90亿元，其中市中级人民法院提级执行疑难案件92件。2004年，全市法院继续进行执行方式方法改革，把执行标的兑现率作为考核执行工作的一项重要指标，督促执行人员最大限度地维护申请人的合法权益。全市法院执结各类执行案件3673件，标的额1.80亿元。

2005年，根据最高人民法院《关于集中清理拖欠工程款和农民工工资案件的紧急通知》和《最高人民法院关于人民法院民事执行中查封、扣押、冻结财产的规定》，对查封、扣押、冻结被执行人的动产、不动产及其他财产时，均先进行裁定，并把裁定书送达被执行人和申请执行人。全市法院集中力量开展清理拖欠工程款和农民工工资案，确保执行款物在春节前发放到申请人手中。3月15日，市中级人民法院在周宁县召开全市法院执行工作会议。4月，市中级人民法院配合最高法院在福鼎召开全国法院执行工作信息管理系统研讨会，探讨建立法院执行工作与工商、出入境、车辆管理及银行等部门的联动机制。9—12月，全市法院开展为期3个月的集中清理执行积案活动，重点清理2004年12月31日前未执结的案件。全市两级法院全年执结各类案件2936件、执行款物标的额2.12亿元，执行标的到位率达66.82%，比全省法院平均水平高出4.8个百分点。同时，在执行中继续进行调解工作。通过协调，有456件得到和解、801件的当事人自动履行偿付义务，占执结案件的42.81%。

1993—2005年宁德市（地区）初审刑事案件受理审结情况统计表

表32-2

年份	受理数		审结数	
	件	人	件	人
1993	716	1247	693	1206
1994	767	1296	745	1262
1995	881	1417	854	1374
1996	1706	2856	1618	2711
1997	1042	1480	999	1418
1998	1224	1731	1170	1648
1999	1603	2286	1521	2163
2000	1500	2209	1452	2123
2001	1627	2429	1572	2333
2002	1803	2630	1746	2514
2003	1605	2309	1578	2268
2004	1611	2214	1582	2170
2005	1696	2343	1646	2260
总计	17781	26447	17176	25450

第六章 机构与队伍

第一节 机 构

1993年，宁德地区中级人民法院内设刑事审判第一庭、刑事审判第二庭、民事审判庭、经济审判庭、行政审判庭、林业审判庭、告诉申诉审判庭、执行庭、政治处、纪检组、监察室、办公室、研究室、法医技术室等14个庭、室及全国法院干部业余法律大学福建分校宁德分部。1995年2月，根据省高级人民法院通知，地区中级人民法院成立赔偿委员会。1997年1月，地区中级人民法院成立立案庭，负责经济、民事案件立案。同年7月，地委批准地区中级人民法院机构改革方案，内设机构保持不变。

2000年11月，宁德撤地建市，地区中级人民法院更名为宁德市中级人民法院。2001年12月，市中级人民法院在全省率先成立执行局。2002年，执行最高人民法院《关于各高、中级人民法院赔偿委员会及其办公室机构设置的通知》，重新设立赔偿委员会与赔偿委员会办公室（挂靠行政审判庭）。2003年2月，根据市委办公室《宁德市中级人民法院职能配置、内设机构和人员编制规定》，撤销告诉申诉庭和经济审判庭，增设民事审判第二庭、民事审判第三庭、立案庭、审判监督庭。全区设9县（市、区）人民法院及派出的人民法庭42个。机构延至2005年不变。

第二节 队 伍

1993年，宁德地区中级人民法院核定编制103名，全区9县（市）有法院工作人员516名。全系统工作人员中有本科毕业生52人、专科毕业生267人、中专毕业生100人。有在职法律专业本科自学生73名。1994年，按照中央政法委六次会议和全国法院政治工作会议以及省委政法委书记办公会议精神，全区各级法院把抓好队伍建设工作摆上重要议程。努力提高全体队伍的政治素质和业务素质。在表彰一批好人好事和先进集体、先进个人的同时，查处违法违纪干警7人。1995年，全区各级法院深学习贯彻《中华人民共和国法官法》和省政法委对政法干部有关规定，开展了解放思想、加强队伍建设的大讨论。有17名干警和5个集体荣立三等功，2个法院被评为省级和地级文明单位。1996年，全区各级法院开展“敬业爱岗为民树形象”“敬业爱岗创三好”和省高院“抓素质、树形象”活动，进一步加强队伍政治和业务建设。有53个院、办、庭获得先进集体称号，162名干警获得“好法官”“先进工作者”和“办案能手”等荣誉称号，3名干警荣获二等功、16名干警荣立三等功。1997年，全区各级法院突出抓机关作风整顿、反腐倡廉以及学习漳州“110”创建文明窗口三项工作。加大“从严治院”力度，落实各项规章制度，突出干部“五严”（严教育、严要求、严监督、严制约、严查处）教育，主动接受上级法院、地方人大和社会各界的监督，查处干警违法违纪案件6起11人。1998年，全区两级法院根据中央、省、地政法委和上级法院的部署，围绕反对司法腐败、加强队伍建设、全力维护司法公正，深入开展集中整顿教育工作。1999年，地区中院根据地委部署，在领导班子成员和全体副处级审判员中开展“三讲”教育活动。共召开10场征求群众意见座谈会、发放317份征求意见和民主评议表。并本着能改即改、立说立行原则，进行机关和个人工作作风整顿。先后制定了加强机关人员值班考勤、规范信访接待、改善办事环境等9项措施。各级法院还采取院长与分管副院长、分管副院长与庭（办、室）领导分别签订抓队伍建设的“一岗双责”，落实“一级抓一级、一级对一级负责”的制度。福鼎市法院推行干警目标管理量化考核标准制度、宁德市法院率先在全区法院中对部分中层领导岗位实行竞争上岗、周宁县法院实行中层干部引咎辞职制度。当年，全系统首次评定二级高级法官1人、四级高级法官35人，一级法官79人、二级法官106人，三级、四级、五级法官290人。有1个法院、2个法庭、3名法官被省高院评为“人民满意的好法院、好法庭、好法官”。福鼎市法院耿鼎生获省“五一劳动奖章”，地区中级人民法院李建峰被评为“福建省首届优秀青年卫士”。全系统4人荣立二等功、11人荣立三等功。2000年，全区（县、市）两级法院开展以“强化基础建设、落实基本工作制度、苦练基本功，建立一个班子、带出一支好队伍、完善一套好制度、建立一个好的保障机制、塑造一个好形象”为主要内容的“抓三基、创五好”活动。市中院深入开展“三讲教育回头看”活动，进一步加强领导班子和领导干部自身建设。当年，两级法院共培训干警215人，占全部干警人数的30%。立案处理违法违纪干警13起13人，其中党内严重警告1人、行政警告6人、行政记过3人、移交司法机关处理3人。

2001年，全市各级法院开展“法官素质年”活动，围绕提高法官的政治、业务和道德素养，制订多项活动内容，并成立领导小组加强组织实施。以学习贯彻最高院颁布的《法官职业道德基本准则》为重点，以加强和改进审判作风为抓手，推动活动的扎实、有效开展。广大干警还通过参加各种形式专业学习和培训，提高业务素质。至年底，全系统具有审判职称的525名干警中，本科学历达98人、硕士研究生3人、在读研究生5人；宁德中院67名审判人员中，有研究生学历的3人、在读研究生2人、本科生43人，占审判人员总数的71.6%。2002年，全市法院系统开展“集中教育整顿”“法官培训年”“转变作风年”“法官职业道德专题教育”等活动，以加强队伍建设。市中院抽调25名业务骨干作为教员，采取巡回到各县（市、区）法院授课的形式，对全市法院干警开展1个月的审判业务培训。2003年，全市两级法院根据最高院提出的要求，开始法官队伍职业化建设。对70多名40岁以上、55岁以下符合学历要求的审判人员进行集中专业培训，其中安排40多名到上一级法院跟班培训。同时，主动向当地党委、人大及政协汇报、通报工作和队伍建设情况，接受监督和批评。聘请市、县（市、区）两级人大代表、政协委员担任法院廉政工作监督员，邀请他们旁听庭审等。2004年，市中院采取领导挂点督导办法，加大对县（市、区）法院领导班子协管力度，并从上诉、抗诉率，申诉、上访率，改判、发回率，案件未结率、审限内结案率，调解、撤诉率，执法率、执行标的到位率，人均结案率和已结案件归档率等“十率”，对每位干警的工作逐月进行评估、考核。还将近年来干警违法违纪案件编印成册发给每位干警以作警示教材，与市司法局联合组织全市法官和律师共同签署《关于恪守职业准则维护司法公正的宣言》，向社会郑重承诺奉行宪法和法律至上的法治原则和职业道德准则。当年，对群众反映并经查证属实的9名违纪干警分别给予党政纪处分，对3名涉嫌犯罪的及时移送司法机关处理。其中，对周宁县法院办理该县公安局原副局长强奸、妨碍作证一案重罪轻判的直接责任人、刑事审判庭原庭长以徇私枉法罪判处有期徒刑2年。2005年，全市法院以开展保持共产党员先进性教育活动为契机，进一步细化和落实队伍建设责任制，并继续强化监督意识。市中院党组成员分别到各县（市、区）召开座谈会，征求人大代表、政协委员的意见和建议，并对提出的建议、批评和意见逐条分析研究，以党组的名义发给各县（市、区）法院及中院各有关庭（室），同时书面反馈给市人大常委会和市政协。当年，全系统有83个集体、245名个人受到县以上表彰，同时实现干警违法违纪案件零发生。至年底，市中院有干警136人，其中本科以上学历干警98人，占全体干警的72.06%；有三高等级法官1人、四高等级法官16人，一级法官25人、二级法官19人、三级法官28人、四级法官3人。法官中本科以上学历81人，占全体92名法官的88.04%，达到并超过省高院提出的法官学历要求。全市法院系统有干警739人，其中三高等级法官3人、四高等级法官56人，一级法官126人、二级法官177人、三级法官15人、四级法官15人、五级法官5人。

2005年宁德市法院系统干警人数情况统计表

表32-3 单位：人

法院	实有人数情况	学历				法官等级						
		研究生	本科	大专	中专及以下	三高	四高	一级	二级	三级	四级	五级
宁德中院	136	3	95	21	17	1	16	25	19	28	3	0
蕉城法院	80	0	62	6	12	1	3	14	26	8	2	1
古田法院	75	0	47	24	4	0	0	14	14	14	4	1
屏南法院	46	1	19	20	6	0	1	13	11	9	0	0
周宁法院	47	0	33	9	5	0	3	11	8	1	1	0
寿宁法院	55	0	30	23	2	0	2	11	15	3	1	0
福安法院	86	0	61	10	15	1	13	9	29	5	0	1
柘荣法院	46	0	28	15	3	0	3	8	10	0	0	0
福鼎法院	88	1	33	23	31	0	3	10	18	18	2	0
霞浦法院	80	0	44	18	18	0	12	11	27	4	2	2
合计	739	5	452	169	113	3	56	126	177	15	15	5

第三十三编　司法行政

1993年，根据国家统一部署，全区（市）司法行政部门继续实施"二五"普法。1996—2005年，连续实施2个五年普法宣传教育活动，运用各种宣传形式，向全区公民宣传社会主义法律、普及法律常识，全市公民的法律意识和观念普遍增强。同时从改革律师制度，推行合伙制律师事务所。不断加强法律服务行业体制改革，逐步形成以律师、公证、基层法律服务、"12348"法律服务、法律援助机构为主体的全社会法律服务体系。全区（市）还不断加强各级人民调解组织建设、刑释解教人员安置帮教工作，维护社会稳定。至2005年年底，全市有20家律师事务所，10家公证处，法律援助机构覆盖所有乡镇，全部乡镇（街道）、村居（社区）建立人民调解委员会。

第一章　法制宣传

第一节　普法宣传

一、"二五"普法

1993年是全国"二五"（1991—1995年）普法宣传教育期间，根据省委政法委、省委宣传部、省司法厅的有关通知精神，全区先后开展《中华人民共和国档案法》《中华人民共和国教师法》《福建省老年人保护条例》等法律法规的普及宣传。组织地、县（市）司法局局长、普法办主任等参加省法制宣传办公室举办国务院颁发的《全民所有制工业企业转换经营机制条例》培训班学习。地区司法局与二轻局联合举办《中华人民共和国企业法》《中华人民共和国工会法》《中华人民共和国经济合同法》和《全民所有制工业企业转换经营机制条例》培训班。同时继续在全区推进农村普法教育，推广"民主管理、依法治村"活动。当年，全区评出30个宁德地区"学法用法治安模范村"。

1994年2月，地区普法领导小组召开全区"二五"普法经验交流会。3月，在全区开展《中华人民共和国消费者权益保护法》知识竞赛。5月，组织地、县（市）司法局局长、宣传科长和宣传骨干参加省司法厅举办的全省有关经济法培训班学习。随后，地、县（市）司法局也相继举办有关经济法律法规培训班，重点宣传学习市场经济主体行为规范、市场运行规则、市场经济宏观调控等方面的法律法规。地直机关组织近5000名干部参加社会治安综合治理知识考试；并由福安市司法局组队参加省社会治安综合治理委员会、省法制宣传领导小组主办的"福建省社会治安综合治理知识竞赛"并获第一名。同时，全区配合农村社会治安整治，组织开展农村普法大宣传，印发《百案谈法》等普法材料4万多册。全区农村法律法规宣传普及面达80%以上。

1995年2月，地区首次举办地委、纪委、人大常委会、行署、政协机关领导干部普法学习会。接着，各县（市）也以县委中心组为依托，举办领导干部法制学习班。3月，全区组织开展《福建省社会治安综合治理条例》宣传月活动。6月，地区成立"二五"普法检查验收组，抽调地直有关部门人员组成4个检查验收小组，对9个县（市）和部分地直单位进行为期半个月的检查验收。当年，全区9县（市）"二五"普法宣传学习全部通过省里组织的检查验收。

二、“三五”普法

1996年年初，宁德地区成立“三五”普法领导小组，各县（市）也相继成立普法领导小组及办事机构，并制订“三五”普法规划。8月，地委召开全区普法工作会议。是年，全区印发普法宣传材料1.3万份，出动宣传车450辆次，召开群众学习宣传大会342场次，受教育53.8万人次。1997年，地区司法局与霞浦、周宁县司法局以“庆1997 迎回归”活动为契机，印发《香港特别行政区基本法》8000多册。宁德市司法行政部门组织业余法制文艺宣传队到乡镇开展巡回宣传演出。

1998年，全区先后召开6次专题会议，研究部署普法工作。地区普法办印发《“三法一例”百题问答》1万多册，组织全区3万多名党政干部参加“三法一例”（《中华人民共和国行政诉讼法》《中华人民共和国国家赔偿法》《中华人民共和国行政处罚法》和《行政复议条例》）考试。各级普法部门利用会议、广播电视、专栏、影展等形式及举办培训班、知识竞赛等方式加大普法宣传教育工作。1999年，全区普法部门针对青少年特点，组织编写中学生法律读本，定期或不定期到中小学开展普法宣传教育。特别是开展“以案释法”宣传活动，取得较好效果。当年，还在农村开展《中华人民共和国村民委员会组织法》宣传学习。

2000年9月，地区普法领导小组在9县（市）及地直机关单位开展为期1个月的普法检查，年底全市圆满完成“三五”普法检查验收工作。

三、“四五”普法

2001年8月，根据宁德市人大常委会《关于进一步深入开展法制宣传教育的决议》，全市开始“四五”普法学习，突出在领导干部、青少年和农村开展普法宣传教育，并结合“12·4”全国法制宣传日开展形式多样的宣传。福鼎市司法局董晋义、周宁县司法局郑步福获“2001年全国法制宣传教育先进个人”称号。2002年6月，宁德市委召开全市电视电话会议，确定在19个乡（镇）、39个村（居），启动“进百乡（镇）、入千村（居）、到万户”普法宣传学习试点活动。编发《基层平安建设和“百千万”基层普法依法治理活动》宣传手册，并在每10户居民中确定1名普法义务宣传员，全市组建1.5万名农村法制宣传教育队伍。11月，市委、市政府还召开了“百千万”农村普法活动试点经验交流会。

2003年，全市举行社区青少年法制宣传启动仪式、举办多场青少年法律知识竞赛、学生普法夏令营及法制教育宣传影片《为了明天》的首映仪式，加强青少年法制教育工作。同时，做好防控“非典”期间法制宣传工作，发放预防“非典”宣传单（册）6.2万份，出动宣传车120辆次，召开普法宣传110场次。全市发放打击“六合彩”、法轮功等宣传材料1.5万份。2004年，开展《中华人民共和国宪法》《中华人民共和国行政许可法》的普法宣传和“平安宁德”建设宣传活动。全市确定41个乡（镇）作为试点，再开展为期半年的“百千万”活动。市综治办与司法局联合组成工作督导组到41个乡镇（街道）、32个村（居）、5个社区、5个点对“百千万”活动开展情况进行实地调查。根据调查统计，41个乡（镇）的村（居、社区），基本都做到村务公开、民主决策。10月，省依法治省办公室、省司法厅和民政厅在宁德召开宁德“百千万”普法依法治理活动现场会暨全省首批“民主法治示范村”命名表彰会，总结推广宁德市“百千万”活动经验。古田县司法局被授予“1998—2003年依法治省工作先进单位”称号，蕉城区霍童镇霍童村被民政部、司法部授予第一批“全国民主法治示范村”称号。

2005年，全市以《中华人民共和国公务员法》颁布为契机，组织机关、事业单位开展该法的学习培训，并组织2次大规模的考试。开展打击“六合彩”专项活动、“平安宁德”建设活动及结合各纪念日开展的普法学习宣传。全市又确定28个乡镇开展为期半年的“百千万”普法宣传试点单位。10月，宁德市“四五”普法通过省验收考核。古田县司法局肖祖斌被中宣部、司法部授予“2001—2005年全国法制宣传教育先进工作者”称号，寿宁县司法局被省司法厅授予“全省法制宣传教育先进集体”称号。

第二节 依法行政宣传

1993年，全区各级司法行政部门重视在机关单位中开展与业务有关的行政法规法律的宣传学习，农村则宣传推行“民主管理、依法治村”。1994年，福鼎县委、县政府召开依法治县万人动员大会，县6套班子领导出席，会后举行万人游行和踩街宣传活动。1996年7月，宁德地委、行署、地区人大工委联合印发《宁德地区依法治区五年规划》，成立地区依法治区领导小组，领导小组办公室设在行署办公室。随后，全区各县（市）也相继成立相应机构，在全区各县（市）开展依法行政治理工作。1997年，区内确定4个县（市）为依法治县试点县（市），4个街道为依法治理试点街道，21个乡（镇）为依法治理试点乡（镇），57个村（居）为依法治理试点村（居），50个单位为依法行政试点单位。1998年8月，调整地区依法治区领导小组，领导小组办公室由行署办移设到地区司法局，与普法办合署办公。1999年8月，地区依法治区办召开全区依法治县（市）办负责人会议，在全区开展以村民自治为主的依法治村工作。至年底，全区有1041个村（居）制定《村民自治章程》，有986个村（居）设立村务公开栏。

2000年，根据国务院《关于全面推进依法行政的决定》，地区依法治区办制发《关于深入开展依法行政工作的方案》《关于开展依法治县活动的意见》，在全区启动依法治县和依法行政工作。全区9个县（市）相继开展依法治县（市）工作，有121个乡（镇）开展基层依法治理工作。当年，在全省街道依法治理试点工作现场会上，福安市城东街道办事处、福鼎市桐山街道办事处的工作经验在会上交流。古田县委县政府、霞浦县松城工商分局、福鼎市沙埕镇南镇村在全省依法治县（市）经验交流会上分别作典型经验介绍。

2001年7月，宁德市委一届三次全委会作出《关于依法治市的决定》。之后，市人大常委会作出《关于依法治市的决议》。同年12月27日，市人大常委会一届九次会议批准市政府《关于依法行政的实施规划》和《关于实施依法治市决议的方案》。2002年，全市加快依法行政和司法行政改革力度，取消两项行政审批事项、下放一项；司法部门受理申请撤销公证案件2件、撤销1件、自纠撤销2件。改革过去行政审查方式，在福安、蕉城、福鼎成立以会计鉴定为业务的独立司法鉴定所3个。2003年，市、县两级司法部门投入大量人力、物力、财力配合政府开展预防“非典”法制宣传。在“12·4”全国法制宣传日，广泛开展以“依法治国、执政为民”为主题的系列宣传活动。2005年5月，召开全市依法治市工作电视电话会议。6月，市依法治市领导小组在古田召开依法治市工作现场会，对依法治市工作进行部署。“12·4”全国法制宣传日，市依法治市领导小组下发《关于开展2005年“12·4”法制宣传日活动的通知》，对全市的法制宣传活动作全面部署。各县（市、区）都在城乡主要街道开展大型法制宣传、咨询活动。机关事业单位以《中华人民共和国公务员法》为主要普法学习内容，为即将实施的公务员制度做准备。

第二章　律师　公证

第一节　律　师

一、律师管理

1993年，全区有公办律师事务所17个，专职律师52人，兼职律师18人。1994年4月，根据司法部《关于深化律师改革的方案》，全区律师事务所试行自愿组合、自收自支、自我发展、自我约束的新律师体制，成立宁德众信、福安正联、福鼎竞业3个合伙制律师事务所。同时，在公办律师事务所推行浮动工资制、一所两制等举措。1995年，在公办律师事务所建立所务委员会领导下的主任负责制。1996年，地区司法局组织全区律师学习新颁布的《中华人民共和国律师法》，加强律师职业道德和执业纪律建设，建立完善自律性制度。对不符合设立条件和程序的律师事务所（办）进行整顿，清退行政兼职人员。1997年，成立地区律师协会，加强律师行业管理，有团体会员20个、个人会员127人。同时恢复地区福宁律师事务所。地、县司法局还选派4名优秀律师到北京培训深造，组织全区律师分期开展业务培训。2000年8月，根据司法部《律师事务所、社会法律咨询服务机构脱钩改制实施方案》，全区所有公办律师事务所开始改制，逐步向不占国家编制、经费，自负盈亏、自我管理、自我约束、自我发展的合伙制律师所过渡。当年，全区有20家律师事务所，其中公办律师事务所14家，注册律师137名，合伙制律师事务所6家。

2001年，根据省司法厅《关于全省律师事务所及社会法律咨询服务机构脱钩改制工作意见》，全市公办律师事务所开始改制，其中福建人文律师所、福建立胜律师所完成改制为合伙律师事务所。2002年，全市有19家合伙律师事务所，律师121人，其中专职律师94人、兼职27人。2003年2月，市律师协会召开第二次代表大会进行换届。新一届律师协会有团体会员21人，个人会员136名。2004年年初，根据司法部和省司法厅部署，市司法局组织全市律师开展为期半年的教育整顿工作。4月，市委召开常委会，专题研究宁德市律师队伍建设工作。5月，成立市律师监督和惩戒工作领导小组。7月，成立市律师纪律委员会，在全市律师事务所开展教育整顿。当年，禧龙律师事务所、和同律师事务所完成脱钩改制，成为合伙律师事务所。新成立福建晨信律师事务所。2005年，宁德新成立福建鹏远和惠尔律师事务所，全市有律师事务所20所，律师121，其中一级律师1人、二级律师1人、三级律师18人、四级律师13人。

二、法律业务

1993年，宁德地、县（市）律师事务所在原有的刑事案件代理基础上，拓展经济民事案件代理业务。当年共代理刑事案件510件、民事案件991件、经济案件352件，业务收入150万元、避免和挽回经济损失957万元。1994年，全区律师业务涉及经济标的8624万元，避免和挽回经济损失2124万元。1995年，全区律师事务克服“重经轻刑”倾向，加强法律顾问工作和刑事辩护业务，积极开展代理、代办、非诉讼调解等新型法律事务。1996年，开始执行国家法律援助制度，各县（市）开通“96148”法律服务电话专线。1997年，全区律师事务所办理援助案件78件。1998年，区内律师共担任966个单位的法律顾问，代理诉讼450件、代理非诉讼484件。1999年，全区22个律师事务所办理法律援助案件305件、接受法律咨询500多人次，其中半数以上为无偿援助案件。2000年，全区律师事务所在注重刑事辩护工作的同时，积极代理、代办非诉讼法律事务，承办各类案件3639件。其中刑事辩护及代理867件、民事案件代理1788件、经济案件代理470件、行政案件代理302件，非诉讼法律事务212件。地区司法局也开通“96148”专线。

2001年，全市律师事务所在推进体制改革的同时，仍然通过健全各项制度推进律师业务工作。市内律师共担任326家单位法律顾问、承办各类案件3479件，其中刑事辩护及代理826件、民事代理1938件、经济代理344件、行政诉讼代理156件、非诉讼事务171件，案件承办、收费收入等各项业务均比上年提高。2002年，全市律师共承办各类案件3635件，接受法律咨询有大幅提升、达5.62万件，为历年最高。2004年，全市律师共担任258家单位的法律顾问，办理各类案件2855件，比上年的3891件有较大幅度下降。2005年，全市律师事务所开展“规范建设年”活动，律师参与法律服务进社区、进校园、进乡村的“三进”活动，宣传法律知识、接受群众咨询。全年共承办各类案件辩护和代理3391件、业务收入471万元，创历史新高。

1993—2005年宁德市（地区）律师法律事务情况统计表

表33-1　　单位：家、件、万元

年份	担任法律顾问	刑事辩护	民事辩护	经济代理	行政诉讼代理	非诉代理	代书	咨询	避免损失	业务收入
1993	107	510	991	352	97	110	1995	4010	957	150
1994	186	656	1091	378	112	186	2011	4522	2124	171
1995	217	714	1156	411	163	205	2313	4327	2755	192
1996	351	775	1124	327	154	191	2717	5679	3664	217
1997	377	801	1498	495	197	154	2005	6772	3959	295
1998	411	844	1442	566	210	167	2112	7091	5020	311
1999	420	862	1796	683	277	182	2348	6938	6350	372
2000	470	867	1788	470	302	212	2517	8765	5500	391
2001	326	826	1938	344	156	171	2127	50211	4500	397
2002	226	926	1908	374	206	221	2727	56211	1347	411
2003	258	987	1965	435	243	261	3572	8503	2556	455

续表 33-1

年份	担任法律顾问	刑事辩护	民事辩护	经济代理	行政诉讼代理	非诉代理	代书	咨询	避免损失	业务收入
2004	258	695	1611	183	154	214	1585	5619	3754	467
2005	420	732	1650	203	167	219	1612	5678	2589	471

第二节 公 证

一、公证管理

1993 年，宁德地区司法局制订全区实施公证工作改革及发展规划。全区有 10 个公证处、34 名公证员。1994 年，根据省司法厅完善公证质量检查制度要求，各公证处加强公证员办证质量检查，并把办证质量作为公证员评定职称和奖励的依据。同时，在全区公证机构推行主任负责制和岗位目标责任制，改善公证处管理和内部运行机制。1995 年，全区贯彻《福建省公证工作若干规定》，开展公证执法大检查，并组织全区公证处、公证员参加全省年检注册。1997 年，根据司法部推进公证体制改革精神和省司法厅《公证处主任负责制试行办法》，全区各公证处规范运作，把办证数、办证质量与办证效益挂钩，实行目标管理，并开展争创“文明公证处”活动。1998 年，全区开展公证“文明窗口”建设活动和“争先创优”活动。1999 年，地区司法局举办《中华人民共和国合同法》培训班，对全市 30 名执业公证员进行系统培训，并组织宁德、福安两市公证员参加省司法厅组织的“公证杯”法律知识竞赛，获得第三名。2000 年，宁德地区公证处作为省公证体制改革和公证书格式改革工作试点单位，在全区推广试行三类要素式公证书格式。

2001 年，全市在提高公证队伍整体素质的基础上，狠抓质量管理，开拓工程招投标、房地产抵押贷款、个人住房消费贷款的公证业务。2002 年，市、县（市、区）两级公证处抓规范化建设，以开展公证员职业道德教育和提高公证质量检查为重点，促进队伍建设和业务管理。2003 年 6 月，根据司法部《关于深化公证工作改革的方案》，宁德市司法局安排市公证处与古田县公证处率先进行内部改革，由行政体制转为自收自支事业体制。12 月，成立宁德市公证员协会，选举产生第一届理事会，有团体会员 16 个、个人会员 46 名。当年，各地公证处还与公安“110”联网，加强公证专用水印纸管理使用。2005 年，全市开展公证队伍“规范化、树形象”教育活动，进一步

1999 年，地区司法局召开纪念福建省公证工作若干规定颁布实施五周年座谈会

规范公证服务与内部管理。11月，市公证处与各县（市、区）公证处签订《反不正当竞争自律公约》，互通办证信息，共同遵守收费标准。至年底，全市有10家公证处，有30名注册公证员和16名公证辅助人员，其中涉外公证员16名，高级公证员1名、中级公证员7名、初级公证员14名。是年，霞浦县公证处被司法部授予"公证队伍教育规范树形象活动先进集体"称号。

二、公证业务

1993年，根据省司法厅《关于做好农村经济公证工作的意见》，全区两级公证处开展并做好与农业有关的借款合同，与家庭联产、适度规模经营有关的承包，与荒山、荒地、荒滩、闲散弃地承包、联营、有偿有期使用，集体所有的林木（果树）和宜林地承包经营等，养殖业承包经营以及乡镇集体企业承包经营等合同签订公证。同年10月，开始办理国有土地使用权出让和转让合同公证。1995年，在全区试行为企业经营机制转换和抵押贷款签订合同提供公证。1996年，在开展的"法律服务工作年"活动中，推行抵押贷款合同公证、土地交易合同公证等新业务。柘荣、福鼎等县公证处与有关部门联合下文，明确规定抵押贷款、土地交易等法律行为必须进行公证。1998年，根据省司法厅《关于办理借款合同等债权文书的通知》，在全区推行借款合同等债权文书。同时，地区司法局制发实施《关于加强涉台婚姻公证质量管理的若干意见》《关于做好农村经济公证工作意见的通知》。同年8月，地区司法局与地区外经贸委共同制发《关于加强我区涉外经济活动中的法律服务工作的通知》，对所有涉国外，涉台、港、澳的法律行为和法律事实的合同、协议（包括涉外，涉台、港、澳土地使用权转让，房屋买卖、抵押、贷款，招投标等经济活动的合同、协议等）实行公证。同时，把重点建设项目、金融、建筑、房地产等生产要素市场及经济体制改革、农村、农业工作等领域列为公证服务重点。

2001年，全市两级公证处开展工程招投标、房地产抵押贷款、个人住房消费贷款等经济类公证业务。2002年，根据司法部"改革、发展、管理、建设"并重的公证工作改革原则，全市进一步拓展公证服务领域。2004年，宁德市公证处在市政府公众信息网宣传公证知识，蕉城区公证处印发公证《办证须知》，向群众作广泛宣传。市公证处办理土地管理部门、技监部门出具的处罚决定书保全公证及宁德市污水处理厂日处理2万吨规模的130T项目特许合同公证等。2005年，宁德市、县（市、区）两级公证部门开展公证进社区、进校园、进乡村的"三进"服务活动，与部分社区（村、居）签订公证服务协议。8月，《中华人民共和国公证法》颁布后，各公证处广泛开展学习、宣传和贯彻活动。全市选派10人参加全国学习培训。当年，全市共办理各类公证1.88万件，其中国内经济公证5723件、国内民事公证4219件，涉国外公证4935件、涉港澳台公证3921件，公证费收入258.6万元，均为历年最高。

1993—2005年宁德市（地区）公证办理情况统计表

表33-2　　单位：件、万元

年份	经济公证	民事公证	涉国外公证	涉港澳台公证	办证总数	公证费收入
1993	4327	3445	1875	—	11647	36.1
1994	4616	2638	2908	—	10180	42.6
1995	3932	1896	4763	—	10591	68.01
1996	6346	1443	4980	—	12769	94.6

续表33-2

年份	经济公证	民事公证	涉国外公证	涉港澳台公证	办证总数	公证费收入
1997	7315	2044	2633	1049	13041	116.7
1998	5985	2226	268	820	11453	116.07
1999	9301	2237	2249	1141	14928	179.8
2000	7417	3037	2642	2614	15710	193.08
2001	6132	2612	3130	3226	16520	184.9
2002	7620	3087	3502	2723	16941	194.3
2003	7867	3809	3463	2701	17842	225.3
2004	6577	3474	3554	4693	18295	244.7
2005	5732	4219	4935	3921	18798	258.6

第三章　调　解

第一节　调解组织

1993 年，根据省司法厅部署，全区推广闽侯县司法局关于建立“十户一调解员”的工作经验，开始建立乡镇司法办、村调委会、十户一调解员的调解组织制度，周宁县在区内率先完成组建工作。1995 年 5 月，地区司法局在全区开展创建规范调委会活动。1996 年，对全区基层调委会设置进行调整，初步形成村（居）调委会、村（居）民调解小组、每 10 ~ 15 户选配一名调解信息员的三级调解网络。至 1998 年年底，全区各级 2234 个调委会中，有 1227 个村居调委会达到规范化标准。1999 年，地区、县（市）、乡镇继续加强调解队伍建设，全区建立 2255 个调委会，其中 1226 个达到一类标准、709 个达到二类标准、320 个达到三类标准。

2000 年，全区各县（市）开始组建司法调解中心。2002 年 11 月，把古田、屏南、福鼎、蕉城 4 个县（市、区）列为人民调解组织规范化建设试点县。是年，福鼎市白琳司法所获得司法部授予“全国人民调解宣传工作先进单位与全国司法行政系统人民调解工作先进单位”称号。2003 年 5 月，市委市政府在古田召开全市新时期规范人民调解委员会工作现场会，市政府将新时期规范化人民调解委员会建设列入 2003 年市委市政府为民办实事项目。是年，全市成立人民调解委员会 2394 个，其中有 1437 个达到一类规范标准。2004 年，市委市政府继续把规范人民调解委员会建设列入 2004 年为民办实事项目，全市建立各级人民调委会 2411 个，其中乡（镇、街道）调委会 125 个（已 100% 成立），村（居）调委会 2284 个。有 117 个乡（镇、街道）调委会达到规范化标准要求，占乡（镇、街道）调委会总数的 92.12%；有 1512 个村（居）调委会达到规范化标准要求，占村（居）调委会总数的 66.20%。建立联防联动调解组 104 个，有 24 个达到规范化标准要求；行业性调委会 3 个，有 2 个达到规范化标准要求。2005 年，全市 2284 个村（居）调委会有 1512 个达到规范化标准要求。

第二节　纠纷调处

1993 年，根据省司法厅部署，全区推广泉州市司法局处理关于新时期邻里纠纷的新举措和工作经验，并开始建立乡镇司法办、村调委会、十户一调解员的调解组织制度。1996 年，初步形成村（居）调委会、村（居）民调解小组、每10～15户选配一名调解信息员的三级调解网络。到1999年，各级调解组织共排查调解民间纠纷48072件，调解成功数45934，成功率95.55%。

2000年，全区各县（市）开展以调处群体性纠纷和重大疑难纠纷为重点的联防联调以及民间纠纷排查调处活动。2001年4月下旬，各地司法部门配合“严打”，组织开展为期3个月的民间纠纷大排查活动。2002年11月，市委市政府召开全市新时期人民调解工作会议。2003年5月，市委市政府在古田召开全市新时期规范人民调解委员会工作现场会，推广古田县规范、公开、公正、细致做好群众调解工作的经验。7月，霞浦县盐田乡党委、政府在处置南塘沃村菜农出售带有农药残留蔬菜致使16名群众中毒事件时，及时组织干部对受害人及其家属进行调查和慰问，稳定情绪，避免发生过激行为，同时敦促涉事菜农依法履行赔偿责任，及时兑现赔偿款，妥善处理事件。

2005年，按照省综治委指导人民调解工作协调领导小组《关于2005年全省矛盾纠纷排查调处工作的意见》，全市各级相继建立健全“预防、排查、调处、预警、督导、联调、应急、处置、挂牌督办”等调解维稳机制，加强矛盾纠纷排查调处组织领导。3月和9月，市综治委两次召开全市专题会议，把矛盾纠纷排查调处工作纳入年度综治领导责任制和“平安县（市、区）”考评验收内容。是年，蕉城、屏南、柘荣、寿宁4县（区）的民间纠纷调解率均达95%以上，实现“四无”（无民间纠纷升为刑事案、无非正常死亡、无群众性械斗、无群众性上访）。全市共排查群众矛盾纠纷5788件，其中调处5268件、占91.02%，调处成功5111件、占调解数的97.02%。

1993—2005年宁德市（地区）人民调解数量统计表

表33-3　　单位：件

年份	排查调解民间纠纷数	调解成功数	防止纠纷引起自杀数	防止民升刑案件数	防止群众性械斗	防止群体性上访
1993	6911	6522	74	142	18	13
1994	6690	6379	56	198	34	18
1995	6021	5754	59	194	38	12
1996	6990	6677	76	199	51	16
1997	6904	6633	102	199	56	17
1998	7621	7280	102	210	95	33
1999	6935	6689	73	209	73	25
2000	6678	6388	62	176	61	34
2001	7401	7112	48	199	53	45
2002	8454	7944	86	231	90	43
2003	9282	8886	100	227	89	66
2004	11154	10595	88	224	174	80
2005	10644	10196	109	243	152	73

第四章 基层法律服务与安置帮教

第一节 基层法律服务

1993 年，宁德地区加强乡镇基层法律服务建设、改革人事和工作制度，扩大服务范围、开展争创达标服务所活动。1994 年 5 月，地区司法局在全区进一步开展基层法律服务机构改革，推行“两不”（不安排国家编制、不安排行政经费）、“四自”（自主经营、自负盈亏、自我约束、自我发展）管理体制的法律服务机构。11 月，根据省司法厅与省高级人民法院《关于基层法律服务所工作人员参加诉讼代理活动有关问题的通知》，在全区推行基层法律工作者参加民事、经济和行政案件诉讼代理活动，并需持法律服务执照、基层法律服务所介绍信及当事人授权委托书的做法。1997 年年底，除宁德、福安、屏南 3 县（市）外，其他各县（市）所有乡镇均设立司法所或法律服务所。1998 年，根据司法部、信息产业部《关于在各地开设法律服务专用电话的通知》与省司法厅部署，地区司法局在全区实施“96148”法律服务专线开通试点方案和工作制度。同时，在全区基层法律服务所开展教育整顿，重点查处私自接受委托、私自收费、违章收费、超标准收费及不依法办案或服务态度不好等问题。区内部分有条件的基层法律服务所开始接受办理法律援助事务。7 月，根据地委编办批复成立地区法律援助中心，地区司法局制发实施《宁德地区法律援助工作试行办法》。1999 年 5 月，霞浦县在全区率先成立第一个县级法律援助中心。2000 年，地、县（市）两级政府将“96148”法律服务专线建设作为年度政府为民办实事项目。6 月，地区司法局“96148”法律服务专线开通并投入运营。全市有 43 个乡镇开通“96148”电话。全市“96148”电话接受咨询 3114 人次，接待来访 1311 人次。

2001 年，根据司法部《关于组织全国基层法律服务工作者进行执业资格考试和考试工作的通知》，宁德市司法局 2 次组织全市基层法律服务人员参加执业资格考试。同时，周宁、福鼎、寿宁、柘荣等县（市）也相继成立县（市）法律援助中心。全市乡镇法律服务所（司法所）业务人员通过岗位练兵提高业务能力，并鼓励、支持他们担任乡镇机关和村（居）委以及企业、事业单位的法律顾问，大力拓展新类型法律事务代理和各类生产要素市场服务领域。全市乡镇法律服务所（司法所）和业务人员共担任单位法律顾问 733 家、代理诉讼 266 件、代理诉讼事务 420 件、代写法律文书 998 件、接受咨询 1.35 万人次。2002 年，根据《福建省法律援助条例》和省委办公厅、省政府办公厅《关于认真做好“建立面向弱势群体的法律援助中心”工作的通知》，全市组织开展弱势群体法律援助工作。4 月，市委、市政府把建立面向社会困难群体的规范化法律援助服务列入年度为民办实事项目。各县（市、区）相继成立妇女、残疾人、青少年、老年人、职工法律援助站。全市基层法律服务机构和业务人员共代理诉讼事务597件，代理非诉讼事务352件，代写法律文书2363件，接受咨询1.36万人次（其中“96148”专线接受求助电话4147个）。2003年，国务院颁布实施《中华人民共和国法律援助条例》，全市组织开展对条例和法律援助工作的宣传。6月，全市“96148”法律服务电话统一改为“12348”，各地法律服务所或法律援助中心实现两位一体、兼容联动运作方式，全市各县（市、区）均成立县级法律援助中心。2004年，全市各法律援助中心继续开展法律援助，福鼎市法律援助中心办理原福鼎市花炮厂爆炸火灾事故幸存的19名女工维权案法律援助。当年，全市有10个法律援助中心，执业律师25人。全年接受各类法律援助案件490件，其中代理刑事案件253件、民事案件221件、行政案件16件。受援人达696人，其中未成年人195人、残疾人90人、妇女152人、老年人96人。2005年，宁德市委、市人大常委会、市政府重视乡镇及县（市）法律援助中心建设。市政府召开常务会议，专题研究解决各地法律援助中心存在的人员、编制、工作经费等问题，并下发《关于进一步加强法律援助工作的意见》，法律援助的人员编制和经费保障问题得到落实。全市基层法律服务所共代理诉讼事务596件，代理非诉讼事务679件，担任法律顾问420家。办理法律援助案件539件，受援助人达615人。福鼎市点头司法所获司法部授予“全国先进司法所”称号。

1999—2005年宁德市（地区）基层法律服务及援助工作情况统计表

表33-4　　单位：件、人次

年份	接受咨询总数	办理法律援助案件	受援助人数
1999	250	305	363
2000	3114	341	406
2001	2941	384	510
2002	8675	534	898
2003	7293	628	833
2004	6576	490	696
2005	5430	539	615

第二节　安置帮教

1997年8月以前，区内“两劳”人员（刑满释放、解除劳教）的帮教安置工作没有统一管理部门，多由所在单位及街道、村居（社区）自行安排管理。8月，根据司法部《关于刑满释放、解除劳教人员安置帮教工作移交地方司法部门负责的通知》，全区各级司法部门开始建立“两劳”人员安置帮教工作协调小组及办公室，对近三年的刑释解教人员进行调查摸底并建立档案。年底，全区建立基层帮教小组1298个。1998年，省委办公厅转发省综治委《关于进一步加强刑释解教人员安置帮教工作的意见的通知》，全区加强安置帮教机构和帮教网络建设，县（市）和乡镇普遍建立安置帮教领导小组和办事机构。全区共建立1458个基层帮教小组，有帮教人员4239人，各安置帮教领导小组和办事机构相继建立健全各种帮教制度。建立刑释解教人员登记簿，帮助刑释解教人员做好落户登记、联系安置、定期回访、帮教走访等工作。当年，全区有18名刑释解教人员回原单位工作，通过各种渠道过渡性安置就业 122 人。福安市司法局获中共中央社会治安综合治理委员会授予的“全国刑释解教安置帮教工作先进集体”称号。至 1999 年年底，全区地、县（市）两级全部成立刑释解教人员安置帮教协调小组及办公室。各乡镇（街道）普遍成立安置帮教小组。

2001 年 7 月，全市组织开展为期 3 个月的刑释解教人员排查清理工作。2004 年，福安市司法局黄平被省司法厅授予“1999—2004 年福建省刑释解教安置帮教工作先进个人”称号。2005 年，根据省综治办等 9 厅局联合下发的《关于贯彻落实〈进一步做好刑满释放、解除劳教人员促进就业和社会保障工作的意见〉的实施意见》，采取确定帮教对象责任人、签订帮教协议和“一帮一”“多帮一”等形式，做好刑释解教人员就业和社会保障工作。古田县通过职业技能培训和就业指导，引导刑释解教人员自主择业，创办石材加工厂，过渡性安置一批刑释解教人员。当年，全市刑释解教人员 5410 人，其中落实责任田 4340 人，回原单位安置 967 人，从事个体经营 921 人，实体安置 78 人，其他方式安置 365 人，落实社会救济 21 人。古田县司法局获省综治办、人事厅授予的“1999—2004 年福建省刑释解教安置帮教工作先进集体”称号。

第五章　司法考试与司法鉴定

第一节　司法考试

2001年前，全市（地区）律师与公证员资格考试由宁德市（地区）司法局组织进行，并给考试成绩合格者颁发“法律职业资格证书”。从2002年起，国家实行统一司法考试制度，除律师和公证员资格考试外，增加检察官和法官两类职业资格考试。当年，全市有509名司法人员报名参加全国考试，实际参考420人，37名成绩达到合格线。2003年，全市报名参考人数减少，仅134人，实际参考105人，21人合格，合格率20%，居全省首位。2004年，全市有163人报名参加考试，11名达到合格线。2005年，全市有283人考生报名参加司法考试，40名达到合格线，合格率14.13%。

第二节　司法鉴定

2002年5月，全市第一个司法鉴定所即福建远大司法鉴定所成立。之后，市内福建天正鉴定所、福建福宁司法鉴定所和福建正信司法鉴定所相继成立，执业范围均为会计鉴定。11月，经市委、市政府批准，市司法局法制科改为法规教育科，增加社会服务司法鉴定机构和司法鉴定人登记和监管职能。2005年2月，全国人大常委会颁布《关于司法鉴定管理问题的决定》，社会司法鉴定归口市司法局管理。并从当年10月1日起，侦查机关根据侦查需要设立的鉴定机构不得面向社会接受委托从事司法鉴定业务。同月，正信司法鉴定所增加法医临床鉴定业务，并将执业地点由福安移至蕉城区，成为全市首家正式对外营业的法医临床鉴定机构。

第六章 机构与队伍

第一节 机 构

1993 年，宁德地区司法局内设办公室、律师管理科、公证管理科（与地区公证处合署办公，实行一套班子、两块牌子）、宣传教育科、基层工作科、政工科、政研科。1996 年，根据机构改革有关规定，地区司法局保留原有 7 个科室，并增设纪检组，加挂监察室牌子。1997 年 3 月，根据地委编制委员会办公室批复，地区司法局增设劳改劳教管理科，政工科改为政治处，政研科改为法制宣传科。1998 年 7 月，成立宁德地区法律援助中心，隶属地区司法局，为全额财政拨款事业单位。2000 年 11 月，宁德撤地设市，地区司法局更名为市司法局，地区公证处改为市公证处。2002 年 11 月，撤销劳改劳教管理科，法制宣传科改为法规教育科，市司法局内设 8 个科室。2003 年 6 月，公证处转为自收自支事业单位。2005 年年底，市司法局实有干部职工 37 人。

第二节 队 伍

1993 年后，地区司法局根据中央反腐倡廉部署，制定反腐斗争方案，组织广大干警开展自查自纠，结合地区政法委关于整纪刹风的部署和省司法厅提出的开展树立司法行政系统干警队伍良好形象大讨论活动，本着教育为主、制度为辅的方针，在统一思想、统一认识的基础上，建立健全各项规章制度，促进机关作风建设，使勤政廉政工作走上制度化、规范化的轨道。开展以贯彻“七条禁令”为重点的整纪刹风教育，通过制定各项规章制度，使执行“七条禁令”有具体实在的内容。同时结合精神文明建设活动，广泛开展争创好律师、好公证员、好司法助理员活动。并通过建立监督制约机制，聘请廉政监督员，向社会公开举报电话等方式，对队伍建设实行公开监督。对揭摆查纪过程中发现的问题隐患，建立健全各种监督制约机制，防患未然，保持队伍的良好风貌。

1996 年，狠抓机关作风整顿，扭转作风疲沓的状况。福安、霞浦等公证处改变作风，分别向社会推出“五条便民措施”和“三项承诺”制度，树立公证队伍的良好形象，深受社会各界好评。此外，各地还普遍突出抓律师、公证、基层法律服务等重点部门、重点对象的作风整顿，建立监督制约机制，查处违法违纪行为，保持了良好的队伍风貌。1997 年，开展清查地方保护主义、部门保护主义的活动。纪检组、监察室对全区21个律师事务所进行财务审计检查，督促协助建立健全有关规章制度，增加公正执法、文明执法意识，树立法律工作者的良好形象，也促进各项业务的开展。1998年，认真落实政法队伍教育整顿“六个相结合”措施（学习教育与组织整顿相结合，自我教育与开门整风相结合，自查自纠与个案查处相结合，执法自查与重点抽查相结合，党政领导与系统督导相结合，政治任务与业务工作相结合）。通过教育整顿，全区司法行政队伍精神面貌有了较大改观，领导班子凝聚力、战斗力以及干警的理想信念、法纪观念、工作责任心和思想作风明显增强，政治业务素质和工作效率得到提高。

1999，全区司法行政系统继续加大队伍建设力度。扎实开展“三讲”教育。根据中央、省、地部署，从10月14日开始，地区司法局领导班子和领导干部“三讲”教育分四个阶段进行。其间，定期召开民主生活会，广泛听取各方意见和建议，认真开展批评和自我批评。于年底顺利完成“三讲”教育各项任务，根据中央政法委的统一部署，积极开展“双争”（争创人民满意的司法行政干警、争创人民满意的司法行政单位）活动，在努力提高干部的政治素质和业务素质的同时，在全区司法行政系统广泛开展创文明单位（先进集体）评“十岗百优”的评选活动，树立司法行政队伍新形象。加大机关作风整建和管理力度，整肃机关作风，建立健全各项规章制度，有效地纠正作风不正、纪律松散的现象，顺利通过地委整建小组的检查验收。

2001年，全市司法行政系统继续抓队伍建设。结合学习江泽民总书记“七一”讲话精神，开展以“三个代表”重要思想为主题，以创建文明窗口、文明单位活动和抓“三基”（抓基层领导班子建设，抓基层机构建设，抓基层党组建设）、创“五好”（创建一个好班子、带出一支好队伍、完善一套好制度、建立一个好保障机制、塑造一个好形象）为载体的思想政治教育活动。根据司法部部署，市、县（市、区）两级司法行政机关认真组织干警参加司法行政系统素质考试。以创建“五好支部”为载体，加强机关效能建设，尤其加强律师、公证机构中党的建设和党员教育。继续加强机关制度建设和效能建设，大力开展文明律师所、公证处、基层法律服务所的创建和文明律师、公证员、基层法律服务工作者评定活动。

2002年，首次国家司法考试举行，全市报名人数509人，实际参加考试420人，成绩合格者37人，合格率8.8%，高于全国1个多百分点，为宁德市储备一批司法人才。2003年，宁德市司法考试工作取得优良成绩，报名人数为134人，实际参加考试105人，成绩合格者21人，合格率20%，名列全省第一。

2004年，按照省司法厅的部署，在两级司法行政机关开展求真务实专项教育活动和学习任长霞精神活动，举办宁德市司法行政系统学习弘扬任长霞精神演讲比赛，把学习弘扬英雄精神作为加强司法行政队伍建设的一项重要内容。市、县两级两级司法局全体公务员参加人事局举办的《中华人民共和国行政许可法》培训，于6月12日参加全省统一考试，均顺利通过，进一步提高依法行政能力和水平。开展律师队伍集中教育整顿，提高律师职业责任和诚实守信、遵纪守法的自觉性。继续开展公正文明执法活动，经充分酝酿推荐8家所属法律服务机构作为宁德市第四届“创文明行业，建满意窗口”竞赛活动示范点，其中宁德市公证处和古田黄田司法所被确定为省级示范单位。全市9个县（市、区）司法局均派驻纪检组，有些县市还成立监察室，此项工作走在全省司法行政系统前列。全市163人报名参加司法考试，成绩合格者11人，为社会输送一批优秀法律人才。

2005年，全市司法行政系统共培训520人，其中322人参加市、县两级举办的各类业务培训班（包括部分调委会主任培训），135人参加市、县两级举办的理论骨干培训班，15人参加初任培训班，2人参加任职培训班，有46人参加本科学历函授学习。

第三十四编 军事

20世纪90年代初，军事机构和驻军部队按照上级部署，在不断提高官兵、职工政治觉悟的同时，从实战出发，组织开展各种军事训练，使战备值班、战备执勤、战备秩序走上规范化轨道。同时，军分区作为政府的兵役机关，承担每年的征兵工作，接受地（市）政府征兵领导小组领导，并根据当年征集兵员的政策、规定，把好兵员年龄、文化程度、身体条件和政治审查关，按质按量完成征兵任务。1993—2005年，军分区党委先后对民兵进行4次较大整组，压缩民兵数量，民兵队伍由数量型向质量型转变，调整民兵编组，促进民兵“三落实”。各县（市、区）人武部因地制宜，多形式、多渠道开展以劳养武活动，逐步建立民兵训练基地，解决民兵集中训练场地、设施和训练经费等问题，基本上做到“平战结合、建用一致”。

全市（区）国防动员建设，经多次调整，在武装力量动员、国防经济动员、交通战备动员、人民防空动员等方面取得明显成绩，国防教育取得长足进步。2001年实施《宁德市国防动员指挥自动化建设五年规划》。2003年，全市累计建立国防教育点1000个，国防教育基地50个。2005年，开工建设市国防动员委员会指挥所。同时，驻宁德部队和民兵预备役人员积极投入地方三个文明建设，广泛开展军民共建活动，为宁德的社会稳定、经济发展、人民安居乐业做出重要贡献。

第一章 军事机构与驻军

第一节 军事机构

一、宁德军分区

1993年年初，宁德军分区沿用1992年建制、编制，隶属福建省军区，设司令部、政治部、后勤部，在各部门之下不设科。1996年5月，军分区司令部增设人民武装动员办公室。1997年7月，军分区减少7名编制，军分区机关设作训科、军务装备科、动员科、组织干部科、宣传保卫科、战勤科、供应科。1998年10月，军分区司令部军务装备科和动员科合并为军动科，对外称警备科。1999年9月，军分区司令部设作训科、军务装备科、动员科、国动委办公室；政治部设组织干部科、宣传保卫科；后勤部设战勤科、供应科。2004年，军分区再次减少7名编制。2005年，军分区设司令部、政治部、后勤部，军分区各部门再次取消科的编制。下辖9个县（市、区）人武部和直属队及预备役部队。

二、县（市、区）人武部

1993年，县（市）人民武装部［简称县（市）人武部］为地方建制，内设办公室、军事科、政工科，为副县级单位，配部长、政委、副部长、科长、主任、秘书、助理员、管理员、参谋、干事等。各县（市）委书记为县（市）人武部党委会第一书记。1995年，福鼎撤县建市，福鼎县人武部更名为福鼎市人武部。1996年3月，全区9县（市）人武部收归军队建制，县（市）人武部与人武部所属的干部全部收归军队建制。2000年9月，宁德撤市（县级）设区，宁德市人武部更名为蕉城区人武部。2005年，全区9县（市、区）人武部下辖147个基层人武部。

三、宁德陆军预备役部队

1998年12月，根据预备役部队体制编制调整命令，宁德预备役部队调整改革通过检查验收，内设司令部、政治处、后勤和装备处，并沿至2005年。

四、武警部队

（一）武警宁德地区支队

1993 年，中国人民武装警察部队宁德地区支队（简称武警宁德地区支队）为正团级编制。2000 年 11 月，撤地设市，武警宁德地区支队改称武警宁德市支队。

（二）武警县（市）中队

1993 年，全区 9 县（市）均设有武装警察部队县（市）中队，为正连级编制。至 2005 年，中队随区划变动相应改名称，建制不变。

第二节　驻　军

一、陆军部队

海防某旅第三营与船运中队　前身为南京军区守备某旅 3 营，组建于 1987 年，1993 年改称南京军区海防某旅 3 营。

南京军区福安房管处　成立于 1986 年，为正团级单位，负责管理宁德地区部队空置房地产。2005 年，撤销福安房管处，成立南京军区房管局福安分局。

122 榴弹炮营　1992 年 11 月 23 日组建，1998 年 11 月前身为福建省军区预备役步兵第一师第一团福安炮营。1998 年 11 月，组建宁德陆军预备役海防团，随后改制为宁德陆军预备役海防团 122 榴弹炮营。

二、海军部队

海军快艇某支队　下辖 3 个大队，1 个岸勤部。

海军 4807 工厂　直属中国人民解放军总装备部。

三、其他机构

海峡之声广播电台古田分台　成立于 1964 年，1984 年 1 月改称中国人民解放军海峡之声广播电台古田分台。

海军 442 医院　前身为第 416 医院的 1 个分院，1979 年 3 月，改编为海军第 442 医院，调驻宁德飞鸾，门诊部设在宁德城关。2004 年 5 月，医院移交南京军区联勤部第 18 分部。

海军 441 医院　前身为福鼎沙埕海军巡防区医疗所，1979 年 12 月扩编为海军第 441 医院，驻福鼎沙埕。1987 年改称海军罗唇门诊部。

第二章　军事机构与部队建设

第一节　政治理论学习教育

一、军分区与人武部

1993年，军分区党委中心组和军分区机关、县（市）人武部坚持每月2天理论学习，采取上政治课，领导作报告，举办读书班、集训班，团以上单位成立党委学习中心组等方式，以及电影、电视、录音、录像、幻灯等手段，组织学习建设有中国特色社会主义理论与中央十四届三中全会精神和《邓小平文选》，组织开展国际形势和党的路线、方针、政策教育，新时期党的总任务和战备任务教育。1994年，军分区与县（市）人武部继续组织学习《邓小平文选》和三个专题学习。6月，军分区党委常委召开民主生活会，进行廉政自查自纠工作。1996年，军分区与县（市）人武部继续组织学习中国特色社会主义理论与中央军委、总政治部的有关文件。协同省军区政治部在军分区组织进行“干部敬业奉献教育”试点。1997—1998年，军分区与县（市）人武部组织学习中共十四届六中全会。1998年，军分区根据《宁德地区1998—2000年依法治区规划》，组织官兵学习《三法一例百题问答》并参加考试。采用广播电视、培训班、知识竞赛、专栏、影展、会议等方式，宣传法律知识，组织开展“预防职务犯罪警示教育”等专题教育活动。1999年7—9月，军分区与县（市、区）人武部组织开展“三讲”（讲学习、讲政治、讲正气）教育活动。

2000年，军分区与县（市、区）人武部组织进行“坚持马克思主义的科学信仰”等2个专题学习，在基层党组织开展“三讲”教育活动。蕉城区人武部制发《关于加强党委中心组和机关理论学习的规定》，建立议学、考勤、述学、奖惩等10项学习制度。蕉城区人武部的做法获得省军区肯定，多次获得通报表扬。2001年，军分区在现役官兵中组织开展“四反”（反渗透、反心战、反策反、反窃密）教育、警示教育和学习实践“三个代表”重要思想活动。2002年，组织开展学习贯彻“三个代表”重要思想活动。召开党委全委会议，组织全体官兵进行“聚精会神干事业，淡泊名利作贡献”专题教育。组织学习“5·31”重要讲话和中共十六大精神。2003年，继续组织开展学习贯彻“三个代表”重要思想活动，组织开展“正人品、立思想，说党性”大讨论，“学习实践‘三个代表’重要思想，为全面建设小康社会作贡献”专题教育。在党员干部中开展党风党纪教育，实施述职述廉、廉政登记制度，全区师团干部填写《廉洁从政情况登记表》。蕉城区人武部学习贯彻《“三个代表”重要思想学习纲要》《江泽民国防和军队建设思想学习纲要》的做法，受到省军区好评。2004年2—8月，军分区与县（市、区）人武部组织开展保持共产党先进性教育活动。军分区和县（市、区）人武部两级党委中心组完成4个专题理论学习，组织参加军区《政工条例》网上集训。举办4期各级各类干部集训，举办团级单位党委书记、副书记和全体政工干部参加的《党委工作条例》集训班。组织各级主官参加南京军区、省军区理论读书班。2005年，军分区与县（市、区）人武部继续加强政治理论学习教育工作，贯彻落实民主集中制原则，落实干部讲评和民主测评制度。

二、预备役部队

1993年，预备役部队继续坚持每月4天的政治思想教育，组织学习《邓小平建设有中国特色社会主义理论学习纲要》与党的十四届三中全会精神和《邓小平文选》。1994—1995年，继续组织学习《邓小平文选》和三个专题学习。1997年，预备役部队组织学习中共十四届六中全会。1999年，组织开展“三讲”教育活动。2000年，组织进行“坚持马克思主义的科学信仰”等2个专题学习，在全区预备役部队中开展两项教育。

2001年，预备役部队根据《福建省全民国防教育大纲》与地区行署《国防教育三年规划》，组织开展国防理论、法规和国防基本知识教育，开展党的基本知识教育。是年，预备役部队被省军区评为“先进团党委”“学习成才先进单位”。2003年6—7月，预备役部队先后召开座谈会20多场次，制发《预建党支部建设实施细则》，进行预建党支部规范化建设试点。组织学习“三个代表”重要思想，组织开展“正人品、立思想，说党性”大讨论，“学习实践‘三个代表’重要思想，为全面建设小康社会作贡献”专题教育。预备役部队被军分区评为“2002—2003年新闻报道先进单位”。2004年，组织开展“讲正气、正风气”教育整顿。2005年，组织开展保持共产党员先进性教育活动。

三、武警部队

1993年，武警宁德地区支队组织开展“拥护改革、服从大局、维护稳定”和学习炮兵十八团抓部队全面建设等学习教育活动。1998年，武警宁德地区支队党委中心组组织进行学习教育23天，基层中队组织进行学习教育63天。是年，武警宁德地区支队下发136片电教片、开展42场读书演讲知识竞赛活动。

2000年4月，武警宁德地区支队在基层党支部组织开展“三讲”教育。7月，在直属中队推行“落实经常性、基础性工作”试点，召开现场会，规范基层中队工作，落实每月1天的条令学习日制度，组织进行“学条令、懂规定、正秩序”纪律教育整顿，开展条令条例月学习活动，举办两期士官集训。

2002年，武警宁德市支队与各中队组织学习中共中央总书记江泽民《论党的建设》《论“三个代表”》《江泽民论有中国特色社会主义》等，下发《长征》《南昌起义》等光盘110张。7月，支队制发《支队干部管理教育若干规定》。是年，武警宁德市支队被福建省委评为“三个代表”重要思想学习教育活动“先进集体”。

2003年，武警宁德市支队组织学习中共十六大报告、《“三个代表”重要思想学习纲要》（以下简称《纲要》）和胡锦涛总书记“七一”讲话等。9月15—19日，组织全体机关干部学习纲要、中国人民解放军四总部领导答记者问、《解放军报》《人民武警报》评论员文章，其间，副支队长陈恒裕，副主任赖文宫分别到古田、屏南、周宁、福安、霞浦等中队进行新纲要知识宣讲。

2004年，武警宁德市支队组织学习《中国共产党军队委员会工作条例》，结合支队实际，两次修订完善《支队党委会会议议事规则》。2005年，组织开展保持共产党员先进性教育活动。

第二节　军事业务

一、军分区与人武部

1993年，军分区党委制发《关于加强干部队伍建设的措施》，加强军队干部管理。6月11—13日，在宁德召开全省县（市）人武部正规化建设现场会，组织参观军分区机关与宁德、福鼎、柘荣、福安人武部正规化建设。是年，宁德军分区司令部被省军区评为“达标先进司令部”。1995年11月17—21日，军分区组织举行防卫作战演习。1996年3月29日，在宁德举行人民武装部军官授衔仪式。当年，宁德、福鼎、柘荣3县（市）人武部被省委、省政府、省军区评为“人武部全面建设先进单位”。1999年，军分区以“打得赢”为目标，制发《1999—2001年宁德军分区科技练兵规划》。2000年，军分区和人武部先后组织3期强化训练，完成训练大纲规定的所有训练科目。选送参谋尖子参加省军区参谋业务竞赛，取得团体第三名的成绩。是年，寿宁县、福安市人武部被省委、省政府、省军区评为“全面建设先进单位”。

2001年，军分区研究制发《宁德军分区2001—2005年军事斗争准备规划》，组织对全区重要目标、重要地段现场勘察，拟制“保畅通”方案。组织全区现役干部进行业务集训。按照“训用一致，突出重点，分类实训，注重实效”原则，训练专武干部。2002年，军分区制发《宁德军分区干部管理规定》《关于加强和改进军分区、人武部财务管理的规定》与《关于进一步加强后勤正规化建设的若干规定》。军分区和预备役海防团、县（市、区）人武部共同完成全市“两区一范围”（军事禁区、军事管理区、作战工程的安全保护范围）划定，规范军事设施保护，完成全区“保畅通”数据库数据采集，实现数据信息化管理。完成省军区赋予的《福建省县（市、区）人武部工作细则》初稿编写。协调市委、市政府研究制发《中共宁德市委关于进一步加强党管武装工作的决定》和《宁德市加强国防后备力量建设暂行规定》。11月3—9日，军分区首长机关参加省军区组织的闽东2002检验性演习。同年，军分区先后组织现役干部、参谋尖子等参加各类集训活动。2003年，军分区指导全市人武部修订和完善应急作战准备政治工作预案，开展政治工作分业训练，9月，军分区组织机关与人武部现役军官参加训练，全年训练专武干部。2004年，根据《福建省县（市、区）人武部工作细则》，在蕉城区推行人武部正规化建设试点。8月，军分区首长机关带领蕉城区、霞浦县人武部，代表福建省军区参加南京军区组织的军分区人武部“按纲施训”质量抽考，总评成绩优良。是年，蕉城区人武部被省委、省政府、省军区评为“人武部全面建设先进集体”。2005年，军分区组织全市现役军官和县（市、区）人武部军官进行军训，组织一期人武部部长指挥技能集训，并在参加省军区的考核中，取得团体总分第一名，周宁县人武部部长梁冬林、霞浦县人武部部长刘根水、寿宁县人武部部长郭奇分别获得个人综合一、二、三名的成绩。同时，依托蕉城、福鼎和古田人武部，分别组织专业骨干集训，组织海防部队海训，完成现役军官1000米赤臂蛙泳训练。6月、11月，军分区分别参加和组织了两场军事演习。

二、预备役部队

1993年，加强预备役部队战备训练。1994年，在福鼎召开福建省预备役部队建制连训练现场会，全省5地（市）带预备役部队的军分区和预备役部队负责人参加现场会，观看宁德地区预备役表演。1996年3月下旬，预备役部队派出部分官兵参加驻闽部队举办的演习任务，被省军区评为“战备演习先进单位”，记集体二等功，有39名官兵记集体三等功。8月，根据《中华人民共和国预备役军官法》，举行首次预备役军官授衔仪式。1997年，组织开展服预备役退伍军人动员试点，全区预备役部队基本建设通过省军区联合验收。1998年，军分区下发实行《关于落实“九五”期间海军预编人员的通知》。同年10月，在福安召开预备役部队规范化建设现场会。1999年11月，组织开展预备役部队军事训练改革试点。2000年，根据总参谋部《中国人民解放军预备役部队军事训练与考核大纲》，预备役部队制发实施《预备役海防部队军事训练大纲》，组织全区现役干部集训、预备役军官指挥训练和实兵拉动演练。预备役部队组织预任军官集训。

2001年，按照“训用一致，突出重点，分类实训，注重实效”原则，训练预任军官，训练预备役部队。7月，预备役部队对干部进行7个科目的训练考核。12月，预备役部队机关进行实兵拉练。当年，预备役部队被军分区评为“武器装备管理先进单位与机关正规化建设先进单位”。2002年，预备役部队组织机关和预任军官进行海防御战斗军官编组作业训练，预备役部队被省政府、省军区评为“年度预备役部队整组工作先进单位”，被军分区评为“民兵预备役军事训练先进单位”。当年，预备役部队新建1个靶场，教导队新建1个教学基地。部队正规化建设基本达到基础设施配套、战备物资齐全、方案资料完善的要求。2003年7月8日，召开试点成果观摩会，军分区政治部主任、预备役部队党委常委和所属部队的军官出席现场观摩会。9月，预备役部队组织开展海训，组织官兵参加赤臂蛙泳3000米，武装泅渡500米训练。组织快速动员集结演练暨实战战术检验性演习，在福鼎市召开演练现场观摩会。当年，预备役部队所属部队先后被总部评为“预备役部队建设先进单位”省军区评为“预备役部队建设先进单位”，副市长陈应辉、部队第一政委被省军区评为“预备役部队建设先进个人”。2004年，预备役部队参加2场登陆作战演习。9月，组织全体现役干部和机关部分预任军官进行封闭式强化训练。当年，预备役某部南京军区被评为“预备役部队建设先进单位”。2005年，宁德军分区组织预备役部队进行军事训练。8月至9月底，预备役部队在蕉城回龙山完成应急动员集结与实兵战术演练，并给市五套班子进行军事课目汇报表演。

三、武警部队

1993年，继续执行公安部的《关于加强武警部队在处置严重社会治安事件中组织指挥的工作规定》，处置突发性治安事件，按“以防为主”原则，做好看守勤务工作。1994年，根据省武警总队永定执勤战备工作会议精神和新颁布的《执勤法规》，组织开展“三个一遍”（对执勤目标单位走访一遍、对执勤设施检查鉴定一遍、对执勤情况研究分析一遍）活动，执行《正规化执勤检查验收标准》。

1998年12月28日，根据省公安厅《关于我省看守勤务实施外围武装警戒请示的有关问题批复》及省武警总队命令，武警宁德地区支队从内看守转为外围武装警戒。是年，武警福安市中队指导员刘文斌被评为首届“中国武警十大忠诚卫士”，并荣立个人一等功。至1998年，全区武警部队看守人犯未发生一起脱逃事故，并制止自杀8起、逃跑8次26人次，制止闹监15人次，执行押解任务22次、执行较重要逮捕任务15次、抓获犯罪嫌疑人42人。

2000年，武警宁德地区支队对全市固定执勤设施进行全面检查鉴定，整改各种隐患。筹资30余万元，兴建监视网，提高远程监控设施能力。制发《执勤隐患专项整治实施方案》，举办2期士官集训。全市武警部队看守人犯、执行押解任务、担负重要警卫任务，均未发生安全事故。武警宁德地区支队被总部连续五年评为“三无”（无行政事故、无执勤事故、无案件）先进单位，获得省武警总队“四无”（无严重违纪、无等级事故、无刑事案件、无失泄密）竞赛二等奖。

2002年，武警宁德市支队制发《支队干部管理教育若干规定》，组织做好重大节日战备执勤工作，组织3个工作组，由党委成员带队分别到各中队进行执勤安全工作大检查。各中队组织开展“站哨一分钟、安全60秒”活动和“学规定、查隐患、堵漏洞”勤务教育整顿活动。同时，采取短期轮训方式对基层中队干部进行集中轮训，结合“双争”季评，对基层干部年度技能训练进行考核。7月起，举办为期2个月的应急小分队集训。8月，组织举办一期士官集训。是年，武警宁德市支队拨出3万元资金，为7个中队更换13个摄像头。与各县（市、区）检察院监检科、公安局监管所、看守所召开联席会议，组织开展安全联合检查，全市查出监所安全隐患46处，现场查改16处，限期查改30处。

2003年，武警宁德市支队对全区中队执勤目标的安全方案进行重新修订和完善，并根据省武警总队正规化执勤检查验收要求，对全市看守执勤目标的安全情况进行检查。6月，武警宁德市支队协同检察、公安等部门召开勤务工作联席会议，并下发会议纪要。各中队组织开展反袭击、反爆炸、反劫持训练。组织司令部参谋人员和机动中队官兵在宁德进行实地处置突发事件演习。7月13日至9月22日，武警宁德市支队从基层抽调33名干部、骨干在教导队集训。9月23—26日，参加省武警总队第五届军事比武取得较好成绩，副参谋长黄拥军获得参谋业务基础科目手枪速射第五名，赖祥孝获得哨位应用射击科目第五名，张余获得智能科目第二名，茅贤庆获得三能合一科目第六名。是年，武警宁德市支队被总部评为“四无”先进单位。

2004年，武警宁德市支队组织开展执行任务能力训练，在支队机关实施“四查”（值班首长随机查、值班干部随时查、业务部门实地查、蹲点干部全程查），在基层单位实施“五控”（干部查控、领班员巡控、哨兵互控、网络监控、目标单位协控）工作。5月19日，武警宁德市支队直属中队派出战士做好“首届闽东招商节暨新兴港口城市论坛”开幕式现场保卫工作。8月18日，武警屏南县中队派出战士配合公安部门执行首届“中国·福建·屏南白水洋文化旅游节”安保工作。12月8日，武警古田县中队派出战士做好“全国食用菌产业高峰论坛暨首届中国（古田）食用菌节”安保工作。同时，根据全区看守勤务特点和执勤情况，组织开展一个月的专勤专训。武警宁德市支队对三级网进行升级改造，给全区哨位安装空调，配备应急药箱。福鼎、福安、霞浦、古田、周宁、屏南中队被省武警总队评为正规化执勤一级单位。福安市中队一号哨、霞浦县中队一号哨被省武警总队评为红旗哨位。

2005年6月28日，武警宁德市支队直属中队派出战士做好“海峡西岸经济区临海产业投资洽谈会——第六届中国·宁德招商节”安保工作。8月18日，武警屏南县中队派出战士做好“中国白水洋地质博物馆开工仪式”安保工作。是年，武警宁德市支队被省委、省政府、省军区授予“拥政爱民模范单位”，被省武警总队评为“先进支队”。1993—2005年，武警宁德市支队先后完成40余次党和国家领导人到闽东视察期间的警卫工作和大型活动（庆典）现场警卫工作。

第三章 兵 役

第一节 兵役制度

1993年，根据修改后的《中华人民共和国兵役法》（简称《兵役法》），全区部队服役期限和退役继续执行义务兵服役期限有关规定。陆军服役期限3年、空军服役期限4年、海军服役期限5年，超服1～2年，自第6年起选改为志愿兵，再服役8～12年，可转业地方工作。

1998年，执行新修订的《中华人民共和国兵役法》，义务兵服役期限编为2年，并取消超期服役，志愿兵实行分期服役。

1999年，执行国务院、中央军委《中国人民解放军现役士兵服役条件》和《中国人民解放军士官退出现役安置暂行办法》，全区部队服役期满后，根据部队需要和个人自愿，按“本人申请、基层推荐、机关考核、组织审批”程序选取为士官。士官服役分为6期，第一、二期各3年，退出现役时实行复员制度；第三、四期各4年，退出现役时实行转业制度；第五期为5年；第六期为9年以上，服现役满30年或年龄满55岁退出现役时，实行退休制度，并沿至2005年。

第二节 兵役登记

1993年，宁德军分区继续依据“依法登记、依法管理、依法征集”原则，摸清全区适龄青年底数，确定预征对象。在省征兵工作会议后，市、县（市、区）、乡（镇）三级相继召开征兵工作会议，成立征兵工作领导小组，在城区与农村设立兵役站，对年满18岁的男性公民进行兵役登记。军分区常委分片包干县（市）及乡镇，并到分片包干的县（市）及乡镇检查指导，各县（市）“六套”班子成员和乡镇两委成员实行包乡挂点做好征兵工作。同时，地区领导在《闽东日报》发表署名文章，地区征兵办负责人发表答记者问，各级电视台、报社、网站、广播电台均开设征兵宣传专题栏。出动宣传车、张贴标语、办黑板报（专栏）、悬挂气球宣传彩带（横幅）、群发短信等，向外出适龄青年寄发公开信。是年，地区征兵办被南京军区征兵办评为“规范化征兵工作先进单位”。

1997年8月，根据总参谋部《关于认真做好平时征兵准备工作的通知》，省军区与宁德军分区在宁德市设立征兵准备工作试点与兵役登记工作试点，并在全省推广。1998年5月，在全区采取“先登记、后报考”的办法，在应届毕业生（含职高、技校、在校补习生）开展兵役登记。8月，在福安市组织进行征兵试点，探索高中毕业生、待分配大中专毕业生、党政群机关公务员和企事业单位青年中进行兵役登记的做法。10月，地区征兵办会同福鼎市人武部在预征对象中开展征兵试点。地区行署制发实施《关于党政群机关公务员、待分配大中专毕业生、企事业单位青工应征入伍优待的规定》。

2001年9月，宁德军分区执行国务院、中央军事委员会修改后的《征兵工作条例》。2002年8月中旬至9月初，省征兵办和市征兵办在蕉城区组织开展兵员登记试点，成立由宣传、教育、公安、卫生、司法等部门领导参加的兵役登记领导小组与领导小组办公室，下达兵役登记通知，发布兵役登记公告，印发有关表、册、卡，规范登记。召开兵役登记工作布置会。组织开展《中华人民共和国国防法》《中华人民共和国兵役法》《福建省征兵工作奖惩规定》等法律法规宣传教育活动，向适龄青年分发“兵役登记通知书”。以乡镇（街道、高等院校）为单位，采用划片集中组织到站登记、自行到站登记、亲属代替登记相结合的方式进行兵役登记，公布各类人员名单。省征兵办在全省推广宁德市兵役登记试点的做法。2005年，市征兵办通过电信、移动、联通公司对蕉城区用户发送征兵宣传短信，军分区和蕉城区人武部在宁德师专组织开展千人大学生报名签字仪式。

第三节　兵员征集

1993年，继续根据公安部、总参谋部、总政治部《关于征集公民服现役的政治条件的规定》和省征兵办的《关于对沿海等地市应征青年政审工作的补充规定》，地区、县（市）分别成立征兵政审领导小组，乡镇设政审组，对服现役的适龄青年进行初审、体检与政审。政审初审由服现役适龄青年经所在单位、学校、村与派出所负责，政审复审由乡镇、县（市）负责，体检初检由乡镇负责，体检、复检由县（市）负责。同时，继续按国防部的《应征公民体格检查标准》和《应征公民体格检查办法》，坚持一县一站“封闭式”体检管理，加强血检、尿检和外科检查。应征青年男性身高不低于1.60米，女性身高不低于1.55米，男性体重不少于46.5千克，女性体重不少于43.5千克。当年全区完成征兵任务，宁德地区被省政府、省军区评为“征兵工作先进集体”。1994年，执行国防部的《应征青年体格检查标准》，男青年身高不低于162厘米，女青年身高不低于158厘米，男青年体重不少于50千克，女青年体重不少于45千克，右眼裸视力不低于4.9，左眼裸视力不低于4.8。对高中以上文化程度的青年右眼裸视力可放宽到4.8，左眼裸视力可放宽到4.6。同时规定患有肝炎、心脏病、精神病、性病等疾病及有夜游症、遗尿或其他慢性病、传染病为不合格。

1997年，福鼎市加强征召宣传、落实优待政策等，完成兵员征集任务，被南京军区评为“征集优秀兵员先进单位”，全区完成征兵任务。1998年，在福鼎市征集进藏兵员，并给进藏兵农转非，每人每年优抚费6000元，外加养老保险和意外伤害保险，退伍后给予优先安置等优惠政策，该做法获得省征兵办的肯定和推广。地区行署制发实施《关于党政群公务员、待分配大中专毕业生、企事业单位青工应征入伍优待的规定》。随后，全区各县（市）政府相继制定义务兵优抚政策。全区完成新兵征集任务，其中党团员占71.9%，高中以上文化程度占56.6%。1999年，地区征兵办被南京军区评为“规范化征兵先进单位”和“征兵工作先进单位”。

2000年，地区征兵办结合实际，对新形势征兵工作进行调研，并形成《对新形势下征兵工作的思考与对策》。同时，组织研发兵员征集管理软件，由《适龄对象登记卡片》《兵役登记统计表》《征兵数质量统计表》《适龄对象兵役登记花名册》《预征对象花名册》《预定兵花名册》《新兵花名册》等“一卡二表四册”构成，在全区推广使用。该软件获南京军区国防动员委员会自动化软件评比二等奖。宁德地区有关部门制发《党政群机关、待分配大中专毕业生、企事业单位青工应征入伍的优待规定》。坚持一县一站，送检对象凭“一簿一相三证三表”（户口簿、相片、毕业证、身份证、兵役登记证、预征对象推荐表、初检表、初审表）上站体检。县乡两级征兵办落实责任制，建立县、乡、村三级政审网络，实行按级负责，层层把关，确保新兵质量。同时坚持“集体定兵、公开定兵”原则，实行标准公开、学籍档案公开、体检政审结果公开，定兵后张榜公布新兵名单，接受社会监督。地区征兵办再次被南京军区征兵办评为“征兵工作先进单位”，宁德市、福安市政府征兵办被省政府征兵办评为“征集优秀兵员先进单位”。2001年，在蕉城区进行全日制高校大学生现役征集试点。

2003年，宁德市征兵工作执行国防部重新修订的《应征公民体格检查标准》和《应征公民体格检查办法》，应征青年身高，男性提高至162厘米，女性160厘米以上，体重，男性不超过标准体重（身高减去110）千克的20%，不低于标准体重的10%，女性不超过、不低于标准体重的15%等。2004年，根据国防部征兵办的《关于征兵体验有关问题的通知》，对个别体格较优秀的应征青年，实行实际体重不超过标准体重25%、不低于标准体重20%的标准。全市完成新兵征集任务。2005年，征兵执行新的规定：男青年为2005年12月31日前年满18岁至20岁，高中、大专毕业以上文化程度的年龄分别可放宽到21岁、22岁。按照本人自愿的原则，可征集部分年满17岁的2005年应届高中（含职高、中专、技校）毕业的男青年入伍。体格检查增加艾滋病检测和毒品尿液筛查。全市完成新兵（含女兵）征集任务。

第四章　民　兵

第一节　组织建设

1993 年，执行中共中央的《关于对民兵组织进行全面调整改革》，宁德军分区对全区民兵预备役部队基层组织进行调整改革。全区男性民兵年龄改为 18 ~ 35 岁，基干民兵年龄改为 18 ~ 28 岁。女民兵按基干民兵年龄条件适当选编，人数一般不超过全县（市、区）基干民兵总数的 10%。1997 年 4 月，根据解放军总参谋部、总政治部《关于深化民兵工作调整改革的意见》，军分区制发《关于深化民兵预备役工作调整改革的意见》与《三年民兵整组工作规划》，压缩全区基干民兵规模，组建基干民兵特别是民兵应急分队、专业技术分队及民兵信息网，做好国道、沿海两条线重点地区民兵组织建设。军分区调整改革民兵组织的做法，在杭州民兵工作调整改革成果会进行介绍。1998 年，全区撤销边远偏僻、人口稀少的山区村和濒临倒闭企业基干民兵组织，压缩基干民兵数量。同时在全区村民小组建立民兵排（班），在村建立基干民兵班（排）与民兵连（营），在乡（镇）建立基干民兵排或连（营）。1999 年，军分区制发《关于调整“九五”期间基干民兵组织布局和结构的通知》，继续做好国道、沿海重点地区民兵组织建设与入闽交通要道附近地区民兵组织调整。同时，根据军区领导的要求，做好“四个保障”（保障部队开进、保障部队集结、保障部队前出、保障部队安全）。

2000 年，全市各县（市、区）和沿海乡（镇）均组建基干民兵队伍。宁德市（今蕉城区）、周宁县被省政府、省军区评为民兵工作调整改革先进单位。柘荣县、霞浦县民兵武器装备库分别被总部和南京军区评为民兵武器装备管理先进单位。2002 年，继续做好入闽通道和沿海民兵组织建设。2003 年 3—4 月，军分区在蕉城区试行城市民兵工作调整改革试点，蕉城区民兵根据任务、专业性质，实行超常编组与联片编组、“挂钩”编组。同时，市政府制发《宁德市关于进一步加强城市民兵建设的决定》。

2005 年，军分区按“平战结合、建用一致”原则，对民兵基层组织进行整组。5—6 月，在福鼎市召开民兵破障营组建试点暨民兵整组工作现场观摩会。

第二节 政治教育

1993年，宁德军分区继续以党的基本路线和国防教育为重点，在民兵中组织开展优良传统、爱国主义、形势战备和政策法制等教育。在福鼎沙埕和福安组织开展政治改革试点，该做法被省军区和南京军区政治部推广。同时，在每年民兵整组、军事训练、征兵及重大节日期间，采取课堂教育与社会教育、集中教育与个别随机相结合的办法，组织全区民兵以《中国民兵》《东海民兵》等为教材，开展国防常识、法制和国防精神等专题教育。1999年，军分区在福安市采取“区分层次，三级负责；抓住重点，建章立制；借助媒体，多轮驱动”的方法，组织进行民兵政治教育改革试点，该做法被省军区和南京军区推广。

2000年，宁德军分区在全区民兵中开展“正确认识台湾开放金门、马祖与福建沿海地区货物及人员往来影响，坚定理想信念，不断夯实‘打得赢’‘不变质’思想基础”专题教育，开展“忠实履行职责，为祖国统一大业做贡献”等教育。2001年，根据《福建省全民国防教育大纲》与《国防教育三年规划》，在民兵中开展国防理论、法规和国防基本知识教育。2月，军分区政治部和福鼎市人武部在沙埕镇试行民兵教育试点。6月7日，在福鼎市召开教育经验交流会，交流和推广教育试点的做法。会后福鼎试点的做法被省军区转发全省。2002年，宁德军分区在民兵组织中开展学习中共中央总书记江泽民“5·31”重要讲话和中共十六大精神活动。2003年，在民兵组织中开展“学习实践‘三个代表’重要思想，为全面建设小康社会作贡献”专题教育。2005年，在民兵组织中开展“爱中华、奔小康、强国防”系列国防教育活动。

第三节 军事训练

1993年，宁德军分区继续按照总参谋部的《民兵训练大纲》与关于调整改革民兵军事训练要求，组织全区民兵训练，重点做好民兵应急分队、专业技术分队和民兵干部训练。在古田、柘荣民兵训练基地举办专业技术兵教员和乡（镇）人武部长集训班，培训教员与乡（镇）人武部长26人。全区民兵训练合格储备率达100%。经省军区考核，霞浦、寿宁两县基干民兵及应急分队训练达到规范标准。同年，按照《民兵工作条例》和总参谋部《关于加强民兵、预备役部队军事训练基地使用管理工作意见》，全区9县（市）相继建立民兵训练基地。1997年年初，军分区在福鼎市组织开展民兵营（连）长训练改革试点。同年5月，地区行署制发《关于实行民兵预备役训练经费统筹的通知》，在寿宁县组织开展民兵预备役部队训练经费社会统筹改革试点。1998年，军分区在福鼎市召开民兵营（连）长训练改革现场观摩会。霞浦县松城镇俊星村民兵营被南京军区评为民兵工作“三落实”先进单位。1999年8月，组织编写《民兵军事训练大纲》。9月，宁德市民兵应急分队获全省“民兵应急分队军事比武步枪速射第二名”。

2000年，根据《民兵军事训练大纲》与军区领导的“四个保障”（保障部队开进、保障部队集结、保障部队前出、保障部队安全），组织民兵开展科技练兵和战备演练，在福安市推行民兵对口专业分队建设暨民兵科技练兵试点，组织进行野战条件下保障部队入闽行动综合演练，并召开现场观摩会。组织民兵专业技术兵教练员集训，组织开展评选“四会”教练员活动。同时，实现民兵训练实现基地化、规范化与民兵武器集中管理。2001 年，按照“训用一致，突出重点，分类实训，注重实效”原则，组织开展以民兵应急分队为重点的民兵预备役年度军事训练。2002 年 11 月，军分区组织民兵参加省军区组织的演习。2003 年 10 月，古田县民兵在实施年度实弹射击考核中取得好成绩。霞浦某女民兵哨所被全国巾帼建功领导小组评为“全国巾帼文明示范岗”。2004 年，组织全市基干民兵进行年度训练，参训率和合格率均在 90% 以上。蕉城区民兵在参加省军区组织的全省民兵练习中，取得 4 项全优和总评第一的成绩，受到省军区的表扬。2005 年，军分区组织民兵专业骨干集训、军事训练、实弹射击、干部集训、战略执勤等。

第五章　国防教育与国防动员

第一节　国防教育

1993 年，全区各级人武部门会同县（市）教育、文化、新闻、广播、电视等部门共同开展国防教育。同时，根据《中华人民共和国兵役法》，由县（市）人武部与高级中学共同确定挂钩部队，由挂钩部队派现役军官和训练骨干到高级中学组织开展新生军事训练。1996—1997 年，全区训练学生 5604 人。1997 年 8 月，在宁德地区后岗环岛建成地区国防教育中心大楼，建筑面积约 5000 平方米。

2001 年 4 月，根据《中华人民共和国国防教育法》，宁德市成立市国防教育领导小组与办事机构，制发国防教育工作细则。其后，各县（市、区）与乡（镇）相继成立国防教育领导小组，并设立办事机构。同时，根据《福建省全民国防教育大纲》，市政府制发《国防教育三年规划》，把国防理论纳入各级党委中心组学习计划，市委、市政府与市国防教育办公室共同制发领导干部国防理论学习规划，规定党委中心组每年至少安排一个专题的国防理论学习。在全区党政干部、青年学生、工人、农民和城镇居民中组织开展多层次、多形式的国防教育活动。组织对县（市、区）及市直行政、企事业单位、学校的国防教育情况调查，实现国防教育“四纳入”（即纳入党校培训计划、纳入中小学德育规划、纳入村级组织建设规划、纳入双拥共建规划），全市有 129 所党校开设国防教育课，有 7000 余名干部较系统地学习国防理论、法规和国防基本知识教育。此后，市国防教育领导小组每年组织各县（市、区）相关单位参加国防法规知识竞赛、征文和其他宣传活动；在每年的春节、“七一”“八一”“8·15”宁德解放日、国防教育日期间，组织开展多种形式的国防教育，组织相关部门领导参加军事日活动，体验军营生活，接受国防教育。同时，在全市电视台、广播电台、报刊开设国防教育节目，在全市烈士陵园、革命遗址、博物馆、科技馆、文化馆、青少年宫中，开始有选择命名国防教育基地。是年，在市国防动员委员会协调下，请海军、武警、预备役部队和县（市、区）人武部在全市高级中学组织开展新生军事训练。

2003 年，全市组织开展“爱中华、奔小康、强国防”系列全民国防教育活动，在县（市、区）、乡镇（机关）两级党校与 300 多所中、小学开设国防教育课。军分区政治部协助蕉城区组织开展“国防杯”知识竞赛活动，组织蕉城区 16 个乡镇（街道）、区直机关、东湖塘华侨农场的 18 支代表队 54 名队员参赛，福建电视台、宁德电视台连续 3 天进行全程转播。是年，武警宁德市支队教导队被省委宣传部、省军区政治部命名为“国防教育基地”。

2004 年，为配合宁德市争创双拥模范城市，各县（市、区）人武部分别组织开展“爱国拥军、加快发展”主题活动；继续组织开展“爱中华、奔小康、强国防”系列国防教育活动。是年，军分区与县市人武部派出6名次干部担任高校军事理论课教员及小学校外辅导员。预备役部队派出教员，负责师专的军事理论教学工作，组织开展国防教育与知识竞赛。同时，预备役部队对宁德师专新生进行军事训练，训练新生1040人。

2005年，按照省国动委部署，市国动委组织开展“国防教育神州行”活动，在蕉城南路开展国防教育一条街，在学校、车站等人员密集场所悬挂900多块国防教育宣传牌。全市制作国防教育展板和黑板报2500余块，横幅1400余幅，张贴标语15万余条，散发国防教育宣传资料10万余份。同时，采取国防知识测试与问卷调查相结合的办法，对全市300多名科以上领导干部进行国防素质测试。至2005年，全市命名中共闽东临时特委、闽东苏维埃政府组织旧址及寿宁县张高谦烈士陵园、闽东革命纪念馆、闽东畲族革命纪念馆、闽东革命烈士陵园、宁德县苏维埃政府旧址、蕉城青少年活动中心、古田县圆瑛法师纪念堂、福鼎市虎头岗先贤义冢群、霞浦县闽东特委霞鼎办事处旧址、福安市廉村、宁德市档案馆、福鼎市中小学劳动实践基地等13处国防教育基地。全市建立县级辅导机构14个，乡镇辅导机构130个，全市有国防教育培训辅导员2421人。

第二节　国防动员

1996年10月，根据国务院、中央军委有关文件和省国防动员《关于成立地、县两级国防动员委员会的通知》，成立地区国防动员委员会（简称地区国动委），为全区国防动员工作议事机构，由地委书记任第一主任，行署专员任主任，军分区司令员任常务副主任，军分区政委、副专员任副主任。内设综合办、人民武装动员办、政治动员办、经济动员办、人防办公室、交战办、科技动员办、支前办、信息动员办等9个办公室；负责组织计划并实施全区国防动员工作。地区国防动员委员会与市人民武装委员会实行一个机构、两个牌子。当年，地区国动委召开国防动员委员会全体成员会议。其后，每隔一两年召开国防动员委员会全体成员会议。

2000年11月，撤地设市，地区国防动员委员会更名为市国防动员委员会。同年，寿宁县、屏南县被南京军区国防动员委员会评为国防动员先进单位。

2001年，根据省委、省政府、省军区《关于进一步建立健全国防动员工作机构和落实工作人员的通知》，在市国动委下设综合办公室（设在军分区司令部），核定编制4名；负责日常事务和综合协调工作。人民武装动员办公室（设军分区司令部）；政治动员办公室（设在军分区政治部和市国防教育办公室），由分区政治部宣保科和市委宣传部国防教育科负责协调日常事务；经济动员办公室，核定编制2人，设在市计委；人民人防办公室，核定编制7人；交通战备办公室、核定编制3人，设在市计委；支前办公室，设在市财贸委。当年，市国动委研究制发《宁德市国防动员指挥自动化建设五年规划》；组织开展辖区设防工程普查和“两区一范围”划定（军事禁区、军事管理区、作战工程的安全保护范围）；开展支前保障问题研究。2002年，市委、市政府制发实施《宁德市加强国防后备力量建设暂行规定》。是年，蕉城区国动委被省国动委评为全省“国防动员工作先进单位”。

2005年12月，开工建设市国动委指挥所。至2005年年底，全市召开9次国防动员委员会全体成员会议。

第六章　人民防空

第一节　机　构

一、地区人民防空委员会

1994年8月，成立地区人民防空委员会，行署副专员张学清任主任，军分区参谋长沈亚平任副主任。1996年10月，成立地区国防动员委员会（简称地区国动委），下设人民防空办公室等9个办公室。地区人民防空委员会即自行撤销，人防工作由国防动员委员会领导。

二、市（地区）人防办公室

1996年6月，成立地区人民防空办公室（简称地区人防办公室），为副处级机构，核定行政编制2名。1997年3月，根据地区编办批复，地区人防办公室内设综合科1个科，核定行政编制3名。同年8月，经地区编办批准，地区人防办公室升格为正处单位。2000年11月，撤地设市，地区人防办公室更名为市人防办公室。2002年9月，机构改革，保留市人防办公室，为全市人民防空工作的主管部门和市国防动员委员会的常设办事机构，为正处级单位，内设综合科和工程科（指挥通信科）2个科，核定行政编制6名，核定工勤事业编制1名。2004年3月，成立市人防执法队，为正科级事业单位，核定事业编制5名。2005年，市人防办公室实有7人。

三、县（市、区）人防办公室

2000年，福安市和福鼎市先后成立人防办公室。2001年，霞浦县成立人防办公室。2002年，蕉城区、屏南县、柘荣县、古田县、寿宁县、周宁县相继成立人防办公室。至此，全市9县（市、区）均成立人防办公室，为正科级单位。2005年，全市县（市、区）人防办公室实有29人。

四、人防专业队

2003年，在宁德市城区组建人防专业队，其后，福安、福鼎、霞浦、寿宁、周宁、柘荣、古田、屏南等县（市）相继组建抢险抢修、医疗救护等人防专业队伍。

第二节　防空宣传

1993年，全区继续组织开展“三防”（防原子武器、化学武器和生物武器）知识教育，采取举办“三防”骨干训练班，放映“三防”影片，发放“三防”挂图等方式开展教育活动。1998年，宁德地区人民防空委员会大力普及人防知识，在宁德电视台发表加强人防建设，维护国家安全的讲话。1999年，通过发放宣传单、开展人防咨询、张贴人防标语、悬挂横幅等形式，宣传《中华人民共和国人民防空法》和《福建省人民防空条例》及人防知识。地区人防办公室组织干部到市区街头分发宣传材料2000多份。福安市、福鼎市、霞浦县、古田县政府分管领导在报刊、电视发表署名文章和讲话。在全区9县（市、区）中心市区的中学开展人防“三防”知识宣传教育，在学校举办“三防”图片展和“三防”知识竞赛等活动。

2001年，全市组织学习《中共中央、国务院、中央军委关于加强人民防空工作的决定》和《中共福建省委、省政府、省军区关于加强人民防空工作的决定》。在8月15日防空警报试鸣日前，市人防办公室利用电视广播和报刊等进行防空宣传。

2002年5月，根据市政府决定，人防知识教育纳入党校、行政学院教学内容。全市各级人防办公室采取设立街头黑板报、开办人防知识宣传专栏和街头宣传站、出动宣传车、悬挂标语条幅、开展《人民防空法》有奖竞答、印发《人民防空法》及《福建省人民防空条例》单行本、举办人防图片展等形式，开展宣传活动。

2003年，成立市人防理论和宣传报道工作领导小组，市人防办公室制发实施《关于人民防空宣传报道工作奖励办法的通知》。是年，市人防办公室组织5批26名人防干部参加各类培训学习。

2004年8月，市人防部门在全市开展以“人防连着你我他，人防建设靠大家”为主题的人防宣传月系列活动，全市出动宣传车8辆次，开展咨询活动5场，领导电视讲话5场，悬挂（张贴）宣传标语251条（幅），办人防宣传专栏9期，展出人防展板300多块，散发人防宣传手册1300多本，手机发送人防短信1万多条，在《闽东日报》和《闽东侨乡报》发表专刊，下发《抵御空中威胁——高技术下的人民防空》宣传教育片10盘。市人防办公室组织开展人防知识有奖竞赛，全市有603人参加。霞浦县人防办公室举办“人防杯”三人制篮球赛。屏南县人防办公室组织佳洋社区“红领巾”宣传队挨家挨户宣传《人民防空法》。

2005年，市人防部门在全市组织开展人防建设系列宣传活动，给党政机关寄发《人民防空法规文件汇编》，在防空警报试鸣日，采取设立街头黑板报、开办街头宣传站、出动宣传车、悬挂标语条幅，印发《人民防空法》《福建省人民防空条例》单行本等，开展宣传活动。同时，在大中专院校、中学中发放人防教材和电教片，开设人防知识专题课，结合学生军训，开展人防知识教育。

第三节　防空预案　警报　通信

一、防空袭方（预）案

2000年，全区9个县（市、区）相继制定防空袭预案和各项保障计划。2002年，完成《宁德市区防空袭预案基本方案》修订。2003年5月，成立防空袭预案制定领导小组，组织编制《宁德市城市防空袭预案》。2004年12月，完成《宁德市城市防空袭预案》制定。2005年，完成《宁德市人民防空应急行动方案》制定。

二、警报器与警报演练

2000年，地区人防部门在宁德市城区安装电动式防空警报器，后增置电声式防空警报器。2001年2月21日，市政府决定每年8月15日为市防空警报试鸣日。同年8月15日，在宁德市区举行首次防空警报试鸣演练，市区防空警报音响覆盖率达95%以上。其后，宁德市区每年都举行一次警报试鸣演练。2002年12月12日，福安市举行首次市区防空警报试鸣。

2005年，全市除寿宁、屏南、周宁3县外，其余县（市）相继安装电动式（或电声式）防空警报器。同年6月10日，古田县举行防空警报试鸣。9月16日，霞浦县举行防空警报试鸣。

2005年7月26—29日，举行市人防工作暨第一期军事训练动员会

三、通信

1996年，地区与县（市）人防办公室均安装程控电话，实现空情警报信号通过人防指挥网有线传送。2004年，市人防办公室增置短波电台1部，并派人参加省人防办公室举办的培训班培训。市人防办公室与蕉城区、福安市、福鼎市、周宁县、霞浦县、屏南县人防办公室各配备1辆指挥通信车。

2005年，市人防指挥以有线通信为基础，建成通信二级网系统，并投入使用。该系统通过光缆与省人防办公室对接，实现与省人防办公室的内网电话联络及市局域网与省人防办公室网络的互联互通，实现与省人防语音、图像信息互传，实现市人防办公室视频及计算机信号的自由预览、选择、交换输出，有效配合省人防办公室进行视讯会议。

第四节　人防工程

一、人防工程建设

1995年，根据省政府《福建省结合民用建筑修建防空地下室规定》与地区行署委托，全区人防工程建设工作由地区建设部门负责。1996年6月18日，地区人防办公室成立后，人防工程建设工作转交地区人防办公室负责。1997年4月7日，根据地区行署通知，全区各县（市）的结合民用建筑修建防空地下室工作，由地区人防办公室负责。宁德、福安、福鼎三地的人防结建工作，在三地未成立人防机构之前，暂由地区人防办公室代管。同时，执行《地区行署关于贯彻执行〈福建省结合民用建筑修建防空地下室的规定〉有关具体问题的通知》，宁德、福安、福鼎市城市规划区、开发区内的新建民用建筑项目，必须修建防空地下室。人防工程易地建设费按建设项目地面总建筑面积土建造价的4%一次性收取。

2000年，根据地区行署决定，人防工程建设被列入地区建委基建审批程序。2004年8月，根据市政府通知，全市各县（市、区）加强人防工程建设工作，古田、柘荣、屏南、寿宁、周宁实现人防结建工作零的突破。

二、人防坑道管理

1998年5月，根据地区行署、军分区的决定，全区公用人防坑道统一归口地区人防办公室维护管理。当年，地区人防办公室对全市人防坑道进行调查摸底。1999—2000年，根据国务院、中央军委的《人民防空工程维护管理规定》，市人防办公室加强省人防办公室下拨的人防工程维护管理费的管理，切实做到专款专用。定期检查重要人防工程，加强重要人防工程管理与维护，确保人防工程完好。

2001年，市政府实施《宁德市人防“十五”规划》。10月，根据市委决定，成立市人防指挥所工程建设领导小组，下设办公室，并决定建设人防基本指挥所工程。2003年4月，根据国家人防办公室批复，市政府调整充实工程建设领导小组，下设征地工作小组。2004年，市政府修缮临时应急指挥所。2005年12月30日，市人防基本指挥所正式开工建设。

第七章　支援地方建设

第一节　支持经济建设

1993年12月，国道104线飞鸾岭特长公路隧道由部队负责施工。1996年，军分区司令员赵海雷挂点周宁县七步镇坑源底村（老区村），带领工作组，想方设法帮助坑源底村铺设水泥路、安装自来水等，帮助村民脱贫致富。是年，坑源底村村民人均收入从1995年的1700元增至2600元。赵海雷挂点帮扶老区村的事迹在《中国国防报》报道。1998年5月，由部队负责施工的飞鸾岭特长公路隧道正式通车，工程质量优良。至1998年，全区组织民兵预备役人员参加重点工程建设6000多人次。

2000年，全市驻军部队组织官兵26380人次，出动车辆430次，船只1060艘次，参加地方建设。至2001年，预备役部队帮助地方修复道路230千米。1999—2002年，军分区组织民兵预备役人员投入2万多个义务劳动日，支持国道104线改扩建、洪口电站、农村电网改造、农田水利、福宁高速公路等重点工程和公益事业建设。2002—2003年，预备役部队组织官兵，成立4支护路队，负责福宁高速公路建设工地的值勤护路。至2003年，海军某支队帮助南澳村发展养殖66.67多公顷，开垦荒山6.67多公顷，种植果树5000多株，培训各类技术骨干100多人。帮助蕉城区飞鸾镇创办蔬菜新品种试验基地和食用菌新产品种繁育基地，帮助向阳村修建水泥路3000多米。2004年7月，根据宁德市委、市政府的统一部署，武警宁德支队派出官兵配合地方政府连续进行3天的水葫芦整治活动。

第二节　抢险救灾

1993年，军分区和县（市）人武部对区内发生的重大灾害性事故，都拟定“抢险救灾方案”，成立抢险救灾组织，在第一时间赶到现场施救。1月，寿宁县麻竹坪水库渡船因超载翻沉，地委、行署、军分区领导率地直有关部门领导赶到现场布置抢救工作，武警寿宁县中队与驻宁德海军某支队均派出官兵、潜水队参加抢救，打捞出18具遇难者尸体。同年9月，宁德县城关小东门发生火灾，烧毁店面13间受灾27户113人，军地领导赶到现场指挥救火，经过军警民两个多小时扑救，扑灭大火。是年，全区组织民兵预备役人员参加抢险救灾181次，抢救各种物资

3710 吨，抢救虾塘 160 公顷，救出群众 653 人，保护森林面积 2000 多公顷，保护房屋 980 栋。

1994 年 6 月 20 日，古田县黄田镇发生山体滑坡，冲倒镇供电所等单位 4 栋楼房，武警宁德地区支队派出近百名官兵与古田预备役部队官兵一道，经 8 昼夜抢险救灾，营救出 21 名遇险群众，挖出 26 具尸体。古田预备役部队有 31 名官兵被古田县委、县政府评为“抢险救灾先进个人”。

1995 年，武警宁德地区支队先后出动官兵参加各类抢险救灾 4 次，抢救伤员 25 人，处置山体滑坡 4 起，抢收稻谷 6.67 公顷、抢救物品 2 万多元。

1996 年 7 月 31 日至 8 月 1 日，武警宁德地区支队先后派出百名官兵赴宁德市漳湾，抗击“8 号台风”，抢收水稻 6.8 公顷，稻谷近 5 万千克，疏散群众 800 多名，安全转移人民群众财产近 10 万元。支队机关和武警周宁县中队被地委、行署授予“抵御 8 号台风先进集体”。全区组织民兵预备役人员，参加各类抢险救灾活动，抢救群众 380 余人，抢救物资 5000 多吨，修复道路 530 多千米。

1997 年 1 月 13 日，宁德市湄洋岭发生特大交通事故，1 辆满载乘客的卧铺车翻入路边深谷，武警宁德地区支队派出官兵赶到现场抢救，从 200 多米的悬崖下救出事故人员 25 人，收拾遇难尸体 13 具及遗散人民币 27 万元,《人民日报》《法制日报》《福建党风》等多家新闻单位专题报道官兵勇救遇难群众的事迹。在两次抗台风活动中，全区动员民兵抗击台风，出动车辆 48 台次，抢修道路 25 千米，修复海堤 10.5 千米，转移灾民 800 人。全年全区预备役部队出动官兵，参加地方抢险救灾，扑灭山火 11 起，民房着火 6 起，挽回经济损失 180 万元。预备役部队被南京军区授予“扶贫帮困先进单位”。

1998 年 2 月 18 日，福鼎市白琳镇青楼下村大峰山发生特大山体滑坡，在福鼎检查工作的军分区司令员即驱车赶到现场指挥抢救，福鼎市人武部组织白琳等 10 个乡（镇）民兵预备役人员参加抢险，武警宁德地区支队出动官兵及车辆 5 台参加抢险，预备役部队参加抢险，经 4 昼夜连续奋战，抢救出受伤群众 32 名，挖出 17 具尸体。预备役部队有 29 名干部、战士立功受奖，预备役部队被省军区记集体二等功一次。中央电视台、福建电视台、福建东南电视台等多家媒体专题报道武警宁德地区支队官兵抢险救灾事迹。

1999 年，全区各级人武部组织民兵预备役人员参加各类抢险救灾活动，抢救群众 380 余人，抢救物资 5000 多吨，修复道路 530 多千米。

2000 年 3 月 26 日，武警福安中队派出官兵到福安赛岐扑灭山火，营救 120 名被围困的春游学生。

2002 年 9 月 7 日，“森拉克”强台风袭击闽东沿海地区，军分区组织全市民兵预备役人员投入抗击台风活动。预备役部队动用冲锋舟 2 艇、车辆 35 台次，加固海堤 500 多米，转移群众 1800 多人，抢运物资 120 多吨，抢救财产价值 65.8 万元，同时，派出 200 多名官兵帮助做好灾后生产自救。

2003 年 12 月 2 日，屏南县棠口上培电站公路施工现场突发山体滑坡，5 名民工和 2 名村民被掩埋，武警屏南县中队官兵赶到现场实施抢救。12 月 3 日，武警宁德市支队前方指挥部再次调动官兵实施增援，经过 5 个昼夜抢救，清理石土 400 余吨，救出 1 名受伤人员、挖出 4 具尸体。当年，全市组织动员民兵预备役人员抢险救灾，出动车辆 13 台次，扑灭山火 34 起，转移受灾群众 132 人。

2004 年 8 月，“艾利”台风袭击全市，预备役部队组织精干力量参加抢险救灾。福安市城区大部被淹，驻军官兵用冲锋舟解救被洪水围困群众 1000 多人，转移物资 300 多吨。

2005年，军分区组织民兵预备役人员参加抗击第5号台风“海棠”，有效保障人民群众的生命财产安全。

第三节　维护社会治安

1993年，全区组织民兵参加维护社会治安工作，担任城区战备执勤的预备役部队与蕉南街道人武部每天派队员上街巡逻。全区民兵预备役人员协助公安部门破获案件183起，抓获犯罪嫌疑人84人，破获海上刑事案件63起，截获偷渡分子168人，扣船3艘，抓获“蛇头”（把偷渡的人带出国境，从中赚钱的人）2人。

1994年，军分区下发《组织民兵配合公安部门维护社会秩序的行动方案》。同年12月31日，武警屏南县中队协同公安干警捣毁一个由10多人组成的绑架团伙，成功解救出1名被绑架27天之久的美籍华人。

1995年5月4日，武警福安市中队官兵成功围捕4名持枪杀人犯罪嫌疑人，缴获来福枪2枝、子弹20发。

1996年10月3日，武警宁德地区支队协同公安、政法部门，平息宁德市城南镇贵歧村与蕉南三村的械斗，捕获首要分子6人，收缴各种凶器50余件。武警宁德地区支队被地委、行署授予“全区严打先进单位”。

1998年10月13日，武警宁德市中队官兵捕获冲击宁德洋中镇镇政府的首要分子。

1999年7月8日，武警宁德地区支队直属中队和武警福安市中队派出官兵，协助地区公安处、福安市公安干警捣毁闽东“金山角”制毒窝点。

2000年1月21日，武警霞浦县中队解救1名被绑架的少女。4月28日，武警福安市中队派出18人次，处置一起阻挠执法部门执行公务引爆炸药事件，抓获1名首要分子。12月3日，武警宁德市支队直属中队协助福安公安局制止湾坞乡溪尾村湖南路桥工程闹事。是年，军分区、人武部组织民兵配合公安部门“打拐”活动，解救被拐妇女儿童100多名。

2001年，军分区、人武部组织民兵、预备役人员配合公安机关抓获犯罪嫌疑人83人。至2001年，预备役海防团参加打击车匪路霸、维护社会治安等活动，挽回经济损失1000多万元。

2002年2月18日，武警周宁县中队成功处置福安洋头村与周宁马坑乡村群众械斗事件。武警宁德市支队处置突发性事件9起，派出兵力257人次，抓捕犯罪嫌疑人21人。

2003年，市公安边防支队在三都城澳一类口岸等重点经济区设立警务服务区，为重点工程建设创造良好治安环境。

2004年11月，武警福安市中队派出官兵协助福安市委、市政府处置因土地征用、“标会”倒会等原因引发800多名群众集体上访事件。

2005年，武警宁德市支队派出官兵协同公安干警解救因修建水电站而被蕉城区莒州村、下莒州村等村村民围困的18名工程人员。

第四节　军民共建

1993年5月，宁德地区召开拥军优抚、拥政爱民工作会议。是年，全区组织民兵预备役人员成立1670个民兵学雷锋小组，做好事12.2万件，成立民兵拥军优属服务小组1548个，为烈军属做好事17690多件。武警宁德地区支队继续与区内多个文明单位成立共建点（其中3个文明小区、4个文明街道、5个文明村镇），组织开展共建活动。同时，组织开展"拥政爱民"活动，参加地方创建双拥模范城活动。

1994年，武警宁德地区支队成立拥政爱民领导小组，对10县（市、区）基层中队、27个共建点进行跟踪调查。是年，全区武警部队为群众做好事190多件捐款、捐物5万多元，为群众义诊126人次，抢救财产300多万。全区有15名官兵先后被省武警总队、支队和地方党委政府评为"学雷锋标兵"和"双拥先进个人"。武警寿宁县中队与鳌阳小学共建创办的"少年警校"，获"全国红领巾助残先进单位""全国红旗大队""全国小主人公建设优秀奖"等，并被共青团中央、国家教委评为"全国先进少年警校"。武警宁德地区支队政治处主任李提仁被国务院授予"全国民族团结先进模范"。

1995年，武警宁德地区支队下发《关于密切民警关系》，并在屏南县召开全区武警部队首次拥政爱民军警民共建工作座谈会。3月，宁德市召开"创建双拥模范城"动员大会，组织开展创建活动。是年，军分区被国务院评为"全国民族团结先进单位"，

1996年，武警福安市中队与城阳小学创办了闽东唯一的"少年武警学校"，集思想道德、国防军事、科技文化、革命传统教育为一体，制定少警校章程，建立一整套适应素质教育的教学计划和军事化的管理制度，开设军事训练、军事文化、特长选修三类课程，分设仪仗队、铜管乐队、鼓号队、擒敌拳队等"十一队一项目"。"少警校"的先进事迹多次在省、市电视台报道，在《福建日报》《闽东日报》刊登，在闽东乃至福建起到辐射作用。6月，福建省军区全体官兵捐款45万元，在福安市革命老区泰康村修建"八一"希望小学，学校占地5.7亩，共三层，并配套教师住房、图书室、电脑室等。同年，县（市）人武部组织开展"率（民）兵脱贫致富"活动，发动先富民兵通过传技术等方法带领群众致富。各级人武部采取通过驻点扶贫、智力扶贫及举办以退伍军人、基干民兵为主体的各种实用技术培训班、创办各种经济实体等方式，为贫困户解决实际困难。武警宁德地区支队被省政府评为"全省民族团结进步模范单位"。

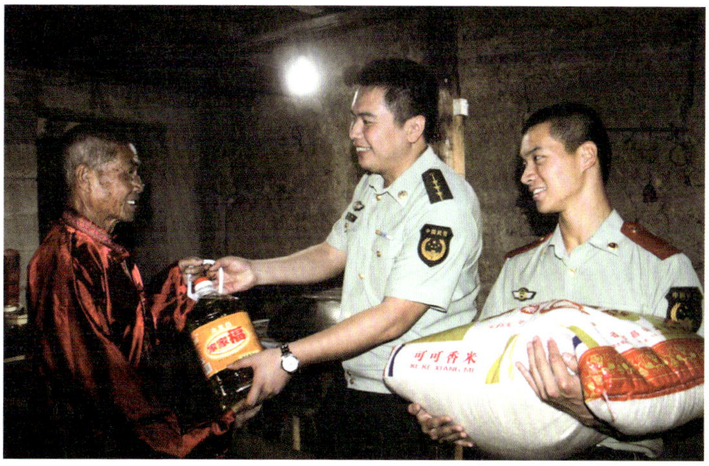

2005年，武警宁德支队霞浦中队官兵慰问霞浦县困难群众

1996—1997年，武警宁德地区支队与县（市）中队分别与驻地共青团组织、学校、车站等开展文明窗口共建活动。武警屏南县中队和周宁县中队被地委行署授予"民警共建先进单位""拥政爱民先进单

位”。1997 年春节期间，军分区与县（市、区）人武部、预备役部队组织驻闽东全体现役、预任军官参加“扶贫济困送温暖”、关心支援下一代捐款活动，到敬老院为孤寡老人做好事打扫卫生，共结对帮困 158 户，协调资金 25 万元用于扶贫。至 1997 年年底，驻闽东部队筹集 10 万元资金，资助 283 名儿童上学。

1998 年，在全区组织开展“讲文明，树新风”宣传活动，组织民兵学雷锋小组、便民服务队和义务帮工队为民众做好事办实事。全区建立文明示范点 1121 个。组织民兵预备役部队参加植树造林、清理河道、修整道路、修理电器，为军烈属和困难户做好事办实事。周宁县在上海打工的民兵，给“希望工程”捐款 11 万余元。在福鼎市白琳镇青楼下村大峰山特大山体滑坡后，福鼎市人武部干部、职工给白琳镇受灾群众捐款 3000 元。古田县人武部干部、职工给老干部捐款 2000 元。军分区通报表彰 10 个学雷锋先进单位和 9 个先进个人。武警宁德地区支队组织参加地方创建“文明安全小区”活动。制发《关于组织部队参加地方创建文明安全小区活动的意见》，武警地区支队和中队都相继制订落实文明共建活动计划。

1999 年，武警福安市中队与福安市民族中学“春蕾班”36 名贫困学生结成助学对子，开展捐资助学活动。官兵每人每月资助“春蕾班”学生 30 ~ 80 元。《福建日报》《海峡都市报》《闽东日报》《解放军画报》等多家报刊相继刊登助学事迹。

2000 年，福安市大梨小学与部队开展军校共建活动。组织该校四至六年级的学生进行军训活动。部队军官以军事训练为载体，对学生进行爱国主义、集体主义、国防意识教育，注重培养当代少年的生存和发展能力，全面提升学生素质。同年，三都海军部队协同地方政府和边防武警在闽东渔业区首次推出“海上 120”便民服务措施，组织医护人员定期到海上巡护，开展义诊咨询活动。全市驻军出动官兵、车辆、船只，参加地方两个文明建设。是年，预备役部队被宁德市委、市政府、军分区评为“第二届（1998—1999 年）军民共建社会主义精神文明先进单位”。

2001 年，蕉城区人武部发动干部职工与民兵预备役官兵开展“阳光助学行动”，资助农村贫困学生、失学儿童完成学业。组织民兵、预备役人员参加地方两个文明建设。

2002 年 9 月 20 日，全省军民共建精神文明先进单位命名表彰会暨经验交流会在宁德召开，省委副书记何少川参加会议并讲话。武警宁德市支队组织官兵参与蕉城区保护“母亲河”——霍童溪活动，并捐款 2.5 万元，援助“希望工程”款 31600 元，为蕉城区虎湏小学捐赠 2 台电脑和 1000 多册读物，捐款资助 54 名失学儿童们复学。全市武警官兵无偿献血 3 万多升。是年，预备役部队被省政府、省军区评为全省军民共建“三挂钩”（地方各级党政机关与部队各级单位挂钩，地方企事业单位与部队基层单位挂钩，地方专业技术单位与部队对口单位挂钩）先进单位。武警福安市中队官兵连续四年与福安市“春蕾班”畲乡女童开展结对助学活动，每人从津贴中拿出 30 ~ 50 元捐助给“春蕾班”女童。中央电视台 7 套节目、《解放军画报》《福建画报》等多家新闻媒体相继刊登助学事迹。武警柘荣县中队帮助城关小学“残疾班”学习事迹获省残联表彰。2003 年，预备役部队被市委、市政府评为“第三届（2000—2002 年）军民共建社会主义精神文明先进单位”。

2005 年，武警宁德支队官兵看望驻地学生

2004 年 7 月，武警宁德市支队派出 50 多名官兵参与整治河道水葫芦活动。7 月 22 日，武警宁德支队团委与共青团宁德市委举行警地“四联”（思想工作联抓、文娱活动联谊、公益事业联做、“两用”人才联育）活动启动仪式暨“八一”联欢晚会。是年，蕉城区人武部被国家民族事务委员会评为“全国民族团结进步先进集体”。全市慰问贫困小学 9 所 10500 元，慰问贫困村 3 个 12000 元、贫困户 12 户 6000 元，资助 28 名失学儿童上学资金 15000 元，帮助 31 户贫困户走上致富路，为孤寡老人、困难户捐助衣服 980 件。

2005 年，蕉城区人武部开展的“阳光助学行动”，帮助 110 余名失学儿童重返学校，帮助 63 名失学儿童完成九年制学业，资助 3 名贫困学生完成大学学业。同时，武警宁德市支队与市区 40 多个单位建成共建点。2003—2005 年，海军某支队为民义诊 8500 余人次，免费检查治疗 1550 余人次，发放药品 18200 余元。

第三十五编　外事　侨务与港澳台事务

闽东地区对外交往历史悠久。隋开皇二年（582年），印度梵僧阇那崛多到霞浦县沙江镇温麻清潭一带进行宗教交流活动。唐贞元二十年（804年），日本空海高僧随遣唐使入唐学法，海上遇险漂流至霞浦赤岸，受到当地官民的热情接待。明洪武二年（1369年），古田籍翰林院侍讲张以宁出使越南，是闽东地区有文字记载的最早公派出国人士。据史料载，闽东人成规模移居海外为清咸丰五年（1855年），由西班牙籍传教士江郎川将在福州的福安籍天主教教友813人成批贩卖到法属非洲布尔班岛当劳力，此后又有闽清人黄乃裳发起福州十邑乡人移居马来西亚砂罗越垦殖，在古田、屏南县招募千余名劳工移居马来西亚，成为闽东最早的海外移民群体。近代又陆续有不少闽东人移居国外及中国港澳台地区。20世纪90年代后，闽东赴海外及求学创业人数逐年增多，出国（境）人员遍宁德市各县（市、区）。至2005年，宁德市有华侨、华人41.77万人，分布在世界各地的73个国家和地区，有归侨2175人、侨眷13.67万人。有旅港澳台同胞2万多人。

1993—2005年，宁德市各级党委、政府高度重视港澳台侨工作，相继出台一系列政策措施，加强经济技术合作，举办各种大型经贸合作活动，扩大招商引资。各级外事和对台、港澳、侨务部门加强港澳台同胞和海外侨胞的联络与服务，落实有关政策，维护合法权益。广大港澳台同胞和海外侨胞不断回闽东投资兴业，资助公益事业，开展文化交流。闽东外事侨务与港澳台事务工作开始走向一个新的发展时期。

第一章　对外事务

第一节　对外交往

一、重要到访

1993 年 2 月，日本冲绳市空手道研究会会长渡嘉敷难贡一行 3 人抵古田考察龙尊拳，观赏张寿民等民间艺人表演。7 月 3 日，俄罗斯莫斯科现代音乐舞蹈团应邀到宁德、福鼎演出。福安、古田 2 个市（县）被公安部公布为对外开放地区，至此，全区 9 个县、市全部对外开放，进一步增进对外往来。

1994 年 3 月，奥地利驻华大使布科夫斯基博士访问宁德。4 月 18 日，联合国 EAO（粮农组织）水产专家菲力善、邓尼克博士及匹昂尼士工程师一行，到三都澳实地考察评估海洋保护、水产养殖世行贷款项目。5 月 21 日，日本高野山真言宗竹内崇峰管长率 199 人大型参拜团，到霞浦县赤岸参加空海大师纪念堂落成庆典活动。6 月 25 日，美国亚利桑那州立大学教授范更华博士到寿宁考察。9 月，国际爱德基金会聘请美籍英语女教师受来・丽来・斯诺（中文名雷爱梅）、苏珊・伊丽莎白・麦卡锡（中文名苏珊）到宁德师专任教，为期两年。是年，美国驻广州总领馆经济领事访问宁德，世界卫生组织巴特博士、爱德华博士访问宁德。

1995 年 2 月 3 日，美国艾嘉礼博士到霞浦县考察畲族文化。3 月 4 日，日本日中建材株式会社代表一行 3 人到福鼎县沙埕、前岐、白琳、秦屿等地考察。3 月 21 日，澳大利亚驻华使馆公使郭森若、项目援助参赞杜凯、驻上海领事馆副领事王茂亭等到宁德三都澳城澳港考察。3 月，艾嘉礼博士再次到宁德地区考察畲族文化。8 月 9 日，韩国文化体育部专门委员会李素罗到宁德采风，搜集、录制宁德和福安两地在畲汉两族民间传唱的民歌。9 月，日本《岛报》景观自然科副课长佐藤仁志一行到周宁、屏南等县考察柳杉渊源，拍摄柳杉生长情况，制作图片。10 月，日本共同社上海支局长松尾康宪到宁德采访；泰国 D.S 橡胶公司董事长林立盛率领的 10 人访问团访问宁德市，参加古田县贸易洽谈会和古田县第七届运动会。11 月 24 日，日本长崎县农业访华团一行 4 人，到福安社口镇省茶科所参观访问。12 月 30 日，日本 NHK 摄制组再次到三都拍摄宁德市人民法院三都海上巡回法庭开展执法情况。是年，日本佛教高野山真言宗访华团 50 多人到霞浦参加赤岸空海大师纪念堂落成一周年纪念活动。

1996 年 5 月 5—7 日，斯洛伐克共和国特尔纳瓦市市长史蒂芬・博什纳克率友好代表团一行 10 人访问福鼎市，考察太姥山、沙埕港、福鼎啤酒厂和福鼎一中。8 月，巴西、日本、美国等国驻上海总领馆的总领事和商务领事，应宁德地区外事办邀请参加“1996闽东上海经贸展示会”。9月，世界银行官员石文德等一行4人到宁德市考察水产养殖。18日，美国华盛顿大学农业发展研究所教授普罗斯特曼一行3人，应国家试验办推荐到闽东考察农村土地制度建设试验情况。

1998年5月22日，英国MEXRA金融公司董事约翰·赫钦生到闽东华侨经济开发区考察。12月7日，日本驻广州总领馆总领事小原育夫一行，先后到寿宁县考察武曲镇南岸村人饮工程，到福安市考察民族职业中学附属畲族小学教学楼援助项目建设情况。

1999年年初，墨西哥驻华使馆公使何基·奥马拉斯以及日本、美国、新西兰、澳大利亚、菲律宾等国家政府专家到福鼎市参加由宁德地区行署、省旅游局、省环保局、省林业厅联合举办的中国福建（闽东）生态环境游活动。10月25日，日本《朝日新闻》古谷浩一支局长一行，到宁德市采访扶贫及“连家船民”上岸定居情况。

2000年3月12日，法国软基处理专家米歇尔·亚当姆，到东侨经济开发区考察。8月10日，荷兰皇家科学院院士、莱顿大学教授施丹人及其夫人到宁德霍童山考察，并应邀出席宁德地区古文明研究会主办的宁德霍童山道教文化座谈会。11月，加拿大、澳大利亚、马来西亚、土耳其、瑞士等国家驻华使节、财团和专家等参加宁德撤地建市庆典活动。其间，加拿大国际水护卫工业公司（即IWG公司）总裁贝尔·库特，签署在东侨开发区成立中外合资IWG水处理设备（中国）有限公司协议。

2001年5月，日本放送协会（NHK）摄制组前往霞浦县制作《空海法师在中国》的专题电视节目。10月，荷兰驻广州总领馆领事唐孟珂到寿宁县考察平溪乡柯洋村自来水工程。11月11—14日，新西兰皇家科学院首席科学家高益槐教授到宁德讲学，在市直机关、古田县政府作题为《21世纪生物科学技术发展的前景》的学术报告。

2002年5月，日本三菱化学株式会社专家芝田良实率领商务代表团一行到宁德市考察闽东联谊集团公司和东侨经济开发区。9月27日，俄罗斯莫斯科卡希拉区第一副区长戈卢别夫·安德烈·阿列克谢耶维奇一行3人到宁德市访问。

2003年2月21日，意大利华侨华人联谊会会长陈铁群，意大利青田同乡总会会长王泽厚、副会长夏佩义，意大利威尼斯青田同乡会会长王朝雄等一行8人到宁德市考察投资环境并考察东侨开发区。旅外华侨余孔琳到宁德与有关方面商谈在宁德投资经营管道燃气项目。当年，经宁德外事部门核发邀请函到访的国外友人达100多人次，到宁德市进行交流的外国人士增多，来访涉及政治、经济、文化和社会各领域。

2004年2月10日，新加坡、马来西亚、印度尼西亚等10多家旅游商社董事长、经理以及新加坡《联合早报》记者，到太姥山考察发展旅游线路和国际合作事宜。2月13—15日，印度尼西亚驻华大使库斯尼亚、经济参赞苏潘迪一行4人到福鼎市、霞浦县考察访问。3月19—21日，菲律宾、新加坡驻厦门总领馆官员一行30人到福鼎市、霞浦县参观考察。4月，美国驻广州总领馆经济领事马艳芬到福安市考察农户自立小额信贷扶贫项目。5月，马来西亚古晋福州公会主席林鹏辉、秘书长黄寿凑一行6人到古田、屏南县访问。6月4—7日，新加坡农粮局、经济发展局官员及新加坡水产养殖协会、海产养殖中心技术人员一行12人到宁德市考察、交流两地开展水产养殖方面合作事宜。6月，美国泛太平洋投资集团主席帕特里克·卡斯特到宁德考察石化产业发展、港口规划和投资事宜。8月11日，美国泛太平洋投资集团主席帕特里克·卡斯特、美国凯普有限责任公司执行董事白强到宁德市洽谈投资建设“美国工业园”事宜。9月6日，菲律宾众议长德贝内西亚及夫人一行22人到三都澳考察大黄鱼网箱养殖，探讨两地开展渔业合作相关问题，随同来访的有菲律宾地方渔政局长、水产出口商等。12 月 8 日，马来西亚、日本、新加坡、南非、美国、意大利、西班牙、新西兰等国家海外团组，应邀出席在古田县举办的全国食用菌产业论坛暨首届中国（古田）食用菌节。

2005 年 3 月 23 日，日本驻广州总领馆总领事渡边英雄、领事竹中惠到蕉城区漳湾镇考察日本国利民工程援助项目、鳌江村“连家船民”饮水工程。6 月 7 日，日本驻广州总领馆领事阿武孝雄到周宁县考察日本国利民工程援助项目——纯池乡卫生院购置的医疗设备情况。28 日，新西兰前总理珍妮·希普利一行访问宁德市，参加中国·宁德招商节开幕式及安发（福建）生物科技园奠基仪式，出席宁德市委、市政府在福州举办的《国际天然药物（食用药菌）高新技术与产业化高峰论坛》。7 月 29—30 日，芬兰驻广州总领事杜汉龙到福安闽东医院为向该院提供 500 万元无息贷款作前期考察。11 月 1—3 日，美国新泽西州莫里斯郡市长哈罗德一行访问福鼎市，考察玄武岩总厂、星火工业园业，与福鼎市签署两市加强经贸合作和文化交流备忘录。

二、重要出访

1993 年 5 月，地委书记陈增光、行署副专员许美星、地区侨办主任张鸿炎等应邀率宁德地区经济考察团访问马来西亚。1994 年 5 月，地委书记陈增光率团赴日本、韩国开展经贸考察。1995 年 3 月，行署副专员徐谦率团赴新加坡、马来西亚、泰国开展经贸考察工作。1996 年 2 月，行署专员汤金华率团赴印度尼西亚开展经贸活动。行署副专员陈永强率宁德地区招商团赴马来西亚吉隆坡举办马来西亚——福建投资洽谈会。1997 年年初，行署专员汤金华率团赴美国、加拿大开展经贸洽谈活动。1998 年，行署专员率团赴德国、荷兰开展经贸洽谈活动。是年，地委和行署还组团赴澳大利亚、新西兰考察。行署副专员龚守栋率团赴澳大利亚、新西兰访问。2000 年 4 月，地区政协工委主任姚智梅赴美国访问。7 月，行署组团赴美国开展经贸访问。12 月，市委副书记、组织部部长张立先率宁德地区代表团赴马来西亚吉隆坡参加第六届世界福州十邑同乡会庆典。

2001 年，宁德市组团赴英国、法国开展经贸考察。市政协主席姚智梅率团赴意大利考察。2002 年 5 月，副市长陈允萍赴俄罗斯参加中俄城市市政和地区合作“圆桌会晤”并访问莫斯科市卡西拉区。是年，市政协主席姚智梅率宁德市经贸考察团访问印度尼西亚，开展项目洽谈和联谊活动。2003 年，由市委领导率领的考察团到加拿大、巴西访问。市政协主席姚智梅率团访问澳大利亚、新西兰，市人大常委会主任钟雷兴率团访问澳大利亚、新西兰，市委常委林鸿坚率宁德市庆贺团赴马来西亚参加闽东侨民实兆远垦荒百年纪念活动。2004 年 4 月，市长陈荣凯率团赴马来西亚、菲律宾，开展经贸洽谈及友城访问活动，与马来西亚诗巫市签署友城结好意向。9 月 14—25 日，常务副市长傅贤光率团赴韩国、南非开展经贸考察。2005 年 4 月，市政协主席姚智梅率团赴南非、埃及考察访问。9 月，市长陈荣凯率团赴瑞典、丹麦开展经贸洽谈，市人大常委会主任钟雷兴率团赴德国、意大利开展经贸考察。

三、国际援助合作

（一）经济援助合作

1993 年，福建省“八五”计划重点建设项目霞浦县沙头围垦工程被联合国粮农组织亚洲银行列为贷款援助项目，获该行提供的 2400 万元人民币贷款援助。1995 年 1 月，卫生部和世界卫生组织合作项目——“防治产后出血、降低孕产妇死亡率干预措施培训班”在屏南县开班。此后，世界卫生组织多次派官员到屏南县跟踪调查。地区外侨办和卫生局协助做好该项目后续工作。11月，世界银行提供140万美元对区内140千米主干公路进行改造并铺设沥青路面。1996年，日本政府以“利民工程”援助名义，共向宁德5个县（市）无偿捐赠、捐建项目6个，折合人民币292.84万元。同年，由国际援助的贷款、无偿援助在宁德市投资的项目折合人民币3300多万元。1998年，经省外事办推荐，日本长崎县捐资38.2万元人民币，援助修建古田县大桥镇明洋小学和蕉城区洋中镇莒溪小学。2001年，荷兰驻广州总领事馆援助寿宁县平溪乡柯洋村自来水工程项目款2.81万元。2002年，日本长崎县捐赠古田县大桥明洋小学和宁德市洋中莒溪小学各2万元人民币，用于购置教学设备。荷兰驻广州总领馆援助周宁县浦源镇西坑村自来水工程4.2万元人民币。是年，世界银行提供615万元人民币，用于宁德市各县（市、区）红壤农用地改造。2005年，日本驻广州总领馆代表日本政府向周宁县纯池卫生院赠送价值31.73万元的医疗器材。

（二）对外技术合作

1993年11月，由宁德地区17名医务人员组成的中国第十批援外医疗队前往非洲塞内加尔共和国，开展为期两年的医疗援助工作，是“文化大革命”后区内首次派出援外人员，因出色完成了援外任务，回国时接受由总统授予的荣誉勋章。其中福鼎县医院院长、医疗队队长纪元光被授予塞内加尔国家级狮子勋章，其他5名队员被授予国家级骑士勋章。

1994年，宁德地区在国外创办的第一家企业——马来西亚福马有限公司，利用当地丰富的棕榈油渣在热带丛林种植香菇、草菇、凤尾菇、木耳、竹荪等食用菌获得成效，并将培育技术传授给当地群众。1997年10月，来自14个国家的26名外国客人到屏南考察学习食用菌生产技术并探讨合作意向。2003年3月，福鼎市沙埕镇台山村12名海上捕鱼经验丰富的渔民应印度尼西亚方邀请前往印度尼西亚开展实验性海上捕鱼合作生产。2004年11月，“中国TCDC（南南合作）食用菌技术国际培训班”在古田县开班授课。来自蒙古、朝鲜、越南、菲律宾、伊朗、印度、埃及、喀麦隆等22个国家的46名学员接受培训。

若干年份宁德市（地区）接受日本“利民工程”援助项目统计表

表35-1　　单位：万元（人民币）

序号	时间	受援单位	项目	金额
1	1996	寿宁县斜滩中心卫生院	新建医疗综合楼	73.61
2	1997	霞浦县溪南中心卫生院	新建医疗综合楼	65
3	2000	福安市康厝畲族乡民族职业中学附属畲族小学	兴建小学教学楼	58.50
4	2000	寿宁县武曲镇南岸村	兴建饮水工程	25
5	2001	蕉城区漳湾镇连家船民上岸定居点	兴建饮水工程	39
6	2005	周宁县纯池乡卫生院	购置医疗器材	31.73

四、大型涉外活动举办

20世纪90年代后，中外交往、交流日益增多，宁德市除组团出国参加各种活动外，还由政府或民间团体组织举办一些较大型涉外活动，大多在国内举办，邀请国（境）外政府，团体和社

集中的城市，约占该省华侨华人总量的 80%。宁德市古田和屏南籍的华人、华侨有 8 万多人聚集在诗巫市。2004 年 4 月，经马来西亚诗巫市议员、诗巫古田公会会长钱本统牵线搭桥，宁德市市长陈荣凯率宁德经贸代表团访问马来西亚诗巫市。陈荣凯市长与诗巫市议会署理主席吴春祥在友好磋商的基础上，签署两市建立友好城市关系意向书，马来西亚政府房屋与地方政府部副部长刘会州参加签约仪式。

第二节　涉境外事务管理

一、公职人员因公出国和前往港澳地区审批

1991 年 1 月 1 日起，凡属党委系统、顾委、人大、政协、纪委及人民团体单位的副厅级以上干部（含地市级领导）和各县（市、区）委书记带队或参加的因公临时出国团组其任务属于经贸方面的，由省经贸委审核，属于非经贸方面的，由省外办审核后，报省委审批，并由省委办公厅下达出国任务批件。1992 年 9 月，省委办公厅、省政府办公厅决定从 10 月 15 日起，下放部分临时性因公出国（境）、团组审批权。授权南平、龙岩、宁德地区行政公署和三明市政府审批属于经贸性质工作的地（市）县的处级以下（含处级）临时因公出国（境）人员。县（市、区）委书记、县（市、区）长出访属于经贸性质任务的，由各地区行署、市政府审批。根据授权，宁德地区获得部分外事审批权，由地区外事办承办，宁德地区地（厅）级人员因公出国（境）事项和非经贸业出国（境）事项报省外办等有关部门审批，或由省外办等有关部门转报省委、省政府审批。1993 年 2 月，省政府制定《关于调整派遣临时出国人员和邀请外国人员来华审批权限的办法和实施细则》。

1994 年，国务院批准宁德地区 9 县（市）实行全面对外开放。根据外交部《关于重新印发〈有出国任务审批权部门名表〉》规定，从 4 月 2 日起正式行使部分因公临时出国（境）和邀请外国人来访事项的审批权，处级（含正处）以下的经贸团组由宁德地区行署自行审批。1996 年 11 月，按照省委办公厅、省政府办公厅规定，地区外事办公室负责审核并承办本地区因公临时出国（境）团组和人员的有关报批事宜。1999 年 3 月，地区行署贯彻省政府办公厅《关于政府系统领导出访有关规定问题的紧急通知》，作出规定：上半年度，除执行特殊任务外，政府系统的正职领导原则上不安排出访；之后区内行政人员出访，无论职位高低，须先征求地委、行署分管领导同意并签署意见后，再按程序报批；重申严禁出访人员擅自增加访问的国家（地区）和延长在外停留时间；严格执行出访费用来源渠道审核，杜绝弄虚作假。同年，地委“三讲”办要求，副处级以上人员出访，必须向地委“三讲”办理请假手续后，方可申办出国手续。

2001 年 2 月，市外事办、纪委、监察局联合下发《关于跨地区、跨部门团组加强管理监督和检查坚决制止公款出国旅游的通知》，杜绝党政人员滥用公款出国旅游。12 月 13 日，市外事办提出《关于宁德市加强因公临时出国（境）管理工作的意见》，要求按照省财政厅、人事厅、监察厅联合下发的《关于对拖欠中央和省统一出台工资执行“四不准”规定的有关单位名单的通报》，规定亏损的国有企业和拖欠工资的自收自支事业单位人员不得申请出国（境），对初次出国或两年后再次出国人员必须接受外事纪律和安全纪律教育。

2002 年 1 月，市政府下发《关于加强因公出国（境）管理工作意见的通知》，市政府召开外

事专题会议。期间由于中国加入WTO（世贸组织），调整下放审批权限。决定从4月份开始，将非国有企业商务活动的出访人员出国境审批权下放给市外侨办；国有企业副处级以下人员出访参加商务活动的审批，由市外事侨务办公室（以下简称市外侨办）接案审核后报市政府办审批；对亏损企业、资金来源不当或"双跨"（跨地区、跨部门）团组的审批，仍按中央和省规定严格把关。8月15日，市委办公室、市政府办公室印发《关于加强因公临时出国（境）管理工作的通知》，规定：市直单位涉外部门领导班子成员，原则上一年因公出国（境）人数不超过1人，确因工作需要，须经市委常委会或市长办公会议研究决定；参加出国（境）外培训的人员，在向上级主管部门报送名单前，必须报市外事侨务办审核；处级及处级以上领导干部，必须提交市委常委会或市长办公会议研究决定。

2003年5月6日，因受"非典"影响，宁德市从即日起，凡无特别工作需要的，一律暂缓办理出国（境）手续。确有特别任务急需出访的，应事先征得驻外使领馆确认后方可进行，对已获得签证的团组，需经批准后方可出访。"非典"影响结束后恢复正常出访审批。2004年7月，市外侨办印发《关于企业人员因公赴港澳多次往返签证审批手续暂行管理办法的通知》，直接受理非公企业人员的一年期、半年期以及3个月赴港澳多次往返签证和企业赴国外参展、参加博览会等经贸团组的申请。是年，市外侨办出台《〈关于加强因公临时出国（境）管理工作的通知〉的补充通知》，市外侨办重新设置审批、签证有关流程，进一步简化审批、签证程序、提高工作效益、加强管理。

2005年，市政府相继出台《宁德市因公出国专办员管理暂行办法》《宁德市民营企业人员循因公渠道办理出国手续的暂行办法》《关于加强县（处）级人员因公临时出国管理的通知》等文件，加强出国（境）制度建设，完善管理体制。据统计，1993—2005年，由宁德市外侨办审批、审核因公出国（境）人员3802人次，平均每年近300人次。

1993—2005年宁德市（地区）审核、审批因公出国、赴港澳地区人员统计表

表35-3　　单位：人次

年份	审核、审批因公出国、赴港澳地区人员数量
1993	398
1994	338
1995	304
1996	296
1997	259
1998	210
1999	267
2000	399
2001	299
2002	265
2003	278
2004	219
2005	270

二、民营企业人员因公出国和前往港澳地区审批

1993年，区内出现一批产品外销为主的民营企业，福安市许多电机生产民营企业，其产品多销往东南亚和非洲等国家。为方便民营企业人员出国（境）开展商务活动、缓解他们出国（境）审批难的问题，是年，宁德地区外事侨务部门仍试行1990年民营企业人员持公务普通护照出国，即“循因公渠道出国（境）”办法。以政策资信为背景，让部分符合资信好、企业有规模、贡献较大为条件的民营企业人员持公务证照出国。为快速、便捷、高效地“走出去”参与市场竞争、开展投资贸易开辟商业外交通道。2000年后，宁德地区这一做法在得到省外事部门的肯定和支持后，逐步规范，更加畅通，为方便区内民营企业在国外经营提供方便。1990—2005年，全市（地区）依此办法审核、共审批出国（境）的民营企业工作人员1730人次。

三、护照与通行证签证管理

1993年，宁德地区继续执行省外办《关于贯彻执行国务院办公厅转发外交部、公安部〈关于及时收缴并集中保管因公出国人员护照和进一步严格出国（境）证明核发手续问题的通知〉的实施细则》规定，即各单位人事部门将收缴的护照造册，分别交省外办和福州市、厦门市外办保管。常驻国（境）外人员护照，由持照者本人保管，人员回国后，应在一个月内将护照上交，交省外办保管，重申1984年规定，临时因公出国（境）人员必须在回国后一个月内将护照上交，省直单位交省外办保管，各地、市人员交当地外办保管。对逾期不交护照者，原发照机关有权注销并宣布其护照作废。

1997年7月1日中国政府恢复对香港行使主权之前，宁德地区因公赴港人员持护照前往香港。7月1日之后，因公赴港人员持“往来香港特别行政区通行证”（简称因公通行证）前往香港。国务院港澳事务办公室授权省政府外事办公室以及福州市政府外事办公室、厦门市政府外事办公室负责处理包括宁德地区因公赴港审批、发证。澳门回归之前，宁德地区因公赴香港、澳门人员需持护照前往。1999年12月20日澳门回归后，宁德地区因公赴香港、澳门人员持“因公往来香港、澳门特别行政区通行证”前往。因公赴香港、澳门人员分别办理签注后赴港澳。宁德地区因公赴港澳通行证签注由宁德地区外事侨务办（港澳办）审核后报请省外办（港澳办）发放。2004年3月，市外侨办根据省外办有关规定，结合实际颁发《关于加强因公护照（通行证）管理的有关规定》。至2005年，其规定内容不变。

四、外国人入境审批管理

1993年2月，宁德地区贯彻执行福建省《关于调整派遣临时出国人员和邀请外国人员来华审批权限的办法的实施细则》。根据该实施细则规定，邀请外国地方现职正、副省级人员和中央现职副部级人员来华，由省外办审核后报外交部审批。外国现职正、副省（部）级人员不以公职身份来华、不从事公务活动的，由省外办审批。期间福建省经外交部批准有权发邀请函电的单位有：省政府、省外办、省经贸委、中国福建国际经济技术合作公司（中福公司）、福建投资企业公司（华福公司）、省外贸总公司、省旅游局；福州市政府、外办；厦门市政府、外办；福州市经贸委；厦门市经贸委；漳州市政府、外办；泉州市政府、外办；莆田市政府、外办等。宁德

市外事部门加强要求入境采访的外国和中国港澳台地区媒体记者管理。1993—1999年，外国记者可获准进入宁德进行规定的采访活动。宁德地区严格按照国家有关规定相继邀请并接待日本NHK电视台、共同社、《朝日新闻》、马来西亚《星洲日报》、美国《侨报》、南非《非洲时报》、阿联酋《闽商报》、菲律宾《世界日报》等15个国家和29个地区的新闻媒体记者到宁德地区采访。在邀请、安排、接待外国记者采访过程中，地区外侨办根据外国记者的具体采访要求，认真准备，做好接待工作，必要时请地区领导接受采访，宣传领导改革开放和经济社会发展成就。

2000年，根据外交部授权、省政府批准，宁德市人民政府外事办公室可根据机关、企事业单位的申请，为外国人签发“被授权单位签证通知表”。外国人凭此向指定的驻外使领馆（处）、外交部驻香港或澳门特派员公署申办入境签证。2000—2005年，宁德市审批邀请入境的外国人绝大部分是企业界经贸人士，大部分来自发展中国家，累计463人次，平均每年70多人次。

2000—2005年宁德市外事侨务办办理邀请外国人士入境统计表

表35-4　　单位：人次

年份	审批外国人入境
2000	20
2001	49
2002	54
2003	132
2004	111
2005	97
合计	463

第二章 华人华侨事务

第一节 侨 情

一、人数与分布

中华人民共和国成立之初，福安专区有旅居国外华人约 23 万人，其中 80% 以上祖籍为古田和屏南 2 县。据 1997 年全区侨情普查统计，1997 年年底，区内有新移民 3691 人。海外华侨 30.97 万人，分布在 22 个国家和地区。2005 年，全市旅居在外的合法移民华侨、华人（含新移民）总数达 41.77 万人，其中改革开放后的新移民 1 万多人。新移民遍布全区 9 个县（市、区），以古田、屏南县为多，华侨、华人最少的柘荣县也有侨胞 50 人、侨眷近百人。与闽东历史上传统移民多集中在东南亚国家不同的是，新一代移民遍布世界各地，而尤以发达的西欧、北美、大洋洲和亚洲的日本为多。据宁德市第二次侨情普查，至 2005 年年底，闽东华侨已分布在世界 73 个国家和地区，其中属新一代移民的华侨、华人 80% 集中在经济发达的西欧、北美、澳大利亚和日本等国家。

二、归侨与侨眷

中华人民共和国成立至 20 世纪 80 年代，宁德地区归侨与侨眷主要为东南亚国家归国的华侨、华人。20 世纪 90 年代后，包括古田县在内的原归国侨胞及其眷属或因年老故去或因其他各种原因再次申请移居海外等，区内归侨、侨眷有所减少。其中古田县 1988 年有归侨 4979 人，到 2005 年年底仅有 1000 多人，降减较多。2005 年年底，全省第二次侨情调查数据显示，宁德市有归侨 2175 人、侨眷 13.67 万人；出国（指 1978 年之后）人员眷属 7254 人。其中，古田县为宁德归侨、侨眷第一大县，有归侨近千人、侨眷 2003 人。

2005 年宁德市侨情调查华侨华人及侨眷人数统计表

表 35-5　　单位：万人

县（市、区）	华侨华人数	侨眷数
蕉城区（含东侨）	0.35	0.20
古田县	31.96	10.08

续表 35-5

县（市、区）	华侨华人数	侨眷数
屏南县	8.32	2.62
周宁县	0.03	0.02
寿宁县	0.02	0.02
福安市	0.24	0.37
柘荣县	0.01	0.01
福鼎市	0.11	0.10
霞浦县	0.76	0.25
合计	41.80	13.67

说明：1. 蕉城区含东侨开发区，其中东侨开发区华侨华人 887 人，侨眷 1027 人
2. 此数据为普查后省统筹修正数字

三、侨乡

据 2005 年普查，古田县有华侨、华人 319619 人，侨眷 100848 人。分布于全县各乡镇，侨乡侨村主要分布在大桥等 14 个乡镇、街道和横洋等 59 村，分别为：大桥镇的横洋、丘地、横坑、梅坪、常洋、隆德洋、坑头、银场、大桥、钱厝、中村、珍山等村；吉巷乡的北墩、奎楼、前垄、昆山、兰溪、长洋、前山、梧山等村；鹤塘镇的仙山、井边、南洋、苏洋、前乾、西洋、溪边、鹤塘、后彰等村；卓洋乡的卓洋、林前、吉洋、独峰、秀峰、前洋等村；平湖镇的端上、唐宦、钱坂、中院、嵩州、新舫、玉库、乔洋等村。大甲乡的际下等村；杉洋镇的梨洋、岭里、杉洋等村；泮洋乡的大乾、凤竹、上洋、瓦坑等村；凤埔乡的峦垄、凤埔等；凤都镇的坑里、仕坂等村；湖滨乡的常坝等村；黄田镇的黄田等村；城东、城西街道的罗峰、华山等村及机关单位。其中，尤以大、小东地区（即大桥、吉巷、鹤塘、卓洋等乡镇）居多。其中大桥镇在海外华侨、华人达 6 万余人，为本地人口 3.7 万的 1.6 倍；该镇横坑村仅林姓在海外人口达 3000 余人，为该村 600 人口的 5 倍。下珍山村陈姓人口仅 1500 人，而海外人口达 7500 人，也为本村人口的 5 倍。

据 2005 年普查，屏南为宁德第二侨乡，全县有华侨、华人 8.32 万人、侨眷 2.62 万人。分布在 10 个乡（镇）71 个村。其具体分布村落为：长桥镇的长桥、长新、前里坪、慈云、新桥、官洋、里高溪、远垢、上牛山、下牛山、半圳、新乡、高溪、岑洋、柏源、后乾、周佳山等村；路下乡的路下、五溪、门里、山万里、岭头、中秋、芳院、富塘、发竹坑、前凤林、罗纱洋等村；屏城乡的溪坪、后龙、上凤溪、厦地、陆地、后井、村头、大碑、南湾、前汾溪、里汾溪等村；甘棠乡的甘棠、王林、前院、漈下、巴地、新田、洋头寨、小梨洋、梅花地等村；棠口乡的棠口、安溪、漈头、旺坑、贵溪、山岭、仕洋、西村等村；代溪镇的代溪、康里、忠洋、福善、恩洋、长宦等村；熙岭乡的熙岭、岭里、前塘、梨洋、溪里等村；古峰镇的古厦、长坋等村；双溪镇的双溪等村；岭下乡的梅溪等村。重点侨乡是长桥、屏城、路下 3 个乡（镇），有华侨、华人近 4 万人，归侨、侨眷近 1.8 万多人。其中以屏城乡的村头、陆地、厦地，长桥乡的长桥、官洋，路下乡的路下、凤林、芳院等 8 个村最多。其次为甘棠、棠口乡，再次为代溪、熙岭、双溪、古峰等乡镇，寿山、岭下等乡较少。

根据 2005 年普查，除古田、屏南两侨乡外，华侨、华人及归侨、侨眷情况为：蕉城区有华侨、华人 3505 人，侨眷 2003 人（含东侨经济开发区华侨、华人 887 人，侨眷 1027 人），分布在

1997年6月，东湖塘华侨农场体制下放交接仪式

各乡镇和机关单位。福安市有华侨、华人2423人，侨眷3704人，主要分布在甘棠镇、穆阳镇。霞浦县有华侨、华人7576人，侨眷2478人，海岛乡、长春镇、海岛乡，下浒镇及城关和机关单位较多，尤以海岛乡为最多。柘荣县华侨、华人不足百人，有侨眷94人，零星分布在各乡镇和机关单位。周宁县有华侨、华人287人、侨眷184人，以城关居多，乡镇较少。福鼎市有华侨、华人110多人、侨眷100多人，零星分布在各乡镇和机关单位。寿宁县有华侨、华人205人、侨眷176人，主要分布在斜滩、武曲、大安、犀溪、南阳、竹管垅、鳌阳等8个乡镇，以斜滩镇最多。

四、华侨名人

袁冰凌，祖籍柘荣，毕业于复旦大学历史系、厦门大学研究生，荷兰莱顿大学博士。2005年，为法国科技研究中心研究员，荷兰和法国汉学杂志《三教文献》常务编委，2005年，在福州大学任教，并创办福州大学“西观藏书楼”，从事中国文化和国际汉学研究。卢健平，祖籍寿宁斜滩，毕业于中国科技大学，是中国改革开放后首批公派赴美留学生，获博士学位。2005年为美国北卡罗来纳大学物理学博士生导师，该校终身教授。在侨居国从事教育工作的新一代移民侨胞还有洪宗萱（霞浦籍）、张忠明（福鼎籍）、江秉华（古田籍）、陈承慈（蕉城籍）、黄德建（屏南籍）、范更华（福鼎籍）、江竞（福安籍）、陈龙国（福安籍）等。

在外从事经济贸易的华侨、华人有：郑代文、郑代福兄弟，祖籍古田泮洋乡，1995年在马来西亚接手经营一家购物商场的报摊，专营新闻书刊业务。后逐步发展为书报连锁便利店，并开通电子商务。2005年已开设分店100多家，网点遍布马来西亚各地。公司与英国著名连锁便利集团WHSmith联手共同开拓市场，是马来西亚最大、最主要的报刊经营商。高益槐，祖籍古田吉巷，2005年为新西兰皇家科学院首席科学家，新西兰梅西大学食品、营养和人类健康学院教授，高级研究员，真菌学和医学营养学家。黄聿辉，祖籍古田，2005年为匈牙利SPLADY公司董事长。周彪，祖籍周宁，2005年为日本东京众和产业株式会社董事长。叶北洋，祖籍古田，为南非寰洋国际实业有限公司董事长。刘瞳，祖籍柘荣，1991年赴美国南达科他州立大学攻读博士学位，后入美国籍，美利坚纽约生物公司首席科学家。美籍华人周林球，祖籍周宁，1994年赴美深造并获医学博士，2005年为国际椎间盘学会会员、美国康复理疗学会特别学员，美国医学学会会员。方征宇，祖籍福安，1994年赴加拿大留学后获博士学位。曾任美国摩根财团银行部副总裁，2005年，为加拿大蒙特利尔银行金融策略部高级主管。周盛宗，祖籍蕉城洋中，1982年毕业后赴德国萨尔州立大学学习，获信息学博士学位。2005年，居住德国法兰克福，为该市SER系统股份公司工程师。江秉华，祖籍古田，2005年，为美国西弗吉尼亚大学MBR肿瘤中心及微生物免疫与细胞生物学系博士生导师。何承健，祖籍周宁，2005年为美国先进直升机技术研究部主任、资深高级研究员。美籍华人黄忠义，祖籍福鼎，中国科技大学毕业，赴美国纽约州立大学攻读博士学位，2005 年为美国 Bank SomerserHins 银行总裁，是美国新泽西福建同乡会创始人之一。江毅，祖籍福安，2005 年为美国洛斯阿拉莫国家实验室理论部研究员。陈承慈，祖籍蕉城洋中，为美国蒙太拿州立大学终身教授、美国农业部再生能源生物能委员会副主任。黄捷，祖籍蕉城洋中，毕业于美国霍普金斯大学，获博士学位，曾任美国 GNC（导航与控制）公司首席研究员。2004 年当选为国际电子学会院士，2005 年受聘香港中文大学。卓敏，祖籍霞浦，在美国深造毕业后，任教于美国华盛顿大学医学部并创建该校痛觉研究中心，加拿大多伦多大学客座教授。

闽东知名华侨、华人还有祖籍古田大桥的陈祖排博士，先后担任马来西亚卫生部副部长、房屋暨地方政府部部长等职；祖籍屏南的包章文，祖籍古田的倪可汉、倪可敏、陈联璋当选马来西亚国会议员；祖籍古田的著名企业家、泰国树胶公会主席林立盛，是泰国立宪院委员、泰皇室经济顾问；祖籍古田的吴恒灿是马来西亚首要集团中文顾问，马来西亚翻译与创作协会会长。

五、爱国爱乡

（一）建言献策

1993 年后，越来越多的闽东籍华侨、华人回家乡探亲、访友、兴业，帮助家乡建设。回乡归侨积极建言献策、帮助政府工作。至 2005 年，全区（市）归侨、侨眷知识分子中，有 30 多人加入中国共产党、60 多人进入地（市）和县级领导班子、80 多人被提拔为科局领导干部、1 人被选为福建省人大代表。

（二）投资兴业

1994 年，有华侨先后投资人民币 1420.54 万元，创办宁德建业房地产公司、宁德新城房地产公司。1996—2005 年，闽东籍华侨在家乡投资兴办企业的还有：投资人民币 150.73 万元兴办的宁德远藤食品有限公司；投资 898.10 万元兴办的闽东中进海味食品有限公司；投资 204.74 万元兴办的东方神电子有限公司；投资 94.20 万元兴办的宁德兴华工艺品有限公司。由旅居新西兰古田籍华侨高益槐投资兴办的安发生物有限公司，是一家集科研、生产、销售为一体的高科技企业，主要利用闽东丰富的食用菌资源和产品，生产营养保健品，产品大部分销往国外，企业被列为福建省产业龙头企业。祖籍霞浦的洪宗萱博士，入选福建省高层次创业创新人才计划，被宁德市引进，担任恒力新能源科技（福建）有限公司技术总监，其创新创业项目为可分离式锌空气电池及新型燃料电池材料。至 2005 年，闽东侨胞、港澳同胞在宁德投资项目约 100 多个，投资额超过 30 亿元人民币。

（三）资助公益事业

1. 资助教育

1991—1993 年，101 名侨胞捐资 78.29 万元，建设屏南路下中学，学校建筑面积 2118 平方米。有侨胞捐资人民币 9 万元，设立屏南屏城中学“张家甫奖学奖教金”。15 名侨胞捐资 79 万元共同建设屏南周佳山小学。有侨胞捐资 53 万元，建设屏南路下中学“黄郑兴礼堂”，建筑面积 1080 平方米。4 名侨胞捐款 8 万元设立屏南路下中学“吴长存奖学金”。

1994—1996 年，古田侨胞捐资 75 万元，修建古田玉田中学办公楼。捐资 10 万元，设立古田玉田中学教育奖学金。捐资 168 万元，建设屏南光华小学，建筑面积 4027 平方米。捐资 50 万元，修建古田玉田中学教学楼。捐资 237 万元，建设古田县第九中学。捐资 200 万元，修建古田芝山小学、古田大桥华侨中学综合楼、古田二中实验楼和老师宿舍。捐资 20 万元，兴建古田县平湖中心小学“祖吕教学楼”。捐资36.06万元，帮助古田县玉田中学修建校舍。捐资90.36万元，修建古田九都中学教学楼。捐资 50 万元，修建古田县湖滨乡极乐小学教学楼。捐资 150 万元，修建古田县玉田中学礼堂。捐资 37 万元，帮助屏南路下中学修建校舍，建筑面积 1059 平方米。捐资 37.70 万元，修建屏南远丘小学，建筑面积 800 平方米。捐资 27 万元，建设屏南新乡小学，建筑面积 580 平方米。捐资 37 万元，建设屏南县路下华侨中学校舍。捐资 20 万元，帮助屏南前塘小学维修建筑面积 459 平方米的校舍。又捐资 18 万元，建设屏南降龙小学，建筑面积 723 平方米。柘荣侨胞等捐资 60 万元，修建柘荣东源小学教学楼。有侨胞捐资 145 万元，建设宁德十中教学楼。

1997—1999 年，侨胞捐资 10 万元给宁德师专办学，捐资 22 万元，修建古田吉巷乡梧山小学校舍。捐资 300 万元，建设古田昆山小学“标坤楼”、古田县梧山小学“雪梅楼”、古田玉田中学教学楼等。捐资 67 万元，建设屏南新桥村培民小学、屏南四中“惠菊教学楼”。捐资 100 万元，建设屏南华侨中学“长顺桂花楼”，建筑面积 2243 平方米。捐资 5 万元设立陆地小学“余长顺、许桂花奖学金”。捐资 20 万元，设立“云英奖教奖学金”基金。捐资 35 万元，修建屏南长桥镇新乡小学。11 名侨胞捐资 15 万元建设古田大桥华侨中学教学楼。6 名侨胞捐资 60 万元，兴建屏南路下中学教学楼，建筑面积 790 平方米。有侨胞捐资 35 万元，兴建屏南官洋学校校舍，建筑面积 751 平方米。捐资 60 万元，资助屏南华侨中学办学。捐资 53 万元，兴建屏南路下中学“黄柯清玉科技楼”。捐款 105 万元，建设屏南光明幼儿园，建筑面积 2155 平方米。捐资 30 万元，兴建屏南屏城中学教学楼，建筑面积 2266 平方米。

1998 年，旅美侨僧释应朗法师捐资 100 万元，修建福安湾坞半屿村敬老院，收住 10 多名孤寡老人。

1999 年 5 月，应邀前来参加宁德“9・8”招商会的闽东海外侨胞发起捐资 80 万元，用于建设一所希望小学。

2002 年，屏南籍侨胞 16 人捐款 22 万元，通过县侨设立“清寒子女大学贷学金”。

2004 年，8 名侨胞又向“清寒子女大学贷学金”增捐 7 万元。27 名侨胞捐资 60 万元，建设屏南四中。侨胞捐资 120 万元，设立古田鹤塘中小学教育基金。

2005 年，侨胞捐资 15 万元，建设周宁县七步镇苏家山村学校。捐资 20 万元，修建周宁李墩镇黄埔村学校。捐资 20 万元，修建周宁县玛坑中心校“祖吕楼”。3 名侨胞捐资 15 万元，资助屏南路下、寿山甘棠小学约 500 名贫困家庭小学生。世界福州十邑同乡会响应“海西春风行动”，捐款 10 万元给屏南侨中办学。2 名侨胞捐款 3 万元，在家乡屏南路下芳院小学设立奖学奖教金。有侨胞捐资 30 万元，资助古田县 15 名品学兼优、家庭困难大学生。捐资 22 万元，修建屏南陆地小学宿舍楼。

2. 资助文化卫生事业

1995—1996 年，2 名侨胞分别捐资 62.6 万元和 50 万元，修缮古田县医院住院大楼并购置医疗设备。侨胞捐款 10 万元资助霞浦三沙医院建设。侨胞捐资 20 万元，建设周宁县浦源卫生院院舍。4 名侨胞捐资 30 万元，修建屏南路下华侨中学图书馆。侨僧释应朗法师先后捐款 30 万元和 120 万元，维修宁德支提寺华藏寺和闽东弘法中心。侨胞捐款 4 万元，建设宁德金涵畲族宫。

2005 年，旅美侨胞捐资 10 万元，为蕉城区购置卫生清洁车。

3. 资助基础设施建设

1993 年，侨胞捐资 31 万元，建设屏南县屏城乡村头村石桥 1 座、水泥路 1 条。

1994 年，侨胞捐资 19.3 万元，修建屏南县屏城乡陆地村村道 1 条。

1995 年，侨胞捐资 3 万元，修建寿宁县一乡村道路。侨僧释应朗法师捐资 60 万元，修建支提山进山公路。

1997 年，侨胞 11 人捐资 10 万元，修建古田县芝山村道路。

1998 年，由古田旅外侨胞共同捐资 680 万元修建的古田华侨大厦竣工营业。

2001 年，侨胞捐资 150 万元，修建太姥山风景区太姥娘娘塑像和悬索桥。10 名侨胞捐资 10 万元，建设屏南县陆地村自来水。

2003 年，古田侨胞出资 3 万元，修建岭南村公路 4 千米。

2004 年，47 名侨胞捐资 24.74 万元，完善屏南华侨大厦的建设。屏南马来西亚诗巫董乡公会侨胞捐款 15 万元，修建屏城乡村头村公路。侨僧界奇法师捐资 110 万元，修建福鼎店下东岐村、秦屿冷城村、管阳杜楼村公路。

（四）联谊恳亲

20 世纪 90 年代后，海外侨胞回家乡探亲的越来越多，他们或个人回乡、或组团到访、或举办联谊恳亲大会形式，让散居在世界各地的闽东乡亲欢聚一堂，加强联系、增进亲情、畅叙家乡变化，共商支持家乡建设。

2004 年，由旅居马来西亚的古田籍侨胞发起，于 7 月 7—10 日，在马来西亚砂罗越诗巫市召开第一届古田恳亲大会，来自世界各地的古田籍华侨、华人 4000 多人参加大会。宁德市政府和古田县政府及有关涉外、涉侨机构，古田县归侨、侨眷和家乡派出代表参会。大会提出“团结乡亲、共同发展”的办会宗旨，决定每三年择地举办一次，并逐步扩大到屏南县以至闽东地区其他各县（市、区）的旅外侨胞，为推动闽东侨胞事业及家乡建设发挥作用。

第二节　侨务管理与服务

一、侨情调查

1997 年年初，省政府办公厅印发《关于开展全省侨情普查工作的通知》，根据省侨办统一部署，成立宁德地区侨情普查工作领导小组，开展全区第一次侨情调查。行署专员专题听取侨情普查工作汇报，确定由一名副专员担任侨情普查工作领导小组组长，具体负责指导侨情普查工作。3 月 3 日，行署召开侨情普查工作会议，普查工作从 2 月 20 日开始到 6 月 30 日结束，分准备、调查、汇总 3 个阶段进行。外侨、公安、人事、教育、科委等部门通力协作。各县（市）、各乡（镇）成立普查工作领导小组，侨情普查工作在全区全面铺开。地直机关组织部、农委、外经委、经委等单位普遍开展摸底工作，地区纪委专门印制摸底表下发有关单位，保证侨情调查工作不留死角，按时完成。经过 6 个月的工作，基本摸清全区海内外侨力资源，根据此次普查，全区有海外华侨 30.97 万人，分布在 22 个国家和地区，其中以马来西亚为最多，仅古田籍马来西亚华侨、华人就达 20.92 万人。普查表明，区内以古田县籍旅外华侨、华人最多。宁德市、屏南县次之。

全区有海外华侨、华人3415人，分布在17个国家，归侨、侨眷3338人。屏南县有归侨695户、1145人；华侨、华人1817户、4.2万人，侨眷1457户，10458人。改革开放后区内新移民出国人员3691人。全区有归侨4467人、眷属55400人。

2004年8月，根据省政府的统一部署，全市开展第二次侨情调查。古田县作为省试点县于7月1日先行开展调查工作。普查重点对象为海外闽东籍华侨华人中从政、经商、办企业和在科技、学术等方面有一定职务和影响的知名人士；海外闽东籍华侨华人新生代及其中的优秀人才和知名华侨、华人的“二、三”代后裔；海外闽东籍华侨、华人社团及其负责人。市政府成立宁德市重点侨情普查工作领导小组，统一领导全市普查及试点工作。领导小组组长由分管副市长担任，市委宣传部、市外侨办、市侨联、市统计局、市公安局、市人事局、市教育局、市科技局等为领导小组成员单位。普查领导小组下设办公室，挂靠市外侨办，具体负责普查试点工作的组织与协调。市外侨办专门指定一位领导负责指导。市外侨办主要领导深入古田县了解普查进度、指导点上工作，并从有限的普查经费中挤出三分之一支持古田县。古田县领导十分重视普查工作，在短时间内成立领导小组，出台侨情普查方案，举办专职人员培训班。据统计，古田县侨情普查试点工作共组织600多人参加，历时4个多月，完成侨情普查资料人工汇总。10月，市委、市政府主要领导深入东湖塘华侨农场调研，了解东侨开发区农场安置房建设及归侨安置情况。决定投资7000万元人民币，兴建6.7万平方米的华侨新村，安置农场归侨，农场归侨人均居住面积达25平方米。

2005年5月，省侨办侨务机构调研组到宁德调研县级侨务机构情况。9月，市外侨办在宁德、古田分别召开全市侨情普查动员大会和业务骨干培训会，总结古田县试点情况，全面部署全市侨情普查工作。组建市、县（市、区）、乡（镇）、村（居）四级调查员队伍，层层开展业务培训，全市共培训普查业务人员1000多人次，开通普查办公室咨询热线。8月，在做好深度普查和把好普查质量关的同时，市、县两级外侨办做好普查资料的整理、分类、归档和后期补缺实补漏工作。2004年8月至2005年9月，由省统一部署的全市侨情普查工作基本结束。全市共组织1993名调查员和指导员，对全市9个县、124个乡镇、14659户涉侨家庭进行逐户调查登记，采集到诸多信息并建立档案资料。普查数据显示，全市填表调查有闽东籍华侨、华人41.77万人，归侨2175人、侨眷13.67万人，出国人员眷属7254人。其中古田为闽东华侨、华人和归侨、侨眷第一大县；分布国家从22个增加到37个；有归侨侨眷及出国人员眷属18882人。闽东华侨、华人分布在马来西亚、泰国、新加坡、美国、印度尼西亚、澳大利亚、加拿大、文莱、南非、日本等73个国家和地区。与1997年普查相比，闽东华侨、华人数量增加10.8万人，分布国家和地区增加20个；国外以闽东籍华侨、华人为主要负责人或联系比较密切的华侨、华人社团19个。

二、宣传接待

1993年7月，国务院发布《中华人民共和国归侨侨眷权益保护法实施办法》，地区人大工委办公室、行署办公室下发明传电报，要求各地贯彻实施。古田县召开乡镇统战委员会议进行贯彻，宁德市召开中秋茶话会，组织归侨学习；寿宁县利用有线广播播放3周。全区共发放宣传材料17800份，召开报告会、座谈会20多场，接待华侨、华人1781人次。1994年，全区共向海外输出侨报、乡刊、乡讯24600多份，音像制品50多件。共接待华侨、华人2056人次，接待重点团组16个，第二、三代青年重点人物90多人次。1995年，地区侨务部门配合地县领导公务出访，参加经贸考察团和“宗亲会”“同乡会”“庆典会”等世界性、区域性华人社团活动，结识一批重点大户，热情邀请其第二、三代游子回乡观光旅游。全区向海外输出各类书刊24本，侨报、乡刊、乡讯2万份，录像、录音制品159件。1996年，古田、屏南、霞浦县侨办认真做好海外宣传语联络工作。屏南县每当重点人物、团组回乡，侨办领导都专程到福州机场迎接，及时提供优质服务。全区共召开宣传座谈会24场，电视讲话6次，广播宣传23次，张贴标语1600多张，出专栏15期，接待海外侨胞1850人次。1998年，各地侨办开展宣传《中华人民共和国归侨侨眷权益保护法》形式多样。宁德市、屏南县侨办分别以在电视台点歌和出动宣传车形式宣传。倡导“走出去广交朋友，请进来热情接待”的工作方针，地、县领导通过出访，结识一批海外乡贤，提高宣传层次。全区共接待海外侨胞58批2180人次。1999年，各级侨办充分利用5家乡刊、乡讯发行面广的优势，大力宣传宁德改革开放成就以及投资软环境，增进海外侨胞对故乡的了解，霞浦县《松涛》乡讯一年向海外发送6000多份，赠阅20多个国家和地区。古田县领导分赴马来西亚、新加坡、泰国考察拜访当地侨胞，向他们宣传古田投资环境和经济建设成就。

2000年，宁德地区侨办继续在互联网上开辟“三都澳”网站，开设《华侨园地》栏目，先后刊登宁德8家“省百家树形象工程”企业信息。福安市侨办与“福安在线”联合以“月是故乡明”为主题，在网上举行海外侨胞对诗贴诗活动。各地为迎接宁德撤地设市制作《今日宁德》《宁德文明之光丛书》等宣传资料寄往海外。古田县人大常委会召开纪念《中华人民共和国归侨侨眷权益保护法》颁布10周年座谈会，对各乡镇贯彻执行《中华人民共和国归侨侨眷权益保护法》情况进行重点检查。全区共发放宣传材料3000份，举行座谈会10场，张贴标语20多条，接待重点人士150人次。2002年，宁德市外侨办完成《中国城市国际形象与对外交流合作项目名录》编撰，提供大量宣传闽东的图片和资料，让世界各国经济机构和投资机构通过《中国城市国际形象与对外交流合作项目名录》窗口，了解宁德市经济和投资环境。组织人员撰写稿件向《福建外事》《闽东日报》《闽东侨乡报》投稿。屏南县向海外输送《鸳鸯溪乡讯》2700多份、贺卡50多份、音像制品100多份。古田县发行的《玉田乡音》从1.2万份增加到1.8万份，发行对象从东南亚拓展至澳洲、北美洲、欧洲及非洲。2004年，蕉城区侨办把南际寺和霍童支提山的华藏寺等拍成彩照，先后在《福建画报》《科学与文化》杂志上刊发，并向返乡探亲、旅游的华侨、外籍华人赠送。市侨联共接待来自世界20多个国家的闽东侨胞20多批、180人，其中有由马来西亚中华大会堂总会长林玉唐率领的福建省籍旅马企业家考察团、马来西亚古晋福州公会主席林鹏辉率领的访亲团、马来西亚台湾校友会会长陈志诚率领的探亲访问团、中国留德学者、全德计算机学会主席周盛宗博士率领的全欧华人专业协会访问团等。2005年，全市接待组团回闽东探亲考察的海外侨胞60多批次，来自10多个国家和地区共200多人次。其中有马来西亚雪隆福州会馆主席陈志成率领的访亲团、马来西亚砂罗越屏南公会名誉主席黄寿凑伉俪率领的探亲访问团、马来西亚亚庇福州公会主席余清守先后率领的访亲团以及加拿大闽东同胞联谊会会长郭登峰、南非“全非洲中国和平统一促进会”会长叶北洋、美国福安旅美留守人员联谊会会长吴卫东、菲律宾福州十邑同乡会理事长张尧雄、美国新泽西州福建同乡会副会长黄忠义、新西兰皇家警察法律顾问暨新西兰华人协会副会长褚克峰等一批知名海外侨胞。

三、扶贫帮困

1993年，宁德地区各级侨务部门继续对贫困归侨、侨眷实行经济补助，并引导他们进行开发性生产，提高归侨贫困户的造血功能。宁德市鼓励贫侨子女发展养殖业。春节期间，地区侨办对居住在偏僻山区100多户贫困归侨、侨眷进行慰问，送去慰问品、救济款。1994年，省侨办拨出专款为屏南县贫侨修建房屋。全区共解决贫侨无房户7户，扶持发展生产33户，发放扶贫周转金人民币9.9万元。1995年，古田县侨办对26户无依无靠的归侨特困户每月发给生活补助费，经常登门看望慰问，为他们解决实际困难。1996年，地区侨办为古田县大桥钱厝挂点村筹集资金人民币20多万元，帮助归侨、侨眷选择雷竹、辣椒、香菇、养鱼等项目发展生产。1997年，古田县遭受6·24特大洪水灾害，宁德市遭受两次强台风袭击，归侨受灾户及时得到省、地侨办的救济与补助。1998年，全区有贫、难侨662户、2000多人。县（市、区）、乡（镇）、村举办各类生产技术培训班。全区先后有归侨及其子女700多人参加各级各类技术培训班，其中学成到外地就业的有500多人，在本地经营服装加工或理发的有100多人。

2000年，古田县在全区率先落实省政府关于提高归侨特困户每月生活补助标准要求，规定对全部20多户农村归侨特困户除侨办部门每月每户发给生活补助费人民币50元外，县财政每人每月再给补助人民币50元。地区侨办共深入30多个乡镇，慰问112个贫困户，累计发放慰问金3万元，生产周转金3万元，下拨建房专款1.5万元、帮助两户难侨修缮房屋。2002年，市外侨办派员深入蕉城区调研，将8户归侨特困户列入民政局最低生活保障对象，每月给予每户补助人民币70元，市外侨办每月增拨发固定补助70元，解决基本生活保障问题。2004年，福安市侨办从办公经费中挤出一笔配套资金，给归侨特困户每人每月提高生活补助费50元。屏南县侨办争取县财政支持，给原由市外侨办补贴70元的18户贫困归侨每户增加补贴50元。

2005年，宁德市各级侨办认真做好全市87户农村归侨特困户基本生活保障工作，按时发放每月固定补助，做好临时性救灾害救急工作。宁德市侨务和民政部门共向困难归侨、侨眷发放各类救济款13万元。

四、维护权益

1994—1995年，地区人大工委、侨办、侨联、行署法制办等单位组成执法检查组，分赴宁德市、福安市和霞浦、古田、屏南等县开展侨法执法检查，依法处理侵犯归侨合法权益问题。屏南县侨办对熙岭村旅马乡贤两块宅地基地使用证冒领问题，向执法部门提起公诉，维护华侨的合法权益。对屏南县华侨祖墓被毁一案，深入实地调查取证，宣传党的华侨政策和国家维护华侨正当权益的有关规定，使当事人认识到错误，表示愿意赔偿。福安市配合人大常委会侨委办理4起侵侨案件，维护归侨、侨眷正当合法权益。1996年，福安市有关部门处理一起拖欠3名归侨工资事件。

1999年，宁德市1名侨眷房屋在旧城改造中发生补偿纠纷，市侨办立即组织人员进行调查了解，积极做好其思想工作，使他对旧城改造给予理解和支持。屏南县侨办为县供销社1名归侨退休职工一次性领回生活补助费3000元。古田县侨办针对罗华村一户侨眷宅基地被侵占一案，多次深入实地考察，先后与土地局、松吉乡党委协调，召开有关部门会议，在问题仍未得到解决情况下，地县两级侨办支持其提起诉讼。法院一审败诉。市、县侨办继续支持其向监察机关提出抗诉，并为其提供法律援助。经宁德市中级人民法院二审判决胜诉。

2001—2003年，宁德市外侨办采取走访基层侨务部门、召开基层侨务工作者、涉侨部门、归侨侨眷、法律专家等座谈会等方式，开展维护归侨合法权益调研活动，从华侨、归侨、侨眷身份的认定，侨房权益、社会保障权益、华侨农场权益、出入境权益以及归侨、侨眷在现实生活中遇到的新情况、新问题提出对策，撰写一批有分量的调研报告供上级参考。2005年，市侨联、古田县侨联配合市、县公安部门，妥善处理侨胞与港胞合办的侨兴公司与当地农民土地使用问题的纠纷，维护了侨胞的合法权益。

五、联络交流

1991年9月，屏南县侨办组织旅马华人中青年企业家一行19人，回乡开展夏令营活动，组织企业家参加厦门投洽会，考察马尾开发区，回乡寻根谒祖。1992年5月22日至6月2日，屏南县侨办、侨联邀请马来西亚诗巫屏南乡亲中青年企业家一行21人，回闽举办夏令营活动，游览厦门、武夷山名胜古迹，考察福安市赛岐经济开发区。地委领导姚智梅、行署副专员林思翔会见全体成员。11月7—22日，应古田县侨办邀请，马来西亚砂罗越古田公会组织有24名马来西亚籍中青年工商实业界人士参加冬令营活动，代表团由公会福利理事、建筑商刘春亮为总领队,《马来西亚日报》执行董事黄孟禄为领队。地委书记陈增光、副书记钟雷兴会见冬令营全体营员。1993年6月29日至7月9日，古田县侨办举办马来西亚华裔青年冬令营活动，邀请由江克谋、钱本统率领的34名营员，游览厦门、福州、武夷山风景名胜，回祖籍地寻根谒祖、探亲访友、参观考察，增进他们对祖籍地的了解。1996年10月，福建省首届海外华裔青年联欢节在厦门开营，宁德地区共邀请8位古田籍海外社团负责人子女、企业界、学术界骨干参加。他们在团长林立武的带领下，完成在厦门的活动，前往古田、宁德参观考察，行署专员汤金华会见客人。1999年10月28日，省侨办、省侨联联合举办“海外华裔青少年寻根之旅暨福建省第二届海外华裔青年联欢节”，地区侨办组织马来西亚、泰国2个青年访问团共20多人参加。地区侨办派员陪同参加“八闽之旅”活动，安排回祖籍地古田寻根谒祖。

2001年7月23日，宁德市侨办组织25名闽东籍海外华裔青少年，参加国侨办举办的“相约新世纪——海外华裔青少年中国寻根之旅联欢节”。7月27日，还返回祖籍地古田寻根谒祖，并参观蕉城区和东侨开发区。2004年7月24—30日，宁德市外侨办组织南非、意大利华裔青少年一行8人到泉州、厦门和北京参加“福建省第三届华裔青年联欢节、中国寻根之旅夏令营”活动。联欢节期间，营员们与故乡青年交流，参观游览、领略中华文化，激发对祖籍国的认同感。2005年，屏南县侨办组织屏南华侨中学访问团前往马来西亚古晋节，与当地华文中学闽东籍华侨子弟学生开展友好交流活动。

第三节　侨资引进

1993年，古田县引进侨资企业8家，吸收外资1920万美元，县侨办联络新加坡永加因公司负责人林源水，前往水口电站考察，林源水决定在水口闽江两岸征地5300多公顷，交纳土地预约金93万元人民币，开发象鼻山旅游建设项目。宁德市共引进三资企业49家，总投资人民币46374.8万元。

1994年，宁德地区侨务部门加强与华人科技社团的联系，利用其回乡访问、考察之机，邀请他们举办科技讲座，传授国外先进的管理经验，为兴办高科技企业服务。并选择一批有实力、有影响的侨资企业作为服务经济建设的联系点，形成工作网络。宁德市侨办加强引进项目的产前、产中、产后服务，生辉表业有限公司将原计划50万美元的投资额增扩到150万美元，扩产后年产值达1亿元人民币。

1995年，宁德地区侨务部门邀请36位重点侨商参加"9・8厦门招商会"。古田县开展新、马、泰地区侨情调查，集中力量做引资工作，派员出访马来西亚，在古田人集居地曼绒、诗巫等地宣传家乡的投资环境和优惠政策，取得成效，落实华侨林源水投资4000万元人民币，在水口兴办旅游项目和两个农业综合开发项目，并完成注册及征地手续。屏南县侨务干部奔走马来西亚许多城市，拜访20多位人物，进行建设项目和投资政策宣传，鼓励海外乡亲回乡观光、办企业。霞浦县引进外资6家，总投资金额6224万元美元，实际利用外资737万美元。是年，全区落实外商投资项目54个，合同外资金额3891万美元，实际利用外资2981万美元。

1996年，屏南县提出在引进项目中不仅要当好"红娘"，还要当好"保姆"。马来西亚华侨在上洋头独资兴办"鸿兴铁合金厂"，从引进、选址、上马、开工，有关部门跟踪服务，出现"以侨引侨，以侨引资"势头。全县共引进侨资企业3家，总投资额2000万元人民币。周宁县引进英属维尔京群岛华侨朱宏在七步镇创办福建周宁龙溪水电有限公司，从事水电开发与运营。宁德地区侨办筛选20家侨资企业作为跟踪服务对象，帮助他们理顺各方面关系。为长兴轮船公司疏通与海关、商检、外运的关系，为企业提供有关口岸材料，促进该公司派人晋京洽谈业务，促进口岸开发。古田县侨办深入古田砂闽农果开发有限公司、古田顺德农果品有限公司、古源水旅游有限公司开展调查，帮助解决征地方面存在的问题。福鼎市侨办针对当地劳务资源丰富特点，成立华侨经济咨询服务公司，成功办理劳务输出三批12人。

1997年9月9日，闽东华侨经济开发区举办招商恳谈会，邀请一批海外侨商参加。12月8日，闽东华侨经济开发区举行兴业招商大会，先后邀请侨胞考察三都澳。

1998年，全区各级侨务机构开展"全省百家侨资企业树形象工程"活动，推荐闽东华联石材入选全国100家重点侨资企业。马来西亚曼绒县古田会馆举办成立44周年庆典活动，地委、行署组团前往庆贺，介绍闽东投资环境，邀请海外乡亲回乡投资兴业。全区确定12家侨资企业为重点跟踪服务对象，建立企业档案，帮助排忧解难。闽东华联石材有限公司与屏南县发生矿山纠纷，地区侨办从中调解，使问题得到及时解决。

1999年5月，古田县政府举办"中国闽东・古田招商会"，在闽东考察的福州十邑同乡总会商业访问团一行客人应邀参加招商活动。9月5日，行署在泉州市举行福建海外乡亲联谊恳谈会，向海外侨胞介绍闽东经济发展和对外工作情况。宁德市侨办邀请泰国福州同乡会理事长吴广修和泰华树胶公司林立盛董事长，考察三都澳港口和漳湾港区，促成宁德泰华混炼胶项目签约。通过接待菲律宾侨胞，促成投资2000万元人民币的安吉房地产项目落地。全区各级侨办开展为侨资企业服务活动。地区侨办从20家侨资企业中推荐8家作为"全省百家侨资企业树形象工程"。地、县（市）建立重点企业跟踪档案，对企业反映的问题，做到有登记、有调查、有反馈、有结果，并和企业建立起经常性联系制度。古田县大力宣传《福建省保护华侨投资权益若干规定》，为13家侨资企业申报办理享受华侨投资待遇证书。古田颜玉路桥公司是福建省"百家侨资企业树形象工程"之一，该公司反映水口公路征费站收费分成问题，经侨办协调得到解决。康明集团（福建）眼镜有限公司是“全省百家侨资企业树形象工程”跟踪服务企业。因是用电大户，宁德地区侨办和福鼎市侨办，对该公司反映电价存在搭车加价问题分别向市分管领导和外经委反映，福鼎市很快就取消电站集资收费0.06元/度及其他部门搭车收费0.03元/度部分，减轻企业负担。是年，全区共组织186名侨办干部深入侨资企业，以法律服务为手段，为企业排忧解难，办实事45件。其中包括宁德市华联石材公司与矿管委荒料石计价纠纷、华联石材公司与林业局森林植被费处罚案、屏南鸿兴铁合金厂被停电影响照明和生产、华联石材要求工商局变更个矿点名称和隶属关系、霞浦县马威尔时装工艺有限公司和古田东鞋业有限公司出口退税、宁德玉龙水泥厂水电增容费及旅游池项目等问题，通过协调都得到圆满解决。至年底，全区已有侨商投资企业735家，合同外资6.82亿美元，实际利用外资5.22亿美元。

2000年，宁德市（今蕉城区）侨办帮助侨资企业生辉表业公司扩大生产规模，使企业从加工组装型向生产制造型转化，从普通工厂向花园式工厂转变，该厂再次增加投资600多万元人民币，从苏州、辽宁购买大批精密加工设备，力争把生辉表业公司办成全国最大的机械机芯生产基地之一。

2001年9月1日，福建省华侨经济开发区管委会在宁德举办“第一届福建省华侨经济开发区招商会”，邀请友好县（市、区）代表以及来自美国、加拿大、日本等24个国家和地区的800多名华侨、华人以及港澳台同胞参会。侨务部门针对宁德侨资企业奥尼斯电器公司年检不通过、产品被查扣问题，多次向市工商局反映疏通，召开有蕉城区政协委员和人大代表参加的奥尼斯电器公司涉嫌“反不正当竞争”听证会，经多方努力，蕉城区工商行政管理局作出撤销对该公司查扣的决定并给予年检。蕉城区侨办被省侨办授予“福建省百家侨资企业树形象工程活动先进单位”称号。

2003年6月26—29日，市政府邀请美国、加拿大、日本、澳大利亚和东南亚地区等国以及港澳台地区、浙江、上海、广东、福州、厦门、漳州、泉州等省市共200多家公司、1000多名客商，参加“第四届中国·闽东招商节暨中国·太姥山文化旅游节和福宁高速公路竣工通车庆典”活动。在这次招商活动中，市、县两级侨办以项目带客商、以客商促项目，积极为客商与企业之间构筑合作平台，帮助客商联系对口企业。同年，侨务部门对全市侨资企业展开摸底并精心筛选5家，联合外经、工商行政管理、税务、海关、环保和安全生产等部门进行严格审核，确定推荐福建德丰电机有限公司和福建海鸥水产品有限公司两家侨办企业参加全省明星企业评选活动。

2004年4月，市政府在马来西亚吉隆坡举办中国福建宁德投资环境说明会，马来西亚华人大会堂会长、拿督斯里林玉唐代表协办方致辞，市长，市发改委、农办、经贸委领导分别作招商项目推介发言。6月27—28日，市政府在宁德举办“第五届中国宁德·招商节”，加拿大驻广州总领事詹明辉、波兰驻上海总领事赛尔维斯、马来西亚知名侨领丹斯里颜清文、南非中华工商联合会主席叶北洋、新加坡福州公会秘书长张代彪、泰国橡胶协会主席林立盛等以及一批华侨企业家应邀参加。12月8日，中国农产品市场协会、福建省农业厅、宁德市政府联合主办，古田县政府承办的“全国食用菌产业高峰论坛暨首届中国·古田食用菌节”在古田开幕，美国、韩国、马来西亚等7个国家客商和一批侨商前来参加。当年，市、县（市、区）侨联通过召开座谈会，走访侨资企业等形式，收集情况，以呈阅件方式向宁德市政府反映，帮助他们解决生产、生活中的问题。

2005年，宁德市、县（市、区）侨务部门招商引资成效丰硕。先后引进新西兰皇家科学院高益槐教授在宁德投资2000万美元，建设安发益槐福建生物科技园，引进泰国橡胶大王在福安下白石投资300万人民币，成立闽东三诚燃气有限公司，引进马来西亚侨领投资360万元人民币，兴建兴屏中学，引进新加坡华侨投资500万美元，在古田吉巷造纸厂设立技改项目。市、区侨务部门继续做好重点侨资企业宁德生辉表业有限公司的跟踪服务工作，该公司成功研发的全自动双历机械表芯获科技部、商务部、质量监督检疫总局和环保总局颁发的国家重点新产品证书。

第三章 港澳事务

第一节 闽东旅港澳同胞

闽东人较大批赴港澳（主要是赴香港）约在1974—1978年，大部分都是因中华人民共和国成立初期至20世纪80年代初期受居住国排华而被驱赶回国的东南亚国家华侨、华人。当时，这些人员经国内有关部门审批后，允许其出境赴原居住国。但是这些人员经香港出境时，部分人员由于种种原因，一时无法到达原居住国与家人团聚，只好暂时滞留香港或澳门。久而久之，其中一部分人员也就选择定居在香港。2005年，人数近千人。其中，仅原宁德东湖塘华侨农场赴外滞港的人员就200多人。

1993—2005年，旅居香港的年轻一代闽东人，多为香港引进的高科技人才。蕉城籍博士生导师黄聿，1993年于英国剑桥大学博士毕业，就被聘任教香港中文大学，主要从事心血管生理及管理学研究。2005年为国际基础临床管理联盟会籍委员会代表亚洲的委员、国际基础和管理联盟受体命名和管理分类委员会委员。祖籍蕉城的黄捷，赴美留学获博士学位并在美短期就业，1995年应香港中文大学之聘，任该校教授并研究学部主任。祖籍寿宁县的刘宁华，受聘为香港中文大学教授、香港凤凰卫视特邀节目嘉宾。2005年，全市有旅港澳同胞11249人，原籍港澳眷属7087人。据香港宁德市同乡联谊总会统计，2005年旅居香港的宁德籍乡亲或在宁德工作过的旅港人士有2万多人。

2005年宁德市旅居港澳同胞及眷属统计表

表35-6 单位：人

县（市、区）	香港人员	澳门人员	香港眷属	澳门眷属
蕉城区	2318	344	545	113
古田县	3701	221	2717	129
屏南县	2191	—	497	—
周宁县	114	—	61	—
寿宁县	71	1	89	2
福安市	650	26	1319	30

续表 35-6

县（市、区）	香港人员	澳门人员	香港眷属	澳门眷属
柘荣县	21	1	48	2
福鼎市	265	12	293	19
霞浦县	1210	103	1185	38
合计	10541	708	6754	333

说明：蕉城区含东侨开发区和宁德市直机关单位

第二节　经贸合作与公益活动

一、回乡创业

1997 年，赴港定居创业的古田籍人汪苏闽在深圳创办华一微电科技有限公司，从事电机、电器的生产营销。蕉城籍物理学博士曾毓群，在广东东莞新科电子厂任高级研究员，拥有 10 多项发明专利，参与组建新能源（香港）科技有限公司。2001 年，香港同胞林龙生投资 728 万元人民币，在家乡周宁狮城镇下炉村创办“宁德宏泰精机有限公司”，生产摩托车、农用车等配件。2005 年，香港新世基集团有限公司董事长新颖（福安籍）投资 2000 万美元，在福安社口开发坦洋茶文化品牌建设项目，建成集茶叶栽培、加工、销售为一体的现代规模化生产基地。闽东旅港联谊会赵华明重新启动在蕉城区的土地综合开发项目。

二、公益活动

1993 年，屏南籍港澳同胞柳承彬、包振松、余雅玉、包久迟、包望钧等捐款 8 万港币，设立屏南长桥中心小学“百花奖学金”。1995 年，闽东旅港乡亲加盟的香港温暖人间基金会捐资 20 万元，在屏南熙岭乡熙岭中学兴建一座建筑面积 960 平方米的教学楼。1996 年起，胡文虎基金会先后在宁德投资 95 万元，兴建了霞浦实验小学教学楼、蕉城区金涵乡琼堂小学教学楼、福鼎市硖门中心小学教学楼。

1998 年，出生于福安的香港宁德同乡联谊总会荣誉会长、香港“福建希望工程基金会”副主席、旅港乡亲陈勇生，促使基金会先后捐款 200 多万元，在宁德兴建 10 座希望小学。香港新世基集团有限公司董事长、香港宁德同乡联谊总会永久名誉会长、宁德市海外联谊会荣誉会长、福安籍港胞新颖，热心香港社团事务，先后向有关社团、社会公益事业捐款 2000 多万港币。其中向香港宁德同乡会捐资 800 万港币。澳门宁德同乡会会长、澳门华发贸易行总经理、出生于蕉城区旅澳乡亲陈言华，发起筹建澳门宁德同乡会，捐款 80 多万元，为蕉城修桥铺路，兴建老年人活动场所。香港释净雄、释德辉法师捐助 35 万元办 2 所小学。旅港联谊会副会长董品春无偿为福安贫困村民提供价值 6 万元的优质马铃薯种子 25 吨。2004 年 9 月 20 日，全国政协委员、香港“胡文虎基金会”主席胡仙博士一行到宁德考察并捐款建设一所希望小学。

三、经贸合作

20 世纪 90 年代，宁德地区行署及各县（市）党政部门每年均派出代表团前往香港、澳门考察，通过地区驻港机构——宁德华宁公司与港澳企业界、旅港闽东乡亲广交朋友，全方位宣传介绍闽东家乡情况及投资环境。1994 年 5 月，行署首次在香港伊丽莎白大厦召开宁德地区对外开放情况介绍暨投资项目签约会议，闽东旅港同胞踊跃参加，签约项目 61 个，合同外资额 3232 万美元。此后宁德地区定期（每隔 1 ~ 2 年）在香港举行经济建设项目发布会并形成制度。1995 年 4 月 9 日，“1995 福建国际招商月”召开，宁德地区首次组团参加，来自香港、澳门地区的近百家企业参会。1996 年 3 月 16 日，行署在香港伊丽莎白大厦举行“1996(香港）宁德地区‘九五’规划说明会暨招商项目签约大会”。5 月 24 日，香港贸发局福州办事处和宁德地区贸促（支）会在宁德联合举办《架起经贸之桥》研讨会，部分旅港乡亲、地直有关单位及在宁三资企业代表 100 多人参加，香港贸发局首席代表伍单记到会发表演讲。1997 年 5 月 2 日，宁德地区行署与澳门福建联合促进会签署备忘录，建立长期联系制度，促进两地经贸和人员交流。1999 年 1 月 17—18 日，福州十邑旅港同乡会理事长林学甫、监事长朱正率访问团到宁德地区考察。5 月，香港逸涛集团入驻宁德市，在东侨开发区投资开发逸涛花苑，为东侨开发区成立以后最早规模开发的住宅小区。是年，旅港闽东乡亲先后组团到宁德参加“宁德地区第二届 8・18 旅游招商节”“1999 中国闽东・福安暨赛岐开发招商会”。2000 年 5 月，福州十邑旅港同乡会代表 25 人，在名誉会长林铭森的带领下到宁德地区考察。7 月 9 日，中国・宁德 2000 年香港投资贸易经济会暨闽东旅港联谊会成立大会在香港举行，中央政府驻香港特别行政区联络办公室副主任邹哲开，全国人大代表、香港福建社团主席黄光汉，全国政协委员、香港香江国际集团董事长杨孙西及旅港乡亲等 300 多人出席，会议签约 13 项，总投资 4499 万美元。

2001 年 1 月 16—20 日，省政协香港地区委员会和香港福建“希望工程基金会”成员 40 多人到宁德考察。6 月 8 日，市政府招商团在香港举行“中国・宁德 2001 年香港投资贸易洽谈会及项目签约仪式”，共签约 12 个项目，总投资 9426 万美元。接待了香港各界文化促进会主席李国强率领的闽东考察团。2002 年 8 月 11 日，香港锦中国际有限公司投资 1 亿元港币，参与开发建设的屏南鸳鸯溪旅游项目签约。11 月 27 日，宁德市在香港召开对外贸易合作恳谈会。2004 年 4 月 5—6 日，市长陈荣凯率代表团赴香港开展招商引资，拜访香港招商集团总裁傅育宁、香港华润（集团）有限公司副总经理陈树林等人。并与香港福建社团联会、香港福建商会和闽东旅港联谊会等分别举行会谈。

2005 年 5 月 11—14 日，宁德市在香港开展“第六届中国・宁德招商节预招商”活动，其间，市长陈荣凯率政府经贸考察团拜访香港中华总商会、澳门特区政府贸促局。5 月，香港和记中国港口有限公司总经理梁树波率投资项目考察团，在闽港促进会副会长邹尔均及宁德市政府领导陪同下，到蕉城区礁头、城澳及霞浦县溪南港区考察。香港嘉里建设有限公司总经理洪敬南率团到宁德三都澳和福安下白石港考察。8 月，以香港特别行政区政府行政会议成员、香港工会联合会主席、乐群社会服务处主席郑耀棠为团长，香港特别行政区政府民政事务局局长何志平为顾问的香港社区服务访闽东代表团到宁德蕉城、福鼎、霞浦等县（市、区）考察。11 月 14 日，以闽东旅港联谊会会长、金宏达集团董事长郑少清为团长的闽东旅港联谊会返乡访问团到宁德访问考察。郑少清在宁德漳湾工业园投资 6000 多万元，开发宁德重汽专用车项目。

第四章　涉台事务

第一节　联络接待

闽东地区与台湾有着久远的历史渊源。三国时期，吴国就在三沙湾内设“温麻船屯”，掌管海船建造，促进宁台人员往来。1993 年 8 月，台北闽东同乡会返乡观光考察团到宁德、福安、柘荣、福鼎、霞浦等 5 个县（市）进行观光考察。中华人民共和国成立后，闽东籍在台人员首次组团回乡观光、探亲，行署副专员林思翔会见考察团并陪同观光考察。是年，2 位台湾“立法委员”率团到宁德、霞浦、福鼎进行商务考察。1994 年 9 月，台湾“中国中和党”主席率团到宁德地区进行经贸考察。1995 年 3 月，台湾“中国中和党”和台北闽东同乡会分别组团参加宁德地区协办的“3・18 香港招商会”。同年 11 月 1 日，台北闽东同乡会应邀参加宁德地区举办的“中国闽东畲族风情旅游节”活动。1996 年，宁德地区遭受 8 号台风特大灾害，台湾慈济基金会成员一行 32 人，于 10 月、11 月先后两次到福鼎、福安、霞浦、宁德等县（市）开展赈灾活动，首批赈灾金额 1000 多万元人民币。1997 年，宁德地区台办分别接待 13 位台湾人士。随着海峡两岸关系的不断发展，宁德地区的对台联络工作日趋频繁。据统计，1993—1998 年，宁德地（市、县）台办共接待到闽东探亲谒祖、旅游观光、商务考察、贸易往来、文化交流的台胞 6.6 万人次，其中大部分是通过三沙、沙埕两个台轮停泊点开展小额贸易和往来。6 年中，先后安置 55 名回乡定居的台胞。区内先后有 3780 人次赴台探亲、观光、考察，有 559 人入岛与台胞成婚。1999 年，全区共有 5 个团组赴台考察。台湾方面亦有 13 个团组到宁德地区交流。台湾“9・21”大地震期间，地委、行署领导及省、地台办负责人分别走访在闽东的台资企业，转达对灾区台胞的慰问。地、县（市）发起募捐活动，共募得捐款 80.65 万元，支援灾区台胞。2000 年，在撤地设市暨第二届大黄鱼节大型庆典活动期间，宁德地、县（市）台办牵头成功地邀请 7 个台湾组团的 43 位客人前来参加。宁德地区台办加强三沙、沙埕台轮停泊点和古田临水宫陈靖姑祖庙两个对台工作“窗口”的建设。到古田临水宫祖庙朝拜的台湾信众有 53 批 5000 多人次。

2001 年，宁德市共接待台湾团组 42 个、台胞 500 多人次，全市有 9 个团组、21 人入岛进行各种交流活动。2002 年，全市共接待台湾团组 32 个，台胞 219 人次，全市有 8 个团组、20 人入岛进行各种交流活动。2003 年，全市共接待台湾团组 18 个、台胞 89 人，有 5 个团组，15 人入岛进行各种交流活动。2004 年，市台办加强与台商、台胞、台资企业、台湾同乡会、各行业协会的联络交往，与省内沿海四地市及省外的台资企业协会建立工作关系，进一步疏通同台胞的联络渠道。全市共接待台湾团组 21 个、台胞 100 多人，赴台交流团组 5 个、80 人。2005 年，全市共接待台湾团组 22 个、台胞 150 多人次，赴台交流团组 6 个、70 人次。

第二节　科教文化交流

一、文化交流

1993 年 6 月，受霞浦县棋联邀请，台湾棋王、象棋国际特级大师吴贵临和台湾象棋联合会秘书长林益世参加在霞浦县举办的海峡两岸象棋高手联谊赛。古田县教师江山与台湾书法家董枞富，联合举办“江山·董枞富两岸书法联展”，被台湾新闻界誉为“港都高雄市艺术界的盛事”。1993—1995 年，台湾演员凌峰制作的电视系列片《八千里路云和月》摄制组一行 7 人，台湾电视公司拍摄 40 集电视连续剧《林姐》一行 40 人，分别到宁德、福鼎、霞浦拍摄外景。1995 年 5 月，台北闽东同乡会理事、霞浦籍台胞林树中带领台湾“群视”摄影组到闽东拍摄《畲族风情》纪录片，该片于当年 10 月参加法国坎城电视节播放得奖。7 月，台湾钜桥传播有限公司到屏南县龙潭村拍摄《刘知远入赘》《刘承佑征西》《刘沉香破洞》等传统庶民戏。1997 年 6 月，进三沙港台轮船长和渔民参加三沙镇迎香港回归话统一座谈会，参加千人三沙庆回归文艺踩街活动。是年，台湾艺术学院学生到寿宁县清源乡岱阳村考察观看木偶傀儡戏。1998 年 5 月，台湾宏武渔业公司与霞浦三沙宏发水产贸易有限公司，首次在霞浦三沙五澳港内岸办“1998 宏发杯”海峡两岸民间龙舟赛。地区台办配合福建东南电视台拍摄的电视录像片《闽东行》在台放映。

2000 年 7 月，马祖闽东文化交流协会一行 10 人到宁德地区参访。2004 年 9 月底，宁德市畲族歌舞团应台湾金马交流协会的邀请，首次赴金门进行四夜演出，恰逢台湾 319 个乡（镇）民代表会在金门召开，代表们对歌舞团的精彩演出给予很高评价。2005 年，霞浦县举办宁台 5 人制足球邀请赛。福安市邀请金门篮球队一行 10 多人进行篮球友谊赛。宁德市青年联合会主办“青企之夜”青年联欢晚会活动，来自台湾、金门以及江浙地区 400 多人参加。

二、科教交流

1993 年，台胞、美国桥港大学博士吴卫平回福安举办讲座。1993—1994 年，台湾农业教授苏志荣、庄大伟应古田县科协邀请，在古田举办讲座，并将其著作《荣园杂草防除》《台湾麻豆油》赠送古田县科协。福安籍台湾茶叶专家吴振铎多次返乡举办茶叶技改讲座。台湾博物馆陆绍东编写的《蛋鸡饲养管理》《活鱼搬运浅谈》等 8 本书赠送家乡。1994 年，台湾“社会教育局”副局长纪登斯回闽东家乡走访中、小学校，对教学课程问题进行探讨。是年，福鼎市 16 所中学 300 位学生作文选送台湾参加“太姥杯”海峡两岸中学生作文比赛活动。36 位学生分获初高中组的一、二、三等奖和佳作奖。台湾财团法人爱心第二春基金会捐资 20 万元兴建犀溪中心小学综合楼。

1997 年 5 月，地区教委主任等赴台湾与台湾中小学教育界交流。1998 年，霞浦县农业引进试验场与台湾津源田种子科技有限公司签订《海峡两岸新技术合作协议书》，引进推广优良品种 15 个、示范推广 3333 公顷。2001 年，福安市省茶科所 2 人应台湾中兴大学邀请，随中国茶叶学会组团前往台湾，参加第二届海峡两岸茶叶科技学术研讨会。2001 年 10 月，蕉城区教委等 2 人应台湾中华年终文教网络交流协会邀请，赴台参加青少年科技教育交流活动。11 月，市卫生局应台湾大学邀请参加省组团赴台进行医药管理考察。2002 年，台湾大丰文化基金会为屏南县岭下村捐助 26 万元兴建小学教学楼。2004 年 9 月，海峡两岸素质教育经验交流研讨会在福鼎市前岐中学召开，来自台湾的 20 名中学生素质教育专家和宁德市 200 多名中学教师及教育专家、优秀学生代表参加研讨会，交流两岸素质教育的经验，介绍素质教育的成功范例，为前岐中学的 18 位优秀生发放 1.8 万元的奖学金。2005 年，宁德市政协港澳侨台委、市教育局、福鼎市政府、福鼎市教育局联合邀请台湾慈济基金会 30 多名慈济教师和 20 多名慈济志愿者，到宁德市蕉城区、福鼎市与 300 多名师生开展素质教育交流活动。同年，在第七届“闽南风·海峡情”活动中，两岸六地青少年学生 200 人在宁德市中华畲族宫、福鼎太姥山等地开展交流活动。1993—2005 年，共从台湾引进 50 多项农作物优良品种。

三、学术交流

1993 年 3 月，台湾学者应邀参加宁德地区举办的闽东文化·朱子理学研讨会和海峡两岸文史交流座谈会。9 月，在古田县举办的民间国际性陈靖姑学术研讨会，共有 6 名台湾学者应邀参加，台湾文献委员会委员魏永竹寄来《临水夫人崇祀在台湾》一书参与交流。1994 年，寿宁县文化局干部叶明生应施合郑民俗文化基金会邀请，赴台参加中国祭祀仪式与仪式戏剧研讨会。1996 年 4 月，宁德市畲族歌手 4 人赴台参加民族音乐学术交流会。1997 年 3 月，宁德市姚夏华道长应台湾道教协会邀请，赴台参加闽台道教科仪及学术文化交流活动。9 月，福安师范附小教师赴台参加海峡两岸尊师重教研讨会。1998 年 8 月，霞浦县召开松山妈祖学术研讨会，台湾学者有 3 篇论文参与交流。1999 年 4 月，古田县举办第二届陈靖姑学术研讨会，10 多位台湾学者参会。同年，台湾文献委员会委员、史学研究员魏永竹等人专程到屏南县考察甘国宝故居、史迹。2002—2005 年，市、县（市、区）两级共有 8 批 26 人次赴台进行学术交流。台湾地区有多批多人次到闽东开展学术交流活动。1993—2005 年，共进行 30 多场次海峡两岸科技界科技交流活动。

四、民俗、宗教、宗亲交流

1993—1998 年，宁台开展的宗教及民俗交流项目有 7 个，参加的台胞 3 万人次。台胞每年前来朝拜的宫庙主要有古田临水宫、霞浦松山妈祖宫、霞浦三沙妈祖宫、周宁灵峰寺等。1995—1996 年，霞浦竹江天后宫妈祖神牌到台湾参加“妈祖民俗文物展览”。1998 年 11 月，台湾金门薛氏宗亲会 57 人组团到福安祖居地进行姓氏文化交流。同年，福安黄氏族谱及部分文物共 92 件，参加省闽台文化交流协会组织的“闽台牒谱展”并应邀入台参展，增进台胞与大陆的同根同源认同。1999 年 1 月，台湾宜兰宫组团到古田临水宫进行民俗文化交流。9 月，宁德地委与古田县委主要领导及地区台办主任率农业考察团入岛考察，提出陈靖姑金身游台计划。古田县成立临水宫管委会，做好前来台胞的管理工作。1999 年 7—9 月，古田县分别组团赴台考察，走访在台古田同乡会及台湾临水宫分庙，共同奠定临水宫闽台民俗文化交流基础。1999 年，福安南宋著名理学家黄翰家传文物赴台参展。2000 年，台湾岛内成立“台湾地区顺天圣母（陈靖姑）寺庙联谊会”，理事长吕天良率 53 人团组到古田祖庙朝拜，并就两岸陈靖姑民俗文化交流达成意向。

2001 年 1 月，以古田县委副书记为团长，市台办副主任为副团长的陈靖姑研究会一行 5 人，到台湾进行为期13天的交流、考察。是年，到古田临水宫祖庙朝拜的台胞团组共38个，台胞500多人次。2002年2月，市委领导召集有关部门就临水宫陈靖姑金身游台事宜做出部署，成立前期工作小组，由市台办主任任组长。古田县有关部门就陈靖姑金身游台做好前期准备工作，制定工作方案。2003年2月，市台办主任率有关人员专程前往古田县大桥镇陈靖姑祖庙召开座谈会，会见受台湾顺天圣母协会委托专程到古田呈送邀请古田临水宫祖庙陈靖姑金身游台函件的林先生，与之协商陈靖姑游台有关事宜。协同古田县委、县政府落实陈靖姑金身游台具体事宜。将古田陈靖姑金身游台定位为民间民俗文化交流活动，该项目于2003年6月份获国台办批准立项。2004年10月，宁德市16名民间代表应金门县六桂宗亲会邀请，组成宁德六桂宗亲参访团前往金门，参加世界六桂宗亲第八届恳亲大会。台湾顺天圣母协会理事长率100多位信众到古田陈靖姑祖庙朝拜，其中有许多台湾知名的政治和经济界人士，省内多家媒体专程前往现场报道。同年，霞浦留云寺住持、省佛教协会副会长兼秘书长本性法师应金门地区启建“世界和平、消灾祈福”水陆大法会管委会的邀请，赴金门参加首次由海峡两岸共同举办的佛教界弘法盛会。2005年，台湾“中华道教总会”秘书长张桎带领台湾净明忠孝道教会、鑫广宏扬协会、道教文化交流协会等90多位陈靖姑信仰人士，到古田临水宫陈靖姑祖庙进香朝拜。马祖经贸文化交流联谊会组织马祖北竿乡后沃村杨公使进香团一行70人，在蕉城区赤溪镇杨公使宫进行为期3天进香活动。台湾“圣元圣母协会”400多人组成的朝拜团到临水宫朝拜。

五、旅游交流

2001年，台湾旅游公会会长郑锡镛率领台湾旅游界踩线团考察太姥山。2002年9月26日，福建省旅游局、宁德市政府共同举办的福建·古田陈靖姑旅游节开幕，来自台湾的专家、学者、台商和“临天圣母协会”、台北古田同乡会等组织的78位台胞参加活动。2003年，台湾旅游界踩线团125人到宁德考察旅游线路，马祖三菱旅行社等有关方面多次来人来函与宁德市对口联系。2005年“6·28”期间，台湾澎湖旅游协会与宁德市旅游协会签订旅游合作协议。

第三节　经贸合作

1993年10月，宁德地区8家台资企业赴北京参加首届全国台资企业产品博览会，这是闽东台资企业产品第一次在北京展示。1994年3月，地区台办组织对全区台资企业进行全面调查摸底，旨在发展壮大闽东的台资经济。1994年，霞浦县民间对台贸易额4600万美元，其中同兴贸易公司对台小额贸易创汇132.8万美元。1997年4月，地委副书记、地区人大工委主任钟雷兴率宁德地区经贸考察团，接受台湾“中华海峡两岸经济发展协进会”邀请，对台湾进行为期10天的经贸考察，这是海峡两岸交往以后，宁德地区赴台的最高级别的经贸考察的团组。1998年6月，地区台办再次对全区台资企业进行两次全面的调查摸底。8月，行署副专员陈应辉率宁德地区经贸考察团，对台湾进行经贸考察。12月，宁德大扬电器有限公司9名员工赴台培训，为闽东台资企业大陆籍员工首次赴台学习。

1999年，应台湾“两岸经济发展研究会”邀请，宁德地区农业考察团一行9人赴台考察。应地区行署邀请，9名台湾专家、学者组成的农业参访团到宁德地区考察，行署副专员蔡尔申陪同，参访团在行署礼堂作专题报告，介绍台湾农业的组织结构和运作方式等。参访团还到宁德、福安、周宁等市（县）参观访问。12 月，台湾省基隆市网渔业协会理事长游日兴、总干事李德安一行 5 人到福鼎市、霞浦县进行两岸渔事和渔工劳务合作问题交流，行署副专员李元明接见渔协考察团一行。是年，霞浦县、福鼎市分别在三沙、沙埕成立台轮停泊点管理委员会，并正式挂牌办公，两县（市）分别指派一名台办副主任主持停泊点工作。

2000 年，全区台资企业纷纷增资投产，先后共有 27 家企业增资，增资额 1.4 亿元人民币。全区引进台资项目 82 项，协议金额 124.5 万美元，实现对台小额贸易 82.7 万美元，外派劳务人员 24963 人次，创汇 135 万美元。

2001 年 2 月，宁德市台办副主任带队的 3 人考察组参加省台办组织的赴江苏对台经贸考察团，学习借鉴江苏省对台经济合作的先进经验。在“5・18”福州招商活动中，市台办邀请 7 位台商参加宁德市招商项目推介会。9 月 1 日，宁德市东侨开发区举办福建省华侨经济开发区招商会，市台办邀请 4 个台商团组参加。9 月 8 日，厦门市举办的第五届中国投资贸易洽谈会，市台办邀请 10 多个台商团组以及大批青年台商参加。是年，市外经贸委共批准台资投资项目 4 个，合同合资金额 254 万美元，实际利用台资金额 47 万美元，对台渔工劳务输出 5041 人次，创汇 125.7 万美元，对台小额贸易仅三沙口岸一处即达 241 万美元。古田县在桃溪、带坝、官江 3 个村建立古台农业交流示范区，总面积 1730 公顷，其中大棚种植蔬菜 400 公顷，产值 120 万元。寿宁凤阳乡引进栽培台湾嫩姜 14 公顷，年产 400 多吨，产值 180 万元。福安市建立 660 公顷的大棚蔬菜基地，溪柄镇黄兰种苗基地成为福建省台湾青枣种苗成活率最高、数量最大、品种最多的基地。

2002 年 8 月，台湾大栋营造公司到宁德市进行经贸考察，其子公司新中原土石有限公司与蕉城区有关部门签订投资 1000 万美元的协议，进行三都澳城澳码头、矿山开发建设，前期资金 100 万美元落实到位。在“9・28”中国闽东第三届招商会上，共签约台资项目 5 个，合同台资 2000 万美元。市台办直接参与引进的项目 2 个合同、3 个协议、15 个意向投资落地。市台办与台湾《投资中国》杂志社在“投资中国网”设立闽东招商新闻栏目，为各地的招商引资提供服务。11 月，市委要求加强对台经贸合作，积极争取列入与金马澎直接往来试点范围。市政府决定成立专门班子，着手开展争取批设对台直航往来口岸的前期工作。12 月 24 日，市政府召集相关部门研究并具体部署逐级上报争取批设对台直航往来口岸的有关工作。是年，宁德市在册台资企业 55 家。

2003 年，市台办按照“同等优先、适当放宽”的原则，共接待台商 18 个团组、89 人次，与台商签订投资项目 9 项，合同投资金额 1286 万美元，到资额 596 万美元。宁德市“6・28”招商节期间，应邀参会台商 46 人，签订投资项目 5 个，合同台资 149.8 万美元。2004 年，市台办把引资与“引心”结合起来，仅“5・19”招商节，就签约台资项目 6 个，合同资金 2800 万美元。这次招商节，首次引进 2000 万元以上的台资企业签约落地，邀请到巴西台商暨巴西华侨华人促进中国和平统一联合会会长朱玉郎、副会长赵余龄一行 5 人参加招商会并考察三都澳，邀请到广东中山市台商协会会长、重庆市台商协会会长等参加招商会。11 月，福建省批复“个案处理宁德城澳港运输石料直航马祖”。12 月 25 日，在宁德城澳港 4 号码头举行石料直航马祖首航式。是年，霞浦县三沙台贸商城成为全省规模大，品种较齐的台湾小商品批发市场之一，经营有文化、工艺、健身等 18 大系列、3000 种台货，商品囤储值 6000 万元，成为闽东台货批零结合的集散地；县同兴公司还在厦门、大嶝岛成立“同海天贸易有限公司”实现口岸功能对接。2005 年 4 月 8 日，城澳石料直航马祖业务第一阶段成功直航 18 个航次，运输石料 30826 吨。5 月，台湾南投农会总干事、理事长一行6人到寿宁县考察农业合作项目。6月，市台办邀请台湾海峡农林渔业合作经贸考察团及台湾桃园、高雄、嘉义、屏东、南投、台东农会选派的农业专家，参加在霞浦举办的宁台农业合作投资洽谈专场会。全市从台湾引进包括经济作物、食用菌和水产等优良品种552个，引进台资农业企业43家，其中种植业19家、养殖业5家、农副产品加工业19家，合同外资总额2042万美元，实际到资1230万美元，年产值1.2亿元人民币，出口创汇720万美元。在国务院台湾事务办公室支持下，福建省在宁德市霞浦县筹建台湾水产品集散中心，启动三沙征地计划。规划把霞浦县台湾水产品集散中心建成基础设施齐全、管理服务配套的台湾水产品进入大陆市场交易平台。宁德市台办广泛联络台商，邀请台北渔产运销股份公司等一大批有实力、有背景的龙头企业参与该中心建设。是年，"6·28"招商会期间，市台办共邀请60多位来自台湾各地的农业专家及台湾海峡农林渔业合作经贸考察团一行多人，参加霞浦县举办的宁台农业合作投资洽谈会专场会，签订合资资金11亿元人民币。

第四节　涉台事务管理

一、涉台事务宣传教育

1993年，宁德地区各县（市）自办《乡讯》简报，输台量500份。1993—1998年，地、县（市）台办共举办各种对台培训班、座谈会1157场，受教育干部群众90352人次。地、县（市）台办负责人经常深入机关学校、海岛渔村，以宣传中共中央对台方针、政策，在台胞、台属、赴台人员、沿海渔船民、涉台劳务人员及台资企业大陆籍员工中开展涉台方针、爱国主义教育。1996年，宁德地委台湾工作部被中共福建省委对外宣传领导小组授予"1995年度对台宣传先进单位"称号。

1994—1998年，地区对台工作部门利用区内自办的各种报刊、有线广播等各种新闻媒体，宣传中共对台方针、政策。同时，扩大入岛宣传面。其间，台湾有关新闻媒体共发表有关宁德地区的文章400多篇次。

1998年，各县（市）自办的《乡讯》简报，输台量增至6000多份。地区台办与地委宣传部、地区外经委、福建电影制片厂、省电视台、省军区政治部合作拍摄《希望的土地》《闽东行》《情丝万缕故乡行——台北闽东同乡会组团返乡观光纪实》等电视专题片，并分别于5月与8月在台湾电视台播放。

1999年，地委台湾工作领导小组召开全区台办主任主议，部署对台宣传工作。《香港大公报》《闽东日报》等报刊连续刊登宁德地区、县（市）报道文章。地、县（市）两级台办领导深入基层，向群众宣传党的对台政策，分析台湾形势。地区台办发动各界人士撰写文章发往省、地以上新闻单位，全区被采用稿件33篇，被台湾岛内新闻媒体采用稿件15篇，入岛《闽东乡讯》200多份。同年，地、县（市）台办通过举办各种培训班、座谈会、报告会、问卷测试等形式，继续开展对台教育工作，全区举办17期对台干部培训班，受训725人次。召开各种座谈会、报告会120场，受教育10594人次。当年4月，地区台办还组织针对地直机关党员干部与县（市）科级以上党员干部的对台知识测试，发出试卷5800份，收回5700份。

2000年的对台宣传工作，主要结合纪念中共中央总书记江泽民《为促进祖国统一大业的完成而继续奋斗》重要讲话发表5周年进行。地、县（市、区）台办会同政协、统战等部门开展形式多样的纪念活动。地、县（市、区）两级共宣讲20多场次。共输台各种《乡讯》4380份，输入《寻根揽胜话闽东》500多册。邀请台湾无线卫星电视台、《中国时报》等3批5名记者到宁德采访。同年，宁德地区台办向全区发行《中国台湾问题干部读本》，组织开展中国台湾问题知识竞赛，获优胜的屏南县代表队代表宁德市参加全省电视大奖赛并获三等奖。

2001年春节期间，宁德市台办发动各县（市、区）台办撰写对台宣传稿件，收看台湾问题知识竞赛录像，举办各种形式座谈会，走访台资企业，广泛开展各种对台群众性宣传活动。是年，在区内发行《海峡瞭望》1027份，超额完成征订任务。原地委台湾工作部被评为“全省对台宣传先进单位”。蕉城、霞浦、福安、福鼎、古田5县（市、区）被评为全省对台宣传先进县（市、区）。全年输往台湾的画册、《乡讯》1万多册。蕉城区台办针对两岸同胞通婚人数不断增多的情况，把赴台“新娘”当成一个特殊群体，进行座谈交流。沿海4县（市、区）注重做好渔船民教育工作。福安市编印“涉台问答”小册子，福鼎市编印《赴台渔工行前教育读本》，霞浦县举办渔工劳务代理人培训班、教育渔船民及赴台劳务渔工掌握党的对台方针政策，了解台湾岛内情况、海峡两岸关系现状以及与台胞接触交往中应注意的事项、涉台突发事件预防和处置办法。

2002年，全市初步建立起一支专职与兼职相结合的对台宣传队伍。有专职对台宣传干部11人、兼职112人，聘请8位研究两岸关系的专家，协助开展对台宣传工作。全年编印的《闽东乡讯》《松涛》《鸳鸯溪》等乡讯输台达2万多份。市台办和市委文明办联合成立涉台教育进社区活动办公室，会同有关部门在蕉城区各社区开展党的对台方针、爱国主义、台湾形势、国际事务中的涉台问题及涉台纪律教育等。在福安、福鼎、霞浦、柘荣等县（市）设立教育试点社区。柘荣县在城北社区和湄洋社区分二期培训社区涉台工作宣传员103人，设立固定宣传栏，印发涉台问卷1636份，使1万多人次受到教育。蕉城区在三都澳社区与边防、海军官兵联合在海上渔排开展涉台教育试点工作。

2003年，宁德市对台宣传形式趋于多样化。专门组织专家、宣传员深入机关、学校、部队、社区、企业、乡镇，宣传党的对台方针、政策、工作任务，介绍台湾形势，全年宣讲达295场，在两岸报刊上发表文章15篇。编印出版《闽东画册》对台宣传资料。市台办加强与境内外16家涉台涉外新闻单位的联系，编发《宁德市加大力度为台胞防“非典”》《宁德市公安局为台商出入境简化手续》《福宁高速公路通车》《6·28招商会盛况》等50多篇对台宣传稿，通过涉台新闻网站快速进入台湾岛内。市台办与市委宣传部合作，配合国台办、东南广播公司、省电台宁德记者站完成《唐风宋韵》50集广播、电视片闽东部分的8集的摄影，通过新闻网站全部进入台湾。市台办与厦门航空杂志社联系，编发一批供台商在飞机上阅读的宁德专稿。组织宁德市摄影家、宣传文化部门人员向省台办提供100多幅对台图片，其中25幅参加全省“闽台情”摄影展。根据国台办、省台办和市委、市政府关于加强防范“非典”的工作要求，市台办制定两岸渔民防“非典”宣传4条应急措施。向台资企业、台湾渔船停泊点、海岛、渔村，发放“传染性非典型肺炎常见问题的解答”等内容的宣传品1500份。组织《闽东乡讯》《松涛》《鸳鸯溪》《太姥山》（福鼎）等乡土刊物入岛6000多份。市台办领导多次到市委党校、机关和涉台企业开讲座、做报告。宁德市政协编撰《台湾之根》《闽台关系文物史迹》等涉台丛书，作为涉台宣传教育材料。在省外宣办、省台办组织的全省涉台教育进社区电视知识竞赛活动中，蕉城区继光社区组织的代表队，代表宁德市参赛，取得二等奖。

2004年3月，宁德市台办和团市委联合为宁德师专师生举办一期“台海形势访谈会”。宁德市委宣传部两次邀请福建省台湾问题研究专家到宁德作台湾形势报告。市台办两次邀请台湾八大电视台到闽东拍摄旅游风光片并在岛内播放，吸引一批台胞到闽东投资兴业。

2005 年，邀请台湾三立电视台到宁德拍摄《今生必游之地——宁德》旅游、民俗文化电视风光片，向台湾同胞展示宁德秀美的自然风光，独特的民俗文化，提高闽东在台的知名度。配合台湾 TVBS 与中央电视台、省广播影视集团合作推出《海峡西岸行》大型电视直播系列报道，其中宁德大唐火电站煤码头、福安溪塔畲族村、周宁鲤鱼溪等新闻片在中央电视台直播。市、县（市、区）台办采取多种形式，组织广大干部群众学习全国人大常委会通过的《中华人民共和国反分裂国家法》，并扩大到对台经贸、文化交流等工作中。全市对台工作宣传员到机关、部队、大中专院校、乡镇社区和涉台企业中开展涉台知识讲座 138 场次。

二、服务台商企业

1993—1995 年，地、县（市）台办主要为在宁德投资的台商企业协调解决在征地、用电、用水、办证等方面遇到的问题。1999 年，随着台资企业的增多，一些县（市）开始建立为台企服务的综合、协调机构。台商投资较多的古田县率先成立全区第一个台商投诉中心，集中、快速为台商提供服务。随后霞浦县、福鼎市相继成立台轮停泊点管理委员会，并正式挂牌办公。霞浦、福鼎两县（市）台办还分别指派一名副主任主持工作。2000 年，地、县两级台办共接受台商投诉 16 件，结案 15 件，结案率 93.85%；两级台办还为台商提供咨询 800 多人次，协调解决问题 273 件次，有效地为台商排忧解难，增强台商在宁德市继续投资的信心。

2001 年，市台办主动深入台资企业现场办公，为台资企业排忧解难。6 月 12 日，市台办负责人陪同省、市政府领导与省台办领导，深入蕉城区大扬工业有限公司、远东彩笔有限公司等台资企业开展调研，协调解决供电问题。2002 年，市、县（市、区）两级台办积极帮助台资企业呼吁、反映、协调解决 8 件疑难问题。市台办帮助宁德大扬工业有限公司协调解决与原蕉城区无线电厂债务纠纷问题，霞浦县政府与县台办帮助台资企业晋鸿工具制造有限公司解决企业用电、用水问题，促使该企业将搬到福州的工厂又搬回霞浦，扩大生产规模。2003 年，市委、市政府分管领导与市台办负责人多次深入台资企业排忧解难。市台办为台企华大陶瓷有限公司解决与一些部门的纠纷，增强台商在宁德投资的信心。是年，省人大常委会《中华人民共和国台商保护法》检查组在宁德市召开台商座谈会，帮助协调解决一些台商在生产、生活方面的问题。2004 年 8 月，省外资工作领导小组办公室委托福建省华通市场研究公司，对 657 家外资企业进行政府职能部门施政满意度的调查，形成《2003 年度福建省投资企业环境监测评价调查报告》，其中宁德市 32 家台资企业监测评价获得好评。2005 年，市政府与市台办进一步完善台胞投诉、协调工作机制，及时妥善处理各种问题，切实地为台胞、台属办实事、办好事，依法保护台胞的合法权益。全年共处理上级转来台湾“海基会”、省红十字会要求协助调查解因私自赴台渔工被扣死亡案等案件 8 起。由市委政法委、市人大常委会侨台委、政协台港澳委、中级人民法院、检察院、公安局、监察局、司法局、外经贸局、台办等部门，共同组成宁德市对台工作平台建设小组投资维权组，并建立工作职责、联席会议、投诉协调、通报制度，推动建立法律咨询与服务制度，设立台商服务联系专线电话，为到宁德投资创业的台商提供全方位帮助与服务，及时帮助解决遇到问题。协调解决台商、台胞投诉 20 多件。

三、扶助困难台胞

1993—1994年，贯彻落实省委《关于解决好我省台湾省籍同胞贫困户问题的通知》精神，地区台办、台联配合各县（市）委统战部，深入全区各乡（镇）村，开展台胞贫困户情况调查，发现在全区台胞80户142人中，仍有4户贫困户，个别台胞年老多病丧失劳动力、缺乏生产资金，各级党委、政府和有关部门召开协调办公会议，研究解决办法。对台工作部门干部多次前往福安、古田、福鼎等县（市）落实台胞扶贫工作。至1998年年底，4户台胞贫困户有的得到当地民政部门的定期生活补助，有的在有关部门的帮助下安排就业。

第五章　机构与团体

第一节　机　构

一、宁德市人民政府台湾事务办公室（市委台湾工作办公室）

其前身先后为中共宁德地委海防部、中共宁德地委对台工作部、中共宁德地委台湾工作部，并为适应对台工作形势发展的需要，成立宁德地区行署台湾工作办公室，实行“一套人马、两块牌子”。2000年撤地设市，改称中共宁德市委台湾工作办公室，地区台办改称宁德市人民政府台湾事务办公室，仍实行一套人马、两块牌子，内设科室为人秘科、沿海科、联络经济科、宣传科。实有编制12名。

二、宁德市外事侨务办公室

1993年，宁德地区外事办公室编制5名，实际在职人员5名。1996年，政府机构改革，宁德地区行政公署侨务办公室与宁德地区行政公署外事办公室合署办公。

2000年11月，宁德撤地设市，更名为宁德市人民政府外事办公室、宁德市人民政府侨务办公室。2002年11月政府机构改革，撤销宁德市人民政府侨务办公室和宁德市人民政府外事办公室，组建宁德市人民政府外事侨务办公室，为宁德市政府主管外事侨务工作的职能部门，为正处级单位。内设人事秘书科、出入境管理科、侨政经济科和涉外交流科，行政编制9名（含纪检监察编制1名）。其中主任1名，副主任1名，纪检组组长（副处级）1名，科级领导职数4名，工勤编制1名。2005年，市外事侨务办设党组。

第二节　团　体

一、宁德市（地区）台联

1993 年 9 月，召开宁德地区台湾同胞第四次代表大会，选举产生宁德地区台湾同胞第四次联谊会（简称宁德地区台联），会长 1 人，专职副会长 1 人。机关内设办公室，编制 3 名（行政编制 2 名，机关事业编制 1 名），处级领导职数 1 名，科级领导职数 1 名。

2000 年 11 月，更名为宁德市台湾同胞联谊会（简称宁德市台联）。2005 年联谊会机构人员不变。

二、宁德市（地区）侨联

1993 年，宁德地区归国华侨联合会（简称侨联）机关内设办公室，行政编制 3 名。实行团体会员制。1997 年 6 月，召开宁德地区侨联第四次代表大会，选举产生地区侨联第四届委员会，选举主席 1 名，驻会副主席 1 名，兼职副主席 3 名，秘书长 1 名。

2000 年 11 月，改称宁德市归国华侨联合会，机关内设办公室，有工作人员 5 名。

2001 年 11 月，召开宁德市归国华侨联合会第一次代表大会，选举产生第一届委员会，设主席 1 人、专职副主席 1 人、兼职副主席 3 人、秘书长 1 人。

2005 年，确定宁德市归国华侨联合会为正处级单位，设处级领导 1 名、科级领导 1 名。指导 9 个县（市、区）侨联，19 个乡镇侨联和 142 个村级侨联小组开展工作。有青年委员会、闽南侨乡联谊会、法律顾问委员会、越柬老归侨联谊会、留学生及其亲属联谊会 5 个团体会员。

三、香港宁德市同乡联谊总会

2000 年，成立香港宁德市同乡联谊总会，是以团结、服务 2 万多祖籍宁德市或宁德 9 县（市）生活、工作过的香港居民为宗旨的类似慈善团体的联谊组织。郑少清为首届理事长、陈勇生为监事长。“东湖塘侨友会”“福安同乡会”为该会团体会员。该会是“香港福建社团联会”的 18 个福建籍主要社团之一，多位主要成员以担任联会副主席、常务董事的职务参与管理联会事务。在省市相关部门、香港福建社团联合会的指导下，积极促进、鼓励、促成及维持香港与宁德同乡之间联系。促进与香港政府、议员及各界人士的联系及沟通，共同为宁德市在港乡亲谋福利；维护及保护会员的权益；组织、促进、参加及支持会员参加文体康乐及慈善活动；促进会员与宁德开展贸易、投资、旅游、参观、访问及慈善等交流活动。在香港区议会选举和立法会选举中，依照香港法律，积极联络及团结香港之爱国、爱港宁德籍团体、人士及各界人士积极参与香港事务。总会理、监事成员共捐献 3000 万元港币用于会务及其他公益事业。其中 1500 万元港币用于捐赠宁德慈善团体，用于捐资助学、修建道路等。会员捐献 1500 万元港币，购得香港铜锣湾永久会所。

四、旅外侨胞主要社团

闽东华侨移居国外后，出于民族传统和生存发展的需要，多有结社现象或加入福建及与闽东关系密切的相关社团。其社团组织基本分为两类：一为地缘性社团，这类社团占多数；二为业缘性社团，此类社团多为新一代侨民。此外，还有一些文化、娱乐性结社。

新加坡福州会馆 清宣统元年（1909年），获新加坡当局批准正式成立，并购置乞律20号二层楼作为馆所，为新加坡宗乡总会七大会馆之一。其宗旨为联络乡情，团结力量，发展福利、慈善、教育事业。2005年，由古田籍侨领林理化任主席，古田籍侨领张代彪任第一副主席。该会馆长期与家乡保持着密切联系。有下属社团36个，会员1000多名。

马来西亚雪隆福州会馆 民国元年（1912年）成立，初名雪兰莪福州十邑同乡会，设临时办事处于十五碑雪兰莪酒店内。其宗旨为联络同乡感情、发挥互助精神、办理慈善事业、振兴文化教育。1992年8月，搬入福州大厦办公。2005年，会长为祖籍屏南的包久星，有会员627人。

马来西亚民都鲁福州公会 民国35年（1946年），由民都鲁福州十邑同乡共同合作，购买河岸一间木屋充作会所，成立民都鲁福州公会。首任主席为古田籍乡贤叶明逸，公会宗旨为加强同乡之间的联系，为同乡谋福利争权益。在社会、经济、教育等方面做了大量工作。每逢年节公会都举办聚餐和其他活动，促进同乡之间的感情交流且组织机构日益健全。1996年，举办新会所落成暨公会成立50周年庆典活动。2005年，已历经5届，第5届会长为屏南籍乡贤包章文。

马来西亚柔佛永平福州会馆 民国16年（1927年）成立。会馆宗旨为联络乡谊，照顾同乡福利。1993年后，多次组团到古田县等地参观考察，探亲访友，与家乡关系密切。2005年，已历38届，第38届主席由古田籍侨胞吴恒光担任，有会员750人。

马来西亚砂罗越古田公会 民国17年（1928年）在马来西亚砂罗越州诗巫成立。由古田侨民陈赞汤、李祖节等发起。公会宗旨为谋求同乡团结与合作，拓展福利与教育事业。1993—1999年先后两次组织青年夏令营团组到闽考察观光。2000年，组织百人团回乡与古田县父老乡亲共度中秋佳节。2001年，与古田县外侨办联合，开展互派短期留学生交流合作计划。2004年，组团到宁德考察访问。2005年，已历经39届，先后担任主席有程光利、钱本统等人，有会员1069人。

马来西亚古晋福州公会 民国19年（1930年）元旦成立，初名闽北华侨总会，租用古晋大井巷内一间店屋为会所。会员包括福州十邑同乡、闽北的延平、建瓯、邵武以及闽东各县侨民。首任主席丁尊三。1992年，成立青年团与妇女组机构，每逢五、十举办活动，1993—2000年，3次举办公会成立60周年、65周年、70周年庆典。2000年，团地委与妇联办“家家有亲情，人人尽孝道”孝亲敬老活动，邀请该会70岁以上会员及其亲属参会，向他们颁发敬老新春红包。筵开50席，场面盛大。2005年，有会员1万多人。主席先后有丁尊三、龚招泰、林鹏辉等人。

马来西亚曼绒古田会馆 1954年成立。会馆宗旨为团结同乡，共谋福利与发展。早期设互助部，扶助贫困同乡。1992年，筹款赞助祖籍地古田县建设华侨大厦及古田医院大楼。1993年，举办“十大歌星”义演筹募南华独立中学基金。1994年，筹资200万元建成会馆大厦。2003年，成功举办马来西亚实兆垦荒百年纪念活动。2005年，已历经25届，第25届主席颜清文，有会员 1636 人。

马来西亚亚庇福州公会　1981 年，成立筹备会。1982 年，正式成立沙巴福州公会，第一任主席吴高善。之后公会发展迅速，会员人数激增，沙巴福州公会更名为马来西亚亚庇福州公会。2002 年，成功举办公会成立 20 周年庆典活动。2005 年，公会主席为屏南籍乡贤余清守，有会员 1 万多人。

加拿大温哥华福州公会　1984 年成立。初期没有固定会址。1993 年，廖光华、林华仁、钱有崇、陈芳蒿等人发起购置会所倡议，得到侨居地同乡热烈响应，终于拥有自己的会所。该会每年举行新年聚会、中秋晚宴，会上举办武术舞蹈等表演，以传承中华民族文化习俗。2005 年，会长为古田籍乡贤钱有崇。

马来西亚砂拉越屏南董乡会　民国 6 年（1917 年）春，屏南籍华侨黄联登、黄新慈、黄薛基等人发起在马来西亚砂拉越创置公共胶园，以其生产收入汇供屏南家乡村头村办校经费。是年成立公共胶园，起名“屏南董乡兴学园”。1994 年 9 月 4 日成立青年团，此后每年新春联欢会、中秋联欢会都举办绘画比赛。屏南董乡公会于 20 世纪 90 年代先后捐建屏南县屏城乡村头村村内水泥路、桥梁、公路及村学校，捐款共 20 多万元人民币。成立以后主要负责人有黄联登、黄新冬、黄新慈、黄联球、黄新忠、黄裔就、黄惠生、黄良明、黄同华。

马来西亚彭亨福州十邑会馆　彭亨州是由实地远迁居过来的福州十邑同乡集居地，主要为斯里再也镇，芬易、连突、美丹等地亦不少，尤以古田人为多。1977 年成立马来西亚彭亨福州十邑会馆，会馆宗旨为促进马来西亚彭亨州同乡之间的友好联系，发扬互助友爱精神，推动社会慈善神福利及文化教育事业。2005 年，彭亨福州十邑会馆有 700 多名会员。经常举办活动，如作文比赛，新春团拜、室内足球赛、小小科学家比赛、机械人比赛等。

马来西亚砂罗越屏南公会　1991 年 6 月，获得当局批准成立，会设址诗巫市。1992 年 11 月，正式获准成立砂罗越屏南公会。是年，第三次同乡会在诗巫市京香楼大酒店召开并产生新一届理事会，杨炳槐当选为第三届会长。公会宗旨为加强联络，谋求福祉。注重鼓励屏南同乡子女努力向学，每年向成绩优异者颁发奖励金。2002 年，筹募资金 28 万元作为贷学金，发放给当年考上本科而家境贫寒的会员子弟，每年发放 10 名，每名学子无息贷款 500 元，毕业后 2 年内还清。2005 年，拥有会员 1200 人，会长施宗安。

泰国福州会馆　1991 年 2 月成立。前身为“泰国福州十邑同乡会”。在泰国银行家陈德树、印度尼西亚拿督斯里黄双安、余泽乾等鼎力支持下，赞助经费，购置会所。1995 年，成立学业成绩优良奖励金，鼓励会员子女就学。1996 年，承办第四届世界福州十邑同乡大会，多次组团到闽访问，并到北京、古田等地观光考察。2005 年，更名为泰国福州会馆，已历 8 届，古田籍侨领余泽乾、吴广修、林立盛、黄祖星等先后担任该会理事长或副理事长。2005 年，有会员 1500 人，理事长许保安。

新西兰福建同乡会　1994 年成立，会长卓荣（福州籍）。同乡会宗旨为团结福建乡亲，共谋福利，促进中新经济文化交流。该会关心乡亲福祉，乡亲每有婚丧喜庆均组织操办，并帮助他们解决困难。每年春节举行盛大团拜会。曾组团回国参加第四届世界福建同乡恳亲大会，福建省项目成果交易会，中国投资贸易洽谈会等活动，促进会员与祖籍地多有联系，推动中国、新西兰两国经贸、教育、文化领域的交流与合作。2005 年，已历经四届。高益槐为会长。

马来西亚新山士古来榕联福州十邑公会　1996 年 6 月 7 日成立，由刘友富任首届会长。2002 年，由古田籍乡贤叶绍进任会长。2005 年，古田籍叶振宝任会长。公会宗旨为广泛联络散居同乡，推广中华传统文化，加强福州十邑同乡之间的联谊及为乡亲谋求福利。2005年，有会员230人，其中70%会员祖籍地为古田县。公会与兄弟乡会联络乡情，致力于团结华族，传承优秀传统文化，协助华教发展，举办华文作文赛，设立子女奖励金，对学业成绩优异的会员子女颁发奖励金。会馆还设立慈善基金会，举办捐赠济弱、照顾重病患者等扶贫济困活动。

加拿大闽东联谊会 2003年8月成立。总部设加拿大多伦多。联谊会宗旨为团结加拿大闽东乡亲，寻求共同发展。开展组织活动，加强与其他社团交流；帮助新来乡亲安家兴业，共同融入主流社会；加强与家乡联系，促进闽东经济发展。会员有旅居加拿大各个领域的闽东籍人士，大部分在北美取得博士或硕士学位。2005年，会长为福安籍郭登峰，有会员200多人。

西班牙福建同乡会 2000年11月在马德里成立，福州长乐籍华人蒋梦麟为首届会长，历任14年。2007年换届，由古田籍陈建清任会长。该会是西班牙华人社团中人数最多、覆盖面最广、会务活动最活跃的社团，也是欧洲福建华人社团实力最强、组织最完善的侨团乡会。旅居西班牙有闽籍侨胞1万多名，其同乡会团结全西班牙闽籍乡亲，维护福建乡亲的合法权益，增进与其他侨团交往，为促进中西两国经济、科学、文化各领域友好交流作出积极贡献，也为故乡福建的建设和公益事业奉献海外赤子一片爱心。2005年，福建省自然灾害频发，受4次台风正面袭击，其中，“桑美”给闽东地区带来惨重灾害，西班牙福建同乡会以会长蒋铜官为首，向闽东寿宁县灾区捐资24万多元人民币。

全德福建同乡联合总会 德国福建同乡会于1999年2月20日在波恩召开首届大会，并选举陈琦为首任会长。2001年3月10日在科隆召开换届大会，陈琦继任会长。2003年1月19日，在非恩海姆召开三届大会，宁德籍乡贤唐慧英任会长。该会乃公益事业团体，其会员皆为闽籍旅德各行业成功人士。2005年该会更名为全德福建同乡联合总会，会长陈云斌。总会宗旨为促进德国华人与福建同乡的团结互助，提高华人在德地位，维护同乡在德合法权益，促进中德两国人民之间的交往。

马来西亚诗巫中华总商会 创会人戴承聚，祖籍古田。商会宗旨为促进华人团结，谋求合作，维护商务，推进商业繁荣。成立以后为属下各行商及会员争取合法权益，提供资助，不遗余力。多次组团到宁德访问探亲。2005年，有会员200多人，会长张泰卿。

全欧华人专业协会联合会 2001年成立。旨在团结欧洲各华侨、华人专业协会，维护和保障其合法权益；为华侨华人专业人士、留学生回国创业和投资提供交流平台和合作机会。联合会集各专业协会于一体，以各会会长、理事会、积极分子为运作核心，相互交流，在遵守所在国和中国法规前提下，以业促会，以会推业，促进中欧文化交流和产业合作。多次组团到中国访问，促进海外高新技术成果与中国企业界嫁接。2005年，专业协会联合会分会由成立时的10个发展到25个，有会员6万多人。会长周盛宗，祖籍蕉城。

新西兰华人工商企业联合会 2002年成立，下属300多家华资企业，会员遍及旅游、零售、教育、制造业、地产、金融、咨询、传媒、食品等行业。联合会致力促进中新文化、教育、经贸、农业等领域的交流与合作，与国内工商、外事侨务部门保持着密切联系。2005年，由福安籍华侨陈龙国任会长。

南非全非洲中国和平统一促进会 2002年1月，由古田籍叶北洋等人发起成立，并召开大会，通过《全世界华侨华人推动中国和平统一大会约翰内斯堡宣言》。旅居南非以及来自世界各地的华侨、华人代表5000多人出席大会。中国派出以中华全国归国华侨联合会副主席李祖沛为团长的 14 人代表团，团员包括海峡西岸关系研究中心唐树备、台湾海峡西岸和平统一促进会（和统会）会长梁肃戒和副会长郭俊次等。和平统一促进会宗旨为以“和平统一、一国两制”基本方针为指导，遵循中国“八项主张”“四点意见”，活跃于南非华人社区。2005 年，有会员 500 人，会长叶北洋。

第三十六编 教育

闽东地区的教育事业基础比较薄弱。进入20世纪80年代后，地区行署认真贯彻《中华人民共和国义务教育法》，基础教育事业进入一个新的发展阶段。到1998年，实现全区基本普及九年义务教育和基本扫除青壮年文盲的历史性目标。

2000年，全区有中小学幼儿园2696所（其中幼儿园410所、小学及附设初中班小学2084所、普通中学202所）；特殊教育招生1013人，在校生7068人，残障儿童平均入学率接近90%；7所成人中专招收普通班新生1031人；高等教育与中专自学考试全年报名人数55417人，名列全省第三位。当年，宁德地区行署出台《关于鼓励社会力量办学的若干规定》，为民办教育事业的快速发展提供政策支持。到2003年，全市民办教育机构增加到219所，在校生总人数27580人。学前教育、小学、中学、职业学校、中等专业学校、高等专科学校同步发展，一个合理均衡发展的教育体系初步构建。

2005年，全市有各类幼儿园（所）376个，班数2195个，在园幼儿5.63万人，入园率81.92%；小学1410所，教学点1097个，在校生27.25万人，学龄儿童入学率99.91%；中学199所，在校生208965人（其中初级中学133所，在校生145148人；高级中学66所，在校生63817人）；高等学校3所，在校生6850人。当年，宁德市委、市政府制定《宁德市"十一五"教育事业发展专项规划》，本着"办好人民满意教育，培养社会需要人才"的宗旨，提出教育事业发展新的目标和任务，为宁德教育事业持续发展注入动力、指明方向。

第一章　学前教育

第一节　幼儿园所

1993 年，宁德地区共有幼儿园 261 所，在园幼儿 85128 名，幼儿入园率 45.23%；幼儿园教职工 3728 名，其中专任教师 3461 名。

从 1996 年起，地区教育行政部门对各县（市）幼儿园开展全面复查，对不符合要求的幼儿园限期整顿，实现办园效益与社会效益、幼儿园的数量与教学质量同步发展的目标。在办园体制改革方面，以社区为依托，以办活公办幼儿园为基础、公办与民办相结合，形成多种形式的办园格局，个体办园逐年增加，并由规模小、条件简陋逐渐转向大规模、条件上档次、管理规范化的方向发展。

1998 年，地区教委针对全区社会力量办学发展迅速，管理难度增大，管理力度不够的情况，制定《宁德地区各级各类幼儿园管理暂行办法》，对社会力量办园申办、招生、登记注册、年检复查、评估等都做出明确的规定和要求，加大教育行政部门的管理力度，增强举办者依法治教的意识，逐步实现积极鼓励扶持公民办园与严格规范管理的有机统一。当年幼儿入园率 62.19%，每万人口幼儿在园数 270.59 人，位居全省第三。2003 年，市教育局督导室对全市公、民办幼儿园进行全面检查评估，对薄弱园所要求限期整改，取缔未经批准的园所。

至 2005 年，全市有幼儿园有 376 所，在园幼儿 56284 人、幼儿入园率 81.92%，创历史新高。其中，城市教育部门办园 11 所，民办 83 所，其他部门办园 5 所；县（镇）教育部门办园 76 所，民办 98 所，其他部门办园 7 所；农村教育部门办园 64 所，民办 32 所。教职员工 3277 人，其中专任教师 2312 人。全市幼儿园所总占地面积 33.54 万平方米，园舍建筑面积 25.14 万平方米，幼儿园户外活动场地 14.19 万平方米，图书存量 91843 册，教学用录像录音带 17330 盘；园内设有幼儿活动室、睡眠室、保健室、图书室、教师办公室、生活用房、其他用房等，幼儿园的办学条件和设施能够基本满足城乡幼儿教育的需求。

1993—2005年宁德市（地区）幼儿园基本情况统计表

表36-1

年份	园数（所）	班数（个）	入园幼儿数（人）	离园幼儿数（人）	在园幼儿数（人）	入园率（%）	教职工数（人）	
							总人数	其中专任教师
1993	261	2724	58170	48892	85128	45.23	3728	3461
1994	281	2884	58032	52302	88991	48.88	4170	3817
1995	506	3021	62717	55194	92938	49.92	4431	4060
1996	590	3117	59959	55874	94243	51.54	4681	4288
1997	478	3167	58899	58413	92155	53.80	4917	4405
1998	463	3099	55857	55844	85641	62.19	4834	4292
1999	567	3068	51571	52342	81775	65.63	4612	4078
2000	410	2958	47085	48585	77899	67.79	4506	3940
2001	412	2856	41336	43726	65102	—	2999	2270
2002	369	1392	19176	20378	36539	—	2926	2153
2003	392	2310	3674	27633	51827	67.96	3041	2213
2004	379	2382	32484	24817	54596	78.59	3265	2330
2005	376	2195	31663	22143	56284	81.92	3277	2312

说明：统计数中包括经教育主管部门审查批准举办的民办幼儿园

第二节　教育教学

一、保育与教育

1993年后，宁德地区各县市教育行政主管部门以国家教委颁发的《幼儿园管理条例》《幼儿园工作规程（试行）》为依据，将保育和教育贯穿于幼儿园工作活动的全过程，结合幼儿身心发展的特点和教育规律，贯彻以游戏为基本活动的原则，保护和启发幼儿的好奇心和求知欲，做到保育与教育相结合。同时，与家庭和社区密切配合，培养幼儿的行为习惯，促进幼儿身心全面和谐发展。

从1996年开始，宁德市（地区）教育局要求各县（市、区）教育行政主管部门督促各级各类幼儿园组织教师认真学习国家教委重新制定的《幼儿园工作规程》《幼儿园教育指导纲要（试行）》和福建省教育厅制定的《福建省幼儿园教育指南（试行）》，各幼儿园结合自身实际，充分理解上述文件的精神和具体要求，并切实落实到对幼儿的保育与教育工作中。其中宁德市机关幼儿园中班半日活动的组织安排分为：晨间活动、谈话活动、区域活动、体育活动、午餐活动和午休活动等6项内容，每项内容都有具体要求。各幼儿园在幼儿保育与教育工作中还重视家园联系，成立家长学校或组织家长委员会，面向家长开展多种形式的早期教育宣传；不定期召开以班为单位的家长会议，教师与家长就幼儿保育与教育问题开展交流讨论；此外还经常组织开展亲子活动、家长开放日等活动，加强幼儿园与家庭的教育联系。到2004年，全市幼儿保育与教学中实现三个方面的转变。变注重教学活动的效果为关注幼儿活动的过程，变教师单方面传授知识为师生、生生积极有效互动，变重视幼儿“学会”为重视幼儿“会学”“乐学”。

2005 年，宁德市幼儿教育开始重点关注不同阶段幼儿的衔接、适应问题，帮助幼儿做好托儿所上幼儿园和幼儿园上小学的准备工作，注意培养幼儿适应未来、适应终身教育的基本素质。

二、课程改革

1993 年后，宁德地区幼儿园逐步改变过去按统一要求、统一安排幼儿活动的教育方法，关注幼儿个性的健康和发展。按新的幼儿课纲要求探索以游戏为主要教育形式，寓教于乐、以乐引智的新方法。

2001 年，宁德市成立幼儿课程改革领导小组和学科指导组，实施幼教课程改革。课程改革指导组由省优质园和省级课改试点园园长、部分幼教股长、教研员组成，通过召开专家工作组和学科指导组工作会议，研究制定课改实验方案和工作计划，确定课改近期目标、实验内容、工作要点、阶段安排等，将新时期幼儿教育内容、教育原则、教育方法及其教育活动设计融入新课改之中。福安市实验幼儿园、福安市第二实验幼儿园、宁德市机关幼儿园作为宁德市课改试点园，也根据本园实际拟定课改实验方案和工作计划。其中，福安实验幼儿园以探究性学习为核心，福安第二实验幼儿园以自主性游戏活动为重点，宁德市机关幼儿园以区域活动为内容开展课改研究，做到课改工作有领导、有组织、有计划、有步骤地进行。2003 年，举行课改试点园汇报交流活动，组织各县（市、区）重点幼儿园对课改试点园的探究课题进行观摩学习、总结交流。

2004 年，宁德市幼教课改工作采取研讨、竞赛、专题讲座、举办各类培训班等形式，引导教师将新的教育理念逐步转化为教育实践。举办骨干教师培训班，70 多名幼儿教师参加受训。在蕉城区实验幼儿园和福鼎市实验幼儿园开展课改成果展示观摩活动，宁德市各级各类幼儿园园长、教研员、骨干教师 80 多人参加观摩。蕉城区、周宁县、福安市等部分市级示范幼儿园也分别展示课改成果。

2005 年，宁德市教育局组织开展幼儿教师能力测评，内容包括“弹、唱、跳、画、说”5 项基本技能，现场教学实践观摩，课题研究成果介绍，教育活动方案设计，教学案例分析等，有 500 多名教师参加评选。2002—2005 年，宁德市各省市级优质园、标准园共申报 20 个省级教育科研课题，其中被省幼教研究会正式立项 14 个，被省普教室确定为省级课题 5 个，省级重点课题 3 个。宁德市还组织开展幼儿园科学教育活动优秀案例评选活动，共评出优秀案例 80 篇，其中一等奖 12 篇、二等奖 30 篇、三等奖 38 篇；共推荐 25 篇论文参加省级专题研讨活动，其中获一等奖 3 篇、二等奖 4 篇、三等奖 18 篇。

第三节　幼儿园选介

一、宁德市机关幼儿园

宁德地区机关幼儿园创办于 1950 年，前身是福安专署全日制托儿所。1993 年设 7 个教学班，在园幼儿 256 人，专任教师 17 人，全部为中专学历，其中中级职称 3 人。当年被评为福建省先进幼儿园。该园占地面积5492平方米，建筑面积4806平方米。1997年被评为福建省优质幼儿园，是宁德市第一批省级优质园之一。2000年撤地设市改现名。2004年，省级重点课题“关于幼儿学习方式的研究”顺利结题，有多篇文章在国家级CN刊物上发表。2005年，全园有14个教学班，在园幼儿556人，专任教师30人，其中拥有本科学历的占30%，其余为大专学历，中级职称7名。幼儿园设施不断完善，有教学楼3栋，幼儿活动室14间，幼儿接送车2部，大型玩具14件，钢琴14台，空调18台，电脑37台以及多媒体活动室和幼儿园局域网等现代办公设备。当年，被评为全国“三八红旗集体”和福建省机关后勤“三优一满意”先进工作单位。至2005年，连续九届被省委、省政府先后授予“省级文明单位”和“省级文明学校”荣誉称号。

二、福安市实验幼儿园

福安市实验幼儿园创办于1951年，前身是福安县城阳中心小学附属幼儿班，1990年改今名。1993年成为宁德地区第一所省标准幼儿园。1997年被评为福建省优质幼儿园，是宁德市第一批省级优质园之一。该园的教学综合楼及教学辅助用房于2001年8月竣工，建筑面积10200平方米，园舍结构合理，功能齐全，设有舞蹈室、科学发现室、多功能厅；有满足幼儿活动与探索愿望的科技区、交通区、社会区；有供幼儿游戏玩耍的大型器械区、攀爬区、假山、角色走廊、运动走廊、嬉水池、脚底按摩跑道；有便于教学开展的多媒体教室、有电脑54台、图书1万多册；班班配备钢琴、电视、影碟机、跟读机、空调、洗衣机、消毒柜、热水器等。2005年有18个教学班，在园幼儿700多名；在编教职工52人，其中拥有本科学历的19人、大专学历25人，有省特级教师2名、全国优秀教师2名、省学科带头人2人、省骨干教师4名、地区骨干教师10名。1993—2005年，先后获得全国教育科学“十五”规划教育部重点课题先进实验幼儿园，福建省第八届和第九届文明学校、先进幼儿园、基础教育课改先进集体等荣誉称号。

三、福安市第二实验幼儿园

福安市第二实验幼儿园创办于1988年，直属福安市教育局，原名福安县直机关幼儿园，1994年改现名。园所占地3500多平方米，建筑面积约4000平方米，有幼儿电脑室、音体室、电教室、游戏室、教具室、档案室、资料室、保健室、隔离室、保管室和现代设备厨房；有嬉水池、玩沙池、大型攀岩墙以及户外组合运动器械等；班班有钢琴、电视、影碟机、空调、热水器、消毒柜、保温桶、录音机；有计算机51台、钢琴19台、图书5000册。2005年，设教学班19个，在园幼儿约700人；教职工101人，其中高级教师1人、中级教师17人、初级教师19人，小学特级教师1人。教师学历构成：大学本科11人、大专24人、中专30人；保育员24人，均受过保育专业培训并取得合格证书。1993—2005年，先后获得福建省先进幼儿园、福建省优质实验幼儿园、宁德市文明学校等称号。

四、蕉城区人民政府机关幼儿园

蕉城区人民政府机关幼儿园创办于1980年，原名宁德县政府机关幼儿园，2000年改现名。1993年设4个教学班，幼儿不足百名，教师13人。2000年园舍经过重建，总占地面积2378平方米，建筑面积2360平方米。有一幢标准化、多功能的6层教学综合楼，各种设施、设备一应俱全。户外活动操场设有幼儿攀岩、嬉水池、饲养角、沙池等，为幼儿提供嬉戏场所。2005 年设教学班 8 个，在园幼儿 245 人；有教职工 38 人，其中专任教师 18 人，保育员 8 人，教师学历层次均为大专及以上，专业合格率达 100%。1993—2005 年，先后被评为宁德市巾帼文明示范岗、宁德市文明单位、福建省巾帼文明示范岗、全国巾帼示范岗等。

五、福鼎市实验幼儿园

福鼎市实验幼儿园创办于 1982 年，为福鼎市教育局直属园，是福建省标准幼儿园。办园初期仅有 6 个班、200 多名幼儿。1996 年被确定为福建省标准幼儿园。2003 年搬迁新园，校园占地面积 10450 平方米，建筑面积 5580 平方米，绿化面积 3460 平方米。园内建筑舍造型美观，布局合理，设有 16 个集幼儿学习、盥洗、睡眠为一体的现代化多功能单元型班级用房和多种辅助用房。户外环境整洁优雅，有活动游憩区、生态活动区和春晓园、夏阳园、秋月园、冬星园。2005 年设教学班 16 个，在园幼儿 600 余人，教职工 70 余人，其中高级教师 1 人，中级教师 19 人，初级教师 28 人，专任教师学历达标率 100%，大专学历达 94%，保育员均受过岗位培训，取得保育资格证书。1993—2005 年先后被评为福建省文明学校、福建省党政工共建教工之家先进单位、宁德市文明学校等。

第二章　初等教育

第一节　学校设置

20 世纪 90 年代，宁德地区各级政府部门投入巨资建设小学校舍、改善办学条件，特别是农村小学校舍获得极大改善。各小学按照地区教育局的要求，开展绿化、美化、净化、香化的“四化”建设，校园环境大为改观。1993 年全区小学校园占地面积 318.18 万平方米，校舍建筑面积 137.14 万平方米。中心小学校的教学仪器设备达到 I 类标准，完小校的教学仪器设备达到 II 类标准。到 1996 年，全区有小学 2121 所，在校生 3.58 万人、教职员工 1.91 万名。

从 2000 年起，宁德市为适应农村小学生流向城镇的特点，开始调整学校布点，适当减少农村学校，加快城镇小学建设，全市小学减至 2084 所，其中大裁撤的多为农村学校。2002 年，再次进行较大规模调整，全市小学减至 1754 所，新设教学点（指非初小校的若干年段或班的学校）1046 个，以方便农村低年段学生就近上学。同时，进一步改善小学办学条件，加强薄弱学校改造和学校标准化建设，配足配齐教学设施和设备，逐步推进信息技术普及，以信息化推动教育现代化，促进学校均衡发展。

2005 年，宁德市统筹安排，多渠道筹措资金继续开展小学危房改造，通过拆建消除 D 级危房 5.3 万平方米。同时，进一步加快小学布局调整力度，在城镇扩建或新建一批小学校，解决农民工子女进城入学问题；在农村因地制宜，整合教育资源，进一步推进小学撤点并校，并办好一批农村寄宿制小学校。截至年底，全市有小学 1410 所，教学点 1097 处，校园占地面积 427.93 万平方米，校舍建筑面积 166.89 万平方米，生均占地面积 18.91 平方米，生均校舍面积 7.37 平方米；建立校园网的学校 159 所，占 12.6%；体育场馆面积达到标准的学校 592 所，占 47%；体育器械配备达标的学校 367 所，占 29%；音乐教学器材配备达标的学校 340 所，占 27%；美术教学器材配备达标学校 323 所，占 25.6%；教学、自然实验仪器达标学校 471 所，占 37.4%；全市小学图书藏书量 319.23 万册，生均 14.11 册，电子图书藏量 37121 张。全市小学固定资产总值 76152 万元。2005 年年末，全市小学在校生 27.25 万名，教职员 17925 名，其中专任教师 16596 名。

1993—2005 年宁德市（地区）小学基本情况统计表

表 36-2

年份	学校数（所）	教学点（个）	教职工数（人）	专任教师数（人）	招生数（人）	毕业生数（人）	在校学生数（人）
1993	2155	—	18638	17422	59473	52100	354947
1994	2122	—	18825	17715	62393	57999	356907
1995	2111	—	18832	17700	64126	61945	356232
1996	2121	—	19128	17940	66115	63673	358440
1997	2122	—	19039	17484	69473	66618	369917
1998	2105	—	18453	17023	63663	69652	364610
1999	2116	—	19063	17604	58368	69490	355251
2000	2084	—	19350	17901	55189	70538	340997
2001	2136	1046	19256	17961	60365	69693	335652
2002	1754	1495	19210	18013	55223	52642	341486
2003	1721	1491	18896	17727	37853	48864	325427
2004	1683	1210	18436	17208	30009	52437	299457
2005	1410	1097	17925	16596	26553	51231	272529

说明：1. 教学点是 2001 年全市调整学校布点时才开始设立

2. 以上统计均含经教育部门审批举办的民办小学数

第二节　教育教学

一、学制调整

1993 年以后，宁德地区各县市的小学分别实行五年制、六年制以及五年制和六年制并存三种学制，这种现象一直延续到 2000 年。2001—2005 年，宁德市教育主管部门根据福建省教育厅的部署，结合当地的实际情况制定小学学制改革实施方案，全市小学全部实行六年制。小学实行六年制以后，适龄儿童入学年龄由过去的 7 周岁提前到 6 周半，宁德市各地各类小学的学制和入学年龄始与义务教育的要求相一致。

二、课程设置

1993 年，宁德地区各小学阶段课程结构以综合课程为主。小学低年级开设品德与生活、语文、数学、体育、艺术等课程，小学中、高年级开设品德与社会、语文、数学、科学、外语、综合实践活动、体育、艺术等课程。1995 年秋季开始，每周学习日从 5 天半改为 5 天。2001—2005 年，开始设置综合实践活动并作为必修课程，其内容主要包括信息技术教育、研究性学习、社区服务与社会实践以及劳动与技术教育。通过这些课程，让学生通过实践，增强探究和创新意识，学习科学研究的方法，发展综合运用知识的能力，培养学生的社会责任感。课时也从原来每节45分钟改为40分钟。其中信息技术教育课程的开设，主要培养学生利用信息技术的意识和能力，形成初步技术能力。

三、素质教育与课程改革

1993年后，宁德地区根据国家教委制定的《小学管理规程》，认真执行省颁课程计划，以课堂教学为主渠道，以改革课堂教学为突破口，使教学的指导思想从应试升学教育向素质教育转变。1999年，地区教育部门举办以福安附小和福安实小为依托的“宁德地区素质教育课堂教学成果展示活动”，全区各县市教师430人参加此次活动。通过现场观摩和典型引路，推进全区课堂教学从“知识本位”向“以人为本”转化。

2001年，宁德市教育局进一步改革传统的教学方法，实施启发式、讨论式教学方式。改革、完善考试制度以及质量测评办法，改变忽视学生全面发展和个体差异，只关注结果而忽视过程的单一评价方法等，更加重视考查学生分析问题、解决问题的能力。教师对每位考生的考试情况做出具体的分析指导，不公布学生考试成绩或按考试成绩排列名次。同时根据省教委的部署，把英语和信息技术教育列入课程计划，城区小学全部开设英语课和计算机课，落实实验教学、劳技教育等实践性、活动性课程。

2002年3月，宁德市教育局制定《宁德市基础教育课程改革实验实施方案》，确定蕉城区、福安市、古田县3个县（市、区）为省级基础教育课程改革实验区。2003年总结蕉城、福安、古田3个省级课改实验区工作经验，研究实施福鼎、柘荣、霞浦3县（市）课程实验方案，成立宁德市小学教研课题管理领导小组及专家指导组，并公布小学首届教研课题项目，提出宁德市小学教研课管理意见。2005年，全市按照“面上推广、点上深化”的方针，全面深入实施义务教育新课程。加强农村课改实验工作的研究，开展“城乡课改手拉手帮扶”“送教下乡”等活动，推动农村小学课改实验同步开展。

四、德育

1993年，宁德地区各小学围绕爱祖国、爱人民、爱科学、爱劳动、爱社会主义“五爱”教育，把纪念毛泽东主席“向雷锋同志学习”题词30周年活动与中共宁德县委成立、颜阿兰烈士牺牲、闽东游击第三支队成立、霍童农民暴动、南埕盐工斗争等中共宁德党史“五个60周年”纪念活动相结合，面向小学生开展富有地方特色和适合少年儿童特点的思想品德教育活动。

1994年，宁德实小先后成为宁德地区小学道德教育试点校和宁德市（县级）第一所少年海军学校，并承办“宁德地区三都澳小学生德育夏令营”。寿宁、柘荣等地贯彻落实《未成年人保护法》和江泽民总书记的“五自”（自学、自理、自护、自强、自律）题词精神，在少先队员中开展“五自”社会实践和“雏鹰争章”活动。

1996年，全区小学开展“五有五无”的行为规范养成教育，要求做到课堂有纪律、课间有秩序、言行有礼貌、心中有集体、学习有进步以及地上无痰，无纸屑，门窗无破损，墙上无污痕，卫生无死角。宁德一小校参评省百所创建“五无”卫生学校并获创建“五无”先进单位称号。

1998年，宁德部分县市提出德育要遵循“小、近、实”（从小事抓起、从身边做起、讲求实效）的原则实行分层、分步扎实推进，开展“共建”“共育”活动。全区建立一批德育基地和内容丰富、特色鲜明的“德育室”。2000年10月，古田一小被中央教育科学研究所和德育研究中心评为全国教育科学“九五”规划国家级重点课题《整体构建学校德育体系的研究与实验》2000年度先进实验校。

2001—2002年，全市开展礼仪教育，把小学的思想品德课、班队课、周朝会课（升旗仪式），作为思想政治、道德、法制、纪律、心理健康“五育”教育的主渠道，以演讲、实践等形式体验爱心，学会感恩。2002年，柘荣、寿宁、霞浦等县围绕道德规范，开展争当“五小标兵”活动。要求学生在家争做小帮手、争做社区小标兵、争当校园小伙伴、争当环保小卫士、争做生活小主人。

2004年，周宁县狮城一小荣获福建省少先队红旗大队称号，还被评为福建小公民道德建设先进集体，受到省委宣传部、省妇联、教育厅、团省委等六家联合表彰。2004—2005年，宁德部分县市贯彻落实《中共中央国务院关于进一步加强和改进未成年人思想道德建设的若干意见》和中宣部、教育部制定的《中小学开展弘扬和培育民族精神教育实施纲要》精神，在教育系统组织教育思想大讨论，开展各种形式的德育实践活动和爱国主义教育活动，强化德育首位的意识，真正使学校德育工作贴近学生、贴近社会、贴近实际。各小学还根据新修订的《小学生守则》《小学生日常行为规范》，结合班队主题开展德育活动。

五、实验教学普及县活动

1993年，为深化教育改革，全面推进素质教育，宁德地区按福建省教委《关于我省全面开展中小学实验教学普及县活动的通知》精神，组织实施实验教学活动。1994年，福安市、周宁县率先开展“实验教学普及县活动”，并于1996年通过省教育委员会的评估验收。1997—2000年，全区开展小学实验室达标活动，为进一步开展实验教学普及县活动打下基础，各县（市、区）“实验教学普及县活动”进程大大加快。2002年，霞浦县、柘荣县加大投入，加强管理，小学实验室建设取得较大发展，5月顺利通过省级验收。到2003年年底，宁德市9个县（市、区）先后通过省级验收，2005年年底全面通过省级跟踪复查验收。在开展实验教学普及县活动中，全市中小学投入实验室建设资金8000多万元，改善办学条件，实验教学全面推广，管理工作也进一步规范化。

六、电化和信息技术教育教学

1996年，地区教委电教站、初教科、教研室联合在全区开展小学语文、数学、自然教学优质课评选活动。对经各县评选上报参评的优质课，由电教站统一组织人员到学校现场拍摄，确保参评课是不经剪辑的课堂实录。1998年，全区开展电化教育优质课及计算机辅助教学课件评选活动，评出全区小学自然、数学一等奖的电教优质课送省参评，分别获得省一等奖、二等奖。随后又代表福建省参加全国电化教育优质课评比，获得三等奖。

2000年，地区教委组织18名县（市）教师进修校老师以及8名市直有关学校教师参加省教委师范处组织的“信息技术基础师资培训班”培训，还委托宁德师专举办计算机技术骨干教师培训，240名教师参加培训。2002年，市教育局组织各小学申报中央电化教育馆“十五”教育技术研究课题，霞浦县实验小学的“适合于小学学科教学的多媒体教育软件资源的研制开发与应用”等5个课题被确定为中央电化教育馆立项的研究课题。2003年，经省专家组评估，宁德市部分小学校被省教育厅确定为“福建省现代教育技术实验校”。

2005年12月，全市有2项教育技术研究课题经中央电化教育馆、省电教馆的评审，被评为优秀课题。全市小学的教学研究逐步由经验总结型向理论研究型转化，研究水平迅速提高。当年，根据省教育厅《关于全省中小学加快普及信息技术教育和全面实施“校校通”工程若干意见》要求，宁德市教学资源中心正式筹建，市教育局信息中心购进2套教学资源库设备，建成以市教学资源库为中心，市、县（市、区）、校三级互联、互通、共享的教学资源库。

七、网络化建设

2004年11月，“宁德市教育网”正式开通。从2005年1月1日起，全市教育系统公文、教育动态、教学课件等信息发送全部使用宁德教育网。依托该网络平台，全市教育系统建立起以信息网络为基础的教育电子政务、教务体系，逐步实现教育教学系统的办公自动化，教学手段的现代化、信息化、网络化。2005年，为进一步推广和完善全市的电化教育网络，宁德市电化教育站举办教育城域网的管理和应用知识培训班，9个县（市、区）的电教站站长和网络管理员20多人参加培训，主要学习内容是浙大网络管理平台升级和家校互联的应用和维护。

第三节　示范校建设

1993年，宁德地区普遍开展创建小学示范校活动。示范学校分为福建省示范小学、福建省农村示范小学和地区（市）示范小学三个层级。通过争创示范学校活动，改善示范校的办学条件，提高教学质量和办学水平，同时对其他学校尤其是农村小学起到带头和示范作用。

1995年，宁德地区在全区内开展区示范性小学评选。经基层推荐、教育行政部门组织评估、验收，古田县水口中心小学、寿宁县鳌阳小学于1997年被命名为福建省示范性小学，跻身全省10所示范性小学行列。1998年年底，全区共有省示范性小学4所，省农村示范性小学14所，地区农村示范性小学22所。在开展争创示范学校活动的同时，宁德地区大力加强薄弱校建设。1999年，各地采取措施分期分批选送农村小学校长到省市参加相关培训，提高农村小学的管理水平；加强农村小学骨干教师的培训力度，为农村教师搭建成长平台，以点带面，提高农村教师的教学水平；利用远程教育网络平台，开展新一轮全员教师培训；加大经费帮扶力度，削减农村小学校历史旧欠，减轻农村小学办学压力；做强做大农村中心校，切实改善农村小学办学条件。

2000年，全市在省、市示范校建设评选中，重视对德育成果的评价，并在全省小学中率先设立德育室。2002年起，每两年在示范校中评选一次“教坛新秀”，以此促进小学教师队伍整体水平的提高。在示范校的带动下，全市到2005年年底共有161人获得“宁德市教坛新秀”荣誉称号。同时，各示范性学校还组织开展“全面贯彻教育方针，大面积提高教育质量先进班级”评选活动，通过评优评先调动教师工作的积极性、主动性和创造性，从而促进示范性小学办学水平不断提高。截至2005年，宁德市有省级示范小学6所、省级农村示范小学24所、市级示范小学5所、市级农村示范小学13所。

2005年宁德市小学示范学校分布情况一览表

表36-3

类别 县（市、区）	福建省示范小学	宁德市示范小学	福建省农村示范小学	宁德市农村示范小学
蕉城区	宁德师范附小、蕉城区实验小学	蕉城区第六小学	东山小学、飞鸾中心小学、漳湾中心小学、洋中中心小学	—
古田县	水口中心小学	第一小学、第二小学	瑞岩小学、罗华中心小学、鹤塘芝南小学、凤埔中心小学、黄田中心小学	—
屏南县	—	—	长桥中心小学	—
周宁县	—	—	—	李墩中心小学
寿宁县	鳌阳小学	—	—	清源中心小学、大安中心小学
福安市	福安师范附小	城阳中心小学、坂中中心小学	外塘小学、阳头中心小学、赛里小学、甘棠中心小学、立峰小学	湾坞中心小学、赛岐中心小学、穆阳中心小学、苏堤小学
柘荣县	—	—	前山小学	—
福鼎市	—	—	樟口小学、秦屿第一小学、山前中心小学、秦屿第二小学、前岐中心小学	前岐罗唇小学
霞浦县	实验小学	—	盐田中心小学、西关小学、三沙中心小学	海岛中心小学、溪南中心小学、沙江中心小学、崇儒中心小学、后港中心小学

第四节　学校选介

一、宁德师范学校附属小学

宁德师范学校附属小学是宁德市教育局直属学校，位于宁德市蕉城区署前路3号。2005年，学校建筑面积16623平方米（其中教工宿舍3423平方米），有41个教学班、在校生2278人。教职工112人（其中专任教师103人），教职工学历达标率100%，其中本科学历占25%、大专学历占59.1%、中专学历占15.9%；有特级教师2人、中学高级教师9人、小学高级教师60人；国家、省、市级骨干教师，省学科带头人和省、市级教坛新秀占教师总数的60%以上。学校建有网络中心、教学资源库，有电脑300多台，各班教学班均配有电脑、实物展示台，液晶投影机，教师实施电子备课，实现资源共享。1993—2005年，宁师附小共获得市级以上表彰22次，其中获全国性荣誉称号9次，是全国德育研究先进实验学校、全国体育传统项目先进学校、全国少先队红旗大队、福建省示范小学、福建省文明学校。12年间学校共培养合格毕业生4676名。

二、福安师范学校附属小学

福安师范学校附属小学是宁德市教育局直属学校，位于福安市富春溪畔。学校占地面积10719.6平方米，建筑面积7759.76平方米，绿化面积5661.7平方米，绿化率52.82%。学校教育常规硬件配置完善，有普通教室33间，专业教室15间，每间普通教室均实现多媒体设施教学，毗邻的福安市体育中心活动场地可供学校长期无偿使用。2005年，在校生2035人，教职工99人，其中具有大专以上学历的教师占专任教师总数的88.89%，中高级职称的教师占专任教师总数的60%。学校先后获得全国首届绿色学校、全国青少年科普创新示范校、全国德育实验学校、全国艺术教育先进学校、省级文明学校、省级师范小学等50多项省部级荣誉。

三、福安市实验小学

福安市实验小学位于福安市城南龙江路7号。2005年在校学生2055人，有教学班36个，教职工95人，其中特级教师1人，中学高级教师2人，小学高级教师68人，小学一级教师23人，高级技工2人。学校有新建的综合楼1座，操场实现塑胶化，有图书室、阅览室、电脑室、书画室、音乐舞蹈室、多功能厅等专用教室6个，其中图书阅览室315平方米、图书2.6万册。1993—2005年，该校十多次获省部级荣誉称号，是全国体育工作先进单位、全国少先队工作红旗大队学校、全国书法艺术教育实验学校、福建省第五、六届文明单位（学校）。

四、福鼎市实验小学

福鼎市实验小学位于福鼎市河乾路66号，校园占地面积10378平方米，建筑面积12418平方米。2005年在校学生2870人，教师138人，其中中学高级教师4人，小学高级教师49人；国家级骨干教师1人，省级骨干教师2人；省学科带头人1人、特级教师1人；具有大专学历的109人、本科学历的6人；被评为省教坛新秀的有5人，受国家、省级表彰的有12人；历年在CN级刊物发表论文100多篇。学校先后被确定为全国教育科学“九五”规划国家级重点课题“整体构建学校德育体学研究与实验”先进实验学校、福建省道德教育先进试点校、“心手相牵”国际项目福建实验学校、福建省文明学校、福建省文明单位等。

五、周宁县实验小学

周宁县实验小学位于周宁县狮城北部。学校占地面积6500平方米，其中建筑面积4968平方米。2005年，设教学班32个，学生1973人；在编教职工105人，其中小学高级职称1人、中级职称69人，初级职称35人。1993—2005年，该校先后被评为全国红旗大队、省先进体育传统项目学校、省级文明学校、省级绿色学校、省级发展性教学实验研究基地校和宁德市实施素质教育工作先进学校。

六、霞浦县实验小学

霞浦县实验小学位于霞浦县松城镇南部。1999 年被确认为福建省示范小学。校园占地面积 8266 平方米，校舍建筑面积 9847.3 平方米。2005 年，在校学生 2500 多人，设 40 个教学班，教师 135 人。1993 年以后，受省级以上表彰 60 多次。先后获得全国“实践行知思想，推进素质教育”先进单位、全国红旗大队、省教育先进单位、省文明单位、连续获得第五至九届福建省文明单位、福建省示范小学、福建小学名校等荣誉。

七、古田县第一小学

古田县第一小学位于古城县城东街道和平路 8 号。2000 年 2 月加挂“福建省体教结合试点古田县少年儿童体育学校”牌子。学校校舍面积 10103 平方米，有 200 米塑胶跑道的标准操场 1 个，篮球场 2 个，网球场 1 个；教学用房、专用教室、学生阅览室和图书馆等教学设施设备达到省定标准。2005 年，在校生 1800 名，教职员工 94 名，其中小学高级教师以上职称 56 人。学校先后被评为全国巾帼文明岗、福建省基础教育课程改革基地校、福建省青少年道德建设研究实验学校、省文明学校、省巾帼文明示范岗等。

八、柘荣县实验小学

柘荣县实验小学位于柘荣县柳城南路 20 号。校园占地面积 11495 平方米，建筑面积 10167 平方米；学校设有德育室、多媒体教室、师生阅览室、音乐室、乒乓球室等 11 个专用教室。2005 年，设 38 个教学班，在校生 2162 人；教师编制 108 名，其中大专以上学历 69 人，小学高级教师 62 人。1993—2005 年，学校共获得全国、省、市级表彰或奖励 33 次，是福建省文明单位（文明学校）、宁德市文明学校、宁德市一类合格学校和课程改革先进集体。该校教师有 93 人次获全国、省、市级表彰或奖励。

九、蕉城区实验小学

蕉城区实验小学位于蕉城南路 41 号。其前身是宁德县实验小学，2003 年改现名，是福建省示范小学。学校占地面积 12007 平方米，建筑面积 7193 平方米。有综合教学楼 2 座，多媒体教室、微机教室等专用教室和实验室、阅览室、图书室 10 多个。2005 年，设 37 个教学班，在校学生 2272 名，教职工 124 名。学校先后被评为全国先进“手拉手联谊学校”、省教工先进之家、省文明单位、福建省小公民道德建设先进集体、宁德市实施素质教育工作先进学校、宁德市课程改革先进单位等。

十、寿宁县鳌阳小学

寿宁县鳌阳小学位于鳌阳镇人民路 45 号。该校具有光荣的革命历史，是无产阶级革命家范式人的母校，革命先烈叶秀藩、范浚曾在此任教。学校设有电脑室、多媒体教室、电子备课室、语音室、科技室、音乐室、电子琴室、美术室、阅览室、革命传统陈列室、卫生室、心理咨询室等专用教室，校园有“校校通”网络和数码广播系统、红领巾电视台等，闭路电视安装到每个教学班。2005 年，设 31 个教学班（含 1 个特教班），在校学生 1836 人，教职工 105 人，其中中学高级教师 3 人，小学高级教师 61 人；本科学历 7 人，大专学历 60 人；省、市级教坛新秀、骨干教师 15 人，县级教坛新秀、骨干教师 31 人。学校共有 20 多次收到省、市有关部门表彰。先后被评为福建省小学名校、福建省少先队工作金奖学校、福建省示范小学、宁德市名校、宁德市素质教育先进校，并连续五年获福建省文明学校等称号。

十一、屏南县实验小学

屏南县实验小学位于县城学府路 2 号。学校占地面积 7817 平方米，校舍面积 3280 平方米。有教学楼 2 幢，35 间教室，学校内有电脑室、自然实验室、图书阅览室、音乐室、美术室、广播室、专用多媒体教室，运动场有 150 米的环形跑道。办学设施基本满足学生学习活动需求。2005 年，屏南实小有学生 1600 多人，教职工 90 多人，其中小学高级以上教师 60 多人。学校先后被评为少先队全国红旗大队、全国百佳中队、福建省第九届文明学校、省关心下一代工作先进单位，第六至八届宁德市文明学校等。

第三章 特殊教育和少数民族小学教育

第一节 特殊教育

一、学校设置和教育教学

1993 年，宁德地区的特殊教育还处于起步阶段，全区各县市仅有智力障碍班 12 个，在校生 147 人；聋童辅导班 2 个，招收 24 人。此外，在各普通学校随班就读的智障儿童 1600 多人，盲、聋、哑儿童 68 人。其中古田县在 2 所小学中搞盲童随班就读试点，罗华中心小学被定为省盲童随班就读试点班。全区残疾儿童入学率 34%。从事特殊教育的教职工 55 名，其中专任教师 35 名。

1996 年开始，宁德地区加快特殊教育改革和发展步伐。当年招收视力、听力语言、智力三类残疾儿童分别为 32 人、134 人和 318 人，入学率分别达 71.31%、68.24% 和 74.12%，初步满足“三残”（盲、聋哑、智障）儿童少年的入学需求。

2001 年，《宁德市“十五”教育发展规划》明确提出“三残”儿童事业发展的目标和任务，将特殊教育纳入基础教育发展的总体规划，提出“三残”儿童少年义务教育发展目标，即在 3 ~ 5 年内使全市 7262 名“三残”儿童（其中盲童 510 人、聋童 1090 人、智障儿童 5662 人）的入学率达到 90% 以上，随班就读网络遍布各个乡镇，人口在 30 万以上的县市均有特教学校。

2003 年，宁德市教育局与残工委联合转发《全国随班就读工作经验交流会议纪要的通知》，并要求各县（市、区）教育局、残联共同配合，根据会议纪要精神和提出的各项要求，结合当地实际，采取措施，推动随班就读工作，促进特教事业进一步发展。

2004 年，各县（市、区）特教学校（班）相应设置“以生活教育为主的校本课程——生活适应课程”。开设学前班和中、重度智障学生实验班，实施和研究个别化教育和协调教育策略。

2005 年，全市有特殊教育学校 6 所（聋哑学校 1 所、智障学校 3 所、其他学校 2 所），特殊教育班 54 个，其中小学附设特教班 9 个，“三残”学龄儿童入学率达到 98.27%。教职工 166 人，其中专任教师 140 人。从当年起，宁德市民政局将家庭困难、在外地特教学校学习的残疾儿童家庭列为低保对象，并给予生活补助；教育部门也落实“两免一补”政策（免杂费和书本费，给予生活困难补助），扶持家庭困难学生，努力做到不让残疾学生因家庭困难而失学；全市有 517 名在校残疾学生得到政府的帮助。同年 10 月，宁德市选送的《培智学校教学策略一、二》《“趣”学钱币》《浅谈如何提高自闭儿童的学习能力》等经验文章在《福建特殊教育》上发表。

2003—2005 年宁德市 7 ~ 12 周岁的特殊教育少儿入学情况统计表

表 36-4

年份	合计			视力残疾			听力残疾			智力残疾		
	人数	已入学数	入学率（%）	人数	已入学数	入学率（%）	人数	已入学数	入学率（%）	人数	已入学数	入学率（%）
2003	3285	3167	96.41	236	230	97.46	431	413	95.82	2618	2524	96.41
2004	2884	2843	98.58	241	235	97.51	412	438	106	2231	2170	97.27
2005	2769	2721	98.27	270	268	99.26	376	363	96.54	2123	2090	98.45

二、古田聋哑学校

福建省古田聋哑学校位于古田县城关，占地 6660 平方米。该校由雷静贞于民国 18 年（1929 年）创办，是全国开办最早的七所聋哑学校之一，也是福建省的第一所聋哑学校。1992 年 1 月，古田聋哑学校由省、地民政部门管理移交宁德地区教育局主管，为科级事业单位，教职工按每班 4 名配备，面向闽东 9 个县市招生，成为闽东乃至福建省的盲聋哑教育中心。1995 年，学校增设盲生部，设有小学部、初中部和职业高中班。课程与普通中小学课程相同，在初中部和职业高中班增设中医推拿、按摩专业。主要培养具有高小毕业文化程度以上并能掌握一定技能的毕业生。

1996—1998 年，学校相继建成启喑楼、明心楼，同时对原有校舍、食堂、餐厅等进行翻新修缮，扩建校田径运动场、篮球场，添置电脑、钢琴等教学设备，种植大量花草树木，办学条件和校园环境得到很大改善。

2005 年，在闽东鸿爱助残促进会的支持下，经市教育局批准，面向全市招收已聋 8 年、有一定文化水平和美术基础的 15 名聋生组建“鸿爱班”。“鸿爱班”以美术为主要专业，同时学习初、高中文化课知识。

第二节　少数民族小学教育

一、学校设置和教育教学

宁德地区少数民族村落分散，交通不便，各县（市）采取多项措施普及九年义务教育，包括调整小学布局，在少数民族聚居的行政村设立民族小学，撤并少数民族单、双人校和教学点，创办寄宿制民族小学等办法，方便散居在偏远山区的少数民族学生入学。1993 年，全区有少数民族小学 140 所（含教学点），在校小学生 10427 人。当年全区有少数民族学龄儿童 17029 人，入学 16860 人，入学率 99.01%。1999 年开始，宁德地区先后进行三轮民族寄宿制小学建设，对民族寄宿小学进行新建和改扩建，改善民族地区小学的办学条件。其中福安市在“十五”教育发展规划中明确提出民族教育发展规划目标：少数民族地区民族小学适龄儿童入学率达 99.5%；民族地区的学校危房发现一所改造一所；并按照就近入学的原则做好撤点并校工作，适当集中办学、提高教学质量。同年，全区启动帮助少数民族小学生入学的“春蕾计划”，该计划包括改善少数民族学校设施、设立畲族特困女童“春蕾班”，资助畲族农民工子女及困难家庭子女入学资助金等。

2001年，全市21所民族寄宿制小学中的18所已改建完毕。霞浦县撤并8个教学点，建立13所民族寄宿制小学。该县水门民族乡的承天民族寄宿制小学吸收周边6个行政村11个教学点的生源，学生总数达300多人，其中寄宿生78人、教师14人，并配有炊事员、生管人员，办学质量逐年提高。据不完全统计，2002—2003年全市接受国家拨款和社会资助的帮扶资金将近千万元。

2005年，宁德市继续抓好民族教育地区基本实施九年义务教育和基本扫除青壮年文盲的“两基”巩固提高工作，提高少数民族儿童少年义务教育阶段入学率，推进民族地区基础教育事业发展。全市54所民族小学，在校生1.6万多人，少数民族学龄儿童入学率达99.97%，辍学率从1999的4%降低到当年的0.5%。

二、福安市民族实验小学

1952年，福安市民族实验小学创办，位于福安市坂中乡仙岩村。该校是一所寄宿制学校，也是全省唯一的县（市）级民族实验小学。校园占地面积5160平方米，设9个教学班，学生514名，其中少数民族学生占93.8%，寄宿生365人；生源来自闽东畲族人口较多的3个县、福安市的13个乡镇，80%来自偏远山区。21名教师中，大专以上学历占90%。学校开设畲族武术、民族歌舞、民族艺术等畲族传统文化课程。1993—2005年，学校先后获得全国民族团结进步先进集体、全国民族先进集体等称号，还被评为宁德地区文明学校、福安市示范小学、福安市民族教育先进学校。

第四章　中等教育

第一节　学校设置

1993年，宁德地区有普通中学131所，其中初级中学93所、完中38所，另设有小学附设初中44个班、职业中学附设初中17个班，学生总数11.09万名，其中初中生8.90万名、高中生1.50万名；教职员工8365名，其中专任教师6628名。1998年，全区开始普及九年义务教育，各县（市）城区和乡镇所在地因初级中学容量有限，部分县（市）根据生源情况，陆续在一些乡村增设一批初级中学和九年一贯制学校。到1998年年底，全区建有村级初中校18所，普通中学182所（其中初级中学143所、高级中学39所），在校生21.13万人。

1999年后，各县（市）城区和乡镇所在地的初级中学容量已经较大，但乡村九年义务教育的适龄人口却逐年减少，一些县（市）对部分乡村初级中学进行调整，当年全区有6个县（市）的7所一、二级达标完全中学实行剥离初中改革。2001年，全市基本普及高中阶段教育，全市普通中学合计190所，其中初中141所、高中49所。市教委在福鼎市召开高中工作现场会，介绍该市高中教育的发展成果，交流各地办学经验，鼓励各地采取多种措施发展高中教育。2003年，全市继续调整中学设置结构，高级中学增加到52所，独立初中减至134所，在校生总计20.99万人。到2004年，全市共筹措2亿多元资金投入普通高中建设，校园面积扩大67多公顷，校舍面积达到18平方米，现代教育技术设施逐步装备完善。

截至2005年，全市有中学199所，其中初级中学133所、高级中学66所，在校生20.90万人。

1993—2005年宁德市（地区）公办中学基本情况统计表

表36-5　　单位：所、人

年份	普通中学			班级数			在校生数	当年招生	当年毕业	专任教师
		初级中学	高级中学		初中	高中				
1993	131	93	38	2338	2017	321	110915	43210	27119	7066
1994	137	99	38	2511	2199	312	118671	46781	29995	7499
1995	159	120	39	2825	2515	310	139421	58859	31408	8212
1996	161	122	39	3321	2981	340	167354	67235	35241	9183
1997	178	139	39	3693	3315	378	196004	72899	41403	9605

续表 36-5

年份	普通中学			班级数			在校生数	当年招生	当年毕业	专任教师
		初级中学	高级中学		初中	高中				
1998	182	143	39	3863	3439	424	211344	74547	53352	10467
1999	194	152	42	3988	3494	494	216960	74802	61694	11103
2000	202	157	45	4063	3463	600	221859	78651	66048	11459
2001	190	141	49	4183	3458	725	225954	79450	66535	11872
2002	192	142	50	4120	3266	854	218908	67935	66328	12137
2003	186	134	52	3988	3013	975	209861	67566	68466	12211
2004	196	134	62	3875	2758	1117	204823	73767	71186	12205
2005	199	133	66	3926	2706	1220	208965	73441	61978	12430

说明： 1. 以上数据来自《宁德统计年鉴（2017）》，其中班级数采自《宁德市教育志（1993—2007）》
2. 专任教师指中学任职的专职教职人员

第二节　教育教学

一、课堂教学

1993 年，宁德地区各中学仍然延续初中三年、高中三年的学制，部分附设于小学的初中部与小学统称为九年一贯制学校，其后三年相当于初中部（也称初级中学）。中学的课堂教学，教师根据教学大纲的教学要求备课、编写教案，持教案上课。每节课 45 分钟，课间休息 10 分钟。上午第二节课后安排 20 分钟课间操。传统的课堂教学一般都有教师讲课、教师提问学生作答或教师出题学生讨论、作答、练习、教师总结、布置课后作业等环节。随着素质教育的推进和初高中课程改革的深入，教师不断更新教育教学观念，在各科课堂教学活动中有意识、有目的地设计、调整教育教学内容，大胆采用新颖开放的教学模式，充分发挥学生的自主能动作用，实行师生合作互动，逐步实现由教师为中心向以学生为主体的转变，实现知识与技能、过程与方法结合，情感、态度、价值观一体的教学目标。在课堂教学中，中老年教师通过“示范课”为年轻教师作教学示范；年轻教师通过“优质课”的评选，提升教学水平。教务处和教研室通过课堂听课、评课，组织教师互相交流教学经验，提升整体教学水平。

2001 年，全市中学按照《国务院关于基础教育改革与发展的决定》和《基础教育课程改革纲要（试行）》以及《福建省义务教育课程计划及说明》和福建省教育厅《关于执行义务教育课程设置方案和印发义务教育课程计划及说明的通知》，使用教育部印发的供实验区使用的《义务教育课程设置实验方案》，并据此进行新的课程设置。

2002 年，根据省教育厅部署，宁德市初中课程改革启动，实行新的课程设置方案与课程计划。市教育局成立宁德市基础教育课程改革领导小组和宁德市基础教育课程改革专家指导组和学科指导组，按照课改方案，2002—2004 年，各县（市、区）分三批安排进入省级课改实验区，进行新课程改革实验。根据课改要求，新课程改革使用的中学教材不再由省教育厅统一征订。当年秋季，中学省级专家指导组和市级学科指导组分别到蕉城、福安、古田3个实验县（市、区）学校进行指导，保证课改工作顺利进行。2003年，全市加大课程改革力度，增加历史、地理、生物综合考试和物理、化学实验考试。市教育局以蕉城、福安等地近年的中考数据为依据，拟定《2005年省级课改实验区初中毕业升学与普通高中招生制度改革方案（讨论稿）》，由市教育局向社会各界和教师、家长征求意见后向社会公布实行。首批参加课改的蕉城、福安、古田3个省级课改实验区在自查自评的基础上，先后通过市课改评估组和省课改评估组的评估验收，确定市级课题63项，并组织编写《闽东地理》和《闽东历史》本土教材供全市初中教学使用。

2004年，市教育局又确定市级科改课题43项，蕉城区的“新课程课堂教学评价方案”获得阶段成果，进入实验验证。福安、古田、福鼎、霞浦、柘荣等县市也展示各自课改成果。宁德市民族中学还编写《畲族文化简说》，作为校本课程在该校高中一年级教学中使用。

2005年，全市各县（市、区）开展“省级课改基地校”课改实验活动。加强初中各学科教学质量的监控，实行全市学科质量的抽考监测，组织全市初中各年级共9个学科进行期末抽考。市教育局坚持“先培训，后上岗，不培训，不上岗”和“面向全体，骨干先行”的原则，通过专家报告、专题讲座、教学观摩、参与式研讨、分小组合作备课、现场评课、案例分析等多种形式对教师进行培训。2002—2005年，全市有8600多名初中专任教师通过新课程改革的培训。截至2005年，全市所有普通初中全面实行课程改革，有24项课改成果获得省级表彰，41项成果获得市级表彰。

二、素质教育

从1997年开始，宁德地区教育部门加大中学教育阶段的素质教育，采取一系列措施实施素质教育，推进中学教育的发展和办学水平的提升。当年，地区教委加强城区薄弱学校建设，做好农村中学初二分流教育改革，加强学校德育工作，落实课程计划和教材要求，发挥课堂教学在推进素质教育中的主渠道作用，加强校长和教师队伍建设，调整好农村学校的布局，并确定古田、福安两县（市）为地区试点联系县。

1998年，宁德地区各中学按照行署下发的《关于中小学全面实施素质教育若干意见》和地区教育部门《关于加快建设初中达标学校和示范性学校的通知》精神，全面启动创建素质教育达标校活动，改革考试和评价制度，促进素质教育在学科教学主渠道中得到落实。为减轻学生过重的课业负担，实行初中分流教育改革，采取初中毕业考试和升学考试“两考”分离。

1999年，地区教委改革初中考评制度，要求各县（市）教育行政部门和中学切实纠正只重分数、忽视能力培养，轻视德育、体育、美育和劳动教育，不重视活动类课程教育等违反素质教育的倾向，着眼全面、着眼发展，科学地、准确地评价学生。改革学科分数加简单评语的做法，克服片面性，从各个方面、多层次对学生全面的素质状况和发展进行评价。从当年秋季开始，全区所有初中全部使用初中生素质发展报告手册。同年，全区7所达标完中初一年级停止招生，城区所有初中招生实行电脑派位，小学毕业生全部免试升入初中。

截至2005年，古田八中、宁德七中、古田七中、福鼎十六中、福鼎慈济中学先后通过宁德市教育局组织的素质教育评估验收，成为“福建省普通初中示范学校”。当年，全市初中阶段毛入学率达到100.27%。

三、德育

1993年，宁德地区各中学抓德育队伍、教材、制度和德育基地的建设。以爱国主义教育为主线，以行为规范养成为基础，以班级集体建设为重点，从班级一日常规管理着手，把实现学生素质的可持续发展作为学校德育的重要目标。各校建立德育基地，创建内容丰富、特色鲜明的“德育室”，学校的德育教育取得明显效果。

1994—1995年，宁德县级市重点落实《福建省中学道德教育实验指导纲要》和《福建省中学日常行为规范具体要求》。结合闽东苏区创建60周年暨宁德县苏维埃政府成立60周年纪念活动，组织校外辅导员开展“爱国主义教巡回演讲”。1995年，周宁三中成立“团徽”导游队，举办抗日战争胜利50周年画展等活动。柘荣县二中把社会实践活动纳入学生品德考核内容之一。区教育部门按照“基地建设有特色、活动内容有安排、辅导人员能落实、基地活动经常化”的思路，建立劳动教育基地、国防教育基地、“手拉手”教育基地、综合实践教育基地等14个各类功能不同、各具特色又互相补充的校外社会实践活动基地，实现“三个结合”，即坚持把思想品德教育与重大节日、纪念日教育相结合，与主题教育活动相结合，与综合实践活动相结合。

1996—1997年，各中学开展歌咏比赛、演讲比赛、迎香港回归知识竞赛，以及开展纪念红军长征胜利60周年夏令营等系列活动。1998年，周宁一中承担的全国教育科学“十五”规划国家重点课题——整体构建学校德育体系深化研究与推行实验子课题《班主任工作的深化研究》圆满结题，德育系列化成为学校教育的特色。

1999—2000年，全区进一步贯彻落实《中共中央关于进一步加强和改进学校德育工作若干意见》，围绕主题开展各项德育活动，初步形成学校、社会、家庭德育教育网络，德育环境、育人环境、德育设施进一步完善，形成稳定、正常的学校教育教学秩序和校园治安秩序。

2005年，柘荣县中学与县文明办、司法局配合，将《公民道德建设实施纲要》列为学生政治课的学习内容，采取讲授、讲座、报告、参观、参加社区志愿者活动等形式，培养并提高中学生文明素质。至年底，全市有各级各类德育基地160处，其中国家级教育基地1处、省级教育基地7处。

第三节　达标校创建

1993年，根据省教育厅的要求，宁德地区的普通完全中学办学水平实行评估制度，不再使用“重点中学”称号，而改为“达标中学”称号，并设定“一、二、三级”的评估标准。从1993—1996年，按照省教育厅制定的达标完中评估标准，宁德地区教育局组织专家评估组对10所原省重点中学进行定级达标评估，古田一中、福安一中、地区民族中学、寿宁一中、宁德一中、屏南一中、福鼎一中、周宁一中、霞浦一中、柘荣一中先后被认定为二级达标中学。针对全区普通完中办学基础比较薄弱，28所一般普通完中还没有一所达到三级达标校的办学水平的情况，1995年10月，地区教育局在福鼎召开一般普通完中实现三级达标座谈会，10所普通中学校长参加会议。会议认为，区内中学定级达标工作的主要难度在改善办学条件，建议各县（市）政府和教育主管部门要加大投入，创造条件，提高中学管理水平，改善办学条件，促进普通完中实现三级达标。2005年，宁德市有省级达标中学24所，其中一级达标校有古田一中、福鼎一中、宁德一中等3所；二级达标校有宁德市民族中学、福安一中、霞浦一中、周宁一中、屏南一中、柘荣一中、福安二中、福安三中等8所；三级达标校的有寿宁一中、寿宁二中、福鼎四中、宁德五中、福鼎二中、福安六中、古田三中、宁德二中、古田临江中学、福鼎六中、福鼎三中、霞浦七中、福安八中等13所。

第四节　高　考

1993年，宁德地区报名参加高考的考生（含往届生，下同）6629名，录取大学本科654名、专科1465名，合计2119名。1994年，全区报考人数略有下降，为5658名，录取本科922名，专科1557名，合计2479名。1995年，全省高校进行招生“并轨”改革，除师范院校和少数国家经济建设急需的特殊专业、艰苦专业外，普通高校、中专及中等以上职业学校实行招生并轨，缴费上学。

1996年，宁德地区高考招生采用现代化手段，地区招生办率先配电脑2台，光电阅读器1台，打印机1台，建立专门电脑房。当年全区的考点数从原先的10个增加到32个，考场从200多个增加到1302个，所有考点都设在各县（市、区）的城区学校。当年录取本科1022名、专科1703名，合计2725名。

1998年，全区高考报名人数在连续多年下降后，有所回升，当年报考人数为6462人。2000年，高招首次实行全程用计算机采集考生信息，并在部分学校实行网上录取。当年，全市高考报名人数为8480名，创历史新高，录取本科1902名、专科2237名、高职单招317名，合计4456名。

2001年，高考招生实行四项改革，即实行“3+文科综合／理科综合”的高考科目设置；增加外语听力测试内容，每个考场配备外语听力测试设备，考前组织考生进行模拟训练；全面实行远程网上录取；首次实行高等职业院校单独招生。全市报名考生10598名（其中高职656名），考生人数首次突破万名。各县（市、区）招生办独立进行计算机网站报名，首次采用当场电子摄像办法为考生照相（办准考证，存档）。当年大学本科录取2224名，高职专科2205名，高职单招404名，合计4833名。2003年高考时间前移一个月，即从原先的7月上旬改为6月上旬。2004年，全市10个试卷保密室全部安装电子监控系统。在屏南一中和屏南职业中专两个考点安装网上巡视系统，进行考场网上巡视试点。

2005年，在宁德一中、宁德职业中专、屏南一中、屏南职业中专4个考点实施网上巡视试点。为防止考试作弊，各考区还在考场使用“手机探测狗”。当年，全市高考报名人数突破2万名，达24566名，其中高职报考生1991名，为历史之最。当年录取大学本科生6594名，高职高专9897名，高职单招1814名，合计18305名。

1993—2005 年宁德市（地区）高考报名人数统计表

表 36-6　　　　单位：人

年份	报名人数		合计
	普通高校	高职单招	
1993	6629	0	6629
1994	5658	0	5658
1995	5909	0	5909
1996	5454	0	5454
1997	5630	0	5630
1998	6462	0	6462
1999	7315	0	7315
2000	8480	0	8480
2001	9942	656	10598
2002	13590	773	14363
2003	17445	1179	18624
2004	18221	1688	19909
2005	22575	1991	24566
总计	133310	6287	139597

说明：2001 年开始实行高等职业院校单独招生

1993—2005 年宁德市（地区）录取普通大中专院校及高职人数统计表

表 36-7　　　　单位：人

年份	本科	专科	中专	合计
1993	654	1465	218	2337
1994	922	1557	228	2707
1995	962	1764	96	2822
1996	1002+20*	1703	80	2805
1997	1245+24*	1760	90	3119
1998	1216	1772	63	3051
1999	本科	高职高专	高职单招	4240
	1883	2168	189	
2000	1902	2237	317	4456
2001	2224	2205	404	4833
2002	2979	3428	487	6894
2003	5017	7243	767	13027
2004	6232	7715	1376	15323
2005	6594	9897	1814	18305
合计	32876	44914	6129	83919

说明：1996、1997 两年中 * 为保送生数字

2000—2005 年宁德市（地区）高考上线人数统计表

表 36-8　　单位：人

年份	各批次上线人数				合计
	本一	本二	本三	大专	
2000	621	1824	5195	—	7640
2001	928	2157	5580	—	8665
2002	930	2834	7834	—	11598
2003	1136	4497	13986	—	19619
2004	1439	5022	6281	13612	26354
2005	1273	5472	7106	17087	30938

第五节　学校选介

一、古田县第一中学

古田县第一中学位于古田县城西街道六一四路 456 号，占地面积 67550 平方米，建筑面积 42211 平方米。1993 年，该校成为全区首所二级达标中学，1997 年成为全区首所一级达标中学之一。学校有教学楼、艺术馆、科学楼等，图书馆藏书 8.4 万册，实现全开架计算机管理。2005 年，学校设 42 个教学班，2099 名学生；教职工 190 人，其中特级教师 1 人，高级教师 61 人，一级教师 73 人，省、市骨干教师与学科带头人 64 人。据不完全统计，2000—2005 年，该校教师教研教改论文在市级以上刊物发表的 492 篇，其中省级 125 篇、国家级 22 篇。学校学生参加各级各类学科竞赛获市级以上奖项的有 748 人次，其中省级奖项 319 人次、国家级奖项达 53 人次。学校先后获省、地（市）表彰 30 多次，曾连续 5 次被评为省文明学校（文明单位）。

二、福鼎市第一中学

福鼎市第一中学位于福鼎市福全山下龙山溪畔，主校区占地面积 5.53 公顷，建筑面积 26828 多平方米。校内建有办公楼、教学楼、图书馆、多功能科学楼、艺术馆、师生食堂和 400 米跑道田径场等；拥有先进的教师电子备课室、多媒体教室、电子音像阅览室、天文观测台、形体训练厅和高标准配置的理、化、生实验室以及教育教学信息系统、“太姥学子”学习网站等。2005 年，该校设 42 个教学班，高中在校生 2000 多人。高中专任教师 147 人，其中高级教师 67 人，一级教师 79 人，国家级骨干教师 2 人，省级骨干教师 12 人。福鼎一中教学科研成绩突出，2003 年高考总上线率 99.58%，2004—2005 年高考总上线率均为 100%。学校曾先后参加教育部中央教科所、中央电教馆、中国教育学会等组织的 3 项国家级课题和 2 项省级课题研究（其中 2 项已圆满结题），学校获全国教育情报科研工作先进集体称号。该校教师有 116 篇研究论文在 CN 刊物和省级学术会议上发表。该校注重艺术教育，《闽东渔汉》《渔鼓欢天》等节目参加福建省艺术节和全国中学乡土艺术节目比赛，分获省一等奖和全国三等奖。学校还被确认为省研究性学习联系校、省现代教育技术实验校、省中小学现代教育教学资源中心建设基地校、省级教科研信息技术与课程整合试点校、省普通高中新课程实验样本校、全国课程改革与基础教育教学资源建设研究科研校等。

三、宁德第一中学

宁德第一中学位于宁德市蕉城区蕉城南路36号。1995年评为省二级达标学校，2001年秋转制为高级中学，2005年通过省教育厅“一级达标学校”评估验收。

学校占地面积5.5万平方米，建筑面积3.68万平方米。2005年设40个教学班，在校生2067人；教职工170名，专任教师143名，其中高级教师78人（其中特级教师2人）、中学一级教师40人；教师中硕士毕业生3人、硕士研究生课程班结业4人、在读教育硕士4人、在读硕士研究生课程班11人；取得信息技术考试合格证书131人。

学校建有图书楼、综合教学楼；设有多功能多媒体教室、电子阅览室、音乐艺术欣赏厅、航模活动室、校史室、德育室、天文台、生态馆、生物园、地理园、形体训练馆和演出厅；拥有标准的400米塑胶跑道田径场，以及按一级标准配置的理、化、生实验室、准备室、仪器室。该校重视信息技术的利用，通过“校校通”工程，搭建校园、社会、家庭之间信息交流平台，教师电子备课系统、图书馆智能管理系统、校长办公系统的使用，教育教学和学校管理更加便捷高效。

2002—2005年，作为省高中新课程实验样板校，宁德一中共开展540多个课题研究，并获得全国教育科学“九五”规划重点课题研究成果二等奖和优秀论文二等奖。在各学科竞赛中，该校学生分别获得全国二等奖1人次，省一等奖4人次、二等奖9人次、三等奖12人次以及全国创新大赛省一等奖1人次。该校的航模活动和电脑科技活动水平也在全省名列前茅。1993—2005年，学校先后获得整体构建德育体系全国先进实验学校、福建省文明学校（文明单位）、省道德教育试点实验学校、省体育达标先进学校、宁德市首批平安校园等各级先进荣誉称号20多项，有30多人被评为全国模范教师、特级教师及省市级先进个人。

四、福安市第一中学

福安市第一中学位于福安市冠后路2号，是一所有着悠久历史的百年老校。校园占地6.9万平方米，建筑面积4.6万平方米，绿化面积1.9万平方米，图书馆藏书13万册，是福建省第十届文明学校、省一级达标学校、省级花园式单位。2005年，该校班级数38个，学生数2043人，教职工174人，其中专任教师140人。在专任教师中，高级教师54人，中级教师48人；研究生学历3人，本科学历119人，专科学历17人。

该校培养大批各学科优秀尖子生。1994年有1名学生获中国数学奥林匹克竞赛全国一等奖，1996年、1997年取得2枚国际奥数比赛金牌，2001年有1名学生获全国化学竞赛一等奖。2003—2005年的三年中，有300多人次在全国、省、市学科竞赛中获奖，其中5名学生参加全国竞赛获福建省一等奖（数学2人、物理2人、化学1人），2人获物理二等奖，3人分获数学、化学、生物三等奖；5名学生参加“首届泛珠三角物理奥林匹克竞赛”（十省区），获团体一等奖。

该校注重学生综合素质的培养，重视思想道德教育，加强能力培养，鼓励个性发展，有

5 名学生分别获得福建省第四届“金话筒”主持人大赛金奖、《海峡教育报》形象代言人竞赛“最佳智慧奖”、全省中学生演讲比赛第一名。在十二届省运会上，该校学生打破省少年组 100 米、200 米纪录。2001—2005 年，学校先后被授予全国中小学思想道德建设活动先进单位、宁德市实施素质教育工作先进学校、市文明学校、市法制宣传教育先进单位等荣誉称号；获第十九届福建省青少年科技创新大赛优秀组织奖和福建省青少年合唱节优秀组织奖；被中央电化教育馆评为“全国教育科学‘十五’规划课题《优秀电影全面提高学生素质的实证研究》电影课实验学校”。

五、霞浦县第一中学

霞浦县第一中学位于霞浦县松港街道三河东路，其前身为宁郡中学堂，是一所百年老校。1996 年通过省二级达标校验收，2000 年完成从完全中学到高级中学的改制。学校占地 14.27 公顷，建筑面积 48920 平方米。已建成双向闭路电视网络、计算机局域网络、校园广播网络，多媒体教学网络等集自动化办公、辅助教学、信息支持于一体的校园高科技服务体系。2005 年，该校设教学班 44 个，在校生 2600 多人；教职工 223 人，其中研究生学历 1 人，高级职称 72 人，中级职称 69 人。1993—2005 年，学校先后获得全国学校体育卫生工作先进单位、福建省文明学校（文明单位）、省绿色学校、省党政工共建教工之家先进单位等 20 多项荣誉称号。

六、柘荣县第一中学

柘荣县第一中学位于柘荣县城北大坪。1993—1998 年，学校设有初中部和高中部。1999 年开始初中分流，2001 年起高中独立办学。2005 年校园面积 11701.7 平方米，总建筑面积 11622 平方米；有科学楼、教学楼以及学生食堂和寄宿生宿舍楼等；设有图书馆、电子备课室、校园网主控室、体美音劳专用教室、医务室、德育室、多媒体教室、学生电脑室、语音室。学校设 36 个教学班，在校学生 2100 多名。教师编制 106 名，高级教师占 48%，大专以上学历 52 人。教师 93 人次获全国、省、市级表彰或奖励。

1993 年以后，柘荣一中有 9 名学生先后获庄采芳奖学金，65 名学生获奥林匹克及其他类竞赛省级以上奖励，2000 多名学生被高等院校录取，其中 6 名学生被清华大学录取。学校曾先后获得福建省和宁德市文明学校、福建省二级达标学校、省评优创优先进集体、省第三届军民共建文明单位、省第六届全民健身节优秀组织奖、21 世纪中国学校体育发展研究课题优秀实验校、省中小学现代教育技术实验校、宁德市名校等多项荣誉称号。

七、宁德市民族中学

宁德市民族中学位于福安市城北街尾 105 号，是福建省第一所民族中学，也是全国畲族学生最多的一所民族中学，由宁德市教育局直接管理。原名福建省福安民族中学。2001 年 6 月改现名。学校总面积 3.2 万平方米，建筑面积 2.7 万平方米，有教学楼、图书、科技、办公综合楼、学生公寓、教师宿舍、食堂等。藏书 7.6 万册，计算机 300 台，普通教室全部配置多媒体教学全套设备，实验室设备齐全。1993 年即成为当时宁德地区 10 所二级达标中学之一。2004 年，被确定为福建省中小学现代教育技术实验学校。到 2005 年，学校设教学班 45 个（初中 12 班，高中

33 班），在校学生总数 2362 名，其中少数民族生 1371 名，占学生总数的 58%；教职工 182 名，其中专任教师 156 名，专任教师中高级职称 65 名、中级职称 46 名。该校重视对少数民族学生的扶助和培养，在课程改革新理念的引领下，以现代教育技术整合学科课程，倡导课堂教学新模式。学校先后获得全国民族中学示范校、全国中小学团结教育先进集体、全国群众体育先进学校以及福建省文明单位（学校）等荣誉称号。

第五章　中等职业教育

第一节　学校设置

1993 年前，宁德地区创办较早、规模较大的中专学校有福安农校、宁德财经学校、闽东工业学校、闽东高级技术学校等。1993 年，宁德地区有职业中专学校 3 所，职业中学 27 所，共有 300 个班级。随着各级地方政府和教育主管部门对职业学校投入的增加，宁德地区职业学校办学规模有所扩大，办学条件有所改善。1997 年，原宁德地区技工学校（闽东技校）增挂“宁德地区工业技术成人中专学校”牌子。1998 年经省、地区教委审批，霞浦和屏南的 2 所职业高级中学改为职业中专学校。至此，全区共有中等职业教育学校 40 所。其中，中专 6 所（普通中专 4 所、师范学校 2 所）、职业中专 6 所、职业高中 22 所、技工学校 6 所；省级重点校 2 所，地级重点校 4 所。2003 年，宁德市为加快发展高中阶段教育，促进普通高中和中等职业学校协调发展，要求各县（市、区）重点办好一所中等职业学校，加强学科建设，并辐射农村办学。全市中等职业学校因此调整为 34 所，同时调整布局，优化资源配置，重点建设 9 所规模大、水平高、有特色的职业教育骨干示范学校，其中 3 所为省级以上示范性中等职业技术学校。

2005 年，宁德市有中等职业学校 37 所，其中国家级重点职校 4 所，省部级重点职校 5 所。各中等职业学校原先均沿袭普通中学的管理模式，内设机构为“一室三处”，即办公室、教务处、政教处、总务处或财务处。随着职业教育事业的发展，学校根据实际需要，大多增设招生办、实训就业处等。

第二节　办学规模和专业设置

一、办学规模

1993 年，宁德地区有职业中专 3 所，72 个班级，在校生 4797 人，教师 233 人；职业中学 27 所（含职业初中 2 所），228 个班级，在校生 8806 人，教师 837 人。学校总占地面积 31.83 万平方米，校舍建筑面积共计 9 万平方米。

1994 年起，针对部分全日制中学初三学生因家庭贫困、学习成绩差，高中学业难以为继的现状，宁德地区各级地方政府和教育主管部门在挖掘潜力、扩大招生、增加高级中学办学规模的同时，大力调整中等教育结构，实施农村中学分流教育改革。组织分流出来的这部分学生学习电器维修、农业种植、茶叶制作等实用职业技术。寿宁县竹管垅中学开设茶业栽培及其制作等专业班，毕业后发给初级职业中学证书。霞浦县第七中学、霞浦县柏洋中学等也都举办有职业初中。为加快农村初中分流教育改革步伐，地区教育局出台政策，规定初中阶段被评为校级以上“三好学生”或“优秀学生干部”的学生，可试行择优保送直升本地区对口的职业中等学校；分流班毕业生报考专业对口的职业高中，给予适当照顾。当年，全区有20所初级中学近千名初二学生分流到职业高中（中专）学习。到1997年，全区开展初二分流改革的初级中学达94所、技术班学生达5747人，占农村初中初三年级学生总数的14.26%。1998年秋季，全区102所中学开设初三技术班144个、7158名学生参加“分流班”学习。1999年，分流教育改革达到最高峰，全区超过15%的农村中学初三学生进入职业技术班学习，涉及学校100多所。其中，霞浦、古田、寿宁3个县的分流技术班办学成效显著，地区教育局先后在3个县召开分流教育改革经验交流会，推动全区职业教育的发展。

2000年，宁德地区职业教育良性发展的局面基本形成，教育主管部门逐步停止初中技术分流教育工作，改用政策扶持、提高教育质量和毕业生就业率的办法支持办好各类职业学校。当年，全区普通中专招生3468人、职高招生6867人。各职业学校主动适应市场，提高学生素质与就业竞争能力，区内利用雄厚教育教学资源，发挥专业优势，强化技能教育，积极推行“双证制”，即学生毕业时发给职业中专毕业证书和专业技术等级证书。

2003年，宁德市加快普通高中与中等职业教育协调发展步伐，中等职业教育面向市场、调整专业、开放办学，大力发展为“三农”（农业、农村、农民）服务、“农、科、教”相结合的中等职业教育。全市中等职业学校34所，当年招生16148人，在校生数32041人。各职业学校在做好全日制教学的同时，还举办各类短期技术培训班，2200多人次参加培训。

2004年，全市中等职业学校招生15197人，在校生37475人。全市普通高中与职业学校招生数比为5.7∶4.3，在校生数比为6.1∶3.9，基本达到国家普通中学与中等职业教育协调发展比例要求。年内还培训农村劳动力转移人员、进城务工人员和下岗、转岗人员13756人。

2005年，宁德市中等职业学校发展到37所，其中国家级重点校5所、省级重点校4所，当年招生13308人，在校生数36528人，毕业生就业率95%。教职工计2020人，其中专任教师1698人。中等职业学校总占地面积74.80万平方米（含绿化用地面积16.77万平方米，运动场地面积18.49万平方米），校舍建筑总面积36.61万平方米。图书45.98万册，学生人均13.03册，电子图书8681片，教学用计算机4459台，语言实验室座位数1382个，多媒体教室座位数4745个；固定资产总值2.67亿元。2005年，宁德市还以职业学校为基地，开展农村劳动力转移培训，受训人员达3万多人次；城区职业技能培训受训6000多人次。中等职业学校高职考试上线率达80%以上。

1993—2005年宁德市（地区）职高及中等职业学校招生情况统计表

表36-9　　　　单位：所、人

年份	学校数	招生数	在校生数
1993	27	4879	8443
1994	27	—	10134

续表 36-9

年份	学校数	招生数	在校生数
1995	27	4476	10634
1996	27	4693	10757
1997	—	—	—
1998	28	5317	12934
1999	28	6753	14660
2000	26	6867	15230
2001	24	7189	15343
2002	22	8954	18970
2003	34	16148	32041
2004	35	15197	37475
2005	37	13308	36528

二、专业设置

1993 年之前，宁德地区各中等职业学校专业设置简单，门类狭窄，只有幼儿教育、农业、卫生等 10 多个专业。随着经济的迅速发展，社会对实用型人才的需求大增，职业学校的专业门类和专业结构也不断增加。1995 年，开始设立财经类专业，先是财务会计、企业管理、市场营销、物价等专业，之后逐渐扩大至会计电算、证券营销、经贸外语，税务金融等专业。

1998 年，随着旅游业的逐步兴起，宁德地区的福鼎、屏南、霞浦等旅游业相对发达的县（市）开始兴办旅游类专业班，设置旅游服务与管理、饭店服务与管理、导游与景区服务管理、旅游与公关等专业。2000 年，为适应医疗卫生和部分支柱工业产业的发展需要，宁德市对职业学校中相关专业设置进行调整，先后设置中药剂、西药剂生产、中医针灸推拿、医疗产品与营销、卫生信息等专业以及数控技术应用、机电技术应用、模具设计与制造、工业企业电气化、造船电焊、远洋航运等专业。2002 年，增加文化艺术与体育类专业，先后设置幼教艺术、音乐与舞蹈、茶艺表演、国际时装设计、图形图像设计与制作、动漫制作与设计、广告装潢等专业。

2005 年，宁德市内各职业学校的专业（学科）设置已近百个，涵盖信息技术、财政经济、商贸与旅游、医药卫生、加工制造、资源与环境、社会公共事务、农林业、能源、土木水利工程、交通运输、文化艺术与体育等门类。

第三节　学生就业

1993—1995 年，宁德地区的职业学校毕业生按国家“统配”方式分配在机关、企事业单位工作。1996 年后，国家取消大中专毕业“统配”政策，改为按需要招考录用，更多的则是自主择业。

2001 年，职业教育招生在社会持续“普高热”的形势下，宁德市职高招生 7189 人，超额

5.65% 完成省教育厅下达招生任务，在校生达 15343 人。毕业生就业情况基本良好，部分专业还出现供不应求的情况，各骨干校就业率均在 90% 以上，为职业教育的良性循环提供保证。

2003 年，宁德市各职业学校加强学科建设，并辐射农村办学。组织回乡初、高中毕业生，开展多种形式的职业培训，推动农村劳动力向二、三产业转移。当年全市中等职业学校的毕业生总数 5039 人，其中 548 人参加高等职业院校招生考试。在需要推荐就业 4070 人当中，有 96% 获得就业。

2005 年，宁德市改进职业教育办学思想、办学体制、办学机制和办学模式，推广“订单培训”“校企结合”。坚持职业教育积极为“三农”服务，面向市场，逐步调整职业学校专业结构，重点加强现代制造业和服务业的专业建设，培养实用技能型人才。当年全市中等职业学校学生毕业 10027 人，就业率 95%。

第四节　学校简介

一、福建省闽东卫生学校

福建省闽东卫生学校位于福安市坂中，前身是福安专区卫生学校。1993 年 9 月改名为福建省闽东卫生学校。当年开设西医士、妇幼医士、护士、助产士 4 个专业，在校生 996 人，教职工 81 人。1997 年，增设四年制护理专业，同时开设临床医学专业（乡镇大专班）。到 2005 年，该校开设的专业有护理（包括英语护理、高级护理）、助产、卫生保健、药剂、计划生育技术、中医针灸推拿、卫生信息管理、口腔工艺技术、现代卫生物流 9 个。同时，与福建医科大学、福建中医学院联办临床医学、中西医临床医学 2 个高职专业；与华中科技大学联办护理、药学、卫生事业管理、临床医学本（专）科专业，初步形成中、高职教育并存、学历教育与培训教育并举、长线与短线相结合的多元化办学格局。学校有在校生 2800 人，专任教师 106 人，其中高级职称 20 人，中级职称 35 人，“双师型”（双职称型、双素质型）教师占专业课教师的 61%。

二、福建省福安职业技术学校

福建省福安职业技术学校位于福安市坂中，前身是福安后垅小学初中班。1995 年改为福建省福安职业中专学校，2004 年 3 月改名为福建省福安职业技术学校。该校系省级陶行知实验学校，全国计算机信息高新技术考试站点，职业资格全国统一鉴定报考点，福安市职业技能培训服务中心（基地）。学校占地面积 6.67 公顷，农场实习基地面积 1.33 公顷，各类用房建筑总面积 20753 平方米。2005 年，在校学生 2600 多人，教职工 157 人，其中专任教师 128 人，教师中具有大学本科及以上学历的占 81%，有高级职称教师 22 人，中级职称教师 55 人。学校有集电子、电工、电拖三电一体的实验室、财会模拟室、计算机网络室、多媒体电教室、家电综合测试室、美术装潢设计画室、钳工房、琴房、练功房、舞蹈厅、理化生实验室、图书馆等，还有电机和电子 2 个实习实训基地，各类设备总价值达 800 多万元。先后开办的专业有机械、机修、工艺美术、服装、土木建筑、音乐美术、幼儿教育、体育师资、医学检验、电力、机电应用技术、计算机应用、计算机网络技术、电子商务、电子应用技术 、数控技术应用、电脑装潢设计、财会电算化等。

三、宁德市闽东高级技工学校（宁德理工职业技术学校）

宁德市闽东高级技工学校（宁德理工职业技术学校）位于宁德市蕉城区蕉城南路56号，前身为闽东技工学校。后多次更名，2005年改名为宁德市闽东高级技工学校，是国家级重点技工学校，实行一个学校两块牌子。同时还设有北京理工大学、福建农林大学、福建师范大学等高校函授教育教学点。学校占地面积7.2公顷，各类用房建筑总面积5万平方米。有数控加工、机械加工、电工、电子、钳工、电机、计算机、服装、烹饪等实训场所16个，实习工位1036个，电机变压器、可编程序控制器、计算机辅助设计、计算机网络等实验室18个，学校建有校园网，拥有多媒体教室、计算机网络教室等现代教育教学设施。2005年在校生人数2946人，教师数66人。教师中高级职称13人、中级职称16人。学校开设数控技术、维修电工、服装设计与制作、计算机应用、电脑财会、印刷技术、电脑绘图与装潢设计、空乘预科及外事服务、烹饪等15个中级工专业；数字媒体艺术、数控加工技术、会计电算化3个高级工专业和五年专电子信息工程技术专业等。

四、福建宁德财经学校

福建宁德财经学校位于宁德市蕉城区蕉城南路83号，是一所全日制普通中专学校，隶属于福建省财政厅和宁德市人民政府。校园占地面积9.33公顷，建筑面积5.52万平方米。2005年有教学班55个，各类在校生3014人，其中普通中职生2364人，成人学历生650人。学校教学、实训、生活设备设施完善齐全，图书馆藏书量10.17万册，拥有电子宽带网络和校园管理网络系统、配备有与各专业相匹配的实习实验室，设备总值达1000多万元。学校已形成中、高职教育并存、学历教育与培训教育并举、长短结合的多元化办学格局。专业设置分为财经、信息技术、商贸旅游、电脑美术四大类；有会计电算化、财务会计、税收财政事务、审计事务、统计、金融事务及投资、报关与国际货运、计算机应用、计算机软件、计算机网络技术、计算机及外设维修、旅游、饭店服务与管理、电脑艺术设计、电子电工、汽车维修检测与应用、船舶驾驶与船舶轮机管理、电脑艺术设计（五年专）、会计电算化、美术绘画等20个。全校教职工98人，其中专任教师78人，教师中具有中、高级职称的有60人，“双师型”教师54人。

五、宁德职业中专学校

宁德职业中专学校位于宁德市蕉城区闽东西路5号，前身为宁德县第十中学职高部，1991年从十中分出，单独设立宁德职业高级中学。1993年升格为职业中专学校并改名为宁德职业中专学校。是国家级重点职业中专学校。校园占地3.4公顷，建筑面积2.53万平方米。2005年，学校设8大类共15个专业，有58个教学班，3247名学生，187名教职员工。专任教师中高级职称人员占30.5%，中级职称人员占35.2%；“双师型”教师比例为30.8%，其中研究生学历1人、在读研究生3名、国家级骨干教师1人、省级骨干教师5人、市级骨干教师15人。学校所有基础课、专业课教师均达到本科学历，实习指导教师达到专科以上学历。学校有计算机中心、教学楼、综合楼、电子阅览室、各类专业的模拟实验室以及教工宿舍楼、学生生活服务楼，还有250

米跑道塑胶田径场，图书馆藏书10万多册。

六、福鼎职业中专学校

福鼎职业中专学校福鼎市职成路105号，其前身为福鼎县城关中学附设职高班，1993年更名福鼎职业学校，1995年改现名，是省部级重点中等职业学校。校园占地面积3.41公顷，建筑面积1.5万平方米。建有校园网络、微机室、多媒体教室、模拟电子室、电工实验室、模拟会计室、舞蹈厅、琴房、画室、烹饪中心、健身房等。2005年设教学班39个，在校学生2021人，教职员工159人。教师中大学本科以上学历86人，大专学历45人；高级职称22人，中级职称50人；国家级骨干教师3人，省级骨干教师16人，地级骨干教师21人。学校先后开设音乐、幼教、财会、办公自动化、旅游、美术装潢、文秘、建筑水电、法律、汽车运用与维修、电子电器、保安、电子、广电、计算机应用、导游、电脑美术设计、烹饪、财会电算化、计算机应用及维修、电子电器应用及维修、茶艺、旅游服务与管理、模具设计与加工、机电一体化、航空、实用美术、办公自动化与平面设计、网站管理与维护、茶业等33个专业。

七、福建省闽东工业学校

福建省闽东工业学校位于宁德市蕉城区坪塔路4号，是闽东唯一的一所工科中专学校。校园占地33383平方米，建筑面积13229平方米。有教学大楼、学生公寓、教师公寓、食堂、图书馆、阅览室、机械加工车间、数控模拟实验室、钳工实训室、电工电子实验室、财会模拟实验室、多媒体教室以及160米环形跑道、篮球运动场等；2005年固定资产1410万元。全校教职工84人，其中专任教师70人。在专任教师中，具有高级职称的15人，中级职称25人，理论教学与实训操作“双师型”教师9人。学校开设信息技术、加工与制造、文化艺术3个大类专业，数控技术应用、机电与电器技术、电子技术、模具设计与制造、网站开发、港口物流、列车乘务管理等12个小专业。其中，计算机、数控加工、电工电子3个专业为骨干专业。

八、霞浦职业中专学校

霞浦职业中专学校位于霞浦县洪下桥18号，前身为霞浦职业中学。1992年升格为霞浦职业高级中学，1997年4月改现名。学校占地面积5.33公顷，建筑面积2万多平方米，开设电子、信息、数控、旅游、美术、日本语等专业，以及综合课程试验班及电子信息工程、计算机图形/图像制作、WEB应用程序设计、网络系统管理等五年制大专班。其中数控技术专业为省级重点专业，并在县内5个乡镇设立辐射办学点。2005年在校生3116人，乡镇设立辐射办学点学生971人，教职工256人。学校建有科技综合楼、实训楼、数控技术实习生产基地及数控技术系统操作室、单片机综合实验室、视听技术实验系统等。校内还设有国家职业技能鉴定所、微软视窗应用权威认证点、国家“阳光工程”与县“青年就业培训工程”培训基地、浙江大学数控技术培训省级示范性扶持办学基地、霞浦县职业教育中心及日本横滨国际教育学院、闽江学院联合办学点等。

第六章　成人教育

第一节　扫盲与农村文化技术教育

一、扫除文盲

1993年，宁德地区教育局发出《关于认真贯彻实施国务院〈扫除文盲工作条例〉的意见》，并把扫除农村青壮年文盲作为教育部门的重要工作之一，落实扫除文盲工作责任制。当年，全区各乡镇都办起扫除文盲兼普及农村文化技术教育的文化技术学校，28万多人次接受各种文化技术教育。至年底，共扫除青壮年文盲24943人，巩固结业17618人，高小班毕（结）业10762人，15～40周岁青壮年非文盲率94.8%。

1994年，宁德地区教育局和地区妇联会先后联合发出《关于开展巾帼扫盲竞赛活动的通知》和《关于组织开展农村青壮年妇女“学文化、迎四大”活动的通知》，进一步推进扫除文盲工作。全区举办乡镇文化技术学校132所、286个班级，招生42233人，在校学员46215人。各乡镇文化技术学校基本做到“八有”：即有领导班子，有授课教师，有校舍，有设备，有基地，有经费，有规划，有制度。到年底，共扫除文盲20369人，毕业51728人，青壮年非文盲率96.2%。有8个乡镇政府和32个村民委员会被评为“全区基本扫除妇女文盲先进单位”。寿宁县成为全区第一个通过省政府扫盲验收的县，霞浦县被省教委评为“福建省农村成人教育先进单位”。1996年，古田、福安、宁德、周宁、柘荣、霞浦6个县（市）先后通过省政府的扫盲验收核查。福安市被评为“福建省巾帼扫盲先进单位”，地区教育局被评为“福建省农村妇女‘双学双比’竞赛活动先进协调单位”，霞浦县松城镇文化技术学校和周宁县咸村学区成教专干汤印月获国家教委颁发的“中华扫盲奖”。1997年，屏南县和福鼎市通过省政府的扫盲验收。至此，全区9个县（市）的扫盲工作全部通过省政府的评估验收，基本扫除农村青壮年文盲、半文盲，余下的11436名全、半文盲继续参加文化学习。1998年，霞浦县获教育部颁发的“全国扫盲先进县”荣誉称号。

二、农村文化技术教育

1999—2003年，宁德地区农村成人教育继续稳步发展，农村三级文化技术学校形成网络，农村成人教育工作从扫除文盲朝文化技术培训方向转化。此后，各县（市、区）各级文化技术学校的培训保持在每年13万人次左右。

2004年，宁德市组织实施“农民教育工程”，把扫盲与农村实用技术培训结合起来，将脱盲后巩固提高与促进农村“两个文明”结合起来。宁德市农村成人教育和文化技术培训对象和内容扩大到劳动力转移、进城务工培训和改变工作岗位的培训方面。当年各县（市、区）各级培训机构共培训13756人次，其中劳动力转移培训8712人，进城务工人员和下岗人员培训2907人，再就业和转岗人员培训2137人。

2005年，宁德市进一步巩固和发展农村成人教育阵地，以职业学校为基地，配合有关部门巩固和发展农村文化技术学校的培训工作，服务“三农”的能力进一步增强。全年农村劳动力转移培训3万人，城区职业技能培训6000多人。

1993—2005年宁德市（地区）农村扫盲与文化技术教育情况统计表

表36-10

年份	扫盲人数（人）	巩固结业人数（人）	高小毕结业、提高人数（人）	青壮年非文盲率（%）	村级文技校（所）	“八有”文化技术学校（所）
1993	24943	17618	10762	94.80	—	—
1994	20369	—	51728	96.20	—	12
1995	15734	25487	—	97.00	1825	17
1996	12413	17566	10651	97.40	2058	20
1997	4405	15022	7007	98.20	2102	30
1998	9250	16718	10137	98.60	2102	39
1999	8188	7289	7844	98.70	—	—
2000	5513	5716	8299	98.80	—	—
2001	4137	6600	98.85	—	—	—
2002	2669	6303	98.87	—	—	—
2003	5000	5000	3000	—	—	—
2004	5000	5000	3000	—	—	—
2005	5000	5000	3000	—	—	—

说明：2003年后因全市已基本扫除农村文盲并转入农村技术培训，故不再统计非文盲率

第二节　学历教育

一、成人中等教育

1993年，宁德地区的成人中等教育机构分为成人中学和成人中专两种。当年，全区有成人中学9所，多由各县（市）工会主办，在校生692名，毕业生407人；成人中专学校19所，在校生2060名，毕业214人。从事成人教育的教职工共416人。2003年，由于义务教育普及程度的提高以及各县（市、区）广播电视大学中等专业、中等教育、自学考试、职业高中和职业中专等中等教育机构的普遍开设，原有的成人中专和成人中学逐步萎缩。至2005年，全市仅剩5所成人中学（在校生100多名）、2所成人中专。由于生源枯竭，成人中学和成人中专均停止招生。

二、成人高等教育

1993年，宁德地区教育局为适应自学考试的需要，成立高等教育自学考试指导委员会办公室（简称“自考办”），专门负责自考事务。自学考试以大专和中专层次为主。当年，全区有2404人次报名参加大中专自学考试，共发放单科合格证3197张，有101人获大专毕业证书、52人获中专毕业证书。

1996年，报考大学本科学历的自考生开始逐年增多。当年，全区有931人报考本科学历。1997年，自学考试报考人数超过2万人，其中报考本科的1568人，专业覆盖文、理、农、工、医、财经、政法、管理等多学科门类。此外，区内还有许多计算机等级考试考点。在社会助学方面，地区和各县（市）的教师进修院校充分发挥优势，开展多渠道、多形式的助学活动，使当年小学教育专业的及格率达到84.95%；宁德师专对汉语言文学本科考生进行辅导，考生合格率超过70%；宁德、霞浦等县还成立社会助学辅导中心。

2000年，全市高等教育与中专自学考试报名者达到55417人，居全省第三位。全年有近千人取得大专毕业证书，报考人数和毕业人数都创下历史新高。

2003年，全市高等教育自学考试工作报名人数达33873人，有1200人取得大专以上毕业证书。全国计算机等级考试报名人数850多人、英语等级考试报名人数650多人。2004年，全市高等教育自学考试报名人数为24296人，较上年略有下降，有1202人取得大专以上毕业证书，13000多人取得单科合格证书。

2005年，全市报名参加高等教育学历考试与非学历证书考试的有23900人，其中1417人取得大学专科以上学历证书，8000多人取得单科成绩合格证书。

第三节　专业技能等级考试

1993年，根据劳动部颁布的《职业技能鉴定规定》，宁德地区劳动部门负责本地区的职业技能的培训和鉴定。

2000年后，英语和计算机技术等级考试列为重要的专业技能考试，由教育与人事部门负责。2002年，全市参加全国计算机等级考试报名人数6355人，全国公共英语等级考试报名人数1201人（其中一级B406人、一级433人、二级187人、三级112人、四级63人）。宁德市教师进修学院被批准设立福建省首批全国计算机应用技术证书考试考点。2005年又获批准成为全国英语等级考试考点。当年全市300多人参加计算机技术等级考试。

第七章　高等教育

第一节　学校设置

1975年，宁德地区师范学校附设大专班创建。1978年，该大专班独立办学，并升格为宁德师范专科学校。

1984年12月，经省政府批准，福建广播电视大学宁德分校成立，下辖9个县（市）电大工作站，从全国普通高考中录取符合规定条件的应（往）届高中毕业生。住校学习、全日制教学。学生毕业发给国家承认的福建广播电视大学普通高等教育专科毕业证书。毕业后自主择业、一经录（聘）用，享受普通高校大专毕业生待遇。1985年闽东职业大学创建，1991年并入宁德师范专科学校。

1993年宁德师范专科学校升格，并更名为宁德师范高等专科学校，面向全省招生。设中文、政教、英语、数学、物理、化学、生物、体育、文秘等9个专业；有30个教学班，学生1228人，教职工290人（其中专任教师141人）。

2001年，宁德地区农业学校更名为宁德市农业学校，设立中国农业大学现代远程教育教学站，并挂靠宁德师专开办五年制高职班。

2003年1月，宁德市正式提出将宁德师专升格为本科层次的宁德师范学院的发展规划，并规划建校新校址。

2005年5月，经省政府批准，教育部备案，以原宁德市农业学校与福安师范学校为基础，联合组建宁德职业技术学院。至此，宁德拥有宁德师范高等专科学校、福建广播电视大学宁德分校和宁德职业技术学院3所高等教育院校。此外，闽东卫生学校与福建医科大学、福建中医学院联办有临床医学、中西医临床医学2个高职专业。闽东高级技工学校和宁德财经学校、霞浦职业中专也举办有若干高职学历专业班和高校联合教学点。

第二节　学科教学

1993年，宁德师专升格为高等专科学校之后，遵循“适应需求，有利就业；突出重点，办出特色；保证质量，讲求效益”学科（专业）建设三原则，改造传统学科专业，整合趋同学科专业，在办好专科专业的基础上，逐步发展本科专业。

2000年，宁德师专按照教学改革思路，对既有课程进行改革，初步构建理论教学、实践教学、素质教育三大课程体系。该校尤其重视学生职业能力训练，把掌握一门职业技能或乡土技术作为合格毕业生的必备条件之一。通过调整课程结构的学时分配，使师范类、高职类的专业实践课程分别占总学时的30%和40%左右，实验（实训）开出率达100%。

2002年，宁德师专制定课堂教学质量标准，明确课程建设的原则、目标及课程评价的指标体系与量化标准，开展合格课程评选，促进精品课程建设。加强教材建设和教材管理，优先选用省、部级以上获奖的高职高专教材和能反映先进技术发展水平和满足高职教育培养目标要求的教材。制订全面推进素质教育的工作计划和教改方案，以课堂教学为素质教育的主渠道，探索构建以素质教育为核心的课程体系。师范类专业充实教育学、心理学、教师口语、汉字书写、音乐、美术等课程，使学生具备过硬的教师基本功；高职类专业加强实践教学环节，培养学生的创新精神与动手能力。2004年，在校内外建立的各类实践、实训基地已达49个。至2005年，该校师范类专业调整为12个，高职类先后开设了35个应用型专业。师范类与高职类专业比为38：62，学制由二、三年制并存过渡为三年制。数学分析、政治经济学、植物学、复变函数等四门课程被评为省级精品课程，数学分析课程被推荐参评国家级精品课程。数分与高数教学团队被评为省级教学团队。

2005年5月成立的宁德职业技术学院，建校之初即按教育部、省教育厅颁发的有关高职教学大纲和教学计划设置课程，尤其是结合当地经济和企业需求开设实用性课程，并组织相关专业教师根据教学需要，编写校本补充教材，突出实用、实践教学。学院重视对学生能力的培养，坚持“以服务为宗旨，以就业为导向”的办学思想，灵活办学机制，深化教育教学改革，调整专业结构，创新教学模式，充分利用学院优越的办学设备设施、教学基地（茶厂、茶科所、机电车间等），组织学生到校内外实践基地实训，努力培养高素质技能型人才。

第三节　科学研究

1993年后，宁德师范高等专科学校以围绕本地区经济社会发展和学科建设开展科研工作，把区域经济研究、畲族文化研究、应用数学研究、生物技术应用推广、化学技术应用推广、电机电器开发制造、计算机应用研究等作为科研重点方向，结合闽东实际选准科研课题，形成科研特色。2002年，学校整合科研力量，成立区域经济研究所、数学研究所、畲族文化研究所，使之成为延伸科技服务的新平台。开辟校园内的学术论坛，每学期邀请校外专家学者到校开设若干场高层次、高水平的学术报告。办好每年11月的学校科技文化节，要求每位教师每年提供一篇参会论文，由校学术委员会评选出优秀论文，给予奖励。2003年，学校进一步强化学术委员会的作用，防治学术腐败，促进学术公平，优化学术环境，构建良好的学术风气和学术风格；施行学术成果管理的分级制和学术队伍建设的分级制，强调严谨治学，推动有实力的教授、副教授申报和从事更多的国家级和省级项目的研究及评奖。2005年，该校刘卓雄、林寿、邓存等3名教师成为获国务院津贴的知名专家。1993—2005年，宁德师专承担国家、省级科研课题18项，在省级以上学术刊物发表论文153篇（其中SCI25

篇），出版专著25部，有9项成果获国家级、省级奖励，成为国家自然科学基金联络网福建片区唯一的专科院校成员。

宁德职业技术学院虽然是新组建高职院校，但创建之初始即重视加强科研工作。该院的科研项目“花菇无公害栽培技术研究与产业化开发”“虫草菌人工栽培及粗加工研究”“国内外草莓新优品种引进筛选、组培繁殖研究及推广”分别获宁德市科技进步三等奖；“台湾乌龙茶品种台茶12号、台茶13号区域试验及其制茶工艺研究”获宁德市科技进步二等奖。

第四节 学校选介

一、宁德师范高等专科学校

宁德师范高等专科学校位于宁德市蕉城区城南镇蕉城南路98–1号，前身是福安师范专科学校，1994年更名，是当时宁德地区唯一的一所全日制大专院校。经过多年发展，学校办学规模不断扩大，至2005年，先后成立计算机中心、东南民族文化研究室、学术委员会、成人教育部、职业技术培训中心、职业技术鉴定站和马列主义理论和思想品德研究室等。校园总占地面积80.72公顷，其中校本部12.21公顷，灵溪校区3.31公顷，在建中的新校区62.20公顷。建筑总面积10.17万平方米，其中学生宿舍面积2.68万平方米，教学行政用房4.77万平方米。2005年在校学生总数4350人，教职工总数440人，其中专任教师226人。在专任教师中，教授13人、副教授71人、讲师56人、博士5人、硕士54人、本科学历154人。学校开设师范类专业12个，高职类学科专业18个。教学仪器设备总值2580多万元。有语音教室、多媒体教室、梯形教室、画室、体育训练室、物理实验室、生化实验室、文化传媒实验室、环境监测实验室、现代教育技术实验室、微格实验室以及水产养殖基地、生物技术实训基地、食用菌基地和电机电器等40多个实训基地。1993—2005年，累计培养12000多名合格毕业生。

二、福建广播电视大学宁德分校

福建广播电视大学宁德分校位于宁德市蕉城南路55号，前身是福建广播电视大学宁德地区工作站。1993年有专职教师和管理人员28人，下辖9个县（市、区）电大工作站。先后开设大专23个专业、中专7个专业，并在福鼎市的秦屿、前岐和沙埕，霞浦县的三沙和长春，福安市的赛岐和寿宁县的南阳等乡镇开办电视中专班。到1998年，学校基本建成计算机校园网，有多媒体远程教学中心、多媒体视听阅览室、多媒体教室、多媒体语言实验室和数据广播接收系统，并实现与省电大联网。

2004年7月，省电大宁德分校经奥鹏远程教育学习中心评审专家评审、中央电大同意，设立宁德分校奥鹏远程教育学习中心，招收报考中央电大各专业的宁德地区学生。

2005年，省电大宁德分校招生数526人，在校生1638人。1995—2005年毕业人数2891人。

三、宁德职业技术学院

宁德职业技术学院位于福安市福泰路232号，2005年5月由原宁德市农业学校与福安师范学校联合组建而成，是闽东唯一的一所具有高等教育招生资格的公办高等职业技术院校，当年8月正式向全省招生。学院设5个系、25个专业，在校生2500人，教职工总数265人，其中专任教师155名，专任教师中副教授及高级讲师54名，从福州大学、福建师范大学、福建农林大学等高校外聘的兼职教授15名。

第八章 教 师

第一节 队 伍

一、教师来源

1993年，宁德地区有各类全日制公立学校专职教职工32201人，其中专任教师27582人。其来源主要为师范类和非师范类大中专院校毕业生，以及民办和代课教师三个渠道。其中，师范类大中专院校毕业生，主要来自区内宁德师范学校、福安师范学校、宁德师范专科学校和省内的福州幼儿师范学校、漳州师范学院、泉州师范学院和福建师范大学等师范类大中专院校，以及其他综合性院校的师范类专业的毕业生；非师范类大中专毕业生较多的分配在宁德师专、宁德职业技术学院和各中等职业学校任教，尤其是担任职业技术专业课程的教师基本上是来自相关专业的非师范类院校（专业）的毕业生，在担任教师之前，一般都要求通过《教育学》《心理学》等课程的学习考试；民办和代课教师是20世纪70年代为解决师资紧缺问题而招收的临时教师，多为初中、高中毕业的待业人员，没有经过师范学校的培训，没有公职身份，工资实行“民办公助”。改革开放以后，宁德地区采取多种形式消化民办代课教师。其中，有些人通过培训、考核成为正式教师；有些具有高中文化的则通过中师培训，达到普通师范毕业生水平后，重新分配工作，成为公办教师。据统计，1993年上半年，全区中小学民办代课教师约1.2万人（主要在小学），将近占中小学教师总数的一半。到1997年尚有民办代课教师8120人。1999年，宁德地区的民办代课教师身份遗留问题基本得到妥善解决。

截至2005年年底，全市各类各级全日制公立学校专任教师总人数33316人。

1993—2005年宁德市（地区）各级各类公办学校专任教师人数统计表

表36-11 单位：人

年份	普通高等学校	中等专业学校	普通中学			中等职业教育	技工学校	小学	幼儿园	特殊教育学校
				初中	高中					
1993	156	342	7066	5955	1111	584	96	17422	3461	68
1994	138	512	7499	6444	1055	654	101	17715	3817	96
1995	144	394	8212	7156	1056	732	103	17700	4060	74

续表 36-11

年份	普通高等学校	中等专业学校	普通中学	初中	高中	中等职业教育	技工学校	小学	幼儿园	特殊教育学校
1996	143	397	9183	8062	1121	772	106	17964	4288	89
1997	142	424	9605	8410	1195	799	113	17484	4405	103
1998	134	432	10467	9145	1322	826	104	17023	4292	103
1999	132	414	11103	9541	1562	849	105	17604	4078	97
2000	137	440	11459	9519	1940	833	124	17901	3940	107
2001	132	432	11872	9509	2363	842	37	17961	2270	121
2002	145	439	12137	9397	2740	1006	103	18013	2153	125
2003	161	—	12211	9154	3057	1472	—	17727	2213	128
2004	172	—	12205	8659	3546	1601	—	17208	2330	137
2005	205	—	12430	8456	3974	1633	—	16596	2312	140

说明：2003 年后中等专业学校、技工学校并入中等职业教育学校中统计

二、教师录用

从 1996 年开始，宁德地区根据国家相关政策，取消大中专毕业生统招统配政策，采取双向选择、考试录用人员办法。但在过渡时期，各县（市）教育部门仍根据各自教师需求情况，对师范类大学本科学历及部分紧缺类师资采取择优选用分配的办法。同年，宁德市还开放实行教师资格认定过渡，到 1998 年后全面推开实行。2001 年开始，中小学教师一律实行持“教师资格证“上岗执教。2004 年开始，全面实行面向社会公开招聘的办法补充中小学教师。对中小学教师的录用采取“公开招聘、择优聘用”的办法，并结合实际，尽可能地吸收师范类毕业生就业，补充师资队伍，保证教师队伍结构的优化；配备新教师还注意充分保证农村缺编学校、紧缺学科以及偏远农村校的师资需求。市、县（市、区）各公办中小学按照新的编制核定标准，共招考录用中小学教师 600 多名。2003 年，全市新考录的中、小学教师（含幼儿教师，下同）共计 399 名。

2005 年，全市共考录中、小学教师 423 名。一年试用或见习期满后经考核合格的予以正式录用，不合格的取消录用资格或根据需要延长见习或试用期，但最长不超过两年。为鼓励师范类毕业生到民办学校任教，市教育部门规定，到民办学校任教的人员，由人才服务中心实行人事代理，其档案关系寄存人才服务中心，符合公立学校招考条件的，工作后还可以参加公立学校的招考。

三、教师调入

1993—1997 年，宁德地区的教师在本地区内调动或改行，须执行宁德地区教育局的有关规定。其中，教师在县内本系统内调动由县（市）教育局审批；区内跨县（市）调动由调出、调入县（市）教育局协商后征得同级宣传部门同意后再报地区教育局审核办理；跨地区调动的由地区教育局协调审批并办理。对调出本系统改行的从严掌握，尤其是师范类本科毕业、师范委培（代

培）生、骨干教师等一律应报地区教育局审批，特级教师原则上不调离中小学校。

1998年后，师范类院校毕业生分配到农村学校工作若干年后，可通过公开考核（岗位工作考核和现场讲授公开课）择优调入所需城区学校，区内外县（市）需调入的也按此办法处理。2000年后，各县（市、区）对调入城区（含外县、市调入本县）的考核办法更趋完善，除了要经考核合格外，还需公布相关信息，接受监督。2001年，宁德市教育局将中专以下学历中小学教师改行的审批权下放至各县（市、区）。当年从市外及市内各县（市、区）内调入教师814名，调出770人。2003年调入549人，调出663人。2005年调入675人，调出770人。教师队伍总体保持基本平衡。

第二节　教师培训及职称评聘

1993年，宁德地区在省内率先开展大规模的教师培训工作。中学教师培训由省教育学院或宁德地区教师进修学院承担；小学的教师培训由各县（市、区）教师进修学校和小学教师培训部承担；中等职业学校专业教师培训根据专业的不同，由相应的培训机构承担。并将教师参加岗位培训作为教师职务晋升的必要条件。当年11月，宁德地区小学教师培训部成立，负责宁德地区小学（幼儿园）教师培训。培训的范围有中等师范函授、小学教师岗位培训和小学骨干教师培训。1994年，中学教师的培训工作除一部分由省教育厅直管的培训机构负责外，其余大部分由宁德地区教师进修学院承担；并从当年开始陆续开办中学一级教师晋升高级职务培训班、中学二级教师晋升中级职务培训班、中学骨干教师培训班、教育学和心理学教育法培训班、教改课件制作培训班、心理健康辅导教育培训班、华东师范大学研究生课程班培训班、英特尔未来教育培训等培训班。其间，除了教师岗位晋级（职务晋升）培训、校长资格培训外，还增加新教师上岗培训、小学教师大专学历自学考试的助学培训。1993—1999年，全区共培养中师函授毕业生6201人（其中民办教师4747人，代课教师1454人）。至1999年，全区有小学中学高级教师3人、小学高级教师2125人、小学一级教师7413人、二级教师4868人。中学教师中，具有专业技术职称的教师的比例占60%。大中专院校教师的职称评定则直接由省教育与人事主管部门负责。

从2001年开始，各县（市、区）教师进修学校和小学教师培训部开展小学骨干教师培训、小学教师计算机全员培训，与福建师大合作开展网络学历教育等。各教师进修学校负责新教师岗位培训以及初级教师职务晋升培训，每期一周；宁德市小学教师培训部负责中级和中级以上教师职务晋升培训，每期两周。2002年，宁德市中小学教师的学历结构有较大提高，小学专任教师具备专科学历的占18.98%，初中专任教师具备本科学历的占15.44%。同年，全市中小学教师计算机全员培训工作启动，参训率达到90%以上，中、小学校长计算机培训上岗率分别达到97%和98%。当年，全市有17位教师被省确定为中小学特级教师，一批中小学教师通过评审获得相应的专业技术任职资格，其中中学高级教师235名、中学一级教师575名，小学高级教师774名。教师队伍的综合素质有明显提高。

2003年，全市选派18名中小学校长参加省级骨干教师培训班，举办市级中小学校长提高班2期、培训89人。继续举办中小学教师职务（岗位）培训25期，受训教师2330人。4000多名教师参加计算机信息技术全员培训并参加初、中级考试。12312名小学教师参加小学教育专业专科学历自考，11885 名中学教师参加本科学历自考，475 人参加“英特尔未来教育项目”培训。48 名中小学教师参加国家级省级骨干教师培训，220 人参加市级骨干培训。1221 人参加教师普通话培训及测试工作，其中 1115 人获得合格证书。

2004 年，全市举办市级中学校长和小学校长岗位培训班各 1 期，培训中小学校长 105 名，同时选派 27 名中小学校长参加省级骨干校长培训。推荐 14 名教师参加国家级普通高中新课程骨干培训。举办 5 期中小学、幼儿园骨干教师市级培训班，有 348 人参加培训。结合全市中小学教师队伍实际和新课程实验、推广的要求，举办 16 期中小学教师岗位培训、1984 名教师参训。开展以计算机为基础的信息技术全员培训，全市近 6000 名教师参加并通过计算机信息技术初、中级考试。另有 800 名教师参加“英特尔未来教育项目”师资培训。当年，1082 名教师通过评审获得中小学高、中级职务任职资格。

2005 年，宁德市开始校本课程培训工作，确立 41 所中小学为市级试点校，以点带面，规范、指导全市校本课程培训工作。举办校长岗位培训班 2 期，培训中小学校长 86 名。组织 64 名中小学校长参加省级提高培训和骨干校长培训，推荐 2 名小学校长参加全国骨干校长培训。各县（市、区）参加小学教师职务晋升培训的有 1725 名，参加小学、幼儿园骨干教师培训的有 182 人。

第三节　考核与奖罚

1993 年，全区中小学教师参照国家机关干部实行目标管理责任制，由教育主管部门负责分级对教师的德、能、勤、绩进行全面考核。考核分为平时考核和年终考核，然后根据评出的等次享受相应的荣誉和年终奖金。从 1994 年起，幼儿园和中小学教师改按与机关干部一样实行年度考核，先由个人进行年度总结，再由群众评议，最后由考核小组提出考核等次意见，按优秀、合格、基本合格、不合格 4 个等次确定考核结果，不合格者不能享受当年的年度奖金，并由领导予以诫勉谈话。优秀者每年由政府逐级表彰；对违反党的组织纪律、玩忽职守、违反社会公德、未经批准擅离职守的，依其情节轻重予以警告、记过、记大过、降级、撤职直至开除的处罚。1999 年，柘荣县人民政府首次在区内对 13 名长期离岗、多次通知逾期不归的教师作出自动离职处理，对 5 名经教育后承认错误要求归队的给予行政记大过处分并调至农村中小学任教。地区教委也对立案的 50 多起违纪教工人员进行调查，按管理权限给予党纪处分 6 人、政纪处分 30 人。2000 年，全市处理违纪教工 59 人，其中党纪处分 12 人、政纪处分 47 人，清退违纪金额 195 万元。

2003—2005 年，宁德市部分县（市、区）对未经批准擅离岗位的教师进行清理，按自动离职、除名等方式处理一批教师，确因特殊原因无法坚持教师岗位工作的，按规定将其人事关系移交人才中心代管。

第四节 教师待遇

一、政治待遇

1993年后，宁德市（地区）各级党委、政府继续发扬重视教育工作，尊重知识，尊重人才，尊重教师的传统。每届市、县（市、区）两级人大、政协均为教师安排一定比例的名额。每年的教师节，各级党委、政府和有关部门的领导均对教师表示慰问，表彰优秀教师和教育工作者。每年“五一”劳动节评选各级劳动模范，教师也占有一定比例的名额。此外，还推荐优秀教师参加福建省政府每四年一次的“特级教师”表彰奖励活动。对教师合法权益的侵权案以及发生在校园里的殴打教师案依法查处，绝不姑息，维护校内正常、良好的教学、生活环境。

截至2005年年底，宁德市（地区）共有70名教师获“福建省五一奖章”或“福建师德标兵”荣誉称号，其中宁德市（今蕉城区）十中教师徐开清为救学生英勇献身，1999年被追授“福建省五一奖章”“福建省师德标兵”称号。1993—2005年，全市获人事部、教育部表彰的全国教育系统劳动模范、模范教师、先进工作者11人，获部门表彰的优秀教师和教育工作者24人，获福建省人事厅、教育厅表彰的优秀教师和教育工作者264人次，获宁德市（地区）人事局、教育局表彰的优秀教师和先进教育工作者的有1435人次。2005年，宁德市首次评选“宁德市杰出人民教师”，有31名教师获此称号。

二、经济待遇

1993年，宁德地区城镇教职工住宅成套率仅8.34%，近50%的教师住在用教室改造的房子里。教师工资则根据各县市的状况有所不同。其中，宁德师范附小教师月平均基本工资236.43元，加上福利补贴合计249.93元；宁德一中教师月平均基本工资261.66元，加上福利补贴可达410.83元。由于经济发展滞后，拖欠教师工资的事情时有发生。各级政府和教育主管部门以贯彻落实《中华人民共和国教师法》为契机，下决心解决拖欠教师工资问题，全区共兑现1993年年底前拖欠的中小学及幼儿园教师工资1050.27万元。各县（市）教育主管部门还建立教师工资发放目标制度，切实维护教师合法权益。

1994年，据宁德地区教育工会组织的城镇中小学教师住房状况调查，全区城镇教职工人均住房面积5.21平方米，低于当地居民9.2平方米的人均居住面积，宁德市（今蕉城区）城镇中小学教师人均居住面积3.02平方米，低于当地居民4.98平方米的人均居住面积。同年7月起，全区各县（市）教师的住房由实物福利分配方式向以货币工资分配的方式过渡，建立住房公积金制度等。1996—1997年，督促区内各县（市）补发被拖欠的教师工资近1800万元。2000年，福安市、柘荣县等市（县）还专门开发“教师新村”住宅小区，帮助住房紧张的城乡中小学教职员工解决住房问题。

至2005年，宁德市中小学教师的工资福利收入较1993年有很大提高。宁德师范附小教师月均工资已达2060.74元，是1993年的8.25倍，宁德一中教师3020.52元（不含教师专业技术职务与工资待遇直接挂钩等收入），增长 7.35 倍。周宁、寿宁、屏南、柘荣等 4 个山区县的中小学教师工资收入虽比沿海县（市）略低，但差距不大。为表彰先进，树立尊师重教的社会氛围，对当年评选出的宁德市杰出人民教师，给予每人 1 万元的奖励。

第九章 教育管理

第一节 机 构

1993年，教育局内设机构有办公室、计划财务科、普通中等教育科、初等教育科、职业教育科、成人教育科、政治教育科，挂靠单位有高等学校招生委员会办公室（高招办）、自学考试办公室等。机关编制共有33名，其中行政编制15名，事业编制16名，机关后勤服务人员事业编制2名。领导职数4名，其中局长1名，副局长2名，纪检组组长1名。科级干部职数15名。

1996年4月，根据上级精神，宁德地区教育局改称宁德地区教育委员会。1997年新设纪检组、师资培训科、幼儿教育科，挂靠未成年人保护委员会办公室（简称未保办）。

2000年10月，改称宁德市教育委员会。2001年9月更名为宁德市教育局。2002年9月，宁德市委机构编制委员会对教育局机关编制进行调整，确定教育局机关行政编制14名（含纪检、监察编制3名），教育工会机关事业编制2名，招生办机关事业编制7名（其中工勤事业编制1名）、自考办机关事业编制4名、未保办机关事业编制3名，总共30名。其中局长1名，副局长3名，纪检组长（副处级）1名，教育工会主席（副处级）1名，纪检副组长兼监察室主任（正科级）1名；科级干部职数10名，招生办、自考办、未保办科级干部职数各1名。

2003年，职业教育科与成人教育科合并为职业教育与成人教育科（职成科），新设监察室、语言文字与社会力量办学管理科（语社科）。

2005年12月，成立中共宁德市委教育工委，与市教育局合署办公。

第二节 教育体制改革

1994年，宁德地区和县（市）为了适应不断发展的教育改革进程，开始调整教育行政主管部门的职能，新增加师资培训、幼儿教育、未成年人保护、语言文字工作与社会力量办学等工作机构，使教育行政管理从传统的以学校管理工作为主扩展到更大的社会层面。

1995年7月，为解决部分县市城区公办初级中学招生能力不能满足城区适龄少年入学需求的问题，地区教育局提出加快办学体制改革，试办部分私立学校的意见。当年秋季，宁德市（县级）和霞浦县试办民办初级中学，有效缓解该县市小学毕业生的升学压力。是年秋季，福鼎市教育局批准创办福鼎市电脑职业技术学校，成为闽东第一所进行非学历教育的民办职业学校。

1999年，地区教委批准霞浦县、宁德市、柘荣县创办的4所民办幼儿园，批准霞浦县筹办福宁中学。霞浦县有民办完中1所，民办初中1所，民办小学9所，是闽东民办教育事业发展较快，办学效果较好的县市。其中福宁中学是宁德地区第一所民办的完全中学。

2000年上半年，宁德地区行署出台《关于鼓励社会力量办学的若干规定》，为各地积极探索试验各种办学形式提供政策支持，具体包括社会力量办学用地按照公益事业用地办理，民办学校可以自行制定招生计划，可以自行向社会招聘合格教师，尽量简化审批手续等。当年市教育部门批准正式设立中学1所，批准筹办中学5所。

2001年，在宁德市党政机构改革过程中，市教育局增加的新的职能有：管理语言文字工作、组织普通话培训测试、管理社会力量办学、审批高中阶段教育机构、规划调整全市各类教育布局和结构；制定普通中专招生有关政策、审批普通中专招生计划和录取工作、制定成人中专学校招生计划，负责其专业设置、学籍管理、毕业证书发放；制定下达普通高中招生计划；审批大专以上学历的中小学教师调离教育系统等。与此同时，将中专以下学历的中小学教师调离教育系统的审批权，初中教育事业发展规划、管理和独立初中的设立、撤销的审批权，社会力量举办初级中小学的审批权等，下放给县（市、区）教育行政部门，先后批准设立民办普通完中和民办初中各一所，即古田县溪山中学和福鼎市求新中学。当年，全市批准发证民办学校8所（幼儿园4所、小学2所、中学2所），批准筹办民办学校9所（幼儿园5所、中小学4所）。

2002年9月，市教育局在深入福安市开展社会力量办学调研后，提出必须加快、加大社会力量办学的步伐和力度，利用优质学校资源，扩大办学路子，以国有民办、民办公助或股份制等多种形式，推动社会力量办学的发展。11月，宁德市召开专题会议，研究宁德一中、宁师附小按照国有民办形式运作，联合组建东侨实验学校的问题。12月，市教育局下发《关于进一步加强我市民办教育机构管理的通知》，要求各县（市、区）做好民办教育机构的设置审批，依法依规加强对民办教育机构管理。当年，宁德市已有民办学校192所，在校（园）生数达22675人。

2003年，宁德市教委召开全市农村幼教改革试点工作布置会，总结和推广福安市农村幼教正规教育与非正规教育、家庭辅导教育相结合的有效模式和成功经验。要求全区各县（市、区）借鉴福安市的经验，选择二三个乡镇作试点，制定农村幼教改革教学目标和内容，通过创办家教辅导站、幼儿活动站、母子活动站等形式，逐步建立符合当地实际的农村幼儿教育模式，促进农村幼教事业发展。会后，组织各县（市、区）教育局局长与相关科室负责人到外地考察、学习教育改革与发展民办教育的先进经验。正式批准成立由宁德一中和宁德师范附小举办的宁德市东侨实验学校，从公办学校招聘教师13名，招收小学新生100人，初中新生218人，高中新生189人。

2004年，市教育局鼓励达标高中以“名校带民校”形式，通过社会力量合作办学以及社会力量单独举办民办高中。同年，原由宁德一中和宁德师范附小联合举办的东侨实验学校变更为民营企业办学，成为民办完全中学，该校的小学部学生则由宁德师范附属小学接管。2003年、2004两年间，宁德市新增民办教育机构46所，在校总人数达到33202人。在校生每年增加5000人以上，增幅超过20%。

2005年，根据市委、市政府关于提高工作效率的“行政提速”要求，市教育局在审批民办教育机构方面相应做出两项提速承诺：将依法批准正式设立民办学校从原来应当在3个月内办结，提前为2个月内办结；将批准筹设民办学校从原来应当在30日内办结，提前为20日内办结。当年，宁德市批准4所民办高中正式办学。至2005年年底，全市共有民办学校264所，其中达到规定的办学条件，由教育行政主管部门正式审批的133所，在校（园）学生总数52041人，专任教师近3000人。其他未经批准而办学的主要是幼儿园和自学考试助学辅导机构。

第三节　校园建设与安全管理

一、校园建设

1993年后，宁德地区教育部门继续推动县（市）乡镇学校加快校舍基建，进一步完善办学条件。1995年，各县（市）校园及设施设备等硬件建设通过福建省有关方面的验收。

1996年，全区扩大中小学校园面积26574平方米，新增中小学校舍54520平方米。省评估验收的101项中小学校舍基建跟踪项目，经年检已竣工19项，续建在建27项，筹建未建的55项；列入危房改造计划的99个项目，累计完成投资5259万元，建筑面积10.7万平方米。1999年，全区多渠道筹措资金1.03亿元，新增中心小学校舍7万多平方米，完成香港爱国人士邵逸夫捐资建设的福安市城北逸夫小学。2000年，全区新增中小学建设面积22万平方米，中小学校舍面积净增4.26万平方米，中学生人均校舍面积6.05平方米，小学生人均校舍面积5.27平方米。当年全市72个“贫三建设项目”（世界银行贫困地区第三批援助建设项目）完成投资额4636万元，建筑面积8.24万平方米。

2001，全市新增校园面积27.18万平方米，新增校舍面积2.16万平方米，中学生人均校舍面积7.25平方米，小学生人均校舍面积5.27平方米。学校的配套设施进一步完善，添置一批教学仪器、图书、课桌等。同时，根据中央和省的部署，正式启动中小学危房改造和布局调整工程。2002年，列入省补助布局调整项目70个，建筑面积8.4万平方米，完成投资5300万元。2003年，全市完成列入中央、省第一期补助的115个建设项目。县（市、区）自筹的107个校园建设项目，总投入9978万元，完成建筑面积21.94万平方米，中小学校办学条件进一步改善。2004年，全市列入中央、省中小学危房改造补助项目53个、建筑面积5.6万平方米，总投资3576万元；列入省补助的中小学布局调整项目55个，建筑面积6万平方米，总投入4271万元。2005年，全市列入中央中小学危房改造项目262个，当年完成投资总额7007万元。同时，列入省布局调整项目42个，完成投资2644万元。

至2005年年底，全市中小学校园总面积1013万平方米，校舍面积372.7万平方米，分别比1993年增加470万平方米和174万平方米。学校体育场（馆）面积达标学校592所，接近学校数一半；体育器械设备配备达标学校367所，占学校数的29%；音乐教学器材设备达标学校340所，占学校数的27%；美术教学器材配备达标学校323所、占学校数的25.6%；教学、自然实验仪器达标学校471所，占学校数的37.4%；全市小学图书藏书量3192256册，生均14.11册，电子图书藏量37121片。1993—2005年，全市中小学校新增固定资产总值76152万元。

二、校园安全管理

1993年后，宁德市（地区）教育主管部进一步重视加强学校、幼儿园的安全管理，在审批教育机构时把安全问题放在首位考虑，对安全设施没有过关的申请，坚决不予审批。

1996年1月，行署召开全区中小学校园治安综合治理工作会议。会议决定将全区中小学校列入“治安特别保护区”，学校及其周边200米范围为治安特别管护区域，实行治安重点管理。教育局与公安机关联合对学校周边治安环境进行整顿治理，消除不安定因素。全区学校均挂“治安特别保护区”牌子，由公安局局长或副局长兼任校园及周边治安综合治理工作领导小组组长或副组长。城关中小学校内设立保安人员。同时，制定学校安全工作制度，加强对学生的安全教育，提高防患意识，应对突发事件，宣传防水、防火、防灾知识并演练等，加强学校安全管理，维护校园安全稳定。

1999年4月，全区召开中小学校园治安综合治理工作会议，制定学校安全工作联络员制度，进一步巩固良好的校园环境和校园周边环境。

2001年，市教育局先后下达20多份关于加强学校安全工作的文件，并召开学校安全、消防安全、学校综合治理等3次全市性会议，配合市政府有关部门开展3次学校安全工作检查和专项整治。

2002年，市教育局下发《关于进一步加强我市民办教育机构管理的通知》，提出切实做好民办教育机构办学场所的消防安全和民办教育机构设置审批与管理的具体措施。

2003年，全市中小学校以防控“非典”在校园内传播为重点，召开多场全市性会议，做好各项防控预案，确保万无一失。同时，对上半年发生在中小学校园内学生非正常死亡较上年同期上升的现象，市、县（市、区）教育主管部门对各种校园安全事故发生一起追查一起，同时认真总结教训，加强防范，及时监督，确保学校安全工作“一票否决”制和报告制度落实到位。

2004年，市、县两级调整充实部分“未成年人保护委员”成员单位，完善保护工作制度。在全市中小学校周边设置交通警示标志，开展中小学、幼儿园安全工作专项督查以及暑期学校安全工作大检查。市教育局还在《闽东日报》上刊登致全市学生家长的公开信，要求家校加强联系，共同做好学生的安全教育防范工作。针对入夏后部分县（市）接连发生多起中小学生游泳溺亡事故，各级政府和学校按照市委、市政府领导的批示要求，加强宣传和防范，避免类似事故再度发生。

2005年6月，宁德市制定出台《宁德市创建“平安校园”实施方案》《宁德市学校安全工作管理规定》《宁德市教育局特大、重大安全事故应急处理预案》《宁德市综治委学校及周边治安综合治理领导小组各成员单位工作职责》《关于规范宁德市中小学校兼职综治副校长职责与选聘管理工作的通知》等一系列规范性文件，同时建立健全学校安全事故隐患台账制度，保证校园安全工作有法可依，有章可循。

第四节　教学管理

1993年，宁德地区教育局从教学常规入手，分别制定备课、上课、听课、作业布置和批改作业、学生学习辅导、学生发展评价、教师发展评价、教师集体备课和教研、课堂常规、考试规则、教学质量监控等方面的规范要求。在落实常规教学管理的过程中，将古田县的芝南小学、水口小学，寿宁县的鳌阳小学等作为样板，通过现场观摩，会议讨论等以点带面，促进全区小学教学常规的落实。经过一段时间的教学管理实践，宁德地区教委又制定《教学常规管理手册》，用以评价教学及其管理等工作。同时深化教改，把常规管理的落实与全面提高学生的素质教育结合起来，使教学常规管理更趋全面、深入、科学。1995 年，全区中小学普遍设立计算机教学课程，中学列入必修课、小学列入基础课，配置设备，加强教学研究。

1997 年，地区教委加强城区薄弱学校建设，做好农村中学初二分流教育改革，加强学校德育工作，落实课程计划和教材要求，发挥课堂教学在推进素质教育中的主渠道作用，加强校长和教师队伍建设，调整好农村学校的布局。并确定古田、福安两县市为地区试点联系县（市）。10 月，对宁德一中教育教学常规管理、实施素质教育情况等进行检查。12 月，地区教委召开普通完中素质教育研讨会，邀请省教育科学研究所所长和省特约督学等人指导实施素质教育。

1998 年，宁德地区行署下发《关于中小学全面实施素质教育若干意见》，加大实施素质教育的力度。地区教育局成立素质教育工作指导小组，下发《关于加强薄弱学校建设的意见》《关于中小学开展创建素质教育达标校的意见》《关于加快建设初中达标学校和示范性学校的通知》《关于中小学素质教育督导评估申报复查有关事项的通知》等文件。在所有中小学全面启动创建素质教育达标校活动，改革考试和评价制度，促进素质教育在学科教学主渠道中得到落实。为减轻学生过重的课业负担，推进初中分流教育改革，当年初中毕业考试和升学考试实行两考分离。

1999 年，地区教委改革初中、小学考评制度，要求各县（市）教育行政部门和中小学校切实纠正只重分数，忽视能力培养，轻视德育、体育、美育和劳动教育，不重视活动类课程教育等违反教育规律的倾向，着眼全面发展，科学、准确地评价学生。改革学科分数加简单评语的做法，克服片面性，从各个方面、多层次对学生的素质状况和发展进行全面评价。从当年秋季开始，全区所有初中全部使用初中生素质发展报告手册。

2000 年，宁德市教育局召开多场全区性教学教研成果研讨交流会，推广全区中小学教学管理成果。市教师进修学院陈成龙老师的论文《“师生合力共创”课题计划》以及他和霞浦牙城中学课题组共同撰写的《师生合力共创课题研究》，被推荐参加由《中学语文教学》杂志社和作文导报社在北京举办的“语文教学与创造力培养研讨会”，双双获得大会优秀论文一等奖。市教育局小学教研室主持的《构建“活动—发展”教学模式》被省教委确立为省基础教育首届教学改革重点课题项目。霞浦县水门小学兰少玲老师和福安市城阳小学陈英容老师参加“国际复式教学论坛暨中国教育学会复式教学专业委员会第四届年会”复式教学说课竞赛，分获一、二等奖。

2001 年，全市小学语文教学“自主阅读”教改专题研讨观摩会在周宁县实小召开，市属小学及各县（市、区）重点小学的 170 多位领导、专家、教研员和教师参加，有 5 位老师提供 5 节“自主阅读”教改实验示范课，并由小学特级教师一一作评课发言。观摩会总结全市两年多来推广小学语文“自主阅读”的教改经验，并对下一阶段的深入研究作部署。

2002 年，全市启动中小学基础教育课改工作，召开推动中小学素质教育暨基础教育课程改革会议，制订市级及 3 个实验县（市）课改实施方案；组织 780 多名教师参加省、市课改培训。当年，市教育局还组织对全市性中小学教学常规管理和教学改革措施落实情况的检查。

2003 年 4 月，全市基础教育课程改革阶段总结会在福安市召开。根据总体安排，当年福鼎、霞浦和柘荣 3 个新启动教育课改的实验县（市），分别成立课改工作领导小组、专家组和各学科指导组，制订课改实验方案，确定各自的目标任务、实验内容等。12 月，蕉城、福安、古田 3 个省级教学课改实验县（市、区）顺利通过省评估验收。

2004 年，屏南、周宁、寿宁 3 县作为第三批教学课改实验县进入实验阶段。至此，全市 9 个县（市、区）全面进入中小学课堂教学课改实验。当年，全市有 5800 多名教师参加教学课改培训。同时，各中小学还加强和改进德育教育管理，认真贯彻《公民道德建设实施纲要》和《关于进一步加强和改进未成年人思想道德建设的若干意见》，切实把德育工作摆在学校教育、教学工作的首位。积极开展学生心理健康教育，要求各达标中学、示范小学以及有条件的中小学都要开设心理教育课、设立心理健康咨询室。

2005 年，市教育局在蕉城、福安、古田 3 县（市、区）课改实验区开展对教学考试评价制度改革的试点，积极推进基础教育评价与考试制度的改革。全市中小学进一步规范教学用书管理，净化教学用书环境，切实减轻学生学习课业负担，以提高学生创新和实验能力。

第五节　校风廉政建设

1998 年，针对部分学生家长反映个别学校乱收费问题，宁德地区教委组织人员分赴 9 县（市）开展全面督查，共查处违规收费金额 46.39 万元，清退 32.69 万元，罚没 8 万元。

1999 年宁德地区教委成立机关作风整建领导小组。2000 年制定全区教育系统开展创建行业新风和民主评议校风、行风活动的实施方案。按照“以建为主，以评促建，标本兼治，纠建并举”的指导思想和“以块为主，条块结合”“谁主管谁负责”的原则，开展创建行业新风和民主评议校风、行风活动。2001 年集中加强农村中小学收费管理，治理乱收费、乱集资，全市教育管理部门与中小学逐级签订治理乱收费工作责任书。全年共查处中小学违规收费案件 18 起，涉及违规金额 400 多万元。

2002 年，实行县（市、区）教育局局长、中小学校长校风、行风负责制，实行一级对一级负责，层层签订责任书，层层抓落实。同时，建立健全校风、行风的监督机制。当年，依照《中华人民共和国审计法》和国家教委《教育系统内部审计工作规定》开展教育内部审计，全年审计项目 163 个，审计金额 3.99 亿元，纠正违纪金额 615 万元，提出审计建议 138 条，促进被审计学校修订制度 53 条；下达审计意见和审计决定 40 份，制订各种内审制度 10 个。经过内部审计，达到加强教育经费管理和监督，促进廉政建设，提高教育经费使用效益的目的。

2003 年，宁德市教育局调整行风建设工作领导小组，领导小组下设师德师风建设组、机关效能建设组、规范中小学收费工作组和民主评议行风工作组。春季、秋季开学前后 3 次派出 9 个检查组分赴 9 个县（市、区）进行收费检查。共检查 28 个乡镇的 95 所中小学和幼儿园，查办乱收费案（事）件 22 起，清退金额 82 万元，给予党纪政纪处分 5 人。当年，全系统审计项目 118 个，审计金额 3.58 亿元，纠正违纪金额 180.4 万元，制订内审制度 3 个。组织对福安片局直属学校 2002 年财务收支情况检查，并向有关学校提出整改意见。同时，抓好系统审计队伍建设，促进教育审计机构和人员的交流与合作，组织审计人员参加福建省举办的教育审计准则、法规培训班，提高他们的业务素质和工作能力，提高审计质量，规避审计风险。

2004 年，全市教育系统审计项目 260 个，审计金额 3.68 亿元，纠正违纪金额 161.6 万元，修订内审制度 7 个。全年召开 7 场专题会议，组织 4 次对义务教育阶段学校乱收费检查，处理 17 起，涉及金额 25 万元。同时，加强对学校考风、考纪的整顿建设，包括高考、自考、中考、“两学”（学历和资格）考试、计算机和英语技能考试等。

2005 年，市、县（市、区）教育部门全年审计项目 778 个，审计金额 50452 万元，纠正违纪金额 115.7 万元；核减基建、修缮项目金额 82.86 万元，制订内审制度 6 个。当年，全市还对各县（市、区）、各中小学校教师增资、医疗保险、养老保险、住房公积金补贴交费、班主任津贴等情况开展检查，维护教职员工的合法权益，进一步优化校内软环境。

第六节　经费管理

一、经费来源

1993年，宁德地区全年教育经费1.8亿元。随着国家和地方各级财政对宁德的教育投入不断增加，同时，教育投入渠道有所拓展。教育经费来源渠道包括中央财政和省财政拨款、地（市）县（市、区）的配套资金、社会捐集资金、世界银行贷款、华侨华人捐款、"希望工程"投资、对口支援资金和预算外的收费等。从1995年开始，香港爱国人士邵逸夫多次捐资建设宁德中小学校舍，至2005年已建"逸夫楼"19幢、总建筑面积3.04万平方米，总投资金额660万元。1996年，福州市教育系统向宁德地区受台风侵袭的灾区师生捐赠20万元。至1997年，香港爱国实业家沈炳麟先后向宁德地区农村小学捐资建设校舍52个项目，建筑面积3.59万平方米，总投资522.74万元；加上地方财政配套资金，总投资1312万元。1997—2000年，台湾慈济会捐资538万元，兴办福鼎前岐慈济中学。2000年，全市全年教育经费增加到7.8亿元。

2002年后，福州市有25所中小学与宁德市薄弱县（市、区）中小学结成对口支援关系，帮助改善这些学校的办学条件。2004、2005年，民营企业福建华阳公司向9个县（市、区）捐资1160万元，加上地方配套资金649.6万元，合计总资金1809.6万元，用于改善中小学办学条件，兴建校舍面1.36万平方米。此外，宁德各乡（镇）、村及群众在中小学"两基"教育工作中也投入大量物力、财力。

2005年，全市全年教育经费12.5亿元，其中国家财政性教育经费8.6亿元、社团和个人办学经费3021万元、社会捐资办学经费1157万元。市政府教育拨款占财政支出的比例从1993年的19.13%提升到2005年的29.06%。

二、经费管理

1993年，宁德地区财政预算对教育经费（包括行政及学校）仍实行递增制度，即每年财政预算中财政拨款部分以上年度实际执行数为基数，按6%递增，新增人员经费年终另行追加。从1995年开始，根据新的预算法的相关规定，宁德地区财政实行"零基预算"，即以上年度的10月份为基期月，以基期月单位的基本情况作为预算基数，预算年度末根据单位实际情况追加预算，不再实行递增制度；支付方式由财政核定指标到学校，拨款到教育局，由教育局控制拨款进度。2000年7月，根据国务院有关规定，教师工资实行国库统发制度，即将教师工资由国库直接支付到教师个人工资账号上，确保教师工资及时足额发放。市本级学校先行实施，一年后，即从2001年年底起，各县（市、区）全面实行教师工资由国库统一支付，分别由宁德市或各县（市、区）管理。

2001年，国家开始推行中小学危险校舍改造，对现存危房限期改造，所需费用由国家和省给予补助。为确保资金安全，宁德市教育局在各县（市、区）设立"危改专户"，由教育行政部门和财政部门共同管理，项目学校根据进度报县一级教育局，县（市、区）教育局审核后报市教育局，由市教育局将资金下拨到县（市、区）的“危改专户”，再转拨到学校，实行封闭运行。

2002年开始，为资助家庭贫困学生上学，国家免费为低保家庭学生提供教科书。为确保该项资金专款专用，宁德市在市、县两级级教育行政部门设立“两免一补”（免除学杂费和课本费，补助寄宿生生活费）专户，经费由省教育厅逐级下拨。

2004年，政府财政开始实行部门综合预算，将单位所有的收支都纳入预算，并实行规范的“二上二下”预算体制。各级各类学校的所有收支都纳入预算，开支前由学校报财政直接核定，报人大批准后执行，指标直接到学校，经费也由财政直接拨付到学校。

2005年春季开始，根据国务院的部署，开始实行农村义务教育经费保障机制改革，并于当年春季免除农村义务教育阶段学生的学杂费，为此在财政部门单独设立“特设专户”，由省财政直接将免杂费资金下拨到县财政“特设专户”，再直接拨付到学校。

第七节　教育督导

一、督政

1993年8月至1994年春，宁德地区教育督导室开展清理全区拖欠教师工资专项督导检查，以维护教师的合法权益，稳定教师队伍。地区成立拖欠教师工资专项督查组，分赴各地检查、督促。经过各县（市）政府的努力，全区共兑现1993年年底前拖欠的中小学及幼儿园教师工资1050.27万元。

1994年，地区成立以分管教育的副专员为组长的六项督导评估组，抽调30名督导人员，分别对全区9县（市）的教育管理、事业发展、队伍建设、教育经费、校舍设备、德育工作等六项工作进行督导评估。有6个县（市）由年初初评成绩不及格升为良级水平，3个县（市）由不及格达到及格。1995年，行署与县（市）、乡（镇）政府签订责任书，将“两基”规划、学校建设、资金筹措等任务落实到乡镇，明确县、乡两级政府各自承担的责任。同时还依法督促落实教师法，着重落实解决教师工资津贴兑现难、住房难、医疗难的“三难”问题；参与建立教师工资兑现保障机制，对中小学公办教师工资、津贴实行全额预算、全额拨款，不留缺口，确保教师工资津贴、各项政策性补贴、奖金按时足额发放。财政周转困难的县（市），在工资发放顺序上，应先行发放教师工资；确保教师医疗保健享受国家机关工作人员同等待遇，对教师患危重病而超支的医疗费，由县财政给予一定比例的补贴等。

1998年，宁德地区根据普及九年义务制教育工作的进展情况，开展“普九”专项督查，地区核查和省评估验收分三类地区、三个层次、三个阶段进行：（1）对全区9个县（市）普遍进行1～2次专项督查；（2）对基本达到验收标准的寿宁县、宁德市、古田县、屏南县、柘荣县、福安市等6个县（市）进行本地区核查；（3）推出条件成熟的寿宁县、宁德市（今蕉城区）、古田县等3个县（市）向省申报评估验收，并参加省对上述3县（市）“普九”工作的评估验收。其间，地区督导室人员对全区9个县（市）进行16次专项督查，共深入103个乡镇、400多所中小学进行调查或核查。

1999年，宁德地区教委为检查本地区基本实施九年义务教育和基本扫除青壮年文盲工作的开展情况，决定由教育督导室牵头组成“两基”年度跟踪督导检查组，对柘荣、屏南、福安、周宁、霞浦、寿宁、宁德等8个县（市）进行教育执法督导检查，依法促进各级政府行为到位，确保必备办学条件和招生、巩固任务的完成。检查组分别深入8个县（市）的75个乡镇（占乡镇总数的70%）、200多所中小学和80多个县（市）乡镇直属单位，督促县（市）政府尽快建立按时足额发放教师工资的保障机制，清理兑现被拖欠的教师工资与各类政策性补贴共1100多万元，督促县（市）政府财政及时追补中小学公用经费964万元。

2000年，全市实现"两基"后，市教育督导室建立"两基"年检制度，以专职督学为主，抽调有关干部组成"两基"年度跟踪检查组，在县（市）自查整改的基础上，分别对古田、柘荣、屏南、福安、周宁、霞浦、福鼎等7个县（市）"两基"工作进行第二轮年度跟踪检查，对寿宁、蕉城等2个县（区）进行第三轮年度跟踪检查。2001年，宁德市教育督导室采用全面检查和专项督查相结合，有重点、有针对性地对各县（市、区）开展"两基"年度跟踪检查，分别对古田、屏南、福安、寿宁等4个县（市）的"两基"工作进行第三轮年度跟踪检查；配合省督导室对福鼎市、古田县进行年度跟踪检查，对周宁县的办学条件、蕉城区的教育经费，霞浦县的普及程度和教育经费进行专项督查，确保"两基"成果的巩固提高。

2001—2002年度，通过教育督导，全市小学适龄儿童入学率99.8%，初中毛入学率95.9%，小学生年辍学率0.14%，初中生年辍学率控制在5%～7%之间。2002年，全市共落实拨补返还教育经费771.6万元，其中返还学校收费资金255万元，省市教育经费专项补助经费348万元，城市教育费附加108万元，兑现被拖欠的顶编代课教师工资60.6万元。全市扫盲巩固率继续保持在95%以上，青壮年非文盲率达到98.87%。农村成人文化技术教育进一步普及，古田县的鹤塘、大桥、平湖、凤埔4所文技校完成独立建校工作，周宁县的咸村、李墩、泗桥文技校的办学条件也得到明显改善，漳湾、霍童、八都、咸村等乡镇文技校申报省级示范校。当年，各类文化技术学校培训人数达133491人次。

2003年，宁德市教育督导督查组深入9个县（市、区）的65个乡镇，165所中小学，对"两基"验收后的巩固提高工作及基础教育工作进行抽查，并将检查情况及时向县（市、区）党委、政府反馈。根据实际情况，实事求是地、有针对性地提出整改意见和建议。在组织"两基"巩固提高工作的跟踪督查中，突出检查"以县为主"管理体制落实情况，把农村义务教育经费投入、农村初中生学额巩固、农村中小学教师工资收归县管、中小学预算外资金收支"两条线"管理、中小学危房改造和布局结构调整情况等都列入督查的重点。

2004年，宁德市教育督导工作继续坚持"督政"为主，推进"两基"巩固提高，促进基础教育热点难点问题的解决，推进"双高普九"（高水平、高质量的普及九年义务制教育）向纵深发展。年内，由省、市督导室联合分别对霞浦县、柘荣县的"两基"工作进行年度跟踪检查。根据宁德市实际，把初中建设和教育经费确定为督查的重点，先后对古田、屏南、周宁、寿宁、福鼎、福安等6县（市）进行专项督查。

2005年，全市确定以中小学预算内公用经费核拨、中小学预算外资金管理、农村税费改革转移支付用于农村义务教育补助资金到位、城市教育附加费征、管、用情况等方面为重点的教育经费专项检查。当年，督导工作把开展高中阶段教育发展列为督导检查的专项内容，深入9个县（市、区）的60所中学开展专项督查，从事业发展、师资队伍、办学条件、经费投入等方面对宁德市高中发展的现状进行分析调研，形成《关于高中教育发展专项督查的报告》。

二、督学

1993年，为落实“两基”规划实施方案，宁德地区教育局召集各县（市）教育局局长、督导室主任、教育工会主席、进修学校校长研究部署具体的实施办法。1994年，地区教育局重点抓“普九”建档，先后完成动员部署、印制表卡、建档试点、培训骨干、巡回指导、检查等6项任务。

1995年，地区教育督导室主要检查各级各类学校减轻中小学生过重课业负担各项措施的落实情况，纠正把学生考试成绩和升学数量与对学校的评价、奖励挂钩的做法，并公布检查结果，总结推广课业负担轻、教学质量高的中小学校的经验和做法。1996年，地区教育督导室抓“两基”督查，在落实地方政府行为到位的同时，指导学校开展“两基”达标情况的自查、测评、自纠、整改，推进“两基”各项指标的实现。针对宁德地区“两基”评估验收中的普及程度及其文档建设、办学条件等薄弱环节对学校进行专项督查，其中寿宁、周宁、柘荣等3个县通过省扫盲验收。1997年，宁德地区教委、教育督导室就实施素质教育的主要环节问题进行调研，提出可行的实施方案。1999年，宁德市对素质教育试点校进行测评，全区共测评中小学32所。

2000年，全区中小学全面开展创建素质教育达标校活动，有40所中小学校接受评估，其中中学9所，小学31所。

2001年，全市对100所中小学（小学78所，中学22所）进行素质教育督导评估，其中98所中小学达到县级“实施素质教育工作先进学校”标准。2002年，由市教育督导室牵头，组织市教育局有关科室对宁德师范附小“争创素质教育达标校”活动的进展与自查自纠情况进行过程性督查。

2003年，市教育督导室对素质教育达标校宁德师范附小和市民族中学进行督导评估，促进学校工作和素质教育进一步提升。对福安实验小学、福安逸夫小学、福鼎桐北小学、蕉城第一中心小学进行复查，确认这4所小学为宁德市“实施素质教育工作先进学校”。此外，还对市内160所中小学进行素质教育过程性督查或督导评估，有44所中小学达到县级“实施素质教育工作先进学校”标准。

2004年，有6所学校经评估确认为市级“实施素质教育工作先进学校”，当年宁德市市级先进校总数累计达12所，其中普通高中（高级中学）4所。

2005年，市教育督导室继续对宁德市144所中小学进行过程性督查或督导评估。当年全市有80所中小学被评为县级“实施素质教育工作先进学校”。至此，全市县级“实施素质教育工作先进学校”总数达到329所。

第三十七编　科学技术

1993年后，宁德市（地区）围绕海洋渔业、茶果、食用菌、医药、机电等优势和支柱产业开展科研攻关、科技开发和推广应用，促进产业结构调整和技术升级。民营科技企业发展迅速，并重视科技队伍和人才建设、科技普及、实用技术培训。地（市）委行署（政府）先后制定多份科技兴市、兴业政策性文件，编制科技发展“八五”～“十五”计划和《十年科技规划纲要》，召开宁德地区首届科技大会，奖励一批重要科研成果和有重大贡献的科技工作者。其间，取得“大黄鱼人工育苗和人工大规模养殖”“太子参和南方巨峰葡萄大面积基地规范种植推广”“一步法熔炼ZrO_2颗粒”以及“映射与空间”等一系列重要科研成果和应用技术，不断提升科技对国民经济增长的贡献率。

1993—2005年，宁德市（地区）累计投入科技经费2109万元、安排实施科技项目982个；开发新产品388项，有305个项目获省、市政府科技进步奖；实施“星火计划”300多项，其中重大项目80项；获省（部）级科技奖15项；累计申请专利831件、获专利授权325件。全市科技综合实力和技术水平得到提升，海洋经济总量居全省前列，食用菌科研水平及产量在国内外处于领先地位。

第一章 科技机构与队伍

第一节 科技机构

一、科技管理机构

（一）宁德市（地区）科学技术局

1993 年，地区科学技术委员会作为管理全区科技工作事务的综合职能部门，设人秘科、科管科、专利成果科等 3 个科和科技情报研究所、科技开发中心 2 个下属机构。1994 年 8 月，地区科委设办公室、科技管理科、成果专利科和海洋管理科等 1 室 3 科，定编 15 人，实有人员 14 人，其中处级领导 3 人，处级非领导干部 1 人，科级领导干部 4 人。2000 年 11 月，宁德地区科学技术委员会改称宁德市科学技术委员会，机构科室设置和人员编制不变。

2002 年，宁德市科学技术委员会更名为宁德市科学技术局，根据《宁德市科技局职能配置、内设机构和人员编制规定》，核定市科技局行政编制 11 名，机关工勤人员事业编制 1 名。内设办公室、发展计划科、科技管理科、科技成果与技术市场科等 4 个职能科室。所属 9 个县（市、区）政府科技管理部门机构改革后全部保留，其中蕉城、福鼎、福安、寿宁等 4 县（市、区）科技局保持独立，古田、屏南、周宁、柘荣、霞浦 5 个县市科技局与发展计划局合署，人员编制精简 30%。

2005 年，宁德市科技局保持办公室、计划科、科管科、成果专利科等设置不变，核定编制 12 人，直属单位有市地震办、市科学技术情报所、市科技开发中心和市生产力促进中心。在职员工总数 26 人。9 县（市、区）科技局共有人员编制 39 人。

（二）宁德市（地区）气象局

1993 年，宁德地区气象局为正处级单位，下设天气预报科、科技服务与产业科、人事科、办公室 4 个科室以及避雷安全监测所。1998 年，增设审计科，挂靠人事科。2000 年 11 月，随地方政府撤地建市更名为宁德市气象局。2001 年 12 月，科室重新设置和调整，设为办公室、人事教育科、政策法规科、业务科技科、市气象台、市防雷中心、科技服务中心。2004 年 5 月，增设计划财务科，挂靠办公室。

2005 年，在职干部职工 56 人，其中参公编制人员 15 人，事业编制职工 37 人，地方编制 2 人，编制外聘用职工 2 人。

（三）宁德市（地区）地震局

1994年3月，经行署专员办公会议研究决定，于1994年6月恢复成立宁德地区地震办公室，为科级机关事业单位，核定机关事业编制2名（科级职数一名，科员一名），挂靠宁德地区科委，与宁德地震台合署办公。

2000年4月，宁德地震台、办分家，由宁德地区科委副主任兼任地震办主任。

2005年6月28日，经宁德市委编委研究批复，成立宁德市地震局，为市政府直属正处级事业机构，内设综合科、震防应急科2个职能科室。核定市地震局事业编制5名，其中局长1名，副局长1名，科级职数2名。经费列财政预算。

二、科研机构

（一）公办科研所

福建省农科院茶叶研究所 前身是福安茶叶改良场。1992年年底，研究所有干部职工132人，其中科技干部43人，获高级技术职称的5人，中级技术职称的15人。2005年，有职工96人，其中高级职称8人，中级职称8人。该所占地面积473万平方米，有试验茶园十多公顷，栽植21个茶树良种。有年产干茶100吨能力的茶叶初、精制加工设备各1套，红、绿、乌龙茶研制车间各一个及生物、生化、土化等3个实验室。茶树种质资源圃（约1公顷）收集、保存省内外832个茶树品种（系），计4000多份种质，成为全国最早收集、保存茶树品种、数量较多的资源库和乌龙茶品种资源保存中心。

1993—2005年，先后开展180多项研究试验，取得130多项科研成果，获科技成果奖43项，其中：全国科学大会奖3项、省科奖10项，农业部科技进步奖5项、省级科技成果奖8项，中国科学院、中国农科院奖各1项；院、厅级成果奖15项。研制开发出茶叶新产品30多个，先后获得国际名茶金奖、银奖；国家发明专利，中国农业博览会二金、二银奖，中国茶文化名茶奖，优质茶奖，“中茶杯”名优茶特等奖、一等奖以及省、地、市级名、优茶奖等多项。先后出版《茶树病虫害防治》《茶叶实用科学技术》等11种科技书籍，编辑发行《茶叶科学技术》170多期。

福建省闽东水产研究所 1993年，闽东水产研究所设有鱼虾研究室、贝藻研究室、病害研究室、大黄鱼综合试验基地、水产养殖动物病害防治站和办公室6个科室，有科研人员16名。主要业务重点和优势研究项目有海水鱼类人工繁殖、养殖技术和鱼类病害防治技术。至2005年年底，在职职工18人，其中科技人员15人。先后承担农业部科技项目1项，省科技厅科技项目5项，省海洋与渔业局科技项目13项，总经费276万元。获各类科技成果奖3项，其中农业部科技成果奖三等奖1项、省科技成果奖三等奖1项、宁德市科技成果奖三等奖1项。发表论文32篇。

1990年，先后与原农牧渔业部、省科委立项进行大黄鱼人工育苗与增养殖技术研究。解决人工培育亲鱼与人工催产技术，突破百万尾全人工批量育苗大关。1995年获农业部科技进步奖三等奖。1999年，由原省科委立项进行的青石斑鱼人工繁殖技术研究，经3年努力，成功利用养殖的青石斑鱼，通过激素处理亲鱼，获得雄性亲鱼，雄化率91%，卵的孵化率80.7%，培育3.7厘米的幼鱼19万尾，从仔鱼到幼鱼的存活率7.3%，在人为控制的条件下大批量培育出青石斑鱼鱼苗，超额完成课题合同规定的各项技术经济考核指标，2004年获省科学技术奖三等奖。2004年5月建成宁德市水产养殖生物病害防治站及其实验室。病害防治站建设总投资约500万元，其中世界银行贷款40万美元，其他由省闽东水产研究所自筹。建筑面积为2691平方米，其中土建投资约320万元，实验室仪器设备投资约180万元。

宁德市农业科学研究所　1992年，所内设有粮食作物、经济作物、畜牧兽医、植物保护、情报资料、分析化验等研究室及种猪场、饲料实验厂、农业实验场、果树实验场等实验基地。创办农业科技刊物《闽东农业科技》。全所科技干部39人，其中高级技术职称5人、中级技术职称10人、初级技术职称17人。2005年，各类专业技术人员50人，其中正副研究员、高级农艺师11人，中级职称15人。拥有水稻、生物技术、果蔬、畜牧等11个专业研究室和农试场、果茶场、畜牧场等30公顷试验基地。该所每年承担10多项国家、省、市课题（项目），累计有51项次科研成果先后获国家、省、市科技奖。连续七届被评为地市级文明单位。

宁德市科技情报研究所　1993年，有专业人员10人，其中中级职称5人。1997年，所内建成中国信息宁德工作站，配备有IBM服务器1台、AST微机3台、惠普扫描仪1台。该所为公益型科研单位，以开展技术咨询、外文翻译、编辑科技报刊资料和科技情报研究等工作，为社会和领导决策提供服务。研究所系上海经济区科技情报中心和福建省地（市）情报协作网单位，先后与国内29个省、市、自治区664个科技情报单位建立情报交流协作关系。1997年建成信息工作站后，开展信息网页制作和信息查询，对外宣传闽东区情和科技成果、科技工作动态等，架起闽东科技与外界网络沟通桥梁。2000年，编辑出版《闽东科技报》月刊，并建成宁德市人民政府公众信息网。2003年，建成“宁德市科技网”。2005年，该所有编制人员10人。

宁德市水产技术推广站　全民所有制事业单位，主要从事海洋与渔业相关的技术试验、示范与推广工作，是全市水产技术推广中心，也是全省大黄鱼养殖产业化技术服务中心。2005年，水技站及下属的海、淡水2个试验场，有职工48人，其中大中专以上学历29人，高、中级职称各4人；基本达到农业部规定的“有技术队伍、有服务设施、有经济实体、有培训场所、有实验基地”的“五有站”建设目标；初步构建原良种繁育、环境监测、检验检疫、技术培训、信息传递等五大功能技术服务框架。两个试验场有室内外水泥培育池7000立方米、土池1.3公顷、网箱180口，并有相关的实验室、仪器设备等配套，为闽东的海洋与渔业发展提供有力的技术支撑。建站以来有缢蛏、长毛对虾、大黄鱼等研究课题成果获省、部级奖励；尤其大黄鱼养殖技术的研发，为全国的大黄鱼产业化做出重大贡献。此外，在国内、省内首获鲍鱼、三线矶鲈、牙鲆、点带石斑鱼等人工育苗成功，主持起草大黄鱼的国家行业标准与省地方标准。试验场的“官井洋”牌大黄鱼先后获省与中国国际农业博览会名牌产品称号。

宁德市医药研究所　前身为福安专区中医研究所，经历合并、撤销后重建，1992年有科研人员9人。2005年，核定事业编制15人，实有职工人数12人。其间科研成果感冒新药虾须藤获福建省科技成果奖，异位妊娠自血静脉回输的观察与探析，获地区科技成果奖。

宁德市环境保护科学研究所　1991年8月成立，主要从事环境规划、污染防治研究以及建设项目污染治理工程和建设项目环境影响评价等业务，是闽东唯一一家环保专业研究机构，持有国家环保总局颁发的建设项目环境影响评价资格证书。1993年，有专业人员7人，其中，中级技术职称2人。2005年，有专业技术人员12人，其中，高级技术职称2人，中级技术职称3人。

1993—2005年间，先后编制《福安市城市环境保护规划》（1995年6月）、《宁德市环境功能区划》（2000年12月）、各县（市、区）《集中式饮用水源保护区划分方案》（1999年）、《宁德市十五环境保护规划》（2000年10月）、《宁德市生态规划纲要》（2002年）、《交溪流域水污染综合整治规划》（2005年3月）等各类环保规划和完成“宁德市区域可持续发展评价体系及相关对策研究”课题，以及城市基础设施、社会服务、交通、轻工、房地产开发、农林水利等行业的各类环境影响报告书（表）300多份。

其间，该所专业技术人员分别在国家、省部级刊物上发表《高速公路建设对生态环境的影响及防治对策》(《福建环境》，2000第3期),《官井洋大黄鱼繁殖保护区生态环境保护问题》(《福建环境》，2000第4期),《氯酸盐生产含铬盐泥和废水处理工艺研究与实践》(《环境工程2000》，第18卷增刊）等论文。

（二）民营科研所

1993年，区内开始出现民营科研机构，除少数独立运营外、大多为附设于较大型民营企业内。其中古田县有以食用菌、果树生产为主要研究对象的民营科研所23个、研究人员47人。福安市是各县（市）拥有最多民办科研机构的县，有电机、造船、食品加工等研究机构40多个。1998年年底，全区有经地、县（市）科委批准设立的民办科研机构80多家。

2000年，全市进一步鼓励民营科研机构发展，鼓励科技人才到民营科研院所任职，全市民办科研机构已达近百个，涉及多个经济领域。2005年，市内各有关部门继续支持民营科研机构，做好民办科研院所的服务和管理工作、简化办理手续、提高办事效率，审批设立时限由原来的40个工作日缩短到20个工作日。至当年年底，全市有民办科研机构200多个。

第二节　科研队伍

1993年，宁德地区国有企事业单位有专业技术人员35022人，高级职称474人、中级5581人、初级238814人，其中农业技术人员1486人、科学研究技术人员107人。从事科技活动人员608人（农业6人、林业43人、畜牧业29人、农林牧渔服务业530人）。

1996年，宁德地区国有企事业单位有专业技术人员42179人，高级职称804人、中级7659人、初级28894人，其中农业技术人员1551人、科学研究技术人员131人。2000年，宁德地区国有企事业单位有专业技术人员49431人，高级职称1489人、中级10212人、初级33444人，其中农业技术人员1708人、科学研究技术人员112人。

2005年，全市国有企事业单位有专业技术人员50021人，高级职称2710人、中级14606人、初级30565人，其中农业技术人员1645人、科学研究技术人员124人。从事科技活动人员861人，其中科学家和工程师427人。

第二章　科学普及

第一节　科普宣传

1993年，积极贯彻中共中央、国务院《关于加强科学技术普及工作的若干意见》和《关于加速科学技术进步的决定》的出台，全区大力开展科普宣传教育，充分利用科普性报刊、广播、录像及科普展教等媒介和手段，促进全民形成爱科学、学科学的氛围，提升公众的科学意识。

1994年，开展“科技宣传月”活动，组织科技讲座、科技人员下乡下厂、科技咨询、出科技专栏，宣传科技成果。地委宣传部、地区科学技术委员会（简称科委）联合举办大型“科技夜市”活动，有科技咨询、科技图片展览、科技录像展播、科技书籍优惠展销、科技灯谜等内容。

1995年，地区及各县（市）科学技术协会（简称科协）开展“科技宣传月”活动，利用报刊、广播、录像、科普车、科普画廊等，宣传“科教兴国”战略思想。各县（市）举办各具特色的科技夜市活动，吸引大批群众参与。同时，组织广大科技工作者开展“送科技下乡”活动。1996年，全区各级科协将贯彻落实中共中央国务院《关于加强科学技术普及工作的若干意见》作为重要任务，持续开展各种形式生动活泼的科普活动。全年开展较大规模科普宣传活动320次，受教育人数达5万人次。

1997年，开展以“科教兴区”为中心内容的宣传活动。地、县科协与宣传部门及科委以“人口、资源、环境与可持续发展”为主题，联合开展科技游园、科技知识竞赛、科技谜语竞猜、科技图书展销、科普录像播放、挂图展览、科技咨询等活动。

1998年，各级科协充分利用“科技宣传周”，广泛调动社会力量，开展形式多样的科技宣传活动。福安科协联合市委办、市府办、组织部等25个单位，开展知识竞赛、科技咨询、科技灯谜、科普书展等活动。地区“科技宣传周服务团”深入宁德漳湾镇南埕村开展科技宣传活动，地区二院专家义诊、妇幼保健计生咨询、水产科技咨询等受到农民群众的欢迎。地区科协还组队参加“福建省首届农业高新科技知识竞赛”决赛，获得优秀奖。

1993—1998年，全区建立621个村级科普小组，各种专业技术研究会67个，科技示范厂、场、村340个，科技示范户6.1万户，基本形成以县科协为枢纽，县级学会为支柱，乡镇科协、农村专业技术研究会为基础的农村科普组织网络。6年中出科普宣传栏6000多期，印发各种科普资料36万份，举办各种科普讲座1100多场，放映科普录像520余场，组织科普车下乡宣传150多次。并在《闽东日报》开辟《科普天地》专栏。地、县科协每年都与地、县宣传部，科委等部门联合开展形式多样的科技文化下乡等科普宣传活动。“科技宣传月”“科技宣传周”“科技知识竞赛”等大型科普活动，产生良好的社会效果。

1999年，全区组织开展科技、文化、卫生“三下乡”活动和以“创新与科技兴区”为主题的“科技宣传周”活动，有近300个单位、约2000名科技人员参加。全区8万多名干部、群众和学生参加各类科普活动；有1万多套科普资料下乡进村；举办多场科技讲座和学术报告会，新建和更新一批县、乡（镇）科普画廊、宣传栏、科技活动室等。

2000年，全市组织“树文明新风科普万里行”活动，各级学会、协会深入乡村举办科普报告会、座谈会、实用技术讲座、培训班等，大力宣传科学思想、科学知识和科学方法，传授节水灌溉、良种包衣、坡改梯等农业实用技术。同年，还开展“百种录像片、千套挂图、百万册图书进万村”活动。

2001年，市科协和教育部门联合举办“校园科技节”和“科技宣传周”活动，通过科普讲座、科普影视、科普宣传、科技竞赛等形式，提高青少年学生的科学素质。在“校园科技周”活动中，展出“崇尚科学知识、反对愚昧迷信”等科普图片9种120多幅，并邀请学生家长一同参加校园科普活动。

2002年,《中华人民共和国科学技术普及法》颁布，各级科协组织紧密联系实际，开展“科普日”和“科技周”等宣传活动。宁德市组建一支具有较高素质的科普志愿者队伍“宁德科普志愿者分团”，成员1000人，深入基层、农村开展科技宣传教育活动，特别是针对农村青少年的科技教育培训，成为全市科普教育的中坚力量。通过举办科普画廊和发放图片资料等形式，向广大人民群众宣传防灾、防病、防震、种植、养殖等方面的科学知识。全年组织140次活动，受益乡镇68个，受教育农户15000多户。

2003年，全市开展以“科普进社区”为中心的“科技宣传周”活动。蕉城区科协联合宣传部等10个部门，深入社区开展科普宣传活动，主要有法律咨询、卫生宣传、农业结构调整图展及科学电影放映等。福鼎科协开展科普进社区，利用灯谜、剪纸等群众喜闻乐见的形式进行科普宣传。活动周期间还向县、乡、村、学校、社区发放与“非典”相关的发病机理、预防方法、传播途径和治疗手段等多方面的知识宣传手册、挂图等；办好抗击“非典”科普宣传专栏；在市电视台播放“依靠科学，战胜非典”等科普宣传节目、在《闽东日报》和宁德市政府网站上发表防治“非典”专门宣传文章、设立防治“非典”科普宣传栏目，及时做好宣传报道。同时，各级科协组织结合农业产业化与结构调整要求，加强整合农村专业技术协会，发挥农技协作用，根据农民的需求开展实用技术培训，及时传播科技信息，导测农业产品市场变化，推介农作物新品种、提供科技服务，促进农业增产、农民增收。各级科协组织科技下乡200多次，参加活动的专业技术人员600余人，活动范围涉及68个乡镇，受益农户近2万户。

2004年，市科协通过开展“科普节”“科普宣传周”、科普志愿者、农业函授大学培训、科技报告会、科技竞赛等形式进行科普宣传。举办科技讲座、展览、宣传等活动568场，参加群众36万人次；开展社会建言献策和科技服务140多项，其中科技咨询117项。

2005年，宁德市各级科协认真组织实施，立足于服务“三农”，坚持农村科普工作的制度化、经常化、群众化，通过技术下乡、技术培训、科普报告会、科技咨询、成果转化、青少年科技竞赛等形式开展科普活动，举办科普讲座320多场，参加人数近38万人次。全市举办科普展览320场次，组织科技下乡210次。全市有标准科普画廊16座，全年出刊98期，版面总长度980米。组织专家下乡开展农村实用技术咨询，发放科技资料2000多份。同时，利用科普挂图进行“以人为本，科学发展”为内容的科学知识宣传。

第二节　农村科技培训

1993年，宁德地区行署把办好农业函授大学列入10件为民办实事之一。至1995年，农业函授大学闽东分校招收学员18642名，设立专业22个，成为广大农民和农村青年学习科学知识的一个重要途径。同年，地区科协组织编写《农村实用技术培训教材》，全书12万多字，印行20多万册，供广大农村群众学习。举办各种实用技术学习培训班1602期，受训人数达7.4万人次，增加经济效益6000万元，社会总体效益1.8亿元。

1996年，全区农函大第6期招收学员5300名，超额完成省定任务32.5%。设立专业22个，办学成绩突出，受省农函大总校和省科协的表彰。福安、福鼎等县市充分利用已建成的网络，归类招生，责任到村，并根据当地农村支柱产业发展需要设置专业。

1998年，全区科协积极开展农村实用技术培训教育，举办各类技术培训班933期，受训人数达8.1万人次。至当年年底，全区建立9个县（市）农函大分校，设立123个乡镇、街道办事处辅导站和183个村教学点，招生2.65万人。同时还建立100多个农村实用技术培训基地。

1999年，全区先后召开科技副镇长培训学习会议和农函大校务会议，专题研究部署农村科技培训教育工作，将农函大办学纳入组织部门干部培训计划。

2005年，市科协在人、财、物上给予农函大更多支持，促进农函大招生培训工作的顺利完成。并开始组织实施“一村一名大学生村干”培养计划，开设“乡村管理”专业大专班，在福安市首批录取34名学员，通过两年学习考试后，可获得福建农林大学大专文凭。

第三节　青少年科技教育

1993年，地区科协与教育局联合举办“中小学优秀科技辅导员夏令营”，组织各县（市）在青少年科技辅导工作上取得较好成绩的教师和干部18名，前往大连、秦皇岛开展科技夏令营活动。

1994年，在全省青少年科技工作理论研讨会上，宁德地区有3篇论文被评为优秀论文。地直各基础学科学会，精心组织和辅导青少年科普活动，当年在学科竞赛中，获省级表彰24人，其中一等奖4人、二等奖8人、三等奖12人。

1995年，为培养跨世纪人才，地区科协及有关学会与地区教育局、团地委以及有关部门配合，组织中小学校参加各种小发明、小星火计划、青少年生物百项活动、科普知识讲座活动、航模、计算机竞赛以及学科竞赛等。宁德地区物理学会组织学生参加全国初中物理竞赛，获全国一等奖1人、二等奖2人。

1997年，柘荣县东源中学建成中草药百草园、蛇标本室及蛇伤防治草药标本室；古田县举办“科技夜市”；屏南县建成400多平方米的“鸳鸯溪科技夏令营”活动基地；霞浦县、柘荣县建成海洋生物标本室；周宁县开展“爱科学月”活动。青少年“生物百项”科技活动在全区普遍开展，广泛组织学生参加活动，共申报项目25项。在科学竞赛中，获得省以上奖15名；参加全国数学集训队 2 名、获国际数学奥林匹金牌 1 名。地、县（市）科协拨出专款作为活动经费，专门编写 30 余部青少年实用科技教育活动资料供学习使用，并选派科技人员到各学校辅导授课。

1998 年，全区组织参加省青少年科技传播系列活动。其中科幻作品获省一等奖 1 人、二等奖 1 人、三等奖 2 人、优秀奖 1 人，演讲比赛获省三等奖 1 人。组织学生参加“第四届福建省青少年发明创造作品和科技论文比赛”，获省发明创造三等奖 3 件，科学论文奖一等奖 1 篇、二等奖 2 篇。福安科协组织中小学生及青少年科技辅导员 40 人参加“青少年生物科技夏令营”。古田玉田中学陈彬同学的科学论文《银耳熏磺污染环境的实验与调查》获得全国金奖及高士其科普大奖。

1999 年，为提高青少年科学素质，地区科协及有关学会与教育部门配合，组织全区中小学生参加“1999 福建省中小学创造科技制作展”，申报项目 25 项，获省二、三等奖 5 项。

2000 年，全市筹集一批青少年科技教育奖励资金，开展“大手拉小手，迎接新世纪”青少年科技传播活动。组织中小学生参加全国及省奥林匹克计算机竞赛和青少年创新方案设计比赛。

2001 年，宁德市加强培养青少年科技辅导员工作，并通过开展“科技节”“大手拉小手”等多种形式的课外、校外科技教育活动，培养青少年科学素质和创新能力。积极参与省举办的“科学之路——北京科普夏令营”“第六届全国青少年生物和环境科学实践活动”和“‘大手拉小手’新世纪英才培育工程”。

2002 年，市科协继续抓好青少年科普教育工作，全年组织 27 所中小学参加“第十七届福建省青少年科技创新大赛”活动，报送省参评作品 43 项，获省二等奖、三等奖 5 项、优秀活动奖 2 项。推荐 12 位学员参加中国科协举办的“科学之路——北京、上海科普夏令营”。

2003 年，全市青少年科普教育开展以培养学生的创新精神和实践能力为主旨的活动，主要有“大手拉小手”“绿色家园——种之树”“科技传播活动”“科技创新大赛”等，培养青少年独立创新意识和动手能力。是年，全市荣获全国一等奖 2 项、三等奖一项，省二等奖 26 项、三等奖 62 项、优胜奖 15 项。

2004 年，市、县（市、区）科协积极组织各活动基地多方筹集经费，加大青少年科技教育力度。组织学生参加市组织的“体验科学”和“科学英语”两场夏令营，并参加“第十九届福建省青少年科技创新大赛”，上报科技创新实践成果、科幻画等53项，获优秀项目作品二等奖2项、三等奖 5 项，科幻画作品二等奖 2 幅、三等奖 3 幅，优秀组织奖 2 项。

2005 年，全市各级科协组织全市近90所中小学、3600多名学生围绕“探究身边科学”主题，开展各具特色的科学实验活动；并参加“第二十届福建省青少年科技创新大赛”，获省优秀项目作品一等奖 1 项、二等奖 4 项、三等奖 8 项。

第四节　科技咨询

1993 年后，地区科委每年集中开展一次科技“宣传月”和“宣传周”活动。在活动中采用下乡和街头咨询形式宣传科普知识、传授实用技术、解答农村农技难题。农业科技专家还开展“农村科技万里行”活动，深入农村乡村现场答疑解惑，当年咨询指导 3 万多人次，发放科技资料 2 万余份。1994 年，柘荣县太子参正处在大力推广种植时期，突然发生大面积“叶瘟”病害，发病面积达种植面积的 80% 以上，许多农户上访求诊。省、地、县科技部门组织大批科技人员深入田间地头，观察病害、访问参农，发现是一种名为“叶斑病”的病菌所引发的病害，并及时帮助找出防治办法。1995 年“科技宣传月”，全区地、县（市）乡镇三级举办 50 多场科技咨询活动，并结合开办 85 场科技讲座，1 万多人次参加听讲、接受上千人次科技咨询活动。各学会、协会派出农、林、果、茶、菌、水产、畜牧等技术人员到田间地头指导生产，解难释疑，就地举办科技培训班，受训人员达 5 万多人次。1999 年，各县（市、区）科委都成立生产力促进中心，为社会科技力量进入企业提供信息咨询、项目包装和技术诊断服务。当年 6 月，地区科委为贯彻全国科技创新大会精神，先后起草《关于加快实施科教兴区的决定》《宁德地区扶持高新技术产业若干规定》《鼓励党政机关科技人员进入经济建设主战场》《高难度新技术园优惠政策》等政策性、建议性文件，提交地委、行署决策参考，并回答人大、政协等部门咨询。

2000 年，市科委牵头组织实施政府上网工程，建成政府公众信息网络，开展信息发布查询、咨询指导等。2001 年，全市科技部门利用“科技宣传月（周）”和“科技、文化、卫生三下乡活动”，结合中国加入世贸组织，开展“全国知识产权问答竞赛”，并请国家和省知识产权局专家为机关、乡镇、企事业单位领导及科技人员讲解《中华人民共和国专利法》和《中华人民共和国知识产权保护法》，回答有关咨询。2001 年，为配合市委、市政府对重大问题的科学决策提供服务，市科委、科协组织开展“发展科技事业推进科技产业化培植新的生长点”“科技投入与社会事业发展”“科研所体制改革”“东侨高新技术园区优惠政策研究”“民营科技企业现状与对策”等多项课题研究，针对全市科技改革和发展中存在的问题与困难，提出相应的对策、建议和措施。积极办理市人大一届二次会议代表提出的有关科技问题的议案。完成宁德市大比例海洋功能区划编制、市科学技术奖励办法拟订、全市 R&D（Research and Development，研究与发展）资源清查及县级科技进步统计监测评价等工作，为市委、市政府提供决策依据。

2003 年，全市认真组织科技和医学工作者开展“科技活动周”活动，以“依靠科学、战胜非典”为主题，及时举办防治“非典”科普宣传活动，回答有关防治常识咨询，播放防治“非典”VCD 片 100 多场次，帮助广大群众树立依靠科学战胜“非典”的信心。2004 年“科技活动周”中，市科委在全市组织 1900 多名科技人员举办 100 多场科技讲座及报告会，深入 120 多个乡镇、200 多个村，为 26418 人次提供实用技术咨询服务。

2005 年，市科技局和科协组织多场科技下乡、技术培训、科技咨询等活动。周宁县科学技术协会和卫生协会组织医学和农技专家，先后深入多个乡镇开展卫生健康咨询和义诊，宣传“防治禽流感”卫生常识。牵头成立“福建省科技宣传月宁德宣传报告分团”，到闽东老区重点县福安、柘荣、福鼎等县（市）开展巡回报告，接受科技咨询等活动；报告团成员包括中国科学院院士、教育家林群，厦门大学海洋与环境学院教授、博士生导师卢昌义等；报告团作报告 17 场，听众达 11300 多人次。

第三章　科技研究与推广应用

第一节　农业科技研究与推广

一、“星火计划”和星火密集区建设

1997年8月，宁德市七都镇全面开始实施省级农业“星火计划”和星火密集区建设，完善区域产业布局，突出集成示范，依靠社会力量，加快建设步伐。至1999年年底，密集区特色农业产业初具规模，形成万亩晚熟龙眼基地和千亩草莓生产基地，海淡水养殖、畜禽饲养基地等也有一定发展。在技术进步推动下，密集区国内生产总值和社会积累年平均增长率均达23%左右，生产中科技进步因素年平均递增5.88%，密集区及辐射区内农民人均纯收入达3065元。经省科委组织的中期考评验收，全年平均综合分值为93分。是年，福鼎市秦屿镇被列入省“十五”星火技术密集区建设计划，闽东食用菌产业被列入省“十五”区域性星火支柱产业发展计划。

2000年，进一步推进蕉城区七都镇省级星火技术密集区建设，新引进食用仙人掌、香鱼、小球藻等生产项目，密集区形成以草莓、晚熟龙眼、海淡水养殖、畜禽饲养为特色的产业体系。2001年，继续组织实施密集区建设，初步实现产业化开发，形成草莓等10个高优农业示范基地。并通过省科技厅组织的基地建设验收和“十五”计划论证。“三都澳海洋综合开发试验区”建设，引进和建立的皱纹盘鲍、花尾胡椒鲷、海马、南美白对虾等一批养殖技术示范点，起到重要示范辐射作用。霞浦县创建台湾农业良种引进试验区，引进瓜、果、菜良种217个、试验种植122个、示范推广35个，成效明显。此外，在全市优质稻面积进一步扩大的同时，示范推广水稻生产种衣剂技术。继续做好林、茶、果、畜禽、水产养殖及其他农作物品种改良繁育，示范推广一大批新、优、高、特品种。2003年，区内省重点“星火计划”项目实施进展良好，蕉城七都星火技术密集区被省科技厅列为“十五”第二批省级星火密集区；经过两年努力，形成明显的区域产业发展特色，获得省科技厅正式授牌。古田、屏南等县积极申报食用菌“星火”开发项目，其中古田县的“食用菌农村专业技术协会建设”被列入国家星火计划。霞浦县以县农业试验场为基地，通过多年实施“台湾保健型鲜用加工瓜果菜良种引进与产业化研究”项目，从台湾引进一批适应当地种植的蔬菜、瓜类特色品种，并开展试验、研究，从中筛选23个综合性状优良的品种进行示范推广，同时建立0.67公顷蔬菜良种繁育基地、13.34公顷良种良法示范基地、66.67公顷高产、高效、优质、模式化栽培技术示范基地。福鼎市加大力度，建设茶叶绿色食品基地和有机茶基地，实现茶叶农残全部达标，从根本上保证茶叶质量。蕉城区继续抓好南亚热带名优水果品种

区域选择与示范基地建设，扩大晚熟龙眼、荔枝示范种植面积。福安市实施“优质茶树新品种区试与无公害茶叶生产技术示范”，进一步明确优 4、优 10 等红绿茶新品系的优势，推广使用生物农药，建立无公害茶园基地 66.67 公顷；基地产品“坦洋工夫”红茶经省绿色食品发展中心检测，被认定为无公害食品。基地辐射带动周边 2000 公顷茶园，每亩可年增经济效益 600 元。

2005 年，蕉城七都星火密集区建设通过省级验收。“大弹涂鱼生产性育苗及规范化养殖技术开发”“规模化猪场环境污染治理与生物有机肥开发”“无公害大黄鱼标准化养殖技术示范”“农村社会服务联动网信息示范”等 5 个项目均被列入国家星火计划，并获项目证书。

二、“科技示范乡镇”工程

20 世纪 90 年代后，宁德地区通过试验示范，推动广大农民学、用科学技术，实施“科技兴农”工程。1993 年，宁德地区科委根据“超常规跳跃式”发展要求，因地制宜制定全区科技示范乡镇规划，并建立健全科技领导、示范、服务、培训 4 大体系，为新定的 11 个示范乡配备声像设备，强化培训手段。当年，全区新增科技示范村、场、厂 401 个；新增科技示范户 8135 户；推广实用农业新技术、新成果 189 项；新选配科技村委副主任 1132 名，使长期存在的科技工作“缺村”状况得以迅速改变。1995 年，福安市、霞浦县通过全面开展农村科技达标活动，强化农民科技意识，完善科技服务网络和拓宽科技投入渠道，加强科技引联，狠抓山海资源开发，推动农业科技成果向现实生产力的转化，促进当地经济、社会的协调发展。福安市、霞浦县先后被授予“创建全国科技工作先进县（市）”荣誉称号。同时，地区科委对第二批 11 个科技示范乡（镇）建设活动予以经常性指导和重点扶持。经与县（市）、乡（镇）科委的密切配合，依靠科技开发，促进当地生产的发展，取得显著成效。其中霞浦县沙江、古田县凤埔、福安市赛岐、柘荣县双城、宁德市（今蕉城区）霍童和漳湾等 6 个乡（镇）全部提前一年达到或超过省定标准，顺利通过验收。赛岐和双城两个镇被评为“省先进科技示范乡（镇）”。

1997 年，经省科技领导小组批准，全区又新筛选 11 个乡（镇）列为第三批省级科技示范乡镇。同时，确定 13 个乡（镇）作为地区级管理的科技示范乡（镇），建立健全乡（镇）科技管理、培训、示范、推广体系，并根据各自资源特色和产业特点建立示范村、示范基地、示范户，加强技术培训和乡土人才培养。截至 1998 年，宁德地区创建 3 批、45 个科技示范乡镇，科技进步因素对当地经济增长的贡献率达 52%，比全区平均数高出 9 个百分点。1999 年，科技部门组织对古田县湖滨乡、平湖镇，福安市下白石镇等 3 个乡（镇）的验收情况表明，经过 3 年示范建设，科技进步不仅促进生产发展，而且提高劳动者科学素质，经济综合实力明显增强，3 个乡镇的工农业总产值比 1995 年增长 1 ～ 1.5 倍。

2000 年，宁德市又有 8 个乡镇通过省、市考核验收和授匾确认为省级科技示范乡镇，福鼎秦屿镇、福安下白石镇受到省政府表彰。2001 年，寿宁、柘荣、福安在科技示范乡镇建设取得明显成效的基础上，开始建立农村技术市场信息平台的试点工作，其中寿宁县被列为全国试点单位。2004 年，宁德市在原有建设科技示范乡（镇）的基础上，结合贯彻落实科技部、省科技厅关于“县市科技工作年”“一县一业科技行动”等工作部署，每个县（市、区）筛选确定一个科技示范乡镇，以农业主导特色产业为重点扶持对象，涉及畜牧、水产、水果、茶叶、食用菌、反季节蔬菜等，通过滚动实施、持续扶持，培育建立一批科技示范典型，带动县域特色农业科技进步和产业发展壮大。

2005 年，宁德市根据全省开展的“一县一业科技行动”活动，通过围绕试点建设乡镇特色农业，组织开展形式多样的技术服务，推广新技术、新品种，同时通过培育龙头企业，促进农副产品精深加工、提高特色产品知名度和市场份额，推动地方主导产业的发展。古田县黄田镇通过开展绿竹优良品种选育和提纯复壮、病虫防治技术研究等试验，为农民提供优良绿竹种苗，推广高产栽培技术，使绿竹种植面积发展至近2000公顷，每公顷产马蹄笋1.5万～2.25万千克，年产值3000多万元，占当地农业总产值的三分之一。并以此带动加工业发展，使产品附加值得到进一步提高，仅此一项全镇人均纯收入增加1400元。柘荣县双城镇、城郊乡利用地域优势，开展太子参GAP（Good Agricultural Practice of Medicinal Plants and Animals中药材生产质量管理规范）示范种植推广，引进以太子参为主要原料的药业加工企业，先后有力捷迅药业、天人药业、养和堂等多家药业企业在该地落户，逐渐形成“公司＋基地＋参农”的生产模式。福鼎市店下镇通过紫菜新品种试验及推广养殖新模式，加强全方位的科技服务，紫菜养殖面积从2003年的200公顷迅速发展至366.67多公顷，总产量850吨，产值2000多万元，并发展初加工企业50多家，增加养殖户收入。

三、农业新科技应用

1993—1995年，全区重点推广杂交水稻种植，面积达11.33万公顷，占水稻播种总面积的80%以上。同时推广再生稻6120公顷、早中稻4.84万公顷、旱稻3107公顷。在福鼎、霞浦、宁德（蕉城）、福安等县（市）建立二级优质水稻示范片5.87万公顷、一级示范片1333公顷。1995年，全区又以优化果树品种结构为重点，狠抓育苗、果园管理和低产果园改造技术推广应用，新植优质果树3020公顷。至1997年，全区建立果树种苗基地1.33公顷、年可供果苗20万棵；当年新植果树2120公顷，使全区新品种优质果园面积达3.39万公顷，其中晚熟龙眼、荔枝467.20万公顷、油柰7133公顷、芙蓉李3400公顷、柑橘5200公顷。1998年，全区畜牧生产重点抓节粮型草食动物发展、牲畜5号病防治及良种系建设；对126万只生猪注射新研制的防猪疮免疫疫苗，有效率达92.6%。1999年，全区组织实施农业科技项目20项，其中省级项目8项、地区级12项。相继开展“优质稻品种开发及其配套高产栽培技术研究”“古田银耳品质的优良菌株选育及配套栽培技术研究”“可持续发展高优茶叶及无公害茶园示范建设”“福安市葡萄产业化关键配套技术研究”“闽东晚熟龙眼良种筛选及优质高产栽培技术研究”“绿竹储藏保鲜技术研究”“柘荣太子参产业化关键配套技术研究”等多个项目的研究，均取得阶段性成果。

1996年，省市专家现场察看常规水稻新品种宁糯605

2000年，全市围绕农业结构战略性调整，开展支柱、特色产业品种改良和产业化配套技术研究。通过实施省级重大科技项目“可持续发展高优茶叶及无公害茶园示范建设”和市本级安排的“农产品农药残留量监控研究”，有效解决茶叶农药残留影响出口的关键问题。2001年，宁德市继续推进区域科技示范推广，注重加强农业高新技术的开发研究，集中力量组织实施一批重大、重点科技攻关项目，加快高新技术在农业上的应用。其中有水稻抛秧种植、脱毒甘薯与马铃薯推广栽培、农作物根外平衡和施肥、包衣剂种植技术、野生动物驯养繁殖、毛竹丰产林培育等。2002 年，组织重点特色产业技术攻关，围绕大黄鱼产业持续健康发展，以品种改良和加工技术开发为突破口，深入开展“大黄鱼染色体组操作技术培育全雌良种及应用技术研究”，应用生物技术手段进行种质改良，成功培育出全雌二倍体鱼苗，初步判定出大黄鱼性别决定遗传型；微卫星 DNA 分子标记技术和 4 倍体鱼的试验研究也取得进展。组织实施“大黄鱼保活运输及微冻保鲜技术研究”，保活运输时间达 36 小时以上，保活率 90%；大黄鱼微冻保鲜期达 25 天以上，解决大黄鱼营销链中的关键技术问题。省级龙头企业福鼎市海鸥水产食品有限公司，承担财政部农业产业化项目“大黄鱼系列精深加工”，不断扩大企业规模，年产值突破 1 亿元，实现出口创汇 1200 万美元、税利 800 万元。此外，省级重大项目“福鼎芋产业化技术研究与开发”取得显著成效，建立千亩高优栽培和优良种芋基地，单产、品质大幅度提高；全市辐射推广 867 公顷，年增加芋农收入 400 万元以上，并进行深加工研究，开发出“香芋酥”“香芋饼”“香芋粉丝”等系列产品。

2003 年，宁德市继续加大推广农业先进实用技术成果，促进农业增效、农民增收。福鼎海鸥水产食品有限公司实施“中国毛虾、丁香鱼半脱水加工工艺及气调保鲜技术开发与产业化示范”，年加工水产品 11000 吨，创产值 1.1 亿元，创汇 1150 万美元，增加福鼎市和周边县（市）渔民收入。“生猪屠宰安全性控制和宰后处理新技术的研究与开发”项目完成生猪屠宰生产线建设及冷却肉、热鲜肉保鲜技术研究，通过快速嫩化技术和保鲜技术的应用，冷却肉每千克增值 0.5 元、计为企业增加年利润 600 万元。

2004 年，宁德市获省科技厅资助的农 5 项业推广应用项目“皇后黑李标准化生产示范”“穆阳水蜜桃标准化生产与储藏保鲜科技产业化示范”“溢蛏无公害养殖及小包装低温保活技术示范”“有机茶栽培与加工技术示范”和“农村科技信息网络建设”被列入省星火计划。省“一县一业科技示范”重大推广技术有“蕉城区优势畜牧业产业集群建设”和“霞浦县水产业科技示范”的相关成果。

2005 年，宁德市围绕高新技术在农业上的应用和特色产业技术攻关，有 5 个项目被列入国家星火应用推广计划，包括农业综合开发、省级标准农田示范片建设、生态农业和土地整理工程等。全面实施“新型农民（技术）培训工程”和“农业科技入户工程”，加快农业科技更新、成果转化和新品种、新技术的进一步推广应用。全市农民建立各类农业成果核心技术示范区 30 个，部、省级农业科技示范场 6 个、先进示范新品种 200 多个、新技术 30 多项。全市建立各类农作物优质、高产示范基地 5.33 万公顷。初步建立农业有害生物预警监控体系、设立作物防虫害监测点 80 个。

第二节　工业科技研究与应用

1993 年，全区在确定的 10 个具有区域性和行业代表性科技先导型试点企业中组织实施工业科研项目 35 项，涉及电子、机械、农药、化工、食品等行业。福安“闽东电机”生产以新材料新工艺应用、机电一体化为重点，推广应用 CAD 技术（Computer Aided Design，计算机辅助设计技术）。先后开发 10 多项新产品，其中单项盘式电机、便携式收割机、稀土永磁电机等均达到国内先进水平。福鼎市研制开发的华龙牌摩托车化油器、东鼎牌调压器、龙山牌QSS手拉牵引器等产品成为省知名品牌。全区有78家企业60多种产品按国际标准和国外先进标准组织生产，市场竞争力显著增强。1998年，东方神电子有限公司、华龙化油器有限公司、一雄光学仪器公司被确定为省级高新技术企业。至当年年底，宁德扶持开发工业新产品300多项，创省（部）优产品105项、国优产品1项，有40项新产品形成批量生产。

2000年，宁德市通过产、学、研联合，投入开发资金2亿多元，开发新产品70个，新增产值5.5多亿元，研创出一批具有国际先进、国内首创和领先水平的新产品，其中有60型、76型、114型、150型系列天文望远镜、PD26J环保节能型化油器、节能快热紫砂陶瓷电饭煲、微型铝壳电机、连续反烧式燃煤装置等。投资5.27亿元，实施投产百万元以上技改项目64项，如寿宁三祥冶金有限公司引进日本空心氧化锆、单晶电容钛冶炼技术，蕉城区俊杰陶瓷有限公司组合式蜂窝陶瓷填料属高新技术产业化环保型项目，屏南榕屏联营化工厂生产氯酸钾的电解槽及复分解技术采用德国技术等，达到国内外领先水平。2001年，福建白莲花化工有限公司“硅丙建筑外墙涂料研究与开发”技术达到国内领先水平；三祥冶金公司“一步法熔炼二氧化锆”技术工艺，填补国内空白；福鼎“高保真石质音箱技术开发”达到国际先进水平。在全年完成开发的69项新产品中，达国内首创水平的有22项，年新增产值2000万元、利税300万元以上的有16项。福鼎市在提升汽车、摩托车化油器产品开发水平的同时，转向开发新一代精密仪器仪表，研创出新型汽缸、节能防漏爆多功能安全阀、新型出口煤气表、声光机、微波高效杀菌灭虫干燥机等系列产品，逐步成为名优品牌。2002年，宁德生辉表业“精密机械双历自动表机芯”的研制开发，采用多次时效处理和氮化处理新工艺，实现机芯夹板的生产原料用国产铅黄铜替代进口材料，机芯外观质量及振动频率、走时精度、稳定性显著改善，新产品多项性能指标达到国际先进水平。福建三祥冶金有限公司“一步法熔炼二氧化锆”项目，又引进日本技术，与原有生产工艺相比，耗电量明显下降，金属回收率显著提高。福鼎一雄光仪有限公司研制开发成功直流天体跟踪仪、摄像镜头、摄像机顶篷半球形防护罩和枪瞄等高新技术产品。福鼎化油器系列产品技术含量高，全国市场占有率达20%以上。轻质高强生态型陶粒及新型陶粒砌块充分利用沿海丰富的滩涂泥料和石板材加工的大量石粉废渣，开发新型陶粒轻集料，市场潜力巨大，并建成第一条生产线。“分子工程技术合成多肽产品——健骨灵及健骨灵注射液”项目，完成结构证实、纯度和活性测定、质量标准制定、药效学及毒理学的研究，进入临床验证、中试生产、新药证书报批阶段。古田县利用丰富的油柰、蘑菇、佛手瓜及薯类等资源优势，开发符合国家标准国际型口感的油柰新型果酒、多品种多风味蘑菇软罐头系列食品和佛手瓜酱菜，逐步成为市面上的热销产品，打入上海、浙江等超市。寿宁县研制开发磨砂乌金釉、鲜红釉、油滴釉及仿古名釉等有较高艺术品位的陶艺精品，受到客商欢迎。此外，“节能快热紫砂陶瓷电饭煲”“艺术陶瓷名釉的研究开发”“蘑菇软罐头系列食品开发”“微型铝壳电机”“连续反烧式燃煤装置”等科研项目也都获得成果。

2003年，宁德市3家高新技术产业产值11.24亿元，占全市规模以上工业产值的11.97%；产品出口值5032.5万美元，实现利税总额4750万元，占全市规模以上工业实现利税总额的6.6%。省级高新技术企业福建三祥冶金有限公司形成年产4500吨二氧化锆产品的规模，为国内同类产品第二大生产企业；该公司的又一科研项目“单晶电熔铝晶粒控制技术研究开发”被列入省高新技术与火炬计划，并被认定为当年省级重点新产品。全市还加大技术改造投资，完成技改项目资金12.95亿元，与上年比增24.8%、创历年新高；完成技术创新项目91项，其中机电电器41项、机动车配件13项、医药化工12项、食品加工11项、冶金6项、建材4项。福建方达电机和闽东安波电器2家企业技术研发中心经评估确认为省级企业技术研发中心，实现宁德省级企业技术研发中心零的突破。

2004年，宁德市高新技术工业总产值4.2亿元。福建三祥冶金有限公司被科技部认定为国家级高新技术企业，福建仙洋洋食品科技有限公司等6家企业被认定为省级高新技术企业。福鼎市京科化油器有限公司年生产摩托车及通用汽油机化油器150万台，开发生产柱塞式和真空式化油器等15个系列60个品种，宁德产摩托车化油器在全国市场占有量达40%以上。当年获省创新资金支持新产品的有环保型复合纤维刹车片、环保节能摩托车化油器、钕铁硼节能环保永磁同步电动机、生姜新型休闲食品、往复式微型静音空压机、自动刹车式微电脑汽车可视雷达、智能型高效浴缸泵、采用不含化学保鲜剂的新型技术保鲜绿笋等8项。

2005年，宁德市高新技术企业增到11家，其中国家级高新技术企业1家，省级高新技术企业10家。新产品二氧化镐、单晶电熔铝、化油器被确定为国家级高新技术产品。高新技术产品工业总产值5.8亿元。宁德市围绕电机电器、船舶修造、汽摩配件、食品加工、药品生产等重点产业开展技术攻关和新技术推广应用。其中省重点攻关项目“晶闸管励磁同步发电机开发”解决了ST、STC系列发电机批量生产性能的稳定、产品一次合格率低等问题；“Z-IA型冲制式电动轮毂”花盘孔一次成型新工艺采用钢冲制式外壳新技术、新工艺，提高产品技术含量和成品率；“便携式直流驱动天体跟踪仪”“YGX系列高效节能异步电动机应用”“利用回收氢气合成高质量大直径红宝石”“EHS系列带励磁机无刷发电电焊两用机”“往复式微型静音空压机”“柘荣县城医药产业集群培育及关键技术应用推广”等一批科研项目及成功开发出的新产品、新工艺许多成为省内、国内创新产品并达到领先水平。

第三节 医疗卫生科研与应用

1993年，全区开展防治丝虫病人群监测，对45个代表性村51613人进行血液检查，71个村进行蚊螺监测，剖验中华按蚊18425只、致倦库蚊42360只、青虫案面积356.52平方米。1994年，开展全区碘缺乏病（IDD）监测。1995年开展首次全区艾滋病病人等高危人群血清监测，监测2284份，未发现病例。1996年，地区防疫站袁高林、郑祖针等5人的《闽东鼠形动物及其防治研究》课题获宁德地区行署科技进步二等奖；课题对宁德地区的鼠形动物及其防治进行系统深入研究，基本查清闽东鼠形动物及其体外寄生虫的组成、地域分布、数量动态、生态特征及其与疾病流行关系。首次报告闽东鼠形动物兔目1科1属1种、啮齿目6科11属22种、食虫目1科3属3种。所发现的东方田鼠福建亚种为宁德地区最新纪录；鼠体外寄生蚤类2总科6科15属16种、草螨3科11属15种及恙螨2科3亚科12属27种；其中高山真棒恙螨为省内最新发现、水鼩鼱迁恙螨为国内发现新种。从种群生物学、群落生态学、疾病病原学、血清流行学等方面为防治鼠传疾病提供科学依据。经过几年努力，宁德成为全省三个消灭丝虫病和消除碘缺乏病的地区之一。

2000年，由卫生防疫部门组织开展《灭鼠后家鼠群落结构和种群特征变化的研究》《宁德地区苍蝇种类及其传播肠道传染病机制研究》和《闽东人体寄生虫及其防治的研究》3项课题研究，其中1项获地区科技进步二等奖。

2002年，宁德市医院朱绍亨负责的《多巴酚丁胺超声负荷试验检测缺血性心肌病的研究》、高如生副主任医师负责的《重型颅脑损伤的亚低温治疗》、宋彬副主任医师负责的《胃癌患者体内微量元素与T淋巴的胞亚群相关性研究》、焦维克主任医师负责的《联合检测血清及胸水中肿瘤生长因子鉴别结核性及癌性胸水的研究》等7个项目列入宁德市科技局重点指导性研究项目。当年，闽东医院运用推广85项医疗新技术并首次举办省际医疗新技术、新项目推广研讨会，来自全市各大医院及浙江的24所医院的专家学者开展观摩交流。其中MRI（Magnetic Resonance Imaging，磁共振成像）典型病例介绍、电视腹腔镜在妇科临床新应用、U型棒椎弓根钉的设计与临床应用、可控性回结肠膀胱术、乳腺癌、哨兵淋巴结活检技术、颅内出血急救ABC——微创介入临床应用等一批医疗新技术研究应用受到与会者的高度赞赏和评价。是年，宁德市医院正式成为福建中医药大学临床学研究生教学医院，李康增、李惠长两位主任医师被聘为硕士研究生导师。宁德中医院开放性骨折手术治疗、断指再植、可吸收螺钉治疗关节内骨折、全髂关节置换术等一批高难度技术也得到推广应用并获得成功。

2004年，宁德市医院开展的各科治疗新技术、新项目研究应用达90多项并获区内唯一具备肿瘤化学治疗、中医中药结合治疗技术资质的医院。闽东医院2位医疗专家、硕士生导师首次招收2名硕士研究生，填补闽东医疗教学的空白。首次举办“福建医科大学硕士学位论文答辩会”，讨论通过在职研究生郑建明的《微创介入术对重症高血压性脑出血早期运动康复的影响》的论文。成功举办“闽东医院第二届新技术、新项目推广研讨会”，推介新技术、新项目21项。宁德市中医院骨伤科的《单臂补固定支架的临床运用》研究项目被省卫生厅列为2003年农村民间技术推广项目,《推突消胶囊治疗椎间基突出症临床应用研究》被列为省科技厅项目,《穴位贴敷法治疗骨转移癌疼痛的临床研究》申报为国家中医药管理局中医临床诊疗技术研究项目。苏寅主任医师主持研制的“跟骨轴位外固定器”向国家专利局申请发明专利权。

同年，宁德市医院组织实施89项医疗研究应用新技术、新项目，其中5项列为市级科研项目、2项获得市科技进步三等奖，部分项目达到省内先进水平。闽东医院开展52项医疗新技术、新项目的研究应用，其中“CT、B超定位经过肺穿刺活检术”“B超引导下经建肝穿刺活检术”“超声引导下肝癌微波治疗术”的运用成功，使病人的检查准确率和治疗生存率达到90%以上。“非脱垂阴式子宫切除和宫腔镜治疗技术”填补闽东此项治疗空白。儿科成功救治一对体重分别仅为0.9千克和1.1千克的早产双胞胎，创造闽东医院超低体重新生儿抢救成功历史记录。耳鼻咽喉科在区内率先开展累及气管、食道上段下咽癌切除+胸大肌皮瓣转移修复食道及功能性淋巴结清扫技术等，达到省内先进水平。市中医院承办“福建省中医骨伤科第十一次暨宁德市中医院骨伤科第一次学术研讨会”，苏寅主任医师的《髋部手术后下肢涉静脉血栓形成的中医药防治》学术报告受到与会者高度评价。

2005年，宁德市疾控中心的《宁德市恙虫病地理流行病学调查研究》和《闽东消灭脊髓灰质炎监测系统建立与应用的研究》科研课题获宁德市政府科技成果二、三等奖。宁德市医院开展20多项临床医学科研项目，其中市级科研项目7项；开展新技术、新项目临床应用62项，其中22项填补市空白、13项获省内先进。ERCPF胆总管结石取出术、十二指肠壹腹部肿瘤活检术、十二指肠乳头扩肌切除术、重型肝损伤并多脏器功能衰竭的外科治疗、泽菲联合奥沙利铂与泽菲联合顺铂治疗晚期NSDC随机对照前瞻性研究、锁骨下动脉支架植入术等6项处省内领先。闽东医院共开展96项医疗新技术、新项目研究应用。《规范化健康教育在居家腹膜透析管理中的作用》获省第五届护理科技进步三等奖、“颅内出血微创介入术的临床应用”被确定为省继续医学教育项目并举办省级培训班。《针钻一体穿刺治疗重症高血压脑出血的研究》等5个项目分获省卫生厅、科技厅和市科技局立项资助。市中医院开展的《中药胃宝治疗癌前病变的临床研究》、《川芎嗪对椎动脉型颈椎病患者中医证型TCD频骨形态及血流速度的影响》分获宁德市科技进步

二、三等奖。《中药对 LDH 患者自身免疫水平和氧自由基代谢影响的临床研究》有重大突破。当年，市直医院在省级以上刊物发表科研论文 147 篇。

第四节　气象科研与服务

一、气象监测

20 世纪 90 年代，随着国家新型气象事业结构的形成，宁德气象科技水平不断提升。大气探测主要以地面气象观测为主。通信主要以传真机、甚高频电话、单边带组成的全区通信网，开通宁德与各县（市）气象局、三沙气象台的单边带通信联络，增加上游天气信息来源，并利用单边带组成闽浙灾害性天气联防，每天固定与温州、苍南互通气象信息，做好灾害性天气的联防工作。

1993 年，全区气象台站均先后购置电脑微机、调制解调机、录像机、彩电等设备，购入 100W 单边带电台 1 部，引进省台图形图像工作站，购置大屏幕显示器，实现图像大屏幕显示。逐步将计算机通信、气象卫星、天气雷达应用到天气分析预报中；预报方法由天气图加经验的主观定性预报逐渐发展到多种资料综合应用平台，建立汛期暴雨、沿海大风等项目的客观定量预报。1995 年，气象信息综合分析处理系统投入业务运行，气象卫星、天气雷达资料也逐渐在天气预报中得到应用。

1996—1997 年，地区（市）气象局围绕“福建省中尺度灾害性天气预警系统”二期工程建设要求，完成 VSAT 卫星小站地网和防静电地网等建设；通过省、地微机联网的使用，地区气象局实现实时调用省台预报、卫星云图及欧洲中心数值预报等图文资料。1997 年，二级基地宁德分中心建设转化为政府行为，中尺度天气灾害性预警系统建设向县局延伸。当年，完善图形图像工作站、VAST 小站，分组数据交换网、电视天气预报制播系统，警报发射系统，引进 FT 传真卡，完善传真机接收功能；引进省气象局“121”天气预报自动答询系统；建设中规模卫星接收站并投入业务使用。

1999 年 10 月，建成 DYYZ-II 型有线遥测自动站与人工站并轨运行。2003 年 1 月开始自动站单轨运行，同时保留人工观测仪器，并在每日 20 时进行人工项目（气压、气温、湿度、风向风速、降水、地温）观测，开始制作短时天气预报。

2005 年 1 月起改用北京华创升达 CAWS600-B 型自动气象站，制作重要灾害性天气时效为 2 ~ 3 小时的短时临近天气预报，实现灾害天气预警服务。

二、气象预报

20 世纪 90 年代，主要运用 PC-1500 计算机进行地面测报的编发报、预报方程的计算。地区气象局建立以 386 微机为核心的准自动化系统，采用改造视频电话的报文处理 + 传真 + 中央气象台信息 + 程控调用的办法，使实时资料的收集、处理、传输、存贮达到准自动化流程。

1999 年，建立 MICAPS 短期天气预报工作平台，改变常规的天气图预报方法；应用人机交互处理系统制作短、中期天气预报；使用新的天气预报作业流程，促进预报业务现代化；市气象局与省局的卫星气象通信网络的晋级优化及建立“NT 网络”等，加快信息传输和处理。全市各县（市）气象局完成单收站的建设布点工作，并投入业务运行。气象测报报表结束手式操作的历史，全部实现机制报表和机上编发报，并通过网络向气候中心传输报表资料。

2000 年开始通过组网向省局传输经预审后的原始资料，同时停止报送纸质报表。2003 年，开通市（县）气象宽带专网，实现天气预报信息、地面观测实时资料、办公管理信息资料和网络资料的共享，使各县（市）局的预报实时信息量达到原来省级台的水平，基本实现办公自动化。

2005 年，建设开通省、市、县可视天气会商系统，实现上下级、多单位的天气会商并实行逐级指导。

三、气象服务

（一）公众气象服务

广播是早期气象公众服务的唯一渠道，随着有线电视的普及发展，1994 年，先后拓展电视、报纸、气象网站、手机短信等公共气象服务。从当年开始，每年开展气象科普知识进校园、进社区活动，宣传气象灾害防御知识和防雷科普知识；结合春季农事安排，开展科技下乡活动，指导农民合理安排农事生产。1996 年，开通“96168”气象语音声讯台，后改为“12121”自动电话答询系统；气象电话全天滚动播送，及时向社会、广大市民提供最新的综合气象信息。1996 年，宁德电视台开始向全区播放天气预报。2004 年 6 月，宁德市气象局被中共福建省委宣传部、福建省科学技术协会确定为福建省科普教育基地。2005 年起，实现灾害天气预警信号服务。

（二）决策气象服务

1993 年之前，气象决策服务主要以电话口头服务为主，服务对象只有少数党政机关，遇到重大灾害天气由单位派车向政府机关及相关部门递送灾害天气警报。1994 年起，使用传真电话，决策气象服务范围从早期的十多个单位拓展延伸到以前无法涉及的边远乡镇，服务密度大大提高。遇到重大灾害天气，市局领导直接参加市政府的防灾会商，现场跟踪服务。

2005 年，宁德市气象局结合本地天气气候特点和决策服务需要，集气象信息收集、资料查询、图表生成、服务材料制作和服务产品分发为一体，为各级政府部门的防灾减灾工作提供实时性强、决策产品丰富、显示方式多样化的决策气象服务产品，实现气象服务工作主动、及时、准确、科学、高效。

（三）专业与专项气象服务

20 世纪 90 年代以前，曾利用高炮开展以抗旱增雨为目的的人工影响天气，以及对水产养殖、果树种植、食用菌栽培等气象条件的研究工作。

1997 年起，市防雷中心涉入全市工业、民用建筑的防雷安全检测以及防雷避雷设施的安装，免费为全市偏远山区的七所中小学校安装防雷避雷设施。2003 年，配备人工增雨火箭发射装置 1 套（车载火箭投入人工增雨作业）。全市有 7 个县（市）局配备人工增雨火箭发射装置。

每逢中考、高考、“黄金周”、“小长假”，气象台都提前 3 ~ 5 天为相关管理部门制作相应的天气预报，提示不利天气时段、强调注意事项。每年 6 月，宁德市人民政府举办招商节，提前半个月为市政府提供未来 5 天的滚动预报，并免费为大型招商项目的前期论证提供气象资料的统计。

第五节　地震科研

一、地震活动

宁德市历史上虽未发生过大的破坏性地震，但辖区 9 个县（市、区）均属地震 6 度设防区，其中蕉城区、古田县是福建省地震重点监视防御区。1993 年 1 月至 2005 年 12 月 31 日，宁德市地震活动主要发生在古田水口库区，分别于 1994 年上半年和 1996 年上半年发生 2 次较活跃震群活动，最大震级分别为 1994 年 3 月 2 日 12 点 08 分的 3.9 级地震和 1996 年 4 月 21 日 13 点 41 分的 4.1 级地震，均未造成明显破坏。

二、地震监测

测震　宁德地震台建成测震基岩体摆墩，安装短周期微震仪，向福州地震大队报送数据。1998 年，位于五里亭葫芦冈的宁德数字地震遥测台投入试运行，开展数字测震地震观测。到当年年底，模拟记录停测，正式转入数字观测。2004 年 7 月，因东侨开发区建设干扰影响摆房位置，数字地震遥测台迁址漳湾镇兰田村。至 2005 年，古田县、福鼎市、寿宁县也各建成投入运行数字地震遥测台 1 个。

水化学观测　地震水化学前兆观测，测项为水氡、水电导及辅助测项。1998 年，在地震台院内打一口 63 米深的地下水观测专用井，用于地下流体项目观测，同时增加水位观测测项。2004 年 2 月，地震地下流体观测项目完成数字化改造，并增设水温观测项目。

三、地震应急管理

1994 年 7 月 6 日，宁德地区行政公署发布《宁德地区破坏性地震应急反应预案》。2002 年 9 月 12 日，宁德市政府制定《宁德市破坏性地震应急预案》。预案包含破坏性地震分类、地震应急工作的分级分部门负责原则、破坏性地震的应急反应、地震应急指挥机构、市直有关部门的应急行动、临震应急反应、建立市防震减灾工作联席会议制度等方面内容。

四、地震预报研究

1993—2005 年，宁德地区在地震和前兆观测技术及预报方法方面的主要科研成果有蔡作馨、邓宁、杨鼎鸿、程庆斌等人的《地下水单井综合观测方法研究》；蔡作馨、邓宁、杨鼎鸿、程庆斌等人的《井孔△H 指标：地震前兆新方法研究》；蔡作馨、邓宁、杨鼎鸿、程庆斌等人的《程控定量自动脱气装置研制》，该装置的核心技术"溶解气脱气装置"2002 年获专利授权。宁德地震科研人员撰写的《FD-125 测氡仪的高压特性及稳定性适时监视》等 6 篇论文在《地震》杂志发表。

在此期间，宁德地震部门有 5 项科技成果获奖。其中，《"V-K 法"在闽台地区地震趋势研究中的应用》《逸出氡气观测自记仪研制》等3项成果先后获得福建省地震局科技进步四等奖；《地震震中位置速报图自动生成系统》《古田县震害速报地理信息库研究》2项成果分别获得宁德地区科技进步奖二等奖和三等奖。

第六节　信息化建设

1995年，地区科委创办的福建省"海峡信息网"宁德分部开通，利用该网10多个数据库开展信息检索服务。1995—1996年为用户提供查检报告4份，咨询信息上百条。

1997年10月，中国信息网宁德工作站正式成立，是以科技信息为主体的综合性信息服务网络系统，内容包括10多个栏目，容量近3兆节。为加强对外宣传闽东政讯、经济发展、科技动态，1998年又增设闽东简讯栏目，上网信息60多条。同时，为加快上网速度和实现地区科委内部联网，在地区邮电局（数据局）支持下，安装DDN（Dotnetnuke，开源门户网站系统）专线。利用网上信息资源和出版《闽东科技》为用户提供服务。同年还开展信息网页制作，开辟闽东概况、企业天地、科研机构、经济开发区、闽东简讯等栏目，在网络上对外宣传闽东；利用网上资源开展信息查询、科研项目立项查询、专利检索等服务。至当年年底，为用户提供网上种养殖资料上百条，利用《闽东科技》为农村致富提供种养技术咨询及信息近百条。同时实现地区科委各科室工作机要和信息站内部联网。

2000年，宁德加快国民经济信息化建设进程，为促进政府办公信息化、自动化，市科委牵头组织实施政府上网工程。在学习考察泉州、福州等市经验的基础上，工程确定分两期建设，首期以建立网上虚拟政府、开展信息发布查询、技术服务和电子商务为目标，建设政府公众信息网络，实现网上信息交流；二期启动建设政府办公自动化系统。经过3个多月精心组织、认真实施，依靠自身技术力量，投入资金50多万元，在宁德撤地设市前夕建成开通宁德市政府公众信息网，开辟宁德概况、市长专页、投资指南、旅游天地、企业上网、政府机构、海上闽东、新闻等10多个栏目，并开始建设市府机关局域网。与此同时，加强对县（市、区）政府上网工程的指导，福鼎、霞浦、福安相继建立网站或网控中心，福鼎市网站继开通"太姥旅游网"之后，又开通"福鼎政务信息网"，并着手制作提供网上科技服务的"科技信息网"。

2001，在"宁德市政府公众信息网"开通之后，认真维护网络正常运转，不断更新主页面、扩充网页内容，增加信息量，新增设水产、食用菌、茶叶、东侨开发区等信息专栏，增强可看性，提高网络访问率。网络连接市直机关16个单位140多台电脑，上网信息达71兆。同时抓紧政府上网规划和实施方案制定工作，重点做好统一规划、建设办公自动化系统、建立人才项目数据库、普及上网技能等项工作。

2002年，不断完善"宁德市政府公众信息网"建设，增加设立政策法规、投资指南、科技教育、民俗文化、海上闽东、闽东水产、数字宁德等30多个栏目，总量超过200兆，成为市政府对外交流、展示的重要窗口。市直机关局域网，扩大网络覆盖面，实现34个单位300多台电脑终端与互联网的连接，并加强政府网控中心功能和手段建设，承接市招商、交警、农业等网站建设任务。"福鼎政务信息网""霞浦之窗"等一批县（市、区）政府网站得到巩固和进一步发展。在总结推广"屏南县农村社会联动网"成功经验基础上，全市建设"宁德市农村社会服务网"，开设机构人员、专家服务和市场营销和示范、资金服务等栏目，并不断扩大数据库。同年，屏南县、霞浦县和周宁县跻身全省农村星火信息化行动 4 个试点县（市）行列，得到省科技厅 30 万元的启动经费支持。福鼎市被列为福建省制造业信息化首批 4 个区域试点县（市）之一，制定《福鼎市制造业信息化区域试点实施计划》，采取政府引导和市场机制相结合的运作方法，结合产业发展和企业需求，分别在机械、电子、建筑、食品、光学仪器和服装等行业的 7 家企业实施信息化应用示范工程。主要以推广应用 CAD / CMD（Computer Aided Design，计算机辅助设计技术 /command 命令提示符）技术为重点，培育一批 CAD 应用水平较高的企业。华益化油器公司、永春摩托车配件公司引进数控机床等先进设备 13 台套，全面提升行业生产设备数字化水平。一雄光仪公司应用 CAD 技术，经济效益提高 30%。精宇机械部件公司采用国内最先进的三维立体设计、有限元分析和动态仿真技术，其模具制造加工技术在国内处于先进水平。市网络中心建成拥有 575 平方米办公区，50 台电脑、教室面积近 100 平方米的教育培训基地，并配备专职干部；还与厦门大学、清华大学建立长期合作关系。当年，“宁德市政府公众信息网”，网页内容达到400兆；同时扩大市直机关局域覆盖面，连接39个单位近400台电脑；承接宁德“6·28”招商项目、信息发布等任务。宁德市医院、闽东医院也全面完成医院数字化管理工程建设。

2004 年，全市坚持以信息化带动工业化，在福鼎市实施省级制造业信息化区域试点，引导企业应用信息技术，增强产品创新开发能力。福鼎市京科化油器公司、福安亚南电机有限公司被新列为省级制造业信息化应用示范企业；寿宁三祥冶金公司等 8 家企业被列为市级制造业信息化试点企业。其中，京科化油器公司实施“制造业信息化 ASP（Active Server Page 动态服务器页面）服务平台应用示范”，通过租用 ASP 服务平台的方式，建立物流管理、设备管理、办公自动化管理、企业生产管理等系统，逐步实现产品设计、生产工艺和企业管理数字化，缩短产品开发周期，降低生产成本。市科委还开展信息化技术、ASP 应用服务平台建设的指导培训，分别在福安、霞浦举办 CAXA 软件（Computer Aided X Alliance，国产的 CAD 软件）使用、ASP 讲座培训，强化中小企业对制造业信息化工作的认识；并通过资助企业应用信息软件，提高企业信息化应用水平和技术创新能力。继实施屏南、福鼎、蕉城等 3 个县（市、区）的省级农村科技信息化示范建设后，建立市级网络联动中心 1 个、县级中心 9 个、乡镇中心 127 个、村级 1596 个。

2005 年，宁德市全面推进政府、金融、商务、远程教育、医疗及社区服务等领域的信息化建设进程，提高信息技术在农业、工业、环保、灾害监测预报和防治等方面的应用水平。政府公众信息网站成为政务公开、联系群众的窗口。宁德农村社会服务联动网建设被列入全省农村科技信息化建设 4 个试点之一。有 3 家企业被列入省级制造业信息化应用示范单位。福鼎市作为省级制造业信息化区域试点县（市），通过省专家组考核验收。

第四章　科技成果与合作交流

第一节　科技成果

1993年，宁德地委、行署重视科技工作，加大对科研的财政投入，调动广大科研人员的积极性，科研成果迭出、科技推广应用成效显著。1995年12月，宁德地区首届科学技术大会召开。会议表彰奖励一批先进集体、先进个人和科研应用项目，激发科技人员的工作积极性。会后，地区行署出台“关于依靠科技进步，加快闽东经济发展的若干规定”和“九五”科技发展规划，提出全区实施“9432工程”[建设9大农业示范基地、主攻4大兴海项目、发展3大主导产业、创建2个高新技术园区、2个科技工作先进县（市）和20个科技示范乡镇]，将全区科技发展和科技创新推向一个新起点。1993—1998年，全区实施科研项目170多项，其中1项获农业部科技进步三等奖，20多项获福建省政府科技进步三等奖、1项获省“星火计划”三等奖；32项获宁德地区科技进步奖。科技进步因素对全区国民经济增长的贡献率达41%，比“八五”末期提高5个百分点。

1999年，宁德地区农科所罗仰奋研究员（左）（国务院特殊津贴专家）带领科研人员进行“香菇线虫烂筒病的研究”课题实验

“九五”期间，宁德地区科技工作发展势头进一步增强，全市推动实施“科教兴市”战略，各项科研计划任务完成情况良好，取得一大批科研成果。全市组织实施省、地（市）科研项目120多项，累计完成技改投资9.8亿多元，投产百万元以上技改项目64项，有46项科技成果获省、地（市）科技进步奖，其中获福建省科技进步三等奖23项，仅2000年就有6个项目获得此奖。“柘荣太子参GAP研究及示范基地建设”列入国家科技攻关项目，在种质种源和规范栽培研究方面取得重大进展。全市科技进步对经济增长贡献率达45%，比“八五”期间提高4个百分点。

“十五”期间，全市围绕解决农业产业化关键技术问题，推进区域科技示范和地方优势产业技术及产品升级为重点，加强科研和技术创新，大力开发新产品、新工艺。2003年，以加快宁德在全省第二层面发展、全面建成小康社会为总体目标，突出以科技项目为载体、集中科技资源、加速科技创新和成果产业化。“大黄鱼染色体组操作技术培育全雌良种及应用技术”研究成果，完成诱导雌核发育获取雌核发育一代，在春秋两季培育出全雌二倍体鱼苗20万尾，标志着宁德在大黄鱼人工育苗技术上取得重大突破，并获得国家技术部的奖励。“膜分离鲜茶浓缩汁技术开发”和“食用菌新品种筛选、栽培及保鲜加工技术示范”列入国家成果和“星火计划”项目。“大弹涂鱼生产性育苗技术研究及规范化养殖”经过几年研究探索，完成全部研究任务，为日渐减少的野生弹涂鱼资源提供大规模人工养殖的成熟生产技术工艺，是继大黄鱼人工养殖研究之后宁德水产养殖科技的又一重大突破并开始转化为闽东沿海渔民的重要生产性项目。“单晶电容铝晶核控制技术”项目列入国家级“火炬计划”。当年，全市实施的国家、省、市各类重点科技项目55项，其中国家、省重大重点项目39项，市本级项目17项。

1993—2005年，全市实施国家、省、市科研项目260多项，其中国家项目5项、省重点项目70多项、市本级190多项。获国家奖励项目2项、省科技成果二等奖3项、三等奖55项。

1993—2005年宁德市（地区）获福建省科技进步奖项目一览表

表37-1

序号	年份	项目名称	完成单位	主要完成人	获奖等级
1	1993	柳杉鞭角华扁叶蜂的研究	寿宁县林业局 宁德地区林业局	林琼顺、张进德、黄青峥、叶乃连、刘成亨	三等奖
2	1993	闽东畲族诊治痧症情况的调查	宁德地区医药研究所	陈泽远、陈利灿、卢建明、林翠香、郭文兵	三等奖
3	1993	非晶镀新技术推广应用	古田县农械厂	叶赐铭、陈绍球、谢学清、陈元敬、廖文龙	三等奖
4	1993	超薄散光眼镜片	寿宁县光学仪器厂	林振萍、周道春、龚恒福、戈达茂、蔡丽昭	三等奖
5	1993	稀土硅铁合金工艺及研制	福安赛岐铁合金厂	林全成、郭松藩、叶石松、施　涵、罗少明	三等奖
6	1993	GKR-800型固定式多点可燃气体测报仪	福鼎县经济开发总公司电子安全设备厂	周招贵、王江凌、狄　飞、夏书刚、谢增信	三等奖
7	1993	宁德市“菜篮子”工程技术开发研究	宁德地区科委 宁德市科委	余光荣、王明唐、邱国芳、李　峰、杨幼禄	三等奖（星火奖）
8	1994	森林苗圃化学除草研究	福鼎县林业局 宁德地区林业局	孔悦平、王　韧、李如泽、林文清、王　鹏	三等奖
9	1994	映射与空间	宁德高等师范专科学校	林　寿	三等奖
10	1995	农田害鼠种类调查和优势鼠种发生规律及防治	省农科院植保所 宁德地区、漳州市农科所	彭文富、林坚贞、陈玉妹、周文通、林长城	三等奖
11	1995	丘陵红壤侵蚀劣地治理研究	宁德市水土保持办公室	许发荣、王致熊、马茂贵、陈妙章、范海英	三等奖
12	1995	寿宁县麻竹坪水库砌石拱坝	寿宁县水利水电局 省水利水电科研所	丁天乙、陈时声、龚启龙、李长瑞、李式光	三等奖

续表 37-1

序号	年份	项目名称	完成单位	主要完成人	获奖等级
13	1995	福建省钩端螺旋体病地理流行病学调查研究	福建省、龙岩市、南平市宁地、漳州市卫生防疫站	于恩庶、陈亢川、林锦光、李世清、徐国英	三等奖
14	1996	周宁县流行性出血热防制研究	周宁县卫生防疫站	章武壮、陈永滔、阙少聪、肖树生、刘景荣	三等奖
15	1997	人工促花菇形成技术研究	寿宁县科委	叶奶波、李建民、郑毅雄、林　杰、黄大斌	三等奖
16	1997	菇耳林培育和菌株树种配套试验研究	屏南县林业局 屏南县科委	彭　彪、李章茂、胡良发、苏必真、林　胜	三等奖
17	1998	微分方程定性理论、分支与混沌	宁德师范高等专科学校 浙江大学	谢向东、蔡燧林	三等奖
18	1998	绿竹丰产栽培技术研究	福安市林业局	缪妙青、高瑞龙、林忠平、缪宝全、董建文	三等奖
19	1998	低山丘陵四季笋用高产竹林栽培	屏南县林业局	胡明芳、李章茂、彭　彪、陆泽干、梁一池	三等奖
20	1998	寿宁社会林业经营管理技术综合研究	寿宁县林业局	张恒茂、陆亨云、李建春、张进德、叶长善	三等奖
21	2000	水稻危险性新害虫——稻粉虱的研究	农大、地农业局、农科院、霞浦、福安植保站	赵士熙、陈兆肃、张晓俊、张时兴、王元兴	二等奖
22	2000	毛竹黑叶蜂的研究	寿宁县林业局 福建省森防检疫总站	张进德、刘巧云、刘通高、林庆源、韦蒲茂	三等奖
23	2000	巨峰葡萄引种、基地建设及综合配套技术研究	福安市科委 福安市经作站	尤长玲、孙飞汉、林赛萱、陈碧辉、姚永松	三等奖
24	2000	《结构化学基础》教材	宁德师范高等专科学校	邓　存、刘怡春	三等奖
25	2000	柳杉人工林测树经营系列数表研制及应用研究	宁德地区林业局 福建林学院等	江希钿、黄烺增、叶振环、陈希英魏招云	三等奖
26	2000	可控性回结肠膀胱术的临床应用	宁德地区第一医院	李惠长、王瑞华、詹陈菊、林树良、黄孟华	三等奖
27	2001	U 型棒椎弓根钉的设计与临床应用	宁德地区第一医院	王　春、郭卫中、刘成招、王以进	三等奖
28	2001	肾综合征出血热早期诊断指标的研究	周宁县医院	郭　榕、陈新旺、杨春慧、刘朝松、汤序洋	三等奖
29	2001	优质稻品种开发及其配套高产栽培技术研究	宁德地区农业局	黄华康、林伟勇、杨卓飞、陈年镛、林锦平	三等奖
30	2001	茶树病虫害科学治理及其多媒体数据库的研制	农工民主党福建省委员会、宁德地区农业学校	林乃铨、郭剑雄、苏　峰、林学茂、王水全	三等奖
31	2001	点可数覆盖与 Alexandroff 问题	宁德师范高等专科学校	林　寿	三等奖
32	2001	柰果肉褐变机理及克服途径研究	福建农业大学 古田县农业局	刘星辉、邱栋梁、黄林生、丁学义、汤木秀	三等奖
33	2001	香菇线虫烂筒病的研究	宁德地区农业科学研究所	罗仰奋、张绍升、林丛发、阮瑞国、包著勤	三等奖

续表 37-1

序号	年份	项目名称	完成单位	主要完成人	获奖等级
34	2001	脑出血床边微创介入术的临床应用研究	宁德地区第一医院	李康增、张秀英、郑建明、潘林政、彭友敬	三等奖
35	2001	宁德市 1994—1997 年糖尿病调查及防治研究	宁德市第一医院	陈兆樵、陈　耀、张秋文、陈雪仙、袁　涛	三等奖
36	2001	甘薯系列新品种开发与组培脱毒技术应用研究	宁德市农业局	黄华康、林伟勇、扬卓飞、陈石品、卓文禧	三等奖
37	2002	福鼎槟榔芋白绢病防治	福鼎市农业局经济作物站	谢云妹、李　青、李修峰、缪进金、黄定银	三等奖
38	2003	周宁县 1950—2001 年疟疾流行与防治研究	周宁县卫生防疫站	章武壮、陈永滔、阙少聪、肖树生、刘景荣	三等奖
39	2004	熟料袋栽草菇高产技术研究	屏南县科委科技实验站	周修赵、张维瑞、黄志龙、包著勤、李志庭	三等奖
40	2004	福安葡萄产业化关键配套技术研究	福安市葡萄产业技术服务中心	尤长铃、吴少华、徐杨华、郑锋西、孙飞汉	三等奖
41	2004	杉木涩籽的研究	宁德市林业科技推广中心	黄烺增、林思祖、陈长雄、程瑞英、黄　飚	三等奖
42	2004	青石斑鱼人工繁殖技术研究	福建省闽东水产研究所	刘振勇、全汉锋、林小金、范希军	三等奖
43	2005	福宁高速公路下白石大桥 7 号墩墙式基础研究	宁德市福宁高速公路有限公司	刘光东、杨征宇、赵宣宪、缪荣辉　周军生、陈开良	二等奖
44	2005	茶园 Bt 增效剂及药肥技术开发研究	福建农林大学、宁德市植保站	关　雄、徐金汉、邱金汉、黄志鹏、黄小红、郑　旋、张世平	二等奖
45	2005	一步法熔炼 ZrO_2 颗粒	福建三祥冶金有限公司	夏　鹏、杨　辉、叶旦旺、叶林清、肖传周	二等奖
46	2005	香鱼全人工批量育苗技术研究	宁德市水产技术推广站	刘家富、黄光亮、刘招坤、郑尧兰、周胜利	二等奖
47	2005	自由调节式膝关节外固定支架的研制	宁德地区中医院	林　健、叶少萍、陈　葵	二等奖

第二节　合作交流

1993 年后，全区科研及推广工作发展迅速，科研成果的合作交流进一步开展。1993 年，先后两次邀请中国科学院和北京市有关部门在宁德举办新技术、新成果新闻信息发布会，组织区内各县（市）企业到会洽谈交流。同时，动员和组织一批厂矿企业参加国家及省级技术交易会，有 90 多项科研成果参展。

1995 年，在霞浦举办“闽东北五地市科技协作会”，福州、莆田、三明、南平、宁德五地市的企业和科研单位参加，洽谈项目 219 项、有 10 项达成合作意向。1996 年，全区又组织乡镇

1996 年，宁德地区农科所杨炎官高级农艺师在福建省育种攻关1996 年年会上做主题报告

企业和民营企业选送 50 多项科技项目参加国内外科技洽谈，达成合作意向 20 多项。1997 年，选送包括“大黄鱼集约化养殖”等名牌项目 18 个，组团参加国家外经贸部主办的“1997 年中国投资贸易洽谈会”。至 1998 年，全区累计与区外单位签订各类技术合作项目 527 项、总金额 1089.7 万元，其中技术贸易额 2917.6 万元。举办地、县（市）级科学技术交流学术会议 545 场次，参加人数 2.1 万人次、交流论文 6830 篇。

2000 年，为进一步加强与省内外高校、科研院所的横向联系与合作，密切“产学研”结合，在撤地设市庆典期间，宁德市政府与厦门大学签订全面合作协议书，双方在科技开发与成果转化、技术咨询服务以及人才培养等方面建立长期合作关系。同时以邀请闽东籍在外科技专家参加设市庆典活动为契机，密切与闽东在外专家的联系交流。继续搞好对台农业科技引进、闽东北五市科技协作和科技招商活动。组织市科委系统赴山东、上海、江苏等地考察学习现代农业发展经验，拓宽视野，建立与相关科研院所、企业的联系渠道。

2001 年，积极组织参加北京国际高新技术活动周、清华大学高新技术成果展、烟台 APBC（Asia-Pacific Economic Cooperation 亚太经济合作组织）投资会议、上海新世纪国际控股投资与中方对接合作项目洽谈会等省内外各类在全国招商、科技项目洽谈活动，推介项目、成果，寻求合作途径。在“5 市科委长春项目洽谈会”上，宁德市推介 11 个项目，并与长春市 5 个科研院所达成合作意向。在厦门“9·8”贸洽会上，宁德岳海水产有限公司与台湾亚得嘉国际开发有限公司签定了大黄鱼深加工开发项目。在加强与高校、科研院所横向协作方面，宁德借协办“福建·清华论坛”之机，与清华大学建立长期科研开发合作关系，同时双方开展互访和考察洽谈活动。

2002 年，省级农业龙头企业福鼎市海鸥水产食品有限公司与财政部、省科委合作完成农业产业化项目“大黄鱼系列精深加工”，提高产品附加值，促进企业生产扩大化，当年产值突破亿元，实现出口创汇 1200 万美元。当年，由省委组织部、省人事厅、省科协等 12 家省直单位主办，市委组织部、市科技局和科协协办的“院士八闽行宁德分团”到闽东开展科技与学术交流活动。一年中，全市举办学术、科技交流会议 158 场次，交流论文和科技成果 237 篇。

2003 年，宁德市认真做好省“高交会”“厦门 9·8 中国投洽会”等各类技术、项目交易会的科技交流合作项目组织工作，同时开展科技外事交流培训。是年，组织 83 个科技合作项目参加“福建省网上投资贸易洽谈会”；在宁德同温州项目交流合作对接活动中，开展与温州市科技管理部门对口科技交流，建立横向联系。古田、屏南两县发挥食用菌技术优势，依托“亚太食用菌技术培训基地”，成功举办一期食用菌国际培训班，来自伊朗、越南、泰国、约旦、菲律宾等 15 个国家的 23 名学员在古田进行为期 6 天的培训学习，提高古田食用菌产业知名度，产生良好的国际影响。

2004 年，宁德市征集 3 个科技项目参加“第二届中国·福建项目成果交易会”，组织霞浦陈嫂农业综合开发公司和福鼎江南弹簧机械公司参加“第七届中国·北京国际科技博览会”，组织91项科技合作项目参加“福建网上投资贸易洽谈会”，并取得成效。福建仙洋洋食品科技有限公司“利用膜分离技术提取鲜茶浓缩汁”开发项目参加“6·18”项目对接签约，获省发改委立项、签定建设无公害有机产品基地协议。

2005年，宁德市组织参加省内各类招商、科技项目洽谈活动，推介项目、成果，寻求合作途径，取得实效。其中组织参加“6·18”项目成果交易会参加签约项目7项，2项获资金扶持55万元；组织87个项目参加“福建省网上投资贸易洽谈会”。12月，由中委部、科技部和中科院组织的“院士专家科技宣讲团”到宁德开展科技下乡和交流活动。来自中科院8名院士专家分成海洋生物技术、食用菌、茶叶、电机和农业生物技术5个组，分别深入蕉城、古田、福安和霞浦开展交流考察和技术指导，与有关县（市、区）领导和科技人员座谈交流，并举办“福建海域增养殖科技新举措实施后的探讨”“海洋生物制品及真绿色技术开发”“海水、淡水蔬菜生物技术培育与应用”“野生食用菌资源现状及产业化”“有机茶生产技术研究”“农业生物技术产业化展望”“生物入侵的形势与对策”等多场学术报告。

第五章　科技管理

第一节　科研机制改革

一、发展民营科技企业

1993年以后，宁德地区重视发展民营高科技企业。同年，全区有民营科技企业68家，涉及食用菌、茶叶、水产、电子、化工、建筑、水果、医药等诸多行业。霞浦山海科技开发公司，开发生产“山海”牌优质对虾配合饲料2900多吨，创产值1050多万元、税利110多万元。福安市民营高科技电子电器企业研制开发6种新产品，并获5项专利。其研制开发的冰箱全自动除臭器获第三届国际专利新技术、新产品展览会铜奖；电热类电器节电延寿器获省首届发明展览会金奖。霞浦县先后研制开发成功10多项电子产品，其中4项属国内首创，电子电话密码锁获全国第六届“星火杯”非职务发明竞赛金牌。福安市民营食品企业完成6个课题的技术研究，先后开发出“生姜肉酱”“竹笋罐头”等，投产后年增产值601.1万元、利税56.94万元。到1995年全区已发展各类民办高科技企业92家。至1998年年底，在全区确定的重点高科技企业中，民营企业占60%，年产值66亿元，占全区工业总产值的47%。

2000年后，福安民营电机电器企业加大科技研发力度，生产多种新型、科技含量高的产品，壮大企业生产规模、抢占国际市场，特别是东南亚和非洲国家市场。全市有亚南、万达、安波、德丰、银象、大地等企业11家，年产值5000万元以上。产值占全市机械工业产值的80.19%。闽东东方神电子公司、福鼎一雄光学仪器公司、屏南闽锋电器公司等研发生产的光电子天文望远镜、显示器消磁线圈等产品打入欧洲、美国等发达国家市场。

2002年，一批民营传统食品加工企业通过高新科技改造提升产品加工质量，福鼎海鸥水产食品公司、霞浦山海集团、宁德岳海水产食品公司、福安城湖茶叶公司等民营龙头企业的产品打入加拿大、韩国、日本等市场。一批产品获得省政府授予的名牌产品称号。

2003年，宁德市科技部门重视加强对民营科技企业的引导、扶持和服务，通过优先安排和争取科技项目，提供科技、市场信息，帮助企业排忧解难，为企业与民营科研院所开展技术协作牵线搭桥，促进民营科技企业健康发展。福鼎市民营科技企业涉及的行业从原来单一的茶叶扩展到果树、食用菌、水产、机械、仪表、光电、信息服务等，实现年总产值2.2亿元，创税利3000多万元，一批高新技术成果在企业中快速转化为生产力，成为地方经济的新增长点。

2005年，宁德市围绕产业现状开展调研，提出扶持重点产业、特色产业、高科技和民营企业发展措施，整合工业园区、加快产业集聚、加大科研投入。全市形成以闽东工业园区、东侨开发区、福安秦溪洋、福鼎星火、寿宁武曲、柘荣富源为代表的民营高科技企业集聚的工业园区，有近百家民营高科技企业落户其中。当年引进的高科技民营企业就有10多家，其中民营股份制企业力捷迅药业有限公司还设立全市第一个“中国工程院院士工作站”。

二、鼓励科研人员灵活就业

1993年后，宁德地区的民营企业开始崛起，迫切需要科技人员加入。当年，全区民营科技型企业发展到68家，政府鼓励科技工作者到民营企业任职，从业的各类科技人员达到938人，其中具有高中级职称的49人，涉及宁德优势产业的食用菌、茶叶、水产、电子、水果、医药、电机等行业，并成立多家民营科研机构。这些民营科技队伍以其灵活的机制服务企业、发挥作用，开发出多项新技术、新产品，成为推进闽东科技事业发展的一支生力军。至1995年，全区发展各类民办科研开发和技术服务机构92家，在这些机构及民营企业中从业的科技人员达1195人。有关部门出台多项政策，采取多种办法，鼓励科技人员在企业工作，发挥作用；如在职称评聘方面采取灵活措施，允许非全民所有制经济成分人员参加职称评聘工作；至1996年年底，全区有182名在民营科研单位和企业工作的科技人员获评职称，其中中级8人、初级174人。同年，全区有2137人首次获评农民技术员，其中高级技师2人、技师81人、助理技师499人、技术员1153人、助理技术员402人。乡镇集体企业中，评上各类技术职称的人员有595人，其中中级68人、初级527人。

至1998年年底，全区经地、县（市）批准成立的民办科研机构80家，从业人员1200多人；在非公有企业中就业的科技人员超过3000名。

2000年后，为适应大批民营科技企业发展，积极发挥科技研发人员作用，市、县（区）科技局建立为中小企业提供全方位技术服务的体系，认真抓各级生产力促进中心建设工作。中心的体制和机制都比较灵活，着重提高服务的科技含量。全市有7个县（市、区）相继成立生产力促进中心，市本级中心成立后纳入省重点中心建设。各级中心充分发挥科技人员作用，积极探索、开展实质性工作。如福安市促进中心开展电机电器产品质量检测工作，全年完成各种检测160多次，监督检验40批次，创收10多万元，同时为10家科技型企业提供国家创新基金项目申报等综合服务，还加强与全市石板材企业的联系。福鼎市促进中心积极帮助企业创名牌，做好项目的论证、立项、申报等工作，配合市食用菌办研究制定“双孢蘑菇”省地方标准，引进中科院最新科研成果——紫菜体细胞育苗技术，并组织实施。闽东水产研究所和市农科所制定以强化内部运行机制、增强科研活力为核心的改革方案。全市民办科研所和民营科技企业有新的发展，各类民办科研所发展到85家，从业人员1300多人。企业建立技术创新体系工作得到加强，福鼎市提出设立“市技术创新中心”方案，根据该市主导优势产业，中心拟建设信息服务网站、信息数据库和化油器、玄武岩石材2个科研室，完成技术创新大楼基建工作。

2001年，宁德市进一步推进科研机构体制改革。全市民办科研所和民营科技企业有了新的发展，各类民办科研所队伍扩大，从业人员达1500多人。宁德市、县两级生产力促进中心重视功能和手段建设，市本级中心配备一名专职干部。福安市促进中心联合社会力量，为企业提供技术、人才培训、咨询等系列服务，组织举办“知识产权与科技管理”“科技发展与知识产权”等讲座和培训，组织相关企业参加海峡科技成果交易会，促进两岸的科技交流和成果转化。福鼎市促进中心与市政府网络中心合并，配备2名事业编制的科技干部，帮助企业创名牌，做好项目的论证、立项、申报等工作。

2004年，宁德市制定出台《宁德市科学技术奖励规定》及其实施意见，首次设立市科学技术杰出人才重大贡献奖，较大幅度提高市科技进步奖奖金额度，激励科技人员积极性和创造性。

2005年4月7日，市委、市政府在闽东宾馆隆重召开全市科技奖励、拔尖人才证书颁发暨科技工作会议。市五套班子领导和各县（市、区）党政分管领导、市直各部门负责人、县（市、区）科技局长、科技兴业试点乡镇负责人以及市科技奖代表、市管拔尖人才、优秀青年人才代表150多人出席会议。会上授予刘家富市首届科技杰出人才重大贡献奖，奖励15万元；为“广义度量空间与映射”等30项市科技奖项目代表颁发奖金和证书；为市首届拔尖人才、优秀青年人才（包括民营企业科研人员）代表颁发证书。

各乡镇发挥农村社会服务联动网、农业示范基地和科技特派员、农民技术员的作用，开展农村科技服务。当年，全市有科研人员（不含教育部门）7545人，其中在非国有企业单位工作的有3449人。

第二节　科技发展计划与实施

一、“八五”科学技术发展计划及实施

1990年9月，宁德地区“八五”科学技术发展计划和10年科技发展规划纲要编制工作完成。“八五”科技发展计划全区科研重点有10项：主要粮食油料作物品种选育及配套技术研究；海淡水鱼虾贝藻类养殖及人工育苗、加工技术研究；畜禽良种繁育和新饲料开发技术研究；闽东地方名特水果提纯复壮、丰产栽培、保鲜加工技术研究及良种的引种；食用菌优良菌种选育、代用料栽培及加工技术研究；速生丰产林、经济林营造成及技术研究；茶园规范化高产栽培及名茶类产品开发研究；仪器、仪表、电器和电子新产品开发研究；非金属、矿产资源的开发研究；有关地、县的经济、科技、社会发展中的战略与布局、政策与措施等和重大经济建设项目前期工作的软课题研究。

1991—1994年，全区投入科技经费2109万元，安排和实施科技项目982项，其中农业668项，有305个项目成果获得各级政府的科技进步奖。至1994年全区科技进步因素在国民经济增长中所占的份额达32%。农业新技术全面推广，选育和引进一批水稻及其他农作物的新良种、新组合，提高良种覆盖率，同时广泛采用粮食增产新技术，在没有太多增加粮耕面积的情况下，1994年全区粮食总量达到96.17万吨，创历史最高纪录。建立起一大批科技兴林示范点，通过实施中长期造林绿化工程，加速林业科技成果转化，取得44项林业新技术成果。增加水产养殖新品种，推广先进适用养殖技术取得成效，对虾、淡水鳗养殖形成规模，大黄鱼全人工育苗及养成技术基本成熟，一大批水产养殖新品种繁育成功并推广。开发食用菌袋栽新技术。蘑菇二次发酵技术、香菇反季节栽培技术，推广茶树优良品种和建设标准规范化茶园，使食用菌和茶叶栽培的数量、面积及产量大幅度增加，成为区内两大支柱产业，为全区脱贫致富奔小康作出贡献。大力引进外资，开通各专业银行科技贷款渠道，加强对老企业的技术改造和装备升级，促进产品更新换代、创新创优。省级的“科技兴海”示范县启动建设。

“八五”期间，全区开发新产品388项，进一步优化工业产品结构，提高市场竞争能力。省

级科技示范县“闽东电机电器城”建设，为闽东电机、电器走向世界提供技术和质量保证。全区在“七五”创建10个科技示范乡镇经验的基础上，又创建11个科技示范乡镇，有6个通过省级验收。示范乡镇1994年的工农总产值、农民人均收入分别比1990年翻了两番和一番以上，粮食总产量和人均占有量都高于所在县市的平均水平。在创建科技先进县市活动中，福安和霞浦县先后通过省科委组织的国家级验收，成为福建省5个全国科技工作先进县（市）中的2个。网络建设和基础设施得到改善，完善科技管理网络。地、县、乡（镇）、村均配备专职科技领导，全区123个乡镇有115个乡镇成立科委，有181名专兼职科技助理员；2143个行政村有1307个村配备科技村委副主任。科技服务网络得到加强，全区群众性科技服务组织562个。

二、“九五”科学技术发展计划及实施

1995年12月，宁德地区开始编制《宁德地区科技“九五”计划和“2010年科技发展规划纲要”》（以下简称“九五计划”和“发展纲要”）。

“九五”计划的总体目标是：全区科技进步因素对经济增长的贡献率，2000年达45%以上，2010年达60%。实施各级星火计划项目300项，重大农业科研项目50项，建成9大新型农业基地，为到2010年初步实现农业现代化、农村工业化和城镇化，提供技术支撑。全面提高工业技术和装备的整体水平，加快现代技术改造传统工业企业的步伐。“九五”期间，全区开发新产品400种，有60%达到国内先进以上水平；“发展纲要”要求到2010年重点企业的技术及装备水平达全省同期的中等水平，初步建立完整的工业支柱体系。2000年前区内要办1个高新技术农业园区，1个海上科技园区，2个对台农业良种和先进技术引进开发基地、4个海洋科技开发区；2010年，再建1个高科技工业园区和2个工业高新技术开发区，形成沿海4县（市）蓝色高新技术产业开发群。加强科技达标示范工作，“九五”期间，新创建2个全国科技工作先进县（市），20个科技示范乡（镇），争取90%村有1～2个以上科技示范基地；到2010年，建立起适应社会主义市场经济需要、符合科技自身发展规律的新型科技体制，使科技综合实力居全省中上水平，海洋经济总量和技术水平跃居全省前列。

“九五”末期，专业技术人员占全区人口比重从现有的1.08%提高到1.5%，90%农村劳动力掌握1门以上实用技术，全区5%青壮年劳动力达农民技术员资格。在人口控制、医药卫生、环境保护、防灾减灾、资源综合利用方面取得明显成效，不断提高人民生活质量。

1996年4月，宁德地区专项向省科委汇报实施科教兴区计划工作，提出的粮食、畜禽、水产、水果、竹林、食用菌，自行车、摩托车、汽车等三车配件，电器电机和国民经济信息网络建设等一批重点启动项目，被分别纳入省“十大科技工程”；项目涉及农业6大类20项，工业4项，科技基础建设2项。1997年，进一步确立并形成与之配套的以“七区二带”（即建立霞浦和三都澳海洋科技园区、福鼎对台农业引进示范区、福安电机电器技术创新工业园区和宁德七都科技星火密集区，创建福安电机电器技术创新工业园区和福鼎“三车”配件产业技术开发区；建立沿国道104线和沿海高速公路的农产品加工产业带和环三都澳、东吾洋沿岸的晚熟龙眼、荔枝带）为格局的建设闽东沿海科技密集区的发展思路。集中实施“九五”科技发展重点工程，形成沿海科技密集区，辐射带动山区发展，加快宁德科教兴区步伐。

至1998年年底，全区投入科技三项经费1628元、安排实施科技项目398项。全区国民经济增长中科技进步因素达41%，有20项科技成果获省政府科技进步三等奖，其中1项获“星火计划”三等奖；32项获宁协地区行署科技进步奖，其中一等奖二项、二等奖7项、三等奖23项。

至2000年年底，“九五”计划任务完成情况良好，国内生产总值实现提前三年翻三番，达220亿元，比1995年增长77.9%，年均递增12.2%。财政收入49.63亿元，是“八五”时期的1.98倍。全市有各类专业技术人员4.94万人，科技进步对经济社会发展贡献率达47%，比计划要求提高1%。

三、“十五”科学技术发展计划及实施

全市到2005年科技进步因素对经济增长的贡献率达50%。实施重大农业科技成果40项。通过加速海洋高新技术的研究与开发，发展新兴的海洋产业。实现海洋新兴产业与海洋传统产业之比为5∶5。发展高新技术企业20家，民营科技企业达到200家。开发新产品400种，有60%达到国内先进以上水平，初步建立完整的工业支柱体系，工业科技进步贡献率要达到53%以上，并以每年1.5个百分点的速度增长。全面实施“科技兴农、科技兴工、科技兴海”战略，加强县（市）科技达标创先工作，促进全区科技进步。“十五”期间，创建1个技术创业服务中心，8个生产力促进中心，2个工业高新技术园区，1个科技星火密集区，2个对台农业引进示范基地，2个海洋科技园区，2个全国科技工作先进县（市）。建立起适应社会主义市场经济需要、符合科技自身发展规律的新型体制。

“十五”期间，全市组织实施国家、省各类重点科技项目140多项，市级项目100项，投入研究开发经费4500多万元。全市获得省（部）级科技奖15项，市级科技奖30项；累计专利申请总量831件，专利授权总量325件。8家企业进入省级高新技术企业行列。全市高新技术产品产值58131.7万元，产品增加值10216.9万元；产品销售收入41708.8万元，创汇产品出口1653.8美元；产品利润2482.7万元，产品税利总额4632.4万元。全面完成“十五”计划各项目标，其中地区生产总值342.27亿元，比2000年的220亿元增长55.58%；专业技术人员达5.05万人，比“九五”期末增加1100多人。

2002年，加大科技项目调研、选题和储备力度，组织筛选申报一批技术创新水平较高、对产业和行业带动作用强的项目。全年新组织实施各类科技计划项目61项，获科技经费777万元。认真清理历年科技项目，加强指导、督促实施，及时进行结题、鉴定、总结验收。

2004年，宁德市投入市本级科技三项费用170万元，获各类国家和省重点科技项目33项、经费965.5万元，创历年最高水平。“膜分离鲜茶浓缩汁技术开发”项目获国家农业科技成果转化基金资助。“食用菌新品种筛选、栽培及保鲜加工技术示范”等5个项目被列入国家星火计划的指导性计划，获得国家和省科技补助经费96万元，

2005年，宁德市投入市本级科技三项费用153万元。组织实施国家、省、市各类重点科技项目39项798万元，市本级项目17项、141万元。全市高新技术产品产值实现5.81亿元、产品增加值1.02亿元；产品销售收入4.17亿元、出口1653.8万美元；产品利税总款4632.4万元。全市有两个项目列为福建省“一县一业科技示范”重大专项、5个项目列入国家“星火计划”指导计划。柘荣县被国家科技部列入全国“科技富民强县”计划。

第三节 科技经费管理

地方科研经费（科学事业费）由地方财政安排，地、市科委归口统一管理，实行项目审批包干使用办法。列入省、地科研项目的分别经申报批准后由省、地科委给予补助。1993 年，宁德地区财政安排的本级科技三项经费（新产品试费制、中间试验费和重大项目补助费）121 万元，占当年财政总支出的 1.83%。此后，随着地方财政收入的逐年增加，相应增加对科技经费的支出（1995 年 137 万元，1996 年 215 万元）。当年区内一批重点项目被纳入省“十大科技工程”，获省科委 379.6 万元的科技经费补助。1998 年，地区财政安排科研经费 282 万元，1993—1998 年，年均增长 16.65%。此外，6 年中省、地、县各级财政安排的科研（含企业技改）经费达 2.03 亿元，其中科研经费 1102.60 万元。全区实施 170 个科研项目，其中省、地级各 85 项，投入经费 853.40 万元。省科委立项的项目 15 项，补助经费 173 万元，地区级项目 31 项，经费 76.20 万元。每个项目均按立项、审批、实施、验收等程序严格管理。

2000 年，宁德本级财政安排的科研立项经费增至 387 万元，首次达到当年财政总支出的 2%。

2001 年，组织实施省科技计划项目 26 项，其中省级重大项目 5 项、重点项目 21 项，有 2 个项目首次获国家科技部支持，获助科研经费 600 多万元。按照宁德市本级科技三项费用预算，新筛选下达 20 项本级科技项目，安排经费 102.6 万元。同时，加强计划管理，对省科技厅 1997 年以后资助的在研各项目经费使用情况进行清理和监督。

2002 年，全市加大科技项目调研、选题和储备力度，组织筛选申报一批技术创新水平较高、对产业和行业带动作用强的项目。全年新组织实施各类科技计划项目 61 项，投入科研经费 857.6 万元。其中省、部级项目 27 项，获科技经费 777 万元。完成技术创新项目 80 项，有 3 项科技成果获省科技进步奖。

2003 年，投入市本级科技三项费用 237 万元，其中市科技局安排使用 96 万元。全年安排市级科技计划项目 22 项，资助金额 91 万元（当年度执行 91 万元）。其中农业科技计划项目 9 项 25.5 万元、工业科技计划项目 6 项 43 万元、社会发展领域科技项目 7 项 22.5 万元。此外，全年还新获多项国家和省级等科技项目资助，争取各类项目经费 827 万元，其中国家级科技项目 3 项 176 万元，省级科技项目 34 项 651 万元。

2004 年，全市财政对科技投入 1438 万元，其中科技三项费用 417 万元（市本级 170 万元、各县市区 247 万元），各项补助经费 1021 万元［市本级 618 万元、各县（市、区）403 万元］。获各类国家和省重点科技项目 33 项、经费 965.5 万元，创历年最高水平。其中“膜分离鲜茶浓缩汁技术开发”获国家农业科技成果转化基金资助金，“食用菌新品种筛选、栽培及保险加工技术示范”等 5 个项目被列入国家星火计划的指导性计划补助项目。

2005 年，投入市本级科技三项费用 153 万元。组织实施国家、省、市各类重点科技项目 55 项，投入研究开发经费 939 万元，其中国家、省重大重点项目 39 项 798 万元，市本级项目 17 项 141 万元。

第四节　科技成果管理

从1993年开始，由地区科委具体负责科研成果管理，建立国家级、省级、地级、县级4类科技成果登记管理制度，从项目立项、申报审批、组织实施、鉴定验收全程跟踪管理。各级科研成果，均需根据国家科委颁布的《科学技术成果鉴定办法》提出申请，组织专家进行评审并签写鉴定意见，主持鉴定单位签章。已完成的课题任务，经鉴定验收后需申报科技成果的，应提交《科学技术研究成果报告表》《科学技术研究成果公报》和《科学技术成果鉴定证书》等资料。

1993—1998年，全区对260多项科研项目进行鉴定、申报，其中获省政府科技进步三等奖的20项（其中1项星火奖）、获地区科技进步奖的32项（一等奖2项、二等奖7项、三等奖23项）。

2000年以后，市科技局进一步完善科研成果管理，在验收鉴定的基础上，搞好信息、保密和建档工作。

2002年，宁德市根据国家、省新出台的有关科技成果奖励办法，制定《宁德市科学技术奖励规定》及其《实施细则》。

1999—2005年，全区组织评审验收科研成果170项，其中申报省、市（地）评奖项目127项，其中获省科技进步奖26项、获宁德市表彰的项目72个（2000年42项、2004年30项）。

第五节　专利申请与知识产权保护

一、专利申请

1993年，帮助周宁县工艺美术厂申请到“木珠手包”外观设计专利，为区内、也是省内第一个获外观设计专利的单位。1994年，柘荣县富溪镇一农民技术员陈奶桃发明的“自动温度保持洒水机”获第八届全国发明展览会铜奖并获国家专利（专利代号93022495）。1996年，柘荣县经委干部魏定章发明的《普通电话机自动报警装置的第二种制作方法及电话》获国家专利，柘荣县中学教师包道放发明的“多功能绘图仪”也获得国家专利。柘荣是区内较重视发明专利申请、并为全区早期专利申请获得较多的县。至1998年年底，全区获得国家一类专利共47项。但由于区内创造发明者对专利申请认识不足以及委托代理点较少，专利申请工作相对落后于省内其他市（地）。

2000年后，随着改革开放和经济快速发展，宁德市的专利工作逐步得以加强。当年，全区申请各类型专利96项，在全省居第6位，仅古田县就申请技术专利53件、获授权专利28项。2001年，省专利局举办全省专利工作培训学习班，市科委派员参加。同年，市科委又与市委党校联合举办培训班，有200多名县乡镇和科委干部参加学习。2002年4月，省知识产权局、福州大学、福建农林大学与宁德市科技局（原市科委）联合举办专业骨干人员培训班。2003年，省、市科委开始启动专利申请资金资助，并从中再筛选确定福鼎市永春摩托车有限公司、闽东东方神电子有限公司等4家企业列入全省专利工作试点单位，以点带面推动企业发明专利申请工作。当年，全市专利申请量为211件（发明专利8件、实用新型专利78件、外观设计专利105件），获省专利申请资助14项；获专利授权量141件，其中发明类专利8件、实用新型专利45件、外观设计专利88件。2004年，全市专利申请量252件，其中发明专利16件、实用新型专利87件、外观设计专利149件；专利授权量147件，其中发明专利4件、实用新型专利47件、外观设计专利96件。

2005年，宁德市资助专利申请项目50多项。福鼎京科化油器有限公司、福鼎一雄光学仪器有限公司被列入第二批全省专利工作试点企业。宁德市鑫森化工有限公司被评为全省第一批专利试点企业先进单位。当年全市申请专利324件，其中发明专利33件、实用新型专利115件、外观设计专利176件，获省专利申请资助19项；获授权专利158件，其中发明专利8件、实用新型专利48件、外观设计专利102件。至2005年年底，宁德市申请专利累计1839件、获授权836件，其中获省专利申请资助共50项。

1992—2005年，宁德市（地区）有4个专利项目、申报单位和个人获省表彰。

1993—1998年宁德地区获得一类专利情况一览表

表37-2

公告日	专利号	名称	单位或姓名
931208	92104223	食用菌病害专用杀剂	宁德地区农科所
931222	93104008	有文字图案保健卫生纸及制造方法	吴志明
940406	93022495	自动温度保持洒水机	陈奶桃
940406	92112115	带有药物粘片的皮肤电极	连培湘
940420	92112265	生产速食甜糟食品的方法	张光晔
940504	92112644	针灸热敷按摩器	连培湘
940608	92113702	热敷针灸按摩片	连培湘
940706	92115281	太子参保保健药品	闽东制药厂
941207	94101709	中文输入编码及其键盘	黄庆传
950125	93108798	药物导电极片	李春贵、谢岩松、连培湘
950322	93117115	蛇舌草等治疗子宫肌瘤的中草药配方	缪雪影
950419	93115077	英文输入编码及其键盘	黄庆传
950719	93120689	舒胃茶的配方及其制备工艺	陈遇春
950802	94101214	由白炽灯、电子线路和特种荧光灯组成的一体化电光源	陈寿峦
950802	94100823	电子健胸按摩器	连培湘
950906	94101898	新型热吻电子针灸按摩器	林梓梁
950913	94102704	日光灯点亮器	许本标
951011	94107795	荧光灯上频电子镇流器	陈寿峦
960103	94107778	木材、枝桠切屑机	古田教学器材厂
960117	94116900	川贝僵蚕止咳露（糖浆）	林万杰
960124	94109256	食用菌专用胶带和老鼠胶的组合物及其用途	陈益清

续表 37-2

公告日	专利号	名 称	单位或姓名
960228	94119472	多功能智能卡电度表	刘国明
960522	94118402	普通电话机自动报警装置的第二种制作方法及电路	魏定章
950626	94116337	一种治疗胃、十二指肠溃疡慢性胃炎的中成药	林万杰
960710	9510014x	人参气血双补丸（片）	林万杰
960821	94118067	补肾培元口服液	林万杰
960918	95100518	反季节栽培草菇的办法	高益猛
970115	96105384	香菇露	余新邦
970122	95104682	防龋健齿胶基糖及其制造方法	薛任坚、郭　立
970219	94105177	远红外线磁力大功率按摩器	林梓梁
970326	95111771	无毒香烟、雪茄	李魏贵
970416	96101770	胶片带机	陈益清
970528	95117189	中文四笔码	陈玉新
970611	95113351	高效消烟无尘锅护	张达积
970611	95113359	一贴灵风湿膏及其制备方法	王　健
970723	96101823	一种补血剂——益血晶及其制造方法	庄庆彬
970813	96100773	一种不切碎袋泡甜叶菊茶	余崇明
971001	96103195	川谷果珠垫、帘或饰物及制造方法	周昌华
971126	97110464	止咳平喘膏	马昭旭
971126	96105222	哮喘胶囊及其制备方法	王　健
980415	97118759	商品广告扑克牌	马昭旭
980513	96116559	一种高活性灵芝多糖和高含量灵芝酸的水提取工艺方法	高益槐
980603	96122139	两面针消肿镇痛片	林丽平
981014	98104758	胶片带机	陈锦辉
981014	97104763	一种治疗偏瘫高血压及避孕的药贴	林丽平
981028	97112692	粘贴式不掉子棋	王宏砖
981209	98107124	花椒型香烟	郭上前

1992—2005年宁德市（地区）获省表彰专利项目、单位和个人一览表

表 37-3

项目名称、单位或个人	获奖名称	颁奖单位	时间
冰箱全自动电子杀菌除臭器 福安市智立电子研究所 第一发明人林梓梁	青年发明奖	福建省专利局	1992
宁德市工艺茶叶研究所 薛彤云	福建省优秀 巾帼发明者	省知识产权局 省妇联 省发明协会	2004

续表 37-3

项目名称、单位或个人	获奖名称	颁奖单位	时间
宁德市鑫森化工有限公司 孙发勇	福建省专利工作先进个人	省知识产权局 省科委	2004
宁德市科技局 黄永毅	福建省专利工作先进个人	省知识产权局 省科委	2004

二、知识产权保护

1993 年后，宁德地区科委在“科技宣传月”或“科技宣传周”活动中，组织开展对《中华人民共和国技术合同法》《中华人民共和国技术合同法实施条例》《中华人民共和国促进科技成果转化法》《中华人民共和国专利法》《福建省技术市场管理条例》等法律、法规的宣传，提高全民对知识产权保护的认识。

2002 年，突出抓好知识产权宣传、培训，结合“世界知识产权日”活动，在闽东日报刊发介绍相关知识，向党政机关、基层、企事业单位发放近万份宣传资料，举办知识产权培训班 28 期，培训各类人员 4000 多人次。全年专利和商标注册 50 多件，在全省居前 6 位。开始启动专利申请资助资金，以调动科技人员潜心科研的积极性，鼓励发明创新。

2003 年，为激发科技人员积极性，鼓励发明创造，实施专利申请资助办法。积极开展企业知识产权工作，筛选确定福鼎市永春摩托车有限公司、宁德市鑫森化工有限公司、福鼎市蓝天电声有限公司、闽东东方神电子有限公司等 4 家企业列入全省专利工作试点企业，以点带面，推动企业知识产权保护。

2004 年，市科技局还邀请国家知识产权局领导为市直机关近千名干部举办“知识产权面临的形势与对策”报告会，同时通过报刊电视等媒体加大宣传普及知识产权法规基本知识。开展知识产权竞赛试卷问答，进一步提高全社会知识产权保护意识。

2005 年，宁德市实施专利申请资助办法，资助专利申请项目 50 多项。受理专利纠纷案 7 件，办结 6 件。宁德市鑫森化工有限公司、福鼎京科化油器有限公司、福鼎一雄光学仪器有限公司被列入第二批全省专利工作试点企业。宁德市鑫森化工有限公司被评为全省第一批专利试点企业先进单位。开展为期 3 个月的全市食品药品领域专利违法行为查处专项行动，组织力量开展抽查，限期整改假冒专利、冒充专利标记等违法行为。

第六节　技术市场管理

1993—1998 年，全区累计参与国内外技术市场签订技术交易合同 527 项，总金额 1089.7 万元。

1999 年，宁德地区在积极参加国内外、省内外科技市场交流交易的同时，开始注意在区内推广农村科技成果的推广转化工作。当年，寿宁县被列为全国农村技术市场试点县。

2000 年，寿宁县农村技术市场试点通过省科技厅验收，当年，通过技术市场交易达成 10 多项合作项目。

2001年，根据科技部《关于开展市（县）科技进步考核推广科教兴市（县）工作的通知》和省科技厅的安排，在巩固寿宁县全国农村技术市场试点的基础上，又确定柘荣、福安两县（市）为试点，探索加快技术成果推广转化的途径和方式。

2002年，宁德市选派人员参加省科技厅组织的赴台考察团，加强闽台科技合作，扩大与台湾农业科研和技术推广机构、民间农业团体的合作与交流。同时，促成霞浦县与台湾地区合作，成立台湾农产品试验园区。

2003年，柘荣县农村技术市场试点工作，通过“抓龙头、立支柱，抓基地、上项目，抓培训、出示范，抓网络、勤服务”活动，促进农村技术市场发展。农村技术市场的“三大体系”（领导工作体系、农村社会化技术服务体系、支撑监督体系）逐步得到健全发展，并通过省科技厅的考核验收，被授予“福建省农村技术市场示范县”称号。

2005年，柘荣县农村技术市场试点工作将创新农村科技工作机制作为重点，构筑县、乡（镇）、村三级农村技术市场体系，并依托农村社会服务联动网和专业批发市场，开展技术咨询、信息服务、新品种和新技术新成果的引进示范和推广。寿宁县以农村技术市场建设为突破口，加强外引内联，在清源乡的清源、岱阳、童阳和地源村开展袖珍菇生产示范，通过基地示范推广—技术培训—技术市场交易、扩大辐射—总结提高的办法，加速农村新技术、新成果和新模式的推广应用，促进全县食用菌产业的发展。

第三十八编 文 化

1993年后，闽东各地社会文化活跃，各级党委、政府积极引导群众开展各类社会文化活动，尤其是重视民间艺术的挖掘、传承和保护。各种文学艺术创作也日益繁荣，培养和涌现一批在省内外有一定影响的创作者。闽东是省内保留较多演出剧种的地区，屏南、福安的四平戏和平讲戏，寿宁的北路戏，柘荣、福鼎、屏南的木偶戏和布袋戏，都是省内以至国内保留较少、濒临消亡的珍稀剧种。畲族歌舞更是祖国民族艺术宝库中的珍贵遗产。

闽东新兴的文化和娱乐媒介发展迅速，广播、电视电影、音像图书等事业蓬勃发展。各级政府在积极推广普及的同时，也注重文化市场的整顿管理，积极营造文明、健康、和谐的文化环境。其间，档案、方志等文化事业以及社会科学的研究与宣传也有所发展。

至2005年，全市有市、县、乡镇3级文化馆（站）94个，群众性文化活动广场30多个，专职社会（群众）文化工作人员近千名，村级文化协管员2100多人。不少文艺作品和演出获全国和省级表彰奖励。特别是新崛起的“闽东诗群”独树一帜，成为国内颇具影响的诗歌新军。文物考古工作成果颇丰，全市有狮峰寺、万安桥、鸾峰桥等12处被列为国家级重点文化保护单位、26处被公布为福建省文物保护单位、95处列为县（市、区）文物保护单位。有27个项目被纳入市级以上非物质文化遗产名录，其中国家级5项，省级16项，市级27项。

第一章　公共文化服务

第一节　艺术馆

1993 年，全区有群众艺术馆、文化馆 10 个，其中县（市）文化馆 9 个、工作人员 80 名；乡（镇）文化活动中心（站）77 个、工作人员 152 人、村文化站 124 个（畲族村文化站 6 个）。1995 年，宁德地区行署在福安召开全区农村文化站建设现场会，决定实施农村文化设施建设工程，1995—1997 年地区财政每年安排 50 万元，帮助每个乡镇新建 1 个面积 300 平方米以上的文化站。1999 年，霞浦县投资 500 多万元，建成宁德地区县级规模最大的文化中心大楼，建筑面积 5070 平方米。

2000 年 11 月，宁德市艺术馆开工建设。大楼占地 1.9 公顷，建筑面积 1.13 万平方米，计划造价 3000 多万元。同时，全区建制乡镇文化站（文化活动中心）全部建成，成为全省最早实现所有乡镇设立文化站（文化活动中心）的设区市。当年，省委宣传部和文化厅在宁德市召开现场会，向全省推广。但原来遍布农村的村文化室（民兵活动室）等却走向衰落，曾经闻名省内的畲族村文化站仅剩下蕉城区八都镇猴盾文化馆。

2003 年，蕉城区文化馆经全面改造装修与区图书馆合署，占地面积 1500 平方米，文化馆设有会议（展示）厅、歌舞厅、音乐厅、少儿及成人美术书法培训室。柘荣县、福安市、福鼎市文化馆完成扩建整修，其中福安市文化馆总用地面积达到 7278 平方米、建筑面积 3432 平方米，规模仅次于霞浦县文化中心大楼，是区内又一座综合性的群众文化活动场所。

2005 年 8 月，宁德市艺术馆主体建设完工并进入内部装修。馆内设有文学室、音乐舞蹈室、戏剧曲艺室、美术书法摄影室、群众文化调研室、非物质文化遗产保护研究中心等各类业务工作部门。同时，还设有功能齐全的各类文化服务设施，其中有 352 个座位的演出剧场、演练多功能厅、多媒体放映厅、美术书法摄影展览厅、闽东历史文化名人展厅、闽东文博展厅等，是宁德市标志性的文化工作及群众活动场所。

2005 年年底，全市有市艺术馆 1 个、县级文化馆 9 个、乡镇文化站 84 个、群众文化活动广场 30 多个，有专职社会（群众）文化工作人员 936 人（其中专职技术人员 840 人）、村级文化协管员 2171 人。古田县文化馆被文化部评为标准文化馆，古田县、福鼎市文化馆被省文化厅评为二级馆。其间，新式的群众文化活动场所，如活动广场、老年人活动中心等开始在城乡出现。

第二节 博物馆

20 世纪 80 年代末 90 年代初成立的闽东畲族博物馆共有编制 10 人，馆藏文物以历史文物和畲族民俗文物为主，共 3240 件，其中三级以上珍贵文物 478 件。古田县博物馆编制 2 人，馆藏文物 430 件。闽东革命纪念馆，编制 7 名，陈列内容反映闽东地区革命斗争史和闽东苏区老一辈革命家活动的事迹，藏品来源主要为无偿捐赠和有偿征集，其中二级品 5 件，三级品 103 件。

1995 年 9 月，福鼎县成立市博物馆，编制 2 人，馆藏文物 200 多件。

2002 年 2 月，霞浦县成立县博物馆，编制 2 人。

2003 年，蕉城区博物馆在原址宁德天后宫旁新建办公楼，面积 166 平方米，编制 3 人，有馆藏文物 167 件。

2004 年 6 月，福安市成立市博物馆，编制 2 人，前身为福安市文化馆文物室。有馆藏文物 271 件。

2005 年，成立宁德市博物馆，与闽东畲族博物馆实行“一套人马，两块牌子”。截至年底，全区有博物馆（纪念馆、文物馆）8 个，柘荣、周宁、屏南、寿宁尚未设立。

第三节 图书馆

1993 年以后，区内重视图书馆的建设，古田县图书馆迁入文化大楼北楼、建筑面积 800 多平方米。新馆设图书外借室、采编室、咨询室、阅览室、地方文献特藏室、书库和办公室，工作人员增至 6 人，年购书费也增为 4 万元。屏南县新建图书馆建筑面积达 1620 平方米，馆内设外借室、少儿阅览室，科普阅览室、采编室、期刊室、多功能厅、办公室等。1997 年，福安市新建图书馆，建筑面积 3670 平方米，占地 0.37 公顷，馆内设报纸阅览厅、少儿借阅厅、期刊借阅厅、图书外借流通部、信息咨询室、资料复印室、采访编目部、书目数据库及电脑局域网控制中心等 13 个功能部室，工作人员 12 名。同年，柘荣县图书馆也迁入新馆舍。1998 年，寿宁图书馆开始筹建。1999 年 12 月，福鼎市图书馆新馆舍建成启用，建筑面积 2500 平方米，仅书库就设三层，有存书 65000 册。图书编目实行自动化控制管理、运用 ILAS 软件编程系统，电子阅览室配备 20 部电脑及配套设施，可与国家图书馆和福建省图书馆联网，实现资源共享。2001 年，霞浦县开始新建文化大楼，其中图书馆建设面积 2000 平方米。2003 年，蕉城区图书馆搬迁至蕉城南路 52 号，馆舍使用面积达 1500 平方米，工作及对外服务条件大为改善，是全国文化信息资源共享工作示范点。2005 年 12 月，筹建宁德市图书馆，为宁德市文化与出版局直属事业单位。馆址计划设置在正在兴建的宁德市文化中心二层右侧，建筑面积 2000 多平方米。拟设电子阅览室、少儿阅览室、报刊阅览厅、图书阅览室等 4 个区域。

此外，区内大中专及中学也重视图书馆（室）建设，大多学校都有规模不等的图书馆。

第四节 档案馆

1993年，根据《福建省“八五”期间档案馆定级升级标准》制定县（市）档案馆建设规划，宁德地区档案馆进行库房加层，屏南、柘荣两县开工建设新馆。1995年，投资40多万元，建筑面积1600平方米的古田县档案馆新库房投建。“八五”末，全区地、县（市）机关建有档案馆（室）1267个、配备专兼职档案管理员1320人。基层档案室70%达到合格率标准，其中有85个单位通过省一级档案室验收，地区税务局、工商银行、建设银行、烟草管理局、法院和检察院的档案室达到省内行业先进室水平。全区乡镇及村级档案室建设也开始起步，并推广柘荣县双城镇、古田县黄田镇档案室建设经验，要求逐步达到“五个有”，即要有一位分管领导、一个专兼职管理员、一套完善的工作制度、一间专用库房、一间档案阅览室。

1996年，宁德地委和行署印发《宁德地区县（市）档案工作年度考核暂行办法》，要求各县（市）继续抓好档案馆（室）建设并做好定、升级工作。霞浦县重点抓教育系统中、小学校档案室建设，古田县建立县直机关、企事业单位档案室“档案案卷质量”和“档案管理员任职资格”管理制度。同年，全区企业开展档案管理上等级复检工作。“九五”期间，全区有225个基层档案室升级为“省一级档案室”，其中地区第一医院、第二医院，地区防疫站、地区农校等档案室建设管理跨入省内系统先进行列。全区10个地、县（市）档案馆全部通过“省级档案馆”验收，其中地区、古田、福安、霞浦馆被评为“省一级档案馆”，宁德市（今蕉城区）、福鼎、周宁、寿宁、屏南、柘荣县（市、区）馆被评为“三级档案馆”。全区10个档案馆库房总面积达1.16万平方米，比1993年增加4032平方米。

“十五”期间，全市档案馆（室）建设重点抓库房内部硬件设施装备和推广计算机系统管理。地区和福安、古田、霞浦等4个省一级档案馆购置计算机，对部分全宗档案建立电子目录数据库并进行计算机管理。全市10个市、县（区）馆添置档案库房去湿机12台、空调30多台、复印机10多台以及一批速印机、刻录机、自动防盗防火报警设备等。市、县两级馆建立机检目录157.81万条。

2005年年底，投资150万元的福鼎市档案馆大楼竣工并投入使用。

第二章　群众文化

第一节　文艺团体

一、剧团

1993年，全区专业剧团仍保持一县一团态势，共有闽剧团6个，越剧团2个，北路戏剧团1个；有演职人员近600多人，其中专业编剧11人。随着电视等的逐渐普及以及演出的逐步市场化，戏剧演出市场呈现逐年萎缩状态。2002年后，全市各县（市、区）政府相继出台扶持专业剧团的措施。至2005年，全市仍有9个县（市、区）级专业剧团，其中基本保持原管理体制的有古田县闽剧团、福鼎市越剧团、柘荣县越剧团，寿宁县北路戏剧团；由个人承包经营的有福安市闽剧团、霞浦县闽剧团、蕉城区闽剧团和周宁县闽剧团。屏南县闽剧团则名存实亡。

寿宁县北路戏剧团　是全国唯一的北路戏专业剧团。1993年，由于人才流失严重，全团仅剩二十多人，在岗不足十人，剧团陷入半瘫痪状态，无法进行正常演出；其中一部分演员与福州民间职业剧团联合演出闽剧，得以保留一部分骨干演员。1996年，寿宁县恢复整顿北路戏剧团，开始在闽东一带进行小规格的巡回演出，创排一些小戏小品参加省市戏剧会演，同时也为当地政府开展的社会文化活动服务。寿宁县政府及时制定剧团整合方案，决定恢复剧团原有编制，增加财政投入，逐步达到“两个百分之八十”（即人员经费、演出经费全年财政分别补贴80%）规定的标准，招收、培养学员，尽快恢复正常演出。

古田县闽剧团　古田县闽剧团拥有林丽华、陈子荣、江建基、曾美仙、刘智南、李青等优秀演员和林汉湘、余根良等优秀导演，演出一批质量上乘的剧目，如《红罗衫》《楚宫怨》《狸猫换太子》《飞箭传书》《李代桃僵》等，深受观众欢迎，市场演出供不应求。古田县闽剧团十分重视精品创作，1993—2005年间先后创作了《红罗衫》《英雄与逃犯》《临水夫人》，并分别参加福建省第十九、二十一、二十三届戏剧会演，分获多种奖项，其中尤以《红罗衫》获奖最高。剧团十分重视人才培养，完全依靠自己的力量，先后招收13名学员，送到福建省艺校就读，毕业后全部在团内就业，其中佼佼者已成为剧团的台柱，缓解人才青黄不接问题。在保持原有管理体制不变的基础上，剧团对内部管理制度进行改革，实行档案工资加绩效工资的分配机制，建立激励机制。古田县人民政府还增加对剧团的财政补贴。剧团每年演出场次均在300场左右，戏资也较其他团高，集体收入不断增加，演职员的收入也逐年提高。

福鼎市越剧团　福鼎市越剧团是省内成立最早的越剧团。1993年，福鼎市越剧团创排的越剧儿童剧《孩子剧团》，获全国儿童剧调演一等奖，随后应文化部邀请，赴京参加全国优秀儿童剧展演；该剧还获福建省文化厅嘉奖、中宣部“精神文明建设五个一工程”提名奖以及福建省人民政府颁发的首届“百花奖”文艺二等奖。此后，福鼎市越剧团还创排《莫为归处愁》《苜蓿生涯》《烛光》等一批优秀的剧目，参加各级演出并荣获奖项。除了积极参加省市戏剧会演之外，剧团积极为当地政府和社会服务，开展越剧专场演出等各项文艺演出活动。2004 年，福鼎市越剧团新楼落成，办公及排练条件得到改善。剧团发展得到当地政府重视，并给予大力支持，成为宁德市专业剧团中首先实现政府财政补贴达到“两个百分之八十”（即人员经费、演出经费全年财政分别补贴 80%）规定要求的剧团。2005 年 10 月，剧团实行社保制度，退休人员的社保全部移交当地社保中心，与当地同类单位享受同等待遇。

柘荣县越剧团　1993 年，全团在编在岗人员只剩 26 人。1996 年 6 月，与宁德地区畲族歌舞团联合排演越剧现代戏《天地良心》，参加福建省第二十届戏剧会演，获剧目奖、优秀演员奖（邢雅惠）等奖。此后，演职人员继续流失，在编在岗剩下 19 人。为求生存发展，剧团以创排短小精悍的小品小戏为主，除参加省市戏剧界相关赛事和活动外，还配合当地人民政府的工作安排，送戏下乡，在各乡镇巡回演出，积极参加各种行业文化演出活动，成为活跃的“越剧轻骑兵”。2001 年 10 月组织创作的越剧小戏《荷花嫂》，荣获多种奖项，成为剧团的品牌小戏。同年，组织创排越剧小戏专场《除夕夜》《辣妹小酒店》《钵头的故事》，参加福建省第二十二届戏剧会演。2003 年后，先后组织创作《我为爹娘当月老》《门神》《三选二》《盛世羊年农家乐》《一份招聘表》《生活一步一重天》等小戏小品参加不同的行业演出和比赛，取得良好经济和社会效益。

二、歌舞团

宁德市畲族歌舞团　宁德市畲族歌舞团是全国唯一以民族命名的专业文艺表演团体。其前身是宁德地区海岛文工团。2005 年有演职人员 83 人，大部分毕业于大、中专艺术院校。其中高级职称 4 人、中级职称 25 人。在近二十年的艺术实践中，畲族歌舞团精心编排《太姥畲家情》《蓝色家园》《多彩的山海》《五彩山哈》《山哈·雅美》《畲水、高山一家亲》等一批优秀节目，获得全国性奖项 30 多项次省级奖项 70 多项次。多次出访新加坡等国家和地区进行文化交流演出，被文化部授予“全国文化工作先进集体”称号。

三、文化艺术协会

宁德市作家协会　前身为宁德地区作家协会。至 2005 年，有国家级会员 5 人，省级会员 45 人，市级会员 166 人。主席陈孔屏，副主席游友基、汤养宗、谢瑞元，秘书长缪华。编印不定期报纸《闽东文学》。

宁德市音乐家协会　前身为宁德地区音乐家协会。1994 年召开第二次代表大会，选举丁献芝为主席，李晨、王东晨为副主席。2004 年 5 月召开第三次代表大会，选举李晨为主席，严冬冬、杨才燊、陈立身为副主席，秘书长薛卫群。至 2005 年，有国家级会员 13 人，省级会员 73 人，市级会员 153 人。

宁德市舞蹈家协会　前身为宁德地区舞蹈家协会。至 2005 年，有国家级会员 12 人，省级会员 46 人，市级会员 145 人，雷高平为主席，兰友芳、林丽萍、雷胜辉、王艺、潘友玲为副主席，秘书长陈捷娟。

宁德市美术家协会 前身为宁德地区美术家协会。1993年有会员112人，其中有中国美协会员2人，省美协会员46人。主席马树霞，副主席李辉、丁丹、韦信伴、林维荣。秘书长李辉（兼）。2001年，召开第二次代表大会，选举李辉为主席，丁丹、韦信伴、林维荣、华峰为副主席，2005年增补何农、陈尧华、林伟、黄少浩为副主席，秘书长黄少浩（兼）。编有《宁德市美术家协会简讯》。至2005年，有国家级会员5人，省级会员61人，市级会员221人。

宁德市书法家协会 前身为宁德地区书法家协会。成立于1994年，主席陈世瑶，副主席阮蔚蕉、陈远、郑复赠，秘书长陈远（兼）。2005年5月召开第二次代表大会，选举阮宪镇为主席，陈远、杨安细、罗一鸣、刘永顺、蓝建田为副主席，秘书长郭幼仁（兼）。至2005年，有国家级会员10人，省级会员150人，市级会员220人。

宁德市摄影家协会 前身为宁德地区摄影家协会。1995年召开第二次代表大会，选举夏念长为主席，张培基、邢常葆为副主席，1998年增补宋春晖、李民雄、傅熹为副主席，2000年增补郭幼平为副主席，秘书长邢常葆（兼）。至2005年，有国家级会员19人，省级会员91人，市级会员300人。

宁德市戏剧家协会 前身为宁德地区戏剧家协会。成立于1993年，主席陈煜奎，副主席林种、林汉湘、林之行，秘书长谢培养。1999年，召开第二次代表大会，选举林种为主席，吴昌铸、金爱珠、陈明胜、林丽华为副主席，秘书长金爱珠（兼）。至2005年，有国家级会员3人，省级会员36人，市级会员126人。

宁德市电影音像协会 前身为宁德地区电影发行放映学会。20世纪90年代，电影行业处于逐步深化改革的过程，宁德地区电影发行放映学会积极开展各种电影展映活动，推动农村电影放映工程的实施，大力组织电影进校园。1999年，宁德地区电影公司被教育部、文化部、广电总局评为“中小学生影视教育工作先进单位”。会长张明辉，秘书长林沉香。2002年4月，学会改为宁德市电影音像协会，并召开第一次会员代表大会，通过了《宁德市电影音像协会章程》，选举产生第一届协会理事会和常务理事会，市电影公司经理陈光敏任会长，福安市电影公司副经理陈济华任秘书长，会员221人。2003年4月27日、2005年9月20日，分别在屏南、寿宁举办宁德市第一、二届农民电影节。协会每两年举办一次学术理论研讨会。2003年11月和2005年10月，分别在石狮市和古田县召开全市第五届和第六届电影理论研讨会，共有17篇论文获奖。市电影音像协会还被市社科联评为先进协会，陈济华被评为先进个人。

宁德市图书馆学会 1998年成立宁德地区图书馆学会，首届会长王胜学，秘书长胡木贵，团体会员19个，个人会员28人。2001年，召开第二届会员代表大会，选举胡木贵为市图书馆学会会长，林健为秘书长。2005年，召开第三届会员代表大会，推举黄德辉为名誉会长，林华锋为会长，副会长林健兼任秘书长。

第二节　文化活动

1993年，为纪念毛泽东100周年诞辰，全区举办群众性美术、书法、摄影展览18期、展出作品1000多件，观众达10多万人次。选送音乐舞蹈节目17个、钢琴民乐选手11名、摄影书法和工艺品150多件参加省群众文化、文艺展演和比赛，共获奖项40多个。

1994年，为纪念闽东苏区创立60周年，全区举办“94金秋中国风——建国45周年优秀影片展映”和“百部爱国主义、革命历史题材影片展映月”活动，农村约有 50 万人次观看。同年，举办“百花桥”文艺晚会，从不同侧面赞颂党的文艺政策和宁德地区改革开放取得的伟大成就。

1996 年，全区举办奔小康文艺调演活动，各县（市）设分会场。

1997 年，为迎接香港回归，全区举办万人歌咏演唱会、群众性摄影作品展览和多场群众性歌舞晚会及全区第二届少数民族文艺调演。

1999 年，为庆祝中华人民共和国成立 50 周年，全区开展丰富多彩的群众性文化活动，举办“走向辉煌”综艺晚会、《万人歌咏比赛》《走向新世纪》书画展和《闽东新貌》摄影展等。

2000 年 7—8 月，宁德地区文化局举办全区首届“大红鹰杯”电视歌手赛，共有 600 多人参赛。同年，为庆祝撤地设市举办“美丽的三都港”文艺演出以及“殷承宗钢琴演奏会”和《德港之夜文艺晚会》《畲乡人民喜迎撤地设市文艺演出》等演出活动。

2001 年，为纪念中国共产党建党 80 周年举办全市群众性文艺调演，各县（市、区）积极创作排演节目参加汇演，并从中评选出 17 个具有较高思想性和艺术性的音乐、舞蹈和小品节目，部分节目参加省调演。同年，还举办“费翔群星演唱会”“太姥山金秋晚会”“红三沙之夜晚会”等多场演出活动。

2002 年，全市为迎接、庆祝“十六大”召开，先后举办《党旗颂》大型广场文艺演出和文艺晚会，8 个代表队、500 多名群众演员参加。当年，全区启动全国农村一村一月放映一场电影的“2131 工程”群众性电影放映活动，并隆重举行“十六大”献礼片《荔枝红了》首映式后，在全区各县（市、区）农村巡回公映。

2003 年，宁德市各种群众性文艺汇演、比赛活动不断，先后有《宁德市纪念学习雷锋活动 40 周年〈全球通之夜〉广场演出》、福安“三月三”大型畲族歌会、《农村〈2131 电影放映工程〉屏南现场晚会》《太姥山旅游节文艺演出》《荣宏杯〈美我家园〉社区文艺展演》《全市〈清风颂〉反腐倡廉文艺汇演》和《宁德市首届青年歌手电视大奖赛》等。是年，开展农村先进文化乡（镇）评选活动，古田鹤塘镇、福鼎白琳镇、霞浦下浒镇、柘荣富溪镇、蕉城七都镇 5 个乡镇及文化馆（站）受到市政府表彰。

2005 年，宁德市举办大型社区文化艺术节，活动内容丰富多彩，既有艺术家的个人专场艺术作品展演，又有群众性文艺活动和交流。市文化与出版局组织举办《崛起的宁德》大型群众文艺演出活动，并深入农村和大唐火电厂等重点工程工地慰问演出。

第三章　文学艺术

第一节　文学创作

一、诗歌

20 世纪 80 年代末，由闽东籍诗歌作者以及在闽东生活、工作的外地诗歌作者组成，在全国具有一定影响力的文学方阵，开始被诗坛关注，形成“闽东诗群”。具有较大影响力的代表诗人有：叶玉琳、汤养宗、谢宜兴、刘伟雄、伊路等。叶玉琳、汤养宗、空林子、谢宜兴、刘伟雄、伊路、哈雷等人先后加入中国作家协会。多位诗人出席全国重要会议，其中叶玉琳于 2001 年出席全国第六次作家代表大会，汤养宗出席全国青年作家创作会议，汤养宗、叶玉琳、友来分别于 1992 年、1993 年、2001 年参加《诗刊》社第十、十一、十七届全国“青春诗会”。叶玉琳、汤养宗被评为宁德市拔尖人才，叶玉琳同时入选福建省宣传文化系统首批“四个一批”人才、宁德市首届十大杰出青年。

1994 年，叶玉琳组诗《大地的女儿》获福建省第八届优秀文学作品奖暨第四届施学概诗歌奖一等奖；汤养宗组诗《家住海边》获福建省人民政府首届百花文艺奖二等奖。1995 年，叶玉琳组诗《名叫爱情的人》获福建省第九届优秀文学作品奖暨第五届施学概诗歌奖一等奖；谢宜兴组诗《留在村庄的名字》获《星星》诗刊全国农村题材征文大赛一等奖。1996 年，叶玉琳首部诗集《大地的女儿》入选中国作家协会中华文学基金会“21 世纪文学之星丛书・1996 年卷”；刘伟雄组诗《情牵故土》获福建省第十届优秀文学作品奖暨第六届施学概诗歌奖一等奖，谢宜兴组诗《春之曲》获二等奖。1997 年，叶玉琳组诗《名叫爱情的人》获福建省人民政府第二届百花文艺奖三等奖，其诗集《大地的女儿》获福建省第十一届优秀文学作品奖暨第七届黄长咸文学奖一等奖。1998 年,《大地的女儿》获全国首届鲁迅文学奖提名。2000 年，叶玉琳组诗《诗歌之外的故乡》获福建省人民政府第三届百花文艺奖三等奖；谢宜兴组诗《谢宜兴的诗》、刘伟雄组诗《自己的北方》获第十四届福建省优秀文学奖暨第十届黄长咸文学三等奖。2001 年，叶玉琳诗集《永远的花篮》获《诗刊》诗歌艺术文库年度优秀诗集奖、福建省第十五届优秀文学作品奖暨第十一届黄长咸文学奖一等奖。2002 年，谢宜兴、刘伟雄合著的诗集《呼吸》获福建省第十六届优秀文学作品奖及第十二届黄长咸文学奖二等奖。2003 年，刘伟雄组诗《自己的西部》获福建省人民政府第四届“百花文艺奖”三等奖；汤养宗诗歌《一场对称的雪》《关于慢——》获《星星》诗刊和《诗歌月刊》联合设立的中国年度诗歌奖。1993—2005 年，叶玉琳诗作入选《中华人民共和国50年文学名作文库·新诗卷》(1999年12月人民文学出版社出版)、《中华诗歌百年精华》(2002年5月人民文学出版社出版)等重要选集，汤养宗、叶玉琳、谢宜兴、刘伟雄、伊路、哈雷、闻小径、俞昌雄、李师江、王祥康、周宗飞、游刃、还非、石城、林典铇等诗人诗作入编年度各种选本。

2004年4月，由中国作家协会《诗刊》社、霞浦县人民政府、福建省诗歌朗诵协会联合举办的“春天送你一首诗——走进霞浦大型公益演出活动”在霞浦举行，著名诗人蔡其矫、舒婷等参加活动。会上，朗诵闽东诗人汤养宗、叶玉琳、刘伟雄、谢宜兴、伊路等人的作品。同年10月，由福建省文联、福建省作协、宁德市委宣传部、宁德市文化与出版局、宁德市文联联合举办的《闽东诗群作品研讨会》在宁德召开，谢冕、林莽、王光明、陈仲义等全国著名诗歌评论家、知名诗刊负责人以及省、市文艺界领导、代表近百人参加，与会专家对闽东诗群代表诗人的创作经历和特点进行评析，归纳出其求同与求异互补，立足地域与走出地域的把握、传统与现代的融合、创作与批评的共生等特点。研讨会期间，还举办了“诗歌感动生活——闽东诗群作品朗诵会”。

至2005年，闽东诗群诗人相继出版一批诗集，其中主要有汤养宗的《水上吉普赛》《黑得无比的白》《尤物》，叶玉琳的《大地的女儿》《永远的花篮》，伊路的《青春边缘》《行程》《看见》，谢宜兴的《留在村庄的名字》《呼吸》(和刘伟雄合著)、《梦游》，刘伟雄的《苍茫时分》《平原的树》，余禺的《过渡的星光》等。

二、小说

1993—2005年，闽东先后出版一批小说专集，其中有杨国荣的小说集《鹿节》，陈孔屏的小说集《姐妹寮》，林德发的长篇小说《炼魂》，禾源的中篇小说集《稻草垛上的女人》。新生代小说家李师江在全国发表一批中短篇小说，其中长篇小说《逍遥游》在国内颇受关注。

三、散文

1993—2005年，闽东散文家先后出版一批散文集，其中有林思翔的《海潮在这里涨落》《水巷深深》《莲叶何田田》《柳风轻轻地吹》《山色潭影自多情》，唐颐的《树犹如此》，陈孔屏的《青春做伴》，谢瑞元的《红梅雨》《渡头月》，缪华的《穿过大街走小巷》，陈浩志的《山道·水道·天道》，卢腾的《山高春早》，苏维邦的《鸳鸯溪风情》，陆宜根的《麦风》，田令心的《曾经诉说》，陈健的《怀念是一条河》，周贻海的《菩提深深》，禾源的《风的记忆》等。其中，1995年，田令心的《不做含泪的射手》获中华全国报纸副刊优秀作品大赛一等奖，林思翔的《人格力量与浩然正气》获《福建日报》主办的“雪津杯”散文征文一等奖，缪华的《鼓声不绝》、吴汉斌的《谈“公”事做“公”事》在省内征文中分别获二、三等奖。2002年，谢瑞元《杏仁茶》获华东报纸副刊评奖二等奖，朱雅秀《真情见证》获三等奖。2003年，陈浩志的《红树林下的村庄》在福建省环保文学评选中获二等奖。

四、文学评论

20世纪90年代，福安籍的中国作家协会副主席、中国当代文学研究会会长张炯曾获英国剑桥国际传记中心颁发的“二十世纪成就奖”银质奖章以及中国当代文学研究表彰奖5次。由他主编的《新中国文学史》和《中国文学通典》获中国图书奖,《新中国文学五十年》获国家图书奖提名奖。《当代文学新潮》《新时期文学六年》《中国当代文学讲稿》等6种作品获当代文学优秀研究成果表彰奖。其主要文学评论专著有《社会主义文学艺术论》《毛泽东与新中国文学》《新时期文学格局》《文学的攀登与选择》《走向世纪之交》。

此外，闽东涌现一批中青年文学评论家和文学评论专著。其中，有游友基的《中国现代诗潮与诗派》《中国现代女性文学审美论》《冯梦龙论》《九叶诗派研究》《中国社会小说通史》，邱景华的《在虚构的世界里》《现在的暗淡与未来的光明》。《现在的暗淡与未来的光明》2003年获中华全国新闻工作者协会、中国报刊副刊研究会主办的“第十三届中国新闻奖报纸副刊作品复评暨全国报纸副刊作品年赛”金奖。

第二节 艺术创作

一、音乐

音乐创作 1993年，大型电视音乐片《山海的交响——闽东抒怀》获全国第五届“星光杯”三等奖。1994年，由宁德地区畲族歌舞团创作的大型舞蹈诗《蓝色家园》参加福建省第二届艺术节，获得包括音乐创作在内的8项优秀节目奖。1999年，李晨创作的合唱《畲族重阳歌》，获第十届福建省音乐舞蹈节创作奖。2000年，由叶玉琳作词、丁献之作曲的歌曲《闽东渔汉》获全国民间文艺首届山花奖金奖。同年，严东东出演歌剧《素馨花》获文化部第九届文华表演奖。

2002年，金伯雄《新世纪，新男儿》入选《中国歌曲精品选》。2004年，由中共宁德市委、市政府主办，市文联、市音协承办，开展市歌征歌活动。组织国家级、省级和本地著名词曲作家，深入基层开展市歌创作采风活动，共创作歌词作品33首，同时收到来自全国各地投稿的133首应征歌曲作品和43首歌词作品，10月，组织专家对209首词、曲作品进行评选，评出10首入围作品；由叶玉琳作词、章绍同作曲的歌曲《一个月亮的中国》获中国文联、中央人民广播电台、中央电视台联合主办的“中华情”全球华语原创歌曲征集评选创作奖。由李晨作曲、曾洁演唱的歌曲《铺路石》获文化部主办的全国声乐、舞蹈、器乐大赛民族组二等奖、最佳声乐原创奖，并入选“2004年中国年度最佳歌曲年选大系”。2005年，由李晨、肖冰作曲的合唱《海峡》《月圆之》获省音协主办的《海峡西岸涌春潮》全省征歌评选优秀创作奖。由林文彬作曲的歌曲《春姑娘》《风啊，请你不要吹醒我》《等你在天蓝的地方》参加中国音乐文学学会主办的第四届全国新人新作歌手选拔大赛分别获得金、银、铜奖，李小青获银奖。由黄家祥创作的歌曲《平安古田》在中央第三频道播出。由叶玉琳

1994年，《蓝色家园》舞蹈演出

作词、李晨作曲的歌曲《你是我的至爱亲朋》获第二届全国群众创作歌曲大赛金奖，由叶玉琳作词、李晨作曲的《我自豪，我是纪检监察人》获全省“新创反腐倡廉歌曲”大赛创作一等奖、全国三等奖。

演唱活动 1993年，艺术馆举办“红太阳颂”卡拉OK歌手赛和全区少儿文艺调演暨钢琴民乐比赛。1994年，举办全区“歌唱祖国”专题歌手赛。1995年，举办“全区电影歌曲卡拉OK歌手赛”、全区“国防杯”电影歌曲大奖赛。1999年，举办万人歌咏比赛。

2004年，在中共宁德市委、市政府主办，市文联、市音协承办，开展市歌征歌活动中，评出10首入围作品，请专业歌唱家演唱并制作成《宁德市市歌获奖歌曲集》音乐CD光盘，向全市传唱。

2005年，市艺术馆举办“宁德市反腐倡廉歌曲演唱会”，全市10支代表队，演唱15首征歌比赛入选歌曲；举办“宁德市少年儿童民族器乐大赛”，从中选拔9位优秀少儿歌手参加首届全国少儿歌手电视大赛暨首届福建省少儿歌手电视大赛”福建赛区选拔赛，获6银、1铜小歌手奖；组织选拔11位少儿歌手，参加由中国音乐家协会主办的“第六届中国少儿卡拉OK电视大赛”福建赛区选拔赛，分别获少年组、幼儿组金牌和1银、4铜、2个优秀奖；选送小歌手张浩然、江心媛参加“第六届中国少年儿童卡拉OK电视大赛”总决赛，分别获少年组、幼儿组的大奖和一等奖。

音乐理论研究与著作出版 2001年，李晨撰写的音乐论著《畲族音乐史》获文化部第十一届群星奖文化科研成果银奖。2004年，市艺术馆组织拍摄首张《宁德畲族原生态民歌》VCD光盘，由福建省文艺音像出版社出版。《中国少数民族音乐史》中“畲族音乐史”由李晨撰写。

二、舞蹈

舞蹈创作 1993年后，宁德舞蹈事业的繁荣和发展，由社会舞蹈和专业舞蹈共同成长形成。

（一）社会舞蹈

1993年，陈毓芬编导的舞蹈《学抬花轿》获由福建省文化厅、福建省教委、共青团福建省委、福州市人民政府主办的福建省第二届少儿艺术节演出奖。1994年，王艺编导的现代舞《网》获文化部主办的全国第四届群星奖铜奖；缪丽容编导的舞蹈《凉》《畲家拣茶妹》分别获得福建省文化厅、福建省文联、福建省教育厅、福建省总工会主办的“福建省农村文艺调演”表演二等奖、创作三等奖、“福建省第八届音乐舞蹈节”创作三等奖。1996年，王艺、刘雯、郭彬彬编导，由福安市实验小学表演的少儿舞蹈《竹响空山》参加文化部主办的“民族娃”晋京演出活动。1997年，吴雪云编导的舞蹈《祖国是花季》获福建省委宣传部、省教育厅主办的福建省校园文化艺术节汇演二等奖；王艺编导的群舞《情系线面》获福建省文化厅主办的福建省第八届音乐舞蹈节“闽星奖”银奖；刘雯、郭彬彬、郑美芳编导，陈立身作曲的少儿舞蹈《竹卜惊雀》获福建省第八届音乐舞蹈节金奖。1998年，刘雯、郭彬彬、郑美芳编导，陈立身作曲的少儿舞蹈《竹卜惊雀》获文化部主办的全国“蒲公英”大赛舞蹈铜奖、创作银奖。1999年，林梅、张春玲编导，卢声华作曲的群舞《畲家妹子赶集来》获福建省文化厅、福建省文联主办的福建省第二届少数民族文艺会演铜奖；陈毓芬、张晓华编导的舞蹈《菇乡笑声甜》获福建省第八届音舞节闽星奖铜奖。2000年，张春玲编导，周景义作曲的双人舞《罾排渔火》获福建省文化厅、省文联主办的第九届音乐舞蹈比赛铜奖；雷胜辉、钟林荔编导的舞蹈《闽东渔汉》、王艺编导的现代舞

《位置》获文化部第十届群星奖舞蹈比赛优秀奖；缪丽容编导的少儿舞蹈《好日子》获中国儿童歌舞录像展演创作、表演铜奖，福建省电视舞蹈擂台赛一等奖。2003 年，张春玲辅导的舞蹈《红梅扇》，获首届福建省社区文艺大会演银奖。2004 年，少儿服饰表演《人与自然》获福建省第四届少儿音乐舞蹈服饰大赛银奖。张晓华编导的群舞《采蘑菇》获全国文艺大赛舞蹈组金奖。2005 年，陈捷娟、吴伟生编导，陈立身、朱黎明作曲的群舞《哈娃戏线狮》获“花儿朵朵”全国少年儿童音乐舞蹈邀请赛决赛金奖；群舞《千手观音》获福建省第二届少儿舞蹈电视大赛暨第三届“小荷风采”全国少儿舞蹈展演（福建）选拔赛表演三等奖；温怀平、叶逸萍、叶禄霞编导，王秀一作曲的少儿舞蹈群舞《畲家鼓韵》获银奖；缪丽容编导的少儿舞蹈《翠竹声声》获首届中国少儿舞蹈艺术节暨中国少儿舞蹈精品大赛银奖；缪丽容编导的《小小山哈闹龙灯》获创作、表演金奖；包文宁编导、声华作曲的舞蹈《菇乡雨》获全国第十三届“群星奖”福建省选拔赛优秀奖；缪丽容、薛晓霞编导的舞蹈《翠竹声声》获首届全国少儿舞蹈艺术节银奖。

（二）专业舞蹈

宁德市畲族歌舞团是宁德市唯一的一支专业歌舞团体，其舞蹈创作作品多次获得省级以上奖项。

1993 年，舞蹈《婚礼舞》获“中国民族婚礼表演金秋游园会”优秀奖。1994 年，舞蹈《行嫁》获第二届福建艺术节“芳草杯”专业组“创作奖”。同年，大型舞蹈诗《蓝色家园》获第二届福建艺术节优秀表演奖、演出奖、舞美奖编导奖、演员奖。

1996 年，舞蹈《小河淌水》获福建省第二届专业舞蹈比赛作品三等奖。1997 年，舞蹈《远古的梦》获福建省第八届音乐舞蹈节闽星奖创作银奖、表演银奖。舞蹈《猎捕舞》获福建省第二届少数民族文艺调演优秀创作奖。舞蹈《穿担情》获“孔雀奖”全国少数民族舞蹈比赛编导三等奖、优秀表演奖。1998 年，编导雷高平获中国舞协“双十佳”会员。1999 年，舞蹈《盘古造人》获“源光亚明杯”福建省首届民间故事舞蹈电视大奖赛银奖（金奖空缺）。舞蹈《闽东渔汉》获第三届福建艺术节优秀演出奖。

2000 年，舞蹈《闽东渔汉》获首届“山花奖”全国广场民间歌舞大赛金奖。舞蹈《穿担情》获福建省第三届百花文艺奖三等奖。舞蹈《新嫁娘》获首届 CCTV 电视舞蹈大赛优秀表演奖。2001 年，大型歌舞《山哈、雅美》，获第二届全国少数民族文艺会演创作金奖、演出银奖、组织奖，陈立身获优秀演员奖；吴伟生、吴小丽获最佳新人大型歌舞《多彩的山海》，获福建省（南片）部分剧团剧目调演优秀演出奖。舞蹈《我的家》获第二届全国少数民族文艺会演节目一等奖。舞蹈《手指舞》获第二届全国少数民族文艺会演节目二等奖。歌舞《歌是山哈传家宝》获第二届全国少数民族文艺会演节目三等奖。2002 年，舞蹈《手指舞》获福建省第三届专业舞蹈大赛编导二等奖、表演二等奖。次年又获福建省人民政府“百花文艺奖”。2003 年，舞蹈《我的家》获福建省人民政府“百花文艺奖”。2004 年，舞蹈《赤髀横

2001 年，宁德市畲族歌舞团演出舞蹈《手指舞》

裙》获第六届全国舞蹈比赛表演三等奖。蔡书辉获福建省第五届中青年演员舞蹈比赛"金奖"，陈伟、吴伟生分别获福建省第五届中青年演员舞蹈比赛"铜奖"。

2005年，舞蹈《跳足娘》获全国民族民间舞蹈优秀作品展演"民舞之花"奖、编导十佳。舞蹈《手指舞》又获全国民族民间舞蹈优秀作品展演"民舞之蕾"奖。舞蹈《盘瓠颂》获第四届福建省少数民族调演银奖。舞蹈《跳足娘》又获第四届福建省少数民族文艺调演创作一等奖。舞蹈《山哈·山》获第四届福建省少数民族文艺调演创作二等奖。

重大演出活动　1993年11月，宁德地区选送17个音乐舞蹈节目，参加福建省第二届少儿艺术节演出。1994年10月，宁德又有18个节目参加福建省武夷音乐舞蹈节演出。1996年7月，地区文化局组织文艺小分队，为驻宁海军部队的官兵们演出。1997年，在宁德举办首届"大黄鱼节"期间，文化部门编排大型歌舞《海上闽东》。同年，区内编排的6个畲族舞蹈参加了福建省第二届少数民族文艺调演。地区畲族歌舞团还首次赴新加坡演出，实现了宁德对外文化交流的零的突破。

2000年，舞蹈《闽东渔汉》参加由中国舞蹈家协会主办的首届全国广场舞比赛并获金牌。同年，畲族舞蹈《新嫁娘》参加中央电视台春节联欢晚会演出，是闽东舞蹈首次走进中央电视台向全国观众演播。

2002年，为庆祝党的十六大胜利召开，宁德市委宣传部和市文化与出版局联合举办全市音乐舞蹈调演《走向辉煌》，上千名音乐舞蹈专业和业务工作者参加创作和演出。

2003年3月，市舞蹈家协会配合团市委举办"宁德市纪念学雷锋活动40周年广场文艺演出"活动。7月，举办宁德市首届少儿舞蹈的电视大奖赛，来自市内的100多名少儿舞蹈小选手表演14个节目。其中3个节目获创作奖和金奖、11个节目获银奖和铜奖，并选送了7个节目参加福建省"QQ童"杯少儿舞蹈比赛，取得1名金奖2名银奖4名铜奖的好成绩。宁德市舞协获"优秀组织奖"。当年，市舞蹈家协会还配合有关部门举办"禁种铲毒文艺晚会""宁德市第四届招商暨福宁高速公路通车文艺晚会"及"厦门国际旅游"等演出活动。

2004年3月，召开宁德市舞蹈家协会召开第二次代表大会，选举产生了新一届舞协领导班子。2004年，市舞协组织会员协助交通局、统战部、政协等单位举办全市性文艺汇演。组织开展市少儿参加"2004年全国少儿舞蹈大赛"选拔赛等活动。

2005年，市舞协组织指导了少儿学生参加"全国'花儿朵朵'舞蹈邀请赛"和"全国校园春节联欢晚会"活动。

三、美术

美术创作　1993年后，宁德美术创作人员通过市、县美术家协会作纽带，开展创作和学术交流、展出等活动。闽东画家的作品在全国及省级各类画展崭露头角。1994年，李辉的国画《闽东十月》《村静农忙时》参加中国美术馆、中国美协山水画研究会联合举办的画展。1995年，陈瑞麟、何西等4人的作品获省美协主办的展览优秀奖。1996年，何西的中国画《秋痕》入选全国首届青年美术书法展。1999年，李辉的中国画《荷塘细雨》等3幅作品分别获中国美协主办的《国庆五十周年全国诗画展》《庆澳门回归全国中国画展》优秀奖、铜奖。2001年，何西的中国画《春天的故事》获上海美协主办的新世纪全国中国画大展金奖。2002年，汤元昌的作品《藕花深处》获全国美术书法精品展佳作奖，李辉《听雨声》获全国中国画作品提名展优秀奖，何农《荷塘清趣》《得山川灵气》入选《中国美术全集》，马婉玉《秋意》入选全国第五届工笔画大展获收藏奖，林伟《拜师图》获全国扇面画展优秀奖。2005 年，李辉的《荷送香风》获中国美术家协会主办的北京国际美术 20 年展暨第十六届国际造型艺术家代表大会美术特展铜奖。

1993—2005 年，宁德有 100 多件作品入选全国各类美术重大展事并获奖。有 800 多幅作品在《美术报》《美术》《当代水墨》等全国级书画刊物上发表。李辉、马树霞、方祖钦、林伟、潘可登、何西、罗健、汤元昌等 10 多位画家出版个人画册。

美术展览 2000 年，市美协举办宁德市首届美术作品学术展，共展出各类美术作品 40 多幅；举办“华峰国画小品展”“宁德撤地设市名家书画展”“闽东首届书画艺术品拍卖暨展出”。2001 年，福安画家何农的中国画作品展在马来西亚举办。2003 年，李良、陈凌华、刘永青、丁丹等人的个人画展先后在宁德举办。2004 年，林寒光、汤元昌画展在宁德举办。市美协先后组织举办“宁德市迎新春书画展”“宁德市庆祝国庆 55 周年书画展”“纪念闽东苏区成立 70 周年书画展”“宁德、莆田政协书画联展”等。一些画家的作品还参加“阳光助学”书画拍卖捐赠活动，20 多件作品拍卖的 3 万多元全部资助区内贫困学生。

学术研讨与交流 1993—2000 年，市（地）美协结合画展先后举办“汤元昌、阮东光作品学术研讨会”“袁晓春、袁禹怀作品学术研讨会”“丁丹画展座谈会”“冯小莹国画作品研讨会”“潘可登作品研讨会”“罗健国画小品研讨会”“宁德市美术创作学术研讨会”等。

2001 年，市美协邀请中国美协展览部主任王秉谦、著名画家梁岩、中国艺术研究院博士生导师徐思存等到宁德举办学术讲座、指导创作。2003 年邀请著名画家孔维克、颜泉、周尊圣前来开展交流、指导活动。2004 年邀请李晓东、许文厚、叶森槐等多名著名画家到宁德进行学术交流。同年，市美协还召开全市美术创作座谈会，50 多位区内美术创作骨干出席会议。2005 年，邀请浙江省温州市 12 名书画家到宁德开展联谊及学术交流活动。市美协组织部分会员到周宁、霞浦、福安等县（市）开展写生活动，并交流创作技艺。

四、书法

书法创作与展出 1993 年，杨安细作品入选全国第五届中青年书法篆刻家作品展，阮宪镇作品入选首届国际书法艺术大展和中日破体书法国际展。1994 年，地区书协举办地区首次书法展览，共展出作品 76 幅，纪念空海大师入唐 1100 周年。同年，陈远、杨安细作品入选中国书协主办的第一届全国楹联书法大展，陈远获银奖。1995 年，阮宪镇、刘永顺、张春生作品入选第三届中国书坛新人作品展，罗一鸣、刘永顺入选全国首届正书展，陈远作品获福建省第一届书画节作品展铜奖。1996 年，刘永顺、杨安细、阮宪镇作品入选全国第二届楹联书法大展，杨安细作品获福建省第三届艺术节书法作品展览铜奖。1998 年，罗一鸣作品入选第四届中国书坛新人作品展。1997 年，陈远作品获第二届福建书画节作品展览金奖。1999 年，刘永顺作品入选全国第七届书法篆刻作品展，罗一鸣作品入选全国第一届扇面书法艺术大展，蓝建田作品入选全国第三届楹联书法大展，陈远、蓝建田作品分别获第三届福建书画节作品展览金奖、铜奖，陈远作品获庆祝澳门回归书画展铜奖。2000 年，宁德市书法协会举办“宁德撤地建市书画展”，展出会员作品 100 多幅。同年，杨安细、蓝建田、阮宪镇作品入选中国书协举办的全国第八届中青年书法篆刻家作品展览，罗一鸣作品获福建省第三届百花文艺奖三等奖，蓝建田作品入选龙年龙岗杯国际书法大展。2001 年，市书协举办“宁德撤地建市一周年书画展”和“太姥山杯全国书法大赛”。同年，阮宪镇、杨安细作品获福建省工艺美术“百花”展铜奖。2002 年，陈远的《篆书艺术联》入选全国楹联书法展。2003 年，阮宪镇作品入选首届中国敦煌国际艺术节敦煌杯全国书法大展和全国书画小品展。2004年，阮宪镇作品入选第五届全国楹联书法大展。2005年，刘永顺作品入展全国首届公务员书法作品展，蓝建田作品入选第三届中国（天津）书法艺术节全国书法百家精品展和西泠印社首届中国书法大展。2002—2005年，市书协先后举办了“全国青年书法家邀请展”“闽东十佳青年书法篆刻展”“迎新春书法展”“郭幼仁书法福州宁德展”“陈远书法篆刻作品宁德、福安、福州、广东揭阳、汕头、山东滕州展”等。先后出版《太姥山印谱》《快斋兰亭序正气歌印痕》《陈必滔书法作品集》《陈世瑶诗书印回顾展作品集》《陈远书法作品初集》《当代最具潜力书法家——陈远》《宝山陈远》《中国历代玺印精品博览》《空海入唐行迹印谱》《蕉城书画十家》《宁德市书法作品集》《中国书法名家精品集》《蓝建田书法选》《林梓调书法集》《阮为康书法集》《太姥山杯全国书法大赛作品集》《罗一鸣书心经三种》等书法专著。

学术研讨与交流　1993—2000年，宁德市（地区）书法家协会先后邀请著名书法家赵立凡、沈觐寿、吕济民、陈奋武等人亲临宁德讲座授课、点评展览、指导创作。市书协会员还应邀赴澳门等地进行书法艺术交流，与浙江义乌、温州举办书法联展等。

五、摄影

摄影创作与展出　1993年，宁德地委宣传部和地区文化局联合举办“纪念毛泽东100周年诞辰摄影展”，首次展出地区摄影家协会（简称“摄协”）会员及摄影爱好者的200多幅作品。1994年，地区摄影家协会举办“纪念闽东苏区创建60周年摄影展”，并组织300多幅作品参加福建省文化厅举办的福建省第二届文化艺术节暨省摄影家协会第十五届摄影展，14幅作品入选参展。1995年，省旅游局、地区行署和宁德市政府联合举办“中国闽东风情旅游节摄影作品展”，有大量摄协会员作品入展。同时举办“闽东情”和“创业者风采”摄影活动，组织会员把镜头更多地转向农村工厂，反映劳动者的工作和生活。1996年，地区文化局和地区摄协联合在古田县举办“小康一日”摄影赛，组织会员深入农村，到田间地头采风创作反映劳动群众生产、生活的作品。同年举办“蕉城一日”摄影赛，组织摄影家参加闽东首届大黄鱼节招商摄影活动并编辑专集。22幅作品入选省文化厅举办的“纪念红军长征60周年摄影展”，其中6幅作品获优秀奖。1997—1998年，地区摄协先后举办“小康路上看闽东”摄影展、“闽东情”摄影展和“夏念长四十年摄影作品展”暨《夏念长摄影作品集1957—1997》出版首发式。1999年，地区摄协与地区土地管理局联合举办“爱我国土、保护耕地”摄影展，与地委宣传部、地区文化局、地区文联等联合举办庆祝中华人民共和国成立50周年“闽东新貌”摄影作品展和“创业者风采”美术书法摄影展。2000年，地区摄协承办“走向二十一世纪的闽东”大型摄影展，并精选出300多幅作品编辑成册。2001年，市摄协举办“闽东摄影作品展”。傅熹的《真情》获省科技界建党80周年书画影赛一等奖，江木树的《春之歌》获省第二届艺术摄影展银奖，吕声明的《滩涂墨韵》入选比利时国际沙龙摄影赛并被当地博物馆收藏。2002年，市摄协配合太姥山旅游文化节举办“相聚太姥山”摄影展，观众达2万多人次；在霞浦举办的“阿波罗杯会员摄影艺术作品展”，把摄影作品从艺术殿堂搬到繁华大街上展出，《中国摄影报》《人民摄影报》《福建摄影通讯》等作了报道。同年，郭健平《母子俩》入选全国摄影大赛，汤大为《龙仔》入选全国摄影大赛获二等奖、《影韵》入选第六届中国上海国际摄影艺术展，李民雄的摄影论文《掌握数字技术，做好人民编辑》获全国地市州盟新闻摄影评论一等奖。2003年，市摄协承办“穿山跨海——建设中的福宁高速公路”摄影展，并出版《世纪丰碑》大型画册。柳明格的《为了农民的事业》获全国金融工委职工摄影比赛一等奖，李民雄的《环卫所里的第 20 对比翼鸟》获中国新闻摄影学会及中国地市州盟报新闻摄影研究会评比金奖。

2004 年，市摄协分别在宁德、福安举办“闽东苏区新貌”影展，130 多幅作品在全省及全国性影展、影赛、网赛、刊赛中获奖。其中郑德雄的《水乡古韵》获中国摄影家协会举办的中国丽水国际摄影大赛一等奖,《水乡古韵》《金色海岸》获国际摄影大赛优秀奖,《挂蛎图》《海岛石韵》《江南古韵》在亚洲佳能杯摄影大赛中获三等奖，郭幼平的《金松迎客》获省人寿系统摄影展一等奖。2005 年，市摄协举办新宁德新风貌摄影展、闽东摄影艺术精品展。当年，郑德雄、彭邦、郑忠夫、何兴水等 4 位摄影家的 6 幅作品入选国内外摄影艺术展。

其间，一批以“海”为摄影主题的闽东“海”影人创作活动十分活跃。他们长期深入闽东海域，创作一批“海”摄影作品，并吸引大批海内外摄影爱好者前来采风创作。霞浦县因势利导，打造建设海滩、海域摄影旅游基地。

培训与交流　1993—2002 年，摄协先后推荐 300 多人参加中国摄影函授学院学习。1993 年协会配合闽东日报社举办第二期新闻摄影培训班。2002 年协助地区文化局举办摄影培训班。组织会员到婺源、徽州、西昌、九寨沟、西藏、新疆、政和、泰顺、瑞安、苍南、温州、横店等地开展采风和交流活动。部分会员赴国外采风创作并参加展览。

从 1996 年开始帮助市老年大学举办为时三年共 6 个学期的老年摄影培训班的教学活动，培养老年学员 250 多人次。

2002 年，市摄协成立摄影技能鉴定站，配合有关部门为霞浦、蕉城等地举办摄影技能鉴定培训班，为照相行业从业人员评定初、中级摄影师 100 多人。

2005 年，市摄影家协会开通“海峡摄影新干线”网站，是大陆首家与台湾同行沟通交流摄影艺术的专业网站，网站开设了在线影展、嘉宾有约、两岸交流、摄影资讯、摄影论坛等 9 个版块。

第三节　戏　曲

一、剧种

1993 年，宁德地区仍保留有比较丰富的剧种，主要有闽剧、越剧、北路戏、四平戏、枝头木偶、平讲戏等。其中，北路戏、四平戏和平讲戏属全国少有或独有的地方戏剧种。

四平戏　“俗称“庶民戏”，有“中国四平戏活化石”“明代四平腔遗响”之誉。明末从江西传入屏南龙潭村。屏南龙潭村的四平戏，有“四平班，祖公戏”之称。1993 年后，屏南四平戏、平讲戏作为省内乃至国内稀有剧种得到政府的抢救和保护。1999 年 7 月，屏南县委宣传部组织人员整理四平戏传统剧目。2001 年 8 月，屏南县成立抢救四平戏领导小组。是年，王让梨创作的四平戏折子戏《独生子女一枝花》《亲家母送红蛋》剧本，由龙潭四平戏业余剧团演出。2002 年，完成屏南龙潭四平戏剧团建设工作，投入资金 20 多万元，添置服装、道具、音响、灯光、乐器等设备。举办四平戏培训班，培训学员 28 人。同年 10 月，屏南县举办“两戏三团”（另一戏种为平讲戏）汇报演出，剧目有龙潭村剧团演出的四平折子戏《调五方》《挨磨》《井边会》，安溪杖头平讲木偶戏《江姑伏虎记》选段，熙岭闽剧木偶戏《白蛇传》选段。是年，屏南县成立屏南地方戏研究办公室，开展屏南地方戏曲研究与保护工作。2003—2005 年，屏南地方戏研究办公室共完成全县 149 建制村、7 个社区、85 个自然村地方戏曲普查，完成普查表 600 多份，其中查实屏南县历史上存在四平戏班的村有 16 个，班社 30 个；四平戏剧目 142 个，曲牌 80 多个；之后整理四平戏研究丛书 8 集，100 多万字，建立档案资料 29 份。

平讲戏　源于明末清初的“驮故事”，又称“肩头棚”，它是闽剧的前身之一，流行于福州、闽侯、福清、屏南、古田、宁德、福安、柘荣等地。1993 年后，福安、周宁、屏南等县重视对平讲戏的挖掘抢救工作，尤其是作为重要流行地的屏南，投入较多人力和财力予以扶持。2002—2005 年，屏南县地方戏研究办公室经调查落实，办过平讲戏班的乡村 115 个，班社 140 多个；整理《铨宝带》《贺太平》等剧本 9 本，《偷桃》《云头送子》等折子戏剧本 9 出，音乐曲牌 57 个，并根据口述整理出《马匹卜换妻》《王魁打赌博》剧本。

北路戏　俗称“福建乱弹”，是清代中叶由江西、浙江传入福建的乱弹与当地民间戏曲融合形成的一种地方戏曲声腔剧种，曾流行于闽北、闽中及闽东等地。闽东尤以周宁、寿宁、屏南、古田、福安等农村为盛。北路戏由于主要乐器为长膜笛，故又名“横哨戏”。北路戏的传统剧目有 100 多本，常以“五缘”“六配”“九阁”“十三带”概括其主要剧目。剧目类别有“正调戏”如《蓝田带》《沉香阁》《宝莲灯》等，“反调戏”如《翠花缘》《长坂坡》《水淹七军》等，“石牌戏”如《龙虎斗》《古城会》《瞒天过海》《罗成叫关》等；口述整理和演出传统剧目《鸳鸯带》《节孝图》《三仙炉》《下水牢》《双合缘》《珍珠串》《桃花癫》《八府巡按》《飞龙带》《芦花记》《上酒楼》；创作有《张高谦》《女大当家》《流亡剧团的孩子》等。2002 年，《齐王哭将》剧目复排后在寿宁周边县（市）巡回演出。

闽剧　闽剧是福建地方戏中的大剧种，也是宁德的大剧种。1993 年后，闽剧艺术在市场经济体制冲击下已不再繁荣，基本退出演出市场。此后，随着国家有关政策的出台，各地政府对文化工作有所加强，闽剧在古田再度发展，古田县闽剧团演出《红罗衫》《楚宫怨》《狸猫换太子》《飞箭传书》《李代桃僵》等一批质量上乘的剧目，深受观众欢迎，市场演出供不应求。1993—2005 年间，先后创作《红罗衫》《英雄与逃犯》《临水夫人》，并分别参加福建省第十九、二十一、二十三届戏剧会演，分获多种奖项。

古田闽剧《红罗衫》剧照

越剧　20 世纪 20 年代从浙江传入福建，逐渐发展成仅次于闽剧的福建第二大剧种。1993—2005 年，福鼎越剧团、柘荣越剧团创排的《孩子剧团》《莫为归处愁》《天地良心》《英雄与逃犯》《烛光》《荷花嫂》《送给妈妈的生日礼物》《钵头的故事》等一批优秀剧目，参加演出和比赛荣获各种奖项。

二、剧本与剧目

1993年后，因戏剧不景气，政府财政投入少，剧团处境困难，剧目创作队伍不断萎缩，剧作者或退休、或流失，由20世纪90年代初全区的30多人下降到不足10人。虽然剧目数量有所下降，但质量仍居全省中上水平。重点剧目有：

越剧儿童剧《孩子剧团》 福鼎市越剧团演出。剧本描写身陷沦陷区上海的孩子剧团的孩子们，冲破日伪重重封锁，历尽艰险，到武汉找党，后来在周恩来、邓颖超领导下，投身抗日战争。该剧塑造许多充满爱国热情的儿童形象，是全国少有的以戏曲形式表现爱国情怀的儿童剧作品，获1992年度全国儿童剧评奖一等奖，并于1993年6月，应文化部邀请赴京参加全国优秀儿童剧展演，是参加展演的6个团中唯一的县级剧团。在全国儿童剧评奖中，获剧目一等奖、编剧奖、导演奖、舞美奖、演员奖。

闽剧古装戏《红罗衫》 取材于明代冯梦龙《警世通言》第十一卷“苏知县罗衫再合”。1988年改编成闽剧本，通过对一个杀人越货的强盗曲折的悔罪过程的描写，表现人性的复杂与多变。情节曲折，悬念强烈，高潮迭起，极具观赏性。周宁县闽剧团首演并连续上演150多场，历演不衰。1993年修改后，由古田县闽剧团演出，参加福建省第十九届戏剧会演，获得优秀剧目奖、优秀剧本奖、优秀导演奖、优秀音乐奖、优秀演员奖（林丽华）、舞美奖、演员奖（江建基、曾志辉）。累计演出100多场，仍久演不衰。剧本发表于《剧本》月刊1994年第五期，1999年收入《新时期福建戏剧文学大系》第四卷。

越剧小戏《荷花嫂》 柘荣县越剧团演出。剧本把本来枯燥乏味的计生题材写得颇有情趣，刻画了一个通过“以假治假”整治人情歪风，坚决执行计划生育国策的农村计生小组组长荷花嫂的人物形象。该剧获文化部“群星奖”金奖。

闽剧现代戏《英雄与逃犯》 古田县闽剧团演出。剧本描写一个伪装成治安联防办联防队员的逃犯姚高明，因见义勇为，勇斗海霸而被公安部门誉为英雄之后的内心挣扎，是继续伪装还是投案自首，以及一手树立包装这个先进典型的公安局长的纠结处境。该剧获福建省向中华人民共和国成立50周年献礼剧本征文剧本奖。剧本发表于1999年《福建艺术》增刊，同年参加福建省第二十一届戏剧会演，获编剧、导演、音乐、舞美等奖项。

1993—2005年宁德市（地区）创作或演出的主要剧目一览表

表38-1

剧目名称	创作时间	编剧	体裁	发表情况	演出团体	主演	获奖情况
孩子剧团	1993	林　种	现代儿童剧	《剧本》月刊1990年6月刊出	福鼎县越剧团	吴丹萍 谢仁春 储水平	获1992年全国儿童剧评奖一等奖、编剧、导演、舞美、演员奖（吴丹萍、谢仁春、储水平）、中宣部“五个一工程奖”提名
红罗衫	1993	林之行	闽剧古装戏	1994年《剧本》月刊第五期发表；1999年收入《新时期福建戏剧文学大系》第四卷	古田县闽剧团	江建基 林丽华 曾志辉	获福建省第十九届戏剧会演优秀剧本、优秀演出、优秀导演、优秀员奖（林丽华）、舞美、演员奖（江建基）

续表 38-1

剧目名称	创作时间	编剧	体裁	发表情况	演出团体	主演	获奖情况
莫为归处愁	1995	施正发 蓝 青	现代戏	《福建艺术》1999 年增刊发表	福鼎市越剧团	潘觉民 吴丹萍 谢仁春 赖瑞芳	获福建省 1995 年现代戏调演剧本三等奖、优秀演出奖、优秀导演奖、音乐设计奖、优秀演员奖(吴丹萍)、演员奖(谢仁春、潘觉民)
柳溪曲曲	1995	吴昌铸	现代戏	—	—	—	获福建省 1995 年现代戏剧本征文比赛二等奖。第二届中国戏剧文学奖银奖；1999 年获第十三届“田汉戏剧奖”剧本二等奖
天地良心	1996	林 种	现代越剧	《福建艺术》1999 年增刊发表	柘荣县越剧团 宁德市畲族歌舞团	邢雅惠 吴丹萍 张春玲 刘平华	参加福建省第二十届戏剧会演，获编剧三等奖、演出奖、导演奖、优秀舞美奖、优秀灯光奖、优秀演员奖（邢雅惠）、演员奖（吴丹萍、张春玲、刘平华）
送给妈妈的生日礼物	1996	吴昌铸	话剧小品	—	—	—	参加省首届“开元杯”小戏小品比赛，获三等奖
冯梦龙断案	1998	林之行	闽剧古装戏	2000 年《福建艺术》第一期	福建省实验闽剧团	—	1999 年由福建省实验闽剧院演出，参加省第二十一届戏剧会演，获剧本二等奖，由国内 13 个省市的 14 家杂志主办的“第十五届田汉戏剧奖”评上剧本二等奖
烛光	1999	金爱珠 林 种	现代戏	《福建艺术》1999 年增刊发表	福鼎市越剧团	刘平华 吴丹萍 谢仁春 赖瑞芳	获福建省第二十一届戏剧会演剧目奖、编剧三等奖、导演奖、演员奖（刘平华、吴丹萍、赖瑞芳）、福建省现代戏征文剧本奖
英雄与逃犯	1999	赖玲珠	现代戏	《福建艺术》1999 年增刊发表	古田县闽剧团	江建基 林丽华 陈子荣 曾美仙	获福建省第二十一届戏剧会演编剧三等奖、导演奖、音乐设计奖、优秀演员奖（林丽华）、演员奖（陈子荣）
商机	1999	周伦善	话剧	《福建艺术》1999 年增刊发表	—	—	获福建省向中华人民共和国成立 50 周年献礼优秀现代戏剧本征文创作奖
送子观音	2000	吴昌铸	现代戏	—	—	—	省“向建党八十周年”献礼现代戏征文比赛创作奖
荷花嫂	2001	吴昌铸	越剧小戏	—	柘荣县越剧团	潘建婷 刘平华	福建省第七届民间戏剧大赛优秀演出奖、创作一等奖、优秀演员奖（潘建婷、刘平华）、演员奖(赖瑞芳特邀)；同年 12 月参加全国第 11 届“群星奖”小戏小品比赛，获金奖
三砍葫芦	2001	吴昌铸	古装戏	—	—	—	获第二届中国戏剧文学奖剧本铜奖
孙尚香	2002	林之行	闽剧古装戏	2003 年《福建艺术》第二期	福建省实验闽剧团	—	获第二十二届戏剧会演剧本二等奖，第十八届田汉戏剧奖剧本一等奖

续表 38-1

剧目名称	创作时间	编剧	体裁	发表情况	演出团体	主演	获奖情况
苜蓿生涯	2002	林之行	越剧古代戏	—	福鼎市越剧团	潘觉民 吴丹萍	获福建省第二十二届戏剧会演剧目奖、编剧三等奖、演员奖（潘觉民、吴丹萍）
辣妹小酒店（小戏）	2002	吴昌铸	现代小戏专场	—	柘荣县越剧团	刘平华 袁岩梅 魏静波 林迎春 林　影 陈　龙	获第二十二届戏剧会演小戏专场剧目奖、编剧三等奖、导演奖、音乐设计奖
钵头的故事（小戏）	2002	吴昌铸	现代小戏专场	—	柘荣县越剧团	刘平华 袁岩梅 魏静波 林迎春 林　影 陈　龙	获第二十二届戏剧会演小戏专场演出奖、演员奖（刘平华、袁岩梅、魏静波）
除夕之夜（小戏）	2002	吴昌铸	现代小戏专场	—	柘荣县越剧团	刘平华 袁岩梅 魏静波 林迎春 林　影 陈　龙	获第二十二届戏剧会演小戏专场演出奖、演员奖（刘平华、袁岩梅、魏静波）
苦渡	2002	林种	话剧	—	—	—	获福建省2002年现代戏剧本征文三等奖
游魂	2002	全爱珠	小话剧	—	—	—	获福建省2002年现代戏征文三等奖；第二届中国戏剧文学奖铜奖
桃花夹竹	2002	吴昌铸	现代戏	—	—	—	获福建省2002年现代戏剧本征文三等奖
桃花吟	2002	赖玲珠	现代戏	2001年11月刊号《剧本》	龙岩市汉剧团	—	获福建省“向建党八十周年献礼”优秀现代戏剧本征文比赛二等奖；第二届中国戏剧文学奖银奖；福建省二十二届戏剧会演剧本三等奖；2003年入围首届老舍青年戏剧文学奖评选
摆位子	2002	赖玲珠	话剧小品	入选中国戏剧出版社出版的《2002全国百优小品集》	—	—	获2002年“中国曹禺戏剧奖·小品小戏评选暨中国剧协百优小品大赛”编剧三等奖
三倒丫轶事	2003	赖玲珠	现代戏	《新剧本》2003年第二期刊发	—	—	参加2003—2004年广州市文体局主办的向全国征集舞台文学剧本活动，在546部应征作品中，成为11部入选作品中的4部戏曲作品之一，名列第一

续表 38-1

剧目名称	创作时间	编剧	体裁	发表情况	演出团体	主演	获奖情况
门神	2003	吴昌铸	越剧小戏	—	柘荣县越剧团	—	参加福建省、市纪检系统反腐倡廉“警钟杯”文艺调演。获福建省建设社会主义新农村小戏小品征文优秀创作奖
盛世羊年农家乐	2005	吴昌铸	戏剧小品	—	—	—	参加宁德市财政系统文艺调演，2006 年获福建省建设社会主义新农村小戏小品征文创作奖
一份招聘表	2005	吴昌铸	话剧小品	—	—	—	参加新世纪首届全省职工相声、小品大赛，获创作奖、组织奖、演出奖、演员奖等九个奖项

第四节 民间艺术

1993 年，实施弘扬闽东优秀畲族民间文化艺术的“1233 工程”，即建好一个畲族歌舞团，办好两个馆——畲族博物馆和畲族革命纪念馆，活跃三个点——福鼎双华畲族民俗文化示范点、福安畲族茶文化示范点、宁德金涵乡畲族历史文化示范点，形成三个有——有专门研究畲族民间文化的机构（畲族文化研究会）、有一批从事畲族文化研究的队伍、有经常性的畲族民间文化活动。是年，编辑出版畲族民间文学三套集成《闽东畲族民间故事、歌谣和谚语》。同年，柘荣县将剪纸列为优秀民间文化艺术进行抢救传承；首次组织老艺人王描眉、袁秀莹、施兰金等创作一批作品赴菲律宾马尼拉展出；在县职业中学和实验小学开设兴趣班，以跟班学习的方式、带徒培养一批剪纸新秀；成立县“民间剪纸艺术研究班”和艺术馆。1995 年，福安珍华堂银雕工艺店在福安城关正式挂牌营业，同时挂牌成立全省唯一的“畲族银器技术研究所”，专门从事民间保护、挖掘、传承、生产和研究闽东民间银雕技艺。闽东木偶戏以屏南的杖头木偶戏为最具特色、布袋戏则以柘荣为其代表，这些民间艺术古朴简易、适合民间活动。1998 年，屏南四平戏、杖头平讲戏、民间木偶、布袋戏艺人组成团队开始在乡间演出并重新唤起群众的喜爱。

1999 年后，有着深厚民间文化艺术底蕴和鲜明畲族特色的闽东银雕开始引起人们的注意并逐渐走向市场。其中以福安“盈盛号”和“珍华堂”最具代表。他们的工艺作品参展厦门文博会、上海世博会、台湾展销会以及北京大师精品展。2001 年，古老的宁德霍童线狮表演艺术首次越过海峡，代表闽东民间艺术参加“闽台一家亲”艺术会演。霍童线狮融汇木雕、绘画、纸布扎工艺及舞蹈、木偶、武术表演技术于一身，线狮制作精美、形象栩栩如生，表演动作优美。在政府重视下，霍童线狮培养一批制作和表演年青传人，节日期间常活跃于乡镇农村，还经常代表闽东参加省和全国民间艺术表演。2003 年，他们制作的一只线狮，被省博物馆收藏。2005 年，中央电视《走进中国》栏目组专程前来拍摄专题节目。

第四章　文化遗产

第一节　文　物

一、保护管理

1993 年 6 月，古田县黄田火车站派出所查获一批走私文物，共 92 件，并移交给古田县博物馆。

1994 年 5 月，宁德地区行政公署发出《关于加强文物保护工作的通知》，确定全区文物保护单位 176 处（其中省级文物保护单位 8 处，县级文物保护单位 168 处），全区馆藏文物 3500 余件（其中二级品 16 件，三级品 843 件），要求区内文物保护管理单位和广大群众做好文物保护工作。8 月，古田县博物馆接收 198 件由古田县公安局依法查获并没收的走私文物。

1995 年 11 月，地区文管会接到国道 104 线宁德飞鸾隧道改建工程中飞鸾古窑址遭破坏的报告后，立即组织人员赶到现场了解情况，并收回一批出土器物，要求施工方保护好现场，同时请省文物专家到现场指导处理。当年，地区有关部门还协同霞浦县、柘荣县解决了久拖不决的松山天后宫和游朴墓保护涉及的拆迁征地等问题。

1996 年 3 月，宁德地区文物管理委员会发出《一九九六年全区文物工作计划》，提出全区文物工作的主要任务是开展对古桥梁专项普查，做好三线（国道 104 线、铁路、汽专线）文物普查的前期准备工作和抓紧屏南的千乘桥、霞浦的传胪城堡的省级文物保护单位的申报工作。同年，省财政局、文化局拨款 16 万元，维修宁德支提寺、福安狮峰寺等。

1997 年 8 月，宁德行署发出《关于研究保护廉村古文化工作现场办公会议纪要》，要求做好廉村的研究和保护工作。当年，古田县博物馆再次接收由平湖镇派出所依法收缴的 39 件走私文件和县公安刑警队依法没收的一件绿釉三足炉（国家三级保护文物）。

1998 年，地区文化局和文管会在全区开展少数民族（畲族）文物调查并加强对这些文物的保护工作。地区成立抢救畲族文化工作领导小组，深入畲族乡镇、村寨开展调查工作。同年，在福（鼎）宁（德）高速公路正式开工建设前，开展高速公路沿线文物调查，发现 6 处史前文化遗产，并向省文管会、文化厅呈报《关于高速公路宁德段史前文化遗址情况的汇报》。

2000 年 6 月，省文物管理委员会、省文化厅下发《关于福宁高速公路建设涉及福鼎市级文物保护单位分水关城墙保护问题的批复》，指出原则同意保留原设计方案的意见，将高速公路经过的分水关城墙迁建于福宁高速公路西侧至国道 104 线东侧的分水关城墙旧址毁坏处并加以修复；迁建前应由省文管会考古工作队进行勘查和考古发掘后再会同宁德地区文管会，地区文化局和省文管会考古工作队研究制定迁建、修复方案，报省文化厅审批后组织实施。同年，福建省考古队对福鼎国兴寺遗址进行保护性考古发掘，除做好主殿等主要古建筑的保护外，考古挖掘面积2000平方米，出土文物有碗、盘、碟、钵等，还有大量瓦当、佛像以及石槽、石碑、柱础等建筑构件、饰件。

2002年4月，市文化与出版局、宁德市公安局发出《关于做好我市文博单位三级风险达标工作的通知》，要求各县（市、区）、各有关单位重视文物工作，确保国家各级文物的安全。同年9月，市人大常委会教科文卫委课题调研组对市内部分重点文物保护单位进行调研，督促有关部门加强全市文物保护和管理工作。

2003年2月，宁德市政府发出《关于加强文物保护工作的通知》，要求各地在保护国家文物工作中，解放思想、创新机制，实行以国家保护为主，动员社会参与的文物保护新方法。5月，宁德市人大常委会一届十七次会议通过《宁德市人民代表大会常务委员会关于加强文物保护管理的决定》，是全区、也是宁德市设市后第一个为保护文物立法的文件。

2004年，市文化与出版局组织市、县（市、区）两级文物工作人员，对全市所有文物保护单位进行全面、细致的勘测、拍摄，编辑出版《文明的足迹——宁德市文物保护单位揽胜》一书，成为宁德市第一部系统、全面介绍区内重点保护文物的重要资料性著作。

2005年，市人大常委会对《宁德市人大常委会关于加强文物保护管理的决定》开展执法情况调查，对各地在文物保护方面存在的一些问题向有关县（市、区）和有关部门反馈，提出改进建议。当年3—6月，为配合温（州）福（州）铁路建设，受东南沿海（福建）铁路公司筹备组的委托，福建博物院考古研究所（福建省文物管理委员会考古工作队）联合宁德市文管办等单位组成“温福铁路（福建段）考古队”，对铁路沿线进行文物调查、考古勘探工作，发现马洋商周遗址等7处古遗址。

二、文物保护单位

（一）全国重点文物保护单位

2006年5月，区内狮峰寺、万安桥、千乘桥、百祥桥、鸾峰桥、杨梅州桥、蟾溪木拱桥群（含飞云桥、仙宫桥、升平桥和登云桥）、东源桥、田地桥被国务院公布为第六批全国重点文物保护单位。

狮峰寺　位于福安市溪柄镇柏柱洋狮峰山下，始建于唐景福元年（892年），由弥勒殿、大雄宝殿、磐若殿、斋堂、圆通堂等五座殿堂组成。其中大雄宝殿建于明万历四十年（1612年）。

千乘桥　　张尊镇　摄

万安桥　位于屏南县长桥镇长桥村。宋代始建，清乾隆七年（1742年）重建，以后又多次重建，为五墩六孔木拱廊桥。桥长98.2米、宽4.7米，舟形墩，桥屋38开间、用柱 156 根，是国内已存最长的木拱廊屋桥。桥西北建有重檐桥亭。

千乘桥 位于屏南县棠口乡棠口村，始建于南宋末，清嘉庆二十五年（1820 年）重建。木拱廊桥，长 60.7 米、宽 4.9 米，一墩、二孔，船形墩，单孔跨度 27 米。桥上廊屋 22 间，桥南端有清道光二年（1822 年）千乘桥志碑四通。

百祥桥 位于屏南县棠口乡山棠村，宋代始建，清光绪二十年（1894 年）重建。单孔木拱廊桥，桥长 49 米、宽 2.5 米、孔跨 34.45 米。桥东保存多通重修桥碑，桥西立有保护修桥专用山林的公约碑。

鸾峰桥 位于寿宁县下党乡下党村，明代始建，清嘉庆五年（1800 年）重建。单孔木拱廊桥。桥长 47.6 米、宽 4.9 米、拱跨 37.6 米，是已存单拱跨度最大的木拱廊桥。

杨梅州桥

杨梅州桥 位于寿宁县坑底乡杨梅州村，清乾隆五十六年（1791 年）建，道光二十一年（1841 年）改建。单孔木拱廊桥。桥长 42.5 米、宽 4.64 米、拱跨 33.75 米。

蟾溪木拱桥群 位于寿宁县鳌阳镇蟾溪之上，有飞云桥、仙宫桥、升平桥和登云桥四桥，均为木拱廊桥，合称蟾溪木拱桥群。飞云桥位于后墩村。始建于明天顺七年（1463 年），民国 27 年（1938 年）重建。桥长 29.2 米、宽 5.3 米，单孔，拱跨 18.8 米。仙宫桥位于升平桥下游约 200 米处。始建年代不详，清乾隆年间重建。东西走向。桥长 27 米、宽 5.1 米，单孔，拱跨 24.5 米。升平桥位于县城东门右侧。始建于明天顺元年（1457 年），清乾隆四十三年（1778 年）重建。该桥南北走向，桥长 25.4 米、宽 5.6 米，单孔，拱跨 23.4 米。登云桥位于杨梅桥村。清乾隆三十六年（1771 年）至清乾隆三十八年（1773 年）建。南北走向，桥长 33.8 米、宽 4.2 米，单孔，拱跨 30.8 米。

东源桥 位于柘荣县东源乡东源村，又名水浒桥，元至元元年（1335 年）始建，明嘉靖十三年（1534 年）、清乾隆十六年（1751 年）重建。单孔木拱廊桥。桥长 43.2 米，拱跨 25 米。桥屋梁架左右共 18 缝，每缝 6 根立柱，计 108 根立柱。

田地桥 位于古田县鹤塘镇田地村，清嘉庆十一年（1806 年）建。单孔木拱廊桥。桥长 40.75 米、宽 5.85 米、拱跨 32.8 米。

（二）省级文物保护单位

幽岩寺塔 位于古田县鹤塘镇幽岩村。始建于北宋元丰三年（1080 年），嘉泰四年（1204 年）重建。塔石构实心，楼阁式 8 角 9 层，高 13 米。1993 年公布为福建省文物保护单位。

张高谦陵园 位于寿宁县武曲镇大韩村，1990 年动工，1991 年 1 月竣工，占地面积 2400 平方米。张高谦（1947—1961），寿宁县武曲镇大韩村人，1961 年 2 月为保护集体羊群，英勇牺牲，年仅 14 岁。陵园中建有先锋亭、张高谦塑像、领导题词壁、烈士纪念碑等。1996 年公布为福建省文物保护单位。

分水关遗址 位于福鼎市贯岭镇分关村、闽浙交界处。建于五代十国时期，是闽国为抵御吴越国入侵而修建的边界关隘之一，明清时期经多次维修，清代福宁知州李拔多次巡历该关，并题写“分水雄关”四字。2000 年 10 月，省考古队对分水关遗址进行考古发掘，发现古城墙及古驿道、关门、走马道、土灶等遗迹。2001 年 1 月公布为福建省文物保护单位。

游朴墓　位于柘荣县双城镇南街村。游朴（1526—1599），字太初，号少涧，福建柘洋黄柏（今柘荣县）人。历官二十多年，为政清廉，秉公执法。墓造于明万历二十三年（1595 年），占地面积约 1600 平方米，墓丘平面呈“风”字形，青石构筑，5 级墓坪。墓丘前立墓碑、石构碑亭、祭台及神道碑。2001 年 1 月公布为福建省文物保护单位。

霍童涵洞　位于宁德市蕉城区霍童镇石桥村，始建于隋大业十四年（618 年），为隋代谏议大夫黄鞠主持修建。由龙腰水渠和蝙蝠隧洞组成。龙腰水渠亦称“度泉洞”，洞长约 20 米、高约 2 米、宽约 1 米，其余里许为明渠；蝙蝠隧洞又称“琵琶洞”，长 700 余米，由明渠与七段涵洞（长度分别在 2 ~ 3 米）连接而成，洞直壁弧顶，高约 2.2 米、宽约 1 米。2001 年 1 月公布为福建省文物保护单位。

观音亭寨　位于霞浦县水门乡半岭畲村。建于明洪武二年（1369 年），分前后两座，前座“文化大革命”期间被毁，后畲民原址重建。建筑面积 640 平方米，硬山顶，木结构，面阔三间，进深二间。2001 年 1 月公布为福建省文物保护单位。

报祖祠大殿　位于寿宁县南阳镇南阳村。始建于宋代，明嘉靖十年（1531 年）重建，清康熙三十三年（1694 年）修葺。原建有门楼、钟鼓楼、祠堂，后均毁。现仅存大殿，占地面积 200 平方米。2001 年 1 月公布为福建省文物保护单位。

“孝友无双”牌坊　位于古田县鹤塘镇鹤塘村黄氏祠堂前，为表彰节女黄九姑而立，建于清乾隆十四年（1749 年）前后。木质结构，十二柱、三间、三楼，高约 8 米。2001 年 1 月公布为福建省文物保护单位。

大宝桥　俗称小东下桥。位于寿宁县坑底乡小东村，明代始建，清光绪四年（1878 年）重建。单孔木拱廊桥。桥长 44.3 米、宽 4.6 米、孔跨 33.1 米。2005 年 5 月公布为福建省文物保护单位。

归驯桥　位于柘荣县富溪镇富溪村，南宋淳熙十四年（1187 年）始建，清乾隆五十三年（1788 年）重建，单孔木拱廊桥。桥长 24 米、宽 4.8 米、孔跨 15.4 米，是古代闽浙古道上重要桥梁。2005 年 5 月公布为福建省文物保护单位。

广利、广福桥　均位于屏南县岭下乡岭下村，木拱廊桥。广利桥又名花桥，宋代始建，明正统年间（1436—1449）重建，桥长 28.33 米、宽 5 米，单孔，孔跨 19.19 米。广福桥又名溪源桥，元元统元年（1333 年）始建，清嘉庆十二年（1807 年）重建，桥长 29.47 米、宽 5 米、孔跨 24.17 米，结构同广利桥。2005 年 5 月公布为福建省文物保护单位。

登龙桥　位于周宁县七步镇八浦村，清道光十六年（1836 年）重建。单孔木拱廊桥，桥长 38 米、宽 4.9 米、孔跨 23.5 米。2005 年 5 月公布为福建省文物保护单位。

黄瓜山遗址　位于霞浦县沙江镇小马村，新石器时代晚期聚落遗址，年代距今 3000 ~ 4000 年。经考古发掘，发现有灰坑、灶坑、长方形建筑基址等遗迹。2005 年 5 月公布为福建省文物保护单位。

国兴寺遗址　位于福鼎市秦屿镇太姥山，国兴寺于唐乾符四年（877 年）始建，北宋重建，南宋晚期毁。遗址占地面积 5000 平方米。经考古发掘，揭露出宋代房屋、天井、水沟、花台、过道等建筑基址。2005 年 5 月公布为福建省文物保护单位。

三福寺双塔　位于福鼎市白琳镇下炉村，南宋始建，明永乐九年（1411 年）重建。砖构仿木楼阁式实心塔，7 层 6 角，通高 7.8 米，用 36 种不同形状的特制青砖砌造，倚柱、斗拱、塔檐飞椽、垂脊、瓦垅等构件做工精巧、造型美观。2005 年 5 月公布为福建省文物保护单位。

松山天后宫 位于霞浦县州洋乡松山村。宋天圣年间（1023—1032）始建，清康熙五十八年（1719 年）重修。占地面积 1848 平方米。正殿面阔三间，明间抬梁式木构架，置八角藻井，梁枋上有明、清两代官吏题记。藻井、梁、柱上有清代精美彩画和雕刻。2005 年 5 月公布为福建省文物保护单位。

竹江天后宫 位于霞浦县沙江镇竹江村，宋末始建，现存为明、清时期建筑。由照墙、大门、戏台、正殿和偏殿等组成。该宫地处闽东渔场，每逢渔汛季节，就有闽台渔民到此参拜，神节活动更是热闹非凡。2005 年 5 月公布为福建省文物保护单位。

双溪文庙 位于屏南县双溪镇双溪村，清乾隆元年（1736 年）建。占地面积 1561 平方米。现存泮池、戟门、两庑、大成殿和崇圣祠等。庙内存有清道光十七年（1837 年）重修圣庙石坊碑刻、民国 9 年（1920 年）重修文庙碑刻各 1 通。2005 年 5 月公布为福建省文物保护单位。

龙漈仙宫 位于屏南县甘棠乡漈下村，是奉祀马仙娘的神殿。建于明嘉靖二十九年（1550 年）之前，现存建筑为明隆庆三年（1569 年）重建，清光绪十七年（1891 年）重修。由门楼、天井、两厢和大殿等组成。2005 年 5 月公布为福建省文物保护单位。

林公忠平王祖殿 位于周宁县玛坑乡杉洋村，明正德八年（1513 年）建。正殿单檐歇山顶，面阔、进深均三间，明间为抬梁式木构架。殿前太子亭，建于清嘉庆十年（1805 年），三重檐歇山顶。两厢有廊与钟、鼓楼连接。宫内彩画、石雕十分精美。保存多通明、清时期建庙碑记和石刻匾额。2005 年 5 月公布为福建省文物保护单位。

龙溪宫 位于霞浦县溪南镇白露坑村。清雍正八年（1730 年）建。畲族宫庙建筑。占地面积 508 平方米。由戏台、环楼、众厅、神厅等组成。整座建筑由浙江工匠设计施工，颇具浙南风格。2005 年 5 月公布为福建省文物保护单位。

洋里民居 位于福鼎市白琳镇翠郊村，为当地吴氏家族的私家合院式住宅，系闽东规模最大的古民居。清乾隆十年（1745 年）建，前后历时 13 年。坐西向东，占地面积 10560 平方米。平面呈方形，共三落，每落三进，左右为横屋，共有 24 个天井、6 个大厅、12 个小厅，共计房 192 间、用立柱 360 根。民居内建筑构件一般均作雕刻，内容有蝙蝠、蝴蝶、麒麟、鱼虾、蟹、石榴、八仙和大量花卉及装饰化图案，雕工精美。2005 年 5 月公布为福建省文物保护单位。

黄氏祠堂 位于福安市区阳头街黄厝上巷，为供奉朱熹门徒黄干的宗祠。始建于明万历八年（1580 年），重修于清乾隆三十三年（1768 年）。祠堂占地面积 2516 平方米，由泮池、照壁、戏台、前座、后座和南侧祭祀厅等组成。2005 年 5 月公布为福建省文物保护单位。

太后公厅 位于福安市晓阳镇晓阳村，由太后木牌坊和众厅戏台组成。太后木牌坊始建于宋端平元年（1234 年），众厅戏台始建于宋嘉熙四年（1240 年）。占地面积 481.27 平方米。中轴线上依次为门楼、天井、戏楼。戏台正面上檐匾额题：太后公厅。2005 年 5 月公布为福建省文物保护单位。

（三）县级文物保护单位

1993 年后，区内各县（市、区）也十分重视文物保护工作，除上报国家、省级文物保护单位外，也审查公布一批县（市、区）级文物保护单位。截至 2004 年，全市 9 县（市、区）共公布县级文物单位 95 处，其中蕉城区 6 处、福鼎市 15 处、古田县 13 处、屏南县 6 处、福安市 9 处、柘荣县 9 处、寿宁县 22 处、霞浦县 9 处、周宁县 6 处。

三、考古发掘

1993—2005年，区内先后对一批古文化遗址进行考古发掘。

黄瓜山贝丘遗址 位于霞浦县沙江镇小马村。遗址中部隆起，呈长蛇形，南北长346米、东西宽150米、面积约6629平方米。在接近海拔50米山顶的东南、西及北面坡地断坎上，可见成层的贝壳堆积，并夹有较多的石器及陶片。1989年秋至1990年春，福建省博物馆对遗址进行了首次发掘，主要发掘区域位于遗址东部，对西、北部区域也作了小面积的揭露，发掘总面积近1000平方米。2002年5—6月，为提取各类科学测试样品，又在东区原发掘区边沿作小面积的发掘。

依据遗址地层堆积及出土遗物特点，可分为上下两层。其中在东区下层分别发现了两组柱洞遗迹（两座长方形的类干栏式房屋）、两个灰坑、两条排水沟（位于房屋建筑边沿）和四个灶坑（位于房屋外侧）。在上、下两堆积层中出土了一大批石器（以石锛为主，还有石镞、石凿、石戈、石矛、砺石、凹石器、石璜、石环、琼形器等计515件）、骨器（有匕、锥及饰件等46件）陶质工具（以纺轮为主，还有网坠，钓坠、支垫、支脚等200件）及陶生活用器标本（378件）。还有一批残石片、兽骨和各类陶片数量近3万。对黄瓜山遗址发掘资料的初步研究表明，黄瓜山遗址的上、下两层，应是同一个考古学文化的早、晚两个时期，考古学者将其命名为“黄瓜山类型”文化。

对“黄瓜山类型”文化的初步研究表明，其年代约距今3500—4000年。作为福建闽东地区的首次史前考古发掘，黄瓜山遗址所获得的资料表明，其是闽东史前文化的一个中心区域，为了解闽东史前文化面貌提供第一手资料，使闽东史前文化在福建史前文化中占有一席之地，扩大福建史前考古研究的视野。同时，“黄瓜山类型”文化也为研究台湾海峡两岸史前文化的交流及其探讨南岛语族的起源等学术课题增添新的内容，在海峡两岸史前文化交流中具有重要的研究价值。

芦坪岗遗址 遗址位于宁德市霍童镇邑坂村东北2000米的霍童溪北岸，坡度平缓，海拔约100米，山岗表层为更新世至全新世的红土堆积。在1万多平方米范围的地表上散布大量黄土仑类型的印纹硬陶片和西周时期原始瓷片。2000年6月中旬至7月初，省博物馆考古队对芦坪岗遗址进行发掘，发掘面积计150平方米。发现墓葬3座：墓口距地表0.4～1.2米不等，略呈梯形，墓边不甚规整，墓内填土为褐色，质地松软，夹杂少量红烧土颗粒和夹砂陶片。发现壕沟1条：位于遗址边缘部位，用于排水和防御野兽侵袭，沟上部距地表0.6米，沟壁不规整，略呈倒梯形，沟内填土为红褐色，夹杂有岩块、红烧土、硬陶片、砂陶片、青铜矛等。出土器物47件：其中陶器42件，分夹砂陶、硬陶、釉陶三大类，器形有豆28件，缸8件、瓮2件、盆1件、杯1件、鼎足1件、支座1件；玉器1件，为残玉佩，扁平环状形，器表磨制光滑，灰白色玉石制成；青铜器4件，种类有锛、戈、矛、戚，青铜锛保存较好。

芦坪岗遗址是迄今为止闽东地区唯一一处经过正式考古发掘的商周时期文化遗址，不仅在宁德地区先秦考古工作中是空前的，对全省考古工作来说也是一次较大发现。同时找到产出石器的原生层位，并从中发现一批石核、石片、石器等。芦坪岗发现石制品的地层（红土堆积层）与省内其他地区（漳州、泉州、三明）相似，时代为晚更新世，推测至少1万年以上。闽东地区以往史前文化遗存最早的时代大约是新石器时代晚期（约4000年），因此芦坪岗遗址旧石器的重大发现，把闽东地区的历史推前到至少1万年以前，填补区内旧石器时代考古的空白，对丰富闽东地区史前文化史料、建立闽东地区史前文化发展序列，都有重要历史和科学价值。

分水关古城墙（亦称古防御墙） 古城墙位于福鼎市东北14千米的闽浙交界处，始建于唐末五代（907—960），蜿蜒修筑在贯岭镇分关村的“片山”“五老山”之间的山坡上。因沈海高速主干线福鼎至宁德高速公路将横穿古城墙，2005年9—10月，省考古队对分水关古城墙边进行考古勘测、清理、发掘等工作，发掘面积计500平方米。发现古驿道、关门、跑马道、灶台等遗迹，完成古城墙原貌的测绘记录，考证古城墙的结构状况和建造年代，获取大量的考古资料，为今后古城墙的修复及研究工作奠定基础。

通过对文化层的剖析，摸清古城墙的建筑结构：古城墙直接修筑在山坡上，局部地段先挖基横，填以粗毛石，内侧覆盖黄土，上部两侧用平整的岩石垒砌，中间填以碎石块、砂土。在城墙内侧的西南部发现一座土灶，呈长方形，有3个灶孔，灶口朝南，火膛壁上有一层厚约2厘米的烧结面，灶膛内外留下大量炭粒、灰烬。灶的修造方法是在坡地上挖一宽约2米、深约0.6米的方形坑，在一面垒砌石块、留下灶孔。灶的年代与古城墙修筑年代一致。

发掘清理一处古城门道。门道位于城墙中段，宽2.5米、进深4.9米，东西走向，两侧用平整的巨石挡住城墙，中间石铺地面与城墙内外的驿道（古官道）相连。门道两侧近墙处留有一对深约4厘米、直径10厘米的圆形门臼，可推测当年建有城门。在门道堆积层中发掘出许多磨制平整的长方形石板和契形石，推测为门柱横梁或拱形门所用。在门道外侧还发现一块闽浙交界碑，碑呈长方形，花岗岩，阴刻楷书：“分水关系平鼎交界，平西北、鼎东南”字样。

清理出一条保存较为完好的古驿道。古驿道呈走西走向，宽2.5 ~ 3米，石铺路面，两侧均有护基，通过门道横穿城墙。近城门处有多级台阶，制作规整。

此外，在城墙内侧还清理出一条走道，俗称“跑马道”，依城墙内侧而筑，另一侧有石砌护基，并与城墙平行，宽约3米。

考古发掘的资料表明，古城墙是五代十国闽国时期为了抵御吴越国入侵而修筑的防御墙，距今已有1000多年。

太姥山国兴寺遗址 国兴寺始建于唐乾符四年（877年），兴盛于宋代，毁于南宋。2001年，福鼎市政府和旅游部门为了保护文化遗产，开发太姥山旅游资源和增添新景点，舍弃原来由上海同济大学设计的扩建方案，于当年9—10月，聘请省考古队专家对国兴寺遗址进行考古发掘。此次发掘面积计1600平方米，揭露出宋代的须弥座、石铺路面、水井、水沟、舍利塔、摩崖石刻、碑铭等，出土碗、盘、碟等瓷器和瓦当、瓦饰、佛头像、砚台等文物百余件。

发掘资料表明，国兴寺建筑的平面布局基本上遵循中国传统的建筑方法，坐北朝南，顺着山势依中轴线排列分布。寺院的各个遗迹单位，均为石构，尤其是须弥座台基、雨道、天井、寺塔等，制作考究、刻工精美，是近年来省内发现的同期建筑中的精品。各个建筑单位之间均设有排水暗沟，沟口用石板雕凿成如意形状；天井、雨道均用平整的条石铺成；在天井外侧设有宽1.2 ~ 1.7米的环状花台。国兴寺是一个经过精心设计建造、规格较高的寺院建筑。

第二节 非物质文化遗产

一、保护工作

20 世纪 90 年代末期，宁德地区开始对非物质文化遗产的研究、发掘和保护工作。2000 年，市、县着手对宁德古文明进行较系统、全面的研究，编辑出版《宁德文明之光丛书》，全书分史话、人杰、文物、景观、风情、诗文、老照片、霍山 8 个分册，内容涉及宁德的政治、经济、文化多个层面，是一部既全面系统又简明扼要地介绍宁德历史沿革、传统文化、风光景物、民俗风情的通俗读物，为宁德非物质文化研究做了前期的基础性工作。

2001 年，市文化与出版局申请的《宁德市木拱廊桥考古调查与研究》被国家文物局列为全国人文社会科学重点研究课题。2004 年年底完成课题结项任务，完成 18 万字、300 多幅图片的专著，由北京科学出版社正式出版，为保护及宣传宁德市木拱桥传统营造技艺起到重要作用。

2004 年 6 月，宁德市政协、市文化与出版局、民宗局联合组织对全市 200 多首畲族民歌和 50 多位畲族民歌手进行调查筛选，最后确定畲族民歌的福宁调、罗连调、福鼎调、双音等 6 大歌种的 21 首畲族民歌，邀请 19 位畲族名歌手演唱，由福建省文艺音像出版社拍摄，制作成“宁德畲族原生态民歌专集”VCD 资料片，为宁德市畲族民歌的传承与保护做出积极贡献。

2005 年，宁德市全面启动非物质文化遗产保护工程，成立市非物质文化遗产保护工程领导小组。领导小组下设办公室，办公室设在市文化与出版局社会文化科，承担宁德市非物质文化遗产保护工作领导小组的日常工作。同时，成立宁德市非物质文化遗产专家委员会，负责对项目的申报进行评估、论证等。市文化与出版局制定非物质文化遗产保护项目实施计划和步骤，初步建立国家级、省级、市级非遗名录体系。同时，县级非遗名录体系建设也逐步开展并完善，屏南、柘荣等县先后公布一批县级非物质文化遗产代表作名录项目。其中，霞浦畲族小说歌、畲族民歌、寿宁北路戏、屏南四平戏、宁德霍童线狮、柘荣剪纸、木拱桥传统营造技艺等项目得到较好的传承与保护。

二、项目简介

（一）霞浦畲族小说歌

畲族素有盘歌、对歌的传统习俗，这种以歌代说、以歌当哭、以歌传情、以歌达意，贯通整个生活的行为，畲民贴切地称之为“歌言”。“歌言”是畲族人民的口头文学，是畲族文化的重要组成部分。畲族只有语言并无文字，常借汉字把畲语音韵记入手抄歌本。在畲村，民歌的普及率较高，故而形成一套上山劳动、接待来客、婚丧喜事的对歌习俗。闽东畲族小说歌的发源地在霞浦县溪南镇白露坑村，它诞生于清朝。最初是由畲族歌手中一些能识字、懂汉族章回小说和评话唱本的人，将其改编成诗歌体口头唱本和手抄唱本，并结合本民族语言特点，进行再创作的民间文学。小说歌属于畲族歌言的一种，又称“全连本”或“戏出”，畲民俗称“大段”，约有百余种。内容多取材于汉族民间神话故事、传说、章回小说、评话唱本等，题材广泛，情节生动。白露坑小说歌有别于畲族日常杂歌，除了叙事性强、有故事情节，严谨的结构章法外，白露坑小说歌的一个显著特征，是把作者的署名巧妙地隐藏在歌尾。且小说歌讲究畲语方言押韵，为了达到抑扬顿挫的效果，以至字里行间常出现所谓的错别字，外人无法理解。小说歌以民间口头文学形式在群众中代代相传，在不断丰富和发展之中，除独唱、对唱、合唱外，还有双声部重唱，叫作“双条落”，即“双音唱法”，由一个歌手先唱2个字或4个字，另一歌手紧接和唱，是民歌演唱中的稀有形式。在歌唱过程中夹用“哩、罗、啊、依、勒”等辅助音的唱法，称之为“哎噜调”，反之为“平调”。

小说歌在畲族文化中占有独特地位，是畲族歌谣中的精髓，是畲族文学的最高表演形式，更是畲族最具代表性的文化代表，同时也是闽东最有特色和魅力的文化艺术种类。小说歌的出现，结束了畲族无戏剧的历史，其影响面波及闽浙两省和全国。开展畲族文明史和畲族文学史的研究，离不开小说歌。对白露坑畲族小说歌的发掘、保护，是维系畲族文化有效的桥梁和途径。2006年5月，被国务院公布为第一批国家级非物质文化遗产名录项目。

（二）畲族民歌（宁德畲族二声部山歌“双音”、宁德闽东畲族歌言）

畲族二声部山歌“双音” 畲族二声部山歌“双音”最早在宁德市蕉城区八都镇猴盾畲族村流传，是畲族山歌中唯一存留的二声部山歌歌种。畲族民间称之为“跟唱”，亦称“双条落”。20世纪50年代后期，中央派出少数民族文艺调查组，在宁德市蕉城区八都镇猴盾畲族村一带发现畲族二声部山歌，并将畲族二声部山歌称为“双音”。此后畲族二声部山歌，无论是畲族或是他族都将这一畲族二声部山歌称之为“双音”。

畲族二声部山歌“双音”的主要演唱形式，是每个声部至少1人，每个声部的演唱人数可多可少，不同声部的男、女性别无明确规定，可以两声部各不同性别演唱，亦可两声部都由同性别演唱，但演唱“情歌”，就一定要男、女不同性别各唱一声部。歌词结构基本是七字一句，四句体，七字一句，四句为一条。二声部山歌“双音”的声部组合形式：支声式、和音式、接应式、模仿式。畲族唱山歌多为清唱，无伴奏。畲族对歌都用“假声”演唱。唱“双音”时，音调大体要一样，后一声部与前一声部相差两三个字时开始接唱，先唱者在结束处（结束音）拔长音，后一声部跟上一起结束。畲族二声部山歌“双音”的表现内容广泛，从文学内容上可分为五种题材：叙事歌、小说歌、传统山歌、革命山歌、解放新歌。

畲族长期社会生活的困苦对畲歌假声唱法产生了深远影响。解放前，畲民生活水准极端低下，过着“火笼当棉袄，竹篾作灯草，野菜作粮草，番薯丝吃到老”的贫苦生活。由于长时间生活在这种压抑的社会状态中，形成一种凄凉压抑的心理状态，当这种心理寄托借助山歌来抒发时，则形成畲族较独特的轻声、细唱，如泣如诉地倾吐的特色，这也是形成畲族山歌假声唱法的重要原因之一。

2005年，福鼎双华畲族二月二歌会　　夏林涛　摄

闽东畲族歌言 畲族歌言是畲族人民用自己的语言自编自唱的歌，既有丰富的歌唱形式又有独特的民族唱法，是民族民间文学与民

族民间音乐的有机结合体，其内容与二声部山歌“双音”相类似，大体上也可分为叙事歌、小说歌、传统山歌和革命山歌和解放新歌5种类型。

闽东畲族歌言有古老的历史，它在生活中产生渐至形成一系列盘歌习俗，具体有：拦路对歌、寮里来客对歌、“做表姐对歌”、“做亲家伯对歌”、歌节歌会对歌等。畲族歌言有基本格律及变化形式，同时又有独特的演唱形式和唱法。其演唱形式主要有：“对唱”，亦称“对歌”“盘歌”。“对唱”，是畲族最主要的演唱形式。一种是男女对唱，单个对单个，或多个对多个。对唱时一般拖腔较长，一方一句并不感到过于紧迫。一种是各唱两句，多半是于好歌手之间对唱，所唱的歌谣必须是双方都熟悉、能不假思索就能顺口唱出的全连本。“独唱”，一是歌手在行走时，自哼自唱。二是在节日、祭祀等特定场合，选特定歌手唱特定歌谣，如:《盘瓠王歌》。三是应亲友熟人要求，唱某一篇历史歌、或小说歌、或新歌。此外，巫师、道士文科道场的经诵等，也算是一种“独唱”。“齐唱”，人数或二三人或三五人。一般是参加者都预先知道要唱什么，或由一位歌手开个头，其他歌手懂得他所唱的歌后，再附声齐唱。“双条落”，即双音盘唱形式。现普遍认为这是一种带有轮唱性质的二声部重唱，是畲族多声部的歌唱音乐。

闽东畲族歌言的演唱方法有三种：一为假声，二为真声，三为真假声结合。假声的唱法最有民族特色，真假声的结合则是一种难度较大的唱法，与纯假声相比，色彩更明亮，声音更结实，不虚不空；唱低音时以真声为主，搀入假声，与纯真起相比，声音深厚且富有弹性。

2006年5月，宁德畲族二声部山歌“双音”和宁德闽东畲族歌言联合申报的畲族民歌被公布为第一批国家级非物质文化遗产名录项目。

（三）屏南四平戏

屏南四平戏，又称为“庶民戏”“闽北四平戏”，其渊源于明代“稍变弋阳”的四平腔。戏曲界称其为“中国四平戏活化石”和“明代四平腔的遗响”。屏南四平戏一直保持唱白皆用土官话的传统，前台干唱，后台领帮腔的高腔传统，唱腔结构形式属曲牌体，常联缀演唱，旋律高亢激越，朴实流畅，间以滚唱、滚白、曲词通俗、行腔自由。发声以本嗓为主，假嗓交替，一唱众和。同时还保持着大量宋元杂剧的表演形式。

屏南四平戏音乐唱腔保存原始的弋阳高腔的传统艺术烙印。其乐队仅有锣鼓打击乐器伴奏，不用管弦乐器演奏托腔，演唱采用“一唱众和”的程式，巧妙地将“众和”与“锣鼓打击乐器伴奏”所造成的强烈舞台音乐气氛，完美地结合在行当角色的“徒歌演唱”中，弥补了“徒歌演唱”而无管弦乐器伴奏的不足，使四平戏音乐与声腔达到高度的和谐统一。同时，以“一唱众和”配合“打击乐”伴奏的演剧程式，于广场与草台、庙台演出时，不但能增强音量、扩大音域、渲染气氛、增进剧情节奏感，突出人物个性、抒发感情、丰富其艺术表现力，而且能使众多的观众听清曲调，理解剧情。

四平戏唱白皆用“土官话”，并杂用乡语，它标志着四平戏这一古老剧种的舞台语言艺术别具一格，有别于其他任何剧种。四平戏唱腔属曲牌体，由于艺人口口相传，大量曲牌名遗佚。屏南四平戏在抢救挖掘中，陆续发现【驻云飞】【水里鱼】【傍庄台】等部分曲牌名。

屏南四平戏的表演艺术既古朴粗犷，又优美自然，雅俗共赏，富有生活气息与民间色彩。生角出场必自报家门，举止文雅端庄，旦角注重静淑稳重，净角要求粗犷夸张；丑角则引逗滑稽。每个行当的表演都有一套严格的科范。尤其是净与丑的科介与念白，随剧情发展而插科打诨，甚至游离脚本台词而临场发挥，以增添滑稽与戏弄的古杂剧科诨色彩。其技艺特色主要有穿花对阵、插科打诨、撒账、人当道具、真刀真枪、打洞破门等。

2006 年 5 月，被国务院公布为第一批国家级非物质文化遗产名录项目。

（四）寿宁北路戏

北路戏是代表清代乱弹系统声腔的珍稀剧种，流行于闽东、闽北、闽中一带，俗称“福建乱弹”“横哨戏”。寿宁北路戏作为全国稀有剧种，其艺术表演形式也得以保留和创新传承。北路戏音乐是以北方吹腔为主的乱弹腔南传后，其唱腔艺术通过与高腔的融合，并吸纳当地流行的徽调牌腔和民间小调，形成闽东北特色的音乐。不泥古、不保守，既具古老传承，又广泛接受新的戏曲声腔艺术。北路戏的唱腔除极少数具有高腔曲牌体特征外，大多数均为板腔体音乐，正反宫音乐主要曲调都具有旋律优美、节奏欢快、行腔圆顺、抑扬顿挫、富有叙事性的表现特征。对于历史题材、家庭题材及现代故事题材都具有很强的适应性和表现力。

北路戏的表演艺术，主要特征在于肢体动作语言、无论男女角色、各种行当，都以手、眼、身、法、步等各种丰富的动作来表现人物性格角色行为，进而推动剧情的进展，将人物内心活动外化，产生许多且歌且舞、兼文兼武的表演艺术，特别是在一些半文武戏中使角色具有很丰富的表现力。

2006 年 5 月，被国务院公布为第一批国家级非物质文化遗产名录项目。

（五）霍童线狮

霍童线狮是霍童开山始祖隋朝谏议大夫黄鞠从河南引进的中原文化，已有 1000 多年，历经世代相传，不断创新，成为独具特色的历史文化遗产。并依附当地传统民俗节庆“二月二灯会”，成为灯会上最为精彩的活动之一。

霍童线狮表演分单狮（雄狮）、双狮（兄弟狮）、三狮（母子狮）、五狮（祖孙三代狮）等 4 种。线狮由几条较粗的绳一头系在狮子身体各处构成“神经系统”。另一头穿过狮棚（表演台）掌握在表演者手中，在焰火、灯光、锣鼓声的指挥配合下，根据情节手动线动、线动狮动，表演出狮子的各种动作和神态。

霍童的线狮是典型的“文武狮”，兼容文武。双狮相互追逐、奔走，有寻找球、抢斗球、啃咬球等威猛动作。同时，又有坐立礼拜、蹲卧、搔痒、舔毛、伸足、依偎、逗引、顾盼、亲昵等诙谐动作。加上音乐声器、拉绳者吆喝声，表演者还时而运用喷雾（嘴上含松香喷火）艺术，以及观看者呼喊鼓掌，使场面更为壮观、引人入胜。线狮表演的造型艺术具有当地民俗特色，包括表演场地，狮头、狮尾、狮身等制作及其颜色，灯光背景、表演者服饰、乐器道具等。

霍童线狮表演　　卢雄　摄

霍童“二月二”线狮表演时间从农历二月初一晚 7 点开始，走完固定线路，直到次日凌晨 3 点才会完成，全程历时 8 个小时。霍童线狮多次受邀参加国内外重大文化活动。1997 年春节，受澳门市政府邀请在澳门巡回演出 15 天，被誉为

"中华一绝"。2001 年，参加闽台"两岸一家亲"艺术会演。2003 年，霍童线狮被福建省博物馆选为馆藏珍品。2004 年，霍童线狮表演团队被福建省文联授予"福建省民间艺术团成员单位"。2005 年，中央电视台《走遍中国》栏目，专题摄制霍童线狮表演技艺，向国内外广泛宣传。

2006 年 5 月，霍童线狮被国务院公布为第一批国家级非物质文化遗产名录项目。

（六）柘荣剪纸

柘荣剪纸历史悠久，可以上溯唐代，盛于清代、民国时期，具有广泛扎实的群众基础。最早由民间刺绣的底样而得以发展，多出自民间乡村巧女之手。她们多得艺于祖辈传授，八、九岁便学抠花样，在农事家务之余，用一把剪刀、几层薄纸，以周围的生活为依据，围绕节日、民俗等喜闻乐见的活动，凭着对生活的体察、大胆丰富的想象用剪刀再现出来。最早剪纸的题材和内容多依附于民俗活动，发展到今天的兼具家居装饰、会议纪念、馈赠收藏、传统美德、新风新俗宣传教育为题材的剪纸精品。围绕不同岁时节令和祖先祭祀、五谷丰收、节日祝福、人生礼仪等民俗活动的剪纸，多以祈福纳祥，形象地反映出柘荣地区农民生产生活的习俗。

柘荣剪纸以阳剪为主，阴剪为辅，阳剪和阴剪相结合。用具十分简单，一把剪刀，一张红纸，一个织篓即可。不用粉本，只打腹稿，先剪外部轮廓，然后慢慢向内镂空，得心应手，一气呵成。花样繁多大幅复杂的作品，也只把要剪的物体在画面中安排好，然后简单勾勒轮廓，再用刀口细长、咬合整齐，刀尖锐利的剪刀，大小各一把，应用剪刀的功能以阳剪、阴剪再配上各种纹样，以剪刀的熟练和技巧进行剪制。小剪刀剪精细部位如动物、鸟兽的羽毛、花瓣、鱼的鳞甲等，大剪刀剪整体轮廓，一般由内到外，在意念下形成自然有节奏的变化，使物体生动、丰实、美观。

袁秀莹剪纸作品：《百子喜乐图》

柘荣民间剪纸多用满幅铺排匀称、物像互相串联的平面构图法和平面重叠铺陈的手法，用精致花纹点缀装饰主体画面，使画面形象、生动，多富装饰性，避免大块黑白，具有浓厚的民族风味，并且扩大画面的饱满度，提高剪纸的表现力和观赏性。风格鲜明，具有很强的地域个性，承传中原文化的特色，是研究中原文化的"活化石"。

柘荣剪纸从 80 年代起就参加福建省民间美术展览、晋京展演，并曾 10 多次赴菲律宾、马来西亚、印度尼西亚、埃及、丹麦、巴基斯坦、美国、巴西等国家以及中国港澳台地区交流，部分作品被中国美术馆、福建美术馆、南京大学博物院、福建省博物院以及海外一些博物馆收藏。

2005 年 10 月，柘荣剪纸被福建省人民政府公布为第一批省级非物质文化遗产名录项目。

（七）宁德畲族奶娘催罡巫舞

巫舞是原始社会的产物，盛于汉末。清康熙年间初入闽东畲族，畲族巫舞传授者钟伏城已有七代家族传承。《奶娘催罡》是畲巫中最具代表性的一个民间舞蹈。全舞分"净坛""请神""催罡”3个部分。“催罡”是舞蹈的主体，罡，星名，北斗星的斗柄，故谓“步罡踏斗”，由12个罡步组成。舞蹈通过奶娘出征前的梳妆打扮，行罡布法达到保赤佑童、护卫乡村、普度众生的目的，含有迷信的成分。其中有些罡步还反映农耕时代的生产生活方式，对研究畲族社会人文的原生态有较高的价值。

《奶娘催罡》舞是男扮女装，音乐伴奏乐器除鼓钗外，最主要的是三音锣。属丁道教正乙道中的武科，全舞始终围绕塑造汉族地方女神陈靖姑的英雄形象而展开。从中还可窥见畲族原始的舞蹈形态和原始的音乐特征，从“锁链罡”和“失亥罡”中所显现的“独脚舞”，更是畲族的一种独创。

该舞体现朴素的人道主义思想，它始终把保赤佑童、护卫乡村、超阴保阳、普度众生作为自己的终极目的，体现畲汉文化的交融。畲舞把奶娘陈靖姑接受为自己的主角并极力加以张扬塑造，这不仅是对汉民俗的一种认同，更是对汉文化的一种尊崇。

2005年10月，宁德畲族奶娘催罡巫舞被省人民政府公布为第一批省级非物质文化遗产名录项目。

（八）柘荣布袋戏

柘荣布袋戏是木偶戏的一种。最初是由膨膨鼓演变而来的，到了唐代才叫作“布袋戏”。早期许多的迎神庙会场合里，布袋戏是最常看到的民间戏曲表演之一。布袋戏于清光绪五年（1879年）传入柘荣，柘荣布袋戏，也称大拇指戏。布袋戏全凭艺人双手的五指操纵木偶，来塑造传统戏曲中生、旦、净、末、丑的艺术形象。其行头简单，木偶、道具、戏台、乐器全部加在一起，一担便可挑上。每到一地演出，艺人将折叠的组合戏台打开，架在一张方桌之上。戏一开演，艺人用手指顶住木偶演戏，以脚踩动木架上的配件击打大锣、小锣、镲等乐器，嘴里或说、或唱，手、脚、嘴并用，热闹非常。

布袋戏的演出方式基本上可分为前场和后场，前场是舞台部分，观众可见到木偶在舞台上的表演，后场包括了演师和音乐演奏，包括锣、鼓、钞、钹、二胡、唢呐等乐器，后场的配乐、口技表演、与前场文武剧情相配合，做出快板慢板演出，是布袋戏的功力所在，布袋戏的行话“三分前场，七分后场”正说明了后场是布袋戏的精髓所在。

布袋戏的传承者重在布偶操纵技巧与后场音乐搭配，对于演出的剧本大多是以口耳相传，因此布袋戏的传统剧本保存较少。其剧本以古书、演义小说等为主。剧目非常丰富，有生旦戏、武打戏、宫廷戏、审案戏、连本戏和折子戏等。主要是唐宋小说连台本，剧目有《说唐》《说岳》《白蛇传》《水游传》《七侠五义》《陈三娘》《锦香亭》等。还自编一些与形势相结合的戏目，如宣传计划生育、防火等。一般能表演六七本戏目，每本表演一二个小时。音乐曲调和唱念对白的声腔与平讲戏相似，非常大众化。

2005年10月，柘荣布袋戏被福建省人民政府公布为第一批省级非物质文化遗产名录项目。

（九）福安银器制作工艺

福建福安民间银雕工艺历史悠久、工艺精湛，其中以珍华堂银雕技艺最为代表。其代表作品《金龙戏珠》在第三届中国国际民博会上获金奖;《鼎盛中华》获中国第五届民间文艺“山花奖”银奖;《九龙如意》参加中国杭州清河坊民艺节暨中国杭州清河坊艺交会，其传承人林仕元获“中国十佳民间艺人”“福建绝活艺人”称号。2001年中国北京申奥成功，林仕元耗时6年创作出银雕作品《龙腾五洲》，献礼奥运会，尽展福安传统民间银雕技艺风采。

珍华堂银雕技艺不但秉承元代银雕技法，而且在许多方面有所创新发展，如“操、凿、起、解、披”等手工技艺。从设计图样到雕刻成品，50多道工序全由手工完成。长期以来，其生产技艺全靠师徒传承、世代相传，还要凭悟性和长期实践的体会及感觉才能掌握。珍华堂银雕技艺在承传传统工艺的基础上，经30多年潜心研究、挖掘、创新，形成了独特的工艺特征。一反通常银饰品的小巧玲珑，给人以气势恢宏之感。同时打破传统银雕静态雕刻手法，使作品活灵活现地体现动态效果。工艺方面，通过对银料纯度的控制及银坯厚度控制提升银的延展性，再使用特制的月牙形束錾等工具使坯件镂雕造型凹凸有致、层次分明。

银雕作品：《鼎盛中华》　许明富　摄

珍华堂纯手工银雕制品无论是日常生活银具，还是精雕细琢的装饰，都极具审美情趣。独特的制作工艺，精巧的造型设计，和谐的纹饰布局，突显的主题雕刻，素则朴实无华、雅则温儒俊秀、贵则富丽堂皇，蕴藏着丰富的艺术欣赏价值和收藏价值。

2005年10月，福安银器制作工艺被福建省人民政府公布为第一批省级非物质文化遗产名录项目。

（十）木拱桥传统营造技艺

木拱廊桥仅存于闽浙交界山区，宁德全市共存有木拱廊桥54座，其中公布为全国重点文物保护单位11座，福建省省级文物保护单位5座。木拱廊桥最大特点是改汴水虹桥的绑扎结构为榫卯结构；制作、接合、架设都简便；能用较短的材料构成大跨径的结构物，最长可达40米；构件能够按设计尺寸预制、用时现场装配；凡完成装配的节间、就具有一定的强度；起拱高、受力好，外观形成曲线；加盖桥屋既美观实用又保护桥，还提高了桥的稳定性。虽然每座木拱廊桥在形式上有一些差异，但造桥技艺的基本构成相似。造桥一般有选桥址、砌桥垅、测水平、上三节苗、上五节苗、立将军柱与剪刀撑、立马腿与桥面板、架桥屋、桥屋脊结构及装饰等步骤。木拱廊桥上还设有神龛、戏台、楹联、匾额、碑刻、凳床、摊点等，是村民祭祀、看戏、集会、歇息、观赏、贸易等活动场所。梁上墨书的董事、工匠、捐款助工等，是当地珍贵的人文资料。造桥技艺的发展与成熟，伴随着造桥习俗的产生，这种劳作习俗也是非物质文化遗产的一部分。造桥习俗主要有以下方面：择日起工、立鲁班神橱、置办喜梁、祭河动工、上梁喝彩、取币赏众、踏桥开走、成桥福礼等。

寿宁、屏南的木拱桥传统营造技艺，清中期至今在闽浙地区桥匠中是领先的。挖掘、抢救、保护寿宁、屏南的木拱廊桥制作工艺，不仅丰富和完善中国及世界木构建筑营造史，还对传承中华民族文明、保护维修国家重点文物，都将产生积极的促进作用。

2005年10月，木拱桥传统营造技艺被福建省人民政府公布为第一批省级非物质文化遗产名录项目。

（十一）福鼎饼花工艺

200多年前，福鼎当地民间艺人独创的富有地方特色的一种特有手工技艺形式，是专门贴在中秋月饼上的一种装饰画。表现内容以戏曲题材为主，形式新颖，有美人式、八景式、八果式、团式等。画面色彩鲜艳、热闹，以红、黄、绿、桃红等色为主，线条清晰，民间和地方特色极浓，群众非常喜爱，流行于闽东霞浦、福安、柘荣各县和浙江的平阳、苍南一带，各地群众都习惯于在小孩排饼赏月后，吃了中秋饼，把一幅幅饼花贴在自家大厅壁或房间壁上装饰欣赏，成为福鼎和这一带流行饼花地方的一种特有的节日风情。

福鼎饼花的历史，由艺人相传，清乾隆间，就出现百子花，以后又有手绘团式饼花。民间艺人群体代表人物有陈赞、叶汝舟、江梅、庄晋康等。他们创作了独特美人式、八果式、八景式等饼花，为所罕见。饼花的题材，主要来自戏文，所以饼花艺人常带学徒一起看戏，看完社戏即当夜创作。后来一位木偶戏艺人（艺名通玲）利用其通晓木偶刻制技艺，将手绘饼花刻在木版上，木刻饼花由此产生。以后县内出现了南阳潘记木刻饼花作坊以及文成堂饼花，巽城朱元胜饼花等。抗战胜利后，上海洋版戏文图如“火烧红莲寺”“白蛇传”等传入福鼎饼花市场，使福鼎饼花题材和形式更为丰富。饼花主要可分为百子花、团花、泥金饼花和木刻饼花四类。

福鼎饼花融合多种艺术形态。百子花与剪纸艺术相似，手绘团花、泥金饼花本身就属绘画艺术；木刻饼花则与木刻、木版年画相似。许多饼花还是研究同时期当地戏曲艺术的一个重要史料。有的饼花还记录了地方民俗和当时发生的重要事件，特别是构图独特的“美人式”饼花，把美人与武戏相结合的画法，为全国罕见。

2005年10月，福鼎饼花工艺被福建省人民政府公布为第一批省级非物质文化遗产名录项目。

（十二）闽东畲族婚俗

畲族婚俗是畲族人民在缔结婚姻的漫长历史中形成的一大习俗。畲族婚俗包括“议婚、提亲、看寮、讨庚帖、合婚、压圆、回帖、下定、做表姐、做亲家伯、成亲、做头客”等程序。其中，“做表姐”陪客唱歌是闽东畲族姑娘出嫁前的特殊风俗，时间短则半个月、1个月，长则3个月，借以探望亲戚和学歌会歌。姑娘的母舅，在收到礼饼、猪脚，得悉嫁期后，便安排外甥及母亲等前来做客。届时，姑娘按婚礼的盛装打扮，穿着漂亮的传统凤凰装、绣花围裙、佩戴手镯、耳环，有的腰上还系结婚所用的长绸带，来舅家做客。舅家村里的年轻小伙子则相聚陪姑娘对唱畲歌。对歌每每通宵达旦，且有严格程序。“做表姐”，实际是敦促姑娘在出嫁前学歌、练对，以便婚后有更多机会参加各种赛歌社交等活动。畲族婚嫁过程中，还流行“做亲家伯”这一特殊的礼俗与歌俗。男方在成亲前两天，请一名机智出色的歌手作“亲家伯”，与媒人一起把“盘担”（礼品担）送往女家，并在女家会歌。“亲家伯”要处处规矩、事事谨慎，表现得恭顺谦和，又要机灵老道。婚后第三天，新婚夫妇回娘家做客，认妻系亲属，俗称“做头客”，住

戴凤凰冠

2 天或 4 天（取双数）回返，随即下田劳动，整个婚礼结束。

2005 年 10 月，闽东畲族婚俗被福建省人民政府公布为第一批省级非物质文化遗产名录项目。

（十三）宁德畲族“三月三”节俗

“三月三”是中华民族传统的“踏青节”，亦是畲族的传统节日。每年“三月三”，周边村寨的畲民都会三五成群聚集在一起，以他们独特的形式庆祝自己的节日。

闽东畲族“三月三”节俗活动中，最主要的有“盘歌会”，畲民三五成群相互对歌。畲族“三月三”，又称“乌饭节”，畲族男女踏青归来都要采回一种叫作“粘米乌”（乌稔）的植物，捣烂之后熬成汤汁，用它浸泡糯米，蒸成“乌饭”食用，是一种很有地方和民族特色的保健美食。农历三月初三，畲寨还会请巫师跳巫舞为全村畲民保平安，祈神赐福。

2005 年 10 月，宁德畲族“三月三”节俗被福建省人民政府公布为第一批省级非物质文化遗产名录项目。

（十四）古田临水宫请香接火仪俗（古田陈靖姑信仰习俗）

陈靖姑民间信仰是宁德一种有特殊文化内涵的文化现象。请香接火仪俗活动全年进行，尤以每年农历正月陈靖姑诞辰月份最为隆重。各地信众组成“夫人社”来古田临水宫为陈靖姑庆祝圣诞，并从祖宫请香接火回乡祈神醮仪。陈靖姑文化信仰及请香接火仪俗经数百近千年传承，已成为颇有影响力的世界文化现象。

各地信众以社区或宗族为单位组成仪队，在福首的引领下，随带道师长途跋涉至临水祖宫祭拜陈靖姑，以求消灾祈福、求嗣得子、求财得利及平安吉祥，并请回香火回乡举行庆醮仪式，以祈吉祥遍布于乡里。临水宫由于宋代朝廷赐封而成为八闽及浙赣周边地区“临水夫人”信仰的中心和道教闾山派的发祥地，每年接纳数以千计的请香接火仪队，特别农历正月初一至十五陈靖姑神诞之前后为盛。

请香接火仪俗保留了道教文化与民间习俗的传统元素，对本地区的历史文化及民俗学研究具有不可替代的作用。请香接火仪队通过古田临水宫这一有强大包容性的文化载体，展示各地不同流派的道教科仪、民间音乐、戏曲舞蹈、传统武术、民间曲艺等文艺形式，表达民众迎圣火祈福祉求平安的愿望，促进民俗文化的传播与发展。通过请香接火仪俗弘扬陈靖姑抑恶扬善、扶正驱邪及其献身精神和人格魅力，促进乡土和谐向善氛围的形成。以请香接火仪俗为纽带，台湾同胞在人同祖、神同缘的共同仪俗中增进海峡两岸情感交流和对中华民族根文化的认同，加深海峡两岸“五缘”情怀。

陈靖姑信仰习俗

2005 年 10 月，古田临水宫请香接火仪俗（古田陈靖姑信仰习俗）被省人民政府公布为第一批省级非物质文化遗产名录项目。

（十五）福鼎双华畲族二月二歌会

福鼎市佳阳双华畲族“二月二”会亲节，属于民俗文化活动，迄今传承360多年。源自畲族民间，带有强烈的民族特色和鲜明的乡土气息。每年的双华歌会不但吸引福鼎市乡村歌手参加，霞浦、福安、柘荣及浙江苍南、平阳、瑞安、泰顺等地的歌手也会闻讯而来，成为一种互相学习交流的机会。盘歌开始，对方若是远方来客，一定要请其先唱《高皇歌》，一为尊祖、二是防伪。歌会结束时，男歌手必须唱《送神》，女的接唱《送郎》。歌声在两山峡谷中久久回荡，充满浓郁的情意。有时唱到晚上，点起火把与灯笼，找块平地围成一圈，再你问我答、开口大唱。对歌唱到高潮，围观的畲胞燃起篝火，闹起“火头旺”（畲族一种表演活动形式），直到翌日凌晨才曲终人散。

双华“二月二”歌会逐渐突破了其原本以歌会亲、以唱叙情的内容和形式，延伸至当前政治文明、精神文明建设和民族团结、经济贸易、闽浙边界文化及旅游文化交流等各个领域。

“二月二”作为一项综合民俗文化活动，畲民从农历正月二十六下午就开始“做福”（祭神），迎神避邪，庇佑平安。头人率众敲锣打鼓把宫里的华光大帝、千里眼、顺风耳等诸神请回家（畲族称“下殿”）。正月二十七至二月初一，畲胞身着民族服装，扛红底白边的三角旗，打灯笼，鸣枪放炮，敲锣打鼓，抬着诸神，从双华出发，一个村为一站，游遍十几个自然村，直到初二下午送神回宫。配上节俗特有的土铳，彩装游灯、插旗，以及投叉、打尺寸、练拳搏等游戏体育活动，展示畲族绚丽多姿的民族风情。同时举行唱大戏，各户的客人少则一两桌，多的三五桌。而“山哈”（畲民）也以客多为荣，谁家的饭桌摆的越多，主人越风光。宴会时邻家主人会端一壶酒，捧一道菜与客人逐个喝见面酒、聊家常，为节俗平添更多喜气。

2005年10月，福鼎双华畲族二月二歌会被福建省人民政府公布为第一批省级非物质文化遗产名录项目。

（十六）周宁浦源护鱼习俗

周宁浦源村有由几十条山涧清泉汇聚的小溪贯村而过，育有上万尾各色鲤鱼，形成中华奇观鲤鱼溪。浦源鲤鱼溪有800年的历史。南宋嘉定二年（1209年），河南开封郑氏始祖朝奉大夫因避战乱，辗转迁移举家迁至今浦源。因要饮用溪水遂放养鲤鱼去污澄清。至八世，郑氏家族兴望，族长晋十公为感激鲤鱼功劳，并借助神话故事，神化“鲤鱼”，讹称鲤鱼是“三仙姑”化身，订立乡规民约，禁止垂钓捕捉，违者严加惩处。鲤鱼自然死亡后，安葬于“鱼冢”。由村里德高望重的老人将它们送到鱼冢安葬，并燃香、烧纸钱、放鞭炮。如死的鱼较多，送葬场面则隆重，还拜读祭文。有时也有祭祀之礼后用柴草把鱼体焚化后埋葬在鱼冢里。

鲤鱼溪左侧还有一郑氏宗祠，形同古船将行，又酷似逆流而上的鲤鱼形。祠堂长39米，最宽处29米，是华东地区保护最完整的宗祠之一。祠中诸多匾额楹联，书法精湛，正厅悬挂明代状元、礼部尚书翁正春题匾“国戚名裔”。清代嘉定年间国史馆总纂魏敬中和民国时期海军上将、福建省省长萨镇冰等各要人也题有匾额，其中的匾额“孝迈黔娄”“孝感动天”均与鲤鱼传说相关。祠中还陈列着许多龙头祖牌，工艺精巧，剔透玲珑，保存历史较为悠久。

海内外100多种报刊都曾报道宣传过浦源鲤鱼溪的风光，主要有《人民日报》《人民画报》《中国旅游报》《新民晚报》《福建日报》以及港澳台《大公报》《文汇报》《澳门日报》等。央视《走遍中国》还拍摄专题片《人鱼奇缘》，被称为“中华奇观”。

2005年10月，周宁浦源护鱼习俗被福建省人民政府公布为第一批省级非物质文化遗产名录项目。

第五章　新闻出版

第一节　新　闻

一、中心工作报道

1993 年后，宁德建立以地、县委报道组为网络的新闻报道组织，以《闽东报》为主要载体。当年 7 月,《闽东报》从周三报、每期四开四版改为《闽东日报》、对开四版。报社设办公室、发行部、通联部、广告部、要闻部、政治部、副刊部、记者部和摄影部，后又增设总编办。《闽东日报》除编发新华社通稿、及时传播国内外重大新闻外，重点围绕地方党委、政府的中心工作，精心策划，做好报道。此外，闽东地区还有《宁德晚报》《闽东通讯》等纸质媒介。

1993 年,《闽东日报》先后以《黄金海岸的呼唤》《973 千米海岸行》《醒来吧、三都澳》为题，报道闽东临海地域特点。1994 年,《闽东日报》总编王绍据带领记者赴柘荣采访，揭示闽东山区柘荣县连续 16 年粮食获得丰收的奥秘，写出调查报告《不管东西南北风、吃住粮食生产不放松——柘荣县坚持“四要四不要”抓好粮食工程的调查》，以警示闽东粮食生产下滑的趋势。1995 年，宁德地委提出“大开放、大发展”的工作新思路，新闻界围绕“大开放、大开发、大胆试、大让利、大科技、大服务、大协作、大发展”改变八大观念、组织大讨论，开设“解放思想大讨论”栏目。1996 年，第 8 号台风正面袭击闽东，面对百年一遇的自然灾害，新闻报道做到哪里有灾情、哪里就有记者，及时报道军民抗灾救灾新闻；开设《重建家园》和《抗灾英雄谱》专栏，刊发各类稿件 160 多篇、照片 50 多幅，其中《众志成城缚苍龙》的报道受到省、地领导和广大读者的好评。1999 年，为庆祝中华人民共和国成立 50 周年,《闽东日报》从 7 月份开始，在一版开设《五十年回眸》专栏，报道 50 年来闽东的发展变化；在二版开设《百姓眼里看变化》栏目，通过普通百姓的讲述和亲身经历反映各方面的新景象和人民群众生活的巨大变化。

2000 年，全市宣传报道工作以学习贯彻“三个代表”重要思想为中心，开设《贯彻三个代表思想，强化思想政治工作》栏目，反映全市各级党组织为实践“三个代表”开展“三讲”（讲学习、讲政治、讲正气）活动所采取的措施和取得的成效。由《闽东日报》记者采写的长篇通讯《走近洪口》刊出后引起社会强烈反响。

2002 年 9—10 月间，为迎接党的“十六大”召开,《闽东日报》开辟《理论与实践》栏目，组织编发一批贯彻“三个代表”重要思想的理论文章，同时推出《关注“三农”系列报道》《“三个代表”在基层》《闽东记者百村行》等专栏。宁德电视台、宁德广播电台推出《“三个代表”在闽东——勤廉兼优》《情满八闽——农村“三个代表”活动纪实》等栏目。

2003年，宣传报道柘荣县为抗击“非典”、劳累过度牺牲在工作岗位上的好村医潘明松。同时，继续报道各行各业为贯彻党的“十六大”精神，关注民生、维护社会安定团结、努力发展经济的新举措、新景象。当年，全市还把“小康与三农”作为宣传报道工作的另一个重点，从减轻农民负担，加快农村劳动力转移、推动农业产业升级、建设农村小康社会等各个方面作深入报道宣传。2004年，《闽东日报》重点报道山海协作、招商引资、开发区建设以及“9·8”厦门洽谈会等内容。

2005年，《闽东日报》再一次把宣传报道的重点聚焦在“三农”工作，先后开设《领导挂钩扶贫见效》和《关注“三农”山海行、建设社会主义新农村》栏目，报道省、市、县三级驻村干部和市、县两级政府以及各工作部门关注农村、关心农业、关爱农民的情况。同时，结合宁德市委组织开展的“保持共产党员先进性教育”活动，刊发先进性教育理论文章、先进党组织和优秀共产党员的事迹。

二、先进典型报道

1994年，《闽东日报》报道霞浦县退伍军人、见义勇为好青年叶海滨和福安市溪柄镇青年许建雄为抢救落水小学生英勇献身的事迹。1995年，报道福安溪潭农村信用社女职工林碧玲为保护国家财产、与抢劫金库歹徒英勇搏斗英勇牺牲的先进事迹。1996年，采访宣传福安原闽东电机厂厂长兼党委书记、长期积劳成疾后以身殉职的郑韩华同志。1997年，报道中共十五大代表、获全国“人民满意的公务员”称号的宁德市石后乡乡长蓝秀珍。1998年，《宁德报》《闽东日报》《闽东通讯》《中国教育报》，宁德电视台、福建电视台等多家媒体报道宁德十中教师徐开清为救落水学生而献身的事迹。1999年，组织报道被誉为“海上110”武警宁德边防三都海上警务区组织建设、服务群众发展经济的先进典型。

2001年，全市媒体宣传介绍大山里的“119”——寿宁县南阳镇青年义务消防队十几年如一日，不计名利、无私奉献的精神和福鼎市硖门乡干部潘美贵在抗击台风中为安全转移受灾群众而英勇牺牲的模范事迹。2003年，为树典型、立榜样，《闽东日报》开辟《闽东儿女》专栏，在半年时间里，宣传近百名闽东儿女立足岗位，忠于职守的先进事迹和奉献精神。2004年，《宁德晚报》刊登《他用生命诠释奉献——记柘荣县见义勇为青年袁灿尧》，表彰其为抢救落水小学生而献出年青生命的高尚品德。

2005年，年近六旬在福州打工的柘荣县农民、共产党员郑邦明，为抢救落水老妇，不顾自己体弱、水性差，果敢下河施救而献出自己的生命。《闽东日报》《人民日报》和《福建日报》均作了报道。

三、舆论监督

1993年后，针对群众反映强烈的中小学乱收费问题，《闽东日报》开辟《学校收费是非说》专栏讨论，使一些学校的乱收费现象及时得到纠正。1994年，福鼎市25个少数本地企业和浙江的外来企业创造伪劣机械产品坑害外省用户，影响极坏，《闽东日报》及时发表《高效益的背后》等稿件和言记，披露这一不法行为。1995年，为配合区内各县（市）狠刹公路“乱设卡、乱收费、乱罚款”的“三乱”现象，《闽东日报》刊登《公路不能再“卡”下去了》的读者来信，接着以“一封来信刊登之后”为标题，连续对公路“三乱”现象进行历时7个多月跟踪报道，共发稿150多篇、配发评论30多篇，使公路“三乱”现象明显收敛。1996年6月,《闽东日报》曝光一家路边店巧立名目、向游客敲诈勒索，收取“方便费”一事，引起地委领导的关注；地委领导还以特约评论员的身份发表《人人都来塑造闽东形象》的文章，引导全区开展一场“如何营造闽东软环境”的大讨论。

2000年,《闽东日报》在办好《总编辑信箱》《百姓忧乐》栏目的基础上，增设《读者来信》《法制组》专栏。2001年,《闽东日报》先后采写《如此“精英教程”怎么进课堂》，曝光福安某村干部挪占“连家船民”上岸定居补助款，蕉城部分肉贩无视法规、私设屠宰场等现象。2002年，针对全市许多未成年人沉迷网吧的状况,《闽东日报》以一家长来信作为突破口，派出记者深入网吧，对一些无证经营、非法牟利的“黑吧”予以曝光；宁德电视台也跟进报道，形成强大的舆论影响，呼吁有关部门和社会关心青少年成长、加强监督管理。2004年，针对各地网吧管理又出现松懈、乱象反弹的现象,《闽东日报》记者深入寿宁等县（市）暗访、调查，采写了《寻找迷失在网吧里的孩子》曝光寿宁时代网吧管理员允许未成年人赊账上网，为讨债拳脚相加，一少年凌晨上网被砍致死案件，引起市委、市领导及有关部门的高度重视并作出批示，全市随即组织开展大规模整理网吧行动。市广播电台配合开设《金色年华》栏目，从正面引导青少年健康成长。

2005年,《闽东日报》《宁德晚报》等及时曝光一些社会陋习和违法违纪现象，如《惩治“牛皮癣”大家谈》《公车竟然停满泳池停车场》等问题，引起市委领导和社会的高度关注，政府出台相关政策，净化街头小广告，遏制“流动腐败”现象。

第二节 出 版

自1993年《闽东日报》从周三报改为日报起，先后经批准，又有《宁德师专学报》、《闽东乡讯》、《霞浦报》、《玉田乡音》（古田）、《松涛》（霞浦）、《鸳鸯溪》（屏南）、《福安乡音》等8家报刊和《闽东通讯》、《宁德报》、《福安报》、《古田报》、《闽东论坛》、《三都港论丛》、《闽东科技》、《闽东农业科技》、《现代临床》等9家报刊公开或内部出版发行。全区有经批准的11家出版物印刷企业，其中福安印刷厂、霞浦印刷厂为省定点印刷企业；闽东日报印刷厂、宁德印刷厂、古田印刷厂、古田民政福利印刷厂、福鼎印刷厂、福鼎天洋印刷厂、周宁印刷厂、寿宁印刷厂、屏南印刷厂等为出版物印刷企业。1995年9月，宁德地区出版管理办公室举办全区新闻出版行政执法人员和印刷企业法人代表培训班，集中学习贯彻国务院《出版管理条例》《印刷业管理采编》《内部资料性出版物管理办法》等，提高从业人员依法经营、依法行政管理的水平。同时，开展全区性内部出版物的清理整顿工作，未经批准的一律停办、停印，并实行出版物审读和年检制度。对非出版物印刷企业和打字、复印业发放《其他印刷品印刷许可证》。至1998年，全区还有其他印刷企业及打印、复印企业近300家。

1999年，全区共办理内部资料性出版物准印证50件。全区清理整顿内部报刊，仅保留《宁德报》《福安报》和《古田报》3家，将《三都港文化教育丛书》《现代临床》等5家内部报刊转为内部资料。并根据《福建省印刷业清理整顿实施方案》的要求，成立由宣传、新闻出版、公安、工商、工业、“扫黄办”等部门组成的印刷业清理整顿领导小组和办公室，对区内印刷业逐一审核。当年，全区共查处4家证照不全，无证经营的非法印刷企业。

2002年，市出版办进一步做好内部资料性出版物的审批管理工作，对每一申报件都进行认真审核把关，确保出版质量，全年仅审批准印40件。同时发出《关于切实加强对印刷复印企业监管的通知》，组织人员对蕉城、福安等市、区出版单位和印刷企业进行突击检查。4月8日，《宁德报》（宁德晚报试刊周二版）发行，同年由周二版改为周六报。2003年，全区举办7期印刷出版业主（含打字、复印品）法律法规和业务培训班，参加者达240多人次。并开展出版物清理整顿工作，《福安报》《霞浦报》《三都潮》等出版至当年年底，侨刊、乡讯等从2004年起一律改为半月以上刊期型，免费赠阅。2003年5月，经国家新闻出版总署批准，《宁德晚报》正式创刊。

第六章　广播影视

第一节　广　播

一、有线广播

（一）网络建设

1993 年，宁德地区新发展有线广播村 69 个，新建村广播室 87 个，整顿村广播网路 83 个，分别超额完成计划任务的 38%、19% 和 0.3%。发展广播喇叭 2683 只，占计划的 26.83%。广播通播率从上年的 77.18% 提高到 80.38%。当年，全区通有线广播村 1712 个，广播专线 7486 杆千米，安装喇叭 9.39 万只，入农户数 15.78 万户。此后，随着广播新技术的运用，有线广播一线两用，既通广播又通电话，有线广播共缆传输技术得到推广运用。1995 年有线广播新通播村 19 个，新建村广播室 29 个，整顿 50 个村的广播网络，发展喇叭 1825 只。1998 年，全区通广播村 1719 个。福鼎秦屿镇实行广播与电视共缆传输，使电视与广播双入户。由于电视的发展和逐渐普及，有线广播呈现萎缩趋势，当年年底，全区有线广播专线仅余 1452 杆千米，嗽叭 5.92 万只。2000 年，宁德全市通有线广播村 2191 个，有线广播专线 2735 杆千米，安装喇叭 2.15 万只。2005 年，宁德市通有线广播电视乡镇 112 个、建制村 2232 个；而有线广播专线只剩下 671.8 杆千米、广播喇叭 0.56 万只。

（二）节目播出

1993 年，全区 9 个县（市）均建有广播站，以播报具有地方特色的新闻性、知识性、服务性和娱乐性节目为主要内容。宁德市（今蕉城区）抓住三都城澳口岸开放和飞鸾镇率先创办股份企业的典型进行连续和跟踪报道，在社会上产生较好影响。福鼎、霞浦加强开发闽浙边城贸易和三沙对台贸易、培育市场经济的宣传。寿宁县围绕建设“茶县酒城”开展宣传。全区则加强对精神文明建设、农村农业、招商引资、基础设施建设和服务商品经济发展等方面的宣传报道。乡镇广播电视站也不定期播出为农民群众生产、生活服务的节目，如“农技知识”“计划生育”“森林防火”等。全区 9 县（市）有线广播日播音 63 小时 35 分，其中自办节目 37 小时 40 分钟，占 59%；转播节目 7 ~ 9 套。

1995 年，全区有线广播累计日播音 83 小时，其中自办节目 42 小时，占 50.6%。广播电台播出时间从每天 6 个小时增加到 10 ~ 15 小时，部分县市还改变有线广播早中晚三段式播出为新闻滚动播出，全年采用稿件达 65300 篇。1997 年，全区有线广播全部实行滚动播出。县（市）广播电台（站）日播音从 7 ~ 8 小时增至 10 小时以上。同时更新设备，改录音为直播，并逐步向数字化过渡。同年，全区有 28 件广播电视作品在各类评选中获奖，其中一等奖 4 件，二等奖 8 件，三等奖 16 件。

2001 年，9 县（市）广播站平均每日播音时间合计 60 小时 25 分，其中转播中央台节目 24 时 25 分、省台 5 时 35 分；自办节目 30 小时 25 分钟。自办节目中，新闻 4 小时，专题 5 小时 55 分钟，教育 1 小时 30 分钟，文艺 15 小时 25 分钟，服务类 2 小时 25 分。

2003 年，宁德人民广播电台开办服务类直播节目《1017 帮你忙》和《万家灯火》两个栏目，增强广播宣传的群众参与性和互动性。当年有 50 多分钟节目被省台采用。一批节目在全省、全国广播节目评选中获奖，其中,《法庭审案、法官缺席》获全国评比三等奖，实现宁德广播节目在全国性评比中零的突破。2004 年，宁德台选送的《从骨髓中传出的天籁之音》获全国广播文艺节目三等奖。

2005 年，宁德人民广播电台实现全天 24 小时不间断播出，全天设 4 大新闻版块，每个整点都有新闻播出，并增设《话说闽东》《怀旧时光》《音乐厨房》等综艺类节目，开辟《闽东人》访谈专栏，使节目内容更加丰富多彩。

二、无线广播

（一）台站建设

中波广播 1993 年，宁德地区 4 座中波广播转播实验电台（宁德九零一电台、福安九零二电台、霞浦九零四电台、福鼎九零五电台），配备有卫星地面接收设备。当年，增添 3 部 1000 瓦广播发射机，全区共有广播发射机 8 部，总功率 53 千瓦，其中用于转播中央台节目的 4 部 31 千瓦，转播地方台节目的 4 部 22 千瓦。中波实验发射机 23 部，总功率 18.2 千瓦，为实现“收发合一”创造条件。1994 年 10 月，九零一实验台完成“收发合一”技术改造，使原先收发机房分设、节目信号源传送欠安全的弊端得到改正。随后，其他台也进行收发合一技术改造；福鼎九零五台选定新台址，开始技术搬迁。至 2004 年，4 个中波广播电台的广播发射机和实验发射机一直稳定在 8 部 53 千瓦和 23 部 18.2 千瓦。

2005 年，宁德九零一、福安九零二台和霞浦九零五台各配备 2 部 20 千瓦的中波广播发射机，福鼎九零五台配备 2 部 3 千瓦中波广播发射机。4 台共拥有中波广播发射机为 8 部，总功率 66 千瓦。

调频广播 1993 年，宁德市（今蕉城区）购入调频发射机，发展无线广播事业。同年，宁德地区增配 6 部 100 瓦发射机，加上原有设备，宁德地区除古田县外的其他 8 个县（市）共拥有调频发射台 8 座，拥有 1000 瓦调频广播发射机 2 部、100 ~ 200 瓦调频广播发射机 12 部。各县（市）和部分乡镇广播电视站配备调频接收机，县（市）级调频广播转播网基本形成；采用中、小功率结合的技术手段，收转上级台站节目和传输中央一套、二套、省一套、经济台、音乐交通台和县市台 5 ~ 6 套节目；广播覆盖人口约 270 万人。1994 年，在省广播电视厅的支持下，全区加快调频广播建设的步伐，增配 8 部 770 瓦发射机，加上各台站原有的 21 部 3.78 千瓦广播发射机，全区拥有发射机数增至 29 部，功率 4.48 千瓦。1995 年，按照广电部频率规划和省厅要求，在省厅和福鼎县局的支持下，从福鼎太姥山协调出 1000 瓦调频广播发射机，充实宁德白马山调频广播骨干台，提高转播质量和播出的可靠性。当年，宁德地区共建设有调频发射台 10 座，调频广播发射机 20 部，总功率 3.75 千瓦。地、县、乡调频广播网基本建立，覆盖人口占总人口 85%。同年，福鼎广播电台发射的广播信号覆盖全县 80% 地域。1998 年，在省广电厅和省电台支持下，投入 130 多万元，在宁德白马山、福鼎太姥山和福安仙岭头建设音乐交通转播台，分别配备安装 3000 ~ 300 瓦调频立体声发射设备，同年 12 月建成投入运营，24 小时昼夜播出，完成闽东沿海音乐交通网发展计划。1999 年，全区在巩固县、乡调频广播台站原有设施正常运转的同时，增加骨干台站设备，提高发射功率，扩大农村覆盖和广播信号落地入户。为福鼎太姥山台、宁德白马山站添置 1 ~ 3 千瓦调频立体声发射设备，转播中央台第一套节目。全区有 286 万多人能听到中央、省和当地的广播节目 2 ~ 5 套，人口覆盖率达 90.41%，比上年增长 6.66%。

2001 年 9 月，成立宁德人民广播电台筹建办。2002 年年初，宁德市广播电视局派出人员到电台筹建办加强筹建工作。同年，广播电台购进国内先进的 LINK2000 数字音频工作站系统，其音频资料库采用 RAID5 磁盘备份技术，大大提高系统工作的安全性，实现节目录、编、审、管、播全过程自动化、无带化和数字化。5 月 28 日，宁德人民广播电台顺利组建并试播成功，填补闽东地区长期无地（市）级广播电台的空白。

2003 年，宁德人民广播电台抓住广播发展年的契机，编制广播发展五年规划，完成 FM101.7 广播频率的报批工作。12 月，经微波数字化改造后，电台第一套节目通过白马山、太姥山两个站点发射传送，信号覆盖蕉城、福鼎城关及相邻县（市）的部分乡镇、领海岛屿。

2005 年，宁德人民广播电台实现全天 24 小时不间断播出。白马山微波站基本完成对旧微波机电源系统的改造更新，太姥山转播台完成 500 米高压电力线路、接地网和发射无线的更新改造。市电台还与海峡之声广播电台等媒体联办“《海峡西岸行》走进宁德”等直播活动。

（二）节目播出

1994 年，福鼎人民广播电台平均每日播音时间 15 小时，其中转播中央台节目时间 1 小时，转播省台节目时间 15 分钟，自办节目时间为 13 小时 45 分钟。1995 年，根据中央、省有关规定，福鼎人民广播电台早上转播中央电台的《新闻和报纸摘要》，晚上播出《各地人民广播电台联播节目》和福建人民广播电台晚间节目《本省新闻》《对农村广播》等。全区全年自办节目的用稿量在 3000 ~ 5000 篇之间。全区制作广播节目 270 时 48 分。1998 年，区内福鼎、霞浦、周宁人民广播电台，每天平均播音时间 9 个半小时，自办节目播出平均时间为 7 时 40 分。1999 年，宁德市（今蕉城区）人民广播电台开播，平均每周播出时间 144 小时 15 分，其中转播中央台节目 4 时 5 分，省台节目 72 小时 20 分，自办节目 67 小时 50 分，自办节目中新闻 4 小时 30 分钟、专题 20 分钟、文艺 46 时 40 分钟、广告 7 小时，服务信息 9 小时 20 分钟。

2002 年，宁德人民广播电台组建完成并试播，成为宁德市主流媒体之一。在节目设置上，力求照顾不同的广播受众层次，突出节目的时效性、参与性、服务性、娱乐性、指导性、可听性和闽东地方特色。全天播音时间从上午 6 时至夜晚 24 时，累计播音 18 小时。从每天上午 9 时开始安排 9 档 5 分钟的《整点新闻》，两档 15 分钟的《闽东新闻》。开设栏目有《娱乐精品屋》《好歌送给你》《旅游在线》《相伴到零点》《老年时空》《开心时刻》等。2003 年是“广播发展年”，宁德人民广播电台提出“抓覆盖、强节目、促创收”的工作目标，深化节目改革，形成以新闻、信息为主，文化、娱乐、生活等服务类节目为辅的节目运作格局。2004 年 5 月 1 日，宁德人民广播电台节目改版，开设《情感方程式》《生活百乐园》《城市新空气》《1017 帮你忙》《司机联盟》《摩登音乐坛》《心语心愿》《文学欣赏》《旅游在线》等栏目。

2005 年，宁德人民广播电台实现全天 24 小时不间断播出，节目内容更加实际和贴近生活。

新闻节目突出大信息、大容量、快节奏；全天分为上午、中午、下午、晚间四大版块；在每天的18时、22时和次日的7点30分播出3档《闽东新闻》，第一时间为听众提供闽东新闻资讯。《整点新闻》增至14档，形成每逢整点都有新闻，快捷播报国际、国内、省内、本市各类新闻资讯；每逢半点，播出5分钟的《经济快讯》，为听众传递最快的经济信息、政策法规、市场供需动态等资讯。改版后，除继续保留原有的品牌节目《城市新空气》《摩登音乐坛》《相伴到零点》《心语心愿》《阳光序典》外，增设《话说闽东》《社区话题》《城市新空气》《文海拾贝》和音乐栏目等一批富有地方特色、更有可听性的节目。

（三）节目创优

1993—2002年，周宁县人民广播电台节目《闽东人闯浦东，出山门显身手》被省广播电视厅和省广播电视学会授予一等奖，宁德市（今蕉城区）人民广播电台节目《悄然崛起的飞鸾股份合作企业》，福鼎市人民广播电台节目《京城夺魁记》《硖门一场变革》《边贸城里高潮涌》《科技兴农，洼垢变黄金》等获三等奖。

2003年，全区共有20件广播作品在2002年度省级评比中获奖，其中，新闻专题类节目《闽东大黄鱼能游多远》获省社教节目二等奖；文学节目《品味杨家溪》获“福建广播文艺奖”二等奖；系列报道《抗击第16号台风特别报道》《福安构筑百亿电机电器城》获省三等奖；播音作品《一组闽东新闻》获全省广播电视播音与主持作品三等奖。2004年，宁德人民广播电台2件作品参加全国评比，其中1件获全国广播文艺三等奖，8件作品获省2003年度优秀广播节目奖。其中音乐专题《从骨髓中传出的天籁之音》获中国广播文艺节目三等奖、福建广播文艺节目一等奖；广播剧《螺壳岩传奇》获福建广播剧一等奖，并代表当年广播剧单本剧项目参加全国评比；新闻专题《福宁高速公路托起闽东旅游新天地》获福建广播新闻评奖二等奖；长消息《省长卢展工为霞浦三沙群众解决用水困难》获福建广播新闻评奖三等奖；文学专题《守望乡村》获福建广播文艺二等奖；少儿节目《石头·剪刀·布》获福建广播社教节目三等奖；播音作品《整点新闻》获全省播音、主持作品三等奖；论文《科学分析受众市场精心设置广播节目》获全省论文评比二等奖。

2005年，宁德人民广播电台鼓励广大节目主持人参与节目创优，提高创作水平和作品质量。在年度全省评比中，宁德有7件作品获奖，广播剧《行走在岸上的鱼》获省优秀广播节目二等奖、宁德市优秀广播节目一等奖，送全国参评；播音作品《母爱永恒》获福建广播电视播音作品评比三等奖；《温福铁路正式开工》获省优秀广播节目三等奖；《天职——介绍人民好公仆、霞浦县信访局局长吴德辉》《话说闽东》获省优秀广播节目三等奖；《走向蔚蓝闽东》获省优秀广播节目三等奖。

第二节　电　视

一、无线电视

（一）台站建设

电视转播台　1993年，全区有卫星地面站177座，其中收转站128座、单收站49座，属于系统内 50 座、系统外 127 座。转播台（差转台）276 座。全区可收看省电视台和中央电视台一、二套节目。1994 年，宁德电视台开通独立发射频道，节目可传送 9 县（市）。各县（市）配备专机收转播放。

1997 年，地区广电局投资 5 万元扩建改造南山电视转播台机房。1998 年，电视转播台增置电视发射机，改变转播台长期单机运行的情况，为全天候播出创造条件。年底，全区有中、小功率电视转播台 199 座，发射功率 3115 瓦；卫星地面接收站 833 座，分别比 1992 年扩大 840 瓦和增加 656 座，人口综合覆盖率从 78.91% 提高到 92.27%。1999 年，宁德电视转播台增加设备和投入，实现全天候播出。

2001 年，宁德市电视转播台加强对播控设备及相关设施的维护管理。对微波卫星接收、发射机、天馈线、电视等定期进行检测检修，发现问题及时排除，并全面检修高压线路，对发射塔进行加固除锈上漆，积极配合罗源百丈电站做好线路检修，保证供电。2003 年，市电视转播台进行技术改造，更换部分老化设备。改造后的机器只需单电源供电，降低能耗，节省维护费用，提高发射机的可靠性，整机的技术指标和稳定性由乙级提高到甲级标准。技改后电视信号明显增强。2004 年，市电视转播台加强技术维护管理，坚持每周一例行检修外，定期对电视发射、微波收信、卫星接收等设备的技术指标进行检测，发现隐患及时排除，确保设备稳定安全运行。当年 8 月 24 日，在“艾利”强台风来临前的巡查中发现，亭上岗村边的一棵大树被风吹后与电线相碰，为确保安全，通知罗源百丈电站停止送电，避免供电事故。2005 年，电视转播台完成高压供电线路改造、机房接收地网和避雷器等防雷设施整改，消除隐患，确保设备与人员安全。

市（地区）电视微波站　1993 年，宁德地区开通白马山至周宁、寿宁、福安、柘荣、霞浦、古田以及周宁至屏南电视微波通道。年底全区开通微波线路 625.55 千米，实现宁德电视台节目对 9 县（市）的全覆盖，结束宁德地区节目传送依附省微波闽东段线路的历史。全区新建卫星地面接收站 67 座，小功率电视差转台 26 座。1994 年，宁德电视台微波专线延伸至各县（市）广播电视台有线电视机房，实行开路与闭路双重覆盖。1997 年，投资 40 万元建设飞鸾沃里至白马山微波机房简易公路。

2000 年，市电视微波站筹资改造白马山机房供电线路，提高节目传输质量。2001 年，市电视微波站对全区微波收发信号设备进行技术改造，增强设备的可靠性。2003 年，全市广电系统筹集资金 300 多万元，建成贯连全市 9 个县（市、区）的 SDH 光缆干线网。调剂资金 50 多万元，完成 3 个市级高山台站固态化改造和电力系统改造，提高广播电视传输覆盖质量。

2004 年，市电视微波站注重做好日常维护工作，坚持早部署、早安排、早检查，对突发事件和事故隐患尽量做到早发现、早预防、早处置。加强值班机房的硬件设施建设，配齐配强值机人员，建立快捷有效的安全播出指挥机制和安全播出通信系统，实行 24 小时值班制度，做到专线电话联系畅通。对避雷跨空线、避雷针、避雷引下线、避雷接地网和避雷器进行更新，降低接地电阴，提高防雷避雷效果；对电源进行增容换新，将 50KVA 变压器更换为 100KVA；更换大容量铠装埋地电缆；新增 30KVA 交流稳压器，实现站内用电全自动交流稳压。

2005 年，白马山微波站完成对旧微波机电源系统的改造更新，提高设备运行的可靠性与稳定性。

太姥山电视转播台　1993 年，太姥山电视转播台转播“省一套”和宁德电视台节目，担负转播四套调频广播和有线电视传送工作。无线信号覆盖闽东地区大部分县（市）和浙南大部分地区。1997 年，投资 66 万元新安装太姥山台固态彩电发射机、铁塔、天馈线。1998 年，增置电视发射机，改变转播台长期单机运行状况。1999 年，太姥山电视转播台增添设备，实现全天候转播。

2001 年，太姥山电视转播台加强设备维护，保持机房整洁，设备完好率、运转率良好，并加快技术改造。从建台初始单机（电子管发射机）转播，到双机（固态发射机）轮流转播，再增购四台意大利进口的广播调频机，新建立式电视发射塔，在短短的三年内增加固定资产投资近 300 万元。2003 年，太姥山电视转播台通过全面技术改造、更换老化设备后，降低能耗、提高发射机的可靠性，电视信号增强。2004 年，在发射机、接收机增加后，原有空调制冷量不足，机房温度超标，为节约经费，转播台用油烟机替代空调做实验，机房平均降温 3℃，年节省经费近万元。当年，实现完整、安全转播福建电视台、宁德电视台电视节目 14105 小时，宁德人民广播电台调频广播节目 6570 小时。

2005 年，转播台执行新规，明确岗位职责，对机房设备、仪器、仪表进行登记、造册。投入 16 万元，完成 500 米高压电力线路和接地网、发射塔的更新改造。

宁德电视台 1992 年，宁德电视台为设立独立频道，投资 158 万元，添置 ZONB 摄像机 2 套，9850 ~ 9800 编辑机 2 套，索尼 8000 特技字幕机、自动播出系统各 1 套。1994 年，宁德电视台独立频道开通。1995 年，筹资添置 AG456 摄像机 6 台，5800/5600 录像机 1 套，V09850 录像机 1 台，全四维字幕机 1 台、时基 1 台、台标发生器 1 台，增强采编播实力。全年共安装调试播出系统 1 套、播音室 1 个、编辑室 2 间，帮助有线台维护前端 30 多次，修理摄像设备 80 多台次，录像设备 68 台次，播出设备 5 台次。2000 年，宁德电视台筹集 40 万元购置现场直播设备和摄（录）像机 8 台，以及非线性编辑系统升级改造等零部件，使采编播硬件得到进一步改善，提高节目制作播出水平。

2001 年，宁德电视台又筹资 35 万元，改造添置部分采编设备，提高节目制作能力。市有线台实行网台分离后，原来的有线节目频道，整合为宁德电视台二套综艺影视专业频道。电视台实行采、编、播中层干部竞聘上岗，有 10 人走上中层领导岗位。同年，面向社会公开招聘采编播专业技术人员 6 人。2004 年，宁德电视台筹资 50 多万元，购买录音机 3 台、摄像机 4 台，非编系统 4 套；购买服务器、防火墙 1 套，用于建设新闻回传系统。两套电视节目声音系统改造后，提高音效，改善音质。新添 2 台 JVC 摄像机用于重大活动的新闻报道，电视节目制作水平得到提高。同年，宁德电视台启用基于 FIP（文件传输）服务器互联网新闻回传系统，实现新闻资料传送工作智能化和高效化。设备维护、播出系统音视频改造和卫星接收系统改造顺利进行。全年制作完成栏目背景、栏目片头、片花等 70 多个。

2005 年，投入 17 万多元，购置非编系统、录像机、无线话筒等采编播出设备。同时完成配音间建设，改造演播厅灯光系统，调整制作机房功能和布局。定期做好设备检修，分别于 5 月和 11 月两次安排专业技术人员对所有摄像录像设备进行周期性的检测和维护调整，及时更换设备易损件，保证放像设备处于最佳状态，实现全年安全播出无事故。

（二）节目制播

1993 年，宁德电视台全年共播出新闻 3240 条、时间 2180 分钟，其中被上级台采用 36 条，播出次数从一周 2 次增至一周 4 次。新开设“来自综合改革试验区第一线”“反腐倡廉”栏目；为宁德地区参加“厦门 9·8 洽谈会”“香港招商会”，在北京举办“综合改革试验区贸易洽谈会”等活动制作专题，及时予以报道。在建党 72 周年期间，推出“七一巡礼”节目，系统宣传先进党组织、优秀共产党员事迹，收到良好的社会效果。1994 年 5 月起《闽东新闻》从每周播出 2 次改为每周播出 6 次，全年播出新闻 1390 条、时间 1158 分钟，上送中央台播出 6 条、省台采用170条。12月13日，宁德电视台独立发射频道建成，播出节目时间为每天20点至23点。宁德电视台在全省各地（市）台中率先使用自动化播出。每周6天向全区播送节目，每周播出自办节目30个小时，开设栏目有《时政要闻》《社会广角》《经济信息》《闽东纵横》等。《新闻节目》播出改播音式为主持人直播式，提高新闻的时效性、贴近性。开设《今晚大视角》专题栏目、《闽东看世界》综合性栏目和《艺海短波》文艺性栏目，还先后引进电视剧10部500集。

1995年，开辟《闽东纵横》等10多个专题系列栏目，把镜头对准社会生活的“焦点”，对准群众关心的“热点”，对准党和政府工作的“重点”。积极慎重地引进优秀电视剧、专题和文艺节目，不断满足群众需求。当年，宁德电视台实现自办节目天天播出，共播出《闽东新闻》1485条，时间3200分钟，其中上送中央播出4条，省台采用180条，安全播出1576小时。《今晚大视角》播出32期1000分钟,《闽东纵横》播出480分钟，配合有关单位拍摄制作播出专题34部。交流引进电视剧248部（集）。1996年，宁德电视台推出“争创小康村”“劳动者风采”“精神文明建设”等栏目，报道中心工作和各地、各部门精神文明建设典型经验、各行各业涌现出来的先进人物。1997年，宁德电视台《闽东新闻》播出234期，2238条，其中上送省台播出260条，中央台播出7条。同年，电视台与地委宣传部、地区小康办联合举办“奔小康”专题展播，播出12个奔小康专题节目。地、县（市）广播电视台（站）自制节目能力提高，除新闻类节目外，开辟理论、党建、经济、廉政、“三农”（农业、农民、农村）、综治、计划生育等专题。1998年，宁德电视台播出新闻2808条，其中送省台新闻315条，中央台新闻3条。推出《闽东纵横》《闽东经济》等栏目，开辟子栏目19个。各县市广播电视共播出新闻2.83万条，其中有278条分别被中央、省台采用。福鼎市广播电视台与上海经济区六省一市65个县市广播电视台开展协作，全年播出福鼎市节目1820多件次。古田县有线电视台与中央台第7套农业频道播出《大地红绿兰》栏目，扩大闽东在外知名度，全年播出典型新闻宣传稿75条，热点引导37条，舆论监督占播出总量的11%。1999年，宁德电视台全年编播《闽东新闻》《闽东纵横》《闽东经济》645期，30017条，播出《闽东经济》322期；开辟子栏目26个，播出专题片32个。各县市广播电视播出新闻2.87万条，编播新闻类、社教类专题、系列报道306个。当年，各级广电管理机关和播出台站都精心组织、完整准确地转播了中华人民共和国成立50周年大庆和阅兵式；从12月19日至12月21日，48小时连续播出喜迎澳门回归祖国盛大庆典活动，全过程转播“澳门政权交接仪式”“澳门特区政府成立暨宣誓就职仪式”等现场直播。全年播出新闻典型宣传86条，先进人物事迹46人次，热点引导38条。舆论监督占播出总量12%。全区上送省台新闻播出386条，中央台22条，其中宁德电视台上送省台新闻播出215条，中央台8条。引进电视剧、动画片、专题片1032部（集）；播出专题纪录片32个；播出文艺晚会、知识竞赛3场。

2000年，播出新闻2640条，10800分钟。《闽东纵横》全面改版为社教专题栏目，播出52期，用稿183条，3120分钟。圆满完成撤地设市大型活动直播2场，740分钟；录播各类文艺晚会、知识竞赛、党课教育共16场，1200分钟。同年，与省电视台合作摄制迎接宁德撤地设市专题片《跨越》《迈向二十一世纪的闽东》《打开山海之门》等5件，分别在省台、东南台、省有线台播出。2001年，宁德电视台开设21个栏目。全年播出《闽东新闻》3690条，4380分钟。开辟专栏报道11个，系列报道16个。《社会观察》栏目改版后，每周1档改为2档。播出31期，500分钟;《闽东纵横》栏目播出30期，播出专题报道132个，480分钟。全年上送中央台播出新闻3条，省台各频道采用461次。全年实现现场直播2场，300分钟；录播各类文艺晚会3场，360分钟；引进电视剧830部（集）、专题片910集、儿童科教片586集、电影208部。福安、周宁开设《建党八十周年》栏目，霞浦推出《党员先锋》专题，福鼎宣传优秀共产党员和先进基层党组织典型，蕉城、古田、屏南，寿宁、柘荣也开展建党 80 周年宣传报道。同年，为迎接建党 80 周年，制播《为了这片土地》《畲乡巨变》《闽东党建》等专题片 3 部。

2001 年，宁德电视台开办 2 个频道，第一频道为综合性主频道；第二频道为公共频道，供各县（市）插播县（市）自办节目。新闻、专题节目均实现天天播，自办节目 时间提高到 15000 分钟。《社会观察》《闽东新闻》被评为全省第二、三届新闻名专栏。开设《旅游时空》《闽东人》自办专题节目 9 个。电视新闻用稿量跃升全省前列，连续两年获全省新闻协作先进单位称号。电视台抗台救灾宣传得到上级肯定，被省委、省政府评为抗台工作先进集体。《闽东新闻》重点开辟《学习贯彻“三个代表”》《“三个代表”在闽东》《县乡领导谈“三个代表”》和《新闽东新跨越》系列报道栏目，并与福建电视台、厦门电视台联合拍摄《福建新跨越》《秋行八闽》两组系列报道。全年，宁德电视台播发学习、宣传、贯彻“三个代表”重要思想和十六大新闻 300 多条次，在省台播发 120 条次，在中央台播发 3 条次。9 月初，第 16 号强台风“森拉克”正面袭击宁德市，宁德电视台以最快速度编辑制作《决战“森拉克”》电视汇报专题，在省电视台 2 个频道播出两次。12 月 18 日，在宁德电视台举办建台十周年台庆活动中制作专题片，出版《山海的回响》专集。

2003 年，宁德电视台在《闽东新闻》中开辟《时尚生活》子栏目的基础上，新开辟法制类栏目《红绿灯下》，宣传交通法规，报道交通动态与突发事件。新闻综合频道每晚 22 点 45 分开设《目击者》专栏，公共频道增设《星火科技 30 分》《卫生天地》《娱乐大搜查》《世界文明之旅》等 4 个新栏目，增大新闻信息量。全年，宁德电视台在中央台上稿 20 条，在福建电视台上稿 581 条，播出 1220 条次。专题节目在福建电视台和东南电视台播出 50 多件，摘取“1—7 月全省九设区市总用稿量排名第一”的桂冠，获“全省新闻协作先进单位”称号。宁德电视台完成第二套节目的下传，实现两套节目均通过有线网络传输到全市 9 个县（市、区），实现所有节目全市覆盖的目标。

2004 年，电视台全年播出新闻 376 期，4346 条，在中央台播出宁德新闻 14 条，上送省台播出新闻 548 条，1175 条次，保持全省上游的好成绩。《社会观察》“热点新闻，冷静观察”，侧重对群众关注的热点问题开展舆论监督。《生死考验一天九夜》《三都斗姥好风景、双重门票遭质疑》《远离毒品，生命灿烂如花》《拨了“110”，案到警未到》《众志成城抗“艾利”》《生死大营救》《昨夜蕉城暴雨成灾》等节目，以深入细致的背景调查，客观公正的报道风格，赢得广大观众和业内人士好评。《以案释法》节目编排紧紧围绕热点事件，阐述群众急需了解的刑事、民事、经济、行政诉讼等方面法律问题，简明扼要、通俗易懂；全年播出《偷接闭路代价》《谁烧山，谁坐牢》《六合彩害人彩》《杀妻惨案》等专题 24 期，起到明显的普法宣传效果。《红绿灯下》播出 27 期，通过剖析交通案例，破解事故成因，引导观众重视交通安全。《旅游时空》栏目，介绍闽东风光、风土人情和旅游景观，发布旅游资讯，节目内容丰富，形式活泼生动。7 月 1 日开播《宁德党建》宣传先进党支部、优秀党员先进事迹、当代共产党员的风采。电视台全年录播文艺节目 12 场，制作电视专题片《中国宁德》《安全为天》《聚焦 5・19》等 16 部。全年引进电视剧 40 部 1068 集，电影 160 部。

2005 年，电视台全年播出《闽东新闻》387 期、4396 条，播出专题节目 197 期。在省台主频道播出新闻、专题 500 条，中央台播出 45 条次。电视台开设《建设海峡西岸经济区东北翼中心城市》《两会专题报道》《关注 6・18》《争创文明城市，共建美好家园》《破解难题促发展》《纪念抗战胜利 60 周年》《人才在闽东》《回首五年再创新业》等主题宣传栏目，为推进宁德海峡西岸经济区东北翼中心城市建设营造舆论氛围。全年《闽东新闻》播发《保持共产党员先进性》专栏新闻近 300 条，专题 23 期，做到对保持共产党员先进性教育活动宣传充分、具体、不间断。

《社会观察》侧重报道领导重视、群众关心的社会热点难点问题，制播《限速的困惑》《老泪纵横向谁哭》《向野猪开火》《暗访非法行医》《山被烧光，心被烧寒》《毒品噩梦》《买房之后》等一系列节目，为矛盾双方搭起沟通理解平台。《红绿灯下》新增加《交管视点》《新举措》《事故回眸》《安全知识问答》等子栏目，加大栏目的信息量。《旅游时空》在音效使用、片花制作、节目包装等方面有较大的改进。《宁德党建》《闽东人》等栏目也各有特色，全年引进电视剧48部1216集，电影180部。

（三）节目创优

1998年，宁德电视台开展节目创作创优活动。当年上送参评节目21件，其中获一等奖3件、二等奖7件、三等奖11件。上送省台播出215条，中央台8条，创历史最高纪录。1999年宁德电视台选送上级参评节目21件，其中获一等奖3件，二等奖7件，三等奖11件，获奖率达95%。福鼎市局选送的电视新闻《"联保贷款"帮助贫困农民走上富裕道路》获全国首届农业电视节目一等奖和最佳编辑奖；古田县局选送的电视专题片《古田银耳——不谢的银花》获全国电视网络农业节目一等奖。

2000年，为迎接撤地设市，宁德电视台与省电视台联合摄制反映闽东改革开放成就与繁荣发展题材的《跨越》《迈向二十一世纪的闽东》和《打开山海之门》专题片，分别在省台、东南台、省有线电视台播出，扩大闽东对外知名度。2001年，宁德电视台电视节目质量明显提高，全年作品上送市以上评奖获一等奖3件、二等奖8件、三等奖10件；"闽东好新闻"1件、特别奖1件，其中《强化思想政治工作 重在办好电视新闻》评论获"福建省面向新世纪的广播电视论文评选"二等奖。2002年，宁德电视台新闻短消息《法官审案，法官缺席》获全国电视新闻三等奖，电视专题节目《布多阿森和他的牛角胡》获全国"骏马奖"特别奖，实现闽东新闻在全国性评奖中零的突破。2003年，宁德电视台选送的新闻专题《变味的选举》和短消息《救灾物资，分发"受灾"》获全省电视新闻一等奖，《以案释法》栏目获全省电视社教节目二等奖；霞浦电视台选送的《深水网箱对台风说"不"》获全省电视新闻二等奖。2004年，宁德电视台选送的新闻《一个车牌，四个"兄弟"》获全省电视新闻一等奖，另外还有5件作品获三等奖。

2005年，《社会观察》栏目获第二届"福建省新闻名专栏"奖，《老夫聊发少年狂》获全省电视社教节目一等奖并代表福建省参加全国纪录片大赛。

1996—2005年宁德市（地区）电视台电视作品获得省级以上评比获奖情况一览表

表38-2

类型	作品名称	荣誉称号	授予时间	授予单位
新闻	《104国道无关无卡、畅通无阻》	福建电视新闻奖一等奖	1996.3	省新协、广电协会
短消息	《法庭审案法官缺席》	2001年度中国广播电视新闻奖三等奖	2002.8	国家广电总局
纪录片	《布多阿森和他的牛角胡》	全国少数民族题材电视作品"骏马奖"特别奖	2001.10	中国电视艺术家协会
新闻专题	《变味的选举》	全省2002年度优秀电视新闻奖节目一等奖	2003.3	省新协、广电协会
短消息	《救灾物资，分发"受灾"》	全省2002年度优秀电视新闻奖节目一等奖	2003.3	省新协、广电协会

续表 38-2

类型	作品名称	荣誉称号	授予时间	授予单位
新闻	《一个车牌，四个“兄弟”》	全省电视新闻节目一等奖	2004.3	省新协、广电协会
短纪录片	《老夫聊发少年狂》	2004 年度福建广播电视新闻奖一等奖	2005.3	省新协、广电协会

二、有线电视

（一）网台建设

1993 年后，区内有线电视保持持续发展势头，新开办有线电视县 1 个、乡镇 11 个、村委会驻地村 45 个，入网用户 2.71 万户。当年全区 9 个县（市）城区、31 个乡镇以及部分村能收看到 4 ~ 9 套电视节目；有线电视入网用户累计达 7.67 万多户。1995 年 5 月，继屏南县有线电视与省联网后，全区 9 县（市）有线电视均实现与省联网。全区有 27 个乡镇、95 个村委会新开办区域性有线电视，接入有线电视乡镇总数达到 72 个，村委会驻地村 151 个。入网用户累计 1575 万户，另有 4 个工矿企事业单位架设共用天线系统。

1996 年 5 月，宁德地区有线电视台运用先进技术，推进共缆传输，采用光纤新技术、设备，按 750 兆设计改建网络主干线，成为全省首家光缆传输、电缆分配、可容纳 50 多套节目的系统。福鼎、古田把原网络改造为 550 兆，扩大传输容量，提升传输质量。有线电视的发展，共缆传输技术的运用，农村广播电视从传统的铁线传输向电缆、光缆传输转变，从传送单一广播信号到同时传送广播与电视信号。1997 年，全区制订有线电视县乡联网规划，有 8 个乡镇通过微波线路与县联网。福安市投资 1400 万元，建立广播电视光纤专网，实现市、乡联网。古田县在改造原网络的同时，开通加密电视。1998 年年底，宁德地区自筹 50 万元改造光纤网络，改善网络传输质量。全区有线电视台开通中央台 3、5、6、8 等 4 套加密节目。

2000 年 3 月，宁德市有线电视台将光节点从原来 5 个增至 30 个，并安装机房相应播出设备，传送 30 套节目。全市 9 个县（市）所有乡镇均普及有线电视，有 1967 个村委会驻地村建成有线电视网。2001 年，根据国务院提出的有线电视网建设的意见和福建省政府《关于研究省广播电视网传输工作的会议纪要》要求，有线电视网络脱离事业体制，转变为企业法人，走产业化经营道路。宁德市有线电视台着手网台分离，将清点出的节目带、制作设备、机房播出设备等造册后，全部无偿移交宁德电视台使用，6 月份移交完毕。7 月 1 日，改“宁德市有线电视台”呼号为“宁德市广播电视网络传输中心”。年底，有线网络干线改造和增播节目至 30 套任务圆满完成。全年新建地下管道 2130 米，新敷设光缆 6372 米，安装、移户计 2000 多户。全市累计光纤或微波联网乡镇达 82%，村委会占 26%，比上年增加 13 个乡镇，87 个村委会；新发展 110 个自然村安装有线电视。新增有线电视用户 1.21 万户，有线电视用户总数达到 27.50 万户。

2002 年 7 月，决定将广电网络作为“数字宁德”横向接入网，组建宁德市广电综合信息有限公司。2003 年，建成长达 131 千米，贯通全市 9 个县（市、区）的 SBH 光缆干线环网；9 月接通启用。全市光缆累计 3132.6 千米，乡镇联网率为 92.19%。横向接入网的建成为宁德市信息化建设和现代化广电事业发展提供了一个功能强大的基础平台，实现全市一张网的目标。随后，网络中心投入 80 多万元，续建从东南基站至广电大楼的管道，完成蕉城南路及闽东西路部分路段、八一五路、中国红建材市场、商贸街等地下管道的建设；建成东侨开发区新城区管网，网络全部落地。全年新架设、敷设光缆 4 千米，地埋搭挂线路 2.25 千米。福鼎市广电局投入 220 多万元建成管（阳）沈（青）沿线16个村光缆联网工程；柘荣完成“小县大网络”计划，改造城区网络线路20千米。基础设施的不断完善，为“电线、有线电视、电信三线交越搭挂”整治创造条件。

2005年，宁德市电视台网络中心新架设干线、支干线近20千米、光缆30千米，建设地面有线管道14千米，作为全市无线电线网络输送中心的建设基本完成。

（二）节目用户

1993年，全区有8个县、市，21个乡镇所在地建有有线电视，传输4～8套节目，终端用户4.5万户。1994年，有线电视的传播节目套数增至7～9套，多数台站根据中心任务开办新闻和专题，辟有“点歌台”“节目特约播出”和“知识竞赛”等栏目。1995年，宁德地、县（市）有线电视播出节目增加到12～15套；大部分县（市）有线广播改新闻三段式播出为滚动播出。

1996年，全区有53个乡镇、365个村委会驻地村新建有线电视，传送7～12套节目，丰富农民群众文化生活和信息交流。全区累计有107个乡镇、516个村委会开通有线电视，分别占乡镇和村委会总数的87%和24.01%，入网用户达18万户，首次超过广播喇叭入户率。古田开通中央电视台4套加密电视频道；屏南县甘棠乡运用光纤技术实行乡村联网，传送多套电视与广播节目。同年，宁德地区有线电视台可同期播出宁德电视台播出的主要新闻和专题节目。全区7个县（市）级有线电视台站，均开办有本地特色的新闻、服务和娱乐性节目。霞浦、福安等县市有线电视开辟《争创小康村》栏目，每期10分钟；寿宁有线电视开辟《党领农家奔小康》和《我为小康做什么》栏目，分别播出52期和20期；宁德、古田广播电台开辟专栏，播出新闻或专题250篇、103条。1998年年底，全区9个县（市）所有乡镇均普及有线电视，1967个村委会建成有线电视网，分别传送8～23套节目，终端用户累计23万多户。同年开始实施贫困县和少数民族乡、老区基点村广播电视覆盖工程。

2000年5月1日，宁德有线电视节目增至30套。各县（市、区）广播电视播出新闻累计达3.04万条；编播广播电视专题、系列报道栏目313个。2004年年底，全市新增用户3000户，有效用户达2.43万户。

2005年，宁德市有线广播电视用户达35.13万户，并在宁德城区选择少数住宅小区作为转换数字电视用户的试点准备工作。当年，对特别困难户采取按月上门收费或减免收费办法，方便用户，提高收费率。全市有线电视收视费收入362.34万元，比上年同期增收32.2万元，增长9.7%。

三、“村村通”工程建设

1995年，全区开始实施电视覆盖“村村通”工程，与正在全区开展的农村“奔小康”活动紧密结合，建设54个乡调频广播转播台和210座村卫星地面接收站和电视转播台，总投资260多万元。经费采取地、县、乡、村和群众“五个一点”办法筹集。12月底，第一批争创小康村的83个建制村建成有线电视网，46个村建成电视转播台；全区新增卫星电视接收站129座。

1996年，全区有161个奔小康村新建卫星地面站或有线电视网。由行署批准实施的贫困县和少数民族乡广播电视覆盖工程与争创小康村和省广电厅“百乡千村”计划也同步实施。建制村以办电视为主，运用卫星地面接收转发和建有线电视网络等办法，因地制宜发展电视事业。在省广电厅支持下，扶持帮助83个老区基点村群众看上了电视。1997年实施的沿海地区第一期建制村的广播电视发展计划，完成500个自然村广播电视覆盖任务，239个建制村新发展有线电视。全区2173个村委会，实现电视覆盖2025个村，人口覆盖率从85%提高到90.52%；65万农民拥有电视机47万台，电视机入农户率由68%增至72.88%；全区有线电视用户增加2万户，累计达20万户。全区完成54个贫困和少数民族乡镇及所辖210个建制村广播电视覆盖计划，扶持131个老区基点村开通有线电视；接入有线电视网络村从177个增到995个。

1998年，全区600个建制村实现村村通电视。11月，继霞浦县北壁特困乡建成有线电视后，全区乡镇级普及有线电视目标得以实现。当年新发展电视29个村，低水平网络升级改造31个村，建村广播室8个。建制村电视普及率从91%上升到92.3%，有线电视终端用户23万户。老少边岛地区看电视难的问题得到改善。全年县、乡光纤联网31个乡镇和68个建制村，总长达418千米。累计全区联网55个乡镇、17个村，基本实现年初安排联网50%乡镇的计划。1999年，全区加强传输网络建设和接入网升级改造，实现全区所有建制村驻地覆盖有线电视。电视人口覆盖率从1998年92.47%升到95%。

2000年，全市又将有线电视建设延伸到人口比较集中的自然村盲点户。其中架设开通老区基点村35个、少数民族自然村30个，实现全市老区“五通”电视发展计划。同时，改善提高45个村委会开路电视收视质量，扩大“村村通”战果。为满足三都岛驻军和群众收看省、市电视节目的要求，经过宁德市和蕉城区广电局的努力，架设开通白马山至三都岛微波线路，运用光纤设备改造三都镇所在地有线电视网络，提高传输质量，增加传送省7套电视和宁德电视台节目，受到岛内军民欢迎。2001年，全市建无线电视小前端103个村，与县联网7个村，并开始传送4套数字电视和多套模拟电视，投入配套资金64万元，安装终端3504户、入户率57.5%。蕉城区、霞浦县为三峡移民新村架设开通有线电视。福安广电局与赛岐镇和狮子头村联手合作，实施户户通广播电视试点，每户减免入网费200元，为五保户、困难户赠送电视机20台，使老区基点村223户在国庆节前实现“户户通”。2004年，全市电视“村村通”工程覆盖重点引向20户以上通电自然村和返盲村，对全市20户以上通电自然村、“返盲村”进行普查摸底，并对建有小前端的建制村和自然村进行调查，摸清145个“返盲村”返盲的原因和特点，对这些“返盲村”和434个20户以上自然村的电视覆盖规划进行可行性研究，并制定两年实施方案。

2005年，数字电视MUDS系统研究开发应用，解决偏远山区、海上渔排等收听收看广播电视难的问题。广电部门在覆盖方式上进行创新，研究试验数字电视分米波发射系统，并组织技术力量对全市覆盖方案进行系统的规划设计，完成全市10个分前端、59个中断站的选点工作，并送省局审批。同年，全市还对《宁德市2004—2005年度“村村通”建设规划方案》进行调整，确定以DVB-S和DVB-C两种调制方式，从SDH网把数字电视信号传送到各县（市、区），市局负责数字电视前端建设和SDH网传输配套，被列为市政府为民办实事工程。全市完成52个行政“返盲村”、104个50户以上自然村的广播电视小前端建设或联网。当年，由市广播电视局建设的数字总前端进入招投标阶段。

四、广电楼、台、站建设

1993年，区内各县（市）开始筹建广播电视大楼，至1995年，5个县（市）局筹建的大楼中，建成投入使用1座、在建3座、完成征地1座，列入“九五”计划的4座。

1998年7月，占地1.52公顷的宁德广电中心大楼（地区广播电视大楼）奠基兴建。大楼主楼建筑面积1万平方米，总造价2000万元（实际总投资为5000多万元）。1999年工程主楼完成建筑计划。同年，福鼎市广电大楼土建计划完成，进入全面内装修，寿宁广电中心封顶，福安广电大楼奠基动工，周宁、屏南等县广电大楼建设均列入当地“十五”规划。霞浦、宁德（今蕉城区）、古田广电大楼落成投入运营。

2000年，闽东广电中心主楼地面至屋面发射塔顶端总高98米及外墙装修全部完成，累计投资2200万元。11月14日闽东广电中心作为宁德“撤地设市”重点项目之一和形象工程，举行落成庆典。县（市、区）广电部门积极筹措资金继续抓好广电大楼建设。同年，寿宁、福鼎广电大楼落成启用，福安广电大楼动建，其余县市都积极做好前期筹建工作。乡镇广电站划归以条管为主之后，霞浦、福鼎、古田、周宁等县市部分乡镇站的基础设施建设也得到改善。市属九0一中波台搬迁并完成新台址征地和设计工作。电视微波站更新改造白马山机房和部分生活设施，传输安全系数和职工生活设施得到改善。

2001年，闽东广电中心主楼竣工。省财政厅拨出专款200万元，为大楼购置两部电梯。同年，福安广电中心大楼完成10层封顶。福安上白石、霞浦沙江、古田杉洋等乡镇新建广电站办公楼投入使用。市电视转播台、霞浦日莲山电视转播台的机房进行修缮。2002年10月，闽东广电中心全面投入使用。15层、建筑面积11469.9平方米的福安市广电中心大楼封顶，屏南县与东南网络基站共建广电大楼签订协议。福安、霞浦、周宁、古田、柘荣等部分乡镇广电站建成投入使用，实现有楼办公。

至2005年年底，全市6个县（市、区）广播电视大楼投入使用，2个在建。新建部分乡镇广电站、维修大部分乡镇广电站工作楼房。

第三节 电 影

1993年11月、12月，国家广播电影电视部电影局、省文化厅分别下达《关于宁德地区自主发行国产影片的批复》《关于宁德地区自主发行国产影片若干问题的批复》，批准宁德地区电影发行放映公司作为全国首家地（市）级自主发行单位。

1994年8月，宁德地区电影发行放映公司在福安市召开全区电影工作会议。会上提出“双主业、双肩挑”的发展思路，即把副业也当作主业来抓，走多种经营道路，增加收入。1995年4月，全区开展校园电影放映活动。成立“宁德地区中小学生爱国主义教育影片放映领导小组”，地委常委、宣传部部长任组长。1996年5月，由漳州市、厦门市、泉州市、莆田地区、福州市、宁德地区6个地（市）电影发行放映公司联合发起，经国家广播电影电视部电影局批准，成立“福建海峡电影发行放映公司”，公司地址设在泉州市电影公司。

1997年9月，为迎接香港回归祖国，全区组织开展“香港优秀（枪战、武功）影片展映周”活动。1998年，为解决广大农村群众看电影难、看电影少的问题，国家广电总局联合文化部提出实施农村电影放映“2131工程”，即在21世纪初开始，基本实现农村一村一乡放映一场公益性电影的目标。1999年3月，地区电影公司因“在开展中小学生影视教育工作中取得较好成绩”，受到教育部、文化部、广电总局的表扬，授予荣誉奖状。

2000年7月，为纪念抗日战争胜利55周年，全市组织开展“中小学生爱教影片展映月”活动，中小学生持卡观看5部爱国主义题材的影片，同时开展中小学生“爱教”影片影评征文活动，并于9月份在市委礼堂举行颁奖仪式。

2001年，宁德市电影公司全面启动农村电影放映“2131工程”，市政府拨款2万元给市电影公司购置电影下乡流动放映棚。2002年，宁德市人民政府成立宁德市农村电影放映“2131工程”

领导小组，发出《关于进一步实施农村电影放映“2131工程”的通知》。市农村电影放映“2131工程”领导小组出台《宁德市农村电影放映“2131工程”实施细则》并实施乡（镇）试点工作。

2003年3月，市人民政府拨款10万元购买10部16mm放映机；4月，采取部门认购电影拷贝的形式支持“2131工程”工作，认购16mm拷贝37部；各县（市、区）有关部门也相继认购电影拷贝。4月，在屏南县举办为期一周的“宁德市首届农民电影节”。其间，市实施农村电影放映“2131工程”领导小组在屏南县召开试点乡（镇）现场会。

2004年6月，中共宁德市委、宁德市人民政府将实施农村电影放映“2131工程”列入为民办实事项目，安排专项经费45万元。8月，宁德市电影公司农村电影“2131工程”放映队，被文化部、广电总局评为农村电影放映“2131工程”先进电影队。

2005年2月，市电影公司“2131工程”放映队获2004年度全国“送电影下乡活动”优秀农村电影放映队称号，受到省文化厅的表彰。8月，宁德市文化与出版局被国家广电总局授予全国农村电影工作组织奖。霞浦县电影公司林晓卡被国家广电总局授予“全国农村电影工作先进个人”。9月，寿宁县举办农村电影放映员培训班，为乡（镇）电影队培训放映员，并组建13个乡（镇）16mm电影队；在寿宁县召开全市农村电影放映“2131工程”工作现场会，并举办“宁德市第二届农民电影节”；12月，在全省率先购置数字电影放映设备，并举办数字电影首映式。之后各县（市、区）电影公司也相继购进数字放映设备，大大推进“2131工程”在全市的实施。当年，全市农村放映公益性电影近万场，其中数字电影2000多场，观众近180多万人次。

第四节 音 像

1993年，全区有音像发行站9家，各县（市、区）新华书店也办有发行专柜。有录像放映厅（场）115家、录像片销售点86家。歌厅、舞厅、卡拉OK厅等86家。专业电视摄像店3家。发证允许接收卫星境内节目放映宾馆39家。

1994年，区内音像业迅猛发展，开始出现“镭射”LD大碟播放，VCD、DVD放送快速发展，许多单位开办内部或兼对外营业的歌舞厅。

1995年，全区音像批发、零售点发展到300多家，歌舞厅2000多家，录像放映厅（场）1000多家，有的一天24小时不间断营业。

1997年后，盒式录音、录像带逐渐被高容量高清晰度的光盘（碟）所取代，并出现大量伪劣、盗版甚至淫秽光盘（碟）。

2002年后，营业性录像放映厅（场）逐步减少并逐渐向高档、豪华型活动场所转变，“家庭影院”开始时兴。

2003年，全市为规范娱乐场所管理，除三星级以上宾馆作为配套设施准予开办歌舞厅外，从严审批市场营业性歌舞厅及音像放映厅。同年，宁德以电影公司为主组建股份制宁德市文华音像制品有限公司，注册资金人民币100万元成为闽东首家经营正版音像制品批发、零售的专业公司，对规范音像市场管理、打击伪劣音像制品起到一定作用。同时，全市各县（市、区）新华书店借组建全省性新华书店集团公司的机会，整顿和规范音像制品的发行和零售业务。

至2005年，全市有音像（含镭射）发行、放映点265家（其中文化部门管理的2家），歌舞厅175家，音像制品批发零售单位（店）100多家。

第七章 图书 档案 方志

第一节 图 书

一、书店

1993年年底，区内有地、县（市）级新华书店9个、销售网点近百处。各县（市）新华书店及其销售网点是图书流通的主渠道。但随着图书市场的逐步放开，各地集体、个体书店不断涌现，形成激烈竞争态势。各县（市）新华书店为发挥国有书店主渠道作用，及时调整经营策略、不断改善购书环境，重点整顿压缩农村销售网点、扩大城镇网点布局，尤其是建设好县（市）店。1998年，全省农村图书发行渠道调整，由原依托农村供销社发行改为新华书店自主发行，并进行较大规模农村销售网点的调整。全区农村销售网点从1995年的32个压缩至18个。此后，又继续调整压缩。

2005年，全市9个新华书店有城镇营业网点12处、营业场所4260.31平方米，农村营业网点11处。此外，全市还有集体、个体图书销售摊点200多个。

二、图书发行

1993年，全区由新华书店系统发行的图书码洋为2660.61万元，利润110.56万元，其中：教材教辅905.48万册、码洋1755.37万元，占图书发行总额的65.98%；音像制品448.52万张、码洋278.61万元，占图书发行总额的10.47%；利润总额110.56万元。此后，全区图书销售逐年上升，1998年逼近亿元大关，达9072.33万元，其中：教材教辅销售1339.74万册，一般图书销售441.48万册，音像制品销售则大幅下降到1.99万张、码洋35.35万元。此后几年，年销售码洋均在9000多万元上下徘徊。2005年，全市新华书店系统发行的图书码洋为10280.88万元，首次突破亿元大关，其中教材教辅销售码洋占图书发行总额的87.53%，一般图书占9.90%，电子音像制品占2.57%，服务“三农”送书下乡、下校2159.22万元（含教材教辅），但实现利润总额175.67万元，仅比1993年增长58.89%。与此同时，全市集体、个体经营的图书销售摊点销售额发展至新华书店系统销售额的近20%，其中以一般图书（含杂志）为主。

第二节 档 案

从1993年开始，地、县（市）两级档案馆建立起规范、严格的档案接收和管理制度。地、县（市）档案馆业务人员深入地、县（市）直单位指导档案的整理、分类和报送工作，帮助督促指导各类档案的接收和征集工作。1995年，地区档案馆征集到原中共闽东特委主要创建和领导人之一、曾任国家邮政部部长范式人的一批珍贵历史档案。全区抢救整理民国档案28963卷。柘荣县档案馆征集到清朝和民国时期家谱8册和原国民政府副总统李宗仁等人题词复印件。同期全区10个地、县（市）档案馆馆藏档案达26.35万卷，其中民国档案5.09万卷、中共革命历史档案35卷、中华人民共和国成立后档案21.3万卷、各种资料8.05万册、录音录像带551盒、各种照片10957幅。地区馆馆藏档案4.78万卷、各类资料1万册，门类包括文书、科技、会计、人口普查、族谱和声像档案。同时对所有档案按规范化要求重新整理、更换案卷封面，编制全宗号、目录号、案卷号，并按全宗分类整理排列。

1996年后，全区档案馆在抓档案征集、整理的同时，积极向社会开放到期解密档案。截至2000年，接待利用档案13.59万人次，提供档案6.21万卷次，为经济建设和社会事业服务提供支持，尤其是对全区开展的首轮地方志编写工作和落实解决各类历史遗留案件和纠纷提供服务。其中，周宁芹山电站淹没区山场补偿处理，周宁与寿宁326.4公顷山场纠纷等都主要依据地区及有关县档案馆提供的有关档案资料而得以顺利解决，并因此获得福建省档案信息资源开发利用成果一等奖。地区档案馆编写《宁德地区档案馆指南》，编制机检目录和簿式目录。有卡片式目录10万多条（张），方便管理和查阅利用。

2001年后，市、县（市、区）档案馆又根据国家和省档案局的部署，开展丰富馆藏、解密制控和著录鉴定工作。全市建立起199.74万条馆藏档案目录数据库、16.84万条重要档案内容数据库、编辑档案史料64种。2001—2005年，全市10个国家综合档案馆新接收档案8.51万卷（册）、开放档案2.26万卷（册），接待档案查阅11.26万人次，提供档案3.03万卷（册）次，并开通宁德市档案网站。

第三节 地方志

一、地方志书编纂出版

（一）《宁德地区志》

1986年，《宁德地区志》编纂工作启动。1988年8月，行署召开全区修志工作会议。1993年4月，《宁德地区志》开始总纂，为突出闽东“老”（革命老区）、“少”（少数民族—畲族聚居地）、“边”（闽浙交界地区）、“岛”（多岛屿）、山、海（山区、沿海县市各一半）的特点，总纂期间又多次调整篇目结构。1995年11月，新编《宁德地区志》总纂初稿（评议稿）完成，并召开评稿会。12月26日，中共宁德地委、宁德地区行署发出通知，调整充实地区地方志工作领导小组并成立《宁德地区志》审稿领导小组，聘任《宁德地区志》主编、副主编。

1996年1月，地区方志委根据评稿会上大家提出的问题和行署办公会议的要求，就修改工作认真研究，制订《〈宁德地区志〉修改方案及实施计划》，对篇目做进一步修订，从原设计小篇结构调整为中篇设计的35卷176章（不含大事记、附录），增设能反映闽东特色的畲族、渔业、水利水电等卷。9月底，《宁德地区志》修改稿300多万字基本完成。地区方志委采取三同步送审办法，即同时将修改稿送省方志委、地区审稿领导小组、地区各有关部门（含统计、保密、档案部门）审查，保证修改质量并争取时间。1997年，调整充实《宁德地区志》总纂班子，根据省方志委的指导意见对志稿又做了两次较大修改，于同年11月完成修改并送省方志委终审验收批准后交付出版社。1999年11月，37卷338万字的《宁德地区志》由方志出版社出版发行。

2000年4月5日，行署在宁德举行全区地方志工作表彰大会暨《宁德地区志》首发式。《宁德地区志》领导小组成员、各县（市）分管领导以及地直各修志单位领导180多人参加会议。会上表彰20个“地方志工作先进集体”和26位“地方志工作先进工作者”。会议期间还举办全区修志成果展，不仅反映闽东修志中门类多、内容丰富、出书早的特点，同时也反映出闽东各级领导对修志工作高度重视的优良传统。

（二）县（市）志

1992年，宁德地区第一部县志《寿宁县志》由鹭江出版社出版发行。1993年5月，《周宁县志》由中国科技出版社出版发行。同年，《福安市志》《屏南县志》召开县（市）志评稿会。1994年8月，柘荣县召开《柘荣县志》初稿评议会，12月，宁德市召开《宁德市志》初稿评议会。

1995年，《柘荣县志》、《福鼎县志》和《宁德市志》相继出版。《福鼎县志》出版后即发现志书中的某些重要章节与历史事实相悖，福鼎市委和市政府进行专项研究，对该部《县志》重新考证与修订。同年，《古田县志》召开县志初稿评议会。1996年3月，《霞浦县志》初稿评议会召开。1997年，《古田县志》由中华书局出版发行。同年，在福建省优秀志书评选中，《柘荣县志》和《周宁县志》均获得三等奖。

1999年11月，《屏南县志》由方志出版社出版发行。2000年，《霞浦县志》《福安市志》由方志出版社出版。福鼎市方志委也已完成《福鼎县志》延续到1995年建市前的重编初审工作。至此，全区地、县（市）两级10部地方志书全部完成编纂出版任务，总字数达1763.6万字，是全省第二个整体完成全部地方志编纂出版任务的地区（市）。

（三）二轮修志启动

2005年，宁德市第二轮修志工作正式启动。市方志委编拟篇目框架，几易其稿，篇目基本成形后印发给全委干部及各县（市、区）方志委征求意见。6月，市政府召开第二届市、县（市、区）志书编纂工作会议，全面启动第二轮修志工作。年底福鼎、霞浦、柘荣等县（市）也召开第二轮地方志工作动员部署大会，屏南、寿宁等县发文部署第二轮修志工作。

8月，在柘荣县召开宁德市第二轮地方志续修县（市、区）篇目研讨会。市、县（市、区）方志委主任、副主任、负责篇目设计的人员及柘荣县分管地方志工作的副县长等出席会议。会议主要对二轮修志各县（市、区）篇目进行认真讨论，重点对部分争议较大的篇（章），如建置、区划、商业、乡镇企业、工业、群众团体等篇章的设计进行深入探讨并达成共识。会后，各县（市、区）在原讨论稿的基础上，抓紧对篇目进行修改。市方志委对各县上报的篇目进行一一认真审改，批复给各县（市、区）执行。年底除古田、霞浦外，其他各县都完成篇目审批工作。

（四）旧志点校

1993—2005年，地、县（市）还点校出版（含内部出版）一批旧志，计有：清乾隆二十七年（1762年）由分巡道朱珪修、知府李拔纂的《福宁府志》（上、下册），民国18年（1929年）由徐友梧总纂的《霞浦县志》（上、下册），清乾隆年间版《古田县志》《福鼎县志》《宁德县志》，明崇祯十年（1637年）冯梦龙编著的《寿宁待志》和清康熙二十五年（1686年）版《寿宁县志》，明万历年二十五年（1597年）版《福安县志》,《柘洋方志》（由柘荣县建县前属霞浦县，旧名为柘洋，该志由民国版《霞浦县志》中有关柘荣内容辑成），清乾隆五年（1740年）版《屏南县志》（又称《现志》）、清光绪十四年（1888年）版《屏南县志》（又称《江志》）和民国30年（1941年）版《屏南县志》（又称《併志》）以及《周敦区志》。

二、年鉴编纂出版

1999年，根据年初专员办公会议决定，在《宁德地区志》未出版前就启动《宁德地区年鉴（1993—1998年）》的编纂准备工作。地区方志委首先配合行署办下发《宁德地区行署办公室关于在全区开展年鉴编纂工作的通知》。与此同时，又先后以发文的方式对年鉴编纂的指导思想、编纂的方式方法以及组织细则等方面内容给予及时的业务指导，同时采取从工作布置到部门辅导、催办、资料收集、编写、修改实行一体化的工作方式。深入基层指导撰稿、收集资料、征订广告。2000年8月，32个类目、近120万字的《宁德地区年鉴（1993—1998年）》由新疆人民出版社出版发行。从1999年开始，每年一部，连续出版，至2005年年底共出版8部。

在此期间，区内编纂出版地方综合年鉴的县（市）有古田、周宁、福安、寿宁、柘荣、福鼎等，其中《柘荣年鉴》为多年内部连续出版，其他县（市）均为间断性内部出版。2004年,《古田县年鉴（2001—2002）》在由中国地方志指导小组办公室、中国地方志协会联合举办的全国地方志系统首届年鉴评奖中，荣获县区级年鉴类版式装帧印刷特等奖。

三、部门（专业）志书编纂

在全区首轮地方志编纂出版期间，一些地区（市）、县（市、区）直机关、企事业单位，积极开展部门（专业）志书的编纂出版工作。2005年年底，地（市）直单位编纂并出版（大部分为内部出版、部分为公开出版）部门或专业志的有《宁德地区工商行政管理志》、《宁德地区城乡建设志》、《闽东地区计划志》、《宁德畲族志》、《闽东工业志》、《宁德茶业志》、《宁德交通志》、《宁德地区财政志》、《闽东科学技术志》、《宁德地区林业志》（上、下）、《宁德地区烟草志》、《宁德地区教育志》、《宁德地区人事编制志》、《宁德地区检察志》、《宁德市粮食志》等。

1993—2005年，各县（市）也编纂出版大量部门和专业志，如《霞浦县畲族志》《寿宁县林业志》《福安市老区志》《狮城镇志》《福安畲族志》《斜滩镇志》《柘荣环卫志》等。

四、地情资料编写

地区（市）、县（市、区）地方志编纂部门，在完成首轮地方志书编纂出版以及部分地方综合年鉴编写出版之余，为配合地方经济和社会事业发展的需要，独立或配合有关部门编写出版地情资料，有公开出版或内部出版，其中较重要的有《宁德文明之光》《谢翱研究专辑》《谢翱研究》等。

2001年，福鼎市方志委在完成县志修改工作的同时编写《福鼎撤县设市5周年纪实》。2004年，根据省政府办公厅和市政府领导要求，宁德市参加分别由中国城市网主办、人民日报社出版和福建省政府主编的《中国城市大典》和《福建百科全书》编纂工作。

2005年，在市、县（市、区）方志部门的配合下，全市还完成《闽东传统名产志》、《宁德地名志》、《闽江志》（屏南、古田部分）的编写工作。

第八章　社会科学研究

第一节　理论学习与研究

1993年，地区社科联开展“学习中共十四大精神，促进企业经济发展”征文活动。收到文章40多篇，筛选出19篇编辑成《走向市场的探索》一书。12月，会同地委组织部、宣传部、党校、党建办、党建学会联合召开“宁德地区纪念毛泽东100周年诞辰理论研讨会”。会上交流论文30多篇，评出优秀论文11篇，4篇入选省研讨会，1篇获奖。会后将论文编成专辑在《闽东学刊》发表。1994年6月，会同地委党校及哲学、经济学、科社3个学会召开“闽东市场经济体制的难点问题研讨会”，收到论文35篇。同月，与地区文明办召开“社会主义市场经济与精神文明建设理论研讨会”，收到论文36篇，会后将论文编成专辑在《闽东学刊》发表。1995—1997年，与宣传部、组织部、党校等单位先后3次召开“邓小平理论与闽东改革开放实践研讨会”，收到论文222篇，评出优秀论文53篇，分别在《闽东日报》《闽东学刊》《闽东论坛》上刊登。1998年，贯彻《中共中央关于在全党深入学习邓小平理论的通知》，组织理论工作者撰写学习邓小平理论体会文章，在《闽东日报》和《三都港论丛》等报刊上发表。5月，会同地委宣传部召开“纪念真理标准问题讨论20周年座谈会”，整理与会者发言在《闽东日报》《三都港论丛》发表。12月，会同地委宣传部、组织部、党校、地区计委、教委六家联合召开“全区纪念十一届三中全会20周年理论研讨会”，入选论文60篇。

2000年5月26日，地区社科联与地委宣传部联合召开“学习‘三个代表’重要思想座谈会”，市直有关部门的领导20多人参加，交流学习体会，联系闽东实际就如何贯彻落实进行座谈。《闽东日报》《三都港论丛》刊登座谈会发言摘要。通讯《深刻理解“三个代表”重要思想推动闽东各项事业的开展》在《福建社科界》发表。2001年6月，召开“宁德市社科界纪念建党80周年座谈会”；7月，召开“宁德市社科界学习‘七一’讲话座谈会”。9月，市社科联领导深入到屏南县乡为基层干部、群众宣讲“七一”讲话。全市学会、研究会召开纪念建党80周年座谈会、学习“七一”讲话座谈会10余场。2002年，组织学习江泽民关于“大力促进我国哲学社会科学事业发展繁荣”讲话精神，召开“宁德市社科界学习讲话座谈会”，邀请市直有关部门领导、社科专家、学者畅谈体会，《闽东日报》6月19日专版发表市社科联组织社科工作者撰写的5篇学习体会文章。11月下旬，召开市社科界学习中共十六大精神座谈会，邀请市直有关部门的领导、专家、学者和部分学会、研究会负责人20多人交流学习体会，撰写发言文章15篇，并在《闽东日报》《三都港论丛》上发表。2003年7月，会同市委宣传部召开“社科理论界学习胡锦涛‘七一’讲话座谈会”，组织10篇体会文章在《闽东日报》专版发表。12月，会同市委宣传部、市体改委联合召开“学习中共十六届三中全会精神，推进经济体制改革座谈会”，市直党政机关、企事业单位的20多位领导、专家、企业家参加，围绕深刻理解《决定》精神，推进宁德市经济体制改革，促进闽东发展，谈认识和体会。会后将与会者的发言摘要整理在《三都港论丛》《改革参考》刊登。2004年，在纪念邓小平100周年诞辰之际，召开全市理论界纪念邓小平座谈会。在《三都港论丛》第3期发表专题纪念邓小平的理论文章。

2005年，市社科联组织学习省社科联《关于在高校社科系统和社科研究系统开展“三项学习教育”活动的实施意见》，并派员参加省里举办的“三项学习教育”培训班。7月，举办宁德市“三项学习教育”培训班，有市属大专学校和所属学会研究会负责人40人参加。

第二节　课题与调研

1993年，地区社科联承担省“八五”规划重点课题，即“贫困地区青年教育研究”和“贫困地区人口与经济发展研究”2个课题调研，分别由经济学会和地委党校课题组承担并如期完成。1994—1997年，主要由各学会自主开展学术活动。1998年8月，地区社科联与地区劳动局、劳动学会、职工政研会联合召开“全区再就业理论与实践研讨会”，与会者就全区国有企业下岗职工的现状和面临的困难，再就业的对策、政府的职能等问题进行了广泛的研讨。会后，整理成《集思广益，推进再就业工程》一文，在《福建社科界》上刊登。1999年7月，地区社科联组成课题组前往屏南县、乡开展调研，完成《优化农村投入产出机制，实现可持续发展——欠发达地区农村资金投入产出的调查与思考》课题撰写；参加地委办、行署办组织的“闽东2000年工作思路大讨论”，并撰写一批论文，被收入《新世纪畅想——2000年闽东工作思路大讨论征文集》，该成果还获地委、行署颁发的“闽东优秀建言奖”。

2000年10月，地区社科联会同地委宣传部、组织部、党校、计委、教委，在周宁联合召开全区“第六次邓小平理论与闽东改革开放实践研讨会”，参会人员围绕如何面对新情况，切实做好不同社会群体的思想政治工作；如何把握撤地设市和加入世贸组织的机遇，发展区域经济；如何按照“三个代表”重要思想的要求切实加强党员干部队伍建设等3个课题分组展开讨论，提出许多有益的思路和建设性意见。会上评选表彰20篇优秀论文（其中一等奖3篇，二等奖5篇，三等奖12篇）。2001年4月，组织社科工作者参加“福建省百名社科专家老区行”宁德分团活动，并随专家团深入福安、福鼎、蕉城的8个乡镇8个老区基点村调研。先后召开20多场座谈会，举行4场学术报告会，撰写3篇调研报告和10多篇建言文章。6月，组织申报省社科规划办“十五”规划课题。全市有7项课题上报，其中《知识经济与福建经济增长研究》获准资助课题立项，《乡镇财政管理体制问题研究》和《社会主义民主实现论》获准自筹课题立项。11月，会同市委宣传部、文明办、党校联合召开“宁德市以德治市理论研讨会”，有36篇入选论文在会上交流。

2002年，市社科联组织有关学会、研究会负责人围绕省第七次党代会提出的发展战略，提出20个理论研究参考选题；根据福建省第七次党代会上提出的“全省三条通道、三个层面”发展战略，并把宁德作为第二层面发展的战略思想，与市委政研室联合发出《加快宁德第二层面建设的研究论文征文通知》。8—9月，与市企业职工政研会组成联合课题组，深入宁德电业局进行企业文化建设的调研座谈，撰写《宁德电业局企业文化建设的调查与思考》，获得省企业职工政研会优秀研究成果“一等奖”“福建省第五届‘福炼杯’企业思想政治工作优秀成果奖”。9月，参加宣传口“关于加快宁德市社会事业发展”的课题调研，撰写《宁德市社科事业发展的现状与对策》子课题。10月，参加由宁德市委、市政府举办的关于“第二层面发展”调研论文成果评选活动，推荐评选出一批有一定参考价值的研究论文。

2003年5月，市社科联通过问卷调查、查阅资料、走访社科界专家学者和部门领导等形式，深入进行宁德市哲学社会科学的调查研究，撰写《宁德市哲学社会科学发展状况调研》，参加全省社科调研成果交流会。9月，会同市委宣传部召开“福建省百乡镇调研宁德市座谈会”，并深入到福鼎、霞浦、福安、寿宁、屏南的14个乡（镇）26个村开展调研。10月，深入福鼎、霞浦的7个乡镇调研，完成《宁德市农村社会服务联动网建设的调查思考》一文。

2004年7月，市社科联会同市委宣传部调研蕉城南阳实业、白莲花化工、福安马头造船、闽东亚南电机、安波电器、柘荣力捷迅药业、福鼎圣王乳业、金源石业、海鸥水产食品和三沙华美等10家民营企业。10月，举办首届“宁德市社科学术论坛”，邀请社科专家、学者围绕市委、市政府中心工作和社科理论建设中的热点、难点问题，建言献策。

2005年年初，市社科联拟出15个研究参考选题，发给所属学会、研究会和市直有关单位，征集申报课题。经过评选，确定《构建社会（企业）诚信指标体系 》《闽东文化旅游资源及其转换》等7项课题。有6项调研报告初选通过上报，其中5项课题入选全省学术年会。5—6月，参加市委宣传部组织的海峡西岸经济区东北翼中心城市建设和大文化建设等课题调研，承担并完成部分内容的撰写。11月，举办宁德市第二届社科学术论坛，采用课题汇报交流、专家学者和部门领导点评的方式，对课题研究成果进行交流。

第三节　学术交流

1993年5月，地区社科联会同南平市文联在南平市联合召开“第二届空海学术研讨会”，中日双方出席人员50多人，收到论文21篇、译作3篇、歌曲3首。8月，参与古田陈靖姑研究会和福州市有关部门联合召开的国际陈靖姑文化学术研讨会，会上交流论文40多篇。

1994年5月，会同霞浦社科联在霞浦县举办“空海大师入唐1190周年暨空海大师纪念堂落成庆典”活动，中日双方380多人参加。同年，陈靖姑研究会派出从事陈靖姑研究20多年的寿宁县文化馆干部叶明生出访台湾，与台湾有关人士开展学术交流。

1995年11月，由省、地社科联和空海研究会在霞浦联合召开第三次空海学术讨论会，出席会议的有省内外和日本专家学者60多人，收到论文30多篇。还会同省民委、民俗学会、旅游学会和地区民委、文化局在宁德召开“畲族民俗风情研讨会”，参加会议的有国内外专家、教授、学者50多人，收到论文50多篇，会上交流30多篇。会后，地区社科联参加编写《畲族民俗风情》一书，由海峡出版社出版。

1998年8月，由霞浦县社科联、地区社科联与省社科联、省民俗学会、霞浦松山文化研究会联合在霞浦召开“霞浦松山妈祖文化学术研讨会”，参加会议的有省、地、县有关部门的领导和福州、厦门、泉州、莆田、三明、宁德、霞浦等地研究妈祖文化的专家学者110多人，研讨会收到论文56篇，就妈祖文化等方面进行广泛研讨。

1999年11月，纪念空海大师1225周年诞辰、空海入唐登赤岸1195周年、高野山真言宗首访赤岸15周年，空海大师纪念堂落成5周年，由宁德地区和霞浦县空海研究会牵头，省社科联、地区社科联、霞浦县社科联和空海研究会4家联合在霞浦召开“第四次空海学术讨论会”，会议收到论文33篇。新居佑政总长与霞浦县签约投资350万日元，在霞浦县共建“空海坊”。

2001年7—8月，市社科联参加省社科联组织的“新世纪学会改革与发展培训班”，并到西安、银川等地考察交流。2003年，市社科联组织撰写《宁德市哲学社会科学发展状况调研》论文参加全省社科调研成果交流会。由市企业职工思想政治工作研究会（简称企业政研会）组织撰写《非公企业思想政治工作运行机制探析》一文参加在南京召开的全国企业政治思想工作论坛会上获三等奖。

2004年，宁德市有关社科团体召开多场学术研讨交流会，其中市企业政研会举办了“海峡西岸经济区建设与企业文化研讨会”、市税务学会举办“税收理论研讨会”、市法官协会召开“宁德市法院系统第四届学术研讨会”、市长江支队和南下服务团研究会分别举行“八闽55周年纪念大会”等。

第四节　社科宣传

1994年4月，地区社科联会同地委宣传部举办为期一周的宁德地区国防教育骨干培训班，聘请省、地教授、专家讲课，受训80多人。1995年8月，纪念抗战胜利50周年，举办纪念抗战胜利内容的摄影、图片、邮票等展览。1998年，所属各学会、研究会举办各类培训班140多期，受训人数近万人次。1999年，配合地委宣传部召开座谈会，宣传唯物论和无神论，还召开哲学、科社学会的理论工作者座谈会，揭批反科学的邪教本质。

2000年8月，地区社科联发动组织所属学会、研究会参加省社科联与省委宣传部举办的“光大杯”世贸组织知识竞赛，获得省委宣传部与省社科联表彰的“光大杯”世贸组织知识竞赛组织奖。2001年，社科联下属学会、研究会开展多种形式的宣传普及活动。新四军研究会在纪念抗美援朝50周年之际到蕉城区第二、第四、第五小学作《继续发扬爱国主义、国际主义精神》专题报告会；水电会计学会组建2个代表队参加省电力会计学会举办的“金蝶杯”会计知识竞赛并获得优胜奖；电影发行放映学会元旦春节期间组织电影“三下乡”活动，深入老、少、边、岛、农村放映，同时在各县（市）城区开展春节电影让利有奖汇映活动。2002年6月，市社科联邀请省社科院、厦门大学、福建师大研究员、教授，分别到市直及9县（市、区）举行12场专题报告会，近1万名干部群众参加。市社科联获得省社科联颁发的“福建社会科学百场专题报告会组织奖”。2003年6月，配合省百场社科报告会，邀请厦大、省行政学院教授到蕉城等5个县（市、区）举行5场报告会，听众达3000多人次。2004年，配合省百场社科报告会，在蕉城、周宁、福安、柘荣、霞浦5个县市安排5场专题报告。报告主题是“科学发展观与福建省经济发展战略”，近2000名党员干部参加。

2005年5月，根据省社科联关于举办“省市联动科普周”通知，市社科联确定10个学会（劳动、税务、档案、统计、审计、法官、烟草政研会、陶研会、图书发行业协会、诚信促进会）上街开展宣传咨询，举办“社会科学在你身边”宣传咨询活动，专门制作《前言》展牌和主题内容的宣传条幅，精心设计咨询活动内容，如税务学会以“依法诚信纳税，服务和谐社会”，开展《中华人民共和国税法》咨询，社保费政策咨询；劳动学会以“完善劳动保障体系，保障职工合法权益”，开展《中华人民共和国劳动法》咨询；法官协会以“提高公民法律意识，努力构建和谐社会”开展法律咨询；档案学会以“开发档案信息，服务和谐社会”，开展档案相关知识宣传咨询；烟草学会以“宣传烟草专卖法，提高服务诚信度”开展识别假冒烟的咨询；图书发行协会“宣传社科知识，提高文明素质”，以四折优惠展销图书，仅3个小时售出500多册。审计学会、陶研会、诚信促进会都向群众分发材料，讲解各门学科的相关知识。

第五节　优秀成果评奖

1997年，地区社科联参加福建省第三届社科优秀成果评奖活动，全区组织25项成果申报。宁德地区经济研究中心课题组《宁德地区跨世纪战略研究》，宁德师专林校生的《历史知识的依据》，分别获得省社会科学优秀成果奖三等奖。

1998年起，在全区开展首届社科优秀成果评奖活动。具体工作由地区社科联负责实施，评奖工作从5月开始，到11月结束，共收到申报成果174项，实际参评166项。经过学科组初评、复评、评审委终评，共评出一、二、三等奖50项，其中一等奖3项、二等奖12项、三等奖35项，另有佳作奖9项、荣誉奖3项。1999年1月12日，召开宁德地区首届社会科学优秀成果表彰大会，以行署名义予以表彰。

2000年，地区社科联参加福建省第四届社科优秀成果评奖活动，全市选送申报20项成果。其中宁德师专林校生撰写的系列论文《两晋方镇幕府个案研究》、郭正武撰写的《信息资源建设的多极（级）模式论与图书情报业的抉择》分别获得三等奖。

2002年年初，市社科联举行宁德市第二届社科优秀成果评奖活动。共有150项成果申报，符合参评条件的140项。经过学科组初评、复评，综合评审，评委会终评，共评出获奖成果42项（一等奖4项，二等奖9项，三等奖29项）另有荣誉奖3项，佳作奖9项。12月30日，宁德市第二届社会科学优秀成果表彰大会在闽东宾馆召开，54项社科成果受到表彰。

2005年，市社科联举办“宁德市第二届社科学术论坛”，确定促进闽东经济发展的6个研究课题并组织调研撰稿。这6个研究课题全部入选当年全省社科学术年会，并在年会和“厦门海西论坛”上交流。同年，参加福建省第六届社科优秀成果评奖活动，市社科联组织10项成果参评。宁德师专林校生《〈司马越府多隽异〉补释》等7篇论文获三等奖。

第六节　刊物编印

1993—1997年，地区社科联编辑《三都港论丛》21期，刊登文章300篇，200万字，每期发行500份。其间，该刊一度改称《闽东学刊》。

2000年1月，召开有关部门领导参加编辑工作座谈会，广泛听取各方面的意见和建议，在原有基础上增扩四版，还增加了内页图片，进一步改进栏目编排，图文并茂，扩大信息量，增强了可读性。是年，出刊4期，发表文章78篇，30多万字，每期有一、二个重点栏目。2002年，全年编辑出版《三都港论丛》4期，发表各类文章100篇，共32万字。2003年，召开《三都港论丛》改刊5周年座谈会，提出继续改进提高办刊质量的思路对策。全年4期，发表论文62篇（其中调研报告23篇）、杂谈短文19篇，30万字。

2005年，《三都港论丛》编辑发表调研报告6篇、论文43篇、杂谈短文16篇，30万字。并采取专辑形式突出反映各种理论研讨会的成果，如第1期专栏发表政协委员4篇文章，第2期为文化专辑，第4期为调研成果专辑。此外，所属学会也办有《闽东陶研》《南下服务团团史》《闽东档案》等。

第九章　管　理

第一节　机构社团

一、机构

宁德市（地区）文化与出版局　宁德市文化与出版局前身是宁德地区文化局。2000年，随着撤地设市，更名为宁德市文化局。2002年，因机构调整，将市委宣传部新闻出版办公室并入文化局，改名为宁德市文化与出版局，增加对出版事业的管理职能，相应增设新闻出版科，履行新闻出版版权管理的职责。与此同时，各县（市、区）文化局则与体委合并，改成文化体育局，履行管理体育事业的职责。之后，各县（市、区）文化体育局相继挂牌成立版权局，兼有新闻出版版权管理的职责。

宁德市文化与出版局下设办公室、艺术科、社会文化科、文化市场管理科、新闻出版管理科、监察室、文化市场管理稽查队等科室。共有行政编制12人。2004年1月，经市编委批准成立宁德市文物管理委员会办公室，挂靠在局机关管理，核定机关事业编制3名。直属事业单位有宁德市畲族歌舞团、宁德市群众艺术馆、宁德市图书馆、闽东畲族博物馆、闽东革命纪念馆、宁德市剧目工作室、《采贝》编辑部、宁德市戏曲班、宁德市电影公司、演出管理站等。

宁德市（地区）广播电视局　1993年，宁德地区广播电视局编制10人，实有职工13人。内设人秘科、事业科、宣传保卫科3个科室；直属单位有宁德电视台、宁德地区有线电视台、宁德地区太姥山电视转播台、宁德地区电视微波站、宁德地区电视转播台、宁德地区九〇一中波转播实验台、闽东电视报社、宁德地区卫星地面站、宁德地区音像管理站、宁德地区电视技术服务部等。2000年，撤地设市后，宁德市广播电视局内设1室3科沿旧。2002年，内设机构改为办公室、宣传社会管理科、事业科、监察室（与纪检组合署办公）。机关行政编制10名，其中局长1名，副局长2名。下属机构有宁德电视台、宁德人民广播电台、宁德市电视微波站、宁德市太姥山电视转播台、宁德市卫星地面接收站、闽东广播电视报社等7个。同年年底，成立宁德市广播电视稽查队。

宁德市（地区）地方志编纂委员会　1993年，宁德地区地方编纂委员会事业编制10名，内设办公室、编审室、辅导室，科级职数3名，至2005年不变。

二、文化社科团体

（一）宁德市（地区）文学艺术界联合会

1993年，宁德地区文学艺术界联合会（简称地区文联）机关内设办公室，编制2名，为正处级机构。所属协会有作家协会、戏剧家协会、音乐家协会、美术家协会、摄影家协会、舞蹈家协会等6个，有会员968人。1994年5月，成立宁德地区书法家协会，下属协会增至7个。1996年1月16日，成立闽东书画院，为地区文联下属正科级事业单位，核定事业编制2名。

1997年，地区文联编制增至3名。同年11月10日，召开宁德地区文学艺术界第二次代表大会，参会代表160多人。会议审议通过《宁德地区文学艺术界联合会第一届委员会工作报告》，修改并通过文联新章程，选举产生第二届文联委员会委员29人、主席1人、副主席4人（其中专职1人），主席团聘任兼职秘书长1人、副秘书长1人。会议决定授予福安市文联、福鼎市文联、宁德地区摄影家协会和闽东书画院等4个单位为“文学艺术组织工作先进单位”。

2000年，更名为宁德市文学艺术界联合会（简称宁德市文联）。2004年8月20日，召开宁德市文学艺术界第三次代表大会，参会代表132人。会议审议通过《宁德市文学艺术界联合会第二届委员会工作报告》，修改通过文联新章程，选举产生第三届文联委员会委员28人，主席1人（专职）、副主席7人（兼职），秘书长1人。

2005年，市文联指导9个县（市、区）文联、7个市直文艺家协会及闽东书画院开展工作，市、县（市、区）文联有团体会员17个，会员1356人，机关编制增至4名。

（二）宁德市（地区）社会科学联合会

1993年，宁德地区社会科学联合会（简称社科联），编制2人。主席由地委领导、地委宣传部部长兼任，设专职副主席1人。1994年7月，全区各县（市）委宣传部均成立社科联分会。同年，区、县（市）社科联所属学会、研究会发展到61个，会员15000人。1997年，全区对社科联组织进行清理整顿，并改称为“宁德地区社会科学界联合会”。12月25日，宁德地区社会科学界联合会第四次代表大会在闽东宾馆召开，出席大会代表130人。选举产生社科联第四届理事会理事71人；随后召开四届一次理事会，选举产生第四届常务理事会常务理事16人，其中主席1人、常务副主席1人、副主席3人，正副秘书长各1人。至年底，有学会、研究会55个，会员2万人。

1999年，根据国务院《社团管理条例》要求，全区学会、研究会进行重新登记。年底，所属学会、研究会数为36个，会员12000人。

2000年11月，宁德撤地设市，“宁德地区社会科学界联合会”改称“宁德市社会科学界联合会”，为正处级机构。编制3名，实有2人。2003年，工作人员增为3人。全市所属学会、研究会保留36个，会员12000人。

2004年8月23日，宁德市社会科学界联合会第五次代表大会在闽东宾馆召开，出席大会代表139人。选举产生市社科联第五届委员会委员61人。随后召开五届一次委员会，选举产生第五届常务委员会常务委员17人，其中主席1人、常务副主席1人、副主席6人，正副秘书长各1人。

2005年1月，机关编制增至4名，其中行政、事业编制各2名，处级领导职数、科级领导职数各1名。年底，有下属社科社团46个。

第二节　文化市场管理

一、网吧市场管理

1999年，区内开始出现社会经营性网吧，但作为一种新兴娱乐产业，还缺乏市场的有效管理。2000年，市、县文化部门联合公安、工商等部门开始进行一次全市性清理整顿工作，重点是对非法经营场所和违法违规经营行为进行打击清理。全市取缔154家，责令停业整顿74家，罚款14家、2.73万元，收违禁游戏机244台、电路板484块。全市网吧从611家压缩整顿为169家。

2002年，《互联网上网服务营业场所管理条例》公布实施，9月，对全市网吧等互联网上网营业服务场所进行统一审核登记，由原来文化、公安、工商分别批证改为归文化主管部门审核登记，省文化厅按照每一万人核定一家网吧的比例，下达宁德市网吧控制指标310家。当年全市登记网吧296家，其中蕉城42家、古田45家、屏南12家、周宁15家、寿宁22家、福安56家、柘荣10家、福鼎45家、霞浦48家。同年，全市还组织网吧法定代表人进行法律法规的培训学习。

2003年，针对群众反映强烈的一些开设在中、小学校周边的网吧招揽未成年人入内游玩的现象，全市开展大规模清理整顿工作，关闭在校园周边200米范围内的网吧14户、责令搬迁10户，查收违规营业网吧计算机主机26台。

2004年，宁德市委、市政府为加强网吧专项整治工作的领导，成立网吧专项整治工作领导小组。8月，开展专项网吧整治。各县（市、区）出动稽查人员1.93万人次，受理举报90件，检查网吧经营场所936处次；发现违规接纳未成年人237人次，无证照经营网吧55家；立案处理241件，给予警告并罚款206家、罚款52.35万元。9月，成立市网络文化协会。

2005年4月，根据省文化厅《关于互联网上网服务营业场所总量控制数调整情况的批复》以及文化部《关于加强互联网上网服务营业场所连锁经营管理的通知》精神，全市在实行总量控制的前提下，对符合经营条件的给予补发证照，不符合条件的，坚决予以关闭。并依照省文化厅《关于开展网吧换证工作，并对全省网吧经营场所实行统一编码管理的通知》，对一些非连锁经营的单体网吧一律停止审批。至2005年年底，全市共有合法合规网吧296家。

二、娱乐场所管理

20世纪80年代，宁德开始出现简易卡拉OK厅，以录像带为伴奏带、以在大厅自由演唱形式的营业性娱乐场所。后发展演变为VCD、CD为伴奏带再到电脑点歌系统，成为文化娱乐的重要形式和市场。

1995年，文化部门介入歌舞娱乐场所管理，收取管理费用。1997年下半年，按省文化厅、省物委部署，全区开展文化娱乐业等级评审工作。区内有14个文化市场管理先进单位、个人及文明娱乐厅受省文化厅表彰。1999年，税费改革后取消对营业性歌舞厅的收费，区内歌舞娱乐厅有所增加。2003年，为规范歌舞娱乐场所管理，除三星级宾馆作为配套设施外，停止审批营业性歌舞厅。2004 年 12 月，全市共有各类营业性歌舞厅 310 家，卡拉 OK 厅发展到自助式 KTV 包厢和夜总会，设备不断更新，音响效果逐步改善，其中较具规模的营业性歌舞厅达 158 家。

2005 年，针对部分营业性歌舞娱乐场所出现吸食“摇头丸”等现象，全市开展对歌舞娱乐场所集中整顿行动。蕉城区组织对全区内营业性歌舞娱乐场所、禁毒联络员、现场经理、领班等人员集中学习培训，提高守法经营意识。全市关闭、处罚一批纵容吸毒、甚至以毒促销的歌舞厅，情节严重的移送司法部门追究其法律责任。当年，宁德市成立文化娱乐业协会，以加强歌舞娱乐行业经营自律行为。

第三节　新闻出版管理

1993 年，随文化出版事业的日益繁荣和图书市场的开放，区内报刊图书等出版物日见增多，个体书店及图书销售、出租点也遍布城乡。1996 年，区内有个体书刊销售点 1000 多个，1998 年年底接近 2000 家。1998 年 9 月，地区新闻出版部门举办全区新闻出版行政执法人员培训班和全区印刷企业法人培训班，提高相关人员依法出书、依法经营、依法行政、依法管理的水平。全区原有内部报刊 36 家，通过整顿压缩至 9 家。加强内部资料性出版物的出版审批，制约一些非法出版行为。全区个体书店总量控制在 200 家以内，禁止无证无固定经营场所、随街摆地摊推销图书报刊现象。1993—1998 年，全区查获各类非法出版物 18 万多件，净化图书报刊市场。

2001 年，宁德市文化局成立文化市场管理科，文化稽查队也健全体制、加强力量，对图书出版市场集中稽查行动近万次，收缴非法出版物 4.40 万件、查处非法印刷出版 34 件次。

2003 年，市文化稽查队联合公安、工商等部门开展整顿党政机关内部报刊和乱出版、乱出书现象。同时，开展打击社会非法印刷出版行为，严查政治性非法出版物、淫秽色情出版物、盗版教辅材料、有害卡通画册和不健康 64 开“口袋本”等。全市收缴非法出版书刊 4.7 万册、非法教辅读物 1922 本。

2004 年，对全市 296 家印刷企业进行全面调查摸底，跟踪了解企业合法经营情况，并成立宁德市印刷协会，进一步加强企业自律管理。全市出动稽查人员 3871 人次，检查出版物市场 1072 处次，取缔出版物非法经营场所（含“游商”）41 家，收缴非法书刊 3.97 万册，色情书刊 703 件。同时，从严审批党政机关企事业单位内部资料性出版物，全年仅审批 28 件。

2005 年，全市出动文化稽查等执法人员 4371 人次，检查出版物经营店档、摊点 1438 处次，取缔、关闭非法出版物经营点 45 个，印刷出版复制企业（含打字复印店）15 家，处罚 26 家，查非法出版物 18.52 万件，其中政治性非法出版物 630 件、盗版出版物 16.88 万件，淫秽色情出版物 6004 件。

第四节　音像广播电视管理

一、音像市场管理

1993年，宁德地区有音像发行站9家，录像放映115家，录音带销售86家，歌厅、舞厅、卡拉0K厅86家，电视摄像3家。1995年，广电部门加大音像市场管理，全年出动执法人员1130人次，在各有关部门配合下，检查音像文化市场108家，查处非法经营单位4家，没收录像机6台，罚款近5万元。地区文化局举办两期县市影视音像专业人员法制培训班。1996年，广电系统执法人员出动468人次，在有关部门配合下，检查市场208家，查处非法经营点6家，收缴非法音像制品3870盒，执法力度进一步加大。1997年，持续开展“扫黄打非”，收缴非法音像制品8000多盒。1998年，全区出动执法人员130多人次，检查音像经营单位190多家，没收盗版音像制品2.3万盒（盘）、电视机3台、接收机9台、录像机3台。1999年，“扫黄打非”行动中，查处非法音像经营单位76家，没收盗版和淫秽音像制品18430片。2003年，市、县文化稽查部门出动人员963人次，检查音像制品经营单位510户次、查处违规经营单位286户。处理举报投诉案27件、查处结案27件，没收盗版音像制品67850片（盒）。

2005年，全市开展“音像市场法制宣传周”和“保护知识产权宣传周”活动。组织打击盗版光盘春季专项行动和6—8月开展音像市场检查整治活动。

二、境外卫星地面接收设施管理

1993年，全区有合法发证接收卫星境内节目的宾馆39家，有线电视建设播放管理单位39家。

1995年，地、县广电部门加大卫星电视地面接收设施管理力度，要求全区广电系统和社会行业进行自查、复查和抽查。省广播电视厅组织2次抽查。全区自查范围包括9个县（市）有线广播电视台站、54个乡镇和151个行政村区域性有线电视、49个工矿企事业单位共用天线系统，发证接收卫星境内单位39家，有线电视播放单位23家。省、地三次复查、抽查9个县市33个区域性有线电视和企业事业共用天线系统和教育系统卫星地面接收设施，历时3个月。通过检查扼制系统外非法建台、系统内擅自建台，乱播滥放电视节目现象。1996年，在各单位自查基础上，地区广电局抽调10名干部，深入9县（市）和地直有关单位，检查10个无线、有线电视台，9个广播电视台站，3个中波实验台、16个乡镇广播电视站和6个工矿企事业单位的共用天线系统。通过年检，摸清情况，遏制少数乡村有线电视网络乱播滥放录像节目的现象，纠正个别地方共用天线系统向社会延伸的违法行为。1997年，全系统出动480多人次执法人员，查处违章设置卫星接收装置32家，没收天线30付、接收机21台，罚款3000元。1999年，全区出动执法人员250多人次，查处未经批准擅自安装接收境外节目36家，自动拆除13家，没收天线13付，接收机14台、高频头20个、罚款4000元。一些地方乱播乱转电视节目现象得到进一步遏制。

2000年，广电系统出动执法人员2360多人次，对卫星地面接收情况进行执法检查，处理一批违规事件，确保广电事业健康发展。2001年，加强对境外卫星电视地面接收设施清理。全市出动执法人员280人次，查处擅自安装接收境外卫星节目单位（户）103家，动员拆除47家、强行拆除38家，没收大小天线35个，高频头32个、接收机9台。强化对乡镇广电站管理，查处5家村级自办节目的小前端。2002年，对全市批准持有接收卫星许可证和安装许可证的单位进行年审，新审批8家、464家通过年检发证。全年出动执法人员390人次，取缔部分乡镇和系统外非法设置的小前端，完成111个合格乡镇的发证工作。2003年，开展境外卫星传播秩序专项整治，全市出动行政执法人员3774人次，查处破坏广播电视设施案件63起，查处非法安装卫星天线118起，没收非法设置卫星天线115个、高频头96个、接收机69台，查处有线黑户3640户。开展对全市“村村通”实施情况的普查统计工作，对电力线、通信线、广播电视线交越和搭挂进行整治，对全市接收卫星传送境内外电视节目单位及地面卫星接收设施安装、销售许可证单位进行年检审核。2004年，对全市卫星地面接收、传送电视节目单位和安装卫星地面接收设施许可证进行年检；对广播电视节目传送业务经营单位进行审核；对全市行政执法检查证进行年度审核。全年审查单位963家，颁发省政府行政执法检查证47本、国家广电总局行政执法检查证88本。对9家宾馆、饭店接收境外卫星电视节目进行置换电视平台。同时，开展以查处非法生产、销售、安装“小耳朵”（小型卫星电视转换器）为重点的专项整治活动，成立宁德市境外卫星专项整治工作领导小组，明确领导小组成员单位的工作职责和具体工作要求。制定开展专项整治非法安装卫星电视接收设施工作的实施意见，通过与政法部门协商，将专项治理工作纳入综治考评项目，提高专项整治的工作力度。整治期间，全市出动行政执法人员3281人次，没收卫星天线198个、接收机49个、高频头165个、处理案件10起。

2005年，全市广电系统持有省政府统一颁发的行政执法检查证69人，持有国家广电总局颁发的行政执法检查证88人，全部通过年检。完成全市10家宾馆、饭店接收境外卫星电视对象和10家经营广播电视节目传送业务对象的年检审核上报工作；完成境内卫星电视年检655家。对各县（市、区）广电局上报的111个乡镇广电站进行登记审核，圆满完成年检工作。开展对渔排安装“小耳朵”进行整顿，通过宣传、摸底、登记造册；两次开展集中统一行动，没收非法安装卫星天线310个、高频头272个、接收机96台；侦破非法销售“小耳朵”案件10起。

第三十九编 卫 生

1993—2005年，全区各级医疗卫生机构普遍推行岗位责任制，实行定额管理；在农村推行“初级卫生保健”（简称“初保”）工作和合作医疗或集资医疗制度，建立健全以初级卫生保健为基础的县、乡、村三级医疗卫生保健网络，逐步缩小城乡基本卫生服务差异。市卫生行政机构狠抓医疗质量管理工作，医疗卫生服务满意率逐年提高。市卫生部门先后完成突发公共卫生事件应急体系、医疗救治体系、疾病信息网络体系和卫生监督体系建设；完成市、县（市、区）“疾控”中心（疾病预防与控制中心）配套建设，全市医疗卫生机构应对突发事件应急能力明显增强。同时，各级政府与疾病控制部门坚持在全市开展爱国卫生运动。在全市积极推行“七苗”（卡介苗、脊灰苗、百白破三联苗、麻疹疫苗、乙肝疫苗、乙脑疫苗、流脑疫苗）和“四大监测”（小儿麻痹症疑似病例、麻疹、新生儿破伤风、常规免疫接种率）计划免疫工作；加强食品、饮水、公共场所、学校、化妆品、劳动等卫生监测，开展麻疹、痢疾、流脑、伤寒等传染病和肺结核病归口管理；有效控制和消灭了各种传染病、寄生虫病与地方病；全市9个县（市、区）已达到消除碘缺乏病标准，达到消灭丝虫病和基本消灭疟疾、麻风病标；使宁德成为全省第三个告别丝虫病的地区。同时，各级卫生监督执法机构坚持与公安、工商、药监等部门密切配合，对食品市场进行卫生监督执法。全市妇幼保健机构普遍开展预防出生缺陷和残疾宣传活动，加强预防孕产妇死亡、儿童死亡、出生缺陷教育等三网监测网络建设。

第一章　医疗机构与队伍

第一节　医疗机构

1993年，宁德地区共有综合医院14家，中医院9家，精神、妇产医院5家，卫生院103家，门诊部（所）143家。1996年，全区整顿医疗机构，取缔一批无证经营的门诊部（所）。至2005年，全市医疗机构经过整顿、合并，共有综合医院12家，中医院9家，专科医院5家，卫生院110家，疗养院2家，社区服务中心6家，门诊部（所）45家。中心城市重要医疗机构有：

闽东医院　前身为地区第一医院，位于福安市鹤山街89号。1993年，医院占地4.45万平方米，建筑面积3.7万平方米，编制床位300张，员工399人，其中卫生技术人员343人。是年，医院被卫生部、世界卫生组织授予“爱婴医院”，被省卫生厅、福建医学院授予“医学院教学医院”称号。1994年，医院建成建筑面积7400平方米的9层住院大楼，开放床位400张。1997年，被评为二级甲等医院。1998年，经地区编制委员会（简称地区编委）批复，增加病床100张。是年，医院成为福建医科大学莆田分校教学医院，并被卫生部国际紧急救援中心认定为卫生部国际紧急救援中心网络医院。1999年，医院投入百万元改造，建成“花园式医院”；被省绿化委员会授予“省级花园式单位”。2000年4月，经地区编委批复，增加病床150张。11月，撤地设市，地区第一医院更名为市第二医院，并被省卫生厅、教育厅评为“福建省高等医学院临床教育基地”。

2001年12月，更名为闽东医院，并通过省卫生厅评审，成为三级乙等医院，列入第三批“高等医学院校附属医院、教学医院名单”。2002年4月，成为福建医科大学、福建中医学院临床医学专业硕士研究生教学基地与全科医师临床培训基地。2003年，该院成立质控科。2004年，医院成立ICU（重症加强护理病房）和NICU（新生儿重症监护病房），被卫生部确定为“颅内血肿清除术”协作医院。

2005年5月，医院开工建设高22层、建筑面积47460平方米的病房大楼。9月，投资2000万元、建筑面积10574平方米的医技楼投入使用。医院设办公室、人教科、护理部、质控科、医务科、科教科、财务科、总务科、设备科、信息科、门诊部、党委办、院感科、第二门诊部等23个职能科室，设心血管科、呼吸科、内分泌科、消化科、肾科、血液内科、神经内科、普通外科、心胸普儿外科、肿瘤科、骨科、妇产科、儿科、耳鼻喉科、眼科、急诊科、中医科、感染性疾病科、重症监护室、麻醉科、口腔科、皮肤科、泌尿外科等23个临床科室及药剂科、检验科、放射科、CT/MRI（X线计算机断层摄影/磁共振成像）室、超声医学科、输血科、病理科、手术室、供应室、功能检查科等 10 个医技科室，其中骨科、泌尿外科、神经内科是全市重点专科。有员工 846 人，其中卫生技术人员 534 人，病床 550 张。拥有数字减影心血管造影（DSA）、日本东芝多层面螺旋 CT 机、C 臂数字减影 X 光机（DR）、数字胃肠机、高频乳腺钼靶机、计算机 X 线成像系统（CR）、飞利浦腹部彩超、GE 多维星高档彩超、高压氧舱、贝克曼全自动生化分析仪、全自动微粒子化学发光免析分析仪、特定蛋白分析仪系统，全自动尿流动力学分析仪、液基薄层细胞检测仪、梅里埃全自动细菌培养鉴定药敏分析系统、肾功能替代治疗机、气压弹道碎石机、射频自凝刀、电子内窥镜、手术显微镜等医疗设备。

宁德市医院　前身为地区第二医院。1993 年，医院建筑面积 2.21 万平方米，其中门诊 2304 平方米，病房 5370 平方米，病床 300 张，员工 340 人，其中卫生技术人员 279 人，同年 11 月，地区第二医院获国家卫生部授予“爱婴医院”称号。1997 年，医院被省政府确定为医学鉴定医院。1998 年，被省政府确定为外籍船员医疗定点医院、道路交通事故伤员救治定点医院。1999 年，地区第二医院通过省卫生厅审定，成为二级甲等医院，开设床位 126 张。

2000 年 11 月撤地设市，地区第二医院更名为市第一医院。12 月，医院设立肿瘤科、呼吸内科、神经内科等 3 个重点专科。2001 年 12 月，又更名为宁德市医院。同时，通过省卫生厅审定，成为三级乙等医院。2002 年 4 月，医院被列为全省新生儿救护网络宁德分中心。医院占地 2.33 万平方米，建筑占地面积 6230 平方米，拥有病床 500 张。2003 年 3 月，医院成立体检科。11 月，该院健康体检中心正式对外开放，设内科、外科、眼科、耳鼻喉科等临床科室及心电图、B 超、检验、乳透、眼底检查等功能科室。2004 年 11 月，市医院的静脉药物配置中心正式投入使用；同时完成市紧急救援中心和传染病区建设。

2005 年，市医院实际用地面积 1.92 万平方米，建筑面积 32843 平方米，其中医疗用房及辅助用房面积 24675 平方米。医院设 14 个病区、28 个临床专科、26 个医技功能科室、10 个职能科室，其中心血管内科、呼吸内科、肾内科、眼科、产科等 5 个专科为全市重点专科；有员工 586 人（含合同制人员 127 人），其中卫生技术人员 443 人，其他系列技术人员 21 人，病床 500 张。拥有磁共振、螺旋 CT 机、大型系列 X 光机、中、小型 C 臂机、彩色 B 超、数字胃肠 X 线机、数码超声刀、AK- 超 200 型血透机、氩气刀、全景 X 光机、钴 60 放射治疗机、口腔数字化曲面体层 X 线机、氩离子激光系统、高压氧舱、心脏射频消融仪、无创颅内压监护仪、全自动血球计数仪、生化分析仪、超声乳化治疗仪、电子内窥镜、多功能手术显微镜及 ICU 监护系统等医疗设备。

宁德市中医院　前身为地区中医院。1993 年，地区中医院建筑面积 1.21 万平方米，其中门诊 3000 平方米、病房 5016 平方米，员工 179 人，其中卫生技术人员 121 人。1998 年，地区中医院通过评审，成为二级甲等中医医院。1999 年，地区中医院被国家人事局、卫生部、国家中医药管理局联合授予“全国卫生系统先进集体”称号，并被省绿化委授予“省绿化红旗单位”称号。

1999 年，地区中医院开设骨伤科和针灸推拿科等 19 个专病门诊。2000 年，市中医院制发《关于开展专科专病建设的有关规定》，把哮喘、胃病、痔疮、糖尿病、胆石病、面瘫、腰腿痛、不孕症、椎间盘突出症、颈椎疼痛等 18 个病种列入专病管理。2000 年 11 月撤地设市，地区中医院更名为市中医院。2001 年，市中医院骨伤科和脾胃病科申报市级重点专科建设。2003 年，中医院下设 3 个门诊部，病床 200 张。2004 年，中医院扩建制剂室。2005 年 6 月，医院急诊科正式独立分科。医疗网络新系统正式运行。医院占地面积 2.41 万平方米，建筑面积 1.05 万平方米，设有 9 个职能科室和 3 个门诊部，设急诊科、内科、外科、妇产科、儿科、骨伤科、针推科、肛肠科、麻醉科、皮肤科、眼科、耳鼻喉科、口腔科等24个临床科室及MRI、CT、DR检查室、放射科、检验科、B超室、胃镜室、病理室、心功能科、肺功能科、血液透析室等11个辅助科室，其中骨伤科、脾胃病、针灸推拿科、结石科、肛肠科为市级重点专科。有职工214人，其中卫生技术人员191人，病床200张。拥有东软2800螺旋CT、全自动血液生化分析仪、彩色多普勒超声诊断仪、全自动免疫分析系统、彩色超声从普勒诊断仪、电子内窥镜、全自动凝仪、血液透析机、关节镜、全自动尿沉渣分析仪、动态血压分析系统、心电监护仪器、肺功能仪等医疗设备。

宁德市康复医院　前身为地区精神病防治院。1993年，地区精神病防治院更名为地区第三医院。2000年撤地设市后，又更名为市精神病防治院，是全市唯一一所集精神病防治、教学与科研为一体的专科医院。2002年，市精神病防治院更名为市康复医院；设立康复医疗科、中西医内科。2003年9月，在蕉城区坪塔路旁开设门诊部，设内科、外科、小儿科、中西医内科、理疗科、B超、心电图、检验等科室。2004年，该院与省精神卫生中心建立协作关系，并按照“三级乙等”医院标准进行管理。2005年，医院占地1.8公顷，建筑面积8170平方米；医院设9个职能科室，设精神科、心理科、老年护理科、中西医内科等5个临床科室及2个门诊部。有职工65人，其中卫生技术人员52名，病床80张。同年10月，该院挂牌成立宁德市精神卫生中心。医院拥有数字化脑电地形图、心理测验软件等医疗设备。

地区医院制剂联合中心与市中医院制剂室　1993年2月，地区医院制剂联合中心［简称联合制剂中心，由地区第一医院、中医院及福安、霞浦、福鼎、柘荣、寿宁、周宁、古田、屏南等8县（市）医疗卫生单位组成］完成技改；3月，联合制剂中心研制生产莲羚儿童口服液，并投入临床使用。4月，宁德市（今蕉城区）医疗卫生单位与地区第二、第三医院同时加入联合制剂中心。1994年8月，联合制剂中心研制补血新药益血晶冲剂；开发生产环丙沙星、甲硝唑注射液。

1995年2月，联合制剂中心研制生产环丙沙星注射液、甲硝唑注射液。1996年，联合制剂中心完成大输液生产联动线技改，新增250毫升、100毫升规格输液生产。1997年，联合制剂中心有大输液生产联动线、蒸馏水机、离子交换柱、热压灭菌柜、烘干房、自动包装机、分光光度计、微粒检查仪等生产、质检仪器设备56台（套）。中心生产配制输液剂、注射剂、溶液剂、合剂（口服液）、糖浆剂、冲剂、醋剂、散剂、酊剂、软膏剂、擦剂、洗剂、滴眼剂、滴鼻剂、滴耳剂、霜剂等16个剂型各种规格制剂106种，年产值400多万元。

1998年，地区中医院研制16种专药制剂。1999年，联合制剂中心解散，地区中医院恢复制剂室，配制供中医院使用的制剂。是年，地区中医院开发专病专药5种，专药制剂23种。2003年，市中医院制剂室通过换证验收，获批生产颗粒剂、胶囊剂、袋泡茶等14个剂型、86个品种的制剂。

2004年，市中医院制剂室新开发乳癖消贴、排石止痛贴、支气管贴、宽肠理气膏、天吉胶囊、脉康宁胶囊、铁沙剂、活力舒口服液、千金方、痔疮方、舒筋散、正骨舒筋灵等12个品种，对椎突消、壮腰活络丸、排石颗粒等11个品种进行剂型改造。是年，市中医院制剂室生产45种制剂。2005年，市中医院制剂室根据临床使用情况，对86种制剂进行删减，最终确定向省食品药品监督管理局（简称省食药局）申请备案32个品种、8个剂型，并取得省食药局批准文号。

1993—2005 年宁德市（地区）医疗卫生机构统计表

表 39-1　　　　单位：家

<table>
<tr><th rowspan="3">年份</th><th rowspan="3">合计</th><th colspan="8">医院</th><th rowspan="3">疗养院</th><th rowspan="3">社区服务中心</th><th rowspan="3">门诊部、所</th><th rowspan="3">专科防治所、站</th><th rowspan="3">卫生防疫站</th><th rowspan="3">妇幼保健所、站</th><th colspan="3">其他</th></tr>
<tr><th rowspan="2">小计</th><th rowspan="2">综合医院</th><th rowspan="2">中医院</th><th colspan="3">专科医院</th><th rowspan="2">民族医院</th><th rowspan="2">卫生院</th><th rowspan="2">小计</th><th rowspan="2">采供血机构</th><th rowspan="2">急救中心</th></tr>
<tr><th>精神医院</th><th>妇产医院</th><th>儿童医院</th></tr>
<tr><td>1993</td><td>309</td><td>131</td><td>14</td><td>9</td><td>3</td><td>2</td><td>—</td><td>—</td><td>103</td><td>—</td><td>—</td><td>143</td><td>1</td><td>11</td><td>9</td><td>14</td><td>—</td><td>—</td></tr>
<tr><td>1994</td><td>309</td><td>134</td><td>14</td><td>9</td><td>3</td><td>2</td><td>1</td><td>—</td><td>105</td><td>—</td><td>—</td><td>140</td><td>1</td><td>11</td><td>9</td><td>14</td><td>—</td><td>—</td></tr>
<tr><td>1995</td><td>311</td><td>144</td><td>16</td><td>9</td><td>3</td><td>2</td><td>—</td><td>—</td><td>114</td><td>—</td><td>—</td><td>129</td><td>1</td><td>11</td><td>9</td><td>17</td><td>—</td><td>—</td></tr>
<tr><td>1996</td><td>180</td><td>141</td><td>15</td><td>9</td><td>4</td><td colspan="4">113</td><td>—</td><td>—</td><td>2</td><td>1</td><td>11</td><td>10</td><td>15</td><td>—</td><td>—</td></tr>
<tr><td>1997</td><td>183</td><td>142</td><td>15</td><td>9</td><td>4</td><td>1</td><td>—</td><td>—</td><td>113</td><td>—</td><td>—</td><td>2</td><td>1</td><td>11</td><td>10</td><td>17</td><td>—</td><td>—</td></tr>
<tr><td>1998</td><td>182</td><td>141</td><td>15</td><td>9</td><td>4</td><td>1</td><td>—</td><td>—</td><td>112</td><td>—</td><td>—</td><td>2</td><td>1</td><td>11</td><td>10</td><td>17</td><td>—</td><td>—</td></tr>
<tr><td>1999</td><td>165</td><td>125</td><td>15</td><td>9</td><td>4</td><td>—</td><td>—</td><td>—</td><td>112</td><td>—</td><td>—</td><td>2</td><td>1</td><td>11</td><td>10</td><td>16</td><td>—</td><td>—</td></tr>
<tr><td>2000</td><td>182</td><td>141</td><td>15</td><td>9</td><td>4</td><td>—</td><td>—</td><td>—</td><td>113</td><td>—</td><td>—</td><td>2</td><td>1</td><td>11</td><td>10</td><td>17</td><td>—</td><td>—</td></tr>
<tr><td>2001</td><td>180</td><td>139</td><td>14</td><td>9</td><td>4</td><td>—</td><td>—</td><td>—</td><td>112</td><td>—</td><td>—</td><td>2</td><td>1</td><td>12</td><td>10</td><td>16</td><td>—</td><td>—</td></tr>
<tr><td>2002</td><td>214</td><td>141</td><td>12</td><td>9</td><td colspan="3">7</td><td>1</td><td>112</td><td>1</td><td>1</td><td>45</td><td>1</td><td>—</td><td>10</td><td>14</td><td>1</td><td>—</td></tr>
<tr><td>2003</td><td>217</td><td>135</td><td>11</td><td>9</td><td colspan="3">2</td><td>1</td><td>112</td><td>2</td><td>1</td><td>46</td><td>1</td><td>—</td><td>10</td><td>21</td><td>1</td><td>—</td></tr>
<tr><td>2004</td><td>218</td><td>138</td><td>11</td><td>9</td><td colspan="3">5</td><td>1</td><td>112</td><td>2</td><td>1</td><td>46</td><td>1</td><td>—</td><td>10</td><td>19</td><td>1</td><td>—</td></tr>
<tr><td>2005</td><td>227</td><td>137</td><td>12</td><td>9</td><td colspan="3">5</td><td>1</td><td>110</td><td>2</td><td>6</td><td>45</td><td>1</td><td>—</td><td>10</td><td>24</td><td>1</td><td>1</td></tr>
</table>

第二节　队　伍

1993 年，全区有卫生技术人员 7260 人，其中医师、医士 2847 人，中西药师（剂士）、检验师（士）、技师（士）1602 人，护师、护士 1689 人，初级卫生技术人员 1122 人。1995 年，全区有卫生技术人员 7421 人，其中医生、医士 3005 人，中西药师（剂士）、检验师（士）、技师（士）1167 人，护师、护士 2164 人，初级卫生技术人员 1085 人。在 3005 名医生、医士中，中医生 555 名，西医生 1393 名，中西结合医生 1 名；中医士 243 名，西医士 735 名，其他中医 78 名。在 1167 名中西药师（剂士）、检验师（士）、技师（士）中，中药师 223 名，西药师 161 名，检验师 124 名，技师 130 名，中药剂士 226 名，西药剂士 119 名，检验士 114 名，其他技士 70 名。在 2164 名护师、护士中，护师 1021 名，护士 852 名，助产士 291 名。在 1085 名初级卫生技术人员中，中药剂员 151 名，西药剂员 88 名，检验员 24 名，护理员 101 名，其他初级卫生人员 721 名。

2000 年，全市有卫生技术人员 8092 人，其中医生、医士 3333 人，中西药师（剂士）、检验师（士）、技师（士）1299 人，护师、护士 2500 人，初级卫生技术人员 960 人。在 3333 名医生、医士中，中医生 524 名，西医生 1779 名，中西结合医师 17 名，中医士 153 名，西医士 791 名，其他中医 69 名。在 1299 名中西药师（剂士）、检验师（士）、技师（士）中，中药师 255 名，西药师 219 名，检验师 209 名，技师 147 名，中药剂士 162 名，西药剂士 143 名，检验士 96 名，其他技师（士）68 名。在 2500 名护师、护士中，护师 1587 名，护士 690 名，助产士 223 名。

在960名初级卫生技术人员中，中药剂员94名，西药剂员60名，检验员16名，护理员128名，其他初级卫生人员662名。

2005年，全市有卫生技术人员8730人，其中执业医师2647人，执业助理医师1017人，注册护士2458人，药剂人员1020人，检验人员322人，其他卫生技术人员1266人。

1993—2001年宁德市（地区）医疗卫生机构人员统计表

表39-2　　单位：人

年份	床位数（张）	卫生技术人员				
		小计	医师（士）	药、技师（士）	护师（士）	初级卫技人员
1993	5150	7259	2846	1056	2110	1247
1994	5209	7268	2857	1087	2125	1199
1995	5322	7171	2888	1157	2086	1040
1996	6155	6872	2721	1253	2211	687
1997	6101	7138	2878	1229	2309	722
1998	6113	7377	3015	1308	2417	637
1999	6318	7377	3005	1307	2421	644
2000	6299	7384	3106	1256	2432	590
2001	6380	7370	3195	1233	2469	473

说明：1. 医师（士）包括中医师、西医师、中西结合医师、中医士、西医士、其他中医
2. 药、技师（士）包括中药师、西药师、检验师、其他技师、中药剂士、西药剂士、检验士、其他技士
3. 护师（士）包括护师、护士、助产士
4. 初级卫技人员包含护理员、中药剂员、西药剂员、检验员、其他初级卫技人员

2002—2005年宁德市医疗卫生机构人员统计表

表39-3　　单位：人

年份	床位数（张）	卫生工作人员数										
		合计	卫技人员							其他技术人员	管理人员	工勤人员
			小计	执业医师	执业助理医师	注册护士	药剂人员	检验人员	其他			
2002	5820	9976	8532	2178	971	2322	1054	323	1684	220	339	885
2003	5935	9459	7977	2291	872	2366	1026	319	1103	223	356	903
2004	6007	9708	8349	2656	948	2518	1124	306	797	281	293	785
2005	6399	10066	8730	2647	1017	2458	1020	322	1266	207	278	851

说明：此表根据省卫生厅《统计资料汇编》统计，其余表格默认来自《宁德统计年鉴》

1993—2005年宁德市（地区）医疗卫生千人均指标统计表

表39-4

年份	人口数（千人）	千人均医院、卫生院床位（张/千人）	千人均卫技人员（人/千人）	千人均医生（人/千人）	千人均医师（人/千人）	千人均护士（人/千人）
1993	3019.60	1.59	2.40	0.94	0.53	0.56
1994	3055.80	1.58	2.37	0.93	0.55	0.57

续表39-4

年份	人口数（千人）	千人均医院、卫生院床位（张/千人）	千人均卫技人员（人/千人）	千人均医生（人/千人）	千人均医师（人/千人）	千人均护士（人/千人）
1995	3093.38	1.58	2.40	0.97	0.63	0.61
1996	3128.60	1.78	2.42	1.02	0.63	0.63
1997	3164.98	1.75	2.45	0.98	0.65	0.66
1998	3190.09	1.75	2.52	1.01	0.68	0.69
1999	3218.47	1.77	2.50	1.00	0.69	0.70
2000	3235.71	1.75	2.50	1.03	0.72	0.70
2001	3246.93	1.78	2.49	1.05	0.75	0.73
2002	3254.36	1.77	2.62	0.97	0.67	0.71
2003	3258.06	1.76	2.45	0.97	0.70	0.73
2004	3267.43	1.83	2.55	1.10	0.81	0.77
2005	3270.35	1.74	2.67	1.12	0.81	0.75

第二章 爱国卫生运动

第一节 健康教育与研究

1993—1998 年，全区卫生防疫部门选送 14 人次参加全国性学术研讨会，有 14 篇论文参加大会交流。全区卫生防疫系统发表论文 110 篇，其中在国家级刊物发表 58 篇，省级刊物发表 52 篇。

1996 年，地区卫生防疫站首次报道闽东鼠形动物兔目 1 科 1 属 1 种；啮齿目 6 科 11 属 22 种；食虫目 1 科 3 属 3 种。发现东方田鼠福建亚种为宁德地区新纪录，鼠体外寄生蚤类 2 总科 6 科 15 属 16 种；革螨 3 科 11 属 15 种；恙螨 2 科 3 亚科 12 属 27 种，其中高山真棒恙螨为福建省新纪录，水鼩鼱迁恙螨为国家新种。

2000 年，地区卫生防疫站开展《灭鼠后家鼠群落结构和种群特征变化的研究》及《宁德地区苍蝇种类及其传播肠道传染病机制研究》等 3 项课题研究。全区卫生防疫部门选送 10 人参加省级以上学术交流。在省级以上刊物发表论文 45 篇，其中国家级 33 篇，省级 12 篇。

2001 年，在全市开展查漏补种、强化免疫、结核病防治日、“4·25”计划免疫宣传日、“5·18”防治碘缺乏病日及爱国卫生日、艾滋病控制与预防等宣传教育活动。完成《灭鼠后家鼠群落结构和种群特征变化的研究》和《宁德地区苍蝇种类及其传播肠道传染病机制研究》等协作课题调研。市防疫部门选送 6 人次参加各类学术交流会。发表论文 42 篇，其中国家级刊物 40 篇，省级刊物 2 篇。市防疫部门刊出卫生专栏 8 期，编发卫生宣传资料 7 万余份，在《闽东日报》刊发 2 篇卫生科普文章。

2002 年，全市组织开展食品卫生、无偿献血、“3·24”防治结核病、预防艾滋病、碘缺乏病等宣传教育活动。市防疫站举办全站性业务讲座 4 期，举办基层卫生防疫人员培训班 2 期。完成《宁德市苍蝇种类及其传播肠道传染病机制研究》课题调研，完成《宁德市恙虫病地理流行病学调查研究》《闽东消灭脊髓灰质炎监测系统建立与应用的研究》等课题申报。全市防疫部门在国家及省级刊物发表论文 35 篇。

2003 年，市疾控部门继续协同市爱卫会、红十字会、工商、公安等部门，开展食品卫生、无偿献血、结核病防治、碘缺乏病、艾滋病等宣传日和“病毒性肝炎的预防”等宣传咨询活动；在市中心街道、社区、中小学举办“青少年预防艾滋病科普知识巡回展”，发放宣传品 6000 多份。与市政法委、妇联、卫生局等联合开展《中华人民共和国食品卫生法》《中华人民共和国传染病防治法》、“防‘非典’知识”等宣传咨询、义诊活动。市疾控中心组织开展以预防“非典”

为主的宣传活动，编发预防“非典”小册子、宣传画、《9亿农民健康教育读本》等资料10万多份。全市县城及乡镇所在地的大中小学校、街道闹市、社区及企事业单位普遍开辟预防“非典”健康教育专栏。在市兴业银行支持下，编印3万份图文并茂、通俗易懂的宣传小折页，分发各县（市、区）；在《闽东报》、宁德电视台开办《健康教育》栏目。“非典”期间，配合市爱卫会开展“加强健康教育，预防春季呼吸道传染病”健康教育活动。是年，市疾控中心刊出防病、卫生科普为主的卫生专栏5期，编发各种卫生宣传资料17万多份（册），在《闽东日报》刊登卫生科普文章12篇，在闽东电视台“健康之窗”栏目播放12篇，在国家级杂志发表论文9篇。

2004年，全市组织开展以“免疫接种，预防乙肝”为主的计划免疫宣传日活动；市疾控中心与蕉城区疾控中心联合在城区开展计划免疫宣传活动，接受群众咨询2000人次，发放宣传资料2600份。市疾控中心在闽东电视台开辟疾病预防控制节目。各县（市）疾控中心相继开展计划免疫和预防接种知识宣传教育；在有线电视和广播电台宣传介绍结核病控制项目，在城区开办结核病控制项目宣传栏。市疾控中心举办6场业务讲座；派出3人次参加国家、省级培训，选送3人到相关单位进修B超、心电图；在周宁举办宁德市全球基金账目使用和结核病疫情会审培训班。各县（市）相继举办相关培训班，并协同工商、公安、医院、学校等开展食品卫生、“3·24”防治结核病、预防艾滋病、碘缺乏病等宣传教育活动；配合市爱卫会开展中小学“拒吸第一支烟，做不吸烟新一代”签名活动。全市刊出卫生专栏13期，编发各种卫生宣传资料73409份（册），在闽东电视台播放卫生科普知识3篇，在《闽东日报》《侨乡报》刊登卫生科普文章16篇。

2005年，市疾控中心继续配合工商、公安、学校等开展宣传教育活动，在市区繁华地段及乡（镇），开展防治艾滋病宣传咨询活动。开展以预防急性肠道传染病为主的爱国卫生宣传周系列活动。继续在全市中小学开展“拒吸第一支烟，做不吸烟新一代”签名活动。市疾控中心举办4场业务讲座，举办“艾滋病”讲座18场；举办各类培训班10期；刊出卫生专栏7期，活动展板12块，编发卫生宣传资料9万份（册），《闽东日报》《侨乡报》《宁德晚报》刊登卫生科普文章16篇。当年，在各级刊物发表《宁德市苍蝇种类的调查》等论文6篇。

第二节　除“四害”活动

1993年，在全区开展群众性的灭鼠活动，古田县新城区群众性灭鼠活动成效显著，成为全区第一个灭鼠先进城区。

1995年，福安市达到灭鼠先进城区标准，被评为省卫生城市。

2000年4—12月，宁德市区开展蟑螂季节消长调查，捕获美洲大蠊、澳洲大蠊等5种375只蟑螂。8月份密度最高，4月份最低。

2001年，全市开展苍蝇种类调查，9个县（市、区）捕获苍蝇隶属6科51属、115个种类。6—12月，在三都镇城澳开展生物媒介调查，鼠密度7.8%，以褐家鼠为优势种，占83.33%，黄胸鼠和小家鼠各占8.33%。捕获活鼠39只，采鼠血清39份，送省卫生检疫局做F1抗体检测；检查鼠39只，其中染蚤鼠13只，染蚤率33.33%；拣获印客蚤29只、蚤指数为0.73；布放蝇笼35个，捕获家蝇、市蝇、大头金蝇、丝光绿蝇、铜绿蝇和其他蝇1724只，密度指数49.2只/笼。布放诱捕瓶224个，捕获蟑螂179只，瓶指数0.8，以褐斑大蠊为优势种占60%，其次澳洲大蠊占 40%。在宁德市区开展蟑螂季节消长调查，平均密度瓶指数为 0.8，以 9 月份密度最高，其中褐斑大蠊为优势种占 42%，其次为澳洲大蠊占 38%。

2002 年，按计划开展鼠疫监测工作的有古田、霞浦 2 个省级点和周宁 1 个市级点；3 个监测点捕获家栖鼠类 1077 只，完成 RIP 血清学检验 1050 份、反向血凝试验检测鼠肝脾 476 份，均为阴性，未检出鼠疫 FI 抗体和抗原。同年，柘荣县被命名为“无鼠先进城区”。

2003 年，在全市开展防治“非典”期间，投放鼠药 21.4 吨，杀虫剂 13.2 吨，消毒水 56.2 吨。2004 年，全市投放鼠药 49 吨。

2005 年，全市投放灭鼠药 39 吨，投放灭蟑药 6 万包，投放粘蝇剂 3.5 吨。鼠密度从 2004 年的 2.36%（89/3771）降到灭鼠后的 1.87%（55/3005）。是年，霞浦县城区通过省级“灭鼠先进城区”考核验收，被评为“灭鼠先进城区”。

第三节　农村改水改厕

1993 年，地区卫生局召开农村初级卫生保健工作（以下简称初保）专题会议，调整实施办法，结合实际，积极稳妥地开展以初保为龙头的农村卫生工作。年内全区投入初保资金 100 多万元，其中政府投入 30 多万元。农村改水受益 8.57 万人，改厕 5720 户。

1996 年，全区农村改水 5.75 万人，改厕 20508 户。

1998 年，改水改厕被纳入为行署为民办实事内容，改水 10.30 万人次，改厕 7.23 万户，超额完成计划任务。至年底，农村饮用安全卫生水源人口达 242.24 万人，受益率 92.81%；农村改厕 15.48 万户，占农村总户数的 22.19%。

1999 年，全区新增改水受益 5 万人、改厕受益 5 万户。全区用上安全卫生水人口达 97.17%，31%的住户用上卫生厕所。

2001—2002 年，全市农村新增改水受益 3 万人，受益率 92.95%；改厕 1.23 万户，无害化卫生厕所普及率 40.25%。

2003 年，全市投入 923 万元，为农村新增改水受益 1.93 万人，受益率 93. 62%；全市农村改厕 2.11 万户，改厕受益率 43.09%。

2004 年，全市确定 34 个改水、改厕村；全市农村建造公厕 162 座。

2005 年，全市新增农村改水受益 0.55 万人，改厕 1.46 万户。

第四节　环境卫生

1993 年，地区防疫站消杀科有工作人员 4 人。1994 年，全区共有消毒监督员 18 人，地、县、乡医疗卫生单位和学校、厂矿企业配备消毒检查员 127 人。地区防疫站先后举办八期消毒技术培训班，320 人参加培训。

1996 年，地区防疫站在屏南举办全区消杀业务培训班，并协助柘荣、霞浦举办“消毒技术规范学习班”，现场指导医疗、托幼机构的消毒监测工作。

1997 年，地区防疫站对全区医疗单位开展消毒管理调查。全区 4 所地级医院均设有消毒管理组织机构，17 所县级医院设有消毒管理组织机构 8 所，114 所乡级卫生院设有消毒管理机构仅 3 所；地、县、乡三级医院有制定消毒制度的分别为 3 所、8 所和 3 所；污水进行集中处理的县级医院仅 3 所。地、县、乡三级医院供应室消毒平均达标率分别为 75%、47%和 1.75%；消毒知识平均培训率分别为 100%、40.2%和 6.3%；医院内感染平均登记率分别为 75%、40.2%、6.3%；院内开展消毒质量监测率分别为 75%、29.4%、1.25%；化验单平均消毒率分别为 75%、29.4%和零。

2000 年，全市除古田、寿宁县外，其他 7 个县开展医院消毒质量监测，采样 2400 份，检测合格 1920 份，合格率 79%；市管医疗机构 6 家采样 99 份，检测合格 81 份，合格率 81.82%。7 个县（市）开展托幼机构消毒质量监测，采样 757 份，合格 530 份，合格率 70.01%；市直管幼儿园 3 家监测空气、玩具、餐具、消毒液 42 份，合格 39 份，合格率 92%。在 5 县（市）共调查 26 家医疗卫生单位一次性医疗卫生用品，检查 36 个品种，其中药械无证 8 家；调查一次性卫生用品 25 家，仅福安豪鑫、宁德恒安卫生巾厂合格。

2001 年，监测周宁县和霞浦县医院、中医院、妇幼所、卫生院的空气、物体表面、医务人员手套等样品 472 份、合格 67.9%；监测周宁县托幼机构的空气、物体表面等 78 份，合格率仅为 61.53%；监测市直医疗单位、托幼机构的空气、物体表面和污水等样品 115 份，合格率 81%。

2002 年 9 月 7 日，第 16 号台风“森拉克”袭击宁德后，全市开展“三管一灭”（管水、管粪、管饮食、灭苍蝇）活动，市卫生防疫部门投放漂白粉 23 吨、敌敌畏 600 千克、净水宝 30 件，确保“大灾之后无大疫”。

2002 年，宁德市卫生防疫站重点对市直医院、中心血站等 6 家医疗机构开展消毒质量监测，采集空气、物体表面和医院污水等标本 101 份，检测合格 91 份，合格率为 90.09%，其中污水排出合格率为 100%，空气和物体表面合格率分别为 74.19% 和 96.49%。

2003 年，全市防治“非典”期间开展健康教育咨询 242773 人次，入户宣传 328647 户，分发宣传单 160 多万份，小册子 8 万多册，在电视台编播节目 637 期，清理卫生死角 6934 个，清理沟河 14778 千米，清理垃圾 6000 多吨。

2004 年，执行《福建省爱国卫生工作条例》，全市清理卫生死角 6934 个。

2005 年，全市开展爱国卫生运动，清理卫生死角 1.64 万处、陈旧垃圾 2.89 万吨，疏通沟河 38.9 千米。

第五节　卫生城市创建

1993 年，着重在福安市、古田县开展省级卫生城市（县城）创建活动。1994 年，福安加强对各项创卫工作的检查督促，重点开展以灭鼠为主的除四害活动。1995 年，福安在巩固灭鼠达标成果的同时，加强公共卫生设施和城镇卫生管理，抓好全民健康教育。经评审，达到省级卫生城市标准，获得“省级卫生城市”称号。

1997 年以后，在部分县（市）开展创建省级卫生乡镇、地（市）级卫生乡镇活动。

1998 年，全区各县（市）相继成立创建卫生文明城指挥部，在城关开展创建卫生片区、卫生单位活动。

2000 年，宁德市开展“创卫”（创建卫生月）、“创城”（创建卫生城镇）等活动。

2001 年 2 月，古田县掀起全面创建省级卫生县城热潮，开展爱国卫生运动。古田成立县“创卫”指挥部，制定“除四害”实施方案。10 月，通过省“创卫”验收组考核验收。11 月 30 日，被省爱卫会命名为“省级卫生县城”。

2004 年，执行《福建省爱国卫生工作条例》，举办创建卫生城镇考评专家培训班，培训各县（市、区）卫生、城建、环保等部门有关人员 60 多人。

2005 年，全市开展爱国卫生运动，福安市、古田县通过省级卫生城市（县城）复核验收。福鼎市秦屿镇通过省级卫生镇复查验收。宁德市汽车运输公司秦屿汽车站、霞浦县财政局等 19 个单位被评为国家级卫生先进单位。

第三章　公共卫生

第一节　公共卫生机构

一、宁德市疾病预防控制中心

前身为宁德地区卫生防疫站。1993 年，宁德地区卫生防疫站被评为“全省卫生防疫防治工作先进集体”，同年，被省卫生厅授予“全省食品卫生监督监测先进单位”“全省卫生宣传教育先进单位”等荣誉称号。1997 年 10 月，迁新址莲峰路 12 号，新办公大楼建筑面积 1500 平方米。1998 年，被评为“全省计划免疫先进单位”。1999 年 4 月，省卫生厅批复地区站建立艾滋病病毒抗体检测初筛实验室。同年，设卫 IX（性病、艾滋病控制）项目办公室。

2000 年 11 月，宁德地区撤地设市，宁德地区卫生防疫站更名为宁德市卫生防疫站，原宁德市卫生防疫站更名为蕉城区卫生防疫站。2001 年 12 月，宁德市卫生防疫站质量控制体系通过福建省质量技术监督局计量认证。同年，分别被卫生部、福建省卫生厅评为“全国消灭脊髓灰质炎工作先进集体”“福建省碘缺乏病防治工作先进集体”。2002 年，设卫 X（结核病控制）项目办公室。

2003 年，全国卫生监督体制改革，卫生防疫与卫生监督实行分离。受同级卫生行政部门委托，卫生监督执法工作由新成立的宁德市卫生局卫生监督所承担。同年 6 月 28 日，宁德市卫生防疫站更名为宁德市疾病预防控制中心，仍为副处级单位，编制 63 人。该中心负责全市疾病预防与控制、疫情报告与突发公共卫生事件应急处置、健康相关因素信息与管理、健康危害因素监测与干预、实验室检测分析与评价、健康教育与健康促进等业务。2003 年，该中心获“全省消灭丝虫病工作先进集体”。

2005 年 11 月 18 日，宁德市疾病预防控制中心从莲峰路 12 号迁回蕉城北路 13 号综合大楼办公，大楼 6 层，建筑面积 6169 平方米。此后，中心陆续增添原子吸收分光光度计、原子荧光光度计、高效液相色谱仪、气相色谱仪、紫外可见分光光度计、溶出分析仪、酶标仪、生化仪、红外一氧化碳 / 二氧化碳分析仪等一批先进仪器设备。同年 5 月，省卫生厅批准该中心艾滋病初筛实验室升格为艾滋病病毒抗体检测中心初筛实验室。中心还建有分子生物学实验室、血清学实验室、肠道病菌实验室、食源性病原菌分离鉴定实验室、流感实验室、结核病实验室、地方病实验室、寄生虫病实验室、健康相关产品微生物实验室、常见化学毒物检测实验室及理化实验室等。

是年，宁德市疾病预防控制中心在岗人员 60 人，其中本科学历 18 人，占 30%；大专学历 13 人，占 21.7%；中专学历 17 人，占 28.3%；无学历 12 人，占 20%。主任医（技）师 3 人，副主任医（技）师 7 人，占 16.7%；主管医（技）师 15 人，占 25%；初级卫技人员 18 人，占 30%；工勤人员 14 人，占 23.3%；行政管理岗位 3 人，占 5%。

二、宁德市中心血站

1996 年 11 月，成立地区中心血站（地区卫生局直属事业单位），前身是宁德地区第二医院血库，挂靠地区第二医院。12 月，地区中心血站投入运行。1997 年，中心血站通过省血液质量管理委员会评审，核发临时“采供血机构执业许可证”，期限一年。血站负责所在城市统一采供血工作并根据供血能力，可逐步扩大到周边县、市。同年，血站制定《宁德地区采供血机构和血液管理办法实施方案（试行）》。

2000 年 6 月，购置宁德市华贸公司综合大楼作为中心血站工作用房。7 月，血站检验出首例抗 -HIV 阳性患者（艾滋病患者）。11 月，因撤地建市，更名为宁德市中心血站。

2001 年，血站设采供血组、检验组和行政组。11 月，在城区八一五中路繁华地段建立第一个爱心献血屋并投入使用，取代街头设点采血，为献血者提供更加卫生、舒适的环境。同年，血站与宁德市医院合作项目《宁德地区 1994—1997 年糖尿病调查及防治研究》获福建省科技进步三等奖。

2002 年，市民政局正式批准成立宁德市无偿献血者协会。7 月，实施采供血机构全员岗位培训与考核，并实行采供血工作执业资格制度。2003 年，购置第一辆采血车和一套进口全自动加样仪并投入使用，10 月 1 日实现闽东医院临床用血全部由血站供应。

2004 年，宁德市卫生局成立宁德市血液质量控制中心，挂靠宁德市中心血站。

2005 年，全市采供血工作由血站负责，实现全市血液管理“三统一”（统一规划设置采供血机构、统一管理血源、统一采供血和临床合理用血）。

三、妇幼保健所

1994 年，设置宁德地区妇幼保健所，副处级事业单位，核定事业编制 15 名，经费由财政定额补助。内设办公室、门诊部、保健科 3 个职能科室。1996 年，宁德地区荣获全省围产期保健工作评比第二名。1997 年，开展区内从事母婴保健专项技术服务人员考核、认定工作，使全区母婴保健工作逐步走上法制轨道。是年年底，地区妇幼所搬入新址，并开展部分妇科手术。1998 年，被省卫生厅授予“爱婴地区”称号。

2000 年，随撤地设市更名为宁德市妇幼保健所。全市有屏南县妇幼保健所、福鼎市叠石卫生院等 13 家医疗保健单位通过省级爱婴医院评估。2005 年，加强乡镇卫生院产科建设，开展创建乡镇卫生院产科建设合格县（市、区）活动，在开展助产技术服务的医疗保健机构中推行新生儿听力筛查。

四、卫生监督所

2002 年 12 月，根据《福建省卫生监督与疾病预防控制体制改革实施意见》，各级卫生监督机构从原卫生防疫站分离，成立卫生监督所，并受市卫生局委托依法行使卫生监督管理职责。该所核定人员编制30名，为副处级全额核拨事业单位，内设办公室、食品卫生监督科、公共场所卫生监督科、医疗机构卫生监督科等4个科室；配有BG食品安全快速检测仪、细菌快速检测仪、α射线测定仪、甲醛分析仪、单离子快速检测仪、便携式电导仪等30多种快速检测仪器。其职责是依法监督管理食品、化妆品、消毒产品、生活饮用水及涉及饮用水卫生安全产品；依法监督管理公共场所、职业、放射、学校卫生等工作；依法监督传染病防治工作；依法监督医疗机构和采供血机构及其执业人员的执业活动，整顿和规范医疗服务市场，打击非法行医和非法采供血行为；承担法律法规规定的其他职责。

五、医疗事故技术鉴定工作办公室

2002年9月1日，成立宁德市医学会医疗事故技术鉴定工作办公室（简称医鉴办），自此医疗事故技术鉴定工作由宁德市医学会承担。医鉴办配备专兼职人员3名，当年建立医疗事故技术鉴定专家库131人。截至2005年年底，受理医疗事故技术鉴定申请90起，做出鉴定66起。

第二节　社区卫生服务

2000年，由卫生、财政、计划、民政、人事、劳动等10部门联合制订《宁德地区社区卫生服务工作方案》，社区卫生服务开始试点。同年6月在宁德、福安、福鼎三市及蕉城城区卫生院全面铺开试点工作。

2001年，蕉城区组织60多人次，对2个街道办事处、15个村居委进行摸底调查，建立家庭健康档案3669户、16871人。福安市启动韩阳社区卫生服务站试点。福鼎市依托原有卫生所率先组建山前、灰窑、增坪3个社区卫生服务站，并在山前、桐山、桐城开展社区卫生服务试点工作。

2002年，完成对第一批省级示范性建设的蕉城区社区卫生服务中心和福鼎山前、福安韩阳、蕉城中南社区卫生服务站的考核验收，对列入省级第二批示范性建设的福鼎桐山社区卫生服务中心、古田县湖滨、柘荣县城北社区卫生服务站进行抽查。

2003年，市卫生局制发《宁德市发展城市社区卫生服务的实施意见》和《宁德市城市社区卫生服务体系建设和发展规划（2001—2010年）》；市卫生局给福鼎市石亭、蕉城区中南、古田县青云、柘荣县城北社区等4个社区卫生服务站核发第一批“医疗机构执业许可证”。是年，古田县新城社区卫生服务中心、福安市的韩阳示范社区服务中心、霞浦县松城镇万贤和宁德市后岗社区卫生服务站，被列入省级卫生服务项目建设计划。

2004年，全市完成对第二批示范建设的3个社区卫生服务中心和3个社区卫生服务站的考核工作，并对第四批社区卫生服务中心和社区卫生服务站进行初审。

2005年，市卫生局完成第三批2个示范性社区卫生服务中心建设申报工作。

第三节 卫生监督监测

一、食品卫生监督监测

1993年，根据省卫生厅部署，地区卫生局多次对境内1187家食品生产、经营企业的白酒、保健食品、加碘食品、奶粉等进行卫生监测。至1998年，全区检测各类食品23576件，食品卫生总合格率86.24%。检测各种食（饮）具87921件，总合格率80.22%。地区卫生局对全区食品卫生监测覆盖率达100%。

1999—2000年，全区监测各类食品3368件，食品卫生总合格率达80.22%。

2000年，全市体检食品从业人员15571人，检出“五病”（痢疾、伤寒、病毒性肝炎等消化道传染病、活动性肺结核、化脓性或渗出性皮肤病）人员354人，全部调离原工作岗位。培训食品从业人员10995人，培训率达99.46%。全市发放（复核）卫生许可证9497户，发证率100%。全市监测18类食品4084件，其中卫生合格3667件、监测覆盖率达100%，食品卫生总合格率达89.79%。监测各种食（饮）具33438件，合格28294件，食（饮）具卫生监测覆盖率和卫生合格率分别为100%和84.62%。

2001年，全市开展以治理“餐桌污染”“食品放心工程”为重点的食品卫生工作。5月中旬，市卫生局在9个县（市、区）组织开展城镇农贸市场、学校周边饮食店食品卫生及学校食堂学生用餐卫生专项大检查。捣毁一个制售假冒劣质糖精、色素、香精的地下饮料厂。对周宁县咸村镇茶叶加工厂进行卫生专项检查。8月下旬，对蕉城区、福安市大米市场进行专项整治。是年，全市举办食品卫生讲座33场次，各种培训班137期，培训各类人员8314人。全年，处罚1505户次数，其中警告425户次，责令改正320户次，责令公告收回已售出食品3户次，责令停止生产经营45户次数，责令销毁食品501户次，取缔非法经营活动56户，没收违法所得1户，罚款154户次、8万余元。

2002年，全市体检食品从业人员16499人，体检率为95%，检出“五病”（伤寒、肺结核、肝炎、痢疾、化脓性皮肤病）422人，调离率和现场核实率均达100%；培训食品从业人员10642人，培训率为99.7%；抽检食品19类计3495件，其中食品生产加工业抽检1803件，合格1588件，合格率为88.1%，食品销售服务业抽检1656件，合格1517件，合格率为91.6%。食品卫生合格率和卫生监测覆盖率分别为89.8%和100%，检测各种食餐（饮）具25832件，合格22844件，合格率为88.4%。全年全市共监督检查食品生产经营单位35672户次，合格34418户次，合格率和检查指导覆盖率分别为94.2%和99.9%；单位建档率达100%。

2004年，根据《公共场所卫生管理条例》和有关卫生标准的要求，监测市直管公共场所48户，其中合格41户，合格率为85.42%；体检食品从业人员和公共场所从业人员共1293人，检出“五病”患者89人，检出率为6.88%。

2005年，全市监测18类食品4084件，合格3667件；监测各种食（饮）具33438件，合格28294件，食（饮）具卫生监测覆盖率和卫生合格率分别为100%和84.62%。

二、饮水卫生监督监测

1993 年，继续对生活饮用水进行卫生监测，重点对水质监测与制水人员进行健康体检。至 1996 年，全区检测县级自来水厂水样 618 份，合格率 92.56%。

1997—1999 年，全区检测水样 2354 份，合格率 77.40%。抽查地直单位的 15 家二次供水单位，合格率 93.33%。

2001 年，全市检测城市水厂水样 495 份，合格率 96.77%；农村水厂水样 553 份，合格率 77.76%。全市制水人员培训率、健康体检率分别为 98.15% 和 94.84%。

2002 年，采集城市水样 584 份，合格 545 份，合格率为 93.32%；农村水厂水样 347 份，合格 272 份，合格率为 78.39%；全市体检制水人员培训率、体检率分别为 97.67% 和 97.99%。

2005 年，各级卫生监督部门继续开展生活饮用水卫生监督检查及检测工作，出动卫生监督人员，监督检查及检测生活饮用水受污染情况。

三、公共场所卫生监督监测

1993 年，地区卫生检测部门继续发放“公共场所卫生许可证”，对从业人员进行体检。至 1999年，地区卫生检测部门共发放“公共场所卫生许可证”6317 户次，体检从业人员 19065 人次，体检率逐年上升。

2000 年，根据省卫生厅部署，重点检查公共场所 462 家，持有效“卫生许可证”399 家；抽查从业人员 982 人，持证 782 人；检测客用杯具、毛巾等 746 份，合格率 78.28%；检测游泳池水质 10 份，合格率 70.0%，余氯 11 份，合格率 45.45%。是年，全市有公共场所 1657 户，实际监测 1652 户次；应发证 950 户，全部予以发证；应体检从业人员 3183 人，实际体检 3077 人，检出“五病”人员 56 人，全部进行现场核实调查。全市培训从业人员 2648 人。

2001 年，市卫生检测部门监测公共场所 1571 户次，行政处罚 11 户次。从业人员体检率 99.05%，培训率 99.08%。

2002 年，市卫生检测部门监测公共场所 1571 户次，不合格 11 户次。体检 3023 人，检出“五病”人员 77 人，全部调离原工作岗位。

2004 年，根据《公共场所卫生管理条例》，市卫生检测部门监测市直管公共场所 48 户，合格 41 户。

2005 年，市卫生检测部门监测市直管的宾馆、招待所、卡拉 OK 厅、浴室、游泳池等 35 户，合格 28 户。体检从业人员 1358 人，检出“五病”人员 75 人，全部调离原工作岗位。

四、学校卫生监督监测

1993 年，根据《学校卫生工作条例》，地区卫生监测部门继续对学校的教室采光、照明、噪声、微小气候，课桌椅、生活饮用水和学校食品卫生等进行监督检测。对学生进行健康监测，对学生蛔虫感染及龋齿、贫血、沙眼等进行防治。至 1999 年，全区健康体检学生 519582 人，驱虫 176645 人次。

2000 年，市卫生监测部门对 48 所学校的 75512 名在校学生进行健康监测（占城区监测覆盖率的 82.46%），学生营养不良率 30.96%，肥胖率 3.58%，视力不良率 34.57%，龋齿患病率 23.17%，沙眼患病率 2.89%。

2001 年，对 36 所学校的教室采光、照明、噪声、微小气候，课桌椅配置、生活饮用水和学校食品卫生等进行监测，合格 28 所；对 77278 名学生进行监测（占城区监测覆盖率的 76.92%），学生营养不良率 32.28%，肥胖率为 4.48%，视力不良率 39.46%，龋齿患病率 29.27%，沙眼患病率 2.91%。同时，对全区 8 所新建、改建、扩建学校进行预防性卫生监督监测，6 所合格。

2002 年，对 36 所学校进行卫生监测，合格 33 所；对 58488 名学生进行监测（占城区监测覆盖率的 68.63%），学生营养不良率 28.39%，肥胖率 4.04%，视力不良率 41.09%，龋齿患病率 24.66%，沙眼患病率 2.34%，贫血 8.10%，同时，开展学生常见病矫治，全市学校学生驱虫 7317 人次、龋齿填补 6368 颗、治疗贫血 477 人、治疗沙眼 935 人。是年，对全市 9 所新建、改建、扩建学校进行卫生监测，全部合格。全市城区学校健康教育课开课率达 86.49%。

2003 年，对 31 所学校（占学校数的 81.58%）进行卫生监测，合格 25 所；对 38 所 63781 名学生进行监测（占城区监测覆盖率的 61.29%），学生营养不良率 34.09%、肥胖率 11.73%、视力不良率 37.67%、患龋齿率 24.39%、沙眼率 2.43%、贫血 33.57%。继续开展学生常见病防治，龋齿填补 3011 颗、治疗沙眼 567 人。部分县（市、区）学校组织学生开展头虱、疥疮查治。同年，对 4 所新建、改建、扩建学校进行卫生监测，全部合格。

2004 年，对 24 所学校的 395 名副霍乱学生进行监测（占城区监测覆盖率的 76.92%），学生营养不良率 32.28%、肥胖率 4.48%、视力不良率 39.46%、龋齿 29.27%、沙眼 2.91%、贫血 17.66%、蛔虫 16.66%。全市学校学生驱虫 13161 人次、龋齿填补 3776 颗、治疗贫血 1582 人、治疗沙眼 230 人。

2005 年，对 25 所学校的 39361 名学生进行监测（占城区监测覆盖率的 78.52%），学生营养不良率 31.27%、肥胖率 4.78%、视力不良率 41.32%、龋齿 31.58%、沙眼 2.87%、贫血 15.25%、蛔虫 17.03%。全市学校学生驱虫 12763 人次、龋齿填补 3856 颗、治疗贫血 1492 人、治疗沙眼 387 人。

五、化妆品卫生监督监测

2000 年起，市卫生监测部门对蕉城区、福鼎市 60 家化妆品经营单位进行突击检查，抽查普通化妆品 380 件，合格率 80%；特殊化妆品 417 件，合格率 53.24%；进口化妆品 56 件，合格率 51.78%；没收部分不合格化妆品，发出监督意见书 13 份，经营单位均按要求进行整改。

2001 年，对全市化妆品市场进行 4 次联合大检查，检查化妆品经营单位 228 家、化妆品批发店 50 家、超市 23 家、化妆品店 143 家、美容院 12 家，查出不合格产品 605 件，其中国产特殊用化妆品不合格 400 件，进口化妆品不合格 205 件。

2003 年，全市检查监测化妆品经营单位 107 家。

2004 年，全市检查各类化妆经营单位 327 户次，检查化妆品 1112 种，销毁不合格化妆品 300 种 873 瓶。

2005 年，对福安、古田、蕉城、柘荣、霞浦 6 个县（市、区）的化妆品市场进行检查，检查经营单位 40 家、批发店 6 家、超市 10 家、化妆品店 20 家、美容院 4 家。没收不合格产品 301 件，发出行政处罚决定通知书 9 份，责令整改 9 家。

六、职业病防治监测

2000年起，市卫生监测部门对全市113家有毒有害产品生产企业进行劳动卫生监测，全年监测84家企业，监测率75.2%，其中国有企业占76.47%，为国有企业的72.58%。企业监测按规范布点849个，实际监测点742个，合格点486个，其中粉尘作业监测点124个，实际监测点102个，合格点67个；物理因素作业点638个，实际监测点580个，合格点375个；毒物作业点数87个，实际监测点60个，合格点44个。全市接触有害有毒工人3679人，应体检2494人，实际体检1492人，未发现法定职业病病例。

2001年，全市有毒有害生产企业101家，实际监测84家。企业监测按规范布点781个，作业点合格率67.96%，其中粉尘作业点合格率65.00%，物理因素作业点合格率67.83%，毒物作业点合格率74.46%。全市接触有毒有害工人体检率63.52%，未发现健康问题。

2002年，执行《中华人民共和国职业病防治法》，加强职业病危害因素申报工作。全市有毒有害生产企业93家，实际监测80家，其中国有企业监测率84.21%，非国有企业监测率87.27%。企业监测按规范布点829个，实际监测747个，合格点499个，其中粉尘作业点数111个，实际测定89个，合格点68个；物理因素作业点数637个，实际监测604个，合格点395个；毒物作业点数81个，实际监测点54个，合格点36个。全市接触有毒有害工人2912人，应体检2198人，实际体检1057人，未发现健康问题。

2003年，全市有毒有害企业应监测71家，实际监测58家。企业监测按规范布点829个，应测点888个，实际监测598个，合格点499个，其中粉尘作业点数173点，实际测定77点，合格38个；物理因素作业点631个，实际监测点461个，合格点263个；毒物作业点84个，实际监测点60个，合格点33个。全市接触有毒有害工人19133人，应体检9010人，实际体检1331人，未发现健康问题。

七、放射卫生监督监测

2000年起，市卫生监测部门对全市67家放射工作单位的88台X线机、143名放射工作人员进行放射防护监测与健康检查，发现个别从业人员因受射线影响，造成白血球下降。未发现放射性疾病患者。

2001年，全市67家放射工作单位有86台X线机，对应监测的53台X线机与143名放射工作人员进行监测与检查，未发现健康问题。

2002年，全市67家放射工作单位有89台X线机，对应监测的33台X线机与146名放射工作人员进行监测与检查，未发现健康问题。

2004年，全市监测放射工作单位16家，X线机台26台，合格20台。

第四节　公共卫生应急

2003年，国内部分地区发生“非典”病例，市委、市政府召开专题会议，研究部署“非典”

防治工作，成立市防治“非典”指挥部与指挥部办公室（挂靠市卫生局）。11 月，成立市突发公共卫生事件应急处理指挥部办公室（挂靠市卫生局），市政府制发《宁德市防治传染性非典型性肺炎工作预案》。其后，各县（市、区）相继成立防治“非典”指挥部与应急处理指挥部办公室。市卫生局制发“非典”疫情“零”报告和日报告制度。全市各级卫生防疫站和医疗机构均指定专人负责“非典”疫情收集和报告工作。全市培训网络直报人员 185 人，全市乡（镇）卫生院以上医疗机构都实现网络直报制度。

2004 年，全市卫生系统筹措 100 万元资金，给 117 个乡（镇）卫生院配备疫情网络直报系统。

2005 年，市突发公共卫生事件应急处理指挥部办公室制发《宁德市突发人类禽流感疫情应急处理预案》《宁德市应对流感大流行的准备计划与应急方案（试行）》《宁德市破坏性地震医疗救治与卫生防疫预案》《宁德市突发公共卫生事件应急预案》《宁德市群体性疾病应急预案》《宁德市突发公共卫生事件医疗卫生救援应急预案》等，及时收集、追踪突发公共卫生事件，坚持月报告制度。全市规划投入 2398 万元资金，用于建设 10 个医疗救治体系项目。全市市、县（市、区）两级配备卫生应急人员 18 人。市卫生局设置宽带视讯系统终端，并入省突发公共卫生事件应急指挥宽带视讯系统。

第四章　疾病预防与控制

第一节　传染性疾病防治

一、传染病疫情

1993—1999年，全区报告甲、乙类传染病19种28595例，死亡37例。与1993年对比，总发病率下降24.39%，麻疹、痢疾、流脑、伤寒等传染病大幅下降。

2000年，全市报告甲、乙类传染病15种7428例，死亡6例，累计发病率230.79/10万，死亡率0.186/10万，比1999年总发病数上升14.17%。其中，报告较多的传染病有病毒性肝炎、肺结核、梅毒、淋病、伤寒、麻疹等，明显上升的传染病有乙型肝炎、麻疹、肺结核等；副霍乱、伤寒、流脑、百日咳等有所下降。

2001年，全市9县（市、区）报告甲、乙类传染病16种7425例，死亡11例，其中报告较多的为病毒性肝炎3625例、肺结核2398例，占总发病数的81.11%。

2002年，全市报告甲、乙类传染病16种8198例，发病率253.34/10万，死亡10例，死亡率0.31/10万。其中肝炎、肺结核分别为4160例和2556例，占总病例的81.92%。2003年7月，在屏南县发现全省首例布鲁氏病。是年，全市报告甲、乙类传染病18种9316例，发病率289/10万。

2004年，全市报告甲、乙、丙类传染病26种14396例，发病率442.66/10万，死亡5例，死亡率0.15/10万。其中报告甲、乙类传染病11257例，发病率346.16/10万。肝炎、肺结核分别报告5256例和4046例，占甲、乙类传染病例的82.63%。

2005年，全市报告传染病25种14511例，死亡10例，总发病率为427.76/10万，总死亡率为0.33/10万，病死率为0.069%，其中，甲乙类传染病10780例，发病率为351.20/10万，死亡9例，死亡率为0.293/10万。同比发病率下降2.67%，死亡率上升33.33%。肝炎、肺结核分别报告4400例和4060例，占甲乙类传染病病例的80.14%。

二、传染病防治

（一）鼠疫

1995年，落实省政府办公厅《福建省鼠疫控制应急预案》和《加强鼠疫防治意见的通知》，加强鼠疫监测和防治工作，在宁德虎浿开展溴敌隆灭鼠试点工作。1996年，虎浿平均鼠密度从原来的31%降至6.66%。2000年5—10月，古田、福鼎及蕉城区霍童镇监测点布放7271笼次，捕获鼠672只，捕获率9.24%。其中褐家鼠占61.49%，鼠体外拣获蚤类1415匹，蚤指数1.44，采集血清985份，剖取鼠肝脾脏337份，检验结果均为阴性。

2001年，在屏南、古田县布放鼠笼3600笼次，捕鼠179只，鼠密度4.97%。检查鼠类744只，染蚤鼠259只，染蚤率34.81%，蚤总指数0.99。抽取鼠血清744份，剖取鼠肝脾346份，反向血凝检验均阴性。

2003年，在古田、周宁2个省级监测点和寿宁市级监测点捕获家栖鼠772只，受检鼠691只，其中染蚤鼠182只，染蚤率28.39%，蚤总数718只，总蚤指数1.04，印鼠客蚤分指数0.97。完成血清学（RIP）检验772份，反向血凝试验检测肝脾350份，均阴性。

2004年，在古田、周宁2个省级监测点捕获家栖鼠880只，染蚤鼠220只，染蚤率25.00%，蚤总数728只，总蚤指数0.82。完成血清学（RIP）检验875份，反向血凝试验检测肝脾334份，均阴性。流行性出血热监测在福安、周宁捕获家、野鼠179只，经间接免疫荧光方法检测，发现阳性鼠9只。

1999—2004年，在省、市监测点及屏南县捕获鼠类5172只（172 ~ 1098只/年），鼠密度为4.9% ~ 27.61%。检鼠5172只，染蚤率为25.00% ~ 34.80%，蚤总指数为0.82 ~ 1.44（其中，1999年古田印鼠客蚤指数为2.3）。采集鼠血清标本5941份，RIP试验均阴性。采集鼠肝脾标本2512份，反向血凝试验为阴性。

2005年，在古田、周宁和福鼎3个省级监测点捕获鼠类1098只，染蚤鼠358只，染蚤率32.47%，蚤总数1564只，总蚤指数1.42。完成血清学（RIP）检验1098份，反向血凝试验检测肝脾498份，均阴性。4月，全市各县（市、区）分别召开乡（镇）卫生院防疫人员会议。5—10月，在各乡（镇）及村开展鼠疫监测，实行鼠疫月报和“零报告”制度。流行性出血热监测福安市、周宁县开展疫源地调查，捕获家、野鼠185只，经间接免疫荧光方法检测，发现阳性鼠13只，阳性率为7.02%。

（二）霍乱

1993年，福鼎散发2例小川1f型。1994年6月25日，疫情再次从浙江水路传入福鼎，全区有5个县的46个乡镇发病1164例，发病率为39.24/10万，死亡8例，带菌者60例，居全省首位。其中福鼎发病558例，发病率达102.93/10万，为全区之最。1995年、1999年、2000年流行，分别发病529例、163例和98例。1997年无疫情，其他年份呈散在发生，均在8例以下。流行菌株为小川1b型（2001年为稻叶1d型）。

2001年，市卫生防疫部门采取“早、小、严、实”综合性防治措施，做好霍乱防治工作。各级卫生检疫部门加强重点人群及外环境疫情监测，做好食品及饮用水监测工作。全市仅确诊发病1例。

2002年4月，市防疫机构下发《宁德市2002年霍乱监测工作方案》。5月，福鼎、霞浦、福安、宁德等沿海4个县（市、区）全面开展霍乱监测工作。市卫生局、防疫站多次组织对9县（市、区）的霍乱前期准备工作进行督查。沿海4县（市、区）检测肠道门诊腹泻病人标本3318份；外环境检测海产品725份，其中福安市从下白石镇海产品（淡菜）中检出1株01群小川型霍乱弧菌。水源标本检测835份，公厕粪便标本检测838份，均未检出霍乱弧菌。9月7日，第16号台风“森拉克”袭击宁德后，市卫生部门即抽调组织416名专业技术人员组成医疗救护队和防疫、消杀组，分赴受灾乡镇，开展医疗救护与防疫、消杀工作。同时，建立县、乡、村三级疫情监测点，加强灾后农贸市场食品卫生监督，做好水源保护和饮水卫生监督工作。

2003年4月，市疾控中心下发《宁德市2003年霍乱监测工作方案》。5月，组织沿海4县（市、区）疾控部门全面开展霍乱监测。同时，对沿海4县（市、区）防治霍乱工作进行督查。其后，市防疫机构（疾控中心）每年都下发“霍乱监测工作方案”，对霍乱防治工作进行督查。

2004年10月，沿海4个县（市、区）检测肠道门诊和外环境标本5579份，均未检出霍乱弧菌；外环境海产品968份，水源标本检测769份，公厕粪便标本检测973份。省、市疾控部门多次组织对沿海县（市、区）霍乱前期准备工作进行督导。

2005年10月，沿海县（市、区）检测肠道门诊腹泻病人粪便标本5625份，其中福鼎市在肠道门诊发现4例O1群稻叶型霍乱病人，福安市发现2例输入性O1群稻叶型霍乱病人，均及时采取措施予以控制，未发生死亡病例和二代病例。外环境监测，检测海（水）产品标本2118份，其中福安赛岐农贸市场在1份螺类标本中，检出O1群稻叶型霍乱弧菌（非流行株），福鼎市城关市场在1份鱼类标本中检出O1群小川型霍乱弧菌（非流行株）。采检水样标本1233份，公厕粪便标本254份，未发现阳性标本。

（三）脊髓灰质炎

1993年，地区卫生防疫部门组织开展4轮消灭脊髓灰质炎免疫工作。6—7月，福鼎管阳暴发6例，病例以散居儿童为主，3岁以下发病占83.33%，未服苗者5例，未全程服苗者1例，全程服苗者的仅占6.06%。暴发原因为当地计划免疫工作不落实所致。管阳碧山村儿童张某某（7月9日发病）为全区最后1例野毒株病例。同年开始实行急性弛缓性麻痹（AFP）病例报告，各县指定监测哨点医院，开展AFP病例主动监测。7月，各级医疗单位均列为AFP病例哨点医院，全区建立和完善地、县、乡三级为一体的AFP监测网络。此后，以地区为单位AFP病例报告发病率、48小时内调查率、14天内合格标本采集率、标本7天内送检率、“零病例”报告及时率、病例70天内随访率均达到卫生部标准。

1994年以后未发现脊灰野毒株病例，2000年全市实现无脊灰目标。2001年，宁德市卫生防疫站被卫生部授予“全国消灭脊髓灰质炎先进集体”称号。

2002年，全市报告急性弛缓性麻痹（AFP）病人14例，以地区为单位15岁以下儿童报告发病率为1.83/10万；继续达到卫生部“无脊髓灰质炎”要求。

2004年，全市报告急性弛缓性麻痹病例12例，继续保持无脊髓灰质炎标准。

2005年，在全市开展脊髓灰质炎疫苗第二轮强化免疫和查漏补种工作。

2001—2005年，全市累计报告AFP病例66例，其中，格林巴利综合征占24.24%，急性脊髓炎占15.15%，创伤性神经炎占13.64%，周期性麻痹占12.12%。

（四）麻疹

1993年，年发病率均在20/10万以下，发病对象多为学龄儿童。1997年麻疹发病率为15.25/10万，此后各年发病率均控制在5/10万以下。但麻疹发病仍主要集中于学龄前儿童和小学生。

2001年，继续对全市2岁、4岁、7岁、14岁4个年龄组的儿童开展麻疹疫苗强化免疫，全市应种人数163533人，实际接种人数145717人。2002年，全市报告麻疹病例4例，其中福鼎3例、福安1例，确诊3例。

1998—2003 年，全区（市）范围内开展 4 次麻疹强化免疫和一次麻疹查漏补种活动，麻疹疫情得到有效控制，发病率急剧下降，流行周期规律基本消失，季节高峰不明显，发病年龄出现后移。

2003 年，各地麻疹监测系统报告 113 例麻疹病例，发病率为 3.14/10 万。其中，古田 36 例为最，其次蕉城 28 例，周宁、柘荣无病例。实验室血清学确诊局部暴发 5 起 51 例，其中福安、古田各 2 起，霞浦 1 起。当年，麻疹专报及时率达 100%。2004 年，麻疹监测系统累计报告麻疹疑似病例 136 例，排除 25 例，确诊 110 例，发病率为 3.37/10 万。其中血清学确诊 86 例，实验室确诊率 77.48%。当年局部暴发 3 起（蕉城 2 起、周宁 1 起），累计发病 30 例。2005 年，全市确诊 189 例，发病率为 6.14/10 万。局部暴发 2 起（屏南、周宁各 1 起），累计发病 12 例。

（五）肺结核

1993年柘荣首批列为“卫生部结核病控制项目县”，周宁、宁德也于1994年、1995年先后加入。

1996 年，柘荣县卫生防疫站被卫生部评为“全国结核病防治先进单位”。

1998 年，在宁德、周宁、柘荣等结核病项目县，继续做好结核病病例登记与治疗工作。3 县（市）新登记肺结核病例 167 例，其中涂阳病例 26 例，满疗程治愈率达 85%。涂阳病例满 2 个月疗程，痰菌转阴率达 93%，各项指标均达到项目县要求。1993—1998 年全区登记活动性肺结核 4699 例（其中痰检阳性 447 例），满疗程治愈病例 1889 例。

2000 年，加强对医疗机构发现的非住院肺结核病患者的转诊检查监督，各结核病项目县（市）结合实际，分别对经济困难的病人给予药费、检查费减免 15% ~ 30% 优惠。寿宁、屏南、福鼎等县（市）减免金额达 1.2 万元。全市各县（市、区）分别参加启动卫生部或省“结控”项目，各医疗单位分别制定结核病转诊归口管理办法，结核病病人转诊率、到位率分别为 85% 和 76%。同时，在福安、霞浦开展畲族群众肺结核抽样调查，4 个流调点调查 5938 人，发现活动性肺结核 23 例，其中检出涂阳病人 12 例。全市新登记活动性肺结核 1503 例，其中涂阳肺结核 685 例，涂阳登记率 21.28/10 万。涂阳病例满疗程治愈率达 85%。

2001 年，全市结核病防治机构登记管理活动性肺结核 1930 例，其中涂阳病例 851 例，涂阳登记率 26.68/10 万，提前完成省卫生厅下达的新涂阳率 25/10 万的任务。治管病例有 91% 完成疗程。门诊初诊病人痰检率达 97%，痰检符合率达 98%。各医疗单位门诊肺结核患者转诊率在 90% 以上，转诊到位率 80% 左右。

2002 年，结合世行贷款 / 英国赠款中国结核病项目，在全市推行现代结核病控制策略，结核病人发现率明显提高。全市新登记活动性肺结核 2652 例，其中涂阳病例 1177 例，涂阳登记率 36.9/10 万，超额完成省卫生厅下达的新涂阳率 28/10 万的目标。市防疫部门先后 6 次到各县（市、区）的 16 个乡镇、34 个村督导，访视肺结核病患者 36 人。

2004 年，全市卫生部门继续落实结核病归口管理措施，市疾控中心组织结核病防治所专业人员到县（市、区）督导。至 11 月，全市登记活动性病人 2747 人，其中新登涂阳肺结核 1349 人，涂阳新登记率为 41.15/10 万，以县为单位登记率均达到 38/10 万的省定目标。是年，先后选派 3 人参加国家、省级培训。市疾控中心先后举办宁德市全球基金账目使用和结核病疫情会审培训、结核病需求预算和结核病防治工作培训。县市疾控部门也分别举办乡（镇）卫生人员和村卫生所卫生员结核病督导培训班。

2005 年，在全市继续实施世行贷款 / 英国赠款结核病控制项目，全市三分之一的乡（镇）卫生院建立痰检点。全市发现活动性肺结核病人 2652 人，其中初治涂阳病人 1264 人，复治涂阳病人 186 人，新涂阳登记率 38.72/10 万，新涂阳任务完成率 111.27%。肺结核病人一年转归数 1421 例，治愈数 1293 人，治愈率 91%，实现现代结核病控制策略覆盖率 100%，涂阳结核病人发现率 70%，治愈率 85% 目标。同时，举办乡（镇）查痰点痰检人员培训班，培训 46 名乡（镇）卫生院检验员。举办综合性医院肺结核转诊追踪培训班。

（六）艾滋病

1993 至 1998 年年底，对全区高危人群进行血清监测，检测 2287 份血清，未发现艾滋病患者及感染者。

1999 年 9 月，全区发现首例艾滋病病毒感染者。

2000 年，全区检测艾滋病高危人群 878 人，监测抗 HIV 初筛阳性 3 人，并经省艾滋病监测中心确认。

2001 年 4 月，宁德市检出第一个艾滋病病毒感染者。7 月，宁德市发现首例本地感染者。2002 年 3 月 5 日，发现全市首例艾滋病病人。2004 年 10 月，古田县发现首例母婴传播的 HIV 感染者，并首次在本地吸毒人群中检出 HIV 抗体阳性者。

2005 年，省卫生厅批准宁德市疾控中心艾滋病病毒抗体检测初筛实验室升格为艾滋病病毒抗体检测初筛中心实验室。福安市、福鼎市和蕉城区疾控中心建成艾滋病病毒抗体检测初筛实验室。全市完成既往有偿供血人员 484 人及监管场所被监管人员 1650 人的艾滋病病毒抗体筛查任务，市本级初筛和省里抽查均未发现艾滋病病毒抗体阳性者。8 月，首次在性病门诊就诊者中发现 HIV 抗体阳性者。截至 2005 年，全市监测高危人群 5713 人，其中性病门诊就诊者 3358 人，公安监管场所在押人员 2355 人。

（七）梅毒

1993 年，古田、屏南、宁德、周宁、福安 5 县（市）报告梅毒 32 例，发病率为 1.07/10 万，均呈散发。此后疫情猛升，每 2 ~ 3 年增加 200 多例。1995 年，全区报告 209 例，发病率 6.76/10 万，居传染病第 5 位。1995 年前，均为后天梅毒。1996 年，报告 405 例，发病率 12.95/10 万，跃居传染病第三位，其中报告先天梅毒 6 例，此后每年均有 11 ~ 56 例，占 2.22% ~ 4.46%。1998 年，发病 691 例，发病率 21.66/10 万。2002 年，报告发病 945 例，发病率 29.04/10 万；2005 年，报告发病 1223 例，发病率 39.84/10 万。2004—2005 年，累计梅毒 2205 例，其中先天性梅毒 82 例，占 3.72%；Ⅰ期梅毒 855 例，占 38.78%；Ⅱ期梅毒 520 例，占 23.58%；Ⅲ期梅毒 23 例，占 1.04%；隐性梅毒 725 例，占 32.88%。

从 2001 年后始有流动人口病例报告。2001—2003 年，累计报告流动人口梅毒 2489 例。其中本地感染 2019 例，占 81.11%；外地感染中属本市范围内 297 例，占 11.93%；省内 26 例，占 1.04%；省际 147 例，占 5.91%。

（八）非典型肺炎

2003 年，国内部分地区发生“非典型性肺炎”（简称“非典”）病例，宁德市也发生一例广东感染并在市内发病的 SARS 病例。患者石某，女，蕉城区石后乡人，广东中山大学附属二院内科医师，其曾接诊一例发热病人后从广州回宁德过春节，之后回到所在单位接受隔离治疗，最后确诊为 SARS（轻型）。蕉城区政府立即成立临时应急处理领导小组，并采取严密控制措施，对患者在宁德期间密切接触者进行严格的医学观察，避免疫情扩散蔓延。市防治“非典”指挥部制发《宁德市防治传染性非典型性肺炎工作预案》，市卫生局制发《宁德市留检站设置方案》，做好入境和返乡人员的跟踪、监测工作。市疾控中心设立6个应急处置技术小组，坚持24小时值班制度和疫情报告制度。制发《宁德市传染性非典型肺炎现场流行病学调查工作预案》《宁德传染性非典型肺炎预防与控制工作预案》，在机关、宾馆、酒店等48个单位开展"非典"预防性消毒技术措施和个人防护知识培训或讲座。市卫生局组织进行2次应急救治演练，有180多名医护人员参加演练。组织全市124名医师参加防治"非典"专业医师资格培训。全市组织成立12支、221名队员的防治"非典"应急救治队，设立11所定点医院，各定点医院储备可应付3名以上病人的医疗物资。同时，市卫生局制发"非典"疫情"零"报告和日报告制度。建立"非典"疫情网络直报系统，指定专人负责"非典"疫情网络直报工作。全市37所县级及以上医疗机构通过卫生部及省卫生厅的"非典"疫情网络直报监测工作，直报率达100%。全市储备20万元药品物资。市疾控中心配备防护服80套、一次性医用手套200只，过氧乙酸0.3吨，漂白粉3吨及电动喷雾器等防护用品和消毒药械。全市未发现"非典"患者。

第二节　寄生虫病与地方性疾病防治

一、疟疾

1993—1994年，每年发病32 ~ 79例，发病率在1.11 ~ 2.92/10万之间。1995—1998年，每年发病15 ~ 21例，发病率为0.47 ~ 0.69/10万之间，其中古田病例占83.3%，其他山区县1 ~ 2例。

1998年，对全区45个村51613人进行血液检查，对71个村进行蚊媒监测，剖验中华按蚊18425只，致倦库蚊42360只，均未发现疟疾感染。

1999年10月，经省卫生厅考核，全区达到基本消灭疟疾标准。

2000年，在全市19个村进行蚊媒监测，剖检致倦库蚊4021只、中华按蚊2607只，均为阴性。在古田、屏南、福安、福鼎4县（市）血检318人，检出1例疟原虫阳性（古田县外出海南岛返乡发病），阳性率0.31%；疟疾发病率为0.03/10万（1/3218472）；治疗有疟史者6人，现症病人1例。

2001年，全市蚊媒监测，剖检致倦库蚊3828只、中华按蚊2402只，均为阴性。蕉城、福安、福鼎、古田、屏南、周宁等6县（市、区）进行的疟疾疫情监测，检出疟原虫阳性者7例（其中外地感染6例），阳性率1.69%；疟疾年发病率为0.21/10万。

2002年，9个县（市、区）剖验人房致倦库蚊3290只，中华按蚊2707只，均为阴性。全市除寿宁、霞浦2个县外，其余7个县（市、区）均开展发热病人血检工作，血检832人，检出疟原虫阳性8例，阳性率0.96%，发病率为0.24/10万。

2003年，蕉城、屏南、寿宁3个县血检1528人，均为阴性。9县（市、区）剖验致倦库蚊418只，中华按蚊2526只，均为阴性。在蕉城、福安、福鼎、古田、屏南、周宁、寿宁等7县（市、区）的41个乡镇开展发热病人血检工作，血检765人，检出间日疟原虫阳性9例，检出阳性率1.18%，发病率为0.27/10万，9例病例均为外出回归人员。

2004年，在蕉城、福鼎、古田、屏南、周宁、寿宁、柘荣等7个县（市、区）开展蚊媒监测，剖验致倦库蚊2417只、中华按蚊2031只，均为阴性。在蕉城、福安、福鼎、古田、屏南、周宁、柘荣等7个县（市、区）49个乡镇采集发热病人血片485张，检出疟原虫阳性12例，其中恶性疟3例、间日疟9例，检出率为2.47%。12例均为外出回归人员，全市疟疾输入年发病率为0.36/10万。古田、屏南2县对有疟疾史者进行治疗20人次，流行季节预防服药52人次。

2005年，在蕉城、福鼎、霞浦、屏南、寿宁、柘荣等6县（市、区）开展蚊媒监测，剖验致倦库蚊2366只、中华按蚊1393只，均为阴性。在蕉城、福安、福鼎、古田、屏南、周宁、寿宁、柘荣等8个县（市、区）46个乡镇采集发热病人血片462张，检出间日疟原虫阳性4例，检出率为0.86%，临床诊断疟疾2例。6例疟疾患者均为外出回归人员，全市疟疾输入年发病率为0.18/10万。

2000—2005年，全市每年发病1～12例，发病率在0.03～0.36/10万之间；累计血检3276人，阳性43人。除在2001年发现1例本地感染病例外，其余均为外地感染，尤以在海南省被感染居多。

二、血吸虫病

1993—1998年，在全区组织查螺3565万平方米，发现8个新螺点，面积4400平方米，均作灭螺处理。

2000年，霞浦、福安2县（市）组织对8个乡镇、19个村463.88万平方米的原螺区进行查灭。霞浦县州洋的赤岸、宝清，松城的俊星，三沙的浮山和水门的清澳等5个村发现旧螺点，有螺面积3400平方米，灭螺面积1300平方米。霞浦县在宝清、州洋、青沃、俊星等4村，对741名7～14岁儿童进行皮试，阳性2人；粪检3岁小牛94只、小羊150只，均为阴性。同时，对6个乡镇的11个村进行外来传染源调查，未发现来自外省疫区的人或畜。福安、霞浦收集阑尾标本136份，镜检未发现血吸虫卵。

2001年，福安市、霞浦县组织查螺面积426.93万平方米，发现有螺面积1900平方米，全部进行灭螺处理。

2002年，霞浦、福安2个县市组织对1～3类的7个乡15个村383.57万平方米田地进行查螺，发现5个旧螺点，有螺面积6500平方米，实际灭螺700平方米。霞浦县在利洋、后岐、浮山3个村对527名7～14岁儿童进行皮试，弱阳性3人，阳性率为0.56%，粪检3人，均为阴性，粪检3岁小牛101头，及在福安、霞浦检查阑尾标本156份，结果均阴性。同时，霞浦县对洲洋等5个乡镇的11个村进行外来传染源调查，皮试检查3名四川和云南民工，均阴性。

2004年，霞浦、福安2县（市）对7个乡（镇）18个村396.5万平方米的原螺区进行查灭，灭螺面积15.8万平方米。其中霞浦县松港的后岐、竹下、古岭下和水门乡的青厝等4个村发现5个螺点，有螺面积2.8万平方米。对霞浦县赤岸、竹下、古岭下、利洋、后岐、青厝等6个村1282名7～14岁儿童进行皮试检查，均为阴性。粪检小于3岁小牛250只，小于3岁小羊200只，均为阴性。霞浦县对原疫区5个乡（镇）10个村进行外来传染源调查，监测外省返乡民工79人，经皮试检查均阴性。

2005年，霞浦、福安2县（市）对8个乡（镇）42个村560.65万平方米的原螺区进行查灭螺，在6个乡（镇）9个村发现螺点11个，有螺面积10.15万平方米（其中旧螺点10个，面积8.8万平方米，新螺点1个，面积1.35万平方米），钉螺密度0～26个/平方尺，灭螺面积3.4万平方米。对霞浦县后岐、利洋、浮山、大沙、小沙、西关、大墓里、半路山、古县等9个村1694名7～14岁儿童进行皮试检查，均为阴性。粪检小于3岁小牛143只，小于3岁小羊106只，均为阴性。解剖钉螺8526个，均为阴性。霞浦、福安2县（市）检查阑尾标本370例，未发现血吸虫卵。霞浦县调查浮山、西关、大沙、小沙、大墓里、古县等6个村，未发现外省疫区传染源输入。

三、丝虫病

1998年，全区9个县（市）实现消灭丝虫病。2001年，福鼎市、周宁县对96例原微丝蚴血症者继续追踪观察，均为阴性。2002年，福鼎、福安、周宁3个县（市）血检843人，均为阴性。屏南、周宁、福安对14例原微丝蚴血症者追踪观察，均为阴性。2004年，福鼎市、柘荣县开展丝虫病残存传染源搜索，血检1047人，均阴性。

四、碘缺乏病

1993年，全区狠抓以食盐加碘为主、重点人群和特需人群普服碘油丸为辅的综合防治措施防治碘缺乏病。

1994年，全区碘缺乏病（IDD）完成省定监测方案，IDD病情监测和福安潭头镇病情达标复查考核等。10月，在全区推行食盐加碘。

1995年，全区9个县（市）开展碘缺乏病病情流行病学调查。结果显示，全区平均甲肿率为41.11%，尿碘中位数149.58μg/L，碘盐合格率79.62%。

1998年年底，周宁、屏南2县通过省、地区评估，达到部分消除碘缺乏病标准，在全区率先实现消除碘缺乏病。

1999年，全区组织开展病情监测。9县（市）共抽查8～10岁儿童11000名，查出甲状腺Ⅰ度肿大者827人，Ⅱ度肿大者13人，甲肿率为8.12%；检测儿童尿样2085份，尿碘中位数为204.63μg/L，其中＜20μg/L和＞100μg/L分别占0.19%和90.12%；检测居民用户碘盐1920份，合格率为96.99%。按照卫生部等五部委下发的《实现消除碘缺乏病目标评估方案》标准，全区已达到消除碘缺乏病阶段目标。同年12月，宁德、福安、寿宁、福鼎、古田、柘荣、霞浦7个县（市）先后通过地区组织“消除碘缺乏病阶段目标”考核评审。

2000年4月，省卫生厅组织卫生、盐业等部门组成评估组，对宁德、福安、屏南、寿宁、福鼎5县（市）消除碘缺乏病阶段目标进行评估。评估结果显示，组织领导、盐业管理和健康教育91.2分，B超检查8～10岁学生平均甲肿率为3.0%（12/400）；200名学生尿碘中位数为266.0μg/L，其中＜20μg/L者占0.5%。批发、零售单位碘盐和用户碘盐合格率分别为90%、100%和97.0%，确认达到消除碘缺乏病阶段目标。9月，省卫生厅正式批准宁德地区及所属九县（市）实现“消除碘缺乏病阶段目标”。

2001年10—11月，根据《福建省碘缺乏病监测方案》，在全市开展第四次碘缺乏病病情监测，检查10864名8～10岁儿童甲状腺，肿大率5.61%。尿碘中位数184.7μg/L，居民合格碘盐食用率97.78%。

2002年5月，开展防治碘缺乏病宣传日活动，全市开展宣传活动21次，播放录像6场，展出展牌145块，张贴宣传画614张，分发宣传手册595本。同时，根据《福建省碘缺乏病防治监测方案》，在全市开展批发部及居民用户碘盐监测。至第三季度，全市检测批发碘盐36批次324份，全部合格。检测居民用户碘盐2018份，合格碘盐1995份，不合格碘盐11份，非碘盐12份。

2003 年，全市有 4 个县（市）仍然检出非碘盐，非碘盐率 0.95%，其中福安高达 5.24%。2003 年，全市碘盐合格率为 98.66%，尿碘中位数分别为 220.67μg/L，其中 20μg/L 以下的占 0.26%，大于 100μg/L 的占 91.55%；7 ~ 14 岁儿童甲肿率为 3.97%。

2004 年，全市检测批发部分碘盐 42 批次 378 份，全部合格。检测居民用户碘盐 2952 份，其中合格碘盐 2561 份，不合格碘盐 24 份，非碘盐 7 份。

2005 年，全市检测分包装企业碘盐 12 批次，全部合格。检测居民用户碘盐 2506 份，其中合格碘盐 2559 份，不合格碘盐 26 份，非碘盐 27 份，非碘盐率为 0.67%。全年，有 5 个县（市）发现非碘盐，其中柘荣非碘盐率达 6.6%。全市碘盐合格率为 99.18%，尿碘中位数为 207.06μg/L，其中 20μg/L 以下的占 0.06%，大于 100μg/L 的占 73.63%。7 ~ 14 岁儿童甲肿率为 2.56%。

第三节　计划免疫

1993 年，对 9 县（市）卫生防疫暨计划免疫工作进行考评。每个县抽取 3 个乡镇、15 个行政村的 150 名 1991 年出生儿童，结果显示，“四苗”（卡介苗、脊灰苗、“百白破”三联苗、麻疹苗）及全程接种率均达 85%以上。此后地区卫生防疫部门每年组织进行 2 ~ 4 轮消灭脊髓灰质炎免疫工作。

1995 年，全区开始对 AFP（急性弛缓性麻痹）病例实行监测。

1996 年 4 月，卫生部、世界卫生组织、联合国儿童基金会联合在寿宁、古田、柘荣 3 个县开展计划免疫第三个 85% 目标审评工作。寿宁、古田、柘荣 3 县的计划免疫“四苗”接种率均达 85% 以上。寿宁县卫生防疫站连续 3 次获得“全区计划免疫先进单位”称号。

1998 年，地区卫生局下发《宁德地区特殊人群计划免疫工作管理方案》，加强对边远山区、少数民族地区、流动人口及超生儿童等特殊人群的计划免疫管理。全区卫生防疫部门 4 年来对 AFP（急性弛缓性麻痹）监测 33 例，报告年发病率均为十万分之一以上。病例 48 小时内调查率、双份合格粪便标本采集率、及时报告率均为 94.4%，主动监测报告率为 93.25%，达到世界卫生组织和卫生部要求。在开展消灭脊髓灰质炎强化免疫活动中，6 年来全区 4 岁以下儿童服苗 198.92 万人，报告服苗率 95% 以上。全区连续 5 年无脊髓灰质炎病例发生。

1999 年，宁德地委、行署制发《“1、2、3”计划免疫经费筹集办法》，对新出生的小孩，各级财政给予每个小孩 6 元计划免疫补助，其中地区财政 1 元、县（市）财政 2 元、乡（镇）财政 3 元。同时，在全区推行计划免疫保健保偿制度。全市 85%的乡（镇）实行儿童计划免疫。1999 年 7 月，省卫生厅抽查福安、古田、寿宁等 7 个县的 11 个乡（镇）11 个村的 81 名适龄儿童，其建卡率、建证率分别为 96.3%和 95.06%，“四苗”全程平均接种率达 95%以上，乙肝疫苗平均接种率为 77.8%。

2000 年，全市计划免疫与“四大监测”（小儿麻痹症疑似病例、麻疹、新生儿破伤风、常规免疫接种率）实行规范化管理。

2001 年，省、市卫生防疫部门组织督导人员，到各县（市）检查计划免疫与“四大监测”工作开展情况。市站对各县（市、区）开展基础免疫接种率评价结果表明，仅蕉城、福安、霞浦、柘荣为可信县（市、区）。

2002 年 11 月，市、县（市、区）卫生防疫部门对计划免疫工作情况进行综合评审，抽查全市 27 个乡（镇）、135 个村的 947 名儿童。其中建立档案卡 916 人，持有证书 927 人，卡证相符 770 人，卡介苗接种 933 人，脊髓灰质炎疫苗全程接种 914 人，百白破三联苗全程接种 899 人，麻疹苗接种 905 人，“四苗”全程接种 878 人，乙肝疫苗全程接种 871 人。同时，所有监测报表均通过实行网络报送。是年，全市儿童“五苗”接种率分别为卡介苗 98.5%，脊髓苗 98.31%，百白破苗 97.64%，麻疹疫苗 98.58%，乙肝疫苗 96.42%。

2003 年，市政府下拨预防接种门诊建设专项经费 10 万元。全市有 41 家预防接种门诊规范化建设通过县级卫生行政部门初评。全市儿童“四苗”接种率分别为卡介苗 98.78%，脊灰苗 99.03%，百白破苗 98.9%，麻疹疫苗 98.43%。

2004 年，全市建成 67 个规范化预防接种门诊，并通过县级卫生行政部门初评。全市计划免疫报告接种率分别为卡介苗 99.4%，脊灰苗 99.03%，百白破三联苗 98.82%，麻疹疫苗 98.62%，乙肝疫苗 99.28%，乙脑疫苗 96.94%，流脑疫苗 95.44%。

2005 年，继续加强儿童计划免疫工作。全市全面启用《全国免疫规划监测信息管理系统》。全市基础免疫“七苗”报告接种率分别为卡介苗 99.34%，脊灰苗 99.1%，百白破三联苗 98.98%，麻疹疫苗 98.98%，乙肝疫苗 99.38%，乙脑疫苗 98.13%，流脑疫苗 97.53%。

第五章　医疗与保健

第一节　西　医

一、内科

（一）心血管内科

1993年，全区县（市）主要综合医院开展心血管内科疾病，高血压，冠心病，心脏监护，心电除颤等治疗。地区第一医院（现闽东医院）、第二医院（现市医院）继续实行分专业组治疗管理。地区第一医院应用普罗帕酮治疗心律早搏，用力平脂治疗高脂血症；开展经颈动脉穿刺给药治疗急性脑血管疾病；采用速尿雾化吸入治疗难治性支气管哮喘、吉菲罗齐治疗高脂血症等。地区第二医院开展心脏手术，建立体外循环监护技术及术后观察护理；开始使用CT机。

1995年，福鼎市医院引进心脏彩色多普勒，对心脏疾病进行诊断。1997年，地区第二医院开展硝酸甘油微量推注治疗急性心肌梗塞。1998年，地区第一医院开展尿激酶治疗急性心肌梗塞。1999年，地区第一医院开展低分子肝素治疗不稳定型心绞痛。古田县医院采用尿激酶静脉溶栓治疗心梗。

2000年，地区第一医院开展胺碘酮治疗难治性心律失常，顽固性心衰的综合治疗；开展运动平板负荷试验。福鼎市医院应用尿激酶进行急性心肌梗塞溶栓治疗。2002年5月，在福建医科大学附属协和医院专家指导下，闽东医院在全市率先开展冠状动脉造影、冠状动脉支架植入、永久起搏器植入、动脉导管未闭封堵等心血管介入诊疗术。市医院采用三氧化二砷治疗复发急性幼粒细胞白血病，开展米托蒽醌为主联合化疗急性白血病，骨髓转移瘤诊断，肿瘤溶解综合征诊治。2003年，市医院开展无创通气治疗急性左心衰竭，开展冠状动脉造影及安装临时起搏器、永久性起搏器，抗中性粒细胞胞浆抗体在风湿病中应用、继发性高血压筛查与诊断、骨髓活检提高对骨髓转移癌诊断、银屑病并巨球蛋白血症诊治、ITP并腹腔内大出血抢救。

2004年10月，闽东医院开展B型脑钠肽快速检测，为心衰快速诊断及鉴别提供临床依据。市医院开展安装永久起搏器（单、双轮）、羟氯喹及MTX（Methotrexate，甲氨蝶呤，免疫调节剂）联合治疗难治性类风湿性关节炎、持续静滴速尿综合治疗顽固性心力衰竭、大剂量6—甲基强的松龙及大剂量丙球抢救重症ITP（intrathoracic pressure 胸内压）并腹腔内大出血、大剂量甲氨喋呤治疗淋巴瘤侵犯中枢神经系统并获得完全缓解，MP方案成功治疗银屑病并巨淋蛋白血症；开展血液透析综合治疗重症有机磷农药中毒。

2005 年，市医院采用 VP+ 去甲柔红霉素治疗急性淋巴细胞白血病，采用沙利度胺联合治疗强直性脊柱炎。开展心脏双腔起搏器植入术与系统性红斑狼疮甲功检测。福鼎市医院引进 DSA（数字减影血管造影技术）多导电生理仪及高频消融仪，开展冠状动脉造影、冠状动脉支架植入、永久性起搏器植入、室性 / 室上性心动过速分频治疗，先天性心脏病介入治疗。

（二）呼吸内科

1993 年，地区第一医院开展肺通气功能检查，协助纤维支气管镜检查，胀血清变态反应测试，脱敏治疗。1995 年，地区第一医院开展硝酸甘油静滴治疗胆绞痛，氨力农治疗肺心病。开展内引流治疗交通性脑积水。地区第二医院开展凝血酶超声雾化吸入治疗咯血。开展肺功能研究。1999 年，地区第二医院开展支气管肺泡灌洗、经皮穿刺肺活检。

2000 年，地区第二医院开展活动平板检查、高频喷射通气治疗呼吸衰竭。2002 年，闽东医院开展有创及无创机械通气治疗急、慢性呼吸衰竭，纤维支气管镜检查，肺功能检查及支气管激发及舒张试验，规范化诊断及治疗慢性阻塞性肺疾病与支气管哮喘，多导睡眠监测诊断及睡眠呼吸暂停综合征为主的各种睡眠疾病，持续气道正压治疗阻塞性睡眠呼吸暂停综合征等。市医院开展尿激酶胸腔内注射治疗包裹性胸水，凝血酶及纤维蛋白原胸腔内注射治疗顽固性气胸，高频喷射通气抢救重症支气管哮喘。

2003 年，市医院引进美国伟康多功能呼吸机，开展有创通气和无创通气序贯治疗重症呼吸衰竭、支气管动脉栓塞术抢救大咯血、大剂量沐舒坦治疗 COPD（慢性阻塞性肺疾病）急性加重期和重症肺炎、可必特和沐舒坦联合雾化治疗 COPD 急性加重期、COPD 急性加重期及肺心病患者 IgE 胰岛素水平观察、经纤支镜针吸肺活检、间质性肺病诊断和治疗、BiPAP（双水平气道正压通气）呼吸机治疗夜间重症鼾症患者、多索茶碱和氨茶碱治疗 COPD 哮喘对症观察；开展无创通气治疗急性左心衰竭、酗酒患者合并肺结核、肺真菌感染治疗。福鼎市医院成立呼吸专业学科，开展肺部感染性疾病、肺结核、支气管扩张、慢性阻塞性肺疾病、支气管哮喘、肺血栓栓塞症、结节病、胸腔积液、气胸、原发性支气管肺癌、呼吸衰竭等呼吸内科疾病诊疗。柘荣县医院开展电子支气管镜检查。2005 年 7 月，闽东医院开展中晚期肺癌内科化疗、肺癌免疫治疗、生物靶向药物治疗晚期非小细胞肺癌、哮喘规范治疗等。

（三）肾内科

1993 年，福鼎市医院成立血液透析室。1994 年，地区第二医院开展 B 超引导下肾穿刺等。1995 年，地区第一医院应用罗钙全治疗慢性肾衰病人。1996 年，地区第一医院应用洛汀新治疗慢性肾衰。1998 年 7 月，地区第一医院开展首例 B 超引导下肾穿刺活检术。1999 年，地区第一医院开展持续不卧床腹膜透析技术，填补闽东地区空白。10 月，地区第二医院肾内科成立血液净化中心。

2000 年，地区第二医院开展血液透析治疗。2002 年，闽东医院开展的腹膜透析例数居全省第四位，被评为福建省透析先进单位。2003 年，闽东医院开展血液灌流治疗药（毒）物中毒业务与中心静脉置管术。市医院引进瑞典 AK- 超 200 型血透机及血液净化设备，开展血液灌流联合血液透析抢救鱼胆中毒致急性肾衰竭。福鼎市医院采用血液滤过技术治疗肾病。柘荣县医院开展血液透析治疗。

2004 年，闽东医院继续开展肾脏穿刺活检，慢性肾功能衰竭腹膜透析治疗。开展血液滤过、血液透析滤过等技术。开展糖尿病规范化诊治，预混人胰岛素降糖、小剂量胰岛素持续微泵注射治疗糖尿病酮症酸中毒、杏丁联合洛丁新治疗早期糖尿病肾病等。市医院进行联机血液透析滤过（Online-HDF）治疗慢性肾衰、尿毒症、肾性骨病、尿毒症合并心力衰竭，大剂量 6—MP 巯基嘌呤联合 CTx（免疫抑制剂）、静脉丙种球蛋白治疗狼疮性肾炎合并大面积脑梗塞。2005 年，市医院采用联机血液透析抢救肾结核、尿毒症并发尿毒症脑病，采用连续性联机无肝素法血液透析滤过抢救肝、脾破裂并发急肾衰、DIC（弥漫性血管内凝血）。福鼎市医院开展免疫吸附术。

（四）消化内科

1993 年，全区县（市）主要医院能开展消化道出血，消化性溃疡，慢性胃炎，慢性浅表性胃炎，萎缩性胃炎，慢性肠炎等诊疗。1994 年，地区第一医院开展幽门螺杆菌检查、免疫组化检查；开展 PSS（多糖硫酸酯）治疗高粘血症，小剂量甲氰咪胍连续静滴治疗上消化道出血，脑垂体后叶素联用立其丁治疗食道静脉曲张出血。地区第二医院开展纤维镜抽胃液测定 pH 值、PCR（聚合酶链式反应）。

1996 年，地区第二医院成功抢救 1 名超剂量口服敌敌畏的患者。1997 年，地区第二医院开展经皮穿刺置管持续引流治疗肝脓疡。1998 年，地区第一医院应用奥曲肽治疗肝硬化上消化道出血，使食管静脉曲张破裂出血抢救成功率提升至 90% 以上。1999 年，地区第一医院开展腹水癌胚抗原及甲胎蛋白测定临床应用，鉴别良恶性腹水。

2001 年，地区第一医院开展急诊内镜检查及治疗，为消化道出血诊治提供依据。市医院开展巨大结肠息肉内镜下分次切除术。2002 年，闽东医院开展肝组织活检术、C14 呼吸试验检测幽门螺杆菌；开展肝癌动脉栓塞化疗术、原发性肝癌 B 超介入微波治疗、肝癌及栓塞化疗法、肝硬化消化道大出血门脉介入栓塞术，开展原发性肝癌微波热疗法。2003 年，市医院开展 C14 呼气试验检测幽门螺杆菌，多发性巨大结肠息肉内镜下切除术，凝血酶灌肠法治疗下消化道大出血，过氧化氢在上消化道大出血急诊胃镜检查应用，消化道大出血介入治疗。福鼎市医院开展内镜下高频电切除胃、肠道息肉，开展 B 超引导下经皮肝穿刺胆道引流（PTCD），内镜下食道、吻合口狭窄扩张。

2004 年，闽东医院开展肝硬化所致的巨脾行选择性部分脾动脉栓塞术，食管胃底静脉曲张破裂行胃冠状静脉栓塞术。市医院开展 COPD 患者急性加重期，缓解期血清睾酮，雌二醇、皮质醇水平变化研究，胸水患者血清与胸水 ADA（腺苷脱氨酶）监测意义，过氧化氢在上消化道出血急诊内镜应用，硫血酶淡肠法在急性下消化道出血中应用，血清胃蛋白酶的测定与慢性萎缩性胃炎癌变监测。福鼎市医院开展食道支架放置术。2005 年，闽东医院开展血清、胸腹水 ADA 检测，鉴别良恶性肿瘤及结核。市医院在省上医院专家指导下，开展 ERCP（内窥镜逆行胰胆管造影术）下胆总管结石取出术、十二指肠壹腹部肿瘤活检术、十二指肠乳头扩肌切除术。开展睡眠呼吸暂停综合症的 CPAP（持续气道正压通气）治疗、氩芋离子体凝固技术在消化内镜治疗，开展内镜下逆行性胰胆管造影术。

（五）神经内科

1994 年，地区第一医院开展盐酸占替诺临床应用。地区第二医院开展神经电位诊断系统、吻合血管的足背皮瓣游离移植，开展等容稀释加血疗治疗脑梗塞，开展神经电位诊断系统。1995 年，地区第二医院开展 TCD（经颅多普勒）诊断。1996 年，地区第二医院开展氦氖激光治疗慢性脑血管病等新技术，同时，成功抢救 5 名误服毒蘑菇的周宁泗桥乡板坑村村民。福鼎市医院开展急性脑血管病（中风），周围神经病，脊髓疾病，中枢神经系统感染性疾病，癫痫、头痛、神经系统变性疾病等诊治。

1997 年，地区第二医院开展硝酸甘油微量推注治疗急性心肌梗塞，颅内压监护技术。1998 年，地区第一医院开展氦氖激光治疗缺血性脑血管疾病，采用大剂量甲基强的松龙及免疫球蛋白冲击治疗神经系统免疫性疾病；应用东菱克栓酶对缺血性脑血管病超早期溶栓治疗。12 月，地区第一医院率先开展床边微创锥颅血肿清除加尿激酶溶解引流术，采用 A 型肉毒素局部注射治疗睑肌、面肌、颈肌等痉挛病人。地区第二医院成功抢救 1 名因药物过敏，致大疱性皮肤坏死枯解型皮疹的霞浦下浒村民。

2000 年，地区第一医院开展床边微创锥颅血肿清除加尿激酶溶解引流术，并应周边地区（福鼎、霞浦、寿宁、周宁、宁德）和浙江省苍南县等医院邀请，指导开展手术。地区第一医院开展床边微创锥颅血肿清术前后垂体激素水平临床研究。建立神经康复室，开展物理康复及康复指导等业务。2001 年，闽东医院开展应用尿激酶对缺血性脑血管病超早期溶栓治疗。引进亚低温治疗仪，开展床边微创锥颅血肿清除后亚低温对脑的保护治疗。市医院开展高血压内皮功能变化及干预试验。

2002 年，闽东医院开展床边微创锥颅血肿清除术及神经康复治疗，高血压脑出血微创介入术与早期多功能康复临床研究。市医院开展血液灌流救治重症有机磷农药中毒。2003 年，闽东医院在全市率先开展脑血管造影术（DSA）及血管内介入治疗术，开展腰大池置管脑脊液持续引流治疗蛛网膜下腔出血，并在此基础上开展颅内感染腰大池置管脑脊液持续引流加腰池内注药物治疗。

2004 年，闽东医院开展全脑血管造影术及血管内介入治疗术，床边微创锥颅血肿清除术。9 月，闽东医院被确定为卫生部推广项目“颅内血肿微创清除”协作医院，神经内科开展脑出血微创介入术及早期多功能康复研究，并成为闽东医院品牌项目之一。市医院开展胰岛素增敏剂、胰岛素泵临床应用，大剂量丙球联合激素治疗重症肌无力危象、环孢霉素 A 治疗慢性格林—巴利综合征。2005 年，闽东医院采用 YL-1 型针钻一体化血肿粉碎针治疗高血压出血，开展依达拉奉对高血压脑出血患者微创术后的疗效观察。市医院采用环磷酰胺治疗重症肌无力，采用胰岛素治疗难治重症糖尿病患者。

（六）内分泌内科与血液风湿科

1993 年，地区第二医院开展光量子自血疗法。1995 年，地区第二医院开展糖尿病研究，开展结缔组织病研究，开展小剂量肝素治疗难治性 ITP、血浆置换治疗急性脊髓炎。1997 年，地区第二医院开展大剂量环磷酰胺冲剂疗法治疗红斑狼疮。

2002 年，市医院开展三氧化二砷治疗复发急性幼粒细胞白血病，米托蒽醌为主联合化疗急性白血病，骨髓转移瘤诊断，肿瘤溶解综合征诊治。2003 年 5 月，福鼎市医院成立血液风湿科，开展贫血、出凝血性疾病、急慢性白血病等血液性疾病诊疗，开展血液系统肿瘤化学治疗及风湿病治疗。

2004 年，闽东医院开展糖尿病规范化诊治，预混人胰岛素降糖、小剂量胰岛素持续微泵注射治疗糖尿病酮症酸中毒、杏丁联合洛丁新治疗早期糖尿病肾病等。

二、外科

（一）普通外科

1993年，全区县（市）主要医院均能开展胃切除，胰十二指肠切除，直肠癌切除，全膀胱切除回肠代膀胱术等一般外科手术。地区第一医院开展甲状腺肿瘤、甲亢、胃肠道肿瘤、腹部损伤、肠梗阻、阑尾炎、腹股沟疝、肛肠疾病及外周血管疾病等手术，开展胸部疤痕畸形整形植皮术、隆乳术等，能诊治各种皮肤烧伤、呼吸道烧伤，烧伤晚期功能障碍修复重建等。地区第二医院开展应用颈阔肌、咬肌、肌蒂办修复颌面缺损，开展耳廓再造、后脑窝肿物摘除、上肢离断再植术，开展肝内胆管切开取石。福安市医院开展直肠癌根治术。

1994年，地区第一医院开展原位大隐静脉动脉化。地区第二医院开展超大剂量化疗治肺癌。1995年，地区第二医院开展利用胆道镜经“T”型级胆管取石术等；开展肿瘤转移抑制基因，癌基因P53、PCP——淋球菌。福安市医院开展十二指肠破裂修补术。福安市中医院创建手术室，开展外科手术。1996年，地区第二医院开展腹壁巨大肿瘤切除术后I期复合材料修补缺损术。

1997年，地区第一医院开展全胃、次全胃切除术，巨脾切除术，贲门周围血管离断术，甲状腺全切、次全切除等。5月，地区第一医院在省立医院专家指导下，开展肾上腺嗜铬细胞瘤摘除术；开展肺叶切除术、全肺切除术，纵隔肿瘤切除术，二尖瓣闭式扩张分离术，动脉导管结扎术，心包剥离切除术等。地区第二医院开展肺癌、肝癌，子宫颈癌等肿瘤介入化疗。1998年年初，地区第一医院开展腹部、浅表器官诊断检查，开展直肠超声检查，开展肌皮瓣移植术后整形手术应用。地区第二医院开展甲状腺癌颈淋巴结巨块切除术、食管癌根治术，对直肠癌根开展各种类型的保留肛门功能或会阴部人工肛门成形术。

1999年，地区第二医院开展肾上腺嗜铬细胞切除术、保留颈前肌群完整性行甲状腺瘤切除术。地区中医院引进1名外科副主任医师，开展普外手术。屏南县医院开展根治全胃切除术、乳腺癌根治术。霞浦县医院开展中下段食道癌、嗜铬细胞摘除术、肝叶切除术、CO_2（二氧化碳）冷冻疗等新技术。

2000年，地区第一医院采用暴露、半暴露包扎及浸浴疗法综合处理烧伤创面，并把生长激素应用在烧伤创面，缩短愈合时间。地区第二医院开展右锁骨下动脉切除大隐静脉重建再通术。地区中医院开展甲状腺次全切除术，乙状结肠造口术，肾癌根治术，空肠肿瘤切除术等。古田县医院引进并应用R动脉插管治疗晚期癌症，采取Duhamel（直肠后拖出吻合巨结肠根治术）治疗成人先天性巨结肠手术。

2001年，闽东医院采用改良全胃切除消化道重建法，开展无张力疝修补术。市医院开展扩容疗法，冠状动脉造影术。市中医院开展气管缺损修补术，脾破裂术后肠套叠等手术。福安市医院开展微创锥颅术。霞浦县医院开展食道癌下段切除术、颅脑手术等。2002年，闽东医院开展捆绑式胰肠吻合术、颈段食道癌根治术，开展哨兵淋巴结活检，乳腺癌改良根治术Ⅲ水平淋巴结清扫，双吻合器在低位直肠癌中应用肿瘤科。市医院成立介入室，开展肾动脉造影、脑血管造影、左股浅动脉造影、肝动脉造影、右下肢深静脉造影及鼻咽癌大出血血管栓塞治疗、急性肠系膜上动脉栓塞介入溶栓治疗等介入治疗。开展双介入法治疗门脉高压食道胃底静脉曲张破裂大出血，腹腔镜胆囊切除术，全胃胰体尾脾切除术，肺癌全纵隔淋巴结清扫术。市中医院开展乳腺癌根治手术。福安市医院开展乳癌根治术。

2003年2月，闽东医院首次独立开展介入治疗。4月，闽东医院在济南大学附属华侨医院专家指导下，开展全省首例腹腔镜下甲瘤切除术。开展肾上腺皮质瘤切除治疗柯兴氏综合症，弥散性恶性间皮瘤手术切除。开展全胃切除后间置空肠代胃术，高剂量低速度持续 5-fu 灌注化疗。市医院开展腹腔镜胃扭转固定术、腹腔镜十二指肠穿孔修补术、腹腔镜肾囊肿去顶减压术；开展肺动脉栓塞行灌注融通术、髂外血管狭窄行支架安置血管成形术、肺结核大咯血行支气管动脉栓塞术；开展超低位直肠癌切除术（保肛）、小细胞肺癌手术切除加化疗、左下肺巨大母细胞瘤切除。霞浦县医院与省协和医院建立协作关系，联合开展双瓣膜置换术、法络氏四联征矫治术、肺动脉狭窄成形术等。开展复合皮瓣修复头颅组织缺损。

2004 年，闽东医院开展腔镜下乙状结肠切除术，甲状腺肿瘤切除术。开展首例术中全肠道灌洗术，为患者下行左半结肠切除。12 月，闽东医院成功抢救 1 例颈部大血管损伤患者。市医院开展腹腔镜下阑尾切除术、腹腔镜下胃扭转复位 + 固定术、先天性巨结肠切除术、腹腔镜下胃穿孔修补术、腹腔镜辅助下肠粘连、小肠部分切除术，开展二尖瓣球囊扩张术、经皮肝穿、门静脉造影、胃冠状静脉、脾动脉造影及栓塞术、下腔静脉滤器置入等手术。市中医院开展无张力疝修补术与甲状腺手术不处理下级血管、不断颈前肌、皮下埋线闭合伤口新技术；成功切除腹膜后巨大恶性肿瘤。

2005 年，闽东医院完成腔镜下免气腔甲状腺肿瘤切除术。市医院组织开展小切口内窥镜下无气腔室甲状腺、胰十二指肠切除术（child 术式）PD 治疗壶腹部癌，开展甲状腺腺瘤切除术治疗原发性甲状旁腺功能亢进、腹腔镜下食管裂孔疝修补术、胃底折叠术，辅助小切口腺瘤（叶）切除术、腔镜下食道裂孔疝修补术。市医院开展锁骨下动脉支架植入术，下肢深静脉血栓行下腔静脉滤器和球囊扩张。市医院完成畸形肠系膜上动脉栓塞介入溶栓治疗，双介入法治疗门脉高压食道胃底静脉曲张破裂大出血等。福鼎市医院开展乳腺癌改良根治，甲状腺癌功能根治术、直肠癌盆神经丛保护等。霞浦县医院邀请省内知名专家共同完成两例胆囊结石微创外科腹腔镜手术。

（二）肝胆外科

1993 年，地区第一医院开展 B 超引导下肝脓肿经皮穿刺置管引流等超声波介入治疗。地区第二医院开展肝内胆管切开取石，开展左半肝切除和不规则右肝切除术等手术。1994 年，地区第一医院开展 B 超引导下肝癌瘤体内无水酒精硬化治疗加门脉穿刺化疗技术。开展带蒂胆囊瓣修复肝门环形狭窄技术。1995 年，地区第二医院开展利用胆道镜经“T”型级胆管取石术等新。6 月，宁德市医院肝胆外科研究室成立。

1997 年，地区第一医院开展肝大部切除术、和右叶肝癌切除术，开展带蒂胆囊瓣修复肝门胆管环形狭窄，原发性大肝血管瘤、原发性大肝 Ca（肝癌）切除，高位肝门区胆管 Ca 切除，门脉高压、门脉断流，胰、十二指肠切除，胆道镜检查，经皮肝穿胆管造形。屏南县医院开展复杂胆肠吻合、食道癌根治术等。1998 年，地区第一医院开展超声引导下穿刺活检，肝癌无水酒精注射。1999 年，地区第一医院应用善宁治疗重症胰腺炎、肠瘘、胰腺瘘。地区中医院开展肝胆手术。

2000 年，地区第一医院开展腹腔镜下胆囊切除术、左半肝规则性切除及肝脏区段切除术。2001 年，闽东医院开展左半肝规则性切除术及肝门区胆管癌切除术。市医院开展肝癌介入治疗，肝硬化顽固性腹水放液。屏南县医院开展肝叶切除术。霞浦县医院开展肝叶切除术。2002 年，闽东医院开展胆囊癌根治术，同时成功为 1 名肝癌患者施行“多肝叶联合切除术”。市医院开展腹腔镜胆囊切除术。市中医院开展胆肠内引流术。柘荣县医院开展 B 超引导下肝脏穿刺引流术。

2003 年 3 月，闽东医院引进超声刀，开展腹腔镜下超声刀胆囊切除术，同时引进微波肿瘤治疗系统，开展经皮穿刺肝癌微波治疗术。市医院开展肝硬化上消化道大出血行胃冠状静脉脾静脉栓塞术。

2004年，闽东医院开展B超引导下经皮肝穿活检术、超声引导下肝癌微波治疗术，开展腹腔镜下肝囊肿切开引流术、脾修补术及不规则右肝切除治疗右肝多发结石患者，开展肝门区解剖、捆绑式胰肠吻合、锁骨下静脉穿刺、黎式双套管负压引流等。市医院开展腹腔镜下肾囊肿开窗引流术、腹腔镜下肝巨大囊肿开窗引流大网膜堵塞术、胸腹联合切开右肝后叶切除术、带蒂胆囊瓣肝门胆管成形术、左肝胆管癌行左肝叶切除肝十二指肠韧带骨骼化根治术、肝中裂劈开肝内胆管狭窄切开取石成形，开展肝内胆管空肠盆状端端吻合术、外伤性肝破裂肝后下腔静脉裂伤大出血堵塞止血，开展肝修补术。福鼎市医院开展首例肝切除手术，并获得成功。

2005年，闽东医院开展锁骨下静脉穿刺术，采用奥宁治疗麻痹性肠梗阻。市医院开展重型肝损伤并多脏器功能衰竭治疗腹腔镜在急腹症诊断应用，右肝巨大血管瘤切除术。福鼎市医院肝胆外科开展胆囊外科微创手术。

（三）神经外科

1993年，全区县（市）主要医院能治疗脑出血，各种类型颅脑损伤，脑积水，先天性脑畸形，颅脑肿瘤及椎管内肿瘤，脓肿等疾病。1994年，地区第二医院开展额叶胶质瘤，丘脑区胶质瘤摘除术。1995年，地区第一医院开展脑出血钻颅血肿抽吸手术治疗与脑室内积血脑室引流术应用，开展脑血管病急性期血压监护。

1996年，地区第一医院开展缺血性脑卒中超早期治疗。地区第二医院开展试验性颅内压监测，开展试验性颅内压监测，开展腹壁巨大肿瘤切除术后Ⅰ期复合材料修补缺损。1997年，地区第一医院开展应用光晨量子治疗法治疗脑血管意外。地区第二医院成立神经外科，开展肝癌切除、胆肠吻合术及颅内肿瘤手术。开展颅内压监护技术。地区中医院开展HE-NE激光治疗脑栓塞，脑动脉硬化，冠心病，高粘血症，顽固性神经衰弱。至1997年，地区第一医院能开展脑室颈静脉分流术，脑室腹腔分流术，垂体瘤切除术，听神经瘤切除术，颅咽管瘤切除术、小脑血管母细胞瘤切除术，侧脑室肿瘤切除，多发性脑转移瘤切除，高血压内襄及小脑出血清除，颅骨缺损修复，多发性脑脓肿切除。

1998年5月，地区第二医院采用全身麻醉术下行左侧额颞顶去骨瓣减压＋脑室穿刺置管引流术，及施气管切开术，抢救福安市下白石1名车祸致头部左侧额颞顶特急性硬膜下血肿、左侧额颞叶脑挫裂伤伴蛛网膜下腔出血、脑干损伤、双侧脑室内积血、脑疝、颅底骨折的15岁患者。1999年，地区第一医院开展颈段髓内室管膜瘤切除术，采用改良翼点入路治疗重型颅脑损伤。

2000年，地区第二医院开展右听神经鞘瘤切除、显微神经外科手术，开展右侧额底右翼点联合入路颅咽管瘤切除。地区中医外科开展颈部神经鞘瘤切除术等。古田县医院开展脑瘤切除及颅内血肿清除手术。2001年，闽东医院开展侧脑室脑膜瘤切除术及前颅底鞍结节脑膜瘤切除术。霞浦县医院开展小血管吻合术。市医院开展左桥小脑角囊性肿瘤切除术，右侧基底区脑质瘤切除术，左小脑肿瘤切除术，右小脑深部脓肿切除术（脓肿波及右桥臀道），颞肌下减压术治疗大面积脑梗塞。

2002年，闽东医院开展颅动静脉畸形切除术。市医院开展第四脑室肿瘤切除术，小脑蚓部肿瘤切除术，颅骨额颞顶缺损肽板材料修补成形术，并率先在全区开展腹腔镜胆囊切除术。2003年3月，闽东医院在广州军区武汉总医院专家指导下，开展神经血管介入术。开展显微镜下听神经瘤切除多发巨大神经纤维瘤（C3-C6呈哑铃型）切除术。市医院颅脑外科开展小脑枕大池囊肿手术治疗，双侧脑室置管尿激酶溶解治疗脑室内出血。市中医院在省协和医院神经外科专家指导下，开展颅脑外科手术。

2004年，市医院开展颅前窝鞍区脑膜病，双额底入路颅底窝鞍区肿瘤完全切除术，后颅窝脑膜病，枕下路右侧后颅窝脑膜瘤切除术，基底节胶质瘤切除术。福安市医院开展慢性硬膜下血肿引流术，脑室腹腔分流术，心脏除颤术。福鼎市医院开展高血压性脑出血微创穿刺清除术，并成为“颅内血肿微创穿刺粉碎注除术全国研究和推广协作组”协作医院。2005年，闽东医院开展首例脑动脉瘤夹闭手术及三叉神经瘤切除术。市医院开展重型开放性脑创伤并发症抢救，幼儿脑积水颅高压、脑室腹腔分流术。开展小脑蚓部髓回细胞瘤切除术（枕下正中入路）。开展左额顶手术入路，一次性切除凸面三个脑膜瘤。福安市医院开展颅骨修补术。福鼎市医院开展颅脑外科伤手术，脑血管疾病治疗，内颅内肿瘤切除，椎骨内肿瘤切除等手术。周宁县医院开展重型异放性颅骨折，左额叶颞叶脑血癌，外伤性迷网膜下腔出血，右额粉碎性骨折等颅脑手术。

（四）心胸外科

1993年，地区第一医院能诊治肺癌、食道癌、纵隔肿瘤、胸部损伤、先天性心脏病、风湿性心脏瓣膜病、心房粘液瘤等疾病。地区第二医院能开展体外心内直视先心畸形纠正术、先心内膜垫缺损修补术。1994年，地区第二医院开展超大剂量化疗治肺癌，小肠造影。1996年，地区第一医院开展心血管疾病彩超诊断业务。1997年，福安市医院开展心脏刺伤修补术、皮瓣转移术。屏南县医院开展胸腹腔巨大肿瘤切除。

1998年年初，地区第一医院开展心脏和血管等诊断检查。8月，地区第一医院成功抢救1例出生6天的先天性膈疝新生儿。1999年，地区第一医院成功抢救2例严重创伤性膈疝病人；采取腋下小切口肺叶切除术，抢救1例纵膈胸腺癌严重侵犯心包的罕见病例。2000年，地区第一医院开展经脾肺穿刺诊断肺部占位性病变。

2001年，闽东医院开展胸腺切除治疗重症肌无力，心脏不停跳下房间隔修补术和肺动脉狭窄纠正术，及心包内处理肺血管全肺切除术。霞浦县医院与省协和医院联合开展双瓣膜置换术，法洛氏四联征矫治术，肺动脉狭窄成形术等心脏手术。2002年，闽东医院开展颈段食道癌根治术，肺癌支气管动脉灌注化疗，巨大右侧全肝疝人胸腔膈疝修补术。市医院开展全胃胰体尾脾切除术，肺癌全纵隔淋巴结清扫术。市中医院成功抢救一例外伤性脾破裂致失血性休克伴支气管哮喘，心衰及呼吸窘迫综合征危重病例，同时，市中医院在福建医大附属医院胸外科专家指导下，成功施行胸外科左肺“炎性假瘤”伴食管下段梗阻左肺切除术。

2003年，闽东医院在省协和医院专家指导下，率先开展冠状动脉支架术。开展胸腔镜辅助小切口肺叶切除术、动脉导管未闭结扎术及巨大肺母胞瘤切除术。福鼎市医院成功抢救1例心脏穿透伤患者。福鼎市医院在上级医院专家指导下，首次开展复杂心脏手术。霞浦县医院与省协和医院联合开展双瓣膜置换术，法络氏四联征矫治术，肺动脉狭窄成形术等心脏手术。

2004年，闽东医院开展CT、B超定位经脾肺穿刺活检术。开展局部晚期肺癌侵犯右心房、左心耳，右全肺切除加心房成形术，填补全区气管外科空白。开展心脏直视术，独立完成复杂心脏病合并心衰双瓣置换术。开展小儿腹股疝横行皮纹小切口手术，小儿隐睾阴囊肉膜层固定。市医院开展转移带肌瓣修复外浸性甲状腺癌根治术后的气管大面积缺损，巨大胸腺瘤伴重症肌无力行胸腺切除加全纵隔脂肪组织清扫，胸上段食管癌行三野清扫术。2005年，闽东医院开展声门下气管狭窄切除，甲状软骨－气管一期吻合术。市医院在外院专家指导下，开展胸腔镜下切除肺炎性假瘤、动脉导管未闭结扎术。开展泽菲联合奥沙利铂与泽菲联合顺铂治疗晚期NSDC随机对照前瞻性研究。

（五）泌尿外科

1993年，全区主要医院能开展尿道、前列腺等手术。地区第一医院开展可控性回肠代膀胱术，肾癌根治术，膀胱癌全膀胱切除，回肠代膀胱术等。1996年，福安市医院开展前列腺切除术（耻骨上经膀胱）。1997年，地区第一医院开展肾、输尿管及膀胱结石摘除术，肾部分切除、全切除术，膀胱部分切除、全切除术，前列腺切除术，尿道断裂一期修复术等。地区第二医院开展全膀胱切除可控性回结肠膀胱术，肾盂成形术。地区中医院开展体外碎石治疗泌尿系结石。

1998年，地区第一医院开展肾囊肿穿刺抽液无水酒精注射的介入超声检查。同时，地区第一医院购置进口膀胱镜1台，开展膀胱疾病诊查。福安市医院开展尿道疤痕切除+吻合术。1999年，地区第一医院开展乙状结肠新膀胱及股薄肌移植尿道括约肌成形术。地区中医院开展泌尿科手术。福安市医院开展全膀胱切除+可控性结肠膀胱。福鼎市医院开展膀胱镜下碎石术。屏南县医院开展前列腺切除术。

2000年9月，地区第一医院购置尿流动力学分析仪。11月，地区第一医院购置体外冲击波碎石机，开展体外冲击波碎石术。福安市医院开展肾盂切开取石术。古田县医院开展经三腔气囊管药物灌注治疗前列腺炎和经髂内动脉药物灌注治疗直肠癌手术。2001年，闽东医院开展尿动力分析检查及体外冲击波碎石术，开展肾囊肿穿刺抽液无水酒精注射的介入超声检查。市中医院开展尿道断裂吻合术。

2002年，市医院开展经直肠腔内前列腺探查、阑尾、肠道超声检查。市中医院开展膀胱癌切除术、经尿道高压水囊前列腺扩裂术。2003年，闽东医院引进英国Gyrus双极等离子前列腺电切镜，开展经尿道微创手术（前列腺电切术、膀胱肿瘤电切术等）16例。市医院开展肾上腺瘤（原醛）切除术。市中医院在省协和医院神经外科专家指导下，开展前列腺摘除术。福安市医院开展肾盂成形术。福鼎市医院开展肾脏穿刺活检术。柘荣县医院开展血液透析治疗尿毒症病人。

2004年，闽东医院引进等离子气化电切镜，率先开展等离子前列腺电切术、经尿道膀胱肿瘤电切术、尿道狭窄内切开术等，同时，在省内知名医院专家指导下，开展腹腔镜下肾上腺肿瘤切除，肾癌根治术及肾囊肿开窗术。市医院开展经尿道前列腺电切术。市中医院成功开展首例肾巨大错构瘤手术。福鼎市医院开展膀胱镜下膀胱肿瘤切除术。2005年，闽东医院引进德国Wolf输尿管镜、经皮肾镜及配套气压弹道碎石机，购置丹麦Medtronic尿动力分析仪，开展膀胱、输尿管结石、肾结石的腔内气压弹道碎石术。闽东医院完成首例腹腔镜下肾囊肿摘除术。市医院开展彩超经直肠腔内前列腺检查，膀胱镜下微创手术。柘荣县医院能开展泌尿系结石手术，慢性前列腺炎治疗，阴茎癌切除，膀胱癌膀胱部分输尿管移植术等。

三、骨科

1993年，全区县（市）主要医院能开展脊柱骨折内固定手术，颈椎骨板前后路术，跟骨皮肤缺损带蒂皮瓣移植术，三环外固定假关节等手术。地区第一医院开展断指再植术。开展张力带固定治疗多发肋骨骨折连枷胸，肩胛骨骨折钢板内固定法，胸腰椎骨折伴截瘫的前路减压术，股骨恶性肿瘤段切除、假体置换术等。

1994年，地区第一医院开展改良血管蒂阔筋膜张肌肌皮瓣移植治疗骶尾部褥疮和框架式鲁氏棒固定治疗腰椎滑脱。开展腰椎间盘突出症髓核摘除术，颈椎间盘突出前路髓核摘除术，颈前路减压加植骨术治疗颈椎病变等。首次施行颈椎骨折并截瘫的前路减压术，施行股骨恶性肿瘤切除热处理后再植术。地区第二医院开展吻合血管的足背皮瓣游离移植。

1995 年，地区第一医院在全区率先把 U 型棒椎弓根钉固定用以治疗腰椎滑脱，施行 Harrington 棒加 Dick 钉联合运用治疗胸腰椎骨折；开展椎管成形加 Dick 钉固定治疗胸腰椎骨折并截瘫，施行经胸入路胸椎结核病灶清除术等。福鼎市中医院开展人工股骨头置换及人工全髋置换，动力髋固定，重建钢板固定髋臼骨折等诊疗。1996 年，地区第一医院在全区率先施行人工椎体置换术，开展第 1、2 颈椎结核经咽部病灶清除术，第 1、2 胸椎结核经胸病灶清除术，人工肱骨头置换术，人工肘关节置换术等。地区第二医院完成全区首例完全腕断 6 小时患者再植显微专科手术，填补全区显微外科技术空白。

1997 年，地区第一医院完成人工全髋关节置换术。地区第二医院开展颌骨骨折改良固定。1998 年，地区第一医院开展吻合血管的胸脐皮瓣移植治疗小腿慢性溃疡，高位胸椎椎间盘突出髓核摘除术，福鼎市医院设立骨科独立病区，开展骨外科创伤手术治疗、脊柱骨折、脱位前后路手术内固定，颈椎、腰椎椎间盘突出和椎管狭窄、脊柱结核、肿瘤等手术。1999 年，地区第一医院在全区首次开展保留肢体半骨盆切除术。开展颈椎整合器临床运用，颈椎前路减压加带锁钢板固定治疗颈椎病，椎体间植骨在胸腰椎骨折中运用；开展 U 型棒椎弓根钉加整合器治疗腰椎滑脱症，显微镜下动 / 静脉造瘘术，趾 / 指移植食指部分再造术等。霞浦县医院开展右上肢前臂全断吻合再植术、断指再植术等新技术，获得成功。

2000 年，地区第一医院引进国外 TSRH 三维矫形系统治疗脊柱侧弯畸形，采用颈前路钢板内固定治疗颈椎病；开展经前路减压 Z－Plate 钢板固定治疗胸腰椎骨折伴截瘫，TSRH 治疗脊柱侧弯，股骨多段骨折重建钉内固定，臂丛神经的探查松解术等。地区第二医院开展髋关节置换术。2001 年，闽东医院开展腰椎间盘镜下核摘除术。开展 TSRH 固定治疗脊柱侧弯，前路减压加 AO 钢板内固定术，腰椎结核病灶清除，植骨加 AO 钢板内固定术，AO 解剖型髁钢板治疗股骨下段髁的严重粉碎性骨折，记忆合金形态钢板固定治疗骨臂双骨折等。市医院开展双侧髋关节置换术。霞浦县医院开展股骨置换术，断肢再植，皮瓣移植等手术。

2002 年，闽东医院在率先开展枕骨大孔扩大减压 + 寰椎后弓切除 + 枕颈融合 +AO 重建钢板螺钉系统内固定治疗重建 Chiari 畸形（小脑扁桃体下疝畸形）；开展前路松解、矫形 +Tri-Fix（中华长城系统）内固定系统治疗先天性脊柱侧弯，强直性脊柱炎关节骨性整合全髋置换术等。市医院开展脊柱后凸畸形矫正术、膝关节置换、复杂髋臼骨折手术治疗、颈椎病颈前路及颈后路手术、臂丛神经修复术、骨与关节恶性肿瘤瘤段切除 + 灭活再植。屏南县医院设立骨伤科，开展人工髋骨关节转换术、四肢骨肿瘤手术。柘荣县医院开展人工股骨头和全髋关节置换术、肩胛骨切开复位钢板内固定术、三关节融合术等。2003 年 3 月下旬，闽东医院在北京 306 医院专家指导下，率先开展经皮囊扩张椎体成形术治疗骨质疏松性脊柱骨折，开展镜半肌腱移植交叉韧带重建术、下颈椎椎弓根钉固定、齿状突骨折经前路空心螺钉固定等。市医院骨科开展人工椎间盘髓核置换（PDN）。

2004 年，闽东医院引进美国微创等离子刀，开展颈腰椎髓核消融术，开展颈椎爆裂性骨折后路减压加 U 型螺钉系统固定术（CUF），膝关节骨性关节炎行全膝关节置换术，电视胸腔镜辅助下胸椎结核病灶清除 + 钢板内固定等。市医院开展浮髋诊治，侧块螺钉椎板悬吊在颈后单开门应用，下腰椎失稳诊治，寰枢椎骨折脱位的手术固定治疗。福鼎市医院开展髋关节互换术。屏南县医院开展腰椎间盘突出症髓核摘除手术。2005 年，闽东医院开展等离子刀髓核成形术治疗颈、腰椎间盘突出症，开展漂浮体位前后联合入路手术治疗复杂髋臼骨折。开展椎间盘消融术治疗颈椎腰椎间盘突出症，齿状突骨折伴 C1、C2 不稳行 C1、C2 椎弓根钉加 Starlook 钉固定术，颈椎管狭窄前路减压加肽网钢板加后路减压 CUF 固定术，上胸椎结核经锁骨入路病灶清除加前路钢板固定，关节镜下胫骨平台骨折复位加固定术，瘤段切除加膝关节人工假体置换治疗股骨髁恶性肿瘤等。市医院在外院专家指导下，开展寰枢椎脱位颈后路椎弓根系统内固定，关节镜在膝关节疾病中应用，开展椎体后突畸形球囊扩张成形术。寿宁县医院开展髓核摘除术，腰椎后路减压植骨内固定术，人工髋关节置换术。

四、妇产科

1993 年，全区县（市）主要医院能开展妇女常见病多发病治疗，剖宫产、子宫切除术卵巢囊肿剥离切除、输卵管结扎、输卵管吻合、妇科恶性肿瘤切除等手术，能诊断抢救异位妊娠并发破裂大出血患者。同时，根据省卫生厅的《福建省促进母乳喂养规划》，地区第一医院继续开展“母乳喂养、母婴同室”，减少鹅口疮、尿布疹、骶窝脓肿等新生儿疾病；开展输卵管吻合术，腹膜外剖腹产术；对未孕妇女施行输卵管妊娠保守性手术。地区第二医院开展新生儿蓝光治疗，新洁尔灭治疗尖锐湿疣，米非司酮药物流产。福安市医院妇产科开展输卵管通液术。1994 年，地区第一医院开展新生儿脐静脉插管输液，开展卵巢肿瘤挖除重建术、外阴肿瘤切除术。福安市医院妇产科开展输卵管粘连造口术。1995 年，福安市医院开展腹膜外剖宫术。

1996 年，地区第一医院购进 CDP- Ⅰ型微波综合治疗仪，开展宫颈糜烂微波疗法等。地区第二医院开展腹腔外剖宫手术，并采用阴股沟皮瓣法给 1 名“石女”再造阴道。福安市医院开展子宫全切术。1997 年，地区第一医院开展米非司酮临床应用和肿瘤系统化疗。地区中医院开展水溶剂子宫输卵管造影术。福安市医院妇产科开展新式剖宫术。

1998 年年初，地区第一医院开展妇科产科疾病诊断检查，开展阴道超声检查，开展改良新式剖宫产、卵巢良性肿瘤剥除、产前梅毒筛查。应用可吸收线，做腹壁切口皮内缝合，缩短孕妇住院时间。福安市医院妇产科开展会阴陈旧性裂伤修补术。1999 年，地区第一医院率先开展输卵管子宫角植入术。地区第二医院开展新式剖宫术。福安市医院开展宫外孕保守治疗。福安市妇幼保健院开展乳腺红外线扫描，波姆光治疗，剖宫产等。屏南县医院开展微波治疗妇科宫颈糜烂。

2000 年，地区第一医院引进德国腹腔镜，开展腹腔镜下输卵管、卵巢手术，筋膜内全子宫切除术。地区中医外科开展多发子宫肌瘤切除术。福安市医院开展宫颈微波治疗、药物引产终止妊娠。福鼎市医院开展改良新式剖宫产术。屏南县医院开展新式子宫下段剖宫手术，采用宫腔水囊压迫术治疗产后出血。2001 年，闽东医院购置多功能微波治疗仪，治疗慢性盆腔炎等，开展新生儿先天性缺陷诊断报告、卵巢恶性肿瘤化疗冲击疗法、宫颈楔形切除术。市中医院成功为 1 名患者实行左侧卵巢囊肿切除、右侧输卵管粘连堵塞的“移花接木”手术，患者成功怀孕。市中医院切除巨大肾积水（4 千克）。福安市医院开展阴道闭合术及半闭合术。福安市妇幼保健院开展胎心监护。霞浦县医院开展新式剖宫产，子宫切除，卵巢肿瘤等手术。

2002 年，闽东医院引进腹腔镜技术，开展腹腔镜下子宫肌瘤剔除、子宫切除、不孕症、节育环异位等手术。开展子宫动脉栓塞治疗子宫肌瘤及宫颈癌术前的辅助治疗及新生儿脐静脉输液。引进美国电子阴道镜，开展阴道镜检查。市医院妇产科开展腹腔镜诊断治疗。市中医院开展剖腹产术。福鼎市医院开展新生儿疾病筛查。市医院 B 超室开展经阴道检查子宫双附件。2003 年，闽东医院引进美国新柏氏防癌检查技术，开展宫颈 TCT 癌前病变筛查、非脱垂性阴式子宫切除，Leep 刀电切宫颈病变；成立宁德市宫颈病变研究室。市医院引进雷奥阴道镜，开展阴道镜检查、乳透检查，开展产后大出血行双侧子宫动脉栓塞术。福安市医院开展子宫肌瘤剥除术。福安市妇幼保健院开展新生儿脐血流，胎监。福鼎市医院开展滋养叶细胞疾病诊治，宫颈癌根治术和卵巢癌减灭术，脱垂型阴道全子宫切除术等手术。柘荣县医院麻醉科与妇产科协作开展无痛人流。

2004年，闽东医院引进德国宫腔镜开展宫腔镜诊疗技术，腹腔镜下巨大卵巢囊肿切除术、迷你小切口手术、宫腔镜及腹腔镜联合手术。开展产后大出血的子宫动脉栓塞术。市医院开展阴道镜检查，完成腹腔镜检查、治疗卵巢巧克力囊肿、卵巢畸胎瘤、宫外孕、不孕症等病例15例。福安市医院开展筋膜内全子宫切除术。福鼎市医院开展宫颈TCT（液基薄层细胞检测）检查，阴道镜+LEEP刀手术，新生儿游泳和新生儿抚触。屏南县医院开展子宫全切除术，阴道内子宫黏膜下肌瘤摘除术等。是年，闽东医院新生儿疾病筛查达90%以上，在全省围产保健协作组第十五次会议上受到表彰。闽东医院妇产科被省新生儿疾病筛查中心授予“2002—2004年度新生儿代谢性疾病筛查采血工作先进科室”称号，被市卫生局授予“2004年度围产保健、产科质量先进单位”。2005年，闽东医院在全省率先引进BBT妇科多功能射频治疗仪，开展子宫肌瘤、功能性子宫出血、宫颈妊娠、宫颈糜烂等疾病射频自凝刀治疗术。开展新生听力筛查、子宫动脉栓塞介入治疗产后出血及产后植入性胎盘、肿瘤标志物监测等。市医院在外院专家指导下，开展腹腔镜子宫肌瘤剔除术、腹腔镜次全子宫切除、腹腔镜全子宫切除术，妊娠期糖代谢异常筛查；开展新生儿游泳+抚触，新生儿听力筛查；开展彩超经阴道超声腔内妇科检查。全市县（市）医院均能开展无痛人流手术。福安市妇幼保健院开展新生儿眼科斜，弱视筛查。福安市医院开展宫颈液基薄层细胞学检查。福鼎市医院开展经皮胆红素测定、新生儿听力筛查。寿宁县开展子宫癌根治术，子宫全切术。柘荣县医院开展宫颈癌根治术及盆腔淋巴结清扫术，输卵管再通术，疑难宫外孕手术等。

五、儿科

1993年，地区第一医院儿科对小儿中毒性肺炎，先天性心脏病，化脓性心包炎，心肌炎，散发性脑炎，隐球菌脑膜炎，血液病，急慢性肾炎，中毒性消化不良，佝偻病，肠伤寒，百日咳等均能迅速有效诊治。地区第一医院开展新生儿呼吸窘迫综合征，新生儿缺氧缺血性脑病，肺炎合并呼衰，颅内感染，低出生及极低出生体重儿抢救等诊疗。1994年，地区第一医院开展新生儿脐血，母血载脂蛋白测定。

1995年，地区第一医院开展乙酰胺抢救鼠药中毒，远红外线与普通暖箱对新生儿硬肿症疗效对照，穴位注射治疗小儿蛔虫并发症，调整肠道菌群治疗腹泻；开展先天性唇裂修补术，先天性腭裂修补术，先天性尿道下裂整形术，隐睾下降固定术，先天性幽门肥厚切开松解术，先性锁肛、巨结肠一期手术等。地区第一医院成功抢救一例呼吸，心跳停止30分钟之久的患儿。1996年，地区第一医院应用20%甘露醇导泻。柘荣县医院开展鼻饲安定治疗新生儿破伤风，灌肠治疗耐药性细菌性痢疾。1997年，地区第一医院对新生儿HIE（新生儿缺氧缺血性脑病），颅内出血进行治疗。柘荣县医院开展地塞米松冲击治疗血小板减少性紫癜。

1998年，地区第一医院开展新生儿代谢性疾病筛查采血。柘荣县医院开展环磷酰胺冲击治疗狼疮性肾炎。1999年，地区第二医院开展OK镜（角膜塑形镜）治疗近视。2001年5月，闽东医院成功抢救1例外院转入肺炎合并呼衰、中毒性脑病的昏迷患儿。10月，闽东医院成功抢救新生儿感染合并肺出血患儿。闽东医院开展哮喘变应原诊断。柘荣县医院开展气管插管治疗新生儿重度窒息。

2002年，闽东医院在全区率先开展小儿静脉留置针使用。市医院儿科开展早产儿早期干预、脑瘫早期发现和干预治疗，经皮治疗仪治疗小儿肺炎、腹泻。柘荣县医院开展静脉丙种球蛋白治疗血小板减少性紫癜和免疫性溶血。2003年，闽东医院购置百瑞雾化器，实行雾化治疗；购进微量电脑血糖测定仪，对小儿血糖进行快速、准确监测。市医院开始承担省新生儿救护网络宁德分中心工作，开设新生儿母婴同室病房。开展哮喘GINA（哮喘防治创议）疗法，远红外辐射抢救新生儿寒冷损伤综合征，简易吸舒在婴幼儿哮喘中的应用，新生儿窒息后微量血糖监测。

2004年，闽东医院成功抢救体重分别为0.9和1.1千克的早产双胞胎及三胞胎新生儿，确诊“新生儿溶血性贫血NE型”“糖原累积病”等疑难病例。市医院开展呼吸机在婴幼儿呼吸衰竭应用，新生儿窒息肌钙蛋白T检测分析、婴儿腹泻轮状病毒检测。柘荣县医院成立新生儿童重症病监护室，开展微量血气测定、微量血糖监测。2005年，闽东医院抢救1例“菌必治”过敏性休克、心跳停搏10分钟患儿，抢救1例肾病综合征合并休克患儿。市医院采用锌治疗婴儿腹泻。屏南县医院开设新生儿重病监护室。

六、五官科

1993年，全区各县（市）区主要医院能开展视网膜脱离外路手术、斜视矫止术、提上睑肌缩短术等手术，开展活动义齿及锤造冠修复，开展功能性鼻内镜鼻窦手术、鼻腔泪管吻合术、上颌窦根治术、鼓室成形术、乳突根治术等手术。地区第一医院开展上颌窦癌、喉癌根治术加功能性气管食管瘘发音重建术。地区第一医院开设五官美容专业，施行隆鼻术、双鼻畸形矫治、上睑下垂矫正术、垂睑术及五官部位血管瘤、疤痕切除畸形矫正等美容手术。开展声带外展术。地区第二医院五官科开展鼻泪管疏通硅胶管术，高速电钻鼻泪管吻合术，乳突保听根治，上颌窦扩大根治，鼻道开窗治疗鼻窦炎，激光治疗鼻炎出血等疾病。1994年，地区第一医院开展乳突根治术同时行听力重建术，“鼻干症”腭咽成形术。

1995年，地区第一医院开展腭咽成形术，鼻泪管吻合术等；并增设五官科第二专科门诊室。地区第二医院开展眼眶颞骨皮样囊肿摘除术、眼眶颞骨皮样囊肿摘除术。1996年，地区第一医院利用瑞士政府贷款，购置瑞士LeicaE651手术显微镜，开展显微支撑喉术、白内障摘除加人工晶体植入术、全喉截除加发音重建术、鼻腔（鼻窦）融合性肿瘤摘除术、巨大鼻咽纤维血管瘤摘除术及眼眶肿瘤摘除术等。地区第二医院开展人工晶体移植，口腔正畸术。开展人工晶体移植。福鼎市医院开展上颌窦开窗术，食道异物取出术等。

1997年5月，地区第一医院在北京同仁医院眼科专家指导下，开展穿通性角膜移植术。地区第二医院开展多种白内障摘除人工晶体植入、复杂耳鼓室成型术。开展全喉切除功能性气管食道瘘发音重建术。柘荣县医院参加“视觉第一，中国行动”复明工程，开展白内障手术70多例。1998年，地区第一医院在全区率先开展过敏性鼻炎变应原测试，特异性变应原脱敏治疗。率先引进奥林巴斯纤维喉镜，开展耳鼻咽喉疾病诊断。

1999年，地区第一医院率先引进鼻窦内窥镜系统，开展功能性鼻腔鼻窦手术。地区第二医院开展OK镜治疗近视。福安市中医院建立眼科中心。福鼎市医院引进手术显微镜，开展白内障现代囊外摘除+后房型人工晶体植入术。2000年，市中医院眼科与福建医科大学附属第一医院协作开展眼科手术。福鼎市医院引进鼻内窥镜成像系统、新型纯音测听仪等医疗设备，开展鼻内镜下鼻窦开发术及鼻中隔矫正术。古田县医院开展小切口无缝线非超声乳化白内障摘除术和鼻内窥镜下鼻窦功能性手术。屏南县医院开展人工晶体植入术、青光眼小果切开术及乳突根治术。采用激光治疗顽固性鼻流血及鼻息肉摘除术。

2001年，闽东医院率先引进美国爱尔康超声乳化仪，开展白内障超声乳化吸除术，同时引进使用丹麦MM622纯音测听仪，开展耳科疾病诊断和治疗。市医院开展显微支撑喉镜手术，喉切除+喉发音重建术。开展活动入眼座植入术垂。霞浦县医院开展晶状体植入术。2002年，市医院五官科开展鼻窦显微内窥镜手术，喉癌功能性切除术，鼻咽血管纤维瘤切除术，听骨链重建术，小切口非超声乳化白内障摘除+人工晶体植入术，羊膜、结膜移植用于眼表重建。福鼎市医院引进泪道激光机，开展泪道激光治疗。

2003年4月，闽东医院开展提上睑肌缩短术，带蒂结膜瓣转移术，穹窿再造术等。市医院五官科引进美国STOZS超声乳化治疗仪和法国光太眼科AB超，开展小切口白内障超声乳化人工晶体植入新技术。开展听骨链重建及同种听骨链移植术，鼻及鼻窦显微内窥镜手术，复杂的支气管及食管异物取出术，喉显微外科手术。开展小切口超声乳化吸出+人工晶体植入术，眼睑大范围恶性肿瘤切除+眼睑重建术。福鼎市医院单独成立耳鼻喉科、眼科，开展鼻腔鼻窦及翼腭窝多发性脑膜瘤切除术与斜视及眼下垂矫正术。霞浦县医院开展超声乳化白内障治疗+人工晶状体植入术，及玻璃体（前段）切割术，外伤性白内障置入晶体前房抗线术，抗青光眼各类手术（如使用抗代谢药物），翼状胬肉切除联合干细胞移植术。

2004年1月，闽东医院引进REICHERT非接触式眼压计。应用鼻窦内窥镜鼻内开放术，治愈侧颅底巨大囊肿及脑脊液鼻漏鼻内镜修补术。9月，闽东医院在山东齐鲁医院专家指导下，在闽东地区率先开展累及气管、食道上段的下咽癌切除+胸大肌皮瓣转移修复食道及功能性淋巴结清扫术。引进日本TOPCON电脑验光仪，开展复发性难治性翼状胬肉带蒂结膜瓣移植术、眼睑结膜囊再造术。市医院开展左耳慢性胆脂瘤中耳乳突炎行听骨链重建术，同种听骨链移植术，鼻及鼻窦显微内窥镜手术，上颌窦Ca诊断及扩大根治术，喉Ca功能性切除，鼻咽巨大血管纤维瘤切除术。开展供血A介入术后+内窥镜下切除，颈廓清术，颅面复合外伤修补术，复杂性鼻出血手术止血，喉显微外科激光术。11月初，市医院眼科引进日本TOPCON验光设备，设立医学验光配镜中心。市中医院开展小切口非超乳白内障摘除术，鼻息肉切除术，鼻中隔矫正术，扁桃腺摘除术，腮腺混合瘤摘除术等。福鼎市医院引进电子鼻咽喉镜成像系统，开展鼻咽癌早期诊断。柘荣县医院开展现代白内障囊外摘除术+人工晶体植入术，翼状胬肉摘除术+干细胞移植术。

2005年，闽东医院引进丹麦MADSEN全功能中耳分析仪及诊断型耳声发射分析仪。4月，闽东医院眼科开展角膜裂伤清创缝合，深层角膜异物取出等手术。6月，闽东医院通过省卫生厅检查，被确认为“新生儿听力”筛查诊断中心（全省仅6家）。7月，闽东医院引进奥林巴斯电子喉镜，开展耳鼻咽喉头颈外科手术。闽东医院成立新生儿听力检测诊断机构，并通过省级验收。市医院开展完壁式乳突根治+鼓室成形术、功能性鼻内窥镜诊疗新技术，开展角膜移植，口腔颌面部全景机应用等。福鼎市医院开展全麻下小儿扁桃体切除术，腺样体切除术。霞浦县医院能开展鼻腔内窥镜下治疗各种鼻窦炎及鼻息肉，鼻中沟偏沟，鼻咽部肿瘤等手术。从鼻腔治疗慢性泪囊炎手术和开展喉部摘除术。

七、口腔科

1993年，地区第一医院开展皮肤磨削术、面部疤痕切除术、隆鼻术、重睑术、上睑下垂纠正术等美容手术。同年8月，地区第一医院在上海市第九人民医院整形外科医生指导下，开展面部疤痕畸形整形植皮术。地区第二医院能开展下颌骨肿瘤切除应用有机玻璃植入术、巨大颌骨囊肿摘除术等手术。1996年，地区第二医院开展口腔正畸。福鼎市医院把光敏固定化应用于牙科美容，应用根管装、攻纹钉和光敏树脂做牙体修复。

1997年，地区第一医院开展口腔活动正畸和固定正畸业务。开展血小板减少性紫癜患儿行右下颌骨含牙囊肿摘除术，下唇癌（T3N2M）根治，双侧鼻唇沟瓣修复，舌骨上颈淋巴，牙龈Ca根治疗。柘荣县医院购进CS181型高速涡轮牙钻机，开展烤瓷牙等固定义齿修复。1998年，地区第一医院开展颌骨囊肿摘除，羟基磷灰石充填，种植体植入术及颞下颌关节成形术；采用缝扎、注射平阳霉素等硬化剂，治疗颅颌面富含血管病变。12月，地区第一医院应用钛钉、钛板坚固内固定系统治疗面骨骨折病人。

1999年6月，地区第一医院开展下颌骨部分切除、肋骨移植修复术。9月，地区第一医院开展牙龈癌扩大根治，自体骨切除处理后再植，钛板坚固内固定，颈淋巴清扫术。地区中医院购置牙科综合治疗机。2000年，地区第一医院开展改良的Millard Ⅰ式、Ⅱ式，鼻唇沟瓣唇裂美学修复术，应用肋骨、复合骨组织修复下颌骨缺损，钛网修复上颌骨缺损；开展埋伏牙正畸、MBT直丝正畸技术与颈部肿瘤诊治。

2001年，闽东医院开展髁状突骨折切开复位坚固内固定等手术，开展下颌骨根尖下截骨后移术，开展腮腺深叶肿瘤行下颌截骨、肿瘤切除后下颌骨复位钛钉、钛板坚固内固定。市医院开展颈鳃裂瘘管及囊肿摘除术。2002年，闽东医院在福建医科大学附属第一医院、协和医院、口腔医院专家指导下，开展口腔癌根治术，应用前臂皮瓣、胸大肌皮瓣修复、颈淋巴清扫手术。

2003年11月，闽东医院开展冷冻下恶性肿瘤切除活检术。12月，闽东医院成功救治1名左上后牙腭侧牙龈瘤大出血，妊娠39周的复杂疑难患者。市医院开展颌下腺癌切除术，下颌骨造釉细胞瘤下颌骨矩形切除术，经头皮冠状切口颧骨复合体骨折坚固内固定术，3个月婴儿先天性唇裂整复术等。柘荣县医院购置牙科综合治疗机和专用齿科X光机，开展根管治疗术、外伤脱落牙再植术、烤瓷牙修复等。2004年，闽东医院在开展方丝弓固定矫正技术基础上，引进第3代直丝弓矫正技术——MBT直丝弓矫正技术。市医院开展右下颌骨切除＋髂骨移植下颌骨重建术＋髁状突重建术。

2005年5月，闽东医院开展下颌骨升支造釉细胞切除、髂骨肌皮瓣血管吻合、成形钛板内固定修复术。11月，闽东医院应用德国费亚丹种植系统，开展第一例种植义齿修复。福鼎市医院口腔科能开展口腔良性肿瘤切除术，颌部骨折坚固由周定术，先天性唇腭裂修复术。开展光固化修复，烤瓷修复，铸造活动义齿，前后牙残根残管保留治疗，覆盖牙齿等手术。

八、传染科

1993年，地区第一医院传染科能收治结核性脑膜炎、肺结核、肾结核、急性传染性肝炎、慢性肝炎、肝硬化、流行性乙型脑炎、小儿麻痹症等。开展以纤支镜代胸腔镜胸膜腔检查术。1995年，地区第一医院首次运用干扰素治疗乙肝，采用纳洛酮治疗乙脑。1996年，地区第一医院开展纳洛酮治疗流行性乙型脑炎研究并应用临床。1997年，地区第一医院采用威利宁加左旋咪唑治疗乙型肝炎，开展钩端螺旋体病、破伤风、狂犬病、流行性出血热诊治。1998年，地区第一医院采用血液透析配合治疗流行性出血热。

2001年，闽东医院采用胸腺肽α_1治疗慢性乙型肝炎和重症肝炎。2002年，闽东医院开展B超下肝脏穿刺活检术。开展电子纤维支气管镜检查，进行经纤维支气管镜下活检、取异物、微波治疗、运气管肺泡灌洗夜行 TB-DNA（结核分枝杆菌 DNA 测定）及脱落细胞学检查。应用核苷类药物和干扰素对大面积慢性乙型肝炎进行抗病素治疗。2004 年，闽东医院开展经 CT 引导或 B 超引导下肺部肿物活检，用中心静脉导管行胸腔闭式引流治疗气胸及大量胸腔积液，纤维支气管镜下局部治疗耐药性肺结核。柘荣县医院采用 B 超进行穿刺治疗肝脓肿。2005 年，闽东医院开展血浆置换（人工肝支持系统）治疗重症肝炎。

九、急诊科

1993 年，地区第一医院与县（市）主要医院普遍设有急诊科，对危重病人实行先抢救、后挂号。1995 年 8 月，地区第二医院成立急诊科，开展气管插管、机械通气、心肺复苏等急救项目。1997 年 9 月，地区第二医院投资 100 多万元，筹建宁德急救中心。设立“120”电话，配备救护车，向社会推出“不分节假日，实行 24 小时急诊服务，接到呼救信号后 8 分钟内出车”承诺。1998 年，福鼎市医院急诊科增设“120”急救中心，与市“110”联网，实行 24 小时值班制度。

2000 年 9 月，市中医院急诊科开通“120”绿色通道，实行 24 小时值班制度，急诊救助实现白天 5 分钟内，夜间 8 分钟内出车。屏南县医院急诊科与“110”实现联动。2002 年，市中医院急诊抢救中心成功救治甲胺磷与砷化物中毒患者多名。2003 年，闽东医院开展慢性充血性心力衰竭门诊。2004 年 9 月，市卫生局对全市“120”急救中心进行抽测，市中医院院救护车仅用 13 分钟即到达六都现场，居全市各家医院之首。2005 年，闽东医院开展高血压门诊。同年 6 月 16 日，市中医院急救中心正式独立分科。是年，市医院急诊科获卫生部、共青团中央授予“全国青年文明号”称号。

十、麻醉科

1993 年，全区县（市）主要医院均能开展基础麻醉，神经阻滞麻醉，椎管内麻醉，全身麻醉等。地区第一医院继续开展室间隔缺损修补术的麻醉与体外循环技术。1994 年，地区第一医院开展心脏直视手术。1995 年，地区第一医院引进无创多参数监护仪，提高麻醉安全性。1996 年，地区第一医院开展支气管麻醉技术。1997 年，地区第一医院在省立医院麻醉科专家指导下，成功实施右肾上腺嗜铬细胞瘤摘除术麻醉。屏南县医院麻醉科开展心肺复苏，参与病房危重病人抢救，气管插管术等。1998 年，地区第一医院开展血液稀释与控制性降压麻醉，镇痛泵术后应用。1999 年，地区第一医院开展肾上腺嗜铬细胞瘤手术麻醉。

2000 年，地区第一医院开展胸腺瘤，脊髓肿瘤摘除术，全肺切除术等麻醉及腹腔镜手术麻醉。2001 年，闽东医院开展肺减容手术麻醉，急性高容量血液稀释控制性降压临床应用。2002 年，闽东医院开展腰硬联合麻醉技术，喉罩通气技术，无创面罩通气技术，微泵输注全凭静脉麻醉技术，低流量吸入麻醉技术。市医院麻醉科开展气管插管全屏麻醉等。柘荣县医院开展术后镇痛。市中医院开展颈椎肿瘤、颈椎骨折、胸部肿瘤、肺叶切除开胸等重大手术全麻，并引进异丙酚、异氟醚等新药。

2003 年，闽东医院开展体外循环心内直视手术麻醉，神经刺激仪在臂丛神经阻滞中的运用，干式输血、输液加温仪术中运用等。市医院开展高乌甲素复合芬太尼用于术后静脉镇痛技术，气管内插管静脉麻醉复合部位麻醉。柘荣县医院购置呼吸麻醉机，开展腰部硬膜外联合麻醉。2004 年，闽东医院开展心内直视手术麻醉，肺癌根治隆突成形术、胸腔镜及宫腔镜手术麻醉。闽东医院制定《分病区与手术间包间麻醉相结合的管理办法》，完成体外循环心内直视手术麻醉 13 例。完成腹腔镜下肾上腺嗜铬细胞瘤手术麻醉。市医院引进德国德尔格麻醉机，开展腰硬联合麻醉。市中医院购置北京淀安 5300A 麻醉机。

2005 年，闽东医院开展光纤引导困难气管插管技术。市医院开展静脉术后血控镇痛；采用瑞芬太尼用于鼻窦内窥镜手术观察。县（市、区）医院均能开展静脉全麻，气管内全麻，硬膜外麻，腰麻、椎管内联合麻醉，骶管阻滞麻醉，神经阻滞麻醉及无痛胃镜检查，肠镜检查等。

十一、检验科

1993 年，全区县（市）主要医院拥有尿液分析仪、AKCO 生化仪、酶标仪、尿沉渣检测仪、ACCESS 化学发光及微量元素检测仪等检验设备，开展血 18 项、尿 10 项、全套生化检验等。地区第一医院开展血液流变学检查。10 月，地区第一医院在血常规检验增加 MCV（平均红细胞体积）、MCT（红细胞平均厚度）检测项目，生化学检验增加 CPK、LDH 等心肌酶检查，开展血液流变学检验及补体 L3、L4 等。地区第二医院开展激素受体原位诊断，开展 DNA 染色技术。地区中医院集资购置进口尿液分析仪等。1994 年，地区第一医院开展 PCR（聚合酶链式反应）检测 TB-DNA、淋球菌 DNA 等。宁德市医院开展甲、丙肝检测及乳酸脱氢酶检测。地区第二医院开展 CEA（癌胚抗原）原位检测。

1995 年，地区第一医院开展丙肝、艾滋病检查。1996 年，地区第一医院开展超声波快蜡病理检查。1997 年，地区第一医院增置美国贝克曼生化自动分析仪，开展全套大生化检查；开展细胞学检查、活体组织检查、术中快速石蜡切片检查，开展常规 HE 染色及各种特染。同年 11 月，地区第一医院增置美国 PI 公司 CAM 428 型动态心电图机，开展持续心电活动记录。福鼎市医院引进美国全自动贝克曼生化分析仪。柘荣县医院开始用酶标法检测乙肝两对半检测。

1998 年，地区中医院引进体外日立 7020 全自动生化分析仪。柘荣县医院引进美国 ASCA 全自动生化分析仪。是年，地区第二医院获全省“临床检验全面质量控制工作先进单位”称号，并在全省生物化学检验室间质量评价活动中获血清氯化物测定单项成绩第一名。1999 年 5 月，地区第一医院引进美国库尔特全自动 MAXM 五分类血球分析仪，血常规检查项目扩展至 22 项。开展前列腺疾病（PSA 、Fer）、风湿性项目 10 项和 TB- DOT（结核抗体检测）等检验项目 20 余项。地区中医院引进全自动生化分析仪。福鼎市医院引进美国贝克曼库尔特 ARRAY360 全自动特定蛋白分析仪。

2000 年，地区第一医院购入芬兰雷勃全自动 MK3 酶标仪，开展优生优育、性激素 FT3、FT4、TSH、Cor、CT、OB 单抗、AcA、抗精子抗体，优生优育 IgG、IgM、轮状病毒抗原、TBA 等相关检查。地区第二医院引进化学发光仪，开展化学发光检测。2001 年，闽东医院购入德国半自动 BE 四通道血凝仪，开展血凝机制检测筛选项目，开展甲、丙、丁、戊、庚、TTV 肝炎病毒 IgM 与乙肝病毒前蛋白 S1 和 S2 抗原、支原体培养、排卵试验、总铁结合力、Fe 等 13 种项目检验，其中乙肝病毒蛋白 S1 和全面肝炎病毒检测为省内首家开展项目。市医院开展抗人球蛋白、血小板抗体、遗传细胞学（染色体）检查等。开展项色素内镜检查，诊断早期消化道肿瘤、哮喘过敏原检测，联合检测血清及胸水微量元素鉴别良、恶性胸水。柘荣县医院开展甲状腺激素、甲胎蛋白、癌胚抗原和性激素检测，细胞培养与鉴定、血液细胞学检验。

2002 年，闽东医院购入美国贝克曼库尔特全自动 Access 微粒子化学发光免疫分析仪和全自动 ARRAY360 特定蛋白分析仪，开展免疫性疾病检测和 S2 抗体、EB-igG、IgE、TG、TAB、

TRT、D-二聚体、FDP、α1 微球蛋白、MV、BV、淋球菌培养等。福鼎市医院引进美国贝克曼库尔特 ACCESS 全自动化学发光分析仪，开展肿瘤标志物检测、内分泌激素等测定。柘荣县医院开展凝血分析。是年，市医院检验科获全国“临床微生物室间质量”和“常规化学检验室间质量”2 项优秀。2003 年，闽东医院购入日本全自动 Sysmex UF-50 尿沉渣流式分析仪、德国拜尔 248 全自动血气分析仪，开展 EBV-IgM、肺炎支原体 IgM、衣原体 IgM、HTLV-1 抗体、EM、AO、HPV、HP。市医院引进 E-170 化学发光仪、日本全自动尿沉渣分析仪等设备，开展细胞角蛋白 19 片段测定、神经烯醇化酶、C—肽、IgE 检查、艾滋病抗体检查。

2004 年，闽东医院引进美国 DNA Engine Option 荧光定量 PCR 检测系统，成立闽东首家 PCR 实验室，开展 HBV、TB、支原体、衣原体、HPV（16、18、61）、YMDD、淋球菌等 PCR 项目检测。引进美国贝克曼库尔特全自动 LX20 型生化分析仪、全自动 ACL9000 血液凝固仪、法国梅里埃全自动 VITEK-2 细菌鉴定药敏分析仪、国产 PCDQ-800 二氧化碳培养箱等，开展 AFU、FPSA、MAO、糖化血清蛋白检验等。7 月，闽东医院成立宁德市临床检验质控中心。市医院开展放射免疫法测定皮质醇在内分泌疾病诊断中应用，放射免疫法测定醇酮在高血压诊断中应用，免疫层析法测定轮状病毒在婴儿腹泻诊断中应用。福鼎市医院检验科成立 PCR 实验室，并通过卫生部临检中心专家评审。柘荣县医院开展糖化血红蛋白、CRP、C3、C4 等 35 项生化检测。是年，市医院病理科被市卫生局确定为宁德市临床病理质量控制中心。

2005 年 2 月，闽东医院引进法国 HYORASYS 全自动蛋白电泳仪、普利生 BAB 血液流变仪、CQ-2001 精液质量检测仪、德国蔡氏 Axioskcp-40 显微镜等，开展 D-二聚体定量、ViB12、叶酸、精液质量分析等。市医院开展总前列腺特异性抗原（TPSA）、免疫凝集比法测定量测定类风湿因子检查，采用被动凝集法测定肺炎支原体抗体，采用乳胶凝集抑制法测定糖化血红蛋白。福鼎市医院检验科安装实验室信息系统（LIS）。

十二、放射科（功能科）

1993 年，地区第一医院开展电视透视下行各种骨科内固定手术，异物摘取及肝内外残余胆石拉网治疗，结肠双对比造影技术。地区第二医院开展红外乳腺检查，深静穿刺显管等。1994 年，地区第二医院开展小肠造影。1995 年，地区中医院购置美国经颅多普勒、纤维胃镜、低能量 HE-HE 激光血管内照射治疗仪等医疗设备。

1997 年，地区第一医院放射科开展各种造影、摄片等放射诊断技术。1998 年，地区第一医院开展各种造影、摄片等放射诊断技术。宁德市医院购置美国惠普 200 型彩色 B 超仪。福鼎市医院引入螺旋 CT。1999 年，地区第二医院成立肿瘤放射治疗科，购置 GMGP-80 型钴 -60 远距离治疗机、钴 -60 近距离后装治疗机、HMD-I 型放射治疗模拟机等设备，开展磁共振检查、放射治疗、高压氧治疗。地区中医院购置 RT—FIND B 型超声波诊断仪。

2000 年，地区第一医院购进 R-500BGE 型医用 X 线摄像机。市中医订购进口 C 臂 X 光机及新型手术床，手术显微镜等设备。2001 年，闽东医院购置 GE 公司 MR 磁共振机，开展全身 MRI 检查诊断。市中医院购置全自动洗片机、空气自净器、双缸球磨机、超声洁牙机、多功能心电监护仪、血凝仪和磁酶免疫激素定量分析仪等设备。

2002 年，闽东医院购进 FY51-2 型 500mA 摄影装置、C 臂数字减影 X 光机 GE-OEC 9800，开展介入治疗。12 月，闽东医院引进富士 CR 系统，在全市率先实现数字化无胶片管理。市医院 B 超室利用螺旋 CT 开展三维重建、肝、纵隔等动态增强检查。市医院开展经直肠腔内前列腺探查、阑尾、肠道超声检查，经阴道检查子宫双附件。螺旋CT开展三维重建、肝、纵隔等动态增强检查。市医院成立介入室，开展肾动脉造影、脑血管造影、左股浅动脉造影、肝动脉造影、右下肢深静脉造影及介入治疗。市中医院购置东软螺旋CT扫描机、C型臂X光机、麻醉机、脑电地形图仪、呼吸机、光固化机等设备。柘荣县医院购置超声波体外碎石机，开展泌尿系统结石体外碎石治疗。

2003年1月，闽东医院引进全市首台CR数字化系统，开展全脑血管造影术、脑动脉瘤栓塞术、脑动静脉畸形栓塞术。4月，闽东医院购置日本东芝公司多层螺旋CT机，并投入使用。6月，闽东医院购进全市首台数字胃肠机。市医院引进日本阿洛卡B超、德国西门子亚当B超、国产DK-2000型开颅机等设备，开展薄层气钡胃肠造影、计算机X线摄影、高千伏胸部X摄影。开展鼻骨CT冠状位扫描+重建，镇痛泵5FU持续点滴增敏化疗。市中医院购置螺旋CT。福鼎市医院购置柯达CR和数字胃肠机R200（Siemens）。

2004年，市医院引进日本电子胃镜、肠镜，美国施乐辉关节镜、胸腔镜、眼底荧光造影机，德国手术显微镜，日本日立B超、日本ALOKAB超等医疗设备，开展气钡食道双重造影，CT室开展骨密度测定、牙全景片CT重建。市中医院购置彩色超声多普勒诊断仪、影像—飞利浦DR（单板数字成像系统）诊断系统，德国鲁道夫关节镜等医疗设备。福鼎市医院引进高端彩超，率先开展超声刀治疗；开展肝脓肿穿刺引流术及PTCD术。

2005年，闽东医院购置乳腺X线机，开展乳腺钼靶摄影检查。率先购置计算机X线照相数字化系统，开展消化道狭窄内支架植入术。市医院引进日本阿洛卡彩超、德国氩气刀、美国GE全景X光机等医疗设备。采用二尖瓣环部多普勒超声频谱评价左心室舒张功能。开展小肠气钡双重造影，肩关节穿胸位片，螺旋CT动态增强扫描断肠系膜血管积瘤。市中医院购置美国西门子Adara型B超机、发光免疫机、光电彩色监护仪、微波监护仪等设备。福鼎市医院购置磁共振机、Siemens双板DR机及数字血管造影机。柘荣县医院引进CT机，开展CT引导下的肺穿、蛛网膜下腔出血患者腰穿置管引流等项目。

第二节　中　医

一、内科

1993年年初，全区县（市）中医院能开展心脑血管病、胆石症、消化道、慢性肾病、慢性肾功能衰竭、慢性脾胃病、慢性哮喘病、中风、心脑血管疾病治疗。霞浦县中医院能对脏躁、慢性发热、高热、慢性肝炎、脾胃病等进行辨证施治。屏南县中医院采用活血化瘀疏肝理气法治疗不孕不育，采用养阴生津为主佐以疏肝清热降脂治疗糖尿病，采用益气化湿法治疗胃下垂等。柘荣县中医院采用中西结合方式治疗心脑血管病、泌尿系疾病、血液病诊治及急慢性肾炎、肾结石、肝硬化、子宫功能性出血症、老年人高血压病等。

1997年，地区中医院采用中药针剂肺俞穴注射治疗小儿支气管哮喘，采用刺五加注射液治疗脑栓塞。1998年，地区中医院开展哮喘病、肝病、胃病、糖尿病、胆石症、不孕症、痔疮等项目临床实践和学术研究。地区第一医院内科设中西医结合肾病专科，采用中西医结合方式治疗糖尿病肾病、肾病综合症、急慢性肾炎、慢性肾功能衰竭、狼疮性肾炎、间质性肾炎等疾病。

2000年，霞浦县中医院采用益气活血治疗蛋白尿，大柴胡汤加减治疗重症胆管炎，尿路排石汤治疗尿路结石，中西医结合治疗急性心肌梗塞等，并全面推广辨证施治。

2001年，市中医院引进日本欧林巴斯NK-1注射针，开展行胃镜下注射治疗法。市中医院脾胃病科申报市级重点专科建设项目。2002年，市中医院开展高血压脑溢血，急性心、脑梗塞，糖尿病酮症酸中毒，急性上消化道出血，亚重肿等急危重症抢救，并采用中西药结合方式治疗慢性乙肝患者，取得满意疗效。7月，闽东医院采用中西结合方式治疗恶性肿瘤。市中医院的“中药为主治疗胃癌前病变”技术，列入全省2002年中医药农村适宜技术推广项目。

2003年，市医院开展中西医结合治疗重症胰腺炎。市中医院开设呼吸、神经内科，泌尿内科和肝病专科门诊，采用大剂量灯盏细辛配合神经芦苷脂、曲光芦丁、弥可保等治疗大面积脑梗塞，取得满意疗效，同时，市中医院在全市率先引进WBT检测HP与糖尿病能量监测，开展诺和灵30R配合中药治疗糖尿病足、糖尿病肾病。2004年，市中医院继续坚持以中医药为主治疗慢性萎缩性胃炎。2005年，市中医院采用中西医结合方式治疗急性胰腺炎，急性重症胆管炎等，效果明显。同年9月，福鼎市医院成立中医肿瘤内科，开展各类恶性肿瘤中西医结合综合治疗、镇痛管理、姑息治疗，延长和改善患者的生存期及生活质量。

二、骨伤科

1993年，地区中医院与县（市）中医院普遍应用X光机诊断、整复治疗骨折，运用中西医结合方式治疗骨伤疾病。采用推拿按摩、牵引等治疗骨折等软组织损伤。地区第一医院继续采用“骨秋灵”治疗骨髓炎等疾病。屏南县中医院应用脊柱微调手法结合关节松动术治疗颈椎病、腰椎间盘突出、腰扭伤脊柱相关性疾病。周宁县中医院采用手术、手法复位治疗骨折等骨科常见病。宁德市人民医院增设中西医骨科病房。1995年，霞浦县中医院引进中西医结合的“水针刀治疗法”，及应用触针刀松解手法复位于一体的“松解复正整脊法”，治疗颈腰椎及脊柱相关疾病。

1998年，地区中医院骨伤科引进腰椎间盘切吸术，治疗腰椎间盘突出症，开展椎间盘突出症、颈椎病残肢矫形、腰肌劳损、退行性骨关节病等诊治。2000年，市中医骨伤科开展Tenor内固定器械治疗腰椎滑脱，带旋髂深血管瓣骨瓣治疗头下型股骨颈骨折，胫后动脉蒂逆行岛状皮瓣修复足根部软组织缺损及“益髓”系列方治疗腰椎间盘突出症等7项新项目。地区第一医院增设风湿病专科，采用中西医结合方式治疗系统性红斑狼疮、类风湿性关节炎、风湿热、强直性脊柱炎、反应性关节炎、系统性硬化症、干燥综合症、多发性肌炎、痛风性关节炎、风湿性多肌痛等疾病。

2001年，市中医院继续加强中西医结合以腰椎间盘病为龙头的专科专病建设，聘请上海华山医院外科专家指导开展臂丛神经损伤探查术，开展肢体离断再植手术，同时，采用动静结合方式处理关节骨折、悬吊牵引下手法治疗颈椎间盘突出症。闽东医院设置中医骨伤专科，购置颈、腰椎索引仪、三维正脊仪，对颈椎病、腰椎间盘突出症、骨性关节炎、肩周炎、骨质疏松等进行治疗。

2002年，市中医院采用中西结合方式非手术治疗颈椎病、腰椎间盘突出症、退行性关节炎、软组织挫伤、骨折，开展开放性骨折手术治疗、断指再置、可吸收螺钉治疗关节内骨折、腰椎间盘经皮切吸术治疗极外侧型腰椎间盘突出症、带旋髂深血管髂骨瓣治疗头下型、陈旧性股颈骨折，及全髋关节置换术等。开展颈椎外科手术、枕骨大孔髓内肿瘤摘除后络枕－颈融合术（CCD

固定）、腰椎间盘经皮切吸＋胶原酶溶解术、髋臼骨折切开复位AO重建钢板内固定术、微型钢板治疗桡骨小头骨折等。开展骨肿瘤和灭活保肢术、颈椎骨折颈枕融合术、粉碎性骨折仿桥式钢板固定术及腰椎间盘突出症、髌骨骨折、锁骨骨折微创手术治疗。市中医院的“自重牵引式颈椎矫治生物力学研究”课题，通过临床观察和实验研究。

2003年，市中医院开展脑瘫后遗症行选择性脊神经后根切除手术，脊柱前路行椎管减压加内固定术，穴位贴敷法治疗骨转移癌疼痛临床研究，人工髋关节置换术及感染二期翻修术，跟骨轴位外固定器等。开展颈椎骨折和胸腰椎骨折前侧路手术及全髋关节置换手术。同年11月，柘荣县中医院与河南濮阳骨病研究所开展医疗协作，采用河南濮阳骨病研究所研制生产的骨痛药酒、风湿骨痛丸、治伤消淤丸、正骨膏、祛风湿膏，结合软组织损伤药物导入治疗仪等，治疗颈椎病、落枕、肩周炎、腰椎间盘突出、急性腰扭伤及各种肌肉劳损和扭挫伤。

2004年，市中医院开展颈段髓外肿瘤切除及脊柱后柱重建术和全髋关节置换术后慢性感染伴窦道二期翻修术，开展高位颈椎脱位伴截瘫前路减压固定融合术，颈胸椎前路手术，腰椎间盘突出症微创手术和关节镜手术等。在省级医院专家指导下，开展马凡氏综合征重度脊柱侧弯矫形术。2005年，市中医院开展寰椎粉碎性骨折经颈2椎弓根钉棒系统颈枕融合术、第2颈椎齿状突骨折前路螺钉固定术、全膝关节置换术、微创内固定治疗股骨粗隆部骨折等新项目，开展骨盆骨折支架外固定术、多间隙颈椎间盘突出症髓核摘除及椎体融合术、指间关节人工关节置换术等，引进改良髓心减压植骨支撑术治疗股骨头坏死，前路手术治疗复杂型腰骶椎结核。是年，霞浦县中医院骨伤科被国家中医药管理局确定为“全国农村医疗机构中医特色专科建设单位”。

三、肛肠科

1993年，地区中医院与县（市）中医院采用传统中药内服、外敷、熏洗、枯痿、结扎、挂线等方法，治疗肛肠疾病。福鼎市中医院采取内服中药、中成药，中药熏洗坐浴、中药灌肠，及膏、丹、散外敷外治等方式，综合治疗肛肠疾病。霞浦县中医院创设肛肠科，开展消痔灵注射治疗内痔。

1994年，地区第一医院中医科设置肛肠病治疗室，配置电子痔疮仪，开展中西医结合治疗痔疮。福安市医院采用中药保留灌肠治疗粪性粘连性肠梗阻。1997年7月，柘荣县中医院成立痔疮科。

1998年，地区第一医院内科设肛肠病专科，采用中西医结合方式治疗内痔、外痔、混合痔、痔疮嵌顿、肛瘘、肛裂、脱肛、肛周脓肿等疾病。1999年，地区中医院购置多功能电脑肛肠综合治疗仪。2001年，霞浦县中医院引进虚位挂线疗法治疗高位肛痔，治疗高位肛瘘30多例，获得满意疗效。

2002年，市中医院用中药灌肠方式，治愈重症溃疡性结肠炎患者。柘荣县中医院引进肛肠综合治疗仪，采用内服、外用、注射、激光、手术等治疗痔疮、肛漏、肛裂、肛门瘙痒等肛肠疾病。2005年，霞浦县中医院购置LC—2000型综合治疗仪、痔疮自动套扎器等医疗设备，采用传统中医的熏洗、勒扎、涂擦等方法治疗肛肠类疾病，取得较好疗效。

四、妇科

1993年，地区中医院与县（市）中医院妇科采取中、西结合方式，诊断治疗多种妇科疑难杂症。采用中医、中西医结合方式，治疗各种不孕症。地区中医院妇产科配有宫腹腔镜，阴道镜，多普勒胎心仪，妇科微波治疗仪，中药熏蒸仪等医疗设备。地区中医院开发研制治疗不孕、不育症男科 1 号、2 号和助孕 3 号制剂。

1998 年，地区中医院成立中医乳腺病治疗中心、乳腺病诊疗联合体，开展乳腺病诊治活动。2001 年，市中医院开展无痛人流术。2004 年，市中医院借用并引进产科副主任医师，开展妇科 TCT 检查（高频细胞学检查）。

五、针灸推拿（理疗科）

1993 年，地区第一医院、第二医院、地区中医院及县（市）中医院采用各种理疗仪器和中药制剂及针、灸、罐、穴位帖药、推拿等，对风湿、类风湿、中风后遗症、面瘫、腰椎间盘突出、颈椎病、骨质增生、截瘫等疾病进行康复治疗。屏南县中医院针采用灸治疗中风后遗症、坐骨神经痛。霞浦县中医院引进三伏灸治疗慢性支气管炎、支气管哮喘，采用推拿治疗颈肩腰腿痛。

1996 年 4 月，地区第一医院开设中医药美容室，配备多离子喷雾器、多功能美容仪等美容仪器，开展中医中药美容业务。同年 10 月，闽东医院设立针灸推拿中医室，配备电子消炎止痛治疗仪、电子瘫痪治疗仪等，采用中西结合疗法对患者治疗进行治疗。柘荣县中医院成立针灸推拿科，采用传统的推拿、拔罐、针灸等中医手法，开展理疗。

2003 年，霞浦县中医院吸收引进三伏灸治疗慢性支气管炎、支气管哮喘，疗效显著。2004 年，霞浦县中医院引进经穴推拿技术。2005 年，市中医院设立针灸与推拿病房，对肥胖患者进行减肥治疗。霞浦县中医院成立针灸推拿科，并被市卫生局确认为中医重点专科建设单位。

第三节　护　理

1993 年，全区各县（市）医院继续开展“以病人为中心，提供优质服务”的护理活动，组织开展责任制护理，对病人实行 8 小时在岗、24 小时负责制。病房实行护士长、护理部二级管理。组织护理人员开展“三基”（基本理论、基本知识、基本技能）培训、考核。组织开展声带外展术术后护理及观察，颈动脉穿刺给药治疗急性脑出血疾病护理及观察等 6 项护理新技术。地区第一医院制发《实习带教人员守则》，不定期组织技术训练及考核，组织举办岗位练兵比赛活动，举行十佳护士事迹报告会。此后，在每年“5・12”，地区第一医院均举办岗位练兵比赛活动。霞浦县医院每年举行一次规范模式和护理技能方法知识竞赛，举行 2 期护理技能培训班。

1994 年，地区第一医院制定《护士长工作守则》，每月对护士长工作进行评分。制定护理人员考核、考试制度，按医院等级要求，组织进行训练、考核。推行护士长手册记录，护理部每月进行一次检查评议。组织开展 5 项护理新业务。5 月 12 日，地区第一医院举行护患座谈会。地区第二医院（现市医院）举办院内护理论文报告会 1 场，举办心电监护、呼吸机、输液汞、推注汞的应用、护理文件书写等讲座。安排护理人员每周参加 1 次业务学习，临床护士轮流脱产进修心电图 1 个月。组织进行护理基础医学知识、临床护理基础知识、临床专科护理知识、护理技术考核 83 次。印发《医院护理质量考评实用手册》《专科护理常规》，并把护理标准分解落实到每个护士、班次。制定14个护理单元消毒隔离制度。霞浦县医院选派2名优秀内科、外科护士到省附属一院、省立医院学习进修，开展静脉留置针、多通管输液等护理新技术。

1995年，地区第一医院建立护理人员技术档案，制定ICU、CCU护理规范。建立示教室，对护理人员进行护理技术操作考核，对新护士进岗前专业培训。开展硝酸甘油静滴治疗胆绞痛观察，纳洛酮治疗乙型脑膜炎观察等6项护理新业务。地区第二医院组织开展“三基”大练兵活动；组织11场次376人参加的临床科室基本知识、基本理论考试，组织9场次406人次参加的护理技术操作考试。地区中医院举办护理业务讲座8次，护理学术论文交流1次。制发《1995年综合目标管理责任制实施方案》，对护理质量进行考核。加强护理技术操作训练、护理知识学习和中医护理病历书写。护理技术操作考核合格率达91.6%。屏南县医院组织新上岗护理人员学习《护士条例》。柘荣县医院实行二级护理管理。

1996年，地区第一医院在全院五个病区开展责任护理。5月12日，地区第一医院举行创二级甲等医院护理技术操作比赛。开展3项护理新业务。地区第二医院试行三位一体整体护理模式，初级职称护理人员以临床基础护理工作为主，护师及高年资护士以独立完成病人各项治疗和整体护理为主，主管护师则以指导下级护士和解决处理护理疑难问题为主，同时，建立护理诊断和护嘱制度，由主管护师指导护师发出护理诊断和护嘱，推行护理病历和三级护理查房制。地区中医院加强病房管理，做到一日一扫、一月一突击、一季一检查评比，举办护理业务讲座30次。屏南县医院、中医院分别设立护理部，组织医护人员开展“三基”考试1次，感染防治考试1次。柘荣县医院在外科推行责任制护理。

1997年，根据卫生部、省卫生厅开展“整体护理和建立模式病房”要求，地区第一医院在2个病区开设整体护理模式病房，组织护士观摩护理技术操作录像，开展2项护理新业务，医院病房达到“三化”（管理工作制度化、操作技术常规化、病房陈设规范化）水平。地区第二医院组织“三基”考试3场次，护理合格率99%。组织护理技术考核150人次，合格率95.3%。地区中医院根据国家中医药管理局的病案分级管理评分标准，对病历、病案实行医院、科室、个人三级负责制。柘荣县医院举办“三基”考核63场，参考护士1005人次。

1998年，地区第一医院举办“护理知识”竞赛。新增十一病区为整体护理病区。地区第二医院对医护人员进行“三基三严”（基本理论、基本知识、基本技能；严格要求、严谨态度、严肃作风）教育。在外二科、内二科开展整体护理，推行护理人员挂牌上岗，增加护理部和护士长查房次数。组织护理人员参加理论培训、专题讲座。该院内一科获“福建省整体护理优秀病区”称号。

1999年，地区第一医院在7个病区开展整体护理，覆盖率达50%。地区第二医院的“吸入性损伤气管切开术后微量注射泵的应用”项目，获省护理学会第二届“护理科技进步奖”三等奖。地区中医院举办护理业务讲座8次，举办首届“护理基础知识竞赛”，组织开展“三基”训练。柘荣县医院开展颅脑、胸腔术后护理，气管切开护理、血液透析护理等多项护理业务。

2000年，地区第一医院组织开展“三基”理论考试8场，技能考试11场，参考人员664人次，合格率达100%。组织开展健康教育咨询活动。地区第二医院在8个病区开展整体护理，占医院病区总数的72.7%。12月14日，地区第二医院通过省卫生厅组织的整体护理优秀病区验收考核。组织开展“三基”技能考核31次。地区中医院在骨伤科开展整体护理。坚持每周2次护士长查房制度与护理质控考核，采取每月重点抽查、季度大查、护士长例会等方式，交流检查结果并反馈各科室。霞浦县医院开展专科护理，选派护士到省级和省外医院进修学习血液透析技术、骨纤维外科护理、ICU专科技术等护理业务。

2001年，宁德市第二医院根据等级医院评审标准，建立健全护理工作制度、各科疾病护理常规及技术操作规程。6月，医院在等级医院评审中，护理人员理论、技术操作均达标。市第二医院开展以“病人是否受益和满意”为目标的护理评价工作，护士长和责任组长在病人入院24小时内到床前探视病人，出院时征求意见。护理部每月下病房抽查1次，每季度召开1次责任组长会议。在护理部推行“三级”质控考核制度，由护理部、护士长组成医院质控小组，对质控进行全面检查。全年举办1次护理论文交流会，组织开展20项护理业务。地区中医院定期组织护理业务讲座，组织开展“三基”理论学习与训练，“三基”考核合格率100%。柘荣县医院制定护理质量管理办法，把护理质量考评结果与科室的经济效益挂钩，推行护士长竞聘上岗，选送60多人次参加各类护理专业培训或进修。

2002年，市医院在全院开展整体护理，组织开展26项护理新业务，举办护理培训15次、医疗护理质量专项检查24次，组织“三基”考试2次，合格率100%。市中医院制发《宁德市中医院医疗事故防范和处理预案》，护理部实行护理病历抽查与定期检查制度，护理人员“三基”考核合格率100%。霞浦县医院推出全员护理质控网络，开展以病人为中心的整体护理。

2003年，根据新颁发的《医疗事故处理条例》，全市各医院调整实施各项护理质量考评标准。闽东医院开展慰问病人活动，给住院病人送鲜花、年贺卡。市医院组织开展通气和无创通气序贯治疗重症呼吸衰竭病人护理、支气管动脉栓塞抢救大咯血病人护理、通气治疗急性左心衰竭病人护理、凝血酶灌肠法治疗下消化道大出血护理、冠脉造影术术后护理、左下肺巨大母细胞瘤切除术护理等24项护理业务，组织进行护理质量专项检查17次，护理质量达94.65分。市中医院继续加强“三基”培训与考核。柘荣县医院在内科推行整体护理模式。

2004年，闽东医院通过每季度组织进行一次理论知识考试，每季度组织质量控制小组对护理指标进行检查等方式，提高护理人员护理水平和护理质量。市医院选派护理人员参加全国重症护理学习班，开展21项护理新业务。组织425人参加“三基”理论考试及技能考核，200人参加护理专科理论测试，155人参加护理技能考核测试，合格率均100%。组织进行护理质量检查、专项检查16次。柘荣县医院在外科推行整体护理模式。

2005年，闽东医院神经内科的《匀浆饮食对床边微创锥颅术后病人的治疗应用研究》成果，进入临床实施。市医院创建癌痛规范化治疗示范病房，开展12项护理新业务。举办医疗、护理业务讲座24场次，组织护理人员参加“三基”考试，合格率达100%。组织进行医疗护理质量检查24次，护理质量合格率95.3%。市中医院护理部重新修订护理质量控制标准，坚持护理质控考核制度。引进1名男护士。组织开展评选“星级护士”活动，病人满意率达98%。柘荣县医院内科重症监护室建成并投入使用。

第四节 妇幼保健

1993年，全区建成孕管村1376个，覆盖率62.7%，建成儿管村1104个，覆盖率50.3%，分别比1992年增加15.39%和9.29%。孕产妇死亡率和婴儿死亡率分别下降17.2%和7.6%。全区有6所综合性医院成为“爱婴医院”。

1994年，全区开始实行儿童持预防接种证入园、入托、入学制度。全区开展妇女儿童保健服务7万多人次，开展婚前检查1720人，优生优育咨询7869人次。全区建成孕管村1427个，覆盖率达 64.75%。建成儿管村 1157 个，覆盖率达 52.49%。孕产妇死亡率 4.77/ 万人，婴儿死亡率 3.50%，分别比 1993 年下降 0.29/ 万人和 0.335%。霞浦妇产医院、古田妇幼所、屏南县医院、寿宁县医院、柘荣县医院等分别获得“爱婴医院”称号。全区开办母乳喂养学习班 207 期，受训 2986 人，4 个月内婴儿纯母乳期喂养率达 66.5%。

1996 年，全区 15 个乡（镇）174 个村开展保健保偿，入保孕产妇 348 人、入保儿童 1168 人。孕产妇保健覆盖率和 7 岁以下儿童保健覆盖率分别为 87.76% 和 46.44%，比 1995 年分别提高 0.59% 和 9.24%，孕产妇死亡率和婴幼儿死亡率继续下降。孕产妇系统管理率和儿童系统管理率分别为 70% 和 55.86%，比 1995 年分别提高 13.23% 和 28.66%。

1998 年，卫生局开展“六一”义诊

1997 年，在全市 54 个乡（镇）421 个村实行妇幼保健有偿服务，全年有偿服务收入 77 万元。福安、周宁两县（市）“社区与家庭健康服务”项目进展顺利。屏南县“防治产后出血、降低孕妇死亡率干预措施”项目通过省级验收。全区孕产妇保健覆盖率 95.81%、管理率 82.06%、死亡率 43.60/10 万人。儿童系统管理率 62.06%、婴幼儿死亡率 2.09%。

1998 年，继续贯彻执行《母婴保健法》。至 8 月，全区县（市）医疗保健单位 100% 成为“爱婴医院”，乡（镇）卫生院妇产科 50% 成为“爱婴医院”，母乳喂养率达 94.43%，被省卫生厅授予“爱婴地区”称号。孕产妇系统管理合格率 70.21%，儿童系统管理合格率 86.23%。孕产妇死亡率为 65.85/10 万人，婴幼儿死亡率为 1.968%。

1999 年，全区孕产妇住院分娩率达 71.8%，比上年增加 14.59 个百分点。孕产妇死亡率降至 39.1/10 万。

2001 年，全市完成母婴专项技术人员考核、发证 103 个。完成专项服务机构审核 18 个，发证 14 个。完成村级妇幼保健人员转轨培训发证 1429 人，发证 1290 人，其中家庭接生员培训发证 481 人。屏南县妇幼保健所、福鼎市叠石卫生院等 13 家医疗保健单位通过省级“爱婴医院”评估。

2002 年，全市推行新生儿救护网络建设，督促做好新生儿重症监护室建设工作。全市县级以上医疗保健机构产科相继开展新生儿疾病筛查工作。完成全市县、乡级“母婴保健专项技术”机构复查、验证，核准乡以上“母婴保健专项技术”机构 111 个，对 186 名母婴专项技术人员进行考核。

2003 年，完成对限期整改的 6 个卫生院产科重新审核、复查，符合标准的予以发放“母婴保健专项技术执业许可证”。在全市组织进行 3 次产科质量考评，并接受省级有关专家审查。举办 3 期培训班，培训 234 人。对全市乡（镇）以上医疗保健单位、个人进行专项技术考核、考试，全市有 129 个医疗保健单位取得“助产技术执业许可证”，777 个产科工作人员取得“母婴保健技术资格证”，1495 个接生员获得“妇幼保健员资格证”。全市婴儿死亡率 13.39‰，孕产妇系统管理率 80.09%，儿童系统管理率 81.74%，孕产妇死亡率 39.27/10 万。

2004 年，加强对《福建省禁止非医学需要鉴定胎儿性别和选择性别终止妊娠条例》的宣传及执行情况的监督与检查。组织开展计划生育 / 母婴保健专项技术服务人员资格考试，100 多人参加考试。进一步拓展新生儿疾病筛查范围，把所有中心卫生院及有条件的一般卫生院列入开展新生儿疾病筛查工作单位。完成古田、屏南、周宁、蕉城四县区妇幼卫生重点建设项目的评估。婴儿死亡率为 11.85‰，孕产妇死亡率为 37.33/10 万。

2003 年，开展母亲节健康咨询义诊活动

2005 年，加强对县级医院及部分乡（镇）卫生院产科医疗质量、助产技术的执法检查，巩固爱婴医院成果。对全市 115 个新上岗助产技术人员考核发证。重新考核、认定全市开展婚前医学体检、医学需要的结扎、终止妊娠技术服务机构、人员资格 120 个。组织对全市有开展新生儿疾病筛查的医疗保健单位的筛查质量进行检查。2005 年，孕产妇系统管理率为 88.38%，儿童系统管理率为 80.21%，孕产妇死亡率为 37.33/10 万，婴儿死亡率为 10.77‰，住院分娩率为 96.48%，高危孕产妇住院分娩率为 99.84% 以上，新生儿破伤风发病率为 0.06‰。

第五节　医学研究与教育

一、医学研究与学术活动

1993 年，地区第一医院（现闽东医院）李康增的“肌肉注射按摩器”，获国家专利。8 月，霞浦县医院王继云首次发现人芽囊原虫，并与福建医学院教授苏庆平等合作撰写《人芽囊原虫与腹泻关系的研究》，获 1994 年度福建省医药卫生科技进步二等奖。地区第二医院（现市医院）设立科研专项基金，对获得科研成果和发表论文者分别给予奖励。是年，地区第二医院有 61 人参加各类学术交流活动，宣读论文 35 篇。柘荣县中医院吴圣柏的《补肾祛湿舒筋汤治疗腰部慢性劳损 36 例》，被中国医学科技出版社的《当代中医师灵验奇方真传》收录，获论文一等奖。

1994 年，地区第一医院开展肺心病病人尿中 NAG（N- 乙酰 -β-D- 葡萄糖苷酶）改变研究；黄漄的《新生儿脐血和母血载脂蛋白 A 与 B 的测定及临床意义》和郑屏生的《Zheng’s 吸氧管在新生儿科应用》论文在印度新德里举办的第八届亚洲儿科学术大会交流。妇产科与儿科合作的《产妇血与新生儿脐血载脂蛋白 A 与 B 的测定及意义》，获中华医学会第八届全国中青年（妇产科）学术会议优秀论文奖。地区第二医院成立医疗教学科研领导小组，设立 10 万元科研专项基金，开展新技术新项目研究。设立糖尿病防治普查小组，组织到市区、市郊等 13 个单位对 2700 人进行糖尿病、糖耐量低减普查，并完成第一期普查工作。医院协助省轻工研究所承担《Q 波段毫米波穴位照射对肿瘤病人化疗期间外周血象的影响》课题，完成 25 例临床观察。医院派出 63 人次参加学术交流，宣读论文 29 篇，交流论文 34 篇。

1995 年，地区第一医院开展急性心肌梗塞发病情况调查。5 月 26 日，地区第一医院曾子健的“折叠式担架输液架”，获国家专利。地区第二医院选派 57 人次参加各级学术交流。副院长陈兆樵、主任吴建光分别到美国、新加坡进行考察和学术交流。地区中医院选派 18 人次参加省、地区学术研讨会，组织开展学术讲座 13 场。地区第一医院黄滜的《穴位注射配合西药治疗小儿蛔虫病急性并发症 100 例》，被美国柯尔比科学文化情报中心评为优秀论文，进入国际网络。柘荣县中医院张建新的《试论药发表效学和药动学的中医说》，在美国国际中医药研究院举办的学术会上交流，并参加评奖。霞浦县卫生局完成老中医孔庆洛的《杏林识小》编纂，由福建人民出版社出版。

1996 年 1 月，地区第一医院药剂科协助地区药学会举办第二届代表大会暨学术交流会。4 月，承办第一届宁德地区影像诊断技术人员培训班。6 月中旬，受《海峡药学》杂志社委托，承办省药学会主办的第七届通讯员工作研讨会暨论文交流会，全省各地医院、药厂、医药、药检、药政等单位的 92 名代表参会；王春的《U 型棒椎弓根钉治疗腰椎滑脱症》课题，获省卫生厅 2 万元科研基金。王春研制的“U 型棒椎弓根钉架系统”“胸腰椎骨折复位器”，郭卫中研制的“电动双气囊止血带”获国家专利。李旋的《带蒂胆囊瓣修复肝门胆管环形狭窄》课题，获省卫生厅科技三等奖。

地区第二医院的《慢性酒精性 Wenicker 脑病脑脊液及血清脑啡肽变化及临床意义》《糖尿病肺功能研究》《低能量 HE—Ne 激光血管内照射对血脂及脂蛋白代谢的影响》等 10 项科研项目获得立项。选派 88 名医务人员参加各类学术活动。宁德市医院配合开展的《中国围产儿出生缺陷监测及高危高发出生缺陷的病因学探讨》，获国家科学技术进步三等奖。地区中医院选派 24 人次参加国家、省、地学术研讨会。

1997 年，地区第一医院陈缪安、刘轶的《声带脓囊肿一例》，被《临床耳鼻咽喉专科》杂志刊用。地区第二医院选派 86 名医务人员参加各类学术会议论文交流，编辑出版《1985—1996 年医院论文汇编》。10 月，周宁县医院许华副到泰国参加首届泰 – 闽国际传统医药与佛教医药学术会，并在会上宣读《针药并用治疗顽固性皮肤瘙痒症 64 例》论文，获得与会代表好评。

1998 年，地区第一医院开展新技术、新项目、新方法 61 项。李旋的《巨大肝癌的手术切除治疗》，获省医药卫生科技进步鼓励奖。地区第二医院设科研专项基金 20 万元，成立心血管、肿瘤、血液病 3 个研究室，完成各类临床科研项目 8 项，其中“糖尿病流行病学调查”“胃镜瞬间胃液采集器研制”2 项获地区科委立项。受中华医学会委托，进行博宁临床应用研究、注射用重组干扰素 a2b 等三期临床试验项目 5 项。选派 49 人参加各类学术交流会。地区中医院选派 25 人次参加各种学术会议，举办学术讲座 15 场次，中标地区科研课题 1 项。

1999 年，地区第一医院制定《临床实习管理实施细则》《科研成果奖励办法》，承办省烧伤外科学会年会，选派 63 名医务人员参加学术会议。李惠长的“可控性回结肠代膀胱术的临床应用”，被省卫生厅列为推广项目之一。曾子健的“折叠式担架输液架”，获国家专利。地区第二医院申报的“凝血酶雾化吸入治疗大咳血 38 例疗效观察与研究”“高血压病、高血压并糖尿病心率变异性与预后关系的研究”“危重患者血清甲状腺素水平的变化及临床意义”“胃镜瞬间胃液采集器研制”“血小板聚集功能、血液流变学冠心病及 COPD 患者肺动脉高压等关系研究”“宁德地区部分人群糖尿病流行病学调查”“下颌骨肿瘤切除应用有机玻璃重建术”等 7 项科研项目，通过省、地两级鉴定评审。孙秀乔的《吸入性损伤气管切开术后微量注射泵的应用》，获省护理学会第二届“护理科技进步奖”三等奖。宋一凡、焦维克首批入选宁德地区卫生系统跨世纪人才，其中宋一凡还被列为省级跨世纪人才。

2000年，地区第一医院郑志雄的《床边微创椎颅血肿清除术后垂体激素水平的临床研究》列入省卫生厅青年科研课题。5月，刘寿坤、林成寿、郑立槟的“骨折内固定棒”，获国家专利。李惠长的《可控性回结肠膀胱术的临床应用》，获省科技进步三等奖。开展新技术、新项目、新方法81项。8月26—28日，地区第二医院在柘荣主办地区医学会第四届第一次学术会议，全区各县（市）医院及中心卫生院176位代表出席会议，收到论文370篇，并汇编成册。会上成立骨科分会、检验分会、放射分会和抗癌分会。开展新技术新项目60项。

2001年，闽东医院刘成招的《腰椎间盘突出症与腰椎不稳的相关性研究》、刘昌明的《乙状结肠新膀胱术后病人尿动力学研究》，列入省教育厅B类课题立项。5月，市医院主办市医学会放射学第一次学术会议。10月，主办市医学会超声医学分会成立大会。选派85名医务人员参加各种学术交流会。是年，闽东医院李康增的《脑出血床边微创介入术的临床应用研究》、王春的《U型棒椎弓根钉的设计与临床应用》，市医院陈兆樵、陈耀的《宁德地区1994—1997年糖尿病调查及防治研究》，获省技术进步三等奖。市中医院的《胃病、中风病和消渴病中医临床实践和学术研究》《中药治疗慢性萎缩性胃炎伴IM及ATP的临床研究》通过评审，并申报省卫生科技成果奖。

2002年，闽东医院制发《关于科学研究及成果的奖励办法》，李康增的《高血压脑出血微创介入术与早期多功能康复》列入省科技重点项目，王旭的《福安市畲族中老年人群骨密度调查》列入省卫生厅科研课题并获8000元课题资助，王春等人的《经椎管锥体植骨在胸腰椎骨折治疗中的运用》列入省教育厅第二批B类课题。神经内科被市卫生局确定为重点学科，成立神经科研究室。4月20日，举办首届新技术新项目推广研讨会，邀请全市各医院及浙江省苍南、泰顺、庆元等24所医院132人参加活动，推出MRI典型病例介绍、电视腹腔镜在妇科临床应用、大肝癌手术切除、可控性回结肠膀胱术、高压氧治疗、全自动微粒子化学发光免疫分析的临床应用等新技术、新项目21项，选派43人次参加各类学术会议。市医院选派87名医务人员外出参加学术交流，协助举办省放射学分会第十届学术研讨会议。市中医院选派15名医生参加省内外学术交流。是年，周宁县医院郭榕、陈新旺、李松等的《肾综出血热早期诊断指标探讨》获省科技进步奖三等奖。市中医院的《中药为主治疗胃癌前病变》列入省中医药农村适宜技术推广项目。

2003年，闽东医院制发《关于论文、著作、技术创新、宣传报道的奖励办法》，刘成招的《心理测试在测下腰痛治疗效果的应用》、郑建明的《TCD观察脑出血微创介入术前后出血动脉变化》列入省教育厅第二批B类课题。市中医院苏寅的《穴位贴敷法治疗骨转移癌疼痛的临床研究》，申报国家中医药管理局中医临床诊疗技术研究项目。苏寅的《椎突消胶囊治疗椎间盘突出症临床应用研究》，申报省科技厅卫生科技项目。苏寅的《跟骨轴位外固定器》，申报国家专利。3月，闽东医院举办“抗争喉癌”座谈会。7月12—13日，举办第二届新技术新项目推广研讨会，推广新技术21项。8月13日，刘成招的“股骨粗隆部位的固定装置”，获国家专利。9月，市医院承办福建省医学会耳鼻咽喉头颈外科分会学术年会。10月，承办福建省第七届神经外科学术会议、福建省第九次核医学会议、福建省口腔正畸学术会议、福建省护理学会第五届第二次常务理事扩大会议。协助举办宁德市放射学分会第二届学术研讨会。12月，市医学会放射影像分会和闽东医院放射科共同举办宁德市第二届放射影像学术研讨会。成立宁德市肝病协会，并在福安市召开第一次宁德市肝病协会会议。市中医院选派6人次参加全国性学术交流会，28人次参加地市级以上学术交流会。市中医院的《单臂外固定支架的临床运用》，被省卫生厅列为2002—2003年农村适宜技术推广项目。市中医院骨伤科被列为福建省基层中医药适宜技术推广基地，苏寅作为基地配套丛书编委参与编辑《正骨》一书。是年，闽东医院郑柳妃的“小儿输液推车”，获省卫生厅、市科委立项。“便利性三架”项目，获省卫生厅立项。郭绍根的《医院成本核算可操作性研究》，获省卫生经济学会招标课题优秀成果三等奖。王春的《经椎管椎体植骨在胸腰椎骨折中应用研究》，获省第六届自然科学优秀学术论文奖。市医院魏鼎泰与天津医科大学总医院谭建合作完成《核素血管内照射防治血管成形术后再狭窄的实验研究》，通过成果鉴定。郑明平的《宁德市970例儿童血铅水平调查研究》，通过专家组鉴定。

2004年，闽东医院郑柳妃的《病人便利性三架的研制》、彭友敬的《重症动脉瘤性蛛网膜下出血脑室腰池持续自控净化临床研究》列入省卫生厅青年科研课题。王春的《WF颈椎椎弓根钉固定系统的设计与临床运用研究》，刘华、张苏华的《拉米夫定联合a干扰素治疗慢性乙型肝炎临床多中心研究》列入省教育厅B类课题。6月2日，闽东医院郑柳妃的“小儿输液推车架”，获国家专利。7月，闽东医院林应华主任医师主编的《2004年执业医师资格考试习题及模拟试题例——中医执业医师分册》、黄宝英主任医师主编的《2004年执业医师资格考试习题及模拟试题例——中医执业助理医师分册》分别由中国医药科技出版社正式出版。12月25日，闽东医院承办宁德市医学会肝病学专科分会成立大会暨首届肝病学研讨会。闽东医院选派172次外出参加学术会议。市医院举办全院性学术讲座32场，与市抗癌协会共同举办全省肿瘤学术会议和省肿瘤防治宣传周活动，举办市护理学会第四届第五次学术会议。举办全市白内障治疗学习班。市中医院先后承办福建省中医骨伤科学术研讨会和福建省中医专科专病学术研讨会，特邀广州中医学院教授何伟举办“股骨头坏死围塌陷期治疗”讲座，分别收到论文48篇、78篇。是年，市中医院林健的《膝关节外固定支架研制及推广应用》，被列为省科技进步奖推荐项目。

2005年，闽东医院李康增的《针钻一体穿刺治疗重症高血压脑出血的研究》，列入省科技重点项目。李康增的《颅内出血微创介入术的临床应用》被确定为福建省继续医学教育项目，列入省卫生厅面向农村和基层推广适宜技术项目。林成寿的《青壮年股骨折微创DHS固定的临床研究》列入省卫生厅青年科研项目。闽东医院举办第三届新技术新项目推广研讨会。市医院协助市医学会儿科学分会召开第二次学术交流会。开展临床科研项目20项，与省立医院签订医疗技术协作协议，由省立医院对新医疗项目提供技术指导。邀请省立医院心外科、普外科、心内科、神经内科等专家15人次到医院会诊、指导开展新技术、新项目。市中医院选送30余人次参加省级以上学术会议。举办福建省细胞病理学新进展讲习班、宁德市内科疾病诊疗提高班、宁德市医学会儿科学分会第二次学术交流会。闽东医院李康增的《颅内出血微创介入术的临床应用》被确定为省级继续医学教育项目与省卫生厅面向农村和基层推广适宜技术项目，罗笑丹的《规范化健康教育在居家腹膜透析管理中的作用》获省护理学会第五届护理科技进步三等奖。市中医院林健、叶少萍、陈葵等的《自由调解式膝关节外固定支架的研制及其推广应用》获省科技进步奖三等奖。

二、医学教育

1993年，地区第一医院每年接收福建医科大学、福建中医学院及省内、外卫生学校见习、实习生100多人次。地区第二医院选送4名医务人员到上级医院进修，选派61人参加各类培训活动。1994年，地区第二医院选送5名医务人员到上级医院进修学习。福安市卫生进修学校受省卫生厅委托，举办医学系统化函授教育中专水平培训班。此后，福安市卫生进修学校每年举办一期函授教育中专水平培训班。

1995年，地区第一医院的毋光明、刘寿坤被福建医科大学聘为兼职副教授，聘期两年。地区第二医院选送眼科、心血管内科、皮肤科、放射科骨干医师到上级医院进修学习。选派13名医务人员到省内外医院参加培训学习。地区中医院聘请癫痫病专家、教授田华到医院讲学，选送4人到上级医院进修，10人次参加短训班学习。1996年，地区第一医院选送陈灼英到省立医院妇产科进修。地区第二医院选送20名医务人员到省内外医院进修或参加短期培训，派出27名医务人员到省内外医院脱产学习。选派4批次科室负责人、护士长到瑞安、广州、深圳、珠海等地医院学习，选派11名护士长到省协和医院进行为期一周的跟班学习。邀请7名上级医院知名教授、专家到医院办班讲学。地区中医院选送4人次到上级医院进修，接收实习生12人，进修生3人。

1997年，地区第一医院选送59名护理骨干到省内外各类培训班学习。地区第一医院有1名主任医师被福建中医学院聘请兼职副教授，聘期两年。地区第二医院选送4名医务人员到上级医院进修，选送8名医务人员到省协和医院进修3个月，选送7名医护人员到福建医大专业班学习，并获得结业证书。1998年，地区第一医院选派7名医务人员外出进修，2名医务人员参加短期培训。5月，地区第一医院被福建医科大学莆田分院确定为教学医院，有5名主任医师被聘为兼职教授。地区第一医院有4人专业证书班学习结业，2人参加大专函授学习。地区第二医院选送11名医务人员外出进修，选送42名医务人员参加各种短期培训，有330名医务人员参加继续教育。地区中医院选派3名医务人员到外地进修。至1998年，福安市卫生进修学校连续举办4期函授教育中专水平培训班，培训441名医务人员。

1999年，地区第一医院选送9名医务人员到外地进修，85人次医务人员参加各种培训。12月中旬，地区第一医院通过教学基地评审检查，投资建立多媒体教室。地区第二医院成立跨世纪人才培养工作协调领导小组，设立专项资金、专题项目。选送9名医务人员到上级医院进修学习，选送48名医务人员参加各种短期培训。地区中医院选派3名医生到省立医院、省协和医院进修，选派7人次参加短期培训。组织医疗、业务讲座18次。地区中医院首次承担福建中医学院实习带教任务，接受20人次的实习带教和20人次的见习带教，安排20场教学讲座。是年，地区第一医院有7人专业证书班学习结业，4人参加研究生学习，有14名医师被福建医科大学、福建中医学院聘为兼职教授、副教授。

2000年，地区第一医院选送5人次医务人员到外地进修，44人次医务人员参加各种培训。地区第一医院被省卫生厅、教育厅授予“福建省高等医学院校临床教学基地”。地区第二医院选送7名医务人员外出进修学习，选送36人次医务人员参加短期培训。地区中医院举办教学讲座23次，接收进修培训4人次，完成医学院校临床教学和实习26人。选送4名医生到省立医院和省协和医院进修，选派7名医生到上级医院短期培训，3名护士到外地参加短训班学习，选派1名护士到福建医大附属第一医院ICU病房进修。福安市卫生进修校被省卫生厅评为“省乡村医生系统化函授教育先进单位”。2001年，闽东医院被列入第三批《高等医学院校附属医院、教学医院名单》，有27名医师被福建医科大学、福建中医学院聘为兼职教授、副教授。市医院选送9名医务人员到上级医院进修学习，组织开展全院性业务学习24场次。市医院有2名医务人员到医学高等院校学习，有6名医务人员考研。有80名护理人员参加高等护理自学考试，有177名护理人员参加全省通讯继续护理学教育。市中医院开展医疗专题讲座及教学讲座20次。选派2名医务人员到省级医院和其他医院进修，7名医师参加短期学习培训。有34名护士参加继续护理学再教育学习，13名护士参加高等护理自学考试。

2002年5月，闽东医院被确定为福建省首批全科医学临床培训基地，成为福建医科大学、福建中医学院的实习基地。市医院被确认为全科医学临床培训基地。闽东医院制定《关于接收见、实习生的暂行规定》，选派7人到外地进修学习。有1人脱产就读福建医大研究生班，4人就读福建医大、徐州医学院研究生课程班。全院有50人参加学历证书函授学习，98人参加自考。闽东医院接收本科实习生16人，接收临床见、实习生130多人（包括护理）。市医院举办业务学习27场次，选送8名医务人员外出进修培训，选派105人次参加各类培训班；接受各医学院校实习生和基层医疗机构进修生138人，组织教学讲座64场次，教学病例讨论18场。是年，市医院有7名医务人员就读在职研究生，其中1人全日制脱产学习，6人为研究生课程进修班学员；全院有170人参加本、专科自学考试、函授学习，其中7人取得相应学历。市中医院被福建中医学院列为临床教学点；举办23场次专题教学讲座；选派3名医务人员到省级医院进修，12名医生参加短训班学习，3名医生参加同级医院妇产科进修；有7名医生参加专升本函授教育。

2003年，闽东医院被福建中医学院临床学研究生教学医院，有2名主任医师被聘为临床医学专业学位型硕士研究生导师，面向全国招生。11月，闽东医院举办全市妇科新技术培训班，培训妇科医务人员60多人。是年，市医院举办防治“非典”知识培训、全院性学术讲座42场次，组织328人参加有关知识、技能操作培训，选送12名医护人员外出进修培训。市医院接受各医学院校临床实习生176人次，承担基层医疗机构进修生23人（含护理8人），开展教学讲座64次；帮助培训农村医务人员15人，帮助霞浦三沙医院培训护理骨干10人；帮助西藏林芝地区墨脱县医院培训1名麻醉医师，并赠送墨脱县医院1套简易呼吸抢救设备器械和1套高等院校麻醉教材。市医院新增1名在读福建医科大学全脱产在职硕士学位研究生；有16人参加本、专科自学考试、函授学习，其中3人学成并取得相应学历。市中医院继续选派4名医生到上级医院进修，选派11名护士参加省卫生厅及护理学会举办的培训班学习；有3名护士参加护理大专函授教育，3名护士参加护理大专及本科网络教育，16名护士参加高等护理自考。

2004年，闽东医院选派24名医务人员到外地进修，选送5名护士长参加中华护理学会举办的护理管理理论培训班学习；接收实习生83人；组织全院性医疗护理学术专题讲座及其他业务学习27次；有3名主任医师被福建医科大学及福建中医学院聘为硕士生指导教师，招收福建医科大学硕士生1人，福建中医学院硕士生2人。6月，在市卫生局召开的宁德市医学教育教学工作会议上，闽东医院获得“宁德市卫生系统医学教育教学工作先进单位”称号，李惠长、郭智2人获“宁德市卫生系统医学教育教学工作先进工作者”称号。11月，闽东医院与周宁县医院建立协作关系，接收周宁县医院医护人员进修。是年，市医院举办重点传染病防治知识专题讲座8场，参训2638人次；选派38人次参加省级培训班学习，选送14名医务人员到外地进修；接受医学院校临床实习生116人次，接收基层医疗机构进修生23人次；举办教学讲座64次。市中医院选送13人次到外地培训和进修，选送9名护理骨干参加省卫生厅和省护理协会举办的培训班学习。市医院有2人全脱产就读在职硕士研究生，有10多人报考本、专科自学考试，函授学习课程班学习；有15人取得相应学历。

2005年，闽东医院制定《关于闽东医院在读研究生的优惠措施方案》，给具有执业医师资格且参加一线值班的研究生每月500元生活补贴；组织全院性专题讲座22场，举办人禽流感防治知识考试3次；选送16名医务人员到外地进修，选派4名医师参加福建医大研究生课程班学习，选派27名护理骨干到福建医科大学附属第一医院进行短期培训。6月，该院成立科教科，重新调整成立内科、外科、妇儿、中医、医技、门诊急诊室、护理等7个教研室。9月25—28日，举办全省培训班，培训50余人次。全年接收进修人员35人。是年，市医院举办全院性医疗、护理业务讲座24场次，举办传染病知识培训和人禽流感防治知识专题讲座3场；选送1名麻醉学硕士研究生到福建医科大学定向培养，选送11名医务人员到外地进修，选送56名医护人员参加短期培训、进修；接收大专院校实习生62人，接收基层医院进修人员13人，接收闽东卫校、漳州学院护士班实习生27人；举办教学讲座80多场次，病例讨论10场次。市医院有50人参加高等护理自学考试，其中7人理论课程全部通过，并毕业2人；有123人参加福建省通讯继续教育，13人参加远程继续教育。选派3名医生到省立医院进修，选派9名医护人员到省立医院进行为期3个月的专项培训。市中医院选派28名医务人员到外地进修，接收外来进修16人、福建中医学院实习生17人。

第六节 医学援助帮扶

一、援外医疗

1993年，地区第一医院（现闽东医院）、地区第二医院（现市医院）、宁德市医院（现宁德人民医院）选派9名医生（其中地区第一医院2名、地区第二医院6名、宁德市医院1名）参加省卫生厅组织的援塞内加尔医疗队。1995年，援塞内加尔医疗队完成援外工作，获塞内加尔政府骑士勋章。同年，地区第二医院获省卫生厅授予“援外医疗队先进集体单位”称号。

二、医疗协作与卫生“三下乡”（文化、科技、卫生“三下乡”）

1993年，地区第二医院（现市医院）组织便民义诊4次，免费诊疗622名人。1994年，地区第二医院与宁德霍童、霞浦下浒塘、福鼎秦屿3个乡镇卫生院建立协作医院关系；7、8月，夏季急性胃肠道传染病暴发，院长带队到福鼎市收治病人130例。是年，组织便民义诊11次，给4427人提供义务诊疗。1995年，地区第二医院与地区第三医院、宁德市霍童卫生院、福鼎市秦屿医院分别建立协作医院关系。地区第二医院组织义诊31次，接诊1078人次。

1996年，地区第一医院与柘荣县医院建立协作关系，每月派1名内科副主任以上医师到柘荣县医院指导、应诊一周。地区第二医院组织义诊14次，到街道、光荣院、福利院、幼儿园给2513名群众提供义务诊疗。1997年，地区第二医院参加地委宣传部组织的“三下乡”活动，派出医疗小组4支16人，提供义务诊疗600余人次。

1998年2月20日，福鼎市白琳镇发生泥石流，地区第一医院组织专家赶到福鼎市医院协助抢救伤病员。同时，地区第一医院选派19人次副主任以上医生，到柘荣县医院开展手术13台，开展新技术、新项目7项。选派3批医疗义诊队，到海军4807工厂进行诊疗。选派9批75人次医疗义诊队，到老区、乡镇义诊。地区第二医院与福安民族医院建立协作关系，选派8批40余人次医生到福安民族医院开展手术40多台，业务讲座30次。是年，地区第二医院选派45名医生参加义诊7次，提供义务诊疗1291人次。1999年，地区第一医院组织医疗队11人，到柘荣县医院、福安市甘棠卫生院协作帮扶。地区第二医院选派6批25人次到福安穆阳民族医院，开展脑血管意外昏迷、气胸、脑外伤、剖宫产、胸腔外科手术、泌尿外科手术。地区中医院选派8名医师到屏南县中医院指导、应诊。地区第二医院选派50名医生参加义诊8次，提供义务诊疗1366人次。

2000年，地区第一医院选派8名医师到柘荣县医院参加诊疗。12月，地区第一医院与福鼎市第二院建立协作关系。2001年，市医院派46名医生参加“三下乡”活动，提供义务诊疗1476人次。2002年，闽东医院与福安市民族医院签订合作协议，先后派遣4批12人次到民族医院开展各类手术79台次，举办学术讲座9场。当年年底，闽东医院与福鼎市第二医院建立协作关系，组织医疗队到福鼎市第二医院工作。市医院选派57名医务人员，开展义诊活动18次，提供义务诊疗1587人次。

2003年，市医院与霞浦三沙医院签订医疗合作协议，分批安排18人次主治以上医生，到三沙医院进行诊治、手术。先后选派9名副主任以上医生到县（市、区）医院会诊，指导抢救工作。“非典”期间，市医院选派17名医生到县（市、区）巡视排查可疑病例。是年，选派下乡义诊医疗队14支、100人次，提供义务诊疗2384人次。8月，闽东医院与霞浦县中医院建立技术协作关系，全年派出下乡医疗队15支，下乡医务人员87人次。

2004年，闽东医院被卫生部确定为第三期国际紧急救援中心网络医院。6月，闽东医院与卫生部国际紧急救援中心签订医疗救援服务协议书。同时，根据宁德市委、市政府对新疆昌吉回族自治州呼图壁县进行对口支援的批示，闽东医院、市医院分别选派3名主任医生参加市卫生局等组织的医疗队，到呼图壁县的农村、牧区开展坐诊、业务讲座等活动。市医院捐款4万元给呼图壁县购买救护车，并赠送一批医疗器械和药品。11月，闽东医院与周宁县医院建立协作关系，接收周宁县医院医护人员进修，并协助开展诊疗新技术。闽东医院组织20多名医护人员到福安市特殊教育学校开展“献爱心社区健康宣传”活动。市医院选派11名主治以上医师到霞浦三沙医院开展诊疗业务，选派43人次医务人员参加“卫生下乡”与义诊活动，提供义务诊疗2226人次，开展手术20台。是年，省卫生厅授予市医院“2001—2002年度卫生三下乡支农”先进集体。

2005年，闽东医院组织医院服务队到寿宁县犀溪乡义诊，赠送药品2500元。市医院选派17名医生到霞浦三沙医院开展子宫肌瘤行子宫切除术、卵巢巧克力囊肿行附件切除术、甲状腺瘤摘除术等手术。选派60多人次医务人员参加义诊，提供义务诊疗1456人次。

第六章　卫生行政

第一节　机构社团

一、宁德市（地区）卫生局

1996年12月31日，成立中共宁德地区卫生局党组。1997年，地区机构改革领导小组办公室、地区机构编制委员会下达《宁德地区卫生局职能配置、内设机构和人员编制的方案》，核定地区卫生局机关编制16名，其中行政编制6名，事业编制8名，机关后勤服务人员事业编制2名。内设人秘科、医政科、卫生防疫监督科、妇幼卫生科、药政科5个职能科室。地区爱国卫生运动委员会办公室、地区红十字会办公室、地区农村卫生协会（医学会）及药品管理人员和监督人员挂靠地区卫生局管理。11月，增设监察室。2000年，随宁德撤地设市改为宁德市卫生局，编制至2005年不变。

二、宁德市（地区）红十字会

1993年，宁德地区红十字会沿用1992建制，全区有县（市）乡（镇）红十字会53个，会员850人。另建成公路救护站26个。

1994年，各县（市）红十字会普遍成立，会长均由政府分管文教工作的副县（市）长担任，全区红十字会有专职人员14人。有基层红十字会组织236个（其中学校60个），会员30505人。全区50%乡镇都建立有红十字会。屏南、寿宁、柘荣100%乡镇建立红十字会组织。

2000年，各县（市）红十字会按规定开展登记、核证、收缴会费等工作，至年底，全市有红十字会基层组织230个。2001年，全市红十字会基层组织185个，会员11234人。

2002年，各县（市、区）改建由分管卫生工作的副县（市、区）长为会长、卫生局局长为副会长及各职能部门领导为理事的红十字理事会。当年全市有红十字会基层组织189个，会员11962人。

2003年，召开宁德市红十字会第一次会员代表大会，选举产生理事会。选举理事长1人，理事10人，秘书长1人。大会通过之后5年宁德市红十字会工作意见。

2005年，宁德市政府成立以副市长为组长的全市红十字会工作领导小组，下设办公室，挂靠红十字会办公室。当年，全市有10个市、县（市、区）红十字会，232个乡（镇）、企事业单位红十字会、170多个学校红十字会，有会员2300多人。

第二节　卫生体制改革

一、人事制度改革

1998年，根据中共宁德地委、地区行署《关于进一步加快卫生改革与发展的决定》，在全区推行卫生机构人事制度改革。

2000年，地区卫生局、人事局联合制发《关于地直卫生事业单位新进人员实行公开考试聘用制度的规定》，地直卫生事业单位新进人员，实行统一考试、择优录用、合同管理新模式。是年，全市地直卫生单位依照规定接收200多名大中专毕业生。

2001年，古田县医院、周宁县医院实行聘任制和绩效工资制。闽东医院、宁德市医院对空缺的中层岗位进行公开竞聘上岗。全市完成县级以上公立集体非营利性医疗机构42家、厂矿企业设置非营利性医疗机构37家以及营利性医疗机构基本资料的收集、核查工作，并分期分批予以发证。

2002年，按照《关于城镇医疗机构分类管理的实施意见》，全市完成县以上公立集体非营利性医疗机构48家、厂矿企事业单位设置对内服务的非营利性医疗机构48家以及205所营利性医疗机构的分类核定、报纸公告和核发“医疗机构执业许可证”。

二、农村卫生院管理改革

1993年，地区卫生局召开农村初级卫生保健工作（以下简称初保）专题会议，开展以初保为龙头的农村卫生工作。年内全区投入初保资金100多万元，同时进行农村改水受益8.57万人，改厕5720户。1995年周宁、屏南两县初保基本合格。1996年，全区初级卫生保健工作会议召开。同年，寿宁、柘荣2县通过省级初保验收，达到基本合格标准。全年投入612.5万元，建设县（市）防疫站、妇幼所、乡（镇）卫生院业务用房10703平方米。全区农村改水5.75万人，改厕20508户。1997年，福鼎、宁德、古田3个县（市）的初保工作相继通过省级复核审评。1998年，福安、霞浦两县（市）初保工作通过省级评审验收。至此全区初级卫生保健如期实现省政府提出的目标，全区行政村卫生所（室）覆盖率从1997年的97.58%提高到98.64%，应建村卫生所（室）的行政村医生数平均达1.69人。

2000年，市委、市政府将“改善50个乡镇卫生院设备条件”作为为民办实事项目之一。经过认真审核论证，集中公开招标采购，购置各类医疗设备222台件（总值85.8万元），分发有关乡镇卫生院。

2001年，福安市将为下白石中心卫生院等11个中心、重点卫生院实现设备、人才、业务用房三配套，作为市委、市政府为民办实事项目，并下达50万元补助经费。

2002年，对全市乡镇中心卫生院重新进行核定。根据区域卫生规划设置标准和农村医疗条件实际，市卫生局拟定“基层卫生院考评标准”，对福鼎市磻溪等12家卫生院进行考评。同年，重新核定蕉城区霍童卫生院等20家卫生院为中心卫生院。

2003年，全市有5个县（市、区）中心卫生院和4个县（市）乡镇中心医院，被省卫生厅、财政厅列入农村卫生建设项目。

2004年，市政府制发《关于加强农村卫生工作实施意见》，各县（市、区）重新核定乡（镇）卫生院人员编制，精简富余人员，落实乡（镇）卫生院员工工资（全民100%、集体60%由财政拨补）政策，提高医疗保险、养老保险、住房公积金财政补贴比例，实现足额兑现。各县（市、区）政府尽可能全额返还卫生部门预算外统筹经费。在乡（镇）卫生院推行院长负责制，采取公开招聘、竞争上岗形式选任院长，推行全员聘任制。

2005年，市政府决定按县（市、区）50%，省、市50%的比例筹集资金1260万元，用于33个乡（镇）卫生院的危房改造。同时，对卫生所“空白点”村进行扶持，给全市341个卫生所“空白点”村，每村补助开办费3000元。制发《宁德市乡（镇）卫生院发展规划（2005—2010年）》，对乡（镇）卫生院员工工资、福利及卫生院业务、经费、职责等予以明确。

三、城乡医疗保障制度改革

（一）公费医疗

2000年，参照《省级医疗单位服务收费项目及标准》，结合宁德市实际，对原有的医疗收费标准进行结构性调整。调整后的医疗服务收费计18类2467个项目，调整后的标准比省级标准下调618个项目，下调面为25.05%，降幅面为6.78%。新标准自2000年9月8日正式执行。

2001年，全市医疗单位普遍开展病人选择医生工作，在医院门诊和病房显要位置设立专家门诊一览表，公开备选医生姓名、照片、职称、技术特长、诊疗科目、坐诊时间等。把病人选择医生的结果与奖金分配、岗位竞聘、职称晋升、年终考核和学习进修等挂钩。霞浦县医院、中医院开展医患签订协议活动，明确双方的职责、义务和权利。福鼎率先实行医疗责任保险制度，为20多家医疗机构1048个医务人员统一进行医疗责任保险，强化医院的内部质量管理。

2002年，基本完成医疗机构分类核定工作。按照《关于城镇医疗机构分类管理的实施意见》的有关规定和省卫生厅的部署，完成县以上公立集体非营利性医疗机构48家、厂矿企事业单位设置对内服务的非营利性医疗机构48家和205所营利性医疗机构的材料收集、情况核查等工作，全部完成以上医疗机构的分类核定、报纸公告和核发“医疗机构执业许可证”的工作。

2005年，贯彻执行省卫生厅《关于开展医疗机构控制医疗费用增长的实施意见》，下达宁德市二级以上医疗机构医药费用控制指标，全市核定指标的县及以上医院22家中有16家“每门诊人次收费水平”、12家“出院者平均医药费用”控制指标达到要求，分别占县及以上医院总数的73%和55%。对全市非营利性医疗机构医疗服务价格项目进行规范和重新制定，下调医疗服务收费标准，并组织人员对新的医疗服务价格标准执行情况进行检查，督促新医疗服务价格标准的执行。

（二）农村合作医疗

1993—1994年，全区有1643个村实行合作医疗，373个村实行集资医疗。

1998年，在全区69个乡（镇）288个村推行合作医疗，分别占乡（镇）总数和村总数的56.1%和13.36%。全区有25.94万人参加合作医疗。

1999年，全区69个乡镇385个村32万人参加合作医疗，占全区农业人口的9%。古田县有4个乡镇40个村的76.6%村民参加合作医疗。

2004 年，确定柘荣县为全省新型农村合作医疗制度试点，组织专业人员深入试点开展基线调查并完成有关工作。

2005 年 7 月 1 日正式启动新型农村合作医疗制度，农民“参合率”达到 81% 以上。截至 11 月 30 日，“参合”农民的住院医药费用得到报销补偿的金额累计达 43.7 万元。

四、药品集中招标采购

2000 年，市第一医院、福鼎市医院、霞浦县医院相继开展药品公开招标采购。通过招投标，全市县级以上综合性医院 1102 种次药品不同程度降价，降价总金额 746.8 万元，其中招标药 167 种，平均降幅 17.8%，患者年受益 161.5 万元。

2001 年，药品集中招标采购方面，全年县级以上医疗单位招标采购药品 317 种次，平均价格降幅 23.3%，减轻患者负担 428.58 万元。一次性医用卫生材料招标采购 103 种，中标 95 种，平均降幅 14.13%，降价总金额 14.73 万元。按国家要求降低价格的药品 194 种次、降低总金额 270.6 万元，合计让利患者 713.91 万元。

2002 年 5 月，根据省卫生厅安排，全市 34 家县以上医疗机构参加全省第一次药品集中招投标活动，确认药品招投标采购品种 820 种（3471 种次）、1132 万元。7 月，有 34 家医疗单位与 22 家中标厂家及委托配送药品供货单位签订供药 2955 种、1357.84 万元合同，合同签约率达 85%。是年，全市签约采购药品总额 2311.84 万元，比上年增加 203.3%。

2003 年，市卫生局规范一级医院、卫生院的药品采购工作，要求制定和规范药品采购工作制度，执行药品进货检查验收制度。提倡各基层医疗机构联合跟标采购药品。组织全市 20 家医疗机构参加全省第二批药品集中招标采购，确认药品招投标采购品种 1850 种，实际签约 1541 种，合同金额 2500 万元。

2004 年，全市药品集中招标采购工作步入规范化、制度化轨道。是年，全市药品招投标采购总额 12041 万元。

2005 年，组织全市医疗机构参加全省第四批药品和医用耗材集中招标采购，全市药品招投标采购总额 19054.11 万元。

第三节　医政管理

1996 年，地区卫生局根据《福建省医疗机构监督员管理办法》，成立医院机构监督管理办公室，聘请医疗机构监督员，在全区开展医疗机构清理整顿工作。全区取缔无证行医 361 家，责令停业整顿 62 家，处罚 89 家，基本完成“三清一刹”［清理乱收费、清理用公款出国（境）旅游、清理党政机关及其工作人员无偿占用企业钱物、刹住行业和部门不正之风］为主要内容的清理整顿工作，对医疗机构进行重新登记和发证。

1997 年，执行《医疗机构管理条例》，全区推行医院分级管理。地区卫生局制定宁德地区医疗机构重新登记注册方案，对各级各类医疗机构进行分批审核发证。是年，全区复核审批医疗机构 1020 家、各级医院 79 家、门诊部 98 家、村卫生所 843 家，取缔无证开业 1216 家，停业整顿 53 家。是年，霞浦、寿宁、柘荣县医院和三沙、秦屿 5 所医院分别通过医院等级考核，分别达到二甲、二乙和一甲医院标准。

1999年，在全区防疫、妇幼、中医系列开展等级评审。柘荣县卫生防疫站被省卫生厅评为县二级卫生防疫站。霞浦、屏南县防疫站通过省卫生厅组织的评审。周宁县通过地区卫生局初审。霞浦、古田县妇幼保健所通过等级评审，并经地区编委批准，更名为妇幼保健院。宁德、福鼎、福安3个妇幼保健所通过预评。

2000年，市卫生局、民委联合下发《为少数民族群众送温暖巡回医疗活动和加强民族村卫生所建设工作计划》，下拨专款10万元，用于扶持建设50个基础薄弱民族村卫生所。市卫生培训中心对43名乡医进行复训，购置1.3万元医疗器械、医用书籍赠送受训乡医。是年，周宁、福鼎、福安县（市）卫生防疫站被省卫生厅评为县级二等防疫站，福安、福鼎市妇幼所被评为一级甲等妇幼所，古田、周宁县中医院开展二乙中医院评审。

2003年，执行省改革办、卫生厅、财政厅《关于加快发展民办医院的若干意见》，批准成立宁德明仁医院、古田同仁医院两家民办医院。

2004年，执行《乡村医生从业管理条例》，在全市组织开展乡村医生资格考试前的培训工作，培训760名乡村医生。全年完成3400名乡村医生资格认定工作，开始进行执业注册。

2005年，全市组织开展非法行医专项整治，检查医疗卫生机构2171家，立案总数200起，查处非法行医人员279人，查处医疗机构聘用非卫生技术人员29人，取缔非法医疗机构149家，停业整顿54家。开展医疗机构设置审批专项检查，初步完成医疗机构信息录入，建成全市医疗机构信息数据库，规范医疗机构设置审批运作过程。在各县（市、区）和市直医疗单位自查自纠的基础上，市专项监督检查组抽查各县（市、区）医疗机构设置审批案卷各1份，按照“福建省卫生行政执法案卷评查基本标准（试行）”进行评查，均达到良好等次以上。

第四节　医疗质量管理

1993年，全市各级医疗机构坚持与不断完善住院医师、主治医师、主任医师三级查房制度、会诊制度、首诊制度及护理工作的“三查七对”（操作前查、操作中查、操作后查，对床号、对姓名、对浓度、对药名、对剂量、对用法、对时间）制度，建立和完善各级各类医护人员岗位责任制。地、县（市）各综合医院不断完善急诊科室设备，坚持不定期开展急诊演习。

2000年，在蕉城、福安、福鼎、霞浦、屏南、周宁、柘荣等7个县（市）开展医院消毒质量监测，采样2400份，检测合格1920份，合格率79%，其中市直管的6家医疗机构采样99份，检测合格81份。在蕉城、福安、福鼎、霞浦、屏南、周宁、柘荣等7县（市、区）开展幼托机构消毒质量监测，采样757份，合格530份，其中市直管的3家幼儿园采样42份，合格39份。抽查5县（市）26家医疗卫生单位使用的36种一次性医疗卫生用品，有8家医疗卫生单位药械无证。调查25家一次性卫生用品，仅福安豪鑫、宁德恒安生产的卫生巾厂合格。

2001年，在周宁、霞浦县医院、中医院、妇幼所、卫生院进行消毒质量监测，采集样品472份，合格率67.9%。在周宁县幼托机构进行消毒质量监测，采集样品78份，合格率61.53%。在市直医疗、幼托机构进行消毒质量监测，采集样品115份，合格率81%。

2002年，根据卫生部三级综合医院评审标准，宁德市医院组织医疗护理质量专项检查24次，组织住院归档病历质量检查4次，抽检常规器械消毒灭菌物品198件，全部合格。11月，省卫生厅对宁德市医院病历进行质量检查，总分89.39分，高于全省平均分0.12分。

2003年，全市各级医疗机构先后组建血液、临检、病理、院感（指医院内感染）和超声等5个质控中心，在二级综合性医院和中医院开展血液、院感和病理3个专业质量检查。

2004年，根据卫生部的《关于二级以上综合医院感染性疾病科建设的通知》，宁德市医院组建感染科，加快感染科门诊建设。组织医疗质量检查、专项检查28次，全院医疗质量平均分达91分。组织药品质量检查12次，未发现假劣药品。宁德市医院建立药物不良反应监测制度，实行不良反应网上直报制度。临床药学部每季度与医务科联合完成抗生素、肿瘤辅助药物等药品使用情况与临床合理用药分析，及时纠正存在问题。

2005年，市卫生局组织对全市13所二级综合性医院和中医院的院感、麻醉、放射、病理、超声、血液、肿瘤、临检8个专业进行质量检查，进一步促进医疗质量的提高。

第五节　药品监督

1993年，全区组织检查216次，参加检查人数1176人次，检查2066个单位次的56.6万种药品，查出假劣药品4642种次。药品平均合格率99.18%。1995年，组织药品监督检查210多次，检查3577家41万种次药品，检出伪劣药品38478种次，药品平均合格率99.10%。取缔非法售药点82家，罚没款20多万元。福鼎市当众销毁价值180万元的劣药“鹿茸胶囊”，此系省内查处的最大一宗假劣药品案件。省卫生厅授予地区卫生局“全省执行《药品管理法》先进单位”称号。1996年，组织药品检查186次，检查药品生产、经营和使用单位1838家，检查药品42.8万种次，查出假劣药品2155种次，罚没款35万元。取缔无证卖药100多家，依法关闭福安中药材专业市场。11月，地、县（市）药品监督员在闽东日报社曝光卖假药的“康乐药行”，没收药品100多种，案值5万多元。同时，把检查无许可证经营与打假治劣工作紧密结合起来，扩大检查覆盖面，使县城检查覆盖面达100%，行政村覆盖面达50%。制定和落实医院采购药品季报制度和首次进入医院的新特药、保健药品审批报验等制度。对医院制剂重新进行注册，规范医院制剂的管理。

1997年4月，组织开展为期15天的对辖区内120多家麻醉、精神药品供应、经营、使用单位大检查。10月份，结合创文明窗口活动，对11所县级以上医院药剂科两房、两库、两室进行检查验收。全年组织检查345次2352人次，检查2235个单位数，检查覆盖面达70%。检查药品51.5万种次，查出假劣药品2973种次，药品平均合格率为99.4%。全年查处药品违法案件379起，罚没款30多万元，取缔无证开业和无证经营药品184家，申请法院强制执行13家，行政复议2家。

1998年，全区组织药品监督执法检查183次，参加人数1199人次，检查1765个单位的34.3万种次药品，查出假劣药品20958种次，药品平均合格率99.39%。查处违法案件182起，罚没款45万元。申请法院执行3家，取缔无证经营100多家。

2000年，设立专项整治办公室，对全市206个药品生产、经营、使用单位进行抽查，其中生产企业6家、经营企业68家、医疗机构64家、诊所56家、保健品店11家和已关闭的福安罗江非法药品市场。检查药品10.9万种次、查出并销毁伪劣药品398种次，价值17420元，现场处罚34家，罚款6000元，取缔无证行医卖药7家。

2001年，全市先后出动检查人员5000人次，查出并销毁假劣药品3776种次，清理超范围行医29人，取缔非法诊所249个，整治游医、巫医点34个，取缔无证经营药店154家，拆除非法医疗广告招牌43个、查处和没收非法医疗广告宣传资料5400多份，没收和暂扣药品器械案值14.78万元，罚款10多万元。

2002年宁德市开展执法检查368次，出动执法人员1358人次，出动执法车辆326架次，检查机构数1685个。查处非法行医机构269个，非法行医人员304人，查处医疗机构聘用非卫生专业技术人员198人，查处医疗机构将科室承包、出租的案件2起，查处擅自扩大诊疗科目的医疗机构163个，查处违反医疗机构名称使用规定的机构1个，查处违法医疗广告15起，查处违规使用一次性输液（注射）器的医疗机构30个，清理“坐堂医”12家。取缔非法医疗机构179个，责令限期整改的医疗机构115个，责令停业整顿的医疗机构32个。处罚医疗机构117家，罚没金额55.3万元。没收（暂扣）药品、器械2595件，案值9.798万元。受理举报、投诉110起，查办反馈82起。

2003年，重点查处“黑诊所”、江湖游医、坐堂医、违法医疗广告以及医疗美容市场。全市检查医疗机构1573个，查处非法行医机构212个，没收药品、器械价值8.81万元，罚款17.97多万元。处罚非法行医人员218人次，查处假义诊、坐堂医15家，查处违法医疗广告38起。移送司法机关案件1起。

2004年，开展对非法行医和医疗机构聘用非法卫生技术人员开展诊疗活动、出租科室等的治理活动。全市检查医疗机构1496家，查处非法医疗机构203家，非法行医人员109人，立案283起，停业整顿55家，责令限期整改76家，罚款223家34万元。没收药品、器械154件，价值23多万元。

2005年，组织开展非法行医专项整治工作。全市卫生监督机构出动执法人员2179人次，检查医疗机构2171家，立案总数达200起。查处非法行医人员279人，医疗机构聘用非卫生技术人员29人。取缔非法医疗机构149家，停业整顿54家。

第六节 血液管理

1996年12月，宁德地区中心血站投入使用，实行有偿卖血制度为主、无偿献血为辅。1998年10月《中华人民共和国献血法》实施，开始推行无偿献血制度，有偿卖血逐步向无偿献血过渡。全年采血2742人次，总采血量101.42万毫升，其中无偿献血412人次，采血8.22万毫升，无偿献血比例为15%。全年供全血71.8万毫升、红细胞27.54万毫升，成分血3100.5单位，成分血使用率为46.34%。全区4个中心血库（地区二院、福鼎市医院、古田县医院、霞浦县医院）的部分血液由血站供应外，福安、柘荣、周宁、寿宁、宁德实现“三统一”（统一规划设置采供血机构、统一管理血源、统一采供血和临床合理用血）。全年业务总收入121.89万元，上级拨款51.4万元，业务总支出102.24万元，结余27.75万元。

1999年6月，建立无偿献血保偿金制度。在血费中抽取一定额度作为保偿金，用于无偿献血者用血的报销以及宣传、表彰、奖励，建立独立账户、专款专用。当年全区计无偿献血5081人次（其中地直单位2550人次），比上年增加332.02%，超额完成原定计划，同时涌现一批当年无偿献血人数占职工总数50%的先进单位和献血量在1000毫升的先进个人。

2002 年，宁德市无偿献血人数累计达 7823 人次，献血量 156.22 万毫升。古田、柘荣两县被评为宁德市无偿献血先进县。

2003 年，全市参加无偿献血 9196 人次，献血量 183.92 万毫升，全市无偿献血占临床用血比例达 70%，保证临床用血需要和安全。柘荣县超额完成市政府下达的无偿献血任务。

2005 年 11 月 1 日，关闭宁德市最后一个血库——福鼎市医院中心血库，全市采供血工作由血站负责，实现全市血液管理“三统一”。全市参加无偿献血达 15370 人次，献血量 307 万毫升，首次实现临床用血 100% 来自无偿献血的目标。

1998—2005 年宁德市（地区）血站采供血情况统计表

表 39-5

年份	采血		其中：无偿献血		无偿献血比例（%）	供血（万毫升）	成分血使用率（%）
	人次	采血量（万毫升）	人次	采血量（万毫升）			
1998	2742	101.42	412	8.22	15	99.34	46.34
1999	4916	146.08	3572	70.53	73	138.61	41.20
2000	5529	156.33	3049	59.19	55	151.10	61.10
2001	5094	143.09	2841	55.40	56	140.80	71.00
2002	6288	165.00	4403	88.90	70	154.40	71.00
2003	8496	200.10	6987	139.00	82	180.70	78.00
2004	13665	273.00	12759	255.00	93	259.00	89.00
2005	15370	307.00	15370	307.00	100	288.00	99.50

第七节　监督执法

1993 年起，宁德地区加大卫生监督执法力度，在重要节日期间，均组织对全区食品市场的卫生检查，严肃处理一批违法行为。

1993—1998 年，逐步加大执法力度，没收不合格食品 75297 千克，罚款 73 万余元，停业整顿 406 户次。加强食盐市场卫生监督执法，没收非碘盐 1423.98 吨，罚款 28 万余元，全区碘盐合格率逐年上升。

2001 年，以治理“餐桌污染”、开展“食品放心工程”为重点，开展检查和打假活动。各地对一些严重和典型的违反《中华人民共和国食品卫生法》行为，依法给予行政处罚，全市处罚 1505 户次数，其中警告 425 户次，责令改正 320 户次、责令公告收回已售出的食品 3 户次、责令停止生产经营 45 户次数、责令销毁食品 501 户次数、取缔非法经营活动 56 户。没收违法所得 1 户，罚款 154 户次数，金额计 80310 元。

2002 年，以治理“餐桌污染”、建设“食品放心”工程为契机，各级卫生行政部门，加大对农贸市场和饮食店的监督力度和检查频率，对重点市场、重点产品、重点乡镇进行突击稽查。全年，宁德市组织食品卫生专项检查 229 次，出动食品卫生监督人员 3524 人次，检查食品生产经营单位 12878 户次，查处食品卫生违法案件 1158 起，罚款 184 户次，计 15.4 万元，吊销卫生许可证 85 张，销毁假冒伪劣食品 32 万千克，案值 41 万多元，捣毁制假黑窝点 18 个。同时，利用医疗机构分类管理和重新发证的机会，开展医疗市场整规工作。

2003 年，以治理“餐桌污染”、建设“食品放心工程”为主题，抓好“五个结合”（结合防治“非典”、结合日常食品污染物监测、结合食品卫生专项整治、结合食品卫生监督抽检、结合日常卫生监督），开展食品卫生安全专项整治行动，重点检查集贸市场、食品摊位、学生集体用餐单位、中小型食品加工场（厂）和餐饮及旅游景点食品生产经营单位。全市处罚食品生产经营单位 1756 户次，罚款 135 户次，金额共计 11 多万元。吊销卫生许可证 6 户，取缔非法经营活动 65 户次，销毁伪劣食品 1.4 万千克。同时，组织开展对全市 107 家化妆品经营单位、美容美发店的化妆品进行专项监督检查。开展放射卫生监督检查，对医用 X 线机房放射防护进行监测。

2004 年，卫生监督部门开展“禽流感”疫情期间的禽肉市场专项检查，全市出动卫生监督员 988 人次，检查 1433 户次，处罚 92 户次，没收不合格禽肉 150 多千克。同时，各级卫生监督部门对乳制品销售经营单位进行拉网式检查，开展打击劣质奶粉专项检查，发现问题奶粉就地封存。福鼎市、霞浦县、柘荣县对辖区内的 17 家奶粉生产（分装）企业进行检查，取缔 1 家，吊销卫生许可证 2 家，责令停止生产经营 14 家，封存奶粉原料 6 吨，产品 4.73 吨。并贯彻落实全国、全省、全市食品安全专项会议精神，开展食品安全专项整治工作，出动卫生监督员 1833 人次，处罚 155 户次，其中取缔 19 户次，没收销毁不合格食品 11059 千克。全年还出动卫生监督员 365 人次，检查各类各级学校食堂 184 所，检查学校周边的食品店（摊）478 户，保障学校卫生安全。重大节日期间，全市各级卫生监督机构均加大对与节日生活密切相关的重点食品和重点场所的监督力度，严厉打击食品生产经营中掺杂、掺假等违法行为，全市检查 3578 户次，处罚 438 户次，没收销毁食品 5432 千克。开展祛斑类和彩妆类化妆品专项检查，重点检查美容院和商场超市经营的化妆品，检查各类化妆品经营单位 327 户次，检查化妆品 1112 种，销毁不合格的化妆品 300 种计 873 瓶（盒）。对乡（镇）企业、农村个体工商户职业病危害进行专项整治，查处违法的乡（镇）企业、农村个体工商户 166 家。

2005 年，开展“苏丹红”、“地沟油”、学校食品卫生等一系列专项检查和整治活动。继续实施治理“餐桌污染”，建设“食品放心”工程。做好灾后和禽流感、霍乱病疫情期间的食品卫生工作。加强公共场所和相关职业卫生监管，加大《中华人民共和国传染病防治法》执法监督力度。全市开展食品、公共场所、化妆品、消毒产品卫生监督执法检查 28721 户次，实施行政处罚 694 起，销毁不合格食品 10804 千克。当年，全市食物中毒 28 起，比 2004 年少 6 起 28 人。

第四十编 体 育

1993年，宁德地区和县（市）相继成立全民健身活动领导小组，在全区组织开展健身工程，坚持群众体育和竞技体育协调发展，群众体育蓬勃兴起，不仅延续保留传统的体育项目，组织农民、职工、群众、残疾人等各界人士参加体育锻炼，开展各类体育竞赛活动，并建立起由宁德地区体育局牵头，县（市、区）体育部门与教育部门、基地校紧密配合的联合育才训练机制。1996年，全面贯彻落实国家体育总局提出的体育人才教育、培养以“青少年为重点”的决策，把竞技体育基础工作转到幼儿、少儿上来。全区中小学设有田径、足球、射击、乒乓球、游泳、帆船帆板等省级体育传统项目学校。2002年起，实施《2003—2010年宁德市体育后备人才培养规划》。至2005年，全市各类体育人才脱颖而出，其中李成伟、高传伟、连翠仙、阙志成、林忠仔、周斌等闽东籍运动员分获国际性赛事冠军，李成伟、李雪艳、周传城、周斌等分获全运会冠军。

第一章 体育设施

第一节 体育设施建设

1993年，古田县和福安市作为“全国体育先进县”，继续按国家的“2111工程”（标准田径场、灯光球场2个、标准游泳池1个、标准训练房1个、标准健身活动中心1个）场馆建设标准，进行体育场馆建设。全区各级体育部门体育场管理站加强公共体育活动场所管理。

1995年，宁德市（今蕉城区）金涵、七都、霍童农民集资建设天然游泳池。当年，社会投资建有宁德、福安、福鼎4个网球场，古田、宁德、福安、福鼎4个保龄球馆。

1996年，宁德市群众集资新办3家钓鱼馆、6个室内滚轴旱冰场（总面积达3000平方米）。是年，古田县拥有体育场、训练房、篮球场、游泳池等公共体育设施4.9万多平方米、占地2300平方米，体育馆可容纳2000名观众。

1997年，宁德市（今蕉城区）蕉北办事处组织机关、企事业单位和社会各界人士在境台山建设健身活动中心、露天球场和室内活动室等，共开发山地5600多平方米。

1998年7月，在福安市坂中乡长汀村建成皮划艇赛训练基地。是年，全区有带看台体育场2个，400米跑道运动场10个，小运动场60个，足球场2个，体育馆2座，训练房2座，灯光球场、篮球场753个，排球场89个，网球馆1座、室外网球场4个，室内游泳池1个、游泳池8个，室内射击场1个、射击场2个，乒乓球房3个，体操房1个，举重房1个，棋类房2个，跆拳道房1个，门球场405个。另设有OP帆船帆板、皮划赛艇、射箭、跆拳道4个业余训练基地。至1999年，全区建立8个体育训练基地，其中地区少体校的田径训练基地、福鼎沙埕中学的OP帆船帆板训练基地、福安十中的射箭训练基地、古田少体校的游泳、体操训练基地为省级体育训练基地。

2001年，地区体育场管理站更名为宁德市体育管理中心，继续鼓励乡（镇）、村居（社区）及社会各界人士投资建设公园、广场、露天游泳池等。福鼎市3000个座位、投资4000万元的体育馆完成2层；柘荣县游泳池竣工投入使用。同时，市财政开始加大农村体育场地设施建设投入，此后，平均每年投入农村体育场地设施建设款达280万元以上。

2002年，古田县鹤塘镇、村两级筹资300多万元，建成占地3万平方米、建筑面积1万多平方米的镇文化体育中心。古田县黄田镇投资150万元修建文化体育中心。福鼎市白琳镇投资60多万元，建成300米田径场。私人捐资35万元，建成灯光篮球场、羽毛球场。福安市坂中畲族乡群众集资40万元，兴建1个标准室内羽毛球及2个室外游泳池。

2003年，蕉城区霍童、七都镇，柘荣县双城镇等乡镇农民集资兴建天然水域游泳池。寿宁县城乡开辟晨练点。福鼎市店下镇农民集资建设篮球场、文化活动中心、足球场等。

2004年6月，市体育局、统计局、教育局、农办、文化与出版局、工商局、旅游局、市总工会等8个单位联合下发通知，组织开展第五次全市体育场地普查。8月，完成全市体育场地普查：体育场地1956个，其中标准场地、非标准场地各978个，体育场4个（含市体育中心），体育馆3个，游泳池8个，灯光球场8个，综合训练房1个，单项训练馆81个，田径小运动场120个，足球场1个，射击馆2个，网球场5个，地掷球场16个，篮球场722个。全市体育场占地面积245.2万平方米，其中标准场地203万平方米、非标准场地42.2平方米。体育楼馆建筑面积11.23万平方米。

至2005年，蕉城区霍童、七都镇，柘荣县双城镇等乡镇农民累计集资300多万元，修建天然水域游泳池18个。寿宁县开辟晨练点96个，其中乡（镇）、村晨练点70多个。福鼎市店下镇17个村农民集资建设篮球场20个、文化活动中心10个、足球场3个。霞浦县长春镇农民开辟占地4.67公顷的健身园。是年，古田县“2111工程”硬件建设基本达标（福安市尚未达标）。

第二节　体育中心场馆

宁德市体育中心　位于东侨开发区塔山脚下，坪塔路以北、兰溪以南、海滨大道以西、高速公路高架桥以东。占地面积28公顷，计划总投资1.5亿元，分期分批进行建设。1999年8月，一期工程开工建设，包含征地、填方、田径场（含西看台）、训练馆、游泳馆、射击馆、网球场、篮球场、足球场以及围墙、道路、绿化、喷泉、门房、健身广场等附属工程，总投资8000万元。2000年10月，建成8道塑胶跑道田径场、5000个座位西看台、900个座位训练馆等主要设施。2004年，除射击馆尚有扫尾工程未完成外，一期工程其余项目均竣工投入使用，完成总投资6000万元。

福鼎市体育馆　拥有2800个座位、总投资4000万元。2000年10月动工，2003年建成。

福安市体育中心　1995年市委、市政府在市区富春溪畔征地106亩，兴建市体育中心。截至2005年已建成田径场、主席台、综合训练房、篮球训练馆、门球场、地掷球场、围墙大门及区间道路。同时结合省为民办实事项目，为社区、乡镇安装19套体育健身路径。

柘荣县体育场　1994年在县城上城城埔头村征地3.06公顷，投资348万元（其中，省计委拨款20万元、省体协拨款5万元、县财政投入85万元）。由县体委筹建，翌年年底基本完工。2002年后，县政府加大投入，在体育场上配备健身器械，成为城区全民健身活动中心。

第二章　群众体育

第一节　传统体育

一、划龙舟

1993 年，端午节期间主要在宁德（今蕉城区）、福安、福鼎、霞浦 4 个沿海县（市、区）举办龙舟竞赛。在福安市赛岐镇赛江举行的闽浙“赛江杯”农民龙舟邀请赛中，福安赛岐镇农民龙舟代表队获得冠军。

1995 年，端午节期间在福安、福鼎、霞浦、宁德（今蕉城区）、古田 5 个县（市）18 个乡（镇）分别举行龙舟竞赛，有 170 多支龙舟队参加，观众达 50 多万人次。期间，福安市赛岐镇赛江举办的闽浙“赛江杯”龙舟邀请赛，浙江温州、福州和宁德 3 市 12 个县市农民龙舟队参加 600 米直道竞速赛，360 多名选手参赛，上万群众观赏。同年，宁德市漳湾镇雷东村龙舟队代表宁德地区参加全省龙舟竞赛，后代表福建省参加全国农民运动会并获第六名。

2000 年，福安市组队参加在武夷山市举办的全省龙舟竞渡。

2005 年，蕉城、福安、福鼎、霞浦等县（市、区）举办一年一度的端午节划龙舟竞赛。

二、舞龙

1993 年，春节期间周宁、寿宁、屏南、蕉城等地举行舞龙（舞龙灯）活动。2000 年 12 月，为庆祝宁德撤地设市，宁德市委宣传部主办全市舞龙表演赛，9 县（市、区）分别组成 9 支民间舞龙队，200 多名农民运动员参加。福安、福鼎市获一等奖，古田、蕉城、柘荣获二等奖，霞浦、屏南、寿宁、周宁获三等奖。其中福安队精心制作的“太平龙”长 108 米、龙身 40 节，由 82 个选手、10 个乐手、6 个少女、9 个儿童参与表演。

2005 年，蕉城、福安、福鼎、霞浦、古田、屏南、周宁、寿宁、柘荣县（市、区）组队，参加全市及全省农民体育竞赛。

三、武术

1993 年 2 月，日本冲绳空手道协会到访，与古田武术协会进行武术交流表演。

1997 年 3 月，日本广岛严诚流空手道严诚塾长由木荣司为团长一行 15 人访问宁德，地区少体校武术班组成地区代表队与日本“诚拳”在地区网球馆进行交流表演，表演福安金斗洋畲族拳、屏南虎拳、古田龙尊拳。11 月底，地区体委与福安市武协共同承办福建省第六届武术散手“久九神杯”擂台赛。

1999 年，屏南县在白水洋举办“8.18”招商体育旅游节，万余群众观看县少体校百余名运动员精彩水上跆拳道、水上竹驳表演。

2001 年，成立宁德市武术协会，举行“燕京杯”大型武术表演赛，古田县农民武术代表队的龙桩拳，福安穆阳、穆云镇（乡）农民武术队的畲族拳等获得表彰。是年，举办宁德市首届“TCL 杯”散打比赛，闽东龙腾文武学校队刘祖华、魏凯、蒲恭堂获 52 千克、56 千克、60 千克级冠军，闽东地产队林礼东获 65 千克级冠军，福安市代表队郭峰、陈希获 70 千克、75 千克级冠军。为纪念中国共产党建党 80 周年暨支持北京申奥大型武术比赛，全市选送 200 多名选手参加表演。

2003 年，蕉城、福安、福鼎、霞浦、古田、屏南、周宁、寿宁、柘荣县（市、区）举办民间武术竞赛活动。2004 年，蕉城武术运动员周斌参加全国太极拳锦标赛，获个人 4 枚金牌。2005 年，市少体校武术班等被命名为省级单项体育后备人才基地。

宁德市传统体育项目还有舞狮、高跷、曳石和畲族传统的“打枪担”“打尺寸”“舞龙头”“赛竹卜”等，历史悠久，有深厚的群众基础。

屏南武术 屏南盛行武术运动，人才辈出。他们以武术强身健体，除恶抗暴，行侠仗义，并在境内外授徒传艺，留下许多传奇故事。屏南武术至明清两代，达于鼎盛，出过武举以上名流 14 人，如清朝虎将甘国宝、武进士张渊澜、武举人薛文潮以及许多影响甚大民间拳师。屏南传统武术门派众多，习者甚众，延传至今的传统武术有：单鞭罗汉拳、虎形拳、龙虎形拳、将军拳、一字棍、鹿形棒齐眉棍、六桩棍、梅花棍、八卦棍、双头棍和镗术、扣链术、锏术、铁尺、刀术、剑术等。此外，农村中还延传着许多由农具及各种工具演化出来的特色武功，如锄头功、扁担功、烟筒功、狼筅功、扫帚功、扇子功等。许多名师身怀绝技，擅轻功、千斤坠、提肚吊阴、喷沙、喷针、铁砂掌、点穴、解穴术等等。改革开放以后，屏南武术界同仁摒弃门户之见，齐心协力，在继承传统武术的基础上，大量吸收其他外地优秀拳种，丰富和发展了屏南武术，并结合国际国内的武术比赛项目，开展跆拳道、拳击、散打等现代的竞技武术，在省、市历届比赛中取得优异成绩，涌现出一批优秀武术人才。

第二节 农民体育

1993 年，全区各级农民体育协会（简称农体协）组织农民参加体育锻炼，利用节假日、农闲季节组织乡（镇）机关、企事业单位与各村农民开展各类体育竞赛活动。

1995 年 4 月，在漳州举行的省第三届农民运动会上，宁德地区 40 多名运动员参赛，郑乃东、蔡祖新搭档获得中国象棋男团金牌及个人金、铜牌，何国勇获男子田径 5000 米第一名、800 米第二名。同年，在省第三届少数民族传统体育运动会上，霞浦县男、女毽球队获得金牌。8 月，招商节期间，屏南县农体协协同有关部门在白水洋举办水上运动会。是年，福安穆阳、福鼎白琳、宁德三都、古田黄田农体协被评为“全省基层先进体协和农村体育先进乡镇”。

1996 年起，福鼎市店下镇每年举办一次农民综合运动会和多次单项比赛。1998 年起，寿宁县凤阳乡篮球协会每年都与县农行举办一次“农信杯”篮球邀请赛。同年 8 月，古田县凤埔乡曾耀香获国家体委、农业部授予“全国农民体育积极分子”称号。

1999 年 10 月，在泉州举行的省第四届农运会上，地区组织 50 名农民运动员参加 6 个单项比赛，获 1 金、3 银、3 铜好成绩。同年，在全国第六届少数民族运动会上，宁德地区农民运动员获 2 个一等奖、1 个二等奖和多个表演奖。

2000 年起，屏南县长桥镇在每年秋季组织镇机关、屏南四中（设在长桥镇）、镇中心小学和长桥村轮流主办农民运动会。全镇 18 个村都组队参加田径、球类、象棋、跳绳、拔河等比赛，500 多人参赛。是年，市老体协陆盛真获省农办、省体委、省老体协授予“全省农民体育工作积极分子”称号。同年，福鼎市桐山中心小学马英西获省农办授予“全省农民体育工作积极分子”称号。福安市人武部林能秋获省体委授予“全省农民体育工作积极分子”称号。福安市穆阳镇镇委原副书记林孝裕、霞浦县州洋乡中乘村村主任舒恩飞，获省老体协授予“全省农民体育工作积极分子”称号。

2001 年起，古田县大东片的杉洋、鹤塘、大桥、吉巷等 4 个乡镇，每年举办一次片区综合性农民和中小学生运动会。

2003 年 11 月，在龙岩举行的省第五届农运会上，宁德市 70 多名农民运动员组团参加 10 个项目比赛，获奖牌 60 个（第二名 3 个、第三名 7 个、第四名 10 个、第五名 10 个、第六名 14 个、第七名 8 个、第八名 8 个，比赛名次计至八名），其中古田县饶建飞获男子 100 米游泳推筐投篮第三名；福安市陈锦华、叶德良获男子 60 米二人三足跑第二名；霞浦男队获花毽团队第二名，女队获女子团体第二名，兰丽文获女单第三名，兰娟文获规定套路乙组女子第三名、单踢三项女子第三名；宁德军分区、福安市人武部谢华耀获 5 千米越野总分第三名。

2004 年 12 月，在市政府大院举行全市农民中国象棋赛，各县（市、区）选送 40 多名棋手参赛，周宁陈长发获冠军。是年，古田县鹤塘镇人民政府被评为全国农村体育先进乡镇，蕉城区漳湾镇、福鼎市沙埕镇、周宁县李墩镇、屏南县古峰镇被评为全省农村体育先进乡镇。2005 年 9 月，市农民体育协会在福安举办全市农民乒乓球赛，分男子团体、女子团体、男子单打、女子单打四项比赛。

2005 年，蕉城区青年农民象棋手卓赞峰参加全省农民象棋比赛，获男子组个人冠军。

第三节 职工体育

1993 年，闽东水电站、古田溪水电厂、福鼎啤酒厂、宁德电力公司、闽东电机厂等企业举办职工运动会。5 月，宁德海关、商检、烟草分别举办乒乓球、拔河等联欢比赛。

1995 年 4 月，全区举办迎接 43 届世界乒乓球锦标赛职工乒乓球赛，各县（市）选送 36 名选手参赛，地区工商银行郭小明、宁德职高林松英分获男、女单打冠军。5 月，在宁德师专举办宁德地区“军民鱼水情杯”篮球赛。地委宣传部、宁德军分区政治部、地区体委联合举办八一建军节“国防杯”小口径步枪射击比赛，全区组织 10 支代表队参赛。6 月，地区体委和地、县（市）钓鱼协会在霞浦县举行企业职工钓鱼赛，全区有 18 家企业 80 多名职工参赛。屏南县、霞浦县、闽东电机厂代表队分获团体前 3 名，宁德茶厂、屏南县和古田县获老年组团体前 3 名。此后，地区体委和地、县（市）钓鱼协会每年都举办一次县级万人垂钓大赛，并在地区举行总决赛。

1996年起，福安市公安局每年组织一次干警运动会，项目有5000米越野跑、负重跑、射击、游泳等，并组队参加省、市公安系统运动会和篮球比赛，同时组织开展干警体育达标测试。

1997年起，地区行署办每年牵头在屏南县白水洋举办全区政府办系统干部职工“水上运动会”，运动项目有水上“鸳鸯板”竞走、水上拔河等。同年6月，地区邮电局在福安举办首届邮电职工“邮电杯”乒乓球团体赛，全区7支代表队46名选手参赛。

1998年3月，行署副专员率地区厅处级干部乒乓球代表队一行12人，到漳州参加全省“工商杯”乒乓球公开赛厅处级组比赛。9月，地区水电局在柘荣举办全区“水电杯”企业职工乒乓球团体赛。地区国土局在宁德举办全区“国土杯”乒乓球赛，有地区、县（市）10支代表队156名选手参赛。

1999年9月，行署办工会组织地直机关300多名女职工参加登山活动。地区劳动局举办全区企业职工“社保杯”文体比赛。

2000年1月，地区厅级干部代表队8名选手参加福州举办的“兴华杯”厅处级领导干部乒乓球锦标赛。是年，还相继举办“军民鱼水情”地直机关与驻军篮球比赛，全区宣传系统干部职工运动会，全区劳动保障系统“社会保障杯”文体比赛，地直机关工会五一职工趣味体育比赛等。

2001年1月，市委办、市府办、市纪委和市委组织部联合举办市直机关“闽东宾馆杯”职工拔河比赛。3月，市体育局、妇联联合举办“三八”体育活动，有拔河、集体运球接力、踢毽、跳绳等项目，500多人参加活动。是年，市委办组织开展8次干部职工集体健身活动，其中“红盾杯”健身活动，历时1个月，400多名市直机关干部参加球类比赛、登山、拔河、短距离竞走等活动。市金融系统体协在蕉城区举办“人保杯”职工乒乓球锦标赛。

2002年3月，市政府办公室、妇联、体委联合举办全市“长兴城杯”女子篮球赛，有8支球队参加，福鼎市、蕉城区、宁德师专代表队获前3名。是年，柘荣闽东力捷迅药业公司和宁德市汽车运输集团公司组织职工体育健身，受到省体育局表彰。

2003年7月，市乒协与屏南县联合在屏南县举办宁德市“鸳鸯溪杯”乒乓球邀请赛，全市12支县（市）代表队97名选手参加团体、混双、男女单打和处级干部男子单打等比赛。10月，省乒协和市体育局联合举办“荣宏闽光杯”全市企业职工乒乓球锦标赛，全市有360名企业职工运动员参赛。

2004年春节，市农业银行举办第三届全市企业职工“农行杯”中国象棋赛。3月，市妇联、体育局联合举办市直机关女职工健美健身操比赛，闽东宾馆、宁德师专、市计委代表队获得前3名。8月，市审计局在蕉城区举办全市审计系统职工乒乓球单项赛。重阳节，市直机关党工委组织3000多名干部职工在南际山开展登山比赛。12月，市广电局在蕉城举办全市广电系统乒乓球赛。

2005年3月，由华东电力福建发电有限公司主办、闽东水电开发有限公司承办的华电福建发电有限公司首届职工运动会乒乓球赛，在宁德市体育中心乒乓球馆举行，华电福建所属22个单位、近百名选手参加男女混合团体，男女单打、处级以上干部单打4项比赛。11月，市金融系统在蕉城区举办“银监杯”乒乓球团体赛。2000—2005年，市篮球协会分年牵头举办“金叶杯”“工商杯”“东侨杯”“港务杯”“电信杯”等市直机关职工篮球赛，每年有8～12个篮球队参赛。

第四节　社区体育

1993 年，全区有 30 多万人次社区群众常年参加各种体育锻炼。1997 年，宁德市（今蕉城区）境台山健身活动中心建成，每天吸引上万名群众参加登山活动。1999 年，地、县两级体育总会依托各单项体协、行业体协等各类体协组织开展钓鱼、乒乓球、登山、门球、信鸽、棋牌等比赛活动 161 场次，参与人数 1.1 万人次。

2000—2001 年，宁德市“风之旅”户外运动俱乐部发展会员 100 多人，先后在区内组织近 4 千人次参加登山活动 90 多次，其中 30 多人攀登闽东第一峰——寿宁县山羊尖（海拔 1649 米）活动。

2003 年，全市有 103 个社区成立社区体育领导小组、街道体育协会。一些社区相继举办社区体育运动会，开展“创体育先进社区、健康服务千万家”活动。福安市城北街道由健身俱乐部牵头设立 16 个健身活动站（点），会员 6000 多人、有 100 多名社会体育指导员，先后举办各类健身项目比赛、展示 80 多场，被评为福建省第二批城市体育先进社区。福鼎市桐城街道老体协牵头，组织球类、太极拳剑、秧歌、登山、游泳等 15 个团队 3000 多人，在节假日举办各种健身活动。2004 年，福鼎市桐城街道被评为福建省第四批城市体育先进社区。

2005 年，全市社区组织开展以社区居委会为主的创第六批省和全国城市社区体育先进单位活动。福安市城北街道社区申报国家级社区体育健身活动先进单位，霞浦县松城街道申报省级社区体育健身活动先进单位。是年，市体育局组织县（市、区）体育主管部门、有关体育协会、社区负责人到省内外实地考察取经。同时组织开展“体育组织、健身工程、体质测试、科学健身指导和群体活动”“六进社区”活动。同年，全市举办各种大、中型群众性社区体育活动 100 多场次，全市有 183 多万人常年参加各种体育锻炼，占全市总人口的 60% 左右。

第五节　残疾人体育

1993 年，地区体委、残疾人联合会倡导开展残疾人健身和体育活动。5 月，地区体委和残联首次组织 6 名残疾人组成地区代表队，参加在莆田市举行的省第三次残疾人运动会，并获 3 金、7 银、3 铜的好成绩。

2001 年，宁德市选送乒乓球运动员郭尧斌参加福建省残疾人体育代表队集训，并参加全国残疾人乒乓球锦标赛。蕉城区培智学校和福鼎市弱智学校的体育老师参加省特奥队培训班。

2002 年，在省第二届特殊奥林匹克运动会上，福鼎市特殊教育学校代表队获 7 金、2 银，蕉城区开智学校代表队获 3 金 3 银。是年，市残工委组织弱智儿童参加全省第二届特奥会，获得 10 枚金牌、4 枚银牌、4 枚铜牌，并获体育道德风尚奖。

2003 年，市残工委组织残疾人运动员参加全国第六届残疾人运动会，这是宁德市首次选派残疾人参加全国性比赛，其中冯作友获全国残疾人体育道德风尚奖。

2004 年，宁德市、县残联依托残疾人协会和特教学校，发现 36 名比较有潜质的残疾人运动员苗子，涉及运动项目有自行车、田径、乒乓球、羽毛球、足球、篮球等。是年，宁德市代表队参加全省首届中、小学生特殊（智力障碍者）运动会，获6金3银4铜，其中获羽毛球团体总分第1名，张良旺夺得T46田径级100米、200米、跳高3项冠军，洪欢获TPP级乒乓球单打冠军。同年，蕉城开智学校组建弱智残疾人篮球队。全市先后选送3批残疾人运动员参加全国和全省残疾人运动员夏令营集训，都取得较好成绩。

2005年9月，宁德市特奥篮球队代表福建省参加在河北省石家庄市举行的东亚区特奥会篮球赛，夺得22 ~ 29岁组银牌和集体体育道德风尚奖。蕉城区开智学校学生刘美宾、黄振炳参加全国特奥会举重赛，取得3金3铜的好成绩。12月12—16日，宁德市组织29名运动员参加省第五届残疾人运动会的6个大项17个小项比赛，获得12枚金牌、7枚银牌和3枚铜牌的好成绩，其中李达打破男子S6级100米仰泳、50米自由泳省纪录，张良旺打破男子F46级200米田径比赛省纪录。12月17—18日在第三届全省特殊奥林匹克运动会上，宁德市15名智障运动员获得11枚金牌、12枚银牌、8枚铜牌。当年参加省级残疾人运动会和特殊奥林匹克运动会的人数和成绩都创下宁德市历史纪录。

第六节　全民健身活动

1993年，地区和县（市）相继成立全民健身活动领导小组，实施健身工程。是年，全区举办群众性体育健身活动934场次，有14.9万人参加。古田县体委被评为“全国体育先进单位”。1994年，古田县少体校、福鼎啤酒厂、福安赛岐镇、福安一中获全国群众体育先进集体表彰，古田县杉洋镇书记刘化崧、福安市体委林彬获全国群众体育先进个人表彰。1995年，贯彻国家的《全民健身计划纲要》，在全区实施“健身工程”计划（简称“工程”）。地区体委制发实施办法。

1996年，全区开展学习和宣传《全民健身计划纲要》《中华人民共和国体育法》（简称《体育法》），推行社会体育指导员制度。6月，地区体委举办全区学习宣传《体育法》讲座，印发宣传材料8000多份。8月，地区和宁德市（今蕉城区）联合举办万人广播体操比赛。是年，缪鸿景（福安籍）等2人被国家体育总局授予国家级社会体育指导员，另有4人为一级社会体育指导员，27人为二级社会体育指导员。

1997年，开始实施第一批《全民健身“2223”》试点工作，即根据省体委安排，宁德首批安排2所学校（周宁一中、霞浦实验小学），2个工厂（古田抗生素厂、寿宁镇硅合金厂），2个镇（福安市穆阳镇、福鼎市白琳镇）、3个片区（宁德蕉北街道、蕉北继光文明片区、柘荣县双城镇溪坪片区）作为《全民健身工程》试点单位。宁德地区安排宁德市电力公司等12家工厂企业、古田县新城镇文兴街道、霞浦县三沙镇三澳村等2村、福鼎市一中等7所学校、周宁县公安局23个单位为地区级试点单位。6月，地区体委与教委、团地委等11个单位共同举办“迎香港回归暨首届健身节”，举行万人环城跑。是年，福安市穆阳镇和农体协被国家体育总局评为首批“全国亿万农民健身活动先进乡镇”和先进农体协。是年，闽东电力开发集团公司、福安市十中、福鼎市沙埕中学、获全国群众体育先进集体表彰，霞浦县体委主任郑祖荣、古田县杉洋镇书记刘仑崧、福鼎五中（沙埕中学）校长王贞春获全国群众体育先进个人表彰。

1998年7月，在福安市坂中乡长汀村举办第二届全区健身节开幕式暨皮划艇赛训练基地落成典礼。省体育局授予寿宁县刘松生，古田县刘国晶、张华，市体育中心刘汀，蕉城区陈善，福安三中林丛文等为一级社会体育指导员。全区各乡镇有老体协180个、会员12.1万人，农体协112人、会员7.8万人，基层体育活动辅导站374个、辅导员1014人，有各种群众健身活动场所656个、活动室393个。全区有65万人常年参加体育健身活动，占全区总人口的21%。是年，古田县黄田镇、福安市穆阳镇、古田县少体校获“全国群众体育先进集体”表彰。

1999年8月，地区行署在霞浦县松城街道西关村举行全区第三届健身节活动，举办干部群众踩街活动，举办全区首届县（市）、行业足球联赛。霞浦县10多个单位（系统）举办体育竞赛和表演活动。是年，地区行署办公室获国家体育总局授予“全民健身宣传周先进集体”。

2000年6月，在宁德市蕉城区举行全区第四届健身节，开展三都澳龙舟竞渡、万人环城路等12项群众体育活动。各县（市）分别举行各种健身节活动。寿宁县举办“人寿保险杯”千人万米长跑，霞浦县举办沙滩百人象棋大赛，福鼎市举办“闽浙七县市门球邀请赛”，福安市举办第四届运动会。是年，古田县吉巷乡、福安市穆阳镇、福鼎市白琳镇、古田县鹤塘镇、福鼎市沙埕镇等5个乡镇被评为“全国亿万农民健身活动先进乡镇”。蕉城漳湾、古田凤都、屏南长桥、周宁李墩、寿宁凤阳、福安社口、柘荣双城、福鼎秦屿、霞浦三沙等25个乡镇被评为“全省亿万农民健身活动先进乡镇”。古田县体育中心、宁德市体育中心获省体委“首批全民健身运动中心”表彰，蕉城区体委、寿宁县体委、福安市公安局获“省体委全民健身宣传周先进集体”表彰。

2001年，全区实施《全民健身计划纲要》第二期工程。8月，在新落成的市体育中心举办纪念中国共产党建党80周年暨支持北京申奥大型武术比赛。10月，市、县（市、区）同时组织启动第五届健身节活动，市政府在市体育中心举行全市第五届健身节开幕式暨“宣传周”活动。活动期间市、县（区）两级体育部门组织开展18场次宣传活动，发放宣传材料（画）、标语30多万份（张）、接受咨询450人次。全市各体育团体举办16项次3万多人次健身运动。国家体育局授予市体育局郑声斌国家级社会体育指导员。是年，全市开展36场次6万多人次的支持北京申办奥运活动。福安市城北街道办事处、古田县鹤塘镇、霞浦县下浒镇、福安市电力公司、宁德市少体校被国家体育总局授予“全国群众体育先进单位”，市少体校举重教练李上富、福安十中教练林春霖、福安杨道辉等3人被授予“全国群众体育先进个人”称号。宁德市委办公室、宁德市武术协会分别荣获国家体育总局授予的“2001年度全民健身周活动优秀组织奖和先进单位”。

2002年，市委、市政府把建设全民健身活动点工程作为市政府为民办实事项目之一，在全市范围内建成全民健身示范点1个、活动点25个。古田县鹤塘镇鹤塘村、福安市坂中乡坂中村分别建成体育活动馆。是年，全市第六届全民健身节与宁德市第一届老年体育运动会开幕式在宁德市体育中心举行。同年，古田县鹤塘镇鹤塘村、宁德市镜台山活动中心被国家体育总局授予“2002年度全民健身周活动先进单位”称号。

2003年10月，在市体育中心举办全市第七届健身节活动。古田县和市体育中心、蕉城区漳湾、屏南县古峰、福鼎市沙埕、周宁县李墩镇等6个全省第八批“全民健身工程”项目启动（省、市“为民办实事”项目），宁德市体育中心、古田县体育中心等项目被列入省政府全民健身工程项目点开工建设。至12月底，建成蕉城镜台山、福安天马山、古田鹤塘镇等30个全民健身活动点，蕉城南际、福安体育中心2个全民健身工程，古田、寿宁、柘荣3个全民健身活动中心，经省体育局检查组验收为优良工程，全部投入使用。是年，全市举办各类群众性体育健身活动和竞赛200多场，参与人数3万多人次。

2004年7月，在古田举行全市第八届健身节开幕式，市本级和8县（市、区）分别举办健身节开幕式和健身周活动。是年，全市有57个项目被列入省政府全民健身工程项目点，其中福安9个、福鼎8个、霞浦8个、蕉城8个、古田9个、屏南5个、寿宁5个、柘荣5个。4个乡镇级全民健身工程点获得省配套补助资金3万元。全市建成大小健身工程点120多个，其中三分之二分布在乡镇、村。是年，国家体育局授予市体育中心刘汀国家级社会体育指导员，省体育局授予福安市陈锦平、陈惠芳，蕉城区阮晖，霞浦县林晓波，市直柳剑光为一级社会体育指导员，福安市穆阳镇政府被国家体育总局评为“全国全民健身周先进集体”。

2005年8月，在屏南举行全市第九届健身节开幕式，同时召开宁德市体育工作会议，表彰柘荣县、寿宁县、福安市文体局等10个群众体育工作先进集体。是年，全市有57个项目被列入省政府全民健身工程项目点，其中福安11个、福鼎9个、霞浦8个、蕉城7个、古田9个、屏南5个、寿宁4个、柘荣4个相继开工建设。是年，宁德市民族中学、福鼎市桐城街道、宁德市闽东电力股份有限公司、福安市赛岐镇获全国群众体育先进集体表彰，市体育局郑声斌、蕉城区文体局陈淑恩、屏南县长桥镇黄成凯、寿宁县南山文武学校陈孝禄获全国群众体育先进个人表彰，蕉城区镜台山全民健身活动中心获全国全民健身活动优秀站（点）表彰，福鼎五中王贞春获全国全民健身好家庭表彰。年底，有44人被国家体育总局、省体育局、市体育局授予各类各级社会体育指导员。

第三章　学校体育

第一节　中小学体育

1993年，全区中、小学校继续推行国家教委、国家体委《学校体育工作条例》和国务院《国家体育锻炼标准》(简称《标准》)。全区学校体育坚持“两操、两课、两活动”(每天做好广播及眼保健操、每周2节体育课、每周上好2节课外活动)，普遍举办校运动会。古田县被评为开展第七套广播体操全国先进县。1994年，全区实施《标准》活动的中小学校1024所、参加学生占在校生的91.3%，受测学生24.49万人，达标244361人，其中优秀31099人、占受测数12.7%，良好72290人、占受测数29.52%，及格140972人，占受测数57.56%，不及格555人，占受测数的0.23%。

1995—1996年，全区有766所中小学校31.8万名在校生开展达标锻炼，经测试，达标率占参与人数的92.6%，其中优秀率16.1%、良好率44.2%，居全省9地市中上水平。

1998年，全区有182所中学、2105所小学、19所大中专和中技学校坚持“二课二操”(体育课、课外活动、早操、眼保健操)活动。全区实施《标准》的达标学校733所，其中中专中技7所、中学174所、小学572所，参加达标测试学生355103人，其中中专中技4367人、中学163670人、小学186134人。达标总人数315991人，其中中专中技4154人、中学141476人、小学164221人，总达标率91.6%。1999年，全区中小学校体育锻炼达标人数32.89万人，其中优秀5.19万人、良好12.53万人、及格15.16万人，达标率88.4%。

2000年开始，宁德市、县两级体委、教委除在中小学开展达标锻炼外，还不定期举办市、区两级中小学生运动会及各单项竞赛。2004年9月，按照规定，体育锻炼达标的普通高中学校可以按招生计划数的4%以内招收体育、音乐、美术特长生，特长生招生不占用达标校招生指标。

2005年，全市各中学相继建立学校体育工作长效机制，推行《学生体质健康标准》，其中，小学1～3年级及初中体育课，由每周2节增至3节。是年年底，全市有24所中小学被评为体育锻炼达标先进学校。

第二节　体育传统项目学校

1993年，全区中小学设有田径、足球、射击、乒乓球、游泳、帆船帆板等体育传统项目学校23所，均被列为省级的体育传统项目学校。其中福安二中、福安三中、福安十中、福鼎一中、寿宁一中、宁德五中、周宁一中、柘荣一中等8所中学为田径，霞浦一中、霞浦六中等2所中学为足球，福鼎城中为射击，福鼎沙埕中学为帆船帆板，福安师范附小、宁德师范附小、福安实小、福鼎实小、宁德实小、屏南实小、福鼎桐北小学、周宁实小等8所小学为田径，柘荣实小为乒乓球，霞浦实小为足球，古田一小为游泳。全区体育传统项目学校有特长生100多人。同时，全市被列为地区体育传统项目的学校有15所，其中古田三中、古田七中、福鼎四中、霞浦三中、屏南一中、地区民族中学等6所中学为田径，古田县玉田中学、福鼎市沙埕中学2所中学为篮球，福安四中为射箭，宁德市东湖塘中心小学为足球，霞浦县三沙中心小学为武术，福安市穆阳中心小学、霞浦县松城小学、寿宁（县）实（验）小（学）为田径等。

1995年，全区体育传统校发展到51所，其中省级25所，地级26所，参加传统项目业余训练人数6600人。古田一中、福安实小被评为全省先进体育传统校。

2000年8月8—10日，福安一中代表队参加在福州举行的福建省重点体育传统校田径比赛，获得初中组团体总分第3名，高中组团体总分第4名（是全省唯一一所甲、乙组均进入前4名的学校），其中杨杰1人获得200米、400米第1名，并以49′8″的成绩打破福建省中学生400米径赛纪录。

2003年，宁德市中学生射箭队代表福建省参加全国重点射箭传统校（南京）比赛，获8个第1名、4个第2名，其中1人获得国家运动健将称号。

2004年7月，宁德市射箭项目参加在江苏常州举行的全国射箭重点校比赛，个人单项囊括男子5个第一，女子2个第二，获中学组男子第2名，女子第3名。其中马晓勉、郭星辉分别取得1327环、1301环的好成绩，达到运动健将级（1300环）水平。

2005年，宁德市新增田径、篮球、摔跤、举重等人才基地学校10个，全市基地学校达到19个。是年，射箭、OP帆船帆板基地先后两度在全省人才基地专题会上被作为典型经验在全省推广。市少体校射击、武术、田径，古田少体校体操，福鼎五中帆船帆板，福安十中射箭被命名为省级单项体育后备人才基地。是年年底，福安二中、周宁实小先后被命名为“全国先进体育传统学校”，古田一小体育老师林亦国、宁德一中体育老师陈开钊被授予“全省体育项目传统校优秀教师”称号。

附：主要传统学校选介

福鼎沙埕中学帆船帆板项目传统学校　1993年，福鼎沙埕中学被确定为帆船帆板项目传统学校。学校成立帆船帆板运动队和体教结合领导小组，负责特长生的招生、课程安排、授课训练等工作。学校还与沙埕中心小学、水生小学建立联训网。1998年，学校单独组队代表福建省参加98中国香港OP帆船锦标赛，夺得团体第二名、队赛第二名。1997年，学校被评为“全国群众体育先进单位”。2000年，被省体委命名为“福建省帆船帆板后备人才训练基地”，先后为国家队、省队培养选送9名优秀运动员。这些优秀运动员后来参加世界和全国帆船帆板比赛，获世界冠军1个、亚洲冠军1个、亚军2个、全国冠军2个。2005年，福鼎五中帆船帆板被命名为省级单项体育后备人才基地。

福安第十中学射箭项目传统学校 1995年，福安第十中学组建学生射箭队，选送教师到北京接受培训。1997年，学校被国家体育总局授予“全国群众体育先进单位”称号。1998年，被地区行署评为“参加省运动会突出贡献单位”。2000年，被国家体育总局列为全国射箭重点学校。2001年和2002年，学校再次受到国家体育总局和市政府表彰。2003年、2004年，学校男女射箭队在全国重点校射箭锦标赛上包揽女子、男子个人全部金牌。2004年，在全省常规射箭比赛上，射箭队获得9金、8银、7铜。马晓勉打破5项省纪录。郭巧霞和林双佳先后代表国家参加亚锦赛和世青赛射箭比赛，分别获团体第二名。2005年，福安十中射箭被命名为省级单项体育后备人才基地。至是年年底，学校向国家和省队输送17名优秀运动员。

第三节 少体校

1993年，地区少体校以射击、田径、举重、武术、篮球为重点项目，古田县少体校以体操（含跳水、蹦床）、乒乓球、游泳为重点项目，福安市少体校以射箭、射击、田径、击剑为重点项目，福鼎市少体校以OP帆船帆板为重点项目，屏南县少体校以跆拳道、拳击为重点项目，宁德市（今蕉城区）少体校以举重、摔跤为重点项目，霞浦县少体校以足球、射箭、跆拳道为重点项目。

2001年，宁德市少体校设有田径、射击、举重、武术、篮球和赛艇等6个项目，共有学生90人（包括走读生），并在全市设有福鼎五中OP帆船、福安老区中学田径、福鼎二中田径、福安四中射击、霞浦六中射击和蕉城举重等6个基层训练网点。是年，在第九届全国运动会上，市少体校训练网点选送的OP帆船运动员高传伟获男子帆板银牌，射击队员蔡铭获全国青少年射击比赛男子移动靶银牌、李雪艳获女子移动靶铜牌，田径队员杨杰获全国中学生田径比赛男子400米银牌，周雄获全国田径少年分龄赛男子跳高铜牌，举重运动员余洪樟获全国青少年男子举重比赛52千克级银牌；武术运动员周斌获全国青少年武术比赛男子太极拳冠军。当年，全区共10人次获全省比赛冠军，分别是李雪艳（射击）、蔡铭（射击）、周雄（田径）、杨杰（田径）、林桑（田径）、王进（田径），余洪樟（举重）、孙志锋（举重）、苏蕊钰（举重）、林邦铃（举重）。2005年市少体校射击、武术、田径，古田少体校体操，福鼎五中帆船帆板，福安十中射箭被命名为省级单项体育后备人才基地。

第四节 举办与参加运动会

一、举办中小学运动会

1993年起，全区各中小学校（含小学中心校以上）每1 ~ 2年都举办一次学校运动会。

1995 年 10 月，在地区体育场举办宁德地区第四届中小学生运动会，全区 9 县（市）选派 430 名运动员参加田径、篮球等项目比赛。

1998 年 11 月，在地区体育场举办宁德地区第五届中小学生田径运动会，有 324 名运动员参加 22 项比赛，其中中学竞赛项目 13 项、小学竞赛项目 9 项。

1999 年，地区体委与教委联合在福安市新体育中心举办全区第六届中小学生运动会，18 个代表队、1000 多运动员参加，有 42 人打破 14 项地区中学生田径纪录。中学 10 人、小学 6 人获得田径二级运动员称号。

2000 年 11 月，在地区体育场举办宁德市第六届中小学生田径运动会，各县市选送 322 名运动员参加 22 项比赛。是年，市体委与教委联合举办每年一次的全市高中学校学生男子篮球赛，比赛采用甲、乙两组升降制循环赛，30 所中学代表队参加比赛。古田、霞浦、周宁、柘荣等县先后举办中小学生运动会。

2002 年 1 月，在宁德一中举行宁德市“都市杯”中小学生航空模型比赛，全市 20 个中小学 166 名学生代表参赛。宁德五中、宁德十中、寿宁鳌阳中学分获中学组前 3 名，柘荣县城郊学区、霞浦县溪南学区、蕉城区一小分获小学组前 3 名。

2003 年 11 月，在市体育场举办宁德市第七届中小学生田径运动会，有 324 名运动员参赛，18 人 30 次打破 27 项中学生田径纪录，有 1 名中学生获国家一级运动员称号。

2004 年 10 月，市体育局、教育局联合举办宁德市第八届中小学生田径运动会，9 县（市、区）400 多名学生运动员参加比赛，打破一批中、小学生田径运动全市纪录。

二、参加国家、省中学生运动会

1993 年 8 月，在山东青岛全国第五届中学生运动会上，宁德地区代表队福安籍运动员林光斌获男子田径甲组 800 米第四名。

1995 年 12 月，在龙岩全省第六届中学生田径运动会上，宁德地区队获 4 金、2 银、3 铜，其中霞浦三中苏招金获初中组男子田径 800 米、1500 米 2 枚金牌。

2000 年 12 月 9—10 日，宁德市代表队参加省教育厅举办的全省中学生田径运动会，获得金牌 6 枚、银牌 7 枚、铜牌 4 枚，19 人次达到二级运动员标准。

2003 年 10 月，宁德市中小学生足球队到澳门参加闽粤港澳中小学生足球运动协作区交流比赛。

2004 年 12 月，宁德市中小学田径代表队参加全省中小学生田径赛，分获男、女团体总分第一名。

2005 年 7 月，在宁德全省青少年射击锦标赛上，福鼎城中获金牌 1 枚。12 月，在宁德全省青少年摔跤比赛上，宁德市代表队获女子团体第一名和男子团体第二名。

第四章　竞技体育

第一节　训练与人才培养

一、体育训练

1993年，由宁德地区体育局牵头，县（市、区）体育部门与教育部门、基地校紧密配合建立联合育才训练机制，同时成立体教结合协调小组，由市、县（市、区）分管体育工作领导牵头协调，体、教、校三方共同制订培训计划、组织实施、落实管理，建立体育传统项目学校、业余少体校训练评估制度。

宁德地区少体校与县（市）少体校有重点班学员220多人，普通班学员600多人。全区先后有38所中小学被省、地列为体育传统项目学校。地区体委和教委采取"体教结合、联办联管"办法，全区建立19个人才基地校和10余所选材重点校。是年，各基地校成立选材小组，把选拔人才工作延伸到下一级学校和乡村小学，并把选拔入学的体育专长生，列入在校生学籍管理。平时在校读书，寒暑假到少体校训练，体育项目训练由体育主管部门负责，同时制发特长生就读、升学、集训、考试、竞赛的办法。

2004年，宁德市竞技体育有田径、举重、射击、射箭、OP帆船、帆板、跆拳道、拳击、武术、蹦床、体操、游泳、跳水、乒乓、篮球、羽毛球、击剑、摔跤等18个项目。全市在册运动员300多人，其中国家队3人（OP帆船帆板、蹦床、射击），省体工队23人。全市有教练员64人，其中高级教练员3人，中级教练员16人。全市共有8个训练基地，其中射箭2个（国家级1个、市级1个），OP帆船、帆板1个（省级），跆拳道、拳击1个（省级）、射击1个（市级），武术散打2个（市级），击剑1个（市级）。年底，市体育局、教育局联合出台《宁德市县级体校、传统校评估暂行实施办法》，从组织领导、办学规模与教练员队伍，训练设备场地设施、训练管理、办校经费、人才培养、参赛与效益6个方面每两年进行评估，并根据考核结果对成绩优秀的学校进行奖励，不合格学校予以通报批评、限期整改等。

2005年，宁德市竞技体育增加足球、柔道2项，OP帆船、帆板合为1项，计19项。全市在册运动员760人，均参加省资格赛。是年，全市在19所中小学体育传统项目校学习训练的各类体育项目专长生1000多人。各传统项目校拓展人才培养网络，射击以霞浦六中为培养对象，汽步枪、气手枪在福安四中建立二、三线人才队伍，射箭在福安实小建立二、三线队伍，体操在古田一小创办幼儿兴趣班，田径、篮球在福安、蕉城、古田、福鼎各基地校建立二、三线队伍，举重摔跤等在蕉城、福安、霞浦等基地校建立培训网络基地。全市有后备人才训练基地24个（所）、13个项目，其中国家级基地有射箭1个，省级基地有射击、OP帆船帆板、体操、蹦床等4个。

二、人才培养、输送

1993年，地区体委采用输送、选送、代培等方式，从全区各少体校输送70多名田径、射击、射箭、乒乓球、武术、体操、蹦床、重竞技、水上项目有发展潜力的人才到国家队、省队训练或集训。地区体委还与福州、厦门、泉州等市及省内部分高校建立双向后备人才培养合作机制，签订田径、跆拳道、举重、摔跤、柔道等项目人才合作培训协议。

2001年，宁德市少体校向高一级体校、优秀运动队以及大中专院校输送16人，分别是：蔡铭到国家射击二队（清华大学射击队），李雪艳（女）、林忠仔到福建省射击队，杨杰、李可光、陈光辉到福建省田径队，王岩冰、黄瑞德到上海市举重队，孙志锋、黄神锦到上海体院竞体队，郑晓到福建省体校田径队，陈千江、薛博文到福建省体校武术队，林邦铃、吴惠梅（女）到福州市体校举重队，苏蕊钰（女）到山东省枣庄市体校举重队。

2002年，宁德市制发实施《2003—2010年宁德市体育后备人才培养规划》，对全市未来8年的发展目标、规模、重点、质量及措施等作出规划，建立多方位、多层次、全过程的系统管理，逐步形成项目布局合理，人才梯队完备，优势项目突出，训练成效显著的业余训练格局。

2005年，全市有射箭1家1项国家级后备人才培养基地（项目），有游泳、体操、蹦床、帆船、帆板、射击、武术、田径4家8项省级后备人才培养基地（项目），有篮球、摔跤、武术、田径、跆拳道、拳击、击剑、射箭、皮划艇、射击、举重等19家11项市级后备人才培养基地（项目）。全市有田径、举重、射击、帆船帆板、武术、蹦床、跳水等19个运动项目注册运动员760人。至2005年，全市累计向省、国家各运动队输送近70名优秀后备人才，涌现出高传伟、连翠仙、高爱萍、周传成（OP帆船帆板），李成伟（跳水）、阙志成、陈亮（蹦床）、周斌（武术）、李霞艳、林忠仔、余延博（射击），杨杰（田径），郭巧霞、马晓勉（射箭）等一批体育运动名将。

1993—2005年宁德市（地区）向国家、省队输送优秀运动员名单一览表

表40-1　　单位：人

项目	人数	运动员
OP帆船帆板	12	高传伟（福鼎）　连翠仙　女（福鼎）　郑爱萍　女（福鼎）　翁巧珊　女（古田） 马芳华　女（福鼎）　林琳（福鼎）　林孝敏（福鼎）　温自进（福鼎） 郑爱萍　女（福鼎）　周传成（福鼎）　王功国（福鼎）　汤文（古田）
跳水	2	李成伟（古田）　李威（古田）
蹦床	4	阙志城（古田）　陈亮（古田）　黄晓琴　女（古田）　黄志鹏（古田）
武术套路	4	周斌（蕉城）　潘映晴　女（古田）　陈千江（不详）　薛博文（不详）
射击	5	李雪艳　女（蕉城）　林忠仔（福安）　余廷博（蕉城）　蔡铭（霞浦） 刘文婷　女（古田）
田径	16	杨杰（福安）　唐丽强（福鼎）　陈广义（蕉城）　林博琦（福安）　张兰　女（古田） 黄智惠　男（霞浦）　王修旻（蕉城）　郑轻萍　女（古田）　雷玉莉　女（古田） 郭莉莉　女（福安）　李可光（福安）　陈辉（古田）　林伟丽　女（福安） 郑开戎（古田）　吴锦堂（古田）　郑晓（周宁）

续表 40-1

项目	人数	运动员
自行车	5	胡普雄（福安）　吴恒斌（福安）　袁锦钊（柘荣）　叶谨（福鼎）　蔡杰（福鼎）
中国象棋	1	马松颖　女（福鼎）
射箭	3	郭巧霞　女（福安）　林双佳　女（福安）　马晓勉（福安）
乒乓球	2	林琼　女（古田）　陈颖　女（古田）
摔跤	6	黄雅玲　女（蕉城）　许倩倩　女（蕉城）　张健爱（蕉城） 苏健（蕉城）　刘婷　女（柘荣）　黄训强（蕉城）
举重	7	林慧玲　女（蕉城）　陈眉龙（霞浦）　王岩冰（蕉城）　余洪樟（蕉城） 郭智敏（古田）　袁程飞（寿宁）　詹文凯（周宁）
体操	1	黄嘉鑫（古田）

第二节　竞技比赛

一、举办地区（市）运动会

1994 年 10 月 21—25 日，在地区体育场举行宁德地区第四届运动会。全区 9 县（市）与 6 个行业的 15 支代表队 430 名运动员参加田径、篮球、乒乓球、羽毛球、射击、象棋、围棋等 7 个项目比赛。古田县和宣教系统代表队分获县（市）组和行业组总分第 1 名，有 13 人 18 次刷新地区 7 项田径纪录。

2001 年 10 月 1—3 日，在新落成的市体育中心举行宁德市第一届运动会。全市 9 县（市、区）与 10 个行业的 19 个代表团，1300 名运动员、教练员、裁判员参加，其中 800 名运动员参加田径、球类、棋牌、射击、武术、游泳等 12 个项目竞赛，决出金、银、铜牌 231 枚、230 枚、228 枚。福安市、古田县、福鼎市代表队荣膺总分前 3 名，福安市、古田县、周宁县代表队分获金牌前 3 名，宣教系统、宁德师专、政法系统代表团分获行业组总分和金牌前 3 名，有 26 人刷新宁德市 20 项田径纪录，寿宁县、柘荣县、屏南县、福鼎市、市直机关党工委、市政府办、市外经委等 7 个代表团和郑浩辉等 112 名运动员获体育道德风尚奖。

2005 年 10 月 27—30 日，宁德市第二届运动会在市体育中心举行，9 县（市、区）和 16 个行业代表队的 2000 多名运动员、教练员、裁判员参加（其中运动员 1400 多名）。比赛设田径、足球、游泳、棋类、射击、篮球、乒乓球、羽毛球等 14 个项目。25 人次破市运动会纪录。

二、参加省运动会

1998 年 10 月，在泉州市举行福建省第十一届运动会。行署副专员李元明率 253 人组成宁德地区代表团（其中运动员 166 人，领队、教练 50 人），参加跳水、拳击、乒乓球、足球、OP 帆船、帆板、武术、篮球、体操、皮艇、划艇、赛艇、游泳、射箭、蹦床、田径、射击、举重、散手等 19 个项目比赛。运动会上获金牌 20 枚、银牌 12 枚、铜牌 24 枚，金牌数与三明市并列全省第7位。获团体总分722分、居全省第8位。竞赛成绩创历届最好。

2002年10月，在福州市举行福建省第十二届运动会，副市长陈兴生率300人组成宁德市代表团（其中运动员250人），参加蹦床、帆板、OP帆船、跆拳道、跳水、篮球、皮划艇、赛艇、武术套路、武术散打、拳击、游泳、体操、举重、田径、射箭、射击、乒乓球等18个项目竞赛。会上获金牌28枚、银牌28.5枚、铜牌43枚，其中有3人在田径、射箭等3项比赛中破省纪录，跆拳道、举重、游泳实现金牌零的突破。获团体总分1150.5分，居全省第7位，较上届前移1位。市代表团荣获省第十二届运动会体育道德风尚奖。

三、参加全国竞赛

1993年9月4—10日，地区选派5名运动员，作为福建省体育代表团成员，参加在北京举行的全国第七届运动会。

1997年10月12—24日，全国第八届运动会在上海举行。宁德地区11名运动员入选福建代表团并进入决赛，1人获得男子单人帆船第4名。

2001年11月11—25日，全国第九届全运会在广东举行。宁德市15名运动员入选省代表团参加8个项目比赛，并夺得金、银、铜牌各1枚，3个第4名，1个第5名，获奖牌数居福州、厦门市之后，列全省设区市第3名。

2005年10月12—23日，在江苏举行全国第十届全运会。宁德市选派16名运动员参加省代表团参与比赛。宁德运动员获得3金、1银、1铜，获奖牌数居福州、厦门市之后，列全省设区市第3位。是年，宁德市体育局被福建省体育局授予“全运会突出贡献奖”。

1993—2005年宁德市（地区）运动员参加全国运动会获奖情况一览表

表40-2

时间	地点	届别	姓名	项目	成绩
1993.4	北京	第七届	—	—	—
1997.10	上海	第八届	刘孝敏	帆船	4
			林琳（女）	帆船	7
2001.11	广东	第九届	李成伟	男子双人20米跳台跳水	1
			李成伟	男子团体跳台跳水	2
			阙志成	蹦床男子单人	3
2005.11	江苏	第十届	李雪艳（女）	女子10米移动靶	1
			林忠仔	男子气手枪50米60发	5
			周传城	OP帆船	1
			连翠仙（女）	OP帆船	6
			周斌	武术套路（太极拳）	1
			杨杰	男子4×400米接力	2
			李成伟	男子双人10米跳台跳水	3

四、参加国际比赛

1996 年 4 月，在第五届亚洲跳水锦标赛上，古田籍跳水运动员李成伟获男子 10 米跳台跳水冠军。

1997 年 9 月，在墨西哥第十届世界杯跳水比赛上，李成伟获男子团体、混合团体、男子双人花样跳台跳水 3 项冠军。

2002 年 8 月，在英国拉格斯举行的世界帆船锦标赛上，福鼎籍运动员高传伟获男子单人帆板冠军。同年，在亚洲帆船锦标赛上，福鼎籍女运动员连翠仙获女子 OP 帆船冠军。

2003 年，在亚洲帆板锦标赛上，福鼎籍运动员高传伟获男子单人帆板冠军。

2005 年，在世界蹦床锦标赛上，古田籍运动员阙志成获男子团体冠军。是年，在第十五届亚洲运动会上，福安籍运动员林忠仔获男子气手枪 50 米 60 发冠军。在越南河内举行的第八届世界武术锦标赛上，蕉城籍武术运动员周斌获男子太极拳冠军。在德国慕尼黑举行的射击世界杯赛上，福安籍运动员林忠仔获男子气手枪 50 米 60 发冠军。

第三节　承办重要赛事

一、国家级赛事

1997 年 2 月，在宁德地区举办“乘风杯”全国女子篮球邀请赛，上海、湖北、济南军区、福建等 4 支女子篮球队参赛。

1998 年 9 月 20 日，在古田翠屏湖举办“大力水手杯”全国首届公开九城游泳比赛，北京、河北、江苏、浙江、台湾、福建、中国电力体协、福建古田等 17 支代表队参赛。古田县女子代表队获女子团体第 1 名。

2003 年、2004 年，福鼎市体育局连续 2 年在福鼎市体育馆举办全国女子篮球甲级联赛福建队主场赛。

二、省级赛事

1997 年 1 月，地区体委和福安市武术协会在福安市承办 1997 福建省第六届武术散手“久九神杯”擂台赛。

2000 年 6 月，古田县体委承办哈萨克斯坦共和国国家男子篮球队与福建男子篮球队对抗赛。

2002 年，在霞浦县举办全省首届海钓比赛。

2005 年 7 月，市体育局承办全省青少年射击锦标赛，有 483 名运动员、教练员和裁判员参赛，宁德市获得 1 枚金牌，总成绩列全省第 6 位。12 月，市体育局承办全省青少年摔跤比赛，有 300 多名运动员参赛，宁德市取得女子团体第 1 名和男子团体第 2 名。

1993—2005年宁德市（地区）运动员参加全省运动会比赛成绩一览表

表40-3

时间	地点	运动会名称	组别	创造者	单位	项目	成绩	省纪录
2002.10.2	福州	省十二届运动会	成年男子	郑雪飞	师专	跳远	7.07M	8.36M
2002.10.2	福州	省十二届运动会		郑　晓	福安	三级跳远	14.56M	17.22M
2002.10.2	福州	省十二届运动会	成年女子	杨玲珊	福安	200M	25″17	23″71
2002.10.2	福州	省十二届运动会		杨玲珊	福安	400M	56″33	53″38
2002.10.2	福州	省十二届运动会		冯婉婷	古田	铁饼1KG	46.34M	53.42M
2002.10.2	福州	省十二届运动会		韦晓珍	古田	标枪600G	51.95 M	51.95M
2002.10.2	福州	省十二届运动会	少年男子甲组（16～17岁）	杨　杰	福安	200M	21″81	21″81
2002.10.2	福州	省十二届运动会		杨　杰	福安	400M	48″65	48″19
2002.10.2	福州	省十二届运动会		周　雄	周宁	跳高	1.83M	2.21M
2002.10.2	福州	省十二届运动会		李可光	福安	跳远	7.05M	7.61M
2002.10.2	福州	省十二届运动会		范东斌	古田	铅球6KG	17.02M	17.35M
2002.10.2	福州	省十二届运动会		范东斌	古田	铁饼1.5KG	44.22M	58.94M
2002.10.2	福州	省十二届运动会	少年女子甲组（16～17岁）	余香妹	古田	三级跳远	11.73M	13.51M
2003.3.8	泉州	2003年省少儿田径锦标赛	少年女子乙组（14～15岁）	林　欣	周宁	铅球4KG	10.09M	10.99M
2004.4.7	福州	2004年省少儿田径锦标赛	少年女子甲组（16～17岁）	雷玉莉	古田	100M	12″67	11″85
2004.4.7	福州	2004年省少儿田径锦标赛	少年女子乙组（14～15岁）	雷玉莉	古田	100M	12″67	12″12
2004.4.7	福州	2004年省少儿田径锦标赛		郑玲钰	周宁	跳远	5.74M	6.10M
2005.5.7	莆田	2005年省少儿田径锦标赛		雷玉莉	古田	400M	1′00″47	55″28

第五章　管　理

第一节　机构社团

一、机构

（一）宁德市体育局

宁德地区体育运动委员会（简称地区体委）有专职副主任 1 人、专职干部 3 人。2000 年，随撤地设市改为宁德市体育运动委员会。2001 年，根据《中共宁德市委、宁德市人民政府关于宁德市党政机构改革的实施意见》和《中共宁德市委、宁德市人民政府关于宁德市市级党政机构设置的通知》精神，宁德市体育运动委员会改为宁德市体育局。2002 年 9 月，市体育局内设机构为办公室和竞赛群体科，行政编制 8 名。市老年人体育协会挂靠市体育局，核定机关事业编制 2 名（其中科级领导职数 1 名）。2005 年，经市编委批准，体育局竞赛群体科更名为竞赛训练科，对外增挂群众体育科牌子，增核副科级职数 1 名。

（二）市体育局直属事业单位

宁德市体育中心　前身为体育场管理站，编制 6 人。2001 年，更名为市体育局直属事业单位，核定编制 12 人，其中，行政编制 2 名。

宁德市少体校　是宁德市唯一一所集食宿、训练和文化学习“三集中”的公立体育运动学校，设有田径、射击、举重、武术、游泳、跆拳道等运动项目。2001 年，宁德地区少体校更名为宁德市少年体育学校，核定编制 15 人。2005 年，事业编制 20 名，其中行政编制 2 名，专技编制 17 名，工勤编制 1 名。

二、社团

（一）地区（市）、县（市）体育总会

1992 年 5 月，经地区民政局批准，成立地区体育总会，挂靠地区体委。其后，各县（市）相继成立县（市）体育总会，均挂靠县（市）体委。2000 年，撤地设市，地区体育总会更名为市体育总会。2005 年，市体育总会有团体会员 9 个，全市有专兼职工作人员 29 人。

（二）地区（市）、县（市）老体协

1990年，成立地区老年人体育协会（简称老体协），挂靠地区体委，核定事业编制2名。其后，各县（市、区）相继成立老体协。2000年，撤地设市，地区老体协更名为市老体协。撤市设区，宁德市老体协更名为蕉城区老体协。2005年全市有市、县（市、区）老体协10个，专职工作人员9名、兼职人员60多人。

（三）地区（市）、县（市）农民体协

1993年，地区与9县（市）农民体育协会（简称农体协）有会员6000多人。1995年7月，在宁德召开地区农民体协工作会议暨第三次代表大会，选举产生第四届宁德地区农体协。2005年，全市有市、县（市、区）农体协10个，会员10多万人。

（四）单项体育协会

1993年，全区群众性体育社团发展迅速，且多设有地（市）县两级机构。至2005年，全市有篮球协会、羽毛球协会、武术协会、网球协会、钓鱼协会、乒乓球协会、门球协会等单项体育协会（含县、市、区）57个。

第二节　体育经费管理

一、财政经费

全市体育经费分别纳入市、县（市、区）两级财政预算，并随财政收入递增及体育事业发展而逐年增加。体育经费主要用于人员开支、体育设施及器材的添加维护、群众体育活动开支等。举办市级大型运动会或参加省以上运动会，所需经费由财政另行拨付。

2001—2005年宁德市本级体育经费支出情况统计表

表40-4　　单元：万元

年份	金额	开支项目			
		训练竞赛	群众体育	老体协	其他
2001	113	97	1.1	7.6	7.3
2002	204	160	3.5	29.3	11.2
2003	136	104	5	9.6	17.4
2004	123	90	6	11.2	15.8
2005	121.4	92	1.2	18	10.2
合计	697.4	543	16.8	75.7	61.9

说明：训练竞赛支出含市部分少体校经费

二、体育彩票

（一）销售

1998 年，区内开始销售体育彩票，但点少销量小。2000 年后，体育彩票销售快速发展。2002 年，全市设有 98 个销售点，年销售额 1.95 亿元，其中福鼎市销售量最大，达 4769.69 万元，蕉城区其次，4173.32 万元，屏南县最少，369.19 万元。其后，全市体育彩票销售量逐年下降。

2005 年，全市有体育彩票销售站（点）210 个，其中福安最多，有 50 个；屏南最少，仅 4 个；全市销售体育彩票 1.24 亿元，其中福鼎市销量最大，销出 3119 万元；屏南县最少，仅销售 134 万元。2002—2005 年，全市销售体育彩票 5.90 亿元。

三、公益金使用

2002 年，根据国家有关规定，宁德市可提取发行销售体育彩票总额的 10%，作为体育事业公益金，用于资助当地开展全民健身活动，补助大型体育运动会建设维修体育场馆设施、扶持体育扶贫工程专项开支等。

2002—2005 年，全市利用 180 万元体育彩票公基金实施“奥运争光”活动。每年补助宁德少体校学生食宿、训练、装备材料费 100 多万元。同时，投入 3500 万元体育彩票公益金用于农村体育健身工程建设，全市基本实现“村村有体育场地、乡镇有体育中心、2000 以上人口村有小型体育健身场所”目标。至 2005 年，全市投入体育彩票公益金达 5000 多万元。

2002—2005 年宁德市体育彩票销售情况统计表

表 40-5　　单位：万元

县（市、区）	2005 年站点数	年份				合计
		2002	2003	2004	2005	
蕉城	48	4173.33	2933.54	2208.52	2450.74	11766.13
古田	9	1208.15	591.96	278.41	257.69	2336.21
屏南	4	369.19	204.59	129.80	133.50	837.08
周宁	7	739.20	570.37	332.62	360.75	2002.94
寿宁	11	733.31	654.13	479.15	449.44	2316.03
福安	50	3934.20	3518.94	2906.30	3063.02	13422.46
柘荣	7	739.21	569.60	399.52	363.19	2071.52
福鼎	43	4969.69	3628.07	2764.62	3118.63	14481.01
霞浦	31	2839.07	2570.65	2165.54	2190.26	9765.52
全市	210	19705.35	15241.85	11664.48	12387.22	58998.9

第三节　教务人员管理

一、教练员管理

1993年，地、县两级少体校多以聘请中小学体育教师兼任教练，全区在岗并开展体育训练教练员不足20人。1994—1996年，地区体委加大教练员培养和引进，先后引进5名教练员，其中举重1名、田径1名、击剑2名、摔跤1名。1996年，全区专职教练40余人。同时，采取“体教结合”方式聘请38名中小学在编体育教师为体育项目传统校和地、县两级少体校兼职教练。每年选送教练员参加国家、省、地区业务培训。至2000年，全市累计选送500多人次参加各级培训，其中40多人次参加中、高级教练员培训及训练教学大纲学习。对在省、全国和世界级等重大比赛中做出突出贡献的教练员，市委、市政府予以表彰或奖励，并为其申评省局、国家总局有关奖励。2001年，宁德市少体校田径教练陈荣、刘绍龙和射击教练洪敦翔（女）获评全国体育先进工作者，举重教练李上富获评全国群众体育先进个人，武术教练陆荣光获评全省体育先进个人。

1998年，宁德地区二级社会体育指导员培训班结业典礼

至2005年，全市有专职教练员49人，其中市级11人、县级38人。高级教练3人，中级18人，初级24人。

二、裁判员管理

1993年，全区有二级以上裁判员113人，其中国家级裁判员6人、一级裁判员51人、二级裁判员56人。这些裁判员主要是篮球、田径、乒乓球等传统项目。此后，随着全区体育运动项目的扩增，其他项目裁判员也相继涌现。

至2005年年底，全市累计有国家专兼职一、二级运动裁判员344名（专职46名），涉及34个运动项目。其中，经省体育局批准授予15个运动项目国家一级裁判员29人，市体育局批准授予19个运动项目国家二级裁判员315人。全市有专职裁判员46人，其中市级15名、县级31名，一级22名、二级21人、三级3名。

第四十一编　扶贫扶建与造福工程

宁德是福建省重点老区，是全国18个连片贫困地区之一，也是全国沿海唯一的贫困地区。闽东苏区也是党在土地革命时期创建的根据地之一，闽东人民为全国革命胜利做出了重大牺牲和贡献，党和国家十分关心和关注闽东老（苏）区扶建工作。1980年，中共宁德地委、行署根据省政府《关于开展农村贫困户实行规划扶贫的通知》精神，开始农村扶持贫困户发展生产、摆脱贫困工作。1984年，中共中央、国务院印发《关于帮助贫困地区尽快改变面貌的通知》，福建省从1985年开始的有计划、有组织、大规模的农村扶贫工作。并提出“三年脱贫、五年摘帽、八年作贡献”的“358”农村扶贫规划。

1995年后，宁德又根据国家“八五扶贫计划”，结合国务院所批“开放促开发扶贫综合改革试验区”机会和实施国家《2001—2010年中国农村扶贫开发纲要》第一阶段计划等，广泛开展农村脱贫致富、扶贫攻坚和“奔小康”活动，通过在省内率先推行“造福工程”搬迁等一系列扶贫创新措施，不断推进农村扶贫的深入发展、巩固扶贫成果。至2005年年底，全市农村人口年人均收入达4862元，扣除列入低保人口外的实际农村贫困人口仅剩9.39万人，占农村总人口的3.92%。宁德农村扶贫取得历史性、阶段性显著成果。同一时间，结合老（苏）区优惠扶持政策，开展了老（苏）区扶建工作。

第一章　农村扶贫

第一节　实施“358”农村扶贫规划

1980 年，中共宁德地委、行署根据省政府《关于开展农村贫困户实行规划扶贫的通知》精神，开始农村扶持贫困户发展生产、摆脱贫困工作。各级政府，根据各个贫困户的具体情况，采取定项目、帮资金、教技术等办法，发展一些“短、平、快”项目，帮助贫困户发展生产、增加收入。“六五”期间，全区共扶持 4.09 万户，发放资金 3000 多万元，帮助 9715 户农户脱贫。但是，对大部分农户尤其是生活在边远山区、海岛，交通不便、生产和生活条件差的广大农村群众来说，生产发展还是不快、生活依然艰苦。1984 年 5 月，福鼎县委新闻科原科长王绍据下乡到该县磻溪镇赤溪村下山溪老区基点村采访时，“有感于解放 30 多年了，这里仍是村落破败茅屋连片，男女老少衣衫褴褛，吃的是地瓜丝（茹米），甚至以野菜充饥，生活极度贫困”，遂向《人民日报》编辑部寄去一封群众署名来信，反映闽东农村的贫困状况，《人民日报》编辑部以内参形式发表该信，几位中央领导随即批示并传真到福建省委办公厅。省长马兴元阅后写下批示：“解放 35 年了，想不到老区群众还吃不饱、穿不暖，我愧对这些父老乡亲”。同年 9 月 30 日，中共中央、国务院印发《关于帮助贫困地区尽快改变面貌的通知》，遂引发福建省从 1985 年开始的有计划、有组织、大规模的农村扶贫工作。并提出“三年脱贫、五年摘帽、八年作贡献”的“358”农村扶贫规划。福鼎磻溪赤溪村也被誉为“中国扶贫第一村。”

此后，福建省委、省政府出台一系列支持贫困地区脱贫的政策措施，宁德全区从思想动员、力量组织到领导机构进行全方位的部署。围绕“使贫困户有一个解决温饱问题的基础，有一个稳定的收入来源”这一中心目标，地、县、乡（镇）三级集中大量人力、财力、物力，展开扶贫工作。主要措施有采取发放小额贴息扶持生产资金、赊销棉布衣服、发放回销粮等，使绝大多贫困户基本解决长期以来为之困扰的温饱问题。此间，中共福建省委、省政府向贫困地区派出扶贫工作组，全区组织干部 3 万多人次参加扶贫工作，仅驻村包片扶贫的省、地、县三级工作队员就有 1232 人，形成由厅领导带队、处级领导为骨干的强大扶贫工作队伍。全区普遍采取帮助贫困户发展“五个一”，即：种好一份责任田，发展一亩茶、一亩果、十亩林，养好一群禽畜，学会一两项农村实用技术，解决温饱问题，并为发展开发性生产打下基础。

至 1990 年年底，全区农业总产值 9.65 亿元，与 1985 年相比平均年递增 5.9%。粮食总产量 84.19 万吨，农村造林 75 万亩，茶叶、食用菌逐步成长为农户生产主产业。农民人均纯收入达604元、人均口粮286千克，分别比1985年增加274元和126千克。其中，6个重点贫困县（市）农民人均纯收入达585元、口粮276千克。全区原有16.63万户贫困户，累计解决温饱16.12万户。但全区人均工农业总产值1845元，仍比全省平均水平低2139元，农民人均纯收入755元，比全省平均水平低229元。人均纯收入低于600元的乡（镇）还有21个，人均纯收入低于450元的建制村达351个。44%建制村不通公路，9.7%的建制村不通电，15.3%的建制村不通电话。

第二节　实施“八五”扶贫计划

1993年，闽东已被国务院专项批准为“开放促开发扶贫综合改革试验区”，福安、福鼎、寿宁、屏南、周宁、柘荣等6县（市）也被列入国家重点扶持的贫困县。2月，宁德地委、行署召开试验区实施动员大会，提出将改革试验作为推动全区工作，尤其是当前农村扶贫开发这一中心工作的动力，确保改革试验和农村扶贫工作的顺利进行。特别是要把经国务院批准的土地制度建设、股份制和股份合作制试验、投资体系改革、市场体系培育和发育、机构改革、扩大沿海对外开放和加快山区发展等七项试验作为重点，把农村扶贫开发工作引向深入。是年，全区抽调地、县（市）机关单位1120名干部，组成扶贫工作队到487个贫困村驻点，帮助农民提高文化、科学技术水平，掌握致富本领，发展“两高一优”（高产、优质、高效）农业。地区财政在财力紧缺的情况下拨出专项资金用于农村培训，累计为农户培训农村实用技术5.48万人次，培训农民技术员6300名。地直12个系统还与省定17个贫困乡（镇）挂钩，对于类似福鼎磻溪赤溪村下三溪自然村那样偏远的生产、生活条件恶劣的地区，地委、行署决定实施“造福工程”，有计划、分阶段地将他们整村迁往主村或生产、生活条件较好的公路沿线。至年底，全区农业总产值达到29.04亿元，比上年增长12.8%，其中种植业产值增长7.4%、林业增长12.9%、牧业增长12.9%、渔业增长24.3%；粮食增产91.94万吨，水产品产量23.46万吨、增长19.6%，食用菌总产4.01万吨，增长10.8%；茶叶总产2.47万吨、增长16.9%，水果产量6.83万吨，增长34.6%；乡镇企业发展强劲、总产值48.53亿元、增长1.1倍。“造福工程”启动后，全区已完成56个特困村的1250户、6336人搬迁。1993年年底，福安、福鼎率先摘掉贫困县帽子，并跨入福建省年财政收入亿元县（市）行列。

1994年，全区先后在110个村进行农村集体土地制度和国有土地使用制度试点改革。发展农村股份合作制企业7100个、股本金达7.3亿元，引导创办股份制经济实体3万多家。在12个乡镇进行机构改革。沿海各县（市）借助试验区优惠政策，吸引外资以港口开发促进区域经济发展，山区各县则通过培育经济增长点加快扶贫开发进程。全区农业总产值达35.5亿元，粮食总产量为96.17万吨。其中种植业产值5.3亿元、林业产值5.8亿元、牧业产值4.7亿元、渔业产值9.7亿元，有林面积培育71.17万公顷、茶果面积达到8.4万公顷、食用菌产量6.49万吨，农产品商品率达67.3%。乡镇企业发展迅猛，新办各类企业6.63万元、工业人员25.03万人、年产值83.62亿元；外贸出口交货总值6.72亿元。“造福工程”的实施极大地改变了农村的贫困状况。年底，全区农村人均年纯收入达到1317元，是1984年的4倍，超过全国平均水平。贫困面大幅下降，全区累计贫困人口从1984年79.1万人下降到1995年24万人，脱贫率达70%。全区基本解决农村贫困人口的温饱问题。

1992—1993 宁德地区省定贫困乡（镇）统计表

表 41-1　　单位：个

县（市）	省定贫困乡（镇）数	省定贫困乡（镇）
宁德市	6	霍童、九都、赤溪、虎浿、洪口、金涵
古田县	3	杉洋、凤都、大甲
屏南县＊	5	黛溪、双溪、路下、熙岭、寿山
周宁县＊	5	咸村、纯池、泗桥、礼门、玛坑
寿宁县＊	9	南阳、大安、坑底、竹管垅、犀溪、平溪、托溪、芹洋、下党
福安市＊	8	上白石、潭头、范坑、松罗、穆云、康厝、坂中、晓阳
柘荣县＊	6	城郊、东源、黄柏、宅中、楮坪、英山
福鼎县＊	5	前岐、贯岭、管阳、叠石、硖门
霞浦县	6	下浒、柏洋、北壁、水门、盐田、崇儒
合计	53	—

说明：＊者为国家级重点贫困县

第三节　实施“八七”扶贫攻坚计划与农村奔小康

1994 年 3 月，国务院制定和发布的《关于全国扶贫开发工作纲领》，决定 1994 年至 2000 年，全国要集中人力、物力、财力，动员社会各界力量，力争用 7 年左右时间，基本解决目前全国农村 8000 万贫困人口的温饱问题，即《国家八七扶贫攻坚计划》。

1995 年 4 月，省委书记贾庆林到闽东调研，提出闽东要开展创建小康活动。指出：“1997 年全省能否奔小康，关键看闽东，闽东的土地和人口占全省的十分之一，没有闽东的小康就没有全省的小康。从现在起，就要实行倒计时，发动群众，艰苦创业。确保脱贫致富奔小康目标的实现”。根据省委、省政府的要求，地委、行署决定从区域发展状况出发，提出“坚持以脱贫致富奔小康统揽农村工作全局”的指导思想，结合《国家八七扶贫攻坚计划》，在全区组织开展一场声势浩大的扶贫攻坚和争创小康村活动。计划用 3 年时间（1995—1997 年）使全区农村基本实现小康，即全区要有 80% 的建制村达到小康标准，争取 4 个国家重点贫困县中有两个以上摘掉贫困帽子。其余 20% 村和农户要通过“造福工程”“脱贫致富工程”等扶贫攻坚和强化社会保障体系建设，使其过上温饱生活。具体分三个阶段实施：第一阶段，1995 年 5 月至 1996 年 4 月，选择基础较好、基本接近小康的村进行重点建设，力争全区有 1000 个建制村基本达到小康标准，占建制村总数的 46.2%。第二阶段，1996 年 5 月至 1997 年 4 月，选择发展条件处于中等状态村进行强化建设，力争到 1997 年 4 月底，大部分基本达到小康水平，累计占建制村总数的 70%。第三阶段，1999 年 5 月底到年底，集中力量，解决难度大的部分村，使全区 80% 以上的建制村基本达到小康标准。6 月，地委召开专题办公会议，研究争创小康村纲要和实施意见，成立宁德地区争创小康村工作领导小组和办公室（简称“小康办”），由地委、行署主要领导任组长、副组长。地委组织部和团地委分别发出《关于抽调争创小康村工作队员的通知》和《关于组织开展“三百青年包百村、争创小康献青春”活动的意见》，分别决定在地直单位抽调 150 名干部和 300 名青年干部组成奔小康工作队，驻村工作，一年一期，连续3年、分期轮换。各县（市）也相应成立争创小康工作领导小组和小康办，并从县、乡（镇）两级抽调干部驻村包户。全区总计抽调3000名干部组成奔小康工作队。7月，地区小康办举办首批小康工作队员培训班，工作队员以县（市）为单位分组学习并制订《工作队若干制度》。地委、行署召开全区争创小康村活动动员誓师大会，全区扶贫攻坚奔小康工作展开。

同年8月，地区争创小康村工作领导小组发出《关于抓好争创小康村近期几项主要工作的通知》，要求把农业开放开发作为扶贫攻坚和争创小康村活动的重要抓手，广泛开展农户以增粮增收为主要内容的“十个一”（帮助农民耕好责任田、管好茶果园、种好竹林地、养好家禽畜、搞好捕捞养殖、学好实用技术、发展庭院经济、创造向非农产业转移机会）活动和村以发展壮大经济实力、加强村级组织建设为主要目标的“一、二、三、四、五”（建好一个小集市，办好两个以上村集体经济实体，实现通道路、通电、通电话“三通”，建好村干、后备积极分子、农民技术员、推销员四支队伍，发展能人经济、股份经济、民营经济、庭院经济、外向型经济等五种经济）活动。各地在落实通知精神的同时，还因地制宜，发展地方特色农业、特色经济。如屏南县兴起竹木、板材、食用菌、茶果、淡水养殖“五大开发”。柘荣县设立农业规模经济发展基金，促进县有龙头、乡有特色、村有特点、户有所长的农村规模经济格局的形成，并以太子参为主的特色中药材种植加工作为农村家家户户脱贫致富奔小康的支柱产业来培育推广。霞浦县坚持将“三菜”（紫菜、海带、榨菜）作为主导产业，并注意培育专业市场。10月，地区小康办召开第一次全区争创小康村流动现场会，考察福安、周宁、屏南、古田、宁德（现蕉城区）五县（市）争创小康村活动情况。同时，省委办公厅派出的督查组也在区内福安、霞浦、福鼎3县（市）督查奔小康村创建工作。全区召开第二次争创小康村流动现场会，各县（市）分管领导、地直12个主要涉农工作单位领导参加会议，代表们实地考察宁德、霞浦、柘荣、福鼎的10个小康村创建活动开展较好的典型村。12月，全区又建立450名处级干部与455个区内首批争创小康村挂钩帮扶的制度。至年底，以“增粮增收保供给，脱贫致富奔小康”为主线的扶贫攻坚和争创小康村活动取得显著成效。全区地、县（市）两级财政共投入扶贫资金5085万元。全区农业总产值达41.64亿元，比上年增长17.39%。粮食播种面积从21.98万公顷增加至30.14万公顷。虽为受灾之年，全区粮食总产仍达96.95万吨，比上年略有增产。水产品产量37.09万吨，增长20.4%；林业产值增长13.3%；茶果畜菌生产增产增收，其中茶叶总产量3.36万吨，增长21.2%，水果产量11.15万吨，增长29.3%，畜牧业中肉类总产量7.47万吨，增长5.1%，食用菌总产8.39万吨，长增28.3%。全区绝对贫困人口5.19万人中，搬迁安置扶持发展9477人，被列入社会保障对象452人。贫困人口从24万人减少到17万人，贫困人口占农业人口比重从8.6%下降到6.5%。根据省委、省政府颁布的福建省、地（市）、县级农村小康标准测算，9个县（市）中有2个县（市）综合得分在80分以上、4个县（市）在70分以上。

1996年，宁德地委决定在第一批争创小康村工作即将结束时，第二、第三批争创小康村工作同时启动，从地、县（市）、乡（镇）三级继续抽调干部组成奔小康工作组驻村开展工作，并对全区九县（市）第一批争创小康村情况进行抽查考评。5月考评结束，地委、行署授予10个乡（镇）为“小康明星乡（镇）”、100个建制村为“小康明星村”称号。6月，行署召开第14次专员办公会议，研究贯彻进一步落实国家《八七扶贫攻坚计划》意见，要求全区要加大二、三批小康村工作力度，同时启动所抓的1000个小康村争创活动，分批达标，到年底，全区要确保500个建制村步入小康村行列。强调在工作中，要突出加强以党支部为核心的农村基层组织建议，继续开展机关企事业单位与农村“结对子”的扶贫奔小康共建活动。实施“四富工程”，即增加全区县（市）一级国民生产总值和财政收入的“富县工程”、增加乡镇财政收入和集体经济实力的“富乡（镇）工程”、增强集体经济实力保证不断扩大再生产和村级社会进步事业需要的“富村工程”、保证更多农民达到小康人均收入标准的“富民工程”。地区领导深入挂钩单位时间每年不少于40天、处级领导不少于2个月、乡镇领导要投入大半时间，开展“千名领导挂千村包百户”活动。至年底，全区农林牧渔总产45.85亿元，比增11.9%。全区消灭无电村、实现村村通电，实施“造福工程”搬迁1.87万人。全区第一批小康村得到巩固提高，第二、三批争创小康村通水、通电、通电话及电视覆盖率大幅提高。全区贫困人口下降到9.86万人，社会总产值超亿元的乡镇达101个，67%的建制村、68%的农户基本达到小康水平。全区小康分值达到80.9分，周宁、柘荣、屏南3县摘掉全国贫困县帽子，宁德地区扶贫攻坚和奔小康工作受到了国务院扶贫开发领导小组及省委、省政府的表彰。

1997年，省委、省政府提出，宁德地区要在今年内努力做到完全消灭绝对贫困、基本实现小康、完成“造福工程”搬迁三大任务。要毫不放松粮食生产、搞好山地开发，找准群众脱贫致富奔小康的路子，要继续搞好基础设施建设，改变制约宁德地区偏远山区经济发展的条件。落实好各项脱贫致富奔小康的政策，到年底全区要有80%的乡镇基本实现小康。1月，副省长潘心城率省政府办公厅、计委、财政厅等部门负责人，深入周宁、福安、寿宁、宁德（蕉城）等4县（市）调研扶贫奔小康工作，对近几年宁德地区扶贫开发和奔小康工作给予充分肯定，要求宁德的党政干部要进一步增强历史责任感，举全区之力，打好脱贫致富奔小康攻坚仗，下决心消灭绝对贫困。为此，地委、行署召开各县（市）主要领导和地直工作队长和有关部门负责人会议，传达省委、省政府领导的讲话，研究布置贯彻意见。6月，地委、行署在福安召开全区农村扶贫开发暨小康建设工作会议，传达省委、省政府领导到宁德调研指导扶贫工作的重要讲话，要求全区上下进一步统一思想、抓住机遇、铁心拼搏，扎实工作，确保年内完成全区基本实现小康、消除绝对贫困和完成“造福工程”三大历史任务。地区本级财政要安排10%的财力、县乡财政安排20%财力作为配套用于扶贫攻坚和争创小康村建设经费。要重点抓好五项工作：抓好尚有9.86万贫困人口脱贫攻坚，确保这部分人口人均纯收入达到1000元以上，解决其温饱问题，实现全区消除绝对贫困；抓好“造福工程”，确保全年完成1.72万人搬迁任务，完成消灭茅草房的历史任务；抓好161个革命老区基点村（其中已完成40个）“五通”（通水、通电、通路、通电话、通电视）基础设施建设，推进老区乡村向小康迈进；抓好国道104线沿线60个村的建新改旧工作；抓好小康村的“五改五化”（改水、改厕、改厨、改变人畜混居、厅堂改水泥和房前屋后要绿化、村容村貌要净化、乡间村道要硬化、家用燃料要汽化、建新改旧更规范化）。使这些已实现基本小康的村生产条件、生活环境提升到更高水平。会后，各县（市）根据地委、行署要求，检查总结上半年工作，调整部署下半年计划，加强力量、集中攻坚，全面推进扶贫攻坚和奔小康工作。7月，地委、行署要求全区要检查总结上半年工作，调整部署下半年工作。10月，地委、行署又在寿宁县召开全区扶贫攻坚现场会，对扶贫攻坚工作进行再动员、再部署、再落实，确保全区如期完成农村“三大历史任务”，省政协主席游德馨到会指导。同月，省委书记陈明义也到宁德调研扶贫奔小康工作。至年底，全区9.86万人口全部解决了温饱问题，完成“造福工程”搬迁1.83万人，2104户7701人的茅草房改造任务全部完成。古田、福安、福鼎、霞浦、宁德5县（市）及全区70.7%的乡镇、81%的建制村和83.6%的农户基本实现小康目标，并经县（市）、地区和省三级验收复查通过。区内最后一个国家级贫困县寿宁县也摘掉贫困帽子。全区安全卫生饮用水受益人口普及率达92.4%、建制村通公路率91.2%、通电话率83.5%、电视覆盖达标率90%、自然村通电率达97%以上，农村人均年纯收入达到2502元。全区3年累计投入扶贫资金32.85亿元。各级财政和省、地、县（市）有关部门投入59亿元，农民投资和投工投劳折合人民币24.44亿元，社会统筹6.85亿元。全区小康评价综合分值达93.4分，完成省下达的扶贫攻坚各项任务，并在年底召开的全省农村小康建设工作会议上作典型发言。全区从1995年开始的大规模扶贫攻坚和争创小康工作也宣告基本完成。

1998年2月，地委、行署下发《中共宁德地委、宁德地区行署关于全区实现基本小康乡（镇）确认的通知》，确认全区已有87个乡（镇）基本达到小康乡（镇）标准，并予以公布。同月，地委、行署召开办公会议，听取地区小康办《关于全区争创小康村工作汇报》，肯定了3年来全区开展扶贫攻坚和争创小康村活动取得的显著成效，同时认为目前全区实现的小康，只是基本的、较低水平的，而且贫困状况是相对的、动态的，扶贫工作仍然是长期的、艰巨的。会议做出了1998年全区争创小康村工作安排意见，并提出全区农民人均纯收入应力争达到2850元的计划目标。中共福建省委农村脱贫致富奔小康工作领导小组以闽委康组〔1998〕05号文件，确认宁德、福安、福鼎、霞浦、古田五县（市）已基本实现小康。

1998—1999年，全区仍然将扶贫奔小康工作作为农村的一项主要工作，决定各级小康工作机构保持不变，继续抽调地、县（市）、乡（镇）干部驻村工作，重点帮助周宁、寿宁、柘荣、屏南等4个山区县和福安、福鼎、古田、霞浦、宁德等5个县（市）中未实现小康乡（镇）的工作。各县（市）采取继续开展干部挂钩帮扶重点贫困户、加大实施“造福工程”搬迁，开展科技培训提高贫困户劳动力素质、医疗扶贫、推广实施扶贫小额信贷和依规扩大农村社会保障人口等措施。全区为此实施了农村发展“双十”工程（抓好10个农产品生产基地、10个农业发展龙头企业、10个农产品市场建设培育、创立10个农业名牌产品、10个现代农业试点、10个农业科技攻关项目、10个农村小城镇建设、10个扶贫攻坚项目、10个水利骨干工程、10个山海协作项目）。特别是对少数仍未脱贫或返贫的村、户，各级党委和政府要特别予以关心支持，派得力干部包村、包户扶持，落实措施、限期完成脱贫帮扶任务。至1999年年底，全区又有107个乡镇、1929个建制村、54.49万农户基本实现小康。连同先前达标者，全区已有87%乡镇、89.3%建制村和89.6%农户基本达到小康标准。全区建制村道通公路率、通电话率、电视信号覆盖率、农村用电户比重和农村安全卫生饮用水受益人口比重分别达到94.8%、93.6%、100%、98.7%和94.4%，又有2万多人消除绝对贫困。农民年人均纯收入达到2750元。

2000年，闽东扶贫和奔小康工作在连续几年取得成效，并实现消除绝对贫困。在全区农户基本实现小康的基础上，地委、行署仍然抓住扶贫攻坚与争创小康工作不放松，提出全区进入巩固扶贫成果，努力实现宽裕型农村小康。年初，全区抓好农村土地延包发证工作，为农业生产打好基础。以抓“农业增产、农民增收、村财增加”为主攻方向，大力实施农村发展“双十工程”。特别是对少数仍未全部脱贫和部分返贫的贫困村，各级党委和政府派出得力干部继续包村扶持，落实有效措施、限期完成脱贫任务。在当年10月1日中共宁德市第一次代表大会上，新成立的市委更明确提出，争取2005年全市有20%以上的乡镇和20%的建制村要基本实现宽裕型小康。至年底，全市又有233个村、0.71万农户和2.95万人口基本实现小康。小康综合评分分值达到95分，农民人均纯收入已达2850元。全市加大农村“造福工程”搬迁工作，举办一年制农民技术员培训班130期。福安市、霞浦县启动国家扶贫基金会实施的“农户自立小额信贷”项目，发放小额信贷3469万元、帮助掌握农村实用技术的2.2万户农户发展“短、平、快”生产项目，全市还确定46个省级和28个市级扶贫开发重点村挂钩帮扶工作，筹集帮扶资金1200多万元、实施帮扶项目190多项。与此同时，国家扶贫贷款项目也取得进展，全市共上报立项扶贫贷款1.68亿元，突破完成放贷1180万元，农村“五通”等基础设施建设进一步完善，全市扶贫成果逐步巩固，贫困人口的综合素质得到提高。

第四节　小康村测评验收

1991年，第五届全国人民代表大会第四次会议审议通过的《中华人民共和国国民经济和社会发展十年规划和第八个五年计划纲要》以及党的十四届五中全会《关于制定国民经济和社会发展“九五”计划和2010年远景目标的建议》中，明确提出了到2000年全国实现小康的具体要求。为推动全国、特别是农村小康建设工作的健康发展，规范各地小康水平测评行为，为党和政府把握小康建设进程和制定有关政策措施及时提供决策考评依据，国家统计局与农业部根据国家计委与国家统计局联合制定的《全国人民小康生活水平的基本标准》，制定《全国农村小康生活水平的基本标准》。1995年，中共福建省委和福建省人民政府根据这一基本标准，发出《关于加快实施农村奔小康计划的意见》，结合全省农村基本情况分别制定《福建省、地（市）、县级农村小康标准》《福建省小康乡（镇）、小康村标准》《福建省小康户标准》以及《福建省农村各级小康进程监测体系》等4个文件，并根据中共福建省第六次党代表大会提出的全省农村力争到1997年（比全国提前3年）基本实现小康、2000年全面实现小康的要求，将1995—1999年的五年把实现小康确定为全省改革与发展的主要目标并组织实施。

福建省农村小康指标体系分省、地、县和乡、村以及户三个层次，县级以上农村小康指标共6个方面、16项，乡（镇）、村级指标10项、户6项，并规定各项分值及权数，合计为100分。该意见还将全省小康分成三个层级，即基本小康、宽裕型小康、富裕型小康，其中基本实现小康的综合得分应在90分以上，且小康乡（镇）、村、户比重达到50%以上；越接近100分、表明越接近全面实现小康。

1995年7月，根据上述标准，中共宁德地委、宁德地区行署发出《关于在全区开展争创小康村活动的决定》，决定按照先易后难、分类指导、分批实现、逐步验收的办法，把全区2153个建制村分成易、中、难三批，由易到难逐步推动。1997年年底，达到70%的乡镇、75%的建制村、80%的农户基本实现小康。全区所有建制村按省定基本小康的指标要求同时运作，分3年分批争创并进行验收。按省定标准，地区成立争创小康村12个分项目领导小组，由地区有关单位负责人组成，同时制定了争创小康村12项指标三年计划及实施意见。第一年第一批全区要创建1000个小康村，第二年同时启动第二、三批小康村创建活动，力争使所余1153个建制村全部达到基本小康水平。1996年5月，经各县（市）的初步测评上报和地区组织的抽查复评，首批87个乡镇、925个村基本达到小康标准，达到创建村数的92.5%、全区建制村数的42.6%。1998年下半年，县（市）初评、地区复评后，全区又有107个乡镇、1010个建制村、54.37万户农户基本实现小康，使乡镇、村、户小康数分别提升到占全部数的87.0%、89.7%和89.4%。全区小康综合分值达94.0分。

第五节　实施《2001—2010年中国农村扶贫开发纲要》

2001年，根据国务院印发的《2001—2010年中国农村扶贫开发纲要》和按照省委、省政府部署要求，宁德市开始全面实施扶贫村整村推进扶贫开发计划。并继续采取领导和部门挂钩帮扶、财政专项资金扶持、下派干部驻村任职等措施，综合运用产业扶贫、信贷扶贫、科技扶贫、教育扶贫、卫生医疗扶贫、交通扶贫、转移就业扶贫等手段，进行全方位帮扶，推进贫困村经济社会、文化、政治全面发展。全市共确定281个经济社会发展相对滞后村（其中省级45个、市级28个、县级207个），实行整村推进式扶贫开发。其中45个省级扶贫开发重点村，由26个省直机关单位实施挂钩帮扶，并下派机关干部进驻扶贫村任第一书记，一年一轮换，连续三年。28个市级扶贫开发重点村，由28位市厅级领导和163个市直机关和企事业单位挂钩帮扶，一挂三年。207个县级扶贫开发工作重点村由各县（市、区）参照省、市帮扶办法实行挂钩帮扶，并尽快落实到位。福安市被中国扶贫基金会列为“全国贫困农户自立能力建设项目——小额信贷项目试点县”，启动项目前期工作。

2002年，全市完成农村“造福工程”搬迁1260户、5008人；完成50个贫困村的村医培训和医疗所建设，开展扶贫巡回义诊35次、接诊3200人次，举办一年制农村技术员培训班130期，短期农村实用技术培训班210期，培训农民技术员3800人次、受训农民2万多人次。福安“全国贫困农户自立能力建设项目小额信贷”扶贫项目开始实施，首批通过农行、信用社系统对农村2.2万贫困户发放小额信贷3469万元。全市45个省级和28个市级扶贫开发重点村挂钩帮扶全面启动，一批扶贫项目相继实施。全市上报立项的国家扶贫贷款项目共获贷款额1.68亿元。年底，全市贫困人口和低收入人口降到6.3万人，农民人均纯收入提高到3246元。

2003年，市委、市政府出台《关于推进“十五”后三年农村全面建设小康社会的若干意见》，市委农村工作领导小组下发《关于进一步加强市级扶贫开发重点村挂钩帮扶工作的意见》的配套文件，为全市农村全面建设小康社会做出详细、全面规划。当年，全市完成7862户、31299贫困人口（含返贫人口）和7900户、32187未稳定解决温饱人口的建档立卡工作。并对其中的4547户、18232人进行有效的挂钩帮扶。对省（45个）市（28个）共73个扶贫开发重点村进一步加大扶贫力度，共投入帮扶资金2191万元，落实帮扶项目373个。完成“造福工程”和滑坡险情村搬迁1191户、5568人，新建和续建搬迁村（点）109个，全年发放中央一般扶贫贴息贷款1.12亿元，福安市发放农户自立小额信贷1516.26万元，扶持6115户低收入农户发展小型生产项目。

2004年，全市73个省、市扶贫开发重点村落实扶贫项目276个，下达捆绑帮扶资金1100万元。培训脱贫致富带头人1400户、3800多人。发放扶贫小额贴息贷款1650万元、扶持近5000户农民发展生产。争取到中央一般扶贫贴息贷款额度指标2.8亿元、落实贷款8670万元。落实沿海到山区投资协作项目30个，新增投资3.5亿元，产值6.5亿元，帮助一批农村贫困户劳动力转移就业。全市山海协作省级示范工程（项目）和重点骨干项目达到32个，新增农民劳动力转移就业6.7万人。农民家庭年收入低于1000元的10.97万人纳入低保范围，农民人均纯收入达3517元，比上年增加271元。

2005年是宁德巩固扶贫成果，也是全面实现“十五”计划目标和衔接“十一五”发展承上启下关键之年。1月，省长黄小晶到闽东检查指导脱贫致富奔小康工作并慰问贫困群众。在2月召开的宁德市第一届人代会第七次会议上，市政府提出要把“关注农村，关心农民，提高农业综合生产能力，巩固和提高农村扶贫致富奔小康成果当作今年政府八大主要工作之一”。要求各县（市、区）加快农业结构调整和农业产业化步伐，努力建设农业产品生产基地。创新农村工作机制，继续抓好各级干部驻村工作，特别是要抓省、市重点扶持的73个贫困村的最后一年帮扶工作。要落实帮扶项目、资金和产业扶贫信贷政策。全面开展农村劳动力转移的调查统计，启动农村“一户一工”工程，保证农民人均纯收入比上年增长5%以上。为了落实这些任务，市委、市政府出台《关于农业产业化经营的若干政策意见》和调整经济作物产品和结构的计划。全市围绕茶叶、食用菌、果蔬、药材、畜牧占大主导产业，发展通过抓龙头、建基地、拓市场、带农产，初步形成区域化、专业化、规模化的生产格局。各县（市、区）根据地域产业特点和产业结构调整，引导贫困户融入产业发展脱贫致富。先后实施农业“丰收计划”“新型农民培训工程”“绿色证书工程”“农业科技入户工程”“沃土工程”和“生态家园富民计划”等。当年，全区转移农村劳动力25万人次，“造福工程”搬迁1.15万户、4.99万人。46个省级扶贫开发重点村的农民人均纯收入增至2209元，贫困人口（除低保户外，下同）从原来的4368户、15928人降低到859户、3116人，3年降幅达81%；28个市级扶贫开发重点村农民人均纯收入增加到2705元，贫困人口从原来的平均2300户、8400人降到405户、1260人；207个县级扶贫开发工作重点村平均农民人均纯收入达到2793元。全市农民人均纯收入为3808元，比上年增8.3%。至2005年年底，全市农村年人均收入在1500元以下的贫困人口仅余57826户，205153人，占当年全市农村总人口8.59%，扣除当年纳入民政低保人口111200人，实际农村贫困人口为9.39万人，全市农村脱贫致富奔小康成果得到进一步巩固。

2005年宁德市46个省级扶贫开发工作重点村经济社会发展情况统计表

表41-2

县	乡镇	村	人口		村财收入（万元）	农民人均纯收入（元）	通村公路		通水（%）	通电（%）	通电话（%）	收看电视台数
	个	个	户	人		当年值	总长（千米）	建设情况				
蕉城	洪口乡	吴峰	132	576	1.2	1600	6.3	未硬化	100	100	50	8
	石后乡	大墓前	83	354	1.2	2137	8.5	已硬化	95	100	75	15
	洋中镇	芹屿	186	708	2.2	2090	13	未硬化	96	100	86	16
	洋中镇	九道	86	369	1.2	2000	8	整村搬迁	100	100	50	6
	城南镇	田中	183	724	2.6	2600	12.2	已硬化3千米	100	100	100	18
	赤溪镇	岩坪	100	383	1.2	1600	17	已硬化5千米	100	100	100	14
古田	大甲乡	林峰	370	1238	1.4	2200	9.2	已硬化	80	100	91	30
		毗源	358	1361	0.2	2165	6.4	已硬化3千米	70	100	92	7
	杉洋镇	湖里	78	313	7	2002	9.3	未硬化	100	100	90	5

续表 41-2

县	乡镇	村	人口		村财收入（万元）	农民人均纯收入（元）	通村公路		通水（%）	通电（%）	通电话（%）	收看电视台数
	个	个	户	人		当年值	总长（千米）	建设情况				
屏南	双溪镇	下七房	231	926	5	2000	3.12	未硬化	100	100	65	8
	熙岭乡	溪里	216	899	0.75	1920	4	已硬化	100	100	100	12
	岭下乡	上楼	236	1069	0.72	1080	8	已硬化 6.5 千米	100	100	85	8
	寿山乡	普岭	154	587	3.6	2260	3.2	未硬化	100	100	100	8
周宁	咸村镇	樟岗	173	723	2.3	1200	0	整村搬迁	100	100	100	23
	礼门乡	后垅	176	836	1.8	1700	2.2	未硬化	100	100	72	7
	泗桥乡	下西坑	383	1737	1.8	1460	11	已硬化 5 千米	98	100	100	7
	纯池镇	后溪	123	648	1.8	2000	11	已硬化 10 千米	100	100	70	10
	玛坑乡	东坑	130	576	1.2	2800	5	未硬化	100	100	90	7
寿宁	托溪乡	渺洋	299	1219	1	1950	5.3	未硬化	100	100	90	7
		大黍	208	962	1.6	2450	10	已硬化 7.8 千米	98	100	85	7
	下党乡	上党	264	1230	1	1800	7.9	已硬化 5.5 千米	70	100	55	40
	清源乡	角林	118	578	5	2000	4.13	已硬化	100	100	90	20
	平溪乡	燕窠	332	1648	2.7	1300	4	未硬化	100	100	60	27
福安	城阳乡	后楼	314	1468	4	2500	6	已硬化	100	100	100	10
	穆云乡	高岭	101	493	3	2300	1.6	已硬化	100	100	100	4
	坂中乡	仙岩	244	1051	7.2	3000	5	已硬化	92	100	92	25
	坂中乡	井口	368	1506	5	2300	7	已硬化 5.6 千米	100	100	100	8
	上白石镇	西园	311	1225	1.5	2400	6.5	未硬化	100	100	100	25
	康厝乡	福源	82	346	1.2	2300	0	整村搬迁	100	100	100	25
	松罗乡	大坪里	109	437	0.1	2400	6.3	已硬化 2 千米	100	100	100	10
	范坑乡	领先	251	1037	0.8	2350	5.5	已硬化 3.5 千米	100	100	100	10
	潭头镇	半坑	187	796	3	2400	13.8	已硬化	100	100	100	10
柘荣	城郊乡	熊透	196	792	0.6	2225	3.5	已硬化	90	100	85	10
	乍洋乡	凤里	179	736	7	3100	11.5	已硬化	100	100	100	29
	宅中乡	坑坪	174	742	3.5	2890	7.2	已硬化	100	100	68	16
福鼎	管阳镇	章峰	245	903	3	3106	13	已硬化 7 千米	98	100	85	11
	店下镇	马山	445	1758	1	2358	12	已硬化	98	100	90	10
	磻溪镇	大洋	261	1046	0.5	2100	9	已硬化 8 千米	98	100	90	6
	叠石乡	南溪	396	1465	3	2630	13	已硬化	100	100	100	8
	硖门乡	秦石	395	1548	5	3600	4	已硬化	80	100	100	31

续表 41-2

县	乡镇	村	人口		村财收入（万元）	农民人均纯收入（元）	通村公路		通水（%）	通电（%）	通电话（%）	收看电视台数
	个	个	户	人		当年值	总长（千米）	建设情况				
霞浦	柏洋乡	黄土丘	286	1265	2.8	2350	7.5	已硬化	100	100	100	9
	北壁乡	铁炉	351	1477	1.4	1950	0.8	已硬化	90	100	38	30
	盐田乡	龙凤店	486	1876	2	1600	7.3	已硬化	95	100	70	15
	水门乡	半岭	203	812	3	2163	5	已硬化	100	100	95	36
	下浒镇	文星明	242	941	2.7	1800	12.5	已硬化	100	100	85	32
	水门乡	茶岗	394	1417	6.2	3500	5.9	已硬化	100	100	95	33

2005 年宁德市级 28 个省级扶贫开发工作重点村经济社会发展情况统计表

表 41-3

县	乡镇	村	人口		村财收入（万元）	农民人均纯收入（元）	通村公路		通水（%）	通电（%）	通电话（%）	电视收看台数（台）
	个	个	户	人		2005 年	总长（千米）	水泥硬化情况				
蕉城	八都镇	际山	123	525	1.2	2686	5.6	已硬化	100	100	100	1
	赤溪镇	西坑	131	568	1.2	2436	5.8	未硬化	100	100	100	3
	洋中镇	际头	192	812	0	2000	2.8	未硬化，计划 2006 年硬化	43.8	97	12	21
古田	凤都镇	小吉	205	797	0	2650	5.5	已硬化	100	100	98	29
	大桥镇	双桥	153	636	0	3000	5.2	已硬化	100	100	100	5
	泮洋乡	后山	164	589	0.1	3280	4.5	未硬化，计划 2006 年硬化	100	100	60	6
屏南	路下乡	五溪	142	596	2.24	3920	3.8	已硬化	100	100	28	11
	双溪镇	郑山	127	678	0	2800	13	未硬化	100	100	45	7
	寿山乡	硋岫	254	768	0	1800	7	未硬化	86	100	68	8
周宁	浦源镇	五源坑	213	995	0.8	3000	2.6	已硬化	100	100	60	31
	李墩镇	楼坪	367	1460	0.2	2800	3.5	已硬化	80	99	100	6
	七步镇	苏家山	103	436	1	3160	5.6	已硬化	75	99	65	5
寿宁	芹洋乡	山头	256	1169	0	2000	公路边	已硬化	100	100	100	31
	坑底乡	半岭洋	192	947	0	1700	1.3	已硬化	100	100	80	6
	平溪乡	木场	142	637	0	1800	7.11	未硬化，正在硬化	100	100	87	8

续表 41-3

县	乡镇	村	人口		村财收入（万元）	农民人均纯收入（元）	通村公路		通水（%）	通电（%）	通电话（%）	电视收看台数（台）
	个	个	户	人		2005 年	总长（千米）	水泥硬化情况				
福安	松罗乡	山界	132	608	0	2385	5	已硬化	100	100	100	6
	上白石	圆潭	137	489	0	2715	3.9	未硬化	100	100	100	25
	康厝乡	金斗	256	963	1.05	2610	3.5	已硬化，计划2006 年硬化	100	100	100	4
	范坑乡	山岫宅	176	765	0.6	2400	3	未硬化	100	100	100	25
柘荣	黄柏乡	陈家山	55	193	0.6	3130	2.4	已硬化	100	100	86	8
	富溪镇	岭后	121	495	1.05	3520	5	已硬化	85	100	90	6
	东源乡	山场	82	355	0.3	3100	0.3	已硬化	70	100	70	7
福鼎	佳阳乡	后阳	379	1329	0	2360	4.5	已硬化	95	100	78	28
	管阳镇	乾头	402	1448	5	3360	2.5	已硬化	85	98	80	2
	硖门乡	瑞云	395	1752	3	3400	6	已硬化	70	100	80	1
霞浦	北壁乡	武岩	156	653	0	2050	12.8	未硬化	50	100	100	3
	崇儒乡	霞坪	116	467	0	2700	1	已硬化	100	100	100	10
	柏洋乡	林洋	356	1486	2.67	3000	7	未硬化	100	100	90	7

第二章　老区扶建

第一节　老区乡（镇）村评定

中华人民共和国成立后，党和政府十分关心闽东老革命根据地，从1950年开始，省政府及福安专署的有关部门即着手开展老苏区乡村的调查（当时实行县、区、乡建制，乡或相当于现在的建制村、村或相当于现在的自然村）。1952年11月，福安专区召开老区工作会议，决定抽调人员组成工作队，深入开展老区乡、村和重大历史遗留问题的调查。

1953年，福安专署所辖福安、宁德、霞浦、福鼎、周宁、寿宁、柘荣等7个县，根据战争年代各区域坚持革命斗争情况划分第二次国内革命战争根据地的老苏区村、抗日根据地和老游击区的老苏区村以及老苏区基点村。全区各县初步上报老苏区村5012个、124633户、375584人，其中老苏区基点村为545个、8884户、27765人，分别占老苏区村的10.4%、户数的7.1%、人口的7.4%。11月，根据省政府和福安专署老区工作会议要求，抽调27名干部组成老区工作队，以原各县上报的老苏区村为重点，深入开展再调查，并经专署老根据地建设委员会对上述数字予以确定。1957—1978年，由于“大跃进”、农村“社会主义教育”及“文化大革命”等运动的影响，全区老区评定工作基本停止。

1979年，民政部、财政部联合发文，确定了老区划定标准，其中第二次国内革命战争根据地的划定标准为：曾经有党的组织，有革命武装，发动了群众，进行了打土豪、分田地、分粮食、牲畜等运动，主要是建立了工农政权并进行武装斗争，坚持半年以上时间的。还规定：划定革命老根据地应以生产大队（村）为单位，如果一个公社（乡）内，属于革命老根据地的生产大队（村）超过半数，这个公社（乡）可算作革命老根据地公社（乡）。1980年，福建省恢复各级老区办机构。次年，省老区办对划分革命根据地标准做了规定。1983年，省计委、省老区办联合下文，对全省划分革命根据地标准作了明确确定。其中对第二次国内革命战争根据地（老苏区）的划定标准参照民政部、财政部标准，包括：建立过苏维埃政权、分配过土地的地区和只建立过苏维埃政权尚未分配土地的地区。同时还规定了确认老游击区的划定标准，即在解放战争开始南下大军渡江（1949年4月）以前开辟的游击区，达一年以上时间的，根据本省具体情况应划为老游击区，渡江以后开辟的游击区不算老游击区。并对老区乡和老区基点村的划定标准也作出明确规定，其中对老区基点村（自然村）划定应具备的条件是：从斗争历史来看，斗争时间长、贡献大、牺牲重，包括三种地区：即从土地革命时期开始，自始至终坚持斗争到全国解放的老苏区；自苏维埃政权撤退后，断断续续仍与中共党组织及其领导的政权和武装力量联系坚持革命斗争的老区；抗日战争开辟的长期支持中共党组织及其领导的政权、武装力量直到全国解放的老游击区。

1984 年，宁德地区根据国家和福建省的有关规定，全面开展重新认定老区的各项工作。各县经过大量调查、核实和研究，初步确定全区 120 个乡（镇）中，有 101 个乡（镇）是老区，占全区乡（镇）的 84.2%；部分老区乡（镇）15 个，两项合计占全区乡（镇）总数的 96.6%。全区老区建制村 1829 个、自然村 10344 个。老区户数 513319 户、人口 2236178 人，占全区总人口的 82.6%。

1988 年后，部分乡（镇）及建制村区划调整变动，至 2000 年年底，全市确定有老区乡镇 127 个、老区建制村 2293 个，老区总人口 254.43 万人，占全区人口总数的 86.75 %。

2003 年，经省老区办最后审查认定，全市有老区乡镇 110 个、老区建制村 1882 个，其中老区基点自然村 687 个，人口 238.08 万人。

至 2005 年年底，因乡（镇）、村行政区划调整，全市有老区乡镇 112 个、建制村（居）1896 个，部分老区乡镇 12 个，老区人口 248 万人。

1953 年划定的闽东老苏区村及基点村情况统计表

表 41-4

县	老苏区村			老苏区基点村					
	村数	户数	人数	村数	占老苏区村比例	户数	占老苏区村户数比例	人数	占老苏区村人口比例
宁德	471	10672	32487	171	36.30%	1815	17.0%	5294	16.3%
周宁	148	4570	4223	32	21.62%	764	16.7%	2735	64.76%
寿宁	418	13132	44345	52	12.44%	857	6.5%	2906	6.55%
福安	1106	46257	131336	42	3.8%	1481	3.2%	4135	3.14%
柘荣	586	13360	42167	40	6.8%	462	3.5%	1347	3.19%
福鼎	1545	22037	74450	201	13%	3201	14.5%	10505	14.11%
霞浦	747	14605	46576	20	2.68%	304	2.09%	843	1.8%
合计	5021	124633	375584	558	11.11%	8884	7.12%	27765	7.39%

2005 年宁德市老区乡（镇）、行政村汇总统计表

表 41-5

县	乡（镇）数（个）			村（居）数（个）		人口数（万人）	
	总数	老区乡数	老区分布乡数	总数	老区村（居）数	总数	老区村（居）人口数
合计	124	112	12	2298	1896	330	248
蕉城区	14	13	1	309	262	43	29
古田县	14	11	3	286	190	42	24
屏南县	11	10	1	157	145	18	16
周宁县	9	9	0	147	128	20	16
寿宁县	14	12	2	203	179	26	22
福安市	22	22	0	485	452	62	50

续表 41-5

<table>
<tr><th rowspan="2">县</th><th colspan="3">乡（镇）数（个）</th><th colspan="2">村（居）数（个）</th><th colspan="2">人口数（万人）</th></tr>
<tr><th>总数</th><th>老区乡数</th><th>老区分布乡数</th><th>总数</th><th>老区村（居）数</th><th>总数</th><th>老区村（居）人口数</th></tr>
<tr><td>柘荣县</td><td>9</td><td>9</td><td>0</td><td>116</td><td>115</td><td>10</td><td>10</td></tr>
<tr><td>福鼎市</td><td>17</td><td>15</td><td>2</td><td>280</td><td>214</td><td>57</td><td>39</td></tr>
<tr><td>霞浦县</td><td>14</td><td>11</td><td>3</td><td>315</td><td>211</td><td>52</td><td>42</td></tr>
</table>

2005 年宁德市各县（市、区）老区乡（镇、街道）、行政建制村及人口数统计表

表 41-6

<table>
<tr><th rowspan="2">名称</th><th colspan="5">乡（镇、街道）数（个）</th><th colspan="4">建制村（居）数（个）</th><th colspan="5">人口数（万人）</th></tr>
<tr><th colspan="2">总数</th><th>老区乡数</th><th colspan="2">老区分布乡数</th><th>总数</th><th colspan="3">老区村（居）数</th><th colspan="2">总数</th><th colspan="3">老区村（居）人口数</th></tr>
<tr><td>蕉城区</td><td colspan="2">14</td><td>13</td><td colspan="2">1</td><td>309</td><td colspan="3">262</td><td colspan="2">43</td><td colspan="3">29</td></tr>
<tr><th rowspan="2">乡（镇、街道）</th><th colspan="2">建制村（居）数</th><th rowspan="2">老区村（居）人口数（人）</th><th colspan="11" rowspan="2">老区建制村（居）名称及人口数（个）</th></tr>
<tr><th>总数</th><th>老区村（居）数</th></tr>
<tr><td rowspan="6">霍童镇</td><td rowspan="6">25</td><td rowspan="6">25</td><td rowspan="6">30566</td><td>名称</td><td>霍童</td><td>郑厝</td><td>文湖</td><td>湖头</td><td>石桥</td><td>大石</td><td>凤桥</td><td>八斗 *</td><td>小石</td><td>东岭 *</td></tr>
<tr><td>人口</td><td>7077</td><td>893</td><td>1148</td><td>1524</td><td>406</td><td>629</td><td>574</td><td>372</td><td>793</td><td>—</td></tr>
<tr><td>名称</td><td>兴贤</td><td>胜门</td><td>枇杷洞</td><td>外表</td><td>柏步</td><td>坑头</td><td>上洋</td><td>梅溪</td><td>后洋</td><td>桃坑</td></tr>
<tr><td>人口</td><td>2426</td><td>871</td><td>414</td><td>2220</td><td>1103</td><td>760</td><td>936</td><td>350</td><td>344</td><td>597</td></tr>
<tr><td>名称</td><td>里后山</td><td>吴松</td><td>溪南</td><td>邑坂</td><td>洞天</td><td>—</td><td>—</td><td>—</td><td>—</td><td>—</td></tr>
<tr><td>人口</td><td>321</td><td>266</td><td>672</td><td>2362</td><td>2201</td><td>—</td><td>—</td><td>—</td><td>—</td><td>—</td></tr>
<tr><td rowspan="6">赤溪镇</td><td rowspan="6">27</td><td rowspan="6">27</td><td rowspan="6">24760</td><td>名称</td><td>赤溪</td><td>东牛</td><td>由知</td><td>桃源</td><td>溪园</td><td>西坑</td><td>夏村</td><td>黄田</td><td>小坛</td><td>东边</td></tr>
<tr><td>人口</td><td>4164</td><td>284</td><td>660</td><td>1129</td><td>822</td><td>560</td><td>2372</td><td>1781</td><td>440</td><td>483</td></tr>
<tr><td>名称</td><td>大坛</td><td>芹格</td><td>炉田</td><td>官岭</td><td>牛洞</td><td>祥地</td><td>松柴岭 *</td><td>宣洋</td><td>社洋</td><td>班竹 *</td></tr>
<tr><td>人口</td><td>528</td><td>664</td><td>1463</td><td>1094</td><td>565</td><td>778</td><td>531</td><td>1160</td><td>461</td><td>577</td></tr>
<tr><td>名称</td><td>洋林</td><td>墩头</td><td>岩坪</td><td>院前</td><td>留洋</td><td>阳谷</td><td>江滨</td><td>—</td><td>—</td><td>—</td></tr>
<tr><td>人口</td><td>795</td><td>446</td><td>287</td><td>1144</td><td>442</td><td>477</td><td>653</td><td>—</td><td>—</td><td>—</td></tr>
<tr><td rowspan="2">洪口乡</td><td rowspan="2">10</td><td rowspan="2">10</td><td rowspan="2">6961</td><td>名称</td><td>库山</td><td>大道头</td><td>洪口</td><td>花兰</td><td>朝阳</td><td>莒洲上</td><td>莒洲上</td><td>金山</td><td>吴峰</td><td>吉垅</td></tr>
<tr><td>人口</td><td>494</td><td>371</td><td>1384</td><td>536</td><td>720</td><td>916</td><td>855</td><td>458</td><td>528</td><td>699</td></tr>
<tr><td rowspan="4">九都镇</td><td rowspan="4">13</td><td rowspan="4">13</td><td rowspan="4">11434</td><td>名称</td><td>扶摇</td><td>乌坑 *</td><td>九都</td><td>柴坑 *</td><td>洋岩坂</td><td>贵村</td><td>云气</td><td>九仙 *</td><td>华镜</td><td>赖岭</td></tr>
<tr><td>人口</td><td>1021</td><td>710</td><td>1975</td><td>590</td><td>779</td><td>2297</td><td>612</td><td>738</td><td>589</td><td>702</td></tr>
<tr><td>名称</td><td>石墩</td><td>坑尾</td><td>溪边</td><td>—</td><td>—</td><td>—</td><td>—</td><td>—</td><td>—</td><td>—</td></tr>
<tr><td>人口</td><td>423</td><td>617</td><td>381</td><td>—</td><td>—</td><td>—</td><td>—</td><td>—</td><td>—</td><td>—</td></tr>
</table>

续表 41-6

名称	乡（镇、街道）数（个）			建制村（居）数（个）		人口数（万人）	
	总数	老区乡数	老区分布乡数	总数	老区村（居）数	总数	老区村（居）人口数
蕉城区	14	13	1	309	262	43	29

乡（镇、街道）	建制村（居）数		老区村（居）人口数（人）	老区建制村（居）名称及人口数（个）										
	总数	老区村（居）数												
八都镇	25	25	23607	名称	云淡	金垂 *	南岗 *	八都	下坂	溪池	福口	洋头	闽坑 *	猴盾 *
				人口	2874	1014	871	2196	705	1061	572	637	1052	767
				名称	大坪 *	吴山	际山	林洋头	韩丹 *	红门里	新楼 *	半山 *	屿头	仁厚
				人口	369	1396	518	511	456	782	609	716	770	632
				名称	水际	下汐	岙村	海星	居安	—	—	—	—	—
				人口	997	1138	505	683	1776	—	—	—	—	—
七都镇	20	19	25787	名称	官亭	贝河	黄厝	大厅	三乐	河乾	三屿	际头 *	马坂 *	外洋 *
				人口	1541	1972	2206	2049	1676	1984	1287	766	924	817
				名称	小溪	北山 *	西林 *	六都	黄连坑	浦源	东岐	淡坪	牛埕	—
				人口	574	949	877	5153	428	649	593	837	505	—
虎浿乡	17	17	18252	名称	新厝	旧厝	七淀	中洋里	东源	新亭	上堡	梅鹤	南岭	文峰
				人口	1329	1243	659	508	460	1396	898	1752	524	2074
				名称	浮山	岔路	黄柏	黄家	岩柄	下楼	下洋	—	—	—
				人口	306	604	698	2039	1470	908	1385	—	—	—
洋中镇	33	31	31383	名称	北洋	凤田	清潭	宝岩	田地	前路	莒溪	天湖	山阜	留田
				人口	1452	1417	1022	720	628	1220	1467	1030	1017	878
				名称	南坪	际头	章后	邑保	芹屿	林板	陈洋	藤村	坎下	溪富
				人口	339	806	440	305	677	1118	625	1169	596	996
				名称	溪源	梧洋	方家山	利洋	嵋屿	钟洋	九道	洋中	东山	上坎
				人口	854	992	739	924	1025	1316	235	3401	1945	851
				名称	连下	—	—	—	—	—	—	—	—	—
				人口	1179	—	—	—	—	—	—	—	—	—
石后乡	14	14	12361	名称	石厝	陈坂	芹后	光荣	当洋	大岭	小岭	定洋	上竹洋	下竹洋
				人口	1936	1223	840	867	1318	1207	753	956	527	574
				名称	小际	大墓前	三望	林下洋	—	—	—	—	—	—
				人口	278	266	1029	587	—	—	—	—	—	—

续表 41-6

名称	乡（镇、街道）数（个）			建制村（居）数（个）		人口数（万人）	
	总数	老区乡数	老区分布乡数	总数	老区村（居）数	总数	老区村（居）人口数
蕉城区	14	13	1	309	262	43	29

乡（镇、街道）	建制村（居）数 总数	建制村（居）数 老区村（居）数	老区村（居）人口数（人）	老区建制村（居）名称及人口数（个）										
金涵乡	16	16	16841	名称	金涵 *	琼堂 *	上兰	廉坑	井上	亭坪 *	上金贝 *	院后 *	金峰 *	高乾
				人口	3093	1438	943	3557	513	852	273	488	812	354
				名称	里占	中前 *	浮坪	上茶洋	菰洋	后溪	—	—	—	—
				人口	421	644	815	457	839	1342	—	—	—	—
漳湾镇	26	25	51092	名称	漳湾	王坑	门下	增坂	郑岐	南埕	拱屿	溪口	贝头	兰田
				人口	5168	1689	977	3621	1224	8596	3748	1267	676	2896
				名称	下凡	马山	官井	汤湾	后湾	上塘 *	下塘	鸟屿	官沪	雷东 *
				人口	1735	1708	523	1398	1391	958	1255	1231	918	1114
				名称	仓西	海英	横屿	鳌江	漳江	—	—	—	—	—
				人口	1985	1066	699	4298	951	—	—	—	—	—
飞鸾镇	21	19	18870	名称	南山 *	莆岭 *	骑龙岗	向阳里 *	岚口	陈家洋	梧埕	连顺	上村	下村
				人口	579	672	600	529	1344	453	763	883	2523	2447
				名称	亭里	沈洋	新岩 *	澳坪	澳里	碗窑	南门坞	新瓷	鸾港	—
				人口	815	514	359	1333	922	1674	441	1683	336	—
城南镇	13	10	12562	名称	后山 *	福洋	蚶岐	金蛇头	坪塔	岭头	叶厝	田中	塔山 *	古溪
				人口	542	906	1452	1085	908	859	617	748	1780	3665
三都镇	29	11	9243	名称	松岐	西湖	三坪	寒垄	鸡公山	斗帽	孟澳	新竹	七7星	白匏
				人口	1405	871	996	844	225	467	1148	801	1110	341
				名称	新塘	—	—	—	—	—	—	—	—	—
				人口	1035	—	—	—	—	—	—	—	—	—

续表 41-6

名称	乡（镇、街道）数（个）			建制村（居）数（个）		人口数（万人）	
	总数	老区乡数	老区分布乡数	总数	老区村（居）数	总数	老区村（居）人口数
古田县	14	11	3	286	190	42.3	24.3

乡（镇、街道）	建制村（居）数 总数	建制村（居）数 老区村（居）数	老区村（居）人口数（人）	老区建制村（居）名称及人口数（个）										
大甲乡	15	14	16660	名称	璋地	前桃	山里	上书	毗源	林峰	宁洋	村溪	小甲	国本
				人口	1548	794	343	1286	1304	1299	1089	836	1164	985
				名称	茶洋	里桃	林场	大甲	—	—	—	—	—	—
				人口	955	644	625	3788	—	—	—	—	—	—
杉洋镇	22	20	28921	名称	岭里	洪湾	湖里	白溪	康宁	横山	楼下	溪门	松洋	东吉
				人口	2778	740	325	402	596	1577	916	662	520	557
				名称	东双	珠洋	善德	浮洋	芹尺	叶洋	利洋	杉洋	坂斗	宝桥
				人口	1484	1693	2837	767	768	1071	847	7048	1231	2102
鹤塘镇	23	17	23418	名称	佳垅	樟厅	上井边	程际	东际	文车岭	松竹	坑头	溪边	苏洋
				人口	822	1189	624	1758	1736	702	1024	704	2526	1147
				名称	后彰	南阳	井边	路上	仙山	双洋	前圪	—	—	—
				人口	1941	2249	1450	2260	1931	532	823	—	—	—
卓洋乡	16	12	10957	名称	前洋	树兜	半山	下地	吉洋	独峰	京峰	曹炉	洋塔	廖厝
				人口	1089	1159	342	461	1502	549	591	873	502	853
				名称	秀峰	沽洋仔	—	—	—	—	—	—	—	—
				人口	2424	612	—	—	—	—	—	—	—	—
大桥镇	36	19	17316	名称	璋地	前桃	山里	上书	毗源	林峰	宁洋	村溪	小甲	国本
				人口	1548	794	343	1286	1304	1299	1089	836	1164	985
				名称	茶洋	里桃	林场	大甲	—		—	—	—	—
				人口	955	644	625	3788	—	—	—	—	—	—
平湖镇	29	21	31341	名称	达才	中院	院坪	后岩	后洋	端溪	平湖	乔洋	玉源	钱坂
				人口	1740	2025	435	411	1040	1134	3583	1834	1966	2924
				名称	南岭	新舫	端上	前进	上进	赖墩	溪州	唐宦	山头顶	下嵩州
				人口	1390	3802	1015	526	527	3509	708	936	617	787
				名称	梅洋	—	—	—	—	—	—	—	—	—
				人口	432	—	—	—	—	—	—	—	—	—
凤都镇	17	17	24266	名称	东村	际面	新建 *	碗厂	石峰	石坑	上地	双珠	小吉	村尾
				人口	1469	1799	827	477	1335	1503	1099	4133	749	731
				名称	上坪	凤都	梅洋	洋头	林场	长坑	桃源	—	—	—
				人口	1135	4169	994	2051	308	375	1112	—	—	—

续表 41-6

名称	乡（镇、街道）数（个）			建制村（居）数（个）		人口数（万人）	
	总数	老区乡数	老区分布乡数	总数	老区村（居）数	总数	老区村（居）人口数
古田县	14	11	3	286	190	42.3	24.3

乡（镇、街道）	建制村（居）数 总数	建制村（居）数 老区村（居）数	老区村（居）人口数（人）	老区建制村（居）名称及人口数（个）										
凤埔镇	13	12	16325	名称	北溪	东溪	旧镇	凤埔	镇边	官亭	福全	际头	苏墩	峦垅
				人口	388	955	1539	3723	635	435	1469	484	998	1988
				名称	朱墩	平沙	—	—	—	—	—	—	—	—
				人口	998	2713	—	—	—	—	—	—	—	—
城西街道	28	23	34173	名称	莲桥	沽洋里	前坂	罗华	官江	苏洋	樟上	华山	浣下	局下
				人口	851	1455	1789	4433	1608	1522	798	786	1279	1139
				名称	松台	枣坪	安洋	曹洋	浣中	连墩	罗峰	下洋	龙亭	巴斗
				人口	2870	2120	473	674	1689	999	2425	1902	1613	904
				名称	宝溪	宝峰	长岭	—	—	—	—	—	—	—
				人口	1030	875	939	—	—	—	—	—	—	—
黄田镇	18	7	7077	名称	后坪	潮渔	洋上	后洋	西坑	汶洋	上溪	—	—	—
				人口	856	968	875	1263	870	1378	867	—	—	—
水口镇	8	1	632	名称	朝天桥	—	—	—	—	—	—	—	—	—
				人口	632	—	—	—	—	—	—	—	—	—
吉巷乡	24	7	7383	名称	水竹洋	梧山	芹溪	前垄	塔洋	崎坑	七茶洋	—	—	—
				人口	462	972	1207	1856	1091	760	1035	—	—	—
城东街道	22	12	18351	名称	利洋	常坝	上圪	廷元里	前山	旺村洋	廷墩	坑里	桃溪	双山
				人口	1354	2163	903	964	1118	598	524	1707	3832	1834
				名称	仕坂 *	罗坑	—	—	—	—	—	—	—	—
				人口	1753	1601	—	—	—	—	—	—	—	—
泮洋乡	15	8	6404	名称	泮洋	大圪	后山	中直	瓦坑	淮溪	凤竹	上洋	—	—
				人口	900	1389	551	268	386	474	1879	557	—	—

续表 41-6

名称	乡（镇、街道）数（个）			建制村（居）数（个）		人口数（万人）	
	总数	老区乡数	老区分布乡数	总数	老区村（居）数	总数	老区村（居）人口数
屏南县	11	10	1	157	145	17.9	16.1

乡（镇、街道）	建制村（居）数 总数	建制村（居）数 老区村（居）数	老区村（居）人口数（人）	老区建制村（居）名称及人口数（个）										
古峰镇	5	2	16530	名称	长坋	古厦	—	—	—	—	—	—	—	—
				人口	8950	7580	—	—	—	—	—	—	—	—
屏城乡	13	13	11876	名称	南峭	溪坪	后龙	凤溪	下地	陆地	前汾溪	里汾溪	后井	村头
				人口	852	1296	1345	675	538	1182	838	780	482	466
				名称	南湾	大碑	坑头	—	—	—	—	—	—	—
				人口	840	1230	1352	—	—	—	—	—	—	—
棠口乡	15	11	17048	名称	棠口	西村	贵溪	洋中	凤林	安溪	山棠	小章	旺坑	际头
				人口	3853	1739	1341	541	1249	1078	488	1223	1002	3673
				名称	山岭	—	—	—	—	—	—	—	—	—
				人口	861	—	—	—	—	—	—	—	—	—
岭下乡	11	9	9830	名称	岭下	开源	横坑	梅溪	罗厝	梨洋	富竹	东峰	上楼	—
				人口	1936	1320	625	669	657	926	1617	908	1171	—
双溪镇	15	15	16255	名称	双溪	圪源	峭顶	上七房	下七房	前洋	郑山	后峭	宜洋	岩后
				人口	4776	940	686	1051	931	722	604	713	562	438
				名称	章岭	北村	山头	高安	前溪	—	—	—	—	—
				人口	501	1896	947	330	1158	—	—	—	—	—
路下乡	11	11	10897	名称	路下	凤林	罗沙洋	法竹坑	富塘	五溪	苏院	三万里	门里	中秋
				人口	3630	1451	660	461	688	595	1533	330	472	537
				名称	岭头	—	—	—	—	—	—	—	—	—
				人口	540	—	—	—	—	—	—	—	—	—
长桥镇	18	18	19574	名称	长桥	长新	新桥	上牛山	下牛山	半圳	新乡	高溪	岑洋	柏洋
				人口	3772	865	823	384	587	927	2166	2193	1050	1736
				名称	上圪	慈云	后圪	前里坪	官洋	里高溪	远坵	周佳山	—	—
				人口	371	548	739	316	1303	392	893	509	—	—
甘棠乡	17	17	13820	名称	甘棠	南山	王林	梅花地	新田	瑞云	上山登	下山登	下山口	彩虹
				人口	2745	427	1068	599	939	237	508	877	736	530
				名称	浙洋	巴地★	洋头寨	际下	前院	坂兜	小梨洋	—	—	—
				人口	594	446	858	1464	672	271	849	—	—	—

续表 41-6

名称	乡（镇、街道）数（个）			建制村（居）数（个）		人口数（万人）	
	总数	老区乡数	老区分布乡数	总数	老区村（居）数	总数	老区村（居）人口数
屏南县	11	10	1	157	145	17.9	16.1

乡（镇、街道）	建制村（居）数		老区村（居）人口数（人）	老区建制村（居）名称及人口数（个）										
	总数	老区村（居）数												
熙岭乡	16	16	14174	名称	熙岭	秀溪	管洋	岭里	井兜	大段	溪里	前塘	新圪	山墩
				人口	3050	452	609	804	590	518	770	1027	228	383
				名称	梨洋	塘后	山峰	四坪	龙潭	圪头	—	—	—	—
				人口	1277	590	397	394	1256	1826	—	—	—	—
寿山乡	14	13	7952	名称	寿山	降龙	白玉	梨后	北山	白凌	前圪	东盘	郑洋	普岭
				人口	1421	616	872	251	212	681	434	570	837	617
				名称	石亥石由	太保	上洋	—	—	—	—	—	—	—
				人口	746	322	373	—	—	—	—	—	—	—
代溪镇	22	20	22830	名称	黛溪	善溪	后章	泮地	忠洋	樟源	福善	北圪	洋头	往里
				人口	1448	674	859	664	2683	1213	1252	2049	746	791
				名称	淦山	康里	垣坑	周厝	官岭	黄菜	天峰	玉洋	谢厝	南山
				人口	472	1557	627	796	500	337	364	3625	1641	532

续表 41-6

名称	乡（镇、街道）数（个）			建制村（居）数（个）		人口数（万人）	
	总数	老区乡数	老区分布乡数	总数	老区村（居）数	总数	老区村（居）人口数
周宁县	9	9	0	147	128	19.8	15.8

乡（镇、街道）	建制村（居）数		老区村（居）人口数（人）	老区建制村（居）名称及人口数（个）										
	总数	老区村（居）数												
咸村镇	24	24	27184	名称	车盘	樟岗	咸村	洋中	富赖	梅山	光夏	高际头	咸洋	上坂
				人口	364	736	2653	2503	379	886	988	645	2041	765
				名称	坪坑	下坂	占家洋	云门*	川中	芹村	樟源	碧岩	南门楼	茶广
				人口	392	1085	597	436	4582	1354	937	528	647	975
				名称	梧桐	枣岭	梅台	王宿	—	—	—	—	—	—
				人口	1060	1024	717	890	—	—	—	—	—	—

续表 41-6

名称	乡（镇、街道）数（个）			建制村（居）数（个）		人口数（万人）	
	总数	老区乡数	老区分布乡数	总数	老区村（居）数	总数	老区村（居）人口数
周宁县	9	9	0	147	128	19.8	15.8

乡（镇、街道）	建制村（居）数		老区村（居）人口数（人）	老区建制村（居）名称及人口数（个）										
	总数	老区村（居）数												
玛坑乡	15	14	11918	名称	首章	升阳	沈洋	紫竹	东坑	玛坑	杉洋	宝岭	芹太坵	下坑
				人口	614	523	905	857	517	2452	1847	848	521	526
				名称	长锋	赤洋	灵凤山	孝悌	—	—	—	—	—	—
				人口	585	572	633	518	—	—	—	—	—	—
泗桥乡	12	11	14951	名称	泗桥	赤岩	洋尾弄	周墩	下西坑	坂坑	下楼	石亥石由	常洋	杨厝边
				人口	2621	2432	1181	1088	1790	1568	705	1334	809	659
				名称	溪口	—	—	—	—	—	—	—	—	—
				人口	764	—	—	—	—	—	—	—	—	—
纯池镇	18	12	15922	名称	纯池	祖垅	溪尾	桃坑	前溪	林源	莲池	桃园	底园	西山
				人口	3485	1231	245	1347	1349	782	1876	1331	960	520
				名称	福山	豪阳	—	—	—	—	—	—	—	—
				人口	1436	1360	—	—	—	—	—	—	—	—
浦源镇	17	14	18330	名称	萌源	萌底	上洋	半岭	江源	龙住院	五源坑	进登	溪坪	东升
				人口	3825	1391	2507	794	1534	917	991	1422	2068	691
				名称	官司	西坑	紫云	吴山底	—	—	—	—	—	—
				人口	477	550	650	513	—	—	—	—	—	—
狮城镇	14	9	21480	名称	长安	东园	前坪	安后	虎岗	龙潭	洋尾	陈凤	坂头	—
				人口	7458	4810	1478	1018	1372	1671	847	1062	1674	—
李墩镇	10	9	15127	名称	东山	李墩	陈厝	黄浦	际会	阮洋中	阮家洞	际头	芹溪	—
				人口	1981	3608	825	1609	2724	1135	786	1576	883	—
七步镇	20	18	16557	名称	竹下	八浦	登科地	溪头	柿洋	坑门底	宅头	郭洋	徐家山	官洋
				人口	1403	1666	1489	942	649	969	1272	1023	473	697
				名称	梧柏洋	苏家山	岭头	桐岔	后洋	象运	龙溪	黄家山	—	—
				人口	440	466	1079	498	550	1187	1387	367	—	—
礼门乡	17	17	16205	名称	礼门	仕本	贡川	大碑	芹源	大林	常源	陈哨	秋楼	玉山
				人口	2503	1200	1924	863	912	531	831	820	732	493
				名称	溪山	山头	梨坪	首洞	后垅	梅度	油湾	—	—	—
				人口	768	729	643	1380	732	518	626	—	—	—

续表 41-6

名称	乡（镇、街道）数（个）			建制村（居）数（个）		人口数（万人）	
	总数	老区乡数	老区分布乡数	总数	老区村（居）数	总数	老区村（居）人口数
寿宁县	14	12	2	203	179	25.7	21.9

乡（镇、街道）	建制村（居）数 总数	建制村（居）数 老区村（居）数	老区村（居）人口数（人）	老区建制村（居）名称及人口数（个）										
鳌阳镇	9	7	13001	名称	鳌东	蟾溪	梅溪	安章	茗溪	横埕	大同	—	—	—
				人口	2530	2124	2436	1633	1788	832	1658	—	—	—
坑底乡	20	19	18292	名称	地源	芎坑	司前	地头	归洋	长岭	大岭	榅当洋	坑底	山前
				人口	897	656	996	786	827	973	790	1554	2140	378
				名称	龙溪	龙井	李家洋*	小东	地洋	泮岭洋	浩溪	上东	山前	—
				人口	355	316	518	1469	1329	998	1777	1155	378	—
大安乡	16	16	18103	名称	大安	大熟	伏际	菜坑	溪潭	后西溪	泮洋	村头	溪乾	红场
				人口	1881	2586	1596	673	770	1960	1250	1184	714	836
				名称	半岭	水洋	亭溪	炭岔头	炭山	温洋	—	—	—	—
				人口	805	337	1809	432	520	750	—	—	—	—
犀溪乡	12	12	16651	名称	赖家洋	西浦	西溪	渡家洋	甲坑	大王前	际坑	山后	李家山	外山
				人口	481	2175	3598	639	1503	1063	1238	621	637	259
				名称	仙锋	武溪	—	—	—	—	—	—	—	—
				人口	3202	1235	—	—	—	—	—	—	—	—
下党乡	10	9	6809	名称	上党	下党	西山	碑坑	杨溪头	下屏峰	葛垅	曹坑	岗后	—
				人口	1257	1146	848	813	631	616	435	770	293	—
平溪乡	18	18	27339	名称	岭兜	柯洋	岭后	燕科	湖潭	东山头	长溪	岭根	屏峰	木场
				人口	819	618	987	1926	1747	694	2827	846	2696	676
				名称	南溪	亭下	龙头坑	东木洋	东溪	溪底	平溪	环溪	—	—
				人口	2949	1709	637	2301	622	1270	2179	1836	—	—
武曲镇	12	12	14013	名称	塘西	大韩	梅洋	桦垅	白岩	小溪	象岩	西塘	武曲	南岸
				人口	486	1555	1837	1206	1773	1060	437	469	2891	932
				名称	甲峰	承天	—	—	—	—	—	—	—	—
				人口	628	739	—	—	—	—	—	—	—	—
南阳镇	20	20	27516	名称	南阳	官洋	含溪	秀洋	花岭	东吉洋	坝头	铁场	赤陵洋	南岔
				人口	3892	1790	768	459	1360	918	1021	898	975	313
				名称	下房	龟岭	洋边	溪南	含头	官路	石鼓	下洋仔	山坑	院洋
				人口	2184	1235	2365	1119	1358	1528	1316	1630	1259	1128

续表 41–6

名称	乡（镇、街道）数（个）			建制村（居）数（个）		人口数（万人）	
	总数	老区乡数	老区分布乡数	总数	老区村（居）数	总数	老区村（居）人口数
寿宁县	14	12	2	203	179	25.7	21.9

乡（镇、街道）	建制村（居）数 总数	建制村（居）数 老区村（居）数	老区村（居）人口数（人）	老区建制村（居）名称及人口数（个）										
斜滩镇	16	15	21082	名称	斜滩	山田	奖陆	王溪	楼下	水北	外洋 *	新村	青垅	元潭
				人口	2963	1544	1438	1484	1728	805	609	708	1031	1639
				名称	印潭	香菇山	石井	厝基	钱塘	—	—	—	—	—
				人口	2581	930	1042	1313	1267	—	—	—	—	—
竹管垅乡	9	9	8582	名称	傍洋	刘坪	芹菜洋	竹管垅	坑底林	李家洋 *	后洋	江岔	横山	—
				人口	1031	481	498	1874	752	1108	1449	665	724	—
清源乡	16	16	18750	名称	外韦	阳尾	坪岩	胡家墩	角林	三望洋	童洋	龟洋	余山岗	竹坪
				人口	1611	1774	666	813	484	2710	1710	1057	483	1233
				名称	日洋铺	村尾	岱阳	后洋	小托	清源	—	—	—	—
				人口	1006	509	2019	814	309	1552	—	—	—	—
托溪乡	15	15	17409	名称	渺洋	山口	圈石	溪坪	际头	峡头	阔丘	沙潭	江山	大史
				人口	1244	675	2262	586	1794	1264	1633	879	930	953
				名称	际底	托溪	洋尾	黄南州	坪坑	—	—	—	—	—
				人口	1127	905	1389	556	1212	—	—	—	—	—
芹洋乡	17	6	7592	名称	芹洋	上修竹	底洋	广地	可观	山头	—	—	—	—
				人口	2759	768	629	1335	838	1263	—	—	—	—
风阳乡	13	5	4032	名称	下党	北山	东岭后	上大洋	廷家洋	—	—	—	—	—
				人口	640	998	1082	400	912	—	—	—	—	—

续表 41–6

名称	乡（镇、街道）数（个）			建制村（居）数（个）		人口数（万人）	
	总数	老区乡数	老区分布乡数	总数	老区村（居）数	总数	老区村（居）人口数
福安市	22	22	0	485	452	62.3	49.9

乡（镇、街道）	建制村（居）数 总数	建制村（居）数 老区村（居）数	老区村（居）人口数（人）	老区建制村（居）名称及人口数（个）										
城南街道	6	4	12668	名称	南郊	南湖	程家垅	官村	—	—	—	—	—	—
				人口	6782	3024	600	2262	—	—	—	—	—	—

续表 41-6

名称	乡（镇、街道）数（个）			建制村（居）数（个）		人口数（万人）	
	总数	老区乡数	老区分布乡数	总数	老区村（居）数	总数	老区村（居）人口数
福安市	22	22	0	485	452	62.3	49.9

乡（镇、街道）	建制村（居）数 总数	建制村（居）数 老区村（居）数	老区村（居）人口数（人）	老区建制村（居）名称及人口数（个）										
城北街道	8	4	2685	名称	东凤	棠发洋	后垅	前进	—	—	—	—	—	—
				人口	2552	7000	11292	6008	—	—	—	—	—	—
阳头街道	6	4	12012	名称	阳中	阳上	阳泉	阳春	—	—	—	—	—	—
				人口	3431	3569	2818	2194	—	—	—	—	—	—
赛岐镇	31	27	37542	名称	店前	郭厝坪	宝洋	秀洋	桃洋	大象	泰康	象环	青江	溪里
				人口	1188	155	325	313	290	651	826	2571	932	441
				名称	苏洋	长岐	下长岐	泥湾	大盘	小盘	江兜	大叶	廉首	狮子头
				人口	3436	920	342	549	784	760	1020	279	1542	1322
				名称	宅里	前进	和平	解放	万寿	下港	赛里	—	—	—
				人口	2751	3202	1535	2023	3809	2124	3452	—	—	—
穆阳镇	8	8	14162	名称	穆阳	苏堤	中兴	西城	石马	东旭	百岁	苏堤	—	—
				人口	322	3763	2082	1452	1289	2079	2468	707	—	—
上白石镇	22	21	22254	名称	白石	流尾	前洋	沙坑	园潭	不老	里垅坑	坪庄	山头镜	郑家山
				人口	3306	602	1265	1322	520	513	544	710	899	1600
				名称	东峰	佳浆	白石坂	财洪	南山头 *	松茂林	曹洋	西园	小洋	坑尾
				人口	1207	1200	604	1923	413	442	1671	1151	688	1054
				名称	姜家山	—	—	—	—	—	—	—	—	—
				人口	620	—	—	—	—	—	—	—	—	—
潭头镇	29	28	30044	名称	潭头	富罗坂	东升	泥洋	高岩	大庄	建柄	渔溪洋 *	西洋镜	棠溪
				人口	2260	1537	733	941	911	1471	987	1266	889	2358
				名称	东昆	枢洋	柯洋	南岩	千诗亭	东岭洋	汾洋	祠堂前	柘头	后洋
				人口	1033	1202	953	903	776	452	1677	456	769	993
				名称	峨山 *	上坪洋	太逢	东坑	坑坪	下洋	半坑	后湾垅	—	—
				人口	604	809	2197	833	631	1425	548	430	—	—

续表 41-6

名称	乡（镇、街道）数（个）			建制村（居）数（个）		人口数（万人）	
	总数	老区乡数	老区分布乡数	总数	老区村（居）数	总数	老区村（居）人口数
福安市	22	22	0	485	452	62.3	49.9

乡（镇、街道）	建制村（居）数 总数	建制村（居）数 老区村（居）数	老区村（居）人口数（人）	老区建制村（居）名称及人口数（个）										
社口镇	24	23	22625	名称	社口	大坪 *	岩下	秀峰	林柄	龟岭	公岐	山里 *	坑里坑 *	坦洋
				人口	4700	533	475	750	584	693	660	862	505	1752
				名称	仙溪	岭后	上山 *	填头	吉洋	溪坪	荣岭头 *	谢岭下 *	潘洋 *	岩坑
				人口	546	533	670	1677	880	620	648	589	712	733
				名称	沙溪	利岔 *	牛山湾 *	—	—	—	—	—	—	—
				人口	1590	1269	644	—	—	—	—	—	—	—
晓阳镇	10	10	11598	名称	晓阳	谷口	龙洋	墙坪	马洋	南源	首洋	南溪	东源	岭下
				人口	3555	1196	1460	440	366	1106	1022	1257	607	589
溪潭	35	34	31916	名称	溪填	城山	溪北 *	马山 *	双峰	凤林	濑头	濑尾	濑洋	岔口
				人口	2255	2460	443	820	956	764	438	579	274	783
				名称	前埔	仙石 *	廉村	兰田 *	王里	洪口	上湾	洋头	沙岩	陈家山
				人口	562	842	1702	1263	731	1322	660	1281	941	642
				名称	张家山 *	岳秀 *	岐山 *	潘溪	下庄 *	院前	西安	瓜溪 *	芹洋	吉坑
				人口	570	1334	420	1750	703	299	402	876	1471	667
				名称	岭头	华岩	周家山	西隐	—	—	—	—	—	—
				人口	900	680	449	1627	—	—	—	—	—	—
甘棠镇	33	31	37365	名称	西门	东门	南门	北门	上塘	港边	南塘	大车	甘江	外塘
				人口	3366	2862	2111	3022	660	731	2223	918	1378	3932
				名称	后岐	港岐	国泽	春雷云 *	牛家洋	奎聚	英岐	牛柏洋	厝坪	山下
				人口	589	1654	668	594	203	1981	820	997	433	813
				名称	倪儿	吴洋	观里	眉洋	何厝 *	铜坑里 *	山头庄 *	小岭 *	可洋	岭尾 *
				人口	871	384	1124	1352	606	271	363	313	620	627
				名称	过洋 *	—	—	—	—	—	—	—	—	—
				人口	879	—	—	—	—	—	—	—	—	—

续表 41-6

名称	乡（镇、街道）数（个）总数	乡（镇、街道）数（个）老区乡数	乡（镇、街道）数（个）老区分布乡数	建制村（居）数（个）总数	建制村（居）数（个）老区村（居）数	人口数（万人）总数	人口数（万人）老区村（居）人口数
福安市	22	22	0	485	452	62.3	49.9

乡（镇、街道）	建制村（居）数 总数	建制村（居）数 老区村（居）数	老区村（居）人口数（人）	老区建制村（居）名称及人口数（个）										
下白石镇	42	41	42068	名称	下白石	林门头	章岭 *	王坑 *	外山	凤山	顶头	英平	六屿	小梨
				人口	4832	145	683	587	1633	1620	2322	465	780	792
				名称	斗门头	大梨	通湾洋 *	亭里 *	白招	塘楼下	湖头	远杞	章澳 *	秦坎 *
				人口	920	1633	753	633	1052	957	962	278	610	554
				名称	坪岗	濑尾	本斗坑	北斗都	东岐	外宅	坑门 *	楼坪	福屿	福渔
				人口	472	948	1522	1655	775	1231	194	968	1203	499
				名称	渔江	荷屿	章坑 *	长坑 *	行洋	塔里	大获	南埔	下赤 *	金腰带 *
				人口	848	996	443	456	1038	456	1255	411	665	466
				名称	下岐	—	—	—	—	—	—	—	—	—
				人口	3356	—	—	—	—	—	—	—	—	—
溪尾镇	15	14	14282	名称	溪尾	溪边	众坑	渔岐	坎下 *	林洋 *	新洋	利洋	溪邳	坂村
				人口	1955	502	655	809	658	876	456	758	2455	786
				名称	下邳	湖岭	石合 *	临江	—	—	—	—	—	—
				人口	1756	372	789	1455	—	—	—	—	—	—
溪柄镇	25	24	29942	名称	溪柄	立峰	北山	仙洋里	衣山	田坂	长洋 *	港里	龙潭里 *	水田
				人口	5688	1731	1666	1071	1785	688	754	1456	426	1455
				名称	黄兰	浦后	白沙 *	楼下	榕头	斗面	东坪 *	山下	三村	溪南
				人口	1602	425	647	1856	353	788	785	1255	785	1256
				名称	茜洋	采花桥 *	坑口	横坑 *	—	—	—	—	—	—
				人口	1654	255	1236	325	—	—	—	—	—	—
城阳乡	35	29	23029	名称	后楼	荷洋	洋面 *	堵坪坑	仙岭	上沃	官洋	马上	占洋	秦溪
				人口	885	665	963	185	902	1352	1488	453	789	1985
				名称	石门院	中村	林洋	溪东	雁塔	林家洋	阮家洋	东口	铁湖 *	白坑 *
				人口	356	712	145	1852	745	412	546	356	856	465
				名称	赤岭	茶洋 *	纸坪 *	日山	马下	瓮窑	湖塘坂	化郊	留洋	—
				人口	236	587	256	768	658	1745	966	1245	456	—

续表 41-6

名称	乡（镇、街道）数（个）			建制村（居）数（个）		人口数（万人）	
	总数	老区乡数	老区分布乡数	总数	老区村（居）数	总数	老区村（居）人口数
福安市	22	22	0	485	452	62.3	49.9

乡（镇、街道）	建制村（居）数 总数	建制村（居）数 老区村（居）数	老区村（居）人口数（人）	老区建制村（居）名称及人口数（个）										
坂中乡	22	19	18617	名称	仙元里	坑下	长汀	南岸	和安 *	仙岩 *	大林 *	许洋 *	后门坪 *	井口 *
				人口	745	1455	1245	504	1302	789	298	879	856	1025
				名称	彭家洋 *	湖口	铜岩	冠岭	亭兜 *	林岭 *	日宅 *	江家渡 *	坂中	—
				人口	956	1452	602	236	578	663	887	789	3356	—
范坑乡	17	16	17908	名称	墩头	竹柄	范坑	马冈	上坪	领先	半坑	山岫宅	蛇头	毛家坪
				人口	1655	896	2789	1455	1452	899	745	702	1533	412
				名称	八斗	古岭宅	洋山	咸洋	东洋	蒲家山	—	—	—	—
				人口	1055	365	2013	845	689	403	—	—	—	—
穆云乡	33	33	22213	名称	桂林	洋坪 *	燕科 *	虎头 *	溪塔 *	高岭 *	黄儒 *	上洋 *	玉林	双溪
				人口	4988	845	562	789	556	325	654	188	325	305
				名称	南山 *	咸福	占溪	龟凤	竹舟山 *	外洋	外垅	外厝 *	下村	上村
				人口	665	887	654	452	236	658	489	412	658	587
				名称	里数	温岩	燕坑 *	岭坑 *	桥溪	贵洋	王楼 *	梨田 *	下逄	翁洋 *
				人口	456	525	635	399	368	658	589	365	725	298
				名称	中沃 *	科后 *	隆坪	—	—	—	—	—	—	—
				人口	546	489	925	—	—	—	—	—	—	—
康厝乡	32	31	21186	名称	康厝	牛岭尾	苏坂	南洋	半山 *	高台	红坪 *	竹沃 *	东山 *	彭洋
				人口	2655	356	2657	689	725	412	587	665	758	847
				名称	洋溪	梧溪	长潭 *	金斗洋 *	凤洋 *	社洋	宋家	西铭	大坑	福元
				人口	547	478	498	708	856	602	654	356	301	305
				名称	秋岭 *	施洋	杜家洋	湖洋	界竹	赤路	岗头	渡头	填秦	象地
				人口	547	698	254	415	602	365	245	658	745	589
				名称	石尖	—	—	—	—	—	—	—	—	—
				人口	412	—	—	—	—	—	—	—	—	—

续表 41-6

名称	乡（镇、街道）数（个）			建制村（居）数（个）		人口数（万人）	
	总数	老区乡数	老区分布乡数	总数	老区村（居）数	总数	老区村（居）人口数
福安市	22	22	0	485	452	62.3	49.9

乡（镇、街道）	建制村（居）数		老区村（居）人口数（人）	老区建制村（居）名称及人口数（个）										
	总数	老区村（居）数												
湾坞乡	24	24	23983	名称	宝林 *	寒洋 *	岩下 *	白莲	池头 *	龙珠	湾坞	梅洋 *	坑源 *	福岭 *
				人口	415	589	365	355	345	745	3144	785	458	356
				名称	渔业	白马	沙湾	宝岭	下塘	下广	半岭 *	浮溪	深安	徐江
				人口	587	814	501	687	978	925	745	2204	1023	645
				名称	上洋	半屿 *	炉山	马头	—	—	—	—	—	—
				人口	1452	1745	1920	2200	—	—	—	—	—	—
松罗乡	19	19	14722	名称	松罗	洋西	牛落洋	上后洋 *	姚澳	外岭头	满洋	柳溪	茶洋 *	古厝
				人口	1788	1745	504	323	502	1174	365	898	654	487
				名称	王棣 *	大坪里 *	赤溪	杜坑	后溪	山界	南溪	金山	王家	—
				人口	401	412	889	902	305	312	701	705	1655	—
赛岐开发区	9	8	11933	名称	罗江	南安	小留	大留	樟港	加招	北山 *	坑门里 *	—	—
				人口	3566	966	1588	2415	1200	788	538	872	—	—

续表 41-6

名称	乡（镇、街道）数（个）			建制村（居）数（个）		人口数（万人）	
	总数	老区乡数	老区分布乡数	总数	老区村（居）数	总数	老区村（居）人口数
柘荣县	9	9	0	116	115	10.1	10.1

乡（镇、街道）	建制村（居）数		老区村（居）人口数（人）	老区建制村（居）名称及人口数（个）										
	总数	老区村（居）数												
乍洋乡	13	12	7253	名称	长岐	溪口	凤里	前楼	桥岭	流水	南洋	乍洋	宝鉴宅 *	柯岭 *
				人口	775	436	763	992	320	409	634	965	274	424
				名称	水碓	五蒲	—	—	—	—	—	—	—	—
				人口	569	692	—	—	—	—	—	—	—	—

续表 41-6

名称	乡（镇、街道）数（个）			建制村（居）数（个）		人口数（万人）	
	总数	老区乡数	老区分布乡数	总数	老区村（居）数	总数	老区村（居）人口数
柘荣县	9	9	0	116	115	10.1	10.1

乡（镇、街道）	建制村（居）数 总数	建制村（居）数 老区村（居）数	老区村（居）人口数（人）	老区建制村（居）名称及人口数（个）										
城郊乡	15	15	11964	名称	岭边亭	湄洋	福基岗	前山	赤岭	下村	靴岭尾	金家洋	际头	南岔
				人口	1719	1428	640	1224	602	843	493	468	768	359
				名称	长坑	梨坑	熊透	坑里	仙山	—	—	—	—	—
				人口	884	450	816	586	684	—	—	—	—	—
双城镇	5	5	26873	名称	溪坪	城南	城北	上城	青凤	—	—	—	—	—
				人口	8050	9660	4932	3745	486	—	—	—	—	—
东源乡	18	18	9937	名称	宝聚洋	铁场	太洋	西源	西宅	洋边	东源	山岭	仙后	兰中
				人口	421	416	686	1630	678	318	1994	392	156	606
				名称	绸岭	王家山	鸳鸯头	完店	山场	上泥	桃坑	龟洋	—	—
				人口	375	260	361	296	332	293	525	198	—	—
宅中乡	9	9	6404	名称	宅中	赤岩	后拢	坪坑	坑坪	山竹坑	山樟	西坪	蔡山	—
				人口	1391	286	716	275	823	268	1123	947	575	—
富溪镇	11	11	9454	名称	霞洋	富溪	前宅	岭后	叶山	陈上洋	花坪	北岭	横龙坑	东山
				人口	1622	1773	1642	458	579	319	1042	551	443	671
				名称	东溪 *	—	—	—	—	—	—	—	—	—
				人口	354	—	—	—	—	—	—	—	—	—
黄柏乡	16	16	9590	名称	黄柏	上黄柏	沙坑里	蒲洋	下坪	软岭	高峰	长冠	游家边	川木洋
				人口	780	290	529	1240	974	775	780	715	624	737
				名称	蒲头	双岗洋	倒流水	上楼	陈家山	山后	—	—	—	—
				人口	456	360	629	262	212	227	—	—	—	—
楮坪乡	15	15	11973	名称	楮坪	仙岭	洋坪	彭家山	湾里 *	马蹄岩	茶湾 *	湖头	坑头	苏家洋
				人口	1172	706	806	804	377	698	613	363	835	749
				名称	石咸	后楼	秀家宅	洪坑	社坪	—	—	—	—	—
				人口	664	552	443	1633	1558	—	—	—	—	—
英山乡	14	14	7429	名称	英山	王社	何家山	岗后坪	半岭	李家山	凤洋	田头洋	官安	上宅
				人口	1075	195	486	393	845	379	567	862	745	430
				名称	熊状	桦岭	岭头	石古兰	—	—	—	—	—	—
				人口	480	239	356	377	—	—	—	—	—	—

续表 41-6

名称	乡（镇、街道）数（个）			建制村（居）数（个）		人口数（万人）	
	总数	老区乡数	老区分布乡数	总数	老区村（居）数	总数	老区村（居）人口数
福鼎市	17	15	2	280	214	57.1	38.9

乡（镇、街道）	建制村（居）数 总数	建制村（居）数 老区村（居）数	老区村（居）人口数（人）	老区建制村（居）名称及人口数（个）										
桐城街道	21	13	22932	名称	塔下	江边	八尺门	董江	资国	外墩	丹岐	沙垅	三门	柯岭
				人口	1226	1761	841	1358	1924	1518	2342	1613	2049	2529
				名称	外洋	浮柳 *	岩前	—	—	—	—	—	—	—
				人口	1308	2392	2071	—	—	—	—	—	—	—
山前街道	11	3	5193	名称	兰田	大岚头	南阳	—	—	—	—	—	—	—
				人口	1995	1134	2064	—	—	—	—	—	—	—
桐山街道	11	6	13345	名称	十字	镇西	桥头	岭头	古岭	岔门 *	—	—	—	—
				人口	4220	4462	706	2115	1129	713	—	—	—	—
贯岭镇	12	12	24718	名称	贯岭	松洋	文洋	西山	军营	邦福	分关	茗洋	溪底	透埕
				人口	2632	2486	1553	2275	2093	1138	3050	3110	1191	2013
				名称	排头	何坑	—	—	—	—	—	—	—	—
				人口	1461	1716	—	—	—	—	—	—	—	—
叠石乡	14	12	18262	名称	叠石	竹阳	库口	楼下	马尾	苏山	车头	仓边	丹峰	茭阳
				人口	1923	1820	2306	1296	478	2080	679	1990	1327	2470
				名称	里湾	杨梅溪	—	—	—	—	—	—	—	—
				人口	1020	873	—	—	—	—	—	—	—	—
前岐镇	21	21	44866	名称	福东	岐阳	前岐	照兰	柯湾	双屿	薛桥	彩岙	小岳	大岳
				人口	4623	2600	2825	1753	3624	1958	3182	2709	1641	1226
				名称	薛家	桥亭 *	黄仁	熊岭	井头 *	凤桐	武洋	西宅	龟岭	吴家溪
				人口	1534	2356	2640	2538	916	1160	1803	3135	1172	867
				名称	枫木臬岭	—	—	—	—	—	—	—	—	—
				人口	604	—	—	—	—	—	—	—	—	—
佳阳乡	12	12	21125	名称	佳阳 *	象洋 *	三坵田	安仁	焦宕	罗唇 *	双华 *	后洋	佳山 *	周山
				人口	2573	1575	2423	1889	2147	2935	1855	1342	1363	1223
				名称	上庵	龙头湾 *	—	—	—	—	—	—	—	—
				人口	662	1138	—	—	—	—	—	—	—	—

续表 41-6

名称	乡（镇、街道）数（个）			建制村（居）数（个）		人口数（万人）	
	总数	老区乡数	老区分布乡数	总数	老区村（居）数	总数	老区村（居）人口数
福鼎市	17	15	2	280	214	57.1	38.9

乡（镇、街道）	建制村（居）数：总数	建制村（居）数：老区村（居）数	老区村（居）人口数（人）	老区建制村（居）名称及人口数（个）										
店下镇	17	15	39599	名称	象山	店下	寺前	溪美	菰北	石牌	筼筜	岚亭	石亥窑＊	三佛塔
				人口	1823	4581	3344	3887	2860	2462	2750	2079	1700	2368
				名称	马山	巽城	洋中	溪岩	阮洋	—	—	—	—	—
				人口	1727	3149	2601	2490	1778	—	—	—	—	—
龙安开发区	7	4	4158	名称	杨岐	桑杨	西岙	江南	—	—	—	—	—	—
				人口	803	1073	986	1296	—	—	—	—	—	—
秦屿镇	31	20	27071	名称	东埕	秦海	樟岐	小元当	日岙	屯头	斗门	吉坑	太阳头	彭坑
				人口	1847	560	1514	784	1249	1477	1597	660	1644	1271
				名称	冷城	财堡＊	下尾	瓜园	太姥洋	竹下	仙梅	孔坪	方家山＊	牛栏岗
				人口	2138	1888	1362	1017	1311	1524	1274	2348	825	781
硖门乡	9	7	12970	名称	斗门头	柏洋	瑞云＊	东稼	秦石	青屿头	硖门	—	—	—
				人口	1935	2480	1774	1932	1579	495	2775	—	—	—
磻溪镇	18	14	24699	名称	磻溪	黄岗	金谷	炉屯	蒋阳	杜家	吴洋	青坑	大洋	仙蒲
				人口	3186	2252	2264	1529	2087	1746	1751	569	1096	1806
				名称	后坪	南广	桑海	湖林	—	—	—	—	—	—
				人口	798	877	1400	3338	—	—	—	—	—	—
白琳镇	21	21	39739	名称	白琳	玉琳	康山＊	东阳	大赖	翠郊	棠园	牛埕下＊	岭头坪	高山＊
				人口	4006	2405	2312	2320	1449	1777	2037	710	751	506
				名称	郭阳	外宅	坑里洋	秀阳	木便木臭岔	旺兴头	藤屿	翁江	白岩	沿州
				人口	1825	1074	1450	1707	1124	1443	1361	5348	1739	3725
				名称	下炉	—	—	—	—	—	—	—	—	—
				人口	670	—	—	—	—	—	—	—	—	—
点头镇	21	17	30303	名称	点头	龙田	观洋	三沙溪	大峨	上宅	柏柳	过笕	翁溪	举州
				人口	2817	3328	2939	976	1708	1343	1728	1262	1436	1669
				名称	大坪	江美	山拓	西洋美	果洋	后梁	后井	—	—	—
				人口	1916	2328	1578	1653	1398	916	1308	—	—	—

续表 41-6

名称	乡（镇、街道）数（个） 总数	老区乡数	老区分布乡数	建制村（居）数（个） 总数	老区村（居）数	人口数（万人） 总数	老区村（居）人口数
福鼎市	17	15	2	280	214	57.1	38.9

乡（镇、街道）	建制村（居）数 总数	老区村（居）数	老区村（居）人口数（人）	老区建制村（居）名称及人口数（个）										
管阳镇	27	24	43665	名称	管阳	章边	茶阳	钰阳	广化	七蒲	西坑	乾头	元潭	溪头
				人口	5833	3649	1445	1179	2014	1277	2021	1390	1455	2136
				名称	楮楼	西阳	徐陈	缙阳	天竹	沈青	沿屿	南贝	后溪	唐阳 *
				人口	1700	3408	1657	1107	3440	1317	659	925	1660	1566
				名称	金溪	花亭	小洋	秀坝	—	—	—	—	—	—
				人口	1059	724	1060	984	—	—	—	—	—	—
沙埕镇	22	8	11000	名称	后港	台峰	小白鹭	水澳	王谷	敏灶	川石	交椅坪	—	—
				人口	1670	1658	1364	1567	748	2348	879	766	—	—
嵛山镇	5	5	5287	名称	马祖	鱼鸟	东角	灶澳	芦竹	—	—	—	—	—
				人口	592	954	1682	452	1607	—	—	—	—	—

续表 41-6

名称	乡（镇、街道）数（个） 总数	老区乡数	老区分布乡数	建制村（居）数（个） 总数	老区村（居）数	人口数（万人） 总数	老区村（居）人口数
霞浦县	14	11	3	315	211	51.9	41.7

乡（镇、街道）	建制村（居）数 总数	老区村（居）数	老区村（居）人口数（人）	老区建制村（居）名称及人口数（个）										
柏洋乡	28	28	38191	名称	柏洋	长岩	林洋	车下	郑家山	陈墩	谢墩	董墩	洋中	柘头
				人口	2292	984	1893	586	674	1591	1635	1688	1068	874
				名称	南山后	风洋	禅洋	戴家山	黄土丘	塔后	西坑 *	大岭 *	阮洋 *	坑口
				人口	425	577	1454	1650	1458	1238	1273	877	1458	1235
				名称	周厝坑	吴洋	横江	坂头	前宅	西宅	后垄	洋里	—	—
				人口	854	925	1599	1537	1319	1395	1450	4182	—	—
牙城镇	26	18	34081	名称	文洋	后洋	敖岭	后山	罗伍	左岭	东街头	田家心	龙亭	前楼
				人口	1788	1581	1090	2329	1870	1871	1894	1257	1304	1155
				名称	杨家溪	茶坑	雉溪	渡头	牙城	梅花	凤江 *	凤门	—	—
				人口	1873	778	1889	2331	4764	1629	2268	2410	—	—

续表 41-6

名称	乡（镇、街道）数（个）			建制村（居）数（个）		人口数（万人）	
	总数	老区乡数	老区分布乡数	总数	老区村（居）数	总数	老区村（居）人口数
霞浦县	14	11	3	315	211	51.9	41.7

乡（镇、街道）	建制村（居）数		老区村（居）人口数（人）	老区建制村（居）名称及人口数（个）										
	总数	老区村（居）数												
水门畲族乡	23	23	28784	名称	水门	青岙 *	墩后	茶岗 *	高盘	芦阳	大洋	武坪	里洋	半岭 *
				人口	1679	1687	1245	1599	1662	1631	1043	1076	999	1099
				名称	湖里 *	桥头	承天	八斗丘	水井头	小竹湾	长湖 *	上洋	玉山	百笕
				人口	1676	1369	1886	981	877	651	842	874	1988	1081
				名称	大洞 *	大坪	七斗岔 *	—	—	—	—	—	—	—
				人口	725	1016	1098	—	—	—	—	—	—	—
崇儒畲族乡	27	27	32876	名称	崇儒	溪边	洋尾兰	路口	溪坪 *	半路张 *	新村 *	丘山	霞坪 *	坪园
				人口	1862	2289	1523	1467	858	1281	899	889	754	1575
				名称	上水 *	郑洋	保安	石亭	苋下 *	亭头	汴洋	岚下 *	东杞洋	濂溪
				人口	844	854	696	850	688	1654	861	1829	1203	1097
				名称	溪西	东坡	岙里	樟桥	左岭	洋沙溪	长坑	—	—	—
				人口	1786	1720	923	1131	1224	1433	686	—	—	—
盐田畲族乡	23	22	35614	名称	盐田	村里	中贝	官岭尾	南塘 *	瓦窑头 *	姚澳 *	浒屿	浒屿澳	南塘沃
				人口	2693	1635	1851	1296	2045	2035	2197	1195	2195	2345
				名称	水升	西胜 *	里马	上村	王高店 *	龙凤店	杨梅岭	北洋	洋边 *	二铺 *
				人口	1054	2032	899	1292	1667	2016	1084	1073	1067	677
				名称	北斗	钓岐	—	—	—	—	—	—	—	—
				人口	2416	850	—	—	—	—	—	—	—	—
海岛乡	6	6	13773	名称	宫东	宫西	烟台	里澳	文澳	北礵	—	—	—	—
				人口	3669	2352	1897	1211	1761	2883	—	—	—	—
松城街道	18	12	62087	名称	兴贤	万贤	中乘	俊星	西关	龙津	彩虹	松兴	龙贤	城北
				人口	4843	6381	3695	7433	3974	4172	3823	6335	5786	5171
				名称	集贤	俊贤	—	—	—	—	—	—	—	—
				人口	5403	5071	—	—	—	—	—	—	—	—
沙江镇	21	6	25880	名称	龙湾 *	芦坑 *	城头	八堡	坝头	大坪 *	—	—	—	—
				人口	4058	3819	4157	4813	4236	4797	—	—	—	—

续表 41-6

名称	乡（镇、街道）数（个）			建制村（居）数（个）		人口数（万人）	
	总数	老区乡数	老区分布乡数	总数	老区村（居）数	总数	老区村（居）人口数
霞浦县	14	11	3	315	211	51.9	41.7

乡（镇、街道）	建制村（居）数 总数	建制村（居）数 老区村（居）数	老区村（居）人口数（人）	老区建制村（居）名称及人口数（个）										
松港街道	27	17	35117	名称	江边	岭头 *	佳湖	下村	八斗贝 *	章家衔	松农	松渔	赤岸	竹下
				人口	2883	1797	1286	1126	1113	1622	2189	2099	2555	1975
				名称	水坑	利洋	塔下	北岐	利埕	东关	东兴	—	—	—
				人口	1983	1211	1896	2160	1990	3373	3859	—	—	—
长春镇	27	15	42628	名称	赤沙	武岐	洪江	斗米	蜘蛛网	大京	长溪	长春	吕峡	积石
				人口	2231	1989	4478	2134	1456	7284	2192	4890	4970	2449
				名称	里城	外城	小京	加竹	长门	—	—	—	—	—
				人口	1576	1481	1886	1811	1792	—	—	—	—	—
三沙镇	31	18	25497	名称	陇头	东山 *	浮山	单斗 *	三坪 *	小皓	西澳	东澳	五澳	中心
				人口	1820	897	1463	899	637	1825	2448	2513	2741	1331
				名称	古镇	古桶	石斗鼻	虞公亭	东壁	二坑 *	三农	烽火	—	—
				人口	1898	638	998	862	1157	735	1177	1458	—	—
下浒镇	22	11	21972	名称	石湖	柏溪	居安	延亭	下浒	赤壁	大安	柘阳	前洋	西岐
				人口	3102	1446	745	2618	3048	3076	2095	1202	2105	1279
				名称	外浒	—	—	—	—	—	—	—	—	—
				人口	1256	—	—	—	—	—	—	—	—	—
北壁乡	11	5	13581	名称	北壁	河山	铁炉	四门桥	池澳	—	—	—	—	—
				人口	4110	2037	1486	4420	1528	—	—	—	—	—
溪南镇	25	3	6474	名称	傅竹	青山	霞塘	—	—	—	—	—	—	—
				人口	1952	2027	2495	—	—	—	—	—	—	—

说明：1. 表中 * 为畲族少数民族村

2. 老区村即老区行政村，居则指居委会或社区

第二节　扶持建设措施

一、老区扶贫救济与减免

20 世纪 80 年代初，闽东老区乡（镇）占全区乡（镇）的 80% 以上、人口占全区总人口的

85% 左右。1985 年后，省、市出台了多项扶贫优惠政策，加大对闽东老区贫困人口的救济与税费减免，大量减免老区贫困户的公粮、统购粮，成立扶贫基金会、减轻老区群众负担。1987 年，仅福安县就发放老区扶贫救济款就达 9 万元、钱粮挂钩救济款 34 万元、社会救济款 5 万元、老区扶贫专项贴息贷款 300 多万元。

1993—1998 年，全区发生 12 次覆盖老区乡（镇）80% 以上的严重自然灾害，累计老区受灾人口 653 万人次，直接经济损失 49 亿元。省、地、县各级党委和政府共对老区受灾群众发放灾害救济款和社会各界捐物捐款，折计人民币 6684 万元。其中发给老区基点村灾民生产自救款（物）达 385 万元。1999 年，宁德地委、行署将减轻老区农民负担工作作为扶贫和反腐纠风的一项重点内容来抓，全区 112 个老区乡（镇）全部实行农民提留统筹预决算制度，推行农民负担监督卡制度。全年减轻老区农民负担 2310.1 万元。

2002 年，全区农村开始实行税费改革，当年共减轻全区老区农民负担 5598.1 万元，平均每个老区人口减免 26.86 元。2004 年，全市实行对种粮农民直接补贴政策，老区人口人均受惠 17.66 元。2000—2005 年，宁德市民政局用于全市老区农村遭受自然灾害及临时困难救济补助款累计达 8044.2 万元。

二、扶持基础设施建设

（一）道路建设

1988 年开始，全区交通部门重点投资扶持老区行政村修建机耕路。至 1991 年，累计投入扶建资金 254.17 万元，扶持 108 个老区乡（镇）、村修建简易公路 166 条、337.1 千米，投入 83.63 万元；扶持 165 个老区乡（镇）、村修建机耕路 165 条、847.6 千米。至 1997 年年底，全区 161 个老区基点建制村中有 126 个开通公路，占全部老区村的 78.2%。

（二）水利电力建设

1990 年，地区老区办争取到资金 144.56 万元帮助老区农村修复小水利和小水电工程 92 座（处），受益老区乡镇 45 个、82 个村。1991—1997 年，地区老区办帮助老区乡（镇）修建修复 40 座小（微）型水电站，其中有当时区内最大的老区乡镇水电站——古田县凤埔旧镇三级水电站。该站总装机容量 5000 千瓦、总投资 2100 万元。电站建成后，解决凤埔乡及周边 3 个乡镇 10 多个老区村群众的生产、生活用电。

1998 年，宁德地委、行署实施老区建设“五通”（通水、通电、通电话、通电视、通公路）工程。强调要求在 1999 年中华人民共和国成立五十周年大庆前，全区 687 个老区基点建制村，除个别自然村落分散且人口较少村外，要全部实现通电。全区上下围绕这一目标，加大“通电工程”建设力度，共投入建设资金 1186 万元，帮助 8109 户老区群众通电入户。至 1999 年年底，全区老区农村（含老区自然村）通电率达到 94%。

2000 年，闽东老区“通电工程”建设转入提高完善和“拾遗补缺”阶段，以完善电网建设、提高用电质量和尽快消灭“无电户”为工作重点。2000 年完成偏远零星老区村住户通电 8086 户、14913 人受益。2001—2002 年，解决 131 个老区村（含自然村）4245 户、18931 人的用电问题，国家财政共补助资金 252.5 万元。

2005 年 8 月，与政和县交界的周宁县纯池镇最偏远的南半洋老区自然村通电。全省最后一个无电村——霞浦县海岛乡北礵老区村在省、市、县三级政府的关心支持下，通过铺设一条总长

22.74 千米的 10 千伏海底电缆也实现通电。至此，全市 1882 个老区建制村全部实现通电目标。

（三）饮水工程建设

据 1987 年年底统计，全区老区乡村仅有 63 个乡镇、147 个建制村（占全部老区乡镇数 62% 和建制村的 8%）使用卫生饮用水。从 1988 年开始，全区农村扶贫将解决农村饮用水卫生工作列为一项重要任务。

1988—1990 年，全区投资用于改善老区农村饮用水卫生等方面的经费总计为 1799.3 万元，使 91 个老区基点建制村首先解决饮用水问题。寿宁县含溪等 3 个重点老区基点村饮用水严重污染问题受到省、地党政领导的重视，先后拨款修建了有封闭式蓄水池的自来水，还铺设了 1800 多米长的引水管道。周宁县李墩乡际头老区村，在地、县有关部门的支持下，从海拔 1000 多米高山处铺设了总长 5000 多米的引水管道以解决群众饮水问题。

1990—1997 年，全区"饮水工程"累计投入改水经费 2799.3 万元，大部分用于老区村改善饮用水的安全卫生。在 1998 年实施的全区老区"五通"工程调查中，当时全区仍有 70 个老区建制村饮用水问题未得到有效解决。地委、行署要求在"五通"饮用水工程建设中，地、县水利、老区、卫生、防疫、城建等部门应密切配合，多方筹措资金，规划设计、抓好实施，争取在中华人民共和国成立 50 周年大庆前基本实现全区所有老区行政村群众能用上放心水。

2000 年，全区老区农村饮用安全卫生水人口达 242.24 万人，占老区农村总人口的 92.81%。2001 年，全市对老区村饮用水进行检测，共采集水样 495 份、检测合格率为 77.76%，并对未达标村的饮水工程进行改造。2002—2003 年，全市老区农村饮水工程共增加受益群众 4.6 万人。霞浦县三沙镇有 18 个老区建制村、近 4 万老区人口，长期以来仅靠岛内唯一的周湾水库供水，经常出现饮水紧张。2003 年 9 月，市、县有关部门成立由县主要领导任总指挥的指挥部，协调解决经费、用地、施工等问题。仅用一年时间，就建成一条长 16 千米的引水工程和一座日供水 2 万吨的水厂，彻底解决了三沙岛老区群众的饮水、用水困难。

2005 年，全市完成 149 个老区村饮水工程的修建和改造，投入资金 127.1 万元、受益群众 1.9 万人，至年底，全市 1882 个老区建制村中有 1834 个用上了安全卫生水，占全市老区村总数的 97.45%、人口的 98.31%。

（四）老区"造福工程"建设

由于历史原因，闽东老区群众多居住在偏远地区，山高路陡、村落分散，交通不便又多为地质灾害多发地区，生产、生活条件差。闽东"造福工程"，主要解决的就是居住在这些地区的老区和少数民族居民。截至 1992 年年底，通过扶贫，全区实施"造福工程"搬迁 40 个自然村中，有 26 个为老区自然村。国家共投入各类资金 230 万元，共建新房 900 余座，1106 户、5718 人实施搬迁，其中老区户和人口分别占 60.82% 和 58.41%。

1993 年，全区进一步完善各项优惠政策和措施，加大扶贫开发"造福工程"搬迁扶持力度，其中霞浦县水门畲族乡茶岗等 3 个老区村作为首批试点村，实施自然村整村搬迁。全区有 50 个老区基点自然村的 900 多户、5000 多人迁移到生产、居住条件较好的主村或公路沿线定居。周宁县狮城镇前坪、陈凤等几个畲族老区重点村，在第二次国内革命战争时期，是闽东红军独立师后方医院和枪械制造修理所驻地。但解放后那里的群众住房条件依然很差，生产、生活十分不便。1995 年，周宁县政府利用扶贫和"造福工程"优惠政策，划拨 20 亩原县茶厂弃用地，规划 12 排、每排 12 栋，配以 5 米宽道路，建起"造福新村"，安置前坪片周边 7 个老区自然村 144 户、

706 人，并成立全省唯一的老区少数民族“造福工程”新村村委会。2001 年，全市由老区系统安排补助资金完成了 706 户、3346 人的老区群众“造福工程”搬迁。柘荣县富溪镇东溪村草籽坪畲族老区基点村，是淮海战役中牺牲的著名战斗英雄兰阿嫩（时任副团长）的故乡，全村仅 14 户、62 人，是市、县老区扶持和扶贫的重点村。通过“造福工程”扶贫，全村搬迁到离城关仅 3 千米的东源洋沟“造福新村”。

2003—2005 年，市、县各级政府共投入资金 2945.8 万元，完成 82 个老区基点村 852 户、4688 人“造福工程”搬迁。1994—2005 年年底，在全市累计完成的“造福工程”搬迁的 32839 户、150731 人中，老区村群众分别占户数的 89.12% 和人口的 81.37%。先后共有 1239 个老区自然村实行搬迁，其中整村搬迁的有 700 个。

三、扶持老区经济建设

（一）资金支持

1986—2000 年，省财政累计下达给宁德地区老区专项扶持资金 6305.25 万元。1991—2000 年，省政府连续 10 年从省长基金中拨款支持闽东老区建设，平均每年在 100 万元以上，最高的 1999 年达 941 万元。2001—2005 年，省财政共安排宁德市老区专项资金 4283 万元。从 2002 年开始，由省直单位挂钩扶持的重点贫困建制村 45 个，全部属老区贫困村。省财政每年给每个挂钩村 20 万元扶持经费外，挂钩单位也给予安排一定扶持资金。2005 年，扶持资金 4283 万元。

1993—2005 年福建省财政安排支持宁德市（地区）老区建设专项资金情况统计表

表 41-7　　单位：万元

市（县） \ 年份 \ 金额	1993	1994	1995	1996	1997	1998	1999	2000	2001	2002	2003	2004	2005
省下达指标	395.7	414.9	424.5	442	380.5	415	544	777	65.5	590	926	721	682.5
地区分配数	387	428.95	350.8	525.15	333.5	419.4	544	777	653.5	590	926	721	682.5
地区本级	6.8	12	24.5	23.85	46	47.4	18	25	20	20	87	42	53.5
宁德	57.6	58.75	48.5	70.9	40	55.9	61.8	90	87.6	71	86.5	75	83.5
古田	37.7	40.5	27.9	41.9	22	32.9	60.3	68.8	95.2	96.8	103	108	64.5
屏南	30.2	36.6	26.1	35.1	23	29.5	44.7	51.4	38.6	40.5	65.5	56.5	52.5
周宁	33.8	37.4	32	43.2	27.5	33.2	44.4	57	40.4	52.2	81	44.5	56
寿宁	40.1	42.5	28.9	61.3	31.5	39.9	52.2	153.6	52.4	42.9	92	65	59
福安	72.4	87.9	62.1	97.1	48	65.4	91.9	107.7	90.8	81.9	119.5	120.5	91.5
柘荣	19.7	19.5	18.8	23.9	18	21.1	31.8	100.1	75.1	48	62.5	48.5	52.5
福鼎	63.8	65	59.2	77.6	49	61.5	93.4	89.9	101.4	80.9	112.5	96.5	104.5
霞浦	24.9	28.8	22.8	50.3	28.5	32.6	45.5	48.5	52	55.8	116.5	64.5	65

（二）发展农业生产

粮食生产　1993年，老区乡村继续开展落实签订土地承包生产责任制，组织实施粮食生产工程。在老区粮耕地区大力推广杂交优质稻、推行科学种植技术。1997年，全区组织实施老区农村粮食生产稳定耕地面积、稳定种植面积，稳定粮食总产，粮食增产目标不变、定购任务不变、扶持粮食生产措施不变的“三稳定”和“三不变”政策。建设商品粮基地工程和粮食自给工程。

2001—2002年，全市老区农村推广引种水稻、甘薯等新品种166个、建立各类高产示范生产片152个、9.6万公顷。推广脱毒甘薯、马铃薯1.14万公顷和0.45万公顷，应用平衡配套施肥技术8.24万公顷、根外追肥技术9.22万公顷，综合治理低产田5560公顷。2005年，全市老区农村水稻种植优良品率早稻达80.1%、中晚稻为88%,“两薯”（甘薯、马铃薯）优质品种率达70%以上，粮食丰产丰收已成为老区农民的一项重要收入。

茶叶生产　闽东是福建茶叶生产主产区，茶叶种植是老区农村的主要经济来源。1991—2000年，地（市）县将扶持老区茶叶生产作为一项重点扶持项目，开展大规模茶园改造。老区系统投入改造扶持资金220.3万元，对1280公顷老茶园进行更新改造。重点推广优良品种、种植无公害无污染茶叶。蕉城区八都镇猴盾畲族老区村，从2000年开始垦复改造集体茶园578亩、帮助群众开发种植1300多亩，全部推行生产A+级（欧盟生产标准）有机茶，产品进入国内各大城市及欧盟市场。该村人均有茶园2.7亩、年度人均茶叶收入达3000元，村集体茶园年收入近60万元。2001年后，全市老区茶叶生产仍以品种改造为重点，大力推广市场热销的铁观音茶，同时注重培育本地茶叶优质品种和品牌。先后恢复生产福鼎白茶、周宁官司茶、蕉城天山茶、寿宁高山乌龙茶、福安坦洋功夫、霞浦元宵茶等。并创出像福鼎“品品香”、周宁“仙洋洋”等品牌，仅柘荣县就有“仙茗雪峰”“彭山翠芋茶”“有机乌龙茶”等3个品牌获得全国无公害绿色食品认证。2005年年底，全市老区农村茶叶品种改良茶叶达4000公顷，新品种茶茶青一般比老品种高出3～5倍，加工后的精制茶每千克可卖百元以上，比老品种茶价格高10多倍。茶叶生产收入已占老区农民收入的一半。

食用菌生产　20世纪90年代，食用菌已成为宁德农村支柱产业。尤其是古田、屏南等县几乎家家种植，在其他各县（市）的农业经济中也占据重要地位。1992年，全区种植香菇1.2亿袋、产菇6688吨。1998年，全区干鲜混合产量18.73万吨（香菇7.93万吨、银耳1.5万吨、鲜菇5.8万吨、其他品种3.5万吨），并开始大量出口。其中90%的产区在老区农村，古田、屏南成为国内外闻名的食用菌生产大县。2000年，全区老区农村的食用菌生产仍然保持旺盛发展势头，各级政府也大力扶持并引导产业的健康发展。2002年后，全市食用菌生产以调整品种结构为重点，大力发展市场适销对路的新品种，如鸡腿菇、杏鲍菇、草菇、茶薪菇等。闽东食用菌已成为老区农村农业生产的支柱产业，2005年，全市食用菌产量9.63万吨（干品），其中产自老区农村的占90%以上。此外，闽东老区农村的毛竹、水果、大棚蔬菜、中药材生产及畜禽业、海淡水养殖业等也得到大力扶持和快速发展。

（三）优化区域产业结构

1993年，随着社会主义市场经济的发展和农业科技水平的提高，闽东老区农村农业生产的区域特点和优势日益显现。地、县（市）出台许多优惠政策，注意引导广大老区农民顺应市场需求，调整产业布局，将支柱产业做大做强，并在区内逐步形成几个主要的农业产业集中区域。

食用菌产业区 食用菌产业区以古田、屏南为重点。1993年，古田食用菌总产量7719吨，产值约1.35亿元。其中香菇2812吨、白木耳2822吨、黑木耳1068吨。2005年，古田全县食用菌总产量达4.10万吨（干品）、产值10亿元（现价），占当年全县农业总产值的49.02%，是全国最大的食用菌生产和交易县，并形成集新品种研究开发、菌苗培育、大棚栽培、成品加工销售和相关配套用品供应、机械生产的完整产业链，覆盖全县所有乡镇和80%以上的农户，其中多数是老区农户。屏南县当年非木生食用菌类产品产量达0.72万吨（干品）、产值接近2亿元，全县老区农户60%从事食用菌生产。

水果种植区 水果种植区以古田、福安、福鼎、蕉城为重点。1993年，古田水果种植面积6540公顷，总产量2万吨，其中桃5682吨、柰5067吨。2005年，古田县水果种植面积2.57万公顷、产量6.76万吨。其中油柰4300公顷、产量2.89万吨，水蜜桃2.78万吨、产量1.44万吨，脐橙400公顷、产量0.23万吨，是全市水果生产大县，也是省内重要的水果产地，且以水果品质优良著称。福安市是中国南方最大的葡萄种植区域，1993年福安市葡萄面积108.47公顷，产量801吨。2005年，福安市葡萄年末实有面积2055公顷，其中采摘面积1996.8公顷，产量27405吨。福安还是全省最大的芙蓉李生产基地，当年保有面积4350公顷、产量2.81万吨。这类水果种植业主要集中在溪柄、赛岐、湾坞、溪潭、松罗、潭头等老区农村。环三都澳沿海地区蕉城、福安、霞浦一带以生产晚熟荔枝、龙眼著称，上市期比省内其他产区晚1个多月甚至2个月，且果匀、核小、甜度高，种植面积5330公顷，年产量近1.2万吨，种植多分布在老区。蕉城七都、六都、贝河、三乐、河乾等一带老区村，是省内乃至中国南方最大的草莓种植区，2005年种植面积超过3000亩，每亩年纯收入在3000元以上。

太子参种植区 太子参种植区以柘荣为主。1993年，柘荣太子参种植面积733.3公顷，总产量500吨。柘荣持续被商业部确定为全国太子参生产基地县。柘荣县大力推广太子参种植，并逐步按GAP标准化基地规范种植管理，产量和质量不断提高。2005年，全县种植面积1733公顷、产量2600多吨、产值5000多万元，其产量占到全国近三分之二，并成为全国太子参贸易的主要集散地之一。全县9个乡镇所有老区村家家户户种植，并成为农户家庭的主要收入。而且还辐射至周边的福安市上白石、范坑、潭头，福鼎的管阳、磻溪，霞浦的柏洋、崇儒以及浙江泰顺、平阳县等毗邻的老区乡村。

蔬菜种植区 蔬菜种植区以屏南大棚（含藻膜覆盖）为重点。屏南县利用高海拔地区夏季气温较低且并病虫害较少的区域特点试种大棚蔬菜，成功后即在县内大力推广。1993年蔬菜种植面积1820公顷。2003年，屏南县已成为全省最重要的大棚蔬菜种植区，品种多、产量大、质量好，是福州市场蔬菜的主要供应地。2005年，全县大棚蔬菜种植面积3667公顷。该县岭下乡仅花椰菜一项种植面积即达800公顷、产值1亿元（当年价），种植户人均一季收入达3869元。该县80%的老区村都种植大棚蔬菜，并成为农业经济的新兴支柱产业，并带动辐射到周宁、政和、蕉城周边老区村发展该产业。

四、扶持科技文卫事业发展

（一）科技事业

1993年，宁德地委、行署在老区扶贫扶建中依靠科技进步，大力发展特色高优农业，开发海洋资源，培育新农业技术产业，推动科技星火密集区和科技示范乡镇建设。1995年，由地区农科所引进的水稻旱育稀植新技术，全区推广3.4万公顷，占水稻播种总面积的25%，覆盖全部老区乡镇村，平均亩产较老品种增产 37.7 千克。古田横卧式袋栽银耳、屏南香菇反季节栽培、寿宁人工调节促进花菇生产技术的突破和推行，创造闽东老区食用菌生产新的辉煌。

1996 年，福安选育成功瘦肉型“杜克花猪”开创闽东瘦肉型猪饲养的先河。柘荣县攻克太子参叶斑病防治技术关，使太子参生产成为柘荣县及周边老区乡镇农村脱贫致富的金钥匙。沿海县（市）大规模人工放养对虾和大黄鱼人工育苗、集约化养殖技术的推广和应用，带动了渔区老区群众的大幅增收。1997 年 8 月，根据宁德地委、行署对新一轮农村创业的部署，地区进一步确立形成闽东老区农村农业开发“五区二带”格局，建设闽东农业科技密集区的发展思路。即：建立霞浦和三都澳海洋科技园区、福鼎对台农业引进示范区、福安赛江—溪柄农业科技园区、宁德（现蕉城）七都科技星火密集区、古田屏南食用菌科技区和沿国道 104 线及环沿海高速公路的农（水）产品加工产业带和环三都澳晚熟龙眼、荔枝生产带。1998 年，闽东沿海新建以大黄鱼为主的海水鱼类繁育场 20 多个，其中国家大黄鱼原种场获批立项，是国家在海水鱼类繁殖方面批准设立的第一个原种场。真鲷、跳鱼、石斑鱼、鲍鱼、青蟹、泥蚶、扇贝等一批珍稀海水新品种的人工养殖或育苗技术也都取得突破性进展，为闽东耕海牧鱼、发展水产养殖开辟了良好前景。

2001 年，全市建立 58 个老区科技示范基地，其中村级 49 个，市、县（区）老区部门与乡镇共建的 9 个。村级 49 个示范点共投入科技发展资金 6878.7 万元，其中投入产出成果示范点 44 个，年收益达 1.56 亿元；老区系统与乡镇共建的 9 个示范点投入资金 1187.2 万元，年收益达 4455 万元。当年，市老区办和市老区促进会、市老科技工作者服务团联合在蕉城区八都镇猴盾老区村设立科技示范基地，投入资金 12 万元，发展 100 亩脱毒马铃薯、80 亩玉米、50 亩超级稻和 50 亩六月红芋，每年收益 18 万元以上。还在蕉城区霍童镇坑头老区村试种 3000 株南方巨森苹果、1400 株黄花梨、30 亩雷竹、660 多公顷大棚蔬菜并举办科技培训班，受训人员达 176 人。全区还选送 18 名老区基点村主干和农村科技带头人到漳州参加省老区办举办的“老区农业产业结构调整培训班”。市老区办与市老促会、老科技服务团举办一期有 40 名老区村干参训的农业科技培训班。各县（市、区）老区办也与有关部门配合，举办 300 多期农业实用技术培训班，受训人员达 1.92 万人。周宁县七步镇徐家山老区村村民委员会主任徐龙兴在参加市农校的茶叶栽培技术培训班后，带动村民开垦茶园 35 亩，全部种上优质茶。古田县大桥、大甲等老区乡镇，根据银耳菌种退化、成品率不高等问题，组织农民技术员开展银耳产业化关键配套技术研究，应用杂交和细胞工程技术改良品种，并在专业人员的指导下，推广应用计算机控制菌房生产技术，取得良好效果。

2002 年，市老区办投入资金 40 万元，在福安、霞浦、古田、寿宁建立 4 个科技示范点。各县（市）老区办在巩固原示范村（点）的基础上又各增加 1 ～ 2 个示范点，重点围绕茶叶、太子参、食用菌、葡萄等特色产业开展试点服务工作，并与有关部门配合举办农村实用生产技术培训班 119 期，培训技术骨干 8651 人。

2003 年，市老区办围绕全市农业结构调整和优化，结合老区基点村、小康村建设工作，对已建立的老区科技示范点和扶贫挂钩点加大扶持资金投入，共投入 123 万元建设 33 个老区科技示范点。市、县老区办与有关部门配合举办水稻、果树、食用菌、反季节蔬菜、茶叶、海（淡）水养殖等实用技术培训班 58 期，培训农民技术骨干 7414 人。

2004 年，全市共组织专家 1000 多人次，举办科技报告和讲座 100 多场，惠及 120 个乡（镇）、200 多个老区村，参与的老区群众近百万人次，并在古田、福安、柘荣等县（市）建立 3 个科技示范基地。全年市老区办举办各类农民技术培训班 65 期，培训农民技术骨干 1.2 万人次。

2005年，全市共组织专家9000人次，举办科技报告和讲座80多场，惠及116个老区（含部分老区）乡镇。市老区办举办各类农民技术培训班90期，培训农民技术骨干1.42万人次。

（二）教育事业

小学教育 1992年年底，全区有小学4338所，其中设置在老区农村和乡镇的有4311所，占总数的99%。1993年，省教委同意将宁德市（今蕉城区）洋中镇东山小学、福安市甘棠镇外塘小学、福鼎县秦屿镇樟岐小学、霞浦县盐田乡盐田小学、古田县水口镇水口小学、柘荣县城郊乡前山小学、屏南县寿山乡寿山小学、周宁县咸村镇咸村小学等10所老区乡镇小学确定为福建省农村示范小学。1994年6月，地区教委在福安市召开宁德地区农村示范小学现场会，会议确定以"立足区情、树立典型、以点带面、整体优化"为主题，命名表彰首批14所小学，其中有7所设在老区村。当年以革命烈士颜阿兰命名的宁德县霍童镇颜阿兰小学（原名霍童小学），是一所有5个班级、200多名学生的老区重点完小。1995年12月，省教委又对首批命名的福建省农村示范小学进行重新确认，其中霞浦县三沙镇中心小学，福安市阳头小学、赛岐镇赛岐小学，古田县松吉乡罗华小学（现为城西街街道）等4所老区村小学被重新确认为农村示范小学。是年，柘荣县黄柏乡蒲洋老区村的"希望小学"破土动工，这是全省第一所"红领巾手拉手"希望小学，由全省小学在校少年儿童捐款修建。

1996年3月，地区教委召开部分农村示范小学校长会议，会上福鼎市前岐镇罗唇小学、霞浦县海岛乡中心小学、古田县杉洋镇岭里小学第12所小学被命名为第二批宁德地区农村示范小学，其中大部分都是设在老区村。1997年，福安市甘棠、福鼎市山前两所老区中心小学被省教委命名为"福建省农村示范小学"。1998年，地区教委对全区14所省农村示范小学和19所地区农村示范小学进行一次全面的复查评估，对符合新标准的福安赛岐、古田凤都、霞浦三沙、福鼎罗唇等4所老区村中心小学进行重新确认。是年，又有福安苏堤、古田黄田等3所老区村中心小学被批准为第三批宁德地区农村示范小学并通过省教委复评，同时被省教委确认为"福建省农村示范小学"。通过省、地农村示范小学的评选，促进全区农村小学建设的规范化，有效提高老区农村小学的教育水平。

2000年，宁德市教委受宁德市委、市政府的委托，先后对全区9个县（市、区）小学教育"两基"（基本普及初等义务教育、基本扫除青壮年文盲）工作开展第二次年度跟踪督导检查。检查结果显示，经过几年不断努力，宁德市老区农村小学"两基"工作得到很大提高，大大提升了办学水平和教学质量。全市共多渠道筹措办学经费1.03亿元用于改善办学条件，新增校园面积22万平方米，使当年全区老区农村小学生的人均校舍面积达到5.27平方米，比上年增加0.26平方米。

2003—2004年，中央和省加大对宁德贫困地区教育扶持力度，共下达3836万元专项补助经费用于改革农村中、小学办学条件，重点用于老区农村中、小学校舍房改造。省教育厅等有关部门组织检查组对全市9个县（市、区）的农村中小学危房改造进行检查。2004年，全市列入中央、省校舍危改补助的项目达53个，建筑面积5.6万平方米，大部分集中在老区，全市共投入资金3576万元（其中中央补助1655万元，省补助1138万元），当年开工率达84%，完成投资3537万元，超额完成159万元。

2005年，市委、市政府先后出台《关于2005—2007年教育工作的意见》和《关于加快教育事业发展若干问题的决定》，并与各县（市、区）政府签订《宁德市加快教育发展责任状》。根据农村小学教育发展状况，全市开展农村教育资源整合，大量拆拼生源少、教学质量很难有效保证的学校和教学班（点）。全市共保留设在老区乡（镇）村的小学1304所、学生2.56万名，但老区农村小学学生逐渐向城镇学校转移的趋势仍越来越明显。

中等教育　1992年，全区有中学（含初级中学）214所，其中高中39所、初中87所、小学附设初中班88所；学生103969人，其中高中生88988人、初中生14981人。这些中学有96所设置在老区农村。是年，地区老区办与宁德地区农校联合开办老区预科班，招收各县（市）老区村革命后代子女25人入学；地区财政局和老区办安排专项经费41万元，选送18名大专生预科班学员、41名中专生学员到省内大中专院校学习。1993年以后，各县（市）贯彻全国、全省及全区教育工作会议精神和《中国教育改革和发展纲要》，突出抓老区的中等教育。1994年选送大专预科班学员17人、地区农校老区预科班学员（中专班）40人。1998年年底，全区有102所中学开展初中分流教育改革，开办技术班144个，在技术班学习的学生达7000多人，占到当年全区农村初中毕业生总数的29%，为老区农村培养大批有专长的劳动者。其中霞浦、寿宁、屏南、柘荣、周宁等5县还被作为全省分流教育改革的试点县。2000年，地区行署出台《宁德地区行署关于鼓励社会力量办学的若干规定》，鼓励社会力量办中学，尤其是初级中学。当年批准社会力量办中学5所，其中2所设在老区乡（镇）。

1995—2004年，全区选送105名学员到省内外大专院校预科班学习、111名到省内中等专业学校学习。至2005年，全区有5000多名老区青年进入大中专院校学习。

2002—2005年，全区中学教育快速发展，4年累计投入办学资金3.80亿元改善办学条件，新建和改造消除危险中小学校舍建筑面积超过50万平方米（其中一半以上为中学）。社会各界人士，包括一批华侨人士捐款捐物支持中学教育，社会力量办学成绩显著，加之开展福州市与宁德市的教育对口支持等，使全区的中学建设，特别是普及老区农村初中教育成效突出。

（三）文化事业

1993年，全区在实施文化建设“芳草计划”和“农村文化设施建设工程”中，大力创办老区农村农民图书馆（室）。1995—1997年，地区财政拨款50万元，作为配套专用经费，扶持老区乡（镇）文化站建设。凡新建一个面积300平方米的乡（镇）文化站，经地区财政局、文化局联合验收后补助1万元。至1998年年底，原来没有文化站的50个老区乡（镇）全部建成达标文化站，省、地、县三级共投入资金800多万元。1999年，全区有老区乡（镇）文化站125个、专职农村文化工作者145名。

2000年后，全市农村文化工作围绕脱贫致富奔小康这个中心，加强农村文化基础设施建设，组织开展文化下乡活动。2001年，市文化局对727个老区乡（镇）文化站展开全面调查，并在此基础上发出《关于做好农村文化工作几点要求的通知》。

2003年，全市共组织126批文化下乡活动，区内专业剧团下乡在老区（镇）、村演出超过150场。2004年，全市文化下乡活动在老区农村演出达130场，专业剧团演出超过160场。2005年，全市共组织123场文化下乡活动，在老区乡（镇）、村的演出，专业剧团的演出也达到143场。

（四）电影电视事业

电影　2002年，国家广电总局、文化部、国家计委等提出在全国农村地区实施每个村每月放映一场电影的“2131工程”（在21世纪初开始，基本实现农村一村一乡放映一场公益性电影的目标）。宁德市政府也将其列为当年20件为民办实事之一加以落实。4月，市政府在省内率先向所辖各县（市、区）及市直有关部门发出《关于进一步实施农村电影放映“2131工程”的通知》，并成立领导小组，出台《“宁德市农村电影放映2131工程”实施细则》。全市统一宣传、统一发行拷贝、统一放映，方便和鼓励农民观看电影，组织“2131工程”农村流动电影放映队到老区农村放映。2003—2005年，全市继续实施“2131工程”，组织多种形式的专场放映活动。市政府还多次召开农村电影放映“2131工程”工作现场会，表彰下乡放映、为老区群众服务的先进集体和个人。同时举办全市第二届“农民电影节”，调配适合农村群众观看的各类影片。2005年，全市老区农村电影放映场次超过2000场，观众达15万多人次。

电视　1992年，全区电视人口覆盖率已达78.91%，闽东老区农村的覆盖率仅6.239%。1994年，地区财政投资158万元，架设开通宁德电视台独立发射频道，节目传送至9县（市），各县（市）电视台再配备专机收转开路覆盖，结束节目传送依靠省微波闽东段线路的历史，有利于闽东老区农民收视。1998年，地委、行署开展实施农村“五通工程”。各地农村采取财政贴一点、单位补一点、群众出一点的办法解决收播收视问题。全区中、小功率电视转播台增至199座，卫星地面接收站发展到833座，全区老区农村电视人口综合覆盖率从1992年的78.91%提高到92.27%。2000年，全市中、小功率电视转播台和卫星地面接收站达到1284座。农村电视人口综合覆盖率提高到95.95%，成为老区农村最重要的思想文化阵地。

2001年，在“五通工程”中，市委、市政府提出电视“村村通”计划，当年投入资金600多万元，重点完成110个老区、少数民族及其他边远自然村广播电视覆盖任务。福安市广播电视局率先在赛岐镇狮子头老区村实施“户户通电视”试点计划，使该村223户老区群众在当年国庆节前全部看上电视。2003年，全市继续加大发展农村电视事业力度。福鼎市投入220多万元建成管（阳）沈（青）沿线16个老区村的光缆联网工程；柘荣县新建农村电视“村村通”工程6个，均是地处偏僻的老区村，另有5个老区村与县有线电视网络联网。蕉城区老区办和区广电局配合，各安排部分资金，把电视覆盖点延伸到20个30户以上的老区基点自然村。宁德电视台完成第二套节目的下传工作，实现所有节目在全市农村覆盖的目标。2005年，宁德市政府成立“村村通”电视建设领导小组，重新编制建设规划。全市有52个老区村电视网络损坏“返盲”维修复通工程完成，有104个50户上以老区自然村的电视收视问题得到解决。

（五）卫生事业

1993年，全区共投入农村初级保健资金100多万元，其中政府投入30多万元。全区初保试点老区乡（镇）占总数的57%。1996年，全区各级政府开始把农村初保工作纳入社会经济发展规划和政府重要工作目标，全区投入612.5万元，修建老区乡（镇）卫生院业务用房1.07万平方米。1997—1998年，全区农村合作医疗全面推开，有69个乡（镇）、288个老区村实行这一制度。全区行政村卫生所的覆盖率达98%、每所平均医生数为1.69人。

1999年，地区老区办和地区卫生局联合下发《关于加强闽东老区基点村空白卫生所建设的通知》，并委托地区卫生局培训中心举办为期3个月的乡村医生业务技术培训班。有来自老区重点村、具有初中毕业以上文化程度的43名中青年参加培训。同年8月，又召开老区村卫生所空缺较严重的宁德、福安、柘荣3县（市）卫生局长、老区办主任紧急会议，安排3.8万元经费培训乡村医生，并拨给每个村办所补助经费1000元。9月，地区老区办又与地区卫生局联合组织对老区基点村新建卫生所的检查验收。区内原有56个空白医疗点的老区基点村全部新建卫生所。

2000年，寿宁、福鼎、屏南、柘荣4县（市）防疫部门派出医务人员，到肺结核发病率较高的老区农村开展义诊，并对一些非住院肺结核病人实行登记转诊归口管理。福安市、霞浦县的防疫部门深入部分畲族老区村开展肺结核病人抽样调查，在4个流动调查点共调查5938人，发现活动性肺结核病人 23 人，其中检出涂阳病人 12 例并给予免费治疗。

2001—2002 年，福鼎市依托原村卫生所，率先组建山前、灰窑、增坪 3 个老区建制村社区卫生服务站。霞浦、古田、福安、屏南、柘荣 5 县（市）实现以乡（镇）为单位初保合格后，蕉城、福鼎、周宁、寿宁 4 县（市、区）也按初保工作要求抓好农村卫生工作，经市初审达到省定的合格标准，从而实现了全市老区农村初保以乡镇为单位的全面达标。

2003 年，全市有 7 个县（市、区）的 7 个乡镇卫生院产科、2 个县（市）妇幼保健院、3 个县（市）防疫站、5 个县（市、区）的中心卫生院、4 个县（市）的乡镇卫生院被列入农村卫生建设项目上报省卫生厅和财政厅。市政府安排 50 万元用于全市 15 个一般乡（镇）卫生院建设改造。市卫生局培训乡村医生 2732 人次，建立城乡 35 个医疗机构对口支援对子，指导老区乡（镇）卫生院开展 34 项技术项目。同年，全市为老区群众义诊 9026 人次，补助或减免医疗费 5.15 万元。

2004 年，市政府出台《关于加强农村卫生工作的实施意见》，并与各县（市、区）政府签订《宁德市人民政府 2004—2006 年度农村卫生工作责任状》，针对农村卫生工作存在的突出问题，采取一些有效措施，以加强农村卫生工作。如出台提高卫生所“空白点”老区村卫生所开办费补助和村医补贴的扶持政策，对全市 341 个卫生所“空白点”老区村，每成立一个村卫生所给予补助开办费 3000 元，此项全市共支出经费 102.3 万元，除省补助外，市、县（市、区）各承担 50%。村医每人每月由财政给予补助 200 元，全市所需资金 81 万元也由市、县（区）两级财政各负责 50%，以后每年列入财政预算。当年，市老区办联合卫生部门到 15 个老区乡镇的 28 个老区村，为“五老”义诊 6415 人次，补助或减免医疗费 8 万元。

2005 年，全市又有 33 个乡（镇）卫生院危房改造工程实施，其中动工 10 个，当年竣工 6 个。各县（市、区）财政、卫生等部门落实乡（镇）卫生院、村卫生所医务人员工资补助政策。全市 309 个村卫生所通过合格验收，全市认定的 3582 名乡村医生，注册准入的 2573 人。柘荣县新型农村合作医疗试点工作于 7 月 1 日正式启动，先后投入上千万元资金扩建老区乡镇卫生院楼房并完成 45 个“空白村”卫生所建所任务。全县农村农民“参合率”达 81%，并基本做到“小病不出镇、大病不出县”。截至 11 月 30 日，“参合”农民的住院医药费用得到报销补偿金额累计达 43.7 万元。全市在 21 个老区乡镇的 30 多个偏远老区村为“五老”和群众义诊 6093 人次，补助、减免医疗费用 4.55 万元。

（六）精神文明创建活动

1993 年 10 月，省委宣传部、省脱贫办、省老区办联合在周宁县召开全省老区贫困县文明建设经验交流会，宁德地区老区办在会上做了经验介绍。

1994 年，按照宁德地委精神文明建设领导小组的统一部署，全区老区、少数民族贫困地区的文明创建活动，纳入地委文明委统一规划，由一年一总评改为一年初评两年一总评。第一轮竞赛，老区部门组织 161 个老区建制村参赛。

1996 年 5 月，地委精神文明建设领导小组发出关于《对老区、少数民族地区、贫困地区创建文明活动进行总评的通知》，抽调文明办、老区办、民委等部门 8 人组成总评考查组，分两组对全区 9 县（市）总体创建情况及 19 个参赛村进行为期 12 天的重点考查。全区先后被省、地、市三级授予文明称号的有 81 个老区村。寿宁县 28 个参赛村，有 11 个村被县委、县政府命名为老区文明村；福鼎市 25 个参赛村，有 13 个实现小康达标，其中 4 个村被评为地区小康文明村；屏南县 12 个参赛村，有 5 个村支部被评为省、地、县先进基层党组织，6 个村被评为地级明星村。

1997 年 3 月，地区革命老根据地建设委员会发出《关于表彰创建老区文明村竞赛活动先进单位和先进个人的决定》，表彰老区文明村先进单位25个，文明村竞赛活动先进工作者38名。

1998年，全区文明竞赛活动组织168个村参加，在加强以革命传统教育为主线和“重在建设”的基础上，围绕加快老区基点村“五通工程”建设、消除绝对贫困等中心任务，坚持与扶贫攻坚、争创小康、共建先进党支部相结合，力求使参赛村的“两个文明”取得同步发展。

2000年，全市创建老区文明村竞赛活动以开展“三个代表”重要思想为宣传学习的重点，突出党的基层组织建设，坚持抓经济建设，努力增加农民收入。同年6月，寿宁县利用共青团中央将该县张高谦陵园列为第三批“全国青少年教育基地”的机会，组织参加老区文明村竞赛活动村的中小学生，到陵园开展“发扬革命传统、建设文明家园”活动。

2001年，全市有142个老区村参加竞赛活动。寿宁县老区办在文明创建活动中，先后30多次深入到甲坑、山坑、龙头坑、查办温档洋等老区基点村现场指导，帮助筹措资金，进行改路、改厕、改房等，还制订60多条村规民约。福鼎市桐城街道八尺门老区村在活动中，投资30多万元整治村容村貌。霞浦县突出革命传统教育这一重点，利用县老区光荣院、山涧堂革命烈士纪念碑、闽东特委霞（浦）（福）鼎办事处旧址、闽东独立团成立旧址等一批革命传统教育基地，对参赛村的党员、村干部、妇女以及中、小学生等进行爱国主义、集体主义、社会主义和革命传统教育，请“五老”举行报告会9场。各县（市、区）老区办在竞赛中，做到年初有布置、半年有检查、年底有初评，派专人包村挂点，促进这项活动的开展。

2002年，全市有87个老区村参加文明竞赛。当年竞赛活动，强调突出“四个结合”：一是与村产业结构调整试点工作结合；二是与扶贫挂钩点结合；三是与科技示范点结合；四是与共建先进党支部、建新村结合。力求通过宣传发动、建章立制、发展生产、治理环境等多形式、多渠道、多手段来促进老区竞赛村的“双文明”建设。2003年的全区老区文明村竞赛活动，共有75个村参加。

2004年，全市创建老区文明村活动以革命传统教育为主线，全面建设老区小康社会，以农业增效、农民增收为目标，致力于培养有理想、有道德、有文化、有纪律的社会主义新型农民，全市有90个老区村参加竞赛。寿宁县参加竞赛的老区村，有一半以上村被评为市级文明村。福鼎市有1个老区村被评为省级文明村，6个评为市级文明村，县级的有39个。周宁县制定9个参赛村实施方案，各乡镇还成立专门领导小组，有针对性地开展创建活动。

2005年，市老区办按照中共中央关于推进社会主义新农村建设和农业、农村工作的要求，在全市开展争创老区小康村活动中，围绕“发展主导产业、优化村居布局、完善基础设施、整治村容村貌、营造舒适家居、培训技能农民、引导文明风尚、培育合作组织、创建五好班子”的目标进行，各县（市、区）都涌现出一批“双文明”建设的先进老区村。其中，市老区办和寿宁县老区办被宁德市委、市政府授予年度文明单位，55个老区村被授予年度文明村。

第三章　造福工程

第一节　“造福工程”计划

1992年年底，全区共有40个自然村整村搬迁，新建房屋900座，有1106户、5718人迁入新居，国家投入补助资金230多万元。1993年，宁德地委、行署结合农村扶贫工作，在全省率先提出实施“造福工程”计划，由民政部门牵头，有关部门协调配合，有计划地将自然灾害频发、群众居住零星分散、交通不便、信息闭塞、基础设施落后、部分还面临滑坡等地质灾害威胁的村庄搬迁至生产、生活条件较为优越的地带安置。据1993年年底统计，全区常住人口在10户以下，需要实施搬迁的偏僻自然村仍有3800多个，居民18800多户，存在山体滑坡等地质灾害隐患的自然村有1000多个，需要实施茅草房改造的贫困户有2800多户。此外，还有1.9万长期生活在海上的“连家船民”需要实现上岸定居。

1994年，全区开始大规模实施“造福工程”，把农村（老区）贫困地区需通过异地搬迁安置以解决贫困问题作为一项重要措施，编制“造福工程”详细计划，成立宁德地区“造福工程”领导小组，由地委书记、行署专员任正、副组长，民政局局长任办公室主任。由扶贫部门牵头，财政、建设、土地、林业等部门共同配合实施。出台的优惠政策包括比照救灾安置的优惠政策，减免建房用地的耕地占用税、契税、征地管理费、农业税、特产税、新菜地开发基金、基础设施配套费、农村教育附加费、森林植被恢复费等。对于搬迁建房用地，国土部门优先安排用地指标，林业部门优先安排建房所需的自用木材砍伐指标，建设部门帮助搞好新村建设的规划和住户型设计。在财政资金补助方面，由省、地、县（市）三级财政拼盘补助，1994年人均补助标准为300元。

1995年，各县（市）形成一整套搬迁工作机制，计划从1995—1997年3年中，完成7000户、3.5万人搬迁任务，其中第一年搬迁9000人，第二、三年各搬迁1.3万人。实行结果，1995年搬迁1849户、9477人，1996年搬迁3865户、19379人，1997年搬迁3844户、18257人。

2000年开始实施的“滑坡险情村搬迁”补助标准为人均300元。2001年提高到人均600元，2002年提高至人均1000元，2002年开始，对实施搬迁的少数民族群众再额外增加补助300元。1998—2005年共计搬迁21663户、95642人。

至2005年，全区（市）累计投入资金9700多万元，完成“造福工程”搬迁156066人，其中少数民族群众31128人（占20%）。“造福工程”搬迁涉及全市3876个自然村，其中少数民族村675个（占17%），老区村1239个（占32%）。整体搬迁自然村2009个（占涉及村数的

52%），其中少数民族村471个（占23%），老区村700个（占35%）。营建新村（点）861个，安置100人以上的较大新村（点）355个（占41%）。其中，安置100～200人的点243个，安置200～500人的点91个，安置500～800人的点17个，安置800人以上的点4个。2002年以后，争取省补助资金3375万元，市财政拨出配套资金450万元。

第二节 “连家船民”上岸定居

历史上，闽东有一部分临海（江）人口远离陆地，长期生活在海上、江上，在陆地上没有固定住所和土地，靠捕捞维持生活，形成“连家船民”群体。19世纪50年代中期至70年代末，宁德地区共有“连家船民”2981户、13961人，在政府的帮助下实现上岸定居。至1992年年底，全区还有697户3601人“连家船民”未上岸定居。

1994—1997年，动员安置597户、2672人连家船民上岸定居。在全区扶贫攻坚和“奔小康”活动中，“连家船民”问题再度引起各级党委政府的重视。1998年年初，按照省委、省政府的统一部署，宁德地区组织力量再一次深入调查区内“连家船民”生产、生活状况，并将未上岸定居的逐户登记造册。据统计，当时全区仍未上岸定居的“连家船民”4273户、19378人，占全省连家船民总数的90.5%。主要分布在宁德市、福安市、霞浦县、福鼎市、古田县5个县（市）的63个建制村中。1998—2000年，省财政下达补助资金1550.24万元，地区财政筹集补助资金481.18万元，有关县（市）筹集配套补助资金508.24万元，以人均补助1600元的标准组织“连家船民”上岸定居。在政策方面，对“连家船民”建房用地审批、税费减免等方面按“造福工程”有关政策给予优惠。全区共建成“连家船民”安置新村（点）65个，落成新居4531幢，安置15002人；采取购旧房以及无偿提供居所等方式进行安置的有4376人。宁德市（今蕉城区）漳湾、三都、飞鸾、七都、八都、霍童等6个乡镇12个建制村安置上岸“连家船民”717户、3694人。福安市先后兴建、续建安置点29个，共安置上岸“连家船民”1583户、7419人。其中集中安置1342户、6506人，零星安置241户、913人。霞浦县溪南、盐田、牙城、长春、沙江、下浒、州洋7个乡镇新建“连家船民”新村18个，安置上岸1826户、7898人。福鼎市沙埕镇水生村和桐城镇塔下、沙垅等5个新村共安置上岸“连家船民”48户、167人。由《闽东日报》（早期为《闽东报》）记者从1950年起多次跟踪报道的霞浦县溪南乡溪南村世代连家船民林吓住也在政府的关心支持下一家三代上岸定居。当地政府不仅给他们盖了新房，还划拨土地帮扶发展种植业，实现脱贫并开始走上致富路。古田县水口镇安置上岸“连家船民”29户、108人。至2000年年底，全区已基本解决“连家船民”上岸定居问题。

第三节 茅草房搬迁改造

1993年，全区有茅草房住户1307户。1995年，各级政府也把对茅草房的改造和搬迁列入“造福工程”计划，从1997年6月开始，各县（市）采取层层落实、包干负责、定人定时、保质保量完成改造任务的办法推进工作。茅草房改造政策比照“造福工程”有关政策执行。1997年全区完成 879 户茅草房改造或搬迁，1998 年上半年完成了其余 428 户。至年底，全区已全部消灭茅草房、全面完成对茅草房搬迁或改造任务，其中，搬迁安置占 85% 左右。

1994—2005 年宁德市（地区）“造福工程”完成情况统计表

表 41-8　　单位：个、人

年份	蕉城		古田		屏南		周宁		寿宁		福安		柘荣		福鼎		霞浦		累计完成	
	户数	人数	户数	人数	户数	人数	户数	人数	户数	人数	户数	人数	户数	人数	户数	人数	户数	人数	户数	人数
1994	195	999	107	600	112	540	125	613	120	603	494	2391	88	460	224	950	153	820	1618	7976
1995	540	2711	161	860	127	757	105	535	170	908	256	1222	141	626	149	659	200	1199	1849	9477
1996	751	3663	375	2018	342	1810	165	808	321	1708	722	3879	159	750	696	3243	334	1500	3865	19379
1997	432	2242	335	1768	304	1703	168	860	380	1900	863	4085	131	625	539	1810	692	3264	3844	18257
1998	348	1785	229	1161	112	608	110	500	205	769	385	1800	92	395	178	729	820	3723	2479	11470
1999	442	2141	146	765	128	625	107	546	126	580	1145	5324	110	450	257	1132	987	4220	3448	15783
2000	295	1300	154	714	250	1191	167	829	260	1400	451	2000	200	800	651	2615	386	1695	2814	12544
2001	217	1046	183	800	208	1050	181	862	236	1290	392	1874	140	577	682	2700	391	1721	2630	11920
2002	190	923	121	570	94	460	107	504	163	842	306	1330	124	540	672	2644	332	1431	2109	9244
2003	200	800	152	490	89	485	98	463	150	616	533	2250	120	500	619	2490	252	1123	2213	9217
2004	260	1197	113	530	162	719	265	1180	159	736	168	720	157	646	827	3257	313	1474	2424	10495
2005	254	1190	125	560	131	660	95	495	132	677	188	800	173	690	679	2371	279	1379	2056	8822
总计	4124	19997	2201	10836	2059	10608	1693	8195	2422	12029	5903	27675	1635	7059	6173	24600	5139	23549	31349	144584

说明：“造福工程”搬迁包括“连家船民”上岸定居和茅草房搬迁改造

1994—2005 年宁德市（地区）“造福工程”搬迁村及安置 100 人以上新村（点）分布情况统计表

表 41-9　　单位：个

县（市、区）	搬迁涉及村数			整村搬迁数			安置 100 人以上的新村（点）数
	总数	其中：少数民族村数	其中：老区村村数	总数	其中：少数民族村数	其中：老区村村数	
蕉城	252	46	145	116	17	69	52
古田	143	6	46	65	2	13	19
屏南	124	0	20	59	0	9	24
周宁	123	18	56	79	0	63	18
寿宁	1043	33	415	476	14	189	22
福安	753	318	167	335	229	106	98
柘荣	188	16	28	37	11	13	23
福鼎	499	77	323	342	56	206	64
霞浦	751	161	39	500	142	32	47
合计	3876	675	1239	2009	471	700	367

说明：表中搬迁数包括“连家船民”上岸定居和茅草房改造

第四十二编　人力资源与社会保障

1993年，宁德地区人事局依照国务院《国家公务员暂行条例》，着手推行国家公务员制度的前期准备工作。1993—2005年，宁德市（地区）人事与劳动部门按照建立与社会主义市场经济体制相配套的人力资源管理体系要求，在贯彻《国家公务员暂行条例》和《中华人民共和国公务员法》中，逐步建立并规范专业技术人员职务（职称）评聘制度、人才（人员）流动管理制度、公务员（干部）考录晋升制度、干部职工工资管理制度实现对国家公务员的科学管理，保障国家公务员的优化、廉洁和行政效能的提高。各级政府和劳动社会保障部门努力扩大城乡居民的劳动就业，大力实施扶持“16833”广泛就业工程，推动各项职工社会保障制度的建立，大力提供民生保障，科学合理、全面完善的各项职工社会保障体系基本建立。

第一章　人　事

第一节　人事制度改革

一、推行公务员制度

1993 年，宁德地区根据省人事厅部署，着手推行国家公务员制度的前期准备工作。地区人事局依照国务院《国家公务员暂行条例》，先后印发国家公务员职务升降、奖惩任免、辞职辞退、岗位轮换、年度考核、领导任免任职等文件规定并予以实施。1996 年，在实施“三年内初步建立起国家公务员制度”过程中，宁德地区被列为全省先行国家公务员考试录用试点，地区人事局坚持“整体推进、重点突破、深化监控、稳步发展”的工作方针，在机构改革、“三定”（定机构、定编制、定职能）工作尚未开展的情况下，首次组织全区 1347 人参加公务员录用考试，其中工人 203 人、农民 263 人、城镇居民 462 人。经过笔试、面试、考核、体检，从工人、农民、城镇居民中择优录取 32 名公务员，从应届毕业生中录取 138 名公务员。

1997 年，地委、行署成立推行宁德地区国家公务员制度领导小组，地区行署下发推行公务员制度实施意见，召开全区推行国家公务员制度动员大会。地区人事局印发国家公务员职位分类工作实施方法、国家公务员非领导职务设置管理规定等文件，大力宣传《国家公务员暂行条例》，组织学习公务员有关知识及相应法规，利用《人事信息》简报、汇编小册子等多种形式，广泛开展宣传，同时举办职位分类骨干培训班。地、县（市）、乡（镇）三级机关在机构改革“三定”基础上，进行职能分解，将“三定”方案细化为具体工作项目，作为设置职位的主要依据，合理确定“三定”职位数额、编制、机构规格、职数。地直行政机关共设置 1182 个职位。全年全区公务员报考人数 1443 人，经笔试合格 809 人，参加面试 391 人，择优录用公务员 185 名，其中地税系统 18 名、国家系统 8 名、公安系统 104 名、其他行政机关 55 名。按考生类别分别为在职干部 73 名、工人 6 名、农民 2 名、城镇居民 4 名、应届毕业生 100 名。

1998 年，地区人事局组织开展地直行政机关非领导职数测算工作并形成工作方案，上报省人事厅审批。经测算，地直行政机关可配置处级非领导职数 56 名，落实配备 33 名（不含公安部门，下同）。科级非领导职数 201 名，其中主任科员 100 名，落实配备 141 名（其中主任科员 70 名）。将非领导职数分解下达地直各行政机关。审批 6 个县（市）行政机关非领导职务设置方案，核定非领导职数 325 名，其中主任科员 161 名。同时各县、市人事部门结合党政机构改革，严控机关进人，缩减招考公务员计划数。全区共有 146 名应届毕业生报考公安、税务系统公务员。法律专业中专以上文化程度或在基层司法行政单位工作的有113人报考司法行政机关公务员，经过公开、公平竞争，录用安全、公安系统公务员19名、税务系统公务员18名、司法行政部门公务员18名。公务员制度在全区地、县（市）、乡（镇）三级机关基本建立。地直行政机关1000名干部，审批过渡为公务员987人，暂缓过渡13人，县（市）机关基本完成人员过渡工作，全区118个乡（镇）的2846名干部审批过渡为公务员2463人，暂缓过渡277人，不予过渡75人，分流31人。

1999年，建立国家机关“凡进必考，不考不进”公务员考录制度。地委、行署领导做出批示，要求人事部门加强考录纪律检查。地区人事局对从企事业单位不经考试调入行政机关、违反考录规定的问题进行查处，并按地委办公室、地区行署办公室《关于清退违反规定调入机关人员的实施意见》的通知精神，开展清退工作。

2000年，地区人事局向社会公布公务员公开招考工作，组织报名，进行资格审查。按照福建省人事厅、工商局《关于做好我省从工商行政管理所工人中录用国家公务员工作的通知》精神，对上报参考的262人进行审查，取消其中32人报考资格。经考试141名工商系统工人录用为国家公务员。地区人事局对22名1991年年底前在机关“干部岗位”上工作人员进行审批，对参加1995年机关分流考试成绩合格、分流到企事业单位工作的人员录用为国家干部，对已录用的国家公务员和机关分流人员进行追踪调查，保证考录政策的正确执行。全年共有1021名大中专毕业生分别报考公安、交警、工商和地税系统公务员，其中大专生报考522人、中专生报考499人。审批录用公安机关公务员39名（其中公安院校毕业生28名）、地税系统3名、工商系统9名。

2001年，根据深化干部人事制度改革的要求，市人事局组织人员参与“以机构改革为契机，进一步加强领导班子建设和公务员队伍建设”课题调研，形成《全市干部情况分析》《以机构改革为契机，加强公务员队伍建设》《关于党政机关推行竞争上岗的实施意见》等调研文章，制定机构改革人员分流意见、分流人员培训计划，并向市委组织部部务会议专题汇报。当年，福建省人事厅批准下达宁德招考公务员113名计划，其中公安系统84名、地税系统7名、工商系统2名、政府其他机关20名。市人事局对各县（市、区）组织报考的500人进行资格审核，并对抽调的20名考官进行培训，临考前抽签确定考官12人，开考时邀请纪检、监察部门和人事监督员担任巡视员，市五套班子领导视察考场。有197名报考人员分别参加公安、地税和政府其他机关招考的面试。经过笔试、面试、体检和考核，审批录用公安系统公务员84名、地税系统公务员6名、政府其他机关公务员19名。按照福建省人事厅有关文件精神，各县（市、区）开展从乡镇（街道）计生办聘用干部和“以工代干”计生办主任中考录公务员工作。经过各级资格核实审查，上报省人事厅83人，经审定发放准考证60人（其中6人为计生协会秘书长），参加6月24日的全省统一考试。审批37名乡镇计生办主任、聘干为国家公务员。根据福建省人事厅、工商局《关于做好我省从工商行政管理所工人中录用国家公务员工作的通知》，审批2000年经考试、考核合格，并经省工商局复核遗留的15名工商行政管理所职工为国家公务员。

2002年，市人事局及时向社会公布福建省人事厅下达的招考计划，广泛宣传，按春、秋两次在全市招考公务员。春季，福建省监狱管理局、出入境检验检验局、交警、国税等4个系统在宁德市设报名点，参加报名788人。秋季，全市报考公务员人数1689人，其中报考省垂直管理系统单位1376人、市公安部门110人、市直政府其他机关79人、县（市、区）政府部门124人。经公平竞争，严格录用程序，审批录用春季公开招考国税系统公务员6人（交警系统23人由省审批），审批录用秋季公开招考公务员115人，其中交警系统20人，补充市公安局38人、司法局 2 人、统计局 2 人、东侨开发区 1 人、药监系统 16 人、工商行政管理系统 5 人、国税系统 5 人、地税系统 6 人、技术监督系统 12 人，各县市为古田县 7 人、屏南县 3 人、福鼎市 9 人、柘荣县 2 人。由于闽东高学历、紧缺专业人才不足，有 25 个职位空缺。为此，在从事药政、药检、医药行业管理工作的非行政编制人员中考试录用国家公务员，经过核实和资格审查上报省人事厅 28 人，符合资格条件的人员参加 6 月 27 日全省统一考试，审批录用 26 人。

2003 年，根据福建省人事厅安排，全市公务员考录工作仍分春、秋季考录。按照省人事厅下达的春季 137 名、秋季 177 名招考计划，市人事局增强考录工作透明度。春季有 1173 名考生报考交警、监狱、工商、地税系统和市直机关、各县（市、区）政府部门。经过笔试，进入省交警系统面试 182 人，进入宁德市政府系统部门面试 145 名，其中 92 名由市人事局组织面试，53 名由各县（市、区）人事局组织面试。秋季报名人数为 1148 名，进入面试 221 人。其中由市人事局组织面试 179 人，42 人由县（市、区）人事局组织面试。审批录用 154 名（不含省人事厅审批的 60 名交警），其中春季 55 名、秋季 99 名。对市劳动局 16 个、技术监督局 15 个本科职位空缺的，审批录用 39 名大学本科选调生和在这些单位工作的原非行政编制人员中考试录用 26 名，共 65 名补充到空缺岗位。

2004 年，首次推行新录用公务员上岗宣誓制度。3 月 9 日，市人事局组织第一期公务员初任培训班组织 45 名新录用公务员与党群机关工作人员，进行公务员上岗集体宣誓。6 月 15 日，选派 9 名公务员赴上海私营龙头企业挂职锻炼半年，学习经济发达地区先进经验。市人事局抽调人员深入各县（市、区），开展考录制度执行情况检查。全市共考录公务员 266 人，报考人数 3580 人，最后录用 162 人。

2005 年，市人事局加强对公务员招考的管理。对公务员从招考信息发布到考生成绩，进入面试和体检人员名单公布，再到最后录取结果公布全部实行上网公开，增加透明度，接受全社会监督。完善面试组织工作，市人事局进一步修改《面试工作流程》《面试考官守则》，邀请市人事监督员和纪检监察部门人员，从考官抽选到成绩的公布全程介入监督，并对面试全过程进行录像，建立面试工作档案。改革考官抽选办法，对原来用人单位考官占考官总数三分之一降为只占 1 名，面试当天上午 7 点前请人事监督员和纪检监察人员从近 200 人的考官库中随机抽选考官，当场抽签分组，提高面试的公平和公正性。加强体检管理，采取考生集中前往医院进行封闭式体检，确保体检结果真实性。实行网络报名和现场指导报名相结合。当年，春、秋两季两次招考公务员计划共 212 名（不含党群机关 81 名），全市报名人数 3572 人，其中报考党群机关 1014 名、政府机关 2558 人，经笔试共有 495 名考生进入政府系统面试，顺利完成 2005 年招收公务员 191 人审批工作。

同年，《中华人民共和国公务员法》（以下简称《公务员法》）颁布后，市人事局通过举办学习会、专题讨论会、培训班及知识竞赛等形式，学习宣传《公务员法》。并在宁德市人事人才网上刊登《公务员法》内容及辅导文章。加强师资骨干力量的培训，选送各县（市、区）公务员培训基地的 14 名教师，参加福建省人事厅组织的《公务员法》师资培训班学习。组织一场专题培训讲座，市直机关共 1000 多人参加听课。将《公务员法》课程作为宁德市委党校、宁德市人事干校等举办的“四类培训”班学习的重要内容。并采取分批进行、有序推进的方式，将宁德市市直机关《公务员法》考试分 6 场进行，共有 2778 人参加考试。各县（市、区）共有 15126 人参加《公务员法》考试。

二、事业单位人事制度改革

2002年，全市各事业单位按照省政府《关于在事业单位试行人员聘任制度的实施意见》的通知部署，正式启动事业单位人事制度改革。市政府制定下发《关于全市事业单位补充工作人员实行考试考核公开招聘有关规定》等配套文件。并决定在市医院、闽东医院、宁师附小、宁德电视台、《闽东日报》等单位开展首批试点工作，各县（市、区）也选择部分单位开展试点。宁德市及福鼎、古田、周宁等县（市）率先设立人事争议仲裁机构，开展人事争议调处仲裁工作。市人事局建立宁德市直事业单位人事管理信息软件系统，为全面实行人员聘用制奠定基础。市属和各县（市、区）新招人员，通过公开考试、面试、考核后，全部实行聘用制、签订聘用合同。

2003年，全市事业单位人员，按照“老人老办法、新人新政策”原则，对新职工全部实行聘用制，并签订聘用合同，档案一律寄存人才服务中心管理。市、县（市、区）人事局进一步加强事业单位人事争议（仲裁）工作，宁德市成立宁德市人事争议仲裁委员会和办公室，并于9月9日召开第一次会议，聘请21名仲裁员，10月正式对外受理案件。

2004年，全市推进事业单位人事改革，市、县（市、区）两级人事部门选择部分事业单位，作为全员聘用制度改革试点单位，从岗位确定、人员竞聘、签订聘用合同、工资与奖金、岗位津贴、考评考核等各个环节试行新的制度改革。宁德师范学院附小人事制度改革形成较为配套的制度，宁德广电局下属事业单位采取以岗定薪机制，福鼎市医院改奖金平均分配为以绩效考核为依据发放等做法，有效地调动职工的工作积极性。至年底，全市开展聘用制度改革的试点单位20家，签订聘用合同4243人。

2005年，全市从实行行政与事业分开，推进社会化管理入手，对市、县（市、区）事业单位机构与人事制度改革进行全面部署。至9月底，全市有391个事业单位实行聘用制、签订聘用合同5800多人（份），辞退和解聘临时人员211人。市人事局出台《关于宁德市事业单位岗位管理暂行规定的通知》《关于做好事业单位岗位设置和管理方案的通知》，事业单位专业技术职务全面推行评聘分开。举办全市首批人事争议仲裁员培训班，有100多人参加培训。当年，全市事业单位人事制度改革基本完成。

三、人事代理

2000年，宁德地区人才服务中心为促进人才流动管理，按照国家有关人事政策法规开展人事代理工作。服务中心接受单位或个人委托，为各类流动人员、用人单位提供人事关系、档案代管、人才招聘、人才培训、人才测评等一系列人事代理和配套服务。人事代理工作的开展，扩大人事代理范围，规范代理制度，简化代理手续，强化档案管理，并从个人委托人事代理逐步转向单位委托代理。促进和支持企事业单位的人事改革，使人事代理工作上一个新台阶。至2001年年底，市人才服务中心共受理委托代理人员430人次。

2002年，市人事局组织各县（市、区）人事局局长前往浙江宁波，学习人才资源开发和管理的经验做法，回来后立即开展对闽东籍在外专家学者信息资料的收集建档工作。至年底，已建成闽东籍国内专家学者、高级专业技术人员数据库539人，收集闽东籍在国外专家学者、高级专业人员71人的资料。

2003年，宁德市网络人才市场建设基本形成，中国联通宁德分公司、宁德市电视台、宁德晚报社与市人才服务中心签订人才信息服务协议，定期发布招聘信息。推出人才市场网站会员服务，发布供求信息、发展网络会员，开展网上引进和求职登记。全年全市共发布人才需求信息964条、提供就业岗位925个，达成意向720个、引进紧缺岗位人才320人。

2004年，在全市首次启动人才派遣做法，通过人才服务机构根据用人单位要求，推荐派遣所需人才，并由人才服务机构与用人单位和派遣人员签订协议和劳动合同。服务机构为派遣人员代理用人单位发放薪酬、代办社会保险、管理档案。先后为宁德联通公司、宁德兴业银行、工商银行、市烟草公司等9家用人单位派遣一批员工。市人才市场全年代理461名人员档案管理，办理档案寄存1365份，接收普通院校大中专毕业生档案1261份。

2005年，宁德市人事人才网与人事部等12个网站联网，年点击率突破20万人次、日均超过300人次。市人才数据库新增闽东籍国内专家学者500多人、在国外专家学者64人的信息资料。与宁德市教育局配合，完成闽东籍68537名国内外在校大学生的信息采集入库工作。市人才市场为宁德大唐火电站等20多家用人单位代理推荐派遣人员300多名。

第二节　干部录用

一、聘干转干

1993年，根据当年10月颁布施行的《国家公务员暂行条例》，各单位系统处在建设发展时期，相关的配套法规逐步完善，干部数量明显不足，以工代干、聘干转公务员仍是干部来源的方式之一。

乡镇农业“四站”聘用干部。1993年，根据人事部、农业部《关于乡镇农业技术推广机构补充人员所需劳动指标问题的通知》精神，省人事局下达聘用干部专项指标，用于解决乡镇农业技术推广站、畜牧兽医站、农村合作经济经营管理站和农机管理站（简称“四站”）的聘干问题。选聘干部指标主要用于具有高中文化程度和有一定的专业知识、年龄未满36周岁，在乡镇连续从事农业“四站”工作满三年的在岗从事农业技术工作的集体和临时工作人员。在乡镇农业“四站”工作工龄长、成绩突出并成为业务骨干的集体、临时人员，年龄可适当放宽。宁德地区总共录取聘干208名，其中农技站38名、畜牧兽医站65名、农村经管站40名、农机管理站65名。

运管队伍聘用干部。1993年，根据《关于从全省运管队伍工人中招聘部分干部的通知》和地区交通局《关于从全区运管队伍工人中招聘部分干部的实施意见》精神，从运管队伍中招聘部分干部，对象是1989年8月20日以前在管理和专业技术岗位上从事运管工作，仍属运管队伍在编在岗的工人（包括合同制工人和集体所有制工人）及1992年12月31日以前担任基层所、站股级以上领导职务，工资基金列入全省统一管理范围并能胜任本职工作的人员。录用干部共计60名。其中宁德8名、古田8名、屏南4名、周宁3名、寿宁4名、福安10名、柘荣3名、福鼎8名、霞浦8名、地区运管处4名。

乡镇卫生院录用干部。1996—1997年，根据省人事局《关于下达乡镇卫生院录用干部指标的通知》精神，择优录用干部。范围是在乡镇卫生院工作的中级以上（含中级）技术职务和担任院主要领导并具有医师级技术职务的集体所有制卫生技术人员。两年共录用干部31名。其中宁德（今蕉城区）4名、古田6名、屏南2名、周宁1名、寿宁1名、福安7名、柘荣1名、福鼎 6 名、霞浦 3 名。1998 年，福建省人事厅又下达宁德地区乡镇卫生院录用干部指标 60 名。地区人事局于 1997 年、1998 年分两批从乡镇卫生院集体所有制卫生技术人员中录取乡镇卫生院干部 60 名，其中宁德 5 名、古田 11 名、屏南 1 名、寿宁 2 名、周宁 5 名、福安 13 名、柘荣 3 名、福鼎 8 名、霞浦 12 名。

从以工代警人员中录用警察。1994 年，根据省人事局《关于下达首批从以工代警人员中录用人民警察干部指标的通知》和宁德地区人事局《关于从以工代警中录用人民警察的通知》，在全区采取考试、考核办法，从以工代警人员中录用人民警察 254 名，包括地区 27 名、宁德 50 名、古田 22 名、屏南 11 名、周宁 13 名、寿宁 32 名、福安 21 名、柘荣 17 名、福鼎 34 名、霞浦 27 名。其中森林公安 9 名（地区 7 名、寿宁 1 名、屏南 1 名）。

工商系统录用干部。1994 年，福建省人事局下发《关于下达工商行政管理系统录用干部指标的通知》，分配给宁德地区 70 名工商行政管理系统录用干部指标，从工商行政管理系统中录用具有高中毕业文化程度，年龄 35 周岁以下（含 35 周岁），在工商行政管理干部岗位连续工作满 3 年的在岗全民所有制工人，并担任副股级（工商所副所长）及其以上级别的领导职务，或取得中专及其以上文化程度的毕业文凭，或被评为省工商行政管理系统先进工作者称号的集体所有制工人。地区人事局组织考试、考核，择优录用 39 人为工商系统干部，其中宁德（今蕉城区）2 名、古田 5 名、屏南 2 名、周宁 7 名、福安 15 名、霞浦 8 名。2000—2001 年，根据省人事厅、省工商局《关于做好我省从工商行政管理所工人中录用国家公务员工作的通知》，宁德市人事局经组织考试，录用考核合格的工商系统干部 155 人，其中地区 1 名、宁德（今蕉城区）16 名、福安 36 名、寿宁 14 名、福鼎 39 名、屏南 8 名、周宁 6 名、霞浦 25 名、古田 5 名、柘荣 5 名。

林业站、水技站录用聘干。1993 年，根据人事部、农业部《关于乡镇农业技术推广机构补充人员所需劳动指标问题的通知》以及福建省人事厅、农业厅《关于下达全省乡镇林业站、水技站聘干指标的通知》，录用全区林业站聘干 30 名、水技站聘干 10 名。

民办教师转公办教师。1993 年，根据省人事局《关于下达 1993 年度民办教师转公办教师和招聘音体美幼专业职业高中毕业生增干计划的通知》文件精神，审批录用公办教师 278 名，录用职业高中毕业生 65 名，其中音乐 16 名、体育 16 名、美术 16 名、幼教 17 名。1998 年，根据《关于下达从民办教师中选招公办教师计划指标及有关问题的通知》精神，民办教师招选对象为经省教委认定属 1979 年年底在册、在职的合格中小学民办教师。宁德地区人事局录用 519 名民办教师为公办教师，其中宁德 47 名、古田 12 名、屏南 18 名、周宁 20 名、寿宁 35 名、福安 100 名、柘荣 18 名、福鼎 194 名、霞浦 75 名。

从农村主干中招收干部。1996 年，根据福建省人事局《关于从农村村主干中招收干部的通知》文件精神，宁德地区人事局通过考试、考核，聘用 66 人为乡镇干部，其中宁德 12 名、周宁 3 名、寿宁 13 名、福安 11 名、柘荣 5 名、福鼎 20 名、霞浦 2 名。

从财税系统工人中录用干部。1996—1997 年，根据《关于财税系统从工人中录用干部的通知》文件，从财税系统工人中录用 39 人为干部，其中周宁 1 名、福鼎 7 名、福安 5 名、霞浦 2 名为财政系统干部，宁德 4 名、福安 3 名、福鼎 2 名、古田 2 名、霞浦 3 名为国税系统干部，宁德 1 名、福安 4 名、霞浦 1 名、古田 1 名、屏南 1 名、寿宁 1 名、柘荣 1 名为地税系统干部。

计划生育医士中专班毕业生聘干。1996 年，根据《关于下达计划生育医士成人中专班毕业生聘干计划的通知》文件精神，宁德地区人事局通过考试，录聘考核合格的计划生育专干 16 名，其中福安 1 名、周宁 1 名、柘荣 3 名、屏南 2 名、霞浦 6 名、古田 3 名。

基层土地管理事业单位聘用干部。福建省人事厅下达宁德地区从基层土地管理队伍中聘用干部专项指标64名。聘用范围为1993年年底前参加工作，在乡（镇）土地所、地、县（市）土地管理事业单位连续工作满两年，仍在编在岗的非农业户的全民（含全民合同制）工人。聘用对象:（1）1961年1月1日以后出生，具有中专以上文化程度的乡（镇）土地所、地、县（市）土地局直属事业单位的人员。（2）1996年9月底前担任乡（镇）土地所正、副所长和地、县（市）土地局直属事业单位股级以上职务，以及地区以上政府授予的劳动模范，省人事厅、土地局联合授予先进工作者称号，具有高中毕业以上文化程度的人员，年龄可放宽到男45岁以下、女40岁以下。1997年、1998年、2004年宁德地区人事局分别经过考试、考核，共聘用干部83名为基层土地管理事业单位干部。其中地区2名、宁德1名、古田11名、屏南9名、周宁6名、寿宁12名、福安18名、福鼎8名、霞浦16名。

地税系统工人转公务员。1998年，根据《关于下达从地税系统工人中录用国家公务员计划指标及有关问题的通知》精神，报考对象是1995年12月31日前在地税系统干部岗位上工作，实施公务员制度后，仍在公务员职位上工作的工人身份的人员。宁德地区人事局共录用国家公务员15名。

企事业单位公安改制。1997年，根据省人事厅、省公安厅《关于在我省企业事业单位公安机构体制改革中录用人民警察的通知》文件，录用对象范围仅限于企事业单位公安机构体制改革中已批准列入地方公安机关建制的单位。报考对象是已批准列入地方公安机关建制的原企业事业单位公安机构中1996年10月3日前在编在岗现仍在职的民警（包括以工代警人员）。经考试考核，共录用人民警察14名，其中录用宁德（今蕉城区）4名、古田3名、霞浦7名。

乡镇街道计生干部转干。2001年、2002年，根据省委组织部、省人事厅文件及宁德市委组织部、市人事局《关于转发福建省委组织部、省人事厅〈关于从乡镇（街道）计生办聘用制干部和“以工代干”计生办主任中考试录用公务员的通知〉的通知》精神，录用范围和对象:（1）在1987年后至1993年9月30日前，由省下达计划、统一考试并经地（市）政府人事部门批准的聘用制干部，且一直在乡镇（街道）计划生育办公室行政岗位工作，使用计生办行政或事业编制（不含集体事业编制），年龄在45岁以下。（2）在1993年9月30日前，经县（市、区）以上政府人事部门同意的“以工代干”（指正式工人，含合同制工人）计生工作人员，一直在计生岗位工作且1993年12月31日前担任乡镇（街道）计生办主任或主持工作的副主任（以任职通知文件为准）并在此岗位上工作至今的具有高中（中专）毕业以上学历，年龄在40岁以下。（3）在1993年9月30日前，经县（市、区）以上政府人事部门同意的“以工代干”（指正式工人，含合同制工人）计生工作人员，一直在计生岗位工作且1999年12月31日前任过乡镇（街道）计生办主任或主持工作的副主任（以任职通知文件为准）后交流到乡镇（街道）计生协任专职秘书长（以任职通知文件为准）并在此岗位上一直工作的具有高中（中专）毕业以上学历，年龄在40岁以下。宁德市人事局经考试，同意录用考核合格的38人为乡镇（街道）计生办国家公务员，其中蕉城12名、屏南4名、周宁7名、柘荣3名、福鼎12名。

乡镇聘用干部录用。1993年，根据省人事局、宁德地区人事局文件精神，宁德地区人事局共录用63名为乡镇干部，其中宁德10名、屏南2名、周宁6名、寿宁7名、福安13名、柘荣6名、福鼎10名、霞浦9名。1998年、1999年，根据《关于从乡（镇）机关聘用干部中录用党的机关工作者或国家公务员工作的通知》，宁德地区人事局根据乡（镇）党政机构改革“三定”所核定的编制数和职位分类内缺编情况，录用宁德88名、古田101名、屏南72名、周宁43名、寿宁64名、福安82名、柘荣45名、福鼎79名、霞浦78名，合计652名乡（镇）机关聘用干部为国家公务员。

机关分流工人录用。1996—1999年，根据《关于从机关干部岗位上分流的工人中录用干部的补充通知》文件精神，宁德地区人事局4年间，录用从机关干部岗位上分流到企事业单位工作的工人345人为干部。

药政、药检、医药行业人员转干。2001年、2002年，根据省人事厅《关于在全省从事药政、药检、医药行业管理工作的非行政编制人员中考试录用国家公务员的通知》文件的精神，招考对象为:（1）各设区的市及县（市）药品监督管理局筹建小组中的非行政编制干部。（2）1998年9月15日前各设区的市、县（市、区）卫生局中从事药政工作的非行政编制的一直在编在岗的干部。市人事局通过考试、考核、体检合格，同意录用寿宁5名、福鼎4名、周宁3名、古田1名、屏南4名、柘荣3名、福安1名、霞浦5名，从事药政、药检、医药行业管理工作的非行政编制人员为国家公务员，共计26名。

2001年2月21日，福建省即下文决定“从即日起停止办理聘用制干部审批工作”，2001年8月，中共中央组织部、人事部、中央编办下发《关于进一步加强管理严肃干部人事工作纪律有关问题的通知》，要求坚决停止个别地方仍在使用“以工代干”“工人转干”的错误做法。在职“五大”（电大、职大、夜大、函大、成人教育）毕业生需要调整工作的，要一律按照规定条件，通过公务员公开招考或企事业单位公开招聘进行，不再搞“身份转干”及相应的工作安排。

2002年11月，人事部召开的全国人才市场建设会议，强调不得再开展聘用制干部的行政审批工作，至此，全市聘干及聘干转干工作全面停止。据统计，1993—2002年，宁德地区（市）共办理聘干、聘干转为国家干部2625人。

二、大中专毕业生分配

1993年，国家仍实行大中专院校毕业生统招统配政策。至1997年，每年8—9月宁德地区均要接受一批非师范类大中专院校毕业生，分配到缺员额或工作需要的国家机关和企事业单位工作。宁德地区各县（市）除接收安排本籍生员外，还从区外由省委组织部、省人事厅（局）等调剂分配部分大中专毕业生（大多为大学本科毕业）。1993年4月，在霞浦召开宁德地区非师范毕业生就业工作会议，并举办首届全区非师范类大中专毕业生供需见面洽谈会，开始尝试跨县（市）调剂安排大中专统配生的做法。会议达成95名跨县（市）统配安排的大中专毕业生。同时，出台优惠政策，鼓励和引导区内50多名大中专毕业生到“三资”、集体和乡镇企业就业，行政工资关系由当地人事部门管理、保留国家干部身份不变、工龄可连续计算。全区还接收重庆市因长江三峡水利枢纽工程建设移民大中专毕业生7名。当年，全区共安置非师范类大中专毕业生932名，其中大专以上254名、中专678名，安排在地直单位的150多名。

1994年，全区加大非师范类大中专毕业生实行“双向”（毕业生与就业单位）选择、推荐就业的力度。接收安排非师范类毕业生1089名，其中本科124名、大专130名、中专835名。双向选择安排近百名，接受安置三峡移民毕业生33名。

1995年，宁德地区行署发出《关于做好1995年宁德地区非师范类大中专毕业生就业工作意见》。2月8日，地区人事局举办宁德地区春季人才集市，参加人才市场的大中专毕业生、其他求职人员及家长达1500人次，达成区内就业协议233项，输送到福、厦、莆、泉等地就业160多人。全年全区接收大中专毕业生就业1262人，其中本科126人、大专138人、中专998人，就业1042人。

1996年9月3日，地区人事局在周宁县召开各县（市）人事局局长会议，研究部署毕业生就业工作。10月5日，地区人事局召开各县（市）分管领导和人事局局长会议，进行研究部署，采取每月通报一次全区毕业生就业进度的办法，督促各县（市）工作。全区共有110名毕业生到中小学任教。全区接收毕业生1553人，其中本科139人、专科308名、中专1106名，分配安排1088人，其中三峡库区移民毕业生17名。

1997年，国家取消大中专毕业生统招统配政策。宁德地区作为人才较为缺乏的地区之一，作为过渡阶段，宁德仍对区内各县（市）人才较紧缺的部门或岗位采取推荐就业的办法。大部分毕业生走“双向选择”自由择业道路。2月18日，地区人事局举办春节全区毕业生供需洽谈会，签订200多份就业协议。6月，成立宁德地区大中专毕业生就业指导中心，召开全区大中专毕业生就业工作会议。全区共接收非师范类大中专毕业生1385人，其中本科128人、大专233人、中专1024人，帮助就业619人。

1998年2月，地区人事局举办毕业生供需洽谈会，印发毕业生就业指南2000多份，收集需求信息500多条。4月，地区人事局召开全区毕业生就业工作研讨会，作为特殊情况，接收安排三峡工程移民毕业生20名。全区接收大中专毕业生1476人，其中本科163人，大专210人，中专1103人，帮助就业251人。地区人事局还录用自费大中专毕业生34名，其中地区4名、宁德市（今蕉城区）3名、古田县6名、屏南县3名、周宁县1名、寿宁县3名、福安10名、霞浦县4名。

1999年，全区继续加大大中专毕业生面向市场、自由择业的力度。全区共有85家用人单位与1000多名应届毕业的大中专毕业生达成就业协议，其中非国有企业30多家与400多名毕业生达成就业安排。

2000年7月，地区人事局发下发《关于做好2000年普通大中专毕业生就业工作的通知》《关于进一步做好普通院校高学历毕业生就业工作的通知》。因历年待业大中专毕业生数量大，全区师范类毕业生基本取消政策性分配，督促各县（市、区）采取加大宣传、开展咨询指导、积极组织引导等办法做好毕业生就业工作。全区共落实毕业生就业410人，其中本科113人、大专116人，中专181人，并接收省委组织部安排下达的优秀大学本科毕业选调生18人到乡镇工作、32人到村任职。

2001—2002年，根据宁德地区行署1998年第十一次、四十九次专题会议纪要《宁德地区行署办公室关于做好宁德师专自费生毕业就业工作的通知》文件精神，市人事局录用宁德师专60名自费生为闽东教育系统教师并安排到农村中小学任教，聘期内享受同等学历的教师待遇，离开闽东教师队伍自行解聘。其中蕉城区1人、古田县21人、周宁县16人、福安市20人、柘荣县2人。此后至2005年，宁德市大中专毕业生全部通过市场化调节就业。

三、军转干部安排

1993年，宁德地区军转干部安置工作继续实行指令性计划分配与推荐选用、双向选择、考核选调相结合的办法，工作重点是安置师团级转业干部，对长期在边防海岛等艰苦地区服役和立功受奖的转业人员给予适当照顾。1993—1998年，全区共接收安置转业军官194人，其中，团职27人、营职81人、连排职54人、技干32人。安置行政单位168人，占86.6%；事业单位21人，占10.9%；企业单位3人，占1.5%；自主择业2人，占1%，并安排16名家属随迁随调。1999年，宁德地区接收军转干部任务79人，其中正团职8人、副团职8人、营职42人、连排职11人、技术干部12人，随调随迁人员6户。地区人事局下发《宁德地区军队转业干部接收条件》，结合各县（市）情况，做好接收安排工作。2000年，全区接收军转干部74人，其中团职

12 人、营职 37 人、连排职 17 人、技术干部 8 人、随迁随调 8 人，全部予以妥善安置并做好安置前的岗前培训。

2001 年，宁德市接收安置军转干部 48 人，其中团职 13 人、营职 14 人、连排职 14 人、技术干部 7 人、随迁随调家属 4 人，首次采取自主择业安置形式安排 2 人，其余 44 人中安排在国家党政机关 43 人、事业单位 1 人。2002 年，宁德市接收安置军转干部 43 人，其中自主择业安置 5 人，其他 39 人均安排到机关或事业单位、补充为公务员。2003 年，市人事局为做好 34 名军转干部安置工作，提前前往拟接收的市直单位和各县（市、区），做好思想沟通和安置准备工作，其中，3 人自主择业安置、31 人分配到机关或事业单位。市人事局开展对历年安置军转干部的调研，对在原安排的机关、事业单位工作有困难的适当给予调整解决。2004 年，全市安排军转干部 48 人，自由择业 2 人、安排机关和事业单位为公务员的 46 人。2005 年，全市接收安置军转干部 48 名，其中，自由择业 8 名、由组织安置的 40 名。1993 至 2005 年年底，全区共接收安排军转干部 565 名，其中自由择业 20 人，安排在机关、事业单位 545 名，均补充为公务人员。

1993—2005 年宁德市（地区）各县（市、区）军转安置干部人数统计表

表 42-1

年份	省属	市直	蕉城	古田	屏南	周宁	寿宁	福安	柘荣	福鼎	霞浦	东侨	自主择业	各年合计
1993	—	9	2	4	3	1	2	4	1	7	13	—	—	46
1994	5	6	2	2	2	—	—	3	—	5	8	—	—	33
1995	6	5	1	3	—	1	—	2	—	7	3	—	—	28
1996	3	4	1	2	1	—	—	3	—	4	8	—	—	26
1997	—	7	2	3	—	1	—	2	—	7	6	—	—	28
1998	1	5	12	2	—	—	1	5	1	2	4	—	—	33
1999	30	14	1	3	2	—	4	9	—	5	11	—	—	79
2000	10	23	3	1	1	1	1	16	1	6	11	—	—	74
2001	10	14	1	1	2	—	—	6	1	5	5	1	2	48
2002	4	10	1	3	—	2	1	3	—	7	7	—	5	43
2003	6	7	5	—	—	1	—	4	—	6	2	—	3	34
2004	5	18	3	1	—	—	—	4	1	6	6	1	3	48
2005	3	19	2	1	2	1	—	6	—	1	2	—	8	45
合计	83	141	36	26	13	8	9	67	5	68	86	2	21	565

四、人才引进

1995 年，地区人事局制定《宁德地区人才发展规划纲要》，提出人才工作总体思路，强调要搞好外部人才、智力的引进。1998 年，地区人事局首次向省内外引进高学历、紧缺专业毕业生 20 名，安排在机关、企事业单位工作。2000 年 10 月，地区人事局参加省招聘团，到省外为宁德急需用人单位招聘高级技术人才，与 15 名拟引进人才达成招聘意向。

2001 年，宁德市政府制定《宁德市人才发展“十五”计划纲要》，地区人事局加大吸纳和储

备各类人才的工作力度，与省内外一些高校加强联系、开展人才引进、培训和交流工作，特别是对宁德经济发展短缺的技术人才，事先做好本地籍在校生的情况调查摸底，组织其参加所在校毕业生招聘见面会等，鼓励并协助他们回乡工作。

2002 年，市委、市政府印发《关于进一步稳定和培养中高级人才的若干规定》和《关于引进高层次人才和吸纳大学生的若干规定》，提出引进宁德市急需人才的大学生就业"绿色通道"政策，即凡是大学本科毕业生应聘到企事业单位工作的，不论本地、外地籍，可采取直接派遣的办法快速落实就业。市人事局组织 4 次全市事业单位公开招聘普通院校毕业生、提供岗位 122 个，吸引 1000 多名毕业生报考。是年，共引进宁德市紧缺专业大学生 21 名。

2003 年，省委、省政府印发《关于引进高层人才和青年专业人才的若干规定》及配套政策，市人事局认真宣传贯彻并研究制定实施办法，开展《闽东人才现状与对策》等课题调研，为引进人才作参考服务。是年，市直单位、各县（市、区）及东侨开发区 37 个单位所需求的 68 名高级人才，大部分得到落实引进。2004 年，市人事局组织 42 家用人单位、提供 286 个职位，参加全省大学毕业生供需洽谈会，指导宁德师专、闽东医院等 10 多家用人单位到省内外高校招聘急需紧缺人才，引进人才 100 多名。

2005 年，根据市委、市政府部署，市人事局牵头编制《宁德市"十一五"人才发展规划》。组织宁德师专、闽东医院、宁德医院等参加省内重要人才招聘会并赴北京、成都等地及省内厦大、师大、医大等直接与毕业生商谈，签订引进人才协议 62 份（人），其中紧缺高级人才 3 人。全年通过"绿色通道"累计引进高技术和紧缺人才 1536 人，其中市直 703 人、蕉城区 108 人、古田县 56 人、屏南县 172 人、周宁县 105 人、寿宁县 209 人、福安市 11 人、柘荣县 50 人、福鼎市 68 人、霞浦县 54 人。

五、公务员考录

1993 年，地区行署开始着手推行公务员制度改革的前期基础准备工作，并出台《关于行署机关补充干部实行招考选调的意见的通知》，开始实施地直机关进人（含调入）考核（考试）的办法。各县（市）也按此规定执行。通知规定：各行政机关根据编制，在年度内需要调进干部，应申报补充干部计划；人事局对申报计划进行审定后，每年组织 1 ~ 2 次考试，并就报考范围、对象，考试种类、科目以及考试时间、地点作出规定；报考对象是全区机关和企事业及外地愿到宁德地区工作的在职正式干部；最后从高分到低分，以 1∶3 比例确定面试对象；面试合格者经体检、考核、选调后，正式录为公务人员。1993—1995 年，宁德地区人事局及各县（市）陆续组织多次机关单位补充人员考试。1996 年，国家提出"三年内初步建立起国家公务员制度"的目标。宁德地区列为全省试点单位，按照"整体推进、重点突破、强化监控、稳步发展"的工作方针和坚持"公开、平等、竞争、择优"的原则，打破身份界限和地域界限，进行大胆的尝试，实行公开招考公务员进入国家机关。通过公开招考，拓宽选才渠道，促进优秀人才脱颖而出，在社会上产生良好影响。1997 年，全区凡机关进人一律按招考公务员管理办法执行，规范机关进人制度。1993—2005 年，宁德市（地区）国家机关公务员考试总共报名 19956 人，录用 1534 人。

第三节 培训与考核

一、教育培训

1993年，人事部门举办13期公共必修课函授教学班，3200人参加，委托区电大系统办3个班、300人参加学习。新招乡（镇）聘干培训班1期55人，少数民族聘干培训班1期59人，自费生录（聘）干培训班2期91人，军转干部培训班1期21人。

1994年，全区人事部门完成各类培训8315人次。其中地县级行政机关工作人员必修课培训3426人次，乡镇机关工作人员必修课培训3591人次。科技干部继续教育班15期、培训1000人，乡镇长岗位培训班4期，136人参训。村主干考干新招人员和军转干部上岗前培训各1期，99人参加学习。与地区二轻局联办行政管理专业班1期，40人参加。

1995年，根据福建省委组织部、省人事厅有关文件精神，党政机关工作人员过渡为党政机关国家公务员的必须学习《新编公务员制度教程》《宏观经济》两门课程。地区人事局对全区的过渡培训工作做出部署，制定“全员培训、分期实施、分教自学、集中授课、统一考试”的培训计划，分3期对全区党政群机关工作人员进行培训，截至年底，两门课程培训14115人，占全区应训人数15000人的94.1%。地区干校举办国家公务员过渡师资班、乡（镇）长培训班和新招收的原村主干转干培训班4期，152人受训。

1996年，宁德地区列为福建省公务员制度过渡试点地区后，干部培训工作重点转为公务员过渡学习培训。地区人事部门举办5期行政机关1993年10月1日以后晋升正副科长的人员任职培训班，300人参训。举办公务员录（聘）用人员岗前培训班2期，乡（镇）长岗位培训班和面试考官培训班各1期。

1997年，地区人事部门分别于9月、12月进行两次公务员过渡培训及扫尾考试工作，地直单位和县（市）缺考人员共14656人次全部参加培训补考。与地委组织部联合举办两期公务员任职培训班，有89名科（局）级领导干部参加学习。举办公务员初任培训班和军转干部培训班，78名新录用公务员参加初任培训。根据机关工作人员提高自身学历的要求，举办“行政管理”岗位专业证书培训班4班，360人参加学习。

1998年，全区举办4期公务员任职培训班，190名副科级以上干部参加培训。举办岗位初任培训班，全区新招的43名公务员和18名军转干部参加学习。对机关工作人员7门公务员过渡课考试情况重新核实，对560多人、1560门次课程进行补考，通过5门公务员公共必修课和2门过渡课培训考试及格的公务员4953人。

1999—2000年，地区人事部门举办8期科（局）级领导任职培训班，360名副科以上干部参加学习。地区人事部门举办一期军转干部及新录用公务员初任培训班、参训人员26人。

2001年，市人事部门举办2期共90人的科（局）级领导任职培训班。11—12月，在宁德行政学院举办4期200人的处、科级干部WTO（世界贸易组织）知识培训班。

2002年，市人事部门举办2期任职培训班，培训92人。举办2期新录用公务员初任培训班，培训公务员113人。在宁德市行政学院举办7期WTO知识培训班，培训市直机关公务员510人。按照省人事厅《关于在公务员中开展学法用法活动和进行依法行政培训的通知》，市人事部门共组织 5000 多名公务员参加培训。12 月 22 日举行由福建省人事厅统一安排的全市公务员依法行政法律知识和 WTO 知识考试，4500 多名公务员参加。

2003 年，市人事部门在宁德市行政学院举办 2 期公务员任职培训班，共 141 人参加学习。举办 4 期 153 名新提任科（局）级领导干部培训班。2 期、82 人参加的乡镇长培训班。举办“优秀公务员培训班”，培训对象为 3 年来年度考核评为优秀的公务员，48 人参训学习。分别于 2 月、5 月组织两次 3600 人参加的依法行政、WTO 知识培训和考试，合格率达到 93%。专门为市公安局、蕉城公安分局举办 4 期 600 人的公务员培训考试，并发放合格证书。

2004 年，地市人事部门依托市干校举办公务员初任培训班 2 期、任职培训班 3 期、专门业务知识和更新知识培训班各 1 期，共计 347 人参加学习。组织公务员行政许可法培训 108 期、9585 人参加，分次参加考试。是年，全市建立市、县公务员培训基地 5 个。

二、考核奖惩

1993 年 12 月，宁德地区人事局贯彻《国家公务员暂行条例》《国家公务员考核暂行条例》，决定从当年起，对全区地、县（下同）各级机关、事业单位工作人员逐年进行一次年度考核，把年度考核同机关效能建设有机结合起来，并将考核结果与干部的提拔任用、工资晋级挂钩，对考核称职（合格）以上的人员按标准发给年终奖金。全区参加年终考核人数 68000 多名。

1996 年，在年终考核中明确优秀、合格（称职）、不合格（不称职）等次的比例控制，要求优秀、合格（称职）、不合格（不称职）应分别占参考人数中的 15%、75%、10%，重点开展地直单位正科级职务工作人员的考核工作，使考核制度日臻完善，提高参考率。是年，根据福建省人事厅文件精神，地区人事局加强对地区政府部门评先表彰的综合管理，规范各部门评先的程序，严格审批评先次数、数量，统一发放奖励证书，促进奖励工作规范化、制度化。

1997 年 5 月，宁德市（今蕉城区）石后乡乡长蓝秀珍经地区人事局推荐，入选国家人事部表彰的全国十名“人民满意的公务员”，蓝秀珍在人民大会堂作报告，并得到中央领导的接见。地委、行署专门召开座谈会，举行蓝秀珍事迹报告会，号召全区各级党组织、各单位开展向“人民满意的公务员”蓝秀珍学习活动。同年，地区人事局转发国家公务员奖励、辞职辞退、申诉控告、职务升降等暂行规定，并组织实施。1997—1998 年，地区人事局与行署 11 个工作部门，联合下文表彰先进集体 187 个、先进个人 458 名；以地区行署名义表彰先进集体 35 个、先进个人 220 名；在地区公安处等 36 个单位，推荐上报福建省人事厅等部门联合表彰先进集体 119 个、先进个人 317 名；与地区教委等部门联合推荐全国表彰的先进集体 1 个、先进工作者 7 名。

1998 年，全区参加公务员年终考核人员 66620 人（行政 10589 人、事业 56031 人），参加率为 98.30%。其中，行政 1403 人、事业 7100 人，占 12.77%；考核结果：称职（合格）等次，行政 8999 人、事业 44948 人，占 80.98%；不称职（不合格）等次，行政 13 人、事业 75 人，占 0.13%。根据考核结果给予告诫：行政 17 人、事业 38 人；不定等级：行政 157 人、职业 3870 人。1993—2000 年，结合机关事业单位工作人员年度考核工作，地（市）直机关、职业单位共开除公职人员 10 人，开除留用 3 人，自动离职处理 19 人，辞去公职 8 人。

1994—1998年宁德地区机关、事业单位工作人员考核结果汇总统计表

表42-2

项目 / 年份	工作人员数	参加考核人数	参考率（%）	其中			不定	不属考核对象	比例（%）
				优秀	称职（合格）	不称职（不合格）			
1994	67386	63156	93.7	8602	54483	121	—	4232	6.3
1996	65198	63272	97	8446	52544	85	2197	1926	3
1996	64771	63567	98.14	8205	53331	64	1967	1204	1.86
1997	66071	65094	98.6	6735	55218	94	3047	932	1.4
1998	67608	66620	98.3	8503	53947	88	4027	988	1.7

1999年，地区人事局印发《关于认真做好1999年机关、事业单位工作人员年度考核工作的通知》，对全区干部考核工作做出部署。人事部门严格审查、审批考核结果。是年，全区参加考核的人员64970人（行政10096人、事业54874人），参考率98.79%。其中优秀等次：行政1553人、事业7111人，占12.87%，职称（合格）等次，行政8547人、事业45625人，占82.37%；不称职（不合格）等次，行政31人、事业98人，占0.2%；告诫人员，行政6人、事业6人，占0.018%；不定等次，行政159人、事业2034人，占3.33%；不属考核对象，行政75人、事业719人，占1.21%。

2000年，宁德地区针对考核工作有所松懈的问题，专门召开年度考核工作会议，对年度机关事业单位工作人员考核进行部署。地区人事局印发《关于做好机关事业单位工作人员年度考核工作的通知》，抓时限、促进度、严格审核考核结果，加强督促核查，并严控“优秀”等次指标。是年，全区参加考核的人员中，行政单位9735人、事业单位52928人，共62663人，参考率98.55%。其中优秀等次，行政1209人、事业5850人，占11.27%；称职（合格）等次，行政8347人、事业45263人，占85.55%；基本称职（合格）等次，行政31人、事业153人，占0.29%；不称职（不合格）等次，行政17人、事业69人，占0.14%；不定等次，行政131人、事业1593人，占2.75%，并将考核结果及时输入电脑。同时，地区人事局为市直机关、事业单位1999—2000年两年考核称职（合格）以上等次的514人和1996—2000年5年考核称职以上等次的102人办理级别增资手续。

2001年，全市把年度考核工作与机关效能建设相结合，按照上级的部署要求，市人事局成立绩效考核工作小组，制定实施意见，加强对市直机关、事业单位工作人员考核结果的审核工作。是年，全市参加考核的工作人员，行政9664人、事业59816人，共69480人，参考率98.32%。其中，优秀等次：行政1264人、事业7799人，占13.04%；称职（合格）等次：行政8262人、事业50248人，占84.21%；基本称职（合格）等次：行政19人、事业243人，占0.38%；不称职（不合格）等次：行政20人、事业60人，占0.12%；不定等次：行政99人、事业1466人，占2.25%。市人事局办理2001年年终一次性奖金兑现审批手续。为市直机关1997—2001年5年考核职称（合格）以上等次的73人和3年考核连续优秀的8人办理增资审核手续。对不称职（不合格）等次的人员作出相应处理。

2002年，全市参加干部年度考核的工作人员为行政9496人、事业62499人，总计71995人，

参加考核率为99.19%。其中优秀等次：行政1103人、事业7732人，占12.27%；称职（合格）等次：行政8200人、事业52971人，占84.97%；基本称职（合格）等次：行政22人、事业298人，占0.44%；不称职（不合格）等次：行政15人、事业单位564人，占0.8%；不定等次：行政156人、事业934人，占1.51%。市人事局加强对市直机关、事业单位工作人员考核结果的审核工作，为80多个单位9073人办理2002年终一次性奖金兑现审核手续。为市直机关1998—2002年5年考核称职（合格）等次以上的390人和3年考核连续优秀等次的3人及市直行政机关、事业单位2001—2002年度考核称职（合格）以上等次的691人办理增资审核手续，对不称职（不合格）等次的人员作出相应处理。

2003年，全市参加年度考核的机关事业单位中，有行政9591人、事业62730人，总计72321人，参考率98.78%。考核结果优秀等次：行政1123人、事业7785人，占参考数12.32人；称职（合格）等次：行政8241人、事业53102人，占参考数84.82%；基本称职（合格）等次：行政36人、事业308人，占参考数的0.47%；不称职（不合格）等次：行政18人、事业583人，占参考数的0.84%；不定等次：行政173人、事业952人，占参考数1.55%。

2004年，宁德市参加考核的工作人员74443人，参考率为98.51%；被评为优秀等次10943人，占14.71%；被评为称职（合格）等次62169人，占83.53%；被评为基本称职（合格）等次209人，占0.28%；被评为不称职（不合格）等次61人，占0.08%；不定等次1036人，占1.39%，市人事局根据对市直机关、事业单位工作人员的考核结果，为300多个单位8293人办理2004年终一次性奖金兑现审核手续。

2005年，全市参加年度考核的人员中行政9983人、事业65288人，总计75271人，参考率98.70%。其中优秀等次11668人，占15.51%；称职（合格）等次62400人，占82.9%；基本称职（基本合格）等次265人，占0.36%；不称职（不合格）60人，占0.08%；不定等次878人，占1.17%。根据考核结果，市人事局按照福建省人事厅的部署，推荐上报“人民满意的公务员”15名。市人事局与市文化局等4个单位联合推荐全国相关系统先进集体4个、先进个人5名，与市国土资源局等15个部门上报福建省人事厅等联合表彰先进集体31个、先进个人88名，与市交通局等2个部门联合表彰全市系统先进37个、先进个人70名。与市妇联等部门配合开展“第二届宁德市十佳杰出女性”“宁德市杰出人民教师”“宁德市劳模”的评选及“全国劳模”的推荐工作。在宁德市人事人才网站开辟“楷模风范”专栏，对各条战线评选出的有突出贡献的先进人物进行宣传。办理辞去公职手续人员13名。对表现不好的工作人员予以相应惩处，审核办理开除公职8人，辞退1人。缓刑期满收回重新安排工作3人。

第四节　职称评聘

1993年，全区职称改革工作进入常规化评聘阶段，重新组建高级专业技术职务评审委员会（简称“高评委”）1个，中级专业技术职务评审委员会（简称“中评委”）8个，初级专业技术职务评审委员会（简称“初评委”）48个。职称评审扩大到非全民所有制经济成分人员，经地区人事局批准，182人获得职称。其中，获中级职称8人、初级职称174人。地区人事局完成农民技术人员首次职称评定工作，全区共评审2137人，其中，获高级技师2人、技师81人、助理技师499人、技术员1153人、助理技术员402人。各级人事部门组织乡镇企业人员职称评审，共评定595人，其中获中级职称68人、初级职称527人。按照国家和省统一部署，各级人事部门分别组织经济、会计、审计、统计、计算机软件等5个专业、16个层次专业技术职务考试工作，全区共有4069人报考；组织全区首次高、中级职务外语及英语广播函授报名考试，有1446人报名参加5个语种、32种试卷的考试；有2207人报名参加卫生系统不具备规定学历人员的基础理论考试。完成企业政工专业职称的首次评审工作，评出高级政工师2名、政工师105名、初级505名。经人事部上报国务院审批，全区13名专家获得国务院颁发的政府特殊津贴。

1994年，地区人事局组织全区企事业单位经常化评聘工作，重新组建高评委1个、中评委12个，共评审确认4946人。其中高级210人、中级1535人。各级人事部门执行国家关于资格考试有关政策规定和考试标准，全年分别组织完成经济、统计、审计、会计、工商、国际商务、计算机软件和外语考试4711人。做好全区选拔优秀中青年晋升高级专业技术职务工作（简称“选青”），共上报审批确认副教授及相当职务23人，其中年纪最轻的29岁。上报审批政府特殊津贴专家1名。

1995年，地区职称改革领导小组与人事局联合转发省人事厅《关于在事业单位部分系列进行有控制的专业技术职务任职资格评聘分开的通知》。全区首先在高校、科研、卫生、工程、农业等五大系列推行。全区共评审通过高、中级专业技术职务任职资格1515人，其中获高级职称222人、中级职称1293人。地区人事局组织实施全区工交建筑施工企业工程系统中级职称评审工作，批准确认中级职称534人、初级职称1566人，其中建筑施工企业中级职称200人、初级职称476人。完成公安机关首次专业技术职务评审任命工作，共评审中级职称20人、初级职称83人。推进非全民性质单位专业人员职称评定工作，经推荐省考核确认乡镇企业高级职称3人，全区评审确认中级职称180人、初级职称428人，民办科研机构中级职称7人、初级职称10人。按照全省统一部署，分别组织完成经济、会计、统计、审计、国际商务、计算机软件、建筑经济等7个专业16个层次4492人的执业资格考试及执业药师、房地产估价师等96人执业资格报名考试工作和6个语种9个科目21种卷型1158人高中级外语水平考试工作。

1996年，全区共评出高级职称203人，中级职称1327人。对高校、科研、卫生、工程、农业五大系列实行职务任职资格评聘分开，共评出高级职称18名，中级职称230名。加大“选青”（在中青年专业技术人员中选拔优秀人员晋升高级专业技术职务）晋升高级专业技术职称的力度，全区“选青”晋升高级职务38人。同时开展小学高级教师的“选青”工作，共选拔年龄在35岁以下的优秀青年小学高级教师50名。组织参加职称外语考试36类2180人，其中报考高级职称364人、中级职称1816人。组织全国经济专业资格考试，全区共报考820人，其中中级职称474人、初级职称346人，协同有关部门搞好房地产评估师、执业药师、监理工程师、注册建筑师以及会计、统计等10多个行业的专业技术资格、执业人员资格考试的报名、资格审查、考场组织等项工作。上报审批享受国务院政府特殊津贴专家2名。

1997年，全区职称评审通过高级职称139人、中级职称1287人，其中“选青”获高级职称6人。地区人事局规范专业技术职务聘任管理，实行指标卡制度，全区共发放《高、中级专业技术岗位指标卡》1.3万多张，发放《宁德地区全民所有制事业单位专业技术职务岗位指标核定手册》1500多份。开展乡镇企业人员职称评审，共评出高级职称3人、中级职称101人。组织全区职称外语考试1865人，其中高级职称429人、中级职称1435人；组织全国经济专业资格考试1048人，其中中级职称612人、初级职称436人；协助组织全国会计专业资格考试2013人，其中会计师506人、助理会计师977人、会计员530人；组织全国、全省卫生系统不具备规定学历基础理论考试977人，其中中级职称418人、初级职称559人；组织计算机软件资格考试46人，统计专业资格考试66人。是年，开始首批推荐全省国家“百千万人才工程”人选3名，上报审批享受政府特殊津贴专家2名。

1998年，全区共评审高级职称334人、中级职称1624人，推荐“选青”专业技术人员晋升高级职务183人。大中专毕业生确认初级职务29人，审批职工参评134人，审批外语免试187人，转评确认国际商务师29人、助理国际商务师15人、国际商务员6人。地区人事局制订《关于在全区非公有制经济中开展考核确认中级专业技术职务任职资格的暂行规定》，推进非国有经济成分企业人员的职称评审，共评出乡镇企业工程师54名、助理工程师27名、技术员11名、经济师57名、助理经济师16名、助理会计师40名、会计员4名，推荐考核确认高级经济师1名、高级工程师1名。完成3658人的职称考试工作，其中经济1533人、会计1932人、审计45人、统计93人、计算机软件55人。完成204人的执业资格考试，其中房地产估价师48人、监理工程师44人、造价工程师53人，一、二级注册建筑师3人，执业药师11人、企业法律顾问25人、一级注册结构工程师23人。组织全区农业系统不具备规定学历基础理论考试140人，组织职称外语考试2617人，推荐通过享受政府特殊津贴专家1名、“百千万人才工程”人选3名。

1999年，地区人事局对全区乡土人才进行摸底调查，列入乡土人才管理的有5194人。组织经济专业技术资格考试报名1293人，涉及21个专业。参加全国、全省外语水平报名考试人数为1560人。配合地区财政局完成1996年的会计职称考试工作，同时组织近10个系列的执业人员资格考试报名、进行资格预审。对任期届满的高、中、初级职称评审委员会进行调整。对享受政府特殊津贴的31名专家进行跟踪考核，并按时发放特殊津贴。同时对当年省人事厅下达的4名享受政府津贴高级人才推荐人选进行考核，上报省人事厅审批。

2000年，全区对到期的18个高、中、初级职称评审委进行重新审查报批，调整评委会的人员组成结构。是年，全区共评出高级职称314人，中级职称1792人。为促进非公有制经济专业技术队伍建设和乡土人才的选拔培养，职称评定服务区域和方式有新的突破，打破身份局限，全年有600名工人参评，确认审批乡镇企业高级职称8人，中级职称34人，初级职称46人，确认审批其他非公有制企业中级职称12人。加大“选青”力度，划出专业指标71名用于优秀青年专业技术人员的职称评审，其中41名晋升高级专业技术职务。对乡镇农、林、水、卫生和县属以下企业工作的专业技术人员重点考核工作能力和工作实绩，对外语、论文等降低要求。努力做好各类职称参评报名和组织考试工作，全年共有4955人参加外语、经济、会计等18个门类的职称和执业资格的考试。

2001年，市人事局对各系列主管部门报送的高、中、初级3000多份评审材料进行预审。全年共下达高级职称指标421个，中级职数3048个。通过评审取得高级职称301人、中级职称1751人，市本级评审初级职称299人。评审出乡镇企业高级职称22人，中级职称26人，初级职称75人。重新开展在本市范围内有效的闽东工交企业中、初级职称评审工作，共评出经济师158人，工程师55人。共有97名中青年专业技术人员晋升高级专业技术职务，缓解了人才断面问题。全年共有4717人报名参加各类职称考试，其中外语777人、经济专业1419人、会计专业1689人、审计专业31人、统计专业10人、卫生专业245人、计算机软件36人。同时还组织14个系列执业资格的510人考试报名、资格预审工作，共审批办理合格人员1370人、占报考人数的29%。

2002年，市人事局新调整到期的18个职称评委会成员，研究探讨在教育、卫生、工程、农业等几大系列组建评委资料库，扩大评委数量，严格掌握评审条件，重新制定职称评审工作流程，严肃评审纪律，组建由175位高级职称人员组成的中学高级教师评委库和55位专家组成的工程专业中级评委库。全年上报、审批高评委3个、中评委10个、初评委5个。加强对县级申报对象任职条件审查，共预审高、中、初级申报材料3500多份，对17名弄虚作假人员进行查处。共评审批准通过1943人，其中高级463人、中级1158人、初级322人。下达高级职称63名、中级职称61名。审核聘任增资300多人。组织会计专业、职称外语、经济专业、税务执法等4场考试，5082人参考。做好18种全国性考试、3078人的资格考试报名资格预审工作。同年，全市首次组织开展机关事业单位工人技师评聘试点，经审查有59人符合报名参加技师评聘条件。组织全市机关、事业单位工人进行等级考核考试报名，共1422人报名，其中高级工462人、中级工385人、初级工575名。市人事局对省下放培训考核的3个工种的高级工和本市6个工种的中、初级工人进行培训考核，举办各类培训班14班次，777人参加。组织全市高、中级工统考1场，348人参加考试。做好合格人员的工资兑现审核，制发上年度各类工考等级证书2991本。开展培训考试点的评估，闽东技校、闽东卫校、市交通技术学校等3个培训考核点接受并通过省工考中心的检查。

2003年，全市共审批高评委1个、中评委7个、初评委1个。在组建高评委资料库的基础上，有资料条件的中评委也成立评委资料库，全市共组建评委资料库4个。预审评审材料近3000份，并加大对各种评聘弄虚作假行为查处力度，查出各类假证书80份。同时确保评委名单的保密性和评审过程的公正性。全年共评审各类职称2066人，其中获高级职称754人、中级职称1061人、初级职称251人。28名优秀中青年专业技术人员通过“选青”，晋升为高级专业技术职务。市人事局加强对事业单位专业技术岗位管理和指标管理，严格按岗聘任，共办理高、中、初级聘任手续160多人。为适应宁德市乡镇企业的发展和企业升级的需求，共评出乡企人才职称高级职称54人、中级职称301人、初级职称390人。全市组织职称和执业资格考试报名工作17项、2500人。组织经济、会计、卫生、全国职称外语水平考试等4场、4578人，其中经济1124人、会计12426人、卫生678人、全国职称外语水平考试1350人。及时办理发放经济、会计、卫生、执业药师、企业法律顾问等9项、720名执业资格考试合格人员资格证书和评审通过的职称资格证书2170多本。

2004年，全市继续加强评审委组织建设，调整高评委库人员1个、中评委库7个、初评委库4个。严格审查参评申报材料3500多份，查出假证书、假证件30份。市人事局探索建立以品德、业绩和能力等要素构成的人才评价体系，改进评价内容、完善评价办法。在教育系统开展备课、讲课活动。在乡镇企业和工程系列职称评审前，增加专业基础知识水平测试。重新制定职称评审工作流程，严肃评审纪律，建立“四公开、两监督”（评审公示制度，申报条件公开、办事程序公开、申报对象公开，加强内部监督，接受社会监督）制度。是年共组织评审通过高级职称476人、中级职称1715人，市本级评审和确认初级职称588人。组织各类职称资格和执业资格考试报名24项、5056人，其中在市本级组织考试4项、4079人次参加。在考试中严格考场管理，严肃考风考纪，共查违纪考生9人。加强专业技术职务聘任的宏观管理，结合事业单位改革推行评（考）聘分开，变单纯行政管理为岗位和聘约管理。改革职称职数管理，由指标控制转向结构比例控制，由身份管理转向岗位管理，并下放管理权限，实行分级分类管理。全市共核定高级岗位职数140名、中级岗位职数165名。

2005年，市人事局下发《宁德事业单位技术工人岗位管理与考聘分开实施意见》，明确规定事业单位技术工人岗位设置、岗位管理与聘任，重点加强对机关、事业单位技术工人的技术考评、聘评和管理工作，从1月1日起，对全市事业单位技术工人实行考聘分开。至年底，市直有58个单位实行考聘分开，144人实行岗位聘任制，签订岗位聘任合同，按岗兑现工资。市人事局为1085位工人确定等级并及时发放证书。组织全市共1913人报名参加升级考核，其中高级工448人、中级工938人、初级工529人。全部完成宁德市自行组织培训工种的培训考核工作。推荐全市95名工勤人员参加全省技师评审。创新考试组织形式，在试题类型上力求创新，注重实际应用能力方面的知识测试。在全省率先实行机关、事业的单位技术工人中级及以下等级技术考评理论测试标准化。全市机关、事业单位共通过2276人职称评审，其中获高级职称的473人、中级职称的1138人、获得初级职称的665人。1993—2005年，全市共评审出高、中、初级职称人员26053人次（含区内大中专院校）。截至2005年年底，宁德市36名高级知识分子获得国务院政府特殊津贴，16名获得国家“百千万人才工程”人选。

1993—2005年宁德市（地区）各系列职称评审通过人数分类统计表

表42-3　　　　　　　　　　　　　　　　　　　　单位：人

年份	级别	高等学校教师	社会科学研究	自然科学研究	实验人员	中专学校教师	中学教师	小学教师	技工学校教师	工程技术人员	农业技术人员	经济专业人员	会计专业人员	统计专业人员	卫生技术人员	体育教练	新闻专业人员	广播电视播音人员	专业出版人员	图书、文博、档案专业	艺术人员	律师人员	公证人员	企业思想政治工作人员	乡企工程	乡企经济	乡企会计	公安专业
1993	高级	13	1	—	—	1	2	1	—	—	—	—	—	—	—	—	2	—	—	—	—	—	—	—	—	—	—	—
	中级	4	—	—	1	—	—	—	—	—	—	9	—	—	1	—	2	—	—	—	—	—	2	—	52	17	—	—
	初级	1	—	—	—	19	—	2	—	68	10	41	24	—	3	2	1	—	1	2	3	1	—	1	362	163	—	—
1994	高级	6	1	1	—	8	106	—	1	15	9	—	—	—	64	3	—	—	1	—	3	—	—	—	—	—	—	—
	中级	25	3	9	2	43	283	524	7	195	60	—	—	3	376	3	2	—	4	9	9	7	—	—	71	63	—	—
	初级	3	10	4	—	28	1	4	—	44	5	5	18	—	42	—	36	—	—	70	11	16	—	—	55	39	—	—
1995	高级	3	—	—	—	13	121	24	—	4	3	2	—	1	52	—	—	—	—	1	—	—	—	—	1	1	—	—
	中级	6	9	13	—	36	348	637	—	6	100	—	—	—	98	—	2	—	2	17	18	—	—	—	92	88	—	—
	初级	15	9	2	1	22	—	3	1	118	11	—	16	1	87	1	2	—	1	13	6	—	—	—	106	72	—	—
1996	高级	1	7	—	—	18	82	—	—	9	12	1	—	—	75	—	1	—	—	—	—	—	2	—	—	—	—	—
	中级	8	1	6	1	20	208	630	2	209	—	—	—	—	193	3	4	—	2	5	—	—	—	—	—	—	—	—
	初级	—	—	—	3	11	—	1	—	523	—	—	6	—	1	—	15	—	—	43	1	4	10	—	—	—	—	—
1997	高级	7	—	1	1	14	49	21	—	24	12	34	—	—	—	—	—	—	—	2	3	—	—	—	2	1	—	—
	中级	10	2	—	2	34	352	378	5	214	48	2	—	—	119	—	—	—	1	6	15	4	2	1	44	57	75	—
	初级	2	1	1	5	22	—	6	—	32	12	—	5	—	68	2	—	42	—	22	5	—	—	—	38	21	—	—
1998	高级	6	—	3	—	12	237	—	3	27	11	3	2	—	106	1	—	—	—	—	—	—	—	—	1	1	—	—
	中级	11	—	11	2	29	375	82	—	122	32	—	—	14	1	11	3	—	36	—	3	—	46	54	57	—	—	—
	初级	6	1	3	1	21	—	5	1	34	5	—	6	—	79	5	15	—	52	—	—	6	16	38	16	44	—	—
1999	高级	5	—	1	—	13	146	17	—	19	9	5	1	—	93	—	—	—	—	—	1	—	—	4	1	—	—	—

续表 42-3

年份	人数级别＼专业	高等学校教师	社会科学研究	自然科学研究	实验人员	中专学校教师	中学教师	小学教师	技工学校教师	工程技术人员	农业技术人员	经济专业人员	会计专业人员	统计专业人员	卫生技术人员	体育教练	新闻专业人员	广播电视播音人员	专业出版人员	图书、文博、档案专业	艺术人员	律师人员	公证人员	企业思想政治工作人员	乡企工程	乡企经济	乡企会计	公安专业
1999	中级	7	2	2	4	35	453	44	15	170	78	—	—	—	458	—	—	—	53	2	—	2	—	34	30	—	—	—
	初级	—	2	—	4	17	—	1	6	94	1	—	2	1	254	—	—	19	2	35	2	5	—	4	15	—	—	—
2000	高级	9	1	—	—	19	197	—	5	21	15	2	—	—	85	—	2	—	1	2	—	1	—	22	4	3	—	—
	中级	7	4	—	—	6	479	71	—	115	104	—	—	—	288	1	11	—	—	51	—	2	—	10	2	9	34	—
	初级	7	7	—	3	12	—	11	6	97	7	1	5	—	3	—	11	7	—	43	—	—	—	—	—	—	46	28
2001	高级	11	3	—	1	31	144	15	6	24	17	—	—	—	21	—	5	—	—	—	—	—	—	—	19	3	—	—
	中级	13	1	—	—	38	498	78	2	83	44	—	—	—	518	—	—	1	—	29	—	3	3	10	162	188	23	—
	初级	1	1	—	1	23	—	9	6	76	7	1	1	—	1	1	14	—	—	56	—	—	—	16	37	13	25	—
2002	高级	9	—	5	2	18	234	—	—	8	24	2	5	—	105	3	—	—	1	5	2	—	—	1	39	3	—	—
	中级	9	—	—	3	36	572	77	6	156	34		1	—	4	2	11	—	—	8	—	—	—	—	164	32	15	23
	初级	2	—	—	—	1	1	3	3	99	2	1	3	—	5	1	1	22	1	46	2	3	5	—	81	15	25	—
2003	高级	16	3	2	—	14	284	30	1	29	19	2	1	—	62	—	—	—	—	1	1	—	—	—	—	—	—	—
	中级	7	1	1	2	31	640	108	4	120	63	—	—	—	1	4	—	2	—	28	—	—	—	11	219	36	34	—
	初级	3	—	—	—	13	—	4	3	96	3	—	1	—	78	4	14	—	—	38	—	—	—	14	204	49	56	6
2004	高级	4	2	—	1	13	262	34	3	20	20	2	—	1	43	—	5	—	1	1	—	—	—	—	—	—	—	—
	中级	9	4	—	—	14	661	122	1	124	33	—	—	—	1	—	7	—	—	18	—	—	—	—	160	38	65	—
	初级	1	2	—	1	14	—	1	—	72	2	1	2	—	110	2	—	19	—	45	—	—	—	—	259	25	24	—
2005	高级	11	—	1	—	21	298	—	4	29	23	—	6	—	60	1	5	—	2	2	4	—	—	—	5	1	—	—
	中级	12	—	—	5	25	641	131	3	179	78	—	—	—	—	3	4	2	—	42	—	—	—	13	—	—	—	—
	初级	—	—	—	2	31	—	—	8	95	7	1	2	—	397	—	11	8	—	48	—	—	—	14	—	—	—	41

2005年宁德市获国务院政府特殊津贴人员一览表

表 42-4

序号	姓名	工作单位	职称	特贴年份
1	林　寿 ※	宁德师专	教　授	1992
2	刘卓雄 ※	宁德师专	副教授	1992
3	江叶钦 ※	地区林业局	高级工程师	1992
4	陈恩沛	福安市农药厂	高级经济师	1992
5	罗　坚 ※	地区农科所	副研究员	1992
6	林玉和 ※	地区农科所	副研究员	1992
7	周文通 ※	地区农科所	副研究员	1992
8	邓　存 ※	宁德师专	教　授	1992
9	林晋良 ※	福安市拖电厂	高级工程师	1992
10	洪维铭 ※	霞浦县林业局	高级工程师	1992
11	陈则清 ※	地区一院	检验主任医师	1992
12	吴建光 ※	地区二院	主任医师	1992
13	林之行 ※	周宁县闽剧团	二级编剧	1992
14	陈伯淳 ※	地区一院	主任医师	1992
15	林永安 ※	地区环保监测站	高级工程师	1993
16	钟伏荣 ※	福安农药厂	高级工程师	1993
17	游友基	宁德师专	副教授	1993
18	潘道益 ※	福鼎机电工业公司	高级工程师	1993
19	朱国丰 ※	闽东制药厂	高级工程师	1993
20	谢庆梓	周宁县茶叶指导站	高级农艺师	1993
21	林永明 ※	地区二院	主任医师	1993
22	林洪炳 ※	福安市农科所	高级农艺师	1993
23	徐承定 ※	地区农机局	高级农艺师	1993
24	郭守荣 ※	地区水电局	高级工程师	1993
25	林　种 ※	地区文化局	二级编剧	1993
26	肖孝正 ※	地区文化局	副研究馆员	1993
27	李　迅	福安一中	中学高级教师	1994
28	周名缪	地区水电工程局	高级工程师	1996
29	陈兆樵	地区二院	主任医师	1996
30	罗仰奋	地区农科所	副研究员	1997
31	章武壮	周宁县卫生防疫站	副主任医师	1997
32	黄良增	地区林业局	高级工程师	1998
33	王绍据	闽东日报社	高级记者	1998

续表 42-4

序号	姓名	工作单位	职称	特贴年份
34	王　春	地区一院	主任医师	1999
35	李惠长	闽东医院	主任医师	2000
36	李康增	闽东医院	主任医师	2003

说明：“※”每月 100 元定期领取人员

1997—2005 年宁德市（地区）获国家“百千万人才工程”人选第三层次人员一览表

表 42-5

序号	姓名	工作单位	职称	获得年份
1	林智钦	地区经济研究中心	研究员	1997
2	林　寿	宁德师专	教　授	1997
3	李　迅	福安一中	中学高级教师	1997
4	黄　澌	地区一院	副主任医师	1998
5	谢向东	宁德师专	教　授	1998
6	黄煾增	地区林业局	高级工程师	1998
7	郑华峰	水电局	高　工	2000
8	李惠长	闽东医院	主任医师	2000
9	王　春	闽东医院	主任医师	2000
10	郑一平	民族中学	中学高级教师	2000
11	陈泽龙	福安一中	中学高级教师	2002
12	张进德	寿宁林业局	高　工	2002
13	张维瑞	屏南食用菌办	高　工	2002
14	宋一凡	市医院	主任医师	2002
15	杨良雄	柘荣一中	中学高级教师	2003
16	缪晓玲	宁德师专	教　授	2003

第五节　工资福利

一、工资

1993 年，地区人事局贯彻省政府《关于印发机关、事业单位工资制度三个实施意见的通知》精神，在全区机关、事业单位进行工作人员工资制度改革。从 10 月 1 日起，机关工作人员实行职级工资制，其工资由职务工资、级别工资、基础工资和工龄工资 4 部分构成。机关技术工人实行岗位技术等级工资制，其工资由岗位工资、技术等级和奖金 3 部分构成。普通工人实行岗位工资制，其工资由岗位工资和奖金两部分构成。事业单位根据自身特点和经费来源不同，分为全额拨款、差额拨款、自收自支三种类型，并实行不同的管理办法。专业技术人员分别实行五种不同类型的工资制度，管理人员实行职员职务等级工资制，技术工人、普通工人分别实行技术等级工资制和等级工资制。事业单位工作人员工资由职务（等级）工资和津贴两部分构成。全区机关、事业单位的在职人员结合工资改革增加岗位工资，离退休人员增加生活补贴费。全区机关事业单位享受增加岗位工资的工作人员 61012 人，月增岗位工资 97.30 万元，人均月增 15.94 元；增资的离退休人员 10238 人，月增补贴费 25.07 万元，人均月增资 24.48 元；到龄未退 112 人，增发生活补贴费 2022.2 元，人均月增资 18.05 元。至 1995 年 6 月底，全区参加工改的在职人数为 64468 人，月增资 642.06 万元。其中机关 15643 人，月增资 160 万元；事业 44346 人，月增资 458.60 万元；事业参照机关工改 2515 人，月增资 8.75 万元；企业参照事业单位工改 1043 人，月增资 14.71 万元。全区人均月增资 103.01 元，其中机关 102.28 元、事业 103.41 元。全区通过工改增加离退休费的有 12887 人，月增离退休费 178.21 万元，人均月增 138.28 元。

1998 年，根据福建省人事局有关文件精神，调整全市机关、事业单位工作人员工资标准，增加离退休人员离退休费。从 1997 年 7 月 1 日起，机关行政人员基础工资标准由 90 元提高到 110 元，机关工人和事业单位工作人员职务（岗位）工资各档次均增加 14 元，津贴按单位执行比例计算。并调整新参加工作大中专毕业见习期、初期工资标准和学徒期、熟练期工资待遇，以及民办教师工资标准。离退休人员均按 20 元增加离退休费。

1999 年，地区人事局贯彻福建省政府《贯彻国务院办公厅关于调整机关、事业单位工作人员工资标准和增加离退休人员离退休费三个实施方案的》精神，调整全区机关、事业单位工作人员工资标准，增加离退休人员离退休费。从 7 月 1 日起，机关行政人员基本工资标准由每人每月 110 元提高到 180 元，级别工资标准由十五级至一级每月 55 ~ 470 元提高到 85 ~ 720 元。同时调整事业单位工作人员和工人工资构成中的固定部分，灵活的部分按规定比例相应提高。离休人员和退休费计发比例为 100% 的退休人员，均按在职同职务同条件的人员增资办法，进入模拟档确定增加离（退）休费的数额。其他退休（职）人员在 80 ~ 210 元的范围增加退休（职）费。全区调资 108543 人，其中离退休 18289 人。月增工资总额 1311.59 万元、人均 120.84 元，其中离退休人员人均 119.46 元。

2001 年，地区人事局贯彻国务院办公厅有关文件精神，调整全区机关、事业单位工作人员工资标准，增加离退休人员离退休费。从 1 月 1 日起，机关行政人员基础工资标准由每人每月 180 提高到 230 元，级别工资标准由十五级至一级每月的 85 ~ 720 元提高到 115 ~ 1166 元。同时调整事业单位工作人员工资构成中的固定部分和机关工勤人员的岗位工资和技术等级（职务）工资标准。机关工人的奖金部分按照其在工资构成中的比例相应提高，固定部分调整后，灵活的部分按国家规定的工资构成比例相应提高。

2001 年 5 月，地区人事局全部完成市直 396 个单位的审批增资手续，共计 13034 人（其中离退休人员 2872 人），人均月增资 111.83 元，总计月增资 145.76 万元（其中增加离退休费部分 32.03 万元）。蕉城、福鼎、屏南、霞浦、古田、柘荣等 6 个县（市、区）兑现 5 月份当月增资，周宁、福安两地兑现 6 月份当月增资，寿宁兑现 7 月份当月增资。是年，市人事局贯彻国务院办公厅《转发人事部财政部关于 2001 年 10 月 1 日起调整机关事业单位工作人员工资标准和增加离退休人员离退休费 3 个实施方案的通知》，调整全市机关、事业单位工作人员工资标准，增加离退休人员离退休费。从 10 月 1 日起，公务员（含参照、依照公务员制度管理的人员）各职务层次职务工资起点标准由最低 50 元至最高 480 元提高到 100 元至 850 元，适当调整机关工人的岗位（职务）工资标准，机关工人的奖金部分按照其在工资构成中的比例相应提高。同时调整事业单位工作人员工资构成中的固定部分，固定部分调整后，灵活的部分按国家规定的工资构成比例相应提高。离休人员及退休费计发比例为 100% 的退休人员，按同职务同条件在职人员的增资额增加离（退）休费（不足 80 元的按 80 元增加），其他退休（职）人员在 50 ~ 185 元之间增加退休（职）费。截至 2002 年 2 月底，全部完成市直 400 个单位的审批增资手续，共计 13270 人（其中离退休人员 3070 人），人均月增资 80 元，总计月增资 106.16 万元（其中增加离退休费部分 24.56 万元）。9 县（市、区）从 2002 年 1 月起兑现增资。

2003 年，市人事局贯彻国务院办公厅《转发人事部财政部关于 2003 年 7 月 1 日起调整机关事业单位工作人员工资标准和增加离退休人员离退休费三个实施方案的通知》，调整全市机关、事业单位工作人员工资标准，增加离退休人员离退休费。从 7 月 1 日起，公务员（含参照、依照公务员制度管理的人员）各职务层次职务工资起点标准由最低 100 元至最高 850 元提高到 130 ~ 1150 元，适当调整机关工人的岗位（职务）工资标准，机关工人的奖金部分按照其在工资构成中的比例相应提高。同时，调整事业单位工作人员工资构成中的固定部分，固定部分调整后，灵活的部分按国家规定的工资构成比例相应提高。离休人员及退休费计发比例为 100% 的退休人员，按同职务同条件在职人员的增资额增加离（退）休费（不足 50 元的按 50 元增加），其他退休（职）人员在 30 ~ 120 元之间增加退休（职）费。市直单位于 12 月 25 日完成审批工作，调资人数为 12656 人（其中离退休人员 2890 人），月增资 70.32 万元（其中增加离退休费部分 15.96 万元），人均月增资 55.56 元。

二、福利与津贴

1993 年，地区人事局执行国家特级教师津贴制度，明确特级教师享受特级教师津贴。机关、事业单位职工每人每月发放给 38 元降温费（7—9 月）。工资制度改革后，机关、事业单位工作人员的常项津贴补贴保留 3 项：物价补贴、岗位津贴、山区补贴（1993 年 6 月出台，标准为每人每月 30 元）。

1995 年，降温费调至每人每月 50 元。从 1 月 1 日起实行警衔津贴。人员仅限于各级公安、安全、监狱、劳教管理部门和各级人民法院、人民检察院中评定授予警衔的在职人民警察。实行警衔津贴标准后，人民警察原工资标准高出其他行政人员的部分不再保留。

1996 年，降温费调至每人每月 100 元，可按月发放，也可 3 个月一次性发放。从当年 1 月 1 日起，中小学特级教师津贴每人每月由 80 元提高到 100 元。离退休后继续享受，数额不减。

1997 年，地区人事局对岗位津贴标准进行部分调整，根据省人事厅、财政厅、纪检委、监察厅有关文件规定，从 1 月 1 日起，对一些办理违反党、政纪律案件的工作人员给予适当补贴。实行办案补贴的范围为地（市）、县（区）直属单位及乡（镇、街道）纪检、监察在编专职人员。纪检、监察办案补贴标准每人每天按 2 元发给。调离纪检、监察岗位的停发办案补贴。从 1 月 1 日起，调整审计人员工作补贴，国家各级审计机关和列入审计署编制的审计署派驻国务院部委、地方审计机构工作人员，每人每天 2 元。根据实际出勤天数计算，按月发放。调离审计工作岗位的人员，停发审计工作补贴。从 1 月 1 日起，环境保护监测津贴标准调整为每人每天一等 3.5 元、二等 3 元、三等 2.5 元。环境监测人员根据其工作职责和现场接触有毒有害物质的实际情况，分别享受二等或三等津贴标准。各级环境保护科研所、环保设计院（所）及其他环境科研单位人员和其他环境保护机构，临时参加上述工作或紧急从事污染事故调查的人员，也可参照本规定分别享受相应等级津贴。区内同时按此执行。

1999 年，执行省人事厅、财政厅、卫生厅下发的《关于调整医疗保健津贴和卫生防疫保健津贴标准的通知》，对各级医疗保健、卫生防疫、药品检验、医药科研等卫生事业单位中从事接触有毒、有害、有传染性工作的人员发放医疗、卫生防疫保健津贴。全区医疗、卫生防疫保健津贴的分类和执行标准是：专科医院（麻风病院，传染病院，结核病院、所，肿瘤医院，精神病院）按工作岗位分为三类。第一类：每人每月 90 元。在病房中直接接触病人的工作人员；专职从事放射线、同位素工作的人员；专职从事传染病检验工作的人员；专职从事太平间工作的人员。第二类：每人每月 75 元。在门诊、医技科室工作的其他卫生技术人员；专职从事各种污水污物处理工作的人员。第三类：每人每月 60 元。在其他岗位上工作的卫生技术人员和工作人员。综合性医院按工作岗位分为四类，第一类：每人每月 90 元。专职从事放射线、同位素工作的人员。第二类：每人每月 75 元。固定在传染病房、结核病房、肝炎门诊工作的人员；专职从事肝功能检验和 B 超诊断工作的卫技人员；专职从事太平间工作的人员。第三类：每人每月 60 元。在病房、门诊、医技等科室工作的其他卫生技术人员。第四类：每人每月 45 元。在其他岗位上从事和接触有毒、有害工作的人员。卫生防疫站按工作岗位分为四类，第一类：每人每月 90 元。专职从事强致癌物质和剧毒物品检测工作的人员；直接从事甲类传染物、艾滋病、出血热监测管理、检验的工作人员；专职从事放射线、同位素工作的人员。第二类：每人每月 75 元。专职从事结核病防治、带菌病人管理、痰检工作的人员；专职从事其他传染病的病原体检验和血清检验以及清洗消毒等工作的人员。第三类：每人每月 60 元。在其他业务等科室从事有关疾病防治、监测检验、卫生监督监测和管理工作的卫生技术人员。第四类：每人每月 45 元。在其他岗位上从事和接触有毒、有害工作的人员。其他专科医院（妇幼、儿童等）、防治院（站、所）、药品检验、医药科研等医疗卫生事业单位中从事接触有毒、有害、有传染性工作的人员，参照上述综合性医院医疗保健津贴和卫生防疫保健津贴发放的范围和标准执行。

2000 年，从 3 月 1 日起，全区机关、事业单位工作人员的常项津贴补贴项目进行归并。归并后，常项津贴补贴有三项：岗位津贴、职务津贴、地区补贴；离（退）休费和津贴补贴归并后为基本离（退）休费、生活补助、生活补贴费、地区补贴、地区生活津贴。

2001 年，从 1 月 1 日起，调整市直机关、事业单位工作人员福利费标准，从原来每人每月 2 元提高到每人每月 15 元。是年，根据省政府有关文件规定，机关、事业单位工作人员执行发放年终一次性奖金的规定。年终奖金的发放对象是年度考核为称职（合格）及以上的人员，奖金标准为是年 12 月份本人的基本工资，下一年 1 月份兑现。

2004 年，全市执行省人事厅、财政厅、卫生厅转发国家人事部、财政部、卫生部《关于调整卫生防疫津贴标准的通知》，调整津贴的对象和标准，即各级疾病预防控制中心（防疫站）、卫生监督所、职业病与化学中毒预防控制中心（职业病防治院）的卫生工作人员，执行卫生防疫津贴。标准分别为：一类每人每工作日 9 元，二类每人每工作日 7 元，三类每人每工作日 5 元，四类每人每工作日 3 元。在各级医疗卫生单位专职从事麻风病、传染病、结核病、血吸虫等寄生虫病防治的卫生工作人员，也改按上述标准执行卫生防疫津贴。执行卫生防疫津贴各类别的岗位设置，仍按 1999 年 6 月福建省人事厅、财政厅、卫生厅《关于调整医疗保健津贴和卫生防疫保健津贴标准的通知》中的卫生防疫工作岗位分类执行。全市以上人员执行卫生防疫津贴后，原执行的医疗保健津贴和卫生防疫保健津贴同时停止执行。

2005 年，贯彻省委办公厅、省政府办公厅有关通知精神，在全市组织实施清理全市机关事业单位津贴补贴工作。以人事、财政部门为主，抽调有关部门人员组成临时办公室，先后下发 12 份相关文件，对各县（市、区）及市直单位开展清理工作。市、县两级工改办对全市列入清理的4881个机关事业单位、116723人的有关数据按上级要求进行采集、审核，摸清全市机关事业单位津贴补贴发放情况。全面清理工作结束后，按照省里部署开展自查，在自查基础上按20%比例进行抽样核查工作。共抽样核实87个市直单位和2个县（市），并进行有关数据综合分析，为规范津贴补贴发放和深化工资制度改革奠定基础。

三、假期制度

1993—2005年，市内机关、事业单位工作人员按国家规定享受的法定节假日有：

法定节假日　元旦放假1天（1月1日）；春节放假3天（农历除夕、正月初一、正月初二）；清明节放假1天（农历清明当日）；劳动节放假1天（5月1日）；端午节放假1天（农历端午当日）；中秋节放假1天（农历中秋当日）；国庆节放假3天（10月1日、2日、3日）。以上每个节假日的具体调整按福建省政府规定执行。部分干部放假的节日及纪念日：妇女节（3月8日），妇女放假半天；青年节（5月4日），14周岁以上的青年放假半天（15～34岁的人为青年），中国人民解放军建军纪念日（8月1日），现役军人放假半天。

年休假　1993—1996年，机关、事业单位职工可享受年休假时间为：工龄10～20年的职工每年休假10天；20～30年的休假15天；31年以上的休假20天。休假时间不能分期或跨年度使用。1997年，国家调整干部休假时间，凡工龄10年以下、11～20年、21年以上的人员，其年休时间分别为5天、10天、15天，各机关、事业单位干部休假情况需向人事部门或主管部门报备。

婚丧假　职工双方晚婚（男满25周岁，女23周岁以上）的，可享受15天的婚假。未达晚婚年龄结婚的职工，经批准可给假1～3天。职工直系家属（父母、配偶、子女）死亡的，经批准，视情况给予1～3天的丧假。职工结婚时双方不在一地工作的，或职工需到外地办理亲属丧事的，据远近另给路程假。职工在婚假、丧假（含路程时间）期限间，工资照发，车船费自理。

病假　工作人员病假在2个月以内的，发给原工资。工作人员病假超过2个月的，从第三个月起按下列标准发给病假工资：工作不满10年，发给本人标准工资的90%；工作满10年的，工资照发。工作人员病假超过6个月的，从第7个月起按下列标准发给病假工资：工作不满10年的，发给本人标准工资的70%；工作满10年及以上的，发给本人标准工资的80%。病假超过半年以上的人员，从下月起不享受山区补贴。工作人员每月病假、事假累计达到或超过15天的，从当月起停发岗位津贴。大中专毕业生在见习期间请产假、病假、事假的，其见习期限应相应延长。福建省人民政府和国务院各部委授予工作人员劳动模范、劳动英雄称号并仍保持荣誉的，可适当提高10%～15%的病假工资，但不得超过本人原标准工资。精神病患者、癌症病人在病假期间，应按规定计发病假工资。职工留用察看期间患病请假的，其生活费可不减发，但生活费高于本人病假待遇的，应按病假待遇发给，其他福利待遇一般按原规定享受。

产假　1991年6月28日起，执行省人大常委会通过修正的《福建省计划生育条例》规定：国家干部、职工已婚妇女24岁以上或晚婚（23周岁以上）妇女生育，并领取独生子女证的，可享受135～180天的产假。夫妻为双职工的，男方可享受7天的照顾假。至2005年年底未改变。

探亲假　探望配偶，每年给假（限）一方一次，假期30天；未婚职工探望父母，每年一次，给假20天，两年一次的，给假45天；已婚职工探望父母，每4年给假一次，假期20天。上述假期不包括路程假、节假日不抵扣，探亲假内标准工资照发，往返路费报销。但已婚职工探望父母的，往返车费超过本人工资 30% 的部分由所在单位报销。

四、抚恤、遗属补助

1991 年 9 月 1 日至 1998 年 12 月 31 日，机关、事业单位工作人员死亡，丧葬费一次性发给 1000 元；批准为革命烈士的，抚恤金按其死亡时的 40 个月工资一次性计发；属因公死亡的，按其死亡时的 20 个月工资一次性计发；属病故的，按其病故时的 10 个月工资一次性计发。遗属生活困难补助费，国家正式工作人员因公死亡后，除当月工资照发外，原单位发给一次性困难补助费 1000 元，病故的发给 600 元。死亡工作人员遗属符合定期定额补助条件的，从亡者去世的次月起发给生活困难补助费：因公死亡工作人员遗属，非农业人口每人每月 80 元，农业人口每人每月 70 元；病故工作人员遗属非农业人口每人每月 65 元，农业人口每人每月 55 元；工作人员工龄未满 5 年，非因公死亡的，其遗属待遇按上述标准每人每月各减 10 元；1942 年年底以前参加革命工作的人员病故后，其符合条件的配偶、父、母，可按上述标准每人每月增发补助费 10 元；国家正式工作人员死亡后，其遗属如系孤身无直系亲属赡养的可按上述标准每人每月增发 20 元。对中华人民共和国成立前参加革命工作中华人民共和国成立后退职的死亡人员，除发给当月生活补助费外，可发给一次性困难补助费 600 元，抚恤金 1000 元，但不享受遗属待遇。遗属享受定期定额困难补助后，如遇到特殊困难，死者生前工作单位可视其困难程度，酌情给予临时困难补助，列入“福利费”项目开支。全区各县（市）均按此执行。

1999 年 1 月 1 日至 2004 年 9 月 30 日，根据省人事厅、财政厅、民政厅《关于调整机关事业单位工作人员死亡抚恤标准的通知》，工作人员死亡后的丧葬费、一次性困难补助费、遗属定期定额生活困难补助费，均以省政府颁布的在一定时期适用的区域职工最低工资标准的相应数额计发。具体标准为：丧葬费按死者 7 个月基本工资或基本离退休费计发，一次性困难补助按 6 个月计发。遗属定期定额生活困难补助费：因公死亡的，非农业人口每人每月按 60% 发给，农业人口每人每月按 50% 发给；非因公死亡的，非农业人口每人每月按 50% 发给，农业人口每人每月按 45% 发给；离休人员遗属仍按每人每月 200 元执行，如低于上述标准的按上述标准执行。工作人员死亡后，其满 16 周岁以上的子女考入各类全日制学校学习的，定补待遇一般可享受到 18 周岁止。但对家庭生活有突出困难的，死者单位可酌情发放至全日制大中专院校毕业止，并规定符合定补条件且无直系亲属供养的孤身遗属，月定补可在规定的标准上提高 10%。

从 2002 年 1 月 1 日起，按省委老干部局、财政厅、人事厅、劳动和社会保障厅、民政厅规定，离休干部无工作的遗属（包括父母、配偶和未成年子女）的定期定额生活补助费，按居住的设区（市）政府所在地城镇居民单人户的最低生活保障线的 110% 的标准发给，如低于 220 元的，按每人每月 220 元发给，全市（不分地域）统一按照这一标准执行。一次性抚恤金计发办法为在职因公死亡的为本人 40 个月的基本工资，因病死亡的为本人 10 个月的基本工资。离退休人员以死亡当月的基本离退休费作为基数计发。符合国务院和福建省政府有关文件规定的退职人员病故时除享受丧葬费外，一次性困难补助按当地最低工资标准的 5 个月计发，其抚恤金仍按原标准 1500 元执行，但不享受遗属定期定额生活困难补助费待遇。参加机关、事业单位社会养老保险的工作人员（含离退休、退职人员），其死亡丧葬费领取，凭职工死亡证明书，经单位审核后，由投保的机关、事业单位社保机构负责支付。全市各县（市）均按此执行，至 2005 年不变。

第六节　退休退职与服务管理

一、退休（职）条件

1993年8月，全区执行《国家公务员暂行条例》，国家公务员符合下列条件之一的，本人提出要求，经任免机关批准，可以提前退休。（1）男年满55周岁，女年满50周岁，且工作年限满20年的；（2）工作年限满30年的。执行时间从是年至2005年12月31日止。

2002年，宁德市人事局印发《关于宁德市党政机关工作人员分流安排实施办法》，规定因病不能坚持正常工作连续一年以上或两年累计上班不足一年时间，且工作年限满10年的人员，予以办理退休。执行时间从是年至2004年12月31日止。在机关事业单位工作的技术工人、普通工人按有关工人退休规定办理，即重体力劳动者和女工人可55周岁退休，非重体力劳动工人60周岁退休。机关、职业单位职工不到退休年龄或工作年限，但因各种原因要求提前退职的，仍可沿用1978年6月《国务院关于安置老弱病残干部的暂行规定》中的有关规定，经医院证明完全丧失工作能力又不具备退休条件的，应当退职；或虽已到退休年龄、但工作年限不满10年的也可申请退职，但均应本人申请、单位同意，主管部门审查批准。退职人员按规定可一次性按月领取退职费或退职后的生活费。机关、事业单位职工不到退休年龄要求退职的，仍适用1978年《国务院关于安置老弱病残干部的暂行规定》中规定：经医院证明完全丧失工作能力，又不具备退休条件的干部，应当退职。一般包括两种情况：一是工作年限、年龄都不够退休条件的；二是虽已到退休年龄，但工作年限不满10年的。离退休的高级专家，宁德市仍按1983年8月国务院发布《国务院关于高级专家离休退休若干问题的暂行规定》执行，即高级专家的离休退休年龄，一般按国家统一规定执行。其中少数高级专家确因工作需要，身体能够坚持正常工作，征得本人同意经批准可适当延长：相当副高级职称的高级专家，最长不超过65周岁；相当正高级职称的高级专家，最长不超过70周岁。延长离休退休的高级专家中，担任行政领导职务或管理职务的，在达到国家统一的离休退休年龄时，应当免去其行政领导职务或管理职务。继续执行1990年2月人事部的《关于高级专家退（离）休有关问题的通知》规定：女性高级专家，凡身体能坚持正常工作，本人自愿，可到60周岁退（离）休。处（县）级女干部，中共中央组织部、劳动人事部《关于女干部离退休年龄问题的通知》规定：在党政机关、群众团体、事业单位工作，年满55周岁的处（县）级女干部，原则上按照国务院有关文件规定执行。个别确因工作需要，一时尚无适当接替人选，且身体能坚持正常工作的，根据本人自愿，经所在单位审查同意，报任免机关批准，其离退休年龄可适当推迟。宁德市（地区）一直按此规定执行，至2005年年底未作变动。

二、退休费计发

1994年，根据省政府《关于印发机关、事业单位工资制度改革三个实施意见的通知》规定，从1993年10月1日起，调整全区机关、事业单位1953年1月1日后参加工作的退休人员的退休费计发标准。退休人员退休前原享受的政府特殊津贴、教、护龄津贴，在退休时均按100%计入基本退休费。通知规定少数人员退休时可享受100%

1993 年 10 月 1 日起宁德地区退休人员退休费计发标准一览表

表 42-6

工作年限 适用对象	满 35 年	30 ~ 35 年	20 ~ 30 年	10 ~ 20 年	不满 10 年	备注
机关干部	88%	85%	80%	60%	40%	基数为职务工资和级别工资之和
事业单位人员和机关工人	90%	85%	80%	70%	50%	基数为原工资（含津贴和奖金）

1993 年，规定退休时享受 100% 退休费的有：1952 年年底前参加革命工作的退休人员，退休时的基本退休费可按其基本工资的 100% 发给；从 1993 年 5 月 1 日起，凡退休时担任副厅级及其以上职务（退休后享受地、厅级待遇）的退休干部，退休时的基本退休费可按其基本工资的 100% 发给；教龄男满 30 年、女满 25 年的教师，符合国家规定退休条件，在教学岗位上退休的教师，退休时的基本退休费可按其基本工资的 100% 发给。1997 年文件规定，从当年 10 月 13 日起，在县、乡两级直接从事农业技术推广工作满 30 年（女 25 年），其中在乡（镇）满 20 年（女 15 年）的农业技术推广人员，具有中专以上学历或初级以上专业技术职务，达到法定退休条件且退休时仍在农业技术推广岗位，退休时的基本退休费可按其基本工资的 100% 发给。

同时，1993 年相关文件还规定县、市（区）计生委及所属计划生育指导站和乡镇、街道专职从事计划生育工作连续满 15 年，实际工龄满 30 年，并从该工作岗位退休的干部、职工，其退休补助可在省定标准的基础上增加 5%。但在退休前 5 年内因工作失职受到行政记大过或党内严重警告以上处分的，或一贯表现不好，群众意见大的，退休时不能享受增发退休补助费待遇。以上退休费的规定执行至 2006 年 6 月 30 日止。

1993—2005 年，全市共办理机关、事业单位退休人员 17710 人，其中 3077 人经审批办理提前退休。对退休人员国家还一次性发给安置修缮费，1995 年 9 月开始，厅级干部调为 5000 元、处级干部 3000 元、科级干部 2500 元、一般干部 2000 元。审批延长退休时间 180 人，退职 30 人。2005 年，全市机关、事业单位有退休人员 1506 人、退职人员 4 人。

1993—2005 年宁德市（地区）退休退职人员统计表

表 42-7　　单位：人

年份	退休人数			延长退休时间人数	退职人数
	小计	到龄退休人数	提前退休人数		
1993	1028	896	132	8	1
1994	1151	982	169	11	4
1995	1177	975	202	9	2
1996	1212	1033	179	15	2
1997	1393	1170	223	18	2
1998	1473	1206	267	17	1
1999	1607	1373	234	14	3
2000	1391	1140	251	20	5

续表 42-7

年份	退休人数			延长退休时间人数	退职人数
	小计	到龄退休人数	提前退休人数		
2001	1331	1132	199	11	2
2002	1276	1079	197	13	2
2003	1420	1119	301	15	2
2004	1745	1346	399	16	0
2005	1506	1182	324	13	4
合计	17710	14633	3077	180	30

三、服务与管理

1993 年，宁德地区开始推行退休干部社会化管理，全区成立退休干部管理服务站 114 个，基本做到退休干部 10 名以上的乡（镇）都有一个退管站。1993 年前，柘荣、福安、福鼎 3 县（市）的退管服务站均经省检查验收合格。各退管站发挥退休干部作用，创办经济实体 156 个，8680 多名退休干部在多条战线作出贡献。是年，宁德、霞浦、古田 3 县（市）退管服务站接受省检查，全部验收合格。1994 年，全区大抓退管站“两个基金”（活动基金和互助金）落实，创办经济实体，重点抓种养业发展。寿宁、周宁、屏南 3 县接受省检查验收合格。1995 年，全区退管站扩大活动场所，成立活动中心、活动站 116 个，成立基金会 56 个，深化社会管理制度。1996 年，全区巩固、充实、完善退管站（中心）社会化管理的各项制度，召开表彰退管先进集体、先进工作者和先进退休干部大会，推进退管工作。全区活动站（中心）扩展到 118 个，创办经济实体 235 个，年创收 2000 多万元。有 1.1 万多名退休干部在各个岗位发挥余热作用。1997 年，地区人事局退休办、地直退休干部活动站、地直老年人才资源开发协会共同创办退休人员刊物《闽东晚霞》，每月一期，发送给地、县（市）退休干部管理服务站。各县（市）人事退休管理部门和主管局为退休人员免费订送《福建老年报》。1997—1998 年，在全区开展标准化退管站（中心）社会化管理工作整顿检查，加强退管站（中心）党支部建设。1999 年，地区人事局建立市直机关事业单位退休人员数据库。

2000 年，地（市）、县（市）两级退休办对全区（市）退休干部“两项待遇”（政治待遇和经济待遇）情况进行全面检查，要求各地要保证退休人员应享受的政治学习、重要会议传达学习、应参加的重大活动以及退休费、医疗费应予以保证。2001 年，市人事局退管办为 23 位市直机关退休年龄满 70 周岁的人员办理高龄补贴和部分人员的护理费。春节前后，对 900 多名退休人员进行慰问。

2002 年，市人事局下发《关于开展全市退管站、活动站评选工作的通知》，组织人员深入 21 个乡（镇），对 18 个退管站、47 个活动站进行检查，评出先进退管站 17 个、先进活动站 14 个。针对部分拖欠退休干部退休费的林场等单位，市人事局通过调查、协调、督促有关部门予以解决。各市直单位春节期间，对 900 多名退休干部、职工进行一次普遍性慰问，慰问特困退休干部 15 名，发放慰问款 9 万多元。办理市直机关、事业单位退休干部 70 岁高龄补贴 16 人，办理《老年优待证》20 人，为 11 名曾有特殊贡献的退休干部按规定办理提高退休费比例手续。在闽东老年书画协会成立十周年之际，举办退休干部书画作品展，展出老年书画作品 100 多幅。2003 年，市人事局退休办在春节期间开展慰问活动，市直单位对退休干部、职工1200多人进行一次普遍性慰问，慰问特困退休干部15户，发放慰问款10万多元。为52名70周岁的退休干部办理高龄补贴，办理“老年优待证”70人，按规定为4名退休干部办理提高退休待遇标准手续。开展全市机关事业单位退休专业人才情况调查，为建立全市老年“银色人才库”做好准备。

2004年，全市坚持到龄即退原则，全市到龄即退率达98%。全年共办理市直机关、事业单位工作人员退休手续181人，其中处级39人、高级职称人员14人、科级及一般人员128人，其中38人提前退休。办理市直机关、事业单位退休干部70岁高龄补贴39人，并为他们办理“老年优待证”。为11名有特殊贡献的退休干部按规定办理提高退休费比例手续。春节期间，市人事局对市直单位1200多名退休干部、职工进行普遍性慰问。同时走访慰问特困退休干部16名，发放慰问款10万多元。协调有关部门对闽东电力股份有限公司部分退休干部要求落实企业退休干部待遇问题，避免矛盾激化。在开展退休人员政治思想教育中，以退休干部党支部或党小组、老年大学及学习组、活动站为单位组织学习政治理论和时事政治。组织开展全市退休干部“三个代表”重要思想学习征文活动，收到征文稿30多篇，推荐5篇参加省人事厅征文比赛，其中获省二等奖1篇，市级表彰18篇。继续办好《闽东晚霞》，及时反映退休人员的生活、活动情况和思想动态。发挥市直老年协会为经济建设和社会事业发展出谋献策作用。在福建省第十四个“老年节”期间，举办“平安宁德、健康老人”主题纪念系列活动，市直1700多名退休干部职工参加，表彰市直单位70岁以上健康退休干部代表10名。积极组织各项文体活动，利用“三八”“五一”节开展台球，象棋等比赛，丰富退休干部生活。

2005年，市委组织部、人事局，坚持执行到龄即退原则，全年共办理市直机关事业单位工作人员退休手续111人，其中处级13人、高级职称人员12人、科级及一般人员86人，提高退休费比例7人。办理市直机关、事业单位退休干部70岁高龄补贴72人，并为他们办理《老年优待证》。春节期间，对部分市直单位1000多名退休干部、职工进行一次普遍性慰问。4月，组织市直退休干部36人前往北京参观考察，体现党和政府对退休干部的关心。重阳节期间举办以“平安宁德、健康老人”为主题的文艺会演，1000多人观看文艺会演，展示退休人员的精神面貌。10月，召开全市干部退休工作表彰会，表彰27个“宁德市干部退休工作先进集体”、226位“宁德市干部退休工作先进工作者”以及26位“宁德市先进退休干部”。

第七节　机　构

1993年，地区人事局内设有办公室、人才流动调配科（军转办、引智办）、考试录用科、考核任免科、职称专家科、培训教育科、工资福利计划科、退休办8个职能科（室），局机关人员编制28名。下属科级事业单位有宁德地区人才市场调节中心、军队转业干部培训中心、机关事业单位社会保险公司等。

1995年，宁德地区人才市场调节中心更名为“宁德地区人才交流中心”。1996年成立宁德地区人事考试中心（对外增挂宁德地区机关、事业单位工人考核管理中心牌子），实行一套人马两块牌子，为正科级事业单位。

1997年，地区行署办公室下发《关于印发宁德地区人事局职能配置、内设机构和人员编制方案的通知》，保留宁德地区人事局，确定宁德地区人事局职能配置、内设机构和人员编制方案。内设办公室、人才流动调配科（军转办、引智办）、考试录用科、考核任免科、职称专家科、培训教育科、工资福利计划科、退休办 8 个职能科（室），机关人员编制 28 名。同年，宁德地区人才交流中心更名为宁德地区人才服务中心。成立宁德地区毕业生就业指导中心，为科级事业单位，与宁德地区人才服务中心合署办公。人才流动调配科加挂宁德地区人才市场管理办公室牌子。

2000 年 11 月，宁德地区撤地设市。宁德地区人事局更名为宁德市人事局。2002 年 9 月，根据《中共宁德市委办公室、宁德市人民政府办公室关于印发〈宁德市人事局职能配置、内设机构和人员编制规定〉的通知》，保留宁德市人事局。将宁德市人事局原承担的机关事业单位社会保险管理职能划出，由宁德市劳动和社会保障局承担。保留办公室、军转干部安置领导小组办公室、引进海外智力办公室、人才服务中心、毕业生就业指导中心（与人才服务中心合署办公）、军转干部培训中心、人事考试中心、机关事业单位工人考核管理中心（与考试中心一套人马、两块牌子）。职称专家科改为专业技术人员管理科，考试录用科改为公务员管理科，考核任免科改为考核奖惩培训科，人才流动调配科改为流动调配科，退休干部管理办公室改为退休干部管理科。

2003 年成立宁德市人事争议仲裁委员会办公室，挂靠宁德市人事局。2004 年，设立宁德市人事信息中心，宁德市机关事业单位工人考核管理中心由原来实行的与宁德市人事考试中心一套人马、两块牌子改为单独设置。

2005 年，批复成立宁德市自主择业军队转业干部管理中心。内设有办公室、军转干部安置领导小组办公室、引进海外智力办公室、人事争议仲裁委员会办公室、监察室、专业技术人员管理科、公务员管理科、考核奖惩培训科、流动调配科、工资福利计划科、退休干部管理科等科室，以及人才服务中心、毕业生就业指导中心（与人才服务中心合署办公）、军转干部培训中心、人事考试中心、机关事业单位工人考核管理中心、人事信息中心、宁德市自主择业军队转业干部管理中心等直属单位。

第二章　劳动与社会保障

第一节　劳动就业

一、下岗失业人员再就业

1995年，地区行署批转地区劳动局《关于在全区实施再就业工程意见的通知》，启动下岗失业人员再就业。1996年，贯彻省委办公厅、省政府办公厅《关于认真做好困难企业、困难职工解困工作和维护社会稳定的通知》精神，地区行署下发《关于帮助解决部分国有企业困难职工生活问题的实施意见》。各级政府成立帮困工作领导小组和办公室，对困难企业和职工基本情况进行调查摸底。先解决其基本生活保险，再帮助其实现再就业。宁德全区职业介绍所和各乡镇劳动工作站接受下岗失业人员要求再就业登记，并安排参加专业技术培训。

1997年，地区行署下发《关于进一步实施再就业工程意见》，把实施再就业工程、促进企业下岗、富余人员再就业作为是年为民办实事项目之一，把再就业的重点放在动员下岗职工组织起来生产自救或自谋职业以及企业通过转制分流安置上。全区有13274名企业下岗、富余职工实现再就业，再就业率73%。全区在全省率先开展开发性帮困活动，动员和组织党政机关事业单位与国有企业特困职工、社会力量与集体企业特困职工建立联系户制度，把帮助解决基本生活保障和再就业结合起来给予扶持。全区有800多个机关事业单位与2300名特困职工建立联系户制度。市直有关部门在元旦、春节期间开展“走千家、访万户、扶贫帮困送温暖”活动，共慰问471户企业、7931名困难职工，发放慰问金256万元。当年，在核实困难企业和帮困对象调查摸底情况的基础上，全区发放帮困资金404万元，帮助困难企业367户、职工16197人次。建立困难企业工资预留户350户，落实工资性专项贷款47万元。

1998年，地区行署成立宁德地区国有企业下岗职工再就业工作领导小组，下设办公室，具体负责全区国有企业下岗职工基本生活和再就业工作。地委、行署先后6次召开办公会议，研究部署国有企业下岗职工基本生活和再就业工作，先后下发《关于做好国有企业下岗职工基本生活保障和再就业工作的通知》和3份配套文件，提出从加强领导、实施范围、大力发展集体经济、以企业为主，政府、主管部门帮助和鼓励、职工自谋职业相结合等10个方面拓宽再就业渠道，制定33条再就业优惠政策。地委组织部抽调地直机关事业单位80多名科长和各县（市）千名干部下企业，对国有企业保障金承受能力和下岗职工基本生活情况进行全面摸底界定，指导国有企业成立下岗职工再就业服务中心（以下简称“中心”），并多方筹措资金，确保下岗职工基本保障金按时发放。当年，全区建立“中心”183个，进“中心”下岗职工6506人，筹集资金956万元、发放937万元，基本做到应建“中心”的国有企业百分之百建有“中心”，符合条件、愿意进“中心”的下岗职工百分之百进“中心”，进“中心”已签订协议的下岗职工百分百领到基本保障金。元旦、春节期间，全区筹措资金143万元，对4400多名特困职工、困难下岗职工和离退休人员进行慰问。全区有1160名下岗职工通过各种渠道实现再就业，再就业率65%。

1999年，地区行署与各县（市）政府签订“两个确保（确保企业基本养老金和失业人员失业金按时发放）和社会保险扩面工作目标责任书”，建立工作目标责任制、通报制和责任追究制。地区行署先后4次组织地直有关部门到各县（市）和地直企业检查督促责任书完成情况。全区建立“中心”158个，进“中心”下岗职工4576名，比上年减少1930人，下降29%，实现出“中心”人数大于进“中心”人数的要求。进“中心”下岗职工基本生活保障金月人均提高53～60元。

2001年，全区开展再就业援助行动，为下岗职工提供政策咨询、职业指导、就业岗位、技能培训、社会保险关系接续、劳动保障事务代理、保障基本生活、特困群体就业等8项援助服务，帮助下岗职工“保生活、接保险、促就业”。全市发放再就业援助手册7939份，接受政策咨询8205人次，提供各类就业信息2707条，发放社会保险缴费接续通知单2396份，为9863名援助对象接续社会保险关系，2545名下岗人员领到失业保险金，提供劳动保障事务代理2912人，有3964名下岗职工通过各种渠道实现再就业，再就业率67.4%。在确保下岗职工基本生活费及时足额发放的同时，市劳动和社会保障局指导企业按照“一厂一策”原则，通过盘活固定资产、改制改组、股份置换身份等办法，千方百计筹措经济补偿金。是年，全市各方面共投入资金8300多万元，有10370名下岗职工依法规解除劳动关系并领到补偿金。

2002年，全市“中心”全面关闭，下岗职工基本生活保障制度与失业保险制度并轨，领取失业（待业）保险金。2003年9月，市委、市政府召开全市再就业工作座谈会，全面检查部署再就业工作。提出在全市范围内组织实施“16833”就业工程［即2003—2005年3年内全市帮助1万名下岗失业人员再就业，社会各类就业培训6万人，城镇新增就业8万人，对3000名女满40岁、男满50岁下岗失业人员（俗称“4050”人员）实施再就业援助，实现30万名城镇新增劳动力、农村劳动力等社会各类人员就业或转移就业］。市劳动和社会保障局、财政局、交警支队联合提供50个市区交通协管员岗位用于安置“4050”下岗职工，每人月工资400元，社会保险补贴86元，由市劳动保障部门代发代缴，基本解决了市本级“4050”人员再就业和社会保险问题。全市有1.25万名下岗失业人员领到“再就业优惠证”，其中1.06万人获得减免各类税费401.51万元、为129名下岗失业人员发放工资补贴13.3万元。2004年，全市累计发放《再就业优惠证》18289本，为2895名下岗失业人员减免各类税收714.25万元，为12128人减免行政事业收费366.72万元，为203人实行工资补贴64.52万元，为15100人次减免职业介绍和职业培训费用217.96万元。屏南县、福安市首批落实下岗再就业人员小额贷款政策，发放贷款150多万元。

2005年，宁德市政府召开全市就业再就业工作会议，表彰100个就业再就业工作先进单位和先进个人。开展以“送岗位、送政策、送技能、送服务、挂钩帮扶”为主要内容的再就业援助行动，加大再就业政策扶贫力度。全市累计有7419名下岗失业人员实现再就业，其中3067名“4050”人员、21924名下岗失业人员领取到“再就业优惠证”，下岗失业人员有2968名享受税收减免、10170名享受行政事业性费用减免、13147名享受职业介绍费用减免110万元、9742名享受职业培训、劳动合同鉴证等费用减免601万元、5392名享受社会保险补贴376.3万元、271

人享受岗位补贴141.3万元、523名享受小额担保贷款共计1036万元。

二、农村劳动力转移就业

1993年，宁德地区劳动服务公司专门组织人员进行一次农村劳动力资源调查摸底。以此为依据，到福州、晋江、石狮等地收集劳动力供需信息，形成信息网络，大力开展山海协作，帮助农村富余劳动力转向非农就业。全区组织农村劳动力输出10365人，其中劳动部门组织输出3338人，比上年增加759人。1994年，周宁县组织引导农村劳动力输出10195人，占全区输出总数的46.7%。1995年，福鼎县组织短期近海渔业劳工向海外、境外输出2152人，创汇125.68万美元。1996年，古田县通过职业介绍所输送国内外务工人员3088人，其中赴马来西亚、新加坡等国务工人员27人。1997年，地区劳动局在经济发达、劳动力需求大的福州、泉州、厦门等地设立劳动力输出联络处，及时组织区内农村富余劳动力输出务工。当年共输出66243人。1998年，全区农村富余劳动力输出85709人。1999年，全区由劳动部门组织输出的农村劳动力8977人，办理外出就业卡9361人次、就业证书5567本。2000年，地区和各县（市、区）劳动部门加大组织农村劳动力输出就业工作，严格实行证卡制度，输出9256人。

2001年开始，全市农村劳动力开发和转移就业工作大规模展开。霞浦县、周宁县分别被确定为国家和省级农村劳动力开发试点县。各县（市、区）发挥乡镇劳动工作站作用，开展农村劳动力资源调查，组织多样化技能培训，促进农村劳动力就近转移就业和劳务输出就业。全市新增农村劳动力转移就业7484人。2003年，福鼎市被确定新增为全省农村劳动力转移工作试点县（市）。周宁县规范驻沪劳动工作站管理，及时提供用工信息，引导2700多名农村劳动力到上海务工。霞浦县以组织渔（职）工劳务输出为主。是年，全市农村劳动力转移就业18955人。2004年，各级政府成立农村劳动力转移就业协调工作领导小组，抽调专人负责农村劳动力的调查摸底、技能培训、职业介绍、依法维权等工作。清理农民进城就业的限制性政策，取消不合理行政审批和收费。并在享受低保的农村困难户中组织开展“一户一就业”活动，加大职业技能培训，提高农村劳动力就业能力。加强山海劳务协作，寿宁、周宁、屏南分别与福州、福清、长乐签订山海劳务协作协议，实行对口帮扶，定期召开劳动力供需见面会，帮助农村劳动力有序转移。古田、霞浦、屏南3个全国“阳光工程”示范县和福安、福鼎、周宁、寿宁等6个省级农村劳动力转移重点联系点积极结合当地实际，把农村劳动力转移与劳务输出相结合，鼓励外出创业、返乡创业。全市新增农村劳动力转移就业6.7万人。2005年，市委、市政府与福州市签订山海劳务协作协议。将组织实施农村劳动力转移培训就业工程、援助“农村贫困家庭”实现“一户一就业”列入为民办实事任务。全市新增农村劳动力转移就业6.20万人，组织农村劳动力技能培训3.3万人次，免费技能鉴定9719人，帮助有就业能力和就业愿望的7839户农村贫困家庭实现“一户一就业”，帮扶率达到70%。周宁县成为省内最大的农村劳动力输出县，农村有近一半的富余劳动力在国内大中城市经商务工，在上海被喻为“周宁商帮”。

三、劳务派遣就业

2004年，宁德市各级政府成立劳务派遣工作领导小组，市本级和9县（市、区）劳动保障部门分别成立劳务派遣有限公司，把开展劳务派遣，作为新形势下创新城镇就业的新形式，作为实施“16833”就业工程的又一重要载体，即根据用人单位的需要，由劳务派遣公司按用人单位提出的用工条件派遣符合的员工到用人单位工作。劳务派遣的主要特点是：员工的使用单位和主管单位分离，“用人不管人、管人不用人”，员工与劳务派遣公司建立契约关系，并向劳务派遣公司支付派遣费用，劳务派遣公司根据契约派出各类符合条件的员工为用人单位服务。全市劳务派遣 7682 人。

2005 年，贯彻实施省政府《关于开展劳务派遣工作若干意见》，完善劳务派遣工作。全市累计劳务派遣 23007 人。柘荣县实行劳务派遣单位免收派遣费，并免费培训派遣人员。县财政按每派遣 1 人补助劳务派遣公司 50 元的鼓励办法。屏南县全县机关事业单位、乡镇的编外人员全部实行劳务派遣用工制度。周宁县通过驻沪劳动工作站就向上海派遣 1700 多人。福鼎市确定市内 16 个单位为首批全面实行劳务派遣单位。古田县、福安市分别把劳务派遣与劳动力转移就业和企业急需人员培训相结合，形成“一条龙”服务。屏南县首次开始实行机关事业单位编外或临时雇用人员统一由劳动部门组织劳务派遣。

第二节　劳动力市场建设

一、职业介绍机构建设

1993 年，全区劳动部门把培育和发展劳动力市场作为就业服务的工作重点，成立职业介绍机构 16 个，劳动部门批准的劳务站 23 个，开展求职登记、职业介绍、信息服务、培训导向、办理招工手续、寄存档案、组织劳务输出等业务，职业介绍机构服务范围和功能不断扩大，初步形成城乡就业服务网络。全区通过公共职业介绍机构求职登记 9805 人，介绍成功 6576 人，成功率 67.1%，办理务工许可证 8222 本。

1994 年，地区行署印发《贯彻〈福建省职业介绍机构管理暂行规定〉的若干意见》和《宁德地区乡镇劳动服务站管理暂行规定》，鼓励社会力量兴办职业介绍机构。全区共有各类职业介绍机构 130 个，其中劳动部门开办的 113 个，基本形成地、县（市）、乡三级职业介绍网络。到职业介绍机构求职登记 16069 人，推荐成功 13533 人，成功率 84.2%。

1995 年，宁德地区流动劳动力中心市场成立，规范流动劳动力就业管理工作。全区有 103 个街道、乡镇设立劳动工作站，在 19 个偏远山区聘请劳务联络员。1996 年，区内先后有福鼎、福安、古田、周宁、宁德等县（市）建成劳动力市场并逐步完善基础设施，解决有“市”无“场”的突出矛盾，形成以地区为龙头、县（市）为支柱、乡镇为依托、社会为补充的全区劳动力市场网络。

1998 年，宁德地区实施《福建省劳动力市场管理条例》，对民办职业介绍机构进行全面清理，取缔一部分不合格劳务中介机构。职业介绍机构求职登记、用工审核、职业指导、职业介绍、就业证卡发放等各项业务进入规范化轨道。全区建有各类职业介绍机构 142 个，其中劳动部门开办的 120 个；求职登记 17742 人，介绍成功 13143 人，成功率 72.45%；发放就业证 9432 本、就业卡 12202 张。1999 年，地区本级和福安市劳动力市场被列为全省劳动力市场“三化”（科学化、规范化、现代化）试点城市，初步建成劳动力市场信息局域网。

2002 年，各县（市、区）劳动力市场全部纳入全省“三化”试点，全市基本建成信息局域网，形成以市劳动力市场为中心、布局合理、功能齐全、方便群众的市场就业服务网。2004 年，建立宁德市劳动力市场网站，开展网上政策咨询、信息发布、求职登记、招聘登记等“一站式”就业服务，市场就业服务体系逐步完善。当年，宁德市和蕉城区联合举办较大规模劳动力供需见面洽谈会。

2005 年，宁德市各级劳动部门发挥劳动力市场信息局域网作用，加强供求上网信息平台建设，开展政策咨询、信息发布、求职登记、职业指导等“一站式”和“贴近式”就业服务，市场就业服务体系逐步完善。4 月，市本级和蕉城区联合举办山海协作人才、劳动力资源供需见面会，组织福州、泉州等市内外 78 家企业提供 1.3 万个就业岗位进场招聘，有 6500 多名各类人员参加见面会，有 3900 多人达成求职意向，有 2600 多人现场实现就业。全年劳动力市场用工登记 77646 人次，求职登记 51362 人次，其中网上用工登记 57948 人次、求职登记 30469 人次，职业指导 39763 人次，介绍成功 22212 人次。

二、基层就业服务平台建设

2003 年开始，全市各街道、重点乡镇设立劳动保障事务所，在部分社区设立劳动保障工作站，开展就业服务工作。全市有 10 个街道、50 个乡镇和 77 个社区设立劳动保障工作机构。2004—2005 年，全市各级劳动部门进一步加强社区劳动保障工作机构建设，深入开展创建充分就业社区活动，搭建就业服务四级平台。蕉城区鹤峰社区等 9 个社区劳动保障工作站被福建省劳动保障厅评为“全省创建充分就业社区先进单位”，该区三分之二的社区成立劳动保障工作站。全市有 60% 乡镇设立劳动保险工作站。

第三节　就业培训

1993 年，地区劳动部门就业培训工作的重点是，利用社会力量，按照“先培训后就业、先培训后上岗”的原则，多形式、多层次、多渠道开展下岗职工、待业（失业）人员和企业职工岗前培训。农村劳动力培训尚未列入就业培训计划，仅有少数进入城镇就业的农村户籍人员才有资格接受培训。全区有闽东技工学校和宁德市、福鼎县、古田县、霞浦县、寿宁县 5 所分校。闽东技工学校对县（市）技工分校进行业务指导，县（市）技工分校经费由地区财政拨款，人事属县（市）劳动部门管理。全区技校招生实行改革，缩短学制，开设当时较受欢迎的电脑、文秘、装潢装修、烹调等专业。同时改革招生体制，招收对象由高中毕业生转为初中毕业生并取消户籍限制，并实行统招、自费、代培等多种招生形式。全区 6 所技校共招收新生 975 人，比 1992 年增加 134 人，其中自费生 612 人、农户生 273 人。全区培训待业人员 6955 人，培训后安置就业 6426 人，其中农村劳动力培训就业人数仅 300 多人。

1994 年，地区劳动部门进一步在全区开展面向市场的就业前培训工作，在充分调查市场需求的情况下，共培训 10662 人，培训后就业率达 94%。全区技校招生对象面向农村，建立农村中学招生联络员制度，全年招生 1363 人。

1995 年，全区各级劳动部门组织在岗职工技能培训 14 期，受训 865 人，其中大部分为第二劳动技能培训。就业前培训 14341 人，培训后就业率 90%。12 月，闽东技工学校更名为宁德地区技术学校。

1996年，全区各级劳动部门将职业技能开发与培训作为是年劳动工作重点，地区行署下发实行对企业和技术工人颁发技术岗位凭证制度文件，由劳动部门统一制作“牌、证、卡”，推动就业人员参加技术培训。宁德地区技术学校开设首届“宏志班”，招收48名品学兼优的老、少、边、岛乡村学生和企业下岗困难职工子女，除免收学费外，并给予生活补贴。全区就业培训14772人、就业13347人，培训后就业率90.35%。

1997年，按照全省“劳动工作培训年”要求，全区加大劳动就业培训的针对性和技术质量，共培训、鉴定技能12300人，主要针对企业主要行业技术工人持证上岗培训。福建省教育委员会同意依托宁德地区技术学校设立宁德地区工业技术成人中专学校，主要招收初中毕业以上文化程度的在职人员和其他劳动者，开设电器运行、维修电工、服装设计与工艺3个专业。全年求职者就业前培训14493人，完成计划培训任务的120%，培训结业后就业率93.10%。

1998年，全区各级劳动部门围绕促进就业和再就业目标，按照全省“三年30万人培训”计划，举办36期下岗职工转业培训1287人，其他类型人员就业前培训14820人。宁德地区技术学校开设第2届“宏志班”。1999年，共培训8256名下岗职工。当年，经福建省人民政府批准，宁德地区技术学校升格为省级重点技工学校，并更名为福建省闽东中等技术学校（简称闽东技校）。2000年，地区劳动部门在全区采取考培分离制度，22家社会办机构培训2400人，其中下岗职工641人、失业人员346人，技能培训的鉴定5827人、合格发证5017人。宁德地区技术学校开办第3届“宏志班”，招生41人。全区技校招生1215人。其中，宁德地区技术学校招生618人。

2001年，市劳动部门在全市开始推行劳动预备制度，组织各类就业培训9661人次，其中下岗、失业人员转业转岗培训3673人次，有8555名人员通过培训实现新就业，培训结业后就业率85.51%。同时加强社会办学培训机构规范管理，对年度办学培训的资格进行审查清理，撤销8家长期未开展培训业务的社办机构的办学资格、吊销其许可证。全市27家社办机构共培训8303人，其中下岗职工692人、失业人员2035人。闽东技校被国家劳动和社会保障部授予“国家级重点技工学校”。经市长办公会议研究，决定技校统一按照属地管理和财政分级管理、分级负责的原则，闽东技校蕉城区、古田县、寿宁县、霞浦县和福鼎市5所分校人、财、物全部下放所在地政府管理，财政支出基数一并由市级财政下放给所在地财政，业务工作仍由闽东技校指导。闽东技校增挂福建省闽东职业技能学院牌子。全市技校招生1214人。

2002年，市委、市政府将下岗职工再就业作为为民办好10件实事之一，召开多场会议、下发多份文件部署落实，全市共为15491名下岗、失业人员进行技能培训并帮助就业。全市技校招生987人，其中闽东技校招生520人。当年省劳动保障厅正式下文取消闽东技校（总校）和各县（市）分校的隶属关系，闽东技校和县（市、区）分校分别属于独立的中职学校。闽东技校被教育部、劳动保障部、经贸委联合授予“全国职业教育先进单位”。

2003年，市委、市政府提出实施“16833”（从2003年开始，利用3年时间，帮助1万多名下岗失业人员再就业，社会各类培训6万人，城镇新增就业岗位8万个，为3900多名“4050”人员实施再就业援助，实现30万名城镇新成长劳动力，农村富余劳动力等社会各类人员就业或转移就业）就业工程，全市职业培训工作的重心逐渐转向农村劳动力就业培训。实行农村劳动力岗前培训、转业转岗培训、劳动预备制培训和职业资格证书制度相结合和多渠道、多形式培训与职业指导、信息服务相结合，落实就业准入制度，培训合格率明显提高。全市全年培训农村劳动力36536人次，帮助转移就业18955人。霞浦县启动农村青年就业培训工程，分批对全县18～26岁农村优秀青年劳动力进行职业技能培训，并由劳动保障部门帮助介绍就业。

2004年，市劳动部门组织实施“16833”就业工程就业前培训25680人，其中下岗、失业人员 7227 名、“4050”人员 3465 名，均超额完成计划培训任务。全市城镇登记失业率 4.3%，低于全省下达年度控制指标 0.2 个百分点。宁德市工业技术成人中专学校更名为福建省宁德理工职业技术学校。全市技校共招生 1600 人，其中闽东技校招生 1150 人。

2005 年，是市委、市政府实施“16833”就业工作计划的最后一年。闽东技校开展 ISO9000 质量标准体系，古田技校由该县劳动保障局划入该县教育局管理；寿宁技校并入寿宁职业中专，归该县教育局管理。各技校在生源严重减少的情况下，调整招生思路、根据市场需求灵活设置专业，开展联合办学方式等仍招到新生 1400 人，其中闽东技校招生 907 人。同时，许多学校还加大技能培训力度，协助劳动部门开办多种技术培训班，以及开展订单用人培训等。全市实施社会各类就业培训 3.2 万人次，超额完成培训计划。至年底，“16833”就业工程累计完成 10.3 万人，其中城镇下岗、失业人员培训就业 22539 人、“4050”人员培训就业 9197 人次。

第四节　职业技能鉴定

1993 年，宁德地区劳动部门贯彻国家劳动部颁布的《职业技能鉴定规定》，将技能等级鉴定工作推向制度化、规范化轨道。1994 年，地区劳动局成立职业技能鉴定指导中心和 6 个职业技能鉴定站，启动全区职业技能鉴定工作。1995 年，全区成立 13 个职业技能鉴定站和 2 个技能培训机构，全年鉴定 850 人次，涉及 6 个工种。组织 63 名技师的评聘工作，企业对有技师资格的人员实行聘用制，聘用期间享受相应的岗位技能工资和住房分配等方面的照顾。在全国统一组织开展的“全国技能月”活动中，全区共组织 2.7 万多名职工参加竞赛活动，竞赛工种 10 多个。1997 年，在全省开展的“劳动工作培训年”中，全区共鉴定技能 12300 人次，其中高级工 230 人次、技师 20 人次。1998 年，根据省劳动厅“巩固数量、提高质量、扩大范围、增加工种”的全省技能鉴定工作要求，全区技能鉴定 7733 人，涉及 15 个工种。其中高级工 330 人、技师 65 人。1999 年，技能鉴定 3633 人次，首次增加宁德传统工艺金银首饰技艺人员的技能鉴定，选送 2 名技师参加全国技能竞赛并获得好名次。

2000 年 3 月，国家劳动和社会保障部颁布《招用技术工种从业人员规定》，细化职业技能等级，强制要求有关从业人员上岗前必须取得相应职业资格证书，全区职业技能鉴定数量迅速增加，达到 5827 人。2002 年，开始在全市职业中专和技工学校中推行“双证”（毕业证和职业资格证）制度，扩大中职（技）学生参加技能鉴定数量。2003 年，宁德市在推行职业资格证书制度中，大力宣传并加大劳动技能鉴定工作。全市共完成鉴定 14441 人，完成年鉴定任务 115.50%。2004 年，全市技能鉴定 16313 人次，其中高级工 977 人，完成任务 130.51%，为历年工人技能鉴定最多的一年。是年，仅古田县就鉴定各类技工 1670 人次。

2005 年，宁德市职业技能鉴定完成人数再创新高，共鉴定 22110 人次，比上年增 34%。福安市根据重点产业发展需求，完成电器电机和船舶行业各类技工技能鉴定 40 多期的培训和 1600 多人的技能鉴定。古田县以实施“阳光工程”为龙头，由劳动、农办、库区移民局联合筹资 60 多万元，在 14 个乡镇举办 33 期以农业技能为主的培训鉴定班，2053 名农村劳动力取得职业技能鉴定并获得职业资格证书。

第五节　劳动监察

一、劳动合同签订监察

1993年，在全区普遍实行劳动合同制度。当年全区监证劳动合同6957份、监证率98%，及时纠正342份不合法、不完善合同。有49家新办企业、7292名职工实行集体劳动合同制度。1994年，全面推行劳动合同制度，全区凡具备条件的企业全部实行劳动合同制度，1018家企业与75659名职工签订劳动合同。1995年，贯彻实施《中华人民共和国劳动法》，全区将劳动合同制度推向各类经济组织。有1823家企业104574名职工签订劳动合同，有44家企业签订集体合同。1996年，全面实行企业劳动用工年审制度，对1227家企业进行年审，规范用工单位用工行为。并开始设立乡镇（街道）劳动调解委员会，开展劳动合同鉴证及纠纷处理工作。1997年，全区推行劳动合同制的各类企业已达2885家、职工13.15万人；签订集体合同企业384家、职工3.96人。1998年，全区以扩大私营、乡镇集体企业实行劳动合同为重点，继续巩固和推行劳动合同制度，实行企业4118家、职工12.66万人，其中私营企业1204家、职工1.34万人、乡镇集体企业1462家、职工4.22万人。1999年，全区开展企业用工签订劳动合同情况自查，使推行劳动合同制的各类企业增至12056家、签订合同职工16.93万人。其中城镇私营企业8063家、职工2.27万人，乡镇集体企业1514家、职工4.50万人。推行集体合同的企业704家、劳动部门审核登记生效的635家。2000年，全区推行劳动合同制的企业达1.4万家、职工18.03万人，签订集体合同企业738家。

2001年，根据外来流动劳动力较多的特点，地区劳动部门对全市非国有企业中的服务行业、建筑业以及个体工商户签订劳动合同和履行情况进行专项检查，共补签劳动合同1.15万份，下达整改指令书445份，处罚企业19人，罚款8.68万元。2002年，全市继续开展企业执行劳动合同制度情况检查，检查企业1892家、涉及劳动者4.27万人。对121个不按规定办理合同签订的企业予以行政处罚并补签劳动合同1.12万份。2004年，全市劳动部门共检查企业2725家、涉及劳动者6.32万人，督促补签劳动合同1.63万份。在4家企业开展工资集体协商试点，并公布16个职业（工种）劳动力工资价位标准，以指导22家企业实行内部工资协商。2005年，全市劳动部门加大监察力度，检查企业及事业单位2864家，涉及用工11.5万人，督促补签完善劳动合同3.76万份，进一步提高用人单位和劳动者双方签订劳动合同的自觉性。

二、劳动工资监察

（一）指导建立企业工资制度

1993年，区内国有企业继续实行工资总额与经济效益挂钩制度，企业工资总额随经济效益上下浮动，政府对企业工资实行宏观管理。是年，有120家国有企业实行工资总额与经济效益挂钩，涉及职工15199人。其他形式的企业工资则由劳动部门指导，企业自行确定工资方式。有17家企业实行岗位技能工资制度、有2家户企业实行比照三资企业的工资分配制度。1995年，在国有企业实行弹性工资总额计划，劳动部门在各类企业全面推行《工资基金总额使用手册》制度，以加强企业工资宏观调控。1996年，国有企业继续实行工效挂钩制度。其他新建和效益较差的企业，实行年度工资总额包干办法，全区企业工资包干总额达到2.01亿元。是年，部分国企推行企业经营者年薪制试点工作，由劳动、财政、审计、经委等部门共同组织对国有企业经营者经营业绩按责任、风险、效益相一致原则进行考核，以确定经营者年薪，调动企业经营者积极性，提高企业经济效益。全区共审批124家企业实行经营者年薪制，分别确定年薪为0.6万元至3.7万元。1998年开始，企业经营者年薪制考核工作由劳动部门转经委牵头实施。私营企业工资形式则灵活多样，有计件、基本工资加奖励工资等。

2000年，各级劳动部门提出以国有企业职工实际平均工资增长8%～11%为合理增长区间、14%为预警线。对生产经营困难、经济效益大幅度下降的企业，建议职工平均工资为零增长或负增长，但企业支付给提供正常劳动的职工工资不得低于国家规定的当地最低工资标准。2001年3月，市政府取消企业职工工资晋级、新成立企业工资标准、调动人员工资审批和企业加班工资的审批，由企业自行决定。6月，市政府取消国有企业工资总额使用计划审批，改为核准。从是年开始，政府又对企业工资全面实行宏观调控，企业通过行业自律深化内部分配制度，自行确定工资水平，但职工工资不得低于国家规定的当地最低工资标准。2002年，全市开展多形式企业工资制度试点。霞浦县华美机械配件有限公司开展工资集体协商制度，闽东电力股份有限公司实行奖励工资制度，宁德汽运集团公司实行岗位工资制度，周宁铁合金厂实行系数工资制度，霞浦第二自来水厂实行岗位技能工资制度等试点。2003年开始，宁德市各类企业工资制度基本趋同一致，即采取灵活多样的工资形式，以体现工种技术和强度不同、劳动者质和量各异为计酬主要标准。劳动部门对用人单位职工工资只从宏观上予以指导、监察，并将工作重点转到监督企业按时足额发放工人工资上。2004—2005年，全市共查处恶意拖欠工人（主要指农民工）工资行为300多起，为1.32万名农民工追回被拖欠工资2151.13万元。劳动部门深入企业，指导建立新型的工资分配制度，建立健全企业工资增长指导线制度，加强工资分类管理，测算并公布36个职位（工种）劳动力市场工资指导价位。在7家工资代表性企业开展工资集体协商试点。

（二）落实最低工资标准

1994年10月1日，宁德地区与全省同步实行最低工资保障制度，由地、县两级分别测算，经当地政府审核和地区行署同意后上报省政府审批公布实施，之后每年调整1次。对生产经营困难的企业，经劳动部门批准可暂不执行最低工资标准，可采取按最低工资标准的60%发给基本生活费，保障企业职工的基本生活。是年，省政府公布的最低工资标准：区内宁德市、福安市、福鼎县、霞浦县、古田县为190元/月，屏南县、周宁县、寿宁县、柘荣县为170元/人、月。从1995年开始，省政府基本每年都公布最低工资标准。宁德市（地）委按省政府公布的标准严格执行。2005年，蕉城区、福安、福鼎、霞浦、古田5县（市、区）的最低工资为350元/月，屏南、寿宁、周宁、柘荣等4县为320元/月。

1994—2005年宁德市（地区）企业最低月工资标准一览表

表42-8　　单位：元

执行时间	蕉城	古田	屏南	周宁	寿宁	福安	柘荣	福鼎	霞浦	文件依据
1994.10.1	190	190	170	170	170	190	170	190	190	闽政〔1994〕31号
1995.7.1	200	200	180	180	180	200	180	200	200	闽政〔1995〕23号
1996.7.1	210	210	185	185	185	210	185	210	210	闽政〔1996〕31号

续表 42-8

执行时间	蕉城	古田	屏南	周宁	寿宁	福安	柘荣	福鼎	霞浦	文件依据
1997.7.1	215	215	190	190	190	215	190	215	215	闽政〔1997〕21 号
1998.7.1	215	215	190	190	190	215	190	215	215	闽政〔1998〕19 号
1999.7.1	240	240	210	210	210	240	210	240	240	闽政〔1999〕148 号
2000.7.1	260	260	220	220	220	260	220	260	260	闽政〔2000〕10 号
2001.10.1	280	280	235	235	235	280	235	280	280	闽政〔2001〕37 号
2003.11.1	300	300	280	280	280	300	280	300	300	闽政〔2003〕19 号
2005.7.1	350	350	320	320	320	350	320	350	350	闽政〔2005〕12 号

（三）公布劳动力市场工资指导价位

2002 年，宁德市开始公布劳动力市场工资指导价位。劳动力市场工资指导价位反映劳动力市场主要工种（职位）以及企业各类人员的工资水平，分为高位数、中位数、低位数。其中工资指导价位的高位数一般适用于经济效益好的企业，中位数适用于多数生产经营正常的企业，低位数适用于经济效益差的企业。用人单位和劳动者可根据实际情况参考使用。是年，劳动部门公布企业经营者、会计、出纳等 13 个高、中、初级职位（工种）的高、中、低数的市场工资指导价位。之后，每年都公布当年劳动力市场工资指导价位。2005 年，宁德市劳动和社会保障局公布 73 个职业（工种）市场工资指导价位标准。

三、执法检查

1993 年，劳动部发布《劳动监察规定》，省政府颁布《福建省劳动监察暂行规定》，明确劳动部门履行劳动监察职责。6 月，地区劳动局组建劳动监察办公室，对全区 46 名专、兼职劳动监察员进行业务培训，并选送 14 名参加省劳动局组织的全省劳动监察业务培训，初步建立起劳动监察队伍。11 月，地区行署下发《关于认真实施〈福建省劳动监察暂行规定〉的通知》，全区劳动系统普遍开展宣传贯彻工作，并与公安、工会、工商行政管理、法院等部门共同开展劳动监察。是年，全区共发出劳动监察整改意见书 378 份、整改指令 83 份，清退童工 32 人，补缴养老保险费 35.97 万元，补缴待业保险费 12.69 万元，补缴临时工管理费 18.24 万元，补办劳务许可证 4224 人，为 490 人补发工资 6.53 万元。

1994 年开始，地区劳动局除将推行劳动合同制当作劳动监察的工作重点外，同时开展其他劳动关系问题监察，共发出整改意见书 3847 份，提出整改意见 1122 条、立案查处 6 件。1995 年，地区劳动局采取平时巡查举报与重点监察相结合办法，共监察各类企业 2653 户，发出整改意见书、通知书 1478 份，提出整改意见 3348 条，补缴保险费 1427 万元。1996 年，地区劳动局在全区开展 4 次劳动监察大检查，涉及企业 2728 户，发出整改指令书 1132 份，提出整改意见 2788 条、补交社保费 73 万元、清退童工 4 名、补发克扣职工工资 26 万元，处罚 4 家企业。1997 年，地区劳动局在理顺组织、人事、劳动 3 部门用工审批范围和职责分工的基础上，牵头开展《中华人民共和国劳动法》执行、养老保险费征收等 3 次全区性大检查，共检查 1210 家企业，补缴养老保险费 130 万元，立案查处 34 件。1998 年，地区劳动局重点对企业用工工资支付、民工流动就业、劳动用工、养老保险费征收等工作开展检查，共抽查 1786 家各类企业，清退童工 42 人，补发拖欠、克扣工资5万元，补缴社保费152万元，立案查处52件。1999年，地区劳动局将企业申报登记作为劳动监察重点，各级劳动与工商行政管理部门联合检查企业309家，督促办理登记企业241家、立案调查5起。清退童工3名，补办就业证卡1800人、清退风险抵押金9.34万元，补发拖欠工资1.24万元，补缴失业保险费162.02万元。2000年，全区劳动部门检查企业14036家，发现22家企业非法使用童工，对情节严重、多次不整改的企业予以处罚。查处拖欠职工工资32起，监督及时发还88.3万元。

2001年，市劳动局以建立和谐劳动关系为重点，开展劳动力市场清理整顿、劳动保障法规监督、打击非法使用童工行为和规范福宁高速公路工地用工行为等专项大检查。全市共检查用人单位1531家，发出整改指令书445份，行政处罚19家企业。是年，开始受理农民工欠薪投诉，全市受理投诉举报78起，结案73件，为农民工追回被拖欠工资68.52万元。2002年，市劳动局重点查处拖欠农民工工资案件113件，为1562名农民工追回被拖欠工资160.77万元；检查职业介绍机构32家，取缔非法职业介绍机构18家。2003年，全市劳动保障、工商行政管理、公安、建设、工会、妇联等部门先后7次联合开展劳动力市场清理整顿、执行就业准入制度、建筑行业用工、拖欠农民工工资等专项检查。是年，全市共检查用工单位1442家，涉及职工3.49万人，受理农民工投诉211件，为3990名农民工追回被拖欠的工资629.2万元。2004年，发动全市600多家企业参加面向社会承诺按时足额发放工资活动。参与协调处理农民工集体上访42起733人。2005年，全市相继开展规范劳动力市场秩序，清理企业拖欠农民工工资、执行劳动保障法律法规、禁止使用童工等专项执法检查，及时纠正用工单位违反劳动保障法律法规行为。共检查用工单位2864家，涉及职工11.5万人，纠正用工单位违反劳动用工行为500多件，取缔非法职业中介机构31家，清退童工8人。市劳动局组织开展劳动保障守法诚信用工单位评选，在劳动力密集企业和公共场所订挂“企业职工维权投诉卡”，在新闻媒体公布投诉电话，受理农民工投诉举报，查处恶意拖欠克扣农民工工资行为。受理农民工投诉391起，为6000多名农民工追回被克扣拖欠工资535万元，配合建设部门清理建筑企业历年拖欠农民工工资4300多万元，加强劳动关系三方协调机制，工业园区或产业集聚区，发挥劳动法律法规监督员和行业协会作用，加强用工单位守法宣传与监督，努力营造和谐劳动关系氛围。督促国有企业妥善解决欠发下岗职工经济补偿金问题，从省里争取经济补偿金补助375万元，解决1265名下岗职工欠发经济补偿金问题。

第六节　劳动争议仲裁

1993年，全区各级劳动部门贯彻《中华人民共和国企业劳动争议处理条例》国家劳动部《劳动争议仲裁委员会组织规则》《劳动争议仲裁委员会办案规则》和《企业劳动争议调解委员会办案组织及工作规则》，劳动争议仲裁制度进行重大改革。全区普遍推行仲裁员、仲裁庭制度，共建立劳动争议委员会10个，下设办公室为办事机构，负责处理劳动争议日常事务。全区配备专、兼职劳动仲裁员13人，是年，受理劳动争议22件、结案21件。1994年，全区共聘任69名专、兼职劳动仲裁员，举办企业调委会成员培训班14期，受训630人。地区和大多数县（市）成立劳动争议突发事件的应急领导小组，制定处理集体上访、罢工事件预案制度。1996年，劳动部门在乡镇（街道）逐步建立劳动争议调解制度。全区乡镇（街道）劳动争议调解委员会调解劳动争议 38 件。1997 年，组织开展劳动争议处理制度恢复 10 周年纪念活动。地区仲裁办采用巡回授课的形式举办 9 期兼职仲裁员、调解员培训班，培训并聘任 329 名专、兼职仲裁员。全区受理劳动争议 32 件，裁决 9 件，调解 20 件，其他方式处理 3 件，乡镇（街道）调解委员会调解劳动争议 32 件。1998 年，区内劳动争议处理工作主要围绕服务国有企业改革，工作关口前移，提前介入企业劳动争议，指导企业依法依规分流安置职工，协调制定职工安置方案，劳动部门积极做好劳动争议的预防和调解，建立健全仲裁监督和评查制度。同时加快乡镇（街道）建立劳动争议调解委员会工作。1999 年，全区共有 113 个乡镇（街道）建立劳动争议调解委员会，占全区乡镇（街道）总数的 93%。

2001 年，全市劳动争议仲裁机构为 600 多人次来访人员提供政策咨询，为 60 多家国有企业改革提供政策咨询和指导，案外案前调解劳动争议案件 86 件，劳动争议发生率保持全省最低。是年，福安市成功处理荣冠鞋业有限公司 120 名职工与企业劳动争议案，裁决企业应为职工补缴社会保险费 120 多万元。2002 年，市劳动部门按照关口前移、提高服务质量的要求，建立仲裁监督和评查制度，做好劳动争议的预防和调解，切实维护劳动者合法权益。全市处理劳动争议案 276 件，比上年增长 57.7%，涉及劳动者 929 人，涉案经济标的 585.76 万元，除 128 件案件调解外，共立案受理 148 件，比增 66.3%，全市审结、结案率 100%。其中裁决 71 件、调解 63 件、其他方式处理 14 件。集体争议案 25 件，涉及劳动者 783 人，比增 213%。2003 年，继续采取处理与预防并重、调解与裁决结合的办法，进一步规范依法办案，采取多种措施预防劳动争议的发生，将矛盾化解在基层和萌芽状态，全市没有发生突发性群体罢工、怠工事件。处理劳动争议案 292 件，涉及职工 477 人。其中立案处理 161 件，调解 131 件，结案 291 件，结案率达 99.6%。福安市受理劳动争议 79 起，居全市之首。2004 年，市劳动部门为 87 家企业改革改制提供政策指导，进一步规范依法办案，及时处理劳动争议，加强劳动争议标准仲裁庭建设，共处理劳动争议 304 件（其中立案处理 156 件、案外调解 148 件）、涉及职工 546 人，结案率 98.7%。其中集体争议 151 件，比上年下降 16.7%，涉及职工 196 人。严格依法审查劳动合同 9200 份，纠正违法无效合同 88 份。不断加强劳动争议队伍建设，规范内部管理，市本级和古田、霞浦、周宁县建成仲裁庭。2005 年，继续实行“处防并重、调裁结合”的方针、工作关口前移，全市劳动部门规范依法办案，及时处理劳动争议。处理劳动争议 343 件，涉案职工 986 人，结案率 97.7%。其中立案处理 171 件、案外调解 172 件。市本级、福安、周宁、屏南仲裁庭经省劳动保障厅验收达标受到表彰，宁德市劳动争议仲裁委员会被省劳动保障厅授予“全省先进仲裁委”称号。

第七节　社会保险

一、职工基本养老保险

（一）企业职工基本养老保险

1993 年，全区有 1830 家企业、75295 名职工参加企业基本养老保险社会统筹，征收养老保险费 3038 万元，为 14545 名统筹企业离退休人员支付基本养老金 3124 万元，月人均基本养老金 179.03 元。1996 年，各级劳动保障部门贯彻省政府制定的《福建省企业职工养老保险制度改革方案》，扩大职工养老保险省级统筹覆盖范围，企业养老保险基金实行“核定基数、定额缴拨、超收分成、超支共担”的省、地（市）两级管理体制。并从1月起，按照省政府《关于集体企业职工养老保险由人民保险公司移交给社会劳动保险机构统一管理的通知》精神，全区接收在人民保险公司参加养老保险的33家集体企业3604名职工和1080名退休人员，纳入省级养老保险统筹。是年全区非国有企业职工养老保险也并入省级统筹。1998年，开始执行省人大常委会颁布的《福建省城镇企业职工基本养老保险条例》，企业按全部职工工资总额的20%缴纳基本养老保险费，并从是年起每两年降低1个百分点，直至占职工工资总额的18%。职工个人按月工资总额的5%缴纳，从是年起每两年提高1个百分点，直至个人工资总额的8%。城镇个体劳动者按本人缴费基数的25%缴纳。职工建立基本养老保险个人账户、并将职工本人缴费基数的8%调整为11%。7月1日起，执行省政府办公厅关于《福建省华侨农场职工养老保险实施方案》，将宁德东湖塘华侨农场783名职工和382名离退休人员纳入全省企业养老保险，实行由基本养老保险统筹和农场补充养老保险相结合的过渡办法。

2000年，社会保险费实行收支两条线管理，由各级地方税务部门负责征收。根据省劳动和社会保障厅、地方税务局《关于社会保险费征收移交地方税务机关有关问题的通知》精神，全区社保经办机构征收养老保险费至2000年12月31日。从2001年1月1日起全部移交各级地方税务机关统一征收。2001年，全市加强企业职工养老保险管理规范化、数据信息化建设。建立社会基本养老保险信息管理系统，参保企业及其职工信息数据库，实现社会基本养老保险业务管理由手工操作转为电子信息化管理模式。2002年，根据《福建省基本养老保险费代收代缴窗口业务管理暂行办法》规定，在社会保险经办机构开设专门窗口，方便下岗失业人员继续参保缴费，并扩大企业基本养老保险参保范围，将有本地城镇户口、年满16周岁以上、男性未满60周岁、女性不满55周岁的灵活就业人员纳入城镇职工基本养老保险参保范围。2003年，开展“两个确认”工作，即对参加基本养老保险的企业职工1989年至1995年缴费工资和视同缴费年限开展确认工作。2004年，全市有4416家企业101281名职工参加养老保险，征缴养老保险费14662万元，完成年任务的108.6%；为28623名企业离退休人员支付养老金15936.8万元，月人均474.3元。为3466人实行社会保险补贴248.9万元。企业退休人员社会化管理服务取得新进展，全市已实行社会化管理服务退休人员25844人，管理服务率92%，其中进入社区管理18091人，占70%。认真做好参保职工缴费工资和视同缴费年限确认，全市已确认91271人，占应确认的97.8%，强化信息管理系统建设，规范基础数据报送，开通社会保险网站，全市提前1个月完成86461人个人账户对账单的打印发放。加大基金稽核和冒领养老金追查力度，全市稽核1267户企业49175人，查出少报缴费基数1383万元，少缴保费360万元，67人冒领养老金7万元全部追回。规范提前退休审核审批，共审核特殊工种和因病提前退休339人，核准279人，合格率82.3%。2005年，全市扩大非公有制经济组织参保覆盖面，提高基金征缴率，规范社会化发放程序，确保企业离退休人员基本老养金100%按时足额社会化发放。是年，全市已有106667名职工参加养老保险，征缴养老保险费1.72亿元，完成年任务102.6%。为30588名企业离退休人员支付基金养老金1.81亿元，月人均511元。春节前，为25850名企业退休人员增发养老金，月人均增发33元，共增发551万元。为236名企业退休军转干部调整专项生活补贴，月调整2.2万元。进一步规范社区劳动保险工作平台建设，建立健全各项制度和操作程序，推动企业退休人员社会化管理服务新进展。全市已实行社会化管理服务企业退休人员29187人，管理服务率97%，其中进入社区管理24809人，占85%。加快企业社会保险业务网上申报系统推广应用，有539家参保企业开展网上申报业务。

1993—2005 年宁德市（地区）企业职工养老保险基本情况统计表

表 42-9

年份	参保企业数（含个体工户）	参保职工人数（含灵活就业员）	月人均缴费数（元）	征收养老基金（万元）	发放职工人数	支付养老金（万元）	月人均养老金（元）
1993	1830	75295	149	3038	14545	3124.77	179.03
1994	1257	72599	164	3365.24	14893	3432.98	185.10
1995	1106	59966	208	5071.58	14804	5347.66	213
1996	1256	62759	219	5363.04	16890	5231.21	253
1997	1267	64363	246	6447.36	18032	6016.29	278
1998	1229	65564	263	7194.70	19573	6477.22	284.60
1999	1571	69047	277	8599.25	21074	7694.67	303.53
2000	2165	72425	313	11059.77	22462	9125.15	346
2001	3577	82183	429	10148.34	23625	9992.42	356
2002	4048	86577	515	11093.95	24934	13587.74	434
2003	4126	89477	546	12726.13	26612	14345.37	455
2004	4416	101281	589	14798.38	28623	15936.78	482
2005	4745	106667	611	17368.43	30588	18764.47	511

（二）机关事业单位职工基本养老保险

1992 年，柘荣县作为人事部在福建省率先进行机关事业单位工作人员养老保险制度改革试点单位，从是年开始在国家行政机关中“六种人”（机关事业单位合同制工人，聘用制干部，自收自支、差额补助、企业化管理事业单位工作人员，非全民所有制事业单位工作人员，人事、工资关系挂靠在国家机关、事业单位，人事档案寄存在人才交流服务机构具有国家干部身份的人员，以及其他执行国家机关事业单位工资制度单位的工作人员）和事业单位全体干部、职工中试行。1993 年 4 月，为推广人事部在柘荣县试点机关、事业单位人员基本养老保险工作经验，地区行署召开专员办公会议，提出一“搭架”（成立机构），二“抓点”选择退休干部社会化管理验收合格的县、市先行推开的实施步骤。7 月，霞浦县率先出台机关事业单位养老保险制度改革实施方案。9 月，地直本级出台实施方案，并按照先易后难、逐步推开的原则从合同制工人入手先行在“六种对象”人员的养老保险试点。

1994 年 1 月，《福建省机关事业单位工作人员退休养老保险暂行规定》发布后，全区其他县（市）也相继开展这项工作。是年 10 月，柘荣县代表福建省出席在江苏镇江召开的全国机关事业单位社会保险工作会议，并作试点典型发言。1995 年 8 月，古田县政府出台实施方案。至此，全区机关事业单位社保工作全面展开。养老金的征缴比例财政、单位按工资总额的 25% 缴纳（其中市直部分单位按 21% 缴纳），个人按工资总额的 2% 缴纳。至是年末，全区有 23259 名机关事业单位职工参加基本养老保险，征缴基本养老保险费 1854 万元；有 1802 名人员享受基本养老金待遇。

1997 年开始，宁德市机关社保从“六种人”过渡到全员投保并实行养老金社会化发放。1998 年投保单位达 1660 个、参保人数 31306 人、基金收入 7036.52 万元，5151 名退休人员社会化领取退休金、支出退休金 5814.16 万元，基金收支累积结存 1222.36 万元。1999 年，地区人事局建立机关事业单位退休人员数据库，全区投保单位增至1711个、人数32513人、收取基金7071万元，支付机关事业单位离退休人数5959人、支出5610万元。其中地直参保单位200个、人数5305人、吸取基金1473.7万元，领取人数1115人、支出基金1059.9万元，节余413.85万元。截至2000年12月，全区向机关社保投保的单位有1733个（其中机关439个、全额拨款事业单位572个、差额拨款事业单位211个、自收自支事业单位454个、企业化管理事业单位9个、参照机关工改单位44个、其他单位4个），参保人数33269人（其中国家事业单位干部15650人、聘用干部2987人、固定职工4571人、合同制工人7364人、集体工2455人、临时工128人、人事代管人员114人），占机关事业单位在职工总人数的39.5%；由机关社保公司支付离退休养老金的人数6321人（其中离休185人、退休6089人、退职47人），占机关事业单位离退休总人数的31%；全市共滚存积累养老基金8181万元。其中市直投保单位203个、投保人数5287人，支付离退休养老金人数1197人，滚存积累养老基金1715万元。

2001年，根据省政府办公厅《关于转发福建省劳动和社会保障厅等部门〈关于全省机关事业和农村社会保险机构划转等问题的通知〉》精神，市长办公会议议定全市机关事业单位社会保险公司移交劳动部门管理。同年4月30日，市本级机关事业单位社会保险经办机构、职能、编制、人员和资产由市人事局划转市劳动和社会保障局管理，各县（市、区）也继续开始移交。

2002年，由于全市推行公务员制度，全额拨款的机关、事业单位干部退出机关社保，仅限在机关、事业单位“六种人”中执行。市政府相继出台文件，统一全市参保对象，缴费基数、缴费比例、补缴缓缴等政策口径，建立养老保险个人账户，制定过渡衔接办法。全市机关事业单位养老保险形成以县级为单位分级统筹，缴费比例单位按工资总额的25%、个人按工资总额的8%缴纳，参保人员退休由人事部门审批，执行国家有关退休待遇标准的政策，机关事业单位养老保险移交劳动和社会保障部门管理。2003年，全市参保单位1733个，参保“六种人”及非“参公”事业单位（下同）职工30463人，征收保费10782万元，完成年任务112.2%。为7031名离退休人员支付养老金8453万元，月人均1024元。进一步规范政策和强化业务管理，全市已有8个县（市、区）基本统一政策，使全市机关事业单位养老保险政策得到规范完善。

2004年，全市各级劳动和社会保障部门坚持“立足征收、确保发放、严管基金、强化核查”工作原则，强化目标责任，加大稽查清欠，不断提高基金征缴率，确保养老金按时足额发放。全市参保机关事业单位1856个，参保职工32215人，征收机关事业养老保险费12142万元，完成年任务117.4%。为7501名机关事业单位离退休人员发放养老金9435万元，月人均1113元。全市清欠历年保费1485万元，其中福鼎市415万元，周宁县257万元。市政府批转市劳动和社会保障局、财政局《关于宁德市机关事业单位养老保险政策有关问题处理意见的通知》统一规范全市机关事业单位养老保险政策。

2005年，全市继续强化机关事业单位养老保险扩面征缴，建立征缴工作目标责任，重点扩大非在编人员和档案寄存人员参保面，加大清欠和稽核力度，超额完成全年养老保险费征缴任务，确保参加人员基本养老金按时足额发放。全市参加机关事业单位养老保险职工40776人，征缴养老保险费1.51亿元，完成年任务131%。为9573名机关事业单位离退休人员支付基本养老保险金1.16亿元，月人均1178元。其中全市非在编人员和档案寄存人员参保2408人，清欠养老保险费1049万元。福鼎市实行全员参保后参保人员增加8536人。柘荣县和蕉城区在全市率先实现机关事业单位离退休人员基本养老金社会化发放试点。全市养老基金累计积余1.70亿元。

1993—2005 年宁德市（地区）机关事业单位养老保险基本情况统计表

表 42-10　　单位：万元

年份	参保人数	退休人数	基金收入	滚存积累
1993—1994	17296	860	890	471
1995	23259	1802	1854	1426
1996	26694	2424	2771	2708
1997	34689	3940	4280	3742
1998	31306	5151	7037	4886
1999	32513	5950	7072	6447
2000	33269	6321	7973	8181
2001	34308	6622	9000	9425
2002	34487	7224	10419	9518
2003	30463	7046	10994	11530
2004	32215	7500	12432	13966
2005	40776	9573	15487	17023

说明：1. 1998 年，福安市国家机关全额拨款事业单位部分人员经批准退保
2. 2003 年，因推行国家行政机关公务员制度，全市行政机关和部分事业参照公务员制度单位人员全部退出保险

二、农村社会养老保险

1993 年 1 月，成立地、县（市）农村社会保险公司和乡（镇）农村社会保险管理所，其性质为事业单位，实行企业化管理，经费自收自支。1994 年，全区 9 个县（市）先后开展农村社会养老保险，参保农民 4 万多人，收取保费累计 580 万元，保费收取跃居全省 9 地（市）第三位。1996 年，扩大业务范围，增加普通农民、村干部、乡镇企业职工、农村计生对象、民办教师、义务兵、残疾人、50 岁以上老年农民等险种。1997 年，全区所有乡镇均开展农村养老保险业务，有 10 万多名农民参保，是年收取保费 702 万元。1998 年，全区农村养老保险工作依照在政府机构改革期间“工作不断、思想不乱、队伍不散、档案不丢、基金和国有资产不流失”的工作方针，继续巩固以义务兵、村干、乡镇企业职工、幼儿教师和农村计生对象为主体的投保工作。1999 年，对全区农村社会养老保险进行清理整顿，并一律停止接收新业务。同时对退保人数、金额逐一审核，保证退保情况及时准确。

2001 年 4 月，市农村社会保险公司从市民政局划转市劳动局管理。年底，除柘荣县外 8 县（市、区）农村社会保险公司逐步完成移交。2001—2004 年，农保工作属于清理整顿时期，按照“保持现状、管好基金”的要求，坚持各项政策的稳定性和连贯性，清理外借基金和“空账”“倒算”，继续做好农村籍义务兵、农村计生二女结扎对象、村干部的续保工作，大量不规范险种实行退保。4 年中，全市共收取农村养老保险费 805.56 万元，累计参加农村养老保险 12.31 万人。2005 年，福鼎市作为全省 13 个县级试点单位之一，在全市率先开展农村社会养老保险新办法的试点，当地农村居民踊跃参保。是年该市征收新保险保费 121 万元，居全省县级市第 4 名。

三、失业（待业）保险

1993 年，全区开始执行 1992 年省政府颁布的《福建省企业职工待业保险暂行规定》，扩大企业参保范围。是年，全区参加待业保险的单位 1179 个，参保职工 72967 人，收缴待业保险费 188.06 万元，正常享受待业救济 170 人，发放救济金 9.86 万元。同时做好扩大救济金发放工作，全年共为 12 家困难企业的 684 名待业职工发放救济金 34.44 万元。1997 年,《福建省失业保险条例》颁发，待业保险改称失业保险。是年全区有 994 家企业 67740 名职工参加失业保险，征收保费 246.15 万元。

1998 年，执行省人大常委会《关于提高企业职工失业保险费征收比例的决定》规定：企业按其参加失业保险的全体职工月工资总额的 2%、职工个人按其月工资总额的 1% 缴纳失业保险费。是年，全区失业保险基金实行“地区统筹、分级负责”的管理办法，将是年征收的失业保险金划出 60%，以各县（市）上缴的基数为比例分配各县（市）使用，其余 40% 由地区统筹调剂。全区征收失业保险费 956.05 万元，发放 937.08 万元，并调剂部分失业金用作下岗职工基本生活保障资金，保证进入“再就业服务中心”已签订协议的下岗职工都能领到基本生活保障金。

1999 年，全区劳动部门贯彻落实国务院颁布的《失业保险条例》《社会保险费征缴暂行条例》，全力投入失业保险扩面攻坚战。积极做好失业人员失业金提高待遇工作，全区有 1126 名失业人员提高失业金待遇，月人均提高 51 元。2000 年 9 月，地区行署批转地区劳动局、财政局《关于事业单位参加失业保险有关问题的实施意见的通知》，对地属事业单位参加失业保险经费渠道做出明确规定。

2001 年起，失业保险费改由地方税务机关征收，形成税务征收、财政部门监管、社会保险经办机构审核发放失业金的管理模式。2002 年，市劳动和社会保障局积极配合地方税务部门加强失业保险扩面征缴，认真做好全年失业金发放的预算，掌握基金承受能力，加强基础管理，不断健全缴费凭证制度，确保失业金的按时足额发放。全市有 11.09 万名职工参加失业保险，征收保费 1429.45 万元，完成年任务 102.1%，为 5565 名失业人员发放失业金及医疗补助费 909.02 万元，切实保障失业人员基本生活。2003 年，全市加强失业保险扩面征缴，健全缴费凭证制度，完善失业金申领发放基础性工作，做好各时期失业金发放的预测分析，掌握基金承受能力，确保失业金按时足额发放。全市有 10.63 万名职工参加失业保险，征收保费 1653.96 万元，完成年任务 101.5%。累计为 10115 名失业人员发放失业金及医疗补助费 1613.08 万元。2004 年，市、县劳动和社会保险部门加强协作，强化扩面征缴，建立健全缴费凭证制度，进一步完善失业金申领发放基础性工作，及时做好各时间失业金发放的收支预测分析，确保失业金的按时足额发放到位。全市有 10.49 万名职工参加失业保险，征收失业保险金 1627 万元，为 1.2 万名失业人员支付失业金 2738 万元。

2005 年，市政府改变失业保险管理体制，下发《宁德市人民政府关于加强我市失业保险基金管理工作的通知》，实行“市级统筹、统一管理、分级负责、适当调剂”的管理机制，增强县（市、区）失业保险费征缴责任意识。是年，从省争取失业补助金 900 万元，保证全市失业金的正常发放。全市有 10.70 万名职工参加失业保险，收费 2097 万元，为 11283 名工业人员发放 1959 万元失业保险金。截至年底，全市参加失业保险的企业面已达 92%，参保总人数 104.42 万人，共征收保费 1.16 亿元。发放人数 4.79 万人、发放金额 9416.50 万元。

1993—2005 年宁德市（地区）失业（待业）保险基本情况统计表

表 42-11　　单位：人、万元

年份	参保人数	征收保费	发放人数	发放金额
1993	72967	188.06	170	9.86
1994	75017	216.10	100	100.10
1995	76180	237.18	—	69.00
1996	—	258.00	—	—
1997	67740	246.15	—	—
1998	66365	357.00	1076	125.00
1999	72962	545.15	1266	253.43
2000	74461	774.11	2625	415.66
2001	109523	1386.00	3738	704.00
2002	110900	1429.45	5565	1429.45
2003	106258	1654.00	10115	1613.00
2004	104866	1627.00	12000	2738.00
2005	106989	2097.00	11283	1959.00
总计	1044228	11015.20	47938	9416.50

说明：此表部分空缺为市劳动与社会保障部门原提供资料所缺

四、企业工伤保险

1993 年，地区行署批转劳动局等部门提出的《宁德地区企业职工工伤保险暂行办法补充规定》，进一步完善工伤保险和评残办法，规范工伤待遇审核程序。全区有 71892 名企业职工参加工伤保险，征缴工伤保险费 87.15 万元，受理工伤事故保险案例 82 起 86 人，支付工伤金 39.45 万元。开展工伤保险后，当年全区企业工伤事故下降 50%。1995 年，地区行署根据省政府《福建省企业职工工伤保险试行规定》，将工伤保险参保范围扩大到境内所有企业和实行企业化管理的事业单位。工伤保险制度实现全省统一、基金实行地（市）统筹、按一定比例上解省调剂金，费率根据行业事故频率实行差别费率制、标准为 0.5% ~ 1.5% 之间，每两年调整一次。工伤待遇的支付，经县以上劳动鉴定委员会认定为工伤或经职业病防治机构确诊为职业病的，由企业向当地社保经办机构申报，经审核后按全省统一标准支付。全区参保人数 64817 人、征收保费 147.87 万元，发放 112 人、支付金额 46.16 万元。1996 年，全区有 1159 户企业的 63701 名职工参加工伤保险，征收保费 164.14 万元。62 名得到工伤保险待遇、支付 116.22 万元，是历年支付额最高年份。此后几年，区内参加工伤保险企业、人数、收缴保险费及理赔金基本保持稳定。2000 年，全区企业发生工伤事故 11 起，死亡 8 人、重伤 3 人，较上年分别下降 21.41%、38.46% 和 62.50%，但理赔金额却有所上升。

2001 年，由于企业加强安全生产管理工作，全市企业工伤事故明显下降，工伤保费支出仅 67.64 万元，为历年最低。2002—2003 年，加强征收管理，保费收入有较大幅增加。2002 年为 203.50 万元，2003 年高达 274.11 万元。工伤事故保持近年正常状况，2002 年支出工伤理赔金 67.64 万元，2003 年较多达 108.19 万元。2004 年，国务院颁发《工伤保险条例》，全市开展宣传贯彻。市政府下发《宁德市人民政府关于企业工伤保险有关问题的通知》，进一步完善工伤保险政策。工伤保险基金继续由设区市统筹，采取“统一政策、分级负责、核定收支、余缺调剂”的管理办法。工伤保险费率按宁德市劳动保障局、财政局、卫生局、安监局联合出台的《关于宁德市用人单位工伤保险费率问题的通知》规定，基准费率调为0.5%～2%之间，每两年可上下浮动。因工（公）死亡职工，一次性工死亡补助金标准调整为48个月的全市上年度职工月平均工资。2005年，全市参加工伤保险的企业面达92%，参加人数7.7万人，征收保费488万元，享受人数556人、支付金额252万元，4项指标均为新高。同时，严格工伤认定程序，完善劳动能力鉴定办法，对27起工伤申请案例进行复议，避免误定误赔。

1993—2005年宁德市（地区）工伤保险基本情况统计表

表42-12　　单位：人、万元

年份	参保人数	征收保费	享受人数	支付金额
1993	71892	87.15	86	39.45
1994	76278	104.42	43	29.77
1995	64817	147.87	112	46.16
1996	63701	164.14	62	116.22
1997	62190	189.26	96	73.29
1998	59639	190.34	76	76.12
1999	58258	177.58	112	73.19
2000	56901	201.56	85	83.92
2001	56933	203.57	82	67.64
2002	54706	274.11	82	108.19
2003	51752	263	261	115
2004	70120	325	254	151
2005	77000	488	556	252

五、生育保险

1993年年初，霞浦县、寿宁县相继开展企业生育保险试点。8月，地区行署批转地区劳动局、财政局、妇联、工会、计生委制定的《宁德地区企业职工生育保险社会统筹暂行办法》，从10月1日起在全区全面实行企业生育保险，统一建立生育保险基金。该办法规定女职工产假期间，工资及按一定标准包干的医疗费由生育保险基金支付。是年，全区有974家企业59822名职工参加生育保险，征收生育保险费35.11万元，为96名生育对象支付生育金12.65万元。1995年2月，地区行署下发《关于修改〈宁德地区企业职工生育保险社会统筹暂行办法〉的通知》，适当提高生育保险待遇。人均支付金额从上年的人均872.16元增至997.81元。1996年，宁德地区开始施行《福建省企业职工生育保险规定》。企业按其职工工资总额的0.7%按月向当地社保经办机构缴纳生育保险费，女职工符合计划生育规定生育的，产假期间工资及按一定标准包干的医疗费由生育保险基金支付。1997年4月，地区行署下发《关于企业职工生育保险有关问题的通知》，适当提高生育医疗费定额包干标准。2000年，全区在生育保险参保企业和人数有所下降的情况下，加强征收力度，完成年任务 122.21%、收缴保费 158.88 万元，享受生育保险人数及支付额也相应增多，分别为 572 人和 126.55 万元，为历年最高。此后几年，全市企业参加生育保险单位和人数基本保持稳定，支付状况也比较正常。2003 年，全市适当提高生育津贴、完善支付办法。2005 年，全市执行省人大常委会通过《福建省企业女职工劳动保护条例》，保障职业生育权益、扩大生育保险覆盖面。全市有 53859 名女职工参加生育保险，比上年扩面 2.7%，征收保费 228 万元、比年增收 18.13%。支付 447 名生育女职工生育保险费用 155 万元。

1993—2005 年宁德市（地区）生育保险基本情况统计表

表 42-13　　单位：家、人、万元

年份	参保单位	参保人数	征收保费	享受人数	发放金额
1993	974	59822	35.11	96	12.65
1994	1208	75244	82.28	291	25.38
1995	1144	63841	124.41	548	54.68
1996	1146	61452	139.9	641	88.72
1997	1124	60854	151.24	379	73.59
1998	1095	58749	145.81	467	76.54
1999	1149	57585	137	449	87.61
2000	1103	55677	158.88	572	126.55
2001	1049	55713	149.47	513	113.63
2002	1197	52324	167.39	440	115.62
2003	1065	47961	168	411	123
2004	1067	52461	193	458	141
2005	—	53859	228	447	155

六、城镇职工基本医疗保险

1993—1995 年，区内城镇国有企业职工医疗根据企业的经营收入情况，采取各自不同的医疗方法。有按工龄或年龄分段包干，每月医疗费随工资发给职工、治疗费自理，有按住院医疗费全报销、门诊诊治费包干使用，也有的按单位、个人依比例报销等办法。城镇集体企业实行职工医疗费报销的不多，企业能报销的支付额也十分有限。1996 年 4 月，福安市在全区率先开展企业职工基本医疗保险试点，50 家企业的 5717 名职工参加医疗保险，共征收医疗保险费 97.93 万元，为 2800 多名病患者支付医疗费用 58.63 万元。1999 年 5 月，根据省政府贯彻国务院《关于建立城镇职工基本医疗保险制度的决定的通知》精神，全区各级政府将机关事业单位干部职工公费医疗和企业职工劳保医疗制度改革工作全部划归劳动部门管理并成立医改工作领导小组，从劳动、财政、卫生等部门抽调专人组成医改办公室，开展统一职工医疗保险制度的医改前期各项准备工作。6 月，行署召开全区医疗保险制度改革工作会议，8 月，全区普遍开展调查测算，共抽样调查 1000 多家机关、企事业单位 8 万多名职工和离退休人员的 3 年工资总额、医疗费用总额等 50 多个项目、上万个数据，为制定医改方案提供准确数据。医改办公室还结合实际，制定《宁德地区城镇职工基本医疗保险实施方案》，经地委、行署办公会议审议通过后上报福建省政府批准。2000年5月，省政府批准《宁德地区城镇职工基本医疗保险实施方案》。地区劳动、财政、卫生等部门制定《宁德地区城镇职工基本医疗保险门诊特殊病种和治疗项目管理暂行办法》等5个配套文件，对首批参保单位和人员进行参保登记、采集有关数据，对基金存储银行和医保计算机系统开发运用等进行前期准备工作。

2001年1月，全市全面启动城镇职工基本医疗保险制度改革，原享受公费医疗人员全部转入参加医疗保险。至年底，市直和9个县（市、区）已参保机关企事业单位1870个、职工10.47万人，其中在职职工82775人、退休人员21924人。征缴保费4242.31万元，支付参保人员住院医疗费1337.91万元、普通门诊医疗费1673.81万元、特殊门诊和治疗项目医疗费64.96万元，收支相抵结余1165.63万元，运行较平稳，新旧制度顺利接轨。6月，市政府出台《宁德市市直机关、事业单位实行国家公务员医疗补助暂行办法》，公务员和全额拨款事业单位工作人员及其退休人员享受公务员医疗补助、并相继制定门诊特殊病种和治疗项目管理、商业补充医疗保险等配套办法，完善医疗管理制度。通过政府招投标确定太平洋人寿保险公司宁德分公司为第一轮机关、事业单位人员商业补充医疗保险承保单位。

2002年，全市医疗保险工作扩大到中央驻宁单位和效益较好国有企业。7月1日，全市医疗保险网络系统建设启动，年底全市实现联网。市直相关部门联合制定基本医疗保险支付部分费用诊疗项目、药品使用管理暂行办法和企业补充医疗保险指导意见等6个配套文件，并调整2002—2003年统筹基金最高支付限额。对全市134家医保定点医院资格进行认定，解决正高级专业技术人员和中小学特级教师享受医疗保险待遇问题，开通医保政策咨询和个人账户语音查询服务系统。

2003年1月，市政府出台《宁德市城镇企业及其职工参加基本医疗保险若干问题的意见》，重点解决关闭、破产和困难企业职工参保问题。2月，市劳动和社会保障局转发《福建省城镇灵活就业人员参加基本医疗保险指导意见的通知》，将未达到法定退休年龄的灵活就业人员，从事非全日制、临时性、季节性和自谋职业者纳入城镇职工基本医疗保险范畴。完善医疗保险网络建设，全市医保网络已连接106家定点医院、18家定点药店，医保IC支付卡发放13.26万张，实现市、县、乡三级联网。2004年11月，市政府下发《关于宁德市城镇企业及其职工参加基本医疗保险若干问题的意见的补充通知》，进一步规范参加关闭破产企业参加医疗保险问题。通过市政府采购确定泰康人寿保险股份公司承保全市第二轮商业补充医疗保险，每人每年投保费60元。

2005年，原在市医保中心托管的市直离休干部、“5·12”干部以及部分特殊群体人员的医疗费用，转到市直单位离休干部离休费医药费管理中心管理。对省级以上退休劳模、困难企业军转干部、劳务派遣人员参加医保作出具体规定，调整医保诊疗项目和药品目录，并从9月1日起实行新的诊疗项目，可报销医保诊疗项目扩大到3231项。10月1日起，全市实行新的药品目录，医保可报药品增加到2075种，增加近900种。调整部分药品和诊疗项目个人自付比例，减轻参保人员的负担。是年，全市参加城镇职工医疗保险人员15.04万人，收缴保费1.61亿元，支付医疗费1.40亿元，收支相抵结余0.21亿元，5年累计结余1.06亿元。全市城镇职工医疗保障制度基本建成并稳步入轨运用。

2001—2005 年宁德市城镇职工医疗保险基本情况统计表

表 42-14　　　　单位：万人、万元

年份	参保人数	基金征收	基金支出	基金累计结余
2001	10.4	4351	3265	1086
2002	12.18	8849	6835	3100
2003	13.53	11406	7321	7185
2004	14.46	13532	12219	8498
2005	15.04	16139	14006	10631

第八节　机　构

1993 年，宁德地区劳动局设有人秘科、劳动安全监察科、计划劳力科、工资福利科、培训科、劳动就业科等科室。2002 年，根据《中共宁德市委办公室、宁德市人民政府办公室关于印发〈宁德市劳动和社会保障局职能配置、内设机构和人员编制规定〉的通知》，组建宁德市劳动和社会保障局，为主管全市劳动和社会保障行政事务的市政府工作部门，正处级。内设机构 6 个：办公室、劳动监察和工资科（挂“政策法规科”牌子）、职业培训科（挂“市职教办”牌子）、就业和失业保险科、养老保险和基金监督科、医疗保险科。机关行政编制 18 名（含纪检监察编制 2 名），其中局长 1 名，副局长 3 名，纪检组长（副处级）1 名，纪检组副组长兼监察室主任（正科级）1 名；科级领导职数 8 名，其中正科级 6 名，副科级 2 名。机关工勤人员按有关规定核定事业编制 2 名。挂靠单位 1 个：宁德市劳动争议仲裁委员会办公室，机关事业编制 3 名，科级领导职数 1 名。

第四十三编　民　政

1993—2005年，宁德市（地区）各级政府将民政工作作为政府的一项重要工作，坚持以民为本、为民解困、为民服务、解决民生、落实民权、维护民利的指导思想，努力开拓民政工作新局面。13年间，全市村级自治组织与社区建设持续推进，有1261个村委会实现二轮自治示范，基本达到省定标准，新一届村委会成员平均年龄36.1岁，涌现出福鼎磻溪镇柏洋村党委（支部）等一批带领群众艰苦创业的全国先进典型。在全市连续遭受冰雹、洪涝、台风等自然灾害袭击情况下，民政部门共下拨救灾救济款24395.88万元，用于解决灾民生活困难、转移安置、救治伤病人员。全市农村“五保”对象从1993年的473人上升至2005年的30490人。老年人基本实现“老有所养，老有所乐”。残疾人工作出现“残健交融、扶助共进”新局面。拥军优抚工作成效斐然，涌现出霞浦北礵岛、蕉城区飞鸾镇、海上“110”等军民共建精神文明的先进单位，宁德市被民政部、解放军总政治部、全国双拥工作领导小组授予“全国双拥模范城”荣誉称号。同时，做好社团组织、婚姻登记、收养登记、收容遣送、救助管理、殡葬管理、勘界等管理以及推进残疾人事业等工作。2005年，全市有22441人列为城镇居民最低生活保障对象，年发放保障金总额221万元，111234人享受农村低保，占全市农业人口的4.04%，1008名革命伤残人员享受抚恤补助金。

第一章 基层自治组织

第一节 村（居）委会换届

1993 年，宁德地区共有 2135 个村委会，其中，有 640 个村委会开展村民自治试点工作。1994 年，全区进行村（居）委会换届工作。10 月底，全区 2143 个村委会和 106 个居委会基本完成换届选举，共选出村委会成员 9357 人、居委会成员 533 人。1997 年 3 月，开始新一轮村（居）委会换届选举工作。至 10 月完成。全区 2153 个村委会除一个村因垦区开发问题影响未换届外，其余 2152 个村委会和 101 个居委会全面完成换届选举。选举产生村（居）委会成员 9534 名，其中居委会成员 403 名，村（居）委会主任 2230 名，村（居）民代表 60833 名，村（居）民小组长 22419 名。2000 年 11 月，开始新一轮换届工作，全区 2166 个村委会，有 2155 个村经投票选举产生新一届村委会班子，选举完成率 99.47%。有 1261 个村委会经过二轮自治示范，基本达到省定标准。2003 年，全市 2131 个村委会，有 2125 个投票选举产生新一届村委会班子，占村委会总数 99.7%。1735 个一次性投票选举成功，占村委会总数 81.4%，选民参选率 83%，当选新一届村委会成员 7978 名，其中中共党员 3430 名，占村委会班子成员数 43%，其中初中文化程度以上的 6907 人，占村委会班子成员数 86.6%，女委员 1341 人，占村委会班子成员数 16.8%。新一届村委会成员平均年龄 36.1 岁，主任平均年龄 36.3 岁。2005 年，着手新一轮村委会换届选举工作，开展 2006 年村委会换届选举重点、难点村的排查登记和矛盾化解工作。

第二节 村（居）事务管理

1993 年，宁德地区村、居事务管理主要抓村级自治建设和村居事务民主制度建设。1994 年 4 月 6 日，宁德地区召开村级组织建设经验交流会，会议通过《宁德地区村级组织建设规划》《宁德地区 1994—1996 年村委会建设实施意见》《宁德地区农村妇代会建设实施意见（1994—1996）》《宁德地区村级团支部建设实施意见（1994—1996）》《关于贯彻〈宁德地区村级组织建设规划〉的实施意见》《宁德地区 1994—1996 年村集体经济组织建设实施意见》和《宁德地区新村建设实施意见》。

1995 年，地区行署办公室作出《关于评选表彰优秀乡镇长和优秀村（居）委会主任的决定》，是年，全区有45人被评为优秀乡镇长，5人被评为优秀街道办事处主任，53人被评为优秀村委会主任，12人被评为优秀居委会主任，10人被评为基层政权建设先进工作者，并于12月召开优秀乡镇长和优秀村（居）委会主任表彰会。

1998年，全区有70%的村委会开展第二轮村民自治示范活动，其中45%的示范村达到省定标准。通过开展第二轮村民自治示范活动，有效促进村委会各项工作走上制度化、规范化、法制化轨道。是年，全区有98%的村委会建立村民会议或村民代表会议制度，有92.7%的村委会制定议事规则。全区村民代表的数量达58011人，村均27人。全区2153个村全部制定村规民约，有2021个村制定村民自治章程，绝大多数村建立村务公开制度。1999年，全区有1948个村开展村民自治示范活动，加强民主选举、民主决策、民主管理和民主监督，村务公开工作规范有序展开。2000年，全区村（居）事务工作着重抓村（居）委员会改选后建章立制工作，建立健全村级人民调解、治安保卫、公共卫生、共青团、妇代会等组织。建立健全村民理财小组和村务监督小组。健全完善村民代表会议制度。

2004年2月24—26日，福建省民政厅和市民政局在宁德市联合举办村委会主任互动式教员培训班，进行村民自治基本理论以及互动式教学方法培训。是年，民政部门把村务公开和民主管理工作纳入民政工作的议事日程。全市村委会重点健全完善村民自治民主制度，完善村民会议和村民代表会议制度，保障村级民主决策。修订村民自治章程、村规民约，推进村级民主管理，实现依法建制、以制治村。加强村务公开民主监督。2005年，全市有25个村被福建省司法厅、民政厅授予“全省民主法制示范村”称号。福鼎市秦屿镇巨口村和霞浦县三沙镇陇头村被推荐评选“全国民主法制示范村”。

第三节　社区建设

1998年，宁德地区建成福鼎、古田、霞浦3个县级社区服务中心，建立宁德蕉北街道、福安阳头街道街区社区服务中心。服务项目有老人活动室、托儿所、婚姻介绍、职业介绍、信息咨询、实用技术培训、文化娱乐等。2000年，各县（市、区）民政部门启动社区建设工作，完成各县（市、区）社区组建基本情况调查和统计上报。2001年，市政府召开专题会议研究全市社区建设工作，通过宁德市《关于贯彻落实〈福建省城市社区建设纲要〉（试行）的实施意见》，成立宁德市社区建设领导小组，启动蕉城、福鼎、福安、柘荣等县（市、区）社区建设试点工作。2002年，全市9县（市、区）成立城市社区领导小组和办事机构，共整合成立社区居委会23个。市民政部门拨款300.5万元，资助建设51个“社区老年人福利服务星光计划”项目，推动社区建设。2003年，各县（市、区）按照便于服务管理、便于开发社区资源、便于社区自治的原则，将城区原有的55个居委员会和46个城中村整合为85个社区居委会，有83个社区召开社区成员代表大会，选举产生社区议事监督委员会和社区居委会。2004年，全市建成县级服务中心2个、街道级社区服务中心9个、社区服务站72个、各类老年服务设施52个、文化活动站91个、青少年教育站50个，各类便民利民服务网点达4190个，服务项目70多个。共安排2770名社区下岗职工就业。2005年，新整合成立社区5个，全市城区整合社区达93个。建立社区工会组织26个、妇联组织93个、共青团组织93个、计生协会93个，有社区志愿者组织255个、各类老年服务设施143个，创办文化活动站137个、青少年教育站71个、卫生服务站131个，建立家庭档案31964份，建立各类便民利民服务网点3738个，服务项目100多个。帮助社区居民灵活就业15000多人。市财政争取省财政社区居委会转移支付补助资金95.04万元，从是年开始，每个社区居委会每年获得8000～10000元办公经费补助，有效保障社区居委会工作正常运转。

第二章　勘界与地名管理

第一节　勘　界

1996年9月，宁德地区行署第十二次专员办公会议决定成立宁德地区勘界工作领导小组。12月，地区行署印发《关于宁德地区县级行政区域界线勘定总体实施方案》通知，启动全区勘界工作全面。1997年5月，宁德地区勘界工作领导小组在宁德召开第一次全体会议。6月，宁德地区行署与各县（市）签订勘界责任状。12月，全区9个县（市）制定联合实施方案，完成图上贯通福鼎－霞浦、霞浦－柘荣、福安－周宁、屏南－周宁4条县界线325千米，确定三交点8个。是年，完成福鼎－霞浦线埋桩工作。1998年，全区共划定省、县两级行政区域界线690千米，实现宁德地区县界线全部贯通，并协调处理宁德－罗源、古田－闽清、古田－屏南、寿宁－周宁等勘界中一批难点、热点问题。1999年，福鼎－霞浦线首先完成县界线联合勘定任务，签订两县（市）联合勘定界线协议书并上报省政府审批。顺利完成涉及宁德七段边界的浙江省与福建省的联合勘定工作，签订两省协议书，上报国务院审批。顺利完成宁德－福州市间的4条县界和宁德－南平市间6条县界界线联合的勘定任务，并签订相关协议书，上报省政府审批。

2001年，全市7段省界、10条市间县界和14条市内县界线全长1668千米的区域界线勘定任务全部完成。福建省政府对宁德市与福州市市间的闽清－古田、闽侯－古田和罗源－古田、罗源－蕉城4条跨区界线进行批复，两市间的4条界线总长为263.42千米，共埋设界桩11个。2002年，全市乡级勘界工作全面展开，全市涉及乡级勘界的乡镇界线224条，总长2433千米，有三交点166个。是年年底，完成图上贯通81条、746千米，确定三交点53个。2003年，全市乡镇界除少数县因部分界线争议较大一时无法贯通外，其余220条2380千米全面贯通。各县（市、区）进入资料整理上报工作阶段。2004年，完成市间（6段）、市内（7条）县级界线联检和乡级勘界的最后勘定和检查验收，全市全面完成乡级勘界和联检工作任务。

2005年6月，福州市闽清县召开福州－宁德市间4条（罗源－蕉城、罗源－古田、闽侯－古田和闽清－古田）县级行政区域办线联检工作第一次联席会议，并进行内业联检。11月，在宁德市召开市间界线联检工作第二次联席会议（验收会议），对福州－宁德市间界线联检工作进行检查验收，并报省勘界办备案，完成市间界线联检工作。6月至8月，市勘界办派员深入古田县督促指导，完成古田县乡级勘界成果资料的重新报备工作。全市市内3条（周宁－福安、福鼎－柘荣、屏南－周宁）县级行政区域界线联检工作在各方的共同努力下，于11月底全面完成。至此，全市、县、乡镇三级勘界工作全面进入资料整理上报工作。

第二节 地名管理

1993年，宁德地区对地名资料24286条进行清理，其中行政区划和居民点名称17037条、自然地理实体名称4498条、人工建筑名称1436条、革命纪念地、名胜、古迹名称资料367条。1994—1997年，又对这些地名资料进行普查核对，补查和更新工作。1998年，全区有地名资料25827条，其中行政区划和居民点名称资料17987条、自然地理实体名称资料5010条、人工建筑名称资料1352条、革命纪念地、名胜、古迹名称资料583条，全区地名管理基本实现规范化、标准化。是年，在公路两侧设置村镇地名标志552面，其中国道两侧设置72面。2000年，全区设置村镇标志762面，福安、霞浦主要公路两侧村委会驻地以上村标基本设置完毕，屏南县省道两侧村镇标志按国道标准设置。全区拥有地名档案630卷、图书资料近400册。2001年，宁德市在市内9县（市、区）设置村镇标志766块，整理地名档案633卷、图书资料400多册。

2002年，在国道两侧设置72面标准地名标志，其中蕉城区20面、福安市25面、福鼎市14面、柘荣县10面、古田县3面。屏南县在其境内按照国道标准设置12面标准地名标志。2003年，全市各县（市、区）着手按国道标准在省道两侧村镇设标工作。至年底完成组建地名档案636卷、图书资料430多册。2005年，宁德市民政部门在全市设置镇村地名标志766面，街、路地名标志356面。蕉城区、福安市、福鼎市、霞浦县及东侨区完成主要街、路牌安装设置任务，将宁德市区建成的42条街、路名称向社会公告并征求意见。

第三章　社会事务管理

第一节　民间组织管理

1993年，全区有登记在册的社会团体670个，其中地区级社团组织147个，县（市）级社团组织523个。全区社团组织管理尚不规范。1995年，地区民政局开始加强对社团的年审工作。1999年，地区民政局举办地直社团学习社团登记管理工作培训班，全面清理气功类社团，取缔邪教组织。全区共审批社团20个，重新登记社团309个。妥善处理现职党政领导在社团中兼职问题，全区副处级以上领导兼职社团从190个减至32个。2000年，开展社团清理整顿工作，落实民政和主管部门双重管理体制。全区996个社团经过清理整顿，保留应重新登记社团880个，注销179个，合并70个。批准筹备成立地区级社团组织7个，批准登记社团组织3个。

2001年，全市开展社团组织清理整顿，依法核准登记民办非企业单位106个。保留参加重新登记社团867个，其中重新登记527家，注销180个，合并68个，撤销14个，不予重新登记78个。新批准筹备成立社团13个，核准登记发证社团26个。2002年，全市共批准筹备成立社团43个，核准登记发证社团38个。是年，全市共有社团458个，应检441个，已检365个，对年检合格的市级社团和第二批29家不予登记的市级社团进行公告。参加复查登记的社团分支机构262个，批准登记62个。全年登记民办非企业单位145个。2003年，有市级社团140个，其中市级社团新批准筹备成立15个，批准登记11个。市级社团应检129个，已检94个。全市共登记民办非企业单位136个，市级民办非企业单位16个，其中新批准登记3个。

2004年，全市新增登记成立社团48个，其中行业性社团21个、农村专业经济组织8个。有市级社团151个，其中新批准登记市级社团13个。全市年检应检社团469个，已检358个。全市新增民办非企业单位38个，新批准登记市级民办非企业单位11个。年检应检民办非企业单位129个，已检87个。

2005年，全市新增登记社团61个，其中行业协会27个、农村经济专业协会11个，新增民办非企业单位18个。全市首次对82所民办学校进行登记。发给民办非企业单位登记证书的有61所，确认其合法地位。是年，全市有登记的市级民间组织198个，其中社团143个、民办非企业单位21个。

第二节　婚姻登记

1993 年，宁德（今蕉城区）、福鼎、霞浦三县（市）部分乡镇实行婚姻集中登记。1994 年，全区实行婚姻集中登记的乡镇（街道）扩大到柘荣等 4 个县（市）部分交通方便的乡镇（街道）。是年，全区申请结婚登记 26621 对、准予结婚登记 26280 对，其中初婚 57858 人、复婚 12 对、补办结婚登记 6910 对，未办合法手续同居 2051 人。全区办理涉港、澳、台、华侨结婚登记 34 对。1995 年，宁德地区民政部门严格婚姻依法登记，杜绝登记搭车收费行为。全区申请国内结婚登记 30497 对，准予结婚登记 29813 对，其中初婚 59182 人、复婚 25 对，补办结婚登记 8562 对，当年未办合法手续同居 2776 人。全区办理涉港、澳、台华侨结婚登记 78 对。1996 年，宁德地区民政部门会同有关部门，对违法婚姻进行综合治理。全区申请国内结婚登记 34907 对、准予结婚登记 34563 对，其中初婚 49860 人、复婚 21 对。全区办理涉港、澳、台、华侨结婚登记 164 对。

1997 年，宁德地区民政局举办婚姻管理干部行政执法培训班，共有 123 名县（市、区）及各乡镇（街道）从事婚姻登记管理的人员参加培训。全区申请国内结婚登记 24919 对、准予结婚登记 24919 对，其中初婚 41591 人、复婚 18 对。全区办理涉港、澳、台、华侨结婚登记 180 对。1998 年，从 7 月 15 日起，全区各地统一启用新的婚姻登记专用章。全区办理国内结婚登记 4870 对，复婚 37 对。办理涉港、澳、台、华侨结婚登记 262 对。1999 年，宁德地区加强婚姻登记管理的规范化、制度化建设。开展新《婚姻法》《婚姻登记管理条例》宣传教育。宁德（今蕉城区）、福安、福鼎、霞浦、古田等县（市、区）成立城区婚姻集中登记办公室，方便群众，提高办事效率。全区办理国内结婚登记 20839 对，离婚登记 1631 对。涉港澳、台、华侨结婚登记 2330 对，离婚登记 27 对，涉外婚姻登记为历史最多。

2000 年，成立宁德地区涉港、澳、台、华侨及出国人员婚姻收养登记处，从 1 月 1 日起，开展区内的涉港、澳、台、华侨及出国人员的婚姻收养登记工作。全年办理国内结婚 21900 对，离婚登记 1190 对。涉港、澳、台、华侨及出国人员结婚 1898 对，离婚 6 对。2001 年，开展新修订的《婚姻法》宣传教育。全市办理国内结婚登记 20376 对，涉港澳、台、华侨结婚登记 2740 对，涉外婚姻呈增多现象，涉外离婚登记 22 对。

2002 年，全市办理国内结婚登记 21953 对，离婚登记 1631 对。涉港、澳、台、华侨及出国人员的结婚 2330 对，涉外离婚 27 对。2003 年 10 月，新的《婚姻登记条例》正式实施。全市 9 个县（市、区）实行集中县（市、区）民政局办理婚姻登记。全市共办理国内结婚 23111 对，离婚登记 2052 对。涉港、澳、台、华侨及出国人员的结婚 2795 对，离婚 28 对。是年，福安市民政局婚姻登记处被福建省民政厅评为“全省民政系统创文明行业建满意窗口先进单位”。2004 年，宁德市共有 26 名婚姻登记员分二期参加省民政厅组织的培训班，取得资格证书和上岗证。全市全年共办理国内结婚 26117 对，离婚登记 1972 对。涉港、澳、台、华侨及出国人员的结婚 1733 对，涉外离婚登记 251 对。是年，福安市婚姻登记处被民政部评为先进单位。2005 年，全市结婚登记 25377 对，离婚登记 2476 对，其中涉外结婚登记 1672 对，离婚登记 81 对。是年，全市实现婚姻及收养登记信息化管理。

第三节 收养登记

1993 年起，宁德地区民政部门严格按照《中华人民共和国收养法》和《中国公民收养子女登记办法》等有关规定，开展收养登记工作。当年办理收养登记 2 件。1994—1998 年，全区共办理收养 140 件。1999 年 10 月，宁德地区共有 10 名收养登记员参加在厦门市举办的全省收养登记员培训班培训。是年，办理收养登记 86 件，其中涉港、澳、台、华侨收养登记 1 件。2000—2004 年，宁德市共办理收养登记 276 件，办理涉港、澳、台、华侨收养登记 23 件。2005 年，实现婚姻收养登记信息化管理，办理涉外收养登记 6 件。

第四节 殡葬改革

1993 年，宁德地区贯彻落实《福建省人民政府关于深化殡葬改革加强殡葬管理的通知》，区内建有殡仪馆的宁德市（今蕉城区）、福鼎县两地推行火葬，提高火化率。是年，福安市完成公墓建设，成立殡仪服务站，推行火化。1994 年，寿宁县成立殡仪服务站，古田、屏南、周宁、霞浦等县列为殡葬改革区，遗体转运到宁德、福安两个殡仪馆火化。是年，经福建省民政厅批准，寿宁县启动殡仪馆建设。1995 年，地区行政公署印发《宁德地区殡葬管理暂行规定》通知，将区内各县（市）城关全部列为遗体火化区，并规范殡葬行为。1996 年 4 月，宁德地区开展治理乱建坟墓乱埋乱葬专项整治，规定“三沿两区”（国道、省道、县道沿线及公园、开发区）两侧内不准修建坟墓。5 月，经福建省民政同意，福安市殡葬管理所与城南街道办事处合作，在程家垄村前洋山划定山地 13.33 公顷，兴建龟龙山公墓。

1997 年，严格执行《宁德地区殡葬管理暂行规定》，宁德（今蕉城区）、福安两市相继制订殡葬管理实施细则，初步形成殡葬管理法规体系，其他各县（市）殡葬改革不断推进。当年全区治理乱埋、乱葬、乱建坟墓 14129 座，其中拆除 149 座、迁移 138 座、炸毁 50 座、深埋 13792 座，治理面达 99%。全区新建 2 所殡仪馆和 2 个殡仪服务站、6 个殡葬管理所，配置相应殡仪服务设施。是年，全区火化遗体 1087 具，火化率 5.07%。1998 年 4 月，地区专项治理乱埋乱葬工作检查组对宁德（今蕉城区）、福安、柘荣、福鼎 4 个县（市、区）国道 104 线两侧禁坟地段进行实地检查。6 月，霞浦县殡仪馆经福建省民政厅审批同意建馆。柘荣县殡葬管理所经批准在山顶岚长湾山兴建经营性公墓。1999 年，对全区经营性公墓进行年检。5 月，福建省民政厅批复同意霞浦县殡葬管理所在松城镇西关村兴建霞浦县穴山里公墓。2000 年，各县（市、区）继续严格制止乱埋乱建坟墓，严厉打击乱建坟墓回潮风。

2001 年 10 月 1 日起，全市火葬管理执行区内死亡人口全面实行火葬，蕉城区、福安市实行全境死亡人口火化。是年，全区火化遗体 4492 具，火化率上升至 27%。霞浦县殡仪馆建成投入使用，周宁县兴建“猫智丘”经营性公墓。2002 年，各县（市、区）成立殡葬改革工作领导小组，福鼎、霞浦、蕉城 3 县（市、区）成立殡葬执法大队，部分县（市）的街道、乡镇成立殡改领导小组办公室。全市深化殡葬改革，实行全境死亡人口火化。2003 年，全市平均火化率

32.05%。5月，古田县殡仪馆建成并投入使用。11月，福安市殡仪馆建成并投入使用。2004年，蕉城区殡仪馆改扩建项目被列入2004年市委、市政府为民办实事项目。投资1120多万元，新征用地2.43公顷，殡仪馆占地面积扩至4公顷，建筑面积6760平方米，建筑规模居全市之冠。周宁县殡仪馆建成并投入使用。是年，全市共火化尸体6811具，平均火化率36.07%。2005年，宁德市各县（市、区）开展殡葬改革“宣传月”活动，巩固殡葬改革成果，并对蕉城区、霞浦县、福安市、古田县、柘荣县、周宁县的经营性公墓进行年检，加强服务管理工作。是年，全市共火化尸体7413具，平均火化率达40%。

第四章　优抚工作

第一节　拥军优属

1993年，全区普遍建立基层拥军优属服务站，服务站覆盖全区60%以上的村委会和80%居委会，建有规范制度和活动记录，常年为当地驻军和烈军属等优抚对象办实事、做好事。“八一”建军节，地委、行署在宁德城关举办电影晚会，军地领导、驻宁部队官兵、机关干部代表共同观看。春节前夕，地委、行署和各县（市）党委、政府部门开展走访慰问驻宁部队和烈军属活动，慰问飞鸾海军442医院医务人员、部队住院伤病员和所在地驻军，赠送慰问品，向优抚对象赠送年货、年画。是年，全区开展纪念“在延安和各解放区大规模兴起的拥军优属、拥政爱民运动”50周年活动。10月26日，中国人民解放军八一电影制片厂摄制的双拥工作专题片《闽东行》在周宁县鲤鱼溪开机，12月15日，在蕉城圆满关机。1994年9月28日，双拥专题片《闽东行》在宁德举行首映式，成为宁德双拥工作进程的重要标志。是年，霞浦县、福鼎市分别获省级“双拥模范县”称号。11月，中共中央宣传部、解放军总政治部联合授予霞浦北礵村与驻岛部队“全国军民共建社会主义精神文明先进单位”称号。1995年8月1日，宁德地区国防教育委员会、地委宣传部、军分区政治部、地区双拥办、民政局、教育局、广电局联合举办“国防杯”卡拉OK大赛。由各县（市）进行初赛选拔，精选出15个节目到地区参加决赛。决赛分美声、民族和通俗3个类别组进行，最后由评委评出一等奖3名、二等奖6名、三等奖6名。

1997年7月，宁德地委、地区行署、宁德军分区做出表彰军民共建先进单位和拥军优属、拥政爱民先进单位、个人的决定，全区共表彰19对军民共建先进单位，31个拥军优属、拥政爱民先进单位，76位拥军优属、拥政爱民先进个人。是年，福安市、霞浦县获省级“双拥模范县”称号，福鼎市获国家级“双拥模范城”称号。1998年4月，地委对走访慰问部队活动进行改革，即地委、行署每年只在春节期间组织一次走访驻军活动，“八一”期间不再安排走访活动，改为召开军政座谈会。1999年，在全区开展“爱心献功臣行动”活动。宁德、福安、霞浦3县（市）被授予省级“双拥模范城（县）”称号，福鼎、宁德、周宁被评为省级“爱心献功臣行动先进县（市）”。2000年，地、县（市）慰问部队由赠送慰问品改为赠送慰问金，重大节日组织开展拥军优属活动，当年，全区累计赠送慰问品（金）100多万元。

2001年，元旦、春节和“八一”期间，市、县、乡三级组织慰问团慰问驻军，累计赠送慰问品和现金120万元。走访重点优抚对象4200多人，发放优抚对象慰问金46万元，为驻军下岗军嫂269人提供定期生活补助。在全市开展军地共同学习实践“三个代表”重要思想活动，涌现出飞鸾镇、北礵岛等10多个不同类型的共学典型单位。开展的军民共建项目有共建海上“110”、少年军（警）校、福鼎电脑学校、海上社区、海上“120”等。宁德市城投公司与海军21支队后勤部共建的“三都文明岛”，成为共建开展新形式。社区普遍成立双拥共建协调小组，与当地驻军联建，开展多种形式的拥军优属、拥政爱民活动。全市共有267对军民共建点常年坚持开展活动，75%以上的共建点被评为县、团级以上先进单位，其中46对共建单位受到省级以上表彰。2002年，宁德市全面开展双拥“创模”、军地共学“‘三个代表’重要思想”活动，民政部门为269名驻军下岗军嫂提供定期定额生活补助，定额生活补助标准为200元/人/月。元旦、春节和“八一”期间市、县（市、区）、乡（镇）三级分别组团慰问驻宁三军团以上单位59个、基层连（所、站）单位70个，赠送慰问品和慰问金。是年，宁德市被福建省委、省政府和省军区授予“全省双拥模范城”光荣称号。2003年，全市军地扎实开展共学“三个代表”重要思想、推进军民共建各种拥军优属拥政活动。有80%的村委会和居委会设立拥军优属服务站。元旦、春节和“八一”期间，市、县（市）、乡（镇）三级党政机关分别组织慰问团慰问驻军，累计赠送慰问品和慰问金120万元。为271名驻军下岗军嫂提供定期定额生活补助。是年，宁德市被评为“全国双拥模范城”。2004年，全市开展以送“新技术、新知识、新智能”为主要内容的军地两用人才科技拥军活动，建立科技拥军培训基地14个，转让科技成果112项，赠送驻军电脑41台，帮助部队科技攻关21项，革新装备器材13件，赠送科技书刊48万册，培训各类人才5215人次。帮助驻宁德部队建立训练基地9个，清理海域和场地75平方千米，解决训练中实际问题88个，派出保障演习人员2500人，转移疏散人员2.72万人，赔偿演习经济损失73万元。全市扶持部队发展农副业生产项目经费309万元，发放军供补贴款331.1万元，随军家属保障金3.56万元，安置随军家属就业14人，解决军官子女入学、入托98人，为驻军下岗军嫂271人提供定期定额生活补助。宁德市被民政部、解放军总政治部、全国双拥工作领导小组授予“全国双拥模范城”称号。2005年，宁德市和蕉城区、福鼎市、霞浦县获省级“双拥模范城”称号。5月23日，宁德市委、市政府、军分区联合表彰全市28个“双拥先进单位”、23个“双拥先进个人”和3位好军嫂。全市有200对军民共建点受到县、团级以上单位表彰。

第二节 烈士褒扬

1993年，宁德地区共有各类烈士7292名，县级以上烈士陵园10处。是年，全区投入230万元，对革命烈士纪念建筑物进行修缮。每年清明节或重要节假日，各级政府机关、学校、企事业单位组织党团员、青少年学生到烈士陵园举行悼念祭扫和入党、入团、入队仪式等活动，接受爱国主义和革命传统教育。1995年，地区民政部门完成新民主主义革命时期及1949年10月至1954年间牺牲的《闽东籍革命烈士传记》一书编辑撰稿，全书320万字，收录到《中华著名烈士》系列丛书中。2000年，全区9县（市、区）举行纪念抗美援朝50周年慰问活动，调查核实编报闽东籍抗美援朝在朝牺牲烈士名录。是年，地区财政下达专项修缮经费48万元，改善全区9所光荣院和16处县级以上革命烈士纪念建筑物的基础设施。出资70多万元，全面完成霞浦县革命烈士公墓的搬迁任务。2001年，宁德全市经普查、追补共有革命烈士7800名，

9县（市）的16处县级以上管理的革命烈士纪念建筑物，共安放近6000名烈士的忠骸。全市列入微机登录管理的革命烈士纪念建筑物保护单位23处，光荣院10所。当年，全市先后投入500多万元对部分革命烈士纪念建筑物和光荣院进行重点维修。全市23处革命烈士纪念建筑物共有学生、机关干部和群众3万多人前往祭吊。2002年，市政府追加专项经费80万元，对部分革命烈士陵园和光荣院设施进行修缮。2003年，再下达专项经费76万元，对部分革命烈士陵园、光荣院设施进行维修。2004年，开展纪念闽东苏区成立70周年活动，全市投入100多万元，对9县（市）16处县级以上革命烈士陵园和光荣院进行全面修缮。

2005年，全市投入180多万元对闽东烈士陵园进行全面改建、扩建和维修。

第三节　抚恤补助

1993年，全区烈属、因公牺牲与病故军人家属（以下简称“三属”）总人数19292人，其中定抚人数2039人，年发放优抚金141.6万元，人月均58元。在乡（指无工资收入）退伍红军老战士6人，年发放优抚金4.2万元，人月均583.3元。失散老红军917人，年发放优抚金50.4万元，人月均54.7元。在乡伤残军人467人，年发放优抚金24.1万元，在职伤残军人376人，年发放优抚金5.3万元。老复员军人定抚对象3890人，年发定期生活补助金130.6万元，人月均28元。退伍军人定补938人，年发定期生活补助金18.8万元，人月均15.8元。从1月1日起，对在乡退伍红军老战士和红军失散人员的生活困难补助费在原有补助标准基础上分别增加81元和10元。

1994年1月1日，提高全区烈属、因公牺牲与病故军人家属定期抚恤金标准。其中烈士、因公牺牲军人家属居住农村的每月提高至50～55元，小城镇60～65元，大城市65～70元。病故军人家属，在农村的每月提高至45～50元，小城镇55～60元，大城市60～65元。年发放优抚金总额178.3万元，人月均70元。其他优抚定补对象6342人，年发放优抚定补金283.2万元。同时提高伤残人员抚恤标准，特等伤残人员每人每年由1560元提高到2240元，其余等级相应提高。1995年，全区烈属、因公牺牲与病故军人家属定抚人数2173人，年发放优抚金192.2万元。在乡退伍红军老战士6人，年发放优抚金7.3万元。失散老红军873人，年发放优抚金71.9万元。在乡伤残军人431人，年发放优抚金32.2万元。在职伤残军人417人，年发放优抚金9.3万元。老复员军人定抚对象3899人，年发定期生活补助金177万元。退伍军人定补966人，年发定期生活补助金28万元。

1996年，全区享受定期抚恤生活补助优抚对象9244人，年共发定补金633.2万元。有41名老红军遗孀享受每人每月200元定期生活补助，并全部享受与在职干部同等公费医疗待遇。是年，全区有323名二等乙级以上伤残军人享受公费医疗待遇，医疗费实报实销，对三等伤残军人医疗费实行酌情减免。7月1日起再次提高“三属”每人月定期抚恤标准13元，在乡退伍红军老战士标准每人月57元，孤老的每月再增发特殊生活补贴费100元，红军失散人员每人月抚恤再提高标准23元。1997年，贯彻民政部颁布的《伤残抚恤管理暂行办法》规定，全区凡因战、因公负伤致残的人员均可享受优待与抚恤。革命伤残军人、伤残工作人员（包括国家机关、民主党派、人民团体的在编行政人员、部队无军籍的在编人员）、伤残人民警察以及参战致残的民兵、民工均由民政部门办理。伤残等级分为特等、一等、二等甲级、二等乙级、三等甲级、三等乙级。残疾抚恤金标准，因战伤残高于因公致残，因公致残高于因病致残。抚恤金标准，根据残疾人员安置情况分为在职与在乡两种，在乡抚恤金高于在职抚恤金。是年，全区“三属”定抚人数2127人，年发放优抚金232万元；在乡退伍红军老战士3人，年发放优抚金3.6万元；失散老红军869人，年发放优抚金123.8万元；在乡伤残军人422人，年发放优抚金38.1万元，在职伤残军人431人，年发放优抚金8.8万元；老复员军人定抚对象4500人，年发定期生活补助金297.4万元；退伍军人定补1053人，年发定期生活补助金36.8万元。

1998年1月1日，在乡复员军人定补标准在原有补助标准基础上调高，即抗日战争时期入伍的月增发40元，解放战争时期入伍的月增发30元，中华人民共和国成立后入伍的月增发15元，孤老月增发20元。全区有享受定期抚恤“三属”2145人、伤残军人840人、享受定期定量生活补助的老红军、失散红军、复员军人和带病回乡退伍军人9487人，年下达发放定补经费总计843.6万元，比1993年的318万元翻一番多。1999年，根据民政部、福建省民政厅有关文件要求，宁德地区9县（市、区）相继建立完善优抚对象抚恤补助标准自然增长机制，所需经费纳入各级财政预算。预算金额从3万～21万元不等，年增长率5%以上，各类优抚对象的抚恤补助标准比省定标准高10～30元/月。是年，全区筹集拥军优属保障金448.72元，地县（市）两级落实定补经费1742.6万元，比上年增加717.6万元。老复员军人定补面从55%扩大到100%。地区投入110万元，安排300户重点优抚对象住房特困户建房。全区对在乡退伍老红军、二等乙级以上伤残军人和老红军遗孀366人，落实公费医疗及医疗费实报实销，对其他优抚对象1869人实行减免医疗费25.2万元。全区有458名重点优抚对象被列入最低生活保障线。各县（市）主要领导、党政机关及驻军有关单位分别与重点优抚对象挂钩开展帮扶活动，全区累计组织帮扶单位1162个、资助资金330万元。2000年1月1日，对原来未享受定补的1313名在乡老复员军人全部实行定补，全区有2057人享受定期抚恤，其中843人享受伤残抚恤，8491人享受定期补助，年支付优抚经费1787.9万元。全区重点优抚对象保障体系初步建立，有优抚对象463人列入低保线，月发最低生活保障金总额3.84万元。下达专项经费36万元，安排90户重点优抚对象建房，每户自建公助4000元，县配套补助金6000元，计1万元。是年，完成重点优抚对象第二批建房储备。

2001年，全市共实际列入电脑登录的各类重点优抚对象15599人，其中享受定期抚恤和定期生活补助10307人，年下达专项经费2190万元。对重点优抚对象实行医疗费减免、补助，对退伍老红军、二等乙级以上伤残军人和老红军遗孀共366人全部落实公费医疗。基本解决1119户重点优抚对象的住房困难。2002年，全市重点优抚对象抚恤定补标准再次提高，全年追加下达优抚专项经费1807.2万元。对重点优抚对象4289人实行医疗费减免12.5万元，4554人实行医疗补助，年补助金额23.46万元。2003年，全年追加下达抚恤专项经费2000多万元。重点优抚对象抚恤定补标准再次提高。对退伍红军老战士和老红军遗孀48名全部落实公费医疗，对4289名重点优抚对象实行医疗减免，共减免12.5万元，对4554人实行医疗费补助，共补助23.46万元。从7月1日起，全面提高革命伤残人员抚恤和保健金标准，特等提高年抚恤金标准为1560元，提高保健金标准340元；一等提高年抚恤金标准1200元，提高保健金标准280元；二等甲级年提高抚恤金标准550元，提高保健金标准120元；二等乙级年提高抚恤金标准370元，提高保健金标准100元；三等甲级提高年抚恤金标准200元，提高保健金标准70元；三等乙级提高年抚恤金标准180元，提高保健金标准60元。2004年，完成全市优抚对象及“三属”人员的换证工作。抚恤补助标准自然增长机制进一步健全，全市有3011名优抚对象列入城乡最低生活保障。对2004年8月1日以后牺牲的烈士的一次性抚恤金调整为烈士生前有工资的按80个月工资计发，生前无工资或低于排级少尉军官工资的按照排级少尉军官工资标准80个月发给其遗属一次性抚恤金；按规定对被军委、大军区授予英雄模范称号的，增发一次性抚恤金的三分之一。统一在职与在乡（非在职）人员伤残抚恤金标准，全市有378名在职伤残军人享受这一待遇。是年，根据《军人新旧残疾等级套改办法》对军人新旧残疾等级进行套改，共设8个级别：特级套改一级、一等套改三级，二等甲套改五级，二等乙套改六级、三等甲套改七级，三等乙级套改八级。是年10月1日，对统一后的伤残抚恤金再次提高标准。

2005年，全市1008名革命伤残人员统一换发由民政部制发的新证，按证书类别全额兑现抚恤补助金。是年，全市重点优抚对象生活水平达到当地群众生活水平的革命伤残人员占70%，高于当地群众生活水平的占30%。对优抚对象新出现的住房困难，各县（市、区）从优抚保障基金中发放一定资金给予适当补助，补助金额每户1000～5000元。落实兑现有关优抚对象的医疗减免政策，对二等乙级以上革命伤残军人和在乡退伍红军老战士实行10%～30%的医疗费减免。各县（市、区）全部建立、落实重点优抚对象定期补助标准自然增长机制。

1994—2003年宁德市（地区）在乡革命伤残人员抚恤标准一览表

表43-1　　单位：元

抚恤类别	伤残等级	伤残性质	现行标准	提高标准	新标准
伤残抚恤金	特等	因战	1560	680	2240
		因公	1440	680	2100
	一等	因战	1260	600	1860
		因公	1170	570	1740
		因病	1060	550	1620
	二等甲级	因战	920	330	1250
		因公	830	320	1150
		因病	760	310	1070
	二等乙级	因战	656	200	856
		因公	590	190	780
		因病	554	186	740
	三等甲级	因战	416	120	536
		因公	100	116	516
	三等乙级	因战	342	100	442
		因公	—	—	—

续表 43-1

抚恤类别	伤残等级	伤残性质	现行标准	提高标准	新标准
伤残人员保健金	特等	因战	240	210	450
		因公	216	204	420
	一等	因战	204	170	374
		因公	184	158	342
		因病	—	—	332
	二等甲级	因战	156	132	288
		因公	140	128	268
		因病	—	—	250
	二等乙级	因战	135	96	231
		因公	122	92	214
		因病	—	—	210
	三等甲级	因战	108	66	174
		因公	98	62	160
	三等乙级	因战	90	42	132
		因公	82	40	122

2004—2005 年宁德市执行的军人新旧残疾等级套改后的年抚恤金标准一览表

表 43-2　　　　单位：元

伤残等级	伤残性质	现行标准	伤残等级	伤残性质	现行标准
一级	因战	11200	六级	因战	4480
	因公	10800	—	因公	4200
	因病	10440	—	因病	3600
二级	因战	10080	七级	因战	3360
	因公	9600	—	因公	3000
	因病	9200	—	—	—
三级	因战	8960	八级	因战	2240
	因公	8400	—	因公	1920
	因病	7800	—	—	—
四级	因战	7280	九级	因战	1680
	因公	6600	—	因公	1440
	因病	6000	—	—	—
五级	因战	5600	十级	因战	1120
	因公	5040	—	因公	960
	因病	4560	—	—	—

第四节　军属优待

1993年，全区享受军属优待的现役军属5112户，民政部门共发放优待金额185.9万元，户均363元。其中农村义务兵3461户，年发优待金173万元，户均500元。1994年，优待总户数减至4445户，年发优待金增至228.03万元，户均优待金513元，其中农村义务兵优待对象2868户，年户均发放优待金600元。1995年，年发优待金总额333.3万元，户均优待金提高到692元，其中年发农村义务兵优待金281万元，年户均优待785元。1996年起，改革义务兵优待发放工作，由原乡（镇）统筹改由县（市）统筹与乡（镇）统筹相结合，由农村农民单一负担改为全社会全民均衡负担，对城镇义务兵和其他重点优抚对象也进行优待。是年，全区9县（市、区）共发放优待金499.2万元，年户均优待额879元，比1993年户增423元，其中年发农村义务兵优待金409万元，年户均优待金达到1100元。1997年，全区有军属优待对象4557户，发放优待金537万元，平均每户年优待额1147元。1998年，发放优待金570万元，平均每户年优待额1318元。1999年，发放优待金523万元，平均每户年优待额1426元。2000年，全区有优待对象4078户，各县（市、区）累计发放优待金671.2万元，其中优待义务兵家属599.2万元，优待重点优抚对象72万元。

2001年，军属户年均优待现金1600元，全市年发优待金总额470万元。2002年，义务兵家属优待金仍采取县（市）统筹与乡（镇）统筹相结合办法，全市年发优待金710万元。2003年，农村实行税费改革，取消乡（镇）统筹费，乡（镇）优待金统筹随之取消，改由各级政府通过财政预算予以安排。是年，全市优待对象5300人，年发放优待金757万元，人均优待额1428元。2005年，全市各级财政共安排军属优待金733.3万元，户优待金额平均增至2127元，是1993年的4.5倍。

第五节　“五老”供养

1993年，全区有“五老”（老地下党员、老游击队员、老接头户、老交通员、老苏区乡干部）12020人，其中老地下党员1028人、老交通员2688人、老接头户1866人、老游击队员3916人、老苏区干部和老赤卫队员2522人。尚健在的“五老”人员9273人（另有944人待落实）。是年，“五老”人员享受民政部门给予的月定补，居住城市的不低于50～55元，居住乡镇的不低于45～50元，居住农村的不低于30～35元，并享受每年一次的年终补贴和临时困难医疗补助。其中无依无靠的安排入住光荣院。1995年11月，地、县（市）有关部门开展“五老”生活现状调查。摸清当年健在“五老”人员6065人（其中无依无靠的1888人，有依无靠的1936人，有依有靠的2241人）的生活现状。并根据掌握的第一手资料写出调查报告，向上级党政领导反映，得到省地领导的高度重视。地委、行署把解决“五老”人员生活问题，列入1996年全区为民办十件实事之一。决定“五老”人员定补标准在原定补基础上，无依无靠的提高到每人每月100元，有依无靠的提高到每人每月80元，有依有靠的提高到每人每月50元，新标准自

1996 年 10 月 1 日起执行。对“五老”人员原定补高于新标准的，按原定补标准执行。

1998 年 4 月，地委办、行署办联合发出《关于“五老”生活定补有关问题的补充通知》(以下简称《通知》),《通知》要求,“定补”标准提高后，各县（市）要继续对“五老”生活问题给予关注，一如既往地抓好协调、落实工作。“五老”人员遇到特殊困难，如疾病、自然灾害时，民政部门应视同社会救济对象，得到困难帮助。要重视“五老”遗孀的生活困难问题，考虑到当时“五老”评定中规定夫妻中“评一不评二”等实际情况，地委、行署同意享受定补的“五老”逝世后，其定补由遗孀继续享受直到终年。对原来未享受定补的“五老”遗孀，无法再给予定期补助，但生活确有困难的，由各地民政部门按社会救济对象给予照顾。先后有周宁、霞浦两县分别给予 123 名和 127 名“五老”遗孀每人每月 30 元定补。是年，福鼎、霞浦、古田等县（市）出台“五老”就医减免优惠政策，规定“五老”人员持“五老”证到乡镇卫生院或指定的县级医疗机构看病，享受挂号费、检查费全免，治疗费、药费酌情减免的优惠待遇。地委第 38 次办公会议就全区“五老”人员的医疗问题作出决定，给予免去挂号费、看病检查费减半、药费由“五老”自理执行。

1996 年 3 月，执行福建省民政厅、财政厅、老区办决定,“五老”人员中无依无靠者每人每月定补提到为 100 元，有依无靠的为 80 元，有依有靠的 30 元。提补部分省财政负担 30%，其余 70% 由地、县财政负担。为保证“五老”定补能及时足额发放，定补经费由地、县民政部门移归老区办统一管理发放。1997 年，宁德市（今蕉城区）将有依有靠“五老”月补助费从 30 元提高至 50 元，并规定享受定补的“五老”辞世后，原定补费仍予以保留，由其遗孀继续享受至终年。1998 年，区内一些县对“五老”就医实行优待，福鼎、霞浦两县市规定,“五老”人员在乡镇卫生所、县中医院就诊的免去挂号费，住院床位费按 50%、检查费按 80%、治疗（含药品）费按 90% 收取。周宁、霞浦两县对“五老”遗孀每月实行 30 元医疗费定补。

2000 年，根据福建省老区办部署，全区又一次开展“五老”人员普查工作，地区老区办会同民政局、财政局成立宁德地区重点优抚安置对象（含“五老”人员）和优抚安置子女单位普查工作领导小组，下设办公室，各县（市）相应成立该机构，从 5 月开始全面普查工作。据普查统计，全区尚有健在“五老”人员 4738 人，其中无依无靠 1194 人、有依无靠 1760 人、有依有靠 1784 人。按“五老”人员分类为老地下党员 148 人、老游击队员 1244 人、老交通员 1138 人、老接头户 1884 人、老苏区干部 324 人，另有原“五老”人员去世后无依无靠遗属 892 人。2001 年，全市根据上年“五老”人员普查，从 1 月 1 日起，对“五老”人员月定补再作调整，即无依无靠、有依无靠、有依有靠的“五老”人员每人每月定补分别提升 31 元、20 元和 10 元，分别达到每人每月 165 元、124 元和 75 元，经费按省、市、县 7∶2∶1 比例分级承担。2002 年 7 月，全市按无依无靠、有依无靠、有依有靠“五老”人员类别，分别每人每月再提高至 185 元、139 元和 85 元，经费来源及分担仍按原规定执行。是年，全市组织 17 批 269 人次医务人员为“五老”人员及“五老”遗孀、烈军属义诊 6031 人次，补助、免医疗及药费 4.5 万元，发放“五老”人员及“五老”遗孀慰问金 43 万元、年画 1.25 万张。2003 年 7 月 1 日起，全市“五老”人员月定补在原基础上分别按无依无靠、有依无靠和有依有靠每人每月再分别提高 20 元、15 元和 5 元。2005 年，福建省政府决定，提高全省“五老”人员生活定补，仍按无依无靠、有依无靠和有依有靠三类人员将每人月定补分别提高至 236 元、174 元和 110 元，确保“五老”人员的生活水平不低于当地农民的平均水平。经费来源仍按省、市、县三级财政按原比例承担。是年，市、县卫生部门在老区办的配合下，到 21 个老区乡镇的 30 多个偏远老区村，为“五老”和老区群众义诊 6093 人次，补助、减免医疗费 4.55 万元。

1993年宁德地区“五老”人员统计表

表43-3　　　　单位：人

县别	“五老”总数	其中					健在五老总数	待查人数
		老地下党员	老交通员	老接头户	老游击队员	老苏区干部		
全区	12020	1028	2688	1866	3916	2522	9273	944
宁德（今蕉城）	1058	24	361	266	290	117	912	63
古田	1987	400	490	475	351	271	1510	231
屏南	955	56	189	396	303	11	592	57
周宁	887	76	251	101	413	46	792	56
寿宁	1024	51	317	124	453	79	582	50
福安	3227	86	271	107	1282	1481	2826	130
柘荣	490	17	169	36	161	107	367	107
福鼎	1060	265	208	257	240	90	906	105
霞浦	1332	53	432	104	423	320	786	145

第五章 复退军人事务

第一节 复退军人安置

一、城镇退役士兵安置

1993—1995年，城镇退役士兵（即入伍前为城镇居民户口）安置仍然按照“从哪里来、回哪里去”原则，由原征集的县（市、区）政府负责接收安置。3年全区共接收安置城镇退伍军人1598人、转业士官94人，均给予统筹妥善安排工作。1996年，各县（市）按照“按系统分配任务，包干安置”原则，共接收安置城镇退伍军人384名、转业士官37人。1997年接收安置城镇退役士兵384人。1998年共接收安置城镇退役士兵433人。

1999年，全区首次开始推行货币安置政策，接收城镇退役士兵457人，至年底实际安置370人，占应安置的80%，有10人放弃政府安置，领取一次性就业补助金后自谋职业。2000年，各县（市、区）大力推广货币补助自谋职业，对城镇退役士兵实行扶持就业与安置就业相结合。福鼎市在全市率先试点出台《福鼎市城镇退役士兵安置暂行规定》，扩大货币补助、自谋就业的安置办法。是年，全区共接收城镇退役士兵660人，实际安置258人，领取安置补助金自谋职业的19人，尚有较多待安置者。2001年，共接收城镇退役士兵560人，实际安置250人，其他均领取补助金自行就业。2002年，宁德市直属单位对复员退伍军人安置实行分级管理办法。市属机关、企事业单位和驻市内的中央、省属单位复退军人的安置由市民政局负责，区属机关、企事业单位和城镇居民的复退军人安置由蕉城区负责。全市各县（市、区）普遍推行安置就业与自谋职业相结合、鼓励自谋职业的安置办法。对自谋职业的城镇退役士兵，全面落实福建省办公厅转发民政厅等部门《关于福建省扶持城镇退役士兵自谋职业优惠政策实施意见的通知》中的各项扶助政策。城镇退役士兵自谋职业一次性补助金列入各级财政预算，确保补助金按时足额兑现。是年，全市接收安置城镇退伍军人420人，其中货币安置的占一半以上。2003—2004年，全市城镇退役士兵安置工作中领取补助金自行就业的人数比重多。

2005年，全市全面推进以自谋职业为主渠道的安置工作改革，对自谋职业的退役士兵发给“城镇退役士兵自谋职业证”，确保其享受优惠政策。是年，全区共接收城镇退役士兵和转业士官402人，安置173人，其中领取补助金自谋就业106人。对2004年前遗留未安置落实的城镇退役士兵积极采取措施加以解决，仍以货币安置为主，鼓励自谋职业。至2005年年底，全市各县（市、区）共实行货币安置685人，其中305人为历年遗留未安置对象。

二、农村退役士兵安置

1993年，部队和地方中大力开发使用“军地两用人才”，对表现好、有技术专长的农村退役士兵，积极为他们牵线搭桥，向用人单位推荐就业，鼓励退役士兵立足本地回乡发展种植业、养殖业、加工、运输等产业，走自力更生、科技致富路子。是年，全区接收安置农村退伍军人806人。1993—1999年7年间，全区共开发使用农村退伍军人“军地两用人才”3263人。

2000年，全区举办各类“军地两用人才”培训班23期，受训农村退伍军人520人，劳务输出210人，“两用人才”开发率为85%。2002年，全市制发“优待安置证”，取代原有的“退伍安置登记证书”，实行优待安置证制度，落实优待安置政策。共接收安置农村退伍军人1304人。2003年，全市接收安置农村退伍军人1166人，举办各类培训班15期，对退伍军人进行实用技术培训，参加培训280人，有80名退伍军人被选任为村级干部。2005年，全市共接收安置农村退伍军人992人，古田县有30个村建立农村退役士兵补助制度，鹤塘、西洋、路上等12个村年补助金额达3000 ~ 5000元。

第二节　军队离退休干部安置

1993年，成立宁德地区军队离退休干部休养所，休养所实行“自我教育、自我服务、自我管理”，配备若干工作和服务人员，是年，接收安置首批新老军队离退休干部入住。1995年，霞浦县军队离退休干部休养所成立。1996年，福建省民政厅下达宁德地区第四批接收安置军队退休干部任务33人，分配建房经费（含服务管理用房经费）155.3万元。1998年，全区接收安置一、二批无军籍退休退职职工11名。1999年10月，福鼎市成立军队离退休干部休养所。至此，全区已有宁德（今蕉城区）、福安、福鼎、霞浦4个军休所，军休所均为财政全额拨款的事业单位，共配备管理服务工作人员18人。其中宁德6人、福安4人、福鼎3人、霞浦5人。在未设所的古田、屏南、周宁、柘荣县，民政局相应配备专兼职军休干部工作人员各1人。各军休所建立由所长全面负责、党组织保证监督、离退休干部参与管理的领导体制。

2001年，宁德市政府下拨“星光计划”经费5万元，用于宁德市军休所维修门球场、建室外健身场等。其他县（市、区）军休所不断购置活动器材。此后，全市每年5月和10月，组织两次全市军休系统人员门球、象棋友谊赛。鼓励军休干部走出庭院，参加各种社会公益活动，发挥余热，奉献社会。全市军休干部不断融入社区服务和地方公益等活动，先后为抗灾、扶贫帮困、捐资助学等捐款20多万元，为社区募集修路资金20.3万元，有46人被各单位聘用为公益志愿者。2002年，福建省民政厅下达宁德市第五批接收安置军队退休干部任务17人，下达住房补贴经费（含服务管理用房经费）122万元。是年，安置省下达第三批无军籍退休退职职工6人，其中蕉城区5人、霞浦县1人。2003年9月，根据中央文件规定，在上年移交宁德市安置的17名第五批自建房军队离退休干部中进行住房制度改革，实行住房货币补贴，自行解决住房。2004年开始，军休干部服务用车从实行货币化保障，改为发放交通费补贴，离休干部每人每月105元，退休干部每人每月90元。军队退休干部全部享受安置地国家机关同职级退休公务员的医疗待遇。是年，福建省财政厅、民政厅追加宁德市第五批军休干部自建房（自购、维修）住房补贴138.44

万元，补贴全额发放给军休干部本人。从当年开始，军队离退休干部按年度下达安置计划，住房保障实行住房补贴、货币补差相结合办法，所需经费由中央财政专项安排。2005 年，安置省下达宁德市军队离退休干部 7 人。1993—2005 年，全市共接收安置军队离退休干部 60 人、无军籍退休退职职工 21 人。

第六章　社会救助与社会福利

第一节　救灾救济

1993—1996年，全区相继遭受严重干旱、山体滑坡、台风正面袭击自然灾害，其中，1994年发生古田黄田镇“6·20”严重山体滑坡灾害，致31人死亡、20人受伤，6号强台风造成霞浦县船只损毁145艘、死亡7人。1996年沿海地区遭受第7号台风和8号台风正面袭击，7月31日至8月2日的8号台风，风力强，雨量大，加上潮位高，造成严重灾害。第8号台风福鼎管阳过程雨量达501毫米、宁德虎浿为433毫米、柘荣城关为398毫米。7月31日，福鼎沙埕站出现11.26米的高潮位，超警戒线1.26米，比清光绪三十年（1904年）7月3日记载的历史最高潮位还高出0.07米，福安交溪白塔水文站水位达28.63米，超警戒水位2.63米。全区倒塌民房1.86万间，损坏民房15.03万间，有73个村庄受淹，7.4万人被洪水围困，1.6万人无家可归，因灾死亡12人，直接经济损失达12.24亿元。灾害发生时，全区组织抢险队伍65支3.1万人，投入救灾的草、麻袋7万多条，车辆273部，船只111艘，发电机25台，其他工具2万多件。灾害发生后，各界开展“为灾区人民献爱心捐赠活动”，地直机关于8月3日上午召开救灾捐赠仪式，现场收到捐赠款62万元，衣被3600件。1993—1996年4年间，全区民政部门共下拨救灾救济款4486.9万元，用于解决灾民生活困难、转移安置、救济伤病人口。

1997—2000年，全区先后遭受台风带来的特大暴雨、山体大面积滑坡、洪涝灾害以及山区低温霜冻自然灾害，其中，1997年的第11号台风袭击，风力强，雨量大，潮位高，全区直接经济损失达4.08亿元。1999年的2次强台风、洪涝，全区受灾88.83万人次，成灾48.08人次。农作物受灾面积3.8万公顷，成灾2.1万公顷，绝收0.52万公顷，民房倒塌9742间，损坏13336间，直接经济损失2.92亿元。1997—2000年4年间，全区民政部门共下拨救灾救济款9252.24万元，解决灾民吃饭、穿衣、伤病、住房等生活困难。其中1997年安排灾后重建资金797万元，重建户数达6609户（集中重建19个村383户，分散重建6226户）。2000年，民政部门把春夏荒、冬令救济工作与元旦、春节慰问灾民和困难户结合起来，帮助灾区群众安排好生活。

2001—2005年，全市先后遭受冰雹、洪涝、台风等多次自然灾害袭击，特别是“飞燕”“碧利斯”“利奇马”“森拉克”“云娜”“艾利”“海棠”“泰利”“龙王”等强台风，给全市造成重大损失。全市受灾人口累计达713.7万人次，成灾人口达270.13万人次，全市直接经济损失110.99亿元，其中2002年，先后有龙卷风、洪涝、台风袭击宁德。特别是第16号强台风“森拉克”的正面袭击，使山洪与暴潮并发。全市受灾人口141.38万人，成灾人口93.86万人，因灾死亡7人。

农作物受灾面积 6.06 万公顷，成灾面积 3.6 万公顷，绝收面积 1.02 万公顷，因灾减产粮食 6.06 万吨，损失粮食 0.32 万吨。全市倒塌民房 2.98 万间，损坏民房 15.25 万间，灾害造成直接经济损失 35.54 亿元。其中农业直接经济损失 25.58 亿元。全年共下拨特大自然灾害救济款 1889.3 万元、救灾捐赠款 42 万元，解决 54.9 万灾民的吃粮、穿衣、住房等困难，使灾区群众生活得到妥善安排。全市因灾倒房需重建的有 5130 户，其中集中重建的有 20 个村 446 户、分散建房的有 4684 户。元旦、春节期间，各县（市、区）把冬令救济工作和领导下乡慰问结合起来，送衣、被、粮款下乡，及时解决灾民和贫困群众生活中存在的实际困难。2001—2005 年间，全区民政部门共下拨救灾救济款 10656.74 万元，解决灾民的吃粮、穿衣、伤病、住房等困难，使灾区群众生活得到妥善安排。

第二节　低保与农村“五保”供养

一、城市居民最低生活保障

1997 年，宁德地区启动城市低保工作，在宁德、福鼎、福安 3 个县（市）开展试点。地、县（市）两级民政部门开展城市低保工作前期调研，掌握特困家庭数量和分布状况，研究制订工作方案，确定城市居民最低生活保障线标准、救助对象和救助形式。1998 年，全区 9 县（市）全部建立城市居民最低生活保障制度，共有城市居民 823 户、1832 人得到最低生活保障，月发保障金总计 9.52 万元，人月均 52 元，年计发 112.86 万元。1999 年，城市低保工作扩大到全区所有建制镇（街道），进入全面实施阶段。各县（市）负责所在地困难居民的低保工作，地区负责省、地属企业困难职工的低保工作。全区城镇居民最低生活保障对象 2854 人，年共发保障金 166.63 万元，月均发 16.07 万元，人月均 56 元。2000 年，全区有城镇居民保障对象 2056 户、4648 人，年发保障金 90.2 万元。2001 年，全市有城镇居民保障对象 8914 人，其中福安 2070 人、福鼎 1760 人、蕉城 1293 人。

2003 年，全市城镇居民保障对象达到 21985 人，年发放保障金 107.81 万元。2004 年，全市低保对象 22905 人，共发放 1182.5 万元，月人均补差 44.6 元。2005 年，宁德市政府决定从 1 月份开始，省、市属企业单位困难职工的城市低保工作实行属地管理，由企业所在地的县（市、区）组织实施，所需保障资金由市财政和省级低保调剂金给予适当补助。是年，全市城镇居民最低生活保障对象 22441 人，年发放保障金总额 221 万元，人均 98.48 元。其中省级补助 932 万元，市级补助 57 万元，县级配套 232 万元。

二、农村居民最低生活保障

1998 年，宁德地区农村启动居民最低生活保障工作。霞浦、周宁 2 县对部分“五保”对象试行农村居民最低生活保障制度，共有 344 户、473 人得到最低生活保障，月发保障金 1.89 万元，年下发生活保障金总额 22.7 万元。其他县（市）开始农村居民前期调查摸底工作。1999 年 1 月，全区 9 县（市）全部建立并实施农村“五保户”最低生活保障制度，共有“五保户”对象 5261 人。全年共发放最低生活保障金 207 万元，人月均补差 33 元。2001 年，全市纳入农村居民最低生活保障对象的“五保户”9926人，低保金年发放总额474万元，人月均补差40元。2002年，农村居民最低生活保障人数12782人，年发放低保金563万元，人月均补差44元。

2003年，全市有农村居民最低生活保障对象12769人，占全市农业人口的0.46%，低保金年发放总额583万元，全部由县（市、区）财政支出，人月均补差38元。是年，根据福建省民政厅《关于对农村特困家庭开展摸底排查的通知》要求，开展全市农村特困家庭摸底调查，经调查全市农村有年人均纯收入低于1000元以下的特困人口95654人，占全市农业人口3.5%。2004年，全市全面建立并实施农村最低生活保障制度，将人均年收入低于1000元的农村贫困人口全部纳入保障范围。福建省财政厅对“五保”对象按年人均1000元（月人均83元）全额补助，其他低保对象按年人均420元（月人均35元）差额补助。是年，全市纳入农村低保109701人，比2003年摸底数增加14047人，低保金发放5525万元。其中，省级补助3922万元、县级配套1603万元。“五保”对象人均月补83元，低保对象人均月补差31元。2005年，全市农村低保工作进入健全各项机制、完善档案管理阶段，实行县、乡（镇）、村三级档案管理，按照“一县一室、一乡镇一柜、一村一盒、一户一袋”模式，整理资料档案，装订成册。是年，全市共有111234人享受农村低保，占全市农业人口的4.04%，其中“五保”对象30490人、农村困难户对象80744人。全年发放农村低保金6421万元，其中省级补助5472万元、县级配套949万元。“五保”对象人均月补差83元，低保对象人均月补差35元。

三、农村“五保户”供养

1993年，区内农村“五保户”供养主要由乡（镇）统筹、村提留解决，供养水平低、不稳定。1994年，宁德地区民政局按照国务院《农村“五保”供养工作条例》，开展第二次“五保户”普查和换发农村“五保户”供养证书工作。1998年，全区开始提高农村“五保”人口供养水平，有473名“五保”对象列入最低生活保障，供养水平较前提高。1999年，全区列入农村最低生活保障的“五保”对象5261人。2000年，全区农村最低生活保障的“五保”对象上升至8303人。2001年，全市有“五保户”22134户、22819人，其中散居21464户、21947人，集中供养845人。有5261人列入最低生活保障对象，年底人均月补差40元。2002年，全市有“五保户”12782名。2003年12769“五保户”列入农村居民最低生活保障对象，年底人均月补差38元。福鼎磻溪镇柏洋村对孤寡老人实行集中供养。2004年，全市全面建立和实施农村低保制度后，省补助资金1672万元，农村“五保”对象的供养水平有较大提高。分散供养22319人、人均月补差83元，达到1000元/人年，集中供养达到1600元/人年。低保人数及人均月补差额均属省前列。2005年，全市开展农村“五保”对象换发证和甄别工作，确定全市农村“五保”对象为30490人，全部并轨列入农村居民最低生活保障对象，年底人均月补差83元，人年均供养费1000元以上。

四、城乡困难家庭医疗救助

2005年5月，福建省政府在全省开展建立城市医疗救助制度的试点工作，省、市确定在柘荣县率先开展农村医疗救助试点工作。9月，《柘荣县农村困难家庭医疗救助实施细则（试行）》出台。医疗救助对象为享受农村居民最低生活保障对象中的“五保”人口、在乡重点优抚对象和革命“五老”人员。救助对象由政府资助参加当地新型农村合作医疗（每人每年10元）。对患大病住院所发生的医疗费用，按新型农村合作医疗报销金额和按规定扣除的费用后，按一定比例给予救助。医疗救助起付线为1000元，救助封顶线为5000元。是年，试点县柘荣共筹集医疗救助基金25万元，发放救助资金7.28万元（其中资助6330人，资助金额6.33万元，医疗救助8人，救助金额0.95万元），当年结余17.72万元。

第三节　残疾人扶助

一、扶残助残

1993年“全国助残日”前后，宁德地区残疾人工作委员会办公室（简称地区残工委办）结合“扶残、共建”主题，把“残健交融、扶助共进”作为宣传贯彻重点，在全区范围内宣传落实《中华人民共和国残疾人保障法》，掀起扶残助残的高潮，全社会共同关心残疾人气氛日益浓厚。1994年，地区残疾人工作委员会紧紧围绕“我们同行——为残疾人献爱心”主题，宣传《残疾人保障法福建省实施办法》，立足为残疾人办实事，开展多种多样助残活动。行署专员率地、县（市）民政、残联等部门领导，深入偏僻贫困的畲族山村看望残疾人，为全区开展第四个助残日活动拉开序幕。全区9县（市）委、政府主要领导相继深入福利厂（院）、边远山区、特教学校慰问残疾人，带去党的关怀和温暖。部分县（市）主要领导就贯彻《残疾人保障法福建省实施办法》发表电视讲话。

1995年，全区各县（市）普遍通过开辟残疾人固定专题节目和系列图片专栏，加强扶残助残宣传，共举办图片展览及专栏、专刊30多期。1997年，地直党工委、团地委、文明办、民政局、残工委办5家单位，联合确定5月12—18日为青年志愿者助残活动宣传周，青年志愿者向全区发出“倡议书”，倡议全社会关心支持残疾人事业，用真诚与行动开展助残、扶残活动。宁德电大青年学生组成助残志愿者小分队，深入地直各单位宣传，发动为兴建“地区残疾人康复中心”捐款，仅1个星期收到各界人士捐款8万元。各行业积极开展助残活动，宁德地区邮电局决定5月17日至6月18日，为全区残疾人优惠30% ~ 40%装配电话。霞浦县科协在开展科技助残中，为残疾人免费举办食用菌培训班。宁德地区司法局组织有关部门开展“5・18”助残法律咨询等活动，促成全社会扶残助残的良好风尚。1998年，全区组织宁德电视台、闽东日报社记者，深入屏南、古田、霞浦、宁德等地采访，收集助残和残疾人自强事迹。5月15—25日，闽东电视台对地区残疾人事业进行连续报道，《闽东日报》5月16日头版开辟专题栏目，刊登各地扶残、助残事迹报道10多篇。各级残联通过广播、专栏、图片展览、标语等方式，加强扶残、助残宣传。

1999年，全区开展第九次“全国助残日”活动，掀起助残热潮，各级党委、政府贯彻中宣部等19个单位联合发出的《关于开展第九次全国助残日活动的通知》，各级政府残疾人协调委员会召开座谈会，主要领导或分管领导在当地有线电视台发表扶残助残专题讲话。各县（市）党政领导和有关部门以各种形式深入基层开展助残献爱心送温暖活动。地区残联围绕“无障碍与视觉第一”主题活动内容，邀请地区建筑设计院就“无障碍设施建设”征求意见。霞浦、寿宁、福鼎等县（市）召开有建设、计划、规划、残联等有关部门领导参加的座谈会或专题会议，提出将无障碍环境建设项目纳入城建整体规划。地区人大工委和地区残工委以及宁德、周宁、屏南等县人大和残联分别组成执法检查组，深入基层开展对残疾人法律法规及优惠政策执行情况检查、监督。是年，各县（市）、乡（镇）残联组织建设逐步健全，基本完成全区乡（镇）残联专干配备，85% 残联组织达到省验收要求。

2000 年，宁德地区各级根据中残联和省残联扶贫工作规划要求，把扶持贫困残疾人工作纳入政府扶贫攻坚大盘子中，统一安排，同步实施，扶贫助残工作得到各级政府重视并取得一定成效。周宁、屏南、蕉城等县（区）落实优惠政策，减轻残疾人负担，全年工商、税务、城管、交警、文化、教育等部门为残疾人减免各种税费 40 多万元，周宁县为残疾人个体经商办厂减免各种规费几十万元。全区严格残疾人发展生产贷款发放使用和管理，确保专款专用。寿宁县将 36 万元康复扶贫小额信贷全部投入残疾人事业，组织和扶持残疾人从事种植业、养殖业、手工业、家庭副业等生产，取得很好效果。屏南县康复扶贫将 36 万元小额信贷落实到位，安排到户到人，大部分贫困残疾人得到扶持。柘荣县采取助残小额信贷扶贫款 48 万元与副科以上领导干部相挂钩，帮助指导残疾人贫困户发展生产。是年，全区共挂钩帮扶 500 多户贫特困残疾人，有 200 多户残疾人贫困户脱贫，解决温饱问题。全区享受最低生活保障线、“五保”供养、领取定期补助和参加农村社会养老保险的特困残疾人 1577 人。各项解困措施基本覆盖无劳动能力的特困残疾人。截至年底，全区扶持贫困残疾人 4270 人，脱贫 1281 人。

2001 年，市建委、民政局和残工委办联合组织开展宁德市无障碍设施建设情况大检查，推动宁德市无障碍设施建设纳入当地政府城市建设发展总体规划。市残工委办与市法律援助中心联合成立“宁德市残疾人法律援助站”，为残疾人提供法律援助。2002 年，全市共争取到中央康复扶贫贷款 95 万元、省财政配套扶贫专项经费 36 万元，全部用于扶持贫困残疾人发展生产，扶持贫困残疾人 545 人，各单位和社会人士帮助 2278 名残疾人通过各种方式脱贫。3811 名残疾人依靠落实各项政府提供的保障措施降低家庭贫困状况。是年，政府机构进行改革，市、县（市、区）残联机构升格为正处（科）级。

2003 年，全市共争取到 221 万元的康复扶贫贷款（其中中央康复扶贫贷款 150 万元，省财政配套扶贫专项经费 71 万元），用于扶持残疾人发展生产，脱贫解困。市残工委通过政府、企业等多种途径，多形式地开展残疾人扶贫解困工作。周宁县残联投入小额贷款 14 万元，与周宁县群鑫农发科养有限公司合作，建立联合体，在七步、纯池发展联合体养殖波尔山羊。该联合体以残疾人为主，村干部加入，镇包村干部挂靠，保证资金的有效使用。古田县残联对全县（市、区）5 个乡镇的残疾人进行摸底，登记造册，动员社会各界扶助贫困残疾人。福鼎市与扶贫协会联手发展小额信贷服务，扶持 43 户残疾人从事种植业、57 户从事养殖业。

2005 年，宁德市共争取到 168 万元的康复扶贫款（其中中央康复扶贫款 120 万元，省财政配套专项经费 48 万元），用于扶持贫困残疾人发展生产、脱贫解困。财政、农行、残联有关部门密切配合。共同做好扶助贫困残疾人扶贫贷款资金发放工作。市残联主动与区农行联系，协调帮扶项目调查、核实，及时为宁德新干线印刷福利企业落实急需的扶贫贷款资金。福鼎、周宁、寿宁等县（市）建立波尔山羊、乌龙茶、毛竹等具有地方特色的生产基地。全市 1060 名残疾人得到康复扶贫贷款。是年，宁德市积极开展社区选聘残疾人联络员工作，全市 9 县（市、区）共选聘 18 名社区残疾人担任联络员。既负责与社区联系协调残疾人工作，同时也是社区的工作人员。

二、康复工作

1993 年，区内全面开始残疾人康复工作，当年完成 100 多例白内障复明和儿麻矫治术、30

多名聋哑儿童语言训练。1994 年，重点做好碘缺乏儿童的补碘，全区完成碘缺乏者补碘 59550 例。1997 年 5 月，成立宁德地区残疾人康复中心，建成总面积 600 多平方米的中心大楼，配有专职医护等指导人员。1999 年，全区开始实施省委、省政府为民办实事之一的“三项康复工程”，即实施特困白内障患者复明手术 360 例，聋儿听力语言训练 20 名，智残儿童功能训练 20 名。是年，先后在宁德、古田、福鼎、霞浦、周宁、寿宁等地实施白内障复明手术 408 例，聋儿听力语言训练 20 名，智残儿童功能训练 20 名。通过听力语言训练的 20 名聋儿，已有 8 名能开口说话，9 名聋儿有明显效果，20 名智残儿童接受训练后，感知认识能力有明显提高，生活自理能力等方面也有很大进步。

2000 年，全区康复工作重点放在建立以残疾人家庭为基础，社区康复为骨干，综合康复服务机构为指导的康复训练服务网络。各级残联针对社区康复模式，立足当地实际，以多种形式、多种渠道灵活多样地开展各项康复工作。至年底，全区完成白内障复明手术 647 例，脱盲率达 95% 以上，脱残率达 85% 以上。完成肢体残疾系统训练 106 名，其中机构训练 76 名，显效 50 名、有效 23 名、无效 3 名；家庭训练 30 名，显效 17 名、有效 12 名、无效 1 名。完成聋儿语训 39 名，其中三级康复 10 名、二级康复 18 名、一级康复 11 名，培训聋儿家长 63 名。完成智力残疾康复训练 28 名，其中机构训练 12 名、家庭训练 16 名，培训智残家长 28 名。同时，全面完成市委、市政府为民办实事之一——“三项康复工程”任务，即为 80 名家庭困难的 0 ~ 7 岁聋儿、智残儿童和肢残儿童开展功能训练。

2001 年，宁德市“康复工程”（为 280 名贫困白内障患者实施复明手术，为 35 名贫困特困肢残患者安装普及型假肢）被市委、市政府列为为民办实事项目之一。当年，“康复工程”为贫特困白内障患者实施复明手术 337 例，超过任务数 57 例，免费为贫特困肢残患者安装普及型假肢 35 例。当年，全市完成肢体残疾人康复训练 67 名，其中有效 62 名；脑瘫儿童康复训练 13 名，其中有效 12 名；完成智残儿童康复训练 54 名，其中机构训练 38 名、家庭训练 16 名，完成白内障复明手术 950 例、配用助视器 66 名、低视力家长培训 41 名。完成麻风矫治手术 15 名，其中麻风村内 12 名、麻风村外 3 名，发放辅助用具 168 件、完成麻风病致残患者康复训练 38 名、为麻风病致残患者安装假肢 2 例。完成用品用具供应 778 件，新增精神防治康复工作县 2 个，覆盖总人口 66.4 万人。开展乡镇社区康复示范活动，其中省试点霞浦县盐田乡和市试点古田县新城镇工作进展情况良好。

2002 年全市完成白内障复明手术 990 例，残疾儿童康复训练 164 名（其中肢体 76 名，脑瘫 23 名，智残 65 名），为低视力患者配用助视器 41 名，麻风肢残矫治手术 14 例，配用辅助用具 35 例，聋儿语训 40 名，培训聋儿家长 40 名，全面完成省里下达的康复任务。“康复工程”活动为 130 名贫特困盲人配备了盲杖，为 130 名贫特困下肢残疾患者安装了假肢及辅助用品，为 130 名贫特困聋儿配备助听器。在蕉城区蕉北街道办事处、屏南县甘棠乡等乡镇（街道）开展残疾人社会康复服务活动。对各类残疾人及残疾人需求进行调查摸底，立卡造册，根据残疾人康复类别、分布状况制定康复工作计划，分解康复工作任务，明确指标和要求。并通过办培训班、以会代训等多种形式对康复指导站人员和村康复员进行培训。屏南县甘棠乡还建立残疾人康复服务网站，内容涵盖每个残疾人基本状况、康复需求、康复服务档案、社区康复基础知识、残疾人预防等。全市完善各试点乡镇（街道）网络，协调社区各有关部门参与，充分利用社区内现有的医疗条件和保健网络，依靠乡（镇）、村康复点为残疾人提供有效的康复服务。

2003 年，围绕“十五”计划纲要，紧密结合实际，开展康复工作。制定并由市政府办公室转发《关于进一步加强残疾人康复工作的实施意见》，明确全市残疾人康复工作的总体目标：在

2005年以前城市有康复需求的残疾人80%得到康复服务，农村达到60%；到2009年在城市有康复需求的残疾人普遍得到康复服务，农村达到80%以上；到2013年，提前实现残疾人“人人享有康复服务”的规划和目标。当年，全市完成白内障手术1532例，肢体残疾康复训练72名，脑瘫儿童康复训练68名，聋儿语言训练40名，培训聋儿家长180名，麻风畸残矫治手术15例，发放辅助用具30件，装配普及型假肢30例，组织供应各类残疾人用品用具500例。

2004年，完成白内障复明手术1400例，其中人工晶体植入占90%以上，配用低视力助视器40名，培训家长5名；完成肢体残疾康复训练95名，脑瘫儿童康复训练23名，完成智残儿童康复训练65名，其中机构训练30名，家庭训练35名；完成聋儿听力语言训练40名，聋儿家长培训40名；完成麻风畸残矫治手术3例，发放辅助用具36件，康复训练10例。霞浦县、柘荣县开展对乡镇精神病患者调查摸底、培训乡镇康复员，对患者进行跟踪治疗和康复服务。完成普及型假肢装配55例，组织供应各类残疾人用品用具900件。在全市缺碘地区开展补碘宣传教育工作。

2005年，宁德市开展“百千万”残疾人康复工程、国家彩票公益金康复项目、“视觉第一中国行动”项目以及“长江新里程计划”普及型假肢装配等4个重点康复项目的实施及残疾人社区康复工作。全市共完成白内障患者复明手术1400例，其中人工晶体植入占90%以上，为40名低视力患者配备助视器，培训家长10名。完成麻风畸残矫治手术5名，配备辅助用具30件，系统功能训练10名。完成聋儿语训40名，家长培训40名。完成肢残康复训练70名，脑瘫儿童康复训练15名，智残儿童康复训练70名。安装普及型假肢45名，安装矫形器100例，用品用具供应900件。实施中国彩票公益金康复项目，为贫困残疾人免费配发用品用具296件，为麻风畸残者配发辅助用具98件，为贫困残疾人装配了普及型大腿假肢35例，为12名贫困聋儿配发了助听器电池，为43名贫困聋儿补贴了康复训练经费，为3个社区配发康复训练器具，并培训3名社区康复员。

三、残疾人就业

1993年，地区行署召开年度第三次专员办公会议，决定在全区开始实施在机关、企事业单位按比例安置残疾人就业，并列入当年为民办实事之一，是全省最早实施这项工作的地区之一。当年，全区安置539人有一定劳动能力的残疾人就业，收缴就业金23.50万元。

1996年，全区各级残联先后开展对贫困残疾人的扶贫解困工作。1998年，全区安置残疾人就业790人。1999年，全区14246户、21498名残疾人中有一定劳动能力、可扶持的有8246户、14223人，已安置就业2095人。

2000年，地区、各县（市）坚持以“安置为主、收缴就业保障金为辅”的方针，全面实施并促进乡镇单位落实好。当年，全区安置残疾人就业424人、帮助自谋就业1204人、收缴就业保障金85.66万元。

2001年，全市共举办各类中短期残疾人技术技能培训班54期，受培训人员1277人，有583人安置就业。2002年，全市举办48期，培训1012人，安置就业1045人。盲人于福寿培训就业后参加全国盲人按摩比赛，获得第三名。当年，全市筹得残疾人康复就业扶贫贷款131万元，扶持545名残疾人就业。2003年，宁德市人民政府下发《关于改进和完善残疾人就业保障金征收管理办法的通知》，决定残疾人就业保障金改由地方税务部门代征，全年市本级征收保障金108万元，为历年最高。

2005年，全市安置残疾人就业1400多人，举办各类残疾人就业技能培训班37期、培训1136人次。

四、文体活动

1993年，宁德地区残工委组织编排的两个舞蹈节目参加全省第四届残疾人文艺会演获三等奖。同年，在全省残疾人田径运动会上，宁德地区肢体残疾人钟文坚在女子100米、200米和400米赛跑中获得3块金牌。

1997年，《哑女的心愿》获得全省第五届残疾人文艺会演第一名，并在其后参加的“汇洋杯”全国第四届残疾人艺术会演中获表演二等奖。

2001年，市残联选送的《苦竹颂》荣获全省第六届残疾人文艺会演一等奖、全国残疾人文艺会演二等奖并被选送参加世界残疾人艺术节。宁德市残疾人演员林凌还被选调到中残联的残疾人艺术团，前往美国、日本、瑞士及东南亚国家演出。同年，宁德市依托特教学校、社区、福利企业开展残疾人群众性体育健身活动，先后向福建省残疾人足球队、篮球队、羽毛球队、乒乓球队输送10多名运动员，并代表福建省残联多次参加全国性的相关项目比赛。

2002年，宁德市组织智障儿童参加全省第二届残疾人特殊奥林匹克运动会，参赛运动员取得10枚金牌、4枚银牌、4枚铜牌的好成绩。2004年，宁德市残疾人运动员李达参加全国游泳单项比赛获得第三名。

2005年，宁德市特殊奥林匹克篮球队代表福建省参加东亚区特殊奥林匹克篮球赛，获得22～29岁组银牌，蕉城区开智学校学生刘美宾、黄振炳参加全国特殊奥林匹克举重比赛取得3金3铜的好成绩。12月12—16日，在福建省第五届残疾人运动会上，宁德市选送的29名残疾人运动员参加6个大项，17个小项的比赛，共夺得12枚金牌、7枚银牌、3枚铜牌。12月17—18日，在第三届全省特殊奥林匹克运动会上，15名宁德智障运动员共得11枚金牌、12枚银牌、8枚铜牌。2005年，宁德市残联组队参加省级残疾人运动会和特殊奥林匹克运动会的人数和成绩都创下了宁德市最好的历史纪录。同年，宁德市残疾人演员林凌参加春晚《千手观音》节目表演。

第四节 收容遣送与救助管理

1993年，宁德地区在福安市南郊瓦楼山设立收容遣送站，有干部职工10名。内设救助管理科、流浪儿童救助保护中心办公室、反家庭暴力妇女保护中心办公室等办事机构。1993—1998年，收容遣送与救助管理工作的重点是维护社会秩序，净化社会环境，严格依法集中收容遣送、中转各县（市）送来的外流人员。1999年，福安瓦楼山收容遣送站参与“110”社会联动工作，全年收容遣送1264人次。2000年，收容工作稳妥开展，严格依法收容遣送，全区共收容遣送12762人次，中转外省外流人员800人次，收容及遣送人员增多。2001年，市民政部门在配合公安部门进行专项“严打”中，共接收公安移送的遣送对象260多人次，收容遣送对象1198人次，中转外流人员800多人次。2002年，全市共接收公安移送对象300人次，收容遣送对象1176人次，中转部分省（区）外流人员830人次。

2003年7月，福安收容遣送站共收容遣送外流人员13087人次，其中外省籍外流人员10745

人次、本省籍外流人员 2342 人次。8 月 1 日，宁德市福安收容遣送站正式更名为宁德市救助管理站，站址不变，工作性质转变为主要承担外地流入人员的收容救助工作。2004 年，全市各级民政部门严格执行新的救助管理办法，救助工作逐步法规化、规范化、人性化，宁德市救助管理站共救助 347 人次，受助率 100%。相当部分为自行前来求助的救助人员。2005 年，宁德市救助管理工作的重点是解决跨省救助的工作难题，制定配套政策，发挥救助管理社会功能。全年求助对象 730 人次，共救助 638 人次。

第五节　社会福利

一、福利院和养老院建设

（一）社会福利院（光荣院）

1993 年，全区有 7 所民政部门办县级福利院（光荣院），其中宁德（今蕉城区）、福鼎、福安、霞浦、屏南、寿宁、古田各 1 所。有事业编制工作人员 85 人，床位数 301 张，固定资产 284 万元，年拨经费 84.9 万元，供养孤老优抚对象 163 名。1994 年，全区民政部门办县级福利院（光荣院）有事业编制工作人员 80 人，床位数 300 张，固定资产 323 万元，年拨经费 84.2 万元，供养 158 名孤老优抚对象。是年，屏南县福利院（光荣院）被评为“国家级先进光荣院”。1995 年，增设周宁县福利院（光荣院），全区有 8 所福利院（光荣院），床位 333 张，工作人员 87 人，固定资产 396 万元，年拨经费 121.3 万元，供养孤老优抚对象 173 人。1996 年，全区福利院（光荣院）有工作人员 88 人，床位 326 张，固定资产 403 万元，年拨经费 144.6 万元，供养孤老优抚对象 187 人。是年，宁德市（今蕉城区）福利院（光荣院）被命名为“全国文明福利院（光荣院）”。1997 年，全区 8 所民政部门办县级福利院（光荣院），有事业编制工作人员 95 人，固定资产原值 416 万元，床位 318 张，年拨经费 137 万元，集中供养孤老优抚对象 219 人。

1998 年，柘荣县福利院（光荣院）建成投入使用，全区实现县县有福利院（光荣院）。共有事业编制工作人员 95 人（其中医护人员 19 人），固定资产原值 562 万元，床位 346 张，年拨经费 209 万元，集中供养 220 名孤老优抚对象。1999 年后，全区先后投入 380 多万元，改建、扩建、新建一批福利院（光荣院）。其中，古田县投资 180 多万元，新建一幢建筑面积 2000 多平方米的福利院大楼。至年底，9 所民政部门办的县级福利院（光荣院）共有床位 411 张。2000 年，蕉城区投入 10 万元，对福利院（光荣院）大楼进行装修，改造厨房、活动场所。福安市完成院食堂建设。全市（福利光荣院）院民伙食标准明显提高，每人每月从 80 ~ 100 元提高到 150 元，最高达 180 元。2001 年，全市福利院（光荣院）设施得到进一步改善，床位利用率达到 90%。是年，省慈善总会成立确定开展一项重点慈善项目“助孤工程”，资助一批宁德市 14 周岁以下生活困难孤儿，资助标准为每人每年 1000 元。2003 年，省慈善总会共向全市 210 名孤儿发放助养金 21 万元。2003 年，全市追加下达专项经费 76 万元，对部分福利院（光荣院）进行再修缮，床位利用率达 90% 以上。2004 年，全市 9 所县级福利院（光荣院）继续实施改造、扩建或新建。寿宁县投资 200 多万元，新建一幢建筑面积 1213 平方米的福利大楼。2004 年，由于农村低保制度的全面实施，省慈善总会将“助孤工程”助养金标准调整为每人每年 500 元，共向宁德市 457 名孤儿发放助养金 22.85 万元。2005 年，全市民政部门拥有社会福利院（光荣院）9 所，固定资产原值942万元，床位451张。有事业编制工作人员107人，供养338名老人，年经费支出489.7万元。

（二）农村敬老院

1993年，全区有民政部门补助、乡镇办农村敬老院16所，收养“五老”“五保”等孤寡老人180人。是年，累计投入793.5万元，新建、改扩建或修缮农村敬老院。

2000年，全区投入资金120万元，新建、改建农村敬老院6所，修缮2所，接收新院民102人。2001年，全省实施“星光计划”助老工程，宁德市“星光计划”分3年完成。3年间，投入“星光计划”资金3990万元，其中地方政府投入1423万元，自筹和社会力量投入1831万元，福利金资助736万元，建成城乡老年服务站97个，其中街道8个、社区居委会69个、乡镇敬老院12个、老年福利机构8个。至2004年，全市基本实现每个乡镇都有敬老院。2005年，民政部门下拨19个乡镇敬老院建设资金71万元，加强设施建设。至年底，共收住老人220多名。

二、精神病人疗养院建设

（一）福安精神病人疗养院

1993年，福安精神病人疗养院核定床位220张。1995年，核定床位220张（其中收容床位100张），有事业编制工作人员88人。2002年，福安精神病人疗养院管理权限收归宁德市政府，作为市民政局直属社会福利性质科级事业单位。2004年，该疗养院设立办公室、医务科、护理部、门诊部和男1病区、男2病区和女病区等7个内设机构。2005年，疗养院收住工作正常开展，门诊就诊病人9727人次（数），住院病人408人次（数）。

（二）福鼎精神病人疗养院

1993年，福鼎精神病人疗养院为福鼎市属由该市民政部门管理的社会福利单位，有床位200张。1995年3月，核定床位为180张。1999年，该院被列为宁德地区一级疗养院。2000年，投入200万元，改造精神病人疗养院病房。2001年元月，建筑面积2100平方米的新住院病房建成并投入使用。2002年，福鼎精神病人疗养院管理权限收归宁德市民政局，作为市直属社会福利性质科级事业单位。2003年12月，改称宁德市福鼎精神病人疗养院，核定床位300张。2004年，设立办公室、医务科、护理部、门诊部、男1病区、男2病区和女病区7个科室。2005年，总住院床位45134床，日均249.4床，门诊床位1166床，门诊人次4742次，在院人数263人。

（三）宁德市康复医院

宁德市（今蕉城区）康复医院原为宁德市精神病防治院，为宁德市直属医院。1993年，有床位80张，实际可使用床位100张，有事业编制工作人员39人，其中主治医师1人、主管护师1人、中医师1人、士级技术职务人员15人。主要收治区内和宁德周边县的精神病人。1994—2000年，该院基本建设及医护人员力量逐步加强。2001年，宁德撤地设市后，改称宁德市精神病防治院。2002年，改称宁德市康复医院。医院占地面积扩大至1.8公顷，院部建筑面积8170平方米。2003年，有事业编制工作人员62人，其中卫生技术人员52名（高级职称1人、中级职称11人、初级职称38人）。医院设9个行政及职能科室、5个医技科室及2个门诊部。有住院床位110多张，年门诊量6000人次、住院病人24044床/日。是年，动工建设新病房大楼，7月竣工验收并投入使用。新病房大楼三层、建筑面积3000平方米，设3个病区、180张床位，每个病区设一、二级病房，配备有室内活动、餐饮、洗浴、会见、检查、抢救及医护办公室等。2005 年，该院有医护人员 63 名。全年收住病人 480 多人次，住院床位 41506 床 / 日，门诊 28450 人 / 次。年业务收入 480.33 万元，固定资产近 1000 万元。

三、福利彩票发行

1993 年，宁德地区募捐办开展销售纸张印制的刮开式奖券，进行有奖募捐福利资金。是年，销售纸张印制的刮开式奖券 450 万元，筹集福利金 135 万元。1994—1999 年，全区共销售福利有奖募捐奖券 3520 万元，募集福利金 1056 万元。其中 1998 年，销售福利有奖募捐奖券 1800 万元，募集福利金 540 万元，均创历年最高。1999 年，首次发售福建省“八闽风采”彩票 320 万元，完成省下达任务的 60%。2000 年，全区刮开式奖券销售总额降为 200 万元，筹集社会福利金 60 万元。设立市“八闽风采”福利电脑彩票中心，建立电脑彩票销售网点 50 个。是年，共销售福利彩票 1000 万元，筹集社会福利金 300 万元。2001 年，宁德市募捐办公室更名为宁德市福利彩票发行中心，纳入全省发行网。停止组织销售“实物”兑奖彩票，改用电脑投注及购买“刮刮乐”彩票方式销售，全市设立福利彩票网点 212 个。是年，销售福利彩票 4529 万元，筹集福利公益金 1585.15 万元。2002 年，全市有电脑福利彩票投注站 127 个，销售福利彩票 5123 万元，筹集福利公益金 1793.05 万元。2003 年，全市电脑福利彩票投注站减至 67 个，销售福利彩票降至 1714 万元，筹集福利公益金 599.9 万元。2004 年，全市有投注站 65 个，销售福利彩票 1533 万元，筹集福利公益金 536.65 万元。2005 年，全市有电脑福利彩票投注站 82 个，销售福利彩票 1919 万元，筹集福利公益金 671.65 万元。

第七章 老龄工作

第一节 宣传维权

1993年，宁德地区人大常委会法制委牵头组织有关部门，在全区范围内开展《福建省老年人保护条例》实施情况大检查。各级司法部门及时处理涉老案件，农村老人会致力调解涉老纠纷。农村“五老”“五保”老人基本由民政和乡镇统筹负责供养，离退休干部离退休费和医疗待遇得到落实保障。从是年开始，每年老年节全区（市）各县（市、区）都开展慰问老年人及各类文体活动。1996年10月，国家颁布施行《老年人权益保障法》（简称《老年法》），宁德地区老龄委配合有关部门，在全区开展《老年法》宣传活动，共举办《老年法》培训班、讲座260多场次，8760多人次参训。全区运用广播、电视、报刊、图片展览和印发《老年法》等多种形式，开展《老年法》宣传，全区受教育群众6.83万人次。1999年，《福建老年》杂志第5～7期开辟专栏，宣传宁德地区实施《老年法》、开展老龄工作9年来的成绩。2000年，地区老龄委到蕉城区霍童、九都等4个乡镇的6个村居老人会和1个敬老院调研基层老龄工作，先后到福鼎、福安、古田等县（市）调研《老年法》宣传贯彻情况。是年，宁德地区蕉北街道作为全区唯一调查点，参加2000年“中国城乡老年人口状况一次性抽样调查”工作，内容涉及区内老年人在养老、服务、消费、需求等方面20个大项、280个问题的调查资料收集。2001年，市政府发文要求组建新一届市、县（市、区）两级老龄工作机构，市老龄委完成《宁德市老龄事业发展“十五”规划》编制。全市建有老年活动中心（站、室）600所，总面积6.22万平方米，在建6所，面积2400多平方米。是年，结合纪念《老年法》实施5周年，市老龄委在全市开展《老年法》贯彻情况、老年人最关心和最迫切要求解决问题的抽样调查，并在调研基础上形成《关于宁德市贯彻实施〈老年法〉的调查与思考》《对基层老年协会的初探》两篇调研报告并参加全省老龄工作研讨会交流汇报。2002年，市政府在东侨开发区征地2.8公顷，筹建宁德市老年福利服务中心。预算投资2000多万元，建成宁德市第一个示范性的集养老、医疗康复、文体活动于一体的老年福利服务设施。

2003年，市老龄委在全市开展老年人合法权益保障专题调研，调查显示当年全市有2163个村参加农村社会养老保险，参保人数9.63万人，人均每年交缴养老保险金额342元，农村老年农民发放养老金固定生活补贴的老人共计4048人，人均月领取30元。全市有“五保”户数23833户，其中集中供养871人，月供养费平均104元，分散供养的21034人，月均供养费45元。至年底，全市共有百岁老人50名，比上年增加4名，其中女性39名，占78%，最长寿者108

岁。2004 年，市老龄委协同宣传、教育、共青团、妇联等部门，在全市青少年中广泛开展敬老、爱老、助老主题教育活动，蕉城十中团委 10 多次组织学生到蕉城光荣院、福利院慰问老人院民，打扫卫生，整理环境，组织演出，和老人们共度重阳佳节。是年，在全市开展创建老龄工作先进单位和评选敬老模范村（居）活动，市老龄委先后到各县（市、区）及基层进行检查指导，推荐福鼎市作为宁德老龄工作先进市（县）参加全省、全国评选。推荐霞浦县长春镇长春村等 9 个村（居）为省级敬老模范村（居）。全市办理老年法律援助（救助）案件 154 件。

2005 年 6—7 月，市老龄委组织人员深入全市 9 个县（市、区）的 16 个乡（镇）、29 个村（居），开展农村老龄工作调研，重点了解各级老龄机构建设和工作情况、农村老年人“老有所养”方面问题，提出对策与建议，形成《宁德市农村老龄工作的调研报告》，供市委、市政府领导决策参考。10 月 1 日“国际老人节”、10 月 11 日（农历九月九）“福建省老年节”，市老龄办组织开展《老年法》和《福建省老年人保护条例》宣传，慰问 50 名百岁寿星和部分特困老人，邀请律师为老年人提供法律咨询和服务。周宁、福安、霞浦等县（市）举办大型老年节联欢晚会。是年，全市共向 182 位老年人提供法律援助（救助），解决他们的合理诉求。

第二节 优待服务

1993 年，福安南郊村率先在全区实行养老补助制度，对 140 位老年人发放定期定额养老补助金。1994 年，福安市南湖村、宁德市（今蕉城区）中南村共对 232 名村老年人每月发给 30 元养老补助金。1995 年 6 月，宁德地区和各县（市）相继成立老龄福利协会，带动全区 51 个乡（镇）先后成立福利协会。地、县（市）、乡（镇）三级协会拥有福利基金 1263 万元，589 个基层村（居）老人协会拥有互助基金 7386.51 万元。各级老龄福利协会积极筹建老年活动中心，开展文体活动，资助困难老人。1997 年，宁德地区老龄委在全区经济条件较好的村（居）推行按年龄段向老年人发放养老金或固定生活补贴金（简称“双金”）做法。是年，全区有 38 个村（居）的 2350 名老年人从村（居）领到每月 10 ~ 40 元不等的月养老金或年 300 ~ 1000 元不等的一次性补贴金。1999 年 10 月，根据福建省老龄委、财政厅、卫生厅联合通知，全区 9 个县（市）为百岁老人每人每月发放 100 元的长寿营养补贴，卫生部门免费为百岁老人作健康体检。全区有 41 名百岁老人领到长寿营养补助。是年，宁德地区行署发出《关于对老年人实行社会优待服务的通知》，规定凡年满 70 周岁的老年人在购物、乘坐公交车、看病就医、参观游览、安装电视电话、承担农村义务工和劳动积累工等 11 个方面享有特殊照顾和优惠政策，各县（市）政府下发类似通知，并首批办理《老年人优待证》。社会群众自觉形成尊重老人、优待老人、服务老人的社会风气。2001 年 8 月，宁德市政府又将原规定的 11 项老年人社会优待服务项目增加到 15 项。是年，全市在落实福建省“星光计划”（助老计划）实施中，向 46 名百岁老人、100 名特困老人发放 7.98 万元慰问金，各级政府向全市 3 万多名老人发放慰问金 200 多万元。

2002 年，全市有 132 个村（居）的 3794 名老人享受“双金”，最高的每人每月领到 100 元。“老年节”期间，全市各级领导走访慰问高龄、特困老人，发放敬老慰问金 300 多万元，向 19 个村老年活动中心赠送彩色电视机。屏南县总工会、老龄办组织 4 批 300 多名老年人到北京等地游览观光。是年，市老龄委开展农村“三不靠”（民政靠不上、集体靠不上、子女靠不上）困难老人调查，并建立档案，有针对性地分期予以解决。2003年，全市在有条件的村（居）推行“两基”“双金”制度，即建立村老年福利互助基金和养老创收基地、给老年农民发放养老金或年固定一次性生活补贴。是年，全市兴办101个老年创收项目，年创收200多万元，有4018名村老年人领到“双金”。2005年，宁德市政府进一步落实已出台的老年人15项社会优待政策，决定从当年开始至2008年，市财政向市公交公司拨款295万元，解决70岁以上老年人免费乘坐公交车问题，全市共办理7000多张老年乘坐公交优待证。福鼎市磻溪镇柏洋村从是年开始，给全村60岁以上村民每人每月发给100～200元老人补贴。

第三节　老年教育

1993年，全区有地、县（市）及部门老年学校23所，主要开设政治、卫生保健、气功、电脑类教学课程。1996年，全区老年学校上升至64所，实现县县有老年大学。1997年，全区有乡镇一级老年学校72所，并有较为稳定的办学场所、设施和兼职教师。1998年，全区乡镇及以下的老年学校达到105所，有老年学员6410人，开设有时事政治、医疗保健、音乐美术、历史文学等教学课程。1999年，宁德地委组织部、老干局、地区人事局、老龄委联合下发《关于加快发展农村基层老年教育的意见》，全区按照“因地制宜、统筹安排、创造条件、分期实施”的原则，以老年协会为载体，加快基层老年教育发展步伐。设有乡镇一级老年学校132所，学员9920人。2004年，全市新办老年学校4所。

2005年，全市有10个市、县级老年大学，有县级以下各种老年学校201所。其中乡（镇、街道、社区）办校78所，村（居）、部门办校123所，在校学员11337人，开设课程有时事政治等40多门。

第八章　机构　社团

第一节　机　构

一、宁德市（地区）民政局

1993年1月，地区民政局设立宁德地区农村社会保险公司。3月，设立宁德地区民政福利服务公司，均为科级事业单位，实行企业化管理。12月，设立宁德地区军队离休退休干部休养所，亦为科级事业单位。1994年8月，成立宁德地区社会福利有奖募捐办公室，为隶属宁德地区民政局管理的科级事业单位。1996年10月，宁德地区勘界工作领导小组下设办公室挂靠宁德地区民政局，作为临时的科级机构。1997年3月，撤销宁德市民政局内设科室民政科，设立社会事务科。撤销农村社会老人工作科，设立社会福利科和农村社会养老科。

2000年11月，宁德撤地设市，原宁德地区民政局更名为宁德市民政局，同时，原宁德地区社会福利有奖募捐办公室更名为宁德市福利彩票发行中心。2001年8月，宁德市农村社会保险公司划转宁德市劳动局管理，撤销宁德市民政局内设的农村社会养老科，其农村社会保险管理职能划归农村社会保险公司。2002年7月，成立宁德市社区建设领导小组，下设办公室，挂靠在宁德市民政局。同年11月，宁德市老龄工作委员会办公室挂靠宁德市民政局。宁德市民政局内设科室社会福利科和社会事务科合并，设立社会福利和社会事务科。设立民办非企业单位登记管理办公室，挂“宁德市民办非企业单位登记管理办公室”的牌子。同时，福安市精神病人疗养院和福鼎市精神病人疗养院管理权限上收，直接由宁德市民政局管理。2003年2月，设立宁德市社区办，作为常设机构。同年8月，原福安收容遣送站名称更名为宁德市救助管理站。9月，原福安、福鼎市精神病人疗养院更名为宁德市福安精神病人疗养院和宁德市福鼎精神病人疗养院。

2005年4月，宁德市民政局社会团体登记管理办公室挂“宁德市社会团体登记管理办公室”牌子与民办非企业单位登记管理办公室挂“宁德市民办非企业单位登记管理办公室”牌子合并，设立民间组织管理科。撤销社会福利和社会事务科，设立社会福利科和社会事务科。同年12月，成立宁德市城乡低保管理中心，为隶属宁德市民政局管理的科级事业单位。

截至2005年年底，宁德市民政局内设有办公室、计划财务科、救灾救济科、优抚科、基层政权建设科、民间组织管理科、区划地名科、社会福利科、社会事务科、复员退伍军人和军队离休退休干部安置办公室10个机构。挂靠单位4个：双拥办、社区办、勘界办、老龄委办。下属单位8个：宁德市城乡低保管理中心、宁德市军休所、宁德市军供站、宁德市福利彩票发行中心、宁德市民政福利企业公司、宁德市救助管理站、宁德市福鼎精神病人疗养院、宁德市福安精神病人疗养院。宁德市纪检委派驻机构：宁德市民政局纪检组、监察室。

二、宁德市（地区）残疾人工作委员会办公室

1993 年，宁德地区残疾人工作委员会办公室为副处级单位，由地区民政局代管，核定事业编制 7 名。内设综合科、宣教科，下辖宁德地区残疾人就业服务站（副科级事业单位），核定事业编制 2 名。有县（市）残联 9 个。

1997 年，成立宁德地区残疾人康复中心，为宁德地区残工委办下属事业单位，有专职人员 5 名。主要职责对聋儿语言听力训练，残疾人康复指导，残疾人就业培训等。

2000 年 11 月，宁德撤地设市，宁德地区残疾人工作委员会办公室更名为宁德市残疾人工作委员会办公室，机构确定为正处级事业单位。内设综合科、组联宣教科，事业编制 6 名。下属机构有宁德市残疾人就业服务站、宁德市残疾人康复中心。2003 年，转制为社会团体。

第二节　社　团

2004 年，召开宁德市第一次残疾人代表大会，选举产生第一届主席团和执行理事会及各专门协会领导成员。

2005 年，宁德市残联所属残疾人就业服务站更名为宁德市残疾人就业服务指导中心，机构性质不变，事业编制 2 名。

2005 年，根据《宁德市残疾人联合会机构改革方案》，残联内设办公室、组联宣文科、康复科，事业编制 6 名。

第四十四编　少数民族

畲族为宁德境内人口最多的少数民族，1990年第四次全国人口普查时有157313人。2000年第五次人口普查时有159040人，占境内全部少数民族人口的92.52%，宁德总人口的5.32%。闽东是省内最大的畲族聚居区，占全省畲族人口的42.39%，全国的22.41%。

2005年，宁德市境内设有8个畲族乡，1个省级少数民族经济开发区——福安畲族经济开发区。有民族建制村、居委会共计235个，其中：畲族建制村229个，民族居委会1个，回族建制村5个。1993年以后，政府扶持少数民族地区经济、社会事业发展，贯彻落实民族政策，区内畲族聚居地区面貌发生较大变化，基础设施建设得到很大改善，大批畲族学生进入大中专院校学习，畲族干部得到培养成长，畲汉民族团结事业也得以发展。2005年，全市8个畲族乡工农业总产值30.13亿元，比1993年增加23.23亿元，比增336.79%；农民人均纯收入达到3492元，比1993年增加2792元，比增398.86%。

境内畲族有着独特的民族习俗，政府予以尊重和保护。特别是2004年，市政府成立“宁德市抢救与发展畲族文化工作领导小组”，启动境内畲族文化普查，为保护和传承畲族丰富优秀的传统文化提供法律保障、政策支持。

1993年开始，经地、县民族部门调查甄别，居住在区内的回族居民身份得以恢复，县级人民政府在回族人口相对集中的村庄设立回族村。截至2005年，市内有回族村5个、总人口3146人。

第一章 畲 族

第一节 人 口

一、数量

1990 年，全国第四次人口普查，宁德地区有畲族户籍人口 157313 人，占全区总人口的 5.50%、全省畲族总人口的 45.42%，占全国畲族人口的 24.96%。宁德是省内最大的畲族聚居地区。

2000 年，全国第五次人口普查，宁德市有畲族人口 159040 人，占全省畲族人口的 42.39%、全国畲族人口的 22.41%，宁德市总人口的 5.32%，宁德仍是全省畲族人口的主要聚居区。但境内畲族总人口仅比 1990 年增加 1727 人，平均年增幅不足 1.08%，为低增长率。在境内总人口和全省、全国畲族总人口的占比也都呈下降趋势。

二、分布

全区 9 个县（市、区）均有畲族人口分布，福安为区内最大畲族人口县（市）。据 2000 年全国第五次人口普查，福安市有畲族人口 59931 人，占全市畲族人口的 37.68%；霞浦县有畲族人口 35071 人，占 22.05%；福鼎市有畲族人口 28207 人，占 17.74%；蕉城区有畲族人口 22054 人，占 13.87%；古田县 7708 人，占 4.85%；寿宁县 2385 人，占 1.50%；周宁县 1666 人，占 1.04%；柘荣县 1477 人，占 0.93%；屏南县最少，仅 541 人、占 0.34%。

第二节 经济扶持

一、优惠政策

1993 年 9 月 27 日，宁德地区成立闽东民族经济开发促进会。同年，宁德地委、行署出台《关于加强民族工作的决定》，对加快民族地区经济社会发展、培养少数民族干部、加强对民族工作的领导等方面作出明确规定。

1996年，宁德地委、行署制定《关于支持民族乡加快脱贫致富奔小康的政策措施》。6月，地区民族事务委员会协同文明办、老区办等部门开展民族地区文明村评选活动，其中，宁德市金涵畲族乡琼堂村、福鼎市硖门畲族乡瑞云村、霞浦县水门乡青沃村被评为文明村。当年，全区8个畲族乡工农业总产值达14.57亿元，其中，福安坂中畲族乡的工农业总产值1.57亿元。畲族乡预算内财政收入1854万元，农民人均纯收入1888元。

1997年，宁德地区民族事务委员会制订《贯彻闽委发〔1996〕20号〈关于加强农村扶贫开发与小康建设步伐的若干政策措施〉文件的实施意见》，加快畲族乡村扶贫开发与小康建设步伐。至1998年，全区有161个畲族建制村基本实现小康，2114户、9513人摆脱贫困。全面完成719户、2859人的草房改造任务，有2504户、11973人通过“造福工程”得到搬迁。同年，宁德地区成立福建省唯一的省级少数民族经济开发区——福安畲族经济开发区。

1999年4月8日，为进一步贯彻落实福建省委省政府《关于我省少数民族和民族地区经济社会发展的若干政策措施》，宁德地委、行署召开全区民族工作会议，提出“在本世纪末消除全区少数民族绝对贫困，实施民族地区和全区同步发展的战略”，出台《关于加快少数民族和民族地区经济社会发展的决定》。至当年年底，全区8个畲族乡工农业总产值达22.74亿元，农民人均纯收入达2610元。2000年，又有2252户、9925人摆脱贫困，168个村进入基本小康行列。

2001年10月25日，宁德市第一届人民代表大会第八次会议通过《宁德市人民代表大会常务委员会关于进一步贯彻实施〈福建省少数民族权益保障条例〉的决定》，对保护少数民族政治平等权利、发展少数民族经济和社会事业等方面的工作作出明确规定。宁德市委、市人大、市政府高度重视做好条例的宣传工作，全市通过广播、电视、报纸，举办专栏、张贴标语、印发单行本等进行宣传。宁德市民族事务委员会通过召开座谈会、举办条例宣传月活动、开展下乡调研，加大宣传力度。

二、民族专项补助款

1993—2005年，按照《福建省少数民族权益保障条例》规定，省、地（市）财政发放宁德民族补助款，支持民族经济和社会发展。其中，2000年发放最多，总金额达400万元，是1993年发放金额76.7万元的5倍多。

1993—2005年福建省、市（地区）财政民族补助款发放统计表

表44-1　　单位：万元

县（市、区）\年份	1993	1994	1995	1996	1997	1998	1999	2000	2001	2002	2003	2004	2005
市本级	15	33.20	23	6	—	24	106	48	17	30	22.9	22.9	52.90
蕉城区	14.20	13.30	14.5	22	17	10	33	43.50	30	23	21	21.1	114
古田县	3	3.50	6	5	6	5	6	17	15	11	9	13	25
屏南县	1	1	1	1	1	1	2	5	2	2	—	—	—
周宁县	2	2	3	2	1.5	2	5	14	7	4	3	5	7

续表 44-1

县（市、区）＼年份	1993	1994	1995	1996	1997	1998	1999	2000	2001	2002	2003	2004	2005
寿宁县	3	3	2	2	1.5	2	2	4	7	4	—	5	5
福安市	17	63	46.5	65	32	33	127	140.50	62	91	56.1	65	82
柘荣县	2.20	2	2	3	6	2	7	13	3	9	3	5	8
福鼎市	11.30	7	23	23.50	1	20	36	46	33	27	46	27	16.10
霞浦县	8	15	17	36	—	20	36	69	41	64	41	63	88
合计	76.70	143	138	165.50	66	119	360	400	217	265	202	227	398

说明：以上 1993—2005 年份民族补助款主要用于补助境内畲族乡（镇）村发展各项事业

三、挂钩帮扶

1993 年开始，区内从地、县（市）级机关中抽调干部驻畲族行政村协助工作，帮助发展经济。市、县两级领导也分别包挂区内 8 个畲族乡。1998 年，全省、全区民族工作会议后，省直单位开展对宁德地区 8 个畲族乡的对口帮扶工作。1999 年，福建省计划委员会挂钩帮扶福安市穆云畲族乡，同年先后在福安畲族经济开发区（开发区面积涵盖福安市穆阳镇、穆云畲族乡、康厝畲族乡）和开发区内的穆云畲族乡现场办公，支持福安畲族经济开发区隧道前期工程、饮水项目和水蜜桃基地建设等 17 个项目 200 多万元。福建省财政厅挂钩帮扶霞浦县崇儒畲族乡，帮扶资金 127 万元，并设立财政专项户头。福建省科学技术委员会挂钩帮扶福安坂中畲族乡，支持该乡五洲电子有限公司技改项目及橄榄、蔬菜基地改造等资金 25 万元。至 2000 年，福安市坂中畲族乡建成农业生产示范基地、丁香橄榄生产示范基地和生猪养殖基地各 1 个，种植水果面积 400 多公顷、蔬菜面积 533 多公顷。省教育委员会挂钩帮扶福安康厝畲族乡，支持发展民族教育资金 60 多万元，帮助改善该乡 28 所完全小学办学条件，在校畲族小学生增至 2200 人，全乡畲族儿童入学率达 99.9%。省民政厅挂钩帮扶霞浦盐田畲族乡，支持“连家船”上岸定居及民族教育等项目资金 80 多万元。省广电厅挂钩帮扶霞浦水门畲族乡，支持该乡电视联网等项目款 68 万元。省脱贫办挂钩帮扶福鼎市硖门畲族乡，支持 12 万元。

1999 年，地委、行署办公室发出《关于开展地直单位与民族村挂钩扶持活动的通知》，组织市直 42 个单位挂钩帮扶畲族建制村。

1999—2000 年，福建省 8 个主要厅局再次对口帮扶宁德地区 8 个畲族乡，先后投入资金 692 万元，扶持建设性和生产性项目 36 个。宁德地（市）直 42 个单位与畲族村开展挂钩扶持活动，两年间扶持项目 79 个、资金 233 万元。9 个县（市、区）有 54 位处级领导、95 个单位挂钩 92 个畲族村，落实帮扶项目 153 个、资金 885 万元。

2001 年，省直 8 个厅局又采取不同方式帮扶宁德畲族乡发展经济社会事业项目。福建省扶贫办多次深入福鼎市硖门畲族乡调研，帮助制定农业发展计划，建立特色农业生产基地。省内经济发达地区也对口支援宁德市民族教育工作，帮扶 8 个畲族乡教育资金 298 万元。

2002 年，省直 4 个单位帮助区内 4 个畲族村发展项目 17 个，帮助扶持资金 121.2 万元。宁德市直 18 个单位挂钩扶持 18 个村，扶持项目 16 个，投入资金 55.34 万元。宁德各县（市、区）89 个单位，挂钩 89 个村、扶持项目 115 个，投入资金 222.5 万元。

2003年，省直8个单位挂钩8个畲族乡，帮助发展项目10个，解决扶持资金70万元。省直5个单位挂钩宁德市4个省级扶贫开发工作的重点畲族村，帮助发展项目15个、解决扶持资金130.5万元。宁德市民族宗教事务局争取落实中央、省级民族补助款327.57万元、扶持民族乡村经济社会事业发展项目。

2004年，由省直8个单位挂钩的8个畲族乡，获得帮扶发展项目18个、解决扶贫资金229万元。省直4个单位挂钩宁德市4个少数民族扶贫开发工作重点村，帮助发展项目8个、到位资金92.4万元。同年，宁德市民族与宗教事务局争取落实中央、省级民族补助款378.66万元，扶持民族乡村经济社会事业发展项目。

2005年，新一批省直8个单位挂钩宁德市8个畲族乡，帮扶发展项目9个、扶持资金102万元。省直4个单位挂钩宁德市5个省级畲族扶贫开发工作重点村，发展项目21个、帮助解决扶持资金146万元。市直4个部门挂钩宁德市3个畲族扶持开发工作重点村，发展项目8个、帮助解决扶持资金85万元。宁德市民族与宗教事务局争取落实中央、省级民族补助款573.95万元，扶持民族乡村经济社会事业发展项目。

四、“造福工程”搬迁

由于历史地理等原因，宁德地区畲族群众多居住在偏远山区。据1993年调查，全区10户以下畲族自然村有357个，居民2570户、11500人。当年，宁德地委确定宁德市三都镇半山、福鼎县店下镇金竹湾、霞浦县水门畲族乡里溪3个村，作为区内首批实施畲村“造福工程”搬迁试点。

1994年，宁德地委、行署将畲族地区“造福工程”列为当年为民办实事项目之一。当年，福鼎县委报道组组长王绍据第一次到深山的磻溪镇赤溪村下山溪畲族自然村采访。他目睹村民“衣不蔽体、食不果腹”的贫困状况而深为震惊并投文《人民日报》，引起中央领导和媒体的广泛关注，此后，中央作出在全国开展扶贫攻坚的历史性决策。为此，赤溪村也被称为“全国扶贫第一村”。1995年5月，下山溪自然村的22户畲族群众成为全省、全区第一批整村搬迁的农户，全部搬至赤溪村委所在地，并住上“造福工程”连排砖混临街楼房。至1998年年底，全区畲族有196个村，2504户、1.19万人得到搬迁。1999年，宁德地区通过“造福工程”搬迁的畲族家庭有206户、863人。

2000年，福建省人民政府开始下拨少数民族“造福工程”补助款，扶持农村少数民族群众改善居住和生产条件，加快区内畲族部分村群众“造福工程”建设。当年，全市“造福工程”搬迁的畲族家庭373户、1677人。2001年，搬迁610户、搬迁经费81.6万元。2002年，搬迁647户、2945人。2003年，搬迁348户、1519人。2004年，搬迁419户、1583人。2005年搬迁410户、1865人。

1993—2005年年底，宁德市畲族“造福工程”共搬迁5445户、2.47万人，大大改善原边远山区畲族群众的生活和生产环境。

1997—2005 年宁德市（地区）少数民族“造福工程”补助款统计表

表 44-2　　单位：万元

县（市、区）＼年份	1997	1998	1999	2000	2001	2002	2003	2004	2005
蕉城区	—	1	2	9	10.5	7	5.19	—	9.42
古田县	—	—	1	2.49	4.98	3	2.43	—	4.05
屏南县	—	—	—	—	—	—	—	—	—
周宁县	—	—	—	5.16	4.44	4	2.55	—	4.89
寿宁县	—	—	—	2.25	5.37	3.3	2.22	—	4.11
福安市	—	3	2	21	21.36	23	14.85	—	10.05
柘荣县	—	—	—	—	2.91	2	2.07	—	—
福鼎市	90	3	3	14.7	14.37	9	6	—	10.02
霞浦县	80	2	2	18	17.37	12	10.26	—	8.64
合计	170	9	10	72.6	81.3	63.3	45.57	—	51.18

五、茅草房改造

1997 年，中共福建省委领导、福建省政协领导以及省直有关部门专门调研宁德地区部分畲族群众居住茅草房问题，并将茅草房改造列为省委、省政府当年为民办实事之一。省民族专项经费下拨资金 170 万元、省民族与宗教事务厅下拨 50 万元用于草房改造。全区共投入资金 722.3 万元，其中群众自筹 441 万元，新建砖瓦房 1.95 万平方米，719 户、2859 人结束茅草房生活，搬入新居。

第三节　社会事业发展

一、教育

（一）小学教育

1993 年，全区有民族（畲族）小学 509 所，在校畲族学生 1.55 万人，学龄儿童入学率 98.57%，教职员工 945 人，其中专任教师 905 人。

1994—1995 年，宁德地区有民族（畲族）小学 612 所，在校畲族生达 1.8 万人。1997 年，福建省政协副主席邹尔均率政协澳门委员到宁德地区视察，分别捐资 10 万元给宁德市金涵畲族乡亭坪民族小学、福安市康厝畲族乡半山民族小学修建校舍。闽东籍香港宏法寺主持释净雄法师捐款 10 万元兴建福安市社口镇牛山湾民族小学。

1998 年，全区畲族小学数量减少至 488 所，在校生 2.1 万人，因校（点）调整，适龄儿童入学率仍高达 99.1%。同年 6 月，共青团宁德地区委员会牵头组织“青年文明号”单位捐资 35 万元兴建“闽东青年文明号亭坪民族希望小学”，香港陈廷华基金会捐资 20 万元兴建古田县“梅坪希望小学”，威诺集团投资 19 万元兴建的宁德市八都镇半山村灵山自然村威诺灵山希望小学，三所学校均为畲族学生为主的学校。同年6月1日，宁德市（今蕉城区）金涵畲族乡少先队员代表雷雯在北京参加“各族少年手拉手，共同奔向新世纪”活动。

1999年，宁德地区新建民族小学26所，民族小学单双人校减少129所，代课教师减少258人。1999—2000学年，宁德地区仅独立设置的民族（畲族）小学就达到156所，学生数为1.43万人，其中畲族学生人数1.05万人、占74%；畲族教职工数为139人、占教职工总数的40%。

2000年，宁德市委、市政府把加强边远山区26所民族（畲族）寄宿小学配套建设列入为民办实事项目。宁德市民族事务委员会下拨省专项资金200万元，宁德市教育委员会给予配套资金38万元，促进项目如期完成。当年，全市有民族小学386所，学龄儿童入学率达97%。其中，独立设置的民族（畲族）学校206所、畲族在校生1.91万人，占当地畲族学龄儿童入学率的99.81%。同年，宁德师范附属小学四年级畲族学生钟慧敏作为宁德地区的少年先锋队代表晋京出席6月1日召开的中国少年先锋队第四次全国代表大会。

2001年，福建省沿海经济发达地区对口支援宁德市民族教育，帮扶8个畲族乡教育资金298万元，其中泉州市鲤城区帮扶霞浦水门畲族乡，先后投入50多万元为水门乡中心学校修建教学楼“鲤城楼”，还筹措30多万元作为特困学生助学金。福州市经济技术开发区向福安市坂中畲族乡捐资20万元，支持建设“和安民族寄宿制小学”。泉州晋江市捐助霞浦县盐田畲族乡西胜小学兴建“晋江楼”。

2005年，宁德市民族与宗教事务局补助市内民族教育事业经费18.1万元。当年全市畲族建制村的小学校数196所，其中完全小校115所、教学点81处。当年，市内畲族地区完小校的在校生为1.65万人，其中畲族完小校的学生数9185人。

2000—2005年宁德市8个畲族乡小学情况统计表

表44-3　　单位：所、人

年份	小学校总数	其中	小学教师总数	其中		在校小学生数	其中
		民族小学校数		公办教师数	少数民族教师数		少数民族学生
2000	256	77	1480	1186	192	19935	4907
2001	215	64	1091	1034	154	18653	4772
2002	129	41	1058	964	146	16312	4097
2003	126	38	1063	1035	153	15819	3694
2004	129	32	1033	1033	152	14584	3628
2005	108	29	1026	1026	137	13537	3629

2002—2005年宁德市各畲族村小学情况统计表

表44-4　　单位：所、人

年份	完小校数	其中	完小校教师数	其中	完小校在校学生数	畲族完小校学生数	教学点	其中
		畲族完小校数		公办教师数				畲族学生数
2002	153	115	1095	999	20194	11045	137	2303

续表 44-4

年份	完小校数	其中 畲族完小校数	完小校教师数	其中 公办教师数	完小校在校学生数	畲族完小校学生数	教学点	其中 畲族学生数
2003	132	91	947	863	17830	10132	96	1586
2004	123	90	940	855	16778	9397	112	1270
2005	115	81	823	770	16468	9185	63	1074

（二）中学教育

1993年，全区有民族（畲族）中学5所、民族职业中学1所，其中，福安3所，福鼎、霞浦、宁德（今蕉城区）各1所。在校畲族学生1609人。职工148名、其中专任教师88名。

1994—1995年，全区有5所民族中学，在校生3120人。

1998年，全区5所民族中学的在校生5569人，其中畲族学生2355人，占42%；教师388人、其中畲族教师21人，全区民族中学的初中阶段入学率为85%。1995—1997年，宁德地区民族中学140名学生考入大专院校。1998年，地区民族中学通过“二级达标”校验收，被列为宁德地区有资格向全国高等学校免试保送优秀学生的两所重点中学之一。

1999年，宁德地区5所民族中学扩大校园面积6.8万平方米，新建校舍2.2万平方米，增加班级53个。少数民族初中在校生7292人，初中阶段入学率达85%以上。同年秋季，福安市民族中学“春蕾班”开办，武警福安市中队16名官兵与“春蕾班”16名畲族女学生结对子，每月从津贴中拿出20～50元资金资助帮扶对象。

2005年，为了贯彻落实福建省人民政府《关于深化改革加快发展民族教育的实施意见》，宁德市民族与宗教事务局配合市教育局做好少数民族高中阶段的教育工作。当年，宁德市民族与宗教事务局投入民族寄宿制学校建设资金120万元。全区畲族乡中学8所，在校畲族学生2076名。民族（畲族）村在校中学生8241名，其中畲族学生4542名。

2000—2005年宁德市民族乡8所中学情况统计表

表 44-5　　单位：所、人

年份	中学校数	中学教师数	其中 公办教师数	其中 畲族教师数	在校中学生数	其中 畲族学生数
2000	9	555	547	23	8186	1856
2001	8	479	479	25	9479	2235
2002	8	549	549	24	8577	2193
2003	8	541	541	20	8820	2088
2004	8	541	541	16	7821	2015
2005	8	519	586	17	7512	2076

2002—2005 年宁德市民族村中学教育情况统计表

表 44-6　　单位：人

年份	在校中学生数（人）	其中畲族学生数（人）
2002	8069	4209
2003	7879	4188
2004	7821	4210
2005	8211	4542

说明：此资料来自《福建省少数民族社会经济统计资料》，2000 年、2001 年份缺宁德市民族村中学教育的相关信息统计资料

（三）职业教育

中专（中职）民族预科班　从 1993 年开始，福建省民族事务委员会在宁德地区农校开办民族预科班，1993—1995 年间下达宁德地区招生名额分别为 30 名、30 名、19 名。1995 年，福安市民族职业中学举办师范民族班并招收少数民族学生 40 名，学生毕业后享受普通师范学校毕业生同等待遇。1996 年，宁德市民族中学创设民族职高班。1997 年，宁德地区农校预科班招收区内畲族应届初中毕业生 25 名。至 1999 年，该预科班每年均在区内招收畲族学生 30 名，占总招生名额的 60%。2001 年后，省内大中专学校停止招收少数民族预科班学生。

民族职业中学　1993 年，宁德仅有一所设在福安市康厝畲族乡的福安市民族职业中学，也是福建省唯一一所民族职业中学，被列为宁德市农村重点职业中学。1993—2000 年间先后开设服装、旅游公关、保安、财会、幼教、汽车驾驶、农村后备干部班等专业。2000 年秋季，在原有专业的基础上开设综合课程班，满足部分学生进一步接受高等教育的需求。2003 年，首届综合课程班学生参加普高与高职单招升学考试，49 名畲族学生参考、24 人上线。2004 年 49 人参考、39 人上线，其中 2 人上本科线。2005 年 109 人参加高职单招考试、107 人上线。当年，经宁德市劳动和社会保障局批准，宁德市成立国家职业技术技能鉴定站，以促进职业中学毕业生就业。

2002—2005 年宁德市 8 个畲族乡中等职业教育情况统计表

表 44-7　　单位：人

年份	在校学生人数	其中畲族学生数
2002	932	266
2003	763	188
2004	830	215
2005	803	223

说明：以上资料来自《福建省少数民族乡村社会经济统计资料》

（四）大学教育

1993 年，全区有大学本科畲族毕业生 99 人、专科生 186 人，分别占 6 岁以上畲族总人口的 0.10% 和 0.19%。当年，福建省民族事务委员会分别在福州大学、福建农学院、福建师范大学设置民族预科班。当年，3 所大学的民族预科班向宁德地区招收畲族学生 39 名，1994 年 31 名。1995 年 51 名。1996 年，宁德地区畲族学生被大学录取 66 名，其中被中央民族大学、中南民族

学院、西北民族学院、西南民族学院录取16名，被福建师范大学、福建农业大学、福州大学预科班录取21名。1997年，大学预科班在宁德地区的招生数达到61名。

1998年，少数民族学生被大专院校录取81人。

1999年，福建省民族事务委员会分别在福建师范大学、福建农业大学开设民族预科班，并在福州大学开设民族班，向宁德地区招生80名。

2001年，全市有180名少数民族学生被省内外大学录取。

2002—2005年，全市每年均有数十名畲族考生升入大学学习。2005年8个畲族乡有在校大学生162名。

2002—2005年宁德市8个畲族乡的大学在校生情况统计表

表44-8　　单位：人

年份	在校大学生人数（含大专）	其中畲族大学生数（含大专）
2002	561	164
2003	605	162
2004	594	157
2005	613	162
合计	2373	645

二、卫生

1993年，宁德地区有1所县级民族（畲族）医院，即福安市民族医院。1995年，为推动闽东畲族医药发展，宁德地区医药研究所编写的30多万字《畲族医药学》一书正式出版。

1996年年初，宁德地区设立150所畲族建制村医疗站，医务人员237人。当年，培训民族乡村医生80名。同年10月，福建省民族医药工作会议在福安市召开，贯彻全国民族医药工作会议精神，总结和交流民族医药工作经验以及研究民族医院的发展问题。

1998年，全区对129个畲族建制村医疗站进行整顿。同年11月，宁德地委、行署出台《关于进一步加快卫生改革与发展的决定》，促进全区民族乡村医疗事业发展。

1999年，宁德地区畲族乡村医疗卫生状况有所改善，全区畲族乡、村医务人员达511人。8个畲族乡中有5所卫生院设置心电图室和手术室。

2000年7月，宁德地区卫生局、地区民族事务委员会联合发出《关于下达并展“为少数民族群众送温暖巡回医疗”活动和加强民族村卫生所建设工作计划的通知》，地区财政局拨出专项资金10万元用于改善民族村医疗卫生状况，还组织复训50名乡村医生并赠送给每个民族村卫生所价值1000元的药品，有50个村卫生所受惠。当年末，宁德市8个畲族乡有卫生院8所、卫生技术人员193人（其中畲族卫生技术人员26人），床位58张。全区村办畲族医疗站增至160个，卫生技术人员达255人。

2001年，宁德市8个畲族乡中除福安市穆云畲族乡卫生院因搬迁不在该乡境内，7所民族乡卫生院均设在乡所在地。有卫生技术人员177人，其中畲族卫生技术人员25人，比上年减少1人，床位75张。村办医疗站增加至169个，但卫生技术人员下降至242人。

2002年，宁德市8个畲族乡的卫生院因穆云畲族乡卫生院回迁又增至8所，卫生院拥有编制床位 102 张，实际使用床位 87 张。有卫生人员 241 人，其中医生 78 人、护士 58 人。卫生技术人员中畲族 39 人。8 个乡的村办医疗站 168 个，卫生技术人员 186 人。当年，全市各民族建制村有医疗站（室）246 个，卫生技术人员 297 人。

2003 年，宁德市 8 个畲族乡卫生院的卫生人员下降至 176 人，其中医生 78 人、护士 55 人，其中畲族 18 人。卫生院拥有编制床位 104 张、较上年多 2 张、实际使用床位 103 张。8 个乡的村办医疗站下降至 146 个。宁德市各畲族建制村有医疗站（室）238 个，卫技人员 297 人。

2004 年，宁德市 8 个畲族乡卫生院人员上升至 192 人，其中医生 83 人、护士 55 人，其中畲族 17 人、比上年减少 1 人。拥有编制床位 92 床、实际开放床位 91 床。8 个乡的村办医疗站增至 164 个。宁德市各畲族村有医疗站（室）231 个，卫生技术人员 286 人。

2005 年，宁德市 8 个畲族乡卫生院仍为 8 所、卫生院人员达 214 人，这是 2000 年至 2005 年中卫生院人员人数最多的一年。其中，医生 91 人、护士 70 人，其中畲族 21 人。拥有编制床位 110 床、实际开放床位 110 床，也是 2000—2005 年间民族乡卫生院开放床位最多的一年。全市有畲族乡村办医疗站（室）232 个，卫生技术人员 296 人。

三、体育

宁德畲族崇尚练武健身，其畲拳、棍术、毽球、打枪担等最具民族代表性。1993 年后，畲族体育在畲乡及民族中小学校中广泛开展，各畲族乡经常组织“打枪担”“打尺寸”“舞龙头”“赛竹卜”等传统体育活动，并揉入现代体育运动元素，多次代表福建省参加全国民族传统运动会并获奖。

1995 年 6 月，在福建省第三届民族传统体育运动会上，宁德地区代表队在男、女毽球项目比赛中各摘得金牌 1 枚，女子武术获 3 枚金牌，表演项目《打枪担》《舞龙头》《打尺寸》获一等奖,《投叉》获二等奖。

1995 年 11 月，在全国第五届民族传统体育运动会上，宁德地区有 61 名队员入选福建省代表队参赛。获女子毽球第七名，男子龙舟队获第八名。表演项目《打枪担》获一等奖,《舞龙头》和《打尺寸》获三等奖。

1999 年 5 月，在福建省第四届民族传统体育运动会上，宁德地区代表队在男、女毽球项目比赛中各获金牌 1 枚。表演项目《打枪担》获特等奖,《赛竹卜》获一等奖,《舞龙头》和《投叉》获二等奖。

1999 年 8 月，在全国第六届民族体育运动会上，表演项目《赛竹卜》和《打枪担》获一等奖,《舞龙头》获二等奖。

2002 年，宁德市参加第五届全省少数民族传统体育运动会，获得 4 枚金牌、5 枚银牌、6 枚铜牌。

2003 年，宁德市体育代表团参加在宁夏回族自治区银川市举办的第七届全国少数民族运动会，畲族运动员表演的《打枪担》《赛竹卜》和女子毽球 3 项目分别获金、银牌和第八名的好成绩。

2004 年，宁德市畲族蹴球选手在全省少数民族体育项目蹴球比赛中获得男、女单蹴第一名。

截至 2005 年年底，全市 229 个畲族建制村中，有 75% 都设有健身场地、健身体育器械。

四、文化

畲族歌会　闽东畲族音乐的主要表现形式是歌唱，有独唱、对歌、齐唱和二重唱，并常通过歌会“盘歌”来表演。盘歌也是畲族最流行的一种文化活动。改革开放后，畲乡盘歌活动不仅得以恢复，而且更加活泼，并成为经济和社会活动一个重要平台。1993年后，区内形成了几个重要畲歌活动，有霞浦县崇儒乡古龙岩“五连日”（农历正月初一到初五日）歌节，福安市坂中乡后门坪、福鼎市双华村和冷城西门外“二月二”会亲节畲歌会，福安穆云乡牛池坪、福鼎硖门乡瑞云寺“牛歇节”与“浴佛节”歌会等。每年这些节日都会举办盛大的歌会活动。

2000年4月4日，闽东畲族民歌联谊会在福安畲族经济开发区成立。4月5日（农历三月初三），由宁德地区民族事务委员会、福安畲族经济开发区、福安市民族事务委员会联合举办的首届闽东畲族歌会在福安市穆云乡溪塔村隆重举行。福建省民族与宗教事务厅领导以及福建省委党校、福建师范大学、省地市电视台和报社等学者、记者300多人参加歌会。区内有11个代表队参加，福安穆云乡第二代表队、畲族开发区代表队、福安穆云乡第一代表队分别获歌赛第一、第二、第三名。现场1万多名畲汉群众观看表演。

2001年农历三月初三，在蕉城金涵中华畲族宫举行第二届闽东畲族歌会，由闽东畲族民歌联谊会与蕉城区民委主办。有12个代表队参赛，蕉城区第一代表队、福鼎市第二代表队、福安市第一代表队分获第一、第二、第三名。当年，由陈孔屏作词、丁献芝作曲的歌曲《畲山路》作为全国唯一代表畲族歌曲的作品入选“世纪民族之歌”。

2002年，第三届闽东畲族歌会于农历三月初三在福鼎市秦屿镇太姥山举办。来自国内外宾客2000多人及浙江畲区和闽东畲乡多支歌唱代表队参加。全市17个代表队参加比赛，福鼎市歌手荣获第一名，福安畲族经济开发区和福安市歌手并列第二名，蕉城区歌手和福鼎市歌手并列第三名。

2003年农历九月初九，第四届闽东畲族歌会在霞浦县杨家溪举办。歌会由宁德市民族与宗教事务局、宁德市旅游局、霞浦县人民政府主办，活动内容有畲歌演唱、畲乡游、漂流等。全市15个代表队参加赛歌，霞浦县第一代表队获得第一名，霞浦县第二代表队、福鼎市代表队并列第二名，福安市、蕉城区和福安畲族经济开发区代表队并列第三名。

2004年农历九月初九，闽东第五届畲族歌会在古田县翠屏湖举行，由宁德市民族与宗教事务局和古田县人民政府主办，古田县民族与宗教事务局承办。同年，宁德市抢救与发展畲族文化工作领导小组组织9个县（市、区）文化馆开展畲族文化普查，完成《闽东畲族民歌》的收集整理并拍成录像资料。

畲歌对唱

2005年，宁德市“三月三”畲族歌会改为闽东首届畲族青年文化节暨乡村畲歌会。

畲族舞蹈　宁德畲族舞蹈一般

在畲族民俗性的典礼仪式、重要的传统节日或重大的活动中表演。既有传统的畲族巫舞，也有经过创新编排的舞蹈。

宁德市畲族歌舞团是专门从事畲族歌舞发掘研究、创作演出的文艺团体，畲族歌舞团根据闽东畲族传统歌舞精心编排《太姥畲家情》《蓝色家园》《多彩的山海》《五彩山哈》《山哈·雅美》《畲水·高山一家亲》等一批优秀剧目，多次获全国性奖项。

文化交流 1995年5月，台湾群视国际文化事业股份有限公司《中华乐舞》纪录片摄制组在宁德地区的福安市和霞浦县摄制《畲族风情》节目，介绍闽东畲族人民的劳动、婚姻情况，展示民情、民俗和畲族风采。同年10月，《畲族风情》纪录片在法国戛纳电视节目展上播出并受到好评。10月30日至11月1日，宁德市（今蕉城区）召开福建省畲族文化研讨会，与会的有省内外专家学者46人，在闽东从事田野考察的美国斯坦福大学教授艾嘉礼应邀参加会议。会议旨在对畲族民俗事项的理性思考，加深对畲族文化的理解，让畲族文化为社会主义两个文明建设服务。11月11日，福建省旅游局、宁德地区行政公署、宁德市（县级）人民政府在宁德市金涵畲族乡亭坪畲族村联合举办"1995中国畲族风情旅游节"，20多个国家和地区、13个省市的来宾和畲族宗亲4万多人出席开幕式。旅游节期间开展畲族始祖祭典、畲族婚礼迎亲、畲族盘歌对唱、畲族舞蹈会演、畲族书画展览、畲族小吃品尝、畲族民俗踩街、畲族拳术竞技等活动。同年，美国加利福尼亚州斯坦福大学艾嘉礼博士与厦门大学人类学研究所郭志超教授及《人民画报》记者深入福安、霞浦等地的民族地区进行采访报道。艾嘉礼博士是世界上第一位深入系统研究中国畲族的美国印第安人，其在霞浦县考察期间，还志愿兼任霞浦县民族中学的外语教师。

1997年12月8日，由中国民族理论学会、国家民族研究中心、中国社会科学院民族研究所和福建省民族研究学会联合举办的"面向21世纪的中国畲族社区研讨会"在宁德开幕。出席会议的有来自中央国家机关和广东、浙江、安徽、湖南、贵州、江西等7省的专家学者101人，其中省部级领导7人、厅级领导23人。会议收到论文65篇，其中宁德地区论文8篇。

2000年，宁德市组织参加首届中国民族服装服饰博览会，选送区内具有代表性的畲族男女服装及饰品参加交流展览，并与到会的其他少数民族代表探讨民族服装服饰的传承和创新工作。

2004年，宁德市委、市人民政府把抢救与发展畲族文化工作列入当年为民办实事项目，同年6月成立抢救与发展畲族文化领导小组，制定工作方案，并拨出100万元作为专项经费。同年7月，宁德市人民代表大会常务委员会通过《宁德市人民代表大会常务委员会关于保护与发展畲族文化的决定》，对畲族文化的保护对象、行政职责、经费筹集等作出明确规定。同年，宁德市组织9个县（市、区）开展畲族农村文物普查，对畲族古籍进行造册登记，抓好畲族文物馆的建设，完成《闽东畲族民歌》的拍摄和编辑工作，使宁德市珍贵、濒危并具有重要历史价值的畲族文化得到有效保护和抢救。

2005年，宁德举办民族（畲族）乡村畲歌会暨首届畲族青年文化节，吸引许多畲族青少年及省内和周边省份的部分少数民族文艺工作者前来参加交流。

附：中华畲族宫

中华畲族宫位于宁德市（今蕉城区）金涵畲族乡国道104线与宁古（宁德－古田）公路交会处，即亭坪畲族村境内，离宁德市中心3000米，环境优美、交通便利。1994年10月动工建设，工程占地3.33公顷，建筑面积2800平方米，总投资1060万元。主要建筑有忠勇王殿、龙首祖杖、太极祭坛等，是融畲族传统建筑与现代建筑特点为一体的宫殿式建筑。

宫名由国内著名人类学、民族学、社会学家费孝通题写。1995 年建成并对外开放，成为集中展示闽东畲族历史、文化的场所。

1995—1997 年间，“1995 中国畲族风情旅游节”“面向 21 世纪中国畲族社区研讨会”等活动先后在此举行，并接待海内外游客 3 万多人次。

2000 年 11 月 14 日，正值宁德地区撤地设市，中华畲族宫举行二期竣工剪彩仪式，并举办畲族宫广场文化活动暨畲家寨民俗活动。

2001 年，第二届闽东畲族歌会“三月三”在畲族宫举办。至 2005 年年底，中华畲族宫先后接待国内外宾客 10 多万人次。

第四节　习俗与信仰

一、生产习俗

（一）农业生产

闽东畲族的许多农业生产习俗与汉民一样，现在保留或略有不同的仅为少数。如霞浦、福鼎等一带农村畲族中，传说稻谷有“谷神”“谷娘”和“种子仙”“稻秧仙”“黄稻仙”等神仙，它们分司各种谷物生长。因此，他们在农事种植时的关键时期，如浸种、播种、插秧、收割时特别郑重审慎。尤其是在丰年收成时，他们会在堆放稻谷的“谷埕”庆贺丰收，举行敬谢“谷神”“谷仙”活动。在田头安放象征“谷神”的剪纸或红纸条，酙酒、点香、欢唱。有的在收割结束时还会备酒宴，谢帮工、敬谷神。过去，畲民多住山区，狩猎是他们的重要农事之一。现因保护生态，禁止狩猎。但从 21 世纪初以来，由于生态良好，野猪、野兔等大量繁殖，甚至严重危害农业生产，部分畲民也会适当捕猎。山区的畲族群众一旦获得猎物，仍会按旧俗将铳（猎枪）口朝下置于空坪（地）上，然后将猎兽的头、尾先割下祭神。第一枪击中者可得兽头，其他部分则平均分给各家共享，或烹煮后共食。居住在闽东沿海畲村的群众，有讨“小海”的习惯。年后首次出海一般都会到妈祖庙（又叫天后宫）进香、择日。福鼎太姥山一带畲族茶农，尊太姥娘娘为保护神，相传太姥娘娘把“绿雪芽”茶树移植太姥山，成为日后色香俱佳的福鼎名贵白茶，所以一些茶农，在开山种茶时，仍会烧一炷香以示祭祀。

（二）手工艺生产

畲族手工艺生产中，银饰制作和竹笠编制技艺十分精湛。畲族妇女崇尚银饰，特别在婚丧嫁娶及重大节假活动时更需佩戴，故畲族民间银饰制作十分普遍。畲族妇女银饰品主要有头簪、头钗、头花、头夹、耳环、耳坠、耳牌、戒指，手镯、手环、项圈等。其中最具特色的是“盘龙髻”头簪，俗称“横耙”，横贯髻端，长约 10 厘米、最宽处约 2.5 厘米。侧视为弯弓形、正视为扁方形，像两片相连的重叶，上錾凿精细花纹。据说，此头簪造型及饰花，系古代相传，不得作丝毫更改滥制，是畲族自古流传下来的一种图腾装饰。头花银饰也别具一格，婚庆用的头花 3 朵一组，上刻有人物、动物等图案。还有一种“金针花”，形体细长、末端连着五朵小银花、内装小铃铛，走动时摇曳作响。畲族的银手镯上面都雕刻着表示吉祥如意的符号。又因畲族没有文字、它通过这种雕刻符号传递信仰和祝福。所以这些饰品的制作都十分讲究，也产生不少畲银制作大师，且许多是家族世代相传的“老字号”，如福安的“盈盛号”“珍华堂”。他们制作的畲族银饰品，不仅继承了传统工艺，而且还融入不少现代创新设计。2005 年 10 月，福安银器制作工艺被省人民政府公布为第一批非物质文化遗产项目。

畲族群众擅长竹编工艺，制品繁多，有篮、箩、筐、篓、盘、筛、盒、斗笠等，尤其是编制的花斗笠精美耐用，不仅是劳动保护用品，也是工艺品和姑娘出嫁的陪嫁品。它选用秋冬季节砍伐的细枭竹（不易虫蛀）为原料，取其头层皮破削成宽仅 0.3 厘米、厚 0.1 厘米的去节篾条，部分篾条染成红、蓝色，大部分篾条保留青竹的原色。然后手工经、纬编织并形成六角形中空不足 0.7 平方厘米的斗笠花，分里外两层，中嵌白箬（一种宽叶竹的叶片，干后呈白色）、上铺油纸，外沿再用染色彩竹条花箍固定，顶端编制成亭式顶，再系上畲族特有的编织花带，就成了畲族花竹斗笠。

编制花斗笠工艺精细、耗费时间，一位熟练者编制一顶也需二三天时间。后老篾工不多，学习此艺的年轻人更少，故畲族花斗笠愈发显得珍贵并成了许多人的收藏品。

（三）畲医畲药

闽东畲族民众多居偏僻边远的山区，长期受交通不便之困，医疗卫生条件极差。为了种族繁衍和自身生存需求，积累了丰富的防治疾病经验，并逐步形成独具特色的畲医畲药。畲医治疗类似汉族中医，以望诊和问诊为主，重视切脉和四诊八纲，也擅针刺、抓（刮、挑）痧、接骨等疗法。闽东畲医在长期的医疗实践中积累了丰富的验方。至 2005 年，福安、霞浦、福鼎已整理出版多部畲医单验方专辑。

畲医入药基本为青草药，常用的有 300 多种，多为自采自用，其特点为“土”“简”“灵”，即药材就地取材、手法简单方便、疗法实际有效。后为便于取药和培育日渐减少的天然药草资源，福安穆云乡、蕉城九都乡等地还建有多处畲药生态园，人工培植畲医常用的珍贵药草。福安畲医畲药被列入福建省非物质文化遗产名录。

二、生活习俗

（一）饮食

畲族群众多居住山区，生产、生活条件较为艰苦，多以地瓜（甘薯）为主粮，改革开放后主粮为大米，辅以面食、杂粮。

过去，竹笋、蔬菜、咸鱼是畲族群众的主要菜肴，有“半年竹笋半年菜”之说，且多制成腌咸笋、咸菜之类供全年食用。后四季新鲜应时鲜笋仍为畲民喜欢的菜蔬，而各种菇类、野菜却成餐中珍品，鸡、鸭、猪肉、海鲜也是日常食品。禽畜多为自家饲养。

在畲族群众的饮食习惯中，下列几项传统食品至今仍不可或缺：

乌米饭　乌米饭的制法，是用畲山上的一种野生植物乌稔树（杜鹃花科、乌饭树）的叶子，放在石臼里舂碎后，贮到布袋里，放到铁鼎，加适量的水熬出紫黑色的汤汁，而后去袋和叶渣，将精选的糯米泡进汤汁中，几小时后捞起放到木甑中蒸熟即成。

乌米饭色泽黑蓝并带有油光，香软可口。由于乌稔能起开脾、防腐作用，故将乌米饭放在通风或阴凉处，数日不腐。食用时，以猪油炒熟，味道香美且增进食欲。

食用乌米饭还具有缅怀先烈、准备春耕、迎接丰收的象征意义。每逢畲节，乌米饭是不可缺少的食物。

菅叶粽　菅叶粽俗称“菅粽”，在端午节和分龙节时食用。裹菅叶粽的前几天，必须上畲山砍回一种野生的灌木黄碱柴（属山矾科），将其烧成灰，淋出黄碱水。在裹粽的前一天，再上畲山砍回野生或人工种植的菅草叶（禾本科，又称五节芒），放到铁鼎里经过沸汤烫软，以防脆裂。

裹粽前，把精选的糯米泡进黄碱水中浸几小时。拿两片又长又宽的菅草叶子对折围成一条糟，中间装满糯米约20厘米长的时候，把另一片菅叶盖住开口折过来，裹包好糯米，用粽叶丝绑5节，即成为一条玉米棒子似的菅叶粽，放到铁鼎里煮十余小时，遂成“菅叶粽”。

糍粑　糍粑的做法是取畲山山泉之水浸泡粳米，历时一天后滤干，放到木甑里蒸熟。然后趁热倒入石臼，由几个汉子手执木柄石杵轮番舂击，并不断翻捣，直到糯米饭粘成一团，看不到饭粒，取出捏成一小团状，再压成碗面宽的饼状糍粑，即可食用。如暂时不吃，也可以藏放在通风处，晾干，即是糍团。糍团放到铁鼎里，加热，用猪油烤软食用。糍粑也可以用木制印花模具把它压印成一块块“福”字或梅花图案的糍饼，色、香、味、形俱佳。糍粑有“时（糍）来运转，生活年年（粘粘）甜之意”。

以上3种食品为畲族群众接待客人的特色食物，由畲民专业制作并入市。

（二）饮酒

畲族酒文化内容十分丰富。畲民饮酒相当普遍，男子尤喜好，常在晚餐饮酒。女子分娩“坐月里”得饮四五十千克红酒。所饮多是自酿的糯米酒，加白釉的称“白酒”，调红釉的称“红酒”，均属原汁酒，酒精度较低，一般在10度左右。年酒和“月里酒”多是红酒，较讲究，斗米斗水，清冽香醇。20世纪90年代以后，畲民喝葡萄酒、啤酒、高度烧酒的逐渐增多，尤其逢年过节，各类酒的销量更大。

畲族群众还喝“番薯酒”。因畲民多居山地，盛产番薯（也称甘薯、地瓜）以之酿酒。番薯酒制法是把番薯切丝蒸熟后，加麦芽经酶糖化后取其汁，将汁煮沸、冷却后，掺合家酿三日的糯米酒，即成番薯酒。部分畲村还有另一种制法，即取番薯米（干）加水浸后煮熟，或将鲜番薯煮熟，而后加酒曲，经发酵后蒸馏出的即成“番薯烧酒”。这种酒香甜似蜜，酒精度较高，深受畲家人的喜爱。畲族农村一般是在农历十月过后，家家酿酒，把酒抽到酒坛里密封起来，以备年节、农忙及待客时候饮用。

闽东畲民还擅长酿制药膳酒，此酒兼具食饮和医疗保健之功用。用白酒或家制重酿（多次酿制）酒浸泡多种青草药，短则月余、长则经年出酒。因所浸泡草药不同有祛风除湿、活筋通络、强身益骨、调气补血之效，主治劳力过度、筋骨酸痛，对跌打损伤、风湿骨痛等不同疗效。男女皆宜服用，故农村畲家几乎家家必备。

霞浦县溪南镇白露坑半月里村先祖雷志茂酿制的药膳酒特别有名，现其第十代传承人雷国胜仍在溪南开设3家青草药店兼酿制药膳酒。

由于畲族有许多不同的礼俗，因此也有不同的礼俗酒。畲族的礼俗酒主要有：蛋鳌酒、定情酒、嫁女酒、上楼酒、娶亲酒、满月酒、过年酒、佳期酒、认婿酒、祭梁酒、讨位酒、祭祖酒等，闽东地区畲民中一直保留这些礼俗酒。

蛋鳌酒　蛋鳌即荷包蛋，每逢生育、寿诞、婚嫁、丰庆之喜，用两只鲜鸡蛋煎成荷包样，藏到一碗煮面中。而后拎出一瓶温酒，让客人独个自由斟酌，作为奖赏。霞浦一带畲族产妇生育，要向岳家报生时，要煎12个蛋鳌、1壶红酒送至岳丈家中。岳丈家回以蛋、鸡祝贺外，还要搭“千孙”（葱、醋取“酸”意）和石子。石子意为石神保佑婴儿结实成长。产妇把石子久藏给小儿镇惊。

定情酒 福鼎一带畲族定亲，男家要给女家红酒一壶，女家当晚即请媒人、亲邻吃一顿酒菜，把消息传开，以免他人再来求婚。蕉城一带畲族姑娘喝过定情酒后，头上的银笄即脱掉一边。

嫁女酒 畲族嫁女，宴请六亲。福安一带畲族女儿出门时，还要用“跑马抓鹿（禄）”的仪式叫媒人诸亲喝酒。

上楼酒 福安北部一带畲族男女结婚拜堂毕，新郎新娘要捧酒上楼请母舅食“双杯”。意为外甥有了妻房，母舅就高升晋级“上楼”了。

娶亲酒 在畲族传统观念中，男女青年结婚是以喝喜酒为标志。一般在新娘进门的前一天，即应在宴请母舅和媒人的正宴之间，请村里人喝喜酒，不论随不随礼，也不分是否同宗亲戚，平时有无来往等，不论什么人只要到娶亲的主人家里，就可以上桌喝酒。

满月酒 初生的婴儿30天为满月，婴儿的母舅会送来衣衫和银饰品，当父母的应为母舅洗尘，也应宴请亲戚朋友。母亲要把婴儿交到一位长辈手中，用筷子点桌上的每一道菜，然后再点到婴儿的嘴里，每点一次就说一句吉祥话。亲戚们则纷纷往婴儿的襁褓里塞红包，表示祝福。主人要一一为众人敬酒，此谓吃“满月酒”。酒中还配两个蛋，一人一对，都要吃光，以示婴儿“光头洁面”，不长疙瘩。

过年酒 大年三十晚上，畲族群众会一家人围着桌子吃团圆饭，脚下是暖烘烘的火盆，桌面上是热气腾腾的菜肴，场面热闹喜庆。年夜饭上一家人都会端起一碗酒干杯。干第一碗酒谓清洗一年的辛苦，干第二碗酒示庆贺一家团聚，第三碗酒祈求来年平安。古时过年酒通宵达旦，在喧喧嚷嚷的猜枚（划拳）声和噼噼啪啪的鞭炮声中迎接新年的到来。改革开放后，此俗有所改变，过年酒多只吃至晚8点左右。

佳期酒 又称为“新郎酒”或者“暖房酒”。闽东畲族青年结婚之夜，“大酒”过后，要请父母健在的男人8～10人（俗称八仙），喝通宵酒（又称佳期酒）、闹房。内容有跳婚礼舞、行酒令、猜果谜、看新娘、讨凤凰蛋、喷床（撒帐）、传花、送房等。“暖房酒”过去多与“过年酒”一样，边喝边闹，通宵达旦，此俗在农村仍较普遍。

认婿酒 畲族新郎首次与新娘回娘家，俗称“做女婿”或“头讯客”。女婿到岳父家时，爆竹未响，不得进门。进门后，即有人端凳让座，女婿需把凳子移到右边入座，以示自己是小辈。逢人招呼，务必起立，并给对方递烟、让座。由伴郎充当耳目，给对方回以尊称，如“阿伯，请坐”等。若遇到小辈则要送红包，以示馈赠。还要看准机遇跪拜岳父岳母，岳父家人视女婿举止是否得体后，才决定是否邀亲邻作陪，请酒认婿。席间女婿要行饮酒令、猜拳，稍有怠慢，必遭奚落。为防止失礼，女婿多请内行者充当伴郎，对付各种场面。蕉城一带畲族青年做女婿，酒后，岳父家阿嫂还要在他的饭中藏金钱做“饭心”，女婿扒到“饭心”，悄悄地取出来藏到衣袋，饭罢，则要拿出“饭心”一倍以上的钱“答碗”，以分发给小辈，讨得合家欢喜。女婿辞行，岳父家仍燃放鞭炮送行。

祭梁酒 畲族群众建房上梁时，必备“三牲”（多为猪头、鸡、鸭）、茶酒敬祭大梁。并从老到少依次向大梁三跪叩礼。木匠则手持酒瓶，口念：“出在深山青了青，落在人家做梁杆，梁头斟米酒，梁尾发财又发丁……”边念诵边反复给大梁斟酒。酒祭毕，大梁两端再钉上红布条。

讨位酒 畲族每人都有一个讳名行位。过去男子死后，孝男要帮他向族长“讨位”，女子死后，孝男要帮她向母舅“讨位”。“讨位”时，要备酒请客。现此俗渐废。

祭祖酒 每年春秋二季吉日，畲寨祖寮（祠堂）均要点一行香路，即在前往祖寮的路两旁插上点燃的香，意为请祖公回来喝酒。前往祭祖人马锣鼓响时，虔诚的畲民把自酿的米酒和糍粑、“三牲”福礼等摆上祖宗的供桌，祭奠这块土地的拓荒先民，以示感恩戴泽，也是祈求丰收。后来畲族群众祭祖时场面更宏大、隆重，点的是高香（一种大香烛），祭祖人成群结队，还多雇请鼓乐队，祭毕多设宴招待。

（三）饮茶

茶文化也是畲族重要生活礼俗之一。茶是畲族地区的主要土特产，比较著名的有“惠明茶”和“高山云雾茶”（又名高岭大白茶），据传在古代是畲民对皇帝的贡茶。

畲家饮茶有一套规矩，并有“茶哥米弟”之称。即留客就餐时，要先供茶，然后开饭。不泡单身茶，即茶的杯数要多于客人的人数。“有心泡茶八格（八分满）碗，无心泡茶满满满”，畲家人给客人泡茶时不宜冲泡太满，太满则欠雅，太浅则情谊未到。“无意冲茶半浮沉”，如果有意请客人喝茶，必须用刚烧开的水将茶叶泡开，让茶叶沉落杯底，溢出香味。否则，茶叶浮在杯面，就有对客人不恭之嫌。

在闽浙两省交界一带的福鼎、柘荣、寿宁、福安的畲族，待客还有“喝三碗茶”的习俗，即是“头碗苦，二碗补，三碗洗洗肚”，或曰“头碗淡，二碗浓，三碗胜一碗，四碗原味在”。畲族传统多把头春茶或秋露茶采下制成佳茗，作为珍贵礼品送给亲友。

畲族姑娘出嫁，上轿前，要用茶叶拌米谷放在托盘之中，边唱“分酸”（哭嫁）歌，边向厅前撒茶、米，意在为娘家播下茶种谷种，能发丁发财。姑娘花轿出门，还用一碗茶和米撒向轿顶，祝她们一路平安。新娘花轿到达夫家时，由新郎的姑母手持托盘，放上两杯茶水，向轿里晃一晃，新娘即立刻下轿。在婚宴上，新娘的头一盅茶要先献给舅公，俗称“九节茶”，意示舅公喝完这一盅茶之后，压盅的红包要有九节薯那么长，现金要逢九，如九元、十九元、二十九元……这也是舅公给新娘的头一次见面礼。新娘将各人的见面红包存起来，留待日后生子时，给孩子打银镯子、银项链戴，以保健康长寿，俗称“百家银”。

畲族群众还有以茶当药的习惯。畲族民间流传着许多以茶治病健体的“茶方”。常饮茶，还可以保护牙齿。

畲家人上山采茶时，总会对“采茶歌”，采茶妇女边采边对歌，也有在劳作休息时，对歌作娱。但后已不多见。1999 年，宁德地区畲族歌舞团编演的文艺节目《畲族凤凰茶》就是生动反映这一习俗的，并获“1999 榕城首届茶礼杯”一等奖。

畲族有句谚语说：“食人一盅茶，肚子结个疤；食人一盅酒，肚子结个纽”。畲族很重视待客之道，大凡亲戚朋友上门，必先敬茶水，然后才开口畅谈，否则，会被认为对客人不礼貌。

畲族人逢年过节也兴喝茶。大年初一，全家人起床洗漱后，第一件事就是喝糖茶，而后才能进食，谓之“做年茶”。在一座楼里，若住几家人，就要按户泡几盘糖茶，分别送到各户相互祝贺，谓之“迎春茶”，以

畲女采茶　　夏林涛　摄

示“嘴头甜”全年交好运。正月头一次“出行”归来，要喝“出行茶”。正月初五日“开年驾”，大扫除完毕也要喝糖茶，并有意教小孩们说“田（甜）来！田（甜）来！”，预祝田园大熟，五谷丰登。三月清明要上山采鲜嫩茶叶，加工“清明茶”，冲泡后喝下，可明目清心。农历十二月要喝“祭灶茶”意是一年完满，送神上天过年，为“送神茶”。

闽东畲族人口较多的福安、霞浦、福鼎、蕉城的城区还设有多家畲茶馆，品尝、出售畲茶，有的还有畲族茶艺表演等。

（四）服饰

闽东畲族传统服饰，色彩重黑（青）、蓝（靛蓝），缀以少量白、红色。女装色彩红艳斑斓、工艺精细讲究，多刺绣纹样图案或花边。男装则相对简单、朴素。传统女鞋为圆口里布厚底，鞋面有一外突红色的中脊，称“单鼻鞋”，鞋口边以红、黄、绿色线镶制或再绣以小花。中脊两道的称“双鼻鞋”，圆头，为男用。凤冠为畲族妇女婚嫁和随葬时的独具风格的专用冠戴，黑缎宫帽是畲族男子专用礼帽。

围裙，即围兜，是畲族群众劳作的必备品，俗称“拦身裙”，有护身、护洁作用。裙身呈梯形或长方形、绣有花边，多黑色、布料厚实，常绣有花边，男女皆用。

畲族妇女重佩饰，尤重首饰，多为银饰品，有头簰、头簪、头钗、头花、头夹、耳环、耳坠、耳牌、手镯、脚镯、胸牌、项圈、兜肚绣等，做工精细。妇女、小孩多佩用，成年男子少用。

后来除了妇女仍常佩戴耳环、戒指及少数头饰品外，平时畲族男女的穿戴和汉族一样，在畲族节日或少数特殊场合才穿着传统服装。由于讲究制作工艺及创新等，一套畲族服装尤其是女性服装，造价高达数千元。

（五）居住

过去，畲族群众多住简易木瓦房，直至20世纪90年代初还有部分居住在草寮中，沿海畲民不少还住“连家船”。宁德地委、行署在全省率先实施“造福工程”时，将改善畲族群众生产、生活条件列为重要内容，经过十多年持续努力，许多居住在偏远山区或船上的畲族群众均陆续搬迁至生产、生活条件较好的地方且住上崭新的楼房，未搬迁的传统木瓦房、“平台房”（简易的钢筋混凝土房屋）也多经改造。

畲族群众住房建筑与汉民无异，但分布在畲族村寨的公共建筑，如宗祠、宫庙、亭阁、寨门等，则有明显的畲族建筑特色。区内比较典型的有古田县平湖镇富达村的蓝氏宗祠、福安市康厝乡红坪村的雷氏宗祠和寿宁县南阳镇帽底村的钟氏宗祠等。霞浦县溪南镇半月里畲族村的龙溪宫建造工艺精细，其戏台藻井以5层方斗逐级装嵌。台上立柱既有柱头斗拱、又有角科斗拱。门窗多有木雕。屏南县甘棠乡巴地畲族村的文昌阁、霞浦县水门乡半岭畲族村的观音亭、福鼎市佳阳乡双华畲族村的寨门等都设计精美、建筑精细，均为闽东畲族建筑工艺的典型代表，不少被列入省、市、县文物保护单位，得以维修和保护。

（六）行旅

21世纪以后，畲族群众出行与汉族一样方便，家庭多有摩托车（电动车）、少数还拥有小轿车。过去颇具特色的坐轿（用毛竹片编成，乘坐靠椅前有一小横梁蹬脚，两旁装上两条竹杠，由两轿夫抬行），在沉寂较长时间后，2000年后又逐渐时兴起来，并变成用于婚嫁时新郎新娘乘坐的花轿，其制作工艺比普通的坐轿精细，装饰也更讲究。

（七）婚嫁

畲族的婚嫁习俗隆重、繁琐，后又加入一些新式时尚元素，其礼仪活动比起旧式有过之而无不及。

过去，一般同姓不婚，本族内的盘、蓝、雷、钟自相婚配为首选，再扩及也只至系畲族的杨、吴、李等姓氏。畲汉（包括其他少数民族）禁婚曾是族内的一条规矩，但中华人民共和国成立后，畲、汉通婚的禁忌被打破，畲、汉通婚成了寻常事。

旧时，畲族就有青年男女自由恋爱的传统，对歌相亲成婚是畲族先民的习俗，后畲族青年男女更提倡自由恋爱、婚姻自主。

21 世纪，虽然畲族男女双方仍有通过传统对歌相恋而婚的，但更多的是通过日常接触，或经父母亲戚熟人等介绍认识并往来一段时间后，有感情且有意结亲的，由男方托人（媒）到女方家提亲。接着，女方随母到男家“看寮”（看房子），了解男方的家境，男家也趁机观察女方的容貌举止、了解家庭情况。双方满意的，男方便把已备好的糍粑让女方带回。此后，男方即可托人（媒）携面点之类礼物，到女方家讨“庚帖”（女方的“生辰八字”），然后请“先生”“合婚”。“合婚”成的，一般还要把庚帖放在家里三天，如家中无“人畜不宁”或其他不祥征兆的，才算“合婚”成功。

“合婚”后，男家即可择定吉日并“回帖”女家。接着，便是“下定”（向女方送聘金、彩礼），聘金多少则视家庭而定，但必须是“双数”，不能出“单数”，有“好事成双”之意。彩礼一般为传统的礼饼、猪脚、公鸡和一些衣服、金银饰品等（也有人图方便折成人民币送去），“下定”后，男家再择日确定迎娶之日并告诉女家。

闽东畲族姑娘出嫁前，一直流行“做表姐”和“做亲家伯”的特殊风俗。

“做表姐”是陪客（出嫁姑娘）唱歌，时间短的半个月，长的则有 3 个月，是一种以歌为媒告诉婚期、探望亲戚的形式，也是借此让出嫁姑娘学歌、练唱的机会。亲戚在收到礼饼、猪脚，得悉姑娘嫁期后，会安排姑娘和母亲及“表姐”前来做客。届时，姑娘按婚礼的盛装打扮，前往做客，与村里的年轻小伙子相聚对唱畲歌。对歌场面热烈且常常是通宵达旦，是姑娘出嫁前学习参与公众活动、练唱畲歌的“必修课”，此俗经久不衰。随着女性文化程度的提高，科技的发达，对歌的手段、形式也不断创新扩大，俨然成为一场畲族小歌会，不仅唱畲族传统民歌，还可唱现代流行歌曲。

“做亲家伯”则是指男方在成亲前两天，请一名出众的朋友歌手作“亲家伯”，与媒人一起把“盘担”（礼品担）送往女家，并在女家会歌。“亲家伯”要帮助“准新郎”做很多应酬事，“准新娘”家亲戚朋友也会有意“考核”“刁难”“亲家伯”，并会办一酒席宴请“准新郎”和“亲家伯”。酒后，还要进行“对歌”，以进一步了解“准新郎”。对歌会也常是通宵达旦，有的甚至一连数夜。此俗一直保留，只不过对歌时间较短，程式也相对简单，而一些住在城里的青年男女，这习俗更为简单，甚至免去。

较之相亲、订婚、送聘礼，畲族的成亲礼俗则相对简单。过去迎亲时，由新郎在若干傧相陪同下，多漏夜提着“千子百孙”竹灯笼，前往女家接亲。新娘则穿着自己编织的草鞋、打着雨伞由兄弟与伴娘相伴，徒步跟着新郎趁夜离开娘家，此俗称为“走嫁”，一路并以歌代言互相轻声唱答。后来除了一些畲族偏远山区农村，偶或仍可见到此俗，大多迎亲已改在白天，并且也多以车队结伴去迎接新娘。21 世纪，又盛行用花轿迎亲，由男方租赁花轿，组成一二十人的迎亲队伍，吹吹打打前往女家，到达时，女方则在门前以横凳“拦轿”迎接。然后，移轿在厅堂等待新娘上轿。新娘离开娘家前，还有“哭嫁”一俗，即新娘边哭边唱《哭嫁歌》，意为感谢娘家养育之恩，有依恋不舍之情。盛装待嫁的姑娘还要在伴娘陪同下到厅堂跪拜祖先和父母，然后踩着竹匾，与兄弟“分钵”“分五谷”，边哭边唱着登上花轿。

新娘到男家后，男方家人要依俗先回避，让新娘“抛五谷”，再由男方一“阿婆”扶着下轿，遮伞、踩着红地毯（过去多为红布袋）进入大厅，与新郎行拜堂礼后进入新房，至此接亲始告结束，然后赴宴见客。少数农村还有“闹洞房”之俗，但也多简化，城镇一般不再行此俗，也有改为新郎、新娘请年轻朋友唱歌跳舞的。

（八）生育

畲族有“求子”习俗，并始于婚礼，从新娘进门发枣（早发）、花生（发家生子）、桂圆（早得贵子）、瓜子（挂子，即怀孕生子）到闹洞房求捡凤凰蛋（即喜蛋，还包含凤凰为鸟，以捡鸟蛋，取意生男孩子），均寓意“早生贵子”。

婚后较长时间没有怀孕的女性，通常要上观音亭（堂）、奶娘宫（社）祈供许愿，祈祷观音菩萨或奶娘陈靖姑送给子嗣。畲族也有“石”崇拜的习俗，福安穆阳一带畲族村民就有供奉“石猫”求子嗣的风俗。霞浦县溪南镇半月里村的畲族村民求子时，通常要先上山捡石子（“捡石子”意为“拾子”），放在村头的“龙溪宫”神龛前的供桌上。如果求生男孩，就捡白石子；求生女孩，则捡红石子。到龙溪宫求子（女）的时间，一般选在每月初一或十五。若求生男孩，则上午去上香许愿、设供品，点白蜡烛；若求生女孩，则下午前往上香，点红蜡烛。如果有石公、石母宫的畲族村庄，村民就直接到石公宫、石母宫里去许愿求生男育女，如得男孩，则多以“石”作为字头来命名。

畲族妇女一旦怀孕，称为“带身”“有喜”。孕妇忌讳吃牛肉、狗肉、兔肉；忌攀爬高处、提过重的东西；忌看戏和看到“假面具”；忌参与斗殴、庙会、演出、祭祀等活动；回避红白喜事、不进别人产房、晚上不出门；不到有危险或肮脏的地方。外人也忌在孕妇卧室动土、钉钉子、敲动板壁，或在孕妇面前舞刀动斧和扔死动物，以免惊吓孕妇。家人则在孕妇居室的门上挂仙人掌（植物）、竹弓、锯子之类，或绑布袋与抱裙于房柱，以此警示陌生人禁止进入。怀孕到7、8个月时，需吃猪肚安胎。这时，娘家人也要送猪肚给怀孕的女儿安胎，并到宫庙祈求观音菩萨或奶娘陈靖姑保佑其孕期平安。孕妇产期临近，要到“虎马宫”（姓虎和姓马的神，据说其神之妻是因生产而死的，所以他俩自愿为神保佑孕妇顺利生产）求神，并把神像请回家，供在孕妇厅堂，每天上香供祭，早晚两次。坐月子期间，产妇家人每天向神像设供，三餐饭前先供神。婴儿满月时还要备整只公鸡及其他供品祭送“虎马神”回宫。

福安凤洋一带，畲家孕妇在怀孕7个月左右时，要请本族的做尫（做迷信）先生来施法，许奶娘愿。在大厅摆香案，陈列茶水3杯、酒3杯，豆子或花生等果品5样，然后上香请神。期间初一、十五定期上香，希望婴儿顺利降生。婴儿满月时，再请法师还奶娘愿。

以上习俗多是父母长辈所为，尤在农村还颇为盛行。现在许多孕妇主动到医院作孕检，以保证胎儿健康。孕妇预产期临近时，一般都在医院产科的待产室内待产，并接受新法接生。

过去婴儿出生三天，接生婆会用石菖蒲、地藤（一种苔藓植物）和芝麻秆等，熬汤给婴儿洗澡，清除秽气，俗称“洗三旦”。洗后，生父要温酒、煮鸡蛋、面条请接生婆。同时要给左邻右舍朋友送上一碗面与两个荷包蛋（多改为染成红色的水煮蛋），以示报喜。各户吃到蛋面后，即给产妇回赠鸡蛋，资助她“坐月子”。有的亲友还用大米答谢，俗称“送幼粮”。有的接生婆在为婴儿洗完澡后，还要抹一点黄连汁于婴儿的嘴上并说道："细卵啊'三旦'那得黄连苦，以后日日食蜜糖。"祝愿他长大以后吃得了苦，过上好日子。现在产妇多在医院分娩，多免去此俗。

婴儿出生满30天（霞浦畲族是生男30天，生女29天）称"满月"，标志着婴儿已经适应新环境，产妇的身体也基本恢复，禁忌与约束也得以解除。婴儿满月的第一件事是"落胎发"。理发师剃完婴儿的胎发后，手拿煮熟的红鸡蛋在婴儿头上滚三圈说："红蛋圆你头，你大以后起高楼，做大官，捏住大拳头。"祝愿他头面光滑，不生疮子不长疤。

"满月"这一天，邻里亲戚朋友都要携带礼物前来贺喜（看婴儿）。阿姑送帽子，阿姨送鞋子，母舅送衣裳、披肩、背裙、兜肚、乳铃、锁牌或脚镯（系有铃铛的银镯子）。邻居亲友都送鸡蛋。凡馈赠的礼物，忌讳单数，大件除外都是取双数，为成双吉庆之意。甥家给母舅的回礼是猪脚与面等。生父要备酒宴款待亲友。在酒宴上，客人务必把荷包蛋吃个精光，以让婴儿光头洁面，并说"细丁仔，能长能大"等吉利话。

周岁（做晬）　婴儿满一周岁时，母舅需送衣帽袜1套，其他亲戚也要送衣物1件。周岁这天，小孩梳洗清洁，穿上新衣服，抱到厅堂，在竹制的米筛内放上元宝、通书、剪刀、尺子、镜子、毛笔、算盘、戥称等用具，让小孩自行抓取，试其志向，称"抓周"。

做十六岁　孩子长到16岁，意味着"上丁"成人，能独立应付世事场面并代表家庭。所以畲族青年男女在16岁生日那天，亲友要送礼祝贺，孩子家也会设宴请亲戚朋友。席上由做16岁者给长辈敬酒，以答谢其关心照顾。旧时，霞浦畲民还有女子用两条交叉的花线绞额、面部汗毛，把眉毛修细的例俗。有的家长亲友往往利用"做十六岁"的聚会，为其议定亲事。此外，富足之家还要为孩子举行"奏明"仪式，即"度身"或"入录"，俗称"祭过祖"。但"奏明"手续繁琐，后已较为少见。畲族孩子做16岁生日，很多也仅成普通的家庭和好友聚会。

（九）寿庆

畲民从虚岁60岁起，每进10岁即举行一次寿庆活动，称"寿诞"或"做寿"。通常到了年关，亲友要给做寿诞者送礼祝贺，多是送猪腿、面条、寿联、寿烛、鞭炮等。要是岳父母寿诞，女婿还要赠以全套衣帽鞋袜，因送寿多在岁末年初，贺者意恐衣服单薄不暖，故要改送棉袄1件。寿家回给红包、糖、橘、鸡等。

在福安春节期间，亲朋还要轮流宴请寿星，并送去蛋面祝贺。寿星家也要准备酒席回请亲朋好友。在福安、寿宁，年初一寿家要将亲友所馈赠的对联挂在厅堂上，女婿题联居首位，以示女儿最孝敬。寿堂正中要设"寿星"之位，凡是晚辈都要向"寿星"作揖或跪拜。寿星给参拜者每人发一个红包。寿筵是寿礼的重要一环，福安以正月初六或（初三）为寿日，女婿要备几碗好菜，用红布袋裹着，连寿酒专程送到"寿星"家，俗称"暖寿"。寿宴便是款待"寿星"和这些来客。赴宴者也带"寿桃"（也可鸡蛋代替）来祝贺，并拥寿星坐大位（首席左中央的一个位子），给"寿星"上酒夹菜。寿宴的第一道菜为"长寿面"，面上放一条红线，意为阳寿大吉大利。吃面时，首席握壶（酒壶）者要先夹几根面条在这碗上绕几圈，意为"寿"字。在旁者也夹几根面条加入圈中，俗称添寿，并唱祝寿歌。

寿宴酒半酣时刻，寿家会端出一小铁锅红烧肉。每块约0.25千克重，每人一块，带回家给小孩吃，以示寿星对小辈之爱。最后发枚（猜拳），以"寿到"6枚放爆竹，宣告寿宴散席。

蕉城区畲族群众50岁便开始做寿，办寿酒多选择正月初五，60岁寿诞，多选择正月初六日，70岁、80岁、90岁以此类推。

有的富裕大户人家还要举行拜寿仪式。寿堂中挂起旗帐、玻璃花灯，设木靠椅，排五果，焚香烛，挂亲友送的贺联、轴和匾额。拜寿后，赠送每人一包“红包钱”。

21世纪，畲族老人庆寿简办或不办的新风也逐渐形成，有的集体拜寿，有的还借此捐钱为村里办公益事业等。

（十）丧葬

闽东畲族丧葬礼俗与汉民相似。过去老年人甫一断气，其子即在老者口中置一粒冰糖，然后即去往溪边烧纸钱“买水”，回来为死者“浴尸”，同时向亲友报丧。亲属到达后，孝子携家人跪迎舅父后，经舅父同意方可开始收殓。过去，亲人入殓时，家人以歌哭灵、边哭边唱，以追念死者、寄托哀思，并持续至下葬入土为止。畲族地区也推行火葬，葬礼也较过去简便许多。近年请畲家道士做“超度”仪式的情况较多。做“功德”时，畲家道士多上半夜用汉话、下半夜用畲语念唱，场面一般都不大。

三、岁时习俗

（一）除夕与春节

闽东畲族群众也过除夕和春节。他们称除夕为“做大年”，吃年夜饭、守岁、给小孩发压岁钱等俗大体上也与汉族一样。过去他们有吃完年夜饭一家老少围坐一起，由长辈说古谈今、传唱祖歌以教育年轻人的习惯。现在此俗较少，大多也改为观看春节联欢晚会。过去，还有吃完年夜饭后，由家中女老前辈把事先备好的一节木头（多用硬木、耐烧）埋入灶膛火灰中，以让其慢慢燃烧，直至明晨大年初一，有烟（香）火绵绵不绝之意。然后大年初一清早，再借此火种引燃灶膛，并越烧越旺，寓意新的一年红红火火、日子越来越兴旺。现城乡多使用液化气灶，不兴此俗，但在农村，许多畲家群众仍然会特意使用旧灶膛生火煮饭，以保留此俗。

畲族春节之俗与汉民也大同小异。在福安，初二这一天畲族群众也不去串门。初五是畲族新年的“开年驾”，也有已过“完年”之意，一家人清扫庭院做卫生、开始准备活计或出门。福安社口镇一些畲族农村，这一天还保留“粘喜票”的习俗。由“福首”（领办人）拿着写有“恭贺某府某某得某某之庆喜全万锭”的大红纸“喜票”，到上一年得喜（如盖新房、修墓、娶媳妇、生儿女及做寿等）的人家里道贺。正月十五，畲族多以歌会的形式过“元宵节”。

（二）“二月二”

闽东畲族传统的“会亲节”。这一天，畲族诸姓都会相聚一起，走亲访友、以歌相会，逐步演变成畲家歌会。20世纪90年代后，闽东畲族在这一天都会举办歌会，区内各县（市、区）及浙南地区畲族县（市）也会有大批歌手群众前来参加。

（三）“三月三”

畲族传统的“上巳节”，又称“歌节”“乌饭节”，原为畲民敬天地、祭祖宗的节日。这一天畲族村民不出工，有煮食“乌饭”的习俗。关于此习俗，闽东各地传说不一。福安的畲族民间传说：染过乌米饭的乌稔叶倒入小河中，连水都是黑的，认为这天下田干活染了黑水，等去世时，双脚会变成黑色，在阴曹地府，双脚黑溜溜的。所以“三月三”这天不下水田干活，后来不出工劳作了。还有传说这天是米谷的生日，要给米谷穿衣服——加上一层颜料。也有人说这天吃了乌米饭，上山下地不怕虫蚁咬。还有一种流传更广的传说是：畲族英雄雷万兴率领畲军反抗唐朝官府时，被困在大山之中，粮草断绝，完全失去外援。到了九、十月，畲军在大山里只采摘到一种乌稔果，雷万兴品尝后，满嘴流蜜，于是他下令畲军大量采摘这种野果充饥。一直到来年“三月三”这一天，雷万兴率领畲军冲下山去，取得“反围剿”的胜利。后来，由于雷万兴吃腻了鱼肉酒菜，想起大山里的乌稔果，于是下令让士卒去采摘些给他开胃。但三月里的乌稔果刚刚爆叶，尚未开花，士卒们只能采摘些乌稔叶子与香糯米一起炊煮，结果乌米饭便呈现与乌稔果一样的颜色，味道很香很绵。雷万兴吃了，胃口大增，于是就下令畲军大量做乌米饭，纪念抗击朝廷官兵的胜利。后来此法传入百姓家，日久相沿成习俗。

“三月三”这天，很多畲族男女青年选择出游盘歌，举办歌会。

（四）“清明节”与“四月八”

畲族清明扫墓祭祖之习与汉族相似，一般都较为隆重。但他们祭祖扫墓的供品为“三陀冥斋”，以糍粑制成，呈锥饺形。“四月八”是汉族农村的“牛歇节”，畲族农村“四月八”也有此俗。畲民在这一天会让牛歇息，放下农活，多聚会盘歌。在闽东许多畲族农村一直有此习，但除了盘歌外，活动内容更丰富多彩。

（五）端午节

畲族的端午习俗与汉族无异，不同的是畲民吃“菅粽”，用一种山上大叶菅草叶包裹、内有多种馅料的长圆柱形粽子。闽东有部分畲区农历五月初四或五月十五过端午节，称“小端午”。

（六）分龙节

又称“封龙节”。时在每年农历夏至后的第一个“辰”日（在中国民间传统的六十干支和十二生肖排序表中，辰和龙均同列为第五），畲族俗谓“夏至见辰就封（分）龙”。传说，这一天是玉皇大帝分派各处龙王行雨，于是人们要在这一天祈祝风调雨顺、五谷丰登，忌用铁器、不挑垃圾粪水等，以免惊吓和污秽龙公而带来不祥。爱唱山歌的畲族民众便利用歇息之日盘歌聚会，后沿成习，并一直流传。

（七）七月半

农历七月十五为汉族“中元节”，也称“鬼节”。而闽东畲族传统称作“做半”，亦称“敬祖节”“祖宗节”，并尊为“神节”，祭祀十分隆重。各家筹办鸡、肉、鱼、米粉、面条、饭、笋、豆等，置于木盘，集中陈列于宗祠祭祖，俗称“祠祭”，或摆供自家厅堂祭祖，俗称“家祭”。在此节前后，过去还有结伴上山打猎之习俗，称“秋社”或“秋猎”，以猎获之物敬祖宗。因禁猎，此俗已除。拜祭祖宗的时间是在下午 3 点至 4 点之间，桌上的祭品摆设与做大年、过大节基本一样，只是把糍粑、粽子换成白米干饭，并要在桌子的周围摆放凳子，每碗饭的旁边再摆一双筷子。烧粗纸的冥钱，改为烧黄色的冥钱。这一天，户主无论如何都要赶回，为祖宗祭拜，故畲族有一句古语道：“做年不回无母，做半不回无祖。”

（八）中秋节与元帅节

畲族中秋节习俗与汉族一样。唯有农历八月二十三日，还要过“田公元帅节”，凡有供奉田公元帅的畲族人家都要过此节。这一天，要杀大公鸡一只，连同其他“福礼”摆到元帅坛前供祭。祭罢，全家人喝“元帅酒”壮胆，能驱邪魔鬼怪，以祈平安。传说田公元帅姓雷名海清，原是唐朝内廷乐师，安禄山造反攻陷京城时，搜获雷海清及教坊梨园弟子300多人。安禄山在凝碧池设宴庆功，乐声始动，雷怅然泪下，并用手中琵琶猛击安禄山，安即刻将其斩首。后来郭子仪在收复长安时，出现了“雷”字战旗。刹那间，雷字上半部被烟雾罩住，仅现出一个田字，有人即以为是雷海清的神灵也来助战。因此，唐玄宗追封他为“唐忠烈乐官”和“天下梨园都总管”，唐肃宗也加封他为“太常侍卿”。后人又把雷海清称为“田都元帅”或“田公元帅”，“田公元帅”的生日（农历八月二十三）成为闽东畲族农村的一个传统节日。

（九）重阳节

农历九月初九是畲族的重阳节，又是“盘歌节”。福安溪柄、松罗、溪尾一带畲族群众多集中在福安与霞浦交界的松罗山、樟家山登高盘歌。霞浦南乡则举行“小洪山联会”和“目莲山联会”。“九月九”还是畲族民间猎神（元帅爷）生日，福安松罗一带畲村有赶庙会，抬元帅爷佛像游村保平安的习俗。畲族青年边赶庙会边对歌，热闹非凡。所以，闽东畲族“九月九”重阳节的内涵与汉族不同，这一天，他们也不登高，而农历六月初一才是他们的“登山节”。

四、宗教、民间信仰

（一）宗教信仰

闽东畲族受汉族宗教信仰影响较大，道教、佛教都从汉族地区传入，与畲族原有的一些信仰习俗糅合在一起。凡是在汉族地区流传的一些佛诞神节及其活动，在畲族地区也同样存在。在闽东畲族聚居的地方，亦建有佛教寺院，但多由汉族或在汉族民众帮助下所建，其中比较著名的有霞浦盐田的西胜寺、长春法华寺、水门观音亭寺（以上均为县级文物保护单位）；蕉城金涵的金贝寺、福安坂中湖口的栖云寺、穆云桂林的清泉洞（寺）和净光寺、福鼎硖门的瑞云寺等。

（二）民间信仰

闽东畲族群众信仰陈靖姑、妈祖、马仙、关帝公等，畲民聚居地也多有此类宫观，其活动习俗也一如汉族。

闽东畲族有相当部分人相信“万物有灵”。

畲族的民间信仰习俗贯穿于生产、生活的诸多方面，节日敬神极其频繁、斋供香火不断，农历初一、十五，多有焚香礼拜，以期神明庇佑。神诞祭祀更是特别隆重，多以一村或一族举行。迎神巡乡，多由族长主持，少则一天，多则数日。“做福”也相当普遍，其著名的有“天地福”“平安福”“保苗福”“完满福”“还愿福”等等。闽东畲族民间崇拜还讲究禁忌习俗：神明下界日期，不做秽事；时交节气日子，不宜动土；恶煞当道时日，不宜出行；红白喜事，生肖相冲，必须回避；女人不能跨越犁耙、锄头、扁担等农具；迎娶期间，服丧者或孕妇不能接近等等。同时还喜算命、卜卦、看相、看风水等方术。畲族年轻一代对民间信仰已远不如其先辈，但处边远偏僻的畲村还依然流行。

（三）祖先信仰

畲族素重祖先崇拜，普遍认为“物本乎天，人本乎祖”，为人子孙当尽“根本追远之深心”，列“敬祖宗”为族规条训的首要内容。重视“明世系，昭祖恩”的有关活动，且普遍相信祖先有灵，能庇护子孙，以至将祖先视为保护神，虔诚崇拜、敬奉。其所崇拜的祖先，不但有本郡头（蓝姓“汝南堂”，雷姓“冯翊堂”，钟姓“颍川堂”）的“历代远近一派宗亲”，还有畲族的始祖“忠勇王”。祖先崇拜最普遍的信仰习俗活动有节日祭、清明祭和修谱祭。21 世纪以后，畲族的祭祖活动逐渐增多。

第二章　回　族

第一节　传　入

宁德回族的民族认定始于20世纪80年代。1982年，福鼎县统战部根据部分群众来信要求，组织开展“福鼎县回族历史调查”。调查显示，从清顺治至清光绪的200多年间，有丁氏回民陆续从泉州晋江的陈埭迁居至福鼎秦屿的巨口打水岙、方家山、积石后岙及寒碧街尾的三角埕等地。福鼎城关、沙埕在清嘉庆至清咸丰年间也有少数回民从浙江苍南桥墩等地迁入，居住在桐山水北、浮柳和白琳的车洋、牛埕下以及沙埕的大白露、白露坑等地。而早在明永乐二年（1404年），就有一些回民从晋江陈埭辗转迁至福鼎佳阳的湖岭、丁家坪的东章自然村落籍。在福鼎前岐镇的安仁村三斗、彩澳、罗唇等村也有部分分布。据厦门大学历史人类学教授庄景辉两次率考察组到福鼎秦屿考查丁氏家谱、祠堂、坟墓及部分生活习俗，认为其为阿拉伯伊斯兰教创始人穆罕默德直系后裔，即中国回族始祖赛典赤·赡思丁（也作赛典赤·瞻思丁）的后裔。《福建省少数民族古籍丛书》（回族卷）收录的《族谱纪略引》之中有“吾家之谱虽未备，然发端于吾毅祖，有稿曰：‘吾由赛典赤回入中国，有为瞻思丁者，因以为姓。’此稿，卷轴，草书，夏及见之，尊厚伯收之，今失于倭，无存矣”等文字记录。赡思丁入华后，由于其功勋卓著，成为元朝著名政治家。赛典赤·赡思丁过世后，元世祖（孛儿只斤·忽必烈）追封其为“上柱国、咸阳王”。

福安穆云乡黄儒村、霞浦盐田乡王高店村、福安溪潭镇溪北村、福鼎磻溪镇油坑村的丁氏回民族谱记载，他们均为晋江陈埭丁氏回民丁尚宾的后裔，在明嘉靖三十九年（1560年）时因避倭寇占据陈埭而辗转迁居闽东，黄儒村因而被认为是闽东丁氏回族的发祥地之一。境内古田也有丁姓回民，据传也是由晋江陈埭迁入，但居住较为分散，城关、凤埔、泮洋等乡镇均有，但以凤埔镇为多。区内其他县（市）丁姓回民则较少，均成零星分布。

境内还有少数郭姓回民，其先祖是通过海上丝绸之路到华经商的阿拉伯人，其先祖到华后，定居于杭州富阳（今富阳区）的郭家村。郭氏一族经数代繁衍至郭德广这一代，因郭德广在元朝时期主政宣慰（今贵州）使司，奉命到泉州调集粮食，却恰逢泉州爆发“反色目”排外事件，因此，作为具有阿拉伯人血统的郭德广为了避开“反色目”排外的祸乱，便附胄于汾阳郭氏望族郭子仪一裔，以求生存的空间及仕途上的发展。郭德广的阿拉伯姓名为“伊本·库斯·德广贡”，其子为郭子洪。郭子洪的阿拉伯姓名为“伊本·库斯·德广贡·纳姆”。自郭子洪之后，郭氏回族后人不再使用阿拉伯姓名。郭德广次孙郭仲远为泉州惠安县百崎回族乡郭姓肇基始祖，《福建省少数民族古籍丛书》（回族卷）之中收录的《郭氏族谱序》记载道：“其后因授簿职以公来泉，干戈抢据，弗克还朝，纳室于泉。始祖德广公生子洪公，子洪公生仲远公。仲远公生五子，性好山水之乐，择地于惠邑海滨百奇山下，筑室居焉”的文字记录。郭仲远的后裔于明、清时期迁入闽东。21 世纪后，宁德郭姓回族同胞多为郭仲远后裔，以福安市居多。泉州市惠安县百崎回族乡境内的“郭氏家庙”建筑可考证郭姓回族的由来。

第二节　人　口

1996 年，根据地区民委和福鼎、霞浦、福安等有关县（市、区）民委的反复调查，地区民委首次审批认定福安市一批郭姓群众为回族成分，接着又陆续认定福鼎、霞浦、福安等丁姓、郭姓群众为回族成分，主要聚居地为福安市潭头镇溪北村（后该村划为福安溪潭镇管辖）。

据 2000 年全国第五次人口普查数据，当年宁德市有回族人口 11777 人，居宁德市少数民族人口第二位，占全市少数民族人口的 6.85%、全市总人口的 0.39%，占全省回族人口的 10.71%。各县（市、区）回族人口分布情况是：福鼎市 5511 人、福安市 2512 人、古田县 2093 人、霞浦县 1564 人、蕉城区 57 人、周宁县 16 人、柘荣县 14 人、寿宁县 6 人，屏南县最少，仅 4 人。

第三章　民族事务管理

第一节　法规宣传

1993 年 8 月 29 日，国务院批准、国家民委发布施行《民族乡行政工作条例》和《城市民族工作条例》。地区民委在全区范围内广泛开展宣传和贯彻落实。宁德地委和行署作出决定，对区内少数民族人口万人以上的县（市）配备 1 ~ 2 名县级少数民族领导干部，53 个乡镇配备至少 1 名少数民族领导干部，其中 8 个畲族乡乡长全部由畲族干部担任。少数民族干部群众参政议政也得到进一步落实。至 1998 年，在党的十五大、全国九届人大、八届全国政协、团中央十四大、中国妇女八大会议中，全区均认真做好畲族代表的推荐选举工作。

1999 年，宁德地委行署出台《关于加快少数民族和民族地区经济和社会发展的决定》，要求各级党委、政府从加强少数民族地区经济和社会各项事务入手，切实维护少数民族的各项权益。同时成立由民委、财政、司法等 19 个地直单位组成的地区民族工作协调委员会。此后几年，在全区扶贫脱困工作中，把帮助少数民族地区群众脱贫致富作为重要任务，做好畲族文化保护、抢救畲族文化遗产，重视畲族教育、卫生以及少数民族干部培养等工作，全方位、多角度维护少数民族的权益，推进畲区经济、社会发展。

2000 年，宁德地委行署为贯彻中央民族工作会议和全省民族工作会议精神，在福鼎召开全区民族工作会议，检查近几年全区贯彻落实中央和省有关民族政策的情况、部署 2000 年全区贯彻落实中央和省有关民族政策的工作。会后，各级领导分别深入民族乡村检查指导。

2003 年，全市在县（市、区）领导班子换届中，市委进一步贯彻少数民族干部政策，要求少数民族万人以上的蕉城、福安、福鼎、霞浦、古田 5 县（市、区）按政策规定配备少数民族领导干部。

2005 年 4 月，全市各县（市、区）局长参加省民宗厅举办的全省民族宗教局长学习培训班。同年全市开展贯彻落实民族宗教法规系列情况的检查调研。市人大常委会对检查中发现的民族地区经济发展滞后、返贫现象较严重，民族乡村财政困难，民族乡村“五通”建设档次低，民族专项经费不到位、社会事业发展缓慢，少数民族大中专毕业生进入国家公务员队伍难等问题进行研究，并要求有关部门认真研究解决。

第二节　民族建制村认定

1993—2000年，宁德境内有畲、回民族建制村203个。2000年12月28日，宁德市民族事务委员会作出《关于重新核实认定民族行政村的通知》。至2001年，宁德市完成对民族建制村（此处“行政村”实为“建制村”）的重新认定，认定后的民族建制村、居委会共计229个。其中畲族建制村224个，民族居委会1个，回族建制村4个，比2000年以前所认定的民族建制村（行政村）增加26个。

2004年，霞浦县溪南镇南坂村被认定为回族村。

至2005年，宁德市被认定的畲族乡8个，被认定的民族建制村和民族居委会共计235个。其中畲族建制村229个，民族居委会1个，回族建制村5个。5个回族建制村分别是福安市穆云畲族乡黄儒回族村、福鼎市硲溪镇油坑回族村、霞浦县盐田王高店回族村、福安市溪潭镇溪北回族村、霞浦县溪南镇南坂回族村。

5个回族建制村总人口4164人，其中回族人口3146人、占总人口的75.55%。5个回族建制村中，人口最多的为福鼎市硲溪镇油坑村、总人口1712人，其中回族人口537人、占该村总人口的31.37%。回族人口比例最高的建制村为福安市穆云畲族乡的黄儒村，全村934人中回族人口930人，占全村总人口的99.57%，其次为霞浦溪南乡南坂村，南坂回族村总人口有915人，其中回族人口899人，占98.25%。

2005年宁德市8个畲族乡下辖畲族建制村情况一览表

表44-9　　单位：个

畲族乡	建制村
蕉城区金涵畲族乡	上金贝、亭坪、金峰、琼堂、院后、中前、金涵
福安市康厝畲族乡	半山、竹岙、红坪、东山、凤洋、长潭、金斗洋、秋岭
福安市坂中畲族乡	日宅、林岭、亭兜、和安、彭家洋、井口、后门坪、许洋、大林、仙岩、江家渡
福安市穆云畲族乡	科后、虎头、中岙、竹州山、燕坑、岭坑、王楼、犁田、南山、高岭、燕科、溪塔、洋坪、上洋、外厝、温岩
福鼎市硖门畲族乡	瑞云
霞浦县盐田畲族乡	瓦窑头、洋边、二铺、西胜、南塘、尤沃
霞浦县水门畲族乡	茶岗、半岭、大洪、长湖、青沃、七斗岔、湖里
霞浦县崇儒畲族乡	新村、上水、霞坪、溪坪、笕下、半路张、岚下
合计	63

2005年宁德市非畲族乡畲族建制村（居委会）情况一览表

表44-10　　单位：个

县（市、区）	所属乡（镇）	畲族建制村（居委会）
蕉城区（28个）	城南镇	后山、坪塔
	漳湾镇	雷东、又加塘
	七都镇	漈头、外洋、北山、西林、马坂
	八都镇	南冈、猴盾、大坪、半山、新楼、韩丹、闽坑、金垂
	九都镇	九仙、柴坑、乌坑
	霍童镇	东岭、八斗
	赤溪镇	松柴岭、班竹
	飞鸾镇	南山、向阳里、新岩、蒲岭
古田县（6个）	平湖镇	富达
	大桥镇	梅坪　溪源里
	凤都镇	新建　石峰
	城东街道	仕坂
屏南县（1个）	甘棠镇	巴地
周宁县（3个）	狮城镇	兴福居委会（宁德市首个民族居委会2001年7月成立）
	咸村镇	云门
	玛坑乡	灵凤山
寿宁县（4个）	斜滩镇	外洋
	坑底乡	李家洋
	竹管垅乡	李家洋
	凤阳乡	粗洋
福安市（68个）	上白石镇	南山头
	潭头镇	鹅山、渔溪洋
	溪尾镇	林洋、坎下、石合
	社口镇	坑里坑、潘洋、山里、上山、牛山湾、荣岭头、利岔、大坪、谢岭下
	溪潭镇	马山、仙石、兰田、岐山、下庄、瓜溪、岳秀、张家山
	甘棠镇	坑门里、北山、春雷云、岭尾、山头庄、小岭、过洋、何厝、铜坑里
	下白石镇	章岭、王坑、下赤、金腰带、通湾洋、亨里、秦坎、章坑、长坑、坑门、樟澳
	溪柄镇	白沙、东山、长洋、彩梅、龙潭面、横坑
	城阳镇	铁湖、白坑、茶洋、纸坪、洋面
	湾坞镇	坑源、梅洋、寒洋、岩下、福岭、池头、宝林、炉山、半岭、半屿
	松罗乡	小茶洋、上后洋、王棣、大坪里
柘荣县（5个）	富溪镇	东溪
	乍洋乡	宝鉴宅、柯岭
	楮坪乡	茶湾、湾里
福鼎市（22）	前岐镇	桥亭、井头
	店下镇	硋窑
	秦屿镇	才堡、方家山、洋里
	磻溪镇	朝阳、排洋、赤溪
	白琳镇	牛埕下、康山、高山
	管阳镇	唐阳、亭边
	桐城镇	浮柳
	桐山街道	岔门
	佳阳乡	佳阳、象洋、双华、罗唇、佳山、龙头湾

续表 44-10

县（市、区）	所属乡（镇）	畲族建制村（居委会）
霞浦县（30 个）	长春镇	法华
	牙城镇	斗石、一层、茶坑、凤江
	溪南镇	南门山、白露坑、后慕
	沙江镇	大墓里、大坪、龙湾、小马、炉坑
	下浒镇	四斗
	三沙镇	东山、单斗、三坪、二坑
	柏洋乡	西坑、大岭、阮洋
	北壁乡	盘前、武岩
	松城街道	青福、墓斗、七宝洋、马洋
	松港街道	八斗坝、大沙、岭头
合计	167	

2005 年宁德市畲族乡境内回族建制村情况一览表

表 44-11　　单位：个

畲族乡	建制村
福安市穆云畲族乡	黄儒
霞浦县盐田畲族乡	王高店
合计：2	2

2005 年宁德市非畲族乡境内回族建制村情况一览表

表 44-12　　单位：个

非畲族乡	建制村
福安市溪潭镇	溪北
霞浦县溪南镇	南坂
福鼎市磻溪镇	油坑
合计：3	3

说明：2005 年，宁德市境内民族居委会仅有“周宁县狮城镇兴福居委会”1 个，畲族建制村有 229 个，回族建制村 5 个，总计有民族建制村（居委会）235 个

第三节　参政议政

1993 年，根据全省民族工作会议关于少数民族干部与少数民族人口比例的要求，宁德地区县乡两级单位换届选举出少数民族代表 745 名，占全部代表总数的 7.13%。新选进县乡班子成员的少数民族领导干部 37 名，其中副处级干部 3 名，基本达到全省民族工作会议要求。全区 51 个少数民族人口千人以上乡镇配备少数民族党政领导 46 个，其中 8 个畲族乡的乡长全部由畲族干部担任。当年，全区有少数民族干部 1306 人，其中地厅级 3 人，县处级 23 人，科级 156 人。

1995 年，宁德地区畲族担任全国政协委员 1 人，全国妇联执行委员会候补委员 1 人，省委

候补委员 1 人，省政协委员 3 人。

1997 年，蓝秀珍被授予“全国十佳人民满意公务员”称号。同年，畲族代表蓝秀珍参加中国共产党第十五次全国代表大会。

1998 年，全国九届人大、团中央十四大、中国妇女八大各有宁德地区 1 名畲族代表参会。同年，宁德地区少数民族 4 人被选为福建省党代会代表，7 人当选为福建省九届人大代表，2 人被推选为福建省八届政协委员。

2000 年 11 月 14 日，宁德地区撤地设市，正式更名为“宁德市”。当年年底，宁德市民族事务委员会认真做好宁德市第一届党代会、人大会和政协会议少数民族代表委员的推荐工作。少数民族有 28 名当选党代会代表，有 40 名当选人大代表，有 20 名当选政协委员，保障了少数民族参政议政的权利。

第四节　干部培养

1993 年，地区民委配合地区人事局考录畲族建制村聘用干部 35 名。同年，在县（乡）两级换届工作中，有 12 名少数民族干部进入县（市）领导班子，46 人进入乡镇班子。当年，全区有少数民族干部 1306 人，其中厅级 3 人、县处级 23 人、科级 156 人。

1994 年，全区从少数民族职工中招考少数民族干部 50 人。

1995 年，宁德地区首次选派 1 名副厅级、3 名副处级少数民族领导干部到国家经贸委、民政部、教委以及上海南汇县（全国“百强县”）挂职锻炼。

1996 年，在全区乡镇党委换届中，新增 26 名少数民族干部，比上届占比提高 5.43%。

至 1998 年年底，全区有 113 名被选派到上级机关、沿海经济发达地区挂职锻炼，103 名少数民族干部被下派到乡镇、企业挂职锻炼。同年有 357 人次少数民族干部到各级党校、干校和中央民族大学、西南民族大学学习。有 36 名少数民族领导干部先后到境外考察学习。

1999 年，地委组织部建立起一支 163 人的少数民族后备干部队伍。

2000 年年底，宁德市有少数民族干部 2146 人。其中，副处级以上干部 27 人、科级 252 人，女性干部 685 人，党员干部 548 人。这些干部中，大专以上学历 582 人，中专、高中学历 1408 人。2000—2002 年，有 39 名少数民族干部参加省委党校举办的少数民族干部培训班学习。

2002 年，市民宗局配合省民宗厅开展少数民族干部培养选拔工作调研。市委组织部要求“少数民族重点县（市、区）有条件的乡镇可配备少数民族干部任党委书记”。当年，全市有 5 个乡镇的党委书记由少数民族干部担任，同时选送 10 名少数民族科级干部参加省委党校第五期少数民族干部培训班学习。

2003 年，宁德各县（市、区）级领导班子换届，全市新提拔 12 名少数民族处级干部进入班子，5 名处级干部与市直机关有关单位进行岗位交流锻炼。

2004 年，为进一步贯彻《福建省 2001—2005 年培养选拔少数民族干部工作规划》，开展全面检查市、县、乡镇领导班子和机关对少数民族干部的培养和使用情况，发现缺岗和使用不当的及时调整补缺。同年，全市举办民族宗教干部业务培训班共 15 期，625 人次。同时，组织各县（市、区）民宗局长集中培训，强化关于民族宗教工作基本理论、基本政策、基本知识的学习，不断提高民族宗教领导干部工作水平，适应新形势下民族宗教工作的需要。

2005年年底，全市少数民族干部达到2164人，其中处级以上40人、科级286人。全市9个县（市、区）委、人大、政府、政协领导班子中有少数民族干部14人，占成员总数的5.9%。厅级少数民族领导干部1人。

第五节　民族团结进步事业

1993年后，全区大力宣传民族团结，认真稳妥调处民族纠纷。

1993年4月，宁德地委组织部根据地委办公会议精神，对少数民族领导干部在县、乡中的配备比例等作出明确规定，并在换届选举中认真加以落实，以发挥少数民族干部在民族团结进步事业中的作用。

1995年，地委、行署召开全区民族团结进步表彰大会，表彰108个先进单位和80名先进个人，推动全区民族团结进步事业发展。

1996年，宁德地区有8个单位获第三次全省民族团结进步模范单位荣誉称号，有9人获模范个人荣誉称号。

1998年，全区县（市）领导班子成员中少数民族干部12名，占班子成员的5%。当年，福安市民族事务委员会获国家民委和福建省人民政府联合表彰的民族团结进步模范集体荣誉称号，福鼎市民族事务委员会干部李萍评为模范个人。同年7月，福安穆云乡发生一起畲汉村民山场石料开采纠纷事件。乡政府及有关部门及时介入，耐心宣传，说服教育、公正调解，既维护畲族群众的合法权益又促使畲汉两族群众的和谐团结。

1999年4月，宁德地委、行署召开宁德地区民族团结进步表彰大会，授予全区民族团结先进集体40个、先进个人40名。同年9月，国务院第三次全国民族团结进步表彰大会上，宁德地委、行署被授予模范集体，福鼎市民委主任雷朝瑞和宁德市（今蕉城区）人武部政委吕卫宁被授予先进个人，宁德市人大常委会主任钟雷兴、福鼎县民委主任雷朝瑞参加第三次全国民族团结进步表彰大会。

2001年，全区在扶贫攻坚中，省直8个厅（局）结对帮扶宁德的8个少数民族乡。省民宗厅、扶贫办等领导、干部多次深入这些乡调研，帮助研究制订发展规划、筹集扶贫资金。3年间，帮扶8个乡发展少数民族教育的资金达到298万元。

2003年7月，省民宗厅在福鼎市召开“全省加快民族乡村发展现场经验交流会”，参观福鼎白琳镇牛埕下民族村、硖门畲族乡民族街，了解经济和社会发展情况。

第四十五编　宗教信仰

闽东有佛教、道教、天主教和基督教四大宗教。2005 年，全市登记的佛教寺院 664 所，道教宫观 53 处，天主教堂和聚会处 91 处，基督教堂及聚会点 374 处。闽东的民间信仰较为盛行，主要崇拜神、佛、历史名人和原始图腾等，其中较有影响的有地方神祇临水夫人（陈靖姑）、马仙（马元君）、林公大王（林祖亘）、黄山公（黄槐）以及普遍供奉神祇妈祖（林默娘）、城隍、关帝等。2000 年以后，区内各级政府及有关部门将民间信仰列为群众社会活动管理范畴，制定管理措施，突出引导和自我管理，使其逐步走上群众化、法治化、健康化的轨道。2002 年初步统计，全市民间信仰活动场所 3343 处，境内还有福鼎太姥山摩尼宫、霞浦柏洋乡乐山堂遗址等摩尼教建筑遗址，是研究摩尼教在中国东南沿海以及在福建和宁德传播的珍贵实物资料。摩尼教在闽东主要传播地为福鼎、霞浦。

第一章　宗　教

第一节　佛　教

一、教职人员、信徒

宁德各地佛教徒多属南禅宗支派的临济宗和曹洞宗，尤以临济宗为多。佛教徒包括僧尼、居士和一般信众。1993 年，区内登记的在寺僧尼居士 5450 人。其中僧人 1234 人、尼姑 1781 人、居士 2435 人，信仰人群较多。区内信奉佛教的人数以福鼎、福安、霞浦居多。

1993 年后，区内佛教徒年轻化、专业化的趋势明显。福鼎 2200 多名住寺僧尼中，大部分为 45 岁以下。民间一般佛教信众中则以女众为多，尤其是老年女信众居多。佛教僧尼的文化程度也较以前有所提高，区内住持（当家）大多数都经过佛学院学习进修。福鼎资国寺住持贤志法师毕业于中国佛学院，为宁德市佛教协会会长；福安市佛教协会会长慧照法师，毕业于福建佛学院；柘荣广福寺界象、界奇法师均毕业于中国佛学院，分别曾任厦门南普陀寺监院和福鼎灵峰寺住持。创办于 1992 年的福安种德寺种德佛学苑和福鼎资国寺闽东佛学苑是区内两所培养佛教专门人才的基础点，除了为国内各大佛学院校和区内各寺院输送优秀僧（尼）人才外，每年还举办“居士佛学培训班”等。

2005 年，福鼎市有佛教信众 3 万多人，其中僧尼 2000 多人。屏南县最少，仅有住寺僧尼 48 人、居士 1300 人。当年，全区登记在册的住寺僧尼 4207 人，其中僧人 2195 人、尼姑 2012 人，居士 7 万多人。

2005 年宁德市登记的佛教人员统计表

表 45-1　　单位：人

县（市、区）	住寺僧众	住寺尼众	居士	合计
全市	2195	2012	71132	75339
蕉城	140	90	6600	6830
古田	30	20	2000	2050
屏南	15	33	1371	1419
周宁	31	55	3000	3086

续表 45-1

县（市、区）	住寺僧众	住寺尼众	居士	合计
寿宁	30	80	55	165
福安	273	322	6000	6595
柘荣	93	59	306	458
福鼎	1156	1123	35000	37279
霞浦	427	230	16800	17457

二、宗教活动场所

1993 年，全区有佛教寺庙 780 所，其中批准开放的 101 所。此后，出现一些场所未经合法审批、未按规划建设。1996 年，全区开始清理整顿乱、滥建宗教活动场所。1998 年年底，全区佛教寺院登记发证的 631 处，仍有少数未经登记的寺庙。1999 年，根据国务院关于《宗教活动场所管理条例》《宗教活动场所登记办法》和《宗教活动场所年度检查办法》的规定，全区进一步加强对佛教寺庙的登记和年检工作，继续整顿乱建、滥建。与此同时，全区加强对已登记合格并批准开放的佛教寺庙合法活动的管理，开展对老寺庙和重点寺庙的维修保护工作。至 2005 年，先后报审并经批准公布的全国重点佛教寺庙有福安狮峰寺，省级重点佛教寺庙和文物保护单位的有蕉城支提山华严寺、福鼎资国寺、昭明寺。被列为县（市、区）重点文物保护单位的寺庙有 10 多处。当年全市有登记的佛教寺院 664 所。

2005 年，境内依法登记的佛教重点寺庙有：

宁德支提山华严寺 位于宁德市西北霍童镇支提山上。1993 年后开始全面重修，先后修葺主殿及偏殿多座，修建了两座石构山门、停车场及进山公路等。先后被列为全国重点寺院、中国佛教爱国主义教育基地、省文物保护单位。监院慧净，有常住僧尼 50 名。

古田极乐寺 位于古田县湖滨乡极乐村。1991 年年底，寺内“圆瑛法师纪念堂”落成。1994年，方丈提润法师出资建铜佛楼。1997 年，又增建僧舍、客房各 1 座。1999 年重建大雄宝殿。2001 年修建天王殿。2004 年从缅甸迎回一尊高 3.2 米、重 11.5 吨，由整块汉白玉雕塑的玉坐佛。住持定空，原为广东云门佛学院教务长，2004 年 7 月接任住持，常住僧尼 30 多人。

福安狮峰寺 位于福安市溪柄柏柱洋楼下村。2003 年被确定为福建省革命传统教育基地，寺门口立有“闽东红带会总部成立纪念碑”。寺内会客厅设有闽东革命文物展览馆，展出部分闽东苏维埃政府的珍贵革命文物。2005 年被列为国家重点文物保护单位。住持印觉，常住信众约 10 人。

福安天堂寺 位于福安市城南天马山麓。1993 年后寺宇整体重建。寺庙占地近 1 公顷，建筑面积 9000 多平方米。有山门、天王殿、大雄宝殿、罗汉堂、讲堂、念佛堂、水陆堂、藏经楼、钟鼓楼、颐养楼、尊客楼、众香斋、香积厨、如意堂、僧舍、心月亭等。布局随山势而设，错落有致。因邻近城区，不仅香客众多，也是居民登高览胜游玩佳处。住持贤明、都监慧照，有常住僧尼 30 余人。

福安种德寺 位于福安市甘棠镇北门外。自 1990 年全寺重修后占地面积 4 公顷、建筑面积 1.8 万平方米。主要建筑有山门、天王殿、大雄宝殿、观音阁、玉佛殿、伽蓝殿、祖师殿、五观堂、客堂、素食部、僧寮、放生池等，且设计精细、琉瓦红墙、气势宏伟。福安种德佛学苑，是区内继福鼎资国寺“闽东佛学苑”后的又一所佛学院，聘请闽南佛学院研究生导师、苏州戒幢寺佛教研究所所长济群法师为苑长。是闽东培养佛学专门人才的重要基地。住持弘真，住寺僧众120多人，尼众居多。

福鼎资国寺　位于福鼎市城郊董山。从20世纪90年代开始，大力振兴院庭，重建天王殿、念佛堂、五观堂、藏经楼，拓展寺院发展空间。1990年，创办的“闽东佛学苑”是区内第一个佛学高等院校，为闽东及省内培养、培训大批佛学人才。1998年，成立“佛国书画院”、创办佛教刊物《音声海》，开展“印度朝圣之旅”“资国禅茶之旅”，组织“盆景展”“根艺展”“兰花展”“无我茶会”等活动。该寺创办的“莲峰山禅修中心”吸引许多佛众前来禅修。住持贤志，是省佛教协会副会长、宁德市佛教协会会长。常住僧、尼、居士200余人。

福鼎昭明寺　位于福鼎市城西鳌峰山上。1995年后，对寺内主要建筑进行全面维修，为福建省文物保护单位。昭明寺成立昭明文化研究会，聘请中国佛教协会会长传印长老为名誉会长。住持界空，常住僧尼36人。

福鼎白云寺　位于福鼎市太姥山摩霄峰顶。1993年后，经住寺法师及信众筹资近千万元进行多次全面修葺及重建，新大雄宝殿、观音楼、太姥娘殿相继落成。住持长净，常住信众10多人。

福鼎太姥山香山寺　位于福鼎市太姥山主景西南九鲤朝天岩下。2000年住持品善法师朝觐泰国、缅甸，得遇缅甸贵宾赠予缅玉及净资，2002年回国后奠基开建五百罗汉堂。2005年10月罗汉堂落成。五百罗汉像为汉白玉精雕而成，每尊高1.3米、呈坐姿，重约1吨。住持品善法师，常住信众10人。

福鼎平兴寺　位于福鼎市太姥山东南500米的坪岗山麓。1992年由界诠法师主持开办“普隐学堂”，以教道诸宗、行依律仪、修归净土为办院宗旨，致不少参学问道者慕名而来。1998年，扩建五观堂、净业堂、云水堂、尊客堂等。后又新建如意寮、念佛堂、住静关房及一座4层重楼阁（分设法堂、学戒堂、普隐堂、藏经阁），成为福鼎市内一座建筑恢宏、环境优美、寺规严明、学僧众多的佛教修学场所。2002年，鼓山涌泉寺住持普法大和尚捐助净资帮助修建一座戒坛，坛身三重，雕供108尊护坛神王尊像，坛上建八角重檐亭阁，坛前立一七佛宝塔，令寺观更为壮美庄严。住持界诠，常住僧尼230人。

福鼎太姥山一片瓦寺　位于太姥山景区，寺内建有一悬空铜佛殿，由题静法师于2001年发愿修建。铜殿背靠太姥山主峰的九鲤朝天峰，左边为升天石、右边为莲花峰，寺殿建于两峰夹峙之中，高12米。主殿长深6米×6米，连同周边建筑总面积约为180平方米。由中国工艺美术大师、著名铜雕艺术家朱炳仁设计监制，杭州金星铜艺集团承建，用纯黄铜100余吨制作主构件。建筑呈唐代风格，小巧精美、大方气派，屋顶翘角飞檐富有变化。屋脊顺下倾斜，庭前置铜铸狮。2005年年底，主殿外架构建筑基本完成。悬空铜殿为全国首座，世界仅有。铜殿前有中国佛教协会会长传印大和尚题写的“梵刹庄严”四字。住持题静，常住僧尼10多人。

霞浦建善寺　该寺是闽东乃至福建省最古老的佛教寺庙之一。位于霞浦县松城镇东关华峰山麓。中国古代高僧灵祐禅师（俗姓赵，霞浦县人），唐贞元初年（785年）15岁时就在该寺出家，后开法为山，成为禅宗五宗之一“沩仰宗”的开山鼻祖，谥号“丈圆禅师”。1993年后，经多次扩建，千年古刹面貌一新。在“坐禅石”原址建起一座“灵石亭”并立一碑记，介绍灵祐祖师的行迹。1996年，被评为霞浦县八大景点之一，四方信众和众多游客多到此禅修和游览。为霞浦县文物保护单位。住持界斌，常住众25人。

霞浦龙首寺　位于城关北门外龙首山麓，原称“龙首庵”，又称“东庵”。因寺东西两边皆有溪涧，又称“石涧堂”。宋代理学大师朱熹游学霞浦时，曾在寺内题书“白云深处”。清福宁知府李拔也在寺内石崖上题刻“海国桃源”，还有多方古石刻均保存完好。中国佛教协会原会长赵朴初也为该寺留下“龙首古刹”“龙首寺”“圆通大殿”等多幅题匾。龙首寺以保存供奉德法祖师肉身坐像而闻名遐迩。德法祖师又称“老佛”（878—959年），江西高安人，为佛教禅宗著名法师百丈怀海的弟子。是“黄蘖山派”著名弘法大师，曾名盛一时。于五代后周显德六年（959年）六月十五日行脚至霞浦县东的天台岭时，自知时至，登上一大石，合掌西归。后附近村民塑其真身供于龙首寺内，肉身完好保存供于寺内，是宁德地区保存不多的肉身佛像。每至农历六月十五日德法禅师涅槃日，龙首寺均要举行盛大法会纪念祖师。1993年后，龙首寺经多次维修，并重修了“一览轩”“迎薰亭”等，成为霞浦八景之一。2005年，住持世起，有常住众15人。

霞浦法华寺 位于霞浦县长春镇法华村马耳峰山麓。建于宋乾德二年（964年），治平元年（1064年）敕名“法华寺”。宋理学家朱熹寓居霞浦时，曾到法华寺游览并题联“地别九重天，碧水丹山青世界；门当三益友，苍松翠竹白梅花”。大雄宝殿，砖木结构，悬山顶屋面，檐角翘式飘出，饰以浮雕花卉，四周檐口均雕刻形态各异的花鱼鸟类。大殿廊柱础为宋代双层八角形，并镌刻浮雕花卉。考古学家认为具有研究古代建筑尤其是佛教寺庙建筑的重要价值。法华寺旁宋代僧人舍利塔群，是闽东建造时间最早的僧人墓群，约建于宋末元初，共3座，占地20平方米。墓塔以长方形块石封砌，底座呈四方形，四方出沿，沿上为半弧形，上方为窝口头形。每座墓塔向南处均置一拱形小口，高2.55米，直径1.66米。据专家考证，舍利塔群形制近似著名的河南嵩山少林寺僧人舍利塔林，为研究中国佛教禅宗东扩南移的珍贵实证。寺内还有一方明万历年间的碑刻，记述寺庙及舍利塔的历史沿革。为霞浦县文物保护单位。1993年后，寺殿及塔群均经过多次维修。2005年，住持界旺，有常住众6人。

霞浦下浒云峰寺 又名大云峰寺，位于霞浦县下浒镇王家衕村清水洋自然村。始建年代无考，明万历十八年（1590年）和清乾隆十四年（1749年）两度重建。寺内经幢石塔为楼台式7层实心幢石构，平面八角形，高7米，塔基须弥座，塔身用蛮石砌成，坐落在花岗岩石上，极其坚固。石塔各层八面镌刻花纹，塔尖呈葫芦形状，亦有花纹，是典型的明代建筑。1993年后，经幢石塔由县和当地文物部门加以妥善保护，列为宁德市级文物保护单位。住持界超，有住寺僧尼2人。

霞浦如是庵 又名真如寺，坐落于霞浦城关西部罡溪岭穴山东麓。建于唐代（详细年份无考）。寺内因存有一尊“老佛”肉身像而闻名。据现存寺内的《重修如是庵碑》记载，老佛暨姓，号存真，福建建瓯人，行游长溪（即现霞浦），在城西罡溪岭下结庐念佛。圆寂后，群鸟衔泥塑其像，后被乡人祀于寺内，称其是“如是佛”。清郡守李拔游其寺时，题“做如是观”于庵前，仍可见，是霞浦著名的十八寺之一。1992年后，进行大面积复、扩建，大雄宝殿、玉佛楼、观音殿、禅房、斋堂等建筑均一展新姿，并先后从缅甸迎回两尊汉白玉佛像安祀于寺内。一尊为释迦牟尼佛像，重1吨，高1.5米；一尊为千眼千手观音像，重达1.5吨。住持海参，有住寺僧尼3人。

霞浦留云寺 又称留云洞、幻尘庵，位于霞浦三沙镇西澳石厝，1993年后经多次保护性整修。留云洞宽为9米，深11米，最高处7米，为一天然岩洞，洞口呈圆弧形。留云寺即建于洞内一巨石上，是由天然石洞雕凿而成，始建于民国24年（1935年），故又有“一片瓦寺”“石厝”之称。留云洞内有众多摩崖石刻，其中有国民党元老陈立夫、国民党闽浙监察使陈肇英、民国时期著名书法家陈百城，民国时霞浦县县长刘子兆等人的题刻。住持庚戒，有住众3人。

周宁方广寺 位于周宁县玛坑乡首章村。1991年开始，先后改建大雄宝殿、天王殿、斋堂、圆通殿、藏经楼、念佛堂等。寺外建一大型山门、有释迦牟尼、观音佛大型石雕立像及大型放生莲花池。原福建省佛教协会常务理事、宁德地区佛教协会会长净慧法师圆寂后的灵塔也在寺门前右侧。该寺是周宁县香火最盛的一座佛寺和革命历史教育及主要旅游景点，已列为县重点文物保护单位。2003 年，寺内新增设“闽东革命纪念馆”，介绍和陈列当年中共闽东特委在当地活动情况及部分珍贵革命文物。该寺佛教“祈梦文化”远近闻名，求祈者终年不绝。年参佛及游览者逾 10 万人次。住持自量，常年住众 20 多人。

周宁灵峰寺 位于周宁县纯池乡禾溪、桃坑两村之间的灵显山上。1990 年后，古寺经大面积修葺后面貌一新并迎来建寺 1000 周年。寺院扩建后，楼、堂、阁、殿增至 18 座，占地面积 5399 平方米，总建筑面积达 3479 平方米，被列为县重点文物保护单位，吸引了周宁、寿宁、政和三县众多信众。住持题定，常住 22 人，其中僧 6 人、尼 5 人、居士 11 人。

柘荣广福寺 原名白云寺、根鼓寺，位于柘荣县城南郊前山村，早期为僧士素栈。传说唐代名僧一行和尚曾游住该处，见房舍破落，赋诗一首，其中有“有缘僧士定重修”句。后于后唐同光二年（924 年），福州鼓山涌泉寺普惠和尚来游时见此题诗后，发愿修建，名白云寺，后改称根鼓寺。明洪武二十八年（1395 年）进行大规模改扩建后，又更名广福寺。圆瑛法师也曾云游驻锡该寺。“文化大革命”中损毁严重。1990 年后重建。先后完成大雄宝殿、禅房、斋堂、天王殿、钟鼓楼等，使寺院占地面积扩至 9100 多平方米、建筑总面积 4200 平方米。其中大雄宝殿为重檐仿古建筑，由 30 根石圆柱支撑，檐、梁、椽、斗拱为木质构件，画栋彩绘、金色琉瓦。大殿中央端坐毗卢遮那贴金塑佛，高 6.6 米，后屏是持瓶观音像。大殿四周内壁镶供区内少有的 11100 尊小佛像，故又称万佛殿。殿门上方“大雄宝殿”匾为全国佛教协会原会长赵朴初所题写。住持界象，常住僧众 35 人。

柘荣天星寺 又名天心寺，位于柘荣县黄柏乡陈家山村。据民国版《霞浦县志》载：“明宣德中（1426—1435 年）太监周觉成梦天落月于身，询僧宝月符其梦，召里人游良茂共新之。”遂建此寺，逝后葬于寺后，现墓葬遗迹尚存。是柘荣县最古老寺院之一，也是第二次国内革命战争时期中共闽东特委和闽东工农红军独立师的重要活动据点之一。20 世纪 90 年代后，幼年皈依天星寺的柘荣籍悟光法师（富溪镇人，曾任香港明伦堂、厦门华严寺住持）筹资 200 多万元对该寺进行大规模重建，同时修筑长 2200 米、宽 4.5 米的进寺公路。住持悟乐，常住众 20 人。

寿宁三峰寺 位于寿宁县城西南山岗上。1990 年后，在旅美侨胞的大力资助下进行长达 10 多年的大规模重修，并修建部分侧殿后成为县内最具规模的一座寺院。该寺及周边已开发为县内旅游景区之一。住持顿超，常年住众 10 人。

寿宁圆通寺 位于寿宁县鳌阳镇高厝下，是一所融释、道于一山的建筑群，始建于 1983 年，1994 年后大规模扩建，包括城隍庙、圆通殿、奶娘宫、观音台、真龙宫、灵霄殿、讲经堂、斋房等，总建筑面积达 2412 平方米。住持题晶，常住众数人。

屏南天宝寺 位于屏南县县长桥村屏琴山上。寺庙建筑从外形到内设，均以洛阳“白马寺”为蓝本，有山门、放生池、天王殿、钟鼓楼、大雄宝殿、观音殿、地藏王殿、大法堂、观音堂、接引殿、斋堂、藏经楼、僧舍、舍利塔等多座建筑，其中部分为 20 世纪 90 年代后所建，占地 8000 平方米。寺内有一新建的九级浮屠，为安身法师和沙弥们的舍利子。据说是该寺道真法师 1985 年在修建该寺部分建筑巡山时发现的一大窟，挖掘时得知是一宋代高僧的墓塔，内藏几尊细白白雕玉佛、七只宝瓶、一方石秤，上有铭文，意曰：谁人毁了这墓塔，应另建一座以还愿。故道真法师遵先师之嘱，兴建此九级浮屠。住持道真，常住僧 20 多人。

屏南九峰寺 位于熙岭乡熙岭与四坪两村交界处，建于明景泰元年（1450 年）。清乾隆五十七年（1792年），清嘉庆二年（1797年）和清道光九年（1829年）曾三度重、扩建。寺院四周奇峰突起，有九鲤朝天、金龟负印等，且多含阳九、三数，故取名九峰寺。山门“九峰禅寺”四字为明万历福建籍东阁大学士叶向高手迹（又一说为朱熹所书）。建筑规模在县内仅次于天宝寺，多池塘是一特色。据说此处属火地，寺庙曾遭一次大火焚毁，故多设水池，既可转势、又可防火，其中较大的有日、月、星三池，人称月半池、品字池、龙井池。

九峰寺建筑融儒、道、释信仰于一炉是又一特色，体现诸神相容、五行相生、天人合一的理念，故也有人将其称为“三教寺”。寺内有一株据说为惠泽手植的四季杜鹃和一棵奇形柏树。惠泽，俗名程孝宝、屏南黛溪后章人，13岁入九峰寺为僧，取法名惠泽，后羽化成仙入东海，被清康熙帝敕封为东海龙王，人称惠泽龙，成为屏南著名的地方神祇。此两树虽历数百年，但一直枝叶繁茂，其中杜鹃花四季绽放，堪称奇迹。九峰寺虽地处偏僻，但香火鼎盛，每年农历六月初一求祈香客更多达千余。

三、组织

境内各县（市、区）都成立有佛教协会，由各寺院佛教徒推荐代表参加选举佛教协会领导班子成员，一般任期5年，期满换届。1994年5月，召开第二届宁德地区佛教代表大会，推选净慧法师为会长。2002年10月，召开宁德市第三届佛教代表大会，选举产生新一届协会领导班子，贤志法师被推选为会长。宁德市佛教协会主要是指导各县（市、区）佛教协会工作，为佛教界自治管理组织。

在市、县（市、区）佛协组织下，各佛教寺院，也都采取自治方式管理院内事务。一般寺院设总负责人1人，称住持或当家，由各寺两信众民主协商推举礼请，当地佛教协会审批，任期3～5年，可连选连任。任免寺院住持，均需报县（市、区）政府宗教事务管理部门备案。规模较大的寺院在住持或当家下设监院和执事。监院管理全寺事务、主管经济，执事若干人根据所管理的事务进行分工，大体分为负责教务及僧尼、佛事规仪管理等。

四、活动

（一）朝暮课诵

早殿和晚殿功课的“两遍殿”课诵活动，是宁德佛教徒最主要的日常活动。早课，每天清晨，住寺僧众均应集合大殿或念佛堂，敲打乐器，按仪规进行课诵。主要内容有“炉香赞”“大佛顶首楞严神咒”“心经”“普贤菩萨十大愿”“祝韦驮”“大吉祥天女咒”“韦驮赞”等。晚课，每天傍晚举行，主要内容为唱诵礼佛“大忏悔文”“蒙山施食仪”“神咒加持”“心经”“普贤警众偈”“三皈依”“伽蓝赞”等。

除了每天必做的朝暮课诵外，佛教徒日常还要念佛、念经。念佛人数不限，可单独进行，也可几人合念。仪规也不必如早、晚课诵严格，但必须专心，多念“南无阿弥陀佛”“南无大慈大悲观世音菩萨”“南无药师菩萨”等佛号。

（二）拜忏

又称礼忏，是佛教徒日常的又一重要活动，是礼拜诸佛菩萨忏悔自身罪业的一种形式。拜忏时要有3人以上僧尼在场，按仪规在钟、鼓、木鱼、磬、铛铃等乐器、乐声中进行忏悔。宁德各寺庙拜忏所诵佛经按忏愿不同有《大悲忏》《净土忏》《千佛忏》《金刚忏》《无量寿经》《往生咒》《心经》等。

（三）法会与佛节

法会是佛教徒参与的又一重要活动。法会规模较日常课诵、拜忏要大，参加人数众多，其中很多是平时居家念佛的信众。此活动多与佛节结合进行。从农历正月初一到十二月初八，全年有 18 个主要佛教节日。其中二月初八为佛祖出家日、二月十五日涅槃日、二月初八的“浴佛节”（佛祖诞辰日）、七月十五“自慈日”、二月十九观音诞日、六月十六观音成道日、九月十九观音出家日，宁德各寺院都要举办大型纪念法会，除僧尼、居士外，大批居家信众尤其是女信众都会前往参加。此外，各季还有“一七”（一个七日）及至“十七”的“打七”活动及初一、十五消灾药师祈福法会等。

水陆法会是法会中规模最大的一种，以焰口施食为经常。此类法会还多与重大社会事件相结合，以祈愿平安。2003 年，国内部分地区暴发“非典”疫情，宁德市内各主要寺院都举办“息灾保生法会”，其中以福安佛协在甘棠种德寺举办的法会为最大。法会邀请福安市防疫站医生为参加法会的佛教信众讲授“非典”预防知识。2004 年，福安市、柘荣县佛协分别举办东南亚海啸消灾法会，祈祷百姓安康，并号召佛教徒向灾区捐款捐物，分别捐得现金 10.04 万元和 4 万元转交全国佛协寄往灾区。2005 年 11 月 15—21 日，闽东唯一的全国汉传佛教重点寺院——蕉城支提山华严寺举行佛像开光暨新殿落成庆典法会，海内外佛教界僧侣、居士及信众 2000 多人参加。

（四）农禅活动

农禅是中国佛教禅宗寺院赖以生存和发展的基础，也是禅宗僧人融禅于农、以农悟道的生活和修行方式。20 世纪 90 年代后，区内各佛教寺院普遍重视农禅活动，重点发展茶叶、蔬菜生产，大部分寺院能做到蔬菜自给。政府和宗教管理部门也积极支持寺院发展各种农禅活动。

（五）交流交往

1993 年，首批美国、中国台湾地区的佛教人士到宁德访问交流。同年 4 月，日本高野山真言宗教务长新居祐政到访霞浦，就在赤岸村建设空海大师纪念堂一事，同霞浦县人民政府达成协议。1994 年，日本真玄宗佛教团 199 人到霞浦赤岸参加由日方投资 105 万元人民币建成的空海大师入唐纪念堂落成庆典活动。1996 年 6 月，霞浦县政协委员、县佛教协会副会长、松城真如寺住持海参法师，应美国纽约佛恩寺法示法师的邀请，前往美国参加中美佛教文化交流并商议在美国宾夕法尼亚州南汇城创建真如寺事项。8 月，霞浦县龙首寺戒斌法师又应美国纽约佛教会普照寺寺长邀请前往协理寺务。11 月，霞浦建善寺举行建寺 1510 周年纪念法会暨诗、书、画展，海内外佛教和社会人士寄来 100 多件作品参展。1998 年 3 月，霞浦县龙首寺住持、霞浦县佛协会长、福建省佛协副秘书长世起法师应邀到巴西圣保罗观音寺作 4 个月的讲经弘法活动。至 1998 年年底，区内宗教界先后接待来自日本、新加坡、菲律宾、美国等国家和中国港澳台地区佛教人士近千人次到访，接受捐资近千万元，其中 300 多万元用于救灾、助学，兴修公路及其他社会公益事业。1998—2000 年间，新加坡居士林林长李木源三次率新国佛教界 500 多人到福鼎、柘荣与佛教界人士交流并到昭明寺、广福寺等朝山参拜，捐赠善资。

2000 年，福安市佛协释悟海等 3 人应邀出访美国进行佛事交流活动。2001 年 6 月，日本真言宗派佛教徒、著名日本画家藤学胜与福建著名书法家陈奋武在霞浦赤岸空海纪念堂举办展览并义卖，将义卖所得全部捐给霞浦盐田畲族乡修路。2002年，福安释正乘、怡雄，居士陈国忠、王松珠等应邀前往新加坡参加佛事活动。2000—2002年，福安籍香港僧人释德辉、释净熊及新加坡居士到福安参拜并为社口龟龄村小学、穆云留洋村小学捐款50多万元修建小学校舍。同期，福安市佛协接待由释通达法师率领的厦门南普陀慈善事业基金会民族教育考察组前往宁德民族中学考察，并为学校80名特困生捐资2.98万元。此后，又为福安晓阳镇中学、马洋小学和坂中乡林岭小学等60位特困生捐助学金1.5万元。当年，市佛协和福安佛协还接待到宁德探亲、观光和旅游的新加坡、澳大利亚和中国香港、中国台湾地区的10多位佛教界人士，与他们开展教务交流、增进了解。

2004年6月，福安市佛协礼聘中国佛协副会长、深圳弘法寺方丈本焕长老为名誉会长，香港三德弘法中心住持释净雄法师和深圳市佛协副会长释心净法师为顾问。心净法师同时捐款35万元帮助该市下白石斗门小学兴建教学楼、添置教学设备。7月，马来西亚佛教协会组织40多名佛教徒，到霞浦赤岸空海纪念堂及千年古刹建善寺观光、朝拜。

2005年1月，福建省佛协副会长释本性（霞浦籍），联合省残联专程到福安开展助残捐赠活动，向40位残疾人赠送轮椅。4月，泰国5位僧人慕名到古田极乐寺访问，该寺住持定空法师也应邀前往新加坡和中国港澳地区等一些寺院讲经弘法。同年，泉州市佛协副会长、泉州承天寺释向愿方丈到访福安，并向福安畲族开发区中心小学赠款30万元修建校舍。11月，蕉城支提山华严寺举办佛像开光暨新殿落成法会，有多批海内外佛教界僧众、居士、信徒前来参加。至2005年年底，区内佛教界有200多人次前往美国、澳大利亚、斯里兰卡、新加坡、缅甸、泰国、印度等国家以及中国台湾、香港、澳门地区开展参访交流活动。

（六）佛学培训

1990年，福鼎资国寺圣训长老创办区内佛教专修学院——闽东佛学苑，学制3年，同时不定期举办短期培训班。此后，福鼎平兴寺、昭明寺、普光寺、寄禅寺，霞浦建善寺，宁德（今蕉城区）支提寺，福安三宝寺、种德寺等也多次举办佛学培训班，培训区内寺院佛众，尤其是年轻僧尼及居士，重点培训对课诵的修养。

1999年，律学苑编辑出版《南山作持系列教材》，不仅为区内佛众修行提供教材，而且还流通至全国佛教界。

第二节　道　教

一、教职人员、信徒

道教在闽东主要为全真派与正一派。全真派为出家道士，系清修派，不吃荤、不结婚，还要蓄发道装，在宫观内开展宗教活动。正一派教徒可娶妻室，住在宫观的较少，散居较多。道士是奉守道教经典戒规并熟悉各种斋醮祭祷仪式的人。全真道士又称男道士为“乾道”，女道士为“坤道”。皈依道教，居家遵守基本清规戒律，有时参加当地宫观的一些道教活动的称为居士。2005年年底，宁德市有道士1200多人，居士7000多人。福安市为境内道众较多的县（市），当年年底登记在册的全真派道士、道姑50名，正一派道士96名，道徒逾500人。

二、宗教活动场所

区内道宫除部分较专一外，许多有融儒、释、道、仙、圣等于一庙同祀的现象。闽东全真道道观还有十方丛林和子孙庙之分。子孙庙又称小庙，没有接纳十方道众的义务。庙中师父即住持，又称当家，总管庙观事务和经咒，庙产师徒相传。师父收授弟子，教以道经和经咒，待十方丛林开坛传戒时送去受戒后即为正式道士。十方丛林专事传戒，不收徒弟，道士可入观同住修炼，庙产公有，庙产执事或道长由道众推选产生，区内登记道观多属此类。2005年，福鼎市有道宫近20处、霞浦10多处、柘荣县有7处。据市民宗局统计，当年年底，全市依法登记的道教宫观53处。

区内主要道观（宫）有：

古田临水宫 位于古田县大桥镇。因祭祀临水夫人陈靖姑而闻名海内外，是遍布海内外临水宫的祖殿（宫）。临水宫又是国内道教的一所重要宫殿，也是民间临水夫人信仰的重要活动场所，被列为省级文物保护单位。1995年，临水宫对外开放后，每年有大批国内外信众，尤其是台湾的子孙庙弟子前来朝拜。

宁德鹤林宫 位于蕉城区霍童镇霍童村。历史上尊居道教三十六洞天之首，是道教霍童洞天标志性建筑，1989年后重建并对外开放。

柘荣清阳观 位于城郊乡灯火山上，离城关3000米。相传早在宋朝即有道士在此筑室修行，废址尚存。1985年后在废址上重建道观，始名“清阳观”，经其后不断扩建，成为宁德较大、柘荣最大的道观场所，至2005年，总占地面积近6公顷，建筑面积4200多平方米，为宁德市道教协会和柘荣县道教协会所在地，也是闽东道教文化重要传播地之一。

柘荣清云宫 位于福建省重点风景区东狮山上。因相传东狮山是道教主供神之一马仙栖居的洞府，20世纪80年代开始，柘荣道教信众遂筹资在东狮山半山腰建一马仙行宫。1992年后改建为清云宫，颇具规模，是县内道教主要宫观之一和马仙信俗活动场所。宫前不远处立有一尊高25.31米的石刻马仙雕像，为全省之最。

福安鹤山道观 位于福安韩城十景之一的鹤山顶上，始建于明万历年间（1573—1620年），后毁废。1989年开始重建，宫殿依山而建，参差错落，绿树红瓦。2003年又增建五皇殿，使总占地面积达1.51公顷，建筑面积3432平方米，为该市最大道教宫观和信众主要活动场所。加之离城近，交通方便，宫殿周边风景优美，也成为一游览胜地，香火旺盛。

福鼎清净道观 位于桐城流美竹脚湾，其前身为建于清初的“道代观”，主供太上老君。据说最鼎盛时，住众多达500多人。后逐渐衰落，殿堂几近圮废。1996年由道长谌宗康携弟子发愿重建，至2005年先后建成大罗宝殿、斗姥阁、文昌阁、庑房等。使宫观占地面积达3700平方米，建筑面积1470平方米，供奉太上老君、玉皇大帝、天王、地王、华光大帝、斗姥元君等多尊神像。主殿外4根石柱及一对石狮雕刻精美，香火日渐鼎盛，为福鼎市道教信徒活动的主要场所。

三、组织

1996 年 4 月，宁德地区道教第一次代表大会在柘荣仙屿宫仙庙召开，大会选举林美菊（柘荣籍）为会长，会址设在柘荣清阳观。至 2005 年年底，除屏南、周宁、寿宁县外，其他 6 县（市、区）均成立有道教协会。

由于闽东正一派道士通常不住宫观，且可娶妻育儿，虽有斋戒，但非斋期或道士活动时可食荤，常常是数名道士合并活动，称为“坛”。与正一派道士相似的净明派道士，奉陈靖姑（临水夫人）为祖师，也是以“坛”的形式数人合伙活动。2005 年年底，福鼎市有“坛”近百个，全市有“坛”数百个。

四、活动

（一）诵经

道教因派系不同，活动也有所不同。区内全真派道士为出家道士，住宫观，每天有严格的早、晚课，诵念规范经典，如《道德经》《南华经》《黄庭经》《清静经》《玉皇经》等，是一种主要的修性持命形式，以保持身心清净和虔诚向道之心，领会先师的教诲，把握教义的精髓。每年农历腊月二十三“祭灶”日，二十五“玉皇驾临”日、正月初九“玉皇诞辰”日，各宫观均举办道场，诵经礼忏。而正一派道士不住观，多在自家诵经念咒，故远不如住观全真派道士课诵严格、经常。

（二）斋醮科仪

即设斋坛行祭祷的仪式，是道士的主要道事活动之一。闽东各道派均持办，但以正一派为盛。其仪式也略有不同，主要视斋醮目的，分清醮和幽醮。清醮有祈福谢恩，却病延寿，祝颂迎祥、祈晴祷雨、解危禳灾、祝寿庆贺等。区内此类较大的活动有道教祖师诞辰、成道，祭祀临水夫人、迎送马仙、祈福世界和平百姓平安大法会（水陆法会）等。幽醮有摄招亡魂、沐浴渡桥、破狱破湖、炼度施食。此类斋醮以正一派道士主持的道场为多，也有严格的科仪规范，后民间家中有丧事清醮超度之魂多属此类。

此外，还有一类如巡游法会，区内各县（市、区）举行的城隍巡游、奶娘（临水夫人）巡游、马仙巡游等不仅有专职道士主持道场（法会）活动，更有大量一般信众或百姓参与，是道事与民间信俗活动相结合的一种形式。

（三）自养和社会活动

道教提倡农禅自养，除研修道义从事道事活动外，十分强调从事农业和手工劳动。福鼎、霞浦的一些道教宫观生产加工道士服饰、法衣、法事道具等，更有栽茶种果、种菜的习惯，有的已达到自给自足。

从 20 世纪 90 年代开始，尤其是进入 21 世纪后，区内一些道观还积极介入社会活动，古田临水宫在对外交往、交流，特别是促进闽台宗教界和民间交流方面起到重要作用。1999 年，台湾成立“顺天圣母协会”，首次组团到闽东祭拜道教主神妈祖祖庙。此后，每年均有代表团前来朝拜。2003 年，福鼎市人民政府举办“走进太姥山”大型旅游招商活动时，福鼎市道教协会配合举办一场大型全真道音乐“十方韵”道场活动，并在中央电视台国际频道播出，影响大、反响好。区内不少道观还开展抗灾捐助、助困助学等活动。

2005年宁德市登记的道观及道士、居士统计表

表45-2　　单位：个、人

县（市、区）	登记宫观	道士	居士	人数合计
蕉城	2	20	300	320
古田	1	13	160	173
屏南	0	0	65	65
周宁	1	38	300	338
寿宁	1	7	—	7
福安	19	43	1000	1043
柘荣	6	13	240	253
福鼎	8	42	4800	4842
霞浦	16	13	278	291
合计	54	189	7143	7332

第三节　天主教

一、教职人员、信徒

闽东是福建天主教活动中心，也是天主教徒最多的地区，而福安则是区内天主教堂和教徒最集中的县份。1993年，全区有天主教徒59571人，其中福安45391人，占全区总教徒数的76.20%，宁德（今蕉城区）10439人、霞浦2150人、古田918人、福鼎300人、柘荣242人、周宁100人、寿宁31人，全区有神职人员20多人。

2005年年底，全市有天主教徒7万多人。其中仍以福安市为最多（不包括难以统计的善男信女）约有5万多人，占福安市人口的近10%、宁德市天主教徒的80%、福建省的20%。其他各县（市、区）人数分别为蕉城18000人、霞浦3158人、古田1000人、寿宁100人、周宁518人、柘荣289人（1999年数），屏南县信仰天主教的极少。福鼎天主教因历史原因不统计在内。全市有神职人员20人，其中主教1人、神甫（父）数人。20世纪90年代，福安市天主教爱国会主教张实之与神父（甫）刘鹤中先后被选为福建天主教教务委员会副主任。

二、宗教活动场所

天主教活动场所分为天主教堂和聚会处。天主教堂有神甫驻堂的称本堂，由神甫兼管的称行堂，聚会处又称公所，规模和影响较低。1993年全区有25处本堂、45处行堂和7处聚会处。本堂中福安最多，有15处，宁德5处、霞浦县2处、福鼎城关及前岐和柘荣各1处，另有当时属

于福州教区的古田县有本堂1处。此后，区内天主教活动场所有所增多，至2005年年底，在民宗部门备案的天主教堂和聚会处91处，仍以福安市为最多，有53处，霞浦12处、蕉城21处、古田4处、柘荣1处。

市内主要天主教教堂有：

宁德城关天主教堂 位于蕉城城区北门（北大路1号），始建于1923年。1986年重建，单层、占地与建筑面积均500多平方米。2002年完成主体建筑重修，2004年完工，可容纳400多人开展活动。总投资250万元，为闽东教区主教府座堂。

福安城关天主教堂 位于福安市区，始建于明崇祯九年（1636年）前后，建筑面积2700多平方米，为闽东教区主教堂。2004年大修，可容纳1000多人活动。

福安城阳溪东天主教堂 位于城阳乡溪东村，始建于明崇祯四年（1631年），是天主教传入闽东后所建的第一座教堂。教堂为木结构建筑，主体采用中华传统的斗拱式建筑工艺，大堂正顶有4个结构复杂、做工精细的斗拱式藻井，两侧各有5个拱棚，用中国传统绘画技艺描绘大量天主教题材人物故事及风景等，天棚、壁、梁、檐等处有大量木雕或泥塑的人物和花草饰件。1995年后，曾进行过多次重修装饰。被列入福安市第三批文物保护单位。

福安顶头天主教堂 位于下白石镇顶头村。始建于明崇祯十五年（1642年），为哥特式和罗马式相结合的典型西式建筑。纵深50米、宽22米，建筑面积1000多平方米。天花拱顶24米、钟楼圆锥体38米高，整体采用中轴线对称结构，罗马式建筑见于内、哥特式建筑形于外。所有楼门规格整齐划一，各主楼顶端竖立十字架，大堂两侧山墙开有边门和窗户。1993年后又进行全面装修并扩建部分附属建筑，使整体建筑面积扩大至6770平方米，是福安市也是宁德市最大的天主教堂。被列为福安市文物保护单位。

宁德三都天主教堂 位于三都镇松岐村。民国17年（1928年）福建教区主教公署迁设三都后，始建此教堂，曾是当时外国天主教徒活动的主要场所。中华人民共和国成立后，教会活动减少，该教堂日见凋落。1993年后，经多次整修并对外开放。

宁德漳湾下墩天主教堂 位于蕉城漳湾南埕下墩阮厝（自然村）。1990年，福安詹思禄神父发起筹建该堂。此后，受闽东教区委派，原籍山西省长治市的王素岗神父到阮厝坐堂，并接过建造该村天主圣殿的工作，下墩也从行堂区升为本堂区。至2005年年底，基本完成阮厝圣若望·鲍思高堂主体建设。该教堂长30米、宽16米，红墙白壁，高30米的钟楼直指云天。主体为圣堂大殿、正面钟楼高5层，一楼为小圣堂、二楼图书室、三楼是修女起居室、四楼为神父住所、五楼为储物室、整个堂区占地0.13公顷。

柘荣城关天主教堂 位于城关北街南门，始建于民国17年（1928年），面积400平方米。1949年后多次挪作他用。1990年，落实宗教房产政策后归还天主教会，1994年整修后对外开放。2005年，再次整修改建成通面5间房、5层高，具有西式风格的新教堂，也是柘荣县唯一一所天主教教堂。

霞浦城关天主教堂 1935年天主教传入霞浦后，曾先后在城关南门和北门各建一教堂，后被改为“南门宫”和“道堂宫”，由佛、道两家使用。后城关天主教友又在城关上西坑建一新堂，即现城关教堂的前身。“文化大革命”期间，教堂被学校占用。1989年，收归天主教爱国会并重新装修对外开放。2005年，是霞浦县天主教会和“爱国会”的办公所在地。

霞浦沙江天主教堂 天主教传入沙江较早，1907年始建沙江天主教堂。中华人民共和国成立后，教堂长期被占作他用。“文化大革命”后才收归天主教使用。1988年后，沙江镇及周边村天主教徒增多，又在外店街修建第二座天主堂，以满足教徒使用。

古田城关天主教堂 原址位于旧县城四保大街，1958年由于国家建设古田溪水电站迁移至新城重建。1989年经古田县人民政府批准在南山小区有偿划拨600平方米土地作为建设教堂用地，1993年重建完工。2002年，为改善教会活动条件，古田天主教会自筹资金改建宿舍楼。现教堂总占地面积600平方米，建筑面积300平方米，欧式风格，宿舍楼建筑面积为400平方米。

三、组织

（一）教区

宁德属天主教闽东教区，由教区负责全市的天主教教务。教区下分本堂区，每个本堂区设常任司铎（神父）1人，称为本堂司铎或本堂神父，主持堂区教务，下设传教生若干，协助神父工作。天主堂较多的县（市、区）在各主要教堂还设立堂务管理委员会（简称堂管委），由其负责本堂事务。区内一些较小的天主教公所（聚会点）则成立管理小组。1993年，全区有53个天主教堂管区，其中福安38个、宁德（今蕉城区）9个、霞浦5个、柘荣1个。1999年10月，古田县天主教由福州教区划归闽东教区管理。周宁县天主教由闽东教区委任周宁堂区主任司铎管理教务。

（二）天主教爱国会

天主教爱国会是天主教友爱国爱教的自治组织。1993年，区内福安、宁德（今蕉城区）、霞浦、柘荣等县（市）均成立有该组织。1999年11月，古田县天主教从福州教区划为闽东教区后也成立古田县天主教爱国会。至2005年不变。

四、活动

1993年后，区内经批准开放的天主教堂（点）全面恢复正常宗教活动，各天主教堂（点）每周日以及重要的天主教节日都举行弥撒活动。避静活动也不时举行。

1999年10月，福州教区在泛船浦教堂召开福建省爱国神甫代表会议，选举通过闽东教区詹思禄神甫助理主教资格，并经省天主教“两会”（教会和爱国会）报中国天主教“两会”审批，次年1月詹思禄神甫在北京被祝圣为助理主教。

2002年5月，根据福建省天主教会和爱国会的部署，福安市在城关天主教堂召开首届民主办教代表会。福建省、宁德市、福安市的宗教管理部门都派员参加会议，勉励广大教友坚定走“独立自主、自办教会”的道路。会后，还向全市推广福安天主教会的民主办教经验。同年，福安城关天主教被评为“福建省宗教界为社会主义两个文明建设服务先进集体”。

2003年12月，福安市天主教会邀请天主教上海教区金鲁贤主教前来传教，并向福安实验小学捐款26万元建设“光启综合教学楼”。在落成典礼上，金鲁贤主教与艾祖章副主教、闽东教区詹思禄助理主教等6位主教、神甫共祭弥撒，参加弥撒的天主教徒达800多人。

2004年，天主教上海教区又向福安实验小学赠送2台电脑和365套校服，还邀请福安实验小学50名品学兼优的学生到上海参加夏令营活动。同年7月，詹思禄助理主教被选为全国天主教爱国会副主席，后又当选为全国政协委员，成为中华人民共和国成立以后福建省天主教界第一位被选为全国政协委员的神职人员。同年12月，全市天主教会及爱国会发动教友向印度尼西亚海啸灾区捐款，其中福安教友捐款7.03万元。

2005年8月，天主教闽东教区原主教张实之因病在河北去世，市天主教会派员前往吊唁。同时全国天主教会批准福建省天主教“两会”关于詹思禄继任闽东教区正权主教的任命，区内各主要天主教堂为其举行祝颂弥撒活动。

第四节　基督教

一、教职人员、信徒

闽东基督教传入晚于天主教，约始于清同治元年（1862年），教徒也少于天主教。1993年，全区有基督教徒45474人，其中以霞浦县为最多，有18700人，其次为福鼎、古田和宁德（今蕉城区），分别为7867人、7162人和6570人，屏南县有1800多人，福安、柘荣、周宁3县较少，均在300～400人左右。全区有牧师、长老8人，其中霞浦县5人、古田县2人、屏南县1人。

2005年，宁德市有基督教徒8万多人，较1993年将近翻了一番，主要分布在霞浦、福鼎、蕉城、古田、屏南等传统县（市、区）。其中霞浦仍为最多，有31508人，福鼎13000多人、蕉城区13000多人、古田县16000多人、屏南县7036人、寿宁县5000多人、福安市1000多人、柘荣县899人、周宁县582人。全市有基督教教职人员170人（包括121名传道员）。

二、宗教活动场所

基督教活动场所有基督教堂和聚会点两类。1993年，全区有基督教堂195所，其中批准开放的90所，另有聚会点240处。此后，各县（市）又重建或新建一批基督教堂，至2005年，全市有依法登记的基督教堂374处，其中霞浦最多，有71处基督教堂、85处聚会点。

市内较重要的教堂有：

宁德北门基督教堂　位于宁德（今蕉城区），原名“萃贤堂”。1994年毁于大火。1997年重建，建筑面积800多平方米，可同时容纳1500多人活动。该教堂是蕉城区最大的基督教堂，也是宁德市和蕉城区基督教协会办公处。

霞浦城关基督教堂　位于城关俊星街道，原名“福音堂”，又叫“萃贤堂”。“文化大革命”期间被他方占用，1988年归还教会并重建。教堂钟楼尖顶离地面高24米，室内可容纳1000多人活动。是霞浦基督教“两会”（基督教协会和基督教“自传、自养、自治”爱国运动委员会）所在地。

古田城关胜利街基督教堂　是基督教传入闽东后建设的首座教堂，故又称闽东第一堂，原名“萃贤堂”。1958年古田溪水库建设淹没县城后迁至新城镇（新县城城关）胜利街重建，建筑格式基本仿旧教堂。为古田城区主要基督堂，是教友聚会活动的主要场所。

柘荣城关基督堂　柘荣城关虽有较多基督徒，但始终没有一座基督教堂，教友活动多为临时借所。1983年经批准，在城关六一五东路北侧上陈山麓开始修建教堂，为土木结构，1994年年初建成并登记为公开活动场所。2001年改建为钢混结构，建筑面积扩大至1512平方米，占地面积2000多平方米。教堂正面为6层十字架钟楼房，礼拜堂深27米、宽16米，可容500多人活动。为县内最大基督教堂和最重要活动场所，也是柘荣县基督教“三自”爱国会所在地。

福安城关基督教堂　位于城关莲池街陆厝巷，又名“宣道堂”，是福安修建最早的一座基督堂。1993年后曾经多次修缮，是福安基督教的中心教堂，占地面积854平方米。两层、木结构，楼上为礼拜厅，可容200多人活动。

屏南长桥基督教堂　位于长桥乡长桥村南阮厝坪，又名“真福堂”，四层西式建筑，由圣殿、钟楼、牧师楼三部分组成。2005年又扩建宿舍楼等，总占地面积1055平方米，是屏南基督教徒主要活动场所。

福鼎桐山育贤巷基督教堂　位于城关育贤巷，又称“毓贤堂”，为福鼎城关第一座基督圣公会教教堂。1984年收归基督教会使用后，于1990年重新拆建。现新堂为钢混结构，占地面积761平方米，建筑面积1234平方米，可供600多人聚会活动。1997年后，又建成建筑面积217平方米的牧师楼一座和6层高的综合大楼。2005年有专职牧师1人、传道4人。

福鼎桐山马槽巷基督教堂　位于城关桐北马槽巷，又称“永福堂”，1986年始归还福鼎基督教会使用并正式对外开放。1995年重建。1996年竣工。建筑面积2600多平方米，可供1300多人同堂聚会，为福鼎基督教重要活动场所。2005年教堂有教职人员7名，其中牧师2人、教牧长老1人、长老3人、传道员1人。

寿宁城关基督教堂　位于城关原新街。1992年政府归还基督教会并拨款予以维修。教堂占地151平方米，建筑面积151平方米。1997年，寿宁城关因基督教徒增多，活动频繁，该教堂不够使用，又在城关工业路马仙宫桥岸新建一砖混结构三层，占地面积150多平方米的鳌阳基督教堂。

三、组织

1994年9月，闽东基督教协会联合会召开第一次代表大会，选举产生第一届联会领导班子，章慕顺为会长。9县（市、区）也先后成立基督教联会。2002年，闽东基督教联会更名为宁德市基督教“三自”（自治、自养、自传）爱国运动委员会，同年成立宁德市基督教协会。2003年6月，宁德市召开基督教代表大会，进行换届和改选，产生新一届宁德市基督教“三自”爱国运动委员会和基督教协会领导班子。池永广牧师当选第二届宁德市基督教协会会长，章慕道当选宁德市基督教“三自”爱国运动委员会主席。

至2005年年底，古田、周宁、柘荣、屏南、福安、蕉城、福鼎、霞浦8县（市、区）基督教协会和“三自”爱国运动委员会也都进行换届选举。

宁德市各县（市、区）基督教堂大多数都成立有自我管理机构，称堂务管理委员会（简称堂管会）、各聚会点成立管理小组（简称点管组），管理各教堂（聚会点）宗教事务和教友。

四、活动

（一）礼拜

又称崇拜聚会、主日，是宁德基督教徒主要也是最基本的活动仪式，每个星期日（安息日会派为星期六）定期举行。届时，教徒和信众都会主动前往教堂礼拜厅或聚会点听讲道、读圣经、作祈祷或唱赞美诗。礼拜活动由主教或牧师、长老主持，由他们或传道员（士）布道讲课。

（二）圣礼

圣礼有多种活动，但宁德基督教徒一般只举行洗礼（浸礼）和圣餐两项活动。洗礼或称浸礼，是基督教徒的入教仪式。洗礼一般由神职人员主持，并在受洗者额上画十字架并洒水或滴水，称为水礼。经洗礼后的慕道友才能成为正式的基督教徒。区内古田、霞浦、福鼎、蕉城等县（市、区）较大的基督堂每年复活节与圣诞节均会举行一次洗礼活动。规模较小的教堂（聚会点）有的一年举行一次或组织信众前往较大教堂接受洗礼。

浸礼是将受洗者全身或半身浸入水中，一般是安排在“安息日”举行，主要在基督复临安息日会教派中流行。区内福鼎、霞浦基督教堂中时有举行。

圣餐活动在区内各基督堂（点）均有举行，是在基督徒聚会的餐中掰开无酵饼。它象征耶稣的身体在十字架上舍身，同时桌上应置一斟有红葡萄酒汁的杯子，象征耶稣流出的圣血。圣餐活动旨在增进信徒与基督及信徒间相互沟通与联系。只有正式受洗（浸）礼、加入教会的基督教徒才有资格参与此活动，一般信众是不得参与的。

区内较大基督教堂一般每月举行两次圣餐，也有为周餐的。寿宁等县基督徒做礼拜或每月举行一次圣餐活动时，由教徒自带米、菜，集体吃圣餐、过集体生活。

（三）节日活动

基督教最主要的节日有“复活节”和“圣诞节”。复活节为纪念耶稣受难被钉死在十字架上后第3天复活的节日。按照东、西方教会不同的传统习惯，一般在每年的3月22日至4月25日之间。

圣诞节是纪念耶稣诞生，是基督教最隆重、盛大的节日，又称主降生节、耶稣圣诞瞻礼，为每年新历的12月25日。

每当这两个基督节日时，区内各基督堂（点）均会举行各种盛大庆祝活动（少数安息日会派以为《圣经》中没有明确记载“两节”具体日期，故不一定要举行）。

（四）自养自传

区内基督教会普遍坚持“三自”原则办教会，其活动经费基本靠信徒自愿捐献。有的还创办一些社会事业，如学校、医疗和福利事业等，以其收入提供办会经费。20世纪90年代，福鼎基督教“三自”爱国会曾在城关桐南开办“三自医疗诊所”，由该会副主席、宁德地区中医院退休医师林上卿任医师，为群众诊病，其收入提供该会作为活动经费。2002年后停办。

2002年8月，闽东基督教协会和“三自”爱国会在柘荣召开第一期神学思想建设研讨会，交流传习教义、教仪，全市各县（市、区）“两会”均派员参加。

（五）社会公益活动

基督教徒提倡“仁爱”精神，不少信徒也热心社会公益事业、服务普通群众。

1998年8月，中国长江、嫩江流域先后发生百年不遇特大洪水，区内多个县（市）基督教向教徒发起捐款捐物活动。福鼎市基督教协会和“三自”爱国会在3天内就捐得13万元、衣被500多件（套）寄往灾区。

2000 年 3 月，福鼎市点头镇王孙亭村叶某三兄弟，先后得了重病，一家陷入困境。福鼎市基督教协会获知后即筹款 1.1 万多元到叶家，帮助他们治病。

2002 年 9 月，福鼎市受当年第 16 号强台风“森拉克”正面袭击，群众受灾严重。福鼎市基督教“两会”发动教友捐资 1.8 万元，帮助部分受灾严重的群众恢复生产、重建家园。

2003—2005 年，澳门基督教宣道堂连续多次通过福安市基督教“两会”向福安贫困地区和少数民族地区的学校和学生捐款用于校舍建设及助学，累计达 80 多万元人民币。

第二章　民间信仰

第一节　地方神祇

一、临水夫人

临水夫人信仰在区内信众最多，影响最广。临水夫人陈靖姑又名进姑、四姑、四娘、十四娘。临水夫人是陈靖姑大众化的尊称，对其生平说法不一，但文献记载较多的说法谓其出生于唐大历年间（766—779年），祖籍福州仓山下渡一个世代行巫家庭，自幼耳濡目染，故熟谙巫术，后嫁给古田县刘杞为妻。唐贞元六年（790年），福州大旱，陈靖姑脱胎祈雨，不幸身亡，终年24岁。据传，她临终前曾发誓死后要“扶胎救产”，后乡人立庙祭祀，又称其为娘奶、奶娘、夫人妈、太奶夫人、三奶夫人、陈夫人等。宋淳祐年间（1241—1522年），朝廷赐匾“顺懿”，敕封“崇福昭惠慈济夫人”。元、明、清各朝也屡有敕封，有“天仙圣母”“护国太后元君”“顺天圣母”以及“顺懿夫人”“通天圣母”“平天圣母”“临水陈太后”等各种封号。在民间传说中，临水夫人还有降妖镇魔、破解疑案、诊病收惊、保护妇幼等法力。

古田县大桥镇临水宫是传说中陈靖姑成道之所，建于五代后唐天成四年（929年），又称“顺懿庙”[又一说始建于唐德宗贞元八年（792年）]，经历代重修扩建，已有1000多年的历史。陈靖姑信仰在福建是仅次于妈祖的第二大民间信仰。古田城乡庙宇中几乎都供临水夫人，福安市与屏南县陈靖姑夫人宫多达30余座，周宁县内有23座。宁德全市有一定规模的临水夫人宫庙近300座。

自宋末临水夫人受封后，其影响日益扩大，遍及海内外。以福州、古田为中心，福建其他地方和广东、浙南、台湾及东南亚地区为主要传播区。随着改革开放和民众信仰自由的进一步扩大以及与台湾同胞交往的增多，临水夫人陈靖姑信仰从古田、福州一带延伸至全国甚至海外，几乎全球有华人生活的地方都有临水夫人信仰。世界各地有1800多座临水宫分殿，信众达8000多万人。在台湾临水夫人信仰十分广泛，台湾有400座主祀“顺天圣母”、3000多座配祀“顺天圣母”“三奶夫人”的宫观寺庙，信徒近1000万人。

闽东请香接火是临水夫人信仰的最主要活动形式，一年四季都在进行。各地信众以社区或宗族为单位组成仪队，在“福首”的引领下，随带道师到临水祖宫祭拜，以求消灾安民、求嗣得子，并带回香火举行庆醮仪式，使吉祥布于乡里。每年农历正月初一至十五陈靖姑神诞前后，更是香客云集、热闹非常。正月十五日是临水夫人神诞日，又是元宵节，古田临水祖宫更会迎来数百支来自全国各地包括台湾和东南亚地区的仪队。台湾自 1989 年第一批信众组团到古田以后至 2005 年已有数万人。请香仪式也有严格的规制，分为“下马安奉”“请神献供”“起马回銮”三部分，尤以“起马回銮”的“起马供”为隆重。各地请香接火期间往往都伴以开展丰富多彩的民俗文化活动，有巡游、演社戏、“锣鼓吹”，道教舞蹈表演等。

福安“奶娘踩罡”是区内临水夫人信仰的又一重要礼俗。始于唐宋、历史悠久，由道教闾山派教职人员口传心授、代代相传，极具传承隐秘性，已列为省级非物质文化遗产项目。活动多在乡村社庙祈福斋醮时应乡民信众祈祷国泰民安，风调雨顺而行持。由主法一名、护法 4 ~ 6 名组成，所有成员均头戴兽冠，身着神裙，手持龙角和铃刀等各种法器，主法者一边吟唱神秘古老的调腔，一边行持道教独有的罡步。主法师时而脚踩三台北斗、九宫八卦，时而原地高速旋转、舞动龙角和铃刀，护法者则敲击法器，口中吟唱，时而高亢、时而低沉，与主法者相互应合。

二、马仙

马仙，又称马氏真仙、马天仙、马仙姑等，原名马元君，俗称马七娘。其传说在浙江嘉兴，福建霞浦、柘荣、建瓯、永安等地有多种说法。流传较广的一种说法是，马仙父亲人称马二公，进士出身，弃官后隐居白马，生有三女，马仙为其三女。对马仙身世，文字记载也有多种版本。据冯梦龙《寿宁待志》载，马七娘出嫁前夕，未婚夫突然去世，她发誓不嫁，侍奉公婆至孝。

马仙生平在柘荣民间则另有一说。据民国 16 年（1927 年）编修的《霞浦县志》载，马仙在其父马二公辞世后，离开家乡后被李九君收养。一天，其养母卢氏病中想喝溪鱼羹，马仙在江面上行走如飞，顷刻间即将溪鱼羹送至卢母前，引起两岸民众顶礼膜拜，以为仙女下凡。宋建隆三年（962 年）七月初七日，元君偕母、姐在山上采药，忽见空中仙乐飘扬，不由得腾身升空羽化。后迁至霞浦柘洋，以东狮山为天然洞府、坐镇灵岩宝洞，扶众泽民。宋景德年间（1004—1007 年）江淮一带大旱，京都又大发蝗灾，真宗皇帝亲躬京郊设坛祈雨，马仙降以大雨，并驱蝗入海。后受封为“灵泽感应马氏真人”。宋天禧二年（1018 年）有寇骚扰，马仙又以神兵却之，被加封为“懿正惠马氏真人”。又载，元至正二年（1342 年）、清嘉庆二十年（1815 年）、清嘉庆二十五年（1820 年），霞浦一带大旱、民众求之马仙，无不灵验。马仙信仰在福建省闽北、闽东及浙东、浙南有较大影响，是群众祈福禳灾的主要对象之一。每年正月十五马仙诞辰日、七月七日升天得道日，信众均会举行盛大的迎接仙日，并有一整套活动规制。在柘荣还有许多有关马仙的传说和遗迹、史料和诗吟，是一项典型的民俗信仰。马仙信仰在福安、福鼎、寿宁、屏南等县（市）也有不少信众。

三、林公大王

林公，名祖亘，生于宋庆元三年（1197 年），祖籍长溪县西乡芹洋境溪乾头村（现福安市溪潭镇芹洋村）。5 岁丧母、12 岁父逝，16 岁时只身来到杉洋村（现周宁县玛坑乡杉洋村），被当地詹姓族老收留，并长大成人。他不但尚武克邪，道行深远，而且是一位狩猎能手。据传：宋嘉定十一年（1218 年）十月的某日正午，“近午时分，风声作，群虎起，村人骇而逃之，唯亘公神骨铮铮，镇静自若。人虎峙视眈眈，虎性起，扑将来，似山倒；亘公臂落拳出如流星，似岩倾；人往虎迎，惊天动地，腥风血雨。亘公凭神威，连毙三虎于地。”亘公除发明驱兽神铳外，还精通医术、草药，悬壶济世，被尊为神医。

林祖亘羽化后，村人尊为神，在杉洋村水尾建林公宫祀之。明成化八年（1472年）被朝廷敕封为“杉洋感应林公忠平王”，并敕建杉洋林公忠平王祖殿。此后，杉洋林公宫香火益盛，福安、宁德、寿宁一带群众也常到林公宫朝拜、分香火。福安、周宁、寿宁、屏南、霞浦等地也有众多供奉林公大王的宫庙。21世纪以后，区内大部分林公宫经扩建、重修，信众日增，每年春节，到宫内行香、祈福、分香火者络绎不绝。

四、游仙姑

据柘荣县黄柏乡南阳《游氏宗谱》载，游四尊官（号天锡氏），为官正直、居职而逝，被祀于河南。五季时追封银青光禄大夫。游氏仙姑者，天锡氏之妹，生而神奇，知飞升变化黄白之术，与兄同显灵于河南固始。时唐末黄巢起事，瑸公随王审知入闽，宦建阳（现福建建阳市），奉香火祀于武夷（现福建武夷山市）长坪里。三传至榕公，迁祀长溪（霞浦县旧称，柘荣属之）土家山。迨时公与弟晔公复迁柏峰（即今柘荣县黄柏乡上黄柏村）立宫以祀，此后绵延传播至闽浙一带县市以及台湾等。所以柘荣黄柏是此信仰在闽浙地区的最早传播地。

传说中游氏仙姑精于医道，扬善制恶、禳灾化厄、保佑妇女。主宫游仙姑宫又称延寿宫，位于黄柏乡上黄柏村，始建于宋代，明永乐二十年（1422年）重建，后历代有重修，宫内祀游四尊宫（中）、游氏仙姑（左）、灵道周法师（右）。此后县内及周边地区也相继建宫，并奉黄柏游氏仙姑宫为主宫。

游仙姑信仰的主要活动一为“祈四福”。相传农历正月十七日为游氏仙姑诞辰日，信众会抬着游氏仙姑神像出宫巡游各境，谓“仙诞祈福”。二是“四季祈福”，一年四季，每季一祈福，旨在祈求四季平安，风调雨顺、五谷丰登、降福呈祥。三是“婚缘祈福”，主要流传于柘荣、福安两县（市），凡游氏女子出嫁，前一天应到仙姑宫祭拜，取香火、安神位，以保佑婚姻幸福、生男添丁、事业发达。四是“除夕祈福”，仅在黄柏游氏中流传。届时，游氏家家户户张灯结彩，立“火树”、备烟花，夜幕降临时到宫内迎取“神火”，以求来年平安发达。除此“四大祈福”活动外，平时也时有信众前往点香祈福、求祷问签。20世纪90年代后，台湾地区游氏宗亲、信众等常组团到黄柏朝拜主宫和游仙姑。

五、黄七公

蕉城和周宁民间有信奉朱福与黄七公的传统习俗。黄七公，原名黄鞠，原籍河南光州固姑县。其父隆公因不满隋炀帝暴政进宫面谏而受禁并遇害。他死前曾留嘱其子“帝非明君，吾当尽职，尔等兄弟，应遣散他乡，以免后患无穷”。后黄鞠虽也官至谏议大夫，他牢记父嘱，以为谏官难为即辞官携眷南逃入闽，避居宁德（今蕉城区）。先居七都、后迁咸村（现属周宁县，时同属感德镇七都）。黄鞠落籍后，在七都霍童（现蕉城霍童镇）一带建石桥、凿水渠，垦荒育田，发展农业生产，造福地方。朱福是黄鞠姑丈，后与他一起移居咸村，并为当境开宗始祖。霍童、咸村后世百姓念其功劳，尊其为地方神，立祠祭祀。每年正月十五、二月初一都会举行盛大的供奉和巡游活动。所到之处，无论住户还是商铺都会敞开大门，人们纷纷合拜恭迎。蕉城霍童因是黄鞠落籍闽东的首选地，且对当地造福良多，故每年农历二月初二纪念先贤黄七公的民间活动最为盛大，其中最有代表性的纪念活动是“二月二灯会”。据说，黄七公定居霍童后，带来河南民间流传的中原文化，如纸扎、铁枝、线狮、高跷等技艺并传授给村民，“二月二灯会”就是这些技艺的集中表演和展示。

霍童“二月二灯会”从二月初一开始，前后 4 天，由霍童坂头、街尾、街中、街中与街尾四境各姓依序组织表演。届时各境将包括黄七公在内的各姓氏信仰神明抬出，以各式灯牌为前导，配以铁枝、线狮、高跷、纸扎等各式表演队伍巡游各境，以表示纪念先贤、祈福丰收，也表达共同纪念造福先贤、各姓和睦团结的意愿。早期，每境迎灯一个晚上，称为“小迎”，后因加入活动的姓氏群众增多，每隔 5 年各境重复迎灯一个晚上，共 8 个晚上，谓之“大迎”。霍童“二月二”纪念黄七公活动的灯会被列入福建省省级非物质文化遗产名录，每年的灯会都会吸引大批游客前来观赏，游客常达数万人。

六、黄山公

黄山公，又叫黄三公，原名黄槐，寿宁县清源乡小托村韶托自然村人（又一说为江西人）。北宋徽宗政和二年（1112 年）进士，宣和二年（1120 年）任徽州知州（现辖安徽省歙县、休宁、祁门、绩溪、黟县及江西省婺源等地，治所位于歙县）。任职期间适遇徽州一带灾情频发、民不聊生，多次上表恳请朝廷减赋、放粮赈灾，得罪朝廷后，挂冠回乡，并改名黄山。后学修炼术，隐居敛迹，垂钓鹤溪（现寿宁托溪），修炼成仙。乡人祠祀之，水旱疾疫祷之，必应。境内流传黄槐徽州开仓放粮赈灾救民、狩猎除害护家园、延师设馆启蒙开智、采药疗疾驱瘟祛病、抗旱防涝保丰收等善举，邑人为感戴其德，奉为“黄山公”，并在鹤溪、韶托等地建庙塑像。至 2005 年，寿宁境内建有托溪黄山公庙、圈石黄公宝殿、小托黄槐庙、仙岩黄山公庙等 19 座。其中以托溪乡托溪村（宋时与现托溪村同属十都）的黄山公庙历史最为悠久，建于南宋绍兴年间（1131—1162 年），已有 800 多年历史，庙的大门上方挂着一块牌匾，上书“托迹佑民”，大门两旁的石碑上刻着《黄山公颂》“黄山公廟记”等诗文。该县还有供奉黄山公的廊桥 6 座，每年农历九月初九日群众都会举行祭拜活动。宁德境内其他县（市）也有多座黄山公庙宇，尤以周宁县为多。毗邻寿宁的浙江一带农村也建有不少黄山公庙。闽浙两地主祀黄槐的黄山公庙 300 多座，信众约 2000 多万。2005 年 5 月 1 日，黄槐故里——韶托村举行隆重的立碑命名仪式，将韶托水库命名为“黄槐湖”，每年农历六月十九黄槐诞辰日，善男信女齐聚水库坝头和村前桥头的黄山公庙供奉斋果，燃点香烛，虔诚祭拜。周宁纯池镇桃园村民信仰黄三公，每逢打猎获归即应祭祀黄三公。每年农历九月初九还要为黄三公做醮办法事，家家户户做糍粑供奉。

七、其他

宁德境内各县（市、区）供奉的地方神灵还有不少，但其影响仅限于县内或县内某些乡镇区域，现将主要的记述于下。

（一）太姥娘娘

太姥娘娘既是福鼎道教供奉的主神之一，也是福鼎境内民间主要地方神祇信仰。太姥山古名才山，坐落在闽浙边界的福鼎境内。据《历世真仙体道通鉴》载：“混沌初开，有神曰圣姥，居住此山，众仙立为太姥圣母，今人祝庙呼太元真人是也”。而据福鼎民间传说，太姥娘娘家在今福鼎秦屿镇太姥山下的才堡（今才堡村）。为避战乱逃入太姥山，住在鸿雪洞内，以种蓝为业，乐善好施，受人尊敬，呼为“蓝母”，并常为山里人诊病施药。后得仙人指点，修炼成仙，并于农历七月七日羽化升天，被百姓奉为神明，曰“圣母”。尧帝巡游东海时，突遇风浪，险遭翻船，圣母显灵为之化险为夷。尧感其恩，遂封其为“太母”，才山也因此得名为“太母山”。汉时，武帝令东方朔授天下名山，东方朔又授太姥山为“天下第一名山”，并改“太母山”为“太姥山”。福鼎境内有太姥娘娘宫殿逾百座，有信众10多万人。

（二）“鱼神”

周宁浦源镇浦源村有一奇特的“鱼神”信仰，并有800多年的历史。据传，南宋嘉定二年（1209年），河南开封郑氏始祖朝奉大夫因避战乱，举家辗转迁徙至周宁浦源村。为保护水源，故对村中的溪流，尤其是对溪中的红鲤鱼呵护有加。为树立村民护水、护鱼理念，郑氏先祖规定禁止在溪中抓捕红鲤鱼、更不准烹食。而遇到死去的鲤鱼，还得小心地将其捞起，设“塚”行仪葬埋，并特订立“凡偷鱼者，给全村人罚酒席一次”“溪中鲤鱼自然死亡的，要拾鲤鱼举行鱼葬礼俗”的村规民约，还在溪旁一大树下立碑设一“鱼塚”。此俗一直流传。

“鱼葬礼俗”开始时，先由村中年长者手托盛着鲤鱼遗体的盘子走在前头，身着晚清礼服，男女老少紧随其后，敲打着哀乐、举着五色彩旗，沿溪岸缓缓而行走向“鱼塚”。“鱼塚”旁早有人已将“墓穴”挖好，待“送葬”队伍到后将装有鲤鱼遗体的盘子放在事先备好的祭坛上。然后司仪主持开始祈祷，参加祭葬的人们随着司仪吟诵“鱼祭文”：“鲤鱼溪人仅以三炷馨香、一盅酒，致祭鲤鱼之灵……表吾齐之博爱兮，惟祈尔裔蕃昌……”。接着在“鱼塚”前上香、三拜九叩，最后由主持人将死去的鲤鱼放置塚中，在鞭炮声中完成“鱼葬礼俗”，整个活动庄严肃穆。

浦源人尊重生灵、爱护生态的传统礼俗一直保持，使得村中这条溪流始终保持洁净，溪中红鲤鱼更是繁养天成，活泼可爱，也使得此溪此鱼成为闻名省内外的一大旅游景点——“浦源鲤鱼溪”而吸引四方来客。

（三）惠泽龙王

传说屏南熙岭龙潭里村程孝宝，13岁入寺，取法名惠泽，一天忽感全身燥热无比，托迹佛僧能悟咽下一龙珠后跃入村边一深泽中浸身，旋见潭水大作，出潭后自言不日将升天并入潭，后惠泽又现时果然身长麟甲头长角，呈龙状。次年夏入东海，被称为惠泽龙。清康熙二十二年（1683年）康熙帝敕封其为东海龙王。人们也称此潭为龙潭。凡天旱无雨前去祈祷十分灵验而造福黎民百姓，人们遂信此潭有龙王并呼为惠泽龙王并设堂塑像祀之。又传说咸丰元年（1851年）清明日，熙岭一带雨雹大如卵蛋，填满田间，但不伤禾稼，是龙王程惠泽还乡祀墓。此后，人们对惠泽龙王的信奉就愈发广泛普遍，遂演沿成俗。屏南乡村建有不少龙王宫庙，每逢天旱或有求请，人们多会前往祈拜。龙潭里村一带每逢正月或祈雨日还举办隆重的祭拜活动。

（四）郑氏祖神

郑氏为柘荣楮坪乡仙岭村开山祖，历代后裔多有善人、能人为民谋福利、办善事，尤以明郑宗远为代表。郑宗远出生于明成化七年（1471年）、逝于明嘉靖三十八年（1559年）。他发扬先祖之风，一生乐善好施、热心公益且精于修路架桥，曾修造通往福安等周边乡村的6座桥梁、4座凉亭及一条长17.5千米的盘山石路，造福大众。福宁知州曾题匾“德义兼隆”予以表彰并上报朝廷嘉奖。后人为此在该村修“仙峰宫”，供奉郑氏祖神，周边乡村也建有数座祖神宫。每年农历八月，郑氏族人及周边群众均行祭祀并开展修路（桥、亭）活动以纪念并弘扬其良风美德。

（五）九使爷

相传古时湖广荆州府（现湖北荆门市）有一胎三兄弟在芭蕉树上出生，故取姓蕉。三兄弟自幼聪明过人，能文亦武，拜仙人刘章礼为师，上知天文、下知地理，排兵布阵、样样精通。他们都有一颗仁慈之心，劫富济贫，除暴安良。明万历年间（1573—1620 年），东南沿海倭寇猖獗，兄弟仨到闽浙一带，投入抗倭，同时为民治病，为此受到万民敬仰，感动上天。他们升天后，被敕封为威烈、威显、英显三位广利侯王。福鼎沙埕渔民遂建宫庙，供奉三侯王，又称“九使爷”。每年农历九月初九，三侯九使爷圣诞之日，信众都会进行隆重的祭祀仪式敬供侯王，祈求保佑。九月十三至九月十五日，福鼎沙埕一带还会举行盛大的巡游和“抢神”活动。福鼎市有较大的九使爷宫庙 6 处，多在沙埕、秦屿镇等沿海一带，信众约 2 万人。

第二节　普遍供奉神祇

一、妈祖

原名林默，福建莆田湄洲人，生于宋太祖建隆元年（960 年）农历三月二十三日。性聪慧、习水性，据说常在波涛汹涌的大海中拯救遇难舟船、为人治病、“言人祸福”、指点迷津。雍熙四年（987 年）年仅 28 岁即羽化升天。人们为纪念她，在其升天处立庙祭祀，称其为“妈祖”“娘妈”，奉为“海上保护神”。宋后，历代帝王莫不尊崇有加，叠赐袭封达 36 次，封号以“夫人”“妃”“天妃”“天后”，直至“天上圣母”，殊荣日臻，影响益广，与黄帝、孔子并列为国家三大祭典活动。信徒遍布海内外，是福建民间最大的普遍供奉的神祇。

闽东信仰妈祖，以沿海各县为隆，但山区各县也同样有不少信徒。福鼎前岐濒临东海，为区内最早信仰妈祖的地方。据说，明万历年间，当地一艘渔船在海上遇风、情况危急。船上众人一齐焚香下跪，祷告妈祖保佑，并许愿如能平安回岸，即建庙奉祀。果不其然，妈祖显灵，使他们平安回到前岐下埠头（现前岐镇岐阳街海尾路），后村民即在此建天后宫（妈祖宫），妈祖的灵验也在当地传开。该宫是福鼎市也是宁德区内建筑最早、面积最大的妈祖宫，建筑面积 2800 平方米。福鼎点头天后宫始建于明代，后经多次重修，为区内建设最为完整精美的天后宫，占地面积 300 多平方米。该宫布局紧凑、考究，坐南朝北，悬山梁顶，三间三进，呈四面交井状。由辕门、大中门、亭阁、天井、山墙、厢廊和正殿组成，且多石、木雕刻，飞檐翘角，工艺精湛。宫门口还竖有两条青石旌表，正殿上方“威震海疆”匾额为清光绪二十八年（1902 年）为当年府赠之品。为省、市级重点文物保护单位，也是中华妈祖理事会理事单位。

福鼎民间妈祖信仰最主要的活动形式是庙会祭典，包括“迎神”（妈祖）、“盥洗”“上香”“诵祝文”“献礼”“祀舞”等，场面庄严肃穆。多在春秋两季的农历三月二十三妈祖诞辰和九月初九升天日时举行。福鼎沿海村镇仍保留此民俗活动。全市有一定规模的妈祖宫 17 座，信众近 10 万人，是区内妈祖信仰的最大群体。

霞浦松港天后宫传说为妈祖母亲祖宫。当地妈祖信仰的信俗活动也颇具特色，称作“妈祖换龙袍”。因霞浦许多天后宫、妈祖宫的妈祖神像为软身妈祖，是专供妈祖神诞活动时让人抬出巡游的。农历三月二十日，沙江等沿海乡村的妈祖（天后）宫就要为妈祖“换龙袍”，让软身妈祖神像换上金线刺绣的皇后龙袍。换龙袍的时间定于当日上午巳时（九点）整，由信众推选出一个儿孙满堂、德高望重的60岁（一甲子）左右的女信众充当换“龙袍”信女及神诞执事人，另有4位信女为助手。吉时一到，宫殿钟鼓齐鸣、爆竹连响。神诞执事人在焚香、跪拜妈祖后，便在妈祖神像的四周用红绸缎围起，然后为其宽衣解带，并用事先准备的香水热汤小心翼翼地为妈祖婆洗浴。洗浴后，再将新备的皇后龙袍为妈祖婆换穿上，换下的旧龙袍放入神殿前的香炉中焚化。换了新“龙袍”的妈祖才能抬出巡游。

当地还有一种叫作“迎老爷”的妈祖民间信俗。传说清康熙年间，福宁新任知州徐必遇乘船来任，在海上夜遇大雾，船至官井洋海面即迷航。正当他们慌乱之时突见前方海面火光四起，指引船只向前行驶，不久果然抵达岸边。上岸一问即是府治所辖沙江村，岸边山上有座天后宫，即是火光亮处，人称“妈祖灯”。此后，每年徐知府都要到妈祖宫拜谢妈祖，也就演化为“迎老爷”的信俗。该活动举办前，由村民推举60岁以上、福寿双全、仪表清俊的男性老人扮作“老爷”，农历三月二十一前往妈祖宫上香祭拜，然后坐上官轿、奏鼓乐到村境巡游。

此外，霞浦沿海一带妈祖信俗活动还有“阿婆出巡”“妈祖夜巡”“阿婆走水”“渔村神会”等。

二、观音

闽东民间信奉观音历史悠久，它与佛教的信仰传播有直接关系。闽东最古老的寺院、建于南齐永明元年（483年）的霞浦建善寺（原名建福寺），就设有观音堂。

观音，又称观音菩萨、观音大士，原称观世音，唐朝时因避世宗讳而去掉“世”字。观音是影响中国百姓最大的共神。明清时期，闽东百姓对其崇拜已十分普遍。各地以观音为名或以供奉观音为主的寺、庙、阁、堂、庵到处都有，寻常百姓家中在厅堂设神龛，供奉观音也很多。闽东供奉观音，多在佛教寺庙中，有专设的观音阁、观音亭等，也有少数单独设的观音寺、观音阁等。民间家中供奉观音，多在灶龛中供一尊瓷制小观音像或纸印观音图像。供佛日或农历二月十九、六月十九、九月十九这3个传说中的观音生日、成道日、涅槃日，信众都会前往观音庙朝拜或在家中焚香祈愿。

三、齐天大圣

闽东民间信奉齐天大圣也较普遍，以福鼎、屏南、寿宁、福安、周宁、蕉城等县（市）为多。

齐天大圣，又称孙大圣，猴神，其信仰源自中国古代四大名著之一的《西游记》。传说中齐天大圣是受了天地真秀、日月精华、经历无数轮回而有灵通之神。他神通广大，火眼金睛、长生不死、能伏魔降怪、保民平安，寄托着平民百姓祈求安宁、驱邪镇恶的愿意，故很早就被供为神圣顶礼膜拜。

闽东齐天大圣庙一般规模都不大，供奉的神灵也只有大圣像。唯屏南县民间有崇猴之俗，后逐渐转化为崇拜丹霞大圣或齐天大圣。此俗也融于生产、生活中，不但许多村中设庙祭祀，连建桥、开山都要拜祭。民间厅头神龛也多有供奉。县内较有名的树兜、漈头、南山、华阳、长桥等村的圣王殿，每年六月初一（传说为大圣诞辰日，也有为七月十五）、十月十二日（成佛日），都有信众前往烧香礼拜。甘棠漈头村祭祀大圣王活动十分隆重，已发展为地方民俗文化节。

四、玄天大帝

又称玄武上帝、真武文帝、北极大帝、上帝爷、上帝公、荡魔天尊等。它是中国古代神话传说中的北方之神，与东方青龙、西方白虎、南方朱雀并称四方四神。其形象为龟或龟蛇合体，是古人崇拜的灵物，故被玉帝封为玄武大帝。因此方在中国五行中属水，故玄武又成为消除水患、火灾的保护神。宋时因避讳，改玄为真，故又称真武大帝。明成祖朱棣特别尊崇玄天大帝，明后玄天大帝信仰在民间传播很广，也是此时，南方玄天大帝信仰开始出现。

闽东玄天大帝信仰主要在福鼎，其他各县（市、区）也都存在。福鼎最大最早的玄天大帝宫为建于明成化元年（1465 年）的城关山前单斗岗的真庆宫，占地面积 2100 多平方米。清代又建有多所。全市保存较好的大帝宫庙有六、七所。因玉皇大帝是道教供奉的主神，而玄武大帝又为玉皇大帝所封敕，故闽东一些道宫中也供奉此神。

各地玄天大帝的祭供活动多在元宵，三月初三（诞辰）、九月初九（去世）、十二月二十四（上天）、正月初六和初七（回銮），宁德全市信众约 3 万人。

五、关帝

原名关羽，字云长，又称关圣帝君、关老爷、关公。民间对关帝的信仰，不仅来自脍炙人口的《三国演义》一书，更缘于历代封建王朝出于统治需要对他的推崇封敕。关羽因有武勇、重义气、守忠烈，随刘备东征西讨，战功显赫，死后屡被加封。道教封其为“关圣帝君”、佛教说其曾受戒，封其为护寺守法“伽蓝神”，儒家称之为关夫子、武圣人。在民间则成为司命禄、佑科举、除强暴、致财宝、祛病灾的万能之神。因此，各行各业各色人等都信奉。

闽东各地都有关帝庙，信众也很普遍。据清《福宁府志》记载，其时府治（霞浦）处即有 3 处关帝庙，一在城北、一在西郊外演武场、一在东郊盐仓前，春秋均致祭。群众家中或个体商店供奉关公神像也多有所见。蕉城民间正月各境巡游时不少都抬着关帝像出巡。

六、城隍爷

城隍爷，又称城隍神，是守护城池之神。大凡中国有城，必有城隍庙，也就必有城隍神（爷）。清《福宁府志》载，旧福宁府治所（现霞浦）城关有府、县城隍庙各 1 处。一在城东，始建于宋元祐二年（1087 年），是区内第一座城隍庙。明嘉靖后共祀福安、宁德、霞浦、寿宁、福鼎及福宁五府邑城隍。每年正月十五，五境一同排设花灯祀祭城隍爷，也是五县信众祈福、求寿、祷平安的活动场所。1960 年被单位占用并改建，1988 年后退还民间使用并筹资 200 多万元重建，是区内规模最大的城隍庙之一。1997 年批准为道教和民间信仰活动场所，并列为县级文物保护单位。另一处为霞浦县城隍庙，始建于清乾隆二十二年（1757 年），址在蓝溪书院（现霞浦城关赤岸村）。霞浦还有一座特殊意义的“义乌城隍庙”，始建于明嘉靖四十一年（1562 年），位于松城镇东关村，系明嘉靖年戚继光率 8000 义乌兵在闽东抗击倭寇的驻扎之所，因其兵丁自带城隍祀奉，故称之为“义乌城隍庙”。该庙建筑面积 1300 平方米，共有三进。一进有大厅，门外两旁有马栏爷神像，还有戏台、天井；二进大殿配祀关帝、周仓、关平诸神像；三进是义乌城隍大殿。据史书介绍，入闽的浙江义乌兵，在神灵的保佑下，英勇善战，抗倭斗争取得节节胜利，消灭大量倭寇。仅在宁德孤岛“横屿”一战，就打死倭寇300多人，生俘29人，倭寇败退时投海又溺死600多人，义乌兵还解救被掳群众800多人。接着，戚继光又带领义乌兵，乘胜追击，先后攻克福安、罗源、连江、兴化、仙游等地的倭寇据点，义乌兵凯旋回到福宁州时，受到人民群众的热烈欢迎。民众认为义乌兵作战屡获胜利，是霞浦义乌城隍爷的保护。到明末平定倭寇后，有一批义乌兵在霞浦定居。嗣后，每年都有义乌兵的后裔前来霞浦东关义乌城隍庙还愿朝拜，一直沿袭至今。宁德（今蕉城区）城隍庙在北门，宋乾道六年（1170年）建，也是境内各县城隍庙之较早者，后经多次重建，宋绍兴二十八年（1158年）重修时，主簿陆游曾为之作记，为宁德境内最大之城隍庙。

宋以前，城隍神仅是城池的保护神，宋以后发展为司民之神，成为掌管人生吉凶祸福的神祇，百姓许多疑难之事都到城隍庙祷告，城隍爷也就成了善神、冥冥中的地方父母官。明代后，城隍神还兼管孤魂野鬼、人生禄籍、山川水坛，神灵越来越大，拜祭的信众也越来越多。城隍神本无姓名，因宋以后，一些传说中的地方人物或有功德于地方的官吏死后被奉为一地城隍神，故城隍神便有了姓名，如原古田城隍庙城隍神即为立县县令刘疆，柘荣城隍庙的城隍爷姓颜等。

各县（市、区）城隍庙多经依旧修葺，新建的不多。旧时新官上任后要先去城隍庙焚香参拜，每年要举行祭典，有的还举行迎城隍和抬城隍爷出游活动。在一些地方一直有春节抬城隍爷出游之俗。蕉城区城隍庙正月还有各境祭拜等，颇为热闹隆重。平时，百姓信众也会到城隍庙烧香礼拜。

七、文昌帝君

又称“文曲星”“文星”，是中国传统中主宰人间功名、禄位之神。旧时各地皆建有，学校与文人尤重祭祀之。元延祐三年（1316年）被加封为“辅仁开化文昌司禄宏仁帝君”，故又称为“文昌帝君”。

闽东各县（市、区）县城均保留有文昌帝君庙，有称文昌宫、文昌祠、文昌阁等。有的一县还多所，如福鼎市较大的文昌宫庙就有5所。福鼎秦屿镇文昌阁建于清嘉庆十五年（1810年），也是区内著名书院莲峰书院所在地，建筑面积227.5平方米，建筑工艺精细，被列为福鼎市文物保护单位。古田县杉洋镇的文昌阁始建于宋建隆年间（960—963年），清雍正十二年（1734年）重修，土木结构，由如意斗拱门、U型回廊、六角三层塔、弓拱桥等构成。主阁分上、中、下三层，分祭孔夫子、朱夫子、关夫子三圣人。该阁较之原建于明万历二十三年（1595年）的县城文昌祠还早得多，被列为古田县文物保护单位。

屏南县旧城双溪村也有一座远近闻名的古文庙，建于清雍正十三年（1735年），为知县朱岳楷奠基，清乾隆元年（1736年）知县沈钟建成。文庙仿皇宫之制，前后六进，南北中轴对称排列，四周筑以高墙。从南往北建有棂星门、泮池、大成门、大成殿、东西庑、启圣（崇圣）殿、明伦堂、训导署、尊经阁等。大成殿中塑孔子像，两旁塑其16弟子像、两庑塑79先贤与77先儒像。庙内保留有6通建庙碑记，为古书法上品。庙宇历经8次重建、重修，大成殿保存完好。2002年又经重修。2005年列为福建省重点文物保护单位。

八、灶神

灶神是中国古代五祀神之一，也称灶公、灶君、灶王爷等，是各家各户的“司命之神”，故民间信仰十分广泛。过去宁德民间城乡每家每户都在厨房灶位设龛或张贴灶神爷画像，除平时可供外，主要是在每年农历腊月二十三或二十四“祭灶”时集中拜供。后在城市居民多住商品房，也较少有传统的火灶和灶龛，故设供不是很多，但农村设供奉祀的还十分普遍。

九、五显大帝

又称五显灵宫、五圣大帝、五通大帝、华光菩萨、五通（路）神、华光大帝等，是中国传统民间普遍供奉的神祇之一，福建、广东民间尤其盛行。传说玉皇大帝封其为“上善五显头官大帝”，并永镇中界，从此万民景仰。求男生男，求女得女，经商获利，读书登榜，耕者丰登，有求必应。据清福宁知府李拔所纂《福宁府志》载：原福宁府辖县霞浦、福安、福鼎等县境内均建有五显灵官大帝庙或华光大帝庙。境内各县（市、区）均有五显灵官大帝庙，但以福鼎为最多。福鼎市仅上规模的此类宫庙就有 40 多座，规模较小的不下数十座，信众约 6 万人。福安市内也有 20 多座五显宫。传说农历九月二十八是“五显灵官华光大帝”圣诞，以及元宵节，信众都会举办祈福禳灾迎神赛会。福鼎民间的赛会巡游规模宏大，数千人参加巡游活动，人们抬着八抬大轿、拥着五显灵官大帝塑像巡游，接受沿途信众的拜供。有的还表演“坐刀轿”，即由真人扮成大帝等诸神，赤膊赤脚坐或立于 10 把打磨锋利的刀刃上手舞足蹈，表演各种动作，既惊险又神奇。屏南县内也有多座五显灵官大帝殿，其中较有名的为长汾、岭里、达善溪村的大帝殿。

十、杨府爷

又有杨府圣王、杨府明王、杨府侯王、杨府圣君等之称，是为了纪念北宋以杨业为代表的抗御外侮、前赴后继勇战沙场的杨家将一家几代人。他们逝世后，当地人纷纷建庙祭祀。宋朝廷南迁后，经由浙江、福建、广东等省份，也将此俗带到东南沿海各地。渔民们不仅将他们奉为战神，也视为护卫渔事的海神。

闽东福鼎、霞浦沿海一带曾是南宋末代王朝退守南下所经之地，对杨府爷的信仰十分普遍。2005 年年底，福鼎市沿海各乡镇建有杨府宫且香火旺盛的就有 30 多处。其中秦屿龙安玉岐村的杨府宫，建于清道光二十五年（1845 年），占地面积 1560 多平方米、建筑面积 960 平方米。而建于明弘治六年（1493 年）的贯岭透埕里杨府爷宫则是福鼎最早修建的一座杨府宫。霞浦县境内也有多所杨府宫。区内山区县境因部分沿海渔民内迁或原住民杨姓人氏为纪念其先祖，故如寿宁县等也有多所杨府宫。

此外，宁德区内供奉的普通神祇还有雷神、包公、神农（五谷神）、大王（大禹）、玉皇、盘古、虎马等，但均不及上述信仰普遍。

第三章 管 理

第一节 机 构

1996年，根据《中共福建省委、福建省人民政府关于宁德地区党政机构改革方案的通知》和《中共宁德地委、宁德地区行署转发〈关于宁德地区地级党政机构改革的实施意见〉和〈关于宁德地区地级党政机关开展“三定”工作的意见〉的通知》，宁德地区民族事务委员会内设办公室、经济科、文教科3个职能科室，机关编制8名，并规定宁德地区宗教事务局与宁德地区民族事务委员会合署，内设办公室1个科室，机关编制6名。

2002年11月，根据《中共福建省委、福建省人民政府关于宁德市党政机构改革方案的通知》和《中共宁德市委、宁德市人民政府关于宁德市市级党政机构改革的实施意见》，组建宁德市民族与宗教事务局，为主管全市民族与宗教事务的市政府工作部门，正处级行政单位，内设办公室、民族经济发展科、民族社会事业科、宗教科4个职能科室，机关行政编制13名，其中局长1名、副局长2名，科级领导职数4名。挂靠单位有宁德市天主教爱国会工作办公室，机关事业编制3名。

2004年6月，根据《中共宁德市委机构编制委员会关于同意市民族与宗教事务局宗教科增挂民间信仰管理科牌子的批复》，增挂民间信仰科，增加副科级领导职数1名。至2005年不变。

第二节 宗教事务管理

一、宗教活动场所管理

1993年后，根据国务院《宗教活动场所管理条例》、国务院宗教局《宗教活动场所登记办法》及有关会议精神，地区宗教局进行全面部署，认真做好宣传工作并组织人员，调查摸底、严把审查关，符合条件和规定的予以登记。1996年，全区开展治理整顿乱建、滥建庙宇教堂的专项工作。地区依据“块块负责、条条指导”的原则，加大宣传，认真组织，全面治理。治理后达到登记条件的16处给予登记发证，不符合条件不予登记，少数严重违建、造成不良影响的在有关部门的配合下予以拆除，使宗教活动场所建设纳入依法管理轨道。

1996年12月至1997年2月，首次开展对全区已依法登记的宗教活动场所的年度检查。

1998年，全区登记发证的宗教活动场所1034处，其中佛教631处、道教31处、天主教9处、基督教363处。

1999年，严格按照国务院《宗教活动场所管理条例》、国务院宗教局《宗教活动场所登记办法》和《宗教活动场所年度检查办法》的要求和规定，对全区的宗教活动场所进行登记和检查。全区新登记宗教活动场所41处，其中佛教10处、天主教30处、基督教1处。对已登记发证的1053场所进行年检，合格的有996处，合格率94.6%，不合格的进行限期整改或撤销登记。同年4月，地区宗教局按照地委、行署的部署，继续组织力量，深入各县（市）进行全面的检查清理工作，查出乱建寺庙、教堂36处。

2001年，继续抓好宗教活动场所的登记年检工作。当年，全市登记的宗教活动场所1140处，年检合格1122处、合格率98.4%，限期整改13处、依法撤销登记5处、依法新登记22处。严格按有关规定和程序，审核批准蕉城区漳湾、三都镇，霞浦县崇儒乡等基督堂点的迁建、改建。2002年，按照“属地管理，守土有责”的原则，各县（市、区）向各乡镇领导签订宗教工作责任状、各乡镇与村（居）委订立宗教工作目标管理责任状的工作逐步推开，建立健全县、乡、村三级宗教工作网络和宗教工作领导责任制。全市1141处应参检的宗教活动场所全部进行年检，年检合格1130处、合格率99%，不合格11处，其中限期整改5处、依法撤销登记6处。

2003年，市民宗局把宗教活动场所年检工作作为依法管理、依法行政的重要措施，切实抓紧抓好，严格年检标准，保证年检质量。全市1173处应检的宗教活动场所全部进行年检，年检合格1159处，合格率99%。同时，全市根据省委、省政府办公厅《关于开展治理乱滥建寺观教堂和露天宗教造像活动的通知》，再次要求对全市各县（市、区）乱建的寺观教堂、民间信仰场所进行全面摸底调查，并对全市乱滥建整治工作进行全面部署，制定治理方案，确定工作重点，采取有效措施，遏制乱滥建的蔓延之风，防止出现新的乱滥建现象。

2004年，市委成立治理乱滥建工作领导小组，开展治理工作。在广泛调查摸底和宣传教育的基础上，各县（市、区）明确治理工作目标任务，严格按照“拆”“改”“补”措施和有关程序要求依法依规进行治理。全市乱滥建场所105处，拆除37处，改作他用52处，拟补登16处。同时，做好治理乱滥建的后续完善工作，巩固治理成果，建立长效的管理机制。同年，各县（市、区）根据《宗教活动场所年度检查办法》的规定，认真做好宗教活动场所的年检工作。当年全市1190处应参检的宗教活动场所有1162处进行年检，年检合格1141处，合格率98.2%。

2005年，宁德市以全面宣传贯彻《宗教事务条例》为契机，进行针对性的重点宣传教育活动，深化对治理工作重要性的认识，增强责任感和自觉性，使广大宗教界人士和群众进一步了解掌握党的宗教政策法规，自觉遵纪守法。做好重点整治工作，防止回潮反弹，在巩固2004年治理成果的基础上，按省治理乱滥建工作领导小组的部署要求，重点开展高速公路、国道104线两侧等重点部位的专项治理工作。为继续深入做好专项治理工作，市委办、市政府办于4月制定并下发《中共宁德市委办公室、宁德市人民政府办公室关于加强对寺观教堂露天宗教造像和民间信仰活动场所建设管理的通知》和《中共宁德市委办公室、宁德市人民政府办公室关于转发〈宁德市宗教工作联席会议制度方案〉的通知》，建立治理工作的长效管理机制，加强各有关部门的协作与协调。截至11月，全市范围内依法拆除9处乱滥建场所，制止17处顶风抢建、拟建项目。

二、依法办教

从1993年开始，全区各级宗教工作部门通过举办学习班、座谈会等形式宣传党和国家宗教方针政策、法律法规，开展社会主义和爱国、爱教教育，打击地下非法宗教活动。1997年，地区宗教局和地区天主教、基督教协会联合在福安举办两期学习班，组织33名地下神职人员参加学习，提高对爱国爱教和“自主办教”认识，维护社会和宗教界稳定。1998年，全区宗教团体、活动场所发放宣传党的宗教政策、法规资料数千册。7月，全区召开佛教、道教、天主教、基督教地区级宗教团体负责人座谈会，认真学习中央、省、地有关取缔、处理、揭露邪教非法组织文件，各宗教界团体负责人及其代表结合实际，积极发言，通过学习讨论，揭露批判邪教的歪理邪说，表示坚决拥护中央取缔邪教非法组织的决定，会后各宗教团体将中央的有关精神传达到信众中去，进一步揭批邪教的反动本质，加强爱国宗教团体的自身建设，自觉抵制境外敌对势力的渗透。

2001年，宁德天主教爱国会、基督教“两会”、佛教协会、道教协会先后举办团体负责人、场所负责人培训班，学习宗教相关法律、法规、政策，多形式开展学习教育活动，提高教职人员政治思想素质。7月，福鼎市在山前辖区内发现一起有20多人参加的非法“呼喊派”聚集点，缴纳非法书籍67册，抓获4名骨干分子。屏南县也在黛溪镇后坪制止一起70多人参加的邪教活动，当场抓获5名骨干分子，并依法进行拘留审查。蕉城区及时查处基督教培英堂办少儿班问题。

2003年，福安、蕉城、福鼎、霞浦4县（市、区）举办5期教职人员和信教群众培训班，有600多人参加培训。针对宁德是省内天主教工作重点的情况，省民宗厅和宁德市民宗局在福安开展天主教民主办教试点工作，探索引导全市天主教徒坚持独立自主办教会和走天主教工作与社会主义制度相适应的路子。

2004年，市民宗局根据省天主教、基督教专项工作会议精神和市委宗教工作领导小组的部署，将抵制境外宗教渗透工作作为一项重点工作来抓。一方面加强调查摸底进行全面部署、确定工作重点，加大防范力度，建立内部应对突发事件、快速反应处置工作机制。另一方面深入基层宣传教育、因势利导，利用团体会议、办班学习、教会活动等多种形式做好教职人员和骨干信徒（众）的思想工作，成功制止天主教香港神学院拟在宁德等地秘密举办函授班的图谋。

2005年，宁德市民族宗教系统召开学习《宗教事务条例》座谈会

2005年3月，国务院颁布实施《宗教事务条例》（以下简称《条例》），宁德市委、市政府高度重视，组织贯彻学习。5月，市民宗局举办《条例》学习培训班，各县（市、区）民宗局局长、分管宗教工作副局长、市级宗教团体常委等40多人参训。6月，霞浦县地藏寺满深法师举办全县首届佛学基础知识培训班，100多名佛教徒参加学习。7

月，市民宗局又举办重点场所负责人《条例》学习培训班和宗教干部执法培训班，将《条例》的精神贯彻落实到基层，落实到宗教活动场所。当年年底，全市审查、上报批准对外开放基督教堂（点）21所、佛教寺院15所，发给住持合格执照的寺院庵堂104所。宗教界人士担任县人大代表12人次，其中佛教界代表6人次、基督教界代表6人次，担任县（市、区）政协委员20人次，其中佛教界委员7人次、基督教界委员13人次。

三、落实宗教房产

自20世纪80年代初落实宗教房产政策以后，按照国务院批转国家宗教事务局、国家建委等单位《关于落实宗教团体房产政策等问题的报告》文件精神，地区各相关部门认真解决落实宗教房产政策遗留问题，进一步做好宗教房产政策扫尾工作。先后落实福安市基督教"三自会"钟楼、柘荣县天主教堂、寿宁县基督教堂等产权问题20多处，解决古田基督教堂落实归还后又被侵占的问题。1998年，根据落实房产政策过程中出现的新情况、新问题，地委办、行署办下发《关于认真做好落实宗教团体房产政策工作的通知》，要求各地加强领导，狠抓落实，部门密切配合，全面贯彻党的宗教政策、法规，做好宗教房产彻底、全面落实工作，切实维护宗教界的合法权益。

2001年4月，宁德市宗教局对霞浦县基督教协会要求落实"淑心书院"宗教房产问题提出解决方法，同意霞浦县委、县委政法委提出的由双方继续查找确实有效证据证实该房产的产权归属问题，或通过法院按法律程序进行调查取证确定产权归属。产权未确定之前，不允许任何一方借口滋事。5月，宁德市宗教局前往周宁调查了解并敦促周宁县委政法委妥善解决瑞龙观宗教房产落实问题，促成归还原瑞龙观被茶叶公司占用的全部房产，由县政府负责筹资给茶叶公司一定的经济补偿。

2004年，省政协岳清华委员提案要求落实屏南棠口基督教会教产问题，经调查此教产1989年已确权并于同年11月3日在屏南县委落实宗教房产政策领导小组的协调下，屏南农场、棠口基督教堂和棠口乡政府三方签订了协议书，但由于各种原因而未能落实解决。在宁德市民宗局与屏南县民宗局的协同努力下，屏南县委再次召开办公会议听取县民宗局及纠纷双方的汇报，研究决定按照1989年订立的协议执行，专人负责抓落实，从而圆满解决长达20年之久的教产纠纷问题。

2005年，全市又先后落实归还蕉城栖云寺、霞浦临水宫、福安城关天主教堂、屏南棠口基督教会等8处被部队、政府机关、企事业等单位占用的宗教房产。至当年年底，落实退还基督教堂25所、补偿被出卖的1所（价款146万元）。退还天主教堂7所、店屋2间，补偿被改建1所（价款5万元）。退还佛教寺庵26所、补偿被改建1所（价款2万元）。

四、调解宗教纠纷

1998年7月29日，霞浦县西洋岛部分非教群众因信仰不同与当地基督教信徒就教堂问题发生严重冲突。对此，国家宗教局、省、市各级领导先后多次批示，要求妥善处理，依法办事，维护稳定。宁德地委、行署还成立专项工作小组，负责处理此一问题。通过多方面、多层次的思想工作，曾一时稳定局势，缓和双方群众的对立情绪，但问题未得到彻底解决，之后又多次发生矛盾冲突。为彻底妥善解决"西洋岛教堂"纠纷问题，2002年3月，省政府召开西洋岛"基督教堂”问题专题会议，明确要求宁德市、霞浦县要从维护稳定原则出发做好双方群众工作和新教堂的选址，并督促当地教会严格按程序报批，做好迁建工作，并提出拆除旧教堂的意见。2003年2月，副省长王美香召集省、市民宗部门和霞浦县、西洋乡政府领导到省政府召开专题会议，限期迁建西洋岛教堂。为此，宁德市民宗局领导多次赴霞浦，协助做好基督教信徒的思想工作，发挥市、县基督教“两会”班子成员的作用，组织团体负责人、牧师和传道士进岛做教徒的思想工作。通过多层次的耐心引导、教育，2003年7月迁建的新教堂竣工，旧教堂也顺利拆除。历时5年之久的西洋岛宗教矛盾纠纷得以圆满解决。

五、服务社会

1997年，全区结合开展迎香港回归活动，组织各宗教团体以自己独特的方式开展爱国、爱教活动。佛道教团体举行“祈祷世界和平法会”“祈福迎祥道场”，基督教和天主教团体开展“感恩祭”“赞美晚会”等活动。通过这些活动，增强全区宗教界人士和信教群众的爱国、爱教热情。同年6月，原霞浦县三沙留云洞住持、福建省佛协副会长兼秘书长、福州开元寺住持本性法师应邀到中国人民大学进行“佛学与养生”讲座，又为福建省监狱干警、服刑人员开办“佛教心理学”与“中华传统伦理道德知识”讲座。10月，他又应邀在北京召开的“二十一世纪人间佛教学术研讨班”作报告，后又赴马来西亚槟城、印度尼西亚檀香寺讲经说法。

1998年8月，中国长江、嫩江流域发生百年不遇的特大洪涝灾害，宁德地区宗教界在地县（市）宗教局的发动下，发扬“一方有难、八方支援”的爱心，各宗教团体发动广大教徒、信徒捐款、捐物，向灾区人民奉献爱心，全区宗教界捐款达24.29万元、衣物1万余件，体现闽东宗教界人士的一片爱国深情。10月，福建省佛教协会应霞浦县佛教协会邀请在霞浦县举行放生法会，由省佛协会长释传常法师主持，佛门弟子及居士100多人参加放生一批白嘴鹊、姐妹鸟等珍稀鸟类和鱼及两栖动物。

1999年，以庆祝中华人民共和国成立50周年和澳门回归为契机，大力支持、推动宗教团体开展各类活动。天主教、基督教在圣诞期间举办“迎澳门回归”晚会，智力竞赛等活动。佛教界也举办各种法会、祈祷“世界和平、祖国兴旺发达”等系列活动。对北约轰炸中国驻南斯拉夫使馆的野蛮罪行和李登辉分裂祖国的“两国论”，全区宗教界人士举办多场座谈会进行强烈谴责和深入揭批。

地、县（市）宗教主管部门还从实际出发，鼓励和支持宗教界兴办以自养为目的的各类企事业，大力开展捐资助学、救灾扶贫、保护环境、敬老助残、施医赠药、保护文物等社会公益事业，不断拓宽全区宗教为社会主义两个文明服务的渠道。仅1999年全区宗教界捐助扶贫、救灾、“希望工程”等资金就达120多万元。当年，宗教界有5个单位和5名个人，在两个文明建设中，做出显著成绩，得到省宗教局的表彰。同年，霞浦县佛协组织成立“佛教慈善放生小组”，由居士吴国新任组长，发动城关地区僧人和信众100多人，筹资购买一批珍禽龟鳖到杨家溪、周宁鲤鱼溪等风景区放生，并向群众宣传保护生态。

2000年7月，地区宗教局动员全区宗教界投入国家“兴边富民行动”（“兴边富民行动”是国家民委提出的贯彻中央关于西部大开发战略部署的重要举措。其目标是争取用10年左右的时间，使边境地区基础设施条件得到明显改善、各族人民群众生活水平明显提高、经济和社会事业全面进步，最终实现富民、兴边、强国、睦邻）中。全区宗教部门热烈响应，捐资6万元支持这一活动。

2001 年 1 月，省佛协会副会长本性法师在霞浦县佛协会长的陪同下，到州洋乡后港、古岭下慰问 65 岁以上残疾人，并送去慰问金 2 万元。

2003 年 10 月，霞浦县真如寺住持海参法师应邀前往美国纽约参加并主持“9.11 纪念祈福法会”。11 月又参加美国万福城华严祈祷平安法会。

2004—2005 年，全市宗教界为修路、助学、扶贫等公益事业捐资 65.5 万元。

2005 年 5 月，柘荣县佛教协会和居士林，组织县内及周边县（市）的信众 2000 多人，在城关龙溪举行盛大的放生法会，宣传保护生态、保护野生动物。

第三节　民间信仰管理

宁德是福建省民间信仰活动较为盛行的地区，全市 10 平方米以上的民间信仰活动场所列入台账约有 2700 多处。2002 年，福建省委办公厅和省人民政府办公厅联合下发关于加强民间信仰活动管理的通知后，全市民间信仰活动逐步纳入政府管理范畴。当年，市民宗局组织力量在全市范围内开展民间信仰活动及场所调查工作。经过 3 个多月的调查摸底，基本摸清民间信仰活动及其场所的情况。至 2002 年年底统计，全市有民间信仰活动场所 3343 处，其中有一定建筑面积、影响较为广泛、信仰群众较多的有 198 处，主要崇拜神、佛、历史名人、原始图腾等，为宁德市制定民间信仰活动管理措施，提供第一手资料。2003 年，市民宗局与各县（市、区）宗教管理部门落实民间信仰区域目标管理责任制，将乱建滥建民间信仰场所纳入统一整治范畴。扶持合法、正当的民间信仰活动，打击借民间信仰之名敛财浪费、封建迷信活动等。2004 年，市民宗局帮助指导一些县（市）加强收集整理如古田临水夫人、柘荣马仙等在省内、区内较大影响的信俗活动资料，并向市、省、国家申报“非遗”项目（名录）。

2005 年，宁德市委办、市政府办在市民宗局认真调查研究的基础上，制定并下发《关于加强对寺观教堂露天宗教遗像和民间信仰活动场所建设管理的通知》，进一步规范全市民间信仰造像建所、组织活动的管理，初步建立有关部门协作、协调管理、长效治理的机制。

第四十六编 民俗

闽东基于其地理位置与历史变迁，融合杂糅了多种文化积淀，滋生了极具地域特色的民俗文化，如婚嫁、丧葬、生育、敬祖、节庆等。其他岁时习俗、生活习俗等大多与全国各地大同小异。随着时代的发展变革，不仅大力推进移风易俗，铲除封建迷信残余，也逐渐形成见义勇为、诚信担当的社会新风尚。

第一章 生产习俗

第一节 农 业

一、作福

20世纪90年代，闽东农村“作福”的习俗开始恢复。“作福”即“保苗”，也称“保苗节”。各县“作福”时间不一且跨度较大。霞浦、柘荣、寿宁农村“作福”多选正月“立春”后，意为春天已到，农事应作安排。其时各村按族亲姓名由“福头”（轮流值年）召集众人在本宗氏祠堂聚会吃饭，谓之吃“福暝”（晚餐，也有吃午餐的），同时商议农事，现则扩大议题多议族内公共事务，并做出决定。餐前还设简单供筵，祈求当年风调雨顺、五谷丰登。寿宁农村不仅立春得做“春福”，“立秋”前后还做“秋福”，且更为隆重。在敬神、聚餐庆丰收后，众人又出动清除村旁路边杂草、打扫卫生等。

福鼎农村“作福”多在正月初二到正月十四这段时间。秦屿镇一些农村农历五月十五日才“作福”，族首带领族人到大帝宫或祠堂内，请法师念经迎神，并绕村庄巡境，活动费时一整天。当晚宴席丰盛，餐后上演社戏。硖门乡石兰村郑氏群众“作福”时有放烟花习惯，且每年做三次“福”，分别叫“元宵福”（在正月十五），“保苗福”（在立夏前后），“谢冬福”（在冬至前）。

福安松罗乡赤溪村等一带农村“作福”保苗在农历六月初六日。村民齐聚宗庙，共同祈愿一年平安。还要杀猪2头，不能见血屠杀，只能放在水田里淹死后宰杀，按户平均分配猪肉，然后各家用红色小盆装后供奉神明和祖宗，最后回家烹煮品尝，以求能带来一年好运。祭祀期间，街道、房前屋后要做好卫生，保持整洁，祠堂搭灶生火，宴请主持祭祀的“福头”和主事的佛老宾客等。

寿宁南阳镇农村“作福”定于每年农历正月十五，故又叫“元宵福”。此俗源于北宋仁宗年间，已有千年历史。每年正月上旬，各村村民即选出“福首”，并以自愿方式捐款捐物，然后由“福首”组织大家义务清理溪流、严禁往溪河中扔垃圾等脏物；在村中十字路口搭牌门、立灯柱。正月十五开始在各宗祠中祭祀、祈福、游神。各村各户以神铳为号，点烛定灶，戒斋素食一天，而祠内操持人员则均应沐浴更衣、斋戒素食。是夜，烟花、神铳响彻天空、龙狮齐舞，吹拉弹唱，人们呼朋唤友，扶老携幼走上大街、涌向祠堂，自备供筵、清醮祈福，彻夜不眠。前来祈福的还有来自邻县，包括浙江泰顺、庆元等地的亲友、游人等。过“元宵福”时，南阳一带群众还会食用代表吉祥、健康、平安、幸福、团圆的馒头。做馒头时场面十分壮观，从正月初十左右开始，“福首”便会安排各户自愿前来的“义工”（多为妇女）到指定地点听遣派工。“福首”会设立一个专门的指挥部，下设账房、文房、库房、作坊、蒸房等五房各司其职。经过压皮、装馅、搓圆、穿衣（在做成的馒头下方垫上粘叶）、炊蒸等工序制作而成。做好的馒头是祈福的主要供品，领回家供自家食用外，还会馈送亲友，甚至寄往外地。所以，每年“元宵福”南阳镇都会制作10多万个馒头。南阳“元宵福”被列为寿宁县的非物质文化遗产项目。

二、牛歇节

农历四月初八，闽东民间传说为佛祖释迦牟尼诞辰，而牛在西天“当差”，也应受到尊重，因此有“牛歇四月八，人歇五月节”之说。此日，蕉城、屏南农村要将牛赶到山上或溪边吃“露草”，称为“吃馒头”，古田农村则称之为吃“明头”。谁的牛上山早，谁家的牛抢得“馒头”“明头”多，这一年牛就能平安长膘，且当天一定要让牛歇着不干活，更不能鞭打骂斥，晚上还得另备些嫩草或红酒糟、糯米团等给牛增加营养。福鼎则将谷雨节气定为“爱牛日”，反映了农耕社会对牛的爱护和感谢。但随着农业机械化的不断推广以及老年农民的逐渐逝去，爱牛习俗已逐渐淡去。

三、祈雨

旱天祈雨在闽东农村所形成的习俗事重面广，其中最具影响的是柘荣的向马仙祈雨之俗。据《福宁待志》和《霞浦县志》记载，传说北宋景德年间（1004—1007年）江南大旱，人们赴景宁（现浙江丽水市景宁县）鸬鹚迎马仙到柘荣，在仙屿顶设坛祈雨，果然灵验，雨至旱除，马仙亦显迹于东狮山。于是福鼎、霞浦一带如遇旱年，就常向马仙祈雨。柘荣是单季稻区，农历七月又常是天旱季节，每年七月都要迎马仙祈雨并保民平安的信俗活动一直保留，场面十分壮观，活动地域广，延续时间长。“迎马仙”还被列入国家和省级非物质文化遗产项目。

屏南农村遇旱年祈雨时，要先择日，一般会选辰日，即龙日与酉日。祈雨前三日，全村男女老幼皆得素食三天。祈雨当天，人们要换上干净衣服，带上土铳、彩旗、锣钹、香烛、香亭等，整队前往龙潭（双溪镇钱溪村的龙潭或熙岭乡的九峰寺虎朝潭），请道士做法事。祈雨者膜拜祈愿，然后鸣土铳、打锣钹、舞彩旗而回等待天降甘霖。古田农村一些地方至今也仍有遇旱祈雨的风俗。三伏天旱时，人们会前往百丈漈、龙亭、三井瀑布等认为可乞到雨的地方“祈雨”，一边请道士祈颂、一边用蜡封的锡瓶放入深水潭，俗称“钩瓶”，待水装满瓶后取回，一路呼喊回程，然后静待降雨。

四、尝新

新稻收获时，闽东农村流行“尝新”风俗。寿宁农村不少地方会在“立冬”这一天（也有在秋收后择一日），取当年第一茬开镰收割的稻谷碾米做饭“尝新”，开饭前端第一碗饭先敬灶神，第二碗敬天地，然后由长者先开吃，年少者再吃并且应说一句诸如“白米饭好吃，吃不尽”之类吉利的话。最后每个人都要在碗里留下一口饭，以示“有吃有剩，连年丰余”。

屏南农村收割水稻时，要先选一小坵向阳早熟的“福田”，将收割的稻谷晒干，择酉日，煮成新米饭。第一碗饭敬天地、灶神，第二碗送进谷仓祝愿年年丰收粮满仓，再煮上新出园的芋头、山药、豆荚等菜肴，请帮工和邻居尝新，俗称“吃新”“卷稻埕”。

后这类“尝新”习俗已不多见，一是实行农业家庭生产责任制后聚会尝新的机会少了，二是农村生活好了，吃新米、餐餐大米饭是寻常事。

第二节　渔　业

闽东福鼎、蕉城、福安、霞浦等沿海县（市、区），有不少从事海上渔业生产的渔民仍保留着一些古老的渔业生产习俗。如每年“禁渔期”结束，开始出海作业前要办祭，祭海、供妈祖、保佑出海平安、渔作丰收。出海捕捞作业如遇到风浪较大时，也还会点香跪拜、口念“妈祖保护”，以求化险为夷。

平时渔民（或沿海村民）家中吃饭或请客吃鱼时，仍忌讳将鱼翻过来吃，意忌“翻船”。

第三节　手工业

手工业是保留古老生产习俗比较多的行业。如闽东民间戏班每年第一场戏开演前都要焚香以祭戏主。木工匠上梁时要祭祖师爷“鲁班”。泥水匠砌完灶要祭拜“灶神”，古田泥工砌灶时依旧俗要择吉日良辰动工，以粉干蛋为点心款待师傅，并在灶腹内安放瓷罐，内装铜钱、五谷、竹钉等物，以求五谷丰登、财丁两旺。闽东地区砌灶完工后，一般都要先生火爆米花，以示大发大利。

第四节　商　业

随着个体商户越来越多，一些经商的旧风俗又开始复现。如新店开张或每年年后开张都放鞭炮祝愿生意兴隆。初一、十五祭奉财神爷。顾客所买东西忌上午退换、债主不宜早上去收债。早上开市后，商家和买主都应多讲吉利话、忌争吵，商家还往往为早市第一个顾客买东西时给予打折优惠等。

农历每月“逢二”日（初二、十二、二十二）为墟日。农村墟日已不多见，区内仅古田西洋和福鼎管阳仍保留，其中尤以福鼎西阳最具规模，浙江泰顺，柘荣等周边村民都会来赶集，摊位上千个、货物繁多，十分热闹。

第二章　生活习俗

第一节　服　饰

一、服装

自20世纪90年代后，闽东群众的服装更趋多样化，已从保暖型转向兼顾美观和时尚型。男性时兴夹克衫、便装、牛仔服、T恤衫，城镇中老年人爱穿中山装，少数穿对襟汉装。西装不再成为主流，只是在重大场合穿着。女性爱穿紧身衣，追求式样新颖、花色鲜艳以体现穿着时的线条美。一些年轻女子甚至内衣外穿，夏季喜着露肩、低胸、露肚脐的超短上衣，也多着连衣裙、短裙、裙裤等。冬装短外衣则讲究厚领、带毛领的各式面料披肩以及呢大衣、羊毛衫、风雪衣等，有的还外穿短裤，内套较厚长筒袜，以显示青春洒脱。

二、鞋帽

男性一年四季多着皮鞋或旅游鞋，夏季穿皮凉鞋，过去常穿的塑料凉鞋已基本绝迹。女性着鞋更显多样化，春夏季着凉鞋，年轻人多穿厚高跟鞋，中年女子多着尖高跟鞋，老年人多穿低后跟或平底皮鞋。秋冬季年轻女子多穿高跟鞋或旅游鞋，2000年后又流行穿高筒靴。

冬季寿宁、柘荣、周宁、屏南等高寒山区戴帽者较多，款式多样，有风帽、兵帽、工人帽、棒球帽、鸭舌帽、猴帽等。青年男性多戴棒球帽，也有棉纱织成、色泽鲜艳的圆帽、舌帽，不为御寒只为追求时尚。中老年人多戴棒球帽、鸭舌帽和较厚的带舌风斗帽。

三、佩饰

20世纪90年代后，闽东女子戴项链、耳环、戒指之风不减，只不过年轻女子选戴白金、珍珠项链为多，戒指也以钻戒为上。生意男则时兴戴金戒指和金项链，并以粗、大、重为时尚。男女性戴手表也渐成时兴，是一种时尚和身份的象征，其手表多较为名贵。女性还流行带坤包，式样各异，但以进口货为荣。男性青年则时兴背方包，背带长及腰下，也以进口包为时尚。

第二节　饮　食

一、主食

米饭　改革开放后，闽东群众生活日见富裕，过去闽东“甘薯当粮草”的日子早已不见，大米成为主食。城镇居民一般早餐吃稀饭，也有早晚两餐稀饭，午餐吃干饭。农民仍习惯早餐稀饭，午、晚干饭或三餐都吃干饭。

面食　随着流通扩大，过去属北方主食的面食也开始在闽东流行并被越来越多的人所喜爱，而且面食品种花式也愈发丰富，除了面点外，各色包点、面饼都成餐中食。许多家庭，三餐中一般有一次为面食。

杂粮　过去多产于北方的杂粮，也渐渐被闽东人所接受和喜欢。其中玉米被大量引种并食用，老年人或有心血管、糖尿病患者，尤其喜欢食用杂粮粥、麦片粥等，部分老人还将其当主食。过去曾是主粮的地瓜（甘薯），后因不当主粮且种植较少，反而变成稀罕物，许多家庭也将其当作杂粮食用。

二、副食

肉类　猪肉仍为闽东家庭副食主角，但牛、羊肉，禽肉的食用量大增。柘荣人历来喜食牛肉，用牛肉加工的牛肉丸闻名遐迩。古田、屏南、福安人喜食药膳，即用羊、鸡、鸭、鹅、兔肉伴以若干中草药材炖或熬成汤或当点心或当餐汤。

鱼贝类　闽东海域宽广、滩涂众多，鱼类、贝类品种繁多，加工食法多样。闽东人，即便是山区，也几乎是“无一日缺鱼”，沿海多食鲜鱼、贝类，山区多食咸鱼。现在交通方便、流通发达，山区县农贸市场也不缺新鲜海货，只不过是价格略贵、品种略少。随着养殖技术的发展，一些海产品种如大黄鱼、跳鱼、螃蟹、鲍鱼、海参，甚至海蜇等都能人工养殖，且产量不菲、大量上市，丰富了市民餐桌。

蔬菜类　过去，闽东除沿海霞浦、宁德、福安菜类品种较多，产量较大外，山区则品种单调、产量少，市场供应不足。现在由于流通扩大、科技进步、饮食习惯改变等原因，闽东各地市场蔬菜供应量大，品种繁多，几乎是“无菜不有，无时不有”。屏南、周宁还成为全省最大的大棚蔬菜生产基地。

21 世纪以后，闽东人除一日三餐有时新菜蔬外，还喜欢吃无污染、纯天然的野菜，如苦菜、蕨菜、山芦荟（虎杖）、各种鲜笋，甚至鲜嫩的地瓜叶、茎等。

汤类　闽东沿海贝类丰富，山区县因多吃干饭，应配以汤汁，所以闽东人喜欢汤。过去沿海居民午餐多以蛤、蛏煮汤，山区则用蒸饭的米汤放上一撮酸菜即是汤。后来城乡居民的汤食则丰富多样，有排骨汤、肉（鱼）丸汤、鸡汤、鸭汤、海鲜汤等。

三、风味小吃

闽东风味小吃品种繁多、地方特色鲜明。

乌饭 闽东大多数县（除古田、屏南县外）群众都喜食乌饭，尤其是畲族民众较多的霞浦、福安、福鼎县（市）。一种说法是畲族多居山地，祭祖节庆时（尤其是农历三月三）常用山上野生乌稔树（又称南烛树、青精树）的叶子（多在春季时采其嫩叶）放在石臼中舂碎后，装进布袋内放在锅里熬成汤。其汤为紫黑色、清亮且具香味，然后用其汁汤浸泡糯米，几小时后捞起放在木甑中蒸熟，用以祭祀请客，后渐成俗。另一说法是闽东各县群众清明寒食节祭祖和祭墓时的常用之食物，因其清香可口，不涩不腻，则渐成为地方小吃。而畲族民间则另有一种传奇说法。乌饭色泽紫蓝，油光发亮，清香扑鼻，香软可口。乌稔还有开脾健胃之功效，且有防腐易保鲜作用，故乌饭放在通风阴凉处，可数日不馊。乌饭可蒸后食用，保其原汁原味，也可辅以热油、糖料、花生芝麻等炒食。据《本草纲目・本部》载，“乌稔味苦、平、无毒、止泄、除湿、益乏力，久服长年，变白、祛老”。传说乾隆皇帝南巡时，曾品尝过乌饭并称其为“金”，闽东“畲族乌饭”尤为闻名。柘荣群众还在春季时将采摘的乌稔叶洗净晒干收贮起来，待夏冬季时再使用，可保持终年有乌饭上市，并申请了“中华老字号”、销往全省各地。

卷面 卷面是一种用大米磨浆然后摊在平底锅上蒸熟的薄饼状食品，闽东各县均有，但加料及食法不同。有切成条面状加料煮食，但更多的是在面饼内加夹不同风味食物，如肉末、青菜、糖料等，有甜、辣、咸各种，卷起即食，可当点心。

肉丸 肉丸是闽东人利用丰富的地瓜粉调湿后揉入剁成细末的猪肉（多选精瘦肉或腿肉）和精盐、味精、葱末、姜末及少量苏打等揉搓均匀后撮成小片团后现煮或捞煮后调上配料当点心或汤食用。

柘荣人因喜食牛肉，则多用牛肉配以精薯粉（地瓜粉）做成牛肉丸，配以姜、醋、辣，风味独特，是著名的地方小吃。尤其是冬季夜晚，群众多以此当点心，可驱寒提神。

蕉城还有一种叫藏馅肉丸，是用芋头蒸后去皮和甘薯粉捣成泥擀成皮，包以猪肉馅及香料，做成略带尖顶的圆饼状，再置蒸锅上蒸熟后吃。

鱼丸、鱼片 闽东的鱼丸，不同于福州一带的鱼丸。它是用闽东沿海丰富的鱼产品，选新鲜的鳗鱼、马鲛、面鱼、目鱼取去头尾、骨刺后的精肉和以精薯粉及调料等搓揉成团后，掰成小丸粒、蒸或捞熟后备用，食用时加汤、香葱、调料等即可，福鼎、霞浦、蕉城等地群众尤多喜食。区内霞浦鱼丸最为有名。它多选用天然深海鮸鱼、马鲛鱼等上等鱼类，选料精细、制作考究，皮薄均匀，色泽晶亮，口感清香、松软、细嫩润滑、味道鲜美。其中三沙“黑记鱼丸”尤以其稳定的质量畅销全区及省内和浙沪等地，亦是外地游客喜爱购买的赠品。

闽东鱼片的制作与鱼丸相似，但无馅，较之鱼丸其鲜鱼含量更多，并拌入葱末，白中透绿。福鼎的鱼片最为著名，“福鼎江记鱼片”为名牌上品。1934 年，福鼎“江记鱼片”的创始人江声赣首创该产品，后人延续其配方，严格制作工序、选料精细、配料科学，获得“中华名小吃”“福建名小吃”称誉，不仅畅销全区，省内许多地方也可见到。

肉片 区内许多县（市）都有肉片，制作用料及工艺大同小异，但以福鼎肉片最为有名。它选用精猪腿肉，加精薯粉、精盐、葱姜末剁捣成泥，撮成丸状，可加调料现煮现食、亦可蒸或捞煮后备用。福鼎肉片也叫肉丸、肉羹，已推广至全区，不少人还到全国各地经营此小吃。福鼎管阳西阳的肉片（丸）久负盛名，屡获大奖，并获得“中华名小吃”“福建名小吃”称号。

福鼎芋泥 福鼎因有地方特产——“福鼎槟榔芋”，而用其制作的芋泥也闻名遐迩。它选用正宗福鼎槟榔芋，去皮、去尾端部（因粘韧性差）洗净后放入大锅中蒸熟，然后捣烂，加入熟油、调料（可甜、可咸）装入瓷碗内置蒸笼或锅内蒸15分钟即可。其味清香、口感柔软滑润。后有厂家加工成碗装品，平时置冰箱冷冻，食时蒸15分钟即可，风味不逊，又很方便，超市多有销售。

福鼎肉片

泥鳅面 是柘荣及其毗邻的福鼎管阳、磻溪一带民间独特的风味小食。选用溪田中天然泥鳅（体小、骨软、味鲜嫩），先将其在家中净养1～2天（不能喂食），让其吐出污泥浊水、去除土气，然后洗净将鸡蛋和家酿米酒倒入，让其浸蚀1～2个小时后再加入茶油（后也可用菜油、调和油）、茴香、食用红炖煮1～2小时装起备用。再熬猪骨（多用头骨、杂骨）汤煮大锅面（因泥鳅面煮法讲究，适宜多人大锅煮食，用阳春面或机制面），加入鲜笋、酸菜、番薯粉丝（条），蒜头、大葱头、辣椒、红酒等，最后加入专用的野生泥鳅菜（一种香味独特的香菜）即成。泥鳅面制作及配料讲究，味香可口。过去多在春耕犁田拾得泥鳅时应时煮食，后泥鳅可人工养殖，常年可吃到，但不如天然泥鳅鲜嫩可口。

鼠曲糍 亦有称作鼠曲粿的，流行在闽东山区数县及畲族地区。春夏时节，从山上采回曲菊（鼠曲草），洗净切碎，在沸水中煮几分钟后捞起，与粳米饭和匀后放入石臼中舂成泥状，制成饼状或粗条状。讲究者则放入木模压印成一面带有“福”“禄”“寿”“禧”图（字）样的。吃时放在平底锅上加少量油煎烙，味鲜可口，并有补脾益气之效。过去多用于祭祀供品，后成为地方小吃。

糍粑 闽东各县（市）均有，一种是用粳米放入用椿木枝叶烧后熬制的碱水中浸泡若干小时、沥干放在蒸桶中蒸成饭，然后再置石臼中反复舂捣，使之成泥团状，再搓成粗条状或搓成小团、再用木模压成饼状，一面有花饰或囍字，或再在另一面正中点一红点以示吉祥。因呈黄色，故又叫黄米粿。吃时多切成片、配以咸、甜味，也有的切成条块状，伴以海鲜（蛤、蛏、海蛎等）、青菜煮成汤。

另一种叫糯米糍粑，是用糯米制成，其做法基本一样。但不加碱，舂成米团后，趁热搓成粗条状，再搓成圆团或饼状，吃时外面拌上豆粉或花生芝麻粉。柘荣则多在其内夹花生芝麻粉，吃时香味袭人。这类糯米糍粑多出自柘荣、屏南、周宁、寿宁等山区县。

乌臼面 乌臼面是在冬季时取乌臼树果子乌臼（其果成熟时会自动掉落），砸去外坚壳后将其果肉放在水中浸泡4～5日，然后和上米磨成浆，在平底锅上烤成薄饼状，切成面条伴以肉丝、海鲜和青菜煮食。乌臼面在周宁、屏南比较流行，柘荣、寿宁次之，闽东其他县则少见。

魔芋粿 周宁、屏南等县盛产魔芋（一种多年生植物，其根部为块茎状，富含淀粉），收成后，将其块茎切洗压榨后可析出淀粉，然后用淀粉调成浆蒸熟并切成块备用。食用时切成片或条状，加入调料蒸煮，可当点心或作菜肴。

地瓜粉扣 过去，闽东山区县因多产甘薯（地瓜）并作为主粮。甘薯在秋季收成后除少量鲜食外，大都晒成地瓜米，以便常年贮藏食用。在切制淘洗地瓜米时，会有大量淀粉析出，晾干后结成块状，这就是薯粉（地瓜粉）。地瓜粉除了作食用芡料外，因产量大，群众则将粉调成浆，置铸铁平底锅上蒸成面饼，然后切成丝条状（又叫地瓜粉扣、粉条），晒干以便日常食用。煮时，将其置水中浸泡湿软后，先热炒再放入佐料（山区多为肉丝、青菜，沿海多用海蛎、虾干等），亦有不放汤全热炒的。这种粉扣吃起来滑爽可口，既可当菜肴也可当点心，山区县多流行，尤以寿宁县出产的地瓜粉扣及其烹炒煮法最为出名。福安上白石等山区也称地瓜粉扣（条）为“糊溜”，有一入口即滑溜入胃之意。福安糊溜烹煮时调料颇为讲究，应加入香菇、瘦肉、虾干、花蛤、海蛎、芹菜、辣椒、生姜等。

土丁冻 闽东沿海各县，有喜食“土丁冻”的习惯，尤以霞浦、福安、蕉城为甚。传统的土丁冻是用一种生长在沿海咸淡水交界滩涂上的环节软体长虫状动物，俗称“土丁”，又叫海丁、土笋、沙虫、海蚯蚓，捕捉回来后剖腹清洗，置陶缸中，用双手反复揉搓挤压以去除沙泥黏液，再用粗竹篾筛反复磨搓使表皮蜕去，然后切成一寸长短，加入调料香菜翻搅煮熟成汤状后盛入碗中凝冻。过去多在冬季气温较低时制作，放置 8 ~ 12 小时使其自然凝冻后食用。后多用冰箱冷冻，一年四季皆可制作食用。夏天此物入口，尤为滑凉可口，沁人心肺。区内以蕉城漳湾、三屿和福安下白石沿海一带渔户制作的“土丁冻”最为有名，并可一年四季成批批发给商家酒楼。

滑肉 柘荣、寿宁等县群众用当地丰富的地瓜粉调成浆后，摊入平底锅，然后加上切成小片状的肉片（最好要肥瘦兼有），有的还将肉片用食用染料染成红色，再放上少量芹菜、香菜、香葱等放置热锅上蒸熟。食用时再切成四方形的小片状煮成汤。柘荣人还喜欢和牛肉丸、猪肉丸拼煮，既可当汤又可当点心。

药膳 福安、蕉城、屏南县的群众有喜食药膳习惯，尤其在夏天。药膳选取鸡、鸭、兔、鹅、鸽子等禽类（也有用其内脏）加上若干青草药熬或炖（多装成小罐）做点心，宴席也常上此道汤菜。较流行的有山苍根、苦芝小肠汤，牡蒿猪肚汤、鸭母汤等，这些汤既能去除动物的油腻味，又有一定滋补功效，颇受欢迎。

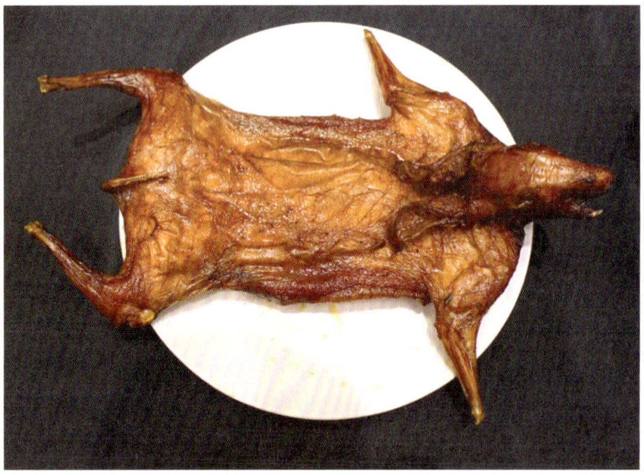

屏南米烧兔　　张川闽　摄

腊兔肉（米烧兔） 古田、屏南及周宁县逢年过节有制作腊兔肉的习惯。制作时取宰后洗净整兔置于“米烧”锅（锅内放米炒焦）肉烤至体红油亮后取出待用。食时切块拌以生姜、曲醋煮。屏南县“乡下厨房”（企业名），就是采用此传统方法生产烤肉兔，产品畅销国内外。

芋蛋面 为古田、屏南一带小吃。以蒸熟的地产小芋与地瓜粉揉和成团，再用薯切推切成圆条状，入滚沸的汤锅内伴以海蛎、芹菜等佐料煮成，既可当点心又可当汤菜。

柚饺 是古田传承几百年的地方小吃，以白砂糖、糯米、花生、葱等纯天然食材手工制作成的饺子，垫放在经洗净晾干的柚树叶上置蒸笼中蒸熟食用，味清香。过去仅在正月十五才制作食用，后成为日常小吃，而且经时尚改良，已推出多种口味的新品种，有笋干、粉丝、花生、鲜肉馅等。其中，笋干馅南瓜柚饺，选用农家有机大南瓜蒸熟后压成泥状再合入糯米粉制成皮，馅则选用嫩甜的古田特产马蹄笋干，吃时口感好、味道鲜甜，很受女性和糖尿病患者的欢迎。粉丝馅菠菜饺，以鲜嫩的菠菜洗净绞细榨干水汁后和上糯米粉，皮色浅绿鲜亮。内馅则以地瓜粉丝拌少量肉末和菠菜炒至微焦，食时清淡绵软。还有鲜肉胡萝卜饺，以鲜甜萝卜去皮捣碎去汁掺入糯米粉制成皮，馅则用肥瘦适宜的猪肉，所制成的柚饺外色粉红、食时香味四溢，适合喜荤味者。花生味原味饺则较多保留传统古田柚饺的风味，但选料更精细，更适合喜欢传统风味者品尝。21世纪以后，古田柚饺也开始在区内其他各县、甚至闽北、福州十邑流传面市。

腐片 是古田特制的豆腐干片，半尺见方，用文火焙干，质软柔韧，清香久远，长藏不易坏。食法多样，可蒸、可煮，还可切成薄如蝉翼的片条炒煮。可荤可素、老少皆宜。

苏州糕 也是古田特有的精美糕点，以面粉为主料，拌以肉丁、白糖、芝麻、花生等制成，再裹以薄纸，置蒸笼上蒸熟，香甜松软、入口即化、唇齿留香，是宴庆及馈赠佳品。

光饼 区内各县均有制作，但以古田、福安、蕉城霍童所出闻名。以精面粉为主料，略经发酵后加少许精盐，切块碾成圆形饼胚，贴于口小腹大的饼炉内壁用木炭烘烤即成。中留一孔，穿以绳索，便于携带。古田光饼多为咸葱肉馅，香脆可口。福安光饼以个大脆韧著称。蕉城霍童光饼则个体略小，但一样香脆耐嚼。

福安光饼

外来小吃 随着改革开放和人员流动的扩大，“南菜北移、北菜南迁”现象十分普遍。闽东也有很多外来小吃，其中较普及的有水煮活鱼、刀削面、牛肉面、台湾手抓饼等。

四、宴席习俗

婚宴 在闽东所有宴席中，婚宴最为隆重、讲究。农村男方订婚时大部分得办订婚酒，其目的是向亲朋好友预告婚期。订婚宴较为简单，一般都不收贺礼，有的也随席发放正式婚宴请帖。蕉城民间订婚酒后还向客人送猪肉、礼饼，也有昭示告知之意。

男方正式婚宴酒多定于晚间，蕉城一带过去在晚上九点才开席，后有所改革，一般七点左右即开宴。过去像柘荣等山区县，由于交通不便，客人、特别是族亲等都得提早一天、半天到婚家，婚家即得安排食宿。后因交通方便，此现象渐少，城镇一般均办一夜宴，而且也大部分安排在酒家宾馆，只有农村仍在家中置办。婚宴规模也视家庭地位、经济状况及亲友人数多寡而定，少者三、五桌、多至数十桌，宴席档次城镇与农村也丰俭有别，但总体而言现在的婚宴均渐趋豪华，菜肴、点心均多至一二十道，不少宴席都上龙虾、鲍鱼、甲鱼等名贵食品，配以“五粮液”“大中华”等名酒名烟。宴毕还捎带小礼物，如果、饼等，柘荣等地则多送食用油、调味品之类。而礼金也有日渐增多之势，各县（市）一般亲友在数百至千元不等。

寿宴 闽东民间流行办寿宴，过去男女50岁（虚岁）即上寿，开始祝寿办宴。以后凡逢“十”岁之年，子女（多为儿子）即要为大人办寿（又称“做十”）。进入21世纪后，因老年人寿命延长，一般少做“五十寿”，仅农村或少数身体欠佳者仍会办。大都从60岁开始做寿，年岁越高，即70、80、90、100依次越发隆重。

柘荣县老人作寿宴请习俗又较闽东其他各县特殊。凡来年拟作寿老人的子女应在农历新年前发帖通知亲朋好友。这些亲朋好友应在正月初二上午登门向老人祝寿，寿宴则在正月初二至十五间择日举办，答谢客人。过去寿宴多在家中办，现在则多在酒家宾馆。寿宴多在晚间，厅堂正面挂一大“寿”字，有的两旁还配有祝寿对联。宴席多寡视寿星年岁（一般年龄越大办得越多）及客人多少而定。设一主席，以与寿星年龄相近、夫妻儿孙周全的“好命人”“陪十”，男寿星请男宾、女寿星请女宾，其他席座则无讲究。为避正月酒店拥挤，后也有改在农历年内提前办宴的。宴席菜肴都比较讲究，“寿桃包”“长寿面”是必有的点心。后也时兴为作寿老人备“生日蛋糕”、唱“生日快乐”歌。

满月宴 闽东民间凡生男育女，尤其是生男孩的，家长多在孩子满月之日办“满月宴”。屏南县生男孩的，还流行满月前一天办“满月酒”。“满月宴”多设在中午，宴席相对简单，宴席由外婆家客人坐首席，婴儿父母陪同。宴席开始后，婴儿由长辈抱至各桌“见面”，客人则起来端详小孩，逗乐并说些吉利话（柘荣一带还有说“反话”习俗，如小孩可爱应说“讨厌”之类），并送“见面礼”（也有送银饰之类）。福鼎民间小孩满月时有送银手镯的风俗，多为祖父母、外祖父母、姨舅等送的，主人回送“红龟”（节庆喜事必备一种碗口大小的馅包，状如龟背，因面皮加入少量红色食用染料，故称为“红龟”）。

乔迁宴 闽东历来有新房落成乔迁时宴请亲朋好友及帮工者之俗。过去多在新居落成时在家中办宴，有顺便请客人参观之意。后多在酒家宾馆宴请，但农村仍保留在新居办宴的习俗。客人赴宴时，多会送一幅贺联，主人则将其张挂在厅堂两侧，此俗以福安、蕉城为盛。

待客宴 过去，闽东各地客人来，是稀客或贵宾的先煮一蛋汤（一般是两个鸡或鸭蛋），然后留客在家中吃饭，稍加几盘菜，也请喝酒。后多在宾馆酒家宴请，既方便又体面，丰俭则视客人身份而定。

谢师宴 谢师宴是21世纪后新出现的一种宴请形式，大多在每年8月高考发榜后。考上大学尤其是重点名牌大学的学生家长，为表达对任课老师感谢之情并祝贺子女升入大学为其饯行。宴请对象仅限于师长，少数要好同窗及家中亲属陪宴。宴请时有的还在电视台播放感谢师长的谢词或祝贺考录同学的贺词，宴后也多会去卡拉OK厅唱歌跳舞以表谢意及送别。

第三节 居 住

一、住房

1990年后，闽东城乡居民的居住条件不断改善，建（修）房、买房者渐多。城镇因受规划及用地限制，建独门独院的较少，以砖混结构的“榴房”（有天有地的多层楼房）为主，一户一榴，多的一排有一二十榴。联建房也成趋势，即几户人家联合建房，共基共墙，临街的底层各自有店面，二层以上依面积大小，建一个或多个单元房，一般一户一个单元。

农村因用地（宅地）相对宽裕，仍以建单门独户砖混结构房为主，层数也多为三层以上，铝合金窗、不锈钢大门，较过去的土木、砖石结构房美观坚固得多。建房上梁时，福安、柘荣等地仍流行用亲友赠送的红布袋装满粳（音同“京”，寓“金满”之意）谷压在正梁上表示庆贺。

1996 年后，城镇私人建房基本仅限于旧房改建，因此买商品房成为一种趋势。不仅城镇居民买，不少农村居民也进城买房，或为自己、或为子女。此外，城镇居民还时兴建或买别墅。宽裕人家除有常年住房外，或另买或到农村、郊外另购地建别墅。如福鼎城郊的家景置业别墅群、福安阳头别墅区、柘荣东山别墅区等。这些别墅均为高档休闲建筑，单座 2 ~ 3 层，装饰讲究，有草坪、车库。

但不管城镇还是农村，不少人建房仍会请择日先生选定吉日，也请风水先生看房屋地理坐向及大门朝向。柘荣等地建房择定吉日后若未及时开工的，也应在此日到拟建房地基用锄头开挖几下，以示动工。

二、乔迁

闽东民间择日乔迁新居习俗流传很广，乔迁前应请择日先生选定日子，俗称“看日子”。房主则按选定的日子做好准备工作，并发红帖请亲朋好友前来喝乔迁酒、看新居。福安、寿宁民间建房时在正门上方挂一圆竹筛，筛内挂剪刀、镜子、吉符等，有避邪之意。后购买商品房，有的亦沿此习，在所购单元房门上或临街窗户上张挂此物。柘荣、蕉城民间乔迁时，房主与亲属结伴，于清晨（蕉城多在深夜 12 点左右）挑斗灯（蕉城多用红灯笼、柘荣多用大红纸围罩的旧式“米斗”，内盛大米，并插上布尺、剪刀、万年青、点着的香烛和烧着的红炭火钵，带上原旧居厨房内的瓢、铲、钼等）前往新居。一路燃放鞭炮并有意绕道经过银行或政府大门前再燃炮烧纸钱并将其屑扫净带回新居，以示带回“官运”和“财气”，祝福未来的日子红火发达。迁入商品房的也还有用亲友赠送的红布袋装满粳谷压在新房窗台上之俗。周宁民间“入新厝”时，先要将家庭成员的生辰告知择日先生以便选定吉日良辰。搬迁时，要备箩筐两只，米、水各 1 担，火盆、马灯、斗灯、算盘、扫帚、畚斗各 1 个，贴上红纸随迁。然后主人合家穿戴整洁，集中在老房子内，取出灶膛火放入火盆鸣炮出发，亲友随行。到新宅后，将火盆中的炭火倒入新灶膛，爆米花、放鞭炮，以祈求发家走运。

房主乔迁新居时，一般均办酒宴请亲戚朋友及帮工等。

第四节　行　旅

一、出行

现代人们出行多，年轻人多无所忌讳，但闽东各县不少中老年人仍会择黄道吉日出行。柘荣民间有“（农历初）七不出、（初）八不归”“（正月）初五、十四、二十三，太上老君不出庵”之说。每年立春、立夏、立秋、立冬的前一天为“绝日”，这四天也就叫“四绝日”，为最不宜出行的“败绝”忌日。七月祭祖节、通称“鬼节”也忌小孩出行，以避迷路、被“鬼魅”带走。屏南民间出行，喜选历书上的所谓黄道吉日或初三、六、九的日子（有三象征生、六象征顺之意），农村少数老年人还有出门身藏红麻绳或红丝带的“带吉”之俗。

随着出门交通方便，出远门的多乘坐公共汽车（火车），乘飞机的也不稀罕。摩托车很普及，市内交通多自驾摩托或“打摩的”“坐的士”。进入 21 世纪后，私家购买小汽车的也渐成时尚。

二、访客

闽东民风淳朴，外出走亲访友，一般都应稍带小礼物（俗称“手信”），过去多为糕点、面点、水果之类，现在则多带水果（正月或探访病人则带上果篮、花篮）、箱装牛奶、食用油等。主人则沏茶、递烟、端上时新水果、糕点等接待。农村还有煮蛋汤、买面点招待客人的习惯，较远到的客人还应挽留食宿。

第三章 礼仪习俗

第一节 婚 嫁

一、相亲与提亲

婚姻乃男女终身大事，现在婚姻自由已成习俗，主要视男女青年而定，父母干预较少。但传统习惯仍能在现代婚姻中觅得踪迹，尤其是在农村。首先是男女相亲，后多由男女在日常相识并在恋爱后决定是否成婚。子女（多为男方）应向父母说出，待父母同意后，约对方来家做客或串门的形式相亲，以各种方式了解对方家庭及本人情况。再与子女交换意见，以初步确定是否同意此门亲事。之后男女双方父母都应按俗将子女生辰请算命先生“合字”，看是否“匹配”或“相克”。若“合婚”，男女双方父母应相互告知，则可确定亲事，若不“相合”，少数青年男女，尤其是农村女方会停止往来，表示不宜婚配。但多数男女若双方相爱，父母多也无法阻止、勉强顺从。20 世纪末，由于互联网的发达与普及，部分青年男女还选择网恋、网婚，其父母干预的成分更低。请媒人说婚的情况已大为减少，仅农村一些家庭还有聘媒说合的情况。

提亲由男方父母出面，先请算命或风水先生“择日”然后将“日子单”送至女方。柘荣民间称此为“下定”，蕉城称此为“大定”。蕉城民间“大定”时还相当隆重，男方应备好相当数量礼饼、猪肉装入抬盒内送至女方家，以表联姻。此后，男女双方父母就应按“日子单”规定的时间做好成亲前的各项准备。

二、下聘礼

送“日子单”定亲后，则由男方送聘礼。聘礼分两类：一是现金，自 20 世纪 90 年代后，闽东各县订婚礼金虽多寡有别，但总体是呈上升趋势，以福鼎市为最重，一般礼金都在 10 万元左右，柘荣、周宁等山区县也都在数万以上；二是礼品，山区多为猪肉、鸡鸭、线面之类，沿海除此之外，还有目鱼干、海鲜等物。过去还有布料、金戒指之类，后多折算成现金相送，数额不菲。

三、出嫁

自男女下聘“定礼”后，女方家即应开始筹“嫁女”之事，其中最大一件事是准备嫁妆。过去女方出嫁较男方成婚简单许多，嫁妆仅马桶、澡盆、藤（皮）箱之类。20世纪70年代时兴“三转一响”（手表、缝纫机、自行车、收音机），再到90年代的“新三件”（彩电、电冰箱、摩托车或电动车）。后除了电动车、冰箱、空调等实物外，还加现金陪嫁，从几万元至数十万元不等。其次是置办“出嫁酒”。闽东民间习惯在女儿婚前一天办酒宴请女方亲友，多为晚宴。而在蕉城，女儿出嫁是傍晚离家，则中午设宴。屏南女方办“出嫁酒”时，母舅应坐首席首位，并主持“开始”仪式，说些吉利话。出嫁酒费用多由男方视情出付。

出嫁的重头戏是送女儿出门。过去出门时女儿免不了难舍离家、伤心落泪，故有“哭嫁”“拜别”之俗，然后由母舅抱送上轿、上车。后则基本不见，多由女方亲友陪送出门，高高兴兴告别父母后上车赴婚。柘荣县黄柏乡及毗邻的福安潭头一带，有信仰游氏仙姑（传说中能保佑婚姻幸福，生养添丁）的风俗，凡游氏女儿出嫁，迎亲男方需派出一名德高望重的年长者为使者，在迎嫁前三天素食禁荤、沐浴更衣，然后带上科仪、随迎亲队伍到游仙姑宫内上香、献贡。使者从仙姑神像前的香炉中取出香灰、装入香袋挂于胸前。拜别后，由仙姑庙当年福首点上三炷明香交与使者及迎亲队，新娘才登车（轿）赴男方完婚。

四、婚娶

即按“日子单”择定的日子迎娶新娘完婚。自20世纪90年代后，区内开始出现男方用小轿车迎亲接新娘的风俗。路途较近、半天可到达的，当天出发迎接。较远的，新娘应在伴娘陪同下提早一天入住当地宾馆，次日化妆后等待男方用小轿车接送。早时，有一两辆装扮的小车即可，后则越来越多，甚至有多达一二十辆的。近些年，一些地方还出现复古迎亲现象，即用花轿、配童男童女、吹鼓队，一路燃放鞭炮接送。闽东大部分县（市）新娘过门（入男方家）多在上午12点前，唯有蕉城区多在晚间，过去多在晚上9时左右入门办宴，现在一般提早在7时左右。新娘入门后，农村还依旧俗行拜堂，城镇一般则免去，仅稍作休息后即与新郎一同赴宴。

近些年婚宴多在宾馆酒家举办，开宴前多请司仪举行简短的结婚仪式。程序大体为男女双方父母陪新郎新娘与宾客见面、介绍新郎新娘，双方父母在台上入座接受新郎新娘跪拜并发送“红包”，新郎方父母即席讲话，新郎新娘互戴新婚戒指并喝“交杯”酒，然后宴席开始。席间新郎新娘由男方长辈陪同向每桌宾客敬酒，男方亲属长辈应给新娘“见面礼”，多为现金100～200元至数百元或小金戒指之类。

宴毕席散，新郎新娘乘车回新房。闽东新式婚礼已糅入较多现代元素，较旧式婚礼简单文明，但整个婚事的花费负担不小。新郎新娘婚后3天一同回女方家，曰“回门”，并带去些许礼品。岳父母则应备一桌“回门酒”接待新郎和“回门”的女儿。

五、离婚与再婚

中华人民共和国成立后，政府虽提倡恋爱婚姻自由，但受传统思想影响，离异的还是极少。直至20世纪90年代，闽东离婚者仍为数不多，尤其是在农村。

20世纪90年代后，青年男女恋爱婚姻更自由，离婚现象也渐成平常。不仅青年男女甚至中年乃至老年夫妻离婚的也越来越多。

夫妻离婚，多走法律程序，先到民政部门申请调解协议离婚，双方对财产分割、子女归属抚养、债权债务处理等达成一致意见后即可签约办理离婚、领取离婚证书。如民政调解处理无效，则可由任意一方诉诸法院，再由法院调解，调解不成的则开庭审理判决。法院判决离婚则具有法律权威性，双方都得执行，若一方不执行的，另一方可申请法院强制执行。

再婚现象也日见普遍。过去闽东民间再婚多限于丧偶，以男性再婚为多，女性尤其是农村女性丧偶后再婚者极少。后来青年男女离异后几乎无不再婚的，中年夫妻丧偶或离异后再婚的也很普遍，甚至老年人丧偶再婚的也不少见。

第二节 生 育

一、孕期

20世纪90年代后，闽东城乡居民推行计划生育已十分普遍，干部、职工和城镇居民仅允许生育一个孩子，因此怀孕生育显得十分慎重。1994年开始，新婚夫妇在领取结婚证时，双方还要先进行婚检（2003年后改为自愿进行），合格后才能办理准生证，允许怀孕生育。闽东民间，山区的孕妇多吃鸡鸭、猪肚、蛋品等，沿海多吃富含营养的鲈、鳗鱼等，后来年轻孕妇还特别注意喝豆浆、牛奶，多吃水果等，有的还听音乐、搞胎教，创造婴儿良好的先天环境。孕妇还十分注意孕期检查，政府卫生部门也会提倡督促，以保证胎儿健康发育、指导孕期保健、准确预测产期、做好产前准备。

二、分娩

过去产妇分娩如临一场“鬼门关”，故屏南农村产妇临产前数月，亲属会到神庙中请回虎马将军神像或陈大奶（陈靖姑）香火以保佑母子平安。后产妇分娩多在医院实施新式接生，安全率高，过去的“接生婆”已不见踪影。分娩后，男方应尽快向岳父母报讯，娘家应回赠红酒、活鸡等。柘荣民间还流行婴儿出生10天后，男家备宰净鸡、茶壶酒、万年青等前往外婆家报喜。外婆家得讯收礼后，将原送酒壶留剩些许酒再装入几个小石子，并回赠大公鸡、小被褥、婴儿衣鞋帽等。过去婴儿出生3天后，要“洗三旦”，即用中草药石菖蒲等煎熬成汤洗浴，现在多在医院分娩，婴儿出生时即由护士洗浴。

职工分娩，国家给带薪产假4个半月，独生子女的还可延至半年。城乡非职工居民分娩的，也很注意静养调理，俗称“坐月子”。城镇居民“坐月子”不少还雇请“月子保姆”（月嫂）。满月后，产妇用蒲荆煮沸的汤沐浴，婴儿（不分男女）则剃“满月头”，生男孩的不少还办“满月酒”。

三、周岁

新生儿周岁，闽东民间仍流行“做岁”，也称“做晬”，因是人生的首次生日，多会办宴庆贺，尤其是生男孩的。福安、霞浦等地小孩周岁时，父母要给婴儿戴上外婆家送来的银手镯、带足铃的脚镯，意在让孩子走路早、走得稳，足铃叮咚作响，能驱除灾邪。福鼎风俗，当外婆的要给外孙送一双鞋，生男的送“彭祖鞋”、生女的送“猫咪鞋”。宴席中，有的主人（长辈）会在婴儿爬篮中放置文房四宝（笔、墨、纸、砚）、算盘、钱币、书本、尺子等小物件让婴儿抓取，称“抓周”（抓晬），以先取之物为准，由此卜定其日后志向、职业和前程。屏南民间小孩周岁“抓周”物品男女有别，女孩“抓周”时多放红尺、剪刀、线球、纸花等。此仪式一直有，但后来多是逗婴儿取悦客人，增添宴会欢乐气氛。

四、上丁

闽东男子，过去16虚岁，21世纪以后18虚岁俗称“上丁”“成丁”，意即成人了。旧俗要祭拜神灵，如临水夫人、观音菩萨、马仙等，甚至延巫做法、建坛设醮驱邪祈福以求对其保佑。现在基本不行此俗，但柘荣等地仍保留着男孩18岁时，家人（含舅、姑）等应送“红包”的习惯。近些年，一些中学举行学生“成年礼”仪式，祝颂成年词、发表成年演说等，以激励健康成长。

第三节　做　寿

闽东民间重视老人做寿，人到50岁即“上寿”，称“头十”，可以庆寿、祝寿，现在因寿命普遍延长，故50岁多不做寿，60岁开始做寿的较普遍。此后逢十，即70岁、80岁、90岁以至百岁，均有祝寿之俗，且寿岁越高仪式越发隆重。农历正月初，亲友备寿面、寿联、寿匾、猪脚、衣袜、长寿线面、鞭炮等去寿星家拜贺。福安送寿，以女儿、女婿礼物最丰，不仅有布料、鞋袜、寿联（匾）等，而且一定要送大猪脚，近年也兴起送大黄瓜鱼。寿主家则在厅堂挂上亲友送的寿匾、寿联，做好迎接贺客的准备。柘荣民间风俗，向寿星拜寿定于农历正月初二上午，其他时间不接拜，故当天上午满街皆为拜寿人群，常把大街小巷挤得水泄不通，全城鞭炮声此起彼伏、热闹非凡。福安、寿宁等地一般初一、初三拜寿。初二为“过白年”，意为祭奠死者，不串门不做客。贺客到家拜寿，寿翁寿婆在正厅上坐，接受子孙、亲友拜贺，叫“拜寿”。寿家接拜后，常回赠桔子、糖果、小红包等，请吃红枣甜汤等小点心。然后寿家应在正月十五内（周宁多在初四，柘荣多在初五）办寿宴请宾客。

21世纪后在各地也出现祝寿新俗，不拜寿请酒，由老人会出面组织集体祝贺，形式简单但场面热烈也颇受欢迎。还有一些开明老人，将子女准备为他们“办寿”的钱捐出，做些修桥铺路、济困助学等善事。

第四节 丧 葬

一、临终

闽东民间风俗，成人正常死亡的，临终前应急送回家，以免在外终去，而非正常死亡的则不宜入家门，多停放在荒山野外处理后事。老人临终时，子孙眷属需日夜守护在床榻前，在外的应尽快赶回送终。老人临终，丧家应即放鞭炮以告示邻人并通知亲属。如是信仰佛教家庭，人临终时，应不停念诵“阿弥陀佛”（或播放诵经音乐），并尽量不啼哭以送老人往生。蕉城、霞浦、福安丧家会即刻在门外张贴白纸黑字的讣告。

二、初丧

死者初丧时，第一件事是为死者沐尸，多由家人亲持，少数亦请专人办理。男死者由男亲属（首为男子）、女死者由女亲属（首为女子）沐后更换寿衣（多为早先定制）或穿上死者生前喜欢穿着的衣裤，然后将其移放办理丧事的厅堂，后多直接放入冰棺。

与此同时，丧家应即请专人布置灵堂，中挂大幅死者遗像，两旁配以挽联，以供陆续前来的亲朋好友吊唁，子女则轮流守灵。

闽东各县办丧事，一直流传请佛、道士做醮超度数日之俗。

三、出殡

出殡俗称“送葬”，过去是将装有死者的棺材送往事前造好的坟地下葬，中华人民共和国成立后，出于保护耕地、节省土地资源等原因，一贯倡导火葬，即送往火葬场火化。出殡前要举行祭奠，多在家中厅堂举行。柘荣、周宁等地则多选在家门口或离家不远的空旷处举行。

在家主祭的，祭毕即将死者冰棺移入殡仪馆派来的灵车，由家属亲友引灵，送往殡仪馆，由于多是火化，故送葬人仅送行一段路即可返回，送葬人返回时丧家会发放一条红色毛巾或浴巾，曰“挂红”。

四、“做七”

闽东各县还有为死者“做七”之俗。从去世之日算起，七天为“头七”，家人应为死者祭亡魂一次，十四天为“二七”，最多的祭奠 7 次即四十九天的“做七七”。现在因子女多在外工作，故较多的只做一个“七”，即“头七”。俗传死者此日已知自己离开人世，但因顾念亲属，亡魂此时会归宅看望子孙。为此丧家应在此日再设简易灵堂、点香烛设祭、焚烧纸钱，并延请僧道诵经。做“七”后，死者家（仅限妻与子）开始戴孝，多数在右臂佩戴黄色麻纱 1 ~ 2 周，也有男性在帽舌上别一麻片，女性在头发夹处别麻花或在布鞋前鞋面别一麻片。但此俗也逐渐减少。

五、做墓

闽东旧俗因是土葬，死者葬后若干年，家人应择吉日将死者骨骸挖出，装入陶瓮（又称“金瓮”）中重新安葬，名为“拾骨”，然后修墓再安葬。过去此俗十分讲究繁琐，后因多为火葬，仪式相对简单，但做墓之俗仍十分流行。先是选择墓地，子女会在死者生前请专门看风水的先生，在山上觅得一块“福地”择日开造“活人墓”，再将死者火化后的骨灰直接葬入墓中。另一种是死者生前未备好“活人墓”，死后骨灰先暂厝某处（多在庵堂、火葬场等）待择地建好墓后再择日入葬。21 世纪以后，不少人选择在公墓买一墓穴（位）待用，手续既简便又节省。闽东坟墓的形制基本为两种，一是霞浦、福安、福鼎等地传统修建斜倚坡度较高、远视如“观音兜”式的墓塚；一是柘荣、寿宁、周宁、古田、屏南等地修建的斜倚坡度较低、远视如“风字式”或“太师椅”式的，均为水泥砖石结构。

第五节　敬　祖

一、建宗祠

20 世纪末以后，闽东各县建宗祠（祠堂）之风日炽。修建祠堂多在旧址进行，或修葺、或重建，择地另建的不多。修建宗祠规矩甚多，首先是请风水择日先生，选择黄道吉日，然后按谱牒落实户数人丁（人口过去多只算男丁，不计女丁，现在不少地方也计女丁）定收分头钱、筹集修建经费。一些经商办厂富户、名人官员家庭或乐于公益事务的人多愿意出“大份额”钱款。修建宗祠由族亲中年长、有名望的人负责，或成立修缮董事会主持其事。修建开工之日举办隆重仪式，请道师做道场。建成后，要请先祖“入祠”、办“祠祭”，然后按支房定位，各自请“祖”入位。

宗祠建筑也一改过去砖木瓦结构为砖石混凝土结构，红墙琉璃瓦、飞檐翘角，内部装修也颇为豪华、耗资不菲。古田县杉洋镇的李氏祠堂（又称凤林祠）、余氏祠堂，始建年代及规模在闽东均居前列，影响较大。20 世纪 90 年代后也都经过扩建大修。福鼎管阳镇西昆村的孔子家庙、周宁李墩的李氏宗祠、浦源的郑氏祠堂等也都具有较大规模。闽东较大的畲村也有宗祠或分祠之设，其中最具代表性的是福安市坂中畲族乡大林畲族村的大林钟氏宗祠。

境内许多地方还把宗祠修建与公益事业结合起来，内设文化室、活动室、图书阅览室等。周宁玛坑首章村将修建后祠堂的侧廊建成老人院，收住孤寡老人。周宁李墩李氏宗祠、柘荣湄洋陈氏宗祠、福安溪潭廉村薛氏宗祠，因祖上出过名宦廉臣，还开辟为中华优良传统和廉政教育纪念馆，赋予老祠堂新意义。

二、修宗谱

宗谱，又称族谱、家谱、公谱、祖谱、家牒、谱牒、族牒，是记录家族组织延续及活动的档案材料。21 世纪以后，区内民间重视重修或续修宗谱，许多姓氏宗亲还成立宗谱编修董事会、姓氏研究会、姓氏宗亲会之类的跨域组织，与省内乃至国内外的宗氏组织联系。编修姓氏宗谱多由族内有名望且具一定文化的“族长”主事，雇请专业谱师编写。不少地方还引入现代技术，用电脑编写排版并制成电子版以便传播收藏。编修经费除以族内家庭人头定额筹集外，也有大户、富户乐捐。族谱所记载内容多寡详略不一，通常除记载全族户口、婚配和血缘关系外，还有全族坟墓、族产、祠庙、家族规约训诫、科举仕人、名人传记、可嘉人物义行等。特别是对家族开基、迁居、代系排列等都作详尽考稽记载，不容混淆。过去族谱因是同一姓氏家族承续的依据，故一般只记男丁、不入女丁（配偶除外），或仅记载“贞妇烈女”。21 世纪后，修谱时女丁也入谱。

三、祭祖宗

改革开放后，各地祭祖宗的习俗逐渐得以恢复。闽东地区祭祖分为家祭、墓祭与祠祭。家祭和墓祭多为一家、一族举行，规模较小，参与人数不多。祠祭最为正规隆重，由众多族人参与。祠祭应在祖祠中祀祭祖先亡魂，一般分春秋两祭（春祭多在春节、清明，秋祭多在中元、冬至）。全宗族各家各户均得参与，仪式庄重肃穆，世家望族尤为隆重。祠祭时又分两种，一种是以家族为单位举行，先祭本家族祖先、再祭本宗先祖。另一种是在各家族（户）祭祀后，再由族长或值年族户牵头组织共祭活动。祠祭结束，还要举行宴会，与祭者均可参加，席中商议下次或来年祠祭安排及宗族中有关公益事项。

区内一些乡村望族还恢复传统的祭祖仪式，如周宁县咸村、礼门乡一带李姓族人的宫廷式祭祖活动。

第四章　岁时习俗

第一节　春　节

春节是一年（农历年）之始，也是中国传统节日中最隆重、最重要的节日。虽然除夕夜家长常忙到深更半夜，但正月初一仍会起早，点香放鞭炮、张罗早餐。闽东各县初一早上家人起床洗漱后，第一件事是吃“糖茶”。每人用小玻璃杯放上冰糖或白糖，再放入一瓣橘片（也有用桔皮替代）冲上热开水，用专门配制的银汤匙搅拌后饮下，预示新年“甜到”，还要多泡一杯，以示吉利有余（过去多由辈分最小的媳妇泡好并依次敬奉，后多由女长者泡沏）。民间还有初一早上吃素食的习惯，主食多为线面、年糕、汤圆、米糍，菜肴多为香菇、芥菜、白菜、花菜等。柘荣民间初一家家户户则必备两碗青菜，一为焖南瓜，俗称“金瓜”，寓意来年有“金”到家，财运发达。二是芹菜，用热水捞焯后装盆待食，意勉家人来年还应勤劳（“芹”音谐“勤”）致富求发家。还有吃白豆腐的习惯。

初一上午民众多到寺庙点香祈愿，祝福一家来年安康幸福，尤以上寺庙争点头香（即初一凌晨第一炷香）为幸。柘荣民间初二开始串门拜年，上午大多前往“做十”的亲戚朋友家拜年道贺。而与此相反，福安、寿宁（主要是斜滩、武曲、犀溪、城关、南阳等下半县）仍有初二“过白年”，不串门做客的习惯，意为祭奠死者。而上年有“白事”的丧家，则应在大厅设灵牌、挂挽联、摆祭品，点烛焚香哭祭亡灵，祭毕中午请亲友吃“白午酒”。宴毕，来客则遵从不致谢，不漱口径自回家的规矩。春节期间，亲戚朋友还相互拜年，拜年时带上水果、食用油、箱装牛奶饮品等小礼物。政府机关、街道老人会等有的还举行“团拜会”。90年代初，时兴明信片、电话拜年。近些年，电脑网络、手机短信拜年开始流行。文化娱乐活动也丰富多彩，特别是具有民间色彩的舞龙、舞狮、铁枝、讲评话、演木偶和布袋戏等活动。初五，春节临近结束，柘荣县等民间还有“完年”的习惯，即庆贺春节圆满结束。当晚，家家户户会再一次团聚宴请，祝福外出家人平安，在外工作（务工）的，也准备离家出门。福安民间一直还有正月“初八走八寺”习俗。因农历初八是“谷日”，传说是谷子的生日，也叫“顺星节”，是诸“星君”聚会之期，又传为“下界”之日。因此，人们有到观庙神殿烧香顺星的俗传。当天凌晨，许多人会肩挎香烛袋到八座寺庙中去烧香祈愿，但年轻人少有此俗。

第二节 元 宵

元宵是农历新年的第一个月圆之夜，闽东民间也称“元夕”“元夜”“上元节”“灯节”“元宵会”“十五”等，是传统新年结束的象征。典型的节俗是“吃汤圆”和“赏灯”、闹元宵。

“汤圆”又叫“元宵丸”，是元宵当天家家户户必吃的，意为一家“团团圆圆”。闽东“元宵丸”分两种，一种是咸馅、一种是甜馅。福安、蕉城、霞浦、福鼎、古田等沿海县份群众吃咸肉馅的较多。周宁、寿宁、屏南、柘荣群众习惯吃甜馅，馅多由花生、芝麻、白糖拌成。

元宵节当天，闽东许多家庭还习惯点香敬神祭祖，以祈佑全家全年平安。正月十五，也是传统中陈靖姑（临水夫人）的诞辰，古田、屏南许多信众还会前往古田大桥临水宫请回香火安放在祠堂或奶娘宫中，备上祭品祭祀。寿宁城关、南阳等一带还会请道士做法事，曰：“请醮”，一连数日，祈求百姓四季平安，事事顺利。屏南、古田亦有此俗。

“闹元宵”“赏灯”是元宵节的重头戏。霞浦、福鼎街道和文化馆元宵节都会举办“灯会”，展出各种手工编扎、形式多样的花灯。过去灯中多点上蜡烛，后则多为电彩灯，灯面多写有喜庆吉祥词语，有的还写上灯谜。屏南双溪元宵灯会起源于北宋，历史悠久。灯会以头排灯、香火龙、花灯为主，配以铁枝、舞狮等，而以香火龙最具特色。蕉城街头多会安上巨型彩灯，造型多以生肖形象为主。各地“闹元宵”活动多是舞狮、舞龙、跑旱船、游花灯、搬铁枝、踩街等。福鼎沙埕镇闹元宵搬铁枝活动场面十分宏大，各种造型表演的铁枝从正月十三开始连演 3 天。过去铁枝的人物造型较单一，以静态表演为主。后则人物多样化，更多的是动态表演一些与时俱进的现代内容。秦屿镇闹元宵还有送花添丁的风俗，凡新婚人家要举办演绎“俗文诗风”活动，形式有添丁诗、招门诗、升龙烛诗等，颇具文化内涵。霞浦城乡元宵节亲戚邻里有向小孩互送小彩花灯的习惯。周宁李墩乡元宵夜有迎游“板灯龙”的风俗。寿宁犀溪乡的一些村庄近几年也恢复元宵夜“竖灯”这一独具地方特色的活动，即当年有生男丁的家庭会在家门前竖一明灯，以示“丁旺财盛”，让亲友邻里前来道贺。后添丁“竖灯”活动，不再限于生男孩，生女孩也一样“竖灯”庆贺。蕉城城关元宵前后还会举行隆重的游神活动，按境区举行，巡游的神主或抬或坐花车，由群众前呼后拥上街入巷，沿途放鞭炮迎送，热闹非凡，时间长达 10 多天。闽东民间一直习惯正月十五过后才真正是过完“年”，正式开始一年的工作。

第三节 清 明

清明最重要的民间活动是扫墓祭祖，闽东各县皆然。此时移居或工作在外的人一般都得回祖家扫墓。闽东民间扫墓分两种，一是祭扫祖墓（民间习惯称三代以上的墓为祖墓），一般由同家族按“房”为单元轮流值年扫祭。值年的族人称为“祭墓头”，当年的祖墓祭扫则全为其办理。福鼎乡间风俗，“祭墓头”祭扫完祖墓还得加祭祖祠，然后在中午或晚上设宴请族人。周宁民间一直流行由族人各家备一碗炒菜、一瓶酒到“祭墓头”家聚餐，或族人出份子钱在“祭墓头”家聚餐的风俗。二是祭扫祖父母、父母之墓。多由兄弟姐妹共同前往祭扫（后也有实行兄弟分年轮祭、姐妹不承担）。扫墓时先清理墓地周边杂草杂物，清扫墓埕墓案，然后放上祭品，点香烛、烧纸钱、祭拜，在墓的四周压纸钱，有的还向附近的人们，尤其是小孩分送祭奠用的“墓饼”。祭毕，中午或晚上合家同宴。寿宁民间还流传新建坟墓次年春礼（即清明）前要择吉日祭祀，俗称“拦礼”。

周宁、寿宁、福鼎、屏南、柘荣等县（市）民间在清明前后会到野外采摘一种叫“鼠曲”（菊）的鲜草，和粳米一起磨成浆，做成“鼠曲糍（粿）”，也叫“清明粿”，用以祭祀食用。

机关、学校多在“清明节”组织机关干部、学生祭扫革命烈士纪念陵园（墓），开展革命传统和爱国主义教育。

第四节　端　午

农历五月五日是民间传统的端午节，又称端阳节、重午节，闽东各县习惯叫“五月节”。端午节的主要风俗是插艾叶、吃粽子、划（观）龙舟。端午前数日，各家即张罗着买糯米、食用碱、棕（竹）叶等来包粽子。闽东各地的粽子多种多样，按包裹的竹叶可分为两种，一种是用大毛竹出土时根底部的粗叶（棕色略带黑点）洗净、晾干后包扎的，因其叶片大，包出来的粽子个大。另一种是用长在深山溪涧旁一种小竹的绿叶，俗称“白叶”来包的，因其较鲜、嫩、薄，包出的粽子相对较小，但有一股清香。粽子有纯糯米包的，俗称“白粽”，但更多的则是内裹多种食料的，有肉粽、花生粽、蜜枣粽、蛋黄粽等，柘荣多用豌豆、红豆、黑豆等作馅。寿宁、周宁等县还有更奇特的风俗，在粽子中放入一截线段的叫“长寿粽”，多送给家有老人的亲属，祝其长寿。有包入硬币的称“发财粽”。有的在大粽子中再置一小粽的为“喜粽”。还有用3个小粽连扎成“山”字形的称“笔架粽”。屏南县还包一种专门送给小孩子玩的“长尾哥”粽。包粽子是一种细活、技术活，多由中老年妇女承担，而年青主妇不谙此活，多上街买包好的粽子。霞浦、福安、福鼎等地女儿出嫁后第一年娘家还有送“头年粽”的习俗。各地吃粽子的习俗也不同，除了端午节当天中午都要吃外，周宁是初三早上开始吃，屏南是从初三至初五都要吃，有“初三暝（晚）、初四早、初五午”之说，又称“节三顿”。柘荣是初四早上开始吃粽子，初十还要吃一餐，叫“初十粽、肥嫩嫩”，这一天吃的粽要特别大一点，说小孩吃了会“又胖又嫩”。福鼎、蕉城有端午吃春卷的习俗，蕉城同时还吃荷包（一种蒸成椭圆形的面饼）、咸鸭蛋、杏菜的习惯。

端午节家家户户都要在门户左右边插（挂）艾叶、菖蒲叶，以驱虫祛毒气。屏南县部分乡镇一直还流传着在插（挂）艾叶、菖蒲的同时，贴上“保艾思君子，依蒲祝圣人”“福自至，不用艾旗招到；邪自灭，何用蒲剑斩除”等对联，俗称“贴午时书”。过去常有的午时喝（酒）雄黄酒以及端午日正午为小孩点红（在额头）、佩香袋、系红绳，送红蛋的习俗已少见。周宁民间端午节还有清早“走桥”的习俗，即供祭桥（多为廊桥）神，仪式包括上香、祈祷、祭屈（原）投粽，然后祭祀的人们反复在廊桥上来回慢走，一边走一边念诵祝愿。仪式时间长达3～4个小时，临近中午时才回家吃端午宴。

福安、霞浦、蕉城、福鼎等沿海县（市、区）还保留有划龙舟、赛龙舟、观龙舟的风俗。其时，江面上多艘龙舟竞发、水花四起，锣鼓喧天，岸上万众欢腾、呐喊助威，场面十分壮观。福鼎、福安等市还邀请邻县等举办端午龙舟竞赛，吸引更多的游人观赏。

第五节 立 夏

柘荣民间有立夏“补夏”之说，即在这一天进补，象征平安度夏。屏南农村这一天要吃“立夏粿”，即将米粿渗入“鱼泡草”（一种中草药）汁煮，儿童吃了可驱虫健身。吃各种用红糟煮的菜肴，如红糟泥鳅米汤、红糟猪肉、红糟笋、红糟腌菜等，俗称“立夏三碗红”，意谓生活红红火火。寿宁、周宁吃“立夏糊”，俗称“焙立夏”，即从山上采回小笋、野菜，加上新鲜豌豆荚等用米浆或地瓜粉熬成糊状。也有吃夹着菜馅的光饼。古田农村还保留立夏“犒夏”的习俗，即立夏这一天蒸粿、煮红糟肉（由猪肉、菜、红酒糟为料焖煮），有“立夏九碗糟，吃了血气好”的寓意，希望身强力壮迎农忙。

第六节 中 元

农历七月十五日，即中元，民间俗称“七月半”或“鬼节”，是祭祖的日子，为闽东各县民众普遍较重视的传统节日。各县过“七月半”的日子各不相同，一般因姓氏宗族而定。福鼎有“官三、民四、畲五”之分，即旧时当官的七月十三日过，民众（汉族）选在七月十四日，而畲族则在七月十五日。柘荣从七月初七到十五日均有。屏南则在七月初十至十五日之间。“七月半”最重要的活动是祭祀祖先，家家户户兄弟（或兄弟轮流）备好酒菜，到祖坟上烧香和纸钱，供拜后再到宗氏祠堂祖先香位上祭拜。周宁从七月初一就开始，初一、初七、十三和十五都有不同姓氏群众设供祭祀祖先。供品须备单数，从下午 3 时后开始将供品置于“祖图”（又称公婆图、公婆单）前，然后烧香供祭。已出嫁的女儿要在三年内的每年七月十三日这一天备祭品回娘家祭奠父母，俗称“烧女儿钱”。

第七节 中 秋

农历八月十五日，中秋（仲秋）佳节，赏月、吃月饼是主要习俗，也是合家团圆之日。福鼎旧俗，中秋前，外公、外舅要给外甥、甥女送“中秋”，多为中秋饼之类，份额按外甥的兄弟姐妹各具 1 份，从外甥出生的第一年送到 16 岁止。而外甥家也要给外公、外舅家“压回”（回礼）。蕉城、周宁风俗，出嫁的女儿中秋要给娘家送月饼、猪腿（肉）等，俗称“送中秋”。寿宁风俗新婚的女婿要给岳父母送中秋礼。霞浦中秋节有蒸“中秋糕”和制糖塔的风俗。“中秋糕”是用大米磨浆蒸成，也叫米糕，可煮、可煎，是霞浦民间中秋的必备食品。“糖塔”是霞浦中秋独有的“食品”，用白糖加食用色素熬煮，浇入各式铁制花模中冷却凝固而成。最主要的造型是七层宝塔，故取名“糖塔”。每年中秋前后，多为外婆买“糖塔”送给外孙，以寓意保平安。此俗在霞浦一直延续。

“中秋饼”是中秋必备、必吃的。中秋饼有蕉城和福安为两个流派，蕉城、古田、福鼎、霞浦等县（市）群众喜欢吃带香葱肥肉馅的礼饼式中秋饼，福安、周宁、寿宁、屏南、柘荣等县（市）群众则喜欢芝麻花生、冬瓜糖等制作的甜馅中秋饼。市场上中秋饼花样、口味越来越多，包装也愈发精美，价格也越来越贵。周宁县至今仍保留着中秋夜喝由花生、豆荚、羊须豆、御（玉）豆、玉米合锅煮成的粥，就着月饼吃的习俗。

在中秋夜人们吃完丰盛的“团圆饭”后，还会吃一块月饼赏月，后更多的是看中央电视台的中秋晚会节目或上街游玩。闽东各县中秋夜晚的活动也丰富多彩，但又依俗有所不同。霞浦、柘荣、古田中秋夜猜灯谜是必有的活动，其时，沿街挂上数百上千条由谜语协会或爱好者制作的谜面，许多谜语还结合地方人文习俗制成，增添群众竞猜的兴趣。霞浦、蕉城近些年恢复“曳石”（蕉城谓之“拖石”）的活动。曳（拖）石就是用绳索系上石块，沿街拖拉奔跑、喊声震天。屏南、寿宁农村在中秋夜晚至今还有小孩口袋中揣着月饼，成群结队上街，手中拿着两片石块边唱儿歌边敲击，吸引很多人的观看，俗称“走中秋”。古田一些乡村还有中秋夜“游龙”的习俗，即用稻草制成草龙，下端插上若干小木棍，龙身插满点燃的香线，龙头前有一稻草做成的大龙珠，也插上小木棍和香线，一人擎着作前导到各村去“游龙”。

第八节　重　阳

农历九月九日重阳节，又称“重九”，是传统的登高节又是敬老节。闽东重阳节的主要活动有吃米糕、登高、秋游、敬老等。

过去家家户户都要在重阳节蒸米糕，后多上街买。闽东米糕有咸、甜两种。蕉城、霞浦多甜糕，其他县则为淡咸糕，福安为7层糕。吃法有煮汤、烤后蘸料等。

重九登高是一大盛事，各县多有组织登山比赛等活动，也有不少群众自发去登山游玩。学校也组织中小学生到野外登山秋游等。同时，各地开展各种形式敬老活动：福鼎店下镇海田村、透埕村等一些地方，邀请老人聚餐、发红包等。蕉城区城关的街道老人会、霞浦长溪诗社、周宁初晴诗社等组织老人开展吟诗创作活动并形成新俗。

第九节　冬　至

冬至，民间俗称“冬节”，从这天开始白昼渐长，故有“冬至一阳生”之说，也是“入九”寒日之始。冬至最具特点的风俗是吃“汤圆”，又称“冬至圆”，各县做法不一。一种是“白圆”，即无馅的汤圆，一种是花生、豆沙、芝麻甜馅的汤圆。柘荣民间则是做成一种形式像饺子的内包花生芝麻甜料的“油饺”。周宁、屏南是吃糯米糍粑，还将糍粑做成饼分送亲友邻居。古田有丧家冬至时忌“搓糍”的习俗。21世纪后，大部分家庭多半是到超市买现成的汤圆或半成品的浆料、配料回来做汤圆。

第十节　祭　灶

农历十二月二十四日为民间“祭灶日”，但闽东“官三民四乞丐二十五”的传统颇为流行，所以大部分人家都选在十二月二十三或二十四日来“祭灶”。

“祭灶”的主要习俗是扫尘、换灶神像和对联、祭祀灶神。祭灶当日晚饭后，各家即开始清扫厨房，尤其是要清理灶头、灶龛，然后换贴上新的灶神（灶公、灶婆像），再在两旁贴上诸如“上天言好事，下界保平安”的“灶联”。摆上灶糖灶饼（水果、糖料）及几碗熟菜、点香点烛放鞭炮，意为灶神上天送行。祀毕将供品或再煮几份热菜全家饮酒欢宴。到正月初三或初四时（即10日后）再设供接回灶神。

第十一节　除　夕

除夕是闽东人历来十分重视的节日。传统习惯是除夕都要清理一下当年的债务，尽力将其理清，预示来年不再欠（付）债。除夕前家家户户还得大搞卫生，里里外外洗刷一新，曰“扫堂”“扫尘”。个人则理（洗）发、洗澡，换、洗衣服。然后在大门贴上崭新的春联和“福”字，许多家庭还保留倒贴“福”字（寓意福到）的习惯。在外工作或办事的家人，都应尽量赶回家中和亲人团聚，吃“团圆饭”。周宁等县有大批在外（主要在上海）经商办厂务工人员，每年除夕前，多是全家自驾成群结队回乡，成为周宁除夕一景。除夕夜家家户户吃“年夜饭”是重要习俗。但近些年开始时兴在酒店宾馆（订）吃“年夜饭”。周宁县咸村镇洋中、枣岭等村孙姓村民还有一个特殊的“禁年”习俗，从除夕到正月初四接灶神前不准敲鼓、放鞭炮，以纪念他们的先祖当年逃荒避债流落到此的苦难生活。寿宁还有一风俗，若有家人没能回家团圆吃“年夜饭”的，仍应在餐桌上为其留位子，摆碗筷以示“团圆”。长辈还保留饭后（也有在新年凌晨十二时后）给未成年人发“压岁钱”。饭后一家人围坐看“春节联欢晚会”。大多等到凌晨新年钟声敲响前后，家家户户开始放鞭炮贺新年。近些年许多家庭还时兴放“烟花”，届时响声四起、夜空灿烂绚丽。最后是吃“汤圆”之类的夜宵。后来通宵“守岁”的习惯已很少见，但农村蒸新饭、洗菜，准备明早（大年初一）早餐的习惯仍很普遍。屏南、柘荣、寿宁农村还有不少人家做“讳饭甑”，即将小花甑装满米饭，插上桧树枝、枝上缀着五色纸包的花生、糖果、橘子等，然后放在厅堂桌子或案桌上，留着正月初食用。

第五章　新风新俗

第一节　见义勇为

见义勇为是中华民族优良传统之一。20 世纪 90 年代后，区内涌现出许多见义勇为事迹，有的还为之献出生命。政府也大力提倡和表彰见义勇为行为，以弘扬社会良俗。

1998 年 4 月 19 日，祖籍寿宁县的宁德市（今蕉城区）十中教师徐开清，在参加由学生组织的兴趣小组野外活动时，学生郑某不慎落入 2 米多深的水潭中。他见状毫不犹豫地跳入水中将其推向岸边脱险。由于天气寒冷又不识水性，他终至体力不支而溺入水中失去了生命，年仅 29 岁。宁德市（今蕉城区）团市委，宁德市委、市政府，福建省教工委、教委，福建省委、省政府和全国教育总工会分别追授他为“优秀团干”“优秀党员”“见义勇为模范”“福建省师德标兵”“福建省五一劳动模范”和“全国‘三育’先进个人”等荣誉称号。

1999 年 6 月，一辆从福建石狮开往浙江温州的长途客车夜经国道 104 线柘荣楮坪段时，2 名盗贼盗走 1 名乘客携带的 104 万元现金后逃车，并将现金藏于附近山上。案发两天后两人雇车赶到山上，准备取走所藏匿的赃款时，被附近坑头村许清寿、许景旺、许生铃、许永铃等 4 人发现跟踪。一名盗贼发现后，扔下 90 多万元企图诱惑 4 人并夺路逃窜。他们 4 人中，由一人留下看管现金，其他 3 人紧追不舍，并与之搏斗将其抓获。接着他们又将 90 多万元现金原封不动地送往当地派出所。为此，4 人获得当年“福建省见义勇为先进群众”表彰一等奖。

2004 年 6 月，柘荣县闽建建筑机械厂厂长袁灿尧，为抢救落水小学生而失去生命。同年 9 月，该县福建赤马动力有限公司工人游泽滔为抢救两落水女童牺牲，年仅 20 岁。他们分别被柘荣县政府和福建省政府授予“见义勇为先进分子”和“革命烈士”称号。

2005 年 7 月，年已 58 岁的在福州打工的柘荣县农民郑邦明，为抢救一落水大妈失去生命，福建省见义勇为基金会授予其“见义勇为先进分子”二等奖，并被中共柘荣县委追认为“优秀共产党员”。

第二节　襄助公益

区内群众也有乐助公益的传统习惯，除了修路建桥，许多群众、特别是富裕起来的群众还资助一些大型公益事业。

1992 年，刚刚摆脱贫困走上富裕之路的柘荣个体户吴国庆，有感于自己年幼因家庭贫困失学的经历，慨然捐款 10 万元设立“柘荣县育才奖学金”，奖励家庭贫困的在校中学生。开区内个人助学之先。

区内古田、屏南等县的旅外侨胞，向来有捐助家乡公益事业的传统。1992—2005 年间，旅居海外的古田籍侨胞向家乡的公益事业捐资达 3.5 亿元。屏南县籍旅外华侨范培尧先后捐款 67 万元和 100 万元，建设新桥培民小学和华侨中学教学楼。1998 年，福安旅美侨僧释应朗法师捐款 100 万元建湾坞半屿村敬老院并收养 10 多名孤寡老人。古田籍侨胞先后捐款 300 多万元修建多所中小学。柘荣在外经商的郭正光，先后捐资 300 多万元帮助建设东狮山风景区和多所小学。吴国海捐资 140 多万元筹办各项公益事业。截至 2005 年年底，柘荣民间捐款建设省级风景名胜东狮山风景区的资金累计达 2000 多万元。

福安潭头锦桌头小学校长蔡坚基，从 20 世纪 90 年代初开始，先后将学校周边村庄 20 多位失学儿童收进学校学习，不仅免去他们的所有学习费用，而且安排他们在校住宿，负担他们的全部生活费用。为此她还将在家务农的丈夫叫到学校，帮助种菜、种茶，办食堂照顾这些贫困家庭子女的生活。每年寒暑假，她还四处推销学校师生勤工俭学生产的茶叶。在北京推销茶叶时因劳累过度引发中风，经抢救虽挽回生命却落下终身瘫痪。1998 年被评为全国优秀教师。

福安市上白石镇上白石村妇女王爱莲和寿宁县妇女胡玉荣（祖籍寿宁斜滩镇），都是经营小本生意的个体户。20 世纪 90 年代后，她们将卖小日用品和小碗面所得的微薄收入，不间断地资助几十名农村贫困子女学习，被人们称为新时期的“活雷锋”。

福安闽东某造船厂厂长刘丛生，为帮助农村贫困家庭学生就业，从 2002 年开始，投资 3000 多万元，以个人独资形式创办闽东技术学院船舶分院（大专），先后从省内外招收 1000 多名贫困家庭子女入校学习技术，由学校全部负责在校学习和生活费用，优秀者还发给奖学金。毕业后全部安排在他的企业中就业。

2003 年，古田县企业家潘振东、潘振禄两兄弟，出资 4000 万元，设立奖学金，帮助古田、屏南、周宁 3 个县家庭困难的中学生完成学业。

2005 年，柘荣县企业家吴国海设立“温秀山助学金”（温秀山原为福安县委书记、省人大常委会副主任），每年出资 10 万元，资助宁德、龙岩两老区家庭困难的在校高中生。

第四十七编　人　物

闽东是福建省革命老区之一。昔日具有光荣革命传统的闽东人民，为了自由和解放，为了新中国的诞生，前仆后继，不屈不挠，进行长期艰苦卓绝的斗争，无数革命者和爱国志士，献出宝贵生命，涌现出许多可歌可泣的英雄人物。

在改革开放的新时代，闽东人民继承革命传统，与时俱进，奋勇拼搏，开拓创新，创造出崭新的辉煌业绩，社会经济欣欣向荣，各项事业全面发展。各个领域和各条战线涌现出众多新一代的行家名流、英模人物、创业精英以及关注国运、建设桑梓的海外华侨、港澳台胞。他们为祖国的现代化建设，为闽东"小康"家园、环三都澳区域开发建设作出重要贡献。

本编分别以人物传略、人物表列载闽东人物，其中人物传略按照人物生年递增排序，生年相同的以卒年先后为序，其中立人物传记64传（包括补遗《宁德地区志》未立传的人物19人）；人物表含英名录、专业技术职务人名表、先进人物名录三部分。

第一章　人物传略

游　寿

游寿（1906—1994年），女，字介眉，霞浦县城东街（今万贤街）人。民国9年（1920年），考入福州女子师范学校。民国14年（1925年）6月，加入共青团，任师范学校团支部书记。10月，任共青团福州地委妇委书记。同年，其父亲过世，回乡奔丧，接任县女子高等小学校长职务。民国17年（1928年），到南京中央大学中文系深造。民国20年（1931年）毕业，获学士学位，之后在厦门集美师范学校任教。民国23（1934年）年，考入金陵大学文科研究所，半工半读，兼课南京汇文女中。民国25年（1936年）毕业，获文学硕士学位。民国30年（1941年），在四川女子师范学院任教，主讲中国古典文学。民国34年（1945年），参加中央博物院筹备工作，后任博物院馆员，完成《李德裕年谱》并创作《伐绿萼梅赋》等文学作品。民国35年（1946年）回南京，任南京图书馆金石部主任。民国38年（1949年）重返教坛，任南京大学中文系教授，直至中华人民共和国成立。

1957年，支援边疆建设到哈尔滨师范大学，先后任中文系、历史系教授，讲授考古学、古文字学、先秦文学和书法艺术。为配合教学，还组建文物室，挖掘、收购、采集文物，共收藏文物3000多件。

游寿对考古工作有突出贡献。1960年，她根据哈尔滨市郊黄山出土的猛犸象骨骼残断，推断黑龙江省有古人类存在，并撰《黑龙江省和内蒙古呼盟的旧石器晚期骨制工具》一文，其观点得到学术界承认。1979年2月，游寿以自己对拓跋鲜卑人的起源及发祥地的考古研究所得，否定"石室"在原苏联界内尼布楚城西，提出应在嫩江流域一带的说法得到证实，为新中国考古史上的重大发现。1980年春节，游寿回乡探亲，3次深入赤岸村考察，先后发现唐代大石槽、南宋绍兴间井栏碑刻、宋代碉堡残垣和宋瓷影青碎片等珍贵文物，为研究霞浦古文化提供依据。

游寿酷爱书法艺术，从事金文、甲骨文研究，对大量的金文拓片和汉碑临摹不辍，专心领会，发表《书苑缕锦》等书论文章，擅长篆书、隶书，既承师法，又博取众家之长，形成柔刚合一的独特风格。晚年，注重书法理论研究，对"南帖北碑"有独到见解，曾撰《从大兴安岭北魏摩崖祝文看北朝书法》一文，阐述碑帖及摩崖石刻的区别。作品远传美国、英国、加拿大、澳大利亚、日本等国，多次在国内及日本、新加坡参加书法交流展。1985年，日本出版的《书道年谱》，对她的书法给予很高评价。

游寿热爱家乡建设，曾应聘担任霞浦县地方志编纂委员会顾问、空海研究会名誉会长。先后赠送《桑梓恭敬录》《炳烛斋诗手稿》《文史资料选辑》和一些个人著作，为编修新《霞浦县志》提供参考。还为石涧风景区、千年古刹建善寺和关帝庙农贸市场等题写匾额、门联、楹联。

游寿一生著作甚多，其中发表的有《金文之策命与赏赐仪物》《梁守谦墓志与唐代宦官》《晋黄淳墓表跋》《梁天监五年造像跋尾》《从考古文物中看度量与工具》《楚辞琐谈》《历代书法选》《古文字形体学》等30多篇（本）论著。

潘玉珂

潘玉珂（1908—2005年），女，蕉城霍童镇人。民国13年（1924年）在福州中学读书，民国17年（1928年），考取上海美术专科学校西洋画系。民国20年（1931年），改学中国画。1932年，受聘为上海美专国画研究所研究员。

民国25年（1936年），潘玉珂至广州仲元中学任教，成为著名画家黄宾虹的入室弟子，研究山水画。在继续练画的同时，又苦练书法，技艺大长，尤其在篆书、草书上独具风格，成为书画兼优的书画家。民国34年（1945年），潘玉珂在重庆等地举办个人书画展。还参与抗日救灾书画义卖，举办个人书画作品展。潘玉珂与中国现代画坛著名人物刘海粟、关山月、丰子恺、游寿等都有交往。

1986年潘玉珂当选宁德县政协委员，后又担任宁德美术协会顾问、省老年艺术协会理事等职。1993年潘玉珂在宁德市举办个人书画展。2004年出版《潘玉珂书画集》。

林耀华

林耀华（1910—2000年），古田县岭尾村（今黄田镇凤亭村）人，笔名自贡、述真。中央民族大学终身教授、博士生导师，1956年加入中国共产党。著名的民族学家、人类学家、历史学家、社会学家和民族学教育家。

其5岁入村私塾学习。民国7年（1918年），入谷口镇小学学习，从小奠定良好的国学和西文基础。小学毕业后，前往福州教会学校英华中学学习。民国17年（1928年）毕业，入燕京大学社会学系，四年各门功课成绩全优，获得“裴陶裴”奖。民国21年（1932年）5月写成10万余言的学士论文《严复研究》，该文即在当年《社会学界》发表。随后，林耀华考入燕京大学研究院攻读社会学硕士。撰成15万字的硕士论文《义序宗族的研究》。民国24年（1935年），获燕京大学研究院硕士学位。当年起留校任教两年。民国25年（1936年），功能学派大师拉德克利夫·布朗（RadcliffeBrown）教授到华讲学，林耀华成为布氏在燕大讲学数月间的助教和学生，在布氏的指导下撰有《从人类学观点考察中国宗族乡村》等论文。

民国26年（1937年），林耀华前往哈佛大学人类学系攻读博士学位，著成《我在哈佛的读书生活》一文。民国29年（1940年），林耀华撰成博士论文、民族学研究的开山之作《贵州苗民》，该文发表于《哈佛亚洲研究学报》1940年第3卷第5期。哈佛留学期间，林耀华除写博士学位论文《贵州苗民》外，其社会人类学著作《金翼》问世，以其家族为背景，全面展现了具有传统社会代表性的一个中国南方家族的兴衰荣辱。2005年，林耀华的故乡及其故居“金翼之家”成为清华大学、北京大学等十多所高校研究社会学、民族学的基地。

民国30年（1941年），林耀华毅然放弃哈佛大学教职，携妻回国。途经香港时，太平洋战争爆发，十数箱资料行李不知所终。年底，林耀华辗转昆明，加入燕京大学、云南大学两所大学的田野工作站（魁阁）。民国31年（1942年）到1952年，林耀华任职成都燕大社会学系。1949年10月1日，林耀华受邀登上天门观礼台参加开国大典。1953年8—10月，林耀华受中央民族事务委员会派遣，率队到黑龙江和内蒙古识别民族。经调查研究，确认达斡尔人为单一民族。1954年，中央人民政府予以确认。1954年5—10月，林耀华再度受命率队赴云南识别调查民族。

调查组对彝、壮、傣、哈尼等族的不同支系进行识别；确定住地居民的彝、白、傣、苗、回、佤、哈尼、傈僳、拉祜、纳西、景颇、藏、瑶等族属；对 68 个具有不同称谓的族体进行了正名或归并。林耀华是新中国民族学的奠基人。1952 年，大学实行院系调整，民族学被取消。1980 年，中央民族学院成立民族学研究所。1983 年，在民族研究所的基础上建立全国第一个民族学系，林耀华为第一任系主任。

林耀华的重要著作有《金翼——中国家族制度的社会学研究》、《凉山彝家》、《从猿到人的研究》、《原始化社会史教学大纲》、《原始社会史》（主编）、《民族学研究》（论文）、《民族学通论》（主编）、《凉山彝家的巨变》、《林耀华先生学术》、《从书斋到田野》、《中国的经济文化类型》（与切博克萨罗夫合著）、《义序的宗族研究》等。

陈　挺

陈挺（1911—2005 年），又名陈顺书，福安县上白石山头仔村人。民国 19 年（1930 年）加入中国共产党。1931 年，参加福安秘密游击队。民国 21 年（1932 年）7 月，参加闽东北工农游击第 1 支队，9 月，参加马立峰、詹如柏等发动的福安“兰田暴动”。民国 23 年（1934 年）1 月参加“赛岐暴动”。历任闽东红军独立第 2 团短枪队长、中国工农红军闽东独立师第 2 团 5 连连长，福（安）寿（宁）县独立营营长，中国工农红军闽东独立师特务队队长、第 4 团团长，第 2 纵队、第 1 纵队队长，率部转战闽东各地和闽浙边地区，开展游击武装斗争。民国 27 年（1938 年）春，北上抗日，任新四军第 3 支队第 6 团 1 营营长。同年 6 月，赴延安“抗大”一大队学习，民国 28 年（1939 年）9 月结业。民国 29 年（1940 年）任江南人民抗日义勇军东路司令部第 2 支队支队长，6 月，率队东进，开辟澄（江阴）、锡（无锡）、虞（常熟）根据地和东路抗日根据地。民国 30 年（1941 年）1 月中旬，率第 2 支队在江阴桐岐村与出来“扫荡”的日军警备队遭遇，全歼日军 40 余名，缴获轻重机枪等武器，被称赞为“老虎支队”。“皖南事变”后，历任新四军第 6 师 18 旅 52 团团长、泰州独立团团长、苏中军区特务第 3 团团长，苏浙军区第 4 纵队第 10 队长，参加车桥、泰兴、铜城、天目山等战役战斗。解放战争时期，历任山东野战军第 1 纵队 1 旅 1 团团长、华东野战军第 1 纵队 1 师副师长，3 师代师长、第三野战军 20 军 60 师师长等职，参加宿北、鲁南、莱芜、孟良崮、豫东、淮海、渡江、上海等战役。中华人民共和国成立后，历任福建军区第三军分区司令员、福建省军区福安军分区司令员、28 军 84 师师长。后赴解放军军事学院高级速成系深造，毕业后任福建省军区参谋长、副司令员、福州军区副参谋长、福州军区闽北指挥部副司令员、江西生产建设兵团副司令员、江西省军区副司令员，福建省军区副司令员、正军级顾问等职。1955 年被授予中国人民解放军大校军衔，荣获二级八一勋章、二级独立自由勋章、二级解放勋章。1961 年晋升少将军衔。1988 年 7 月荣获一级红星功勋荣誉章。

2005 年 2 月 18 日，在苏州逝世，墓葬于福州三山陵园。

吴立夏

吴立夏（1912—1995 年），霞浦上东区大湾村（今水门乡小竹湾村）人。民国 22 年（1933 年）7 月参加红军，民国 23（1934 年）年 4 月，加入中国共产党。

民国 25 年（1936 年）7 月 13 日，立夏率侦察班 9 人，乔装成农民奇袭塔头尾（今霞浦县城东关）保安队 1 个班，击毙哨兵 1 人，缴枪 12 支；撤退途经县下塘，又缴获民团枪支 5 支。奇袭塔头尾后，吴立夏随红军转移到寿宁和浙江边界地区打游击。民国 26 年（1937 年）7 月下旬，闽东红军二纵队辗转到周墩（今周宁县）境内，途经葡萄洋村，与反动大刀会激战，毙敌数十人。吴立夏在战斗中身负重伤。同年冬，闽东红军二纵队在宁德石堂整编为新四军三支队六团，吴立夏任一营二连连长。

民国27年（1938年）2月，吴立夏随三支队六团北上抗日。民国28年（1939年）5月，三支队六团奉命东进，在武进南部地区与江南抗日义勇军（简称“江抗”）三路军会合后，六团以“江抗”二路军名义向浒野关进逼，吴立夏任突击队长，率领二连战士夜袭浒野关车站，击毙日军小队长大丸内等20余人。民国28年（1939年）9月下旬，在江阴顾山镇东南，与伪军杨尉、袁亚承等部激战，战斗中立夏再次负伤。之后，吴立夏和一批伤病员进入阳澄湖地区养伤，中共常熟县委把他们集中安置在董家浜、张家浜（影片《沙家浜》）港汊的芦苇丛中。吴立夏任侦察连连长，坚持2个多月游击斗争，后任“江抗”东路军特务营副营长。民国29年（1940年)5月，“江抗”东路军司令部决定成立第三支队，吴立夏为支队长。

“皖南事变”后，“江抗”改编为新四军六师十八旅，吴立夏仍任特务营副营长。翌年春，调任五十一团一营副营长。民国32年（1943年），吴立夏调任十八旅江都独立团二营营长。

民国35年（1946年）底，吴立夏调任新四军一纵队五团副参谋长。民国37年（1948年）1月，吴立夏任一纵队五团副团长。5—6月，先后参加龙王店战役、开封战役和围歼区寿年兵团等战役。之后，任山东惠民县带新兵团团长。

民国38年（1949年）1月，淮海战役结束后，部队到蚌埠市休整，上级动员福建籍的部分干部回地方工作。9月，闽东老六团的干部同华北南下干部一起到闽东，吴立夏分配在福建省第三军分区（后改称福安军分区）任参谋长兼警备团团长。时闽东全境解放，但匪患频繁，吴立夏率部先赴寿宁剿灭范乃扬股匪。1950年8月，率部队到霞浦（驻溪南），清剿三都澳沿岸土匪。

1954年，调永安军分区工作。1955年转业到地方，先后任三明钢铁厂副厂长、三明市民政局副局长。1980年离休。1995年逝世。

张白山

张白山（1912—1999年），现代作家，古典文学研究家。曾用笔名如晦、圣予、甓庵、白灵等。福安廉首人。初中毕业后，考入福州省立理工中学。民国17年（1928年）考入汇文中学。民国21年（1932年）高中毕业后，考入复旦大学，因交不起学费，又考入杭州之江大学国文系专攻文学；参加上海救国会组织的救亡活动，任《大家看》编辑。民国26年（1937年），大学毕业后到上海投入抗日救亡运动。民国27年（1938年）到武汉宣传抗日。民国28年（1939年）任《全民抗战》周刊特约记者。民国29年（1940年）底在重庆加入中华全国文艺界抗敌协会。民国30年（1941年）“皖南事变”后，任桂林省立师范学校教员。民国31年（1942年），参加桂林文协，编辑《自由中国》。民国32年（1943年）湘桂沦陷，返回重庆，在四川省立教育学院、南开中学任教。民国34年（1945年）后，在重庆参加民主运动，因遭反动当局追捕，逃亡上海。在上海主编《新民报》文艺副刊和《商务日报》文艺周刊，与丰村等人合办《文化报》。解放战争期间，出版长篇小说《一江春水向东流》，翻译托尔斯泰的中篇小说《主与仆》和《袭击》，彼得格拉道夫的戏剧《卍字旗下》等。

1949年上海解放后，任上海军事管制委员会文艺处文学室主任，上海市文化局科长，兼任上海音乐学院文学教授。不久调任上海文学艺术界联合会副秘书长。1950年至1952年，任《解放日报》文艺副刊和《上海诗歌》编委。1955年，调中国作家协会工作。1956年，加入中国共产党，参加作协，任《文学遗产》《文学研究》《文学评论》编辑，编委和编辑部主任。调中国社会科学院文学研究所后，主要研究唐宋文学，参加《唐诗选注》编写工作。曾任中国社会科学院文学研究所古代文学研究室副主任。

1999年逝世。

丁汉波

丁汉波（1912—2003年），古田县人，出身基督教徒世家，自幼就读于教会学校。民国20年（1931年）进入燕京大学生物系学习，民国28年（1939年）获理学硕士学位。民国29年（1940年）9月，丁汉波回到家乡，在福建协和大学（福建师范大学前身校之一）生物系任讲师、副教授、代理系主任，兼任福建省研究院动植物研究所研究员。民国36年（1947年）9月，丁汉波赴美国俄亥俄州立大学研究院学习。1949年获美国俄亥俄州立大学理科哲学博士学位。1951年春回到福州，任福州大学（福建师范大学前身）生物系教授兼系主任。1953年起任福建师范大学生物系教授兼系主任。1960年加入中国共产党。1979年任福建师范大学副校长，同时兼任生物系教授、发育生物学研究室主任。曾任中国动物学会常务理事、中国两栖爬行动物学会理事长、福建省动物学会理事长、国际两栖爬行动物学会第一届世界大会委员、中国发育生物学会理事、中国野生动物保护协会理事，福建野生动物保护协会副会长。丁汉波长期从事高校教学及科研工作。1983年，出版《脊椎动物学》。1987年，主编《发育生物学》出版，获得国家教委第二届全国高校优秀教材奖。研究福建两栖类和爬行类地理分布及区系研究，获福建省高等学校科研成果二等奖。1990年获国家教委科技进步二等奖。共发表论文70余篇。

1960年，丁汉波被授予“全国文教先进工作者”称号。1978年获“福建省先进教育工作者”奖状。先后担任福州市人大代表、市政协委员、福建省人大代表、省政协委员、福建省科协常委。是首批享受国务院政府特殊津贴的专家，先后获得国家教委“从事高校科技工作四十年、成绩显著”荣誉证书及奖状、国家教委科技进步二等奖、人事部“早期归国定居的专家”称号、国务院侨办和全国侨联“全国优秀归侨侨眷知识分子”称号、福建省人民政府“福建省科技先进工作者”奖状、福建省人民政府“忠诚党的教育事业”奖状、福建省科学大会科技成果奖、福建师范大学先进工作者、优秀共产党员等奖项。

曾阿缪

曾阿缪（1914—1999年），福鼎县店下乡人。民国21年（1932年）9月加入中国共产党，民国22年9月参加中国工农红军。历任闽东红军独立师第二纵班长、分队长、队长，参加开辟闽东苏区和三年游击战争。抗日战争全面爆发后编入新四军北上抗日，任新四军三支队六团一营三连连长，新四军一师营长，浙东纵队营长等职，参加开辟江南抗日根据地的斗争。解放战争时期，历任苏浙军区一纵三旅七团参谋长，苏中军区一纵副团长，华东野战军一纵团长等职，参加苏中战役、进军福建等战役战斗。

中华人民共和国成立后，任福建军区福安军分区副司令员，组织和领导闽东地区的剿匪斗争。之后，任南平军分区副司令员。1955年授予大校军衔，荣获三级八一勋章、二级独立自由勋章、二级解放勋章。1988年荣获二级红星功勋荣誉章。

林炳生

林炳生（1914—2000年），咸村镇上坂村人，贫农家庭出身。民国25年（1936年）参加革命。民国27年（1938年）2月，林炳生跟随新四军第三支队第六团，赴皖南抗日前线。同年10月，加入中国共产党。历任排长、连长、副营长、军分区供给股股长等职。参加过苏南茅山地区敌后“反扫荡”、宝堰战斗、高庙伏击战和白兔镇战斗。在江阴、无锡、常熟、苏州和太仓等地，参加攻打敌、顽、匪据点。参加过著名的郭庄保卫战和海安战斗、李堡战斗以及“反清乡”“反扫荡”斗争。

民国36年（1947年）5月，任华东九十一团二营副营长，在苏北修工事时遭敌人炮火袭击负伤，伤愈后到华东党校学习。1949年，调华东空军后勤转业大队任大队长，其后历任华东卫生队队长、华东空军松安大队副大队长、第二伤站营养科科长、华东空军松安行政组组长。林炳生在战斗中先后5次负伤，多次立功受奖。

1955—1961年，先后任大丰县扎花厂党委书记、盐城地区江淮轴承厂党委书记、射阳县农械厂党委书记。1962年10月，任周宁县民政科科长。1974年，离休，享受副厅级待遇。2000年逝世。

陈必猛（林聿时）

陈必猛（1915—2002年），古田县大桥镇丘地村人。民国15年（1926年）春，读完乡间私塾，入县城超古中学附小读书，后转读福州培元学校。民国18年（1929年）至民国24年（1935年），在福州市基督教青年会商业职业学校（后改名为基督教育青年会中学）读书。在校期间，思想进步，积极参与学生运动。民国24年（1935年），高中毕业后就读协和大学。民国26年（1937年）12月，因参加学校救亡活动被捕，后被保释。民国27年（1938年）9月，加入中国共产党，改名林聿时，任福州市南屿区区委委员，组织秘密训练武装工作。12月，受中共福建省委宣传部部长王助派遣，回古田赴从事建党工作。

民国28年（1939年）春，林聿时抵古田，在家乡丘地村发动一批青年上夜校学习革命道理，建立群众关系。3月，进入古田超古中学任地理教师，以教员职业为掩护，开展地下工作。因教学认真，为人热情，平易近人，深得学生爱戴。并创办《吼声》校刊，刊登大量宣传抗日救国文章，鼓动广大师生开展抗日救亡运动。

民国28年（1939年）8月，中共闽江工委组织精神总动员宣传队，先后到顺昌、将乐、屏南、古田等地进行抗日宣传。林聿时以抗日后援会名义，把超古、陶淑、寻珍、毓馨、史荦伯5所中学的学生组织起来，采用义卖、歌咏、街头演讲、表演话剧等方式深入农村进行抗日救亡宣传，深入古田山区，表演《放下你的鞭子》《河边对唱》《渔光曲》等文艺节目，广泛宣传抗日救国主张。

民国28年（1939年）秋，林聿时身份暴露，被国民党省政府通缉，随即离开古田，到崇安省委机关（武夷山区的游击队）任中共福建省委宣传部干事。民国29年（1940年）调往上海，入上海暨南大学学习。民国31年（1942年）1月，林聿时奉党组织指示，离开上海进入苏中解放区二分区，任《滨海报》编辑。民国32年（1943）年进入浙东解放区，任《新浙东报》总编室主任、资料室主任，兼新华社编辑科科长等职。民国34年（1945年）随部队撤离浙东往东北，历任《东北时报》组长、农村部主任、总编室主任、副总编等职。

1952年，调北京任《人民日报》编委、理论部主任。1954年参加中国新闻代表团访问苏联。1957年，调中国科学院哲学社会科学部哲学研究所，任《哲学研究》编辑部主任。林聿时与关锋、吴传启三人以“撒仁兴”（三人行）的笔名，经常在《哲学研究》《人民日报》《光明日报》《新建设》等报刊上发表文章。关林聿时、锋两人合著有《春秋哲学史论集》(《人民出版社》1963年）。

1984年，离休。2002年12月7日，病逝于北京。

黄 烽

黄烽（1916—2001年），原名黄宝澄，福安县穆阳苏堤村人。上海沪江大学肄业。民国27年（1938年）3月参加新四军，分配在军部特务营2连，同年加入中国共产党。后被调到第三支队六团，在团政治处做党务工作，任技术书记，东进后任团总支书记。是年秋，随该团挺进茅山，经过半年多的敌后游击战争，和兄弟部队一起创建江南第一个以茅山为中心的苏南抗日根据地。民国28年（1939年）夏初，所在部队以江南人民抗日义勇军（简称“江抗”）名义东进，开展对敌斗争，迅速打开东路地区局面，初步建立起东路地区抗日游击根据地。后来“江抗”部队奉命西撤，黄烽因受伤留在阳澄湖一带养伤。同年11月，“江南抗日义勇军东路司令部”（即新“江抗”）成立，黄烽任新“江抗”政治处副主任，兼任战地服务团团长。民国30年（1941年），黄烽奉命到江北新四军第六师十八旅五十二团工作，协助陈挺组织反“扫荡”。民国31年（1942年）12月，任整编后的五十二团政治处副主任，之后任高邮独立团政治处主任。民国34年（1945年）夏，任高邮独立团副政治委员兼政治处主任、苏中军区第一军分区特务第二团（后改编为二旅五团）政治委员，参加洋沟娄、丁沟、车桥、宝应、兴化、盐城、高邮等战役战斗。解放战争时期，任华中野战军七纵队五十九团政治委员、华东野战军十一纵队三十二旅九十五团政治委员、旅政治部主任，中国人民解放军第三野战军第二十九军八十六师政治部主任、副政治委员，参加苏南反“清乡”战斗及苏中、盐城、涟水、济南、淮海、渡江、上海、福州、漳厦等战役。在苏中战役中，率部3次进行邵伯保卫战，在兄弟部队配合下，浴血奋战4昼夜，粉碎了国民党军整编第二十五师主力的猖狂进攻，保卫了“两淮”。

中华人民共和国成立后，黄烽历任中国人民解放军第二十九军八十六师政治委员、空军第十一师政治委员、空军政治部群众工作部部长、福州军区空军政治部副主任、主任。1955年，被授予中国人民解放军大校军衔，1964年，晋升为少将。1957年，荣获二级独立自由勋章、二级解放勋章。1988年，被授予独立功勋荣誉章。自1982年离休后，先后撰写20多篇回忆文章，在多家报刊发表；与陈挺将军合编《闽东健儿征战录》，由福建教育出版社发行；完成内容包括30个门类6000多个词条的《汉英常用军语词汇》，并于1987年12月由福建人民出版社出版。

屈振杰

屈振杰（1917—1996年），原名屈连增，北京平谷县甘营庄人。民国34年（1945年）考入上海国防医学院，后因病休学。1949年8月参加工作，在省卫生厅直属医院当医生。1949年11月，分配在福安专区中心卫生院任医师。

1950年3月，福鼎县麻疹流行。福安专署派民政科科长带领由屈振杰等组成的医疗队来福鼎防治麻疹。之后，屈振杰正式调到福鼎县卫生院工作。1953年12月，以他为队长的县巡回医疗队在秦屿发现福鼎县第一例丝虫病患者。1956年8月，屈振杰加入中国共产党。1957年4月，被任命为县医院副院长，主管医疗业务工作。

1977年12月，屈振杰任福鼎县医院院长兼医院党支部书记，先后15次被评为省、地、县优秀共产党员和先进工作者，《人民日报》《健康报》《福建日报》《福建卫生报》《支部生活》等报刊都报道过其先进事迹。之后历任福鼎县人民代表大会第二至九届人民代表，福鼎县政协第一至四届的委员，1980年当选为第四届福鼎县政协副主席。1981年任福鼎县科协常务委员、福鼎县医学会理事长等职。1988年10月退休。1996年逝世。

钟大湖

钟大湖（1917—2003年），畲族，福鼎市点下镇阮洋村渔井自然村人。民国22年（1933年）参加革命。民国25年（1936年）2月加入中国共产党。

土地革命战争时期，历任闽东红军独立师战士、班长、排长，转战闽东、浙南边区。民国25年（1936年）调闽东北特委机关，历任警卫队队长，崇（安）浦（城）游击队指导员。在中央红军主力长征后，坚持南方三年艰苦卓绝的游击战争。抗日战争全面爆发后，随所在部队编入新四军北上抗日，任新四军五团二营四连指导员。参加新四军教导总队学习后，先后担任三支队特务连指导员、五团三营九连政治指导员。民国28年（1939年）随新四军挺进团北渡长江开辟淮南抗日根据地，历任合和独立团党总支书记、桐西大队教导员、桐潜怀工委书记、沿江团二营教导员等职；参加繁昌保卫战、乌龟山激战、收复红杨树等著名战斗。民国34年（1945年）奉命组建新四军皖西大队，任大队长，领导开辟皖西抗日根据地的斗争。解放战争初期，任皖西支队司令员，率部坚持皖西敌后斗争。民国36年（1947年）9月，率皖西支队在大别山迎接刘邓大军南下。此后历任皖西军区第二军分区、桐城分区、安庆分区副司令员。

中华人民共和国成立后，参加南京军政大学学习，此后历任福建省军区南平军分区副司令员、司令员，闽侯军分区司令员，晋江军分区司令员，福安军分区政委，中共福安地委常委、书记处书记，福安军分区政委兼福安地委副书记，南平军分区政委，建阳地区革命委员会副主任，福建省军区副政委、福建省军区顾问等职。1955年授予大校军衔，荣获三级八一勋章、二级独立自由勋章、二级解放勋章。1983年离职休养。曾选为全国第三届人大代表、全国人大民族委员会委员，福建省第二、四、五届人大代表、常委，省民委顾问。

黄志远

黄志远（1918—1995年），福安穆阳镇苏堤村人。少年时曾就读于福安扆山中学。民国20年（1931年），参加反帝大同盟及互济会，民国27年（1938年）初，到新四军福州办事处，后跟随杨采衡大队北上抗日。同年3月，部队到达皖南，黄志远任新四军第三支队六团军需处军需。民国28年（1939年）1月，加入中国共产党；同年7月，调任一支队二团任供给处主任。先后担任新四军苏北指挥部第二纵队供给部部长，新四军第一师二旅供给部部长，一师供给部部长，一师兼苏中军区直属供给部部长，苏浙军区供给部副部长等职。参加全歼延陵之敌战斗、贺甲战斗、黄桥战役等。抗日战争胜利后，黄志远先后担任华中军区供给部副部长兼华中野战军供给部部长、华东野战军第六纵队后勤处处长、供给部部长、华东野战军第六纵队特务团副团长、第六纵队炮兵团参谋长、副团长等职。在解放战争中，黄志远参加苏中七战七捷战役、二次涟水保卫战、莱芜战役、孟良崮战役、豫东战役、淮海战役、渡江战役和上海战役。中华人民共和国成立后，黄志远历任第三野战军第二十四军炮兵团代团长、第三野战军第二十四军后勤部部长、华东军区后勤部训练处处长、中国人民解放军第二十四军后勤副军长、上海警备区后勤部部长、南京军区后勤部副部长、中国人民解放军江苏生产建设兵团副司令员、南京军区后勤部副部长、顾问等职。1982年8月，离休。1955年被授予上校军衔。1960年晋升大校军衔，荣获二级独立自由勋章、二级解放勋章。1988年被授予“中国人民解放军独立功勋”荣誉勋章。

杜运燮

杜运燮（1918—2002年），笔名吴进、吴达翰，祖籍古田县大桥镇瑞岩村，出生于马来西亚霹雳州实兆远。爱国归侨，中国现代著名诗人，“九叶派”诗人之一。民国23年（1934年）回国，在福州三一中学就读。民国27年（1938年）考入浙江大学农学系，借读于厦门大学生物系。民国28年（1939年）秋转学昆明西南联合大学外语系学习，创作《滇缅公路》，与穆旦、郑敏被誉为“联大三星”。

民国32年（1943年）至民国34年（1945年），杜运燮先后任美国“中国驻印军训练中心”通译员，美国飞虎队少校翻译官。民国34年（1945年）10月任重庆《大公报》编辑。民国35年（1946年）10月回马来西亚探亲后，到新加坡任中学教员及《中兴日报》翻译。中华人民共和国成立初，被香港《大公报》聘为编辑兼《新晚报》电讯翻译。1951年回到北京，任新华社国际部编辑。1969下放到山西永济“五七”干校劳动。1974年恢复公职，调山西师大外语系任教师，后任系主任。1979年3月，重返新华社国际部，并任《环球》杂志副主编，兼任中国社会科学院研究生院新闻系研究生导师。1980年加入中国作家协会。1985年加入中国共产党。1986年被评为译审，享受早期回国定居专家待遇。同年退休。

杜运燮被称为“诗坛的智者与顽童”，著有诗集《诗四十首》、《九叶集》（合集）、《八叶集》（合集）、《南音集》、《晚稻集》、《你是我爱的第一个》、《杜运燮诗精选100首》、《杜运燮六十年诗选》，散文集《热带风光》《热带三友·朦胧诗》，诗文集《海城路上的求索——杜运燮诗文选》，主编《一个民族已经起来》《西南联大现代诗抄》等，并与人合译《美国入侵澳大利亚》《世界抒情诗选》《罗宾逊传奇》等多部作品出版。《香港回归颂——一个七九老人庆九七》获香港《大公报》与北京《光明日报》联合举办的迎接香港回归祖国诗词大赛一等奖。

2002年7月16日逝世。

余庶祺

余庶祺（1920—1994年），古田吉巷巷头坪人。13岁读初中时，因家贫辍学。15岁到上海柏林化学制药厂当工人。民国25年（1936年），经人介绍认识共产党员杨立昕，接受先进教育，协助传递地下党文件和进步刊物，组织青年女工学习进步思想和理论。

民国26年（1937年），余庶祺先后参加上海“双十”节抗日游行示威和武汉“一二·九”示威请愿游行。后到山西蒲县牺盟会工作。民国27年（1938年）5月，加入中国共产党，次年从军。民国33年（1944年）、民国34年（1945年），两次被推选为军分区、军区模范工作者和晋冀鲁豫边区部队参议员。

民国34年（1945年），因工作需要，余庶祺调至随营学校，负责培训政工干部。民国37年（1948年）调任第二野战军十一纵队训练团政委，为纵队集训输送4批战斗骨干。民国38年（1949年）在十七军军训师工作，参加渡江作战。9月随部队进军大西南，任后勤部政治处主任，参加衡宝战役。在战场上，余庶祺身先士卒，三次荣立战功。

1950—1952年，余庶祺先后担任五兵团政治部组织科长、教导团副政委兼主任、遵义军分区副政委，担负部队整训、扫盲、民兵训练，建立基层政权等工作，同时还参加剿匪、反霸斗争。1959年，调任凯里军分区副政委。1961—1964年先后担任昆明军区群众工作部副部长、部长等职。

1975年任贵州军区政治部副主任。后又调任昆明军区陆军学院副政委兼主任。其间，还被选为全国第四届、云南省第五届人大代表。

1983年离休。1994年逝世。

张荣保

张荣保（1920—1996年），山西省高平县谷口乡上庄村人。民国34年（1945年）8月参加工作。民国35年（1946年）8月加入中国共产党。1947年3月，参加中国人民解放军长江支队南下福建宁德，先后任宁德县第二区委组织委员、区长、县政府建设科长、宁德县委宣传部副部长、宁德县人委会副县长、宁德县委副书记等职。1956年1月，参加修建鹰厦铁路，在沙县民工大队任副政委。1957年1月，调回宁德，历任宁德县委常委、财贸部长、县委副书记、工业书记、县委书记兼城郊区委书记等职。1963年2月，改任宁德县委副书记、宁德县县长。1964年，担任宁德县县长期间，经常亲临东湖塘围垦工地现场指挥。1965年，东湖塘堵口截流成功，围垦地1266.7公顷，继而又投入创建东湖塘华侨农场工作。1972年9月后先后任霞浦县革委会副主任、县委常委、县委副书记、县纪检委书记、县政协主席。1985年4月离休。1996年逝世。

冯近凡

冯近凡（1921—1994年），又名瑞麒，宁德城关人。少时就读三都中学、福州省立第一中学。民国31年（1942年），考入上海暨南大学国际经济贸易系。之后曾任翻译和联合国设在中国的华东善后救济分署负责人。民国36年（1947年），赴美留学，就读哈佛大学国际贸易专业，1952年后获博士学位。之后就职纽约市移民局，任纽约市立大学商学院教授和纽约摩根银行高级职员。1953年，任美东福建华侨同乡会主席。1957年，创办武夷公司，任董事长。1958年创办“西湖面粉厂”。1972年，冯近凡作为高级经济顾问随美国总统尼克松首次访华。同年10月，以冯近凡为团长的50人美国华侨代表团回国参加国庆观礼。1976年，受国家外贸部委托帮助中国推销茶叶，邀请美国农业部长到中国考察茶叶生产情况，同时建议按美国需求改进生产方式，为中国茶叶进入美国市场做出努力。1978—1980年间，冯近凡相继担任美国华侨总商会首任会长兼副董事长、全美华人协会纽约分会理事、纽约经济委员会委员。

1983年，受纽约市长爱德华·科克的委派，作为美方代表与北京会谈建立友好城市事宜，北京市特向他赠送金钥匙并授予“荣誉市民”称号。此后冯近凡又应邀访问上海、天津、宁波等地。1993年，应宁德地区行署、宁德市政府的邀请回乡访问，考察宁德、福安，并受聘担任宁德市人民政府高级经济顾问。

1994年，病逝于纽约。

雷应清

雷应清（1922—2000年），畲族，蕉城洋中省溪人。民国25年（1936年），参加中国工农红军闽东独立师。在三年游击战争期间，参加过霍童八都洋中亲母岭等战斗。民国27年（1938年），闽东独立师改编为新四军北上抗日，雷应清在第三支队与二支队任宣传员、警卫队长等职。民国29年（1940年），调任六师十六旅特务连任政治指导员，参加著名的“塘马血战”。抗战胜利后，任华东野战军六纵队组织科长，民国36年（1947年），任六纵队四十六团政治处主任、团副政委等职，参加的战役有山东莱芜战役、孟良崮战役、济南战役、河南开封战役、豫东战役和淮海战役等。中华人民共和国成立后，获中华人民共和国三级解放勋章。

1951—1953年，雷应清参加中国人民志愿军赴朝作战，任志愿军七十六师团政委、师政治部副主任、主任等职，被朝鲜民主主义人民共和国授予二级国旗勋章。

1956年，解放军首次授衔，雷应清被授予上校军衔。1957年，任福建省兵役局局长。1960

年，任福建省军区后勤部政委。1971年，任省军区政治部副主任。1980年，任省军区军职顾问。1983年离休。1989年被中央军委授予二级红星勋章。

余三江

余三江（1924—1998年），又名余泽钟，古田县卓洋乡前洋村人。民国28年（1939年），在古田县超古中学读书，积极参加学生抗日救亡运动，宣传革命。民国31年（1942年）1月，加入中国共产党。民国33年（1944年）2月，参加凤都五华山新组建的古田武工队。民国34年（1945年）5月，余三江任游击队分队长兼文化教员。民国35年（1946年）2月，余三江任中队长，奉命带队隐蔽在闽侯县桐口一带山区待命，多次带队护送省委领导左丰美、王一平、刘捷生、高振洋、杨兰珍及省委电台转移。民国36年（1947年）1月，余三江回到老家前洋村，依靠当地隐蔽下来的党组织，组织发动贫苦农民。参与组织4月9日的"澄洋暴动"，并担任之后成立的闽浙赣游击纵队，任第一支队长。5月，任闽浙赣游击纵队第二大队长，率队转战闽东。那罗寺整编后，担任闽东游击大队（亦称闽东人民谋生军）大队长。6月后，在阮英平的领导下，多次率主力部队牵制国民党保四团、保五团，转战于闽东、闽东北、闽浙边和古罗林地区，沉重地打击了敌人的嚣张气焰。

民国37年（1948年）"城工部事件"发生后，闽东革命受挫进入低潮。余三江奉命率队从闽东返回省委机关所在地南古瓯地区，在南古瓯地区广泛发动群众，扩大游击武装。1949年2月，任中国人民解放军闽浙赣人民游击纵队教导队队长，6—8月，在福建省委机关，负责机要工作。中华人民共和国成立后，余三江在永安专署工作，担任过法院、文教科职务。1957年，任周宁县副县长。"文化大革命"期间，两次调进闽东水电站工作。1982—1985年，主持宁德地委落实地下党政策办公室和老区办公室工作，认真落实党的干部政策，公正处理地下党历史遗留问题。认真落实各项政策，深入偏僻的老区村落调查研究，帮助老区人民脱贫致富。1985年8月离休。1998年逝世。

靳苏贤

靳苏贤（1924—2002年），男，山西省黎城县南委泉村人。民国31年（1942年）7月参加革命工作，1943年3月加入中国共产党。1949年3月参加中国人民解放军长江支队，编在长江支队三大队直属中队，随军南下福建。1949年8月入闽，1952年7月至1962年，先后担任古田县县委宣传部部长，县委副书记、书记等职。

1981年，调任省供销社茶叶公司任经理、纪检组副组长。1985年离休，享受厅级待遇。

陈官瓦

陈官瓦（1925—1996年），屏南县熙岭乡龙潭村人。幼年丧母，家庭清贫。7～12岁在本村私塾读书。13岁辍学牧牛。14岁跟随本村四平戏老艺人陈元雪学艺。15岁登台表演。

陈官瓦青年时期主演旦生角色，有"活秦雪梅"（演《中三元》）与"活马超"（演《破曹》剧）之赞誉。中年时期，多主演须生与净角，有"活包公"（演《判芭蕉》）和"活黄飞虎"（演《反五关》剧）之美誉，在本地还有"一代戏状元"的美称。其演技全面，尤以舞台戈步、声腔、动作以及插科打诨为佳。

"文化大革命"期间，龙潭戏班所有剧本、道具、服装等被烧毁，陈官瓦以记忆方式留存剧本。中共十一届三中全会后，陈官瓦积极培养本村和山垱、茗溪、南塆等地年轻新演员，传授四平戏艺术。同时，还创新出以四平戏曲艺表演的《穆桂英挂帅》和《十五贯》，深受群众欢迎。

1982年，龙潭四平戏剧种被省戏剧研究所发现，曾3次组织力量到龙潭村考察挖掘研究。1984年3月，在福州召开的6省2市的专家学者学术讨论会期间，陈官瓦带领龙潭业余四平戏剧团一行40多人，赴省演出，博得与会代表们的好评。

陈官瓦在龙潭四平戏班子里经历50多年的舞台生活，不仅塑造了“秦雪梅”等生动的艺术形象，同时还培养四平戏接班人，使之后继有人。

1996年11月逝世。

林阿铺

林阿铺（1925—1999年），柘荣英山乡半岭村人。1999年1月12日下午，英山乡里厝埕山脚下集体林场起火，正在山上砍柴的林阿铺不顾年迈体弱，立即前往扑火。由于火势凶猛，浓烟滚滚，他被烈焰围困最终晕倒在火海中。附近村民发现后，将他背出，送往县医院抢救。由于烧伤面积达50%以上，经抢救无效，于1999年1月13日凌晨不幸去世。福建省见义勇为基金会授予他“见义勇为先进分子”荣誉称号。

雷大钗

雷大钗（1926—1993年），霞浦县上东区水门草岗村（今水门畲族乡茶岗村）人。无党派人士。

1956年，任草岗村初级社社长。1958年，任草岗高级社社长。期间，开始对部份低产的旧茶园开展土、肥、种改造，同时还对草岗村面积20多公顷的旧茶园全面进行伞面修剪，获得茶叶增产。1958年，福安专区在草岗村召开“改造旧茶园获得增产的经验总结会议”。同年，国务院授予茶岗村“全国红旗团结进步先进集体”称号，授予雷大钗个人“全国茶叶生产劳动模范”称号。1960年3月，中央农业部组织十四个省区的六十七个重点茶业专区（县、市）领导及科研人员145人，在福安参加全国茶叶生产现场会议，参观草岗低产茶园改造增产经验，茶岗村由此闻名全国。后雷大钗继续带领社员开垦新型茶园13公顷，取得茶叶高产。获“福建省劳动模范”称号，出席华东劳模大会。1959—1964年，雷大钗当选第二、第三届省人大代表。

李文定

李文定（1926—1998年），浙江省绍兴人。民国35年（1946年）9月考入上海大厦大学（今华东师大）法律系。1949年9月，参加福建人民革命大学第一期学习。1950年年初，在福建高等法院任职。

1952年年初，响应支援山区教育的号召，分配周宁担任周宁初级中学（后为周宁第一中学）文史教师，兼任校团支部书记。1962年，在县剧团任职。1970年在周宁县第三中学任教。

1979年调入周宁一中担任教务主任，兼任高中历史教师。其所任教的1979、1981、1983、1986届的历史科高考成绩名列宁德地区前茅，得到地区教育局的嘉奖。1984年9月，任政协周宁县第一届委员会副主席。1985年6月，加入中国共产党。1988年，首批中学高级教师并担任首届宁德地区中学高级职称评委会成员、福建省历史学会会员、宁德地区中学历史教研会理事、理事长、周宁县中学历史教研会会长。

李文定著述丰富，《中国史提要》《世界史提要》被宁德地区中学文科毕业班采用；《美国内战》教案被华东师范大学选为教学法范例；《谈高中世界史的复习》在宁德地区中学历史教研会上发表；《历史教学复习的点滴体会》在《闽东教育通讯》上发表；还与地区进修院夏蕉卿合编

《历史学习指南》《乡土教材》，并参加地委宣传部主编的《闽东史话》等著作。

1998 年逝世。

张之炳

张之炳（1926—1999 年），又名张耀南、张时炳，福鼎管阳人。少时就读于福鼎初中、三都中学高中部。民国 36 年（1947 年）冬，高中毕业后从事小学教育工作，先后任教于福鼎果洋小学、管阳小学、白琳小学、点头小学、透埕小学。1952 年，被评为桐山学区模范教师。同年 9 月，考入福建师范学院生物系深造，1954 年毕业，分配福鼎一中任生物课教师。1957 年，被评为县、地、省教育先进工作者，出席中华人民共和国成立后福建省首届教育先进代表会议，获得省教育厅颁发的奖状。

张之炳勤工俭学，在福鼎一中周围垦荒 5.33 公顷，开辟茶园、果园、苗圃、花园、试验区、标本区和动物园，养殖动物 40 多种 300 多只，进一步开展分组实验课和实习课教学。中共十一届三中全会后，张之炳重返福鼎一中，着手重建实验室，制造教具 1080 件，满足生物实验课全面开展和课堂教改深入进行的需要。1984 年，该实验室被评为宁德地区唯一的生物科文明实验室。1987 年，生物组被评为全国先进教研组，名列全省第三位。张之炳撰写教学科研文章 30 篇，其中有 3 篇发表在省级刊物上。

1982 年，张之炳被评为县、地、省教育先进工作者和省劳动模范，获得省人民政府颁发的劳模荣誉证书和奖章。1984 年，被选为第九届福鼎县人民代表和县人大常委会委员。1999 年逝世。

吴增德

吴增德（1932—1994 年），福安县上白石人。1956 年加入中国共产党。初中文化。

1952 年，吴增德参加革命工作，任宁德地区农委主任、中共宁德地委常委、行署副专员期间，致力于探索深化农村改革路子和农村脱贫致富。与此同时，重视农业人才培养，出任宁德地区农校的名誉校长，使其成为全省办学形式最多的一所农业中专学校，并进入全国优秀农业中专和（部）省级重点中专行列。吴增德为加强全区民族团结、落实民族政策、发展民族经济做了大量工作，还十分关注残疾人康复工作。被国家民委和国家五部委分别授予“全国民族团结进步先进个人”“全国残疾人三项康复先进工作者”称号。

为发展闽东水利水电事业，吴增德花费 10 多年时间创建闽东区域电网体制。1991 年，在他倡导下组建闽东老区水电开发公司，巩固和发展闽东区域电网。

1994 年 12 月，因病逝世。

吴敦诚

吴敦诚（1932—2005 年），周宁狮城镇南庄村人。民国 37 年（1948 年）6 月，参加革命，以蒲溪小学教员身份为掩护，从事地下党文书工作。1954 年 9 月，加入中国共产党，先后任县政府农林科科员、科长，县委农村工作部长，咸村区区委书记。

1965 年 6 月，吴敦诚调任中共霞浦县委农工部部长，后任霞浦县革委会副主任。1974 年 5 月，任中共周宁县县委副书记。1975 年 9 月，先后任中共屏南县委第二书记、书记、革委会主任、县人民武装部第一政委。1980 年被选为福建省第五届人大代表。在屏南县任职期间，在全县范围内开展乡村道路建设，兴办小型水电站，使屏南成为全国首批一百个电气化试点县之一。

1983 年 12 月，任宁德地区公署副专员。1985 年 9 月，任中共宁德地委委员、省人大常委会宁德地区工委主任、中共宁德地委正厅级调研员。先后任福建省人民代表大会第五、六、七、八届人民代表，中共福建省第三次党代会代表。

1990—1993年，连续撰写《县市人大常委会组成人员结构现状调查及改进设想》《乡镇基层政权建设现状分析与对策探讨》《地区人大工委监督问题思考》等调研文章，分别被收入省人大的《地方“人大”制度建设研讨》第一、第二、第三辑。1994年9月退休。退休后任宁德地区关工委主任、地区计生协会会长，地区扶贫经济开发协会会长。1997年6月，当选为中共福建省党代会代表。同年10月，获“星星火炬”奖章。1998年12月，被授予“省关心下一代先进个人”。1999年，荣获“全国关心下一代工作优秀工作者”称号。2001年，被授予“省先进计生工作者”称号。2003年，被授予“全国计生协会先进工作者”称号。

2005年逝世。

陈　抟

陈抟（1937—2003年），学名邦国，霞浦县下东区三沙李厝巷（今三沙镇中心村）人，高中文化。1957年至1983年11月，先后任三沙镇政府会计、三沙竹器社社长、县铜矿矿长、工业局生产股股长、县机械厂厂长。1984年调任县拆船厂厂长后，带领职工在柳州湾的荒滩上，靠借款1.8万元起步发展霞浦拆船工业，仅5年便建立起轧钢、制氧、电镀、标准紧固件、五金工具、汽车摩托车配件、轿车刹车片7条生产线。至2001年，霞浦县拆船厂累计工业总产值1.182亿元，实现利润1588万元，上缴税金1000多万元，拥有固定资产1136万元，跻身省同业重点骨干企业，多次被中国拆船总公司和省、地、县评为“先进企业”。1988年，获“福建省五一劳动奖章”。1990年，被省委授予“优秀共产党员”称号。1991年，被省政府授予“福建省劳动模范”称号。1994年，获“省第六届优秀企业家”称号。1995年，获省政府授予“优秀经营者”称号。被选为中共霞浦县第八、第九届县委候补委员。

1997年，退休留任。2003年2月，逝世。

谢庆梓

谢庆梓（1940—1996年），周宁县泗桥乡赤岩村人。1959年7月，毕业于福安农校茶科，被派往福建省农科院茶叶研究所（福安社口）工作，从事茶树栽培与育种研究。

1961年，被省茶叶学会吸收为第一批会员。1963年，谢庆梓的第一篇科研文章《周宁茶树冻害调查报告》在湖南《茶叶通讯》上发表，提出的茶园海拔高度和茶叶冻害相关性的观点，得到茶叶研究界的认可，被湖南大学教材《茶树育种学》和浙江大学教材《茶树栽培学》所采纳。在茶科所工作期间，应邀到省内各县和外省一些地方举办的茶业技术培训班开讲座，宣传推广科学种茶的技术和经验，每年都达到50场以上。1982年升为助理研究员。1986年，谢庆梓被周宁县作为科技人才引进，先后安排到县科委和茶业技术推广站工作，指导全县茶叶生产。任玛坑乡茶业技术顾问期间，使该乡茶叶产量从76.50吨上升到105吨。在咸村梅台以立体栽培方法改造1.33公顷试验茶园，茶叶每公顷产量从3750千克提到14250千克。1988年，谢庆梓被吸收为中国农学会会员。1992年8月，评为高级农艺师。

谢庆梓毕生从事茶叶科研，曾主持或参加数十个项目，其中通过省级鉴定的有15项，获省科技进步奖8项。在国内外刊物和学术会议上发表百余篇知识短文、科普文章、试验报告和学术论文，其中在国际刊物或学术会议上发表4篇，在国家级刊物和学术会议上发表7篇，多次获优秀论文奖。

1987年始，任县政协第二、三、四届常委。1992年9月，被评为县首批拔尖人才。1993年10月，开始享受国务院特殊津贴。

徐章铎

徐章铎（1940—1999年），霞浦县松城镇中乘街人。1960年，霞浦一中高中毕业，先后在崇儒学区、县实验小学任教，多次被评为学区和县先进教师。1974年，调到霞浦县体委任足球专职教练员。1975年，霞浦县成立少体校足球班，为首任教练。1987年，被评为中级教练员。徐章铎历任政协霞浦县第六、七、八、九届委员、常委；先后任县体委副主任科员、国家一级足球裁判、福建省足协教练委员会副主席、宁德地区体育学会和体育史学会委员、霞浦县老体协秘书长和羽毛球协会主席。徐章铎从事体育教学、教练工作30多年。培养输送了8名优秀足球运动员到省体工队、38名足球专项学生到大专院校。徐章铎带领的霞浦县足球队在全国、华东六省市及本省重大比赛中多次取得优异成绩。1988年8月，霞浦县代表福建省参加在秦皇岛举行的走向2002年全国“娃娃”足球赛，获得第四名的优异成绩，徐章铎获全国“祥云”十佳教练称号。徐章铎的事迹先后在《人民日报》《中国体育报》《中学生》杂志及福建省、宁德地区、霞浦县有关报刊上登载。著有《霞浦足球百年》一书。

赵海雷

赵海雷（1942—1997年），漳浦人。1962年3月，参加中国人民解放军。1964年9月，加入中国共产党。

赵海雷入伍后曾任南平军分区司令部军务科参谋、建阳军分区司令部军务科长、邵武县人武部部长等。1983年调任宁德军分区副司令。1993年升任司令员。

赵海雷在闽东革命老区工作14年，在抓好国防后备力量建设的同时，也致力于闽东人民群众和民兵预备役人员的脱贫致富。1986年以后，宁德军分区先后挂点福安大林、宁德猴盾、南岗等边远畲村扶贫，赵海雷帮助争取扶贫资金30多万元，为大林、南岗畲村开通两条约20千米长的乡村公路，并扶持发展一些中长期脱贫项目，开垦茶园26.67多公顷，种植毛竹6.67多公顷，修缮两所村办学校，使贫困山村的面貌逐步得到改变。经过10多年的不懈努力，大林、南岗等畲村群众的生活水平得到提高，人均收入由原来的200多元提高到1996年的1400多元。宁德军分区也被国务院评为“全国民族团结进步模范单位”。1996年3月，赵海雷在革命老区基点村——周宁县坑源底村挂点，长期以来这里的群众生活贫困。赵海雷从各方面争取到8万多元无偿扶贫启动资金，组织群众种植油柰20公顷、板栗6.67多公顷，改造茶园13.33多公顷，还创办一个茶叶精制加工厂。6月，赵海雷被查出患有晚期肝癌，他在病榻上还一直牵挂村里情况。1997年3月，赵海雷在病情比较稳定时，不顾医生劝阻仍到坑源底村实地察看、现场办公、筹集资金。7月17日，赵海雷因医治无效逝世。坑源底村群众在村口树起一块“惠政碑”铭记他。

吴本兴

吴本兴（1943—1998年），别名阿纽，福鼎县（今福鼎市）秦屿镇人，初中文化。中共党员。

1957年6月，在霞浦县三沙五金社当学徒，后任五金社理事、社长。1966年，任三沙五金机械厂厂长。1981年，任霞浦县摩擦制动配件厂厂长。1983年3月，试生产成功第一批雅马哈、本田汽车刹车片12万件出厂，产品质量得到外商确认，当年创产值18万元。该厂的“剑鲨”牌商标成为优质刹车片的知名商标，产品远销东欧、中东、东南亚等10多个国家和地区。1989年，被评聘为经济师。1992年10月，赴美国参加国际贸易展销会。1995年，配件厂产值1500多万元，创汇100万元。固定资产净值从1990年的31万元，增加到335万元。产品技术性能与标准获省优、达到国际同类水平。1996年5月，吴本兴被省总工会授予“福建省五一劳动奖章”。1998年1月，被省政府授予“福建省劳动模范”称号。5月，被全国总工会授予“全国五一劳动奖章”。

1998年8月逝世。

郑邦明

郑邦明（1947—2005年），柘荣乍洋乡徐庄人。1973年12月入党，曾任徐庄生产队队长。2005年7月25日，在福州晋安区远东村将军庙后门的打工住地，为抢救落水何大妈献出自己的宝贵生命，时年58岁。中共柘荣县委追授郑邦明“优秀共产党员”称号。《人民日报》（华东新闻版）、《福建日报》等分别报道他的事迹，获福建省见义勇为基金会“2005年度见义勇为先进分子”二等奖。中共柘荣县委在郑邦明家乡徐庄村建立县“保持共产党员先进性教育基地”，学习他的先进事迹。

李淑琴

李淑琴（1955—1999年），女，霞浦县松城镇俊星街人。1975年10月参加工作。1988年6月起，先后被选为霞浦县政协委员、常委、副主席，县工商联合会常委、专职副主委，商会副会长，工商联妇女会员联谊会主任等职。1980年自学珠织工艺，开办工厂。工厂每年创产值110万～150万元，产品畅销美国、日本等10多个国家和地区，累计为国家创汇500多万美元，珠织厂被轻工业部授予“出口创汇先进企业”。1983—1990年，4次被评为“县先进工作者”。1988年，被宁德地区评为“三八红旗手”。1989年，被评为“地区先进工作者”“福建省三八红旗手”。1990年，被评为全省23名之一的“福建省优秀女企业家”以及“省三八红旗手”。1991年，被县妇联评为“巾帼建功”先进个人。

1999年9月逝世。

刘兆怀

刘兆怀（1955—2000年），柘荣双城镇上城村人，是城郊乡企业站一名断臂的残疾人工作人员。1992年9月17日晚，城郊派出所捕获一犯罪嫌疑人，刘兆怀协助干警看守。18日凌晨，刘兆怀上街买菜，路经车站，发现昨晚关押在派出所的犯罪嫌疑人，一只手上还戴着手铐，神色紧张地在汽车站周围徘徊。刘兆怀不顾自己是个独臂伤残人，立即冲上前去追赶，逃犯夺路窜逃。在小巷处刘兆怀被逃犯用手铐猛力摔打，始终用仅有的一只手紧抓不放。逃犯企图再次挣脱之际，被闻讯赶来的群众协助捉拿归案。

刘兆怀见义勇为的举动，被省精神文明建设领导小组办公室和省公安厅《警坛风云》杂志社评为省“见义勇为十勇士”。1993年8月25日，中共中央宣传部和公安部为他颁发“全国人民群众见义勇为与犯罪分子作斗争先进分子”奖状。9月中旬，刘兆怀出席在北京召开的“第三届全国人民群众见义勇为与犯罪分子作斗争先进分子表彰大会”。县政府给其记三等功一次。

2000年4月，因病逝世。

李兴富

李兴富（1958—1997年），福安阳头人，少时就读阳头中学、福安一中。1976年高中毕业上山下乡插队福安下白石外山村。1978 年应征入伍到漳州 32417 部队服役，3 次受嘉奖。1982 年转业到福安商业局食品公司工作，同年年底调入福安县公安局，先后在坂中派出所和预审科任户籍警、内勤。1996 年 4 月提任穆阳公安分局副局长。

1997 年 5 月 9 日 14 时，穆阳公安分局接到群众举报，潜逃在外的流氓团伙骨干正驾驶一辆摩托车从康厝乡朝穆阳方向而来。李兴富率领民警立即赶往康厝追捕。警车在康厝南洋村附近与逃犯相遇，迅速将其拦截抓捕。扭送上车之际，逃犯突然拔出插在腰间的钢珠手枪，李兴富见状当即向逃犯扑去，逃犯扭转枪口朝其当胸开枪，李兴富因心脏受伤牺牲，时年仅 39 岁。

李兴富牺牲后，中共福安市委、宁德地委先后追认他为优秀共产党员。1997 年 11 月 20 日，福建省政府授予李兴富“革命烈士”称号。1998 年 2 月，公安部授予李兴富“全国公安系统二级英雄模范”称号。

林玉干

林玉干（1962—2005 年），蕉城漳湾镇溪口村人，武警福建省总队福州市支队第一任政治委员（副师级）。1979 年 12 月入伍，于陆军 92 师 276 团 1 营服役，历任陆军排长、干事、政治指导员、武警纪委干事、副处长、干部处长、支队政治委员。先后 2 次荣立三等功。

2005 年 10 月 2 日晚，受第 19 号强台风“龙王”袭击和天文大潮影响，武警福州指挥学校位于闽侯县上街镇榕桥村的训练基地遭受山洪袭击，两栋楼房顷刻被冲毁，来不及躲避的学员被山洪卷走。接总队救援命令后，支队火速调集 120 余名官兵携带 6 艘冲锋舟迅速赶往事发地点，会同直属支队等单位执行营救任务。林玉干亲临一线，靠前指挥，并将自己的救生衣让给战友穿。3 日 2 时 30 分，他乘坐的车辆在京福高速公路入口附近中美村公路被山洪冲翻，他也被洪水卷走，不幸牺牲。

2005 年 10 月，林玉干被追认为烈士，安葬于福州市文林山烈士陵园。

徐开清

徐开清（1969—1998 年），寿宁县凤阳乡基德村人。1992 年 6 月，毕业于宁德师范专科学校数学系。1992 年 8 月，分配到宁德八中任教，1997 年 8 月调到宁德十五中任教，1997 年 8 月调到宁德十中任教。先后被评为地区优秀团干、先进教师。

1998 年 4 月 19 日，徐开清参加学生数学兴趣小组野外活动时，学生郑祖文不慎落入两米多深的水潭中，危急关头，徐开清不顾自己的安危，不识水性的他迅速跳入冰冷的潭水中，用自己瘦弱的身躯艰难地顶起郑祖文。学生得救了，但他却献出自己年仅 29 岁的年轻生命。

徐开清牺牲后，中共宁德地委和福建省教委分别作出“向徐开清同志学习”的决定，教育部部长陈至立为徐开清题词“师德楷模”。国家、省、市有关部门分别追授徐开清为“中共党员”“革命烈士”“见义勇为模范”“全国‘三育’先进个人”“省五一劳动模范”“省师德标兵”等荣誉称号。

袁灿尧

袁灿尧（1969—2004 年），柘荣双城镇溪坪人，2004 年 6 月 2 日下午 6 时许，一名小学生在龙溪河滨路溪畔玩耍，不慎掉入水中。袁灿尧听到呼救声，立即从家中冲向溪边，奋力扑入水中抢救落水儿童。但因雷雨后，溪边水中的电杆漏电造成溪水带电，他被电击而牺牲。柘荣县人民政府授予他“见义勇为先进分子”荣誉称号，后又获“福建省 2004 年度见义勇为先进分子”

三等奖。

余闽华

余闽华（1972—1994年），周宁县咸村镇光厦村人。

1990年，余闽华加入中国人民武装警察部队，分配在广州消防支队流花中队。入伍3年中，他在做好部队本职工作的同时，还利用工余时间参加救火抢险200余次，多次受到中队和支队的表彰和嘉奖。1993年，余闽华退伍后任珠海市公安局机场分局消防大队消防民警。1994年6月17日清晨，前山裕新染织厂发生特大火灾，机场消防大队受命紧急出发，余闽华带病奔赴火灾现场。在救火过程中，危楼坍塌夺去了他的生命，牺牲时年仅22岁。

为了弘扬余闽华英勇战斗、奋不顾身扑灭烈火的英雄事迹和抢救人民群众生命财产而以身殉职的精神，广东省公安厅为余闽华追记一等功，广东省人民政府批准其为革命烈士。1994年11月，中共周宁县委、县人民政府、县人民武装部联合发出《关于在全县开展向余闽华同志学习的决定》，号召全体共产党员、共青团员、民兵预备役人员和广大干部群众向余闽华学习。

林碧玲

林碧玲（1973—1995年），女，福安苏坂村人，共青团员。1992年9月，考入福建银行学校。

1994年8月，林碧玲分配到福安市农业银行康厝营业所担任出纳员，并负责守护金库。1995年2月24日20时30分，两名歹徒蒙面抢劫银行。林碧玲临危不惧。面对歹徒的持刀威逼，林碧玲始终顽强抵抗。在近一个半小时里歹徒用尽各种手段，仍一无所获，残忍地将林碧玲杀害。国家财产保住了，而林碧玲牺牲时身上刀斧伤口达15处之多。

林碧玲誓死捍卫国家金库而壮烈牺牲的英勇事迹，在社会上产生强烈反响。全国、省妇联先后追授其“三八红旗手”称号，省政府追授其省“五一劳动奖章”，宁德地委、行署、福安市委、市政府也先后追授林碧玲各种荣誉称号，省、地、市农行都作出开展向林碧玲学习的决定。

吴传碧

吴传碧（1975—1995年），柘荣乍洋乡人。1994年12月入伍，为中国人民解放军32846部队86分队战士。1995年6月17日，在海上观摩演习时翻船，为抢救战友不幸牺牲，被福建省人民政府追认为革命烈士。

游泽滔

游泽滔（1985—2004年），柘荣富溪镇东山村人。2004年9月11日下午5时许，游泽滔在上城桥头看见两个小女孩在桥下一岩石上玩耍时，一人不慎掉入激流，被冲到5米远的深水区。他奋不顾身，立即跳入水中奋力将她推向岸边。此时另一个女孩也掉入溪中，他再次入水抢救时，因水性不好，体力耗尽被卷入激流而牺牲。

池新新

池新新（1987—1999年），女，福安阳泉村人，在福安四中就读。1999年10月1日上午，池新新和同校学生李健山等人以及宁德地区民族中学初二学生郑超健等10人到坂中乡柳堤村郊游。他们溪边的两块大石头上玩耍，其间二人下水游泳，被溪流冲走，情况危急。池新新毫不犹豫地跳入水中，向正在水中挣扎的两人游去，竭尽全力将两人一点点推向岸边，自己却因体力不支而牺牲。

2002 年 4 月 5 日，福建省人民政府授予池新新革命烈士称号。

前志补遗

陈　桷

陈桷（1090—1154 年），原名纬，字季壬（又作季任），自号无相居士。柘荣湄洋《陈氏家谱》载，其系平阳柘园入柘先祖唐进士广东太守陈臣、福建推官陈显后裔，生于溪坪潭头坪，为四世祖。陈桷家学渊源，幼随父入平阳（《宋史》载“温州平阳人”），就读于平阳学宫，以上舍贡生入太学，宋政和二年（1112 年）中取三鼎甲探花，先后得授文林郎、秘书省校书郎、著作佐郎、太学博士、冀州兵曹参军、尚书虞部员外郎、提点福建路刑狱、礼部侍郎、广南路经略安抚使等。

宋宣和七年（1125 年），金灭辽后派使者入中原刺探军情。陈桷奉旨差伴金使返程，察觉金人有南侵之谋，告之朝廷而触犯“朝禁”被外放任提点福建路刑狱。靖康元年（1126 年），北宋朝廷告急，向福州调发驻军（秋防兵）。兵士因不满资粮短缺，合谋杀死帅臣（安抚使）。面对突发兵变，陈桷处危不惊，不计个人安危，亲自到兵营晓以法理，导以去从。在权衡利害后，乱兵要求他向朝廷谎奏“帅臣自杀”。陈桷顺遂其意，以稳军心，暗中却派员飞章上奏，说明自己前奏不实以请罪。朝廷以其临危之际灵活应变，不再追究其谎奏之罪。在调兵路上，陈桷追杀参与兵变的祸首 20 余人，将功补过。建炎三年（1129 年），陈桷巡察各地，手下将士将潜逃于建州浦城一带逼宫乱党恶首苗傅捕获，交付朝廷处置。1130 年 5 月，又任福建路提刑，福建转运司扣押“御甲钱”，路都曹被杀，陈桷又不负圣命，速以平息。故史称其有“一方以安”之政绩。绍兴元年（1131 年）3 月，陈桷以病为由自请充任祠禄官乞调，主管江州太平观。

绍兴三年（1133 年），陈桷被召为金部员外郎，升礼部郎中。次年，改任起居舍人，又任太常少卿。“时言事率毛举细务，略大利害。”遂向宋高宗进谏：“今当专讲治道之本，修政事以攘敌国，不当以细故勤圣虑如平时也。”他因多次建言，为秦桧等保守党所嫉恶而再度被外放。绍兴五年（1135 年），任直龙图阁，知泉州。绍兴六年（1136 年），改任两浙西路提刑。任上致力革除时弊，向宋高宗直言上疏：“乞置乡县三老以厚风俗，凡宫室、衣服、器械定为差等，重侈靡之禁。”绍兴八年（1138 年），陈桷迁任福建路转运副使，力主抗金，得到枢密院太仆范宗尹等主战派的赞誉。绍兴十年（1140 年），复召为太常少卿，编成徽宗御书。绍兴十一年（1141 年），升礼部侍郎，赐三品服。绍兴十一年（1141 年），陈桷奉诏与吏部、太常寺讨论宫廷典制，秦桧借其言与已故主战派老相赵鼎之论如出一辙，向高宗进谗，诬陷陈桷“不详典故，专任己意，怀奸附丽”。遂与礼部尚书苏符、吏部尚书吴表臣等 6 人一并被罢免，陈桷提举江州太平观。绍兴十五年（1145 年），宋高宗忽然提起陈桷：“好士人，今何在？可惜闲却，当与一差遣。”随即被诏用任襄阳府事、充京西南路安抚使。当时襄汉兵革连年，户数锐减，而赋税却有增无减。陈桷为民请命，减轻税负。第二年，金、户兵叛，陈桷又遣将平之。又遇汉江决口，民舍飘荡，他躬率兵民捍筑堤岸，以平水患。而后闻于朝廷，加秘阁修撰，徙广东帅，官至中奉大夫。在广东期间，适遇有番船在海上遇险，陈桷亲至海边营救，临时搭建住所 50 多间，为他们提供食宿。番官感激赠予价值三万八千余贯之物，陈桷拒收为已有，尽归献朝廷。广州廉举杨送诗赞：“囊橐来时似去时，如公清白古今稀。身如竹叶心似水，不带江南一线归。”之后，陈桷再次以疾请乞祠，提举江州太平兴国宫。

绍兴二十四年（1154 年），改知广州，充广南东路经略安抚使，赴任途中于三月十九在惠州（今广东惠州市）逝世，由好友薛弼经理丧事，并护送回福建。宋高宗念其一生操持国是，敕诏封赠为“兵部尚书大丞相”，并令“灵柩运送，逢水造桥，逢府府接，逢县县迎。”与先祖诏赠兵部侍郎陈太卿、曾祖陈显等祖坟群为伍，以一品荣爵官葬于二十四都（今福鼎管阳）广化。葬礼由朝廷司农寺承办，六部等官员 20 人亲临祭典，并在陈桷溪坪探花府官邸前敕建“守介不移”牌坊。又将陈桷坟场契卖、墓造、拜坪、坟亭、石狮、石虎、石将军、守坟寺与葬礼纪实等敕诏存谱。

陈桷著有《无相居士文集》，已散佚。《宋史》《福建通志》《温州府志》均有其传。《宋史》称“桷宽洪酝籍，以诚接物，而恬于荣利。当秦桧用事，以永嘉为寓里，士之夤缘攀附者，无不躐登显要。桷以立螭之旧，为人士所知，出入顿挫，晚由奉常少卿擢权少宗伯，复以议礼不阿忤意，遽罢，其节有足称。”

朱　熹

朱熹（1130—1200 年），字元晦，改字仲晦。祖籍徽州府婺源县（今江西省婺源），福建南剑州（府治在今三明市）尤溪人，定居于建宁府（府治在今建瓯）建阳县的考亭。

朱熹讲学多在闽北、闽东。而在闽东讲学时间最长的一次，是在“庆元党禁”期间。宋绍熙五年（1194 年），朱熹任宁宗侍讲。利用侍讲之便，表达对执政韩侂胄的不满。韩为排斥异己，指示其党羽创以伪学之名，诬朱熹为伪学罪首，打击朱熹及其学派。不久朱熹被褫职落祠。“庆元党禁”由此而起。庆元三年（1197 年）三月朱熹应古田门人邀请潜往古田，经门人提议到离县城较远的杉洋蓝田书院设馆授业。除了主讲蓝田书院外，还在古田设立 7 个附属书院（俗称“八斋”），并遣得力门人去主持教务。此外，朱熹还在杉洋乡民鼎助下在蓝田书院内外修建某些附设建筑。至此，朱熹在古田建立较为完备的教学设施。同时，为勉勖门生励志苦学，在书院中题镌不少楹联和名句。

庆元三年（1197 年）十二月，朱熹名列伪学籍后，韩侂胄便派人刺杀他。朱熹在古田不能久待，长溪籍门人杨复、黄干、杨楫复敦请朱熹避往其邑。朱熹遂于庆元五年（1199 年）二、三月间作长溪之行。赴长溪曾途经宁德作短期逗留，并讲学石堂（今宁德虎坝乡梅鹤、文峰一带）。他讲学杉洋时曾到石堂游览（两地毗连），今宁德市城郊乡北面玉女峰左侧有座南漈堂，堂内尚存署名“朱熹”的“静神养气”和“鸢飞月窟地，鱼跃水中天”题壁手迹。月余后，朱熹抵长溪县，讲学于福安九都龟龄寺、文林村（距龟龄寺约 3000 米），并在杨复故里创建考亭书院。数月后，朱熹动身前往长溪县治所霞浦，在赤岸设馆授学。“党禁”期间，朱熹避地讲学。两个月后，朱熹离开霞浦将赴福鼎，门人塑朱熹像以祀其处。

门人杨楫迎请朱熹至潋水（今秦屿冷城），创立书院（即石湖观），朱熹随即便讲学于观中。随后，朱熹又转至太姥山璇玑阁小住讲学。约三个月后，朱熹欲游浙江永嘉取道福鼎桐山，登双髻山（距桐山约 1500 米），在该山颠的一览轩遗址，为诸门人作其闽东行之最后一次讲学。

在闽东期间，朱熹在讲学同时还坚持撰著。在门人的协助下，利用教学余暇，前后完成《韩文考异》《伪学集》《集书传》《楚辞辨证》《楚辞后语》及《蓝洞》《白鹿洞》《东斋记》《十八门人录》《答林正甫（即林湜）书》等著作。

叶朝奏

叶朝奏（1545—？），字匡之，号松野，寿宁城关后叶文山里人。23岁应明隆庆元年（1567年）恩贡，出任江西信丰知县。当时，明朝皇室挥霍无度，官府贪污腐败，对百姓横征暴敛，老百姓生活在水深火热之中。叶朝奏“秉性耿介，禔身端洁”，尽力安抚黎民，减轻百姓负担。他不趋炎附势、不同流合污的耿直秉性，终因“与府宪不合，解组归家”。

叶朝奏回乡后，做了许多好事，重要的有“止开矿”“寝迁城”“修邑乘”等。

止开矿，是制止重新开采银矿。当时，寿宁官台山的大宝山银矿，是省内重要银场之一，由朝廷派人监督采炼，运京城入库。矿工及民众不堪官府压榨盘剥，从永乐二十二年（1424年）至景泰元年（1450年）的25年间就爆发3次起义和对抗。景泰初年，明朝当局平息刘怀茂起义后，置邑寿宁，银矿亦废采。万历年间，国库空虚，上司有复采银矿之议，由于叶朝奏等力陈利弊，而罢此举，免除地方的沉重负担。

寝迁城。嘉靖倭寇之变，寿宁2次遭到倭寇烧杀掠抢，尤其是嘉靖四十一年（1562年）十一月，倭寇攻陷县城，大肆屠戮，连县署都被焚毁。隆庆四年（1570年），县署方得重建，而城墙屡建屡毁。于是，有人提出“迁城”之议。若付诸实施，显然又得劳民伤财。经叶朝奏等人力争，此议亦寝。

修邑乘，指的是万历二十三年（1595年），知县戴镗主持重修县志，叶朝奏参与其事。此志今佚，故知者甚少。

叶朝奏撰有《孝经注》，教育家人及本族子弟。尝题联于家云：“孝悌养一家元气，诗书开百代渊源”。劝诫子弟“东作时耘田上草，勿教农事总虚花”“传经白首亲师友，莫遣青春恋酒花”。由于其家教严格，子孙多有长进。

明崇祯年间，知县冯梦龙钦佩叶朝奏“正直居官，孝友表俗”，于崇祯九年（1636年）采公议申请将叶朝奏入祀乡贤祠。次年获准，在送神主入祠时，冯梦龙撰写祭文。

蔡步钟

蔡步钟（1831—1869年），字则玉，号监泉，宁德城关人，清廪生。其父蔡志谅任户部员外郎，他随侍在京邸，以输饷得官，任刑部员外郎分发四川，后补用雅州府知府。任初，李永义起义，攻陷名山县，蔡步钟与总兵唐友耕率兵讨伐。

清同治二年（1863年）春，太平天国翼王石达开率部到云南边境从米粮坝渡江急进，拟攻雅州不备。蔡步钟首承督臣骆秉章围剿石达开檄文，统带汉族、土族兵卒，驰防大渡河。三月二十五日，蔡步钟到河上，总兵唐友耕亦同时到达。此时，石达开率部三四万人，进入土千户王应元管辖的紫打地境内。是夜，河水徒涨数丈，石达开隔河搭棚，赶造船筏，蔡步钟命兵卒开枪射击。四月初四，石达开率部四五千人至河边，用挡牌护射，乘筏强渡，岸上呐喊助威，声震山谷。蔡步钟令兵卒严阵勿动，待太平军接近时以枪炮连环轰击，并用火药燃爆木筏，阻挡渡河。十三日，蔡步钟又派兵由苏村过河剿杀太平军。石达开知难挺进，于十七日全力出击。蔡步钟与唐友耕、王应元等竭力阻抗。由于时间拖延，太平军粮草渐罄，困难加重。石达开率部分水陆两路进攻，一路猛划船筏，一路攀崖勇进。蔡步钟凭仗优势地形，指挥士卒用枪炮猛烈还击，并拉拢夷兵由紫打地两路夹攻。石达开撤退时，蔡步钟又分遣心腹，收买耳目，刺探石达开行踪，紧密追踪。二十七日，石达开最终落入蔡步钟圈套，部属全被镇压。

战后，蔡步钟经督宪骆秉章奏奖，旨免补知府，以道员尽先补用，并赏戴花翎。此时，太平军续攻云南，云南巡抚林鸿年奏调蔡步钟赴南营帮办军务。不久，蔡步钟任云南按察使，后因积劳成疾，旧伤复发，于清同治五年（1866 年）回乡调养。其间，在宁德城内建大厅一座，作为官邸。

缪锡龄

缪锡龄（1875—1928 年），字子頣，号松长，福安穆阳人。缪锡龄受业于宿儒王舜琴。他擅长为文，向为老师所器重。20 岁“补清博士弟子员”，正当他锐意进取之时，不幸父亲去世，他丁忧返乡。从此，他承担起茶业商务及家庭事务。

清光绪二十二年（1896 年），缪锡龄发动志同道合者募款创办景贤义塾，并聘请陈文翰（即西园先生，曾任清末知县、民国时省长公署秘书、秘书长）、陈文基（拔贡）任教，缪锡龄亲自担任《论语》课程，时年 21 岁。正值清季，有识之士力主变法。光绪二十四年（1898 年），光绪皇帝下诏废科举兴学堂。缪锡龄顺应时代潮流，立即将景贤义塾改制为同文初等小学堂，亲任堂长。缪锡龄是穆阳小学的创始人，也是福安新式小学堂最早的创办人。

清宣统元年（1909 年），同文初等小学因学生人数骤增，缪锡龄又募款建一座双层木结构的教堂楼，中间为办公厅，两旁为教室，楼上房间为储藏室与宿舍。并在楼前挖一口鱼池，池中间以石拱桥横贯南北，桥上两旁设花垒，既作护栏又可摆放盆花。鱼池东西两边有栏杆靠背椅，供人观赏游鱼。该教学楼投入使用后，学生增至百余人，因而增设高小班，校名也更改为“同文高等小学堂”。高年级增设普通话和英语课程。

民国 3 年（1914 年），缪锡龄再度募款兴建一座土木双层结构的教学楼，楼上、楼下各有教室 2 间，大楼左侧开辟操场一处。至此时，学校有 3 座教学楼，2 处操场，学生亦增至 200 多人。民国 13 年（1924 年）学校更名为“县立同文小学校”。1925 年，同文高等小学堂设立女子分校。

民国 17 年（1928 年），缪锡龄因病逝世。

林步瀛

林步瀛（1900—1981 年），蕉城二都人。年轻时就读于福州“三一汉英书院”（现福州九中）。林步瀛因英语成绩优秀而被“福州青年会”聘去教夜校英语。参加工作伊始即入邮政部门，从“拣信”开始，当过邮佐、基层邮政局局长。民国 24 年（1935 年），任东南四省邮政视察。民国 31 年（1942 年），福州成立福建邮政储金汇业分局，林步瀛时任省管局派财务帮办，兼任该分局经理，下设营业、内地储汇和出纳 3 股，既管理全省储汇业务，又兼福州现业。

民国 35 年（1946 年），林步瀛奉命率一批福建邮政管理局人员，赴台湾接管邮务并任台湾邮政管理局局长。1949 年夏，国民党政府邮政总局从南京迁至台湾。林步瀛被调任福建邮政管理局局长，留在台湾直到去世。

陈　炳

陈炳（1905—1951 年），原名陈金城，古田县松吉乡松台村人。福建省早期中共党员，中国共产党古田县组织创立者。

在“五四运动”影响下，陈炳等一批古田青年学生纷纷赴福州求学。民国 12 年（1923 年），陈炳考进福建中学，加入福建勉之学社，并成为主要成员之一。民国 14 年（1925 年）秋，陈炳参与负责把勉之学社改组为青年团体福建涤社的筹备工作，并创办了《涤之》周刊。民国 15 年（1926 年）4 月 1 日，加入中国共产党。6 月，陈炳参与发动工人运动，担任码头工会负责人，带领码头工人进行反抽甲头税、增加工资的合法斗争，赢得斗争胜利，促进斗争进一步发展。是年年底，由陈炳介绍，黄孝敏、陈宗远、魏耿、黄增琦、陈仁材等古田籍青年学生先后加入党组织，成为古田最早的一批共产党员，为古田党组织的建立准备了干部基础。民国16年（1927年）3月，中共福州地委派陈炳、黄孝敏、陈宗远、陈仁材、黄增琦、魏耿等古田籍共产党员返回古田开展革命活动，在古田县城五保吴鸿逵厝成立中共古田县特别支部委员会。特支隶属中共福州地委，为闽东地区最早建立的中共党组织。陈炳任书记。4月，福州"四·三"反革命政变后，中共福州地委遭到破坏，古田特支与上级失去联系。为了尽快恢复党组织，联系失散隐蔽党员，陈炳四处奔走活动，秘密召开各种会议。中共福州市委恢复后，从事革命宣传活动，在党组织办的"涤社"里负责油印革命刊物。民国22年（1933年）12月，陈炳被十九路军逮捕，成立福建人民政府时获释。1951年病故。

丘　堤

丘堤（1906—1958年），女，原名邱碧珍，字秀崑。民国2年（1913年），就读于霞浦官立高等小学堂（后易名为近圣小学）国民部。民国4年（1915年），转县立第一女子小学就读。民国8年（1919年），考入福州女子师范，与进步同学成立女师学生自治会。民国12年（1923年），利用假期与同学游寿、郑啸琴等3人回霞开办妇女工读补习班。此时改名为丘堤。民国17年（1928年），上海美术专科学校西洋画系毕业后，前往日本考察学习进修美术。民国19年（1930年），从日本回国，再次进入上海美专。民国21年（1932年），组织庞薰琹个人画展及决澜社首届画展。民国22年（1933年），在上海举办决澜社第二次画展，创作的油画《瓶花》获决澜社奖。1950年，深入浙江农村，创作以农村土地改革运动和农业劳动为题材的大幅油画。1953年，从杭州迁居北京后，做了大量抢救濒临危机的全国民间艺术工作，后在中央美术学院实用工艺美术研究所从事实用工艺美术、服装研究和服装设计工作。1956年，组织筹办全国服装展览。同年《美术》杂志刊登丘堤的作品和《谈谈服装的式样》文章。设计的舞蹈服装《采茶捕蝶》获全国优秀设计奖。

林志鸿

林志鸿（1910—1945年），蕉城洋中人。高中毕业后进入中央陆军军官学校，为黄埔军校第十期学生。毕业后任国民革命军36师上尉连长。民国26年（1937年），在罗店之役中负伤。1938—1944年，林志鸿任国民革命军第19路军混成旅上校参谋长，期间随宋希濂部队远征云南保山，参加滇西抗战，任远征军荣誉二师上校参谋主任。1945年，因病逝世。

黄象颜

黄象颜（1910—1982年），别名黄世风，屏南县长桥镇长桥村坑圪自然村人。6岁入私塾，年少辍学随父学习木匠手艺。17岁时，便能携徒赴古田、南平、建瓯、建阳等地单独承接建造民居、木拱廊桥、水碓等木匠工程。他擅长建造木拱廊桥，整座桥不费寸钉片铁，只凭榫卯衔接，结构严密，桥体稳固，桥底拱而桥面平，造型美观。

民国初年，长桥村的廊桥被大火烧毁，民国21年（1932年）动工重建。黄象颜、黄生富回长桥担任建桥主绳（工程设计及技术主导）。传说此次重建，有一名工匠从拱架上跌落河滩上而安然无恙，因此更名为万安桥。1952年，万安桥西北端两个拱架共12开间被大水冲毁。1954年，屏南县人民政府出资重建，继续聘请由黄象颜、黄生富担任建桥主绳，因黄生富生病，就由黄象颜及其子共同承建。桥长98.2米，宽4.7米，桥面至水面高度8.5米，五墩六孔，船形墩，不等跨，最大跨度为15.3米，最小跨度为10.6米，是中国最长的木拱廊桥。1988年10月，公布为屏南县级文物保护单位。1991年，公布为福建省级文物保护单位。2005年，公布为国家重点文物保护单位。

黄象颜一生建造廊桥31座、民居和水碓车数十座，并口手相传营造技艺，使古老廊桥建造技艺代代相传。

郭虚中

郭虚中（1912—1971年），字展怀，号砚池、剑池，福安坦洋人。郭虚中幼时在家乡私塾接受传统启蒙教育。后转入湖山高级小学，改读新式课程。

郭虚中在福州福建学院附中毕业后，到上海东亚大学国文专修科深造。18岁时专修科毕业，再升读上海中国公学大学部文史系，民国23年（1934年）东渡日本留学。留学日本期间，郭虚中成为东京帝国大学的大学院研究生，师从著名汉学家盐谷温治文学史。回国后写下不少爱国作品，并先后在上海持志大学国文系教国文，受聘于商务印书馆任编辑，参与《中山大辞典》编纂工作。后历任国立暨南大学文学院、英士大学文理学院教授。民国28年（1939年）、民国34年（1945年），两次到省立三都中学授课。解放前夕，在浙江英士大学任教。

1950年8月，郭虚中被聘任为福建师院中文系教授，后又兼系主任。1951年9月，郭虚中改任史地系教授、系主任以及学院教育工会主席。1952年8月，任福州大学历史系教授。曾任过福建省人大代表、福建省政协文史委员会副主任、福建省民盟委员。

1971年9月逝世。2012年，郭虚中100周年诞辰时，中华书局出版他生前手稿《展怀史通批校》线装本一函五册。

胡步福

胡步福（1912—1976年），蕉城区九都镇坑尾村人。民国22年（1933年）参加红军。民国26年（1937年）。加入中国共产党，1938年，参加新四军三支队六团北上抗日，历任班长、排长、连长、营长、团参谋长、团长、福安军分区参谋长，七机部附属646厂厂长、党委书记，福建省荣军休养院院长，安徽省合肥市军分区司令员等职。先后参加过淮南、半塔集保卫战以及黄桥、车桥、淮海、渡江、上海、福州、厦门等战役。在战斗中5次受伤，评为二等乙级残废。1955年、1959年先后被授予中校、上校军衔。1957年6月17日被授予三级八一勋章、三级独立自由勋章、三级解放勋章。

刘宗璜

刘宗璜（1915—1983年），乳名瑞生，笔名刘依林、白蓬、黄轲、丁秋野。祖籍福安溪潭磻溪村。

民国19年（1930年），刘宗璜在福安初中毕业后，赴上海光华大学高中部学习。民国22年（1933年）7月，加入中国左翼作家联盟。不久，被推荐为大夏大学“左联”小组负责人。9月，加入中国共产党。随后，组织领导“无产阶级世界语者联盟”筹建工作。同年，参加“轨迹社”，在“左联”领导下出版《轨迹》杂志，担任编辑、校对、发行等工作。刘宗璜响应“左联”开展文学大众化的号召，创作诗歌《北风歌》《雪下面的春天》并发表。民国23年（1934年），坚持参加左联活动，给“左联”刊物《动向》写稿。12月15日，刘宗璜用“白蓬”笔名在《中华日报·动向》上发表杂文《“杞人”的话》，文章后被收入1927—1937年《中国新文学大系·杂文卷》。

民国24年（1935年）2—3月，《文学新辑》发表刘宗璜的诗《灰色驴》。后返福安先后在福安职业中学和湖山小学任教，秘密参与革命活动；同时继续与“左联”联系，并担任《文丛》刊物特约撰稿人。“七七事变”后，任福安“抗敌后援会”秘书、宣传工作团团长。

民国33年（1944年），任《闽东日报》总编辑，掩护地下党开展革命文化活动，销售进步书刊。民国36年（1947年）6月9日，刘宗璜在福州与中共地下组织领导人联系工作时，被警察逮捕，经多次审讯，敌人一无所获，只好释放。11月，再次被捕。关押一年后，当局将其交保监视，并宣布停止其就业，不许参加任何机关团体。民国38年（1949年）3月，其参议员一职亦被除名。同年6月，秘密返柘荣、福鼎，接受人民解放军六十三师政治部保卫科领导交给的任务，回福安后成立“福安临时治安协会”，筹备粮草，支援游击队。

中华人民共和国成立后，刘宗璜历任福安县财粮科长、电厂厂长、专署建设科干部、地区医药站干部。中共十一届三中全会后，任县政协委员。

张诗华

张诗华（1919—1991年），字步图，福鼎潘溪后坪人。张诗华自小接受革命思想，年幼就参加革命，编入工农红军闽东独立师。民国26年（1937年）7月，加入中国共产党，并随独立师转战闽东北各地，参加了坚持艰苦卓绝的3年游击战争。民国27年（1938年），张诗华追随闽东红军独立师北上抗日，历任新四军第三支队第六团排长、新四军第一师一旅一团副连长、新四军第一师教导旅第一团一营营长。他身先士卒，英勇战斗，多次负伤，屡立战功。解放战争时期，张诗华历任山东野战军一纵一旅一团一营营长，华东野战军一纵一师一团参谋长，中国人民解放军第九兵团二十军五十八师一百七十二团参谋长。曾参加宿迁战役、鲁南战役、莱芜战役、孟良崮战役、豫东战役、淮海战役、渡江战役、上海战役等。

1949年6月，张诗华被抽调至第十兵团，随军参加解放福建，任福建省军区第三军分区警备团参谋长。又奉调华东军区参加组建剿匪部队，任山东祈蒙山剿匪部队司令。1955年，剿匪部队改编成工兵部队，张诗华则调防兰州军区，驻扎青海、西安一带。1969年，委任其汉中军分区司令员职务，但因身体原因，未能到任。1972年4月，以正师级待遇离职休养，享受副军级医护待遇。曾获三级八一勋章、三级独立自由勋章、三级解放勋章、国家二级红星勋章。

雷双勋

雷双勋（1935—1980年），畲族，霞浦县州洋乡青福大队丁步头村人。雷双勋从小热爱文艺创作，中华人民共和国成立后，曾在《文汇报》《诗刊》《福建日报》《热风》等报刊上发表《青福一跃万里遥》《析割丰收稻》《人换思想地换装》《丰收歌》《畲民上京见主席》《青福人民歌颂党》《乞丐变诗人》等数十篇新畲歌。1959年，在福建省群众文艺会演中，登台演唱自编的畲歌《乞丐成诗人》博得与会领导、文艺界人士及观众高度赞赏和好评；同年8月，获“福建省农村文化工作积极分子”称号。1960年7月，出席全国第三次文化艺术界代表大会。1960—1963年，先后出席福建省第二、第三届文艺家代表大会。在第三届文代会上，当选为福建省文联委员，同时当选为福建省作协、福建省音协理事。系中国民间文艺家协会会员、福建省作家协会会员、福建省音乐家协会会员、霞浦县民间文艺协会副主席。1980年逝世。

朱发树

朱发树（1952—1987年），寿宁斜滩镇元潭村人。初中毕业后回乡参加生产劳动，先后担任生产队出纳、会计、队长。1985年12月，朱发树被斜滩镇人民政府招聘为赛江上游绿化工程斜滩地段专职护林员。任职两年中，处理各种毁林事件80多起，其管护的责任山幼林保存率达95%以上。1986年，被评为县林业先进工作者。

1987年6月15日上午8时，斜滩镇医院后的民房起火，正在附近巡山护林的朱发树发现火情后，即刻奔赴火场，冒着烈火浓烟第一个爬上四层楼顶制高点。他边拆除易燃物，边向下泼水，终因烈火缠身，精疲力竭，从14米高处摔下，当即不省人事。经省立医院抢救，因伤势过重不幸逝世。

1989年，省人民政府追认朱发树为革命烈士。

吴增兴

吴增兴（1953—1983年），福安人。1971年1月入伍，1974年4月加入中国共产党。历任战士报务员、电台台长、中国人民武装警察部队西江直属第二支队司令部通信参谋等职。曾7次立功受奖，多次被评为训练技术标兵。

1983年9月13日，所在部队接到围捕全国通缉的重大持枪杀人犯“二王”的任务。吴增兴严密组织通信联络，保证部队指挥畅通。9月18日，吴增兴主动请求参战，奔赴广昌参加围捕“二王”的战斗。战斗打响后，一歹徒被击毙，另一歹徒躲进灌木丛中，朝正向他搜来的吴增兴连发数枪。吴增兴用尽全身力气向歹徒连发4弹后，倒在草丛中。年仅30岁的吴增兴因伤势过重，抢救无效，光荣牺牲。中国人民武装警察部队授予吴增兴“身先士卒的好参谋”荣誉称号，并颁发二级英模奖章。

张垂雄

张垂雄（1964—1990年），福鼎贯岭人，柘荣县消防中队副指导员。1983年10月入伍。1990年8月8日，带领官兵赴东源乡青岚面村扑灭山火，途经南山桥时，因桥面施工泥泞，导致轮胎打滑，造成消防车撞翻桥下。在这紧急关头，他用身体挡住战友，使战友化险为夷，自己却不幸牺牲。1991年，被批准为革命烈士，追记二等功。

周万齐

周万齐（1967—1989年），周宁县纯池镇祖垄村人。1988年7月，闽东工业学校毕业，8月，到周宁县工商局七步工商所工作。1989年春节后，漏税偷运木材的不法活动猖獗。2月28日下午2时，周万齐接到浦源工商所急电，一辆运载非法木材的货车拒查，往七步方向逃逸。此时，七步工商所仅有周万齐一人值班。即刻间该货车就到达七步，强行冲关。周万齐跳上该车驾驶室踏板，勒令停车。不法分子见无法逃脱，假意停车，将周万齐推到车下，再次强行冲关。周万齐不顾一切用身体挡住车子，不法分子疯狂猛冲，用货车碾过他的身躯。周万齐因伤势过重，抢救无效而牺牲，年仅22岁。1993年12月，福建省人民政府授予周万齐革命烈士称号。

第二章 人物表

第一节 烈士名录

1993—2005年，宁德籍及外籍在宁德市工作因公（战）殉职被批准革命烈士的33人，另补遗7人。烈士名录按烈士批准时间先后排列，同一时间以姓氏笔画为序。

1993—2005年宁德市（地区）烈士一览表

表47-1

姓名	性别	籍贯	出生时间	单位 职务	牺牲简况	授予时间
周亚生	男	福鼎	1922	中国人民解放军25军18师	1948年7月在湖北豫东对敌作战中牺牲	1948.8
朱发树	男	寿宁斜滩镇元潭村	1952	赛江上游绿化工程	1987年6月15日，斜滩镇医院后面民房起火，冒着烈火浓烟爬上楼顶泼水灭火，终因精疲力竭，从高处摔下牺牲	1989.5追认
吴元寿	男	浙江庆元西溪	1920	闽浙赣游击队交通员	1947年3月游击队驻扎在庆元遭敌袭击，突围中牺牲	1989.12追认
孔宪忠	男	柘荣县双城镇	1937.11	柘荣县企业局局长	1989年10月，在执行公务时，为保卫国家财产和他人的生命安全，同歹徒搏斗而英勇献身	1990年
张垂雄	男	福鼎贯岭镇	1964.11	柘荣县消防中队副政治指导员	1990年8月8日，在柘荣县东源乡青岚面村火灾抢险中为保护战友而英勇献身	1991年
陈德庄	男	周宁县泗桥村	1912.4	红军闽东独立师第一纵队战士	1938年秋在江苏茅山战役中失踪	1992.3
王仕成	男	福安康厝乡康厝村	1899.11	中共康厝梧桐支部委员	1932年秋，受江平同志指派前往周宁交界的屏风山说服土匪江朝投诚革命，途经穆阳镇苏堤村被敌抓捕，次日被杀害于福安城关南门	1992.10追认

续表 47-1

姓名	性别	籍贯	出生时间	单位　职务	牺牲简况	授予时间
李升满	男	周宁县李墩村	1918.7	周墩东南区武装小支队负责人	1942 年 1 月在枣岭被反动自卫队杀害	1993.11 追认
周万齐	男	周宁县纯池村	1967.2	周宁县七步工商所干部	1989 年 2 月 28 日，在七步公路拦截偷运木材车时被撞成重伤而牺牲	1993.12
吴建余	男	寿宁南阳镇铁场	1903	东区游击队员	1933 年 10 月在福安东坑与敌遭遇战中牺牲	1993.12
张立贵	男	寿宁县坑底乡欠坑村	1910.2	中共白柘荣区委书记兼寿宁、景宁、庆元游击队独立负责人	1937 年 4 月，在白柘洋岭战斗中负伤，在欠坑水尾山大墓林秘密养伤时被敌逮捕。同年 25 日遭敌杀害于斜滩水尾山。	1993.12 追认
黄石光	男	霞浦县松城镇	1927.12	霞浦松城街道马洋村护林员	1992 年 1 月 30 日为保护集体财产而牺牲	1993 年
许建雄	男	福安溪柄镇茜洋村	1967.10	福安溪柄坑边村村民	1992 年 3 月 31 日，在茜洋村为抢救落水学生黄兰春而光荣牺牲	1994.7
陈　华	男	福安赛岐镇万寿街	1977.6	福安二中学生	1992 年 6 月 29 日，因奋力抢救游泳落水的阮隆同学而英勇献身	1994.7
吴美莲	女	寿宁县坑底乡大岑	1903	寿宁县坑底乡地下交通员	1937 年 5 月在执行任务中被浙江景宁芎岱反动民团杀害	1995.12 追认
何家瑞	男	寿宁县坑底乡大岑	1906	寿宁县坑底乡地下交通员	1937 年 5 月在执行任务中被浙江景宁芎岱反动民团杀害	1995.12 追认
曾阿雪	女	寿宁县犀溪乡甲坑	1901	寿宁苏区妇女干部	1937 年 6 月被犀溪民团杀害	1995.12 追认
陈　华	男	福安溪尾镇溪尾村	1972.1	厦门市湖东建材厂职工	1994 年 1 月 9 日，在厦门市开元区莲坂埭头村与持刀歹徒英勇搏斗而牺牲	1995 年
余闽华	男	周宁县镇光厦村	1972.2	广东省珠海市民警	1994 年 6 月 16 日，在珠海抢救前山裕新染织厂火灾时牺牲	1995.3
吴传碧	男	柘荣县乍洋乡	1975.4	中国人民解放军 32846 部队 86 分队战士	1995 年 6 月 17 日，在海上观摩演习时翻船，为抢救战友而牺牲	1995 年
叶寿春	男	寿宁县鳌阳镇	1973.3	福建省公安高等专科学校学生	1995 年 4 月 1 日，在福州台江追捕犯罪嫌疑人时，不幸落入闽江牺牲	1996 年
陈碧榕	男	霞浦县三沙三沃村	1975.11	武警福州消防支队战士	1996 年 8 月 24 日，在福州市东埔路墓亭村勇斗抢劫歹徒时被刺而牺牲	1996.10
李大积	男	周宁县李墩村	1917.10	周墩东南区武装小支队队员	1942 年 6 月，在枣岭被自卫队杀害	1996.12 追认
李升忠	男	周宁县李墩村	1916.3	周墩东南区武装小支队队员	1942 年 6 月，在枣岭被自卫队杀害	1996.12 追认

续表 47-1

姓名	性别	籍贯	出生时间	单位　职务	牺牲简况	授予时间
李佛随	男	周宁县李墩村	1906.5	周墩东南区武装小支队队员	1942 年 6 月，在枣岭被自卫队杀害	1996.12 追认
林为程	男	古田城东	1972.2	湖滨治安联防队队员	1995 年 5 月 7 日晚，在湖滨西山村机砖厂与歹徒英勇搏斗中牺牲	1997 年
李兴富	男	福安市阳头街道阳上村	1958.8	福安市公安局穆阳分局副分局长	1997 年 5 月 9 日，在康厝南阳村追捕案犯时被其钢珠手枪击中心脏壮烈牺牲	1997 年
肖立寿	男	寿宁县凤阳乡福后	1904	下南区游击队员	1935 年 1 月 4 日，在凤阳大石村执行任务时被敌杀害	1997 年追认
徐开祥	男	寿宁县凤阳乡福后	1916.11	下南区游击队员	1935 年 8 月 15 日，在周宁东洋肖家岭与敌作战中牺牲	1997 年追认
陈建清	男	寿宁县南阳镇下房	1977.6	宁波 83370 部队上等兵	1997 年 5 月 12 日，在进洞库抢救遇险战友时，不幸一氧化碳中毒牺牲	1997 年
江孙钦	男	周宁县七步镇平路下村	1968.3	福鼎市交警大队交管股	1997 年 12 月，在赶往处理交通事故途中于福鼎沙吕地段出现行车故障，为保护同事而牺牲	1999.12
余洪铝	男	古田县鹤塘镇	1956.6	古田县林业局干部	1999 年 12 月 5 日，在大甲乡上书村洋本岩山场扑灭森林大火时英勇牺牲	2000 年
吴端斌	男	古田县大桥镇	1980.9	中国人民解放军北京装甲第 1 师装甲 3 团装步营 3 连战士	2000 年 9 月 7 日，在军事演习中不幸壮烈牺牲	2000 年
徐开清	男	寿宁县凤阳乡基德	1969	宁德市第十中学	1998 年 4 月 19 日，参加学生数学兴趣小组野外活动，抢救落水学生时，不幸牺牲	2001.2
李传巧	男	福鼎市沙埕镇	1981.11	福鼎市交通道路施救队分队长	1999 年 10 月 19 日，在配合福鼎市交警抢救伤员和货物中，为救护队友而壮烈牺牲	2001 年追认
林　鸿	男	古田县大桥镇	1966	福建省军区政治部组织处副处长	2001 年 6 月 13 日，因抢救人民生命牺牲	2001.6
池新新	女	福安市阳头街道阳泉村	1987.4	福安四中学生	1999 年 10 月 1 日，在福安市郊区柳堤村江家渡溪为救落水同学而失去生命	2002.4
黄　毅	男	福安市阳头阳中社区	1974.9	厦门市公安局交警支队高速公路大队科员三级警司	2004 年 7 月，在厦门市开展的全省安全专项治理行动中壮烈牺牲	2004 年
林进宝	男	霞浦县长春镇	1949.11	霞浦县大京国债造林工程队民工	2004 年 2 月 14 日，参加沙江镇厚首村后门山扑灭森林大火时壮烈牺牲	2005 年追认

续表 47-1

姓名	性别	籍贯	出生时间	单位　职务	牺牲简况	授予时间
林玉干	男	蕉城区漳湾镇	1962.1	武警福建省总队福州市支队政委(副师职)	2005年10月2日，受19号强台风袭击，武警福州指挥学校训练基地的2座楼房被山洪冲毁，也有人被卷走。林玉干率领支队官兵前往营救，途中他被洪水冲走而牺牲	2005年

第二节　专业技术职务人员名录

（一）宁德籍在外任正高职务名录

本表收录已知的1993—2005年宁德市籍在市外任正高级专业技术职务的部分人员。分县（市、区），按姓氏笔画为序。

1993—2005年宁德市籍在市外任正高级专业技术职务人员一览表

表 47-2

姓名	性别	籍贯	工作单位	技术职务	备注
王宁彦	女	蕉城金涵乡	美国伊利诺伊大学	研究员	—
王致道	男	蕉城金涵乡濂坑	漳州市中医院	主任医师	—
王致谱	男	蕉城金涵乡濂坑	中国中医科学院	教授	博士生导师
冯近凡	男	宁德县城关	美国纽约市立大学商学院	教授	1952年聘任
冯邦彦	男	宁德县洋中	福建师范大学教育系教育学	教授	1952年聘任
史　策	男	蕉城八都镇	中共福建省委党校	教授	—
关引光	男	宁德县城关	山东大学外文系俄苏文学	教授	—
孙芳城	男	蕉城九都洋岸坂	重庆工商大学	教授	—
阮芳铭	男	蕉城洋中凤田村	第二军医大学	教授	—
阮芳纪	男	宁德县洋中区	中国社科院《历史研究》杂志社	编审	—
宋　瑾	男	蕉城霍童镇兴贤	中央音乐学院音乐美学	教授	—
杨海兴	男	宁德县赤溪乡	上海交通大学工程力学系工程物理一般力学	教授	—
陈德智	男	宁德县洋中	福建师范大学生物系医理学	教授	民国时期
陈炳迢	男	宁德县城关	复旦大学中文系现代汉语辞书学	教授	—
黄　岑	男	宁德县虎浿	福建省电视台新闻栏目	高级记者	—
黄　聿	男	宁德县	香港中文大学医学院生物学院	教授	助理院长（业务）

续表 47-2

姓名	性别	籍贯	工作单位	技术职务	备注
黄　捷	男	宁德县虎浿乡	香港中文大学	教授	—
黄家骅	男	宁德县霍童茶山村	福建教育学院	教授	—
黄瑞霱	男	宁德县飞鸾	南京交通学校	教授	—
游贞磐	女	宁德县	长春第一汽车制造厂职工医院妇产科	主任医师	—
彭丽芳	女	宁德县	厦门大学应用经济学系	教授	—
丁光敏	男	古田	福建省水土保持试验站	教授级高级农艺师	副站长
王历耕	男	古田大桥镇沂洋村	浙江医学院、北京医院外科	教授、主任医师	1953 年聘任
王建磐	男	古田县城	上海华东师范大学	教授	博士生导师、校长
朱锦懋	男	古田	福建师大生物工程学院	教授	副院长
阮时宝	男	古田	福建中医学院	教授	博士生导师
阮　奇	男	古田	福州大学	教授	享受国务院特殊津贴
杜运燮	男	古田大桥镇	北京新华社国际部	高级编辑	九叶诗派著名诗人
李先才	男	古田平湖镇唐宦村	福建农学院	教授	1942 年聘任
李舜琴	女	古田	福建省金鸡山工人温泉疗养院内科	主任医师	—
吴符火	男	古田	福建省中医学院	教授	药理研究室主任
吴新华	男	古田	福建林学院	教授	享受国务院特殊津贴
余　卫	男	古田	中国医科大学北京协和医院	教授	主任医师、博士生导师、放射科主任
张上隆	男	古田	浙江大学	教授	—
张诚华	男	古田	解放军泉州 180 医院	主任医师	硕士生导师
张洪炎	男	古田	中国原子能科学研究院	研究员级高级工程师	党委书记
陆　曦	男	古田	福建医学院附属第一医院神经内科	主任医师	—
陈乃炳	男	古田	湖北省京山县人民医院	主任药师	药剂科主任
陈念水	男	古田	西北勘测设计院	教授级高级工程师	—
陈　珉	男	古田	国防大学计算机学院	教授	—
陈树华	男	古田	福建医科大学附属口腔医院	教授、主任医师	院长
陈凌冰	女	古田	复旦大学物理系	教授	副主任
陈联诚	女	古田	华南农业大学	教授	—
林　平	男	古田	省第二人民医院	主任医师	—
林美珍	女	古田	中国原子能科学研究院	研究员级高级工程师	—

续表 47-2

姓名	性别	籍贯	工作单位	技术职务	备注
林惠旺	男	古田	清华大学	教授	研究员
林耀华	男	古田黄田镇	中央民族大学	终身教授	—
周良辅	男	古田	复旦大学附属华山医院神经外科	教授	主任、博士生导师享受国务院特殊津贴
胡良珍	男	古田	台湾政治大学、文化学院	教授	1962 年 8 月聘任
钟治同	男	古田	台湾省立中兴大学法商学院、东吴大学、辅仁大学	教授	1956 年 5 月聘任
秦寿珪	男	古田	北京大学力学系固体力学	教授	系党委书记
秦振华	男	古田	南平市人民医院	教授、主任医师	硕士生导师
秦振松	男	古田	南京大学计算机系	教授	—
钱友安	男	古田	南平市松溪县农业局	教授级高级农艺师	—
徐孝贡	男	古田	中国水利水电闽江工程局第五工程处	教授级高级工程师	总工程师
高益槐	男	古田	新西兰皇家科学院土地研究保护所	研究员	—
黄声榕	女	古田	福建省立医院神经内科	主任医师	—
黄祖泰	男	古田	福建林学院	教授	中国木塑复合材料专家组成员
魏　灿	男	古田	济南军区 145 医院外科、济南军区医学专科学校	主任医师	—
韦顺恋	男	屏南忠洋村	浙江省农科院园艺研究所	研究员	享受政府特殊津贴
韦固安	男	屏南忠洋村	陕西师范大学	研究员	—
韦信敏	男	屏南忠洋村	中国海洋第三研究所	研究员	—
韦顺登	男	屏南忠洋村	中国人民解放军海军医学高等专科学校	教授	—
甘景镐	男	屏南漈下村	福建师范大学化学系	教授	民国时期
甘资先	男	屏南漈下村	福州大学电子系	教授	—
甘代耀	男	屏南漈下村	省农科院植保所	研究员	—
甘应进	女	屏南漈下村	闽江大学	教授	—
甘景山	男	屏南漈下村	《法制日报》福建记者站	高级记者	站长
包章尧	男	屏南长桥镇	北京大学	教授	—
孙立鹏	男	屏南官岭村	中国地质大学	教授	—
张辉明	男	屏南往里村	长沙中国有色金属总公司劳保研究所	教授	—
张枝换	男	屏南恩洋村	成都地质学院石油系	教授	—
张纬建	男	屏南双溪镇	福建医科大学附属医院肿瘤学业专业委员会	主任医师	—

续表 47-2

姓名	性别	籍贯	工作单位	技术职务	备注
张贤澳	男	屏南漈头村	上海第二医科大学	教授	—
苏维能	男	屏南寿山乡	重庆佳辰生物工程有限公司	总工程师	—
苏文菁	女	屏南寿山乡	福建师范大学中外比较文学专业	教授	—
苏文悦	女	屏南寿山乡	福州大学化工化学学院	教授	—
苏维钢	男	屏南寿山乡	福建师范大学数学与计算机学院	教授	—
吴玉麟	女	屏南富竹村	山东师范大学	教授	—
吴胜全	男	屏南	省农科院牧医所	研究员	—
李佳眉	女	屏南上楼村	福建省立医院	主任医师	—
李道滨	男	屏南双溪镇	清华大学法学系	硕士生导师	—
陈立志	男	屏南古厦村	华中理工科技大学	教授	—
陈立义	男	屏南古厦村	集美大学水产学院	教授	省劳模
陈　平	男	屏南古厦村	天津科技大学	教授	—
陈　同	男	屏南	福建省立医院心脏科	主任医师	—
陈正姜	女	屏南墘源村	武夷山市立医院	主任医师	—
陈亨屏	男	屏南双溪镇	福建医科大学附属协和医院	主任医师	—
陈登登	女	屏南	福建省立医院内科	主任医师	—
陆　栋	男	屏南双溪镇	复旦大学现代物理研究所	教授	所长
陆传务	男	屏南双溪镇	华中理工大学数学系	教授	—
陆则坚	男	屏南双溪镇	福建农林大学食品科学系	教授	—
陆则晃	男	屏南棠口乡	德国马普研究所	教授	访问教授
陆道常	男	屏南	省交通厅公路局	总工程师	—
林世青	男	屏南路下乡	中国科学院植物研究所	研究员	—
林光亨	男	屏南路下乡	长沙医学院	教授	1955 年聘任
周志勇	男	屏南棠口乡	江苏省计算机技术研究所	研究员	—
周松峰	男	屏南棠口乡	泉州市委党校	教授	—
郑贵州	男	屏南	中国地质大学武汉信息工程学院	教授	—
郑锡安	男	屏南汾溪村	福建师范大学英语系	教授	1963 年聘任
胡锡衷	男	屏南王林村	福建省立医院心血管病研究所	教授	所长
黄久齐	男	屏南长桥镇	合肥大学	教授	—
黄菊生	男	福州市	福州市第二医院中医科	主任医师	—
薛谋洪	男	屏南双溪镇	当代中国外交史编辑室	教授	—
薛志新	男	屏南双溪镇	上海第二医科大学内科系	主任医师	—

续表 47-2

姓名	性别	籍贯	工作单位	技术职务	备注
薛承宗	男	屏南双溪镇	福建三明职业大学	教授	—
叶宝奎	男	周宁狮城镇	厦门大学中文系	教授	开发部
叶陈春	男	周宁狮城镇	厦门大学计算机系	教授	—
汤　涌	男	周宁咸村镇川中村	中国电力科学院	教授级高级工程师	—
汤德平	男	周宁玛坑乡	福州大学	教授	福州大学材料学院院长
汤宁平	男	周宁玛坑乡	福州大学	教授	—
孙子清	男	周宁咸村镇洋中村	福建省革命史编辑室	编审	—
孙芳仲	男	周宁咸村镇洋中村	福建职业学院	教授	院长
孙郎清	男	周宁咸村镇	福建省人民医院	主任医师	—
阮诗玮	男	周宁李墩镇阮洋中村	福建省人民医院	主任医师、教授	—
李承午	男	周宁狮城镇坂头村	广州军区空军勘察设计院	总工程师	—
张木清	男	周宁浦源镇上洋村	福建农林大学甘蔗研究所	研究员、教授	—
吴成翰	男	周宁狮城镇洋尾村	福建省第二人民医院	主任医师	—
何承健	男	周宁礼门乡	美国乔治亚理工学院、南京航天航空大学	研究员、客座教授	美国先进直升机技术公司研究开发部主任
陈　忠	男	周宁狮城镇陈凤村	厦门大学机电学院	教授	—
陈志雄	男	周宁狮城镇	济南军区通信技术大队	总工程师	—
林兴仁	男	周宁狮城镇	江苏省广播电视厅新闻研究所	高级编辑	—
林灿铃	男	周宁玛坑乡灵凤山	中国政法大学	教授	—
林杨挺	男	周宁狮城镇安后村	中国科学院地球物理所	研究员	—
徐荪铭	男	周宁纯池镇	湖南社科院哲学所	研究员	—
萧林奎	男	周宁浦源镇萌源村	中国科学院力学研究所	研究员	—
萧兴寿	男	周宁浦源镇萌源村	中国科学院成果处	教授、高级工程师	—
萧作平	男	周宁泗桥乡溪口村	西南交通大学	教授	—
章林文	男	周宁咸村镇	中国工程物理研究院	研究员	—
章文杰	男	周宁咸村镇	福建省直机关医院	主任医师	—
王宜新	男	寿宁斜滩镇斜滩村	中共福建省委党校、福建行政学院	教授	—
王凤洲	男	寿宁南阳镇秀洋村	集美大学财经学院	教授	博士生导师
叶朝阳	男	寿宁鳌阳镇	上海第二军医大学长征医院肾内科	教授、主任医师	硕士生导师
叶向东	男	寿宁	福州市委党校	教授	—
叶明生	男	寿宁竹管垅乡	福建省艺术研究院	教授、研究员	硕士生导师

续表 47-2

姓名	性别	籍贯	工作单位	技术职务	备注
卢建平	男	寿宁	美国北卡罗来纳大学物理学	教授	—
卢英华	男	寿宁斜滩镇斜滩村	厦门大学化学化工学院	教授	—
朱伏先	男	寿宁	轧制技术与边轧自动化国家重点实验室	教授	博士生导师
吕庆华	男	寿宁南阳镇	华侨大学	教授	博士生导师
刘祖德	男	寿宁凤阳乡	上海交大医学院附属仁济医骨科	教授、主任医师	博士生导师
何宜慈	男	寿宁斜滩镇	美国斯坦福大学、台湾大学远东讲座	高级研究员、教授	博士
何邦立	男	寿宁	台湾国防医学院社会医学研究所	教授	1982 年被选为美国航空太空医学会院士
李秋斌	男	寿宁	闽江学院	教授	—
杨剑辉	男	寿宁	山东济南军区总院	主任医师	博士生导师
吴少雄	男	寿宁	福建工程学院交通运输系	教授	—
陈　盛	男	寿宁鳌阳镇	福建师范大学福清分校	教授	博士生导师
金维根	男	寿宁大安乡村头	美国麻州波士顿市	教授	—
周　武	男	寿宁芹洋乡尤溪村	上海社会科学院历史研究所所务委员会	教授	博士生导师
林乃铨	男	寿宁武曲镇梅洋村	福建农林大学植保学院生物防治研究所	教授	博士生导师、享受国务院特殊津贴
范更华	男	寿宁斜滩镇	美国亚利桑那州立大学数学系	教授	博士生导师、福州大学副校长
范春雄	男	寿宁南阳镇官路村	福建省级机关医院外科	主任医师	—
郑仕标	男	寿宁凤阳乡	福州大学	教授	博士生导师、享受国务院特殊津贴
胡　荣	男	寿宁犀溪乡库坑村	厦门大学	教授	—
胡哲森	男	寿宁坑底乡	福建农林大学林学院	教授	—
柳经纬	男	寿宁	厦门大学	教授	博士生导师
郭守铭	男	寿宁	南京工业大学材料科学与工程学院	教授、高级工程师	—
龚明鹏	男	寿宁	中国科学院计算中心	研究员	—
梅雪雄	男	寿宁	福建师范大学体育科学学院	教授	硕士生导师、国际级游泳裁判
缪匡华	男	寿宁犀溪乡	江夏学院公共管理学院	教授	—
王楚端	男	福安	中国农业大学动物科技学院	教授	博士生导师
王鹤洲	男	福安阳头街道	沈阳化工集团有限公司	高级工程师（教授级）	—

续表 47-2

姓名	性别	籍贯	工作单位	技术职务	备注
冯乐成	男	福安溪潭乡	北京军区党校	教授	少将
冯钰锜	男	福安	武汉大学化学与分子科学学院	教授	—
刘永耕	男	福安城关	福建师范大学	教授	原名刘纪文
刘　守	男	福安	厦门大学物理系	教授	—
孙允倜	男	福安	加拿大国立吉纳大学教育图书馆	教授	—
孙卫平	男	福安	美国港侨大学历史经济系	教授	—
阮　健	男	福安	浙江工业大学电机学院	教授	—
张白山	男	福安廉首	中国社会科学院	研究员、教授	—
张承瑞	男	福安	山东工业大学机械学院	教授	—
张　炯	男	福安	中国文学函授大学	校长	博士生导师
吴江洪	男	福安溪柄镇	厦门大学	—	硕士研究生导师
吴振铎	男	福安	台湾大学	教授	—
李茂青	男	福安	厦门大学自动化系	教授	—
杨国春	女	福安	美国南加州大学	教授	—
陈　贞	女	福安	湖南农业大学	教授	植物病理学家、农业教育家
陈　仲	男	福安	桂林电器科学研究院	院长	博士生导师
陈　龙	男	福安城关	南京军区福州总医院心胸外科	主任医师	博士生导师
陈鸣銮	男	福安城关上杭	台北工业专科学校	教授	1950 年聘任
陈　宋	男	福安	福建师范大学	教授	—
陈哲人	男	福安	美国加利福尼亚大学太空研究室	研究员	特级
陈华其	男	福安	华南理工大学	研究员	—
肖贻昌	男	福安	中国科学院海洋研究所	研究员	—
沈　耀	男	福安	北京原子能技术研究所	研究员	—
林泽新	男	福安潭头镇	水利部太湖局	总工程师	—
林绍以	男	福安	漳州市 175 医院	主任药剂师	—
姜　标	男	福安	上海有机化学研究所兰州大学	研究员兼职教授	博士生导师
袁泽梁	男	福安	中国农科院养蜂研究所	研究员	—
郭虚中	男	福安坦洋	福建师范大学历史系	教授	1939 年聘任
郭瑞涛	男	福安溪柄镇溪南	齐齐哈尔某轻工学院	教授	—
郭瑞澄	男	福安溪柄镇溪南	吉林省	总会计师	—
郭德济	男	福安溪柄镇溪南	华东工学院	教授	—

续表 47-2

姓名	性别	籍贯	工作单位	技术职务	备注
郭　涛	男	福安溪潭乡	沈阳军区总医院药剂科	主任医师	博士生导师
黄元起	男	福安城关	河南开封大学	教授	曾任河南大学文教院副院长
黄葆芳	男	福安穆阳苏堤村	新加坡美术专科学校	教授	—
缪鹍庭	男	福安	同济大学	教授	民国时期
缪绍洮	男	福安	集美大学外语系	教授	—
缪晓青	女	福安	福建农林大学蜂学学院	教授	博士生导师
韦步奏	男	柘荣楮坪乡楮坪	中国人民解放军总参谋部58067部队	高级工程师技术4级	通信试验基地党委常委，大校军衔
刘宁荣	男	柘荣城关	香港大学新闻媒体研究中心	教授	—
陈　卿	男	柘荣楮坪乡	中国科技大学数学系研究所	教授	博士生导师 副所长
林灿生	男	柘荣楮坪乡洪坑村	中国原子能科学研究院放射化学研究所	研究员、教授	博士生导师、研究所科技委员会主任
林　勇	男	柘荣城关	中国人民大学信息学院	教授	博士生导师
袁勇麟	男	柘荣富溪镇	福建师范大学传播学院	教授	副院长
袁定强	男	柘荣双城镇南街	福建省地震局、 江西省地震局	研究员	副局长、局长
袁冰凌	女	柘荣富溪镇	福州大学、荷兰莱顿大学国际亚洲研究中心	教授、研究员	副院长
谢良地	男	柘荣	福建医科大学附属第一医院	教授、主任医师	省高血压研究所副所长、博士和硕士研究生导师
温郑谷	男	柘荣	江西赣州市环境监测所	高级工程师	—
李登元	男	福鼎	台湾大学农学院畜牧学	教授	1959年聘任
林浩基	男	福鼎磻溪镇	《北京日报》社	高级记者	主任
王景祺	男	霞埔松城镇中乘	福建医学院	教授	民国时期
王鼎定	男	霞浦	台湾省立屏东农业专科学校	教授	1961年聘任
王瑞钦	男	霞浦	东北财经大学工商管理学院	教授	—
王道锦	男	霞浦松城镇万贤	美国劳伦斯伯克利国家实验室	终身研究员	—
方松峰	男	霞浦松城镇万贤	福建省书法协会	一级美术师	—
尹义意	男	霞浦溪南镇	长江葛洲坝水利水电工程集团三峡医院	主任医师	—
叶钦勇	男	霞浦溪南镇	福建医科大学附属协和医院	主任医师	—
汤鸣强	男	霞浦沙江镇	福建师范大学	教授	—
汤鸣招	男	霞浦沙江镇	东北电业管理局	高级工程师（教授级）	—

续表 47-2

姓名	性别	籍贯	工作单位	技术职务	备注
朱艳峰	女	霞浦	国家气象信息中心	正研级高级工程师	—
孙承梁	男	霞浦松城镇俊星	福建师范大学物理系	教授（1948 年聘任）	—
阮克和	男	霞浦下浒镇	美国得克萨斯州州立医院副院长	教授	—
余桂华	男	霞浦松城镇中乘	中国人民解放军空军 39968 部队	领航员	特级
严以绥	男	霞浦松城镇万贤	新疆石河子农学院	教授	—
张海涌	男	霞浦松城镇俊星	上海新华无线电厂职工医院	主任医师	—
张培娟	女	霞浦松城镇	福建中医学院	教授	—
陈　斌		霞浦松城	省商业高等专科学校会计系	教授	—
陈士诚	男	霞浦松城镇关	福建学院法律系	教授	民国时期
陈力行	男	霞浦松城镇俊星	中国国际广播电台第三亚洲部	印地语译审	—
陈德平	男	霞浦松城	北京科技大学土木与环境工程学院	—	硕士生导师
陈庆树	男	霞浦松城镇俊星	北京大学体育教研部	教授	—
李登瑜	女	霞浦松城镇中乘	福建中医学院中医外科	主任医师	—
李　林	男	霞浦下浒镇	福建肿瘤医院	主任医师	—
李　丹		霞浦	上海师范大学心理学系	—	博士生导师
林一民	男	霞浦松城镇西关	南昌大学中文系	教授	—
林松森	男	霞浦溪南镇青山	山东省土壤肥料工作站农业推广部	研究员	—
林之耀	男	霞浦松城镇中乘	福建师范大学	教授	—
林昌瑞	男	霞浦松城镇西关	国内贸易部科学研究院	高级工程师（教授级）	—
金学林	男	霞浦松城镇万贤	煤炭工业部科技教育司	教授	—
郑亦凡	男	霞浦水门	英国埃塞斯大学	研究员	高级
卓　钊	男	霞浦松城镇俊星	中国航空工业总公司第六二四研究所	高级工程师（研究员级）	—
柯发棣	男	霞浦州洋乡后岐	空军 86184 部队	一级飞行员	—
郭　妍	女	霞浦	上海交通大学系统生物系生物医学	研究员	—
黄公勉	男	霞浦三沙镇东澳	福建师范大学地理系	教授	—
黄宝英	女	霞浦三沙镇	福建中医学院	教授、主任中医师	—
黄华品	男	霞浦柏洋乡	福建医科大学附属协和医院	教授	博士生导师
黄荣彬	男	霞浦柏洋乡横江	厦门大学化学系	教授	博士生导师
章　涛	男	霞浦长春镇	福建医科大学	教授	—

续表 47-2

姓名	性别	籍贯	工作单位	技术职务	备注
章绍同	男	霞浦松城镇俊星	福建省文化厅社会文化处	一级作曲	—
温庭斌	男	霞浦松城	厦门大学化学化工学院	教授	博士生导师
谢丛荣	男	霞浦松城	福建教育出版社	编审	—
谢廷禄	男	霞浦溪南镇上街	中国人民解放军海军408医院（现秦皇岛市肿瘤医院）	主任军医	副院长
谢捷明	男	霞浦溪南镇	福建医科大学	教授	博士生导师
游兰姬	女	霞浦松城镇东关	福建省立医院急诊科	主任医师	—
游　斌	男	霞浦三沙镇	水电部闽江工程局职工医院	主任医师	—
蔡建兴	男	霞浦三沙镇	厦门市人民医院	主任医师	—
魏德煜	男	霞浦松城镇俊星	福建中医学院中西结合内科	教授	—

（二）宁德市任正高级专业技术职务人员名表

本表收录已知1993—2005年宁德市任正高级专业技术职务人员，同时补录1993年以前部分人员。以职称确认时间，分市（地）直（含个别省直在境内单位）和各县（市、区），按姓氏笔画为序。

1993—2005年宁德市（地区）任正高级专业技术职务人员一览表

表 47-3

姓名	性别	籍贯	工作单位	技术职务	确认时间
殷幕道	男	江苏省	宁德地区第一医院	主任医师	1980
邓弥坚	男	福建罗源	福安市医药研究所	主任医师	1982.4
叶清芬	女	福建同安	宁德地区第一医院	主任医师	1987.12
陈伯淳	男	福建长乐	宁德地区第一医院	主任医师	1987.12
陈则清	男	福安	宁德地区第一医院	主任医师	1987.12
曾汝里	男	福建永定	宁德地区第一医院	主任医师	1987.12
汪济美	男	福鼎管阳	福鼎中医院	主任医师	1987.12
杨师贤	男	宁德县蕉城	宁德地区中医院	主任医师	1987
蔡　超	男	福安	福安市电影公司	主任技师	1988.12
李乾松	男	福建连城	宁德市医院	主任医师	1988
卢少玲	女	霞浦松城镇	宁德市医院	主任医师	1993.1
缪希寿	男	霞浦三沙镇	宁德市中医院	主任医师	1993.1
邓　存	男	福州市	宁德师范高等专科学校	教授	1993.8
陈兆樵	男	蕉城	宁德地区第二医院	主任医师	1994.4
陈秀莺	女	福建连江	宁德地区第二医院	主任医师	1994.4

续表 47-3

姓名	性别	籍贯	工作单位	技术职务	确认时间
吴建光	男	福鼎	宁德地区二院	主任医师	1994.4
林品杰	男	福建仙游	宁德地区第一医院	主任医师	1994.4
林永明	男	福建平潭	宁德地区第二医院	主任医师	1994.4
林翠琴	女	福建福清	宁德地区第二医院	主任医师	1994.4
林可馨	男	福安	宁德地区第二医院	主任医师	1994.4
郑祖针	男	福州市	宁德地区卫生防疫站	主任医师	1994.4
黄康健	男	古田	宁德地区第二医院	主任医师	1994.4
蔡清辉	男	福建石狮	宁德地区第一医院	主任医师	1994.4
柳惠新	男	福州市	宁德人民医院	主任医师	1994.4
刘运耀	男	福州市	福鼎县医院	主任医师	1994.4
游友基	男	古田	宁德师范高等专科学校	教授	1994.8
陈为桢	女	福州市	宁德地区第一医院	主任医师	1994.9
黄融琪	男	古田	宁德地区中医院	主任医师	1994.9
王建夔	女	霞浦松城镇	霞浦县医院	主任医师	1994.9
王继云	男	福建建瓯	霞浦县医院	主任医师	1994.9
刘文淳	男	江苏扬州	霞浦县医院	主任医师	1994.9
林水官	男	福州市	霞浦县医院	主任医师	1994.9
吴雅芳	女	古田	古田县医院	主任医师	1994.9
郑时招	男	福州市	古田县医院	主任医师	1994.9
周鸿兴	男	古田	古田县医院	主任医师	1994.9
孙椒德	男	浙江宁波	省茶科所植保研究室	研究员	1995.7
林　寿	男	周宁纯池镇	宁德师范高等专科学校	教授	1995.8
陈传祥	男	福建长乐	宁德地区第二医院	主任医师	1995.9
黄松登	男	福安	宁德地区第一医院	主任医师	1995.9
陆文炳	男	古田	古田县医院	主任医师	1995.9
王　健	男	福安	福安风湿哮喘病研究所	研究员	1995
王秉良	男	福州市	宁德地区中医院	主任医师	1996.11
周新意	女	福建建瓯	宁德地区第一医院	主任医师	1996.11
倪清泉	男	厦门市	宁德地区防疫站卫生学校	主任医师	1996.11
张国雄	男	福建福清	宁德市医院	主任医师	1996.11
黄庆生	男	福建莆田	福鼎市医院	主任医师	1996.11

续表 47-3

姓名	性别	籍贯	工作单位	技术职务	确认时间
陈秀英	女	福州市	霞浦县医院	主任医师	1996.11
李洪长	男	浙江丽水	霞浦县医院	主任医师	1996.11
林天恩	男	福建莆田	霞浦县医院	主任医师	1996.11
林天仁	男	福建莆田	霞浦县医院	主任医师	1996.11
孙赛訇	女	古田	古田县妇幼保健院	主任医师	1996.11
周万权	男	屏南九洋村	屏南县医院	主任医师	1996.11
吴景汉	男	屏南	宁德人民医院	主任医师	1996.12
褚孝宗	男	福鼎	宁德地区第一医院	主任医师	1997.1
翁祺春	男	福州市	霞浦县中医院	中医主任医师	1998.7
杨信仁	男	福建南安	华闽抗生素公司	高级工程师	1998.3
陈雄官	男	古田	古田县医院	主任医师	1998.7
王邦兴	男	寿宁	寿宁县医院	中医主任医师	1998.8
黄家骅	男	寿宁	宁德师范高等专科学校	教授	1998.8
王绍据	男	福鼎店下	闽东日报社	高级记者（正教授）	1998
尤典隆	男	福建罗源	柘荣县医院	主任医师	1998
严宝裕	男	福建仙游	柘荣县医院	内科主任医师	1998
叶允仁	男	寿宁	宁德地区第三医院	主任医师	1999.7
林校生	男	宁德	宁德师范高等专科学校	教授	1999.7
郭瑞元	男	福建龙海市	宁德人民医院	主任医师	1999.7
纪元忠	男	河北吴桥	福鼎市人民医院	主任医师	1999.12
吴允耀	男	浙江苍南	福鼎市中医院	中医主任医师	1999.12
许瑞秋	男	福州市	古田县农业局	高级农艺师（教授级）	1999.12
吴圣柏	男	柘荣	柘荣县中医院	主任中医师	1999.12
王　春	男	福安	宁德市闽东医院	主任医师	2000.12
毋光明	男	山西省	宁德市闽东医院	主任医师	2000.12
刘寿坤	男	霞浦盐田乡	宁德市闽东医院	主任医师	2000.12
李毓松	男	福安城关	宁德市闽东医院	主任医师	2000.12
郑屏生	男	福安	宁德市闽东医院	主任医师	2000.12
郭尧树	男	寿宁	宁德市闽东医院	主任医师	2000.12
林智钦	男	福安	宁德市人民政府经济研究中心	研究员	2000
汤学熙	男	周宁咸村镇	周宁县医院	主任医师	2000

续表 47-3

姓名	性别	籍贯	工作单位	技术职务	确认时间
丁林立	男	莆田	福鼎市医院	主任医师	2000.12
陈捷东	男	福州长乐	福鼎市医院	中医主任医师	2000.12
许耀文	男	福建莆田	霞浦县疾病防控中心	主任医师	2000.12
杨石康	男	霞浦松城镇	霞浦县医院	主任医师	2000.12
林庆祝	男	霞浦州洋乡	霞浦县医院	主任医师	2000.12
游冠圣	男	福州市	霞浦县医院	主任医师	2000.12
蔡兴华	女	霞浦三沙镇	霞浦县医院	主任医师	2000.12
李梓桐	男	古田	古田县医院	主任医师	2000.12
谢秋芳	女	古田	古田县医院	中医主任医师	2000.12
袁高林	男	寿宁	宁德市卫生防疫站	主任医师	2001.1
谢向东	男	周宁泗桥乡	宁德师专	教授	2000.12
王瑞华	男	福安	宁德市闽东医院	主任医师	2001.6
李　旋	男	福安	宁德市闽东医院	主任医师	2001.6
李冠夏	男	福安	宁德市闽东医院	主任医师	2001.6
陈建义	男	福安	宁德市闽东医院	主任医师	2001.6
赵林桦	女	福安	宁德市闽东医院	主任医师	2001.6
黄　沅	男	浙江省	宁德市闽东医院	主任医师	2001.6
曾子健	男	福安	宁德市闽东医院	主任医师	2001.6
苏　寅	男	蕉城	宁德市中医院	中医主任医师	2001.7
蔡作忠	男	—	宁德市药品检验所	主任技师	2001.7
邱淦俤	男	福州连江	宁德师范高等专科学校	教授	2001.7
严东东	男	山东泰安	宁德市畲族歌舞团	一级演员	2001.12
林水兰	女	古田	古田县农业局	教授研究员	2001.12
黄林生	男	古田	古田县农业局	教授研究员	2001.12
江伟生	男	福鼎	福鼎市防疫站	主任医师	2001
张　军	男	福州市	古田县医院	内科主任医师	2001
陈淑娴	女	福州市	古田县医院	内科主任医师	2001
郑海滨	男	古田	古田县医院	外科主任医师	2001.5
姚淑冰	男	古田	古田县医院	小儿科主任医师	2001.5
林光辉	男	屏南路下乡	屏南县医院	主任医师	2001.3
郑瑞招	女	屏南前汾溪	屏南县医院	主任医师	2001.6

续表 47-3

姓名	性别	籍贯	工作单位	技术职务	确认时间
王泽鸿	男	福安	福安市民族医院	中医主任医师	2001.8
陈荣冰	男	福州市	省茶科所	研究员	2002.4
罗仰奋	男	福安	宁德地区农科所	研究员	2002.4
毛文灏	男	福清	宁德市医院	主任医师	2002.6
王贻芳	男	蕉城金涵乡	宁德市医院	主任医师	2002.6
叶恩禧	男	寿宁	宁德市卫生防疫站	主任医师	2002.6
朱绍享	男	蕉城七都镇	宁德市医院	主任医师	2002.6
张方东	男	福安	宁德市中医院	中医主任医师	2002.6
李康增	男	福安	宁德市闽东医院	主任医师	2002.6
李惠长	男	福安	宁德市闽东医院	主任医师	2002.6
宋一凡	男	山东	宁德市医院	主任医师	2002.6
林福铿	男	闽侯	宁德市医院	主任医师	2002.6
程道俊	男	台湾	宁德市医院	主任医师	2002.6
焦维克	男	山西	宁德市医院	主任医师	2002.6
李斯达	男	福鼎	福鼎市医院	主任药师	2002.6
赵宗希	男	霞浦下浒镇	霞浦县中医院	中医主任医师	2002.6
蔡水泉	男	霞浦下浒镇	霞浦县医院	主任医师	2002.6
王守铭	男	古田	古田县医院	外科主任医师	2002.6
杜新坤	男	古田	古田县档案局	研究馆员	2002
邓焕辰	男	福建三明市	屏南县医院	主任医师	2002.6
马永源	男	莆田	宁德市医院	主任医师	2003.7
缪影玲	女	福安	宁德市医院	主任医师	2003.7
陈　勇	男	江苏南京	宁德师范高等专科学校	教授	2003.7
陈上越	女	宁德福鼎	宁德师范高等专科学校	教授	2003.7
高如生	男	寿宁武曲镇南岸村	宁德市医院	副院长	2003.8
陈树仁	男	福鼎	福鼎市医院	中医主任医师	2003.7
高国星	男	闽清	福鼎市医院	主任医师	2003.1
魏德新	男	福安	宁德市闽东医院	主任医师	2003.11
黄芝华	男	福安	福安市民族医院	中医主任医师	2003
谢云妹	女	福建福鼎	福鼎市农业局	教授研究员	2003
丁学义	男	古田	古田县农业局	教授级高级农艺师	2003.1

续表 47-3

姓名	性别	籍贯	工作单位	技术职务	确认时间
陈邦基	男	古田	古田县医院	主任医师	2003
江木树	男	福鼎	宁德市中医院	主任医师	2004.6
吴光远	男	福建莆田	省茶科所植保研究室、宁德市农业局	研究员	2004.6
余英清	女	古田	宁德市医院	主任医师	2004.6
应丽水	男	霞浦	宁德市医院	主任医师	2004.6
陈陆明	男	福州	宁德市疾病控制中心	中医主任医师	2004.6
陈　禧	男	福安	宁德市医院	主任医师	2004.6
林忠应	男	连江	宁德市医院	主任医师	2004.6
施　展	男	福安	宁德市闽东医院	主任医师	2004.6
雷爱仙	女	连江	宁德市医院	主任医师	2004.6
张　全	男	福鼎	福鼎市医院	主任医师	2004.6
狄　民	男	山西恒曲	福鼎市医院	主任医师	2004.6
李声国	男	福鼎	福鼎市医院	主任医师	2004.6
邵永森	男	福鼎	福鼎市医院	主任医师	2004.6
王小平	女	霞浦松城镇	霞浦县医院	主任医师	2004.6
张文生	男	霞浦下浒镇	霞浦县医院	主任医师	2004.6
林　玲	女	霞浦沙江镇	霞浦县医院	主任医师	2004.6
林巧云	女	霞浦松城镇	霞浦县医院	主任医师	2004.6
林永锋	男	霞浦三沙镇	霞浦县卫生监督所	主任医师	2004.6
胡伏存	男	霞浦沙江镇	霞浦县中医院	中医主任医师	2004.6
赵谋裕	男	霞浦州洋乡	霞浦县中医院	中医主任医师	2004.6
陈世荣	男	古田	古田县医院	主任医师	2004.6
陆惠英	女	古田	古田县医院	主任医师	2004.6
黄友锦	男	古田	古田县医院	主任医师	2004.6
曾　敏	男	古田	古田县医院	主任医师	2004.6
林兆吕	男	周宁李墩镇	周宁县医院	主任医师	2004.6
章武壮	男	周宁咸村镇	周宁县防疫站	主任医师	2004.6
陈　禧	男	福安	福安市中医院	主任医师	2004.7
刘家富	男	福建连江	宁德市海洋与水产局	研究员	2005.2
施景西	男	福安穆云乡	宁德市地方志编纂委员会	编审	2005.3
林应华	男	福安	宁德市闽东医院	主任医师、教授	2005.4

续表 47-3

姓名	性别	籍贯	工作单位	技术职务	确认时间
郭吉春	男	福安	省茶科所	研究员	2005.6
彭　彪	男	屏南寿山乡	宁德师范高等专科学校	兼任北京林业大学硕士生导师	2005.6
王建荣	女	山西	宁德市医院	主任医师	2005.7
王少玲	女	福安	宁德市闽东医院	主任医师	2005.7
张锦华	男	福安	宁德市闽东医院	中医主任医师	2005.7
陈　葵	男	宁德蕉城	宁德市中医院	中医主任医师	2005.7
陈学春	男	蕉城	宁德市医院	主任医师	2005.7
陈缪安	男	福安	宁德市闽东医院	主任医师	2005.7
李铃生	男	寿宁	宁德市中医院	主任医师	2005.7
李建成	男	福安	宁德市闽东医院	主任医师	2005.7
余幼何	男	蕉城	宁德市中医院	中医主任医师	2005.7
林　泉	男	福安	宁德市医院	主任医师	2005.7
林细康	男	蕉城区	宁德人民医院	主任医师	2005.7
郑明平	男	莆田	宁德市医院	主任医师	2005.7
隋　华	女	山东	宁德市医院	主任医师	2005.7
黄孟华	男	莆田	宁德市闽东医院	主任医师	2005.7
谢　芳	女	福安	宁德市闽东医院	主任医师	2005.7
赖婉玲	女	南平	宁德市医院	主任医师	2005.7
张念基	女	福鼎	福鼎市医院	主任医师	2005.7
陈杨为	男	福鼎	福鼎市中医院	中医主任医师	2005.7
杨大莹	男	霞浦松城镇	霞浦县医院	主任医师	2005.7
陈名星	女	福安	霞浦县中医院	中医主任医师	2005.7
缪　锦	男	霞浦三沙镇	霞浦县中医院	中医主任医师	2005.7
李忠随	男	古田	古田县医院	主任医师	2005.7
卢明泽	男	寿宁斜滩镇	寿宁县医院	主任医师	2005.7
周光前	男	寿宁鳌阳镇	寿宁县医院	主任医师	2005.7
丁献芝	男	浙江嵊州	宁德市文化局	一级作曲	2005.8
林　克	男	福州	市医院	主任医师	2005.8
张方舟	男	福安	省茶科所	教授	2005.12
张维瑞	男	屏南西村	屏南县食用菌办公室	高级农艺师（教授级）	2005.12
尤长铃	男	福安	福安市科学技术协会	高级农艺师（教授级）	2005.12

第三节　先进人物名录

本表收录已知1993—2005年全市各行各业获全国、省劳动模范（含五一劳动奖章）、先进工作者等先进人物。同时也补录1993年以前部分遗漏者。

本表按荣誉等级、获奖时间、出生年月、各县（市、区）、姓氏笔画排列。

1993—2005年宁德市（地区）全国、省先进人物一览表

表47-4

姓名	性别	籍贯	出生时间	工作单位	荣誉称号	授予单位	授予年份
陈永统	男	福建宁德	1936.12	闽东电机厂	全国劳动模范	国务院	1989
曾锡龙	男	福建平和	1938.3	福建省古田溪水力发电站	全国劳动模范	国务院	1989
李春贵	男	福建霞浦	1939.8	福建省霞浦电子仪器厂	全国劳动模范	国务院	1989
郑帮德	男	福建柘荣	1944.1	福建省柘荣县乍洋乡五蒲村	全国劳动模范	国务院	1989
王良培	男	福建霞浦	1948.12	福建省霞浦县牙城镇农机管理服务站	全国劳动模范	国务院	1989
郑婉如	女	福建福鼎	1962.5	福建省福鼎县茂华玩具厂	全国劳动模范	国务院	1989
王梓松	男	福建福安	1930.8	福建省福安县工商行政管理局	全国先进工作者	国务院	1989
王建磐	男	古田	1949	上海华东师范大学	全国先进工作者	国务院	1989
苏玉桂	女	福建古田	1957.9	福建省古田县大桥镇瑞岩小学	全国先进工作者	国务院	1989
董赛红	女	福鼎	1965.10	福鼎县殡仪馆	全国“五一”劳动奖章	中华全国总工会	1993.5
刘标标	男	福建罗源	1939.4	福建省宁德地区公路局工程处	全国劳动模范	国务院	1995
叶石成	男	福建福安	1943.11	福建省闽东电机第一冲压厂	全国劳动模范	国务院	1995
陈太纯	男	福建古田	1948.12	福建省古田县鹤塘镇东际村	全国劳动模范	国务院	1995
黄永勤	男	福建柘荣	1953.3	福建省柘荣县玻璃卡纸厂	全国劳动模范	国务院	1995
曾育湘	女	福建古田	1953.5	福建省古田县湖滨乡极乐村妇代会	全国劳动模范	国务院	1995

续表 47-4

姓名	性别	籍贯	出生时间	工作单位	荣誉称号	授予单位	授予年份
缪惠吟	女	福建福安	1971.8	福建省福安市赛岐供销社	全国劳动模范	国务院	1995
黄梅玉	女	福建莆田	1948.6	福建省霞浦县海岛学区北礵小学	全国先进工作者	国务院	1995
潘道壹	男	福鼎	1937.9	福鼎市闽东汽车机电工业有限公司	全国“五一”劳动奖章	中华全国总工会	1996.5
李　迅	男	福安	1962	福安一中	全国“五一”劳动奖章	中华全国总工会	1996
吴本兴	男	福鼎县秦屿镇	1943.4	霞浦县摩擦制动配件厂	全国“五一”劳动奖章	中华全国总工会	1998
林山森	男	福安甘棠镇	1950	福安市甘棠学区	全国“五一”劳动奖章”	中华全国总工会	1998
江　榕	女	古田	1957.7	古田一中	全国“五一”劳动奖章	中华全国总工会	1998
黄振裕	男	福建厦门	1939.11	中国人民解放军第四八零七工厂	全国劳动模范	国务院	2000
曾育湘	女	福建古田	1953.5	福建省古田县湖滨乡极乐村妇代会	全国劳动模范	国务院	2000
喻方兴	男	福建福鼎	1958.1	福建省宁德地区汽车运输集团公司福鼎车站	全国劳动模范	国务院	2000
潘鸿华	男	福建福安	1949.1	福建省福安市甘棠学区	全国先进工作者	国务院	2000
陈永加	男	福建霞浦	1956	福建省霞浦县工商行政管理局松城分局	全国先进工作者	国务院	2000
陈茂祥	男	福建柘荣	1954.1	柘荣环境卫生管理所	全国劳动模范	国务院	2005
甘振温	男	福建屏南	1954.3	宁德汽车运输集团公司	全国劳动模范	国务院	2005
戴维浩	男	福建古田	1954.3	古田县兴华真菌研究所	全国劳动模范	国务院	2005
谢树政	男	福建福鼎	1955.6	福建省福鼎市工商行政管理局城郊工商所	全国先进工作者	国务院	2005
陈建斌	男	福建宁德	1966.2	宁德市人民医院放射科	全国先进工作者	国务院	2005
张徐生	男	周宁	1967.1	周宁县一中	全国“五一”劳动奖章	中华全国总工会	2005.5

续表 47-4

姓名	性别	籍贯	出生时间	工作单位	荣誉称号	授予单位	授予年份
钟日星	男	宁德福鼎	1912	福建省福鼎茶厂	福建省劳动模范	福建省人民政府	1982
曾汝里	男	福建永定	1925.8	宁德地区第一医院	福建省劳动模范	福建省人民政府	1982
罗昌坤	男	宁德福鼎	1926.5	福建省福鼎县塑料制品厂	福建省劳动模范	福建省人民政府	1982
张之炳	男	宁德福鼎	1926.7	福建省福鼎第一中学	福建省劳动模范	福建省人民政府	1982
江仕周	男	福建福州	1927.1	福建省宁德地区宁德茶厂	福建省劳动模范	福建省人民政府	1982
陈向琪	男	福建宁德	1927.11	宁德县食品厂	福建省劳动模范	福建省人民政府	1982
蔡家佃	男	宁德周宁	1929.2	周宁县食品综合厂	福建省劳动模范	福建省人民政府	1982
林培自	男	宁德霞浦	1930.5	霞浦县酒厂	福建省劳动模范	福建省人民政府	1982
陆东明	男	上海	1931.4	闽东电机公司	福建省劳动模范	福建省人民政府	1982
刘成太	男	宁德古田	1932	福建省古田化肥厂	福建省劳动模范	福建省人民政府	1982
张雄哲	男	福州长乐	1932.2	福建省航运管理局闽东航运公司	福建省劳动模范	福建省人民政府	1982
欧和平	男	福建福清	1933.11	福建省宁德一中	福建省劳动模范	福建省人民政府	1982
张忠勋	男	宁德福鼎	1935.11	福建省福鼎县农药厂	福建省劳动模范	福建省人民政府	1982
陈守铭	男	福建福州	1936.6	寿宁县第一中学	福建省劳动模范	福建省人民政府	1982
苏玉桂	女	宁德古田	1937.1	古田县大桥学区瑞岩小学	福建省劳动模范	福建省人民政府	1982
许丙芳	男	福建福州	1937.8	福安县农药厂	福建省劳动模范	福建省人民政府	1982
倪以太	男	福建连江	1937.8	霞浦县养殖公司对虾育苗厂	福建省劳动模范	福建省人民政府	1982
周长书	男	宁德古田	1937.9	福建省木材公司宁德分公司	福建省劳动模范	福建省人民政府	1982
林细俤	男	福州连江	1937	省三沙渔业公司罐头厂	福建省劳动模范	福建省人民政府	1982
张章森	男	浙江丽水	1938.1	福建省公路局宁德分局机修厂	福建省劳动模范	福建省人民政府	1982

续表 47-4

姓名	性别	籍贯	出生时间	工作单位	荣誉称号	授予单位	授予年份
林光中	男	浙江瑞安	1938.7	福建省寿宁县气象局	福建省劳动模范	福建省人民政府	1982
杨千兴	男	宁德福安	1939.1	福安县农械厂	福建省劳动模范	福建省人民政府	1982
杨志逢	男	宁德霞浦	1940.12	国营霞浦县大京茶厂	福建省劳动模范	福建省人民政府	1982
何朝燕	男	宁德福鼎	1941.2	福鼎县建筑工程公司	福建省劳动模范	福建省人民政府	1982
张月娇	男	宁德福鼎	1941.12	福建省福鼎毛巾厂	福建省劳动模范	福建省人民政府	1982
陈丽明	男	宁德霞浦	1941.12	霞浦县邮电局	福建省劳动模范	福建省人民政府	1982
邹荣华	男	福建福州	1942.12	福鼎县物资局	福建省劳动模范	福建省人民政府	1982
陈瑞銮	男	宁德福安	1942.6	福安县潭头学区后洋小学	福建省劳动模范	福建省人民政府	1982
袁石连	男	宁德柘荣	1942.8	柘荣县草席厂	福建省劳动模范	福建省人民政府	1982
黄宗继	男	宁德古田	1943.9	古田县造纸厂	福建省劳动模范	福建省人民政府	1982
谢竹青	女	宁德霞浦	1944.1	霞浦县实验小学	福建省劳动模范	福建省人民政府	1982
郑丞元	男	福建福州	1947.8	福建省汽车运输公司福安分公司货车二队	福建省劳动模范	福建省人民政府	1982
王玉祥	男	宁德福安	1948.11	闽东电机三厂	福建省劳动模范	福建省人民政府	1982
柯天树	男	福建莆田	1949.7	福建省古田溪水力发电厂	福建省劳动模范	福建省人民政府	1982
赖辉煌	男	宁德福鼎	1949.8	宁德地区建筑工程公司	福建省劳动模范	福建省人民政府	1982
郭润霖	男	宁德福安	1949.12	福安县打火机厂	福建省劳动模范	福建省人民政府	1982
卢菊兰	女	宁德寿宁	1952.11	寿宁县线毯厂	福建省劳动模范	福建省人民政府	1982
甘久涕	男	宁德屏南	—	屏南县建设银行	福建省劳动模范	福建省人民政府	1982
孙长利	男	—	—	连江县丹阳学区	福建省劳动模范	福建省人民政府	1982
黄长福	男	—	—	宁德地区赛岐石油站	福建省劳动模范	福建省人民政府	1982

续表 47-4

姓名	性别	籍贯	出生时间	工作单位	荣誉称号	授予单位	授予年份
曹建生	男	宁德福安	1928.1	福安县新华书店	福建省职工劳动模范	福建省人民政府	1988
阙周纲	男	福建古田	1928.2	古田县技师进修学校	福建省职工劳动模范	福建省人民政府	1988
阮瑞元	男	宁德福安	1928.12	福安县农资公司	福建省职工劳动模范	福建省人民政府	1988
庄振岳	男	福建惠安	1929.11	福建省宁德县木竹检查站	福建省职工劳动模范	福建省人民政府	1988
陈金木	男	宁德福鼎	1929	福建省福鼎县漆器工艺厂	福建省职工劳动模范	福建省人民政府	1988
王德周	男	宁德霞浦	1934.1	福建省霞浦县教师进修学校	福建省职工劳动模范	福建省人民政府	1988
苏复春	男	福建南安	1936.1	福建古田溪水电厂三级电站	福建省职工劳动模范	福建省人民政府	1988
张成铃	男	宁德福安	1936.6	福安打火机厂	福建省职工劳动模范	福建省人民政府	1988
陈永统	男	福建宁德	1936.12	闽东电机厂	福建省职工劳动模范	福建省人民政府	1988
温冬潘	男	宁德柘荣	1936.12	柘荣县第二塑料厂	福建省职工劳动模范	福建省人民政府	1988
李绍彝	男	宁德福安	1937.2	霞浦县农业局	福建省职工劳动模范	福建省人民政府	1988
林松希	男	宁德福安	1938.4	福鼎四中	福建省职工劳动模范	福建省人民政府	1988
张居和	男	宁德屏南	1939.11	屏南县环境卫生管理所	福建省职工劳动模范	福建省人民政府	1988
谢成连	男	宁德霞浦	1940.7	霞浦县邮电局溪南邮电所	福建省职工劳动模范	福建省人民政府	1988
陈汉荣	男	宁德柘荣	1941.7	柘荣县茶叶公司、县茶厂	福建省职工劳动模范	福建省人民政府	1988
周景定	男	福建宁德	1941.8	宁德县盐场	福建省职工劳动模范	福建省人民政府	1988
郭瑞元	男	厦门龙海	1941.12	福建省宁德县医院	福建省职工劳动模范	福建省人民政府	1988
吴松娟	女	浙江嵊县	1942.1	宁德县五交化公司	福建省职工劳动模范	福建省人民政府	1988
周名缪	男	浙江鄞县	1942.2	宁德地区水电工程局	福建省职工劳动模范	福建省人民政府	1988
王国铃	男	福建南安	1943.1	福鼎县秦屿五四粮店	福建省职工劳动模范	福建省人民政府	1988

续表 47-4

姓名	性别	籍贯	出生时间	工作单位	荣誉称号	授予单位	授予年份
吴松苍	男	宁德福安	1943.8	福鼎县邮电局	福建省职工劳动模范	福建省人民政府	1988
张　榕	男	福建福州	1944.12	福建省公路局周宁公路段	福建省职工劳动模范	福建省人民政府	1988
丁兆煊	男	宁德古田	1945.12	福建省古田县粮油厂	福建省职工劳动模范	福建省人民政府	1988
刘培楠	男	宁德寿宁	1947.8	福建省宁德县造纸厂	福建省职工劳动模范	福建省人民政府	1988
陈仰熙	男	福建福州	1948.2	福建福安酒厂	福建省职工劳动模范	福建省人民政府	1988
何加田	男	福建宁德	1950.6	国营寿宁景山林场	福建省职工劳动模范	福建省人民政府	1988
丁顺炎	男	宁德古田	1950.8	福建省古田县工艺鞋厂	福建省职工劳动模范	福建省人民政府	1988
许世密	男	宁德福鼎	1951.6	秦屿东屿	福建省职工劳动模范	福建省人民政府	1988
包章庆	男	宁德屏南	1952.7	屏南县农械厂	福建省职工劳动模范	福建省人民政府	1988
陈天顺	男	河南省	1952.9	福安汽车运输公司福安货车队	福建省职工劳动模范	福建省人民政府	1988
林　鹏	男	福建宁德	1955.4	周宁联谊化工总厂	福建省职工劳动模范	福建省人民政府	1988
黄　安	男	宁德福安	1955.8	福建省县瓷厂	福建省职工劳动模范	福建省人民政府	1988
许世钦	男	福鼎	—	中共柘荣县委	福建省先进工作者	省人民政府	1990
陈明棣	男	福建福州	1930.8	宁德一中	福建省劳动模范	福建省人民政府	1991
蔡辉治	男	宁德福鼎	1932.7	福鼎县农资公司	福建省劳动模范	福建省人民政府	1991
刘允现	男	宁德福安	1933.5	福安市甘棠镇北门茶厂	福建省劳动模范	福建省人民政府	1991
徐本铃	男	宁德福安	1934.12	福建福鼎县前岐农用塑料厂	福建省劳动模范	福建省人民政府	1991
丁宝鉴	男	宁德古田	1935.5	古田县鞋革厂	福建省劳动模范	福建省人民政府	1991
林贤康	男	福州福清	1936.1	中共福安市委办公室	福建省劳动模范	福建省人民政府	1991
姚捷夫	男	福建莆田	1936.8	福建福安罐头食品厂	福建省劳动模范	福建省人民政府	1991

续表 47-4

姓名	性别	籍贯	出生时间	工作单位	荣誉称号	授予单位	授予年份
陈鹤禹	男	福建宁德	1937.1	福建省宁德市华贸公司	福建省劳动模范	福建省人民政府	1991
游增棉	男	宁德柘荣	1937.1	柘荣县双城镇	福建省劳动模范	福建省人民政府	1991
何景洲	男	宁德霞浦	1937.9	福建省宁德地区霞浦县松城镇俊星村	福建省劳动模范	福建省人民政府	1991
陈　抟	男	宁德霞浦	1938.7	霞浦县折船厂	福建省劳动模范	福建省人民政府	1991
洪维铭	男	福建泉州	1938.11	霞浦县林业局	福建省劳动模范	福建省人民政府	1991
李　福	男	宁德寿宁	1942.1	寿宁县芹洋乡阜莽村	福建省劳动模范	福建省人民政府	1991
马德泉	男	上海	1942.8	宁德地区电力公司变压器厂	福建省劳动模范	福建省人民政府	1991
纪元忠	男	河北吴桥	1942.9	福鼎县医院	福建省劳动模范	福建省人民政府	1991
陈联自	男	宁德古田	1942.12	古田溪水力发电厂	福建省劳动模范	福建省人民政府	1991
陈金诺	男	宁德古田	1944.5	古田县大桥镇常洋村	福建省劳动模范	福建省人民政府	1991
黄介贤	男	宁德福安	1947.3	福安市下白石镇财政所	福建省劳动模范	福建省人民政府	1991
黄成招	男	福建宁德	1947	宁德市二都冷冻厂	福建省劳动模范	福建省人民政府	1991
彭兆旺	男	宁德古田	1948.4	古田县大甲乡乡政府	福建省劳动模范	福建省人民政府	1991
林泽兰	男	福建宁德	1948.9	宁德市工业局	福建省劳动模范	福建省人民政府	1991
陈春情	男	宁德屏南	1948.12	屏南县甘棠乡下山口村	福建省劳动模范	福建省人民政府	1991
何发亨	男	宁德寿宁	1948.12	福建省公路局寿宁公路段	福建省劳动模范	福建省人民政府	1991
林涵生	男	福州福清	1949.2	福鼎县农药厂	福建省劳动模范	福建省人民政府	1991
甘振宗	男	宁德屏南	1949.9	屏南县造纸厂	福建省劳动模范	福建省人民政府	1991
张昌安	男	宁德周宁	1952.8	周宁县礼门乡后垅村秀坑自然村	福建省劳动模范	福建省人民政府	1991
叶宝来	男	宁德霞浦	1953.1	福建省工商行政管理局霞浦缉私队	福建省劳动模范	福建省人民政府	1991

续表 47-4

姓名	性别	籍贯	出生时间	工作单位	荣誉称号	授予单位	授予年份
黄永勤	男	宁德柘荣	1953.3	福建省柘荣县玻璃卡纸厂	福建省劳动模范	福建省人民政府	1991
洪 斌	男	浙江平阳	1954.3	福建省汽车运输总公司福鼎车队	福建省劳动模范	福建省人民政府	1991
翁寿银	男	福安	1954.4	福安客车队	福建省劳动模范	福建省人民政府	1991
苏中信	男	宁德屏南	1955.9	屏南县长桥乡柏源村委会	福建省劳动模范	福建省人民政府	1991
张裕真	男	宁德周宁	1956.6	周宁钛合金厂	福建省劳动模范	福建省人民政府	1991
谢德松	男	宁德古田	1960.3	古田县凤都松竹研究所	福建省劳动模范	福建省人民政府	1991
曾成金	男	福建惠安	—	古田溪水电站	省“五一”劳动奖章	省总工会	1993
郑永飞	男	古田	—	古田县大桥供销社	省“五一”劳动奖章	省总工会	1993
阮松城	男	福安	—	福安市邮电局	省“五一”劳动奖章	省总工会	1993
朱淑美	女	霞浦	1943.1	霞浦县环卫所	获“五一”劳动奖章	省总工会	1993
林 寿	男	周宁	1960.3	宁德师范高等专科学校	省“五一”劳动奖章	省总工会	1993.4
黄石光	男	霞浦州洋乡	1930	霞浦县马洋村	福建省劳动模范	福建省人民政府	1993
董赛红	女	福鼎	1965.10	福鼎县殡仪馆	福建省劳动模范	福建省人民政府	1993
章云炒	男	宁德柘荣	1928.7	柘荣县英山乡上宅村	福建省劳动模范	福建省人民政府	1994
张仕扬	男	宁德福鼎	1934.9	福鼎县税务局	福建省劳动模范	福建省人民政府	1994
汤章生	男	宁德周宁	1936.12	周宁县咸村镇川中村	福建省劳动模范	福建省人民政府	1994
卓承恩	男	宁德霞浦	1938.12	柘荣县建委	福建省劳动模范	福建省人民政府	1994
陈俊川	男	宁德福安	1939.1	福安市城北街前进村	福建省劳动模范	福建省人民政府	1994
陈序驯	男	福建宁德	1939.12	宁德地区公路稽征处	福建省劳动模范	福建省人民政府	1994
黄盛丛	男	宁德福安	1941.1	闽东电机厂	福建省劳动模范	福建省人民政府	1994
叶先雄	男	宁德周宁	1941.3	周宁县钛合金厂	福建省劳动模范	福建省人民政府	1994

续表 47-4

姓名	性别	籍贯	出生时间	工作单位	荣誉称号	授予单位	授予年份
方永祯	男	霞浦松城镇	1946.1	霞浦县万贤村党支部	福建省劳动模范	福建省人民政府	1994
章仁义	男	宁德福安	1946.11	霞浦新型建材总厂	福建省劳动模范	福建省人民政府	1994
江启舜	男	宁德古田	1947.8	古田县公路分局	福建省劳动模范	福建省人民政府	1994
黄梅玉	女	福建莆田	1948.6	霞浦县北礵小学	福建省劳动模范	福建省人民政府	1994
陈太纯	男	宁德古田	1948.12	古田县鹤塘镇东际村	福建省劳动模范	福建省人民政府	1994
黄梓光	男	宁德福安	1950.1	宁德地区罐头厂	福建省劳动模范	福建省人民政府	1994
郑义堂	男	宁德寿宁	1950.3	寿宁县梦龙春酒厂	福建省劳动模范	福建省人民政府	1994
黄一民	男	宁德福鼎	1951.1	福鼎闽东啤酒厂	福建省劳动模范	福建省人民政府	1994
严拱兆	男	福建福州	1951.12	古田溪水力发电厂	福建省劳动模范	福建省人民政府	1994
洪　彪	男	宁德霞浦	1953.12	霞浦县公路局牙城道班	福建省劳动模范	福建省人民政府	1994
陈水金	男	宁德福安	1954.1	福安福光电子（国际）有限公司	福建省劳动模范	福建省人民政府	1994
黄明富	男	宁德福鼎	1954.12	福鼎县东凤压铸总厂	福建省劳动模范	福建省人民政府	1994
李思海	男	福建宁德	1955.8	宁德市委行政科	福建省劳动模范	福建省人民政府	1994
何世英	女	屏南	1955.8	屏南一中	福建省劳动模范	福建省人民政府	1994
蓝　玉	女	寿宁竹管垅乡	1957.1	寿宁县卫生局	福建省劳动模范	福建省人民政府	1994
陈　平	男	宁德福安	1958.5	福安市船舶工业公司	福建省劳动模范	福建省人民政府	1994
郭素英	女	四川	1958.9	福安市环卫所	福建省劳动模范	福建省人民政府	1994
陈高潮	男	宁德屏南	1958	屏南县古峰镇古厦村	福建省劳动模范	福建省人民政府	1994
陈宁群	男	宁德屏南	1959.7	屏南县公路分局	福建省劳动模范	福建省人民政府	1994
吴美君	女	宁德福鼎	1960.5	福鼎公路分局北胜道班	福建省劳动模范	福建省人民政府	1994

续表 47-4

姓名	性别	籍贯	出生时间	工作单位	荣誉称号	授予单位	授予年份
阮时珍	男	宁德古田	1960.10	宁德市宁古食用菌研究所	福建省劳动模范	福建省人民政府	1994
吴林俤	男	宁德寿宁	1964.7	寿宁县大安乡炭山村	福建省劳动模范	福建省人民政府	1994
胡小青	男	屏南	1965.2	屏南县屏城乡政府	福建省劳动模范	福建省人民政府	1994
江启舜	男	古田	1947.8	古田县公路分局	福建省劳动模范	福建省人民政府	1994.4
严拱兆	男	古田	—	古田溪水电厂	福建省劳动模范	福建省人民政府	1994
叶海斌	男	霞浦	1967.6	霞浦县公安局缉毒大队	省“五一”劳动奖章	省总工会	1994
林碧玲	女	福安康厝乡	1973	福安康厝农行营业所	省“五一”劳动奖章	省总工会	1995
郑家礼	男	古田	1951.3	古田县供销联社	省“五一”劳动奖章	省总工会	1995
张志红	女	古田	1966.11	福建省古田纸业有限公司	省“五一”劳动奖章	省总工会	1995
张乃生	男	福鼎	—	福鼎桑园电站指挥部	省“五一”劳动奖章	省总工会	1995.9
陈香妹	女	屏南	1951.7	屏南县自来水厂	福建省劳动模范	福建省人民政府	1995
潘道壹	男	福鼎	1937.9	福鼎市闽东汽车机电工业有限公司	福建省劳动模范	福建省人民政府	1996.5
庄在文	男	霞浦	1945.4	霞浦县林业局	福建省劳动模范	福建省人民政府	1996
李　迅	男	福安	1962	福安一中	福建省劳动模范	福建省人民政府	1996
江全才	男	霞浦	1939.9	霞浦三沙渔业公司育苗室	省“五一”劳动奖章	省总工会	1996
戴瑞文	男	古田	1954.9	古田县包装装潢厂	省“五一”劳动奖章	省总工会	1996
陈留军	男	浙江苍南	1967	柘荣县公安局	省“五一”劳动奖章	省总工会	1996.5
汤容芳	女	古田	1968.7	古田溪水电站	省“五一”劳动奖章	省总工会	1996
周题续	男	宁德福鼎	1933.8	福建华龙化油器有限公司	福建省劳动模范	福建省人民政府	1997
陈仕贵	男	福建宁德	1944.6	宁德市城南镇经委	福建省劳动模范	福建省人民政府	1997
郑金兴	男	宁德福安	1944.7	宁德地区公路局	福建省劳动模范	福建省人民政府	1997
柳应谦	男	宁德寿宁	1945.12	宁德地区水泥厂	福建省劳动模范	福建省人民政府	1997

续表 47-4

姓名	性别	籍贯	出生时间	工作单位	荣誉称号	授予单位	授予年份
陈成乐	男	宁德福安	1946.5	福安市甘棠镇东门村	福建省劳动模范	福建省人民政府	1997
林官明	男	宁德霞浦	1948.7	霞浦县州洋乡古岭下村	福建省劳动模范	福建省人民政府	1997
李梅英	女	宁德福鼎	1949.1	福鼎市环境卫生管理处	福建省劳动模范	福建省人民政府	1997
李景贵	男	莆田仙游	1949.7	省石油总公司宁德分公司	福建省劳动模范	福建省人民政府	1997
蔡坚基	女	宁德福安	1950.3	福安市潭头学区锦桌头小学	福建省劳动模范	福建省人民政府	1997
梁婉卿	女	福建宁德	1950.12	宁德职业中专学校	福建省劳动模范	福建省人民政府	1997
周光玉	男	宁德福鼎	1951.9	福建玄武石材集团公司	福建省劳动模范	福建省人民政府	1997
李宝卿	男	福安	1951.10	宁德地区水泥厂	福建省劳动模范	福建省人民政府	1997
邱惠德	男	福安	1951.11	福光电子（国际）有限公司	福建省劳动模范	福建省人民政府	1997
温世妹	女	宁德福鼎	1952.7	宁德地区公路局福鼎分局	福建省劳动模范	福建省人民政府	1997
郑乃善	男	宁德福安	1952.9	宁德地区公路局柘荣分局	福建省劳动模范	福建省人民政府	1997
吴国增	男	宁德柘荣	1956.7	柘荣县城郊乡坑里村	福建省劳动模范	福建省人民政府	1997
许希元	男	宁德霞浦	1956.12	霞浦县环境卫生管理所	福建省劳动模范	福建省人民政府	1997
吴初明	男	宁德霞浦	1957.7	福建华美（三沙）机械配件有限公司	福建省劳动模范	福建省人民政府	1997
黄　敏	男	福建宁德	1957.11	宁德市自来水公司	福建省劳动模范	福建省人民政府	1997
苏　光	男	宁德福安	1958.5	霞浦县公安局	福建省劳动模范	福建省人民政府	1997
叶哲为	男	宁德寿宁	1958.8	寿宁县大安乡溪乾村	福建省劳动模范	福建省人民政府	1997
吴延录	男	宁德寿宁	1959.9	宁德地区公路局周宁分局	福建省劳动模范	福建省人民政府	1997
雷春梅	女	宁德古田	1960.1	古田县玉田食用菌研究所	福建省劳动模范	福建省人民政府	1997
孙绍武	男	宁德周宁	1962.6	周宁县咸村镇洋中村	福建省劳动模范	福建省人民政府	1997

续表 47-4

姓名	性别	籍贯	出生时间	工作单位	荣誉称号	授予单位	授予年份
陆德彬	男	宁德屏南	1966.2	屏南县古峰镇长汾村	福建省劳动模范	福建省人民政府	1997
汤容芳	女	宁德古田	1968.7	古田溪水力发电厂	福建省劳动模范	福建省人民政府	1997
吴本兴	男	福鼎县秦屿镇	1943.4	霞浦县摩擦制动配件厂	福建省劳动模范	福建省人民政府	1998
林山森	男	福安甘棠镇	1950	福安市甘棠学区	福建省劳动模范	福建省人民政府	1998
林瑞康	男	霞浦	1949.12	霞浦县房地产开发公司	省“五一”劳动奖章	省总工会	1998
黄宗钦	男	古田	1953.2	福建省古田县塑胶鞋厂	省“五一”劳动奖章	省总工会	1998
陈桂波	男	霞浦	1945.2	霞浦县公路分局党支部	省“五一”劳动奖章	省总工会	1999
黄　斌	男	福建德化县	1960.2	宁德地区农行党委	省“五一”劳动奖章	省总工会	1999
蔡世旬	男	宁德霞浦	1952.8	霞浦三沙粮站	福建省劳动模范	福建省人民政府	2000
吴泽炎	男	宁德柘荣	1955.12	柘荣电力公司	福建省劳动模范	福建省人民政府	2000
钟春锦	男	宁德霞浦	1959.1	霞浦松城镇万贤村	福建省劳动模范	福建省人民政府	2000
彭云平	男	宁德福安	1962.1	福安红福啤酒有限公司	福建省劳动模范	福建省人民政府	2000
谢传恭	男	宁德屏南	1965.2	屏南双溪镇双溪村	福建省劳动模范	福建省人民政府	2000
乐玉海	男	福建宁德	1968.12	宁德市七都镇三乐村	福建省劳动模范	福建省人民政府	2000
凌秀梅	女	霞浦	1960.1	霞浦县环境卫生管理所清扫班	省“五一”劳动奖章	省总工会	2000
陶学海	男	河南沁阳	1942.8	寿宁县财委蔬菜办公室	福建省先进工作者	福建省人民政府	2000
汤佛喜	男	宁德周宁	1943.12	周宁县看守所	福建省先进工作者	福建省人民政府	2000
陈宝桐	男	福建莆田	1950.9	古田交通工程管理站	福建省先进工作者	福建省人民政府	2000
陈常年	男	宁德福鼎	1952.2	宁德地区安全生产委员会办公室	福建省先进工作者	福建省人民政府	2000
张发建	男	山西平顺	1955.5	宁德市公安局巡警大队	福建省先进工作者	福建省人民政府	2000

续表 47-4

姓名	性别	籍贯	出生时间	工作单位	荣誉称号	授予单位	授予年份
郑梅庄	女	宁德福安	1956.7	福安师范附小	福建省先进工作者	福建省人民政府	2000
江　榕	女	宁德古田	1957.7	古田一中	福建省先进工作者	福建省人民政府	2000
陈建斌	男	福建宁德	1966.2	宁德市人民医院放射科	福建省先进工作者	福建省人民政府	2000
彭锦云	女	霞浦	1960.3	霞浦县医院内科	省“五一”劳动奖章	省总工会	2001
林蕊清	女	霞浦	1963.9	霞浦县卫计局	福建省劳动模范	福建省人民政府	2002
王自嵩	男	霞浦	1956.1	霞浦县公路分局松城公路站	省“五一”劳动奖章	省总工会	2002
蔡爱礼	男	宁德霞浦	1944.1	霞浦县三沙镇三沃村渔民	福建省劳动模范	福建省省委、省人民政府	2003
谢　泉	男	宁德蕉城	1944.11	福建白莲花化工有限公司董事长	福建省劳动模范	福建省省委、省人民政府	2003
洪辉益	男	福建金门	1951.6	福建省屏南榕屏联营化工厂	福建省劳动模范	福建省省委、省人民政府	2003
甘振温	男	宁德屏南	1954.3	宁德市汽车运输集团公司	福建省劳动模范	福建省省委、省人民政府	2003
戴维浩	男	宁德古田	1954.3	古田县兴华真菌研究所	福建省劳动模范	福建省人民政府	2003
林怀捷	男	宁德屏南	1954.4	屏南县长桥镇高溪村农民	福建省劳动模范	福建省省委、省人民政府	2003
王亦雄	男	宁德福鼎	1958.1	福鼎市一雄光学仪器有限公司总经理	福建省劳动模范	福建省省委、省人民政府	2003
张瑞生	男	宁德寿宁	1959.9	寿宁县清源乡洋尾村	福建省劳动模范	福建省省委、省人民政府	2003
夏　鹏	男	宁德寿宁	1960.11	福建三祥冶金有限公司	福建省劳动模范	福建省省委、省人民政府	2003
舒　珍	女	浙江衢州	1962.6	周宁县邮政局	福建省劳动模范	福建省省委、省人民政府	2003
韦小芬	女	宁德屏南	1970.7	屏南县邮政局代溪支局	福建省劳动模范	福建省省委、省人民政府	2003
陈求真	男	宁德古田	1951.7	古田县国土资源局	福建省先进工作者	福建省省委、省人民政府	2003
陈茂祥	男	宁德柘荣	1954.1	柘荣县环境卫生管理所	福建省先进工作者	福建省省委、省人民政府	2003
谢树政	男	宁德福鼎	1955.6	福鼎市工商局城郊分局	福建省先进工作者	福建省省委、省人民政府	2003

续表 47-4

姓名	性别	籍贯	出生时间	工作单位	荣誉称号	授予单位	授予年份
黄惠萍	女	福建福州	1957.8	福安市地方税务局征收分局	福建省先进工作者	福建省省委、省人民政府	2003
张小杏	女	河南济源	1962.5	宁德市中立人民法院	福建省先进工作者	福建省省委、省人民政府	2003
杨常青	男	宁德柘荣	1964.8	柘荣县国家税务局	福建省先进工作者	福建省省委、省人民政府	2003
马文生	男	宁德福鼎	1965.3	福建省公路通行费宁德八都征管所	福建省先进工作者	福建省省委、省人民政府	2003
柳应方	男	宁德寿宁	1965.7	寿宁县第一中学	福建省先进工作者	福建省省委、省人民政府	2003
黄振耀	男	宁德蕉城	1966.12	宁德人民医院	福建省先进工作者	福建省省委、省人民政府	2003
王巧玲	女	霞浦	1974.1	霞浦县实验小学	省“五一”劳动奖章	省总工会	2004
张赛英	女	福安	1946.1	福安市助理调研员	部级劳模	国家人事局	1991
洪国梁	男	福安	—	福安市林业局	部级劳模	国家人事局	1991
陈再坤	男	福安	1936.6	福安市溪柄信用社	部级劳模	国家人事局	1993
蔡清辉	男	晋江石狮	1935.12	宁德地区第一医院	部级劳模	国家人事局	1995
潘鸿华	男	福安	1949.1	福安市甘棠学区	部级劳模	国家人事局、教育部	1995
苏永旦	男	屏南	1947.11	屏南县寿山乡邮政支局	全国邮电劳动模范	邮电部	1996
黄世锦	男	霞浦	1964.1	省九建工程公司	全国建设系统劳动模范	建设部	1999
王丽芳	女	福安	1957.1	福安市饮食服务公司经理	部级劳模	内贸部	2000
彭祖禄	男	蕉城	1952.5	宁德市公共交通公司	全国建设系统劳模	人事部、建设部	2004
周树通	男	福建惠安	1955.12	中国人民解放军四八〇七工厂 福建省白马船厂	部级劳模	国家人事局、海军装备保障企业	2004
王光松	男	福安	1949.5	福安一中	全国优秀教师	国家教委、人事部	1991
郑一平	男	霞浦	1957.5	宁德市民族中学	全国优秀教师	国家教委、人事部	1991
郑玲玉	女	寿宁武曲乡	1954.1	寿宁县武曲中心小学	全国优秀教师	国家教委、人事部	1993
林向英	女	古田	1959.11	屏南县实验小学	全国优秀教育工作者	人事部、教育部	1993

续表 47-4

姓名	性别	籍贯	出生时间	工作单位	荣誉称号	授予单位	授予年份
李　迅	男	福安	1962	福安一中	全国优秀教师	国家教委、人事部	1993
周少春	男	周宁县狮成镇	1958.2	周宁一中	全国优秀教师	教育部、人事部	1993
马钦言	男	安徽	1946.9	柘荣城郊学区	全国优秀教师	国家教委、人事部	1993.9
魏振潮	男	古田水口镇	—	古田县消防中队	全国优秀人民警察	公安部、国家人事局	1994
林　聘	男	福建罗源	—	宁德市一中	全国优秀教师	国家教委、人事部	1995.9
何爱珍	女	福鼎	—	福鼎县实验幼儿园	全国优秀教师	国家教委、人事部	1995.9
张乃生	男	福鼎	—	福鼎桑园电站指挥部	全国水利系统先进工作者	水利部、人事部	1995.9
陈章华	男	霞浦柏洋乡	1958.12	霞浦县柏洋洋里小学	全国优秀教师	国家教委、人事部	1995
陈锋英	女	古田	—	古田第一小学	全国优秀教师	国家教委、人事部	1995.9
黄益萌	男	古田	—	古田第一中学	全国优秀教师	国家教委、人事部	1995.9
江德端	女	福州市	1946.2	周宁县实验小学	全国优秀教师	教育部、人事部	1995
蓝秀珍	女	宁德	1961.1	周宁县人民政府	省优秀共产党员 全国十佳公务员 全国“三八红旗手”	省委 人事部 全国妇联	1995 1997 1998
钟明森	男	福安溪潭乡	1947.1	省民族事务委员会	全国民族团结进步模范部级劳模	国务院国家人事局	1996
陈安松	男	福安	1946.12	福安市工商局	部级劳模	国家人事局	1996
范启雄	男	寿宁大安乡	1959.11	寿宁县财政局	全国财政系统先进工作者	人事部、财政部	1997
韦孝位	男	屏南	1948.1	屏南县代溪镇卫生院	全国卫生系统先进工作者	卫生部、人事部	1999
许国实	男	周宁县浦源镇	1962.2	周宁县教育局	国家贫困地区义务教育工程建设先进个人	教育部、人事部	1999.12
陈开福	男	浙江苍南	1957.4	古田县教委	全国先进教育工作者	教育部、人事部	2001.9
熊学文	男	周宁县狮城镇	1959.9	周宁县一中	全国优秀教师	教育部、人事部	2001

续表 47-4

姓名	性别	籍贯	出生时间	工作单位	荣誉称号	授予单位	授予年份
周志坚	男	屏南	1955.3	中共福安市委	全国纪检监察系统通报嘉奖	中纪委、人事部、监察部	2002.1
黄孟华	男	福安	—	宁德市闽东医院	全国卫生系统先进工作者	人事部、卫生部、国家中医药管理局	2004
李升坚	男	古田	—	古田县实验小学	全国优秀教师	教育部、人事部	2004.9

附 录

宁德地区国民经济和社会发展“九五”计划和2010年远景目标（摘要）

序言

1996—2010年这未来的15年，是闽东逐步赶上全省发展步伐与加速现代化进程的重要时期。认真总结经验，科学制订与实施宁德地区国民经济和社会发展“九五”计划，描绘2010年远景发展蓝图，对于凝聚全区人民的智慧和力量，进一步加快闽东经济和社会发展，以新的姿态迈向21世纪具有极其重要的意义。

“八五”计划时期，全区人民在地委、行署的正确领导下，坚持党的基本路线，深入贯彻邓小平同志建设有中国特色的社会主义理论和党中央、国务院的各项方针政策，充分利用中央和省赋予的多种优惠政策与灵活措施，大念“山海经”，着力实施“追赶工程”，向生产的深度和广度进军，不断推进对外开放、体制转换、争创小康村活动和脱贫致富，抓住机遇，奋起追赶，迎来了闽东历史上发展最快，变化最大的新时期。到1995年，全区国内生产总值达120.4亿元（按当年价计算，下同），年递增19.4%，经济总量实现提前6年（在1994年）翻两番；工农业总产值194.6亿元，年递增28.4%（其中工业总产值116亿元、农业总产值78.6亿元，年递增分别为40.3%和14.2%）；乡镇企业总产值121.7亿元，年递增54.4%；全社会固定资产投资“八五”累计达69.3亿元，比“七五”增加约55亿元；城镇居民生活费收入3484元，年递增24.8%；农民人均纯收入1784元，年递增24.2%。“八五”计划指标的完成和超额完成，必将为“九五”乃至下个世纪闽东经济和社会发展奠定比较坚实的基础。

“九五”及到2010年闽东经济和社会发展可望在“八五”的基础上实现再一次腾飞，其有利条件是多方面的。首先，随着党的十四大提出的繁荣台湾海峡西岸经济战略的实施，两岸经贸往来将进一步扩大，直至实现“三通”与和平统一，这将为与台湾一水之隔的闽东经济发展提供难得的机遇；第二，党中央、国务院和省委、省政府赋予的“农村综合改革试验区”、“沿海开放区”、“对台经贸区”、“革命老区”、“少数民族聚居区”以及贫困地区的“八七扶贫攻坚”政策，将继续成为闽东改革开放与经济发展的强大动力；第三，社会主义市场经济总框架及体系将不断完善，市场在资源配置中的基础性作用进一步发挥，这必将对闽东经济发展格局的变化产生巨大影响，进一步增强闽东发展的活力；第四，地委、行署确定的“大开放、大开发、大发展”战略的实施，全区山海资源兼备的优势将进一步得到发挥，对外开放的范围和领域将进一步拓宽，为闽东发展开放型、外向型、科技型经济创造条件；第五，“七五”和“八五”10年来，在国家和省支持下建设的一批交通、能源、通信基础设施项目，加上正在建设和拟建的其他项目的陆续投产，随着闽东沿海县（市）城市化进程的加快，对改善今后闽东的投资环境，增强经济发展后劲将发挥重要作用；第六，近几年来地委、行署着力实施“追赶工程”，培育经济发展极点，大力发展多种形式的民营经济作为增加区域经济总量的新增长点，已经取得明显实效，“增创新优势，更上一层楼”已成为吃苦耐劳、勤劳务实的闽东300多万人民告别贫困，奔向共同富裕的强烈愿望和迫切要求，这是全区实现赶上和达到全省经济发展平均水平的基础条件和精神动力。闽东的发展前景是灿烂辉煌的。

但是，我们也要清醒地认识到，前进的道路上存在不少的困难，经济发展进程中仍然面临着一些比较突出的问题和制约因素。思想观念的转变与扩大对外开放和发展社会主义市场经济的要求还存在差距；交通、能源等基础设施滞后于经济和社会发展的“瓶颈”制约依然存在；农业基础脆弱，抵御自然灾害能力低，发展后劲不足；建设资金短缺在相当长一段时间内将成为困扰闽东经济发展的一大难题；国有企业效益不尽理想，转换企业经营机制，建立现代企业制度的任务十分艰巨；国家“八七扶贫攻坚”计划中，全区尚有17万贫困人口需要扶持解决温饱问题；社会事业发展相对滞后，尤其是教育、卫生、社会保障等方面的问题比较突出；由于经济总量小，按人均水平比较，全区相当一些指标低于全省平均水平，加快经济发展还需做不懈的努力。此外闽东在对外开放中将面临市场的激烈竞争和挑战，社会生活中也存在就业困难等某些不安定因素。这些困难和问题都是需要我们在未来15年里认真对待，切实解决的。我们要充分认识闽东经济发展的好机遇，好条件，同时也要足够估计面临的困难和问题，发扬“铁心拼搏”的闽东精神，奋力追赶，为实现1997年国内生产总值翻三番，人民生活基本达到小康水平，并进而缩小与赶上全省经济发展平均水平而奋斗。

由于经济生活发展及变化会有许多不可确定的因素，我们对“九五”计划与2010年远景目标的安排均是预测性、纲要式、粗线条的，本规划所制订的任务目标在未来的执行过程中可以根据实际变化的情况进行调整、充实和修订，并在年度计划中加以具体化。

一、“九五”时期经济与社会发展的总体构想

（一）指导思想

“九五”时期是闽东经济实现奔小康目标并进一步缩小与全省发展水平差距的关键时期。地区国民经济和社会发展的指导思想是：坚持邓小平建设有中国特色社会主义理论和党的基本路线，认真贯彻党的基本方针，进一步解放思想，更新观念，积极推进经济体制和经济增长方式的转变，走“大开放、大开发、大发展”的路子，突出“科教兴区”、“工业富区”，建设“海上闽东”，以加快基础设施建设、强化农业基础地位和壮大支柱产业为重点，促进沿海与山区的联动发展，努力实现国民经济持续、快速、健康发展和社会的繁荣进步，为把宁德地区建设成经济繁荣、社会安定、生活殷实、文明开放的新闽东而努力奋斗。

（二）指导方针

“九五”时期，全区国民经济与社会发展必须遵循党中央的“抓住机遇、深化改革、扩大开放、促进发展、保持稳定”的基本方针，正确处理好改革、发展、稳定三者关系。从实际出发，把握好以下几个方面：

——保持国民经济持续、快速、健康发展。抓住新机遇，增创新优势，以市场为导向，拓展

资源开发的深度和广度，充分挖掘国民经济增长的潜力，实现区域经济总量增加和人民生活水平的提高，逐步缩小与赶上全省平均发展水平。

——加快改革的步伐。要进一步解放思想、勇于创新，用好用足中央和省赋予的多种优惠政策，加大各项改革试验的力度，为扩大开放和加快发展创造良好的条件，尽快建立起适合区情、充满生机和活力的社会主义市场经济体制。

——进一步扩大开放。充分发挥沿海开放区和对台前沿优势，“以放为主、以优吸引、以贸开路、以小促大”，提高对外开放的层次和效益，推进外向型经济发展，逐步实现与国际经济接轨。

——切实提高国民经济的整体素质与效益。坚持发展速度、质量、效益的统一，抓紧调整与优化产业结构，强化农业基础地位，努力扩大工业与建筑业总量，重视发展第三产业，积极推进经济增长方式从粗放型向集约型转变，做到少投入、多产出、低消耗、高效益。

——牢固树立全区一盘棋的思想。按照“山海协作、突出重点、优势互补、共同发展”的原则，培植环三都澳经济圈，建设沿海经济繁荣带，实施梯度推进，加强山海协作，实现沿海和山区的联手发展。

——促进社会发展与进步。贯彻可持续发展战略，多渠道增加对各项社会事业的投入，尤其要加快发展科技、教育、卫生、环保等事业，使之与经济加快发展和人民生活水平逐步提高相适应，实现经济与社会的协调发展。

（三）主要任务

根据上述指导思想与方针，“九五”期间要集中力量解决和处理好关系国民经济发展的关键性问题，使区域经济不断跃上新台阶。主要任务有：

——突出加快基础设施建设，进一步优化投资环境。要下大功夫改变基础设施落后面貌，使交通、电力、邮电通信及城镇设施等方面建设有突破性进展，争取到本世纪末或下世纪初基本适应经济快速增长和扩大开放的需要。

——以争创小康村活动统揽农村工作全局，推动农村经济全面发展。坚持“增粮增收保供给，脱贫致富奔小康”的方针，立足资源开发，发展外向型、科技型农业，在稳步提高粮食生产的基础上，建立农业综合开发、乡镇企业发展和农村小城镇建设“三位一体”的农村发展体系，增加农民收入，以村为主分阶段实现小康目标，加速农村工业化、现代化进程。

——培植和壮大支柱与重点产业，增强国民经济发展后劲。按照“上规模、上水平、增效益”的原则，扶持发展水产业、林产业、食品、电机电器、建材建筑等五个优势产业，使之成为带动全区经济发展的支柱产业群，同时发展化工、机械修造、旅游三个重点产业，促进区域产业结构的升级和产业组织的优化，推动国民经济在市场竞争中不断发展壮大。

——大力开发利用海洋资源，建设“海上闽东”。要以大型深水港开发为重点，以发展外向型海洋经济为主导，由海岸带、近海逐步向外海拓展。重点抓好港口建设与海洋运输，海堤建设与围垦造地、海水养殖与远洋捕捞、岛屿与沿海突出部开放开发以及海洋化工、海洋贸易、海洋旅游、海洋采矿等海洋产业的发展，形成推动区域经济发展的蓝色产业群。

——以“贸”先行，促进对台经贸发展与横向经济协作。充分发挥闽东对台前沿与毗邻浙南的地缘优势，继续加强对台经贸基地、省际边界贸易基地和出口创汇基地的建设，以“贸”开路，放开搞活，把闽东建成沿海对台经贸进一步向全省辐射的桥梁和联结长江三角洲经济区与闽东南经济区的主要通道，填补台湾海峡西岸经济发展的断裂带。

——认真实施“科教兴区”战略，突出科技第一生产力的先导作用。把科技和教育摆在经济与社会发展的重要位置，加强实用科技的研究、推广和应用，重视并加快各类人才培养，把经济工作切实转移到依靠科技进步和提高劳动者素质的轨道上来。

——坚持“两手抓”，加强社会主义精神文明建设。切实强化思想政治工作，把培养“四有”新人为核心的精神文明建设推向深入，不断加强和完善社会主义民主和法制建设，为经济建设和改革开放提供强大的精神动力，营造良好的社会环境。

（四）主要目标

按照地委、行署确定的“力争与全省同步奔小康，并逐步缩小与全省发展水平差距”的战略要求，“九五”时期闽东国民经济与社会发展的主要目标是：

——总量目标。国内生产总值“九五”平均增长19.2%，1997年实现比1980年翻三番，2000年达到290亿元（按1995年价格计算，下同）；工农业总产值2000年达到575亿元，“九五”平均增长24.2%。

——人均目标。人均国内生产总值2000年达到8870元，比1980年翻三番以上。

——结构目标。三次产业比重按当年价测算到2000年为25：37：38；三次产业的劳动者比例为50：23：27。

——财政目标。财政收入争取与国内生产总值同步增长，2000年达到20亿元，“九五”平均增长19.6%。

——外向目标。外贸出口总值2000年达到2.5亿美元，“九五”平均增长29.0%；实际利用外资“九五”期间累计达到8亿美元以上。

——投资目标。全社会固定资产投资总额“九五”累计达到280亿元左右，“九五”平均增长29.0%。

——效益目标。国内生产总值综合能耗每年降低2%以上；全员劳动生产率平均每年增长9%；工业资金利税率保持在12%以上。

——控价目标。社会商品零售价格年均上涨幅度力争控制在8%以内。

——科教目标。科技进步对经济增长的贡献率争取每年提高2个百分点，到2000年达到46%。全区1998年基本普及九年义务教育，2000年中等职业技术学校在校生达2.4万人。

——生活目标。城镇居民人均生活费收入2000年达到7000元以上，“九五”平均增长15.0%；农民人均纯收入2000年达到3700元，“九五”平均增长15.7%。

——人口控制目标。到2000年全区总人口控制在329万人以内，“九五”平均增长率控制在13‰以内。

（五）固定资产投资

要根据闽东经济、社会发展需要和资金筹措的可能，合理安排固定资产投资规模，调整优化投资结构，争取固定资产投资规模与效益同步快速增长。“九五”期间，全社会固定资产投资平均每年增长29%，2000年达到88亿元，五年累计需要投资280亿元左右，其中国有单位投资平均每年增长30%，五年累计需要投资130亿元左右。今后5年全区固定资产投资的重点是交通、电力、邮电、城建、农业、骨干工业及科技、教育、卫生等方面。

要拓宽思路，广辟财路，用超常规的办法多渠道地筹措建设资金，搞好资金平衡，尤其要落实好项目的资本金，确保重点建设项目顺利实施。一是要眼睛向外，加大力度，继续加快投资“软”、“硬”环境建设，吸引“侨、台、港、澳、外”及内联资金，尤其要突出对台优势，进一步拓展利用外资渠道，积极试行BOT投资方法，在争取外商投资基础设施项目上有新进展。二是要眼睛向上，充分运用中央和省赋予的“综合改革试验区”“沿海开放区”“少数民族地区”“革命老区”“贫困地区”的优惠政策，争取中央和省在项目资金安排上给予倾斜支持。三是要眼睛向内，（1）改善区内现有各专项集资建设基金的管理办法，实行统一调度、集中使用、保证重点，提高资金使用效益；（2）做活国有土地使用权出让的文章，规范土地使用权出让、招标、拍卖、集中土地出让收入投入建设；（3）要舍得将区内已建成或正在建设的、效益好的大中型项目的国有产权或使用权进行招商拍卖，盘活资金用于重点项目建设。四是要眼睛向下，（1）进一步搞活金融，千方百计增加储蓄，增加基本建设信贷投入；（2）大力推行股份制筹资办法，吸收社会闲散资金。

要加强项目的开发储备工作，进一步完善项目开发储备网络。各级领导要从增强经济发展后劲的战略高度出发，亲自抓项目的开发和储备；各级政府要舍得花前期经费，设立项目的前期工作专项基金，保证项目开发储备工作有稳定的经费来源。

（六）产业结构调整

要在遵循国家、省的产业政策前提下，适应国民经济逐步现代化和居民消费结构变化的需要，积极引进技术、资金与人才，促进产业结构的合理化和高级化。“九五”期间，闽东产业结构调整的基本方向是“强化三基、培植支柱、发展三产”。

——加强基础设施。要大力发展交通运输，提高公路等级，兴建温福铁路，开发沿海港口，并积极做好中型机场的前期工作，建设综合交通运输体系；要继续完善以光缆为主、微波为辅的数字化大通路，迅速发展数字通信，更高更快地发展邮电通信；要加快城建步伐，完善城市路网，改善城区排供水条件，加快旧城改造。

——加强农业基础。继续实施粮食工程，稳定粮播面积，增加粮食品种，提高粮食单产，确保粮食总产稳定增长；要充分挖潜山海资源的潜力，大力发展林、茶、果、食用菌、水产品等优势农产品，尤其要重视海洋进军，建设“海上田园”，推进“两高一优”农业的发展。

——加强基础工业。要加快电力工业发展步伐，开发水电资源，积极发展火电，并同步进行电网配套建设；发展基础化学工业，争取布点大型石化项目；继续抓好非金属矿产开采加工及其他基础工业的发展。

——培植支柱产业。要从市场需求、产业关联、科技进步、出口创汇、规模经济效益和社会效益等方面出发，确立适合区情的支柱与重点产业，采取倾斜政策，大力予以扶持发展。今后一段时期要扶持发展水产、林产、食品、机电、建材建筑等五大优势产业及化工、机械修造、旅游等三个重点产业，努力优化企业组织结构，加快产品的升级换代，促其上规模、上水平，成为带动区域经济发展的主导产业群。

——重视发展三产。要使第三产业的发展速度快于国内生产总值的增长速度，不断提高第三产业占国民经济的比重，重点是抓好与经济发展和人民生活相关密切的商品流通业、金融保险业、运输邮电业、旅游业、房地产业、居民服务业、信息咨询业和科技、教育、文化、卫生、广播、电视等各项社会事业的发展。

二、区域经济发展布局

（一）总体布局

“九五”期间，区域经济发展要按照“统筹规划、突出重点、梯度推进、山海协作、优势互补、共同发展”的原则，抓住区内国土资源特点及所面临的时空机遇，走“点轴式”开发的路子，实现“三个层次”联动发展：第一层次是以环三都澳区域为重点的大经济圈；第二层次是以国道104线及规划中的汽专线，温福铁路为主轴的沿海经济带；第三层次是山区经济带。全区要形成以环三都澳大经济圈为龙头，加快沿海开发步伐，培植沿海经济繁荣带，促进内地山区迅速崛起，实现全区共同发展的新格局。同时，要主动接受闽东南、浙南两大经济区的辐射，积极参与全省、全国乃至世界经济发展的分工协作，发挥沟通沿海与山区的中介与桥梁作用，成为海峡西岸经济繁荣带的重要组成部分。

闽东海域面积广阔，海洋资源十分丰富。全区海岸线长878千米，海域面积4.46万平方千米，分别占全省的约1/3，海域面积是陆域面积的3倍多，向海洋进军是全区经济发展的后劲所在。“九五”时期全区生产力布局的又一个重点是，大做“海”的文章，大力开发利用海洋资源，建设“海上闽东”，使全区在全省实施“海洋强省”发展战略中发挥应有的作用。

（二）环三都澳经济圈

环三都澳经济圈包括宁德、福安、霞浦三县（市）的东南部沿海地带，区域总面积4177平方千米（其中陆域面积2063平方千米，澳内海域面积714平方千米，澳外近海面积1400多平方千米），拥有优越的深水良港条件，丰富的水能资源、生物资源、独特的矿产资源。今后15年，要充分利用国家赋予的多种优惠政策，以城澳一类口岸开放为龙头，抓住实现对台直接“三通”的历史机遇，走“大引进、大项目、大投入、大发展”的路子，逐步把这一区域建成多功能、综合性、外向型的经济圈、国际中转港和闽东的经济中心。

——加快完成开发建设的前期准备工作。坚持“高规划、高起步、滚动式”的思路，摸清资源底细，开发与保护并举，尽快完成环三都澳区域国土开发整治总体规划与各分区专项规划。加快建立口岸联检机构等设施，完善城澳一类口岸的功能，以适应环三都澳经济圈开放开发的需要。

——加快基础设施建设步伐。重点抓好温福铁路、沿海汽专线、飞鸾至城澳一级疏港公路、城澳万吨码头、甘棠至下白石二级疏港公路、宁德220千伏输变电站等一批骨干项目建设，并做好漳湾火电厂、城澳万吨水厂等项目的前期工作，完善环三都澳区域的路、电、水、通信等基础设施，逐步改善投资环境。

——合理布局产业体系。以宁德市为核心的澳西南地区（蕉城、飞鸾、城澳、漳湾、七都、八都等），努力建设滨海城市，重点发展石油化工、电力、食品、轻工等行业，积极发展转口贸易，设立保税区和船舶工业区。以甘棠为开发重点的赛江地区（赛岐、甘棠、下白石、湾坞、溪尾），积极推进港、贸、工、农一体化，重点发展船舶、冶金、机电、建材等工业，大力发展创汇农业。以霞浦县城为依托，溪南为开发重点的环东吾洋地区（松城、州洋、沙江、溪南、北壁、长春、下浒、盐田），加强旅游港口城镇建设，着力布点以电力、冶金、建材、盐化为主的港口工业，发展水产养殖、捕捞为主的创汇农业。

——要拓宽思路，外引内联，借力开发。采取“谁投资、谁管理、谁受益”的融资建港方针，用活综合改革试验区的政策，争取设立外资银行分支机构或中外合资银行等其他类型金融机构，拓展外商投资领域。立足三都澳的资源优势，加强与长江三角洲、闽东南地区及临近地区的横向联合，吸引内资参与开发。重视三都澳在军事上的地位与作用，处理好经济建设与国防建设的关系，实现军民共建、军地共用、协调发展。

（三）沿海经济繁荣带

以国道104线及规划中的温福铁路和沿海汽专线为主轴的沿海经济繁荣带包括宁德、福安、霞浦、福鼎四县（市），位于台湾海峡西岸，海域面积辽阔，是福建省发展沿海外向型经济的重要组成部分，也是福建省对台实现直接“三通”的重要基地之一，是宁德地区经济基础最好，发展前景广阔的地带。发挥其沟通闽东南经济区与山区腹地的桥梁与中介作用，加快其开放开发步伐，以填补台湾海峡西岸经济发展的断裂带，推动全区经济的发展。

——用好用足各项优惠政策，大力发展外向型经济。要以实施综合改革试验区、沿海开放区、对台经贸区、革命老区、少数民族聚居区政策及国家赋予的各种灵活措施为契机，大胆试、大胆闯，营造良好的投资“软”“硬”环境，积极开拓国际市场，拓宽利用外资领域，发展外向型海洋经济。

——充分发挥区位优势，各有侧重地发展。以环三都澳区域的开放开发，发展港口经济；以三沙及沿海突出部、岛屿的放开搞活，发展对台经贸合作；以福鼎边界地带开展大跨度的横向联合，发展边贸经济。构筑一条以国道104线及规划建设的温福铁路、沿海汽专线贯穿南北的发达的沿海经济带。

——积极参与国际、国内经济分工，加快重点产业发展。加快与闽东南地区及国内、国际的经济接轨，调整与优化产业结构，重点抓好石化、冶金、电力、建材、船舶、机电及交通运输、商业外贸、金融保险、旅游等产业发展，重视向海洋进军，发展蓝色产业。

（四）山区发展与山海协作

古田、屏南、柘荣、周宁、寿宁五县构成宁德地区的山区经济带，是实施全区经济发展战略的重要组成部分。推进区域经济发展，既离不开沿海县（市）的先行辐射和带动作用，同样也离不开山区五县的协同配合和连动发展。在加快建设沿海繁荣带的同时，要高度重视并加快山区经济开发，加强山海协作，实现全区共同发展。

加快山区经济发展的总体思路是：立足山区资源开发，大力引进技术、资金、人才，提高农副产品加工的深度和广度，推动山区经济工业化、市场化、外向化。古田县要加快黄田、水口经济开发区的建设，推进铁路沿线的经济发展，重点抓好医药、电力、食品、造纸等工业及粮食、食用菌、林茶果基地的建设。屏南县要以榕屏联谊化工厂为龙头，努力建设“屏南化工城”，同时积极开展农业综合开发，加强鸳鸯溪旅游风景点建设，发展旅游业。柘荣县要继续推进“小县大城关”的发展战略，重点发展医药、紫砂工艺、包装纸、食品等行业。周宁县重点发展电力、铸造、化工、旅游等产业，努力建设“电力铸造城、旅游化工县”。寿宁县要通过“茶县菇城”的建设，大力发展茶叶、食用菌、酿酒业、冶金、精细化工等产业。

山区五县与沿海四县（市）资源互补性强、协作领域宽、发展前景广，必须根据沿海与山区的特色、不同时期的要求来考虑发展的不同层次。要采取横向联合，利益兼顾的方针，以沿海经济带带动山区五县，形成分工合理、优势互补、各有侧重、发展协调的新格局，实现全区的资源合理与优化配置。北部的福鼎、霞浦与柘荣，以发展边台贸为框架；中部的福安与周宁、寿宁，以赛岐经济开发区的交通枢纽与传统的物资集散地为窗口；南部的宁德与古田、屏南以港口经济辐射带动及公路、铁路联运为纽带共同发展。加强横向经济协作，在组建企业集团、共建基础设施与产业项目方面不断取得突破，形成物资、资金、技术、信息、人才五位一体的经济协作态势，建立全区经济紧密协调的协作网络。

（五）“海上闽东”建设

“九五”时期建设“海上闽东”的战略构想是：以大型深水良港开发为重点，以外向型海洋经济为导向，按照沿海突出部和岛屿，环三都澳经济圈，国道104线及规划中的温福铁路、汽专线沿线区域三个层次向外海推进，建设“海上田园”“海上乐园”和临海工业基地，逐步形成以科技为基础、以市场为导向的海洋产业开发体系。到2000年全区海洋产值占国内生产总值的比重达20%左右。具体抓好以下几个方面：

——抓紧海堤建设。海堤建设维系人民安居和生产，全区海堤总长度251千米，“九五”期间重点抓紧尚待加固的危旧海堤修建。在修筑加固海堤的同时，把海堤建设和公路、林网建设结合起来，实现堤、林、路三位一体。

——大力实施围海工程。地区围海造地潜力大，全区尚有40万亩滩涂可供围垦。要实施围海建地的优惠政策，按照“谁投入、谁围垦、谁受益”的原则鼓励围垦，“九五”期间争取上一批大中型围垦项目，通过围海造地增加土地面积10万亩。

——大力发展海水养殖和远洋捕捞。海水养殖从滩涂扩大到浅海水域，建立与扩大远洋捕捞船队，进一步提高海洋捕捞能力，同时配套发展海产品加工业，按照产供销、捕养加、贸工渔、渔科教一体化的要求，推进渔业经济的产业化、现代化。到2000年海产品总产量达66万吨，把闽东建成全省重要的海产品生产基地。

——大兴港口海运，发展口岸经济。充分利用海港资源优势，广辟筹资渠道，建设以三都澳深水良港为龙头，中小港口相配套的港口群，建立远洋船队，发展海运交通，到2000年，全区货运量达300万吨、客运量达300万人次。以港口为支点，大力发展临海工业，振兴口岸经济，建设海滨城市。

——继续抓好沿海岛屿、突出部建设。要赋予沿海岛屿、突出部建设优惠政策，招商引资进岛，重点拓展对台经贸，着力加强路、电、水、通信等基础设施建设，采取“大开放、大搞活”的战略方针，以“贸”先行，发展娱乐、流通、旅游业，把沿海岛屿与突出部建设成为闽东对外开放和外向型经济发展的重要基地。

（六）城市建设

加快城市化进程，促进区域中心城市的形成，对全区经济上一个新台阶将起到积极的推动作用。闽东沿海四县（市）经济实力在全区占有举足轻重的地位，以港兴市建立沿海经济带，是全区城市化进程的根本途径。“九五”期间，争取建设一个海滨中等城市（30万～50万人）。在城市化格局中，以三都澳城澳港的开放开发，推动宁德城关的发展形成海滨城市；通过赛岐经济开发区的建设，推动福安城关的发展形成中部发达城市；通过福鼎边界经贸区的建设，推动福鼎城关的发展形成北部边贸城市；以三沙港的开发建设，推动霞浦城关发展形成沿海对台经贸城；通过黄田、水口经济开发区的建设，推动古田城关的发展形成南部发达城市。同时要加快屏南、周宁、柘荣、寿宁的城市化进程。

（七）少数民族地区经济

闽东是以畲族为主的少数民族聚居区，畲族人口16万多人，不论是在过去革命战争年代还是社会主义经济建设时期，少数民族为闽东革命事业与经济建设均作出过巨大的牺牲与贡献。改革开放以来，以畲族为主体的闽东少数民族地区经济虽然取得了一定发展，但由于生产、生活的自然条件相对较差，总体水平仍然较低，加快少数民族地区经济发展的任务十分艰巨。

——要全面贯彻落实党的民族政策，以开发性扶贫为主，继续增加并用好各项扶持资金，注意技术、人才等方面的援助，增强经济的“造血”功能。

——重点抓好路、电、水、通信等基础设施的建设，改变少数民族地区基础设施落后面貌，为经济发展创造条件。

——加强卫生防疫和医疗保健，建立少数民族医院，提高医疗水平；大力发展民族教育，积极开展扫盲活动，培养少数民族干部，逐步提高少数民族人口文化素质。

——立足当地资源优势，以茶、林、果、畜牧等种养业为主，搞好农业综合开发，改变贫穷落后面貌，加快民族经济的更快发展。

三、基础设施建设

（一）基础设施建设的方针与任务

基础设施建设是国民经济发展的先行条件和战略重点。为确保区域经济超常规、跳跃式的发展，“九五”时期必须加快电力、交通、邮电等基础设施建设步伐，进一步优化投资环境，争取到本世纪末或下世纪初基本适应国民经济发展的需要。

交通邮电建设要贯彻“统筹规划、条块结合、分层负责、联合建设”的方针，积极争取国家、部门的支持，充分发挥各县、市的积极性，建设现代化通信网；规划建设以港口、高等级公路、铁路为主体的综合运输体系，加强企业内部管理，提高经济效益。“九五”期间，货运量递增16.4%，客运量递增16.4%，港口货物吞吐量年递增2.3%；邮电业务总量2000年达7亿元，年平均增长33%。

电力建设要贯彻“电源与电网并举、开发与节约并重”的方针，拓宽投融资渠道，积极利用外资，鼓励集资办电，继续以水能开发为主，建设一批骨干电站，加快农村小水电建设，通过发挥港口资源优势发展火电，利用先进技术开发潮汐能，积极做好节能工作，加强和完善电网建设。2000年全区实现水电装机80万千瓦，发电量28亿千瓦·时。

城市基础设施建设要继续完善区域总体布局，依照“统一规划、合理布局、综合开发、配套建设”的方针，完善城市的中心和多功能作用，增强城市的承载力、吸引力和辐射力。“九五”期间，重点抓好市政建设投资体制改革，建立以中央、地方财政投入，市政公用设施有偿使用和公用事业合理计价为内容的多渠道、多元化的投资体系，继续做好城市供排水、污水、垃圾无害化处理设施建设，结合旧城改造和新区开发，加快商品房建设步伐，改善职工住房条件，搞好城市道路拓宽改造，完善城市交通体系、综合利用、保护水资源，加速农村城镇化进程。

（二）交通运输建设

要合理区划，突出重点，高标准，高速度，加快建设以国道104线、沿海汽专线、温福铁路等为骨干的交通设施，大力发展海运，改变单一依赖公路运输的交通状况，逐步形成运输能力较强，结构较为合理的综合运输体系。

陆路运输方面，以发展高等级公路和提高路面等级为重点，增强路网通过能力，大力改善山区公路交通条件，尽快建立起布局合理，便捷通畅的公路网。在完成国道104线境内繁忙路段的改造基础上，“九五”期间，要开通一条飞鸾岭隧道，铺设两条柏油路（沙埕－吕峡、宁德－古田），新建四个中心站点，修建六条高等级港站通道（宁德漳湾、三都澳城澳、福鼎沙埕、福安下白石、霞浦古镇、古田黄田），开工新建沿海汽车专用线，实现邻县、镇公路联网。要在积极争取国家、省支持的同时，按股份制办法筹资，争取利用外资开工新建温福铁路。逐步形成以国道104线、沿海汽专线、温福铁路为主轴，7条省道为支线的便捷畅通的“田”字形陆路交通网络。

港口运输方面，加紧三都澳、沙埕港深水岸线的规划工作，加快三都澳港口及配套设施建设步伐，开发沙埕港，强化海上运输能力，组建远洋运输船队，开辟远距离的国内外航线，形成以三都澳港口为枢纽，福鼎沙埕、霞浦三沙等一批沿海中小港口协调配套的港口群体。“九五”期间，重点规划建设三都澳城澳万吨级泊位码头，建成3000吨级霞浦三沙客货码头、福鼎沙埋石料专用码头，继续改善陆岛交通条件，完成赛岐、下白石、姚家屿等中小泊位港口机械设备的更新配套工作，强化海上南北通道。下世纪初，重点开发三都澳，为港口工业发展配套新建一系列深水泊位的专用码头，把三都澳建成福建四大中心港口之一，并进而成为国家在东海岸的重要港口。

机场建设方面，“九五”期间完成闽东机场的规划、选址、勘探和可行性研究论证等前期准备工作，争取在下个世纪初布点建设。

（三）电力开发与电网建设

因地制宜，统一规划，合理布局，充分利用闽东水力资源丰富的优势，加快水电资源开发，优先开发调节性能好、有综合效益、建设条件优越的水电站，加强农村能源和电气化县建设。发挥港口优势，发展火电和潮汐能电站，并同步进行电网配套建设，为全区经济和社会发展提供稳定可靠的电能。

“九五”期间，建成穆阳溪梯级电站（40万千瓦）、福安黄兰溪水库梯级电站（3.6万千瓦），开工新建宁德洪口电站（14万千瓦）、寿宁牛头山电站（7万千瓦）、古田双口渡电站（2.5万千瓦）、屏南园坪电站（3万千瓦）、小水电（5万千瓦），并做好交溪水库梯级电站（17.5万千瓦）等一批中电的前期工作，到2000年水电资源开发率达53.5%，五年新增水电装机55万千瓦。火电方面，利用全区深水岸线长港口资源丰富的优势，积极做好360万千瓦火电厂的选址、勘探、预可行性研究等前期工作，为下世纪初火电厂开工建设作准备。电网建设方面，新建1条高压输变电线路（福州－宁德－甘棠22万伏），1座变电站（宁德22万伏），完成甘棠变扩建工程，新增一台12万千伏安主变，并做好11万伏与3.5万伏输变电工程的延伸工作，进一步完善区域电网布局。在实现区内电力需求基本平衡的基础上，逐步使闽东成为全省新的电源点和重要的能源基地之一。

（四）邮电通信建设

要积极争取国家支持，充分发挥部门、地方的积极性，本着快速、高效、超前的方针，采用先进技术，不断扩大交换和传输设施的容量，进一步提高邮电通信能力和服务水平。

电信方面，分层次推进网络的数字化、智能化、宽带化、综合化、个人化。继续抓紧市话建设，加快非话网改制，建成以数字光缆通信为主，数字微波通信和卫星通信为辅的通信网络，实现长、市话及大部分乡镇农话通信数字化，发展电子信箱和电子数据交换业务，建成（ISDN）综合业务数字网，推出可视图文新业务。邮政方面，继续推行邮政编码，完善邮运网路，全区主要邮政处理实现自动化、机械化，扩大区内自办汽车邮运网的覆盖面，区内实现邮政营业、邮储、报刊发行微机处理联网。到2000年，全区邮电局（所）达142处，自办汽车邮路单程总长600千米，邮运汽车60辆，邮政营业微机系统达24套，邮电业务总量达7亿元，年平均增长33%。全区程控交换机总容量50万门，长途业务电路1万路，移动电话容量6万户，干线光缆1100千米，话机普及率达11%，市话普及率达38%以上，所有行政村均通控程电话。

（五）城镇基础设施建设

要多方引资加快以城市道路、交通、供水、排水、燃气和垃圾无害化处理设施等为主的市政公用设施建设，加速城镇城市化进程。合理规划城市路网，建立以公共交通为主，各种交通工具协调发展的城市交通体系，改变城区排水落后状况，合理开发、利用和保护城镇水资源，改变城镇供水紧张状况，加强城区绿地建设，提高燃气普及率，积极推广城市垃圾无害化处理，使城市基础设施建设基本适应经济社会发展和人民物质文化生活水平日益提高的需要。

加快旧城改造步伐，保持合理的住宅建设规模，重点组织实施“安居工程”“广厦工程”，解决城镇人均居住面积6平方米以下的家庭住房困难，改善居民住房条件。到本世纪末，完成宁德地改市工作，县级市发展到4个（福安、福鼎、霞浦、古田），城市人口达60万人，城市建城区面积由15平方千米扩大到55平方千米，城市化水平达20%以上。

“九五”期间重点抓好城市供水、排水和道路交通等基础设施配套建设，新建福鼎第二水厂、寿宁水厂、周宁第二水厂、霞浦第二水厂，完成宁德第二水厂扩建工程，新增日供水15万吨，治理福安、宁德护城河，新建宁德、福安垃圾无害化处理场，修通宁德市城区二环路，同时为三都澳、漳湾工业区的发展做好七都溪跨流域调水的规划与开发工作，使城市供水基本适应生产和生活的需要，道路交通紧张状况有明显的改善。

2000年，争取城市供水普及率达98%，下水道普及率达70%，污水处理率10%，人均道路面积8平方米，垃圾无害化处理率50%，燃气普及率60%，城区绿化覆盖率30%，人均公共绿地6平方米，公交车辆每万人达6个标准台，并新建一定数量的停车场，人均居住面积达11平方米。县城与主要建制镇供水普及率90%，人均道路面积7平方米，燃气普及率50%，下水道普及率55%，人均公共绿地5平方米。城镇生活“三废”污染基本得到控制。

四、农业与农村经济

（一）农村经济发展的任务和目标

坚定不移地贯彻以农业为基础的方针，以市场为导向，科技为动力，大力促进农业综合开发、乡镇企业发展和小城镇建设的三位一体的农村经济全面发展。坚持“增粮增收保供给，脱贫致富奔小康”的农业和农村经济发展方向，以创建小康村活动统揽农村工作全局，在确保粮食稳定增产的条件下，深化山海资源开发，优化农村产业结构，发展“高产、优质、高效”农业。进一步深化农村改革，大胆推进农村综合改革试验，加强和完善农村社会化服务体系建设，多渠道增加农业投入，强化农业基础设施，不断提高农业集约化经营和综合生产能力，逐步实现农业生产机械化，技术化和管理科学化，推进农业产业化。合理转移农村富余劳动力，不断提高农民人均收入水平，加速农村城镇化进程，促进农村经济全面快速发展。到2000年农业总产值达125亿元、增加值75亿元，“九五”分别平均增长9.7%和8.6%；农民人均纯收入2000年达3700元，扣除物价因素每年递增5%以上。

（二）粮食工程

继续精心组织实施粮食工程，坚持“开发与挖潜、面积与单产、水田与旱地、主粮与杂粮、创高与低改一起抓”的方针，采取有效措施，逐步扭转种粮比较效益低的矛盾，保护耕地资源，稳定和发展粮食生产。要把粮食播种面积稳定在330万亩，总产量2000年达到100万吨，并稳定在100万～110万吨的水平上。

（三）农业综合开发

农业综合开发要以市场为导向，提高经济效益为中心，加强农产品市场研究的预测，积极引导农业生产，充分发挥山海资源优势，不断拓展农业综合开发的深度和广度，优化农业内部结构，加速发展高产、优质、高效农业，加大农村和农业开放力度，积极发展外向型创汇农业。“九五”期间要实施农业综合开发新的“1153”工程，力争到2000年全区粮食总产量突破100万吨，农业总产值超过100亿元，农村商品出口交货总值达到5亿美元，农民人均纯收入达到3700元，并加快农业结构调整，使种植业和林牧渔业等的比例调整为35∶65。同时加快农村二、三产业的发展，配套农副产品加工，发展农村服务业，转移农村剩余劳动力。

（四）乡镇企业与农村小城镇建设

坚持“多轮驱动，多轨并行”的方针，把乡镇企业作为繁荣农村经济的战略重点，继续深化企业改革，组建企业集团，开发工业小区，利用高新科技，提高整体素质，优化产业结构，增强市场竞争能力，促进乡镇企业超常规、跳跃式发展。要转移农村富余劳动力，充实乡镇企业生产，在统一规划下，把农村城镇的发展与乡镇企业、农业综合开发集中连片布局有机地结合起来，集中培植农村不同层次的经济增长点，逐步实现农村工业化，推动城乡一体化和农村城镇化进程。乡镇企业总产值到2000年达450亿元，“九五”平均增长27%，全区非农人口2000年达65万人，占总人口比重20%。

乡镇企业要从资源合理配置出发，调整好各地的发展重点。经济基础较好的地方，要以内涵发展为主，上规模、上水平，发展劳动和技术“双密型”产业，形成一批年产值上千万元、亿元的企业群体。原有经济基础较差的地方，要立足本地资源优势，沿海要大力发展水产养殖、加工和综合利用；山区要进行农业综合开发，走“种、养、加”的路子。按照“三高两低”（高技术含量、高附加值、高创汇、低能耗、低物耗）的要求，加快产品结构调整。有计划地发展乡镇企业小区，鼓励新建企业和扩建企业进入小区，配套良好的生产、生活条件，加强企业间的技术、专业协作，引导乡镇企业逐步走向集团化，提高市场竞争力和市场占有率。

通过“两高一优”的农业综合开发，深化农村土地制度改革，提高农业集约化经营水平，合理转移农村富余劳动力，逐步改革现行的“二元”户籍制度，促进农村人口向城镇集中，适当扩大城镇规模。同时加快小康乡镇建设步伐，创办乡镇工业小区、工贸综合小区，完善基础设施建设，制定相应的优惠政策，形成较好的投资环境，吸引农民到小区内搞企业，促进乡镇企业集中连片，带动农村城镇的发展。

（五）农业基础设施建设

坚持开展以农田水利为重点的农业基础设施建设，增加有效灌溉面积，努力争取省五大防御体系建设项目，不断提高抗御水、旱等自然灾害的能力，在抓好现有工程的巩固、配套、更新的基础上，有计划地兴建一批防洪、灌溉、供水、发电等综合利用工程。“九五”期间，要抓好交溪、霍童溪两大水系的防洪灌溉工程、9县（市）城关防洪工程、沿海保护千亩以上154千米海堤加固达标建设、屏南溪尾水库、柘荣青岚面引水工程、周宁李园水库、福安留洋水库、霞浦沙头围垦的续建工作，并开工建设福鼎秦屿番岐头围垦、霞浦下浒三屿围垦等一批水利、围垦项目，新增灌溉面积6万亩，保灌面积5万亩，围海造地10万亩；抓好霞浦吴坑水库、福安马头山水库、古田前洋水库、古田杉洋水库、霞浦青皎围垦、福安湖塘围垦、福鼎鱼井围垦、宁德碗窑——金蛇头围垦和宁德大南塘围垦等项目前期工作，为下世纪上马创造条件。搞好柘荣、宁德、霞浦、福安、福鼎、寿宁、周宁等县（市）城关防洪堤建设，提高县城防洪能力。

农业机械化是农业生产的重要物质基础，是提高劳动生产率、土地产出率，实现多种生物技术措施的工具和手段。为改善农业生产条件，在发展优高农业和农村市场经济中壮大农机服务体系，要加速海淡水养殖、农副产品加工等新技术、新机具的推广，不断提高农业机械的装备水平，并充分发挥其作用。在易旱易涝的粮食主产区要逐步装备抗旱、排涝机械设备，提高防台抗灾能力。到2000年机耕面积达到46万亩，机械植保25万亩，机电灌溉30万亩，运输机械化达85%以上。

（六）小康村建设

1997年全省能否奔小康关键看闽东，闽东的土地和人口均占全省的1/10，没有闽东的小康就没有全省的小康，闽东实现小康目标意义重大。要千方百计增加村级经济总量，扎实推进争创小康村活动，以抓小康村建设促进农村经济大发展，到1997年实现三个80%的目标：一是全区要有80%的乡镇基本达到小康乡镇标准；二是全区要有80%的行政村基本达到小康村标准；三是全区有80%的农户基本达到小康户标准。2000年，全区全面实现小康标准。

（七）扶贫攻坚工作

要认真贯彻国家“八七扶贫攻坚”计划，坚持扶贫开发的方针，变救济式扶贫为开发式扶贫。发扬贫困地区的农民自力更生、艰苦创业的精神。以市场为导向，依靠科技进步，开发和利用当地资源，发展商品生产，增强自身“造血”功能。坚持智力扶贫的方针，保证扶贫开发与智力开发同步，重视教育，加快人才培养和农民技术培训，改善农村卫生医疗条件，提高贫困地区农民的文化水平和身体素质，真正实现共同富裕。

通过“脱贫致富工程”和“造福工程”等扶贫攻坚措施和强化社会保障体系建设，到1997年使尚未达到小康水平的20%的行政村和农户基本过上温饱生活，消灭绝对贫困。到本世纪末，使全区的贫困人口解决温饱向小康迈进。对少数民族聚居区、老区和海岛贫困区要重点支持。对扶持贫困户要落实“四个一”即种好一亩（或半亩）高产责任田，人均一亩茶果（或人均一亩竹林），户均一项养殖业（或其他家庭副业），户有一个劳动力到乡镇企业务工。同时改善贫困地区基础设施建设，完善水电路配套，从根本上改变贫困地区教育、文化、卫生等落后状况。

五、工业与建筑业

（一）工业经济发展的主要任务

“九五”时期，是闽东奋力实施“追赶工程”的关键时期。全区工业要继续按照“上规模、增实力，抓拳头、创第一，上水平、增效益”的发展思路，以建立现代企业制度、实现工业化为目标，坚持走内涵扩大再生产与外延扩大再生产并重的路子，大力实施“工业富区”战略，着力调整工业产业结构，优化工业布局，积极培育新的经济增长点，进一步壮大主导产业、骨干企业和拳头产品，不断提高工业经济效益与整体素质，努力实现全区工业由速度型、粗放型向效益型、集约型转变，确保工业经济持续、快速、健康发展。主要任务和目标是：

——实现工业生产持续、快速、健康发展。到 2000 年，全区工业总产值和增加值分别达 450 亿元和 105 亿元，“九五”平均增长 31.1% 和 28.4%，逐步缩小与全省平均发展水平的差距。

——完成“转机建制”工程，加快建立现代企业制度。“九五”期间，要在总结现有各项改革试点经验的基础上，以加快企业产权制度改革、发展混合型经济为突破口，以振兴国有经济为重点，继续实行“改革、改组、改制、改造、改善”并举的方针，全面深化企业改革，转换企业经营机制，确立企业的法人主体地位，建立适应市场经济体制要求的以产权明晰、权责分明、政企分开、管理科学为主要特征的现代企业制度。

——加快企业技术改造和技术进步。要坚持“科技兴工”战略，通过引进技术、资金、人才、改造、嫁接传统工业，培育和发展高新技术产业，着力提高全区工业企业的技术装备水平、产品技术含量和新产品开发能力，增强工业发展后劲。“九五”期间，累计完成技改投资 25 亿元，开发新产品 1000 种，其中 20% 的新产品要达到省级以上水平，主要行业、重点企业和拳头产品得到有效改造；技术进步对工业增长的贡献率每年提高 2 个以上百分点，2000 年要达到 45% 以上，主导作用日趋明显。

——进一步壮大优势工业，培植和发展具有闽东特色的工业支柱与重点产业。根据闽东自然、社会、经济和技术等条件，今后宜采取倾斜对策，实施“立支柱、上规模、创名牌、争第一”战略，大力扶持和培育食品、机电、建筑建材等三个较具发展潜力和市场前景的支柱产业，同时加快发展化工和机械修造两个重点产业，促其上规模、上水平、上效益，进一步发展壮大成为带动区域经济发展的主导产业群。

——工业企业进一步向外向化方向拓展。三都澳的开发开放和农村综合改革试验区的政策优势为闽东加快实施外向化发展战略创造了良机，今后 15 年将是全区外向型经济发展的黄金时期。2000 年三资企业产值占工业总产值的比重要达到 30% 以上。

——企业管理水平普遍提高，经济效益明显好转。要以提高经济效益为中心，强化企业管理，狠抓扭亏增盈和节能降耗工作，不断降低成本，提高质量，努力实现全区工业经济速度与效益的同步增长。“九五”期间，工业经济效益综合指数每年提高 5 个以上百分点，资金利税率、工业产销率、成本费用利润率等主要效益指标明显好于“八五”时期，部分指标力争达到全省先进水平。

（二）食品工业

食品行业要充分利用闽东资源优势和现有生产能力，加强基础原料基地建设，以提高食品工业的精、深加工水平和出口创汇能力为重点，在大力发展茶叶、罐头、饮料等骨干行业和拳头产品的同时，要以市场为导向，积极拓展海洋食品、冷冻食品、方便食品、功能食品等新领域，使整个行业朝多品种、多档次、深加工、高创汇和高效益方向发展。

此外，还要加强“三菜”加工、调味品、粮食复制品、风味食品、食品添加剂、制糖等企业的挖潜和技术改造，积极研制、开发适应现代生活快节奏、多样化、方便化和社会化要求的方便食品、冷冻食品、功能食品等新兴行业，着力提高工业食品在居民饮食消费中的比重。

2000年，食品工业要实现产值40亿元。

（三）机电工业

以电机电器、“三车”配件、铸造、电子保健器械等产品为主的机电工业，在闽东已有较好的基础，在省内外也有了一定的知名度和市场。今后发展应着眼于充分发挥现有优势，走规模化、专业化、集约化、外向化和效益化的发展路子，进一步加大产业结构调整和新产品开发力度，优化资源配置和生产力布局，着力改变机电工业的“小弱散”局面，重点抓好福安电机电器城、周宁铸造城和福鼎“三车”配件及霞浦日用五金工具基地建设，壮大电机电器、机械修造、铸造、“三车”配件及日用五金等优势行业。

2000年，全区机电工业要实现产值80亿元，其中机械修造业实现产值25亿元，力争中小电机、电子医疗保健器械、“三车”配件、化油器、五金工具、打火机等7种产品创全省第一。

（四）建材工业

充分利用闽东丰富的非金属矿产资源，引进资金和先进技术设备，在抓好传统产品上规模、上档次的同时，加快开发新型建筑材料和高档次产品。重点抓好花岗岩、高岭土、玄武岩、紫砂陶土、叶腊石、辉绿岩、白云岩等较大非金属矿产的开发和利用，努力提高深加工水平。“九五”期间要继续加快福鼎白琳玄武岩生产基地建设，抓好宁德、寿宁、屏南三个中外合资板材厂的达产达标工作，积极开发宁德、柘荣紫砂陶工艺品等出口创汇品种，利用高岭土资源发展建筑涂料及陶瓷系列产品。同时要抓好福鼎白琳岩棉项目的前期工作，争取早日上马建设。此外，还应抓好地区水泥厂等企业的挖潜改造和扩建，努力提高高标号水泥生产能力，提高水泥散装率。

2000年建材工业实现产值30亿元。

（五）化学工业

要本着发挥区域资源优势和积极为工农业生产服务并举的方针，重点发展电化工、精细化工、农用化工和医药化工，并将发展石油化工放在突出地位，积极创造条件布点建设大型石化项目，以促进闽东化工行业的高起点、跳跃式、超常规发展。

2000年，全区化学工业产值达40亿元，氯酸盐、过硫酸和活性炭三大系列产品要创世界名牌、争全国第一，白炭黑、杀虫双、水胺硫磷、三唑磷等产品要争创全省第一。

（六）其他工业

——冶金拆船行业。要充分利用地区丰富的水电资源和港口优势，继续走电铁结合的路子，努力抓好闽东冶金集团公司、周宁铁合金厂、寿宁镁硅合金有限公司、周宁水晶厂的技改和扩建工程，抓紧实施三沙、赛岐港区旧船拆解加工区建设项目，大力发展硅铁、硅钙、结晶硅、稀土镁、稀土硅、人造水晶等特色系列产品。并积极创造条件，争取利用外资在三都澳布点建设大中型钢铁企业，以促进冶金工业向规模化、外向化发展。

——日用轻纺行业。要积极发挥本行业量大面广，机制灵活，名、特、优产品多的优势，瞄准市场，做好“小商品、大市场”的文章，重点发展皮革塑料、日用陶瓷、造纸印刷、纺织服装和工艺美术等行业。“九五”期间，要加大ABS箱包、皮革制品、高档塑料制品、日用陶瓷、皮衣、高档时装和工艺装饰品等系列产品开发力度，抓好现有企业的改造和挖潜工作。

（七）建筑业

建筑业是国民经济重要的物质生产部门。要抓住全面推进住宅商品化、城镇化进程加快和大搞城市市政基础设施建设的良机，进一步深化建筑业改革，积极培育和发展建筑业市场，努力提高建筑业的技术水平和管理水平，加快发展建筑业，使之尽快成为全区国民经济的一大支柱产业。到2000年建筑业增加值上15亿元，“九五”平均增长33.2%。

六、对外经贸与横向经济联系

（一）对外开放总体格局

进一步解放思想，以香港、澳门回归祖国，海峡两岸关系逐步改善为契机，按照“大开放、大开发、大发展”的总体设想，依托三都澳城澳一类口岸，发挥沿海对台前沿优势，推进多层次、全方位、大力度的对外开放。

——按照分期建设国际中转港，形成亚太地区的重要对外贸易口岸的设想，加快三都澳城澳一类口岸建设，争取“九五”期间发挥对外开放的龙头作用，带动整个三都澳沿岸全面对外开放。

——加快对台经贸区建设，不断拓展对台经贸合作。充分发挥与台湾一水之隔的区位优势，用足用活综合改革试验区的政策，加快以三沙港为龙头的对台经贸区的建设，大力开展对台经贸活动，为两岸“三通”创造条件。

——以贸先行，放开搞活。坚决撤除陆上、海上关卡，以放为主，以优吸引，以贸开路，以小促大，努力营造良好的环境，拓展台贸、边贸、内贸、海贸，积极开拓国际市场；以优惠政策、优厚回报、优良环境、优质服务、优先受理，吸引小客户、小项目带动大客户、大华侨、大项目到闽东落户，努力扩大利用外资领域。

——实行全方位对外开放政策。“九五”期间要积极创造条件使全区沿海岛屿、突出部实行最大程度的开放开发政策，沿海开放县（市）实行经济技术开发区政策，并逐步引向山区县和重点工业卫星镇，各乡镇所在地实行工业卫星镇政策，逐步形成以环三都澳为龙头的大经济圈为第一层次、以国道104线为主轴的沿海繁荣地带为第二层次以及沿海岛屿为第三层次的开放格局。

（二）进出口贸易

要加快建立适应国际经济通行规则的运行机制，进一步与国际市场接轨，开创多层次、多功能、全方位的对外经贸的新局面。到2000年外贸出口总值达到2.5亿美元，“九五”年均增长29.0%，出口总额占当年国内生产总值的比重逐年提高。

（三）利用外资

进一步解放思想，努力争创优势，拓宽利用外资渠道和领域，积极、合理、有效地引进外资，增加利用外资总量，提高利用外资质量和效益。“九五”期间争取全区利用外资突破8亿美元。

（四）对外经济技术和劳务合作

要继续发挥闽东劳动力资源丰富的优势，坚持“平等互利、讲求实效、形式多样、共同发展”的原则，走劳务、承包、合营并举的路子，高层次、多领域发展对外经济技术和劳务合作。

“九五”期间，要大力兴办境外企业，发挥地区外向型经济的“窗口”和“桥梁”作用，大胆地组织力量开展境外工程承包，并与物业开发相结合，以工程承包带动国内设备、材料和技术出口，带动施工、生产、管理、服务、科研等人员的派出，促进外经、外贸、外资相互渗透、相互推动。要健全和完善劳务输出培训基地建设，发展多种形式的联合办学、办班，努力壮大劳务输出队伍，提高劳务人员素质，使劳务合作由一般的劳动力合作向技术合作过渡，提高合作的层次和效益，增强对外竞争力。要采取多种形式积极引进国外先进技术和人才，加强国际间科学、技术、人才、管理的交流与合作，争取在高新技术领域有新的突破。要进一步开拓国际合作市场，在巩固和拓展东南亚、日本、美国等国家和地区经济技术和劳务合作的同时，努力开拓东欧、中东、南太平洋及周边国家和地区的合作市场。“九五”期间全区力争创办境外企业15 ~ 20家，对外劳务输出6万人次，创汇3亿美元。

（五）对台经贸

充分发挥闽东区位优势和政策优势，按照优势互补、互惠互利的原则，全方位拓展两岸经贸、农业、科技、文化、体育、旅游、人才、劳务等方面的合作与交流。

“九五”期间重点要加快以三沙港为龙头的对台经贸区的建设，大力发展对台直接贸易和转口贸易，特别是两岸具有较大互补性的易货贸易，促进两岸贸易向直接的、全面的、多层次、全方位方向发展。积极扶持、引导两岸民间小额贸易，实行岸上交易，加强集中管理，使之合法、有序进行，繁荣沿海经济。要充分发挥沿海岛屿、突出部近台、近国际国内海运主航道中心，隔离条件好，旅游风光独特的优势，开辟各类台商投资区。采取“同等优先，适度放宽”的政策，大力吸引台资上岛上岸，积极争取在三沙、霞浦、福鼎、宁德等城镇兴办台商商业零售业和台资银行、财务公司。要加强三沙、秦屿、沙埕劳务口岸的建设与综合管理，大力拓展对台渔工劳务合作业务，争取实现台湾登岛劳务的突破。要充分发挥两岸间的地缘、人缘、血缘等各方面的优势，加强两岸科技与适用技术的研究开发，建立各种科技研究开发基地。要加强两岸文化、体育、旅游事业及其他各项事业的交流与合作。此外，要进一步加快口岸联检机构建设，健全口岸管理，简化出入手续，提高办事效率，争取尽快实现两岸通邮、通航、通商，全方位拓展两岸合作。“九五”期间，霞浦三沙和福鼎秦屿、沙埋3个对台经贸点对台贸易成交额年平均递增30%以上，2000年达2500万美元，占自营出口总额的10%左右；对台渔工劳务输出5.5万人次，创汇1.5亿美元；全区累计利用台资1亿美元。

（六）横向经济联系

横向经济联合与协作的总体要求是，按照建立社会主义市场经济体制的要求，充分发挥闽东山海兼容的地理优势和资源优势，根据“经济互补、项目协作、效益共享”的原则，进一步深化联合，共谋发展，加强山海协作，梯度推进，大跨度、全方位、多层次、多渠道开展外引内联，积极引进区外资金、物资、技术、信息、项目和人才。

坚持“优势互补、互惠互利”的原则，以“政府搭台，企业唱戏，行业推进，重点突破”的办法，组织企业跨部门、跨行业、跨区域、跨所有制横向经济联合与协作。“九五”期间要进一步深化和完善“闽东北五地市经济协作区”“闽浙四地市协作联谊区”“十省二十地市（盟）”及各县（市）对口支援技术合作等区域经济协作网络，加强与周边地区及发达地区建立长期协作关系，狠抓重要协作项目的追踪服务，注重协作效益。要加强与科研部门、大专院校和大中型企业开展技术合作关系，大力开展智力协作，进一步发挥在外地工作的闽东籍科技人员的作用，鼓励他们为振兴闽东经济献计献策。

要加强驻外机构建设，进一步巩固和完善驻外办事处或联络处，不断拓展业务，发挥“窗口”和“桥梁”作用，为闽东经济建设服务。

（七）旅游业

要把旅游业作为国民经济的重要产业来抓，多方筹集资金，加快旅游资源开发，完善旅游服务设施的配套建设，进一步开发适销对路和地方特色的旅游产品，提高“吃、住、行、游、购、娱”六大综合服务功能，加快旅游事业的发展。到2000年，争取实现年接待境外游客1万人次，旅游创汇41万美元，接待国内游客132万人次，旅游营业收入1亿元。

七、财政金融和流通服务

（一）财政收支

继续深化财税体制改革，建立起适应社会主义市场经济体制需要的财税运行机制，努力发展生产，提高经济效益，培植财源，保持经济和财政收入同步增长。继续加大农业和基础设施投入，支持与促进科教文卫等社会各项事业发展，实行适度从紧的财政政策，强化预算管理，建立平衡、稳定、调控有力、职能健全的财政管理体系。

财政工作的主要任务是：

——完善分税制财政体制，在健全地方税体系的基础上，逐步从目前的共享税体制向彻底的分税体制过渡，增强宏观调控能力。

——加强税收征管工作。认真研究解决增值税专用发票、个人所得税的收入控制和特产税源头控制的问题。同时，要加强税收征管现代化建设，逐步建立纳税人自我申报、税务代理、税务稽查“三位一体”的征管新格局。

——完善国有资产管理体系，对国有资产实行国家统一所有、政府分级监管、企业自主经营的体制。

——加大培养县级财源力度，扶贫帮富，促平扭赤，推动县乡财政经济稳步向前发展。

——在提高经济效益的前提下，保持财政收入的适度增长。坚持量入为出，收支平衡的原则，支出安排上要统筹照顾，确保重点，压缩各项行政费用，妥善安排各类预算支出，促进国民经济持续、快速、健康发展和社会全面进步。

——厉行节约，反对浪费，加强和改善财税征管，依法理财，以法治财，打击偷税、抗税、骗税，努力保持财政收入的增长与经济增长水相适应。

财政计划目标是：财政收入按当年价格计算年平均增长19.6%，2000年全区财政收入达到20亿元，全区财政收入占国内生产总值的比重逐年提高；地级财力占全区财力的比重进一步提高，建立转移支付制度，调整县（市）间财力配置，逐步缩小贫富差距。

财政支出本着量力而行、量入而出的原则安排，2000年财政支出控制在20亿元以内，年平均增长幅度低于收入的增长幅度。生产性支出占全区财政支出的比重进一步提高。

（二）金融保险业

金融业要进一步深化改革，大胆引入市场要素，建立放得开、管得住、用得活、高效率的金融运行和管理机制，为促进国民经济持续、快速、健康发展服务。“九五”期间争取全区金融机构各项存款和贷款年均分别增长25%和20%。

保险业要继续规范和发展保险市场，按保险行业管理的要求，积极稳妥地推进保险体制改革，增设专业性商业化的保险机构，试办保险经纪公司，推行保险中介制度，建立适用于多种经济成分中各种劳动者的基本社会保险制度，基本形成结构多层次、资金来源多渠道、费用基金化、管理服务社会化的社会保险体系。要积极创造条件，引入竞争机制，搞活保险市场，促进保险市场健康发展，充分发挥保险业为经济建设服务。全区保险业务收入“九五”期间平均增长20%以上。

（三）生产资料与消费品流通

在生产资料流通领域，要继续深化物资流通体制改革，加快物资企业机制转换，完善经营机制，使其成为自主经营、自负盈亏、自我约束、自我发展的生产资料流通主体。推广新技术、新工艺、新材料综合利用，开展物资回收加工和再生利用，提高资源利用率，大力推广使用散装水泥。按照统一规划、合理布局、积极引导、加强管理的原则，依托城市，建设不同层次的多功能的生产资料市场体系，建成地级综合性生产资料市场，并以此为龙头，以建材、电机、煤炭、化肥、农药等专业市场为骨干，以县级生产资料综合批发销售市场和乡镇生产资料销售网点为基点，连接生产企业和用户，与国内市场相衔接的市场网络。

在消费品流通领域，要继续深化消费品流通体制改革，加快国合商业企业机制转换，完善承包经营机制。要继续发展多元化的商品市场竞争主体，要加快商流、物流设施建设，加强政府对消费品市场的宏观调控。要加强商业网点建设，积极引进外资建设大商场、大市场，建成一批高档、大规模的批发市场、综合市场、专业市场。要健全和完善赛岐多功能批发市场、福鼎边界贸易和三沙对台贸易综合市场，柘荣农副产品、古田食用菌等专业市场，“九五”末争取宁德、福安、福鼎、霞浦有中型综合性高档次的零售商场，到2000年全区社会消费品零售总额达110亿元，“九五”期间平均年增长22.2%。

此外，要建立起与现代化大流通相适应的仓储业，与大中型批发、零售企业、网点相配套、相沟通，形成高效、畅通的仓储网络。

（四）物价管理

推进价格体制改革，建立与社会主义市场经济体制相适应的价格形成机制。要在保持价格总水平相对稳定的前提下，根据地区的政治、经济条件，根据财政、企业和居民的承受能力，精心制定稳妥可靠的价格改革计划，采取分散、陆续地进行调整的步骤，积极稳妥地推进价格改革，力求做到既能为居民所接受，又不失价格改革向前推进的良机。

“九五”期间，要严格控制通货膨胀，进一步稳定市场物价，社会商品零售价格年均上涨幅度力争控制在8%以内。抓好与人民生活关系密切的“米袋子”“菜篮子”工程的生产建设，加速生产要素价格市场化进程，建立和完善少数关系国计民生的重要商品的储备制度，以平抑市场价格。要完善物价管理组织系统，整顿物价秩序，推行明码标价制度，进一步落实控价目标责任制，严厉打击欺行霸市、骗买骗卖、哄抬物价等非法活动，特别要把治理“三乱”作为重点来抓，逐步理顺不合理的价格体系，以促进地区经济的增长和社会的稳定。

（五）房地产业

房地产发展要以市场为导向，以住宅建设为重点，以住宅商品化为目标，深化各项改革，加强引导和依法管理，坚持综合开发，规范市场行为，努力使城镇居民居住条件达到小康水平，使房地产业成为闽东国民经济的一个重要产业，逐步形成规范的房地产交易服务体系，初步建立社会化、专业化的物业管理体系。

（六）信息业

逐步建成完整高效的综合社会信息服务体系，为各级政府部门的宏观决策、为企业走向市场、为社会公众需求提供全面有效的信息服务。建立与市场经济体制、社会发展和科技进步相适应的，连接地、县、乡和部门、企业及市场的信息网络，形成宏观决策和企业经营服务比较完善的政务信息、经济信息、统计信息、科技信息、人才信息、国际贸易信息等各类信息系统。建立和完善政府部门信息管理和交流制度。地、县、乡三级部门之间根据行政业务关系实现联网，扩大信息共享面，分批分期建设办公自动化系统，提高办事效率，促进政府职能转变；逐步建立满足统计信息收集传递，加工处理，存贮发布的计算机网络和统计数据库体系，加速统计信息的现代化。建设好科技开发项目、新技术产品、科技情报等数据库信息应用系统，挖掘和发挥人才潜力与优势，大力发展软件，广泛使用信息技术，向社会和企业提供丰富多彩的信息产品和信息服务。建立全区统一开放的信息市场，并与国内、国际信息市场相接轨。

（七）咨询业

要大力发展咨询服务业，壮大咨询队伍，建立一个能够较全面、较系统地满足全区在改革开放和经济建设中宏观和微观两个方面急剧扩大的咨询需求，由各专业、多层次、多学科组成的咨询服务体系。政策咨询要形成专业化和社会化相结合，由社会、经济、科技各研究中心或研究部门、综合性机构以及大专院校、社会团体、民主党派等专家学者构成的现代咨询服务体系。工程咨询要建设以全民所有制为主、多种经济成分并存的不同层次的工程项目全过程咨询服务体系。科技咨询要成为科技与经济相结合，科技转化为商品和现实生产力的桥梁和纽带，扩大和稳定科技咨询队伍。法律咨询要大力发展以律师事务所、乡镇法律服务所为主体服务机构，在严格资格审查的条件下，大力开办法律咨询业；会计、审计咨询业要在注册会计师、注册审计师以及会计、审计服务机构和会计、审计信息等三个方面一起发展；涉外咨询要加强对外经济的咨询服务，为国外、境外来闽东投资、技术引进、技术交流与合作、贸易往来以及涉外婚姻、财产等提供咨询服务。

八、科学技术与教育事业

（一）科技教育发展的主要任务

坚持实施科教兴区战略，促进科技、教育与经济紧密结合。要大力振兴科技、教育事业，大力推进科技教育与经济社会一体化，进一步把经济建设转移到依靠科技进步和提高劳动者素质的轨道上来。

科技要继续贯彻“经济建设必须依靠科学技术，科学技术工作必须面向经济建设”的方针，从闽东的实际出发，围绕社会经济发展的总目标，组织科技研究攻关和大力推广先进科技成果，加快科技成果向现实生产力转化，推进山海资源向深度、广度开发，提高工农业生产技术装备水平，增强经济发展后劲。要加快科技改革步伐，大力发展民营科技型企业，逐步建立起适应社会主义市场经济发展，符合科技发展规律的新型科技体制和运行机制，充分发挥科技是第一生产力的作用，为全区经济提供有力的支撑，使全区整体科技水平赶上全省平均水平。到2000年，国民经济中依靠科技进步的因素达46%以上，科技投入占国内生产总值比重达1.5%以上，专业技术人员占全区总人口的比重达1.5%。

坚持贯彻“教育必须面向现代化、面向世界、面向未来，致力于提高国民素质，在各个领域培养一批跨世纪的优秀人才”的方针，进一步落实教育优先发展的战略，认真实施《中国教育改革和发展纲要》和《中华人民共和国教师法》。把德育工作放在首位，逐步建立起适应全区社会经济发展需要的教育体系，不断提高办学质量和效益。各级政府要继续增加对教育的投入，多渠道筹集建设资金，吸引海内外资金，改善办学条件，积极搞好“希望工程”。重点是普及九年义务教育，积极发展职业教育和成人教育，适度发展高等教育，优化教育结构，加强教育事业发展，改变闽东教育落后状况。“九五”期间，要建成全国一流水平的中国闽东儿童发展中心；重点建设18所设施比较完善、质量较高的普通完全中学，争取达到省定三级以上办学标准，其中2～3所达到省定一级办学标准；建成10所标准幼儿园，11所示范性小学，5所规范化骨干职业中专。

（二）科学技术工作

农业方面，建设九大农业示范基地，主攻四大科技兴海环节，创建农业和海洋两个高新技术园区。要提高粮、油、经济作物等农产品单位面积产量和品质，降低生产成本、增加有效供给。积极实施“粮食工程”，推广水稻良种、优化施肥、再生稻、中低产田改造等适用科技成果；抓好名特优果树选育、丰产栽培和推广工作，建立高产示范片，带动基地发展，搞好宁德地区农业科技园区建设；围绕食用菌产业，进行配套技术、新品种开发等研究和服务；充分利用浅海滩涂和三都湾海域，开展养殖和增殖技术研究，重点是人工育苗和网箱精养技术；综合开发草山草坡，发展食草性畜禽，建立原种繁育场，加速畜禽良种化；应用新技术建立稳定的林业生态系统，保持水土，维护生态平衡。

工业方面，要发展电机电器、“三车”配件、食品加工三大工业主导产业。突破单纯以农副产品为原料的食品加工业，形成为大农业格局相配套的工业体系，同时为食品轻纺、医药、能源、冶金、机械、建材等重点产业提供配套技术，推进电机、电器、电子元器件、仪器仪表系列产品研究开发和先进技术吸收消化，推广节能降耗、提高质量、增加品种、创汇节汇、提高经济效益的科技成果和技术，改造现有传统工业企业。

要创造一个有利于科技发展的社会环境，树立“科技是第一生产力”的观念，要加强对科技工作的领导。强化科技投入，各级要建立科技发展基金，企业要建立新技术和新产品开发基金。进一步健全完善科技管理网络和技术服务体系，强化科技运行机制。正确引导科技人员面向经济建设主战场。继续抓好科技示范乡建设，加快人才培养和技术普及。

（三）基础教育

大力加强基础教育，到1998年，全区基本普及九年义务教育，宣布实施九年义务教育的人口覆盖率达95%以上；初中阶段的入学率达85%以上，小学阶段入学率达99%，积极创造条件，使残疾儿童同步实施义务教育。2000年全区城镇普及三年、行政村普及一年幼儿教育。

要积极改善教学条件，不断提高教学质量。1997年使中小学危房面积控制在0.2%以内，基本完成中小学“十配套”建设。“九五”期间，争取省支持新布点初级中学17～20所，新、扩建初中校舍面积55万平方米。

（四）职业教育

要大力发展职业教育，根据地区经济建设和社会发展的需要，调整学校布局和专业设置，广泛开展多形式的短期技术培训，为社会培养急需的人才。到2000年，各类中等职业技术学校的在校生数与普通高中在校生数的比例为6∶4，使中等教育结构更加合理；全区中等职业技术学校在校生数达2.4万人，每年招生数以平均10%左右的速度递增。

（五）高等教育与成人教育

继续办好宁德地区师范高等专科学校，大力提高质量，到2000年招生800～1000人，在校生2000人（均含职教部）。在条件成熟时，将地区农校和财校升为高等专科学校，在下世纪初建立建成一所综合性大学。

积极发展成人教育，要支持多形式、多途径的办学路子，大力开展在职人员岗位培训、待业人员实用技术培训和广大农民实用农业科技培训。继续办好地、县（市）教师进修院校、广播电视大学、业余大学、党校、干部学校和成人业余中专以及乡镇村文化技术学校，提高办学效益。各级党校抓好干部岗位职务培训、后备干部党校学历教育和干部的学历教育，努力提高广大党员、干部，特别是领导干部马克思主义理论素质和政治素质，培养和造就一大批可靠的社会主义事业接班人。要大力扫除文盲，到2000年青壮年文盲率控制在5%以下，复盲率控制在5%以下。

九、人民生活与社会保障

（一）人口与计划生育

计划生育是我国的一项基本国策。人口增长过快也是制约宁德地区经济、社会发展和人民生活人均水平提高的重要因素之一，“九五”期间是全区人口生育的高峰期，严格控制人口总量，努力提高人口素质，搞好优生优育工作是一项极为重要的任务。2000年全区总人口控制在329万人以内，“九五”平均增长率控制在12.4‰以内。

（二）劳动就业

要积极拓宽城乡就业门路，改善就业结构，增强第三产业等其他各种经济成分在安排就业方面的作用，第三产业人员占全社会从业人员的比重由1995年的22%提高到2000年的27%。“九五”期间，通过各种形式安置城镇劳动力6万多人，2000年年底失业率要控制在3%左右。

认真贯彻执行《中华人民共和国劳动法》，切实维护劳动者的合法权益，加强劳动安全管理和劳动保护，努力改善劳动条件，大力降低职工事故死亡率和职业病发病率。

（三）人民生活小康水平

在经济发展的基础上，不断提高人民生活水平是今后的主要任务。到1997年，人均国内生产总值达5430元，提前三年达到国家既定的小康水平，城镇居民人均生活费收入4600元、农民人均纯收入 2400 元；到 2000 年，人均国内生产总值达到 8870 元，城镇居民人均生活费收入达到 7000 元以上，农民人均纯收入达 3700 元以上。到 2000 年，除少数农村居民因客观条件制约可能还达不到外，全区城乡居民全面实现小康生活水平，开始向富裕生活目标迈进。城镇居民人均住房面积和农民人均钢筋砖木结构住房面积分别达到 11 平方米和 16 平方米，城乡居民的消费支出中食物支出的比重降到 45% 以下，文化程度有很大提高，青壮年扫盲率达到 95%。其他人均消费指标、文化教育指标、卫生健康指标、环境指标等都达到小康标准，综合评价指数达 90% 以上。

（四）环境保护

环境保护是我国的一项基本国策。要坚持可持续发展战略，认真贯彻执行《中国 21 世纪议程》，搞好环境保护的宣传教育，增强全民环保意识，经济建设必须以保护环境、维护生态平衡为前提。继续抓好环境目标责任制的落实，扎实开展城市环境综合治理，严格执行建设项目影响评价和环保“三同时”制度，严格控制新的污染源。到 2000 年，全区各县（市）工业废气处理率达 90%，工业废水处理率达 80%，工业固体废物综合处理率达 80%，垃圾无害化处理率 50%。加强对环境保护的投资，环境保护的投资力求达到占国内生产总值的 1%。认真贯彻执行《土地管理法》和合理利用每寸土地的基本国策，切实保护基本农田、严格控制耕地占用、大力开发耕地后备资源，保证重点建设用地需求；加快土地使用制度改革、规范地产市场，使土地资源的利用实现生态、经济、社会三效益的统一。大力加强植树造林、严禁乱砍滥伐、防止水土流失，到 2000 年，森林覆盖率力争达到 65% 以上。

（五）防震减灾

“九五”期间至下个世纪初，中国大陆地区处在本世纪以来的第五次地震活跃期。闽东地处东南沿海地震带，近年来地震活动渐趋活跃，且水口水库诱发地震频繁。要认真贯彻“以预防为主，走综合防御道路”的方针，依靠科技进步，切实加强防震减灾工作。至 2000 年，全区基本具备抵御 6 级左右地震的能力，在遭遇强震袭击时，防震减灾体系能迅速发挥作用，生命线工程能基本维持城镇功能，震后社会秩序能迅速恢复稳定。

（六）卫生保健

坚持预防为主、城乡兼顾、中西医并重的方针，发动各方面的力量，多渠道增加卫生投入，改善医疗条件，提高医疗服务水平。继续完善各级防疫保健机构，做好卫生防疫工作，到 1998 年全区以县为单位初级卫生保健达标或基本达标，2000 年全面达标。“四苗”接种率达 95% 以上，在基本消灭脊髓灰质炎、麻风病、疟疾、丝虫病、“地氟”病的基础上不断巩固已取得的成果。特别是要加强加碘食盐的推广，杜绝非碘食盐入市，争取在“九五”期间基本消灭碘缺乏病。进一步加强婴儿、儿童、孕产妇系统保健工作和老年人保健工作，到 2000 年全区人口平均期望寿命达到 72.5 岁，加强饮水卫生工作和农村改厕进度，2000 年全区改水受益人口达 90% 以上，改厕达到 70% 以上。

（七）社会保障

根据建设社会主义市场经济体制的需要，建立起社会保障体系，设立地区本级统筹的社会保障基金，用社会保障取代企业保障，实行全社会统一的保障制度：一是建立养老保险。城镇居民的养老保险由国家公务员、各类企业和事业单位及其他社会居民的养老保险组成。按照国家、企业和个人合理负担的原则筹集养老保险基金，建立社会统筹和个人账户相结合的制度，实行养老保险待遇标准与个人缴纳养老金年限和数量挂钩，使每个社会成员能老有所养，过上幸福的晚年。二是建立失业保险。失业保险的对象包括机关公务员、各类企业和事业单位的职工、其他社会待业者，失业保险基金来自国家拨款、企业和个人缴纳。失业保险金的发放要跟领取失业救济金之前投保的时间和投保数量及失业时间的长短相结合。三是建立工伤保险。工伤保险的对象主要是各类企业职工，工伤保险基金由企业缴纳，用于工伤致残人员的医疗保障和生活保障。四是建立医疗保险。城镇居民医疗保险的体系由机关公务人员、各类企事业单位职工及其他社会人员组成。医疗保险基金由国家、单位和个人共同筹集，将医疗费用的支出与个人利益结合起来，以避免医疗费用浪费。要由专门的机构管理社会保险基金，加强对社会保险基金筹集和运用全过程的监督，并搞好社会保险基金的运营，实现其保值和尽可能地增值。

要继续做好优抚救济工作，抚恤烈属、优待军属，做好复退军人和军转干部的安置工作。大力发展社会福利事业，办好福利企业，安排好残疾人的就业工作。不断扩大农村社会养老保险，建立以家庭保障为主，社会扶持为辅的农民养老保险制度，完善以乡镇统筹供养五保户为主的五保供养制度，重点加强乡镇敬老院的建设，争取在2000年年底实现全区每个乡镇都有敬老院、福利院。

十、社会主义精神文明建设

（一）思想政治工作与职业道德教育

切实加强思想政治工作，坚持“两手抓，两手都要硬”，弘扬爱国主义、集体主义、社会主义和共产主义思想，培养有理想、有道德、有文化、守纪律的新一代公民。在全社会形成文明、健康、积极进取的精神面貌，巩固和发展安定、团结的政治局面。

认真改进思想政治工作，广泛开展国情教育和区情教育，发扬中华民族自力更生、艰苦奋斗、勤俭节约的优良传统，坚决与各种拜金主义、利己主义、迷信愚昧、奢侈浪费的现象作斗争。各行各业都要加强社会公德和职业道德的教育，纠正行业不正之风。加强公务员队伍的建设，不断提高国家公务人员的素质和工作能力。反腐败工作关系到我们党和国家的生死存亡，要深入持久地开展反腐败斗争。各级领导干部要以身作则、廉洁奉公、发挥模范带头作用，带动整个社会风气的好转。要继续开展“五讲四美三热爱”活动，在城乡涌现出更多的精神文明单位。

（二）文化、体育、广播电视、档案事业

文化、体育、广播电视、档案事业是社会主义精神文明建设的重要内容，它们同人民生活和社会主义建设密切相关。

——文化事业：要逐步建立起布局合理、门类齐全、面向群众、满足需求的服务体系，“九五”期间，重点改建、扩建和完善9个县（市）级图书馆，健全闽东革命纪念馆、闽东畲族纪念馆等两个地级馆，实现各乡镇要有较完善的文化站，各行政村都有文化活动场所。继续加强畲族文化研究和挖掘工作，每两年举办一次畲族学术讲座会。加强艺术人才培养，抓好文艺创作，办好畲族歌舞团。进一步整顿文化市场，继续开展“扫黄打非”运动，净化文化环境，加强对音像发行、销售、播映管理。

——体育事业：要大力开发群众性和竞技性体育活动，全区各县（市）到2000年都要拥有

“一场”（体育场）、“一房”（训练房）、“一池”（游泳池）以上的体育设施，争取全区60%以上人口能经常参加体育活动，体育事业水平要争取达到全省中等水平。

——广播电视事业：“九五”期间，要大力发展农村有线广播，到2000年全区自然村通播率达95%，喇叭入户率达60%，广播覆盖率95%。抓紧建设宁德电视大楼，发展卫星地面接收站和小功率电视差转台。到2000年使全区100%的乡镇和90%的行政村能看到2 ~ 4套电视节目。大力发展有线电视，电视覆盖率达95%。

——档案事业：要认真贯彻《中华人民共和国档案法》，促进档案的基础和业务建设。“九五”期间，要实现档案的规范化、标准化、制度化等“三化”管理。全区80%的机关、企事业单位要建立综合档案室，地区及9县（市）档案库房要按规范进行改扩建，同时配套必要的设备，改善保管条件，丰富贮藏、扩大门类、完善检索系统，充分发挥档案效益。

（三）社会主义民主和法制

坚持和完善人民代表大会制度，发挥人大的监督功能，密切各级人大与群众的联系，更好地发挥人民代表的作用，保障人民当家作主的权利。进一步强化宪法和法律在政治、经济、文化和社会生活各领域中的严肃性，切实保证制定的法律得到充分的遵守和执行，使各种违法犯罪行为得到有效的预防和制裁，保证社会主义物质文明和精神文明建设的顺利进行。

大力加强法制宣传教育，搞好“三五”普法工作，建立健全法律服务体系，提高全体公民的法律素质和增加法制观念，特别是提高领导干部依法行政和管理的水平。加强和改善司法、行政执法和执法监督，坚决纠正有法不依、执法不严、违法不究、滥用职权等现象。以廉政建设、整顿纪律、严肃执法为重点，加强司法、执法队伍建设，全面提高政治和业务素质。

认真贯彻党的社会治安综合治理工作的各项方针、政策、坚持“打击和防范并举，治标和治本兼顾”的原则，进一步解决好复杂的社会治安问题，创造和维护稳定和经济建设环境。

十一、经济体制改革

（一）经济体制改革的目标

按照省委提出建立社会主义市场经济体制的要求，“九五”经济体制改革的基本目标是：结合实施综合改革试验，加快推进各方面改革，初步建立社会主义市场经济体制，市场在宏观调控下对资源配置起基础性作用，基本确立经济增长方式转变的体制基础。主要标志是：公有制为主体的多种经济成分共同发展的所有制结构从制度上得以巩固，以家庭联产承包为主的双层经营体制比较完善，农业商品化、产业化达到较高水平；适应社会主义市场经济要求的现代企业制度基本确立；统一开放的市场体系比较发达，生产要素价格市场化进程取得重大进展；多层次的社会保障体系基本形成，政府管理经济职能有实质性转变，宏观经济调控体系基本形成并有效运作，初步建立适应国际经济运行规则的运行机制和新型的外经贸管理体制，适应社会主义市场经济要求的法律框架初步形成。

（二）所有制结构和企业制度

进一步巩固和发展以公有制为主体，多种经济成分共同发展的所有制格局。充分发挥国有经济主导作用，调整国有经济的产业分布结构，鼓励国有企业与其他所有制企业，通过建立公司制，发展混合所有制经济。全面改组现有城镇集体企业，使之真正成为劳动群众集体所有制，继续发展个体、私营、外资经济，创造各种所有制经济平等竞争的环境，逐步取消企业行政隶属关系，改变按所有制性质确定政策管理企业的办法，实行按企业的财产责任形式、产业政策和经济规模管理企业。

“九五”期间要采取重大措施改革国有企业，要把国有企业改革作为经济体制改革的中心环节，从根本上扭转国有企业总体被动局面，根据具体情况进行分类改革。国有小型工商企业要通过转让、拍卖、兼并等途径转变为劳动群众集体所有制、个体、私营企业。“九五”期间基本建立现代企业制度，提高国有经济整体效率。发展一批与外商合作的股份制企业，对地区支柱行业和基础产业中的骨干企业，政府要控股并吸收非国有资金入股，以扩大国有经济的主导作用和范围。发展一批以公有制为主体，以产权联结为主要纽带的跨地区、跨行业的大型企业集团，促进其在经济结构调整、提高规模效益、加快新技术新产品开发、增强国际竞争能力等方面起重要作用。

（三）价格形成机制和市场体系

“九五”期间全面实现竞争性商品和服务价格由企业自主确定，极少数垄断性产品和不宜参与竞争经营的商品和服务价格也要逐步理顺。重点推进资金、土地和技术信息等生产要素价格市场化进程，基本完成由政府定价向市场形成价格的转变过程。完善政府对价格调控的手段，建立和完善粮食、化肥、石油等主要商品储备制度和价格风险基金，保证价格调控目标的实现，维护正常的市场秩序。

——商品市场：要大力发展商品市场，特别是生产资料市场，建立食用菌、电机电器、太子参、油柰、茶叶、水产品等一批具有闽东特色的专业批发交易市场；继续推进粮食、化肥、成品油等少数重要商品流通体制改革，全面改造供销社体制，使之真正成为农民合作经济组织。积极发展对台贸易，在霞浦县形成对台商贸大市场。

——金融市场：在以银行融资为主的前提下，逐步扩大直接融资比重，加大企业的债券、股票融资规模，培育债券、股票、票据等金融市场。巩固和完善同业拆借市场。开拓闽东金融业的国际性业务，加快金融服务管理与国际市场的接轨。积极推进多种形式多层次的产权交易，建立产权交易机构，通过市场运作推动资产存量的优化重组。

——劳动力市场：改革各种阻碍劳动力合理流动的规章制度和管理方式，逐步取消工资总额控制，建立以市场供求和劳动生产率共同决定劳动力价格的工资形成机制，促进地区现有劳动就业介绍所、人才交流中心形成规模，转变为综合性、多功能的劳动力市场中介组织，尽快形成覆盖城市并向乡村延伸的劳动力市场体系。有组织地引导农村剩余劳动力向非农产业转移和在县市的有序流动，积极开展国际性劳务合作。

——房地产市场：加快土地使用制度改革，除了少数必不可少的行政划拨土地使用权外，一切经营性用地均采取公平拍卖、出让方式，放开搞活房地产二级市场，形成正常的价格机制；加快公房出售步伐，建立住房公积金制度，发展住房金融，在本世纪末基本实现住房商品化。

——技术信息市场：培育多种经济成分的技术市场主体，开展多种形式的技术信息交易活动，依靠市场竞争机制，加快科技成果商品化、产品化步伐。建立覆盖全区的技术信息系统，并与全国各主要技术市场联网。

（四）政府职能转变和宏观经济调控体系

“九五”期间，要下决心精简政府的行政机构和人员，并实施职能转变，把综合经济部门逐步调整和建设成为职能统一、具有权威的宏观调控部门，把专业经济管理部门逐步改组为不具有政府职能的经济实体，或改组为国家授权经营国有资产的单位，或改组为自律性行业管理组织。

坚决执行中央和省级宏观经济调控体系的一系列政策措施，同时建立地区一级宏观调控体系，健全与完善计划、金融、财政相互配合的宏观经济管理体制。

——计划投资体制：要充分发挥计划在国民经济和社会发展中的宏观调控作用，要合理制定全区经济发展战略、宏观调控目标和产业政策，搞好经济预测监测，规划重大经济结构、生产力布局、国土整治和安排重点建设，积极培育和发展市场体系。在投资方面，要强化企业投资主体地位，竞争性行业均由企业通过市场筹措资金进行运作；全面推行建设项目法人投资责任制和招标投标制度，积极建立项目资本金制度，逐步实行项目登记备案制度。

——财政税收体制：实行规范化的分税制，合理界定地方政府设立地方税目、确定地方税率的权限，逐步建立地方税体系。逐步建立纳税申报代理制度，并辅以严格的税务稽核制度。明确界定地与县、市、乡财权、事权，建立多层次多元化的财源结构。

——金融体制：金融改革要根据中央的统一部署，改革人民银行的管理体制和组织体系，“九五”期间实行适度从紧的货币政策，控制货币信贷总量，逐步使货币供应与经济发展相适应，基本实现专业银行向商业银行转变。着力培育多元化的地方性金融组织体系，引进区外、国外银行在地区设立分支机构；完善城市和农村信用社体制，发展保险、典当、拍卖等非银行金融机构；选择条件具备的企业集团开设财务公司。进一步完善对银行系统监管，逐步实行资产负债比例管理和资产风险管理。

（五）个人收入分配制度和社会保障体系

在个人收入分配体制上，“九五”期间要建立符合企事业单位和行政机关各自特点的工资制度和正常增资机制，推进个人收入货币化和规范化，尽快建立个人财产和收入申报制度，强化个人收入所得税的征管，对政府官员实行任职前后的财产登记制度和审计制度。

在社会保障制度上，“九五”期间，要加快养老、失业和医疗保险制度改革，初步形成社会保险、社会救济、社会福利、优抚安置和社会互助、个人储蓄积累保障相结合的多层次的社会保障制度，逐步形成统一管理、政企分开，分级实施的社会保险管理体制，建立不依附于行政主管部门的独立经营、统一精干的法定社会保险基金经办机构。成立社会保险基金审议监督委员会，加强对社保基金收支运营的监督，形成社保基金运营的良性循环机制。

（六）农村经济体制改革

在继续完善以家庭联产承包为主的农村基本经营制度基础上，逐步建立健全土地流转机制，在有条件的地方，促进土地向种田能手集中，允许耕地使用权进行转让，提高农业生产规模经营程度。加强对台农业交流合作，建立对台农业联合体。培育新型的以股份合作制为主要形式的农业生产、流通和服务组织，鼓励农民以土地、劳动、技术、资金等生产要素折价入股，创办实体，提高农民进入市场的组织程度。逐步建立起多行业、多层次、多功能的适应市场经济发展的农村体系。要把乡镇企业发展与小城镇建设结合起来，探索改革小城镇户籍管理制度，加强城市的辐射力，把城市－小城镇－广大农村连接起来。建立起基本适应社会主义市场经济要求的村级经济体制。

十二、2001—2010 年远景目标

在“九五”发展的基础上，经过21世纪前十年的努力，全区国民经济与社会发展将再上一大台阶。到2010年，全区国内生产总值在1997年实现比1980年翻三番的基础上，力争再实现比1997年翻两番以上，人均国内生产总值基本赶上全省同期的平均水平。

经过全区人民的团结拼搏、艰苦创业，到2010年地区将基本形成比较完善的社会主义市场经济体制的运行机制；基本形成与国际经济接轨，与国内外广泛联系的全方位、多功能的开放格局；基础设施建设取得丰硕成果，基本形成发达的交通运输体系、邮电通信体系和可靠的能源保障体系；支柱与重点产业在国民经济中开始发挥主导作用，科技进步成为国民经济发展的强大推动力，产业结构不断向高新优方向转化；环三都澳区域得到大规模的开发建设，区域经济中心基本形成，农村基本实现工业化与城镇化；城乡居民生活基本与全省同步进入中等收入国家水平，社会主义精神文明建设与民主法制建设取得明显进展，经济与社会实现全面振兴。

中共宁德地委、宁德地区行署关于加快实施“工业富区”战略的决定

（1997 年 5 月 30 日）

一、实施“工业富区”战略的意义和指导思想

1. 实施“工业富区”战略的意义。确立“工业富区”战略，不仅是加快闽东经济发展的现实选择，也是全区上下的强烈愿望。因此，抓住改革与发展的机遇，加快实施“工业富区”战略，对于增强经济实力，加快缩小宁德地区与周边发达地区发展的差距，实现脱贫致富奔小康都具有重大的现实意义和深刻的历史意义。

2. “工业富区”战略的指导思想是：坚持以建设有中国特色社会主义理论为指导，以实现“两个根本性转变”统揽全局，坚持“三个有利”标准和“抓大扶优放小搞活”的改革方针，围绕“立支柱、上规模、拓总量、增效益”的发展目标，以转机建制、调整结构、营造环境为重点，切实推进工业企业的制度创新、技术创新、管理创新和政府职能创新，保证闽东工业经济持续、快速、健康地发展。

3. 各级各部门党政领导必须进一步形成加快发展工业的共识。以大开放、大开发、大胆试、大让利、大科技、大服务、大协作、大发展的全新观念，下大决心，采取更加有力的措施，加快发展，迅速提高工业经济总量，走出一条符合区情的工业发展路子，努力实现区域经济增长的新跨越。

二、实施“工业富区”战略的重点目标任务

1. 企业转制改革的目标任务。继续贯彻落实地委〔1996〕2 号文件，深化改革，力争在 1997 年上半年全面完成全区预算内国有工业企业转制改革扫尾工作；到 1998 年上半年全面完成独立核算国有工业企业、二轻集体企业、乡镇企业的企业制度创新任务，并建立健全国有、集体资产营运、监督体系和支柱行业的管理机制。

2. 支柱产业发展的目标任务。“九五”期间，确定以食品加工业、建筑材料加工业、机电制造业和制药化工业为区域工业支柱产业，选择冶金、船舶工业和皮革加工业为“九五”后续重点产业。通过对支柱产业的重点培植发展，形成规模优势、产品质量和支柱优势，带动相关产业的

发展。

3. 重点区域布局的目标任务。①确定在沿国道104线上集中建设宁德城区（含金涵）、福安城区（含坂中）、福鼎城区3个工业城市，加快发展建设宁德的“工业走廊”、福安的“电机电器城”和福鼎的“工业城”，发挥工业城市的工业基地和产业“龙头”的辐射作用。到2000年，三个工业城市都要实现工业产值百亿元的规划目标任务。②开发临海工业重镇。在环三都澳沿岸、三沙湾和闽东北部海岸，确定漳湾、飞鸾、七都、赛岐、下白石、甘棠、霞浦城区、三沙、沙江、白琳、秦屿、沙埕等12个工业开发重镇，依托港口、海洋资源和开放“窗口”等优势，形成临海工业群。③选择古田城区、柘荣城区、周宁城区、寿宁城区、屏南城区和霍童、黄田、穆阳等8个工业卫星城镇，按照突出特色，多轮驱动的发展格局，加快开发，扩大总量，实现“山海”呼应。

4. 壮大企业规模的目标任务。在支柱产业中确定一批产品规模和技术管理具有相对优势的重点骨干企业实行政策倾斜扶持，促其上规模、集约化。发挥支柱行业的“龙头”“柱石”作用，并从中组建5～8家贸工农或工科贸一体化的企业集团公司，选择1～2家实力企业集团，按照上市股份公司的组织形式，进行培植改造，组建大公司、大集团。

5. 促进技术进步的目标任务。“九五”期间，要加快“科技兴企业”步伐。要求已确立的支柱产业及其重点骨干企业和重点开发的城、镇（乡）企业，五年内累计完成产学研项目300例，新增技术改造投入25亿元人民币：其中引进区外国外投资改造15亿元，区内社会筹资投入改造10亿元，使产出中的科技贡献率从“八五”期末的37%提高到60%。到2000年全区工业企业中拥有高级工程师、高级经济师和高级会计师各百名；企业中层以上技术管理人员中，技师和高级会计师各百名；企业中层以上技术管理人员中，技师和初级专业技术职称以上人员占40%以上；一线岗位操作工人中，技工以上人员占60%以上，明显地改善全区工业的技术结构和人才结构。

6. 争创名牌产品的目标任务。“九五”期间，全区要培育20～30个省级名牌产品，其中有5～8个产品达到国家级名牌，2～3个产品达到国际名牌水平；到2000年名牌产品及其名牌系列产品的附加值达20亿元以上。

三、扶持战略重点的措施

1. 进一步推进“放开搞活”转制经营。要通过贯彻落实今年全省企业改革会议精神，把“三改一加强”同调整结构、技术进步、班子建设和扭亏增盈紧密结合起来，系统策划，同时推进。各县（市）要按照企业改革的目标要求，分别制定出各类型工业企业制度创新，增资减债，盘活重组，兼并联合，减人增效及扭亏增盈等深化改革的滚动实施方案，强化配套改革措施，努力完成全区国有企业的转制任务，实现工业资源和企业存量、增量资产的合理配置，高效运行。

2. 加快支柱产业的发展步伐。地、县（市）要成立支柱行业发展指导小组，在经委设立行业管理办公室，落实工作人员，做好扶持“四加三”支柱产业和重点行业的规划、协调和指导服务工作。在支柱产业中确定21家重点骨干企业按现代企业制度要求进行改制、改组，明晰产权，建立公司制治理结构。并按照省政府1996年20号、37号文件和有关破产、兼并文件的精神，商同财政、银行，采取灵活、优惠的扶持办法，重组资产负债结构，把重点骨干企业的资产负债率降到60%以下；允许重点骨干企业中的国有企业按一定比例辞退职工，推向社会，由各级再就业服务中心统筹组织再就业，资金通过职工所在企业、财政和劳动部门“三家抬”的办法解决，鼓励分流安置富余人员，保证支柱重点企业轻装上阵。各县（市）政府要对21家支柱重点骨干企业制定灵活优惠的地方财税扶持政策。“放水养鱼”，增强重点企业自我积累，自我发展能力，并重点保证供电量和配套资金。给予优先申报争取自营进出口权，促其形成支柱产业的“柱石”优势。

3. 加快重点开发区域的建设步伐。对已确立重点开发建设的3个工业城市、12个临海工业重镇和8个工业卫星城镇，按大工业管理的要求实行单列，统筹规划，重点协调，重点扶持。对确定的骨干工业企业实行优惠税收政策，三年内企业所得税构成地方财政收入部分全部返还企业。地、县（市）政府和交通、邮电、电力、基建等部门要把重点工业区域的基础设施建设列入重点，切出专项配套资金，加大投入，创造开发发展的硬环境。

4. 拓展规模经营，壮大竞争实力。要鼓励兼并联合，对被兼并企业，可实行改制重组、分立重组或债务、富余人员分流后，按可利用生产资产的实际价值相应承担债务，接收人员，并实行划块核算，协定还贷，扶持发展。要打破所有制、部门、区域等界限，加快产权流动重组步伐。在实施大公司、大集团战略中，各县（市）大力支持和推进优化企业组织结构，主动推出一批经营状况较好的相关企业，采取资产划拨，资产委托或优惠折价入股减债分流出让等形式加入大公司、大集团，壮大核心实力，促进规模经营。

5. 鼓励企业抓拳头，创名牌。对全区重点扶持的创名牌产品，可实行对该产品“地方财税收入基数包干”政策，超收部分全部返还或记留企业，用于扶持名牌产品技术上档次，质量上水平或扩大规模，拓展市场。对那些产品具有创名牌产品与推行商标战略结合起来，积极组织开展评选、推荐闽东著名、驰名商标工作，把产品推向国内外市场，同时，建立商标保护网络，防止侵权，保障企业合法权益。各县（市）可比照技术进步有关激励政策，对创名牌产品、著名商标做出贡献的经营者和主要技术管理人员制定一套奖励政策，进行重奖鼓励。

6. 突出产学研，加快“科技兴企”进程。1997年内各县（市）都要成立产学研协调领导小组拨给一定经费，落实专门机构人员，制定出推进本地区产学研开发以及企业技术进步活动目标和实施方案，并进行检查考核。年内形成开发结对子的点状网络。对产学研联合开发项目做出贡献的有功人员和科技人员，按项目投产后三年内的利润总和一次性提取1% ~ 5%的奖金，给予奖励。对获得省、部级以上优秀科技人员，由产学研协调领导小组另行奖励。

7. 大力扶持民营工业发展。各级政府都必须制定出台加快民营企业发展的政策文件，把民营工业切实纳入大城镇、大工业管理的范围，与国有、集体、三资企业一视同仁，认真扶持发展。民营工业的技改项目享受与国有、三资企业同等的优惠。其技改新增利税，构成地方财政收入部分三年内返还企业，用于扩大再生产。民营企业兼并国有企业的，享受国有企业间兼并的政策，可实行非生产性设施不作价，由兼并企业代管国有资产，或只收使用费，兼并中只承担与实际生产可利用资产相对应的债务以及可利用人员的接收。财政、金融、劳动部门应给予大力支持。

8. 着力提高企业人才素质。要采取各种行之有效的办法，努力提高企业经营者和职工群众的思想素质，文化素质。加快改善工业队伍的知识、专业和技术结构。要加强工业经济技术管理教育阵地建设，制定培训计划，大力开展对工业企业人员的专业培训、技术培训；要认真研究制定吸引人才政策，采取人才、智力引进和自我培养并重的措施，充实扩大工业人才队伍和技术力量。要注重企业领导班子建设，把提高企业领导班子的政治素质和经营管理素质作为强化管理练内功的突出内容来抓，制定标准，建立经营者考核制度和业绩档案。各县（市）要认真研究，尽快制定对经营者的贡献与利益、荣誉、政治地位挂钩等措施，形成人才的激励机制和优胜劣汰机制。

四、改善环境、促进发展

1. 各级、各部门要从振兴区域工业的大局出发，确立为工业服务观念，克服急功近利。以大让利观念和政策吸引投资，以良好服务行为营造环境。凡区内外投资在本区新办的工业企业可享受有关用地优惠地价和水、电增容费及城建配套费等规费减免规定。

2. 鼓励社会闲散资金投向工业。允许企业采取灵活多样的融资方式，多渠道筹资投入工业生产。其投资利息收入，年利率不超过 20% 的，免征个人所得税。

3. 要多渠道筹集资金。建立地、县（市）工业发展基金，各县（市）财政每年从总收入中提取 2% 建立地方工业发展基金，由同级工业办掌握专项用于扶持重点规划城、镇（乡）工业培育支柱行业的龙头骨干企业。财政预算内挖、革、改资金，要按每年构成地方财政的工业税收增长的比例同步增长。

4. 实行检查报批制度。地、县（市）级政府部门对工业企业进行的各项检查，须事先报经同级工业领导小组同意，并领取一次使用的“检查许可证”方可进行；对资信行业的重点骨干企业和重点规划布局内的骨干工业企业，实行税收政策联系点办法，扶持发展。

5. 加大清理收费项目力度，坚决制止“三乱”，切实减轻企业负担。不准向企业乱收费、乱摊派、乱拉赞助或以其他形式把负担转嫁给企业，不准无偿占用企业的资财。外界向企业收费实行集中管理审批，进行源头控制。新增向企业收费的项目，必须经过严格审批。要对企业收费项目进行清理，有关部门要把企业应缴税费的规定装订成册，分发企业，加强宣传，形成舆论氛围。对超出法律规定税费以外的各种收费、摊派、集资、赞助等，企业有权拒绝，或向纪检、监察机关投诉。纪检、监察等部门要定期组织调查，把制止“三乱”纳入工作范围。对给企业造成“三乱”现象，干扰企业生产经营问题，要进行严肃查处。

6. 加大行业治理力度，建立公平竞争秩序。对全区确立的支柱行业，必须通过成立行业协会，以章程协议形式，建立行规行约，自觉维护行业生产经营秩序和公平竞争原则。按照行业的章程、协议规定和行业管理的质量、规模及标准化管理等，组建企业和组织生产经营，否则行业协会有权通过行业协调机构和工商部门采取制裁手段。对行业中守法经营、贡献大的企业，行业协会可商同政府有关部门和金融机构，全方位地给予支持发展。

五、加强对实施“工业富区”战略的领导

1. 实行党政一把手负总责。经济工作是全党的中心工作。实施“工业富区”战略是闽东经济工作的关键环节。各县（市）党政一把手要以高度的责任感和使命感亲自抓好“工业富区”战略的实施，亲自协调解决工业发展中的重大问题，研究落实促进工业发展的具体措施，集中相应财力扶持工业发展。从 1997 年起在对地方党政主要领导的政绩考核中，要把工业发展的成效作为突出的内容列入考核指标，并作为重要评价依据。

2. 地、县（市）工业领导小组必须有效运作，认真负责，把落实“工业富区”战略的政策、措施作为正常化的工作，常抓不懈。要加大督促、检查力度，及时协调解决和反馈工业发展中存在的问题，做到事事有交待、件件有落实。地区从 1997 年起设立“工业先进县（市）、乡（镇）”奖，每两年开展一次评奖表彰活动。各县（市）每季度要向地区工业领导小组办公室汇报工业经济运行情况。

3. 确立大工业管理体系。把全区的乡（镇）工业、剪彩开工后的三资企业以及其他部门的工业企业纳入大工业管理体系，实行大经委统筹规划综合协调，大力推进行业化管理进程。各城区、镇（乡）要进一步健全完善经委机构，配足配齐工作人员，落实工作职责，集中精力抓工业。

4. 建立国有资产营运、监管体系。地、县（市）政府应根据《监管条例》有关规定，按产业分工体系，指定牵头单位，牵头负责组建同级国有工业企业资产营运机构，落实分工监管职责，促进资产流动、重组，发挥资产的利用效能。

5. 地、县（市）工业办都要把指导协调和组织建立行业协会工作列入工业改革管理的重要内容，落实责任，抓出成效。对支柱行业成立的协会及其依法形成的行规、行约、章程，各级政府的权力机构应予协同实施。工商、政法部门应予列入地方执法内容。

6. 各乡（镇）都要牢固树立抓工业、奔小康的指导观念。制订实施“工业富镇”“工业富乡”的发展战略，由党政一把手负责策划，组织推进，切实落实具体抓工业经济工作的机构和人员。重点工业乡（镇）要有专门分管的副书记或乡（镇）长抓工业。对贫困乡重用的或予以奖励；对无所作为、工业不发展的重点乡镇负责人要相应采取组织、行政处分措施。要大力度地转变对乡镇经济工作的领导方式，促进乡镇经济增长方式和生产方式的转变。

7. 各县（市）党委、政府要根据本《决定》精神。认真研究，结合本地实际，相应制定出台符合市情、县情的“工业富市”“富县”的“决定”“规定”或实施细则，报地委、行署备案、备查，并精心组织，狠抓落实，确保胜利完成闽东“工业富区”的伟大历史任务。

中共宁德市委关于贯彻党的十六大精神构建三条战略通道加快发展的若干意见

（2002年11月25日中共宁德市第一届委员会第六次全体会议通过）

为了认真贯彻党的十六大精神和“三个代表”重要思想，落实省第七次党代会、省委七届三次、四次全会精神，进一步加快宁德发展，全面建设小康社会，特制定如下意见。

一、抓住机遇，加快发展，全面建设小康社会

1. 正确认识形势，抓住机遇加快发展。当今世界，和平与发展仍是时代的主题，国际环境仍然是机遇大于挑战。我国已进入全面建设小康社会、加快推进社会主义现代化的新的发展阶段。党的十六大、省委七届四次全会分别提出全国、全省全面建设小康社会的奋斗目标。省第七次党代会作出了着力构建福建发展的三条战略通道，推进“三个层面”共同发展的战略部署，并把宁德作为全省第二层面来规划建设，赋予了宁德新的战略定位。随着我市经济的不断发展，基础设施的完善，区位优势的日益凸显，宁德正迎来加快发展的重要战略机遇期。各级各部门一定要进一步解放思想，更新观念，树立强烈的责任感、紧迫感和危机感，牢固树立发展是第一要务的思想，紧紧围绕实现全面建设小康社会的宏伟目标，坚持与时俱进，不断开拓创新，努力做到发展要有新思路，改革要有新突破，开放要有新局面，各项工作要有新举措，聚精会神搞建设，一心一意谋发展。

2. 明确奋斗目标。按照十六大、省委七届四次全会精神和市第一次党代会、人代会确定的目标，市委常委会提出本世纪头二十年，集中力量推进我市向第二层面发展，全面建设小康社会的奋斗目标，“十五”期间GDP增长速度保持9%，在优化结构和提高效益的基础上，进一步加快经济发展，力争到2010年主要经济指标逐步接近全省平均发展水平。再通过5年的努力，到2015年实现国内生产总值比2000年翻两番。在此基础上，继续发展，不断提高综合实力和竞争力，建成完善的社会主义市场经济体制和更具活力、更加开放的经济体系；社会保障体系比较健全，社会就业比较充分，家庭财产普遍增强，人民过上更加富足的生活；依法治市得到全面落实，人民的政治、经济和文化权益得到切实尊重和保障，基层民主更加健全，社会秩序良好，人民安居乐业；全市人民的思想首先素质、科学文化素质和健康素质明显提高，形成比较完善的国民教育体系、科技和文化创新体系、全民健身和医疗卫生体系，人民享有接受良好教育的机会，

促进人的全面发展；可持续发展能力显著增强，资源利用效率显著提高，人与自然和谐发展，到2017年努力与全省同步实现全面建设小康社会目标。虽然我市各县（市、区）经济社会发展存在不平衡性，但各县（市、区）都要努力实现这一目标。福安、福鼎、蕉城、霞浦、古田要发展得更快更好些，争取比全市提前实现全面建设小康社会的目标。柘荣、周宁、屏南、寿宁要增强发展能力，加快发展步伐，走出一条加快推进全面建设小康社会的新路，有条件的地方也要提前实现这一目标。

3. 总体要求。今后一个时期宁德加快发展的总体要求是：高举邓小平理论伟大旗帜，全面贯彻“三个代表”重要思想，认真贯彻党的十六大精神，进一步落实省第七次党代会、省委七届三次和四次全会的决策部署，紧紧抓住重要战略机遇期，发挥我市比较优势，继往开来，与时俱进，实施区域经济发展战略、全方位开放战略、改革推动战略，着力完善基础设施，改善创业环境，以构建中心城市、发展两条经济带为突破口，全面推进工业富市、以港兴市、科教兴市、海洋强市、生态立市，加快工业化、城镇化进程，提升农业产业化水平，畅通对内对外开放大通道，把宁德市建设成为发达地区产业梯度转移承接基地、港口经济和临海工业发展基地、绿色食品生产供应基地、生态旅游休闲基地，与福厦漳泉莆联成一线，共同推进海峡西岸繁荣带建设。

二、加快区域经济发展

4. 构筑一个中心——宁德滨海中等港口城市。统一规划，全力推进三都港的开放开发，加快以港兴市，以城促港，大力发展港口经济、临海工业、海洋经济、中转贸易、旅游业、服务业，聚集人口，壮大市本级财政，逐步形成两区一港的格局，壮大中心城市，促进我市沿海、山区协调发展，把我市发展腹地扩大到周边地区、省份，最终形成以港口经济、临海工业为主导的环三都港产业群和以宁德中心城市为主体的环三都港滨海城市组团。通过努力，把宁德建成我国东南沿海新兴的滨海中等港口城市。

5. 建设两条发展带——沿海经济发展带和山区经济发展带。（1）沿海经济发展带。沿海蕉城、福安、福鼎、霞浦四县（市、区），要挖掘产业特色，立足发展海洋经济，按照“扩大规模、提高质量、拓展空间、强化功能、优化环境”的思路，以高速公路和温福铁路为主轴，以沿海四县（市、区）城区和高速公路互通口13个乡镇为重点，充分发挥沿海岸线和港口优势，依托连接长江三角洲和珠江三角洲、福州和温州等发达地区的大通道优势，率先承接市外产业、资金、技术转移，推进工业化、城镇化，以区位优势加速经济外向化，形成经济发展新增长带，提高区域经济竞争力，率先实现全面建设小康社会目标，为全省建设海峡西岸繁荣带作贡献。（2）山区经济发展带。山区古田、屏南、周宁、寿宁、柘荣五县，应立足发挥山区资源优势，充分利用省、市适当倾斜的发展政策，不断拓展招商引资领域，以工业化带动农业产业化，大力发展资源转换型工业，提升优化传统产业，积极发展生态旅游业，全力推进绿色农产品加工业发展。力争各县都有若干个具有稳定财源收入的工业项目和企业。加大扶贫攻坚力度，全面推进小康建设。打通山区五县之间，山区县与沿海县、与周边地区之间的连接通道，为我市与全省同步实现全面建设小康社会目标，加快工业化进程做贡献。山区、沿海都要注重发展特色经济，加速推进工业化，壮大县城、乡镇经济实力，夯实发展基础，确保全市经济协调发展。

三、构建三条战略通道，全方位推进对外开放

6. 加快对外开放通道建设，努力把宁德建成全省对台经贸合作的重要窗口，全省引资的新增长点和扩大出口的新区域。（1）加强对台经贸合作，承接台湾产业转移。加强三沙、沙埕对台贸易区建设，改善对台小额贸易和台轮依靠点的配套设施，积极争取列入与金门、马祖、澎湖直接“三通”试点范围。构建对台通商基地，大力发展对台直接贸易和转口贸易，加强两岸农业合作示范区建设，努力实现吸收台商投资和产业转移落户的新突破，把我市建设成为全省对台经贸的重要窗口。（2）扩大利用外资规模，提升我市对外开放度。发挥我市区位优势和深水港优势，以开发区、民营工业园区和市本级工业园区为载体，通过嫁接改造、优势产业构大、资产重组、资源开发、技术转移、基础设施建设等方式，多层次吸引外商投资。继续打好“侨牌”，尤其要抓好对东南亚招商和市场拓展工作。鼓励全社会力量参与招商引资，积极实行市场化、专业化、代理式招商，发挥中介组织、企业、项目业主的招商主体作用，做到以商引商，以资引资。（3）积极发展开放型经济，努力开拓国际市场。建立健全外经贸促进体系，帮助企业和产品通过各项质量、安全、卫生和环保的国际认证，提供反倾销、反补贴法律援助和应诉资助。建立外经贸运行监测预警机制，形成一套及时有效的信息采集、反馈、预警报告制度，为企业提供信息服务。加强企业申报进出口经营权工作，加快外贸企业改革步伐，培育壮大一批外贸经营主体。扩大优势产品出口，把宁德建成全省电机电器、船舶修造、石板材和绿色食品的出口基地。实施“走出去”战略，重点引导企业到我市出口量大的国家、地区发展，通过设立销售中心，减少中间环节，提高出口效益。

7. 加快对内连接通道建设，努力把宁德建成全省南接北联的重要支点，成为全省发展腹地的重要出口。（1）推进南北连接，南以福州市和闽东南为重点，北以温州市和浙南地区为重点，加强与珠江三角洲、长江三角洲连接通道的建设，承接发达地区产业、技术、资金转移，积极主动接受其经济辐射。（2）实施走向全国战略，拓展发展空间，走出闽东发展闽东，形成参与开发全国和西部市场的网络，鼓励有能力的企业走出去开拓市场。（3）加快区域就近对接通道建设，提升经济合作层次。古田、屏南、蕉城三县（区）要发挥毗邻福州的区位优势，加强基础设施建设，加强与福州的产业对接与协作，跻身闽江口经济圈。周宁、柘荣、寿宁三县要发挥毗邻浙南的优势，主动接受浙南的辐射。福安、福鼎、霞浦三县（市）要率先与浙南地区及长江三角洲等经济发达地区对接，加速推进与浙南地区经济一体化。

8. 加快山海协作通道建设，努力把宁德建成全省山海协作的重要基地。（1）积极参与省内山海协作，借助兄弟发达市的支持。进一步深化我市与福州协作关系，加强“闽东北五市经济协作区”“闽浙赣皖十四市协作联谊区”等区域经济协作网络建设。加快宁德与内地的经济对接，拓展三都港港口腹地，使三都港成为南平市、江西省等内地省市出海口。（2）推进市内山海协作。加快全市“一个半小时交通网”建设，积极探索由县一级集中办开发区、工业园区，各乡镇参与办工业的新路子；跨越行政区域，推进山区县与市本级协作兴办工业园区；加强沿海与山区的产业协作，推动沿海与山区产业互补、利益共享、共同发展。

9. 营造良好的投资软环境，努力把宁德建成一片投资兴业的热土。进一步转变政府职能，深化行政审批制度改革，创新行政审批管理新机制，促进各职能部门责任、权力进行投资服务中心，建设简政放权、务实高效、勤政廉政的政务环境。全面清理和修订现行规定及政策，努力造就与国际接轨的、透明的、稳定的、可预期的法制政策环境。进一步规范市场经济秩序，建设公

平竞争、安定稳定的市场和社会环境。鼓励全社会投资配套产业，建设优质高效、成龙配套的产业环境。建立口岸“大通关”协调联动机制，形成完善的口岸联检体系、运营机制和服务环境。建立全方位的监督机制，严惩破坏软环境的人和事。

四、强化工业富市，加快工业化进程

10. 明确工业化的方向。实现工业化是我市全面建设小康社会和现代化进程中极端重要而又十分艰巨的任务，必须从我市实际出发，铁下决心发展工业经济，营造浓厚氛围，形成激励机制，举全市之力，积极争取，以干促上，把我市建设成全省冶金基地、机电基地、石化下游产品基地、汽车零配件生产基地、食品加工基地，成为东南沿海工业走廊的重要组成部分。坚持以信息化带动工业化，以工业化促进信息化，走出一条科技含量高、经济效益好、资源消耗低、环境污染少、人力资源优势得到充分发挥的新型工业化路子。

11. 以提升产业竞争力为重点，大力培育支柱产业和优势企业。发挥科学技术作为第一生产力的重要作用，千方百计发展高新技术产业，争取在海洋保健食品、海洋药物、海洋生物化工等海洋高新技术产业和新特医药领域有所突破。用高新技术、先进适用技术改造传统产业、传统产品和传统工艺，提高重点企业的技术水平和装备水平。着力发展电机电器、食品加工、建筑建材三大传统优势产业，尤其要加快福安“电机电器城”建设步伐，建立国家认可的产品质量标准认证中心和技术开发中心，提高技术含量，创造自己的品牌和名牌，打造我国东南沿海重要的电机电器生产基地，争取 3 ～ 4 年内实现产值 100 亿元。加快发展船舶修造、医药化工、“三车”配件三大新兴产业，要以赛江流域为依托，带动沿海区域，建成省内船舶修造基地，争取 3 ～ 5 年内船舶修造业实现产值 30 亿元，抓紧建设柘荣三尖杉中药高新技术产业化示范项目、榕屏联营化工厂四期工程、霞浦三沙“三车配件”项目、三都港万吨级修船坞。扶强构大现有存量资产，力争到 2010 年在全市建成 10 个 5 亿元规模以上、拥有自主创新能力、主业突出并具名牌优势的大公司或企业集团，40 个 5000 万元以上、具有“专、精、特、新”优势的“小巨人”企业群。重点扶持若干家有潜力、有规模的骨干企业上市。经过若干年努力，使全市工业增加值占 GDP 的比重达 50%，规模以上工业产值占全社会工业产值 50%。

12. 加快开发区发展，整体推进工业园区建设。整合好开发区资源，再造开发区体制、机制、政策、环境新优势，增强吸引力和竞争力。本着合理利用土地资源、重视环境保护的原则，把工业园区纳入城市发展总体规划。尽快筹建市级工业园区，建成一批标准化工业厂房，以优惠政策吸引外商到我市兴业办厂，力争在 3 ～ 5 年内建成高起点的工业园区。扩大完善福鼎、福安、蕉城、霞浦民营工业园区，其他山区县也根据本地实际，建设好现有工业园区。开发区、工业园区要实行封闭式管理、规范化经营，降低准入门槛，引导企业适度集中，逐步形成合理布局的产业链。市直各有关部门要将市级管理审批（审核）权限下放或授权委托给开发区、工业园区。

13. 抓紧规划布局临海工业，大力发展港口经济。搞好宁德港口经济的规划与布局。做好港界、渔业区、生态保护区、产业发展和配套设施建设用地等规划，加强对海岸带陆域和水域不同区域功能的定位与划分；搞好港口发展目标规划，加强港口管理法制化建设，争取用 10 年时间，把三都港建成我省重要的港口区域。创新港口发展机制，通过开展对外合作、省际港口建设合作、资本运营等方式，建立多元化的投资机制。建立港口土地统一征管制度，做到港口建设与土地经营同步运行，滚动发展。以环三都港地带为重点，争取国家重点临海工业项目的布点，重点做好城澳港区和漳湾港区的钢铁项目和其他工业项目的规划布局，白马（赛江流域）港区电机、船舶修造、冶金、建材、石化项目的规划布局，溪南港区大型火电厂、钢铁厂项目的规划布局。抓住我省石化一体化项目落地的机会。争取更多的石化下游产品项目到我市布点。在临海工业发展的基础上，发挥现有码头吞吐能力，开通外贸和内贸集装箱支线运输，将电机电器、石材等产品吸引到宁德本港外运，并吸引各大班轮公司到三都港兴建码头，开辟航线，开发中转、联运业务，促进仓储业、旅游业、服务业发展，推动港口基础设施建设同步发展。加快沿海岛屿、突出部建设项目，实施围海工程，近中远期要建设好沙头、湖塘、铁基湾围垦工程。

14. 完善工业发展机制。加强领导，建立重点企业扶持工作机制，通过工业发展基金扶持、贴息贷款以及用地用电价格优惠、提高企业抵押物贷款比例、降低抵押资产评估收费标准、延长评估有效期等政策，扶持一批骨干企业和新兴项目 。建立区域重点行业管理机制，组建机电、医药化工、食品工业、石材和船舶修造等行业协会，强化行业自律。严格执行工业产品按照标准生产制度，鼓励规模企业、主要主业产品采用国际标准或国外先进标准生产，加快我市采取国际标准步伐。探索建立财税援助工作机制，扶持一批企业集团、省级以上名牌产品发展。加快电力体制改革，理顺我市电网与省网的关系，优化资源配置，切实降低电力价格，推动宁德工业发展。力争 1 ~ 2 年内建立起工业系统百名高新技术、急需技术专业的人才库。要关心、厚爱、培养企业家，激励他们投入振兴宁德工业的主战场。

五、加强基础设施建设，增添经济发展后劲

15. 加快建立和发展现代交通运输网络体系。（1）公路。重点建设福宁高速公路及高速公路连接线，加快建设屏南、古田、柘荣山区道路和太姥山 – 杨家溪等旅游公路，形成以宁德为中心的“一个半小时交通网”；规划建设古田 – 高州一级公路、霞浦东冲 – 泰顺公路、福安 – 泰顺公路；努力促进宁德云淡至邵武肖家坊高速公路前期筹备工作；配套完善城澳、漳湾、下白石、三沙、沙埕等港区的疏港公路建设，充分发挥港口与高速公路、铁路的联动效应。（2）港口。主攻三都港开发，进一步完善港区配套设施，积极争取开通新的国内、国际航线，引进中转航班；抓紧做好城澳港的基础联检机构建设；抓紧漳湾、下白石、沙埕港码头扩建，加紧城澳港 10 万吨多用途码头和 30 万吨级油品配送码头等项目前期策划工作，力争“十五”末期再建 1 个大吨位泊位。（3）铁路。加快温福铁路动工前各项准备工作。争取早日开工，“十五”末期建成投入使用。

16. 加快“数字宁德”基础建设。信息化是加快实现工业化和现代化的必然选择，要加强网络信息基础设施建设，加快电信网向信息网过渡，重点建设信息高速公路宽带传输网络；进一步提高农村移动通信覆盖面；积极推进政府、金融、商务、远程教育、医疗、档案及社区服务等领域的信息化进程，提高信息技术在工业、农业、环保、灾害监测预报和防治等方面的应用水平。

17. 努力建设能源保障体系。加快穆阳溪梯级电站开发，做好洪口电站、牛头山电站 、双口渡电站、上培电站、后垅溪电站、金造桥电站、吴坑水库电站、福安交溪梯级电站（水利枢纽工程）等前期工作、开工建设。做好我市水资源的优化配置和水电开发的规范工作，特别是做好屏南、寿宁、周宁一个电气化县和蕉城、福安、柘荣三个县（市、区）电气化候补县的电气化以及电代燃料生态工程的建设工作。继续开展三都港 360 万千瓦火力发电厂的前期工作。加快农网改造步伐，每个县市和重点工业乡镇都要建设一个 110 千伏变电站；争取建设闽东 220 KV 双回路线路，并为 500KV 线路预留出线。

六、加快中心城市建设，推进城镇化进程

18. 加强城市规划、建设和管理。市县两级要抓紧修订和完善城市总体规划和详细规划，宁德中心城市规划到2010年城区面积达25平方千米，人口达25万。福安、福鼎、霞浦要尽快形成15万～20万人口规模、城区面积达15平方千米的滨海城市。各山区县也要加强规划，扩大城区和城区人口规模。力争到2017年，全市城镇化水平达50%，接近全省中等地区水平。遵循以人为本、可持续发展和科学管理的原则，创新城市管理机制，建立综合执法队伍，强化街道、社区管理职能，建立高效的城市管理体制和运行机制。

19. 集中力量构筑宁德中心城市。加快以港兴市步伐，把宁德市建设成为全市的政治、经济、文化中心。实施东扩南移面海战略，用2～3年时间实现新区与旧城区的连接。加快城市公用事业、基础设施建设，加紧建设宁德城区防港防潮工程，加快建设中心城市路网，修建东侨开发区至赛岐开发区的滨海大道，拓展中心城市发展空间。做活经营城市文章，运用市场机制手段，盘活城市有形和无形资产，推动城区建设。积极发展临海工业、航运业和商贸业，加速人流、物流、资金流、信息流向中心城市聚集，完善城市功能。以建立一市二区一港为中心城市发展大目标，分年度有计划地建设重点城建项目，通过10～20年建设，形成新兴港口中心城市大框架。

20. 切实加快沿海城市和山区县城发展。从各地资源禀赋、产业发展、特色营造、人文条件出发，明确城市发展定位，制定城市发展目标，建设各自风格的城市、县城。加快发展保险、连锁商业、信息咨询、中介服务等现代服务业；积极发展文化娱乐、教育培训、体育健身、卫生保健、房地产等新的消费领域；加快改造提升商贸流通、交通运输、市政服务等传统服务业；培育仓储式批发、拍卖业等新兴产业，推进第三产业发展，形成城市经济新的增长点。

21. 培育发展重点城镇和中心村。加快高速公路沿线互通口13个乡镇发展，率先推进农业产业化、工业规模化、农村城镇化、经济外向化。积极推进沿国道104线、宁古线、小浦线、沙吕线的15个重镇建设，形成具有一定辐射和带动能力的中心城镇，抓好中心村建设，促进农村经济发展。

七、推进农业产业化，加快农村小康建设步伐

22. 推进农业产业化经营。必须以全面建设小康社会为目标，加强农业基础地位，推进农业和农村经济结构调整，用工业化手段、市场化运作，大力推进农业产业化。在稳定家庭承包经营制度的基础上，坚持依法、自愿、有偿的原则，通过委托承包、股份合作、土地互换、租赁等方式，加快土地使用权流转，推动农业集约化经营。加强农业招商引资，加快农业产业化经营。建立龙头企业激励机制，对省、市级龙头企业，在财政、信贷、土地等方面给予重点扶持。财政每年安排的农业产业化资金、国家农业综合开发资金、农业科技资金都要向龙头企业倾斜。龙头企业贴息资金实行专户直拨、县级报账管理办法。力争到2005年，形成100家产值超千万的农业龙头企业、100户产值超百万的种养大户、100户销售收入200万元以上的营销大户，争创30个省级名牌农产品、30个绿色食品。要加快发展现代农业，办好一批现代农业科技园区，每个县（市、区）都要建设一个特色高优农业示范园。

23. 积极培育农业主导产业。建设沿海蓝色产业带、山区绿色产业带，发展特色农业，做到区域化布局、专业化生产、一体化经营。加快发展水产品、食用菌、茶叶三个优势产业，建设三

都港大黄鱼加工区、霞浦水产加工区、古田食用菌加工基地及福安、福鼎、周宁茶叶加工基地。扶持果蔬、竹木、药材三个新兴产业，大力发展花卉、畜牧、特种养殖等高效农业。沿海主攻水产业，把我市建成全国最大的大黄鱼养殖、技术开发、加工基地和全国最大的海水鱼育苗中心之一，建设三沙、沙埕一类渔港，发展远洋捕捞业。沿海、山区都要主攻茶叶和食用菌，形成生产、加工、交易中心，把宁德建成全国绿茶、食用菌之都。

24. 加快农业质检和标准化体系建设。突出以水产品、食用菌、茶叶、果蔬、畜禽等大宗农产品，出口创汇产品，高附加值产品的质量标准、品种标准、卫生安全标准、生产技术规范、生态环境标准的宣传、制定为重点，逐步完善农业标准化体系，建立农业环保检测、畜禽产品、茶叶产品检测、食用菌菌种和原辅料质量检测等检测体系。积极鼓励农业生产者按国际标准和国外先进标准组织生产、实施“绿色食品”工程，对得到国家、省一级确认的产品要给予奖励。实行工作责任制，每一个产业、产品都要有 套标准，每个标准的制定和实施都要有一个主管部门或挂靠单位，都要有一个示范基地，各级财政要拨出专款给予扶持建设。

25. 健全完善农村社会化服务体系。健全完善全市农村社会服务联动网，通过上下联手，整合资源，为广大农民群众提供信息、技术、营销、资金、办证和政策等方面的服务，大力推进农业机械化进程，提高农业机械化水平，大力发展农村科技服务组织，不断提高农村合作经济和行业协作的组织化程度，努力形成比较完备的农村社会化服务体系。

26. 加大农村扶贫开发和小康建设力度。加强领导，制定计划，在农村开展全面小康建设，促进村增财、户增收，大力推进乡镇企业发展、富裕村建设和专业户、大户发展，扩大富裕面，缩小贫困面。重点抓好 4 个特困乡、8 个少数民族乡和老区基点村扶贫工作，把全市绝对贫困人口比重降低到 1% 以下。通过 3 年努力，使 13.1 万低收入人口实现基本小康。继续有计划地实施“造福工程”、滑坡险情村搬迁和边远行政村“五通”工程，帮助解决库区移民、连家船民上岸定居后的生产生活问题，着力抓好村容村貌整治，加快新村建设步伐，运用市场化手段壮大村级集体经济，消灭村财空壳村，为全面建设小康社会打下坚实基础。

八、加快市场化进程，形成健全的市场体系

27. 加快推进市场化进程。适应建立社会主义市场经济体制的要求，在更大程度上发挥市场在资源配置中的基础性作用，打破市场垄断和封锁，健全统一、开放、竞争、有序的现代市场体系。加强市场准入和退出管理，以建立资金、产权、土地、技术、信息、人才、劳动力等要素市场为重点，促进区域间生产要素的合理流动。创造各类市场主体平等使用生产要素的环境。整顿和规范市场经济秩序，防范和化解金融风险。

28. 建设区域性商品市场。加快改造和建设福鼎闽浙边贸商城、霞浦三沙台贸商城、霞浦闽东水产品中心批发市场、三都港闽东鲜活水产品交易中心市场、福安闽东电机电器中心批发市场、中国·古田食用菌批发市场、东侨闽东中心农贸市场、福安富春综合批发市场、寿宁闽浙边贸市场、闽东茶叶批发市场、福安葡萄赛岐批发市场、东侨小商品市场、宁德“中国红”家居装饰材料批发市场、闽东建材市场和竹木市场等一批区域性龙头商品市场。

29. 大力开拓市外市场。以宁德驻外办事处、商会为窗口，加强与港、澳、台、侨胞联系；通过缔结友好城市，与长江三角洲、珠江三角洲等发达地区建立友好关系。积极扶持农民经纪人队伍发展，充分利用行业协会和同业公会的组织优势，引导各种运销组织、行业协会、运销大户进入流通领域；通过“政府搭台、企业唱戏”，到北京、上海、福州、温州等地参加或举办异地

招商洽谈会、展览会、展销会，提高宁德产品的知名度和市场占有率。

30. 大力发展物流业。宁德中心城市要争取构建区域性的现代物流中心，争取引进国内外高知名度的零售商和知名品牌厂家。积极引导城市超市、专卖店、购物中心向沿海中心城镇延伸。大力发展公路、铁路、港口运输、民航多式联运，促进物流业发展。大力发展电子商务，与国内知名电子商务网站合作建立我市对外贸易网站，收集市内企业对各类生产资料需求和产品供应情况，通过互联网络定期发布，集中采购，网上促销。

31. 实施特色品牌战略。重点抓好优势产业创名牌工作，争取每年创 3 个省级以上名牌产品。设立市级名牌产品奖励专项基金，对获得省级名牌、国家级名牌，打入国际市场、形成国际品牌的要给予奖励。鼓励优势资产向名牌企业聚集，扩大品牌经营规模和质量。切实保护好品牌。

九、加快开发旅游资源，大力发展旅游经济

32. 加强旅游规划和开发。按照“三年打基础，五年上台阶，十年立支柱”的要求，高起点规划，整合旅游资源，推动宁德旅游产业的可持续发展。抓住福宁高速公路通车，今后温福铁路建成和山区“一个半小时交通圈”形成的机遇，加大海上旅游资源、生态旅游资源、民俗旅游资源、畲族风情旅游资源的开发力度，形成以太姥山、杨家溪、空海纪念堂、嵛山岛、三都港、东狮山为轴线的滨海黄金旅游线；以中华畲族宫、支提寺、古田翠屏湖、临水宫、屏南鸳鸯溪、周宁九龙漈、鲤鱼溪、福安廉村古文化为轴线的绿色山水生态旅游线。集中力量抓好三都港生态农业观光旅游示范点、太姥山生态旅游区、鸳鸯溪风景名胜区经济开发项目、翠屏湖风景名胜区、霍童溪文化生态旅游区、中华民俗村等 10 个旅游精品工程、10 个旅游重点乡镇建设，力争 2010 年把宁德建设成为中国东部沿海生态休闲旅游胜地，使旅游业成为地方经济支柱产业之一。

33. 精心打造宁德特色旅游品牌。充分发挥宁德生态旅游资源多样性特色，按照生态旅游的要求，打响“回归大自然，请到闽东来”的生态品牌。集中力量筹划举办中国太姥山国际旅游节，使之成为在海内外有影响的节庆活动。要将畲族文化融入宁德自然山水，形成独特的畲族风情品牌。

34. 加大旅游宣传和市场开发力度。以福州、温州为窗口，向福厦漳泉及珠江三角洲、长江三角洲拓展，形成网络化市场体系。加强山区与沿海的协作，促进我市旅游业向北与雁荡山、向西与武夷山旅游业的对接协作，形成雁荡山、太姥山、武夷山“三山”辉映的旅游网络。充分发挥各种媒体和我市现有旅行社的作用，注重互联网络的应用，扩大对我市旅游业的宣传促销，提高旅游服务质量，扩展国内、东南亚和世界旅游市场加大旅游产品开发力度，建立健全旅游工艺品、纪念品、土特产品销售市场。

35. 加强旅游人才队伍建设。加强旅游行政管理部门的建设。走旅游人才培养与引进相结合的路子，立足本市，培养和造就一支能够扎根宁德为旅游业作贡献的人才队伍。抓紧建设一支高素质的导游队伍。采取引进一批，送出去培养一批的办法解决目前高层次旅游规划、策划、经营管理人才短缺的问题。

十、积极改革创新，加快体制机制改革步伐

36. 推进国有企业市场化改革。建立国有企业改制关闭、破产准备金制度，加快建立劣势国有企业退出机制；鼓励各种所有制形式的优势企业以产权重组、资产并购、联合兼并、增资扩股等有效实现形式，对国有企业进行产权改造改组，构强做大现有存量，实现国有资产的保值增值。特别要抓紧我市内贸、建安、农口所属国有企业改革。

37. 加快发展民营经济。民营经济是社会主义市场经济的重要组成部分，也是推动我市经济发展的主要力量。必须毫不动摇地鼓励、支持和引导非公有制经济发展。多方宣传民营经济在我市两个文明建设中的重要作用和民营企业家的突出贡献。重视、鼓励和引导民营企业进行体制、机制、技术、管理创新，扩大规模，推进民营经济二次创业。营造良好环境，拓展民间资本产业准入途径，通过合理确定基础设施和公益性项目的价格或收费标准、贴息贷款、扩大项目特许经营权的期限、公益项目与盈利项目捆绑经营等，引导其进入基础设施和公共产品领域。政府各部门掌握的结构调整资金、挖潜改造资金、科技创新资金等各种建设性资金应从原来的所有制限定改为产业政策限定。加快建立多层次的企业服务体系，提供金融服务、信息咨询、创业指导、市场开拓、技术支持等服务。市、县（市、区）要引导民营企业联合出资成立担保公司，为企业筹资融资服务。对新办民营企业新增加的税收收入，在完成年底财政收入预期目标的基础上通过财政支出渠道安排一定的补助资金，专项用于企业扩大再生产。扶持科技型、创新型民营企业，鼓励公务员和事业单位科技人员到民营企业从事经营管理活动。依法保护私人财产。依法加强监督和管理，促进民营经济健康发展。

38. 积极拓宽融资渠道。加大国有资产管理体制改革步伐，尽快建立代表国家履行出资人职责，享有所有者权益，权利、义务和责任相统一，管资产和管人、管事相结合的国有资产管理体制。加大金融对地方经济的支持力度，对重点企业实行授信制度。大胆应用 bot、tot 融资，加快高速公路、桥梁、码头等适宜市场化经营的项目建设。加强外债资金管理，争取更多的外国政府、亚行、世行贷款。加强财政贴息奖金的灵活运用，增强其在项目融资中的作用。积极争取上级支持，筛选和推出一批符合国家产业政策和投资方向的项目，争取国债资金。对重大建设项目，要多渠道争取项目补偿金和贴息资金，集中捆绑使用，解决项目资金缺口。

39. 实施财政增收解困计划。积极培植新增财点，搞好增收节支，深化财政体制改革，完善财政运行机制，健全基本公共服务保障制度，坚持杜绝赤字预算，严禁超财力办事。严格预算外资金管理，严禁挪用专项资金。积极稳妥地推进农村税费改革，牢固确立还债是政绩的观点，探索推行减债责任制和债务警戒线等制度，积极消减乡、村债务，化解财政风险。

40. 完善项目开发机制。建立市、县（市、区）两级项目开发中心，配强专业人员，明确工作责任，搞好项目策划、包装、论证。建立高质量的动态项目储备库，实行项目开发储备有偿服务。建立和完善项目前期经费使用与成果挂钩的机制，并把每年各级财政安排的专项基金列入项目开发储备专项基金，实行专户管理，滚动发展。建立领导干部挂钩联系重点项目责任制，抽调人员组成强有力班子，确保每个重点项目都有一套良好的工作方案和专门的工作人员跟踪负责。建立项目法人负责制的项目开发机制。建立项目工作考核激励机制，对有突出贡献的单位和个人进行表彰。

41. 深化土地使用制度改革。依法执行土地使用权招标拍卖和挂牌出让制度，开展农村集体土地非农建设用地流转试点工作，建立和完善土地置换办法。成立市、县两级土地收购储备中

心，全面开展土地收购储备工作。通过财政拨给资本金、土地使用权出让金预收款、银行贷款等途径，建立土地收购储备基金，以地养地，滚动发展。坚持土地利用年度计划，合理调控供地总量，抓好以滩涂围垦为主的耕地开发整理项目实施，确保耕地总量平衡。用足、用好税收优惠政策，努力降低工业用地开发成本。工业园区、经济开发区、城镇工业小区工业用地实行成本价供地。

十一、推进科技、教育、文化、法制与经济建设相促进，推动社会各项事业全面进步

42. 实施“科教兴市”战略。切实把教育放在优先发展的位置，深化教育体制改革，调整教育布局结构，优化教育资源配置，鼓励社会力量办学，形成公办、民办学校共同发展的格局。大力发展高中阶段教育，兴办高等职业技术学院，建设“宁德学院”。深化科技体制改革，建立健全中小企业技术服务支撑体系和促进科技成果产业化的风险投资体制，改革现行农技推广体制，加快建立科技创新体系和科技开发体系，抓好宁德市生产力促进中心和高新技术行业服务中心建设，开展与清华大学市校挂钩合作，推动产学研结合。加强对区域重点支柱产业关键性技术的科研攻关、技术创新、技术推广。切实建立人才的培养、引进、使用机制，大力引进急需的科研、管理人才，大力提高我市现有人才素质水平，建立流动高效的人才库，重奖有突出贡献的科技、管理人才和企业家。建立户口不迁、关系不转、双向选择、自由流动的柔性人才引进机制，健全宁籍专家人才库，办好博士创业园，设立高层次人才创业基金，吸引国内外优秀人才服务宁德，切实做到以感情留人、以事业留人、以适当待遇留人。鼓励科技人员以知识、信息、技术等参与入股分配。实施人才开发培养合作计划，深化职称改革，探索建立任职资格注册审验制度。

43. 加强精神文明建设。牢牢把握先进文化的前进方向，建设社会主义精神文明。积极发展文化事业和文化产业。坚持弘扬和培育民族精神，切实加强思想道德建设。深入贯彻《公民道德建设实施纲要》，加强社会公德、职业道德、家庭美德教育。加快“诚信宁德”建设，加强信用观念教育，建立企业和经营者信用记录备案制度和资信评估机构的执业责任制度，建立对诚信行为的社会舆论监督机制，完善失信惩罚机制。深化精神文明创建活动，努力创建全国双拥模范城，到2005年把宁德市建设成为省级文明城市；到2010年进入全国文明先进城市行列，继而把宁德中心城市建设成为全国优秀的旅游城市、园林城市。

44. 加快社会事业发展。完善社会事业发展的管理体制，打破部门分割管理的局面，在社会事业管理和设施、场地使用方面进行必要的统筹安排。加快建立充满活力的文化产业运行机制，实施“文化精品工程”，整理挖掘闽东古代文明成果，加强畲族文化、霍山文化、陈靖姑文化、空海文化研究。认真抓好宁德市“两个广场（人民广场、先锋广场）”、“三个中心（体育中心、文化中心、会展中心）”、“三个馆（图书馆、博物馆、科技馆）”和“五个园（东湖中心公园、森林公园、南漈公园、戚继光公园、橄榄屿海上公园）”等一批社会事业形象工程的建设，力争在10年内实现市、县两级图书馆、文化馆、青少年宫、工人文化宫、档案馆以及乡镇文化中心（站）等公共文化设施基本达到国家规划的标准。确保每个县（市、区）都有一个高标准综合性公园。各级政府要按以县（市、区）为主负责的农村卫生分级管理体制，落实各项政策措施，以医疗服务需求为导向，引入竞争，打破垄断，优化卫生资源配置，健全完善医疗保障、预防保健、卫生监督执法三大体系，抓紧宁德市医院搬迁和闽东医院病房大楼建设。建立现代企业制度，组建宁德市广播电视综合信息网络公司；抓紧规划建设福安、蕉城、福鼎、霞浦等县（市、

区）垃圾处理厂、污水处理厂。

45. 建立健全社会保障体系。深化分配制度改革，建立健全同经济发展水平相适应的社会保障体系，完善城镇职工基本养老保险制度和基本医疗保险制度，健全失业保险制度和城市居民最低生活保障制度，努力探索建立农村养老、医疗保险和最低生活保障制度。千方百计扩大就业、再就业，不断改善人民生活，着力改善创业环境，积极发展劳动密集型产业，不断增加就业岗位。关心老区、少数民族、特困乡群众以及连家船民、库区移民、困难职工等困难群体，对提供新就业岗位和吸纳下岗就业人员再就业的企业给予政策支持。加强公共服务设施建设，改善生活环境，方便群众生活。

46. 实施可持续发展战略。坚持区域开发同资源保护和环境容量相协调的原则，在人口、资源、环境相互协调中推动经济社会可持续发展。在全市基本实施“三为主”的基础上，加快建立“依法管理、村（居）民自治、优质服务、政策推动、综合治理”的新工作机制，努力争创计划生育优质服务先进县（市、区）。依法保护和开发土地、森林、矿产、海洋和水资源，突出抓好城市、工业和海域污染防治工程，加快建立以水利、气象、抗震等为重点的防灾减灾十大防御体系。切实搞好生态市建设，重点抓好生态公益林、沿海防护林、水资源和流域保护林以及生物多样性自然保护区等生态保护工程；大力发展高新环保技术产业，用20年左右时间，把宁德市建设成为人居环境优美、森林资源永续利用、水资源可持续利用、生态环境全面优化、人与环境和谐相处、经济中等发达的生态市。

47. 加强社会主义法制建设。大力推进依法治市进程，加强法制宣传教育，提高公民的法律素质，尤其要增强公职人员的法制观念、依法办事能力，提高文明执法水平。加强对执法活动的监督，推进依法行政，维护司法公正，提高执法水平，确保法律的严格实施。依法打击各种犯罪活动和邪教组织，落实社会治安综合治理各项措施，改进社会管理，保持良好的社会秩序。建立健全法律服务保障体系，提供优质高效的法律服务和坚强有力的法律保障。

十二、加强党对经济工作的领导，为加快发展提供坚强保证

48. 加强党对经济工作的领导。各级党委要牢固树立发展是第一要务思想，建立经济工作目标管理责任制，以经济建设为中心，以发展论英雄、看实效用干部。遵循国际通行规则，以新的思路、高的起点、好的规划、大的手笔、实的举措推进发展。加强调查研究，搞好经济运行分析，认真组织大项目的攻关和实施。按照市场经济规律办事，讲求经济发展的质量和效益，正视困难，剖析矛盾，在两难中作出判断和抉择。正确处理改革、发展、稳定的关系，努力营造安定稳定的社会环境。

49. 努力提高执政水平。各级领导干部要带头学习和实践“三个代表”重要思想，坚持理论联系实际，注重学以致用，致力提高科学判断形势的能力、驾驭市场经济的能力、应对复杂局面的能力、依法执政的能力和总揽全局的能力，成为勤奋学习、善于思考的模范，解放思想、与时俱进的模范，勇于实践、锐意创新的模范，不断增强为人民服务的本领。各级党委要按照总揽全局、协调各方的原则，进一步加强党的领导，贯彻民主集中制原则，形成班子整体合力，把主要力量放在抓战略问题、全局指导和宏观决策及重大问题上，支持政府工作，发挥人大、政协以及各民主党派、各界人士、人民团体作用，推进决策的科学化、民主化，调动一切积极因素，凝聚民心，形成合力，振兴宁德。各级领导干部要带头贯彻中央、省委和市委的决定，确保政令畅通。

50. 切实转变工作作风，狠抓工作落实。全面落实“八个坚持、八个反对”的要求，下大力气精简“文山会海”，控制检查活动，减少迎来送往，减轻基层负担，让干部把更多的时间和精力用在创业上。坚持党的群众路线，坚决克服形式主义和官僚主义，深入群众，深入基层，深入实际，把正确的发展思路通过扎实有效的工作转化为实实在在的工作成效。积极推广社会矛盾排查调处中心好的做法，完善行政服务中心建设，切实为广大群众服务。继续发扬艰苦奋斗、勤俭办事的优良传统，廉洁从政，勤政为民。旗帜鲜明反腐败，牢固筑起“不想腐败、不能腐败、不让腐败、不敢腐败”的防线。制定科学的考评体系，在市直单位领导班子及领导干部中开展绩效考评；在各县（市、区）开展经济工作“增实力比后劲”活动；开展乡镇、村评议县（市、区）直机关活动。加大全方位的督促检查力度，进行多层次的督查，对那些工作不落实，搞虚假、浮夸的单位和个人，要进行组织处理。

贯彻党的十六大精神，构建三条战略通道，实现向第二层面发展，全面建设小康社会，是历史和时代赋予我们的庄严使命。各级党组织和广大共产党员要紧跟时代，勇于创新，同心同德，艰苦奋斗，弘扬闽东精神，开创工作新局面。各级党组织、政府要根据本《意见》精神，从实际出发，制定构建三条战略通道、加快发展、全面建设小康社会的具体措施，认真贯彻落实。

中共宁德市委关于加强执政能力建设的若干意见

（2003年10月29日）

为了贯彻落实党的十六大精神，切实加强我市各级领导班子建设，提高各级党委和领导干部的领导水平和执政能力，为构建三条战略通道，促进宁德市在全省第二层面发展，加快全面建设小康社会进程提供坚强的组织保证和政治保证，现就加强执政能力建设提出意见如下：

一、正确把握加强执政能力建设的指导思想、基本内涵和目标要求

1. 指导思想。加强执政能力建设必须以马列主义、毛泽东思想、邓小平理论和“三个代表”重要思想为指导，以提高素质、优化结构、改进作风和增强团结为重点，抓紧培养、选拔、造就一大批适应现代化建设需要的优秀领导人才，通过加强教育培训、岗位轮换、异地交流、完善考核、择优劣汰、强化监督等多种形式多种渠道，不断提高各级党委领导班子和领导干部科学判断形势、驾驭市场经济、应对复杂局面、依法执政、统揽全局的能力，增强领导班子整体功能。

2. 基本内涵。加强执政能力建设就是要按照十六大提出的要求，切实提高五种能力：必须以宽广的眼界观察世界，正确把握时代发展的要求，善于进行理论思维和战略思维，不断提高科学判断形势的能力；必须坚持按照客观规律和科学规律办事，及时研究解决改革和建设中的新情况新问题，善于抓住机遇加快发展，不断提高驾驭市场经济的能力；必须正确认识和处理各种社会矛盾，善于协调不同利益关系和克服各种困难，不断提高应对复杂局面的能力；必须增强法制观念，善于把坚持党的领导、人民当家作主和依法治国统一起来，不断提高依法执政的能力；必须立足全党全国工作大局，坚定不移地贯彻党的路线方针政策，善于结合实际创造性地开展工作，不断提高总揽全局的能力。

3. 目标要求。努力把各级领导班子建设成为坚持贯彻“三个代表”重要思想，具备领导现代化建设能力，朝气蓬勃、奋发有为、求真务实、团结坚强、清正廉洁的领导集体，为宁德市实现全面建设小康社会目标提供坚强有力的组织保证。一是科学判断形势的能力得到明显加强。善于在普遍联系中把握世界发展的大局，从事物的不断变化中掌握事物发展的内在规律；能够正确把握时代发展的趋势，善于进行理论思维和战略思维，在国内外发展大背景、大趋势下，高起点、高水平地把握全局，谋划未来，开拓前进。二是驾驭市场经济的能力得到明显加强。善于在中国加入世贸组织和完善社会主义市场经济体制的新形势下，抢抓机遇，应对挑战，加快发展步伐；善于用发展的办法解决改革和建设实践中出现的新情况新问题；善于营造优良环境，加快宁德中

心城市建设和县域经济发展。三是应对复杂局面的能力得到明显加强。善于处置各种突发事件，能够把矛盾和问题解决在基层和萌芽状态；具有较强的统筹协调能力，善于协调处理不同群体之间及群体内部的利益关系，充分调动各方面积极性和创造性，形成战胜各种困难和风险的强大合力；善于做新形势下的群众思想政治工作，帮助广大群众正确认识改革中出现的暂时困难，引导群众自觉地与党和政府同心同德，共同推动改革和发展。四是依法执政的能力得到明显加强。领导干部法制观念进一步增强，牢固树立权力是人民赋予的观念，权力必须接受监督的观念，自觉而坚定地做遵守法律、执行法律、维护法律的模范。五是总揽全局的能力得到明显加强。党委能够牢牢把握正确的前进方向和经济社会发展的主动权，把主要精力放在抓方向、议大事、管全局上，能够集中精力研究和解决带全局性、战略性和前瞻性的重大问题；能够正确处理当前与长远、局部与全局的关系，善于把本地区的经济社会发展置于国内外宏观形势和全国工作的大局中来思考、来谋划，创造性地开展工作。

二、坚持以“三个代表”重要思想武装头脑，大规模地培训干部，全面提高干部队伍的思想政治素质和业务水平

4. 明确干部教育培训的目标任务。开展大规模培训干部工作，必须紧紧围绕发展第一要务，坚持党政干部队伍、企业经营管理干部队伍、科学技术干部队伍和其他战线干部队伍一起抓，坚持重要干部重点培训、优秀干部加强培训、年轻干部经常培训、紧缺干部抓紧培训，以学习贯彻“三个代表”重要思想为首要任务，以大幅度提高干部队伍素质和能力为目标，以加强各级领导干部执政能力建设为重点，形成全党动手、多层次、多渠道、大规模的干部教育培训工作格局。从 2003 年起，每年安排五分之一左右的在职干部参加各类培训，争取五年内使全体在职干部轮训一遍。培训的重点是各级党委、人大、政府、政协换届后新进领导班子的成员和中青年后备干部。在五年内，副处级以上党政领导干部必须参加累计不少于 3 个月的脱产培训，其他各类干部也要参加累计不少于 2 个月的脱产培训。要把干部的集中培训与组织开展经常性的学习教育活动结合起来，完善党委中心组学习制度，提高集体学习的质量。

5. 创新干部教育培训的内容和方式。干部教育培训工作必须坚持“两手抓”，一手抓思想政治教育、党性教育，一手抓知识更新和业务培训，把组织的要求与干部自身的需求有机结合起来，把提高干部理论素养与增强履行岗位职责的能力统一起来，着眼于帮助广大干部掌握更多的新知识、新技能和新本领，切实提高各级领导干部的执政能力和领导水平。对党政干部特别是领导干部要重点组织学习公共管理、国际通行规则、新型工业化、信息化与电子政务、国际金融与投资、风险投资管理等现代经济、科技、法律、管理知识；对企业经营管理人员重点组织学习工商管理、WTO 基本规则以及有关法律法规；对专业技术人员重点组织学习新知识、新理论、新技术等。进一步重视开展外语、计算机网络技术等培训，鼓励和支持干部参加全国英语和计算机等级考试；继续引导和鼓励各级干部特别是年轻干部利用业余时间在职参加学历教育，不断优化干部的知识结构；每年有计划地选送一批有发展潜力的优秀中青年干部到国外留学或报考省内外高校硕士研究生，尽快培养一批熟悉国际惯例和市场经济运作的领导人才。加强干部培训的阵地建设。不断改进党校、干校教育的方式方法，要在促进干部理论知识培训和党性锻炼的有机结合上下功夫，努力提高办学质量，更好地发挥党校、干校在干部教育培训工作中的主渠道作用，充分发挥市委讲师团在干部理论教育工作中的作用。要依托高等院校、大型企业、开发区、先进乡镇、先进村，分别建立不同类型的干部教育培训基地，增强培训工作的针对性，提高培训工作实

效。运用广播、电视和信息网络，推进远程教育和电化教学。改进定期调训干部工作，实行培训学时累计制，帮助干部克服工学矛盾，扩大培训范围。

6. 全面推行领导干部政治理论和法律知识任职资格考试制度。从2003年开始，以三年时间为过渡期，在我市副科以上领导干部中全面推行政治理论和法律知识任职资格考试制度，要求担任副科以上领导职务的干部必须考取政治理论和法律知识任职资格证书。过渡期内新提任副科以上领导职务的干部，尚未取得政治理论和法律知识任职资格证书的，必须在试用期（一年）内考取证书。三年过渡期满，未考取资格证书的干部不得继续担任相应职位的领导职务，不得列入后备干部名单。干部政治理论和法律知识任职资格考试工作由市委干部培训领导小组负责组织实施，每年至少组织一次考试。参加公开选拔领导干部笔试合格者以及在干训领导小组认可的党校、干校培训班学习期满经考试合格者，可以获得政治理论和法律知识任职资格。具体实施办法由市委干训领导小组负责制定。

7. 建立健全述学、评学、考学制度。“述学”，即干部在年终考核、组织考察和过民主生活会时，要以书面形式汇报理论学习和业务培训的情况；“评学”，即将理论学习和业务培训情况作为民主评议干部的一项重要内容；“考学”，即干部主管部门在考察干部时，对被考察对象的学习培训情况、学习培训效果、理论素养和业务水平等进行全面考察，重点考察运用理论解决实际问题的能力。建立干部学习培训档案，并把干部的学习培训情况要作为干部选拔任用的重要依据。坚持考试考核不合格者不提拔，不参加培训者不上岗，做到学用结合，形成激励领导干部学习的正确导向。

三、拓宽干部实践锻炼的渠道，增强干部领导现代化建设的能力

8. 选派优秀年轻干部到沿海发达地区挂职锻炼。加强与沿海发达地区党委组织部门的协作，每年选派一批善学习、能吃苦、有开拓创新精神的优秀年轻干部，到省内外的沿海发达地区挂职锻炼或跟班学习，熟悉和掌握发达地区驾驭市场经济的方式方法，学习和借鉴外地的有益经验，开阔视野，增长见识。挂职干部要努力与当地的干部、群众、企业家建立友谊，帮助一些县、市、乡镇与对方结成友好对子，形成良好的人缘、企缘关系，促进招商引资工作，加快我市发展。

9. 选派机关干部到企业挂职锻炼或到重点项目建设一线工作锻炼。企业是市场经济的核心，干部到企业工作有利于了解企业运作，熟悉市场经济规则，进行换位思考，改进机关服务工作，提高政府服务水平。要按照企业和机关干部双向选择的原则，每年选派一批优秀年轻干部到企业挂职锻炼，期限1年，期满后回原岗位工作。下派企业工作期间，干部工资、奖金、福利等各项待遇不变。每年选派一批干部到重点工程或重点项目生产建设一线工作锻炼，培养干部抓项目经济的能力。

10. 选派市管后备干部到乡、村两级任职或挂职锻炼。从市直机关和市管国有企事业单位中选派一批有培养前途但缺乏基层工作经验的市管后备干部到乡、村两级任职或挂职锻炼，每批20人左右。把选派干部到基层锻炼与干部的培养使用有机结合起来。

11. 加大干部交流轮岗力度。加大沿海与山区、市直机关与县（市、区）、经济较发达与经济欠发达地区的干部交流力度，加快干部岗位轮换步伐，重点对管理人、财、物和具有经济、社会管理职能的重要岗位人员进行轮岗。规范县处级干部交流工作。继续执行县（市、区）党委书记、县（市、区）长、纪委书记、组织部部长、法院院长、检察院检察长、公安局局长和政委任

职地域（成长地）回避制度。市直部门领导干部担任同一职务满10年的，原则上应进行交流，5年以上的，可有计划地进行交流；县（市、区）党政领导班子成员担任同一职务满10年的，必须进行交流。要严肃干部交流纪律，没有正当理由不服从组织安排的，视情节轻重给予改任非领导职务或就地免职直至纪律处分。市直机关科级领导干部担任同一职务满5年的或在同一科室担任正副科级满8年其中担任正科长满3年的，一般应进行轮岗。专业性、保密性较强的特殊岗位任职时间可适当延长。市直机关科级领导干部的轮岗工作由各单位负责组织实施。

四、改进干部管理使用工作，建立选人用人公正机制

12. 建立定期议班子、议干部制度。各级党委和各部门党组领导班子要坚持做到每半年议一次干部工作，及时掌握各自管辖范围的班子运行状况和干部思想动态，提出加强班子建设的意见，明确拟充实的班子成员所应具备的德才素质、工作能力和工作阅历等方面的要求，对确有必要变动的人事适时进行调整，改批量研究任免干部为适时个别调整，及时解决干部工作中存在的问题。

13. 推行干部任免票决制。县、乡两级党政正职的拟任人选和推荐人选，由上级党委常委会提名，党的委员会全体会议审议，采取无记名投票的方式进行表决，以赞成票超过应到会人数的一半方可通过。召开党的委员会全体会议，必须有三分之二以上的成员到会，并保证与会成员有足够的时间听取情况介绍，充分发表意见。

14. 推进公开选拔、竞争上岗工作制度化、科学化。每年推出若干职位进行公开选拔，逐步扩大公开选拔领导干部占新提拔领导干部的比例。要改进公开选拔的具体办法，从注重考知识转变到注重考能力上来，切实提高公选工作的质量，确保选出有真才实学的人。结合县（市、区）领导班子换届，采取在市管后备干部中公开选拔县级党政领导班子成员的办法，选配一批优秀人才充实到县级党政领导队伍，进一步优化县级党政领导班子结构。公开选拔和竞争上岗，原则上要按照统一考试和组织考察程序进行。党政机关内设机构职位出现空缺，原则上实行竞争上岗。完善竞争上岗的具体实施方案，确保公开、公正、公平。参加竞争上岗的对象人数少于三人的，可以不受本单位的局限，在本系统内或者跨系统进行。

15. 推行领导干部任期制、试用期制、辞职制。要抓紧制订领导职务任期制的相关规定，遵循分级分类的原则，对不同级别、不同类别的领导干部的任期作出明确规定。选任制的领导原则上应任满一届，届中一般不做调整，但选任制的领导干部在同一职位上连续任职满两届，委任制的干部在同一职位上连任满10年，或者在同一职级领导职务上累计任职满15年，期满后不能提拔任职务，又不适宜交流轮岗的，一般改任非领导职务。同时，对于新提拔任的委任制领导干部继续实行试用期一年的制度，试用期满，经考核胜任现职的，正式任职；不胜任的应免去试任职务，一般按试任前职级安排工作。逐步推行领导干部辞职制。实行辞职制试点的地方和单位领导干部要按照工作职责和所承担的工作任务作出公开承诺，接受干部群众和社会各界的监督。领导干部承诺的内容要经过班子集体讨论，再由党委（党组）把关和组织部门审定，确保承诺的工作目标和工作措施切实可行。一旦公开承诺的工作目标没有实现，且主要原因在于领导干部个人因素，实行承诺制的领导干部就要引咎辞职。对不适应现岗位的中层干部和表现差的一般干部分别责令辞职或待岗，增强干部的责任意识、危机意识。

16. 改进干部考察工作。考核评价干部的主要尺度是实绩，应把“能力看实绩、实绩看发展、发展看比较”作为考核评价干部的重要原则和标准。组织人事部门要抓紧制定适用于不同层次、

不同类型干部的考察评价指标体系，制定切实可行的以实绩考核为核心，包括德、能、勤、绩、廉等方面在内的量化考评办法，推行领导干部量化考核，科学评价干部。紧紧围绕发展这个第一要务来评判干部，以正在开展的县（市、区）经济工作“增实力比后劲”、市直机关绩效考评活动为载体，对被考核干部的工作实绩进行量化，增强考绩的可比性。通过民主测评、实地考察、查阅资料、专项调查等方法，采集具有真实性的材料，为客观准确评价干部实绩提供有说服力的依据。尤其对那些埋头苦干、不事张扬、政绩突出的干部要予以公正对待，考核中充分评价他们的工作业绩，形成以发展论英雄、凭实绩用干部的用人导向。考察中要把公示制、考察预告制、差额考察制、干部评价工作会审制等一系列制度配套起来，对群众反映强烈、情况复杂或意见分歧较大的问题，要深入进行专题调查，力求把情况搞准、材料写实，切实提高考察工作的质量。要突破考察工作的“盲点”，把领导干部的生活圈、社交圈纳入考察范围，组织人事部门要努力探索制定考察干部生活圈、社交圈的具体实施办法，力求考察干部更加全面，提高考察准确性。

17. 加大调整不称职、不胜任现职领导干部力度。要制定调整不称职、不胜任现职领导干部的具体实施意见，使这项工作更加制度化、规范化，进一步疏通领导干部“下”的渠道。对贯彻执行党的路线方针政策不力，不执行上级党委、政府决定的；违反民主集中制原则，拒不执行或擅自改变领导班子集体决定，情节较严重的，或在领导班子中闹无原则纠纷，严重影响班子团结，经组织教育不改的；官僚主义严重，工作玩忽职守，决策失误，造成重大损失的；不服从组织调动、分配、交流等决定的；在干部选拔任用工作中，违反《条例》规定，在群众中造成较坏影响的；不严格执行党风廉政建设责任制，直接管辖范围内发生严重违法违纪，造成较大影响和不良后果的；因主观原因违反党纪、政纪，受到党内严重警告或行政记大过处分的；诫勉对象在诫勉期间对自己的问题无明显改正的；在年终考核、干部考察中，民主测评不称职票超过三分之一，或基本称职和不称职票合计达到50%，经组织考核认定为不称职的；因身体原因不能坚持正常工作，病休假超过一年的，等等。要通过降职、免职，岗位调整，改任非领导职务，以及责令辞职等形式，予以调整安排。

18. 完善后备干部的管理。后备干部的人选必须经过民主推荐或者公开选拔产生，经党委（党组）讨论提出建议人选名单，并在一定范围内公示，报上级党委组织部门考察认定。后备干部的数量要保持常数，因提拔使用、工作调动或调整等原因产生的缺额，要及时补充。按照中央确定的正职1:2、副职1:1的数量要求，建好市、县两级管理的后备干部队伍。要广开进贤渠道，充实高学历人才进入后备干部队伍。加强对后备干部的培训和实践锻炼。通过下派挂职或任职，抓紧对缺乏基层工作经验的后备干部进行“补课”，使后备干部增添基层工作经历，全面提高自身素质。对后备干部实行动态管理，做到有进有出，优胜劣汰。坚持备用结合，党政领导班子成员一般从后备干部中选拔。根据后备干部的专业特长、发展方向和成熟程度，打破部门、系统和地区条块分割状况，按照全局需要，统一调配，交流使用，使后备干部在更大范围内得到锻炼、培养、使用。

五、健全和发展党内民主，不断提高决策科学化水平

19. 规范重大事项的决策程序。各级党政领导班子讨论决定各自管辖范围的重大事项，均要做到下列程序要求：议题要会前协调，不得搞临时动议；上会材料要规范充分，上会材料包括议案本身和科学论证材料；上会材料提前两个工作日送达应到会人员并履行签收手续；会上充分讨

论，主持会议的主要负责人不能首先表明自己的观点；议题要逐项表决，人事问题要逐人逐个表决；决策按少数服从多数原则作出；重要问题要形成会议纪要，以便检查督促和查阅备案。对于与群众利益密切相关的重大事项的决定，要实行社会公示和听证制度，广泛听取人大代表、政协委员及社会各界的意见，确保重大事项决策得到社会认可和群众的支持。建立重大决策论证制度，根据决策事项的内容需要，采取领导、专家、群众相结合的方式进行充分论证，注意保持专家咨询论证的独立性，确保决策的科学性；建立重大决策集体签字制度，参与决策人员都要在决策结论上签字，表明态度，以示负责；健全和完善决策失误责任追究制，对因盲目决策或主观臆断给地方经济社会发展带来损失，造成严重影响的，要追究主要决策者的责任。

20. 充分发挥全委会的作用。凡属贯彻上级党委的重要决定、决议精神和重大工作部署、制定本地区经济和社会发展规划、出台重大的改革措施、计划安排重大的工程项目等重大事项，都要由同级党委常委会研究提出具体方案，提交全委会讨论决定。全委会每年召开两次以上，遇有重要情况可随时召开。各县（市、区）委要根据《中国共产党地方委员会工作条例（试行）》等有关规定，结合本地实际，对全委会的职责、权限、工作范围和工作程序作出明确的具体规定，使全委会工作有章可循。正确处理好党代表大会、全委会、常委会和书记办公会议之间的关系，更好地发挥全委会的作用。

21. 逐步扩大党代表大会常任制试点，建立党代表活动制度。实行党代表大会常任制，建立党代表活动制度，是新时期扩大党内民主，加强党的执政能力建设的新探索。要有计划、有步骤地扩大党的代表大会常任制试点工作。现有试点县（市）要建立健全党代表提案议案制度，委员联系代表、代表联系党员、党员联系群众的制度，党内情况向党代表通报和党代表反映情况制度，重大问题决策征求党代表意见制度，选举单位党员对代表监督制度，党代表评议党委委员及党委职能部门工作的制度等。在党代会闭会期间，要组织党代表开展视察、对重大事项决策提出建议、接访党员和群众、反映党员和群众呼声、民主评议各级领导班子等项活动，充分发挥党代表在重大事项决策、民主监督各级领导机关和领导干部、密切联系党员和群众等方面的重要作用。党代表开展活动，原则上每年不少于一次。试点县市要设立党的代表大会常任制工作机构，负责联系代表，指导代表团活动，做好日常事务性工作。工作机构的办公经费和党代表活动经费要列入年度财政预算。试点县（市）要大胆探索，及时掌握和研究试点工作中遇到的新情况、新问题，认真总结试点工作中的典型经验，不断提高代表活动工作的水平。

22. 组建决策咨询委，提高决策科学化水平。市、县两级分别成立决策咨询委员会，聘请市内外有关领导、专家、企业家及专业人士组成。决策咨询委员会是党委、政府领导下的决策咨询机构，其主要任务是：对本地改革、发展、稳定工作的方针政策和重大问题进行研究咨询论证；为本地国民经济和社会发展战略与中长期规划制订提供研究咨询评估；对影响全局的专项改革方案或有战略意义的重大项目进行多方案比选研究及提供咨询参考意见；围绕党委、政府重点工作，对本地重大决策的实施和经济运行中出现的突出问题进行调研，提出对策建议；收集和积累有关信息资料，对突发事件和重大事件跟踪研究，为党委、政府处理突发性重大事件提供可资参考的应对预案。要为决策咨询委的工作创造有利条件，集中专家及各界人士的智慧，确保党委、政府在重大问题的决策上不出差错，避免重大决策的失误。

23. 增强法制观念，不断提高依法执政的能力。要适应推进改革开放和完善社会主义市场经济体制的要求，加强法制宣传教育，提高党员干部的法律素质，尤其要增强党员领导干部的法制观念，真正做到带头学法、懂法、用法，努力成为遵守宪法和法律的模范，支持和督促有关部门严格执法、公正执法、文明执法。落实党和国家的方针政策，推进改革发展稳定的各项工作，维护人民群众的根本利益，处理经济社会发展中出现的各种利益关系和矛盾，都要坚持依法执政、依法行政。越是工作重要，越是事情紧急，越是矛盾突出，越要坚持依法办事，努力实现由注重依靠行政手段管理到注重运用法律手段管理的转变，进一步改革和完善领导方式和领导方法，不断提高领导水平和管理水平。要把宣传法律法规和维护群众利益结合起来，充分调动广大人民群众学法、用法的积极性和主动性，牢固树立公民权利与义务对等的现代法制观念，实现从提高全民法律意识到提高法律素质的转变，形成促进各级党委、政府依法执政、依法行政的良好氛围，从而更好地把坚持党的领导、人民当家作主和依法治国有机统一起来，不断提高依法执政的能力。

24. 建立健全处置突发事件工作预警机制。为及时有效处置突发事件（包括自然灾害、社会安定稳定、安全生产等方面），将突发事件造成的不良影响降至最低限度，各级各有关部门要成立处置突发事件领导机构，配备必要工作力量，完善应急设施，建立反应灵敏、运转高效的预警机制。由于工作机制不健全，造成对突发事件处理不力，致使事态恶化、蔓延的，要严肃追究有关领导的责任；对于准备工作充分、组织严密、指挥得当、成效显著或有特殊贡献者予以表彰或奖励。

六、大力弘扬求真务实、廉洁高效新风，努力实现党风政风根本好转

25. 大力改进文风、会风。下决心克服“文山会海”现象，提倡说短话、发短文、开短会。减少发文数量，做到“三个不发”：上级已有发文的，下级没有具体实施意见的，不再重复发文；没有新要求新举措的不发；可发可不发的或者要求不明确、规定不具体的不发。发文前要作深入调研，文件中提出的目标和措施要切实可行，努力提高办文质量和办文效益。严格执行会议报备审批制度，控制会议次数和会议规模，做到“三个不开”：准备不足的会议不开；不能解决问题的会议不开；可以合并召开的会议不单独召开。提倡领导干部自己撰写发言提纲。

26. 大兴调查研究之风。领导干部要下决心从“文山会海”、各种应酬接待等繁杂事务中解脱出来，把主要精力用在调查研究、解决问题上。副处级以上领导干部每年要有三个月以上时间到基层调研、解决问题；每人每年要结合自己的工作实际，亲自撰写1篇以上有参考价值的调研文章，用以指导工作。建立领导干部下乡调查研究登记制度。领导干部下乡调查研究、解决问题的情况要作为领导干部述职的重要内容和考察领导干部工作表现的重要方面。

27. 完善领导干部挂点制度。县（市、区）和市直机关副处级以上党政领导干部要坚持包乡挂村联企帮困制度，每人负责指导一个乡镇，挂一个村和一个贫困户，联系一家企业。要经常深入自己联系的挂钩点，与基层干部群众、企事业单位职工共商发展大计，摸实情，讲实话，出实招，求实效，切实帮助基层解决实际困难和问题。领导干部要率先垂范，以自己的模范行为影响和带动广大基层干部群众共同创业，改变一方面貌，推动一方发展。领导干部挂点工作开展情况要作为领导干部述职的一项重要内容，并作为考察领导干部政绩和作风表现的重要内容和方面。考察领导干部时，要充分听取挂点单位干部群众的意见。

28. 扎实推进党风廉政建设和反腐败斗争。要按照中央提出的“八个坚持、八个反对”“两个务必”的要求，着力解决党员干部思想作风、学风、工作作风、领导作风和生活作风等方面存在的问题。认真贯彻落实省委反腐倡廉“六个机制”，不断完善和创新各项制度，逐渐形成配套的反腐倡廉制度体系。切实抓好领导干部廉洁自律各项规定的落实。加大查办案件工作力度，严厉惩处腐败分子。深入开展纠正部门和行业不正之风工作。积极推进从源头上预防和治理腐败工

作，进一步深化行政审批审核制度、财政制度、干部人事制度改革。加大党风廉政建设宣传教育工作力度，在广大党员干部尤其是领导干部中深入开展警示教育活动，构筑拒腐防变的思想道德防线，增强抵御风险能力。严格执行党风廉政建设责任制，落实“一岗双责”，领导干部要以身作则，率先垂范，带头遵守中央关于廉洁从政各项规定，切实抓好职责范围内的反腐倡廉工作，同时管好亲属和身边工作人员。实行领导干部述职述廉制度。县（市、区）党委主要负责人每年要在全委会上报告本人及领导班子廉洁从政情况，并向市委报告贯彻落实党风廉政建设责任制情况。市直各单位党委（党组）主要负责人要在年终总结会上报告本人及领导班子廉洁从政情况。全面推行纪委负责人同下级党政主要负责人谈话制度、领导干部任前廉政谈话制度和诫勉谈话制度，对党员干部存在的苗头性、倾向性问题，及时提醒，严格要求，防患未然。强化监督，健全民主制度，拓宽群众监督渠道，加强对权力的制约和监督。深化机关效能建设，勤政廉政一起抓，塑造“廉洁、勤政、务实、高效”的良好形象，以良好的党风、政风带动社会风气的根本好转。

中共宁德市委、宁德市人民政府
建设海峡西岸经济区新兴港口城市实施纲要

（2004 年 10 月 8 日）

为深入贯彻落实省委、省政府关于建设海峡西岸经济区的战略部署，加快宁德建设海峡西岸经济区新兴港口城市，打造海峡西岸经济区东北翼增长极，推进全面建设小康社会进程，特制定本实施纲要。

一、建设海峡西岸经济区新兴港口城市的现实依据

省委、省政府立足福建区位特点和对台优势，作出了建设海峡西岸经济区的重大战略部署，成为凝聚全省人民力量共同奋斗的宏伟目标。在新的形势和机遇面前，宁德必须紧紧抓住本世纪初头二十年的重要战略机遇期，充分发挥自身优势，大力推动港口、产业、城市三位一体互动发展，致力建设海峡西岸经济区新兴港口城市，打造海峡西岸经济区东北翼增长极，全面融入海峡西岸经济区发展大格局，并发挥应有作用，作出积极贡献。

——建设海峡西岸经济区为宁德新兴港口城市发展带来新机遇。实施建设海峡西岸经济区的重大战略部署，是为了加快福建省与长江三角洲和珠江三角洲两大经济板块之间的产业对接、市场对接、基础设施对接，使三个经济区连片发展，更好地在全国经济增长中发挥带动作用。这将带来新的投资热潮，引发生产要素的加速流动，推动区域生产力的优化布局，有利于宁德加快资源的开发利用，培育发展临海产业集群，促进港城互动，推动宁德经济社会的快速发展和全面进步。

——突出的比较优势为宁德加快建设海峡西岸经济区新兴港口城市提供了广阔空间。建设海峡西岸经济区是新时期发挥福建优势、加快福建发展的新思路、新举措。宁德处于福州和温州两个沿海发达城市之间，是海峡西岸经济区闽东北的重要一翼，具有对接长江三角洲和近临台湾地区的独特地缘条件，丰富的海洋资源、旅游资源和物产资源开发潜力，更具有建设大型深水良港的战略优势。随着交通基础设施等发展条件的进一步改善，宁德必将成为中部内陆地区的重要出海口和全省对接长江三角洲的“桥头堡”，从而推动宁德新兴港口城市的繁荣和发展。

——良好的发展势头为推进宁德海峡西岸经济区新兴港口城市建设奠定了坚实基础。经过多年来的积累和发展，宁德经济实力明显增强，社会事业加快发展，基础设施极大改善，发展的优

势日益凸显，广大干部群众谋发展、抓发展、促发展的合力日益增强，为进一步的发展创造了良好的条件。建设海峡西岸经济区新兴港口城市，把省委重大决策与宁德实际紧密结合起来，符合宁德市情，反映宁德特色，体现宁德优势，是对市委一届六次全会以来发展思路的延续、完善和创新。全市上下按照这个发展战略，立足现有工作基础，进一步统一思想，凝聚力量，只争朝夕，苦干实干，宁德新兴港口城市就一定能够成为海峡西岸经济区东北翼的重要增长极。

二、建设海峡西岸经济区新兴港口城市的指导思想和总体目标

（一）指导思想

以邓小平理论和“三个代表”重要思想为指导，认真贯彻党的十六大和十六届三中全会精神，全面落实省委七届七次全会和市委一届六次全会以来的决策部署，牢固树立和全面落实科学发展观，充分发挥区位、港口和资源优势，坚持实施区域经济发展、工业立市、以港兴市、全方位开放、改革推动和人才强市战略，突出抓好项目带动、发展县域经济、壮大中心城市、培育产业集群、提升民营经济、转变政府职能，着力推进南联北接，延伸发展腹地，拓展发展空间，把宁德建成产业加速集聚、港城互动发展、区域合作紧密、对外开放领先、经济社会协调的海峡西岸经济区新兴港口城市和东北翼增长极。

（二）基本原则

1. 推动发展。始终突出发展主题，抓住经济建设中心不动摇，坚持扩充经济总量与提高运行质量相统一，推进工业化与城镇化相统一，构建大交通、大港口与大流通、大腹地相统一，努力保持经济社会更快更好地发展。

2. 转化优势。从宁德实际出发，坚持特色发展之路，做好优势转化这篇文章，努力把区位优势转化为开放优势，港口优势转化为竞争优势，资源优势转化为产业优势，比较优势转化为发展优势。

3. 统筹协调。树立和落实科学发展观，以经济建设为中心，加强各种发展要素的有机整合，推动区域统筹、山海兼顾、城乡共荣，促进经济与社会相协调，人与自然相和谐，物质文明、政治文明与精神文明相促进。

4. 执政为民。坚持以人为本，以实现好、维护好、发展好最广大人民的根本利益为一切工作的根本出发点和落脚点，不断提高人民群众的物质文化生活水平，实现人的全面发展，让海峡西岸经济区新兴港口城市的建设成果惠及全市广大人民群众。

5. 真抓实干。坚持求真务实，始终保持积极向上、奋发有为的精神状态，埋头苦干、狠抓落实，以干得助、以干促上，以良好的作风推动工作、赢得发展。

（三）总体目标

1. 经济实力显著增强。产业结构不断优化，临海新兴产业快速发展，传统优势产业进一步壮大，新型工业化进程不断加快，工业经济在国民经济中的比重较大提高，经济保持较快增长，在缩小与全省发展差距并努力与全省同步实现全面建设小康社会目标的基础上，逐步向现代化目标迈进。

2. 基础设施更加完善。港口建设取得重大突破，以高速公路、铁路为重点的对外交通网络便捷畅通，能源、通信以及防灾减灾设施更加完备，市政设施适度超前，农村基础设施不断改善，

基本形成与经济社会发展相适应的基础设施支撑保障体系。

3. 城镇化进程不断加快。城镇空间布局更加优化，中心城市规模有序扩张，城市规划建设管理水平不断提高，集聚、带动、辐射功能显著增强，基本形成环三都澳城市群和县城、小城镇分工有序、功能互补、规模协调的城镇体系，促进城乡和区域的协调发展。

4. 开放水平明显提高。开放型经济更具活力，利用外资的质量和水平不断提高，对外贸易规模进一步扩大。区域经济联系不断加强，与长江三角洲、珠江三角洲的合作更加密切，与内地省区的交流更加广泛，与港澳台侨合作层次和水平不断提升。

5. 社会事业全面繁荣。国民教育体系不断完善，科技和文化创新机制活力增强，全民健身广泛普及，医疗卫生事业加快发展。社会治安保持稳定，社会保障体系健全，社会就业充分，人民生活水平明显提高。人与自然和谐，生态环境优美，资源永续利用，人居环境改善，可持续发展能力显著增强。

6. 政治文明和精神文明不断进步。民主政治建设得到加强，民主制度进一步完善，党内民主进一步健全，基层民主进一步扩大。依法治市进程不断加快，精神文明建设取得实效，党风、政风和社会风气持续好转，形成更加公开、公平、公正的发展环境。

三、建设海峡西岸经济区新兴港口城市的发展布局和功能定位

（一）发展布局

未来宁德海峡西岸经济区新兴港口城市，是以港口为依托，中心城市为核心，便捷交通网为骨架，特色产业为支撑，沿海与山区协调发展，形成海峡西岸经济区东北翼增长极。建设海峡西岸经济区新兴港口城市，要形成以下发展格局：

——北承南联，对接两洲。发挥宁德独特的区位优势，北承温州市和浙南地区，南联福州市和闽东南，健全政府、企业、民间的多渠道合作机制，按照“优势互补、互惠双赢”的原则，加强与长江三角洲、珠江三角洲两个发达地区的经济联系，积极承接其产业、技术、资金转移，努力把宁德建成全省连接南北的重要支点。

——西进东出，拓展腹地。发挥宁德天然深水良港优势，坚持以项目聚合带动港口开发，通过铁路、高速公路等快速交通干道和信息网络的建设和延伸，密切与内陆地区的经济往来，加强与台、港、澳的交流合作，提升对外开放水平，不断拓展发展腹地和市场空间。

——区域统筹，整体推进。充分发挥各县（市、区）自身优势和发展潜力，发展壮大县域经济。加强横向联合，合理分工，大力发展港口经济、资源转化型经济、外向型经济和特色经济，推动产业集聚和城镇扩张，实现区域经济的整体推进，形成连片发展、活力强劲、外向度高的具有后发优势的重要经济增长极。

——全面融入，服务大局。全面融入全省发展大局，在推进海峡西岸经济区新兴港口城市建设中，密切与其他设区市的合作与联系，努力为海峡西岸经济区对接长江三角洲，为全国对台方针政策的贯彻落实、推进祖国统一大业作出贡献。

（二）功能定位

——海峡西岸经济区对接长江三角洲的前沿区域。积极应对区域经济一体化发展趋势，主动对接长江三角洲，重点加强与浙南地区在产业、基础设施及政策、市场等方面的互动对接，同长江三角洲经济区在产业、资金、技术、人才、市场、项目等方面，建立全面横向和长期稳定的合

作联系，使宁德成为海峡西岸经济区连接长江三角洲经济区的重要桥梁。

——发展临海重化产业和海洋经济的重要基地。抓住全球经济结构调整和产业转移的机遇，科学制定临海产业发展布局规划，着力打造临海产业发展的基础平台。按照国家产业政策导向，瞄准冶金、石化、能源、机械、电子信息及其配套产业领域，加快发展和引进一批大型临海工业项目，带动其他海洋产业全面发展，逐步把宁德建设成为国家战略物资存储、石化中下游产品工业、钢铁工业、船舶修造工业、能源供应和物流配送基地。

——连接内陆与沿海乃至国际经济联系的枢纽港口。按照“大港口、大交通、大腹地、大循环、大发展”的要求，着力加快以三都澳为中心的宁德港口开发，推进交通干道和疏港路网建设，发挥港口与交通大干线的联动效应，逐步形成以港口为起点，以公路、铁路为通道，向南北延伸并向内陆辐射的交通网络，推动港口航运业和物流业加快发展，使宁德成为海峡西岸经济区重要的港口枢纽。

——面向国内外市场的绿色食品生产供应基地。按照专业化、规模化、产业化、标准化和品牌化的要求，创新农业发展机制，强化资金和技术投入，加快发展沿海蓝色产业带、山区绿色产业带和县（市、区）城郊平原高优农业示范区，重点建设以大黄鱼为主的水产品生产加工基地，以香菇、银耳为主的食用菌生产基地，以名优茶为主的无公害有机茶叶生产基地，以珍稀果品为主的水果生产基地，以及以生猪、家禽及草食动物为主的畜牧养殖基地。

——东南沿海重要的生态旅游休闲度假胜地。围绕建设全国优秀旅游城市的目标，全力打造“两带一区一中心”的旅游格局。即以太姥山为龙头的“山海川岛”一体化蓝色滨海旅游带、以白水洋为龙头的绿色山水生态旅游带、以畲族文化为主要内涵的民俗风情旅游区和以环三都澳为核心区的生态旅游休闲度假中心。加强同周边地区的旅游协作和旅游线路对接，做到优势互补、市场共享、互利互惠。

——密切海峡两岸交流与合作的重要平台。扩大对台贸易，争取设立对台直接贸易区、对台出口加工区和对台文化交流基地，开辟宁德与台湾直接往来点，进一步拓宽宁台经济、文化、科技等领域的交流与合作。

四、建设海峡西岸经济区新兴港口城市的主要任务

（一）加快产业聚集，提升经济实力

以市场为导向，坚持技术、资金、劳动密集型产业并举，通过优化产业布局，加快制度创新，完善产业发展环境，促进产业聚集、产业升级和产业创新，迅速壮大产业规模，全面提升产业竞争力和可持续发展能力。

1. 培育发展临海新兴产业。充分发挥深水岸线优势，紧紧抓住世界范围内产业转移和产业链延伸步伐加快的有利契机，科学规划产业布局，加大招商引资力度，大力培育发展一批符合国家产业政策的临海新兴产业。

——钢铁工业。引进市场前景广阔、技术水平领先、替代进口和节能低耗的国内外环保型大型钢铁工业项目，重点发展宽厚板、冷热轧薄板、硅钢片、镀锌（铝锌）板、彩色涂层板等钢铁制造业。

——石化工业。按照宁德临海化工产业发展规划要求，积极承接国内外石化产业链延伸的分工协作项目，争取布点建设福建“炼化一体化”中下游产品深度加工项目，重点发展石油化工、精细化工等高附加值产品加工制造业。

——能源工业。在加快开发水力资源、发展水电工业的同时，综合利用海洋能资源，充分利用区位和港口、岸线条件，加快发展火电、核电，积极开发新型海洋清洁能源，以建设宁德大唐火电厂为重点，努力建设多元化的能源工业基地。

——林纸一体化工业。争取国家布点沿海林纸一体化大型纸浆生产项目，以此带动关联效应紧密的林业、印刷、化工、纸制品加工、环保、运输等上下游产业的发展。

——现代物流业。适应临海产业的发展要求，构建以信息网络为基础、现代仓储为配套、产品配送为主业、多式联运为手段、骨干企业为依托的现代化物流保障体系，发展包括存储、保管、冷藏、分装、加工、运输、配送、回收等功能比较齐全的现代物流业。

——高新技术产业。适应科技发展与进步潮流，积极发展海洋科技、电子信息、新能源、新材料、生物医药、环保科技、光机电一体化等为代表的高新技术产业，培植一批面向市场、具有较强竞争力的高新技术企业。

2. 提升壮大传统优势产业。围绕提高科技含量、强化地方特色和形成规模效益，进一步落实扶持传统主导产业发展的优惠政策，突出抓好一批重大技改项目，重点扶持发展一批具有核心竞争力的龙头企业、名牌产品，努力提升传统优势产业发展水平。

——电机电器工业。坚持出口导向，加强科技创新，推动主导产品更新换代和产业结构优化升级。以福安“电机电器城”为中心，辐射带动周边区域，拓展延伸产业链，进一步壮大产业规模，建设国内外中小型电机重要出口生产基地。

——船舶修造工业。加大骨干企业船坞、船台技术改造力度，促进现有企业与省内外大型船舶企业的横向合作，以赛、甘沿岸为中心，带动环三都澳沿海区域，构建以造、改为主，修、拆为辅的产业发展格局，建设福建省重要的船舶修造基地。

——食品加工业。立足资源优势，开发绿色食品，带动农业产业化，重点发展茶叶、食用菌、果蔬、水产品等食品加工业，培育建设具有地方特色的绿色食品加工基地。

——制药工业。鼓励企业技术创新和争创名牌，促进制药企业实现低成本扩张，重点建设以开发生产新药及中成药为重点的柘荣药业城，以开发生产化学原料与化学制剂为重点的古田药业，以开发生产生物制药为重点的福鼎药业。

——汽摩配件工业。推进技术进步，加快结构调整，重点开发生产汽车、摩托车部件类配件、电子配件和起动机等具有较高技术含量和较高附加值的产品，建设福鼎化油器生产基地和霞浦三沙汽摩配件生产基地。

——建筑材料工业。以石材加工业为重点，加强科学规划，落实环保措施，严格准入制度，鼓励骨干企业提高技术装备水平，优化产品结构，促进资源的合理开发利用和行业的可持续发展。

3. 加快优势农产品产业带发展。在稳定粮食生产、确保粮食安全的基础上，大力发展优质、高效、生态、安全的特色农业，深化农业产业化经营，推进农业和农村经济结构的战略性调整。

——水产业。科学规划养殖区域，调整品种结构，鼓励发展深水大网箱养殖，发展珍稀优品种，重点建设大黄鱼、贝类、藻类、渔用饲料、珍稀鱼类等 5 条生产链，形成全国重要的大黄鱼养殖基地和海水鱼育苗中心。

——茶产业。发挥优势，培育品牌，加快低产茶园改造，扶持发展无公害有机茶，开发名优茶，推进规模化、标准化生产经营，努力把宁德建成全国绿茶生产加工交易中心。

——食用菌业。以研究开发新品种、新技术为核心，发展珍稀菌类，优化产业结构，提升产业水平，打响古田银耳、寿宁花菇、屏南反季节香菇等品牌，拓展国内外市场，努力形成以古田为中心，科、产、供、销一体化的食用菌之都。

——果蔬业。立足良好的生态和小气候条件，发展葡萄、油柰、晚熟龙眼、荔枝、水蜜桃、四季柚、无核柿等特色水果，扩大反季节蔬菜种植规模，依托科研力量，强化果蔬产品贮藏保鲜和商品化处理，提高农产品品质和附加值。

——畜牧业。按照“扩大生猪生产，增加优质禽产品，发展草食动物，丰富绿色畜产品”的思路，坚持科技兴牧，培植龙头企业，促进生态型畜牧业和畜产品加工业发展。强化动物防疫体系建设，确保畜牧业健康发展和畜产品质量安全。

——林产业。加大山地综合开发，加快速生丰产林、名优特经济林发展，建立竹业和花卉基地，扩大木本药材种植，开发竹笋保鲜、贮藏、加工系列产品，扶持竹编工艺等木竹加工和森林野菜食品加工业发展，推动林产业形成规模。

4. 做大旅游产业。按照“两带一区一中心”的旅游总体布局，整合旅游资源，打造“东海福地·欢乐港湾”和“天下绝景·宇宙之谜”神奇之旅旅游品牌，建设三都澳国家农业观光旅游示范点，加大旅游商品开发力度，做大旅游产业，发展旅游经济。充分发挥多元化投资主体的积极性，加快交通、酒店、娱乐设施等旅游基础设施建设，改善接待条件，规范旅游服务，发展旅游配套项目，形成布局合理、功能完善的旅游产业体系。挖掘畲族文化、空海文化、太姥文化和陈靖姑文化内涵，开发特色民俗风情旅游，提高旅游线路的文化品位，积极做好白水洋申报世界自然遗产、古廊桥申报世界文化遗产和太姥山申报世界地质公园、福鼎申报中国优秀旅游城市的筹备工作。创新旅游开发机制，加强旅游重点项目的策划、储备和合作，加快建设一批国家AAAA级风景区。强化区域旅游合作，开拓旅游市场，积极加入全国旅游大循环，把宁德建设成为面向华东、闽浙、珠江三角洲地区，进而面向海外旅游市场，独具山海特色的旅游度假胜地。

5. 提高服务业发展水平。以市场化、产业化、社会化为方向，鼓励社会力量投资发展服务业。健全现代商贸流通体系，抓好城市商业网点规划建设，推进“农改超”，提升零售、餐饮、娱乐等传统商贸业的层次，积极发展物流配送、连锁经营、仓储超市、电子商务等新型流通业态。加快发展金融保险业，推进中小企业担保体系建设，完善金融服务，改善融资环境，构建由政府引导、金融机构和社会各方参与的金融支撑体系。优化房地产供应结构，加快发展装饰装修服务业，规范发展物业管理，促进房地产业持续健康发展。大力发展会计、审计、律师、公证、咨询及职业介绍、劳动培训、科技服务等中介服务组织和社区服务业、农村服务业，提升现有行业协会、同业商会、事务所等社会中介组织的服务水平，形成覆盖广、层次多、功能齐、效率高的社会服务体系。不断拓宽服务业的发展领域，推进非义务教育、群众性文化体育等产业发展。

6. 大力发展海洋经济。按照“宜渔则渔、宜港则港、宜游则游、宜围则围、宜工则工”的原则，科学规划海洋产业布局，深入实施科技兴海战略，加快海洋资源综合开发，加强海洋基础设施建设，培育和发展港口海运业、临港工业、海洋渔业、滨海旅游业和海洋高新技术产业，综合开发海洋滩涂和无居民海岛。依法强化海域使用管理，加强海洋环境保护和生态建设，提高海洋综合防灾减灾能力和突发性事件应急处理能力，确保海洋经济的可持续发展。

（二）完善基础设施，打造发展平台

加快交通运输、通信、电力、水利及防灾减灾等基础设施建设，集中力量建设“一港”（三都港）、“两路”（高速公路、铁路）、“三网”（电网、城市路网、信息网），“五电”（水电、火电、风电、核电、潮汐能），形成功能完善、协调配套、高效可靠、适度超前的基础设施支撑体系。

1. 构建综合立体交通网络。以港口、铁路、高速公路、进出省公路和县际区间公路建设为重

点，加快构建“畅通、安全、高效、便捷”的综合交通运输体系。加速港口码头开发建设，重点建设三都澳、赛江、三沙和沙埕4个港区，配套完善城澳、漳湾、溪南、下白石、三沙、沙埕等港区后方疏港路网，推动三都澳、沙埕等深水港口开发。围绕构筑承接南北、沟通两岸的海陆空立体交通网络，抓好霞浦军民两用机场建设；加快建设温福铁路，争取规划建设宁德三都澳港至内地的铁路通道；进一步推进高速公路建设，重点加快建设省“四横”高速公路宁德至政和杨源段、福安至浙江泰顺接龙丽温线高速公路以及京福线连接古田、屏南至杨源的高速公路；加快省级干线“八纵九横”公路改造建设，重点加快完善“一个半小时”交通网，形成高效循环的区域交通体系。

2. 建立现代化信息传输网。以“数字宁德”建设为核心，整合宁德经济、社会、人文、环境、自然等方面的信息资源，形成统一的技术标准规范体系及政策法规与管理体系，使我市的信息化水平综合指标达到同类城市发展水平。高速宽带网络工程，进一步提高互联网城域主干网和环形骨干传输网传输能力，使高速宽带网络基本覆盖到城区家庭。电子政务工程，大力推进党政机关内部政务办公自动化、公文传输无纸化、管理决策网络化、公共服务电子化，建成“安全、高效、宽带”的党政机关政务网和公众信息网，开发利用各种政务信息资源，为社会提供高效、优质、规范、透明的“一站式”政务服务。电子商务工程，建立由信息服务、电子交易、金融服务、税务电子化、信用卡服务及企业的网络应用系统组成的，满足贸易、财税、金融等经营和管理活动，以及市民生活中的各种资金结算所需的电子化商务系统。公众信息服务平台工程，以数字电视、电脑进家庭为载体，向公众提供出行、购物、旅游、交通、教育、科技、文化、娱乐、房产交易、证券交易等综合信息服务，为全市的信息资源开发、利用、集散、交换、共享、服务和管理营造良好的环境。

3. 提高能源保障能力。充分利用水力资源丰富的优势，合理开发水电资源，加快火电能源建设，大力发展风能、核能、潮汐能、太阳能等清洁和可再生新能源，促进电力能源结构的多元化。加快电网改造及配套建设，建立以电力为重点的能源保障体系。电源点建设重点抓好宁德大唐火电厂、穆阳溪梯级水电站、宁德洪口水库电站、屏南金造桥水电站、寿宁牛头山电站、古田双口渡电站等一批骨干电力项目建设，推进福鼎八尺门潮汐电站、霞浦风电厂等一批新能源项目开工建设，积极争取国家布点建设核电站。电网建设重点实施县城电网建设与改造工程，建设宁德220KV变电站、福鼎220KV输变电工程、霞浦110KV输变电工程和甘棠–福州220KV、周宁–甘棠110KV双回路输变电线路，提前建设500KV主干网输变电工程，进一步提高电网运行的可靠性和稳定性。

4. 推进城乡基础设施一体化。加强城镇对外交通和市政道路的衔接，提高城镇道路建设标准，重点抓好中心城市路网主干道建设，建立安全、便捷、畅通的城市交通骨架网络。加快城镇供水、排水、燃气、供电、污水处理、垃圾无害化处理等基础设施建设，重点建设宁德污水处理厂、宁德垃圾无害化处理场、宁德供水水源工程和宁德第三自来水厂。积极推进农村基础设施建设，以提高农村路网等级和农业抗旱防洪能力为重点，加快农村公路路面硬化和村级供水、水库保安、农田节水灌溉、山地水利、水土流失治理、河道清水等水利工程建设，逐步实现城乡基础设施的有效对接。

（三）坚持城乡统筹，促进协调发展

大力推进城镇化，积极引导生产要素向城镇合理聚集，构建以区域中心城市为核心、若干中小城市和中心集镇为骨干的城镇体系，逐步缩小城乡差距，加快城乡一体化进程。

1. 着力做大做强中心城市。以建设一城（即中心城区，包括蕉城区和东侨开发区）、二岛（三都岛和青山岛）、二区（闽东工业园区和铁基湾新区）、五港（包括配合宁德港功能拓展的城澳、溪南、漳湾、湾坞、下白石等五个重要港口作业区）为主体的环三都澳海湾型城市为总目标，按照“向海、临海、跨海”三步走的发展步骤，加快推进城市“东扩面海、北展南移”，不断强化宁德城区作为闽东政治、经济、文化中心的功能。高水平编制中心城区总体规划、专业规划、近期建设规划和详细规划。通过整合市、区两级人力、物力、财力，搞活经营城市，加快中心城区交通、信息、供水、供电、供气、园林绿化、污水处理、垃圾无害化处理以及防洪、防潮、防空、防震、防火等市政设施建设。大力发展城市经济，依托闽东工业园区、东侨高科技工业园区，采取“政策洼地”和“经济飞地”相结合的运作方式，发展临海工业和以物流业、旅游业为重点的第三产业，增强中心城市经济实力。加快推进福安、福鼎两市和霞浦、古田、屏南、周宁、寿宁、柘荣六个县的中心城市（城镇）建设，积极发展中心集镇，密切城市间的协作关系，逐步形成以宁德城区为中心的环三都澳城市群。继续完善城乡一体化的户籍、就业和社会保障体系建设，促进人口向城市聚集，扩大城市规模。强化城市管理，加强城市精神文明建设，加快社会事业发展，挖掘文化内涵，提高城市品位，提升城市综合竞争力。

2. 放手发展县域经济。按照“拓展一线、连片发展”的区域发展战略，进一步简政放权，激活要素，形成有利于县域经济发展的管理体制。坚持分类指导，引导县域做大优势主导产业，延长产业链，提高协作配套能力。充分发挥沿海县（市）区位优越、产业基础较好、港口资源丰富等优势，依托便利的交通条件，率先承接发达地区产业、资金、技术转移，加速工贸经济、海洋经济和外向型经济发展，推进工业化、城镇化进程，不断壮大经济实力，增强对周边地区的吸纳能力。支持山区五县尽快打通山海通道，挖掘资源优势，发挥腹地作用，大力发展绿色农业、生态旅游及资源转化型特色工业，增强自我发展能力。

3. 积极推进城乡融合和山海互动。按照科学规划、体现特色、规模适度、注重实效的原则，积极稳妥地推进小城镇建设，重点抓好高速公路互通口及主要交通干道沿线重镇建设，形成一批具有一定聚散功能的中心集镇，增强对广大农村的示范、带动、融合作用。创新小城镇发展机制，搞好乡镇工业小区、住宅小区、商贸街的开发建设，促进农村劳动力向小城镇和二、三产业有序转移。扶持发展乡镇经济、农庄经济和能人经济，增强小城镇的经济基础。统筹山海、城乡发展，加大对山区及农村的投入力度，进一步衔接好沿海与山区、城市与农村之间的基础设施建设和生产力分工协作，实现山海、城乡联动发展。

（四）加强区域协作，扩大对外开放

立足各地资源特点和发展基础，加快建立健全区域合作和对外经贸促进体系，形成以创新促开放、以开放促合作、以合作促发展的良性互动机制。

1. 多领域、多层次扩大与浙南及长江三角洲的区域合作。充分发挥区位优势，加快区域就近对接，重点加强与浙南特别是温州市的合作，努力推进宁德与温州之间在基础设施、产业、市场、资金、人才、政策等方面的对接。加强对长三角地区经济走向、产业结构调整和政策变化趋势的研究，有针对性地规划建设一批园区、基地，调整和制定优惠政策，主动承接长三角地区企业、资金、技术转移。按照政府指导、企业主体、市场导向相结合的模式，进一步加强“闽浙五市协作联谊区”“十二省二十地（市、盟）”等区域经济协作网络建设，推动生产要素的无障碍流动和高效益配置。

2. 推进与省内各市的区域协作。按照优势互补、互利互惠的原则，重点加强与以福州市为龙

头的闽东北四市的区域经济协作。进一步健全政府高层联席会议制度、专业部门和市县对口联系制度，从具体项目、具体工作入手，突出抓好交通体系、市场体系、信息资源共享、生态环境治理等方面的协调配合。着眼建立长效机制，淡化行政区划概念，通过参股合资、合理补偿和支付转移等多种方式和项目推介、对口协作、旅游促销等多种途径，构建利益共同体，使区域协作关系富有实效、更加牢固。

3. 努力提升宁台港澳合作水平。发展宁台贸易，抓好对台贸易区建设，改善沿海台胞接待站、对台小额贸易点和台轮停靠点的配套设施，争取开辟对台直航点，扩大对台小额贸易和直接贸易规模。加强宁台农业合作，充分发挥气候、劳动力资源优势，引进台湾作物良种、资金、先进农业技术和经营管理方式，共同培育宁台合作龙头企业，发展观光农业、休闲农业、创汇农业。推动宁台产业对接，主动接纳台湾石化、纺织、造纸等产业的整体性转移。积极拓展与台湾在科教、文化、卫生及旅游、劳务等方面的合作。抓住内地与香港、澳门建立更紧密经贸关系的契机，进一步加强与港澳在贸易、金融、物流、人才等方面的合作。

4. 进一步扩大对外开放。要完善开发区、工业集中区引资功能，强化外经贸人才培养，改进招商方式，加强对外资项目的督促落实，鼓励和推动民营企业与外资企业特别是跨国公司加强配套协作，做好现有外商投资企业的增资扩股工作，全面提高利用外资的实效。坚持市场多元化和以质取胜，优化出口商品结构，深度开发传统市场，积极拓展新兴市场，扩大机电产品、特色农产品等传统优势产品的出口，加快推进自主品牌产品的出口。壮大外贸出口主体，大力扶持民营外贸企业发展。深化外贸体制改革，推进工贸、技贸、农贸、商贸结合，不断扩大对外贸易的领域。加强外贸出口促进体系建设，积极推进“大通关”工程建设，创新口岸监管模式，提高口岸通关效率，加快口岸对外开放步伐。充分发挥海外宁籍乡亲的桥梁作用，保护和引导好他们建设家乡的积极性，广泛开展与东南亚、欧美日韩等国家和地区的经济技术交流，促进宁德开放型经济发展。

（五）突出以人为本，推动社会进步

坚持以人为中心，全面发挥人才作用，提高区域创新能力，不断改善公共服务，形成人尽其才、创新活跃、文化繁荣、卫生安全、保障有力、和谐稳定的社会发展局面。

1. 强化人才保障。实施人才强市战略，树立人才是第一资源的观念，坚持党管人才的原则，用事业造就人才、用环境凝聚人才、用机制激励人才、用法制保障人才。加大人才培养力度，着重培养一批党政管理人才、企业经营管理人才和专业技术人才。注重用好和留住现有人才，大力引进急需、紧缺的高层次人才。制定优惠政策，为各类人才创造良好的工作、生活和发展环境。鼓励人才以劳动、资本、技术、管理等生产要素按贡献参与收入分配，重奖有突出贡献的人才。加快培育和发展人才市场，推行人才储备制，设立各类人才库，综合运用经济、法律和必要的行政手段，规范、引导人才的合理有序流动。

2. 推进科教创新。不断拓宽科技投入渠道，建立以政府投入为引导、企业投入为主体的多元化科技投入体系。推进科技体制创新，加快科研机构改革，扶持发展民营科技企业和民办科研机构。探索建立风险投资担保公司和风险投资担保基金，鼓励科技型企业投资兴业，支持有条件的企业建立科研机构、研发中心或博士后流动站。依托农村社会服务联动网，创新农业科技推广机制。加强科技协作，鼓励企业与省内外高等院校和科研机构广泛开展技术合作，建立产学研、农科教联合体。大力引进和应用国内外成熟的新技术、新工艺、新装备，改造传统产业，发展高新产业。建立和完善科技创新服务体系，培育发展科技中介组织，提高科技服务的社会化、市场化

水平。

全面推进教育现代化。更新教育观念，整合教育资源，统筹城乡教育，推进素质教育，形成与发展要求相适应的人才培养格局。进一步加大教育投入，巩固发展“两基”成果，推进“双高普九”，调整农村教育结构，积极稳妥地进行撤点并校，办好寄宿制中小学，加快中小学危房改造。积极发展中等职业教育，优化发展普通高中教育，形成普通教育与职业技术教育的交叉升学渠道。发展高等教育，创办宁德学院和闽东职业技术学院。深化教育系统人事制度改革，推行校长聘任制和教师聘任制，建立“能进能出，能上能下”的用人机制。加快办学体制改革，鼓励和规范发展民办教育。大力推进终身教育，构建学习型社会。

3. 加强文化建设。传承闽东优秀传统文化，丰富闽东精神时代内涵，发展独具山海神韵的闽东地域文化。加强农村、社区和企业文化建设，发展人们喜闻乐见的群众性文化，促进文化精品创作和艺术人才培养。重视对文物和文化遗产以及优秀民间艺术的保护、挖掘，抢救与发展畲族文化。加快完善城乡文化设施，重点建设一批标志性的城市文化设施和示范性的标准乡镇文化站，加大城镇有线电视网络下地工程建设，加快模拟电视向“数字电视”平移步伐，推行农村数字多路分米波无线传输。大力整合文化资源，推动文化事业与文化产业共同发展。加强文化市场管理，优化文化发展环境。重视公民道德教育，加强和改进未成年人思想道德建设，不断增进思想政治工作和精神文明建设的实效。加大体育场馆设施建设力度，积极开展全民健身运动，努力提高竞技体育水平。

4. 发展卫生事业。加强公共卫生体系建设，进一步建立健全突发公共卫生事件应急指挥体系、疾病预防控制体系、医疗救治体系、疾病信息网络体系和卫生监督体系。加大卫生经费投入，发展农村卫生事业，抓好乡镇卫生院危房改造，扶持“空白点”村卫生所建设，建立健全以大病统筹为主的新型农村合作医疗制度和医疗救助制度，不断改善农村卫生医疗条件。发展社区卫生服务，建立健全社区卫生服务组织、综合医院和专科医院合理分工的城镇医疗服务体系。推进医疗卫生体制改革，鼓励社会资金以多种形式兴办医疗机构，构建主体多元、竞争有序、监管有力的医疗服务市场，满足人民群众多样化的医疗卫生需求。

5. 强化社会保障。认真落实就业和再就业扶持政策，健全再就业援助制度，加强劳动力市场建设，完善就业服务体系，强化就业技能培训、职业介绍和就业指导，鼓励自由择业、灵活就业和自主创业，建立市场就业长效机制。积极开展劳务派遣工作，多渠道促进农村劳动力转移就业。建立健全多层次的社会保障体系，加快“金保工程”建设，加强街道（社区）和农村重点乡镇劳动保障平台建设，完善就业服务和退休人员社会化管理体系。继续巩固养老、失业保险制度，稳妥开展失地农民、进城务工农民参加养老保险试点工作。完善城市和农村居民最低生活保障制度，加快城乡低保一体化进程，基本实现动态管理下应保尽保的目标。完善医疗保险制度改革，扩大工伤、生育保险覆盖面。积极拓宽社会保障资金来源渠道，依法加强各项社会保险基金征缴。全面落实农村五保供养政策，逐步提高集中供养比例。深化农村敬老院管理体制改革，基本建立起与市场机制相适应的社会化管理体制。制定和完善政策法规，继续发展社会福利和慈善事业，加强社会救助，发展老龄事业和残疾人事业。

6. 建设“平安宁德”。深入开展“平安县（市、区）”“平安乡镇（街道）”“平安单位”建设活动，落实社会治安综合治理各项措施，全力维护社会安定稳定。建立健全“严打”整治斗争的长效机制，严厉打击各种危害人民生命财产和社会公共安全的刑事犯罪，提高治安管理服务水平。依法打击各类经济违法违规行为，维护市场经济秩序。建立健全反应灵敏的情报信息工作机制，加强对各种邪教组织、地下宗教势力和敌对隐蔽战线的斗争。建立健全群体性事件处置预案，大力加强信访工作，妥善解决困难企业、弱势群体的困难和问题，积极预防和化解矛盾纠纷。建立健全灾害防治安全体系，充分发挥政府在防灾减灾中的主导作用，动员全社会力量参与防灾减灾体系建设，全面提高抗御自然灾害和应对公共突发性事件的能力。进一步完善和落实安全生产责任制，坚持防范在先，加强检查监督，堵塞管理漏洞，消除安全隐患，确保公共安全。扎实推进依法治市，强化依法治理。深入开展普法宣传教育，提高全民法律素质。积极开展法律援助，保护弱势群体合法权益。

（六）注重生态文明，确保可持续发展

按照科学发展观的要求，树立正确的政绩观，坚持经济、社会和生态效益相统一，在推进经济社会发展的同时，注重环境保护和生态建设，促进人与自然的和谐，实现可持续发展。

1. 科学制定资源开发利用的总体规划。正确处理保护资源与发展经济的关系，把加强规划作为首要环节，结合“十一五”规划及城市总体规划、产业布局规划和环境保护规划的编制，制定完善土地、滩涂、港口、旅游、矿产、森林等资源的开发利用规划，并发挥规划的总体指导和综合协调作用，提高资源综合利用效率。实行最严格的耕地保护制度，合理调整城乡用地结构，推进围垦造地和土地整理，保持耕地占补平衡。按照“深水深用、浅水浅用”的原则，科学规划好生产区、生活区、港区、休闲度假区等功能分区，实施蓝线控制，加强对岸线和陆域资源的保护。强化矿产资源管理，防止过度和恶性开采，实现矿产资源的集约开发和永续利用。

2. 注重发展生态效益型经济。进一步转变经济增长方式，切实把工作重点转移到调整经济结构、提高经济质量上来。科学组织生产布局、工艺流程，建立“资源－产品－再生资源”的循环利用模式。严格落实主要污染物总量控制计划指标，加强新建项目全过程环境管理。利用先进实用技术和环保技术改造传统产业，淘汰落后生产能力、工艺和产品，加快工业园区整合和生态工业园区建设，大力发展循环经济和清洁生产。积极引导和规范生产消费行为，推广节水、节能、节材、节地、降耗新技术。加强自然保护区和霞浦、柘荣国家级生态示范县建设。优化农村能源结构，抓好电气化县工程建设，促进农村家居清洁化和农业生产无害化。

3. 推进生态城市建设。把生态建设和环境保护纳入城市发展规划，着力改善城市生态环境，提高城市污水、垃圾处理水平。加强对交溪、霍童溪、敖江、赛江及高速公路沿线一重山等重点流域、重点区域的生态环境保护。落实市（县、区）长环保目标责任制，依法查处环境违法行为，特别是危害群众健康的严重污染行为，切实解决好三都澳海洋养殖污染、大米草侵蚀滩涂、石材业污染等突出问题。加强沿海防护林体系建设和生态公益林保护，增加居民区绿化面积，推进环城环乡镇林带建设，提高森林覆盖率，打造绿色宁德。开展“青山挂白”专项治理工作，加快殡葬改革，建设高速公路风景道。提高环境自动监测监控水平，对重点污染源和重点流域水环境质量、城市空气质量实施在线监测监控。开展群众性环保教育活动，努力争创国家园林城市、卫生城市和环保城市。进一步创新计划生育工作机制，建立健全人口发展指标体系和相应的考核评估系统，有效控制出生人口，优化人口结构，提高出生人口素质。

五、建设海峡西岸经济区新兴港口城市的保障措施

（一）统一思想，营造氛围。各级党委、政府要深刻认识建设海峡西岸经济区新兴港口城市的重大意义和总体要求，强化全局观念和大局意识，找准定位，明确目标，牢固树立科学的发展观和正确的政绩观，增强责任感、紧迫感和使命感，积极呼应，主动参与，实现区域发展目

标、战略布局、重大举措的协调联动。要大力加强宣传，营造良好的舆论氛围，调动各方面的积极因素，凝聚全市干部群众的智慧和力量，进一步形成同心同德搞建设、齐心协力促发展的良好局面。

（二）项目带动，全面推进。大力实施项目带动，把项目带动贯穿于海峡西岸经济区新兴港口城市建设的全过程。不断创新和完善项目工作机制，以项目推动工作，促进“三个文明”协调发展；以项目拉动经济增长，促进发展后劲的增强和经济结构的优化；以项目转变作风，突出抓基层、抓具体、抓落实，提高工作效能和服务水平，促进各项工作的有效落实；以项目凝聚要素，使一切劳动、知识、技术、管理和资本的活力竞相迸发，成为推动发展的强大动力。

（三）深化改革，激发活力。坚持社会主义市场经济体制改革方向，坚决冲破一切妨碍发展的思想观念，改变一切束缚发展的规定和做法，革除一切影响发展的体制弊端。重点推进农村改革、产权制度改革、投资体制改革、社会领域改革、行政管理体制改革和干部人事制度改革，努力形成能够有力推动发展、充满生机活力的体制和机制。进一步拓宽政策空间，创新软环境建设长效机制，建立健全优质高效的服务机制、诚信灵敏的执行机制、公平公正的评议机制和赏罚分明的奖惩机制。深入开展“建设责任型、服务型、效能型的人民满意政府”活动，深化机关效能建设，依法保护投资者合法权益，努力使宁德成为人们投资的热土、创业的宝地和安居的乐园。

（四）转变职能，依法行政。认真贯彻实施《中华人民共和国行政许可法》和国务院《全面推进依法行政实施纲要》，进一步明确各级政府对经济社会事务的管理权限、范围和责任，提高工作效率、降低管理成本、增强行政活力。理顺政府与市场、政府与社会的关系，改善政府经济调节和市场监管，更多地运用经济和法律手段管理经济，保证市场监管的公正性和有效性。强化社会管理和公共服务，建立健全各类突发事件的应急机制、社会公共安全保障机制和防范、化解社会矛盾的运行机制。完善公众参与、专家论证和政府决策相结合的行政决策机制，切实做到依法、科学、民主决策。理顺行政执法体制，规范行政执法行为，促进行政权力与责任紧密挂钩、与行政权力主体利益彻底脱钩，实现权责统一。

（五）凝聚合力，共谋发展。注重发挥各方面的积极作用，做到团结共建，整体推进。坚持和完善人民代表大会制度，保证人大及其常委会依法履行职能。加强与民主党派、工商联、无党派人士和各界代表认识的团结合作，推进政协政治协商、民主监督、参政议政的规范化、制度化。认真贯彻党的民族、宗教、侨务政策，加强对台工作，巩固和发展新时期的爱国统一战线。充分发挥工会、共青团、妇联、文联等人民团体联系群众的桥梁作用。加强国防动员和教育，做好“双拥”工作，促进军政、军民团结。广泛动员和联合各方面力量，形成加快推进海峡西岸经济区新兴港口城市建设的强大合力。

（六）加强领导，狠抓落实。认真贯彻落实党的十六届四中全会精神，坚持以“三个代表”重要思想为指导，深入实施“能力工程”，以加强执政能力建设为重点，全面推进党的思想、组织、作风和制度建设。要加快干部制度改革，落实选人用人公正机制，努力建设一支高素质的干部队伍。实施“堡垒工程”，深入开展“三级联创”活动，夯实城市社区和农村乡镇基础，加强非公经济党建工作，不断增强基层党组织的号召力、凝聚力和战斗力。建立健全教育、制度、监督并重的惩治和预防腐败体系，拓宽从源头上防治腐败的领域。加大行业纠风、效能监察力度，确保政令畅通。建立健全领导挂钩责任制和部门分工负责制，进一步完善绩效考评机制、督查奖惩机制和情况反馈机制，实施目标管理，明确工作责任，确保各项工作落到基层、落到实处。

中共宁德市委关于制定宁德市国民经济和社会发展第十一个五年规划的建议

（2005 年 12 月 14 日中国共产党宁德市第一届委员会第十二次全体会议通过）

宁德市国民经济和社会发展第十一个五年规划（2006—2010 年），是致力海峡西岸经济区东北翼中心城市建设、加快全面建设小康社会进程的重要规划，要认真贯彻落实党的十六大、十六届五中全会和省委七届十次全会精神，在总结经验和科学谋划的基础上，提出符合时代发展要求、凝聚全市人民意志的奋斗目标和主要任务，在新的起点推进宁德持续快速发展。

一、“十一五”是海峡西岸经济区东北翼中心城市建设的关键时期

1. 建设海峡西岸经济区的战略部署，明确了宁德加快发展的新定位。省委《中共福建省委关于制定福建省国民经济和社会发展第十一个五年规划的建议》指出，“以福州、三明、莆田、南平、宁德的发展壮大闽东北一翼，推进海峡西岸经济区与长江三角洲、珠江三角洲紧密对接、联动发展”，明确了宁德在海峡西岸经济区中的发展定位，体现了省委对宁德发展的关心、支持和期望。市委、市政府紧密结合宁德实际，作出建设海峡西岸经济区东北翼中心城市的重大战略决策，通过“北承南联、对接两洲，西进东出、内外拓展，区域统筹、整体推进，和谐平安、服务大局”，使宁德全面融入海峡西岸经济区，成为对接长江三角洲的前沿区域、对台交流合作的重要平台、连接内陆与海外的重要港口、海峡西岸东北翼新的增长极。

2. 经过“十五”奋斗，宁德进入了加快发展的新阶段。“十五”时期，在中央和省委的正确领导下，全市上下高举邓小平理论和“三个代表”重要思想伟大旗帜，全面树立和落实科学发展观，有效化解经济运行中的不确定因素，经受住“非典”和各种自然灾害的严峻考验，国民经济持续快速健康发展，提前超额完成“十五”计划确定的各项目标任务。地区生产总值年均增长 10%，人均地区生产总值突破万元，经济结构逐步优化，经济增长的质量和效益稳步提高；项目带动有效推进，交通、能源等基础设施建设取得重大突破；中心城市规模扩大，县域经济实力增强，城乡面貌发生较大变化；改革开放取得新进展，社会持续稳定，经济发展环境进一步改善；各项社会事业加快发展，人民生活水平继续提高；社会主义精神文明建设、民主法制建设和党的建设进一步加强。今日的宁德，发展基础逐步夯实，发展优势日益凸显，发展潜力正在迸发，发展合力不断增强，已经进入了一个蓄势待发、加快发展的新阶段。

3. 站在新的起点，宁德面临加快发展的新机遇。和平、发展、合作已成为当今时代潮流，经济全球化和区域一体化深入发展，有利于我市更多地吸引、利用国外资金和技术加快自身发展。国内宏观经济环境日益改善，区域发展格局正在发生深刻变化，尤其是国内重化产业呈现向沿海临港布局的趋势，为我市在承接产业转移中不断优化产业结构、争取实现快速发展创造了有利条件。“海峡西岸”第一次写入中央《中共中央关于制定国民经济和社会发展第十一个五年规划的建议》，极大地提升了福建在全局中的地位，也凸显了宁德的区位、港口、资源和后发优势，为我们拓展发展空间，在更高层次上加快发展带来了不可多得的历史性机遇。在看到有利条件的同时，也要清醒地认识到，国际、国内区域间的发展竞争日益激烈，我市综合实力还比较薄弱，工业化、城镇化水平低，特别是观念、人才、环境和体制等还不适应新形势的要求。我们正面临着一个机遇与挑战并存、机遇大于挑战、总体上有利于加快发展的环境。全市上下一定要切实增强忧患意识、竞争意识、开放意识和责任意识，善于抓住机遇，勇于应对挑战，敢于开拓创新，不断开创宁德改革开放和现代化建设的新局面。

二、以科学发展观统领经济社会发展全局

4. 制定“十一五”规划的总体要求。坚持以邓小平理论和“三个代表”重要思想为指导，以科学发展观统领经济社会发展全局，落实中央“五个统筹”和省委“四个推进”“四个基本”“四个关键”的战略部署，充分运用市委“四个问题”调研成果，抓好发展这个党执政兴国的第一要务，以经济建设为中心，转变发展观念，创新发展模式，破解发展难题，提高发展质量，大力实施工业立市、以港兴市、人才强市、区域协调互动、改革开放推动和可持续发展战略，全面推进海峡西岸经济区东北翼中心城市建设，使宁德成为对接长江三角洲的前沿作用更加凸显、对台交流合作更富成效、连接内陆与海外的港口功能有效发挥、发展活力和综合竞争力不断增强的海峡西岸东北翼新增长极。要把握以下原则：

——务必保持经济持续快速发展。把又快又好作为发展的基本要求，积极应对宏观环境变化，努力破解各种发展难题，进一步扩大内需，加大投资，激活消费，增强消费对经济增长的拉动作用，努力保持经济持续快速增长势头，争取经济发展速度比全省平均水平更快，追赶的步伐更大。

——务必加快转变经济增长方式。坚持在加快发展中优化经济结构，在自主创新中提升发展层次，在集约节约中增强竞争优势，在保护生态中实现持续发展，促进经济增长速度与结构、质量、效益相统一，经济社会发展与人口、资源、环境相协调，全面推进资源节约型、环境友好型社会建设，走出一条生产发展、生活富裕、生态良好的文明发展之路。

——务必突出工业经济的主导作用。坚持走新型工业化道路，以信息化带动工业化、以工业化促进信息化，大力发展临海重化产业，做大做强传统产业，积极发展新兴产业，注重培育产业集群，着力提高工业比重，使工业成为拉动经济增长和推动城镇化的主导力量。

——务必深化改革扩大开放。以改革开放为动力，突出观念创新、机制创新、工作创新，转变政府职能，改善投资环境，不断消除制约经济社会发展的体制性障碍。广泛开展与周边地区的交流协作，积极参与国际交流合作，不断提高对外开放水平，增强在扩大开放条件下促进发展的能力。

——务必强化对台交流与合作。贯彻省委关于“五缘”“六求”的工作部署，发挥对台前沿优势，促进宁台区域经济融合互动，密切各项交流和人员往来，增强台湾民众对祖国大陆的认同

感和向心力，为推进两岸关系发展和祖国和平统一大业作出应有贡献。

——务必注重统筹城乡协调发展。全面落实党在新时期的农村政策，积极探索解决“三农”问题的新路子，推进基础设施向农村延伸、公共产品向农村倾斜、城市文明向农村辐射，加快建立工业反哺农业、城市支持农村的长效机制，推动城乡优势互补、协调发展。

——务必加快和谐社会建设。坚持以人为本，在加快经济发展的同时，更加重视社会进步，更加重视社会管理和社会利益协调，更加重视解决广大人民群众最关心、最直接、最现实的问题，更加重视加强民主法制建设，促进社会公平与正义，保持社会安定团结、和谐平安。

5.“十一五”时期经济社会发展的主要目标。根据上述总体要求和基本原则，“十一五”时期要进一步加快发展速度，提高发展水平，增强发展后劲，努力在经济、政治、文化和社会建设上取得新的重大进展。主要目标是：

——经济发展跃上新台阶。在优化结构、提高效益和降低消耗的基础上，保持地区生产总值年均增长12%的速度，到2007年，全市地区生产总值和人均生产总值分别提前三年比2000年翻一番，2010年地区生产总值超过620亿元，人均地区生产总值达2万元，财政总收入超过37亿元，五年累计完成全社会固定资产投资850亿元；资源利用效率显著提高，单位生产总值能源消耗明显降低。力争临海重化产业取得突破，一批特色产业集群培植形成，产业结构不断优化，区域综合竞争力进一步增强。

——区域协调互动展现新局面。基础设施建设取得重大成效，宁武高速公路、温福铁路建成通车，港口开发建设初具规模，综合性的能源产业基地基本形成；中心城市带动力得到增强，县域经济实力进一步壮大，社会主义新农村欣欣向荣，区域协调互动发展机制不断完善。

——改革开放实现新突破。社会主义市场经济体制更加完善，全社会的创造活力不断增强，经济发展环境更加优化，利用外资和对外贸易的规模进一步扩大，与台港澳侨的交流合作取得新成效，与周边区域的经济联系更加紧密，全方位开放水平不断提高。

——和谐社会建设迈出新步伐。科技、教育、文化、卫生等社会事业全面进步，公共产品和公共服务有新的发展；城镇就业比较充分，社会保障体系更加健全，城乡居民收入水平和生活质量普遍提高；民主政治建设和精神文明建设进一步加强，“平安宁德”建设成效明显，社会安定稳定，人民安居乐业。

三、推动社会主义新农村建设

6.统筹城乡协调发展。按照“生产发展、生活宽裕、乡风文明、村容整洁、管理民主”的要求，从实际出发，以工促农、以城带乡，通过科学规划、典型示范和发展特色产业，加快推进新农村建设。坚持“多予、少取、放活”的方针，加大政府对农业和农村的投入，扩大公共财政覆盖农村的范围。加快基础设施向农村延伸，推进城乡一体化进程，逐步实现城乡公共交通、供水供电、邮电信息、环境保护的有效对接，促进城乡产业融合、资源共享、互动联动、协调发展。以改善农村生产生活条件为重点，继续实施农村路网“年万里”改造工程，基本实现农村公路硬化目标。加快农村水利“六千”工程和农村渡口渡桥改造、沿海农田防护林网建设。推广普及农村沼气，发展适合农村特点的清洁能源。加强乡村规划建设管理，加大农村垃圾和面源污染的治理力度，改善农村人居环境。

7.积极发展现代农业。加快农业科技进步，加强农业设施建设，优化农业产业结构，推进农业机械化，转变农业增长方式，提高农业综合生产能力。稳定发展粮食生产，确保粮食安全。推进农业区域化布局、专业化生产和产业化经营，积极培育品牌农产品，大力发展高产、优质、高效、生态、安全农业。加快建设沿海蓝色产业带、山区绿色经济带和市、县城郊高优农业示范区，不断壮大茶叶、食用菌、水产、果蔬、药材等特色农业。积极采用新技术、新工艺，发展农产品深加工，扶持一批农业产业化龙头企业，延长农业产业链。健全和完善农产品市场体系，广辟农产品流通渠道，扶持发展各类专业合作经济组织，提高农民进入市场的组织化程度。加快农业标准化建设，建立农业技术创新、推广和农产品质量安全体系，健全农产品准入机制，加快发展无公害农产品、绿色食品和有机食品，提高农产品的质量和竞争力，使我市成为海峡西岸特色突出的农产品生产、加工和购销中心之一。

8. 加快发展农村公共服务事业。统筹城乡社会事业发展，加快发展农村教育、科技、医疗卫生和文化等事业，促进农村社会全面进步。巩固提高农村义务教育水平，加快农村中小学危房改造，科学规划和稳步推进撤点并校，办好农村寄宿制中小学，对农村学生免收杂费。加强农村公共卫生设施建设，抓好乡镇卫生院改造和“空白点”村的卫生所建设，进一步健全农村卫生服务网络，基本建立农村新型合作医疗制度，改善农村医疗救治条件；加强疾病预防保健工作，重视抓好人畜共患疾病防治。实施农村计划生育家庭奖励扶助制度，加强对流动人口的计划生育管理，开展“少生快富”扶贫工程。继续以创建文明村镇和文明家庭为载体，开展移风易俗，倡导科学、文明、健康的生活方式。发展农村通信、远程教育，实现广播电视“村村通”。抓好农村电影“2131”工程、村图书阅览室和文化中心户建设，开展经常性的科技、文化、卫生“三下乡”活动，丰富农民精神生活。

9. 千方百计增加农民收入。采取综合措施，广辟农民增收渠道。加强农村劳动力技能培训，加大农村实用人才培养力度，培育有文化、懂技术、会经营的新型农民。充分挖掘农业内部增收潜力，调整种、养结构，提高精深加工程度，发展科技含量高的农产品和绿色食品生产，努力开拓农产品市场。扩大农民非农收入渠道，积极引导支持农民发展农产品加工、流通等二、三产业，加快实施农村劳动力转移“阳光工程”，有序引导富余劳动力向非农产业和城镇转移，改善农民进城务工创业环境，切实维护他们的合法权益。继续坚持开发式扶贫，加大对革命老区、少数民族地区、库区、边远山区和海岛地区的扶持，改善基本生产生活条件，开辟增收途径，提高农村贫困人口收入水平。建立丧失劳动能力贫困人口的救助制度。

10. 继续深化农村改革。稳定并完善以家庭承包经营为基础、统分结合的双层经营体制，按照自愿、有偿的原则，依法流转土地承包经营权，发展多种形式的适度规模经营。加快征地制度改革，建立对被征地农民的合理补偿机制。全面推进农村综合改革，巩固农村税费改革成果，完善集体林权制度改革，深化乡镇机构和县乡财政管理体制改革。夯实乡村基础，培育乡村财力，逐步化解乡村两级债务风险，完善村级会计委托代理制度，推行村务公开、民主听证制度。改善农村金融服务，探索发展农业保险，加快农村信用社改革与发展。进一步创新农村工作机制，深化农村社会服务联动网建设，健全“干部驻村”工作制度，完善以农业科技服务为重点的农村社会化服务体系。

四、加快以工业为核心的产业集聚

11. 突出发展临海重化产业。充分发挥港口岸线优势，按照临海产业发展规划，进一步细化沿海区域在临海产业布局、功能区划和配套用地等方面的规划，预留大型项目深水岸线、滩涂和土地。抓住国际产业结构调整和国内重化工业布局向沿海转移的机遇，坚持项目建设与区域发展相协调、与资源条件相适应、与环境容量相匹配、与产业整合相结合的原则，加快临海产业项目前期工作。大力引进战略投资者，积极争取在环三都澳等区域布点建设大型钢铁、石化、火电、核电、造船、战略物资仓储等一批符合国家产业政策、技术先进的大型临海产业项目，着力培育临海重化产业集群，努力形成漳湾片区、赛江两岸、溪南半岛和沙埕湾四大临海工业板块，使临海产业成为推动我市经济快速发展的重要支撑。

12. 大力发展竞争力强的制造业。突出整合、集聚、提升，着力引进一批能够促进产业壮大的重点项目，实施一批能够延伸产业链的上、下游重点关联项目，抓好一批推动产业升级的重大技改项目，提升制造业发展水平。以强化专业化协作、自主创新、品牌创建、行业协会建设为重点，进一步壮大电机电器、船舶修造、汽摩配件等一批优势产业，培育形成产业集群。以精深加工、技术改造、品种结构优化为重点，改造提升食品加工、建筑材料、冶金铸造、医药化工等一批传统制造产业，努力推进产业链的延伸。发挥后发优势，承接发展轻纺服装、港口机械、通用设备、工艺品加工等具有发展潜力的其他各类制造业，积极培育电子信息、新材料、新能源、环保及生物医药等推动产业升级的新兴产业，形成更多新的工业经济增长点。

13. 加快工业集中区（工业园区）整合建设。按照“规划科学、定位清晰、功能明确、配套齐全、服务完善”的要求，构建产业集聚平台。进一步完善全市工业集中区发展规划布局，加快对现有工业集中区的整合建设。在集中精力抓好市本级工业集中区建设的同时，沿海各县（市、区）相对集中建设2～3个工业集中区，山区各县相对集中建设1～2个工业集中区。加强园区产业规划，合理布局，有序引进，使之成为产业集聚和产业链延伸的平台。注重园区基础设施、标准厂房和配套服务设施建设，努力降低建设成本。制定园区产业、项目“飞地”优惠政策，建立和完善园区土地合理供给机制，营造项目和要素流入“洼地”优势，吸引更多产业项目向园区集中、集聚。全面推进园区管理创新、服务创新、科技创新，真正把各类工业集中区建设成为新型工业化的示范区。

14. 壮大旅游产业。按照“一轴两带三区”的旅游发展总体规划布局，整合旅游资源，重点加快以福宁高速公路为主轴的国家滨海风景道建设，加快以海洋为依托的东部沿海蓝色旅游带和以山水文化为主打品牌的内陆地区绿色生态旅游带建设，加快环三都澳海滨游憩度假区、泛太姥山旅游度假区和大白水洋生态文化旅游区建设。重视挖掘旅游文化，发展畲族风情旅游、宗教文化旅游和红色旅游，做好木拱古廊桥申报世界文化遗产，太姥山、白水洋申报世界地质公园，以及临水宫申报全国首批非物质文化遗产和国家级文物保护单位等工作，力争实现我市旅游精品名牌建设的重大突破。充分发挥多元化投资主体的积极性，加快旅游景区景点开发和旅游配套设施建设，积极构建要素配套、布局合理、功能完善的旅游产业体系。主动融入旅游经济大循环，加强同周边地区及海外的旅游协作和旅游线路对接，联手开拓旅游市场，构建优势互补、市场共享的旅游开发新格局，力争把宁德打造成为东南沿海重要的生态休闲度假胜地。

15. 促进服务业发展。坚持市场化、社会化、产业化方向，建立公开、平等、规范的行业准入制度，提高服务业在国民经济中的比重，提高服务业从业人员在全社会从业人员中的比重。加快发展现代物流、金融保险、电子商务、广告会展、信息咨询、会计、审计和法律等现代服务业，改造提升商贸、餐饮、交通运输、邮政通信等传统服务业，积极发展房地产、劳动服务、社区服务、科技服务等潜力大的新兴服务业。重点依托港口等交通枢纽，引进国内外知名的大型物流企业，培育具有竞争力的本土物流企业，争取建设区域性大宗商品物流基地；扶持流通龙头企业，大力发展连锁经营，逐步改造和提升粮食、茶叶、食用菌、果蔬、水产品、太子参等农产品专业市场，启动建设一批汽车交易、IT产品交易、旧货交易、综合交易等大宗工业品批发市场；

抓好与市民承受能力相适应的普通商品房、经济适用房和廉租房建设，促进房地产业持续健康发展。制定实施激活消费的政策措施，完善消费环境，培育消费热点，促进消费升级，不断扩大消费需求，增强消费对经济增长的拉动作用。

16. 拓展海洋经济。突出海洋优势，挖掘海洋潜力，努力建设海洋强市。抓紧制定实施海洋经济发展规划，优化海洋产业发展布局，综合协调各类海洋资源开发，逐步形成海岸带、海岛、近海、远海、远洋等分层次推进的开发格局。加快推进海洋渔业升级，优化海洋渔业结构，开拓远洋捕捞，提升海水、滩涂养殖，发展海产品深加工，推动传统渔业向现代渔业转变。充分发挥港口的龙头作用，积极发展临海大工业、港口物流业、海洋运输业、海洋化工业、滨海旅游业。合理开发滩涂资源，重点抓好一批围垦工程建设。坚持科技兴海，抓好海洋开发新技术和新产品的研究与推广，提高海洋资源综合开发利用的广度和深度。加强海洋环境保护和生态建设，科学制定海洋功能区划，完善海洋环境监测网络，增强海洋经济可持续发展能力。

五、促进区域互动协调发展

17. 大力推进宁德中心城区建设。认真实施新一轮宁德城市发展总体规划，充分发挥宁德城区的中心作用，增强服务全市的带头示范效应。按照“向海、面海、临海”的发展战略，加快推进宁德中心城区“东扩面海、北展南移”。坚持以新区开发带动旧城改造，推动蕉城区、东侨新区和三都澳港区空间整合，促进宁德市区向外延伸、向海发展。加快城市产业发展，着力培育临海工业、中转贸易、旅游业和现代服务业，壮大中心城区经济实力。注重城市功能建设，加快推进一批城市路网、园林景观、市政设施和社会事业工程建设，进一步提高城市的综合服务能力和科学管理水平。通过五年努力，进一步拉开城市框架，使中心城区连接内外的交通网络更加健全，市政设施更加完善，城市功能明显提升，产业与人口有效集聚，城市管理水平不断提高，逐步形成港口、产业、城市三位一体、互动发展的格局。

18. 发展各具特色的县域经济。进一步落实扩大县域经济社会管理权限的政策措施，激发县域经济发展活力。坚持因地制宜，分类指导，依托各自优势和特色，把推进城镇化与工业化、农业产业化有机结合起来，力争用五年左右时间培育形成各自的县域优势产业和特色产业，使县域经济总量、产业结构和城镇发展提高到新的水平。福安要利用工业基础较好的优势，做大做强优势产业，加快产业集聚，激活民营经济，发挥示范带动作用。福鼎要利用毗邻浙南、长江三角洲的优势，做大做强工业集中区，增强承接发达地区产业转移的示范传导作用。霞浦要利用岸线及陆域资源优势，着力突破工业经济发展，成为发展后劲不断增强的新增长点。古田、屏南、周宁、寿宁、柘荣要进一步挖掘自身优势和潜力，加快拓宽山海通道，大力发展资源转化型工业、绿色农业和生态旅游业，增强自我发展能力，成为连接沿海、拓展腹地的重要生态型经济增长带。积极培育一批中心集镇，突出抓好国家级重点镇、省定中心镇及主要交通干道沿线重要集镇建设，使之成为连接城乡的节点和繁荣农村、服务农业、集聚农民的重要载体。继续加大对欠发达区域的扶持力度，加强山海协作，实现优势互补、资源共享、共同发展。

19. 加快基础设施建设。按照统筹规划、合理安排的原则，加快推进一批交通路网、港口码头和能源电网项目建设，构建功能完善、协调配套、高效可靠的基础设施体系。围绕构筑“一港二铁五横六纵”的综合交通运输体系，推动交通由“基本缓解”向“全面适应”转变。加速宁德港开发，以临港产业发展和集疏运快速通道建设为支撑，加快三都澳、赛江、三沙、沙埕港区及其作业区建设，进一步完善大型深水公用航道和口岸联检设施的配套建设，构建连接内陆与海外的重要港口。建成温福铁路，并规划建设港口铁路支线和临海工业项目铁路专用线，积极推进宁德至浙江衢州铁路的前期工作。建成宁（德）武（武夷山）高速公路宁德段（含屏南连接线），加快建设贵杨高速公路屏南经古田至贵限段，推进福安至浙江泰顺高速公路前期工作，争取建设福鼎沙埕至秦屿高速公路；加快省级干线宁德境内“二纵四横”公路改造建设，提高公路等级，完善路网结构。大力发展以电力为主的能源产业，提高能源保障能力。利用水力资源丰富的优势，合理开发水电资源，加快火电建设，积极发展核能、风能、潮汐能、太阳能等清洁和可再生新能源，重点加快推进宁德大唐火电二期、核电一期等骨干项目实施，优化能源结构；完善电网布局及配套建设，继续实施电网建设与改造，提高电网运行的可靠性和稳定性。抓好信息基础设施和第三代移动通信网建设，完成全市有线电视数字化平移，建立现代化综合信息服务网，提高“数字宁德”建设的综合运用水平。

20. 健全防灾减灾体系。按照统一规划、标本兼治、突出重点、分步实施的要求，充分发挥政府的主导作用，动员全社会力量，构建安全可靠的防灾减灾体系。建立健全防洪减灾体系，抓紧以交溪水利枢纽为骨干工程的赛江防洪二期工程建设，加快沿海千亩以上海堤强化加固和宁德城区防洪防潮工程等一批城市防洪工程建设，进一步提高宁德市区及各县（市）城区的防洪能力。巩固和完善全市主要流域洪水预警报和县级以上防汛指挥决策支持系统建设，抓好重点病险水库除险加固，基本消除安全隐患。建立健全防范地质灾害体系，加大对地质灾害点的综合治理，结合实施“造福工程”，分期分批组织滑坡险情村搬迁。建立健全防火减灾体系，抓好城乡防火减灾工作。建立健全防疫减灾体系，加快植物重大病虫害监测、预警、防控系统建设，加强对动物疫病的综合防治。建立健全防震减灾体系，增强防震减灾能力。进一步健全和完善各类紧急预案，加强预案演练，建立处理各类突发性事件的应急机制和长效机制。

六、努力转变经济增长方式

21. 提升自主创新能力。把提高自主创新能力作为实现科学发展的战略基点和调整产业结构、转变增长方式的中心环节。加大政府对科技经费的投入。建立以企业为主体、市场为导向、产学研相结合的技术创新体系，进一步确立企业技术创新和科技投入的主体地位。围绕主导产业和传统产业的改造升级，组织开展科技攻关，促进新产品、新工艺、新技术开发。鼓励企业与高等院校、科研院所联合成立科研机构和研发中心，提高企业自主创新能力。围绕制约企业引进技术中的关键环节，广泛借智，积极引进、吸收、消化和推广应用新技术，从根本上提高企业发展的竞争力。鼓励有条件的高新技术企业设立博士后工作站。实施技术标准战略，引导企业积极采用国际标准，鼓励企业参与制定国家标准，扶持企业创建名牌产品和驰（著）名商标。深化科技体制改革，整合市、县、乡三级科技力量，建立健全面向企业和农村的科技服务体系，加速科技成果向现实生产力转化。

22. 发展循环经济。按照“减量化、再利用、资源化”的原则，积极引导和规范生产和消费行为，加强节能、节地、节材、节水和资源综合利用，建立和完善资源循环利用体系。强化政策引导，积极推行清洁生产，推广各项节能技术，在冶金、建材、化工、电力等重点行业以及产业园区开展循环经济试点，在宾馆、饭店及居民小区推广应用水资源循环利用体系，最大限度地减少资源消耗和废弃物排放。积极推进废弃物回收和循环利用，完善再生资源回收、加工和利用体系。强化节约意识，提倡绿色消费，形成健康文明、节约资源的消费模式，积极创建节约型城市、节约型企业和节约型机关。

23. 合理开发和利用资源。实行开发和节约并举，提高资源利用效率。严格保护耕地，积极开发、整理耕地资源，保持耕地占补动态平衡。大力推进节约和集约用地，加大闲置土地的处置力度，盘活存量土地，依法保障社会经济发展对建设用地的合理需求。加强矿产资源的勘探开发管理，整顿和规范开发秩序，完善开发利用补偿机制，促进资源深度开发利用。合理配置水资源，推行节约用水、计划用水，大力发展节水型农业、工业、服务业，提高水资源的利用和重复利用率。加强对岸线资源和港口资源的保护利用，坚持“深水深用、浅水浅用”和“有序开发、高效利用”的原则，根据岸线的资源条件，合理确定岸线功能。集约开发港口、工业、仓储等生产性岸线，坚持规划先行，严格涉岸项目的审批管理，加快清理整合不合理占用的岸线资源，对开发前景良好但暂不具备开发条件的岸线，实行最严格的保护政策，确保有限资源的效益最大化。

24. 强化环境保护和生态建设。按照建设环境友好型社会的要求，坚持预防为主、综合治理，加强对水污染、大气污染、餐桌污染的治理，保障食品安全，让群众喝上干净的水、呼吸清洁的空气、吃上放心的食品。切实加强城乡饮用水源和备用水源的保护，认真解决石材加工等引发的水环境污染问题，加大交溪、霍童溪、赛江、敖江等重点流域的污染治理。加强对国道、高速公路沿线一重山等重点区域的生态保护，综合治理“青山挂白”。强化近海环境和海洋生物资源保护，切实解决好三都澳等海域养殖污染突出问题。加快城市污水、生活垃圾、工业固体废物处理，控制城市油烟、噪声、机动车尾气污染，重点建设一批垃圾无害化处理场和污水处理厂项目，严格控制污染物排放总量，逐步推进污染物总量控制向容量控制转变。坚持保护优先、开发有序，以控制不合理的资源开发活动为重点，加强生态保护和建设。继续推进国家级生态示范区建设，强化水土流失治理，着重抓好沿海防护林体系、红树林建设和生态公益林保护建设以及自然保护区建设管理，推进城乡绿化一体化和绿色通道建设，提高森林覆盖率。开展群众性环保教育活动，增强全民环保意识，争创省级园林、卫生城市。

七、进一步深化体制改革

25. 推进行政管理体制改革。按照经济调节、市场监管、社会管理、公共服务职能的要求，大力推进政府管理创新，不断提高政府行政能力、办事效率和服务水平。突出政府职能转变，进一步理顺政府与市场、政府与社会的关系，切实把政府的主要职能转移到加强社会管理、制定公共政策、完善公共服务上来。注重改进经济调节和市场监管方式，更多地运用经济和法律手段管理经济，更好地为市场主体服务。继续深化机关效能建设，推进行政审批制度改革，进一步减少审批和收费事项。推行政务公开，发展电子政务，简化办事程序，降低行政成本，努力建立政府提速的长效机制。深化政府机构改革，优化组织、人员结构，实现机构和编制的法制化。稳妥推进事业单位改革，增强社会事业发展的内在动力和自主活力。

26. 深化经济领域的各项改革。进一步完善国有资产监督管理，有效防止国有资产流失，实现国有资产保值增值。以产权制度改革为核心，促进国有企业建立现代企业制度，完善法人治理结构，增强发展活力。加快公共财政体系建设，调整和优化财政支出结构，促进城乡基本公共服务的均衡发展。全面实行部门预算、国库集中收付、政府采购和收支两条线管理等各项财政改革。大力培植财源，强化税收征管，增加财政收入。进一步改进和规范投资管理，落实企业投资自主权。完善政府投资决策机制和管理体制，试行政府投资项目代建制和法人招标，逐步推行政府投资公示制度、重大投资项目后评估制度和责任追究制度。进一步探索融资新方式，建立健全信用担保体系和信用评价体系，逐步消除中小企业融资障碍，改善金融生态环境，使金融更好地为经济社会发展服务。

27. 提升民营经济发展水平。全面贯彻落实中央、省、市出台的一系列支持民营经济发展的政策、措施，鼓励和支持各类人才向民营企业流动、金融资本向民营经济倾斜、民营工业项目向工业集中区集聚，使其在推进工业化进程中发挥积极作用。认真落实民营经济的国民待遇，凡是国家未禁止的领域，一律向民营经济放开。进一步改善民营经济发展的外部环境，建立健全民营企业信息服务、信用担保、项目对接、人才培训、市场开拓、对外合作等服务体系，帮助解决发展中的困难和问题。推动中小民营企业向拥有品牌的龙头企业集聚，进入大企业生产体系，建立稳定的分工合作关系。鼓励企业加快技术、制度和管理创新，实行集约和规模经营。引导民营企业依法经营、诚实守信，自觉维护企业职工的合法权益。

28. 加快现代市场体系建设。围绕构建统一、开放、竞争、有序的社会主义现代市场体系，打破行业垄断和地区封锁，在更大程度上发挥市场在资源配置中的基础性作用。大力发展商品市场，规范发展产权交易市场和土地市场，培育资本市场，完善人才和技术市场，积极发展财产、人身保险和再保险市场。继续深化流通体制改革，促进商品和各种要素的自由流动和公平竞争。规范和发展各类行业协会、商会等组织，强化行业自律性。健全完善公共产品、公共服务和稀缺资源的价格形成和监督机制，强化市场监管，严厉打击走私、制假售假、商业欺诈、偷逃骗税和侵犯知识产权行为，维护和规范市场秩序。

八、全方位扩大开放

29. 加快推进北承南联。充分发挥区位优势，加快区域双向对接，形成优势互补、互惠互利的协作效应。重点加强与长江三角洲和浙南地区、珠江三角洲和闽东南地区的合作，认真研究其经济走向、产业结构调整和政策变化趋势，主动承接其产业、资金、技术转移，大力推进与发达地区在观念、市场、人才及基础设施、招商平台等方面的对接，增强要素的吸纳与集聚能力。坚持政府推动、市场导向、企业主体相结合，进一步加强区域经济协作网络建设，促进完善福建东北翼五市协作机制，发挥闽浙赣皖十四市联谊区协作功能，拓展腹地，推动生产要素的无障碍流动和高效益配置。

30. 积极有效利用外资。立足优势，面向世界，提高对外招商层次和水平。创新招商方式和机制，重点加强与世界知名企业、海外基金的合作，利用其网络、渠道、实力、品牌和形象，推进片区、产业链整体招商，争取实现招商引资的重大突破。扩大利用外资规模和带动效应，坚持大、中、小项目并举的方针，大力引进临海重化产业项目，注重引进资金密集型、技术密集型和劳动密集型的中小企业，鼓励现有外商投资企业增资扩股。优化引资和投向结构，积极引导外资投向先进制造业、现代服务业、旅游业、现代农业、环保产业和基础设施建设。注重引进先进技术、管理经验和高素质人才，加快对引进技术的消化吸收和再创新提高。加强招商项目的跟踪服务，提高签约项目履约率，增强招商引资实效。

31. 不断扩大对外贸易。坚持市场多元化和以质取胜，优化出口商品结构，深度开发传统市场，积极开拓新兴市场，扩大机电产品、特色农产品等传统优势产品的出口，加快推进自主品牌产品的出口。壮大外贸出口主体，大力扶持民营外贸企业发展。深化外贸体制改革，推进工贸、技贸、农贸、商贸结合，不断扩大对外贸易的领域。加强外贸出口促进体系建设，积极推进“大通关”工程建设，健全协调机制，创新口岸监管模式，提高口岸通关效率。建立健全应对国际贸易摩擦的有效应急机制和预警体制，增强抵御国际贸易风险的能力。大力实施“走出去”战略，积极鼓励具备条件的企业以境外加工贸易、承包工程、资源开发等多种形式开拓国际市场。

九、加强与台港澳侨的交流合作

32. 建设对台交流合作的重要平台。坚持从宁德的优势和特点出发，积极拓宽思路，改进工作方法，促进宁台交流合作的良性互动。继续落实“同等优先、适当放宽”的原则，大力吸引台资项目来我市落户，主动承接台湾电子信息、机械、石化等新一轮产业转移。扩大对台小额贸易和直接贸易规模，争取恢复扩大对台渔工输出和开辟台轮维修点。推进宁台双向直航，在城澳港石料直航马祖的基础上，争取实现多种货物直航。制定实施宁台旅游合作规划，促进宁台旅游对接，拓展旅游合作空间。充分运用中央赋予福建的海峡两岸农业合作试验区的“扩区”政策，加强对台农业招商，引进台资开展农业种植、加工、仓储及市场营销等业务，规划建设台湾农产品输入的区域物流集散基地。进一步拓展宁台文化、教育、卫生等领域的交流合作，办好陈靖姑文化节和太姥山、白水洋旅游文化节，强化宁台合作载体建设，促进宁台交流合作的常态化、规范化。

33. 加强与港澳的交流合作。抓住内地与香港、澳门建立更紧密经贸关系的契机，进一步加强与港澳在经济、文化、人才等方面的合作。发挥宁德港口优势，吸引港澳企业到我市合作开发港口，发展海运、仓储等现代物流业。发挥宁德旅游资源优势，吸引港澳企业到我市投资兴办旅游服务业，共同开拓旅游市场。利用香港国际贸易中心的优势，继续扩大对港贸易和转口贸易。利用香港的融资渠道，鼓励和推动我市企业在香港上市融资。支持港澳地区企业参与我市企业的重组改造，加强与港澳的中介、会展等服务业合作，引入港澳企业的经营管理经验和手段，改造提升我市中小企业。

34. 做好新时期侨务工作。按照“了解侨情、理解侨心、维护侨益、发挥侨力”的方针，切实做好华侨华人和新生代、新华侨华人的工作。牢固树立“大侨务”观念，发挥侨务工作“联谊、服务、引导”功能，积极引进海外侨胞资金、技术和人才，推动我市经济发展和科技进步。认真落实侨务政策，继续支持华侨农场的改革发展，依法维护归侨侨眷、海外侨胞和侨资企业的合法权益。做好与海外华侨华人及社团的联络和沟通工作，及时了解掌握侨民侨胞及侨眷的所思、所急、所需，帮助他们排忧解难，增强对海外华侨的凝聚力和亲和力，动员更多的华侨华人支持和参与海峡西岸经济区东北翼中心城市建设。

十、加快发展社会事业

35. 继续坚持教育优先发展。适应经济社会发展对知识和人才的需要，构建现代国民教育体系和终身学习体系。强化政府对义务教育的保障责任，全面推进素质教育，整合教育资源，加大对教育的重点扶持和倾斜，保证教育事业适度超前发展。积极推进“两基”巩固提高和“双高普九”。大力发展职业教育，调整专业结构，改革人才培养模式，加强实训基地建设，培养符合市场需求的技能型人才。重视发展普通高中教育，扩大优质高中资源。加快发展高等教育，建成宁德师专和宁德职业技术学院新校区，组建宁德学院。进一步发展远程教育，加强学前教育和特殊教育，加快发展少数民族地区教育事业，支持民办教育发展。进一步完善国家和社会资助贫困学生制度。深化教育体制、办学体制和教学改革，加强教师队伍特别农村教师队伍建设，提高教育事业发展水平。

36. 加快实施人才强市战略。牢固树立人才是第一资源的观念，坚持党管人才的原则，统筹抓好党政人才、企业经营管理人才和专业技术人才队伍建设。坚持用项目吸引人才、用事业造就人才、用感情留住人才、用环境稳住人才、用机制激励人才，引进一批高、精、尖的人才，培养数以千计的高级专门人才，数以万计的技能型人才，数以十万计的具有一定技能的实用人才，放手让一切劳动、知识、技术、管理和资本的活力竞相迸发，让一切创造社会财富的源泉充分涌流。进一步创新人才、项目、技术、资本对接的机制，鼓励以劳动、技术、管理等要素按贡献参与分配，重奖有突出贡献的人才。进一步完善人才市场服务体系，以市场为导向，与政府公共服务相配套，完善市县乡三级人才资源库，推行人才储备制度。加强沿海与山区人才交流，鼓励引导大中专毕业生和中青年干部到山区、基层就业创业，实现人才合理有序流动。

37. 丰富人民群众文化生活。加强先进文化建设，弘扬主旋律，提倡多样化，大力开展群众性文化活动，提高全民文化素质。加大政府对公益性文化事业的投入，建成市博物馆、科技馆、图书馆、体育馆、电影院、工人文化宫、闽东书画院等一批标志性文化设施，加强县（市、区）文化场馆建设，建设一批示范性的标准乡镇文化站和村级文化室，形成覆盖全社会的比较完备的公共文化服务体系。积极实施文化精品工程，不断推出思想性、艺术性、观赏性俱佳的作品。加强对畲族文化的抢救、保护、研究和开发，重视对文物、文化遗产、历史名人和优秀民间艺术的挖掘、保护和利用。深化文化体制改革，建立完善党委领导、政府管理、行业自律、企事业单位依法运营的文化管理体制和富有活力的文化产品生产经营机制。建立多元化投资体制，发展经营性文化产业。繁荣新闻出版、广播电视、文化艺术，创造更多更好适应人民群众生活需要的文化产品。整顿和规范文化市场秩序，加强互联网管理，优化文化发展环境，繁荣文化市场。

38. 提高城乡群众健康水平。把公共卫生工作放在更加重要的位置，建立健全公共卫生和医疗服务体系、疾病预防控制体系。进一步完善市、县两级疾病预防控制中心，完成市医院迁建，提高县级医疗水平，建立社区、城镇卫生服务组织，提高疾病预防控制、医疗救治服务和应对突发公共卫生事件的能力。推进医疗卫生体制改革，鼓励社会资金以多种形式兴办医疗机构，整顿规范药品生产流通秩序，确保群众用药安全有效，逐步解决群众看病难、看病贵的问题。加强计划免疫和妇幼卫生保健，综合防治各类传染病、地方病、职业病。发展中医药事业。广泛开展爱国卫生运动，提高群众自我保健意识。坚持计划生育的基本国策，健全“依法管理、村（居）民自治、优质服务、政策推动、综合治理”的工作机制，稳定人口低生育水平，提高出生人口素质。加强城乡体育设施建设，开展全民健身运动，发展竞技体育，增强人民体质。

十一、积极构建和谐社会

39. 千方百计扩大社会就业。把扩大就业放在经济社会发展更加突出的位置，实施积极的就业政策，扩大就业门路，提高就业质量，完善就业服务，改善就业环境。坚持经济发展和扩大就业并举的发展战略，进一步推动非公有制经济、第三产业和劳动密集型企业的发展，积极培育新的就业增长点。进一步鼓励自谋职业、灵活就业和自主创业，重点做好大中专毕业生、城镇新增劳动力和农村富余劳动力就业工作。进一步健全再就业援助制度，依托街道、社区劳动保障工作平台，帮助解决企业下岗失业人员、残疾人等困难群体和特殊群体的就业问题。进一步建立完善城乡就业服务体系，加强就业技能培训、职业介绍和就业指导，提高劳动者的素质和就业能力。

40. 进一步完善社会保障体系。继续巩固和完善城镇职工基本养老保险和基本医疗保险制度，加快机关事业单位社会保障制度改革，健全失业、工伤、生育保险制度，提高保障率。积极探索农村养老保险制度，稳妥开展进城务工农民参加养老保险试点工作，加快建立农村社会保障体系。加强社会保险基金征缴，提高社会保障覆盖面。建立和完善社会救助体系，进一步健全城市和农村居民最低生活保障制度，加快城乡低保一体化进程，基本实现动态管理下应保尽保的目标。大力发展老龄和慈善事业。重视保障妇女儿童权益。继续发展社会福利事业，提高“革命五老”和“五保户”供养水平，提高老年人、残疾人和孤残儿童等特殊困难群体福利服务和保障水平。

41. 深化“平安宁德”建设。坚持以平安建设为主线，广泛深入开展各类平安创建活动，落实社会治安综合治理各项措施，全力维护社会安定稳定。建立完善群众性依法治理工作机制，深化“进百乡（镇）、入千村（居）、到万家（户）”基层普法依法治理活动，提高社会秩序管理的法制化水平，营造安定有序的社会环境。建立健全经常性“严打”工作机制，严厉打击各种危害人民生命财产和社会公共安全的刑事犯罪，提高严打的针对性和实效性。建立健全反应灵敏的情报信息工作机制，打击邪教组织，防止非法宗教活动，抵御境内外敌对势力渗透，维护国家安全和社会政治稳定。建立健全矛盾纠纷排查调处机制，切实加强人民信访工作，妥善处置突发性群体性事件，及时化解人民内部矛盾。落实安全生产责任制，坚持防范在先，堵塞管理漏洞，消除安全隐患。

十二、动员凝聚全市人民为实现“十一五”规划而努力奋斗

42. 加强和改善党的领导。坚持立党为公、执政为民，加强党的执政能力建设和先进性建设。各级党委要全面分析和正确判断经济社会发展面临的形势，确定符合实际的发展战略和工作思路，加强和改进对经济社会重大事务的综合协调，充分发挥总揽全局、协调各方的领导核心作用。加强各级领导班子建设，着力提高贯彻科学发展观的能力、驾驭全局的能力、处理利益关系的能力和务实创新的能力，推进以民主集中制为中心内容的制度建设，努力成为政治坚定、求真务实、开拓创新、勤政廉政、团结协调的坚强领导集体。加强党的基层组织建设，优化组织设置、改进工作方式、创新活动内容、健全各项制度，充分发挥战斗堡垒作用。

43. 加强社会主义民主政治建设。坚持和完善人民代表大会制度，保证人民代表大会及其常委会依法履行职能。坚持和完善中国共产党领导的多党合作和政治协商制度，支持人民政协履行政治协商、民主监督和参政议政的职能。巩固和壮大最广泛的爱国统一战线。加强人民防空、民兵预备役部队和国防动员建设，深化国防教育，提高双拥共建水平，巩固和发展军政军民团结。发挥工会、共青团、妇联等人民团体的桥梁和纽带作用。进一步做好民族、宗教工作。扩大基层民主，保障人民群众的选举权、知情权、参与权、监督权。继续推进村民自治，健全村党组织领导的充满活力的村民自治机制。完善城市居民自治，建设管理有序、文明祥和的新型社区。坚持和完善职工代表大会与其他形式的企事业民主管理制度，保障职工的合法权益。坚持依法治市，加强法制建设。规范司法行为，加强司法监督，促进司法公正。开展“五五普法”，提高全民法律素质。

44. 加强社会主义精神文明建设。全面落实用邓小平理论和“三个代表”重要思想武装党员干部、教育人民群众的战略任务。弘扬以爱国主义为核心的民族精神，倡导以改革创新为核心的时代精神。切实加强社会主义思想道德建设，推进社会公德、职业道德、家庭美德建设。拓展学校、家庭、社会“三位一体”的工作格局，扎实推进未成年人思想道德建设。创新宣传思想工

作，进一步提高引导社会舆论的能力。加强科学普及，发展哲学社会科学。深入开展各级各类精神文明创建活动，不断提高城乡文明程度，努力争创省级文明城市。

45. 以项目带动聚集发展合力。坚持把实施项目带动战略贯穿于经济、政治、文化和社会建设全过程，建立富有生机和活力的项目带动长效机制。以项目集聚生产要素，增强经济的综合竞争力和发展后劲；以项目带动促进各级党政部门工作作风的转变和效能建设，运用项目管理的理念、机制和办法，解决实际问题，改进管理服务，提高工作效率；以项目带动激发各方积极性和创造性，坚持部门利益、局部利益、个人利益服从于全局利益、大局利益，努力形成发展合力；以项目带动检验工作成效，考核工作实绩，增强各级干部集中精力抓项目、一心一意谋发展的责任感和事业心，推动各项工作的全面落实。

46. 营造加快发展的良好环境。以优化软环境为重点，以建立长效机制为根本，坚持标本兼治、综合治理，形成舆论导向亲商、政策措施扶商、办事高效利商、银企互动活商、依法维权护商、社会稳定安商的氛围。规范政府行为，深化审批审核制度改革，减少审批事项，简化审批程序，推行代理制，提高服务质量，营造务实高效的政务环境。加强“诚信宁德”建设，以金融信用、产品质量信用、中介组织信用为突破口，着力培育政府、企业、个人三大信用体系，加大失信惩戒力度，营造诚实守信的社会环境。建立投资环境评价机制，实行外商投诉处理责任制，加强对外商的服务和权益保护，营造舒心和谐的亲商环境。加强典型宣传、热点引导和舆论监督，营造促进发展的舆论环境。认真落实《中华人民共和国行政许可法》，实行行政执法责任制和过错责任追究制，全面推进依法行政，营造公正公平的法治环境。

47. 充分发挥共产党员的先锋模范作用。广大共产党员要牢记党的宗旨，坚定理想信念，忠实执行党的群众路线，坚持权为民所用、情为民所系、利为民所谋，保持同人民群众的血肉联系。加大党风廉政建设和反腐败斗争力度，坚决纠正损害群众利益的不正之风，坚持标本兼治、综合治理、惩防并举、注重预防的方针，建立健全教育、制度、监督并重的惩治和预防腐败体系。坚持求真务实，大力发扬谦虚谨慎、艰苦奋斗的优良传统。建立党员“长期受教育、永葆先进性”的长效机制，在海峡西岸经济区东北翼中心城市建设中充分体现共产党员的先进性。

“十一五”时期是宁德加快发展的重要历史时期，全市广大党员干部和人民群众要以强烈的历史使命感、政治责任感和时代紧迫感，在中央和省委领导下，始终坚持邓小平理论和“三个代表”重要思想，全面贯彻落实科学发展观，抢抓机遇，加快发展，同心同德，奋发图强，全面推进海峡西岸经济区东北翼中心城市建设，为实现全面建设小康社会目标而努力奋斗！

索引

说明

1. 本志索引采用主题分析法编制。
2. 全部标引词按首字的汉语拼音音序排列，同音字按声调排列，首字相同按第二字音序排列，以此类推。
3. 标引词后的阿拉伯数字表示内容所在的页码。
4. 序、总述、大事记、编后记等均不选入索引。

主题索引

C

D

E

F

G

H

J

K

L

M

N

P

Q

R

S

T

W

Y

Z

人物索引

W

X

Y

Z

《宁德地区志》勘误

页 码	行 数	原 文	更 正
彩页	宁德地区方志委工作人员	范松争	范松铮
彩页	宁德地区方志委工作人员	胡秀玲	胡秀林
彩页	宁德地区地方志工作领导小组成员	王玉连、林家湔、徐之玉	徐之玉、林家湔、王玉连
	编审机构成员名单	范松争	范松铮
1	5	香菰	香菇
79	12	泮溪	磻溪
456	8	1990 年后，，	1990 年后，
480	1	彬洋	杉洋
484	20	生长	生产
503	6	硃溪	朱溪
603	14	两则	两侧
621	16 ~ 17	玛赛克	马赛克
739	最后行	九龙沶	九龙漈
873	19	繁锁	繁琐
926	21	摄于	慑于
1003	7	890 付	890 副
1107	7	突出	突击
1341	倒 6	人民会扬	人民会场
1390	15	编缉部	编辑部
1392	18	拓荣	柘荣
1428	7	泰屿镇	秦屿镇
2183	倒 7	温太其	翁太其
2184	7	黄昌如	黄川如

编后记

历经十五载，在各级领导、各部门和各界同仁的关心支持下，《宁德市志（1993—2005）》编修告成即将付梓。本志系《宁德地区志》之续志，编纂内容与《宁德地区志》相接，共设47编，总计400余万字，从政治、经济、文化、社会等各方面，较为完整、清晰地记述了这13年间宁德的发展变化。

《宁德市志（1993—2005）》编修成书是宁德地方志工作者呕心沥血的辛苦结晶。2005年6月，根据福建省委办公厅、省政府办公厅《转发省地方志编纂委员会关于开展第二届志书编纂工作意见的通知》，市政府召开第二届市、县（市、区）志书编纂工作会议，对全市续志编纂工作进行全面动员部署，编修《宁德市志（1993—2005）》工作正式启动。市方志委在启动之初即举办了市志撰稿人业务培训班，使撰稿人初步掌握修志的一些基本操作规则、行文规范以及资料收集的方法和技巧。

2008年4月，为加快二轮修志进度，市委办、市政府办下发《关于加快〈宁德市志（1993—2005）〉编纂工作进度的通知》，要求承编单位确定分管领导，指定专人撰稿，把编纂任务落到实处，并对资料质量、上报程序和时间做了明确规定。2009年4月28日，市政府再次组织召开全市地方志工作会议，督促相关滞后单位相继把续志编纂工作摆上议事日程。2011年6月，市方志委出台了《宁德市地方志事业发展“十二五”规划》，加强二轮修志制度建设，制定市志量化分工表，明确编辑人员任务、完成时限，增强责任感和紧迫感，加快初稿编辑和同步分纂工作。其间，市方志委坚持质量第一原则，加强业务指导的力度，同步对初稿进行编辑修改，质量达不到要求的志稿，退回承编单位做进一步调整补充。

2012年9月，市志篇目通过省方志委审核，为市志全面分纂和总纂奠定基础。11月，召开市志编纂工作滞后单位推进会，要求未完成初稿的单位加快进度。2013年，市方志委根据不同系统进行分类辅导，召开系统的推进会和协调会，理顺交叉内容的分工协作。至2015年年底，基本完成全书志稿的分纂工作。

2016年，《宁德市志（1993—2005）》编修进入总纂统稿阶段。10月，形成评议稿上报省方志委。经省方志委批复同意，于11月底召开由宁德市人民政府主持的第二轮《宁德市志（1993—2005）》志稿评议会，会后对志稿进行修改完善。2017年年底，将修改完成的志稿逐篇返回给各承编单位审核，履行志稿审核程序。按照承编单位提出的修改意见完善志稿内容，全书400万字，达到审查验收要求。

2018年4月，中国地方志指导小组秘书长、中国地方志指导小组办公室主任冀祥德到宁德调研，指示要将《宁德市志（1993—2005）》打造成福建省设区市级的第一部中国精品志书。按照指示编纂者对全书再作进一步修改完善。2020年3月，书稿交付方志出版社。

《宁德市志（1993—2005）》的编纂工作自2005年启动至今，一直都得到原省方志委以及市委、市政府的高度重视和大力支持。原省方志委陈秋平主任、俞杰副主任等省直部门领导对宁德地方志事业发展关怀备至，多次亲莅指导工作。市委、市政府十分重视修志工作，历任市委书记先后担任市地方志工作领导小组名誉组长，历任市长先后担任领导小组组长。地方志工作每年都写入《政府工作报告》，受到肯定。2016年5月4日，宁德市人民政府办公室印发《宁德市地方志事业发展规划纲要（2016—2020年）》（以下简称《规划纲要》），是全省首个出台《规划纲要》的设区市。先后分管地方志工作的薛成康、周秋琦、兰斯琦、王世雄、杨方、郭专、林月玲、陈其春、吴允明等领导经常了解询问续志编修工作情况，帮助解决工作中遇到的困难和问题。省、市地方志专家陈伟庄、林立光、周孝钧、刘积卫、施景西、葛向勇、申闽生、翁泰其和市委党校教师陈岩、黄陈国等先后参与志书的编纂修改，尽心尽力打磨提升志书质量。北京市方志办原主任王铁鹏、安徽省方志委原处长王晖、福建省社科联原副巡视员林其华、原福建省委党史研究室副巡视员黄超凡、福建省政府办公厅原处长方彦洸、原省方志委市县志辅导处处长吕秋心、宁德市保密技术检测中心主任张恒华、原宁德市文化广电新闻出版局副局长陈浩志、宁德市律师协会会长林鼎斌等专家对《宁德市志（1993—2005）》的评审修改提出许多宝贵意见，给予精心的指导帮助。长期以来各级各部门的竭诚支持、通力协作，也为编修工作创造了良好的条件。际此，我们一并表示衷心的感谢！

《宁德市志（1993—2005）》编纂过程中，虽然已竭尽所能，但由于志书卷帙浩繁，加之有些资料散失和编纂人员水平有限，疏漏错误和不当之处在所难免，诚请广大读者批评指正。

编　者

2020年3月